中华人民共和国审计署主办
《中国审计年鉴》编委会编辑

2011
中国审计年鉴

中国时代经济出版社

图书在版编目(CIP)数据

中国审计年鉴2011/《中国审计年鉴》编委会编.
—北京 ：中国时代经济出版社，2012.11（2014.7重印）
ISBN 978-7-5119-1091-2
Ⅰ. ①中… Ⅱ. ①中… Ⅲ. ①审计－中国－2011－年鉴 Ⅳ. ①F239.22-54
中国版本图书馆CIP数据核字(2012)第058096号

ISBN 978-7-5119-1091-2
9 787511 910912 >

书　　名：中国审计年鉴2011
作　　者：《中国审计年鉴》编委会
出版发行：中国时代经济出版社
社　　址：北京市丰台区玉林里25号楼
邮政编码：100069
发行热线：（010）68320825 88361317
传　　真：（010）68320634 68320697
网　　址：www.cmepub.com.cn
电子邮箱：zgsdjj@hotmail.com
经　　销：各地新华书店
印　　刷：北京昌平百善印刷厂
开　　本：787×1092 1/16
字　　数：1785千字
印　　张：正文63.25印张 彩插2印张
版　　次：2012年 11月第1版
印　　次：2014年 7月第2次印刷
书　　号：ISBN 978-7-5119-1091-2
定　　价：180.00元

2010年6月23日，刘家义审计长向十一届全国人大常委会第十五次会议作《关于2009年度中央预算执行和其他财政收支的审计工作报告》。

2010年11月6日，刘家义审计长（左二）到吉林省考察工作，吉林省省委书记孙政才（右二）、省长王儒林（右一）在长春市会见刘审计长一行。

2010年6月7日，广西壮族自治区党委书记郭声琨在桂林会见刘家义审计长。

2010年9月16日，山东省省长姜大明在济南会见刘家义审计长。

2010年3月29日，审计署召开全国审计机关党风廉政建设工作视频会议。

2010年4月12—13日，世界审计组织IT审计工作组第六届效益审计研讨会在北京召开。

2010年6月7日，世界审计组织环境审计工作组第13次大会在桂林召开。

2010年7月29—30日，全国审计工作座谈会在大连召开。

2010年10月20日，审计署召开创先争优活动推进会。

2011年1月18日，2010年全国审计工作会议在北京召开。

2010年11月19日，刘家义审计长在国家审计准则培训班开班仪式上指出，审计机关要切实加强审计法制建设。

2010年3月17日，审计署举办审计法实施条例培训班，集中学习新修订的审计法实施条例。

2010年11月21—27日，刘家义审计长出席第20届世界审计组织大会。

2010年7月20日，刘家义审计长出席联合国审计委员会第64次例会，与联合国有关官员交流。

2010年4月4日，董大胜副审计长与古巴审计监察部部长合影。

2010年4月，余效明副审计长访问澳大利亚审计署。

2010年5月，孙宝厚总审计师访问白俄罗斯国家监察委员会。

2010年3月23日，老挝审计代表团访问云南省审计厅。

2010年11月3日，联合国人权事务高级专员办公室尼泊尔国家办事处审计组人员走访人权高专办资助的尼泊尔加德满都的一所私立小学。

2010年12月20—21日，越南审计代表团到广西壮族自治区审计厅考察访问。

2010年10月26日，刘家义审计长在新疆维吾尔自治区调研。

2010年6月30日，董大胜副审计长考察汶川地震北川老县城遗址。

2010年3月9日，余效明副审计长在京津冀特派办调研。

2010年7月24日，石爱中副审计长到昆明特派办调研。

2010年5月30日，孙宝厚总审计师在云南省审计厅调研。

2010年8月28日，中纪委驻审计署纪检组长安国到河南省审计厅检查指导工作。

2010年七一前夕，辽宁省审计厅举办红诗朗诵会，纪念中国共产党成立八十九周年。

2010年7月15日，湖南省审计机关举办“我为文明审计添光彩”演讲比赛。

2010年8月18—19日，安徽省审计系统首届中国象棋比赛在滁州举办。

2010年8月20日，京津冀特派办组织职工开展“发扬红旗渠精神”主题教育活动。

2010年上海世博会期间，上海市审计局“小白菜”志愿服务队利用双休日为游客指路。

2010年12月2日，福建省审计厅和省地税局机关团委联合举办“读书漂流”活动座谈会。

2010年6月21日，河南省审计人员参加“中原清风杯”廉洁从政法规制度知识竞赛，夺得骄人佳绩。

2010年7月28日，海南省审计厅召开审计署普法执法检查反馈座谈会。

2010年度集中培训期间，昆明特派办举行拓展训练，以此提高全办职工的凝聚力和创新力。

2010年9月28日，云南省审计厅举办全省各州市“云南审计发展工程”建设成果展。

2010年11月15日，浙江省审计厅组织审计人员观看审计署关于审计准则的视频培训。

2010年12月22日，黑龙江省审计厅举办全省审计系统“龙审杯”国家审计准则知识竞赛。

2010年4月，甘肃省审计厅厅长何振中深入陇南、天水、定西及所属八县区开展调研。

2010年6月8日，兰州特派办特派员魏强在玉树灾后恢复重建审计现场查看工程质量。

2010年6月6—9日，深圳特派办特派员王淡浓深入京沪高铁5标段审计现场视察指导工作。

2010年6月9日，四川省审计厅厅长高仁全到定点帮扶点仁寿县鳌陵乡千丘村调研。

2010年6月30日，江西省审计厅厅长王殿军赴抚州、鹰潭指导抗洪款物审计工作。

2010年10月29日，江苏省审计厅厅长赵耿毅一行到盱眙县审计局调研。

2010年11月3日，山东省审计厅厅长左敏到济宁市审计局视察指导工作。

2010年12月11日，武汉特派办特派员李晓钟深入审计一线检查指导工作。

2010年3月8日，上海市审计局审计人员在世博馆现场了解通信、电力等综合布线情况。

2010年4月21日，四川省广元市审计局审计人员在灾后恢复重建重大项目嘉陵江大桥工程现场进行审计调查。

2010年5月4日，四川省温江市审计局工程审计人员在工地现场测量。

2010年6月22日，哈尔滨特派办审计人员对黑龙江肇东市“五里明农业综合开发玉米吨良田项目”进行跟踪审计。

2010年6月25日，江西省审计厅审计人员做客江西人民广播电台《政风行风热线》直播室。

2010年7月27日，安徽省审计厅审计人员现场查看水利民生工程实施情况。

2010年8月6日，天津市西青区审计局审计人员深入施工现场实地勘察。

2010年11月11日，湖南省审计厅审计人员在东洞庭湖堤防加固工程现场核对实物工程量。

2010年12月3日，太原特派办审计人员在某热电有限公司核实新增贷款投向。

2010年12月3日，海南省审计厅审计人员深入文昌市昌洒镇昌烈村实地了解瓜菜受灾情况。

《中国审计年鉴 2011》编辑委员会

翟挨才（国资监管审计局局长）
刘文杰（经济执法审计局副局长）
廖金梅（广电通讯审计局正局级审计员兼副局长）
李建新（新闻报刊审计局局长）
董维明（旅游侨务审计局副局长）
李　捷（科学工程审计局局长）
宋灵恩（地震气象审计局局长）
段大波（宣传审计局局长）
赵继旺（京津冀特派办特派员）
朱登云（太原特派办特派员）
张炳功（沈阳特派办特派员）
张　军（哈尔滨特派办特派员）
李晓钟（上海特派办特派员）
李　玲（南京特派办特派员）
程　光（武汉特派办副特派员）
卢家辉（广州特派办特派员）
郑新举（郑州特派办特派员）
马青山（济南特派办特派员）
娄　仲（西安特派办特派员）
胡大华（兰州特派办副特派员）
杨宁生（昆明特派办特派员）
丁仁立（成都特派办特派员）
彭华彰（长沙特派办特派员）
王秀明（深圳特派办特派员）
王本强（长春特派办副特派员）
尹树伟（重庆特派办副特派员）
王家新（南京审计学院院长）
李颖津（北京市审计局局长）
王伟生（天津市审计局局长）
葛梦彬（河北省审计厅厅长）
郝志远（山西省审计厅厅长）
长　江（内蒙古自治区审计厅厅长）
王　悦（辽宁省审计厅厅长）
阎宝泰（吉林省审计厅厅长）
李希龙（黑龙江省审计厅厅长）
宋依佳（上海市审计局局长）
赵耿毅（江苏省审计厅厅长）
陈荣高（浙江省审计厅厅长）
戴克柱（安徽省审计厅厅长）
姜榕兴（福建省审计厅厅长）
王殿军（江西省审计厅厅长）
左　敏（山东省审计厅厅长）
史宁安（河南省审计厅厅长）
张永祥（湖北省审计厅厅长）
唐会忠（湖南省审计厅厅长）
蓝佛安（广东省审计厅厅长）
黄必贵（广西壮族自治区审计厅厅长）
陈如军（海南省审计厅厅长）
卢建辉（重庆市审计局局长）
高仁全（四川省审计厅厅长）
张如飞（贵州省审计厅厅长）
刘　明（云南省审计厅厅长）
拉　巴（西藏自治区审计厅厅长）
屈方方（陕西省审计厅厅长）
何振中（甘肃省审计厅厅长）
张国生（青海省审计厅厅长）
章建忠（宁夏回族自治区审计厅厅长）
张春林（新疆维吾尔自治区审计厅厅长）
梅新顺（新疆生产建设兵团审计局局长）

《中国审计年鉴 2011》编辑部

总编辑： 陈尘肇
副总编辑： 王鸿津　郭彩云
编辑部主任： 王　静
责任编辑： 肇　廉　叶芝蕙　胡　俊
美术编辑： 张　戈
技术编辑： 周维平

《中国审计年鉴2011》特邀编辑

编辑说明

一、《中国审计年鉴 2011》是由中华人民共和国审计署主办并组织编纂的第十五部年鉴，具有较强的权威性、资料性、实用性、前瞻性和馆藏价值。本卷年鉴全面、系统、集中地反映了我国 2010 年审计工作发展的总体概况，起讫时间为 2010 年 1 月 1 日至 2010 年 12 月 31 日。

二、本卷年鉴以邓小平理论和“三个代表”重要思想为指导，以科学发展观为统领，以记录中国审计工作进程、展示中国审计总体风貌、探索审计事业发展规律、推动审计工作健康发展为编纂宗旨，极具专业特色。

三、本卷年鉴文字部分由“特载”“审计署工作概况”“地方审计机关”“科研、培训、出版、学术团体”“审计理论与科研”“内部审计”“重要财经法规”“审计结果公告”“审计署领导重要活动大事记”“审计工作统计”等部分组成。

四、本卷年鉴基本保持了以往的编撰体例和风格。图片部分有“特载”“会议回放”“国际交往”“领导调研”“一线风采”“基础建设”等，以求更直观地反映审计工作风貌。

由于特殊原因，本卷年鉴没有收录解放军审计署的内容。

五、本卷年鉴继续沿用上年度年鉴体例，采用栏目、条目、统计表等体例分类排列，栏目下设类目和条目。各类目和条目在字号、字体及编排上均有区别，以便读者阅读。

六、本卷年鉴采用的稿件均由审计系统和相关部门提供。在编辑过程中得到各级审计机关的大力支持和协助，在此深表谢意！

由于编辑人员水平有限，缺点和遗漏在所难免，敬请广大读者批评指正。

《中国审计年鉴》编辑部

2012 年 9 月

目　录

重要财经审计法规

审计结果公告

审计署领导活动大事记

审计工作统计

Table of Contents

Special Issues

Overview on the Work of CNAO

Regional Audit Institutions

Scientific Research, Training, Publication and Academic Institutions

Audit Theories and Researches

Internal Audit

Major Laws and Regulations for Financial and Economic Audit

Audit Findings Announcements

Chronicle of Events

Audit Statistics

特　　载

关于2009年度中央预算执行和其他财政收支的审计工作报告

——2010年6月23日在第十一届全国人民代表大会常务委员会第十五次会议上

（2010年6月23日）

刘家义

委员长、各位副委员长、秘书长、各位委员：

我受国务院委托，向全国人大常委会报告2009年度中央预算执行和其他财政收支的审计情况，请予审议。

根据《中华人民共和国审计法》的规定，审计署对2009年度中央预算执行和其他财政收支进行了审计。今年的审计工作紧紧围绕应对国际金融危机、促进经济平稳较快发展这个中心，加强对重大政策执行情况、重大投资项目和重点民生资金的跟踪审计，积极推进绩效审计，在严肃查处重大违法违规问题的同时，注重分析、揭示和反映体制制度方面的问题，着力保障中央宏观经济政策措施的贯彻落实，维护民生和国家经济安全，推进反腐倡廉建设和深化改革，在更高层面发挥了审计的"免疫系统"功能。

2009年，在党中央、国务院的坚强领导下，各地区、各部门全面实施应对国际金融危机的一揽子计划和政策措施，全力保增长、保民生、保稳定，克服了异常艰巨的困难，经济建设和社会事业发展取得新的重大成就，中央预算执行和其他财政收支情况总体较好，圆满完成了十一届全国人大二次会议批准的中央预算。中央财政收入35915.71亿元，完成预算的100.2%，从预算稳定调节基金调入505亿元，中央财政使用的收入36420.71亿元；支出43819.58亿元，完成预算的99.9%；赤字7500亿元，与预算持平；国债余额60237.68亿元，控制在全国人大批准的年度预算限额内。

——实施积极的财政政策，促进经济平稳较快发展。为迅速扭转经济增速下滑趋势，综合运用预算、国债、税收和信贷等政策工具，加强和改善了宏观调控；中央政府公共投资比上年增长119.8%，中央财政安排家电、汽车摩托车下乡等补贴支出320亿元，通过结构性减税等减轻了企业和居民的负担，有力地推动了经济回升向好。

——进一步优化财政支出结构，重点保障和改善民生。中央财政用于教育、医疗卫生、社会保障和就业等民生方面的支出共计7422.56亿元，比上年增长31.7%；用于"三农"的支出比上年增长21.8%，促进了农村基础设施建设和农民增收；从一般预算、基金预算和国有资本经营预算中安排1318.25亿元，加快推进了汶川地震灾后恢复重建。

——加大科技、环保和基础设施建设等方面

投入，着力推动经济发展方式转变。中央财政用于科技、环保和交通运输等方面的支出分别比上年增长30%、10.7%和38.7%，实施十大重点产业调整振兴规划，大力支持企业技术改造和自主创新，推进重点节能减排工程、高速公路网、铁路和机场建设，为经济的可持续发展奠定了基础。

——继续深化财税体制改革，逐步健全公共财政体系。深入推进部门预算、国库集中收付和政府采购制度改革，优化和完善税制，取消和停征了100项行政事业性收费；探索建立县级基本财力保障机制，加快实施省直管县财政改革，强化基层财政建设；坚持厉行节约，压缩出国费等三项费用，“小金库”专项治理取得阶段性成果。

各部门、各单位按照国务院的部署，在做好2009年各项工作的同时，依法认真整改去年审计发现的问题，被挤占挪用的资金已全部追回或归还，并根据审计建议完善了1222项制度规定。审计发现的119起涉嫌违法犯罪案件线索移送纪检监察部门和司法机关后，有31人被依法逮捕、起诉或判刑，60人受到党纪政纪处分，有的案件正在进一步依法查处中。去年审计查出问题的具体整改情况，国务院已向全国人大常委会专题报告，审计署已于2009年12月向社会公告。

一、中央财政管理审计情况

2009年，财政部和发展改革委等部门始终把保持经济平稳较快发展作为首要任务，组织实施积极的财政政策，深入推进财税体制改革和投资体制改革，中央财政的宏观调控和保障作用不断增强。财政部注重提高财政管理的精细化程度，积极推进资产管理与预算管理有机结合，实施新增资产配置预算专项审核。发展改革委注重加强中央投资的统一组织、统筹协调和督促检查，改进投资计划管理方式，促进发挥了政府投资对经济增长的拉动作用。但中央财政管理中仍存在年初预算不够细化、资金分配不够规范等问题。

(一) 2009年，财政部代编160个项目预算1702.83亿元，代编预算规模仍较大。

(二) 财政部批复的中央部门年初预算中，有财政拨款之外的基本支出1793.05亿元未细化到人员经费和日常公用经费；有27个项目支出170.20亿元、6项政府性基金支出59.40亿元未落实到具体项目或单位，其中三峡工程建设基金等4项政府性基金只列了预算支出总额。

(三) 基本支出定员定额改革从2001年开始试点，目前中央财政尚未建立完善的定员定额体系，不利于规范预算分配和执行。

(四) 在卫生部所属的15家医院2007年和2008年修购基金年末结余分别为45.15亿元、49.99亿元的情况下，财政部2009年仍安排其新建固定资产等项目预算16.39亿元，这不利于统筹安排资金，提高资金使用效益。

(五) 发展改革委等5部门2009年1月下达天津、河北等6省区市2008年巩固退耕还林成果任务计划35.58亿元，财政部2009年6月才拨付资金，影响预算执行进度。

(六) 2009年12月，中央本级库款支出为2166.53亿元，是前11个月平均数的1.87倍，占全年支出的14.2%，预算执行进度不够均衡。

(七) 2009年，中央财政本级实际支付以前年度结转资金1343.10亿元，1～11月实际支付时均记列为当年预算支出，年末再一次性调减，使财政部向社会公布的1～11月中央本级财政支出数据不够准确。

(八) 2009年，发展改革委向尚未取得初步设计批复的中国铁道科学研究院城市轨道交通试验线2个项目、未取得环境影响评价审批意见或征地手续的无锡国家大型涡轮叶片研发和检测中心等3个项目、未完成评估论证的兰州国家石油储备基地工程等下达投资计划共计6.37亿元。截至2010年3月，上述项目均未开工建设，资金全部闲置。

(九) 发展改革委在下达重点产业振兴和技术改造中央预算内投资计划时，将4.72亿元下达给了不属于该专项范围的22个建材项目和50个医药项目。

(十) 2009年，发展改革委下达重点流域水污染治理项目中央预算内投资计划30亿元，涉及314个项目。抽查其中124个项目发现，实际投资补助标准存在较大差异，同流域同省份实际补助标准不一致的项目有60个，涉及11个省，如陕西省8个项目的实际补助标准最高为30%、最低仅为4.3%。

(十一) 因相关建设单位前期准备不充分等，截至2010年3月底，发展改革委下达的2009年农网完善工程等中央预算内投资计划79.79亿元中，有32.03亿元国家电网公司尚未向财政部申请使用，占40.14%；有11.03亿元滞留在省级电网公司未用。

（十二）截至2009年底，发展改革委向国家文化和自然遗产地保护、抢救性文物保护设施建设2个专项下达的中央投资分别占“十一五”规划项目任务的37.5%和52.36%。若按此投资进度，在规划期内很难完成建设。

（十三）审计18个省中等职业教育基础能力建设和农村初中校舍改造两个专项的437个项目发现，发展改革委把关不够严格，向地方申报材料不真实的项目下达中央预算内投资5154万元，其中2081.21万元被挪用于偿还欠款或其他项目建设。由于前期准备不足、选址变更和配套设施不全等，截至2009年底，有13个项目未开工、9个项目建成后闲置，涉及中央投资5382万元。一些地方还存在转嫁配套责任等问题，有12个项目的1301万元配套资金被转嫁给下级政府和学校，另有4所学校向职工个人有偿集资1445.4万元。

（十四）审计18个直属海关关税和进口环节税征管情况发现，截至2009年底，有11个海关对进口货物完税价格、适用税率以及减免税等审核把关不严，造成税款流失3664.55万元；有6个海关对13户企业擅自将尚在海关监管期内的免税进口货物移作他用的行为，未按规定要求企业补税或提供税收担保，涉及减免税款7.75亿元，存在税款流失隐患。此外，天津海关为调节收入进度，对22家企业2009年12月申报的进口货物，在符合征税条件的情况下，先以各种理由征收税款保证金8.01亿元，在2010年1月才转为税款入库。

对上述问题，财政部、发展改革委和有关部门正在逐项研究，加以整改。

二、中央部门预算执行审计情况

此次共审计56个中央部门，延伸审计310个所属单位；审计预算支出1224.83亿元，占这些部门预算支出总额的33.23%。2009年，这些部门重视和加强预算管理，不断完善财务管理制度，加大对财政资金使用的监督力度，在审计前对其本级和所属912个单位进行了自查，还有24个部门制定和完善了117项规章制度。审计结果表明，部门预算的执行力与约束力有所增强，预算管理水平有所提高，违纪违规问题明显减少。但预算执行和预算管理中也存在一些问题：

一是预算执行还不完全到位。56个部门中，有16个部门当年超预算支出8.74亿元，占这些部门预算支出的3.38%，主要是动用以前年度财政拨款结余等未编入本年预算，还有个别部门因人员经费定额偏低而使用其他经费弥补，造成实际支出超预算；有40个部门年末预算结余161.26亿元，占这些部门预算支出的16.69%，主要是一些部门的项目库建设滞后，项目论证不够充分，年初预算未按要求落实到具体项目，有的预算资金下达晚，造成预算执行进度慢，当年项目预算没有完成而形成结转资金。

二是预算管理还不够严格和规范。56个部门中，有16个部门存在以拨代支等问题，涉及金额5.60亿元；19个部门存在未严格执行政府采购规定的问题，涉及金额14.09亿元；23家受托代征单位未按规定征收或上缴港口建设费50.85亿元。

三是一些部门及所属单位仍存在违反财经制度规定的问题，涉及金额34.84亿元，具体是：

1. 挤占挪用财政资金和违规发放津贴补贴10.95亿元。其中：35个部门本级和83个所属单位因项目预算编制不够细化、执行不严格等，造成挤占和挪用预算资金9.22亿元；两个部门本级和25个所属单位未严格执行国家有关规定，新增项目或提高标准发放津贴补贴1.73亿元。

2. 多申领财政资金或瞒报收入和资产等6.21亿元。其中：1个部门本级和6个所属单位采取虚报或重复申报项目等方式，多申领财政资金2962.68万元；14个部门本级和33个所属单位瞒报各项收入和资产等5.91亿元，未在法定账簿内核算。

3. 违规收费及未按规定征缴非税收入等16.26亿元。其中：1个部门本级和17个所属单位违规收费或摊派等2.44亿元；3个部门本级和10个所属单位未按规定征收和上缴非税收入13.82亿元。

4. 接受和使用虚假发票列支问题比较普遍。抽查56个中央部门已报销的29363张可疑发票中，有5170张为虚假发票，列支金额为1.42亿元。其中：8个部门本级和34个所属单位在无真实经济业务背景的情况下，利用虚假发票套取资金 9784.14 万元，主要用于发放职工福利补贴等；12 个部门本级和 37 个所属单位对票据审核把关不严，接受虚假发票报账 4456.66 万元。

四是部门决算（草案）编报不够准确。在决算（草案）审计中发现，有 49 个部门决算（草案）反映的收入、支出、结余不够准确、资产不够完整，涉及金额 25.21 亿元，占报表反映资金总量的 0.70%。对这些问题，审计长已签署意见，要求被审计单位在财政部批复决算前调整相关账目和报表。

目前，中央部门已纠正自查中发现的各类问题 54.40 亿元，整改审计中发现的问题 2.94 亿元，并制定了 91 条落实审计建议的具体措施。

各部门的审计结果将依法予以公告。

三、对地方财政和地方政府性债务管理的审计情况

审计结果表明，随着财政改革的不断深入，中央和地方各级政府逐步完善地方财政管理以及举债、用债和偿债等方面制度，积极采取措施化解普及九年制义务教育负债等历史债务，审计调查地区的政府性债务有 96%用于交通运输、市政建设等公益性项目，促进了地方经济和社会事业的发展。但地方财政和政府性债务管理还不够严格和规范，尤其是地方政府性债务形成时间长，总体规模大，历史遗留债务负担仍比较重。

一是对地方预决算编报和税费管理不够严格，有的地方财政资金管理分散。审计调查的 17 个省区市 2008 年 1 月至 2009 年 6 月，应征未征非税收入等 794.16 亿元，有的地方还自定政策向企业或个人返还税费 130.36 亿元。这些地方省本级财政部门除国库存款账户外，在商业银行开设账户 1197 个，其中应清理归并的账户有 920 个，平均每个省 50 多个，这种分散存储状况，不利于财政资金的统筹管理和使用。

二是地方政府性债务总体规模较大，融资平台公司的政府性债务平均占一半以上。审计调查的 18 个省、16 个市和 36 个县本级截至 2009 年底，政府性债务余额合计 2.79 万亿元。其中：2009 年以前形成的债务余额为 1.75 万亿元，占 62.72%；当年新增 1.04 万亿元，占 37.28%。在这些新增债务中，仅有 8.92%用于中央扩内需新增投资项目的配套资金，还有相当一部分用于建设 2008 年前已开工的交通、市政等基础设施。这些地区共有各级融资平台公司 307 家，其政府性债务余额分别占省、市、县本级政府性债务总额的 44.07%、71.36%、78.05%，余额共计 1.45 万亿元。

三是部分地方政府偿债压力较大，存在一定的债务风险。上述地方政府性债务中，政府负有直接偿债责任、担保责任及兜底责任的债务分别为 1.8 万亿元、0.33 万亿元和 0.66 万亿元，分别占债务总额的 64.52%、11.83%和 23.65%。从债务余额与当年可用财力的比率看，省、市本级和西部地区债务风险较为集中，有 7 个省、10 个市和 14 个县本级超过 100%，最高的达 364.77%。从偿债资金来源看，2009 年这些地区通过举借新债偿还债务本息 2745.46 亿元，占其全部还本付息额的 47.97%，财政资金偿债能力不足。

审计指出上述问题后，有关部门和地方制定了整改措施，核实调整了预决算报表，已追缴入库非税收入 714.67 亿元，撤销合并银行账户 100 多个，正在研究完善政府性债务管理办法。

四、重大投资项目审计情况

按照中央关于加强工程建设领域突出问题专项治理工作的总体部署，审计署加大了对政府投资项目的审计力度，并重点组织对京沪高速铁路、西气东输二线工程西段、金沙江向家坝水电站和 1981 个扩内需投资项目等进行了跟踪审计和审计调查。结果表明，相关部门和地方积极安排扩内需投资，不断强化对投资项目的组织和管理，督促建设单位严格资金管理，确保工程质量，较好地完成了建设任务，也为经济的持续较快发展奠定了基础。但在建设项目的招投标、投资管理、执行土地和环境保护相关政策等方面仍存在一些较为突出的问题：

一是招投标管理不严格、违规转分包等问题比较普遍。目前，建设项目招投标由各行业主管部门负责监管，独立性和权威性相对较弱，加之尚未建立起各部门互通互联的工程建设信息系统，对招投标违规问题的处理处罚力度偏轻，审计抽查的投资项目中均不同程度地存在未严格执行招投标规定的问题。有的建设单位为获得价差收入，还将部分分项工程层层转分包给不具备相应资质的单位，影响到工程质量。如西气东输二线工程西段截至2009年5月，已签订的36亿多元施工合同中，有近80%未按规定招标，其中1.01亿元被违规直接发包，27亿多元合同的招标中存在人为拆分标段、违规确定中标人等问题。

二是部分项目投资管理不够规范。有的前期准备不足，初步设计批复和执行概算编制滞后，投资控制目标不明确，如金沙江向家坝水电站工程2008年底已完成投资96.36亿元，但至审计时尚未编制完成项目执行概算。一些工程建设和监理单位对施工单位上报的验工计价审核把关不严，财务核算也不够规范，在对京沪高速铁路和西气东输二线工程西段等项目的审计中，共发现超进度计价和多计工程款8.15亿元，建设成本中列支其他费用和用虚假发票报账等问题17.94亿元。

三是土地和环境保护等政策措施未完全落实到位。抽查17个省区市的1981个扩内需项目发现，有140个项目占用或征收土地审批手续不完备，占抽查项目总数的7%；有53个项目不完全符合环保要求，占抽查项目总数的2.68%。有的工程建设对生态环境造成了一定影响，如西气东输二线工程西段在穿越甘肃、新疆等地的3个自然保护区时，施工单位违规采用机械开挖，擅自增加施工作业宽度，导致植被损毁面积增加110多万平方米。

目前，相关部门和单位已纠正验工计价中存在的问题7.25亿元，166个项目通过补办征地用地或环评手续、进行耕地复垦等方式进行了整改，并清理了违规分包的施工队伍。各地还出台了18项贯彻落实中央扩内需政策、加强政府投资项目管理的制度措施。

五、重点民生资金和民生工程审计情况

（一）对城市最低生活保障资金、政府投资保障性住房资金、农业综合开发资金和农村饮用水安全工程资金等民生资金的审计情况。2009年，在受国际金融危机影响财政收入增幅减缓的情况下，各级财政仍大幅度增加民生投入，着力提高社会保障能力和生产生活水平，相关地区收到中央财政安排的农业综合开发资金比上年增长21.02%，各级财政筹集的城市最低生活保障资金、廉租住房保障资金分别比上年增长25.58%和61.50%，对扩大内需、促进社会和谐稳定发挥了重要作用。从审计情况看，上述政策执行和资金管理中存在以下值得关注的问题：

一是部分政策在执行中存在偏差，影响相关政策目标的实现。按规定，中央财政新增农业综合开发资金的80%以上应集中用于农业主产区特别是粮食主产区，但2007～2009年，中央财政新增农业综合开发资金分配至全国农业主产区的比例分别为69.98%、76.97%和78.72%，其中分配至13个粮食主产省区的比例分别仅为61.84%、65.19%和69.12%。在城市最低生活保障资金、廉租住房保障资金的分配中，由于对保障对象的审核和监管机制不够健全，人口变动、收入财产等信息尚未实现共享，有194个区县向不符合条件的6.29万户家庭发放城市最低生活保障补助3.3亿元，其中向1.19万户登记拥有个人企业、车辆或2套以上住房的家庭发放7376.65万元；9个城市向705户不符合条件的家庭发放廉租住房租赁补贴86.89万元、分配廉租住房74套。

二是部分项目进展缓慢，有的未能达到预期效果。审计调查发现，有些地方简单按人口数量或行政区域平均分配资金，有的地方性工作计划与中央下达的年度计划未能有效衔接，加之普遍存在的地方配套资金不到位问题，影响到一些项目的实施进度。抽查19个省市的448个新建廉租住房和10个棚户区改造项目，截至2009年底，分别仅完成计划投资额的41%和42%，其中225个项目的地方配套资金落实率平均为44%；抽查19个省区的103个县，2006～2008年计划内还有123.3万人的饮水不安全问题未解决，占计划的15.79%；抽查18个省区的156个农业综合开发产业化经营项目，有60个未能发挥预期效益，占38%。

三是部分项目管护措施落实不到位，后续管理尚需加强。随着廉租住房大批建成并逐步投入使用，一些地区出现了租金收取难、日常管理维护难和不符合保障条件的住户退出难等现象，不利于形成廉租住房入住和退出的良性循环机制。抽查的1181处农村饮用水安全工程均未落实所有权，工程运营和后续维护前景堪忧，有的已建成工程存在供水水质合格率偏低、运营成本偏高、管理维护不到位和工程利用率不高等问题。

审计还发现套取、滞留、转移挪用或挤占财政资金等问题7.14亿元，其中：涉及农业综合开发资金3.57亿元、农村饮用水安全工程项目资金3.06亿元、城市最低生活保障资金0.51亿元。

针对农村饮用水安全工程资金审计反映的问题，水利部下发了《关于加强农村水资源保护工作的通知》（办资源函〔2009〕289号）等文件，并派出督导组前往19个省区市督促整改；针对城市最低生活保障资金审计发现的问题，有关地方进行了集中清理和核实，已归还被挤占资金824.98万元。

（二）汶川地震灾后恢复重建跟踪审计情况。按照国务院批准下发的《关于汶川地震灾后恢复重建审计工作安排意见》，审计署先后组织8000余名审计人员对1.3万个重建项目进行了跟踪审计，审计覆盖面分别占中央和地方投资额的60%和80%，并从审计署选派33名干部到重灾地区挂职。从审计情况看，有关部门和地方积极调配资源，注重加强统筹协调，保证了重建资金的安全完整和建设项目的顺利推进。但灾后重建中也存在一些问题：

一是中央重建基金结存于多个部门和单位，部分资金使用不够规范。重建项目多、资金来源广，由于缺乏统筹管理，资金拨付进度与重建进展衔接不够，一些项目建设进度较慢，造成部分资金结存。截至2009年底，8家中央单位结存中央重建基金51.79亿元，灾区各级财政部门和使用单位结存298.63亿元。此外，还有58.19亿元重建资金被违规用于规划外项目、日常经费支出和归还欠款等；一些地方通过重复申报、重复统计人数等方式多申领重建资金2.41亿元，部分已用于项目建设或发放给个人。

二是部分项目的规划内容与实际情况不尽相符，有的规划要求未完全落实。3个受灾省2009年下半年对重建规划进行中期调整后，仍有274个项目的规划内容与实际情况不符，占抽查数的24%。在规划落实方面，有82所学校的3967亩新增建设用地未办理审批手续；有28个项目超规模、超标准建设22.51万平方米，平均超出37.8%；有138个项目存在731项工程管理缺陷，158个项目的监理和施工技术管理人员未按合同要求到位。

在跟踪审计中，审计机关与各地各部门紧密配合，坚持边审计、边督促整改、边促进规范提高，推动改进了2649个项目的质量管理，加快了1692个项目的建设进度，节约重建资金和挽回损失14.71亿元，建立健全规章制度974项。审计机关还向社会发布了48期灾后恢复重建阶段性审计结果公告。

（三）玉树地震抗震救灾资金物资跟踪审计情况。青海玉树地震发生后，审计署紧急部署救灾资金物资跟踪审计工作。对18个中央部门单位、31个省区市及新疆生产建设兵团的审计情况表明，各地各部门按照党中央、国务院的部署，及时启动灾害应急预案，积极筹集调拨救灾款物，并对接受救灾捐赠的单位、捐赠资金的统计、汇缴和使用提出了明确要求，保证了抗震救灾各项工作的迅速和有效推进。

总的来看，救灾资金的拨付、使用和物资发放情况较好，审计尚未发现重大违纪违规问题。目前，审计署已制订玉树地震灾后恢复重建跟踪审计方案，将救灾资金物资审计与灾后恢复重建审计结合起来，实行全过程跟踪，并适时向社会公告审计情况。

六、资源环境审计情况

近年来，各地各部门认真贯彻中央关于节能减排和环境保护的政策要求，普遍实行了节能减排工作目标责任制，加强了土地规划、审批和执法监察等制度建设，资源节约和环境保护工作取得较好效果。但对18个省区的节能减排资金和11个省区的土地专项资金的审计发现，政策执行中还存在一些问题：

一是部分地方违法违规用地问题仍较突出。重点检查的13个城市有10.19万亩土地存在未批先用、违规出让和擅自改变用途等问题，其中7个市的用地单位未批先用土地3.18万亩，包括0.72万亩耕地和0.27万亩基本农田。

二是部分地区节能减排项目建设进展较慢。抽查的18个省区中，有两个省2007年至2009年实施的十大节能工程项目，仅完成计划的69%；截至2009年底，6个省的既有居住建筑供热计量及节能改造项目、15个省区的污水处理厂项目和垃圾处理场项目仅完成“十一五”规划要求的28%、62%和41%。

三是专项资金管理和使用不够严格和规范。此次审计发现，11个省区应征未征土地出让金等收入381.81亿元，未将683.99亿元土地专项资金纳入预算管理；16个省区滞留、闲置节能减排资金9.67亿元；还有20个省区挤占、挪用和套取土地专项资金77.85亿元、节能减排专项资金2.82亿元，主要用于公共工程建设和弥补公用经费等。

针对审计指出的问题，财政部、国土资源部等部门下发了《关于进一步加强土地出让收支管理的通知》（财综〔2009〕74号），各地制定和完善了48项制度，已追缴、拨付和归还专项资金209.19亿元，收回土地或补办用地审批手续4.31万亩，并给予40名责任人员党纪政纪处分。

七、金融机构审计情况

对中国农业银行、中国农业发展银行和中国出口信用保险公司的审计结果表明，这些金融机构认真贯彻执行适度宽松的货币政策，加大了对重点领域和薄弱环节的金融支持力度；注重深化改革和加强信贷风险管理，保持了资产质量的持续稳定。同时，审计也发现，一些政策性金融机构近年来大力发展商业性业务，在一定程度上影响到政策性业务的深入开展，部分政策性信贷支持未能完全落到实处，违规操作或超范围经营问题也比较突出，涉及金额共计203.01亿元。如2006年4月至2007年6月，中国农业发展银行乌兰浩特市支行在已取得该市第三粮库经审计的财务报表的情况下，仍依据企业伪造的财务报表，向其发放粮食收购贷款2.85亿元，最终造成8236万元贷款损失。

跟踪审计中国工商银行、中国建设银行和中国银行2009年新增贷款的结构和投向发现，部分新增贷款结构不尽合理，主要是中长期贷款占比高、房地产贷款业务增长快、对农业和小企业的信贷支持力度不够，还有部分贷款的投向不符合规定。

有关金融机构认真整改审计发现的问题，截至2010年3月底，中国农业银行已整改90项问题，整改完成率为93.75%，处理责任人员263人；中国农业发展银行已收回贷款7.03亿元，资产保全38.67亿元，处理责任人员463人；中国出口信用保险公司制定和完善了82项制度；商业银行制定了调整和优化信贷结构的措施，2010年第一季度对农业和小企业的贷款增幅明显。

八、企业审计情况

审计中国航空集团公司、中国华电集团公司等10户中央企业的资产量共计1.2万亿元，占这些企业资产总额的62%。结果表明，这些企业认真贯彻落实中央宏观调控措施，积极应对国际金融危机，加快结构调整，经营稳步发展。但在财务收支和内部管理方面还存在以下问题：

一是重大经济事项决策不规范。抽查10户企业的重大工程项目投资、资产处置、资本运作等538项决策，发现违规决策30项，造成国有资产损失及潜在损失8.33亿元。

二是资产负债损益不实。10户企业资产不实89.13亿元，占资产总额的0.46%；负债不实80.39亿元，占负债总额的0.63%；损益不实56.22亿元，占利润总额的5.23%。还有8户企业的50家下属单位通过虚列成本、截留收益等方式，将7.49亿元在法定账簿外核算，主要用于发放职工补贴、代职工出资入股等，个别人员涉嫌职务侵占。

目前，相关企业全部纠正了资产负债损益不实的问题，并健全完善制度538项，对112名责任人员进行了处理处罚。

此外，受有关部门委托，审计署还对10名中央企业领导人员、6名省市长和8名中央部门部长任职期间的经济责任履行情况进行了审计，并按规定向有关部门提交了审计结果报告。对其所在单位和地方存在的需要纠正和改进的问题，已依法下达审计决定。

九、重大违法违规问题揭露和查处情况

在以上各项审计中，审计署上报国务院或直接向有关部门移送重大违法违规问题和经济犯罪案件线索104起，涉案人员473人。这些案件主要有以下特点：

一是案件发生的环节和领域相对集中，主要涉及审批、决策、信贷发放和招投标等环节，其中发生在金融交易、国有股权转让和土地矿产资源管理这3个领域的有56起，占53.8%。

二是内外勾结牟取私利的“串案”、“窝案”仍较多。如吉林四平九丰酒业有限责任公司实际控制人李树岩、李树君两兄弟，伙同当地中国农业发展银行部分工作人员，采取编造虚假财务资料及收粮凭证等手段骗贷2.66亿元，部分资金被用于境外赌博挥霍等。

三是一些管理较为薄弱的政策性金融机构和事业单位违法违规问题日益显现。在39起金融案件中，有19起发生在政策性金融机构，占48.7%；在涉及行政事业单位的42起案件中，有16起发生在出版社、咨询中心和科研院所等事业单位。如卫生部公报杂志社编辑部聘用人员傅捷、傅雪华等，以编辑部名义向全国医疗机构等征订广告，并印制刊登广告和不刊登广告两个版本的公报和年鉴欺瞒领导，2007～2009年共骗取广告宣传费900余万元，全部转入傅捷担任法定代表人的公司。

四是犯罪手法更加隐蔽，呈专业化和高智能化。有的不法分子通过网上银行等便捷平台异地大规模转移资金，有的通过关联企业虚开信用证或增值税发票贴现等方式骗贷，有的利用内幕交易信息或专业知识背景操纵股市牟利。此类案件专业性和隐蔽性较强，很多交易甚至以合法形式出现，查处难度高，涉案金额也比较大。

上述案件移送后，有关部门正在依法立案查处，查处结果将在明年作审计工作报告时一并公告。今年，我们将对2008年以来已结案的部分典型案件进行公告。

对本次中央预算执行和其他财政收支审计发现的问题，审计署依法征求了被审计单位意见，已出具审计报告、下达审计决定。各部门各单位认真整改，迄今已追缴或归还资金941.16亿元，挽回或避免损失53.38亿元，有790多人被追究责任，还根据审计建议完善了1700多项制度规定。最终整改结果，国务院将在年底前向全国人大常委会专题报告。

对各部门和单位的审计结果和整改情况，审计署依法予以公告。

十、加强财政管理的意见

（一）进一步健全政府预算体系，逐步将政府全部收支纳入预算管理范围。研究细化一般预算和基金预算，加快推进社会保障预算和国有资本经营预算，将国有金融机构纳入国有资本经营预算范围，并着手研究建立债务预算，清晰反映债务收入和支出。

（二）进一步加快推进财政体制改革，健全事权与财力相匹配的财政体制。在合理界定各级政府的事权与支出责任的基础上，围绕基本公共服务均等化和主体功能区建设，合理调整中央与地方收入划分，着力增强县级财政的保障能力；不断改进预算编制办法，尽快健全完善定员定额支出标准，严格规范部门预算口径，促进部门预算编制与业务工作计划安排相协调、中央转移支付分配与地方政府预算编制相衔接。

（三）进一步优化财政支出结构，整合财政资源，提高财政资金使用效益。科学处理政府与市场的关系，增加财政对公益性和保障性领域的投入，把更多的财政资源用于改善民生和发展社会事业；清理和整合专项转移支付项目，对上级政府职责范围内的项目，应尽量减少地方配套；对不同层级政府共同负责的项目，应合理确定地方配套要求，切实保障资金配套需要。

（四）进一步强化对地方财政的管理，健全地方政府性债务管理制度，防范财政潜在风险。推动地方加强预算管理，提高预算编制的准确性和完整性，及时纠正违反国家统一政策、有碍社会公平的地方优惠政策；在摸清地方政府性债务底数的情况下，制订逐步清理化解逾期债务方案，落实偿债责任，有效管理存量债务，严格控制增量债务，防范金融风险向财政转移；清理整合现有融资平台公司，加强地方政府对融资平台公司债务的集中统一管理，规范融资平台公司的设立、经营和筹资行为。

在全国审计机关党风廉政建设工作视频会议上的讲话

（2010 年 3 月 29 日）

刘家义

同志们：

十七届中央纪委第五次全会结束后，署党组对全会精神和胡锦涛总书记在会上的重要讲话及时进行了传达学习，并提出了具体的贯彻意见。刚才又传达了温家宝总理在国务院第三次廉政工作会议上的重要讲话。对此，全国审计机关和广大审计人员要认真学习，深入贯彻，坚决落实。

2009 年，审计机关深入贯彻落实科学发展观，认真落实中央关于反腐倡廉的部署和要求，紧紧贯穿应对国际金融危机、保持经济平稳较快发展这条主线，依法履行审计职责，积极发挥审计监督在推进反腐倡廉建设中的作用，同时审计机关自身廉政建设也得到了加强，并且取得十分明显的成效。一是围绕中央保增长、保民生、保稳定等决策部署，对灾后恢复重建、扩大内需政策措施的落实情况和京沪高速铁路、西气东输二线等一大批重大投资项目进行了跟踪审计和审计调查，保障了中央宏观经济政策措施的落实到位。二是关注财政、金融、国有资产、民生和环境保护等方面的薄弱环节和潜在风险，对地方政府性债务、金融机构及国有资产的运营情况、种粮农民补贴、政府投资保障性住房、土地和矿产资源管理、农村饮用水安全以及长江上游水污染防治状况等进行了审计和调查，着力维护国家经济安全。三是注重反映评价领导干部经济责任履行情况和政府行政效能，不断深化经济责任审计和预算执行审计，着力推进建立健全问责机制和责任追究制度。四是严肃查处重大违法违规问题和经济犯罪案件线索，向司法、纪检监察机关移送案件线索和事项 1456 件，深入推进了反腐倡廉建设。五是注重分析和揭示政策、制度和管理中的问题和漏洞，提出深化改革、规范管理和健全制度的建议，提交各类审计报告和信息简报 15 万多篇，比去年增长 8%；发布审计结果公告 4100 多篇，比去年增长 31%；提出审计建议 22 万条，比去年增长 12%；促进建立健全规章制度 5600 多项。六是把廉政建设作为审计工作的生命线和高压线，通过加强制度建设、开展党性党风党纪教育、推进廉政跟踪检查和巡视工作、改进和完善内部监督制约机制，提高了审计队伍的整体素质和工作水平。

同时，当前反腐倡廉形势依然严峻，审计工作与党和人民的要求相比还有一些差距。一方面，经济社会发展对反腐倡廉建设提出了新要求，也对审计工作提出了新要求。从这些年的审计情况看，由于社会主义市场经济体制还不完善，预防腐败的机制制度尚不健全，重大违法违规问题和经济犯罪案件仍时有发生，违法犯罪的手段、方式和性质等也出现了新变化，违法犯罪行为日趋复杂化、隐蔽化和高智能化。这都要求我们及时研究新情况、解决新问题、总结新经验、提出新办法，不断创新审计理念、思路和方式，充分发挥审计在惩治腐败、推动廉政建设方面的作用。另一方面，审计机关也不是生活在真空里，自身廉政建设也面临复杂的环境和形势的考验。如安国同志在报告中所讲的一些案例，都反映出有的审计机关和个别审计人员党性修养不高、作风不正、纪律性不强，甚至违反党纪国法。这与党和国家对审计机关和审计人员的要求，与法律法规的要求，与人民群众的期望是决然不相符合的。我们必须高度重视，要有十分强烈的忧患意识，切实加强审计机关自身廉政建设，以保证审计监督职责的有效履行，以维护审计机关和审计人员的良好形象。

今年是继续应对国际金融危机、保持经济平稳较快发展、加快经济发展方式转变的关键一年。我们要深入贯彻党的十七大，十七届三中、四中全会，十七届中央纪委五次全会和国务院第三次廉政工作会议精神，按照全国审计工作会议确定的“一个中心”、“两大目标”、“八项任务”的工作思路和部署，依法履行审计监督职责，加强对审计权力运行全过程的风险防控和监督制约，充分发挥审计在惩治腐败和推进反腐倡廉制度创新等方面的作用。刚才，安国同志代表署党组所作的工作报告，各级审计机关要按照党委政府的安排，结合自身实际，切实抓好执行，保证各项工作部署落实到位。党风廉政建设，核心是我们每个领导自己切实做到，关键是敢于和善于履行职责。下面，我再强调几点：

一、加强教育和监督，确保廉洁自律

党和人民把审计这个公权力交给了我们，如何才能掌握好、行使好？“胜人者有力，自胜者强。”作为一个党员、一个公务员、一个审计人员，正人必先正己。审计机关要依法履行职责，审计人员腰杆要硬，敢于理直气壮地行使职责，广大审计人员必须廉洁自律，真正做到心底无私天地宽，严格按照法定的职责、权限和程序开展审计工作。为此，从审计署开始，从审计长做起，全国各级审计机关、每个审计人员、共产党员特别是党员领导干部要以建设学习型审计机关为契机，以贯彻实施《中国共产党党员领导干部廉洁从政若干准则》（以下简称《廉政准则》）为重点，加强理想信念教育和廉洁从政教育，牢固树立马克思主义世界观、人生观、价值观和权力观、地位观、名位观、利益观，不断提高拒腐防变的意识和能力。

廉洁自律，领导干部是关键。审计系统的廉洁自律，请大家向审计署看齐；审计人员的廉洁自律，请同志们向审计长、向审计署的每位领导看齐。这是我代表署党组，向全国审计系统和干部职工作出的庄严承诺。各级审计机关的领导干部要加强自我教育，加强党性修养，发挥表率作用，认真学习和把握《廉政准则》的各项要求和规定，自觉做到标准更高一些、要求更严一些，如实向党组织报告个人有关事项，主动接受各方面监督，习惯在监督下行使权力、开展工作。审计机关的廉洁自律和依法行政，关键在哪里？关键在于各级领导班子，在于领导班子的每个成员，尤其是各级领导班子的“一把手”。如果一个单位的廉洁自律做得不好，要么是“一把手”自己没有做好，要么是“一把手”不敢履行职责，不敢抓、不敢管。所以，各单位的领导班子一定要抓好本单位的党风廉政建设，切实落实党风廉政建设责任制，主要负责同志要承担起第一责任人的责任，不要怕得罪人。不敢得罪少数人，就必然得罪广大人民群众；不敢得罪违法乱纪的人，就必然得罪中国共产党。领导班子其他成员要认真抓好分管范围内的反腐倡廉建设。纪检干部要充分履行职责，加强组织协调和监督检查，促进各项廉政规定落到实处。

二、切实履行审计监督职责，为推进反腐倡廉建设作出积极贡献

为更好地履行审计监督职责，我们必须切实把握审计工作发展规律，深入理解和认识加强监督与促进发展、揭露问题与推动深化改革、查办案件与推进制度建设、公开透明与加强民主法治建设的关系，敢于和善于坚持原则，严肃揭露和查处重大违法违规问题和经济犯罪案件，更加注重从体制、机制、制度层面揭示、分析和解决问题，充分发挥审计预防、揭示和抵御腐败的“免疫系统”功能。要突出以下重点：

一是加强对中央重大决策部署执行情况的跟踪审计，促进中央宏观经济政策落实到位。在各项审计中，都要注意检查中央关于转变经济发展方式、促进经济平稳较快发展等相关政策的执行情况，坚决纠正有令不行、有禁不止的行为；注重分析政策实施效果和资金使用效益，促进财政资金的安全、科学和高效使用；密切关注政策执行中出现的新情况和新问题，及时提出对策建议，促进提高政策的针对性和灵活性。

二是注重揭示和反映经济运行中的突出矛盾和潜在风险，着力维护国家经济安全。我们要充分认识当前经济社会发展形势的复杂性，进一步增强忧患意识和责任意识。在审计工作中，要更加关注政府性债务问题，促进有效防范和化解潜在财政风险，深化财政体制改革；更加关注银行信贷结构和资产质量，促进防范受宏观经济波动和企业经营周期影响而可能出现的系统性金融风险，维护金融稳定；更加关注因决策不科学、不合规、管理不严格导致国有资产流失的问题，尤其是经济全球化冲击下的国内产业安全和“走出去”企业的经营管理状况，维护国有资产安全和市场经济秩序；更加关注在土地征用、拆迁安置、企业改制、环境污染以及工程建设等方面存在的突出问题和薄弱环节，防范可能引发社会不稳定因素。

三是加强对公共工程项目的审计监督，保障项目顺利实施和尽早发挥效益。要注意对照宏观调控政策的重点、方向和力度，检查政府投资结构是否符合政策取向，项目实施是否实现政策目标。要切实加强对政府投资和使用国有资金建设项目的审计和审计调查，揭示和查处违背国家产业、土地和投资政策、重大铺张浪费和损失浪费等问题，深挖工程质量问题和安全事故背后的腐败问题。要继续加强对汶川地震灾后恢复重建、京沪高速铁路、西气东输二线、金沙江溪洛渡水电站等政府重大投资项目的全过程跟踪审计，及时发现问题、督促整改，确保资金安全和工程质量。

四是加强对行政权力运行的审计监督，促进依法行政、严格按程序办事。要按照温家宝总理关于“充分发挥监察、审计部门的作用，加强对行政权力运行的监督”的要求，进一步深化领导干部任期经济责任审计和对政府部门单位的审计，揭露和查处在贯彻中央决策部署过程中失职渎职、弄虚作假、不作为和乱作为等行为，在项目审批实施和资金分配使用中索贿受贿、贪污私分、截留克扣、挤占挪用等行为，领导干部利用职务便利为本人或特定关系人谋取不正当利益、违规决策等问题，促进领导干部守法守纪守规守责，不断提高执行力和公信力。

五是加强对民生工程和资金的审计监督，促进社会和谐稳定。要按照中央经济工作会议的部署，进一步加强对“三农”、科技、教育、卫生、文化、社会保障等重点民生项目和资金的审计，揭示和反映落实国家政策不到位、政策目标未实现以及严重影响和损害群众利益的问题，规范资金管理和运行，促进各项惠民政策落实到位。

六是加大对重大违法违规问题的揭露和查处力度，深入推进反腐倡廉建设。要将查处大案要案与开展工程建设领域突出问题、“小金库”等专项治理工作相结合，进一步突出对工程建设、金融、国有企业、土地管理等重点领域的审计监督。认真研究和分析新形势下腐败案件发生的特点和规律，及时准确判断腐败现象易发多发的重点领域、重点部位、重点环节和廉政风险，有重点地加强审计监督，更加有效地发挥审计在惩治腐败方面的作用。进一步完善与纪检监察、公安、检察和司法等部门的协调配合机制，研究建立对审计移送案件的跟踪和查处通报制度，使违法犯罪分子依法受到惩处。

七是加大对体制机制性问题的揭示和反映力度，促进深化改革和公开透明。加强反腐倡廉建设，既要坚持不懈地查处大案要案，又要持之以恒地推进机制体制完善。要从宏观和全局的角度，去认识和审视审计掌握的情况，去分析和反映审计发现的问题，去研究和提出完善体制机制的意见和建议。要利用信息化手段来整合分散的审计信息，综合利用审计成果，多出精品和高端产品，进一步提高审计成果的层次和水平。同时，还要通过审计结果公告等制度，推进财政预算公开，把审计监督与社会监督、舆论监督结合起来，从制度上铲除腐败滋生的土壤，建立有效预防腐败的长效机制。

三、开展制度完善年活动，深入推进审计机关反腐倡廉制度建设

坚持依法审计，是有效发挥审计监督作用的前提和基础，也是审计机关自身反腐倡廉建设的出发点和落脚点。为进一步推动审计能力、审计工作水平和审计的公信力有一个质的提高，审计署党组把今年作为“制度完善年”，通过制定、完善并执行各项制度，深入推进审计机关自身反腐倡廉制度建设，为发挥审计“免疫系统”功能提供有力保障。

一是建立健全保障有效履行审计职责方面的制度体系。新修订的审计法实施条例将于今年 5 月 1 日起正式实施。我们要按照条例的要求，在规范工作程序、统一工作标准、查找薄弱环节和风险点的基础上，全面清理相关制度，做好制度的立、改、废工作，修订国家审计准则，构建审计指南体系，制定和完善审计业务管理办法，逐步构建起一个标准明确、结构合理、功能完备的审计规范制度体系。要建立健全对审计职责履行不到位、不作为、不当作为以及违反审计纪律八项规定等处理处罚办法。

二是全面规范和制约审计人员的自由裁量权，加强对审计全过程的风险防控和监督制约。要在总结经验的基础上，实行审计计划、实施和审理三分离制度，全面推行审理制度，规范涉嫌犯罪案件线索和其他重大事项移送工作。健全重大处理处罚事项听证制度，完善特约审计员制度和审计组廉政监察员制度，对审计计划、实施、审理、执行各环节实行全程监督。

三是加强和改进机关内部管理，进一步建立健全审计计划、审计成果、预算、财务、固定资产、基本建设和后勤等各项行政事务管理制度。加强内部审计和监督，建立健全对审计机关内部机构负责人的任期经济责任审计制度。

四是深化干部人事制度改革，进一步加强干部管理相关制度建设。研究起草《审计署组织条例》，探索差额选拔干部办法，建立后备干部动态管理机制，规范交流干部管理，完善巡视工作机制和操作办法。推动审计机关公务员队伍专业化建设，健全审计专业人才培养机制，改进和完善审计干部职业教育培训体系和审计专业技术资格考评制度。

四、开展作风改进年活动，加强作风建设

作为经济监督部门，作风建设对审计机关尤为重要。当前要抓好以下几个方面：

一是坚持依法审计，文明审计，切实做到“实”、“高”、“新”、“严”、“细”。要依法按程序开展审计工作，妥善处理与被审计单位的关系，既要敢于坚持原则，又要谦虚谨慎、举止文明。对审计查出的问题，要实事求是、客观公正地作出处理，维护法律的尊严，维护审计工作的尊严。为什么强调维护法律的尊严？维护审计工作的尊严？如果对于审计发现的重大问题，不敢揭露，不敢依法处理，既是严重失职，又是对法律的亵渎，同时，也辜负了党和人民的期待。所以，必须严格依法审计，坚持实事求是、客观公正地处理。

二是深入基层，深入一线，加强调查研究。各级审计机关的领导同志要深入审计一线，到审计组、到基层去，帮助基层解决一些实实在在的困难，为审计人员更好地履行审计职责创造条件。各级审计机关的领导同志还要亲自去解剖典型事例，亲自去总结审计工作经验，去把握审计工作规律，以便更好地提出有针对性的指导意见。对于广大审计人员，要严暖结合。既要严格要求，又要关心爱护，特别是要从政治上、思想上、工作上、学习上和生活上关心爱护，帮助他们尽快地提高，创造条件使他们尽快地成长。

三是切实改进会风文风，大力精简会议和文件。这一点首先要从审计署做起，严格控制会议的数量和规模，控制发文的数量等，避免出现以会议贯彻会议，以文件落实文件，以形而上学批判形而上学，以官僚主义反对官僚主义等现象。提倡开短会、讲短话，尽可能利用现代技术开电视电话会议。要开会，就要进行深入的讨论和研究，现在很多会议是光会不议，这种现象十分突出。我们要充分认识到，会议质量的好与坏，不在于召开会议次数的多少，讲话时间的长短，而在于能否解决实际问题。审计署今年将5个培训班全部整合，改为视频培训，初步估计，这样做至少节约了百万元以上的经费，减少了往返时间，参加会议的人员和培训的受众也大大增加。而且，各部门单位也能集中精力安排好业务工作。

四是发扬勤俭节约、艰苦奋斗的作风，从严控制审计成本。要按照国务院第三次廉政工作会议的要求，继续对公务接待、公车使用、因公出国出境经费实行量化指标控制。审计署公用经费压缩5%。在党组中心组学习会上，我们已经提出，虽然各特派办的招待费已经很低了，今年比去年也要压缩一半，希望各特派办包括地方审计机关的接待要大大简化。在此，我再次重申，上级审计机关到下级审计机关，审计机关之间不要搞迎来送往、赠送礼品和超标准接待，更不能用公款大吃大喝，坚决杜绝讲排场、搞花架子的事情。在中央纪委五次全会后，审计署专门下发文件，规定了到地方调研的接待等事项，希望大家要认真贯彻执行。同时，要按照中央的要求严格控制各种庆典，不得印制花钱多、没用处的画册和相册。作为审计机关，每逢5年或10年的纪念，在内部召开研讨会，认真研究在队伍建设、履行职责、强化管理方面的经验、作用和不足，才是激励全体职工奋发图强的有效措施。要时刻牢记，作为一名共产党员、一名公务员、一名审计人员，我们的一言一行、一举一动，从某种意义上讲，不仅代表着自身的修养，更代表着一个单位乃至行使一定公权力的审计机关和审计系统干部队伍的形象。

五、加强监督检查，确保制度执行到位

加强反腐倡廉制度建设重在预防腐败，减少或者消除腐败现象的发生，因此，必须抓好制度执行这个重要环节，以深化、巩固和提高反腐倡廉制度建设成果。

一是明确分工，落实责任制。首先，按照“谁主管，谁负责”和“一岗双责”的要求，通过签订廉政责任书、作出廉政承诺等措施，把廉政责任分解和落实到各级领导班子和领导干部，使各单位“一把手”切实负起第一责任人的职责。其次，按照审计管理和工作纪律等有关要求，通过实行审计组长责任制、审计项目目标责任管理办法、重大审计质量问题责任追究制等办法，进一步明确审计组长、审计人员的责任，从而形成一级抓一级、一级对一级负责的领导体制和工作机制。

二是加强监督检查，强化责任考核。上级审计机关要加强对下级审计机关的监督和检查，下级审计机关也要加强对上级审计机关的监督，全国各级审计机关都要加强对审计署的监督，我代表审计署向大家郑重地表示，热烈而真诚地欢迎大家监督。要通过实行审计质量检查、重大项目廉政跟踪检查、廉政回访、巡视工作和干部监督联席会议等办法，加强对领导干部特别是各级审计机关主要领导干部行使权力的监督，加强对重点人员、重点岗位、重要事项的全方位和全过程监督，增强制度的有效性和执行力。

三是推进政务公开和党务公开，自觉接受社会监督。阳光是最好的防腐剂，我们要认真贯彻新修订的审计法实施条例，按照中央有关政务公开的要求，进一步完善审计信息公开制度，不断拓展公开的内容，创新公开的方式，关注舆情民意，提升审计信息公开的质量；坚持和完善审计结果公告、新闻发布制度，加大审计计划和过程公开的力度，有计划、有针对性地组织媒体对社会关注的重大审计项目进行跟踪采访，抓好基层党组织的党务公开。同时，按照谁主管谁负责、谁公开谁落实的原则，逐步规范信息公开的管理、审核、检查工作和通报制度，确保能够按规定及时公开审计信息。对审计机关的财政预算及执行、审计人员录用、培养、选拔任用、管理等，都要在法定范围内全部公开。

四是严格责任追究和惩处，严肃查处违反制度的行为，维护制度的权威性。对发现有贪污腐败等违法违纪行为的，坚决查处，绝不姑息迁就。这些年来，经过不懈的努力，审计机关在社会上赢得了良好的声誉，审计机关清正廉洁的形象得到了党和人民群众的认可。这些来之不易，但却可能因为个别单位、个别审计人员在廉政方面出现问题而受到影响。因此，希望大家一定要高度重视，切记在廉政建设上任何时候都不能有一丝一毫的放松。

五是纪检监察干部要不断提高水平，切实履行职责。要敢于和善于查处审计系统内发生的各种违法、违规、违纪行为。各级审计机关的领导同志特别是主要负责同志要大力支持纪检监察干部履行职责，创造条件使他们有一个更加宽松、有利于履行职责的环境和平台。要认识到，纪检监察工作不仅是纪检监察干部的事情，首先应该是各单位“一把手”的事情。希望各级审计机关的领导同志特别是“一把手”，经常与派出纪检组、监察机构和人事部门研究审计机关党建、纪检监察和反腐倡廉工作的重点，研究惩治和预防腐败体系建设的重点，共同搞好审计机关的反腐倡廉建设。

同志们，加强党风廉政建设，是审计机关贯彻落实科学发展观、依法履行审计监督职责的重要内容和保证，意义重大，任务艰巨。我们一定要切实按照中央的部署和要求，扎扎实实、力求实效地推进审计机关党风廉政建设，以此来保证和促进我们认真履行好法定的审计职责，充分发挥审计保障国家经济社会健康运行的“免疫系统”功能，为促进经济平稳较快发展，推动经济发展方式转变，推进反腐倡廉建设，作出新的更大的贡献！

在 2010 年中央预算执行审计培训班结束时的讲话

（2010 年 11 月 1 日）

刘　家　义

这次培训班一共 3 天半的时间，时间比较充裕，取得的效果也很好。经过充分讨论，大家达成了共识，统一了思想，明确了目标，对 2010 年中央预算执行审计总体方案的理解也更加深刻。刚才侯凯副审计长讲的几点意见，我都赞成。下面，我结合个人的体会，再强调几点：

一、必须坚持构建财政审计大格局的主题和思路

在去年的预算执行审计培训班上，我们主要强调了三句话：一是财政审计要集中体现“国家财政”的要求；二是要树立“凡是政府应该管的钱就是国家财政”的理念；三是财政审计是审计机关最基本和首要的职责。那么，对于今年即将开展的财政审计，在上述三句话的基础上，是否能再集中体现出四个字，即“预算执行”。

2009 年，署党组经过认真研究和深入思考，提出构建财政审计大格局。为什么不是财政审计一体化呢？当时考虑这个问题的出发点：

第一，一体化是特定的概念，其特定含义就是以中央财政管理审计为龙头，顺着财政资金的拨付和使用轨迹追踪到底。但是，一体化没有完整地、真正地体现“国家财政”的要求，没有真正体现“政府应该管的钱就是国家财政”的理念，也没有真正体现出财政审计是我们首要的、最基本的职责。

第二，从严格意义上讲，我国目前的国家财政是不完整的。今年 7 月在大连召开全国审计工作座谈会的时候，我们曾讲过，如果不完善法律制度和相关体制，我们的国家财政有被分割、被肢解的危险。从公共财政预算角度讲，国家财政应该包括五大块：一是一般预算，主要是由税收构成；二是基金预算，是税外征收的各种基金；三是社保预算，包括真正意义上的社会保障基金和全国社保基金理事会掌握的近万亿元的社保资金；四是国有资本经营预算；五是债务预算，包括内债和外债。我国目前的财政预算只有前四块，债务预算的编制基本上处于空白状态，内外债都没有预算。而且在现有的四块预算中，有三块没有进入财政预算管理，没有进入真正意义上的国家财政，但这三块都是政府应该管的钱。胡锦涛总书记、温家宝总理多次强调要健全完整的国家财政。2009 年给全国人大常委会的审计工作报告中，提出的第一个建议就是要建立统一、完整的国家财政，反响很好，国务院和全国人大都认可。国家财政不统一、不完整，体现在三个方面：一个是在各级政府之间，一个是在不同部门之间，一个是在构成国家财政的各部分内容之间。

第三，现在的财政审计，实际上处于一种人为的业务分割状态。财政司负责财政部掌握的一般预算支出的审计，行事司负责一般预算支出中的部分资金的审计，农业司、投资司、企业司、社保司等司局以及各个特派办，也是各自负责一般预算支出中的一小块资金。有时某一小块资金的管理和使用情况看起来问题很严重，但是放在一个大的环境下来看又不太突出，最后形不成总体概念。

正是出于这三点考虑，署党组提出要构建财政审计大格局。构建财政审计大格局的根本目的，就是要通过审计，真正促进建立完善的国家财政预算体系，真正体现国家财政的完整性和统一性，真正体现“政府应该管的钱就是国家财政”的理念，真正体现各层级之间预算执行数的钩稽关系。那么，实践情况如何呢？财政审计在一年间有三个方面的突破：

一是切实整合了审计资源。一个特派办负责审计一个省（区、市），各地反响很好。各特派办自己也感觉工作开展更加顺利。不像原来，一个省（区、市）一般有3个左右的特派办在审计，最多的时候有9个特派办，地方反映比较强烈，影响确实也不太好。

二是增强了时效性。现在每年三四月份之前，都是集中精力搞财政审计，而且是对当年的财政预算进行审计。像今年6月，财政部长向人大常委会报告2009年的预算执行情况，审计长向人大常委会报告2009年的预算执行审计情况，时间非常契合，人大常委会、国务院和社会各界反响很好。全国人大常委会和国务院的领导就这个问题提了很多年，特别是2008年给我的感受非常深刻，当时就下定决心一定要把这个两段式审计确立下来，建立制度，形成规矩。事情起源是这样的：2008年，由于发生了汶川特大地震灾害，审计工作报告时间由6月推迟到8月。当时，整个国家的经济运行正发生着很大的变化，上半年还是实行“双控”方针，7月调整为“有保有控”。这时候，财政部长作的报告是2007年中央预算执行，审计长作的报告虽然标题是2007年中央预算执行审计，但内容却几乎都是2005年和2006年的。国务院常务会议讨论的时候，国务院几位领导都指出，审计工作报告和财政部预算执行报告对不上，而且现在经济运行情况发生这么大的变化，审计工作报告还在反映前几年的情况，对经济社会发展的促进作用到底有多大？当时对我的触动非常大。之后，在人大常委会上作了这个报告，虽然总体上反响很好，但与会代表包括常委们也都提出了同样的问题。所以，必须下决心彻底解决这个问题。2009年度的预算执行审计工作报告的效果就非常好，今年审计结果报告报给国务院后，在讨论审计工作报告代拟稿的时候，国务院就充分肯定我们的改进方式。这是因为，今年的审计结果报告与当前的经济运行情况是完全一致的、合拍的，而且与财政部长的预算执行报告也是衔接的。后来，审计工作报告报到人大常委会，常委们也都很赞成，认为既反映了当年的预算执行审计情况，而且延伸审计也反映了以前年度的一些问题，讲起来大家心里都服气，取得了很好效果。

三是初步整合了审计成果。只要把各方面审计的信息和报告进行初步整合，在“两个报告”里反映的就不单纯是一般预算执行审计情况，而是多方面审计情况的有机结合。当然，今年还只是一个初步尝试，但效果比较明显。这就是一种审计理念的转变，一种工作方式的转变，可以转化为生产力。比如今年在工作报告中提出的几点建议，就是建立在报告反映问题和审计情况的基础上。这些审计建议条理清晰，可操作性强，有关部门实施得了、落实得好，促进健全了有关制度。12月，国务院还要向全国人大书面报告审计工作报告所反映问题的整改和建议落实情况。这些审计建议是国务院提出来的，经过人大常委会审核同意的，需要逐条落实，否则人大代表有权质询。

应该说，构建财政审计大格局的工作已迈出了坚实的一步，也取得了比较明显的成效，必须坚定不移地朝这个方向走下去。现在，多数同志已逐步把构建财政审计大格局当做工作的指导思想，当做一种理念，当做一种工作方式和模式，而且把这种理念贯彻到了整个审计实践中。但也有个别领导和同志还是把它当做一种口号，导致工作中出现一些问题。

第一，个别特派办存在内部工作分割的问题，工作组织方式有待完善。比如现在是一个特派办负责审计一个省，但是个别特派办的各个审计小组之间还是分割的。2009年“两会”期间，我遇到一位市委书记，是人大代表，他说他最近接待了一个特派办派出的5个审计组。出现这样的问题，就是指导思想和组织方式的问题，把大格局作为了一种口号，而没有作为一种理念，没有转化为工作方式。还有的特派办到一个省里派去3个特派员，各自负责分管处室的工作，且互不协调。这样的结果，是特派办不能形成一个整体。考核对应的是特派办，特派办要对各处进行考核，要根据特派办具体的组织形式采取适当的方式，不仅考核到处，还要考核到人，落实岗位责任制。内部整合不起来，就很难形成大格局。

第二，审计成果整合还有很大差距。比如专项资金审计，就好像这次的专项资金审计发现的问题才可以作为审计成果，特别是 11 月和 12 月审计的专项资金才算数，6 月审计的就不属于这个范畴了。再比如，2009 年或今年在财政审计和扩内需审计调查中，都发现一些重复申报、虚报套取等方面的问题，为什么不可以把这些情况整合利用？特派办也一样，为了集中回答几个问题，就应该把各方面的情况都综合运用起来。在这方面 2009 年有个初步的尝试，不仅在“两个报告”方面，而且综合当年审计的情况，向总理报送了《当前影响我国经济安全的几个突出问题》的报告。总理第二天就转批给了有关部委。为什么总理这么快就批示呢？因为我们从审计企业、金融、财政、投资、环保、基金等方面，综合提炼出当前影响我国经济安全的几个突出问题。这个报告很有针对性，对做好当前工作很有参考价值。

第三，存在人为行政分割，需进一步强化审计工作的及时性和建设性。当前，署机关在计划、任务的安排上，整合得还不够，目标和要求还不十分明确。各司、局、特派办在执行过程中没有从总体要求、总体目标上创造性地理解和执行，过于机械，有些审计出的问题给人不痛不痒的感觉。比如虚报冒领、重复申报等问题，报上来之后要去查实，结果一查就没有了，不知道是报得不准，还是报得虽然很准但怕影响跟地方的关系又不想反映了，当然，有可能是因为任务比较重，导致深度不够，有些事情吃不准，只准备给署领导说说就算了。

这些问题都是发展中的问题，都是构建财政审计大格局过程中的问题，并不奇怪。有些同志很着急，但我觉得应该坦然处之。因为我们的第一目标就是先推出去、走出去。2009 年第一目标实现了，而且实现得很好，比预期的要好。以“两个报告”为起点和终点这项工作，原本担心执行起来会出现问题，但现在看来效果还可以。一个办对一个省，效果也是可以的。

二、关于 2010 年中央预算执行审计工作的总体思路

今年，我们通过这个总体方案的实施，将构建财政审计大格局继续向前推。怎么推？我们提出了整个财政审计的目标，提出了“评价总体、揭露问题、规范管理、促进改革、提高绩效、维护安全”的总体思路，今年之所以增加“评价总体”，是因为这是审计的发展趋势。要总体评价就必须对决算草案进行审计，因为决算草案是整个预算执行的结果。今年 7 月 7 日，总理在国务院常务会议上部署审计查出各项问题的整改工作时讲，要对预算执行效果进行审计。对预算执行效果审计从哪里进行呢，不就是决算草案吗？一定要注意是决算草案，不是决算。决算草案的审计应在财政部给国务院报决算草案之前。这时，审计署报决算草案审计的报告，供国务院审核决算时参考，最后再形成向全国人大常委会报告的决算报告。

财政审计按照这个总体思路，下一步的目标是促进健全完善财政预算体系。第一要促进建立健全统一完整的国家财政；第二要促进国家财政管理规范有序；第三要促进国家财政公平公开；第四要促进国家财政合理有效。从这些目标来看，我们的路还很长。第一，真正意义上的绩效审计还没有完全开展起来，但是所审计的项目都包括有绩效的成分和内容，比如政策目标的实现情况就涉及绩效；第二，还没有对政府应该管的钱都进行审计；第三，仅仅是对部分中央部门的预算执行结果，就是部分决算草案进行了审计。

今年 7 月在大连开会的时候曾讲过，下一步要逐渐探索按支出科目进行审计，那样才能真正实现总体评价。但是说实话，今年在总体方案上我不很赞成按科目审计。为什么呢？因为一个“类”当中的一部分资金不是科目，马上按科目审计的时机还不成熟。尽管路还很长，我们仍然要一步一步地向前推。今年要推到什么程度呢？我想努力实现两个目标。第一个目标，就是向推进统一完整的国家财政这个方向迈进一步。要说今年审计后就能把这个事情推下去，那不现实，因为这涉及财政体制改革的问题。所以，今年安排对基金预算、国有资本经营预算、社保基金等进行审计。第二个目标，就是通过审计把财政管理规范有序向前推进一步。今年这两个目标如果能够实现的话，功莫大焉。

研究目前这个总体方案的时候，一个基本指导思想就是：压数量、保质量、出精品，以国税征管和部门预算执行情况项目、转移支付项目为

“车头”，后挂 3 个“拖斗”：有的办可能是农业、城市污水处理、保障性住房资金，有的办可能是就业补助资金和粮油仓储建设、黄河污水治理等项目。简单来说，18 个办都要同时做两个项目——国税和转移支付，然后再加上 3 项专项资金。今天上午，各位特派员都表示，这个任务没问题，工作量也不是很大。跟大家坦率地讲，这样考虑是留了充分余地的，大家要有充分的思想准备。比如，今年审计发展改革委的中央投资，重点就是要看三个方面的情况，着力解决三个问题：一是发展改革委在安排 3000 多亿元中央预算投资过程中，对国家宏观调控政策的贯彻实施情况，比如对六大控制性和限制性行业是不是安排投资了或审批了这类项目，对十大产业振兴与调整行业的支持力度是不是加大了，对其他的民生工程的投入怎么样；二是发展改革委对预算的执行情况，主要是 3000 多亿元的预算到位率、预算执行率怎么样；三是发展改革委在审批核准项目的过程中是不是出现重复、交叉、虚报、越级审批等情况。审计如果发现在某个方面、某个行业、某个项目出现重大情况，就需要特派办延伸，可能是 1 个特派办，可能是 3 个特派办，也可能是 18 个特派办去延伸，大家要有思想准备。当然，延伸必须做到精确“打击”，就是就事论事，就是核实事实。对发展改革委进行延伸审计的时候，延伸什么、要达到什么目的，要拿出方案，经过协调小组办公室送侯凯副审计长审查，经我批准后交给特派办执行。压任务就是为了留下空间，做好延伸。

三、2010 年中央预算执行审计工作的几点要求

总体来讲，现在目标明确，任务具体，下一步就是各位司长、特派员、派出局长的责任了。我的任务就是跟同志们一起把目标定下来，把任务明确下来，然后交给你们。当然，中途还要督促一下，最后还要看看审计成效。中间的任务就由各位司局长、特派员具体组织实施了，完成好不好就在各位了。完成任务中的困难，要靠大家自己克服，因为确定这些任务的时候大家都说没有困难，这就是军令状。但如果是职责范围之外的重大困难，还是要及时报告。为完成好今年的任务，再提出以下几点要求：

一是各特派办要有效组织、整合资源，把所有力量整合起来，并做好有效搭配。

二是“一把手”要直接抓。如果“一把手”不直接抓财政审计，那是一种重大失职。因为财政审计是最基本和首要的职责。当然，其他的工作也要统筹考虑。

三是要高质量、高水平完成任务。正因为今年要压数量、保质量、出精品，不能任务减少了、项目减少了，最终工作水平还没有提高。

四是要加强研究、整合成果。要把这次现场审计的成果，与今年其他各个项目的审计成果进行综合利用，在此基础上强化研究，形成观点。只有这样，审计信息和报告才饱满，审计成果才不浪费，审计人员的辛勤工作才能得到充分的体现。建议各个特派办、各个司加大研究的力度。例如今年国有资本经营预算审计中，审计是第二位的，研究是第一位的。因为国有资本经营预算大体情况已很明了，审计只需进一步去核实准确性，最后的落脚点要放在研究上。再比如，黄河流域水污染的审计，要深加工，研究黄河水污染的状况现在到底如何、这个污染是什么原因造成的，是中央资金不够导致治理力度受到了局限，还是一些污染企业应该关闭没有关闭、应该搬迁没有搬迁、应该淘汰没有淘汰，还是中央资金也给了，地方也采取了措施，但是钱拿去干别的了，所以没钱治理了？研究很重要，只有在研究的基础上才能提出下一步该怎么办。每年审计报告要提的审计建议，还没开始审计我就在想该怎么写，要提几个什么建议。基本上 1 月就开始组织起草小组，研究审计报告怎么写，结果报告、工作报告怎么写，那时财政部审计还没有进点，就是为了有效整合资料和审计成果。当然，我们不是为了写报告而写报告，但这是国务院向全国人大、全国人民作的报告，所以各特派办、各业务司、各派出局、协调领导小组办公室以及办公厅都要加大研究力度。

五是要在审计过程中坚持“两手抓”的原则。一方面，对重大违法违规问题绝不松手。有些同志认为，查办专案会分散审计人员的精力。这有两种办法解决：当时能够组织力量查实的，坚决查实；确实一下查不透的，留案待查，把手头的工作做完再专门查。这两种情况都必须事先向署里报告。发现案件线索需就地移交的，必须先向署里面报告，这要作为一条纪律、一条规定。去年财政审计，有的地方发生一些重大案件，审计完后就地移交了，有些事就地就消化了，这是不允许的。特派办是审计署的特派办，必须按照审计署的统一要求办，今天重申一下：凡是重大案件，不管是派出局还是特派办，必须先向署里报告，由署里决定是就地移交，还是通过其他的方式移交。另一方面，一定要立足于今年确定的总体目标，为推进财政统一完整、规范有序来做工作。当然，涉及改革的问题也要研究，先把事情提出来再逐步推动。今年为什么没有重点强调推动财政体制改革？一口不能吃个胖子。财政体制肯定要改，转移支付就涉及财政体制改革的问题。要先推动财政管理统一完整、规范有序，在这个基础上再推动财政体制改革深化，要立足于总体目标来开展各项工作。今年的项目少一些，但是任务并不轻，要求做的事情难度还是比较大，希望各特派办、派出局集中精力，在这段时间抓好财政审计，争取 2011 年 3 月底前全部完成。另外，各业务司要注意，特派办交换意见需要留出充分的时间。希望各业务司全力以赴，把这项工作抓好，相信一定能够抓出成效。

此外，各业务司、特派办、派出局要妥善安排好近期各项工作。今年还有一些审计任务没有最后完成，有些审计报告还没有报上来，有些该公告的还没有公告。比如企业审计，是不是各特派办都结束了？一些审计项目的公告代拟稿是不是都出来了？节能减排、经济责任审计已经讨论过了，一是应该向上级报告，二是应该体现到我们今年的“两个报告”当中，既要反映在结果报告中，也要全面反映在工作报告当中。列入公告内容的项目一定要在今年底，最迟 2011 年 2 月之前公告完，不要搞成做“两个报告”时密集式的、暴风骤雨式的公告，要循序渐进、阶段式的，每个月最好都有公告。

总之，目标已经确定，任务已经落实，希望大家携起手来，共同完成好今年的财政审计任务。

切实加强审计监督
促进领导干部更好地履行经济责任

（2010 年 12 月 14 日）

刘　家　义

近日，中共中央办公厅、国务院办公厅下发了关于《党政主要领导干部和国有企业领导人员经济责任审计规定》（以下简称《规定》）。认真贯彻执行《规定》，不断深化经济责任审计，对于健全权力运行制约和监督机制，促进经济社会科学发展，健全完善责任制、问责制和责任追究制，促进反腐倡廉建设，推进社会主义民主法制建设具有重要意义。

一、深化经济责任审计，是加强干部管理和监督，推进党的建设科学化的重要途径

党的十七届四中全会提出“推进党的建设科学化”这一战略任务。推进党的建设科学化，就是要以科学理论指导党的建设，以科学制度保障党的建设，以科学方法推进党的建设，把党的建设提高到一个新的水平。在这一过程中，必须建立健全并不断完善干部管理和监督制度，构建具有中国特色的党内监督制约机制。领导干部经济责任审计制度的建立，把组织监督、纪检监督和审计监督有机结合起来，为监督和考核干部提供了重要依据，使党内监督制度更加完善，监督手段更加有效。

多年来，党中央、国务院始终高度重视干部

管理监督和经济责任审计工作。党的十六大提出，加强对权力的制约和监督，重点加强对领导干部特别是主要领导干部的监督，加强对人财物管理和使用的监督，发挥司法机关和行政监察、审计等职能部门的作用。党的十七大提出，健全经济责任审计制度。党的十七届四中全会提出，完善党政主要领导干部和国有企业领导人员经济责任审计。胡锦涛总书记曾指出，要研究制定经济责任审计办法，先行试点，逐步推行。温家宝总理强调，对领导干部的经济责任审计，应该成为一项制度，这也是对国家负责、对干部爱护的一种体现。1999年5月，中共中央办公厅、国务院办公厅下发了《县级以下党政领导干部任期经济责任审计暂行规定》和《国有企业及国有控股企业领导人员任期经济责任审计暂行规定》（以下简称两个《暂行规定》），标志着经济责任审计作为一项监督制度全面推开。各级党委和政府都将经济责任审计列入重要议事日程，全国目前有97%的省（自治区、直辖市）、93%的市（地、州、盟）和91%的县（市、区、旗），设立了由纪检、组织、审计、监察、人力资源社会保障和国有资产监督管理等部门组成的经济责任审计工作领导小组或联席会议，各级审计机关每年投入经济责任审计的力量占40%以上，经济责任审计结果在干部管理和监督中发挥了积极作用。据统计，1998年以来，审计机关对41万多名领导干部进行了经济责任审计；各级党委、干部管理、纪检监察部门参考审计结果，依法依规依纪对4%的人员给予免职、降职、撤职和其他处分。同时，一大批正确履行经济责任、工作实绩突出的领导干部，因审计结果反映较好而受到肯定、表扬和提拔使用。

二、深化经济责任审计，是促进领导干部贯彻落实科学发展观，推进经济社会又好又快发展的重要保障

经济责任审计以促进领导干部推动本地区、本部门和本单位科学发展为目标，以领导干部守法、守纪、守规和尽责情况为重点，以财政财务收支以及有关经济活动的真实、合法和效益为基础，对领导干部进行审计和评价。实行经济责任审计，特别是对重点部门、关键领域和重点企业领导干部的经济行为进行监督，一方面，有利于给政府和相关部门提供客观准确的信息，反映经济运行的真实情况，促进制定和实施科学的政策措施；另一方面可以客观评价领导干部的经济责任，促进领导干部全面落实科学发展观和树立正确的政绩观，依法行使权力、有效履行职责。从经济社会发展的全局来看，加强经济责任审计，对于进一步完善社会主义市场经济体制，促进领导干部按照市场经济规律思考、规划和部署经济工作，避免“越位”、“缺位”和“错位”，更好地服务于经济社会发展是十分重要的。

经过多年的发展，经济责任审计的内容逐步得到深化。在检查财政财务收支以及有关经济活动的真实、合法和效益情况的同时，更加关注领导干部及其所在地区、部门和单位贯彻落实科学发展观、遵守有关经济法律法规、执行党和国家有关经济工作方针政策和决策部署情况；制定和执行重大经济决策情况；遵守有关廉政规定情况等。为充分发挥经济责任审计预防、揭示和抵御的“免疫系统”功能，审计机关坚持把查处问题与促进整改、完善制度、加强管理相结合，坚持用制度化建设促使领导干部依法行政、依法管理和依法经营，并针对经济责任审计中发现的带有普遍性、倾向性的问题，及时提出意见和建议，为党委和政府决策提供重要参考依据。据统计，1998年以来，通过经济责任审计，查出由领导干部直接责任造成的违规违纪和损失浪费问题金额684亿多元，向各级党政领导提交各类报告和信息40多万篇。

三、深化经济责任审计，是加强对权力运行的制约和监督，从源头上预防和惩治腐败的重要措施

从近年来揭露出的腐败案件看，一些领导干部违法乱纪问题大量发生在经济领域，特别是在融资贷款、土地批租、项目审批、工程发包、国企产权股权转让等方面搞权钱交易。综合分析这些问题产生的原因，都与一些地方、部门和单位的少数领导干部没有正确行使权力、认真履行职责有关，在很大程度上也反映出对这些领导干部的管理和监督不力，缺乏行之有效的监督机制。经济责任审计作为惩治和预防腐败体系中的一个重要环节，在促进建立健全权力运行制约和监督机制，引导领导干部正确行使党和人民赋予的权力，严肃财经法纪，推进党风廉政建设等方面发挥了积极作用。1998年以来，经济责任审计查出领导干部以权谋私、失职渎职、贪污受贿及侵吞国有资产等个人经济问题金额20多亿元，移送纪检监察和司法机关7200人。

《规定》的颁布实施，就是要适应反腐倡廉斗争的新形势，按照构建惩治和预防腐败体系的要求，充分发挥经济责任审计的职能作用，促使各级领导干部增强遵纪守法意识和自我约束能力。同时，通过深入分析违法违纪行为背后的深层次原因，查找制度上和管理上的漏洞，着眼防范，强化监督，健全制度，促进更好地从机制上、源头上预防和治理腐败。

四、《规定》的颁布施行，对于完善中国特色社会主义审计监督制度、推动经济责任审计工作科学发展具有重要意义

经济责任审计是伴随我国社会主义民主法治建设产生和发展起来的，是中国特色社会主义审计监督制度的重要组成部分，在国际上尚无先例可循，其发展大体经历了三个阶段。第一阶段是20世纪80年代后期到1999年，审计机关以承包经营兑现公证审计、厂长经理离任审计为核心，进行了多种形式的尝试和初步探索，为经济责任审计的发展奠定了基础。第二阶段是1999年至2006年，两个《暂行规定》颁布后，县级以下党政领导干部审计普遍开展，县级以上党政领导干部审计范围不断扩大，国有及国有控股企业领导人员的审计全面开展，是经济责任审计工作发展的关键时期。第三阶段是2006年到现在，经济责任审计写入了《中华人民共和国审计法》，地厅级及以下党政领导干部审计得到广泛开展，省部长审计试点范围不断扩大并有序推进，国有及国有控股企业领导人员审计进一步深化，经济责任审计在制度机制、技术方法、效果效能等方面都取得了长足的进步。

《规定》在总结经济责任审计实践经验的基础上，适应形势发展的需要，进一步明确了地方各级党委和政府、审判机关和检察机关，中央和地方各级党政工作部门、事业单位和人民团体等单位的主要负责人，以及国有和国有控股企业的法定代表人都是经济责任审计对象，界定了领导干部的直接责任、主管责任和领导责任，规范了经济责任审计的程序、内容、评价、报告和结果运用等方面。《规定》完善了经济责任审计法规制度，为经济责任审计工作法制化、规范化和科学化奠定了基础，必将对经济责任审计工作发展产生积极而深远的影响。

各级审计机关要认真学习、大力宣传、深刻领会《规定》的精神实质，扎扎实实地贯彻执行，与纪检监察、组织人事、国有资产管理等部门紧密协作配合，深入推进经济责任审计工作。不仅要着力发现问题、揭示问题，关注制度、机制性问题，关注普遍性、苗头性问题，关注民生及对经济社会发展有重大影响的问题，更要积极提出建设性的意见和建议，充分发挥经济责任审计在加强干部管理和监督、保障国家经济社会健康运行中的“免疫系统”功能。

在2010年全国金融审计培训班上的讲话

（2010年4月28日）

令狐安

同志们：

上午好！

这次培训班的主要任务是总结去年金融审计工作，安排部署今年工作任务，我主要讲三个方面的问题。

一、2009年金融审计工作简要回顾

2009年是应对国际金融危机冲击的关键一年。署党组为贯彻党中央国务院的重要决策，提出了贯穿“一条主线”，即促进经济平稳较快发展，抓住“三个重点”即促进宏观调控政策措施落实、维护国家经济安全、积极推进体制制度创新和反腐倡廉建设，以及努力完成好“六项任务”的审计工作方针。全国从事金融审计的同志在审计署和各级审计机关的领导下，坚持以科学发展观为指导，紧紧围绕应对金融危机、维护国家金融安全、促进经济平稳较快发展这一主线开展工作，在审计中注重将资产负债损益审计与检查宏观调控政策落实情况相结合，将审计发现问题与及时反映信息相结合，将强化总行（总公司）为龙头的组织方式与提高数据分析水平相结合，将统一组织开展项目审计与指导地方审计机关开展对地方金融机构的审计相结合，提高了工作质量和水平。全体金融审计干部求真务实，团结拼搏，在队伍管理、审计业务和廉政建设等方面均取得了明显成效，顺利完成了各项任务。具体来讲，2009年全国金融审计主要做了以下几项工作：

第一，紧紧围绕促进经济平稳较快发展开展金融审计和审计调查工作。

一是以新增信贷资金流向为切入点，关注国家宏观经济政策落实情况。在去年上半年对农行、农发行、进出口银行和出口信用保险公司资产负债损益情况的审计，以及下半年对工行、建行、中行、申银万国、安信证券等金融机构落实中央应对国际金融危机采取的有关政策措施情况的专项审计调查中，高度关注信贷资金对拉动内需、促进发展、调整结构、维护民生等方面发挥的作用以及存在的突出问题，基本摸清了商业银行新增信贷资金投向区域、行业以及主要企业等总体情况，及时准确、有针对性地反映了去年新增贷款投向“五多五少”等信贷结构不合理问题，为国务院和有关部门制定宏观政策提供了重要参考依据。二是注重揭示金融机构经营管理中存在的违规问题、管理薄弱环节以及突出经营风险，有关单位根据审计建议及时采取措施加强风险控制和整改落实，在防范金融风险，促进国内金融系统稳定健康运行方面发挥了重要作用。

第二，积极探索“总体分析，发现疑点，分散核查，系统研究”的审计组织模式。

在“把握总体、突出重点”和坚持“五统一”组织方式的基础上，金融审计加强数据集中分析力度，不断改进和完善金融审计组织模式，提高了审计项目质量。通过加强数据集中分析的方式来发现问题，是近年来金融审计取得的一项重要的工作成果和研究成果。

第三，稳步开展领导干部经济责任审计，促进金融监管部门依法履行职责。

去年，金融审计以金融监管部门主要领导同志任期经济责任审计为切入点，探索金融审计新领域新内涵。在审计过程中，一方面注重对领导干部履行经济责任、执行国家宏观政策、预算管理、重大经济决策以及个人廉政情况进行审计监督；另一方面，以全面履行审计监督职责、推动监管部门依法行政为工作目标，不断创新经济责任审计内容。如针对去年以来信贷投放猛增势头，审计署结合监管部门工作职责，将金融市场监督、行政审批情况作为重点内容，注意揭示在金融监管工作中存在的违规审批以及监管方面存在不够到位等问题，引起了有关方面的高度关注。我们对信贷投放过多所带来的潜在风险问题察觉较早，围绕这个问题加强审计监督比较及时。这是我们审计机关真正做到立足于经济发展大局开展审计工作的具体体现。

第四，继续保持查处大要案工作力度，为应对金融危机营造良好市场秩序和法制环境。

去年以来，贷款诈骗、非法集资等金融案件仍然时有发生，有些案件性质相当严重。面对这一形势，我们继续将揭露大要案线索作为重要抓手，取得了新成效。全年金融审计共发现、查处各类经济案件线索30多起，其中大要案23起，仍然是审计机关发现查处重大案件线索最多的部门。案件查办工作呈现四个特点：一是时效性不断增强。去年发现查处的案件线索几乎全部是2007年以后的，甚至还有审计发现时仍在作案的案件。二是严把查案质量关，注意做到证据收集准确、及时、有力，尽最大努力减少失误。三是加强协调配合，形成整体合力。如沈阳、哈尔滨、长沙等特派办在对东北地区的农发行分支机构审计中，加强“统筹调度，分工协作”，深入查处粮食收购贷款中的重大违法案件线索，成效显著。四是查案技术手段不断提升。俗话说，“道高一尺，魔高一丈”，随着近年来金融案件查办力度的增强，犯罪分子作案手法日趋专业隐蔽，作案手段有新的发展，案情更加复杂，对审计人员提出了更高要求。如深圳特派办在查处信贷资金流入股市和不法团伙操纵股票价格案中，审计人员不仅利用计算机对多家银行的数据进行综合分析，还通过跟踪涉案计算机，进行 IP 地址定位，为最终确定犯罪事实提供了重要证据。多年来金融审计发现大要案线索成绩突出，主要应该归功于从事金融审计的同志们查案水平、查案意识、查案本领不断得到提高。

第五，努力改进对地方金融审计指导，地方金融审计工作取得明显成效。

2009 年，地方各级审计机关认真贯彻全国审计工作会议精神，以维护金融安全，服务金融改革为目标，积极开展金融审计工作。湖南、黑龙江等 13 个省、自治区、直辖市审计机关开展了对地方农村信用社的审计和专项审计调查，发现部分农村信用社在信贷经营管理、经营核算方面仍存在许多值得关注的突出问题和风险隐患，及时向地方政府做了报告，引起政府领导重视。北京、浙江等 6 个省、自治区、直辖市审计机关组织力量开展了对地方商业银行的审计，较早发现部分地方商业银行信贷资产质量出现下滑趋势、新增贷款集中度偏高、结构不够合理以及信贷风险控制手段和方式相对落后等问题。河北、河南、山东、陕西等 15 个省、自治区、直辖市及计划单列市审计机关还开展了对证券保险信托等金融机构及地方投资公司的审计，发现了有关单位经营管理薄弱、违规投资问题突出以及法人治理结构不完善等问题。此外，四川、河南等地方审计机关向当地纪检监察和司法部门及时移送了多起案件线索。各地审计机关在开展金融审计过程中精心组织，不断创新审计方式方法，推进计算机辅助审计，逐步推广“五统一”组织模式，提高了审计效率，促进了地方金融审计工作转型。

为防范地方金融风险，去年审计署采取有效措施，加强了对地方金融审计的指导工作。一是整合审计资源，形成整体合力。在各地审计机关的支持下，吸收各地金融审计骨干参与审计署统一组织项目，不断提高业务技能。二是金融司通过举办审计技术方法、审计质量控制、计算机应用等方面的培训，不断提高地方业务骨干专业能力。三是加强项目计划引导。审计署出台了加强地方金融审计工作的指导性文件，为地方审计机关开展金融审计工作提供了立项依据。四是扎实开展调查研究，实行分类指导。如在北京市等审计局对城市和农村商业银行审计项目中，金融司及时提供了数据下载和数据分析方法等技术支持，并在编制审计方案中加强沟通，为审计项目顺利开展发挥了作用。

第六，高度重视金融审计应用理论研究，积极参加国际金融监督领域交流合作。

一是继续加强金融审计基础理论和应用研究工作。审计署启动了《会计政策对央行货币政策实施效果的影响》等 3 个研究课题，分别与西南财经大学等高校进行合作，并有部分审计人员参与项目的共同研究。二是通过参与金融审计国际交流活动，扩大中国审计在国际审计领域的影响力。我们在华盛顿举办的最高审计组织应对金融危机交流会议上介绍了中国审计机关自 1997 年以来应对亚洲金融危机和这次国际金融危机、防范金融风险方面的做法，引起各国审计机关的较大反响。审计署还在“上合组织最高审计机关在应对全球金融危机中的作用”国际会议中，介绍了我国审计机关的作用，受到与会代表的关注。此外，我们还派人参加有关国际组织举办的信息审计技术会议，介绍我国金融计算机审计运用中取得的经验。近年来，中国审计机关在国际审计组织中的影响不断扩大，特别是金融审计、计算机审计和环境审计取得的成绩得到了公认。

二、金融审计工作的几个特点

金融审计坚持以科学发展观指导工作实践，不断深化工作思路，在防范金融风险、促进国有金融机构深化改革等方面发挥了积极作用。主要有以下几个特点：

一是紧紧围绕贯彻落实中央重大方针政策和紧扣维护国家金融安全这一主题开展审计。在审计中，特别是在审计项目计划确定的过程中，我们注意通过调查研究，关注经济形势走势和揭示金融市场运行中存在的薄弱环节和系统性风险隐患，及时提出完善体制机制方面的审计建议。如 2008 年国际金融危机爆发后，金融司根据署里的统一安排，及时组织各特派办开展审计调查，摸清金融危机对我国实体经济和金融机构造成影响的情况，为中央决策提供了参考信息；2009 年，又围绕保持经济平稳较快发展过程中出现的值得警惕的金融问题开展审计和审计调查，较好地发挥了审计的服务作用。

二是准确把握审计在金融监管体系中的定位，发挥好独立性和综合性的优势。多年来，各级审计机关的金融审计以国有及国有资本控股或占主导地位的商业银行为重点，将全面审计与专项审计调查相结合，审计银行业与审计证券、保险业相结合，并比较注意和企业审计、财政审计相互配合和沟通，着力揭示金融领域系统性风险；以领导干部经济责任审计和预算执行审计为切入点，加大对监管机构的审计力度；同时积极探索金融政策实施效果评价审计工作，为相关监管部门完善预算管理体制和更好地履行职责提出了及时、有效的建议。

三是坚持审计创新，向创新理念要成果，向创新组织方式要空间，向创新技术手段要时间。目前，金融审计面临的任务越来越繁重，人员紧、任务重、资源短缺。面对这种情况，各级金融审计人员努力学习新知识，以信息化建设为导向，不断改进审计技术方法，逐步完善以总行（总公司）为龙头的组织模式；以数据分析队伍为依托，通过在主要金融机构建立规范化的电子数据库和加强审计综合分析，实现了对经济金融运行中热点问题的日常监督、适时反映，切实提高了审计质量水平。

四是不断加强干部队伍综合素质和作风建设。长期以来，署党组和各级审计机关领导班子高度重视队伍建设，坚持以人为本，以提高依法审计能力和水平为核心，着力打造政治过硬、业务精通、作风优良、廉洁自律、文明和谐的审计干部队伍。各级金融审计人员积极践行，通过审计数据分析、理论研究、审计实战三个工作平台的锻炼，形成了以“责任、荣誉、坚韧、学习”为内涵的审计团队文化，审计队伍的管理能力、审计能力和创新能力不断提高，为金融审计的有效开展提供了扎实的组织保障。

对照科学发展观和署党组提出的科学审计理念，在金融审计工作中还存在一些不足之处，有待改进和完善。一是金融审计人员的综合素质、能力结构与全面履行工作职责还不完全适应。主要表现是思路还不够宽阔，有时还存在就金融审计开展金融审计的情况，对金融领域走势和风险变化的敏感性、预见性不够，对金融系统风险识别、评估、监测和防范的能力还不够强，特别是对金融机构的信息系统审计能力急需提高。二是审计技术有待不断完善，准确发现金融领域突出薄弱环节和违法违规问题的能力急需提高。金融机构既是我们的监管对象、审计对象，又是我们的老师。我们与金融监管部门、内控部门也是互相支持、互相协作、互相依存的关系，以后需要继续向他们虚心学习。三是我本人和金融司对全国金融审计和金融机构内审工作的指导水平急需提高。我衷心希望地方审计机关的同志对我们进行批评帮助，进一步督促我们加强这方面工作。

三、2010 年金融审计工作总体安排

今年，金融审计要紧密围绕“调整经济结构，转变经济发展方式，促进经济又好又快发展”这个中心，按照刘家义审计长在审计工作会议上所作报告的部署开展工作，着重通过加大综合分析力度、着力反映金融机构贯彻落实中央宏观调控政策尤其是调整信贷结构中存在的突出问题；以“维护国家金融安全”为出发点，密切关注金融系统性风险和金融管理体制和运行机制上存在的薄弱环节，提出防范风险和完善金融改革体制、机制方面的意见建议；继续紧扣“揭露重大违法违规问题和大要案线索”这一抓手，努力发挥金融审计在打击金融领域违法犯罪活动的威慑和预防作用，促进金融企业树立合规经营意识和推进反腐倡廉建设。总体来看，今年的金融审计工作可分为三大板块。

第一，按照审计署大财政审计格局总体工作安排，围绕促进建立科学、规范、透明的预算管理体制，组织对人民银行财务收支和银监会、证监会、保监会预算执行情况开展审计。以摸清中央金融资产家底、反映金融资本收益管理中存在的突出问题、促进加强中央预算收入管理为目标，组织对财政部、人民银行、中国投资有限责任公司等单位自 2008 年以来管理中央金融资本情况开展专项审计调查。从第一季度工作情况来看，这两个项目均已按计划进入汇总报告收尾阶段，下一步要做好收尾工作，对发现的问题进行深入分析。地方审计机关也要关注地方金融资产家底和资本收益管理，有条件的可以组织专项审计调查。

第二，切实抓好五大银行新增贷款投向和资产质量跟踪审计调查以及人保、人寿两大保险公司审计。各审计组要认真落实审计署下发的审计（调查）工作方案，结合本地区信贷投放和保险业发展特点，找准金融审计的着力点，创造性地开展工作，注意揭示金融机构在落实国家宏观调控政策方面存在的新情况新问题。在这里，我再强调几点：

一是五大商业银行信贷资金跟踪审计调查，要体现“跟踪、及时”的特点，要从申请、审批、发放、用途、风险全过程对今年新增贷款进行跟踪，及时反映银行在信贷结构调整中存在的问题和可能产生的风险，目的是促进信贷结构的调整，支持国家经济结构的调整。跟踪审计调查要把握好“面”和“点”的关系。没有一定面，说明不了信贷结构调整的整体情况，没有重点，就不能很好地发挥审计作用和充分地运用审计资源。要重点关注信贷对国家重点支持和扶持行业的支持情况，如节能减排、绿色环保、新兴产业、“三农”、“小企业”等，以及信贷对“两高一剩”等国家限制类行业的投放情况，还有地方政府融资平台等。

二是要密切关注金融风险。金融机构在调整资产结构的同时，赢利和抗风险能力都面临考验，审计机关要加强对金融资产质量的分析，高度关注金融机构的流动性和偿付能力，及时反映产生风险的苗头性问题。在审计中，不仅要关注贷款投向结构，也要关注贷款期限，要把贷款的产业投向和期限结合起来进行分析。是否应该继续贷款，关键是看是否投向高技术、新品种、国家经济社会发展需要的或是出口需要的项目。对房地产业也不能一刀切，对于有利于投向经济适用住房、廉租住房、低价住房、政策性住房，有利于房地产业调整重组的贷款，不仅不应制止，还应该支持。我们在审计中，一定要避免形而上学，要辩证地、历史地，多层次、多角度地看问题；要善于换位思考，不仅要换位到金融机构、政府的立场上看问题，更重要的是要换位到老百姓和消费者的立场上看问题，才能更准确全面。

三是要以揭示保险公司经营管理存在的突出风险和薄弱环节、促进提高管理水平和抗风险能力为重点，关注四个方面问题：其一，围绕保险偿付能力，揭示保险资金运用中各种潜在风险损失。其二，查处违规展业、虚假理赔以及骗赔等给保险公司造成风险的突出问题。其三，揭示是否存在截留保费收入、随意变动准备金提取方式等造成财务风险的问题。其四，注意发现保险业务经营中存在的商业贿赂、侵占国有资产等违法违纪问题。总之，通过审计，我们要认真总结两大国有保险公司在经营管理中取得的重要经验和好的做法，也要注意揭示管理中存在的主要问题和突出风险，并提出进一步加强管理、深化改革的审计建议。

第三，进一步强化地方金融审计。地方金融管理的任务仍然十分艰巨，不少地方的金融机构潜在风险仍然很大。各级审计机关要投入更大的精力、更多的审计资源，更加关注地方金融机构风险防范问题。今天上午的培训，我们有意识地安排了云南省、福建省审计厅介绍开展金融审计工作的好经验和好做法。审计署各特派办和与会的地方各级审计机关都要虚心学习借鉴他们的做法，认真总结自己的经验，在今年的金融审计工作中，紧扣调整经济结构、转变经济发展方式的主题，进一步“揭示风险，维护稳定，促进发展”，积极开展对地方金融机构的审计和审计调查，督促检查国家各项经济金融政策的贯彻落实，有效发挥地方金融审计在促进建立资本充足、功能健全、服务完善、运行安全的农村金融体系和推动地方经济社会全面发展中的重要作用。要注意以下重点：

一是继续关注地方股份制商业银行、城市商业银行、地方证券公司和信托投资公司业务活动和经营状况，促进农村金融机构深化改革、加强管理、提高效益和增强服务“三农”的能力。二是关注地方金融机构去年下半年以来新增贷款投向，核实信贷投向是否符合国家宏观调控政策，尤其要关注各级地方政府融资平台等领域信贷资金状况，对贷款投向要认真分析，做到心中有数。三是检查地方金融机构经营业务的合规性，注意防范信贷经营风险。特别要密切关注地方金融机构流动性风险问题；核实贷款质量真实性，注意贷款借新还旧的问题。四是关注地方金融机构在改革中法人治理结构、管理体制和赢利能力等方面的建设和发展变化情况。要注意揭露不法分子弄虚作假、内外勾结骗贷、侵占金融机构资金等案件线索。

金融审计的特点是时效性、宏观性要求高，审计署各特派办和地方审计机关要合理安排力量，把握好重点，使有限的审计资源发挥更大的作用。在努力完成金融审计任务的同时，一定要做到劳逸结合、身体健康。我个人看，作为一位领导同志，评价你工作的标准不仅要看自己和部下是否有工作的成就感，也要看是否有幸福感和安全感。廉洁是最大的安全。我们要始终保持清正廉洁，严格遵守党纪国法，严格遵守审计“八不准”的规定。金融审计在计划安排上要尽量做到科学合理，突出重点，使同志们在工作中既有成就感，又有幸福感和安全感。

谢谢大家！

在地方审计机关金融审计工作研讨会上的讲话

（2010年12月2日）

董大胜

同志们：

上午好！这次审计署组织召开地方审计机关金融审计工作研讨会，主要是希望通过交流金融审计工作经验，研究探讨新形势下金融审计工作的思路与方法，进一步提高金融审计工作水平。借此机会，我谈几点意见。

一、2010年金融审计工作主要情况

（一）审计署的金融审计情况

1.加强对宏观调控政策实施情况的审计监督，促进经济平稳较快发展和金融市场平稳健康运行。大家知道，2008年下半年以来，我国面对国际金融危机的冲击，出台了一系列的宏观调控政策，审计署党组把加强对宏观调控政策实施情况的审计监督作为工作的重点，这也是我们发挥审计“免疫系统”功能的重要途径。两年来，金融审计司按照署党组的要求，紧紧围绕保持经济平稳较快发展，加快经济发展方式转变这样一个目标，把促进金融机构调整优化信贷结构，支持国家经济发展方式转变和防范金融风险作为首要任务。以跟踪新增信贷资金投向及反映存在问题为抓手，首次开展了工、农、中、建、交五大银行资产质量和2010年新增贷款投向结构情况的专项跟踪审计调查。跟踪审计以建在五大银行的数据平台为依托，对今年每月新增贷款按类型分地区、期限、行业、客户等多角度进行综合分析，重点对投向国家支持类、限制类、高风险领域的新增贷款进行跟踪调查，先后反映了新增贷款信贷结构调整不到位、投放不均衡、资产质量存在隐患等值得关注的新情况，及时揭示了房地产和政府融资平台贷款风险高度集聚、商业物业抵押贷款等部分创新业务发展不规范、信贷规模通过各种非信贷方式放大等风险隐患，并查处了部分新增贷款违规投向房地产及“两高一剩”领域等违反国家宏观调控政策的突出问题。在调查中我们还集中关注和反映了一些社会和老百姓关注的热点问题，如房地产企业多渠道违规融资、非法占地，“热钱”流入以及地下钱庄等问题。

2010年我们还对中国人寿、人保财险两大保险集团进行了审计，通过审计，我们揭示了保险公司，中介代理、保险营销市场存在的一些问题，比如说套取保险资金、骗取保险代理费、返还高额手续费等制约保险行业公平竞争、健康发展的问题，揭露了一些重大经济犯罪案件，反映了保险行业发展中存在的一些体制机制和关系社会民生的问题，如我们发现保险行业存在的保险保障功能不足、中介代理市场管理和监督不到位，以及巨灾保险和农业保险等政策扶持业务发展滞后或者在执行当中存在一些突出问题。

2. 继续加大查处大要案工作力度，为促进经济平稳较快发展营造良好市场环境。长期以来，审计署金融审计一直将查处大要案作为工作重点，取得了很好的成果。近三年来，金融审计共查处各类经济案件线索 100 多件，有力地打击了金融领域违法犯罪活动，有效地维护了国家财经法纪和金融资产安全，促进了党风廉政建设，在社会上引起了较大反响。我们总结金融案件查办工作，可以看出有 3 个特点：第一个特点是时效性强。查处的案件线索发案时间主要集中在最近二三年内，比如今年查处的系列地下钱庄案、不法分子 POS（终端销售）机套现案等 8 件是审计发现时仍在作案的案件，占全年金融大要案的三分之一。查处金融案件工作时效性增强，有效地避免了国有资产损失的进一步扩大，确实发挥了“免疫系统”功能。第二个特点是查案效果好。金融司注重严把查案质量关，通过协调配合，集中力量查处社会危害性强、性质恶劣的典型案件。如在去年的农业发展银行和今年的两家保险公司审计中，深入查处了一批不法分子弄虚作假，侵占挪用粮食收购信贷资金，以及通过假赔案、假退保和内外勾结等手法骗取保险资金，钻中央支农惠农政策空子套取农业保险财政补贴等具有行业典型特征的恶性案件，在粮食系统以及金融保险界产生了较大震动和反响。第三个特点是技术含量高。如通过对金融机构数据进行集中分析，准确发现了多起不法分子利用银行支付网络系统从事地下钱庄、洗钱、银行卡套现、“热钱”非法流入等涉嫌违法犯罪案件线索，有效提升了审计查处大要案工作的科技含量。

3. 积极探索新型金融审计组织方式，有效发挥审计“免疫系统”功能。近年来，金融审计借助信息化管理技术手段，不断改进和探索金融审计组织方式，在“把握总体、突出重点”和坚持“五统一”组织方式的基础上，由金融司和特派办骨干组成数据分析团队，对银行数据进行集中分析，发现问题交由各地审计组进行延伸核查，这种“集中分析，分散核查、上下联动、专题调研”的模式是金融审计组织方式的一次创新。今后，我们还要继续完善和发展这种金融审计组织方式，要研究怎么发挥各个审计组，各个特派办的作用，把审计各分支机构的主观能动性，与总行集中分析发现线索这两个方面有机结合起来，不断提高工作效率和水平。金融审计积极探索有效发挥审计“免疫系统”功能的途径，通过持续跟踪审计调查，促进了商业银行执行国家货币信贷政策的自觉性，一定程度上保障了信贷投放符合国家关于调整经济结构和转变发展方式的总体要求。在审计调查中及时向银行和有关部门反馈发现的问题，促进整改，这种“边审计、边反馈、边整改”的做法，有力地维护了信贷资金安全和保障各项政策落实到位。

（二）地方金融审计工作情况

党的十七大以来，在署党组及各级党委政府的正确领导下，各地审计机关金融审计部门紧密结合工作实践，以邓小平理论和“三个代表”重要思想为指导，深入贯彻落实科学发展观，在维护金融市场秩序、促进当地经济又好又快发展等方面发挥了积极作用，较好地履行了金融审计监督职责。主要体现为：

1. 认真贯彻全国审计工作会议精神，不断加大工作力度拓展金融审计领域。为落实中央应对国际金融危机的一系列方针政策和工作目标，署党组就审计工作提出了“七个加大，一个深化”的总体要求，即加大对中央宏观调控政策措施执行情况的审计跟踪力度、加大对中央关于调整经济结构、提高经济增长质量和效益相关政策措施实施情况的审计力度、加大对经济运行中潜在风险的揭示和反映力度、加大对民生工程和资金的审计力度、加大对重大违法违规问题的揭露和查处力度、加大对体制机制性问题的揭示和反映力度、加大对境外机构和境外国有资产的审计力度、深化领导干部任期经济责任审计。各地审计机关认真贯彻署党组要求，结合本地实际积极开展金融审计工作，不断创新审计理念，积极拓展审计领域，扩大了金融审计的影响力，增强了保障地方金融安全、服务地方经济发展的作用。北京、浙江等 6 个省、自治区、直辖市审计机关通过开展中小商业银行资产负债损益审计，发现了部分地方商业银行信贷资产质量出现下滑趋势、新增贷款集中度偏高、结构不够合理以及信贷风险控制手段和方式相对落后等问题。上海市审计局围绕推进国际金融中心建设开展金融审计，重点关注有关金融投资企业集团的股权资产状况、投资风险收益以及金融产业合理布局等情况。四川省审计厅重点关注地方财政和金融安全，首次较大规模开展了对省本级和成都等15个市县政府融资平台情况的审计调查，揭示了地方政府融资平台在偿债能力、风险防范等方面存在的问题，并从政策、体制、机制等方面分析原因。青岛市审计局首次开展了地方金融机构负责人离任经济责任情况审计，武汉市审计局开展了对金融机构信息系统内部控制的审计，对保障地方金融机构信息系统安全发挥了积极作用。湖南、黑龙江等13个省、自治区、直辖市审计机关积极开展农村信用社审计及审计调查工作，发现部分农村信用社存在的突出问题和风险隐患；深圳、山西、吉林、河北等地方审计机关还开展了证券、保险、信托、财务公司等其他金融机构及地方投资公司的审计，发现了有关单位违规投资以及法人治理结构不完善等问题。上述问题及时向地方政府报告后，引起了政府领导的高度重视；并通过督促审计发现问题的整改落实，有力地促进了有关问题的及时纠正。

2. 改进创新金融审计技术方法，切实提高审计工作质量水平。一是各地审计机关在开展金融审计过程中不断创新审计方式方法，逐步推广"五统一"组织模式，提高了审计效率。如福建省审计厅在对地方股份制银行审计中，借鉴审计署金融审计组织模式，实施"以总行审计为龙头"的组织方式，并在有关金融机构总部搭建审计数据中心，实时反映审计成果，建立起对该省股份制商业银行主要业务进行实时监控的长效机制。二是积极探索信息化条件下金融审计的技术和方法，促进地方金融审计工作转型。如云南省审计厅把运用计算机审计技术和方法作为突破口，通过对全省农村信用社1300多个网点的电子数据进行集中转换和统一处理，对信贷资金流向、可疑账户交易等重点进行搜索，揭示了部分农村信用社存在的违规贷款、担保抵押不实、贷后监督不力等违法违规问题和经营管理风险，有力地提高了审计工作的质量和效率。安徽省蚌埠市审计局采取跨部门应用数据的方式，综合利用工商部门企业登记信息、税务部门企业纳税信息、土地部门企业土地权证信息、房产部门企业房产证信息等各相关部门数据，筛选可疑的贷款主体，有效确定审计重点，增强了审计的针对性，提高了工作效率。

3. 注重创造良好金融审计监督环境，提高了服务当地金融改革发展的能力。随着地方金融机构业务规模的不断扩大，金融风险也不断积聚。地方审计机关任务越来越繁重，不少地方采取有效措施积极应对，一方面不断加强金融审计队伍建设，强化机构设置，充实人员配备；另一方面加强与地方政府及金融监管职能部门的沟通交流与协调配合，注重部门间的金融监督信息交流与成果共享，为地方金融审计监督创造了良好的外边环境，提高了金融审计服务地方金融改革发展的能力。如北京市审计局与北京市金融工作局签署《工作协作配合备忘录》，建立了协作配合机制。云南省审计厅与省金融办建立了工作通报机制、会议参与机制和资料交换机制，加强沟通协调和对审计成果的综合运用，为更加充分地发挥审计监督的职能作用创造了良好条件。

实践告诉我们，金融审计工作能不能引起党委政府以及有关部门的重视，关键还是靠自身的工作成绩。如果在金融审计方面能够作出自己的特色，发挥独特的作用，那么一定会被重视，反过来如果无所作为，就很可能被边缘化。金融审计工作十几年来，干出了自己的工作特点，在金融监督领域取得了应有地位。所以，大家还是要努力工作，要靠成绩、实力说话，为金融审计监督创造更好的环境和条件。

二、当前国内外金融形势发展变化给金融审计工作带来新的挑战

（一）我国金融业发展势头很好，但也面临着新的问题和挑战，主要表现在三个方面：

1. 金融机构、金融资产及业务规模明显扩大，风险防范能力面临挑战。截至2010年第三季度，我国银行业金融机构总资产90.64万亿元，比2006年底的43.95万亿元增长了106.2%；也就是说4年来，我们翻了一番。我国股票市场总市值达23.87万亿元，比2006年底的8.94万亿元增长了167%；2009年，我国保险业保费收入

1.11 万亿元，比 2006 年的 0.56 万亿元增长了 97.4%。尤其是地方金融机构蓬勃发展，在全国金融业中的比重稳步增加。2010 年第三季度，我国地方银行业金融机构总资产 45.61 万亿元，比 2006 年底的 21.41 万亿元增长了 113%，也翻了一倍。在全国银行业金融机构总资产中所占的比例从 2006 年底的 49%上升到 2010 年第三季度的 50.3%，地方金融机构总资产占了一半还多，地方区域性银行、城市商业银行纷纷在异地设立分支机构，全国性地方金融机构迅速增长。随着金融业的较快发展，潜在风险问题应引起我们高度关注：一是金融业整体竞争力和抵御风险能力不够强。部分金融机构尤其是一些地方金融机构，经营管理水平不高，内控及风险管理机制不完善，资产质量存在较大隐患；金融创新及服务品种跟不上经济社会发展的需要，利润主要依靠政策因素，也就是利差；金融机构信息系统建设自主开发能力不强，已成为威胁我国金融安全的重大隐患之一。二是金融体制改革不到位，金融机构的公司治理机制存在缺陷，金融体系发育不完善。一些金融机构尚未建立明晰的金融产权结构和完善的公司治理结构，金融体系尤其是农村金融体系还未健全，金融市场中直接融资和间接融资的结构不平衡。三是金融法制建设还不完善，特别是一些创新产品在法律上还没有清晰的界定；我国金融业同质同类情况比较严重，如果一个机构出问题，整个体系都可能出问题，但当前防范系统性风险的机制尚未形成等。规模扩大了，但是防范风险的能力还不够强，这是我们面临的一个挑战。

2. 近年来我国金融领域综合经营发展迅猛，风险的控制和监管能力面临挑战。既有中信控股公司、光大集团、平安集团、人寿集团、人保集团这样的金融控股集团，又有国家电网、中石油、宝钢、航空工业集团、航天科技集团等央企投资形成的产融结合型金融控股集团；同时经历了股份制改革后的商业银行也纷纷涉足证券、保险、信托、基金、租赁等领域，从某种意义上讲已形成实质上综合或者说混业经营。国际金融危机中所暴露的问题表明，如果缺乏有效的风险控制和风险监管，综合经营将加大整个金融体系的风险传递和集聚。市场是混业经营，但我们还是分业监管，因此，加强对我国金融机构综合经营的监督管理将成为未来一段时期我国金融监管体制改革、防范系统性金融风险的重要内容之一。

3. 地方政府融资平台等投资主体新增贷款的迅猛增加，财政风险和金融风险相互转移的可能性增大，风险的化解能力面临挑战。2009 年，地方政府和国有企业投资出现爆发式增长，银行全年新增贷款达到创纪录的 9.6 万亿元，其中，中长期贷款大部分注入地方政府融资平台。过去融资平台主要在省一级政府，现在市、县都有融资平台，一些地方政府融资平台有的负债率过高，法人治理结构不健全；有的偿债责任主体不明确，偿还能力对土地升值依赖过大。目前各地正在按国务院的要求对政府融资平台进行清理，但清理中，各方利益博弈，存在存量贷款难以落实还款来源或难以对应到项目使债权悬空、将由政府承担的公益性项目改变为有收益的经营性项目以便继续融资等问题，金融风险依然很大。因此，金融审计应如何实现维护国家经济安全，防范财政金融风险相互转嫁，是需要我们认真思考和探索的课题。

（二）国际金融业及金融监管形势发生深刻变化

国际金融危机以来，各国金融监管体制发生了深刻变革。在这种形势下，需要我们以更加宽广的国际视野随时关注国际金融领域的最新变化趋势，了解和思考对我国金融业发展和金融监管可能产生的影响，积极应对新形势下我国金融风险的发展变化。

1. 欧美主要发达经济体的金融监管体系发生深刻变革，对全球金融监管产生了重大影响。2007 年以来爆发的金融危机，集中暴露了西方发达国家金融监管体系所蕴藏的巨大风险，2010 年 7 月 21 日，被美国称为自 20 世纪 30 年代“大萧条”以来力度最大的金融监管改革方案终于署签生效，美国金融监管改革的主要内容包括：建立金融稳定监管委员会，统一负责系统性风险的监管；加强美联储的监管权力，授予其对大型、复杂金融企业的监管权；对银行业采用包括限制规模等在内的“沃尔克法则”进行监管；加强对资产证券化市场、场外衍生品市场、私募股权基金、对冲基金和信用评级机构的监管；建立独立的金融服务消费者保护局等。2009 年 5 月，欧盟委员会公布《欧盟金融监管改革方案》，其核心内容是建立两套新的跨国监管机构，从宏观和微观两个层面加强金融统一监管。在宏观层面，建立欧洲系统性风险管理委员会，负责预警市场系统性金融风险，在微观层面上，保留各国对国内金融机构进行实地监管的做法，整合欧洲银行监管委员会、欧洲保险与养老险委员会和欧洲证券监管委员会，成立具有更大权力的欧洲金融监管体系（ESFS）。当前我国金融监管体系存在监管协调机制不健全、系统性风险监管缺位、监管过度和监管不足并存等缺陷，迫切需要加以完善。

2. 最新修订的巴塞尔资本协议，将对我国银行业监督管理产生深远影响。2010 年 7 月 26 日，巴塞尔银行监管委员会公布了第三版巴塞尔资本协议。从具体框架看，新巴塞尔资本协议提高了对银行资本充足率的要求，扩大了风险拨备范围，银行信贷扩张受到制约，利润压力加大，引起了国际金融界的广泛关注。我国是 G20 成员，在 2010 年 6 月多伦多 G20 峰会上，要求 G20 成员国努力在 2012 年底前实施《巴塞尔协议 III》，而目前我国正在推动银行业实施《巴塞尔协议 II》。《巴塞尔协议 III》的实施，将对世界各国金融监管产生重大影响，从金融审计的角度看，这意味着金融审计的标准发生了变化。

3. 海外热钱流入的压力，将对我国金融市场和实体经济产生冲击。随着新兴市场国家的崛起和金融全球化的发展，海外热钱已不再局限于追逐汇差或利差，获得不同国家的资产价格溢价，逐渐成为热钱的主要目标。近年来，我国经济持续快速增长，成为热钱青睐的重要经济体。热钱规模大且很难监管，有学者估算其规模在 8000 亿～12000 亿美元。海外热钱大量流入，在影响我国国际收支平衡的同时，也对我国的资本流动风险控制提出了新的挑战。特别是海外热钱为获得高额利润，大量进入我国银行体系、资本市场和房地产市场，造成信贷膨胀和资产价格膨胀，易于诱发金融泡沫，对我国金融市场和实体经济产生冲击。因此，我们必须高度重视热钱对我国经济的潜在威胁，充分把握热钱流动的特点，及时查处外汇违规问题，积极与有关职能部门沟通，采取对策防患于未然，确保国家经济金融体系的安全。

4. 通货膨胀预期，对经济社会的平稳发展形成压力。最近美国公布新的量化宽松货币政策以后，进一步引发了全球对通货膨胀、资产泡沫的担忧，我国作为重要的新兴市场国家更是面临前所未有的压力。去年以来，国内和国外游资轮番炒房地产、黄金白银等；近几年国内货币投放量很大，现在整个社会货币供应充足，今年 9 月、10 月以来物价上涨很快，各种游资今天炒这个，明天炒那个，增加了政府调控的压力，防止通货膨胀成为当前经济工作的重点。金融审计如何配合贯彻国家的宏观调控政策，有效控制通货膨胀，保证经济平稳和保证民生，将是我们面临的主要任务。

三、加强和改进今后一段时期金融审计工作的几点意见

这些年，金融审计工作取得了不少成绩，但和形势发展要求相比，我们还存在一些不足：一是金融审计工作理念还不能完全适应新的形势变化。具体表现为金融审计工作思路比较窄，对金融领域发展形势及风险变化情况的敏感性还不强，特别是审计的广度、高度、深度和力度还不够，与《审计署 2008 至 2010 年审计工作发展规划》金融审计工作目标要求相比，还存在一些差距。二是金融审计工作机制还不能完全适应新的形势发展，与有关职能部门协调合作机制尚不健全；审计系统内外资源整合工作方式尚不成熟，导致各级各地金融审计发展不平衡。三是金融审计工作方法还不能完全适应新的审计环境要求。金融审计干部知识结构和综合素质提升还跟不上金融行业的发展步伐，审计技术方法还有待改进提高。对此，金融审计应重点做好以下几个方面的工作。

（一）牢固树立科学审计理念，不断创新金融审计思路

创新金融审计理念，把握国际国内金融领域发展趋势，掌握风险点，这是我们做好金融审计工作首先要做的事情。一是贯彻落实审计工作《审计署 2008 至 2010 年审计工作发展规划》，将“维护金融安全、防范风险、促进发展”作为金融审计的目标，服务国家宏观政策，推动金融改革，维护金融稳定，完善金融监管，推动建立高效安全的现代金融体系。未来金融审计既要揭示各金

融机构局部风险，更要揭示影响整个金融业和国民经济安全运行的系统性风险，尤其是要关注跨行业、跨市场、跨地区传播的各类风险。服务国家宏观政策，推动金融改革，当前金融审计就是要促进金融业优化资产结构，积极支持国家产业结构调整，并严肃处理影响国家政策效果的违规经营问题；要注意揭示机制体制中的问题，促进金融业完善公司治理结构，完善决策机制、风险控制机制，提高核心竞争力，发挥审计的“免疫系统”功能。二是要进一步拓宽审计视野，转变工作思路。针对当前国际国内经济金融形势复杂变化，通过对主要金融机构开展经常性审计，着力反映倾向性、普遍性问题，为有效防范金融风险和促进金融创新提出具有针对性的意见建议。三是进一步加强对地方金融机构的审计。近年来，随着地方金融机构的迅猛发展，金融风险向地方金融机构转移的趋势更加明显。今年以来，审计署在央行和商业银行审计中发现涉及地方金融机构的大要案线索共 6 件，占全年已发现金融领域大要案总数的四分之一。可见，地方的金融机构违规问题和潜在风险仍然很大，地方金融审计的任务十分艰巨。今后一段时期，各级审计机关金融审计部门要投入更大的精力、更多的审计资源，紧紧围绕促进经济平稳较快发展和经济发展方式转变这条主线以及地方党委政府工作中心，维护金融安全，切实履行好审计监督职责。

（二）不断创新金融审计管理机制，改进和完善金融审计组织方式

针对各地全国性金融机构、区域性金融机构不断增加，业务范围不断扩大的趋势，一是各地要积极地探索和完善以总行（总公司）审计为龙头的统一组织方式，加强集中分析，上下协作，以扩大审计的覆盖面；要加强对省外分支机构的监督，对创新业务和跨市场、跨行业业务的监督，争取对机构、业务审计不留死角。这个难度比较大，我们要跳出传统的审计管理思路来认真研究这个问题。二是加强审计质量管理，按照新审计准则规范审计行为，实施科学的审计项目管理，提高审计质量水平。三是进一步提高金融审计信息化水平，要在深度、广度和精确度上下工夫，要总结和推广各地成熟的计算机审计方法，完善金融计算机审计方法体系，探索跨市场、跨行业计算机审计方法，不断提高工作效率。

（三）认真履行法律赋予的职责，做好资产负债损益审计

这些年我们重点关注金融企业的信贷风险，查大要案这是对的，但我感到还不全面不深入，尤其是对资产负债损益的审计做得不到位，或者说不够。我们审计最基本的职能就是对财务报表发表意见，财务报表是否真实、公允，这里同样隐含着风险。作为国家审计，我们对这个问题要有自己的看法和结论。我们要把资产负债损益审计做好。要立足真实、合法和效益审计，揭露资产负债损益不实、违规经营、私设“小金库”等严重违反财经法规的问题；要关注金融机构的可持续发展，从资产负债构成和配比、创新能力、收入来源、赢利水平，以及扩张程度、经营管理能力等方面开展审计，全面提升审计工作水平。

（四）加强相关部门协调配合，健全监管协调机制

一是继续加强与金融监管职能部门的协调配合工作，进一步完善由国家审计、金融监管部门、金融机构内部稽核构成的金融监督体系，实现信息资源共享，防止出现监督盲区，切实提高监督效率。二是加强对金融机构内部稽核审计工作的指导。加强与被审计机关内部稽核审计部门之间的交流和沟通，建立内外部审计合作机制平台，逐步形成内外部金融审计交流协作的长效机制和制度。

（五）加大干部队伍人才建设力度，实现金融审计可持续发展

一是进一步加强金融审计队伍建设，培养一批金融审计领军人才和业务骨干。金融是一个复杂的工作领域，发展也很快。我希望现在从事金融审计的同志要努力学习，跟踪世界前沿，跟踪国内发展的前沿，只有搞懂了，才能找出这方面的薄弱点，找出改进的方向，才能给审计提供有力的指导。我们要打造一支政治思想过硬，集较强的审计攻坚能力、宏观研究能力、计算机技术能力为一体的复合性金融审计团队，我希望在座的各位处长都努力成为金融审计的领军人才。二是结合创先争优活动及学习型党组织建设，加大经济金融理论学习培训力度，使学习培训制度化、定期化、常态化，以适应金融业发展对审计工作

提出的更高要求，培养和锻炼一批高素质、高水平的金融审计人才。三是紧密结合审计工作实务，深入开展金融审计理论和战略研究工作，为发展创新提供智力支持。

我们要进一步加强对地方金融审计工作的指导和帮助。一是整合审计资源，形成整体合力。按照自愿参加的原则，积极安排地方审计力量参与审计署统一组织的金融审计项目。二是加大培训交流力度，提高业务能力。通过举办各种形式的金融审计培训研讨活动，对各级审计机关业务骨干加强审计技术与方法、审计质量控制、计算机应用等方面的培训工作。三是加强项目计划引导，防范地方金融风险。为促进地方金融审计"守土有责"，今后应继续向各地方审计机关提出地方金融审计年度指导性计划或意见，全面提高对地方金融机构的审计覆盖率和审计强度。四是进一步加强与地方审计机关的日常联络和协调工作，这次研讨会上大家坐到一起来商讨构建跨区域之间的金融审计协调机制，有利于扩大金融审计覆盖面，提升金融审计工作质量水平，我认为很有必要。今后，金融司还要通过深入开展调查研究，总结推广经验，积极创新，促进各级审计机关不断提高金融审计工作质量水平。

同志们，金融审计工作在署党组及各级党委政府的正确领导下，取得了显著成绩。面对新形势和新要求，各级金融审计部门应按照署党组提出的"揭示风险，维护安全，推动创新，促进发展"金融审计总体目标，继续开拓创新，真抓实干，共同开创我国金融审计工作新局面。

在 2010 年企业审计培训班上的讲话

（2010 年 4 月 1 日）

余效明

同志们：

大家好！

2010 年企业审计培训班现在开班。这次培训班的主要任务是总结去年企业审计工作，安排部署今年工作任务。企业司陈尘肇司长和有关同志将对具体工作作进一步布置，并对今年审计工作方案进行讲解。下面，我先讲几点意见。

一、2009 年企业审计工作简要回顾

2009 年是党中央、国务院团结带领全国各族人民沉着应对国际金融危机冲击，并赢得在世界率先实现经济回升向好重大成就的一年；也是全国企业审计战线深入贯彻落实科学发展观，在署党组正确领导下不断深化企业审计工作、提高企业审计工作水平并取得显著成绩的一年。一年来，企业审计牢牢把握"贯穿'一条主线'、抓住'三个重点'、完成'六项任务'"的总体要求，有序、有力地组织开展了对 12 户中央企业领导人员的经济责任审计，对 141 户中央企业从事金融衍生品业务情况和 9 省市落实中小企业扶持政策情况的专项审计调查；同时，继续推进企业审计信息化建设等工作，在促进企业领导人员依法履责、维护国有资产安全、促进企业科学发展、保障经济平稳较快发展等方面作出了突出贡献，得到了党中央、国务院和署党组的充分肯定。全年上报专题报告、审计信息 50 篇，其中 16 篇得到党和国家领导人批示，23 篇被中办、国办采用，充分体现了中央领导同志对企业审计工作的重视和关怀，充分体现了"免疫系统"功能建设在企业审计中的新发展和新成绩。

具体来讲，2009 年企业审计主要抓了以下几项工作：

一是围绕中心促改革促发展，为落实国家宏观决策、促进企业科学发展服务。紧紧围绕应对国际金融危机、促进经济平稳较快发展这一主线，着力促进“保增长、保民生、保稳定”，组织京津冀等7个特派办和江苏等6个省审计机关对9省市落实中小企业扶持政策情况进行了专项审计调查，提出进一步加大财税政策扶持力度、完善落实金融扶持政策、加快中小企业信息平台建设等政策建议，引起了中央领导同志的高度重视。根据中央领导同志的重要批示，国家发展改革委会同财政部等12个部门制定发布了《关于进一步促进中小企业发展的若干意见》，为中小企业应对危机、健康发展提供了有力支持。组织广州等8个特派办对141户中央企业从事金融衍生品业务情况进行了专项审计调查，提出加强部门协调、发挥监管合力，提高中央企业防范和控制风险能力等政策建议，经中央领导同志批示后，国资委会同有关部门制定发布了《关于进一步加强中央企业金融衍生品业务监管的通知》，全面清理规范中央企业从事金融衍生品的行为，为增强中央企业风险意识、强化内部控制助发挥了积极作用。

二是深化经济责任审计，维护国有资产安全。紧紧围绕“质量、责任、绩效”六字要求，以企业领导人员履行经济责任为主线，组织18个特派办对中国航空集团公司等12户中央企业领导人员进行了经济责任审计，揭示出资产负债损益不实问题较为普遍、违规决策或决策失误造成损失问题突出、一些企业领导人员违法违规问题严重、一些企业内部管理不够规范等影响国有资产安全和企业可持续发展的体制机制性问题。为中央科学评价企业领导人员提供了重要参考依据，也为进一步深化企业领导人员经济责任审计、切实维护国有资产安全奠定了扎实基础。比如，京津冀、上海、广州特派办在三大航空公司审计中发现我国航空运输企业规模偏小、航线网络不健全、主要国际航线竞争力不强等突出问题，经深入研究分析，向国务院提交了《审计署关于我国民航运输业发展状况审计调查情况的报告》，提出加快我国民航运输业战略重组等政策建议，得到中央领导同志重要批示，推动民航局等部门抓紧研究解决这一问题。在认真抓好当年经济责任审计工作的同时，注重经验总结和制度创新，全面梳理和深度分析近三年审计发现的企业内部管理、法人治理和自主创新等方面的问题，归纳提炼出中央企业法人治理机制不完善、内部管理较薄弱、主业布局欠优化、自主创新能力偏弱等突出问题，既为中央和国务院提出了有针对性、可行性的政策建议，又为今后健全完善经济责任审计进一步澄清了思路、突出了重点、明确了方向。

三是大力推进审计信息化建设，提高企业审计信息化现代化水平。按照“采集标准化、内容规范化、建库经常化、应用扩大化”的要求，组织各特派办建成并验收了9户中央企业审计数据库。针对中央企业行业分布广、业务差异大等特点，本着先易后难、稳步推进的原则，在企业审计数据库建设中先行选取经营业务相似的企业开展行业数据统一规划，推动企业审计数据库建设与行业数据规划齐头并进，为动态掌握企业发展情况提供数据支撑。同时，各特派办也加大了计算机审计力度，积极探索统一采集数据、集中开展分析、确定审计重点、分散实施审计、进行综合评价的作业模式，形成了较为成熟的计算机审计作业流程。上述工作的扎实开展，丰富和发展了信息化环境下开展企业审计的新路子、新模式、新途径。

企业审计在过去一年中取得的较好成绩，是署党组正确领导、重视支持的结果，是企业司与各特派办团结协作、共同努力的结果，是全体企业审计干部奋力拼搏、无私奉献的结果。在此，我要代表署党组和刘家义审计长，向大家表示敬意和感谢！

在总结成绩的同时，我们也应清醒地看到，企业审计工作中还存在不少差距和不足，比如企业审计规范化建设还亟待加强、审计工作质量和水平还有待进一步提高、现代审计技术创新还存在较大差距，需要我们在今后的工作中加倍付出努力，认真加以解决。

二、2010年企业审计的工作目标和任务

今年是“十一五”规划的最后一年，也是为“十二五”规划做准备、打基础的一年。世界经济复苏基础并不稳固，我国经济回升的基础还不牢固，国有企业改革发展深层次矛盾和问题仍然十分突出。比如，经济增长内生动力不足，自主创新能力不强，部分行业产能过剩矛盾突出，结构调整难度加大等。因此，要保持经济又好又快发展，就必须加快转变经济发展方式，大力推动经济进入创新驱动、内生增长的发展轨道，以提高国有经济发展质量和效益为核心，以转变国有企业发展方式为主线，深化国有企业改革，继续推进国有经济布局和结构战略性调整，推进重点产业调整振兴，促进企业兼并重组，推动企业提高自主创新能力，进一步增强国有经济活力、控制力、影响力，为保持国民经济平稳较快发展作出新的更大贡献。因此，承前启后、继往开来，全力做好今年的企业审计工作，具有十分重要的意义。

今年企业审计工作的总体思路是：深入贯彻落实科学发展观，认真贯彻中央经济工作会议、政府工作报告和全国审计工作会议部署，紧紧围绕经济又好又快发展这个中心，坚持依法审计、科学审计，坚持揭示体制机制问题和查处重大案件并重，注意经济责任审计与财务收支审计相结合，狠抓审计质量建设和审计信息化建设，努力促进经济平稳较快发展和经济发展方式转变两大目标的实现，充分发挥审计“免疫系统”功能。

今年企业审计工作的主要任务是：组织开展对13户中央企业的审计工作，加大现代审计技术应用创新力度。力争实现保障国有资产的质量和安全，推进国有企业又好又快发展这两大目标，着力提高企业审计的技术含量和技术水平。

几年来的实践证明，把维护国有资产的质量和安全、促进国有企业又好又快发展作为企业审计的出发点和落脚点是完全正确的，是得到中央领导同志和署党组充分肯定的，是受到中央企业欢迎和好评的，这也是全面提升企业审计层次和水平的必然要求。要继续坚持、不断完善企业审计的目标导向，通过企业审计揭示影响现代企业制度建立和科学发展的体制机制性问题，揭露和查处企业或个人重大违法违规问题，促进企业领导人员守法、守规、守纪、尽责，维护国有资产安全，推进企业持续健康协调发展。具体而言，要紧紧抓住以下几个关键点，着力抓实抓好、抓出成效。

第一，揭示企业贯彻落实国家宏观经济政策中存在的突出问题，促进体制机制的完善。为了应对国际金融危机影响冲击、加快产业结构调整和经济发展方式转变、促进国民经济平稳较快发展，党中央、国务院审时度势、果断决策，出台了包括十大产业调整和振兴规划在内的一系列宏观政策措施。各审计组要结合所审计企业的行业特点，加强对企业贯彻落实重点产业调整和振兴规划、发展方式转变和经济结构调整、节能减排等重大方针政策和决策部署落实情况的监督检查。要通过审计，揭示企业在贯彻落实国家宏观政策中存在的重大问题，探寻、分析问题产生的原因，着力从体制、机制和制度上提出建议，促进企业发展。这是今年企业审计的一项重要任务，也是企业审计“围绕中心、服务大局”的具体体现。

第二，揭示企业管理中存在的突出问题和发展中面临的重大风险，促进企业提高决策管理水平和风险管控能力。要通过对企业重大经济决策内容的合法合规性、程序的科学民主性和内部管理中突出问题的审计，以及对企业发展中面临的重大风险及其他一些带有普遍性、倾向性问题的调查，促进企业提高经济决策和经营管理水平，维护国家经济安全和国有资产安全。在今年的经济责任审计中，要更加密切关注重大经济决策的合法性、合规性问题，首先搞清楚企业重大经济决策事项，然后再进行选择抽查，重点检查重大决策事项是否合法，是否贯彻国家重大方针政策和决策部署，程序是否合规，是否造成重大损失浪费等问题。同时，要关注企业发展方向是否有利于强化国有资本在战略性领域的控制力、带动力和影响力。由于今年的审计对象分布领域较宽，行业特性不很明显，对于经济全球化冲击下的产业安全、经营安全和境外资产安全等涉及国家经济安全的重大风险隐患必然会有不同的特征和表现，各审计组一定要结合企业和行业实际开展深入细致的专题调查，不断提升审计成果的利用层次。

第三，揭示企业财务收支及相关经济活动中存在的重大问题，促进企业增强遵纪守法意识、提高经济效益。要通过对企业财务收支及相关经济活动的真实、合法、效益情况的审计，检查企业资产、负债和损益的真实性和完整性，揭露企业重大违法违规问题，维护国家财经法纪和经济秩序，促进企业提高资产质量和经济效益。这是企业审计的规定动作和传统“科目”，也是企业审计应当长期坚持的工作重点之一。但从近几年的审计结果来看，揭示出的资产、负债、利润不实的金额普遍较小，经常是利润高达数百亿元甚至上千亿元的企业，审计查出的利润不实金额只有几亿元或者更少，有的审计报告干脆省略这部分内容。这一方面可能是企业管理越来越规范所致，但另一方面也与少数特派办对财务收支审计重视不够、有所松懈不无关系。必须认识到，企业财务收支及相关经济活动的真实、合法、效益，既是财务收支审计的核心内容，也是经济责任审计的基础环节。希望各审计组在今年的企业审计中要高度重视，不要把企业审计的传统阵地丢掉，不要把企业审计队伍的看家本领丢掉！

第四，加大现代审计技术应用创新力度，着力提高企业审计的技术含量和技术水平。各单位要积极探索计算机审计新路子，采取有力措施进一步加大计算机技术的推广运用和技术创新力度。企业审计信息化建设要注重实效，以应用于审计业务为导向，以打造企业审计数据分析团队为依托，以建设企业审计数据库为基础，着力提高企业审计的技术含量和科技水平。今年要在以下几项工作中取得新进展、新突破：一是要完成53户中央企业审计数据库建设任务，并结合今年审计开展情况，补充完善已建数据库。二是要完善行业业务数据规划，力争在年内完成9个主要行业的业务数据规划，完成企业计算机审计方法体系课题研究工作。三是要积极应用数据库，强力推进计算机技术应用。今年2户企业数据分析和1户企业信息系统审计的重点单位，要抓出成效，提供经验，其他所有审计组也要结合实际、积极实践，先导入数据建立数据库，然后分析数据库信息，全面把握，找出重点，在分析研究的基础上制订企业审计实施方案，以增强方案的操作性、有效性和导向性，提高工作效率和工作质量。

三、开拓创新、严谨务实，努力开创企业审计工作新局面

面对新形势新任务，只有以改革创新精神谋划工作、狠抓落实，只有以团结协作精神分工负责、协调配合，只有以苦干实干精神克难攻坚、积极进取，才能顺利完成今年企业审计工作任务，才能推动企业审计不断取得新业绩、开创新局面。为此，我提几点希望和要求：

第一，增强“四性”。一是主动性。要将企业审计主动融入经济社会发展全局和全署审计工作大局。各特派办都要增强全局意识，紧紧围绕中央经济工作会议、政府工作报告和全国审计工作会议的决策部署开展工作，主动将企业审计工作融入经济社会发展和全署工作的大局，通过对企业贯彻落实党和国家的重大方针政策和决策部署的监督检查，为国家宏观经济决策服务。二是时效性。这是企业审计中十分重要的问题，要反复强调、努力做到。对企业存在的危害国有资产安全、影响国有企业可持续发展的问题要及时跟进、及时审计、及时反映，切实发挥审计预警功能。三是建设性。通过审计揭示出企业存在的各类问题固然十分重要，但更重要的是要对这些问题进行深入分析，查找深层次原因，并提出改革体制、健全机制、完善制度、强化管理、防范风险的政策措施，促进企业体制制度创新。只有这样，才能实现企业审计由合规审计向绩效审计的转型升级。四是服务性。要坚持监督与服务的协调统一，寓服务于监督，寓监督于服务，通过监督的手段发现企业的困难和问题，通过多种渠道和途径予以反映，积极帮助协调解决，为企业科学发展服务，也在服务企业科学发展中赢得尊重、理解和支持。

第二，突出重点。我们的审计对象都是中央企业，资产规模大、地域分布广、业务范围宽、企业领导人员任职年限普遍较长，审计任务十分艰巨。因此，一定要突出审计重点，着重关注五类重大问题：一是关注转变经济发展方式、调整经济结构、节能减排、环境保护等与国家经济工作重心和产业政策重点相关的重大问题；二是关注影响现代企业制度建立等国有企业改革发展的重大问题；三是关注企业生产经营中潜在风险和国有资产安全等影响国有企业可持续发展的重大问题；四是关注社会各界普遍关心、涉及人民群众切身利益的重大问题；五是关注重大违法违规和经济犯罪的重大问题。通过对这些问题的重点关注，揭示矛盾、分析原因、提出建议，促进国家法律法规和宏观经济政策的贯彻执行，促进企业健康协调可持续发展。

第三，确保质量。质量是审计工作的“生命线”，务必高度重视、一抓到底、常抓不懈。近几年，企业审计中也大大小小暴露出一些质量问题和隐患，这给我们敲响了警钟。一旦出现审计质量事故，再大的审计成果也没有意义。各特派办一定要高度重视审计质量，警钟长鸣，防微杜渐。要切实加强干部队伍建设，培养一支政治上靠得住、业务上过得硬、作风上被方方面面信得过的企业审计干部队伍，进一步夯实提高审计质量的人才基础。要继续强化审计项目管理，严把审计质量关，对上报的审计信息、审计报告等审计结果类文书要经特派办法规处严格把关，努力做到“实”、“高”、“新”、“严”、“细”，确保事实清楚、数字无误、结论客观、定性准确、处理公道，防范审计风险，确保审计质量。企业司也要将信息审核的关口前移，严把审计信息质量关。

同志们，目标任务已经明确，企业审计的新成就需要我们倾注心血去创造，企业审计的新篇章期待我们改革创新去开启。让我们在署党组的正确领导下，锐意进取、开拓创新，齐心协力、扎实工作，全面完成 2010 年企业审计各项工作部署，维护国有资产安全、促进企业科学发展和经济社会又好又快发展！

谢谢大家！

在地方审计机关金审二期工程建设会议上的讲话

（2010 年 4 月 7 日）

石爱中

我们这次地方审计机关金审二期工程建设会议以视频会议的形式召开，一天的时间有 20 个单位、30 多位同志发言。视频会议的优缺点都很突出。这一段时间，审计署连续多次使用视频的形式开大会、搞审计方案的培训，它的优点大家都看得很明白了，人力、时间、资金都节省，而且参与的人还可以增加，要是开现场会，一个单位来一个人回去再层层传达，现在大家都来听会，每个人直接听到会议精神，节省了传达成本，也避免传达走样儿。它的缺点是想做一个情感上的交流有困难，信息化工作很累人，岁月催人老，想表达一下我们感慨的心情，相互握握手，道个辛苦，这个愿望就满足不了。

这次会议，大家对《审计署关于 2010 至 2011 年对地方审计信息化建设任务的指导意见》（征求意见稿）进行了研讨，提出了很多意见和建议，有的是围绕这个指导意见的，有的超出了范围，我个人认为这些意见和建议全都是合理的，没有非分的。只不过是我们负责信息化工作的人，包括计算机中心王智玉主任和信息办周德铭主任，主要是从信息技术、金审工程建设业务上给大家服务。超出了这个范围的，比如说有法律方面的、资金方面的、行政方面的、培训方面的等，这个大家也应该提，提出来我们解决不了，可以搞一个汇总，给党组打个报告反映上去，看看能不能解决。比如联网审计的法律依据问题，到底充分不充分？刚才王智玉主任说，国外也没有很具体的规定，法律要求被审计单位必须向审计机关提供资料，这个规定已经充分了，至于说如何提供，只是履行法律义务的形式。我个人以为我们的法律依据也是充分的，但是执行起来，被审计单位的理解跟我们的理解不一致，大家还想要一个让被审计单位能够充分理解的这样一个法律依据、一个规定。这就比较难，但是我们尽量努力，向法规司、分管法规的署领导汇报，看看将来能不能争取以适当的方式解决。大家提出的还有一些问题，审计署现在也在摸索、研究之中，仍然不是很明白。比如刚才大家所说的交换中心、数据中心、审计模拟实验室，究竟是个什么样子、怎么操作、具体内容是什么，我们自己也在研究，而且研究过程中也曾经得到大家的很多有益的建议和帮助。

近几年地方审计机关审计信息化一直在不断地发展，借这个机会，我给大家介绍一些基本情况，说几个数据。

一是 AO（现场审计实施系统）。最新的数据是免费发放了 10 万多套，其实四级审计机关全部加起来就有 8 万人，可能有 2 万人不做审计用不着 AO，大概有 6 万套就足够了，我们发了 10 万套，大概有的审计人员有两台计算机。AO 的应用情况也不错，从 AO 应用实例征集看，从 2005 年至 2009 年连续 5 年共征集到合格的实例 4230 篇，获得优秀奖、应用奖的有 2275 篇，其中地方审计机关占 1959 篇，这些实例从内容上看已经覆盖了几乎所有的审计业务领域，在一定程度上说明 AO 在所有的审计业务中都有应用。这个时期我们还征集了计算机审计专家经验，后来改叫计算机审计方法体系，从 2004 年至 2008 年连续 5 年共征集到合格的计算机审计方法 1735 个，其中已经加载到 AO 里可供审计人员复用的有 1161 个。AO 应用的情况令人非常满意，金审一期工程的投资效益在这里看得比较清楚。

二是 OA（审计管理系统）。到 3 月底，已经部署了 36 个省（自治区、直辖市和计划单列市）审计厅，只差一个了；全国 342 个地市审计局，已经部署了 225 个，达到 65.8%；2733 个县市区审计局，已经部署 1449 个，达到 55.9%。这个进度我们也是比较满意的，我们从来不敢要求 100%，也难以做到 100%。值得一提的是，已经完成部署的有西藏、青海、内蒙古所有的地市审计局，有宁夏全区三级审计机关。

三是信息系统审计。2006 年我们征集过一次信息系统审计案例，报上来的比较少，质量也不太满意。最近的一次征集我们收到 210 篇，其中来自地方审计机关的有 164 篇，占 78%。评选出 25 篇优秀案例，地方占了 14 篇，比重是 56%。我们请 25 篇案例的作者单位到信息系统审计培训班上做了一个交流，总体看大有进步，从另一个侧面也可以看出地方审计机关的计算机审计水平有显著的提升，这是一种标志。

四是培训。从 2001 年 5 月开始至今，全国通过审计署计算机审计中级水平考试 3449 人，其中 2030 人为地方审计机关人员，占的比重也不低。当然与七八万地方审计人员相比，还有差距，《审计署 2008 至 2012 年审计工作发展规划》提出审计署通过计算机审计中级水平考试的人员达到总人数 50%以上，对地方没有规定，但是即使按业务人员的 20%要求，算上地方自行培训、自行考试通过的人员，现在还远远不够。AO 培训认证考试刚开始搞了两年，组织了 4 次，全国通过考试的是 24690 人，其中地方审计机关 23013 人，形势也很好。

另外，还有一些基本情况是无法通过数据反映的。全国各级审计机关的基础设施建设，按照预订的目标完成了阶段性任务，大多数地方审计机关初步具备了信息化管理的条件，具备了开展计算机审计的手段。部分地方审计机关在数据规划编制、计算机方法体系的开发建设等方面成绩不俗，水平也很高。地方审计机关的信息化建设成果已经初步体现出来，跟刚开始启动时相比已经不可同日而语了。大家应该充分认识到我们自己的成绩，不可泄气。

要进一步发展必须解决当前存在的问题。我对前一段地方审计机关的信息化工作进行了回顾，总结了一下当前存在的问题。总的来看，审计信息化发展到今天，技术问题退位到次要地位，因为除了安全问题可能需要作深入的研究，其他技术问题都可以比较顺利地解决；资金问题是一个硬条件，虽然决定权不在我们这里，虽然说我们一直喊都很困难，但这些年我们一直在争取，而且争取得还是卓有成效，从目前审计信息化的阶段性需要看，资金得到了一定的保障。现在仍然需要我们认真解决的问题主要有七个方面。

第一，认识问题。信息化建设发展到今天，我们的各级审计机关的领导、审计人员的思想认识应该说是有了相当大的提高。但是也不必讳言，进一步提高认识的空间还是巨大的。我举一个简单的例子。都说信息化是“一把手”工程，我们这次地方审计机关金审二期工程建设会议，参加会议的“一把手”只有山西郝志远厅长一位，有的地方厅领导都没有参加。当然有的地方可能厅领导很忙，有的正巧有事，给计算中心打了招呼，这件事不绝对地看，也可以看成是认识的一个表现。

对于信息化建设的重要意义已经没有异议，现在大家都不反对。但是在整个审计工作中，在哪些方面可以运用信息技术、在哪些方面应该运用信息技术、技术路线应该怎样走、运用信息技术后应该怎样改进业务流程，分歧相当大，认识不统一，影响了我们审计系统信息化建设和应用的速度。比如，有的审计机关认为被审计单位信息化环境不理想，并以此为由，不开展计算机审计、不利用信息技术进行审计。他们把审计信息化与被审计单位信息化水平绑得太紧，很被动，这是一个巨大的误区。其实目前无论被审计单位或审计项目的信息化环境如何，都有利用信息技术进行工作的空间，这个认识一定要树立起来。审计和被审计双方的信息化环境和水平是两个不同的问题，不可以成为不利用信息技术的理由。请分管信息化的领导和具体从事审计信息化的工作人员，一定要向大家宣传。再比如，有的人说对方不给数据，我们怎么搞计算机审计？这也不是理由，提供数据是审计法规定的被审计单位的义务，凭什么他不提供数据？问题是我们能否提出来要什么样儿的数据、从哪儿要数据？即使是被审计单位没有电子账、没有使用软件管理业务，审计机关也可以运用信息技术进行审计项目的管理。再看一个审计署和地方审计机关都可能存在的例子，就是如何对待已有的或已开发出来的成果？有些领导和审计人员在这个问题上认识非常不到位，对可以应用的甚至是已经相当成熟的成果熟视无睹、听而不闻、弃之不用。而往往就是这些人，总是说这些成果不好用或者不能用，大家都可以思考一下，我们身边像这样的人是不是绝无仅有？恐怕为数不少。

我们分析，在认识上以新形式表现的差距，已经成为各地区审计机关信息化建设发展和信息化应用水平不平衡的最重要的原因之一。相对发达的地区，有的审计机关应用水平不一定高；欠发达地区，也有一些审计机关的应用水平还不低。大家经常看的《中国审计报》，有时候也会反映出这些情况。像最近刊登新疆某地区的消息，反映出它对金审工程成果的应用水平是相当高的，新疆在我们国家应该算是欠发达地区；相反在东部沿海地区某些审计机关，直到近两年还没有用到金审工程的成果。这就是由认识上的差距造成的。

第二，领导问题。刚才说提高认识的空间还很大，认识上有差距，要提高，主要是各级领导认识的提高，比如厅长、分管副厅长，业务处长，综合部门的领导，光有技术人员提高认识不解决问题。主要负责同志的认识水平决定了一个单位的信息化建设的速度。现在看来，有一些现象经常发生对审计信息化工作产生了不利的影响，比如，审计机关领导更替速度过快，某领导刚熟悉了信息化建设工作就被调走了。各级审计机关的领导对信息化建设作用和意义的认识，相当程度取决于对信息技术理论、观念的了解和学习，具备这种素质，就容易与被领导的信息技术人员、使用计算机技术的审计人员认识一致，有共同语言，有利于实施正确的领导，避免产生瞎指挥。

错误的决策对信息化建设的影响是致命的，这种事情过去发生过，可能今后还会发生。因此，我们的各级审计机关领导特别是分管信息化建设的领导，你应当对信息技术有所了解。最近经党组批准，审计署准备举办领导干部信息化素质培训班，对一定年龄以上的司局级领导进行计算机培训，使他们具备信息化条件下担任审计领导干部、从事审计指挥活动所必需的基本条件。培训的目的也很简单，并不要求他们必须学会什么软件的操作，但是要求他们了解审计面临的信息化环境、形势和任务，了解金审工程建设的内容，了解我们现在经常使用的各种软件，如何利用信息化资源，如何加强信息安全，以便于他能作出正确的决定。有的领导就说了，通过学习你不成为推动信息化的障碍就可以了。从一定程度上说，这些人对审计信息化的支持力度有多大取决于他对信息技术了解的深度和广度；一点都不了解，不可能不瞎指挥，瞎指挥和设置障碍是我们推动信息化之大忌。参加这个班学习的是年龄大一点儿的领导，党组确定是50岁以上的，我们戏称叫“老年班”，50岁以下的还是要参加中级培训。领导干部信息化素质培训班今年开始办，如果要是成功了的话，可以把这套做法向地方推荐。地方也不必等，也可以采取适当的形式，对厅长、副厅长、处长、副处长分年度开展信息技术的培训，以此更新观念，拓展视野，促进正确决策，从而推动各单位的信息化建设。

第三，人才问题。推进审计信息化，第三位

的是人才问题、审计人员的知识结构问题。刚才我们总结了近期发展的形势，总的来看，初步具备了利用信息技术手段进行审计管理和审计实施的这样一个条件。但是，就相当一部分审计机关来说，能够充分地运用这些条件的并不多。在各级审计机关，比较好地掌握信息技术的，可以说是极少数人；能够熟练地全面运用金审工程建设开发成果的，也不是很多。那么在这些审计机关开展计算机审计也好，实施信息化建设也好，困难很大。人才问题确实是一个大问题，是我们面临的一个重大障碍。认识问题可以通过学习来提高，领导问题通过学习实践、组织调整来改善，人才问题怎么解决？通过招聘新人，引进有计算机等学历背景的人逐渐改善审计队伍的知识结构是一个途径，但实行起来相当缓慢，尤其是地方审计机关，人员的流动比较差，即使是有了一两个空缺，也不一定能如愿以偿招聘到计算机专业的大学生。因此，最重要的方式仍然是对现有审计人员的培养，这可能是现实可行的唯一的路。培养人才的路也很长，若是要求通过一两次学习班每一个人都能熟练掌握信息技术，不现实；短期内要求每一个人都具有很高的信息化素质，也不可能。人才培养工作一是要打持久战，二是要立即动起来，不能因为这个工作不能一蹴而就没完没了地拖下去。现阶段信息技术人才培养可以走精英路线，有计划、有目标地先培养一些骨干。我们希望各地审计机关每年向审计署报告年度工作的时候，一定要把人才培养尤其是信息化人才培养的情况写进去，请各位分管信息化建设的厅长们努力争取。

第四，培训问题。培训工作与人才问题相关，但又不完全一样。大家经常说，我们现在是处于审计技术革命阶段，用个新词形容是处于审计发展方式的转型时期。这个阶段的特点是知识老化的速度加快。年龄比较大的审计人员当中，20 世纪 80 年代自学成才的那一批审计人员马上就要面临退休了，包括我自己。审计事业还要发展，中青年还是得通过不断的学习，更新知识，适应审计工作发展的需要。自学是一个方面，各级审计机关组织培训也非常重要。对于培训，大家提过很多的意见和建议，都认为组织培训的方式方法可以多种多样。现在看来，计算机审计中级培训还是要坚持，地方审计机关要尽快在当地把中级班办起来，不要怕办得水平低，审计署的中级班办了 10 年，还在逐步完善。“高级班”怎么开？实际上通过专题培训的方式已经开始做了，比如信息系统审计专题、信息安全问题专题、ERP（企业资源规划信息系统）专题或者是大型数据库培训等。学过会计学的人都知道，初级会计培训的是复式簿记，中级会计基本上是会计准则的注解，到了高级会计都是专题。现在我们还没有讲专题培训就是高级班。一般化、综合性的培训是必要的，专业方向、专题性的培训也是必要的，可能在将来一段时间后者的比重会上升，也许成为培训工作的重点。要深化审计工作，就必须有各种专业人才的培训。

培训的方式应该是多种多样的。审计署在培训工作规划里提倡这么几种：一是案例教学，审计署已经着手举办案例教学师资培训班。这种培训方式也可以用于培训信息技术。二是现场教学，培训对象参加到某个项目里，一边看审计人员操作一边听讲解，印象更深，学习的效果会更好。去年一些地市审计局向审计署派送了若干金融审计人员，直接参加金融司的现场审计培训，他们说最大的收获就是更新了观念而不是简单的技术复用。现场教学受资源的限制不可能大规模地开展，它的实惠也不可能落在每一个审计人员上。三是网络培训。近年来，我们一直在构建网络培训的课件体系。请各地方审计机关注意，审计署每年都是在春节前后发布网络课件，省级审计机关收到之后要继续向下发布，现在很多部署 OA 系统的地市县区审计机关反映收不到课件。部署了 OA 系统收不到课件，功能就浪费了，省审计厅一定要负起转发的责任，地市县区审计机关要注意查收，审计局领导要过问。四是创新信息技术手段进行教学，李金华审计长、刘家义审计长都提倡。比如，审计署正在研究建立模拟审计实验室，用它进行培训的特点就是实战训练、角色体验，不光有审计的角色，还会模拟被审计单位的各种管理角色。譬如现在计算中心正在研制的 ERP 模拟审计课件，操作 ERP 的除了有财务人员还有各种类型的管理工作，比如生产、销售，库存、仓储、记账、合并报表，可能也有内部审计，可能也有外部审计。那么在上这个课的时候，我们可能做各种角色的体验进行实际操作，这是建立实验室的初衷。这工作相当复杂，并不比建设数据中心更简单。模拟审计实验室的建设要先做好设计，我们鼓励有能力的省级审计机关采取与知名软件厂家合作，先走一步，共同探索。总之，培训一定要拓宽思路，千万别拘泥于委托大专院校授课，别拘泥于在我们自己的培训中心现场办班，要充分利用现代化的手段，采取多种多样的组织和教学方式来培训。

要特别重视专业领域、专业方向的培训，重点培养各种类型的专家。举些例子，我们的投资处有没有造价师、社保处有没有精算师、环保处有没有环评师？我们计算机审计处有没有操作大型数据库的、有没有会组织信息系统审计的、有没有信息安全专家？审计人员中有没有精通医院审计、学校审计的？专业方向的培训至关重要，一定要作为未来一段时间我们工作的突破点。

第五，应用问题。金审工程的建设成果已经非常丰硕了，我们不能妄自菲薄。我们开发了很多技术，也制定了很多技术规格说明书，但是在推广应用上仍然存在较多的问题。我们发现，同一个软件，在一些审计机关应用得比较好，在某些审计机关应用得非常不好；有的审计机关应用的范围很宽很大，有的审计机关应用的程度比较深，也有的审计机关完全弃之不用。同是审计机关、同样的核心业务，同一个软件应用程度有如此大的差别，应当说主要的不是软件的问题。现有成果应用程度不一，直接导致了各地审计机关信息化发展不平衡。刚才我们说了，这种不平衡与东部、中部、西部没有关系，西部也有应用得非常好的，东部也有不应用的。

应用的创新，也是需要引起各地审计机关重视的一个方面。对于一个软件，你是简单复用，还是创新性地应用效果是不同的。审计署金审工程开发出来的成果做本地化部署的时候，需要创新性地、结合本地实际地、深化地应用，可能还要花点儿钱。我们静下心来、回过头来梳理现在已经开发的成果有多少？在我们单位得到应用的有多少。比如，各地开发的各种联网系统，有社保的、预算执行的、地税的、财政的，再认真看看应用的水平如何？OA 和 AO，在审计管理上应用的深度如何？在现场审计应用的水平如何？地方财政、地税、社保、预算执行数据规划已经发布了，各地审计机关在执行审计项目时按照规划采集、积累数据了吗？都可以扪心自问。

我还要特别说一下计算机审计方法的应用，过去叫计算机审计专家经验，全国审计人员的智慧，审计署花了那么大的精力去征集评选，再花那么大的精力把 1161 个审计方法加载到 AO 里，应用的情况如何？可能有的人根本就不知道有计算机审计方法这回事儿；有的人知道这回事儿借口上级没有发下来就一推了之；有的人看到了、拿到了也不考虑如何应用。在审计署，我们一直在抓计算机审计方法的研究，目前做成了 3 个，预算执行审计、商业银行审计、社保审计，还将继续做企业审计、外资审计，最终要做成体系。我们的目标是通过几年的努力，争取把基本的审计事项都用计算机审计方法实现，我一直在督促计算中心，搞出来的成果，要都编入计算机审计实务公告。很遗憾的是，这些实务公告，各级审计机关负责信息化的领导和技术人员是不是都见到了？审计署下发的审计方法补丁包，有的省就没有向下转发，这样做是对基层审计机关缺乏负责感。

第六，制度问题。既有制度建设，又有严格执行制度两个方面。大家比较关注的是对外关系方面，提了很多建议，说我们联网审计的法律依据不足，被审计单位不提供技术文档等，这方面的制度建立健全我们还会继续研究。其实最需要解决的，也最能得到解决的是对内的制度。现在审计信息化的基础设施建设已经达到一定规模，计算机审计实施和把信息技术用于机关管理等工作都已经开始，但是怎么做才规范、安全、有效，从制度建设的角度看还是一个弱项。有些分管审计信息化的领导、负责信息化推进的处长，存在一个误区或者说是一个糊涂观念，他们从感情、感觉、感性出发，总是希望在一项新的计算机应用初期，不要做过多的约束，不要建立过多的限制性的制度，这是一个很大的误区。严是爱，松是害，该管不管，有时候会坑害掉优秀的审计人员，因为他们就是在诸如安全、保密等问题上犯了错误，受到了处分。所以制度建设不可忽视，也不能等待，制度的执行也不能放松。审计署也陆续发布过一些制度，但是还没有形成体系，这项工作曾经布置过，目前还没有完成，一定要克服困难，成熟一个发布一个，加强管理，别再让我们的审计人员犯被别人植入木马那样的错误。制度建设和完善应当按照金审工程的统一规划去做，在金审工程建设的同时把软环境也建立起来。

第七，指导问题。上级审计机关对下级审计机关的指导问题，不仅仅存在于审计署对地方审计机关，也同样存在于省级审计机关对地市县区审计机关、地市审计机关对区县审计机关。目前看或多或少存在问题，上情下达、下情上达、上发下传、下发上传在我们信息化建设这个范围里，做得不够好，有些审计署辛辛苦苦搞出来的东西下不去，出现了中梗阻。很多地方审计机关的领导邀请我们去，去了之后走到区县级看一看，看到的情况有的不错，但是也发现署里下发的好多东西到区县局那儿没有。从履行职责的角度讲，是指导问题、服务观念问题。我们知道，越往下资源越有限、越往下技术能力越有限、越往下信息越闭塞、越是下级审计机关越需要上级的指导，到了区县局，需要上面三级的指导。按照审计法的规定，上下联系、交互这个渠道应当是顺畅的，可是现实有不小的差距，审计署的工作方式方法有需要改进的地方，省厅和市局也有不足。上午很多人的发言中提到加强指导问题，不光是说给审计署，也要加强省级审计机关自己的责任。

刚才计算机中心的王智玉主任讲了一些技术问题，我讲的上述这七个问题都不是技术问题，所以这些问题都有待于各级审计机关的领导予以关注和重视。王智玉主任希望我对地方的领导提提要求，那么要求也就是七个，分别针对这七个问题：第一是提高认识；第二是有效领导；第三是培育人才；第四是强化培训；第五是深化应用；第六是完善制度；第七是加强指导。这七点要求，请出席会议的分管厅领导或者计算机审计处长、计算机中心主任跟审计厅的主要领导作一下介绍。

审计信息化只有阶段，没有尽头。金审二期工程正在抓紧进行，除个别省市之外，34个省、自治区、直辖市和计划单列市审计厅局也纳入了金审二期工程，要按照既定的进度，保质保量地完成建设任务，哪一个地方都不要拖二期验收的后腿。这几天审计署又要着手规划金审三期工程，金审三期工程的目标和建设内容要开始研究和论证。刚才有人提出来地方的“十二五”规划与审计信息化建设的衔接，这很重要，下来之后各省级审计机关可以就此与信息办沟通，争取规划好金审三期工程，使发展较快的审计机关能够发展得更好更快；发展较慢的审计机关能够尽量跟上，实现全国审计系统的信息化建设协调、可持续发展。

谢谢大家！

在2010年中央预算执行审计培训班上的讲话

（2010年10月29日）

侯　凯

今年是推进财政审计大格局的第二年。过去一年里，各业务司、派出局和特派办在署党组领导下，整合资源，统一组织，财政审计大格局已初步打开局面，在中央预算执行审计和其他财政收支审计中发挥了重要作用。我们应当很好地总结取得的成绩、经验以及存在的问题和不足，为今后财政审计打好基础。这次培训班的任务，就是认真研究方案，明确目标和任务，为即将开展的财政审计工作做好准备。要做好财政审计、构建财政审计大格局，关键在于有清晰、一致的工作目标，其中对财政部和发展改革委的审计要发挥引领作用，其他专业审计要起到支持作用。如果这两条做不到，财政审计大格局就只能停留在形式上。

一、目标要清晰

审计的目标要清晰，也就是说，审计之前要知道审计完后讲些什么，提什么样的意见和建议。可能有人不同意这个看法，认为结论出在调查之前违背了一般的调查规律。其实不然，这是我国财政审计的特点决定的。审计工作必须在完成今年工作的同时，捕捉到下一年的工作重点。我们的审计工作，尤其是财政审计，这些年都是这样走过来的。比如财政司 2002 年从个别特派办反映地方上级补助收入编制不完整的情况受到启发，觉得由此切入，正好可以揭示中央对地方补助不公开、不透明的问题，之后围绕这个题目进行审计，直到去年还在做这方面审计。再如前几年对中央关闭破产企业资金的审计，也是从之前沈阳特派办对江西省审计的情况发端的。在江西省的审计中发现，中央下拨资金用于关闭破产企业，但实际上一些该关的没关，该破产的没破产。横向再一比较，发现这一问题带有普遍性，导致相关政策目标没能实现。于是，我们第二年就安排了对中央关闭破产企业资金的审计。这时，要提的审计建议和结论都已心中有数，观点也有了，题目也明确了，也就是说，已经有以前的审计成果为当年审计做好了储备。

实际上，当前审计工作与审计机关刚成立时已有所不同。过去以传统的财务收支审计或违法违纪问题审计为主，现在以绩效审计为主，而且是政策性绩效审计。传统审计模式下，只要审计人员按照条文检查就行，一般不用做特殊准备，报告时将查出的问题合并归类就行。现在的政策性绩效审计，在审计之前一定要拿出观点。这些观点可能是基于以前年度的审计结果，也可能是集合了专家学者的意见，还可能是人大意见或者社会舆论，再经过我们研究、分析、梳理后形成的。有了观点，就像论文有了论点，之后审计的过程就是搜集问题和论证的过程。

不这样行吗？我觉得不行。我们对财政的审计，2002 年以前主要集中在本级，2002 年以后开始对中央补助地方支出进行审计，其中 2002 年和 2003 年连续两年安排了中央补助地方支出审计。但是，由于没有经验，目标非常模糊，就是揭示项目设置、资金管理和使用中的问题，分析体制机制方面的原因，而没有明确针对哪些问题来审计。审计完了才发现结果汇总不起来，弄不清楚到底要反映什么问题。当时理念上也存在缺陷，大家还停留在传统的审计模式上，还是瞄着挤占、挪用、贪污等这些问题。第二年还是如此安排，结果各特派办审计报告报上来后，还是难以从总体上说明问题。虽然也做出了一些成绩，但是上下形不成合力，导致成果非常零散。后来吸取教训，方案尽可能明确目标，具体到最后报告要反映什么样的问题、提什么样的建议，都力求心中有数。比如审计署提出对专项转移支付资金进行清理整合，同时要求各特派办将切入点选在资金的“小”、“散”和部门职能交叉上，这样就更容易揭露问题。目标明确了，上下都好干，这是有经验教训的。所以，财政审计大格局要发挥作用，目标一定要明确。

二、目标要一致

目标一致的关键，就是对财政部和发展改革委的审计要与对其他专项资金的审计指向一致，真正形成引领和支持的局面。把财政审计大格局做实，关键点就在这里。如果只是把大家简单地聚在一起，一个地方交给一个特派办审计，同时进点、出点，还不算真正的财政审计大格局，或者说不是财政审计大格局的本义。形成这种引领和支持局面，必须做到以下四点：

（一）要有一个理想的目标、一个理想的王国

现在的审计和过去思路不一样，财政司提出要“揭露问题、规范管理、促进改革、提高绩效”，现在又加上“评价总体”、“维护安全”。揭露问题不再是最终目的，落脚点是完善体制、机制和制度。要做到这些，审计人员就要知道规范性的制度和科学的体制、机制是什么样的。如果没有这个理想的目标，不知道应规范成什么样子，就可能今天往这边推，明天往那边推，让被审计者无所适从。我们现在这方面还有很大欠缺，很多建议表面看理直气壮，再往深里追问却说不出所以然来。比如，现在都说转移支付结构不合理，专项转移支付多了，一般性转移支付少了。结论是没错，但对两项转移支付所占比例多少合适，

恐怕没几个人能说清楚。审计建议提出要调整结构，对具体怎么调却没有针对性办法。再比如，关于财权和事权不匹配、基层财政难以为继的问题，有谁能说清在五级政府体系下事权到底该怎么分？基础教育、社会保障、卫生医疗的事权到底应归谁？事权划分不清，财权就没办法匹配。从美国看，基础教育、社会保障的事权是联邦政府的，这些事权收上来跟着就得上收财权，而现在我国中央财政所占比重已很高，还要不要调整？再有，专项转移支付是财政部门分配好，还是主管部门分配好，还是两家一起分配好？专项资金安排在部门预算中还是中央财政的转移支付中？现在大多认为应列入中央财政转移支付，但是美国的专款是列在部门预算中的，且专款比重很大。再举个例子，“一年预算，预算一年”的问题在我国已成顽疾，其实预算也可分两次安排，3月初次分配安排年初能落实到单位、项目的预算，把待分配的预算摆在明处，6月再修正一次。行事司一位对国外情况研究较多的同志给我整理了份材料，说美国联邦政府没有统一的最终预算，支出分为强制性支出和选择性支出，强制性支出完全按照法律来执行，选择性支出由国会的拨款法案起最终的预算作用，拨款法案美国有12个，还有个追加法案，也不是一次将预算分配到最底层。因此，在提审计建议之前，我们首先要自己弄明白，起码要能自圆其说。为此，需要多学习有关理论，多研究国外经验，虚心向专家学者、向被审计单位请教，善于收集归纳各方面的观点，在此基础上分析、梳理形成自己的观点。

（二）要了解审计需解决的问题，了解体制、机制和制度存在的问题

现行财政体制、机制和制度与规范化、科学化的目标差距很大，问题很多，要学会梳理，研究分清主要矛盾和次要矛盾，能透过现象把握本质。财政是一个系统，国务院组织预算执行、制定政策和负责资金分配，财政部门具体组织预算执行、执行政策和负责资金的管理和使用，它们之间有着内在的联系。因此，同一个问题在不同环节有不同表现。比如前些年审计揭示“阳光工程”存在的问题，上级政策不符合下级实际情况，在基层就表现为套取挪用。上级政策是闭门制定的，想把资金拨到农村培训农民、促进就业，但实际上适龄农民大都出去打工了，培训连生源都没有；学校也没有，县里没有师资，不具备培训条件。而地方不愿让到手的钱飞了，就找职高学生顶替，编造花名册把钱套取出来。所以，对审计发现的问题要梳理，长期对一个系统、一个机关和一个项目进行审计，要做到对其主要问题心里有数。

多年财政审计工作实践表明，财政管理最大的问题就是不公开、不透明。实际上，财政审计的主要目标这么多年始终没变，就是推动财政预算管理公开透明。1995年开始搞中央预算执行审计时就确定了这个目标，1999年提出的细化预算，实际上就是针对不公开、不透明问题。当时陪李金华审计长去日本考察给我的触动很大。我们给人大的预算只有两页纸，而日本则是厚厚一大本。这一方面让日本议会能行使权力，另一方面也让会计检察院也有了操作平台。如果连预算都没有，预算执行审计怎么操作？我们回国后给国务院写报告的时候将细化预算的目标定了下来。这几年又提出了细化补助地方支出，要求财政编制分省分项目预算。虽然每年提的问题不同、分析的角度也不同，但目标是一以贯之的，就是让预算分配公开透明。这么做的主要原因，有以下几方面：

一是预算不公开、不透明，导致财政权力转移，造成国家权力部门化、部门权力个人化，容易诱发寻租行为。按照宪法和预算法规定，人大负责审查批准预算，说明预算的权利在法律层面上是属于人大的。但现在上报给人大的预算很多是没有落实的，不知道分配给谁、不知道给谁分配多少，预算不公开、不透明，人大的权力就被架空了。而且，预算之外还有很多资金分配的渠道：预算外的、基金的、退库的、结算的，以及结余资金，都脱离了人大监督。预算不公开，加上制度缺陷，使人大的权力被肢解了。实际上，人大的权力只有两项：赤字规模和债务规模。同样，预算不公开、不透明对政府权力也有影响。按照法律规定，政府是组织预算执行的，财政部门是具体组织预算执行的，但是实际执行的结果是：政府的权力也被肢解了，政府只分配预备费。财政也一样，权力转移造成财政部门的越位，而同时还存在很多缺位，比如对债务、预算外资金、基金的管理等，有些虽在形式上纳入了预算，实

质上根本没管起来。

二是预算不公开、不透明，必然造成分配结果不公正、不公平。按照公共财政理论，公共预算有一个政治博弈过程，应该是妥协的结果，分配是否公平公正，不应该由一个部门说了算，应该是在透明、公开的情况下，由立法机关评判，在人大形成一个妥协机制。预算不公开、不透明，这种机制就建立不起来。现在人大审查预算时大家只能做加法，没人做减法，无法进行协调。预算分配本无所谓对错，要打仗就要大炮，要生活就要黄油，完全应该由立法机关决定。但预算不公开、不透明，最终结果是谁都不知道。每年我们向人大汇报，人大都提出应该把预算的结构告诉他们，但这个结构实际应该是由人大决定的。

三是预算不公开、不透明，必然导致效率低下。提高分配效率关键看三个方面：提供的公共产品和服务是否满足纳税人的需要，预算决定过程中纳税人的意愿是否起了作用，纳税人的偏好是否在预算中得到体现。如果资金分配的过程和结果不公开、不透明，这三个问题都很难得到妥善解决，资源配置效率一定是低的。

四是资金分配不公开、不透明，执行结果也不公开、不透明，财政管理就无法形成自律机制。我们曾设想，预算不公开可以，如果结果能公开，局面也可能比现在好。比如有一年查防沙资金的分配，按照自然环境状况资金应该集中安排给西部，结果却按各省 50 万元平均分配，连青岛也分得了 50 万元。若结果公开，各省的代表就会质疑，促使解决这个问题。现在分配不公开，结果也不公开，整个管理机制就无法自我修正。

（三）要明确解决问题的路径和步骤

长期积累的体制性障碍和制度性缺陷，不是一朝一夕就能解决的，需要找准解决路径。现在，人大、政府和财政部门在预算管理上的权限不清，但马上归位的条件又不成熟。有序的步骤，应该是先还权于财政，再还权于政府，第三步才是还权于人大。现在要做的是第一步，要还权于财政，即把财政的盘子做全了。真正解决问题，要把握好节奏，在步骤上既不超前也不滞后，与国家民主法治建设进程一致，与政治体制、经济体制改革进程相一致。现阶段应该做两篇文章，一是围绕完善部门预算做文章，二是围绕完善财政体制和建立规范化的转移支付制度做文章。

围绕部门预算做文章，实质上就是围绕预算编制改革做文章。中央部门 2000 年实行预算改革，形式上各部门都编了本预算，但编制过程不公开、不透明、不科学、不合理的情况还没有得到根本解决。在此情况下，审计需做三项工作：一是按照统一性原则促进预算完整，包括清理预算外资金、基金、债务收支等，使政府预算真正反映政府的活动，在此基础上推动预算管理走向公开透明，最终达到还权于财政、还权于政府、还权于人大的目的。二是促进建立科学合理的支出标准和预算定额，这是保证财政资源配置公正公平的基础。目前的问题是，要么没标准，要么标准不合理、不公开。预算编制首先应该有标准，包括定性和定量标准，定性标准就是这个事该不该做，定量标准就是市场价格。标准和资源匹配，人力资源和实物资源匹配那就是定额，定额汇总起来就是部门的预算。但是，如果标准不合理或者没有标准，定额就肯定是不合适的，预算也就是有问题的，就会诱发挤占挪用。挤占挪用是个老问题，究其原因与预算缺乏标准有直接的关系。标准不合理、定额失真，事情还要办，就要挤占其他资金。此外，还有一个预算管理和实物管理相结合的问题，这其中也有标准问题，多少人配多少车、配多少房产。现在实物管理非常混乱，对规范化的预算管理冲击很大，这些问题都需要统筹解决。三是规范财政资金分配渠道。财政资金分配本应只有预算一个渠道，但现实情况不是这样，年初预留预算指标，预算资金不一次分配到位，分配过程中有退库的、有暗抵的，有办理决算的时候分配的，有上下级结算时分配的，这些都是肢解预算的行为，应当逐步加以规范。

围绕完善财政体制和建立规范化的转移支付制度做文章，不是一件容易的事，不是一蹴而就的。现在对转移支付资金审计，总的目标就是建立规范化的转移支付制度，这涉及两方面问题：一个是体制，一个是管理。体制上要递进解决三个问题：一是事权的划分，二是财权的划分，三是转移支付目标的确立。在划分好事权的基础上，才能划分好财权；在划分好事权、财权的基础上，才能确定转移支付目标。转移支付制度是对财政体制的一个修正机制，主要解决公共服务均等化和溢出效应问题。1994年分税制财政体制改革时，没有按照这个顺序进行，而是在老体制运转的同时搭建新体制，在事权没划分的情况下先把财权划分了，结果导致事权不清、财权不合理、转移支付目标不明确，以至于现在转移支付很大程度上替代了体制的作用，有些该体制解决的事由转移支付来做。此外，转移支付还成了一种应急机制，中央需要办什么事、解决什么问题，就需要设立一个专款。由此造成项目设置过多、资金使用效率低下、政策目标难以实现、导向作用不明显等一系列问题。这些年，我们一直坚持对专款进行审计和清理，难度非常大，因为体制确立以后，专款已经和部门利益连在一起了。比如，一个司可能就管那么几项专款，一个处可能就管那么一项专款，如果要合并这项专款就可能取消这个处，所以阻力非常大。过去我在财政司也说过，对专款的审计应该看到它的艰巨性，好比是一堵墙，仅摇一两下是推不倒的，必须得长时间推，而且每年推的角度还得不一样。经过我们多年来的努力，这个问题引起了国务院、全国人大的重视，但离解决还有很长一段路要走，需要做很多艰苦细致的工作，需要不断地反映这方面的问题，把问题说清说透。

对于转移支付或者财政体制，今后的思路应该是立足于管理、着眼于体制。体制是根本，不可能不涉及。但因为体制上的问题，尤其是事权的划分非常难，有些已经超出审计的范畴，所以在体制上很难找到直接的切入点，还是应该从管理上入手，将重点放在以下几个题目上：一是预算公开透明，目标是推动财政部编制分省分项目预算；二是项目设置，重点是促使中央有关部门对专款进行清理整合；三是资金分配，促使有关部门制定科学合理的分配标准和依据；四是资金使用效果，关注专项资金的政策目标是否能够实现、是否起到了导向性作用。对专项资金进行审计，应重点关注它的政策目标能否实现。每项中央专款都是在特定历史时期和特定历史条件下，根据特定政策设置的，都有目标。审计就是要看这些目标实现了没有，如果没实现，再考虑原先的设置是不是有问题，资金的分配是不是有问题，这点非常重要。

（四）各专业审计要选准切入点

前面说了，对预算不公开、不透明进行审计，选的切入点是地方预算编制不完整。但光提审计意见不行，比如要提专款比重过高，对方会说美国的更高，且每项专款都有中央文件作根据；要提专款撒胡椒面，对方会说小有小的道理，如农村中小学危房改造修缮5万元就够了，凭什么要给10万元？审计意见要让人信服，必须把道理、危害说透，需要上下、左右联动，大家都做同一个题目。再比如，要对支出标准、预算定额进行审计，各派出局就要选择以哪个项目、哪个科目、哪项资金作为切入点，来揭示没有标准、没有定额带来什么问题，标准不合理带来什么问题。要揭示专款“小”、“散”的问题，特派办就要找“小”、“散”带来的后果。总之，业务司要出好题目，各派出机构要想好从哪里切入，把问题提出来。不提出问题、不分析原因，最后的建议没法提。再者，财政的面很宽，审计也不可能面面俱到，一定要选好题目，都围绕同一题目来做，都做成“标准件”，最后的总报告才好拼装，形成一个整体，这才能达到大格局的效果。

在全国外资审计视频培训班上的讲话

（2010年3月29日）

孙 宝 厚

同志们，大家好！刚才有3位省审计厅的同志介绍了各自外资审计的经验，署外资司通报了

2009年外资审计质量检查情况并提出了进一步提高审计质量的意见。这些经验很好，意见我都赞同。借这次培训的机会，我也谈点想法，与大家交流。我要谈的主题是：切实采取有效措施，保证外资审计质量。具体分两方面：一是要充分肯定外资审计取得的成效；二是要进一步采取有效措施、切实保证外资审计质量。

一、外资审计成效明显，在促进积极合理有效地利用外资方面发挥了重要作用

今年是我国审计机关开展国外贷援款项目审计的第26个年头。一直以来，在审计署党组和有关地方各级审计机关的正确领导和大力支持下，通过广大外资审计人员的不懈努力，外资审计工作成效明显、作用巨大。促进了国外贷援款项目执行和被审计单位的管理，促进了政府相关部门不断改进工作和加强制度建设，促进了外资的积极合理有效使用，有效地维护了被审计单位、我们国家及国外贷援款组织各方的权益，受到了有关国际贷援款组织的广泛好评，树立了我国审计机关在国际上的良好信誉。同时，多年来的外资审计，也培养和造就了一批外资审计人才，积累了一定的外资审计经验，为继续做好外资审计奠定了很好的基础。

2009年，全国外资审计人员，克服被审计项目量大点多面广、审计人员少时间紧任务重等诸多困难，认真履行职责，辛勤工作，圆满地完成了各项外资审计任务。

一是国外贷援款项目审计。2009年，全国审计机关直接审计国外贷援款项目共计396个，项目总投资约3900亿元，其中外资约1512亿元。出具审计报告485份，其中有保留意见审计报告22份。审计发现、披露和处理了大量违反我国法规和贷援款协议的问题。各级审计机关积极创新审计方式，拓展审计内容，加大审计力度，在搞好项目资金及财务审计的同时，开展绩效审计和专项审计调查，积极推进审计结果公告，取得了很好的效果。

二是农村饮水安全项目审计调查。2009年，审计署外资司组织17个特派办对河北、山西等19个省（自治区、直辖市）2006～2008年度农村饮水安全工作和农村饮水安全状况进行了审计调查，并对其中103个县进行了重点抽查，取得了较好的成效。本次审计调查不仅揭示和反映了农村饮水安全工作方面存在的一些普遍问题，查处了一些违法违规问题，同时注意提出意见建议、促使有关部门加大及时纠正和持续整改的力度，在探索开展民生项目绩效审计方面取得了一些经验。在此，还应当特别肯定的是，外资审计人员，多年来比较注重项目绩效审计；历年来完成的若干个绩效审计项目，都是比较成功的，曾多次、多项被评为审计署优秀审计项目。

三是外债情况审计。按照审计署财政资金审计的总体工作安排，自2009年11月开始，外资司组织18个特派办和35个省级（含部分副省级城市）审计机关开展了全国外债审计工作。此项工作总体进展顺利，已经上报了一些很有价值的审计信息。现场审计即将结束，接下来要做好全面审计成果汇总、分析和利用工作。

总之，对于全国外资审计所取得的成绩、所发挥的作用、所积累的经验以及所培养的人才都要充分肯定。对大家所付出的辛勤劳动表示衷心感谢！

二、要进一步采取有效措施，切实保证外资审计质量

在充分肯定成绩的同时，我们也要清醒地看到，近年来外资审计又面临一些新的情况和新的问题，外资审计工作还存在一些差距和不足，突出表现在有的国外贷援款项目审计质量还不够高，应当引起我们的高度重视。我们必须进一步采取有效措施，切实保证外资审计质量。

（一）必须毫不动摇地继续坚持“内外合一、如实披露”原则，保证审计报告质量

对国外贷援款项目的审计，既是审计机关履行法定监督职责的需要，也是为了满足对国外贷援款机构进行公证的需要。从审计报告的角度讲，如何满足、以什么形式同时满足这两方面的需要？我们早已有明确规定：国外贷援款项目审计报告，必须做到“内外合一、如实披露”。这是审计机关多年来一贯坚持的原则。

“内外合一”指的是：审计机关兼顾国内规定和国外机构的需要，在国外贷援款项目审计之后只出具一套审计报告，不搞内外有别，也不能搞上下有别。这是对如实披露在形式上的保证，说到底也是为了如实披露。“如实披露”是指：对国

外贷援款项目审计发现的会计报表不公允、因被审计事项本身或审计范围受到限制等造成的不确定、与国家法规和项目协议不一致以及项目管理方面的问题，包括所有这些方面的重大问题，必须在审计报告中如实披露，不允许只是部分披露或拖延披露，更不能采取对内对外或对上对下两套审计报告的方式，问题披露只对内不对外或只对下不对上。

实践证明，这一原则符合外资审计特点，符合国家有关法规，符合国际惯例，有利于国家有关部门、国外贷援款机构及社会全面、客观地了解被审计单位的真实情况，对促进项目单位和有关部门严格执行国家法规和贷援款协议起到了重要的促进和保障作用。就审计机关而言，只有实事求是，审计报告对内对外都一样、对下对上没区别，才是保证审计质量、防范审计风险、发挥审计作用唯一正确的选择。无论哪个审计机关，在出具国外贷援款项目审计报告时，凡是没有完全做到“内外合一、如实披露”的，不论任何原因，不论程度轻重，必须坚决彻底纠正。

（二）必须对每个项目实施足够广度和深度的审计，保证审计过程质量

审计报告是审计实施的结果。高质量的审计报告，必须有高质量的审计实施为依托、作支撑。在坚持审计报告必须“内外合一、如实披露”的同时，还必须强调，对每个项目，审计实施都必须有足够的广度和深度，保证审计过程质量，保证审计报告建立在可靠的基础之上。

审计机关是分别就每一个国外贷援款项目进行审计，并出具审计报告。因此，对每个项目应一视同仁，都必须给予足够的重视。无论大项目还是小项目，无论营利性项目还是非营利性项目，无论是地处偏远还是条件便利的项目，都必须投入与项目相适应的足够的审计工作量。

国外贷援款项目有的虽然规模不大，但项目单位级次多、地域分布面广。对这类项目，审计实施必须深入到所有级次，必须要达到足够的覆盖面。

对国外贷援款项目的审计，在广度和深度上还要考虑审计的具体内容，既要审计国外资金也要审计国内资金，既要审计项目执行、项目建设也要审计项目管理，既要审计资金使用也要审计项目建设质量，既要审计项目部分也要审计非项目部分，既要审计遵守中国法律法规情况也要审计遵守国外贷援款协议情况，既要审计财务问题也要审计绩效问题，等等。否则，审计报告难免空洞无物、流于形式。

（三）必须采取“一年审多次、多次审一年”的方式，合理配置审计人力与时间，缓解人力时间矛盾

应国外贷援款机构要求，一般每年6月底前都必须出具对上一年度所有项目的审计报告。从被审计单位情况看，年度会计报表通常在2月、3月之前很难完成，特别是需要多级汇总的项目会计报表，完成的时间更晚。我国农历新年通常在阳历每年2月，习惯上人们对过春节又特别重视。所有这些，国外贷援款项目审计，不少地方不仅仅是只能在上半年完成的问题，而是只能在两三个月内完成。再加上外资审计人员本来就少，怎么可能在如此短的时间内高质量地完成国外贷援款项目审计呢？怎么办？必须采取“一年审多次、多次审一年”的方式，合理配置审计人力与时间，缓解审计人力与时间的矛盾。

所谓“一年审多次、多次审一年”，就是审计人员不能仅仅在过了春节、等被审计单位编制完成会计报表之后才进点审计，在一年当中可以分别多次到被审计单位，每次审计一部分事项；待次年被审计单位完成项目会计报表之后，再最后一次进去审计；积累多次的审计成果，完成对被审计单位一个年度的审计。只有这样，期中多次审计与期后最终审计相结合，才能有效配置审计人力和时间资源，缓解审计人力与时间的矛盾。

为此，还需要明确三个问题。一是这样的多次审计不是重复审计。每次审计内容和重点各有侧重。好比建一所房子，第一阶段打地基，第二阶段建主体，第三阶段搞内外装修，每个阶段的建设内容不同，否则房子是建不成的。二是如何发审计通知书。这个问题比较好办。以往通知书一般都将审计限定在一两个月甚至更短的时间之内。以后可以告知一年将多次进点审计，具体采取灵活可行的方式商定。三是是否会增加审计费用。如果异地审计，多次往返，交通费难免会增加。但不能认为就不合理，该增加就得增加。至于住宿费等则不会增加多少，要达到一定的审计

深度，就必须有足够的时间投入，与审计次数多少关系不大。

“一年审多次、多次审一年”，这不是新提法，早在 2001 年审计署关于国外贷援款项目开展期中审计的通知中，就是这样要求的。这里只不过是旧事重提，提醒大家注意，要切实付诸行动。

（四）兼顾真实合法效益三项审计目标，促使项目不出少出问题，至少不出大问题，并促进项目取得良好绩效

按照审计法规定，审计目标包括真实、合法和效益三项。按照国外贷援款协议，也要求对项目执行及会计报表的真实性（公允性）、合规性（合法性）发表意见。将两方面同类项合并，对国外贷援款项目审计，至少应兼顾真实性和合法性两项目标。

近年来，经常提到跟踪审计的问题。国外贷援款项目执行时间较长，审计机关随时都在进行审计，并且每年都要出具审计报告，属于典型的项目跟踪审计。

作为跟踪审计，与真实性、合法性审计目标相联系，我们应该也有能力做到，促使项目不出问题少出问题，至少不出大问题。否则，还要我们审计干什么呢？如果真出了很多问题，甚至是大问题，不仅仅是被审计单位的责任，我们应承担什么责任呢？我们审计的公信力、权威性又如何体现呢？即使别人没说，这也是应有之意，至少我们从事外资审计的人员，必须十分清楚这两项目标，十分清楚我们所肩负的责任。

这里还要解决一个观念或认识问题。有的审计机关，发现这些年来外资审计查不出什么重大违法违规问题，因而对外资审计也就不太重视。必须指出，这种观念是极其错误的，也是对外资审计成绩的不尊重。我们连年进行审计，未发现被审计单位的问题特别是严重问题，正好说明审计起了很好的作用。难道有谁希望审计形同虚设、无所作为？当然，我们也要坚决反对，以此为借口、为幌子，或与被审计单位沆瀣一气，或怕亮出自己的家丑，有问题不查处、不报告、不披露。这在审计报告必须“内外合一、如实披露”问题中已讲过了，不再赘述。

在实现真实性、合法性审计目标的同时，国外贷援款项目审计，还必须兼顾甚至强调效益性目标。特别是国外贷款，是要归还的，加之连续跟踪审计，对项目情况也很了解，我们不仅应该，而且很有条件对项目绩效进行审计，促使提高项目执行或建设的绩效，以及建成后项目运行的绩效。前面已谈过，在这方面，外资审计人员近年来已做了一些很好的探索，希望再接再厉，不辱使命，进一步拓展并切实做好国外贷援款项目的绩效审计。

（五）加大审计质量监督检查力度，言必信，行必果，严格责任追究制度

要保证审计质量，只有要求是不够的，还必须加大审计质量监督检查的力度，言必信，行必果，严格责任追究制度。

关于国外贷援款项目审计质量检查及审计质量问题的处理处罚和责任追究制度，我们不是没有规定，问题是规定执行不力。比如，1999 年《审计署办公厅关于切实做好国际金融组织贷款项目审计披露工作的通知》（审办外资发〔1999〕49 号）中明确规定：对审计质量不高，发现问题隐瞒不报的，应作出限期改正、通报批评直至取消审计授权等项处理。实际执行得怎么样？大家都很清楚，执行得不好，执行得不严。有令不行，有禁不止。这就是近年来的现实。

这里重申一下，对于国外贷援款项目审计，执法不严、发现问题故意隐瞒不报，审计报告不如实披露，甚至对内对外、对下对上出具两套审计报告，以及其他审计质量出现严重问题的审计机关，一经发现，在全国范围通报批评，责令限期整改；拒不整改、限期整改仍不到位，或第二年再发现质量问题的，取消对省级审计机关所有国外贷援款项目的审计授权。对于造成重大不良影响以及存在其他违法违规问题的，还将视具体情况，移送有权机关追究有关责任人的责任。

同志们，审计质量是审计工作的生命。为促进积极合理有效利用外资，我们必须以负责任的态度，严格依法审计，真正采取有效措施，切实保证并不断提高审计质量。

谢谢大家！

在全国审计机关党风廉政建设工作视频会议上的工作报告（节选）

（2010年3月29日）

安　国

同志们：

现在，我受署党组委托作工作报告。

这次会议的主要任务是：以邓小平理论和“三个代表”重要思想为指导，深入贯彻落实科学发展观，认真学习贯彻第十七届中央纪委五次全会和国务院第三次廉政工作会议精神，总结2009年审计机关反腐倡廉工作，研究部署2010年的任务。

一、2009年主要工作回顾

2009年，全国各级审计机关深入贯彻落实科学发展观，切实履行审计职责，认真落实党中央、国务院和各级地方党委、政府关于加强党风廉政建设和反腐败工作的决策和部署，严格执行党风廉政建设责任制，按照推进惩治和预防腐败体系建设的要求，加强教育，健全制度，强化监督，反腐倡廉建设取得明显成效，为充分发挥审计保障国家经济社会健康运行的“免疫系统”功能提供了有力保证。

（一）严格落实党风廉政建设责任制，扎实推进惩防体系建设

各级审计机关认真贯彻落实党风廉政建设责任制，采取有力措施，确保惩防体系建设取得实效。按照中央纪委关于中央和国家机关2009年反腐倡廉工作任务的“分工意见”以及《审计署党组关于贯彻落实〈建立健全惩治和预防腐败体系建设2008～2012年工作规划〉的实施办法》（以下简称《实施办法》）的要求，审计署制定并下发了《审计署贯彻落实中央和国家机关2009年反腐倡廉工作任务的分工意见》和《审计署机关2009年反腐倡廉工作任务的分工意见》（以下简称“两个分工意见”），将反腐倡廉分工任务逐项分解到各责任单位。署机关各单位及派出机构就党风廉政建设责任制落实情况和惩防体系建设情况进行了全面自查。在自查的基础上，审计署党组结合特派办年终考核，派出了9个检查组对18个特派办及6个机关司局、派出审计局和直属事业单位进行抽查。

地方审计机关结合各自实际，精心组织安排，确保措施到位，不断推进和加强惩防体系建设。浙江省审计机关通过进一步完善各项配套制度和措施，努力提高惩防体系的系统性、针对性和有效性，已在省市县三级初步建立惩防体系基本框架。山东省审计厅通过扎实推进“学习型、规范型、效率型、廉洁型、和谐型”机关建设，吉林省审计厅通过开展“查风险、定制度、促廉审”活动，有效推进了惩防体系建设。

（二）深入开展党风廉政教育，大力弘扬审计机关的优良作风

一是领导干部率先垂范，有力带动了审计机关反腐倡廉教育的深入开展。署党组历来将审计质量和廉政建设视为审计工作的“生命线”，坚持带头学习反腐倡廉重要文件，及时传达中央有关精神。全国纪委书记座谈会召开后，署党组高度重视，就贯彻落实中央连续出台的四个重要文件迅速作出部署，对署机关各单位和各派出机构提出了明确要求。在传达第十七届中央纪委五次全会精神的署党组扩大会议上，刘家义审计长提出要切实加强审计机关作风建设，严格纪律，深入调研，坚持民主集中制原则，发扬理论联系实际、密切联系群众、批评和自我批评的作风，将

"实"、"高"、"新"、"严"、"细"真正落到实处，并以审计署印发的《内部管理中存在问题具体事例分析》，提醒大家引以为鉴，吸取教训。广州特派办成立了以特派员为组长的"责任落实年"活动领导小组。通过开展此项活动，全办干部职工的责任意识明显增强，工作作风明显改善，工作效率逐步提高。许多省级审计机关的主要领导干部也通过讲廉政党课、组织案例讨论和廉政谈话等多种形式，深入开展反腐倡廉教育，促使审计干部进一步增强政治意识、大局意识、忧患意识和风险意识。

二是发挥正反两面典型的作用，推动反腐倡廉教育的有效开展。为弘扬审计人的优良作风，展现勤政廉政人物的先进事迹，审计署机关党委发出通知，号召署机关全体党员和离退休干部向褚志德同志学习。驻署纪检组监察局组织编写了《警示录》，作为今后在审计系统内开展警示教育的教材。该书集中收录了2001年以来发生在审计机关的40余个违法违纪典型案例，并逐一进行了点评分析。刘家义审计长在为该书写的序言中强调，以此"用来开展警示教育，使大家明辨是非，打牢廉洁从审的思想基础，防患于未然，是一件很有意义的事"。不少审计机关采取多种形式开展警示教育，如哈尔滨特派办利用身边的人和事进行剖析、反思；武汉特派办深入审计组，以四种形式开展廉政警示教育活动。针对审计组流动性大、难以开展集中教育的特点，一些地方审计机关创新教育方式，通过流动公文箱、廉政教育短信平台等形式，将"警言警句"送达一线审计人员；河南、江苏省审计厅还组织机关干部参观监狱，听服刑人员现身说法。这些都增强了警示教育的实效性。

三是加强党性党风教育和精神文明建设，营造审计机关良好的廉政文化氛围。各级审计机关结合新中国成立60周年，采取丰富多样的形式深入开展"增强党性修养，弘扬良好作风"系列活动。署机关及派出机构共有276个党支部2200多名党员参加了"重温誓词、重新宣誓"活动；262个党支部1910多名党员参加了"寻根问本、访贫问苦"活动。各地审计机关广泛开展普法宣传工作和审计文化理念教育，宣传审计职业道德规范，扎实开展具有审计特色的精神文明创建活动，努力营造文明和谐向上、注重人文关怀的工作氛围，提高了审计机关精神文明建设的整体水平。

（三）积极探索防控廉政风险的有效途径，推动反腐倡廉制度建设

审计署先后制定修订了一批包括党组自身建设、审计权力行使、干部管理、预决算管理、基建管理等方面的制度。其中，重新修订了《审计署党组工作规则》、《审计署工作规则》；推动了审计法实施条例的出台，并积极组织修订国家审计准则；制定了《审计署党组巡视工作暂行规定》和干部选拔任用的3个实施办法；印发了《审计署审计项目质量责任追究办法（试行）》、《审计署内部管理领导干部任期经济责任审计规定》、《审计署预决算管理暂行办法》和《审计署公开署部门预算实施办法》等制度规定；制定并下发了《关于严格公务接待管理的通知》；修订了特派办年度量化考核办法。在外勤经费自理方面，截至2009年底，已有24个省区市审计厅（局），及所属的194个地市、788个县区审计局实行了外勤经费自理，比2008年分别增长了0.9个、35.6个和20个百分点。去年全国党风廉政建设工作会议后，一些审计机关在借鉴北京市审计局相关经验的基础上，结合本单位实际制订工作方案，完善制度设计，初步形成了覆盖本单位各项工作的廉政风险管理体系。如成都特派办针对查找出的廉政风险点制定了83条措施，并建立和完善了《审计项目审理工作试行办法》、《审计业务会议制度》等11项涉及审计监督权、审计自由裁量权和人财物管理权的制度规定，有效堵塞制度漏洞，加大了制度防腐的工作力度。

不少审计机关对现有的制度及时加以完善和创新。如湖南、陕西等地审计机关不断探索完善审计计划、实施、审理和处理处罚等职能分别由审计机关内部不同职能部门行使的管理模式，细化操作程序，推行成本控制，加强外部监督，从业务管理源头上加强了对审计权力的监督制约。太原特派办提出"第三只眼睛看审计"的廉政社会调查思路，委托山西省统计局对该办在山西省内承担的9个审计（审计调查）项目开展廉政跟踪调查，探索拓宽审计机关廉政社会监督、民主监督的渠道。

（四）认真开展监督检查工作，保证各项公权

力的正确行使

一是开展审计项目质量检查。审计署派出4个检查组分别对地方12个省级和副省级审计机关审计项目质量进行了深入的现场检查。派驻长春、南京特派办纪检组长将廉政纪律检查与法制部门的现场审理结合起来，使廉政检查与审计质量检查两不误、两促进。地方审计机关结合审计工作实际，对贯彻执行审计署6号令和相关审计准则、防范审计风险、规范审计行为、提高审计质量等情况也加强了监督检查。

二是开展重点审计项目廉政跟踪检查。驻署监察局、直属机关纪委和驻各特派办纪检组长分别组成20个检查组，对包括京沪高铁建设和西气东输工程在内的41个项目、51个审计组实施了审计现场廉政跟踪检查。走访单位239家，召开座谈会178次，开展廉政谈话799人次，开展廉政教育活动67次，发现廉政风险和隐患问题33个，提出各类整改意见75条，督促特派办建立和完善廉政制度18项。

三是加强对领导干部的监督管理。去年，审计署对审计系统，包括特派办、署直属事业单位、地方审计厅13名主要负责人进行了经济责任审计。署纪检监察部门认真履行职责，加强对干部选拔任用的监督。审计署开展了对特派办的巡视试点工作。成立了6个巡视组，加强对特派办领导干部和领导班子履行职责、贯彻民主集中制、选拔任用干部和党风廉政建设等情况的监督检查，取得初步成效，为推动今后巡视工作的深入开展积累了经验。

四是推进审计公开，拓宽监督渠道。审计署邀请部分特约审计员组成督导组，赴四川对汶川地震灾后恢复重建跟踪审计进行了督导。《人民日报》发表了该报记者就省部级干部接受任期经济责任审计对刘家义审计长的专访文章。余效明副审计长做客人民网，就审计署学习实践科学发展观、全面履行审计职责情况与网友进行了在线交流，受到媒体广泛关注。许多地方审计机关主要负责人利用电视台、广播电台、网络等媒体，就审计有关工作和社会关注的问题，与公众进行交流。云南省审计厅公开了本机关年度预算执行审计结果，引起社会热烈反响。与此同时，审计结果公告制度不断推进和完善。2009年，全国共发布审计结果公告4131篇，比2008年增长31.6%。

（五）努力提升信访举报工作信息化水平，严肃查处违法违纪问题

为推动审计机关信访工作向信息化、规范化迈进，审计署有关部门于去年推广使用信访信息系统，为实现资源共享，更好地发挥“第二研究室”的作用奠定了基础；驻署纪检组监察局开发了信访举报和案件信息数据库。截至2009年12月31日，驻署纪检组监察局共受理涉及审计机关和审计人员的信访举报79件，按职级划分，反映司局级单位和人员的54件，占68.4%；反映县处级单位和人员的24件，占总数的30.4%。对上述举报信所反映的各类问题，驻署纪检组监察局按有关规定进行了认真妥善处理。其中，组局经过核实了解作了结处理的21件；正在核实了解的17件；因举报线索不具体直接作暂存处理的和经核实了解后作暂存处理的26件；依据分级处理原则转请有关部门进行处理的15件。审计署对媒体报道的浙江省东阳市审计局长公款报销按摩费一事高度重视，立即责成浙江省审计厅督促东阳市委、市政府调查处理。东阳市委、市政府调查后对当事人迅速作出了严肃处理。审计署向全国审计机关进行了通报，并对进一步强化党风廉政建设提出三点明确要求。

2009年，全国审计机关有2048个单位参加了行风评议活动，其中进入前三名的255个；有1437个单位被评为文明单位。有9个省、市、县级审计机关新荣获“全国文明单位”称号；17个审计机关新荣获“全国精神文明建设工作先进单位”称号。在汶川地震灾后恢复重建跟踪审计和联合国审计中，涌现出一大批攻难克坚、恪尽职守、甘于奉献的先进集体和先进个人，有1个业务司局被评为“五一”劳动奖状先进集体，2名审计干部被评为“五一”劳动奖章先进个人，1名同志被评为“全国人民满意公务员”。80个单位和44名同志分获“全国审计系统先进集体”和“全国审计系统先进工作者”荣誉称号。温家宝总理指出：对于审计部门的工作，党中央、国务院是满意的，广大人民群众是信赖的，也寄予厚望。

在充分肯定成绩的同时，我们也必须清醒地看到，审计机关党风廉政建设还存在着一些亟待解决的问题：一是少数审计干部特别是领导干部

对消极腐败之风无孔不入的认识不足，不能清醒地认识到审计机关所面临的廉政风险，盲目自满情绪依然存在，风险意识、责任意识、忧患意识比较淡薄。审计人员违法违纪问题仍然时有发生。2009年，全国审计机关共有6人被判处有期徒刑，7人被开除党籍，7人分别受到留党察看、严重警告和警告的党纪处分；12人分别受到记大过、记过和降级撤职的行政处分。这些违法违纪行为发生于2002年以来，在被判刑的6人中，有直接收取被审计单位贿赂的；有利用职务之便，为他人谋取利益，收受他人贿赂的；也有在工程建设中，收受不法建筑承包商贿赂的。这些问题就发生在我们身边，必须引起我们的高度警惕。二是有些党员领导干部忽视自身修养，党性不强，表率作用和民主意识欠缺，听不得批评；作风漂浮，急功近利，重业务、轻管理，忽视队伍建设和廉政建设，对可能发生的廉政风险缺少防范意识和措施，习惯于形式主义，做表面文章，不能深入群众听实话、察实情、办实事、抓基础、抓保障、利长远、促进审计工作科学发展的理念不牢固。也有些党员干部的党员观念、公务员观念、审计人员观念淡薄，要求自己不严，作风不扎实，责任心不强。可以说，体现审计工作性质和特点的"实"、"高"、"新"、"严"、"细"的作风建设仍是审计机关必须长期坚持的重大任务。三是制度建设和内部管理依然存在"软肋"。有些审计机关保证审计权力在运行全过程中正确行使的监控机制不健全，刚性约束不够，留有一定的自由裁量空间，给权力寻租、谋取私利留下可乘之机；对与社会中介机构交往、政府投资审计、审计现场之外等易发腐败领域的风险估计不足，建立和完善防控机制的工作力度不大；机关内部管理不够严谨，责任追究制度不够健全。四是有的单位对苗头性、倾向性问题重视不够，解决不及时，严肃查处违纪行为，追究违纪责任的决心和力度有待加强。

二、2010年主要工作任务

今年工作总的要求是：全面贯彻党的十七届四中全会、第十七届中央纪委五次全会、国务院第三次廉政工作会议和全国审计工作会议精神，深入贯彻落实科学发展观，按照"标本兼治、综合治理、惩防并举、注重预防"的方针，以反腐倡廉制度建设为重点，扎实推进党风廉政建设。更加注重从体制、机制、制度层面揭示、分析和解决问题，更加注重对审计权力运行全过程的风险防控和监督制约，以奋发进取精神和求真务实作风，抓好反腐倡廉各项任务的落实，为在更高层面发挥审计保障国家经济社会健康运行的"免疫系统"功能提供有力保证。

按照这个总的要求，在开展党风廉政建设工作中要切实做到：

——贯穿"一条主线"：就是要把反腐倡廉制度建设贯穿到党风廉政建设的各项工作中去。既要提高制度设计的科学性和规范化水平，又要切实增强制度的执行力；既要清理、整合、完善原有制度，又要以改革创新的精神出台一批新制度、新办法。使2010年成为富有成效的"制度完善年"。

——突出"两个重点"：一是要深入推进审计机关惩防体系建设。加强对《审计署党组关于贯彻落实〈建立健全惩治和预防腐败体系2008～2012年工作规划〉的实施办法》中提出的各项具体任务落实情况的监督检查，进一步巩固、扩大和深化惩防体系建设成果，确保到2012年建成审计机关惩防体系基本框架。同时要把建立健全廉政风险防范机制作为预防腐败的重要抓手，在审计系统内进行推广。争取用3年的时间，到2012年底初步形成覆盖全国审计系统的廉政风险管理工作网络，建立制度保障、程序运行和考核评价等配套体系。二是按照"实"、"高"、"新"、"严"、"细"的要求，采取切实措施，大力加强作风建设，使2010年成为有明显变化的"作风改进年"。

——完成"六项任务"：

（一）认真履行审计监督职责，促进中央重大决策部署的贯彻落实

加强对中央宏观调控政策措施执行情况的审计监督。要坚决贯彻中央经济工作会议精神，按照全国审计工作会议的要求，紧紧围绕"一个中心"、"两大目标"和"八项任务"，通过依法审计，加强对中央关于宏观调控、结构调整、自主创新、"三农"工作、保障和改进民生、节能减排和环境保护、规范和节约用地等政策措施贯彻落实情况的监督。要把组织对中央扩大内需重点投

资项目和公共工程项目审计与开展工程建设领域突出问题专项治理工作紧密结合起来，抓紧抓好。

充分发挥审计监督对促进政府系统廉政建设的作用。各级审计机关要按照国务院第三次廉政工作会议的要求，积极履行审计监督职能。要加大对民生和社会事业领域公共资金的审计力度，强化对社保基金、住房公积金、扶贫和救灾资金，以及教育、卫生、“三农”等政府专项资金的审计监督，促进公共资源配置更多地向民生领域倾斜，促进规范资金管理和运行，揭示和纠正损害群众利益的行为。要切实提高财政审计的宏观性、时效性和建设性，积极促进完善财政预算制度和预算公开透明。各级审计机关要在本单位决不允许设立“小金库”的同时，继续按照中央和当地政府的部署，在各类审计中揭示和查处“小金库”问题，积极配合有关部门深入开展治理工作。要加大对腐败易发高发领域重大违法违规问题的揭露和查处力度。

认真贯彻落实党的十七届四中全会决定。署机关各单位要认真执行《审计署关于贯彻实施党的十七届四中全会决定重要举措分工方案的意见》，落实分解责任，充分履行职责，完成好中央办公厅、国务院办公厅印发的《中央有关部门贯彻实施党的十七届四中全会决定重要举措分工方案》中涉及审计署的 14 项牵头和协办任务。

（二）以构建风险防范机制为重点，不断完善审计机关反腐倡廉制度体系

一是要加强预防制度建设。要深入推进审计机关廉政风险防控工作。在这一过程中，要加强依法审计的程序性制度建设，确保审计权力按规范的程序行使，在有效监督下运行。今年，将对此项工作开展调研，召开座谈会，力争用 2～3 年的时间，初步形成廉政风险防控机制。要全面推行审计项目审理制度，建立健全审计项目目标责任制。抓紧做好国家审计准则修订工作，年内发布执行。地方审计机关要继续加大审计外勤经费自理和规范政府投资审计工作力度。

二是要加强教育制度建设。建立健全符合审计组工作特点的廉政教育制度体系，制定出台审计组廉政教育意见，逐步建立和完善审前警示、审中提醒、审后讲评和审计组廉政教育情况通报机制。在审计系统内印发《审计人员廉洁从政手册》。

三是要加强监督制度建设。根据修订后的《中国共产党党员领导干部廉洁从政若干准则》，审计署将制定符合审计机关特点的贯彻落实具体意见。在总结经验的基础上，制定审计署审计项目廉政跟踪检查试行办法，地方审计机关也要建立和完善对审计项目的廉政监督检查制度。要建立健全审计执法责任制。要认真执行审计署审计项目审理工作和质量责任追究两个试行办法，改进和规范相关工作，促进对审计行为的监督制约。

四是要加强惩治制度建设。会同监察部、人力资源社会保障部联合制定颁发《违反审计法律法规行为处分暂行规定》。建立健全重大审计质量问题责任追究制。要结合审计机关工作实际，认真贯彻执行《关于实行党政领导干部问责的暂行规定》，制定审计署落实党政领导干部问责暂行规定的相关办法，对内部管理、审计质量、审计纪律等方面履行职责不到位而发生的问题进行责任追究。

五是要建立健全保障制度执行的制度规定。按照中央修订后将颁发的《关于实行党风廉政建设责任制的规定》，适时修订《审计署落实党风廉政建设责任制的实施办法》、《审计署党风廉政建设责任制考核办法》和《审计署党风廉政建设责任追究暂行办法》。各级审计机关都要结合审计工作实际，修订完善党风廉政建设责任制及其配套制度。

（三）以建设学习型审计机关为动力，深入推进审计队伍作风建设

一是努力建设学习型审计机关，全面提高审计队伍的思想政治水平。要坚持用中国特色社会主义理论武装头脑，加强社会主义核心价值体系教育，引导审计人员把个人发展与中国特色社会主义审计事业发展紧密结合起来；要注重把建设学习型审计机关与审计工作科学发展的需求紧密结合起来，引导审计人员牢固树立科学审计理念，使学习成为审计干部的必然需要。

二是紧紧围绕“实”、“高”、“新”、“严”、“细”的要求，深入开展“作风改进年”活动。改进和加强作风建设，应在落实这五个字的要求上狠下工夫。第一，要通过学习教育，弄清为什么把它作为审计机关作风建设的要求，深刻认识其

内涵，增强改进作风的自觉性。第二，要比照这些要求，逐一查找本单位作风建设的薄弱环节，充分认识其对审计工作科学发展和廉政建设的危害。第三，审计机关领导班子特别是“一把手”，要加强组织领导，采取切实措施，推动“作风改进年”活动的深入开展，促进活动取得实效，巩固和发展学习实践科学发展观活动的成果。

三是领导干部特别是主要领导要带头发扬党的优良传统和践行审计机关优良作风。要带头“讲党性、重品行、作表率”，凡要求别人做到的，自己首先做到；凡要求别人不做的，自己首先不做，努力在“作风改进年”活动中发挥带头作用。要深入一线、深入实际，加强调查研究，对影响贯彻执行审计工作“二十字”方针、实现审计工作科学发展、切实改进作风、加强廉政建设等方面存在的重点、难点问题提出可行的意见，并认真加以落实。要按照国务院第三次廉政工作会议要求，大力精简会议和文件。继续对公务接待、公车使用、因公出国出境经费实行量化指标控制。审计署公用经费统一压缩5%，出国出境、车辆购置及运行、公务接待经费都要有所减少。今年由署领导带队，将对如何加强特派办建设开展全面深入的调研，提出既体现审计工作科学发展要求，又充分体现人文关怀的意见。各级审计机关的主要领导还要按中央的有关要求继续为本机关讲廉政党课。

（四）以加强反腐倡廉教育为依托，促进领导干部廉洁自律

一是要切实抓好《中国共产党党员领导干部廉洁从政若干准则》（以下简称《廉政准则》）的贯彻落实。审计机关要把促进党员领导干部廉洁从政作为一项紧迫现实和长远战略任务来抓。第一，要加强组织领导。主要负责人要按党风廉政建设责任制要求，切实承担起第一责任人的责任，负总责、亲自抓，领导班子成员要按分工，认真抓好分管范围内的贯彻实施工作。第二，要组织一次《廉政准则》学习教育活动。要把学习《廉政准则》作为重要内容，纳入党组中心组学习、审计署集中培训、司处级干部和党支部书记培训；以多种形式组织党员干部系统学习和开展宣传，充分认识贯彻《廉政准则》的重大意义，把握其基本要求和主要内容，增强贯彻落实的自觉性；要认真查找党员领导干部廉洁从政方面的薄弱环节和问题，采取有效措施加以解决。第三，领导班子成员要发挥表率作用。要按照新修订的《关于党员领导干部报告个人有关事项的规定》报告个人有关事项，包括住房、投资、配偶子女从业等情况。要坚持从我做起，严于律己，把自己的从政行为置于广大审计干部监督之下。第四，要加强监督检查。要以适当方式组织开展集中检查，并加强日常监督。二是要发挥审计机关自身人和事的示范效应和警示作用，增强反腐倡廉教育的震撼力。要注意挖掘和宣传审计机关的勤政廉政先进人物，树立审计人可亲可信可敬可爱的形象。署机关将在相关媒体上开辟专栏，继续开展先进典型的系列报道。今年，各级审计机关要充分利用《审计干部反腐倡廉教育警示录》，通过召开专题座谈会、征集读后感等多种形式，开展警示教育，促使审计干部树立正确的世界观、人生观和价值观。三是要进一步加强法制宣传教育，形成人人学法用法的良好氛围。四是要加强廉政文化建设，树立和维护审计人清正廉洁的社会形象。认真落实中央纪委等部门联合制定的《关于加强廉政文化建设的意见》，把廉政文化建设作为审计文化建设的重要内容，结合审计职业道德、社会公德、家庭美德和法制教育，组织动员审计干部积极参与丰富多彩的廉政文化创建活动，大力提倡文明审计，以廉政文化建设带动行风政风建设，切实维护审计机关良好的社会形象。

（五）以防范廉政风险为目标，加强对审计权力和领导干部的监督

要优化权力运行架构，健全权力运行监控机制。总结推广实行审计计划、实施、审理等职能分别由审计机关内部不同职能部门行使的成功经验，不断推进权力运行的程序化和规范化。在对廉政风险进行合理评估的基础上，重点对风险系数较大的部门和岗位开展监督检查，确保审计权力的正确行使。

要以审计组为重点，加大对审计项目质量和执行审计纪律情况的监督检查。今年，审计署将重点抓好以下工作：组织开展对6个省级审计机关和18个特派办2009年度审计项目的质量检查工作；继续开展统一安排的重点审计项目廉政跟踪检查，并结合进行审计质量检查；组织派驻各

特派办纪检组长对审计现场进行廉政监督检查。地方审计机关也要继续深入审计一线对审计纪律规定的执行情况进行监督检查。在这里，我还要特别强调，要严格执行“八不准”审计纪律，绝不允许触碰这根“高压线”，对违反审计纪律的行为一经发现，要严肃查处。

要加强对领导干部和干部选拔任用工作的监督。要认真执行新制定的《审计署内部管理领导干部任期经济责任审计规定》，并受地方党委组织部门委托，完成省级审计机关主要负责人经济责任审计任务，加强对领导干部的管理和监督，促进其廉政勤政和全面有效履行经济责任。地方审计机关也要按照程序加强对下级审计机关主要负责人的经济责任审计。要加强对干部选拔任用工作的监督。

要深化党务公开和政务公开工作，确保权力在阳光下运行。积极推进党务公开，增强党组织工作的透明度。在不涉及党和国家秘密的前提下，以适当方式向广大党员公开党的工作和党内事务。进一步增强审计工作的公开性，自觉接受社会和群众监督。坚持和完善审计结果公告制度，继续开展特定审计事项阶段性审计情况公告工作，并将整改情况同时公告；做好舆情跟踪和分析，着手建立审计新闻评论员队伍，及时掌握社会公众对审计工作的要求、评价和意见；充分发挥特邀审计员、廉政监督员和行风监督员的作用以及审计署门户网站的互动交流功能，及时发布信息。大力推进机关管理事务在内部公开工作。

（六）充分发挥信访监督在惩治腐败中的作用，严肃查处违法违纪行为

进一步提高审计机关信访举报工作的信息化、规范化水平，健全网络举报和受理机制，拓宽群众监督渠道。切实提高对信访信息的综合分析能力。对举报审计干部有具体线索的不放过，对问题未查清的不放过。要严肃查处发生在审计系统内的违法违纪问题，对利用审计权力和审计影响力谋取私利的行为，发现一起查办一起；对基本建设、招标投标、政府采购等方面的违纪违规问题，以及违反审计纪律和廉政规定的行为，运用组织处理和纪律处分手段，依法依规加以惩戒。与此同时，在信访监督工作中，对不实举报所造成的影响，要妥善做好相关工作，体现对干部的关心和爱护。

三、2010 年党风廉政建设工作几点要求

（一）强化责任意识，不断提高反腐倡廉制度的执行力

加强反腐倡廉建设，健全制度很重要，提高制度的执行力和约束力更为重要。必须把不断提高制度的执行力作为反腐倡廉制度建设的基本要求，并纳入“制度完善年”、“作风改进年”活动抓紧抓好。第一，各级审计机关领导干部特别是“一把手”，要强化责任意识，切实加强制度执行的组织领导。第二，要通过广泛深入的制度宣传教育，使广大干部领会制度精神、熟知制度内容、增强制度意识。第三，各级领导干部要充分发挥表率作用。要带头学习制度、严格执行制度、自觉维护制度，切实做到行动先于一般干部、标准高于一般干部、要求严于一般干部。第四，要把制度执行情况纳入党风廉政建设责任制的要求之中。要对反腐倡廉制度执行进行责任分解，明确责任单位、责任人和任务分工，并加强监督检查和考核。由于制度执行不力而产生违纪违规问题的，要视情况追究相应责任。第五，促进制度执行情况的政务公开。提倡将机关内部各项管理制度，包括反腐倡廉制度执行中具有典型性的不规范问题在内部进行公开，并分析其原因和教训。

（二）坚持统筹兼顾，增强党风廉政建设的科学性和有效性

要坚持统筹兼顾、整体推进的原则，把党风廉政建设融入审计事业发展和各项审计业务之中，以求真务实的作风和开拓创新的精神，不断增强党风廉政建设的科学性和有效性。具体把握好以下几点：要牢固树立反腐倡廉重在建设的理念。以建设性的思路、举措和方法完善惩治和预防腐败体系，努力形成有利于维护审计机关风清气正的文化氛围、体制条件和法制保证。要将反腐倡廉制度设计向精细化、具体化、针对性和实用性强的阶段推进，增强制度的刚性约束和可操作性。要坚持以人为本，把主观和客观、内因和外因两个方面有机结合。

（三）以提高能力为重点，建设学习型审计纪检监察干部队伍

各级审计机关纪检监察机构要善于破除思想观念上的束缚，勇于探索，锐意进取，推动建设

学习型纪检监察干部队伍。要把思想政治建设放在首位，坚持用中国特色社会主义理论体系武装头脑，模范践行社会主义核心价值体系；要加强专题调查研究，不断深化对审计机关反腐倡廉建设特点、规律的认识，及时了解和掌握兄弟单位的好经验和有效做法；要积极营造人人爱学习、人人会学习的氛围，准确把握世情国情党情的新变化，努力掌握开展纪检监察工作所必需了解的审计业务、法律法规等知识；要加大对纪检监察干部的教育培训力度，不断提高纪检监察专业化水平；各单位主要领导要大力支持纪检监察工作，关心爱护纪检监察干部，为他们排忧解难；要通过强化实践锻炼，切实提高纪检监察干部的辩证思维、战略思维和创新思维能力以及履行职责的能力，积极探索运用现代科学方法和信息网络等现代科技手段，为推动反腐倡廉工作不断取得新成效作出应有的贡献。

同志们，党和政府以及人民群众对审计工作寄予厚望，提出了更高的要求，审计机关党风廉政建设的任务也更为繁重和紧迫。各级审计机关一定要以科学发展观为指导，勇于创新、永不满足、永不停滞，以“不需扬鞭自奋蹄”的精神、精益求精的工作态度和扎实稳健的工作作风，深入开展党风廉政建设，为审计事业再上新台阶提供坚强有力的保障。

审计署工作概况

署领导、党组成员

审　计　长：刘家义
副 审 计 长：令狐安（—2010年9月25日）
　　　　　　董大胜
　　　　　　余效明
　　　　　　石爱中
总 审 计 师：孙宝厚
纪检组组长：安　国
副 审 计 长：侯　凯（2010年9月25日—）
党 组 书 记：刘家义
党组副书记：令狐安（—2010年9月9日）
党 组 成 员：董大胜（2010年12月起任党组副书记）
　　　　　　余效明
　　　　　　孙宝厚
　　　　　　安　国
　　　　　　侯　凯（2010年2月12日—）

审计署机关

【审计工作简述】　2010年，在党中央、国务院和地方各级党委、政府的领导下，各级审计机关认真履行职责，扎实推进自身建设，各项工作有了新的发展和进步。较之往年，审计工作的大局意识进一步增强，整改公开力度明显加大，制度建设取得重要进展。

认真履行职责，大局意识进一步增强　审计工作更加自觉地融入经济社会发展大局，主动性、及时性和建设性进一步增强。全国共审计和调查15.7万多个单位，通过上缴财政、减少财政拨款及归还原渠道资金等促进增收节支2099亿元，收回不合规土地8万多亩，促进建立健全规章制度7070项，移送案件线索和事项3092件。

（1）为促进加强和改善宏观调控，不断深化对重大政策贯彻执行情况的跟踪审计和调查。各项审计都关注了中央政策的执行情况和实施效果，重点对汶川、玉树、舟曲救灾和灾后恢复重建、京沪高速铁路、西气东输二线、溪洛渡水电站、中央扩内需投资和机场等4.9万多个政府投资项目、世博会、亚运会等重大事项和5家商业银行新增贷款投向结构进行跟踪审计和调查。通过审计，核减工程投资和结算额517.7亿元，挽回和避免损失212亿元。

（2）着力维护国家经济安全，密切关注经济社会发展中的突出矛盾和潜在风险。面对国际金融危机影响和国内自然灾害多发、频发的状况，重点关注财政、金融、国有资产运营等方面的薄弱环节和潜在风险。通过对地方政府性债务的审计调查，揭示了债务形成时间较长、总体规模较大、蕴含潜在财政风险的情况，促使有关部门强化管理和监督；通过对全国4462家金融机构和国有企业的审计和调查，促进上缴财政16.2亿元，挽回或避免损失132亿元。

（3）积极推进依法行政，逐步深化经济责任审计。全国共审计领导干部3.69万名，其中省（市）部长23名、中央企业领导人员10名。从审计情况看，大多数领导干部能够执行中央决策部署，认真履行职责，但也有个别领导干部法制观念和责任意识不强，决策和管理不够规范。审计共查出领导干部对违规行为负有直接责任的问题金额249亿元，82名被审计的领导干部和465名相关人员的问题被移送司法、纪检监察机关处理。

经济责任审计工作的规范化建设取得重大进展，中办、国办下发了《党政主要领导干部和国有企业领导人员经济责任审计规定》；各级审计机关注重把离任审计与任中审计相结合、经济责任审计与预算执行、财政决算审计相结合，积极推进市县党政领导干部同步审计，并在经济责任审计信息系统建设方面作了尝试，大大提高了审计效率。

(4) 围绕推进保障和改善民生，切实加强重点民生工程和资金审计。各级审计机关普遍开展了对城市最低生活保障资金、政府投资保障性住房、新型农村社会养老保险和新型农村合作医疗基金等民生项目和资金的审计和调查，涉及专项资金总额7.4万多亿元，促进拨付和归还资金等436亿元。一些地方组成多部门参与的整改联合工作组，跟进检查民生资金的管理、使用和绩效状况，保证惠民政策落实到位。

(5) 更加注重推进经济发展方式转变，强化资源环境审计。审计署下发了加强节能减排和资源环境审计工作的意见，有的地方建立了资源环境审计联动机制，重点对节能减排、退耕还林、天然林资源保护、土地和水污染防治等项目进行了审计和调查，如对20个省节能减排政策执行情况的审计调查，促使有关地方淘汰落后产能342.7万吨，归还或拨付节能减排专项资金12.26亿元，制定和完善制度9项，有23名责任人员受到处理。

(6) 加大对体制机制制度层面问题的揭示和反映力度，促进深化改革和完善制度。全国提交审计报告和信息16万多篇，比上年增长4%；提出审计建议25万多条，增长12%。特别是积极探索构建财政审计大格局，进一步增强了财政审计的时效性、宏观性和建设性，审计署制定了关于加强财政审计和投资审计的意见，不少地方将政府性资产和政府性债务等纳入预算执行审计范围，把本级预算执行与市县财政决算审计相结合，更加全面地掌握了财政运行的总体情况。

(7) 坚持严肃揭露和查处重大违法违规问题，推动反腐倡廉建设。全国审计机关移送案件线索3092件。这些案件依然呈现“窝案”、“串案”的特点，大多发生在土地和采矿权出让、工程招投标、银行放贷、保险理赔、国有企业投资等环节，有的是滥用职权谋取私利，有的是国有企业或事业单位“借道”第三方民营企业实施违法违纪行为，有的牵涉到洗钱套现、高利放贷、骗保骗贷等严重扰乱经济社会秩序的违法行为，犯罪花样翻新、手法更为隐蔽，查处难度加大。

(8) 着眼于服务“走出去”战略，扎实推进中国审计走向世界。在强化对政府外债、境外企业和国外贷援款项目审计监督的同时，完成对联合国14个单位的审计，推动联合国加强了预决算管理。在第20届世界审计组织大会上，中国审计署成为世界审计组织第一副主席，并获得下届大会承办权。加强审计援外工作，已在国内培训非洲、南太平洋地区最高审计机关审计长143人次，受援国占非洲的90%、南太平洋地区的80%。

注重提高监督效果，督促整改和对外公开的力度明显加大 2010年，审计机关进一步加强对整改的督促和跟踪。从跟踪情况看，一是有关部门和地方更加重视整改，制定整改措施1.4万项，普遍将整改作为政府督查督办事项，建立健全了整改报告制度和责任追究制度。二是整改和问责的力度进一步加大。去年审计查出的应上缴财政资金已上缴1710亿元，有2541人（次）受到处理。其中：11个省区补征土地专项资金271.38亿元；17个省区追缴非税收入751.59亿元。三是更加注重构建长效机制。有关部门和地方根据审计建议，建立健全规章制度7070项，比上年增长25%，有的还将整改纳入了政务和绩效考核。

各级审计机关注重把审计监督与社会监督相结合，加大了审计结果公开力度，共发布审计结果公告7664期，比上年增长85%；在依法公开审计计划的同时，组织媒体对重大审计项目进行跟踪报道，及时公开了审计过程和进展情况。

注重提高依法审计水平，审计制度建设取得重要进展 2010年，国务院颁布了修订后的审计法实施条例，中办、国办下发了经济责任审计规定。按照国务院关于推进依法行政、加强法治政府建设的要求，各级审计机关深入开展“制度完善年”和“作风改进年”活动，强化各项基础建设。在制度建设方面，在认真学习、贯彻条例和两办规定的基础上，审计署颁布了新的国家审计准则，各级审计机关清理和完善内部规章1500多项。在干部队伍建设方面，建立健全了干部管理、选拔任用和培训等办法，审计署组织培训班60期、培训8956人次，通过轮岗、挂职等途径交流干部69名；地方审计机关也加大了培训、交流和轮岗力度。各级审计机关不断深化干部人事制度改革，在竞争上岗、增强透明度等方面取得了新的突破。在作风建设方面，开展学习型机关建设和创先争优活动，推进建立廉政风险防控管理机制，切实做到“实”“高”“新”“严”“细”。审计署以向社会专业公司购买服务和劳务的方式，对机关后勤用工制度进行了社会化改革；不少地方审计机关推行了绩效管理或目标责任考核制度，努力提高依法审计、依法管理水平。坚持深入基层、深入一线，加强调研和对下工作指导，如审计署班子成员在署党组统一安排下，分别带队对18个驻地方特派办进行全面、深入的调研；针对审计工作发展遇到的新情况和新问题，集中提出20个问题，发出致全体审计人员的一封信，在全署掀起了一次“我为审计发展建言献策”的高潮。

2011年是步入“十二五”发展新征程的开局之年。“十二五”时期，我国发展处于可以大有作为的重要战略机遇期，也是深化改革开放、加快转变经济发展方式的攻坚期，审计工作面临着复杂形势和艰巨任务。在“十二五”期间，审计工作的总体要求是，以邓小平理论和“三个代表”重要思想为指导，深入贯彻落实科学发展观，牢固树立科学审计理念，紧紧围绕科学发展这个主题和加快转变经济发展方式这条主线，认真履行审计监督职责，严肃查处重大违法违规问题和经济犯罪案件，注重从体制、机制、制度及政策措施层面分析问题、提出建议，充分发挥审计的“免疫系统”功能，全力服务于经济社会科学发展。

“十二五”期间审计工作要努力实现四大目标，一是把推进法治、维护民生、推动改革、促进发展作为出发点和落脚点，审计工作在服务经济社会科学发展、促进深化改革和民主法治建设、维护国家经济安全和促进反腐倡廉建设方面迈上新台阶；二是审计法治化、规范化、科学化和信息化建设迈上新台阶，全面提升审计层次和高度；三是符合我国国情、与社会主义市场经济体制相适应的审计理论、审计文化、审计方法和审计模式的研究与建设迈上新台阶，健全完善中国特色社会主义审计监督制度；四是审计人才和干部队伍建设迈上新台阶，全面提高审计能力和水平。

“十二五”期间审计工作的主要任务是，继续坚持以真实合规性审计为基础，全面推进绩效审计，积极发挥审计的建设性作用，不断增强主动性、宏观性、建设性、开放性和科学性，重点完成好以下任务：一是加强对中央重大方针政策和宏观调控措施贯彻落实情况的跟踪审计，促进中央重大经济方针政策落实到位和目标实现；二是加强预算执行审计，促进法治政府、责任政府和效能政府建设；三是加强对重点民生工程和民生资金的审计，维护人民群众的根本利益，促进和谐社会建设；四是加大对领导干部经济责任履行情况的审计力度，推进责任制、问责制和责任追究制度建设；五是加大对资源环境保护和治理情况的审计力度，促进生态文明建设；六是充分揭示和反映经济社会运行中的突出问题、深层次矛盾和潜在风险，全力维护国家经济安全；七是加大对腐败案件和经济犯罪案件线索的揭露和查处力度，促进反腐倡廉建设；八是加大从体制、机制、制度以及政策措施层面发现和分析问题的力度，推进深化改革和民主法治建设。

（撰稿人：崔　丰）

【办公厅】　2010年，办公厅人员编制66名，在编56人，司局级领导职数4名。设有政策研究室、计划统计处、财务一处、财务二处、秘书处、新闻处、档案处、审计长办公室、举报中心办公室、办公室等职能处（室）。

领导成员

主　任：侯　凯

副主任：王本强

郭彩云（兼政研室主任）

正司级审计员：颜建军

巡视员：周德铭

副巡视员：葛丽娅（兼举报中心主任）

程志明（兼档案处处长）

工作综述　2010年，办公厅紧紧围绕署中心工作，积极组织协调署各单位按照年初确定的围绕“一个中心”、实现“两大目标”和完成好“八项任务”的总体思路开展工作，为保障署重大决策部署的落实到位发挥了重要作用，较好地完成了各项任务。

政策研究与信息报送　一是共起草、修改各类重要文稿350多篇。涉及内容广泛，从工作部署到队伍建设，从微观事项到宏观政策，从专项审计情况到经济社会大局，从某一局部工作到国际国内问题。切实做好“两个报告”、全国审计工作会议文件、推动新疆西藏审计工作科学发展的意见、“十二五”规划建议、审计发现问题整改情况等重要文稿的起草工作，审改重要审计报告及若干专题报告。二是就中央扩内需相关政策落实情况、汶川和玉树地震以及舟曲泥石流救灾和灾后恢复重建情况、工程领域突出问题治理情况和反腐倡廉建设任务分工落实情况等中央一系列重大政策措施，先后下发10个通知进行安排部署和任务分解，督促审计工作及时跟进，保证了文件的上传下达与解读领悟。三是参加署领导对特派办建设的全面调研，完成对9个特派办调查情况的调查报告，并研究起草对18个特派办调查的综合报告。四是共编发各类信息380期，分别比上年增长11%，其中审计要情60期，重要信息要目106期，值班信息23期，审计简报15期，被中办和国办分别采用86期和171期，中央领导同志批示162期，还编发信息转送函127期，审计工作通讯39期，审计工作动态10期；审核和发布审计结果公告24期，实行专人督办重要信息机制，对整个处理流程定期跟踪检查，组织了优秀审计信息与优秀审计报告的评选。

计划统计 一是进一步改进审计项目组织模式，将审计项目计划年度修改为上年11月至本年10月，并分为两大阶段，将年度计划分3批下达。二是修订完善统计指标体系和报表结构，更加完整地反映审计机关的审计成果；完成了《审计署2011～2015年审计工作发展规划》编制工作；并加强了对地方审计工作的指导，制定了对地方审计工作的指导意见、修订完善了授权审计管理办法，增强了计划工作的灵活性与适应性；《关于做好2010年度授权审计工作的通知》，第一次组织相关业务司编发了各授权审计项目的实施意见，明确对授权项目的各项具体要求。三是坚持计划执行情况月报制度，及时掌握项目执行进度和各执行单位工作强度，编发执行情况简报。年初对2009年的授权审计项目实施情况进行了通报。对审计项目实施全过程进行进度监控，在计划执行情况月报的基础上，每季度至少上报1份署内签报，深入分析部分项目未能按计划完成的原因并提出建议，为署领导决策提供服务。

政务公开和新闻宣传 一是2010年，组织专访、在线访谈和报道51次，在中央主要媒体刊发宣传稿件4000多篇（次）。二是通过采用在线访谈、网络直播、电话连线和集体采访等多种方式，先后开展了关于全国审计工作会议、全国审计工作座谈会、审计长向人大作审计工作报告、颁布实施审计法实施条例、国家审计准则和两办经济责任审计规定、省部长访谈等十多个重要会议和重大事项的宣传报道。三是有计划、分批次地组织新闻媒体开展对汶川地震灾后恢复重建、新农合资金、新农保资金以及节能减排4项涉及民生和重大投资审计项目的跟踪采访报道，从审计视角大力宣传中央宏观调控政策取得的实效。四是在署内部公开了预算执行、人事任免和资产管理等群众关心的事项，妥善办理依申请公开政府信息11例，编发《审计宣传与舆情动态》44期。五是在署门户网站上陆续开设13个信息发布专栏，加载信息1万多条，在主要媒体刊发审计宣传稿件4000多篇（次），各网站转载审计稿件3万多条，进一步扩大了审计影响。

预算和内部财务管理 完成了预算编报、申领、分配和批复工作，将2011年“一下”预算全部细化到署二级单位，获得2010年度中央部门预算编制工作评比二等奖；人员经费严格按国家有关规定测算安排，日常公用经费则分解成水电费、物业管理费等20多项，细化定额分类；向社会公开了2010年审计署有关预算情况表，加强预算管理和核算，保证了署本级财务收支基本平衡；会同财政部有关部门起草了《中央财政审计专项补助经费管理暂行办法》。

服务协调与保密检查 （1）共承担署党组会议、审计长会议、审计业务会议等会务工作90余次，每次都做到提前准备材料、认真做好记录、跟踪落实决议。

（2）编写审计长会议纪要23期、《值班简报》及增刊24期，协助署领导起草、整理和审核文稿230余篇，收集、处理各类文件和资料2.2万余份。

（3）对党中央、国务院领导和署领导交（批）办的710多件事项进行跟踪督办，逐月汇总并报告完成情况。办理完毕26件人大代表建议和政协委员提案答复工作。

(4) 组织保障全国审计工作座谈会、全国审计工作会议等多次大型会议。协调安排了春节慰问团拜活动、年中统一休假以及全国审计系统先进代表赴浙江嘉兴疗养等工作。

(5) 组织开展全署保密承诺书签订人员知识竞赛活动和涉密载体清理情况检查，举办了全国审计机关普通密码业务培训班。

公文和档案管理　切实做好审计基础工作。制发、审核各类文稿近 3000 件，及时接收、处理各类文件 1.3 万余件；每季度组织开展对审计系统公文质量进行抽查和通报；探索实行了审计业务类简报办理情况的督促检查工作，每季度组织开展公文办理情况检查，年中组织开展一次业务类简报办理情况检查，年底进行全面检查。按照署领导批示要求，扎实开展公文大练兵活动，认真学习了刘家义审计长有关讲话和推荐的 11 篇经典名篇；举办 7 次公文写作专题讲座，分专题组织了 14 次涉及 11 个文种的公文写作练习；编写了 38 期《公文写作“大练兵”活动简报》。检查接收审计和文书档案 5900 多卷（件），接收党中央、国务院资料档案 456 件；接待查询、借阅档案 129 人次、1203 卷（件）次；查出漏归文件 42 份，及时督促有关单位进行补归工作；加强对派出机构和地方审计机关档案工作的业务指导，及时发现、解决新问题。

信访举报　一是处理群众来信来访 1.33 万件（批次），其中：处理群众来信 8965 件（次）；处理、回复群众互联网上举报 1800 件；接待群众来访 2570 批次、3800 多人次。与 2009 年相比，群众来信增长了 20%，来访增长 5 倍，筛选并向业务司局转送举报线索 900 多件，办结了署领导转批的 16 件举报线索。二是 3 次在署系统开展了矛盾纠纷排查化解工作。编发《审计信访举报工作动态》，其中 1 篇被《审计署值班信息》采用。三是组织 18 个特派办围绕大力宣传《信访条例》实施五年来，工作发生的新变化、取得的新成效和促进社会和谐方面发挥的积极作用，开展了经验交流和典型宣传活动。　（撰稿人：崔　丰）

【法规司】　2010 年，法规司人员编制 28 人，在编 21 人，领导职数 4 名；设有 5 个职能处：法规准则处、审理一处、审理二处、检查指导处、法律事务处。

领导成员

司　长：王常松

副司长：刘绍统

正司级审计员：李淑敏（—10 月）

副司级审计员：张曼曼
白冰冰

工作综述　2010 年，法规司在署党组和分管署领导的正确领导下，深入学习实践科学发展观，切实树立科学审计理念，以“制度完善年”为契机，进一步加强审计法律规范建设，严格执行审计法律法规，强化审计质量控制，推动国家法律制度完善，较好地完成各项任务，为推进依法审计、提高审计质量、促进发挥审计“免疫系统”功能提供法制保障。

审计立法　一是完成审计法实施条例的修订工作。2 月 2 日，《中华人民共和国审计法实施条例》经国务院第 100 次常务会议修订通过，国务院总理温家宝签署第 571 号国务院令予以公布，自 2010 年 5 月 1 日起施行。审计法实施条例修订出台后，法规司积极组织相关宣传培训工作，及时草拟印发宣传提纲、新闻通稿等宣传材料，出版了辅导读本《新〈审计法实施条例〉解读》，在《中国审计》杂志和《中国审计报》组织 2 期专题报道，分别举办面向审计法制人员的怀柔培训班和面向全体审计人员的视频培训班，收到良好效果。二是完成国家审计准则的修订工作。9 月 1 日，刘家义审计长签署审计署第 8 号令，公布《中华人民共和国国家审计准则》，并废止 28 项审计规章。国家审计准则颁布后，法规司及时草拟宣传提纲等材料，分别举办面向审计法制人员的怀柔培训班和面向全体审计人员的视频培训班，编辑出版《主要审计法规汇编》，印发《审计署关于贯彻实施国家审计准则的通知》，并与计算机技术中心共同研究现场审计实施系统（AO）的修改完善工作。三是积极推进其他规章制度的制定或修订工作。除国家审计准则外，法规司还组织草拟了 8 个审计规章或规范性文件，其中审计机关封存资料资产规定等审计系统内部文件 5 个，审计领域违法违纪行为处分规定等拟与其他部门联合印发的文件 3 个。此外，还参与了审计署组织条例、中国工会审计规定、政府投资项目审计规定的制定工作；启动了审计机关对社会审计机构审计报告质量核查的规定和审计署关于内部审计工作的规定的制定或修订工作；结合国家审计准则等规章的修订工作，对有关规章和规范性文件进行了清理。

审计项目审理 法规司全面开展审计项目审理，全年共审理和复核审计业务文书1274份，比去年增长38.8%。其中审计（调查）报告、审计决定和审计结果公告766份，审计要情要目93份，移送处理书119份，向国务院上报的综合报告26份，审计（调查）通知书等其他文书270份。在工作量比以前年度大幅增加的情况下，法规司积极探索审理工作规律，不断提升审理工作质量和水平。一是创新审理工作方法。在中央部门预算执行项目集中审理时，首次尝试试审理方法，在共同研讨解决试审理过程中遇到问题的基础上，预先统一审理标准，确保一批项目同类审计文书在定性处理上的平衡和格式规范上的一致性，取得良好效果。二是加强与其他部门协作配合，完善案件移送协调会商机制。全年共与高检院、公安部会商案件52件，并针对公安部向审计署反馈的2009年《审计要情》办理情况，起草相关分析报告。在此基础上，法规司进一步完善案件移送协调会商机制，提出与中央纪委监察部建立联席会议制度、重大案件协调会商机制以及加强信息交流和情况通报的初步意见。三是加强审理信息化工作。根据审计署信息化任务分工，结合审理工作对信息化的迫切需求，法规司绘制了审理复核软件运行流程图，并向计算机技术中心提交了业务需求和其他相关资料。同时，会同计算机技术中心、机关服务中心建设电子审理室。

法制宣传及质量检查 一是认真开展法制宣传工作。法规司开展"五五"普法验收，启动了"五五"普法先进集体和先进个人的评选工作，会同培训中心组织开展了审计署2010年审计法律知识竞赛，还根据全国普法办的统一部署，组织开展了审计机关"六五"普法规划理论与实践研究等征文活动、2009年度法制好新闻征集活动、"五五"普法神州行媒体系列宣传活动，并在"全国公务员学法用法"和"政府立法中的法律责任设定"征文活动中获得组织奖。二是继续开展优秀审计项目评选工作。对审计署业务司、派出机构和地方审计机关报送的110个审计项目进行了评选，在审计署的审计项目中，评选出9个优秀审计项目，22个表彰审计项目；在地方审计机关的审计项目中，评选出15个优秀审计项目和33个表彰审计项目，并在全国审计工作会议上对获奖项目进行颁奖和宣传展示。三是组织开展审计案例评审和征集工作。在对2009年度提交的42篇审计案例进行初步筛选的基础上，组织23名案例编写人员根据专家意见对24篇案例进行修改，待审核通过后纳入审计案例库。四是深入开展审计质量检查工作。法规司组织开展对5个省级审计机关2009年审计项目质量的现场检查，起草了《关于部分省级审计机关审计项目质量检查情况的通报》。五是认真做好行政复议工作。全年共收到4件行政复议申请，1件政府信息公开申请，1件关于政府裁决的请示。其中，5件已办结或处理，1件已提出处理意见。此外，还根据国务院法制办要求组织了行政复议征文活动，所推荐作品全部入选《第四次国务院部门行政复议协作会论文汇编》。

其他工作 一是深入开展立法协调工作，积极参与国家法律法规的制定和完善。共处理完成立法协调事项47件，对预算法（修改稿）、《政府采购法实施条例（送审稿）》《财政监督办法》等多部重要法律、行政法规和部门规章提出修改意见。二是针对审计发现问题开展专题研究，积极提出完善机制制度的意见。根据署领导指示，结合审计发现问题，法规司开展了对境外上市国有企业经济信息安全、科研经费项目预算管理、顺德审计体制改革、会计师事务所审计质量、打击发票违法犯罪活动等事项的专题研究并撰写相关报告，提出有关建议。三是参与理论研究和教材编写工作。法规司承担或者参与的科研课题中，中国特色审计理论研究子课题已提交文稿，审计职业道德课题已顺利结题，审计业务管理课题即将接受中期检查。此外，法规司还积极派员参加经济责任审计指南、中央部门预算审计报告规范的研究和署机关审计青年论坛，参加中国国家审计学和新录用审计人员读本编写工作。四是积极参与国际和港澳地区审计交流工作。参加世审组织职业准则委员会指导委员会、合规审计委员会、国家关键指标工作组等相关会议并草拟报告，参加亚审组织加强外部审计工作会议并提交报告，参加亚审组织绩效审计质量保证项目会议；代拟审计署向亚审组织第42届理事会提交的参加世审组织职业准则委员会工作情况的报告，参加世审组织第二十届大会主议题二的相关工作；参加与日本会计检查院、德国驻柬审计署高级顾问、香港华人会计师公会访京团等交流会谈，并提供有关会谈材料；完成13个INTOSAI审计准则及指南翻译工作，赴澳门开展准则培训活动，回复智利审计长办公室询问函和挪威审计署、匈牙利审计署的调查问卷等。五是认真做好其他事项。办理了3件人大建议答复、1件人民来信答复、1件批复和40余件署内外协调函，派员参加署领导调研活动、特派办班子考核以及有关干部的选拔、选调考察工作，为署内有关单位提供法律咨询。同时，加强司内制度建设，建立司内公文督办、重要来电记录、重大活动报备、司内人员信息统计和有关资料存档等制度，认真做好文书流转和归档工作。（撰稿人：刘誉泽）

【财政审计司】　2010年，财政审计司人员编制24人，在编19人。设有一处、二处、三处、四处。

领导成员

司　长：李业林

副司长：马晓方

　　　　张晓霞

审计成果　2010年，财政审计司共组织完成财政部具体组织2009年度中央预算执行情况审计、18个省（区）农业综合开发资金审计、70个地方政府债务审计调查、18个直属海关2009年度关税和进口环节税征管情况审计、10位省（市）长经济责任审计。审计中，自觉融入经济社会发展全局，在严肃揭露和查处违法违规问题的同时，更加注重揭示和分析体制性障碍、制度性缺陷和管理漏洞，不断增强财政审计的宏观性、整体性、建设性和时效性。努力改进财政审计工作方式方法，着力构建和不断完善财政审计大格局，进一步加大审计资源整合力度，在维护国家财政安全，促进深化财政体制改革，增强财政政策有效性，促进依法民主科学理财等方面发挥了重要作用。

中央预算执行情况审计　在评价2009年度实施积极财政政策、优化财政支出结构和深化财税体制改革等方面总体情况的基础上，重点揭示了7类问题：

（1）财政部2009年代编160个项目预算1702.83亿元，代编预算规模仍较大。（2）财政部批复的中央部门年初预算中，有财政拨款之外的基本支出1793.05亿元未细化到人员经费和日常公用经费；有27个项目支出170.20亿元、6项政府性基金支出59.40亿元未落实到具体项目或单位，其中三峡工程建设基金等4项政府性基金只列了预算支出总额。（3）基本支出定员定额改革从2001年开始试点，目前中央财政尚未建立完善的定员定额体系，不利于规范预算分配和执行。（4）在卫生部所属的15家医院2007年和2008年修购基金年末结余分别为45.15亿元、49.99亿元的情况下，财政部2009年仍安排其新建固定资产等项目预算16.39亿元，这不利于统筹安排资金，提高资金使用效益。（5）发展改革委等5部门2009年1月下达天津、河北等6省区市2008年巩固退耕还林成果任务计划35.58亿元，财政部2009年6月才拨付资金，影响预算执行进度。（6）2009年12月，中央本级库款支出为2166.53亿元，是前11个月平均数的1.87倍，占全年支出的14.2%，预算执行进度不够均衡。（7）2009年，中央财政本级实际支付以前年度结转资金1343.10亿元，1月至11月实际支付时均记列为当年预算支出，年末再一次性调减，使财政部向社会公布的1月至11月中央本级财政支出数据不够准确。对上述问题，财政部和有关部门逐项进行研究，积极进行整改。这次审计提出的4项建议：进一步健全政府预算体系，逐步将政府全部收支纳入预算管理范围；进一步加快推进财政体制改革，健全事权与财力相匹配的财政体制；进一步优化财政支出结构，整合财政资源，提高财政资金使用效益；进一步强化对地方财政的管理，健全地方政府性债务管理制度，防范财政潜在风险，被《关于2009年度中央预算执行和其他财政收支的审计工作报告》全部采用。

农业综合开发资金审计　审计18个省（区）2007～2009年中央农业综合开发资金的分配、管理和使用情况，主要反映了3个方面的问题：一是部分政策在执行中存在偏差，影响相关政策目标的实现。按规定，中央财政新增农业综合开发资金的80%以上应集中用于农业主产区特别是粮食主产区，但2007年至2009年，中央财政新增农业综合开发资金分配至全国农业主产区的比例分别为69.98%、76.97%和78.72%，其中分配至13个粮食主产省（区）的比例分别仅为61.84%、65.19%和69.12%。二是部分项目进展缓慢，有的未能达到预期效果。抽查18个省（区）的156个农业综合开发产业化经营项目，有60个未能发挥预期效益，占38%。三是套取、滞留、转移挪用或挤占农业综合开发资金3.57亿元。

地方政府债务审计调查　对18个省、16个市和36个县本级截至2009年底的政府性债务开展审计调查。结果表明，随着财政改革的不断深入，中央和地方各级政府逐步完善地方财政管理以及举债、用债和偿债等方面制度，积极采取措施化解普及九年制义务教育负债等历史债务，审计调查地区的政府性债务有96%用于交通运输、市政建设等公益性项目，促进了地方经济和社会事业的发展。但地方财政和政府性债务管理还不够严格和规范，尤其是地方政府性债务形成时间长，总体规模大，历史遗留债务负担仍比较重。一是地方政府性债务总体规模较大，融资平台公司的政府性债务平均占一半以上。审计调查的18个省、16个市和36个县本级截至2009年底，政府性债务余额合计2.79万亿元。其中：2009年以前形成的债务余额为1.75万亿元，占62.72%；当年新增1.04万亿元，占37.28%。在这些新增债务中，仅有8.92%用于中央扩内需新增投资项目的配套资金，还有相当一部分用于建设2008年前已开工的交通、市政等基础设施。这些地区共有各级融资平台公司307家，其政府性债务余额分别占省、市、县本级政府性债务总额的44.07%、71.36%和78.05%，余额共计1.45万亿元。二是部分地方政府偿债压力较大，存在一定的债务风险。上述地方政府性债务中，政府负有直接偿债责任、担保责任及兜底责任的债务分别为1.8万亿元、0.33万亿元和0.66万亿元，分别占债务总额的64.52%、11.83%和23.65%。从债务余额与当年可用财力的比率看，省、市本级和西部地区债务风险较为集中，有7个省、10个市和14个县本级超过100%，最高的达364.77%。从偿债资金来源看，2009年这些地区通过举借新债偿还债务本息2745.46亿元，占其全部还本付息额的47.97%，财政资金偿债能力不足。

关税和进口环节税征管情况审计　审计18个直属海关2009年关税和进口环节税征管情况发现，截至2009年底，有11个海关对进口货物完税价格、适用税率以及减免税等审核把关不严，造成税款流失3664.55万元；有6个海关对13户企业擅自将尚在海关监管期内的免税进口货物移作他用的行为，未按规定要求企业补税或提供税收担保，涉及减免税款7.75亿元，存在税款流失隐患。此外，天津海关为调节收入进度，对22家企业2009年12月申报的进口货物，在符合征税条件的情况下，先以各种理由征收税款保证金8.01亿元，在2010年1月才转为税款入库。

经济责任审计　以省（市）长任职期间履行经济责任情况为主线，以财政收支及有关经济活动的真实合法效益为基础，以全省经济社会发展的重大事项为重点，主要检查省（市）长任职期间贯彻执行国家经济法律法规、党和国家关于经济工作的重大方针政策及决策部署，促进本地区经济社会事业发展情况，重大经济决策制定和执行、重大投资项目建设和管理的合法合规及科学有效性，财政财务收支及相关经济活动的真实合法效益情况，重大管理制度制定和执行情况，省（市）长执行国家财经法规及个人遵守有关廉政建设规定情况等，促进省（市）长守法、守纪、守规、尽责，更好地履行经济责任。

中央预算执行审计　2010年中央预算执行审计，坚持“评价总体、揭露问题、规范管理、促进改革、提高绩效、维护安全”的总体思路，紧紧围绕“预算执行”这一主题，科学安排审计项目，合理配置审计资源，加强统筹协调，创新组织方式和审计方法，全面掌握2010年中央预算执行总体情况，客观评价中央财政在实施积极财政政策，保持经济平稳较快发展等方面取得的成效，按照完整的政府预算体系审计范围，坚持发挥职能部门专业优势和发挥审计体系合力相结合，统筹安排审计署各业务司和派出机构的财政审计一揽子项目，将财政部具体组织2010年度中央预算执行情况审计、2010年中央转移支付资金审计、农业基础设施建设资金审计、2010年粮油仓储设施项目建设中央预算执行审计、黄河流域水污染防治与水资源保护专项审计调查、2010年城镇污水垃圾处理专项资金审计、2010年财政就业补助资金审计、2010年政府投资保障性住房审计、国税部门税收征管情况审计、国税系统2010年部门预算执行情况审计、2009年至2010年中央国有资本经营预算执行审计等11个项目纳入2010年中央预算执行审计工作总体方案，重点揭示预算执行、资金分配、资金使用、政策效果等方面存在的突出问题，从体制、机制、制度和政策层面分析原因，提出建议，取得4个方面的成效：一是促进中央预算的完整性。重点促进预算管理的规范化和透明度，加强对中央政府性基金预算和国有资本经营预算的审计，推动政府所有收支全部纳入预算管理，健全政府预算体系。二是促进完善规范化的财政转移支付制度。三是促进加强预算管理的基础性工作。四是促进增强预算执行效果。重点推动增强农业、科技、就业等民生和重点资金的预算执行效果。

推动财政审计深化发展　为适应形势发展的需要，进一步加强财政审计工作，在广泛征求意见的基础上，制定并发布了《审计署关于进一步加强财政审计的意见》（审财发〔2010〕143号），对进一步深化财政审计作了全面部署，是当前和今后一段时期内加强财政审计的重要指导性文件。该意见由7个部分的内容组成，分别是：（1）明确指导思想和主要目标；（2）着力拓展审计范围和审计内容；（3）扎实提高财政审计的整体性、宏观性和建设性；（4）大力加强对各项财政收支的审计；（5）切实加强组织领导和资源整合；（6）努力强化保障措施；（7）进一步改善业务考核和业务指导。　（撰稿人：肖振东）

【金融审计司】　2010年，金融审计司编制24人，在编人数23人。设有一处（中央银行和政策性银行审计）、二处（商业银行审计）、三处（信托证券审计）、四处（保险和金融资产管理公司审计）。

领导成员

副司长：刘　星　刘　丹

审计成果　金融审计司坚持以科学发展观为指导，按照全国审计工作会议精神及工作部署，以维护国家金融安全为工作中心，以促进经济平稳较快发展和经济发展方式转变为主线，认真履行审计监督职责，不断加大工作力度。全年组织实施审计和审计调查项目13个，共上报国务院及有关部门《审计要情》、《重要信息要目》以及专题报告等审计信息共50多篇，在防范化解金融风险，促进深化金融改革，推进建立安全高效稳健金融运行机制等方面发挥了应有作用。在2010年审计署优秀审计项目评选中，由金融审计司组织相关特派办实施的3个审计项目被评为优秀，由金融审计司统一组织相关特派办实施的7个项目被予以表彰。

探索金融跟踪审计新思路新方法　在审计署首次开展的工、农、中、建、交五大商业银行信贷投向和资产质量跟踪审计调查中，金融审计司以反映商业银行信贷资金投向及存在问题、促进金融机构不断调整优化信贷结构支持国家产业结构调整和防范金融风险为目标，积极转变工作思路和改进方法。一是探索完善信息化环境下“集中分析，分散核查、综合研究”金融审计工作模式，总行审计组以重点商业银行审计数据分析平台为依托，定期开展专题分析研究；同时，还将集中分析出的疑点线索交由各地审计组进行核查，总行组依据各地反馈的核查信息，结合对信贷投向和信贷质量整体分析研究，综合提炼形成审计成果。这种上下联动，各有侧重，协同作战的新型审计组织方式，有效整合了审计资源，拓展和提高了审计的覆盖面。二是注重揭示突出问题和风险隐患，增强审计工作预防性和时效性。将事后审计向事中审计转变，适时揭示和反映一批信贷结构不合理、资产质量存在风险隐患，以及部分新增贷款投向不符合国家宏观调控政策要求等问题。三是通过“边审计、边反馈、边整改”，有效发挥审计的“免疫系统”功能。将跟踪审计调查发现的问题及时向有关金融机构和部门进行反馈，金融机构针对审计发现问题，及时完善规章制度和业务流程，提高风险识别能力或采取保全措施，维护了信贷资产的安全。

开展两大保险集团公司审计　审计署组织18个特派办对两大国有保险公司2009年度资产负债

损益情况开展审计。通过审计，揭示了保险公司经营业务中存在的主要违法违规问题和突出风险，反映了内控管理中存在的薄弱环节，促进了保险企业提高经营管理水平、抗风险能力和反腐倡廉建设，较好地完成了审计目标及任务。一是深入查处了一批不法分子弄虚作假，通过假赔案、假退保和内外勾结等手法骗取巨额保险资金，以及钻中央支农惠农政策空子，套取农业保险财政补贴损害农民利益等具有行业典型特征的重大违法违规问题和经济犯罪案件，有效发挥审计威慑作用，促进保险市场环境净化和规范运行。二是着力揭示了影响当前保险市场可持续发展的保险公司管理混乱、中介市场经营混乱以及保险营销秩序混乱等“三乱”和假承保、假退保、假理赔、假代理、假保费“五假”问题，并提出转变经营理念、深化体制改革以及强化行业监管等审计意见建议。有关专题报告引起国务院领导的高度重视，随后有关监管部门组织力量在全行业开展整顿保险市场经营行为的专项治理活动。三是综合反映了保险保障功能发挥不足、巨灾保险及农业保险政策扶持业务发展滞后等与当前转变经济发展方式和全面建设小康社会战略目标存在较大差距的体制机制问题。

参与财政审计大格局加强预算执行审计 金融审计司通过强化“一行三会”预算执行情况审计工作和开展中央金融资本收益管理情况审计调查，有效发挥审计监督在促进建立科学规范透明的预算管理体制和财务工作等方面的重要作用。一是揭露“一行三会”部分基层机构财务预算管理及经济领域中的突出问题。如发现部分监管部门以虚假航空运输电子客票行程单套取差旅费用问题后，顺藤摸瓜揭露出部分机票销售代理机构弄虚作假牟取不法利益，扰乱民航运输销售市场秩序的行为；当年8月，民航、税务等部门针对审计反映情况组织开展了全国范围的机票销售代理机构违规经营专项整顿行动，及时堵塞管理漏洞。二是以人民银行审计为工作平台，反映金融宏观政策执行中的突出问题和重大金融风险。如通过延伸调查中央银行专项票据兑付业务，发现部分农村信用社弄虚作假套取中央信贷资金，有关监管部门的涉农贷款统计数据失真以及地方政府干预信用社经营、信贷投向不合规、风险管理薄弱等问题。此外还查处了一批涉嫌骗取、侵占农村信用社信贷资金和有关政府部门及领导人员滥用职权、以权谋私等案件线索，促进防范地方金融风险和反腐倡廉建设。本次人民银行审计，共发现13件案件线索和重大违法违纪问题，其中以《审计要情》反映交由公安和纪检监察部门立案查处8件，转送地方政府部门查处5件。

查处大要案，净化经济金融市场环境 金融审计司将揭露重大违法问题和大要案线索作为金融审计的重要抓手，全年共查处贷款诈骗、侵占挪用、非法集资、地下钱庄等各类经济案件线索50多件，涉案金额达500多亿元，有力地打击了金融领域违法犯罪活动，维护了国家财经法纪和金融资产安全，促进了党风廉政建设。该项工作的特点：一是查案领域广。在继续巩固查处金融领域大要案的基础上，把反腐败和打击违法犯罪工作进一步向经济管理的其他领域拓展和延伸。全年32件大要案线索中，除21件是涉嫌骗贷和骗保等金融犯罪外，其余11件是涉及行政执法、税收征管、土地审批、国有企业经营以及社会治安等领域的重大问题，比例占三分之一。二是时效性增强。当年查处的案件线索发案时间主要集中在最近两三年内，广州深圳地区系列地下钱庄案、北京地区不法分子POS（终端销售）机套现案等10件是审计发现时仍在作案的案件，占全年大要案线索近三分之一。有效地避免了国有资产损失的进一步扩大，确实发挥了“免疫系统”功能。三是查案效果好。注重严把质量关，通过协调配合，集中力量查处一批社会危害性强、性质恶劣的典型案件。四是技术含量高。通过对金融机构数据进行集中分析，准确发现多起不法分子利用银行支付网络系统从事地下钱庄、洗钱、银行卡套现以及网络赌博等涉嫌违法犯罪案件线索，有效提升了审计查处大要案工作的科技含量。

实施业务综合管理，提高审计质量 一是不断创新金融审计管理机制，继续坚持以总行（总公司）审计为龙头的统一组织方式，强化审计组扁平化管理工作，有效改进金融审计项目组织方式。二是严格执行审计现场保密管理规定，组织专人不定期地对涉密计算机逐个排查，切实做到“不留死角、不走过场”，及时消除泄密隐患。三是加强内部管理。完善审计信息等重要文书办理流程，明确审计责任；加强政务公开，提高透明度；严格审计现场管理和审计纪律，强化“责任、质量、廉洁”意识，不断提高审计质量和效率。四是进一步加强对地方审计机关金融审计指导协调，促进提高地方金融审计质量和水平。2010年底在北京首次召开地方金融审计工作研讨会，针对地方金融审计骨干强化审计技术与方法、审计质量控制、计算机应用等方面的培训工作；同时创造条件加强各地金融审计工作的协作配合，有效整合审计资源，得到各地审计机关的积极响应。

（撰稿人：王晓东）

【行政事业审计司】 2010年，行政事业审计司（以下简称行事司）人员编制23名（其中领导职数4名），在编17人；设有一处（综合、派出局业务考核及指导地方行政事业审计）、二处（组织中央部门预算执行审计及决算审签）、三处（组织中央部门主要领导干部经济责任审计与绩效审计）和四处（专项审计及指导特派办行政事业审计）。

领导成员

副司长：程　光（挂职）　杨　明

　　　　赖汉雄（挂职）

审计成果 2010年，行事司组织开展对56个中央部门的预算执行和决算（草案）审计，对中央部门所属62个单位开展预算执行审计；对18个省“中等职业教育基础能力建设”和“农村初中校舍改造”项目审计，对交通运输部海事系统和港口建设费征收管理使用情况上下联动审计、对国家安全生产监督管理总局煤矿安全监察系统上下联动审计；组织协调对12个中央部门主要领导干部经济责任审计；组织完成2010年扩大内需投资项目建设管理和资金使用情况专项审计调查；承担对审计署、全国人大办公厅、全国政协办公厅和驻外使领馆直接审计工作；此外，还组织开展课题研究，举办中央部门财务暨内审工作研讨班，完善派出局审计业务考核机制，完成9个专项治理部际联席会议（领导小组）联络单位的相关工作等。全年共编发审计要情1篇，重要信息要目15篇、审计简报3篇，以转送部门函和审计长信函的方式转送信息57篇，转送与上报审计专题报告3份，大部分上报信息被中办、国办采用，并得到中央领导同志的重要批示。

中央部门预算执行审计和决算（草案）审签

（1）行事司组织对56个中央部门2009年度预算执行情况和决算（草案）审签审计，并延伸审计310个所属单位。查出各类问题金额275.38亿元，其中：违反财经法规金额34.84亿元，截至年底审计整改率已达92%。共查出49个部门影响决算（草案）真实性、完整性和准确性问题金额25.21亿元。

年中还组织25个派出审计局对中央部门所属62个单位开展预算执行审计，初步探索如何扩大中央部门预算执行审计深度和覆盖面问题，按照审计监督要“规范一级、深化二级、关注三级”的工作思路，加强了中央部门横纵向覆盖面的审计力度，以转送部门函和审计长信函的方式转送信息10篇。

（2）组织18个特派办和发展统计局对18个省“中等职业教育基础能力建设”和“农村初中校舍改造”项目审计。行事司对18份审计报告逐一进行了审核。针对审计提出的问题，教育部联合相关部委发文《关于严禁虚报学生人数骗取中等职业学校国家助学金、免学费补助资金的通知》，提出严格执行中等职业学校的审批标准和程序等五项规定，建立健全相关政策制度。

（3）组织18个特派办和交通运输局开展交通运输部海事系统和港口建设费征收管理使用情况上下联动审计。行事司审计试点充分，审计方案操作性强，充分挖掘审计中的重点情况，编发《重要信息要目》4篇和信息转送函1篇，其中《重要信息要目》得到国务院领导重要批示，有关部门非常重视，准备研究出台规范性文件。

（4）组织17个特派办和国资监管局开展国家安全生产监督管理总局煤矿安全监察系统上下联动审计。行事司开展审前调研、起草实施意见，明确审计重点，抓好组织协调工作，组织各特派办查出相关问题。

经济责任审计 2010年，行事司组织协调派出局开展12个中央部门主要领导干部经济责任审计，审计数量较上年增多。行事司提前准备，加强研究，规范完善，创新组织方式。一是完善审计内容，探索与预算执行审计相结合路子。行事司及时贯彻中办国办关于经济责任审计规定修改内容的精神，将其政策要求纳入审计重点内容。并且在项目选择上将预算执行审计与经济责任审计相结合，提高审计工作方案的可行性与实效性。二是全程引导，逐步完善。行事司多次组织研究解决审计中遇到的问题，提出相关审计评价指标，对预算执行审计成果的利用情况、经济责任的认定情况等内容进行分析研究，提出意见反馈各审计组。三是及时汇总，长期规划。行事司初步汇总了2010年中央部门主要领导干部经济责任审计结果综合报告，并对有关重要情况进行分析提炼，编发《重要信息要目》1篇，得到总理批示，还编发了信息转送函1件。

专项审计调查 行事司组织10个特派办对2010年扩大内需投资项目建设管理和资金使用情况专项审计调查。在总结2009年扩大内需审计调查取得的成功经验的基础上，突出建设效果等方面内容的审查，充分发挥跟踪审计的建设性作用。调查结果客观评价了中央保持经济平稳较快发展一揽子计划和各项措施在10省（市）取得的成效，反映了重点抽查中发现的问题，提出加强对中央投资项目的管理监督和进一步推动产业结构调整升级等审计建议。

联网审计 行事司协同署计算机中心、信息办和相关派出局，多措并举，多管齐下，加大联网审计工作组织方式、实施要求、技术方法等方面的创新，突破发展瓶颈，推动联网审计工作新的飞跃。行事司起草了《2010年中央部门联网审计工作指导意见》，改变了以往固有的组织模式，推动联网审计理念、实施方式的创新，并创造性地提出联网审计询问函、联网审计纠正函等文书格式，对联网审计程序规范等提出具体的要求；行事司与署计算机中心和信息办协作，大力引导派出局积极联系协调各中央部门，进一步扩大联网审计覆盖面。联网的中央部门由年初的30个扩大到年底的46个，已有20个中央部门的联网审计已经覆盖了部门所属二、三级单位，占全部联网部门的43%。同时，行事司组织各派出局加强联网审计数据中心建设。上传到联网审计数据中心的中央部门数由年初的56个增到年底的91个，占派出局审计管辖范围内120个中央部门的76%；行事司通过成立数据分析组、组织课题研究等方式，加强联网审计数据分析的研究与应用。成立了中央部门联网审计数据分析组，开始试行对联网审计数据中心的中央部门数据的总体分析，为预算执行审计提供数据参考和决策支持。组织并全程参与派出局开展的课题《中央部门联网审计如何进行数据分析研究》，为联网审计技术方法创新提供支撑；行事司协同计算机中心举办了“联网审计系统和大项目管理模式培训讲座”、“联网审计专题培训板块”等培训课程，培训联网审计系统构建、数据分析方式方法和联网审计成果运用等内容，收到较好的培训效果；行事司在署计算机中心支持下，合作开发审计项目管理系统软件（行政事业版），并多次组织进行软件测试和优化工作，及时将报表填报客户端软件发至25个派出局进行试用，组织使用汇总模块进行报表和报告的汇总，提高了审计汇总效率和质量。

专项治理部际联席会议 （1）认真履行中央治理“小金库”工作领导小组办公室成员的日常协调联络职责。2010年行事司共参加了中央治理“小金库”工作相关会议40余次，参加了27份文件的研究、起草和修改工作，对7份举报信提出办理意见。完成28份中央部门“小金库”重点检查处理决定的下发工作，办理审计长信函1篇，信息转送函4篇，审计长批转函2篇。组织协调15个派出局相关人员开展2010年社会团体“小金库”治理重点检查。组织开展对党政机关和事业单位的“回头看”，办理审计长信函1篇。

（2）继续做好六部委规范工资津补贴的相关工作。参与六部委报送国务院的9份津贴补贴文件的起草或会签工作，出席相关会议，组织抽调2个特派办对省会城市、计划单列市的津贴补贴情况进行检查，并在此期间赴武汉、宁波检查现场进行督导。

（3）完成教育乱收费专项治理相关工作。参与《关于2010年规范教育收费进一步治理教育乱收费工作实施意见》《国家教育督导条例（暂行）》等有关文件的修改制定和政策研究，先后协助署里选派10人参加对全国6省市义务教育阶段清理规范改制学校情况复核检查和12个省市治理教育乱收费工作的专项督查，推进教育经费定期审计制度和审计结果公告制度。

（4）做好促进扩大内需政策落实相关工作。分别提出2010年春季和秋季检查的建议，向中央检查组提交《关于解决当年政府投资工程建设中带有普遍性问题的对策建议》，参加相关培训会，参与汇总全国各级审计机关2008年第四季度以来扩大内需投资项目审计工作情况的报告，协助办公厅起草《审计署关于进一步加强审计监督促进经济平稳较快发展和经济发展方式转变的通知》等。

（5）开展好制止公款出国（境）旅游部际联席会议和中央国家机关事务改革的相关工作。

行事司还开展对审计署、全国人大办公厅、全国政协办公厅预算执行审计；抽调人员参加对澳大利亚、新西兰、墨西哥、阿根廷和智利使领馆审计；组织对中国气象局授权审计项目报告汇总工作。

基础工作　（1）制（修）定《行政事业审计司廉政监督管理规定》、《审计署机关与派出局信息定期交流（交换）工作管理规定》等司内制度，积极引导派出局对制度进行梳理与完善，形成了《派出局现有内部管理制度情况统计表》、《派出局内部管理制度参考目录》，供各局借鉴参考。

（2）细化完善派出局年度业务考核。一是编制考核实施细则，确保起点公平。二是加强过程细节控制，确保评分公正。三是加大考核透明度，推动考核全过程公开。考核结果实现了“零差错”“零异议”，客观、真实地反映了派出局审计业务工作成果与质量，为署领导和人教司全面衡量各派出局工作业绩提供重要参考。

（3）行事司对课题研究进行认真调查分析，提出了在选题上更加突出针对性、实用性和指导性，加大研究经费保障力度，对研究成果运用的情况要进行追踪问效等具体措施，得到署领导的认同。按上述思路要求，行事司组织派出局开展对“中央部门预算执行及决算草案审计项目业务文书规范研究”等五个课题研究，课题质量进一步提高。

（4）行事司承办了“中央部门财务暨内审工作研讨班”、“中央部门2010年度预算执行审计工作方案暨审计技术方法培训班”，还举办了相关培训讲座和派出局局长例会。行事司坚持“严谨细致、服务热情”的工作原则，在传统培训的基础上，将中央部门财务暨内审工作研讨班简约化，主题鲜明化，将派出局年度培训班内容专题化、板块化，实现新的突破。　（撰稿人：陈平泽）

【企业审计司】　2010年，企业审计司（以下简称企业司）人员编制26人，在编23人，设有一处、二处、三处、四处、五处。

领导成员

司　长：陈尘肇

副司长：刘小丽

彭华彰（—3月）

茅东萍

审计成果　2010年，企业司统一组织开展了国有资本经营预算审计、10户中央企业领导人员经济责任审计和4户中央企业财务收支审计中，查出各类问题金额2652.9亿元。向司法、纪检监察等部门移送重大违法违规问题或经济案件线索26件，涉及金额26.89亿元，涉案人员67人。提交《专题报告》和信息50篇（份），其中提交国务院《专题报告》1份，《审计要情》22篇、《重要信息要目》21篇、《审计署值班信息》4篇、《审计简报》3篇。被中办国办采用47篇次，得到中央领导批示34篇次。4个企业审计项目被评为署优秀审计项目或被表彰，3人次分获全国法制宣传教育模范、国务院办公厅信息报送工作先进个人、审计署重大审计成果嘉奖。

企业贯彻落实国家宏观政策情况审计　将促进经济社会科学发展作为企业审计的重中之重，将促进经济平稳较快发展和加快经济发展方式转变贯穿在企业审计工作中，着重关注相关产业振兴和调整规划的落实情况和实施效果。组织了“转变经济发展方式与企业审计”专题研讨，明确了企业审计在转变经济发展方式中的定位和着力点，将落实“转方式、调结构”等宏观政策措施、发展战略性新兴产业、兼并重组、自主创新、节能减排等内容作为审计重点。发现部分企业违规向电解铝、煤化工、非主业房地产以及高尔夫球场等“两高一剩”项目或国家限制性行业投资410亿元，部分企业执行节能减排政策不到位、节能减排技术自主研发力度不够、盲目兼并重组导致节能减排指标反弹，个别企业违反国家宏观调控政策投资非主业导致巨额资产面临损失等重大问题。

揭示企业发展中的重大风险　紧扣国家宏观

经济安全形势，密切关注经济社会运行中的突出矛盾和潜在风险，反映企业经营管理中的突出问题。包括法人治理结构不够健全、部分企业决策权缺乏制衡、管理层级过多、自主创新投入不足、创新资源缺乏有效整合等，提出加强企业法人治理及内控体系建设、健全鼓励创新的体制机制等对策建议，向国务院提交了专题报告，得到国务院领导高度重视，有关部门正采取有效措施完善机制、健全制度，从根源上解决问题。同时审计着力揭示企业经营管理中的重大风险，查出 3 户企业的多处重点工程和 1 家保密单位存在重大安全隐患、多户企业虚增巨额收益导致业绩不实等问题。

经济责任审计 在经济责任审计中，一方面以权力运行为主线，重点审计企业领导人员在重大决策、重大项目安排、大额度资金运作等“三重一大”方面是否贯彻国家重大方针政策和决策部署，决策事项是否合法，程序是否合规，是否存在重大损失浪费等问题；另一方面以责任落实为重点，客观评价了企业领导人员经济责任的履行情况，对个人责任要按照在具体事项中所起的作用明确界定了应负的领导责任、主管责任或直接责任。查出企业 162 项决策违反“三重一大”制度要求，涉及金额 906 亿元，造成损失和潜在损失 34 亿元。

查处大要案线索 从 2010 年查处的 26 起案件分析，国有资产经营领域中的违法违规和经济犯罪呈现出两个新的特点：一是隐蔽性非常强，表现形式多样化。一些国有企业为规避风险，通过各种经济业务给私营企业输送利益，再由其向行政审批机关或垄断企业实施商业贿赂，从而达到“合法”行贿目的。二是发案部门集中，行业特点明显化。大案要案的高发区主要集中在工程建设、土地出让、招投标等领域以及电信、电力、房地产等行业，有的甚至形成行业潜规则，危害极大。在审核这些案件时，企业司注重与监察部、公安部、高检院等的有关司局建立良好的工作联系和沟通协调机制，与各部门形成合力查深查透案件，共同遏制国有经济领域案件易发多发势头。

揭示体制机制和制度性问题 在归纳总结宏观、共性的问题同时，从体制机制层面分析反映问题产生的根源，并站在宏观决策高度，提出具有可操作性的审计建议，推动问题得到妥善解决。如针对一些航空公司以各种方式向主管部门或人员提供不当利益的行业性问题，分析问题根源在于空域资源有效配置的机制尚未建立、空中管制权缺乏有效制衡等，推动民航体制深化改革和航权航班时刻健全完善；提出扩大国有资本预算覆盖范围、提高上交分红比例等建议，推动财政部、国资委等相关部门出台政策，完善中央国有资本经营预算。这些建议既有针对性，又与已有工作衔接，有助于有关部门研究采纳、制定措施，促进深化改革和完善制度。

企业审计信息化 在初步建成的中央企业审计数据库基础上，加强数据分析应用，通过构建企业风险评价模型、实施跨行业的审计数据综合分析等方式，实行财务数据与业务数据的融合分析，做到把握总体、层层聚焦、锁定重点，实现企业审计与其他审计领域的业务协同和信息共享。积极探索建立企业计算机审计方法体系，完成了企业计算机审计方法体系研究课题。与计算机中心、南京办共同创立了“手机用户访问不良信息网站流量及收入”计算机审计方法；与长春办、太原办共同编制和应用“不良网站租用电信运营企业 IDC 资源情况”计算机审计方法。

审计结果公告 为充分发挥舆论监督和社会监督作用，降低审计风险，促进企业依法合规经营，6 月，向社会公告了中国航空集团公司等 6 户中央企业 2008 年度财务收支审计结果，公告内容包括 6 户企业的基本情况、审计发现问题以及被审计单位的整改情况，这是企业审计结果首次向社会公告。

相关工作 一是注重企业审计人员培训工作，加强队伍建设。举办企业审计研讨班、两期 ERP 模拟审计培训班，派出 32 人次参加审计科研骨干培训班、亚审效益审计质量保证研讨班、审计案例师资培训班等各类培训，编发 12 期《企业审计参考资料》和 42 期《企业党支部学习资料》的学习资料，开展 14 次司内案例教学和集中培训。二是强化制度建设，出台了《企业审计司工作规则》、《企业审计司信息审核流程规范》、《企业审计司报告审核流程规范》等规章制度，规范了司内各项工作行为，做到以制度管理人，按制度办事。三是推进企业审计理论研究，7 名同志参加了《国有企业领导人员经济责任审计的内容、重点和关键评价指标研究》《企业领导经济责任评价指标与审计技术方法》等课题研究工作，将从企业审计实践中总结提炼出的一般规律和特殊方法，用于指导审计实践。四是加强审计交流和指导。12月，举办了115户中央企业等单位参加的中央企业审计研讨班，进一步深化审计机关与企业之间的沟通和联系。在审计项目实施中，增强动态跟踪管理审计项目的主动性和时效性，加大对审计工作方案的调研力度、审计实施方案的把关力度、审计实施过程的协调力度、审计报告的审核力度、审计信息的把关力度，先后研究编发23期审计工作动态，较好地履行审计指导职能，提升了审计质量。（撰稿人：菲　建）

【农业与资源环保审计司】　2010年，农业与资源环保审计司（简称农业司）人员编制18人，在编16人，领导职数3名。设有一处、二处、三处。

领导成员

司　长：黄道国

副司长：李凤雏（3月—）

丁　雁

审计成果　农业司组织实施审计（调查）项目11个，起草各类综合报告11份（报给国务院5份、国土资源部3份、发展改革委和三峡办各1份、署领导1份），起草公告稿1份（2009年国土审计情况）。编发各类审计信息41篇，其中《审计要情》1篇、《重要信息要目》15篇，《审计署值班信息》1篇，以审计长信函方式转送有关省主要领导同志阅处9篇，转送有关部委和地方人民政府审计信息13篇，《审计简报》2篇。18篇重要信息和报告得到国务院领导批示，移送案件1起。

完成审计（调查）项目　（1）完成节能减排专项资金审计和重点行业节能减排审计调查。组织18个特派办完成对河北、山西、辽宁、黑龙江、安徽、江苏、山东、河南、湖北、湖南、广西、浙江、四川、贵州、陕西、内蒙古、吉林、福建18省（区）2009年节能减排专项资金审计，开展电力、水泥和钢铁等行业节能减排工作情况审计调查。审计发现并反映了节能减排专项资金管理使用不够规范，有的企业违规新建高耗能项目，有的企业新建项目污染防治达不到国家规定标准，有的企业淘汰落后产能不够彻底等问题。

（2）组织开展黄河流域水污染防治与水资源保护专项审计调查。组织京津冀、太原、上海、济南、郑州、广州、西安、兰州、重庆9个特派办对黄河流域水污染防治与水资源保护情况进行调查。审计发现并反映了黄河上中游水污染防治规划要求2010年底完成的部分工业污染治理项目未按期完成，部分污水处理厂未按期建成（达标），一些用水单位违规取水用水，黄河堤防工程建设管理不规范等问题。

（3）组织开展城镇污水垃圾处理专项资金审计。组织上海、武汉、长沙、广州、深圳、成都、昆明、长春、重庆9个特派办对上海、湖北、浙江、广东、深圳、成都、云南、天津、重庆9省（市）城镇污水垃圾处理专项资金进行审计。审计发现并反映“十一五”污水处理规划建设任务未按期完成，污水管网等设施建设不配套；污水处理厂污水处理能力不足、运行不规范；垃圾处理设施建设进展缓慢，招投标不规范，垃圾渗滤液处理不到位；垃圾发电厂上网电价政策执行滞后等问题。

（4）组织开展三峡移民资金审计。组织重庆、湖北审计厅（局）和重庆特派办对湖北省和重庆市本级及其所属部分县、区、市2006年至2009年三峡库区移民资金管理使用情况进行审计，对农村移民安置等有关政策执行情况进行审计调查。审计发现并反映了部分地方和单位违规使用移民资金、移民资产疏于管理、少数移民安置效果不佳等问题。

（5）组织退耕还林专项资金审计调查。组织和指导15个省市级（天津、河北、辽宁、黑龙江、湖南、广西、海南、重庆、四川、贵州、西藏、宁夏、陕西、新疆生产建设兵团审计局和大连市）审计机关对本省市2006年至2009年退耕还林工程建设资金和巩固退耕还林成果专项资金分配管理使用以及工程建设成效进行审计调查。审计发现并反映了一些地方未完成退耕还林计划任务，巩固退耕还林成果建设进展缓慢，一些单位挪用、出借、截留、套取资金和克扣农民补助资金，退耕还林工程后期管护不到位，退耕户利益受侵害等问题。

（6）参与十部委巩固退耕还林成果项目专项检查。按国家巩固退耕还林成果部际联席会议办公室安排和十部委（国家发展改革委、监察部、财政部、国土资源部、水利部、农业部、审计署、国家统计局、国家林业局、国家粮食局）关于开展巩固退耕还林成果专项规划建设项目联合检查的通知（发改西部〔2010〕564号）要求，起草了巩固退耕还林成果项目专项检查工作实施方案，自2010年8月起牵头对青海、西藏、四川3省区2008年至2010年巩固退耕还林成果专项规划建设项目进行为期一个月的检查。审计发现并反映了项目计划下达迟，项目建设进度缓慢，未严格执行招投标制度，资金管理使用不规范，补助资金兑付不及时，工作经费未到位等问题。

（7）完成长江上游水污染防治及资金管理使用情况审计调查、矿产资源专项资金审计、土地征收出让及土地专项资金审计调查，对北京等4个直辖市2007年度土地专项资金审计调查整改情况专项检查等以前年度审计项目的后续工作。

审计业务指导 （1）督促建立环境审计协调机构。加强对《审计署关于加强资源环境审计工作的意见》落实情况的督促检查，积极构建资源环境审计的多元化工作格局，有40多个特派办和地方审计机关成立了资源环境审计协调领导小组。

（2）下发加强节能减排审计工作的意见。起草下发了《审计署关于深入贯彻国务院确保实现“十一五”节能减排目标文件精神进一步加强节能减排审计工作的通知》，对各级审计机关提出了加强节能减排审计工作的意见。

（3）署环境审计协调领导小组办公室工作。组织召开协调领导小组各成员单位工作会议，编发环境审计工作动态，在署门户网站上开设了“推进资源环境审计突破性发展”专栏，印制环境审计宣传册。

国际合作交流 （1）组织开展世界审计组织第20届大会第二主议题“环境审计与可持续发展”研究工作。组织翻译了52篇国家论文，起草并向大会提交了主议题研讨论文；派出两位同志参加第20届大会，参与组织了大会有关主议题2的讨论工作，主议题2研究成果在大会上顺利通过，写入大会文件《约翰内斯堡宣言》。

（2）参与世界审计组织环境审计工作组第13次大会（广西桂林）筹备工作并派四位同志参加会议。起草了工作报告、宣传报道等会议文件，积极参加会议各项议程，介绍宣传我国的环境审计工作，起草报国务院的专题报告《审计署关于世界审计组织环境审计工作组第13次大会情况的报告》。

（3）参加俄中环境审计研讨会。组织召开黑龙江流域水环境审计座谈会，请环境保护部、水利部及黑龙江、吉林、内蒙古3个省区环保、水利、审计等部门的专家座谈，了解黑龙江流域水环境保护及中俄合作情况；派员率团代表审计署参加在俄罗斯举行的俄中环境审计研讨会，与俄方就环境审计进行深入的交流与沟通，并就环境合作审计达成初步共识。

（4）派两位同志参加世界审计组织环境审计工作组指导委员会第9次会议，认真完成会议各项议程，并起草了《参加世界审计组织环境审计工作组指导委员会第9次会议的报告》。

（5）组织参加世界审计组织发展委员会（IDI）森林审计培训项目。派员参加该项目并担任组长，完成第一阶段“在线培训”，并赴印度尼西亚参加了第二阶段的培训，制订了审计方案。

（6）派两位同志参加8月底至9月初在大连举行的南太平洋地区审计长研讨班，在研讨班上作了《中国环境保护和环境审计》的专题发言。

审计理论研究 （1）完成“水环境审计指南”课题研究项目。组织完成中国审计学会定向委托的“水环境审计指南”研究项目，经专家评审课题顺利通过鉴定，形成了《水环境审计指南》。

（2）三峡移民资金审计总结性研究。受国务院三峡办委托，牵头组织署科研所、湖北省审计厅和重庆市审计局有关同志参与研究。完成研究报告初稿，并送三峡办评审。

（3）启动矿产资源审计指南研究。组织山西、内蒙古、辽宁、河南、湖南、云南、新疆、陕西省（区）审计厅和太原、沈阳、郑州特派办资源环境审计处召开指南编写研讨会，撰写框架和大纲，组织编写矿产资源审计案例。

（4）协助环保部开展水、大气和固体废弃物审计绩效评价指标体系课题研究。

（5）联合武汉办共同完成《环保审计数据规划》项目的编写和验收工作，于10月印发了审计署环保审计数据规划。　　（撰稿人：刘慧博）

【社会保障审计司】　2010年，社会保障审计司（以下简称社保司）人员编制16人，在编14人，领导职数3名。设有一处、二处、三处。

领导成员

司　长：李建新（3月—）

　　　　王中信（—2月）

副司长：李冬生

　　　　和　杰（5月—）

　　　　张瑞民（—2月）

审计成果　组织实施7项审计任务：19个省（市）2007年至2009年政府投资保障性住房专项审计调查；18个省（区）2008年至2009年城市居民最低生活保障资金审计；9个省新型农村社会养老保险专项审计调查；9个省新型农村合作医疗专项审计调查；玉树地震抗震救灾资金物资跟踪审计；舟曲特大山洪泥石流地质灾害救灾资金物资跟踪审计；全国社会保障基金理事会基金管理和2009年预算执行审计。编报《重要信息要目》14篇，《审计署值班信息》1篇，《审计简报》1篇，《审计工作通讯》2篇，分别受到党和国家领导人批示13件；转送有关部委、地方政府处理的信息简报8件。涉及政府投资保障性住房和城市居民最低生活保障的5个方面的问题被审计工作报告采用；推动相关部门改进完善相关制度办法4个。在完成上述主要审计项目的同时，社保司还完成了《灾区生活志》和《社会赈灾志》初稿中审计监督部分的编纂工作，基本完成了《住房公积金专项审计调查案例》一书的编纂工作，以及《突发性重大自然灾害应急跟踪审计研究》、《住房公积金审计数据规划研究》课题的立项和组织等工作。

社会保障审计　（1）紧紧围绕党中央国务院为扩大内需振兴经济和加大民生工程建设力度的政策安排，选择城市居民最低生活保障资金、政府投资保障性住房、新农保和新农合等与中央政策密切相关的民生资金作为审计或审计调查项目。在审计实施过程中，特别注重检查各地贯彻落实中央有关政策的情况及其效果，针对审计发现的政策落实不到位，损害群众利益问题，及时跟踪督促整改，充分发挥审计的建设性作用。

（2）玉树地震发生后，社保司一方面按照署党组的要求组织开展全国性的跟踪审计，另一方面由李建新司长带领现场审计指导组，紧急奔赴玉树地震灾区实地解决一线审计人员生活和工作中遇到的困难，通过就地培训和现场讨论交流等形式指导一线审计人员迅速展开审计工作。地震事发短短45天后，就及时发布了《审计署关于玉树地震抗震救灾资金物资跟踪审计情况公告》，向党和人民交了一本明白账、放心账。

（3）社保司根据国务院领导的指示和署党组的部署，用三个月的时间按时完成审计调查，为新农保政策的落实、配套制度的完善、试点工作的顺利开展，及时有效地发挥了审计监督作用。在新农合审计调查中，社保司结合医疗卫生体制改革，关注正在推行的基本药物制度实施中出现的新情况、新问题，及时编发重要审计信息，得到国务院领导批示，审计工作有效推动新农合制度和基本药物制度健康地运行。

加大宣传力度　在署宣传领导小组的指导下，社保司配合办公厅组织新华社、中央电视台、《新京报》、《法制晚报》、香港《大公报》和《中国审计》等媒体记者，分别赴安徽、湖北、吉林对新农合、新农保专项审计调查情况进行跟踪采访报道，引起舆论广泛关注。中央电视台新闻频道在《新闻直播间》栏目的头条对新农合基金审计调查情况作了详细报道；新华社等新闻媒体分别编发新闻稿，重点报道审计在促进完善新农合基金管理和改进农村基本医疗保障制度等方面发挥的“免疫系统”功能，被60多家中央和地方媒体采用。为及时和有深度地反映审计人员在玉树地震抗震救灾资金物资跟踪审计的艰苦场面、忘我精神及成果，社保司积极主动地为中国审计报、《中国审计》杂志撰写和组织稿件，发挥了很好的作用。

计算机辅助审计　社保司注重推进计算机辅助审计和社保科研工作，努力提升审计质量。社保司及时推广部分特派办利用计算机数据分析技术揭示问题的审计经验；组织地方审计机关积极研究开发与社保审计相关的数据规划和审计技术方法；年内成功立项并启动了《突发重大自然灾害救灾款物应急跟踪审计研究》课题，为下一步更有效地开展社保审计打下基础。

相关工作　（1）狠抓思想作风建设，形成坚强有力的领导集体。发挥团队作用，多商量，重沟通。班子成员带头学习、不断提高宏观意识、政策理论水平、决策水平和管理能力，注重调查研究，深入审计一线。坚持民主集中制原则，做到大事集体研究，小事及时沟通，听取群众意见，接受群众监督。

（2）队伍建设。注意发挥处级干部的作用，多支持，重培养。充分调动年轻同志的积极性，多引导、重锻炼。加大全员培训力度，多学习，重实效。

（3）思路创新，注重制度完善。在社保审计项目的立项和组织实施过程中，按照署党组的要求，努力在审计思路方面开拓创新，特别着重从宏观、体制、机制上揭示和反映问题，促进社保制度的完善，收到显著的成效。例如，在新农保专项审计调查报告中，从新农保相关配套政策不够细化和完善的角度，提出新老农保政策衔接缺少可操作的办法、缺乏引导中青年农民积极参保的有效措施、新农保基金管理运营政策不够完善等问题，得到国务院领导的高度重视，总理作出重要批示。

（4）在内部管理方面，社保司定期召开工作情况汇报会、点评会，对照工作计划进行检查，发现问题及时研究解决，保证各项任务的按时完成。社保司网页信息更新工作有很大改观，做到司内重大活动均有报道的要求，特别加大了业务工作宣传和交流方面的信息更新，在署信息办组织的内部网站2010年度评比中，社保司因进步很大而获得表扬。

（5）支部与廉政建设。社保司认真落实《中共审计署党组关于印发开展立足本职建功立业争当“四手”奋发有为活动实施意见的通知》要求，以“立足本职建功立业，争当‘四手’奋发有为”活动为依托，不断加强党组织建设。健全党内生活制度；开展调查问卷活动；组织公开承诺活动；请支部书记、老党员讲党课。此外，还组织参观汶川地震图片展、玉树抗震救灾事迹展、观看电影《第一书记》等教育活动。

在廉政建设方面，社保司积极落实党风廉政建设责任制，认真开展经常性廉政教育。

（撰稿人：康延涛）

【固定资产投资审计司】　2010年，固定资产投资审计司人员编制24人，在编18人，领导职数4名。设有一处、二处、三处、四处。

领导成员

司　长：徐爱生

副司长：李珊珊　姜江华

副司级审计员：庞淑芬

审计成果　2010年，组织对京沪高速铁路、西气东输二线工程（东段）、汶川地震灾后恢复重建、玉树地震灾后恢复重建和10省（区、市）部分机场建设情况、组织开展溪洛渡计算机联网审计等6个项目进行了审计或专项审计调查。根据财政审计大格局的统一安排和部署，从2010年10月起，还组织开展了粮油仓储设施项目建设情况审计工作。此外，还积极组织开展了工程建设领域突出问题专项治理、中小学校舍安全工程审计、上海世博会、广州亚运会和亚残会跟踪审计指导以及甘肃舟曲灾后恢复重建审计等工作，并启动了中央支持新疆发展资金和项目审计工作。

共编发重要审计信息45篇，其中《审计要情》3篇，《重要信息要目》30篇，《审计署值班信息》10篇，《审计简报》2篇。此外，还负责转发审计长信函5篇，以《移送处理书》形式移送案件线索19起。

京沪高速铁路建设项目跟踪审计　为切实落实国务院领导同志对审计署2009年京沪高速铁路建设项目审计报告的批示精神，进一步规范铁路建设项目管理和建设资金使用，保障国家重点工程建设顺利进行，2010年5月至7月，投资司组织4个特派办，继续对京沪高速铁路建设项目进行跟踪审计。

审计发现招投标和承发包不规范、结算管理不严格、部分工程滞后等问题，审计推动了项目安全、质量、投资控制，规范了相关参建单位的资金管理使用行为。

西气东输二线工程（东段）跟踪审计　审计署在2009年对西气东输二线工程（以下简称西二线）西段跟踪审计的基础上，于2010年5～7月对西二线东段的建设管理、投资控制、征地拆迁等进行审计，并对东段沿线江西、河南、湖北、广东4省的配套管网建设等开展审计调查。截至2010年10月，西二线从新疆霍尔果斯至湖北黄陂段已建成，已接收中亚天然气29.7亿立方米，并输送到环渤海和长三角地区，对缓解用气紧张局面，促进经济社会发展发挥了显著作用，西二线建设已取得显著的阶段性成效。

审计发现建筑材料不合格、招投标不规范、工程监理不到位、初步设计概算不合理等问题，向国务院报送《重要审计信息》15篇（其中《重要信息要目》4篇，《审计署值班信息》8篇，《审计要情》2篇，《审计简报》1篇）。

10省区市部分机场建设情况审计调查　2010年5～7月，对山西、内蒙古、黑龙江、福建、广西、重庆、四川、云南、陕西和新疆10省区市76个机场建设情况进行审计调查，重点调查了31个机场建设情况。审计调查提出部分机场以重复申请等方式多获取建设资金、使用虚假发票、未公开招标等违反招投标程序、环保制度执行不严格等问题，引起中国民用航空局等部门及相关地方政府的高度重视，并积极采取有效措施进行整改。总体来看，机场建设情况审计在促进有关部门和地方政府规范机场建设管理、健全机场管理制度、提高资金使用效益等方面发挥了建设性作用，切实发挥审计保障国家经济社会健康运行的“免疫系统”功能。审计公告后引起社会舆论的广泛关注，当日中央电视台新闻联播节目对审计公告中主要内容进行了播报。

汶川地震灾后恢复重建跟踪审计　继续组织协调审计署驻成都、西安、兰州和重庆4个特派办以及四川等23个省市审计机关派出4615个审计组9984人次，对汶川地震灾后恢复重建规划总投资3012亿元的11643个项目进行跟踪审计。先后组织召开7次审计工作会议，制定并下发了10份指导性文件，编发了24期跟踪审计工作动态，组织配合境内外8家主流媒体对审计现场进行跟踪采访，在审计署门户网站开展司领导在线访谈，积极推进汶川地震灾后恢复重建跟踪审计工作。组织协调跟踪审计过程中，投资司组织策划了44个重大专题的专项审计调查，向国务院报送了17篇重要审计信息（其中重要信息要目15篇、审计署值班信息1篇、审计简报1篇），向中组部、国土资源部和四川省省委省政府转送了3篇审计信息，起草汇总综合审计报告2份审计工作总结报告2份，组织指导有关参审单位发出审计情况通报1324份，提出审计意见和建议8484条，促进建立健全规章制度1985项，节约资金和挽回损失45.14亿元，移送违法犯罪案件线索17起，已有26人被判刑或给予党政纪处分，审计署2次向社会发布审计结果公告，推动23个省市向社会发布49份汶川地震灾后恢复重建跟踪审计结果公告，有效促进了汶川地震灾后科学、规范、高效、廉洁和阳光重建，得到国务院领导的高度肯定和社会大众的广泛认可。

玉树地震灾后恢复重建审计　6～10月，审计署按照“保障灾后恢复重建不出重大问题，促进灾后恢复重建顺利完成”的工作目标，对玉树地震灾后恢复重建资金管理使用情况进行审计，并从2010年已开工的298项重建项目中抽取学校、医院、农房等99项进行审计。在党中央、国务院的正确领导下，青海省委、省政府与有关部门和6家援建单位等克服工期紧、任务重、高寒缺氧、建材匮乏、交通不便等特殊困难，迎难而上，合力攻坚，扎实推进各项工作，玉树灾后重建取得重要进展。审计结果表明，重建资金管理使用和项目建设总体情况较好，审计未发现严重违法违规问题。但由于灾后恢复重建涉及面广、任务重、时间紧、情况复杂，审计也发现部分社会捐赠资金尚未明确到具体项目、部分项目的可研报告和初步设计及概算未及时批复和审定、部分免烧砖生产企业将养护期未达到规定时限的免烧砖对外销售等问题。

审计促使青海省委、省政府完善了相关建设管理制度，明确捐赠资金的具体用途，推动灾后重建项目加快建设，加强环境保护，促进玉树灾后重建科学、规范、阳光重建。

金沙江溪洛渡水电站工程跟踪审计　审计署继续开展对金沙江溪洛渡水电站工程项目跟踪审计。主要完成3项任务：抽取4个单项工程，对工程建设管理及工程造价进行审计，向三峡集团公司提交审计报告；对四川、云南两省及昭通、雷波、永善等市县移民资金及项目管理与使用情况进行跟踪审计，分别向四川、云南两省发送移送处理书；初步完成溪洛渡项目联网审计系统建设。

作为审计署首次在大型建设项目中组织开展计算机联网审计的项目，积极探索和创新信息化条件下开展投资审计工作的思路，建立了审计机关与国家大型重点建设项目的远程联网，使联网审计系统具备实时数据采集、动态监测、远程分析等能力，为开展大型建设项目远程跟踪审计奠定基础。

上海世博会跟踪审计业务指导　为规范和保障上海世博会运营资金有效使用，确保项目建设不出重大问题，促进中央确定的“勤俭办博、廉洁办博”目标的实现，加强组织领导，统筹安排上海市审计局对上海世博会实施全过程跟踪审计。

截至 2010 年底，上海世博会累计审计资金量 300 多亿元，提出审计建议和意见 230 多条，督促有关单位制定和修订完善 34 项制度，有效规范了工作流程，健全了项目管理控制体系，为上海世博会的筹备、举办和“世博后”的谋划作出了应有的贡献，充分发挥服务世博、保障世博的审计“免疫系统”功能。12 月，投资司被中共中央、国务院授予“上海世博会先进集体”称号；投资司四处贾鸿波同志荣获“上海世博会先进个人”称号。

广州第十六届亚运会和亚残会跟踪审计指导　为促进广州第十六届亚运会和亚残会资金合规使用，促进项目建设廉洁规范，投资司在与广东省审计厅充分沟通基础上，现场督促指导广东省审计厅及相关审计局开展对广州第十六届亚运会和亚残会跟踪审计，以确保实现党中央、国务院及广东省委、省政府提出的“廉洁办亚运、节俭办亚运”的目标。

组织开展甘肃舟曲特大山洪泥石流地质灾害灾后恢复重建跟踪审计工作　为切实搞好甘肃舟曲特大山洪泥石流地质灾害灾后恢复重建审计工作，根据《国务院关于支持舟曲灾后恢复重建政策措施的意见》和甘肃舟曲特大山洪泥石流地质灾害灾后恢复重建规划的有关规定，投资司组织甘肃省审计厅于 2010 年 11 月，起草并下发了《关于舟曲灾后恢复重建审计工作方案》，将从 2011 年 1 月起，由甘肃省审计厅和甘南藏族自治州、舟曲县三级审计机关对灾后恢复重建实施全过程跟踪监督审计。

启动中央支持新疆发展资金和项目审计工作　为了深入贯彻落实《中共中央、国务院关于推进新疆跨越式发展和长治久安的意见》和《审计署关于加强新疆审计工作的意见》，以及中央新疆工作座谈会的各项部署，审计署起草《关于开展支持新疆发展资金和项目审计的工作方案》，在征求有关部门意见的基础上，并报经国务院批准后，于 2010 年 12 月下发。根据此方案，投资司将从 2011 年起，组织有关派出机构、19 个对口支援省市审计机关、新疆维吾尔自治区审计厅和新疆生产建设兵团审计局，开展中央支持新疆发展资金和项目审计。

开展工程建设领域突出问题专项治理工作　2010 年，审计署继续按照中央关于开展工程建设领域突出问题专项治理工作的统一部署，结合工作实际，开展工程建设领域突出问题专项治理工作。审计署开展工程建设领域突出问题专项治理工作已取得阶段性成果，一批工程建设领域的违法违纪案件得到查处，相关规章制度得到完善。2010 年，审计署共向中央治理工程建设领域突出问题专项治理领导小组办公室报送专项治理汇总统计表格 12 份，报送专项治理简报 3 期。去年审计署起草了《审计署关于开展工程建设领域突出问题专项治理工作阶段情况的报告》，该报告已于 2010 年 10 月报国务院，温家宝总理在报告上做了重要批示。

组织开展全国中小学校舍安全工程跟踪审计指导工作　2010 年，审计署继续指导各级审计机关积极开展中小学校舍安全工程（以下简称校安工程）跟踪审计，共审计校安工程项目 4.5 万个，审计资金 1200 亿元，提出审计建议 5230 条，其中已整改落实 3930 条，整改率达到 75%，纠正多计工程结算款 4 亿多元，促进了校安工程建设有序开展，取得明显成效。同时，针对校安工程优惠减免政策落实不到位的情况，及时向国务院反映，促进了相关部门政策的细化完善和落实。据全国校安办统计，截至 2010 年 12 月 31 日，占工程造价 10%～20%的校安工程建设收费按照政策得到减免。

向国务院领导报送审计信息 1 篇、值班简报 2 篇，向全国校安办报送 10 份审计报告和督查报告，审计工作及成果得到全国校安办及各省相关部门的高度重视。

起草下发了《政府投资项目审计规定》　根据《中华人民共和国审计法》、《中华人民共和国审计法实施条例》和《中华人民共和国国家审计准则》等有关法律法规，投资司在深入调研和广泛听取意见基础上，研究起草了《政府投资项目审计规定》，进一步明确了政府投资项目审计的内容、重点，对近几年各级审计机关开展较多的跟踪审计、竣工决算审计和绩效审计，提出了规范性意见，并对投资审计工作质量、规范化、信息化和廉政建设等提出具体要求。

（撰稿人：张　明）

【外资运用审计司】　2010年，外资运用审计司人员编制16人，在编人员15人，领导职数3名。设有一处负责外国政府贷援（赠）款项目（包括北欧投资银行贷款项目），联合国开发计划署、儿童基金会援助项目和蒙特利尔基金赠款项目的审计组织及业务管理；负责全国外资审计项目的授权（或安排）、计划和统计；信息收集和规章制定、工作协调和人员培训等；牵头负责外资审计数据规划和信息化建设和国外贷援款项目审计质量检查工作；负责外资运用审计司文秘、行政和后勤等综合性工作。二处负责世界银行贷援（赠）款项目的审计组织及归口业务管理；负责政府外债的预算执行审计；负责与审计署国外贷援款项目审计服务中心的业务联系和协调。三处负责亚洲开发银行贷援（赠）款项目、农发基金/联合国粮食计划署贷援款项目、欧洲投资银行贷援款项目的审计组织和归口业务管理。

领导成员

司　长：徐吉明

副司长：薛新华

　　　　李长梅（6月—）

审计成果　2010年，在署党组正确领导下，外资运用审计司以科学发展观为指导，牢固树立科学审计理念，认真履行外资审计职责，加强对外债和国外贷援款项目审计监督，采取有效措施全面提高审计质量，注意提升审计成果，充分发挥审计保障国家经济社会健康运行的“免疫系统”功能，维护国家信誉。全国各级审计机关直接审计国外贷援款项目共计364个，项目投资约3229亿元，其中外资约1542亿元，查出违规违纪金额约84亿元，出具审计报告379份，其中有保留意见审计报告18份，拒绝表示意见1份。地方省级审计机关共出具审计报告276份，由外资运用审计司、特派办、外资审计中心审计，以外资审计中心名义对外出具审计报告103份。全年共编发审计信息18篇，其中《审计要情》1篇、《重要审计要目》7篇、《审计署值班信息》1篇、《审计简报》1篇、转送函8篇；报送国务院专题报告1篇；向最高人民检察院等司法机关和相关主管部门移送违法违规案件线索9起。外资运用审计司2009年组织的19省农村饮用水安全工作审计调查，其中外资运用审计司与武汉特派办共同实施的江西省农村饮水安全工作审计调查、郑州特派办实施的青海省农村饮水安全工作审计调查两个子项目在2010年评比中荣获审计署表彰审计项目。

开展全国外债审计　2010年，外资运用审计司组织18个特派办和32个省级审计机关，对全国全口径外债的总体规模、结构、投向、管理方式以及债务管理情况进行审计，重点对近年来利用外资规模较大的21个主权外债交通、能源行业项目的建设运营和绩效情况进行审计。在审计中紧紧围绕“摸清情况、揭示问题、分析原因、促进管理、防范风险”这条主线，注重“三个结合”：一是将摸清外债总体情况、反映外债风险和管理中存在的突出问题、评价外债项目绩效三个方面相结合。二是将审计研究和审计实务相结合，提升审计成果技术含量。三是将外债业务审计与国家外汇管理局外债统计监测信息系统审计相结合，推动外债管理部门对现有的系统进行整合和升级。通过审计揭示了现行外债管理政策法规不完善、外债管理协调机制不健全、外债统计口径不全面、外债管理方式有待改进和政府外债项目违规等问题。向国务院报送的专题报告得到总理等国务院领导的重要批示和高度重视。

国外贷援款项目审计　2010年，外资运用审计司积极落实署领导有关指示精神，精心安排，统筹协调，组织实施对铁道部、财政部、发展改革委3个部委执行的17个国外贷援款项目的审计。派出审计组，深入审计一线，与特派办同志积极配合，重点对8个铁路项目进行审计。审计查出部分施工单位偷工减料和变卖物资等违法违规问题，以及铁路建设项目中铁路架桥机维修认证机制不健全等体制、机制方面的问题。铁路部门高度重视，并积极整改。

业务指导和监督　2010 年 3 月，外资运用审计司组织举办以“采取有效措施，切实保证国外贷援款项目审计质量”为主题的外资审计视频会，全国外资审计人员共 600 余人参加培训。孙宝厚总审计师作了重要讲话，部分地方审计机关代表介绍经验与做法。会后，审计署专门下发了《审计署关于切实保证国外贷援款项目审计质量的通知》，提出外资审计必须坚持如实披露、保证审计结果质量，加大审计监督力度、提高审计过程质量，全面实行期中审计、缓解人力时间矛盾，积极推进绩效审计、拓展外资审计内容，加强质量监督检查、严格责任追究制度五条保证审计质量的针对性措施。在此基础上，外资运用审计司加大对地方审计机关国外贷援款项目审计质量检查的力度。11 月至 12 月，先后派出 9 个检查组赴 15 个省级审计机关对 149 个国外贷援款审计项目进行检查，重点检查地方审计机关实施国外贷援款项目审计的广度、深度和力度。现场检查结束后外资司向署领导提交了质量检查报告，得到署领导的充分肯定并以审计署办公厅名义下发通报，针对检查出的问题和涉及的单位，审计署要求相关单位限期提出整改措施。

审计结果公告　3 月，审计署在门户网站发布《103 个县农村饮水安全工作审计调查结果》，并配发了公告的解读稿，新华社对此编发了新闻通稿和评论，被多家地方媒体采用，中央人民广播电台和中央电视台也作了报道和播发。6 月，审计署发布 2010 年第 11 号审计结果公告，对 90 个国外贷援款项目 2009 年度公证审计结果进行公告。这是审计署第三次向社会公告国外援贷款项目年度审计结果。

业务培训与交流　2010 年，外资运用审计司把加强与世界银行、亚洲开发银行等国际金融组织的交流和合作作为一项重要工作，取得了较好效果。10 月，外资运用审计司在北京举办国外贷援款项目审计业务培训班，邀请财政部、世亚行项目官员，并组织审计系统内专家，就外资审计的规范要求、技术方法以及世亚行等国际金融组织的最新规定等内容进行培训。全国外资审计业务骨干 160 余人参加培训。12 月，外资运用审计司与审计署培训中心合作组织了一期赴美绩效审计评价培训班。全国部分审计机关和特派办外资审计业务骨干参加培训。通过培训，学习和了解世界银行关于绩效评价的理念和先进技术方法，以及美、英、法三国绩效审计开展情况和典型做法。同时外资运用审计司还派人参加世界银行举办的中国战略研讨会、世界银行新政策新规定座谈会，亚洲开发银行举办的贷款支付政策研讨会、亚行贷款新模式研讨会、亚行 2010 年国别项目检查研讨会等活动。8 月还派人参加了亚洲开发银行反腐败与廉政办公室对亚行贷款湖南公路三期项目的采购检查。

审计课题研究　外资运用审计司与中国审计学会共同组织外资绩效审计征文活动，共征集论文 70 余篇，并于 10 月在西安举办外资绩效审计研讨会，50 余名论文作者和专家参加研讨，署领导到会并作了讲话。部分地方审计机关代表介绍了本省开展外资项目绩效审计的先进做法和经验。上海市审计局外资审计人员撰写的《世行贷款环境项目绩效审计评价体系初探》等 8 篇论文在中国审计学会 2010 年优秀论文评选中分别获得一、二、三等奖。同时外资运用审计司在外资审计理论和技术方法研究上取得较大成绩。一是开展外资计算机审计方法体系研究工作。根据《国家审计数据中心基本规划》和《外资审计数据规划》，完成外资计算机审计方法体系课题研究任务，形成 48 个审计方法实例，组织完成 15 万字的课题研究成果，并于 10 月通过专家组验收。12 月审计署以计算机审计实务公告第 27 号印发了外资计算机审计方法体系。二是开展国外贷援款项目绩效审计评价指标体系课题研究，进一步规范外资绩效审计的评价指标体系的内容和标准。2010 年，外资运用审计司在总结历年外资审计绩效的经验及做法的基础上，多次组织专家就国外贷援款项目绩效审计评价指标体系课题进行深入研究探讨，目前主要研究工作已基本完成。三是总结外资审计经验，完成《外资审计案例》、《国外绩效审计理论与实务》、《外资审计 25 年回顾》三本书的编写出版工作，为外资审计人员学习业务和交流审计方法创造了平台。　（撰稿人：安红烨）

【经济责任审计司】　2010年，经济责任审计司人员编制12人，在编12人，领导职数3名。设有一处、二处、三处。2010年2月3日，中央机构编制委员会办公室印发《关于审计署设立经济责任审计司和总经济师的批复》（中央编办复字〔2010〕26号），批准审计署单独设置经济责任审计司，主要职责是起草经济责任审计行政法规草案，拟定经济责任审计相关规定，指导地方和部门的经济责任审计工作，组织开展需由审计署直接组织的经济责任审计，承担中央有关部门经济责任审计工作联席会议有关工作；增加司局级领导职数2名。

领导成员

司　长：陈　蔷（12月—）

副司长：陈达时（—12月主持工作）

张广春（6月—）

工作综述　2010年，经济责任审计司以法制化、制度化、规范化建设为工作重点，以代中共中央办公厅、国务院办公厅研究起草《党政主要领导干部和国有企业领导人员经济责任审计规定》（以下称两办《规定》）为抓手，认真履行审计署和中央五部委经济责任审计工作联席会议办公室的各项职责：努力沟通协调，推动两办《规定》颁布实施；积极探索实践，推动省部级领导干部和中央企业领导人员审计进一步规范和完善；加强指导力度，促进全国经济责任审计工作深化发展；认真开展审计系统司局级领导干部审计，促进审计机关加强内部管理。通过全司同志的团结奋进，扎实工作，圆满完成了各项工作任务。

贯彻两办《规定》，加强经济责任审计法制化和规范化建设　为进一步加强经济责任审计的法规制度建设，经济责任审计司牵头起草了两办《规定》，经中共中央和国务院研究审议后，于10月12日以中共中央办公厅、国务院办公厅的名义印发施行，12月8日正式向社会公布。两办《规定》是对我国经济责任审计实践经验的科学总结，既是我国经济责任审计的一项重要法规制度，也是我国干部管理监督、党风廉政建设的一项重要法规制度，是指导经济责任审计工作的纲领性法规文件，标志着我国经济责任审计进入新的发展时期。

认真做好两办《规定》的学习宣传和贯彻落实工作。根据审计署党组研究审定的宣传工作方案，研究起草了宣传方案和宣传提纲，以审计署名义正式印发全国各级审计机关。配合审计署办公厅做好在《人民日报》、《光明日报》、《经济日报》和中国政府网等主要新闻媒体的宣传报道工作。代《中国审计报》、《中国审计》期刊起草了特约评论员文章，为其提供了两办《规定》释义、全国经济责任审计工作综述、经济责任审计大事记等宣传稿件。在起草两办《规定》的同时，启动了《经济责任审计指南》的起草工作，对地方党委和政府主要负责人、党政工作部门主要负责人、国有企业领导人员的审计目标、组织实施、审计内容、审计方法、审计评价、审计报告和审计结果利用等进一步规范细化，将于2011年完成。

加强审计计划管理，完善质量控制　与中央纪委、中央组织部等部门积极沟通协调，研究制订审计计划，加大推进省部级主要领导干部任期内轮审的力度。与审计署有关司局共同研究制订2010年部长经济责任审计工作方案，参与对各派出审计局进行审前培训。2010年审计了10名省（市）长、13名部长和10名中央企业领导人员，认真组织并积极参与到中央组织部、中央纪委、国务院国资委等部门，听取对省部长和中央企业领导人员有关情况的介绍。参与了财政司、行政事业司、企业司、金融司研究2010年省部长和中央企业领导人员审计的组织管理等工作，研究制定了省长、部长和中央企业领导人员审计报告、审计结果报告等相关文书的模拟版。研究提出13位部长经济责任审计评价指标，对2010年33个审计项目的审计报告进行了审核把关，及时解答审计组和主管业务司提出的问题等，为推动省部级领导干部和中央企业领导人员审计工作的进一步规范和完善发挥了重要作用。

指导全国审计机关经济责任审计　认真履行对全国经济责任审计工作的指导职责，通过多种方式加大指导力度。以中央经济责任审计工作联席会议办公室名义，向全国印发《2010年经济责任审计工作指导意见》，对2010年审计工作重点提出了明确要求。10月底，举办了两办《规定》培训班，讲解了两办《规定》主要内容，通报全国经济责任审计工作开展情况和有关典型经验，安排部署两办《规定》解密后的学习、宣传和贯彻落实工作。通过工作调研、召开研讨会、课题研究、征集论文等方式，认真总结经济责任审计工作的经验和成效。针对我国经济责任审计制度建立时间不长，经济责任审计干部队伍建设较为薄弱、理论研究比较滞后等情况进行了调查，为起草各项规章制度提供基础资料，进一步推动全国经济责任审计工作深化发展发挥了积极作用。全年共印发《经济责任审计工作通讯》12 期，转发省（区、市）当年制定的经济责任审计制度 6 份，宣传推广各地区、各部门好的经验和做法，供各地区相互借鉴学习。

省级审计机关和审计署内部管理领导干部的经济责任审计　按照审计署党组要求，进一步加大对审计署驻地方特派员办事处和直属事业单位主要领导干部的审计力度，审计署内部管理领导干部经济责任审计基本实现制度化。共对 6 名特派员、4 名直属事业单位主要负责人进行审计，对南京特派办群众举报问题进行核查。通过审计，帮助被审计领导干部所在单位解决一些历史遗留问题，健全完善管理制度，提高内部管理水平，促使被审计领导干部更加全面、有效、正确履行经济责任。对南京特派办有关问题的核查，查清了该办有关人员私自延长房屋租赁期限和私自涂改档案、原金陵会计师事务所出售苏州两套房产等问题，在审计署系统内对该办有关人员私自涂改档案问题进行了通报，督促该办对有关直接责任人员给予行政处分。根据审计署党组要求，积极开展省级审计机关主要领导干部审计，推动建立省级审计机关主要领导干部任期内轮审制度。2010 年对 6 名审计厅厅长进行审计。通过审计，发现并纠正了一些单位挤占挪用经费、资产管理相对薄弱、制度缺失操作随意、建设项目管理不符合规定、有关历史遗留问题处理不及时等问题，促使被审计领导干部所在单位不断加强和完善内部管理。同时，为审计署党组加强干部管理和监督提供重要参考依据。研究提出 2011 年度审计系统 11 名司局级领导干部经济责任审计的计划建议，将进一步加大对审计署驻地方特派办、直属事业单位和地方审计厅主要领导干部的审计力度。

（撰稿人：胡晓泉　李纯琳）

【国际合作司】　2010 年，国际合作司（以下简称国际司）人员编制 17 人，在编 13 人，司领导职数 3 名。设有 4 个职能处。一处主要负责外事工作计划、统计、档案、文秘综合及外事工作质量的管理与监督，负责因公出国人员的证照办理和管理，负责礼宾接待、行政后勤以及物资管理工作等。二处主要负责组织实施与各国最高审计机关的双边交流活动，负责署领导出访以及重要外国团组的接待工作，管理和组织实施双边合作项目等。三处主要负责与地区、国际审计组织的交流活动，负责多边合作项目和多边会议的执行和管理，负责审计外事资料的译编出版。四处主要承担对外宣传工作，负责港澳台事务，管理署英文网站和外事专用工作网络的更新工作。

领导成员

司　长：周维培

副司长：周文华

姜海鹰（5 月—）

正司级审计员：李　钦

工作综述　2010 年，国际合作司以邓小平理论和“三个代表”重要思想为指导，以科学发展观为统领，扎实完成各项年度外事任务，多措并举为审计事业发展服务，为国家大外交服务，各项工作取得显著进展。

双边合作交流　国际司共审批因公出国（境）团组和人员 112 个，因公出国人数 473 人次（其中使用联合国审计经费参加联合国审计项目以及境外审计项目共 43 批，总计 105 人次）；接待来访团组 24 个（正式访问 16 个），接待来访人数 139 人（正式访问 79 人），其中接待部级以上代表团 12 个（部级以上国外审计机关领导人54 人）。

（1）充分利用高层对话机制，深度寻求共识，与各国审计机关相互关系务实性和稳定性不断提升。2010 年，审计署有计划接待了南非、印度、沙特、挪威、日本等国最高审计机关首脑，与来华访问的伊朗、厄瓜多尔、科威特、蒙古等国审计长签署了双边合作谅解备忘录。这些访问，或是希望审计署在世审理事会中发挥引领作用，或是谋求在世审重要机构和人事安排上予以支持，或是期待在人员培训方面予以援助，或是探索开展双边联合审计。在一般性会谈中，中国经验比如经济责任审计、计算机审计、金融审计成为国外同行们关注的重点，双边活动的实质性、针对性、政策性显著增强。

（2）充分利用互访和协议机制，探索外交实践创新，为中印青年审计人员搭建友谊和了解的平台。2010年，在刘家义审计长和印度审计长莱先生共同倡议和积极推动下，第一届中印青年审计人员论坛在北京成功举行。来自两国最高审计机关的20名青年审计人员参加论坛，围绕“如何成为一名合格的审计人员”等题目，开展专业讨论和文化活动。通过研讨和参观，双方青年审计人员不仅分享了审计经验和理念，而且促进了解、增进友谊，为两国最高审计机关长远发展奠定了坚实基础。这次论坛是审计署与国外最高审计机关之间第一次以青年审计人员为对象的专业研讨会，是对外交往史上一次创新和突破。

（3）充分利用国际会议机制，发挥主导和引领作用，推动区域和多边审计机关的合作。2010年，刘审计长率团参加首届上合组织审计长峰会。本次峰会动议于2006年，一直是中俄最高审计机关寻求共识的一个重要话题。在本次峰会上，刘审计长发表了“审计在金融危机中的作用”、“中国的财政审计监督”两篇演讲，受到与会代表高度赞扬，俄罗斯主流媒体也作了详细报道，该峰会的主要内容在2010年中俄总理会谈公报中得到体现。另外，在中、日、韩协调机制框架内，举办了中日韩工作层会议，为持续推动东亚地区审计机关合作发挥重要作用。

国际组织活动　（1）2010年，审计署在亚洲审计组织内继续担任理事会成员，在世界审计组织中担任理事会成员，并被选举为第一副主席。此外，除继续参加财务与管理委员会、环境审计指导委员会、计算机审计委员会等多个重要机构外，还新加入了世界审计组织反腐败与反洗钱工作组。至此，已加入世界审计组织下属最重要的委员会和工作组。能认真履行职责，承担义务，积极参与决策，展现了大国审计的良好形象。派团参加了世界审计组织第20届大会及第60次、第61次理事会、世界审计组织财务与管理委员会第6次会议、世界审计组织反腐败与反洗钱工作组第4次会议、世界审计组织关键指标委员会会议等重要会议，在这些会议上，各国审计机关高度关注审计署代表所提出建议和所介绍的中国审计的发展经验，对中国审计署在国际审计舞台所发挥的建设性作用给予高度评价。

（2）4月，世界审计组织IT审计工作组第19届年会暨第6次效益审计研讨会在京召开。本次会议是世审IT审计工作组史上规模最大、层次最高的一次会议，共有来自39个国家的89名代表参加，其中包括11个国家的13名审计长和副审计长出席，共同就国际IT审计的热点问题进行研讨交流。审计署“金审工程”和计算机审计实务成为大会亮点。6月，在广西桂林举办了世界审计组织环境审计工作组第13次大会，来自57个国家和国际组织的127名代表出席会议，围绕“人与自然和谐发展”的主题，就共同关心的国际环境审计热点问题进行广泛、深入的探讨。

（3）11月，在南非举办的第20届世界审计组织大会上，中国审计署圆满完成了世界审计组织第20届大会主议题二“环境审计与可持续发展”的主席工作，这是第一次牵头世界审计组织大会主议题研究和领导，以及参与核心文件的起草工作，所形成的第二主议题研讨论文，成为本届大会主要成果《约翰内斯堡共识》的主体部分之一。同时，经理事会提名，全体与会代表通过表决，一致同意中国审计署刘家义审计长担任世界审计组织第一副主席，全会还通过了由中国审计署举办第21届世界审计组织大会的决议案。中国审计署加入世界审计组织28年来，始终积极参与该组织各项活动，为世界审计组织的机制完善、话题内容的丰富和各项动议的落实，作出了巨大贡献。中国审计署在本次大会上提出多项动议与世界审计组织新的发展战略不谋而合。中国审计署有望以自身的发展实践，为落实世界审计组织大会形成的各项共识提供有益的借鉴。同时，中国审计的发展和进步，也必将成为世界审计组织发展的重要组成部分。

对外援助　2010年，在大连举办了第二届南太平洋地区国家最高审计机关研修班，由于未建交国家审计长参加较多，加上联络渠道不畅，招生阶段碰到了很多困难。在驻外使团的协助下，斐济、汤加等11个列入商务部受援国家的7名审计长、3名副审计长和12名高级审计官员参加了本届研修班。其中的基里巴斯、瑙鲁、所罗门群岛、图瓦卢是未建交国。学员们听取了董副审计长的主题演讲，围绕着环境审计、社保审计、审计人员培训展开讨论。此外，还组织学员参观北京名胜和上海世博会。研修班培养了南太地区最高审计机关对中国的感情和对中国审计的了解，既在一定程度上通过领域外交遏止了“台独”势力对该地区的渗透，也进一步强化了该地区对中国和平崛起的谅解和支持。

外事宣传与译介　(1) 刘家义审计长成为《世界政府审计杂志》封面人物并刊发卷首语。《世界政府审计杂志》由美国审计署主办，是国际审计界的核心杂志。2010 年，国际司适时抓住契机，积极与该刊沟通，刊发了刘审计长的署名文章《审计：保障国家经济安全的免疫系统》，并配发了刘审计长的照片。这在新中国审计 28 年历史上还是第一次。

(2) 世审宣传片成为外宣工作的最大亮点。为承接第 21 届世界审计组织大会举办权，国际司拍摄了世审大会申办宣传片。本片的拍摄得到署党组的亲切指导，刘审计长与 100 多位审计干部参与了拍摄工作。该片充分展示了中国形象和中国审计的风采，在南非大会播放后，获得各国最高审计机关广泛认同和一致好评。

(3)“一国两制”框架下的澳门审计官员培训。2010 年，按照刘审计长指示，国际司组织法规司、计算机中心专家 5 人两次赴澳门讲授“质量控制”和“现场审计系统”；先后邀请 4 名澳门审计官员来京参加审计业务骨干培训班、计算机审计中级班；协调深圳审计局提供澳门官员参加投资审计现场实践。通过对澳门审计官员实施培训，进一步发挥了国家审计对该特区的辐射和影响。

(4) 国际司组织翻译并出版 2009 年全部以及 2010 年 24 篇审计结果公告。向《国际政府审计杂志》、《亚洲政府审计杂志》投稿 17 篇；在外宣办《对外宣传通讯》发稿 3 篇，介绍援外成绩，其中《宣传中国审计理念、推进中非友谊合作——审计署第三届中国非洲高级审计研讨班成效明显》一文获得中央对外宣传办评选的年度优秀稿件奖。对署英文外网和司内网进行版面调整。全年外网刊发各类新闻 50 余篇。国际司在全署整训期间所作的《走向世界的中国审计》演讲，受到好评。

外事管理　2010 年，在制订外事计划方面，国际司按照两办文件要求，有保有压，细致研究各项出访的主要内容，并在此基础上主动压缩出访计划，取消了除必须参加的国际会议以外的部级领导出访任务。在执行过程中，兼顾实际需要，对因国内公务无法执行的境外任务予以取消。按照年初外交部批复的 9 个部级领导出访计划数，本年度实际执行 7 个。在出国（境）审批方面，国际司严格执行因公出访的各项规定，按照量化指标的要求，坚决杜绝没有实质性内容或内容不切合实际需求的团组出访，杜绝超过批准天数、人数以及绕道等现象的发生。全年所有出国（境）团组无一起超时、超人情况。在预决算监督审核方面，国际司不断完善多重审核和全过程监督机制，所有团组均做到行前有预算审批，回国后有决算核准报销。同时，为保证全年出国经费的科学管理，每个月都对出国团组数、人数以及资金使用情况进行统计和评估，结合评估结果对下月和下季度的外事工作进度及时进行调整，实现了出国经费较为均衡、合理地支配使用。同时，外事签证、礼宾、团组管理更加规范。国际司对联合国审计项目继续实行“绿色通道”保障机制，无一例拒签，各团组按时出行，全年办理签证（签注）600 余份、护照 230 余份。此外，根据外事工作的变化和行政管理的需要，对历年的制度、规定、文件进行清理，汇编了《国际司行政管理制度及业务操作指南》。从制度上明确外事管理目标，保证国际司内部管理和业务操作的规范执行。

（撰稿人：高天宇）

【境外审计司】　2010 年，境外审计司人员编制 12 人，在编 9 人。设有一处、二处和三处（兼联合国审计委员驻纽约办公室）。

领导成员

司　长：章　轲

审计成果　2010 年，境外审计司在署党组的正确领导下，深入学习实践科学发展观，坚决贯彻落实署党组的各项工作部署，加大境外审计力度，全年组织实施了 4 家中央企业境外机构的财务收支审计，对驻 5 个国家非经营性机构的预算执行和其他财政收支审计，对联合国维持和平行动、联合国儿童基金会、联合国日内瓦总部等 14 个单位 36 个项目的审计。以上项目形成的审计成果，被审计署《审计要情》采用 1 篇，《重要信息要目》采用 4 篇，《信息转送函》采用 5 篇，《审计简报》采用 2 篇，《审计署值班信息》采用 1 篇。移送案件线索 3 起。报国务院专题报告 3 篇、综合报告 3 篇，向联合国提交审计报告 9 份，管理意见书 27 份。

境外审计　以促进管理、防范风险、维护境外国有资产安全为目标，逐步推进境外经营性机构审计，同时，放眼大外交格局，不断深化境外非经营性机构审计。

（1）境外经营性机构审计。根据积极稳妥、灵活有效的原则，2010 年积极推进对境外经营性机构审计，组织实施了 4 家中央单位 2007～2009 年度财务收支情况审计。审计立足促进管理、防范风险，重点关注境外国有资产安全，揭示了产权关系、工资薪酬、投资管理、内部控制等方面的问题，提出加强管理、完善制度的建议。

在对境外经营性机构审计的过程中，始终坚持内外有别、严谨低调的原则，注重把握境外特色、行业特色和被审计单位经营管理特色，并针对审计发现问题分析体制、制度等深层次的原因，积极与有关部门沟通。审计取得的一系列成果不仅给被审计单位、有关中央企业以震动和警示，也使境外审计工作打开了局面、扩大了影响，赢得了发展改革委、财政部和国资委等机构和部门的高度评价。

（2）境外非经营性机构审计。2010 年，和行政事业司共同组织对驻 5 个国家使领馆（含甲类处）和新华社等单位的预算执行和其他财政收支审计。审计紧密围绕“保障安全，揭示问题，规范管理，提高效益”的目标，一方面关注驻外非经营性机构财政收支真实性、合法性和效益性，揭示预算管理不够规范等问题；另一方面深入了解驻在国中资企业和驻外机构的发展现状及其面临的困难，了解使领馆和甲类处在服务和保障中资企业“走出去”方面取得的成绩、存在的问题和遇到的困难，审计反映的对“走出去”战略相关配套支持和服务尚不够完善等问题专题上报国务院后，引起高度重视。

联合国审计　立足促进联合国更加公开透明、廉洁高效，全面履行联合国审计工作职责。工作成果主要体现在：一是审计建议得到被审计单位的全面认同，绝大多数审计建议已得到积极整改。联合国大会第五委员会、联合国大会行政和预算咨询委员会等赞赏中国提交的审计报告“质量上乘、格式简化”，“特别给予表扬”，并明确要求联合国有关部门和秘书长全面落实审计建议。

二是直接推动了联合国的相关改革，促进联合国更加公开透明、廉洁高效。促使联合国改变维和行动预决算的审议程序；推动联合国问责体系建设；促进联合国完善内部监督控制体系；促进联合国审计委员会改善工作、优化审计报告格式。

三是积极推动联合国审计任务轮换，取得阶段性成果。自 2010 年起，新增联合国日内瓦总部和人权高专等 8 个机构和项目的审计任务。

基础建设　围绕审计署“制度完善年、作风改进年”各项要求，创新方式加强基层党建，凝聚队伍开展创先争优，司内基础建设有了新的提升。

（1）锻炼审计队伍、强化项目管理。2010 年，在创新组织方式、强化项目管理上下工夫，从培养境外审计人才、深化审计成果运用方面探路子，取得了较好的效果。一是整合人力资源、锻炼审计队伍。针对境外审计项目多、领域新、人员变动频繁的特点，司采取加强培训、以老带新、搭建梯队等多种方式盘活现有审计资源。经过实践锻炼，涌现出一批先进典型，张新芳荣获“中央国家机关五四青年奖章标兵”称号，胡学文荣获审计署三等功，陈文春获“全国审计系统先进工作者”称号，张新芳和吴开钱获审计署嘉奖。

二是提高现场审计工作效率、强化对审计项目的指导控制。所有境外审计项目均控制在 3～4 周；加强境外审计司对审计项目的掌控力度，境外经营性机构审计均由司领导担任组长，司内人员担任副组长或主审、全程参与现场审计；重要的联合国审计项目均有司内人员参加。司领导指挥作战，现场情况定期沟通，责任落实到人、任务安排到天。

三是规范审计程序、加强审计质量控制。编写《联合国儿童基金会审计手册》；归纳总结出“一横一纵十个词”的审计分析逻辑框架，指导审计人员逻辑思维；改进审计质量控制措施，联合国审计报告和管理意见书采取审计组集中复核，引入答辩质询机制，提高了审计复核效率和效果。

四是深化审计成果运用、促进制度完善。针对境外司反映的部分境外机构国有产权管理不规范等问题，今年财政部专门发文进行规范，并在文件中明确提出是根据审计署的审计调查反映的情况进行规范的。针对反映的工资薪酬管理方面的问题，财政部发文予以规范，国资委也采取有力措施进一步推进相关改革。针对反映的房地产产业政策有关问题，银监会等部门高度重视，迅速制定措施积极落实。

五是召开境外审计研讨会、促进境外审计经验交流。联合中国审计学会在京举办境外审计研讨会，孙宝厚总审计师和翟熙贵会长都到会做了重要讲话。与会代表就境外审计的理论和实务问题进行深入研讨，就如何逐步开展境外审计达成一些共识。

（2）以基层党建为抓手、凝聚队伍开展创先争优。一是加强组织建设、推进基层党建工作规范化。司党支部制定了《境外审计司党支部关于进一步加强基层党组织建设管理办法》，提出了“三强五优”的党建工作目标，要求每个联合国审计小组设立临时党支部，对以思想建设为前提、作风建设为保障、组织建设为桥梁、学习能力建设为载体的党建工作作出全面安排。

二是加强思想建设、注重提高党员干部政治素养。充分利用专用邮箱系统、网站等平台，及时组织党员干部学习中央和署党组的各项文件，确保党员思想与时俱进；开展“向钱学森、邓稼先等老一辈知识分子学习　树立坚定的共产主义理想信念”的读书讨论活动；认真组织全体党员学习机关党委推荐的“八本书”等。

三是加强作风建设、引导审计人员弘扬革命精神。司党支部要求在境外审计团队中培养“志存高远、勇往直前、舍己忘我、为国争光、谨慎谦虚、追求卓越”的精神；开展了一系列内容丰富、形式多样的“走近”活动：走近常驻团和大使馆，学习了解中国外交，培养大局意识；走近维和军警，学习艰苦奋斗的革命精神和临危不惧的坚韧意志；走近战乱和贫穷国家民众，感受社会主义制度的优越性和改革开放的伟大成就，传播中国人民友谊；走近老领导、老前辈，听取他们的意见和指导，了解审计事业开创之艰辛、发展之困难，增强事业心、提升责任感。舟曲突发特大泥石流灾害后，司党支部在第一时间通知所有在审计现场的临时党支部通过网络了解情况，并组织党员干部开展以“心系祖国”为主题的哀悼和捐款活动，这些活动得到署机关党委和中央国家机关党工委的充分肯定。

四是加强能力建设、着力打造高标准国际化学习型党支部。司党支部将2010年确定为“学习型党支部建设年”，确定建设目标、制订学习行动方案。一年来，司党支部将建设学习型党支部与完成好境外审计工作紧密结合，努力做到学以致用、用以促学、学用相长，取得较好实效。

（3）贯彻廉洁从政准则、让廉政成为审计机关的核心竞争力。境外司注意把握业务难点、紧扣廉政要点、突出管控特点，坚决贯彻落实党风廉政责任制。一是加强组织领导和学习教育、牢固树立廉政是高压线、廉政是核心竞争力的理念。廉政教育取得了成效，在境外审计中，两位年轻干部外出延伸过程中，一被审计单位人员向审计人员行贿数万元，审计人员妥善处理、退回贿款，关键时刻表现出审计干部的过硬作风。

二是完善廉政制度、落实党风廉政责任制。制定境外审计《廉政工作规则》和《廉政档案管理规则》，司组两级设立廉政监察员，建立《境外审计司审计工作廉政回访单》制度；规范境外审计国际机票采购，组织了国际机票比价采购。

三是找准廉政风险点、有针对性开展廉政防控。梳理出境外审计廉政管理和监督的五个风险点，并从紧扣廉政要点、突出管控特点上下工夫，提出加强教育、组织保障、以人为本、细化和强化方案控制和过程控制五个具体的应对措施，还注意开好民主生活会，解决存在问题，取得积极的成效。

（撰稿人：梁　晶）

【人事教育司】　2010年，人事教育司编制25人，在编25人，司局级领导职数5名（含派驻直属事业单位纪检组长职数2名）。设有办公室、机关干部处、地方干部处、工资调配处和教育职称处。

领导成员

司　长：胡利民（7月—）

副司长：董维明　胡大华

副司级巡视员：邓　壮

中国审计报社纪检组长：张有芳（—11月）

中国时代经济出版社纪检组长：陈遥征（4月—）

工作综述　2010年，在署党组的正确领导下，人事教育司紧紧围绕党的十七届四中、五中全会关于深化干部人事制度改革的要求，深入贯彻落实科学发展观，认真落实全国组织部长会议、全国人力资源和社会保障工作会议精神，按照全国审计工作会议部署，坚持党管干部原则，以加强领导班子和干部队伍建设为主线，以加强能力建设和作风建设为核心，进一步完善干部管理机制，加大竞争性选拔力度，坚持和完善从基层一线选拔干部制度，深化干部人事制度改革，全面提高领导班子和干部队伍整体素质，全司干部同心协力，创先争优，圆满完成全年的各项工作任务，为充分发挥审计"免疫系统"功能提供了坚实的组织和人才支持。

干部调配　注重严把入口，逐步规范干部录用和选调工作程序，充实审计力量。按照保质保量，适度超前的原则，继续做好公务员录用工作。其中，在面试环节，首次实行由署里统一面试。

坚持和完善从基层一线选拔干部制度。根据需求开展了从特派办、地方审计机关和其他有关单位，选调20名审计工作急需业务骨干的工作。

根据审计工作需要，完成接收军转干部工作。

干部培养　(1) 创新教育培训模式，建立科学的教育培训机制。科学分析培训需求，制订实施年度培训计划，不断增强培训的针对性和实效性。2010年完成初任和任职培训、专业培训、审计业务管理培训、综合管理培训、知识技能补充和更新培训、领导能力培训、境外培训7类培训项目60期次，培训8956人次。

(2) 完善审计专业人才培养机制。研究起草了《关于加强审计机关公务员队伍专业化建设的意见》的实施细则，组织开展了审计业务骨干人才和审计专业领军人才评选工作，选拔了58名审计专业领军人才、212名审计业务骨干人才。

(3) 加强高层次人才培养力度，创新人才培养模式。协调沟通全国博士后管理委员会、人力资源社会保障部，积极开展申请审计科研所设立博士后工作站工作，得到批准。在综合考虑全国审计工作和人员实际基础上，向国务院学位委员会申请增设审计硕士专业学位，组织有关专家开展了研究论证。

(4) 改革完善审计专业技术资格考评制度。进一步规范了高级审计师资格评审工作，加强评委会建设，研究完善了评审条件的量化操作方法，修订了审计专业技术资格考试大纲和辅导教材，改进命题工作，提高了考试的科学性和适用性。

(5) 进一步拓宽了出国（境）培训学习渠道，加大国际性审计人才培养力度。加强对出国（境）培训项目的管理，增强培训效果。加强对出国培训人员的跟踪培养，对培训成果进行深度开发，强化培训成果的总结、宣传和利用，有力地促进了培训成果在审计实践中的应用。

人事改革　(1) 进一步完善人事工作制度体系，增强人事工作的规范性、科学性。作为试点单位，配合中编办研究起草《审计署组织条例》（送审稿），提出适当调整机构编制的建议意见。根据《2010～2020年深化干部人事制度改革规划纲要》和《2009～2013年全国党政领导班子建设规划纲要》，研究起草了《审计署党组关于贯彻落实〈2010～2020年深化干部人事制度改革规划纲要〉的意见》《审计署党组任命干部票决制暂行办法》《审计署关于进一步从严管理干部的实施意见》《审计署司处级领导干部竞争上岗暂行办法》《审计署领导干部任职试用期满考核暂行办法》《审计署非领导职务设置和选拔任用工作暂行规定》《审计署司处级非领导职务设置和选拔任用工作办法》《审计署对口支援西藏、新疆干部管理办法》《审计署驻地方特派员办事处和直属事业单位主要负责人履行干部选拔任用工作职责离任检查暂行办法》等制度，组织修订印发了《审计署驻地方特派员办事处综合考核办法》，已经在工作中予以执行。

(2) 坚持"民主、公开、竞争、择优"的原则，建立健全科学的干部选拔任用机制。按照中央精神，继续加大竞争性选拔力度，继续扩大民主，增强干部选拔任用工作的透明度，进一步提高选人用人的公信度。在这些方面进行了新的探索。首先，试行了党组任命干部票决制。在2010年5月任用副司（局）级领导干部时，采取差额票决的方式，从 9 名人选中确定 7 名拟任职人选。其次，全面推行差额选拔干部制度。2010 年 4 月署机关、派出审计局选拔任用司处级领导干部工作中，采取了差额推荐、差额面试、差额考察的方式。再次，不断提高干部群众的参与度。2010 年 4 月的民主推荐采取了召开署机关、派出审计局全体干部大会进行会议投票推荐，在全体司局级干部和各处室负责人范围内进行谈话推荐的方式，两次大会参加人数均近 600 人，参与谈话推荐的人数都在 180 余人。最后，进一步提高干部选拔任用的透明度和公开度。在推荐、面试、考察等环节完成后，将有关情况在署机关内网上予以公布，在选拔任用工作完成后，将选拔任用工作的全过程在内网上公开。

(3) 按照中央"一个意见、三个办法"的要求，完善以业绩和能力为导向、体现科学审计理念要求的考核评价机制。积极开展《审计署机关各单位年度考核办法（试行）》出台前的调研和《审计署派出审计局年度考核规定》的修订工作，进一步完善《审计署驻地方特派员办事处年度考核综合评价办法》。研究探索公务员考核评价机制，建立健全平时考核制度，严格年度考核制度，全面考核公务员德才表现。在对 25 个派出局 2010 年度考核及派出局公务员年度考核工作中，首次实行报送考核，结合派出局公务员年度考核，在总结自评、综合工作及业务工作量化考核、对领导班子民主测评基础上，形成考核量化结果及考核报告，经党组审定后向派出局全体同志进行了通报。

(4) 在署党组统一部署下，由署领导带队组成 6 个调研组，于 2010 年 6 月至 10 月对 18 个特派办进行调研。调研组听取了办领导班子汇报，与班子成员全体处级干部及部分科级干部共 740 多人进行个别谈话，召开各类座谈会 83 次，并发放了调查问卷。通过调研，进一步总结了近三年来特派办取得的主要成绩和基本经验，找准了影响和制约特派办科学发展的突出问题，为研究和制定进一步加强特派办建设的指导意见提供了翔实的参考依据。

(5) 进一步完善公务员奖励工作，结合年度考核结果奖励与取得重大审计成果奖励统筹结合，建立健全了公务员奖励制度。按照《审计署关于取得重大审计成果的公务员集体和公务员奖励暂行办法》，首次对在审计工作中取得重大审计成果的 31 个公务员集体、12 名个人进行了奖励。

(6) 加强干部监督，提高选人用人公信度。组织开展了干部选拔任用监督检查，坚持干部监督联席会议制度。完善了审计署对特派办的巡视工作机制。

(7) 积极推进直属事业单位人事制度改革。研究提出了署直属有关事业单位管理模式的建议意见；启动事业单位岗位设置管理实施工作，全面推进和落实聘用制；提出了直属事业单位工作人员管理的建议意见；指导事业单位结合各自实际，制定有关规章制度，逐步规范各项管理工作；修改完善了事业单位领导人员管理等规章制度。

选拔任用　围绕能力建设，强化实践锻炼，提高领导班子和干部队伍整体素质。2010 年，任免司处级领导干部 216 人。通过调整补充，领导班子结构进一步得到优化，班子整体功能和合力进一步增强。

继续加大干部交流力度，加强实践锻炼。按照公务员法及其他有关文件的规定，对达到交流年限条件的同志进行了轮岗交流，进一步推进署内各单位之间的交流。同时，积极推进审计署与中央各部门、地方政府和国有大中型企业之间的干部交流，多岗位培养"一专多能"的复合型人才。根据中央有关文件要求，配合中央组织部，选派我署一名司长到省区市交流任职，并按照"出一进一，进出平衡"的原则接收一名地方干部到署任职；按照中央统一部署，选派干部入藏挂职；完成审计署对口支援的河北顺平县挂职人员的轮换工作。

进一步加强后备干部队伍建设，为审计事业的发展储备人才。一方面坚持动态管理的原则，制定中长期的后备干部规划，研究起草了《审计署 2010～2020 年司（局）级领导班子后备干部队伍建设规划》；另一方面坚持"重在培养、同样使用"的原则，研究起草了《审计署司（局）级领导班子后备干部工作实施办法》，对进入后备干部名单的人员重点关注，采取多种措施有针对性地加强培养，同时在使用过程中与其他干部平等竞争。

指导地方　加强指导和协管，推动地方审计机关领导班子和干部队伍建设。加强与地方党委组织部门的沟通协调，就审计厅（局）领导班子建设提出意见和建议。首次派员参加了新疆审计厅厅长人选的公选考察。审计署党组召开党组会议研究新疆审计厅厅长人选并向新疆自治区党委回复意见，双方达成了一致意见。

加大对地方审计干部的培训力度。举办4期地市县审计局长培训班，培训地方审计干部670人；为四川灾区举办灾后恢复重建跟踪审计培训班1期108人；为地方审计机关送教上门，举办3期培训班；采取网络视频培训、送教上门等方式加强对地方审计干部培训支持力度。组织西部地区审计机关和南京审计学院45名审计业务骨干到11个特派办进行了为期一年的实战锻炼。

开展了审计署和地方审计机关干部双向交流。有计划地安排审计署与地方审计机关相互之间的干部挂职锻炼。从对去年选派的33名年轻优秀、有发展潜力的干部赴四川、陕西、甘肃地震重灾区挂职锻炼考核情况看，这些同志了解实情，经受考验，得到了锻炼，成效显著。

对地方贯彻落实《关于加强审计机关公务员队伍专业化建设的意见》的情况开展专题调研，提出进一步加强审计机关干部队伍专业化建设的意见。

其他工作　(1) 完善干部人事管理的各项基础性工作。对现有人事信息管理系统进行优化升级，积极探索人力资源管理软件的开发应用。进一步规范干部人事档案和干部考察文书档案管理，对特派办干部人事档案工作进行检查。按照国家政策规定，严谨细致地做好工资保险福利工作。

(2) 加强人事干部队伍能力建设和作风建设。加强人事工作政策法规培训，注重实践锻炼，强化内部管理，坚持从严律已，着力培养造就眼界宽、思路宽、胸襟宽的人事干部队伍，继续开展了“讲党性、重品行、作表率”活动，进一步规范人事干部工作行为，提高工作效率和水平。制定了《审计署机关干部人事工作规范化操作手册》，修改完善了《审计署驻地方特派办人事工作操作手册》。

（撰稿人：杨选留）

【直属机关党委】　2010年，直属机关党委在职人员12人，聘用人员3人；设有办公室、组织部、宣传部、机关纪委办公室，还有署直属机关工会、团委、妇工委和图书馆。

领导成员

党委书记：余效明（兼）

常务副书记：厉培明（—5月）

鲍朔望（5月—）

副书记兼机关纪委书记：凌玉祥

直属机关工会主席：厉培明（—6月）

丁　方（6月—）

工作综述　2010年，审计署机关党建工作以邓小平理论和“三个代表”重要思想为指导，深入贯彻落实科学发展观，以“创先争优”活动和建设学习型党组织为重点，紧紧围绕审计中心工作，贴近党员干部实际，不断探索机关党建工作的方式方法，努力营造和谐向上的机关文化氛围，为落实署党组提出的“一个中心、两大目标、八项任务”，充分发挥审计在保障国家经济社会健康运行中的“免疫系统”功能，提供了有力的思想组织保证。

以创建学习型党组织为抓手，切实加强理论武装　机关党委紧紧围绕中央提出的关于加强学习型党组织建设的要求，开展了多种形式的学习活动，激发了党员干部的学习动力，调动了学习的积极性。一是认真抓好政治理论学习。机关党委组织党员干部深入学习党的十七大以来中央提出的一系列重大战略思想，印发《审计署关于深入学习贯彻党的十七届五中全会精神的通知》，并发放相关理论学习资料；同时做好党校学员选送工作，共有3名局级、9名处级和2名青年干部党员参加学习；坚持每季度举办一场形势报告会，并将有关视频资料加载到审计专网上，供大家随时收看。二是积极开展核心价值理念教育。号召党员干部向沈浩、郭明义同志学习，组织观看电影《第一书记》，在《成长之路》上刊登郭明义的先进事迹；开展纪念抗日战争胜利65周年系列活动，包括组织参观中国人民抗日战争纪念馆、举办专题报告会、召开署机关经历过抗日战争的老干部座谈会等。三是做好审计署党组中心组学习服务工作。协助召开4个季度中心组学习会，及时通报学习情况，将发言全部登载在审计专网上，供学习交流，《人民日报》、《求是》、《紫光阁》等媒体先后刊载了刘家义和余效明等同志的文章。

四是继续开展读书活动和青年论坛。机关党委结合学习年活动发放8本学习用书；举办青年论坛，共有39个支部报送55篇论文，推动青年审计人才队伍建设和审计理论研究工作的深入开展。

以创先争优活动为主线，切实加强基层党组织建设　一是广泛进行思想发动。召开创先争优活动动员大会，成立领导小组，提出“一个把握、两个坚持”的工作思路，明确创建“五个好”基层党组织、做“五带头”共产党员的活动目标，制定创先争优活动责任落实办法。二是坚持在结合中推进。为把创先争优活动成果落实到贯彻中央各项活动要求和审计工作上来，把创先争优活动推进学习型党组织建设等活动结合起来，机关党委把活动载体设定为“创建学习型党组织，建设高素质审计队伍”，各党支部也在结合上狠下工夫，紧密围绕本职工作设定活动载体，使创先争优活动开展得有声有色。三是着力抓好“四手”活动。审计署领导先后两次向中央和中央国家机关工委介绍创先争优活动情况；召开审计署创先争优活动推进会，6个单位介绍了做法和经验；印发关于开展“立足本职建功立业争当‘四手’奋发有为”活动的实施意见，坚持“支部在一线建立，作用在一线发挥，困难在一线解决，质量在一线保证，成果在一线体现”的工作方式，着力推动各基层党组织在职责范围内创先争优，广大党员立足本职创先争优。各党支部通过搭建平台打造过硬队伍、针对部门特色开展小讲坛、将正在进行的财政大格局审计作为“四手”活动载体等方式，确保审计干部争当“四手”人才的目标和具体措施落到实处。四是切实加强面上指导。机关党委注重收集各支部的好做法好经验，通过编发创先争优活动专刊，及时进行宣传，相互促进，共同提高；同时积极向上级单位和有关媒体反映审计署的典型做法和经验，先后分别被《党建研究》和《中国审计报》报道采用。五是在创先争优活动中推动基层党组织建设。认真宣传学习《中国共产党党和国家机关基层组织工作条例》，切实抓好组织工作；举办了党支部书记研讨班；协助安排署党组和各单位领导班子专题民主生活会，收集整理群众意见和建议；认真执行“三会一课”制度；指导做好支部换届、补选工作；做好党员发展工作，全年发展党员12名，9名党员按期转正；做好入党积极分子培养考察工作，组织入党积极分子培训班，14名同志参加学习；开展慰问老党员和困难党员活动；继续拨付党员活动经费，为支部自主活动提供支持；在联合国审计组出国前向其授予党旗，让同志们牢记党的领导，毋忘祖国。

以保障党员民主权利为目标，切实推进党务公开　一是坚持党务公开制度化、正常化。制定了《中共审计署机关委员会关于党的基层组织实行党务公开的意见》；拟定领导干部民主生活会等党务公开重点工作相关制度办法；各基层党组织分别结合实际建立一系列党务公开制度。中央党务公开领导小组工作简报转发了审计署的经验做法。二是坚持在重要工作中保障党员权利。坚持对领导干部民主生活会和干部选拔任用等重大工作进行公开；领导干部民主生活会召开前，向所有单位征求意见，提出整改措施，并督促、适时通报进展；民主生活会公开会议过程、公开履职情况、公开宣读述职报告、公开整改措施；在干部选拔任用工作中，针对特派办干部选拔任用工作，专门提出用人岗位、选拔程序内容、选拔任用结果、监督工作的“四公开”制度，促进特派办选拔任用工作的公开、公平、公正。

营造文明和谐的机关氛围，加强机关文化建设　一是积极开展精神文明创建活动。以“讲党性、重品行、作表率”活动为重点，广泛开展审计核心价值理念教育；大力开展城乡共建活动；开展向青海玉树和甘肃舟曲灾区捐款活动。二是积极组织职工文体活动。参加中央国家机关第三届职工运动会，获得团体“体育道德风尚奖”以及1个第三名、3个第四名、1个第六名、2个第八名的较好成绩；坚持开展兴趣小组、秋日采摘、健步走、乒乓球比赛等形式多样的文体活动；举办了春节团拜会；开展网络健身车活动；组织观看大型经典芭蕾舞剧；为干部职工安排体能测试。三是充分发挥工青妇群众组织作用。召开直属机关工会第五次会员代表大会，选举产生新一届工会委员；进一步健全分工会和基层工会组织；继续开展元旦和春节期间“送温暖”活动；积极解决职工子女入学入托问题；参与中央国家机关团工委首期“司局长谈培养青年”访谈节目；推荐的一名同志荣获首届“中央国家机关青年五四奖章标兵”；开展五好文明家庭和巾帼建功先进个人评选表彰活动，召开表彰大会，制作宣传展板；向机关女职工赠送女性养生书籍，组织了郊游活动。

以反腐倡廉教育为重点，切实提高党员干部拒腐防变能力　一是认真学习贯彻落实加强反腐倡廉建设的精神和要求。传达学习胡锦涛总书记在中央纪委五次全会上的讲话和贺国强同志的工作报告；印发《中共审计署党组关于学习贯彻十七届中央纪委五次全会精神的通知》，组织学习相关规定。二是认真落实廉政谈话制度。组织机关纪委委员和新调整任职的 80 余名处级干部参加廉政集中谈话。三是开展警示教育。分两批组织 200 名处级以上干部赴司法部燕城监狱开展警示教育活动。审计署党组成员、副审计长兼机关党委书记余效明，党组成员、纪检组长安国参加活动，机关纪委书记凌玉祥结合职务犯罪的沉痛教训，就审计机关如何预防领导干部职务犯罪作了讲话。四是加强监督，有效促进廉政建设制度的落实。结合年终工作考核，开展党风廉政建设责任制落实情况和审计纪律八项规定执行情况的检查，并对检查情况进行通报。（撰稿人：常　涓）

【驻审计署纪检组、监察局】　2010 年，驻审计署纪检组、监察局（以下简称组局）人员编制 10 人，在编 10 人，领导职数 2 名。设有综合室、纪检监察室。

领导成员

纪检组组长：安　国

纪检组副组长、监察局局长：朱存芳

工作综述　2010 年，驻署组局认真贯彻第十七届中央纪委五次全会、国务院第三次廉政工作会议和全国反腐倡廉建设创新经验交流会精神，在工作中贯穿“一条主线”，即把反腐倡廉制度建设贯穿到各项工作中去，努力提高制度设计的科学性和执行力。更加注重从体制、机制、制度层面揭示、分析和解决问题，更加注重对审计权力运行全过程的风险防控和监督制约，积极协助审计署党组扎实推进审计机关反腐倡廉工作，取得明显成效。

履行监督职责　组局始终把监督作为履行派驻机构职责的第一要务，通过督促和协助驻在部门推进反腐倡廉建设、参与制定重要制度规定、组织开展专项检查，有力促进了各项工作的规范运行。一是加强对驻在部门贯彻中央重大决策部署的监督。组长通过参加党组会、审计长会、审计业务会等会议以及收集和阅看有关工作重要信息等方式，关注驻在部门贯彻落实情况。先后向中央纪委有关部门报送了《2009 年度落实党风廉政建设责任制的简要工作情况》《审计署贯彻落实胡锦涛总书记在十七届中央纪委五次全会上讲话精神的情况报告》和《关于审计署开展扩大内需促进经济增长政策落实审计监督情况的报告》。二是督促并协助驻在部门贯彻执行反腐倡廉重要部署。年初，按照委部的要求，在各单位对 2009 年度反腐倡廉工作任务完成情况进行自查的基础上，组局结合审计署年度考核和巡视工作，派出 9 个检查组对 18 个特派办、3 个审计业务司、2 个派出审计局和 1 个直属事业单位推进惩治和预防腐败体系建设情况进行抽查。三是对涉及审计监督权和人财物管理权正确行使的重要事项进行监督。一方面，从积极预防腐败的角度，对《关于审计署进一步从严管理干部的实施意见》、《审计署聘请外部人员参与审计工作管理办法》等制度规定提出建议。另一方面，对涉及人财物等重要管理权的行使进行监督。组局依照有关规定，对审计署人事部门提出的拟调任、提拔或奖励的 201 名干部和 31 个拟奖励集体的党风廉政情况征求意见函，进行了认真研究并作出回复，对干部选拔任用中的举报，进行核查了解或督促人事部门进行了解，防止带病提拔。同时，多次派员对审计署新办公楼筹建、金审工程中期验收和三期招投标等涉及金额较大的项目进行监督。

组织协调　为深入学习贯彻第十七届中央纪委五次全会和国务院第三次廉政工作会议精神，组局协助审计署召开了全国审计机关党风廉政建设工作视频会议。会上，党组书记、审计长刘家义同志传达了温家宝总理在国务院第三次廉政工作会议上的重要讲话精神。安国组长受审计署党组委托作了《以反腐倡廉制度建设为重点 扎实推进审计机关党风廉政建设》的工作报告，回顾了 2009 年审计机关党风廉政建设的主要工作，部署了 2010 年六项主要任务。会后，组局协助审计署制定并下发了《审计署机关 2010 年反腐倡廉工作任务分工意见》，将审计署机关2010年反腐倡廉工作任务分解为59项，逐一明确主办单位、协办单位和完成时限。同时，协助审计署制定下发了《关于印发贯彻落实国务院中央纪委等2010年分解工作任务分工意见的通知》，将国务院和中央纪委对审计署下达的34项任务逐一进行分解。年底，又会同办公厅对以上两个分工意见的落实情况进行书面检查，各项任务均已按时完成。

制度建设 组局在清理、整合、完善一批原有制度的基础上，出台了一批新制度、新办法，力求最大限度地减少机制和制度漏洞，提高制度设计的科学性和规范化水平。在预防制度方面，组局按照全国审计机关党风廉政建设工作视频会议的部署，通过实地调研、问卷调查和分别召开试点单位座谈会，对在审计机关如何推进廉政风险防控工作进行深入的研究和讨论，并征求有关部门意见，在此基础上制订了廉政风险防控工作方案，指导署各单位开展廉政风险防控工作。截至2010年底，已有10个特派办和15个省级审计机关初步建立了廉政风险防控工作机制。在教育制度方面，组局制定印发了《审计署党风廉政建设领导小组关于加强审计组廉政教育的意见》，提出要强化审计组廉政责任制、把审计组廉政教育工作纳入审计项目廉政跟踪检查的内容、为一线审计人员搭建情绪反馈平台，逐步形成“以教促廉、以廉促审”的审计组廉政教育长效机制。在监督制度方面，组局依据中央纪委和中央组织部分别下发的《关于严格执行重要情况报告制度的通知》和《关于健全和落实重大事件及时向有关上级部门报告制度的通知》，协助审计署制定下发了《关于进一步建立健全和严格执行重要情况报告制度的通知》。在惩治制度方面，组局协助审计署会同监察部、人力资源社会保障部研究制定《审计违法违纪行为处分规定》，力求突出审计工作特色，使处分的种类、幅度与行为性质相匹配。配合审计署法规司商监察部法规司、国家公务员局培训与监督司进行修改，《处分规定》初稿已呈报署领导审定。

行政监察 在连续两年开展廉政跟踪检查的基础上，组局继续组织机关纪委和派驻各特派办纪检组长对审计署重点审计项目开展廉政检查。年初印发检查工作方案，同时制订对京沪高铁和中国人寿保险公司审计项目实施廉政检查的具体方案。7月至8月，组局派员对固定资产投资审计司牵头审计的京沪高铁总部审计项目和金融审计司、上海特派办承担的审计项目进行审计现场廉政检查。同时，各特派办纪检组长按照统一下达的廉政检查项目计划，对本办和其他特派办的重点审计项目开展审计现场廉政检查。与以往组织的廉政检查相比，此次检查在前期准备和组织实施环节都更加注重针对性和实效性，通过多方获取信息，全面掌握真实情况；寓服务于监督，扩大了检查工作成果。为预防审计干部在社会中介机构兼职取酬所可能引发的廉政风险，组局对署机关及派出机构审计人员在社会中介机构挂名或者兼职取酬问题开展专项清理工作。经与审计署人事教育司研究，组局对署机关及派出机构审计人员在会计师事务所等社会中介机构挂名或者兼职取酬问题开展一次专项清理，消除了廉政隐患。

信访举报和案件查办 组局着力加强和改进信访举报和核查工作。一是注意总结规律，提升工作水平。组长主持召开了关于加强和改进组局信访举报与查办案件工作专题会议，深入研究纪检监察室关于2007年以来组局受理涉及审计机关和审计干部信访举报与查办案件的工作情况，提出进一步加强和改进信访举报与查办案件工作的意见，并专门印发了《组局会议纪要》。二是加大指导力度和工作力度。组局领导对所有信访举报件都有明确批示。对于工作中的疑点、难点问题，由组长召集所有有关人员进行集体研究，作出恰当处理。三是注意把核查违纪线索与预防工作紧密结合。如对刚退休不久的某正司级领导干部违规从业的举报进行认真核查，在纠正违规行为的同时向署党组提出相关建议。据统计，截至2010年12月16日，组局共收到涉及审计机关党风廉政问题的信访举报55件（次）。其中，按照被举报对象分类：涉及司局级单位和人员的31件（次），占56%；涉及县处级单位和人员的16件（次），占29%；涉及乡科级及以下单位和人员的8件（次），占15%。对上述举报信所反映的各类问题，组局均按照《信访条例》和审计署党风廉政领导小组《关于改进涉及审计机关党风廉政建设问题信访举报受理工作意见》的要求进行了妥善处理。

开展创先争优活动　署创先争优活动动员大会召开后，组局领导高度重视，及时部署，要求全体党员认真学习中央开展创先争优活动的有关文件精神，充分认识开展创先争优活动的重大意义，以饱满的热情投身于创先争优活动，确保取得实效。根据署党组和机关党委的有关部署和要求，结合组局工作实际，支部制定了《驻署监察局党支部开展“四手”活动计划和具体措施》，明确了活动目标、实施计划和具体措施。在开展创先争优和“四手”活动的过程中，支部以思想建设为根本，切实加强学习型支部建设。7月，安国组长以“发扬党的优良传统，自觉增强党性”为主题，给全体党员上了一堂生动的党课，使大家受到一次深刻教育。11月，支部组织全体党员到北京市反腐倡廉警示教育基地参观，接受警示教育，使大家进一步增强廉洁从政的自觉性。同时，组局还结合“制度建设年和作风改进年”活动，进一步加强和改进内部管理，促进作风转变。全年共有3篇调研报告被中央纪委有关部门作为优秀政策理论调研成果在有关会议上作书面交流。通过这些措施，使全体干部自觉养成忠于职守、扎实工作，正直坦诚、敢于创新，团结协作、奋发有为的优秀品质，形成“讲党性、讲正气、讲务实、讲贡献”的良好氛围。（撰稿人：顾国平）

【离退休干部办公室】　2010年，离退休干部办公室人员编制15人，在编16人，领导职数2名。设有综合处、服务一处、服务二处。

领导成员

办公室主任：郑　济

巡视员：杨彩霞（—10月）

工作综述　2010年，离退休干部办公室在署党组的正确领导下，坚持以中国特色社会主义理论为指导，认真贯彻全国离退休干部“双先”表彰大会和全国离退休干部局长会议精神，以创先争优为动力，围绕中心，服务大局，以人为本，积极进取，在署各有关部门的协助配合下，在广大离退休干部的支持参与下，较好地落实了离退休干部的政治和生活待遇，促进离退休干部队伍的和谐稳定。

党建和思想政治建设　党总支积极完善党的组织建设，完成了新一届党总支和党支部的换届选举工作。召开党建研讨会组织学习习近平、李源潮等领导同志的讲话和中组发〔2008〕10号文件，引导大家深刻领会党中央对离退休干部党建和思想政治建设的要求。进行工作经验交流，增加新当选书记、委员和小组长们的感性认识，总结做好新形势下离退休干部党员的工作和思想政治工作的经验，进一步完善了党总支、党支部工作制度。继续贯彻落实组织生活各项制度，民主党派和无党派退休同志在本人自愿的前提下，委托党支部和党小组吸收他们参加有关学习活动。这些措施为帮助离退休干部保持政治坚定，思想常新，理想永存提供了组织保障。各党支部联系人继续认真履行职责，积极主动协助党支部做好有关事务性工作，在党支部和局之间传递工作信息，主动走访老同志，沟通交流，尤其对“空巢”和有特殊困难的老同志给予更多的关注。

积极开展创先争优活动，广大离退休干部党员积极投身到活动中来，以实际行动和党中央保持一致。党总支遵照机关党委的部署，制订了创先争优活动实施方案。根据中央对离退休干部创先争优工作的指导意见，党总支从离退休干部的实际出发，完善和细化方案，提出“离退休干部要在老年人中做政治坚定的榜样、学习进步的榜样、健康长寿的榜样、团结互助的榜样、和谐稳定的榜样”等具体要求，得到中央组织部的肯定。把“四好离退休党员”的内容具体化，推动创建学习型组织，宣传离退休干部中的先进事迹，加强人文关怀与心理疏导，增强党支部的凝聚力，发挥离退休干部自我管理、自我教育、自我服务的政治优势。

落实政治和生活待遇　2010年元旦、春节期间，党组书记、审计长刘家义同志向离退休干部通报了党中央、国务院重要会议精神和审计事业的发展情况。年中第二季度例会时，余效明副审计长向离退休干部通报了党和国家重要工作部署和审计工作的进展以及取得的成果。对离退休干部座谈会所提的意见、建议，提出处置意见并及时反馈给离退休干部。坚持每季度一次离退休干部例会，组织离退休干部出席中组部举办的专题学习报告会，发放相关学习资料，为每个党支部活动站订阅了多种刊物，局办《离退休干部园地》

宣传、解读党和国家的重大方针政策，促进离退休干部保持政治坚定、思想常新。组织参观西周遗址和京郊房山区窦店镇河口村新农村建设，参加中国老年报社开展的“庆世博让生活更美好知识竞赛”答题活动。

履行督促落实政策的职责，及时督促职能部门按时发放离退休金和相关补贴，每次例会前都协调好医药费报销事宜，方便离退休干部报销药费。做到交通费随到随报。重视落实离退休干部待遇的各项新出台政策，及时为10名离退休正副部级干部和8名享受副部级医疗待遇的司级离休干部落实自雇费，落实离休干部扩大选择就医医院的政策，组织离休干部赴山东养马岛基地健康休养。对34名遇有大病或家庭重大变故遇到困难的离退休干部争取困难补助。配合机关服务局医疗保健处对离休干部巡诊126人次，及时了解离休干部的身体健康情况和他们所遇到的困难。对因病住院治疗的离退休干部，及时探视慰问，追踪了解病情，共探视慰问住院治疗的42名离退休干部140人次，为住院手术和重病的离退休干部申请补助14人次。组织全体离退休干部年度体检，继续为年满70岁离退休干部家中安装“999”急救中心呼叫器，办理紧急情况联系卡，做好离退休干部健康档案和相关基础数据的动态收集整理完善工作。分两个年龄段（高龄、低龄）分别组织春季、秋季参观郊游活动，为70岁以上逢五满十的离退休干部组织集体祝寿活动。开办了书画、计算机、摄影、声乐和手工学习班，共有81名离退休干部144人次参加学习，累计完成课时336小时。编辑出版2011年离退休干部书画作品挂历，组织离退休干部参加中央国家机关和北京市联合举办的重阳节老年健身操表演活动和“中央国家机关离退休干部第五届‘怡寿杯’象棋比赛”，举办首届重阳杯棋牌比赛。完善和加强了党支部活动站的建设和管理。

做好部级离退休干部服务工作　根据不同特点、不同需求、不同情况，积极探索规律，总结经验，有针对性地开展个性化服务。组织赴上海参加世博会预演活动和参加纪念抗日战争胜利65周年座谈会以及到江苏、浙江两省调研。做好老领导党组织生活和政治学习、阅读文件的保障服务。每月整理编写一期《署近期主要工作信息》，确保老领导能够及时了解署内重要工作信息。做好老领导的生日祝寿和住院探视慰问，及时了解掌握他们的生活和健康状况，做好相关协调工作，较好地落实部级老领导的政治和生活待遇，得到他们的肯定。

认真开展对特派办和直属事业单位离退休干部工作的指导　4月，组织召开各特派员办事处和直属事业单位负责同志参加的离退休干部工作座谈会，余效明副审计长代表署党组出席并发表重要讲话。她全面阐述了党的离退休干部工作方针政策和做好离退休干部工作的重要性，强调了各单位需要高度重视的主要任务和重点工作，对领导班子和职能部门提出明确的要求。经会议讨论修改并报署党组批准，下发了《审计署关于加强特派员办事处离退休干部工作的意见》。各单位进一步加强了离退休干部工作，由“一把手”分管亲自抓落实，与离退休干部沟通交流听取意见；注重强化在职干部的尊老敬老服务意识，有的单位把离退休干部庆祝金婚活动与对年轻人的教育相结合，促进齐抓共管工作机制协调有效运行；克服困难，使服务离退休干部的人力、物力、财力、场所进一步到位；重视发挥离退休干部党支部自我管理、自我教育、自我服务的优势，离退休干部党的组织建设和政治思想建设进一步加强，各项活动进一步生动活泼地开展，促进了离退休干部两项待遇的落实。署各直属事业单位继续认真贯彻执行2009年离退休干部工作领导小组第1期《会议纪要》精神，领导重视，专人负责，积极为离退休人员解决实际困难和问题。由于各单位认识到位，态度积极，离退休干部们支持理解配合，特派办和事业单位离退休干部队伍保持了稳定。

为做好对特派办和事业单位离退休干部工作的指导，局工作人员努力学习研究离退休干部工作方针政策，为各单位准确提供政策咨询服务，及时将上级有关离退休干部工作的文件转发给各单位，并积极进行特派办和事业单位离退休干部工作的经验交流。创办了审计署《离退休干部工作通讯》，将领导讲话、新政策的宣传、各单位开展工作的情况、专职工作人员的先进事迹、党支部建设和工作经验，向离退休干部工作人员进行介绍。把《离退休干部园地》增发至特派办的全体离退休干部，引起特派办离退休干部们的强烈反响，感到审计署真是在关心他们，能够听到署党组的声音，能够了解署离退休干部工作的发展水平。局里还认真履行督促检查职责，及时发现离休干部医疗待遇政策没有落实的情况，迅速与各有关方面沟通协调，补办审批手续，落实了待遇。

在职干部队伍建设　离退休干部办公室工作人员以创先争优为动力，从建设学习型组织入手，继续围绕爱岗敬业、无私奉献、更新观念、转变作风、提高工作能力和水平加强自身建设。在职干部党支部明确和细化了创先争优的措施，决定以党委提出的争当“四手”人才中的“内部管理的行家里手”为目标，从熟练掌握离退休干部工作政策、增强与离退休干部沟通交流能力、熟知本岗位离退休干部相关情况、善于组织开展离退休干部活动和处理离退休干部事务四个方面加以落实。签订了实现目标的承诺书。坚持每周一上午的集体学习制度，及时传达学习有关会议和文件精神，学习离退休干部工作经验，学习离退休干部政策业务知识，结合实际工作研究贯彻落实。邀请于明涛、吕培俭两位老领导为在职干部讲党课，进行党的优良传统和作风教育。请余效明副审计长以党课方式进行理想信念、爱岗敬业教育。在黄立锋同志从事离退休干部工作 20 周年之际，党支部举行了一次“爱岗敬业、无私奉献”主题党日活动，用身边人的事例勉励全体在职干部热爱离退休干部工作，立足本职、埋头苦干、建功立业。发挥工会的作用，开展人文关怀、文体娱乐活动，调动和保护大家的积极性。采取多种形式帮助在职干部开阔眼界、丰富阅历、增长见识。邀请专家讲课，支持鼓励大家积极参加署里组织的相关工作和各项竞赛活动，戈咏同志代表离退休干部局参加署审计法知识竞赛，与其他司局两名同志组队获得了集体一等奖，杜晓萍同志获得署保密知识竞赛一等奖，王艳青同志参加党委组织的撰写读书感言获二等奖。（撰稿人：李光辉）

【机关服务局】　2010 年，机关服务局人员编制 77 人，在编 61 人，领导职数 5 名。设有办公室、基建办公室、机关事务管理处、保卫处、财务处、医疗保健处、服务一部、服务二部、文印室、华审宾馆、烟台培训基地。

领导成员

局　长：张　力

副局长：姜永臣　郑云龙　许新琦　刘　仲

工作综述　2010 年，机关服务局在署党组和分管副审计长的正确领导下，认真学习贯彻党的十七届四中、五中全会和全国审计工作会议精神，以科学发展观统领全局，围绕审计工作大局，认真贯彻署党组的决策部署，按照“安全第一、服务至上、提升素质、强化管理”的要求，深入开展“立足本职建功立业、争当岗位行家里手”为主题的创先争优活动，进一步转变工作作风，开拓创新，锐意进取，扎实工作，较好地完成了全年工作任务。

工作完成情况（1）完成后勤服务社会化改革。根据国务院机关事务管理局关于中央国家机关后勤服务社会化改革的有关精神，从 3 月开始分步实施署机关转变后勤服务部门外聘员工管理方式的改革，通过竞争性谈判和单一来源方式选定了 3 家社会服务企业分别为审计署机关提供物业管理、公务用车、文印、医疗保健和餐饮等服务或劳务，将后勤服务由自我管理改变为向社会单位购买服务。机关服务局在依法对署机关物业、餐饮等原 129 名外聘员工一次性经济补偿后，解除了劳动关系，并在尊重本人意愿的基础上，协助其与中标的社会服务企业签订新的劳动合同，建立新的劳动关系，较好地维护了审计署机关和外聘员工合法权益，规范了审计署机关后勤服务部门外聘用工管理，圆满完成了审计署机关后勤服务社会化改革任务。保障了物业管理、公务用车、餐饮及文印、医疗、事务等工作的平稳过渡和正常运行。

（2）建立健全规章制度。按照署党组确定 2010 年为制度完善年的要求，机关服务局在落实科学发展观实践活动全面清理和修订规章制度的基础上，继续完善制度。已制定印发了审计署机关服务局公务接待管理办法、值加班管理办法、公务用车使用管理办法和退休职工管理办法 4 项内部管理制度；基建办起草了《办公楼项目建设管理办法》等 6 项新办公楼基建管理制度，已提交署基建领导小组讨论，正在进一步修改中；针对机关服务局管理中存在的薄弱环节，机关服务局还成立了制度起草修改小组，正在起草、修订政府采购、实物资产管理、库房管理等6项制度，努力实现用制度管人、管事、管物、管财。

(3) 各项保障服务。一是在刘家义审计长的倡议下，机关服务局积极协调北京市卫生部门，先后在署机关和双榆树综合楼开设了广安门医院驻署中医门诊部，邀请中医专家每周2次来署上门为干部提供中医门诊服务；增加对常规体检异常的干部进行二次复检项目，受到干部职工好评。同时，做好日常门诊服务，全年累计医疗门诊8500余人次，提供理疗服务400人次、口腔护理700多人次。

二是机关食堂严格执行食品卫生法，全年未发生任何食品卫生安全责任事故，并在提供正常的餐饮服务外，积极为署机关职工提供主副食品和蔬菜等外卖服务，并不断改进销售方式，方便干部职工，受到广泛好评。同时积极配合署机关有关部门完成署机关组织的各种大型活动后勤保障和餐饮服务工作。

三是公务车队加强管理，努力提高服务质量，在车队用工方式改革或在全审会议等重大活动期间，编内专车司机在完成照顾好署老领导工作的同时，积极参与车辆保障工作；首汽派遣司机努力适应机关工作和要求，克服车辆少、车况差等困难，尽力保障署机关公务用车需求，实现了改革平稳过渡。

四是改革后的物业管理服务运行基本平稳，在配电机房、会议服务等方面管理更专业和规范，整治了北京站、知春里、西八里庄宿舍的院区环境，为广渠门宿舍区住户拆除破损遮阳篷，消除坍塌危险，并积极为机关干部职工提供特约维修服务。

五是文印部门在保质保量完成署机关全年各类会议、审计业务、学习培训等文件印制基础上，积极开展厉行节约、降低成本工作。全年累计印制文件资料12.12万件，扫描文件3000余份，出错率明显下降，较好地保障了署公文运转。

(4) 其他工作。一是举办由署机关、派出局的安全员、特派办服务中心主任和直属事业单位办公室主任参加的审计署2010年应急管理工作培训班，培训班既有防震、防灾理论知识学习，又安排了消防、抗震、自救逃生现场观摩和实际操作演练，取得较好实效；与署机关各单位、各派出局和各特派办"一把手"签订了2011～2013年《审计署社会治安综合治理工作目标管理责任书》；华审宾馆按照署党组要求，完成了清理撤销双榆树和知春里职工住宅地下室招待所工作，消除安全隐患。

二是完成清查署机关资产工作，共核实盘点署机关4.27亿元实物资产，对清查的资产逐一粘贴标签，基本完成署所属单位资产管理信息系统联网建设任务；在有关单位的大力支持下，办理完成了关东店26号院房产过户手续。进一步加强和规范对特派办、直属事业单位资产处置、报废、购置和基本建设改造工作的审批和监管工作。

三是积极推进署机关新建办公楼建设用地、立项、设计等前期准备工作。积极筹备审计署新办公用房建设用地，并按照"庄重、大方、简朴、实用"建设目标要求，开展办公楼方案小样设计和项目建议书编制等前期准备工作。

四是大力开展节水、节电、车辆节油、降低办公经费等节约和"节能宣传周"活动，完成国管局下达的节能减排约束性指标。

自身建设　(1) 加强学习，提高素质。机关服务局做到两手抓、两手硬，紧紧围绕各项保障服务工作，加强政治理论学习和廉政法规教育。一是组织干部职工学习党的十七届四中、五中全会精神，紧紧围绕署党组中心组学习部署的主题，结合服务工作实际，开展讨论。二是组织干部职工认真阅读机关党委下发的《科学发展观学习读本》等8本书，畅谈学习心得。三是积极开展"人人献爱心"活动，全局干部职工踊跃向甘肃舟曲灾区捐款19980元人民币；为贫困母亲捐款2665元人民币。四是以多种形式积极开展理想、信念和爱国主义教育活动，组织党员职工参观中国审计博物馆，学习审计史；参观卢沟桥抗日战争纪念馆，牢记国耻；参观在军事博物馆举办的玉树抗震救灾主题展，激发爱国热情；组织党员职工参加中央国家机关第三届运动会，增强集体荣誉感。通过一系列学习教育活动的开展，干部职工思想得到进一步提高，激发了工作热情。

(2) 开展创先争优活动。根据署党组的统一部署，机关服务局深入开展了立足本职建功立业争当"四手"奋发有为的创先争优活动。一是结合岗位实际，制订立足本职建功立业的具体措施方案；二是召开全局党员干部职工大会，进行动员和开展推进工作；三是局领导带头公开承诺，全局42名党员结合自己的岗位，提交了争当打字、校对、维修、医疗服务能手和财务、基建、资产、安保管理能手的承诺书；四是局总支书记、各支部书记认真点评党员承诺、积极践行承诺效果以及存在不足。特别是在署转变外聘用工管理方式改革中，涌现出熊国威、徐华初、袁德平、余永平、夏景彪等同志在后勤管理改革工作中争当创新能手，刚来机关服务局工作一年的孙富星同志在国管局组织的建设节约型机关改革研讨活动中，其《成本和效率是创建节约型机关的抓手》论文荣获一等奖，并代表中央国家机关在国管局召开的大会上典型发言。

（3）加强岗位监督和内部制约。一是通过干部轮岗和交流降低廉政风险。在财务岗位，从署驻地方特派办交流1名处长任财务负责人，1名出纳进行轮岗；将因工作原因长期未脱岗学习的基建办处长选送党校学习，从特派办和署机关业务司局抽调2名局级和处级干部参与署机关新办公楼建设；同时实行正常处室轮岗，加强内部制约，从人事组织机制上确保廉政责任的落实，降低廉政风险。

二是坚持预算财务公开，降低运行成本，在预算执行审计自查工作中，每个处室承诺不设小金库，日常财务管理严把发票关，坚决杜绝假发票。

三是坚决纠正错误，挽回损失。针对机关服务局2009年文印设备采购中发生的问题，认真自查自纠，总结经验教训，并按照组织决定，经办人和局领导认真检查，全局通报，退回货物，追回损失，个别同志岗位调整。用身边的事教育人，做到警钟长鸣。（撰稿人：余永平）

审计署派出审计局

【外交外事审计局】　2010年，外交外事审计局人员编制12人，在编12人，司局级领导职数2名。设有一处和二处，主要负责审计外交部、中央对外联络部、中央对外宣传办公室、中国人民对外友好协会及上述部门（单位）在京下属单位预算执行、决算和其他财政财务收支，开展相关专项审计调查，承办审计署交办的其他事项。

领导成员

局　长：胡家俊

副局长：郝云松

审计成果　完成审计项目4个，包括：外交部2009年度预算执行情况审计和决算草案审签，中国人民对外友好协会（以下简称对外友协）2009年度预算执行情况审计和决算草案审签，中央对外联络部（以下简称中联部）2009年度预算执行情况审计和决算草案审签，外交部所属单位2010年度预算执行及财务收支情况审计。查处违法违规以及管理不规范金额113119万元。提交审计报告及信息简报18篇，被采用10篇。

预算执行和决算（草案）审计　本年在对中央部门审计中，外交外事审计局深入贯彻落实“免疫系统”科学审计理念，将推动部门事业发展作为工作目标。一是将审查预算执行和审查部门履行职责、业务完成情况结合起来，将审查预算管理、财务管理、资产管理和审查业务管理情况结合起来，不断拓宽部门预算执行审计内容；二是把握部门特点，在查处重大违法违规问题和损失浪费问题的同时，注意揭示部门业务运行中存在的薄弱环节和潜在风险以及预算管理中存在的体制机制制度问题；三是不断推动中央部门完善内部问责制度，提高管理水平。审计工作得到被审单位的高度重视，取得良好成效。

外交部的主要问题是：未将部分专项结余资金纳入年度项目支出预算统筹安排，新闻领事中心开办费项目实施缓慢造成预算经费结转，扩大项目经费支出范围，因私护照购置项目支出在暂付款科目挂账，未按规定及时解缴14个驻外机构规费收入，47个已完工的基建项目未及时办理竣工决算等。

对外友协的主要问题是：以前年度结余资金未纳入部门预算统筹安排，未将各地区业务部自费团收入纳入本级核算，扩大开支范围列支，住房公积金超预算，动用机动经费未报财政部备案等。

中联部的主要问题是：违规在基本支出中列

支项目支出等，部分已完工基建项目未按规定及时办理竣工决算和资产移交手续，未经批准将部分房产交所属单位出租，政府采购管理不够严格等。

外交部所属单位的主要问题是：服务中心将不应纳入的独立核算经营收入和相应经营支出纳入预算编报，未将驻悉尼总领馆接待处纳入预算编报范围，未将历年购房补贴结转资金纳入住房改革支出预算统筹安排，重复申报未达标购房补贴预算，违规提取研制费，未将已撤销的驻卡拉奇总领馆接待处资产纳入账内核算，少计资产，所属茂发国际旅行社代收机票退票款未及时归还外交部等；服务局少计收入及支出，计提折旧不合规，所属奥杰公司违规分包工程，以不合规发票报账等问题。

审计发现的问题得到外交部、中联部和对外友协等单位领导的高度重视，审计提出的决定和建议基本整改完毕，促进相关单位完善内部控制，健全规章制度，提高了管理水平。

基础工作 (1) 外交外事审计局围绕“完善制度”主题，全面梳理局内基础工作管理流程，修订相关规章制度，以制度规范审计工作、日常事务和管理行为，由粗放式管理进入精细式管理。加强制度建设同时，提高执行制度的能力，不让规章制度形同虚设，真正做到有令必行、令行禁止，促进局内各项工作规范化、制度化，运作自如的工作机制和与相关单位良好的协调机制为外交外事审计局审计工作科学发展夯实基础。

(2) 努力打造学习型派出局，不断增强队伍的凝聚力和战斗力。外交外事审计局以着力提升全局干部的实战能力和成果提升能力为出发点，坚持学以致用、干中求学、学中提高，积极构建学习型派出局。根据局内干部不同特点，有针对性地开展业务大练兵，加大内部集中学习力度，积极探索互教互学的培训方式，鼓励和支持全局同志参加审计署各项培训学习，全局共享学习成果，参加课题研究，提高审计人员理论水平。通过采取上述措施，进一步提高了全局同志的审计能力和综合素质。 （撰稿人：乔 林）

【发展统计审计局】 2010年，发展统计审计局人员编制15人，在编12人，领导职数2名。设有一处、二处、三处。

领导成员

副局长：刘 丹（主持工作）

副局长：张宣波

审计成果 全年完成审计项目6个。部门预算执行审计共查出各种违规违纪和管理不规范金额19.29亿元，上报审计业务信息6篇，其中2篇被审计署以重要信息要目上报国务院，有3篇转送有关部委研究处理。发展改革委组织分配2010年度中央财政投资审计共揭示13个方面问题，全部纳入审计结果报告，还有5个方面问题转送发展改革委研究处理。

中央财政投资审计 一是重视前期调查研究工作，把“跟踪审计”的理念贯穿于项目审计的各个阶段和环节中，及时跟踪计划下达进度，研究相关政策问题。二是把一些关系国计民生的重点领域“十一五”规划落实情况作为重点内容，查出个别“十一五”国家规划项目建设目标未如期实现、在国家规划外安排项目等问题。三是在工作分工上，采取按资金投向为主安排审计力量的方式，把发展改革委下达的投资计划分为产业结构调整、节能减排、“三农”问题以及民生和社会事业发展4个板块，安排专业对口的审计人员实施审计。四是按照财政审计大格局的要求，进一步加大与财政部审计组的协调和沟通，查出中央本级基本建设支出年初预算到位率低等问题。五是加大对项目档案分析力度和延伸审计力度。通过延伸审计，进一步核实项目申报、建设和管理情况，发现项目重复申请投资补助、审批把关不严向前期工作准备不充分项目下达投资计划导致项目未开工或进展缓慢、项目单位挤占财政资金、财务管理混乱等问题，对事实定性、审计取证起到支撑作用。

部门预算执行审计 一是继续加大对违法违规问题的查处力度。针对发展改革委本级预算执行的特点，重点对发展改革委离退休干部局实施了合规性审计，揭示该局违规使用财政资金为在职人员购买手机、违规为在职人员发放误餐补助、违规将财政资金从零余额账户转入实有资金账户并在人员经费中列支公用经费等问题。针对国家物资储备局除“物资收储”项目支出外，预算拨款规模小、所属单位少等客观情况，重点审查了该局及所属单位资产管理情况，揭示该局借贷物资收回的抵债房产长期未纳入法定账簿核算、机关服务中心每年代编系统机动经费、物资储备研究所未经批准购置商品房等问题。二是继续加大对部门预算管理体制、机制层面分析研究的力度。针对发展改革委部门预算资金历年结余较大的情况，审计从预算编制环节入手并对照财政部颁发的最新文件规定和预算编制改革的方向进行认真分析研究，提出该委应进一步加大对以前年度结余资金统筹安排力度，结余资金应在年初编制部门预算时作充分预计的审计建议。三是按照审计署统一要求，对发展改革委本级公务用车管理使用情况进行了专项审计调查。审计揭示该委老干部服务用车未重新核定编制、违规在非定点维修厂发生费用、违规将公务用车借给机关服务中心所属企业使用以及有些捐赠车辆未按规定移交国管局等问题。四是开展对科技部批复的“循环经济决策支持和系统构建关键技术研究与示范”和“全国主体功能区规划遥感地理信息支撑系统关键技术研究”2个国家科技支撑计划项目的审计。审计发现项目立项环节较长、科技部批复项目滞后导致项目任务书和预算书签署时间滞后致使课题预算进度缓慢、项目单位未按规定履行项目延期申请程序、部分课题成果反映不真实以及超范围支出劳务费和出国费用等问题。

部门所属二级单位预算执行　按照审计署统一部署，开展了国家统计局北京调查总队、数据管理中心和国家物资储备局机关服务中心2010年1月至9月预算执行及财务收支情况审计。重点审查了部门所属二级预算单位预算编报的规范性和完整性，项目资金预算编报、管理、使用及绩效情况，单位津贴补贴发放情况以及单位财务会计管理情况等，审计取得较好效果。在对国家统计局北京调查总队审计中，发现该单位未经国家发展改革委批准购置办公用房，且所取得的土地和房屋权属关系不清，在基本支出预算中申请项目支出，未经批准调整项目支出预算，为非所属预算单位申请项目经费，扩大开支范围将基本支出经费拨付非所属预算单位，挪用项目支出用于出国培训以及发票使用管理不规范等问题。在对国家统计局数据管理中心的审计中，主要查出该单位申报年度预算时未统筹安排项目结转资金、对外投资长期未获得收益、机房改造项目未按规定及时办理竣工决算、少计固定资产和固定资产账账不符等问题。在对国家物资储备局机关服务中心审计中，揭示该中心在编报预算时将储备局系统经费纳入该中心预算，将代管的借贷物资抵还房产出租收入未上交国家物资储备局转增储备资金以及扩大会议费支出范围，发放与会议无关的图书、劳保用品等问题。

国家信息中心联网审计　积极应用中央部门计算机联网审计软件，对采集的数据进行转换、导入、分析、审核，通过联网数据筛选出问题疑点后，调阅原始凭证、内查外调，在较短时间内发现国家信息中心挤占项目经费、擅自对外出租固定资产等6个方面的问题。（撰稿人：徐永胜）

【教育审计局】　2010年，教育审计局人员编制12人，在编12人，设有审计一处、审计二处，主要负责对教育部、中共中央党校和国家行政学院及其在京所属单位的审计监督。

领导成员

局　长：鲍朔望（—7月）

　　　　朱登云（7月—）

副局长：张跃挺

审计成果　教育审计局完成审计项目9个，提交审计（调查）报告9份，查出违规金额88970万元，其中应归还原渠道资金684万元，应调账处理金额4916万元。2010年，两个部门的预算执行审计报告中，有17个案例被汇总编入了“两个报告”，创历年新高。向署报送信息11份，被采用9份，其中编发审计长信函2期，信息采用率近82%。向有关部门移送案件6起。2010年，教育审计局被审计署荣记集体三等功一次。

预算执行审计　先后开展对教育部和中共中央党校2009年度预算执行情况审计。一是对中央部门预算执行情况进行分析，把握部门预算管理的总体情况。教育审计局还承担2009年度预算执行审计“中央部门预算执行总体情况及其差异情况分析”重点专题研究工作，并将把握总体的基本经验和主要做法在署交流会上作了专题发言，受到署领导的肯定。二是加大对严重违法违规问题查处力度，审计的影响力和威慑力日益明显。在部门预算执行审计中，查处严重违法违规金额

7000多万元，涉及政府采购中围标串标、多报多领财政拨款、隐瞒转移单位收入、假票据报销等方面。审计信息被署采纳，编发了审计长信函、审计要目或移送交由相关部门处理。三是推动被审计单位完善制度，进一步规范管理。教育审计局没有仅仅局限于揭露问题，而是深入分析重大问题产生的原因，为被审计单位改进管理提供思路，有的直接推动相关部门完善制度，如中央党校领导要求该校根据审计建议改进预算申报流程，并专门制定了预算申报管理规定，重点加强预算申报管理。

决算草案审签 对教育部和中央党校2009年度决算（草案）实施了审签。教育部决算（草案）编制中的主要问题是部分所属单位和直属高校多列支出、部分所属单位和直属高校扩大项目经费开支范围等。中央党校决算（草案）编制中的主要问题是，决算报表多反映基本支出、少反映上年财政拨款结余及本年结余，多反映项目支出、少反映上年项目结余和本年项目结余及“事业基金”等。审计指出这些问题后，教育部和中央党校均根据审计意见调整了决算（草案）。

教育部所属单位预算执行审计 对教育部所属单位中央广播电视大学和中央音乐学院开展2010年1月至9月预算执行审计，审查两家单位在预算管理及财务收支方面的情况。揭示了虚列财政项目支出、收支核算不完整、往来款清理不及时等问题；关注、分析财务管理、制度执行等情况，发现违规投资银行理财产品、国有资产出租经营事项未报教育部审核等问题；重点揭示了未经批准超概算投资、未按进度申报项目支出预算影响资金使用效益等问题。针对审计发现的问题提出的相关审计建议，得到被审计单位的高度重视，两家所属单位均进行认真全面的整改。

经济责任审计 对教育部原部长周济同志进行了任期经济责任审计。审计过程中，审计组参照署相关要求设计了评价指标体系，对周济同志任职期间贯彻落实科学发展观推动教育事业发展、重大经济决策过程及结果、部门预算管理及财政财务收支管理等方面履行经济责任的情况进行审计。审计得到教育部及周济同志本人的积极配合和支持，审计结果也得到教育部和周济同志本人的充分认可。

“小金库”治理检查 开展对国家行政学院、中国人民银行总行及浙江支行、民航浙江空管局、浙江邮政局等部门（单位）2007年初至检查日期间的“小金库”治理重点检查任务。发现的主要问题：一是将所拥有的办公用房交由所属单位或其他单位经营，收入没有记入本单位账内；二是利用单位自身掌握的资源、资产开办公司，将应纳入单位法定账内管理的收入放在公司核算；三是通过虚列、多支付会议费的形式，在承办会议的宾馆形成会议费结余等。各相关单位均认真纠正了审计发现的问题。

专项资金审计 对中国教育发展基金会玉树地震抗震救灾资金物资进行审计。玉树地震发生后，根据审计署的部署，教育审计局第一时间成立审计组，对中国教育发展基金会接受社会各界捐献玉树地震抗震救灾资金物资的总体规模、来源渠道以及拨付、使用、管理情况进行跟踪审计，经过两个多月的跟踪检查和指导，保证了抗震救灾资金物资的安全。

信息化技术运用 教育审计局一直重视信息化技术运用，要求整个审计工作都要在现场审计实施系统（AO）上完成，包括对财务数据和业务数据的整理，审计事项的分析数据、审计疑点、审计底稿等都在AO上形成电子文档，实现规范化、电子化的项目管理。教育审计局充分利用对教育部本级的联网审计环境基础，包括财务数据实时采集、自动备份，以及对教育部本级财务核算工作的实时监控等。在日常工作中，定期登录联网审计系统，实现了对部门预算执行情况的时时监督，较好地发挥了审计“免疫系统”功能。在审计项目中强调对计算机审计成果的运用，如在教育部2010年度预算执行情况和其他财政收支审计中，通过联网审计跟踪部门项目支出资金流向，锁定疑点，发现项目预算不细化、年中细化后由高校执行等问题。 （撰稿人：王 前）

【科学技术审计局】 2010年，科学技术审计局人员编制11人，在编10人。设有审计一处、审计二处。主要负责对科学技术部（以下简称科技部）中国科学技术协会、国家知识产权局和国家自然科学基金委员会及其在京所属单位的审计监督。

领导成员

局　长：马亚力（3月—）

副局长：杨　明（—3月）

副局级审计员：彭碧莲（5月—）

审计成果　全年共完成审计项目4个，查出违规金额2024.09万元，管理不规范金额345925万元，其中应上缴财政65.38万元，应归还原渠道资金583.21万元，应调账处理金额4832.08万元；已归还原渠道资金583.21万元，已调账处理金额4832.08万元。提交审计报告4份、审计调查报告1份、审计决定书4份、决算草案审签意见书2份，审计信息4篇，被采用4篇。

预算执行和决算（草案）审计　完成对科技部、中国科学技术协会2009年度预算执行和其他财政收支情况以及决算（草案）审计，完成对两个部委所属单位的预算执行及财务收支情况审计。审计中，一是注意发现和揭示被审计单位在违法违规问题，决策失误、损失浪费、管理不规范等效益问题。在对科技部和中国科学技术协会审计中，发现项目预算年初未细化到位、项目预算安排超过实际需求、部门决算报表多计其他收入和事业支出、以拨代支造成多计支出等问题，以及下属单位存在的扩大财政资金开支范围、收取研究生学费住宿费未实行“收支两条线”管理、未按规定实行政府采购、专项经费净结余未及时安排使用、国有资产转让收入长期未收回等问题。在对中国科学技术信息研究所、国家知识产权局专利局审计中，发现挪用专项经费、利用虚假发票进行财务报销、无预算支出通信费补贴、违规出借资金、财政拨款结余资金未上缴主管部门统筹安排使用、预算编制不规范、超额编制出国经费预算、扩大项目支出范围用于基本支出、所属企业无偿使用固定资产、房屋出租收入未收回等问题。二是特别关注体制机制和制度问题以及问题发生的原因，努力研究提出建设性审计意见和建议，促进被审计单位建章立制、加强和规范管理，充分发挥审计的“免疫系统”功能。审计中，经过深入分析，提出了“非营利科研机构改革专项启动费缺乏相关管理使用办法，开支范围和标准不明确”、“科技部重复编报项目经费预算，扩大部门预算规模”等体制机制问题，提请相关部门研究关注；针对被审计单位存在的问题，提出11条审计建议。同时，结合中国科学技术信息研究所2010年1～9月预算执行及财务收支情况审计，对该所津补贴发放有关情况进行专项审计调查。

科技经费审计　在行政事业司的组织领导下，结合部门预算执行审计，积极开展“科学技术—应用研究”（20603）科目审计，为构建财政审计大格局探索道路。在审计过程中，通过座谈、收集资料，梳理管理流程，与各方探讨管理过程中存在的问题和产生原因等。并借助联网审计技术，开展多维分析，把握总体、选取审计重点。通过系统分析把住科技部立项、财政部批复、科技部下达预算、科技部资金拨付等关键环节，对计划的细化和拨付进度情况进行综合分析，发现“863”计划19.84亿元年初预算未细化、部分资金拨付较晚等问题，汇入审计署重要审计情况，国务院领导做了批示。延伸审计“863”计划某项目时，发现该项目15个课题均未签订课题任务合同书和课题预算书，涉及经费1.92亿元，以及其中的一个课题超预算列支管理费160万元的问题。

相关工作　以争当“四手”人才为核心内容，深入开展立足本职建功立业、争当“四手”奋发有为活动，创先争优。一是加强学习和研究，提升干部队伍的整体素质和能力。安排审计法实施条例、公文写作等专题讲座；邀请四个被审计单位为全局同志讲课，深入了解被审计对象的基本情况、核心业务、机构职能、业务管理、预算管理以及相关的法律法规；积极研究探讨如何在财政审计大格局下更好地开展科技审计工作。参加行政事业司组织的“中央部门联网审计如何进行数据分析”课题组，完成相应课题研究任务；1名同志赴香港理工大学学习，3名同志通过全国审计师（中级）资格考试，1名同志获得博士学位。二是强化审计实战，逐步提高队伍业务能力。在任务重、人员少的情况下，全力支持其他业务司局的工作，同时通过不同类型审计项目的参与，为干部的成长提供锻炼的平台。派出1名同志参加审计署2009年度预算执行审计，派出1名同志参加对联合国儿童基金会总部的审计，派出1名同志参加驻澳大利亚、新西兰使领馆审计项目。所有派出同志均较好地完成了审计任务，拓宽审计领域，在实践中增长才干。（撰稿人：翁红雅）

【工业审计局】 2010年，工业审计局人员编制11人，实有13人，其中交流干部1人。设有一处、二处，主要负责对工业和信息化部、国家国防科技工业局、中国人民武装警察部队黄金指挥部、中国人民武装警察部队交通指挥部、中国人民武装警察部队森林指挥部、中国人民武装警察部队水电指挥部及其所属单位的审计监督。

领导成员

副局长：冷奎英（主持工作）

正局级审计员：王炽昌（—11月）

副局级审计员：孔繁杰（7月—）

审计成果 工业审计局完成工业和信息化部2009年度预算执行审计和决算草案审签、武警森林指挥部2009年度预算执行和决算草案审签4个审计项目，查出违法违规和管理不规范金额57.87亿元，其中应减少财政拨款或补贴420万元，应调账处理金额47437万元；已调账处理金额47437万元。提交审计工作专题报告、信息10篇，被采用8篇，提交审计（调查）报告5份，提出审计建议5条，被采纳5条，上报的审计报告有12项内容被《审计结果报告》采用。

预算执行和决算审签 （1）围绕部门职责预算特点，发挥审计"免疫系统"功能。一是理清思路，树立科学的审计理念。按照财政资金运行轨迹，加大对所管辖的工业和信息化部等部门所属单位的延伸审计力度。全局重点分析被审计单位违法违规问题的体制、机制原因，上报的"股权所属关系长期不明晰审计决定难以落实"等重要信息，实现了标本兼治，发挥了"免疫系统"功能。二是围绕财政审计大格局要求，细化审计目标。将总体目标细化，制定符合被审计单位特点、可操作性强的实施方案。从实施情况来看，本年度审计成果和信息采用率较上年度有了显著提升。三是针对工业和信息化部预算规模大、所属单位多的特点，重点分析本级预算执行情况，选择电子科学技术情报研究所等所属单位进行延伸，查出并上报的本级预算以拨列支现象严重、所属单位假发票问题等5个信息被署《重要信息要目》采用。针对工业和信息化部主管信息化建设的特点，与财税海关局一起调查研究了报关系统电子政务平台违规收费的问题，上报的《重要信息要目》得到中央领导的重视。

（2）探索实践科学审计模式，实现审计项目有机结合。首先是将被审计单位的预算和决算审计，纳入同一项目不同阶段，在预算执行审计的过程中，随时记录审计查出问题对决算可能造成的影响，分析判断并汇总成决算（草案）审签疑点库，在部门决算（草案）出台后直奔主题，极大地提高审计效率。其次是将部长经济责任审计与部门预算执行审计在项目实施、审计内容和人员安排等方面进行结合，充分利用经济责任审计掌握丰富的审计资料的优点，为预算执行审计拓宽思路，使预算执行审计问题的分析更深入更透彻。同时，工业审计局还被确定为"中央部门部长经济责任审计与预算执行审计相结合"课题研究的牵头单位，探索项目有机结合，提高审计效率和效果。

（3）主动跟踪审计整改成效，发挥审计建设性作用。一是以整改促规范为审计目的。工业审计局认真贯彻"严格查处、立足整改、规范提高、促进发展"的指导原则，对以前年度审计查出的问题进行主动跟踪，及时了解被审计单位整改进度。对2008年度预算执行审计查出的工业和信息化部下属单位国有股权关系不顺，国有股利长期滞留合资企业的问题，多次与行政事业司走访国资委和财政部，调查原因，研究措施，并及时向署领导汇报。刘家义审计长以审计长信函专门向国务院领导进行汇报，使问题得到彻底解决。二是以防范风险作为长效措施。工业审计局在每个项目审计后切实抓住被审计单位的预算和财务内部控制高风险领域进行分析并提出建议，做到"审、帮、促"相结合。2009～2010年，工业信息化部结合两个年度审计报告问题和建议，先后制定或修订了预算、财务等方面的制度9项，发挥了审计建设性作用。

相关工作 （1）针对全局年轻干部较多，且干部教育基础较好的状况，制订了符合实际的培养方案，坚持以人为本、因材施教。在大审计项目，除配备主审外，还配备一至两名副主审，在整个项目中承担部分子项目的审计工作。规模相对小些的项目，则由年轻干部担纲，锻炼每一位干部现场审计组织能力和协调能力。

（2）为贯彻落实审计署公务员队伍专业化建设的意见，工业审计局开展了"年有所学"活动，要求每位干部制订年度学习计划，有针对性地进行学习，提升自我素质。鼓励大家积极参加各种培训，提高专业审计技能。截至 2010 年底，全局共有 7 人通过了计算机中级资格考试，3 人获取了高级审计师资格，2 人通过了中级审计师资格考试，4 人在职攻读硕士学位，1 人通过了联合国审计培训并参加了非洲的审计项目。

（3）加强基础工作和作风建设。一是夯实制度基础。工业审计局根据署各项规章制度，结合自身实际，确定了“廉政、质量、保密”三条生命线，作为该局各项工作的总要求。及时修订和完善《工业审计局规章制度汇编》，新制定《工业审计局厉行节约暂行办法》、《工业审计局关于执行廉政纪律实施细则》等制度。二是严格日常管理。全局干部必须严格遵守各项程序、按制度办事。在审计现场，注重实行文明审计、以理服人，时刻以“八不准”纪律作为标准；针对派出局常年在外审计的实际，建立工作任务登记制度，确保各项基础工作承上启下、有条不紊地开展。

（撰稿人：陈旭丹）

【民族宗教审计局】 2010 年，民族宗教审计局人员编制 9 人，在编 9 人。设有一处、二处。主要负责对国家民族事务委员会（以下简称国家民委）、国家宗教事务局（以下简称国家宗教局）、国家档案局（中央档案馆）、国家保密局及其在京所属单位的审计监督。

领导成员

副局长：王志伟

审计成果 民族宗教审计局完成审计项目 6 个，查出违规金额 2782.39 万元、管理不规范金额 28971.03 万元，其中应归还原渠道资金 5512.2 万元，应调账处理金额 8602.86 万元；已归还原渠道资金 5512.2 万元，已调账处理金额 8602.86 万元。审计查出的 4 个问题被《重要信息要目》汇总反映、3 个问题被审计署审计结果报告汇总反映，经署领导批示后移送驻部门纪检监察机关、被审计单位或主管部门处理事项 4 件、转送被审计单位或其他部门处理事项 3 件，3 人受到被审计单位党纪政纪处分。

预算执行审计 在审计中将中央部门预算资金的管理使用与其职责履行情况有机结合：一是从预算执行审计结果来反映、揭露预算编制情况，关注预算不细化、不科学、不合理、盲目要钱等问题，揭露国家档案局本级 2009 年度预算编制不细化、小项目大预算，扩大开支范围 1858 万元等问题；二是关注资金使用效益、重大决策和内控制度等方面，揭露国家宗教局 2009 年在年末突击拨款 1275 万元超范围安排补助地方宗教事务部门的项目资金，造成相当部分资金挪用、闲置，以及国家档案局所属单位个别领导人员擅自无偿出让国有股权，造成 53.56 万元损失等问题；三是对部门职责履行情况进行量化分析和评价，通过审查比较两个事业单位的 5 个跨年度项目的支出范围、内容的合理性、合规性，分析以项目支出弥补基本支出不足的原因，揭示了基本支出定员定额标准不合理、不规范等问题；四是加强对重点领域、重点问题的审计力度，在审计中将工程建设领域作为审计重点，揭露了工程建设项目严重超概算和设计变更、施工签证缺乏有效的约束，特别是重大设计变更和现场签证存在手续不完备和“先斩后奏”等问题，将有关责任人员移送驻部门纪检监察机关处理。

帮助被审计单位建章立制、强化内部控制制度，结合国家档案局、国家宗教局预算执行审计发现的问题，向上述两个部门提出《关于实行全面预算内部控制的建议》，受到两个部门党组高度重视，并据此研究制定、修改了部门财务管理方面的制度、办法；加强对被审计单位内控制度的检查，揭露国家宗教局所属单位在采购环节审核把关不严等造成假发票 395 万元入账问题，并将相关责任人移送主管部门处理，揭露了国家档案局因未对重大经济事项合同的决策、签订和执行建立制约机制，造成 1000 余万元合同款未追诉，以及固定资产、药品等实物管理混乱，造成“账外”资产 2000 余万元等问题；创新性地建立整改跟踪机制，为加强与中央部门的沟通交流，避免苗头性问题发展为趋势性问题、个别性问题发展为普遍性问题，建立了驻部门审计联系人制度，每两个审计人员负责审计管辖范围内一个中央部门，不定期地到现场开展实地查看和座谈，跟踪问题的整改情况，及时了解掌握新的重要事项的变动，将审计关口前移，充分发挥审计的“免疫系统”功能。

探索绩效审计　在掌握分析被审计单位财务数据的基础上，通过进一步搜集相关部门事业发展规划和业务工作资料，吸收和借鉴绩效审计方法和经验，探索适合于所管辖的被审计单位的绩效审计新路子；锻炼青年审计干部的业务工作能力，安排两名青年干部担任审计项目主审，培养其统筹工作的能力和综合提炼审计报告的能力。

计算机辅助审计，在实施的审计项目中100%应用AO系统的基础上，扎实推进联网审计，与所管辖的国家民族事务委员会本级财务联网，定期审阅、分析电子数据，发现了该部门基建项目严重超概算问题，及时发出联网审计询问函，取得成效。

其他审计　配合审计署统一部署，民族宗教审计局结合开展的审计项目，提交了关于整治虚假发票“买方市场”工作情况的报告、治理和规范涉企收费减轻企业负担审计情况的报告、工程建设领域专项治理情况的报告等专项报告。

相关工作　(1) 干部队伍建设。一是鼓励参加学历教育、职业资格培训和职称考试。选派1人出国留学，选派1人参加计算机中级培训班的学习，1人正在攻读硕士学位，还有1人两次参加了联合国审计。二是学以致用，提高实战能力。给参加工作不久的年轻干部大胆压担子，安排担任审计或审计调查项目主审，同时，请老同志做好“传、帮、带”；鼓励年轻人“走出去”，积极推荐和选派年轻干部参加其他司局组织的审计工作，拓宽其视野，增长其见识。三是采取多种形式锻炼、提高综合能力，如组织大家就查出的问题或案例进行交流和研讨，相互启发，取长补短，共同提高。

(2) 综合管理。修订了局有关规章制度，特别是加强对公文和电子设备的管理，由专人负责，定期检查，确保不出现失密、泄密事件；参加保密教育参观和学习，主动定期进行计算机和文件保密检查。对公文办理流程加强检查，提高办文质量，在审计署公文处理情况检查季报中出现失误的次数显著减少。

(3) 严格遵守廉政纪律，成立了廉政建设工作领导小组，认真落实党风廉政建设责任制；全员深入学习《廉政准则》等文件精神，对照检查，认真查找分析自身在廉政方面有无不符合规定的情况或者倾向，防患于未然；在审计工作中一如既往地坚持“八不准”纪律，公布举报电话和兼职廉政监察员，自觉接受被审计单位和群众监督，依法审计，廉洁审计，文明审计。

（撰稿人：李　霞）

【政法审计局】　2010年，政法审计局人员编制15人，在编13人。设有一处、二处、三处。具体负责对公安部、司法部、安全部、武警警卫部队、武警边防部队、武警消防部队日常工作联系和本级及在京所属单位的审计监督。

领导成员

局　长：周敦祥

副局级审计员：张立宪　马受仁

审计成果　政法审计局完成审计项目6个，查出违规金额25.3亿元，其中应上缴财政8亿元，应调账处理金额1.5亿元；已上缴财政8万元，已调账处理金额1.5亿元。移送司法机关、纪检监察部门处理事项1件，建议有关部门处理事项3件。提交审计信息17篇，被采用9篇。

预算执行审计　在公安部预算执行审计中，发现其存在未及时将财政收入收回并上缴中央财政专户、部分资金未纳入符合规定的单位账簿核算等问题；提交《重要审计情况》3篇，其中，2篇得到刘家义审计长批示，呈送国家领导人；发现违法案件线索1件并移送司法机关。公安部审计报告等审计成果均得到国务委员孟建柱及其他公安部领导批示。公安部针对审计报告所提问题进行认真研究，责成相关单位认真纠正和整改。

在最高人民法院预算执行审计中，发现其存在违反基建审批程序、违规发放津补贴等问题，向最高人民法院提出加强预算编报工作，严格预算执行，加强基本建设管理的审计建议。最高人民法院审计报告等成果得到了最高人民法院院长王胜俊及其他院领导批示。最高人民法院针对审计发现的问题，深入分析原因，认真整改。

二级单位财务收支审计　政法审计局在公安部所属中国机动车辆安全鉴定检测中心、司法部所属国家司法考试中心等4个部属二级单位2010年1月至6月财务收支审计中，发现存在未经资产评估转让股权、虚假报废国有资产、违规发放津补贴及收入管理不规范等问题。提交《重要审

计情况》1篇，得到刘家义审计长批示，呈送国家领导人。（撰稿人：李　颖）

【监察人事审计局】　2010年，监察人事审计局编制12人，在编10人，另有交流干部1人。设有一处、二处。主要负责审计中央纪律检查委员会（以下简称中央纪委）、中央组织部、中央机构编制委员会办公室（以下简称中央编办）、监察部、国家外国专家局（以下简称外专局）以及上述部门在京下属单位的预算执行、决算和其他财政财务收支情况，开展相关专项审计调查，承办审计署交办的其他事项。

领导成员

局　长：孙晓岩

副局长：赵京琳

审计成果　按照年度审计计划和审计署统一部署，监察人事审计局共完成审计项目6个，分别为：外专局局长季允石同志任职期间经济责任审计，中央纪委所属中国纪检监察学院、中央纪委监察部网络举报管理中心（以下简称网络举报管理中心）预算执行及财务收支情况审计，中央纪委、中央组织部、监察部2010年度预算执行和决算（草案）审计工作。共查出违规和管理不规范金额31742.68万元。提交审计信息2篇，均获得署领导批示并转给部门办理。

预算执行和决算（草案）审计　（1）中央纪委所属中国纪检监察学院2010年度预算执行和财务收支情况审计。重点审计了中国纪检监察学院1月至8月预算执行和财务收支情况，对有关事项进行延伸审计。共查出该学院在收入管理、预算支出、政府采购、资产管理等方面的4个问题，涉及违规和管理不规范金额总计29029.27万元。

（2）中央纪委所属网络举报管理中心2010年预算执行和财务收支情况审计。重点审计监察部网络举报管理中心1月至8月预算执行和财务收支情况，对有关事项进行延伸审计。共查出该中心在支出核算、往来款项核算等方面的2个问题，涉及违规和管理不规范金额总计53.77万元。提交审计信息1篇，获得署领导的批示并转给部门办理。

（3）监察部2010年度预算执行和决算（草案）审计。重点审计监察部本级和所属廉政理论研究中心2个单位，对有关事项进行延伸审计。查出监察部在预算编制、财政支出核算等方面的3个问题，涉及违规和管理不规范金额总计1340.18万元。此外，按照审计署统一部署，还对监察部本级2010年公务用车管理使用情况开展专项审计调查，查出交通费超预算以及公务用车超编等问题。

（4）中央组织部2010年度预算执行和决算（草案）审计。重点审计中央组织部本级和所属机关服务中心2个单位，对有关事项进行延伸审计。查出中央组织部在结余资金使用、会计核算、资产管理等方面的3个问题，涉及违规和管理不规范金额总计378.48万元。

（5）中央纪委2010年度预算执行和决算（草案）审计。重点审计中央纪委本级和所属机关服务中心、电化教育中心两个单位，对有关事项进行延伸审计。查出中央纪委在部门收入核算、机动经费使用等方面的3个问题。提交审计信息1篇，获得署领导的批示并转给部门办理。

经济责任审计　开展外专局局长季允石同志任职期间经济责任审计。重点审计外专局本级和所属中国国际人才交流基金会等5个单位，对有关事项进行延伸审计。审计组发现经济决策执行不力、扩大经费开支范围等问题。

信息化建设　监察人事审计局高度重视信息化建设，以提高审计工作质量和效率为目的，注重以先进的技术方法推动审计工作的开展，坚持在审计信息化建设上下工夫。加强局内人员的信息化技能培训，有一名同志通过审计署计算机中级考试；做好联网审计资料库的建设工作，及时更新完善被审计单位的资料库内容，高质量完成资料库的维护工作，规范操作程序，确保数据和信息安全；按照署统一部署，增加部分保密设备，完善相关使用管理规定。

队伍建设　一是支持全局干部参加学习、培训，提高综合素质。积极支持局里同志参加署里统一组织的各种学习培训，即使工作繁忙，也能主动调整工作，同事之间相互补位，确保每位同志的学习培训时间。全年共派员参加署里组织的各种学习、培训105人次，一名同志通过计算机中级考试，一名同志通过审计中级专业技术资格考试。二是教育年轻同志树立“有为才有位”的意识，鼓励年轻同志成长成才。局领导时刻教育年轻同志要有竞争意识和成就意识，有所作为才会有自己的位置，否则就会有被淘汰的危险。在开展审计项目时，坚持让年轻同志担任主审，2010年开展的所有审计项目均由年轻同志担任主审。同时，鼓励年轻同志提高写作能力，结合工作中的所见、所闻、所思、所感，积极撰写文章向署机关和报纸杂志报送。全年共有两篇文章被《中国审计报》采用。三是从严治理队伍，历练良好作风。严格按照“作风改进年”的要求，从严治理干部队伍：工作上，要求做到令行禁止，服从指挥，发挥团队精神，共同攻坚克难，摒弃“骄娇”二气，高质高效完成审计任务；在廉洁从政上，要求全局干部深刻认识到“廉政是根线，贪腐是把剑”，在廉政问题上犯错误，轻则身败名裂，重则锒铛入狱，绝对得不偿失；在集体活动时，要求全局同志守时守纪，加强时间观念，强化纪律意识，展示审计干部良好形象。

（撰稿人：赖清祥）

【民政社保审计局】　2010年，民政社保审计局人员编制12人，实有11人，交流干部1人。设有审计一处、审计二处。主要负责对人力资源和社会保障部、民政部、中国残疾人联合会、中国红十字会总会、中国宋庆龄基金会及其在京所属单位的审计监督。

领导成员

局　长：徐　露（5月—）

副局长：徐　露（—5月，主持工作）

　　　　李　伟

审计成果　民政社保审计局完成9个审计项目，分别是人力资源社会保障部2009年度预算执行和决算（草案）审计、中国宋庆龄基金会2009年度预算执行和决算（草案）审计，民政部所属单位全国老龄工作委员会办公室和中国老龄科学研究中心2010年1月至9月预算执行及财务收支审计、民政部玉树抗震救灾资金物资审计、中国红十字会总会玉树抗震救灾资金物资审计、中华慈善总会玉树抗震救灾资金物资审计、中国宋庆龄基金会玉树抗震救灾资金物资审计、中国残疾人福利基金会玉树抗震救灾资金物资审计、中国老龄事业发展基金会玉树抗震救灾资金物资审计。共查出违规违纪金额12824.93万元，管理不规范金额11819.35万元。全年共出具审计报告10份，决算审签意见书2份，下达审计决定书4份，审计信息3篇、情况反映15篇。移送纪检监察和司法部门处理事项3件。

预算执行审计　完成对人力资源社会保障部和中国宋庆龄基金会2009年度预算执行和决算（草案）审计。在本年度开展的这两个预算执行审计项目中，坚持“严格查处、立足整改、规范提高、促进发展”的总体方针，在全面摸清被审计单位的机构职责、业务范围、财务收支等情况的基础上，重点关注部门预算执行在不断规范的同时仍存在相关制度不健全、政策执行不到位等问题，注重分析和提炼审计成果，提升审计建议的层次和水平，促进被审计单位切实加强管理。

在人力资源社会保障部2009年度预算执行审计中，针对该部门70%的预算资金集中在部本级的特点，集中力量重拳出击，采取内查外调、审计核实与专家咨询、本级与所属延伸“三结合”的方式，查出本级弄虚作假套取项目资金、重复申报项目、未经批准自行调整预算、违规收取赞助款等问题；针对所属单位点多面广、资金分散的特点，抓住重点有针对性地延伸核实，各个击破，查出所属单位截留行政事业性收费收入、资金滞留账外、违规收费、违规让施工方垫支工程款等问题；针对工作方案中重点检查假发票报销情况的要求，对项目资金报销使用的发票情况进行重点检查，发现违法违规案件线索2起并移送有关部门查处。

救灾款物审计　完成对民政部、中国红十字会总会、中华慈善总会、中国宋庆龄基金会、中国残疾人福利基金会、中国老龄事业发展基金会玉树抗震救灾资金物资审计，审计金额达731153.98万元。按照刘家义审计长在玉树地震灾区部署相关审计工作时关于“审计机关要以对党、对国家、对人民和对历史高度负责的精神，加强抗震救灾款物跟踪审计，促进廉洁救灾、阳光救灾和有序救灾”的重要指示精神，结合6个部门的特点，周密部署，快速跟进，认真核查，针对发现的问题及时提出审计建议，促进被审计单位积极整改，圆满地完成了6个部门的玉树抗震救灾资金物资审计，按时提交了审计报告，受到有关部门领导的好评。

计算机审计　认真贯彻落实署领导要求，紧密结合工作实际，努力探索联网审计方法，开发运用计算机辅助审计技术，探索信息化环境下新的审计方式，利用计算机技术加强审计质量控制，取得了明显成效。

在对人力资源和社会保障部所属的全国人才流动中心进行延伸审计中，审计人员在前期发现该单位存在截留部分行政事业性收费这一疑点的基础上，运用计算机审计SQL语句功能，通过提取、筛选、比对、汇总数据，最终查出了全国人才交流中心截留707.65万元行政事业性收费的违规问题。

队伍建设　一是在明确处室分工的基础上，优化岗位职责设置，发挥处级干部承上启下的枢纽功能及业务骨干作用，有力推动各项工作的落实与稳步推进。2010年，民政社保审计局一名正处级审计员晋升为处长，一名副处级审计员晋升为正处级审计员，一名入党积极分子被吸纳为中共党员，干部队伍整体战斗力得到了明显增强。二是加大对年轻同志的培养力度，在工作中一方面给年轻同志搭台子、压担子，另一方面安排有经验的老同志对他们“手把手”实施“传、帮、带”，快速提高上手能力。三是努力建设学习型派出局，要求全局干部多学习、多读书、多思考，除参加审计署组织的各种业务学习与培训外，利用各种机会“走出去、请进来”，“出机关、入企业”，向不同行业的专家学习，提高队伍整体素质。四是倡导精诚协作，集体攻坚。在局内风气持续向好的情况下，继续倡导加强沟通、关心友爱的风气，要求全局同志在工作中顾全大局、步调一致，努力提高工作成果。

基础工作　一是对已有的规章制度进行清理、修订，并严格执行，坚持用制度管人管事，明确分工，毫不放松，保证局内审计业务工作和行政事务性工作都能有序、高效进行。二是加强保密意识，以涉密计算机、网络、移动存储介质管理为重点，强化涉密信息和载体的管理和检查，严防泄密事件的发生。三是按时完成审计项目档案的整理、立卷、归档工作及审计项目电子数据的上传工作。四是更新联网审计资料，按时保质完成联网审计资料数据库的录入工作。五是按时做好审计台账、审计统计报表等报表的填报工作。

（撰稿人：曹　盾）

【财税海关审计局】　2010年，财税海关审计局人员编制16人，在编12人。设一处、二处、三处，主要负责对财政部、国家税务总局、海关总署、国家农业综合开发办公室及上述部门（单位）在京下属单位，上海国家会计学院、北京国家会计学院、厦门国家会计学院、中国财税博物馆的审计监督。

领导成员

局　长：赵保林

副局长：姜跃山

审计成果　2010年，财税海关审计局共承担审计项目4个。查出违法违规和管理不规范金额共计14.69亿元，其中应归还原渠道资金1416万元，已归还原渠道资金1416万元。上报审计报告6篇，编报重要审计情况等各类审计信息14篇，被署采用14篇次。

预算执行审计和决算审签　完成对海关总署和财政部2009年度的预算执行审计和决算审签工作。审计中认真贯彻“严格查处、立足整改、规范提高、促进发展”的工作方针，围绕“业务出成绩”的工作目标，在依法查处重大违法违规问题和经济案件线索的同时，着力关注体制机制和制度层面的突出问题，提出政策建议。主要采取了“六个突出”做法：一是突出对重大违法违规问题的审计，发挥审计威慑作用；二是突出对热点问题的审计，发挥审计服务大局作用；三是突出对部门内设机构、所属单位及专项资金的审计，促进部门依法履行职能；四是突出“上下联动”审计，发挥财政审计大格局作用；五是突出对体制机制制度问题的分析，努力在更高层面发挥审计“免疫系统”功能；六是突出问题整改，促进部门完善自身“免疫”功能。审计取得了较好的效果。审计查出扩大范围支出；未严格执行政府采购有关规定；专项资金使用效益不高；虚假发票或不合规票据报账；项目进展缓慢，预算资金闲置；项目预算未细化；部分项目预算申报不规范；项目支出挤占基本支出；决算（草案）中未调整重复事项，多计收支；财政拨款结余、职工福利费结余未在决算报表中反映；少计其他收入和支出等问题。同时，针对审计发现的电子政务商业化倾向问题，加强政策分析和研究。上报的审计信息被署采用，国务院领导作出重要批示，促进财政部等三部委出台相关政策予以规范。

开展对财政部所属的北京、上海国家会计学院2009年度和2010年1～8月预算执行及财务收支情况的审计，以“摸清家底，揭露问题，促进管理”为目标，紧密围绕其职能履行和重要项目资金使用绩效，查出无许可证收取培训班费用；财政已支付培训班费用的情况下仍向相关企业收费；项目预算编报不科学，进展缓慢等问题，引起财政部及相关会计学院的重视，对推动规范部门预算管理发挥了积极作用。

联网审计　大力推进联网审计和技术方法创新。制定了《财税海关局计算机审计操作规则(试行)》，进一步规范联网审计工作。不断扩大联网审计覆盖面，截至2010年底已实现对四个被审计单位的联网审计，并率先实现对上海国家会计学院的异地联网审计，为探索异地联网审计模式积累了经验。坚持动态监控、实时跟踪，及时以“局函”的方式发出询问函，要求被审计单位予以关注和整改，较好地发挥了审计“免疫系统”预防、预警的作用。注重开发和运用联网审计数据分析和技术方法，向署报送了2篇AO应用实例。

相关工作　以科学发展观为统领，围绕“业务出成绩、队伍出人才、管理上水平”的总体工作目标，不断加强党的建设、廉政建设和干部队伍建设，强化内部管理。重视人才培养，着力抓好干部实践能力建设，3名同志取得审计专业骨干人才资格，一名同志参加了公共政策境外长期培训，一名同志通过考试被选中参加全国会计领军人才（后备）培训，一名同志2次参加境外审计，还有2名同志坚持在职学历和相关技术资格学习培训。

（撰稿人：王　强）

【资源环保审计局】　2010年，资源环保审计局人员编制15人，实有人员17人，其中交流干部1人。内设审计一处、审计二处、审计三处。主要负责对国土资源部、环境保护部、国家海洋局、国家测绘局及其在京所属单位的审计监督。

领导成员

局　长：李树廷

副局长：许　亚

正局级审计员：冯丽茹（—4月）

审计成果　资源环保审计局完成审计和审计调查项目9个，查出违规金额3868万元，其中应上缴财政1015万元，应归还原渠道资金316万元，应调账处理金额452万元；已上缴财政1015万元，已归还原渠道资金316万元，已调账处理金额452万元。查出损失浪费金额33922万元、管理不规范金额490079万元。提出加强和改进管理的审计建议10条，向司法机关、纪检监察机关、主管部门办理审计移送处理案件线索14件。提交审计专题报告、信息简报10篇，被采用9篇，并被中办采用5篇次、国办采用4篇次、国家领导人批示4篇次。向社会公告审计结果2件。审计结果在被审计单位产生较大的震动和影响。派出审计局2010年度考核受到审计署表彰。

预算执行审计　完成2009年度中央部门预算执行和其他财政收支情况以及决算（草案）审计2个。开展对国土资源部和国家测绘局2009年度预算执行和其他财政收支情况以及决算（草案）审计。审计查出虚报冒领财政资金、违规购建办公楼、私存私放巨额资金、未经许可强制收费、违规从事环境影响评价业务、片面追求预算执行率虚列支出、部分外协费支出混乱以及有关人员涉嫌行贿、受贿、贪污犯罪十大类32个方面121个问题。目前，在环境保护部和国家测绘局2009年度审计中已办理移送处理案件线索7件，其中向司法机关和中纪委移送处理4件。审计结果报告和审计工作报告采用案例2个。审计结果在环境保护部和国家测绘局引起高度重视，取得明显成效。

经济责任审计　对环境保护部部长周生贤同志2005年12月任职以来经济责任履行情况进行审计。根据2006～2009年每年都对环境保护部年度预算执行和其他财政收支情况进行审计的实际情况，此次部长经济责任审计中，合理安排审计力量，把握经济责任审计特点，充分利用以前年度审计结果，重点对2008～2009年度审计发现的主要问题进行分析和责任界定，在此基础上突出重点，对影响环保事业科学发展的建设项目环评业务独立性问题、核安全监管问题，以及委托业务费等部门预算和资金管理风险点进行深入调查和分析。按时提交审计报告、审计结果报告等文书。环境保护部高度重视审计意见，专门召开部党组会讨论布置审计整改工作。此次经济责任审计对推动环保事业科学发展起到积极作用。

专项审计调查　完成公益性科研专项经费管理使用情况和第二次全国土地调查专项资金绩效情况的专项审计调查。

(1) 开展了公益性科研专项经费管理使用情况专项审计调查。结合预算执行情况审计，对环境保护部本级及部分所属单位2007～2009年度公益性科研专项经费管理使用情况进行专项审计调查。审计调查发现环境保护部在公益性科研专项经费管理中存在的虚列支出、挪用项目资金，多次委托，交叉委托，相互委托，利用外协方式把财政专项资金转为市场横向收入，部分拨给外单位的财政专项资金又以外协的方式拨回系统内单位，项目经费层层转拨、外协任务层层转包、违规计提管理费，以拨列支、外协项目资金大量结存于外协承担单位，部分协作单位财务监管缺位，把公益性行业科研课题项目作为横向课题管理及会计核算，随意列支各项费用，无项目预算外拨协作经费等问题，涉及金额2166.84万元。

(2) 完成了第二次全国土地调查专项资金绩效情况的审计调查。对国土资源部承担的第二次全国土地调查专项经费使用绩效情况进行审计调查。重点调查国土资源部组织实施情况，以及中国土地勘测规划院专项预算执行情况，对部分项目单位进行延伸审计调查。以审查资金使用效益为目标，重点关注基础资料购买、处理和成果核查经费的使用情况等方面存在的突出问题。审计调查发现，专项资金损失浪费问题比较严重，资金安全存在隐患，客观上影响了专项资金的使用效益。目前，在该审计调查项目中已办理移送处理案件线索4件，其中国土资源部干部沙某涉嫌受贿犯罪的案件线索移送司法机关后，已有包括2名司局级干部、2名处级干部在内的共计7人因涉嫌贪污、受贿、私分国有资产等犯罪被立案查处。审计调查结果在国土资源部产生震动和影响，引起部门领导高度重视，对全国国土资源系统党风廉政建设起到推动作用。

(3) 完成了国土资源部所属社团组织“小金库”重点检查。查出“小金库”金额947万元。其中账外资金822.62万元；账外有价证券10.73万元；账外资产59.14万元。另外以购“耗材”、“办公用品”名义购礼品等54.51万元。

教育培训　在审计任务繁重、人员不足的情况下，除参加审计署组织的各项培训外，开展了集中学习、主题讲座、自选课题攻读等多种形式的培训和学习，派出人员参加计算机中级班的学习。目前全局有6人取得计算机中级班培训合格证书，占全局人数的50％。1名同志获得日本亚细亚太平洋大学攻读硕士学位资格；通过理论探讨，提高审计人员理论水平和综合素养。《环境审计与可持续发展》等6篇文章分别被《审计研究》、《中国审计》、《中国审计报》等相关报纸杂志采用；通过实战训练，提高了审计能力，目前80％的年轻同志具有担任主审的经历，整体实力逐步增强。

（撰稿人：徐克广）

【建设审计局】　2010年，建设审计局编制9人，在编8人，局领导职数1名。设有审计一处、审计二处。主要负责对住房和城乡建设部、中华全国总工会、中华全国妇女联合会、中国共产主义青年团中央委员会和中央国家机关工作委员会及其在京所属单位的审计监督。

领导成员

局　长：苏乃民

审计成果　2010年，建设审计局完成审计项目9个，共查出违规金额4203.59万元，其中应调账处理金额3337.01万元，应归还原渠道资金2486.33万元；已调账处理金额3337.01万元，已归还原渠道资金2486.33万元。管理不规范金额12101.78万元。提交审计报告和审计信息11篇，被重要信息要目汇总反映2篇，被批示采用4篇次。在维护财经秩序，强化部门预算管理，促进依法行政等方面发挥了积极作用。

预算执行审计与决算（草案）审签　根据所管辖被审计单位的实际情况，按照科学发展观的要求，创新审计理念，充分发挥审计“免疫系统”功能，积极参与构建财政审计大格局。

在对共青团中央2009年度预算执行及其他财政收支审计中，发现该部门政府采购预算编制不完整、所属单位扩大专项经费支出范围、违规拆借资金和未按规定实行政府集中采购等问题，并就该部门与所属单位行政管理体制与预算管理体制不一致的问题提出建议。对于共青团中央加强政府采购预算的编制和所属单位预算支出管理、规范财务行为起到了建设性作用。

在对中华全国总工会2009年度预算执行及其他财政收支审计中，针对该部门工会经费和财政经费两套预算管理体制的特点，同时由于财政资金的支出主要在京外使用，我们将重点放在工会经费的管理使用上。查出该部门所属单位收入未纳入单位统一管理、改变工会经费专项的使用途径、使用不规范的发票报销等问题，为促进该部门财务管理工作更上一级台阶发挥积极作用。

6月到10月，对中华全国妇女联合会和共青团中央所属的中华女子学院、中国青少年发展基金会和中国青年实业发展总公司等7个二级单位2010年1月至9月预算执行及财务收支情况进行审计，这些所属单位有的是事业单位，有的是基金会类非营利社会组织，还有的是全民所有制企业，性质不一。针对以上特点，对不同性质的单位研究制定审计重点和内容各自不同的审计实施方案，有针对性地开展审计工作。审计查出事业单位扩大财政项目开支范围、政府采购不合规，基金会收入核算不规范、捐赠支出监管不严格、未按规定公布资金使用计划、使用不规范的发票报销，企业财务管理不规范等问题，对加强内部控制，提高财务管理水平起到促进作用。

开展的决算（草案）审签项目与年度预算执行审计项目结合在一起，当年对共青团中央和全国总工会编制的2009年度决算（草案）进行审签。对共青团中央由于预算执行的问题影响决算（草案）编制等问题，出具了决算（草案）审签意见书。

审计调查 在对中华全国妇女联合会和共青团中央2个部门的所属单位审计中，发现中国少年发展基金会、中国儿童少年基金会和中国妇女发展基金会3个基金会的捐赠支出有较大比例分配给地方支配使用。为更深入了解捐赠资金管理使用与绩效情况，2010年10月11日至22日，对使用捐赠资金较多的甘肃省进行了审计调查，走访并审计了该省东乡族自治县、漳县和玉门市等县市部分希望小学、春蕾学校和母亲水窖捐赠资金的管理使用情况，发现希望小学捐赠资金管理不到位，部分希望小学项目选址、设计、建设等环节不符合规定，部分春蕾学校自行改变项目内容和自行调整项目等问题。审计调查工作成果得到了上述基金会的认可，提出的审计建议对于基金会加强捐赠资金建设项目的监管，提高捐赠资金的使用效益，发挥了积极作用。

计算机审计 审计过程中，注重AO系统在计算机辅助审计中的应用，利用AO采集被审计单位财务数据和业务数据，将审计业务与计算机技术结合起来，对财务数据、预算数据和审计数据进行关联、查询和分析，开展数据分析、进行管理，有效地提高了审计效率，提升了审计质量。与此同时，重视联网审计试点工作，以提高远程监控能力。在完成与共青团中央本级的财务系统联网后，审计人员定期登录“中央部门预算执行联网审计系统”，查询财务信息，检查账务处理。

相关工作 在队伍建设上，坚持以人为本，以提高队伍素质为主要内容强化队伍建设。全局积极为年轻同志创造良好的学习条件，提高队伍的业务知识和实际工作能力。一年来，选派2名同志参加BFT英语培训班，1名同志参加出国留学人员考试并被录取，2名同志通过了审计中级资格考试。在审计实践中，给每位同志提供充分发挥自身能力的平台，特别注重给年轻同志加任务、压担子、提要求，预算执行审计及所属单位审计项目主审均由年轻同志担任，在审计实践中培养年轻同志的工作能力。

在支部建设上，倡导以人文关怀为主题，积极开展党支部活动，团结凝聚审计人员力量。党支部通过组织党员干部开展多种形式的支部活动，对每位同志给予工作与生活上的关心，保持了全局同志团结积极的精神状态和饱满的工作热情。党支部注重对年轻同志的关心和培养，2010年有1名同志参加了入党积极分子培训班。

（撰稿人：张京奕　肖　浩）

【交通运输审计局】 2010年，交通运输审计局在职人员16人，共设3个处。

领导成员

局　长：朱喜贵

副局长：张　进

副局级审计员：余其汉（6月—）

审计成果　完成审计项目4个，其中预算执行审计和决算（草案）审签2个，所属二级单位预算执行和财务收支审计2个。移送处理1件，转送有关部门处理3件（其中转送部长处理1件）。提交审计报告和专题调查报告7份，以《重要审计情况》等形式上报审计信息7篇，审计成果利用共30项，其中汇总《重要信息要目》6篇。审计结果报告汇总反映问题20个。

预算执行审计和决算审签　完成交通运输部、国家邮政局2009年度预算执行情况审计以及决算（草案）审签。在审计中进一步加大查处重大违法违规问题的力度，加强长效机制建设，发挥审计"免疫系统"功能。如发现某部所属单位2001年至2009年，套取专项资金1491万元私设"小金库"，主要用于发放奖金、福利和送礼等的重大问题。刘家义审计长对此高度重视，亲自批示转送该部部长处理。该部党组高度重视，由驻部纪检组牵头组成调查组进行专案调查，追缴有关人员收受的现金，对有关责任人作出免职处理，该单位相关领导也受到部党组批评。整改期间，审计组多次听取汇报，帮助提出整改意见，督促其采取多项措施强化内控的长效机制。该部领导将整改情况以亲笔信的形式反馈审计署，刘家义审计长等署领导批示，予以充分肯定。从该问题的处理效果看，这是在中央部门预算执行审计中，充分发挥审计"免疫系统"功能的一次成功实践。

所属二级单位审计　完成铁道部经济规划研究院、民航华北地区管理局2010年1～9月预算执行和财务收支审计。审计发现项目审批、资金安排和招投标等重要环节中存在问题，发挥了国家审计对权力的制约作用。如某单位无资质开展客站站房建筑方案招标代理、未经招标自行确定施工企业名录等严重影响招投标工作的问题揭露后，引起主管部门的强烈震动和高度重视，废除了有违国家法律规定的部门规章。在做好所属单位预算执行和财务收支审计的同时，完成津补贴发放情况专项调查，发现违规发放津补贴的问题，为津补贴第三步改革提供依据。

相关工作　一是突破旧有工作思路，落实"守土有责"职责，努力发挥审计"免疫系统"功能。在审计中认真贯彻署党组要求，并结合部门特点客观分析问题根源，立足整改，着眼长远，发挥审计"免疫系统"实效。二是创新审计方式方法，建立被审计单位动态资料库，发挥信息化审计作用，推动联网审计，实现现场审计与日常监督有效结合。三是加强基础管理，提出制度治局的思路，对原有制度废、改、立，调整人员分工，细化岗位职责，理顺工作流程。通过制度建设，强化了工作执行力，工作质量也有所提高。

班子和队伍建设　结合创先争优和建设学习型机关活动，争创"一流班子、一流队伍、一流业绩"，打造素质过硬的审计队伍。一是领导率先垂范，建设团结协作的领导集体。局领导提出"带队伍、出成果、不出事"的工作思路，坚持理论学习，坚持民主集中制。二是按照"实、高、新、严、细"的要求加强作风建设，引导审计人员查找存在的差距和薄弱环节，鼓励审计人员创造性地开展工作，提出从大处着眼、从细处着手的工作要求，提高审计队伍分析和解决问题的能力。三是争当"四手"，促进审计干部素质和能力培养。为每位审计干部设立《"四手"成长轨迹》，记录审计干部争当"四手"的类型、努力方向、采取的措施、参加的活动、取得的成绩等。这一做法被署领导作为争当"四手"活动的创新措施给予高度评价。继续坚持每周学习日制度，带动审计人员坐下来、钻进去，认真开展业务学习。"走出去、请进来"，邀请以中央纪委委员、中远集团党组副书记、总裁魏家福等专家为全局同志授课，促进队伍素质提高。四是坚持廉政制度约束，坚持廉政工作"一票否决"制度，坚持开展警示和示范教育，做到廉政建设警钟长鸣，坚守防腐拒变底线，赢得了驻署监察局的高度评价。五是开展经常性思想教育，不断推进党建工作。通过局党支部书记讲党课、"三个合格"大讨论、参观革命遗址等活动增强党支部凝聚力和先锋堡垒作用，关心非党员同志思想教育和引导，进一步发展壮大党的有生力量。　（撰稿人：李昉熹）

【农林水利审计局】　2010年，农林水利审计局人员编制15人，在编15人，领导职数2名。设有审计一处、审计二处、审计三处。主要负责对农业部、水利部和国家林业局及其在京所属单位的审计监督。

领导成员

局　长：李季泽

副局长：梁丽军

审计成果　农林水利审计局完成国务院三峡工程建设委员会办公室（以下简称三峡办）主任汪啸风同志经济责任审计、国务院南水北调工程建设委员会办公室（以下简称南调办）和三峡办2009年度预算执行及决算（草案）审计、水利部所属综合事业局2010年1～9月的预算执行情况审计、玉树地震抗震救灾资金物资审计等6个审计项目。查出违规和管理不规范金额948654万元，其中应归还原渠道资金5341万元，应调账处理资金106万元，应自行纠正金额943207万元；已归还原渠道资金5341万元，已调账处理资金106万元，已自行纠正资金943207万元。移送各类案件线索6件，其中移送司法机关处理事项1件，移送纪检监察部门处理事件5件。提交重要审计情况7篇，均被审计署采用，其中1篇得到国务院总理批示。

预算执行以及决算（草案）审计　以构建财政审计大格局的工作思路，开展三峡办预算执行审计。针对三峡办部门预算只包括本级预算支出7354万元，而三峡办管理使用的三峡工程施工区外生态与环境保护补偿费、三峡工程水库移民补偿投资资金57亿元均不包括在财政部批复的部门预算中，同时其所属的4个事业单位也未纳入部门预算的特殊性，及时调整思路，以财政部批复部门预算为支点，以部门职能为半径，对三峡办本级及所属二级预算单位管理使用的全部财政性资金进行审计，成效非常显著，查处违规、违纪和管理不规范金额20亿元（包含以前年度）。其中包括违规申报三峡工程建设基金1.2亿元，三峡办以信访用房为名动用三峡枢纽工程资金1800万元为所属出版社购置办公楼，三峡办本级及所属单位虚列财政专项资金私设“小金库”1200多万元，三峡办挪用三峡工程施工区外生态环境补偿费900万元建造接待船等问题。在三峡工程后评估项目资金管理使用和有关事业单位审计中还发现个人的严重违纪和涉嫌经济犯罪的问题，向有关部门移送案件线索4起。

在水利部所属单位综合事业局的预算执行审计中，除对该单位的预算执行情况进行系统审计外，还开展了以财政拨款为主的事业单位津贴补贴调查。同时结合该单位所属三级单位多、业务面广、涉及各种类型收费的情况，审计组对该单位各类收费项目进行梳理，以审计信息形式反映收费问题；针对该单位兴办大量企业的特点，对投资行为进行深入调查，揭露了某公司挪用贷款6.8亿元用于房地产和股权投资以及个人严重违纪等问题，向有关部门移送案件线索2起。

此外，农林水利审计局还开展了农业部、水利部2010年度预算执行审计，社会团体“小金库”重点检查工作和科技资金审计。

经济责任审计　农林水利审计局在总结上年经济责任审计经验的基础上，以科学评价领导干部经济责任为核心，围绕三峡办主任贯彻执行经济法律法规、党中央和国务院关于经济工作的方针政策和决策部署，推动三峡工程建设，重要经济决策制定和执行，预算执行和其他财政财务收支的真实、合法、效益，重要的经济管理制度的制定和执行，领导干部遵守有关廉政规定等五个方面17个指标，完成了汪啸风同志的经济责任审计。审计期间，调阅了与汪啸风同志履行经济责任有关的部党组会议、部务会议、部长办公会议等会议记录、纪要等文件资料，听取了4位办党组成员、12位内部司（局）和所属单位负责人的意见，以及中央纪委、中央组织部和监察部的情况介绍，并参考了汪啸风同志任期内审计署对该办的其他审计结果。并先后派出8个小组36人次，对三峡工程的三大组成部分即枢纽工程、移民工程、输变电工程进行实地考察，延伸审计（调查）了湖北省移民局、重庆市移民局、三峡总公司和国家电网公司等40个部门和单位，以及三峡枢纽工程坝区整理完善规划项目中的长江截留纪念园工程、陈家冲渣场水保绿化工程，以及三峡输电线路优化完善工程等44个建设项目。反映移民直补资金问题的重要审计情况得到总理的批示。

预算执行跟踪审计　农林水利审计局以科学审计理念为指导，在审计实践中注重发挥审计“免疫系统”功能，在总结“水利免疫系统”试点经验的基础上，对水利部2010年度预算执行情况继续采取联网跟踪审计方式，在加强对水利部财务管理、计划管理、国库集中支付三大系统的动态跟踪的基础上，对京内5家二级预算单位重点检查，发出审计询问函25份，涉及资金24.82亿元。在预算执行审计中突出反映体制、机制、制度方面的问题，提出水利部计划管理与预算安排衔接不到位，水利部预算执行率存在问题等涉及体制、制度方面的问题，督促水利部协商有关部门加以改进。

（撰稿人：汪　伟）

【贸易审计局】 2010年，贸易审计局人员编制11人，实有11人，领导职数2名。设有一处、二处。主要负责对商务部、中华全国供销合作总社和中国国际贸易促进委员会（简称贸促会）及其在京所属单位的审计监督。

领导成员

局　长：虞伟萍

副局级审计员：郑维民（5月—）

审计成果 2010年，贸易审计局共实施8个审计项目，包括商务部、贸促会2009年度预算执行及决算草案审计，贸促会会长万季飞同志任期经济责任审计，商务部“小金库”治理重点检查项目，商务部所属国际经济合作中心、供销总社所属北京商业管理干部学院2010年1月至9月预算执行审计，商务部、供销总社2010年度预算执行及决算草案审计。前6个项目已审结，查处违规金额28923.49万元，管理不规范金额289470.75万元，其中应归还原渠道资金5319.18万元，应调账处理金额45759.62万元，应纠正的其他违规金额267315.44万元。审计报告和审计信息反映的问题被审计署报全国人大报告和审计结果报告汇总采用15项、审计专题报告采用4项，重要信息要目汇总采用6项、转送主管部门研究处理4项、审计简报采用1项。

此外，先后派出业务骨干1人参加中央部门2009年度预算执行审计结果汇总工作，1人参加联合国维和部队审计项目。

预算执行和决算草案审计 在商务部、贸促会2009年度预算执行和决算草案审计中，贸易审计局严格贯彻执行审计署部署和工作方案，紧紧围绕中央关于“扩大内需、促进经济平稳较快发展”这条主线，结合被审部门基本职能与中心工作开展预算执行审计。

在商务部审计中，针对该部主管对外援助、市场流通的职能以及资产存量较大的特点，重点检查对外援助物资、市场运行统计监测等专项预算执行情况、部门预决算完整性以及资产使用管理情况。审计发现该部未经财政部批准自行调增援外物资预算项目、用国有住房出售收入垫付扩建机关办公业务用房超概算资金缺口、收取所属单位集中收入未实行“收支两条线”管理、变更重大专项政府采购方式未报财政部审批等违规问题。商务部对审计提出的问题和建议高度重视，立即采取纠正整改措施，进一步完善制度、加强管理，提高了依法理财意识与依法行政水平。

贸促会审计中，根据贸促会所属企事业单位众多、执收非税收入数量大的特点，贸易审计局以非税收入和国有资产管理使用情况、虚假发票专项治理等内容为重点开展审计，揭露了大量问题。如该会所属资管中心将驻港企业分红滞留香港、两项行政事业性收费滞留地方、未经批准将所属单位上缴利润转作所属单位投资并用于基建项目、纳入预算内管理的行政事业性收费未按规定缴入国库等。针对审计发现的问题，贸易审计局提出继续深化改革，逐步依法理顺行政、事业、企业、社团“四位一体”关系和加强所属企事业单位的财务监管2条审计建议。上述问题及建议引起贸促会和财政部的高度重视，正在研究进一步推动该会非税收入收缴改革的相关政策与配套措施。

所属单位审计 贸易审计局在商务部与供销总社所属事业单位2010年1月至9月预算执行审计中，在全面了解部门所属单位规模、业务范围、经营状况的基础上，挑选商务部国际经济合作中心和供销社商业管理干部学院作为重点检查对象，利用此次机会来扫除预算执行审计中留下的盲点。

在合作中心审计中紧紧围绕署定方案，从援外项目执行情况、财政财务收支管理、津补贴发放及所属协会监管等角度分头切入。通过审计，发现合作中心“援外执行机构管理费”收入未列入2010年度预算、虚报人数多领财政资金、自行设立收费项目收费未在账上反映等诸多问题。还开展了援外成套项目执行情况的穿行测试，为把握援外项目流程、找出内控薄弱环节、抓住今后援外审计重点打下了基础。在商干院审计中，通过关注预算编报、国有资产管理使用、对外投资等审计重点，发现商干院未经报批对外出租经营国有资产收入未纳入本级核算和预决算管理、将本级收入转移给下属单位、擅自改变财政资金用途等诸多问题。此次审计给有关单位敲响了警钟，促进其严肃财经纪律、自觉加强管理，也为审计工作把握总体、防范审计风险起到重要作用。

其他工作　按照署党组部署，贸易审计局积极开展创先争优活动，坚持以能力建设和作风建设为核心，完善制度，不断提高内部管理水平和审计能力。全局坚持“每月两个半天”的专题学习制度，坚持“审前培训、审中交流和审后总结”制度，施行局内岗位轮换并坚持审计实务导师制。2010 年新制定会议制度、审计人员职责任务表、党支部工作基本职责、党支部领导制度和工作分工 5 项制度，修改完善了岗位职责、所辖部门日常监督联系暂行办法等 13 项制度，形成一套共 18 项制度的《贸易审计局制度汇编》，于 2010 年 3 月正式发布。自 2010 年起，各处按照《贸易审计局对所辖部门日常联系与监督办法》，指定专人分工联系所辖部门及其在京预算单位，定期收集资料、分析情况并实现动态管理，提高了审计工作的针对性和审计人员的综合业务能力。

（撰稿人：张玉竹）

【文化体育审计局】　2010 年，文化体育审计局人员编制 11 名，在编 11 名，另有 1 名交流干部；设有两个职能处，审计一处和审计二处。主要负责对文化部、国家体育总局、国家文物局、中国对外文化集团公司及其所属在京单位的审计监督。

领导成员

局　长：贾有长

审计成果　文化体育审计局组织完成审计项目 9 个，其中预算执行审计和决算审计项目 2 个、专项审计调查 7 个。共查出问题金额 22218.96 万元，其中违纪违规金额 12229.91 万元、管理不规范金额 9989.05 万元；提交审计报告 2 份、专项审计调查报告 7 份。上报审计信息 2 篇，情况反映 2 篇，移送纪检监察部门 1 篇。

通过上述工作，维护财政资金的真实合法效益，保障文化、体育事业的资金安全，促进文化市场体制改革、运动员教育等国家政策的有效实施；进一步推进“小金库”治理工作的开展和反腐倡廉、腐败预防体系的建设；规范科技资金投向及科技资金管理；促进中央部门厉行节约、降低行政成本以及政府公务用车制度的改革。

预算执行审计及决算审签　一是对文化部的预算执行审计和决算（草签）审计：查出违法违规金额 11633.11 万元、管理不规范问题金额 1674.46 万元。主要发现文化部本级未经批准在不同项目间调剂使用预算资金、部分所属单位扩大专项资金支出范围和部分项目以拨列支等问题。对个别单位私设“小金库”且少数人涉嫌侵占公款的问题，已移送文化部纪检组进一步查处。

二是对国家体育总局预算执行审计和决算（草签）审计：查出管理不规范金额 7364.9 万元。主要发现国家体育总局向非预算单位拨付彩票公益金、部分项目以拨列支和未经批准在不同项目间调剂使用预算资金以及部分事业单位将对外经营收入计入所属公司账户等问题。针对两个部门在预算管理、专项资金使用及对所属单位的财务管理等方面存在的主要问题提出了审计建议 7 条。

专项审计调查　今年共开展专项审计调查 7 个，其中“小金库”专项检查 1 个、国家重大科技专项资金管理使用情况专项调查 2 个、公务用车管理使用情况专项调查 1 个、被审计单位内控制度与绩效指标评价专项调查 2 个、所属单位专项调查 1 个。

（1）6 月 21 日至 9 月 30 日，组织完成对中国对外文化集团公司的专项审计调查。发现主要问题有：向非预算单位拨付项目资金；集团公司内部未合理分摊房租、装修工程款等费用；利用虚假发票列支经费，用于购买礼品、发放劳务费等；办公用房未及时入账，形成“账外”资产。

文体审计局建议该单位加强对财政专项资金的管理，严格按照规定编制和执行预算，发挥财政资金的使用效益；加强对集团所属单位财务工作的监督与指导，加强对财务人员的业务学习和培训，夯实财务管理基础工作；进一步完善内控制度，加强对国有资产的管理，加大对所属单位和控股公司的监督指导，确保国有资产和安全。

（2）11 月 12 日至 2011 年 2 月，组织完成对国家体育总局本级2010年度公务用车管理使用及费用开支情况的专项审计调查。发现主要问题有：有关部门关于离退休部级干部保留用车的政策不配套，导致该部分车辆经费支出无预算；公务车实际运行经费超出财政部核定的车辆费用规模124%，增加了行政运行成本；中国奥委会账户核算的车辆资产未按规定移交国管局统一调配或处置；未按规定调整部分领导干部用车等问题。文体审计局建议国管局、财政部等有关部门加强对部门实物费用定额试点工作的调研和管理，切实掌握各部门的实物费用开支，科学制定实物费用定额标准体系，深化基本支出预算改革。

(3) 11月30日至2011年2月21日，完成对国家体育总局和国家文物局管理的国家科技支撑计划项目的专项审计调查。发现主要问题有：科技部批复滞后，导致课题任务书和预算书签署时间滞后，影响了项目实际执行期限；部分立项环节时间较长；部分项目配套资金未到位；部分项目经费闲置；部分项目建设单位及课题承担单位的人员以专家身份参与项目可行性论证。针对上述问题，文体审计局建议科技部应进一步加强对项目立项的进度管理，对立项各环节明确时间限制及各方责任；科技部应规范项目立项程序，严格按照“先批复，后拨款”的程序进行；在项目和课题评审过程中应建立和完善专家遴选、回避制度，确保评估结果的公正性、科学性。

相关工作　(1) 把握方向，抓思路。围绕构建国家财政审计大格局的思路，将部门预算执行审计放在中央预算执行审计的整体之中，认真领会《2010年中央预算执行审计总体方案》有关精神，从审计大格局中分析中央部门预算执行审计的重点和切入点。根据这一思路，按照中央预算执行审计总体方案及中央部门预算执行审计工作方案要求，将体育总局的政府型基金（体育彩票公益金）管理使用情况、公务用车配置及实际运行费用情况纳入审计重点，发现体育总局的政府型基金预算不完整并用于平衡一般财政预算和公务用车经费严重超标等问题，均被财政司汇总报告采用，对规范中央财政预算管理基础性工作，进一步推动实物费用定额制度建设，加强公务用车管理起到积极作用。

(2) 发挥成效，抓重点。为提升审计成果，充分发挥审计的“免疫系统”功能，以政府重视、社会关注的文化体制改革专项资金为重点，充分发挥审计监督作用。

在对中国对外文化集团公司的专项审计调查中，将文化部立项、对外文化集团公司承办的对外文化与交流专项财政资金作为重点。审计发现该公司自2004年转企以来，由于改制不彻底，资产归属不明晰，存在过多依靠政府，市场主体性功能没有充分发挥的现象。并由此继续延伸调查了中国东方演艺集团有限公司等另外3家转企改制公司，发现这些转制企业均不同程度地存在“官商两面、事企难分”，过分依赖财政拨款等问题。一方面，这些企业与文化部（政府部门）有着千丝万缕的联系，承担一定原事业身份的职责；另一方面，对于国有文化资产，企业如何管理以及按照什么原则管理未彻底解决，继而影响了集团组建后的运营。将调查了解的情况及时向行政事业司领导进行汇报，提出今后应进一步关注转企改制单位财政资金的使用效益的意见和建议。

(3) 明确目标，抓整改。揭露问题是审计的手段，促进整改、完善制度才是审计的目标。为此，在本年的审计工作中，特别重视促进被审单位的整改提高。继续执行联席会议制度，加强与被审计单位的沟通和交流。在与体育总局的联席会议上，针对去年审计发现的对外投资管理混乱、存在资产流失的潜在问题，体育总局通报了整改进展，并对下一步的清理整顿的工作提出具体意见；在与文化部的联席会议上，从预算管理和预算执行以及其他财政财务收支等五个方面全面通报了文化部2010年度预算执行审计工作情况，深入分析问题产生的原因，提出确实可行的意见和建议。同时希望与被审计单位进一步加强沟通，帮助和促进被审计单位积极整改，为更好地开展审计工作营造良好内部和外部环境。

（撰稿人：徐　凯）

【卫生药品审计局】　2010年，卫生药品审计局人员编制12人，在编12人，其中交流干部1人。设有审计一处、审计二处，主要负责对卫生部、国家食品和药品监督管理局、国家人口和计划生育委员会、国家中医药管理局及其在京所属单位的审计监督。

领导成员

局　长：钱啸森

副局长：胡安明　廖金梅

审计成果　完成卫生部、国家食品药品监督管理局（以下简称食品药品监管局）2009年度预算执行审计和决算草案审签、卫生部主管的中国医药卫生事业发展基金会和国家人口和计划生育委员会主管的中国人口福利基金会青海省玉树地震抗震救灾资金和物资的跟踪审计、卫生部北京医院2010年1月至9月预算执行及财务收支情况审计、卫生部国际交流与合作中心2010年1月至8月预算执行及财务收支情况审计、中国中医科学院2010年1月至9月预算执行及财务收支情况审计等7个审计项目。查出违规金额22万元，管理不规范金额55822万元，其中应上缴财政22万元，应归还原渠道资金4713万元，应调账处理金额21723万元。移送司法机关、纪检监察部门处理事项4件，移送被审计单位处理的专门事项1件。提交审计报告、审计调查报告、审计决定、决算审签意见书等审计业务文书14份。提交重要审计情况3篇、审计信息6篇，其中被《重要信息要目》汇总反映6篇，（作为单独审计案例纳入向全国人大常委会报告的审计工作报告1篇，转送部委处理5篇）。

预算执行审计和决算草案审签　完成卫生部、食品药品监管局2009年度预算执行情况审计和决算草案审签。在卫生部2009年度预算执行情况审计和决算草案审签中，查出的主要问题有：虚列印刷费支出；扩大专项经费开支范围；违规外包课题经费；未经批准收取全国考试（培训）费用；印刷业务未按规定执行政府集中采购；因前期工作不充分造成个别项目执行缓慢。在食品药品监管局2009年度预算执行情况审计和决算草案审签中，查出的主要问题有：挪用项目经费；结余资金未列入本单位年度决算报表导致部门决算少计结余资金；未按规定处置国有资产收益；扩大项目经费开支范围；拨付部分局属单位委托业务经费管理核算不规范。在审计中突出重点，发现和揭露卫生部公报杂志社编辑部的聘用人员弄虚作假涉嫌骗取广告宣传费900多万元及有关负责人涉嫌失职的违法违纪问题和经济犯罪案件线索。积极反映政策执行中存在的问题，发挥审计的建设性作用，促进卫生部、食品药品监管局完善制度、加强预算管理。

所属单位审计　完成对卫生部北京医院、卫生部国际交流与合作中心、中国中医科学院预算执行及财务收支情况审计。重点审计预算编报的规范性和完整性，项目资金预算编报、项目管理使用及绩效情况，调查津贴补贴发放情况，揭露挤占挪用财政资金等违法违规问题。审计发现改变资金用途、未经批准出租固定资产、对外投资未纳入财务统一核算、未经批准调整预算、未执行政府采购规定、部分收入未纳入预算管理、少计收入、课题结余资金长期挂账、对外借款长期挂账等问题。

救灾款物审计　对中国人口福利基金会、医药卫生事业发展基金会2010年4月14日至7月9日接收社会各界捐赠玉树地震抗震救灾资金和物资的总体规模、来源渠道以及拨付、使用、管理情况进行跟踪审计。

相关工作　（1）加强领导班子、党支部建设工作。局领导班子认真贯彻落实署党组的方针、部署，认真做好领导班子和党支部建设工作。坚持民主集中制，坚持支部建设、工作规划、干部培养、队伍建设等重大事项经集体研究决定，严格落实领导干部重大事项报告制度。加强支部自身建设，努力创建“学习型”派出局和“学习型”党支部。认真组织民主生活会，支部书记带头查找突出问题，全体党员干部认真开展批评与自我批评。加强党务公开，坚持“三会一课制度”，结合实际在项目审计一线建立党支部。支部开展了赴湖南开展革命传统教育，到部队开展射击打靶活动，深入社区访贫问苦等形式多样的教育活动。（2）加强干部队伍建设。坚持以责任为核心的思想作风建设、以提高审计实战能力为核心的能力建设、以反腐蚀反腐败为核心的廉政建设“三位一体”，着力培养“四手”人才。加强学习培训，4名同志通过AO培训认证考试，2名同志参加新任处级干部培训班，1名同志参加新录用人员的岗前培训，1名同志参加公文写作培训班，1名同志参加了计算机中级职称培训并取得合格证书，1名同志参加BFT英语培训并通过考试。（3）严格廉政纪律。严格实行“两公示”制度，审前承诺制、审后回访制、审计组廉政监督员制、年终考核一票否决制，年中制定了《审计署卫生药品审计局关于加强党风廉政建设的补充规定》，实行了执行审计纪律和廉政规定的反馈卡办法。（4）完善内部管理和工作机制。完善内部管理机制制度，进一步坚持设立兼职文书管理员、兼职档案管理员、兼职保密员，确保专项专人负责。完善审计业务工作机制，进一步完善审计资料清单制度，对《国家审计准则》进行了专题学习，完善审计业务会议制度，落实审计责任制度、审计复核制度、审计核查取证和工作底稿编制制度，坚持与被审计单位的沟通机制。（5）创新联网审计方式方法，事中和事后审计相结合。已在卫生部、食品药品监管局、中医药局开展了联网审计。按照“适时有效、操作方便”的精神，开展联网审计技术方法的创新，形成联网审计的技术方法体系，牵头组织了“中央部门联网审计如何进行数据分析研究”的课题研究。 （撰稿人：阮哈建）

【国资监管审计局】 2010 年，国资监管审计局人员编制 12 人，在编 12 人。设有一处、二处。主要负责对国务院国有资产监督管理委员会（简称国资委），国家安全生产监督管理总局和国家电力监督管理委员会及其在京所属单位的审计监督。

领导成员

局　长：翟挨才

副局长：周子祥

审计成果 2010 年，国资监管审计局完成审计项目 5 个，查出违规金额 5048.66 万元，其中应上缴财政 4319.02 万元，应归还原渠道资金 156.24 万元，应调账处理金额 403.48 万元；已上缴财政 69.02 万元，已归还原渠道资金 156.24 万元，已调账处理金额 403.48 万元。移送纪检监察部门处理事项 3 件，转送有关部委 7 件。提交审计及审计结果报告 6 份，审计信息和情况反映 32 篇，被采用 10 篇。

预算执行审计 完成对国资委和安全监管总局 2009 年度预算执行和其他财政收支情况以及决算（草案）审计，并延伸审计了部分二、三级预算单位。完成对国资委建材机关服务中心（以下简称建材中心）和中国煤炭工业协会 2010 年 1 月至 9 月预算执行及财务收支情况审计。

在对国资委 2009 年度预算执行和其他财政收支情况以及决算（草案）的审计中，查处各种违规和管理不规范金额 5691.92 万元，查出的主要问题有：国资委有的司局扩大项目支出范围；国资委个别司局向所属单位摊派出国费用；国资委批准事业单位对划转资产的账簿违规进行封存；国资委有的司局会议费超标；国资委预算编报不准确；国资委干部教育培训中心虚报多得财政拨款；中国石油和化学工业协会虚列支出；国资委轻工机关服务中心等单位使用内容虚假的发票等单据套取现金；中国经济出版社等单位发放奖金等未代扣代缴个人所得税；中国商业联合会私存私放现金；中国商业联合会违规收费。

在对安全监管总局 2009 年度预算执行和其他财政收支情况以及决算（草案）的审计中，查处各种违规和管理不规范金额 8512.30 万元，查出的主要问题有：安全监管总局支出预算未细化到具体执行单位；总局未经财政部批准自行调整预算；总局本级扩大财政资金开支范围；总局本级差旅费超预算支出；总局部分所属单位扩大财政资金开支范围；中国安全生产科学研究院基础科研经费项目支出预算未细化到具体项目；煤炭总医院采购设备未委托采购中心组织公开招标；总局机关服务中心所属北京西郊宾馆有限责任公司挪用职工售房收入购买别墅且用虚假发票入账，部分土地长期闲置，资产使用效益不高。房屋出租收入未纳入单位依法设置的会计账簿统一登记、核算；总局宣教中心少计固定资产。

对上述 2 部门的预算执行审计，共提交审计报告 2 份，相关审计结果被审计署 2 期《重要信息要目》采用；上报审计信息 11 篇，有 3 篇分别被审计署 3 期《重要信息要目》采用，有 4 篇分别以信息转送函的形式转送有关部门。国资委所属中国经济出版社发放职工奖金未代扣代缴个人所得税的问题被移送国家税务总局处理。

在对建材中心 2010 年 1 月至 9 月预算执行及财务收支情况的审计中，查处各种违规和管理不规范金额 1.2 亿元，查出的主要问题有：基建项目部分内容未进行招标；擅自改变建设内容；擅自扩大建设规模，超计划投资；虚报基本建设项目投资计划和预算；资产处置收入未实行“收支两条线”管理，截留非税收入；基建结余挂列

"其他应付款"科目；建材中心及所属企业采取截留收入、虚列成本等手段，私设"小金库"；已完工基建项目没有办理竣工财务决算。

在对中国煤炭工业协会2010年1月至9月预算执行及财务收支情况的审计中，查处各种管理不规范问题金额2.5亿元，查出的主要问题有：预算外收入编报依据不足；违规进行金融风险投资；房租收入等未纳入单位依法设置的会计账簿统一登记、核算；中国煤炭加工利用协会等3个单位违规收费；中国煤炭工业协会培训中心违规进行金融风险投资。

对上述2个单位的预算执行审计，共提交审计报告、审计信息和重要审计情况各2篇。2篇重要审计情况经署领导批示后均转送国资委处理。审计发现的建材中心及所属企业私设"小金库"的问题被移送国资委纪委处理。

经济责任审计　完成对某中央部门领导任职期间经济责任履行情况的审计，提交审计报告和审计结果报告各1份，上报审计信息7篇，有1篇被《审计要情》采用，1篇被审计署《重要信息要目》采用，1篇转送国资委。

除上述审计项目外，国资监管审计局报送的1期关于《安全监管总局专门发文　组织整改审计查出问题》的情况反映被《审计简报》采用。中央部门收到和拨付灾后恢复重建基金统计结果和关于以办节庆论坛等形式向企业收取捐赠和赞助情况的调查结果分别被2期审计署《重要信息要目》采用。在2009年"小金库"专项治理工作中发现的国资委所属冶金工业规划研究院等单位存在"小金库"的问题于2010年被移送监察部驻国资委监察局。（撰稿人：沈雪莲）

【经济执法审计局】　2010年，经济执法审计局人员编制12人，在编9人，交流2人。设有审计一处、审计二处。主要负责对国家质量监督检验检疫总局（以下简称质检总局）、国家工商行政管理总局（以下简称工商总局）、国务院法制办公室（以下简称法制办）和中国法学会等单位及其在京所属单位的审计监督。

领导成员

副局长：刘文杰

审计成果　2010年，经济执法审计局完成审计项目6个，查出各类违规金额和管理不规范金额9.53亿元；移送相关部委案件线索5起，涉及司局级领导3人，处级及以下干部20多人；提出审计建议16条；提交各类审计信息10篇，其中被署《重要信息要目》和《审计简报》采用3篇、审计长信函采用2篇，中央领导同志批示3篇。

预算执行审计　坚持"严格查处、立足整改、规范提高"的要求，在对工商总局、质检总局2010年度预算执行和其他财政收支情况以及决算（草案）审计工作中，创新审计思路和方法，提高审计效率。如在对工商总局预算执行审计工作中，根据历年审计工作的经验，在全面审计的基础上，针对该局所属单位点多面广、资金量不大且分散的特点，突出重点有针对性地进行延伸审计。审计共发现工商总局本级未按规定渠道发放津补贴、部分单位收入未在规定账簿核算、使用与实际内容不相符的发票报销、超范围开支项目经费、未按规定执行政府采购、收入未实行"收支两条线"管理等七大类12个方面23个问题，涉及资金2.43亿元。

所属单位财务收支审计　对工商总局所属的多年来未接受过审计、群众反映问题较多的中国消费者报社、中国广告协会和中国消费者协会进行了全面审计，并就审计发现的问题，从体制、机制和制度层面揭示、分析和反映工商总局对所属单位管理工作的不足之处，取得良好的效果。审计发现三家单位存在违规从事发行、广告等业务、涉嫌进行有偿新闻宣传、收入未在规定账簿核算、违规将内部刊物外包、违规出借资金、扩大项目支出范围、在下属单位领取劳务费等10个方面22个问题，涉及资金5602.32万元；查出中国消费者报社有关人员违规从事经营活动、编造虚假领款单提取广告提成、原社长滥用职权致使国有资产流失以及财务处处长利用职务便利谋取不正当利益等案件线索4条，经署领导批准，将上述案件线索全部移送工商总局依法依纪查处；提出审计建议5条，从体制、制度层面找原因、指出路，使这些单位的管理工作上了一个新台阶。审计结果在工商总局产生较大影响，促使工商总局对审计发现问题进行整改，撤换相关单位的主要负责人，进一步加强和改进对所属单位的监管。

专项治理重点检查　根据中央治理"小金库"

工作领导小组的统一安排，组织力量对工商总局所属6家社会团体进行“小金库”重点检查工作。根据实际情况，合理调整和安排审计重点，通过张贴举报公告、设置举报箱、突击盘点保险柜现金、询问有关人员、审阅会计账簿等方式，发现4家单位存在10个“小金库”，涉及金额18473.24万元。

境外审计　服从审计署统一安排部署，三次派出审计人员支持境外审计司组织的境外使领馆审计和联合国审计工作。其中，牵头完成的澳大利亚、新西兰使领馆和新华社社等19个驻外机构审计项目上报审计信息9篇，其中2篇得到国务院领导同志的批示，1篇转送相关部委研究；两次派出审计人员参加联合国审计项目，对联合国儿童基金会印度尼西亚国家办事处和私营部门筹资部进行审计，先后出具10条审计意见，得到儿童基金会相关部门负责人的高度评价。

专项资金审计调查　在行政事业司的统一安排下，对工商总局、质检总局承担的4个中央本级“技术研究与开发”资金项目进行专项审计、对工商总局本级公务用车管理使用及费用开支情况进行专项审计调查，共发现九大类15个方面27个问题，涉及金额262.84万元。

相关工作　以署机关“作风改进年”活动为契机，围绕“新、高、实、严、细、廉”，抓好队伍思想和作风建设，培养审计干部胸怀大局、无私奉献、严谨细致、求真务实的思想作风和工作作风。一是加强政治理论学习，注重思想作风建设，加强业务培训工作。二是牢固树立以“实”为本的工作作风和个人品德，以严谨的态度和扎实的作风对待工作。三是积极探索审计业务与“创先争优”、“三个合格大讨论”的有机结合，通过作风建设推动业务工作，通过业务工作指导作风建设。四是增强凝聚力和战斗力。对青年审计干部提出“虚心、慧心、恒心”三点希望，对有经验的老同志提出“耐心、热心、爱心”三点要求，以老带新、以新促老，营造互帮互助、开放分享的良好团队氛围。　（撰稿人：吴意晖）

【广电通讯审计局】　2010年，广电通讯审计局编制12人，实有11人，其中交流干部2人，设有审计一处、审计二处。审计管辖范围包括国家广播电影电视总局（以下简称广电总局）、新华通讯社（以下简称新华社）、中国外文出版发行事业局（以下简称中国外文局）、中华全国新闻工作者协会，对上述部门（单位）及在京下属单位预算执行、决算和其他财政财务收支情况进行审计，开展相关专项审计调查，承办审计署交办的其他事项。

领导成员

副局长：洪承旭

审计成果　2010年，完成对广电总局和中国外文出版发行事业局（以下简称中国外文局）2009年度预算执行审计和决算（草案）审签，对广电总局、重庆海事局、重庆煤矿安全监察局、重庆市地震局和重庆市民政局的“小金库”治理重点检查等7个审计项目。开展了新华社新闻信息中心2010年1月至9月预算执行及财务收支情况审计；抽调4人次分别参加联合国项目审计和部分外交部驻外使领馆、新华社驻外分社审计。全年审计资金45亿元，查处违纪违规金额3.7亿元，管理不规范金额15亿元。向审计署提交专题或综合性报告16份，审计信息5份，审计署《重要信息要目》采纳5篇；转送有关部委处理4件，向中纪委、公安部移送重大违法违规问题案件线索2件，向驻部门纪检监察机关和有关部委移送重大问题4件；提出审计建议9条，大部分被相关单位和部门采纳。

预算执行审计　在对广电总局2009年度预算执行审计中查出并反映了广电总局多年来在部门预算中编制补助地方预算的问题，审计署已将此问题转送财政部；发现广电总局为提高预算执行率，以拨列支造成大量的项目资金结余在所属单位的问题，据此撰写的审计信息被署《重要信息要目》采用。在延伸审计广电总局所属无线电台管理局和监测中心时发现，两单位自1994年至2009年7月底，利用假发票转移预算资金、收取所属自办公司上缴资金和收入不入账等方式设立“小金库”共计5124万元的严重问题，经署领导批示后移送中纪委立案查处。

“小金库”治理检查　在对广电总局、重庆海事局、重庆煤矿安全监察局、重庆市地震局和重庆市民政局的“小金库”治理重点检查中查出广电总局所属8个单位存在“小金库”问题，涉及金额4254.8万元。共查出重庆海事局、重庆煤矿安全监察局、重庆市地震局、重庆市民政局4个单位8个小金库，涉及金额1386.35万元，其他违反财经法规的问题17个，涉及金额9978.59万元。

基础工作　(1) 坚持以科学审计理念为指导，把“推进法治、维护民生、推动改革、促进发展”作为审计工作的出发点和落脚点，始终坚持做到一手抓大案要案查处，一手抓体制机制制度性障碍和缺陷的揭示和反映，切实履行审计职责，有效发挥审计保障国家经济社会健康运行的“免疫系统”功能。

(2) 切实加强队伍建设，着力增强依法审计能力。通过对科学审计理念的深入学习，使全局同志对国家审计的本质、目的、任务、工作方针和审计目标的实现途径有了更加深刻的认识和理解，在此基础上制定广电通讯审计局的工作思路，即以科学审计理念为指导，认真贯彻落实“严格查处，立足整改，规范提高”的工作方针，在工作中切实做到：贯穿“巩固提高，创新发展”一条主线，在继承中创新，在创新中发展；围绕“增强审计能力，提升工作业绩，规范内部管理”三项目标，力争在队伍建设、审计业务、综合管理等方面有明显进步。在审计项目实践中开展岗位练兵，培养人才，始终做到“五个结合”，即在审前培训中，实行专题讲解与大家讨论相结合。做到思想认识统一，审计思路清楚，审计重点和工作要求明确；在审前调查中，实行自助选择与统一安排相结合。在局里制定统一调查提纲、统筹安排工作的基础上，个人自助选择二级单位和重点内容进行深入调查分析，充分发挥每位同志的优势、特长并充分调动工作的主动性和积极性；在审计重点把握上，实行个人讲解与共同分析相结合。采取多种形式组织开展学习交流，通过搭建各种形式的交流学习平台，不断提升大家的实际工作能力和审计水平。

(3) 清理修订内部规章制度，努力提高综合管理水平。按照“简明、易行、有效、管用、科学”的原则，经过广泛征求全局干部职工的意见和建议，一年来共修订和完善了20项规章制度。

(4) 围绕中心抓好党建，培养勤勉廉洁的工作作风。抓好理论学习，坚定理想信念，增强责任意识；组织开展参观纪念馆，重温入党誓词，访贫问苦，推荐阅读优秀书刊，观看中国革命和建设题材的优秀影片等特色支部活动，增强凝聚力；在“创先争优”活动中，开展“写一篇好信息，查一个好案例，提一条好建议”的审计工作实践活动，增强审计人员的创先争优意识，努力建设学习型党支部，提高做好本职工作的能力；强化廉政建设，做到依法、文明审计。

（撰稿人：廖　辉）

【新闻报刊审计局】　2010年，新闻报刊审计局人员编制11人，在编11人。设有审计一处、审计二处，主要负责对新闻出版总署（版权局）、人民日报社、光明日报社、经济日报社、中国日报社、《求是》杂志社及上述部门在京所属单位的审计监督。

领导成员

局　长：王道平

副局级审计员：胡维玉

审计成果　新闻报刊审计局完成审计项目8个，查出违规金额80551万元，管理不规范金额19583万元，其中应调账处理金额73456万元；已调账处理金额18265万元。移送司法机关、纪检监察部门处理事项1件，建议有关部门处理事项4件。提交审计工作报告、信息14篇，被批示或采用6篇。

预算执行和决算（草案）审计　在对新闻出版总署2009年度预算执行和其他财政收支情况以及决算（草案）审计中，准确把握其职责范围和工作重点，以资金走向为主线、以会计报销凭证为重点，仔细梳理预算的编报、批复、执行等各个环节，查出虚增项目支出、超预算支出、使用虚假发票报销、未执行政府采购等问题；在对光明日报社2009年度预算执行和其他财政收支情况以及决算（草案）审计中，立足报社实际，全面开展审计，揭露了违规进行有偿新闻宣传、采编部门和人员违规参与广告经营业务、少计财政补贴收入、决算（草案）多计项目支出等问题，还对预算执行和财政资金使用的效益情况进行总体分析和评价；在对中国日报社所属单位预算执行及财务收支情况审计中，重点审计所属北京英信联信息咨询公司和北京世纪环宇文化发展中心2

个单位，查出使用虚假发票报销、虚增工程建设成本、部分设备未转入固定资产、应收款项长期挂账面临损失、收入未在本单位账簿核算等问题；在对人民日报社所属单位预算执行及财务收支情况审计中，重点审计了所属人民网股份有限公司和人民日报海外版两个单位，查出违规进行有偿新闻宣传、违规向编采部门下达经营创收任务、记者站违规从事与新闻业务无关的报纸发行和其他经营活动、少计收入、多列成本费用、以虚假咨询业务套取资金购买购物卡、违规接受假发票报销等问题。在审计查出问题的基础上认真分析研究，提交多篇审计信息。其中，反映的新闻出版总署的有关问题被审计署以《重要信息要目》上报，有关领导作了重要批示；反映的光明日报社、人民日报社所属单位、中国日报社所属单位的有关问题，经署领导批示后，已移送相关部门处理；反映的新闻出版总署和光明日报社的有关问题，被审计署以信息转送函的方式转送有关部门处理。

效益审计　在对光明日报社2006～2008年广告业务效益情况专项审计调查中，根据报社的实际情况，从扩大广告收入维持党报正常运营的角度，结合财政部对“四报一刊”的考核指标，对广告业务的效益情况进行了综合审查和评价。既全面审查广告经营的合规性，揭示大部分广告业务未按规定与客户签订合同、部分记者站违规参与广告经营、广告审查工作不规范、少计广告收入等问题；又充分关注广告业务收入和支出的效益性，积极运用相关绩效考核指标，对广告业务效益给予合理评价。

经济责任审计　在对光明日报社总编辑苟天林同志任职期间经济责任履行情况审计中，审计前进行了充分的准备，并多次对审计组成员进行审前培训。根据光明日报社的业务特点和经济事项，积极探索，合理确定苟天林同志应当承担的经济责任和对其的评价指标，审计中全面审查了苟天林同志任职期间的各项财务数据和经济决策内容，就相关事项不仅向光明日报社编委会成员和相关负责人了解情况，还多次与苟天林同志进行沟通。通过扎实细致的工作，在时间紧、任务重、人员少的情况下，圆满完成审计任务，达到了预期的审计目标，形成的审计结论公允，审计评价合理，为今后开展任期经济责任审计积累了宝贵的经验。

相关工作　加强班子和队伍建设，积极建设学习型审计机关，全力锻造一支合格的审计队伍。新闻报刊审计局始终把加强领导班子和队伍建设、建设学习型审计机关作为局内的重点工作常抓不懈，由“一把手”亲自负责。一是着力营造良好的学习氛围，树立现代化的学习理念，引导全局同志对审计法规、审计会计理论、审计技巧与案例、计算机审计与应用、经济效益审计、审计公文规范等重点内容进行学习交流。通过学习，全局同志进一步理清了审计工作思路，创新了审计技术，深入发掘审计成果，审计质量和水平得到进一步提高。二是培养四种职业意识。根据审计机关的职业特点，在队伍建设中大力培养依法审计的法制意识、敢于突破常规的创新意识、自我约束的廉政意识、“守口如瓶”的保密意识，并要求审计人员将这四种意识转化为职业素质和审计能力。通过四种意识的培养和强化，全局同志的工作能力和职业素养有了很大提高，在现代审计环境和审计任务面前，表现出更强的专业性和适应性。　（撰稿人：张　欣）

【旅游侨务审计局】　2010年，旅游侨务审计局编制9人，在编9人，领导职数1名，设有审计一处、审计二处。主要负责对国家旅游局、国务院港澳事务办公室、国务院侨务办公室、中共中央统一战线工作部（简称中央统战部）、中共中央台湾工作办公室、中华全国台湾同胞联谊会（简称全国台联）、中华全国归国华侨联合会等部门及其在京所属单位的审计监督。

领导成员

局　长：袁定聪

审计成果　2010年，旅游侨务审计局全年完成审计项目7个，查出违规和管理不规范金额23083万元，其中应调账处理金额19748万元；已调账处理金额19748万元。提交审计工作报告6份、审计信息3篇；发出审计建议函1份。

预算执行审计和决算审签　旅游侨务审计局完成国家旅游局、国务院侨务办公室2009年度的预算执行审计和决算审签。在对两部门的预算执行审计中，结合两部门的实际情况，在全面把握总体的基础上，进一步突出审计重点，着力抓好三个结合，即预算执行审计与查处虚假发票报销问题相结合，揭示部门预算执行中的突出问题与探索开展预算执行情况分析相结合，基本支出预算定额分析与项目支出绩效审计相结合，并注重从体制机制层面揭示和反映问题，加大综合分析力度。一方面，加强对执行现行法规制度情况的监督检查，着力揭示预算编制和管理以及资金使用中存在的突出问题，以增强制度的执行力；另一方面，认真查找和分析现行政策、制度执行以及管理中的漏洞和薄弱环节，提出完善政策、规范管理的意见和建议。审计查出上述两单位预算编报不完整、扩大专项资金列支范围、项目前期准备不充分、财政资金闲置结余以及本级和所属单位虚假发票报销比较突出等问题，引起被审计单位高度重视。国家旅游局就虚假发票报销问题专门出台了《关于防止假发票流入机关的管理办法》，完善相关内部控制管理制度。针对上述两部门虚假发票报销和基本支出定额管理等问题，深入分析体制机制原因，及时编报 3 期审计信息，被署重要信息要目汇总采用 2 篇。

所属单位财政财务收支审计　根据审计署的统一安排部署，旅游侨务审计局负责对中共中央统一战线工作部所属中国和平统一促进会、中央统战部信息中心；中共中央台湾事务办公室所属海峡两岸关系研究中心 2010 年 1 月至 9 月财政财务收支情况审计。在对上述三家所属单位的审计中，查出部分项目收支余未纳入预决算管理、超范围列支项目资金、向关联单位重复结算费用、违规发放津补贴以及设立基金未履行相关报批手续等问题。旅游侨务审计局深入分析产生问题的原因，查找被审计单位管理的薄弱环节，提出加强管理，完善制度的建议，为进一步深化部门预算执行审计打下基础。

经济责任审计　根据审计署统一部署，旅游侨务审计局负责对国家旅游局邵琪伟局长任期经济责任审计。审计中，以该局财政财务收支及有关经济活动的真实合法效益为基础，以促进领导干部守法守纪守规尽责为目标，以部门职责履行和预算资金使用为重点，认真检查邵琪伟同志任职期间贯彻执行国家经济法律法规和重大方针政策，促进旅游事业科学发展，重大经济决策制定和执行，重大投资项目建设和管理的合法合规，部门财政财务收支及相关经济活动的真实合法效益，重大管理制度制定和执行，以及个人遵守有关廉政规定等情况。此外，还结合国家旅游局“三定”方案和部门特点，与该局相关部门共同研究确定了邵琪伟任期经济责任的具体内容和拟采用的评价指标体系，为实事求是评价其任期经济责任履行情况奠定基础。工作安排中，注意将国家旅游局预算执行审计和邵琪伟任期经济责任两个项目进行统一谋划，在预算执行审计阶段，即通盘考虑两个项目所要提供的审计资料，提高了审计工作效率。对审计发现的问题，要求审计人员在扎实取证的基础上，同步做好责任界定工作。充分运用对国家旅游局近几年的审计成果，认真做好对邵琪伟任期内国家旅游局审计发现问题整改落实情况的梳理核实工作，对尚未落实整改问题要求深入分析原因，界定清楚责任。审计查出国家旅游局“十一五”规划个别指标未实现预期目标、举办旅展收入不实、借出资金难以收回、所属部分单位亏损严重、个别单位权属不清等问题，审计结果得到国家旅游局领导的认可和好评。

学习与培训　旅游侨务审计局按照《审计署2008～2012年审计工作发展规划》和署领导的要求，加强对局内人员的业务培训和学习，提升审计人员综合素质。组织同志们反复学习审计法、《财政违法行为处罚处分条例》和行政、事业单位国有资产管理办法等法律法规，还结合所开展的审计项目，组织大家学习经济责任审计和“小金库”治理工作相关文件规定等，提高全局人员的审计业务能力，全年进行三次培训，收到较好的效果。

（撰稿人：林丽华）

【科学工程审计局】　2010 年，科学工程审计局人员编制 12 人，实有 11 人，其中交流干部 1 人。设有审计一处、审计二处，主要负责对中科院、社科院、工程院及其在京所属单位的审计监督。

领导成员

局　长：王中信（3 月—）

副局长：李凤雏（—3 月）

副局级审计员：傅少军（5 月—）

审计成果　2010 年，科工局完成中科院和工程院2009年度预算执行和其他财政收支情况以及决算（草案）审计项目2个，完成中科院声学所、理化所和光电研究院2010年1月至9月预算执行及财务收支情况审计项目3个。还派员参加了联合国驻黎巴嫩维和特派团的审计项目1个。共发现各类违纪违规和管理不规范金额24.05亿元。上报审计署《重要审计情况》9篇、《审计信息》7篇，《情况反映》9篇。被采用7篇。其中，被署综合《重要审计要目》采用的内容有6项，转送科技部、税务总局等部门处理事项8件，移送案件3起。提交审计工作报告8份。

预算执行审计和决算审签　在中科院和工程院预算执行审计中，认真履行职责，切实贯彻预算执行审计工作方案，在审前调查的基础上，制订了具体可操作的审计实施方案，发现两院在预算编制、预算执行及其他财政收支方面存在的18个问题，发现各类违纪违规和管理不规范金额22.93亿元，占审计发现各类违纪违规和有问题金额的95.34%。揭示中科院存在的年初预算未细化、投资收益未收回、挤占挪用科研经费、扩大开支范围、虚列支出套取资金、往来款挂账长期未清理等问题。揭示工程院存在的未经批准调整预算、扩大公用经费开支范围、违规接受捐赠款、虚列支出挪用课题经费、违规收取会费等问题。

查处违规担保造成科研经费损失、对外投资不入账和投资收益未收回等影响科研资金（资产）安全的问题金额达38073.85万元。审计发现的问题通过审计决定要求中科院、工程院予以纠正。

为进一步贯彻“严格查处、立足整改、规范提高”工作方针和“守土有责、把握总体、突出重点、整改提高”工作原则，根据署统一部署，将中科院所属单位审计与其本级审计相结合，7月至9月，科工局对中科院声学所、理化所和光电研究院（含空间科学与应用总体部，以下简称总体部）2010年预算执行及财务收支情况进行审计。发现各类违纪违规和管理不规范金额1.12亿元。揭示了三个单位存在的扩大科研经费开支、部分科研人员未经批准在关联公司长期兼职取酬、“账外”资产、违规办理购物卡、违规发放津贴、往来款未及时清理等问题。查出的与总体部有关联业务的某公司隐匿销售收入等事项已转送国家税务总局处理。

强化管理，创新机制　科工局以完善制度、加强管理为重要抓手，在“创先争优”活动过程中，以“梳理思路　把握规律　细化任务　落实责任”为切入点，积极探索派出局工作模式，努力把握派出局工作规律，力求进一步解决审计工作中存在的突出矛盾和问题，全面推动学习实践科学发展观向深度和广度发展。针对派出局“人员少、任务重”的实际，新一届党支部和领导班子经过深入细致调研，提出“向科学管理要发展、向合理分工要效果”的总体思路，对局内各项工作进行梳理，进而细化为内容明确、适于操作的80项具体工作。其中业务类按照审计流程细分为38项，综合、党务性工作细分为42项。按照工作时间分类，综合、党务工作可细分为日常事务、周事务、月度事务、季度事务、年度事务五类，其中日常事务16项，周事务2项，月度事务6项，季度事务8项，年度事务10项。新的工作分类明确了全局工作的流程，注重各项工作的制度化、规范化，强调岗位与责任对等，基本实现了人人有活、岗位有责；在阶段性考核中，每位同志可依岗述职、按功论绩、循章问责。科工局梳理出的80项工作符合派出局实际且操作性较强，该项工作得到了署领导的肯定。

探索科研经费联网审计　局领导针对计算机审计目前的运用情况，组织相关人员查找不足，研究对策。经过一段时间的摸索，多次与被审计单位沟通协调，扩充了被审计单位财务数据以外的业务数据等资料。在中科院2010年的预算执行审计中，充分利用被审计单位提供的各类数据资源，审计组选取了6个科研院所的5000多个课题进行剖析，探索科研经费的运行规律，对科研经费的支出去向进行分析提炼归类。上报了“关于中科院科研课题经费支出结构性问题的调研报告”，得到署领导的肯定和中科院有关领导的高度评价和科研人员的广泛认可。

相关工作　（1）局党支部在“创先争优”活动过程中，以完善规章制度为重要抓手，通过修订、完善审计项目管理制度、岗位职责、审计业务会议制度等12项制度，进一步加强制度基础建设，全面提升管理水平和业务水平。局党支部还注重对入党积极分子的培养教育工作。结合对发展对象的培养考察程序，经过组织培养教育和个人努力，科工局已有一位同志被列入积极分子进行重点培养。

（2）积极开展各项有益活动。组织全局党员干部参加署工会组织的向贫困母亲、玉树地震捐款捐物活动，先后三次捐款8000多元。通过各项活动，增强了队伍的使命感、凝聚力和集体荣誉感，始终充满朝气和活力。（撰稿人：竺伟玲）

【地震气象审计局】 2010年，地震气象审计局人员编制9人，在编8人。设有一处、二处。主要负责对中国气象局、中国地震局、国家信访局和国务院参事室本级及在京所属单位的审计监督。

领导成员

局　长：刘海宇

审计成果 2010年，地震气象审计局独立完成审计项目4个，共查出违纪违规和管理不规范金额6366.39万元，其中应归还原渠道资金1019.94万元，应调账处理金额3884.51万元；已归还原渠道资金1019.94万元，已调账处理金额3884.51万元。全年提交审计报告4篇、审计决定4篇、决算草案审签意见书2篇、专项审计调查报告2篇，署内签报5份，情况反映1篇。

预算执行审计和决算审签 1月至3月，完成对中国气象局和国家信访局2009年度预算执行情况和其他财政收支情况以及决算（草案）的审计。

对中国气象局预算执行审计查出的主要问题有：自行批复“国家卫星气象中心报告厅改造工程”项目预算1819万元，并挪用财政资金973.33万元用于该项目建设；项目支出预算编制不细化126万元；扩大项目支出范围400.99万元；行政管理局“9210扩展工程”等3个已完工基本建设项目未及时进行竣工财务决算；中国气象局北京城市气象研究所（以下简称城市所）课题收入606.94万元未纳入本单位预算；北京市气象局发票使用不规范21.70万元。

对国家信访局预算执行审计查出的主要问题有：人员经费占用公用经费65.89万元，基本支出占用项目经费93.82万元；个别项目未按实际需求编报支出预算，项目当年预算执行率较低；所属两家事业单位未按规定办理事业单位法人登记。

对中国地震局地球物理研究所1～9月预算执行审计查处的主要问题有：部分收支未按规定纳入本单位会计账簿核算；多计课题支出1546.8万元，少计课题或项目收入1546.68万元；长期投资50万元至今未取得收益。

根据国家法律、法规的规定，分别对上述问题作出了处理，提出审计建议，中国气象局、国家信访局和中国地震局地球物理研究所均采纳审计建议，并将上述问题落实整改。

经济责任审计 分别从贯彻执行气象法律法规、重大经济决策情况、预算执行和其他财务收支情况、重要建设项目的建设和管理情况和内部管理情况五个方面对中国气象局局长郑国光同志进行经济责任审计。

专项审计调查 完成对中国气象局科学技术应用研究经费预算分配、管理和使用情况的审计。调查重点延伸审计了中国气象局气科院、局机关和城市所的部分公益性行业科研专项经费项目，掌握了中国气象局科技经费管理使用总体情况，揭示了以拨作支、未向财政部申报项目预算直接取得“管理费”项目经费议、超预算和无预算列支等问题，提出加强财政监管力度，合理编制预算，并按批复的预算严格履行审批手续的建议。完成对中国地震局地球物理研究所津补贴发放情况审查，审查地球物理研究所2009年底津贴补贴发放项目和标准，与已上报的2004年发放情况进行比较，核实是否存在自定项目或提高标准发放津贴补贴的问题；与中国地震局2009年底津贴补贴发放情况进行对比，核实差异情况。通过差异分析，提出进一步规范事业单位津贴补贴管理的意见和建议

相关工作 一是加强领导班子和队伍建设，充分发挥党支部战斗堡垒作用。始终将坚持民主集中制、加强领导班子建设放在全局工作的重要位置，努力打造团结奋进的优秀团队。一年来，局领导班子及时传达、坚决贯彻执行审计署党组的一系列决策和部署，坚持重大问题集体研究并及时向分管署领导请示汇报。局党支部多次召开会议，贯彻落实署党组和直属机关党委的各项工作部署，学习党的十七届五中全会决议文件、中央领导同志关于科学发展观的重要论述以及署领

导的有关讲话等，不断提高认识，党员干部的政治理论素质得到提高，对科学发展观的科学内涵和精神实质有了更加深刻的理解和掌握，增强了贯彻落实科学发展观的自觉性和坚定性。二是加强审计队伍建设，为各项业务工作的开展和完成提供组织保障。针对审计业务工作重、人员少的现实情况，在审计项目实施过程中，均及时召开会议，研究部署工作重点，强调每位同志要勇于实践、不断探索，不断增强审计工作的责任感和使命感，为完成审计工作作出自己应有的贡献。在局领导的要求和号召下，广大干部不辱使命，尽职尽力尽责，充分发挥每一位同志工作的积极性和创造性，克服困难、共同努力，较好地完成了各项审计任务。按照刘家义审计长“不断提高学习能力，改进思维方式”的要求，局领导非常重视对审计干部个人素质的培养，一方面推荐分发各类书籍，组织全局人员统一阅读学习，撰写心得体会，及时更新了大家的知识结构，一定程度上解决了工学矛盾；另一方面注意做好培养和锻炼青年同志的工作，为他们的不断成长提供机会和创造条件，鼓励和支持他们在审计工作中贡献自己的聪明才智。如安排一名年轻同志赴美国安永会计师事务所学习实习半年；在今年开展的2个中央部门预算执行情况审计项目中，安排两名青年同志分别担任主审。在完成工作的同时，青年同志得到了锻炼，审计业务能力不断提高，对青年同志的培养工作取得了良好效果。三是加强党风廉政建设，严格遵守各项制度。历来重视廉政纪律建设，组织全体党员干部认真学习《中国共产党党员领导干部廉洁从政若干准则》等规定，教育广大党员干部要始终牢记署领导关于廉洁从审是审计机关生命线和高压线的警示，严守各项廉政纪律，不断提高廉洁奉公的意识，自觉抵制各种不良倾向，坚决同各种违法犯罪行为作斗争，自觉维护审计机关的公正形象。局党支部除认真组织本局党员干部参加署统一组织的党风廉政集中教育外，多次召开会议，学习贯彻国务院廉政会议、中央纪委全会以及审计署廉政会议精神等，认清反腐倡廉形势，对本局反腐倡廉工作及时做出部署。局领导干部能严格执行审计署“八不准”审计纪律，自觉割断与被审计单位和驻在部门的经济关系。在开展审计项目过程中，严格实施审计现场廉政制度，公布举报电话，指定专人负责，自觉接受被审计单位和人员监督。

（撰稿人：李晓明）

【宣传审计局】 2010年，宣传审计局人员编制9人，在编7人，局级领导职数1名。设有一处、二处。

领导成员

副局长：段大波

审计成果 宣传审计局完成审计项目3个，查出违规金额26844.6万元，其中应归还原渠道资金1034.2万元，应调账处理金额3428.2万元；已归还原渠道资金1034.2万元，已调账处理金额3428.2万元。建议有关部门处理事项1件。提交审计工作报告、信息9篇，被汇总采用9篇次。

预算执行审计 宣传审计局始终坚持把推动被审计单位不断加强管理、更好地依法行政，作为预算执行审计的出发点和落脚点，做好四个结合：审计与审计调查相结合、部门本级审计与二、三级单位延伸审计相结合、预算执行审计与决算审计相结合、财务收支审计与效益审计相结合。紧紧围绕审计工作方案，结合被审计单位具体情况，有针对性地选择审计重点。对于中国文联、中国作协等宣传文化部门，紧密结合审计管辖部门特点，围绕审计促进宣传文化事业发展下工夫。

在中国文联的审计中，按照审计工作方案的要求，根据该部门财务管理基础薄弱、专项资金多、文化活动多、所属单位较多等特点，结合此前连续三年对该部门多次进行审计的情况，2010年把审计重点放在部门预算编报批复、国有资产管理和假发票治理等方面。围绕对部门预算编制和执行结果的分析，查出中国文联上级补助收入未纳入预算、人员经费挤占项目支出、部门本级经费以拨作支转移至二级预算单位等一系列问题；通过所属单位延伸审计，发现文联所属单位以虚假发票套现、培训收入存放下属单位等方式，形成“账外”资金200余万元；2009年事业收入为1100余万元的2个三级预算单位长期未纳入部门预决算、脱离财政监管等问题；通过内查外调，查出中国文联对8个企业的投资和股权4000余万元未在账面反映、存在流失风险问题。此外，还查出文联本级以假发票列支财政专项资金113万元。宣传审计局根据审计情况，对中国文联2009年度预算执行情况进行客观的分析和评价，并提出加强预算管理，清理对外投资等审计建议。审计查出问题和建议引起被审计单位高度重视，文联党组听取有关情况汇报，专门召开所属单位负责人参加的审计情况通报会，对落实审计决定提出明确整改时间要求，并结合近年审计情况，对部分所属单位财务人员进行调整。

在中国作协的审计中，着重从预算执行的真实性、完整性和合规性入手，对比部门预算及其执行情况，分析两者差异的主要原因，揭示中央部门预、决算管理中存在的共性问题，重点关注部门基本支出预算定额不科学、不公平等问题，推动深化部门预算改革。审计查出中国作协项目支出预算不细化、为经费自理单位列支费用、在暂存款科目核算项目收支、将以前年度基本支出结余转移至所属事业单位核算、人员经费超支挂账、所属单位扩大项目经费开支范围等问题。中国作协对审计报告和审计决定高度重视，立即组织进行审计整改，并提出加大对所属单位财务的监管力度，督促所属单位认真执行国家各项财经政策，提高会计人员业务水平等整改措施。

财务收支审计　在2010年中央部门所属单位审计中，认真做好审前调查，分析某中央部门所属杂志社行业特点、管理体制和业务流程，选择该部门委托杂志社并拨付财政专项资金出版发行的某刊物作为审计重点。通过对印刷企业、发行企业、邮局等相关业务单位的内查外调，发现该社弄虚作假套取资金150余万元，私设“小金库”，用于发放职工补贴和“上网本”等实物问题。此问题经署领导批示，已转送该中央部门，中央领导同志作出重要批示，要求对审计发现问题进行严肃查处。审计发现的该社虚列成本、假发票报账、少计收入等问题经向该中央部门和某杂志社通报后，该部门高度重视，专门组织人员对相关问题进行核实，研究处理意见。

计算机辅助审计　为了提高审计工作效率，充分运用信息化审计成果，在本年审计工作中将计算机辅助审计与调查取证有机结合，合理选择审计抽样，扩大了审计覆盖面。充分利用AO系统数据采集与查询分析功能，扩大审计范围。将本级与二、三级预算单位之间，同一单位不同年度之间的账簿数据、预算决算数据进行查询、分析、对比，发现了一些问题线索，然后通过进一步取证，落实违法违规问题。

其他专项审计　宣传审计局克服人员少、任务重的实际困难，先后抽调审计人员1人次支援审计署赴内蒙古自治区津贴补贴专项审计调查。审计中，宣传审计局的同志坚持原则，一丝不苟，揭露和查处大量突出问题，赢得组织单位的好评。

（撰稿人：王雷鸣）

审计署驻地方特派员办事处

【京津冀特派员办事处】　2010年，京津冀特派员办事处（以下简称京津冀办）人员编制260名，在编160人，领导职数7名。设有办公室、法规处、财政审计一处、财政审计二处、行政事业审计处、资源环保审计处、固定资产投资审计处、金融审计一处、金融审计二处、企业审计一处、企业审计二处、社会保障审计处、外资运用审计处、计算机审计处、人事教育处、机关党委。

领导成员

特 派 员：李勇库（—3月）
　　　　　赵继旺（3月—）
副特派员：李占维　周树大　蔡　峰
纪检组长：孙雅琴
正司级审计员：刘汝焯（—3月）
副司级审计员：张国强

审计成果　2010年，京津冀办完成审计项目24个，查出违规金额22.7亿元，其中应上缴财政2.7亿元，应减少财政拨款或补贴762万元，应归还原渠道资金0.2亿元，应调账处理金额4.1亿元；已上缴财政2.8亿元，已减少财政拨款或补贴0.5亿元，已归还原渠道资金1亿元，已调账处理金额0.5亿元。移送司法机关、纪检监察部门处理事项2件、涉及人员5人，建议有关部门处理事项10件、涉及人员17人。提交专题报告和审计及审计调查报告32篇，其中专题报告被审计署采用7篇、综合报告被采用典型案例9个。

提交信息112篇，累计被采用248篇次，其中：《审计要情》7篇、《重要信息要目》45篇、《审计署值班信息》3篇、《审计简报》9篇、《信息转送函》25篇、《审计工作通讯》6篇、《署领导批转函》8篇，上述信息共有53篇次被国务院领导批示，92篇次被中办、国办采用。本办实施的河北省2009年土地资源专项审计调查项目被评为审计署优秀审计项目。

财政审计　在某省农业综合开发资金审计中，查出该省A市、B市、C市财政、农业开发等部门相关人员因工作失职造成四家民营企业骗取财政贴息212万元。经省纪委查实，8人被移送司法机关，16人受到免职、党内严重警告、行政记大过等党纪、政纪处分；该省农业投资公司总经理孙某等人转移挪用财政支农资金3172万元，经省纪委专案组查实，5人被移送司法机关，5人被追究行政责任。在某市海关2009年度关税和进口环节税征管等情况审计中，查出海关人为调节税收入库进度导致8亿元税款未及时入库的问题，作为海关审计典型案例，被刘家义审计长向第十一届全国人大常委会第九次会议所做的《2009年中央预算执行和其他财政审计工作报告》采用。

金融审计　在对某地区工、农、中、建、交五大银行审计调查中，查出民营企业主周某控制的外资企业骗取银行贷款2.9亿元，其中1.29亿元资金非法转移境外的重大问题，据此编发的审计信息被国家领导人批示后，司法机关立案查处并批捕了5名涉案人员，银行监管部门进一步调查发现该外资企业诸多关联公司不良贷款高达数十亿元，引发国内外媒体连续报道，产生较大社会影响；利用计算机审计技术，查出胡某团伙涉嫌利用POS机非法经营为信用卡持卡人套现3.19亿元的案件线索，公安机关根据国家领导人批示，迅速行动抓捕13人，收缴POS机12台，涉案金额超过5亿元；查出的王某及北京某民营公司骗取北京市某商业银行1.21亿元贷款案件，经国务院领导批示，公安机关已立案查处，现已批捕5人。

行政事业审计　在对某市海事局审计中，查出该局虚构经济业务转移资金设立"小金库"问题，引起交通部海事局高度重视，分别给予车某等6名处、科级干部记大过等党政纪处分，并被审计署作为典型案例向国务院报告；在对某省教育"两类项目"审计中，查出该省某市职业教育中心违规向教师集资458万元问题，该问题作为典型案例被刘家义审计长向第十一届全国人大常委会第九次会议所做的《2009年中央预算执行和其他财政审计工作报告》汇总采用。

资源环保审计　在对某省电力、钢铁、水泥等重点行业节能减排专项审计调查中，审计组对该省某市钢铁企业节能减排情况进行了深入调查，较好地回答了国家钢铁产能为何屡控屡增的问题，直接推动了当地政府下决心加大节能减排工作力度、转变"一钢独大"的经济结构，据此撰写的审计专题报告被《审计长信函》采用；在对该省某县制革企业污染状况进行调查期间，该办领导亲率审计人员在高污染环境中奋战40余天，查出17家不法厂商用危险废物皮丝提炼生产的3700多吨蛋白和饲料流入市场、危及广大人民群众生命健康问题，据此撰写的审计专题报告被国家领导人批示，并以《审计长信函》形式转送该省省委和省政府主要领导，农业部、公安部等多个部门联合组成调查组迅速展开专案调查和联合整治，最终查出该县原环保局局长涉嫌贪污渎职、巨额财产来源不明等问题，不仅震动了当地政府和相关部门，而且使当地8万群众的恶劣生存环境有望得到彻底改善，赢得了群众的一致好评，《中国审计报》头版头条对此次审计及整改情况进行专题报道。

固定资产投资审计　在京沪高速铁路建设项目跟踪审计中，查出D市某区财政局局长李某伪造土地证骗取拆迁资金以及国土部门协助出具伪证问题，目前该问题已移送D市监察局查处；查出E市国税部门玩忽职守，导致一些不法企业或个人冒用他人身份和自然人在国税部门代开发票68.3亿元的问题，据此撰写的审计信息被《信息转送函》采用；查出F省某段铁路沿线142户居民房屋严重受损，部分居民的人身和财产安全受到威胁。由于责任主体不明确和未按京沪高铁环境影响报告书批复要求拆迁等原因，问题一直拖延未解决，造成多起群众集体上访和阻工事件。据此撰写的审计信息被《审计署值班信息》采用，被国家领导人批示，铁道部和F省人民政府及时召开现场会商议解决方案，圆满解决了有关部门扯皮近一年的难题，消除了妨碍社会和谐的不稳定因素。

社会保障审计　在某省新型农村养老保险（以下简称新农保）基金专项审计调查中，查出新农保制度试点县近半数农民未参保、九成多新农保个人账户未做实、新老农保衔接受制从而影响新农保政策有效实施等问题，据此撰写的审计简报被审计署重要信息要目采用。在某省城市最低生活保障资金审计中查出的部分不符合条件人员违规申领城市最低生活保障资金，以及在某市保障性住房审计中查出的部分人员违规申领住房保障补贴问题，被刘家义审计长向第十一届全国人大常委会第九次会议所做的《2009 年中央预算执行和其他财政审计工作报告》汇总采用。

企业审计　在某大型国有企业法定代表人孙某任期经济责任及财务收支审计中，查出该企业所属 G 地产集团 116 名中高层管理人员集资 8720 万元入股下属公司，并通过股权溢价回购获利 2 亿元的重大问题，据此撰写的审计信息被国务院领导批示，国资委等部门已根据审计建议开展专题调查；查出 G 地产集团通过虚构项目、编制虚假合同、虚增工程量、开具假发票、截留收入等手段套取资金 4.44 亿元，形成“小金库”并用于发放奖金问题，后经 G 地产集团自查发现，2004 年至 2009 年其所属 20 家地区公司通过上述方式共套取资金 6.7 亿元。

基础工作　（1）统一思想，以坚定的目标和正确的思路凝聚人心、提振士气。2010 年 3 月，该办领导班子进行了调整。新一届办领导班子把研究如何贯彻落实好署党组的部署要求、推动该办“大办变强办”作为首要问题来抓，通过深入开展多渠道、多层次、多种形式的沟通交流活动，了解干部职工心声，听取群众意见建议，科学指出影响该办发展的“是大办非强办、有能力缺合力、有感情缺激情、有压力缺动力、有布置缺落实、有理念缺牢固、有辛苦缺效率、有信念缺坚定”八个突出问题，明确提出“抓学习促贯彻、建制度树导向、抓业务上台阶、抓班子带好头、抓思想带队伍、增激情献审计、抓党建强作风、抓廉政保发展”的工作思路，使全办上下思想更加统一，目标更加坚定，凝聚力更加坚强，精神更加振奋，为稳步、扎实推进强办进程奠定了坚实的思想基础。

（2）以提升审计业务能力为核心扎实推进全办各项工作。一是办领导坚持深入一线指导督办，促进审计人员增强突破能力。办领导班子成员全年人均在审计一线超过 120 天，充分保证了实地了解情况、研究问题、指挥督办的时间；在审计现场及时、多次召开审计业务工作会议，研究讨论重要发现，提出审计思路，为审计组排忧解难、指明方向；实行重大问题线索查处由办领导分工负责制度，将查处督办责任落实到每位班子成员，有效保证了问题线索的查处力度。二是强化部门间协作配合，创新审计组织和实施方式。在项目安排方面，注重发挥综合部门在资源整合、质量控制和成果转化等方面的作用，通过处室间协同作战，实现优势互补；在资源整合方面，根据审计组实际需求，及时抽调、补充相关专业骨干，满足人力和技术需求，确保重点突破；在审计质量控制方面，法规处派员全程参与审计项目，审前强化方案论证增强科学性，审中强化过程控制保证现场有效性，审后注重成果提升增强效益性；在成果转化方面，充分发挥办公室、法规处等综合部门的优势，及时指导、配合审计组将审计发现与社会经济热点难点问题结合分析，研究体制机制制度层面问题，注重跟踪审计整改落实、移送案件调查处理和审计建议采纳情况，促进审计结果取得扎实成效。三是推动建立全过程跟踪式审理模式，有效保证了审计质量。该办以开展“审计质量管理年”活动为载体，全办抓业务、重点抓质量、突出抓成果、着力抓规范，通过近一年实践，建立了审前、审中和审后的审计全过程质量控制体系，加强了审计现场的质量复核，落实了重大事项由审计业务会议审定制度，将质量检查、跟踪问效与审理复核对接，定期检查，季度通报，增强了全办人员的审计质量意识、风险意识和精品意识，确保了审计质量不断提升。

（3）一是创新业绩考核体系，为干部成长进步创造良好的制度环境。该办党组明确提出，在选人用人方面要做到“五重五不简单”，即“重群众公认，但不简单以票数取人；重‘四化’方针，但不简单以年龄、文凭取人；重德才标准，但不简单以求全取人；重公开选拔，但不简单以考试取人；重干部资历，但不简单以任职年限取人”，选拔任用“四实一净”干部，即选拔“作风扎实、工作踏实、求真务实、注重实效，干事干净”的干部，建立以业绩论英雄、以德才坐位置的干部选拔任用机制，切实提高公信度和透明度。为此，该办及时制定出台了新的处室目标管理考核办法、公务员奖励办法、干部选拔任用办法，形成了处室考核与公务员考核相配套、日常考核与年度考核相结合的干部考核、奖励、选拔任用“三位一体”的良性激励机制。二是强化人本理念，为干部成长进步创造良好的保障环境。该办积极选派或推荐年轻干部参加培训、实践或境外审计，为拓宽干部视野、补充更新知识、积累实践经验创造条件；积极为职工排忧解难，通过摸底调查，了解如夫妻两地分居、家中老人无法照顾、孩子入园入学难等实际困难，在政策规定范围内和条件许可情况下积极协调帮助解决；积极拓宽职工沟通联系学习渠道，通过建立手机短信平台，实现手机短信、互联网电子邮箱和特派办局域网连通，及时传达审计署工作部署和办党组工作要求，经常进行廉政提醒、节日问候，广泛收集和反馈群众意见建议，促进党务公开和政务公开，做到了干部教育日常化、经常化。

（4）加强制度重建、廉政教育及监督，夯实机关管理基础。一是全面开展制度重建工作，促进各项工作实现规范化管理。利用建办二十周年之机，全面启动制度重建工作，对建办以来的规章制度进行了系统清理，制订了“废改立”实施方案。目前，已新订、修订公务员奖励办法、干部选拔任用办法等十余项规章制度。二是加大廉政教育和监督力度，促进全办干部依法、文明、廉洁审计。一方面，将廉政思想教育融入主题活动、专题讨论、培训和审计一线中，实现教育养廉。另一方面，通过强化廉政监督力度，有效保证了全办干部严守各项廉政纪律。该办在开展廉政跟踪检查时做到“两个不低于 60%”，即全年对审计项目审计实施阶段的廉政监督检查不低于 60%、审计项目实施后对被审计单位廉政回访不低于 60%。该办积极支持派驻纪检组长下访巡查工作，并探索总结出“四个紧密跟踪”办法，即紧密跟踪重大审计项目、审计人员的工作作风、审计裁量权的运用和审计决定的落实情况。

（撰稿人：李振军）

【太原特派员办事处】 2010 年，太原特派员办事处（以下简称太原办）人员编制 150 人，在编 128 人。设有办公室、法规处、财政审计处、行政事业审计处、资源环保审计处、农业审计处、固定资产投资审计处、金融审计处、企业审计处、社会保障审计处、外资运用审计处、计算机审计处、人事教育处和机关党委。

领导成员

特 派 员：刘满堂

副特派员：卢华胜

纪检组长：王铁英

副司级审计员：宋华民

王爱梅

审计成果 2010 年，太原办共实施审计项目 26 个，其中 17 个审计项目已按审计署规定时间完成并上报了审计报告，其余 9 个跨年度审计项目正在按计划组织实施。查出违规金额 91794 万元，其中应上缴财政 470 万元，应归还原渠道资金 32061 万元，应调账处理金额 21362 万元；已上缴财政 470 万元，已归还原渠道资金 32061 万元，已调账处理金额 21362 万元。移送司法机关、纪检监察部门处理事项 3 件，建议有关部门处理事项 3 件。提交审计报告、审计调查报告、信息 155 篇，被采用 75 篇。

财政审计 审计查出违规金额 3679 万元，管理不规范金额 1787484 万元。其中预算编报不真实 1200 万元，未按规定征收、缴纳预算收入 949 万元，超预算列支 1202 万元，预算结余不实 1783971 万元等。审计发现的当前土地管理中存在的三个问题，以及应尽快研究规范价格调节基金管理等问题，以《重要信息要目》上报国务院后，均被中办、国办采用，得到中央领导同志的重要批示。审计查出的某企业大肆倒卖氧化铁皮等进口固体废物，部分物资流向停产整治重污染企业问题，被审计署转送有关部委。

金融审计 审计查出违规金额 654 万元，管理不规范金额 901492 万元。重要问题有：五大商业银行 1 月份信贷投放仍呈集中度高、期限长的特点，一季度信贷投放还有三个值得关注的问题，农村信用社改革试点与经营中存在的几个问题，寿险机构违规经营团体年金保险问题突出存在较大社会稳定隐患，项目贷款发放中的三个突出问题等。这些问题以《重要信息要目》上报国务院后，均被中办或国办采用，得到中央领导同志的重要批示。

行政事业审计　审计查出违规金额 813 万元，管理不规范金额 9469 万元。重要问题有：我国海域船舶溢油污染应急能力亟待加强，中央部门及所属单位使用或接受虚假发票问题较为普遍，中等职业教育发展中存在的三方面问题，部分中西部农村初中学校校舍改造后仍未实现工作目标等。这些问题以《重要信息要目》上报国务院后，均被中办或国办采用，得到中央领导同志的重要批示。

资源环保审计　审计查出违规金额 2944 万元，管理不规范金额 165841 万元。重要问题有：部分地区执行电厂脱硫电价补助政策存在较大偏差，北方既有居住建筑节能改造项目进展缓慢，预期节能目标难如期实现，两大制度性障碍制约生物柴油产业健康发展，一些地方和企业违规扩大钢铁产能的问题依然突出，污水处理厂产生的污泥六成多处置不当存在二次污染隐患等。这些问题以《重要信息要目》上报国务院后，均被中办或国办采用，得到中央领导同志的重要批示。

固定资产投资审计　审计查出违规金额 9875 万元，管理不规范金额 46579 万元。重要问题有：从溪洛渡向家坝看我国跨界大型水电工程移民安置工作中亟待解决的两个问题，已投入运营的支线机场普遍存在经营亏损空管水平落后和安保能力不足等问题等。这些问题以《重要信息要目》上报国务院后，均被中办或国办采用，得到中央领导同志的重要批示。

企业审计　审计查出违规金额 51900 万元，管理不规范金额 1757400 万元。重要问题有：中央国有资本收益管理中存在的三个突出问题，预算资金注入企业后国有资本权益未落实，中央企业公务用车管理亟待规范，通信设备市场不正当竞争行为亟待整治，两大电信运营企业小灵通清频退网工作落实不到位反又违规新发展小灵通用户，应严格规范以办节庆论坛等形式向企业收取捐赠和赞助的行为，部分中央企业私设“小金库”问题仍较突出，5 户中央企业虚增销售收入所属上市公司面临潜在处罚和诉讼风险等问题。这些问题以《重要信息要目》上报国务院后，均被中办或国办采用，得到中央领导同志的重要批示。

专项资金审计（调查）　审计查出违规金额 21290 万元，管理不规范金额 5126 万元，发现侵害人民群众利益 5122 万元。重要问题有：农业综合开发农民筹资投劳规定亟待调整，从土地出让净收益中安排廉租住房保障资金的相关规定应研究完善，一些地方不符合低保条件的家庭领取城市低保金带来的社会不良影响应予关注，城市低保资金保障范围逐步扩大现象值得关注，县级城市低保资金结余快速增长影响低保政策实施效果，新老农保制度衔接问题需尽快研究解决等。这些问题以《重要信息要目》上报国务院后，均被中办或国办采用，得到中央领导同志的重要批示。

队伍建设　一是以创建学习型审计机关和学习型党支部为抓手，加强党员干部队伍建设。以加强党组中心组学习为重点，全面提高处以上干部的政治、业务素质和领导能力。建设学习型处室和学习型党支部，着重加强对青年干部和青年党员的培养。二是加强业务培训，努力提高审计能力。主要是利用年中培训等各种方式，有针对性地进行强化培训。三是认真开展创先争优活动，推动各项工作全面发展。把创先争优活动作为推动太原办整体发展的抓手和推动力，扎实开展“四手”活动，将“立足本职建功立业、争当‘四手’奋发有为”主题活动融入中心工作。四是深入开展精神文明创建活动，构建文明和谐机关。充分发挥群团组织的作用，开展丰富多彩、健康向上的精神文明建设活动。太原办连续十一年获得“山西省直文明单位标兵”称号，连续九年获得“山西省文明和谐单位”称号。五是完善廉政措施，强化廉政监督。补充修订了《审计人员廉政提示》等廉政制度和规定，进一步明确了全办各项管理工作制度。（撰稿人：郎少萍）

【沈阳特派员办事处】　2010 年，沈阳特派员办事处（以下简称沈阳办）人员编制 150 人，在编 133 人，领导职数 6 名。设有办公室、法规处、财政审计处、行政事业审计处、农业审计处、资源环保审计处、固定资产投资审计处、金融审计处、企业审计处、社会保障审计处、外资运用审计处、计算机审计处、人事教育处、机关党委。

领导成员

特 派 员：王鸿津

副特派员：夏循福　马文辉　刘　仲（挂职）

纪检组长：王　地

副司级审计员：郑有富

审计成果　2010年，审计署下达沈阳办审计项目12个，加上上年跨年度项目10个，共22个。已完成审计项目22个，正在进行的项目6个(署计划安排的跨年度项目)。已审结项目共查出违规和管理不规范金额181.25亿元，损失浪费金额2631万元。向纪检监察和司法机关等部门移送案件线索6件。全年报送审计报告、审计调查报告、专题报告21篇。其中：关于我国种子安全的专题报告被审计署独立上报国务院，取得该办专题报告采用零的突破。编发《审计简报》127期，《重要审计情况》7期，被采用和批示267篇次。其中：《审计要情》采用12篇，名列各特派办排名之首。编发《审计宣传》258期，被《中国审计报》、《中国审计》、审计署网站等媒体采用191篇次。该办组织实施的某市财政收支专项审计调查项目被审计署评为优秀审计项目，中国农业发展银行某省分行2008年度资产负债损益情况审计项目被审计署评为表彰项目。财政审计处和企业审计处被审计署授予取得重大审计成果的公务员集体三等功。

财政审计　在某海关2009年关税及进口环节税征管情况审计中，将查处问题和反映国家进出口政策的体制性障碍作为重点。揭示了某航空股份有限公司北方分公司未将代外方支付的预提所得税纳入报关完税价格，影响关税及进口环节税465.23万元；某海关特殊监管区重复建设、运营效果不佳等问题。同时，还对海关系统自身存在的部分收支未纳入年初预算、违规发放津补贴等问题进行了反映。

金融审计　一是在某保险公司2009年度资产负债损益审计中，查处某市分公司编造虚假理赔案件114起，涉案金额1633万元的重大违法违规问题。二是在商业银行资产质量与2010年新增贷款投向审计调查项目中，揭示了商业银行新增贷款存在的结构、投向不尽合理以及使用违规等问题，查处2家外商独资公司涉嫌违规结汇12亿元人民币，并将结汇资金划转到深圳、广州等地区提现的重大违法违规问题。三是在群众举报线索查处工作中，揭示了某公司法定代表人蓝某等人通过伪造土地使用权证、他项权利证、评估报告及会计报表等手段，骗取银行贷款近2亿元；某生物工程有限公司与银行人员联手骗取贷款1.7亿元等问题。上述问题以《审计要情》上报后，国家领导人作出批示，要求公安部门彻查，目前部分涉案人员已被批捕。

农业审计　把握事关农业发展的核心内容，维护国家种子安全，乃至粮食安全。在中央农业综合开发资金审计调查中，揭示了资金分配投向、资金筹集、项目管理、项目效益等方面存在的问题。尤其是揭示国外种子企业采取本土化繁育、设立合资公司作为销售平台等方式，向我国粮食育种、科研、生产、销售等环节全面扩张，直接威胁我国种子安全乃至粮食安全的问题。对此，该办深入分析了我国种业发展中产业限制政策、科研体制、资金扶持的现状，并提出制定种业发展战略、打造具有创新力和竞争力的国家级种业公司等针对性建议。最终形成的专题报告被审计署上报国务院，国家领导人对此高度重视，要求农业部等相关部门研究落实。

外资运用审计　一是揭示国外贷援款项目资金管理中存在的问题。在铁道部利用世亚行贷款铁路项目财务收支和项目执行情况审计中，揭示了项目建设、设备采购和管理、资金使用等方面存在的问题。二是关注铁路建设债务增长态势，警示防范债务风险。该办从铁道部的资产和负债入手，深入分析近几年来铁道部的债务增长规模及速度，从流动比率、速动比率、现金比率、营运资本等多个长期和短期偿债能力指标分析铁路部门的偿债能力及偿债风险，并对如何化解风险，加强债务资金管理等提出建议。

社会保障审计　注重揭示和解决民生问题，推动社会保障制度的完善。在社会保障审计中，揭示了部分地区骗取城市低保金、擅自扩大城市低保范围等问题。并对新老农保政策衔接工作中老农保个人账户资金并入新农保个人账户实际操作困难的问题予以专门反映。上述问题均被《重要信息要目》采用，国家领导人作出批示。同时，该办反映的某市未执行农村医疗救助政策，2.9万救助对象自己缴纳参合费，0.3万救助对象未参加新农合的问题，受到当地政府的高度重视，目前已返还个人缴纳的参合费 159 万元，3.2 万人将如期受益。

资源环境审计 一是在某省电力、钢铁、水泥等重点行业节能减排审计调查等项目中，查处了 2 市越权审批 6 家钢铁企业的 6 个项目，扩大产能 144 万吨；一些企业擅自改变项目建设内容，自行新增 30 吨电炉 7 座等 4 大类 41 个问题。据此编发的审计信息，受到国家领导人的高度重视，有力推动了相关部门对政策的完善和节能减排工作的顺利开展。二是加大能源开发利用情况的关注力度，针对风力发电这一新兴领域，深入分析了某省风力发电建设现状，揭示缺乏总体规划、电源结构不合理、发电上网受限等问题，提出制定区域性统一的风电发展规划、构建跨行业协作机制等审计建议，受到地方政府和相关企业的高度重视。

固定资产投资审计 关注工程建设领域突出问题，促进中央投资项目加强管理。在机场建设情况专项审计调查中，严厉查处了某公司违法出借施工资质，为 174 名个人承揽工程，涉及金额 54 亿元，造成国有资产流失，副总经理涉嫌侵吞公款的重大违法违规问题，审计署以《审计要情》上报国务院。此外，还查处了机场建设项目中违反基本建设程序、虚假招投标等问题。在揭示问题的同时，还从审计的视角对机场建设和运营中存在的问题提出建议。

行政事业审计 查处预算执行中的违规问题，促进规范部门预算管理。在对某海事局预算执行情况审计中，严厉查处了该局违反中共中央纪委、中共中央组织部等 6 部委规定，发放津贴补贴 2776.56 万元；通过利用其经济实体为本局职工发放津贴补贴 67.7 万元等问题。在农村初中校舍改造工程项目审计中，反映了中等职业教育发展中存在的师资力量短缺、实训设备配备不足等问题，并提出加大专业对口、实际操作能力强的人才引进力度，提高实训教师比重等审计建议。上述问题均被《重要信息要目》采用，国家领导人作出批示。

经济责任审计 一是在某集团领导人员经济责任审计中，查处了某贸易有限公司采取伪报品名的方式，非法进口危险镍渣废物 10 万吨，涉嫌走私废物罪的重大违法违规问题。该问题被审计署以《审计要情》上报后，国家领导人作出重要批示，目前海关总署已经立案调查。二是在某市原市长经济责任审计中，该办本着全面审计、突出重点、充分取证、客观评价的原则，准确把握审计署工作方案确定的内容，严格执行审计质量控制的有关要求，确保审计证据的充分性、完整性和有效性，防范审计风险。力求从宏观、全局的角度，全面、历史、客观地分析和判断问题，分清直接责任、主管责任和领导责任，公正客观的任期经济责任情况作出评价。

专项审计（调查） 在某市地方政府性债务专项审计调查工作中，在对政府性债务的总体情况、融资平台数量、债务管理体制、债务结构、举借方式、资金管理和使用、偿债能力、债务风险进行全面调查的基础上，对政府性债务及其风险进行了深入分析，揭示了监督管理制度不健全、违规使用政府性债务资金、债务资金大量闲置等问题，并提出规范地方政府举债行为、建立健全地方政府性债务监督管理制度、加强政府性融资平台公司的监管 3 方面审计建议，受到该市政府的高度重视。

提高审计质量 进一步加强了对既有框架下工作流程、关键点的质量控制。全年没有发生因审计质量问题引起的行政复议，在审计署办公厅对公文处理质量检查中实现零通报。一是完善制度，创新审理复核方式。修订完善《审计署沈阳特派办审计项目质量考核办法》等相关制度，并根据各业务处任务重、人员少、时间紧等实际情况，加大现场审理复核力度。二是积极组织学习和宣传修订后的审计法实施条例和国家审计准则。采取专家授课、实例解读、全员考试等形式组织培训。同时，清理、修改、完善办内相关制度和办法。重新制定了调查了解记录、审计取证单、审计工作底稿等审计文书格式。三是严抓审计报告和审计信息质量。建立了办领导、办公室、法规处、业务处室负责人、拟稿人、层层负责、环环相扣的审计文书质量控制体系，对行文立意、问题定性等方面严格审核。并采取了业务处每月上报信息点、办公室每月通报、办领导和各处处长每季度召开信息分析会的方式加强审计信息的质量。

队伍建设　一是建立以业绩为导向的激励竞争机制。以审计实践需要为出发点，将任务和工作指标量化、细化，分解到具体责任处室，并制定相应的奖惩办法。先后修订了处室考核、干部考核、干部任免三个办法，形成了以业绩为导向的干部激励竞争机制。二是加快年轻干部的成长。全面加强年轻干部政治思想、道德修养、知识技能培养，在一些审计项目中，为年轻干部创造机会、压担子，实现其由独当一面到统揽全局的转变。在年初进行的副处级岗位竞争上岗工作中，有5名优秀年轻干部破格提拔走上副处长岗位。三是促进人力资源优化配置。制定了人力资源动态备案前提下的人力资源整合调配管理制度。全年根据工作需要和个人实际情况对10名干部进行岗位调整；选派9名干部到审计署和地方审计机关、企业进行交流和挂职锻炼；接收审计署安排交流干部6人；从地方审计机关和企业选派交流干部22人。四是切实加强干部培训工作。全年共组织参加审计署统一组织的各种培训班30余次，累计培训480余人次。同时，鼓励干部积极参加学历教育和资格考试，全年共有2人获得硕士学位；有2人取得高级审计师资格，5人取得审计师资格。五是耐心细致做好离退休干部工作。该办从制度建设、组织建设、政治生活待遇等方面加强离退休干部工作，给予他们更多的关爱和尊重。全年组织100余人次游览世博园、海棠山等景点；走访慰问老干部70余人次。

信息化建设　一是加强信息化管理。严格按照年初预算进行计算机设备的采购，并对计算机资产实行台账登记制度；设立定期检查和巡视机制，确保网络设备、空调设施等正常运转，出现问题及时解决；改版升级内部网站，对网站样式、功能、内容等方面更新完善。二是全面开展计算机审计。全部审计项目均开展了计算机审计，完成了被审计单位的信息系统调查、财务数据采集、数据转换与数据分析等工作。同时，注重发挥数据分析小组的作用，在中国海洋石油总公司审计中，对其下属公司的采购、销售、外包服务、船舶服务等情况进行了数据分析和问题深度挖掘。三是探索信息系统审计。对辽宁省国控重点污染源烟气在线监测系统开展了信息系统审计工作试点，探索信息系统审计的方式方法，努力从系统层面查询分析数据，揭示系统运行中存在的根本问题。四是注重总结信息化建设成果。参与了鞍山钢铁集团公司、中国国电集团公司、中国航天科工集团公司等中央企业数据规划工作；报送2010年计算机审计方法27篇；有2篇AO案例获优秀奖，3篇AO案例获鼓励奖。

内部管理　一是坚持“用制度管理、按标准做事”的理念，建立健全机关内部管理制度体系。利用3年时间打造的以进一步加强干部队伍建设、提高审计工作质量、加强审计信息化建设“三个若干意见”为核心，后勤服务管理、财务管理、档案管理、人事管理和质量管理5本手册为具体操作指南的机关内部管理制度体系已经基本成型。二是做实做细机关后勤、财务管理等工作。坚持为审计一线服务的宗旨，认真落实岗位责任制、服务承诺制、履责问责制，切实做好厉行节约、节能减排工作。采取关停职工浴池，定时开关电热水器等方式，将节能减排工作落到实处。全年共节水901吨，节电9000余度。同时，以控制审计成本为重点，实行精细化管理，全员、全额、全程控制经费使用的全面预算制度，预算执行进度得到较好控制。并本着“不走过场、实事求是”的原则，切实执行内部审计制度，仔细排查年度财务工作中存在的不足，并提出意见和整改建议。

党建廉政工作　坚持以抓好党风廉政建设促进审计事业发展的思路，扎实有效的推进党员队伍的思想、组织、作风建设。2010年，沈阳办连续第9年被辽宁省直机关工委评为目标责任制工作先进单位。一是切实执行民主集中制，形成民主决策、科学决策的良好氛围和机制。在队伍建设、重大财务开支、审计项目的重大事项等方面，均实行集体决策，并把政务公开落到实处。二是积极深入开展创建学习型党组织和创先争优活动。大力弘扬重视学习、崇尚学习、坚持学习的优良传统，使党员干部的学习能力、综合素质不断提升。按照审计署的统一部署，坚持抓实创先争优活动，带动审计成果的提升，带动学习型党组织建设，带动党风廉政建设，“一抓三带”的工作思路，创新方式、注重实效。组织学习郭明义等同志的先进事迹，结合审计工作实际，查找差距，弥补不足，开展了“立足本职建功立业、争当‘四手’奋发有为”的活动。三是加强廉政建设。

开展读一本廉政图书、召开一次廉政党课、选看一部廉政影片、开展一次廉政谈心、进行一次现场廉政警示教育为主要内容的防腐倡廉“五个一”活动。将廉政风险防控工作纳入考核范畴，开展廉政风险点的查找和防控工作，做到重大事项有提醒、制度执行有督查、无过错有预警、有过错必问责，把对权力的监督制约贯穿于审计工作的各个环节。同时，切实执行廉政回访制度，检查廉政纪律执行情况，认真总结廉政经验。四是加强机关文化建设。推进以“责任、忠诚、清廉、依法、独立、奉献”为重点的机关文化建设。通过组织在职专业培训等活动，提高干部自身修养，形成爱岗敬业、开拓进取的工作氛围。广泛开展职工喜闻乐见的文体活动，组织趣味运动会、踏青等活动，使广大干部职工在轻松的氛围中感受和谐向上的机关文化。各支部结合审计项目，落实或帮助解决一件关系民生的实事，今年向省直机关工委申报的4件实事，均被评为当季度的最佳实事。

（撰稿人：梁　兵）

【哈尔滨特派员办事处】 2010年，哈尔滨特派员办事处（以下简称哈尔滨办）编制150人，在编115人，领导职数4名。设有办公室、法规处、人事教育处、计算机审计处、机关党委、财政审计处、金融审计处、企业审计处、行政事业审计处、农业审计处、社会保障审计处、资源环保审计处、外资运用审计处和固定资产投资审计处。

领导成员

特 派 员：张　军（6月—）

副特派员：张　军（—6月）

罗　键　罗良辰

纪检组长：张殿志

审计成果 2010年，哈尔滨办完成审计（调查）项目20个，其中2009年跨年度项目8个。查出违规金额6.78亿元，损失浪费金额1.96亿元，管理不规范金额1558.09亿元。向司法机关和有关主管部门移送经济犯罪案件线索13件。上报专题报告4篇，提交重要审计情况4篇，审计信息79篇，情况反映49篇，被审计署采用信息67篇，其中被《审计要情》采用8篇，《重要信息要目》采用44篇，《审计署值班信息》采用7篇，《审计简报》采用8篇，被中办、国办分别采用37篇、54篇，被党和国家领导人批示50篇，《信息转送函》采用13篇，《审计工作通讯》采用6篇，《审计工作动态》采用1篇，重要信息的合计采用量再创哈尔滨办历史新高。2009年实施的中国农业发展银行辽宁省分行资产负债损益审计项目和吉林省土地资源专项资金审计调查项目分别荣获审计署优秀审计项目和表彰审计项目。

财政审计 中央预算执行审计项目中，哈尔滨办按照署党组提出的构建财政审计大格局有关要求，创新审计组织和实施方式，整合87人保证项目的重点突破。国税税收征管审计发现黑龙江省国税部门通过违规审批缓税、有税不征等方式人为调节税款入库近50亿元；部分国税部门违规办理减免税2亿多元；某国税局税收管理员私存私放税款80余万元用于个人购车的案件线索，已移交当地检察院处理。国税部门预算执行审计发现预决算编报不完整、虚报预算、少计地方补助收入等问题1.85亿元。粮油仓储设施审计发现黑龙江省部分扩内需粮油仓储设施未建成，黑龙江省中央储备粮严重不足等影响国家粮食安全的问题。黑龙江省财政就业补助资金审计发现鸡西市挪用公益性岗位补贴资金1217万元用于提高退休企业领导干部待遇等支出等影响群众利益的问题。黑龙江海事局预算执行审计揭示出利用假发票套取财政资金等12类问题，涉及金额2450万元，并发现黑河海事局原局长和财务人员非法侵占公款83万元的案件线索，已移送黑龙江省人民检察院。黑龙江省中等职业教育基础能力建设和中西部农村初中校舍改造工程项目审计揭示出初中校舍改造项目用已完工项目重复申报中央扩大内需投资项目、虚报学籍套取助学金等14类问题，涉及金额3443万元，并撰写了《促进黑龙江省进一步加强县域中等职业教育基础能力建设的专题调查报告》，被审计署采用并被黑龙江省人民政府研究采纳。厦门海关审计发现海关税款征收、海关执法等方面的问题15个，涉及金额1亿多元，同时提出需要海关总署和其他国家有关部门解决的政策问题12个，并针对现行进口航材实际关税税率过高，阻碍了民用航空业和维修业发展的问题撰写了专题报告，已被审计署采用并转送国家有关部门。海关总署根据审计建议规范了飞机租赁中相关费用海关税收办法并发布公告，厦门海关出台了《关于加强保税监管工作有关问题的通知》等提高管理水平方面的文件16个，停发清退了违规发放的津补贴。黑龙江省2007年至2009年节能减排专项资金审计重点反映了有关部门和项目单位滞留、挪用、闲置、欠缴节能减排专项资金4亿元，黑龙江省二氧化硫排放总量基数不实比原始统计数据多出13.5万吨，部分项目的节能减排目标未实现等四大类15个方面的问题。

金融审计　中国人寿黑龙江省公司2009年度资产负债损益审计发现在保险条款之外以固定比例支付保险红利违规办理永泰年金保险2.7亿元、拼凑散户违规办理永泰年金保险7000万元等违规问题。中国人保财险黑龙江省公司专项审计调查，发现人保齐齐哈尔公司营业部前后两任经理违规对外担保2.42亿元，使人保财险面临5000万元的赔偿损失风险，该问题审计要情得到总理批示，由公安部立案查处。

固定资产投资审计　哈尔滨办与固定资产投资审计司牵头实施的西气东输二线工程东段跟踪审计，按照"揭露问题、规范管理、提高效益、促进建设"的工作思路，重点对物资采购、招标投标等情况进行了审计，发现工程建设管理不规范、审批程序执行不够严格、中国石油油气信息系统存在严重安全隐患等7大类违规甚至影响国家安全的重大问题。

经济责任审计　中国兵器装备集团公司经济责任审计共查出4项重大违法违纪问题，揭示集团未经评估斥资2000万元收购某"空壳"公司40%的股权，全额垫资由该公司竞得北京某地块，巨额国有资产面临损失并影响国家房地产调控政策落实的问题；发现集团所属个别公司以中介费、咨询费等名义向自然人支付巨额资金，个别国企高管人员涉嫌受贿犯罪等重大违法违纪问题，国务院有关领导高度重视，已责成有关部门进行查处；发现所属两公司资产处置决策失误、原管理层严重失职导致海外公司股权被窃取，导致巨额国有资产面临损失等问题。同时，对我国太阳能光伏产业的发展与存在的主要问题等进行分析探讨，撰写了专题报告。

专项审计（调查）　(1) 黑龙江省地方债务专项审计调查揭示出黑龙江省地方政府债务风险预警和控制指标体系不够完善，财政偿债能力不足，借新债还旧债；偿债主体违规改变债务资金用途28亿元；省本级及部分地市违规通过出具承诺函等方式提供贷款担保234.49亿元等问题。

(2) 五家商业银行黑龙江省分行2010年度新增贷款投向及存量资产质量专项审计调查项目发现政府融资平台项目违规取得资本金搭桥贷款16.9亿元、银行发行理财产品为房地产开发企业提供融资6亿元、流动资金贷款10500万元被担保企业挪用于房地产开发等问题，并对五家银行在内部控制和风险管理等方面的薄弱环节和风险隐患提出了有针对性的建议。

(3) 黑龙江省2007年至2009年电力等重点行业节能减排专项审计调查重点反映了主管部门违规核准钢铁、水泥企业扩大产能项目，地方政府违规对高耗能企业执行优惠电价5.69亿元，违规向高耗能企业返还税款13787.2万元等四大类21个方面的问题，并揭示了环保部门与环评业务机构存在特殊关系影响环境评价和评估效果等多方面体制和机制问题。

(4) 黑龙江省城市居民低保资金审计和新农合基金专项审计调查2个项目共查出各类违规违纪问题九大类33个问题，涉及问题资金11.92亿元。上报的黑龙江省城市低保制度运行情况专题调查报告，得到刘家义审计长的批示。在新农合项目中尝试开展了计算机系统审计，揭示了新农合信息系统方面存在的问题，上报了哈尔滨办第一份信息系统审计报告。

队伍建设　哈尔滨办积极探索实施绩效管理模式，突出业绩导向，完善考核制度，修订原处室考核办法，制定干部个人考核办法，将全办的总体发展目标分解为若干子目标，与各处室签订绩效管理表，科学评估审计工作的绩效水平。积极探索新录用人员的教育培训制度，形成了包括初任培训、基层锻炼、知识转型、计算机中级"门槛"等内容的培训体系。

质量管理　一是探索制定了《审计业务质量控制规范》，强化对审计行为合法性和操作执行标准化的控制。对此孙宝厚总审计师给予高度肯定，署法规司专门发文推广应用。二是严格执行审计实施方案会议审定制度，强化审计实施的源头控制，审计实施方案质量明显提高。三是实行审计项目回访制度，促进被审计单位对审计发现问题及时整改、完善有关政策制度，相关经验做法及成果被《审计简报》第 9 期和《中国审计报》头版头条采用。

信息化建设　2010 年，加大了计算机中级人员培养和管理力度，制定了《计算机中级人员后续管理办法》，余效明和石爱中副审计长对该办法做出重要批示。开展信息系统审计，报出哈尔滨办首份信息系统审计报告，揭示了被审计单位信息系统存在管理不到位、参数设置错误、运行维护外包存在风险等问题。

审计研究　改组审计研究会，修订章程，注重加强审计研究实效，加强对外交流协作。全年组织开展《审计署特派办绩效管理机制研究》等课题研究 11 项，其中《中央企业审计预警分析系统研发》课题经署领导批准，列入金审二期工程专项投资项目；关于建立非转基因大豆保护区的专题报告被新华社高层内参采用。在各类刊物发表审计研究文章 40 余篇；组织召开理论研讨活动 3 次；启动了哈尔滨办审计案例集第一册的编写工作。

相关工作　一是按照刘家义审计长来哈调研时的指示精神，通过对建办 20 多年经验教训总结和对先进特派办的考察学习，哈尔滨办转变工作作风和思维模式，立足当前实际，提出了“解放思想、实事求是、积极进取、做出特色、争创一流”的治办新思路。制定办审计工作五年发展规划和 2010 年度工作思路和要点，明确目标，突出重点，强化制度建设和能力建设，提高了工作的计划性，促进各项工作的协调发展。二是新修订制度 28 项，初步形成了比较完整的制度体系。三是机关管理尝试绩效管理，各项工作均有长足进步。财务工作在 2010 年全署财务工作会议上做了资产管理工作的典型发言；政务工作在保证机关工作高效运转的前提下，在审计信息加工、工作沟通协调等方面的统领作用有所加强；档案、保密工作被黑龙江省授予“先进集体”荣誉称号；宣传工作迈上新台阶，树立了良好的哈办形象；后勤管理更加规范，认真执行各项安全检查制度，食堂开设三餐，并增加了主副食供应品种，保障能力进一步提升。四是机关党的建设工作，把创先争优活动与加强审计队伍建设相结合，重点开展了“立足本职建功立业、争当‘四手’奋发有为”活动，全办 95 名党员签订了“党员践行‘四手’承诺表”。以十七大精神为主线，加强理想信念教育，组织了 4 次办党组中心组学习会及党课教育，全年共有 3 人荣获黑龙江省省直机关“青年岗位能手”、“优秀共产党员”等省级荣誉称号。加强廉政建设，落实党风廉政责任制；组织观看廉政警示教育片、聘请预防职务犯罪专家作专题报告；对部分重点项目组织开展了廉政跟踪检查，加强对审计现场的廉政监督。（撰稿人：孟丽荣）

【上海特派员办事处】　2010 年，上海特派员办事处（以下简称上海办）人员编制 150 人，在编 132 人。设有办公室、法规处、财政审计处、行政事业审计处、资源环保审计处、固定资产投资审计处、金融审计一处、金融审计二处、企业审计处、社会保障审计处、外资运用审计处、计算机审计处、人事教育处、机关党委、机关服务中心。

领导成员

特 派 员：卢家辉

副特派员：王俊豪　吕劲松

纪检组组长：陈　音

副司级审计员：刘劲柏

审计成果　2010 年，上海办审计和审计调查 27 个单位，查出各类违法违规金额近 41 亿元，归还原渠道资金 3893 万元。上报大案要案线索 13 件。提出审计建议 26 条，推进被审计单位整改 7 项。上报的审计信息被《审计要情》采用 9 篇，《重要信息要目》采用 47 篇，《审计简报》7 篇，其中，中办、国办分别采用 33 篇次和 55 篇次，党和国家领导同志批示 52 篇次。另有 21 篇被《信息转送函》采用，5 篇被《审计工作通讯》采用，6 篇被署领导批转函采用，7 篇被专题报告采用，被综合报告采用 14 条。对安徽省财政大格局和节能减排审计工作的经验总结被审计署转发推广。

财政审计　从系统整合、全面创新的高度，贯彻落实温家宝总理“财政资金运用到哪里，审计就跟进到哪里”的指示精神，积极构建财政审计大格局，审计综合了农业、社保、医疗、教育、节能减排、投资、外资等多个行业领域，抽调 8

个业务处、4个综合处室共80多名审计人员参加，取得了丰硕成果，上报的经验总结被审计署转发推广，政府性债务审计提出的相关建议被人大报告采用。

金融审计 继续加大查处金融领域大案要案线索力度，坚持把查处金融领域犯罪线索作为重中之重，共查处3起重大案件线索，涉案金额4.6亿元。其中在某人行延伸审计中，发现一房地产公司利用虚假注册的28家空壳公司骗取某农村合作银行贷款3.6亿元，农信社行长违法放贷，涉嫌职务犯罪等犯罪事实。人行预算执行审计过程中发现审计案件线索尚属首次，上海办的探索也带动了查处农信社信贷违法案件审计新热点。在中国人寿人保审计中，通过在债券买卖过程中利益输送链的深入挖掘，发现6家民营投资公司与金融机构相互串通，通过银行间债券市场低买高卖非法获利2亿余元涉嫌商业贿赂的案件线索，上报后被审计要情采用。还重点审查金融机构内控管理问题，揭露金融隐患，维护金融安全。在中国人寿审计中，揭露了某公司利用虚构手续费违规冲销2亿余元应收保费的问题；反映了新华人寿47名高管未经合法程序违规为个人支付高额退休养老金的问题，被媒体公开后引起强烈的社会反响；在上海工行、建行审计中揭露了少数分支机构负责人利用贷款审批的职务便利，低价购买民营企业开发的高档住宅涉嫌受贿的问题。

行政事业审计 主要开展了安徽省中等职业教育基础能力建设和农村初中校舍改造工程项目审计，还对宁波市扩大内需政策效果、上海海事局预算执行、上海市保障性住房等进行审计调查。

在对安徽省教育项目的审计中，结合审计署工作重点和安徽省地方特色开展现场审计，在反映配套资金不到位、项目实施效果不佳的同时，分析了教育资源配置中存在的深层次问题。在对上海市政府投资保障性住房的审计调查中，深入分析廉租住房计划无法完成和廉租资金大量沉淀闲置这一矛盾的关键原因，并提出有效建议。

资源环保审计 重点完成对某省重点行业节能减排情况的审计调查。在审计中，通过对该省钢铁、电力、水泥、城市污染处理行业整体情况和企业实际的综合把握，发现该省存在地方投资主管部门违规审批或企业自行扩大钢铁、水泥产能，淘汰落后产能政策执行不到位，节能减排指标不实，套取、挪用、闲置中央奖补资金，污泥处置缺乏有效监管等问题，编发的简报有4篇被重要信息要目采用。结合审计实例编写的《污泥流向何方》一文被刊登在《中国审计报》头版头条，主管副审计长专门做出批示，农业司作为审计署信息要点布置任务，推动了节能减排审计调查信息工作。此外，通过延伸调查环评机构发现，某单位下属2家机构为省内94家单位作掩护设立123个“小金库”，金额达6亿元，此信息经审计长信函转送省委和省政府主要领导后，引起省有关部门的高度重视。

固定资产投资审计 开展了京沪高铁跟踪审计和西气东输二线等专项审计调查。在审计中，及时发现问题，预防、制止巨额国有资产流失，积极推动国家重大工程建设的有序进行，充分发挥审计“免疫系统”功能。在对京沪高速铁路的跟踪审计中，发现建设用地未批先用、违规招投标、用假发票入账等项目管理问题，提出规范建设管理、提高资金使用效益等建议，上报审计信息6篇。

社会保障审计 对安徽省新型农村合作医疗基金和新农合政策措施的执行落实情况进行审计调查。审计中查获5个抽审县乡镇卫生院假腹透液发票94万元，该案例被审计署上报国务院报告采用。社保审计还大力推进信息系统审计，撰写了信息系统专项审计调查报告，着力分析安徽省新农合系统存在的安全性、效益性、可靠性问题，并得到主管副审计长批示。

企业审计 对中国交通建设集团有限公司进行重点审计，对中钢集团驻港企业、中国网通等开展审计和专项审计调查。在对中交建的审计中，在揭示会计信息不真实、重大决策失误及管理不善造成损失以及潜在损失和国有资产流失的基础上，针对当前中央和审计署布置的工作重点，着重审计部分下属公司套取资金形成“小金库”累计金额达2411.9万元和违规对外转包、分包，出借资质等工程建设领域专项治理的突出问题，取得了明显的成效；在对中钢集团公司驻香港企业财务收支审计中，在核对经营业务损益的同时，就加强内控管理水平提出针对性建议；在对中国网通的审计调查中，发现并上报深圳市某公司涉嫌偷漏企业所得税的问题。

外资运用审计　在安徽世界银行贷款安徽公路项目二期项目绩效审计和执行情况审计中，查处因建设管理不善造成损失浪费或增加投资1100多万元、项目超概算5000多万元、违规用地2900多亩、截留挪用征地农民补偿资金2700多万元、某单位参与工程项目不当谋利用于职工发放奖金500多万元以及大量违规转包分包工程项目等问题。同时，对项目运营的经济效益、社会效益、环境效益进行了全面评价，深入探索外资绩效审计评价的方法体系，与国外先进审计模式接轨。

经济责任审计　在宁波市市长经济责任审计中，结合对地方政府性债务的审计，重点分析地方政府性债务风险，反映地方部门在税收、预算执行、投资、规划、节能减排、环保、土地等管理方面存在的突出问题，提出了规范地方政府性债务、规范预算执行、优化投资结构、加强环境治理等政策建议5条，促进地方行政管理体制的健康发展。

队伍建设　一是坚持民主，注重科学，建设强有力的领导班子。办党组始终坚持民主集中制的组织原则，讲团结重协作，同心同德促发展，自觉用科学审计理念引导领导班子自身建设，培养驾驭复杂事务的能力，提高重大事项的决策水平，实现构建和谐特派办的战略目标。进一步健全了办领导班子会议制度，除每季度一次的中心组学习会外，还先后召开25次办党组会议、领导班子民主生活会和特派员会议，增进交流、统一思想、凝聚共识。办领导班子成员经常深入审计现场指导工作，确保现场审计的重要节点均在一线靠前指挥，实地调查研究和解决问题，保证了审计任务的高质量完成。

二是科学用人，实践培养，全面提升审计队伍战斗力。全年组织2次竞争上岗，提拔正处长1人，由正处级非领导职务转为正处长1人，提拔副处长15人，副处级晋升正处级非领导职务5人，晋升副处级非领导职务4人，大大缓解了处级干部队伍青黄不接的局面。群众对两次竞争上岗工作的认可度达96.2%。

在实践中锻炼培养干部，通过传、帮、带等形式实现老中青三代有机结合，在海关、金融、企业、外资等多个重点项目中让青年审计干部担任主审、挑起大梁。采取自行培训和送出去培训相结合、国内培训和国外培训相结合的方式，着力培养一批具有宏观视野和战略思维的复合型、高层次审计专业领军人才和业务骨干人才。2010年先后有10人次出国培训学习，30名干部参加审计署组织的各类培训，选派4名干部到署业务司、派出局交流，2名干部分别在西藏和汶川灾区审计机关挂职锻炼，5人参加境外审计。

三是创先争优，树立榜样，实现集体个人全面进步。在创先争优活动中“创建五个好先进党支部”、“争做五带头共产党员”，充分发挥党支部的战斗堡垒作用和党员的先锋模范作用，带动全办干部队伍整体素质的提升。2010年，评选出4个先进党支部和12名优秀党员，并通过网络、板报等途径大力宣传先进事迹，扩大典型示范的影响力。2010年上海办分别有1个处获审计署集体二等功，2个处获集体三等功，1名同志获个人三等功。积极响应“服务世博、奉献世博”的号召，圆满完成世博会期间的各项工作任务。机关服务中心党支部被上海市总工会评为“工人先锋号”，1名同志被上海市委授予“五带头共产党员”称号，4名同志获三等功，10名同志获嘉奖。

质量控制　一是制订开展优秀审计项目评选工作实施方案，细化评分标准和要求，全面执行以优秀审计项目为标杆的审理复核制度，对每个审计项目实施全过程质量控制，实时通报复核结果。二是邀请评审专家和档案专家进行现场指导，定标准、树标杆，让大家学有榜样、赶有方向。三是通过日常复核、交叉评审，查找出审计项目在成果跟踪整改、审计规范、档案归集等方面的问题，提出整改意见，真正做到“实、高、新、严、细”。四是组织学习新修订的审计法实施条例和国家审计准则，以全办闭卷考试促进消化吸收，并在日常审计中对照提高。安徽农行审计项目和东航审计项目分获审计署2010年度优秀审计项目和审计署联合表彰审计项目，上海办优秀审计项目实现“零”的突破。

计算机审计　在数据审计、信息系统审计、信息化建设、计算机骨干人才培养等方面扎实开展工作，全年共撰写相关信息简报14篇，提交有关计算机审计的专题报告4篇，上报审计技术方法28篇，上报AO应用案例11篇，办内部网站评比位列特派办系统第 6 名。广泛开展数据审计和信息系统审计，有效地提高财政、金融、企业、社保等项目的审计效果与效率，实现计算机审计方法上报数创历史新高。通过信息化建设定期通报，实现比学赶超，推动全办审计信息化和计算机审计水平的全面提升。

党风廉政建设　一是坚持“党委带支部，支部促党员，党员做榜样”，夯实党风廉政建设的基础。机关党委新增 2 名党委委员，配备了专职副书记和副书记。积极探索在审计现场建立临时党支部的组织方式，实现审计、党建两不误、两促进。严格执行审计现场廉政巡查和回访、廉政建设定期通报、重大问题请示报告和反映信息等制度和措施，并制定了《关于加强审计组成员公务回避有关事项的规定》和《对审计组审计实施过程加强廉政管理和监督的意见》。2010 年先后对上海海关关税审计等 11 个审计项目开展了廉政巡查和回访，检查回访率达到 100%，被审计单位对审计人员的业务能力、廉政表现和文明审计情况，给予充分的肯定和好评。

二是加强审计文化建设，提升干部队伍的凝聚力。2010 年，上海办工会、团委进行了换届。先后组织了新春联欢会、摄影比赛、五四青年节户外拓展等喜闻乐见的文体活动。举办了离退休干部茶话会、青年干部座谈会、三八妇女节茶话会等。在劳动节和重阳节组织离退休干部的观光旅游，在六一儿童节举办亲子活动。针对审计干部长年出差在外的实际情况，宣传安全防护知识，并由办事处统一购买了交通意外险，为干部提供保障。

三是加强作风建设，增强干部队伍的执行力。落实审计署“作风改进年”的要求，坚持“内强道德、外树形象”，提高审计队伍的软实力和执行力，强化“风顺、气正、和谐、向上”的工作作风，形成人人不甘落后、个个创先争优的工作氛围。有 3 名同志分获“上海市优秀团干部”、“先进团员”、“青年岗位能手“的称号。

相关工作　一是抓住“制度完善年”的契机，以完善优秀项目和处室考核制度为核心，全年共新增五项制度，修订和完善两项制度，新成立了资源环保审计工作协调领导小组，全面细化了优秀项目的标准和规范体系，建立了重要事项例会制、办领导谈心日制度等，进一步完善了信息化条件下的保密制度。重点完善了“业绩导向为主、重点突出、区别对待”的考核标准体系，健全了“考评优秀项目、考量处室排名、考核行业排名，重要信息源排名，评选先进集体、评选优秀个人”的考评机制，形成了良好的制度激励。

二是通过扎实细致地精心筹备和前期施工，上海办新办公楼已基本完成置换手续和装修工作，新增了老干部活动室、展示厅，图书室、档案室等，多年遗留的停车难、办公挤的老大难问题得到解决。新购置的周转安置房正式交付使用，26 名年轻同志和交流干部搬入新宿舍，使安心工程落到实处。

三是理论研究与宣传工作上台阶。遵循求实、创新、理论联系实际的原则，全员参与、实践互动，全年共发表各类理论文章 39 篇，取得了三项重大突破，开创了本办理论研究的历史先河。“政府审计维护国家经济安全的机制设计与模式选择”课题首获审计署科研项目立项；上报的 2 篇文章分获审计署优秀审计论文一等奖和二等奖；1 名同志的课题获国家社会科学基金研究项目立项。

宣传工作在内外交流中取得明显进步。全年被署门户网站采用 197 篇，被中国审计报采用 77 篇，被中国审计杂志采用 14 篇，署门户网站宣传稿件得分排名特派办系统第二名。特别是安徽新农合审计项目首次接受了中央电视台、中央人民广播电台、《人民日报》、新华社等 8 家中央媒体的集体采访，相关新闻播出或刊登后引起社会舆论的较好反响。

（撰稿人：陈　超）

【南京特派员办事处】　2010 年，南京特派员办事处（以下简称南京办）人员编制 150 人，在编 126 人。设有办公室、法规处、财政审计处、行政事业审计处、农业审计处、金融审计处、资源环保审计处、企业审计处、固定资产投资审计处、社会保障审计处、外资运用审计处、计算机审计处、人教处、机关党委。

领导成员

特 派 员：李　玲

副特派员：刘　利　倪志伟　庄　军

党组副书记、纪检组长（正司级）：杨新民

审计成果　南京办完成审计项目 23 个，查出违规金额166.59亿元。向司法、纪检监察机关移送事项5件。出具审计（调查）报告22份、提交审计专题报告6篇；共上报重要审计情况14篇、审计简报131篇、工作动态74篇。其中，被审计署要情采用7期、要目采用51期、值班信息采用6期、简报采用9期，专题报告5篇、综合报告采用典型审计案例16个，转送函（包括审计署办公厅信息转送函和审计长批转函）18期、工作通讯4篇、动态1篇；被中办、国办采用共96篇次、中央领导同志批示56篇次。报送的3个项目均荣获审计署全国表彰审计项目。

财政审计 组织实施福州海关2009年关税及进口环节税征管审计、江苏省农业综合开发资金审计、南京市原市长蒋宏坤同志经济责任审计等项目。

坚持加强沟通，确保审计工作的成效。在农业综合开发资金审计中，发现违法违纪线索后及时移送相关部门，根据审计发现的案件线索，有3名党员干部被判处有期徒刑、8名党员干部被处以党纪政纪处分；有1个典型案例被审计署综合报告采用后又被国务院办公厅发布的通告文件采用；江苏省政府及有关部门采纳审计建议，出台了6份加强农业综合开发资金和项目管理的文件，某农业综合开发县被暂停开发县资格。

在审计项目实施过程中注重业务创新和拓展，坚持在全面完成审计任务之外发现新的亮点。在经济责任审计中，积极拓展审计领域和审计思路，率先引入卫星图片检查结果，对城市土地管理和利用的总体情况进行评价，既全面客观又有效地避免审计风险。

金融审计 组织实施了中国人寿2009年度资产负债损益审计、南昌人行、江西证监局预算执行审计和江苏五大国有商业银行贷款投向跟踪审计调查等项目。

其中，人寿公司资产负债损益审计和五大国有商业银行延伸审计调查的审计实施地域均在江苏，处于经济发达地区，内外部环境均较为规范，南京办高度重视深度挖掘，努力提高审计突破能力。如在分析团险业务数据时发现，某集团投保的企业团体年金保险金额较大，且投保人较少、年龄均接近或超过退休年龄，实际被保险人并非该公司在职职工，果断确定将该项团险业务作为重点核查事项。随后通过翻阅大量的保险资料发现，在退保及年金给付业务操作中，有20多笔单张金额30万元左右的资金以本票或现金支票形式被保险业务员提取。审计人员顺藤摸瓜，前往该集团对账，发现有500多万元资金未在企业账面反映，最终迫使某集团员工翟某交代出将其中150万元占为已有的事实，两人现已被捕。

行政事业审计 组织实施江苏海事局2009年部门预算执行审计和南京市扩大内需项目审计调查等项目。扩大内需审计中，敏锐地发现某公司法定代表人以假发票侵吞700万元财政资金、以虚假资料申报骗取800万元中央资金的问题线索，同时对8家部队和地方科研机构及医院医生进行延伸调查，取得大量资料充分印证该公司的造假行为，向审计署上报了重要情况。

农业与资源环保审计 组织实施江苏省2007～2009年节能减排专项资金审计、重点行业节能减排专项审计调查、南京市灰霾天气成因调查和南京市化工企业安全问题调查等项目。围绕南京市地理位置、气象条件、产业规划以及城市工业布局等方面内容，综合调查研究分析灰霾天气的成因和危害，指出我国现行城市空气质量评价体系的不足，提出改进建议，促进地方产业结构的优化调整；针对江苏省十大节能工程部分项目已中断运行或未能按计划进度实施，影响节能目标的实现，审计建议安排节能技术改造奖励资金时要优先考虑具有核心竞争力和较强抗危机冲击能力的项目，促进经济结构的调整；南京"7·28"大爆炸事故突发后，南京办敏锐地意识到类似潜在严重问题的风险隐患，迅速组织人员对南京市地下管线和安全生产开展专题追踪调查，并建议深入排查风险隐患，促进生产与生活安全。

固定资产投资审计 组织实施西气东输二线建设项目跟踪审计、溪洛渡计算机联网审计和安徽省粮油仓储设施项目建设情况审计调查等项目。在得知西气东输二线某隧道施工方拖欠民工工资等情况后，审计人员连夜沿着暴雨后的施工便道赶赴工地核实情况，完成勘查、取样、拍照工作。最终，查实该段已开工的7条隧道中，有6条存在未按设计要求施工、擅自降低标准偷工减料等问题，造成严重的质量和安全隐患。

社会保障审计 组织实施江苏省城市居民最

低生活保障审计、江苏省2010年度廉租住房审计调查和江苏省新型农村合作医疗审计调查项目等项目。

审计人员结合项目特色与所在地方行政管理特点深化研究型审计。如城市保障性住房审计组分别根据芜湖市的政府资金运作方式、淮北市的政企关系等，分析研究其对保障性住房政策落实情况的影响，据以提出切实可行的对策建议。

企业审计　组织实施原中国网通深化审计及电信业若干专题调查、中国联通2009年财务收支审计和长江三峡集团公司经济责任审计等项目。针对三峡集团对外投资扩张迅速，涉足行业多元；资本运作频繁，委托理财金额较大；维持经营业绩持续稳定增长的压力较大等经营管理方面的特点，审计重点关注了影响国家宏观调控政策的实施效果且涉及经济责任的重要事项。

注重调查研究　南京办始终围绕全国审计工作会议提出的“八个方面”审计重点，将研究型审计自觉地融入项目审计中，围绕推进科学发展，注重研究经济社会运行中的热点、难点、重点问题，开展审计调查研究，实施审计调研攻关，强化审计分析提炼，发挥好风险预防、隐患揭示和矛盾抵御的功能；还成立领导机构，编制了审计应用研究计划，提出了“转变经济增长方式”、“外债风险管理”等十余个备选专题进行攻关。同时，促进审计人员学习研究的自觉性。各个审计项目都注意开展研究型审计，审计人员普遍增强了宏观大局意识，提高了政策理论水平、综合分析与研究写作能力；组织专家学者召开财政审计大格局研讨座谈等，营造良好的研究氛围。

队伍建设　大力推进学习型机关党组织建设，深入开展创先争优和争当“四手”活动，先后组织召开党组中心组学习会4次，重点围绕时事政策、学法用法、班子建设、党风廉政建设、十七届五中全会精神、创先争优等专题进行深入学习研讨。动员组织全办党员干部结合审计工作实际，以开展“立足本职建功立业、争当‘四手’奋发有为”活动为抓手，扎实开展以“创建学习型组织，建设高素质队伍，促进审计事业科学发展”为主题的创先争优活动，进一步推动了各项工作的落实，为实现南京办新的发展目标增添了动力。

同时，强化工作业绩考核、改进培训工作机制、严格干部晋升标准，制定完善相关人事规章制度，明确干部成长导向，对现有的人事制度进行认真梳理，新建、修订了17项制度，内容涉及职务晋升、出国培训、人员调配、考察考核等多方面。

抓好文化作风建设，弘扬优秀传统，倡导文明创建活动。组织“金婚颂”——家庭与事业访谈会，帮助大家正确处理好家庭与事业的关系，通过5对金婚夫妻的现身说法，使与会人员受到一次深刻的家庭美德教育。

信息化建设　及时总结上报了计算机审计方法29个、AO应用实例12个和信息系统审计案例6个，数量较往年有明显增长，有2个计算机审计案例入选了全国审计系统网络培训课件。建成审计实时会商系统，加强现场审计的实时交互，推动建立数字化审计工作模式。充分应用交互式会商系统以信息化技术，改变传统的信息沟通方式，促进审计现场管理。如利用3G技术和工具平台，实现审计现场和机关之间的信息实时交互；利用金审工程安全客户端系统功能，缩短审计现场之间的空间距离，促进提高审计工作效率；积极探索“专家会商”模式，方便快捷地解决审计难题，促进提高审计工作质量。

推动数据审计向纵深发展。如在房管、车管、劳保、民政和公积金等部门之间搭建社保审计信息平台，揭示了7530人资产超标但仍领取低保的现象。在移动通信涉黄专项审计调查项目中，采用流水线批处理模式，开展数据整理、转换和分析，迅速完成了对海量上网流量数据的分析。

探索深化信息系统审计。中海油公司SAP ERP系统，底层数据规模庞大，各业务模块紧密集成，数据结构非常复杂。南京办技术骨干迎难而上，解决了审计业务与数据“两张皮”的问题，并从数据质量等7个方面深化了信息系统审计。

（撰稿人：江　江）

【济南特派员办事处】　2010年，济南特派员办事处（以下简称济南办）人员编制150人，在编128人。设有办公室、法规处、财政审计处、行政事业审计处、农业审计处、资源环保审计处、固定资产投资审计处、金融审计处、企业审计处、社会保障审计处、外资运用审计处、计算机审计处、人事教育处和机关党委。

领导成员

特 派 员：马青山

副特派员：尹树伟　班东启

纪检组长：韩大川（—4 月）

副司级审计员：宋伟民

审计成果　2010 年，济南办完成审计项目 19 个，查出违规金额 14450 万元，其中应归还原渠道资金 3700 万元，应调账处理金额 14307 万元；已归还原渠道资金 605 万元，已调账处理金额 13006 万元。移送司法机关、纪检监察部门处理事项 18 件，建议有关部门处理事项 7 件。提交各类审计报告 59 份、信息 124 篇，被采用 130 篇。

财政审计　在青岛海关 2009 年度预算执行和其他财政收支情况审计中，反映了潍坊海关无偿占用山东晨鸣纸业集团股份有限公司为其购买的价值 69.08 万元的 2 辆汽车和价值 150 万元的职工住宅、山东银鹰化纤有限公司提供的 1 辆价值 20.75 万元的轿车，以及违规使用潍坊柴油机厂等 9 家有进出口业务企业提供的 1200 万元资金建设办公楼等问题。

金融审计　主要实施了山东人寿资产负债损益、山东人保财险等公司实施政策性农业险情况和商业银行新增贷款投向跟踪审计调查，分别查出山东人寿所属部分公司将收取的零散客户保费以单位名义投保团体保险；山东人保财险部分分支机构与当地有关部门人员共同编造虚假的农业保险业务，套取上级财政补贴资金，以及虚假理赔等经营管理违规问题；查处了民营企业主李某和任某涉嫌骗取巨额银行贷款等案件线索。

行政事业审计　主要实施了青岛市扩大内需投资项目建设管理和资金使用情况、中等职业教育基础能力建设和农村初中校舍改造、山东海事局预算执行等审计调查，反映了即墨市王村等 5 个乡镇卫生院用主体已完工项目申报获取中央投资 400 万元、莱西市姜山生活垃圾卫生填埋场项目未按环评批复要求对垃圾填埋气体进行处理、青岛安邦炼化有限公司新建炼油项目 100 万吨/年延迟焦化装置及其配套项目环评手续审批不合规、山东半岛（平度）仓储货运中心项目办公楼和物流配载仓库工程未实行公开招标实行建设施工以及青岛市体育中心一期工程未经公开招投标采购固定设备；个别地方转嫁学校建设配套责任，以及前期准备不足，中等职业教育项目建设进展迟缓等问题。

农业审计　主要实施了某省农业综合开发资金和某市政府性债务等审计调查，分别反映了山东省土地治理项目资金分配未体现向粮食主产县倾斜的政策、个别土地治理项目农民筹资投劳不实、个别项目实际建设内容与申报建设内容不符；某市本级政府性债务增长较快，部分市区政府还款压力较大以及政府、人大等部门违规为融资平台贷款提供担保等问题。

固定资产投资审计　在京沪高速铁路建设项目跟踪审计中，查处了个别施工单位及个人转移挪用公款和建设资金问题，已移送纪检监察、司法机关进行处理，发现有 3 家施工单位使用 122 张虚假发票结算，涉及金额 1131.64 万元，反映了济南黄河大桥堤坝加固主体工程至审计时尚未实施，中铁一局在 2009 年第四季度就按合同价款结算了全部工程款 1230.66 万元；济南西站的监理单位山东济铁工程建设监理有限责任公司的 9 名监理人员，同时在两个标段承担监理工作；土建 2 标监理单位华铁工程咨询有限责任公司对部分施工单位进场设备未进行检验等问题。

社会保障审计　主要实施了山东省城市居民最低生活保障资金审计、政府保障性住房和新农保基金专项审计调查，分别反映了部分市县审核把关不严，向不符合城市低保条件的人员发放城市低保资金；部分市县未按规定从土地出让净收益中按时足额提取廉租住房保障资金，个别地方廉租住房入住后出现租金物业费收取难、管理难和退出难；部分新农保试点县农民无法参保、新老农保制度未衔接影响政策实施效果等问题。

资源环保审计　主要实施了山东省节能减排专项资金审计和重点行业节能减排政策法规执行以及资金分配、管理和使用情况审计调查，反映了现行消费税政策制约生物柴油可再生能源发展的政策性障碍。财政部和税务总局已专门下发通知，对现行税收政策进行调整，对利用废弃的动植物油生产的纯生物柴油免征消费税，同时对从 2009 年 1 月 1 日起已缴消费税，符合免税规定的予以退还；还查处了部分公司弄虚作假骗取中央节能奖励等问题。

外资运用审计　主要实施了利用日元贷款建设的某抽水蓄能电站建设审计，反映了电站运行利用率低、外资贷款合同执行不到位影响外资使用效果等问题，对部分单位挪用征地补偿款、某公司违规经营问题移送有关部门和单位进行了处理。

审计质量控制　一是以学习贯彻审计准则和审计法实施条例为重点，加强普法和依法治理工作。结合“五五”普法自查验收工作，通过办党组带头学习、开辟学习专栏、编撰“五五”普法集锦等措施，促进提高依法审计的能力和水平。二是创新审理工作形式方法，促进提高审计项目质量。采取现场审理、审理人员参加业务处审计报告讨论会等措施，及早掌握审计情况，及时完善审计证据。三是严格项目计划执行进度，推行“倒计时”管理措施，着力提高审计结果类文书质量。四是改进对审计现场的检查方式，加大检查频率，变事后一次性检查为多角度全方位的事中沟通，实现了全过程控制，提高了工作效率。

队伍建设　一是以提高领导水平和决策能力为重点加强领导班子建设。办党组带头抓好理论学习。全年组织了十七届五中全会、廉政准则、审计法实施条例以及干部选拔任用四项监督制度等集中学习，坚持立足济南办实际，将理论学习与研讨工作、解决实际问题相结合，站在高处、学在新处、用在实处，进一步增强正确执行上级决策和领导全办科学发展的能力。坚持民主集中制原则。在坚持开好党组会、特派员办公会的同时，进一步强化了领导班子每月例会制度；2010年先后三次广泛征求并认真听取了全办干部职工的意见和建议，并通过办内《工作通讯》及时通报情况，确保在重要事项决策等方面能够充分征求群众意见，按照议事工作规则充分发挥集体智慧，使决策更加科学民主、班子更加团结高效。坚持开好民主生活会。认真查找班子自身存在的不足并及时制定措施加以解决，确保民主生活会不走过场、整改措施不流形式，努力将会议成果及时转化为推动全办发展的工作成果。

二是以强化能力建设为核心加强队伍建设。结合审计长在署机关年中集中培训大会上的讲话精神，办领导带头学习提高理论知识，并向全办干部职工推荐了励志书籍《致加西亚的信》；组织开展了“读书月”活动，部分处室还自主开展了“读好书”活动，紧扣工作实际强化专题学习，全办学习氛围日趋浓厚。完善选人用人机制。真正把爱岗敬业有激情、谋划工作有思路、干事创业有贡献的优秀干部选出来、用起来，有1名正处长和5名副处长走上新的工作岗位，1名同志被破格晋升主任科员。优化队伍结构。完成了9名公务员招录和18名人员岗位调整工作，优化了知识结构、年龄结构和专业结构。加强教育培训。制订并实施了2010年度干部培训计划，按照实际需要灵活采取网络培训、交流锻炼等多种方式，有针对性地开展教育培训，提升了审计人员的实战能力和理论素养。2010年，有106人次参加了各类培训班；12人参加了审计署专项审计、联合国审计等项目；完成了8对导师与被指导对象的结对子辅导工作。

党建工作　一是以“创建学习型党组织、打造效能型审计队伍、建设廉洁型审计机关”为载体，扎实深入地开展创先争优活动，促进审计工作和队伍建设。开展了创先争优、争做齐鲁先锋活动。认真把创先争优活动内容与贯彻审计长调研讲话精神有机结合起来，确保高效率、高质量地开展好活动。制定“四手”标准，细化出了28条衡量标准，落实好支部和个人的“四手”承诺，结合实际制定实现承诺目标的具体措施，将践行承诺结果作为党员业绩考核等方面的重要依据，创业绩之先、争项目之优，真正实现创先争优活动与审计业务工作、与干部队伍建设相互促进。

二是认真开展党性党风党纪教育，筑牢廉洁从审的思想基础。组织党员干部认真学习党的十七届四中、五中全会和十七届中央纪委五次全会，以及全国审计机关党风廉政建设工作视频会议精神，进一步增强了廉政“高压线”意识，提高廉洁从审的自觉性。采取《廉政准则》知识答卷、“讲党性、重品行、作表率”征文比赛等多种形式开展党性党风教育。办领导给全办党员干部讲授党课，引导党员干部进一步加强党性修养、弘扬良好作风、增强“三员”观念。

三是严守对外、对内、对己“三条线”，抓好廉政纪律的执行和落实。对外严格守住与被审计单位关系这条线。2010年共对19个审计项目进行廉政检查和回访，总体情况反映良好。本办京沪高铁审计项目廉政工作得到被审计单位的高度评价和审计署检查组的充分肯定。对内坚决守住机关管理这条线。如成立办公楼基础设施维修改造工程领导小组，进一步规范工作程序等。对己坚决守住自我约束这条线。教育引导和监督党员干部，尤其是领导干部带头严格执行《廉政准则》等纪律要求。

四是认真落实党风廉政建设责任制，促进各项工作任务落实。修订完善了党风廉政建设目标责任书，通过办党组与各处室签订责任书，细化工作责任，落实责任主体。印发了全办2010年反腐倡廉工作任务分工意见，做到任务分解、责任明确，保证工作有序开展。结合“制度完善年”和“作风改进年”主题，在全办党员领导干部中开展了“增强制度意识、争做执行表率”教育活动，办、处两级领导干部带头执行制度，切实履行“一岗双责”，发挥了模范表率和组织领导作用。强化对审计权力运行的监督制约，加强审计项目质量控制和责任追究制，有效地防范了审计风险。充分发挥文明审计监督员作用，落实文明审计要求，被审计单位对我办审计人员给予了较高评价。（撰稿人：李　军）

【郑州特派员办事处】　2010年，郑州特派员办事处人员编制150人，在编137人。设有办公室、法规处、财政审计处、行政事业审计处、农业审计处、资源环保审计处、固定资产投资审计处、金融审计处、企业审计处、社会保障审计处、外资运用审计处、计算机审计处、人事教育处、机关党委。

领导成员

特 派 员：赵继旺（—3月）

副特派员：郑新举（3月—）（主持工作）

副特派员：黄致敏　邓海仪　范东军

纪检组长：李　捷

副局级审计员：陶国强

审计成果　全年完成审计署统一组织审计和审计调查项目20个（含跨年度项目8个），查出各类问题金额217.6亿元，其中违规金额2.5亿元、损失浪费金额0.8亿元，管理不规范金额214.3亿元，审计决定处理处罚金额7245万元；提交各类审计信息118篇，被《审计要情》采用7篇、《重要信息要目》采用54篇、《审计署值班信息》采用5篇、《审计简报》采用8篇、《信息转送函》采用21篇、《审计工作动态》采用1篇；直接向纪检司法机关或行业主管部门移送违法违规问题线索22件。独立实施的青海省农村饮用水安全状况专项审计调查和联合实施的原中国航空工业第二集团公司原法定代表人任期经济责任审计分别被评为审计署2009年度全国表彰审计项目。

财政审计　一是完成某海关2009年度关税及进口环节税征管情况审计，发现发放津贴补贴不规范2299万元；所属单位经营与海关相关业务并收取各种费用等问题。二是完成某省南水北调工程基金征缴情况专项审计调查，查出欠缴、滞留和挪用工程基金10.3亿元，部分地方违规减免水资源费及工程基金等问题。三是完成某省地方政府债务专项审计调查，发现部分融资平台挪用政府性债务15.3亿元用于楼堂馆所建设、房地产开发和违规进入资本市场；某高校为新校区建设向职工集资1.4亿元等问题。

行政事业审计　一是完成某省海事局2009年度预算执行情况审计，发现海事部门部分资金未纳入当年预算收入，违规发放津贴补贴，违规向地方有关部门收取配套设施费等问题。二是完成某省中等职业教育能力建设和中西部农村初中校舍改造工程专项审计调查，查出部分建设项目未按计划开工建设，影响财政资金使用效益；部分中等职业学校虚报在校学生人数申请中央专项资金，违规支付招生介绍费；部分学校土建工程资金支出未达到规定要求，配套设施不完善，影响项目实施效果等问题。

农业审计　一是完成某省农业综合开发资金管理使用情况审计，发现土地治理项目农民多筹资投劳1727万元等问题。二是完成某省2007～2009年强农惠农资金专项清理和检查，发现1.6亿元专项资金拨付不及时，影响资金使用效益；部分单位和企业挪用、套取财政补贴265万元；应配套未到位家电下乡补贴资金1.9亿元等问题。三是坚持发现问题与推动整改、完善制度相结合，对青海省农村饮用水安全状况专项审计调查发现问题的整改情况进行跟踪落实，促进有关部门建立长效机制，进一步规范工程管理。

资源环境审计　一是完成某省2007年至2009年节能减排专项资金审计，查出各类违规和管理不规范资金19.6亿元，发现各级电力部门未按要求将差别电价收入1388万元上缴省级国库，某光电技术公司虚报项目套取中央节能减排专项资金670万元等问题。二是完成某省重点行业节能减排专项审计调查，查出该省擅自扩大排污费使用范围用于环保部门能力建设、某市供电公司对电解铝行业实行电价优惠3.9亿元等问题。

固定资产投资审计　一是完成西气东输二线工程东段跟踪审计，发现项目投资控制不严、多列概算1.8亿元，某隧道项目施工存在隐患，部分国土部门及乡镇降低补偿标准、少支付农民征地补偿金3203万元，地方长输管线建设进度缓慢影响工程及时发挥效益等问题。二是完成某省中小学校舍安全工程实施情况督查，从财政资金管理、工程建设质量、校舍安全鉴定、D级危房隐患、安全档案系统建立等方面综合反映工程的基本情况，提出建设性的督查意见和建议，促进了工程的规范实施。

金融审计　一是完成人民银行某中心支行和某省证监局2009年度预算执行审计，发现该中心支行超比例缴存住房公积金及在其他费用支出中列支工资性支出1557万元等问题。二是组织实施了商业银行资产质量与新增贷款投向结构情况跟踪审计调查，发现房地产企业骗取银行贷款、土地长期闲置，政府融资平台类贷款项目资本金到位不足、贷款资金被挪用等问题。三是完成中国人寿某省分公司2009年度资产负债损益审计，发现该公司下属机构违规承保1.9亿元，违规给付1.2亿元，违规支付手续费2291万元等问题。

企业审计　完成中国铝业公司原法定代表人任职期间经济责任审计，审计中关注国家宏观经济政策的贯彻落实情况，发现该公司自建或收购未经核准的5个电解铝项目，收购1个未经核准的铜矿开发项目。关注国家经济安全，积极反映我国铝土矿对外依存度不断提高，不利于铝土矿进口安全和铝工业可持续发展的问题。紧贴打击发票违法犯罪和“小金库”专项治理工作要求，发现该公司所属3家单位通过虚开发票方式套取现金形成“小金库”2466万元等问题。

社会保障审计　一是完成某省城镇居民最低生活保障资金审计，发现该省未将11.6亿元中央补助城市低保资金列入预算，某机械有限公司职工孔某贪污城市低保资金5万元等问题。二是完成某省政府投资保障性住房专项审计调查，发现未按规定安排廉租住房保障资金1.3亿元，部分房管部门擅自将廉租住房调整为经济适用房等问题。三是完成某省新型农村合作医疗基金专项审计调查，发现某市克扣城乡居民最低生活保障资金和“五保户”供养资金10891万元、强制城乡低保对象和农村“五保户”参加商业保险等重大问题。

外资运用审计　一是完成日本政府贷款商丘至开封高速公路建设运营和绩效审计，查出河南省自筹建设资金8亿元未落实，利用商业银行贷款增加建设成本1.6亿元等问题。二是完成亚洲开发银行贷款郑州至西安铁路项目审计，查出项目单位虚列当年工程投资2.2亿元；挪用项目工程物资用于其他项目7499万元等问题。三是完成世界银行贷款石家庄至郑州铁路客运专线项目河南段审计，查出河南省铁路投资有限公司资本金未到位4409万元等问题。

队伍建设　一是以开展创先争优和“四手”活动为契机，进一步提高队伍的能力素质。具体分析每位党员的学历、专业、兴趣和特长，指导党员结合本职岗位制定目标明确、内容具体、可操作性强的承诺书。办领导每人具体负责联系10名党员，坚持深入审计一线，帮助党员理清思路、拓宽能力。紧密结合审计项目，充分利用担任主审、突破重大问题线索等机会，引导党员在完成具体的审计任务中争当“四手”。二是以青年委员会为平台，充分调动青年干部的积极性和创造性。把加强青年干部队伍建设作为审计队伍建设的突破口，制定《办党组关于加强青年干部队伍建设的意见》，成立青年工作领导小组和青年委员会，围绕审计工作科学发展制定具体措施，围绕用好用活人才引导培养青年干部，积极为青年干部实现自身价值创造条件。三是坚持“四个注重”和“四个突出”修订处室年度工作和公务员考核办法，进一步完善以业绩为导向的选人用人机制。

审计质量控制　一是创新审计现场管理，提高审计工作效率。修订《审计现场管理办法》，另一方面强调审计组的现场自我管理，一方面整合全办资源为审计现场提供全方位服务。该办法被审计署《审计工作动态》全文单独刊载。二是创新审理工作机制，确保审计项目质量。统筹考虑全年审计项目的工作量和实施时间，提前编制项目审理复核进度表，实现审理工作进度与审计项目进度相统一。注重对审计实施方案可操作性的审理，重点做好“三个对照”：对照审计实施方案提出的工作目标、范围、重点是否与审计工作方案一致；对照国家审计准则，审理审计实施方案的要素是否齐全、编制是否合规；对照上报的审计信息与审计实施方案是否一致。将审理贯穿审计全过程，重点做好“三个推进”：着力推进现场审理，全面推进送达审理，探索推进差异化审理。

相关工作　一是强化机关事务管理，提高制度的执行力。制定了《关于进一步加强机关事务管理提高制度执行力有关规定的通知》，进一步规范工作程序，减少环节，注重实效，提高效率；建立每周例会制度，统一协调解决存在的困难和问题，形成工作合力；加强督办，定期公布承办处室办理情况、通过短信平台直接督促具体承办人员；强化制度执行问责，明确制度执行的责任处室和责任人，明确责任追究的形式、内容和操作程序。二是大力推进党务、政务的全过程公开，建立公正、透明、规范、高效的工作机制。努力提高各项决策的民主化，研究人事、财务等重大问题，办党组均安排机关党委专职副书记和专职纪检人员列席监督，大宗政府采购、办公楼改造等项目也安排专职纪检人员全程参与；强化“阳光、透明、公平、正义”的理念，定期向全办干部职工和离退休干部通报预算执行情况、基建工作进展、信息采用情况、信息化建设情况等涉及特派办发展和群众切身利益的问题，组织各处室负责人、干部代表等列席办党组民主生活会，保障干部职工行使知情权、参与权、监督权，使权力在阳光下运行。三是本着厉行节约的原则，公务接待一律安排在机关食堂。四是积极推进用工制度改革、物业费管理改革和职工食堂就餐制度改革。

党建、廉政和文化建设　一是加强组织建设，积极创建学习型党组织。按照组织程序选举产生新一届机关委员会，建立和完善党员干部学习的长效机制。二是加强廉政建设，保障审计工作健康开展。认真落实党风廉政建设责任制，筑牢“责任防线”，办领导分别与各处室负责人签订目标责任书，明确了各项任务的直接责任人；进一步加强反腐倡廉教育，筑牢“思想防线”，定期通过短信平台发送廉政警语警句，在全办范围内签订了廉政承诺书；认真落实述职述廉和廉政谈话制度，筑牢“制度防线”，全年办、处两级领导干部述职述廉 41 人次，报告个人有关事项 171 人次，署派驻纪检组长同处级主要负责人谈话 28 人次；加大监督检查力度，筑牢“监督防线”，全年对 9 个审计项目实施廉政现场检查；规范外部聘用人员参加审计工作管理办法，加强对聘用人员的廉政教育和监督。三是加强审计文化建设，营造积极、健康、乐观、向上的机关氛围。顺利通过省级文明单位年度复查，圆满完成历时 3 年的对嵩县曲里村的结对帮扶工作，正式启动对孟州汤庙村的结对帮扶；先后举办青年审计论坛和“世界读书日”征文活动，组织干部职工参加河南省第十一届运动会，提升机关文化内涵，丰富群众精神生活；积极发挥机关工会、妇女委员会等组织的作用，开展登山、摄影等活动，强化人文关怀，缓解工作压力。四是把“孝道”精神作为审计文化的重要组成部分，及时了解离退休干部的困难和需求，做好有针对性的服务工作，增强离退休干部的归属感。　（撰稿人：桂　鹏）

【武汉特派员办事处】　2010 年，武汉特派员办事处（以下简称武汉办）人员编制 150 人，在编 129 人。设有办公室、法规处、财政审计处、行政事业审计处、农业审计处、资源环保审计处、固定资产投资审计处、金融审计处、企业审计处、社会保障审计处、外资运用审计处、计算机审计处、人事教育处、机关党委。

领导成员

特 派 员：李晓钟

副特派员：吕　衡（正司级）

　　　　　余远华　杨卫东　张晓青

纪检组长：吴焕亮（正司级）

副司级审计员：陈高贤

审计成果　2010 年，武汉办共实施审计或审计调查项目 23 个（含跨年度项目 4 个），审计查出违法违纪金额 2047 万元，管理不规范金额

2945730 万元，损失浪费问题金额 153280 万元，为被审计单位挽回或避免经济损失 1523 万元，促进增收节支 10587 万元，完善制度规定 7 项。向司法、纪检监察机关移送案件线索和事项 4 件，涉案金额 113 万元，涉案人员 5 人。上报的审计信息被审计署《审计要情》采用 8 篇、《重要信息要目》采用 46 篇、《审计署值班信息》采用 7 篇、《审计简报》采用 8 篇，重要信息被中办、国办采用和国家领导人批示 138 篇次。联合实施的神华集团有限责任公司 2008 年度财务收支及原法定代表人任期经济责任审计被审计署评为优秀审计项目；实施的中国农业发展银行安徽省分行 2008 年度资产负债损益情况审计和联合实施的江西省农村饮用水安全状况专项审计调查被审计署评为表彰审计项目。

财政审计　主要完成黄埔海关 2009 年关税及进口环节税征管情况审计，海南省省长任期经济责任审计，湖北省国税局税收征管审计和国税系统预算执行审计。

黄埔海关审计，围绕黄埔海关税收征管特点，将素有“世界加工制造中心”之称的东莞作为重点，针对国际金融危机对东莞加工贸易企业造成严重冲击的实际，从海关监管角度，密切关注东莞市加工贸易企业转型升级中值得关注和研究解决的问题。海南省省长经济责任审计，围绕海南国际旅游岛建设这条主线，抓住财政、债务、土地、环保、节能减排、产业结构调整重点开展工作，审计海南省国际旅游岛建设确定的发展规划和具体行业规划、项目规划的吻合程度，反映产业结构现状和调整措施与国际旅游岛建设总体要求的结合程度，揭示国际旅游岛建设过程中在资金管理、环境保护和土地利用等方面存在的漏洞和问题。湖北省国税审计项目中，紧紧围绕湖北省国税局自身使用假发票的问题，深入开展审计，对省、市国税局震动很大，采取措施积极整改，收效明显。

行政事业审计　主要完成长江海事局预算执行情况审计、发改委组织分配 2009 年中央投资情况上下联动审计，海南省扩大内需相关政策实施情况和效果专项审计调查，内蒙古煤监局预算执行审计。

在预算执行审计中撰写的长江海事局违规兴办经济实体、套取工程建设资金等审计信息被《重要信息要目》采用，并在交通运输部审计决定中作为具体处理事项提出明确要求，占交通运输部审计处理问题数量的一半以上。在海南省扩大内需专项审计调查中，紧密结合海南省特点，突出关注环境保护、房地产开发等热点问题。其中，审计发现的个别农场危房改造项目建设别墅、虚假申报危房改造户数套取中央补助资金、建设面向公务员的限价商品房、污水处理厂建设不规范等问题，受到审计署的关注。内蒙古煤监局预算执行审计，将煤监部门职责履行情况作为审计重点，揭露包头市杨圪楞煤矿非法维护和建设引发安全事故隐瞒不报，造成煤矿安全及社会稳定重大隐患的问题。

农业审计　主要完成湖北省农业综合开发资金审计，海南省政府性债务专项审计调查，湖北省强农惠农资金督查，湖北省中央转移支付资金审计，湖北省农业基础设施建设资金审计。

湖北省农业综合开发资金审计，突出关注资金拨付、资金使用等关键环节，先后反映部分土地治理项目农民筹资投劳不到位，农业综合开发筹资投劳政策与现实不符亟待改进，部分单位滞拨农发资金、资金使用不合规，以及部分农业综合开发产业化项目管理不严，农田整治投资项目多头管理影响实施效果等问题。海南省地方政府性债务专项审计调查，注意把握财力保障限度与建设需求程度，揭示政府性债务监管不完善，债务资金大量结余或闲置，违规担保和违规抵押贷款，以及政府融资平台公司注册资本金不到位或未执行货币出资规定等问题。提交的审计调查报告上报国务院后，国务院领导作了批示，相关内容写入了《刘家义审计长关于 2009 年度中央预算执行和其他财政收支的审计工作报告》，对于促使国务院出台《关于加强地方政府融资平台公司管理有关问题的通知》（国发〔2010〕19 号）发挥作用。针对湖北省家电下乡专项资金分配不合理、涉农基本建设项目基建管理不规范等问题，督促湖北省有关部门尽快制订整改计划，落实中央各项强农惠农政策，建立健全农业资金安全保障机制。湖北省中央转移支付审计发现的财政部将部分专项资金通过一般性转移支付下达，造成转移支付结构改善的假象，引起审计署高度重视，要求特派办系统将其作为一项审计重点加以落实。

资源环保审计　主要开展湖北省 2007～2009 年电力、钢铁、水泥等重点行业节能减排政策法规执行以及节能减排有关资金分配、管理和使用情况的审计调查。共延伸调查重点行业企业 48 家，其中电力企业 14 家，钢铁企业 16 家，水泥企业 9 家、污水处理厂 9 家，反映诸如关停小火电电量转移指标执行不规范、钢铁企业未按规定淘汰落后产能以及违规扩大产能、小水泥关停不彻底、污水处理厂污泥处置不规范等突出问题。在对湖北省近 3 年开展的节能工程项目检查中，共抽查节能项目 18 个，发现部分节能工程项目进展缓慢，10 个项目未按期完工，占比达 55%。此外，还专题调查了 2 家生物柴油企业的生产经营状况，选取大型工矿企业密集而资源面临枯竭的大冶市作为解剖重点，对该市节能减排政策法规执行情况进行审计，揭示产业结构调整政策执行不到位、借淘汰水泥落后产能之机以重复承诺的方式扩大产能、变相减免土地出让收入、执行差别电价不彻底等问题，得到了地方政府的高度重视。

固定资产投资审计　主要完成了对湖北省 2007～2009 年节能减排专项资金审计及对西气东输二线工程东段（湖北段）的跟踪审计，湖北省城镇污水垃圾处理专项资金审计。

一是将节能减排专项资金与中央扩大内需项目资金使用情况相结合，揭露湖北省阳新县利用虚假工程骗取中央扩大内需项目资金 1.16 亿元，并被违规用于工业园建设的问题。二是从专项资金效益出发，关注南水北调水源地水污染防治现状。审计发现，丹江口库区汉江主要支流未达到规划要求的水质类别，工业点源产生大量铅、汞、铜等重金属及氢化物、硫化物等非金属有毒有害物质。李克强副总理作了重要批示。三是以资金审计为基础，重点检查地方落实国家节能减排宏观政策情况。审计揭示湖北省高耗能企业差别电价收入 1869 万元未纳入财政预算统一管理，造成资金闲置；燃煤发电机组脱硫设施建设严重滞后，在线监测装置运行不正常，存在较大的监控漏洞。西气东输二线工程东段（湖北段）跟踪审计项目，重点揭示部分河流穿越工程进展缓慢，施工承包商将工程转分包赚取差价，个别施工工序质量控制不到位，安全管理不够完善等问题，促进国家重点项目按期保质保量完成。上报了武汉市燃气集团主要领导违规操作造成国有资产和收益流失 2 亿多元的审计信息。

金融审计　主要完成人民银行昆明中心支行和云南省证监局 2009 年预算执行审计 2 个项目，核实湖北联谊集团挪用信贷资金发放高利贷的举报工作，中国人保 2009 年资产负债损益审计，工、农、中、建、交行 5 大商业银行新增贷款投向结构与资产质量专项审计调查。

针对湖北联谊集团挪用信贷资金发放高利贷的举报，揭示湖北两家民营关联企业集团违法发放高利贷 54 亿元获取非法收入 2.4 亿元，国务院总理作重要批示后，公安部指示湖北省公安厅立案查处，初步核实发放高利贷高达 100 多亿元，从中非法获利 3.6 亿元。中国人保 2009 年资产负债损益审计，将企业薪酬和理赔作为重点，发现中诚信托未经批准违规发放高薪、8 名高管 3 年获取薪酬 1.74 亿元，主要高管年均收入过千万元，揭露人保财险山东威海分公司利用雪灾套取理赔资金 2728 万元，总经理张春茂等人侵占 412 万元，山东省公安厅对张春茂等人已立案查处。人民银行昆明中心支行 2009 年预算执行审计发现的假机票问题，以《昆明等地 53 家票务公司制售假机票现象普遍》信息上报后，国家民航总局根据国家领导人的批示对制售假机票的代理公司进行了查处。审计发现的昆明官渡区土地问题，以《官房建筑集团等民营企业非法占用转让土地 3000 多亩从中牟利 2 亿余元》信息上报后被署《审计长信函》采用。云南省委书记、省长作出批示，由省纪委牵头，抽调公安局和检察院进行立案查处。同时，揭露了百步亭集团有限公司控股子公司武汉安居工程发展有限公司通过同一项目在多家银行重复申报的方式套取银行贷款，并将其中 3.82 亿元用于高利转贷，累计发放高利贷 63 亿元，从中牟利 1.89 亿元。总理批示由公安部立案查处。

企业审计　主要开展对中国海洋石油总公司法定代表人傅成玉同志任期经济责任履行情况的审计。审计发现，中国海油及所属企业会计信息部分失真 35 亿元；审计抽查 36 项重大经济决策，其中 16 项存在违规决策、论证不充分、效果不佳等现象，损失浪费27亿元，部分建设项目未批先建，涉及金额335亿元；部分基层单位管控不力、有些项目建设管理缺位，损失9亿元；海上生产设施老化严重，安全生产事故时有发生；执行国家宏观政策不力，违反国家原油市场管理规定，向不具备原油销售资格的私营企业销售原油88554.43万元，违反国家化肥限价规定，超限价销售尿素获利26042.35万元，损害农民利益等问题。同时，揭示中国海油将其作为战略投资者认购的中国人寿4000万战略配售股票通过下属子公司中海信托发行信托产品的方式，转让给北京富邦资产管理公司等19家民营企业和个人，上述企业和个人从中获利近9.5亿元；中国海油控股的中海石油公司违法在大连斑海豹国家级自然保护区核心区建设金县1—1油田，已投入建设资金23.43亿元面临损失等重大问题。

社会保障审计　主要完成湖北省2008～2009年城市最低生活保障资金审计，湖北省2009年政府投资保障性住房专项审计调查，湖北省新型农村合作医疗专项基金审计调查，社会保障基金理事会预算执行审计，湖北省2010年政府投资保障性住房审计。一是关注社保体制机制运行中存在的问题。如以政府各部门信息封闭运行为突破口，创造条件开展计算机审计，发现大量不符合低保条件的人员进入低保的现象，及时提出建立地方部门间社保信息共享平台的审计建议。湖北省新型农村合作医疗资金专项审计调查，重点分析农民重复参加新农合和居民医保所带来的后果和国家基本药物制度运行及地方财政经费补偿不足等问题，《人民日报》、新华社等中央8大媒体深入我办审计调查现场进行了深度报道。二是加强跟踪落实，促进审计成果最大化。如针对部分地区存在向不符合低保条件人员发放低保金的问题，积极推动地方政府及时整改。湖北省政府启动了城乡低保专项清理行动，共清退不符合条件的城乡低保对象201526人，占清理前全省城乡低保对象总人数的6.2%，全年预计减少城乡低保资金支出2.53亿元。社保理事会预算执行审计，共查出370多万元虚假出国机票，及时将犯罪嫌疑人向公安部门进行了移送，社保理事会采取措施，对各类费用报销流程进行了规范。三是发挥审计建设性作用。如提出了加强新农合信息化建设的审计建议后，武汉1+8城市圈农村居民健康“一卡通”工程正式启动，涉及41个开展新农合工作的县（市、区），参合人数为18814946人。

外资运用审计　主要开展日元贷款恩施清江大龙潭水利枢纽工程建设运营和绩效情况审计和亚洲开发银行贷款宜昌至万州铁路审计项目。根据群众举报，对汉宜高速铁路项目部分施工单位偷工减料变卖水泥等情况进行了审计调查核实。

在汉宜项目审计调查核实中，以工程检测为切入点，以个人账户“海查”为突破口，反映部分人员采取偷工减料变卖水泥、虚构水泥交易和虚列工程工作量等手段，侵吞铁路建设资金3553万元的问题。在大龙潭项目审计中，以工程质量和社会效益为重点，关注项目建成后的防洪效益，反映由于大龙潭水库建设降低规划标准导致防洪能力减弱、恩施市防洪规划未落实、防汛指挥部门监管不到位导致的恩施市城市防洪形势严峻的问题，引起了地方政府的高度重视。在宜万铁路审计项目中，将民生问题摆在首位，采取书面资料、实地查看与走访农户相结合的方式，反映隧道建设形成的弃渣场存在泥石流和整体滑坡隐患，威胁下游人民群众生命财产的问题，被审计署以信息转送函的形式采用。

审计质量　从抓好审计质量控制基础环节入手，突出审计业务会议审定和审计项目进度管理两个环节，对海南省长经济责任审计等5个项目的审计报告、湖北国税审计等8个项目的审计实施方案进行了审定；进一步完善审计项目审理程序，全面推行审理制度，对黄埔海关、海南地方政府性债务等19个项目实施了审理；对海南省长经济责任审计等部分重点项目进行了审计现场质量控制辅导、检查及预审理；对审计报告、审计决定书等审计业务文书和重要审计情况的证据充分性、结论准确性和法规适用性进行了复核，较好地实现了审计项目事中、事后的全过程质量控制。开展审计项目档案质量检查，对59份审计项目档案进行检查，针对发现的审计程序、审计证据等方面存在的不规范、不完善问题，督促认真整改，确保审计项目及时归档、不留风险隐患。建立审计项目回访制度，加大审计整改跟踪督促力度，对22个审计项目组织开展审计结果整改落实调查回访，按要求提交回访报告，切实发挥审计效能。

队伍建设　制定了《审计署武汉特派办在职人员培训管理办法》，对干部培训工作的要求、内容和经费使用作出明确规定。全年参加各类培训人员超过459人次，较上年增长230%。通过一系列举措，培养不同门类的专业人才，形成人才集合，提升干部队伍的整体水平。同时，认真做好人才选拔推荐工作，通过竞争上岗提拔任用了4名正处长、9名副处长、1名正处级审计员、3名副处级审计员，择优录取了10名公务员和1名军队转业干部，推荐5名同志到署机关或派出审计局交流、1名干部援藏挂职锻炼，全年共组织27人次进行了工作岗位交流。

开展了以《廉政准则》和《警示录》为主要内容的反腐倡廉学习教育和审计随访检查。2010年，办党组通过2次中心组学习会在全办范围内进行作风养成教育，明确提出了创建“五个好”基层党组织、争做“五带头”共产党员的活动主体内容，明确了争当“四手”的总体要求。“七一”期间评选表彰了5个先进党支部、14名优秀党员和6名优秀兼职党务干部，并通过网络宣传先进事迹。武汉办被湖北省委省直机关工委评为2008～2009年度党建工作合格单位。

机关管理　做好制度的废改立工作，共清理了98项制度，修订了18项，新增了16项，形成涵盖审计业务、队伍建设等在内的72项制度规定。实行重要事项办理督办制度，对署领导交办的事项、审计署发文要求办理的事项，以及办党组和特派员办公会议议定的重要事项，逐一登记，及时提醒，督促落实。认真落实财务管理规定，定期公布预算执行进度和财务收支情况，严格外聘专家经费的管理和接待费指标的控制，在审计署财务工作会议上作为经验交流。办公楼装修改造顺利完成，全年无任何安全事故发生。武汉办获得了“武汉市综合治理先进单位”，“武汉市武昌区珞珈山街安全生产、消防安全工作先进单位”等荣誉称号。

信息化建设　按照“有面有点，重点揭露被审计单位信息系统中关键问题”的工作思路，有选择地开展了信息系统审计。如人保财险审计，重点关注系统设计和管理缺陷，开展全面数据分析，通过计算机审计查出违规“团险个做”9.87亿元等问题，数据分析发现人保财险山东威海分公司编制假赔案套取理赔资金2728万元账外经营的问题。社保理事会信息系统审计，从数据比较、日志分析入手，重点关注信息的可靠性；以构建社保统一数据分析平台为重点，将城市低保、医疗保险、廉租房等信息集中到同一数据平台上进行集中分析，实现多部门数据综合分析。中海油信息系统审计，重点关注“ERP项目实施是否实现了预期目标，运行效果如何”，尝试开展IT绩效审计，形成的2篇简报被审计署转送国资委。在审计署信息系统审计研讨会上，上述项目均入选作为大会交流案例。2010年度，组织上报计算机审计方法18篇，AO案例11篇。承担的《环保审计数据规划》通过验收，审计署以计算机审计实务公告的形式予以发布；《商业银行会计数据接口标准》已经结题。　（撰稿人：周　俊）

【长沙特派员办事处】　2010年，长沙特派员办事处（以下简称长沙办）人员编制150人，在编130人，领导职数5人。设有办公室、法规处、财政审计处、行政事业审计处、农业审计处、资源环保审计处、固定资产投资审计处、金融审计处、企业审计处、社会保障审计处、外资运用审计处、计算机审计处、人事教育处、机关党委。

领导成员

特 派 员：李勇库

副特派员：彭华彰　车列武　李　锋

纪检组长：张瑞民

审计成果　2010年，长沙办共实施审计或审计调查项目29个，已经完成19个。审计查出各类问题金额1013.58亿元，向司法、纪检、监察机关移送案件线索8件；提交审计（调查）报告21份，报送信息简报147篇、重要审计情况4篇。上报信息被审计署《审计要情》采用5篇、《重要信息要目》采用37篇、《审计署值班信息》采用1篇、《审计简报》采用8篇、《信息转送函》采用13篇，《审计工作通讯》采用2篇，被中办、国办采用75篇次，国家领导人批示42篇次，共被采用和批示183篇次。本办组织实施的中国农业发展银行吉林省分行2008年度资产负债损益情况审计项目被评为2009年审计署表彰审计项目。

财政审计　在上半年中央预算执行审计中，

承担了湖南省农业综合开发资金等9个项目，发现违规违纪金额341.04亿元，移送案件2起，报送信息37篇，被审计署采用11篇。如在湖南省农业综合开发资金审计项目中，我们重点关注项目对农业基础设施建设、农业综合生产能力和农民收入的影响，重点关注项目中挤占挪用资金、虚报项目套取资金等问题。

在2010中央预算执行审计中，共承担9个项目，其中浙江省中央预算执行审计项目6个，湖南煤监局预算执行审计、湖南证监局预算执行审计、人民银行长沙中心支行财务收支审计等项目3个。在浙江省中央预算执行审计中，创新组织方式，设立现场总指挥，加大对现场的指挥调度；以电视电话会议形式召开审计进点见面会，提高效率，扩大审计影响；管理前移，服务前移，把审计业务会和中期汇报会开到审计现场。

扩大内需审计调查　在湖南省扩大内需投资项目建设管理和资金使用情况专项审计调查中，揭示了湖南省发展改革委在批转中央投资计划过程中不明确配套主体、转移配套责任、项目进展缓慢、已建成项目难以投入运行等问题，查处了湖南省卫生厅高报农村卫生基础设施项目预算价格、造成资金结余3650万元长期闲置以及长沙船舶厂弄虚作假套取427.88万元工程款等重大问题。

海关关税征管审计　利用办自主开发与编写的《海关H2000联网审计系统》软件，并参考《海关审计方法指引》一书，对北京海关关税征管情况进行审计，提高审计工作效率，确定了审计重点；并注重从宏观政策层面来考虑和分析问题，提出多项进一步完善现行税收征管政策的意见和建议。

经济责任审计　在湖南省原省长周强同志任期经济责任审计工作中，坚持以领导干部履行经济责任为主线，以财政财务收支及有关经济活动的真实合法效益为基础，以守法守纪守规尽责为目标，科学整合审计资源，确保项目按时高质完成。审计组把握财政收支和重大经济决策这两大主线，关注财政收支、重大经济决策、产业结构调整、政府债务以及环境保护等9方面事项，重点对湖南省高速公路建设、开发区建设、耕地占补平衡、洞庭湖污染治理等内容进行了专项调研，形成了4篇专题调查报告，其中1篇以《审计长信函》转送湖南省。其中，湖南省地方政府性债务审计调查，在摸清湖南省本级及所属长沙市、长沙县和开福区本级2009年政府性债务规模、结构、来源和用途的基础上，重点分析了各级政府性债务的风险和债务形成的体制机制性原因，并提出了“完善债务管理体制机制，严格控制增量债务”、“妥善处理存量债务，逐步化解债务风险”的建议。

金融审计　开展保险公司审计和商业银行新增贷款投放审计调查，维护三农利益，促进经济发展方式转变。

在人保财险湖南分公司的资产负债损益审计中，坚持“把握总体、突出重点”，除了关注该公司的资产质量和潜在风险外，重点关注农业保险在落实中央支农惠农政策方面发挥的作用和存在的问题。

在五大商业银行湖南分行2010年新增贷款投放审计调查中，重点关注各商业银行落实中央决策部署情况，关注信贷资金的投向和促进经济发展的效果，更关注有可能形成的新的不良资产和金融风险，并加强分析，提出建议，促进商业银行不断调整优化信贷结构和防范金融风险。

企业审计　在中国核工业集团公司财务收支审计中，在核实企业资产、负债、损益真实性的基础上，重点关注国有资产的保值增值和重大决策行为，关注核安全、企业改制和脱困、保军能力建设，注重查处重大违法违规问题和国有资产流失问题。

固定资产投资审计　在广西和福建机场建设情况专项审计调查中，结合工程建设领域突出问题专项治理，重点查处机场建设中的重大违法违规问题以及经济犯罪案件线索，同时关注影响机场建设和发展的体制、机制问题。该项目移送案件线索1起，报送简报14篇。

农业与资源环保审计　在开展湖南省重点行业节能减排审计调查时，以地方政府和重点行业企业落实节能减排政策法规为主线，以使用节能减排专项资金情况为切入点，摸清了电力、钢铁、水泥等重点行业产能规模、产业布局、结构调整、节能减排和资金使用等情况。

社会保障审计　开展湖南省2007年至2009

年政府投资保障性住房专项审计调查、湖南省2008～2009年城市最低生活保障资金筹集、管理和使用情况审计、湖南省2009年至2010年5月新型农村合作医疗基金筹集、使用和管理及政策措施执行情况专项审计调查。在这3个审计项目中，关注制度缺陷，维护群众利益，查处违法违规行为。

外资运用审计　开展了外国政府贷款湖南省交通厅公路建设项目、世界银行贷款南宁至广州铁路项目两个外债项目审计，加大了对重大问题的查处力度，同时更加关注外债的使用效益和偿债风险。

信息化建设　一是做好各项基础工作。全力推行CA认证和迷彩U锁的使用，跟踪服务解决故障；定期进行信息化考核，督促信息化应用；顺利完成金审工程二期审计署长沙数据备份中心部署，成功承办审计署“存储与备份系统”部署使用培训班；开展办内培训，通过分析计算机审计案例的评审要点和剖析优秀案例来提高全办人员的案例写作水平。二是坚持开展信息化科研课题研究，创新审计方式成果。我办申请的《海关审计方法体系研究》顺利结题，以审计署计算机审计实务公告第26号正式发布，课题报告涵盖了海关审计的主要业务和范围，体现了审计实践到理论的提升，在评审会上获得专家一致好评。三是信息化应用水平不断提高。2010年1月至11月，公文浏览人均1306篇，比去年全年增长81.5%；网上培训时长人均154.92小时，比去年全年增长267.7%，办内网站投稿475篇，比去年全年增长12.3%；全办征集的计算机审计方法共44个，比去年征集到的专家经验增长91.3%，涉及财政、金融、投资、农业等9个行业；征集AO应用实例10个，比去年增长25%，并且多数实例要素齐全，亮点突出，质量较以前有很大提升。同时，在海关审计中在全国范围推广使用《海关联网审计软件》，在保险公司审计中积极尝试信息系统审计，在浙江国税税收征管审计等多个审计项目中深入开展数据分析，挖掘审计线索，为审计项目开展提供了技术保障。

班子和队伍建设　2010年3月，审计署对我办领导班子进行了调整。新班子到任后高度重视班子自身建设。一是加强学习。全年召开了4次党组中心组学习会，每次都认真对待，确定学习主题，指定学习内容，开展个人自学和集中学习，并明确中心发言人。通过学习，办党组能够及时掌握中央精神，自觉与中央决策和审计署的要求保持一致。同时，狠抓了学习型审计机关建设。二是注重团结。主要负责人与领导班子成员之间、班子成员相互之间积极沟通，大事上会讨论，小事交换意见，情况及时通报，问题商量解决。特别是认真贯彻民主集中制，在办党组民主生活会上，班子成员之间认真地开展了批评和自我批评，相互交心交底，触动很大，效果很好。三是率先垂范。要求班子成员做到的，主要负责人首先做到，要求全办干部职工做到的，班子成员首先做到，领导班子真正成为努力工作的表率、廉洁从政的表率、顾全大局的表率、遵守规章制度的表率。四是民主决策。坚持重大问题集体研究决定，规定了5万元以上的重大支出必须经特派员会议审定，同时，坚持依法办事，确保重大决策合法合规，经得起历史检验。

加强队伍建设是2010年我办的重点工作之一，也是署领导提出的明确要求。一是加强作风建设。住房遗留问题是影响办当前发展的首要问题，而干部作风则是关系办长远发展的主要问题。署领导对干部作风建设提出了很高的要求，署考核巡视组也对办提出“加强作风建设和内部管理”的重要建议。党组书记、特派员李勇库专门讲了一次关于作风建设的党课，对干部职工的触动很大。同时，通过开展大讨论、“八查八看”、处室民主生活会等活动，推动作风建设的不断深入。二是加大培训力度。积极创造条件，加大国际性审计人才培养力度，有3人通过BFT高级考试，有两人参加审计署组织的联合国审计项目。先后选派11名干部到审计署、地方审计机关及其他有关部门挂职锻炼。积极组织人员参加署里举办的各类培训班，累计参加人员近200人次，基本涵盖了所有在职干部。三是调动干部职工积极性。通过为干部职工办十件实事、解决干部职工的后顾之忧，做好深入细致的思想政治工作，解除大家的思想包袱，鼓舞了士气，振奋了精神，点燃了激情。有的同志小孩出生不满一周，就告别妻儿奔赴浙江；有的同志家人遭遇意外去世，在用较短时间处理完后事又迅速投入到审计现场。

2010 年，金融审计处被记集体一等功，李贞祥同志被记个人三等功。

党建和廉政建设　结合机关党建工作，扎实开展“创先争优”活动。认真制订活动实施方案，积极安排部署各项活动，落实各环节要求，严把活动质量。全办党员干部尤其是领导干部率先垂范，带头参加，积极组织参加湖南省直工委在湖南机关党建网上开展的“我是一名共产党员”大讨论活动，按照“五带头”的标准，结合“讲党性、重品行、作表率”的要求和工作实际作出承诺，并履行承诺，发挥带头示范作用。

采取多种形式开展廉政教育工作。如向全办干部职工下发《审计干部反腐倡廉教育警示录》等书籍；开展“捍卫生命线”廉政演讲比赛；出版《品味审计人生》一书，重点反映我办近年来涌现出的先进集体、个人和典型事例，利用身边的人和事教育干部；组织全办干部职工收看全国审计机关党风廉政建设工作视频会议实况；在电子显示屏和醒目位置播放和张贴廉政警示语录等。同时，继续实施廉政回访，坚持廉政检查，认真查处群众举报事项。一年来，全办审计人员拒收礼金、礼品数十次，上交礼金礼品数量大大超过往年；拒绝被审计单位各种请吃、娱乐等特殊接待活动上百次，树立了威信，提升了形象。

基础工作　一是完善制度，提高标准。坚持“精简、有效、管用”原则，对原有的 73 项规章制度进行了全面清理。通过清理，保留规章制度 22 项、修订完善规章制度 19 项、合并 24 项规章制度、废止规章制度 8 项、新增加规章制度 14 项，最终形成规章制度 60 项。二是提高工作计划性，增强工作透明度。实行办领导周工作计划、综合部门半月工作计划、业务处月工作计划制度；编发值班简报，重点反映办内重要会议内容、办领导主要活动和重要批示；编发工作动态，及时反映业务处每位同志工作情况；建立督办制度，确保每件事有人负责并落实到位。三是加强财务分析，严格财务管理。严格落实预算，规范报账程序，加大财务分析力度，提高财务管理水平；对内、外部审计中发现的问题立即整改到位；同时，加强了固定资产管理。四是加强各项行政管理工作督办力度。对办党组和特派员会议确定的事项，进行督办；对审计信息、宣传、公文质量等及时分析，通报存在的问题和下一步改进措施。五是加大宣传力度。新一届领导班子上任后，高度重视审计宣传工作，成立了审计宣传工作领导小组，由彭华彰副特派员直接分管审计宣传工作。注重宣传工作质量，新制定了审计宣传工作管理办法。

退休干部工作　一是加强领导。及时改选了退休干部工作领导小组，所有处室负责人均是小组成员。为把退休干部工作作为审计事业的一个重要方面统筹抓好，对《退休干部服务与管理办法》进行了修订。二是开展办领导和处室与退休干部双联系服务，并确定了服务的范围标准和组织实施办法等。三是充分尊重退休干部的政治权利。多次召开退休干部座谈会，听取意见和建议，传达学习审计署离退休干部工作会议精神，积极落实退休干部工作的各项方针、政策，解决了退休干部党支部的工作经费和退休干部按同级在职干部阅文等具体问题。还组织退休干部到革命根据地参观学习。四是在生活上关心退休干部。全年先后组织了春节走访慰问、身体检查、重阳节慰问、慰问生病及住院退休干部等一系列活动。

（撰稿人：滕　阳）

【广州特派员办事处】　2010 年，广州特派员办事处（以下简称广州办）人员编制 150 人，在编人员 138 人。设有办公室、法规处、财政审计处、农业审计处、行政事业审计处、资源环保审计处、投资审计处、金融审计处、企业审计处、社会保障审计处、外资运用审计处、计算机审计处、人事教育处、机关党办、机关后勤服务中心。

领导成员

特 派 员：袁　野

副特派员：刘贡力　马学斌　漆江梅

纪检组长：孙成余

副司级审计员：李钢锋

审计成果　广州办完成审计项目 17 个，查出违规金额 537482 万元，其中应上缴财政 2649 万元，应归还原渠道资金 1554 万元，应调账处理金额 7147 万元；已归还原渠道资金 697 万元，已调账处理金额 437 万元。移送司法机关、纪检监察部门处理事项 2 件，建议有关部门处理事项 3 件。共有 134 篇审计信息被审计署采用，其中被《审计要情》、《重要信息要目》分别采用12篇、53篇，转送部委22篇；被中办、国办分别采用42篇、68篇，受党和国家领导人批示65篇次。

财政审计 在××省农业综合开发项目中审计中发现有关农民筹资投劳规定不合理，导致农民投劳落实不到位等问题。在××海关2009年度关税及进口环节税征管审计中发现关税及进口环节税征管政策存在漏洞，“国货复进口”现象较为普遍、巨额税收流失等问题。在××省中央农业综合开发等5项中央财政性资金审计中，发现一些主管部门组织实施不力、1.86亿元财政专项资金未及时用于项目实施以及相关部门挪用农业综合开发资金1344万元等问题。为推动完善公共财政和政府预算体系、增强财政政策有效性发挥重要作用。

金融审计 在保险行业审计中，反映了保险公司成为虚假发票重要“买方市场”，危害国家经济秩序安全的问题，着重揭示了保险行业存在的保险公司、保险市场、保险中介“三乱”风险隐患，切实努力推动保险行业规范发展；还发现该××公司××分公司非法套取4000多万元保险资金部分用于商业贿赂、××分公司非法套取资金8000万元原总经理涉嫌滥用职权和为亲属谋利、××保险××分公司一部门经理个人账户资金流动异常与××电网公司个别高管储蓄账户往来异常等多个案件线索。在对商业银行的审计中，发现广东地区××公司等多家企业单位及个人涉嫌非法经营地下钱庄涉及金额480多亿元；温州地区28名银行工作人员违法参与巨额票据贴现业务涉嫌非法牟利等多个案件线索。

行政事业审计 广州办发现××省中职教育免学费政策未落实到位、1.34亿元免学费财政补助资金闲置；××省环保厅下属单位对环评报告既编制又评审，难保客观公正；××海事局为其经济实体提供业务支持该系统职工从中获利、违规发放津贴补贴、培训基地设施闲置严重、海事局对辖区水域发生船舶溢油事故的应急能力不足，水域环境安全存在一定隐患等问题。有利于行政部门严格按预算开支、切实履行行政职责、规范财政财务管理。

农业与资源环保审计 在××省重点行业节能减排专项审计调查和××省节能减排专项资金审计中，发现××省一些地方违规审批钢铁项目、擅自收取燃气燃油加工费52亿元补贴违规发电企业，××省部分高耗能企业虚假淘汰、规避国家淘汰关停政策等问题。还针对各类工业园区“一拥而上”的局面，揭示了××省15个地市工业园违反国家项目建设、土地利用、环境保护等政策的问题。

固定资产投资审计 在西气东输二线（×段）审计中发现多个施工质量安全；城市天然气储备制度缺失、储气设施建设机制不够完善，导致部分大中型城市天然气储备设施建设严重滞后、多次发生“气荒”；施工弃渣违规堆放，且部分弃渣中含有铀、镭等核放射性物质，威胁群众人身安全及周边环境安全。在××高速公路审计中发现项目征地补偿不到位、影响农民收入5150万元等问题。对提高固定资产投资项目效益、加强工程项目管理、改善工程质量起到良好作用。

社会保障审计 在社保审计中发现××三个县（区）民政部门审核把关不严、违规向316户不符合条件家庭发放低保金103万元；廉租住房保障管理机构不健全、制约住房保障工作全面开展和政策目标实现；××市人户分离现象普遍、加大保障性住房日常管理难度；新型农村社会养老保险参保待遇明显低于城镇职工养老保险待遇，农民参保意愿不高；新型农村社会养老保险与城镇职工基本养老保险之间缺乏转换衔接办法；××省未按政策规定发放廉租住房租赁补贴、2009年7765万元中央廉租住房保障专项补助资金结余等问题。

企业审计 在××航空公司和××电网公司审计中发现民航业空域资源配置机制不合理、空域资源管理配置存在不正之风；××电网公司利用垄断业务向职工投资企业输送利益；××市农电总公司在我国农村电网建设普遍薄弱、亟须大量资金的情况下，将巨额农电代管费用于工资福利及“吃喝”招待、购买小汽车等问题；广州某网络科技有限公司以虚假业务将1322万元资金转移到空壳公司，资金去向不明，广东移动职工涉嫌收取贿赂的问题。

专项审计调查 广州办主动融入国民经济社会发展大局，审计工作积极关注各类影响国民经济健康运行的事项，开展了相关审计调查。在对国家二套房贷政策在抑制房价过快增长方面效果不明显状况开展的专题调查中，发现了“捂盘惜售”、国土部门执行房产“新政”不力、商业银行违规发放二套房贷等影响国家调控政策落实的问题。在××省地方政府性债务专项审计调查中，揭示了××省各级政府利用事业单位性质融资平台大量举债、偿债能力较弱、缺少债务风险预警和控制指标体系等危及国家财政安全的隐性风险问题。并针对近年来网上第三方支付结算金额突破性增长的现象，在相关业务司的指导下积极开展调查，发现了“××”、“××”等第三方电子支付机构资金管理方式与人民银行《非金融机构支付服务管理办法》要求差距较大、存在风险隐患的问题。深入反映了一系列社会经济运行过程中的重点、热点问题，并提出相关建议，为中央决策提供参考。

积极创新 2010年广州办发扬开拓创新、敢于探索、求真务实的优良作风，按照“多专业融合、多视角分析、多方式结合”和“全办一盘棋”的思路，积极创新审计组织方式，打破处室职能、专业分工、职务级别等方面的约束和限制，建设了以数据分析中心为核心，由信息研究中心、数据分析中心、任务执行中心“三中心”共同构筑的数字化审计工作模式，强化指挥协调、分析研究、沟通交流、质量控制等一系列工作机制。并扎实推进信息化建设的“五个一”工程，即建设一个数据分析中心、一支数据分析团队、一个审计现场管理平台、一个异地联网审计网络、一个机关管理平台，全力打造“信息数字型”。组织方式和技术方法的创新实现了项目扁平化管理和远程控制，有效地整合了审计资源，提高工作效率和能力水平，提升审计成果的层次和水平。

队伍建设 一是组织应用层面学习，快速增强审计实战能力。将全员培训与突出重点相结合，快速提升审计人员的实战能力。二是强化理论层面研究，全面提升审计工作水平。通过印发理论研究工作要点，积极部署相关活动推动理论研究向审计生产力的转化。三是强化综合素养学习培训，系统培育创新型思维模式。有效促进了审计理论向审计生产力的转化，潜移默化影响着审计人员的思维模式和思考方法，增强了认识事物本质、把握发展规律的能力。并进一步加强党风廉政和精神文明建设力度，不断丰富新形势下机关党建工作新内涵，积极开创机关党建工作新局面，努力打造“清廉文明型”审计机关，为党风建设注入“忠诚、责任、奉献、激情”的精神内涵。全办上下形成了“比责任，创一流形象；比落实，创一流作风；比创新，创一流业绩”的共识，为争当审计系统“实践科学审计理念的排头兵”提供精神动力。

机关管理 以新办公楼搬迁为契机，积极探索创新机关管理方式，提高机关工作效率，机关管理工作上了一个新的台阶。一是结合审计工作新形势和办公环境变化，对各项规章制度进行清理完善，制定十多项规范制度。二是全面推行审计项目审理制度，进一步加大审计复核、审计项目质量检查、审计结果跟踪落实和案件移送的力度，认真开展信息化条件下审计质量控制方式研究。三是进一步细化办内预算，推进预算编制分配公开透明；节约经费开支，严格实行“先批后用”制度；修订完善外勤经费管理办法，加强经费管理和成本控制；健全保密管理规定，认真开展保密检查；全面清查全办资产，明确落实管理责任。对新办公楼的物业管理、绿化等方面引入社会化服务，不断提高服务保障水平；完善节能减排措施，积极营造节能减排的浓厚氛围，努力打造“绿色”广办。（撰稿人：刘华厦）

【深圳特派员办事处】 2010年，深圳特派员办事处（以下简称深圳办）人员编制120人，在编103人。设有办公室、法规处、财政审计处、固定资产投资审计处、金融审计处、企业审计处、社会保障审计处、外资运用审计处、境外审计处、计算机审计处、人事教育处和机关党委。

领导成员

特 派 员：王淡浓

副特派员：朱惠红 张在银

纪检组长：郑凯旋

审计成果 深圳办共执行审计（调查）项目27个，其中跨年度项目8个；查出违规金额40.3亿元，管理不规范金额290.3亿元。向司法、纪检及地方部门移交各类重大问题线索2起。报送审计报告和专题报告22篇、重要审计情况14篇和审计简报124篇，其中：被审计署《审计要情》

采用7篇、《重要信息要目》采用40篇、《审计署值班信息》采用1篇、《审计简报》采用9篇、《信息转送函》采用18篇、《审计工作通讯》采用6篇，被中办采用27篇、被国办采用46篇、获得领导批示45篇。

深圳办安信证券股份有限公司落实中央扩大内需保持经济平稳较快发展有关政策措施情况专项审计调查项目被审计署评为优秀审计项目。深圳办郝士坤同志荣立个人二等功，董方同志荣立个人三等功，金融审计处和办公室荣立集体三等功，3个处室和15名同志得到嘉奖。深圳办机关第八党支部被评为深圳市先进基层党组织，何学军同志被评为深圳市优秀共产党员，郭艺超同志被评为深圳市优秀党务工作者。

财政审计　完成浙江省农业综合开发资金管理使用情况审计、拱北海关2009年度关税和进口环节税审计、2009年浙江省地方政府性债务专项审计调查，正在开展深圳市2010年中央转移支付资金审计、深圳市国家税务局2009～2010年税收征管情况审计和预算执行情况审计。发现通关旅客携带巨额外币现钞入境、企业以放弃保税料件方式“洗货”逃避海关税收、拱北海关罚没收缴物资拍卖估值明显偏低财政收入存在流失风险、浙江省农业综合开发筹资投劳政策难落实、浙江省农业综合开发项目部分评价指标不准确、浙江省某县政府违规审批立项进行旅游房地产开发、农业发展部门管理职能多位一体弊端较多等问题。

金融审计　完成广州人行2009年度财务收支情况审计、广东省保监局2009年度预算执行和其他财务收支情况审计、商业银行资产质量与2010年新增贷款投向结构情况专项审计调查以及人保财险深圳分公司2009年度资产负债损益审计，正在开展人行深圳中心支行2010年度财务收支审计和深圳证监局2010年度预算执行和其他财政收支情况审计。发现民营企业主涉嫌利用其控制的系列公司骗取巨额银行贷款、大量境外资金结汇后流入房地产市场以及近三成贷款资金流向与审批用途不符影响使用效益等问题。

行政事业审计　完成深圳海事局2009年度预算执行和其他财政收支审计、港口建设费上下联动审计和浙江省中等职业教育能力建设项目和农村初中校舍改造工程审计，正在开展贵州煤矿安全监督管理局2010年预算执行审计。发现港口建设费征缴使用管理制度亟待调整、深圳海域船舶溢油防污应急处置能力堪忧、浙江省某县28所学校非法集资扰乱金融秩序、一些具有行政职能的事业单位或项目业主兴办经济实体、部分中西部农村初中学校校舍改造后仍未实现工作目标等问题。

农业与资源环保审计　完成浙江省节能减排资金管理使用情况审计和2007年至2009年浙江省电力、钢铁、水泥重点行业节能减排专项审计调查，正在开展深圳市2010年污水垃圾处理专项资金审计。发现浙江省部分地区执行电厂脱硫电价补助政策存在较大偏差、浙江省差别电价征收管理不到位、环保部门所属事业单位有偿提供环境影响评价服务、一些地方淘汰落后产能工作不到位、一些地方和企业违规扩大钢铁产能、污水处理厂产生的污泥六成多处置不当存在二次污染隐患以及抽查发现十大节能工程项目近四成未按期完成等问题。

固定资产投资审计　完成京沪高速铁路总部及5、6标段跟踪审计。发现京沪高铁建设项目招投标不规范、南京国土管理等部门违规审批冻结范围内项目、京沪高铁建设多付征地拆迁资金逾亿元等问题。发现的中交集团某下属公司巨额资金转入转出不入账涉嫌工程建设领域商业贿赂的问题被审计署移送中纪委查处。

社会保障审计　完成海南省和深圳市政府投资保障性住房专项审计调查、2009年浙江省城市最低生活保障资金审计和2010年浙江省新农村养老保险专项审计调查，正在开展深圳市就业补助资金审计以及深圳市保障性住房审计。发现城市低保资金保障范围逐步扩大、县级城市低保资金结余快速增长影响低保政策实施效果、浙江省部分县市新农保个人账户未做实、浙江省部分试点县老农保基金债券虚悬新老农保制度并轨运行困难、浙江省部分国家新农保试点县市中青年参保率偏低以及浙江省新农保养老金发放管理不规范等问题。

经济责任审计　与济南办联合完成中国远洋运输（集团）总公司领导人员经济责任审计，对原法定代表人魏家福同志自任职起至2009年底对公司财务收支及有关经济活动应负经济责任的履行情况进行审计和客观评价，就国家“国油国运”政策、上市公司股权激励问题、中央企业公务用车问题进行分析，发现上海远洋船舶管理有限公司主要领导违规为境外企业牟利、中央企业公务用车管理不规范、中央国有资本收益管理混乱、石油石化企业与船运企业战略合作亟待深化、中央企业及其控股上市公司高管人员股权激励行为不规范等问题。

外资运用审计　完成外国政府贷款杭衢高速公路建设项目审计，发现杭衢高速公路沿线部分环境保护措施未到位、杭衢高速公路沿线部分国土部门挪用耕地开垦费用于公用经费支出以及世亚行贷款项目外方采购规定与国内相关制度冲突影响项目执行等问题。

境外审计　配合境外司完成中钢集团、中粮集团驻港一级机构 2007～2009 年财务收支审计。发现下属公司某高管滥用职权导致巨额债权面临损失风险等重大问题。

队伍建设　一是坚持以能力建设为中心，坚持培训工作常态化，通过集中授课、网络培训、自学等多种形式，开展了公文写作、心理学讲座、计算机保密安全、审计质量控制、解读新审计法实施条例和新国家审计准则等多方面的培训，有效提高各层级人员的知识储备和综合素质。二是加强审计理论研究，成功举办了首届青年理论研究成果演讲会，7 名同志通过资格审查成为中国审计学会会员，1 名同志在审计机关优秀审计论文评比中获奖，4 篇理论文章在《中国审计》等期刊杂志上发表。深圳办已成功向审计署申请了《固定资产投资（铁路建设项目）审计数据规划》科研课题的立项。三是充实审计干部队伍，严格按照人事部公务员录用程序，经过严格的笔试、面试、专业考试及体检等程序，择优招录了 19 名新公务员，并根据审计工作需要，提拔 8 名年轻干部担任领导职务。四是派遣十余名业务骨干参与联合国审计、干部交流、专项检查等工作，积极借助外部平台培养年轻干部。

机关管理　一是完成制度修订工作，共计修订 19 项、废除 31 项、新制定 13 项制度，公文、财务、计划统计等各项管理工作都达到规定的要求，职能部门人员普遍实现一岗多能。二是继续坚持以计划为龙头的管理模式，推行全口径预算管理，及时分析研究审计业务、财务成本、预算执行等方面的控制信息，提高了财务管理和预算管理的科学性和规范性。三是加强审计宣传，圆满召开中央驻深单位座谈会，全年在《中国审计报》、《中国审计》杂志、署门户网等审计署公开媒体发稿 138 篇，被中央国家机关工委《紫光阁》、审计署《审计工作通讯》等采用 17 篇，驻办记者站因在 2010 年通联宣传工作中成绩优异，被中国审计报社评为先进单位。四是强化后勤服务，继续发挥机关“民主评议小组”的作用，不断加强机关民主建设，较好地完成了中审宾馆有限责任公司的正常管理和经营、办公楼维修改造、车辆和固定资产管理及职工食堂等各项工作，中审大厦被莲花街道办和景田派出所联合授予社会治安管理工作先进单位。

质量控制　一是建立由办审计项目质量检查委员会、法规处及各业务处 3 个层次组成的审计项目质量控制组织体系，制定并完善了复核工作流程指引、审计项目流程指南以及加强审计项目质量控制的意见，并根据新国家审计准则的要求，完善了重要管理事项记录模板、调查记录模板以及现有的工作底稿模板。二是对近 3 年已完成项目的审计整改情况进行检查，形成综合报告，并结合整改现状制定了《审计署深圳特派办关于审计整改跟踪与检查的暂行办法》。三是根据审计署关于审理工作的统一安排，尝试开展审计项目审理工作，并制定了《审计署深圳特派办审计项目审理工作试行办法》。

信息化建设　一是开展计算机审计创新，努力研发企业集团计算机审计模型、以工程材料为核心的建设项目审计软件、国税审计软件等，与考核制度相配套的人事绩效考核信息系统经过近年的实践逐步成熟。2010 年，上报计算机审计方法 15 篇、AO 应用实例 7 篇、信息系统审计报告 2 篇，其中 10 篇计算机审计方法入选审计署计算机审计方法，1 篇 AO 应用实例获得应用奖、4 篇应用实例获得鼓励奖。二是顺利完成金审工程审计业务专网和涉密内网的网络切换、设备更新升级工作，按要求完成对审计人员安全客户端即迷彩 U 锁的安装、培训、实施工作，异地审计人员已经能够成功实现对办公内网的阅文、公文流转等工作。三是坚持“搭建计算机审计运用和研发的高台”这一思路，创建数据分析室，打造计算机审计精英团队。四是继续坚持AO资格认证考试和计算机中级考试自主培训，累计授课时间达到3208课时，全年累计有42名同志参加了AO资格认证考试，合格率达到100%，有25名同志参加了计算机中级考试自主培训，通过率52%。

文化建设　一是开展了职工趣味运动会、广深迎亚运体育友谊赛、“送温暖、献爱心”以及篮球、羽毛球等丰富多彩的机关文化活动，注意思想帮扶，体现人文关怀，努力营造有利于全体员工健康成长的环境。二是健全员工的疾病保障，完成了公务员补充医疗保险和三级保健的相关手续。三是丰富老干部退休生活，单独成立退休干部党支部，并与深圳市老年大学取得联系，推荐退休老干部参加老年大学的课程。四是继续贵州审计希望小学帮扶活动，员工捐款设立希望小学教师和贫困优秀学生奖学基金。

（撰稿人：姜楠华）

【成都特派员办事处】　2010年，成都特派员办事处（以下简称成都办）在职人员121人，设有办公室、法规处、财政审计处、行政事业审计处、资源环保审计处、固定资产投资审计一处、固定资产投资审计二处、金融审计处、企业审计处、社会保障审计处、外资运用审计处、计算机审计处、人事教育处、机关党委、机关后勤服务中心。

领导成员

特 派 员：丁仁立

副特派员：任承彝（正司）

周应良

景东华

纪检组长：赵建设（正司）

正司级审计员：王永红

审计成果　2010年，成都办完成审计（调查）项目28个，共查出问题金额3015500万元，其中违规及管理不规范金额300840万元，损失浪费金额7158万元。向相关主管部门、纪检监察和司法机关办理审计移送事项8件。报送审计工作报告、专题报告、信息简报等196份，被审计署等采用87篇次，其中：《审计要情》5篇、《重要信息要目》51篇、《审计署值班信息》2篇、《审计简报》8篇、《信息转送函》16篇、《审计工作通讯》5篇，被中办、国办采用93篇次，得到中央领导批示50篇次。

本办实施的四川省政府投资保障性住房专项审计调查项目被审计署评为表彰审计项目。1名审计人员被四川省委、省政府评为四川汶川地震灾后重建先进个人，3名优秀党员和党务工作者受到四川省直机关工委表彰，机关党委获得四川省直机关工委授予的“先进机关党委”荣誉称号。

财政审计　（1）完成四川省国家税务局2009～2010年税收征管情况审计。重点对3个市局19个县（区）局进行审计，并延伸审计31户企业。发现的主要问题：部分税务机关人为调节年度收入进度，涉及金额25891.1万元；部分税务机关违规批准缓税31635.28万元；对不符合条件的高新技术企业给予税收优惠，造成税收收入流失，涉及金额44487万元；国税部门对企业所得税汇算清缴申报资料审核不严，少征企业所得税134.19万元；未按规定进行增值税进项发票抵扣和进项税额转出，导致少计应交税款32.71万元；部分税务机关稽查处理不合规；税务机关代开发票不合规，涉及金额2942万元；企业假发票入账，涉及金额2129万元。从管理、政策等层面提出需要研究的问题：跨地区经营汇总纳税企业所得税管理办法执行不到位；出版业进项税抵扣政策存在冲突；煤炭生产企业安全费提取标准规定不严密；大型水泥企业未能享受资源综合利用税收优惠；证券公司2005年以前年度受托理财业务损失能否在税前扣除的相关政策不明确；烟草企业的企业形象和企业文化宣传的税前扣除政策需进一步明确。

（2）完成四川省国家税务局2010年度预算执行和其他财政收支情况审计。审计发现的主要问题：无预算安排支出60万元；住房公积金支出超预算35万元；违规将部门预算的其他收入结余资金1610万元转入工会；基本支出挤占项目支出29万元；房租及资产处置收入上缴中央财政专户不及时，涉及金额850万元；报账发票不规范；宜宾市国家税务局“综合业务办公用房”项目建设进度缓慢，基建资金结余较大；车辆超编制。需要相关部门研究的问题：中央财政基本支出预算安排与实际支出缺口较大；四川国税部门对地方财政依赖较大。

(3) 完成四川省本级、成都市本级及成都市所属的成华区和新津县本级2009年政府性债务情况专项审计调查，重点延伸调查了21个单位。

审计调查发现，到2009年末四川省本级政府性债务余额1126亿元，比年初增长49.34%；从举债主体看，2009年末债务余额中，融资平台公司政府性债务69.04%；2009年末政府性直接债务余额中，资金来源于银行贷款占年末直接债务总额的87.56%；截至2009年末，政府性直接债务余额中有121310.89万元结存在债务单位尚未支出，已支出的债务资金11118035.13万元中，用于能源、交通运输、农林水、生态建设和环境保护、科教文卫和保障性住房等社会事业及民生项目、化解地方金融风险、偿还债务本息、其他支出分别占债务支出总额的4.74%、74.41%、0.93%、0.01%、10.73%、0.28%、2.31%、6.59%。

省本级政府性债务风险分析：省本级政府直接显性债务的债务率为32.53%，低于国际公认的债务率警戒线100%的标准；偿债率为3.65%，低于国际公认的偿债率警戒线20%的标准；政府或有显性债务转化为政府直接偿债责任分析，省属院校和融资平台公司所占债务比重较大，偿债压力也较大。

政府性债务管理中存在的主要问题：部分贷款担保不合规，涉及金额288亿元；项目收入主体与原借款主体分离，增加了还款压力，涉及金额27亿元。

(4) 完成四川省2010年中央转移支付资金分配、管理和使用情况审计。审计发现的主要问题：在决算编制和预算执行方面，通过以拨作支、列支转暂存的方式虚报中央专项转移支付资金支出162588.25万元，影响决算真实性；向人大上报预算执行情况时虚报中央专项转移支付资金支出11174万元。在专项转移支付资金使用方面，个别企业挪用上级专项转移支付资金278.19万元；挤占基本公共卫生服务项目专项资金15万元；有关部门审核把关不严，个别企业用同一项目申报取得三项中央补助资金1800万元。需要反映的问题：一是财政转移支付结构不够合理。从中央、省、市三个层级看，对下级的专项转移支付比重仍然偏高，一般性转移支付特别是均衡性转移支付比重偏低，不足以弥补县级财政标准收支缺口；财政转移支付结构不合理对县级“保工资、保运转、保民生”带来不利影响。二是中央财政部分一般性转移支付带有明显的专项转移支付特征。四川省收到的2010年中央转移支付资金中，一般性转移支付占比将进一步降低到32.44%，下降6.67个百分点，专项转移支付占比上升到67.56%。在地方本级预算编报上级转移性收入及使用方面：部分财政部门未将上级下达的转移支付提前告知数全额编入年初预算；本级财政提前告知下级的预计数占本级财政转移支付总额的比例有待提高；部分上级转移性收入在当年没有使用，影响预算执行效果。三是专项转移支付设置交叉重复问题比较突出。如在农业类专项转移支付中，比较突出的交叉重复内容有农田水利、节水灌溉、水土保持、林木购置等方面，涉及的中央部门有财政部、农业部、国家林业局、国家农业综合开发办公室，下达四川省13项中央专项转移支付资金，金额190891万元；在教育类专项转移支付中，比较突出的交叉重复内容主要是校舍维修改造方面，涉及的中央部门有财政部、教育部，下达四川省全国中小学校舍安全工程、中西部农村初中校舍改造工程、农村义务教育薄弱学校改造3项中央专项转移支付资金，金额11.36亿元；在卫生类专项转移支付中，比较突出的交叉重复内容主要有血吸虫病防治、食品安全监测、食品安全培训等方面，涉及的中央部门有财政部、农业部、卫生部、食品药品监管局，下达四川省5项中央专项转移支付资金，金额1.13亿元；在救灾类专项转移支付中，比较突出的交叉重复内容主要有农村中小学恢复重建和乡镇卫生院受灾修复等方面，涉及的中央部门有财政部、教育部、卫生部，下达四川省6项中央专项转移支付资金3591万元。

(5) 完成四川省省长蒋巨峰同志的经济责任审计。审计对象范围主要包括省政府办公厅、财政厅、发展改革委、国土资源厅、环保厅等16个部门和单位，延伸调查了四川发展（控股）有限责任公司（以下简称四川发展公司）等3家公司、15个全省重大建设项目和5个产业园区等。对土地管理、节能减排等重要事项到成都、攀枝花等地进行了必要的延伸。

通过审计，未发现蒋巨峰同志存在个人经济问题，但发现四川省在财政管理、环境保护、土地管理、经济结构调整和灾后恢复重建等方面还存在一些问题：未将国有资产出让收入2.66亿元缴入国库纳入预算管理；部分税收减免不合规；中央扩内需项目地方配套资金未及时足额到位；未按照规定时限关停淘汰落后钢铁生产能力；以前年度已淘汰产能列入目标责任书；部分单位节能目标完成进度较慢；水污染物总量削减目标责任书确定的部分水污染防治工作未完全落实；灾后恢复重建用地计划政策执行不规范；部分重大建设项目违规用地；部分产业园区内的项目和园区建设违规用地；未及时支付土地补偿费和安置补偿费8782.94万元；灾后恢复重建任务完成进度在各地区、各专项和省级各部门之间存在较大差异；部分部门和地区实际完成投资列报不真实。

金融审计　一是完成中国人民银行重庆营业管理部2009年度财务收支审计，查出该行在预算执行中存在人员经费挤占公用经费560万元、地方财政补助523万元未作为收入核算、支出不实42万元、在会议费中列支招待费17万元，未按规定使用专项经费，对专项借款监督不力，导致借款使用与规定用途不符7.4亿元等问题；二是对中国保险监督管理委员会重庆监管局2009年度预算执行和其他财政收支进行审计，发现在预算执行中存在未严格执行预算、会计核算不规范等问题；三是完成中国人寿保险股份有限公司四川省分公司2009年度资产负债损益审计，查出违规承保国寿永泰团体年金保险的问题，涉及保费1.3亿元、少计保费收入1.1亿元，违规向非保险代理中介机构支付手续费、查勘费590万元，支出不实180万元，违规为职工购买国寿永泰团体年金保险170万元等问题；四是对商业银行资产质量与2010年新增贷款投向结构情况进行专项跟踪审计调查，发现银行降低贷款条件置换原有项目贷款、政府平台公司贷款用于与贷款无关的项目、违规发放贷款15亿元用于置换它行逾期贷款、违规发放贷款作项目资本金、政府平台公司抽逃项目资本金11000万元，以小企业名义向中型企业发放贷款逃避检查，峨眉山宏成旅游经济开发有限公司涉嫌逃避缴纳企业所得税1725万元，移送地方税务局处理后现已全部追缴入库，成都市晓初物业公司未缴土地收入6122万元，审计指出问题后，有关部门追收资金2122万元。

资源环保审计　完成2007～2009年四川省重点行业节能减排专项审计调查。审计调查发现：主管部门违规审批或企业自行扩大电力、钢铁、水泥产能，分别为27万千瓦、119万吨和1125.8万吨；淘汰落后产能政策执行不到位，涉及电力、钢铁、水泥产能分别为4.4万千瓦、142.1万吨、252.55万吨；四川省越权为高耗能行业出台优惠电价政策，涉及电量65.31亿千瓦时，优惠电价共5.32亿元；4家企业二氧化硫排放量超出污染物排放总量控制指标，共超出22935吨；20个十大节能工程项目未按计划进度实施，进展缓慢。同时，在政策体制方面发现，环境评估、节能技术服务中介机构与环保、节能主管部门存在隶属关系，不利于行政审批职能正常履行；生物柴油产业发展存在体制性障碍；电网公司对企业自备电厂上网电量费用征收不规范。四川省根据审计建议制订了淘汰水泥落后产能方案，地方环境保护部门立案对两户企业进行调查，并处罚款10万元，补缴排污费700万元，企业总经理被免职，7名责任人被降职或经济处罚。

企业审计　一是完成中国船舶重工集团公司法定代表人李长印同志经济责任审计。与昆明办一道上报审计报告1份、专题报告1份、重要审计情况6份、审计简报12份。上报的各类信息编发审计要情3份，被审计要目采用3份，值班信息1份，移送2个违法犯罪线索。本办主要查处了少计收入、少计成本等问题导致损益不实28932万元，资产和负债不实13915.59万元；概算投资达52亿元的青岛海西湾海洋工程基地未按规定履行审批程序，垫资建设存在风险；七二五、七一六研究所用45523.39万元资金收购4856.64万元的非国有股，未能充分维护国有资产的权益；中国船舶工业物资西南公司员工骆强涉嫌贪污公款100万元及滥用职权造成国有资金2800多万元难以收回，已移送司法机关；未严格执行招投标管理制度，涉及金额7607万元。此外，还发现未严格执行国家环保制度，对厂办集体企业管理薄弱管理失控等问题。

二是对2009年实施的中国兵器集团公司法定代表人经济责任审计项目进行持续追踪，加大项目整改力度。不仅促使企业整改了问题、完善了内部管理制度，还对15名直接责任人给予了处理处分，对负有领导责任或主管责任的15名局级领导进行诫勉谈话，相关情况被《审计简报》采用。

三是抽调审计骨干先后参加由企业司统一组织的中央国有资本经营预算收支情况审计、对国资委主任李荣融同志任期经济责任审计和对网通公司的专项审计，同时选派骨干参加了中央企业数据集中分析、中央小金库治理领导办公室牵头组织的小金库检查以及由中纪委督办的对四川移动通信公司总经理等多名干部的专案的工作。

外资运用审计　全年实施审计（公证审计）项目4个，向世界银行、亚洲开发银行出具公证审计报告2份，撰写审计报告2份，上报审计信息简报13篇。一是亚洲开发银行贷款川中道路发展项目公证审计项目，对四川雅西高速公路有限责任公司2009年12月31日的资金平衡表及截至该日止同年度的项目进度表和贷款协定执行情况表进行审计，并对上述报表发表了审计师意见。二是对世界银行贷款贵昆铁路六盘水至沾益段增建第二线工程（成都铁路局管段）项目截至2009年12月31日的项目资金平衡表及其他特定项目的财务报表进行了审计，并对报表发表了审计师意见。三是四川省人民政府2009年主权外债项目川中道路发展项目，审计发现项目征地拆迁、科研经费、建设单位管理费等项目支出超概算22894.46万元；个别施工单位违法转包工程；部分建设用地和临时用地未办理征地手续；虚报建筑安装工程投资完成额3.63亿元；勘察设计监理咨询费挤占科研经费715.52万元；部分科研经费管理亟待加强；亚行与项目业主对7个合同段的招标结果存在分歧，项目未使用亚行贷款9960万美元；概算批复未明确投资来源，影响项目建设；人民币升值导致产生资金缺口7.19亿元；建设工期已过半，部分亚行贷款原分配额度需要进行调整等问题。四是世界银行贷款贵阳至广州铁路项目审计，审计发现调整可行性研究报告批复前，部分工程施工依据不充分；工程质量管理存在薄弱环节，部分工程存在安全隐患；未按期完成2009年度投资计划；超验工程价款9162.96万元；建设单位违规批准施工单位分包18.45亿元的中标工程；对施工单位分包工程监管不到位；部分项目重复拆迁；滞留拆迁补偿资金，影响了拆迁工作的按期进行；拆迁经费使用不规范等问题。

行政事业审计　一是完成四川省中等职业教育基础能力建设和农村初中校舍改造项目投资预算执行情况的审计。审计发现项目存在调整手续不完备、经费使用不合规、项目进展迟缓、未按规定进行招投标、项目存在安全隐患、项目质量监督和监理不到位、项目实施未达到目标、中职学校农村家庭经济困难学生和涉农专业学生免学费政策尚未完全落实等问题。

二是完成四川省扩大内需投资项目建设管理和资金使用情况的专项审计调查。重点调查绵阳等7市的80个中央投资项目、2个地方政府投资项目和3个社会投资项目的建设管理和资金使用及投资效益等情况。审计发现项目存在配套资金不到位、未按规定使用地方政府债券、个别社会投资项目未严格执行国家产业政策、个别项目资金或资产闲置、项目资金使用不尽合规、中央投资项目用已完工程申报或多头申报获取中央投资、个别中央扩大内需投资项目不完全符合环保要求、项目未按规定实施招投标等问题。审计移送成都市纪委的案件1个，包括邛崃市新城公司总经理在内的2名责任人被刑事拘留。

三是完成海南海事局2009年度预算执行审计。审计查出的主要问题：2009年海南海事局将职工福利基金758万元编入“其他收入”科目弥补人员经费的缺口；VTS（船舶交管系统）运行维护专项业务费项目预算编制工资津补贴等人员支出385.78万元；海南海事局3个以前年度已完工基建项目结余178.37万元有124.86万元未按规定上缴中央财政；2009年海南海事局违规发放各类津补贴1518.01万元；2009年海南海事局在会议费中列支接待费5.97万元；海南海事局航政和航测两部分经费日常公用经费的分摊归集较随意；项目预算执行率较低、财政资金闲置较大；海南海事局2009年少收船舶港务费1055.66万元；以及海南海事局与经济实体未完全脱钩等问题。

灾后重建跟踪审计　按照《审计署关于汶川地震灾后恢复重建审计工作安排意见》和《审计署办公厅关于印发汶川地震灾后恢复重建2010年

下半年跟踪审计工作方案的通知》，对四川省成都市、阿坝州、雅安市、南充市和巴中市所属重灾县（市），以及部分重点建设项目灾后恢复重建情况进行跟踪审计。先后派出59名审计人员，组成43个审计组，对四川省本级和5个市（州）所属15个重灾县（市）灾后恢复重建情况进行了跟踪审计，完成审计署统一部署的18项专项审计调查，并对审计署下达的第4批25个建设项目开展了跟踪审计，重点关注灾后恢复重建规划执行、政策措施落实、资金管理使用、土地管理和环境保护、项目建设管理等情况。现场审计工作量累计达4032人·天。

审计发现的主要问题：在灾后恢复重建资金筹集、管理和使用方面，一些地方恢复重建存在较大资金缺口，影响规划任务全面完成；部分地方存在资金重复安排或到位资金超过实际需求的问题；一些部门和单位灾后恢复重建资金结存较大；部分地方和单位存在挤占挪用灾后恢复重建资金和资金管理不规范问题。在灾后恢复重建规划和政策执行方面，各地灾后恢复重建推进不均衡，部分地方和单位尚未基本完成目标任务；各专项恢复重建任务完成情况不均衡，部分恢复重建项目推进较慢；防灾减灾项目推进缓慢，主要是规划内的防灾减灾项目进展缓慢，地质灾害治理规划不够全面，大量地质灾害风险点未纳入规划，部分已纳入规划的治理项目，勘察设计深度不够；生态修复项目推进缓慢，环境整治工作亟待加强；四川省部分干线公路恢复重建推进较慢，交通运输保障能力不足；部分灾区市政基础设施恢复重建进展较慢，一些城镇市政功能尚未实现规划重建目标，一些项目建成后未达到设计生产能力、不能满足需求或及时发挥效益；电力设施恢复重建推进较慢，部分灾区生产和居民生活受到影响；部分项目超规划投资、超规划建设。在灾区产业恢复重建方面，部分产业恢复重建项目进度滞后；部分产业恢复重建资金的管理使用不尽合理规范，资金使用效益未能充分发挥；部分灾区产业发展水平不高、后劲不足的问题仍然较为突出，主要表现为传统、低端产品多，产业结构调整和技术升级效果不明显。在灾后恢复重建规划中期调整方面，部分已经实施的项目未纳入中期调整规划，用于这些项目的资金成为规划外投资；规划项目与实际不符，部分项目重复安排；中期调整后的实施计划与专项规划不协调。在项目建设管理方面，部分项目违反基本建设程序；部分项目违规招标投标和承包发包；部分项目建设管理不到位，施工、监理单位履职不到位情况比较普遍，部分项目存在工程质量问题；个别项目存在损失浪费问题。在灾区土地利用方面，部分地方和单位未经批准或超过批准面积征用土地；部分灾区土地整理复垦难以完成规划任务。在其他方面，灾区部分工业园区违规出让土地，部分工业园区未经招拍挂或通过虚假招拍挂出让土地，部分工业园区低价出让土地；部分地方土地出让收入管理使用中存在问题，违规支付社会投资方土地收益分成款；部分工业集中发展区土地出让收入未按规定上缴财政。

审计中坚持边查边改，及时纠正，跟踪检查，督促整改。全年共向被审计单位发出审计情况通报10份，发出审计建议函10份，书面提出审计整改建议116条，并对整改情况进行了跟踪检查。四川灾区各级政府和灾后重建参建单位对审计发现的问题高度重视，审计提出的整改建议绝大部得到采纳。

社保审计　一是对四川省新型农村合作医疗基金的筹集、使用和管理情况以及新农合政策措施的执行落实情况进行专项审计调查。审计抽查了5个县（区），延伸了10个乡镇卫生院，对重要事项作了必要的延伸和追溯。审计调查发现，编造住院记录套取新农合基金、在城市就读的农村户籍学生重复参保、扩大范围支出新农合基金、应提未提风险基金、无住院清单报销、少为贫困人员缴纳参合费、统筹基金赤字等违纪违规金额4111.8万元。从制度、机制、管理层面揭示的问题有：新农合筹资水平及民政部门医疗救助限额偏低；补偿方案制订及调整不尽科学，因病致贫问题未得到根本解决；财政投入少，乡镇卫生院的药品价格缺乏约束机制，卫生院对药品加价收入依赖程度较高，药品加价幅度较高，“以药养医”问题未得到有效解决；部分药品配送价格高于最高零售限价；乡镇卫生院挂床住院现象较为普遍；部分定点医疗机构自行提高收费标准、将自费药物纳入补偿范围、存在“不合理检查”；为贫困人员代缴参合费、统筹基金最高支付限额低于全国农民人均纯收入的6倍、四川省部分地区基本药物零加价政策、国家基本药物报销比例明显高于非基本药物报销比例、少数药品采购挂网限价偏高等国家有关新农合方面的惠民政策尚未完全落实；县乡医务人员服务能力不足，乡镇卫生院设备配置未达标；新农合信息系统开放性不够，存在一些功能性缺陷；少数民族地区地广人稀，以县为单位统筹新农合基金规模较小，基金压力大，抗风险能力较弱等。为此，审计提出了相关建议。

二是对四川省2008～2009年城市居民最低生活保障资金的筹集、管理、使用和相关政策落实情况进行审计。审计发现的主要问题：挤占挪用城市低保资金84.22万元；多报城市低保人数，多领城市低保上级专项补助资金294万元；部分地方民政部门审核把关不严、动态管理不到位，向不符合条件的家庭发放城市低保金1020.56万元；执行政策不到位，少发城市低保补助资金119.14万元，未按月发放城市低保资金；城市低保预算管理不规范；虚列支出、少反映城市低保资金结余3167.92万元；城市低保资金未严格实行专户管理，存在混存混用的问题；部分地方财政对城市低保资金投入减少，城市低保资金滚存结余逐年增加；执行城市低保有关规定中，存在未按规定程序确定城市低保对象、审批城市低保补助金额时存在随意性、未按规定以户为单位实施保障，不同区县之间城市低保补助水平差异较大、使用城市低保资金发放低保家庭子女的教育补助等问题；个别地方因征地补偿和社会保险政策落实不到位，将部分不符合条件的失地农民和下岗企业职工整体纳入城市低保；城市“三无”人员生活水平低于当地群众的平均生活水平，部分地方孤儿养育费低于民政部标准；社会化管理和发放方面，存在城市低保管理工作信息化水平较低，委托金融机构免费代发城市低保金的工作在部分地方开展困难。

三是对四川省2009年政府投资保障性住房的情况进行专项审计调查。审计调查发现的问题：部分廉租住房和棚户区改造项目未按期开工；中央廉租住房保障专项补助资金结余较大，未能充分发挥资金效益；廉租住房保障规划落实中存在的规划任务与保障需求差异较大等问题；土地出让净收益用于廉租住房保障资金的比例低于10%；部分已完工的廉租住房尚未交付使用；廉租住房入住后存在后续管理难的问题；使用廉租住房划拨用地修建营业用房时未按规定办理用地手续；将新增中央预算内投资补助资金用于归还已支付的已完工程款，未形成新增实物工作量；个别建设项目没有公开招标。（撰稿人：杨志永）

【昆明特派员办事处】　2010年，昆明特派员办事处（以下简称昆明办）人员编制150人，在编117人。设有办公室、法规处、财政审计处、行政事业审计处、资源环保审计处、固定资产投资审计处、金融审计处、社会保障审计处、外资运用审计处、企业审计处、计算机审计处、人事教育处、机关党委。

领导成员

特 派 员：杨宁生

副特派员：哈耀卿　王彦斌

纪检组长：矫　强

审计成果　2010年，昆明办完成审计（审计调查）项目22个，查出违规金额32.7亿元，移送司法机关案件线索6件。提交审计信息122篇，审计署采用88篇。其中：《审计要情》采用8篇，《重要信息要目》采用45篇，《审计署值班信息》采用3篇，《审计简报》采用8篇，信息转送函18篇，《审计工作通讯》采用6篇，被中办、国办分别采用35篇、55篇，党和国家领导人批示54篇。昆明办实施的云南省长江上游水污染防治及资金管理使用情况专项审计调查，以及与重庆特派办联合实施的中国船舶工业集团公司原法定代表人任期经济责任审计项目被评为2009年度审计署表彰审计项目。

财政审计　完成贵州省地方政府债务专项审计调查、贵州省中等职业教育基础能力建设和中西部农村初中校舍改造项目建设管理和资金审计、贵州省扩大内需相关政策实施情况和效果专项审计调查，揭示了贵州省6.5亿元地方债券资金长期闲置，3.7亿元债务资金投向行政事业单位办公场所建设，为95.5亿元企事业单位债务违规提供担保；违规核准54个不符合国家产业政策的投资项目；以虚报项目等手段获取新增投资1795万元，以及违规招投标和转包、擅自调整建设内容、用地手续不完备等问题。

金融审计 对中国人民财产保险股份有限公司云南省分公司2009年度资产负债损益审计，查处了地方分支机构存在的各种违规问题，违规金额近5000万元，向当地公安机关移送1起涉案金额250多万元的职务侵占案件线索。此外，上报的关于云南省农业保险支持抗旱救灾的专题报告转送云南省政府后，省领导作了批示。在云南省商业银行新增贷款投向结构与资产质量专项跟踪审计调查中，揭露了金融机构违规向云南省地方融资平台贷款69亿元用于项目资本金，地方政府融资平台公司虚增贷款需求20亿元，地方政府调减投资预算21亿元；15亿元银行贷款被挪用购买基金。

行政事业审计 完成福建海事局2009年度预算执行及其他财政收支情况审计、江门海关2009年度关税及进口环节税征管情况审计、中国人民银行西安分行2009年度财务收支审计、中国证监会陕西监管局2009年度预算执行审计，揭示和反映了预决算编报不完整、超预算支出、超范围发放津补贴、财务核算不规范，部分行政事业性收费和税收征管业务缺乏严格监管，现行进口许可证计量单位不利于有效控制废船进口，福建海事局溢油应急反应能力有待加强；当地农村信用社向形象工程发放贷款，信贷资金4.1亿元面临潜在损失风险等问题。

农业与资源环境审计 完成贵州省2007年至2009年中央农业综合开发资金审计、贵州省2007年至2009年节能减排专项资金审计、贵州省2007年至2009年电力、钢铁、水泥等重点行业节能减排专项审计调查，揭示了贵州省部分农业开发资金投向产能过剩产业；120万元扶贫专项资金挪用购买职工住房；越权备案钢铁项目4个，涉及新增钢铁产能657万吨；全省水泥新增产能超规划3392万吨；贵州省执行差别电价、脱硫电价政策不到位；节能工程项目实施进度缓慢，49个节能工程项目仅有20个按期完工，完工项目设计节能能力仅达应完工设计节能能力的44.68%等影响国家经济结构调整和节能减排政策措施落实的问题。

固定资产投资审计 云南省“十一五”以来机场建设及运营情况专项审计调查揭露了机场隔震支座存在质量问题，机场建设未经招投标签订工程建设合同8.6亿元等不严格履行基本建设程序、招投标不规范、合同管理不到位等影响工程质量和效益；4.6亿元征地拆迁补偿资金被挤占挪用；2105亩土地违规征用等问题。贵州水柏铁路建设运营绩效审计查处了因工程质量问题造成损失4485万元，2798亩铁路建设临时用地严重浪费，1256亩拆迁安置用地用于房地产开发和行政办公区建设等问题。此外，还积极反映了铁路沿线禁采区内煤矿违规开采，严重威胁运输安全的问题。

社会保障审计 完成贵州省2008年至2009年城市居民最低生活保障资金审计、贵州省2010年新型农村社会养老保险基金专项审计调查、云南省2009年政府投资保障性住房情况专项审计调查。揭示了贵州省部分地区挤占挪用、虚报冒领低保资金224万元；752户家庭“非保得保”领取城市低保资金525万元；部分地区新农保个人账户没有做实，财政补贴资金474万元未到位；云南省地方财政未足额安排土地出让金净收益用于廉租住房建设、廉租住房货币补贴未完全用于改善保障对象的居住条件等问题。

企业审计 中国船舶重工集团公司领导人员经济责任及财务收支审计，查处和揭露了所属公司领导人员滥用职权造成1.6亿元国有资产面临损失；下属单位领导擅自决策，2.6亿元投资面临损失；某产业项目因管理不善造成3635万元资产闲置和5953万元经营亏损，私人企业不当得利4796万元等问题。上报的某军工项目面临重大安全和保密隐患信息，党、国家和军队领导人作出重要批示，促进及时排除了安全隐患。在云南烟草公司国有资本经营预算执行审计中，查处了有关领导滥用职权造成40多亿元国有收益流失等问题。此外，还揭示和反映了中船重工损益不实6.5亿元，以及造船能力增长过快、非船产业分布较散、投资管理有待规范等问题。

经济责任审计 贵州省原省长任期经济责任审计坚持以财政财务收支及有关经济活动的真实合法效益为基础，按照“审计什么就评价什么，审计到什么程度就评价到什么程度”原则，客观评价了贵州省近年来经济社会发展所取得的成绩，揭示和反映了贵州省本级财政预算管理不完整，以拨代支留存财力35.5亿元，国库集中收付改革力度不够，政府预算编报不细化、自定政策加征基金，以多种手段违规审批土地3398公顷等问题。

创先争优活动 根据审计署创先争优活动的总体安排和具体要求，昆明办按照"一二三四五"的工作部署层层推进创先争优活动。"一"是围绕一个中心，即紧紧围绕审计中心工作，突出实践特色；"二"是搞好两个结合，即与建设学习型机关相结合，与"作风转变"年活动相结合；"三"是确定三个载体，即以示范党支部引领支部创先，以培育"四手"促进个人争优，以开展"我为争创先进特派办做什么"大讨论、比贡献活动推动全办工作；"四"是抓好四个环节，即通过动员、承诺、公开、点评，把创先争优活动的要求具体化、形象化、公开化；"五"是强化五项措施：即建组织、登台账、树典型、造氛围、带群团，成立了创先争优活动领导小组，筛选出2个优秀支部和数名优秀党员建立台账，发挥其示范带动作用；坚持把党群共建纳入创先争优全局通盘谋划，以创先争优活动带动群团组织广泛开展"创建先进集体、争当先进个人"活动，以党群共建推动创先争优。同时，编发工作动态，在办内网开设创先争优活动专栏，宣传创先争优涌现出的好经验、好做法，为活动的顺利开展营造了浓厚氛围。署领导在2010年底召开的全署创先争优活动点评会上对昆明办的做法和成效，予以充分肯定。

队伍建设 一是争当"四手"活动出实招。制定了《关于开展立足本职建功立业争当"四手"奋发有为活动的实施意见》，要求每一位党员干部要承诺至少争当"四手"人才中的"一手"人才，每一位副处级以上的党员领导干部要承诺至少争当"两手"人才，并要求制定具体措施。同时，把争当"四手"活动与学习型机关建设、与精神文明创建活动、与"爱读书、读好书、善读书"活动相结合，有力地推动活动的深入开展。二是强化学习培训求实效。一方面，积极运用网络培训资源，满足多层次的学习需求；另一方面，紧密结合审计工作实际，组织开展了宏观经济形势分析、优秀审计信息点评、计算机审计案例交流、审计质量检查通报、AO应用研讨等培训，取得较好的效果。三是加强人才培养重实践。严格审计实务导师制的聘用和考核程序，为21名青年审计人员确定了实务导师；把实践作为培养干部的第一跑道，绝大部分项目或分项目主审安排青年审计人员担任，坚持在实践中锻炼队伍，提高青年业务骨干的分析查证和组织管理能力。

法治化建设 一是认真组织学习宣传新的审计法实施条例和审计准则，制定了具体实施意见，派员参加审计署培训班和收看视频培训、举办全员培训和中心组学习研讨会，并通过办局域网专栏、宣传橱窗、知识竞赛、法制讲座、送法进社区、进企业等灵活多样的形式增强学习效果。二是认真对照审计准则的规定和要求，统一审计调查了解记录、重要管理事项记录、审计工作底稿、审计取证单、审计实施方案调整审批表等文书格式，进一步修订完善制度。三是将审理范围扩大到所有审计和审计调查项目，以及向署报送的专题报告、重要审计情况及审计业务类简报，并采取现场审理、抽调骨干参与审理等方式，加大审理力度，确保审理质量。

信息化建设 一是制定信息化建设年度工作要点，将任务纳入处室目标责任考核，分解到相关处室，落实到人。同时积极整合信息化建设资源，强化对各处室信息化管理员的统一培训和任务安排，充分发挥计算机骨干的作用。二是加强理论研究，完成了企业计算机审计技术方法子课题的研究和中国华能集团和中国船舶重工集团公司2家企业审计数据库建设，并通过了审计署验收。三是将计算机审计融入项目全过程，针对不同项目的特点开展计算机审计，积极探索信息系统审计和非结构化数据审计技术方法，揭露了重大损失浪费和违法违规问题，取得明显成效。四是加强总结提炼，有4篇总结计算机审计经验的信息被署采用，署领导对其中3篇作了批示；上报计算机审计方法59个、审计案例17篇，初步形成了环境污染治理等4个计算机审计方法体系。

廉政建设 一是深入开展反腐倡廉学习教育，筑牢思想防线。认真组织学习十七届中央纪委第四次、第五次全会和全国审计机关党风廉政建设工作会议精神和廉政准则，观看警示教育片、参观爱国主义教育基地，深入开展了学习全国道德模范郭明义、优秀村官普发兴、优秀审计干部褚志德等先进人物事迹活动，大力推进廉政文化建设。二是严格执行各项廉政制度规定，增强制度约束。坚持把党风廉政建设与审计业务工作、机关党建工作统一部署、统一检查，统一考核，认真贯彻执行廉政准则等党风廉政建设的各项规定，严格执行民主生活会，述职述廉、诫勉谈话、报告个人有关事项、廉政谈话等制度规定，坚持财务公开、内部审计，加强对基建工作等重点领域的监督。三是加大审计纪律监督检查力度，确保廉洁从审。在突出抓好审计纪律执行关键点基础上，由纪检组长带领廉政检查组，对 14 个审计项目开展了现场廉政跟踪检查、回访，项目覆盖面达到 60%以上，保持了审计机关的良好形象和公信力。

机关管理　(1) 积极探索财政大格局下的项目组织管理方式。打破处室界线，整合全办人力资源实施大格局项目，成立了特派员任组长的财政审计协调领导小组，加强组织领导，进一步完善统一管理、统一协调、统一指挥的工作机制；对大格局项目的 AO 项目包上传、查阅、审理等作出明确规定，强化信息交流共享和质量控制；编制项目操作指南，加强业务指导、提高工作效率。(2) 以强化制度执行力为重点加强机关内部管理。结合署修订后的综合考核评价办法，进一步完善目标管理的内容和指标，理顺责任关系；编制工作流程图，开通了及时发布信息的手机短信平台，促进工作有序运行、无缝衔接；对重要考核指标，一般性、临时性工作和会议决定的重要事项等，通过以文督办、以电督办、书面督办等进行多层次、经常化、制度化的督办，提升工作效率和质量。(3) 以专网升级改造为契机全面推动审计管理数字化，在更大范围内实现公文的网上分发、浏览、起草和流转，搭建了方便快捷的动态交流、经验学习和资源共享平台；积极探索利用 OA 与 AO 的交互功能异地报送现场审计资料，实现动态调整审计力量、督促落实审计任务和远程复核审理。(4) 加强机关后勤管理，狠抓社会治安综合治理，稳步推进节能减排工作，维护了正常的工作秩序和社会稳定，再次荣获昆明市“平安建设先进单位”。　(撰稿人：吴旭东)

【西安特派员办事处】　2010 年，西安特派员办事处（以下简称西安办）人员编制 150 人，在编 145 人。设有办公室、法规处、财政审计处、行政事业审计处、农业审计处、资源环保审计处、固定资产投资审计处、金融审计处、企业审计处、社会保障审计处、外资运用审计处、计算机审计处、人事教育处、机关党委。

领导成员

特 派 员：娄　仲

副特派员：张全廉　吴兆军

纪检组长：姜民权

副局级审计员：董汉生　贾君敏

审计成果　西安办完成审计项目 22 个，查出违规金额 25043 万元，其中应归还原渠道资金 791 万元，应调账处理金额 22326 万元；已归还原渠道资金 791 万元，已调账处理金额 22326 万元。建议有关部门处理事项 3 件。提交审计工作报告 15 份。提交审计信息简报 132 篇，被审计署采用共 94 篇，其中，采用《审计要情》5 篇、《重要信息要目》57 篇、《值班信息》3 篇、《审计简报》8 篇、《信息转送函》17 篇、《审计工作通讯》4 篇。

财政审计　按照财政大格局的总体目标要求，在省长经济责任和财政审计中，西安办结合陕西省的特点，在把握全省经济发展和财政收支总体情况的基础上，重点揭露了财政管理中一些涉及体制、机制方面的重大违法违规问题。审计查出陕西省政府未经财政部和国家发改委同意自行开征石油开发费，越权调整基本农田用于西安高新区等项目建设用地，以及通过无项目结转、虚列支出等方式留存财力等问题。特别是陕西省政府违规调整基本农田规划，将已完成改造的农业综合开发区基本农田调整为建设用地，用于西安高新区草堂比亚迪二厂基地建设的违法土地案例，被国土资源部作为 2010 年重大土地违法案件挂牌督办，陕西省国土资源厅、西安市及户县政府等 10 名相关责任人受到党纪政纪处分。在陕西省中央预算执行审计中，还发现中央与地方事权交叉、重叠，财权、事权不匹配等体制机制方面的问题，分析了原因，提出了建议。

金融审计　在人民银行银川中心支行 2009 年度财务收支审计中，查出宁夏民营企业主刘万义等人涉嫌以虚假手段骗取两家金融机构贷款 1.8 亿元的问题被审计署审计要情采用，已由中央领导批示查办。在中国人民财产保险公司陕西省分公司2009年资产负债损益审计中，发现人保财险西安高新支公司私设“小金库”1.1亿元的问题，被审计署审计要情采用，已由中央领导批示查办。

行政事业审计 在陕西省中等职业教育基础能力建设和中西部农村初中校舍改造工程项目中，积极争取并主动承担行政事业司在陕西的试点工作，为业务司审计工作方案制订和信息点归集作出了积极贡献，受到行政事业司领导的肯定和好评。特别是查出的个别学校套取国家补助金问题，陕西省副省长朱静芝作出严肃批示：“请教育厅、监察厅对虚报人数申请助学金查处。”在扩内需审计中，有10个案例被审计署上报国务院的扩内需专题报告和审计结果报告采用。在审计过程中，主动走访商洛山区贫困学校，积极联系为其捐赠旧桌椅，当地教育部门送来“支持教育，义重如山”的感谢锦旗。

农业与资源环保审计 在陕西省农业综合开发专项资金审计中，在掌握省级总体状况的基础上，按照选取一个县进行试点，总结后在其他抽查县进行推广的审计思路和方法，取得显著成效。查出西安市近9万亩农业综合开发高产农田被各类开发区违规征占。资源环保审计紧密结合审计项目，定期召开信息分析会，认真分析产业结构、经济增长的主要方式以及具有地域特点的事项，积极深入挖掘信息素材，事先设计确定重点的南水北调中线工程水源地污水治理，陕西煤炭采空区地质灾害隐患危机，以及西安市土地指标置换等重大问题都取得良好的审计成果。

固定资产投资审计 全年共跟踪审计陕西省本级及所属4个区县、广元市本级及所属5个区县40多个项目，共发现资产闲置、配套资金不到位、房屋存在安全隐患等4大类39个问题，涉及资金94亿元。审计署在向国务院专题报告中反映问题18个，其中西安办发现的问题有4个；对外公告的23个问题中，西安办报告涉及的问题有6个。

社会保障审计 针对审计署强化审计整改落实的工作要求，结合社保审计工作涉及民生、惠及百姓的审计特点，加强了对审计整改工作的监督检查，要求陕西省、西安市两级政府及相关部门下文，废止不符合国家政策的《陕西省最低生活保障资金管理办法》中相关管理费的规定，在《西安市廉租住房办法》中增加资格审核与房产信息进行比对的流程性规范管理制度1个，补充完善多项内部规章制度，较好地发挥了审计整改的积极作用。

企业审计 在前几年自行开发GPS审计软件取得成功的基础上，西安办在企业审计中又大力开展计算机审计，取得较大突破。在原中国网通河南分公司的审计中，在分析研究被审计单位信息系统的基础上，对其计费系统进行重点突破，实现了对电信企业核心业务开展计算机审计。查出河南网通为完成集团公司下达的各年度考核指标，通过预存款提前结转收入和调整计费报表等方式多计收入、少计成本等违规问题。在对大唐集团原法定代表人翟若愚同志经济责任审计中，发现违反投资决策程序，未经评估即决定收购某水电站股权，实际收购价高出后来的评估参考价，违反原合同约定自行组织设备采购招标，因返工造成直接经济损失等问题。

外资运用审计 在国外贷援款项目审计中，坚持统筹处理好公证项目与审计成果的关系，将三环项目和太中银项目的公证审计与投资审计相结合，既审外资，也审内资，重点查处了土地征用和工程建筑领域中的一些违法违规问题。在对亚洲开发银行贷款西安市城市交通项目（三环项目）工程效益审计中，查出项目拖欠农民征地补偿款等问题被审计署上报的专题报告采用。在亚洲开发银行贷款太原至中卫（银川）铁路公证审计中，查出太中银铁路有限责任公司2009年虚假验工计价，部分标段的施工单位违规分包工程以及部分物资供应商涉嫌开具虚假发票等问题。

内部管理 一是按照精简、完整、实用的原则，修订和完善了《西安办制度汇编》，涵盖了业务建设、队伍建设、精神文明建设和内部管理等在内的67项规章制度，切实提高机关管理的制度化、规范化水平和运转效能。二是狠抓以财务管理为中心的一体化管理工作，加强预算管理，科学执行预算，切实发挥资产和资金的效益，为完成好审计项目计划、服务审计一线提供充足的经费保障。同时，加强了对财务、基建等内部管理事项的内部审计和跟踪审计，健全自我约束机制。三是强化后勤服务保障职能，改造了职工食堂，职工就餐环境和服务质量明显改善。四是按照质量、安全、廉洁、节俭的要求，组织实施西安办办公楼改造修缮以及“金审工程”改造项目，办公楼改造期间，全办职工发扬艰苦奋斗精神，节约办公场地租赁费和搬迁费，削减装修项目压缩支出约500多万元。

信息化建设　一是积极实践和完善西安办自行开发的GPS审计软件，为准确把握项目总体情况、及时发现问题线索提供有效的方法和手段，有效解决了在资源环境、农林牧业等审计项目中大面积、多区域面积核查的难题。二是充分运用AO软件和其他审计软件及计算机审计专家经验，积极探索数据审计，信息系统审计，把握总体、突出重点，揭示重大违规问题线索。三是成立金审工程领导小组，完成金审工程机房改造和网络布线建设任务以及审计内网改造和专网建设任务，切实为西安办机关办公和联网审计营造一个高标准、高质量的网络应用平台。四是充分利用西安办网络资源，及时更新补充网络培训课件和计算机审计专家经验库，大力开展网上技能培训和计算机审计案例培训。积极组织参加审计署计算机中级培训和AO认证培训和考试，培养了一批既懂业务又熟悉计算机审计的复合型人才。

队伍建设　一是狠抓领导班子建设，不断增强领导班子的凝聚力和战斗力。二是狠抓中层队伍建设，提升处级干部的管理能力和执行力。三是抓年轻干部，不断提高审计队伍综合素质和创新能力。四是抓老干部工作，充分发挥老干部的监督和建设作用。五是抓和谐团队建设，逐步消除不利于发展的消极因素。通过实行分层次管理，西安办审计队伍的素质明显提高，有力地促进了各项工作，一个班子团结、队伍稳定、比学赶超、谋求发展的良好发展态势已在西安办形成。

党建和审计文化建设　一是西安办制定了精神文明和审计文化建设三年规划，以大力改善工作和生活环境为契机，实现“双文明”、“双丰收”。西安办经过积极努力，陕西省省级文明单位一次创建成功。二是深入开展创先争优活动，激发党员队伍的生机和活力。成立了创先争优活动领导小组，形成党组负总责、党委着力抓、党支部具体落实的工作机制。三是坚持用审计文化建设鼓舞人心、激励斗志，促进审计“免疫系统”功能落到实处。尝试把陕西厚重的历史文化（宽容宽厚，博大自信）、延安精神（艰苦奋斗，勇于创新）、井冈山精神（坚定信念，敢闯新路）与审计文化（责任、忠诚、清廉、依法、独立、奉献）相融合，探索和完善“艰苦奋斗、敢于争先、团结和谐、乐于奉献”的西安办文化理念。建设了主题鲜明、各具特色的“机关文化走廊”，组织开展了“六一儿童节赠书”、“职工篮球赛”、“爱国主义教育”、“庆国庆书画摄影展”等活动，促进全办“大家庭”理念的形成。2010年，西安办在机关文化建设方面成效显著，分别获得了陕西省“省直机关机关文明单位”和“省直机关先进职工之家”称号。　　（撰稿人：吕　博）

【兰州特派员办事处】　2010年，审计署驻兰州特派员办事处（以下简称兰州办）人员编制150人，在编125人。设有办公室、法规处、财政审计处、行政事业审计处、资源环保审计处、固定资产投资审计处、金融审计处、企业审计处、社会保障审计处、外资运用审计处、计算机审计处、人事教育处、机关党委。

领导成员

特 派 员：魏　强（6月—）
副特派员：魏　强（—6月）（主持工作）
　　　　　郑新举（—4月）
　　　　　李志民　张燕飞
纪检组长：刘天贵
副司级审计员：宋　民（10月—）

审计成果　兰州办完成审计（调查）项目16项；移交公安司法部门及相关单位案件线索3起；提交审计信息200期，被审计署采用信息、专题报告、综合报告、转送函和工作通讯等118篇次，其中被审计署《审计要情》、《重要信息要目》采用77篇次，被中办、国办采用107篇次，被国家领导人批示63篇次，重要信息采用排18个特派办第三名；2009年与武汉特派办联合实施的神华集团有限责任公司2008年度财务收支及原法定代表人任期经济责任审计项目被审计署评选为2009年度优秀审计项目。在青海玉树全国抗震救灾总结表彰大会上，兰州办以高效的应急能力、良好的组织协调能力和过硬的业务能力，被中共中央、国务院、中央军委授予“全国抗震救灾英雄集体”

荣誉称号，这是全国审计系统唯一获此殊荣的单位。

财政审计　在中央预算执行审计实施过程中，始终坚持围绕中心，服务大局，监督与服务相结合开展工作，采取全面动员、统筹指挥、“大兵团作战”的方式，积极推动构建财政审计大格局。在工作中一手抓揭露和查处重大违法违规和经济犯罪线索，一手抓揭示和反映国家和地方财政体制、机制、制度性缺陷和管理中存在的重大漏洞。在内蒙古农业综合开发资金审计中，查出农业综合开发财政资金分配和投向不合理、部分机构权力集中影响项目实施效果；在南宁海关关税及进口环节税征管情况审计中，发现审核不严造成税款流失、违规发放税收奖金；对国家扶贫开发重点县呼和浩特市清水河县未经批准投入资金建设新城区的问题进行了专项审计调查，发现大量资产闲置和人力、财力浪费，并形成政府债务 4224 万元；在天津银监局预算执行和其他财政收支审计中，发现该局预算支出不严、违规开办经济实体等问题；在甘肃煤监局 2010 年度预算执行审计中，查出该局预算编制不完整、津补贴发放不规范、煤矿安全监督管理部门之间重复执法和部门之间行政审批脱节、个别煤矿长期非法生产和超能力生产等问题。

金融审计　在中国人民银行天津分行 2009 年度财务收支审计中，发现天津滨海农村商业银行新增 27.33 亿元涉农贷款中有 74.28%投向区镇两级政府融资平台贷款等问题。在中国人寿保险股份有限公司甘肃省分公司 2009 年度资产负债损益审计中，发现保险公司与地方政府有关部门串通套取农业保险财政补贴资金损害农民利益、私设“小金库”，编制虚假代理业务结算表多支代理手续费 155.77 万元等问题。在工、农、中、建、交五大商业银行资产质量与 2010 年新增贷款投向结构情况专项跟踪审计调查中，及时反映政策性农业保险亟待解决的问题，提出西部欠发达地区信贷资金大量东流应引起关注的建议。在广东人寿审计项目中，选派业务骨干与广州特派办密切合作，发现某公司通过退保的方式将 200 多万元保费退入个人账户，涉嫌个人侵占的重大违法违规案件线索。

资源环境审计　在内蒙古自治区和重点行业节能减排专项资金审计调查中，发现一些钢铁企业未安装脱硫设施，造成污染物直排；脱硫渣利用率较低，造成浪费和二次污染；一些地方政府违规扩大水泥、钢铁等过剩行业产能及违规建设；部分盟市挤占挪用中央淘汰落后产能的资金等问题。查出的乌梁素海污染严重亟待治理问题通过审计署《重要信息要目》向国务院反映，引起了国务院领导的高度重视，李克强副总理亲自批示。目前，国家相关部门已着手对乌梁素海生态系统开展抢救性保护。在黄河流域水污染防治与水资源保护专项审计中，初步查出污水处理项目建设缓慢，专项资金征收、管理和使用不规范，白银市市郊的工业废水排污渠沿岸 6600 余亩农田遭受多种重金属严重污染等问题。

社会保障审计　在甘肃省 2007～2009 年政府投资保障性住房专项审计调查中，发现天水、平凉两市未将中央廉租住房保障专项补助资金 11023 万元用于发放廉租住房租赁补贴；在土地出让净收益中少安排廉租住房保障资金 4246 万元；住房公积金增值收益余额 1054.28 万元未及时用于廉租住房保障建设等问题。在内蒙古自治区城市低保资金审计中，查出挤占挪用城市低保资金 1765 万元等问题。在内蒙古 2010 年新型农村社会养老保险基金专项审计调查中，发现中青年农民参保率低；新老农保、地方性农保与国家试点政策未及时衔接；有 269 人次重复和超范围发放养老金等问题。在内蒙古自治区教育“两类投资”项目审计中，查出磴口县用主体已完工项目申请获得中央投资 400 万元、察右前旗第三中学挪用农村初中校舍改造资金 384 万元；7 所中等职业学校 528 名学生 2009 年秋季助学金未落实，涉及资金 52.8 万元等问题。在甘肃省 2010 年政府投资保障性住房审计中，通过计算机系统多平台数据对比分析，发现住户本人或户内亲属购车线索 202 条、购房线索 38 条，收入超标线索 898 条，死亡人员 22 条，户籍不正常人员 76 条，开办企业及有纳税记录 193 条，目前已经取消资格 22 人，并追回资金 2.9 万元。

经济责任审计　在中国中化集团公司领导人员经济责任审计中，查出该公司下属公司总经理杨某未经审批越权签订储运协议，造成 9 家国有企业被民营企业诈骗钢材价值 2.8 亿元；2007 年中化江苏公司业务员耿晓宁私自截留美国公司订单，造成损失1100万元；中化集团下属中化宁波等公司向美国市场出口具有国内专利权但没有美国专利权的产品后被美国公司起诉，导致损失1.06亿元等问题。在对群众举报问题进行核实时发现，中信国安黄金公司原法定代表人孙某等人隐瞒并违规转让国有权益，导致9517万元资产流失问题，以《重要审计情况》上报中办、国办后，国务院总理作出批示，要求中纪委对此事进行彻查。结合当前重点打击治理假发票专项行动，对甘肃联通兰州分公司接收的代理佣金发票进行了核查，发现假发票比例高达87%，突出反映了甘肃联通公司在发票管理中存在的漏洞。

灾后重建跟踪审计 2010年，兰州办承担了汶川地震甘肃灾后恢复重建和青海玉树地震灾后恢复重建跟踪审计任务。在汶川地震甘肃灾后恢复重建审计中，发现甘肃省对灾后重建资金缺乏统筹，有16.61亿元资金闲置未发挥效益；甘肃省未经中央同意，擅自将防灾减灾项目资金2.1亿元用于陇南市福利院、救助站和殡仪馆等民政福利工程建设；甘肃省交通厅重复申报安排中央恢复重建基金2300万元，文县重复申报项目，套取中央重建基金386万元；文县尚德镇任家坝村重建点工程质量存在严重问题，导致截至2010年10月底群众仍然住在帐篷或危房中；成县建设局擅自取消垃圾处理厂渗滤液处理系统，影响周边村民饮水安全等问题。在玉树灾后恢复重建联合跟踪审计中，发现灾后重建资金管理不够规范、部分灾后重建项目存在质量缺陷、灾民集中安置点存在雷击和火灾隐患、建材生产企业破坏脆弱生态环境、应急发电机组运营资金存在较大缺口、灾区危房拆除工作进展缓慢等问题，向青海省政府和有关部门出具《审计建议书》等23份，提出了加强管理和完善政策的建议。

队伍建设 一是进一步强化以班子建设为核心的审计干部队伍建设，领导班子带头学习政治理论，带头钻研业务，深入一线调查研究，着力提高领导班子想大事、谋大局、抓重点的能力。二是进一步解放思想，更新观念，增强发展意识、创新意识、责任意识和忧患意识，积极探索和研究提高干部队伍整体素质和审计工作能力的方法，优化审计人员的知识结构，整合审计力量，开展处、科级干部轮岗交流，培养复合型人才和专业领军人才。三是进一步完善审计实务导师制，同时加大对业务骨干和审计新兵的培养力度，积极组织审计人员参加多层次、全方位的培训，全年共组织参加审计署培训班176人次。四是进一步完善考核评价机制和激励机制，树立正确的用人导向，开展以业绩为导向、以能力为核心、以作风为基础的干部队伍建设，激发和调动全办人员的工作积极性、主动性和创造性，为想干事、能干事、干成事的干部提供成长的平台。

审计质量控制 全面推行审计项目审理制度，制定了《审计项目审理工作试行办法》，并着力抓好审计过程的“四环节”，提高审理效果：第一抓好审计实施方案的审理环节，重点关注实施方案的合规性、针对性和可操作性；第二抓好审计现场复核的审理环节，重点关注实施方案的执行情况和审计证据的“四性”；第三抓好审计报告征求意见稿的审理环节，重点关注审计证据的充分性和适当性，对征求意见稿的事实、数据、结论、定性等进行严格把关；第四抓好审计报告的审理环节，重点关注审计目标的实现程度，同时，对比实施方案与审计报告，评估实施方案确定的主要内容和重要事项的实施情况。

信息化建设 一是着力增强先进技术的带动力，努力提高计算机审计的应用能力。在中化集团公司法定代表人任期经济责任审计中，由兰州办牵头的数据分析组通过对企业财务、业务及相关数据的认真分析比对，发现了石油超限价销售等7个问题线索，锁定了重点审计内容，为制定针对性较强的审计实施方案提供了有力支持，得到署领导的充分肯定。二是将信息系统审计作为新的增长点，深入探索信息系统审计的新方向，认真总结计算机审计的经验方法，2010年，被审计署评为AO应用实例征集优秀组织奖，上报的AO应用实例中，有2篇获优秀奖，5篇获应用奖，3篇获鼓励奖，获奖率达到83%。三是紧密围绕审计工作需求研发软件模块，促进审计项目管理和机关管理。为解决中央预算执行审计项目多、资料复杂、沟通不畅的问题，研发了审计大项目管理平台；为建立上下通畅的沟通渠道，开设了特派员信箱；为加强机关综合管理，开发了图书借阅查询管理系统、网站信息统计等模块，

为加强审计项目的组织管理、实现信息共享、提高办公效率发挥了重要作用。（撰稿人：吴建卓）

【长春特派员办事处】 2010年，长春特派员办事处（以下简称长春办）人员编制100人，在编87人。设有办公室、法规处、财政审计处、行政事业与资源环保审计处、固定资产投资审计处、金融审计处、企业审计处、社会保障审计处、计算机审计处、人事教育处（机关党委）和机关后勤服务中心。

领导成员

特 派 员：刘正均（6月—）

副特派员：刘正均（—6月）（主持工作）

苑宝良　许永利

纪检组长：李秀才（6月晋升正司级）

审计成果 2010年，长春办完成审计项目19个，查出违法违规及管理不规范金额344.52亿元。移送司法机关、纪检监察部门处理事项6件，建议有关部门处理事项3件。提交审计工作报告、信息128篇，被采用70篇。其中，被《审计要情》采用9篇，《重要信息要目》采用50篇，《审计署值班信息》采用3篇，《审计简报》采用8篇，被中办采用46篇次、国办采用60篇次，党和国家领导人批示59篇次。

实施的北京市政府投资保障性住房专项审计调查项目被审计署评为优秀审计项目。财政审计处和投资审计处的王玉芳同志，分别被审计署授予集体二等功和个人二等功。25篇计算机审计方法入选审计署计算机审计方法目录、1篇被评为优秀；1篇计算机审计方法体系入选审计署计算机审计方法体系目录，并因此受到通报表彰；1篇AO应用实例获优秀奖、3篇获应用奖、2篇获鼓励奖。此外，长春办被中共吉林省直属机关工作委员会评为“省直机关党的工作目标管理责任制先进单位”；被吉林省委保密办和依法治省领导小组办公室授予“吉林省‘五五’保密法制宣传教育先进集体”称号。

财政审计 在吉林省地方政府性债务专项审计调查项目中，查出未按贷款用途使用资金、违规担保、融资平台公司注册资本出资比例不合理和法人治理结构不完善等问题，揭示了吉林省地方政府总体债务规模较大、融资平台公司的政府性债务占比较高，以及部分地方政府偿债压力较大并存在一定债务风险，提出国家有关部门应在摸清各地存量债务规模的基础上，制定分类清理历史债务的政策措施，同时完善相关法规制度，建立地方政府举债核准和总量控制机制的建议。在大连海关2009年关税及进口环节税征管情况审计中，揭示的“国家有关部门发布的《辽宁省外商投资优势产业目录》与国家《船舶工业中长期发展规划》相关规定不统一，影响船舶工业中长期发展规划贯彻落实”问题，被审计署转送国家有关部委处理；查出的“延边方园木业有限责任公司涉嫌骗取出口退税”和“大连保税区中盈国际贸易有限公司法定代表人张涛等人涉嫌票据诈骗”2个案件线索，已移送公安部门立案查处。

金融审计 在人行上海总部2009年度财务收支审计中，通过延伸审计发现，上海市政府在市农信社改制过程中虚假注入资产45.2亿元的重大问题，被审计署转送上海市人民政府处理。在商业银行2010年新增贷款投向结构情况专项跟踪审计调查中，揭示了开发商在国家紧密调控房地产的大背景下，虚构房源违法销售，变相规避房贷政策，拟开发房地产项目一旦运作失败极易引发集体性事件的问题，并迅速将该问题及危害上报审计署，审计署以《值班信息》上报国务院后，中央有关领导作出批示。在人保财险吉林省分公司资产负债损益审计中，查出被审计单位系统外赔款支出金额1.2亿元，违规冲销应收保费926万元，人为调节收入1.2亿元等问题，并分别向保监会和吉林省公安厅移送案件各2起。

行政事业审计 在港建费征收管理使用情况“上下联动”审计中，揭示目前我国沿海港口通过能力被严重低估，影响我国港口建设决策和发展目标确定的问题，并提出了应尽快组织相关部门对全国港口通过能力重新评估核定，为制定“十二五”港口发展规划提供参考依据的建议，审计署以《重要信息要目》上报国务院，较好地发挥了审计的预防功能；揭示的“现行港建费征收管理体制中存在代征主体错位、约束机制缺位和征收政策不公平，严重影响港建费征收和管理”问题，审计署以《重要信息要目》上报国务院，被国办采用；上报的《丹东市海洋红2亿吨大港建设应慎行》审计信息，被审计署转送辽宁省政府处理。

农业与资源环保审计　在吉林省钢铁、电力等重点行业节能减排政策执行情况审计调查中，揭示部分企业列入淘汰计划的落后产能713万吨无法淘汰，借淘汰落后产能之机扩大产能1324万吨等影响节能减排和产业结构调整实施效果，以及两大制度性障碍制约生物柴油产业健康发展等问题。上报的《吉林省电力装机容量严重过剩》的审计信息，被审计署转送吉林省委、省政府处理。

固定资产投资审计　在新疆、陕西、黑龙江3省（区）机场建设情况专项审计调查中，结合工程建设领域突出问题专项治理工作，重点查处机场建设中的重大违法违规问题，同时关注影响机场建设和发展的体制、机制问题，揭示了地方财政债务性资金投入比重较高，机场债务负担沉重，支线机场经营普遍亏损，以及部分工程投资超概算4.1亿元，未批先征土地484.5公顷等问题。审计反映的“新疆所属机场安全保卫所需警力和装备不足等问题应引起重视”、“青海玉树机场抗震救灾等重大应急保障能力亟待加强”的情况，被《审计署值班信息》采用。经总理批示，国家发改委对玉树机场应急工程及时下达批复立项。随着应急工程的竣工，玉树机场应急救援保障能力切实得到增强。此外，还揭示了“大庆萨尔图机场工程管理混乱国家建设资金面临较大损失”问题，被审计署转送黑龙江省政府处理。

社会保障审计　在城市最低生活保障资金审计中，重点关注低保政策落实和资金使用情况，揭示的“由于对保障对象的审核和监管机制不健全，收入财产信息尚未实现共享，造成城市家庭隐瞒财产收入领取低保金2.2亿元”问题，审计署以《重要信息要目》上报国务院后，得到中央有关领导同志的批示。吉林省政府对此高度重视，及时部署，全面进行清理整顿。截至2010年底，全省已清退不符合低保条件的城市低保对象2.47万户、5.35万人，涉及低保资金1亿余元，并出台了《关于建立低收入居民家庭经济状况核对制度的指导意见》，完善了城市低保审批机制和管理体制，切实加强了低保资金的管理。查出的“伊通县民政局主管副局长私办存折套取现金12万元”的案件线索，移送吉林省人民检察院处理。在新农保基金专项审计调查中，查出试点区县政府补贴资金不到位595万元、未及时足额发放养老金1.5亿元，以及新老农保尚未衔接、部分中青年和特殊人群未参保、新农保基础工作不规范等政策性问题，审计工作取到较好成效，新华社、中央电视台等6家媒体到审计现场对新农保审计调查情况进行跟踪采访。

企业审计　在大唐电信科学技术研究院2009年度财务收支审计中，查出企业会计信息不实金额2.5亿元，账外资金1.2亿元，置换资产、委托理财等重大经济决策事项造成损失或面临损失6.4亿元等问题。查出的“大唐电信原总裁魏某等人严重失职致使国有资金损失2900多万元”和“电信科学技术研究院原院长熊某等人借上市公司职工股配售之机违规扩大配售范围使相关人员获利4200多万元”的案件线索，均被审计署以《审计要情》上报国务院，并得到中央有关领导的批示，有关部门正在对案件进行查处。

经济责任审计　在吉林省原省长韩长赋同志任期经济责任审计项目中，积极探索“总分结合、多组联动”的现场组织方式，按照审计署的统一要求，以省长任职期间履行经济责任情况为主线，以财政收支及有关经济活动的真实合法效益为基础，以全省经济社会发展的重大事项为重点，在全面客观、准确恰当评价省长经济责任履行情况的同时，实事求是地指出了吉林省在财政收支、产业结构调整、重大项目建设、土地管理和环境保护等方面存在的一些问题，促进了领导干部树立科学发展观和正确的政绩观，推动本地区经济社会科学发展。

专项资金审计（调查）　在吉林省农业综合开发资金专项审计中，揭示了“吉林省农发办违规为吉林市九牛乳业发展有限责任公司多次申报或审批农发项目，造成6665万元财政资金面临损失”的问题，由审计署转送吉林省委省政府处理。在吉林省节能减排专项资金审计中，重点关注节能减排政策措施的贯彻执行情况，揭示的“吉林省差别电价政策执行不到位影响产业结构调整和节能减排效果”、“吉林省部分脱硫设施建设进度慢运行效果差”等问题，审计署以《重要信息要目》上报国务院，均得到中央有关领导同志的批示；揭示的“吉林省越权核准钢铁项目并违规供地，严重影响国家宏观调控政策落实”问题，被审计署转送吉林省政府处理。在亚行贷款—长余高速公路建设项目审计、吉林热电厂技改项目绩效情况审计项目中，注重在促进保障国外贷援款项目顺利执行、提高利用外资水平上下工夫，查出未按规定招投标 8.8 亿余元、非法占地 146.6 公顷、项目建设周期长、3 亿元投资难收回等问题，违规和管理不规范金额合计 10 亿余元。揭示的“亚行贷款项目外方采购规定与国内招投标管理相关制度冲突，影响项目执行”问题，审计署以《重要信息要目》上报国务院，被国办采用。

队伍建设　一是深入开展学习型审计机关创建活动，引导审计干部树立终身学习理念。二是着力培养精通某一领域政策法规的专家型人才，为专业审计提供人才支持。三是强化审计实战锻炼，鼓励审计干部在总结实践中创新、提高。四是建立健全干部激励机制，促进审计人才快速成长。

机关管理　一是按照“既要积极推进改革，又要维护稳定大局”的原则，对包括保安、保洁、维修、会议服务、车辆保障等适合专业化管理的物业项目进行社会化改革。二是制定重大事项报告制度，加强对审计中发现的重大违法违规问题、突发安全保密事故等重大事项的管理和监督。三是修订《审计外勤经费管理办法》等财务制度，促进财务管理规范运行。四是制定《国家秘密载体销毁管理制度》，切实加强保密工作。五是严把审计信息和业务文书法制复核关，提升审计质量控制水平。

党建和廉政建设　一是深入开展“创先争优”活动，引导党员干部“立足本职建功立业、争当‘四手’奋发有为”。二是积极组织“五四健步走”、“庆七一”等主题教育活动，切实增强审计干部队伍集体凝聚力。三是切实加强廉洁从政和警示教育，筑牢拒腐防变思想道德防线。四是认真开展审中纪律检查、廉政跟踪检查和廉政回访工作，确保审计纪律得到严格贯彻执行。

（撰稿人：张艳杰）

【重庆特派员办事处】　2010 年，重庆特派员办事处（以下简称重庆办）人员编制 100 人，在编 88 人，领导职数 4 名。设有办公室、法规处、财政审计处、固定资产投资审计处、金融审计处、企业审计处、社会保障审计处、计算机审计处、人事教育处（机关党委）。

领导成员

特 派 员：张炳功

副特派员：崔振龙　谢岳山

纪检组长：陈顺华

审计成果　2010 年，重庆办共实施 27 个审计（调查）项目，其中上年跨年度项目 8 个，当年计划项目 19 个。查出违规金额 2141829 万元，损失浪费金额 71974 万元，管理不规范金额 1957384 万元，应归还原渠道资金 6098 万元，应调账处理金额 52630 万元；已减少财政拨款或补贴 1620 万元，已归还原渠道资金 4642 万元，已调账处理金额 50953 万元。提出审计建议 82 条，审计后挽回（避免）损失 25304 万元；移送司法机关、纪检监察部门处理事项 5 件，建议有关部门处理事项 2 件，涉及金额 14252 万元。全年共上报《审计简报》、《重要审计情况》138 篇，被审计署重要信息采用 80 篇。

财政审计　（1）中央财政管理审计。在福建省中等职业教育基础能力建设和中西部农村初中校舍改造项目专项审计中，紧紧围绕党中央、国务院关于新增投资“出手要快，出拳要重，措施要准，工作要实”的总体要求和各项具体要求开展审计工作，将审计与调查相结合，不仅对资金进行审计，还对项目实施效果进行调查，先后揭示部分中等职业教育学校基础设施薄弱、教师配备不足、学生就业率不高等问题。

（2）扩内需保增长情况和效果审计调查。在福建省地方政府性债务审计调查中，按照点面结合、突出重点、新旧结合的审计调查思路，在非常短的时间内要完成任务。在配合广电审计局对中央人民广播电台某市分站的延伸审计中，发现某私营企业主伪造发票虚增资本，骗取银行贷款和财政资金 1 亿元的重大违法线索。

（3）有关部门组织收入情况审计。在汕头海关关税和进出口环节税征管情况审计中，充分运用海关联网审计软件对 H2000 各类业务数据进行分析，为全面开展海关关税和进口环节税业务审计做好数据准备，审计中发现部分单位依附海关职权收取各种报关费用，以及大量土地和厂房闲置背离建立保税区初衷等问题，同时揭示关税政策存在漏洞，部分企业采用“一日游”（即出口产品复进口）的方式规避关税的问题。

（4）中央部门预算执行审计。中央预算执行审计，涉及10个具体审计项目。在项目进行中，充分发挥财政审计大格局统一方案、统一实施、整合人力、信息共享的优势，实现了创新组织构架，构建适应项目需要的扁平化组织模式；创新审计项目管理理念，积极探索多项目同步实施的审计现场管理模式；创新项目数据管理，通过电子数据资源整合分析审计小组，集中管理、协调各项目的电子数据资源；创新成果利用方式，搭建平台交流各项目审计发现的问题和做法，注重从体制、机制、制度层面分析问题，坚持审计结果跟踪检查。通过创新改善审计实践，持续推进财政大格局审计走向深化，取得了明显成效。

（5）财政专项资金审计。在重庆市保障性住房情况专项审计调查项目中，突出“四个重点”开展工作。一是重点调查廉租住房保障和棚户区改造工作的做法，并分析利弊；二是研究并思考廉租住房保障和棚户区改造政策是否完善；三是寻找廉租住房保障和棚户区改造工作的主要矛盾及产生原因；四是挖掘重大违法违纪问题，发现专项补助资金使用效益不高、部分新建廉租住房中央新增投资项目未批先建、地方配套资金未足额落实到位等问题。在福建省新型农村合作医疗基金专项审计调查中，通过全面掌握该省参加新农合的基本情况及新农合资金的筹集、管理、使用情况，客观评价新农合工作开展的效果，揭露新农合基金筹集、管理和使用环节存在的突出问题，发现了重复参合参保、基层医疗机构药品加价等问题。

（6）重点投资项目审计（调查）。继续组织实施汶川地震灾后恢复重建跟踪审计，分别对四川省德阳市和绵阳市所辖东方汽轮机厂等46个建设项目、12所综合医院、部分受灾县城乡住房重建和地质灾害治理、环境整治，以及社会捐赠资金和特殊党费资金管理使用等情况开展跟踪审计和专项审计调查，涉及资金总额达705.0亿元。在审计中，一是紧扣政策执行和落实，开展了各项政策执行情况的审计调查；二是坚持把工程质量和安全检查放在首位，做到“走到哪里，检查哪里，发现一处，整改一处”；三是关注群众利益和民生安全，深入偏远山区，走村串巷，入户调查了1000多户家庭，了解其生产生活中存在的困难，查看农房重建的质量，关注就业援助情况，及时收集情况，促进相关单位和部门解决问题。针对防灾减灾项目进展滞后、地质灾害点未得到有效治理、灾区地质灾害频发等问题，上报的信息得到总理、副总理等多位领导人的批示和有关部门的高度重视。

金融审计　在工、农、中、建、交行五家商业银行贷款结构跟踪审计调查中，紧紧围绕“以反映商业银行信贷资金投向及存在问题、促进金融机构不断调整优化信贷结构和防范金融风险”的总体目标，认真落实问题线索，多想一层，深查一步，保质保量完成审计任务。同时，主动出击，分析各家银行新发放贷款结构，关注宏观调控中的重点领域，发现线索，揭示问题，促进整改。在中国人寿股份有限公司重庆分公司（以下简称重庆国寿）2009年度资产负债损益审计中，以“揭示风险，促进管理，规范市场，推动保险服务与创新”为目标，将关注重点放在保险公司经营业务中存在的主要违法违规问题和突出风险，及其内部管理中存在的薄弱环节，以及保险市场中存在的突出问题，较好的实现了方案确立的审计目标。

重庆办同金融审计司联合实施的中国出口信用保险公司（以下简称中信保）2008年度资产负债损益情况审计项目，被评为审计署2009年度表彰审计项目，中信保业务系统审计案例、重庆国寿系统审计案例被评为信息系统审计优秀典型案例。重庆办金融审计处被审计署授予集体二等功。

经济责任审计　在中国中化集团公司领导任期经济责任审计中，按照“总体分析→重点审计业务分析→重点审计事项分析”逐层深入的思路，积极开展企业审计数据集中分析，揭示了国家对信托资金进入房地产市场的监管盲区，发现我国在知识产权保护方面存在风险预警机制缺失、未与一些国家签订国际税收协定影响石油企业“走出去”战略实施等体制机制问题。通过调查中化集团原油贸易的货物运输情况，分析影响我国船舶振兴规划中有关提高国货国运比例目标未实现的原因等，提出了审计建议。有关企业审计数据集中分析的综合报告被企业司以工作动态形式转发各审计项目组，并得到了石爱中副审计长的批示肯定。

2010年，重庆办企业审计处，被审计署授予集体三等功。

资源环保审计　在重庆市重点行业节能减排专项审计调查中，紧扣转变经济发展方式这一当前我国经济社会发展的主题，突出节能减排政策执行情况的审计调查，依靠外部专家技术支持，对审计组内部进行合理分工，提高审计调查的专业化水平，努力探索专业领域的审计方法，揭示了个别化工园区污水处理厂不能稳定达标排放，对长江水质安全造成一定隐患，个别城镇生活污水处理厂管网建设不到位，部分生活污水未经处理直接排放等问题。

外资运用审计　在渝利铁路2009年度财务收支和项目执行情况审计中，克服审计人员少、工程技术人员缺乏、时间紧的种种困难，圆满完成任务，按时报送了审计报告。审计查出了建设用地未批先用、借铁路建设“搭车”征地非法占用土地、挪用征地拆迁资金、违规招投标等问题。

外债总体情况审计。在世行贷款第二福建公路审计中，针对该项目已建成通车、多次接受审计的实际，把审计重点放在以前审计未关注到的问题等方面，发现某高速公路违反有关规定计提折旧，进而发现有关单位违规制定高速公路路产资产折旧计提办法，虚增利润，帮助企业为募集公路建设资金规避融资融券监管等问题。

审计质量控制　强化对审计实施方案、审计报告、审计调查报告、审计移送处理书、审计决定等业务文书的审理复核，保证审计质量。进一步提高业务管理能力和审理水平，提升审计工作的法治化、规范化水平，先后起草并下发了各种规范、制度等，对审计报告的要素、与实施方案的关系、法规依据、文书格式等作了进一步规范。全年对审计（调查）实施方案、报告、审计信息等200余篇进行审理复核，出具审理意见246条，确保取证、定性、建议等环节质量可靠。

信息化建设　制订了符合实际的审计信息化处室目标任务和审计项目信息化工作指导意见，明确工作目标和责任，并加强清理、检查和指导。信息技术人员参与配合审计项目，开展计算机审计方法创新，参与了审计署组织的2009年至2010年计算机审计方法评审，有6篇计算机审计方法被评为优秀方法，位列21个报送优秀方法的地方审计厅（局）及特派办第二名，并获得2009年至2010年审计署计算机审计方法征集活动“优秀组织单位”的荣誉。狠抓计算机审计理论研究，研究编撰了合并财务报表计算机审计丛书。上报的关于强化四种能力建设、夯实审计信息化发展基础的总结材料，得到石爱中副审计长的批示肯定。

队伍建设　积极推动“提升能力年”活动、学习型党组织建设工作，组织开展了以查账能力、大要案突破能力和综合分析能力为重点的审计能力“大练兵、大比武”活动，深入推进理论研究工作。重庆办全年发表理论文章71篇，其中2篇论文入选中国审计学会《国家审计在应对金融危机中的作用研讨会论文集》。以专业化建设为核心加强队伍建设工作，夯实可持续发展基础，通过修改考核办法，细化考核内容，分析队伍结构，增强专业化建设工作的针对性、有效性，并推荐干部参加审计专业领军人才、审计业务骨干人才选拔。

创新型组织建设　修订了《创新型组织建设实施意见》，召开了创新大会，组织了专家讲座、创新趣味竞赛等一系列创新活动。全年共受理创新申报80项，77项经审核认定为“创新事项”。其中，企业审计数据逐层分析法、财政审计一体化审计管理模式等审计方法、组织方式创新，IT项目绩效审计评价指标体系等审计理论创新，开展“审计能力大练兵、大比武”活动等队伍建设创新，构建“四位一体”的干部廉政监督体系，探索处级领导干部德方面的考核评价办法等综合管理创新得到了署领导、有关司局的肯定，有力地促进了全办各项工作。反映创新型组织建设情况的外宣材料被《中国审计》第23期作为封面文章刊发。

机关文化建设　开展“立足本职建功立业，争当‘四手’奋发有为”活动，组织全办干部开展七·一主题党日活动、红色诗歌朗诵比赛、五四纪念活动、为玉树地震灾区捐款和党内集中捐赠活动，开展“城村共建、扶困帮贫”活动。制定处级干部问责暂行办法等制度，开展审计项目廉政跟踪检查，深入开展“三项治理”工作，对办、处两级领导干部配偶、子女及其配偶的从业情况在全办范围内进行公示。2010 年，机关团支部再次被评为市直机关“五四红旗团组织”，2 名同志分别被评为市直机关“优秀共青团员”、“优秀团干部”，5 个处室成功创建、继续保持重庆市“青年文明号”称号。（撰稿人：蔡孝敌）

地方审计机关

北京市

【北京市审计局】　2010年，北京市审计局共有干部职工592人，设有办公室、研究室、综合处、法制处、人事处、宣传教育处、机关党委办公室、监察处、机关工会、行政处、老干部处、审计项目复核处、经济责任审计处、行政事业审计处、财政审计处、农业与资源环保审计处、固定资产投资审计一处、固定资产投资审计二处、经贸审计处、社会保障审计处、金融审计处、第一派出局、第二派出局、第三派出局、第四派出局、第五派出局、第六派出局、第七派出局、第八派出局、审计科学研究所、审计项目绩效考评中心、计算机中心、审计干部培训中心、机关服务中心。

领导成员

局　　长：李颖津

副 局 长：张海坤　王笑君　徐　涓

　　　　　李拥军　郭　彤

总审计师：王学芬

纪检组长：阎福跃

巡 视 员：张海坤　赵济堃（—3月）

副巡视员：张　秋　马连生

　　　　　郑善民（5月—）

审计成果　在市委、市政府的正确领导下，全市审计机关坚持科学的审计理念，紧紧围绕促进首都经济社会又好又快发展这条主线，依法履行审计职责。全市审计机关自觉地融入首都经济社会发展大局，主动性、及时性和建设性作用进一步增强。全年共审计和审计调查837个单位，为国家增收节支2.7亿元，查出损失浪费金额2731万元，核减工程款6.2亿元。审计发现的11件涉嫌违法违纪问题线索，已移交司法机关和纪检监察部门进行处理。共提交审计报告和信息2836份，提出审计建议1713条，被采纳1009条。

预算执行审计　围绕推动财政改革和规范预算管理，全市审计机关以规范预算管理、推动财政体制改革、提高财政资金绩效水平为目标，探索以财税管理审计为核心，以部门预算执行、财政转移支付、专项资金管理使用等各项审计为基础的财政审计工作体系。着力检查财政政策的执行情况和效果，检查部门依法履职和基础管理工作情况以及专项资金使用绩效。组织开展了对财政下划资金的审计调查，涉及资金量213亿元，促进了分税制财政体制的进一步完善；对110个行政事业单位开展预算执行审计，促进增收节支6172万元。组织未纳入审计范围的152个市一级预算部门开展了自查自纠工作，自查资金量达904.3亿元，纠正问题金额7.7亿元，制定整改措施374项，完善内部管理制度37项。

固定资产投资审计　全市审计机关坚持“边审计、边整改、边规范、边提高”的工作原则，开展对扩大内需政府投资任务、土地储备、轨道交通、中小学校舍安全工程、对口支援什邡灾后重建、青海玉树抗震救灾资金物资等项目的跟踪审计，涉及217个投资项目，投资额达2005亿元，纠正工程造价不实等问题金额5.3亿元；结合工程建设领域突出问题专项治理工作，开展了重点投资项目和土地管理专项大检查，揭示了部分投资项目审批程序不完整、招投标不规范、未按期开工等问题，提出审计建议633条，被审计单位采纳并整改439条。

有关部门高度重视审计意见和建议，市政府出台了“关于建立制止和查处违法用地和违法建设联动工作机制的意见”及“2010年投资任务分工方案”，进一步落实责任。

专项资金审计　全市审计机关组织开展了新农村基础设施建设、五项社会保障基金、残疾人就业保障金、水资源环境保护、住房公积金、公用事业补贴等145个项目的审计，共审计各类资金3413亿元，提出建议271条。审计过程中，审计机关围绕民生政策的落实执行、民生资金的安全合规、民生项目的效益效果，重点分析带有倾向性、普遍性和苗头性问题，揭示了部分政策制定不够严谨，政策措施间的衔接不够，政策执行效果未达到预期，项目组织管理存在不足等问题。审计意见和建议得到市委、人大和政府的高度重视，市人大常委会专门组织委员对整改落实情况开展跟踪调研。

经济责任审计　全年对332位领导干部开展经济责任审计，其中，区县长和局级领导6名、企业负责人23名、处级及以下领导303名。从审计情况看，大多数领导干部能够执行中央和市委、市政府的决策部署，认真履行职责，但也有个别领导干部存在责任意识不强、内部管理和资金使用不够规范等问题，查出领导干部直接责任问题金额6995万元。2010年，经济责任审计规范化建设也取得了新的进展，在总结历年经验的基础上，制定了《北京市审计局经济责任审计评价办法》，继续坚持和完善经济责任审计联席会议机制，研究内容涵盖了计划编制、方案制订、项目开展、结果汇报等多方面，建立审计成果共享机制，拓宽审计成果的利用空间。

专项审计调查　围绕推动首都经济社会可持续发展，密切关注首都经济安全。组织开展地方政府融资、金融、外债、国有资本经营预算及境外资产的审计调查，在摸清底数的基础上，揭示和反映了经济社会运行中的突出矛盾和潜在风险。通过开展对全市政府性债务专网及融资平台的审计调查，初步掌握了全市政府性债务的规模、类型及结构，提出防范债务风险、规范融资管理等建议，得到政府领导的高度重视。市政府专题研究审计反映的问题，责成有关部门进一步完善制度，堵塞管理漏洞；加强对金融机构的审计，揭示了地方金融企业在信贷管理、风险防控、内部机制方面存在的问题；开展对市属企业境外投资和资产并购的审计调查，为下一步深入开展境外投资审计做出有益的尝试。

法制建设　为适应首都经济社会发展的新形势和新要求，市委、市政府发布了《关于进一步加强审计工作的意见》，从进一步完善审计工作机制、制度等方面，进行了全面部署。开展了《北京审计条例》的立法调研工作，坚持以问题引导立法，抓住亟待解决的突出问题，努力增强地方立法的针对性和实效性。

全市审计机关采取多种形式，组织召开了贯彻落实审计法实施条例动员大会，开展了新修订的审计准则专题培训；出台了涉及计划管理、质量控制、成果利用、投资监督等方面的工作制度。12月，市审计局首次走进首都之窗网站直播间，在线解读《关于进一步加强审计工作的意见》，各区县也利用各种场合，加强宣传，扩大“意见”的知晓度和影响面。

基础工作　全市审计机关以开展“创先争优”活动为抓手，深入开展“作风能力建设年”活动，强化了各项基础建设。业务管理方面，推行了绩效管理和目标责任制考核制度，构建起计划、控制、督查、评估、考核“五位一体”的业务管理模式。制度建设方面，在深入学习贯彻条例、准则和两办通知的基础上，不断完善内部制度，涉及机制建设、项目管理、成果运用、检查督办等各个方面。积极推进内部审计的规范化、标准化建设，组织编写内部审计工作规范与实务指引。创新工作方式方法，积极优化组织架构、整合审计资源，加大审计公开和促进整改力度。大力推进信息化工作，开展计算机辅助审计、探索联网审计、加快建设数据分析系统。审计队伍建设方面，健全干部培养机制，加大轮岗和交流力度，不断提高教育培训的针对性，全年组织开展50余次专项培训，加强了培训与实践的联系。作风建设方面，广泛开展学习型机关建设，努力提高审计队伍依法审计的能力，深入开展廉政风险防范管理，增强了审计干部职工遵守廉政纪律的自觉性。

审计整改　全市审计机关高度重视审计整改工作，把加强审计整改贯穿于审计工作的始终。在确定审计项目计划时，把历年审计整改情况作为参考依据，尤其关注屡查屡犯的部门和单位；

在制订审计方案时，把推动整改落实作为重要内容；在质量检查时，把督促整改是否到位作为考核项目。整改工作促进了深化改革和制度的完善，被审计单位根据审计建议制定整改措施 287 项，建立健全规章制度 153 项。同时，全市审计机关还把推动审计整改机制建设作为一项重要任务，健全与纪检监察、检察、公安、税务等部门的日常沟通和重大案件线索移送处理工作机制；密切与市人大财经委的工作联系；建立与金融工作局的合作机制；充分发挥经济责任审计联席会议的作用；加强与财政、发展改革委等部门的横向沟通。市政府对审计整改予以高度重视，将审计结果作为政府部门绩效管理和考核的重要依据，将审计整改情况纳入年度绩效管理考核综合评价意见。

审计公开　在公开年度审计项目计划要点、审计工作报告、重大审计动态的基础上，向社会公开了灾后恢复重建、国外贷援款等专项审计结果；市审计局在向市人大常委会报告预算执行和其他财政收支审计工作情况的同时，向市人大常委会公开了 11 个市级部门的单项审计结果。审计公开平稳推进，促进了政府行为的规范和政府信息的公开透明。

（撰稿人：陈秋玲）

【东城区审计局】　2010 年，根据国务院“关于撤销北京市东城区、崇文区，设立新的东城区”的批复，原北京市东城区审计局和原北京市崇文区审计局于 2010 年 6 月 28 日正式合并为新的北京市东城区审计局。在职干部职工 99 人。局长王淑云，局党组书记许健（7 月—），副局长许健（9 月—）、王诚（—12 月）、徐阳、焦萍、梁增玉（9 月—）、刘伟贤（9 月—）、侯万军，纪检组长谭践（7 月—12 月），调研员陈红（—8 月）。原崇文区审计局党组书记许健（—6 月），原崇文区审计局局长许健（—8 月），原崇文区审计局副局长王诚（—8 月）、梁增玉（—8 月）、刘伟贤（—8 月），原崇文区审计局纪检组长谭践（—6 月）。设有固定资产投资审计科、经贸审计科、行政事业审计科、财政审计科、街道财政审计科、社保环保审计科、经济责任审计科、内部审计指导科、信息管理办公室、办公室、人事科、监察科、综合法制科、复核科。

审计成果　共完成审计项目 61 个，查出管理不规范金额累计 73043 万元，应上缴财政 1934 万元、已上缴财政金额 1934 万元。核减工程款 5968 万元。向市审计局、区委、区政府提交审计专题、综合性报告、信息 101 篇，被领导批示（采用）90 篇（次）。

财政审计　开展对全区 66 家一级预算单位 2009 年部门预算执行情况的自查自纠工作，对区教委、区法院、区行政服务中心等 20 个一级预算单位 2009 年部门预算执行和决算草案进行重点审计，对市、对区县 2009 年度下划资金管理使用情况和地方政府债务情况进行了专项审计调查。

经济责任审计　组织召开了经济责任审计联席会议，全局共完成领导干部经济责任审计 17 项。

固定资产投资审计　开展了地铁 6 号线、8 号线、14 号线拆迁资金跟踪审计，王府井品牌节专项建设资金跟踪审计和土地储备开发项目等 6 项跟踪审计。对 2007 年、2008 年 17 项奥运工程资金、南北河沿大街夜景照明工程专项资金和南北池子大街等 6 条街道环境建设等 9 个政府重点投资建设项目资金进行工程结算审计和专项审计调查。对建设工程领域突出问题专项治理工作，组织开展相关单位的自查，并配合市局检查组完成重点项目的检查。

专项资金审计　全年共开展 5 项民生资金审计以及 4 项专项资金绩效审计或审计调查。在民生资金审计方面，对“保增长、保民生、保稳定”各项政策措施的落实情况进行审计，评价政策措施的执行效果；对各项惠民工程专项资金使用情况进行审计；对接收青海玉树抗震救灾捐赠资金情况进行了阶段性的审计。

内部审计　举办 2 期内审人员继续教育培训班，对全区 400 多名内审及财务人员进行专业知识的培训；组织开展评选 2009 年度内部审计先进集体和先进个人工作；积极组织 CIA 考试相关报名、资料审核等工作。以内审人员岗位证书后续教育培训为主导，按季度对其进行培训；指导环卫系统开展领导干部经济责任审计。

（撰稿人：肖雅莉）

【西城区审计局】　2010 年，西城区审计局人员 89 人。局长田迪，副局长张沪生（8 月—）、李建新、徐立维、白永光、佟丽萍、耿兵（8 月—）、刘巍、周永晏（8 月—）、张博威（8 月—），纪检组长韩云芹。设有综合办公室、宣传调研室、人事监察科、行政科、财政金融审计科、行政事业审计科、固定资产投资审计科、社保经贸审计科、内部审计指导科、经济责任审计科。2010 年 7 月，根据北京市行政区划调整的工作部署，原西城区审计局和原宣武区审计局合并。

审计成果　完成审计项目 21 个，查出违规金额 150 万元，应减少财政拨款或补贴 2039 万元，应调账处理金额 16303 万元；已上缴财政 15 万元。移送司法机关、纪检监察部门处理事项 1 件。提交审计工作报告 21 篇，完成信息 224 篇，被采用 135 篇。

财政审计　预算执行审计完成对区发改委、区财政局等 24 个一级预算单位的审计。在财政预算执行审计中拓展审计范围，由传统的一般性财政性资金审计向完整的政府性财政资金审计转变；把查错纠弊与绩效评价相结合，以财政收支审计为基础，关注财政部门管理财政资金的效果和效率，关注财政资金使用的效益性，全面完整地实现真实、合法、效益的审计目标。

固定资产投资审计　加大重大民生项目和建设项目的审计力度，重点涵盖区域内北京市重点建设项目，城市基础设施及环境建设。开展地铁拆迁、中小学校舍安全等改善民生环境的建设项目和对公共服务设施建设项目等内容。在审计中注重重点项目审计与服务大局、服务政府中心工作相结合；跟踪审计与常规审计；抓住影响资金使用效益的突出问题和薄弱环节，重点关注资金管理是否严格规范，专项资金使用的真实性、合法性和效益性。

经济责任审计　加强对经济责任审计工作的领导，建立起全方位的权力监督机制，深入研究经济责任审计发展的新动态、新特点，并确定 2010 年经济责任审计工作思路。做好经济责任审计工作的标准、细则、程序和内容的研究，进一步加强对经济责任审计工作的指导，开始制定任期经济责任审计补充规定（试行）。对领导干部业绩的评价引入了“领导干部年度工作任务书”。

专项资金审计（调查）　为确保国家各项惠民政策的落实，今年加强对教育、卫生和残疾人保障金等专项资金的审计。在对区教委教育事业经费审计中，除对区教委本级经费使用情况审计外，还延伸了北京市第一六一中学、北京市西四中学、北京第二实验小学等六所学校。审计中注重揭示和分析阻碍专项资金使用效益提高的体制性、机制性问题，提出建设性建议，促进被审计单位完善机制、强化管理。

内部审计　整理编辑和出版了《西城区内部审计文选汇编》、《内审协会成立五周年纪念画册》。到区卫生局、华方投资有限公司等单位进行调研，听取各单位内部审计工作开展情况，并通过理事大会对全区的内审工作进行布置和安排；不断探索内部审计的新模式和新领域，在加强和改善内部控制环境、提高经济效益等方面，发挥了积极作用。

（撰稿人：宋　楠）

【原宣武区审计局】　2010 年 6 月，原宣武区审计局有干部职工 48 人。局长张沪生，副局长王兰生（—6 月）、季海旭、耿兵、周永晏（6 月—）、张博威（6 月—）。设有综合办公室、人事管理科、财政审计科、固定资产投资审计科、行政事业审计科、经贸审计科、经济责任审计科和内审指导科。

审计成果　全年共审计调查单位 58 个，查处违规金额 34 万元，应上缴财政金额 23 万元，管理不规范金额 53246 万元、应调账处理金额 757 万元，审计决定执行率 100%。出具审计报告、信息 65 篇。

财政审计　预算执行审计工作紧紧围绕完善公共财政体系建设，关注年度预算执行的系统性，注重从效益审计的角度，发现问题并提出建议。审计共涉及 101 个部门或单位，其中一级预算单位 20 个。审计发现的主要问题是：部分单位预算执行不够严格、资产资金闲置、财务核算不够准确等。

固定资产投资审计　继续加大国家重点投资项目和涉及民生资金的审计力度，开展广安联合土地储备开发项目一期地块审计调查、牛街西片危改区 3 号配套商业项目开发项目成本审计、2009 年旧城房屋保护修缮工程审计、十四中工程审计和中小学校舍安全工程审计等项目。审计中突出关注总量，评估效果；加强跟踪，促进规范；抓好重点，促进整改三个特点，注重提示风险、揭露问题，坚持以工程资金为主线，结合工程建设领域突出的问题开展专项治理，结合实际情况积极推进被审计单位进行整改，切实加大对审计整改情况的监督力度。

专项资金审计（调查）　重点开展“煤改电”、国庆资金、社会保险基金、残疾人就业保障金和政府债务的专项审计或调查。审计中突出重心，注重揭示和分析阻碍专项资金使用效益提高的体制性、机制性问题，从深层次查找原因，提出建设性审计建议，促进被审计单位完善机制、强化管理。

经济责任审计　对27名党政领导的经济责任进行审计。其中行政事业单位领导24名，企业领导3名。重点对预算执行和财务收支、内控制度建设执行、部门职责履行、重大事项决策、个人廉洁自律情况进行审计。在上半年开展的经济责任审计中，继续加大任中审计工作力度，审计不仅有行政“一把手”，还对党委“一把手”进行了审计。

内部审计　2010年上半年，以创新指导内部审计工作机制为保障，以开展全市内部审计“双优”评选活动为动力，积极开展各项内部审计工作。进一步推动内部审计制度化建设，规范内部审计制度建设和内部审计操作流程。积极组织培训，提高内审人员的水平，逐步推进内审人员职业化建设。开展内部审计工作的调研。深入研究内部审计理论，指导内部审计实践工作，加强内审机构的经验交流。　（撰稿人：郝凤来）

【朝阳区审计局】　2010年，朝阳区审计局人员编制62人，在编55人。局长刘野，副局长李晓峰、战春燕、苗洪、文晓辉，纪检组长杜春华。设有办公室、综合法制科、信息调研科、财政金融审计科、行政事业审计科、经济责任审计科、固定资产投资审计一科、经贸审计科，12月29日新增固定资产投资审计二科。下设审计指导中心、全额拨款事业单位，人员编制16人，在编14人。

审计成果　完成审计（调查）项目82个，共查出各类问题金额42916万元，其中违规金额1348万元，管理不规范金额41568万元；促进增收节支6170万元（含以前年度欠缴），核减工程款18571万元。提交审计报告、信息342篇，被批示和采用227篇次。完成调研课题7篇，报送论文17篇。

预算执行审计　审计44个项目，延伸10个一级预算单位、10个街乡、9所学校和幼儿园开展预算执行专题调查（包含2009年同级审计项目）。针对预算执行中存在的问题，注重从体制和机制层面分析问题，促进完善政策、规范管理，提高资金效益。6月25日，区第十四届人大常委会第二十五次会议审议通过《关于朝阳区2009年预算执行和其他财政收支的审计工作报告》，委员们认为审计报告写得好、工作做得好、问题揭示和分析得好。对反映的问题，朝阳区常务副区长主持召开整改会，落实整改责任。

固定资产投资审计　完成土地储备第三阶段审计，前三个阶段共审核资金280.68亿元，占已拆迁补偿金额的52.5%，对住宅补偿资料抽审在30%以上，对非住宅资料审核率为100%。建立旬报制度，坚持领导小组月例会制度，实施阶段整改机制，发出阶段性整改通知7份。根据审计意见和建议，区有关部门下发《关于规范土地储备管理费使用范围的通知》，加强管理费支出管理。7月23日，区委、区政府主要领导在区审计局召开土地储备现场调研会，对进一步加强审计工作提出要求。此外，对城市轨道交通、中小学校舍安全、奥运森林公园等26个项目进行审计，查出有问题金额18935万元，其中核减工程款18571万元。

专项资金审计　开展了保增长、扩内需、土地储备拆迁农民就业安置和居家养老等政策、资金，疫病防控、玉树赈灾、高技术产业和现代制造业发展、农业产业结构调整、社区卫生建设等资金专项审计或效益调查，查出问题金额6279万元。通过审计，促成相关部门出台加强养老服务体系建设、调整残疾人困难补助标准、加强政府融资和企业信贷资金管理、加强政策扶持项目评审等多项制度，为保障政策落实和提高资金管理水平发挥重要作用。

经济责任审计　审计27个单位34名领导，查出问题金额14489万元。建立健全经济责任审计联席会议制度，出台经济责任审计结果运用办法，“审计知识进党校”制度化、经常化。制定经济责任审计工作规范，审计工作质量和效率不断提高。

企业审计 在对全区国有企业经营状况调查的基础上，对区副食品总公司和潘家园文化发展有限公司及所属企业资产、负债、损益情况开展审计或绩效调查，查出问题金额1497万元。促成相关单位出台加强拆迁补偿款管理、企业预算管理、发票管理等制度。

基础工作 梳理全局现行制度，修订和出台了“财务管理内控制度”“政府信息公开办法”“审计委员会议事规则”等17项内部管理制度；围绕项目管理，严格质量，实行“统计报表制度”；通过指标设定，促进项目查深查透，出台固定资产投资审计和经济责任审计操作规范，规范审计行为；围绕审计效率，出台“审计项目时长和时限管理办法”，明确不同类型审计项目的总体时长和各环节用时的标准；围绕队伍建设，修订“审计组长管理办法”；制订年轻干部“一对一”培养计划，开展财务基础和固定产投资审计业务测试，取得较好的成绩。

内部审计 截至2010年底，全区17个单位建立了内审专职机构，内审专、兼职人员810人。开展21个乡的土地储备工作内部审计联席会，将30个未设立内审机构的委、办、局和21个乡纳入内审管理范围，扩大内审工作覆盖面。

（撰稿人：贾晓博）

【丰台区审计局】 2010年，丰台区审计局人员编制60人，在编53人。局长周衔临，副局长赵胜利（—10月）、王玉昌、李振芳、沙静（9月—）。设有办公室、人事科、综合科、财政金融审计科、经济责任审计科、固定资产投资审计科、经济贸易审计科、行政事业审计科、内部审计指导科、中关村科技园区丰台园审计办事处。

审计成果 完成审计项目53个，查出违规金额473万元，其中应上缴财政471万元，已上缴财政62万元，减少财政拨款（核减工程款）2万元。查出管理不规范问题金额31.8亿元。提出审计建议124条。提交审计报告82篇，信息128篇，信息被采用62篇。

预算执行审计 主要审计区财政局具体组织本级预算执行情况，区地税局税收征管情况，3个部门预算执行情况、本级安排的教育、老楼通气工程等11项重点资金。审计加大了对财政预算执行和有关单位部门预算执行中存在问题的披露力度，提出审计意见和建议31条。有关部门积极采纳审计建议，及时进行整改。7月29日，区人大常委会审议通过了《丰台区2009年本级预算执行和其他财政收支情况的审计报告》。

固定资产投资审计 完成6条地铁线路丰台段、六环路丰台段拆迁资金、南苑棚户区改造工程、中小学校舍加固工程跟踪审计及专项资金审计、北宫国家森林公园基本设施建设结算审计等项目12个。通过借用社会审计力量参与政府投资审计，实现了审计资源的进一步整合，审计监督力度的进一步增强。

经济责任审计 完成22个单位的党政领导干部和区委管理的国家出资企业领导人员经济责任审计，查出违规金额465万元，管理不规范金额2.3亿元。依托区经济责任审计联席会议的监督合力，突出纪检委、组织部、审计局等部门间的工作联动。区领导高度重视经济责任审计结果，多次召开专题会议研究经济责任审计工作。

专项资金审计（调查） 完成对区残疾人就业保障金、丰科园商务服务公司农转工人员工资补贴、土地储备开发项目等资金管理使用、玉树地震抗震救灾资金物资跟踪审计等7项专项审计（调查），查出管理不规范金额726万元，提出审计建议36条。

内部审计 召开15个内审单位网络组长会，制定《丰台区内审网络组工作职责》。深入20个街、乡及企业进行调研和指导。组织内审单位外出学习交流考察2次。举办内审人员继续教育培训班一期，参训人员349人。组织“丰台区内审拆迁补偿专项审计培训”两期，参训人员200余人。编辑《丰台内审》刊物6期。

（撰稿人：尹荷花）

【石景山区审计局】 2010年，石景山区审计局人员编制45人，在编40人。局长仲长军，副局长安宝喜、王岚、庞晨潮。设有行政事业审计科、财政金融审计科、经济贸易审计科、固定资产投资审计科、审计综合科、经济责任审计科、纪检监察科、办公室、石景山区内审指导中心、石景山区审计局经济责任审计中心。

审计成果　全年完成审计项目27个，审计查处管理不规范金额23.4亿元，核减工程造价5362万元。提交审计信息127篇，被采用信息113篇次，其中被评为区优秀信息1篇，被区领导批示1篇。出版内部刊物《石景山审计》6期，对市区网站及杂志办刊共发布对外宣传稿件59篇次。提出审计建议50条，被采纳22条。完成调研12篇，上报3篇。

财政审计　通过自查与抽查相结合的方式，对区级部门预算执行情况进行点面结合检查。预算执行审计突出三个特点：拓展范围，积极构建财政审计大格局。创新方法，在信息系统审计上寻突破。注重从体制机制分析原因，健全财政管理制度。财政审计工作得到石景山区政府的充分肯定和人大常委会的高度评价。

固定资产投资审计　年内纳入审计监督的政府投融资重点建设项目共44个。适时介入，强化沟通协调机制，随时掌握项目进展情况，对重大投资项目运用风险分级控制方法，加强对中介机构的复核监督，强化对委托审计的质量控制，保障重点监督建设项目健康运行，合理控制工程造价，促进投资效益提高。在对国有投融资重点建设项目组织、管理及运行情况审计调查中，通过审计调查的形式关注建设领域的深层次问题，关注代建制背景下建设项目组织架构、管理模式、内部运作，分析石景山区代建制执行中的问题，为石景山区重点建设项目组织管理提出建议。

经济责任审计　受区委组织部的委托，对7位领导干部任期经济责任进行审计，在经济责任审计工作中，实行经济责任审计“四公开”的新方法。提升审计成果，促进加快领导干部经济责任管理制度建设步伐，制定了《石景山区领导干部离任经济事项交接暂行办法》；加强联席会成员单位间的协同配合，提高工作效率。

专项资金审计　继续开展教育资金审计，审计中突出校园安全理念，重点对专项资金投入技防设施等使用情况展开检查。关注弱势群体，对“济困工程”资金和居家养老（助残）服务补贴管理使用情况进行审计调查，针对政策制定和执行中存在的问题提出审计建议。及时开展玉树地震抗震救灾资金物资跟踪审计。在社区居委会资产及管理情况的审计调查中，摸清全区社区用房的存量，了解社区用房建设的整体规划和方案，调查社区居委会用房规范化建设情况，促进社区用房建设项目资金合法、合理、有效使用。同时加大资源环境审计力度，保障国家宏观政策落实。开展土地一级开发审计调查。共调查土地储备项目9个，包括17个地块，总用地面积297.95公顷，涉及资金23.1亿元。开展黑石头垃圾填埋场环保治理工程绩效审计，对工程取得的数据与其设计方案相关指标对比，作出绩效评价，分析存在问题，提出改进建议，为建设绿色、宜居石景山服务。

内部审计　以服务基层、加强指导和沟通为目标，突出抓好对全区内审工作的指导和培训交流工作，走访指导重点单位，促进内部审计工作逐步规范。结合内部审计人员继续教育，着力加强内部审计培训。组织内审人员外出学习考察，开阔内审人员的视野，增长见识，取得良好效果。

（撰稿人：代　蓉）

【海淀区审计局】　2010年，海淀区审计局行政编制55人，在编49人；事业编制9人，在编9人。局长张稷发，副局长王彩霞、段敬德、于枫（7月—）、李斌（8月—），纪检组长段敬德（兼）。设有办公室、固定资产投资审计科、财政金融审计科、行政事业审计科、经济贸易审计科、经济责任审计科、行政管理科、人事监察科和审计信息中心。

审计成果　完成审计和审计调查项目32个，完成市、区领导和有关部门临时交办的审计事项5项。查出违规及管理不规范金额211083万元，要求被审计单位纠正金额46524万元。提交审计信息、审计专报等75篇，被各级信息部门采用75篇次。

财政审计　开展了区本级财政2009年度预算执行审计，转移支付资金管理使用情况、养老保险基金运行情况等审计调查。从防范和控制财政风险、规范投资行为、完善管理调控方式等方面提出建议。

固定资产投资审计　完成26个项目的审计，

送审金额 6.84 亿元，审减金额 4750.09 万元，审减率约 6.9%。正在实施的投资审计项目达到 280 个，总投资约 289.87 亿元。投资审计为加强和完善政府投资项目管理、规范建设资金使用、节约政府投资发挥积极作用。

做好城乡一体化建设项目及资金使用情况的监督与服务。为强化管理，确保各项工程按计划依法实施，对唐家岭等 4 个重点村的项目建设和财政性资金管理等事项进行全程跟踪审计。

深入开展土地储备开发、校舍安全等重点项目的全程跟踪审计，重点审查了八家地区整体改造、温泉 F 地块等 4 个项目土地开发、拆迁资金补偿的真实性及项目开发程序的合规性；8 号线二期、9 号线、10 号线二期 3 条地铁线路海淀区段的建设情况；以及校安工程的建设进度、资金筹集分配使用及项目建设管理情况，并抽查了部分已完工项目的结算情况，审计资金总量达 52.17 亿元。揭示出部分项目存在招投标管理不规范、建设程序履行不完整等问题，提出有针对性的意见和建议，督促有关问题的整改，促进项目规范运行。

经济责任审计 对海淀园管委会、区北部办、住建委等单位的 14 名党政领导干部，海科建等 5 家企业领导人员开展任期经济责任审计。对区司法局、紫竹院街道 2 家单位领导干部开展任中审计，推动审计关口前移，变事后监督为事前、事中监督，加强对领导干部的经常性监督。已审结的项目，共查出管理不规范金额 157632 万元。

专项资金审计（调查） 对 20 所中学 2009 年度财务收支情况进行审计。提出完善教育资金管理的意见和建议，促进各项教育政策的贯彻落实，促进学校加强对资金、资产、资源的规范管理、合理配置和有效利用。

做好玉树抗震救灾资金物资审计。分阶段对赈灾款物进行跟踪审计。重点审查民政部门、慈善协会、红十字会接收捐赠的各类款物总体规模、拨付使用情况和结存分布情况。审计过程中加强与民政等相关部门的沟通，帮助健全救灾款物的管理制度，规范管理程序。

做好农村集体经济组织资金管理使用情况审计调查。与区农经站协同对四季青农工商总公司等 3 个单位的财务管理、资金存量、工程建设项目等情况进行审计调查，揭示了本区农村集体经济组织存在的资产底数不清、集体资金支出缺乏有效监管等问题。区长和区委书记均对专项调查报告做出批示。

对 2009 年度中关村科技园区海淀科技园发展专项资金的管理使用情况进行审计调查，摸清了专项资金的规模、投向和结构。揭示出科技资金在项目管理和资金使用方面存在管理制度不健全等问题，提出完善管理体制、健全监督机制的建议。

（撰稿人：乔 捷）

【门头沟区审计局】 2010 年，门头沟区审计局人员编制 33 人，在编 36 人。局长高见，副局长李秋立、张云芝、吴海臣。设有经济责任审计科、固定资产投资审计科、经贸审计科、行政事业审计科、财政金融审计科、人事教育监察科、综合法制科、办公室。

审计成果 完成审计项目 32 个，审计资金 103.27 亿元，查出应上缴财政 204.52 万元，已全部缴入国库；核减投资额 913 万元；指明纠正金额 15.24 亿元，其中：出借资金未及时清理 1.07 亿元，管理不规范金额 13.21 亿元，专项资金拨付不及时 8396.22 万元，虚列支出 916.95 万元，资产不实 319.96 万元，调账处理 13.17 万元。移送有关部门处理的审计事项 2 件，司法部门依审计线索，处理相关人员 19 人，案件仍在进一步调查中；提交审计报告、审计意见函 131 份，出据审计决定 1 份，审计信息及审计专报、审计简报 37 份，提交调研报告及审计论文 7 份，被上级机关和有关部门采用 31 篇次，区委书记、区长批示 2 篇。提出审计建议 13 条，均被采纳。

预算执行审计 主要安排区财政局、区卫生局、全区农业专项资金使用情况等 8 个审计项目。并对上一年度有关部门落实人大常委会建议和审计意见的情况进行跟踪审计。审计资金 89.6 亿元，查出应上缴财政 168.74 万元，已全部缴入国库；指明纠正金额 147.79 亿元。上一年度审计发现主要问题已基本得到纠正，审计建议基本被采纳。

经济责任审计 完成任期经济责任审计项目 12 个。审计资金 24.12 亿元，查出违规金额 1.8 亿元，其中，应缴财政 27.79 万元，已全部上缴。

固定资产投资审计　突出对棚改项目等重大投资项目的跟踪审计，紧紧围绕市、区重点工作，积极研究制定跟踪审计办法，对中小学校舍安全工程、土地储备开发工程、应急中心附属工程预决算审计、石龙投资开发公司建设等5个项目进行跟踪审计和专项审计。涉及资金100多亿元，累计核减工程造价2166万元，抽查拆迁补偿协议2000余份，报审合同175项，出具审计意见函、审计建议函和审计工作联系单406份。

（撰稿人：王　双）

【房山区审计局】　2010年，房山区审计局人员编制55人，在编55人。局长李树民（—7月）、马俊怀（8月—），党组书记张立忠，副局长李亮、范江梅、郭凤岭、周晓光（1月—），纪检组长张健。设有行政财政审计科、工商基建审计科、农业环保审计科、干部经济责任审计科、综合科、人事教育科、办公室、内部审计指导中心。

审计成果　完成审计项目77个，在审项目54个，审计资金量443亿元，查出违规金额162万元，已全部上缴财政，查出管理不规范金额22.9亿元，审减工程款1.63亿元。共编发审计信息28篇，被区委、区政府及市审计局采用13篇。

预算执行审计　预算执行审计为财政改革和政府决策发挥建设性作用。对全区财政下划资金18亿元进行审计监督，促进相关部门统筹管理，促进事权财权的进一步统一，提高公共管理和服务效能；在开展对教育专项资金使用的审计中，增强效益审计的意识，客观地评价中小学校舍安全改造、饮水设施改造等教育资金的投入效益，取得积极的效果。

固定资产投资审计　一是重点对市政建设工程、窦店工业基地、中小学校舍抗震加固工程等43个项目进行跟踪审计。严格依法、依规审计，及时纠正问题，规范资金使用。二是以扩内需项目为重点，关注土地储备开发投资的使用效益。重点对资金使用效果、效益和安全性进行审计。对跟踪审计中发现的土地储备中心对项目的财务管理存在缺失等倾向性、苗头性问题，及时提出审计建议，责成整改，发挥审计监督的职能作用。三是积极参与工程建设领域专项检查工作。结合当前工程建设和土地管理领域存在的问题，会同区有关单位组成联合专项检查组，对15个项目进行重点检查，此项工作得到市审计局和区委、区政府领导的充分肯定。

经济责任审计　一是创新工作方法，确保审计工作的时效性。共对全区36位党政领导干部开展经济责任审计，对离任审计项目实施分类管理的经验做法被《中国审计报》刊登推广。二是会同区委组织部将8个被审计领导干部的经济责任审计结果，在被审计单位领导班子会上进行通报，增强领导班干部的责任意识。三是注重分析问题，及时与组织、纪检部门沟通，强化经济责任审计在干部监督管理中的作用，对规范单位管理、完善工作制度起到一定的促进作用。

农业与资源环保审计　对新农村建设“五项基础设施”和“三起来”专项资金管理及使用情况继续实施跟踪审计。共审计9个主管部门，抽查16个乡镇，21个重点村，提出新农村建设存在的5个问题和6条建议，促进新农村专项资金及时足额拨付到位，保证资金使用的合规性，发挥资金使用效益。

专项资金审计　完成对玉树地震救灾捐款资金审计、区财政大额专项资金审计、农业综合开发等资金审计。积极协调配合市审计局完成社保五项基金、新农村五项基础设施资金审计、“十一五”时期涉农专项资金管理使用和政策执行情况审计、2006年至2010年市财政投入土地开发整理项目资金审计调查。

内部审计　以政府文件形式印发《房山区内部审计暂行办法》，推动区内部审计工作进一步制度化、规范化。同时，制定《房山区内部审计优秀项目评选办法》，举办内审人员培训班，开展长阳镇、阎村镇债权债务及固定资产审计调查，指导内审人员规范审计操作程序，进一步提升全区内部审计工作水平。

（撰稿人：潘文敏）

【房山区燕山审计分局】　2010年，房山区燕山审计分局人员编制21人，年末实有19人。局长夏辉，副局长续秀荣、王冬卉（7月—）、葛干（—7月）。设有财政金融审计科、行政事业审计科、经济贸易审计科、综合法制指导科、办公室、经济责任审计所、行政事业经贸审计所。

审计成果　完成各类审计项目15个，查处各类违规、管理不规范金额9385万元，其中固定资产投资审计核减工程造价金额966.83万元。提交审计报告15份，提出审计建议25条，提交审计信息29篇，采用23篇，提交调研报告9篇。

预算执行审计　通过对2009年燕山地区预算执行情况的全面审计和对政府采购、会计集中核算、重点资金安排使用等重点领域的审计，对燕山财政分局积极认真组织财政收入、强化财政预算管理方面所做的工作和进一步优化财政支出结构做出了客观评价。同时，就发现的部分预算单位专项经费未及时清理、往来款长期挂账等问题，提出了相应的审计意见、建议。

通过对燕山地税的税源管理情况、纳税评估工作开展情况、税务稽查情况、税费管理情况审计和对重点税源户的延伸审计，对燕山地税部门在完善内部制度建设和管理、加强税源管理及纳税评估工作、进一步提高纳税服务和税收管理水平等方面做出了客观评价。对审计中发现的减免税报表数字不实、退税和评估中存在错误、房产税入库金额与房产税登记信息不符等问题，提出相应的审计意见建议。

经济责任审计　接受燕山工委组织部委托，开展经济责任审计6个。整合全局人员力量，集中精力完成经济责任审计任务。重点揭示了房屋出租管理和专项资金管理存在的问题，从强化内部管理、加强与相关部门的沟通，制定、完善相关制度等方面提出审计意见、建议。

固定资产投资审计　对政府投资的燕山东风中学教学楼工程、前进中学老教学楼改造工程和前进中学新教学楼建设工程3个项目开展竣工决算审计，合计报审金额6211.9万元、审定金额5245.07万元、核减工程造价966.83万元。审计主要针对竣工决算的真实性、合法性，通过工程量计算、定额套用审核、现场勘察等手段，发现并纠正多计工程量高套定额及市场价等问题，并揭示了政府投资项目管理的薄弱环节，促进政府投入建设资金的合理、规范使用。

抗震救灾款物审计　根据市审计局统一部署，对燕山地区玉树抗震救灾款物的接收、分配、拨付、使用和管理情况进行审计。审计结果表明，燕山地区玉树抗震救灾款物管理规范、公开透明，未发现转移、挪用现象。

绩效审计调查　根据市审计局关于残疾人就业保障金绩效审计调查工作的统一安排部署，燕山审计分局对2007～2009年燕山地区残疾人就业保障金的征收、管理、使用情况进行了全面地调查了解，并深入到残疾人家庭了解残疾人的工作、生活情况以及需要解决的问题。通过审计，发现残疾人就业保障金管理、使用存在管理不规范的问题，针对问题提出了审计意见、建议。

行政事业审计　为规范基层单位财务管理，对燕山公园管理处、燕山幼儿园进行财务收支审计，查出被审计单位部分收支核算不规范、合同签订不合理、现金管理不规范等问题，并提出相应的审计意见、建议。　（撰稿人：杨彩云）

【通州区审计局】　2010年，通州区审计局人员编制49人，在编46人。局长孟繁虎，副局长曹温华、李汝刚、张东凤（—11月）、赵静，纪检组长安书明。设有综合指导科、办公室、人事教育科、行政事业审计科、经济责任审计科、财政金融审计科、经贸投资审计科。

审计成果　完成审计项目33个，涉及被审计单位126个。查出违规和管理不规范金额近15亿元，上缴财政180万元。提出审计建议45条，刊用信息172篇次。

财政审计　对2009年区财政预算执行和其他财政收支情况及2008年审计意见的落实情况进行审计。主要审计区财政部门组织本级预算执行、区农委等4个区级部门预算管理和执行情况、中小学校安工程建设、区政府债务资金以及下划资金管理使用情况。依照资金拨付渠道审计及延伸了52个单位和部门。区委第107次常委会首次专门听取《关于通州区2009年财政预算执行和其他财政收支情况的审计结果报告》。6月11日，区第四届人大常委会第26次会议审议通过《关于通州区2009年预算执行和其他财政收支的审计工作报告》。

固定资产投资审计　一是对运河核心区土地一级开发项目和西海子棚户区拆迁改造资金的阶段性审计：截至2010年7月，核心区项目共收到区土地储备中心拨入资金97.3亿元，开发成本57.7亿元。西海子棚户区项目共筹集资金15亿元，开发成本6.9亿元。对6861户住宅搬迁户与拆迁公司签订的补偿协议进行现场审核，占已签约户数的63.58%，审查补偿金额21.7亿元。对94户非住宅拆迁档案全部进行了审查，审查补助款9.7亿元。二是对中小学校舍安全工程建设资金使用情况第二阶段的审计：校舍安全工程资金目前实际到位12501万元，支出3923万元。区教委按照规定设立资金专户，实行专户管理、专账核对、集中支付，并按工程进度逐笔支付、专款专用。三是对亦庄轻轨工程我区征地拆迁第二阶段的审计：重点对区住建委和台湖镇人民政府对项目的管理和组织实施，项目资金的管理和拨付使用情况进行了审计。四是对土地储备开发项目第二阶段的审计调查：重点对内控制度、资金使用及财务核算情况，项目前期手续履行情况，确定拆迁公司和评估公司程序的合规性，征地补偿与安置情况，农民宅基地、居民房屋和个人拆迁补偿情况，国有和集体企业拆迁补偿情况，直接收购项目情况和大市政基础设施建设情况进行了调查。五是对区重点建设工程12个项目的审计专项调查：重点对项目审批、土地管理、拆迁、概预算管理、招投标、建设资金管理使用、债务管理等方面进行了审计。

专项资金审计 对玉树抗震救灾捐款资金物资的跟踪审计：对区接收救灾捐赠事务管理中心、区红十字会接收玉树抗震救灾捐款资金物资情况进行跟踪审计。对2009年新农合资金情况的审计调查：主要内容是新农合资金的使用管理情况，新农合财政补助资金是否纳入财政预算并及时足额拨补到位，管理机构与经办机构的设置情况，各种制度的建立是否健全、完整，核算是否规范，参合农民受益情况，是否按规定预留10%风险资金。

经济责任审计 完成区委组织部委托的处级领导干部经济责任审计项目18个，查出违规和管理不规范金额6.4亿元。出台了《关于进一步加强通州区经济责任审计工作的意见》，完善了《通州区经济责任审计工作联席会议制度》和《通州区经济责任审计工作联席会议办公室工作规则》。

审计调研 把审计调研工作作为一项重要工作内容来抓，并结合审计业务情况，成立专门课题组围绕通州区有关热点问题进行调研。完成4个调研课题：《任中审计是经济责任审计的发展和创新》、《通州区政府性债务情况专项审计调查报告》、《政府投资建设项目在招投标中存在的问题与思考》、《关于新型农村合作医疗资金的专项审计调查》。

（撰稿人：李静岭）

【顺义区审计局】 2010年，顺义区审计局人员编制58人，在编47人。局长梁家树（—6月）、刘福海（6月—），副局长绳桂华、任立强、王超（—4月）、李强（4月—），纪检组长王超（—4月）。设有办公室、财政金融审计科、行政审计科、经济责任审计科、经济贸易审计科、社会保障审计科、综合科、内部审计指导所、计算机中心。

审计成果 完成审计项目46个，查出管理不规范金额105.43亿元，查出违规金额1949万元，其中应上缴财政655万元，提交审计工作报告、审计结果报告、审计报告和审计调查报告82篇；提出审计建议10条，被采纳落实10条；提交审计信息、调研论文、审计案例107篇，被采用103篇次。

财政审计 开展了2009年度预算执行审计、税收征管情况审计、政府债务情况审计调查，以及对财政下划资金、新农合资金、花博会专项资金等重点资金的管理使用情况进行审计，发现有问题金额83亿元。

企业审计 对鑫浩投资中心、鑫顺投资担保有限公司、光彩担保服务有限公司和顺创投资管理有限公司4户投融资及担保企业投资担保业务及财务收支进行审计。按照顺义区政府要求，对北京亿汇洋进出口公司进行资产负债所有者权益情况审计。

经济责任审计 围绕加强对权力的制约，开展离任审计28个，任中审计6个，审计发现管理不规范金额22.43亿元，揭示一些共性、倾向性问题，在健全领导干部监督管理体制、加强党风廉政建设、促进领导干部依法行政等方面发挥积极作用。

固定资产投资审计 继续组织开展中小学校舍安全工程跟踪审计，对2010年下半年已安排校安整体加固工程项目的建设进展情况、资金筹集分配使用情况、项目建设管理情况等内容做了进一步审计。

行政事业审计　以加强财务收支管理、严肃财经纪律、促进行政事业单位加强资金管理和使用为目标，对区空港建设管理服务中心2003～2009年财务收支情况进行审计。

专项资金审计（调查）　为保障“扩内需、促增长”政策的贯彻落实，按照市局要求，对本区2009年土地储备开发项目进行审计调查，并延伸调查了李桥、后沙峪等4家单位的土储开发项目。以资金的筹集、投入、配套和项目管理、工程进度、质量等为重点，开展农业综合开发项目审计，关注和揭示虚假配套、挤占挪用等违纪违规问题。（撰稿人：综合科）

【昌平区审计局】　2010年，昌平区审计局人员编制51人，实有人员43人。局长郭自成，副局长张爱平（正处级）、刘会春、王立军。设有办公室、综合法制科、经济责任审计科、财政金融审计科、农林行政文教审计科、固定资产投资审计科、经贸审计科。下设全额拨款事业单位两个，即内部审计指导所、昌平区重点工程审计中心。

审计成果　完成审计项目114个，查出管理不规范金额1.1亿元，其中应减少财政拨款1.1亿元。提交审计工作信息121篇，被采用129篇次。

财政审计　对2009年区级财政预算执行情况、2009年完善市与区财政管理体制下划资金管理使用情况和区政府性债务情况进行了审计，并抽取计生委、科委等8个单位体制下划资金使用情况进行延伸审计。重点关注了2009年增收节支情况，区财政体制、财政改革政策效果以及市区两级重点项目资金的分配管理情况；审查了下划资金规模、结构、具体划转事项，以及资金分配及使用情况；调查了昌鑫公司、兴昌公司等单位政府性债务举借、使用、偿还和管理情况，同时了解铭嘉公司、振邦承基公司融资等情况。

固定资产投资审计　重点对全区17个镇（街）的环境整治、14个镇的公路大修、15个村的新农村道路建设情况开展了工程结算审计。在工作中，全面推进计算机辅助审计，使用京OA综合管理系统（北京市审计局开发并要求使用的计算机辅助审计系统）和工程软件，提高了工作效率。截至目前，完成98项工程结算审计，送审金额14.78亿元，核减工程投资1.1亿元。

昌平区成立了重点工程审计中心，监督和指导中介组织对沙河、回龙观旧村、园区东区三四期及本区土地储备开发项目；未来科技城（北区、南区）、新城滨河森林公园、世界草莓大会工程及城乡结合部六个重点村已开展的建设情况进行跟踪审计，从资金拨付、征地补偿和安置情况等进行跟踪检查。同时，为加强对昌平区政府投资建设项目资金的管理和监督，规范投资行为，保证资金运行安全，制定了《昌平区政府投资建设项目资金管理办法》，并以区委、区政府名义印发至全区各相关单位。

经济责任审计　全年已完成项目6个，正在审计项目5个。重点审查被审计单位资产负债情况，政府性资金管理、使用情况，重要经济事项的决策及遵纪守法、廉洁情况。本年所有经济责任审计项目全部使用京OA综合管理系统，提高了审前调查、审计实施方案制订质量，规范了审计行为。讨论修改《区级以下领导干部任期经济责任审计实施办法》，并对部分内容进行补充和细化。

定期审计　监督和指导中介组织对东区开发建设资金、振邦承基公司、兴昌总公司南口镇工业用地、中关村科技园昌平园东区开发建设等单位开展了2009年第四季度及2010年1～6月的财务收支情况进行了定期审计。

专项资金审计（调查）　对农业综合开发资金和京津风沙源治理工程专项资金进行审计和审计调查。通过强化源头控制、加强时效控制、加大延伸审计力度等措施，抓项目管理情况、抓资金审查、抓项目建设情况，增强了资金的审计力度。

对北京晨光昌盛投资担保有限公司截至2010年10月底1.5亿元软贷款项目资金使用情况进行审计，重点审计了软贷资金管理、担保项目审批、风险控制、后续监管等情况，促进企业规范管理、防范资金风险。

对区玉树地震抗震救灾捐赠资金和物资接收、上缴等情况进行跟踪审计。对区接收救灾捐赠事务管理中心、区慈善协会、区红十字会接收、上缴玉树地震抗震救灾捐赠资金和物资的资料进行核查，并召集区工会、妇联、工商联、教委等部门对捐款情况进行座谈。对审计发现的问题，已提出审计建议。

配合市审计局开展区 2007～2009 年残疾人就业保障金管理使用情况绩效审计。重点对区残疾人就业保障金三年的收支、残保金政策的执行以及残保金重点项目的资金使用情况进行审计调查，并针对相关事宜延伸到相关单位。

专项检查　组织重点投资项目和土地管理专项检查。对全区土地储备及整理、中小学校舍安全及其他财政资金投入或通过投资平台融资建设项目进行自查，并迎接市审计局检查组的检查。

参与区卫生局组织的纠正医药购销和医疗服务不正之风检查。会同区发改委、财政局等 6 家单位对 22 家服务卫生院、服务站等一级、二级医院的财务管理制度及内部控制制度情况进行了检查。

参与长陵镇 11 个村农村产权制度改革的指导和协调工作。

对中关村国家工程技术创新基地一期土地开发相关成本进行了 2 次审核。

与昌平区教委组成联合检查组，对教育收费情况进行了检查。

内部审计　完成审计任务 85 项，查出管理不规范金额 29 万元，提出审计建议并被采纳落实 36 条，为被审计单位挽回经济损失 36 万元，在推动本区经济有序健康发展中发挥了“免疫系统”作用。区内审协会完成新一轮换届工作，并充分发挥内部审计职责，为一些单位提供业务咨询，组织内审人员进行多方面的业务培训。其中，召集民政局等 12 个主管部门就如何抓好内审工作进行座谈、对昌平区水务局所属 39 个单位，80 余名科级以上干部进行财务管理、会计核算、资金使用等方面的培训，完善相关单位的内部管理制度。

（撰稿人：刘　冉）

【大兴区审计局】　2010 年，大兴区审计局人员编制 61 人，在编 44 人。局长郭金江，副局长戴天太、苗静，纪检组长刘刚（4 月—）。设有办公室、人事教育科、财政金融审计科、行政事业审计科、企业经济审计科、经济责任审计科、投资审计科、审计综合科、审计综合二科和内部审计指导所。

审计成果　完成审计项目 28 个。查出违规金额 983 万元，其中应上缴财政 2 万元；已上缴财政 2 万元；审计中还发现管理不规范金额 10.98 亿元，核减工程造价 2407 万元，为政府节约资金 2407 万元。提交审计信息 25 篇，被采用 3 篇；提交审计综合报告、统计分析 34 篇。

预算执行审计　全年紧紧围绕区委、区政府的中心工作，充分发挥审计机关在经济社会运行中的“免疫系统”作用，注重整体把握和评价区本级预算执行情况，不断加大对基层预算单位和项目资金使用单位的监督力度，为政府决策提供参考依据。审计中，涉及被审计单位 304 个，其中延伸审计单位 197 个，共查出管理不规范金额 9.09 亿元。

固定资产投资审计　为加强对政府投资建设项目的审计监督，保证资金合理、合法、有效使用，防止国有资产流失和损失浪费，大兴区审计局继续采取借助社会中介审计力量的方式，开展对政府投资重点工程的审计。全年共计完成审计项目 13 个，审计资金量 11.62 亿元，核减工程造价 2407 万元，为政府节约资金 2407 万元。

经济责任审计　全年完成 11 个单位的领导任期经济责任审计。共查出违规金额 983 万元，其中应上缴财政金额 2 万元；管理不规范金额 1.89 亿元；提出审计建议 24 条。

专项资金审计（调查）　完成对玉树抗震救灾捐赠款物的接收、分配、拨付和管理情况的审计。经审计，大兴区共接收捐赠款 1265 万元，大兴区民政局救灾捐赠事务管理中心、慈善协会和大兴区红十字会在玉树地震抗震救灾资金物资的接收、使用、拨付和管理中，未发生违规问题。

内部审计　全年完成内部审计项目 748 个，其中：财务收支审计 444 个，绩效审计 4 个，经济责任审计 40 个，专项资金审计 181 个，内控及风险管理审计 36 个，基本建设审计 6 个，综合审计 5 个，其他 26 个，财务决算审签 6 个。审计总金额 103.23 亿元，增加效益 35 万元，提出审计意见被采纳 168 条。（撰稿人：郭　爽）

【怀柔区审计局】 2010年，怀柔区审计局人员编制55人，在编49人。局长单景民，副局长孔祥会、刘其田（—2月）、宋卫东（8月—），纪检组长孔祥会（兼）。设有办公室、监察科、综合科、财金科、行财科、固定资产审计科、农林科、社保科，另有非独立核算的经责所、内审所两个科级事业单位。

审计成果 完成审计（调查）项目32个，其中市局指令性项目5个；自定安排审计（调查）项目27个。共查出问题金额3.39亿元，其中违规金额43万元，应上缴财政43万元，已上缴财政1万元；管理不规范金额3.38亿元。提出审计建议43条，被审计单位采纳审计建议34条，制定整改措施4项，建立健全单位规章制度4份。提交审计信息、分析59篇，被采用30篇次。

预算执行审计 完成8个预算执行审计（调查）项目。即：区财政局2009年度预算执行和其他财政收支审计，2009年度区地税局税收征管情况审计，区财政局2009年度完善市对区县财政管理体制下划资金管理使用情况审计，区文委、残联、农委、民政局、经信委五个单位2009年度预算执行及决算草案审计。查出问题金额1.895亿元，其中：违规金额43万元，管理不规范金额1.89亿元；违规金额中应上缴财政43万元，已上缴财政1万元。提出审计建议14条，被审计单位采纳10条，建立健全1份规章制度。共延伸审计37户次。

经济责任审计 对19名处级领导干部进行经济责任审计。其中行政事业单位的领导干部17名，企业领导干部2名。查出问题金额1.48亿元，全部为领导干部的主管责任。提出审计建议25条，被审计单位采纳20条，制定整改措施2项，建立健全单位规章制度3份。共延伸审计33户次。

专项资金审计（调查） 完成5个专项资金审计（调查）项目。其中专项资金审计项目2个，即：区红十字会玉树地震抗震救灾资金物资专项审计和怀柔区慈善协会玉树地震抗震救灾资金物资专项审计；专项审计调查项目3个，即：2007年至2009年怀柔区残疾人就业保障金管理使用情况绩效审计调查，北京市国土资源局怀柔分局2010年市区联合土地储备开发项目审计调查，北京市国土资源局怀柔分局2010年土地储备开发项目的审计调查。查出问题金额108万元，主要是管理不规范金额108万元。提出审计建议4条，被审计单位采纳4条，制定1项整改措施。共延伸审计及调查单位34户次。

内部审计 共有会员单位60个，内审人员150人，其中专职人员20名。全年完成审计（调查）项目68个，其中财务审计20个，经济责任审计20个，基本建设审计15个，专项审计6个，其他审计7个。查出损失浪费金额50万元，增加效益120万元。提出相关建议被采纳16条。

（撰稿人：田清华）

【平谷区审计局】 2010年，平谷区审计局人员编制50人，在编45人。局长徐春英，副局长王炬、秦东英，纪检组长李素东。设有政办室、综合科、行政事业审计科、经贸投资审计科、财政金融审计科、经济责任审计科、审计中心。

审计成果 完成审计项目25个，查出违规金额50万元，其中应上缴财政1.02万元，应调账处理金额929万元；已上缴财政1.02万元，已调账处理金额929万元。提交审计工作报告、信息41篇，被采用36篇。

财政审计 对2009年本级预算执行及其他财政收支情况进行审计。通过审计，对预算执行中存在的三项依法增长支出结构有待于平衡、政府采购管理还需进一步加强、资产动态管理水平有待于进一步提高、部门预算编制不完整、部分项目资金预算不细化、项目资金未按规定用途使用等问题提出了相应审计建议。同时纠正了地税部门部分管理工作不规范、个别企业应缴未缴税金问题；对2009年市级下划资金管理使用情况进行审计，发现体制完善划转事权资金存在缺口，需由功能区转移支付资金解决，造成新增财力区可支配资金减少。对此分析了深层次原因，提出相应审计建议。

固定资产投资审计（调查） 对2009年中小学校舍安全工程建设进行审计。对部分校安工程项目进展缓慢，区专项配套资金未储存到专户等问题，提出相应的审计建议。另对2010年土地储备区级开发项目进行审计调查，纠正了履行建设程序倒置，前期费用支付名称不统一，部分手续不齐全，温室大棚拆迁补偿超出红线范围，已支付项目资金既未经区分中心审批又未在项目监管账户列支等问题。对此，平谷区政府积极采纳审计建议，制定了《区分中心为主体土地储备项目管理办法》，并规范了审批程序，收到较好效果。

经济责任审计　对13名处级领导干部任期经济责任进行审计，查出违规金额50万元，管理不规范金额5064万元，应上缴财政1万元，应调账处理金额929万元。审计发现并纠正往来款处理不及时、往来科目核算专项资金、固定资产账实不符等问题。

专项资金审计（调查）　对2007年、2008年农村优抚、社救对象危房翻建翻修专项资金进行审计，纠正了专项资金滞留、基础档案资料不完备等问题。对2009年村村通公交、票价折扣补贴和环城公交运营补贴使用、管理、效益情况进行了审计调查，对于调查中发现的个别客运企业运营及补贴申请原始资料保存不完整、公交信息化服务不到位、客运企业的营运管理和服务水平有待提高的问题提出了相应的审计建议。对2009年度义务教育经费和教育费附加管理使用情况进行审计，纠正了会计核算不完整，新增固定资产未及时入账，滞留应当下拨的财政资金等问题。　（撰稿人：王海顺）

【密云县审计局】　2010年，密云县审计局共有干部职工52人。局长李洪友，副局长朱全多（党组书记）、于怀全、任双喜、王雪梅。设有办公室、综合科、经济责任审计科、财政金融审计科、行政事业审计科、农业与资源环保审计科、经贸审计科、固定资产投资审计科、社会保障资金审计科和经济责任审计中心、政府投资审计中心。

审计成果　组织开展预算执行、经济责任、政府投资等审计和审计调查项目61个，已完成15个，涉及被审计单位152个，查出管理不规范金额6951万元，提出审计建议8条。

预算执行审计　开展对县财政局具体组织预算执行和其他财政收支情况以及县直部门2009年度预算执行情况的审计；与市审计局同步组织开展政府债务审计调查。审计表明2009年县财政预算执行总体情况较好。财政税务等部门努力克服金融危机的影响，积极组织财政收入，完成了人大批准的年度预算任务，实现财政收入总体较快增长。同时也提出财政部门应深入推进财政体制改革，进一步提升财政管理水平、应加强财政收支管理，积极开展项目投资评审工作，加大绩效考评的力度，提高财政资金使用效益、不断促进增收节支、应进一步加强内部审计监督等建议，受到政府的重视和支持。

专项资金审计（调查）　对县农委、市政市容委、住建委、水务局、民政局、人力社保局、交通局、公园管理服务中心8个主管部门和6个镇、2个基层单位体制下划资金的分配、拨付、使用情况进行了延伸审计调查，延伸审计调查资金7.5亿元，占体制下划资金的44.68%。延伸审计调查涉及民生资金2.86亿元、设施农业资金9815.71万元、农村基础设施资金2.23亿元、城市建设资金1.42亿元。调查结果表明，财政部门能够按照市委、市政府和市财政局有关要求，将体制下划资金全部纳入预算，接受人大监督，基本能够按照规定用途统筹安排划转事项资金。各主管部门和乡镇基本能够按照规定分配、拨付和使用体制下划资金；体制下划资金对全县发展经济和保障民生等项目的落实，起到保障作用。

经济责任审计　完成经济责任审计项目8个，提出建设性意见2条，促进被审计干部提高依法行政、依法理财的能力，为干部管理提供服务。

固定资产投资审计　对101国道绕城线二期工程、西统路道路工程、密云新城滨河森林公园工程、中小学校舍安全工程等12个政府投资建设项目实施全程跟踪审计。并按照全市统一部署，开展了重点投资项目和土地管理专项检查工作。跟踪审计项目计划投资额24亿元，涉及市政基础设施、水利、园林绿化及科教文卫等多个领域。审计表明，县政府及各有关部门能够强化对投资项目的组织和管理，督促建设单位严格资金管理，确保工程质量，较好地完成建设任务，为经济的持续较快发展奠定基础。审计发现12个项目不同程度地存在着未履行基本建设程序等问题，及时提出审计建议15条，跟踪审计在进一步规范政府投资项目管理，提高资金使用效益等方面发挥积极作用。

（撰稿人：曹　娜、田海龙）

【延庆县审计局】 2010年，延庆县审计局人员编制63人，在编57人。局长张景军，副局长马海林、焦万宏、鲁亚军，纪检组长冯运荣。设有办公室、企业审计科、行政事业审计科、财政金融审计科、经济责任审计科、基建审计科、综合科、信息中心、培训中心，内审指导中心。

审计结果 完成审计和审计调查项目38个，审计和延伸审计157个单位。查处违纪违规金额3451万元，上缴财政2965万元、归还原渠道资金137万元（含上年109万元），核减工程造价62万元。要求被审计单位自行纠正金额28397万元，向被审计单位提出改进和完善管理的审计建议91条，建议落实61条。提交审计专题报告、综合性报告38篇。上报调研报告、宣传稿件和审计信息148篇，被市县相关部门采用76篇次。

预算执行审计 对2009年度县级财政预算执行和其他财政财务收支情况进行审计。对县地税局税收征管情况，县教委预算执行情况，延庆、永宁、康庄等6个乡镇的部门预算执行及其他财政财务收支情况进行审计；对新农村建设中的街坊路硬化绿化、安全饮水、污水处理、垃圾处理、户厕改造五项基础设施工程和“亮起来、暖起来、循环起来”工程的项目管理和资金分配、使用、效益等情况进行审计调查。审计和延伸审计73个部门和单位。通过审计，揭示了在预算执行、工程项目和财务管理方面存在的漏洞和问题。7月27日，受县政府委托，向县第十四届人大常委会第十八次会议报告2009年度预算执行和其他财政收支的审计工作，7月30日，通过延庆新闻栏目依法将此次预算执行审计结果向全县进行公布。

经济责任审计 完成县林业局、旅游局、民防局、广电中心、果品服务中心、农经站、供销社、延庆镇、康庄镇、张山营镇、珍珠泉乡等15个单位22名领导干部任期经济责任审计。审计和延伸审计45个单位部门和20个重点项目。审计发现部分单位存在漏缴税费、挤占挪用专项资金、固定资产管理不规范、入账原始凭证不真实或不合规等问题。共查出有问题金额9033万元。其中：违规金额400万元，管理不规范金额8633万元，向被审计单位提出归还资金原渠道、规范固定资产管理、及时清理债权债务、加强会计基础工作等审计建议和改进意见55条。

专项资金审计（调查） 完成京津风沙源治理工程、玉树地震救灾捐赠款物、中小学校舍安全工程、五项社会保障基金和土地储备开发6项专项审计或审计调查，累计审计和延伸审计41个部门和单位，审计（调查）资金量38.13亿元，提出审计建议和意见13条。

固定资产投资审计 重点对县水生动物疫病防治站和县第二中学食堂宿舍楼工程进行竣工决算审计；对县检察院办公楼固定资产投资情况进行审计。经审计，核减工程造价62万元，提出改进意见和建议4条。

企业审计 对北京夏都信达国有资产经营管理中心2009年资产负债损益情况进行审计。通过对借款还款、付息和资产负债情况审计表明：信达中心提供的财务资料能够反映其财务现状和经营成果，资产负债真实、完整。

交办事项 完成或配合有关单位完成八达岭特区办事处财务收支和八达岭旅游总公司资产、负债及损益审计，重点投资项目和土地管理专项检查，2010年工资发放调查，2010年招商引资情况检查和“小金库”治理等临时交办事项6项。

（撰稿人：刘宝生）

2010年北京市本级及所辖区县审计工作统计表

金额单位：万元

审计机关	完成审计项目（个）	查出违规金额	应上缴财政	应减少财政拨款或补贴	应归还原渠道资金	应调账处理金额	移送司法、纪检监察部门处理（件）	建议有关部门处理（件）	出具审计报告和审计调查报告（篇）	提出审计建议（条）	撰写审计信息（篇）
北京市本级	69	3429	12288	2052	3025	81336	1		77	440	425
东城区审计局	61	73043	1934			300			73	96	90
西城区审计局	21	150	15	2039		16303	1		21	51	224
宣武区审计局	58	34	23			757			58	18	60
朝阳区审计局	82	1348	1348						138	228	204
丰台区审计局	53	433	471	2					82	124	128
石景山区审计局	27	233860	3		20	2031			34	50	127
海淀区审计局	32	1077	1449			45075			42	38	75
门头沟区审计局	32	21	198				2		32	13	37
房山区审计局	77	162	162	16303		711			77	117	28
燕山审计分局	15								15	25	29
通州区审计局	33	149662	181						33	45	137
顺义区审计局	46	1949	655						82	10	107
昌平区审计局	114			11000					119	200	121
大兴区审计局	28	983	2		11				32	37	25
怀柔区审计局	32	43	43						33	43	55
平谷区审计局	25	50	1		49	929			25	39	16
密云县审计局	15								32	8	7
延庆县审计局	38	3451	2953		28				38	91	148

天　津　市

【天津市审计局】　2010年，天津市审计局人员编制377人，在编292人，领导职数7名。设有办公室、行政财务处、法规处、财政审计处、金融与外资运用审计处、行政事业审计处、公交审计处、商贸审计处、社会保障审计处、固定资产投资审计处、综合处、经济责任审计处、信息化处、人事教育处、老干部处、机关党委办公室、纪检监察室和农业与资源环保审计分局、发展审计分局、机关审计分局、政法审计分局、滨海新区审计分局，并设有审计科研培训中心（直属事业单位）。

领导成员

局　　长：王伟生

副 局 长：张永革　王润生

李向前（—5月）　项文卫

卢　博（12月—）

总审计师：谢津秋

纪检组长：白　山

审计成果　天津市审计局共审计和审计调查593个部门、单位，查出违规金额23.8亿元，促进增收节支811万元。提交审计报告、审计信息119篇，被批示、采用75篇。被审计单位采纳审计建议145条，制定整改措施30项。

财政审计　天津市审计局坚持把预算执行审计作为第一任务，认真分析研究财政管理体制改革的新特点，突出对教育、卫生、水利、就业、城乡居民最低生活保障等财政专项资金和关系民生的重要公共资金的审计。重点关注预算编制、项目评审、政府采购、预算下达、预算执行五个环节，在坚持合法性、真实性审计的基础上，加强对资金管理部门和使用单位履行管理职能情况的审计。坚持揭示问题与促进规范管理、按规定程序使用资金相结合。对普遍性、倾向性、宏观性问题，注重从体制、机制和制度层面分析研究，提出建设性意见和建议。市级预算执行和其他财政收支审计涉及部门、单位389个，涉及资金297.8亿元。审计查出违规和管理不规范金额20.9亿元，提出审计意见和建议71条。在市人大常委会和市政府的高度重视下，各有关部门和单位针对预算执行和自身管理中存在的问题，认真制定整改措施，落实审计处理决定，并深入分析产生问题的原因，完善相关制度。预算执行审计为政府加强预算管理和人大加强预算监督发挥了较好的作用。

国有企业审计　审计监督和国有资产管理相结合的审计模式日臻完善。天津市审计局与天津市人民政府国有资产监督管理委员会加强协调配合，在确定项目、实施审计、落实整改各个环节建立实时沟通机制，有效地发挥审计监督和国有资产监管的合力，改变了多年来国有企业审计容易、落实整改难的状况。对市审计局安排的天津渤海化工集团公司、天津一商集团有限公司等审计项目，公司领导层高度重视审计提出的问题，认真分析原因，制定措施，落实整改。国有企业审计的效果和水平大幅提高，得到有关市领导的肯定。

固定资产投资审计　天津市审计局对梅江国际会展中心项目资金管理使用和项目实施情况实施同步审计，对京沪高铁（天津段）征地拆迁资金管理使用情况开展专项审计调查。自2009年3月至2010年5月，对天津市对口支援陕西省宁强和略阳两县地震灾后恢复重建的宁强县天津中学、宁强县天津医院和略阳县天津高级中学、略阳县天津中医医院4个项目进行阶段性跟踪审计和竣工决算审计，并按照审计署的统一要求，对外发布援建审计公告2期。截至2010年4月末，跟踪审计的4个项目在规定的工期内完工并投入使用。根据审计署授权和委托，继续对天津城市发展和环境二期项目等4个国外贷援款项目进行公证审计，出具外资公证审计报告9份，其中中英文对外报告4份。

经济责任审计　受中共天津市委组织部的委托，开展市管党政领导干部和企业领导人员任期经济责任审计，涉及被审计领导干部13人。审计结果为组织部门考核、任用领导干部提供参考，促进了党风廉政建设、政府部门依法行政和企业加强经营管理。

专项资金审计（调查）　天津市审计局坚持与时俱进、开拓创新，积极研究改进审计方式方法，对社会保险基金、住房公积金、社会捐赠资金、土地收购整理交易资金等资金进行常规和定期审计。审计目标由单纯事后监督，向事前风险防范转变；由单纯揭示问题，向规范管理程序转变；由就审计说审计，向审计监督和促进资金管理部门加强管理相结合为主，把保障资金使用的安全完整、不出重大问题作为共同目标的审计方式转变。根据市政府要求，市审计局组织区县审计局对本市43家政府融资平台（特定目的公司）融资、使用、管理、还款等运作情况进行专项审计调查。审计工作结束后，及时向市政府反映审计发现的问题，提出建设性意见，为市政府进行宏观决策，防范特定目的公司和建设项目管理风险、程序风险和债务风险发挥了积极的作用。

内部审计　天津市有内部审计机构1462家，其中专职机构477家；内部审计人员4762人，其中专职人员1526人。开展财务收支审计、经济效益审计、经济责任审计、基本建设审计等各类审计29360项。查出损失浪费16288万元，提出审计建议7962条并全部被采纳，增加效益57999万元。2010年，天津市审计局、天津市内部审计协会开展了内部审计2008年至2010年先进集体和先进工作者评选活动，在各区县内部审计协会和各专业委员会初步评选的基础上，评选出天津市内部审计先进单位70个，天津市内部审计先进工作者100名。

基础工作　天津市审计局进一步规范审计管理，为提高审计监督层次和水平提供制度保证。一是初步建立对重点公共资金的长期审计监督制度。按照市政府的部署要求，市审计局起草了《长期审计项目实行审计执法责任制办法》（以下简称办法），在明确长期审计项目范围的同时，对长期审计项目的审计责任做出具体规定，实行审计问责。2010年7月5日，办法经市政府第52次常务会议审议通过，发布执行。办法的制定和实施，为进一步规范审计管理，提高审计监督层次和水平提供了制度保证。二是经市政府同意，市审计局会同市发展改革委、市建设交通委、市财政局制发了《关于加强政府和国有企业投资重点建设项目监督管理办法》，将列入“天津市重点建设项目安排意见”的重点建设项目作为审计监督范围，重点对建设单位执行基本建设程序、完善内部控制制度、履行管理职能和资金收支的真实性、合法性进行审计监督。三是尝试新型干部教育培训方式。市审计局选派14名业务骨干到香港大学参加公共财政和政府绩效审计培训，提高了干部的综合素质和实战能力。（撰稿人：张雁森）

【和平区审计局】　2010年，和平区审计局人员编制43人，在编35人。局长郑国强，副局长苏爱华、杨士军。设有办公室、综合法制科、人事教育科、财政审计科、行政事业审计科、企业审计科、固定资产投资审计科、经济责任审计科、内部审计指导科。

审计成果　完成审计项目13个，查出违规金额28万元，管理不规范金额2746万元，应上缴财政28万元。提交审计报告13份，被区领导批示7份。提交审计信息36篇，被采用20篇。

财政审计　完成本级预算执行和其他财政收支审计，查出管理不规范金额118万元，揭示出财政部门在组织预算收入、安排预算支出、实施总预算会计核算及预算外资金管理等方面存在的问题，为提高财政资金使用效益，提高预算管理水平发挥了积极作用。

经济责任审计　对12个单位的18名领导干部进行经济责任审计，查出违规金额28万元，管理不规范金额2628万元。向区委、区政府提交审计结果报告12份。下达审计决定4份，应上缴财政28万元，已上缴财政28万元。

专项资金审计（调查）　对天津市和平区国有资产经营管理有限公司运作情况开展专项审计调查。

交办任务　完成审计项目29个，审计单位83个。包括建设项目工程结算情况审计调查18个；财政、财务收支情况审计2个；专项资金管理和使用情况审计调查9个。审计总金额48869万元，查出有问题金额4761万元。提交审计报告29份，被区领导批示22份。

内部审计　共有内部审计机构30个，配备专兼职内部审计人员72人。完成审计项目53个，查出损失浪费金额104万元，提出并被所在单位领导采纳的审计意见和建议58条。

（撰稿人：张文花）

【河东区审计局】　2010年，河东区审计局人员编制45人，在编42人。局长张庆岩，副局长许建荣、刘晶、尧功伟。设有办公室、法制科、人事教育科、企业审计科、事业审计科、财政审计科、固定资产投资审计科、经济责任审计科、内部审计指导科。

审计成果　完成审计项目35个，查出违规金额2.5亿元，应上缴财政45万元。提交审计工作报告、信息85篇，被批示、采用51篇。

财政审计　完成本级预算执行和其他财政收支审计。在摸清财政预算总体情况的基础上，以促进财政预算规范管理，提高财政资金使用效益作为主要目标，以真实性审计为基础，以资金流向为主线，进一步深化预算执行审计；继续坚持对教育、低保、再就业、科技、政府融资等专项资金进行延伸审计。区人大常委会、区政府常务会议分别听取审议了预算执行审计的工作报告和结果报告，对审计工作给予充分肯定。

经济责任审计　对29名领导干部进行经济责任审计。加强与纪检、组织、人事等部门的沟通与联系，从计划制订、组织实施、成果利用等方面发挥联动工作机制，进一步提高经济责任审计工作质量。对审计查出的问题进行归纳和分析，并将结果上报区有关部门，为任用、选拔和交流干部提供可靠的参考依据。同时，进一步加大审计发现问题整改工作的跟踪落实力度，审计整改取得明显实效。

固定资产投资审计　关注政府投资绩效，与区纪检委、区建委协调配合，对政府投资的基本建设项目进行重点把关，变事后监督为事前审计，发现问题及时纠正。先后对唐口地道改造配套工程等 23 项建设工程进行跟踪审计和（预）决算审计，审计资金总额 5776 万元，核减金额 535 万元，核减率达到 9.3%，为政府节约建设资金，防止违法违纪行为的发生。

专项资金审计（调查）　参与河东区委组织相关部门开展的 38 个重点单位任中专项检查工作，负责 10 个单位的检查任务，检查内容包括单位固定资产、专项和大额资金、预算外资金、单位账户设立情况和党政主要领导个人收入 5 个方面的情况，提出加强资金管理、完善内控制度等方面的审计意见和建议，促进了廉政风险防范机制的建立健全和政府依法行政。继续开展国有企业及社团组织“小金库”专项治理工作，对 7 个重点单位开展检查。参与河东区建筑领域突出问题治理工作，经审计发现建设资金未落实、工程建设超概算、违规支付土地补偿金等 15 个方面的问题，提出整改建议 28 条。对天津市嘉华城市建设投资发展有限公司融入资金的“借、用、管、还”以及资金运作、经营管理、制度建设和执行情况进行审计，从降低融资风险、服务企业发展的角度出发，提出多项审计建议。

（撰稿人：王敬军）

【河西区审计局】　2010 年，河西区审计局人员编制 45 人，在编 42 人。局长马云亮，副局长陈丁、邸淑玲（—4 月）、赵艳（11 月—）。设有办公室、法制科、经济责任审计科、财政审计科、行政事业审计科、社会保障科、固定资产投资审计科、企业审计科、内部审计指导科。

审计成果　完成审计项目 59 个，开展审计及审计调查 8 类，涉及全区 251 个单位部门，查出违规金额 244 万元，管理不规范金额 6748 万元。

财政审计　完成本级预算执行和其他财政收支审计，对区财政部门组织 2009 年度本级财政预算执行情况，6 个主管预算单位 2009 年度部门预算执行情况，区重点项目、关键资金等 9 项资金管理使用情况进行审计和调查，涉及全区 116 个单位部门。查出部门预算编制不完整、不详细；内部控制制度执行不到位；部分工程项目未履行建设项目招投标程序；部分单位购置资产未执行政府采购；国有资产管理存在薄弱环节等问题。区政府、区人大对审计结果报告和审计工作报告给予充分肯定。区国资委出台了制度办法进一步加强对区属国有资产的管理监督，区财政局成立了财政投资评审中心。

专项资金审计（调查）　对 2008～2009 年河西区救助优抚资金收支情况、2009 年河西区失业保险金管理使用情况、河西区街道系统近两年其他收入情况、2009 年河西区社区医疗中心收支现状、河西区文化系统拆迁补偿费管理使用情况等进行审计调查。对舟曲特大山洪泥石流救灾资金进行跟踪审计。对河西区国有资产经营投资有限责任公司“借、用、管、还”等运行情况进行审计调查，向区委、区政府提出建立健全保证公司持续发展和有效监管的体制机制以及各项制度规范的审计建议。

固定资产投资审计　对 2008 年以来政府投资和使用国有资金的项目的建设以及招投标情况进行整体摸底，涉及 27 个单位的 35 项工程。对华林小学、清真寺等 3 个项目开展工程造价审计，涉及金额 3000 万元，审减金额达 100 万元。对陈塘科技商务区专项建设资金、公共服务重点投资项目、区新一轮市容环境综合整治工程专项资金进行全程跟踪审计。

经济责任审计　对 33 名领导干部进行经济责任审计，查出管理不规范金额 5559.73 万元。2010 年的经济责任审计工作以提高财政资金使用效益，促进领导干部勤政廉政为目标，结合预算执行审计、财务收支审计及其他专项审计，在促进区域经济发展，加强对权力的监督制约方面发挥了积极作用。同时，经河西区六部委经济责任审计工作联席会审议，将区属资金规模大、涉及民生的河西医院、海河中学等 5 所中校纳入经济责任审计范畴，扩大了经济责任审计的覆盖面。

（撰稿人：陈文亮）

【南开区审计局】 2010年，南开区审计局人员编制50人，在编45人。局长牟建新，副局长窦桂芳、金琦。设有办公室、人事教育科、法制科、内部审计指导科、任期经济责任审计科、行政事业审计科、财政金融审计科、企业审计科、固定资产投资审计科。

审计成果 完成审计项目21个，涉及被审计单位21个，延伸审计11个单位。提交审计（调查）报告21份。提交审计信息和宣传稿件20篇，被采用13篇。

财政审计 完成本级预算执行及其他财政收支情况审计，对教育经费、低保资金开展审计和审计调查，对南开区环卫局、粮食办公室、工商业联合会和南开宏源热力公司国债转贷资金进行审计。

经济责任审计 对15名领导干部进行经济责任审计。加大领导干部任中审计比例，共开展任中审计8项。审计中，充分研究落实好经济责任审计计划，既保证审计计划的实施，又合理安排审计力量，减少被审计单位负担，避免重复审计；修改审计范本，使审计报告相关内容更加趋于科学规范；调整经济责任审计相关程序，规范领导干部述职报告会，提高会议质量；加强经济责任审计培训，提高审计执法的规范性和审计质量。

专项资金审计（调查） 对玉树地震捐款情况进行审计调查，涉及管理玉树地震捐赠资金的区红十字会和慈善协会，共延伸审计单位5个。对南开供热办公室小锅炉并网改造资金开展审计调查。对南开区市政工程管理局道路改造专项资金管理和使用情况进行审计调查。对南开区城市建设投资公司运作情况进行审计调查。对南开区人民政府下属的12个街道办事处2008年、2009年协税、选商引资两个责任制奖励资金和长虹公园提升改造专项资金使用情况开展审计调研。

（撰稿人：来庆春）

【河北区审计局】 2010年，河北区审计局人员编制49人，在编35人。局长张麟，副局长赵学礼（—4月）、景建。设有办公室、人事教育科、法制科、行政事业审计科、财政审计科、工商企业审计科、固定资产投资审计科、经济责任审计科、内部审计指导科。

审计成果 完成审计项目23个，涉及被审计单位42个，查出违规金额26万元，管理不规范金额20397万元，应上缴财政26万元。提交各类审计报告23份。提交信息、动态及宣传稿件436篇，被有关部门采用及领导批示273篇次。

财政审计 完成本级预算执行及其他财政收支情况审计，审计8个政府部门，延伸审计46个下属部门和相关单位。在全面核实财政预算执行总体情况的基础上，加大对财政支出、财政改革政策落实和财政部门履行预算管理职责情况的审计力度，并将社区公共卫生服务建设专项资金纳入审计范围，尝试开展绩效审计。审计预算资金134290万元，预算外及其他资金32472万元，查出违规金额26万元，管理不规范金额2283万元。

经济责任审计 对19名领导干部进行经济责任审计，查出管理不规范金额15858万元。加大审计力度，审计内容涵盖领导干部廉洁自律情况、“三重一大”执行情况以及“三公消费”情况等，并将工程建设领域突出问题专项治理工作和审计建议落实督办情况纳入审计内容。

专项资金审计（调查） 对河北城市建设投资有限公司融入资金“借、用、管、还”情况进行审计。受区政府委托，对区建口单位下属公司资产负债净资产状况进行审计，共审计建口单位下属公司15个，审计资金11.8亿元，摸清了其经营、净资产、资金管理使用、拆迁项目规模进度等情况，为区政府提供决策依据。

交办任务 配合区纪委开展区工程建设领域突出问题专项治理工作，涉及建设项目29个，检查建设资金120379万元，并对2008年以来排查出的问题进行动态跟踪。作为牵头单位，起草了《河北区政府投资基本建设项目资金监督管理暂行办法》，并与区五部门联合下发正式文件，为加强政府投资基本建设项目资金的监督管理提供了保证。配合区国资委对全区16个系统单位进行了资产清查复查工作。

内部审计 采取召开内部审计工作座谈会、走访调研、现场指导内部审计项目等方式，引导、推动河北区内部审计工作的转型与发展。走访基层单位46个，解决政策答疑、内控制度建设等各类问题26项次；指导区属单位开展内部审计项目6个；组织内部审计人员培训2期，180人次参加。　（撰稿人：周建卿）

【红桥区审计局】　2010年，红桥区审计局人员编制38人，在编37人。局长张树起，副局长蒋炳友（—7月）、纪耀章、王凤英。设有办公室、法制科、人事科、财政金融审计科、行政事业审计科、企业审计科、基建投资审计科、经济责任审计科、内部审计指导科。

审计成果　完成审计项目20个，查出管理不规范金额7616万元，应上缴财政2288万元。提交审计报告20份，提交审计信息54篇，被有关部门采用及领导批示80篇次。

财政审计　完成本级预算执行及其他财政收支情况审计。在审计2009年度区财政预算资金和财政预算外资金、财政信用资金等其他财政资金的基础上，重点延伸审计区建委、大胡同街道办事处等4个主管预算单位。审计结果得到区政府和区人大常委会的肯定。

企业审计　开展治达安居建设有限责任公司资产负债损益情况审计和红桥区城市建设投资有限公司运作情况专项审计调查，及时发现并纠正核算不规范等问题，为区政府进一步有效管理国有资产提供决策依据。

经济责任审计　对18名领导干部进行经济责任审计，将“三重一大”中的重大问题决策、重大项目投资决策、大额资金使用、落实财政管理制度情况等纳入审计范围，发挥了审计机关在干部选拔、任用、调整中的监督作用。

专项资金审计（调查）　对市、区财政投入的市容环境综合整治专项资金、区卫生系统18项专项资金等使用情况开展专项审计调查，对南运河治理工程拆迁资金使用情况实施审计，为政府建立专项资金的监管机制，确保专项资金安全，提高使用效益发挥了重要作用。

其他任务　继续派驻审计组到区建委、卫生局、拆迁指挥中心等单位进行审计监督和服务，得到区委、区政府的充分肯定。与区监察局、区发改委等有关部门组成联合检查组对政府投资和使用国有资金的多个重点工程建设项目实施定期跟踪审计检查。对2个单位的装修工程决算实施审计。对2个单位进行了“小金库”专项治理重点检查。

内部审计　开展各类审计项目205个，帮助企业规范财务管理及纠正违规金额750万元，提出合理化建议269条。加大对内审工作先进典型的宣传力度，促进全区内审工作的开展。

（撰稿人：褚丽君）

【东丽区审计局】　2010年，东丽区审计局人员编制35人，在编35人。局长宁培建，副局长林耀忠、时卷林、魏金凤。设有办公室、法制科、财政审计科、行政事业审计科、固定资产投资审计科、经济责任审计科、国有企业审计科、信息化科、内部审计指导科。

审计成果　完成审计项目5个，审计32个单位，延伸审计147个单位，查出违规金额4122万元，管理不规范金额3133万元，应上缴财政896万元，应归还原渠道资金26万元，应调账处理6296万元。提交的审计报告被区领导批示2份。提交的宣传稿件被《中国审计报》采用5篇。

财政审计　完成本级预算执行及其他财政收支情况审计，重点审计科技发展、农村职业教育、就业和劳动社会保障资金，对区农委等12个有专项资金、行政性收费的单位进行延伸审计，查出违规金额3866万元，应上缴财政666万元，揭示出预算管理中科目挂账、未上缴财政专户、财政资金滞留等问题。对区旅游局等17个单位的部门预算执行情况进行审计，延伸审计13个下属部门，查出违规金额209万元，应上缴财政118万元，发现漏缴税金、预算外资金未上缴财政专户、固定资产购置未执行政府采购、违规集资等问题。加强对涉农资金、园区建设资金、行政事业性收费执行“收支两条线”情况的审计监督，延伸审计76个下属部门，查出违规金额17万元，应上缴财政金额17万元，发现漏缴个人所得税、社会抚养费入库不及时、往来款长期挂账等问题。

固定资产投资审计　受区政府委托，开展投资项目竣工决算审计。对工程项目的建设程序、资金管理、工程管理、竣工结算等方面进行全程审计监督。审计了特殊学校等财政资金投入的建设项目，揭示了建设单位项目概算执行多报虚列投资、挤占挪用建设资金、违反建设程序、招投标管理不规范等问题。

企业审计　受区国资委的委托，对东丽区经济技术开发公司等5家国有企业进行审计，查出并纠正一些违法违规问题，促进企业加强管理，完善内控制度。

经济责任审计　对4名领导干部进行经济责任审计，延伸审计60个下属部门，发现未缴纳税金、资金未及时上缴国库、收入挂账、挤占挪用专项资金、预算外资金未纳入财政专户管理等问题。

专项资金审计（调查）　对东方财信及下属5个子公司融入资金的“借、用、管、还”情况进行审计调查。完成舟曲特大泥石流灾害救灾资金物资跟踪审计、家电下乡补贴款执行情况调查和药品补贴零差价执行情况审计。

内部审计　选举产生新一届内部审计协会理事及领导成员，圆满完成换届工作。加强内部审计业务指导、监督力度，提高内部审计工作质量，服务部门发展。全年走访内部审计单位82个，指导有关单位开展内部审计项目8个，审计金额2亿元，减少损失浪费380万元。

（撰稿人：王　凯）

【西青区审计局】　2010年，西青区审计局人员编制29人，在编28人。局长管兴桥（4月—），副局长张建、魏奎成。设有办公室、法制科、行政事业审计科、财政金融审计科、经济责任审计科、固定资产投资审计科、内部审计指导科。

审计成果　完成审计项目10个，查出违规金额19万元，管理不规范金额60万元，应减少财政拨款19万元。提出审计意见建议13条。提交审计报告10份，被区领导批示4份。提交审计信息127篇，被审计署、市审计局、区政府及新闻媒体采用199篇次。

财政审计　完成本级预算执行及其他财政收支情况审计，延伸审计了土地局等4个部门预算单位，从预算管理、国有资产管理、政府采购、集中支付和制度建设5方面提出了审计建议。区领导对审计报告高度重视并作出了批示。通过审计，西青区一级预算单位管理日趋规范，基层预算单位管理核算工作明显加强。

固定资产投资审计　完成西青区文化中心工程、天津师范大学第三附属小学工程以及西青区大寺污水处理厂建设项目审计，提交审计报告3份，下达审计决定1份，被区领导批示1份，保证了财政资金合理有效使用，提高了财政资金的使用效益。

经济责任审计　对西青区老干部局、档案局等单位的4名领导干部进行了经济责任审计。采取预算执行审计和经济责任审计联动的方式，合理安排审计力量，提高了审计工作效率，审计建议得到较好落实，为各部门依法行政、规范管理起到了促进作用。

专项资金审计（调查）　完成政府融资平台公司运作情况审计调查和九街镇计生系统审计调查，提交的2份审计报告均被区领导批示，有效地规范了项目建设和基层部门的财务管理，发挥了审计服务经济建设和促进社会发展的积极作用。

内部审计　制定了2010年度内部审计工作意见和内部审计工作3年规划。制定并下发了内部审计计划、内部审计项目等内部审计工作考核标准。编制了《街镇内部审计业务模板》，为基层内审部门提供参考依据。加大培训力度，对房管系统、卫生系统、开发区等16个基层单位的内审人员进行了辅导。完成了内审人员岗位资格培训、考试及年检工作。

（撰稿人：王洪梅）

【津南区审计局】　2010年，津南区审计局人员编制35人，在编30人。局长魏瑞荣，副局长莒和通。设有办公室、法规科、经济责任审计科、行政事业审计科、投资基建审计科、工商审计科、财政金融审计科、内部审计指导科。

审计成果　完成审计项目10个，查出违规金额470万元，管理不规范金额275500万元，应上缴财政260万元，应调账处理金额21796万元。提交审计工作报告、信息103篇，被批示、采用146篇。

财政审计　完成本级预算执行及其他财政收支情况审计，涉及9个单位，以预算编制、预算收入、支出、政府债权债务为重点，加大对民生、城建、社保、政府债务风险等社会热点、重点项目、专项资金的审计力度，加强对财政资金分配、使用和管理情况的监督。查出违规金额 10 万元，管理不规范金额 233830 万元，应上缴财政 10 万元，应调账处理金额 17530 万元，规范预算管理，强化预算约束，保障财政资金的依法有效使用。

行政事业单位审计 审计 9 个单位，查出违规金额 250 万元，管理不规范金额 5187 万元，应上缴财政 250 万元，应调账处理金额 4266 万元。

固定资产投资审计 把公路新建、综合整治、配套提升作为审计调查的重点，将原有事后审计模式变为同步监督，完成 3 个污水处理厂的跟踪审计和津岐路综合整治咸水沽段、北闸口段、小站段跟踪调查审计，审计资金 76607 万元，及时发现问题苗头，纠正管理不规范金额 6422 万元，促进项目管理的科学化和规范化。

经济责任审计 对 9 名领导干部进行离任经济责任审计，查出违规和管理不规范金额 1572 万元，主要涉及私设“小金库”，挤占专项资金，违规收费、应缴未缴财政专户等问题。制定实施了《津南区区属单位主要领导干部离任经济事项交接办法（试行）》和《津南区区属单位主要领导干部经济责任审计审前公示办法（试行）》，促进经济责任审计工作的规范化、制度化建设。

专项资金审计（调查） 对扶贫、抗震救灾、新农合等专项资金使用情况开展专项审计。对教育经费、“家电下乡”资金、镇级土地整理资金管理使用情况进行跟踪审计。对特定目的公司运作情况开展审计调查。开展了工程建设领域突出问题专项治理检查工作。

交办任务 完成泰达微电子财务收支及清产核资工作；完成八里台镇洪泥河提升改造资金审计和八里台镇双闸村、葛沽镇信访案件的审计；完成津南建委道路工程指挥部和咸水沽幸福里4～7 号楼基建财务收支情况审计；完成津南区“小金库”专项治理重点检查和工程建设领域专项治理重点项目检查工作等。

内部审计 积极为所属会员单位提供内部审计指导与服务，促进相关单位完善、规范内审制度。完成内部审计岗位资格证的年检工作。加大培训力度，组织 60 余名内审人员参加市内部审计协会的培训、考试，使津南区持证的内审人员达到 202 人，促进了内审队伍的正规化建设。

（撰稿人：王凤海）

【北辰区审计局】 2010 年，北辰区审计局人员编制 44 人，在编 34 人。局长魏贺明，副局长孙守成、祁惠红、刘国茹。设有办公室、法制综合科、财政审计科、行政事业审计科、工商企业审计科、经济责任审计科、固定资产投资审计科、内部审计指导科，并设有天津市北辰区村干部任期和离任经济责任专项审计中心。

审计成果 完成审计项目 34 个，查出违规金额 127 万元，管理不规范金额 90791 万元。提交审计结果报告、审计信息、宣传稿件 116 篇，被《天津日报》等刊登 13 篇次，被区领导、市审计局和有关部门批示、采用 54 篇次。

财政审计 完成本级预算执行和其他财政收支审计。坚持以财政管理审计为核心，以部门预算执行审计、镇财政决算审计、专项资金审计和政府投资审计为主线，从体制、制度层面发现问题、剖析原因、提出完善管理的建议。审计涉及一级预算单位 26 个，延伸检查部门和单位 142 个。审计财政专项资金 6.5 亿元，审计基本建设项目 88 项，涉及建设资金 14.3 亿元。

固定资产投资审计 坚持预算审计严把“价格关”、结算审计严把“增项关”、项目审计严把“规范关”、重点工程项目实施全程跟踪审计的工作思路。完成区政府交办的投资预、决算审计 100 项，审计工程报价 16.7 亿元，核减工程造价 1.8 亿元，严把政府的“钱袋子”。

经济责任审计 完成 25 个单位 27 名领导干部的经济责任审计工作。把离任审计与任中审计相结合，经济责任审计与预算执行、镇财政决算审计相结合。对党政机关、事业单位和人民团体领导实行“七必审”，对镇街领导做到“八项关注”，对区属国有企业领导突出“四项重点”。

专项资金审计（调查） 开展家电、汽车、摩托车下乡财政补贴资金、镇村泵站桥涵闸维修改造资金、环境保护资金、农业综合开发项目资金、政府融资平台公司运作情况等 7 项专项审计调查，涉及单位 30 个。审计各类专项资金 80.9 亿元。提出完善管理、提高资金使用效益的建议 11 条。

村级审计 区农审中心职责于 2010 年 5 月划转至审计局。按照“一审计二成果一建议”的审计工作思路和“一镇一村”的审计工作方案，对双街镇等环外5个镇分别选取一个村进行审计，协助被审计村纠正违规金额3067.61万元。探索“审计一村规范一镇”的工作方法，针对被审计村发现的共性问题，向镇会计服务站提出加强财务管理的建议。结合农村发展的实际，修改完善了《北辰区关于做好村集体经济组织审计工作的意见》、《北辰区农村集体经济组织审计办法》，由区委、区政府下发文件实施。

内部审计 制定了《北辰区2010～2012年内部审计工作规划》。积极开展内审工作的业务指导，协助区房管局、教育局、水务局等4个单位开展内审工作试点。加强对各镇街、委办局及相关单位内审人员的培训和工作指导。

（撰稿人：刘　妍）

【武清区审计局】 2010年，武清区审计局人员编制33人，在编33人。局长雷永良，副局长谢万俊、张亚东。设有办公室、综合法制科、行政事业科、财政金融科、经济责任审计科、固定资产投资科、企业科。

审计成果 完成审计项目18个，查出违规金额8922万元，应上缴财政8922万元。提交审计工作报告、信息34篇，被采用10篇。

财政审计 对本级预算执行和其他财政收支情况进行审计，涉及17个部门、单位，审计预算资金476392万元，预算外资金20499万元，查出违规金额8906万元，管理不规范金额2519万元。提交的审计结果报告和审计工作报告，得到区政府、区人大的充分肯定。财政部门对审计报告提出的问题高度重视，进行认真的整改，切实保障财政资金管理科学、合理、高效。

行政事业审计 审计单位10个，查出管理不规范金额330万元，提出审计意见和建议8条。

固定资产投资审计 完成审计项目2个。发现越权审批建设项目，勘察设计工作未经过招投标，招标、投标期限不符合规定，未按规定签订合同等问题，提出整改建议，规范建设项目管理。

经济责任审计 对15名领导干部进行经济责任审计，查出违规金额16万元，管理不规范金额966万元。提出审计意见和建议10条。经济责任审计结果为组织部门评议和任免干部发挥了积极作用。

专项资金审计（调查） 围绕区委、区政府工作重点和社会关注的热点，以维护民生、促进和谐社会建设为目标，加强对关系经济社会发展、涉及人民群众切身利益的各种专项资金的审计调查。审计调查单位30个，针对发现的问题，研究提出了相应的审计意见和建议2条。

（撰稿人：付立新）

【宝坻区审计局】 2010年，宝坻区审计局人员编制37人，在编37人。局长杨有生，副局长黄守福、郭杰、陈建波。设有办公室、法制综合科、财政金融审计科、行政事业审计科、经济责任审计科、基本建设审计科、企业审计科。

审计成果 完成审计项目20个，查出违规金额21399万元，应上缴财政15395万元，应归还原渠道资金6000万元。提交审计报告、信息85篇，被采用77篇。

财政审计 完成本级预算执行和其他财政收支审计，共涉及部门和单位21个，审计各类财政资金53.8亿元，查出违规金额2.1亿元。

固定资产投资审计 开展了4项政府投资建设项目竣工决算审计。针对审计中发现的问题，起草了《宝坻区政府投资建设项目监督管理暂行办法》，区委、区政府以宝坻党办发〔2010〕40号文件到全区。该办法的实施，对加强政府投资建设项目监督管理、规范建设行为、提高资金使用效益起到重要作用。

经济责任审计 对11个单位的19名领导干部进行经济责任审计。加大党政领导干部“同审制”和任中审计的力度，在审查财政财务收支真实性、合法性的基础上，重点关注领导干部的科学履职情况，并试行审计结果公告制度，对促进领导干部依法理财和规范权力运行起到积极作用。

专项资金审计（调查） 对政府融资平台公司资金管理使用、土地收储出让、马家店工业区建设开发、4个专业市场建设和管理情况进行专项审计调查，涉及部门单位30多个。向区政府、有关部门提交调查报告4份，提出审计建议17条，均被采纳。

交办任务 完成区委、区政府交办的审计任务11项。

内部审计 完成审计项目104个，其中经济

责任审计91个、财务收支审计13个，有165条审计建议被采纳。（撰稿人：黄建英）

【蓟县审计局】 2010年，蓟县审计局人员编制35人，在编33人。局长黄长山，副局长张士海、邹双谊。设有办公室、法制综合科、行政事业科、财政金融科、企业审计科、农业资金科、基建审计科、经济责任科。

审计成果 完成审计项目47个，查出违规金额10344万元，应上缴财政459万元。提交审计报告47份。提交审计信息45篇，被采用23篇。

财政审计 完成本级预算执行及其他财政收支情况审计，延伸审计有关专项资金和行政事业性收费及罚没款项。5月，受县政府委托，向县人大常委会作财政审计工作报告，得到县人大常委会的肯定和好评。审计报告就预算管理、专项资金等8个方面存在的问题提出审计建议。为促进乡镇财政部门强化预算管理，规范财政财务收支，管住、用好专项资金，对22个乡镇财政财务收支情况进行审计，查出违规金额1124万元。

行政事业审计 对7个行政事业单位2009年财务收支情况进行审计，规范财务收支，促进依法行政。

固定资产投资审计 对105项工程预算进行审核，工程预算总额48999万元，审计核减14470万元；对5项新农村建设工程资金预算进行审计，工程预算总额14446万元，审计核减1643万元，节约了财政建设资金。

企业审计 对天津渔阳酿酒有限公司进行资产负债损益审计，对天津盘山啤酒厂经营情况开展审计调查，核实企业资产负债情况，分析困境原因，提出改制整合的建议。按照县政府部署，参加蓟县白灰厂、蓟县水泥石矿的破产清算工作。

经济责任审计 对10个单位的25名领导干部进行经济责任审计。召开了经济责任审计联席会议，对审计情况进行研究。

专项资金审计（调查） 对林业资金管理使用情况、部分行政执法单位罚没情况、县房产公司公产房租金收缴情况、政府融资平台公司运行情况、规划配套费收缴情况等开展了审计调查，摸清情况，找出问题，分析原因，提出了整改完善的意见建议，得到县领导及主管部门的重视。有关部门按照审计建议制定完善了有关资金管理制度7项。（撰稿人：刘建春）

【宁河县审计局】 2010年，宁河县审计局人员编制34人，在编34人。局长刘景琪，副局长周春芬、刘玉恒。设有办公室、综合科、行政事业审计科、财政审计科、企业审计科、金融基建审计科、经济责任审计科、内部审计指导科。

审计成果 完成审计项目39个，查出违规金额240万元，管理不规范金额12048万元，应上缴财政240万元。提出审计建议86条，均被审计单位采纳。提交的审计信息、宣传稿件、简报被市审计局采纳69篇次。全年编发《审计科学与实践》36期，6次得到县有关领导的批示。

财政审计 对本级预算执行和其他财政收支情况进行审计，涉及8个单位的部门预算执行审计。查出违规金额240万元，已全部上缴财政；查出管理不规范金额5100万元。围绕规范预算管理制度、完善财政改革措施、提高财政资金使用效益提出审计建议12条，均被采纳。

固定资产投资审计 对宁河县俵口乡卫生院门诊楼改造工程开展竣工决算审计，查出管理不规范金额5万元，提出有效保证工程价款结算真实性、强化自身监管力度等审计建议。与县纪检委等8个相关部门组成工程建设领域突出问题专项治理排查工作小组，对投资在3000万元以上的政府和非政府投资项目进行重点检查，从制度建设、行政监管、市场环境等方面查找项目资金在筹集、管理和使用中存在的问题和情况，提出整改意见和建议。

经济责任审计 对25名领导干部进行经济责任审计。针对相关单位存在的问题，提出审计建议36条，督促被审计单位整改，完善内部控制，加强财务管理工作。

专项资金审计（调查） 对特定目的公司融资、使用、管理、还款等运作情况开展专项审计调查，发现截留、挪用等违法违规和资金重大损失浪费等问题，揭示体制、机制、制度、管理层面存在的主要问题，促进政府融资平台公司加强管理、规范运作，防范政府性债务风险。牵头组织县林业局、财政局审查了绿化造林资金管理和使用情况，共审计资金1100万元，涉及全县14

个乡镇，针对专项资金在管理和使用中存在的问题，提出整改意见和建议。（撰稿人：李宏秋）

【静海县审计局】 2010年，静海县审计局人员编制32人，在编32人。局长刘印新，副局长孔繁明（—3月）、陈军、刘树发（10月—），纪检组长魏立军。设有办公室、综合法制科、财政金融审计科、行政事业审计科、投资审计科、经济责任审计科、农业与资源环境审计科、企业审计科。

审计成果 完成审计项目38个，查出违规金额655万元，管理不规范金额84624万元，损失浪费金额96万元，应上缴财政5万元。提出的审计建议被采纳77条。提交审计报告和信息104篇，被上级部门批示采用146篇次。

财政审计 对本级预算执行和其他财政收支情况进行审计，审计范围涵盖本级预算、部门预算、乡镇财政、大宗财政资金、预算外资金、政府采购、政府举债等多个层面，同步审计14个部门和单位，延伸审计部分二、三级单位。审计各类财政资金27.2亿元，重点建设资金25.5亿元，查出应缴未缴预算收入、虚列支出、损益不实等12个方面的问题。完成8个乡镇财政财务收支审计，并兼顾专项资金使用情况，纠正了不合规票据入账、“账外”资产等问题。县人大常委会、县政府对审计工作给予高度评价。

行政事业审计 对教育局所属实验中学等5所学校和土地整理中心、交通局道桥处进行财政财务收支审计，规范了被审计单位财务管理工作。

固定资产投资审计 对模范幼儿园竣工决算进行审计，发现合同预算多计工程造价10.2万元，装饰工程未履行招标程序，重复施工直接增加费用96.3万元等问题。

经济责任审计 对13名领导干部进行经济责任审计，涉及14个单位，查出并纠正“账外”资产、资金挂账、大额现金支出等违规问题，提出完善内控制度的意见和建议26条。

专项资金审计（调查） 对政府融资平台公司融贷资金“借、管、用、还”情况进行专项审计，发现偿债风险日益加大，建设项目运作欠规范等问题。对家电、汽车、摩托车下乡财政补贴资金使用状况进行跟踪审计，就偏远地区购买、申报困难，商品信息录入不及时，汽车销售未设最高限价等影响农民购买积极性的问题向有关部门提出建议。

村级审计 根据县纪检委安排，完成第3轮65个村2006年至2010年6月的财务收支审计，同时对县纪检委重点监控的11个村街2009年至2010年6月资产处置、干部工资、招待费、通信费、工程建设等进行全面审查，遏制了部分村街违规问题的发生，使村级财务管理工作朝着规范、公开、民主方向发展，上访村街明显减少。

交办任务 完成9项审计任务，审计和调查81个单位。主要包括：40个县重点建设项目和16个拉动内需使用中央预算资金建设项目建设资金管理使用情况审计；于庄子、南万营村2个上访村财务收支情况审计确认，对2名村干部涉嫌贪污问题移送检察机关立案调查；与财政、土地部门共同完成10个单位土地出让金管理使用情况检查等，为县委、县政府了解、掌握相关情况提供依据。

内部审计 完成审计及调查项目183个，查出并纠正损失浪费资金24万元，促进增收节支156万元，建立和完善单位内部规章45项，组建内部审计机构83个，配备内部审计人员216人。加强了内审协会基础工作，为60名内审人员核发内审岗位证书，对原268名持证人员在岗情况进行调查摸底和年检验证。（撰稿人：王文凯）

【滨海新区审计局】 2010年1月10日，根据《关于暂定滨海新区政府工作部门主要内设机构的通知》（津滨编办发〔2010〕1号），天津市滨海新区审计局正式成立。2010年6月28日，根据《关于印发〈天津市滨海新区审计局主要职责内设机构和人员编制规定〉的通知》（津滨党办发〔2010〕29号），天津市滨海新区审计局人员编制35人，领导职数5名。2010年，滨海新区审计局在编18人。局长李向前（1月—），副局长窦效良（4月—）、王克勤（4月—）。设有办公室（法规处）、财政审计处、行政事业审计处、企业审计处、固定资产投资审计处、资源环保审计处。

审计成果 完成审计项目7个，查出违规金额88200万元，主要有国有资产未完成资产登记，车辆及房屋设备等资产未入账，工程未进行招投标，资产未确定归属单位、未移交等问题。提出审计建议 30 余条，均被审计单位采纳。提交审计报告 20 份，被区委、区政府领导批示 4 份。提交审计信息 7 篇，被采用 4 篇。

财政审计　对滨海新区财务管理中心财政资金及财务收支情况进行审计，摸清了家底，并对部分纳入预算和财政专户管理的重点资金使用情况进行延伸审计。完成天津滨海生态农业科技园、天津滨海茶店葡萄科技园、天津滨海耐盐碱植物科技园 3 个农业示范园区项目建设资金的审计。

经济责任审计　对 2 名领导干部进行经济责任审计，涉及单位 4 个。针对存在的资产不实、投资不实、应划拨资产未划拨、已完工项目未进行工程竣工财务决算等问题提出了建议。

专项资金审计（调查）　对滨海新区所辖范围内的中心生态城、新金融等 11 个政府融资平台公司进行审计。从“借、用、管、还”四个方面，全面摸清融资的规模、结构，审查融资资金收支计划管理、资金使用、偿还和风险管理的情况，从完善制度，防范金融风险，规范举债和偿还行为的角度提出改进建议。

交办任务　参与 4 项共 9 个包政府采购项目的招标工作，对招标进行全过程监督，分析投标报价的合理性，对不合理报价提出质疑，并协助招标单位与供应商进行价格谈判。

（撰稿人：李兰英）

2010 年天津市所辖区、县级审计工作统计表

金额单位：万元

审计机关	完成审计项目（个）	查出违规金额	应上缴财政	应减少财政拨款或补贴	应归还原渠道资金	应调账处理金额	移送司法、纪检监察部门处理（件）	建议有关部门处理（件）	出具审计报告和审计调查报告（篇）	提出审计建议（条）	撰写审计信息（篇）
天津市											
滨海新区审计局	7	88200				155300			20	30	7
和平区审计局	13	28	28						13	26	36
河东区审计局	35	25149	45						36	49	75
河西区审计局	59	244				241			59	36	156
南开区审计局	21								21	6	20
河北区审计局	23	26	26						23	53	436
红桥区审计局	20		2288						20	14	54
东丽区审计局	5	4122	896		26	6296			39	15	150
西青区审计局	10	19		19					10	13	127
津南区审计局	10	470	260			21796			41	80	62
北辰区审计局	34	127							35	44	60
宝坻区审计局	20	21399	15395		6000				20	57	65
武清区审计局	18	8922	8922						19	22	15
静海县审计局	38	655	5			598	1	1	27	77	77
蓟县审计局	47	10344	459						47	97	45
宁河县审计局	39	240	240						46	86	84

河 北 省

【河北省审计厅】 2010年，河北省审计厅人员编制132人，在编132人。设有办公室、机关党委、监察室、法规处、人事处、离退休干部处、经济责任审计处、财政审计处、金融审计处、行政事业审计处、社会保障审计处、固定资产投资审计处、农业与资源环保审计处、外资运用审计处、企业审计处、经济执法派出审计处、农林水派出审计处、科教派出审计处、文体卫派出审计处、贸易交通派出审计处、发展建设派出审计处、计算机信息审计中心、审计系统教育中心、审计事务中心。

领导成员

厅　　长：葛梦彬

副 厅 长：吴兵冲　李树森　王　克

总审计师：马建平

纪检组长（监察专员）：赵　颖

审计成果　河北省各级审计机关共审计（调查）3833个单位，查出违规金额144.6亿元，管理不规范金额575.5亿元，促进国家增收节支44.1亿元，其中已上缴财政33.9亿元，已归还原渠道资金9.4亿元。向司法、纪检监察机关和有关部门移送事项79件，同比增加45件，涉及人员127人，截至2010年年底，司法、纪检监察机关和有关部门已立案处理53件，已追究刑事责任13人，已给予党纪、政纪处分80人。提出建议并被采纳4435条，提交审计专题、综合性报告和信息简报并被批示采用2830篇，采纳率和批示率同比均有所提高。

为规范审计结果公告工作，提高审计结果公告质量，制定了《河北省审计厅公告审计结果办法（试行）》；为及时掌握和处理审计工作进行中遇到的重大事项，规范审计行为，防范审计风险，制定了《河北省审计厅审计项目重大事项报告制度》；为规范省厅审计管辖范围内的授权审计事项管理工作，制定了《河北省审计厅管辖范围内审计事项授权下级审计机关审计的管理办法》；建立了审计对象资料库、河北省审计法规数据库。

财政审计　一是预算执行审计突出重点，促进规范管理。共审计预算执行项目1011个，查出违规及管理不规范金额268.1亿元。各级审计机关注重沿着财政资金使用的整个链条，延伸跟踪审计到财政管理的最基层和资金流向的最末端。厅本级对14个部门和153个下属单位进行延伸审计。二是省、市、县审计联动，连续第四年对地税系统进行审计，促进财政收入应收尽收。2010年共审计206个地税机关，延伸调查企业1575个，查处各类管理不规范金额3.79亿元。三是加大基层财政审计力度。河北省审计厅组织各市120名审计人员，对11个省财政直管县的财政决算进行审计，并延伸审计23个乡镇，发现违规和管理不规范金额21.38亿元，初步掌握了财政直管县存在的共性问题。四是审计关口前移，连续第三年对部门编制“预算项目建议书”和预算收支建议计划进行先行审计。组织完成省直6个部门的年度预算先行审计，共查出预算编制不规范金额157.7亿元。五是组织全省政府性债务专项审计调查，共调查了省本级、11个设区市以及31个县（市）区的债务管理情况，提出防范和化解政府性债务风险的审计建议。

金融审计　省、市、县联动，对6家县级农村信用合作联社进行试点审计，揭示信贷资产质量不实、掩盖不良资产、违规放贷等违纪违规问题，以及经营管理中存在的薄弱环节和经营风险。

外资运用审计　完成国外贷援款公证审计项目11个，子项目共计300个，涉及农业、林业、水利、卫生、环境治理和教育等行业，其中世行贷援款项目6个，亚行贷款项目2个，德援项目1个，日元贷款项目2个，审计资金总额14.33亿元，其中利用外资6.87亿元，出具无保留审计意见公证审计报告16份（其中中英文审计报告11份）。审计查出有问题金额8733.1万元，其中应归还原渠道资金18万元，配套资金不到位4169万元，超计划超标准超规模3758万元，会计核算不规范等其他问题金额788.1万元，其中绝大部分问题在审计期间已得到解决纠正；根据《审计署2009年全国外债审计工作方案》的要求，组织全省审计机关对财政部门管理的主权外债情况进行全面审计。审计结果表明：截至2009年年底，河北省主权外债项目共有147个（包括已还清的外国政府贷款项目37个），涉及农业、工业、能源、交通、教育、卫生及城市环境等行业，债务协议总金额 221128.43 万美元。

行政事业审计 组织开展全省交警系统的审计，发现存在违规设立罚没过渡户、公款私存、乱收费等十几类问题，促进规范了交警系统财务管理和执法执纪行为。

农业与资源环保审计 对 11 个设区市、152 个县（区、市）退耕还林工程建设资金和巩固退耕还林成果专项资金进行审计，共审计主管部门 462 个，抽审 647 个乡镇，调查 10245 个农户，审计总金额 75.61 亿元，查出违规金额 2.5 亿元，促进资金到位 1.22 亿元，提高了退耕还林资金的使用效益。

固定资产投资审计 一是围绕保持经济平稳较快发展开展审计监督，确保中央和河北省扩内需、保增长各项政策措施的落实。对水利、廉租房、乡镇卫生院、农村公路等 204 个中央扩内需新增投资项目进行审计或审计调查，审计投资额 62.89 亿元，查出有问题金额 24.16 亿元。二是对 484 个城市基础设施、水利、电力、交通等政府重点建设项目进行审计。审计投资额 254 亿元，查出超计划超标准超规模、概预算编报不规范等问题金额 40.7 亿元。三是开展了工程领域突出问题专项治理工作。对 2008 年以来规模以上政府投资项目、使用国有资金项目中涉及的投资决策、城乡规划和环境保护等 8 个方面情况进行排查，抽审项目 246 个，发现有问题项目 195 个。四是全面完成河北省对口支援四川省平武县灾后恢复重建的“全过程跟踪，全覆盖审计”。累计跟踪审计 108 个项目，节约援建资金或挽回损失累计 8.91 亿元。

社会保障审计 统一组织全省县以上审计机关分阶段，对玉树地震救灾捐赠资金物资来源、支出和结存情况进行跟踪审计，全面掌握河北省募集捐赠的抗震救灾资金物资总体规模、来源渠道以及拨付、使用、管理情况，促进救灾资金物资有效监管、规范使用、安全及时到位；对全省住房公积金、中小学校舍安全工程建设资金等重点专项资金进行审计，审计及延伸涉及部门单位或项目 2195 个，审计资金总额 846.45 亿元，查出违规和管理不规范等问题金额 36.39 亿元；对部分市县农村低保资金进行审计，重点抽查 8 个设区市的 15 个县、31 个乡镇、82 个行政村，入户调查 778 户，发现多起违法违纪案件线索，涉案 68 人；组织开展中央和地方国有和非国有企业社会保险参保缴费情况审计，调查了解 2009 年度企业职工养老保险、企业职工医疗保险、失业保险、生育保险和工伤保险的参保缴费情况。

企业审计 组织全省 11 个市开展对河北省邮政公司系统 2009 年度财务收支情况进行审计，从体制、机制、制度层面总结研究并深入剖析其深层次的原因，揭示其体制上的缺陷、管理上的漏洞、制度上的不完善，并提出完善机制制度、规范管理的改进意见和建议。

经济责任审计 共对 838 名经济责任人进行审计，查出主要问题金额 139.5 亿元；河北省审计厅探索了大型企业领导人经济责任审计的模式，组织对唐钢、邯钢和开滦集团 3 家国有企业的原领导人经济责任审计，进一步确立了大型国有企业领导人经济责任审计的重点和评价内容；进一步加强了内部管理制度建设，下半年制定了《经济责任审计处复核小组会议制度》、《经济责任审计处岗位责任制度》、《经济责任处审计项目限时办结制度》、《经济责任审计处处长办公会制度》等一系列制度。

专项资金审计（调查） 围绕群众反映强烈的“上学难、看病贵”等问题，对部分中学教育收费情况进行专项审计调查，组织开展 6 家省属医院的审计；组织全省开展由审计署统一安排的治理和规范涉企收费、减轻企业负担的专项审计调查，通过促进“治乱”向“规制”、“减负”向“维权”转变，推动减轻企业负担工作的制度化和规范化。

计算机技术 目前已基本完成审计专网建设，省、市两级审计机关均已建设了计算机机房、审计专网；172 个县（市、区）级审计机关有 110 个建设了审计专网，占全部县（市、区）数的 63.9%。同时，省审计厅还建立了审计专网网站，成为全省文件传递、审计信息资源共享的平台；建设了覆盖省、市两级的视频会商系统，并已接入审计署，实现署、省、市视频会商系统互联；省、市、县三级审计机关均部署了 OA 系统，建立了省、市两级的审计业务监管系统；开发建立常用审计及相关的财经法律法规库（河北）、计算机审计方法库、AO应用实例库。

（撰稿人：刘　颖）

【石家庄市审计局】　2010年，石家庄市审计局人员编制133人，在编155人。局长齐惠明，副局长曹书辰、李景海、张家亮、李士宗、李国辉、郭平均、张建国，纪检组长牛胜辰。设有办公室、人事处、法规处、财政审计处、金融审计处、行政事业审计处、农业与资源环保审计处、企业审计处、社会保障审计处、外资运用审计处、固定资产投资审计处、机关党委、监察室；另设驻商务局审计特派员、驻国资委审计特派员、驻建设局审计特派员。还设有高新技术产业开发区审计分局、经济责任审计分局、审计干部培训中心、计算机信息中心。

审计成果　石家庄市审计机关完成审计和审计调查单位559个，查出违规金额27.6亿元，其中应上缴财政9.3亿元，应减少财政拨款或补贴1.5亿元，应归还原渠道资金14.6亿元，应调账处理金额15亿元；已上缴财政6亿元，已减少财政拨款或补贴6765万元，已归还原渠道资金1.2亿元，已调账处理金额4.9亿元，审计后挽回损失4294万元。移交司法机关、纪检监察部门处理事项7件，移送司法机关5人。石家庄市审计局被评为石家庄市依法行政先进单位、“五五”普法先进集体、文明单位，河北省审计信息化建设先进单位和信息宣传工作先进单位。12月，石家庄市审计局连续第四次被河北省委、河北省人民政府命名为文明单位。

财政审计　积极探索构建财政审计大格局，总结形成了以预算执行审计为主链，打破市县、业务处（室）界限，各专业审计共同参与，既明确分工又相互配合的“一体化”审计模式。预算执行审计工作报告和审计查出问题整改报告均得到石家庄市委、市政府主要领导和人大委员们的充分肯定和赞扬。

金融审计　对全市5家投融资平台进行审计，抽查政府性融资建设项目8个，延伸审计使用政府性融资的单位和企业20多家。发现改变银行贷款用途、工程转包、委托贷款有潜在风险等问题，促进有关单位规范了融资行为。

固定资产投资审计　6月1日，《石家庄市国家建设项目投资审计条例》正式施行，石家庄市人民政府出台了《关于国家建设项目资金审计监督和运行管理的有关意见（试行）》，进一步加大中央扩内需新增投资项目和重点建设工程审计监督。完成投资审计项目83个，查出主要问题金额8.5亿元，核减投资额1.8亿元。全市组织开展了中小学校舍安全工程建设跟踪审计。另外，对石家庄市对口支援四川省平武县灾后重建19个工程项目，实施全过程跟踪、全覆盖审计，送审金额7.5亿元，审减1.3亿元，确保援建资金合规有效地使用。

经济责任审计　审计经济责任人147名，查出违规金额9.3亿元，管理不规范金额14.6亿元，移交案件线索9起。石家庄市审计局与市委组织部组成联合工作组，对2009年度接受经济责任审计的14个单位，进行审计回访，纠正违纪金额1238万元，促进上缴财政115万元。

专项资金审计　对2009年全市住房公积金、企业缴纳社会保险费和住房公积金、退耕还林工程、中央扩大内需新增投资建设项目和“三年大变样”政府投资等6类重点专项资金进行审计，涉及资金总额252亿元。查出各类违规金额和管理不规范金额48亿元，并督促相关单位及时纠正，规范专项资金管理。

行政事业审计　审计231个单位，查出违规金额43732万元。统一开展了全市城市基础教育经费保障及使用管理情况审计调查。

企业审计　审计焦化集团、供热企业、粮食系统、原三鹿管理人、公交总公司、白龙化工公司、国大集团等7家企业的资产负债损益情况，对石家庄市21家拟奖励工业50强企业财务指标进行了审计，配合河北省审计厅审计了石家庄市邮政局，统一组织全市规范治理涉企收费审计调查等。

（撰稿人：周雨秀　张剑玺）

【张家口市审计局】　2010年，张家口市审计局人员编制56人（其中工勤人员4人），在编73人（含离岗、离职人员17人）。局长班勇，副局长宇清光、李家富、胡学渊，总审计师孙维跃，纪检组长林平，调研员宁存英。设有办公室、党委办公室、人事科、监察室、法规科、离退休干部科、财政审计科、行政事业审计科、固定资产投资审计科、企业审计科、农业和资源环保审计科、金融审计科、社会保障审计科、经济责任审计科；审计干部培训中心与计算机服务中心合署办公。

审计成果　张家口市审计机关共审计或审计调查379个单位，完成年初计划的153%；查出违纪违规金额12819万元，纠正管理不规范金额28044万元；应上缴财政2288万元，已上缴财政2205万元。提交审计工作报告379篇，审计信息509篇，被采用83篇。

财政审计　完成市本级预算执行审计及5个县（区）的财政决算审计；实施了省审计厅组织的政府性债务专项审计调查和授权的对承德市丰宁县（扩权县）2008～2009年度财政决算审计；对全市地税系统预算执行及税收征管情况进行审计；整合机关审计力量，完成10个市属单位的预算执行审计。

金融审计　在省审计厅的统一组织下，开展对张北县农村信用联社2009年度资产负债损益审计；对张家口市商业银行分支机构2009年度资产负债损益情况进行审计。

行政事业审计　配合省审计厅实施了市交警支队2009年财务收支审计，选派业务骨干赴邢台、秦皇岛、衡水、石家庄等地参加全省交警系统审计；开展全市2008～2009年度城市基础教育经费投入、管理使用和执行政策情况审计调查；完成市护路办2009年度铁路护路联防经费财务收支审计和市艺术团资产、债权、债务审计。

农业与资源环保审计　完成市气象局2009年度财务收支审计、2009年度河北省主权外债审计和世行贷款英国赠款中国结核病控制2个项目的审计调查；实施对全市2006～2009年度各级政府投入的退耕还林工程建设资金和巩固退耕还林成果专项资金审计和审计调查；开展对怀来县、下花园区的强农惠农专项清理和检查工作。

固定资产投资审计　完成张石高速一期、大清河水环境治理三期工程决算审计等一批市重点投资审计项目；实施张石高速三期，洋河、清水河治理四期，赤城云洲水库除险加固工程跟踪审计；开展中央扩大内需新增投资项目、中小学校舍安全工程建设项目审计。建立了社会中介机构备案库，制定了《工程建设项目审计操作办法》。2010年，全市已作出审计决定的项目共审减工程投资1.8亿元。

社会保障审计　对全市30户企业2009年度缴纳“五险一金”情况进行审计和审计调查；完成青海玉树地震捐赠款物审计，确保捐赠资金、物资的规范接收、安全管理和足额上缴。

企业审计　完成张家口市通泰集团2009年度财务收支及效益审计；开展了省审计厅组织的治理规范涉企收费专项审计调查，实施对市邮政局2009年度财务收支情况的审计。

经济责任审计　完成市计生委、市第一、第二及附属第三医院领导干部的任中、离任经济责任审计；抽调市县区业务骨干25人，完成唐山开滦集团主要领导干部的经济责任审计。

专项资金审计　按照全省统一部署，组织开展对退耕还林资金、社会保障缴费、住房公积金、中央扩大内需新增投资项目、中小学校舍安全工程建设5类专项资金的审计，审计相关部门和单位211个，审计资金总额85.2亿元。

内部审计　完成市内审协会的换届工作，新一届内审协会会员单位达到47个、会员发展到116人，比上一届增加会员单位18个、会员48人。（撰稿人：刘　广）

【承德市审计局】　2010年，承德市审计局人员编制68人，在编60人。局长王振廷，副局长王允昌、周晓燕，总审计师王晶凤，纪检组长马君慧。设有办公室、法制科、纪检监察办公室、老干部科、财金审计科、农业与资源环保审计科（原农业与外资审计科于5月份更名为农业与资源环保审计科）、经贸审计科、固定资产投资审计科、社会保障审计科、行政事业审计科、经济责任审计办公室、政府投资项目审计科（5月份新设科室）、外资运用审计科（5月份新设科室）、人事科（5月份新设科室）、机关党委（5月份新设科室）等16个行政科室和计算机审计办公室等1个事业单位，另设培训中心，属自收自支事业单位。10月份，经编办批准成立投资项目审计中心，定编9人，属财政全额拨款事业单位。

审计成果　全市审计机关共审计单位275个，查出违规金额39252万元，管理不规范金额98209万元，应上缴财政6042万元，应归还原渠道资金

16671万元，应调账处理金额27260万元。移送司法、纪检监察机关处理事项11件，涉及金额8383万元。提出审计建议336条，被采纳272条，促进被审计单位制定3条整改措施，提交审计专题综合性报告和信息简报350篇，被批示采用180篇。其中被市委、市政府主要领导批示9篇。

财政审计　完成了财政预算执行审计。在工作中从“三个方面”体现财政审计大格局的总体思路，统一调配全市审计力量参与重点审计项目。共审计预算执行单位60个，查出滞留应缴预算收入、滞留应缴财政专户资金、将预算外收入转入预算内收入、未落实“收支两条线”规定、虚列经费支出、套取财政资金等有问题金额112188万元。市委书记对《预算执行审计结果报告》作出批示。市审计局及时落实杨书记的批示，督促31个有问题单位根据审计意见进行整改，并将整改落实情况反馈给市政府。代市政府起草了《市本级预算执行及其他财政收支情况的审计工作报告》，得到市人大常委会的肯定。完成对隆化县政府、开发区管委会和省审计厅授权的秦皇岛昌黎县的财政决算审计，对32个预算执行部门、16个二级预算单位和4个乡镇及2个村级财务进行全面审计，还对大石庙镇征地补偿费和承德苏垦银河连杆股份有限公司失业保险基金—岗位补贴发放情况进行延伸调查。审计侧重入户调查了农村低保、国债投资沼气项目和退耕还林三项专项资金使用情况，查出财政决算违规违纪金额96941万元，延伸审计单位违规违纪问题金额1243万元；昌黎财政决算审计向秦皇岛纪检委移交案件线索5起，受到党政纪处分11人，批评教育8人。开展了全市政府性债务专项审计调查，核实了相关的银行、企业事业单位、融资平台公司等单位进行了延伸审计调查。核清全市政府性债务余额330亿元，比上年增长79.8%，摸清了政府债务底数。完成了全市地税系统预算执行和税收征管情况审计，纠正了地税系统使用自行印制的财政收入收费票据收取发票工本费的违规行为，查出截留坐支发票工本费、县级机关违规收取乡镇财政补助经费等问题。

经济责任审计　按照承德市委十二届101次常委会议专题研究通过了《承德市县处级党政主要领导干部用人责任检查机构编制检查和经济责任审计实施办法（试行）》的规定，审计部门会同组织部门、机构编制管理部门，对所在单位选拔使用干部、机构编制管理、财政财务收支及经济活动等方面的规范性、原则性和合法性实行联合审查。2010年，市审计局完成对承德市信访局、承德绮望楼宾馆原总经理等两位领导干部离任经济责任审计，开展对承德市林业局、承德一中、承德日报社负责人的任中经济责任审计，全市经济责任审计单位108个，查出违纪违规金额2494万元，管理不规范金额829万元。

固定资产投资审计　市审计局重点对碧峰门棚户区改造、承秦高速公路、环保垃圾发电、承德山庄装修改造工程、旅游学院新校区、医学院新校区、庙宫水库加固修缮、承德市规划展馆等政府投资或扩内需项目实施竣工结算审计或跟踪审计。直接为政府节约建设资金，挽回经济损失达17746.3万元，其中工程结算多计工程量、多计工程价款16601.3万元，开发项目因规划方案改变多报停建损失费1145万元。承秦高速公路跟踪审计为国家节约建设资金453万元；对奥体中心环路、绿化、体育场照明造价及大宗材料、设备价格进行跟踪审计，审计核减限价903.3万元。对承德环能热电生活垃圾发电项目进行结算审计，发现施工单位虚报工程量、多计工程价款等2880万元；碧峰门棚户区回迁楼工程竣工结算审计项目，审计工程概算投资4.68亿元，涉及回迁楼52栋，27家施工单位，110份工程结算、180多个单项工程。共查出施工单位多计、重计工程量，高套定额，高报材料价格等问题，审减工程造价4262.2万元，审减率达11%。得到市委、市政府的充分肯定，市委书记、副市长在审计报告上作了重要批示。

专项资金审计　加强了对“三农”、教育、卫生、住房、社会保障、农村低保等重点民生资金和项目的审计监督，保证各项惠民政策落到实处。对城市基础教育经费开展专项审计调查，查出各类违规金额1113.8万元。对全市退耕还林专项资金审计主管部门58个，抽审乡镇146个，查出滞拨资金33644.27万元。对全市33户企业社会保险费缴纳情况进行审计，查出欠缴五项社会保险基金2650.06万元。对专项救灾资金、住房公积金、城镇和农村最低生活保障资金等情况开展审计及审计调查。完成对承德市捐赠玉树地震救灾资金划拨情况审计工作，保证全市捐赠资金及时足额上划到省民政部门，用于支援玉树地区灾后重建。完成滦平县、双桥区城镇和农村最低生活保障资金审计。积极做好审计署赴承德开展中央扩大内需项目落实情况专项审计调查的协调工作，使该项目在短时间内高质量、高效率地顺利完成。

行政事业审计　根据省统一安排，对本市2008年、2009年城市基础教育经费开展专项审计调查。查出各类违规金额1113.8万元。对教育费附加使用不均衡、教育负债过大，固定资产承租管理不规范，收支体外循环等问题提出审计建议。完成对承德市气象局所辖8个县局、1个气象站及市局本级等10个单位的财务收支审计，揭示出气象局使用不符合规定发票及各种名目滥发奖金实物、超范围列支成本费用、少缴税款、违反规定使用大额现金、违反政府采购政策购买设备、收入入账不及时等问题金额69.3万元。完成对承德市第五医院和承德市口腔医院的审计，查出承德市第五医院药品、耗材超标准违规加价152.6万元，违规收费1.9万元；查出承德市口腔医院超标准违规加价18.9万元。

企业审计　根据统一安排，完成对承德市邮政局的资产负债损益审计。审计在查处问题的同时，侧重于为企业献计献策，服务于企业经营管理。根据承德市邮政局经营现状，建议省邮政公司对各市的考核政策上向山区市倾斜，尽快培养一批新的经济增长点，大幅度地增加收入，充分利用现有邮政网络优势，依靠网络，充分发挥其潜力，拓展市场，降低成本，提高经济效益。

外资运用审计　参加省审计厅组织的世界银行贷款英国赠款中国结核病控制项目——承德市子项目审计，对承德市疾病预防控制中心本级及8县3区疾病预防控制中心所管理的2009年度世行贷款英国赠款中国结核病控制项目的财务收支及项目执行情况进行审计。审计发现地方配套资金不到位65.73万元，2009年年底其他应收款中挂账以前年度应收到的配套资金及落实债务资金14.7万元。已责令各县及时将本级应拨的配套资金拨付到位并按照规定将落实债务资金拨付相关县区疾病预防控制中心。　（撰稿人：曹艳红）

【秦皇岛市审计局】　2010年，秦皇岛市审计局人员编制73人，在职69人。局长刘文杰，副局长王海堂、焦鹏利、徐联河、殷建兵，总审计师刘勇，纪检组长张桂琴。设有办公室、法制科、财政审计科、金融审计科、行政事业审计科、社会保障审计科、经贸审计科、外资审计科、固定资产投资审计科、经济责任审计科、农业与资源环保审计科、党总支、监察室，另设有基本建设审计中心（直属事业单位）。

审计成果　市本级共审计97个单位，查出各类违规违纪金额13158.14万元，管理不规范金额75877.89万元，已上缴财政7574.29万元。提交审计专题、综合性报告和信息简报91篇，被各级批示采用65篇。

财政审计　在重点对财政、地税进行审计的同时，还对重点行业、企业的税费缴纳情况进行延伸审计。全年共完成对市财政局等11个市本级部门2009年度预算执行及其他财政财务收支情况审计，并配合省审计厅，对本市地方政府债务情况开展专项审计调查。审计查出各类违规违纪金额10196万元，上缴财政1919万元。进一步加强对税收征管的审计监督，促进财政收入应收尽收。在对市地税系统的审计中，按照“统一部署、分级实施，上下联动、加强协调，严格审计、保证质量”的工作要求，审计查出应缴未缴预算收入、税收延缓等问题。对多家企业的税费缴纳情况进行延伸审计。查出一家房产公司漏缴拆迁安置税费，以及漏缴建安环节税费的问题。进一步加强对重点项目、重点资金的审计监督，促进政府资金管理使用不断规范。对“城中村”改造项目拆迁补偿安置成本进行审计，对即将招标项目的成本进行调整，减少安置支出2000万元。

专项资金审计　一是做好“玉树灾区抗震救灾资金”的审计监督。玉树地震发生后，分两次对民政局、慈善协会、红十字会等相关单位所涉及的抗震救灾资金物资捐赠及拨付情况进行全程跟踪审计。二是做好全市退耕还林资金审计。组织市、县两级审计机关对市本级及6个县（区）2006～2009年各级政府投入的退耕还林工程建设资金和巩固退耕还林成果专项资金进行审计。共审计有关主管部门14个，抽审24个乡镇，实地走访调查农户1603个。审计总金额16209.23万元，查出资金未能及时拨付，资金申报补助不及时，未实行专户储存等问题。

固定资产投资审计　针对新出台的《河北省国家建设项目审计条例》，在全省首创性地推出《关于贯彻落实〈条例〉的实施意见》。全年共完成对全市32个中央扩大内需项目的审计调查，市中医院迁建工程项目（中央扩大内需资金建设项目）全市中小学校舍安全建设资金的审计，继续开展对金梦海湾工程、市老干部活动中心和人民医院外科楼等重点建设项目的跟踪审计工作。通过审计，发现项目建设中存在的施工专用条款不完整、报价依据不足等多项问题，通过审减工程价款，为财政节约大量资金。

经济责任审计　全年共对12名党政领导干部进行离任经济责任审计。审计发现一些领导干部所在部门、单位不同程度存在的违反“收支两条线”规定，行政事业性收费收入不按规定期限及时上缴国库；超预算支出未如实反映，造成预算执行情况不真实；违反国家基本建设管理规定，部分基建项目超计划投资，不履行招投标程序，不按规定及时办理竣工决算；财务管理不规范；单位部分资金未纳入机关财务统一核算等问题。审计资金总额12663万元，查出违纪违规及管理不规范金额439.78万元，已要求相关单位纠正整改。

社会保障审计　一是对全市企业2009年度社会保险缴费情况开展审计调查。针对该项资金的缴纳情况，延伸市、县（区）共计30户企业进行专项审计调查。通过审计，查出部分企业社会保险费欠费合计1118.83万元，其中一家企业欠缴职工养老保险和失业保险共计563万元。二是对全市住房公积金的管理使用情况进行审计。审计资金总量3922106254.68元，查出资金在2家银行多家支行开户，不便于及时与银行对账和风险控制的问题。三是对城镇低保资金和农村低保资金进行审计。对6个县、区低保资金管理情况进行审计。（撰稿人：王政鹏）

【唐山市审计局】　2010年，唐山市审计局人员编制107人，在编91人。局长阚友合，副局长李桐、崔明山、王素梅（11月—）、李树平、易敏（—5月），纪检组长刘树元。设有办公室、法制处、经济责任审计室、固定资产投资审计处、行政事业审计处、农业与资源环保审计处、金融审计处、经贸外资审计处、社会保障审计处、财政审计处、监察室、机关党委和高新技术产业园区审计分局、海港开发区审计分局、南堡开发区审计分局。另设有教育培训中心和投资审计中心（直属事业单位）。

审计成果　唐山市审计机关完成审计项目545个，查出违规金额352336万元，其中应上缴财政129406万元，应减少财政拨款或补贴6108万元，应归还原渠道资金54328万元，应调账处理金额132638万元；已上缴财政96410万元，已减少财政拨款或补贴528万元，已归还原渠道资金33162万元，已调账处理金额47960万元。提交审计工作报告、信息723篇，被采用102篇。

财政审计　全市共审计预算执行单位104个，查处违规金额238445万元，纠正管理不规范金额618967万元，上缴财政86856万元。特别是通过对市本级18个部门及其30个下属单位预算执行情况的审计，揭示出预算编制不细化资金7441万元、无预算或超预算支出资金18563万元、财政资金沉淀13204万元、应缴未缴财政收入或财政收入上缴不及时38426万元以及经费支出不合规3745万元、应征未征税收收入23610万元、应收未收非税收收入5449万元、国有资产投资收益未收回3939万元等问题。还对57个单位的财政决算进行审计，查处违规资金7334万元，纠正管理不规范金额38601万元，上缴财政6061万元。

金融审计　全市审计项目5个，查出违规金额1816万元，纠正管理不规范金额2424万元，应调账处理金额17284万元。

行政事业审计　全市审计行政事业单位166个，查出违规金额27048万元，纠正管理不规范金额205970万元，上缴财政19593万元。重点对公安、医院等部门和单位的预算执行及财务收支审计。揭示出“账外”资产、应收款清理不及时长期挂账、违规定期存款、往来款项清理不及时形成呆坏账、需清理其他应收款账户资金和药品收入占业务收入比重过高存在以药养医隐患等问题。

固定资产投资审计　全市审计项目155个，查处违规金额27288万元，纠正管理不规范金额29494万元，减少财政拨款或补贴6023万元。通过对市本级、曹妃甸新区及三个开发区50个重点建设项目214660万元建设资金的审计，查出管理不规范金额55999万元，审减高估冒算资金14627万元。揭示出项目招投标管理不规范、变更签证增加工程造价、未办理开工许可证、无立项批复和未办理规划许可证等问题。同时，组织开展对开滦矿区采煤沉陷区综合治理工程等11个中央新增投资建设项目和12个县（市）区84个工程项目进行了审计和审计调查，揭示出项目前期立项审批手续不全、项目招投标不规范、地方配套资金不到位以及预算超概算和工程无竣工验收资料、票据支出不合规等问题。

社会保障审计　全市审计项目17个，审计资金总额42085万元，上缴财政11809万元。通过对全市102户企业参保、社保费缴纳及住房公积金建制缴费情况的审计调查，揭示出应保不保，少缴社会保险1597万元；未全员参保，少缴社会保险9502万元；少计基数，少缴社会保险1390万元；企业累计欠缴社会保险6121万元；企业少缴、欠缴住房公积金12710万元等5个方面的主要问题。

企业审计　全市审计项目21个，查出违规金额10655万元，纠正管理不规范金额33592万元，上缴财政5076万元。

经济责任审计　全市审计项目130个，通过审计查出违规金额29838万元，纠正管理不规范金额153945万元。市局先后对8名领导干部的任期经济责任进行审计，查处违规金额21726万元，纠正管理不规范金额73901万元。同时，对2008～2009年经济责任审计工作进行回顾和总结，撰写了《唐山市审计局2008～2009年经济责任审计综合报告》，使领导干部经济责任审计工作进一步规范，评价指标体系进一步完善。

专项资金审计（调查）　根据省市统一安排部署，对2008年至2010年8月实施的工程项目开展专项治理。主要对市本级超过3000万以上的11项重点建设项目和县（市）区超过500万元以上的104项重点建设项目进行审计和审计调查。共审计和调查资金524419万元，揭示出招标不规范、资金管理不完善、项目决策不合规、未严格按批复设计施工、部分项目超概算、超规模投资以及管理制度不健全、执行不到位等问题。对全市中小学校舍安全工程进行了专项审计调查。揭示出前期手续不完备、超计划投资、招投标不规范、工程未经竣工验收投入使用等问题。对援建四川地震灾区恢复重建资金物资审计。审计的21个援建项目，计划投资40184万元，审定37839万元，审减率21.72%，节约援建资金2345万元，通过审计节省财政先期经费169万元。

内部审计　全市131个内审机构共完成审计项目693个，为单位增加效益2422万元，并提出合理化审计建议803条，促进规范了部门、单位的财务管理。　（撰稿人：陈　平）

【廊坊市审计局】　2010年，廊坊市审计局人员编制41人，在编41人。局长韩少奇，副局长张铁忠、贾军水、万茂才、赵志生，总审计师薛冬，纪检组长张振杰。设有办公室、人教科、法制科、财政审计科、金融审计科、行政事业审计科、社会保障审计科、经贸审计科、固定资产投资审计科、经济责任审计科10个职能科（室）。两个党务机构：纪检组和机关党务。

审计成果　廊坊市审计机关共完成审计项目318个，查出违规金额6.7亿元；管理不规范金额9.4亿元；应上缴财政3.2亿元；应调账处理金额1.2亿元，应上缴财政、应归还原渠道、应调账处理资金均已落到实处。提交审计报告及各类信息788篇，被各级批示或采用769篇。本局开展的“社会保障基金收支管理及绩效情况审计”荣获全省表彰审计项目；“廊坊市教育局预算执行审计”荣获全省优秀审计项目第一名，被推荐到审计署参加全国地方优秀审计项目评选，荣获“地方表彰审计项目”第七名。积极组织开展争创优秀审计项目、审计案例编写与教学工作。该局主要领导应审计署邀请，以《我们是这样打造优秀审计项目的》为题，在审计署怀柔基地给全国740名地、县审计局长进行了四期范例授课，培训中心专门发函，赞扬授课效果。廊坊市审计系统“抓班子、带队伍、干事业、重质量、出精品”的经验在全国推广，河南、秦皇岛等省内外兄弟审计机关纷纷来廊坊取经。

预算执行审计　全市完成预算执行审计73个单位，查出违规金额15658万元，管理不规范金额49646万元，应上缴财政2139万元。

行政事业审计 全市完成审计单位75个，查出违规金额12766万元，管理不规范金额6283万元，应上缴财政1441万元。

固定资产投资审计 廊坊市审计系统全年完成审计项目7个，查出违规金额345万元。

经济责任审计 全市完成1名领导干部的经济责任审计和一个单位的经济责任审计。查处违规金额9136万元，管理不规范金额151847万元，应上缴财政128万元。

专项资金审计（调查） 全市完成专项资金审计单位1个，审计调查单位1个，审计专项资金总额34.2亿元，查出违规金额4209万元，应上缴财政86万元，应归还原渠道资金72万元，调账处理560万元。提出审计建议166条。

（撰稿人：李倩南）

【保定市审计局】 2010年，保定市审计局人员编制93人（其中事业单位24人），在编90人（其中局机关68人、事业单位22人）。局长孙淑花，副局长罗凯、温丽娜、范国庆、张建波、陈仕强，总审计师温丽娜（兼），纪检组长朱春友。设有办公室、法制处、人教处、财政审计处、金融审计处、行政事业审计处、经贸审计处、农业与资源环保审计处、社会保障审计处、固定资产投资审计处、外资运行审计处、经济责任审计处、计算机信息审计处、开发区审计处、机关党委、监察室、内审处17个职能处室。下属2个事业单位和1个社团组织，经济责任审计办公室、基建审计中心、内部审计协会。

审计成果 全市共审计单位394个，查出违纪违规金额67033万元，管理不规范金额311260万元，上缴财政4034万元，移送纪检监察部门案件1件，给予党政处分1人。提交审计报告266篇，被上级机关采纳（批示）254条，审计工作在促进保定市经济发展，维护社会稳定，严肃财经纪律，加强廉政建设等方面发挥了积极作用。市领导先后18次对审计成果作出重要批示，精神文明、民主评议、亲民爱民、信访工作、档案工作、信息工作等受到市委、市政府和上级机关的表彰。

财政审计 积极探索构建财政审计大格局的新思路，坚持收支审计并重的指导思想，以增财力、提效益，提高宏观调控能力为目标，加大对重点单位、重点部门、重点资金的审计力度，预算执行审计完成审计单位139个，调查房地产、建筑安装等重点税源纳税户215个，对4个县级和41个乡级财政决算审计。全省构建财政审计大格局现场经验交流会在保定市召开，保定市的经验在全省予以推广。

专项资金审计 组织市县两级审计机关对企业社保资金缴费、退耕还林、校舍安全工程资金、中央扩大内需新增投资建设、全市住房公积金等5项专项资金进行跟踪审计，共审计资金总额775966.45万元。揭示了项目建设内容与批复不一致、配套资金不到位、资金拨付不及时等问题。保定市领导批示相关单位要认真整改审计发现问题。

对抗震救灾捐赠资金、医疗卫生系统医疗保险资金、再就业资金等民生社保资金进行审计。对国土资源系统财务收支及土地出让金等专项资金管理和使用情况审计。

经济责任审计 编印了《经济责任审计指南》，对部分领导干部进行任中审计试点。注重效益审计在经济责任审计中的应用，突出领导干部贯彻落实科学发展观、依法履职履责情况的检查，采取经济责任审计与预算执行、财政决算和其他项目审计相结合的办法。全市共完成经济责任审计项目192个。

固定资产投资审计 制定了《保定市审计局协审单位管理办法》，实行协审制度，筛选27家会计师事务所和工程造价咨询公司作为协审单位，并组织了业务培训。先后两批对9个国家建设项目进行了公开招标，对全市的15个扩内需建设项目竣工决算、张石高速路项目等22个建设项目和其他11个建设项目工程竣工决算等47个建设项目进行审计。对保定市援建平武县响岩镇灾后重建基础设施项目的审计，被省委、省政府授予对口援建四川地震灾区先进集体称号。

根据市委、市政府安排，对保定百世开利集团、保定有线电视台、保定广播电视综合信息网络公司三个单位开展审计调查，对保定百世开利集团资产负债和工程竣工决算进行审计；对淮军公所和府河市场片区改造、火车站片区改造项目进行跟踪审计；对市金昌小区和金昌大厦进行确权审计，对迎宾小区、世纪华庭、中华小区等原房管局改制企业开发小区的资金收益情况进行审计，捋顺关系，查清问题，提出建议，有效解决了群众上访的问题，维护了稳定，确保城区改造“三年大变样”工程顺利进行。

企业审计　对市属国有企业市燃气总公司资产负债损益情况进行审计调查，摸清企业家底，分析存在问题，提出建议，向政府提交审计报告，为市领导决策提供可靠依据。

行政事业审计　对2008年至2009年度城市基础教育经费保障情况进行审计调查，抽查19所学校经费的管理使用情况、资金效益情况、收费情况，发现教育经费投入不足等问题，并提出了建议，受到市领导和主管部门的高度重视。

外资运用审计　对地方政府全口径外债的总体情况进行专项审计调查。涉及全市及25个县（市、区）的农业、教育、卫生、林业、交通、环保等多个部门。摸清了全市主权外债的总体规模、投向、项目执行情况及偿债情况，揭示了部分县（市、区）财政部门未按规定足额建立外债还贷准备金等方面的问题，提出了建议。完成对15个外资运用项目公证审计。

授权审计　全市审计机关积极参加全省审计项目，完成对气象部门、邮政部门、烟草系统审计以及唐山钢铁集团和承德钢铁集团两家集团公司经济责任审计，配合省厅开展交警系统财务收支审计。

执业质量检查　组织核查部分社会审计组织出具的相关审计报告。建立社会审计人才数据库和相关执业人员信用档案。

内部审计　全市内部审计机构376个，从业人员1210人，完成经济效益审计92个、财务收支审计573个、经济责任审计143个、基建工程项目审计196个、专项资金审计199个、内控评审58个，内审协会荣获全省内部审计工作先进集体。

相关工作　（1）加强审计信息化建设，建设了视频会议室，全市25个县（市、区）OA部署工作全部完成，完善了审计专网网站和互联网网站，实现了审计信息、审计简报、审计项目资料和审计业务公文的网络传输。（2）以“创建先进基层党组织、争当优秀共产党员”活动、亲民爱民活动、社区群众工作站为载体，抓干部的党性教育和党性锻炼，提高审计人员思想觉悟和理论水平。（3）以多种形式组织业务培训，参加上级审计机关组织的业务培训，2名市局领导和9名县（市、区）审计局领导参加了审计署组织的综合业务培训。（4）落实“五五”普法工作目标，强化审计干部依法审计的意识。完善行政权力运行廉政制度，实行干部廉政谈话制度、科级干部述职述廉制度和廉政回访制度。（5）加强审计管理机制，对审计对象实行了A、B、C分类管理制度，多种形式广泛征求市委、市人大、市政府、市政协和市直部门以及社会公众的意见，科学制订审计计划。实行审计项目质量控制和优秀审计项目评选制度。实现了审计资源、审计力量、审计技术方法的整合，不断提高了审计质量和工作效率。　（撰稿人：王连军）

【沧州市审计局】　2010年，沧州市审计局人员编制49人，在编46人。局长田永利，副局长朱玉山（—9月）、李春雷、郑瑞强（12月—）、张欣（12月—），总审计师刘根常，纪检组长窦松林，调研员郭锦侠。设有办公室、人事教育科、法规科、投资审计科、经贸审计科、财政审计科、金融社保审计科、行政事业审计科、经济责任审计科、农业外资审计科。事业单位教育培训中心。

审计成果　沧州市审计机关完成审计（调查）项目单位367个，占年初计划336个的109%。查出违规金额13.3亿元，管理不规范金额9.7亿元。已上缴财政8.4亿元，已归还原渠道资金1.1亿元，已调账处理2.2亿元。向纪检监察等部门移交案件线索2个。提交审计工作报告、调研报告401篇。编发审计信息、简报467篇，被党委、政府和省审计厅批示采用267篇，采用率57%。

财政审计　通过对107个预算执行单位审计（调查）和32个财政决算审计（调查），查出违规金额12.3亿元，管理不规范金额8.3亿元。审计处理后已上缴财政8.0亿元，已归还原渠道资金1.0亿元，已调账处理1.8亿元。查出的主要问题是：有些项目预算编制不科学，预算执行不到位；财政资金缺乏统筹预算管理，资金安排不及时；部分资金应纳入而未纳入预算管理；有的专项资金未按用途使用等。市审计局对财政部门提出进一步细化财政预算等建议，并建立了审计查出问题跟踪处理台账，专人督促有关单位落实审计决定。

专项资金审计　沧州市市县两级审计机关先后组成58个审计组，投入180多名审计人员开展企业社保资金、住房公积金、退耕还林工程资金、中央扩大内需新增投资建设项目资金、中小学校舍安全工程建设资金的审计工作。全市共审计专项资金总额 12.8 亿元，查出有问题金额 5811 万元，占审计资金总额的 4.5%。审计中，坚持对市、县审计资源进行统筹整合，形成审计合力，达到最大审计效果。

经济责任审计　全市完成经济责任审计项目单位 63 个，查出违规金额 2054 万元，管理不规范金额 1.3 亿元。审计中做到任中审计与离任审计相结合，任期经济责任审计与财政预、决算审计、财务收支审计和其他专项审计相结合。达到“一审多效”的目的。

临时交办任务　全市完成临时交办审计项目 137 个，其中市审计局完成 17 个。同时完成省审计厅授权项目沧州市气象局财务收支审计，查出有问题金额 100 万元；按照河北省审计厅《2009 年河北省主权外债审计工作方案》要求，完成对沧州市截至 2009 年 12 月 31 日主权外债情况的审计调查；按照省审计厅要求参与完成对沧州市邮政局的审计，查出违规违纪金额 3000 万元；并查出任丘市邮政局“小金库”资金 3 万元，市邮政局对任丘市邮政局局长给予撤职处分；积极参与省审计厅金融审计项目，完成对献县农村信用社的审计任务。　（撰稿人：丁昆路）

【衡水市审计局】　2010 年，衡水市审计局行政编制定编 42 人，实有 43 人；事业编制定编 26 人，实有 23 人。局长张有如，副局长张兰顺（—2 月二线）、高振华、郭志军、赵春峰，纪检组长赵志强，副调研员丁志成。设有办公室、法制科、财政审计科、经贸审计科、行政事业审计科、农业外资与资源环保审计科、固定资产投资审计科、经济责任审计办公室、市经济技术开发区审计特派员办公室、社会保障和金融审计科、监察教育室、计算机审计中心、重点项目建设审计监督中心。

审计成果　衡水市审计局审计（调查）单位 63 个，查出违规金额 7.5 亿元（不含授权项目查出的违规金额 6.9 亿元），管理不规范金额 5.9 亿元，应调账处理金额 1.8 亿元，已调账处理金额 1.8 亿元；应归还原渠道资金 72 万元，已归还原渠道资金 72 万元；审增国有权益 1.29 亿元，核减工程投资款 1.14 亿元。向有关部门移送案件线索 11 件，12 人受到政纪处分。提交审计工作报告、信息 158 篇，被采用 108 篇。连续三届被评为“省级文明单位”，连续三年被市政府授予行政执法优秀单位，在“五型”机关建设、机关党建、信息公开等方面也都受到了有关部门的表彰。

预算执行审计　衡水市政府办公室印发了衡水市本级预算执行审计工作方案，以政府名义召开集体进点见面会，整合审计资源，实行“五统一，六关注”，加大延伸审计力度，对综合管理、教育、投资等 15 个单位进行审计，查出违规金额 2.7 亿元，应上缴财政 310 万元，已上缴财政 310 万元。代市政府向市人大常委会所作的市本级预算执行和其他财政收支的审计工作报告和市本级预算执行审计整改报告，受到一致好评。

固定资产投资审计　完成 11 个建设项目的审计，工程概算投资 7.6 亿元，查出各类问题金额 1.48 亿元，核减工程造价 1.14 亿元（送审 6.9 亿元，审定 5.77 亿元），审减率 16.46%。其中仅垃圾处理厂一个项目就审减工程造价 2043 万元，针对审计中发现的自筹资金不到位、违规分包、建设程序不规范等突出问题，撰写了《衡水市垃圾综合处理厂存在的问题应引起重视》的审计要情，引起市政府主要领导同志的关注，政府市长、常务副市长、副市长分别作出重要批示。

为完成授权的大广高速公路（北段）工程项目跟踪审计，该局统筹协调各县优势力量进行阶段性审计。其中拆迁补偿资金审计，历时一年，审计资金总额 8.3 亿元，查出违规金额 2.2 亿元，管理不规范金额 181 万元；在桥梁路基涵洞等工程项目审计中，审计人员克服各种困难，内查外调，查出虚报白灰用量、违法分包、虚假发票、套取资金等系列问题。

企业审计　通过对 19 家改制企业的审计，审增国有权益 12932.79 万元，直接增加财政收入 4967.94 万元，确保国有资产不流失。受到市政府领导的表扬。

经济责任审计　衡水市审计局完成经济责任审计项目 10 个，审计经济责任人员 10 名，查出违规金额 2597 万元，管理不规范金额 1.2 亿元。尤其是通过对原邯钢集团领导人任期经济责任审计，开阔了视野，锻炼了队伍，积累了参与大型审计项目的宝贵经验，此次审计共查处违纪违规金额 4.7 亿元，移送有关部门处理 3 件。此外，为使经济责任审计评价标准更加规范、严谨，组织召开经济责任审计研讨会，统一文书格式，调整11项评价指标，并探索经济责任审计与预算执行审计、财政决算审计、专项审计相结合，一审多果的审计形式，有效整合审计资源，提高了工作效率。

专项资金审计　开展对住房公积金、中小学校舍安全工程、企业缴纳社保费、退耕还林工程资金、中央扩大内需投资项目等五类重点专项资金的审计，针对审计中发现的问题，督促相关单位健全制度，认真整改。与此同时，还注重往年度审计整改落实情况的监督检查，督促某镇政府将违规收取的76万元费用全部进行退还，直接责任人受到县政府的通报批评。

行业审计　一是交警系统审计。对各县交警大队集中进点，统一组织，统一处理标准。工作中注重外延调查、走访取证，查处了公款私存、乱收费、挪用事故押金等突出问题。并依据法律法规进行处理。二是认真开展税源调查，服务领导宏观决策。根据领导要求，组织精干力量对两个县的13家企业税源情况进行调查，查出企业采取隐瞒收入、扩大成本等多种手段偷逃税金的问题，有针对性地提出建议，得到了市领导的高度评价。三是金融审计取得显著效果。在农村信用社审计中，外聘专家进行业务指导，查出问题金额3.1亿元。（撰稿人：吴增山）

【邢台市审计局】　2010年，邢台市审计局共有人员74人，其中行政编制66人，事业编制8人。局长訾新月，副局长原振兴（—11月）、杨正学、周金全、张少川、赵兰云、颜住山，总审计师刘金锋，纪检组长董书星，副调研员乔玉山。设有办公室、人事教育科、机关党委、纪检监察室、法规科、财政审计科、金融审计科、行政审计科、事业审计科、农业与资源环保审计科、固定资产投资审计科、经贸审计科、社会保障审计科、经济责任审计一科、经济责任审计二科、外资审计科、高新技术开发区办事处、政府投资审计中心。

审计成果　围绕科学审计、突出重点、加大力度、创优争先的总目标开展审计工作，全市完成915个审计项目，查出违规金额43438.87万元，纠正管理不规范金额53664.03万元，促进财政增收节支6476.31万元。

财政审计　先后对财政、地税、民政、卫生等13个部门、单位，183个政府投资项目和63家纳税企业，组织实施审计和审计调查，即审财政收入；突出开展政府债务审计，摸清了政府债务规模，在肯定举债建设成就的同时，指出了政府债务未纳入预算管理、债务资金使用不规范、债务偿还机制不健全等问题。提出了建立和完善偿债准备金、加强风险控制的建议，引起市人大、市政府领导的高度重视，政府有关部门采纳审计建议，严格控制债务规模，坚决防范和化解财政风险，进一步加强和改进了预算工作和政府债务管理。

固定资产投资审计　全市审计机关加强419个中央新增投资项目审计，审计总金额234855万元。通过审计，督促解决了地方配套资金不到位等问题，促进有关部门、单位落实中央新增投资行动迅速，措施得力，注重效率，强化监管，项目建设进展顺利，投资效益凸显。加强地方政府举债投资建设项目审计，审计郭守敬大道东段、顺德路南延、“一城五星”规划建设、“三年大变样”综合治理和七里河综合治理等243个建设项目，纠正了举债建设项目前期准备不足、征地拆迁政策执行不严、项目招投标不规范等方面的问题。邢台市十三届人大常委会第二十一次主任会议和第十八次常委会议先后听取了专题审计工作报告，对审计工作给予高度评价，认为市审计机关依照《审计法》的要求，对一些政府投资项目进行审计，查出和纠正一些问题，节省了建设资金，为提高管理水平作出了贡献。通过了《邢台市人大常委会关于政府投资项目审计工作报告的审议意见》，要求加强政府投资项目的科学规划和监督管理，全面推行政府投资必审制度。

专项资金审计　一是审计了30户企业为职工缴纳社会保险资金情况；二是审计了住房公积金的归集、管理和使用情况；三是审计了退耕还林工程建设资金分配、管理、使用情况及相关政策执行情况；四是审计了中小学校舍安全工程建设资金。通过审计，部分县、市滞留的退耕还林工程建设资金方面4785.83万元全部下拨到位；挤占、挪用项目资金等违纪问题得到处理和纠正；个别县存在产业基地补植补造补助资金未按计划及时足额拨付给用款单位和农户问题，认真进行了整改，受到群众欢迎。

经济责任审计　全市完成26个县处级领导干

部和105个县级以下领导干部的离任审计，查处领导干部所负领导责任的违规资金5400多万元，及时得到了纠正，促进了领导干部守法守纪守规尽责，严格依法行政。

授权和交办的审计任务　全市完成省审计厅授权的邯钢集团原董事长经济责任审计，审计涉及邯钢集团及其所属19家企业，审计覆盖面100%，审计资产总额554.02亿元，发现资产不实、损益不实、私存私放资金、少计少缴税金等违规违纪金额199748.73万元；完成大广高速公路征地拆迁资金审计任务，查处深州段内各市、县指挥部征地补偿多方面的问题。两项授权审计，在省审计厅的指挥和指导下，查处问题的深度、广度和力度明显加大，成效明显，在全市引起很大反响。市政府听取工作汇报后，对审计工作能够有效服务全省大局给予高度赞扬。同时，按照市政府要求，为澄清工业售电量是否成为邢台工业增产增幅的制约因素，促进供电系统加强管理，科学发展，组织市、县审计人员对全市电力公司进行财务收支审计。揭示17个县市供电公司违规调整售电结构，少报工业用电量，截留电价差额收入，以及其他一些违反国家政策和财务法规方面的问题。市供电公司高度重视，积极采纳审计建议，认真进行了整改和规范。

（撰稿人：孙浩铭）

【邯郸市审计局】　2010年，邯郸市审计局人员编制75人，在编77人。局长杨志臣（—6月）、白清长（6月—），副局长冯伟力、郭兴元、王利伟、张文玲，副调研员王金全、刘九思。设有办公室、机关党委、法规处、人事处、监察室、行政事业审计处、财政审计处、金融审计处、农业与环保审计处、外资运用审计处、社会保障审计处、固定资产投资审计处、企业审计处、审计信息处、经济责任审计办公室。

审计成果　全市审计机关完成审计项目338个，查出违规金额143417万元，其中应上缴财政4794万元，已上缴财政4792万元，归还原渠道资金301万元。提交审计工作报告、信息343篇，被采用288篇。

预算执行审计　全市完成预算执行审计和审计调查单位71个，查处违规金额8640万元，管理不规范金额22707万元，上缴财政2836万元。

经济责任审计　以市委、市政府两办文件形式，出台了《关于认真贯彻执行〈党政主要领导干部和国有企业领导人员经济责任审计规定〉的意见》，规范了审计内容。全市审计机关对64名领导干部进行经济责任审计，其中县级领导干部22名，共查出违规金额2.3亿元，管理不规范金额2238.26万元。

专项资金审计　2010年安排对全市退耕还林工程等5类专项资金的审计，审计资金总额33.23亿元，查出各类有问题及管理不规范金额1.62亿元，有问题资金占审计资金总额的4.88%。特别在全市退耕还林资金审计中，共审计部门单位37个，抽查乡镇定53个，调查农户1113个，审计资金总额35709万元，查出各种有问题金额4500多万元。

固定资产审计　全市共完成投资审计项目20多项，审计建设资金总额30多亿元，核减投资1.2亿多元，查补税款2000多万元。

其他审计　（1）按照省审计厅统一部署，对唐钢集团原董事长任期经济责任进行审计，查出各类有问题和不规范金额40多亿元，查补各种税费5100多万元；组织开展对市邮政公司、市气象局和全市交警系统的财务收支审计，以及全市政府性债务专项审计调查，都收到较好效果。（2）按照市委、市政府的要求，完成对全市22个工业企业技改项目贷款及贴息资金使用情况和企业破产清算、搬迁企业资产评估审核认定等审计任务。特别是通过对化工区搬迁企业资产评估的审核认定，审减补偿资金2600多万元，得到市政府领导表扬。（3）按照市政府领导批示，对龙湖公园项目土地收储情况进行审计认定，在市长办公会上，市政府主要领导给予高度评价。

（撰稿人：郭运强）

2010 年河北省所辖区、县（市）级审计工作统计表

金额单位：万元

审计机关	完成审计项目（个）	查出违规金额	应上缴财政	应减少财政拨款或补贴	应归还原渠道资金	应调账处理金额	移送司法、纪检监察部门处理（件）	建议有关部门处理（件）	出具审计报告和审计调查报告（篇）	提出审计建议（条）	撰写审计信息（篇）
石家庄市											
石家庄市本级	149	229403	77488	14986	143190	122246	6	1	149	355	135
长安区审计局	17	1067	20		58	31			17	45	12
桥东区审计局	10	5994	5864						10	18	26
桥西区审计局	10	172	124		38	65			10	8	38
新华区审计局	11	63	1			9			11	21	10
裕华区审计局	22	931	191						22	46	17
矿区审计局	13	1423	4			3378			13	11	11
辛集市审计局	13	2213	107	12		7688			13	32	69
藁城市审计局	24	244	4			146			24	24	6
晋州市审计局	17	312	52						17	45	90
新乐市审计局	36	1776	1316		281	1			36	13	14
鹿泉市审计局	15	758	4						15	34	17
井陉县审计局	18	2062	78			2449			18	7	28
正定县审计局	24	148	2			2			24	14	6
栾城县审计局	10	172	4						10	6	7
行唐县审计局	21	1747	838			4723			21	50	29
灵寿县审计局	16	43	6		23	31			16	10	48
高邑县审计局	26	740	403						26	71	103
深泽县审计局	16	9875	8			9101			16	32	53
赞皇县审计局	21	1776	15		2	30			21	20	48
无极县审计局	18	3090	19						18	146	58
平山县审计局	14	1094	1050						14	11	87
元氏县审计局	16	1311	16						16	39	19
赵县审计局	20	179	28		15				20	49	12
张家口市											
张家口市本级	51	8135	1007		430	118			51	8	173
桥西区审计局	8	464	15			208			8	6	7
桥东区审计局	18	522	250		350	636			18	6	13
宣化区审计局	16	526	136			3058			16	4	32
下花园区审计局	20	166	66		1565	2534			20	4	4

（续表）

审计机关	完成审计项目（个）	查出违规金额	应上缴财政	应减少财政拨款或补贴	应归还原渠道资金	应调账处理金额	移送司法、纪检监察部门处理（件）	建议有关部门处理（件）	出具审计报告和审计调查报告（篇）	提出审计建议（条）	撰写审计信息（篇）
宣化县审计局	19	52	52						19	4	15
张北县审计局	28	32	16	126					28	2	53
康保县审计局	23	68	96						23	6	12
沽源县审计局	16	511	121			198			16	5	5
尚义县审计局	16	224	22	254		189			16	3	12
蔚县审计局	19	192	74						19	5	43
阳原县审计局	13	211	60			3151			13	5	5
怀安县审计局	22	207	10						22	1	26
万全县审计局	17	146	14						17	3	19
怀来县审计局	22	232	14						22	3	24
涿鹿县审计局	24	431	17						24	5	20
赤城县审计局	18	554	85						18	1	6
崇礼县审计局	20	98	233		139	13			20	2	20
察北管理区审计局	3								3	2	6
塞北管理区审计局	3								3	1	6
高新区审计局	3	48							3	3	8
承德市											
承德市本级	13	21773	1640		15898	442			13	45	67
双桥区审计局	8	2000							8	1	
双滦区审计局	14	76	25			49			14	17	30
营子区审计局	23	4	3			222			23		6
承德县审计局	23	6174	3809		14	1870			23	33	56
兴隆县审计局	77	1421	21				3		77	4	
平泉县审计局	28	1173	401		130				28	83	54
滦平县审计局	10	26	12		8	24629			10	22	26
隆化县审计局	13	190	10			37			13	26	12
丰宁满族自治县审计局	17	5700	19		119	11			17	17	21
宽城满族自治县审计局	19	611	100		414				19	29	67
围场满族蒙古族自治县审计局	30	104	2		88				30	78	11
秦皇岛市											
秦皇岛市本级	62	13158	7574						97	137	91
海港区审计局	8								8	38	23
山海关区审计局	8								8	27	24

（续表）

审计机关	完成审计项目（个）	查出违规金额	应上缴财政	应减少财政拨款或补贴	应归还原渠道资金	应调账处理金额	移送司法、纪检监察部门处理（件）	建议有关部门处理（件）	出具审计报告和审计调查报告（篇）	提出审计建议（条）	撰写审计信息（篇）
北戴河区审计局	9								9	38	33
开发区审计局	12	325	1			284			12	35	35
昌黎县审计局	25	4299	234			75			25	78	41
抚宁县审计局	17	634	7		46	3594			17	65	19
卢龙县审计局	17	577	219	53	3	18			17	56	34
青龙满族自治县审计局	23	1590	26			923			23	46	20
唐山市											
唐山市本级	134	190898	87355	6100	17973	65247			117	281	23
路北区审计局	36	19	1						36	10	4
路南区审计局	15								15	3	
古冶区审计局	30	12780	8312		2724	1292			30	50	
开平区审计局	13	8326			8106	141			13	36	
丰润区审计局	44	26625	13		25521	3			44	31	7
丰南区审计局	124	15643	15209	8	4	102			124	98	16
遵化市审计局	11	19926	33			18716			11	24	9
迁安市审计局	24					107			24	23	
滦县审计局	16	56	50						16	9	12
滦南县审计局	33	35908	6226			23264			33	104	
乐亭县审计局	5	33072	9300			23766			5	12	
迁西县审计局	14	7744	2893						14	29	3
玉田县审计局	35	1339	14						35	95	
唐海县审计局	11								11	36	
廊坊市											
廊坊市本级	42	13610	3122		9881	2680			440	68	117
广阳区审计局	33	2722	33		615	583			36	95	106
安次区审计局	15	376	17		94	108			17	24	69
霸州市审计局	28	20211	4		1	910			38	19	30
三河市审计局	36	10094				1222			77	133	35
固安县审计局	15	7697	2		7628	274			15	41	49
永清县审计局	24	1300							25	70	35
香河县审计局	38	6774							40	60	26
大城县审计局	27	619	23			67			27	25	104
文安县审计局	37	1369			1082	6152			68	46	108
大厂回族自治县审计局	23	2319				17			34	20	109

（续表）

审计机关	完成审计项目（个）	查出违规金额	应上缴财政	应减少财政拨款或补贴	应归还原渠道资金	应调账处理金额	移送司法、纪检监察部门处理（件）	建议有关部门处理（件）	出具审计报告和审计调查报告（篇）	提出审计建议（条）	撰写审计信息（篇）
保定市											
保定市本级	44	22918	2278		1282	1178			44	12	103
新市区审计局	14	165	16						14		6
北市区审计局	8	5809	8		181				8	5	14
南市区审计局	10	272	153		33	58			10	5	3
定州市审计局	11	841	5						11	7	42
涿州市审计局	14	127	20		106				14	33	57
安国市审计局	13	113	5						13		4
高碑店市审计局	20	71	9						20	32	57
满城县审计局	15	25042	33		720	10077			15	5	4
清苑县审计局	25	262	9						25		27
易县审计局	13	1977	1						13		
徐水县审计局	15	2818	3			1			15	9	37
涞源县审计局	24	229	5						24	42	28
定兴县审计局	9	39	4						9		9
顺平县审计局	11	218	48		3		1		11	4	32
唐县审计局	10	33	3						10	14	10
望都县审计局	8	315	11						8		
涞水县审计局	15		5						15	2	1
高阳县审计局	22	389	26			8			22		29
安新县审计局	12	740	7						12	4	6
雄县审计局	19	512	10							19	26
容城县审计局	13	108	5						13	20	46
曲阳县审计局	12	952	5						12		3
阜平县审计局	11	799	34						11	14	8
博野县审计局	17	666	11			51			17	18	7
蠡县审计局	9	1618	1511						9	1	20
沧州市											
沧州市本级	37	80145	76987	295	2254	3317	2		37	81	72
运河区审计局	7	18	18						6	7	
新华区审计局	9	105	6						9	20	
泊头市审计局	13	17719	21						12	40	26
任丘市审计局	64	10362	6220	21	3164	3187			65	49	12

（续表）

审计机关	完成审计项目（个）	查出违规金额	应上缴财政	应减少财政拨款或补贴	应归还原渠道资金	应调账处理金额	移送司法、纪检监察部门处理（件）	建议有关部门处理（件）	出具审计报告和审计调查报告（篇）	提出审计建议（条）	撰写审计信息（篇）
黄骅市审计局	53	3170	12			34			53	99	
河间市审计局	29	6180	496	180	5000	1247			29	36	38
沧县审计局	23	869	22			3			23	20	
青县审计局	27	465	17			9105			27	28	39
东光县审计局	10	4694	7						10	25	42
海兴县审计局	11	7045	372		59	3997			11	19	18
盐山县审计局	12	161	5						12	29	55
肃宁县审计局	11	22	2						11	34	51
南皮县审计局	13	323	5			34			13	7	28
吴桥县审计局	14	535				8			12	8	
献县审计局	21	1002	7			599			21	39	70
孟村回族自治县审计局	13	13	4			15			13	25	16
衡水市											
衡水市本级	63	75488	792		72	18119	3	8	39	105	119
桃城区审计局	36	9986	704			4122			36	106	130
冀州市审计局	29	3246	261			573			29	46	13
深州市审计局	39	1552	46			1			39	121	9
枣强县审计局	9	609	6						9	25	21
武邑县审计局	23	1645	54						23	65	53
武强县审计局	26	10878	106		8	888			26	137	97
饶阳县审计局	21	2589	59			378			21	66	
安平县审计局	19	618	30			3			19	60	15
故城县审计局	27	2735	73		359	49370			27	100	44
景县审计局	26	5016	43			74			26	88	46
阜城县审计局	30	1421	17		787	2060			30	68	19
邢台市											
邢台市本级	45	68112	983		77	432			105		18
桥东区审计局	8	16							23		11
桥西区审计局	10	322							21		12
南宫市审计局	21	1274	10						29		13
沙河市审计局	15	2246	46						37		21
邢台县审计局	15	443	73						32		10
临城县审计局	10	222	18						19		7

（续表）

审计机关	完成审计项目（个）	查出违规金额	应上缴财政	应减少财政拨款或补贴	应归还原渠道资金	应调账处理金额	移送司法、纪检监察部门处理（件）	建议有关部门处理（件）	出具审计报告和审计调查报告（篇）	提出审计建议（条）	撰写审计信息（篇）
内邱县审计局	7	13065	27			6400			27		9
柏乡县审计局	23	3423	69						23		8
隆尧县审计局	14	293	27			24			26		9
任县审计局	13	918	730		5	44			32		15
南和县审计局	13	1612	5	17	113	1224			18		9
宁晋县审计局	15	5760	1686						13		7
巨鹿县审计局	8	3317	39			50			16		9
新河县审计局	12	947	12			678			25		7
广宗县审计局	9	556	27		30	35			32		14
平乡县审计局	5	431							24		17
威县审计局	12	24976	7		102	6			21		16
清河县审计局	16	6062	19			8			34		19
临西县审计局	12	1539	12			297			25		8
邯郸市											
邯郸市本级	58	8857	4010	323	299	20491			58	57	110
丛台区审计局	11	179	6			173			11		
邯山区审计局	14								14	25	
复兴区审计局	14	583	550			30			14	24	1
峰峰矿区审计局	18	2231	7			995			18	5	
武安市审计局	29	613	10		676	28305			29	31	
邯郸县审计局	19	381	17		2				19	2	
临漳县审计局	8	553	1						8		
成安县审计局	17	1224	36						17	14	
大名县审计局	12	5	2						12	25	11
涉县审计局	22	49	6						22	15	
磁县审计局	19	3695	43						19	66	
肥乡县审计局	12	1050	28						12	15	
永年县审计局	17	1338	18						17	5	
邱县审计局	8	172	11						8		
鸡泽县审计局	11								11	17	
广平县审计局	12	60	9						12	17	2
馆陶县审计局	12								12		
魏县审计局	11	207	29						11	25	
曲周县审计局	14	152	11						14		

山西省

【山西省审计厅】　2010 年，山西省审计厅人员编制 353 人（公务员 181 人；事业单位 172 人），在编 315 人（公务员 183 人；事业单位 132 人），领导职数 9 名。设有办公室、法规处、财政审计处、金融审计处、行政事业审计处、企业审计处、农业环保审计处、社会保障审计处、经济责任审计处、投资审计处、外资运用审计处、人事教育处、离退休人员管理处、机关党委、督查处、审计计划管理处、发展计划审计处、经济贸易审计处、政法审计处、经济执法审计处、农林水审计处、科技文化审计处、建设交通审计处、人事劳动民政审计处、旅游外事审计处、党群审计处、资源环保审计处、教育卫生审计处、税费征管审计处。直属事业单位 7 个：审计科学研究所、审计计算机技术中心、机关后勤服务中心、审计干部培训中心、审计业务指导中心、审计人力资源中心、政府投资项目审计中心。

领导成员

厅　　长：郝志远

副 厅 长：郝素珍　高爱平　姚宪华

总审计师：杨光照

纪检组长：任建平

巡 视 员：王维荣

副巡视员：孙权孝　张　涵

审计成果　全省审计机关审计和审计调查单位 4900 个，查出违规金额 193.46 亿元，损失浪费金额 3.98 亿元，损益不实金额 43.81 亿元，为各级财政增加收入 60.28 亿元。移交司法、纪检监察机关及主管部门查处案件 363 件，涉及 185 人，涉及金额 3576 万元。审计建议得到各级政府和有关部门采纳 3885 条，审计专题报告、综合报告和信息简报得到各级领导批示采用 2495 次，其中得到省委、省政府领导批示 85 次。

预算执行审计　开展了省财政、国土、发改委等 17 个部门及所属预算单位的审计，共查出违规金额 41.81 亿元，发现财政资金征收、管理、使用等 17 个方面的问题，移交司法、纪检监察机关及主管部门查处案件 105 件，涉及 102 人，涉及金额 3359 万元。针对审计发现的问题，从完善体制、健全制度、改进管理的治本高度向省政府提出了进一步加强和改进预算管理，增强预算的完整性，细化预算，提高预算执行效率等 6 个方面的建议，全部得到省政府采纳。7 月 14 日，郝志远厅长受省人民政府委托向省十一届人大常委会第十七次会议作了《关于 2009 年省本级预算执行和其他财政收支的审计工作报告》。省人大常委会给予高度评价，要求省人民政府高度重视审计工作报告反映的问题，责成有关部门认真整改。省审计厅依法积极履行职责，对各有关地方和部门的整改工作开展督促检查。截至 12 月底，省人民政府及各有关部门单位已制定了 30 项相关的管理制度和办法，已补征补缴预算内外收入 39.43 亿元，下达应拨未拨的财政资金 9961.38 万元，促进配套资金到位 2.12 亿元，归还原渠道资金或调整账务 3669.68 万元，移交处理的案件已结案处理 30 件 23 人。省人民政府领导同志向省人大常委会作了关于审计发现问题整改情况的报告，省人大常委会对整改情况表示满意。

财政决算审计　省审计厅直接对大同、朔州、忻州、长治、晋城、运城 6 个市和部分县（市、区）2008 年、2009 年财政决算进行审计。查出未按规定征收、缴纳财政收入 34.65 亿元，隐瞒转移截留财政收入 20.04 亿元，财政核算不实 6.51 亿元，违规改变资金用途 10.5 亿元等问题，通过审计促缴财政 21.39 亿元。为规范财政收支行为，严格财经法纪，维护国家政令统一发挥了重要作用。

固定资产投资审计　统一组织各级审计机关完成对扩内需新增 321 个投资项目、2488 个中小学校舍安全工程审计和联合检查。开展对山西大剧院、山西省科技馆等省城 8 大工程，对口援建四川省茂县灾后恢复重建项目，玉树、舟曲救灾和灾后重建资金物资进行跟踪审计调查以及忻州至阜平等 3 条高速公路在建审计，省博物院等两个重点工程的竣工决算审计。审计及检查发现工程审批程序和建设管理方面存在问题涉及 762 个项目，违规金额 13.2 亿元，资金管理和投资控制方面存在的问题涉及 122 个项目，违规金额 10.84 亿元。针对发现问题从体制、机制上分析问题原因，提出严格履行各项建设程序，规范招投标制度，建立健全政府投资项目监督管理长效机制等6方面的建议，有效发挥了审计的建设性作用。

组织全省各级审计机关对11个市119个县9363个行政村村级组织活动场所建设项目进行跟踪审计，审计结果得到好评，为保证村级组织活动场所工程建设顺利推进发挥积极作用。

专项资金审计　结合预算执行审计，开展对煤炭可持续发展基金、煤矿安全改造资金、全省节能和淘汰落后产能专项资金、土地开发整理专项资金、环保专项资金、全省应急水源工程专项资金、卫生专项资金、保障性住房建设资金、城市和农村最低生活保障资金、11所高等学校建设情况等15项专项资金的审计和审计调查，跟踪检查资金的筹集、管理、使用和绩效状况，发现和查处省市两级欠缴保险基金、闲置或挤占挪用专项资金1.43亿元，水源工程、保障性住房、新农合建设项目省市县配套资金不到位、项目建设进度慢及侵占群众利益等问题，有针对性地提出审计建议。

开展全省2008年、2009年度水资费征缴管理情况的审计，共审计省、市、县三级征收单位131个、水资源费缴费单位1311个，查出违纪金额94325.45万元，在审计期间督促征缴水资源费6546.07万元。提出完善水资源费征收管理法规、统一全省水资源费上缴渠道等建议。

企业和金融审计　开展中央和省属国有企业自办学校和公安机构移交地方补助资金及山西煤炭运销集团公司等4家企业的审计和审计调查。发现违规经营、隐瞒转移收入等问题金额11.23亿元，督促上缴财政2295万元，挽回损失3110万元。

组织全省审计机关开展了省信用联社财务收支审计、全省113户农村信用联社2008年、2009年资产负债损益审计。发现少计收入，损益不实，投资论证不够，投资决策程序不规范等问题。

外资运用和政府债务审计　根据审计署授权，开展11个国外贷援款项目公证审计和审计署统一安排的省级主权外债情况审计，通过审计，为评价外资利用绩效，促进利用外资项目加强管理，提高资金使用效益，扩大对外开放发挥了重要作用。

统一组织对2009年全省县级以上136个融资平台单位及财政、交通、城建等8个部门的政府性债务情况进行审计调查。摸清了地方政府性债务余额的总体情况、债务构成、债务资金部门和领域使用分布情况。揭示和反映了政府性债务规模、管理监督方面应引起重视的一些问题，提出了加强政府债务管理、防范财政潜在风险等建议。

经济责任审计　根据省经济责任审计领导小组安排，省审计厅开展了31名党政领导干部和企事业单位领导人员的任期经济责任审计（其中：市长6名、厅局长16名、事业单位负责人5名、企业领导人员4名），任中审计占到87%。在审计工作安排上，把6名市长经济责任审计与市级财政决算审计相结合，8名省直部门领导干部经济责任审计与部门预算执行审计相结合，通过创新审计组织方式和方法，有效整合审计资源，实现了“一次进点，两个报告”，增强了审计成果的时效性。通过审计，全面了解了有关地方、部门和企事业单位主要领导干部在经济社会发展、执行国家有关法律和政策、作出经济决策和实施经济管理、实施重大建设项目等方面履行职责的基本情况和主要业绩，揭示了工作中存在的突出问题，对今后改进工作，实现科学发展提出有针对性的建议。

相关工作　组织力量参加了全省煤焦领域反腐败专项工作、省纪委、省监察厅牵头组织的全省工程建设领域突出问题专项治理检查和中小学校舍安全改造工程专项检查，与财政、纪检监察等有关部门密切配合开展了清理“小金库”工作，参与了省财政厅牵头的强农惠农资金专项清查、省纪检委安排的全省农村基层党风廉政建设工作。根据安排，选派审计人员参加审计署对联合国维和行动、非盟驻索马里维和特派团支助项目、联合国日内瓦办事处、联合国西亚经济社会委员会项目的审计，按时圆满完成审计任务，为中国审计机关和审计人员树立了良好形象。

（撰稿人：郑钰卿）

【太原市审计局】　2010年，太原市审计局人员编制143人，在编124人。局长戴天，副局长牛耀岐、苗五保、晋志平、李德明、杨玲，总审计师李贵生，纪检组长柳庆元。设有办公室、人事教育处、法制处、财政审计处、金融审计处、行政事业审计处、农业环保审计处、工商企业审计处、社会保障审计处、外资运用审计处、政府投资项目审计分局、经济责任审计分局、开发区审计分局、园区审计分局、党群审计处、文教科卫审计处、社会和经济发展审计处、经贸审计处、城建审计处、政法审计处、机关党委、纪检监察和离退休人员管理处；事业单位为机关后勤服务中心和计算机技术中心。

审计成果 审计单位 72 个，查出违规金额 55163 万元，其中应上缴财政 18533 万元，应归还原渠道资金 4606 万元，应自行纠正金额 440685 万元；已上缴财政 18533 万元，已归还原渠道资金 4606 万元，已自行纠正金额 440685 万元；移送司法机关、纪检监察部门处理事项 49 件，建议有关部门处理事项 35 件。提交审计工作报告、信息 272 篇，被采用 52 篇。

财政审计 审计财税等 38 个部门和其所属 131 个单位，查出应缴未缴财政专户，截留、挤占、挪用专项资金等违规金额 23196 万元，管理不规范金额 138013 万元。针对存在的问题，审计进行分析研究，提出了审计建议。提交的审计工作情况报告受到市人大的充分肯定。还开展对古交、清徐等 7 个县区 2008～2009 年度的财政决算审计，为进一步深化财政管理体制，维护财政经济秩序，保证国有资产安全完整，提高财政资金使用效益发挥了应有的作用。

专项资金审计（调查） 完成对地方政府债务，土地开发整理专项资金，应急水源工程、汾河流域生态环境修复与保护专项资金使用情况，保障性住房建设资金使用情况，中央扩大内需新增投资项目实施情况，全省城市、农村最低生活保障资金及福利彩票公益金分配管理使用情况等 15 项专项审计和审计调查，共查出违规金额 1623 万元，管理不规范金额 24291 万元。

社会保障审计 对太原市本级及十县（市）区青海玉树地震和甘肃舟曲特大泥石流地质灾害救灾资金、物资捐赠情况开展跟踪审计，促进了救灾款物筹集、拨付、管理、分配、使用的安全完整、规范有效，公开透明。

固定资产投资审计 围绕政府投资热点，对祥云桥、南中环桥、南内环桥改造、滨河西路南延工程（“三桥一路”）等 4 项与全市经济建设密切相关的政府重大投资项目继续进行全程跟踪审计工作。并组织市、县两级审计力量对太原市中小学校舍安全工程实施情况进行阶段性审计或审计调查，促进项目的按期完成和专项资金的规范使用，提高资金的使用效益。

经济责任审计 按照“统一组织，分级实施，加强管理，提高质量”的方法，对原市劳动和社会保障局局长胡德照、原市人事局局长任书文等 11 名领导干部任职期间履行经济责任情况进行审计，查出违规金额 24 万元、管理不规范金额 689 万元。

企业审计 对并州饭店和晋阳饭店资产、负债、损益情况进行审计。查出虚增资产 276 万元、虚减资产 813 万元、虚增负债 352 万元等问题。

金融审计 对古交、娄烦、清徐、阳曲四户农村信用合作联社 2008 年、2009 年度资产负债损益情况进行审计，查出违纪违规金额 12.56 亿元。

（撰稿人：张俊庆）

【大同市审计局】 2010 年，大同市审计局人员编制 102 人，在编 117 人，工勤人员 10 人。局长康巨文，副局长郭生明（—1 月）、李恒（—1 月）、曹锦、王勇，总审计师计学勤，纪检组长石文泽。设有办公室、财政审计科、金融审计科、行政事业审计科、工商企业审计科、经济责任审计科、社会保障审计科、固定资产投资审计科、农业环保审计科、外资运用审计科、政法审计科、经济执法审计科、发展计划经济贸易审计科、农林水审计科、科教文卫审计科、城建交通审计科、党政群审计科、法规科、人事教育科、机关党委办公室、监察室。

审计成果 大同市审计局完成审计（审计调查）项目 89 个，查出主要问题金额 40.4 亿元，其中应上缴财政 2.4 亿元，已上缴财政 2.39 亿元，应归还原渠道资金 2892 万元，已归还原渠道资金 2522 万元。应调账处理金额 1.9 亿元，已调账处理金额 1.88 亿元，核减投资额 1.79 亿元。出具审计报告和报送审计调查报告 87（篇），提出审计建议 184（条），采纳审计建议 181（条）。

财政审计 对大同市直 27 个主管部门及其所属单位的预算执行情况进行审计。依法出具审计报告 27 份，下达审计决定 3 份。通过审计，可增加财政收入 2521 万元。审计发现应收未收、应缴未缴财政收入，资产管理不善，财务核算不规范，专项资金支出管理不严，损失浪费等问题。完成对南郊区、开发区、大同县、浑源县、广灵县、灵丘县 2008 年至 2009 年财政决算审计，审计发现未按规定征收缴纳财政收入 22574 万元，财政收入核算不实 18617 万元，其他问题 97038 万元，其中应上缴财政收入 23486 万元。

金融审计 对大同市七县、二区 9 户农村信用联社及其下属的 71 户农村信用社 2008 年至 2009 年度的资产、负债、损益情况进行审计。对风险状况、盈利能力的审计发现，本市农村信用社产品结构相对单一，服务功能不够完善，停留在依赖存贷款增长，靠赚取存贷款利差的盈利模式。各县区联社发展很不平衡。审计发现的主要问题为：贷款形态反映不实，化整为零发放贷款，贷款“三查”制度执行不到位，无效抵押、无效担保。审计从体制、制度上提出有针对性的审计建议。

农业与资源环保审计 对大同市村级组织活动场所建设专项资金进行审计，审计表明：截至 2010 年 11 月底，市村级组织活动场所建设累计投入 8884 万元，完成项目 1036 个，房屋建设符合设计要求，布局合理，达到了“一室多用”的目标。审计中未发现挤占挪用、非法集资、强行摊派而增加乡村债务和农民负担的问题。

固定资产投资审计 对大同大学教学楼、科技实验楼、图书馆、体育馆、锅炉房工程、医学教学实验楼、公寓楼、零星工程项目及校区附属工程项目，对市委食堂、灵丘二条公路进行投资审计。工程原报结算 9.13 亿元，经审定结算 7.41 亿元，核减 1.71 亿元，核减率 18.54%。对 2008 年、2009 年中小学校舍安全工程进行跟踪审计。审计和审计调查投资总额 44024 万元。审定投资总额 36536 万元，审计核减投资 561 万元，提出审计建议 8 条。

社会保障审计 对大同市社会保险基金管理使用情况进行审计发现，大同市社会保险基金欠征严重。玉树地震抗震救灾资金物资审计结果表明：全市共接收救灾资金物资 1799.87 万元，其中：救灾资金 974.59 万元，物资折价 825.28 万元。救灾资金物资全部上缴有关部门。还完成对大同市 2009 年城乡低保资金和福利彩票公益金专项资金审计和甘肃舟曲救灾资金物资审计。

经济责任审计 对 22 名党政企业领导干部进行经济责任审计，查出各类违规金额 874 万元 。

专项资金审计（调查） 开展地方政府债务审计、旅游专项资金的管理使用及项目实施效益情况、保障性住房建设资金、土地开发整理专项资金、水资源费征收管理专项资金、污水处理厂及生活垃圾处理场地方建设资金、应急水源工程专项资金、中央扩大内需新增投资建设资金、节能项目、循环经济项目和淘汰落后产能项目节能补助资金等专项资金的审计和调查。其中水资源审计延伸市、县（区）缴费单位 287 个，审计期间收缴欠缴的水资源费 6071.2 万元，联合大同市水务局召开水资源费审计工作会议，为大同市今后水资源费的征收发挥了积极作用。

专项综合整治 2010 年，大同市审计局继续在土地、房地产、餐饮服务业开展打击偷逃税费综合整治工作，截至 2010 年 12 月，对 26 户房地产项目、17 宗土地项目、2 户商业餐饮企业、1 户电力企业进行税费检查。查出偷逃欠税费 5.01 亿元。

法制建设 2010 年，大同市审计局以创建“全省依法行政示范单位”为契机，加强审计法制建设。整章建制，进一步明确审计执法责任，完善审计组长责任制、审计复核和审计审理制等。9 月 26 日，山西省法制办公室对大同市审计局创建“全省依法行政示范单位”进行了检查验收，顺利通过检查验收。由于审计法制建设成效突出，12 月 7 日，大同市审计局局长康巨文在山西省委依法治省领导组召开的“山西省第二届十大法治人物”暨法治建设先进集体表彰大会上，荣获“山西省第二届十大法治人物”称号，同时被山西省劳动竞赛委员会授予“山西省五一劳动奖章”。

（撰稿人：徐景秀）

【朔州市审计局】 2010 年，朔州市审计局人员编制 48 人，在编 48 人。局长王勇，副局长李沛、张富新、谷如发、梁文晓，总审计师韩杰，纪检组长李华。设有办公室、财政审计科、金融审计科、经贸审计科、行政事业社会保障审计科、农业环保外资审计科、经济责任审计科、固定资产投资审计科、法规科、审计信息中心、建设项目审计监督中心。

审计成果　市本级完成审计项目 10 大类 83 项 234 个单位，查出违纪违规金额 99733.5 万元，核减项目投资 13791.64 万元，上缴财政 5000 万元。建议有关部门处理事项 39 件。提交审计工作报告、信息 292 篇，被各级采用转发 101 篇。

财政审计　开展了本级财政预算执行情况审计和三个县区的 2008～2009 年度财政决算审计，结合决算审计，完成了地方政府性债务审计调查。查出违纪违规金额 51857 万元，管理不规范金额 21168 万元，上缴财政 1722.4 万元。审计后从体制、机制方面分析了财政资金管理上的深层次问题，并提出进一步完善和深化财政体制改革，推进依法理财，加强财政监管等建议。

固定资产投资审计　市本级完成投资审计项目 38 个，特别是关注民生工程建设项目审计，对 16 个重点民生工程进行全过程、全方位的跟踪监督，送审总金额 78755.2 万元，核减投资 13791.6 万元，平均核减率达 17.5%。

农业与资源环保审计　市本级完成全市土地开发整理专项资金、市国土资源交易市场、地质博物馆建设项目资金和全市排污费征收使用等项目的审计和审计调查。审计查出违纪违规金额 5701 万元，管理不规范金额 3002 万元。

经济责任审计　市本级完成 18 位领导的经济责任审计。共查出各类违纪违规金额 33178.7 万元，管理不规范金额 9197.5 万元。

专项资金审计（调查）　市本级完成全市社保基金征收管理使用情况、市民政局预算执行情况和全市城市、农村最低生活保障资金、福利彩票公益金分配管理使用情况、全市保障性住房建设资金情况和全市 2008 年、2009 年度定点医保单位医保资金使用情况等审计。查出违纪违规金额 24.8 万元，管理不规范金额 8440.9 万元。审计披露了专项资金使用中存在的挤占挪用、虚报冒领及管理不严密、不规范等问题，并提出针对性建议 5 条，有效促进了惠民政策的落实。

（撰稿人：席胜国）

【阳泉市审计局】　2010 年，阳泉市审计局人员编制 50 人，在编 51 人。局长李润萍，副局长刘文军、张冬梅、张东明，总审计师彭乃良，纪检组长弓艾文。设有办公室、人事教育科、法制科、计划管理科、政策研究室、纪检组（监察室）、财政审计科、行政事业审计科、农业与资源环保审计科、固定资产投资审计科、金融审计科、企业审计科、社会保障审计科、外资运用审计科、经济责任审计科。下设两个事业单位：阳泉市审计局后勤服务中心、阳泉市固定资产投资审计咨询服务中心。

审计成果　阳泉市审计局完成审计项目 203 个，查出违规金额 155981 万元，其中应上缴财政 17214 万元；已上缴财政 1394 万元，已归还原渠道资金 410 万元。移送司法机关、纪检监察部门处理事项 2 件，建议有关部门处理事项 3 件。提交审计工作报告、信息 384 篇，被采用 143 篇。

财政审计　在对本级预算执行情况审计中，重点安排了国土、住建、环保、民政、社保、旅游等 10 个部门 38 个企事业单位的审计，开展涉及财政、住建、交通等 13 个行政事业单位国有资产收益情况的专项审计调查，全方位监督财政预算执行的质量和效果。揭示了部分预算安排不科学、预算执行不严格、预算管理不到位等问题，涉及金额 124020 万元，促进宏观财政政策的贯彻落实。

固定资产投资审计　开展了 30 个“中央扩大内需新增投资项目”、11 个“中小学校舍安全工程项目”、11534 套“保障性住房建设资金”和 7 个“污水处理厂和垃圾处理厂建设运营情况”的审计调查，揭示了项目建设中存在的不规范问题，提出了改进建议；对大连西路、狮垴山公园、热电联产管网等 9 个政府投资重点工程的全程跟踪审计，严格监督投资行为和资金使用情况；通过对 73 个投资项目的审计，共核减投资（结算）4357.67 万元。

社会保障审计　按照审计署、省审计厅关于“加强对玉树地震抗震救灾资金物资跟踪审计工作”的要求，对全市民政、红十字会、慈善总会、团市委接收的抗震救灾资金物资进行分阶段跟踪审计，严格监督救灾款物的筹集、缴纳、管理、使用情况。共审计救灾资金 688.79 万元、捐赠物资 45 万元，并及时在《阳泉日报》和阳泉新闻网发布了审计结果公告。

经济责任审计　完成 12 名领导干部的经济责任审计，查出各类违纪违规金额 4264 万元，其中领导干部应负主管责任的问题金额 3632 万元，应负直接责任的问题金额 632 万元。审计作出处理处罚，提出促进改革、强化管理的建议，发挥了促进权力规范运行的良好作用。

（撰稿人：张大鹏）

【长治市审计局】　2010 年，长治市审计局人员编制 98 人，在编 92 人。局长温秀成，副局长马宏斌、赵治兴、张国庆、江宏凌、车建科，总审计师苏庆吉，纪检组长牛恩毅。设有财政审计科、金融审计科、行政事业审计科、投资审计科、经贸审计科、农业审计科、外资审计科、社会保障审计科、办公室、计划管理科、人事教育科、老干部管理科、法规科、纪检监察室、督查科、党总支、工会、妇委会，另设有经济责任审计分局、固定资产投资审计中心、后勤服务中心（均为直属事业单位）。

审计成果　长治市审计局完成 4 大类 41 个审计项目的审计和审计调查，查出违规金额 24600 万元，其中应上缴财政 12064 万元，应归还原渠道资金 17519 万元，应调账处理金额 136164 万元；已上缴财政 10732 万元，已归还原渠道资金 15722 万元，已调账处理金额 136028 万元。移送司法机关、纪检监察处理事项 14 件，建议有关部门处理事件 8 件。提交审计工作报告、信息 235 篇，被采用 164 篇。

财政审计　审计（调查）单位 21 个，查出违规金额 8624 万元，其中应缴财政 5419 万元，已上缴财政 5419 万元。

行政事业审计　审计（调查）单位 15 个，查出违规金额 1902 万元，其中应缴财政 104 万元，已上缴财政 103 万元。

固定资产投资审计　审计单位 9 个，查出违规金额 727 万元，核减投资额 1445 万元。

经济责任审计　审计单位 15 个 15 人，查出违规金额 5468 万元，管理不规范金额 72 万元。

专项资金审计　审计单位 10 个，审计总金额 513872 万元，查出违规金额 6 万元，促进拨付资金到位 2271 万元。

（撰稿人：李建玲）

【晋城市审计局】　2010 年，晋城市审计局人员编制 79 人，在编 69 人。局长祁岩冰，副局长刘化珠、申秀英、王瑞祥，总审计师王建芳，纪检组长张海昌。设有办公室、人事科、法规科、财政审计科、固定资产投资审计科、经济责任审计科、工商企业审计科、金融外资审计科、行政事业审计科、社会保障审计科、农业环保审计科、经贸系统审计科、政法系统审计科、科教文卫系统审计科和审计稽查一所、二所、三所、四所、五所等职能科（室、所）。

审计成果　晋城市审计局完成审计项目 72 个，查出违规金额 92663 万元，其中应上缴财政 49316 万元，应调账处理金额 4322 万元；已上缴财政 42546 万元，已调账处理金额 3537 万元。提交审计工作报告、信息 46 篇，被采用 30 篇。

财政审计　分别对市本级 26 个单位 2009 年预算执行情况和 3 个县 2008 年、2009 年的财政决算进行审计。重点查处了收支不实、专项资金管理不严等问题，促进规范预算编制管理；重点关注各项财政改革措施的落实情况，促进规范财政管理，提高财政资金使用效益，保证财政预决算的严肃性、真实性和可靠性；重点检查揭露了隐瞒截留、漏征少征各项预算收入，违规分配使用预算资金和转移支付资金，国有资产流失及效益不高等问题，力促区域经济健康、协调、可持续发展。

金融审计　对全市 6 个县（市、区）农村信用联社 2008 年、2009 年度资产负债损益情况进行审计。在掌握基本情况的基础上，加大对贷款档案的抽查比例，加大对贷户的实地走访和调查。揭示了贷款形态分类不真实、违规放贷等问题，从加强信贷管理、规范财务核算、防范经营风险等角度提出审计建议。

社会保障审计　根据上级审计机关部署，对全市玉树地震抗震救灾物资资金和舟曲特大山洪泥石流灾害救灾资金物资进行跟踪审计。重点审核了承办单位是否及时将捐赠款物如数逐级上缴相关单位及专户，有无拖延、隐匿、挪用、浪费等问题，并督促有关部门及时上缴捐赠资金。

固定资产投资审计　组织开展全市中小学校舍安全工程和全市村级组织活动场所建设项目的定期跟踪审计和审计调查，对15个市级重点建设项目竣工决算进行审计。关注建设资金使用的真实性、合规性，积极探索对项目管理和综合效益进行分析评价，进一步提出改进建议，促使项目投资省、运转好、效益高。

经济责任审计　对12名县处级领导干部和3名国有及国有控股企业负责人进行经济责任审计。积极探索从审计财政财务收支入手，以责任履行和责任划分为重点，力求将合规审计与绩效审计融为一体，从政策执行、资金使用、资源利用和行政效能等诸多方面综合考虑其效益、效率和效果，以满足经济社会发展对经济责任审计的多方面需求。　（撰稿人：史晋雷）

【忻州市审计局】　2010年，忻州市审计局人员编制67人，在编66人。局长武恩良，副局长李锁奎、顾连宽、李进明、李月文，总审计师韩建柱，纪检组长郭海英。设有办公室、法制科、财政审计科、金融审计科、行政事业审计科、工商企业审计科、农业环保审计科、社会保障审计科、固定资产投资审计科、人事教育科、经济责任审计分局、监察室、外资运用审计科等职能科室。

审计成果　审计及审计调查66个单位，查出违规违纪金额289761万元，管理不规范金额82841万元，损失浪费金额224万元。应上缴财政和其他主管部门5260万元，应归还原渠道资金26万元，应调账处理金额1513万元，应自行纠正金额282962万元。通过审计，已上缴财政和其他主管部门3668万元，已归还原渠道资金26万元，已调账处理金额1164万元。移送纪检监察机关及有关部门2案3人，已处理2案3人。提交审计及审计调查报告68篇，被批示19篇（次）；撰写信息简报90篇，被各类媒体采用78篇（次）。

财政审计　实施了2009年度市本级预算执行情况和其他财政收支送达审计，并对全市土地开发整理专项资金、全市保障性住房建设资金使用情况、全市社保基金征收管理使用情况等10个联动项目进行专项审计与审计调查。对河曲、代县2008年、2009年度的财政决算进行审计，查出违纪违规金额16772万元。

经济责任审计　对18名县处级领导干部（县长7名，部门领导11名）进行经济责任审计。查出违纪违规金额101484.56万元，其中应负直接责任金额7561.7万元，应负主管责任金额43271.46万元，应负领导责任金额50651.38万元。

社会保障审计　完成青海玉树地震抗震救灾资金物资跟踪审计和甘肃舟曲特大山洪泥石流地质灾害救灾资金物资跟踪审计任务。

企业审计　对忻州药业（集团）有限公司、山西省忻州市医药公司及所属分公司资产、负债、损益情况进行就地审计，发现并查处了忻州药业（集团）有限公司原平分公司原经理李兰、职工张敏违规出售固定资产92.17万元、违规抵押国有资产、公款私存67.63万元等违规违纪问题。对全市2008年、2009年度的水资源费征收管理情况进行专项审计，追缴入库有关单位拖欠的水资源费1272.08万元。　（撰稿人：张海峰）

【晋中市审计局】　2010年，晋中市审计局人员编制66人，在编64人。局长荣贵，副局长冯思义、贾建华、杨彦红、张海涛，总审计师吕建萍，纪检组长张殿富。设有办公室、法制科、人事教育科、信息管理科、财政审计科、金融外资审计科、行政事业审计科、社会保障审计科、经贸审计科、农业审计科、固定资产投资审计科、经济责任审计科、监察室、后勤服务中心、经济责任审计中心、投资审计中心。

审计成果　晋中市审计局完成审计单位97个，查出违规金额211761万元，管理不规范金额801571万元，其中应上缴财政85016万元，应归还原渠道资金457万元，收缴罚没款1072.29万元。移交司法机关、纪检监察部门处理事项12件，移送主管部门处理事项7项。提交审计报告、信息198篇，被采用16篇。

财政审计　对20个部门开展预算执行审计，

重点审计了市财政局、市地税局、市国土资源局、市建设局等部门（单位）。

继续采取“上审下”的审计方式，对太谷等6个县（市）2008年、2009年财政决算情况进行审计；对榆次等5个县（区）进行财政收支审计。

金融审计 对全市12户农村信用社开展资产负债损益审计。审计查出违反财务管理制度、信贷操作规程及其他不规范金额292148.7万元，对严重违规问题进行了处理处罚，上缴财政（审计罚款）80万元。

固定资产投资审计 完成五项投资项目审计：全市中小学校舍安全工程跟踪审计，全市村级组织活动场所建设项目审计，晋中市财政局综合楼项目工程竣工工程决算审计，市交警大队车管政务大厅项目工程竣工工程决算审计，晋中市廉租房建设项目跟踪审计。

社会保障审计 完成全市“两保一优”专项资金审计；玉树、舟曲救灾物资审计情况。

经济责任审计 完成经济责任审计项目28个，共查出违纪违规金额39570.26万元，应负直接责任金额432.76万元，应负主管责任金额13980.7万元，应负领导责任金额25156.8万元。审计结果被各级政府利用和转化。

专项资金审计（调查） 在财政审计中完成了全市地方政府债务、社保基金、土地开发整理专项资金、保障性住房建设资金、旅游景区环境综合整治专项资金等10项专项资金（基金）审计和审计调查。 （撰稿人：董桂伶）

【临汾市审计局】 临汾市审计局人员编制49人，在编56人。局长王千良，党组书记苏新平（2010年2月—），副局长赵茂山、祁全保、郭安平，总审计师张百管，纪检组长周宁康。设有办公室、人事教育科、法规科、监察室、综合科、财政审计科、经济责任审计科、金融审计科、农业环保审计科、社会保障审计科、固定资产投资审计科、外资审计科、行政事业审计科、工商企业审计科。同时设经济责任审计和固定资产投资审计中心（属事业编制）。

审计成果 全年完成7大类99个项目170个单位的审计和审计调查，年初计划任务是98个单位，实际比计划多完成72个单位，超额完成计划的68.40%。审计查出违规金额271135万元，应增加财政收入37972万元，已增加财政收入37972万元，责令自行纠正金额125393万元。上报各种信息、审计报告814份，审计信息被各级媒体采用659篇。2009年获得“省级文明和谐单位”称号后，12月份又顺利通过了复查验收。

财政审计 审计一级预算单位33个，二、三级预算单位43个，同时完成10个项目的专项审计与审计调查。审计查出预算批复不完整、预算分配不规范等8类36个方面的问题。针对存在问题，从进一步加强预算管理、科学合理地编制预算；严格执行预算批复、统筹预算内外财力；规范财政国库管理、政府采购管理；强化专项资金分配使用的管理监督等六个方面提出审计建议。同时完成对襄汾县、曲沃县、侯马、临汾经济开发区2008～2009年度财政决算审计，查出违规违纪金额33162万元。揭露5大类40个方面的问题，提出整改建议12条，促进被审计单位整章建制，规范管理。

金融审计 对全市64个农村信用社资产负债损益审计，共查出违纪违规金额737008.44万元。其中揭露盈亏不实77052.33万元、异地贷款203666.41万元、贷款形态不实329868.90万元等9类问题。

行政事业审计 重点安排了关系群众切身利益的最低生活保障金、福利彩票公益金分配管理使用、社保基金征收管理使用等项目审计，涉及8个单位，同时还对市第一人民医院、第三人民医院、第四人民医院以及邮政局的财政财务收支情况进行审计。查出医院违规收费、未招标采购医疗器械、违规集资、固定资产未入账等5个方面的问题，向被审计单位和主管部门提出4条建议。

固定资产投资审计 对集中供热、锣鼓大楼、汾河公园等15个政府投资重点工程项目进行跟踪审计，计划审计项目8个，实际完成15个，超额完成7个。投资审计总金额14.6亿元，核减项目资金1.743亿元，核减率达11.9%。根据市政府安排，对在建的保障型住房项目进行跟踪审计，对已完工的保障型住房项目进行决算审计。临汾市审计局在重点工程跟踪审计中，严格依法审计，深入揭露问题，有针对性地提出整改建议，现场督促整改，通过审计监督，保证了工程项目资金安全完整有效。

经济责任审计 完成6个县长、1个局长和8个法院院长以及13个市直部门和单位的局长（主任）离任经济责任审计，审计查出主管责任问题金额1.55亿元，领导责任问题金额1.075亿元。审计共揭露虚列支出，隐瞒截留财政收入，违规收费、违规摊派、违规分配财政资金，违规使用专项资金，滥发补助，招待费超支等10大类违纪违规问题。

专项资金审计（调查） 对地方债务、全市节能和淘汰落后产能以及循环经济专项资金的管理使用和效益情况进行审计调查。根据省审计厅安排对第一批扩内需新增投资项目进行专项审计调查。全市共涉及新增项目640个，审计调查45个。根据审计项目计划安排，对全市271个中小学危房改造项目进行专项审计调查，查出配套资金不到位、未落实减免政策等7个方面的问题，向主管部门提出5项建议。对市直和全市17个县市水资源费进行审计，进一步规范了水资源费征收管理。 （撰稿人：鲁双成 王志义）

【运城市审计局】 2010年，运城审计局人员编制57人，在编71人。局长王吉海，副局长侯曙光、王乐乐、陈立定、王凌，总审计师李乃胜，纪检组长孙银虎（—2月）、杨平（2月—）。设有办公室、人事科、法制科、监察室、综合科、财政科、金融科、投资科、农业科、行事科、科教文科、社保科、外资科、企业科、经责科等职能科室，下设两个自收自支事业单位：信息中心、咨询所。

审计成果 全市审计机关共审计单位667个（其中，审计调查130个），查出违纪违规金额84709万元，其中应上缴财政2019万元，应归还原渠道资金1225万元，应调账处理金额8631万元，应自行纠正金额2647万元；已上缴财政2000万元，已归还原渠道资金1152万元，已调账处理金额5159万元，已自行纠正金额1056万元，核减工程投资额5087.86万元；移送司法机关、纪检监察部门处理事项32件，建议有关部门处理事项33件。提交审计工作报告、信息782篇，被采用366篇；提出审计建议749条，被采纳389条。运城市审计局荣获全市“五一劳动模范集体”荣誉，垣曲、河津、盐湖区审计局局长分别被评为省、市“五一劳动模范个人”。

财政审计 市本级安排对财政、地税、发改委等22个预算执行部门和永济、临猗、芮城、闻喜、稷山、新绛等6个县（市、区）财政决算及风陵渡开发区2009年度财政财务收支审计，查出违规金额55313万元，管理不规范金额61982万元。

金融审计 根据省审计厅授权，组织开展了县级和基层农村信用社2008～2009年资产负债损益情况审计，重点揭示信用社发展动力、合规经营和风险防控机制方面存在的问题，全市查出两年违规金额共12.74亿元，审计认定税后利润总额为1.38亿元，移交主管单位30起案件线索。

经济责任审计 全年完成169个领导干部的经济责任审计，其中，党政领导干部111人，事业单位领导干部57人，企业领导干部1人。审计总资金33.4亿元，查出违纪违规金额26515.91万元，其中，被审计单位领导干部负直接责任金额9234.56万元，负主管责任金额3823.19万元，负领导责任金额13458.16万元。市本级完成21人的经济责任审计，其中，县委书记1人、县长1人、县处级14人、事业单位领导干部5人。

（撰稿人：景 磊）

【吕梁市审计局】 2010年，吕梁市审计局人员编制51人，在编48人。局长卫成印，副局长贾桥、高博、张林生，总审计师王建平，纪检组长王荣金。设有办公室、人事科、法制科、财政审计科、金融经贸审计科、行政事业审计科、社会保障审计科、固定资产投资审计科、经济责任审计科、农业与资源环保审计科、外资运用审计科、监察室、督察室、工会、妇工组等职能科室，另设有审计审理复核中心、网络管理中心（均为直属事业单位）。

审计成果 全市完成审计和审计调查636个单位，审计总金额5145210万元。审计查出违规金额86864万元，管理不规范金额165628万元，审计决定收缴1204万元，已收缴131万元；对党政领导干部实施经济责任审计 103 名；审计核减工程决算金额 1756 万元；警告和通报批评 76 个单位和 19 人，移送纪检监察及有关部门 42 案，查处 55 个单位和 13 人。共出具审计报告 490 份，下达审计决定 353 份，完成审计综合报告 37 份，提出审计建议 880 条。

财政审计　预算执行审计和审计调查 99 个单位，审计资金总额 458482 万元，查出各类违规违纪金额 8774 万元，管理不规范金额 22341 万元，可增加财政收入 1204 万元。组织对离石、中阳等 7 个县（市、区）2008 年、2009 年度的财政决算审计，共审计和延伸审计 27 个部门、单位及下属单位，审计资金总额 744431 万元，查出各类违规违纪金额 6858 万元，管理不规范金额 778 万元。

专项资金审计　审计和审计调查 206 个单位，审计和审计调查资金总额 660337 万元，查出各类违规违纪金额 9257 万元，管理不规范金额 26040 万元。

固定资产投资审计　审计和审计调查 55 个单位，审计总金额 38296 万元，查出各类违规违纪金额 419 万元，管理不规范金额 6100 万元，审计核减工程款 1756 万元。

经济责任审计　完成了 103 名党政领导干部的任期经济责任审计，其中县级领导干部 11 名，乡科级领导干部 92 名。

金融审计　审计和审计调查 8 个单位，审计总金额 4159346 万元，查出各类违规违纪金额 55752 万元，管理不规范金额 85892 万元。

行政事业审计　审计和审计调查单位 98 个，查出各类违规违纪金额 2767 万元，管理不规范金额 835 万元。

企业审计　审计和审计调查单位 10 个，查出各类违规违纪金额 214 万元，管理不规范金额 216 万元。

审计宣传　各县（市、区）审计机关、市局各业务科室共报送信息 371 条，《吕梁审计信息》编发 51 期共 72 条，《吕梁审计信息（专报）》编发 8 期共 8 条。被《山西审计》采用 7 条，《吕梁日报》采用 5 条。　（撰稿人：汪甘霖）

2010 年山西省所辖区、县（市）级审计工作统计表

金额单位：万元

审计机关	完成审计项目（个）	查出违规金额	应上缴财政	应减少财政拨款或补贴	应归还原渠道资金	应调账处理金额	移送司法、纪检监察部门处理（件）	建议有关部门处理（件）	出具审计报告和审计调查报告（篇）	提出审计建议（条）	撰写审计信息（篇）
太原市											
太原市本级	72	55163	18533		4606			49			
杏花岭区审计局	37	1786	11						2		1
小店区审计局	33	498	12						19		
迎泽区审计局	29	1467	768			699			16		8
尖草坪区审计局	17								7		
万柏林区审计局	47	2256	11		7	121			34		10
晋源区审计局	29	171	3						15		8
古交市审计局	35	684	8		85	85			4		1
清徐县审计局	30	98	98						33		6
阳曲县审计局	74	255					1		7		
娄烦县审计局	33	9576	8224						13		8
大同市											
大同市本级	89	51676	24041	826	2892	19087			87		

（续表）

审计机关	完成审计项目（个）	查出违规金额	应上缴财政	应减少财政拨款或补贴	应归还原渠道资金	应调账处理金额	移送司法、纪检监察部门处理（件）	建议有关部门处理（件）	出具审计报告和审计调查报告（篇）	提出审计建议（条）	撰写审计信息（篇）
城区审计局	12								12		
矿区审计局	54	229							54		
南郊区审计局	15	6657	12326						14		
新荣区审计局	36	79							36		
阳高县审计局	16	2401	18		6				59		
天镇县审计局	19	264	15						37		
广灵县审计局	25	34	20			2571			36		
灵丘县审计局	4	2017	5		311				82		
浑源县审计局	18		2						35		
左云县审计局	9								9		
大同县审计局	101								101		
朔州市											
朔州市本级	234	99733.5	5000	25038	32363	37332.5	39		292		101
朔城区审计局	72	11570	79	4139	3150	3212		5	57		34
平鲁区审计局	184	12396.3	7300	2109	1569	1414.3			162		15
山阴县审计局	92	7451.8	1129.6	4946	638.4	737.8			68		3
应县审计局	102	2982.7	64	1088	996.7	834		12	150		25
右玉县审计局	35	7596	27.8		860	1760			33		4
怀仁县审计局	22	822	12.7	532	153.3	124			30		
阳泉市											
阳泉市本级	203	155981	17214		410		2	3	384		143
城区审计局	20	114					1		35		6
矿区审计局	111	1462	89		19	91			20		6
郊区审计局	9	31712	4746						34		23
平定县审计局	68	16965	3463		9067	2242			107		17
盂县审计局	59	41630	443			5307	1		167		54
长治市											
长治市本级	53	24600	12064		17519	136164	14	8	235		164
城区审计局	34	5946	38				41		96		102
郊区审计局	164	64000	2472				5		75		45
潞城市审计局	38	5988	5		16	20		1	54		26
长治县审计局	85	35706	127					6	208		167
襄垣县审计局	169	5975	153	300.47	132		26		41		52

（续表）

审计机关	完成审计项目（个）	查出违规金额	应上缴财政	应减少财政拨款或补贴	应归还原渠道资金	应调账处理金额	移送司法、纪检监察部门处理（件）	建议有关部门处理（件）	出具审计报告和审计调查报告（篇）	提出审计建议（条）	撰写审计信息（篇）
屯留县审计局	71	19000	470		11030	5500	26	12	185		160
平顺县审计局	35	5332	258				8	16	455		315
黎城县审计局	128	13534	78.2				2	3	106		89
壶关县审计局	50	8233	15		163		12	12	115		95
长子县审计局	43	1480	66		479		29	5	73		58
武乡县审计局	31	26429.7					28	108	73		53
沁县审计局	38	265	98	117			3		44		4
沁源县审计局	64	4581	1033		297	8063	37		98		83
晋城市											
晋城市本级	72	92663	49316		1	4322			118		73
城区审计局	28	2944	5			790			47		26
高平市审计局	65	20312	1256		961	1691			112		62
泽州县审计局	24	20941	277			32			44		19
沁水县审计局	53	37895	39	139	37048				91		64
阳城县审计局	67	19578	193		1787	3219			98		49
陵川县审计局	52	1345	31		90	26			79		43
忻州市											
忻州市本级	66	289761	5260		26	1513	1	1	158		97
忻府区审计局	9	11822	15		14	20			20		6
原平市审计局	196	31365	509		7	7588		2	208		25
定襄县审计局	40	18785	93			5447			63		8
五台县审计局	36	17777	59		1598				44		20
代 县审计局	15	3727	8		358	1			23		2
繁峙县审计局	28	10185	5						29		29
宁武县审计局	22	19882	1050		23	3			29		10
静乐县审计局	15	8950	60		560				20		5
神池县审计局	32	12056	1			1			7		7
五寨县审计局	14	8601	33						45		39
岢岚县审计局	19	2415	5						27		19
河曲县审计局	37	42913	5231			210			89		31
保德县审计局	13	2839	39			2839			29		28
偏关县审计局	19	13427	940	517	766	174			36		9
晋中市											
晋中市本级	97	211761	85016		457	14	12	7	198		16
榆次区审计局	19	1891	13			11			21		12

（续表）

审计机关	完成审计项目（个）	查出违规金额	应上缴财政	应减少财政拨款或补贴	应归还原渠道资金	应调账处理金额	移送司法、纪检监察部门处理（件）	建议有关部门处理（件）	出具审计报告和审计调查报告（篇）	提出审计建议（条）	撰写审计信息（篇）
介休市审计局	58	37967	166				7		96		41
榆社县审计局	69	731	5						64		5
左权县审计局	87	10317	7768		17	4322		8	87		
和顺县审计局	30	44382	66.6						159		15
昔阳县审计局	53	1668	551						53		
寿阳县审计局	129	3563	70				2		164		15
太谷县审计局	19	7201	6503		17	17			43		
祁县审计局	81	2183	11						127		14
平遥县审计局	64	3849	80				3	3	79		23
灵石县审计局	24	29537	140			22		2	42		8
临汾市											
临汾市本级	170	211135	37972						814		659
尧都区审计局	77				416	11			50		55
侯马市审计局	239	9114.07	22.71				3	5	96		124
霍州市审计局	61	9866	1121		1671	1562			61		35
曲沃县审计局	66	6345	832		342	616		2	280		195
翼城县审计局	56	3521	253			25	1		31		31
襄汾县审计局	92	4339	66						163		81
洪洞县审计局	34	18070	20		32	484			83		24
古县审计局	53	7477			243				155		76
安泽县审计局	61	9866	1121		1671	1562			61		35
浮山县审计局	80	2795.23	1431.62		17.67	1079.13			125		65
乡宁县审计局	31	9894	638	4972					66		51
运城市											
运城市本级	116	15281	1456.55			4764			156		39
盐湖区审计局	40	839	16				6		75		41
永济市审计局	31	17898	64		127				49		12
河津市审计局	119	15762	228.06				9	25	181		90
芮城县审计局	42	2658	18		83	11	1		63		45
临猗县审计局	85	5033	27	703	384	3282	15		99		22
万荣县审计局	59	2181	8		197	1			97		13
新绛县审计局	42	2153	25.5		362			4	70		47
稷山县审计局	43	1471	31		72	562			67		10

（续表）

审计机关	完成审计项目（个）	查出违规金额	应上缴财政	应减少财政拨款或补贴	应归还原渠道资金	应调账处理金额	移送司法、纪检监察部门处理（件）	建议有关部门处理（件）	出具审计报告和审计调查报告（篇）	提出审计建议（条）	撰写审计信息（篇）
闻喜县审计局	98	3168	120	410		11			200		21
夏县审计局	97	5866.48	7.99				1	1	136		13
绛县审计局	63	1092	16.9						242		129
平陆县审计局	90	5180							86		36
垣曲县审计局	102	6127		575				3	149		15
吕梁市											
吕梁市本级	42	13071	773		149		1	14	140		62
离石区审计局	74	561	10				1	5	133		2
孝义市审计局	20	42	8						105		2
汾阳市审计局	20	254	254						20		
文水县审计局	63	3022	18						57		5
中阳县审计局	33	1449	24						35		2
兴县审计局	27	24			14				31		
临县审计局	76	1901	18	44			1	2	183		4
方山县审计局	73	2184	4			7	4	1	53		2
柳林县审计局	101	4482	31						131		5
岚县审计局	14	151	1				1	19	100		5
交口县审计局	30	295	19				1		18		2
交城县审计局	31	2967	15						94		2
石楼县审计局	32	3622	29				1		36		2

内蒙古自治区

【内蒙古自治区审计厅】 2010 年，内蒙古自治区审计厅（以下简称审计厅）共设行政编制 152 人，其中厅机关行政编制 120 人，驻海拉尔、赤峰审计处行政编制 32 人，厅机关事业编制 46 人；行政在编 112 人，驻海拉尔、赤峰审计处行政在编 32 人，厅机关事业在编 42 人。厅机关设有办公室、人事教育处、机关党委、纪检组、调研室、法制处、离退休人员工作处、财政审计处、行政事业审计处、金融审计处、农业与资源环保审计处、经贸审计处、固定资产投资审计处、政府投资审计处、外资审计处、社会保障审计处、党政领导干部经济责任审计处、企事业单位领导经济责任审计处、派出审计一处、派出审计二处、审理处；审计厅派驻机构：内蒙古自治区审计厅驻赤峰审计处、内蒙古自治区审计厅驻海拉尔审计处；审计厅下设直属事业单位：审计科研培训中心、机关事务服务中心、审计信息与计算技术服务中心、内部审计管理中心。

领导成员

厅　　长：长　江

副 厅 长：王月胜　孙德志　吕靖原

总审计师：郭少华

纪检组长：王玉璋

经济责任审计局局长：靳素平

巡 视 员：赵慧容（—12 月）

副巡视员：千梅海　刘文磊（9 月—）

审计成果　2010 年，自治区全区审计机关共审计 5022 个单位，审计调查 1652 个单位。审计查出违规金额 145.3 亿元，损失浪费金额 5177 万元，已归还原渠道资金 10.7 亿元，已收缴财政 14.9 亿元，减少财政拨款或补贴金额 3.8 亿元，核减投资（结算）额 20.3 亿元，挽回或避免损失 1.8 亿元。移送司法、纪检监察机关案件 24 件，涉及 9 人，涉案金额 3.05 亿元；移送其他部门处理案件 17 件，涉及金额 29.6 亿元。上报审计专题报告、信息 6459 篇，经自治区党委、政府批示、批转、采用 3439 篇：其中自治区党委书记、自治区纪检委书记、自治区党委常委、副书记、自治区政府副主席等领导多次作出重要批示，并多次以自治区党委办公厅、政府办公厅文件形式将审计厅《审计综合报告》批转全区执行。审计组提出审计建议 4049 条，被审计单位采用并制定出整改措施 155 项，促进被审计单位建立健全财务管理规章制度 73 项。先后向社会公告：内蒙古自治区审计厅长江厅长同志在自治区十一届人大常委会第十六次会议上作的《关于 2009 年自治区本级预算执行和其他财政收支的审计工作报告》、自治区十一届人大常委会第十六次会议对《关于 2009 年自治区本级预算执行和其他财政收支的审计工作报告》的审议意见、内蒙古自治区审计厅审计《11 个国外贷援款项目 2009 年度公正审计结果》等审计结果 36 项。

财政审计　全区财政预算执行审计 825 个单位，审计调查 228 个单位，审计查出违规金额 76 亿元，管理不规范金额 47.3 亿元，应上缴财政 41.5 亿元。财政决算审计 238 个单位，查出违规金额 5.1 亿元，管理不规范金额 3.7 亿元。

3～10 月，还组织全区本级、盟市、旗县三级审计机关开展政府性债务和财政收入质量审计调查。审计中还关注到财政支出结构优化情况、综合预算改革情况以及土地财政等问题，并从体制、机制和制度等方面提出 5 条建议。上述审计调查，引起了自治区党委、政府领导的高度重视，自治区党委书记将两个审计调查报告批示自治区党委各位常委传阅，自治区政府副主席对此也作了重要批示，要求将政府性债务审计调查报告全文转发全区。

固定资产投资审计　全区固定资产投资审计 1269 个单位，审计调查 76 个单位，审计查出违规金额 19.5 亿元、管理不规范金额 16 亿元、应上缴财政 4529 万元、应减少财政拨款或补贴 3.8 亿元。组织东部五个盟市审计机关对五个盟市 2007～2009 年污水处理及配套管网、垃圾处理项目进行审计，审计中把对该项目的经济效益、社会效益、环境效益进行评价作为工作重点，通过对该项目进行综合评价，发挥审计在促进节能减排措施落实以及环境保护方面的建设性作用。

金融、外资运用审计　全区审计机关审计或审计调查金融机构 5 个，查出了一些违规和管理不规范等问题。同时对内蒙古、包头、鄂尔多斯、乌海四家地方商业银行进行审计调查。发现在法人治理不完善、信贷管理、财务管理、风险管理上存在一些问题。审计机关提出改进意见，为促进地方商业银行可持续发展起到积极作用。在跟踪审计常规外资运用项目的同时，为项目及时出具了公证审计报告。

专项资金审计　（1）全区三级审计机关普遍开展了全区农村牧区低保资金审计，查出低保资金发放不及时、不足额、被挤占挪用、公款私存私放、违规发放、应保未保、执行公示制度不到位等违规违纪金额 1.1 亿元。

（2）开展全区农村牧区新型合作医疗基金（简称新农合基金）审计调查，查出重复参合参保，定点医疗机构超标准收费和药品加价高，资金管理使用不规范等问题，并提出加强管理的审计建议。

（3）组织全区三级审计机关两次对全区有关青海玉树地震救灾资金和物资的筹集、分配、拨付、管理情况进行审计。

（4）对自治区校舍安全工程资金进行审计，审计中发现资金拨付不及时，被挪用、超限额使用现金支付，工程重建项目超范围、超规模，报批手续滞后、进展缓慢、资金到位率低等问题。对审计发现的问题，分别进行了处理。

（5）对全区农村牧区饮水安全工程资金进行审计和审计调查，掌握了资金的管理使用情况，查出了工程立项调查不充分、工程进度迟缓、饮水工程运行及维护成本高等问题。

(6) 对全区扶贫资金进行审计和审计调查。查出违法违规金额2.4亿元，发现滞留、被挤占挪用，虚列支出、公款私存、擅自改变投向，项目管理、财务管理不规范等问题。

企业审计 2010年，除了对国有企业进行审计外，重点开展了非国有企业审计调查，共审计调查1109户非国有工业企业，占全区非国有工业企业总户数的28.8%。调查结果表明：近年来，各级党委、政府把扶持非国有经济发展作为强区富民、推动经济结构调整、培育新的经济增长点来抓，出台了多项支持非国有经济发展的政策措施，安排了大量的专项资金扶持非国有企业发展，营造了良好的发展环境。但也发现了一些不容忽视的问题。一是资金分配体制存在制度缺陷，分配不严谨、不透明，有一定的随意性，部分财政资金分配零散，未能发挥效益。二是项目考察和审批不公开，个别地区出现虚假项目和企业，纳税、社会保障意识相对不强，会计信息失真等。三是浪费资源、占用银行贷款、财政专项资金多的现象较为普遍，造成了潜在的金融风险。上述问题，审计厅有针对性地提出整改意见，并向自治区政府上报专题审计调查报告。

经济责任审计 自治区三级审计机关共审计经济责任人1533人。根据自治区党委组织部的委托，审计厅对14名盟市厅局级领导干部全部进行任中审计，这在自治区经济责任审计工作中尚属首次。实践证明经济责任审计在加强干部管理监督、促进党风廉政建设、推动依法行政、促进经济社会健康发展中越来越发挥出不可替代的重要作用。

相关工作 (1) 班子建设。审计厅领导班子在连续15年被自治区党委组织部评为“实绩突出领导班子”的基础上，带领广大干部职工，解放思想、转变观念、创新工作思路，改进工作方法，在审计工作、党风廉政建设、队伍建设和发挥国家经济运行的“免疫系统”作用等方面都取得了很好成绩。审计厅领导班子坚持人性化带队伍，注重干部的培养、提拔和使用，关心和爱护审计干部；班子成员下基层调研轻车简从，不搞烦琐的迎来送往，注重了解群众疾苦，切实解决基层审计机关工作中的困难，每年都给予较困难的盟市、旗县审计机关一些经费支持，使广大审计人员受到很大的鼓舞。2010年，审计厅领导班子又被评为“实绩突出领导班子”。

(2) 队伍建设。一是深入开展创先争优活动，强化党员干部的思想教育，通过开展学习、党员承诺、践诺和领导点评等活动，使党员干部受到了一次深刻的政治思想教育。二是加大业务培训力度，切实提高审计人员业务素质。截至2010年年底，审计厅机关共举办4期培训班，培训450人；分两次组织155人次参加了全国审计系统“现场审计实施系统”计算机软件认证培训考试。三是注重培养干部职工树立“绿色办公，低碳生活”的节约理念收到较好的效果，15层办公楼电梯只开到10层；节约用水、随手关灯已成为每个人的良好习惯。

(3) 理念创新。多年来，审计厅党组根据不同时期的审计任务和队伍建设情况，深入基层大力开展针对性的调研工作，经过八年多审计实践，由浅入深逐渐形成了一整套有效指导审计工作的系列思路，为全面推进审计工作再上新台阶奠定了基础。一是审计工作思路：“压数量、保质量、抓重点、出精品”，“改进方法、加大力度、保证质量、提高效率、文明审计”。二是审计干部队伍建设思路：①审计机关党员干部要争做五个方面的模范：学习践行科学发展观的模范、精通审计业务的模范、学习的模范、团结的模范、遵纪守法的模范。②审计人员要保持六个健康：身体健康，精神健康，思维，心态健康，作风健康，行为健康。③审计人员在思想观念上要进行四个转变：实现由财务收支审计向财政收支审计为主转变；由真实性、合法性审计向效益性审计为主转变；由强调审计覆盖面向提高审计质量方向转变；由传统的手工作业向审计信息化转变。④审计人员要树立六种意识：审计工作要树立宏观意识、创新意识、发展意识、依法审计意识、服务意识、质量意识。⑤审计工作中要处理好五种关系：处理好压数量与保质量的关系；监督与服务的关系；法与情的关系；审计业务与其他工作的关系；监督与服务的关系；班子建设与队伍建设的关系。

(4) 廉政建设。审计厅党组把廉政建设视为审计工作的生命线，共新出台和完善机关管理、党风廉政建设等各项规章制度 40 多项，从源头跟踪审计项目进行监督，联系实际落实了党风廉政建设责任制的各项要求，通过抓台账落实廉政责任。每一个审计组进驻被审计单位时首先递交监督卡、公示举报监督电话。审计结束后，自治区纪检委派驻审计厅纪检组的纪检组长和监察室的同志们，深入盟市、基层审计机关和审计点进行回访，检查审计纪律的执行情况。纪检组长王玉璋同志为干部职工作了题为《警钟长鸣 永不懈怠》的廉政教育讲座。

(5) 政务公开。在组织保证上成立了政务公开领导小组，加大群众关注的热点信息的公布力度，强化审计阳光工程，不搞神秘主义，扩大审计报告、调查报告、审计动态报送面。通过审计厅门户网站、广播、电视的“行风热线”、《内蒙古日报》等宣传媒体强化六个公开：公开审计机构设置；公开审计内容；公开审计程序；公开审计执法人员和审计工作纪律；公开审计处理、处罚；公开监督举报电话。随着不断增强审计监督的公开化和透明度，为审计工作深入开展创造良好的环境。2010 年，印发了《内蒙古自治区优秀审计项目评选办法》和《内蒙古自治区优秀综合性审计项目评选办法》，修订了《内蒙古自治区审计厅机关制度汇编》《内蒙古自治区审计厅特约审计员组织管理办法》，完成了审计专网平台全新改版升级。内蒙古自治区审计厅公告审计结果 36 项。　（撰稿人：张　磊）

【内蒙古审计厅驻海拉尔审计处】　2010 年，共有职工 18 人。处长赵国军，副处长赵福春、宝玉，调研员高英玲。设有办公室、财税社保审计科、行政事业审计科、经贸审计科、固定资产投资审计科、经济责任审计科。

审计成果　全年完成审计项目 7 个，完成效益审计项目 3 个，查出违规金额 14027 万元，管理不规范金额 90513 万元，应上缴财政 7496 万元，已上缴财政 7496 万元。移送司法机关案件 1 起，涉案人员 1 人，涉案金额 627 万元。

固定资产投资审计　对绥满国道主干线博克图至牙克石段高速公路建设项目进行跟踪审计，查出施工单位违规分包、被征用土地的单位私设“小金库”、地方自筹资金不到位、挤占工程成本等方面的问题。并对项目单位违反规定更换项目负责人及专业技术人员低配、少配等方面的问题，提出审计建议。

财政决算审计　对巴彦淖尔市 2008～2009 年度财政决算及其他财政收支进行审计。查出截留自治区级收入，执收单位滞留本级预算收入，虚假财政收支、基金收支，以及先征后返土地出让金、减免人防异地建设费等问题。移送司法机关涉嫌挪用公款案 1 起，涉案金额 627 万元。提出审计建议 2 条。　（撰稿人：张慧芝）

【内蒙古审计厅驻赤峰审计处】　2010 年，共有干部职工 16 人。处长马爱杰，副处长于震华、乌建杰，调研员姜桂华。设有办公室、经贸审计科、固定资产投资审计科、财政行政事业审计科和经济责任审计科。

审计成果　全年完成审计项目 5 个。其中：行政机关审计 3 个，企业审计 1 个，财政决算审计 1 个。共查出违规金额 5219 万元（未包括财政决算审计）。其中未按规定征收、缴纳财政收入 2289 万元，其他金额 2930 万元，损益不实金额 358 万元。应上缴财政 2495 万元，已上缴财政 2246 万元。全年共撰写审计信息简报调研文章 11 期（篇），被区审计厅《内蒙古审计动态》采用 1 篇，被《内蒙古审计》采用 2 篇。

行政事业审计　对赤峰市、通辽市和锡林郭勒盟公安局交通警察支队 2009 年度财政收支进行审计。查出的主要问题有：混淆预算级次，将应上缴自治区财政非税收入专户的规费收入 1901 万元缴入当地财政部门；将收取的规费收入单位以个人储蓄方式存入银行 780 万元，截至审计日已全部撤户；少计少缴建设工程社会保障费 123 万元；对协警未缴纳五项社保基金 13 万元；未申报缴纳残疾人就业保障金 11.3 万元等。

企业审计　对内蒙古黄岗矿业有限责任公司 2007～2009 年度财务收支进行审计。查出少计少缴资源税 189.8 万元、少计少缴矿产资源补偿费 156 万元、少计少缴增值税 22 万元、少计少缴水资源费 11 万元等主要违规问题。另外还有损益不实、未提取职工工会经费以及少计固定资产等一些问题。

财政决算审计　对锡林郭勒盟 2009 年度财政

决算和其他财政收支进行审计。查出的主要违规问题：一是应缴未缴、截留上级财政收入482万元；二是应缴未缴、应收未收本级收入56055万元；三是预征、多征、应征未征、跨年度征收各项税费3935万元；四是锡林郭勒盟部分单位和企业应收未收、未提未缴建设工程社会保障费11284万元（影响自治区级收入1693万元），矿产资源补偿费1347万元；五是擅自设立收费项目收费8580万元、越权减免收费244万元；六是虚增、虚减财政收支4712万元；七是违规出借财政资金3200万元等。

审计专项调查　根据《内蒙古自治区审计厅、发展和改革委员会、经济和信息委员会关于印发〈内蒙古非国有企业审计调查工作方案〉的通知》要求，对通辽市的内蒙古蒙药股份有限公司、通辽金煤化工有限公司和赤峰市的金峰铜业有限公司、赤峰中色库博红烨有限公司四户非国有企业2007～2009年财政性资金管理、使用和绩效以及国家支持非国有企业各项优惠政策措施落实等情况进行专项审计调查。（撰稿人：付雪峰）

【呼和浩特市审计局】　2010年，呼和浩特市审计局共有干部职工91人。局长卢佳林，副局长王岩、戎志军，总审计师王丽萍。设有办公室、人事教育科、法制科、财政审计科、金融审计科、外资审计科、行政事业审计科、农业与资源环保审计科、经贸审计科、社会保障审计科、固定资产投资审计科、驻开发区审计办公室、督查执行科、计算机管理科，并下设机关事务服务中心、内部审计管理中心和经济责任审计办公室（副处级）事业单位。

审计成果　呼和浩特市审计局完成审计单位315个，审计调查单位176个。审计查出违纪违规金额7.5亿元，管理不规范金额21.9亿元，损失浪费金额4441万元，已归还原渠道资金8598万元，已收缴财政643万元，核减投资额1.5亿元。移送纪检监察机关案件3件，涉案金额3998万元。共提交审计专题、综合性报告、信息331篇（次）。《2009年度财政预算执行审计结果报告》和托县财政决算及领导干部经济责任审计等综合、专项报告，审计信息分别被各级党委、政府批示采纳133篇（次），提出审计建议384条，被审计单位采纳327条并制定了相应的整改措施。

财政审计　呼和浩特市审计局完成83个单位的财政预算执行和财政决算审计。共揭示和查处违规和管理不规范金额21.6亿元，应上缴和纳入财政预算管理的资金15.3亿元。提出进一步建立和完善政府公共财政体制和预算管理监管体系，加大财政信息的公开力度等方面的审计意见和建议101条。引起市县两级领导和有关部门的高度重视，采纳建议并建立相关制度32项。

固定资产投资审计　重点完成自治区审计厅授权的包惠电气化铁路110千伏输变电线路审计，市领导交办的汉鼎光等项目竣工决算审计。经审计核减工程结算不实金额1.39亿元。对市一中、市医院等工程结算项目进行跟踪审计。

企业审计　对全市17家国有及国有控股参股企业经营情况和运行质量进行审计和审计调查；对52家占有国家资源、享受国家优惠政策的非公有制企业进行专项审计调查。

经济责任审计　呼和浩特市两级审计机关共完成91位领导干部的经济责任审计，其中有7位领导干部的经济责任审计是按照市委组织部统一组织的用人责任、用编责任、经济责任“三联审”的部署进行的。共揭示被审计领导干部所任职地区和单位违规违纪、损失浪费和管理不规范金额2.57亿元。

专项资金审计　呼和浩特市两级审计机关开展全市中小学校舍安全工程资金、扶贫资金和农村人畜饮水工程资金、新型农村合作医疗基金、最低生活保障资金、国外贷援款资金、廉租房建设资金、开发区财政管理体制及资金管理情况等专项审计和调查，在促进“保增长、保民生、保稳定”，完善相关制度，落实惠民政策等方面发挥积极的作用。（撰稿人：陈振华）

【包头市审计局】　2010年，包头市审计局人员编制87人，在编81人。局长刘素梅，副局长段玉成、高文德、高伟，纪检组长张日元。设有办公室、政工科（精神文明建设办公室）、法制科、财政审计科、行政事业审计科、农业与资源环保审计科、固定资产投资审计科（政府投资审计科）、金融审计科、经贸审计科、社会保障审计科、外资审计科、审理科、党政领导干部经济责任审计科、企事业单位领导经济责任审计科、监察室。二级单位有包头市审计培训中心。

审计成果 包头市审计局全年审计 89 个单位(项目)，查出违规金额 12.3 亿元，管理不规范金额 6838 万元，其中应上缴财政 2.2 亿元，应归还原渠道资金 1589 万元，应调账处理金额 1.4 亿元；已上缴财政 2338 万元，已归还原渠道资金 750 万元，已调账处理 1.3 亿元。移送司法机关、纪检监察部门处理事项 1 件、移送其他部门处理 4 件。编发报送《审计信息》177 期、《审计研究》29 期，被上级党委、政府、审计署、审计厅以及市级以上报刊采用 159 篇（次)。有多篇（次）审计专报、审计信息被市委、市政府及市领导批转、批示。

财政审计 重点对市本级及稀土高新区 2009 年预算执行、财政收支、税收征管及政策执行情况和白云区、达茂旗政府 2009 年财政决算进行审计；对包头市交通局、公安局、广电局、房管局、发改委等五个部门及其所属单位预算执行情况进行审计。查出违规金额 5.9 亿元，上缴财政 2.2 亿元。同时也揭露和反映了当前财政预算管理中存在的一些深层次、倾向性的问题。代包头市政府向市人大常委会作的《关于 2009 年度包头市本级预算执行和其他财政收支审计的工作报告》，再次得到包头市人大领导及常委们的充分肯定和高度评价。

专项资金审计 2010 年，涉及民生资金的审计项目占当年全部审计项目的 63.2%，共查处应缴未缴、滞留、挤占和挪用专项资金等违规金额 3.5 亿元。一是开展全市 2009 年农村牧区最低生活保障资金审计，查出违规金额 4265 万元。二是开展全市 2009 年至 2010 年农村牧区新型合作医疗基金审计调查，审计发现存在未按规定办理转诊手续补偿新农合基金 287.10 万元、未按规定资助农村低保户个人缴费 117.76 万元，以及乡镇定点医疗机构基础设施差、专业技术人员匮乏、服务水平滞后等问题。三是对全市 2008～2009 年度扶贫资金进行审计和审计调查。存在的主要问题有：土右旗、固阳县、东河区滞留扶贫资金共 394 万元，地方财政配套及自筹扶贫资金不到位 3906 万元，达茂旗扶贫资金未实行专户管理财政报账制 642 万元，大额现金结算 66.9 万元，票据不合规 70 万元，项目建设及材料采购未履行招投标制 470 万元，以及未经批准变更项目建设计划内容，未按批复计划实施建设项目，部分工程存在缩水现象等。四是对全市 2008～2009 年度农村牧区饮水安全工程资金进行审计和审计调查。查出的主要问题有：固阳县、土右旗、石拐区、高新区财政局共滞留农村牧区饮水安全工程配套资金 382 万元，地方配套及自筹资金不到位 186 万元，挤占挪用专项资金 364.5 万元，项目建设及材料采购未履行招投标制 157 万元，以及未经批准变更项目建设内容，未按批复内容实施建设项目，已完工项目未办理产权移交手续，安全饮水项目未按要求进行公示等。五是对全市 2008～2009 年度蔬菜保护地建设资金进行审计调查。发现的主要问题有：配套资金不到位，大额现金结算工程款，不合规票据列支，蔬菜地建设面积未按计划完成等。六是住房公积金审计中发现住房公积金管理机构设置不规范、自行归集住房公积金、公积金缴存比例执行标准不统一等问题，针对这些问题提出的审计建议，牛副市长高度重视并作了批示，市住房公积金管理中心认真落实整改，并促进出台了《包头市旗县区机构调整上划实施方案》。七是对全市 2009 年至 2010 年 6 月底中小学校舍安全工程专项资金进行跟踪审计。发现未纳入专户管理资金 1.61 亿元，以及未按规定办理规划许可、用地许可等工程建设相关手续、工程实施与规划不符、资金管理不规范、财务制度执行不严格等问题。八是对玉树赈灾款物及市红十字会捐赠款物的接收、划转及管理情况进行审计。

固定资产投资审计 继续加强对重大投资项目的审计监督，重点完成 210 国道包头段综合改造支线工程、包头城乡电网建设与改造项目、包头至树林召高速公路征地拆迁费等重点工程和重大项目审计，涉及被审计单位 19 个，查处违规金额 3.97 亿元，查出的问题主要有：违规发包 2.01 亿元，违规转包 7750 万元，多列建设成本 846 万元，漏缴税金 371 万元，截留征地款 214 万元，超付工程款 198 万元等。审计的同时狠抓审计决定的落实，将审计发现的高估冒算、未批先建、漏缴税金、违规转包等问题进行处理、处罚，审计决定落实率达 100%。

经济责任审计　完成对21名领导干部的经济责任审计，占全年审计项目的23.6%，其中，任中审计占90.4%，查处违规金额5247万元。从审计情况看，大多数领导干部能够认真履行职责，但也有个别领导干部法制观念和责任意识不强，决策和管理不够规范。在经济责任审计工作中，加大任中经济责任审计力度，增强审计的计划性、时效性；积极探索经济责任审计与预算执行、财政决算、专项资金审计相结合的审计模式，既整合、节约审计资源，又提升了审计效率。

（撰稿人：郭云婷）

【乌海市审计局】　2010年，乌海市审计局人员编制49个，共有在职干部职工49人。局长冯文彬，副局长李宾、郑豫蒙、武也文，总审计师张志峰，纪检组长罗岚（—8月）。设有办公室、法规科、财政金融外资审计科、经济贸易审计科、固定资产投资审计科、农业与资源环保审计科、行政事业审计科、社会保障审计科、经济责任审计局和机关事务中心等部门。

审计成果　乌海市审计机关完成审计单位（项目）186个，查出各类违规金额7.3亿元，管理不规范金额13亿元；应上缴财政5亿元；应调账处理金额3.6亿元；核减固定资产投资金额2579万元。移送纪检部门事项1起。提交各类信息、专题报告278篇（次），被批示、采用274篇（次），提出审计建议144条，被采纳71条。

预算执行审计　查出各类违规金额4.85亿元，管理不规范金额2764万元。其中应上缴财政4.45亿元。突出对预算执行部门预算结余和预算外资金的审计，查出违规出借预算外等财政资金3.6亿元、市本级21个预算单位年末经费结余1.4亿元等问题。针对延伸审计财政扶持企业资金管理使用情况中存在的问题所提出的建议，乌海市政府印发了《关于乌海市中小企业发展扶持资金管理暂行办法》。

固定资产投资审计　审计资金总额7亿元，核减工程结算值2579万元。查出建设项目超批复投资、个别项目未按规定进行招投标、未能正确核算到位资金、多列基建费用、超付工程款等问题。对乌海市文化中心开展全程跟踪审计，问题整改率达75%。对采煤沉陷区综合治理项目竣工决算审计，查出海南沉陷办有关人员挪用建设资金20万元（已追回），并将此案移送至海南区纪检委。

专项资金审计　对全市新型农村牧区合作医疗基金、城市最低生活保障资金、农村牧区饮水安全工程资金和扶贫资金、中小学2009～2010年6月校舍安全工程资金、住房公积金、残疾人保障金和玉树地震抗震救灾资金进行审计和审计调查，查出主要问题金额5778万元。

经济责任审计　完成经济责任审计项目66个，查出违规金额7712万元，管理不规范金额9.4亿元。依据《乌海市经济责任审计谈话制度》，乌海市审计局对11个单位涉及的20名领导干部进行谈话，对年内调整6个单位的12名主要领导干部进行监督交接工作。（撰稿人：王雪菖）

【赤峰市审计局】　2010年，共有干部职工51人。局长牛喜明，副局长寇国安、于宝珠、杨树友，纪检组长李志杰。设有财政审计科、外资审计科、固定资产投资审计科、社会保障审计科、经贸审计科、经济责任审计办公室、金融审计科、行政事业审计科、农业与资源环保审计科、法制科、监察室、办公室。

审计成果　全市审计机关共完成审计单位726个，审计调查单位47个，查出违规金额24977万元，管理不规范金额25816万元，损益收支不实金额4839万元，审计后挽回损失2133万元。向上级机关提交审计专题、综合性报告和信息简报1239篇，被采用277篇（次）。

财政审计　财政审计中发现的突出问题有部分地区财政部门大量结转专项资金指标、财政收支不真实、违反规定对企业实行先征后返的税收政策、少缴、漏缴税款、挤占挪用专项资金等问题。

专项资金审计　（1）社会保障资金审计。审计机关对全市农村牧区最低生活保障资金审计发现的主要问题是：一些地方没有从实际出发，将符合条件的农村贫困人口全部纳入保障范围；部分地区存在“应保未保”问题；对无“一卡通”的低保户因银行退回就被取消低保待遇；降低发放标准等。

（2）农牧业专项资金审计。审计机关对市部分土地整理项目资金审计调查发现的主要问题有：部分工程实施过程中频繁修改、变更设计，造成国家建设资金的损失和浪费；建设方未能严格履行监管职责，部分工程建设周期长、效益差等。

外资运用审计　全市审计机关完成了财政部门管理的政府外债资金管理情况的审计。

固定资产投资审计　全市审计机关共完成固定资产投资审计项目171个，项目投资总额168590万元，核减投资总额24341万元，核减率14.4%。

行政事业审计　全市审计机关对中小学校舍安全工程资金进行专项审计。发现一些地方工程资金管理不规范、工程进展缓慢、未严格履行建设程序，影响专项资金的使用效益。

企业审计　全市审计机关对144户使用财政资金的非国有企业进行审计调查。调查发现，多数企业少计少缴税费、挤占挪用专项资金比较严重，企业存在融资难、融资成本高、会计基础薄弱、内控制度不健全等问题。

经济责任审计　全市经济责任审计共完成187个项目，审计经济责任人184个，查出并纠正违纪违规金额4736万元。　（撰稿人：王艳辉）

【通辽市审计局】　2010年，通辽市审计局在编人员58人。局长孟令成，副局长万英余、王志刚、马砚春，纪检组长杜金山。设有办公室、金融审计科、审理法制科、农业与资源环保审计科、社会保障审计科、经贸审计科、外资审计科、行政事业审计科、固定资产投资审计科、政府投资审计科、财政税务审计科、经济责任审计科、开发区审计分局。

审计成果　通辽市审计机关完成审计单位195个，查出违规金额14486万元，其中应上缴财政2012万元，应归还原渠道资金3615万元，应调账处理金额10659万元；已上缴财政2006万元，已归还原渠道资金3155万元，已调账处理金额10442万元；审计后挽回损失4184万元；提交审计工作报告、信息219篇，被采用143篇。

财政审计　把财政预算执行审计作为履行审计监督职责的首要任务来抓，审计了水利、民政、广电等13个预算执行单位。在市人大常委会和市政府的高度重视下，各有关部门和单位针对预算执行和自身管理中存在的问题，认真制定整改措施，落实审计处理决定，并深入分析产生问题的原因，完善相关制度。审计回访显示，违规和管理不规范资金已得到有效纠正，多数审计意见和建议被采纳。从财政收入质量审计调查结果看，通辽市完成一般预算收入50.7亿元，扣除不可用财力23.1亿元，实际可用资金27.6亿元，占当年预算收入的54.5%。由于追求财政收入增长目标，可用财力比例不高，影响地方财政从中央获得转移支付额度，加重了政府财政困境，不同程度地影响了地方经济建设快速发展。

经济责任审计　通辽市两级审计机关接受组织部门委托，对170名领导干部进行任期经济责任审计，查出违规金额9368万元，管理不规范金额20569万元，上缴财政184.38万元。发挥了经济责任审计在加强干部监督、管理、选拔中的作用。

固定资产投资审计　通辽市共审计投资项目23个，审计投资总额11亿元，核减投资额3587万元。按照自治区审计厅统一部署，开展了全市中小学校舍安全工程跟踪审计调查，抽查部分项目单位，审计资金总额6.7亿元，有效控制了工程建设中存在的高估冒算等现象，促进加强项目管理，规范投资行为，取得较好效果。

专项资金审计　通辽市主要涉及非国有企业、农村最低生活保障资金、新型农村合作医疗基金、农村生活饮水专项资金、扶贫资金审计、农业保险资金等，完成审计项目17个，审计资金总额7.8亿元，查出违规金额3129万元，上缴财政137万元。在新型农村合作医疗基金审计中，抽查34家定点医疗机构，29个乡镇苏木，295户参合农牧民，发现11所医院乱收费239.6万元，药品采购价高，参合农牧民报销费用打折。从通辽市污水处理及配套管网和垃圾填埋项目审计调查结果看，全市共建污水处理厂10家，污水管网352公里。总设计规模日处理污水21.4万吨，实际日处理污水11.2万吨。生活垃圾无害化填埋场8家，尚未正式投入运行。审计发现，地方财政和企业配套资金不到位影响了垃圾压实机等配套设备购置，多数项目只进行施工招投标，勘察、设计、监理未按规定招投标，6个污水处理及其配套管网项目多结工程款2071.2万元，向市政府专题汇报后，政府已责成有关主管部门限期整改。

内部审计　2010年，通辽市共有内审机构25个，内审人员68人，其中：专职机构16个，专职人员60人。完成审计项目188个，其中：财务审计74个，效益审计1个，经济责任审计54个，内控评审28个，基本建设审计12个。通过审计，查出损失浪费4万元，增加效益429万元，提出建议意见被采纳144条。　（撰稿人：王　宽）

【呼伦贝尔市审计局】　2010年，呼伦贝尔市审计局有在职干部职工49人。局长刘德照，副局长（兼总审计师）胡长珍，副局长曲东红、秦远飞、成若，纪检组长马利亚，党总支书记王瑞杰。设有办公室、审理科、法制科、财政审计科、金融审计科、行政事业审计科、农业与资源环保审计科、经贸审计科、社会保障审计科、固定资产投资审计科、外资审计科、经济责任审计一科、经济责任审计二科、机关党总支、固定资产投资审计中心暨审计信息中心。

审计成果　全年完成审计（调查）单位（项目）570个，查出违规金额46171万元，应上缴财政4062万元，应归还原渠道资金10614万元。向司法和纪检监察机关移送案件3件；提出审计建议407条，被有关部门采纳384条；提交审计报告、信息801篇，被有关部门批示、采用550篇。依法行政工作被呼伦贝尔市政府评为实绩突出单位，在市直机关排名第一；定点包扶工作、信息化工作被呼伦贝尔市委、市政府评为先进集体。

财政审计　除审计本级财政、地税、国库外，还结合领导干部经济责任审计，对市教育局、水利局等10个部门2009年度预算执行情况及所属12个二级预算单位进行审计。组织对全市2009年政府性债务情况和财政收入质量进行审计调查。受市政府委托向市人大常委会作了《关于2009年度市本级预算执行和其他财政收支的审计工作报告》，市人大常委会就此出具了审议意见，要求有关部门按照审计意见认真进行整改。

专项资金审计　组织全市审计机关对农村最低生活保障资金的分配、管理和使用情况进行审计和审计调查，对部分农牧户进行入户调查，在查出问题的同时，提出审计建议。审计报告被市政府批转，要求有关部门进行整改。

组织对全市2009年至2010年5月末中央和地方各级政府财政预算安排以及征缴、管理和使用的新型农村牧区合作医疗基金进行审计和审计调查，同时对部分农牧户进行入户调查，审计调查结果报告被市政府批转，为推动新型农村牧区合作医疗发展发挥了作用。

组织对全市2009年度沙地综合治理项目资金到位和使用情况进行审计。审计结果表明，项目单位资金支出基本符合要求，但也存在少数旗市配套资金未足额到位问题，建议有关旗市进行整改，审计报告被市政府批转，促进沙地综合治理项目的实施。

固定资产投资审计　在固定资产投资审计中，实行了项目审计预告制度、重点建设项目跟踪审计制度、涉及全市的建设项目统一审计和建设项目异地交叉审计，全市完成固定资产投资审计项目92个，纠正和处理建设、施工等单位多计工程造价、虚列工程成本、违反建设程序、超计划超概算投资、漏缴税费等问题。

在市本级政府投资项目审计中，完成呼伦贝尔中心城新区、经济开发区、民族文化园区2009年度市政基础设施建设项目等14项审计任务，核减工程造价1.6亿元。

组织开展全市通乡（通村）公路、重点中医院和基础卫生院建设工程、中小学校舍加固工程、污水及垃圾处理工程等51个审计和审计调查项目，其中，全市通乡（通村）公路、污水及垃圾处理工程实施交叉审计，核减投资额6745万元，决定收缴财政900万元，罚款127万元。

经济责任审计　全市共开展经济责任审计项目123个，查出违规金额5255万元，纠正一些违反国家有关政策的行为，促进了廉政建设，为组织、人事部门考察、考核、任用、奖惩干部提供重要依据。　（撰稿人：吕中军）

【鄂尔多斯市审计局】　2010年，鄂尔多斯市审计局人员编制49人，在编49人。局长薛涛，副局长董政华、崔有良、武占才、布和，纪检组长郭平。设有办公室、法规科、财政审计科、行政事业审计科、农业与资源环保审计科、固定资产投资审计科、金融外资审计科、经贸审计科、社会保障审计科、经济责任审计办公室、政府投资项目审计中心。

审计成果　鄂尔多斯市审计局共审计单位 83 个，审计调查单位 25 个，查出违规金额 4.9 亿元，管理不规范金额 8.6 亿元，审计决定应上缴财政 2.0 亿元，已上缴财政 2.0 亿元。应归还原渠道资金 2.9 亿元，已归还 2.9 亿元。应调账处理 2968 万元，已调账处理 2622 万元。审计核减投资（结算）额 2246 万元。提出各类审计建议 29 条，被采纳 19 条。

财政审计　市本级预算执行审计，以规范财政预算执行为抓手，增强财政资金的透明度，增强预算的约束力，加强非税收管理，推进依法理财、依法行政，对市财政、地税、国库及市发改委、国土局等 9 部门预算单位预算执行情况和财政资金管理使用情况进行审计。共查处违规金额 2.0 亿元，管理不规范金额 2.6 亿元。审计决定应上缴财政 2.0 亿元。与此同时，为规范地方财政管理，促进财税改革和提高财政专项资金使用效益，对东胜区、鄂托克旗进行财政决算审计。

固定资产投资审计　鄂尔多斯市审计局对鄂尔多斯市民族剧院、内蒙古电力（集团）有限责任公司先锋 220 千伏输变电工程建设项目进行竣工决算审计。审计核减投资（结算）额 2246 万元。

经济责任审计　根据市委组织部委托安排，结合部门预算执行审计、财政决算审计和财务收支审计，共审计经济责任人 5 人，审计单位 31 个。查出违规金额 1566 万元，管理不规范金额 3226 万元。

专项资金审计（调查）　一是对鄂尔多斯市新型农村合作医疗基金专项审计调查。二是对鄂尔多斯市农村最低生活保障资金的审计。三是对鄂尔多斯市城乡居民养老保险基金进行审计调查。四是对扶贫资金和农村人畜饮水工程资金的审计和审计调查。五是对鄂尔多斯市中小学校舍安全工程资金审计和审计调查。　（撰稿人：云　峰）

【乌兰察布市审计局】　2010 年，乌兰察布市审计局人员编制 48 人，在编 46 人。局长雷忠宝，副局长乔柱、胡登龙（—10 月）、武瑛、朱闰魁、王高奎（10 月—），总审计师林永青（10 月—），纪检组长刘继宁。设有办公室、法制科、财政审计科、行政事业审计科、社会保障审计科、经贸审计科、农业与资源环保审计科、固定资产投资审计科、经济责任审计科、金融外资审计科。

审计成果　完成审计项目 650 个，查出违规金额 2.5 亿元，其中应上缴财政 587 万元，应减少财政拨款或补贴 6748 万元，应归还原渠道资金 7900 万元，应调账处理金额 9765 万元；已上缴财政 587 万元，已减少财政拨款或补贴 6410 万元，已归还原渠道资金 7505 万元，已调账处理金额 9276 万元。提交审计信息 382 篇，被采用 128 篇。

财政审计　对财政、地税、国库及一级预算执行部门进行审计，并延伸审计所属二级单位。审计和审计调查单位 132 个，查出违规金额 1215 万元。市审计局对四子王、中旗、卓资、商都、化德 5 个旗县政府，各旗县市区审计局对 50%的苏木乡镇政府 2009 年度财政决算进行审计。审计单位 101 个，查出违规金额 2341 万元。

农业与资源环保审计　对全市 2009 年度农业总体投入资金、2008～2009 年度扶贫资金和农村牧区饮水安全工程资金进行审计和审计调查。市审计局对后旗、兴和、前旗、集宁、凉城、丰镇 6 个旗县市区 2009 年度农业总体投入资金进行审计。共审计单位数 86 个，审计调查数 386 户，审计总金额 8.9 亿元。查出违规金额 1342 万元。

固定资产投资审计　完成审计项目 26 个，审计总金额 5.9 亿元。查出违规金额 972 万元，核减工程款 4540 万元。其中市审计局对丰镇市垃圾处理厂和察右后旗污水处理厂竣工决算、市卫生计生综合服务大楼旧址投入资金情况进行审计。

企业审计　市审计局对全市 36 家非国有企业进行审计调查。审计调查结果显示，能享受国家优惠政策的企业全市全部兑现，上级财政给予的各类资金基本到位。但非国有企业应履行的义务、职责却不尽如人意。针对部分非国有企业账面反映利润不真实、社会保障资金管理政策认识不高、未能按照规定将职工保险金缴到社会保障机构和重索取轻回报的现象提出审计建议。

社会保障审计 全市两级审计机关对全市2008年年底至2009年农村牧区最低生活保障资金的收支、管理、使用情况进行专项审计。2009年和2010年上半年新型农村合作医疗基金进行审计专项调查；审计查出违规金额1045万元。

行政事业审计 市审计局对11个县市区中小学校舍安全工程资金进行审计和审计调查，并对部分学校进行延伸审计调查。各旗县市区审计局按照各自的年度工作计划对所属行政事业单位进行审计，共审计单位123个，查出违规违纪金额1289万元。

经济责任审计 共审计经济责任人137名，其中，旗县市区党政主要领导1名，市直部门处级领导7名，乡镇苏木党政主要领导39名，旗县科局级领导90名。涉及违规违纪使用资金762万元。审计中对被审计领导干部在任期内所承担的经济责任做出客观公正的评价。

（撰稿人：杜福山）

【巴彦淖尔市审计局】 2010年，巴彦淖尔市审计局实有人员编制54人。局长武志杰，副局长高国良、崔金贵、任宏，总审计师常泉亮（12月—），纪检组长杨胜。设办公室、法规科、财政审计科、金融外资审计科、行政事业审计科、农业与资源环保审计科、经贸审计科、社会保障审计科、固定资产投资审计科、政府投资审计科、经济责任审计分局、机关党总支。

审计成果 共审计和调查582个单位（项目），查出违规金额15亿元，上缴财政2003万元，归还原渠道资金1.1亿元，促进增收节支1.3亿元。移送纪检、监察和公安机关45人。提出审计建议291条，被采纳180条，促进被审计单位完善制度129项。向社会公告审计结果25篇，向市委市政府和上级审计机关提交审计工作报告、信息1191篇，被各级领导批示、采用1401篇次。“退耕还林退牧还草审计10年回头看”荣获全国优秀审计项目，作为教学案例列入2011年全国地县审计局长培训班教学计划。

预算执行审计 对市本级财政预算执行和部门预算执行情况进行审计，查出违规金额3987万元、管理不规范金额14200万元、超预算列支17900万元。在市人大常委会上作了《2009年度市本级财政预算执行审计工作报告》，并向全社会公告。

固定资产投资审计 完成政府投资审计项目163个，核减工程结算4.2亿元，核减率14%。出台《政府投资项目审计评审暂行办法》，与财政评审中心配合核减工程结算5600万元。在市城投公司、土地收储中心、河套水务公司融资项目、新区医院建设项目派驻财务总监。首次对市林业局、体育场等6个处置资产评估进行审核，核增6840万元。

专项资金审计 对全市农村牧区饮水安全工程、扶贫资金、校安工程、5个旗县区新农合基金和农村医疗救助资金、农村牧区最低生活保障资金进行审计调查，查出的问题引起市领导高度重视，已责成相关部门和旗县区政府按照审计建议进行全面整改和规范。

退耕还林、退牧还草审计10年回头看，涉及80个苏木镇、20.3万农牧民、85个单位，涉审资金15.3亿元。查出违法违规金额1.5亿元，追缴单位和个人侵占国家资金674万元，归还被挪用的专项资金1696万元。向市纪检委、检察院机关移送33名涉案人员。提出4条建议被市政府批转下发。

企业审计 对全市61家非国有企业进行审计调查，针对存在的问题提出了整改建议。对本市一家大型企业进行纳税情况审计，查出该企业内部经营管理混乱、财务制度不健全、偷漏税等较为严重的问题。该企业总部高度认可审计结论，并做出对该企业11名高管人员和中层干部集体降职、降薪处分，限期整改相关问题，及时补缴税款522万元，整改审计查出的问题后，该企业上缴税金和实现利润比上年翻一番，该企业总部给市审计局送来感谢信。

经济责任审计 共对141名党政领导干部进行任期经济责任审计，其中旗县委书记、旗县长和苏木镇党委书记、苏木镇长一并审计18人。对市一中、二中、蒙中校长进行经济责任审计，提出加强教育经费管理和取消留成学校上缴款的审计建议，得到市财政和教育局的大力支持。

（撰稿人：王　宇）

【兴安盟审计局】　2010年，兴安盟审计局共有在职干部37人。局长孙静波，副局长刘洪国、高明喜，总审计师梁喜发。设有办公室、经济责任审计办公室、财政税务审计科、行政事业审计科、经济贸易审计科、农业与资源环保审计科、社会保障审计科、固定资产投资审计科、金融外资审计科、审理科、法制科，另设有培训中心、后勤服务中心（直属事业单位）。

审计成果　兴安盟审计局完成审计项目41个，查出违规金额15038万元，其中应上缴财政140万元，应减少财政拨款或补贴4300万元，应归还原渠道资金1235万元，应调账处理金额649万元；已上缴财政121万元，已减少财政拨款或补贴4300万元，已归还原渠道资金417万元，已调账处理金额585万元。移送司法机关、纪检监察部门处理事项1件。提交审计工作报告、信息113篇，被采用106篇。

财政审计　开展预算执行审计（调查）单位12个。把全部政府性资金纳入审计监督视野，重点向兴安盟行政公署和兴安盟人大报告预算执行、政府性投资项目、民生资金、领导干部任期经济责任审计成果，并首次报告了科右前旗教育园区绩效审计的结果，得到兴安盟行政署、兴安盟人大的好评和认可。

经济责任审计　对20人进行经济责任审计，揭示和反映各类违纪违规问题和管理不规范金额11436万元，经济责任审计也实现从旗县市书记、旗县市长到村级主要负责人的全覆盖。在广泛深入调研的基础上出台了《兴安盟2010年经济责任审计工作指导意见》，各旗县依此增加了经济责任审计力量。

专项资金审计　主要开展对农村低保资金和农村合作医疗资金审计，取消284户不符合条件的低保户资格，追还侵害人民群众利益金额200多万元。向司法机关移送案件一起。自治区党委书记针对审计报告中反映的问题做了重要批示。民生资金审计得到广大市民和农牧民的高度认同，广大人民群众也以此加深对审计的了解和信任。

固定资产投资审计　继续贯彻执行《兴安盟政府性投资建设项目审计监督管理办法》。完成审计项目8个，核减投资额4300万元，主要采取政府投资预算审计、重大项目工程跟踪审计、决算审计。

（撰稿人：刘继连）

【锡林郭勒盟审计局】　2010年，锡林郭勒盟审计局人员编制40人，在编39人。局长郝海淳，副局长钱文会、刘兴友、托雅，总审计师韩淑华，纪检组长周东虹（—11月）。设有办公室、法制审理科、财政审计科、金融外资审计科、农牧业资源与环保审计科、固定资产投资审计科、行政事业审计科、经贸审计科、社会保障审计科、经济责任审计办公室、内部审计管理中心。

审计成果　全盟共审计和审计调查1067个单位（项目）。其中，盟审计局审计和审计调查226个单位（项目）。查出违纪违规金额24685万元，管理不规范金额34611万元，促进增收节支20800万元，归还原渠道资金899万元，上缴财政7893万元。提交审计专题、综合性报告和信息1143篇，被各级党委、政府采纳661篇。

财政审计　完成2009年度锡林郭勒盟两级财政预算执行情况审计。盟审计局在组织开展盟本级预算执行情况审计时，对部分资金运用量大、承担重要经济管理和行政执法职能的一级预算单位及部分二级单位进行审计，审计资金量占2009年盟本级财政支出的46%。锡林郭勒盟人大工委十一届九次会议专题审议了审计报告，对审计监督在维护全盟经济发展中发挥的作用给予充分肯定。

盟审计局完成了锡林浩特市、苏尼特左旗2009年度财政决算及其他财政收支情况审计，对查出问题通过审计决定和建议予以纠正和处理。

经济责任审计　全盟共审计党政领导干部166人，查出违规金额49967万元，管理不规范金额21904万元。其中主管责任49226万元、直接责任740万元。通过经济责任审计，为纪检监察、组织部门加强干部监督、客观评价领导干部政绩、界定经济责任、干部任免提供参考依据。

固定资产投资审计　两级审计机关认真贯彻落实《内蒙古自治区政府投资项目审计监督办法》和《锡林郭勒盟政府投资项目审计监督试行办法》，与盟财政局、发改委、住房和城乡建设局联合下发了《关于贯彻〈内蒙古自治区人民政府办公厅印发自治区政府投资项目审计监督办法〉的意见》。共审计和审计调查了建设工程项目133个，审减工程造价17806万元。

专项资金审计　完成扶贫资金的审计。审计和审计调查92个项目单位，查出违规资金305万元，促进资金到位70万元，归还原渠道资金255万元。对农村人畜饮水工程和生态建设资金进行审计和审计调查。抽查面80%，查出违规金额457万元。生态资金审计，查出违规金额7027万元。新型农村合作医疗基金、农村最低生活保障资金、住房公积金审计或审计调查，对发现的问题及时依法依规进行处理。对全盟保障中小学校舍安全工程资金进行审计和审计调查。

企业和外债管理审计　完成对内蒙古第九地质矿产勘查开发院2008年、2009年度财务收支审计。组织两级审计机关对全盟全口径外债管理情况进行专项审计，对财政部门管理的外债项目专户资金及相关费用收支情况的审计，纠正和处理了项目执行中存在的问题，促进了项目主管部门和执行单位提高管理水平。

开展政府负债和财政收入质量专项审计调查。财政收入质量、政府性债务两个报告得到了锡林郭勒盟行署领导的高度重视，《信息与调研》全文刊发盟委、人大、行署、政协主要领导参阅。

组织两级审计机关对非国有企业进行审计调查，调查面占非国有工业企业总数的19.5%，基本摸清了非国有企业在自身发展中存在的突出问题。锡林郭勒盟行署信息处刊发锡林郭勒盟盟委、行署领导和人大、政协主要领导参阅。

内部审计　2010年，成立了盟审计学会，完成了内审协会换届工作，会员单位由45个增加到59个，个人会员由93名增加到211名，形成了一支初具规模的内部审计队伍。（撰稿人：刘国宾）

【阿拉善盟审计局】　2010年，阿拉善盟审计局人员编制33人，在编30人。局长李东亮，副局长何凤莲（—11月）、王继平（7月—），总审计师林民（7月—），纪检组长彭辉。设有办公室、法制审理科、固定资产投资审计科、财政审计科、社会保障审计科、经济责任审计科、经贸审计科、农牧业与资源环保审计科、行政事业审计科和金融外资审计科。

审计成果　全盟共审计和审计调查单位210个，查出违规金额14956万元，管理不规范金额28024万元；应上缴财政270万元，应减少财政拨款或补贴2872万元，应归还原渠道资金9695万元，应调账处理金额3316万元；促进增收节支5200万元，核减工程投资额4992万元；审计提出建议153条，被采纳23条；提交审计专题、综合性报告和审计信息414篇，被批示采用160篇（次）。

预算执行审计　对盟本级预算执行，税收征管和税收政策执行情况，盟国库办理预算资金收纳、拨付情况进行审计。总的来看，2009年盟本级财政管理进一步规范，盟财政及税务部门在提高收入质量、调整支出结构、加强资金调度、促进收支平衡等方面较好地发挥了职能作用，预算资金管理、非税收入管理、政府采购管理、国库集中收付管理均有新的改进。

盟本级对盟经信委、住建局、教体局等3个部门预算执行情况进行审计。

经济责任审计　全盟共完成经济责任审计项目63个（67人），审计查出领导干部负主管责任违规金额429万元、管理不规范金额356万元。盟本级完成的10个（12人）经济责任审计项目，任中审计8人，离任4人，任中审计已占项目总数的80%。从审计效果看，领导干部经济责任审计工作与加强干部管理的要求还有差距，主要表现在经济责任项目计划性差，临时委托项目数量过多；领导干部经济责任划分难度大，审计机关和被审计领导干部均面临一定风险；审计公开尚存一定的局限性等。

固定资产投资审计　全盟完成盟检察院综合楼竣工决算、航天路和航天路竣工决算、李井滩灌区大型泵站一泵站更新改造工程等 49 个投资项目审计，共审结项目报审工程造价 93030.18 万元、核减工程款造价 4992 万元，有效地遏制高估冒算，为国家和建设单位节约资金，提高资金使用效益，为规范我盟建筑市场秩序作出贡献。

专项资金审计　阿盟审计局统一组织，对全盟的扶贫资金、农村牧区饮水安全工程资金、新型农村牧区合作医疗基金和农村牧区最低生活保障资金等民生资金开展审计和审计调查。全盟共审计和审计调查单位 73 个，查出违规金额 1622 万元，管理不规范金额 3351 万元。

（撰稿人：胡　杰）

【满洲里市审计局】　2010 年，满洲里市审计局共有职工 30 人。局长徐忆滨，副局长梁斌、曹积范、李艳。设有办公室、法制科、行政管理金融审计科、固定资产投资审计科、经贸审计科、经济责任审计科、农业环保与社会保障审计科。

审计成果　全年共完成审计项目 28 个，查出违规和管理不规范金额 48717.28 万元，应上缴财政 1114.99 万元，再创历史新高。报送工作报告、信息 123 篇，被采纳 59 篇，是 2009 年的 5.9 倍。

财政审计　一是坚持以预算执行审计为核心，积极构建财政审计大格局。在整体部署上，紧紧围绕预算执行审计，做到了各项目审计都与财政审计项目总体目标相互衔接、保持一致，形成全局上下“一盘棋”的大格局。二是把全部政府性资金、资产纳入财政审计范围，从侧重本级支出审计向本级支出与转移支付资金审计并重转变，从账务、财务审计向政策、制度、业务、程序、管理和效益安全审计转变。三是注重审计资源的有机整合和成果的综合利用，打破专业和科室界限，实现审计力量的最佳配置，有效地缓解了任务重、人员少的矛盾，避免了多次进点、重复审计造成的人员浪费，提高了审计工作实效。四是继续开展对满洲里市政府驻大连办事处、驻北京联络处的财务收支审计。通过近年来对驻外机构的连续审计，使其查处和收缴问题逐年减少，违规和管理不规范资金由原来的 800 多万元降至今年的 11 万元，收到了“免疫”与服务并重的效果。五是针对铁路教育和卫生部门 2004 年划归地方后多年从未审计的现状，开展了满洲里市第六中学和满洲里市南区医院 2009 年财务收支情况的审计，结合行业特点，对教育和医疗系统的财务管理进行了规范。

专项资金审计　一是对满洲里市截至 2009 年年底外债管理和执行情况进行审计，重点关注外债管理体制和管理部门履行职责等情况，深入分析本级财政部门偿还债务能力和还本付息对财政的影响，切实为防范外债和财政支出风险提供了保障。二是对 2008～2009 年扶贫资金筹集、分配、管理、使用及效益情况和农村牧区饮水安全工程资金开展审计和审计调查，整个审计共覆盖全市 20 多个部门和单位，查出饮水安全工程地方配套资金缺口 89.71 万元，并及时将调查结果反馈给有关部门领导参阅，确保惠民政策的落实和民生工程的顺利实施。三是开展了满洲里市财政部门、教育部门和部分中小学 2009 年至 2010 年 6 月底校安工程资金的专项审计，通过审计提高了资金使用效益，促进校安工程的顺利实施，为确保中小学按时如期开课做出积极努力。四是加大对青海玉树抗震救灾捐赠款物全方位的跟踪审计。截至 2010 年 7 月 25 日，满洲里市接收的捐赠资金及特殊党费 142.11 万元，已全部汇缴。五是积极配合财政、纪检监察部门做好工程造价审核、治理商业贿赂、机关节能、规范公务接待、纠正行业不正之风、国有及国有控股企业和社会团体“小金库”专项治理等工作。

经济责任审计　先后开展了满洲里市总工会、市体育局、市卫生局、市劳动和社会保障局、市政府采购中心等 8 个部门、单位的原领导干部任期经济责任审计。

企业审计　对满洲里市 23 户非国有企业 2007～2009 年享受国家优惠扶持政策情况开展专项审计调查，共查出管理不规范金额 479 万元，并针对一些非国有企业少计少缴土地使用税以及财政部门欠拨环境保护专项资金、有关部门监管不力等问题提出了建设性的意见和建议。

固定资产投资审计　经局务会研究选定了市三个重点投资项目进行审计，重点关注投资决策、建设工期、工程质量、项目运行、节能降耗等方面存在的问题，综合分析评价项目的经济和社会效益。共涉及工程造价 7868 万元，核减工程概算（造价）1002.40 万元，核减率达 13%，应补缴工程税金 112.59 万元，进一步规范工程建设行为，避免损失浪费现象，使有限的资金发挥更大的效益。　（撰稿人：董　波）

【二连浩特市审计局】　2010 年，二连浩特市审计局共有干部职工 12 人。局长白耀武，副局长刘桂荣、布和。设有综合科、经济责任审计科、财税行政事业审计科、审计所等部门。

审计成果　完成审计和审计调查单位 93 个，查出违规金额 1486 万元，管理不规范金额 796 万元，上缴财政 7 万元。提交审计工作报告、信息 61 篇。

固定资产投资审计　开展固定资产投资审计项目 31 个，审计项目投资总额 12276 万元，核减工程款 1953 万元。　（撰稿人：曹东霞）

2010 年内蒙古自治区所辖区、县（市）级审计工作统计表

金额单位：万元

审计机关	完成审计项目（个）	查出违规金额	应上缴财政	应减少财政拨款或补贴	应归还原渠道资金	应调账处理金额	移送司法、纪检监察部门处理（件）	建议有关部门处理（件）	出具审计报告和审计调查报告（篇）	提出审计建议（条）	撰写审计信息（篇）
呼和浩特市											
呼和浩特市本级	315	75426	154040		8649	13017	3		331	384	120
新城区审计局	51	409	20		18				51		9
回民区审计局	21	143	65			2			21		9
玉泉区审计局	23	8			20	8			23		15
赛罕区审计局	24	150	116		9				25		23
托克托县审计局	44	97	16			23			45		50
武川县审计局	24	97	2						25		5
和林格尔县审计局	23	540	31		171	171			25		18
清水河县审计局	33	558	82		123	66			33		5
土默特左旗审计局	27	15725	89		51				28		2
包头市											
包头市本级	89	122926	21814		1589	13884	1	4	55	55	206
昆都仑区审计局	75	2232	4	1488	1				36	52	48
东河区审计局	76	17313	22						56	8	52
青山区审计局	123	7433	10			7423			57	41	79
石拐区审计局	33	931	6						33	33	28
白云鄂博矿区审计局	65	473	634	470					29	34	12
九原区审计局	24	79	294			1229			24	16	31

（续表）

审计机关	完成审计项目（个）	查出违规金额	应上缴财政	应减少财政拨款或补贴	应归还原渠道资金	应调账处理金额	移送司法、纪检监察部门处理（件）	建议有关部门处理（件）	出具审计报告和审计调查报告（篇）	提出审计建议（条）	撰写审计信息（篇）
固阳县审计局	29	651	2						5	22	39
土默特右旗审计局	59	3578	904		640	97			24	3	30
达尔罕茂明安联合旗审计局	112	5720	1870	1029	158	1			73	85	36
乌海市											
乌海市本级	53	67830	48246		9	36309	1		52	112	160
海勃湾区审计局	70	3539	1386						70		
海南区审计局	37	1589				20			37	32	48
乌达区审计局	26	200							26		56
赤峰市											
赤峰市本级	55	11434	5707		49	100			53	154	124
红山区审计局	127	2144	14	540	3905	702			128	138	29
元宝山审计局	66	169	1	24		143			104	72	32
松山区审计局	53	2103	102	386	126	485			55	93	20
宁城县审计局	115	49	49						125	194	54
林西县审计局	29	171	35		30	32			32	38	80
阿鲁科尔沁旗审计局	17	601	177						18	12	
巴林左旗审计局	41	1936	52	297	40	528			46	104	43
巴林右旗审计局	56	987	20		18	231			56	71	7
克什克腾旗审计局	44	1859	33			503			78	127	24
翁牛特旗审计局	57	1072	14						71	142	14
喀喇沁旗审计局	32	1136	29						33	32	35
敖汉旗审计局	34	1316	408		202				38	77	30
通辽市											
通辽市本级	41	7741	712		3135	5965			41	49	53
科尔沁区审计局	5	26	14						5	5	12
霍林郭勒市审计局	15	673	105		26	214			15	24	23
开鲁县审计局	21	450	50						20	27	31
库伦旗审计局	40	2788	740		143	1041			38		67
奈曼旗审计局	24	1583	48		116	172	1	1	22	48	33
扎鲁特旗审计局	15	689	84		92	11			15	19	26
科尔沁左翼中旗区审计局	18	305	142			1723			18	15	29
科尔沁左翼后旗审计局	16	231	117		103	1533			16	24	17

（续表）

审计机关	完成审计项目（个）	查出违规金额	应上缴财政	应减少财政拨款或补贴	应归还原渠道资金	应调账处理金额	移送司法、纪检监察部门处理（件）	建议有关部门处理（件）	出具审计报告和审计调查报告（篇）	提出审计建议（条）	撰写审计信息（篇）
呼伦贝尔市											
呼伦贝尔市本级	101	7141	1192		1840	883			48	91	104
海拉尔区审计局	32	1404	142			1015			32	12	49
扎兰屯市审计局	67	7605	108			1715	1		67	50	58
牙克石市审计局	53	3845	124		2100	492			61	19	45
根河市审计局	25	476	112			24			25	17	18
额尔古纳市审计局	36	2910	207		63	157	1		31	21	55
阿荣旗审计局	47	7239	1896		3939	918			62	12	50
新巴尔虎右旗审计局	26	6850	8	542	1319	3378			28	45	43
新巴尔虎左旗审计局	19	914	28		485				25	20	26
陈巴尔虎旗审计局	36	2456	18						25	55	28
鄂伦春自治旗审计局	43	1156	69	60	864	30			33	14	22
鄂温克族自治旗审计局	55	1494	92				1		49	19	22
莫力达瓦达斡尔族自治旗审计局	30	2681	66		4				18	32	23
鄂尔多斯市											
鄂尔多斯市本级	48	82727	13326		4031	1116			62	40	12
东胜区审计局	79	19938	501		51	1862			79	12	55
达拉特旗审计局	62	225	170		1526				62	47	
准格尔旗审计局	57	929	34		11				57	26	64
鄂托克前旗审计局	87	9763	21		196	54			16	143	20
鄂托克旗审计局	74	4453	96		52	88	1		48	14	20
杭锦旗审计局	52	11661							52	2	37
乌审旗审计局	63	3567	68	9	21	674			63	10	29
伊金霍洛旗审计局	70	9589	348	6707	39				75	92	95
乌兰察布市											
乌兰察布市本级	178	13286	231	3451	4428	5176			183	549	73
集宁区审计局	51	1242	34	383	401	424			54	162	51
丰镇市审计局	48	926	31	244	298	353			53	159	29
卓资县审计局	38	1050	32	282	293	443			43	129	25
化德县审计局	39	978	29	265	278	406			44	132	22
商都县审计局	43	1044	35	279	285	445			48	144	18
兴和县审计局	37	976	33	280	279	384			42	123	26
凉城县审计局	44	1170	38	312	391	429			49	98	46

（续表）

审计机关	完成审计项目（个）	查出违规金额	应上缴财政	应减少财政拨款或补贴	应归还原渠道资金	应调账处理金额	移送司法、纪检监察部门处理（件）	建议有关部门处理（件）	出具审计报告和审计调查报告（篇）	提出审计建议（条）	撰写审计信息（篇）
察哈尔右翼前旗审计局	40	1194	36	323	321	514			45	135	23
察哈尔右翼中旗审计局	35	860	23	254	261	322			40	120	19
察哈尔右翼后旗审计局	47	1140	31	332	346	431			52	156	24
四子王旗审计局	50	1134	34	343	319	438			55	165	26
巴彦淖尔市											
巴彦淖尔市本级	80	72370	1035		5526	49			47	120	126
临河区审计局	48	7514	89		11				28	61	90
五原县计局	87	63524	123						90	103	102
磴口县计局	56	6262	406		843	158			2	35	146
乌拉特前旗审计局	34	9461	51								33
乌拉特中旗审计局	38	5255	80		227				23	14	72
乌拉特后旗审计局	81	32488	111	95	1954	3256			12	26	370
杭锦后审计局	52	277	147		4606				35	34	354
兴安盟											
兴安盟本级	41	15038	140	425	1235	649	1		41	87	106
乌兰浩特市审计局	132	934	116		11				132	12	14
阿尔山市审计局	23	567	129						23	19	22
突泉县审计局	23	1557	39	1065	232				23	18	24
科尔沁右翼前旗审计局	85	4084	308		609	1645	1		85	43	16
科尔沁右翼中旗审计局	30	20844	38			442			30	23	
扎赉特旗审计局	33	8157	189		359				33	46	70
锡林郭勒盟											
锡林郭勒盟本级	130	17233	6043		9068	228			50	185	166
锡林浩特市审计局	104	30443	95						26	20	102
多伦县审计局	92	721	6	26		6096			41	42	112
阿巴嘎旗审计局	153	516	363		7				35	34	138
苏尼特左旗审计局	46	7	1						13	21	42
苏尼特右旗审计局	65	1209	1209						18	36	126
东乌珠穆沁旗审计局	35	41	36		5				19	15	47
西乌珠穆沁旗审计局	56								21	38	38
太仆寺旗审计局	59	1	1		1				30	30	36
镶黄旗审计局	77	223	16		8				21	50	47
正镶白旗审计局	72	4372	5		72				24	41	52

（续 表）

审计机关	完成审计项目（个）	查出违规金额	应上缴财政	应减少财政拨款或补贴	应归还原渠道资金	应调账处理金额	移送司法、纪检监察部门处理（件）	建议有关部门处理（件）	出具审计报告和审计调查报告（篇）	提出审计建议（条）	撰写审计信息（篇）
正蓝旗审计局	148	1540	136		150	27			57	76	41
乌拉盖管理区审计局	40	200		200					20	26	66
阿拉善盟											
阿拉善盟本级	101	3619	125	1052	174	3119			41	48	151
阿拉善左旗审计局	43	11119	65		9500	71			43	38	70
阿拉善右旗审计局	31	63							30	35	45
额济纳旗审计局	35	155	80	1820	21	126			16	32	18
开发区审计局	35		83						5	8	55

注：开发区审计局数据已在盟局统计。

辽宁省

【辽宁省审计厅】　2010年，辽宁省审计厅人员编制146人，在编142人，领导职数11名。设有办公室、行政管理处、机关党委、监察室、人事处、法制处、经济责任审计处、经济责任审计办公室、财政审计处、经贸审计处、金融审计处、行政事业审计处、农业与资源环保审计处、社会保障审计处、固定资产投资审计一处、固定资产投资审计二处、外资运用审计处、教科文卫审计处、老干部处和审计科研所、信息中心、审计干部培训中心。

领导成员

厅　　长：王　悦

副 厅 长：毛　泽　傅忠伟

　　　　　孙东克　于俊东

　　　　　邵　林　周　强

总审计师：王卫国

纪检组长：李凤岐

审计成果　2010年，全省各级审计机关共审计（调查）单位4620个，查出违规金额84亿元，促进增收节支16亿元，健全规章制度44份。向司法、纪检监察部门及其他部门移交经济案件线索33件。其中，厅本级审计87个单位，查出违规金额8125万元，管理不规范金额472.15亿元，损失浪费金额4520万元，提交审计工作报告、信息简报88篇，被省领导批示采用33篇次。移交经济案件线索13件，涉案人员14人。厅机关被省委、省政府命名为文明机关，被省政府评为全省依法行政工作先进单位，被省直机关工委评为目标绩效考评先进单位。

预算执行审计　按照审计署构建财政审计大格局的要求，全省审计机关在预算执行审计中注重全面把握财政资金分配、管理和使用的总体情况，突出关注财政资金支出的方向和绩效、财政政策的贯彻实施情况和效果，以及财政资金管理使用中存在的共性问题，提高了预算执行审计工作的层次和水平，促进了财政改革的深化。在向各级人大和政府呈报的报告中，客观评价了本级预算执行的总体情况，揭示了预算执行中存在的问题，在深入分析产生问题原因的基础上，提出加强和改进预算管理的意见和建议，受到各级人大和政府的充分肯定。审计机关注意加强对整改情况的督办和跟踪检查。通过整改，进一步完善预算管理和执行机制，提高依法科学理财水平，促进公共财政体制建设。

固定资产投资审计　全年共对新增中央投资项目、污水处理项目、城市建设项目、中小学校舍安全工程以及高速公路、铁路等728个重点投资项目进行审计或调查。通过审计，核减工程投资和挽回损失6.39亿元，确保项目建设的顺利实施和资金的安全、有效。

专项资金审计（调查）　全年共审计和调查社会保障、水库移民扶持、退耕还林、救灾、教育等专项资金（项目）484个，查出违规金额4.7亿元，损失浪费金额3.9亿元。促进国家和省各项惠民政策落实到位。

关注金融及政府债务风险　为加强政府债务管理，规范融资平台，防范金融风险，全省审计机关重点关注财政、金融、国有资产运营等方面存在的薄弱环节和潜在风险。通过对政府债务情况、主权外债项目管理情况以及城市商业银行资产质量与信贷资金投向情况、国有企业资本经营预算制度执行情况等项目的审计和审计调查，揭示了融资平台管理运作不规范、资产质量不实、部分贷款存在风险等问题，提出合理控制政府债务规模、加强信贷管理、完善风险控制机制等对策和建议。

经济责任审计　全省共对1852名党政领导干部和29名国有及国有控股企业领导人进行经济责任审计，查出领导干部对违规行为负有直接责任金额3亿元。审计中，全省审计机关立足于促进科学发展，创新审计组织方式，拓宽审计的广度和深度，加强与其他项目审计的有机结合，提高了审计工作的质量和效率，强化了审计结果的利用。

查处重大违法违规问题　2010年，全省审计机关进一步加大对重大违法违规问题和经济犯罪案件线索的揭露和查处力度，共向司法、纪检监察及其他部门移交经济案件线索33件，涉及资金2亿元。从移交的案件线索来看，主要是利用工作之便贪污、挪用公款，借征地建设之机套取财政资金以及骗取医疗补贴等问题。推动廉政建设和反腐败斗争的深入开展。

基础建设　一是大力加强思想建设和能力建设。通过积极开展学习型机关建设和创先争优活动，进一步提高审计人员的政治和业务素质，提高做好本职工作、履行岗位职责的能力。二是加强审计管理，提高审计工作质量。全省各级审计机关普遍强化审计计划管理，严格落实审计质量控制各项规定，加强审计项目审理和审计质量综合考核，确保审计工作的质量。三是深入推进审计信息化建设。实现审计管理系统与现场审计实施系统信息的交互；探索了信息系统审计和联网审计；在省、市审计机关建立了视频会议系统。同时，在征集和报送计算机审计方法和AO应用实例、打造适应信息化环境的审计队伍等方面也取得了新的突破。四是进一步加强党风廉政建设。各级审计机关始终把党风廉政建设摆在突出的位置，加强教育，完善制度，健全体系，坚持依法审计、文明审计，严格执行审计纪律“八不准”等廉政规定，维护了审计机关的良好形象。

（撰稿人：李世鹏）

【沈阳市审计局】　2010年，沈阳市审计局公务员编制165人，在编154人，机关工勤人员编制13人，在编14人。局长毕华峰，副局长韩力、付立、高洪光、刘宝石，纪检组长张秋艳（10月—）、李广志（10月正局级待遇）。设有办公室、法规审理处、人事教育处、审计信息化管理处、经济责任审计处、财政审计处、行政政法审计处、教科文审计处、金融审计处、农业与资源环保审计处、经贸审计处、外资运用审计处、固定资产投资审计一处（9月由固定资产投资审计处分设）、固定资产投资审计二处（9月由固定资产投资审计处分设）、社会保障审计处、案件审计处、监察处、离退休干部管理处、机关党委、驻沈阳地铁建设项目指挥部审计处。

审计成果　沈阳市审计局完成审计项目91个，查出违规金额23843万元，其中应上缴财政1973万元，应归还原渠道资金1569万元，应调账处理金额6555万元；已上缴财政1973万元，已归还原渠道资金1569万元，已调账处理金额6555万元。移送司法机关、纪检监察部门处理事项1件。提交审计工作报告、信息168篇，被采用123篇（次）。

预算执行审计　对市财政和29个部门进行预算执行审计，还重点对与经济发展和民生工程密切相关的15项专项资金的管理和使用情况进行审计或审计调查，查出违规金额6.4亿元。

跟踪审计　对全市政府投资建设保障性住房情况专项审计调查，提出进一步严格执行住房保障政策等6条审计建议。对地铁一号线工程建设的招投标、合同审查、工程款支付、资金核算以及项目管理等5个关键环节严格把关。驻沈阳地铁建设项目指挥部审计处被授予“先进集体突出贡献奖”。

经济责任审计　沈阳市审计局共审计党政领

导干部41人。首次开展了大东、东陵、于洪、苏家屯、康平5个区县党政"一把手"的同步审计。

专项资金审计　组织开展了全市新型农村合作医疗、全市中小学校舍安全工程、向玉树地震灾区捐赠款物等民生工程和资金的审计。

绩效审计　沈阳市审计局先后组织实施了新建万人职业学校建设资金管理使用情况、全市利用国家开发银行贷款部分项目建设、市城建局2009年公园游园绿化建设等绩效审计和审计调查。

案件查办　沈阳市审计局派出审计人员15人次，配合中央、省、市纪委查办案件7起。中央纪委、监察部"10·11"专案组专程来到沈阳市审计局，赠送一面"审计查微寻匿迹，反腐倡廉显身手"的锦旗和一封感谢信。此外，在全市开展的"小金库"治理工作中，沈阳市审计局派出7名审计人员，发现机关、社团和企业存在"小金库"27个、金额977万元。　（撰稿人：余宏）

【朝阳市审计局】　2010年，朝阳市审计局人员编制43人，在编43人。局长郭天玺，副局长张丽新、张子森、郭永杰，总审计师佟宝钧，纪检组长姚文卿。设有办公室、法制综合科、经济责任审计室、财政审计科、行政事业审计科、经贸审计科、农业与资源环保审计科、社会保障审计科、固定资产投资审计一科、固定资产投资审计二科、信息化管理与应用科。

审计成果　朝阳市审计局完成审计项目74个，查出违规金额17499万元，其中应上缴财政5028万元，应减少财政拨款或补贴328万元，应归还原渠道资金1944万元，应调账处理金额3690万元；已上缴财政5028万元，已减少财政拨款或补贴328万元，已归还原渠道资金1825万元，已调账处理金额3690万元。建议有关部门处理事项4件。提交审计工作报告、信息57篇，被采用45篇。

财政审计　完成了本级预算执行、县级政府决算等项目的审计（调查），查出本级预算执行违规金额7638万元；县级政府财政决算审计查出违规金额3238万元。

金融审计　对朝阳市商业银行资产质量及国有资本收益情况进行专项审计调查，延伸调查了53个贷款单位，揭示了借新还旧等问题。

行政事业审计　对卫生等系统36个行政事业单位进行审计，查出违规金额3165万元。揭示违规改变资金用途598万元等问题。

农业与资源环保审计　对荒山绿化等11个项目进行审计。查出违规金额383万元。揭示超限额使用现金929万元等问题。

固定资产投资审计　完成化石公园等13个项目的审计。查出违规及管理不规范金额1571万元，审减工程结算造价1012万元。揭示了工程超规模等问题。

社会保障审计　实施自然灾害生活救济等7个项目的审计。查出违规金额1671万元。审计160个乡镇和135所敬老院，实现2009年度救助资金审计全覆盖。

企业审计　完成凌钢集团朝阳焦化有限责任公司资产负债损益审计。查出欠缴价格调节基金等违规金额29万元。

经济责任审计　实施18位领导干部经济责任审计，查出违规金额3170万元。根据《朝阳市经济责任审计自查自纠管理办法》和《朝阳市市管领导干部离任办理经济事项交接管理办法》，组织离任交接20个单位、自查自纠8位领导干部，自查自纠发现违规及管理不规范金额2458万元。

专项资金审计（调查）　完成福利彩票等16个项目的审计（调查），查出违规金额1858万元。

（撰稿人：朱光宇）

【阜新市审计局】　2010年，阜新市审计局编制64人（包括行政编57人、事业编4人、工人3人），在职64人。局长王智兼，副局长朱海泉、张百平，纪检组长邵荣山。设有经济责任办公室（副县级）、财政金融审计科、固定资产投资审计科、行政政法审计科、教科文审计科、经贸审计科、农业与资源环保审计科、社会保障审计科、法规审理科、综合科、人事教育科、老干部科、计算机审计指导管理科、办公室、机关党委；另外，设置阜新市审计信息中心，为全额财政拨款事业编制，编制4人，在职6人。

审计成果　开展审计和审计调查项目122个，为全年计划的110%。查出违纪违规金额27864万元：上缴财政232万元，审减投资项目工程价款

1194万元，责成被审计单位自行上缴税费5600万元，房开企业调查查实欠缴漏缴税费6566万元。首次对2名直接责任人进行经济处罚，金额为12000元。审计披露的问题得到有效整改，市人大全票通过了《市本级预算执行审计存在问题整改情况的报告》，有6个被审计单位的整改报告得到市政府领导批示。向市政府提交《有关促进我市经济发展和社会各项事业进步的宏观审计建议》，时任市长作出重要批示，市政府召开专题会议，研究落实五方面审计建议；全年向政府提交审计报告49篇，有43篇审计报告得到市委、市政府领导批示，明确要求有关部门整改落实，批示采纳率为88%。为被审计单位提出建设性建议233条，有198条建议得到采纳和落实；有5篇信息被《中国审计报》和《中国审计》报道，有5篇信息被审计署网站刊载。

市局在连续6届12年保持省级文明机关称号的基础上，2月又被省委、省政府评为全省文明机关标兵单位，为阜新市党政机关中唯一获此殊荣单位；7月15日，市直机关工委印发了《关于在市直机关开展向市审计局学习的决定》，这是市直机关工委自成立以来第一次发出向某单位学习的号召。12月，市委授予本局“全市创先争优流动红旗单位”。营口市义务教育其他债务审计工作被评为全省优秀审计项目；审计宣传、扶贫帮困、综合治理等15项工作被市委、市政府或省审计厅表彰，还有15人/次立功受奖。

经济责任审计　6月，阜新市委、市政府印发《关于加强经济责任审计工作的意见》，完善了经济责任审计工作机制。创建了领导干部经济责任审计量化评价办法，在完善经济责任审计机制方面实现新突破。

信息化建设　3月，部署完成并全面应用审计署OA审计管理系统，有4个县区同时进行了联网；有6项AO应用实例受到审计署表彰，其中3个应用奖，3个鼓励奖，占全省获奖总数的50%；信息化建设工作得到省审计厅领导的高度评价，应邀在全省审计信息化建设工作会议上做经验介绍。（撰稿人：李美羲）

【铁岭市审计局】　2010年，铁岭市审计局人员编制81人（行政59人、工勤5人、事业17人），在编81人。局长王英伟，副局长张波、李化山、邵荣，纪检组长赵玉杰。设有办公室、人事监察教育科、法制科、综合科、经贸审计科、农业资源与环保审计科、固定资产投资审计科、财政审计科、金融审计科、行政事业审计科、经济责任审计办公室、外资运用与社会保障审计科、数据采集审计科，另外设有机关党委及计算机信息中心、审计培训中心。

审计成果　铁岭市审计机关完成审计（调查）项目332个，查出违规金额77369万元，其中应上缴财政39517万元，应归还原渠道资金4374万元，应调账处理金额414074万元；已上缴财政37106万元，已归还原渠道资金1685万元，已调账处理金额163万元。移送司法机关、纪检监察部门处理事项1件。提交审计工作报告、信息303篇，被批示采用195篇次。

财政审计　市本级预算执行审计揭示了应缴未缴财政收入、专项支出拨付滞后、未将市直机关行政事业单位车辆保险费用编入预算等问题，从体制、机制和制度上提出五项建议，“两个报告”均获人大满票通过。促进有关部门制定《关于进一步规范政府采购行为的暂行规定》、《农业保险代办费管理办法》。

行政事业审计　全市审计行政事业单位229个，查出违规金额15502万元。铁岭监狱财务收支审计查出违规收费、违规提取药品进销差价、不合规票据核销、违反政府采购规定等问题，提出7条审计建议。

农业与资源环保审计　农口专项资金审计发现滞留支农专项资金31563万元、虚列专项资金23724万元、挤占挪用专项资金2848万元等问题。国家大型商品粮基地建设项目审计指出配套资金不到位及未经批准增加工程内容等问题。全市污水处理厂运营情况审计指出了配套资金及污水处理收费制度落实不到位、运行保障经费不足、污水处理支大于收、再生水资源利用率较低等问题。

固定资产投资审计　对新增中央投资项目、高速公路和铁路、保障性住房、新城区农民新区及北方金融后台服务基地等11个重点项目进行审计或调查，促进项目规范实施，节约建设资金，共核减工程投资3248万元。

社会保障审计　对西丰县 2010 年新农保基金、六个县（市）区新农合基金、再就业资金管理使用情况进行审计或审计调查。6 县（市）区新农合审计摸清了农民参合、基金收支、农民受益情况，揭示 6704 人重复参合（保）、新农合与医疗救助衔接不够、“以药养医”等问题，提出五方面审计建议。

企业审计　全市完成 9 户企业审计，查出违规金额 1152 万元。铁法煤业集团总医院、机械制造公司财务收支审计揭示了税费缴纳、收入确认、成本核算以及管理方面存在的问题。市商业银行资产负债损益审计揭示了资产质量、信贷投向结构、落实和执行国家宏观调控政策中存在的问题和信贷风险情况。

经济责任审计　全市审计党政领导干部 173 名，其中市本级审计 32 名。揭示了应缴未缴财政收入、欠缴税费、挪用专项资金、违反收支两条线和政府采购规定等问题。市经济责任审计工作领导小组对 2009 年审计的 37 名领导干部履行经济责任情况综合评价结果进行划等并通报。铁岭市政府下发《人民政府部门行政首长经济责任问责试行办法补充规定》，进一步规范行政首长经济责任问责工作。

专项资金审计（调查）　全市审计（调查）单位 29 个，审计专项资金总额 220803 万元。本辽及铁阜高速公路征地动迁补偿费专项审计查出省征地事务局挪用专项资金 5707 万元、滞留专项资金 1279 万元、多计耕地开发费用 513 万元等问题，上报省审计厅线索疑点四件。

（撰稿人：杜剑一）

【抚顺市审计局】　2010 年，抚顺市审计局人员编制 109 人，在编 99 人。局长解军红，副局长刘晓滨、陈亚文、韩来云，总审计师佟向阳（—8 月）。设有办公室、综合处、人事处、法制处、计算机审计处、外资金融审计处、固定资产投资审计处、社会保障审计处、经济责任审计一处、经济责任审计二处、教科文卫审计处、财政审计处、经贸审计处、农业与资源环保审计处、经济案件审计处、行政政法审计处。

审计成果　抚顺市审计机关完成审计 325 个单位，查出违规金额 24116 万元，管理不规范金额 373732 万元；应缴财政 5394 万元，已缴财政金额 1116 万元。其中，市本级完成审计 103 个单位，查出违规金额 1.3 亿元，管理不规范金额 33 亿元；应缴财政 4526 万元，已上缴财政 674 万元；审计政府工程项目决算，为财政节约资金 5168 万元；移送纪检司法等部门处理的案件线索 4 件。提出审计建议 305 条，被采纳 145 条，提交审计报告、审计信息、审计要情等 248 篇，有 20 份得到市领导批示。本市财政预算执行审计和审计信息化建设两项工作分别在全省审计系统介绍经验，全面超额完成年初确定的政府绩效管理的各项任务指标。

预算执行审计　全年共审计 12 个部门预算执行情况、14 个专项资金管理使用情况、12 个重点建设项目，延伸审计了 271 家二、三级预算单位，审计资金总量 106.3 亿元，揭示了六个方面 53 个问题，涉及 63 个部门和单位，涉及违规金额 1.8 亿元，管理不规范金额 3.4 亿元。在审计的广度、力度、深度上都有较大进步。审计工作报告得到市人大、市政府的充分肯定和高度评价，认为审计工作取得重大进步。市政府向市人大常委会做的审计工作报告揭示问题整改情况报告，以高票通过满意度测评。

经济责任审计　完成领导干部经济责任审计项目 132 个，查出违规和管理不规范金额 6.7 亿元。其中市本级完成审计项目 33 个，查出违规和管理不规范金额 5.7 亿元。

固定资产投资审计　全年完成轻轨宁远街下穿箱涵引道、清原镇污水处理厂、新宾镇污水处理厂等 8 个建设项目的审计，以及全市建设项目招投标情况等 2 项审计调查，审计总金额 24788 万元，审减工程款 2446 万元，是去年同期的 13 倍。揭示了洗化东街立交桥部分道路面层厚度不满足设计要求、工作失误增加设计费、非中标单位施工、建设单位监管失职等工程造价、工程质量、工程管理等五个方面的问题。

金融审计　完成了市商业银行的资产质量、贷款投向结构专项审计调查（包括经济责任审计），重点审计和审计调查资产质量与信贷投放总体规模、投放方向、信贷风险等情况，查出财务管理、信贷资金管理等方面存在的问题，引起市商业银行和部分贷款企业的高度重视，追回了不良贷款。

社会保障审计　开展抚顺地区养老保险、医疗保险两项基金归集、管理和使用情况专项审计，提出要进一步完善医疗结算制度、加强对基金拨付的管理等审计建议，得到市社保局和相关医疗单位的好评，促进这两项基金安全、完整、合理、有效使用。（撰稿人：高玉华　唐东宏）

【本溪市审计局】　2010 年，本溪市审计局行政编制 89 人，事业编制 12 人，实有 89 人（含事业 9 人、工勤人员 5 人）。局长王佳才，副局长李宁波、富国义，总审计师田伟，纪检组长李明远。设有机关党委、办公室、综合处、法规处、经济责任审计处、财政金融审计处、行政政法审计处、科教文卫审计处、经贸审计处、农业与资源环保审计处、固定资产投资审计处、外资运用审计处、社会保障审计处、经济案件审计处、计算机审计处、离退休干部管理处。另设政府投资审计中心（审计干部培训中心，系自收自支事业单位）。

审计成果　本溪市审计局完成审计计划项目 57 个，查处违规金额 125 万元，管理不规范金额 125657 万元；已上缴财政 92 万元，核减投资额 3304 万元，审计后挽回损失 1395 万元。移送案件 1 起。提交审计工作报告、信息 120 篇，被采用 50 篇（次）。提出审计意见和建议 149 条，被采纳 143 条。

财政审计　本溪市审计局组织实施了 70 多个部门和单位预算执行和压缩经费情况、新增中央投资项目等 13 项重点资金和重大项目的跟踪审计及审计调查，审计资金总额 593000 万元。反映和揭示了非税收入管理不规范、资金核算和管理不规范等 15 个方面的问题，以及“三公费用”情况。市人大常委会听取了市审计局局长王佳才同志代表市政府所作的《关于 2009 年度市本级财政预算执行和其他财政收支的审计工作报告》。对报告给予了充分肯定和高度评价，全票予以通过。

农业与资源环保审计　对市本级 2009 年度重点企业共计 172000 万元“减排资金”的筹集、管理、使用情况进行专项审计调查，查出环境污染治理资金没有落实、环保减排工程管理不规范等问题。

固定资产投资审计　完成 27 项固定资产投资项目审计，审计投资额达 320000 万元。查处施工单位高估冒算等问题。在 2009 年度城市基础设施配套费审计中，对 20 个征收单位和 241 个项目建设单位城市基础设施配套费进行审计调查，查出项目未缴、欠缴各项配套费等问题。在对地方债券投资审计中，查出资金缺口、项目审批手续不健全等问题。

社会保障审计　开展了城市居民低保资金的审计，对 1114 户低保对象进行调查核实，发现部分低保对象存在从事生产经营活动、隐瞒家庭收入、骗取低保待遇等问题，通过审计，取消低保待遇 291 户，节约财政资金 83 万元。

企业审计　审计核查地工路、东风湖、桥北钢铁园区以及开发区等企业动迁补偿 31 个项目，审计资金总额 12300 万元，削减 2000 多万元。在对 2009 年度科技资金的审计中，揭露了科技项目缺乏论证评估，资金审批不严格，下拨滞后及挤占挪用科技专项资金等问题。

经济责任审计　本溪市审计局完成 25 个经济责任审计项目，查出违规金额 32 万元，管理不规范金额 25000 多万元。落实主管责任 23000 多万元，直接责任 2000 多万元。

专项资金审计　开展了中国“药都”基础设施建设、退耕还林资金、新增中央投资项目、中小学校舍安全工程、政府投资建设保障性住房、新型农村合作医疗专项资金、市商业银行资产质量与贷款投向结构等专项资金审计。审计专项资金总额 49700 万元，查出资金滞留闲置、配套资金不落实等问题，促进拨付资金及时到位。

（撰稿人：唐荣海）

【辽阳市审计局】　2010 年，辽阳市审计局编制 70 人，在编 70 人。局长栗荣庆，副局长纪辉、张迎胜（10 月—）、于兆东、王永华、孙柏野，纪检组长王英（4 月—）。设有办公室、法制科、综合科、人事教育科、经贸审计科、农业审计科、财政审计科、行文审计科、社保审计科、财金审计科、经济责任办公室、投资绩效审计科、城建审计科。局直属事业单位信息中心，另设有派出机构河东审计分局（副处级）。

审计成果　辽阳全市完成审计项目 444 个，

查出违规金额 10997 万元，查出管理不规范金额 123458 万元，应上缴财政 3503 万元，已上缴财政 3026 万元。其中：辽阳市审计局完成审计项目 92 个，查出违规金额 3612 万元，查出管理不规范金额 70790 万元，应上缴财政 3293 万元，已上缴财政 2898 万元。编发审计信息 73 篇，被上级机关及各级新闻单位采用 47 篇次。

财政审计　开展了 2009 年度市本级财政预算执行和其他财政收支情况审计，重点审计辽阳市住房和城乡建设委员会等 24 个单位。7 月 28 日，辽阳市第十四届人民代表大会常务委员会第十七次会议高票通过了辽阳市审计局代市政府报告的《关于 2009 年度市本级预算执行和其他财政收支情况的审计工作报告》。

经济责任审计　完成审计项目 41 项，查出违纪违规总额 2988 万元，其中违规金额 86 万元。运用《辽阳市党政领导干部任期经济责任审计评价量化办法》，评价出优秀等级 8 名，称职 22 名，基本称职 1 名（10 名不在评定范围），有 1 名领导干部得到重用。

企业审计　完成审计项目 6 个，查出管理不规范金额 477 万元，提出审计建议 11 条，参与企业改制审计复核 9 项，参与专项审计调查 3 项。对辽阳市本级及河东新城 2009 年年末政府债务规模、结构、资金投向、债务偿还及融资平台情况进行专项审计调查。

固定资产投资审计　完成审计项目 10 个，专项审计调查 1 个，核减投资额 3591 万元。对辽阳市中心医院新建病房综合楼工程概算、辽阳市 2009 年城市绿化重点建设工程、宏伟区、弓长岭区和灯塔市污水处理厂、灯塔市采煤沉陷区综合治理工程、5 万平方米以上棚户区改造二期工程项目进行驻场或定点跟踪审计。

金融审计　完成辽阳市非税收入管理局非税收入审计、市地税系统税收征管情况审计，审计查出违规金额 1125.90 万元，管理不规范金额 24903.14 万元。

社会保障审计　完成审计项目 13 个，审计查出管理不规范金额 1279.52 万元。对辽阳市全市 2009 年度新型农村合作医疗基金进行专项审计，审计发现未到位配套资金 468.9 万元。

行政事业审计　完成审计项目 11 个，查出管理不规范金额 3385 万元，审计处罚金额 23000 元。对辽阳地区 12 所高级中学近三年收费情况专项审计调查，形成了专项审计调查报告，下发了整改建议。

农业与资源环保审计　完成审计项目 10 个，审计调查项目 1 个，审计查出违规金额 339.72 万元，管理不规范金额 347.8 万元，应缴金额 339.72 万元。对灯塔市、辽阳县 2006～2009 年退耕还林工程建设资金和巩固退耕还林成果专项资金的分配、管理、使用情况及相关政策执行情况进行审计调查，审计总金额 2337.4 万元。对辽阳嘉兴房地产开发有限公司通过摘牌形式取得原白塔塑料厂宗地后，变更规划条件应补缴土地出让金等事项进行了专项审计。审计收缴辽阳嘉兴房地产开发有限公司补缴土地出让金 210.7 万元，补缴各项行政性收费 129.02 万元。

河东审计分局工作　完成审计项目 6 个，审计总金额 3.22 亿元，审减投资额 1150 多万元。对辽阳市太子河风光带 2009 年绿化工程决算审计。该项目报审金额 4718 万元，审计确认实际工程造价为 4395 万元，核减工程价款 323 万元。对河东高中建设项目工程决算审计，仅教学楼合班教室屋顶装饰项目就节约建设资金 20 余万元。

（撰稿人：詹恒亮）

【鞍山市审计局】　2010 年，鞍山市审计局人员编制 150 人（其中公务员 100 人，审计信息中心 50 人），在编 140 人（其中公务员 93 人，审计信息中心 47 人）。局长杜俊双，副局长阚晓阳、刘文晓、原丹，纪检组长倪洪刚。设有办公室、人事教育处、法规处、外资运用审计处、财政审计处、金融审计处、行政事业审计处、经贸审计处、政府采购审计处、农业与资源环保审计处、社会保障审计处、固定资产投资审计处、领导干部经济责任审计处、经济案件审计处、审计指导处、债务清缴审计处。

审计成果　鞍山市审计局完成审计项目 68 个，查出违规金额 705 万元，其中应上缴财政 18 万元，应归还原渠道资金 687 万元，移送纪检监察部门处理事项 1 件、涉及人员 1 人，涉案金额 253 万元。提交审计报告和审计调查报告 68 篇，提出审计建议 73 条，被采纳的审计建议 22 条，提交审计专题、综合性报告和信息简报20篇，被批示采用5篇。

财政审计　完成预算执行审计8个单位，查出违规金额705万元。其中应上缴财政18万元，应归还原渠道资金687万元；已上缴财政18万元，已归还原渠道资金687万元。查出管理不规范金额583万元。提出审计建议8条，被采纳的审计建议8条。

经济责任审计　完成24户领导干部经济责任审计，对其所辖单位的财政财务收支、债权债务、国有资产保值增值、重大经济决策及执行财经纪律和廉政规定等情况进行审计，查出管理不规范金额6414万元。

政府采购审计　参加203次各类货物采购项目招标现场监督，涉及预算金额6亿多元。经现场监督，对不符合政府采购相关规定的采购项目建议废标11次，均被采纳。另外，参加供应商资质预审19次，采购项目协调会4次，现场监督抽取专家153次。参与市政府组织的各类货物验收122次，经现场验收监督，对不符合政府采购相关规定的验收项目与综合部门共同出具质疑验收报告10份，均被采纳。

经济案件审计　在对台安县专项资金审计中发现，县水产局局长郭永刚将财政200多万元专项资金以现金方式从银行提走，仅用一少部分资金盖了4栋养鱼棚舍，且棚内杂草丛生，项目根本未建成。审计组认定郭永刚有贪污公款的嫌疑，及时把这一重大案件线索移送县纪委。检察机关已介入此案，侦查终结已经批捕。在对市城市供暖有限公司财务收支审计中发现，司炉劳务承包人杨某出具给市城投热力公司31万元的司炉劳务费发票，系伪造鞍山市地方税务局铁东分局营业税发票，涉嫌触犯刑法。审计组认真核实相关证据后，依法移交公安机关处理。此外，审计组还发现，市城市供暖公司以劳务费支出挂账、虚开发票核销劳务费等方式少缴社会保险费211万元的问题，以及铲车租赁出租人陈某取得租赁收入未缴所得税问题，依法作出移送税务机关处理的决定。

专项资金审计（调查）　完成省审计厅和地方党政领导安排的审计工作任务。包括对市地税系统部门预算执行情况的审计、福利彩票资金的审计、污水处理厂建设及运营情况审计调查、退耕还林项目的审计等。　（撰稿人：田玉文）

【丹东市审计局】　2010年，丹东市审计局人员编制63人，在编59人。局长张东贵，副局长李圣稙、曹瑞洲、张作群，纪检组长杨文斌。设有财政审计处、固定资产投资审计处、经贸审计处、农业与资源环保审计处、社会保障审计处、金融外资审计处、行政事业审计处、经济责任审计处、法制处、招商引资办公室、办公室。

审计成果　丹东市审计机关完成审计单位270个（项），查出违规金额76699万元，其中应上缴财政447万元，应减少财政拨款或补贴4819万元，应归还原渠道资金2178万元，应调账处理金额5755万元；已上缴财政427万元，已减少财政拨款或补贴2411万元，已归还原渠道资金1143万元，已调账处理金额4612万元。提交审计工作报告、信息107篇，被采用24篇。

预算执行审计　开展了2009年市本级预算执行及其他财政收支审计、部分县（市）区的财政决算和部分重点部门、重点项目和重点资金审计。共计审计和延伸审计47个部门、单位和129个项目，涉及资金额138亿元，查出有问题金额1.8亿元，其中市本级5367万元；县（市）区级1.3亿元。主要是应缴未缴预算收入、应列未列预算收入、虚列支出、超计划超概算投资、挤占挪用滞留专项资金及其他问题。

农业与资源环保审计　开展了凤城市、元宝区2007年至2009年强农惠农资金专项清理和检查；凤城、宽甸产业园区建设和资金使用情况的专项审计调查；东港、宽甸2006年至2009年度退耕还林资金使用和管理情况的专项审计调查；全市2008年至2009年农业综合开发资金收支情况的审计等项目。审计后均向丹东市政府和辽宁省审计厅提交了有情况、有问题、有分析、有建议的审计或审计调查报告。有的项目得到丹东市政府领导表扬，并在东港、宽甸退耕还林资金使用和管理情况专项审计调查报告上作批示，肯定审计成果。

固定资产投资审计　丹东市2010年固定资产新增项目多，投资规模大，涉及基础设施、产业发展、社会事业、民生问题等多个领域。针对这一情况，开展的审计和审计调查项目包括：污水处理厂建设及运营情况审计调查、中小学校舍安全工程跟踪审计、政府投资建设保障性住房情况专项审计调查、新增中央投资（第四批）项目跟踪审计、高速公路建设项目审计等。同时对政府主导推动的基础设施建设项目采取提前介入的审计方式，重点关注建设项目中容易出现的高估冒算、跑冒滴漏、挤占挪用、损失浪费等问题。

（撰稿人：贾春荣）

【大连市审计局】　2010年，大连市审计局人员编制151人，在编148人。局长白日玲，副局长周小渝、付强、宫本胜，总审计师张学贵，纪检组长包广平。设有办公室、法制处、财政审计处、经济责任审计一处、经济责任审计二处、行政政法审计处、教科文卫审计处、农业与资源环保审计处、固定资产投资审计一处、固定资产投资审计二处、企业审计处、社会保障审计处、金融审计处、外资运用审计处、人事处（机关党委）。设立纪检组（监察室）。

审计成果　大连市审计机关完成审计和审计调查项目479个，查出违规金额8.43亿元，审减工程造价2.46亿元；应上缴财政3.24亿元，已上缴财政3.24亿元。向司法、纪检监察机关和其他有关部门移送经济案件线索7件。向上级机关和有关部门提交综合性及专项审计报告、信息、审计要情等519篇，其中被批示和采用258篇（次）。

预算执行审计　大连市审计机关按照构建财政审计大格局的要求，预算执行审计在审计内容上，进一步扩大审计覆盖面，切实做到“凡是政府应该管的钱”，都纳入审计监督范围。审计中，以“项目需求为导向”，树立“全局一盘棋”思想，采取打破处室专业分工限制，统一审计方案，统一处理标准等方法，由12个业务部门共同实施22个部门预算审计以及其他专项审计和审计调查，实现了以人力资源的整合带动信息资源和技术方法资源的整合。

经济责任审计　大连市审计机关对全市230名党政领导干部及企业领导人员进行经济责任审计。查出违规金额2.53亿元，管理不规范金额11.30亿元。进一步规范了审计评价的内容和重点，制定了《大连市党政领导干部和国有企业及国有控股企业领导人员任期经济责任审计评价办法》，强化审计评价的针对性、宏观性和整体性。起草了《大连市本级经济责任审计对象分类暂行办法》、《大连市党政领导干部经济责任审计交接办法（试行）》等5项制度，为进一步规范领导干部任期经济责任审计工作提供了制度保障。

固定资产投资审计　大连市审计机关进一步加大对政府重大投资项目和重点建设资金的审计力度，先后对大连港东部地区搬迁改造项目、哈大铁路客运专线（大连段）征地动迁项目、城市地铁项目、新机场建设项目、202路轨道延伸线工程等17个重点工程项目进行跟踪审计，确保财政资金的安全、效益。在新机场建设项目跟踪审计中，通过对海域补偿资金的审计，发现涉及金额达5000余万元的重大经济案件线索，并及时移交检察机关处理。市海洋渔业局根据审计建议，出台了《海域使用审批管理制度》和《渔船审验管理制度》，并通过完善海域养殖物补偿标准细则，节约财政资金6000余万元。

专项资金审计（调查）　大连市审计机关关注百姓利益，积极开展惠民资金审计。在对大连市“和谐乡风”文化推进计划专项资金使用情况专项审计调查中，对审计中发现的资金滞留及被挪用、管理不规范等方面的问题，提出了有针对性的审计建议，项目主管部门专门下发了《关于“和谐乡风”专项资金使用问题整改的通知》。围绕“两型”社会建设，积极开展资源环境审计。先后开展了全市退耕还林工程专项资金审计调查、第四期南部海域清理补偿资金跟踪审计、北三市水土保持情况专项审计调查等近10项农业和资源环保审计。在全市退耕还林工程专项资金审计调查中，市林业局采纳审计建议，先后下发了《关于加强我市退耕还林工程建设和资金管理的通知》等规范性文件。

大连市审计局先后对大连新港“7·16”火灾污染海域清理补偿资金和物资、大连市农村信用联社2009年度资产负债及损益情况、大连广播电视台所属企事业单位资产负债损益情况、大连信托投资公司清算组财务收支情况等8个项目进行专项审计和审计调查，为政府决策提供了翔实资料。为配合做好市农信社的改制工作，对市农村信用合作社系统市、县两级9个法人单位，约75个机构实施了审计，为政府做好市农信社的改制工作提供了决策参考。大连新港“7·16”火灾发生后，市政府投入大量人力、物力开展海上清污工作。为贯彻落实市委、市政府关于对“7·16”火灾污染海域清理补偿资金和物资实施跟踪审计的指示精神，会同市监察局、市财政局下发了《关于印发大连市“7·16”火灾污染海域清理补偿资金和物资跟踪审计工作实施方案的通知》，组成联合审计组，对市财力拨付的清污资金和物资进行跟踪审计，检查资金和物资分配、发放、使用的真实性、合规性，确保清污资金和物资的安全性和效益性。（撰稿人：蔡丹丹）

【营口市审计局】 2010年，营口市审计局人员编制53人，实有51人。局长迟成君，副局长徐福忠（—10月）、王文良、张丽杰，纪检组长林从军（—11月）。设有办公室、经济责任审计工作办公室、财政审计科、金融与外资运用审计科、行政政法审计科、法制科、教科文审计科、社会保障审计科、固定资产投资审计一科、固定资产投资审计二科、农业与资源环保审计科、经贸审计科（年薪制审计办公室）、信息化科。

审计成果 营口市审计局审计（调查）党政机关、企事业单位69个，查出违规和管理不规范金额28.82亿元，促进财政增收节支2055万元，提交专题、综合性报告41篇，被市领导批示10篇，提交审计简报和审计信息11篇，其中被市委采用3篇、被市政府采用1篇。相继被省委、省政府评为全省文明机关标兵（连续两届获此殊荣），被省审计厅、省人力资源和社会保障厅评为“全省审计系统先进集体”，获得“全市政风行风建设先进单位和思想政治工作先进单位”称号。

预算执行审计 在市本级2009年度预算执行和其他财政收支审计中，重点关注体制、债务、民生和管理四个方面，针对发现的问题，提出有建设性的审计建议。

经济责任审计 经市委组织部委托和省审计厅授权，共完成经济责任审计项目25个，查出违规和管理不规范金额1.57亿元，提出审计建议15条，提交审计结果报告25篇，有2篇报告被市领导批示。

系统审计 开展了供销社系统、市公安局系统、市体育局系统、市人力资源和社会保障局系统在内的4个系统的审计工作。针对供销社系统存在的问题，提出了强化资产和国有资本运营监管，防止资产流失；加强债权债务清理等四项整改建议。对市公安局、市体育局、市人力资源和社会保障局系统的审计，都分别针对其存在的问题提出了切实可行的审计意见和建议，并得到积极落实和采纳。

固定资产投资审计 完成三家子廉租房、风光小区廉租房、营北线等6项工程项目的竣工决算审计，报审额41466.3万元，审计认定额39411.3万元，审计核减额2055万元，核减率5%。对这6个工程项目的决算审计取得良好预期效果，既为财政节省大量资金，避免损失浪费，同时较好地发挥了审计监督在工程建设领域的重要作用，保证政府建设项目资金合理、有效地使用。

专项资金审计（调查） 对退耕还林专项资金、新型农村合作医疗基金、高速公路竣工决算和征地动迁资金、地税部门预算执行等12个项目进行了审计（调查）。审计工作中，注重发现在资金管理使用及制度运行中存在的漏洞，及时提出整改意见和合理化建议。

交办事项 一是配合市纪委完成市伊斯兰教协会五里桥回族公墓搬迁资金收支情况的审计，查出虚列搬迁资金、公款私存、多提取相关费用、搬迁工作经费超支、不规范票据列支搬迁费用5个问题。二是组织完成营口港务集团及所属30家公司2009年1～9月的绩效水平的审计。审计查出核算收入、成本费用效益不实等17个问题，金额共计6171万元。三是完成大石桥市中央转移支付资金的审计。经抽查发现，大石桥财政和各预算单位在分配、管理和使用上级转移支付中存在虚列上级专项、挤占挪用资金等问题共计26003万元。通过此次审计，为全市下一步全面开展中央转移支付资金自查工作奠定了基础。

（撰稿人：刘　阳）

【盘锦市审计局】 2010年，盘锦市审计局人员编制31人，在编29人。局长王贺广（9月—）、孙兴福（—9月），副局长戴香菊、王贺广（—9

月)、闫志刚，纪检组长王钧。设有办公室、法制综合科、经济责任审计办公室、经济责任审计科、财政金融审计科、文教行政审计科、农业与社保审计科、固定资产投资审计一科、固定资产投资审计二科。

审计成果 盘锦市审计机关完成审计项目155个，查出违规金额4747万元，其中应上缴财政3495万元，应归还原渠道资金350万元，应调账处理金额902万元；已上缴财政1066万元，已归还原渠道资金350万元，已调账处理金额902万元；提交审计工作报告、信息106篇，被批示、采用72篇次。

预算执行审计 审计预算执行单位72个，查出违规金额310万元，管理不规范金额13469万元，上缴财政310万元。对市地税局系统9个单位实施审计，并对部分所属单位进行延伸审计。揭示了地税部门存在的超预算定额列支交通费、超标准发放奖金和津补贴、超标准列支招待费、经费支出中列支福利费、不合规发票核销培训费、改变奖金发放用途等问题，违规金额677万元。

经济责任审计 全年完成经济责任审计项目85个，查出管理不规范金额88328余万元。

专项资金审计 对政府投资建设保障性住房、全市中小学校舍安全工程、全市新型农村合作医疗基金以及2009年度全市养老、医疗、失业、工伤、生育等五项社保基金、2009年度全市福利彩票资金等进行跟踪审计和审计调查，揭示了政策落实不到位、管理不规范以及损害群众利益等违规违纪问题。

资源环保审计 对全市退耕还林工程专项资金、农业综合开发资金、林业专项资金、全市新建污水处理厂建设及运营情况等进行审计和审计调查。在对退耕还林工程专项资金审计调查中，揭示了自行调整退耕还林计划、确权发证进展缓慢、退耕还林面积逐渐萎缩、退耕还林专项资金结余挂账等问题。

固定资产投资审计 一是对辽河风光带北岸三期工程、城市防洪右岸堤加固绿化工程和城市防洪工程进行审计，对市公安局监管场所竣工决算进行审计。审计中对多结算的工程款218万元予以收缴。二是对阜朝高速公路凌源段征地和动迁资金以及十一个工程标段进行审计。通过审计，揭示了征地、动迁工作及其补偿资金管理使用中存在的违纪违规问题。三是对全市扩大内需建设项目(50个)的立项、履行、管理、资金来源及运用、项目完成投资等情况进行检查。四是完成了中央新增投资项目的跟踪审计和全市工程建设领域突出问题专项治理审计。(撰稿人：赵庆举)

【锦州市审计局】 2010年，锦州市审计局人员编制89人，在编100人。局长冯晓华，副局长何广华、马志军、李犁(兼总审计师)、王旭明，纪检组长吴颖。设有办公室、人事教育处、机关党委、综合处、法制处、督察处、市直财政审计处、县区财政审计处、金融审计处、行政政法审计处、教科文审计处、经贸审计处、农业与资源环保审计处、社会保障审计处、基建投资审计处、工程投资审计处、外资运用审计处、锦州市经济责任审计办公室、市直经济责任审计处、县区经济责任审计处、信息审计处。

审计成果 全市共完成审计项目203个，查出违规及管理不规范金额20.07亿元。其中，锦州市审计局完成审计项目94项；查出违规及管理不规范金额17.87亿元；通过上缴财政、减少财政拨款及归还原渠道资金，促进增收节支2.2亿元；被审计单位采纳审计建议172条；发出审计建议函11份，被锦州市领导批示的审计专报5份；向社会发布审计结果公告1个；被各级报刊、政府网站采用的审计宣传报道稿件61篇；“社保五项基金筹集管理使用情况审计项目”荣获审计署“地方表彰项目奖”。锦州市审计局被辽宁省委、省政府授予“文明机关”称号，荣获锦州市“五一劳动奖状”。被锦州市委、市政府评为“政绩考核优秀单位”、“精神文明建设标兵单位”、“政务公开工作先进单位”、“落实党风廉政建设责任制先进单位”。

财政审计 锦州市审计局完成2009年度市本级财政预算执行、12个预算部门(单位)2009年度预算收支、北镇市政府2009年度财政决算的审计，完成辽宁省审计厅统一组织的市地税局及所属11个分局的预算执行审计。

经济责任审计 锦州市审计局完成经济责任审计项目24项，其中离任审计14项，任中审计10项。查出违规及管理不规范金额4.2亿元，收缴违规金额 2400 万元。市委组织部采纳审计建议，将经济责任审计知识纳入市委党校领导干部培训内容，派出干部向党校春季培训班 5 个班级 200 名领导干部讲授经济责任审计知识，学员们普遍反映这一课的内容新颖、实用、有意义。

固定资产投资审计　锦州市审计局主要开展了西海工业区基础设施、娘娘宫临港产业区产业基地及基础设施、云飞南街小凌河大桥、锦凌水库工程、滨海公路工程等建设项目的跟踪审计。在跟踪审计过程中，针对发现的问题及时发出了 6 份审计意见单和 6 份审计建议函，被审计单位采纳审计组意见，及时制止了违法违规行为，纠正了损失浪费现象，采取有效措施，直接减少损失浪费 3000 万元；在工程决算审计中，审减工程款 992 万元。

专项资金审计（调查）　锦州市审计局主要开展了市本级政府重大投资建设项目管理及资金使用情况、全市社会保障体系建设及资金归集使用情况、四县一区 2009 年度农业综合开发资金管理使用情况、市本级住房维修资金管理使用情况、退耕还林资金管理使用情况、锦州市新型农村社会养老保险基金管理使用情况、锦州银行 2009 年新增贷款投向结构与资产质量、锦州市污水处理厂建设及运营情况、全市外国贷款债务状况等专项审计调查。《政府重大投资建设项目管理及资金使用情况审计调查报告》在《锦州日报》上向社会公告，在百姓中宣传了市委、市政府城市发展重大决策的战略意义和落实状况，振奋民心，鼓舞士气，同时敢于在百姓面前示“短”，表达政府为民办事、请民监督的诚意，人民群众更加支持政府、理解政府。（撰稿人：王　波）

【葫芦岛市审计局】　2010 年，葫芦岛市审计局人员编制 41 人，在编 40 人。局长施民新，副局长时春明、于桂芹、董伟健、陈道发、刘玉森、赵素芝，纪检组长孙波（—10 月）。设有办公室、人事监察科、综合法规科、经济责任审计办公室、经济责任审计科、财政金融审计科、行政事业审计科、社会保障审计科、经济贸易审计科、农业资源环保审计科、固定资产投资审计科、教科文审计科。

审计成果　葫芦岛市审计机关完成审计项目 77 个，查出违规金额 159000 万元，其中应上缴财政 296 万元，应归还原渠道资金 442 万元，应调账处理金额 350 万元；已上缴财政 270 万元，已归还原渠道资金 383 万元，已调账处理金额 340 万元。移送司法机关、纪检监察部门处理事项 1 件。提交审计工作报告、信息 118 篇，被采用 40 篇。全年共有 12 份审计结果得到市领导批示，多条审计建议被采纳。首次在媒体上对审计结果进行了公告。

财政审计　查出违规和管理不规范资金 1.9 亿元，《审计结果报告》市政府、市人大给予充分肯定，审计查出的问题得到整改，《审计整改报告》获市人大常委会全票通过。

经济责任审计　根据市委、市政府下发的“一个意见、两个办法”规定，对 16 名领导干部进行审计，客观评价了领导干部的经济责任履行情况。对 8 户内管干部离任进行交接监督。2009 年经济责任审计问题整改基本做到 100%。

固定资产投资审计　把落实保持经济持续较快发展政策作为审计工作的重点，对沿海经济带建设等 18 个投资项目进行审计，重大项目实行跟踪审计，核减 7600 万元，增加了政府投资效益。

专项资金审计　对中小学校舍安全工程、新农合基金、土地出让金征收管理及使用情况进行审计或审计调查，审计资金总额 12.5 亿元，查出违纪违规及管理不规范金额，提出整改建议，促进了惠民政策落实。

基础建设　葫芦岛市委、市政府出台了《关于加强审计工作的决定》，明确审计机关班子成员要具有从事审计工作或与审计工作相关的经历；正副职的提拔人选优先从审计机关内部产生；建立上下级审计机关审计干部交流任职、挂职的长效机制等。制定了《审计项目质量控制考核评比办法》、《审计项目进度管理及考评办法》、《审计项目计划管理办法》，实行三级复核制度，对审计项目实行全过程质量控制。

队伍建设　制定了《葫芦岛审计机关工作人员工作准则和行为规范》，审计干部养成良好的工作和生活习惯。实行目标责任制和量化考核，工作积极性和创造性全面提高。邀请专家授课等方式培养人才，目前能独立承担主审的占 85% 以上。扎实推进局党风廉政建设工作，全体审计人员能够严格执行“审计纪律八项规定”。葫芦岛市审计局被辽宁省委、省政府授予文明机关，被葫芦岛市委、市政府评为市直机关工作目标责任制优秀单位，党风廉政建设、依法行政工作先进单位，财政审计、公汽审计、投资审计分别被评为市直机关第二、第三、第四季度最佳实事。

（撰稿人：李儒政）

2010年辽宁省所辖区、县（市）级审计工作统计表

金额单位：万元

审计机关	完成审计项目（个）	查出违规金额	应上缴财政	应减少财政拨款或补贴	应归还原渠道资金	应调账处理金额	移送司法、纪检监察部门处理（件）	建议有关部门处理（件）	出具审计报告和审计调查报告（篇）	提出审计建议（条）	撰写审计信息（篇）
沈阳市											
沈阳市本级	91	23843	1973		1659	6555	1		91	129	124
沈河区审计局	11	956	156			800			11	19	6
和平区审计局	30	621	620						30	28	11
大东区审计局	36	2457	1542		19	100			36	88	6
皇姑区审计局	43	269	6						43	38	1
铁西区审计局	12								12	11	5
苏家屯区审计局	15	1	1						15	22	1
东陵（浑南）区审计局	42	195	38				2		42	33	2
沈北新区审计局	36	52629	16						36	63	3
于洪区审计局	19	2292	94			171			19	16	3
新民市审计局	46	3971	12		1165				46	44	10
辽中县审计局	40	309070	690	87	4570	8186			40	50	2
康平县审计局	28	710	4						28	24	5
法库县审计局	60	398	48		7	3			60	102	
朝阳市											
朝阳市本级	74	17499	5028	328	1944	3690		4			
双塔区审计局	14	295	132		104						
龙城区审计局	36	2532	20		2139	508					
朝阳县审计局	90	4851	79	80	1265	1268					
建平县审计局	136	3687	1018		665	463					
喀喇沁左翼蒙古族自治县审计局	69	2807	70		402	202					
阜新市											
阜新市本级	107	27864	210		18	825			107	320	142
细河区审计局	25	559	21				1		25	24	29

（续表）

审计机关	完成审计项目（个）	查出违规金额	应上缴财政	应减少财政拨款或补贴	应归还原渠道资金	应调账处理金额	移送司法、纪检监察部门处理（件）	建议有关部门处理（件）	出具审计报告和审计调查报告（篇）	提出审计建议（条）	撰写审计信息（篇）
海州区审计局	30	12	1			7			30	14	3
新邱区审计局	14	98	10						14	31	26
太平区审计局	11	25	4						11	25	4
清河门区审计局	15	203	13						15	25	4
彰武县审计局	38	244	6		1	26			38	60	11
阜新蒙古族自治县审计局	38	4946	27						38	194	6
铁岭市											
铁岭市本级	82	58120	37535		2101	413189			82	178	71
银州区审计局	20	106	24		10	10			20	35	29
清河区审计局	31	3015	96		1648	335			31	93	34
开发区审计局	13	2612	6						13	31	2
调兵山市审计局	45	2042	1582			27	1		45	73	40
开原市审计局	31	1277	115		195	54			31	19	43
铁岭县审计局	32	3503	35		34				32	58	20
西丰县审计局	40	5578	72		328	211			40	78	47
昌图县审计局	38	1116	52		58	248			38	73	23
抚顺市											
抚顺市本级	103	13592	4526	3543	2952	8626	2	1	103	305	145
顺城区审计局	17	600	137		90	7783			17	44	31
新抚区审计局	13	124	9			49			13	7	7
东洲区审计局	15	904	154				2		15	31	
望花区审计局	9	3	4			8			9	17	17
抚顺县审计局	59	3159	147		96	27			59	85	85
新宾满族自治县审计局	53	2994	45	191	31	1427			53	71	71
清原满族自治县审计局	56	2740	372	1169	166	1015			56	120	
本溪市											
本溪市本级	57	125	125						57	63	5
平山区审计局	28	49	44	11					28	9	10
溪湖区审计局	40	127	4						40	13	57
明山区审计局	83	203	6						83	20	47
本溪满族自治县审计局	30	737	47			875			30	15	12

（续 表）

审计机关	完成审计项目（个）	查出违规金额	应上缴财政	应减少财政拨款或补贴	应归还原渠道资金	应调账处理金额	移送司法、纪检监察部门处理（件）	建议有关部门处理（件）	出具审计报告和审计调查报告（篇）	提出审计建议（条）	撰写审计信息（篇）
桓仁满族自治县审计局	36	299	140			8126			36	3	10
辽阳市											
辽阳市本级	92	3612	3293						92	206	29
白塔区审计局	21	871			35				21	34	8
文圣区审计局	18								18	20	
宏伟区审计局	105	49	49		2563				105	4	
弓长岭区审计局	72								72		23
太子河区审计局	41	368	19						41	26	4
辽阳县审计局	28	463	72		19				28	17	
灯塔市审计局	67	5634	70						79	114	9
辽阳县审计局	43	1557	150		48	266			43	47	
鞍山市											
鞍山市本级	68	705	18		687		1		68	73	20
铁东区审计局	12	6	6						12	22	
铁西区审计局	28	1227	1227						28	8	
立山区审计局	29	32	32						29	2	
千山区审计局	12								12	34	
海城市审计局	44	19108	6614		345	2125	3	1	44	31	147
台安县审计局	56	309	2						56	138	15
岫岩满族自治县审计局	45	1321	66		271	99			45	13	21
丹东市											
丹东市本级	8	282	68						8	9	3
振安区审计局	26	38	35	3					30		
凤城市审计局	47	65804	59	826					41	185	26
东港市审计局	54	7360	265	636	1341	5118			50	78	33
宽甸满族自治县审计局	47	1538	2	76	837	623			74	41	12
大连市											
大连市本级	80	64882	30137		418	411502	2	3	80	201	147
西岗区审计局	18	81	81						18	40	1
中山区审计局	33	12	12						33	64	6
沙河口区审计局	29								29	24	
甘井子区审计局	55	3442	873						55	103	55

（续表）

审计机关	完成审计项目（个）	查出违规金额	应上缴财政	应减少财政拨款或补贴	应归还原渠道资金	应调账处理金额	移送司法、纪检监察部门处理（件）	建议有关部门处理（件）	出具审计报告和审计调查报告（篇）	提出审计建议（条）	撰写审计信息（篇）
旅顺口区审计局	32	1042	676			220	1		32	58	28
金州区审计局	6	58	58						6	22	8
瓦房店市审计局	23	3502	185		1160	3322			23	37	95
普兰店市审计局	100	107	3	18		243			100	103	47
庄河市审计局	42	9678	325	678	18				42	125	38
开发区监察审计局	16	1257			1257	234			16	27	10
营口市											
营口市本级	68	14				13886			68	59	11
站前区审计局	8								8	32	
西市区审计局	13								13	17	
经济技术开发区审计局	44								44	103	
老边区审计局	13	740							13	3	
大石桥市审计局	18	15							18	9	
盖州市审计局	45	456	11		10				46		4
盘锦市											
盘锦市本级	69	1523	621			902			69	77	32
兴隆台区审计局	5								5	3	6
双台子区审计局	25	35			35				25	4	2
大洼县审计局	28	3189	2874		315				28	18	4
盘山县审计局	28								28	10	3
锦州市											
锦州市本级	94	25734	5647		791	2828			94	176	207
太和区审计局	27		874						27	87	
古塔区审计局	12		1310		50				12		
凌河区审计局	6		48						6	10	
凌海市审计局	30								30	23	
北镇市审计局	28	941	21						28	57	
黑山县审计局	32	4649							32	57	9
义县审计局	51	1480							51	88	26
开发区审计局	13		52						13	43	1
松山新区审计局	17	745		626					17	15	
葫芦岛市											
葫芦岛市本级	77	54762	296		442	350	1		59	88	59

（续 表）

审计机关	完成审计项目（个）	查出违规金额	应上缴财政	应减少财政拨款或补贴	应归还原渠道资金	应调账处理金额	移送司法、纪检监察部门处理（件）	建议有关部门处理（件）	出具审计报告和审计调查报告（篇）	提出审计建议（条）	撰写审计信息（篇）
龙港区审计局	23	294	6		65				23	8	
连山区审计局	20	30436	127						20	38	10
南票区审计局	14								14	5	
兴城市审计局	19	5	2						19	51	20
绥中县审计局	67	9193	58		2118	8960			67	61	9
建昌县审计局	33								33	65	2

吉林省

【吉林省审计厅】　2010年，吉林省审计厅人员编制114人，在编114人，领导职数6名。设有办公室、法规处（审计督察处）、财政审计处、行政事业审计处、农业与资源环保审计处、固定资产投资审计处、金融审计处、社会保障审计处、经贸审计处、外资运用审计处、经济责任审计处、人事处、机关党委；派出审计机构：政法审计处、文体卫生审计处、科学教育审计处、商粮审计处、林业水利乡企审计处、经济执法审计处；直属事业单位：机关服务中心、审计研究所、经济责任审计中心、审计学会、内部审计协会、审计信息中心、固定资产投资审计中心。吉林省纪检委监察厅派驻省审计厅纪检监察室。全省共有县级以上审计机关71个，干部职工2032人。

领导成员

厅　　长：阎宝泰

副 厅 长：刘庆恒　李成姬

　　　　　徐彦夫　赵振民

总审计师：邹积新（6月—）

纪检组长：张清华

审计成果　吉林省各级审计机关共审计和审计调查3294个单位，查出违规金额391亿元、损失浪费金额26亿元、应缴财政30亿元、应归还原渠道资金56亿元。共向司法机关、纪检监察部门和有关部门移送案件和案件线索111件，涉及38人，涉及金额12亿元。提交专项或综合性报告和信息4245篇，被各级党委、政府、新闻单位和上级审计机关批示采用3847篇。其中省审计厅审计和审计调查141个单位，查出违规金额226亿元，损失浪费金额4.1亿元，应缴财政15.3亿元，应归还原渠道资金34.3亿元。移送案件80件，涉及22人，涉及金额11亿元。

财政审计　2010年，吉林省审计厅以维护财政安全和提高财政资金管理使用效益为目标，不断深化财政审计工作。对省财政厅具体组织省本级预算执行情况、省地税局税收征收管理情况、27个省直部门及所属二、三级单位预算执行及其他财政收支情况进行审计，对延边州、辽源市、松原市3个市政府和通榆、大安、集安等7个县级政府进行决算审计。出具审计报告78篇，下达审计决定37篇，报送审计要情和重要审计信息25篇（条）。吉林省人大常委会在审议2009年度省本级预算执行及其他财政收支审计工作报告时认为："报告一年比一年好，审计领域越来越宽，重点越来越突出，审计力度逐年加大，成效显著。"

专项资金审计（调查）　（1）全省物业维修资金审计，共查出违规金额9亿元，已催缴追回物业专项维修资金711.21万元。省委书记在审计要情专报上指示："儒林同志，请省政府对物业专项维修资金管理工作予以重视。对审计发现的问题应清理整改，对共性问题要制定改进办法。这是游离在财政之外的资金，尤应加强规范管理。"省政府召集相关部门就我省物业专项维修资金存在的问题开会进行专题研究，出台物业专项维修资金管理办法。(2) 扶余等6县（市、区）涉农专项资金审计调查，查出违法违规金额3.7亿元，向纪检监察部门移送案件线索7件，涉案金额957万元。省委书记在审计要情专报上指示："各项强农惠农政策要不折不扣地落实，要强化监管，强化公开。对发现的问题，要坚决纠正，严肃查处。"(3) 全省教育费附加征收、管理和使用情况审计调查，发现地税部门欠收教育费附加、财政部门挪用教育费附加平衡预算以及教育部门挪用教育费附加弥补公用经费不足等问题，有关部门认真采纳审计建议，出台了《征收教育费附加的暂行规定》的实施细则，从制度上规范了资金的征管用。(4) 对省直和松原、四平、辽源、白山4市住房公积金进行审计，查出地区、部门、行业之间个人缴存差距继续加大，导致新的分配不公；一些民营企业没有为员工缴纳公积金等问题。省公积金办采纳审计建议，加强和完善公积金管理内部控制制度，提高全省住房公积金缴存比例。(5) 全省城镇职工基本医疗保险和养老保险基金审计调查，采取县（市）间交叉审计调查的方法，查出违规问题金额20多亿元，发现缴费基数审核不严，扩大范围提高标准支出，挪用基金，虚报冒领养老金，违规拨付养老金等问题。(6) 组织全省审计机关对53个县以上城市中心医院及2个省级三级甲等医院药品和医疗服务收费情况进行审计调查，查出超国家规定违规收费1679万元，未经批准自行收费2123万元，超范围、超标准收取医疗服务费等问题。

固定资产投资审计 吉林省审计厅将省政府工作报告涉及的重点建设项目基本纳入审计计划。共完成了13个固定资产投资项目的审计和审计调查，发现违规金额10.5亿元，通过审计，核减工程投资和结算额1.2亿元，挽回和避免损失9178万元。(1) 对吉林至草市、松原至白城至石头井子高速公路项目，镇赉西部土地整理项目，省中部城市引松供水项目，大安灌区农业综合开发项目实施审计。审计查出多计征地补偿费、挪用征地拆迁资金、应计未计固定资产账、勘察设计合同未招标、监理单位未认真履行监理义务、施工单位违法分包等问题，向纪检监察及相关部门移送案件线索5件，涉案金额1172万元。(2) 组织对中小学校舍安全工程进行审计，重点审计了"校安工程"收费减免政策落实情况，发现地方配套资金未到位或未足额到位、工程建设资金未实行单独核算、挪用校舍安全工程建设资金等问题，提出严格履行基本建设程序，认真执行项目法人制、招标制、监理制和合同管理制等审计建议。(3) 继续组织对口支援四川黑水县灾后恢复重建项目的跟踪审计，发现灾后恢复重建项目进展缓慢、新建社会救助福利服务中心作用发挥不够等问题。

经济责任审计 吉林省审计厅进一步拓展经济责任审计领域，加强对重点部门和单位领导干部的经济责任审计，突出关注领导干部对中央和省扩大内需促进经济增长等政策措施贯彻执行情况。全厅完成70个单位、99名经济责任人的经济责任审计，查出领导干部对违规行为负有直接责任的问题金额17.3亿元。6月召开的吉林省经济责任审计工作联席会议，审议通过了《2010年吉林省经济责任审计工作指导意见》，研究讨论《吉林省县（市、区）党政正职任职前经济责任审计办法》和《吉林省党政领导干部经济责任问责暂行办法》。刘家义审计长在考察吉林省审计工作时，对吉林省经济责任审计工作给予充分肯定，对吉林省报送的经济责任审计经验材料作了批示，审计署以中央五部门经济责任审计联席会议办公室名义转发全国。

企业审计 通化矿业集团公司2009年度财务收支情况审计，查出投资损失2279万元，虚假外购原煤95万元，少缴税费944万元，以及国有资产流失、改变国债资金用途等问题，被审计单位在审计过程中补缴各项税费800多万元。吉林森工集团2008年和2009年资产负债损益情况审计，查出企业收购、兼并和重组过程中存在的土地流失、高价收购企业、产权界定不清，重复享受国家天保职工改制补助资金，以及未及时上缴国有资本收益和单位为个人承担个人所得税款等方面问题。

授权审计 审计署授权吉林省审计厅审计吉林省邮政公司、吉林省气象局和中国水利水电第一工程局有限公司2009年度财务收支情况。省邮政公司审计，发现三大类15方面问题，违规金额5092万元，对全省邮政系统的业务规模、产业结构及资源优势进行了剖析。省气象局及所属10个事业单位、9个市（州）气象局和48个县（市、区）气象局（站）的审计，发现不合规发票列支费用334万元、应计未计收入382万元、虚列支出146万元、房租收入现金63.7万元去向不明等问题，向省公安厅移送案件线索1件，涉案金额284万元。中国水利水电第一工程局财务收支的审计，发现违规金额24821万元，净资产不实30193万元，以及长期拖欠职工薪酬、违规向职工集资等问题。

信息化建设　吉林省审计厅大力推进审计实施系统AO，积极开展计算机审计，全省共征集AO应用实例137篇，评选出优秀奖37篇、应用奖83篇，并全部报送审计署参加评选。其中，厅本级征集AO应用实例20篇，评选出优秀奖6篇，应用奖14篇。组织全省684人参加审计署AO认证考试，参考合格率为90%。组织3个批次共51人参加审计署计算机中级考试，有11人通过。（撰稿人：董怀志）

【长春市审计局】　2010年，长春市审计局人员编制106人，在编104人。局长王福财，副局长吴焕军、孔维进、庞国忠、赵力彦，总审计师李贵军（9月—）。设有办公室、机关党委、法制处、人事监察处、财政金融审计处、教科文卫审计处、行政政法审计处、社会保障审计处、经贸外资审计处、农业与资源环保审计处、固定资产投资审计处、经济责任审计处、派出审计一处、派出审计二处；直属事业单位：审计学会和机关服务中心。

审计成果　长春市审计局完成审计及审计调查项目137个，查出违规金额260089万元，应上缴财政35910万元，应减少财政拨款或补贴3067万元，应归还原渠道资金45636万元，应调账处理金额37158万元；已上缴财政2454万元，已归还原渠道资金8333万元，已调账处理金额8186万元。移送司法机关、纪检监察部门处理事项7件，建议有关部门处理事项5件。提交审计工作报告、信息130篇，被采用108篇（次）。

财政审计　一是组织对市财政局组织市本级预算执行情况，市地税系统税收征管和税收政策执行情况，15个重点单位、部门预算执行情况进行审计，查出违规金额63918万元。二是对3个区政府财政决算进行审计，重点关注政府财政决算的完整性、真实性和有效性，查出违规金额55239万元。

行政事业审计　以检查财务收支的真实性、合法性、效益性为重点，对17个行政事业单位开展财务收支审计，查出违规金额69192万元。

农业与资源环保审计　对长春市水资源费管理使用情况、长春地区牧业小区建设补贴资金开展专项审计及审计调查，查出违规金额1279万元。

固定资产投资审计　对7个政府重大投资项目实施审计及审计调查，查出工程价款不实、少计少缴税费等违规问题金额37832万元，核减工程投资4988万元。

社会保障审计　根据省审计厅统一安排，对长春市基本养老保险基金、基本医疗保险基金筹集管理使用情况进行审计，查出违规金额11595万元。

企业审计　对长春市热力集团等3个国有企业及长春市中小企业信用担保有限公司等4个担保公司开展审计，查出违规金额9537万元。

经济责任审计　对23位领导干部开展任期经济责任审计，对32名拟提拔的领导干部开展任前审计，查出领导干部应负直接责任的违规金额667万元，应负主管责任的违规金额7820万元，为组织部门配备使用好干部提供参考依据。

专项资金审计（调查）　完成对18项政府基金的审计，查出违规金额3010万元，揭示了政府基金管理中存在的管理不规范问题，并提出有针对性的建议，帮助完善管理制度。

（撰稿人：杨冬玲）

【白城市审计局】　2010年，白城市审计局人员编制46人，在编46人。局长李晓峰，副局长李清林、陈桂侠，总审计师于长水，纪检组长谢志远。设有办公室、行政政法审计科、科教文审计科、财政审计科、金融审计科、固定资产投资审计科、农业与资源环保审计科、领导干部经济责任审计科、经贸及外资运用审计科、社会保障审计科、法规科。下设经济责任审计中心。

审计成果　完成审计项目47个，查出主要问题金额 52547 万元，应上缴财政 68 万元，应归还原渠道资金 460 万元，应调账处理金额 1032 万元。提交审计工作报告、信息 232 篇，被批示采用 132 篇。

财政审计　以预算执行为重点，审计财政、地税和参与预算执行的 11 个重点部门，审计查出主要问题金额 31691 万元。

行政事业审计　审计 28 个单位，审计查出主要问题金额 6486 万元，进一步规范行政事业单位财经秩序。

专项资金审计（调查）　对市政府债务等进行审计及审计调查，发现挤占挪用专项资金、擅自改变项目建设地点、项目资金拨付不及时等问题，共查出主要问题金额 20309 万元。

固定资产投资审计　全年审计 3 个政府投资项目，共查出主要问题金额 824 万元。

经济责任审计　全年共组织 24 户（项）领导干部经济责任审计，审计共查出主要问题金额 6554 万元，起到提前预警的效果，维护财经秩序。

（撰稿人：刘志新）

【松原市审计局】　2010 年，松原市审计局人员编制 37 人，在编 37 人。局长冯邦国，副局长冯志杰、张恭，总审计师吕龙，纪检组长王文彬。设有办公室、法制科、科教文卫审计科、财政金融审计科、经济责任审计科、党办、经贸审计科、行政事业审计科、农业与社会保障审计科、内审协会、审计学会。

审计成果　松原市审计系统共完成审计项目 368 个，其中追加审计项目 100 个。查出违纪违规金额 295200 万元，应上缴财政 3296 万元，已上缴财政 1084 万元，已整改资金 150700 万元。

财政审计　松原市审计机关围绕构造财政审计大格局，重点关注财政支出和预算外资金管理使用情况，检查财政预算执行的整体性、规范性和效益性问题；关注预算批复管理和财经法规执行情况，检查资金拨付、管理和支出中存在的问题；关注政府宏观经济政策措施执行情况，检查政策性资金落实和使用中存在的问题。针对审计发现的问题提出建设性意见。审计工作报告得到市政府及市人大常委会的认可和好评。共查出违纪违规金额 115741 万元，其中整改资金 106885 万元，应上缴财政 50 万元，已上缴财政 50 万元。

经济责任审计　加强计划管理，发挥经济责任审计联席会议作用，建立健全审计结果共享机制和运用反馈制度。以财政、财务收支的真实性、合法性和效益性为基础，重点审计领导干部“三权一廉”情况。市本级完成经济责任审计项目 16 个。

固定资产投资审计　认真贯彻落实松原市政府下发的《松原市政府投资项目审计监督实施办法》，以关系国计民生的重大投资项目和社会公益项目为重点，开展投资项目审计。市本级完成对市江北供水工程、市滨江大道、宁江区无害化垃圾处理等 18 个投资项目审计，查出违纪违规金额 17346 万元，其中核减高估冒算、高（错）套定额等多计（结）工程价款 4881 万元。

专项资金审计　对社会关注的财政专项资金和土地出让金征收、管理情况进行专项审计调查。审计发现市财政滞留省级一次性专项资金 8623 万元，滞拨省级专项资金 1985 万元，用地单位欠缴土地出让金 55279 万元，对土地出让金收缴中的 4 起违法违纪问题移交市纪检监察机关处理。

（撰稿人：王　博）

【吉林市审计局】　2010 年，吉林市审计局人员编制 87 名，在编 83 名。局长王松（女），副局长李福、姜亚男，总审计师赵世海，纪检组长黄文明（—2 月）。设有办公室、法规处、财政审计处、金融审计处、行政事业审计处、经贸审计处、农业与资源环保审计处、社会保障审计处、固定资产投资审计处、外资运用审计处、经济责任审计处、派出审计工作处、人事处、机关党委。

机构调整　2010 年 8 月 30 日，吉林市机构编制委员会办公室印发了《关于调整市审计局局级领导职数的通知》（吉市编办字〔2010〕90 号），核增审计局副局级领导职数 1 名，调整后审计局领导职数为 6 名，其中局长 1 名，副局长 3 名，总审计师 1 名（副局长级），纪检组长 1 名（副局长级）。内设机构设置、职责和人员编制不变。

审计成果　吉林市审计局完成审计项目 120 个，查出违规金额 53624 万元，管理不规范金额 379110 万元，损失浪费金额 3208 万元，应上缴财政 31060 万元，应归还原渠道资金 13835 万元，应调账处理金额10825万元；已上缴财政30559万元，已归还原渠道资金13835万元，已调账处理金额10825万元。移送司法机关、纪检监察部门处理事项2件，建议有关部门处理4件。提交审计信息423篇，被采用391篇次。2010年，吉林市审计局被省公务员局和省审计厅授予“吉林省审计系统先进集体”荣誉称号；被省政府评为全省行政执法先进单位、《中国审计报》通联宣传工作优秀单位、吉林市市委、市政府信息上报工作先进单位、吉林市“十一五”期间档案工作先进集体；在吉林市第一届优秀互联网站的评选中荣获最佳信息安全奖。8人通过审计署计算机中级考试，在全省AO审计应用实例评比中，8项获优秀奖（市本级4个），12项获应用奖（市本级6个）。

财政审计 对26个单位进行预算执行审计，对其中5个单位进行部门预算审查，对北大湖开发区管委会、九站经济开发区管委会进行财政决算审计，对市地税系统进行税收征管及财政收支审计。审计发现挤占挪用专项资金、未按规定征缴预算收入、延压代扣税款、扩大收费范围无证收费等违纪违规和管理不规范问题金额87273万元。

固定资产投资审计 吉林至草市高速吉林绕城段征地拆迁项目全过程跟踪审计。在第一阶段约3.5亿元的专项审计中，通过对2038户被拆迁户和31户企业以及上百个电力电信排迁点逐个核实，节约拆迁资金1974.57万元。从2010年4月起，在第一阶段审计的基础上又开展了核定、确认征地工作量、聘请评估机构、核准被拆迁项目评估结果等工作，杜绝高估冒算，增强了评估报告的准确性和合理性。

经济责任审计 对41个单位的领导干部进行经济责任审计，其中，任前审计11项、任中审计9项、离任审计21项。审计中着力从体制、机制和制度层面入手，剖析问题，提出建议，审计查出违规金额838万元，管理不规范金额4906万元。

绩效审计 对市污水处理厂和《江城日报》社开展效益审计，对企业经营运行的经济性、效率性和效果性等方面进行分析，揭示其经营管理中存在的机制性缺陷问题，对经济效益和社会效益等方面进行客观的评价。《江城日报》社根据审计建议制定了《广告行业抵账广告管理办法》，吉林市委宣传部将此办法转发到所属单位。《江城日报》社审计项目被评为全省优秀审计项目。

救灾款物审计 7月份以来，吉林市部分地区遭受了历史上最严重的洪水灾害，吉林市审计局按照吉林市市委、市政府的统一部署，第一时间安排人员介入对救灾款物的接收、管理和发放等环节中，并配合相关单位制定出台了救灾款物使用的管理办法。9月16日，在《江城日报》上发布了《吉林市审计局关于吉林市抗洪救灾接收捐赠资金和物资审计情况公告》，将抗洪救灾物资和资金的审计情况向全社会予以公示。此外，对省道五桦线北大湖至桦甸路段公路157处水毁路段进行实地踏查、抽查拍照和查验核实。

（撰稿人：闫志国）

【四平市审计局】 2010年，四平市审计局人员编制66人，在编66人。局长王宏光，副局长郭玉文、李振才、孙景龙、孟宪国，总审计师邢平，纪检组长郑斯忠。设有办公室、综合科、人事科、法制科、财政审计科、金融审计科、行政事业审计科、经贸审计科、农业与资源环保审计科、社会保障审计科、固定资产投资审计科、经济责任审计科、外资运用审计科、政法审计科、科教文卫审计科、商粮审计科和审计干部训练班，另设机关党委和纪检组。

审计成果 全年完成审计项目56户（个），查出违规金额14142万元，管理不规范金额35165万元，提出审计整改建议126条，促进增加财政收入920万元。

财政审计 对财政、国库、地税三个预算管理部门和部分重点预算执行单位以及重点资金的审计，查出财政部门招待费超支、违规列支奖励款、个别预算执行单位挤占挪用专项资金等问题。对这些问题，依法及时进行了纠正和处理，从加强和规范管理的角度出发及时提出了审计建议，得到市领导的充分肯定和市人大常委们的一致好评。对伊通县人民政府、公主岭市人民政府和辽河农垦管理区三个下级政府2009年度财政决算审计，对一些不规范的财政财务收支行为及时进行纠正。

经济责任审计　对126个单位130名领导干部实施经济责任审计，共查出违规金额6675万元（主管责任3752万元，直接责任2923万元），管理不规范金额1359万元（负主管责任金额1357万元，直接责任金额2万元）。其中市审计局审计20人，查出违规金额3390万元（负主管责任金额2707万元，直接责任金额683万元），管理不规范金额334万元（负主管责任金额332万元，直接责任金额2万元）。

授权审计　按照省审计厅统一部署，先后对全市地税系统、四平市邮政局、四平市气象局2009年度财政财务收支情况进行审计，通过审计发现招待费超支、不合理财政拨款、收入未入账、虚列成本、虚报冒领财政资金等问题，并依法进行纠正和处理。对全市地方政府债务情况、全市城镇职工医疗保险基金管理使用情况、全市城镇职工基本养老保险基金筹集管理使用情况、全市惠农补贴资金管理使用情况、全市住房维修基金征集管理使用情况、全市“增产百亿斤商品粮”项目进展情况、全市城市中心医院药品服务收费情况、全市教育费附加征收分配管理使用情况、全市中小学校舍安全工程、全市世行贷款第九个卫生发展项目妇幼保健项目、世行贷款中国结核病控制项目及主权外债情况进行了审计和审计调查，均得到上级审计机关的好评。

交办事项　先后抽调多名工作骨干参与审计署驻长春特派办对大唐电力集团、国有五大商业银行2009年度新增贷款情况的审计和审计调查，参与省审计厅开展的全省性社会团体“小金库”专项治理检查等项工作，并先后完成市领导临时交办的市直机关、事业单位2009年年末资产、负债、债权情况的审计调查等工作。

（撰稿人：李　林）

【辽源市审计局】　2010年，辽源市审计局人员编制43人，在编43人。局长曹莉（—9月）、张风林（12月—），副局长王淑梅（5月—）、姜元东、王彦明（9月—），纪检组长孙琥峰（10月—）。设有办公室、法制科、监督科、财政科、金融科、经贸科、经责科、行文科、农林科、投资科、社保科、经责中心。

审计成果　辽源市审计局完成审计项目62项，查出违纪金额30904万元，应上缴财政239万元，应归还原渠道资金1021万元，应调账处理金额19428万元。移送司法机关、纪检监察部门处理事项1件。提交审计工作报告、审计调查报告47篇，被采用12篇，审计信息被采用706篇（次）。

财政审计　以预算执行为主线，对预算执行的重点部门和较大的系统进行全面审计，重点对教育、卫生、法院、水利等13个部门和系统进行全面审计。审计查出违纪违规金额7872万元。

经济责任审计　坚持“三位一体”审计模式，即一项经济责任审计，同时提出经济责任、财务收支、审计调查三个报告。2010年经济责任审计查出违规金额3086万元，管理不规范金额5503万元，并依法作出处理，有2名领导干部接受组织部门书面提醒。针对部分行政事业单位房屋出租管理问题，向市政府提交了《关于市直部分行政事业单位国有资产管理情况的审计调查》，提出加强国有资产管理的审计建议，经市政府常务会议批准，出台《辽源市行政事业单位房屋出租管理暂行办法》。

专项资金审计　2010年辽源市部分地方遭遇特大洪灾，辽源市审计局及时组织全局干部深入救灾一线，参加救灾物资的接收和发放工作。按照省政府加强抗洪救灾资金物资管理的部署，又对各级财政、民政、红十字会等35个部门和单位抗洪救灾捐赠资金和物资的筹集、分配、使用情况进行跟踪审计，纠正了不规范行为，保证救灾物资的安全和及时拨付。

专项审计调查　全局完成卫生收费、小额惠农资金、城镇职工医疗保险、初中义务教育阶段资源配置、政府外债风险等16篇审计调查，被市委、市政府领导批示批转10篇，使许多体制性、机制性、制度性问题得到及时解决。在开展对政府外债风险的审计调查中，针对政府外债风险提出审计建议，市政府专门出台了《辽源市本级政府性债务管理办法》，加强了债务管理。向市政府上报了《对市政府驻外办处资产管理情况的审计调查》，提出加强“驻外办”资产管理的审计建议，市政府针对审计部门提出的建议，印发了《辽源市政府驻外办事处财务管理制度》，对驻外办加强财务管理。

（撰稿人：宋发林）

【通化市审计局】 2010年，通化市审计局编制40人，在编37人。局长王世谊，副局长张刚、刘颖、陈卿，纪检组长董德恩。设有办公室、人事教育科、法制科、财政审计科、行政事业审计科、政法审计科、经贸金融审计科、农业与资源环保审计科、固定资产投资审计科、社会保障审计科、执行科。所属事业单位：经济责任审计中心、固定资产投资审计中心。

审计成果 通化市审计局完成审计项目95个，查出违法违规金额82326万元、损失浪费金额1141万元、管理不规范金额78295万元，归还原渠道资金金额1460万元。建议有关部门处理事项6件。提交审计工作报告、信息390篇，被采用310篇。

财政审计 采取“典型调查、抽样推断”的方法，创新审计方式，强化税收征管审计。根据社会反映餐饮服务业定税额度偏低情况，对市区部分餐饮服务业户定额纳税情况进行检查，地税部门根据审计结果，对全市1.14万户个体业户重新核税，年增加税收1200多万元。对应作未作预算收入、未及时缴库的收入、非税收入未缴财政7000万元敦促入库。

政府性基金审计 对“副食品价格调节基金”、“教育基金”、“慈善捐赠资金”、“住房维修基金”、“土地出让金”、“出租汽车经营权有偿出让金”、“残疾人就业保障金”进行审计。实际征收的4.2亿元政府性基金中，发现挤占挪用、隐瞒截留、应收未收等23个违纪问题，违规金额8760万元。

固定资产投资审计 在审计物业维修资金过程中，针对存在的问题，市政府高度重视，重新出台《通化市物业管理办法》，并成立了全市物业维修资金清缴领导小组，收缴被开发商占压的物业维修资金1200万元。

社会保障审计 开展医疗卫生、担保企业、社会保障的行业审计，形成了审计新格局。通过审计，有利于集中力量、集中精力开展行业全面监督，采取统一调度、宏观调控，交叉审计、联合审计的方法，促进行业管理规范。

企业审计 撤销了2个大集体企业，将“账外”价值600余万元的固定资产纳入账内管理。对通化市白山制袋厂职工上访集资款未返还问题进行审计调查，通过协商，将集资款全额返还给上访户，还给上访人协调解决2000元的困难补助费。

经济责任审计 对市管25户县处级事业单位领导干部进行审计，共查出违纪金额1.05亿元。其中查出设立“小金库”累计260万元；“账外”资产521万元；乱收费1146万元；坐支非税收入409万元；虚设往来账户隐瞒收入981万元；国有资产管理不规范金额821万元；挪用专项资金236万元；工程建设未招标440万元；公款私存4520万元；应缴未缴税费44万元；其他违纪问题金额891万元。

专项资金审计 对全市抗洪救灾资金、物资筹集捐赠款物的49个政府部门和人民团体、53个乡镇、130个村进行跟踪审计，查处违法违规款项及罚没款400万元已收缴国库。

（撰稿人：李廷林）

【白山市审计局】 2010年，白山市审计局人员编制61人，在编61人。局长庄俊伦，副局长纪秉华、李本志，总审计师杨志刚（11月—），纪检组长李刚。设有办公室、综合科、人教科、法制科、固定资产投资审计科、财政审计科、经贸审计科、行政事业审计科、文教审计科、农业与资源环保审计科、政法审计科、外资金融审计科；直属事业单位：经济责任审计处、审计培训中心。

审计成果 全市完成审计项目230个，开展审计调查50项，查出违规行为金额155084万元，查出管理不规范金额23819万元，已归还原渠道资金7774万元，调账处理16055万元，上缴财政434万元。移交案件46个。提出并被采纳审计建议443条。其中，市本级完成审计项目85个，开展审计调查6个，查出违规金额63254万元，查出管理不规范金额4536万元，提出并被采纳审计建议235条。

财政审计 全市共完成预算执行审计项目33个，查出违规金额112298万元，上缴财政104万元。配合相关部门完成“小金库”资金的专项检查工作。完成省审计厅安排的政府性债务调查项目。江源区审计局关于区财政局2009年度预算执行情况审计被省审计厅评为全省优秀审计项目。

经济责任审计　在审计实施过程中，选择任职时间较长、资金流动较大的部门主要领导，安排任中或任前经济责任审计，变事后监督为事中、事前监督，并逐步改变了“只审问题、不审业绩”的做法，做到“问题与业绩共审、正反两方面评价”，提高了经济责任审计质量和实效。全年完成经济责任审计项目 135 个，查出违规金额 24287 万元，查出管理不规范金额 2122 万元，移送案件 2 件。

固定资产投资审计　全市审计机关共开展固定资产投资审计项目 17 个，查出违规金额 25660 万元，核减工程款 2102 万元。其中，市本级审计资金总额 15 亿元，发现违规金额 1.5 亿元，发现挪用工程项目专项资金 9000 万元，核减工程造价 600 多万元。完成市政府交办的关于燃气配套费审计任务、全市扩大内需联合检查工作、全市关于治理工程建设领域突出问题检查任务、矿泉水节资金的审计认定工作以及城市棚户区改造和采煤沉陷区治理等相关审计工作。

专项资金审计（调查）　全市审计机关对土地整理专项资金、强农惠农资金等 36 个项目进行专项资金审计，审计专项资金总额 75640 万元，查出违规改变项目计划和资金用途、未纳入专户管理等违规金额 12373 万元。对审计中发现的违规使用资金、经费超支、资金审批制度不健全、管理不规范和管理部门职责不清等问题，提出 13 条整改建议，被全部采纳。对全市 2010 年抗洪救灾资金物资、市教育费附加征收管理使用情况等 93 个项目进行专项审计调查，共有 60 篇审计报告或审计调查报告被当地党委、政府批转，共发表审计信息 1356 条。

队伍建设　在全市审计系统深入开展审计业务工作目标考核和优秀审计项目评比活动，完善审计复核制度。精心组织业务学习和 AO 认证考试，全市共上报 AO 审计案例 11 个，获奖 9 个，抚松县审计局被省审计厅领导誉为全省信息化建设工作做得最好的单位。举办了乒乓球友谊赛，活跃了机关文化生活，市审计局被市委、市政府授予“精神文明建设先进行业”称号，并被市政府评为“全市依法行政三年阶段性工作先进单位”。

（撰稿人：沈　武）

【延边朝鲜族自治州审计局】　2010 年，延边朝鲜族自治州审计局（以下简称延边州审计局）人员编制 44 人，在编 42 人。局长赵渭济，副局长宋树青、朴红花，总审计师玄龙男。设有办公室、法制处、财政金融审计处、经济贸易审计处、农业与环境保护审计处、行政事业审计处、固定资产投资审计处、社会保障审计处、政法审计处和经济责任审计处；直属事业单位经济责任审计中心和固定资产投资审计中心。

审计成果　延边州两级审计机关共完成审计项目 471 个，查出违法违规金额 122670 万元，管理不规范金额 68872 万元；审计决定处罚的应上缴财政 43060 万元，应归还原渠道资金 30518 万元，应调账处理金额 27264 万元。移交案件线索 8 起。提交专项或综合性报告和信息 432 篇，采纳 232 篇，向地方党委、政府提交审计要情 19 篇，领导批示 16 篇。

财政审计　财政审计主要查出挪用截留滞留专项资金、税款跨年入库等问题。并将工作开展落实情况以《要情》形式向延边州委、州政府领导汇报，并提交延边州人大审议，引起各级领导的重视和肯定。

行政事业审计　延边州两级审计机关共对 211 户行政事业单位进行了审计，共查出违纪违规金额 4041 万元，管理不规范金额 5438 万元，上缴财政 689 万元，归还原渠道资金 345 万元，调账处理 3192 万元。

农业与资源环保审计　组织 8 县（市）积极开展农机购置补贴和全程化示范区建设资金管理和使用情况的审计调查，发现利用职务之便收受贿赂参与购置农机具以及国家工作人员玩忽职守和乱用职权，导致非法倒卖国家补贴农机具，造成国家专项补贴资金损失等问题。以《审计要情》上报延边州委、州政府领导，州委书记、州长等领导及时批复，并责成相关部门立案调查并严肃处理。延边州纪检委责成延边州纪检委纠风室牵头，抽调 10 人组成的专案组，对审计机关提出的问题深入到全州 8 个县（市）进行调查，12 月 17 日下发了《关于农机购置补贴存在的问题的核查报告》，核查报告中对审计提出的一系列违纪问题都作出处理，部分人员被追究刑事责任。

固定资产投资审计　对延边州行政中心、延边州图书馆、延边州博物馆等三个工程项目的跟踪审计，发现未严格履行基建程序、招投标不规范、合同管理不正规、设计质量差等问题。对六县（市）2007年至2009年物业专项维修资金的收取、管理和使用情况审计调查，查出物业专项维修资金未实行专户管理、未做到按楼建账按户核算、利息收入未对业主分配、欠收物业专项维修资金1012万元、开发商滞留代收的物业专项维修资金640万元、物业专项维修资金的结余过大增值效果不佳等问题，并从开发商手中追回164.5万元物业专项维修资金。

社会保障审计　2～5月，延边州审计局对全州的廉租住房保障政策落实情况进行专项审计调查。吉林省委常委、延边州委书记在审计报告上批示："违规享受廉租房待遇的情况是对群众利益的直接侵害，必须彻底查清、纠正。"并由州纪检委牵头组成清理整顿领导小组，监督有关县（市）政府对廉租住房补助对象进行全面的复查、整顿工作。12月31日，州政府下发《州人民政府关于全州廉租房清理整顿情况的通报》，龙井、敦化、珲春等县（市）按照清理整顿方案，分别给予了相关责任人党内严重警告的处分。

经济责任审计　全州对138名领导干部经济责任履行情况进行审计，审计查出有问题金额12793万元，其中：领导干部负有主管责任的金额为12612万元，负有直接责任的金额为181万元。领导干部任前审计占州本级全部经济责任审计的34%。

（撰稿人：王利彬）

2010年吉林省所辖区、县（市）级审计工作统计表

金额单位：万元

审计机关	完成审计项目（个）	查出违规金额	应上缴财政	应减少财政拨款或补贴	应归还原渠道资金	应调账处理金额	移送司法、纪检监察部门处理（件）	建议有关部门处理（件）	出具审计报告和审计调查报告（篇）	提出审计建议（条）	撰写审计信息（篇）
长春市											
长春市本级	137	260089	35910	3067	45636	37158	1	18	150	411	112
南关区审计局	38	11713	4802				1		38	11	43
朝阳区审计局	50	74002	3323	33	9488	3200	1		60	77	16
宽城区审计局	17	9	9			9889			19	9	22
二道区审计局	26	12223	22		209				30	34	12
绿园区审计局	54	12929	3358		1649	20			62	89	37
双阳区审计局	39	7801	1355	38	1523	3609			39	78	73
德惠市审计局	45	8180	5657		29	15			50	50	1
九台市审计局	53	1306	768		231	253			58	61	5
榆树市审计局	31	15897			4643	4051			33	52	12
农安县审计局	34	4438	314	90	2080	1964			37	63	22
白城市											
白城市本级	53	52547	68		460	1032					76
洮北区审计局	58	4548	176		2249	118					72
大安市审计局	45	17934	40		361						451
洮南市审计局	60	15800	176		41	937			63	212	262
镇赉县审计局	60	22277	142		941						433

（续表）

审计机关	完成审计项目（个）	查出违规金额	应上缴财政	应减少财政拨款或补贴	应归还原渠道资金	应调账处理金额	移送司法、纪检监察部门处理（件）	建议有关部门处理（件）	出具审计报告和审计调查报告（篇）	提出审计建议（条）	撰写审计信息（篇）
通榆县审计局	114	16130	126		19						151
松原市											
松原市本级	49	39575	2283		167		1		52	65	57
宁江区审计局	30	3599	53		335	435			30	12	130
扶余县审计局	57	11726	34		539	1130			57	104	155
长岭县审计局	43	6477	94	532					43	134	86
乾安县审计局	74	2125	238		1230	657			78	158	89
前郭尔罗斯蒙古族自治县审计局	101	37907	593		2214	18412			105	216	362
吉林市											
吉林市本级	120	53624	31060		13835	10825	2	4	120	325	423
船营区审计局	36	3129	17						36	33	10
龙潭区审计局	16	832	3		270	1			16	28	8
昌邑区审计局	13	844	11						13	24	15
丰满区审计局	24	87	70						24	51	6
磐石市审计局	85	176	176						85	32	21
蛟河市审计局	13	224	22	55	10				13	11	7
桦甸市审计局	105	44357	138		23	801			105	67	18
舒兰市审计局	33	4279	38			164			33	27	11
永吉县审计局	28	22618	253	240	4399	17592			28	30	12
四平市											
四平市本级	56	14142	656		26890	14261			56	47	36
铁西区审计局	13	510	56						13	15	3
铁东区审计局	26	1024	12		48				26	25	2
双辽市审计局	57	858	278		32				57	35	7
公主岭市审计局	37	1159	401		97	14625			37	18	9
梨树县审计局	61	4446	92						61	43	79
伊通满族自治县审计局	42	2371	233		461	258			42	31	6
辽源市											
辽源市本级	62	30904	239		1021	19428	1	1	81	109	251
龙山区审计局	14	1003	174		115	110			16	32	167
西安区审计局	11	2660	1		310	280			14	21	31
东丰县审计局	19	27487	141		22000	4038			23	37	85

（续 表）

审计机关	完成审计项目（个）	查出违规金额	应上缴财政	应减少财政拨款或补贴	应归还原渠道资金	应调账处理金额	移送司法、纪检监察部门处理（件）	建议有关部门处理（件）	出具审计报告和审计调查报告（篇）	提出审计建议（条）	撰写审计信息（篇）
东辽县审计局	10	321	140		55	120			10	13	50
通化市											
通化市本级	95	82326	400		1460	7000		6	95	285	390
东昌区审计局	13	2166	1229		945	445			13	29	29
二道江区审计局	19	8434	9		1506	3911			19	24	6
梅河口市审计局	46	648	414						67	67	45
集安市审计局	29	7800	160		335	700			26	63	72
通化县审计局	27	6038	751						27	21	130
辉南县审计局	75	10451	153		5328	48587			70	43	70
柳河县审计局	85	4279	731		652	431			85	236	182
白山市											
白山市本级	85	63254	96		18774	5519			91	235	105
浑江区①审计局	31	40919	32	181	1780	21361	2		48	33	85
江源区审计局	7	621							7	12	76
临江市审计局	14	5347	23		16	4890			14	20	69
抚松县审计局	29	6557	283		57	331			30	40	91
靖宇县审计局	40				591	355			47	128	108
长白朝鲜族自治县审计局	24	38386	42		14763	11829			43	51	80
延边朝鲜族自治州											
延边朝鲜族自治州本级	64	66432	31205		1331	13154	4		64	112	105
延吉市审计局	44	22040	6165		4859	9040			44	65	94
图们市审计局	34	10217	658		4609	4486			34	39	23
敦化市审计局	70	24756	705			1258			70	51	53
珲春市审计局	41	7377	35		7100				41	55	57
龙井市审计局	41	2618	904		132	1528			41	50	22
和龙市审计局	41	1863	118		134	1369			41	35	25
汪清县审计局	48	49831	1690		3976	5860			48	42	27
安图县审计局	55	6616	1063		1785	2673			55	32	68

① 原白山市八道江区。

黑龙江省

【黑龙江省审计厅】 2010年，黑龙江省审计厅定编241人，在编232人，领导职数8人。厅机关设有办公室、法规处、财政审计处、金融审计处、行政事业审计处、企业审计处、农业与资源环保审计处、境外审计处、社会保障审计处、外资运用审计处、人事教育处、离退休干部工作处、督察处、机关党委、监察室、固定资产投资审计局和经济责任审计局；另设有派驻的农林水审计处、交通审计处、社会保障审计处、司法审计处、教育审计处、卫生审计处、科技审计处、发展计划审计处、公检法审计处、新闻通讯审计处、对外贸易审计处、资源环保审计处、经济执法审计处、工业审计处、综合行政审计处、文化审计处、直属事业审计处；还设有厅机关服务中心、审计计算机中心、审计科学研究所、现代审计与会计杂志社、审计干部培训中心、审计厅招待所直属事业单位。

领导成员

厅　　长：李希龙

副 厅 长：伞宏晶　王学文　原志峰

总审计师：张翠萍

纪检组长：董　秀

副巡视员：徐永成

审计成果 全省各级审计机关共审计和审计调查6383个单位，查出违法违规、管理不规范、损失浪费等金额497亿元，通过上缴财政、减少财政拨款和归还原渠道资金等促进增收节支6.9亿元；移送案件线索和事项130件；促进建立健全规章制度和制定整改措施612条；各级党委政府批示采用审计报告和审计信息2030篇；向社会公告审计结果205篇；在省级以上新闻媒体刊载审计宣传稿件470篇。

外资运用审计 统一组织全省各级审计机关开展全省政府主权外债审计调查和国外贷援款项目公证审计，审计和审计调查子项目400个，查处违法违规行为金额6.6亿元，查出直接造成国有资产损失金额8.9亿元、政府外债隐形潜在损失资金2.4亿美元，收缴违法资金62万元；发布综合性审计结果公告2份；编发审计要情5篇、审计信息11篇，被省政府领导批示和有关部门采用9篇；编报的2篇计算机审计方法和2篇外资项目绩效审计案例被审计署外资司采用。我省为全国外资审计业务和理论建设所做的工作，受到审计署及外资司领导的重视和好评。

企业审计 全省各级审计机关开展156项行业和企业审计（调查）工作，查出违纪违规金额35.9亿元，其中违规经营1.8亿元、“账外”经营167万元、“账外”资产391万元、公款私存1亿元、虚报或隐瞒转移收入5456万元、少计或虚列成本费用1.6亿元、少计少缴税费1亿元、损失浪费金额4349万元、其他金额29.3亿元。审计（调查）处理应上缴财政7322万元，已缴407万元；应归还原渠道资金1007万元，已归还467万元；应调账处理金额3.5亿元，已调账处理1613万元。提交审计和审计调查报告99份。移送司法机关案件1起、涉案人员3名，移交纪检监察部门事件4起，移交有关部门处理事项7件。提出审计建议155条，被采纳116条。

行政事业审计 全省各级审计机关共审计和调查行政事业单位2615个，查出违纪违规金额44.4亿元、管理不规范金额51.5亿元、损失浪费金额2亿元，审计决定处理处罚应上缴财政1.2亿元、应减少财政拨款或补贴251万元、应归还原渠道资金0.8亿元、应调账处理金额10.3亿元；向纪检、司法机关移送案件12件，涉案人员9人，涉案金额102万元。厅本级组织全省审计机关开展审计署授权的全省气象系统2009年度财务收支审计、全省2009年度基层医疗卫生服务体系建设及资金管理使用审计和审计调查、全省义务教育经费保障及资金管理使用审计和审计调查；完成对省人防办、省作协、省画院、省残联、省妇联预算执行审计，对省机关事务管理局、省政府驻海南办事处、哈尔滨市第三中学、哈尔滨市第九中学、哈尔滨市花园小学财务收支审计，对省政府驻上海办事处、省人防办、省信访局、省委政研室、省社会主义学院领导干部经济责任审计及全省“小金库”专项治理工作，查出违纪金额2.6亿元、管理不规范金额5801万元，收缴罚没款47万元；编写审计信息28篇，被省委、省政府采用5篇；审计报告被省领导批示3份。

农业与资源环保审计　组织完成全省审计项目4个，即全省2008～2009年土地出让金审计、2006～2009年退耕还林专项资金审计、2007～2009年水利专项资金审计、2007～2009年土地整理项目审计。在土地出让金审计中，组织全省各级审计机关先后审计了哈尔滨市、齐齐哈尔市、大庆市及农垦、森工、铁路系统和全省35个县土地使用权出让情况，审计和审计调查了财政、国土资源、规划及用地等部门和单位，审计资金总额277亿元，揭示了违法批地、违法用地、拖欠截留土地及拆迁补偿费、违法低价出让土地、截留挤占挪用土地出让金、脱离财政预算监管、不按规定提缴专项基金等问题，增加省级收入2310万元，并提出有针对性的审计建议。在退耕还林专项资金审计中，组织全省各级审计机关对各级政府投入的退耕还林工程建设资金和巩固退耕还林成果专项资金分配、管理、使用及相关政策执行情况进行审计和调查，揭示了未经原批准机关同意擅自调减计划、调整建设地点与内容、违规发放退耕还林现金补助、虚报退耕还林面积骗取补助资金、挤占挪用截留退耕还林专项资金以及一些县（市）政府及主管部门管护措施不健全、未严格按照法规程序办理法律文书、对巩固成果政策理解和把握不准、改变资金投向、退耕还林资金未实行专户存储专款专用、巩固成果财政配套资金不到位等问题，并提出有针对性的审计建议。在水利专项资金审计中，组织全省各级审计机关对全省小型农田水利、水土保持补助费、抗旱经费、岁修费等水利专项资金管理和使用情况进行了审计，审计总金额16.2亿元，揭示了部分市县财政和水务部门滞拨水利专项资金、挤占挪用水利专项资金、地方财政配套资金和群众自筹资金未到位以及部分单位虚列支出、部分水利工程项目执行和监管不到位等问题，并提出了有针对性的审计建议。

经济责任审计　全省对1741名领导干部进行经济责任审计，查出领导干部负主管责任问题金额64亿元、负直接责任问题金额4.2亿元。其中，省审计厅完成对27名省直部门厅局长、大学校长、国有企业法人的经济责任审计，查出各类违法违规行为金额9.7亿元。全省各级审计机关积极采取有效措施和方法，深入学习宣传和贯彻落实《党政主要领导干部和国有企业领导人员经济责任审计规定》，省厅出台了《全省经济责任审计工作指导意见》和印发了《经济责任审计工作操作指南》，进一步规范和完善了经济责任审计评价标准、结果运用办法。各地还通过集中学习、专家讲座、业务讨论、举办培训等形式，在学深、学透、学以致用上下工夫；利用电台、电视台、网站、报刊等多种媒体，广泛宣传《规定》和经济责任审计工作；大力推进现代审计方法和计算机技术在经济责任审计工作中的应用；积极推行经济责任审计结果公告制度。（撰稿人：孙洪波）

【哈尔滨市审计局】　2010年，哈尔滨市审计局共有在职干部职工158人，其中研究生学历15人、本科学历92人、大专学历51人。局长任继福，副局长刘爱华、曲振玉、马有伟，总审计师吕刚，纪检组长黄宜成，助理巡视员陈维东（—10月）。设有办公室、法制处、财政审计处、金融审计处、行政事业审计处、经贸审计处、固定资产投资审计处、外资运用审计处、农业与资源环保审计处、社会保障审计处、经济责任审计处、机关党委、人事处、离退休干部工作处、信息计算机审计处和派出开发区审计分局、高新区审计分局、群力新区审计分局以及哈尔滨市纪检委驻市审计局纪检组、审计培训中心。

审计成果　全市审计机关共完成审计和调查项目964个，查出违规金额24.5亿元、应上缴财政2.2亿元、应减少财政拨款或补贴1648万元、应归还原渠道资金2.4亿元、应调账处理金额9.3亿元；向司法、纪检监察机关及有关部门移送案件线索和事项8件；提交审计报告和审计调查报告1100份；提出审计建议776条；提交审计专题、综合性报告和信息简报846篇，被批示采用227篇次。哈尔滨市审计局本级完成审计和调查项目159个，查出违规金额11.7亿元，应上缴财政1.6亿元，应减少财政拨款或补贴1508万元，应归还原渠道资金2亿元，应调账处理金额5.8亿元；向司法、纪检监察机关及有关部门移送案件线索和事项4件；提交审计报告和审计调查报告201份；提出审计建议147条；提交审计专题、综合性报告和信息简报173篇，被批示采用84篇次。

固定资产投资审计　全市审计机关围绕重点工程建设，以促进项目管理、控制建设成本、提高投资效益为目标，结合工程建设领域突出问题专项治理工作，加大了固定资产投资审计力度，共审计工程项目 78 个，审减各类工程款 5255 万元。一是突出跟踪审计重点。相继对哈西客站地区综合开发、地铁一号线、三沟一河综合治理等大项目开展了跟踪审计。二是积极探索跟踪审计方法，创新审计管理方式。为规范大项目跟踪审计，相继制定了从审计招投标管理办法到跟踪审计操作规程、中介机构参与跟踪审计考核管理办法等一系列规章制度，明确了跟踪审计事前、事中把握的关键要点，初步搭建起了跟踪审计管理平台。三是通过整合内部资源、聘用社会中介机构、招聘专业技术人员等方式，解决审计力量不足，切实保证了重点工程审计的需要。

经济责任审计　全市审计机关完成经济责任审计项目 439 个，查出领导干部负有直接责任金额 1.4 亿元。审计中的主要做法是：以领导干部履行经济责任为主线，以财政财务收支及有关经济活动的真实合法效益为基础，将党政领导干部贯彻落实发展战略情况纳入经济责任审计监督视野，推进政府各项政策、措施落实到位；突出对财政收支、政府负债、主要经济指标完成情况的综合分析和绩效分析，更加客观地反映权力运行结果、经济社会发展变化和经济责任履行到位情况，为干部监督管理工作提供更高层次的审计成果。

（撰稿人：聂福贵）

【齐齐哈尔市审计局】　2010 年，齐齐哈尔市审计局共有在职干部职工 93 人，其中研究生学历 4 人、本科学历 88 人、大专学历 1 人。局长孙炜航，副局长杨殿友、金淑莉、刘文峰，总审计师黄丽杰，纪检组长刘力杰。设有机关党委、办公室、人事教育科、法制处、审计督察科、财政审计处、行政事业审计处、固定资产投资审计处、经济责任审计处、金融审计科、农业与资源环保审计科、社会保障审计科、经贸审计科、外资审计科、派出文教卫审计科、派出林业与水利审计科、计算机审计科、审计学会、老干部科、审计培训中心和事业单位固定资产投资审计中心。

审计成果　全市审计机关完成审计项目 771 个（其中市本级 151 个项目）；查出各类违纪违规金额 18.7 亿元（其中市本级 14.5 亿元）；向司法机关、纪检监察和有关主管部门移送各类案件线索 42 件（其中市本级 27 件）；提出审计建议 526 条（其中市本级 73 条）；出具审计报告和审计调查报告 771 份（其中市本级 151 份）；撰写审计信息 432 篇（其中市本级 208 篇）。

审计管理　（1）强化内部监督制约机制，审计项目质量控制出台新举措。为进一步加强审计项目质量管理，规范审计行为，确保审计工作质量，出台了审计组长任职资格制度。制度规定五种具备审计组长任职资格的审计人员才能担任审计组长，带队审计。同时还明确了审计组长 10 个方面的职责和权限。该办法还规定，对发生重大执法过错行为、存在违反廉政纪律行为以及由于各种原因受到纪律、行政处分的审计人员取消审计组长资格两年。这一审计管理机制的创新，打破原有的审计业务人员人人可以担任审计组长或轮流担任审计组长的管理模式，有利于提高审计质量；强化审计业务人员竞争向上的意识，促进审计干部树立“终身学习”的观念，增强建设学习型机关的浓厚氛围，促进审计干部素质、审计执法及服务经济发展水平的不断提高。（2）突出抓好审计成果转化工作，放大审计工作成效。在做好审计监督工作的同时，重视抓好审计成果的转化利用工作。审计报告和审计信息注重多角度、多层次、全方位的反映审计工作成果，受到普遍关注。全年共向市委、市政府和上级审计机关提交审计报告、信息 269 篇，被省市领导批示及各级党委、政府、有关部门和新闻媒体采用 330 篇（次）。审计信息工作在全省审计系统名列前茅，在 2010 年 8 月全省审计系统座谈会上作了经验介绍，被市委、市政府评为标兵单位。（3）以廉政建设为高压线，切实提高防腐拒变能力。充分运用会议、集中学习、局域网等多种形式，有针对性地开展分层、分岗廉政教育，筑牢审计干部的思想道德防线；将廉政建设与审计工作紧密结合，认真落实审计组长负责制、三级复核制、会议审定制等制度体系，保证廉洁从审；实施“问责制”，分层次落实审计员、审计组长、处科长和主管领导责任，实施过错责任追究制；进一步强化监督检查，认真落实审计组报告、被审计单位反馈、纪检监察加强监督检查机制，把廉政建设的各项规章制度落到实处。　（撰稿人：王彩扬）

【黑河市审计局】　2010 年，黑河市审计局共有在职干部职工 41 人，其中研究生学历 2 人、本科学历 25 人、专科学历 14 人。局长张建国，副局长王鹏锐、杨占华、仲建彬，总审计师马桂林，纪检组长刘艳湘，经济责任审计局局长姚富利，副调研员张士杰。设有经济责任审计科、财金审计科、企业审计科、农业与资源环保审计科、固定资产投资审计科、社会保障审计科、行政事业审计科、计算机审计科、法规科、政府项目资金管理监督审计科、人事教育科、办公室。

审计成果　全市各级审计机关完成审计和审计调查项目 167 个，查出违规金额 3 亿元、管理不规范金额 2.7 亿元；提交审计报告和审计调查报告 154 份，编发审计信息、简报 142 篇，被政府和有关部门采用 53 篇次。市本级完成审计和审计调查项目 49 个，查出违规金额 2 亿元、管理不规范金额 1.6 亿元；提交审计报告和审计调查报告 45 份，编发审计信息、简报 101 篇，被政府和有关部门采用 45 篇次。

固定资产投资审计　在政府投资项目审计中，不断转变思维方式，由以工程财务审计为主向工程财务审计、投资建设程序、内控制度和工程结算审计并重转变，不仅关注财务核算的真实合法性，同时还关注基本建设程序、项目“四制”、工程造价、工程质量管理等方面的情况，确保监督到位；围绕工程招投标、合同签订、工程造价的真实性以及财务管理、资金使用等情况，加大对政府投资项目的跟踪审计和竣工决算审计力度。在审计过程中，对多计、多结工程款进行严肃查处，有效地控制了工程建设中的高估冒算、偷工减料、损失浪费等现象，进一步规范建设单位基本建设程序，促进政府相关政策的出台，保证建设资金真实、合法、有效地使用。在农村公路竣工决算审计及绩效审计调查中，围绕建设社会主义新农村、改善农村交通环境、促进农民增收、加快农村经济发展这一主题，对以前年度竣工决算交付使用的农村公路建设项目的质量、审计决定落实情况进行检查，并对农村公路建设给农村带来的经济效益和社会效益情况进行审计调查，及时揭露、纠正项目建设过程中存在的问题，促进建设单位加强管理，合理、有效地使用建设资金。

专项资金审计（调查）　继续以维护民生、促进和谐社会建设为目标，加强对关系经济社会发展、涉及人民群众切身利益的各种专项资金的审计和审计调查。对市本级和逊克县、孙吴县 2007～2009 年度水利专项资金进行审计，查出水利工程项目未能按计划实施的项目 9 个，水利工程项目管理方面存在的问题 6 个；对市民政部门、慈善协会、红十字、妇联、市委组织部组织接收玉树抗震救灾资金进行跟踪审计，并通过黑河市审计局互联网网站向社会公告了跟踪审计结果；对 2008～2009 年福利彩票和福利公益金进行审计，并针对审计出的问题提出审计建议；对城镇职工和城镇居民医疗保险基金，及新型农村合作医疗保险基金等专项资金进行审计，向有关部门反馈医疗保险基金，由于基金业务经办金融机构未按国家规定基金存款计息办法计付基金存款利息问题；对基层医疗卫生服务体系建设及资金使用情况进行审计和审计调查，揭示套取、挪用专项补助资金以及在机构设置和经营上存在的问题。

（撰稿人：孙桂洁）

【大庆市审计局】　2010 年，大庆市审计局共有在职干部职工 38 人，其中本科以上学历 37 人。局长张国骏，副局长徐丽艳、梁家祥，纪检组长赵明日。设有办公室、法制督察室、监察室、计算机审计科、财政审计科、金融经贸审计科、行政事业审计科、农业与资源环保审计科、固定资产投资审计科、社会保障审计科、外资运用审计科、经济责任审计处和国家建设项目审计中心。

审计成果　全市审计机关审计单位 714 个，查出违规金额 9 亿元、管理不规范金额 36.7 亿元，上缴财政 3.2 亿元，核减投资额 1.3 亿元；向有关部门移交案件线索 15 件。市本级开展审计项目 141 个，查出违规金额 7.3 亿元、管理不规范金额 27.5 亿元，上缴财政 3.1 亿元，核减投资额 1.1 万元；向有关部门移交案件线索 15 件。

审计管理 为更好地体现审计工作围绕中心、服务大局的目的性和针对性，在安排全年审计计划时，打破了传统的分类模式，把所有审计项目划分为“促进增收”、“促进优支”、“维护民生”、“监督权力”四大类别，较好地体现了审计计划对全年工作的牵动和引导作用。在工作安排上主要遵循了以下五个原则：以促进增加收入、优化支出为核心，重点加大了税费征缴、国有资产监管及重点国家建设项目的审计力度，努力为全市发展大局服务；以突出民生资金为重点，重点实施了医保、教育、土地、涉农等民生专项资金审计，促进各项民生工程顺利实施和各项惠民利民政策的贯彻落实；进一步扩大审计监督的覆盖面，尤其是加大对多年未审计单位的审计监督力度，使其能够有效接受审计监督，确保审计监督不缺位；以实施绩效审计为手段，对所有审计项目都开展绩效审计，注重揭示经济运行过程中影响质量效益、节能降耗和资源环保等问题，不断提升审计监督层次；以统筹项目安排为保障，科学整合审计项目资源，打破科室职能限制，加强上下级审计机关的联动配合，积极推行预算执行审计、经济责任审计、专项审计和审计调查等相互“捆绑”的审计方式，进一步提升审计工作质量和工作效率。审计计划管理模式的改变，使审计监督工作与促进地方经济发展形成了最佳结合点，为发挥审计职能作用、服务发展大局奠定坚实基础。

专项审计（调查） 在实施省定计划审计项目的同时，为摸清全市国有资产底数和管理、运营状况，维护国有资产的安全和完整，促进提高国有资产使用效益，有效解决国有资产底数不清、隐瞒漏报、私自经营等问题，对全市国有资产保值增值情况进行大规模的专项审计和审计调查。主要做法：一是明确审计对象范围和工作重点。把市本级、四县、五区政府和高新区、经开区等行政、事业单位及国有企业占有、使用、管理的资产，依法确认为国家所有，将能以货币计量的各种实物资产均纳入审计和审计调查范围，实现了审计对象的全面覆盖。把审计及审计调查的重点内容放在审查行政事业单位及国有企业占有、使用和管理的房屋、建筑物、车辆、出租出借资产、对外投资的实物资产、市政公用基础设施以及河湖、草原、林场等国有资源上，主要审计或审计调查资产管理、使用、保值、增值及效益情况，确定国有资产是否存在潜在风险、损失浪费等问题。二是有序推进实施。此次审计及审计调查工作共分为自查、审查、汇总分析及重点抽查整改四个阶段实施。通过各单位的自查和审计部门的审计及调查，揭示了部分单位在国有资产管理上存在的未按规定编制国有资产经营预算、国有资产收益管理不规范等问题，涉及金额达116亿元，其中资产未入账97亿元、资产闲置9亿元、资产盘亏及违规处置等10亿元。12月份，全市各级审计机关还对教育、公安、城管等6大系统进行了重点抽查，进一步揭示国有资产管理中存在的问题，研究改进和加强国有资产管理的对策与意见。 （撰稿人：孙继春）

【伊春市审计局】 2010年，伊春市审计局共有在职干部职工41人，其中研究生学历2人、本科学历26人、大专学历13人。局长佟林，副局长宫林、马庆、陈玉林，纪检组长商立明，副调研员李玉玲，经济责任审计办公室主任窦连波。设有经济责任审计办公室、办公室、法制科、行政事业审计科、固定资产投资审计科、农业与资源环保审计科、社会保障审计科、经贸审计科、财政金融审计科、林业审计科、监察室、党总支。

审计成果 全市共审计495个单位（其中市本级审计297个单位），查出违规金额1.4亿元、管理不规范金额22.1亿元（其中市本级查出违规金额9887万元、管理不规范金额18.9亿元）；向纪检监察和司法机关移交经济案件线索10件，涉案金额3194万元；有6个项目被评为省级优秀审计项目。

预算执行审计 对财政部门及9个预算执行单位进行审计，对地税部门2009年度税收征管情况进行审计，揭示未编制全口径预算、违规调整预算、截留挪用滞拨专项资金、长期借出国库资金、预算外资金长期借出以及企业少提缴各项税款、欠缴税金等问题。在全面、综合分析问题成因的基础上，研究解决问题的措施和办法，帮助被审计单位加强内部控制、健全规章制度，做到件件有落实。

固定资产投资审计 重点对伊春西山水库中央投资项目、伊春林业高级技工学校实验楼项目、嘉荫县职教实验实训楼项目、铁力市敬老服务中心项目、铁力镇第三中学宿舍楼项目、回龙湾国家森林公园景区道路项目、基层医疗服务体系项目、21 个县市区（局）已完工农村公路及中小学校舍安全工程项目进行审计和审计调查，揭示和反映了招投标及合同履行不规范、设计变更未按程序审批、现场监理不严格及农村公路建设工程未按时竣工、施工单位不具资质、挤占建设成本、滞拨资金、多结工程价款等问题。深入分析问题产生的原因，提出了有针对性的审计意见和建议，引起市政府重视，要求有关部门和单位严格落实审计整改建议，保障了投资项目的健康发展。

专项资金审计 先后组织开展了“三棚一草”资金、城镇职工医疗保险基金、城镇居民医疗保险基金、新型农村合作医疗资金、福利彩票和福彩公益金、基层医疗卫生服务体系建设资金、义务教育经费保障资金等审计和审计调查，揭示了项目未按时竣工、企业资金不到位、计划外工程、资金拨付不及时、滞拨社区公共卫生服务专项补助资金、福彩中心欠缴发行费、新农合统筹基金结余和累计结余数额较大、城镇职工医疗保险征缴计划制订和下达不明确以及医疗机构存在大处方、超量用药、冒名住院等问题。审计结果引起市政府高度重视，要求“一对一、点对点”地进行认真整改，促进党和国家惠民政策落实到位。

信息化建设 进一步加强了“伊春市审计局”网站建设和办公自动化应用系统管理，在网站上整合发布了审计及有关审计工作的法律法规，建立了局长信箱、投诉电话、网上投诉、请您留言等栏目，上传审计法律法规 27 项。在办公自动化系统应用工作中，对审计部门内部公文实行网上流转，审计项目全部应用了网上复核和电子档案。把政务公开工作纳入到全局工作的重点工作来抓，通过市政府网站主动公开审计法律法规 27 条、审计动态信息 108 条，通过审计署网、省政府网、省政府法制信息网、省审计厅网、伊春市审计局网等媒体公开审计信息 138 条（次）。

（撰稿人：吴玉文）

【鹤岗市审计局】 2010 年，鹤岗市审计局共有在职干部职工 45 人，其中研究生学历 1 人、本科学历 7 人、大专学历 37 人。局长张亚东，副局长褚庆利，副处级审计员韩义、武春荣、杨晓光。设有办公室、人教科、法制科、行政事业与社会保障审计科、固定资产投资审计科、经贸审计科、金融审计科、经济责任审计科、财政审计科、农业与资源环保审计科和派出区级审计科、公检法审计科、公用事业审计科、科教文审计科。

审计成果 全市审计机关共完成审计和审计调查项目 109 个，查出违规金额 3.3 亿元、应上缴财政 96 万元、应调账处理金额 1.9 亿元；提交审计报告和审计信息 72 份（篇），被各级领导批示和有关部门采用 16 篇次；向被审计单位提出审计意见和建议 129 条，被采纳 42 条；帮助被审计单位整章建制 75 项。市本级完成审计和审计调查项目 39 个，查出违规金额 1.5 亿元、管理不规范金额 9963 万元、损益不实金额 789 万元，增加财政收入 46 万元；提交审计报告 39 份，提出审计意见和建议 45 条，撰写审计信息 36 篇。

专项资金审计 先后开展了中小学校舍安全工程、“三棚一草”改造工程、采煤沉陷区治理等重大民生工程审计；小型农田水利、水土保持、退耕还林、土地整理等涉农资金审计；义务教育经费、医疗服务体系建设、城镇职工医疗保险、城镇居民医疗保险、新型农村合作医疗、福利彩票发行及公益金使用等民生资金审计。通过审计，查处和纠正了违法违规问题，揭示和反映了落实政策措施不到位、政策目标未实现以及严重影响和损害群众利益等突出问题，共查出各类违法违规金额 2800 万元。

经济责任审计 经济责任审计的主要做法是：以审查重大投资项目为核心，突出经济决策审计；以审查政府性资金为主线，突出真实性、效益性审计；以监督被审计对象个人经济行为为重点，突出廉政审计。全年共对 21 名领导干部进行经济责任审计，查出违法违规金额 2156 万元，其中领导干部负直接责任金额 968 万元、负主管责任金额 1188 万元。审计后，提出审计整改建议 47 条。

财务收支审计 先后完成省审计厅授权的气象局、邮政局财务收支审计；新型工业化发展专项资金审计调查、外债审计调查、国有土地使用权出让审计；市政府交办的小鹤立河水库消险扩建工程项目审计。通过审计，核减工程项目资金 5854 万元。

（撰稿人：马江涛）

【佳木斯市审计局】 2010 年，佳木斯市审计局共有在职干部职工 87 人，其中本科学历 25 人、大专学历 60 人。局长周亚，副局长崔新文、关胜超、李纲，总审计师安宝昌。设有办公室、法制科、人事教育科、纪检监察室、财政审计科、行政事业审计科、农业与资源环保审计科、固定资产投资审计科、经济责任审计办公室、社会保障审计科、金融审计科、外资运用审计科、经贸审计科、派驻公检法司审计科、派驻文教卫生审计科、计算机技术管理科和固定资产投资审计局。

审计成果 全市审计机关共审计和审计调查单位 697 个，查出违规金额 2.5 亿元、管理不规范金额 22.1 亿元，归还原渠道资金 2861 万元，调账处理金额 1 亿元；向党政机关、上级审计机关和新闻媒体提交审计报告、信息 249 篇，被领导批示、相关媒体采用 138 篇。市本级审计和审计调查单位 410 个，查出违法违规和管理不规范金额 20.2 亿元，归还原渠道资金 640 万元，调账处理金额 7466 万元；撰写审计信息 159 篇，被上级机关和新闻媒体采用 125 篇（次）；有 8 个审计项目获得省级优秀审计项目奖，有 4 个项目获得省级计算机应用实例奖。

经济责任审计 全年共完成经济责任审计项目 59 个，查出违纪违规金额 2.8 亿元，明确被审计领导干部直接责任金额 1837 万元、领导责任金额 2.7 亿元，提出审计意见及建议 57 条。在审计过程中，坚持经济责任审计与常规审计相结合，将经济责任审计的具体内容融入财政财务收支审计、资产负债损益审计、竣工决算审计之中，做到统筹安排、综合利用，做到一次审计确立多个目标、满足多种需要，避免了重复审计、交叉审计，降低了审计成本，提高了工作效率。在党政领导干部经济责任“同步审计”中，注重改进工作方式方法，采取主要领导干部大会述职测评与中层以上领导干部单独谈话相结合的方法，更加全面、客观、深入地了解和掌握了责任人任期内经济责任履行的“活情况”，增强了审计评价的准确性和查证发现违纪线索的针对性；在组织程序上，在审计问题核实后、交换审计意见前，增设了责任认定环节，召开由县（区）委书记、县（区）长、审计组成员参加的责任认定会，要求书记、县（区）长对各自负责的问题如实填写所负的直接或主管责任，不仅有效区分了书记、县（区）长的领导责任，而且大大减少了审计交换意见的难度。

专项资金审计 先后开展城镇职工医疗保险基金审计、城镇居民医疗保险基金审计调查、新型农村合作医疗资金审计调查、义务教育经费保障及资金管理使用情况审计和审计调查、基层医疗卫生服务体系建设资金审计和审计调查、小型农田水利及水土保持资金审计等民生审计项目。通过审计，揭示和查处了截留挤占挪用专项资金、管理不规范、损失浪费、超规定范围和限额使用现金、专项补助标准降低、未履行政府统一采购审批手续、药品违规加价、“双重”参保、漏缴税费等问题，并从完善相关规章制度等方面提出审计意见和建议，促进制度体系建设，维护社会稳定，保障了人民群众切身利益。

（撰稿人：韩俊峰）

【双鸭山市审计局】 2010 年，双鸭山市审计局共有在职干部职工 48 人，其中研究生学历 1 人、本科学历 23 人、大专学历 24 人。局长李何仁，副局长杨会东、邸栋梁，总审计师王玲，纪检组长刘恒广，经济责任审计办公室主任汝兴华。设有经济责任审计办公室（副处级）、财政审计科、金融审计科、固定资产投资审计科、农业与资源环保审计科、经贸审计科、行政事业审计科、社会保障审计科、外资审计科、办公室、人事科、培训教育科、法制科、督察室和监察室。

审计成果 全市审计机关共完成审计和审计调查项目 272 个，查出违法违规金额 3.5 亿元、管理不规范金额 2 亿元、损失浪费金额 762 万元，上缴财政 255 万元，促进增收节支 5600 多万元；建议有关部门处理事项 8 件；提交审计报告和信息简报 349 篇，被批示采用 252 篇（次）。市本级完成审计和审计调查项目 58 个，审计 104 个单位，查出违法违规金额 2.1 亿元、损失浪费金额 162 万元、管理不规范金额 5607 万元，上缴财政 93 万元，为国家挽回经济损失 3863 万元；在全省审计系统优秀审计项目评比中，有 6 个项目被评为优秀项目、1 个项目获得计算机审计应用实例二等奖、2个项目获得计算机审计应用实例三等奖。

预算执行审计　在本级预算执行审计中，揭示了因地方政府性债务举借增长速度过快，加大了财政负担和偿债风险；财政部门滞拨财政专项资金、向非预算单位拨款等问题。提出尽快制定政府性债务管理制度、规范政府举债行为、加强财政专项转移支付资金管理等审计建议，得到市委、市人大主要领导的高度重视，责成政府组建专门机构，抽调专人做好政府性债务管理工作，同时要求财政部门认真抓好审计揭示问题的整改落实工作。

经济责任审计　市本级全年审计党政领导干部37人次，查出违规金额7500万元。审计中，坚持"突出决策、关注民生"，一方面围绕领导干部的经济决策权进行深入审计，警戒领导干部慎用手中的权力，促使领导干部科学决策、民主决策；另一方面围绕领导干部资金管理权，重点关注事关民生资金的管理和使用情况。为了推动农村党风廉政建设，促进社会主义新农村建设，组织对8个村级组织的主要负责人进行经济责任审计调查。通过审计调查，摸清了被调查村的自然概况和资产、债务、农民人均收入等状况，揭示集体资产出租收入不入账、"白条子"列支、集体资产发包程序不规范等问题，为今后在全市范围内广泛、深入开展村官审计工作奠定良好基础。

（撰稿人：梁望秋）

【七台河市审计局】　2010年，七台河市审计局共有在职干部职工33人，其中研究生学历2人、本科学历17人、大专学历14人。局长孙云启，副局长陶佩行、王宝山、张玉星，纪检组长王启顺，副调研员柳亚贤、李秀芝。设有法制科、办公室、财政审计科、金融审计科、行政事业审计科、经贸审计科、固定资产投资审计科、农业与资源环保审计科、经济责任审计科、社会保障审计科和国家建设项目审计中心。

审计成果　全市审计机关共完成审计及审计调查项目143个，查出违规金额3.5亿元；提交审计报告147份；提出审计建议251条；编发各类审计信息142篇。市本级完成审计及审计调查项目68个，查出违规金额2.6亿元、管理不规范金额3.6亿元；提交审计报告68份；提出审计建议113条；编发各类审计信息80篇，被各级党政部门采用27篇，被国家级新闻媒体采用7篇。

预算执行审计　在本级预算执行审计中，为提高预算编制的完整性和规范性、强化部门预算管理、促进部门严格执行预算、增强预算约束力，除审计财政部门外，还着重对市农委、市疾控中心等4个单位2009年度预算执行情况进行审计，共查出违规金额2.1亿元、管理不规范金额658万元。针对审计查出的问题，提出加强财政收入征管，积极培植财源；加强财政支出管理，优化支出结构；强化财政资金监管，提高财政资金使用效益，推动完善财政管理体制；加强会计核算、建立相应内控制度等建议。

专项资金审计　先后组织开展农业综合开发资金审计、扶贫开发资金审计、企业职工基本养老保险基金审计、社会保险基金审计调查、城乡居民最低生活保障资金审计和审计调查以及民政专项资金审计。通过审计和审计调查，摸清了专项资金的来源渠道、各级政府配套资金及到位等情况，反映了专项资金的使用效率和效果，揭示了专项资金在使用过程中存在的未严格按照批准的设计实施、有偿资金提前归还、重复领取低保金、多计个人账户养老金、扩大民政事业费支出范围等问题。纠正和制止了专项资金使用中存在的违规违纪行为，并有针对性地提出了相关建议。

财务收支审计　先后开展市公安局、市调运办、金河陵园、市旅游局等单位的财务收支审计。通过审计，揭示了会计核算不真实、扩大成本支出、固定资产账实不符等问题，向被审计单位提出了建立健全内部制约机制、定期清理暂付挂账款项、加强固定资产管理、严格执行现金管理规定等审计建议，促进了被审计单位的规范化管理，维护了财经秩序。

（撰稿人：刘文君）

【鸡西市审计局】　2010年，鸡西市审计局共有在职干部职工49人，其中本科以上学历36人，大专学历11人。局长郑野岩，副局长齐明达（—9月）、高晶、孙永宏，纪检组长王有良，经济责任审计办公室主任杨阵（2月—）。设有经济责任审计办公室、固定资产投资审计办公室、办公室、法制科、综合科、监察室、财政审计科、经贸审计科、行政事业审计科、外资运用审计科、社会保障审计科、金融审计科、农业与资源环保审计科、审计督察科。

审计成果　全市审计机关共完成审计项目315个，查出违法违规、管理不规范、损失浪费等金额12.7亿元，上缴财政486万元，核减政府投资1487万元；提出审计建议85条；提交审计报告和审计信息654份（篇），被各级机关和新闻媒体采用230篇次；被各级领导批示23篇次。市本级完成审计项目110个，查出违法违规金额10.9亿元，上缴财政360万元；向市委、市政府和上级审计机关提交审计报告和审计信息288份（篇）。

固定资产投资审计　全市审计机关对72条农村公路建设、13个矿山地质环境治理、2座病险水库维修加固、国家大型优质水稻生产基地建设等项目竣工决算进行审计。审计中，坚持关口前移，对项目招投标等进行全程跟踪审计，审计资金总额50亿元，查出违法违规金额5800万元，核减政府投资1487万元。通过审计，避免了严重违法违规和损失浪费问题的发生，提高了工程质量和投资效益。

专项资金审计　先后开展中小学校舍安全工程、城市棚户区和煤矿棚户区改造、采煤沉陷区治理、三供两治、城市基础设施建设等重大民生工程审计；农村泥草房改造、小型农田水利、水土保持、退耕还林、土地整理等涉农资金审计；义务教育经费、医疗服务体系建设、城镇职工医疗保险、城镇居民医疗保险、新型农村合作医疗、福利彩票发行及公益金使用、玉树地震抗震救灾资金等民生资金审计；结核病防治、引进医疗设备、公共卫生基础设施、第四个基础教育等外债项目的审计和审计调查。通过审计，查处和纠正了违法违规问题，揭示和反映了落实政策措施不到位、政策目标未实现以及严重影响和损害群众利益等突出问题，共查处各类违法违规金额7600万元。

信息化建设　强力推进计算机技术与审计业务融合，最大化地发挥计算机技术对审计实践的支持和服务功能。计算机审计在预算执行、经济责任、投资、社保、税收征管、专项资金等审计项目中都发挥了重要作用。“金审工程”建设突飞猛进，实行1托9模式，市、县（市）区审计项目及管理全部纳入省审计信息化系统。

（撰稿人：关　宇）

【牡丹江市审计局】　2010年，牡丹江市审计局共有在职干部职工85人，其中本科学历62人、大专学历23人。局长金秀兰，副局长刘永和、孙秉海、佟卫东、吕春江、刘佳祥，纪检组长尹明霞。设有办公室、法制审理科、财政审计科、金融审计科、行政事业审计科、经贸审计科、农业与资源环保审计科、社会保障审计科、固定资产投资审计科、外资运用审计科、经济责任审计一科、经济责任审计二科、经济责任审计三科、总务科、综合科、计算机审计科、人事教育科、党委办公室、监察室。

审计成果　全市审计机关共完成审计项目306个，查出违法违规金额18.3亿元、管理不规范金额11.6亿元、损失浪费金额310万元，归还原渠道资金和挽回经济损失756万元；向有关部门移送经济案件线索48件；向各级党政机关和上级审计机关提交审计报告、审计调查报告、审计信息404份（篇），被批示、采用159份（篇）。市本级完成审计项目155个，查出违法违规金额16.6亿元、管理不规范金额9亿元，上缴财政143万元；向纪检监察和司法机关移送案件线索13件；向各级党政机关和上级审计机关提交审计报告、审计调查报告、审计信息195份（篇），被批示、采用110份（篇）。

经济责任审计　在审计过程中，围绕强化对权力运行的全面监督与制约，在创新经济责任审计工作中从两个方面进行探索：（1）尝试了“四责联审”，经济责任审计实现新定位。经济责任“四责联审”工作，由市委组织部门牵头，纪检监察、编制、审计部门共同进点，分工合作，联动实施。“四责联审”的主要内容：一是用人责任审查。重点是贯彻执行党的干部路线方针政策情况；按照政策法违规定选拔任用干部情况；群众对本地区、本部门、本单位干部选拔任用工作评价以及遵守组织人事纪律情况等。二是廉政责任审评。重点从领导干部个人收入的合规合法性、住房合规性、经费报销手续的合规性、有关部门移交及群众举报的违法违纪线索查办工作、公款出国（境）旅游、高消费等方面进行审计和评价。三是编制责任审核。重点是贯彻执行机构编制政策法规情况；职能配置和职责履行情况；机构设置、编制使用、领导职数配备情况等。四是经济责任审计。重点是贯彻执行国家经济政策和财经法规情况；完成经济发展规划指标情况；重大经济决策的程序和成效；财政财务收支的真实性、合法性和效益性；遵守财经纪律情况等。（2）突出绩效审计理念，采取经济责任审计与绩效审计相结合，即将领导干部任职期间收支情况与绩效审计相结合；将重大经济决策实施与绩效审计相结合；将任期内履行职责情况与绩效审计相结合。

信息化建设　（1）将计算机审计项目纳入计划管理，逐步提高计算机审计项目覆盖面。全面推广使用《现场审计实施系统》（AO），计算机辅助审计项目在全部审计项目中的比重达到60%以上。（2）运用信息化手段实现对审计项目全程监控。将审计项目情况以表格界面的形式上网，直观地对每个项目进行监控管理。（3）利用信息化手段，加快被审计对象基础资料库、审计公共数据库建设。在推进信息化建设中采取刚性措施，实行“三挂钩”：一是与职务升迁挂钩。把具备计算机审计能力和水平作为职务升迁的门槛。凡是没能通过计算机中级考试和没取得AO培训认证的，没有职务升迁资格。二是与审计项目评优挂钩。把计算机辅助审计和审计软件应用情况作为审计项目评优的“硬件”。三是与奖励挂钩。在计算机硬件投放上，实行“以奖代投”。对计算机审计有成绩的科室在设备投放上特殊对待，高配多投。

（撰稿人：张　劲）

【绥化市审计局】　2010年，绥化市审计局共有在职干部职工48人，其中研究生学历10人、本科学历14人、大专学历22人。局长刘江，副局长郑武峰、袁国学、田学斌、赵德河、李永志，总审计师杨旭，纪检组长李中然，经济责任审计局局长张立君。设办公室、法规与审计督察科、财政审计科、行政事业审计科、农业与资源环保审计科、固定资产投资审计科、金融审计科、经贸审计科、社会保障审计科、信息化审计科、人事教育科、经济责任审计局（内设经济责任审计一科、经济责任审计二科、经济责任审计三科）。

审计成果　全市审计机关共完成审计项目410个，查出违法违规金额8.3亿元、管理不规范金额3.7亿元、应调账处理资金6.5亿元、应归还原渠道资金8547万元、应上缴财政5227万元，已调账处理金额6.3亿元、归还原渠道资金6609万元、上缴财政1619万元；提交审计专题报告和信息545篇，被领导批示、媒体采用202篇次；被有关部门和被审计单位采纳审计建议332条。绥化市审计局本级全年完成审计项目64个，查出违法违规金额6.3亿元、管理不规范金额2.8亿元、应调账处理金额6亿元、应归还原渠道资金1560万元；提交审计专题报告和信息简报139篇，被领导批示、媒体采用75篇次；提出审计建议165条，被有关部门和被审计单位采纳145条。

财政审计　市县两级审计机关先后开展了本级预算执行审计、地税部门税收征管情况审计、县（市）区政府财政决算审计、地方政府债券资金审计调查和政府债务审计调查，查出违法违规金额2亿元、管理不规范金额2.7亿元、应调账处理金额5133万元、应归还原渠道资金6446万元。对本年度全市财税管理工作进行了客观评价，对违规问题进行了查处，并就加强预算管理、税收管理、固定资产管理及严格执行财经制度等提出审计意见和建议，为从根本上治理违规问题起到了推动作用。

固定资产投资审计　全市审计机关共完成投资审计项目70个（包括中央扩大内需促进经济增长投资跟踪审计、农村公路竣工决算审计及绩效审计调查、中小学校舍安全工程项目审计、“三棚一草”资金审计和审计调查、城市基础设施建设项目审计和污水处理厂建设项目跟踪审计等），查处违法违规金额5978万元、管理不规范金额3480万元、应归还原渠道资金636万元，核减工程造价款 3016 万元，对挤占项目成本、滞拨挪用建设资金、超计划投资等问题进行了揭示和处理。通过开展固定资产投资审计，有效遏制了国家资金的损失浪费，提高了固定资产投资的经济效益和社会效益。

专项资金审计　全市审计机关共审计及审计调查 96 个单位，查出违法违规金额 4 亿元、损失浪费金额 5585 万元、管理不规范金额 1777 万元，调账处理金额 3.7 亿元，上缴财政 529 万元。工作中把开展民生审计作为重点（包括福彩、卫生、医保、新农合、义务教育、小型农田水利、退耕还林、土地等项目），在促进惠民政策落实上跟进监督，对落实国家政策不到位、政策目标未实现、损害群众利益等问题进行揭示和查处，为促进民生资金安全有效运行、各项惠民政策有效执行发挥建设性作用。　（撰稿人：宋文博）

【大兴安岭地区行署审计局】　2010 年，大兴安岭地区行署审计局共有在职干部职工 34 人，其中大专学历 3 人、本科学历 26 人、研究生学历 5 人。局长解学民，副局长宋学阳、孙庆俊、王忠奎，纪检组长夏岩。设有办公室、经济责任审计科、财政经贸审计科、金融外资审计科、农业与资源环保审计科、行政事业审计科、网络信息审计科、法制审理科、人事教育科。

审计成果　全年地县两级审计机关共审计 151 个单位，审计调查 55 个单位，查出各类违规金额 2.9 亿元（其中违规改变资金用途 274 万元，"账外"资产 188 万元，未按规定征收缴纳财政收入 5624 万元，其他 2.3 亿元），促进增收节支 240 万元，上缴财政 147 万元，归还原渠道资金 93 万元，核减投资金额 580 万元；提出审计建议 264 条，被采纳 128 条；移送司法、纪检监察机关处理事项 1 件。大兴安岭地区行署审计局本级完成审计项目 30 个，审计调查项目 7 个，审计单位 46 个，审计调查单位 25 个，查出各类违法违规金额 1.2 亿元，损益不实 2757 万元，管理不规范金额 6063 万元，核减工程造价款 580 万元；提出审计建议 37 条，被采纳 18 条。

预算执行审计　在 2009 年度本级预算执行及其他财政收支审计、2009 年度地本级税收计划执行审计、2009 年度全区地方税收征管情况审计和呼玛县财政转移支付资金管理使用情况审计调查中，揭示了应缴未缴财政收入、往来账清理不及时、长期占用财政资金、专项资金匹配不到位等问题，并提出了整改意见和建议。

经济责任审计　在开展的 3 个任期和 11 个离任经济责任审计项目中，揭示了少数领导干部法制观念淡薄、财务人员素质不高、财务核算不规范等问题，共查出违法违规金额 1.3 亿元，其中归还原渠道资金 64 万元、调账处理金额 306.9 万元。

专项资金审计　在 2009 年度城市居民医疗保险基金管理使用情况审计和审计调查中，揭示了城镇居民医疗保险基金财政专户未分别建账核算、城镇居民基本医疗保险参保率偏低、医疗保险局对收取的城镇居民医疗保险个人缴费未使用收费专用票据等问题。在 2008～2009 年度福彩和福彩公益金审计中，审计资金总额 3694 万元，查出违法违规行为资金 17.4 万元，揭示了以前年度提取的福彩公益金、发行费、应付返奖奖金等形成的收益未纳入财政专户管理以及对接管基层县区销售的福利彩票欠款未进行清理等问题。在地区水务局、加区水务局、呼玛县水务局 2007～2009 年度小型农田水利和水土保持补助费、岁修费、抗旱经费等水利专项资金管理使用情况审计中，揭示了年终决算虚列支出、改变项目建设内容和建设地点、承建单位无施工资质、未进行财务核算、部分工程质量未达到设计标准和工程项目未按合同规定按期竣工验收等问题。在 2006～2009 年退耕还林专项资金审计调查中，重点审计调查执行退耕还林计划情况及保有量、落实退耕还林政策情况和退耕还林工程项目建设对生态环境资源的影响及效果，揭示了挤占专项资金、项目工期过长、专项资金未实行专户存储等问题。

金融审计　在农村信用社 2009 年度资产负债损益审计中，审计资金总额 2.3 亿元，查出违法违规金额 5216 万元，揭示了违规发放贷款、应缴未缴防洪安保费等问题。　（撰稿人：孙春云）

2010 年黑龙江省所辖区、县级审计工作统计表

金额单位：万元

审计机关	完成审计项目（个）	查出违规金额	应上缴财政	应减少财政拨款或补贴	应归还原渠道资金	应调账处理金额	移送司法、纪检监察部门处理（件）	建议有关部门处理（件）	出具审计报告和审计调查报告（篇）	提出审计建议（条）	撰写审计信息（篇）
哈尔滨市											
哈尔滨市本级	159	117392	16063	1508	20474	58230	4		201	147	173
道里区审计局	50	185	14		112				52	27	42
南岗区审计局	29	8570	1245						29	14	25
道外区审计局	40	1554	81						62	79	25
香坊区审计局	35	11433	446			393			35	40	77
平房区审计局	18	3937							18	27	
呼兰区审计局	79	4440	41	115	217	880			130	66	94
阿城区审计局	71	3131	111	25	842	1204		4	71	31	111
双城市审计局	53								53		14
尚志市审计局	41	6609	45						41	3	
五常市审计局	86	28551	3450		612	1143			86	50	23
依兰县审计局	45	41486	535		135	31435			89	19	89
方正县审计局	24	341	161		107	17			49	8	48
宾县审计局	78	4906		60	951	80			78	12	12
巴彦县审计局	54	7514	105		21				55	115	75
木兰县审计局	24	948	34		445	28			25	56	31
通河县审计局	46	4064	66						60	65	
延寿县审计局	32								33	17	7
齐齐哈尔市											
齐齐哈尔市本级	151	145327	470		8528	49770	15	12	151	73	208
建华区审计局	12	10	2		30				12	16	6
龙沙区审计局	7	2124	3						7	5	5
铁锋区审计局	11	129	82						11	14	7
昂昂溪区审计局	18	15	8		61	266		1	18	10	7
富拉尔基区审计局	23	92	3			6			23	9	6
碾子山区审计局	25	847	7				1		25	43	8
梅里斯达翰尔族区审计局	21	313	1		14	3	1	1	21	22	18
讷河市审计局	57	687	73		321	5300	1		57	53	9

（续表）

审计机关	完成审计项目（个）	查出违规金额	应上缴财政	应减少财政拨款或补贴	应归还原渠道资金	应调账处理金额	移送司法、纪检监察部门处理（件）	建议有关部门处理（件）	出具审计报告和审计调查报告（篇）	提出审计建议（条）	撰写审计信息（篇）
龙江县审计局	59	4194	274		826	165	3		59	62	15
依安县审计局	71	2275	96		8	19			71	11	25
泰来县审计局	62	6822	25						62	25	10
甘南县审计局	70	553	51		87	1511			70	27	21
富裕县审计局	38	8269	51		69	1159	6		38	11	17
克山县审计局	52	6101	59		52	2			52	51	22
克东县审计局	36	3598	36						36	53	18
拜泉县审计局	58	6619	47		98	342	1		58	41	30
黑河市											
黑河市本级	60	21505	80		434	25499			61	128	112
爱辉区审计局	20	1626	4		493	1026			20	21	11
北安市审计局	33	3584	4						27	36	73
五大连池市审计局	30	1749	52						22	66	
嫩江县审计局	14	1472							14	10	17
逊克县审计局	19	1310				294			15	17	5
孙吴县审计局	22	410	17			46			18	41	
大庆市											
大庆市本级	106	73061	42134		1257	745	5	10	106	294	56
萨尔图区审计局	59	744	1.2	233					59	77	12
龙凤区审计局	188	50	50						188	19	40
让胡路区审计局	207	316	316	1171	9	2194			207	184	21
大同区审计局	275	84141	190	11452	98	72401			275	184	8
红岗区审计局	13		18	572		1.3			22	11	7
肇州县审计局	65	3567	47		56	77			90	65	14
肇源县审计局	177	14515	57		904	2228			54	120	17
林甸县审计局	83	3285	910	1832					83	182	12
杜尔伯特蒙古族自治县审计局	54	8188	89.8		540				54	37	16
伊春市											
伊春市本级	297	9887	342		674	2418	9		147	489	88
伊春区审计局	21	3748				24	1		18	31	13
西林区审计局	7								7	7	5
铁力市审计局	56	314							38	75	15
嘉荫县审计局	114	1005	26						36	30	29

（续 表）

审计机关	完成审计项目（个）	查出违规金额	应上缴财政	应减少财政拨款或补贴	应归还原渠道资金	应调账处理金额	移送司法、纪检监察部门处理（件）	建议有关部门处理（件）	出具审计报告和审计调查报告（篇）	提出审计建议（条）	撰写审计信息（篇）
鹤岗市											
鹤岗市本级	39	15379	46			9963			39	45	36
萝北县审计局	43	8160	30			4713			43	56	16
绥滨县审计局	27	9518	20			5197			27	28	10
佳木斯市											
佳木斯市本级	142	16179	2501		640	7466	18	1	140	258	159
前进区审计局	11		5			12			11	5	5
向阳区审计局	7								7	10	4
东风区审计局	11	162							11	7	6
郊区审计局	57	330	29		130				57	42	
同江市审计局	54	686	30		140	38			26	27	29
富锦市审计局	41	1146	29					3	41	30	10
桦南县审计局	21	3484	76		302	2068			49	198	23
桦川县审计局	22	968	257		1779	22	1		22	56	22
汤原县审计局	24	2949	158			2791			24	28	26
抚远县审计局	20	9000	30		246	145			36	51	8
双鸭山市											
双鸭山市本级	58	21502	93		114	230		8	64	95	59
尖山区审计局	22	84	2		0.2	30			23	31	5
岭东区审计局	16	54.62	1.5						16	35	2
四方台区审计局	11	29	3		3	11			22	34	6
宝山区审计局	12	238	2.48						12	16	
集贤县审计局	42	690	38						42	40	42
友谊县审计局	27	93			69	24			27	7	
宝清县审计局	50	28897	78		2103	1772			50	84	38
饶河县审计局	34	3967	38			65			34	42	26
七台河市											
七台河市本级	68	28630	835	16	53	1734			68	113	88
桃山区审计局	6	2899			2				10	13	8
新兴区审计局	5					150			5	18	10
茄子河区审计局	12								12		
勃利县审计局	52	3787	72		1012	968			52	107	36

（续 表）

审计机关	完成审计项目（个）	查出违规金额	应上缴财政	应减少财政拨款或补贴	应归还原渠道资金	应调账处理金额	移送司法、纪检监察部门处理（件）	建议有关部门处理（件）	出具审计报告和审计调查报告（篇）	提出审计建议（条）	撰写审计信息（篇）
鸡西市											
鸡西市本级	110	109347	337		8130	1012			158	206	130
鸡冠区审计局	18	77	6			77			3	13	22
恒山区审计局	6	269	38		0.3	60	1		8	3	10
滴道区审计局	8	126	3			57			8	23	12
梨树区审计局	11	49.7	8.6		41.1				11	38	6
城子河区审计局	29	2159	8			125			29	114	6
麻山区审计局	6	3143	1						6	10	7
虎林市审计局	23	4286	346		2	217			23		38
密山市审计局	52	7580	102	53	146	6675			52	198	40
鸡东县审计局	52	932.63	64.52		48.75				51	45	34
牡丹江市											
牡丹江市本级	155	166387					13				195
东安区审计局	9	704	14			23			9	44	32
爱民区审计局	25	1855	441	19	260	57	4	2	27	68	14
阳明区审计局	8	325	23		29	1			9	19	9
西安区审计局	5	263	19.18			24.43			5	2	10
穆棱市审计局	36	253	42	9	15	56	2	3	36	21	139
绥芬河审计局	22	3737	277						86	41	10
海林市审计局	55	4079	14			31	5		30	39	107
宁安市审计局	28	2839	93		21	12			28	41	30
东宁县审计局	19	4585	56				1		104	9	25
林口县审计局	52	2216	80				8		52	37	256
绥化市											
绥化市本级	64	63776	249	115	1560	60375	9		139	165	75
北林区审计局	25	7086	224			4215			40	6	20
安达市审计局	56	268	27						79	1	25
肇东市审计局	70	342	45						103	34	30
海伦市审计局	4	574	18			400				12	
望奎县审计局	6	5302	3419		6300				26	13	6
兰西县审计局	21	24							28	6	7
青冈县审计局	72	4865	1210		687	176			80	127	20
庆安县审计局	24	991	22			61			56	31	20

（续表）

审计机关	完成审计项目（个）	查出违规金额	应上缴财政	应减少财政拨款或补贴	应归还原渠道资金	应调账处理金额	移送司法、纪检监察部门处理（件）	建议有关部门处理（件）	出具审计报告和审计调查报告（篇）	提出审计建议（条）	撰写审计信息（篇）
明水县审计局	22	83	13			1			55		20
绥棱县审计局	46	35									20
大兴安岭											
大兴安岭地区行署本级	46	12690	218		492	387			46	127	57
加格达奇区审计局	25	98	1		94				26	78	16
呼中区审计局	5								5	8	10
新林区审计局	4								4	2	10
松岭区审计局	21	65.5							21	33	22
呼玛县审计局	44	3291	11				1		44	53	16
塔河县审计局	16	66	61						16	51	15
漠河县审计局	40	9468	76	36	41		1	1	40	34	20

上海市

【上海市审计局】　2010年，上海市审计局共有干部职工356人，领导职数7名。根据上海市人民政府办公厅印发《上海市审计局主要职责内设机构和人员编制规定》的通知（沪府办〔2009〕88号），设有办公室（信访办公室）、人事处（老干部处）、综合计划处（政策研究室）、法规处（复核审理处）、财政审计处、区县审计处、金融审计处、行政事业审计处、社会保障审计处、农业与资源环保审计处、经贸审计处、经济责任审计处（内部审计指导处）、国有资产监证审计处、固定资产投资审计一处、固定资产投资审计二处、外资运用审计处、计算机审计与信息技术处。按有关规定设置纪检监察机构和机关党委。另设有审计科学研究所、审计培训中心、审计信息中心、审计中心事业单位。

领导成员

局　　长：宋依佳

副 局 长：江小民　施　涛

　　　　　吴茵蝶　范少军

总审计师：林忠华（12月—）

纪检组长：沈荣华

审计成果　全市审计机关完成审计和审计调查项目863个，查出违规金额8.1亿元、损失浪费金额6.27亿元，促进财政增收节支6.67亿元，促进被审计单位完善制度219项。向司法、纪检监察机关移送案件线索和事项16件、涉及74人。市委、市政府领导对审计揭示的问题高度重视，召开43次专题会议研究相关工作，对市审计局上报的49篇报告、专报等作出批示。

世博会项目跟踪审计　根据市政府要求，市审计局继续围绕促进"勤俭办博、廉洁办博"，着力加大世博项目和资金的审计跟进力度。市审计局提请市政府召开上海世博会跟踪审计暨世博工程项目决算推进工作会议，提请市政府成立世博会场馆建设及相关配套设施工程项目决（结）算工作领导小组，为世博跟踪审计顺利推进提供保障。市审计局整合审计机关、社会审计组织和内部审计机构资源，组织召开世博会跟踪审计动员会，对相关审计人员进行业务培训，安排103人，组成3个审计组、17个审计小组，对世博运营资金、世博工程项目和参与办博单位相关支出进行全程跟踪审计。根据市政府关于到审计结束时不再有遗留问题，达到“零整改”的目标要求，市审计局建立审计现场每周例会制度，针对世博审计组织协调和审计发现的问题，向被审计单位发送 12 份世博审计建议函，提出审计意见和建议 300 多条，督促有关单位边审边改，完善制度，健全机制，加强管理。上海世博局等各相关单位对审计发现的问题高度重视，认真整改，截至 2010 年底已建立健全 82 项规章制度。在市审计局统一组织下，18 个区县审计局开展本区县加强市容环境专项整治项目实施情况的跟踪审计调查。浦东、徐汇、黄浦、卢湾、闵行等区审计局还结合本区办博任务，对相关的配套建设项目和专项资金进行审计，规范项目建设管理和资金使用管理。

预算执行审计　市审计局对市级预算执行情况、地方税收征管情况、17 个市级部门预算执行情况进行审计。在审计中，更加注重加强内部联动，形成计划管理部门统筹项目计划、职能处室制订审计工作方案并加强综合协调、其他处室在执行过程中相互配合的审计工作格局，突出整体性。更加关注财政政策的有效落实情况，努力从总体上反映财经制度执行、资金资产管理机制等方面存在的问题，突出宏观性。更加注重把绩效审计与各专业审计融合起来，关注财政资金管理使用、政策措施执行、项目建设管理、环境综合治理等在绩效方面存在的问题，提出有针对性的意见和建议，突出效益性。更加注重从体制、机制、制度、政策、管理等层面分析审计发现问题，提出审计意见和建议 209 条，促使有关部门制定和完善 23 项制度，突出建设性。三位市政府领导对审计结果报告作出批示，市人大常委会对审计工作报告充分肯定。各区县审计局也积极探索预算执行审计工作的新方法、新思路，提出加强财政资金管理和完善制度等方面的审计意见和建议，受到本级政府和人大的好评。黄浦、闸北、静安、嘉定、青浦等区审计局根据本区实际，不断创新财政审计工作模式，深化财政审计内容，提高财政审计工作效果。

固定资产投资审计　全市审计机关审计建设项目 288 个，审计项目投资总额 782.35 亿元，核减工程款 11.13 亿元。市审计局对本市对口支援都江堰灾后恢复重建项目和重建资金进行跟踪审计，成为全国第一家完成灾后恢复重建项目竣工决算审计的单位，受到审计署表扬；对全市中小学校舍安全工程、本市区县二级公路建设债务余额情况进行审计调查，其中对校安工程审计调查发现的问题，市政府召开专题会议研究部署整改；对 22 个政府投资项目开展竣工决算审计；对本市政府投资历史遗留项目进行梳理，会同市发展改革委、市财政局共同开展委托审计工作；组织全市审计机关开展全市工程建设领域突出问题专项治理工作，制定指导意见。各区县审计局结合城区建设的实际情况，加大对政府投资项目的跟踪审计和竣工决算审计力度，不断创新投资审计管理，促进财政性建设资金有效使用、投资管理体制机制不断完善。浦东、普陀、闵行、宝山、嘉定、青浦等 6 个区审计局制定、修订政府投资项目审计监督、检查和管理办法，进一步规范投资审计工作。

经济责任审计　全市审计机关组织开展 249 户单位、314 名领导干部（人员）的经济责任审计。市审计局对 34 名市管领导干部（人员）进行任期经济责任审计，认真把握经济责任审计特征，突出对领导干部重大经济决策、内部控制制度以及领导干部所在单位经济行为的监督检查，审计工作取得较好成效。一是推进经济责任审计分类管理试点，2010 年 10 个大口党委共受托开展 23 个市管领导干部（人员）经济责任审计项目，市局制定了经济责任审计分类管理试点工作指导意见，组织试点单位审计业务培训，强化具体审计项目的工作指导。二是制定推进单位内部管理的领导干部（人员）任期经济责任审计和乡镇党政领导干部任期经济责任审计的两个办法，进一步完善本市经济责任审计工作规章制度体系。各区县审计局积极推动经济责任审计的“两个转型”，不断提高经济责任审计工作水平。徐汇、闸北、嘉定、松江等区审计局进一步完善经济责任审计评价体系，严格界定领导干部的经济责任；奉贤区审计局探索开展“双责联审”，会同组织部门联动实施对党政领导干部任期经济责任审计和干部选拔任用工作责任审查。

资源环境审计　全市审计机关全年开展资源环境审计项目 50 个，着力发挥审计工作在建设资源节约型、环境友好型城市方面应有的作用。市审计局成立资源环境审计协调领导小组，建立市区两级审计机关资源环境审计的联动机制，研究制订了2010～2012年资源环境审计工作发展计划，把资源环境审计融入各专业审计之中，推动资源环境审计的“多元化”发展。同时，对吴泾工业区环境综合整治专项资金、本市农村水利专项资金、农业面源污染治理及农村环境整治、节能减排专项资金使用及有关政策落实等4个项目组织开展审计调查。市人大、市政府领导对审计揭示的问题高度重视。针对节能减排审计调查发现的问题，市政府召开专题会议，研究部署整改工作。有关部门积极落实各项整改措施，追回多下发的补贴资金，制定和修订8项制度。针对吴泾工业区环境综合整治审计调查发现的问题，市政府先后两次召开专题协调会，市发展改革委、市水务局等10多个部门积极加强资金使用监管，加大综合整治推进力度，促进了一些瓶颈问题的解决。部分区县审计局也相继成立了资源环境审计协调领导小组。长宁、普陀、闸北、虹口、杨浦、宝山、金山、崇明等区县审计局对土地出让金收支、节能减排专项资金、水利专项资金管理和使用情况等进行审计调查，促进提高资金使用效益，推动相关政策、制度的落实和完善。

专项资金审计（调查）　市审计局重点对玉树地震抗震救灾资金筹集、拨付、使用及管理情况，住房公积金、商品住宅维修资金、贷款道路车辆通行费、福利彩票公益金、新型农村合作医疗基金、社区事务受理中心建设等进行审计和审计调查，对维护民生资金安全和民生工程的顺利开展发挥积极作用。长宁、虹口、静安、金山、奉贤、崇明等区县审计局围绕推动惠民政策落到实处，对教育、医疗、养老、住房、“三农”等民生资金和工程开展审计和审计调查。

审计公开　市审计局公开了年度重点审计项目计划、审计工作报告、审计整改情况报告，以及住房公积金、节能减排专项资金、贷款道路建设车辆通行费、农村水利专项资金、市级福利彩票公益金等8项单项审计结果；规范了审计结果公告操作程序和公告格式，促进审计公开工作规范发展。在全市政务公开和政府信息公开检查评估工作中，市审计局被评为优秀单位。浦东、普陀、杨浦、松江、崇明等区县审计局建立和完善了信息公开实施或操作办法，进一步健全审计公开工作机制；徐汇区审计局在区政府信息公开检查评估中位列总分第一；卢湾区审计局被评为全区信息公开优秀单位。

审计整改　全市审计机关认真贯彻市政府《关于进一步加强审计整改工作的意见》，市审计局提请市政府召开本市审计整改工作联席会议第一次会议，正式启动全市性审计整改联动机制。制定了经济责任审计整改检查办法，完善审计整改操作流程，健全了经济责任审计联席会议成员单位对重点单位进行联合督查的机制，督促被审计单位认真整改审计查出的问题。浦东、杨浦、宝山、金山、松江、青浦、奉贤等区审计局分别采取制定加强审计整改工作的办法、健全联席会议运作机制、落实审计整改回访制度等措施，积极推进审计整改工作，提高审计整改质量和效果。全市审计机关加大审计成果深度挖掘和综合提炼的力度，提出审计建议2812条，被审计单位采纳2007条，采纳率为71%。其中市审计局提出审计建议1000余条，被采纳700多条，促进完善制度152项。

（撰稿人：汪其水）

【黄浦区审计局】　2010年，黄浦区审计局在编46人。局长臧蕙玲，副局长徐其彬、虞海琴、朱润杰。设有办公室（政策研究室）、综合业务科、审计指导科、财政金融审计科、企业审计科、固定资产投资审计科、行政事业审计科、经济责任审计科。

审计成果　全年完成审计项目27个，查出管理不规范金额11.46亿元，提交审计工作报告、信息65篇，被采用43篇。

预算执行审计　对区2009年度预算执行情况和区教育局、区商务委部门预算执行情况进行审计，对区国有土地使用权出让金收支管理情况、区六个街道财力保障政策执行情况、区教育局校企资产管理运行情况、区六个社区事务受理服务中心建设绩效情况进行审计调查。

固定资产投资审计　全年完成审计项目9个，审计资金45.21亿元，核减资金752.34万元。对“董中基地”、南外滩328号地块、河南路（中华路—天目东路）、外马路（半淞园路—复兴东路）、南车站路—陆家浜路、斜土路—国货路道路改建工程等市政重大基础设施和土地储备项目前期动拆迁费用进行审计，对外滩滨水区综合改造工程、“上海平安建设公安指挥交通管理综合信息系统（四）”黄浦分局项目、区中小学校舍安全工程建设情况进行跟踪审计，促进工程建设领域相关制度的完善，保障工程项目规范、高效、有序开展。

经济责任审计 对区教育局等3个部门4名领导干部和豫园集团等4个区属企业集团3名领导人员进行任期经济责任审计，查出涉及领导责任金额3.32亿元。

专项资金审计 对区迎世博加强高空环境建设和区迎世博600天行动项目实施情况进行跟踪审计调查，对健全和完善长效管理机制提出审计建议。对区迎世博600天行动项目所涉及的旧住房综合改造、市政道路专项整治等5个工程项目进行竣工决算审计，审计资金4.43亿元，核减工程款1755.20万元。对区世博运行专项资金管理使用情况进行审计调查，涉及平安志愿者工作津贴、社区管理工作经费、世博安保经费以及环卫、绿化、城管、市政、医疗卫生等26个部门和单位的相关专项经费使用管理情况，审计资金2.25亿元。

内部审计 与区国资委联合制定并印发《关于进一步加强和完善区属企业（集团、总公司）内部审计工作的若干意见》。

（撰稿人：贺　萍　曹　群）

【卢湾区审计局】 2010年，卢湾区审计局在编34人。局长徐建荣，副局长米文蕾、张志伟（9月—），纪检组长米文蕾（兼）。设有办公室、综合业务科、财政审计科、行政事业审计科、基建环保审计科、经济贸易审计科、经济责任审计科。

审计成果 全年完成审计项目24个，查出管理不规范金额1.79亿元，提出审计建议64条，采纳62条。被审计单位制定整改措施65项，健全完善规章制度6项。向社会公告审计结果2篇。提交审计报告、信息简报117篇，受到区领导批示6篇，采用74篇。

预算执行审计 对区本级预算执行和其他财务收支情况进行审计，查出管理不规范金额320.51万元。

固定资产投资审计 完成固定资产审计项目5个，审计资金20.53亿元。

经济责任审计 完成经济责任审计项目10个，查出管理不规范金额1.76亿元，涉及领导责任金额1.42亿元。

专项资金审计（调查） 共完成审计和审计调查项目6个。

内部审计 全区23个部门和单位建立内审机构，内部审计人员80名。全年共审计项目192个，提出审计意见77条，查出损失浪费资金21.88万元，增加效益83.87万元。

（撰稿人：王　静）

【徐汇区审计局】 2010年，徐汇区审计局在编27人。局长冯玉瑞，副局长翁国雷、魏敏。设有办公室、法规科、财政审计科、经济责任审计科、绩效审计科、固定资产投资审计科、企业审计科。

审计成果 全年完成审计和审计调查项目36个，审计资金461.24亿元。提交审计报告60篇次，向区委、区政府提交审计结果报告22篇，受到区委、区政府领导批示6篇。提出审计建议75条，审计信息被采纳28篇次。

财政审计 对2009年度区本级预算执行及其他财政收支情况进行审计，完成了区地方政府性债务自查工作，对涉及政府性债务的重点单位（融资平台和举债主体）的债务情况进行实地辅导和重点调查，完成2009年度部分财政专项资金投入使用情况专项审计调查。

固定资产投资审计 完成区迎世博600天行动项目专项资金竣工决算审计，对龙华街道社区综合楼建设项目、区中小学校舍安全工程项目、“上海平安建设公安指挥交通管理综合信息通信系统（四）”徐汇分局项目进行跟踪审计。

企业审计 对某电影院2008年1月至2009年12月资产、负债和损益情况，职工学校2008年1月至2009年12月财务收支情况、内部控制制度建立和执行情况，区国有资产监督管理委员会2007年至2009年国有资本经营预算投资支出情况进行审计和审计调查。

经济责任审计 完成领导干部经济责任审计项目24个，审计资金54.52亿元。完善经济责任审计评价工作，通过多种途径将审计与领导干部任用工作相结合，促进推行党政领导干部问责制。同时依托区干部监督和经济责任联席会议平台，拓宽了经济责任审计职能互补、合力推进的工作途径和方式。

资源环境审计 对徐虹北路 8 号等六个地块收储成本进行审计。同时通过参加区土地资源领导小组等会议，进一步掌握区土地储备和开发利用的整体计划和动态进展；通过参与区土地储备规划评审、地块基础性开发项目方案初审等工作，加强过程性监控。

绩效审计 对区加快现代服务业发展政策绩效情况进行专项审计调查，重点关注政策措施是否落实、落实的时间、效果、出现的问题及新情况等。对区老年人日间服务机构和老年人助餐服务点绩效情况进行专项审计调查，重点审计调查了社区养老服务实事项目的效益和效能。

审计整改 制定了《进一步加强审计整改工作的实施意见》等 6 项配套制度，建立了徐汇区审计整改联席会议，启动了发函至联席会议成员单位或业务主管部门协助落实审计整改的工作。

内部审计 出台《徐汇区内部审计工作三年发展计划（2010～2012)》，完善内部人员培训、质量评审、分类指导三项制度，健全内部审计机构管理、行为规范、工作评价等体系。

（撰稿人：王海燕）

【长宁区审计局】 2010 年，长宁区审计局在编 28 人。局长金其根（—4 月）、邱军祺（4 月—），副局长王智华、陆霓（1 月—）。设有办公室、法规科、固定资产投资审计科、经贸审计科、行政事业审计科、财政金融审计科、经济责任审计科。

审计成果 全年完成审计和审计调查项目 30 个，查出管理不规范金额 3519 万元，核减建设资金 103 万元，提出审计建议 117 条，提交审计报告、信息 89 篇，审计报告受得区领导批示 15 篇次，向社会公开审计结果报告 2 篇。

财政审计 对 2009 年度区财政预算执行情况和区档案局、区旅游局、区计生委等 8 部门的预算执行情况进行审计，审计资金 157 亿元，查出管理不规范金额 1609 万元。8 月，受区政府委托向区人大十四届 31 次常委会作《2009 年度本级预算执行及其他财政收支审计工作报告》。

固定资产投资审计 对区中小学校舍安全工程、旧住房综合改造进行审计，完成了定西路幼儿园、虹桥综合交通枢纽长宁动迁房基地（南块）公共绿地项目竣工决算审计。审计资金 1.9 亿元，查出管理不规范金额 103 万元，核减建设资金 103 万元。

经济责任审计 对 8 名处级领导干部进行任期经济责任审计，审计资金 22.6 亿元，查出管理不规范金额 715 万元。严格执行审前告知制度和《领导干部离任交接办法》，在全面反映被审单位财政财务收支、资产负债、专项资金管理使用等方面情况的基础上，强化对领导干部所在部门工作的特点和领导干部个人岗位履职业绩的评价。

专项资金审计（调查） 对区迎世博 600 天行动项目，区国有土地使用权出让程序、资金使用情况，区标准化菜场专项资金管理、使用情况，支持企业节能降耗专项资金使用情况等进行审计和审计调查，对实施情况及资金使用效果进行评价，发现运行过程中存在的弊端，从宏观制度层面提出可行审计建议。（撰稿人：吴俊义）

【静安区审计局】 2010 年，静安区审计局在编 31 人。局长周文杰（—3 月）、任从青（4 月—），副局长王忠明、任箴（—3 月），纪检组长王忠明（兼）。设有办公室、人事监察科、综合业务科、经济责任审计科、基建环保审计科、财政财务审计科、绩效审计科、法纪审计科。

审计成果 全年完成审计项目 46 个，委托审计项目 120 个，审核资金 6.81 亿元，核减资金 9815.12 万元，核减率达 14.4%。提出审计建议 21 条，3 篇审计报告受到区委、区政府主要领导批示。

预算执行审计 对 2009 年度部分预算单位预算执行情况和事关民生、重大实事工程项目进行审计，突出对该区部分财政预算单位财政支出效能审计，综合反映区级财政投入分配整体状况。审计工作报告得到区人大常委会的肯定和人大代表的认可。

经济责任审计 完成经济责任审计项目 3 个，审计发现某单位财务管理混乱、虚列支出、向下属企事业单位转嫁报销费用等违规问题；某企业领导干部考核管理不规范，隐瞒其他来源性收入等问题；某企业主管单位缺乏有效监督，造成下属企业大量违规等，区委、区政府主要领导高度重视，专门到区审计局听取意见，责令有关部门严肃整改。

专项资金审计（调查）　对涉及市政配套、教育、卫生医疗、社区服务、区迎世博600天行动等专项资金进行审计和审计调查，共向被审计单位提出审计意见和建议16条，并督促被审计单位边审边改，完善制度，健全机制，加强管理。

绩效审计　对国际静安指标——居民生活质量目标阶段性实施情况进行绩效审计，审计反映了该区人均居住面积、住宅成套率及人均公共文化体育面积等指标的阶段性情况，审计建议得到区政府高度重视并加以整改。（撰稿人：王志明）

【普陀区审计局】　2010年，普陀区审计局在编32人。局长李海云，副局长顾薇玲、王廉之，纪检组长王廉之（兼）。设有办公室、综合业务指导科、财政审计科、经济责任审计科、行政事业审计科、经济贸易审计科、固定资产投资审计科。

审计成果　全年完成审计项目31个，提交审计工作报告39篇、审计信息41篇，被采用30篇，提出审计建议64条。

财政审计　对区2009年度本级预算执行情况，长征、桃浦镇2009年度财政决算及其他财政收支情况进行审计。针对审计发现的部门预算结余资金管理尚不规范等问题，建议区财政局完善结余资金分类管理机制，加强核算管理，提高财政资金使用效益。针对审计发现长征、桃浦镇财政预算管理、资产管理不够规范等问题，建议建立综合财政预算管理体系，完善资产管理制度，切实提高镇财政管理水平。

固定资产投资审计　对新曹杨职校、真如社区服务中心、石泉社区学校等工程项目进行竣工决算审计。修订了委托社会中介机构审计管理办法。

经济责任审计　对19个部门领导干部和3个企业领导人员进行任期经济责任审计，针对部门、镇政府和企业在资产管理、对下属单位监管及项目管理等方面存在的问题，提出规范预算管理、资产管理和政府投资建设项目管理的审计建议和意见。

专项资金审计（调查）　对区卫生系统财务收支及管理情况、区节能减排专项资金管理和使用情况、区土地储备及开发利用情况进行审计调查，对区迎世博600天行动项目进行跟踪审计调查。

内部审计　组织180名内部审计人员参加工程项目审计知识专题培训。（撰稿人：顾建琪）

【闸北区审计局】　2010年，闸北区审计局在编26人。局长郑志勇，副局长马国荣、陈一，纪检组长郑志勇（兼）。设有办公室、法规科、财政审计科、国有企业审计科、经济责任审计科、固定资产投资审计科、内部审计指导科。

审计成果　全年完成审计和审计调查项目21个，审计单位256个，审计金额274.14亿元，查出管理不规范金额8.94亿元，督促落实整改问题金额2.25亿元。促进被审计单位制定整改措施20项，帮助被审计单位建立健全规章制度8项。

财政审计　采取“1＋3”模式，即在开展预算执行审计的同时，对社会各界广泛关注的土地出让金使用管理情况、政府扶持资金使用管理情况以及迎世博600天行动项目进行审计调查。对预算内和预算外的政府性资金、政府债务、非税收入等方面的收支管理情况，政府性专项资金的管理、使用、绩效情况，政府性资金建设项目的管理控制情况进行审计。注重对普遍性、倾向性问题的归纳总结，从体制、机制、制度上揭示问题，分析原因，提出切实可行的审计意见。加大督促整改力度，通过区政府督查的形式，使审计意见落到实处，取得良好效果。

固定资产投资审计　对旧区改造项目、区迎世博600天行动项目、区中小学校舍安全工程项目进行跟踪审计调查。在审计中把跟踪审计与效益审计相结合，采用问卷调查、摄影摄像和座谈会议等多种审计调查方法，针对发现的问题提出审计建议，得到被审计单位的采纳和认真整改。全年审计资金46.11亿元，督促被审计单位整改资金2.14亿元。

经济责任审计　对13个部门（单位）的领导

干部进行经济责任审计。在重点审计专项资金使用管理及其效益效果的同时，把内控审计作为经济责任审计的首要环节，重点对部门（单位）内控制度的建立和执行情况，包括部门（单位）下属二、三级事业（企业）单位制定的各项制度、规定执行情况进行审计。同时，关注财经纪律的贯彻和执行，强化对领导干部任职期间所在单位财政财务收支真实、合法性及遵守财经纪律情况的审计，加大对严重违法违纪问题和经济犯罪案件的查处力度，及时为区委、区政府加强对领导干部的管理监督提供依据。

专项资金审计（调查）　对本区2009年度财政扶持资金使用管理情况、大宁国际社区开发建设项目、桥东二期旧区改造项目进行专项审计调查，注重从体制机制层面查找原因，提出审计建议。继续深入推进对国有企业及社会团体的“小金库”治理工作。

委托审计　通过业务管理平台委托社会中介实施审计（审价）项目116项，审计金额99.85亿元，调账处理16.35亿元，核减工程造价5519.65万元，核减动迁成本2697.80万元，归还原渠道资金398.58万元，移交违法违纪线索1件。

内部审计　全区内部审计机构和内部审计人员完成审计项目279个，其中财务收支审计6个，经济责任审计51个，基本建设审计207个，其他审计15个，提出审计建议230条。

（撰稿人：许小玲）

【虹口区审计局】　2010年，虹口区审计局在编26人。局长高庆迁，副局长吴建庆、周辉权、姜靖，纪检组长周辉权（兼）。设有办公室、法规科、财政审计科、企业审计科、经济责任审计科、投资审计科。

审计成果　全年完成审计和审计调查项目31个，查出管理不规范金额4.86亿元，已归还原渠道资金625万元，已调账处理31164万元。移送司法机关、纪检监察部门处理事件1件。提交审计工作报告56篇、审计信息28篇，审计信息被采用17篇，审计工作报告受到区领导批示11篇。

预算执行审计　对本区2009年度区财政预算执行情况和其他财政收支情况进行审计，查出部分非税收入未按规定纳入“收支两条线”管理，对行政单位动迁补偿款管理不统一、部分街道以现金和直接扣除方式支付部分扶持资金等问题，审计结果得到区人大、区政府肯定。

行政事业审计　完成行政事业审计项目11项，查出隐瞒截留收入185万元，虚列支出958万元。

固定资产投资审计　对区迎世博600天行动项目、区中小学校舍安全工程项目进行审计，对倾向性和共性问题做到及时发现、及时报告和及时纠正。

企业审计　完成企业审计项目3个，查出资产管理、内控制度执行和会计核算等问题，为区政府加强企业单位管理、推进改革转制提供依据。

经济责任审计　完成经济责任审计项目16个，查出个别单位在资产管理、财政财务收支及内部管理等方面存在管理不规范或违反财经纪律的问题，为区委、区政府加强干部管理提供依据。

专项资金审计（调查）　对区迎世博600天行动、节能减排、中小学校舍安全、养老机构等社会关注和涉及民生的专项资金开展审计和审计调查，加大综合分析的力度，为区委、区政府加强宏观管理提供依据。

内部审计　共有内部审计机构73个，其中专职机构6个。内部审计人员182名，其中专职人员21名。全年完成内部审计项目38个，提出建议、意见被采纳58条。

（撰稿人：张　骐）

【杨浦区审计局】　2010年，杨浦区审计局在编32人。局长秦卫国，副局长李阳放、许晓昀、周兰萍，纪检组长李阳放（兼）。设有办公室、法规科、行政事业审计科、财政审计科、经济责任审计科、固定资产投资审计科、经贸审计科、鉴证审计科。

审计成果　全年开展审计和审计调查项目43个，审计资金254.27亿元，查出管理不规范金额8108.86万元，工程项目决算审计核减费用800多万元，审计整改落实率为95%。区领导对25份审计报告作出批示。

预算执行审计　对2009年度区本级预算执行情况和14个部门预算执行情况进行审计，重点关注预算编制、预算批复、预算执行、预算调整、决算编制等情况，以及国库集中收付、政府采购计划的执行、采购资金的管理和使用及非税收入管理等制度执行情况。

固定资产投资审计　对平凉西块二期等区重大工程等7个项目进行审计。对区154街坊就近安置动迁商品房建设项目和大桥敬老院工程项目进行跟踪审计，对定海文化中心工程进行决算审计。在292街坊前期动拆迁、军工路（杨浦段）道路改建工程、杨浦城市规划馆布展工程费用决算中，核减费用549万元。

经济责任审计　对20名领导干部进行经济责任审计，为考察任用干部提供参考依据。制定《杨浦区经济责任审计审前公示办法（试行）》，实行经济责任审前公示制度。制定《杨浦区审计局关于党政两个"一把手"同时进行经济责任审计试点的指导意见（试行）》，对定海街道、大桥街道党政领导干部同时进行经济责任审计试点。

专项资金审计（调查）　对区居家养老专项资金管理和使用情况、区中小学校舍安全工程、区2008～2009年度节能减排专项资金管理和使用情况、区迎世博600天行动项目等进行审计和审计调查，审计建议被采纳。居家养老专项资金审计调查被媒体报道后，收到好的社会反响。

内部审计　全区内部审计机构共开展审计项目335个，提出审计建议被相关部门采纳234条，健全完善内部审计相关制度56项。

（撰稿人：黄渊倩）

【闵行区审计局】　2010年，闵行区审计局在编32人。局长王敏，副局长陈志强、岳崇，纪检组长马建国。设有办公室、综合法规科、财政审计科、经责审计科、经贸审计科、固定资产投资审计科。

审计成果　全年完成审计项目47个，查出管理不规范金额59.38亿元，核减财政性建设资金52.12万元。提出审计建议357条，审计报告得到区领导批示10篇。

预算执行审计　对区2009年度本级财政预算执行和其他财政收支情况进行审计，重点审计土地出让金收支、有关财政政策执行、节能减排任务落实以及财政资金监管等方面情况，注重从政策、法规、制度、管理等层面分析问题，提出审计建议，促进部门完善制度、规范管理。

固定资产投资审计　对区迎世博600天行动项目、区中心医院、第五人民医院改（扩）建、外环绿带（七宝段）等6个项目进行跟踪审计，查出使用不规范金额1728.15万元，核减工程建设费用74.12万元。对16个建设项目的审价结果进行审计，核查总金额9732.5万元，核减建设资金52.12万元。

经济责任审计　对虹桥镇、莘庄镇、浦江镇、江川路街道、区档案局、区发改委、区卫生局、区水务局、区外经委、区安监局、区城投公司、闵浩公司、闵交公司、闵盛公司、闵鑫公司、区资产经营公司、原区农绿局17个部门20名领导人员进行经济责任审计。与区纪委、监察局联合制定《关于进一步加强案件查处和预防协作配合工作的实施意见》，完善案件线索移送、协同办理、结果反馈以及预防措施建立等工作机制。

专项资金审计（调查）　对区二级公路建设债务余额情况、航华居住区市政公建配套资金、区直管公房管理及其资金使用情况进行审计和审计调查，促进相关制度的落实和完善。

内部审计　全区共设内审机构26个，配备人员85人，完成审计项目1027个，提出意见和建议1588条，查出损失浪费594万元，增加效益1867万元。编发《内部审计文书格式汇编》等学习资料。

（撰稿人：张仁荣　董晨元）

【宝山区审计局】　2010年，宝山区审计局在编35人。局长张晓宁，副局长陈仕宏、张建忠、邱大德。设有办公室（人事科、法制科）、财政审计科、行政事业审计科、固定资产投资审计科、经贸审计科、经济责任审计科。经区机构编制委员会批准成立财政全额拨款事业单位宝山区审计事务中心，人员编制8人，在编4人。

审计成果　全年完成审计项目42个，上缴财政871.16万元，应归还原渠道资金1.4亿元，核减工程建设资金5703.45万元。提出审计建议92条，采纳89条，制定整改措施50项，建立规章制度28项。提交审计报告55篇、审计信息40篇，受到区主要领导批示8篇。

预算执行审计　对2009年度区本级预算执行情况及其他财务收支情况进行审计，审计建议受到区领导高度重视，督促相关职能部门拟订本区四项专项资金管理办法，并经区政府常务会议研究同意，要求全区各有关单位遵照执行。区财政局会同区监察局、区审计局制定《宝山区预算单位公务卡管理暂行办法》。

固定资产投资审计　对宝山中西医结合医院总体改造工程、国际邮轮码头建设工程、宝山区生态专项建设工程、宝山体育中心和图书馆总体改造、华山医院北院新建工程、校舍安全工程等13个项目进行跟踪审计。制定《委托审计和聘请外部专业人员参与政府审计管理办法》。

经济责任审计　对大场镇、顾村镇、庙行镇、罗店镇、区民政局、区司法局、区科委、区档案局、区合作办、区农委、区民防办、区航运开发区等13个单位25名党政领导人员进行任期经济责任审计，延伸审计130个部门和单位。在关注经济指标完成情况的同时，关注科教文卫、农业和民生保障、环境保护等公共财政投入情况。根据镇级领导干部履行环境保护职责，探索把经济责任审计与资源环境审计结合起来，将节能减排目标完成情况及资源环境专项资金的投入使用和效果情况纳入审计重点。

专项资金审计（调查）　对2008年至2009年度科技发展资金、村庄改造资金、环保专项资金、为老服务扶持资金、旧住房综合改造资金投入使用管理及其效果情况进行审计和审计调查，注重从财政政策的落实、专项资金项目计划编制和执行、财政资金使用和管理以及项目绩效评估和长效管理机制等方面揭示问题、分析原因、提出建议，审计调查报告受到区领导批示。

（撰稿人：余翠英）

【嘉定区审计局】　2010年，嘉定区审计局在编36人。局长郑红，副局长谭思翔、徐青、陈兴华。设有办公室、人事监察科、综合法规科、财政金融审计科、社会保障审计科、农业与资源环保审计科、经济责任审计科、经贸审计科、固定资产投资审计科一科、固定资产投资审计科二科、外资运用审计科、计算机审计与信息技术科。下设上海嘉定审计中心（事业单位），编制13人，现有20人。

审计成果　全年完成审计项目58个，查出违规金额433万元，管理不规范金额9.96亿元，已纠正金额5.56亿元，避免损失浪费金额1417.79万元。提交审计报告、信息102篇，受到区领导批示、上级采用71篇。

预算执行审计　对2009年区本级预算执行和其他财政收支情况进行审计，审计工作报告受到区人大、区政府好评。

固定资产投资审计　对长途客运中心等8个区重点建设项目进行跟踪审计，对新城初级中学等12个建设项目进行竣工决算审计，对轨道交通11号线等3个项目前期动迁费用、卫生系统建设项目管理情况等进行专项审计，共节约财政资金1.15亿元。

经济责任审计　对10个单位领导人员进行经济责任审计。对2009年全区各街镇村干部经济责任审计整改情况进行督促检查，促进建立健全相关制度16项。

专项资金审计（调查）　对区信息化、社会捐赠资金、残疾人保障金、农村生活污水、区迎世博600天行动等专项资金进行审计及审计调查。组织力量参与“小金库”专项检查、工程建设领域突出问题整治、稳粮资金、规范公务员津贴补贴执行情况、扩内需中央投资项目情况、绿肥种植面积验收等联合专项检查。

内部审计　全区内审机构共完成审计项目693个，查出损失浪费资金1080万元，促进增加效益7303万元，纠正违规金额1207.92万元，审计建议意见被采纳397条。　（撰稿人：苑鼎宏）

【浦东新区审计局】　2010年，浦东新区审计局在编53人。局长傅红岩，副局长谢毓敏、周敬国、朱长勇、虞刚杰（8月一），纪检组长朱长勇（兼）。设有办公室、综合法规处、财政审计处、经济责任审计处、综合经济审计处、投资建设审计处和绩效审计处。另设审计事务中心（直属事业单位）。

审计成果　完成审计项目123个，查出违规金额4.59亿元，减少财政拨款或补贴3.59亿元，核减政府性基本建设投资4.71亿元。向司法机关移送案件1件，涉案金额1507万元，向有关部门移送处理事项1件。提交综合报告、审计信息、专报248篇，被上级领导批示、采用132篇。

预算执行审计　形成了以财政预算执行情况审计为主导，部门单位预算执行情况审计、专项资金审计、财政性资金投资建设项目审计等为基础，其他财政收支审计为补充的综合财政审计工作体系。在真实性、合法性审计的基础上，开展绩效评价，提升审计层次，为政府加强预算管理和人大加强预算监督提供重要依据。重点关注经济发展方式转变、世博会项目建设、民生问题，进一步促进财政管理制度完善和机制健康运行。

固定资产投资审计　对迎世博600天行动计划项目实施分阶段跟踪审计调查，共涉及旧小区综合改造、水环境治理等90个项目，涉及资金33.37亿元。对世博会核心区域内的重点项目，在实施跟踪审计的同时，实施审计稽查，加强即时监督检查。积极开展平安建设工程等跟踪审计调查，以及新区在线环境监测系统绩效审计，调查资金99.77亿元，采取实地查看、问卷调查等方式，揭示问题，分析原因，提出对策。

经济责任审计　全年完成经济责任审计项目18个，涉及委办局、街镇党政领导干部33人。重点关注领导干部决策的程序、执行和效果，以及权力公开运行情况，同时把内控审计作为首要环节，把业绩审计作为必要内容，把法纪审计作为特殊要求，重点关注民生、发展等重大宏观经济政策贯彻落实情况。

专项资金审计（调查）　全年共安排审计调查项目20个。重点关注与人民群众利益密切相关的重大事项，加大对新区农村低保、新型农村合作医疗、居家养老、教育大修、校舍安全等专项资金管理使用情况的审计力度。对新区内河整治、中小企业扶持等项目开展绩效评估，对专项资金项目运作情况、资金使用效果，进行效益评价。对新区直属公司股权投资以及赢利结构等项目开展审计调查，注重从体制、政策、管理等方面深入分析、找出症结，从完善制度和机制上提出建设性的、可操作性的意见和建议。

（撰稿人：李　敌）

【金山区审计局】　2010年，金山区审计局在编28人。局长杜莉芳，副局长顾明欢、潘浩。设有办公室、法规审理科、财政审计科、行政事业审计科、经济责任审计科、固定资产投资审计科、国有资产鉴证科、内部审计指导科、审计监督科。下属审计中心系财政全额拨款事业单位，编制8人，在编4人。

审计成果　全年完成审计项目55个，审计查出管理不规范金额15.23亿元，核减建设资金1.69亿元，提出建议被采纳554条。

财政审计　对区建交委等8个单位、朱泾镇等3个镇进行2009年度预算执行、财政财务收支审计和2009年度预算执行及决算审计。受区政府委托向区四届人大第二十九次会议作《金山区2009年度预算执行和其他财政收支的审计工作报告》，审计工作报告受到区人大肯定。加强审计回访，督促被审计单位查找漏洞，分析原因，健全制度。

经济责任审计　完成经济责任审计项目21个，涉及党政领导干部28人。向区干部监督工作与经济责任审计工作联席会议报送《关于2009年金山区处级党政领导干部经济责任审计综合情况报告》，为推进健全适应科学发展要求的干部考核评价机制提供参考依据。

固定资产投资审计　完成政府投资审计项目14个，审计资金6.44亿元。

专项资金审计（调查）　对区财政安排的黑臭河道整治资金进行专项审计，对2008年农村社会养老保险基金、2009年度住宅配套费、2009年度扶持规模种粮经营户补贴资金进行专项审计调查，针对存在的问题提出审计意见和建议。

企业审计　完成企业审计项目3个。

内部审计　镇级、部门审计室共完成审计项目870个，查出损失浪费金额6519万元，促进增收节支6519万元，已纠正违规金额1555万元，提出建议被采纳554条。（撰稿人：许士杰）

【松江区审计局】　2010年，松江区审计局在编31人。局长沈日新，副局长吴玲、顾逸程。设有办公室、法规科、财政金融审计科、经济责任审计科、行政事业审计科、基本建设审计科、内部审计经贸审计科。

审计成果　全年完成审计项目37个，查出损失浪费金额1532万元，移送纪检监察机关处理事项2项，提出审计建议84条，提交审计信息34篇，采用30篇。

预算执行审计　对区2009年度本级财政预算执行情况和其他财政财务收支情况进行审计，突出区委、区政府和人民群众关注的热点问题，重点对预算管理制度改革措施的落实情况、资金账户管理情况、专项资金使用管理情况等方面进行审计，并对有预算资金管理权、分配权和使用财政资金较多的重点部门、重点专项资金进行延伸审计，从体制、机制、制度层面揭露问题，分析原因，提出建议，促进政府财政收支逐步实现预算科学、收入真实、支出规范。

固定资产投资审计　对政府投资项目实行"全覆盖"跟踪审计，从面上发现问题，促进政府健全完善制度，加强管理。完成对区绿化和市容管理局2007～2009年度工程项目实施情况的审计，审计报告受到区委主要领导批示。

经济责任审计　区审计局出台了部门（单位）、镇（街道）领导干部经济责任审计工作方案，明确"经济和社会发展状况、部门（单位）事业发展状况、贯彻执行国家方针政策遵守国家法律法规情况、重大经济决策情况、财政财务收支和资产管理情况、内部管理和控制情况、领导干部遵守有关廉政规定情况"六个方面审计重点。全年对8个单位15名党政领导干部进行任期经济责任审计，3篇审计结果报告受到区领导批示。

内部审计　全年审计资金2.9亿元，提出审计建议41条。制定《内审人员参与国家审计工作试行办法》，建立内审人员参与国家审计工作备选库。

（撰稿人：张　皓）

【青浦区审计局】　2010年，青浦区审计局在编27人。局长王健，副局长瞿坚春、朱民，纪检组长朱民（兼）。设有财政金融审计科、行政事业审计科、经济责任审计科、经贸审计科、综合法规科、固定资产投资审计科、办公室。

审计成果　全年完成审计和审计调查项目71个，审计单位505个，审计资金231.24亿元，查出违规金额2152.68万元，查出管理不规范金额82.27亿元，促进增收节支1566.46万元。提出审计建议363条，相关被审计单位制定整改措施176条，健全完善规章制度21项，采用审计信息83篇，审计报告受到区领导批示11篇。

预算执行审计　对区财政局组织本级预算执行情况进行审计，对20个一级预算单位及10个二级预算单位预算执行和其他财政财务收支情况、契税征收管理情况、水利专项资金使用管理情况进行延伸审计，对区农委本部及下属8户事业单位预算执行及其他财政财务收支情况进行系统审计。审计资金63.11亿元，审计单位93个，提出审计建议85条。

固定资产投资审计　对地铁2号线徐泾站前期动迁工程，嘉松公路综合治理工程，南箐园、复兴路、赵重公路等45个项目进行跟踪审计和竣工决算审计，核减资金1723.7万元，核减率11.77%。制定《关于进一步加强政府投资项目审计管理的意见》，修订完善《2010年对定点社会中介机构考核办法》，组织开展中介机构参与完成的33个审计项目的质量考核。

经济责任审计　对10个单位13名领导人员进行任期经济责任审计。会同有关部门起草《青浦区单位内部管理的负责人任期经济责任审计实施办法》《领导干部离任经济责任交接办法》《经济责任审计工作联席会议组织办法》。

专项资金审计（调查）　对农村社会养老保险基金、科技资金使用管理情况、"村村通"公交投入运营情况、村级组织综合配套改革实施情况、社区卫生服务中心管理运营情况进行审计和审计调查，审计资金29.96亿元，审计单位297个。主动公开"农村社会养老保险基金审计结果"、"'村村通'专项审计调查结果"、"社区卫生服务中心专项审计调查结果"审计结果。

内部审计　制定《审计工作联系制度》，建立与各镇（街道）、委、局、区属公司68个单位的审计联系网络和机制。区审计局对全区26个单位37个审计项目进行质量检查与考评，对45个单位内部审计工作进行考核。全区46个内部审计部门完成审计项目980个，增加经济效益934.52万元，纠正管理不规范金额6662.59万元，促进增收节支9923.65万元，提出审计建议被采纳290条。

（撰稿人：赖伟春）

【奉贤区审计局】　2010年，奉贤区审计局在编28人。局长陶永平（—11月）、苏徐平（11月—），副局长沈洪才、胡卫雯、钟荣华。设有办公室、法规科、经济责任审计科、财政审计科、行政事业审计科、固定资产投资审计科和经贸内部审计科。

审计成果　全年完成审计项目 38 个，审计资金 601 亿元，查出违规金额 48 万元，查出管理不规范金额 10.55 亿元。移送处理事项 1 件，提出审计建议 169 条。

财政审计　将镇、开发区预（决）算审计、部门预算执行审计与党政领导干部任期经济责任审计结合起来，实行审计项目资源集中优化管理。全年对 2009 年度区本级预算执行及其他财政收支审计情况进行审计的同时，并对社区居家养老资金、区迎世博 600 天行动项目专项资金、政府还贷二级公路建设专项资金、区中小学校舍安全工程专项资金等 10 个项目进行审计和审计调查，对致远中学、区农村养保中心、区卫生监督所、南桥镇西渡社区等事业单位进行财务收支审计，对区 2009 年农业种植养殖业补贴发放使用情况、水利专项资金使用情况、地方财政配套资金拨付情况、资金使用单位实际使用情况、涉农投资项目完成情况与效益产出情况等进行审计调查。

固定资产投资审计　完成审计项目 112 个，审计资金 14.87 亿元，核减 2.66 亿元，平均核减率 17.88%。

经济责任审计　完成经济责任审计项目 10 个，涉及 10 名党政领导干部和国有企业领导人员，查出应由被审计对象负主管责任的管理不规范金额 1.4 亿元。制定《奉贤区党政领导干部"双责联审"实施办法（试行）》，率先探索开展党政领导干部"双责联审"。同时组织对区供销社、工业总公司、粮油总公司和城建集团 4 个单位 2009 年度资本增值、财税贡献、依法合规解除历史遗留债务额三项经济指标的考核审计，对南桥新城建设发展有限公司 2009 年度经营性地块建设施工开工面积完成情况的审计，以及对工业综合开发区、现代农业园区、海湾旅游开发区、化工奉贤分区、海港开发区共 5 个开发区 2009 年度税收总量、地方财政收入总量、科技投入总量及比重三项经济指标的考核审计。对招商引资项目进行审计，涉及 8 个镇和 6 个开发区，核减内资资金 21.16 亿元，核减率为 26.68%；核减外资资金 0.12 亿美元，核减率为 3.1%。

内部审计　全区 25 个内部审计机构完成审计项目 435 个，查出损失浪费资金 172.27 万元，增加经济效益 229.7 万元，审计建议采纳 170 多条。

（撰稿人：蒋雯娴）

【崇明县审计局】　2010 年，崇明县审计局在编 32 人。局长张华，副局长秦雷、施蕾、李雷鸣（11 月—）。设有办公室、财政审计科、行政事业审计科、经贸审计科、经济责任审计科、固定资产投资审计科和内部审计管理科。

审计成果　全年完成审计项目 119 个，查出违规和管理不规范金额 11.79 亿元，已上缴财政 356 万元，已减少财政拨款或补贴 8052 万元。移送纪检监察部门处理事项 2 件，建议有关部门处理事项 1 件。提交审计工作报告、信息 62 篇，被采用 17 篇。

预算执行审计　对县 2009 年度财政预算执行和其他财政收支的审计，查出管理不规范金额 2.13 亿元，揭示了未按规定及时安排预算支出、未按规定使用专项资金、国有资产产权收益专户结余未纳入财政管理、超范围结算部分企业扶持资金、部分行政事业单位国有资产出租收入未按规定上缴财政专户等问题。

经济责任审计　对 34 名县管领导干部经济责任进行审计，涉及 9 个乡镇、8 个委办局、1 个事业单位、4 个国有企业，揭示了收支核算不规范、票据报销不规范、违反"收支两条线"管理规定、集体资产管理不规范等问题。

固定资产投资审计　对 2006 年度工程化造林项目、堡镇初级中学新建工程、2009 年崇明县市县级河道危桥改造工程、2009 年县市政道路大中修工程、生猪定点屠宰中心建设工程、县迎世博 600 天行动项目等 89 个项目进行竣工决算审计，揭示了误套定额、材料价格未按规定计入、工程单价未按投标单价计入、投资估算不足等问题，核减工程决算 8052 万元。

专项资金审计（调查）　对 2008 年度农业综合开发重点产业化经营项目建设资金使用情况、2006 年度第三批菜地建设项目资金使用情况、县 2007 年菜田设施建设项目资金使用情况等 3 个项目进行专项资金审计。对本县政府还贷二级公路债务情况、本县中小学校舍安全工程、本县 2007 年至 2009 年度节能减排专项资金使用管理情况进行审计调查。

内部审计　全县内部审计机构 54 个，内部审计人员 171 人，完成审计项目 733 个，查出损失浪费金额 64 万元，增加效益 1172 万元，提出建议、意见被采纳 392 条。　（撰稿人：唐　健）

2010 年上海市所辖区、县级审计工作统计表

金额单位：万元

审计机关	完成审计项目（个）	查出违规金额	应上缴财政	应减少财政拨款或补贴	应归还原渠道资金	应调账处理金额	移送司法、纪检监察部门处理（件）	建议有关部门处理（件）	出具审计报告和审计调查报告（篇）	提出审计建议（条）	撰写审计信息（篇）
上海市											
上海市本级	103	8599	417	815	21	1038484	6	2	120	999	248
黄浦区审计局	27								28	41	65
卢湾区审计局	24								24	64	78
徐汇区审计局	36								60	77	36
长宁区审计局	29								29	58	35
静安区审计局	19								21	52	4
普陀区审计局	19								19	65	36
闸北区审计局	17								24	44	24
虹口区审计局	31	50			625	31269			57	80	25
杨浦区审计局	40								45	99	37
闵行区审计局	30						1		30	180	33
宝山区审计局	37	15154	871						58	91	36
嘉定区审计局	30	433							30	48	72
浦东新区审计局	123	45904	554	35891		12239	1	1	123	220	203
金山区审计局	49								49	40	57
松江区审计局	23						1		23	56	20
青浦区审计局	69	2153		1450	398	310			69	346	108
奉贤区审计局	38	48	48					1	38	169	4
崇明县审计局	119	8408	356	8052			2	1	119	83	30

江苏省

【江苏省审计厅】　2010 年，江苏省审计厅机关编制总数 193 名（其中行政编制 119 名，纪检（监察）机构行政编制 3 名，行政附属编制 14 名，参照国家公务员制度管理的全额拨款事业编制 57 名），在编 183 人。设有办公室、法规处（审计督察处）、财政处、行事处（与直属一局合署办公）、农环处、投资处、金融处、企业处（与直属三局合署办公）、社保处、外资处、经济责任审计局（挂内部审计指导处牌子）、计算机处、人教处、机关党委、直属二局以及直属事业单位省

审计科研所和机关服务中心。另有省纪委派驻纪检组、省监察厅派驻监察室。

领导成员

厅　　长：赵耿毅

副 厅 长：王建康（—9月）　顾树生

李荣荣　赵长林　金海江

褚宗明（10月—）

总审计师：葛笑天（4月—）

纪检组长：王谷明

审计成果　全省共审计（调查）7164个单位，查出各类违规金额193.18亿元，为国家增收节支82.44亿元，其中已上缴财政61.41亿元。向司法、纪检监察机关移送事项89件。审计工作在严肃财经法纪、推进依法行政、维护群众利益、促进廉政建设等方面发挥了积极的作用，有效地发挥保障经济社会健康运行的“免疫系统”功能。

宏观经济政策执行情况审计　全省审计机关把加强对宏观调控政策执行情况的审计，作为保障经济社会又好又快发展的重要举措，努力推动各项决策部署落实到位。（1）关注结构调整。组织全省审计机关对新能源等项目开展绩效审计调查，注意揭示资金分配、项目申报评审以及财政资金拨付等方面的问题。省级重点产业调整振兴资金审计，促进收回专项资金1143万元，保证了财政资金的合理投向。（2）关注节能环保。根据审计署统一部署，组织对全省节能减排情况进行专项审计调查，相关做法受到审计署的充分肯定。太湖水污染治理审计，注重反映资金运用和项目实施的效果情况，促进有关部门从制度上加强对治理专项资金和项目的监管，并推动形成了太湖水污染防治审计工作定期通报制度。（3）关注科技创新。省审计厅对省级重大科技成果转化引导资金绩效情况进行审计调查，注重反映项目申报、管理以及项目实施等环节存在的不足，提出完善制度和强化管理审计建议，取得显著成效，调查结果得到省领导和相关部门高度重视。（4）关注教育改革。统一组织对全省义务教育阶段2009年度教师绩效工资政策落实情况开展专项审计调查，在揭示当前政策执行中存在矛盾和问题的同时，注重从宏观层面分析原因、提出建议，引起省政府的高度重视。镇江市政府领导就教师绩效工资政策落实中的问题提出明确要求；宿迁市政府出台了《关于推进新兴产业千亿计划的实施意见》。

预算执行审计　全省审计机关围绕构建“财政审计大格局”，积极探索预算执行审计的新思路。（1）省级预算执行审计，检查了123个省级部门的预算执行总体情况，着重反映部门及所属单位存在的共性问题，全面、准确地评价部门使用财政资金的情况。（2）各地加大揭示和反映体制、机制层面问题的力度，注意检查政府预算管理方面的漏洞和缺陷，并积极督促审计查出问题的整改落实，促进有关制度的建立健全。省财政厅根据审计报告的要求，专门下发通知，规范省级住房公积金增值收益管理。（3）根据审计署的部署，各级开展地方政府性债务和政府融资平台情况的审计调查。注重摸清政府债务的总体情况，揭示地方政府融资平台存在的问题和风险，提出审计建议，对促进规范债务管理起到积极推动作用。省政府正在研究制定相关办法。徐州市政府已出台《市本级政府性债务管理暂行办法》。

固定资产投资审计　（1）全省通过对苏通大桥、宁杭（二期）高速公路等2712个建设项目单位的竣工决算审计，核减项目投资额或工程款36.27亿元，促进提高了投资效益。（2）全省审计机关在做好建设项目竣工决算审计的同时，注重前移监督关口，先后对中小学校舍安全工程、连云港港疏港航道等项目实施了跟踪审计，及时督促完善项目内控制度、规范建设行为，着力帮助建设单位解决影响工期和建设目标实现的重大问题，促进了项目顺利实施。（3）根据中央提出的“三年任务两年基本完成”的要求，全省各参与援建审计的单位始终以高度负责、严谨审慎的态度，对有关援建项目及资金实施全面、全过程跟踪审计，共纠正管理不规范事项2359件，产生直接经济效益14.02亿元，其中直接核减工程款10.02亿元、核减率达12.3%，为对口援建工作始终走在全国前列作出积极贡献。常州市局对重点投资审计项目引入“第三方复核”，确保审计质量；泰州市局制定《拆迁审计操作规程》，推动实施“阳光拆迁”；盐城市局出台《建设项目跟踪审计操作指南》，规范审计行为，均取得富有创新意义的成果。

专项资金审计（调查）　（1）根据审计署的统一要求，组织全省审计机关开展新型农村合作医疗基金和新型农村社会养老保险基金的审计调查，全面掌握两项制度的运行模式和现状，积极开展绩效评价，促进惠农政策落实。(2) 在上年审计的基础上，继续组织11个省辖市审计机关开展保障性住房审计调查，重点检查上年查出问题整改落实情况和各市廉租住房建设任务完成情况，同时，加大对政策执行情况的绩效分析，促进制度完善。(3) 根据审计署统一部署，组织实施玉树抗震救灾捐赠资金跟踪审计，取得很好成效，被省领导称赞为："促进了社会捐赠资金廉洁、安全、高效运行，推进了'阳光救灾'，给党和人民交了一本放心账、明白账。"除上述统一组织的项目外，苏州、扬州、淮安、连云港等地审计机关还结合实际，对公共卫生专项资金、住房公积金、残疾人就业保障资金、医疗补助专项资金等开展了审计或审计调查。另外，根据审计署的授权，还组织开展世行贷款、亚行贷款、英国国际发展部赠款等9个外资运用项目的公证审计；按照审计署的统一要求，组织全省审计机关完成政府主权外债情况审计调查，均取得良好效果。

经济责任审计 全省审计机关完成1751名领导干部的经济责任审计，查出违规金额15.90亿元，其中领导干部应负直接责任金额4732万元；被审计领导干部涉嫌个人经济问题的4人，移送司法纪检监察机关的7人；其他人员移送司法机关的5人，移送纪检监察机关的19人。一是全省共开展任中经济责任审计项目639个，占全部经济责任审计项目数的31.25%，达到了年初省政府下达的30%的比例目标。二是根据《江苏省党政领导干部"三责联审"办法（试行）》的规定，与组织部门、编制部门共同开展"三责联审"项目894个，加强对党政领导干部用人权、用编权和用财权等核心权力的监督和制约。三是组织编写了《高校领导干部经济责任审计指南》，组织对《江苏省党政领导干部经济责任审计指南》进行修订和完善。南京、无锡、南通等地也制定出台经济责任审计相关制度，促进经济责任审计工作的规范化。

国际注册内部审计师资格考试 11月20日至21日，国际注册内部审计师（CIA）资格考试江苏考点第11次考试在南京举行。本次考试共有2329人报名，实际参加考试人数1631人。《内部审计在治理、风险和控制中的作用》、《实施内部审计业务》、《经营分析和信息技术》、《经营管理》四科全部通过的人数为241人，占实际参加考试人数的14.78%。 （撰稿人：饶永志）

【南京市审计局】 2010年，南京市审计局共有人员编制184人，在编163人。局长翁国玖（—3月）、施卫国（4月—），副局长徐卫平、徐卫华、王建华、林林，纪检组长陈永宏，副巡视员张德存。设有办公室、人事教育处、机关党委、纪检监察室、法制处、计算机审计处、财政审计处、行政事业审计处、固定资产投资审计处、金融审计处、外资运用审计处、农业与环境保护审计处、工业交通审计处、商业贸易审计处、直属一局、直属二局。

审计成果 全年完成审计项目133个，比上一年增加48%；累计查出违规金额1.53亿元，促进增收节支10.42亿元，核减政府投资11.42亿元，移送纪检监察机关5人，涉案金额1.4亿元；审计报告和信息被市领导批示43篇次。政府及有关部门根据审计建议出台21个规范性文件。均为近年来最突出的一年，获得全省审计机关综合考核先进单位。

财政审计 构建审计大格局，加强科技创新和社会保障等重点专项资金的审计。对南京经济技术开发区和南京高新技术产业开发区等8个省以上开发区进行专项审计，揭示制约开发区发展的关键因素，促进开发区提升建设发展水平。

专项资金审计 开展养老保险基金、节能减排、保障性住房项目和新型农村合作医疗基金等事关人民群众切身利益的审计与审计调查。对市属8个三级医院进行审计，围绕看病难、看病贵问题，对市属医院面临的问题进行深层次的剖析，为医药体制改革建言献策。

固定资产投资审计 完成秦淮河整治工程和儿童医院病房大楼等14个项目竣工决算审计，核减9.07亿元。对雨污分流及水环境整治、京沪高铁南京南站配套等25个重点工程进行跟踪审计，核减1.05亿元。在液晶谷工程跟踪审计中，针对工期紧、要求高的实际情况，确立了"先审计后完善"的基本原则，累计参加例会46次，提出审计建议17条。

经济责任审计　开展经济责任审计项目46个，查出违规金额1.46亿元。提请市政府转发《市管主要负责人经济责任审计整改办法》，受到中央经济责任审计工作联席会议办公室的肯定。7月2日，召开党政领导干部“三责联审”实施集中告知会，标志南京市“三责联审”工作全面启动。

绩效审计　大力开展“绩效审计提高年”活动，加快审计科学转型。全年实施“独立型”绩效审计项目26个，“结合型”57个。根据市人大交办要求，对中山陵环境整治工程进行绩效审计。《中国审计报》对此在头版头条作了报道。市人大常委会主任对审计报告给予高度评价。在省审计厅评比中，此审计案例获一等奖。

（撰稿人：周新道）

【徐州市审计局】　2010年，徐州市审计局人员编制89人，在编87人。局长董明灿，副局长卢海良、冯志强、马绪明、屈哲，纪检组长刘江明。设有办公室、人事处、监察室、法规处、计算机处、财金处、行事处、社保处、企业处、农环处、投资处、外资处、经审处、国土处。

审计成果　徐州市审计机关完成审计项目633个，查出违规金额309342万元，其中应上缴财政100007万元，应减少财政拨款或补贴11494万元，应归还原渠道资金11186万元，应调账处理金额180429万元；已上缴财政99748万元，已减少财政拨款或补贴10862万元，已归还原渠道资金10165万元，已调账处理金额169189万元。移送司法机关、纪检监察部门处理事项2件，建议有关部门处理事项8件。提交审计工作报告、信息2741篇，被采用1217篇。

财政审计　全市审计机关对22个单位开展预算执行或财政决算审计，查出违规金额255471万元，管理不规范金额337814万元。徐州市本级预算执行审计工作报告中反映了十大专题审计情况，得到市人大的高度评价，并就土地出让金、人防费欠缴等问题形成重要问题审议意见，提请市政府责成相关部门加大清缴力度，促进收缴土地出让金19亿元，占逾期总额的84%。

行政事业审计　全年对215个行政事业单位财政财务收支情况开展审计和审计调查，重点放在查处违纪违规、强化内部管理上，发现应缴未缴预算收入资金24621万元、隐瞒截留收入4506万元及“账外”资产19485万元等问题。

固定资产投资审计　全市审计机关固定资产投资审计共核减投资金额36755万元，查出工程价款不实金额17501万元。徐州市审计局还对对口援建绵竹富新镇工程实施跟踪审计，共完成竣工决算审计项目17个，审减2540万元，提出跟踪审计意见和建议100多条。

社会保障审计　全市审计机关围绕各类社会保险基金、保障性住房等社会保障事项开展审计和审计调查，完成绩效审计项目17个，查出违规金额8809万元，提出审计建议36条，被采纳29条。

企业审计　全市审计机关对15个企业进行审计和审计调查，查出违规金额2124万元，向司法、纪检监察机关移送案件2件，涉及人员4人。

经济责任审计　全市审计机关对158个单位的163名领导干部开展经济责任审计，查出违规金额36455万元，4名其他人员被移送纪检、监察机关处理。

专项资金审计（调查）　全市审计机关开展54个专项资金审计和审计调查，审计专项资金总额4292198万元，查出违规金额17356万元，促进拨付资金到位11568万元。

内部审计　全市203个内审机构共完成2884个内部审计项目，查出损失浪费金额1115万元，促使增加效益16329万元，向司法机关移送案件6件，9人受到处理。

（撰稿人：刘玉娟）

【连云港市审计局】　2010年，连云港市审计局人员编制91人（其中行政编制56人，参照公务员管理25人，全额拨款事业编制10人），在编87人。局长苏士军，副局长杨成功、沈未忠、刘林、马伟，纪检组长杨广春，市经审局局长郑厚明。设有办公室、人教处、监察室、机关党委、法规处、经审处、计算机处、行事处、社保处、财金处、固投处、企业处、农环处、外资处。另设连云港市经济责任审计局（直属副处级单位）和连云港市政府投资建设资金审核中心（正科级全额拨款事业单位）。

审计成果　连云港市审计机关共完成审计项

目470个。审计查出违规金额8.1亿元，损失浪费金额358万元，管理不规范金额68亿元。审计促进增收节支合计3.2亿元，其中上缴财政2.7亿元，减少财政补贴3622万元，已归还原渠道资金1643万元。提交审计专题、综合性报告和信息合计1909篇，被批示、采用1476篇。提出审计建议1005条，被采纳898条。帮助被审计单位制定整改措施79项，促使被审计单位建立健全规章制度43项，向社会发布审计结果公告170篇。

财政审计 在审计2009年连云港市级预算执行情况的基础上，加大对二、三级预算单位的延伸审计力度，对连云港市发改委、市经贸委、市计生委等7个部门2009年预算执行情况进行审计。审计内容上突破原来狭隘的财政预算、决算审计范畴，将新型农村合作医疗基金等18项工作全部纳入财政审计范围，全方位审计财政性资金。连云港市共完成预算执行审计项目38个，查出违规金额6.6亿元，管理不规范金额34亿元。

行政事业审计 完成行政事业审计项目191个，查处应缴未缴预算收入、违规改变资金用途、虚列支出、乱收费乱摊派乱罚款、少计少缴税费以及超计划支出和“账外”资产等问题。全年查出违纪违规金额4807万元、管理不规范金额26.5亿元，应上缴财政2052万元。

专项资金审计 连云港市、县（区）两级审计机关进一步加强对专项资金的审计，共完成专项资金审计和审计调查项目77个，审计资金总额达65亿元，促进拨付到位资金2885万元。

固定资产投资审计 全市审计机关在加大固定资产投资审计、促进重点项目顺利实施的同时，积极探索政府投资绩效审计的路子。以服务沿海开发为抓手，跟踪重大项目。相继开展连云新城、科教园区、徐圩新区、226省道、市革命纪念馆等全市重点项目的跟踪审计。扎实开展竣工决算审计。完成市人防应急指挥中心、新孔南路竣工决算等25个项目审计。5月，还按时完成对口支援四川省什地镇灾后重建项目工程的竣工结算审计，保障援川资金落实到位。全年共核减工程款3.9亿元，个别项目审减率达30%。

经济责任审计 全市审计机关完成经济责任审计项目146个，查出违规金额1507万元，管理不规范金额7.8亿元，移交经济案件线索2件，已被司法机关认定1件，3人受刑事处分。审计机关对机构改革中撤并机构领导干部的经济责任审计给予了高度重视，关注撤并单位领导干部的经济责任审计，明确界定被撤并单位领导干部所负的经济责任。首次组织开展对市广电局、市教育局开展“三责联审”。全市任中审计进一步推进，任中审计项目占全部经济责任审计项目总数已达37.6%，高出年初省审计厅下达目标7个百分点。

（撰稿人：吕文雯）

【宿迁市审计局】 2010年，宿迁市审计局人员编制54人，在编45人。局长汪金普，副局长陆涛、王冬梅、张建华，纪检组长胡延淮。设有办公室（人教处）、法规综合处（审计督察处）、任期经济责任审计与内部审计指导处、计算机审计处、财政金融审计处、行政事业审计处、农业与资源环保审计处、固定资产投资审计处、企业审计处（外资运用审计处）、社会保障审计处，下设市经济责任审计中心和固定资产投资审计评审中心。

审计成果 宿迁市审计机关完成审计项目387个，查出各类违法违规金额19230万元，其中应上缴财政786万元，应减少财政拨款或补贴3201万元，应归还原渠道资金669万元，应调账处理金额131925万元；已上缴财政782万元，已减少财政拨款或补贴3201万元，已归还原渠道资金669万元，已调账处理金额131925万元。建议有关部门处理事项9件。提交审计工作报告、信息1387篇，被各级领导批示和市以上新闻单位及内部信息刊物采用726篇。全省考核中，以排名第一的成绩被表彰为全省审计机关综合目标考核“先进单位”，并被市委、市政府表彰为“目标管理先进集体奖”。

财政审计 全市对32个财税部门和预算执行单位进行审计，查出违纪违规金额63032万元、管理不规范金额25946万元。对审计发现的问题，市政府研究出台《宿迁市市级财政专项资金管理办法》等，规范资金管理。同时对186个部门和单位实施财政财务收支审计，查出不规范金额177625万元。

固定资产投资审计 全市完成1171个竣工决算审计项目（包括领导临时交办项目），投资总额

68.80亿元，核减工程款7.67亿元，核减率为16.1%。12篇直报信息被市主要领导批示，促进出台《宿迁市建设工程计量支付管理办法》《宿迁市政府投资工程建设项目招标投标管理实施意见》等文件。

专项资金审计 全市对经济保障性住房等51个项目进行审计和审计调查，审计总额140.54亿元，查出配套资金不落实3615万元、虚列支出1309万元、违规改变项目计划和资金用途资金1250万元，促进资金到位232万元。促进市政府出台《市政府关于推进新兴产业千亿计划的实施意见》、《宿迁市廉租住房公共租赁住房管理办法(暂行)》等文件。

经济责任审计 全市对176名领导干部实施经济责任审计，其中任中审计72名，占41%，查出违规金额2256万元、管理不规范金额167537万元。提出审计建议236条，被审计单位积极采纳187条。全市审计机关协助“三责联审”领导小组，对15名领导干部实施经济责任审计结果公开问责评议，其中市管领导3名。

绩效审计 开展“独立型”绩效审计57个、“结合型”绩效审计126个，7篇绩效审计报告、23篇绩效审计信息被市主要领导批示，促进出台了《宿迁市个人住房组合贷款暂行办法》《关于调整住房公积金最高贷款限额的通知》等文件。《2008至2009年度脱贫攻坚财政奖补资金绩效审计调查案例》在全省绩效审计典型案例评选中获得二等奖。

信息化建设 2010年，财政联网审计在全省率先实现全覆盖，全省审计信息化工作会议暨全省区县财政联网审计现场交流会在本市召开，省内外12个兄弟单位赴宿迁考察。财政联网审计被评为“全市经济社会制度创新奖”，并被市政府表彰为“科技进步三等奖”。95篇AO实例在省审计厅获奖，其中优秀奖29篇，位列全省第一。7篇论文入选省厅交流，科研成果名列全省第一。开发的“财务支出网上公开运行系统”，获得市纪委“年度创新奖”。被省文明委表彰为“江苏省文明单位”。

（撰稿人：程思亮）

【淮安市审计局】 2010年，淮安市审计局人员编制70人，在编62人。局长韩海平，副局长梁三元（—5月）、陈凤琴（—5月）、徐增道、李顺英、冯长尧（6月—），总审计师刘孝武（12月—），纪检组长史建岚（1月—）。设有办公室、法规处、财政金融审计处、行政审计处、事业与社会保障审计处、农业与资源环保审计处、固定资产投资审计处、外资与经贸审计处、任期经济责任审计与内部审计指导处、计算机审计处、人事教育处、监察室。另有一个事业编制部门：固定资产投资审计中心，编制8人，在编6人。

审计成果 全市完成审计项目1128个，查出违规违纪金额4.22亿元，管理不规范金额54.87亿元；其中，应归还原资金渠道和自行纠正金额43.45亿元。向纪检监察、司法机关移送案件线索24件。提交审计综合报告和信息、要情2066篇，被上级机关采用或领导批示1580篇。市局连续两年被省厅评为“全省审计机关综合考核先进单位”，连续五年被市委、市政府表彰为软环境建设“十佳单位”。

财政审计 财政预算执行审计在“大财政”审计理念指导下进一步深化创新。针对发现的本级财政收入不完整、预算不够细化、执行不够严格等问题提出改进管理的合理化建议。同级审提出的意见和建议得到了人大、政府部门的高度重视，出台20多项规范性文件或制度，整改了一些不规范的做法，有效发挥审计免疫系统作用。市局对金湖县区开展了财政决算审计，各县（区）审计局审计40个乡镇财政决算。

经济责任审计 全市完成198名领导干部的经济责任审计，其中任中审计50个，三责联审46个。组织部领导亲自抓，组织、编制、审计三部门紧密配合与联动，被审计对象和部门更加重视经济责任审计，积极落实审计整改，并建章立制、完善内控、加强管理。

固定资产投资审计 全市完成628项投资竣工决算审计，核减造价6.47亿元；对淮安机场等455项投资146.46亿元的重点工程实施跟踪审计，提出审计意见及建议913条，促进节约资金2.9亿元。

专项资金审计 全市“一盘棋”，对省统一组织新农合等17项“一条鞭”专项资金进行审计或调查，并组织开展住房公积金、五项社保基金、脱贫攻坚资金等专项资金的审计和调查，揭示部分单位挪用资金、管理不规范等主要问题，有针对性地提出了加强和改进管理的建议，并督促整改，确实保管好用好公共资金，推动各项惠民政策的落实。

绩效审计　采取多项举措积极开展“绩效审计普及年”活动，抓重点，以点带面。实行审学合作，请南京审计学院专家把关绩效审计。对绩效审计重点项目实行全程督办制度，强化督查考核。市区饮用水源地安全保护和涟东灌区续建配套节水改造工程绩效审计两个项目入选全省绩效审计典型案例库，分别被评为一、二等奖。

制度建设　出版发行51万字《审计方法与管理》，汇编24万字的《审计管理与规范》，基本形成了用制度管人、按规章办事、按程序运作的工作局面。　（撰稿人：李　毅）

【盐城市审计局】　2010年，盐城市审计局人员编制82人，在编79人。局长范伯萍，副局长刘万平、宋建人、陈献东、孙红青、刘秋凤、荣乃顺，总审计师李树峰，纪检组长顾文明。设有办公室处、机关党委、监察室、人事处、计算机处、法制处、督查处、固投一处、固投二处、固投三处、财金处、经审办、经贸处、行保处、农环处，下设一个事业单位固定资产投资审计中心。

审计成果　盐城市审计机完成审计项目621个，查出违规金额240822万元，促进增收节支111618万元，其中应上缴财政87072万元，应减少财政拨款或补贴13485万元，应归还原渠道资金23311万元，应调账处理金额78539万元；已上缴财政86342万元，已减少财政拨款或补贴13691万元，已归还原渠道资金11585万元，已调账处理金额52566万元。移送司法机关、纪检监察部门处理事项28件，建议有关部门处理事项12件。提交审计工作报告、信息1753篇，被采用738篇。提出审计建议1287条，被采纳1171条。

财政审计　盐城市审计机关积极探索，将各类专业审计项目有机融合于财政审计，统一安排审计项目，统一整合审计资源，统一调度审计力量，致力于构建财政审计大格局。在预算执行审计中，重点抓住财政收入和支出“两头”，检查政府性资金50亿元，占当年政府性资金支出的60%，促进增加预算收入1.5亿元；同时，积极关注财政安全，审计了5个规模较大的政府投融资平台。

行政事业审计　重点关注“三公消费”和损失浪费问题。共对118个单位实施审计或调查，查出违规金额10425万元、损失浪费金额2454万元、管理不规范金额120240万元。

农业与资源环保审计　加强涉农项目的审计，积极服务社会主义新农村建设，对农业水利发展情况、粮棉原种管理情况以及农业资源开发情况进行审计。推进资源环保审计，实施了盐龙湖工程跟踪审计和市区新饮用水源工程决算审计。

固定资产投资审计　完成政府投资审计项目431个，核减投资额5.7亿元，审计后挽回损失7280万元。盐城市审计局仅已完成的22个决算审计项目，就核减投资额1.7亿元；跟踪审计25个重点工程项目，核减合同金额5576万元。首次对先锋岛整体开发和毓龙路拓宽等重大项目拆迁情况实施跟踪审计。

社会保障审计　实施了新型农村合作医疗基金、新型农村社会养老保障基金和盐城市区社区医疗服务机构建设及运行情况等审计调查项目。

企业审计　将企业财务收支、资产负债审计与企业领导人经济责任审计有机结合。共对28个企业进行审计或调查，查出问题金额36421万元，应上缴财政499万元，已上缴财政356万元。

经济责任审计　全市对99名领导干部实施经济责任审计，查出违规和管理不规范金额396208万元，其中主管责任394680万元、直接责任1528万元；根据审计移送的线索，有7名其他涉案人员被查处。盐城市审计局印发《盐城市经济责任审计评价体系》，启动经济责任审计问责制。

专项资金审计（调查）　把涉及群众切身利益的教育、医疗、社会保障、民政福利、拆迁安置、住房以及资源与环境等资金或项目作为审计监督的重点。共审计调查单位54个，查出违规金额786万元、管理不规范金额164754万元，促进专项资金拨付到位12364万元。

（撰稿人：郭　红）

【扬州市审计局】　2010年，扬州市审计局人员编制60人，在编54人。局长张俐，副局长蔡先建、袁竹青、李福祥（10月—）、李永高（12月—），纪检组长张峰。设有办公室、法规处、财政金融审计处、行政事业审计处、农业与资源环保审计处、固定资产投资审计处、企业审计处、社会保障审计处、外资运用审计处、任期经济责任审计与内部审计指导办公室、计算机审计处、人事教育处、监察室。

审计成果　全市审计机关共审计467个单位，查出违规金额5.19亿元；其中应上缴财政2.28亿元，应归还原渠道资金2.27亿元，应调账处理金额10.48亿元；已上缴财政1.17亿元，已归还原渠道资金1176万元，已调账处理金额1.09亿元。移送司法机关、纪检监察部门处理事项2件，建议有关部门处理事项2件。扬州市审计局本级完成审计项目57个，查出违规金额2935万元、损失浪费金额1298万元；应上缴财政1.26亿元，已上缴财政1564万元；提交审计报告和信息562篇，被市委、市政府、上级审计机关和新闻单位批示采用796篇（次）。

预算执行审计　全市审计机关共审计本级财税部门和预算执行单位33个，审计上缴财政1.06亿元。扬州市审计局继续深化财政预算执行审计，构建完善财政审计大格局。针对财政审计中发现的问题，扬州市人大领导找有关单位一把手谈话提出审计整改要求；扬州市财政局落实审计意见，整合各项资金4.03亿元用于支持科技创新发展；扬州市地税局在审计决定下达前后共追缴税费765万元。

经济责任审计　全市对90名领导干部和企事业单位负责人进行经济责任审计，涉及地方党政领导39人、部门党政领导48人、国有及国有控股企业1人、高校2人，对其中50个领导干部实施了“三责联审”。扬州市审计局首次配合市编办、市委组织部对10个党政负责人实施了“三责联审”工作，对高邮市委书记、市长和扬州环境资源管理学院院长、书记经济责任实施同步审计，并对邗江区审计局原局长实施离任经济责任审计，这是扬州市审计局连续第四年对下级审计机关的主要负责人开展任中或离任经济责任审计。

专项资金审计（调查）　扬州市审计局共实施专项资金审计和审计调查项目24个。地方政府性债务专项审计调查工作，促进市金融办、市财政局联合出台了《扬州市市级政府融资平台融资资金管理暂行办法》；对全市涉及主权外债贷款的5个项目进行审计调查。

企业审计　全市完成企业审计和审计调查项目17个，其中扬州市审计局完成企业审计项目7个。扬州市审计局结合经济责任审计，对江苏亚星汽车集团有限公司资产负债损益进行审计，同时对扬州亚星客车股份有限公司实施资产负债损益审计和专题的经营绩效审计，并将之作为全市绩效审计样板项目之一。对随机选定的16户新能源重点企业开展新能源发展应用绩效审计调查，促进扬州市6个太阳能光电建筑应用示范项目加快了实施进度。

固定资产投资审计　全市审计固定资产投资项目单位115个，审计项目投资总额25.73亿元，审计核减投资额（工程款）3.08亿元。2009～2010年，扬州市审计局先后组织49人次、分8个批次赶赴地震灾区，对支援绵竹市九龙镇灾后恢复重建16个项目实施了全过程跟踪审计，审计投资额达2.09亿元，核减工程款3400多万元，跟踪审计报告得到市长、常务副市长的批示。

（撰稿人：杨道龙）

【泰州市审计局】　2010年，泰州市审计局人员编制52人，在编49人。局长唐志林，副局长陆啸峰、徐正荣、戴伟明、刘汉秋，纪检组长刘卫国。设有办公室、法规处、财政金融审计处、行政事业审计处与社会保障审计处、经贸审计处、外资运用审计处、农业资源环保审计处、固定资产投资审计处、经济责任审计办公室、人事教育处、计算机审计处。下属全额拨款事业单位：泰州市城市土地经营审计处。

审计成果　泰州市审计机关完成审计项目367个，查出违规金额119734万元，其中应上缴财政40938万元，应减少财政拨款或补贴765万元，应归还原渠道资金49176万元，应调账处理金额38406万元；已上缴财政40107万元，已减少财政拨款或补贴765万元，已归还原渠道资金4197万元，已调账处理金额38086万元。移送司法机关、纪检监察部门处理事项14件，建议有关部门处理事项36件。提交审计工作报告、信息

425篇，被采用266篇。

财政审计　将财政同级审与投资、专项资金、部门预算执行等审计和审计调查相结合，重点揭露和反映财政预算、专项资金和投资项目管理中存在的不规范行为，查找影响公共财政体系建设的体制性、机制性问题并提出对策建议。市本级和四市二区共对36个单位组织进行延伸审计，查出违规金额87581万元。市审计局还对兴化市、高港区2009年财政决算进行了审计。

固定资产投资审计　全市审计机关完成竣工决算审计项目119个、预算审计项目31个，审计资金285610万元，核减投资额45331万元。市审计局提交的《政府投资项目审计中发现的问题原因及建议》综合报告，受到市委、市政府领导的高度重视，市委、市政府主要领导分别作了重要批示。

经济责任审计　完成49名党政领导干部任期经济责任审计，查出领导干部负主管责任的违规金额11129万元，负直接责任的违规金额572万元。审计中，不但审计财政收支、财务收支情况，而且注重检查领导干部任期内职责履行情况，有无缺位、越位、不到位的问题；注重对事关可持续发展和国计民生等重大政策落实情况、公共财政资金使用情况审计，促进领导干部树立科学的政绩观，全面依法行政；注重加强对领导干部廉政执纪情况的检查，促进领导干部勤政廉政，执政为民；注重检查领导干部违反决策程序造成重大经济损失和严重违纪违规问题。

专项资金审计（调查）　突出对社保、科教文卫等涉及民生的项目和资金开展审计和审计调查，全市共审计28个单位、审计调查34个单位，审计专项资金总额189.54亿元。市审计局对住房公积金、残疾人就业保障基金和新农合、新农保等项目进行审计，揭示并纠正资金使用和管理中存在的问题，保障了专项资金的安全、合规，促进各项惠民政策落实到位。

（撰稿人：沈德纯）

【南通市审计局】　2010年，南通市审计局人员编制84人，在编83人。局长纪进，副局长张林、陈铭鑫、赵闻斌、张亚萍，总审计师施宏伟（11月—），纪检组长王志坚。设有办公室、人事教育处、法规综合处、财政金融审计处、行政事业审计处、农业与资源环保审计处、固定资产投资审计处、工业交通审计处、商贸审计处、社会保障审计处、外资运用审计处、开发区审计处、经济责任审计与内部审计指导处、计算机审计处。

审计成果　南通市审计机关完成审计项目1703个，查出违规金额188629万元，其中应上缴财政3727万元，应减少财政拨款或补贴8779万元，应归还原渠道资金8254万元，应调账处理金额94072万元；已上缴财政3010万元，已减少财政拨款或补贴8779万元，已归还原渠道资金8254万元，已调账处理金额94072万元。移送司法机关、纪检监察部门处理事项25件，建议有关部门处理事项4件。提交专题或综合性报告、信息简报2258篇，被采用1632篇。

财政审计　一是按照“摸清情况，分清责任，揭示风险，提出建议”的审计调查要求，组织开展南通市地方政府性债务审计调查。二是在对如皋市开发区财政收支和管理情况的审计调查中，促进县域经济开发区又好又快发展。

行政事业审计　审计查出劳动系统检察支队、工贸技校等7家单位管理不规范金额1595万元，提出纠正和完善财务核算、加强管理等审计建议32条；查出体育馆、体彩中心等3家单位管理不规范金额382万元。提出进一步规范和完善财务管理、严格预算执行等审计建议14条，相关建议全部被采纳。

固定资产投资审计　全市审计机关实施固定资产投资项目1262个，审计核减额共15.94亿元。深入开展工程领域突出问题专项治理工作。成功组织南通市校舍安全工程审计。灾后恢复重建审计，共提交审计情况通报8篇，专题审计报告3篇、综合审计报告6篇，均被援建指挥部采用。完成卫生系统工程建设项目绩效审计调查。

社会保障审计　对政府保障性住房、新型农村合作医疗基金、工伤保险等进行审计调查。

企业审计　一是完成省级重点产业调整和振兴专项引导资金及江苏新能源发展应用2项“一条鞭”审计调查。二是完成企业搬迁资金拨付管理情况审计调查。三是完成南通汽运实业集团及其下属6家企业资产负债损益审计。四是完成二棉集团、大生西尔克纺织公司等10个资产负债损益审计。五是完成宝港油脂发展有限公司破产清算费用审计。

经济责任审计　与南通市委组织部、编办共同拟定《南通市党政领导干部“三责联审”项目计划管理办法》。完成大丰市委原书记、市人民政府原市长的任期经济责任审计。完成市委办、劳动局、人事局、文化局、电视台等21个经济责任审计项目。

专项资金审计（调查）　完成重点行业节能减排、港洽会资金、苏通科技产业园区一期拆迁资金、宁启铁路复线电气化工程资金等10项专项审计和审计调查。（撰稿人：姜　荣）

【镇江市审计局】　2010年，镇江市审计局编制61人，在编58人。局长黄可（—9月）、孙广平（9月—），副局长张炳良、蒋建军、孙浩琦、乔文兵，纪检组长杜友义。设有办公室、监察室、人事教育处、法制综合处、财政金融审计处、行政事业审计处、企业审计处、农业与资源环保审计处、固定资产投资审计处、外资运用审计处、经济责任审计与内部审计指导处、计算机审计处、社会保障审计处。

审计成果　完成审计项目60个；查出违规金额6.85亿元、管理不规范金额3.03亿元；应上缴财政5.49亿元、减少财政拨款或补贴8411万元、调账处理4851万元；移送其他部门处理事项4件；提出审计建议270条，被采纳244条；提交综合性报告和信息68篇，被各级批示、采用62篇（次）；发布审计结果公告7篇。

财政审计　在统筹协调财政收入征管审计、部门预算执行审计、政府性专项资金审计等工作的基础上，对财政收入质量、支出结构、预算平衡等方面进行分析和评价，并紧随市政府归并政府性专项资金的新举措，及时开展跟踪审计，反映的情况引起市政府主要领导重视，批转各分管副市长要求按财政拨付规定管理和使用好分管资金。

固定资产投资审计　对口支援绵竹市板桥镇灾后恢复重建跟踪审计共节约建设资金3937万元、建立健全规章制度3条、改善质量管理7项，并牵头制定了援建项目建设标准；黄山中路立交桥、镇江站新建上跨路桥、镇江站新建下穿变更等3个项目的预算审计，共核减3206万元；在九华山路、广电中心大楼等跟踪审计项目中，纳入工程质量审计这一全新的内容，帮助建设单位解决一些影响工程质量的重大问题。

专项审计调查　省级重点产业调整和振兴专项引导资金绩效审计调查促进市财政改进拨付方式、减少拨付环节，保证了资金的及时到位；地方政府性债务专项审计调查摸清了市本级政府及相关单位、投融资平台公司等的显性和隐性债务，市财政已着手完善债务管理机制；主权外债专项审计调查采取“下审一级”的方法，揭示了部分外债项目经济效益不佳导致偿债能力较差、个别项目单位挪用配套资金等问题；义务教育阶段教师绩效工资政策落实情况专项审计调查反映的问题经相关部门研究后在全市教育工作会议上予以明确，推动了这一政策的落实。

经济责任审计　结果运用和整改工作进一步加强，制定的《镇江市领导干部任期经济责任审计结果整改督查及问责实施办法》以联席会议各成员单位联合发文的形式印发，标志着对经济责任审计项目告知、进点、通报、整改、问责的全过程已形成一套完整的联合工作机制。

（撰稿人：张　乐）

【常州市审计局】　2010年，常州市审计局人员编制79人，在编74人。局长周效华，副局长吕全斌、崔业富、罗志敏、徐江（10月—），总审计师王祥君，纪检组长陈四海。设有办公室、人事教育处、监察室、法制综合处、财政金融审计处、行政事业审计处、经贸审计处、社会保障审计处、固定资产投资审计处、农业与水利环保审计处、外资审计处、经济责任审计与内部审计指导处、计算机审计处、审计业务监督处。

审计成果　常州市审计机关完成审计和审计调查项目150个，查出违规金额33694万元，其中应上缴财政31270万元，应归还原渠道资金466万元，应调账处理金额9219万元；已上缴财政31100万元，已归还原渠道资金324万元，已调账处理金额7241万元。审计后挽回（避免）损失1280万元；提交审计工作报告、信息1017篇，被采用797篇。

财政审计　积极探索本级财政预算执行审计、部门预算执行审计、专项资金审计、经济责任审计和绩效审计“五位一体”的大财政审计工作，共查出违规金额 27194 万元、管理不规范金额 108223 万元，审计后全市共收缴或调账入库财政收入 2.7 亿元。开展财政决算审计 14 项，查出并纠正处理违纪违规金额 1327 万元，促进了财政内部管理的加强。

行政事业审计　全市审计机关对 116 个行政事业单位进行审计，查出违规金额 5173 万元，管理不规范金额 95028 万元，促进上缴财政 2623 万元。

农业与资源环保审计　按照江苏省审计厅要求，圆满完成 2009 年度太湖水污染治理资金绩效审计（调查）项目。

固定资产投资审计　继续开展建设项目跟踪审计，全市审计机关对 61 个建设项目实施跟踪审计，工程送审金额 29.44 亿元，审计后核减工程造价 4.7 亿元；此外还节约投资 1.4 亿元。全面完成四川援建工程跟踪审计任务，常州市审计局对口支援绵竹灾后重建跟踪审计组被市委、市政府表彰为援建先进集体。

社会保障审计　完成武进、新北区的新型农村合作医疗有关情况和新型农村社会养老保险基金专项审计调查；并开展住房公积金审计。

经济责任审计　完成 88 个单位（94 名党政领导干部）的经济责任审计工作，查出违规和管理不规范金额 22.88 亿元。并积极探索“三责联审”，开展“三责联审”项目 24 个。

专项资金审计（调查）　紧扣宏观政策落实、维护群众利益、贴近环境保护和生态建设，常州市审计机关完成 49 个专项资金审计（调查），审计专项资金总额 999.71 亿元，查出管理不规范金额 44.51 亿元。

内部审计　全市内部审计机构完成审计项目 17242 个，查出损失浪费 64062 万元，审计后促进增加效益 15 亿元，向司法机关移送案件 8 件，移送司法机关处理 7 人，3406 条内部审计建议和意见被采纳。　（撰稿人：刘　鸣）

【无锡市审计局】　2010 年，无锡市审计局人员编制 99 人，在编 91 人。局长王凡，副局长唐家梁、李晔、徐波、李家虎，纪检组长金进。设有办公室（信息处）、法制综合处（审计督察处）、财政审计处、金融审计处、行政事业审计处、社会保障审计处、企业审计处、农业与资源环保审计处、固定资产投资审计处、外资运用审计处、经济责任审计与内部审计指导处、计算机审计处、人事教育处、机关党委等职能处（室）。

审计成果　全市审计机关完成审计和审计调查项目 405 个，查出违规问题金额 10.06 亿元。为国家增收节支 9.03 亿元，其中已上缴财政 1.22 亿元，已减少财政拨款或补贴 7.75 亿元。向司法机关、纪检部门移送案件 2 起，涉案金额 789 万元。全市审计系统被评为“江苏省创建文明行业工作先进行业”，无锡市审计局获“无锡市对口援建四川省绵竹市汉旺镇（天池乡）清平乡先进集体”荣誉称号。

财政审计　全年审计和审计调查各级财税部门和预算执行单位 41 个，查出违规金额 9620 万元，已上缴财政、减少财政拨款或补贴 8872 万元。

固定资产投资审计　完成政府重点项目竣工决算和预算执行审计项目 79 个，投资总额 89.47 亿元，核减工程款 8.89 亿元。无锡市审计局完成跟踪审计工作量 55.52 亿元，节约投资额 4.12 亿元。

农业与资源环保审计　开展了高效农业园区绩效审计、重点行业节能减排情况专项审计调查、蠡湖开放式景区运行管理情况审计调查和太湖水污染治理跟踪审计等资源环境审计项目。上下联动开展太湖水污染治理跟踪审计，审计项目 254 个，审计资金总额 57.47 亿元，共节省财政资金 5000 余万元。

企业审计　开展 18 项涉及国有及国有控股企业的审计和审计调查，查出违规经营、虚报或隐瞒转移收入、损失浪费等问题金额 20.96 亿元。全市审计机关对第四批中央扩大内需中央新增投资项目进行专项检查。对 17 家中小企业信用担保机构近三年来设立、运营、风险和效益情况开展审计调查。

经济责任审计　无锡市委、市政府联合下发《关于进一步加强经济责任审计工作的意见》，无锡市纪委、市委组织部、市审计局联合出台《无锡市领导干部经济责任事项定期报告制度》。全市审计机关对179名党政领导干部、国有企业领导人员进行经济责任审计，其中任中审计58项、离任审计121项，无锡市本级任中审计比例达71.4%。

专项资金审计　审计和审计调查专项资金47项，其中，社会保障类17项，科教文卫体类4项，农林水与环保类6项，基础设施类8项，其他12项。查出违规金额4023万元，促进拨付资金到位3296万元，上缴财政1064万元。

绩效审计　绩效审计首次被写入年度《政府工作报告》。共完成绩效审计项目330个，审计后增收节支金额6.78亿元，挽回（避免）经济损失5511万元，揭示体制、机制及管理等方面的问题132个，提出审计建议625条，594条被采纳。

参与式审计　《新华日报》以《“参与式”审计：民生项目监管探新路》为题，对无锡市审计局“参与式”审计的做法进行了报道，全文约1600字。省委常委、无锡市市委书记以“参与式审计——民意表达的新平台”题词，对市审计局“参与式”审计做法予以肯定。《人民日报》以《提高公共参与度，提高政府公信力，无锡民生项目让公众“点菜”审计》为题，对无锡市审计局“参与式”审计的做法进行了进一步的报道，全文2800余字。

（撰稿人：胡东杰）

【苏州市审计局】　2010年，苏州市审计局人员编制106人，在编92人。局长周志豪，副局长孙和、许华柱、周雨晨，总审计师陆旭东，纪检组长孙和（兼），苏州市经济责任审计中心主任吉宁。设有办公室、法制综合处（审计督察处）、财政金融审计处、行政事业审计处、农业与资源环保审计处、固定资产投资审计处、经贸审计处、社会保障审计处、外资运用审计处、任期经济责任审计与内部审计指导处、计算机审计处、信息处、组织人事处、监察室、苏州市经济责任审计中心（下属事业单位）。

审计成果　全市共完成审计项目730个，查出违规金额214677万元，其中应上缴财政199641万元，应减少财政拨款或补贴50054万元，应归还原渠道资金19938万元，应调账处理金额59043万元；已上缴财政198862万元，已减少财政拨款或补贴37750万元，已归还原渠道资金3485万元，已调账处理42248万元。移送司法机关、纪检监察部门处理事项5件，建议有关部门处理事项10件。提交审计工作报告、信息1049篇，被采用889篇。

财政审计　全市共开展财政预算、决算审计87项，增加财政收入181800万元。全市加强了省级以上开发区的重点审计，共审计11家，占全市18家总量的61%，超额完成审计计划的28%。

固定资产投资审计　全市完成竣工决算审计项目245个，项目审定投资额804300万元，核减70500万元，挽回损失9733万元。积极参与工程领域专项治理，向纪检、监察部门移送案件线索3起，16人被立案侦查，为国家挽回经济损失5300多万元。圆满完成四川绵竹援建项目跟踪审计，荣获省审计厅评比第一名，苏州市审计局和所辖5个市局均荣获“苏州市对口援建四川绵竹服务保障先进单位”光荣称号。

经济责任审计　全市对203名领导干部实施经济责任审计，任中审计比重占78%。与纪检、组织、编办等部门合作，对40名领导干部的用人、用编和用财情况实施了“三责联审”，对87名领导干部实施离任“阳光交接”，并尝试将“三责联审”情况在领导干部所在单位的一定范围内公开。

专项资金审计（调查）　全市审计民生资金2628945万元，其中社会保障类1759682万元、科教文卫体类494347万元、农林水与环保类310565万元、基础设施类64351万元，是近年来民生审计力度最大的一年。

绩效审计　全年开展绩效审计项目581个，比上年增长10%以上，绩效审计工作量已占全部审计工作量的85%以上，超过江苏省审计厅80%的要求，苏州市委、市政府下发了《苏州市关于加强绩效审计工作的意见》。

审计整改　全市审计决定执行率达100%，审计建议落实率超过90%。苏州市政府转发了《关于进一步加强审计整改工作的意见》，将审计整改协作机制扩展为10部门联合监督执法，汇聚了整改合力。收回了历史积累的部分土地出让金欠款。

内部审计　全市内审机构659家，其中专职机构 148 家，专职机构的比例比 2009 年减少 4.83%；全市内部审计人员 1914 人，其中从事专职审计人员占 26.75%，分别比 2009 年减少了 0.96%和 1.77%，达到 512 人。全市内部审计共完成各类审计项目 24274 项，其中基本建设审计项目 17727 项、财务收支审计项目 2520 项，经济效益、经济责任审计项目 2390 项；查出损失浪费金额 2494 万元、促进增加效益 23547 万元，提出并被采纳审计建议 2418 条。（撰稿人：王之成）

2010 年江苏省所辖区、县级审计工作统计表

金额单位：万元

审计机关	完成审计项目（个）	查出违规金额	应上缴财政	应减少财政拨款或补贴	应归还原渠道资金	应调账处理金额	移送司法、纪检监察部门处理（件）	建议有关部门处理（件）	出具审计报告和审计调查报告（篇）	提出审计建议（条）	撰写审计信息（篇）
南京市											
南京市本级	115	304543	11773	10760	22020	54810	2	4	115	389	409
玄武区审计局	21	165				1356			21	60	32
白下区审计局	43	4			4	16			43	68	67
秦淮区审计局	27	235	3						27	68	67
建邺区审计局	33								33	70	20
鼓楼区审计局	141								141	8	
下关区审计局	17	268	20653		2	348			17	27	
浦口区审计局	43	5620	5620						43	63	49
六合区审计局	32	2674	1317		64				32	62	118
栖霞区审计局	18								18	23	6
雨花区审计局	26	3			1	2	1		26	86	100
江宁区审计局	39	452							39	95	56
溧水县审计局	44	58595	26620		2457	33893	3		44	131	78
高淳县审计局	81	18868	727		13628	8094	1		81	152	42
徐州市											
徐州市本级	102	173510	739	11494	1454	166847		7	85	79	558
云龙区审计局	6	34	34						6	10	149
鼓楼区审计局	32	188	21			69			32	38	48
九里区审计局	41	63	63						14	7	55
贾汪区审计局	12	7918	215			4953			12	4	493
泉山区审计局	21	500	500			572			21	6	141
邳州市审计局	85	6991	76			320			85	4	223
新沂市审计局	27	75747	63908		9495	37			27	50	103
铜山县审计局	148	27727	27100			7572			114	71	110

（续表）

审计机关	完成审计项目（个）	查出违规金额	应上缴财政	应减少财政拨款或补贴	应归还原渠道资金	应调账处理金额	移送司法、纪检监察部门处理（件）	建议有关部门处理（件）	出具审计报告和审计调查报告（篇）	提出审计建议（条）	撰写审计信息（篇）
睢宁县审计局	34	118	118						34	41	63
沛县审计局	78	16539	7226		237	59	2	1	78	118	736
丰县审计局	47	7	7						47	67	62
连云港市											
连云港市本级	100	21037	19257			6			100	301	190
新浦区审计局	31	680	680						31	79	40
连云区审计局	25	1021			100			2	25	58	31
海州区审计局	26	2413							26	110	24
赣榆县审计局	68	5516	2070	3446		410	3		68	171	512
灌云县审计局	55	2337							55	78	140
东海县审计局	98	40089	414	176	1543	171	2		98	80	459
灌南县审计局	53	7314	4829						53	102	487
开发区审计局	14	119	106					1	14	26	26
宿迁市											
宿迁市本级	56	5241	71	301	134	131009			56	172	198
宿城区审计局	70	3254	45		6	6		2	70	160	110
宿豫区审计局	86	4915	38	2900		390		7	86	132	176
沭阳县审计局	82	912	507		480	520			82	153	179
泗阳县审计局	41	4330	88		47				41	81	176
泗洪县审计局	52	578	37		2				52	116	161
淮安市											
淮安市本级	95	22787	1851	8407			8		95	541	618
清河区审计局	128	16266	8	2580					128	224	208
清浦区审计局	79	5720		3350			1		79	147	26
楚州区审计局	245	10169	216	8010			2		245	351	182
淮阴区审计局	78	7701	144	1318			5		78	155	261
金湖县审计局	85	6870	393	4500					85	169	174
涟水县审计局	84	9390	23	4560			6		84	203	162
盐城市											
盐城市本级	68	131542	19226		15574	71476	5	3	68	231	55
亭湖区审计局	22	7							22	47	15
盐都区审计局	41	5907	51	1	1310	4440	5		41	61	115
东台市审计局	18	7747	131		6052	308			18	73	12

（续表）

审计机关	完成审计项目（个）	查出违规金额	应上缴财政	应减少财政拨款或补贴	应归还原渠道资金	应调账处理金额	移送司法、纪检监察部门处理（件）	建议有关部门处理（件）	出具审计报告和审计调查报告（篇）	提出审计建议（条）	撰写审计信息（篇）
大丰市审计局	54	2546	34					4	54	68	49
射阳县审计局	265	16421	6867	13484	283	59	10	2	265	324	180
阜宁县审计局	47	61546	60419						47	70	125
滨海县审计局	31	7200	147		92	2238	2	3	31	107	260
响水县审计局	79	475				18			79	142	37
建湖县审计局	64	7431	197				6		64	164	601
扬州市											
扬州市本级	58	2935	12648		21500	65053			58	111	259
维扬区审计局	28								28	61	3
广陵区审计局	39								39	36	21
邗江区审计局	74	1908	6						74	131	142
仪征市审计局	40	33477				28410			40	41	10
江都市审计局	90	10074	9829		883				90	312	103
高邮市审计局	69	2400	73			34			69	125	62
宝应县审计局	39	1088	228		293	11324			39	91	64
泰州市											
泰州市本级	43	51770	18757		3658	24670			43	95	23
海陵区审计局	53	8570	100			751	1		53	83	66
高港区审计局	12	11581	11574			354			12	48	66
靖江市审计局	29	1450	7671			64			29	74	78
泰兴市审计局	56	25544	2245	765	546	11784	1	1	56	148	77
姜堰市审计局	64	6299	153			705	1		64	126	69
兴化市审计局	110	14520	438			78	11	35	110	33	46
南通市											
南通市本级	165	61742	953	3394		1607	14		165	296	388
崇川区审计局	215	27307	182			350			215	204	34
港闸区审计局	95	355	1500	56		216			95	186	23
海门市审计局	329	18113	280			722			329	132	221
启东市审计局	131	43425	242		6213	4	1	2	131	109	100
通州区审计局（原通州市审计局）	547	245	30		105	2301	6		547	115	239
如皋市审计局	32	534	193			8349	2	1	32	88	220
如东县审计局	58	10789	22		1043	77607	1		58	129	210
海安县审计局	131	26119	325	5329	893	2916	1	1	131	238	180

（续表）

审计机关	完成审计项目（个）	查出违规金额	应上缴财政	应减少财政拨款或补贴	应归还原渠道资金	应调账处理金额	移送司法、纪检监察部门处理（件）	建议有关部门处理（件）	出具审计报告和审计调查报告（篇）	提出审计建议（条）	撰写审计信息（篇）
镇江市											
镇江市本级	59	70196	54922	8411	14	4851			59	270	68
京口区审计局	15	5634	85			4829			15	24	32
润州区审计局	13	113	5			52			13	25	18
丹徒区审计局	45	3186	406			3655			45	149	65
镇江新区审计局	15	4124	590	203	30	315			15	21	6
扬中市审计局	37	1976	326				3		37	76	202
丹阳市审计局	50	13647	187	3363	115	864	4		50	48	90
句容市审计局	74	12172	878	904	44	77	3		74	125	150
常州市											
常州市本级	35	29711	27287		466	1978			37	119	313
钟楼区审计局	7								11	11	8
天宁区审计局	9								14	10	1
戚墅堰区审计局	9								17	18	6
新北区审计局	17	1362	1362						23	38	115
武进区审计局	29	510	510			7241			50	80	146
金坛市审计局	27	317	317						41	87	273
溧阳市审计局	17	1794	1794						17	44	33
无锡市											
无锡市本级	66	43962	7675	35684	20051	11686	1	2	93	164	376
崇安区审计局	17	272			272				13	41	5
南长区审计局	42	2812		1999	10	2131			45	49	8
北塘区审计局	15	461				1821			15	37	18
滨湖区审计局	21	135			135				25	69	33
惠山区审计局	38	5416	1805	3198	83	292			52	70	48
锡山区审计局	56	8060	48	7530	2	513		9	83	113	60
新区审计局	20	2188	91	2188					21	62	41
江阴市审计局	81	19215	4806	14409			1		81	70	62
宜兴市审计局	50	3143		305				1	52	122	118
苏州市											
苏州市本级	76	159347	158147	20698	1075	11065	3	2	76	639	264
金阊区审计局	30			1919	18		1		30	61	73
沧浪区审计局	48								14	33	42

（续表）

审计机关	完成审计项目（个）	查出违规金额	应上缴财政	应减少财政拨款或补贴	应归还原渠道资金	应调账处理金额	移送司法、纪检监察部门处理（件）	建议有关部门处理（件）	出具审计报告和审计调查报告（篇）	提出审计建议（条）	撰写审计信息（篇）
平江区审计局	29								29	41	13
高新区审计局	48	22	22	939		316			48	48	53
吴中区审计局	79	6461	12	9163	5	3				69	68
相城区审计局	492	50772	3005	873.55	153	14469	2	5	492	275	109
吴江市审计局	43	566.42	18886					2	49	125	71
昆山市审计局	86	35194	33088	8210		969			86	180	157
太仓市审计局	79	492	490	4029	18685	10867	7	6	79	158	43
常熟市审计局	54	8724		1454	2	21340			54	64	
张家港市审计局	60	3870	189.88	329.26					60	158	32
工业园区审计局	117	7128	747	2107.85	5157	109			117	171	25

浙 江 省

【浙江省审计厅】　2010年，浙江省审计厅机关人员编制196人，在编187人。厅机关设有办公室、法规处、财政审计处、行政事业审计处、文化教育审计处、金融审计处、经贸审计处、外资运用审计处、农业审计处、环境资源审计处、社会保障审计处、投资审计一处、投资审计二处、经济责任审计一处、经济责任审计二处、人事处、机关党委、监察室；设计算机审计中心、省审计科研所、省审计干部培训中心直属事业单位。

领导成员

厅　　长：谢力群（—3月）

　　　　　陈荣高（12月—）

副 厅 长：岑国荣　吴桂英　王广兵

　　　　　王小龙　康跃西

总审计师：陈焕昌

纪检组长：季　鸣

副巡视员：杨大建

审计成果　浙江省各级审计机关共审计单位4235个，查出违规金额36.37亿元，损失浪费金额7.91亿元，应上缴财政29.16亿元，应减少财政拨款或补贴3.58亿元；核减政府性基本建设投资28.81亿元；向司法机关、纪检监察及有关部门移送案件和事项104件，涉案人员120人，涉案金额1.83亿元；提交综合报告、审计信息、专报7947篇，被上级领导批示、采用5156篇，向社会公告审计结果480篇。

全部政府性资金审计　坚持以全部政府性资金审计为主线，重点关注、检查中央扩大内需政策的落实和执行情况。审计工作报告新增“风险预警审计情况”内容并作单独反映，如实披露对全省政府负债与政府投融资机构、全省存量财政资金安全与绩效等情况，得到省长批示和省人大常委会赞扬。加强对审计整改情况的跟踪督查，除西湖文化广场三大场馆装饰布展“投入使用的场馆擅自调整使用单位和改变用途”问题未落实以及两项移送事项尚在相关部门处理中之外，其他有关违反财经法规的问题均得到改正，并着手在制度上加以规范、完善。审计工作报告引起舆论高度关注，各大媒体进行广泛深入的报道。

财政审计　深入开展预算执行情况、全部政府性资金与财政资金安全、财政决算、金融企业经营风险、省属期货公司、国有企业领导人及职工投资入股情况和外经贸促进政策专项资金审计及审计调查。审计署多次来省了解全部政府性资金审计工作，部分经验被纳入《审计署关于进一步加强财政审计的意见》，全国审计工作座谈会推广了浙江开展财政审计工作的经验，杭州、宁波、义乌市审计局分别作了书面交流。厅领导撰写的调研文章《主动跟进 积极促进 全面推进 努力发挥审计的建设性作用》得到省委书记批示，《促进经济平稳较快发展中值得关注的几个问题》被省政府刊物采用。

深入组织省市县三级审计机关开展全部政府性资金审计，对政府预算内外的资金进行审计调查，全面掌握全部政府性资金的来源规模、收支结构，并对各类资金进行趋势分析，促进统一、完整的政府预算改革，《深化“三个子”综合预算改革的调查与思考》得到省长批示。组织开展部分行政事业单位资产和存量土地等审计调查，省领导对报送的全省大剧院审计调查项目4篇专报都作了批示。

绩效审计　全省共完成绩效审计项目2906个，绩效审计项目占全部项目比例达69%；查出损失浪费金额6.06亿元，闲置滞留资金24.2亿元，促进增收节支3.89亿元，审计挽回损失8.57亿元。更加关注绩效与责任，形成了一批有价值的综合性审计成果，2010年提出绩效审计建议6753条，被采纳4263条。

专项资金审计　组织开展城镇居民基本医疗保险、城乡居民养老保险、新型农村合作医疗、农村住房改造建设、食盐经营绩效、保障性住房项目、市县教师绩效工资实施情况、中小学校舍安全工程、玉树抗震救灾、全省粮食生产扶持政策等专项审计调查，切实维护群众利益。报送的相关审计专报得到省委书记和省长批示。省属高校债务管理情况专项审计调查引起重视，浙江省政府办公厅转发了省发改委、省教育厅和省财政厅《关于进一步加强省属高校债务管理的意见》。

固定资产投资审计　新增政府主导性项目和全省水资源保障百亿工程建设项目审计调查披露的工程进度滞后、项目配套资金落实难、建设项目超概算等问题引起关注。工程建设领域突出问题专项治理审计调查取得阶段性成果，促进节约资金或挽回损失14.94亿元，向司法机关、纪检监察及有关部门移送案件和事项26件，涉案人员43人，涉案金额3241万元。审计发现的舟山市普陀区六横镇政府虚报“强塘计划”项目，骗取的省补助资金2996万元已收回，6名相关责任人受到处理。全省审计机关组织158个审计组对399个援建青川项目开展跟踪审计，涉及概算投资总额56.66亿元，共核减投资5.73亿元。四川省广元市、青川县审计局专门致信感谢，跟踪审计方法入编审计署汶川地震灾后恢复重建跟踪审计手册。

环境资源审计　组织开展全省政府存量土地资产、百万造地项目审计调查，促进土地资产依法管理，有效防范土地风险。开展钱塘江流域水污染防治专项审计调查，专报《审计建议加快建立千岛湖水资源保护机制》被省政府采用并转报国务院办公厅。完成世行贷款浙江省城建环保等23个外资公证审计项目，相关审计案例入选审计署《外资审计案例》。

经济责任审计　浙江省审计机关共对1084个单位的1288名领导干部进行经济责任审计，查出违规金额6.7亿元。以全部政府性资产审计为主线，稳妥推行市县党政领导干部“同步审计”，全年对12个市县的16名党政领导干部进行经济责任审计，市县长经济责任审计中首次尝试开展“网络民意调查”，增加百姓评价话语权，新华社、浙江在线等媒体作了报道。承担审计署《经济责任审计操作指南》中的子项目《地方党政主要领导干部经济责任审计的内容与评价》起草任务。审计署肯定了金华市积极推行领导干部任前经济责任谈话与履责报告制度、上虞市建立领导干部履职联审制度的做法。

信息化建设　编制《浙江省审计信息化“十二五”发展规划》建议，被省发改委采纳并列入省级“十二五”专项规划。金审工程二期核心应用系统国产化示范项目在省厅和10个市进入实施阶段，视频会商系统稳健运作。加大数据式审计、联网审计、数据式系统基础审计推进力度，并在全省盐业绩效、城镇居民基本医疗保险等同步审计项目的实践中取得实效。浙江省审计厅、湖州和绍兴市局具体承办审计署金审工程《住房公积金审计数据规划研究》课题正在有序进行。AO应用案例和信息系统审计案例获奖数量和质量均居全国审计系统前茅，浙江省审计厅被审计署评为“优秀组织单位”，被省政府评为“电子政务建设综合考核优秀单位”。

审计管理　采取菜单式管理与1＋N模式安

排全省同步审计项目计划，确保了计划执行的科学性和有效性。创新大项目管理模式，在省国资委监管的18家省属国有企业同步项目审计中，采取集中开会统一进点模式，提高了审计效率。起草《浙江省预算执行情况审计监督办法》，修正案送审稿已报省政府审议。制定实施《浙江省审计厅规范审计行政处罚裁量权实施意见（试行）》，确保依法审计和规范执法。省审计厅被评为依法行政工作考核优秀单位。注重在项目计划、审计实施、审计报告中抓好全程质量控制，提升审计成果的层次与水平。2010年提出审计建议10375条，被采纳6611条，采纳率64%；促进被审计单位建章立制815项。信息工作、宣传工作连年被省委、省政府和《中国审计报》评为先进单位。审计署指定本省协助开展《审计机关聘请外部人员参与审计》重点课题研究。承担的审计署科研工程《中国特色社会主义审计理论研究》中的子课题《审计功能研究》顺利通过评审。承担的审计署课题《中国国家审计文化研究》已成功结题。承担的审计署重点课题《内部审计践行免疫系统功能研究》进入结题程序。省哲学社会科学规划办重点委托课题《浙江公共财政体制改革实践与创新思路研究》得到省长批示。《论国家审计的创新》等论文分别被审计署评为全国审计机关2008年至2009年度优秀审计论文一、二、三等奖。省审计学会、内审协会、青年审计论坛、《浙江审计》、《调查与思考》等科研服务平台作用明显。

队伍建设　通过举办浙江省审计厅处级干部读书会、审计机关领导干部培训班和冬季全员集训会，提升审计服务浙江加快转变经济发展方式的意识与能力。开展互动式案例教学，培训审计人员699人。出台《浙江省审计厅关于进一步规范干部人事工作的意见》，通过竞争上岗、公开考试等方式选拔任用了一批处级干部。着力加强机关党建工作，广泛开展文体活动，营造了良好氛围。首次成功承办全国审计系统先进工作者集中疗养工作，审计署办公厅专门来函致谢。省审计厅和各地普遍组织开展新修订的审计法实施条例、国家审计准则和经济责任审计新规定的学习、宣传和贯彻活动，提高了依法审计能力。

廉政建设　认真学习贯彻中纪委、省纪委全会精神，制定下发《2010年全省审计机关反腐倡廉工作指导意见》，逐级签订廉政责任书，认真抓好惩防体系牵头和参与工作，制定《浙江省审计厅加强投资审计廉政风险防控指导意见》，推行“审计组廉政承诺”和“邀请被审计单位纪检监察部门协作监督审计组”制度，深入开展“创先争优”、“深化作风建设年”活动，不断完善审计机关惩防腐败体系，提能增效成效明显。组织对23个审计项目进行回访，被审单位对审计组落实执行审计纪律“八不准”规定反映良好。

（撰稿人：林　图）

【杭州市审计局】　2010年，杭州市审计局人员编制112人，在编100人。局长潘再高，副局长吴志明、孙钧、张志文，总审计师包晓东，纪检组长徐德胜。设有办公室、法制处、财政审计处、行政事业审计处、固定资产投资审计处、经贸审计处、外资运用（开发区）审计处、农业与资源环保（社会保障）审计处、经济责任审计处、人事教育处（监察室）、计算机审计处、机关党委。

审计成果　杭州市审计机关完成审计项目和调查项目519个。查出违规金额177251万元、管理不规范金额1980713万元、损失浪费金额5371万元。其中应上缴财政144166万元，应减少财政拨款或补贴6263万元，应归还原渠道资金3765万元，应调账处理55255万元。移送司法机关、纪检监察和有关部门处理事项11件，提出审计建议1387条，提交审计工作报告、信息1139篇，被批示、采用612篇。

预算执行审计　深化专项资金预算管理和部门预算管理审计，注重揭示分析问题，推进问题整改落实。市本级针对预算编制的科学性和“三公”经费支出执行情况审计提出的审计建议，引起市领导高度重视，市政府专门出台了《杭州市财政专项资金管理办法》。

经济责任审计　市委、市政府办公厅于4月份下发了《杭州市领导干部经济责任追究办法（试行）》《杭州市内部管理领导干部经济责任审计暂行办法》。对183名领导干部进行经济责任审计。受浙江省审计厅委托，对永康市书记、市长开展同步经济责任审计，审计方案被推广到全省其他各县市长审计组学习参考。

社会保障审计　通过实施杭州市“春风行动”专项资金、社区卫生服务机构管理情况等审计和审计调查，促成出台《杭州低收入家庭认定办法》《杭州市春风行动专项资金管理办法》《杭州市实施国家基本药物制度若干意见》等制度。

固定资产投资审计　对2642个工程价款进行审计，核减工程价款13.77亿元。对杭州市支援四川省青川县灾后恢复重建项目开展跟踪审计，提出审计建议近40条，完成工程审价项目27个，核减工程价款1.25亿元。杭州市审计局被通报表彰为浙江省支援青川县灾后恢复重建审计工作先进集体。

专项资金审计　通过开展全市工业循环经济（低碳经济）发展现状专项审计调查和外经贸促进政策专项资金审计调查，揭示了经济运行中的潜在风险和突出矛盾；通过开展文化产业扶植政策执行和资金使用、管理情况审计调查，反映了文创产业扶持政策设计不够科学、不够合理的问题；通过开展科技发展专项资金管理及绩效情况审计调查，反映了科技资金使用安排与建设创新型城市规划纲要发展方向不完全适应等方面的问题，市政府召开专题会议研究解决相关问题。

内部审计　至2010年末，全市已有823家单位设内部审计机构，从业人员达2858人。全市完成内部审计项目17988个，查出损失浪费金额1.63亿元，增加效益2.36亿元，提出建议意见被采纳7220条，向司法机关移送案件1件，建议给予行政处分7人。（撰稿人：吴淑志）

【湖州市审计局】　2010年，湖州市审计局人员编制40人，在编39人。局长陆剑英，副局长费林海、沈佳明、丁颂辉，总审计师施瑜，纪检组长徐言。设有办公室、组织宣传人事处、法规处、财政金融审计处、行政事业与社会保障审计处、农业与资源环保审计处、固定资产投资审计处、经济贸易审计处、经济责任审计处。

审计成果　湖州市审计机关完成审计项目69个，查出违规金额6781万元，其中应上缴财政382万元，应调账处理金额2481万元；已上缴财政423万元，已调账处理金额164万元。提交审计工作报告、信息214篇，被采用198篇。

财政审计　完成财政审计项目3个。组织开展了2009年度市本级财政预算执行审计和长兴县人民政府2009年度财政决算审计，对本级全部政府性资金、财政资金安全、政府负债等进行专项审计调查。

金融审计　组织开展湖州吴兴农村合作银行经营风险专项审计调查，查出管理不规范金额3273万元。

行政事业审计　完成审计项目20个（其中19个项目结合经济责任审计开展），查出管理不规范金额3.71亿元，提出审计建议62条。

固定资产投资审计　完成政府投资建设项目审计24个，涉及投资总额31.18亿元，查出违规金额3963万元，管理不规范金额3292万元，核减工程款4375万元，提出审计建议25条。被省援川指挥部、省审计厅和四川省青川县评为先进集体。

企业审计　完成企业审计项目2个，查出损失浪费金额33万元，管理不规范金额77万元，提出审计建议4条。

经济责任审计　对19名领导干部实施经济责任审计。加强对部门单位政府性资产、部门负债、内控制度和内管干部经济责任审计制度的执行落实情况等的审计力度。

专项资金审计（调查）　完成专项资金审计和审计调查项目19个，查出管理不规范金额3599万元，提出审计建议56条。（撰稿人：优　捷）

【嘉兴市审计局】　2010年，嘉兴市审计局人员编制45人，在编45人。局长许农（3月—），副局长陈关华、张卫高、王海荣，总审计师蒋朝晖，纪检组长姚丽华。设有办公室、法规处、财政金融审计处、行政与社会保障审计处、经贸审计处、农业与资源环境审计处、固定资产投资审计处、经济责任审计处。另设市纪委（监察局）派驻纪检组和监察室。

审计成果　全市审计机关完成审计项目255个，查出违规金额10517万元，应上缴财政14124万元，应减少财政拨款或补贴3006万元，应归还原渠道资金152万元，应调账处理金额3102万元；已上缴财政12279万元，已减少财政拨款或补贴3046万元，已归还原渠道资金55万元，已调账处理金额336万元。移交纪检监察部门、有关部门处理事项2件。提交审计工作报告317份、信息329篇，被批示采用170篇次。

财政审计　实施了本级预算执行情况和全部政府性资金专项审计调查。《审计工作报告》以公告形式全文刊载，整改结果向人大常委会专题汇报。

金融审计　开展浙江省嘉善县农村合作银行经营风险专项审计调查，揭示了贷款管理和经营风险方面存在的问题。

行政事业审计　全市审计机关完成59个行政事业单位的审计和审计调查。进一步完善了“预算跟踪、联网核查”的部门预算执行审计新模式；联网审计平台建设得到国家工信部的肯定。

农业与资源环保审计　开展海盐县政府存量土地审计调查，审计发现的问题，通过专报等形式提请政府关注；太湖流域水污染防治专项审计调查项目被评为省优秀审计项目。

固定资产投资审计　组织开展19个对口支援青川县灾后重建项目的审计，核减投资1498万元；组织开展190个新增政府主导性项目实施情况审计调查，涉及投资额198.76亿元；对市级政府投资项目工程造价进行审核，核减金额1.1亿元。

社会保障审计　完成社会保障审计项目10个。重点加强城乡养老及合作医疗保险制度、社会救助（资助）体系、住房公积金等审计，反映了有关居保制度配套政策、廉租房保障资金管理和城乡低保差异等问题。

企业审计　完成国有企业审计和审计调查项目15个。市审计局开展了国资公司运营管理情况专项审计调查，引起市领导的高度重视，分别批示有关部门（单位）研究解决。

经济责任审计　全市审计机关对86名党政领导干部和国有企业负责人进行经济责任审计，发现违规金额716万元。联席会议机制进一步完善，建立了邀请人大、政协领导参与审计结果整改落实情况督查机制。

专项资金审计（调查）　全市审计机关共完成专项资金审计调查项目56个。开展了市级科技发展资金、市级外经贸促进政策专项资金的审计调查。

（撰稿人：吴国宗）

【舟山市审计局】　2010年，舟山市审计局人员编制42人，在编43人。局长励延年（—3月）、乐海华（3月—），副局长邵剑平、严雅萍，总审计师钱宁，纪检组长杨祝宏。设有办公室（计算机审计管理处）、法规处、财政金融审计处、经贸审计处、固定资产投资审计处、行政事业审计处、经济责任审计处、直属审计分局。

审计成果　舟山市审计机关完成审计项目159个，查出违规金额10089万元，损失浪费金额479万元，管理不规范金额427953万元。其中应上缴财政481万元，应归还原渠道资金3980万元，应调账处理金额5362万元。出具审计报告和报送审计调查报告216篇，提交审计信息231条，被领导批示和上级党政机关采用192篇。

财政审计　重点关注经济政策措施的贯彻落实情况、惠民政策长效机制、财政资金安全绩效以及财政管理4个方面的内容，提出加强和改进财政管理的9个方面意见。市长专门听取了审计结果汇报，并在审计整改情况报告和财政资金安全与绩效审计报告上两度批示。

经济责任审计　舟山市对49名领导干部开展经济责任审计。查处的违规金额954万元，揭示管理不规范金额59615万元。市委办公室、市政府办公室印发了《舟山市领导干部经济责任告知办法》。

固定资产投资审计　审计投资总额34.63亿元，净核减工程造价8062.59万元，保障建设资金使用的安全、合法和有效。

企业审计　市审计局开展了以强化对国有资本运行情况的动态监督。组织实施盐业专营绩效、国有企业领导人与职工投资入股情况和外贸促进政策及专项资金三项审计调查。市长对《食盐经营绩效专项审计调查报告》批示要求对盐业体制进行调研，研究对策解决。对《国有企业领导人及职工投资入股情况专项审计调查综合报告》及审计信息也作出重要批示。

专项资金审计（调查）　开展了农村住房改造建设情况审计调查、城镇居民医疗保险、城乡居民社会养老保险审计等专项审计调查。开展舟山对口支援的四川地震灾区灾后援建项目审计工作，保障了援建资金使用安全、合规、有效，促进灾区经济社会的恢复和发展。

交办事项 组织实施普陀山佛教协会的财务收支审计和中国佛学院教育学院建设工程的审计。在市民族宗教部门的支持下，普陀山佛教协会修改完善相关的管理制度，规范捐赠性资金的管理。

信息化建设 在经济责任审计、税务、社保、投资及金融单位审计中，均应用计算机辅助审计。有2个应用案例，分别获得省审计厅应用奖和鼓励奖。继续深化网络应用，依托审计专网，组织实施审计数据分析系统。完善和改版审计门户网站，加强网站的宣传、服务功能，提高网络的安全性和可靠性。 （撰稿人：翁维波）

【宁波市审计局】 2010年，宁波市审计局人员编制63人，在编70人。局长郑建飞，副局长王安华、王勤学、董国君、周信华（—9月），总审计师张列群。设有办公室、法规处、财政审计处。

审计成果 宁波市审计机关完成审计项目580个，查出违规金额131528万元，其中应上缴财政69922万元，应减少财政拨款或补贴5418万元，应归还原渠道资金17792万元，应调账处理金额46527万元。宁波市审计局实施的甬江流域污水排放及治理情况专项审计调查、国际金融危机对宁波市中小企业影响状况专项审计调查2个审计项目，获得审计署年度地方表彰审计项目。

审计调查 先后开展了政府投资保障性住房、新增政府主导性项目实施情况、建设领域突出问题专项治理、中小学校舍安全工程建设、对口支援青川县灾后恢复重建项目等审计调查。特别在青川灾后恢复重建跟踪审计中，保质保量地完成36个市援建青川项目的竣工决算审计，促进了国家支持汶川地震灾后恢复重建政策措施的落实。

财政审计 统筹开展地方政府负债专项审计调查、行政事业单位政府性资产审计调查、政府土地存量资产审计调查以及拆迁安置政策及资金管理情况、财政涉企奖励补助资金管理和使用绩效情况、非税收入管理使用情况等各类专项资金的审计，在审计范围上实现向政府各类基金、土地出让金、政府负债以及各种政府性资产拓展，预算执行审计工作体系得到了不断完善。预算执行审计工作得到市政府主要领导批示，市人大、市政府对此给予高度肯定。

固定资产投资审计 全年完成杭州湾大桥南岸连接线、绕城高速西段等5项工程竣工决算审计，共审计金额117.62亿元，核减投资4.23亿元。组织实施轨道交通1号线等14个重大基础设施工程的跟踪审计，提出审计建议102条，已采纳74条，发现问题金额12.98亿元，促进了建设项目规范管理。

经济责任审计 宁波市审计局完成13名领导干部的经济责任审计，查出违规问题金额1.07亿元，为规范财经秩序、促进领导干部勤政廉政和全面履行职责等方面发挥了积极作用。

专项资金审计（调查） 以促进各项惠民政策的落实，有重点地对城乡居民养老保险制度实施情况、城镇居民医疗保险制度实施情况、住房公积金等进行审计和调查，促进了制度的健全和管理的完善。 （撰稿人：吴旭光）

【绍兴市审计局】 2010年，绍兴市审计局人员编制43人，在编41人。局长钱水祥，副局长郭春敖、魏仁林、王文伟，总审计师陈明远，纪检组长胡云欣。设有办公室（培训中心）、监察室、综合处（计算机中心）、法规处、经济责任审计（内部审计）处、财政社保审计处、金融经贸处、行政事业与外资运用审计处投资审计处（政府投资审计中心）、农业环保审计处。

审计成果 绍兴市审计机关共完成审计项目272个，查出违规金额5937万元，应上缴财政2388万元，应归还原渠道资金52万元，应调账处理金额18961万元；已上缴财政2388万元，已归还原渠道资金52万元，已调账处理金额18899万元。移送司法机关、纪检监察部门处理事项4件。提交审计工作报告351篇、信息457篇，被采用信息325篇，提交专题或综合报告80篇，采纳专题或综合报告66篇。

财政审计 绍兴市财政“同级审”结合开展全部政府性资金、财政资金安全与绩效、政府负债与政府投融资机构等专项审计调查。相关信息专报被绍兴市委《决策参考》刊发。

金融审计 对浙江上虞农村合作银行2009年度经营风险进行专项审计。《农村合作银行违规放贷应引起重视》的专报得到绍兴市人民政府副市长的批示。

行政事业审计　开展行政事业审计项目8个，查出违规金额301万元，管理不规范金额8.05亿元，应上缴财政35万元。查出的违规金额，有关责任单位已根据审计决定和建议，通过调账处理、归还原渠道、补缴税费等途径整改落实。

农业与资源环保审计　完成农业与资源环保审计项目8个，审计查处违规和管理不规范金额638万元，上缴财政323万元（已上缴同级财政），提出审计建议，意见17条。

固定资产投资审计　对44个政府投资项目（标段）进行工程造价结算审计，核减工程造价1.52亿元。抓好对口支援青川灾后恢复重建项目跟踪审计和9个援建项目的竣工决算审计，节约投资2529.87万元。

社会保障审计　开展城乡居民养老保险、城镇居民医疗保险、新型农村合作医疗等项目审计。促使市政府出台《关于进一步完善市区城镇居民和未成年人医疗保障的施行办法》等3个规范性文件。

经济责任审计　完成19位市管领导干部的经济责任审计。"诸暨市镇乡领导干部经济责任审计评价指标体系数据规划和审计方法"研究课题于2010年8月4日正式通过审计署验收，审计署以《计算机审计实务公告》的形式向全国推广。

专项资金审计（调查）　开展卫生系统负债、文化专项资金和资产情况、新增政府主导性项目实施情况等专项审计调查。绍兴市政府出台了《关于进一步完善市区城镇居民和未成年人医疗保障的施行办法》等3个规范性文件。

（撰稿人：陈传良）

【衢州市审计局】　2010年，衢州市审计局人员编制37人，在编34人。局长汪亚莉，副局长余裕明、周波，总审计师毛金有，纪检组长盛建春。设有办公室、监察室、法规处、财金处、行事处、经贸处、投资处、经责处、直属分局、计算机审计中心、内审协会。

审计成果　衢州市共完成审计项目345个。通过审计和专项审计调查，查出违规金额1693万元，管理不规范金额8.74亿元。全市投资审计送审工程造价20.76亿元，核定工程造价19.49亿元，节约工程建设资金1.45亿元。提出审计意见和建议408条，被采纳291条，促进被审计单位落实整改事项177件。编发审计情况信息、专题调研文章、综合性报告等674篇，得到市、县主要领导重要批示16件（次），被各级各类刊物采用稿件325篇。

财政审计　重点安排了全部政府性资金、财政存量资金安全与绩效、政府性债务等专项审计调查，反映了政府负债偿债能力对土地出让依存度过高、部分专项资金未做到专款专用、财政资金出借管理欠规范等问题。

经济责任审计　完成市国土局、人民医院等单位领导干部经济责任审计项目10个。同时，按照《衢州市市管领导干部离任经济事项交接实施意见》要求，完成高新园区、西区等11个单位的领导干部离任交接审计工作。

固定资产投资审计　重点关注政府投资项目在决策管理、流程管理、投资绩效等方面的薄弱环节，对建设项目存在的基本建设投资计划未涵盖所有项目、投资计划缺乏政府可支配财力测算、项目立项审批未全面实行概算细化等方面的问题，提出有针对性的审计意见和建议。

专项资金审计　重点查纠冒领失业金、死亡人员冒领养老金等问题，通过审计，责成相关部门健全失业、养老保险待遇追缴制度，及时追回冒领的失业金和养老金。

审计创新　积极探索审计意见整改联合督查模式，以市委、市政府两办的名义下发了《衢州市审计意见整改联合督查领导小组》文件，由市纪委书记任领导小组组长，组织部、监察局、审计局、财政局、国资委等单位领导为成员。同时，还以纪检、组织、财政、审计等六部门名义共同出台了《审计意见整改联合督查办法》。

（撰稿人：周江川）

【金华市审计局】　2010年，金华市审计局人员编制41人，在编38人。局长方卫民，副局长苏礼明、董巧娟、卢文浩，总审计师留义华，纪检组长夏培林。设有办公室、法规监察处、财政金融审计处、行政事业与社会保障审计处、经贸审计处、固定资产投资审计处、农业与资源环保审计处、经济责任审计处。

审计成果　金华市审计局完成审计项目57

个，查出违规金额 21428 万元，其中应上缴财政 693 万元，应减少财政拨款或补贴 6859 万元；已上缴财政 209 万元，已减少财政拨款或补贴 6859 万元。建议有关部门处理事项 1 件。提交审计工作报告、信息 129 篇，被采用 57 篇。

财政金融审计　首次以单个部门为样本进行解剖式审计。重点关注预算管理的科学性和执行率，全部财政性资金的绩效性，地方政府负债的安全性，全部政府性资产管理的合规性。市人大常委会首次作出书面审议意见要求市政府对财政同级审计整改情况形成书面报告，并进行专题审议。

社会保障审计　开展城镇职工基本养老保险、城乡居民社会养老保险、盐业经营绩效专项审计等，促进调研解决重复参保问题，建立完善城乡居民社会养老保险基层工作平台，加强对储备盐及食用小包盐的质量管理。

固定资产投资审计　完成审计项目 25 个（含市文化中心等 5 个政府主导性重点项目跟踪审计），完成项目送审金额 5.60 亿元，审定金额 4.92 亿元，净核减金额 6859 万元。青川援建审计工作获省援建指挥部和省审计厅联合表彰，市文化中心跟踪审计工作受市文化中心建设领导小组表彰。

经济责任审计　完成审计项目 15 个。联合督查督促 9 个重点部门解缴财政 244 万元，纠正违规和管理不规范金额 1.57 亿元，采纳审计建议 32 项。推动出台《金华市领导干部任前经济责任谈话与履责报告制度实施办法（试行）》，下发《关于金华市领导干部任前经济责任谈话与履责报告制度实施办法（试行）的有关事项说明的通知》，编印分发《经济责任谈话法规辅导汇编》。

（撰稿人：俞锦立）

【台州市审计局】　2010 年，台州市审计局人员编制 39 人，在编 37 人。局长阮驿良，副局长侯丽君、汪毅华、郑必灼，总审计师王掌兴，纪检组长包荣足。设有办公室、监察室、法规处、经济责任审计处、财政审计处、行政事业社保审计处、农业环保审计处、经贸审计处、固定资产投资审计处、直属分局。

审计成果　台州市审计机关完成审计项目 303 个，查出违规金额 28702 万元，其中应上缴财政 1292 万元，应减少财政拨款或补贴 53 万元，应归还原渠道资金 1184 万元，应调账处理金额 12548 万元；已上缴财政 1257 万元，已归还原渠道资金 186 万元，已调账处理金额 12540 万元。移送司法机关、纪检监察部门处理事项 7 件。提交审计工作报告、信息 718 篇，被采用 396 篇。

财政审计　重点开展全部政府性资金、财政预算执行情况及水利建设资金、财政决算等审计或审计调查，积极推进财政审计一体化。

金融审计　关注金融风险，开展农村信用社经营风险、国家开发银行贷款的管理和使用情况等审计调查。

行政事业审计　开展市、县两级党政机关房产管理状况专项审计调查，共涉及党政机关 278 家，调查房产 811 处，房产面积 160.39 万平方米，审计促使市政府制定出台《台州市本级行政事业单位国有资产管理暂行办法》。

农业与资源环保审计　开展强农惠农资金安排使用情况专项清理和检查，促进建立健全强农惠农资金安全有效使用的长效机制。

固定资产投资审计　全年完成投资审计项目 51 个，审计项目投资总额 227.68 亿元，核减 2.15 亿元。完成支援四川省青川县对口乡镇灾后恢复重建跟踪审计，共审计全额投资类项目 22 个，概算投资总额 4.17 亿元，送审工程价款结算额 4.31 亿元，净核减工程结算造价 7366 万元，核减率达 17%，确保全市 22 个援建项目无一严重违纪违法。

社会保障审计　全市审计各类民生资金 50.80 亿元，查出有问题金额 2.19 亿元，促进被审计单位制定整改措施 21 项，出台完善制度 11 项。

企业审计　开展盐业经营绩效审计调查，分析了当前盐业体制改革中存在的矛盾和问题，促进盐业行业健康发展。

经济责任审计　全市对 63 位领导干部经济责任进行审计，查出违规金额 1.67 亿元、管理不规范金额 8.28 亿元。在全省率先开展中心镇党政领导干部同步经济责任交叉审计试点。

专项资金审计（调查）　完成专项审计（调查）项目 67 个，查出违规金额 113 万元，管理不规范金额 21866 万元。

（撰稿人：梁维力）

【温州市审计局】 2010 年，温州市审计局人员编制 78 人，在编 72 人。局长盖爱萍，副局长岑利、赵有力、陈健、尤业先，总审计师谢立，纪检组长潘建国。设有办公室、政治工作处、监察室、法制处、财政审计处、金融审计处、行政事业审计处、经贸审计处、农业与资源环保审计处、固定资产投资审计处、经济责任审计处、外资运用审计处、开发区审计处、机关党委等职能处室。

审计成果 温州市审计机关共完成审计项目 396 个，查出违规金额 18653 万元，其中应上缴财政 4700 万元，应减少财政拨款或补贴 2039 万元，应归还原渠道资金 746 万元，应调账处理金额 1890 万元。移送司法机关、纪检监察部门处理事项 14 件，建议有关部门处理事项 11 件。出具审计报告和报送审计调查报告 441 篇，提出审计建议 1252 条，编发审计信息 342 篇，信息被上级审计机关和党委、政府信息部门等采用 280 次，被省、市领导批示 15 次，向社会发布审计结果公告 110 篇。

财政审计 全市审计机关完成财政预算执行及决算审计项目 15 个。温州市本级财政预算执行情况和其他财政收支的审计工作报告首次采取视频直播的方式向全社会同步播出会议全过程。

固定资产投资审计 全市审计机关完成投资审计项目 50 个，涉及工程概算总投资 295942 万元，核减工程款 13005 万元。

企业审计 全市审计机关完成企业审计项目 14 个。发现部分国有企业存在关联单位低价受让或无偿使用国有资产、转移国企主营业务、违规分配股利等问题。

经济责任审计 全市审计机关完成 149 个单位 179 名领导干部经济责任审计，并组织实施全市 11 个县（市、区）法院院长任期经济责任同步异地交叉审计。

专项资金审计（调查） 全市审计机关完成专项资金审计或审计调查项目 116 个，促进资金使用效益的发挥和各项惠民政策的落实。

（撰稿人：陈振宇）

【丽水市审计局】 2010 年，丽水市审计局人员编制 47 人，在编 43 人。局长吴利文，副局长胡振文（—1 月）、叶慧萍（1 月—）、陈肇平、阎家骥（8 月—），总审计师傅代兴，纪检组长陈珺（—12 月）、傅绍林（12 月—）。设有办公室、监察室、法制处、财政审计处、计算机审计处、行政事业审计处、农业审计处、经济责任审计处和直属分局。

审计成果 丽水市审计机关完成审计项目 420 个，查出违规金额 18998 万元，其中应上缴财政 2813 万元，已上缴财政 3125 万元，应减少财政拨款或补贴 1670 万元，应归还原渠道资金 587 万元，应调账处理金额 4183 万元。移送司法机关、纪检监察部门处理事项 5 件。提交审计工作报告、信息 1758 篇。13 个计算机 AO 应用实例荣获审计署优秀奖和应用奖，3 个审计项目荣获浙江省审计厅信息系统审计案例优秀奖和鼓励奖。

财政审计 财政同级审中反映的存量土地资产、应急转贷资金管理和财政资金安全绩效等问题，书记、市长分别批示，要求有关部门认真整改、完善制度、规范管理。针对市本级财政同级审“两个报告”所反映的问题，市政府专题召开审计问题整改落实会，市人大常委会对重点审计问题进行跟踪督查。

经济责任审计 全市完成经济责任审计项目 139 个，查出违规金额中负有主管责任金额 2135 万元，完成领导干部离任经济责任交接 238 个。

固定资产投资审计 抓好新增政府主导性、对口援建四川省青川县、中小学校舍安全工程、工程建设领域突出问题专项治理等重点项目审计与调查，努力促进政府投资项目机制更完善、管理更规范。全市共完成国家建设项目工程审价 95 个，核减工程造价 15472 万元。

绩效审计 在市本级保障性住房建设审计调查所反映的保障性住房政策执行不到位、资金项目管理不规范等问题，常务副市长批示要求相关主管部门单位研究制定整改措施，切实抓好落实。全市共完成绩效审计项目 225 个，审计建议被采纳 194 条。

信息化建设 为加强全部政府性资金实时监控，在抓好审计信息化发展规划，联网审计平台建设立项的基础上，通过沟通协调，着力解决财政联网审计数据采集问题。该项目已完成项目合作、设备采购招投标，进入数据采集调查、审计模型设计阶段。

企业审计　对市直12家困难房地产企业资产负债损益和民间集资情况进行审计，市委、市政府专题研究制定了扶持房地产行业的相关政策与措施。

（撰稿人：叶伟平）

2010年浙江省所辖区、县（市）级审计工作统计表

金额单位：万元

审计机关	完成审计项目（个）	查出违规金额	应上缴财政	应减少财政拨款或补贴	应归还原渠道资金	应调账处理金额	移送司法、纪检监察部门处理（件）	建议有关部门处理（件）	出具审计报告和审计调查报告（篇）	提出审计建议（条）	撰写审计信息（篇）
杭州市											
杭州市本级	72	140810	140398		190	7357		5	93	186	49
拱墅区审计局	23	101	101			33486			26	88	27
上城区审计局	25	341	79			726	1		25	67	41
下城区审计局	36	553	319	234					36	69	12
江干区审计局	20	72						1	20	73	116
西湖区审计局	23	1058	245		484	329			32	77	52
滨江区审计局	13								16	31	10
余杭区审计局	20	37				4			20	64	50
萧山区审计局	56	4331	542	2361	1273	122		1	73	167	88
临安市审计局	62	5944	131	3467	1399	947			84	128	52
富阳市审计局	38	1184	1184			11883	1		38	120	86
建德市审计局	46	850	271	201	337	41	1		46	155	87
桐庐县审计局	32					84			32	105	44
淳安县审计局	47	352			1	276	1		48	57	51
湖州市											
湖州市本级	69	6781	382			2481			96	161	131
吴兴区审计局	33	7120	378				1		39	86	29
南浔区审计局	23	501	35						29	47	15
长兴县审计局	77	1009	6		651	156			88	78	42
德清县审计局	55	98	38		164	140			71	134	46
安吉县审计局	62	11	11	6613	18	16			75	19	36
嘉兴市											
嘉兴市本级	40	6291	4179						39	74	129
南湖区审计局	14	2				2766			19	45	
秀洲区审计局	29		5591						31	93	

（续表）

审计机关	完成审计项目（个）	查出违规金额	应上缴财政	应减少财政拨款或补贴	应归还原渠道资金	应调账处理金额	移送司法、纪检监察部门处理（件）	建议有关部门处理（件）	出具审计报告和审计调查报告（篇）	提出审计建议（条）	撰写审计信息（篇）
平湖市审计局	41	1690							56	125	30
海宁市审计局	42	3	3				1		43	124	83
桐乡市审计局	31	138	3519		63				38	74	
嘉善县审计局	35	2242	256		89	336		1	53	162	49
海盐县审计局	23	151	576	3006					38	127	38
舟山市											
舟山市本级	46	9184	285		3866	4851	2		74	127	32
定海区审计局	30								39	72	44
普陀区审计局	31	871	175		114	511			39	82	87
岱山县审计局	26	15	15						28	86	40
嵊泗县审计局	26	19	6				1		37	66	27
宁波市											
宁波市本级	49	67911	1231	2020	9441	25194		2	53	205	83
海曙区审计局	17	770			6				17	23	6
江东区审计局	11								11	26	119
江北区审计局	30	1222			326				30	79	11
北仑区审计局	36	1024	19292	885	2112	135	1		42	60	103
镇海区审计局	25	1532	3	1528			1		28	65	61
鄞州区审计局	169	49031	49015		54	1547		2	168	585	369
慈溪市审计局	37								39	114	202
余姚市审计局	72	317	68		296	311			74	94	28
奉化市审计局	49	2764	171	871	4067	3103			49	163	144
宁海县审计局	39	831	142	114	1064	48			39	55	29
象山县审计局	46	6126			426	16189	1		49	141	35
绍兴市											
绍兴市本级	59	1435	1211			552			80	169	196
越城区审计局	26	294	47						31	88	22
诸暨市审计局	38					18300	2		46	86	84
上虞市审计局	39	1135				260	1		43	115	43
嵊州市审计局	37	825	34			109	2		50	113	62
绍兴县审计局	46	2978	1035						62	153	61
新昌县审计局	45	1268	1089					1	59	70	40

（续表）

审计机关	完成审计项目（个）	查出违规金额	应上缴财政	应减少财政拨款或补贴	应归还原渠道资金	应调账处理金额	移送司法、纪检监察部门处理（件）	建议有关部门处理（件）	出具审计报告和审计调查报告（篇）	提出审计建议（条）	撰写审计信息（篇）
衢州市											
衢州市本级	24	38						2	24	79	87
柯城区审计局	13	250							15	42	46
衢江区审计局	107	462							107	90	61
江山市审计局	36	446	107		31				38	99	69
常山县审计局	88	111	111				1		88	97	10
开化县审计局	23	240	31		16	30			23	55	30
龙游县审计局	54	146	63		13679	2942			54	65	22
金华市											
金华市本级	57	21428	683	6362					71	141	58
婺城区审计局	23	1390							23	67	49
金东区审计局	17	90				82			26	42	20
兰溪市审计局	26	11359	1336		3				39	116	60
永康市审计局	126	696	275			40	26		126	298	35
义乌市审计局	48		5365			335		1	62	116	291
东阳市审计局	83	5790	209	209	336				83	158	68
武义县审计局	25	995	5		2187	18	1		35	48	32
浦江县审计局	85	89	509						106	158	123
台州市											
台州市本级	31	24154	649		1082	10142	1		40	86	132
椒江区审计局	19	116	4						20	73	76
黄岩区审计局	26	85	47		43		1		28	86	26
路桥区审计局	17	142	92		50				17	49	39
临海市审计局	21	53		53					21	78	39
温岭市审计局	31	683	338			132	1		31	85	49
三门县审计局	51	1	1						51	119	25
天台县审计局	28	47	47				2		30	52	18
仙居县审计局	39	2477	36		9	2057	1		39	52	35
玉环县审计局	40	944	33			217	1		40	144	135
温州市											
温州市本级	45	2886	929		579	484	4	6	66	191	138
鹿城区审计局	18	1891	96		13	12	1		18	50	9
龙湾区审计局	25	2333	954		8	121	4	1	28	88	28

（续表）

审计机关	完成审计项目（个）	查出违规金额	应上缴财政	应减少财政拨款或补贴	应归还原渠道资金	应调账处理金额	移送司法、纪检监察部门处理（件）	建议有关部门处理（件）	出具审计报告和审计调查报告（篇）	提出审计建议（条）	撰写审计信息（篇）
瓯海区审计局	22	876	121			4		1	22	77	13
瑞安市审计局	48	1474	256	330	14	68		2	51	149	33
乐清市审计局	41	4907	737	52	6		2		51	134	27
永嘉县审计局	31	2318	128	764	114	1079			36	109	40
文成县审计局	23	626	606		5				23	83	18
平阳县审计局	37	418	326				1		37	71	14
泰顺县审计局	23	38	38						24	80	17
洞头县审计局	43	465	363	893	7	122	1	1	45	99	16
苍南县审计局	40	421	146				1		40	121	17
丽水市											
丽水市本级	72	4989	1639			5			79	112	115
莲都区审计局	68		1	1035			1		101	43	116
龙泉市审计局	29	4458	535		7	3	1		31	74	113
缙云县审计局	28	4031	62	635	537	13			33	31	421
青田县审计局	71	2919	170						77	39	134
云和县审计局	29	108	118		30	120			30	60	98
遂昌县审计局	37	779	34		1	3517	3		41	50	120
松阳县审计局	28	453	96						53	63	78
庆元县审计局	29	1147	49		12	525			30	93	78
景宁畲族自治县审计局	29	114	109						35	104	65

安徽省

【安徽省审计厅】　2010年，安徽省审计厅人员编制165人，实有166人，领导职数11名。设有办公室（审计信息技术应用处）、综合法规处、财政审计处、行政事业审计处、农业与资源环保审计处、固定资产投资审计处、金融审计处、企业审计处、社会保障审计处、外资运用审计处、人事教育处、机关党委、纪检监察室、计划统计审计室、经济审计室、科技教育审计室、劳动保障审计室、农业审计室、交通建设审计室、文化卫生审计室、新闻广电审计室。下辖省经济责任审计局、省固定资产审计中心、审计学会、内部审计师协会、省审计厅机关服务中心、省审计科研所、安徽审计职业学院。

领导成员

厅　　长：刘战平

副 厅 长：戴克柱　刘大群

　　　　　姜爱民　杨寿桃

总审计师：何结华

纪检组长：吴　毅

巡 视 员：李长柱

省经济责任审计局局长（副厅级）：刘春华

审计成果　2010年，全省共审计和专项审计调查 7976 个单位，查出违规金额 45.5 亿元，损失浪费问题金额 2.2 亿元，管理不规范金额 400.1 亿元，侵害人民群众利益问题金额 3868 万元。为国家增收节支 13.1 亿元，核减项目投资额或结算额 29.8 亿元。审计移送司法、纪检监察机关和有关部门处理事项 49 件。向社会发布审计结果公告 415 篇次。向被审计单位或有关单位提出审计建议 18388 条，其中已被采纳 14778 条。被审计单位根据审计建议制定整改措施 903 项，建立健全规章制度 287 份。2010 年，安徽省审计厅被评为省政府目标管理考核先进单位、省直“三优”文明机关、落实工会目标管理连续六年先进单位、效能建设先进单位，并在省政府政风评议中被评为满意等次。

财政审计　以促进规范预算管理和财政体制改革，完善公共财政体系，保障财政安全，提高财政绩效为目标，组织对省财政厅、省地税局、省国资委、省经信委、省食品药品监督管理局、省新闻出版局、省政府外事办公室、省水利厅、省测绘局、省总工会、省科学技术厅、省司法厅等单位开展预算执行情况审计。在省本级“同级审”中安排 20 个省直部门政府性资产管理情况的专项审计调查。承担对省财政厅组织省级预算执行、省地税局办理省级预算执行情况审计及政府性资产管理情况专项审计调查。组织安排全省税收成本、全省地方财政资金管理绩效和全省政府性债务情况专项审计调查。开展铜陵市人民政府本级 2009 年度财政决算审计。起草了审计整改实施意见和审计整改联动机制实施意见，在此基础上，省政府办公厅转发了省审计厅《关于进一步加强审计工作若干意见》；制定了《关于推进构建财政审计大格局深化财政审计的实施意见》。自 2010 年起，向全社会公告部门预算执行情况审计结果和民生工程专项审计结果。

农业与资源环保审计　着力实施资源环境审计，组织对全省“十一五”规划内危险废物和医疗废物处置项目进行审计调查，涉及 17 个市危险废物和医疗废物项目主管部门和项目法人单位、发改委、环保、财政等部门及部分医疗机构和相关企业等。向省政府报送了题为《我省危险废物和医疗废物处置项目建设和运营中存在问题较为突出》的审计专报和“我省危险废物和医疗废物集中处置中心项目建设进展缓慢亟须重视”审计信息，被省委要情专报采用，副省长作出批示。积极开展计算机审计，特别是在 2010 年审计署授权省气象局财务收支审计中，注重财务核算系统的审计评估，发现会计核算平台存在系统性漏洞，并针对系统漏洞和缺陷，提出提高安全性、稳定性、可靠性的意见，成为计算机审计在实际运用中的一个亮点。还开展了经济责任、预算执行等审计和强农惠农资金专项清理工作、省退耕还林工程专项资金检查。

固定资产投资审计　全省各级审计机关，进一步加大政府投资审计力度，以投资效益审计为抓手，以工程价款审核为突破口，核减项目投资额或结算额 29.8 亿元，为政府投资节约大量建设资金，受到地方政府的肯定。省审计厅继续组织开展全省中小学校舍安全工程跟踪审计，开展安徽省对口支援四川省松潘县灾后重建项目、合肥新桥国际机场建设项目的跟踪审计和安庆至景德镇高速公路的竣工决算审计。全省投资审计队伍不断发展壮大，全省先后有省本级、13 个市和 49 个县增设了投资审计中心，新增编制 339 人。

企业审计　企业审计工作从拓展审计内容、创新审计方法、加大审计力度、提升审计质量方面入手，不断改变传统审计方式，加速企业审计的转型。省审计厅开展了省投资集团总经理杜长棣经济责任审计、徽商银行资产负债损益审计等。组织对省第三产业发展状况、省属重点企业内部控制情况进行专项审计调查。通过对近五年来审计的省江汽集团、投资集团、粮油进出口集团、能源集团、省国有资产运营有限公司等 5 家省属国有企业审计整改情况进行专项调查，进一步推动审计整改工作。

经济责任审计　以加强干部管理、揭露重大问题、促进党风廉政建设为目标，积极开展经济责任审计。全年完成 1337 人的经济责任审计，查出领导干部对违法违规行为负有主管责任和直接责任的问题金额分别是 26.36 亿元和 8071 万元。同时，制定了《安徽省省管领导干部离任经济责任事项交接办法（试行）》、《关于继续加强和改进党政领导干部和国有企业领导人员经济责任审计工作的实施意见》和《关于加强村级主要负责人经济责任审计的意见》。省本级对 4 个省直部门

(单位)主要领导、2 个省辖市市长、2 名省管企业领导人员实施任期经济责任审计，并对安徽医学高等专科学校校长探索开展首例省管领导干部经济责任事项交接工作。

专项资金审计(调查)　围绕保障民生，促进构建和谐社会，组织实施了中小学校舍安全工程审计调查、就业专项资金审计调查、新增建设用地土地有偿使用费管理使用情况专项审计调查、玉树抗震救灾资金物资跟踪审计；围绕促进完善有关政策措施，组织开展了合芜蚌自主创新专项资金绩效审计调查、第三产业发展状况审计调查、全省文化事业建设费和宣传文化发展专项资金管理使用及效益情况审计调查、33 户省属企业内部控制情况专项审计调查、交警系统政法专项补助资金审计调查。通过专项审计或审计调查，服务领导决策和宏观管理，推进相关管理体制改革，促进各项政策贯彻落实。

信息化建设　省、市和部分县级审计机关基本实现无纸化办公、公文网上流转，审计项目质量逐步朝全程电子化控制方向迈进。全省共征集计算机审计方法 146 篇、AO 应用实例 134 篇，其中获得审计署计算机审计方法评选优秀奖 3 个，应用奖 54 个；获得审计署 AO 应用实例评选应用奖 17 个，鼓励奖 40 个。计算机审计培训和 AO 考试认证工作力度进一步加大，社保联网审计稳步推进。

法规建设　围绕推行依法行政，加强审计普法宣传教育。深入开展宪法、国家基本法律和审计法律法规的学习宣传，充分利用网络专栏、广播电视、橱窗简报、讲座论坛等形式，打造多元化的学习宣传平台。省政府办公厅批转安徽省审计厅《关于进一步加强审计工作若干意见》，推进了《安徽省预算执行情况审计监督暂行办法》的修订工作和《安徽省内部审计条例》立法前准备工作，充实和完善了“安徽省审计厅财经审计法规库系统”。正在研究制定《安徽省审计行政问责操作规程》《安徽省审计机关审计结果公告暂行办法》等制度。审计计划管理和质量控制进一步加强，审计项目的规范化水平明显提高，安庆市、蚌埠市实施的两个项目分获审计署 2009 年度地方优秀和表彰审计项目。

队伍建设　建立健全了学习培训、选拔任用、考核评优、交流轮岗和干部挂职锻炼等办法，强化了市级审计机关领导班子的协管工作。同时，举办各类培训班、专题讲座 26 期，全省 33 名市、县局长参加审计署市、县局长培训班。继续完善审计干部上下挂职锻炼制度、县级审计机关定点联系制度、轮岗交流制度等，提高审计干部综合素质。实行审计组廉政责任制度，严格执行审计“八不准”工作纪律，完善审计质量责任追究制度。通过深入开展创先争优活动，进一步加强机关作风建设和效能建设，不断健全廉政风险防控制度。通过努力，审计队伍的实战能力有了明显提高，为推进审计转型提供坚实的智力支持和人才保障。

(撰稿人：张劲东)

【合肥市审计局】　2010 年，合肥市审计局人员编制 106 人，在编 91 人。局长吴利林，副局长李鲁青、陈卫、姚琳、王金红(6 月—)，总审计师顾强。设有办公室、综合处、法规审理处、财政审计处、行政事业审计处、农业与资源环保审计处、固定资产投资审计处、金融审计处、经贸审计处、社会保障审计处、外资运用审计处、审计信息技术应用处、监察室、机关党委、市经济责任审计局、直属分局、科教文卫审计室、建设审计室。

审计成果　合肥市审计机关完成审计项目 137 个(不含合肥市“大建设”政府投资项目 771 个)，查出违规金额 38663 万元，其中应上缴财政 21629 万元，应归还原渠道资金 3525 万元，应调账处理金额 2945 万元；已上缴财政 20988 万元，已归还原渠道资金 3357 万元，已调账处理金额 4755 万元。移送司法机关、纪检监察部门处理事件 4 件，建议有关部门处理事项 1 件。

市审计局作为全省审计系统先进集体，受到省人社厅和省审计厅的联合表彰，并荣获全省审计机关“审计提升年”活动先进集体、全省审计系统精神文明先进单位、全市政风评议先进单位、市廉政文化建设示范点、机关档案工作目标管理省特级单位等 29 项表彰。

财政审计　市审计局对市财政局组织市本级预算执行、市地税局税收征管和市属 3 大开发区预算执行和市环保局等 10 个单位和部门预算执行情况，以及有关民生工程等专项资金进行审计和审计调查，突出重点、关注效益，取得较好效果。10月底会同市人大财经工委开展了整改情况跟踪检查。市人大常委会评价审计客观透明、实事求是、敢说真话，更加注重推动完善制度和深化改革，审计覆盖面越来越广，审计整改力度越来越大。肥东、肥西县政府分别召开专题调度会和整改工作会，督查同级审查出问题的整改和审计建议落实情况。

金融审计 市审计局受省审计厅委托，开展徽商银行合肥分行资产负债损益审计，积极运用计算机技术，对存贷及中间业务等的海量数据记录进行多方位、多角度分析处理，有效提高审计工作效率和质量，为在信息化条件下做好金融审计工作积累了重要经验。

固定资产投资审计 市审计局对110个市属重点建设项目开展跟踪和跟进审计，接审大建设工程价款71.68亿元，核减9.42亿元，另在全省率先开发应用“政府投资审计管理系统”，实现政府投资项目审计全程信息化管理，并针对竣工决算审计要求，制定统一审计报告基本模板，引导工作高效开展，效果良好。合肥市各县区审计机关当年也扎实开展投资审计项目审计工作，为县区基础设施建设提供审计监督服务。

社会保障审计 市审计局围绕民生热点开展审计监督，其中“农家书屋”审计调查建议由市、县财政部门将该民生工程后期运行费用纳入预算管理，市政府主要领导批示责成相关单位落实。

企业审计 市审计局开展市供水集团公司资产负债损益审计，并对全市重点企业年薪制执行情况进行专项审计调查，调查结果受到市政府和国资部门高度重视，收到积极效果。

经济责任审计 市审计局根据年初实施的《合肥市经济责任审计评价暂行办法》，首次对8名领导干部经济责任审计进行正式量化打分和综合评价，试行领导干部离任经济责任事项交接制度，取得良好效果。庐阳区和长丰县分别完成11家和6家单位领导干部离任交接手续。

专项资金审计（调查） 市审计局开展中小学校舍安全工程、新型农民培训、乡镇综合文化站建设、文化事业建设费和宣传文化发展专项资金管理使用及效益情况等审计或审计调查，突出关注公共收支的经济性、效率性和效果性。相关部门根据审计建议，采取多种措施加强和改进管理。

内部审计 完成第二届市内审协会换届改选，理事137人；建立内审骨干人才库，共有34家单位的84名内审人员入库；举办全市内审人员继续教育培训班；11家内审机构荣获2008～2010年度全省内审“先进集体”称号，10位内审工作者荣获2008～2010年度全省内审“先进个人”称号；建成市内审协会网站。

审计学会 市审计学会荣获“全国大中城市先进学会”称号；完成第四届市审计学会换届改选，理事73人；对40余篇审计科研论文进行评比；《部门领导干部经济责任审计内容及评价指标研究》获审计署立项，《合肥市领导干部经济责任审计评价指标体系构建的研究》被市社科联招标课题结项获“优秀”等次；开展“审计论坛”暨首届处长论坛活动；参加“FIAT”论坛活动。建成市审计学会网站。（撰稿人：朱　岩）

【宿州市审计局】 2010年，宿州市审计局人员编制44人，其中行政编制25人，事业编制16人，工勤人员3人。在职干部职工33人。局长吴健，副局长陈志强、孙勇、黄莉，总审计师唐艳芳，纪检组长梁兆强。设有办公室、人事教育与内部审计指导科、综合法规科、财政金融审计科、行政事业审计科、企业与外资运用审计科、农业与资源环保审计科、信息化管理科、监察室、机关党总支。还设有经济责任审计局、固定资产投资审计局。

审计成果 全市审计机关共完成审计（调查）项目150个，查出违规金额9655万元，损失浪费金额2178万元，管理不规范金额82512万元，审计处理应上缴财政972万元，已上缴财政972万元，应减少财政拨款或补贴316万元，已减少财政拨款或补贴316万元，应归还原渠道资金727万元，已归还原渠道资金727万元，应调账处理金额1786万元，已调账处理金额1336万元；向纪检、公安机关移送案件线索4件；审计提出建议477条，被采纳的审计建议393条，提交审计专题、综合性报告和信息简报1679篇，其中被地方党委、政府和上级有关部门批示、采用1499篇。向社会公告审计结果7项。

预算执行审计 预算执行审计查出：未按规定征收和缴纳预算收入4467万元、隐瞒转移截留预算收入659万元、政策性税收流失413万元、财政收入核算不实9560万元、资金滞留闲置13294万元、财政支出核算不实2408万元、违规改变资金用途779万元、超预算列支950万元、未落实收支两条线和专户管理规定1762万元、损失浪费金额1947万元、其他13613万元；审计挽回损失金额349万元。市本级预算执行和其他财政财务收支审计结果，首次在《拂晓报》向社会公告。

固定资产投资审计 一是继砀山县、埇桥区、萧县审计局成立固定资产投资审计局（中心）之后，市审计局也成立了固定资产投资审计局。为市审计局所属副处级全额拨款事业单位，编制6人。二是为配合今年市政府开展的“建设管理年”活动，已对市本级的93个投资项目预（决）算进行审计，审计资金总额（送审额）86167.47万元，审计核定总额75670.91万元，审减额10496.56万元，平均审减率12.19%。

绩效审计 为确保绩效审计的顺利推进，在组织领导、技能培训、学习考察、业绩考评等方面及时跟进、全力保障。对于“结合型”的绩效审计项目，除了出具原有的结论性审计文书外，还配套出具绩效分析报告；对于“独立型”的绩效审计项目，出具绩效审计报告。为全面开展绩效审计积累经验，全市安排26个绩效审计项目，其中独立型7个，结合型19个。

专项资金审计（调查） 组织开展了新农村建设资金、就业再就业资金、33项民生工程资金专项审计调查。审计调查资金总额48714.14万元，查出违纪违规金额902.32万元。对审计调查发现的主要问题，均以审计信息专报和综合报告形式向市委、市政府、市人大作了专题汇报，领导批示要求相关单位进行整改。市政府办公室已出台《宿州市市级财政结转结余资金管理办法》和《关于进一步加强农村饮水安全工程建设和管理的意见》，市新农办制定了《关于进一步加强省级新农村建设资金的管理和使用办法》。

经济责任审计 全市共对42个单位、47名党委、政府或单位主要负责人进行经济责任审计，共查出违规金额中负主管责任1494万元，负直接责任493万元；管理不规范金额中负主管责任3422万元，负直接责任1997万元，损失浪费金额中负直接责任189万元。在年初计划安排上，提高任中审计在年度经济责任审计项目中的比重，逐步减少离任审计。把握任前审计重在为干部选拔任用工作服务的特点，选择少数单位实行领导干部任前审计制度试点。推动建立审计成果利用机制。市委组织部与市局联合下发了《关于对拟提拔领导干部（国有企业领导人）进行任前审计的暂行规定》。

审计质量提升 完善了审计项目质量检查、优秀审计项目评选、审计质量通报三者有机结合的审计质量监督机制。在全省优秀项目评比中，《灵璧县政府2007至2008年人口和计划生育经费收支情况审计（调查）》和《萧县人民政府会议中心决算审计》两个项目，双双荣获全省优秀审计项目。在全省审计项目质量检查中，获得县级总分第一、市级总分第三的好成绩。

信息化建设 2010年被审计署通报表彰全国审计系统AO应用实例7篇，其中应用奖3篇、鼓励奖4篇，被审计署收编专家经验2篇；在职审计人员参加全国审计系统AO认证考试，通过率达100%；市审计局网站被市信息化协会评为“优秀网站”称号；省审计厅组织的计算机审计中级远程培训考试，通过17人；审计信息化工作实行动态预警机制；自编《AO、OA应用手册》，规范管理；AO与OA应用实现“双百”目标，即100%的审计项目运用AO进行审计，100%的审计项目与OA进行交互。

党风廉政建设 制定《党风廉政建设工作要点》，认真落实领导干部廉洁从政“五个严禁”规定，扎实开展落实厉行节约“八项要求”工作，全市审计系统因公出国（境）、公务车辆购置及运行费用支出都按规定执行。公务接待和办公用水、用电、用油都能控制在规定的范围内。在年初审计工作会议上，签订了“一把手”负总责、副局长分责制，科室责任人负责制的党风廉政工作三级责任制书。开展了“学习廉政准则、规范从政行为、促进科学发展”的主题教育活动。组织全局党员干部认真学习贯彻《廉政准则》。召开贯彻执行《廉政准则》专题民主生活会，开展党的知识和《廉政准则》知识竞赛活动。

2010 年度，先后被省人社厅和省审计厅评为先进集体、全省审计系统精神文明建设先进单位、审计信息化工作连续两年获全省第一名等多种荣誉。

（撰稿人：张　挺）

【淮北市审计局】　2010 年，淮北市审计局人员编制 64 人，在编 61 人。局长戎培阜，副局长赵拥军、陈玉健，总审计师周玉贞，纪检组长王家民，经济责任审计局局长李继友。设有办公室、人事教育科、综合法规科、财政金融审计科、固定资产投资审计科、行政事业审计科、农业与资源环保审计科、社会保障审计科、企业审计科、审计监督科、经济责任审计局（下设三个副科级职能科室），下属事业单位市计算机审计中心、市投资审计中心。

审计成果　淮北市审计机关完成审计项目 117 个，查出违规金额 17198 万元，管理不规范金额 187124 万元，损失浪费金额 158 万元，其中应上缴财政 609 万元，应归还原渠道资金 493 万元，应调账处理金额 8667 万元；已上缴财政 72 万元，已归还原渠道资金 76 万元，已调账处理金额 2521 万元。提交审计工作报告、信息 58 篇，被采用 37 篇。

财政审计　对市本级 2009 年度财政预算执行情况进行审计，客观评价市级财政在贯彻中央和省、市宏观调控措施、实施积极财政政策、落实各项重大财税政策、完善公共财政体系、促进经济社会各项事业发展方面所做的工作及取得的成效。对市建委、市人防办和原市文化局等三个部门 2009 年度预算执行情况进行审计。重点检查综合预算管理、政府采购、“收支两条线”等各项改革的推进完善情况，政府性资产管理情况，预算执行绩效情况，各项民生工程政策的落实情况。注重向部门、单位所属二、三级单位延伸，扩大审计覆盖面，重点揭示和查处二、三级单位存在的公款私存、私设“小金库”、截留、挪用专项资金、坐收坐支非税收入、随意处置国有资产等违纪违规问题，促进规范管理，健全内控制度，维护财经法纪。

固定资产投资审计　淮北市审计局扎实有效地开展政府投资项目审计监督工作。审计人员深入到市建投公司、建委、国土、教育、房管、交通、水务等相关单位和部门，了解掌握建设项目基本信息，建立政府投资审计项目库。为规范审计工作流程，防范审计风险，联合市监察局、市财政局下发了《淮北市组织社会中介机构参与政府投资建设项目审计监督操作规定》。同时，制定了《淮北市政府投资建设项目跟踪审计操作规程（试行）》《淮北市审计局政府投资项目审计统一组织管理暂行办法》和《淮北市审计局政府投资建设项目审计廉洁自律规定》。审计、财政、监察三部门组成招标委员会，公开招标确定了 2010 年度参与政府投资建设项目审计的三家中介机构。自 2010 年 6 月以来，淮北市审计局组织 13 个审计组（受托的社会中介机构人员编入审计组，审计组组长由审计局审计人员担任），对 14 个建设项目实施跟踪审计，涉及计划投资额 47685 万元；监理部门、建设单位累计报审工程投资完成额 6963.66 万元，审计局审定工程投资完成额 4841.73 万元，核减虚报工程投资完成额 2121.93 万元，核减率 30.47%，较好地发挥了审计免疫系统功能。

经济责任审计　淮北市审计机关完成经济责任审计项目 46 个，查处违规金额 9905 万元，管理不规范金额 4272 万元。出台了《淮北市领导干部离任经济责任事项交接暂行办法》《淮北市领导干部经济责任审计进点程序规定（试行）》；根据省委组织部和省审计厅《关于对拟提拔领导干部（国有企业领导人员）进行任前审计的暂行办法》，市委组织部、市审计局联合下发了具体的贯彻实施意见，并明确规定把审计结果作为考核评价和使用干部的依据之一。逐步建立以任中审计为主，任中审计与专项审计、离任审计相结合的经济责任审计工作新机制。把经济责任审计与财政预算执行审计相结合，审计与审计调查相结合，揭露问题与促进整改相结合等，使有限的审计资源得到了最大限度的利用。根据经济责任审计结果利用的有关规定，已将经济责任审计结果报告作为干部监督管理、考核、奖惩、任免的依据之一。

专项资金审计（调查）　相继开展了地税税收征收成本，地方重点财政资金效益，新型农民培训工程，农村五保供养服务机构建设，中小学校舍安全工程，危险废物和医疗废物管理，日元贷款公共基础设施，殡葬收费以及市国有或国有控股担保机构设置、运营、风险情况，市信用担保有限公司资产、负债情况，天力橡胶有限责任公司改制情况，玉树地震救灾资金物资筹集、拨付和管理情况，铜陵市2009年政府性债务情况等专项审计调查，向市政府、省审计厅等提交了专项审计调查报告，并注重提炼审计调查成果，从宏观的角度提出改进意见及建议，为领导科学决策、加强资金管理、健全内控制度服务。

（撰稿人：徐　萍　惠　薏）

【阜阳市审计局】 2010年，阜阳市审计局人员编制60人（其中公务员编制31人，事业单位编制29人），在编43人。局长朱贺明，副局长马晓峰、方向阳，纪检组长李援朝。设有办公室、财政金融审计科室、行政事业与社会保障审计科等职能科（室）。

审计成果 阜阳审计机关共审计（调查）442个单位，审计查出各类违规金额8.8亿元，减少财政拨款833万元，已归还原渠道资金2.3亿元，审计核减投资额1.1亿元，审计后挽回损失9029万元。向本级政府或上级审计机关提交审计工作报告和综合性报告及审计信息833篇，被审计单位采纳审计建议959条，向社会公告审计结果63篇。

财政审计 审计中更加注重预算资金的使用绩效、行政运行成本和行政效能。更加注重从体制、机制、制度层面揭示、分析和反映问题，在更高层面发挥审计“免疫系统”功能作用。《市本级预算执行和其他财政收支情况的审计工作报告》得到市人大的充分肯定。同时，把督促被审计单位做好纠正整改工作作为预算执行审计的一个重要环节，加强跟踪检查，确保落实到位。2010年年底归还原资金渠道资金6161万元，审计挽回经济损失1797万元。

行政事业审计 全市审计机关审计192个行政事业单位，主要开展教育、卫生、医院和学校等单位和部门的审计，查出超标准超计划支出1091万元；管理不规范造成损失浪费2427万元，审计后挽回损失658万元等。

农业与资源环保审计 阜阳市审计机关切实把维护广大人民群众的根本利益作为审计工作的出发点和落脚点，不断加大对农业、水利和环保等专项资金的审计力度，审计总金额8678万元，审计查出违规改变项目计划和资金用途231万元，资金滞留闲置372万元，损失浪费金额383万元，审计后挽回经济损失148万元，审计促进拨付资金到位564万元等，推动了各项惠民政策的落实，受到广大人民群众的好评。

固定资产投资审计 全市审计机关认真贯彻落实《安徽省政府投资建设项目审计监督办法的实施意见》省政府225号令，加大了对政府投资的基础设施、土地征迁和重点工程项目的审计监督力度。全市共对169个项目（项目总投资63885万元）竣工决算中，审计核减项目投资金额10869万元，核减率为17%。

经济责任审计 阜阳市审计机关对139名党政领导干部进行经济责任审计，查出管理不规范金额2.2亿元，损失浪费金额300万元。2010年着重加强了制度建设，根据情况适时出台领导干部分级管理审计制度和领导干部离任交接管理制度；制定并出台《阜阳市村级主要负责人经济责任审计办法》。

专项资金审计（调查） 重点对地方政府性债务、政府投资保障性住房、农村低保、校舍安全等涉农惠农资金和事关群众切身利益的问题进行审计，实事求是地揭示问题，以保障人民群众的利益不受损害。（撰稿人：岳　波）

【亳州市审计局】 2010年，亳州市审计局人员编制46人，在编39人。局长李迎春，副局长和俊亮、梁海波、吴海波（8月—），调研员陈陵生。设有办公室（计算机审计科）、综合法规科、财政审计科、行政事业和社会保障审计科、农业与外资审计科、经贸与金融审计科、经济责任审计局，下设固定资产投资审计中心。

审计成果 全市审计机关共完成审计和审计调查项目179个，查出违规金额6123.94万元，上缴财政296.14万元。提交审计（调查）报告196篇，提出审计建议393条，撰写审计信息370篇。

财政审计 拓宽财政审计内容，确定财政预算收支、政府性债务、固定资产投资审计为一体的财政审计工作思路。加大对预算管理、资金分配和会议费等四项费用厉行节约情况专项审计。

市机关效能建设领导小组把审计查出的问题及整改情况纳入市直单位绩效考评内容。注重提出完善体制、机制的意见和建议。

行政事业审计 市审计局实施了市中医药博览会组委会办公室2009年度财务收支审计调查。

固定资产投资审计 亳州市县两级先后成立了政府投资审计机构，以建设项目工程造价审计为核心，坚持国家审计与社会中介组织审计相结合，研究制定了《亳州市政府投资建设项目审计监督暂行办法》。

社会保障审计 亳州市审计局组织实施全市工伤保险基金和城镇居民基本医疗保险基金筹集、管理和使用情况专项审计调查，提交的专项审计调查信息被市政府主要领导和分管领导批示。

企业审计 组织实施了城市排水有限责任公司2009年至2010年6月财务收支情况审计，针对审计查出问题提出整改建议。

经济责任审计 亳州市坚持以领导干部贯彻落实科学发展观、树立正确的政绩观、切实履行经济责任为目标，努力实现经济责任审计从“财务型”向“绩效型”的转变，做到审计程序、审计内容、审计评价和审计管理“四个规范”。在全省率先实行审计谈话制度。

专项资金审计（调查） 亳州市本级重点组织实施了全市中小学校舍安全工程实施情况和市南部新区征地拆迁安置资金等专项审计调查项目。同时，按照省审计厅要求实施了全市重点财政资金效益、市级地税机关税收成本、蚌埠市政府债务情况、玉树抗震救灾资金物资和医疗（危险）废物处置项目专项审计调查。（撰稿人：孙　博）

【蚌埠市审计局】 2010年，蚌埠市审计局人员编制77人，在编72人。局长杨继顺，副局长徐德利、周波，总审计师汤瑶泉，纪检组长佘建军。设有办公室、综合法规科、财政审计科、金融审计科、行政事业审计科、经贸审计科、农业与资源环保审计科、社会保障审计科、固定资产投资审计科、外资运用审计科、计算机审计科、派出审计一室、派出审计二室、人事教育科、机关党委、监察室；下属市经济责任审计局。

审计成果 蚌埠市审计机关完成审计项目346个，其中审计调查项目19个；查出违规金额9264万元，管理不规范金额345028万元，其中：应上缴财政4981万元，应归还原资金渠道10万元，应调账处理金额1061万元；经审计处理，已上缴财政3961万元，已归还原渠道资金10万元；移送处理事项9件；提交各类审计报告和审计信息572篇，被批示、采用380篇（次）。

财政审计 全市各级审计机关以规范预算管理、推动财政体制改革、促进建立公共财政体系、保障财政安全、提高财政绩效水平为目标，坚持“揭露问题、规范管理、促进改革、提高绩效”的审计思路，不断深化预算执行审计，积极构建财政审计大格局，推进全部政府性资金审计。全市审计机关2010年度共审计各级预算执行部门28个，查出违规金额68332万元，应上缴财政400万元。根据市人大常委会关于市本级财政预算执行和其他财政收支审计的意见，配合市政府督促指导责任单位整改审计发现的问题。市本级预算执行和其他财政收支审计发现问题的25个问题，已经整改问题12个，部分整改问题7个，需以后规范问题6个，整改金额56870万元，得到市人大充分肯定。

经济责任审计 积极探索经济责任审计的方法内容和结果运用等，以引导和促进领导干部贯彻落实科学发展观和树立正确的政绩观为目标，把握经济责任审计重在评价领导干部履行经济责任绩效，努力尝试经济责任审计微观与宏观、合规与绩效、批判性与建设性并重的转变。全市审计机关完成经济责任审计项目55个，其中市审计局完成市科技局等单位14名领导干部任期经济责任审计。

专项资金审计 全市审计机关完成专项审计和审计调查31项，审计专项资金总额726111万元，查出违规金额6539万元。市审计局结合预算执行情况审计，重点对财政资金使用效益情况、地税系统税收成本情况、农村新型合作医疗改革情况和全市土地出让金征收管理使用情况等8个项目开展专项审计调查，全面监督和反映相关政策落实情况、工作开展情况及取得的效益、效果，3个审计项目被市领导批示。

固定资产投资审计 全市审计机关完成固定资产投资审计及审计调查项目228个，审计项目投资总额24606万元，核减投资额4524万元。市本级投资审计注重关口前移，同时注重整合审计资源，有效利用社会中介组织力量，主要实施慕远学校建设项目工程竣工决算审计以及胜利路提升改造、西出口路工程、中环线征地拆迁工程等18个政府投资重点建设项目跟踪审计。

行政事业审计　全市审计机关完成66个审计项目，查出违规金额13814万元，市审计局完成市国土资源局、安徽财经大学、市劳动保障事务服务中心等单位财政财务收支审计，揭示了无依据收费、未执行收支两条线规定、截留挪用专项资金、少缴税费等问题，并依法进行了处理。提出严格执行“收支两条线”管理规定、完善内控制度、加强财务核算、规范财务行为等审计建议。

外资运用审计　市审计局完成省审计厅安排的世行贷款蚌埠综合环境改善龙子湖子项目等4个外资审计项目，重点检查了国外贷援款资金和国内建设资金到位、使用，项目设备采购和使用，提款报账等情况。通过审计促进项目单位严格执行国家法规和项目协议，提高资金使用效益，规范财务管理与核算。

交办事项　完成政府交办民营企业蚌埠神工机械有限公司垫付国有原安徽淮河机械公司破产清算资金等有关事项审计，发现原国有企业负责人、法院工作人员、破产清算组工作人员在企业破产清算中，涉嫌经济和职务犯罪问题，将有关资料移送检察机关和纪检监察机关处理，原国有企业主要负责人、法院主审法官（副县级审判员）等4人被依法逮捕；纪检监察机关暂扣被侵占挪用的国有资金1270万元。　（撰稿人：陈前超）

【淮南市审计局】　2010年，淮南市审计局人员编制71人，在编67人。局长陈寅（4月—），副局长丁常宝、李长安、王林，总审计师李宗林，纪检组长刘昌银（7月—）。设有办公室、人事教育科、监察室、党总支、综合法规科、计划财务（审计）科、计算机审计科、财政金融审计科、经济贸易审计科、社会保障审计科、行政事业审计科、农业与资源环保审计科、外资运用审计科、城市建设与固定资产投资审计科、科教文审计科、经济责任审计局、经济技术开发区直属分局、山南新区直属分局、审计学会。下辖审计干部培训中心（自收自支事业单位）、固定资产投资审计中心（全额拨款事业单位）。

审计成果　全市审计机关完成审计项目440个，查出违规金额22194万元，其中应上缴财政692万元，应减少财政拨款或补贴3783万元，应归还原渠道资金2095万元，应调账处理金额8880万元；已上缴财政685万元，已减少财政拨款或补贴3783万元，已归还原渠道资金1804万元，已调账处理金额8520万元。移送司法机关、纪检监察部门处理事项3起。提交审计工作报告、信息1155篇，被采用815篇。

财政审计　开展市本级预算执行审计及市发改委、市公安局等10部门预算执行审计。同时平行安排了一项资金或业务进行专项审计调查，从不同视角发现和揭示新情况、新问题，有针对性地提出了加强财政专项资金管理、完善政府投资监管机制等建议。审计工作报告和审计整改报告分别在市十四届人大常委会第20次会议及23次会议上得到市人大代表的高度评价，两项报告均获得全票通过，并通过《淮南日报》及市审计局门户网站全文向社会公告，其他10部门预算执行审计报告已陆续通过淮南审计网对外公告。

固定资产投资审计　先后制定出台《淮南市政府投资项目审计监督办法》和《淮南市政府投资项目跟踪审计操作规程》，根据投资概算将投资1亿元以上、投资3000万元至1亿元之间、投资3000万元以下以及部分政府投资的民生工程等项目分为四个等级，灵活运用独立跟踪审计、联合跟踪审计、委托社会中介机构审计等方式，对政府投资审计项目实施监督，着力构建具有淮南特色的“制度办法引领、国家审计主导、社会中介参与、内审专家补充、全过程跟踪监督”政府投资审计新模式。2010年，重点工程竣工决算审计核减金额0.9亿元；跟踪审计核减虚报工程进度款1.3亿元。

经济责任审计　开展市委政研室原主任、淮南日报社原总编辑、市环保局原局长等73名党政、企事业单位领导干部经济责任审计工作的同时，强力推进基层组织机构负责人经济责任审计。制定出台了《淮南市乡镇领导干部经济责任审计暂行办法》，基本建立了基层组织机构主要负责人经济责任审计监督体系，加强了基层组织和干部队伍建设。

专项资金审计（调查）　围绕党委政府工作中心及民生热点问题，重点对大开发大建设、民生工程、新农村建设等专项资金进行审计调查，组织实施了科技资金、退耕还林工程、地方重点财政资金等专项审计调查，出台《淮南市社会保障资金审计监督办法》。全市审计机关共审计（调查）单位402个，审计专项资金总额98.1亿元，查出违规改变项目计划和资金用途774万元，未纳入财政专户管理1.7亿元，配套资金不落实及其他6761万元，资金闲置1646万元。全市2009年度科技专项资金绩效情况审计报告、市住房公积金绩效情况审计报告等9份专项审计调查报告、信息被市主要领导批示。

“审计提升年”活动　按照省审计厅统一安排和部署，确立“推进六个强化、实现六个提升”的总体目标及29项具体活动内容，将健全质量管理、深化质量控制、创新审计手段作为审计提升的重要内容。积极探索和推广多方式连接、多类型互动、多专业融合的组合审计模式，健全完善了审计组组长及主审负责制，严格执行审计报告实名制及主审责任追究制，创新审计报告专业审核制度，出台《淮南市审计局报告样本参考格式》，提升了审计质量，被省审计厅评为全省审计机关“五年行动计划”先进集体。

相关工作　以“创先争优”活动和“审计提升年”活动为抓手，不断加强审计机关内部建设。加强3个重点层次人才的管理和培养，召开中层干部、后备干部及青年干部座谈会，打造学习型机关，形成了“审计论坛”、“读书征文”、“学习培训”、“文化活动”四位一体的学习机制。严格执行审计程序和审计纪律，大力推进“四公开”，即审计项目公开、审计过程公开、审计结果公开、投资项目审计公开招投标，全力打造阳光审计。积极开展审计文化建设，举办“审计提升年”活动书画摄影展、审计文化征文活动，创办“审计论坛”等，成立了审计干部志愿者服务队，获得“市结队共建先进单位”称号。以贯彻实施新修订的《审计法实施条例》为契机，在《淮河早报》制作专版进行宣传，在全市各主要路段张贴标语、悬挂横幅近百个，宣传审计法规知识，为审计工作的开展营造了良好的外部环境。

内部审计　2010年，全市共有内审机构58个，内审人员627人，全年共审计2076单位，查出损失浪费1941万元，增加效益11097万元，提出建设性意见并被采用723条。10月28日，在全省内部审计工作会议上进行交流发言。

（撰稿人：崔　燕）

【滁州市审计局】　2010年，滁州市审计局编制47人，实有42人。局长王成山，副局长刁天石、徐军，总审计师朱哲，纪检组长李庆彬。设有办公室、综合调研科、财政金融审计科、法规审理科、经贸企业审计科、农业环保审计科、社会保障审计科、投资外资审计科、纪检监察室和经济责任审计局（副处级）。

审计成果　市本级审计计划安排审计项目33项，全年实际完成了38个审计和审计调查项目，查出违规问题金额740万元、财政收支核算不实4082万元、管理不规范金额65762万元、核减政府投资工程结算额2261万元；已上缴财政499万元，已归还原渠道资金130万元，提交审计专题、综合报告和信息85篇，被党政领导和有关部门批示、采用34篇次。

全年审计署、省审计厅统一部署的审计项目共6项，分别是全省中小学校舍安全工程实施情况审计调查（署定）、全省政府债务情况专项审计调查（署定、交叉审计）和全省节能减排和固体废物处理工程项目资金管理使用情况审计调查（省定）、地方重点财政资金效益专项审计调查（省定、交叉审计）、地税系统税收成本专项审计调查（省定）、第三产业发展状况审计调查（省定）。按照上级统一部署，认真开展审计和审计调查，圆满完成了任务。在对市固体废物处理项目资金管理及使用情况的审计调查结束后，根据调查结果报送的《审计专报》“加快医疗废物集中处置项目建设进度”被市政府领导批示。

预算执行审计　以构建财政审计大格局为目标，按照“财政资金运用到哪里，审计就跟进到哪里”的要求，积极开展对全部政府性资金审计和审计调查。市人大常委会对市本级预算执行审计工作报告、审计发现问题整改情况报告给予肯定，认为近两年来审计报告的质量一年比一年好。市人大主任会议和常委会会议专题听取了审计整改情况报告，并及时将审计情况和整改结果通过网站、报纸向社会进行公告。

专项资金审计（调查） 在安排审计项目时，注重提高专项审计调查在全部审计项目中的比重，全年安排审计项目25项（不含受组织部委托经济责任审计12项），其中专项审计和审计调查13项，专项审计和审计调查占项目总数的52%。除完成省厅统一安排的6项专项审计调查外，实施了市本级土地出让金、住房公积金、教育附加费、改制托管资产、水库除险加固、垃圾处理设施建设运营效益等6项专项审计调查项目，并根据调查结果及时报送《审计专报》，被市委、市政府领导批示。

经济责任审计 根据市委组织部委托，开展了凤阳县政府主要领导离任和市物价局等19个单位领导干部任期经济责任审计。此外，还组织全市审计机关统一开展了县、市、区政法系统离任的“三长”经济责任审计12项。经济责任审计工作不断深化，审计内容不断细化，努力促进经济责任审计从“财务型”向“绩效型”转变，探索经济责任审计从事后监督向事前、事中监督转变。

固定资产投资审计 投资审计工作以服务“大滁城”建设为中心，以“政府投资项目跟踪审计办公室”为依托，以“两个一百”，即政府投资重点项目跟踪审计覆盖率100%、跟踪审计结果复核率100%为目标，实行“一线工作法”，组织全局力量，实行“全员上工地”，全力开展政府投资重大工程项目跟踪审计。2010年，共委托跟踪审计项目64个，概算投资额49.83亿元，已完成跟踪审计投资额16.50亿元。（撰稿人：傅卫民）

【马鞍山市审计局】 2010年，马鞍山市审计局行政编制46人（含机关后勤行政管理服务人员单列编制3名），在编41人；事业岗位编制10人，在编8人。局长夏光明，副局长王明营、陈陆林、金桂兰，纪检组长汤德生。设有办公室、综合调研科、党总支、法规审理科、审计执行科、内审指导科、计算机审计中心、财政金融审计科、固定资产投资审计科、经济社会审计科、经济责任审计局、开发区审计分局、工程价款结算审计中心。

审计成果 全市审计机关完成审计项目316个，查出违规金额5034万元，其中应上缴财政1214万元，应减少财政拨款或补贴3672万元，应归还原渠道资金1623万元，应调账处理金额470万元；已上缴财政1368万元（含上年转接154万元），已减少财政拨款或补贴3665万元，已归还原渠道资金104万元，已调账处理金额439万元。提交审计工作报告、信息290篇，被采用444篇（次）。

财政审计 紧紧围绕“扩内需、保增长、促发展、惠民生、调结构”这条主线，积极构建财政审计大格局，认真开展了市财政局具体组织2009年度市本级预算执行和其他财政收支情况审计，同时还组织开展了市教育局等四个部门预算执行情况审计，延伸审计了四个部门所属二级单位，共计对32家单位进行审计（调查）。

经济责任审计 推动主管部门对所属单位负责人开展任中经济责任审计工作，实现市属部门和单位领导干部经济责任审计全覆盖；进一步完善和拓宽审计内容，加强对财政资金的使用效益等方面审计监督力度，科学评价领导干部经济责任履行情况，提高公共资金管理和使用绩效；经济责任审计工作机制进一步健全；推动健全完善纪检监察、组织人事和审计等部门协调配合、各司其职的工作机制；认真执行审计对象分类管理、离任经济事项交接等制度，巩固完善审计结果分析通报、审计成果运用等制度，推动审计发现问题得到有效落实。

固定资产投资项目审计 加大跟踪审计力度，增加了4个跟踪审计项目计划；在认真总结经验的基础上，制定并严格执行《马鞍山市政府投资建设项目跟踪审计操作办法》；扎实开展竣工决算和价款结算审计。完成雨山路改造、市容局大楼竣工决算等34个项目审计；针对在审计过程中发现的项目招投标中存在的规避招标、招标代理不规范等问题，提出政府投资项目招投标实行“三金”制的审计建议，被相关部门采纳，出台了《关于进一步加强招标采购交易市场监督管理的意见》；增强投资审计力量，成立了市工程价款结算审计中心，公开招聘了8名审计人员充实到投资审计一线；围绕提高资源整合成效，继续探索规范协审行为，以公开招标的方式引入中介机构参与工程价款结算及投资项目审计工作。

专项资金审计（调查） 围绕民生问题，开展土地征迁、医疗、就业、教育、环境保护等专项资金的审计监督；围绕专项资金管理使用的规范性、安全性开展专项审计调查。先后组织开展了2009年度教育费附加费和地方教育附加费、2009年度市应用技术研究与开发资金以及玉树抗震救灾捐赠款物管理使用情况的审计（调查）；围绕资金使用效益情况，对市财政局等7家单位开展了市本级地方重点资金效益专项审计调查。

（撰稿人：司小敏）

【芜湖市审计局】 2010年，芜湖市审计局编制数为60人（行政编制55人，机关后勤行政管理服务人员编制5人），实有59人。局长周明，副局长杨高、韩小平、王钢，总审计师张文清，纪检组长陈军，经济责任审计局局长吕荆海。设有经济责任审计局、办公室、监察室、人事教育科、法制科、财政审计科、行政事业审计科、固定资产投资审计科、社会保障审计科、金融审计科、经贸审计科、外资运用审计科、农业与资源环保审计科、内部审计指导监督科、审计局计算机审计中心（二级事业单位，编制4人，实有4人）。

审计成果 全市审计机关共完成审计项目329个，查处违规金额28039万元，管理不规范金额136670万元，为政府投资增收节支64876.6万元，其中市审计局增收节支46537.5万元（不含市政务文化中心工程项目核减额）。被领导批示和采用信息122篇次，向社会公告审计结果34项，市、县、区政府出台加强审计工作的规范性文件九项。

固定资产投资审计 市审计局完成市政务文化中心大楼、滨江公园临江桥、横新路、峨山路、弋江路、芜南路工程项目、市第十二中学新校区建设项目、市中级法院审判综合楼改造工程、市房地产交易大楼工程项目竣工决算等审计。开展了芜湖古城建设项目和宁安城际铁路芜湖段项目全程跟踪审计；对市弋江区新兴铸管有限责任公司建设用地征地拆迁安置费用项目、芜湖卷烟厂技改项目土地置换费用进行专项审计。

组织完成了大鑫和锦天两家房地产开发公司五个经营性用地开发项目审计，镜湖区华安房地产开发公司“长江湾”项目合作开发专项审计；对伟星、长江长、柏庄等四家房地产开发企业的四个房地产项目开发成本进行了专项审计。全年核减政府投资和拆迁安置费用、追缴土地出让金和税费46163.5万元。

工程项目审计揭示项目招标内容不完整、工程量清单编制粗放、工程建设管理不到位、工程设计变更批准手续不完备、施工现场签证不及时、景观绿化工程不达标等问题。征地拆迁安置费用审计揭示多报费用、违规多占安置房、超标准支付安置费和奖励费、改变房屋功能骗取补偿费等问题。对房地产开发项目审计揭示违规增加建筑容积率、少缴土地出让金和税费、多报商品房开发成本等问题。

组织开展对工程审价、资产评估等中介机构参与政府项目审价和评估质量情况进行审计抽查，抽审工程审价项目8个、资产评估项目13个，规范社会中介机构执业行为，防止国有资产流失，促进中介机构在为维护公平、公正的市场秩序方面发挥积极的作用。

预算执行审计 充分利用财政联网审计数据分析系统平台，拓展财政审计内容，创新审计方法，突出重点领域，对部门预算执行资金进行深度审计分析，提出了加强管理、统筹安排调度部门预算结余资金的建议，得到市政府重视，市财政局制定了加强部门预算结余资金管理办法。对市、区两级自主创新资金开展延伸审计调查，揭示区级财政自主创新配套资金到位不足、拨付不及时等问题，市政府听取汇报后责成区政府立即整改，保证了自主创新资金的使用效果。对2008～2009年两年福利彩票基金和体育彩票基金的专项审计，提出加强基金预算管理和政府统筹安排，提高基金使用社会效果的审计建议，促进相关部门完善基金管理办法。做好省审计厅对本市政府性负债审计调查的配合、服务、沟通、协调工作。会同中国用友集团在本市组织召开了全国联网审计建设经验交流会，提升了芜湖审计的知名度。

经济责任审计 全市完成了107名行政事业单位和企业领导人任期经济责任审计，在落实加强对权力运行的监督和约束方面发挥积极作用。加大对事业单位领导人和村级组织负责人的审计监督力度，制定出台了《芜湖市村级组织主要负责人任期经济责任审计暂行办法》，进一步扩大了经济责任审计覆盖面。

专项资金审计（调查） 全市审计机关加强对涉农资金、廉租房建设、农村饮水安全、中小学校舍安全等民生工程项目资金的监督，审计结果全面反映了专项资金筹集、管理和使用环节中存在的问题，分析产生问题的原因，提出针对性的建议，督促整改落实到位，为促进党和政府惠民政策的落实、保障民生工程的资金安全、维护人民群众利益、加快社会事业发展发挥了积极作用。县审计局开展了新型农村合作医疗资金的专项审计，保障了“新农合”资金的安全完整。

行政事业审计 配合市医疗体制改革，组织开展了市八家公立医院资产负债审计和新组建的三大医疗集团院长经济责任审计。审计结果表明近两年政府对卫生事业投入不断增加，城乡医疗保障体系基本形成，市医疗卫生事业迎来了黄金发展期，市属主要医院就医环境、接诊能力和医疗条件有较大改观，业务收入快速增长。但几大医院也普遍存在违规收费、部分设备采购未执行政府招标程序、费用控制不严等问题。为公立医院改革提供了真实信息和决策依据。

配合全市行政区划调整，组织开展对长江大桥经济开发区建设以来近十年的资产负债和拆迁安置费用等情况的全面审计，方村镇财政收入、债务审计，保证了区划调整中资产债务的顺利交接。

企业审计 加强市区两级建设投资公司资金运营及贷款情况的审计监督；首次开展对市建投管理的政府股权投资及收益情况（37户企业）进行专项审计调查；加强对市国有土地使用权价格评估的审计监督，全年完成土地价格评估审计确认152宗，维护了政府的土地收益。

（撰稿人：胡媛媛）

【铜陵市审计局】 2010年，铜陵市审计局人员编制44人，在编51人。局长王仁海，副局长陶和平、宋同英、陈延友，总审计师王华，纪检组长何建敏。设有办公室、综合法规科、财金审计科、企业审计科、行政事业审计科、投资审计科、社会保障审计科、农业与资源环保审计科、农村经济审计科、经济责任审计局、监察室。

审计成果 全市审计机关完成审计项目296个，查出违规金额44475万元，其中应上缴财政644万元，应归还原渠道资金106万元，应调账处理金额2011万元。移送司法机关、纪检监察部门处理事项1件，建议有关部门处理事项2件。提交审计工作报告299篇，被采用36篇。

财政审计 全市审计机关审计了财税部门组织本级预算执行和47个部门预算执行情况，查出违规金额3904万元、管理不规范金额5988万元，审计结果得到人大、政府的充分肯定。市审计局还受政府委托向市政协主席会议报告了工作情况。

农业与资源环保审计 全市审计机关首次开展农村集体经济审计，对6个村（居委会）财务收支和“两委”负责人经济责任进行审计。

固定资产投资审计 全市共审计211个项目，审计项目投资额8亿元，核减工程造价1.2亿元。全市审计机关还对中小学校舍安全工程进行跟踪审计。

社会保障审计 铜陵县审计局对新型农村合作医疗基金进行了审计。

企业审计 开展了铜化集团、市建设投资公司、工业投资公司的经营业绩考核审计、事转企改制审计等。

经济责任审计 全市开展领导干部任中和离任经济责任审计39项、专项审计调查2项、离任交接2项，共查出违规金额3854万元、管理不规范金额12453万元。

专项资金审计（调查） 全市开展22项专项审计和调查，查出损失浪费金额66万元、管理不规范金额20052万元。市审计局对招待费、因公出国（境）费用支出情况进行全面审计，对农村饮水安全工程等4项民生工程和地税系统税收成本、马鞍山市政府债务等进行审计和审计调查；郊区审计局对区征地拆迁专项资金进行专项审计调查。

（撰稿人：张飞飞）

【安庆市审计局】 2010年，安庆市审计局人员编制65人（含事业编制15人），在编66人。局长何家虎，副局长张志国（兼总审计师）、朱菊云、尚晓玲（兼市经济责任审计局局长），纪检组长杨晓峰，调研员倪桂林。设有1个副县级机构：市经济责任审计局；13个职能科（室）：办公室、人事教育科、综合法规科、财政审计科、金融审计科、行政事业审计科、企业审计科、农业与资源环保审计科、固定资产投资审计科、外资运用审计科、审计信息管理科、监察室、机关党总支、事业编制机构投资审计中心、副县级派出机构安庆市审计局经济技术开发区分局。

审计成果 安庆市审计机关共完成审计单位641个，审计调查单位67个，审计经济责任人156个。审计查出违规金额2.66亿元，管理不规范金额24.55亿元，损失浪费金额441万元，侵害人民群众利益金额1744万元；为国家增收节支5139万元，其中上缴财政1234万元，减少财政拨款或补贴1348万元，归还原渠道资金2557万元；核减投资造价14465万元。向有关机关提交审计专题、综合性报告和信息简报628篇，被上级采用500篇。安庆市审计局实施的市房地产系统2008年度财务收支审计项目被审计署评为“2009年度全国地方优秀审计项目”。

财政审计 全市完成审计单位71个（其中预算执行审计64个，财政决算审计7个），审计调查单位6个，查出违规金额4094万元，管理不规范金额7.25亿元。在查出的违规金额中，应上缴财政289万元（已上缴财政284万元），应归还原渠道资金3099万元，应调账处理金额67643万元。

行政事业审计 全市完成行政事业单位审计216个，查出违规金额1.12亿元，管理不规范金额5.43亿元，审计发现侵害人民群众利益1584万元，查出应上缴财政493万元（已上缴财政458万元）。

固定资产投资审计 全市审计机关对305个政府投资项目进行审计，审计项目数占全市审计项目数的48%，审计投资完成金额108271万元（其中市审计局审计37664万元），审计核减工程造价14465万元（其中市审计局核减5898万元），平均核减率13%（其中市审计局平均核减率16%）。

3月1日起，《安庆市政府投资建设项目审计监督办法》正式施行。

经济责任审计 全年完成审计单位141个，审计经济责任人156人（其中党政领导114人，事业单位领导41人）。在审计的156位领导干部中：县处级领导18人，县处级以下领导138人。审计共查出违规金额8951万元，查出管理不规范金额3.3亿元。

专项资金审计（调查） 印发了《关于进一步加强民生工程资金审计的意见》；对农村中小学校舍安全工程进行跟踪审计，对市区新农合专项资金、政府债务、地税系统税收成本、行政事业单位经营性房产、四项公务费用（会议费、考察费、招待费、小车购置及使用费）、第三产业发展状况等审计事项进行专项审计调查。行政事业单位经营性房产审计调查结果、第三产业发展状况的专项审计调查报告等受到市主要领导的高度重视，对市政府和有关部门建立健全长效体制机制起到促进作用。 （撰稿人：石　林）

【黄山市审计局】 2010年，黄山市审计局人员编制26人，在编25人。局长徐立秋（—2月）、徐东海（2月—），副局长孙凤琴、夏明东（5月—）、程浩良（4月—），总审计师余根长（11月—），经济责任审计局局长程浩良（—4月）、汪利兵（5月—）。设有办公室（审计信息技术应用科）、综合法规科、财政金融审计科、行政事业审计科（农业资源环保）、外资社保（民生工程）审计科、固定资产投资审计科、经贸审计科、经济责任审计科（局）。

审计成果 黄山市两级审计机关完成审计项目544个，查出违规金额10441万元，其中应上缴财政450万元，应归还原渠道资金1879万元，应调账处理金额488万元。提交审计报告和审计调查报告532份、信息434篇，提出审计建议600条。

财政审计 预算执行审计工作紧紧围绕黄山经济工作中心，以促进规范预算管理，提高财政资金使用效益，切实加强对财政资金分配、使用和管理及重点领域、重点资金、重点部门的审计监督为主线，准确把握审计重点，深化审计内容，促进规范财政管理为总体目标。

专项资金审计 不断强化民生理念，制订实施方案，建立健全组织机构，明确审计目标任务，完善目标管理，将民生工程资金的审计任务予以分解落实。出台了相关的具体实施意见，要求对资金使用情况进行公示，接受社会和群众监督，相关职能部门研究建立健全“责、权、利”相统一的管理机制，确保民生工程的良性运行和发挥长久效益。

固定资产投资审计　围绕工程招投标、合同签订、工程造价的真实性以及财务管理、资金使用等情况，加大对政府投资项目的跟踪审计和竣工决算审计力度，成效较为明显。全年完成投资审计项目760个，送审金额165016万元，核减金额15895万元，核减率9.63%。

为了进一步规范固定资产投资项目审计程序和促进投资审计公开、公正、公平，黄山市审计局对协审中介机构进行公开招标，使投资审计规范运行、管理有序。

经济责任审计　按照“调整审计方式，前移监督关口，推行任中审计”的要求，全市完成55个单位和55名领导干部的经济责任审计，查出违规违纪金额1859万元，管理不规范金额148202万元。审计成果得到运用，审计意见整改效果较为明显，为促进党风廉政建设和强化干部监督发挥积极作用。

（撰稿人：梅文秋）

【六安市审计局】　2010年，六安市审计局编制41人，实有35人。局长余泳，副局长夏云、漆学敏，总审计师胡正才，纪检组长王家保。设有办公室、综合法规科、财政金融审计科、行政事业与外资审计科、农业与资源环保审计科、社会保障审计科、经贸审计科、监察室等职能科（室）。另设市经济责任审计局、市投资审计局。

审计成果　全市共审计项目600个，查出违规金额17568万元，审计决定处理处罚641万元，归还原渠道资金2491万元，要求调账处理14901万元；移送纪检监察部门处理事项2件。出具审计报告136份，提交审计建议、信息247篇（条），被地方党政领导和有关部门采用166篇（条）。

预算执行审计　2009年度市本级预算执行情况审计重点审查预算的科学性，财政收支的真实性、合法性，检查财政支出结构的合理性。《关于六安市本级2009年度预算执行和其他财政收支的审计工作报告》得到市人大常委会领导和委员们的充分肯定和高度评价，针对同级审反映的问题，市政府召开相关部门会议，专题部署整改，如组织对土地出让金进行清收，市政府成立了副市长任组长、市直相关单位为成员的土地“双清”工作领导组，共清缴市城区土地出让金2.1亿元。市三届人大常委会第14次主任会议专题听取了市政府关于同级审整改情况汇报。

社会保障审计　一是组织全市审计机关开展六安市工伤保险基金市级统筹审计，全市共八个审计组实行交叉审计。审计查出部分企业缴费基数偏低、挪用工伤保险金等问题，摸清了家底，为市政府实施工伤保险市级统筹提供决策依据。二是对全市中小学校安工程进行跟踪审计，针对部分县区校安工程建设管理方面存在的问题，及时与校安工程管理部门研究整改。三是对农村居民最低生活保障经费、新型农民培训工程和农民工技能培训工程等资金进行专项审计调查。

固定资产投资审计　市政府第10次常务会议审议通过《六安市政府投资建设项目审计监督办法》。市审计局先后对财政部门评审的34个项目进行复审，涉及投资总额5.09亿元，对某经济适用房A段审计中，核减投资2495万元，核减率33.4%。2010年全市各级审计机关完成政府重点投资项目审计375项，核减投资额1.67亿元，有力地规范建设领域管理制度，促进廉政建设，取得显著的社会效益和经济效益。

经济责任审计　全市对98个经济责任人进行审计，查出违规金额4807万元，其中应负直接责任257万元；管理不规范金额8716万元。市本级结合预算执行审计，安排对市供销社、市商务局、市农科所等14个单位主要负责人任期经济责任审计。对霍山县委、县政府负责人以及市住房公积金管理中心等单位审计时，请市纪委、组织部领导参加进点会、现场指导和审计报告审议会，提高经济责任审计影响力。在着力搞好领导干部任前、任中审计与任后审计相结合的同时，加大任中审计，同时强化审计结果的运用。进一步完善经济责任审计制度，深化审计内容。

（撰稿人：朱维清）

【巢湖市审计局】　2010年，巢湖市审计局编制37人，实有人数36人（含工勤人员2人）。局长潘淑琴（5月—）、吕虎（—4月），副局长周善涛、张自道，总审计师沈少东，市经济责任局长许迎春。设有办公室、综合法规科、财政金融审计科、农业与资源环保审计科、外资运用审计科、经贸审计科、行政事业与社会保障审计科和固定资产投资审计科；下设巢湖市经济责任审计局（行政编制 6 人，内设党政领导审计科和企业领导审计科）。

审计成果　巢湖市审计机关完成审计项目 390 个，审计查出违规金额 9408 万元，其中应上缴财政 4136 万元，应减少财政拨款或补贴 3191 万元，应归还原渠道资金 2649 万元，应调账处理金额 593 万元；移交检察机关、纪检监察部门和建议主管部门处理 8 起；提交工作报告、信息 869 篇。

财政审计　重点关注政府中心工作、民生问题、财政安全和经济案件线索，对所属单位多、管理使用财政资金量大、行使执收执罚权的部门行业，实行整个系统自上而下的系统审计；对存在问题多且屡查屡犯的重点单位部门，实行连续审计。对重点财政专项资金，实行跟踪审计，沿着资金的流向跟踪审计到最终的资金使用单位。市审计局在对含山县财政决算审计中围绕财政资金使用绩效评价，着手全部政府性资金审计，完善常规预算收支、土地收支、社会保障收支、政府性负债收支等四大财政，侧重财政性资金真实合法、科学合理、安全稳定、绩效评价、服务民生。

固定资产投资审计　继续做好市传媒中心工程跟踪审计、“校安工程”跟踪审计的同时，结合“干部服务大建设”、“路桥大会战”等市政府重大项目，市审计局对 70 项工程造价进行审计，核减工程价款 2344 万元。审计金额和核减金额均创历年新高。政府投资项目工程造价审计成效明显，为政府节约了大量的资金，受到地方党委政府的肯定和支持。积极开展政府重大投资项目跟踪审计和工程造价审计。

经济责任审计　(1) 继续做好经济责任审计与其他审计的结合。各级审计机关主要是将任中审计与部门预算执行审计、乡镇资金审计结合起来进行。市审计局在 2010 年的经济责任审计工作中，针对政府换届、领导干部变动较大的实际情况，按照分类审计办法的规定，采取任中审计与离任审计相结合、本级审计与委托下级审计相结合、审计与离任交接相结合等多种形式，确保审计任务的全面完成。2010 年除了对 22 名领导干部安排审计外，通过与组织部门协商，对 3 个单位规模较小、资金收支不大、业务比较简单的单位，采取离任经济责任事项交接的办法。通过实行离任经济责任事项交接，既明确了前后任领导的责任界限，也节约了审计资源。(2) 深化审计内容和规范审计评价。重点审计经济目标实现情况，执行国家政策情况，重要经济决策情况，财政财务收支情况，内部管理情况，领导干部个人遵守廉政规定情况六个方面的内容。同时，把部门所属二三级单位纳入审计范围。(3) 注重对审计查出问题的整改。市审计局经济责任审计报告均要求被审计单位对审计查出问题的整改情况，于三个月内书面报告三部门。(4) 突出对支农资金的监督，加强乡镇资金审计。根据中共中央办公厅、国务院办公厅关于印发《党政领导干部和企业领导人员经济责任审计规定》和安徽省审计厅《关于加强村级组织主要负责人经济责任审计的意见》两个文件精神，结合巢湖市在乡镇资金审计中取得的经验成效，起草了《巢湖市乡镇领导干部经济责任审计办法》，以市两办发文，进一步加强乡镇领导干部经济责任审计，促进乡镇加强财政财务管理。2010 年，共审计领导干部 85 人，并对 14 名村级组织负责人进行审计，查出违规金额 8275 万元。

专项资金审计（调查）　重点关注国家政策法规执行和重大宏观决策的落实，以及社会关心的热点、焦点问题，全年开展的审计调查项目占整个审计项目的二分之一以上。成立环境审计协调领导小组，负责全市资源与环境审计指导和协调工作。继续加大对就业、医疗、教育、企事业单位改制、拆迁安置等涉及群众切实利益的民生资金的审计监督力度。通过审计（调查），推进民生政策贯彻落实，切实保障群众利益。在对省统一组织的巢湖市医疗废物集中处置中心项目审计调查中，市审计局分别对市环保局、卫生局、财政局、发改委等单位及相关医院、废弃医疗器械处理中心进行细致走访调查，发现项目在工程建设、运营以及管理方面存在的问题并提出意见和建议。

（撰稿人：时　超）

【池州市审计局】　2010年，池州市审计局人员编制28人，在编24人。局长刘永忠，副局长吴明楣、吴熙祥、胡以民，总审计师杨正发。设有办公室、综合法规科、财政审计科、行政事业审计科（社会保障审计科）、经贸审计科（金融审计科）、农业与资源环保审计科（外资运用审计科）、审计信息技术应用科、经济责任审计局、事业单位市政府投资审计中心。

审计成果　池州市审计机关完成审计（调查）项目115个，查出违规金额13213万元，其中应上缴财政123万元，应减少财政拨款或补贴544万元，应归还原渠道资金598万元，应调账处理金额3066万元；已上缴财政95万元，已减少财政拨款或补贴516万元，已归还原渠道资金73万元，已调账处理金额44万元。移送司法机关、纪检监察部门处理事项1件，建议有关部门处理事项1件。提交审计工作报告、信息156篇，被采用70篇。

（撰稿人：陈锦旗）

【宣城市审计局】　2010年，宣城市审计局人员编制27人，在编26人。局长汪志良，副局长章捷、王翔，总审计师丁宏林，纪检组长查燕萍。设有办公室、综合法规科、财政农水审计科、金融外资审计科、经贸与社会保障审计科、审计信息技术运用科、经济责任审计局。2009年成立固定资产投资审计中心，增加事业编制10人，已招录8人。

审计成果　宣城市审计机关共完成审计项目689个，查出违规金额25966万元，损失浪费金额465.58万元，损益不实金额3416万元，侵害人民群众利益金额2071万元，促进增收节支756万元，核减投资额36522万元，挽回经济损失36747万元。移送有关部门事项一件。提出审计建议1427条，被审计单位采纳897条，提交综合报告和信息571篇，被采用和批示383篇次。

预算执行审计　预算执行审计树立“财政审计大格局”理念，延伸全部政府性资金及政府债务，探索预算执行绩效审计，全面提升预算执行审计层次。以加强财政管理、完善预算制度、规范资金分配行为、提高财政资金效益为重点，以促进落实积极财政政策为目标，开展了2009年预算执行和其他财政收支审计、地税部门预算执行审计和国库审计调查。更加关注全部政府性资金和债务，强化支出审计，探索预算执行绩效审计。

固定资产投资审计　（1）强力推进竣工决算审计。全年先后组织开展了鳌峰东路延伸“BT”工程等10个建设项目竣工决算审计，合计涉审投资总额7.428亿元；已完成审计项目6个，涉审投资总额7.069亿元，审计核减投资额2.145亿元，完成年度工作任务的214.8%，平均核减率为30.34%，其中鳌峰东路延伸“BT”工程，送审投资总额5.364亿元，审计核减投资额1.895亿元，核减率达35.33%，为政府节约了大量的建设资金。（2）实行政府重大投资建设项目的全过程审计监督。市审计局成立了重大市政项目跟踪审计领导组，对宛溪河综合整治等重大市政建设项目进行全过程跟踪审计。（3）开展政府投资项目绩效审计。先后对市政府投资兴建的宣港路道路改造“BT”工程等建设项目开展绩效审计。（4）进一步强化投资审计内部管理。实行计划管理和项目调度会制度，明确项目人员分工、完成时限、工作要求等管理内容，每两周召开一次投资审计项目调度会，汇报审计项目完成情况和跟踪项目实施情况、存在问题、需要解决的事项及下一步工作打算，研究解决办法。（5）加大投资审计硬、软件建设。市局投资审计中心今年再招3名年轻人员，全部是本科学历，优化了投资审计团队的年龄结构和知识结构。配置了GPS卫星测量系统、全站仪、测距仪等工程仪器设备，大大提升了投资审计工作成效。

经济责任审计　（1）审计领域进一步拓宽，在2009年向企业、党群部门领导扩展的基础上，2010年不仅安排一名事业单位领导的经济责任审计，还安排一名县市区市管干部的经济责任审计。（2）任中审计比重加大，市审计局2009年任中审计比重达72%，实现了监督关口前移，提高了审计效果。（3）完善经济责任审计制度，积极探索任前审计。2010年，市、县、区两级审计机关分别联合纪委、组织部、监察局、财政局出台《领导干部离任经济事项交接实施办法（试行）》，该办法让领导干部离得清楚，接得明白，彻底改变新官不理旧账局面。（4）拓宽审计内容，在省审计厅《2010全省经济责任审计工作指导意见》规定的六项内容基础上，做到“四个关注”：关注领导干部所在部门、单位具体经济活动存在的异常事项；关注财务和非财务数据中反映出的异常变化；关注群众举报和有关部门提供的信息；关注公众、媒体的反映和报道。（5）继续提升乡镇党委书记、村级组织主要负责人的审计。全市连续三年开展对乡镇党委书记的审计，制订了全市统一的审计工作方案，将审计视野集中在集镇开发、土地转让、资产处置和乡镇资金的管理上，不仅指出存在的违纪问题，而且加强对决策结果和产生效果的监管和评价。

专项资金审计（调查）　一是扩大审计调查的比重，提高审计报告质量。二是灵活运用多种审计方法，提高审计效率。注重审计方法、统计方法与一般调查方法相结合，注重审计与专项审计调查相结合，注重重点调查与延伸调查相结合，注重计算机审计的应用，对有信息化条件的对象全部采用计算机审计手段以提高工作效率。注重利用网络和媒体，收集与调查事项有关的政策法规和各地开展该项工作的经验，力求掌握更多的相关信息资源，为揭示问题、剖析原因提供支撑。

相关工作　一是认真完成交办任务。完成市委、市政府交办的五种类型、九个审计项目。二是积极参加中心工作。市局连续两年抽调一名业务干部参加为期一年的市经济技术开发区招商引资及征地拆迁工作。县市区招商引资工作取得可喜成绩。三是热心开展捐助活动。4 月 14 日青海玉树地震后，审计干部不仅踊跃为灾区人民捐款捐物，而且按照省审计厅要求，开展对玉树灾区捐赠款物的跟踪审计，确保所有款物安全送达灾区，给关心玉树灾区恢复重建和为灾区奉献爱心的干部群众交一本明白账、放心账，体现全市人民对玉树藏族同胞的一片爱心。

（撰稿人：王达平）

2010 年安徽市所辖区、县（市）级审计工作统计表

金额单位：万元

审计机关	完成审计项目（个）	查出违规金额	应上缴财政	应减少财政拨款或补贴	应归还原渠道资金	应调账处理金额	移送司法、纪检监察部门处理（件）	建议有关部门处理（件）	出具审计报告和审计调查报告（篇）	提出审计建议（条）	撰写审计信息（篇）
合肥市											
合肥市本级	42	13339	12569			324	1	1	44	93	197
蜀山区审计局	13	290	186						13	45	36
庐阳区审计局	230								232	402	51
瑶海区审计局	23	834	834						23	12	32
包河区审计局	186		2						187	60	30
长丰县审计局	274	4145	105		3337	53	1		270	158	51
肥东县审计局	53	19908	298				1		53	30	57
肥西县审计局	87	147	7635		188	2568	1		88	50	26
宿州市											
宿州市本级	26	1592	163		110	733			33		866
埇桥区审计局	32	3065	398		135	999			46		231
砀山县审计局	35	1003	211		235	45	1	2	43		331
萧县审计局	25	2079	136	316	247	9	1		35		118

（续表）

审计机关	完成审计项目（个）	查出违规金额	应上缴财政	应减少财政拨款或补贴	应归还原渠道资金	应调账处理金额	移送司法、纪检监察部门处理（件）	建议有关部门处理（件）	出具审计报告和审计调查报告（篇）	提出审计建议（条）	撰写审计信息（篇）
灵璧县审计局	21	1916	59						24		66
泗县审计局	11		5						15		67
淮北市											
淮北市本级	53	16729	593		87	8597			53	196	19
相山区审计局	14								14		7
杜集区审计局	14								14		
烈山区审计局	16	379			406	70			16	22	9
濉溪县审计局	20	90	16						20	49	23
阜阳市											
阜阳市本级	31	15092	1012		14015	508		1	33	127	513
颍州区审计局	28	287	32						28	87	16
颍东区审计局	17	449	60	113	187	650			17	55	37
颍泉区审计局	39	47412					1		39	52	22
界首市审计局	83	15939	541		200	4112			83	206	105
临泉县审计局	38	242	5		10				38	130	29
太和县审计局	14	369	64	8	7919	8			14	30	12
阜南县审计局	97	7787	78			4			97	194	2
颍上县审计局	95	496	98	394	444	31			93	289	40
亳州市											
亳州市本级	57	2239	13	612	2				57	65	85
谯城区审计局	43	1630	34		20382	10969			43	126	75
涡阳县审计局	11	32.94	32.94	3422.52	4.1				28	36	18
蒙城县审计局	39	2098	138.2	156	1369	432.8			39	91	186
利辛县审计局	29	124	78						29	75	6
蚌埠市											
蚌埠市本级	38	5195	4566			669	9		45	164	301
蚌山区审计局	15	4							7	29	7
龙子湖区审计局	21								13	35	9
禹会区审计局	64	170							35	38	9
淮上区审计局	6								5	17	15
怀远县审计局	13	2567							13	68	7
五河县审计局	112	394	389						40	80	17
固镇县审计局	77	934	26		10	392			43	46	6

（续表）

审计机关	完成审计项目（个）	查出违规金额	应上缴财政	应减少财政拨款或补贴	应归还原渠道资金	应调账处理金额	移送司法、纪检监察部门处理（件）	建议有关部门处理（件）	出具审计报告和审计调查报告（篇）	提出审计建议（条）	撰写审计信息（篇）
淮南市											
淮南市本级	96	18894	448		1755	7324	3		96	203	490
田家庵区审计局	67	165		114		475			67	8	22
大通区审计局	15			531					15	35	19
谢家集区审计局	12	10	20						12	33	20
八公山区审计局	15	64	64			350			55	99	34
潘集区审计局	42	36	28			11			42	116	29
凤台县审计局	118	2610	127	3138	340	720			118	148	60
毛集实验区审计局	75	415	5						75	127	1
滁州市											
滁州市本级	38	740	499		130				56	75	79
琅琊区审计局	26	66	15		7				26	47	11
南谯区审计局	43	192	192						43		4
明光市审计局	57	129	22				1		56	158	42
天长市审计局	103	179	180					5	128	161	38
来安县审计局	60	179	23			14		1	60	137	38
全椒县审计局	44								40	20	43
定远县审计局	58	2076	246						53	138	220
凤阳县审计局	62	360	13			27			62	165	2
马鞍山市											
马鞍山市本级	71	4632	1052	3658					71	89	156
花山区审计局	28				542				28	62	12
雨山区审计局	20	3				23			19	37	
金家庄区审计局	12								12	8	6
当涂县审计局	185	399	162	14	1081	447			185	172	80
芜湖市											
芜湖市本级	79	6101	11786	478	2000				90	128	55
镜湖区审计局	27		20000				1		27	56	5
弋江区审计局	26	8.72				8.72			26	47	10
三山区审计局	31	35				35			31	48	40
鸠江区审计局	32	25.12					1		51	147	26
芜湖县审计局	60	81	81			83			74	98	9
繁昌县审计局	72	1027	51		25	951			72	267	5

（续表）

审计机关	完成审计项目（个）	查出违规金额	应上缴财政	应减少财政拨款或补贴	应归还原渠道资金	应调账处理金额	移送司法、纪检监察部门处理（件）	建议有关部门处理（件）	出具审计报告和审计调查报告（篇）	提出审计建议（条）	撰写审计信息（篇）
南陵县审计局	79	236	20		116	101			79	192	61
铜陵市											
铜陵市本级	80	41161	135		32	1663	1	2	80	228	65
铜官山区审计局	8	3	2								
狮子山区审计局	105	86	2			135					
郊区审计局	7	398	111		74	213					
铜陵县审计局	96	2827	394								
安庆市											
安庆市本级	76	11023	221	26	2275	58605			499		272
大观区审计局	22	185	184	38		5850			26		4
迎江区审计局	28	100	49						41		16
宜秀区审计局	15								7		9
桐城市审计局	77	839	107	726	20	444					28
怀宁县审计局	34	2403	91		85	2627			10		25
枞阳县审计局	22	7867	89	8	492	24			47		16
潜山县审计局	82	916	203			7			90		4
太湖县审计局	25	60	39						11		5
宿松县审计局	122	2320	154						180		25
望江县审计局	79	800	105		203	86			103		29
岳西县审计局	126	46	40	44	24				118		19
黄山市											
黄山市本级	46	956	158		1251	80			48	140	68
屯溪区审计局	67	264	195			69			67	41	32
黄山区审计局	18	4434	25		201	4			18	54	145
徽州区审计局	76	65	1		78	128			62	74	8
歙县审计局	13	2344	2						13	20	7
休宁县审计局	179	100	2		11	49			179	55	38
黟县审计局	97	84	1			1			97	107	20
祁门县审计局	48	2194	66		338	157			48	109	116
六安市											
六安市本级	33	2657	206			936	1		129		49
金安区审计局	42	2786	69		4337	7128			45		20

（续 表）

审计机关	完成审计项目（个）	查出违规金额	应上缴财政	应减少财政拨款或补贴	应归还原渠道资金	应调账处理金额	移送司法、纪检监察部门处理（件）	建议有关部门处理（件）	出具审计报告和审计调查报告（篇）	提出审计建议（条）	撰写审计信息（篇）
裕安区审计局	69	967	55		359	726					
叶集区审计局	10	21	14		7						
寿县审计局	310	30	30								
霍邱县审计局	43	1342	222			485			43		2
舒城县审计局	47	897	33		64				62		51
金寨县审计局	15	667	3		660	1			5		1
霍山县审计局	12	8183	9		131	5625			20		13
巢湖市											
巢湖市本级	29	3222	247		110	86				54	30
居巢区审计局	88	3	45	59	2150	182				142	82
庐江县审计局	63	5493	3064	3132	204	325	1	1		218	
无为县审计局	169	501					1	2		58	176
含山县审计局	10		158								
和县审计局	24	189	495		185			3		77	32
池州市											
池州市本级	37	4869	48		507	2410	1		40	98	47
贵池区审计局	14	149	2		91	444		1	17	59	11
东至县审计局	24	83	22						36	70	17
石台县审计局	23	355	19			3			23	39	8
青阳县审计局	17	7757	32	544		209			17	41	15
宣城市											
宣城市本级	31	20920	2651		706	1086	115437		41		26
宣州区审计局	104	3094	139				28791		122		50
宁国市审计局	49	181					51846		78		53
朗溪县审计局	75	1150	133	315	21		54763	4	194		132
广德县审计局	145						11280		38		54
泾县审计局	49	569	4				5781		21		16
旌德县审计局	57	44	19		446		2335		12		6
绩溪县审计局	179	38	39				4423	1	65		46

福建省

【福建省审计厅】　2010年，福建省审计厅(含事业单位)定编249人，在编231人。厅机关设有办公室、法制处、经济责任审计处、计算机审计处、财政审计处、金融审计处、行政事业审计处、经贸审计处(同时挂“中央属单位审计处”)、农业资源与环保审计处、社会保障审计处、固定资产投资审计处、外经贸审计处、人事教育处、机关党委和派驻监察室，以及经济执法审计处、工交商审计处、教育审计处、科文体审计处、卫生社保审计处、政法审计处、机关事务审计处、建设审计处、农林水审计处等派出审计处。厅属事业单位有福建省审计厅审计举报中心(参照公务员管理)、福建省审计科研所(加挂福建省政府投资项目和国外贷援款项目审计服务中心)、福建省审计干部培训中心、福建省审计厅计算机应用技术中心。挂靠单位有福建省经济责任审计联席会议办公室。

领导成员

厅　　长：俞传尧

副 厅 长：梁亦秋(—10月)

　　　　　王光远　林秋美

总审计师：江永森(—4月)

纪检组长：金　江(—3月)

　　　　　谢　宝(9月—)

审计成果　全省审计机关全年完成审计和审计调查项目3380个，查出违规金额29.26亿元、损失浪费金额0.96亿元，其中应上缴财政10.91亿元，应减少财政拨款或补贴0.68亿元，应归还原渠道资金5.21亿元，应调账处理金额19.30亿元；已上缴财政2.95亿元，已减少财政拨款或补贴0.37亿元，已归还原渠道资金0.61亿元，已调账处理金额12.02亿元，核减投资(结算)额10.77亿元，审计后挽回(避免)损失4.51亿元。移送司法、纪检监察机关处理事项51件，涉及人员54人，涉及金额1.11亿元。向其他有关部门移送处理事项50件；提出审计建议7699条，被采纳3488条。提交审计专题、综合性报告和信息简报6706篇，被批示采用5855篇(次)。厦门夏商集团有限公司原总经理任期经济责任审计项目获得全国地方优秀审计项目，宁武高速公路宁德段建设项目跟踪审计、福厦铁路仓山段征地拆迁安置补偿费专项审计调查和厦门市体育中心财务收支审计项目获得全国地方表彰审计项目。全省审计机关注重加强投资审计中心的机构和队伍建设，截至2010年年底，全省80%的县(市、区)成立了投资审计中心，充实投资专业审计人员，有力地推动全省投资审计工作。

财政审计　全年对741个单位开展审计或审计调查，其中预算执行审计或审计调查508个单位、财政决算审计或审计调查233个单位，查出财政收入核算不实金额11.67亿元，未按规定征收、缴纳预算收入45.81亿元，违规改变资金用途金额30.10亿元，资金滞留闲置20.06亿元等问题。省级预算执行审计共安排8个省直部门，并延伸审计部门所属41个二、三级单位，抽查5项省级专项资金管理使用情况，专项调查15个部门压缩行政经费开支、部门收支预算编制以及部门本级及所属二、三级单位结转结余资金统筹安排情况。通过连续多年对部门结余结转问题的揭示和反映，省级财政部门共集中统筹部门结余结转资金12.8亿元，用于全省县级青少年活动中心建设等公共事业，促进提高了财政资金的使用效益。揭示了部分社会中介组织违规经营，出具虚假报告，为项目违规获取财政补助资金提供便利等问题，并向有关主管部门进行通报，省政府召开专题会议，研究进一步加强审计发现问题的整改落实，引导社会中介组织规范经营，要求相关部门结合本部门实际，抓紧研究制定中介组织业务报告认证制度、公开社会中介组织诚信档案和中介机构库管理等办法。省财政厅、审计厅等部门已研究制定了关于规范会计师事务所开展财政资金鉴证服务的若干规定，从制度上规范社会中介组织经营行为。各级审计机关立足于当地财政预算执行的具体情况和特点，揭示和反映存在的预算资金未及时征收上缴，超范围安排财政资金，预算执行进度慢等问题，并从编制国有资本经营预算、加大对资金的跟踪监管力度、完善对部门项目支出预算编制的审核、健全和完善政府债务相关管理制度、完善土地出让金管理制度等诸多方面提出审计建议，增强了审计工作报告反映内容的宏观性和全面性。各地政府高度重视审计发现问题，研究部署整改工作，部分地方人大加强对整改工作的督促，并通报整改情况，有关部门积极采纳审计建议，整改成效明显。

金融审计 全年审计和审计调查地方金融机构15个、国外贷援款项目单位138个，查出管理不规范金额38.02亿元。省审计厅对兴业银行股份有限公司2009年度资产负债损益的真实合法效益和总体经营状况进行较全面的审计，组织泉州、漳州、三明、南平、龙岩、宁德6个设区市审计机关对12家农村信用社的信贷资产质量与经营状况开展审计调查，对促进地方金融机构加强内部管理和风险控制、提高经济效益发挥了积极的作用。组织全省审计机关开展地方政府性债务、地方政府主权外债情况专项审计调查。根据审计署的统一授权，对7个国外贷援款项目开展公证审计。

固定资产投资审计 全年对612个固定资产投资项目进行审计或审计调查，核减投资额4.34亿元，审计后挽回损失3.25亿元，发现违规招投标项目9个，超计划超标准超规模34.32亿元等问题。全省各级审计机关所属投资审计中心共对2938个政府投资项目开展审计或审计调查，核减投资额6.43亿元。为加强对扩内需促增长政策措施贯彻落实情况的监督，全省审计机关对中央新增投资的污水垃圾处理和水利防洪项目等108个项目及20家县级以上医院中央新增投资建设项目开展专项审计调查，发现部分工程建设项目资金管理薄弱、违规招投标、工程价款高估冒算虚增建设成本、工程建设进度缓慢等问题。全省省市两级审计机关继续开展对四川汶川地震彭州灾后恢复重建跟踪审计和已完工项目的竣工决算审计，全省审计机关累计派出审计组55个，现场审计工作量为1976人·天，跟踪审计了115个项目总投资为17.41亿元，累计对社会公告审计结果4次。组织对全省965所中小学校舍安全工程建设开展跟踪审计，重点调查了校安工程的排查鉴定、规划制订、工程进展、资金管理、项目管理等内容。全省审计机关围绕省委、省政府提出的部署，加强重点建设项目的跟踪审计和调查，主动介入重点工程项目立项、设计、施工、采购、监理、变更、验收等各个环节的监督，发现项目未严格执行合同制和招投标制度、超范围列支项目成本等问题，促进有关政府出台规范文件、整改落实有关问题。

行政事业审计 全年对1056个单位开展审计或审计调查，查出违规金额6.9亿元、管理不规范金额26.38亿元，其中应上缴财政1.25亿元，应归还原渠道资金6607万元，应调账处理金额4.40亿元；已上缴财政4371万元，已归还原渠道资金2237万元。移送司法、纪检监察机关处理事项18件，涉及人员14人，移送其他有关部门移送处理事项16件，司法、纪检监察机关已立案处理6件。

企业审计 全年审计和审计调查158个单位，查出违规金额3.24亿元、管理不规范金额28.69亿元，其中应上缴财政664万元，应归还原渠道资金2082万元，应调账处理金额1.24亿元。移送纪检监察机关处理事项3件，移送其他有关部门移送处理事项6件。根据审计署的授权，省审计厅对中国水利水电第十六工程局有限公司开展2009年财务收支审计。

经济责任审计 全年对868个单位935个领导人员开展任期经济责任审计，其中党委政府251人、党政部门437人、事业单位203人、国有及国有控股企业44人，查出违规金额12.82亿元、管理不规范金额66.15亿元；领导干部应负主管责任金额72.98亿元、应负直接责任金额5.99亿元；审计查出领导干部涉嫌个人经济问题2人，金额212万元；移送司法和纪检监察机关处理及受到降职、降级和其他处分的经济责任人4人、其他人员8人。省审计厅针对经济责任审计范围拓展到设区市主要领导干部，并增加对高职高专院校主要领导的审计项目数、增加县区党政主要领导一并审计项目数的特点，制订了分类型审计工作方案、计划管理办法、经济责任审计的评价及责任界定办法等相关制度，加快了经济责任审计规范化建设。对市（县、区）长的任期经济责任审计工作，有效地规范了土地出让、重大建设投标等方面的工作。福建省委书记对经济责任结果报告作出批示，要求对审计发现的普遍性问题要予以重视，并认真做好整改工作。福建省政府领导对县（市、区）长党政主要领导任期经济责任审计的整改情况做出批示，要求继续跟踪整改情况，针对“通病”问题，会同有关部门研究提出可行的管理办法。

专项资金审计（调查）　全年审计和审计调查的专项资金涉及660个单位，发现资金被滞留闲置14.57亿元，违规改变项目计划或资金用途6.60亿元等，审计促进资金及时拨付到位2.65亿元。省审计厅开展对百所农村敬老院和县级社会福利中心建设、海堤除险加固六期工程、森林生态效益补偿资金3项省委、省政府为民办实事项目的审计调查，开展了中央财政扶贫资金、职业教育办学情况和中等职业教育基础能力建设项目、社会保障资金，以及污水处理行业节能减排情况进行审计或审计调查。组织全省审计机关对青海玉树地震抗震救灾资金物资进行三次阶段性审计，摸清了全省捐赠款物的规模和去向。根据省委、省政府的交办，全省审计机关组织200位审计干部深入南平、三明、龙岩灾区，对南平、三明、龙岩等地“6·13”抗洪救灾资金和捐赠款物、灾后农村住房重建情况开展三个阶段的跟踪审计，推进了全省灾后重建工作。此外，省审计厅还会同有关部门对20个行政事业单位和30个社团组织开展“小金库”专项治理检查，对强农惠农资金行进监管检查。

信息化建设　金审工程（福建）二期项目通过初步验收，金审工程二期扩展项目通过福建省数字办的技术评审。基本建成政务外网审计专网，在省市两级审计机关及18个县审计局部署了审计双流视频会商系统，实现了国家、省、市及部分县审计机关四级之间的互联互通和视频会商。全省90%以上的县级审计机关建设完成了内外网综合布线、计算机设备间，配备了网络机柜、政务网审计专网入口交换机、内外网交换机、不间断电源及防雷设施等。福建审计三级信息共享平台实现与全国审计机关共享。省审计厅厅机关部署了数字文件柜系统，完成了政府投资审计辅助系统研究（简称IAO）科研课题的结题任务。

（撰稿人：温炎生）

【福州市审计局】　2010年，福州市审计局人员编制85人，在编82人。局长林良云，副局长郑子平、郑生明、刘小红，总审计师翁国荣，纪检组长贺建国。设有办公室、综合处（加挂法制处）、财政金融审计处、行政事业审计处、固定资产投资审计处、经贸审计处、社会保障审计处、农业与资源环保审计处、经济责任审计处和驻局监察室。

审计成果　福州市审计机关共完成审计和审计调查项目（单位）462个，查出违规金额1.51亿元、管理不规范金额92.4亿元，其中应上缴财政8198万元，应减少财政拨款或补贴337万元，应归还原渠道资金2108万元，应调账处理金额11.21亿元。移送司法机关、纪检监察处理事项12件，建议有关部门处理事项11件。提交审计专题或综合性报告和审计信息1237篇，被批示采用895篇（次）。

财政审计　积极探索构建财政审计大格局，以预算执行为主线、全部政府性资金为主要内容、财政专项资金为重点，采取“五个统一”办法，对106个部门（单位）的预算执行情况和下级政府财政决算进行审计和审计调查，揭示了财政预算执行和全部政府性资金管理使用方面存在的不规范问题，得到党委、人大和政府的充分肯定。福州市政府专题召开市长办公会议，研究部署审计发现问题的整改工作，取得很好效果。

固定资产投资审计　围绕福州市委、市政府“五大战役”决策部署与要求，对77个政府投资重点建设项目进行审计和审计调查，共核减工程价款1.05亿元。福州市本级前移审计关口，组织力量对中小学校舍安全工程、地铁一号线、三环路等重点建设项目开展跟踪审计。

专项资金审计　对106个民生专项资金进行审计和审计调查，提交的多篇专题报告或审计信息引起省、市政府主要领导的高度重视，责令相关部门进行研究整改。福州市审计局制定了强农惠农审计监督实施意见，促进落实惠农政策措施。

经济责任审计　对112个单位的119位党政领导干部和国有企业领导人员进行任期经济责任审计。福州市审计局制定了《关于进一步规范经济责任审计评价和责任界定的意见》和《关于规范经济责任审计项目业务审理事项的通知》，进一步规范和深化全市经济责任审计工作。

信息化建设　全面推广应用金审工程一期项目建设成果，实现审计业务网上复核审理。开通局域网及互联网站，加强与外界沟通联系。加快金审工程二期项目联网审计系统建设，采集审计数据。

学会工作　举办预算执行、计算机应用、全部政府性资金、政府投资、部门决算（草案）审计等多场学术研讨会，提升审计科研水平。

内部审计　制定福州市内部审计协会会议、印章、财务、业务活动、档案五项管理制度及内部审计工作考评办法，建立健全内部审计工作制度。

（撰稿人：陈直华）

【南平市审计局】　2010年，南平市审计局人员编制43人，在编37人。局长王宁新，局党组书记陈建新，副局长陈祥安、肖志光、刘剑锋（3月—），纪检组长吴禹松（—10月）。设有办公室、法制科、经济责任审计科、行政事业审计科、经贸审计科、财政金融审计科、固定资产投资审计科及派驻监察室，下属事业单位有固定资产投资审计中心。

审计成果　南平市审计机关共完成审计项目348个，查出违规金额56059万元，其中应上缴财政10608万元，应减少财政拨款或补贴13万元，应归还原渠道资金2419万元，应调账处理金额11390万元；已上缴财政346万元，已减少财政拨款或补贴13万元，已归还原渠道资金526万元，已调账处理金额987万元。建议有关部门处理事项3件。提交审计工作报告、信息344篇，被采用196篇。

财政审计　坚持抓好同级预算执行审计，把揭露问题与规范管理、促进改革结合起来，加大了对同级审查出问题的纠正整改力度。南平市政府召开专题会议研究部署本级预算执行审计整改工作，促进财政收回逾期借出资金2000万元，调整以前年度结余6600万元统筹支出。

行政事业审计　审计纠正项目不规范支出476.75万元，促进一个未按计划实施的社会公益项目实施竣工。审计促进国土部门追回欠缴的土地出让金1767.95万元，提高土地收储贷款资金使用效益，促进调配使用闲置资金4716万元。

固定资产投资审计　全市审计机关完成173个单位（项目）的审计，审计项目总投资15914万元，核减工程造价3573万元。对闽北经济开发区、荣华山产业组团、南平工业园区三大产业园区建设资金使用及有关情况跟踪审计，查出1件贪污拆迁款案件，移送南平市检察院查处，涉案人员依法获刑，南平市人大常委会专题听取并审议了产业园区审计报告，促进南平市政府研究出台《南平市工业园区管理若干规定》。

经济责任审计　全年对99个单位开展经济责任审计，查出违规金额21801万元。南平市本级在经济责任审计中依法查处了两个单位设“账外账”行为。

专项资金审计（调查）　对南平市各破产关闭企业清算组2008～2009年相关事项专项审计调查中发现的各破产关闭企业清算组存在社区管理问题未能妥善解决、清算费用支出较大、违规投资等问题，得到南平市政府高度重视，制定出台了《南平市关闭企业清算组资金使用管理暂行办法》。

（撰稿人：叶文燕）

【三明市审计局】　2010年，三明市审计局人员编制44人，在编41人。局长李光钦（—1月）、刘万年（1月—），副局长刘万年（—1月）、林寿佰、郭澍锡（9月—）、郑长秋（10月—），纪检组长林明芳。设有办公室、人事教育科、法规科、财政金融审计科、行政事业审计科、固定资产投资审计科、经贸审计科、经济责任审计科、农业与资源环保审计科、社会保障审计科及派驻监察室。下属事业单位有三明市网络审计工作站。

审计成果　全市完成审计项目440个，查出违规金额31495万元，其中应上缴财政869.2万元，应减少财政拨款或补贴167万元，应归还原渠道资金3473万元，应调账处理金额8968万元；已上缴财政337万元，已归还原渠道资金66万元，已调账处理金额42万元。移送司法机关处理事项2件。提交审计工作报告、信息952篇，被采用133篇。

财政审计　三明市本级预算执行审计共涉及86个单位，审计资金总量达88.2亿元，投入553个工作日，主要对市财政局组织市本级预算执行情况、市地税局税收征管情况及市农办等12个部门综合预算执行情况和社保基金、土地出让金、水利建设专项资金的管理使用情况开展审计，同时对政府性债务和市区医疗卫生服务设施建设、城市社区基础设施改造、残疾人康复工程3个为民办实事项目资金管理使用情况开展审计调查。三明市政府常务会议要求政府相关领导分别牵头抓好分管部门存在问题的整改工作，对审计查出的问题要逐一整改到位，市政府对个别房地产超容积率与土地出让金收缴不足的问题专门成立领导小组进行清欠，清缴出让金4000多万元。

固定资产投资审计　完成向莆铁路三明段征地拆迁补偿费审计调查，涉及市铁办和沿线5个县17个乡镇96个行政村，审计调查总金额5.2亿元；继续开展对汶川援建项目的跟踪审计，并对8个交钥匙工程项目开展竣工决算审计，项目总投资8010万元，其中净核减建安费989万元，核减率达13.34%。截至2010年底，全市有永安等7个县市经当地政府批准出台了政府投资建设项目审计管理办法或规定。据统计，全市投资审计中心共开展政府投资项目审计353个，审计工程项目总金额9.90亿元，核减工程造价1.11亿元，综合核减率达11.18%。

经济责任审计　全年完成157个单位领导的任期经济责任审计，审计查出各种违规金额1.15亿元、管理不规范金额1.42亿元。根据省审计厅的授权，开展泰宁县县长、三明市职业技术学院院长任期经济责任审计。

专项资金审计（调查）　开展救灾专项资金审计，完成玉树地震灾区捐赠款专项资金审计；完成三明市政府交办的12个县（市、区）职工医疗、工伤、生育保险基金全市统筹前后影响结余情况的审计和永安汽车园建设资金投入情况的审计调查；完成对三明全市职业教育办学经费和中职基础能力建设情况的专项审计调查。

（撰稿人：庄剑雄）

【莆田市审计局】　2010年，莆田市审计局人员编制40人，在编37人。局长钱元森，副局长朱明、张文庆、黄潮月，总审计师庄怀冰，纪检组长曾志明。设有办公室、法制科、财政金融审计科、行政事业审计科、农业与资源环保审计科、固定资产投资审计科、社会保障审计科、经贸科、经济责任审计联席会议办公室、经济责任审计室、特派审计室及派驻监察室。下属事业单位有计算机应用中心。

审计成果　莆田市审计机关共完成审计项目263个，查出违规金额9768万元，其中应上缴财政1024万元，应归还原渠道资金1241万元，应调账处理金额715万元；已上缴财政535万元，已归还原渠道资金313万元，已调账处理金额324万元。移送司法机关、纪检监察部门处理事项5件，建议有关部门处理事项1件。提交审计工作报告和信息391篇，被采用271篇。2010年被授予福建省审计系统先进集体、第十届省级文明单位、创建平安莆田活动先进单位、第五届党建工作先进单位等称号。

财政审计　全年完成预算执行审计单位41个，查出违规金额1452万元、管理不规范金额3.4亿元、损失浪费金额16万元、侵害人民群众利益金额38万元，移送司法机关、纪检监察部门案件线索2件，涉案金额12万元。审计工作报告得到莆田市政府领导的重要批示和莆田市人大常委会的充分肯定。莆田市财政等相关部门积极采取有效措施，落实整改工作，取得明显成效，促进财政部门加强预算管理、管好用好部门结转结余资金、提高财政资金利用率、规范部门内部管理和让群众得到更多实惠。

行政事业审计　全年完成97个行政事业单位的审计，查出违规金额3605万元、管理不规范金额7180万元、侵害人民群众利益金额37万元。相关部门积极采纳审计建议，修改和完善《关于执行费用收取管理细则》等规范性文件，进一步加强财务管理。

固定资产投资审计　全年完成政府投资预（结）算审计项目851个，送审金额45.6亿元，审减金额1.5亿元，审减率3.38%。其中：结算审计项目455个，送审金额9.9亿元，核减金额5084万元，审减率5.11%。

经济责任审计　完成109个单位117名党政领导干部的经济责任审计，查出违规金额6194万元。审计发现部分乡镇在社会抚养费征收管理使用方面存在的问题，得到省市相关领导的重要批示，并按批办件督办相关单位整改。

专项资金审计（调查）　完成城镇居民基本医保基金、职业教育办学经费和中等职业教育基础能力建设等57项专项资金的审计或审计调查，查出违规金额71万元，管理不规范金额1.5亿元，损失浪费金额38万元，侵害人民群众利益金额9万元。仙游县审计局为了维护人民群众利益，充分发挥审计监督的作用，出台《关于进一步加强民生项目资金审计监督的工作意见》。涵江区审计局向区政府提出加强农村路网养护管理的建议，得到了区政府领导的高度重视，研究出台了《涵江区农村公路养护管理实施办法》。

（撰稿人：郭健健）

【泉州市审计局】 2010年，泉州市审计局人员编制58人，在编54人。局长李健康，副局长黄志生、曾细川、洪进星，总审计师李维芳（2月—），纪检组长洪进星（—2月）、蔡正确（2月—）。设有办公室、监察室、综合科、法制科、财政金融审计科、行政事业审计科、固定资产投资审计科、工交商审计科、外经贸审计科、经济责任审计科及派驻监察室。

审计成果 泉州市审计机关共完成审计（调查）项目572个，查出违规金额9222万元，其中应上缴财政5675万元，应减少财政拨款或补贴309万元，应归还原渠道资金2316万元，应调账处理金额15563万元；已上缴财政5675万元，已减少财政拨款或补贴309万元，已归还原渠道资金2316万元，已调账处理金额11310万元。移送司法机关、纪检监察部门处理事项2件，建议有关部门处理事项2件。提交审计工作报告、信息1147篇，被采用1808篇次。

财政审计 对全市65个部门单位开展预算执行情况审计，促进有关部门出台规章制度8项。泉州市财政局和泉州市国资委共同拟定了《关于试编市级国有资本经营预算的意见》、《泉州市属企业国有资本收益收取管理暂行规定》。石狮市地税局加大税收征管力度，追缴建安税2200多万元，并下发了《关于开展地下室、车库出租税收清查的通知》。全市还审计1个县和69个乡镇财政决算，查出违规金额4859万元。

行政事业审计 全市完成114个行政事业单位财务收支审计，查出违规金额2813万元，应上缴财政262万元。泉州市审计局对3个公安分局进行审计，促进公安系统加强对取保候审保证金及暂扣款的管理。鲤城区审计局对9个预算单位公用经费支出情况进行审计调查，促进有关单位加强费用报销管理，严格控制公用经费支出。

固定资产投资审计 全市审计936个工程项目预决算，核减工程造价13970万元。泉州市审计局对全国第六届农运会“一场一馆”工程竣工决算进行审计，核减工程投资1400多万元。泉州市审计局及晋江、石狮、南安、惠安4县（市）审计局对支援四川汶川地震彭州灾后恢复重建项目和资金进行跟踪审计，并对已完工的20个援建项目竣工决算进行审计。

社会保障审计 泉州市审计局组织县（市、区）审计机关对2009年至2010年8月新农合基金筹集、分配、拨付、使用和管理情况进行审计调查，查出基金未及时筹集到位、滞留未及时发放、监管不严、存在超支风险等问题；对市本级企业职工基本养老保险基金收支和管理情况开展审计调查，促进社保机构加强对退休人员的动态管理，及时停止已亡人员养老金的支付。南安市、石狮市、晋江市审计局提出加强社保基金保值增值的建议得到当地政府采纳，促进社保机构采取定期存款等方法进行保值增值。

企业审计 全市审计和调查34个企业单位。泉州市审计局对市直国有工交及外经贸企业对外投资、资产管理、收益分配等情况开展审计调查，促进市国资委规范国有产权转让，加强企业对外投资管理与监督，理顺外经贸系统的国有企业监管问题。惠安县、安溪县等地开展企业改制前审计，为政府开展企业改制工作提供依据。

经济责任审计 全市完成92名领导干部经济责任审计，其中县长2名、乡镇长33名、行政企事业单位领导57名，共查出违规金额6601万元，领导干部应负主管责任金额5468万元，应负直接责任金额1133万元。南安市领导对经济责任审计报告先后作出13次批示。石狮市纪委根据审计结果向有关单位出具纪检检查建议书，责成抓好整改落实工作。泉港区召开区执法执纪联席会议、干部监督工作会议，专门听取了经济责任审计工作汇报。

（撰稿人：黄双福）

【厦门市审计局】 2010年，福建省厦门市审计局编制89人，在编84人。局长沈永贵，副局长陈爱忠、花育明、陈培新，纪检组长池国清。设有办公室（加挂法制处）、人事教育处、纪检监察室、经济责任审计处、财政审计处、金融与外资审计处（加挂计算机审计处）、行政事业审计处、农业与社保审计处、固定资产投资审计处、经贸审计处和经济责任审计联席会议办公室。

审计成果　厦门市审计机关完成审计和审计调查项目187个，查出违规金额33247万元，应上缴财政19543万元，应减少财政拨款或补贴3197万元，应归还原渠道资金1329万元，应调账处理金额28066万元。移交司法、纪检、监察部门处理11件。出具审计报告和审计调查报告187篇，提出审计建议676条，撰写审计信息723篇。

财政审计　厦门市审计机关完成28个预算执行审计项目和1个审计调查。共审计47个部门、单位，延伸审计21个所属单位，审计预算支出13.30亿元，占这些部门预算支出总额的67.99%。财政部门根据审计机关提出的建议，改进预算收支的测算方法，提高预算编制的预见性，积极推进部门预算向社会公开，进一步提高预算的透明度。厦门市人大和市政府高度重视2009年市本级预算执行和其他财政收支审计中发现的问题，并采取一系列措施，狠抓审计中发现问题的整改，完善管理，取得了较好的效果：33个问题已基本整改，共收缴19户国有集团公司国有资本经营收益26279.06万元，收缴企业欠税和个人所得税4129万元，收缴专项资金结余和预算外收入2971.39万元，抵拨财政补贴1578.73万元，清退25位企业领导人员多领取的补贴666.91万元，有关主管部门通报批评1个单位，处分1个会计师事务所，移送司法机关处理1人。政府和有关部门出台完善了8项规范性文件，进一步完善了财政财务管理制度。

根据市人大财经委的要求，厦门市审计局对市信息产业局等10个部门2009年度决算（草案）进行审计。审计发现这些部门不同程度地存在决算（草案）反映的收入、支出、结余不够准确，资产和负债不够真实，涉及金额2568.82万元。针对这些问题，市审计局已签署《决算草案审签意见书》，要求予以纠正。

经济责任审计　厦门市审计机关共完成55个经济责任审计项目，查出违规金额4993万元，管理不规范金额88270万元。为完善党政主要领导干部和国有企业领导人员经济责任审计，市经济责任审计工作联席会议成员单位起草制定了《厦门市领导干部经济责任告知办法（试行）》，已在全市范围试行。

固定资产投资审计　厦门市审计局主要对厦门市2008年以来区级投资额在500万元（含）以上、市级投资额在3000万元（含）以上政府投资和国有资金投资的15个工程建设领域有关项目进行审计或审计调查。抽查审计建设项目137个，抽查审计资金49.64亿元。发现问题项目数91个，金额2.95亿元，审计整改58项，整改金额2.77亿元。共出具15份报告，提出审计意见与建议67条，向审计署提交12份情况报告、6篇信息，其中被领导批示10篇，促进有关部门建立健全规章制度5项，促进被审计单位节约资金或挽回损失6040.70万元。

专项资金审计　厦门市审计机对领导关心、群众关注的民生项目、专项资金进行审计。组织对社会关注的旧村改造和新村建设专项资金、老区山区建设发展资金、节能减排和环保专项资金、科学技术创新与研发资金等50个专项资金和项目进行审计和审计调查，共审计专项资金8.07亿元。

行政事业审计　厦门市审计机关完成66个行政事业单位的审计项目和审计调查。审计查出违规金额1555万元，管理不规范金额30088万元，处理应上缴财政1179万元，应归还原渠道资金73万元，应调账处理金额8354万元，已上缴财政722万元，已归还原渠道资金58万元，已调账金额3651万元，向司法机关和纪检监察部门移送处理案件4件。

企业审计　厦门市审计局组织对5户国有企业的资产负债和损益审计，对20户市属国有集团企业国有资本经营收益缴交和领导人员薪酬发放情况进行审计调查。查出违规金额10324万元，损失浪费金额140万元，管理不规范金额95764万元，处理应上缴财政51万元，已上缴财政14万元；应减少财政拨款或补贴2082万元；应归还原渠道资金368万元，已归还原渠道资金184万元；应调账处理金额18204万元，已调账处理金额7243万元。针对部分国有资本经营收益没有足额缴交，部分国有企业领导人员突破标准发放薪酬等问题，市审计局向市政府提出了建议。市有关部门决定从 2011 年起编制国有资本经营预算，明确国有资本经营预算收支范围，规范预算的执行，完善国有企业收入分配制度，促进国有资本的合理配置。

专项收费管理审计 厦门市审计局首次对厦门大桥、海沧大桥、集美大桥、杏林大桥“四桥”通行收费及大桥的管理养护情况，运用计算机审计方法进行审计。审计发现大桥收费管理存在漏洞，少收年费和通行费 4680 万元；路桥集团公司通过多报或重复申报项目支出等方式，多领财政补贴 2021 万元。审计发现的四座大桥管理的问题引起市政府的高度重视，组织有关部门进行研究和制定整改措施，强化管理，提高效益。

（撰稿人：纪水坚）

【漳州市审计局】 2010 年，漳州市审计局人员编制 39 人，在编 39 人。局长蔡耀明，副局长陈少凡、卢宗金。设有办公室、法规科、机关党委会、财政金融审计科、行政事业审计科、经贸审计科、农业资源与环保审计科、固定资产投资审计科、经济责任审计科。下属事业单位有计算机应用技术中心。

审计成果 漳州市审计机关共完成审计和审计调查项目（单位）456 个，查出违规金额 3.11 亿元、管理不规范金额 13.74 亿元，其中应上缴财政 1.01 亿元，应归还原渠道资金 3966 万元，应调账处理金额 1715 万元；已上缴财政 2093 万元，已归还原渠道资金 100 万元，已调账处理金额 1600 万元。移送司法机关、纪检监察处理事项 7 件，建议有关部门处理事项 14 件。提交审计工作报告 456 篇，提出审计建议 1180 条。

财政审计 全市完成财政预算执行审计项目 83 个，查出违规金额 4022 万元、管理不规范金额 6.12 亿元，应上缴财政 515 万元。漳州市人大常委会评价认为审计工作成效显著。积极开展县乡两级财政决算审计，全市共完成 30 个财政决算审计项目，查出违规金额 1.51 亿元、管理不规范金额 1.79 亿元，应上缴财政 7683 万元，应归还原渠道资金 1563 万元。

行政事业审计 全市审计部门和单位 168 个，查出违规金额 9853 万元、管理不规范金额 1.36 亿元、损失浪费金额 124 万元，应上缴财政 1274 万元，应归还原渠道资金 2036 万元，应调账处理金额 1245 万元。

农业与资源环保审计 全市审计（调查）7 个部门和单位，审计专项资金金额 4094 万元，查出违规改变资金用途 37 万元、其他管理不规范金额 770 万元、资金滞留闲置 77 万元，应缴未缴专项资金 97 万元，未纳入财政专户管理 61 万元。

固定资产投资审计 全市开展政府投资项目审计 38 个，审计项目投资总额 14.63 亿元，查出管理不规范金额 1.82 亿元，核减工程款 2927 万元。结合工程建设领域突出问题的专项治理，加强对政府投资的重点建设项目的全过程跟踪审计。

社会保障审计 全市对 39 个部门和单位的社会保障资金进行审计，审计专项资金总额 6.95 亿元，查出管理不规范金额 1621 万元，应上缴财政 11 万元。

企业审计 全市完成 29 个企业审计或审计调查项目，查出虚报或隐瞒转移收入 2128 万元、虚列成本费用 2213 万元、其他管理不规范金额 7876 万元。重点围绕企业经营情况、资产质量状况、企业债务负担及偿债能力分析、资产保值增值情况和国有资本收益上缴情况等方面内容，对漳州市国资委、经贸委和交通三大系统所属的 18 家国有企业开展审计调查。

经济责任审计 全市对 128 名党政领导干部和企业领导人员进行经济责任审计，查出违规金额 1.46 亿元、管理不规范金额 2.5 亿元。

专项资金审计（调查） 全市审计（调查）专项资金管理使用单位 95 个，审计专项资金总额 91.78 亿元，查出资金滞留闲置 1863 万元、损失浪费金额 1939 万元、其他管理不规范金额 6778 万元，审计后挽回损失 1978 万元。组织开展中央扩内需增投资金、玉树地震抗震救灾资金、“6·13”救灾资金、国有企业资产状况等专项资金审计或审计调查。

内部审计 漳州市内审协会加强对各县（市、区）和各部门单位内审机构的业务指导，积极酝酿和筹办县级内审协会。平和县内审协会于 2010 年 12 月 27 日成立。

（撰稿人：叶月山）

【龙岩市审计局】 2010 年，龙岩市审计局人员编制 39 人，在编 39 人。局长黄华忠，副局长段渭景、李春成（—1 月）、黄文安（1 月—）、王思水（1 月—），纪检组长曾繁光（—1 月）。设有办公室、法制科、财政金融审计科、行政事业审计科、经贸外资审计科、固定资产投资审计科、经济责任审计科、农业与资源环保审计科及派驻监察室、经济责任审计联席会议办公室。下属事业单位有计算机辅助审计中心与审计举报中心、固定资产投资审计中心。

审计成果 龙岩市审计机关完成审计项目 279 个，查出违规金额 3.87 亿元，其中应上缴财政 2.45 亿元，应减少财政拨款或补贴 2953 万元，应归还原渠道资金 3381 万元，应调账处理金额 1.04 亿元；已上缴财政 1 亿元，已减少财政拨款或补贴 2282 万元，已归还原渠道资金 320 万元，已调账处理金额 2381 万元。建议有关部门处理事项 2 件。提交审计工作报告、信息 938 篇，被采用 778 篇。

财政审计 全市完成预算执行和财政决算审计或审计调查单位 65 个，查出违规金额 2.68 亿元、管理不规范金额 11.50 亿元，其中应上缴财政 2.38 亿元、应归还原渠道资金 3322 万元、应调账处理金额 6830 万元。龙岩市审计局向市政府呈报加强预算执行和财政管理的《综合报告》8 篇、《呈阅件》6 篇，被龙岩市政府领导批示 11 篇次；向龙岩市财政等部门提出加强管理的《审计建议函》9 份；促成龙岩市政府出台《龙岩市直部门财政拨款结转和结余资金管理办法（试行）》、《关于进一步加强预算支出管理的通知》、《关于试行市级国有资本经营预算的实施意见的通知》，在全省设区市中率先试行国有资本经营预算。漳平市政府采纳审计建议，出台《漳平市债务管理办法》。

固定资产投资审计 全市完成固定资产投资审计项目 65 个，审计项目投资额 8.75 亿元，核减工程结算造价 6200 万元，核减预算控制价 4328 万元。龙岩市审计局紧紧围绕市委、市政府的部署，加大对重大政府投资建设项目全过程跟踪审计力度。年初安排 9 个大项目审计，投资额 58.82 亿元，年中又调增跟踪审计项目 2 个，投资额 32.37 亿元。跟踪审计有效控制了高估冒算，与竣工决算审计项目比，资金核减率从平均 15%下降到 5%左右，效果明显。

企业审计 对 6 家国有企业开展审计，并与市国资委联合召开相关企业和人员会议，通报审计情况，促进企事业单位依法经营，规范管理，提高效益。

经济责任审计 全市完成 82 个领导干部经济责任审计，其中党委政府部门主要负责人 59 人、事业单位主要负责人 13 人、国有及国有控股企业主要负责人 10 人。审计查出违规金额 1.60 亿元，其中主管责任金额 1.54 亿元、直接责任金额 554 万元；管理不规范金额 4.64 亿元，其中主管责任金额 4.44 亿元、直接责任金额 2030 万元。龙岩市审计局根据县市长经济责任审计情况提交的《政府投资建设项目 BT 模式运作亟须规范》信息，得到省政府领导的重要批示。漳平市审计局通过对漳平市第二医院原院长经济责任审计，促成市政府采纳审计建议，将该市医院整合组建漳平市医疗集团。

专项资金审计（调查） 重点安排对教育、卫生、社保、环境保护、救灾等方面 12 项专项审计调查。其中九龙江流域水环境综合整治和资金管理使用情况的审计调查、全市中小学校舍安全工程审计发现的问题，得到龙岩市政府主要领导和分管领导批示。永定县局审计发现的社保基金“断保”现象严重问题得到省政府省长的重要批示。 （撰稿人：赖日章）

【宁德市审计局】 2010 年，宁德市审计局人员编制 29 名，在编 27 人。局长吴敏，副局长黄颖倩、陈端浦、谢坚，总审计师林挺仲，纪检组长汤万冰。设有办公室、法制科、财政金融审计科、行政事业审计科、经贸审计科、农业与资源环保审计科、固定资产投资审计科、社会保障审计科及派驻监察室、经济责任审计联席会议办公室。下属事业单位有定资产投资审计中心和计算机应用技术中心。

审计成果 宁德市审计机关完成审计和审计调查项目 384 个，查出违规金额 9451 万元，其中应上缴财政 604 万元，应归还原渠道资金 115 万元；已上缴财政 336 万元，已归还原渠道资金 60 万元。移送司法机关处理事项 2 件，涉案金额 88 万元，涉案人员 2 人，已立案处理 1 件。移送其他部门处理事项 2 件。审计后挽回损失 5619 万元。提交审计工作报告信息 595 篇，被批示采用 377 篇。

财政审计　以促进依法行政和规范管理、促进制度健全和创新发展、促进提高财政资金使用效益为目标，突出对重点领域、重点部门、重点项目、重点资金的审计监督。对 42 个部门（单位）预算执行情况开展审计，其中市级预算执行审计部门（单位）8 个。

行政事业审计　对全市 167 个行政事业单位开展审计或审计调查，其中宁德市审计局对市政府抗震救灾等 19 个指挥部工作人员 2008 年 1 月至 2010 年 6 月的工资及津贴补贴发放情况开展的专项审计调查，针对存在问题，认真分析原因，提出审计建议，受到宁德市政府的充分肯定。

固定资产投资审计　全年完成固定资产投资审计及审计调查项目 93 个，查出各类问题金额 1.29 亿元。其中完成工程结算审计项目 88 个，工程结算送审金额 5.65 亿元，核减金额 5612 万元，平均核减率 9.93%。

经济责任审计　全年对 126 个单位 143 位领导干部开展经济责任审计，查出领导干部违法违规金额 6561 万元，其中领导干部负有直接责任金额 562 万元。宁德市审计局完成 8 个市直单位主要领导经济责任审计，有 4 份经济责任审计结果报告得到宁德市政府领导的批示。

专项资金审计（调查）　全年对农业、教育等与人民群众关系密切的 16 个项目开展审计或审计调查，审计调查单位 43 个，审计调查资金总额 30.83 亿元。宁德市审计局结合预算执行审计对中等职业教育办学经费和职业技术教育基础能力建设情况等 3 个项目开展审计调查，生态公益补偿资金使用情况等 2 个审计项目的综合报告得到宁德市政府领导的批示，宁德市林业局根据审计建议印发了《关于切实加强森林生态效益补偿资金管理工作的通知》。

内部审计　以推进内部审计工作全面转型与创新发展为主线，以加强队伍建设为工作重点，组织内部审计人员培训和 CIA 资格考试，组织内审机构参加全国、全省的理论研讨和经验交流，增强了协会的影响力和凝聚力。

（撰稿人：徐海萍）

2010 年福建省所辖区、县（市）级审计工作统计表

金额单位：万元

审计机关	完成审计项目（个）	查出违规金额	应上缴财政	应减少财政拨款或补贴	应归还原渠道资金	应调账处理金额	移送司法、纪检监察部门处理（件）	建议有关部门处理（件）	出具审计报告和审计调查报告（篇）	提出审计建议（条）	撰写审计信息（篇）
福州市											
福州市本级	82	7322	4179	89	1238	106173	7	10	82	253	472
鼓楼区审计局	15								15	37	42
台江区审计局	17								17	37	20
仓山区审计局	15	64	4		31				15	43	35
马尾区审计局	17	49	9		39	83	2		17	39	46
晋安区审计局	18	194	43		104	23	2	1	18	55	18
福清市审计局	89	1164	68		1	4675			89	154	2
长乐市审计局	36	418	418						36	71	27
闽侯县审计局	26	134	3		131				26	87	29

（续表）

审计机关	完成审计项目（个）	查出违规金额	应上缴财政	应减少财政拨款或补贴	应归还原渠道资金	应调账处理金额	移送司法、纪检监察部门处理（件）	建议有关部门处理（件）	出具审计报告和审计调查报告（篇）	提出审计建议（条）	撰写审计信息（篇）
连江县审计局	40	951	38		186	557			40	113	68
罗源县审计局	22	419	79		20	21	1		22	54	51
闽清县审计局	20	462	129		274	99			20	42	39
永泰县审计局	39	3671	3208	248	84	430			39	139	30
平潭县审计局	26	251	20			11			26	84	31
南平市											
南平市本级	38	52501	9845		50	2524		1	39	102	117
延平区审计局	26	52	19		1911	38			26	68	37
邵武市审计局	26	82	10		6	335			26	74	10
武夷山市审计局	28	108	38			1904		1	28	52	17
建瓯市审计局	21	655	63		17	5820		1	21	73	15
建阳市审计局	29	6	4			2			29	32	25
顺昌县审计局	52	1328	452		51	453			52	20	11
浦城县审计局	18	521	3		20				18	43	14
光泽县审计局	26	175	128		10	102			26	23	28
松溪县审计局	38	167	6		35	115			38	25	42
政和县审计局	46	464	40	13	319	97			46	92	28
三明市											
三明市本级	48	6069	225		965	3845	1		48	73	149
梅列区审计局	16	1	1						16	31	
三元区审计局	10	3703	0.2						10	4	6
永安市审计局	46	5458	6				1		46	105	28
明溪县审计局	29	1716	21						29	87	33
清流县审计局	36	3472	19		380				36	111	89
宁化县审计局	42	3279	451		1003				42	48	15
大田县审计局	26	475	20	147	55				26	29	16
尤溪县审计局	41	1046	102		257	1565		1	41	86	42
沙县审计局	37	4053	9	20	87	20			37	3	59
将乐县审计局	45	588			588				45	72	46
泰宁县审计局	43	752	13						43		9
建宁县审计局	21	883	2		138	3538			21	47	20
莆田市											
莆田市本级	48	3173	531		536	714	2	1	48	128	78

（续表）

审计机关	完成审计项目（个）	查出违规金额	应上缴财政	应减少财政拨款或补贴	应归还原渠道资金	应调账处理金额	移送司法、纪检监察部门处理（件）	建议有关部门处理（件）	出具审计报告和审计调查报告（篇）	提出审计建议（条）	撰写审计信息（篇）
城厢区审计局	31	252	224						31	89	41
涵江区审计局	34	712	4						34	85	51
荔城区审计局	45	346	108		60	1			45	162	120
秀屿区审计局	48	4550	90						48	69	34
仙游县审计局	57	735	67		645		3		57	201	124
泉州市											
泉州市本级	57	4980	4826	5	164	4573			57	190	302
丰泽区审计局	33	22	11		9	680	2		33	74	38
鲤城区审计局	113	280	105	140	3	5			113	177	119
洛江区审计局	56	123	67		25	44			56	101	52
泉港区审计局	16	1			1				16	64	20
石狮市审计局	36	786	130	89					36	122	27
晋江市审计局	45	312	175			2		1	45	121	120
南安市审计局	64							1	64	268	132
惠安县审计局	37	89	9	75	5	9551			37	110	41
安溪县审计局	60	2417	157		2109	659			60	158	32
永春县审计局	28	174	173			44			28	80	61
德化县审计局	27	38	22			5			27	51	21
厦门市											
厦门市本级	104	19742	12305	3197	1058	20069	4	2	104	403	465
思明区审计局	20	800	795		5	233			20	56	62
海沧区审计局	8	84	54		30				8	33	16
湖里区审计局	18	1588	1393		156	1958			18	54	38
集美区审计局	15	4551	4551						15	51	43
同安区审计局	10	6134	307		75	5762			10	38	29
翔安区审计局	11	348	138		5	44			11	41	39
漳州市											
漳州市本级	53	8961	7599		398	189	2	10	53	178	150
芗城区审计局	29	218	56			79			29	52	
龙文区审计局	20	89	64		24	1			20	41	57
龙海市审计局	41	5374	194						41	208	85
云霄县审计局	46	438	185		101				46	17	29
漳浦县审计局	50	6655	1140		686		2	4	50	179	65

（续表）

审计机关	完成审计项目（个）	查出违规金额	应上缴财政	应减少财政拨款或补贴	应归还原渠道资金	应调账处理金额	移送司法、纪检监察部门处理（件）	建议有关部门处理（件）	出具审计报告和审计调查报告（篇）	提出审计建议（条）	撰写审计信息（篇）
诏安县审计局	44	219	186						44	96	29
长泰县审计局	24	114	114						24	60	17
东山县审计局	30	832	90						30	55	
南靖县审计局	36	1074	109			6	1		36	77	36
平和县审计局	42	94	32				1		42	75	82
华安县审计局	41	7027	363		2757	1440	1		41	142	34
龙岩市											
龙岩市本级	45	29076	23371	1656	3262	8403		2	45	71	224
新罗区审计局	62	1608	31			477			62	24	114
漳平市审计局	21	221	27		103	638			21	52	115
长汀县审计局	42	1434	558	669					42	72	51
永定县审计局	28	400	63	337					28	42	55
上杭县审计局	28	44	400						28	66	11
武平县审计局	33	5762	20	291	16	391			33	35	50
连城县审计局	20	152	40			492			20	71	39
宁德市											
宁德市本级	65	61	15		44	2			65	103	258
蕉城区审计局	30	574	132		13			2	30	43	10
福安市审计局	50	5560	99		46		1		50	121	86
福鼎市审计局	30	1094	5						30	40	20
寿宁县审计局	21	27	24		12	6			21	44	29
霞浦县审计局	28	136	136				1		28	58	60
柘荣县审计局	31	6							31	156	36
屏南县审计局	33	1291	80						33	74	6
古田县审计局	49	423	83						49	164	50
周宁县审计局	47	279	30						47	142	40

江 西 省

【江西省审计厅】　2010 年，江西省审计厅定编 218 人，在编 207 人。厅机关设有办公室、综合处、法规处、财政与金融审计处、行政事业审计处、农业与资源环保审计处、固定资产投资审计处、经贸审计处、社会保障审计处、外资运用审计处、经济责任审计处、人事教育处、机关党委、省纪委驻厅纪检组（监察室）。另设有五办审计处、政法审计处、教育审计处、科技体育审计处、药品审计处、经济执法审计处、经企审计处（派出审计处）。同时还设有厅机关后勤服务中心、审计科研所、审计信息中心、审计干部培训中心和庐山培训基地。

领导成员

厅　　长：王殿军

副 厅 长：何干成　王卫亚　刘　达
　　　　　章丁万（12月—）

总审计师：胡志勇

纪检组长：邹水成

审计成果　2010年，江西省审计机关共完成审计和审计调查单位8334个，查出违规金额51.4亿元，其中应上缴财政18亿元，应减少财政拨款或补贴6336万元，应归还原渠道资金11亿元，应调账处理金额7.1亿元；其中已上缴财政16.1亿元，已减少财政拨款或补贴6240万元，已归还原渠道资金4.3亿元，已调账处理金额5.2亿元，审计后挽回经济损失3.8亿元；核减投资或结算额12.3亿元；提出审计建议11967条，被审计采纳8335条，促成被审计单位制定整改措施614项；向纪检监察、司法机关和有关部门移送案件线索121件；向各级党委政府提交审计专题、综合性报告和信息简报4485篇，被采用2534篇。

财政审计　全年完成审计及审计调查项目485个，查出违规金额308606万元，损失浪费金额527万元，管理不规范金额1252356万元，审计决定处理处罚应上缴财政143998万元，已上缴财政127327万元。2010年的财政审计紧紧围绕审计署关于积极构建创新财政审计大格局的有关要求，重点关注部门预算编制、财政安全、民生安全、政府绩效等问题，注重分析和反映财政、债务、国有资产等方面的薄弱环节和潜在风险，揭示财税监管中机制缺失、制度不健全、监管不严等制度性、机制性问题。如江西省审计厅统一组织各级审计机关开展地方政府债务情况专项审计调查和政府外债总体情况审计，揭示了深层次问题，提出有针对性的审计建议，对江西省进一步加强政府债务管理、有效防范和化解债务风险具有重要促进作用。宜春市政府办将宜春市审计局政府外债总体情况审计报告转发各县（市、区）和市直有关单位；南昌市局与财政局联合下发了《关于切实加强政府外债管理、有效规避债务风险、提高外债使用效益》的文件规范政府外债管理；景德镇、新余、吉安等市局拓宽审计领域，延伸审计了民营、私营企业的纳税情况。

金融审计　全年完成审计及审计调查项目20个，查出违规金额11799万元，损失浪费金额302万元，管理不规范金额2018428万元，审计决定处理处罚应上缴财政1077万元，已上缴财政933万元。2010年的金融审计，以重大项目审计为抓手，把保障金融安全，揭示金融机构资产、负债、损益的真实情况，揭露和纠正违规违法从事金融业务活动行为作为重点，有力促进了地方财税金融事业的健康发展。如对省属金瑞期货、瑞奇期货（经纪）公司资产负债损益专项审计中，对其内部控制制度中存在的缺陷及企业账务处理原因导致省财政利益受损等方面存在的问题进行深入分析，提出了有针对性的审计建议，在促进省地方期货公司规范经营，加强内部管理和风险控制等方面起到积极有效的作用，得到省政府主要领导的充分肯定。

行政事业审计　全年完成审计及审计调查项目3344个，查出违规金额77508万元，损失浪费金额721万元，管理不规范金额443534万元，审计决定处理处罚应上缴财政14349万元，已上缴财政13534万元。2010年的行政事业审计工作，按照构建财政大格局的新要求，积极探索部门预算执行审计的新思路、新方式，加大了对体制性、制度性和重大管理方面问题的揭示和反映力度，把查处问题与促进改革、完善制度、强化管理结合起来，积极推进深化改革和加强管理，推动部门预算改革深化，达到了规范管理的目的，并有力地促进了中央各项决策、部署和措施的落实。江西省审计厅预算执行审计的思路和做法得到了审计署的肯定，并在2010年的全国审计工作座谈会上做了经验介绍交流。在组织开展的全省法院经费及使用管理专项审计调查中，针对查出的问题，从标本兼治的角度有针对性地提出审计建议，并帮助其建立了财务管理使用情况的绩效考评制度，从制度上杜绝违规问题的再次发生；在对江西省出版集团公司资产、负债、损益和转企改制情况的审计时，重点关注转企改制情况，注意规范其投资决策、风险防范、财务管理、会计核算单位等财经行为，促进其经营管理水平和资产使用效率的不断提高。

固定资产投资审计　全年完成审计及审计调查项目3533个，查出违规金额36677万元，损失浪费金额530万元，管理不规范金额165898万元，审计决定处理处罚应上缴财政6955万元，已上缴财政6729万元。根据国家宏观调控政策的变化，安排了涉及百姓切身利益的农村危房改造、全省基层医疗卫生服务体系建设项目和中小学校舍安全工程等项目的审计，继续开展小金县灾后恢复重建等重点项目审计。全省基层医疗卫生服务体系建设项目审计中，针对查出的资金使用管理不规范、超计划规模建设、配套资金不到位及建设管理不规范等问题，积极提出审计建议，综合审计报告引起省主要领导的高度重视，并批示立即整改。许多地市均加大了固定资产投资力度，景德镇审计局重点关注了全市新型城镇化工程建设和中小学危房改造、农村饮水工程等扩内需建设项目；萍乡市审计局扩大重点工程项目的审计监督范围，完成两个城建工程项目的审计，并向纪委移交案件线索，相关责任人得到查处。

企业审计　全年完成审计及审计调查项目282个，查出违规金额11065万元，损失浪费金额193万元，管理不规范金额160135万元，审计决定处理处罚应上缴财政7571万元，已上缴财政6521万元。江西省审计厅密切关注金融危机大背景下国家经济和国有资产安全，促进资产保值增值。重点审计3家国有企业，并对全省中小企业现状进行了审计调查。审计反映的情况和提出的建议，为省委、省政府和有关部门全面掌握企业发展现状、采取有效扶持政策提供了重要依据。上饶市审计局在对市供销社2008～2009年度财务收支审计中，发现其下属单位改制资产及股权转让中存在国有资产流失506万元的严重违规问题，目前已追缴个人230万元，并将相关责任人移送司法机关进一步核查。

经济责任审计　全年审计经济责任人1458人，查出违规金额25826万元，管理不规范金额310624万元，损失浪费金额18万元。审计查出党政领导涉嫌个人经济问题3人，涉嫌金额43万元，移送纪检监察机关经济责任人3人，移送其他人员9人。省审计厅、各设区市审计局加大对领导干部经济责任审计的力度，积极为党委、政府选拔任用干部提供依据。把经济责任审计与财政财务收支审计、企业资产负债损益审计结合起来，积极推进任中审计，不断提高任中审计比重。江西省审计厅经济责任审计实现了历史性突破，首次开展2名设区市市长和2名厅局长的经济责任审计，并明确了2010～2012年对11名设区市市长和1/3省直厅局长的经济责任审计。

专项资金审计　全年完成审计及审计调查项目755个，查出违规金额67982万元，损失浪费金额2134万元，管理不规范金额181920万元，审计决定处理处罚应上缴财政6133万元，已上缴财政5626万元。围绕省委、省政府的工作部署，着力关注中央和省委、省政府相关政策措施的落实情况，开展12项专项资金审计，涉及环保、农业、教育、社保、医疗等方面，重点抽查了49个民生工程投资项目的建设管理和资金使用情况，通过审计，揭示了专项资金在分配、管理和使用中存在的问题，有针对性地提出审计意见和建议，促进资金使用单位及时整改，完善制度，规范管理，切实维护了人民群众的切身利益，确保了党和政府各项惠民利民政策的贯彻落实。如江西省审计厅对5个设区市就业与再就业资金的审计，查出挪用中央下拨资金用于办公大楼建设、培训机构虚报冒领套取财政补贴问题，向有关部门移送案件8起，5人受到开除、行政撤职等处分；组织对4个设区市节能减排专项资金分配、使用、管理情况及电力、钢铁、水泥行业部分企业节能减排政策执行情况进行审计调查，揭示和反映淘汰落后产能政策执行不到位、有关企业编制虚假资料套取国家节能减排专项资金，部分市、区财政部门违规将节能减排专项资金从企业划走等，提出依法收缴挪用节能减排专项资金、进一步加强节能减排专项资金申报使用和管理等建议，得到省领导的充分肯定。景德镇、吉安市局开展的五项社保资金审计综合报告被市政府全文转发。

外资运用审计　全年完成审计及审计调查项目13个，查出违规金额631万元，管理不规范金额11886万元，审计决定处理处罚应上缴财政393万元，已上缴财政393万元。江西省审计厅组织开展的世行贷款泰赣高速公路设备采购及还贷能力绩效审计，揭示项目设计和设备管理不审慎造成设备闲置2211万元等影响项目建设绩效等问题，并提出后续科学制定项目设计、加强设备管理及审慎贷款采购国外设备等方面的建议，引起主管部门的高度重视；为落实中央配套给世行垈瑞赣调整公路项目2亿元拉动内需资金的合理使用，外资处先后两年结合年度审计对世行贷款瑞赣调整公路项目执行扩大内需情况进行重点审计和跟踪，力促该项目扩大内需资金落到实处。

基础建设 江西省审计厅按照“内抓机关管理、外树审计形象”的要求，积极加强机关自身建设，机关内部管理进一步规范。积极响应审计署“制度完善年”活动，先后制定下发了厅工作规则、审计项目质量责任追究办法等20余项制度，初步建立起一套既符合新条例、又体现江西特色的审计制度体系。强化对制度执行情况监督检查，提高了制度执行力。加大审计业务培训力度，举办了厅春季审计业务培训、夏季全员集中培训和全省市、县审计局长培训等，促进审计队伍业务能力进一步提高。开展全省审计机关财务检查，规范清理了全厅财务和内部刊物，培训实行统一归口。出台《审计组廉洁从审暂行规定》，对全年所有审计项目工作量实行计划核定制度，按照“八不准”审计纪律要求，足额安排审计人员的外勤费用，切断了与被审计单位的经济联系。以上这些规范举措，在审计系统内外引起了较好反响。江西省审计厅被省委、省政府评为全省创业服务年活动先进单位。江西省审计厅机关再次被授予第七届省直机关文明单位，并首次荣获省直机关第五届十佳文明机关。（撰稿人：周　波）

【南昌市审计局】 2010年，南昌市审计局人员编制93人，在编82人。局长李广辉，副局长詹善平、赵波、陈国广，总审计师郑克里，纪检组长刘承万。设有办公室、人事教育处、综合法规处、审计信息处、财政与金融审计处、行政事业审计处、经贸审计处、农业与资源环保审计处、固定资产投资审计处、社会保障审计处、外资运用审计处、综合审计一处、综合审计二处、经济责任审计室（市经济责任审计工作领导小组办公室）。

审计成果 南昌市审计机关完成审计单位（项目）367个，查出违规金额8.83亿元，其中应上缴财政11307万元，应减少财政拨款或补贴175万元，应归还原渠道资金10000万元，应调账处理金额1702万元；已上缴财政10726万元。移送司法机关及纪检监察部门案件线索3件，司法机关已立案查处1件。提交审计工作报告、信息453篇，被采用225篇。

财政审计 市审计局对市财政局、市地税局及15个预算执行单位和3个县区财政收入征管情况审计，查出隐瞒转移截留预算收入285万元、未按规定征收缴纳预算收入90966万元、未落实收支两条线和专户管理规定金额8657万元、财政支出核算不实3233万元、资金滞留闲置40153万元等。《审计工作报告》指出了预算收入不够真实、税源监控不力、违反“收支两条线”有关规定、政府债务管理不规范等问题。市委、市政府主要领导高度重视，各有关部门和单位切实加强整改。政府债务审计报告提出增强政府债务的风险意识，合理确定政府负债规模的审计建议，市审计局和市财政局联合下发《关于切实加强政府外债管理、有效规避债务风险、提高外债使用效益》文件规范政府外债管理。

行政事业审计 审计单位195个，查出未落实收支两条线和专户管理规定金额11250万元，超标准超计划支出654万元，违规改变资金用途3285万元，应缴未缴预算收入1350万元，乱收费乱摊派乱罚款624万元。经审计上缴财政6704万元。

固定资产投资审计 审计46个竣工决算类项目，审计完成投资额3.06亿元，查出资金来源不合规8200万元、违规改变资金用途1908万元、工程价款不实8783万元，审计核减投资额1.07亿元，挽回损失397万元。

企业审计 市审计局对68户改革企业遗留费用进行了清欠，清欠金额2564万元。对全市非工口七大系统国有企业改革第一轮费用清欠审计，共清欠124家国有改革企业费用1.41亿元。

经济责任审计 全市对88名行政、事业单位领导经济责任进行审计，共查出违规金额639万元，管理不规范金额145016万元，移送司法机关纪检监察机关案件线索3件。

专项资金审计（调查） 审计住房公积金、新型农村合作医疗基金、就业再就业资金、计划生育服务站所建设资金、农业综合开发等专项资金项目69个，审计专项资金总额27.78亿元，查出未纳入财政专户管理 179 万元、违规改变项目计划和资金用途 1655 万元、损失浪费 2069 万元等主要问题，审计上缴财政 217 万元。对南昌县、进贤县、安义县三县 2009 年度新型农村合作基金专项审计，发现部分定点医院纵容患者“小病大看”、少数城镇户口居民违规参合并获取新农合补助等诸多问题。其中“部分定点医院为获取新农合补助，将门诊治疗虚列为住院治疗”的问题引起市委书记高度重视，批示要求南昌县、进贤县、安义县政府立即整改。（撰稿人：王光明）

【九江市审计局】 2010 年，九江市审计局人员编制 57 人，在职 60 人。局长胡伟华，副局长何斌、范定坤（—4 月）、汪建荣，纪检组长黎昭平。设有办公室、综合科、法规与审理科、财政与金融审计科、行政事业审计科、农业与资源环保审计科、固定资产投资审计一科、固定资产投资审计二科、经贸审计科、社会保障审计科、外资与园区审计科、经济责任审计科、人事科、机关党总支、纪检组（监察室）。

审计成果 九江市审计局完成审计项目 116 个，查出违规金额 3452 万元，其中应上缴财政 1368 万元，应减少财政拨款或补贴 3658 万元，应归还原渠道资金 533 万元，应调账处理金额 49 万元；已上缴财政 1052 万元，已减少财政拨款或补贴 3658 万元，已归还原渠道资金 67 万元，已调账处理金额 65 万元。提出审计建议 286 条，被采纳建议 228 条；被审计单位制定整改措施 2 项，建立健全规章制度 1 份；提交审计专题、综合性报告和信息简报 4 篇，被批示采用 4 篇。

预算执行审计 九江市审计局完成预算执行审计项目 16 个，查出违规变更预算金额 2 万元，未按规定征收、缴纳预算收入 19 万元，隐瞒转移截留预算收入 2 万元，政策性税收流失 70 万元，财政收入核算不实 1790 万元，财政支出核算不实 245 万元，违规改变资金用途 1504 万元，超预算列支 817 万元，“账外”资产 9397 万元，未落实收支两条线和专户管理规定 416 万元，违规采购 3 万元，违规担保 32500 万元，预算结余不实 326 万元，应上缴财政 57 万元，已上缴财政 45 万元。

行政事业审计 九江市审计局完成行政事业审计项目 45 个，查出应缴未缴预算收入 782 万元，隐瞒截留收入 5 万元，违规改变资金用途 71 万元，虚列支出 51 万元，少计少缴税费 395 万元，未按规定征提基金 15 万元，未落实收支两条线和专户管理规定 519 万元，“账外”资产 1 万元，乱收费乱摊派罚款 115 万元，超标准超计划支出 13 万元，应上缴财政 287 万元，已上缴财政 177 万元。

固定资产投资审计 九江市审计局完成固定资产投资审计项目 18 个，查出工程价款多计金额 3557 万元，少计少缴税费 152 万元，应上缴财政 375 万元，已上缴财政 200 万元。

企业审计 九江市审计局完成企业审计项目 15 个，查出公款私存金额 50 万元，少计少缴税费 226 万元，资产虚减金额 460 万元，损益虚减金额 460 万元，应上缴财政 209 万元，已上缴财政 207 万元。

经济责任审计 九江市审计局完成经济责任审计 25 人，查出违规金额 809 万元，管理不规范金额 1196 万元。

专项资金审计（调查） 九江市审计局完成专项审计调查项目 17 个，查出违规改变项目计划和资金用途金额 15033 万元，应缴未缴专项资金 54 万元，资金滞留闲置金额 330 万元，未纳入财政专户管理金额 279 万元，配套资金不落实金额 562 万元，应上缴财政 393 万元，已上缴财政 389 万元。

绩效审计 九江市审计局完成绩效审计项目 47 个，查出违规改变资金用途金额 15033 万元，资金滞留闲置金额 330 万元。

审计质量建设 九江市审计局出台了《审计业务管理暂行办法》，探索推行审计项目审理制。办法明确了局机关科室在审计过程中的职能职责，同时对审计项目自制定审计计划开始，至审计方案准备、查证、复核与审理、审计结论性文件的执行和审计项目的结案、责任追究等审计工作的整个流程作出了明确的规范，建立起审计计划、审计实施、审计项目审理三者既相分离，又相互制约的审计业务管理体系，真正形成了以制度规范行为、各负其责、各尽其能、运转协调、监督到位、高效有序的审计业务运行管理机制，避免了因业务流程不到位、越位、缺位而导致的廉政风险，为夯实审计实务，防控审计风险，提高审

计质量打下了坚实的基础。　（撰稿人：吴剑锋）

【景德镇市审计局】　2010年，景德镇市审计局人员编制40人，在编42人。局长王国华，副局长陈建平（正县）、王丽琴、王桦、高金虎（1月—），总审计师占玉芳，纪检组长詹镕文。设有办公室、综合科、法规审理科、财政与金融审计科、固定资产投资审计科、经贸审计科、农业与资源环保审计科、行政事业审计科、经济责任审计科、外资与园区审计科、社会保障资金审计科、监察室。下辖信息中心、工程投资决算审计中心（编制10人，在编6人）事业单位。

审计成果　景德镇市审计机关完成审计项目219个，查出违规金额23344万元，其中应上缴财政648万元，应减少财政拨款或补贴11953万元，应归还原渠道资金3512万元，应调账处理金额7231万元；已上缴财政648万元，已减少财政拨款或补贴11953万元，已归还原渠道资金3367万元，已调账处理金额5826万元。提交审计工作报告、信息271篇，被采用107篇。荣获省人事厅和审计厅联合授予的“全省审计系统先进集体”称号；荣获省委宣传部、省司法厅和省普法办联合授予的全省首批“学法用法示范机关”称号。

财政审计　首次开展“财政大格局审计”，对18个重点部门预算执行情况进行延伸审计。审计报告受到市委、市人大、市政府领导的高度赞扬。首次外聘职业税务师参与税收审计，查出某企业漏缴税费近千万元。同时对四个县（市、区）和两个园区财政决算和债务进行审计，首次对11个乡镇债务和财政财务收支进行审计，并抽查部分村级债务和财务收支。

固定资产投资审计　开展国家扩大内需实施的中小学危房改造、医疗卫生服务体系、农村饮水工程等投资审计。完成投资审计项目44个，送审工程总造价46092万元，核减工程造价6665万元，平均核减率14.46%。组织7个审计组对全市推进新型城镇化建设的126项重点工程进行全面审计监督检查；积极配合省审计厅和市纪委搞好工程建设领域突出问题专项治理工作。

经济责任审计　完成经济责任审计项目67个，创下历史之最。包括县级党政主要领导干部离任审计项目25个、任中审计项目7个；12户省属下放企业和23户陶瓷改制企业任期经济责任审计；为党委政府使用干部提供科学依据。

专项资金审计（调查）　加大对财政投入大、政策性强、社会关注的专项资金的审计力度。对农业开发资金、再就业资金、抗洪救灾专项资金、新型农村合作医疗基金、资源枯竭型城市转型资金、社保基金等关系人民群众切身利益的专项资金进行了审计，保护资金安全，切实维护人民群众的根本利益。2009年五项社保基金项目综合报告被市政府以景府字〔2010〕3号文件批转；公积金归集和使用等多专项审计报告被市领导批示；退耕还林审计项目取得巨大审计成果。

企业、金融审计　重点关注企业和金融机构会计信息的真实性、核算的合规性、企业改制的合法性、资产运营的效益性，揭露非法占有国有资产、转移国家收入、化公为私等行为，保护国有资产的安全完整，促进国有企业改革。审计过程中，突出绩效审计，客观评价企业所取得的成效和存在的不足，不仅发现问题，更注重帮助分析原因、解决问题。

审计科研　做好了审计科研课题的组织协调工作，通过市审计学会搭建群众性审计科研论文交流平台，市审计学会被全国大中城市社科联授予“全国大中城市社科联先进团体”称号。在《中国审计》等刊物发表论文16篇；在《中国审计报》等媒体发表新闻58篇，在各级党政机关上稿信息33篇。1个审计科研课题获全省审计系统二等奖（一等奖空缺）；分别有1个科研课题获市政府奖励二等奖（一等奖空缺）和三等奖。市审计学会会刊《瓷都审计》出刊2期。

队伍建设　加强干部队伍建设，破格提拔和任用一批年轻干部充实到中层领导队伍，提高审计干部队伍的战斗力和凝聚力，干部队伍整体素质进一步提高。　（撰稿人：侯章生）

【鹰潭市审计局】　2010年，鹰潭市审计局行政人员编制21人，在编24人。局长李力（—12月），吴文戈（12月—），副局长祝木水，总审计师王惠斌，纪检组长姚美娟。设有办公室、综合法制科、财政与金融审计科、文教与政法审计科、农业与环境资源审计科、投资建设与社会保障审计科、经贸审计科、经济责任审计科、机关党支部、监察室。下设市政府基本建设审计中心全额拨款事业单位，人员编制 10 人。

审计成果　鹰潭市审计机关完成审计项目 203 个，查处违规金额 2052 万元，其中应上缴财政 355 万元，应归还原渠道资金 1004 万元，应调账处理金额 1218 万元；已上缴财政 349 万元，已归还原渠道资金 220 万元，已调账处理金额 1112 万元。提交审计报告、信息 286 篇，被采用 248 篇。鹰潭市审计局、余江县审计局被省人保厅、省审计厅评为“全省审计系统先进集体”。

财政审计　整合全市审计资源，构建财政审计大格局，开展财政审计项目 34 个，审计查出预算编制不规范、隐瞒财政收入、虚列财政支出、挤占挪用和滞留财政资金等违规问题 10 余个方面，提出审计建议 16 条。

专项资金审计　开展计划生育专项资金、社会保障五项资金、水库移民项目扶助资金、水利建设资金、基层医疗卫生服务体系建设资金、就业和再就业资金、新型农村合作医疗资金、工业项目技改资金等 9 项专项资金的审计和审计调查，有效促进相关制度的完善和惠民政策资金的落实，保证民生资金发挥应有的作用。

经济责任审计　重点突出对资产情况、财务收支情况、内控财务制度制定和执行情况、其他问题“四个审清楚”，及时调整审计重点，先后开展经济责任审计项目 69 个，进一步规范财务管理，促进领导干部科学决策，廉洁从政。

固定资产投资审计　健全政府投资审计工作机制，开展市体育馆、景鹰高速连接线等政府投资项目审计 55 个，核减金额 1802 万元。

联网审计　在全省率先启动联网审计建设，按照“统一设计、统一平台、分步实施、先财务后业务”的建设思路，采取“1＋2”模式，实现市财政局国库中心、市林业局、市交通局等 7 个市直单位财务联网，进一步监督被审单位规范财务、业务行为。

绩效审计　开展龙虎山景区游客服务中心绩效审计、城区公交运营情况绩效审计、县市交警大队城市交通信息灯和交通技术监控设备管理使用绩效审计、夏埠新区征地拆迁补偿费及工作经费收支情况绩效审计等项目 32 个，科学审查、评价项目的经济性、效率性和效果性。

（撰稿人：李国萍）

【新余市审计局】　2010 年，新余市审计局人员编制 50 人，在编 46 人。局长谢桂生（—8 月）、张健（8—12 月），副局长肖劲鸿、周永平、周建辉，纪检组长张梅保。设有财政金融审计科、固定资产投资审计科、行政事业审计科、农业资源环保审计科、经济贸易审计科、经济责任审计科、综合法规科、人秘科及审计信息中心、政府投资工程项目审计中心。

审计成果　新余市审计局完成审计项目 71 个，查出违纪违规金额 9010 万元，管理不规范金额 3352 万元，应归还原渠道资金 324 万元，应调账处理金额 144 万元，上缴财政 275.8 万元。提交审计工作报告 84 篇，其中领导批示批转 10 篇，在各级媒体上采用审计论文和信息 328 篇。

财政审计　对市本级财政预算执行情况、分宜县 2008～2009 年财政决算进行审计。在审计过程中，以部门预算为龙头，预算执行审计为基础，资金账户为主线，重点对部门预决算完整规范、财政性资金体外循环、“打包切块”和超收资金再分配、非税收入收支管理和财政项目支出绩效情况进行审计，加大对下级预算单位以及项目单位的延伸审计和审计调查力度。对市物价局、市经贸委、市统计局、市林业局、市袁惠渠管理局、市城管局、市公安局、袁河公安分局、良山公安分局、市看守所、市拘留所 11 个单位2008～2009 年度部门单位预算情况，对市四中、市国家粮食储备库、市规划设计院、市公路管理所、市殡葬管理处 5 个单位 2008～2009 年度财务收支审计情况进行审计。

专项资金审计（调查）　对全市农村中小学危房改造资金、县区部分乡镇社会抚养费征收、管理、使用情况、全市油茶种植专项补助资金使用管理情况、市袁惠渠管理局专项资金、市本级住房公积金归集使用管理情况、市直部分粮食企业改制情况、节能减排专项资金和有关政策落实情况、省属企业改制资金改制资金筹集使用情况、市直部分经济适用房和廉租房资金使用管理情况进行专项审计和审计调查。

述职评议审计　根据市人大常委会的交办，

对市教育局、市林业局、市水务局、市人口和计生委、市广播电影电视局、市食品药品监督管理局7个单位本届政府履职以来的财务收支情况进行述职评议审计，及时向人大提交审计报告，为人大全面客观的评价述职者的履职情况提供参考依据。

经济责任审计　根据市委组织部的委托，对市劳动保障局、市城管执法局、市委市政府接待办、市委农工部、市发改委、市林业局、市水利局、分宜县检察院、渝水区检察院局等21个单位的主要领导任期经济责任开展审计。通过对被审计领导干部所在单位的财政财务收支的真实、合法、效益情况的审计来评价领导干部履行经济责任情况，为市委选拔任用干部提供参考。

固定资产投资审计　按照《新余市政府投资项目审计监督办法》的要求，对抱石公园景观塔、仙女湖大道、茶山新城安置小区、廉租房二期、长青立交桥主线桥等工程进行决算审计。审计总造价26353.1万元，核减造价4220.19万元，核减率为16%。

企业审计　对市国资公司、市斯丽马公司、市公交总公司的资产负债损益情况进行审计，客观公正地分析公司财务状况，在揭示问题的基础上提出审计建议。　（撰稿人：廖南生）

【萍乡市审计局】　2010年，萍乡市审计局人员编制38人，在编38人。局长肖放萍，副局长邓克坚、张增良、彭青兰，纪检组长杨生元。设有办公室、经贸与财政金融审计科、固定资产投资审计科、社会保障审计科、农林水审计科、行政文教审计科、经济责任审计科、综合法规科。

审计成果　萍乡市审计机关完成审计项目270个，查出违规金额48685万元，其中应上缴财政1978万元，应归还原渠道资金7917万元，调账处理金额20289万元，提交审计工作报告74篇，信息105篇。

财政审计　在对财政的预算管理和预算执行的审计中，萍乡市审计局树立了“大财政审计”的理念，注重整合优化审计资源，发挥整体优势，由财经口牵头，构建目标统一、重点突出、层次清晰、科室联手、上下联动的财政审计新格局。在审计中发现了预算编制的完整性、预备费动用的合规性及专项基金纳入预算管理的全面性等方面存在一些缺陷。针对存在的问题，市审计局及时向市、县（区）政府反映情况，向被审计单位下达了审计决定，并就加强财政财务管理和各项资金的使用效益等方面提出建议。市政府委托市审计局向人大常委会作了《关于2009年度萍乡市本级预算执行和其他财政收支的审计工作报告》，年底，向人大常委会报告了有关审计查出问题的整改落实情况。

专项资金审计　在对芦溪县2007～2009年节能减排专项资金及政策执行情况的审计中，发现项目申报主管部门存在向企业违规收费，以及个别企业作假骗取财政节能技术改造奖等问题。在对沼气国债资金的审计调查中，发现项目申报企业虚报大中型沼气项目工程规模，骗取国家投资资金、部分农业主管部门及发改委挤占沼气项目资金等问题。在对法院系统经费保障专项审计中，发现本级预算安排与法院上缴收入挂钩、违规收费、挤占挪用标的款、消费性支出较大等问题。市审计局向有关部门提出切实可行的审计建议。

固定资产投资审计　萍乡市审计机关认真执行《萍乡市人民政府关于印发萍乡市重点建设工程监督管理试行办法的通知》规定，完成虎形公园、玉湖路等大型工程项目的审计。在审计过程中，重点关注随意增大项目成本现象，切实把好工程项目结算关口，加大建设工程项目的违纪违规问题审计查处力度，进一步加强招投标及资质等方面的审计监督。

社会保障审计　在对市本级、安源区、湘东区、芦溪县就业再就业资金专项审计中，发现挤占和扩大就业资金开支范围现象，就业培训机构以虚假发票套取培训资金，小额贷款贴息资金操作不规范，存在骗取财政贴息等问题。审计提出加强对就业再就业资金的预算管理和监督的审计建议。

经济责任审计　认真执行市委市政府出台的《萍乡市政府系统主要负责人任中经济责任审计实施办法》、《萍乡市党政领导干部任期经济责任审计实施办法（试行）》、《关于在干部选拔和监督管理工作中充分运用经济责任审计结果的意见》3个文件。全面推行“凡动必审、考审同步、市县联审、先审后提”的做法。在审计整改方面，采取由萍乡市委组织部牵头，召开经济责任审计联席会议，明确整改任务和要求，由相应成员单位抓落实的方式进行，取得很好成效。

（撰稿人：彭声磊）

【赣州市审计局】 2010年，赣州市审计局人员编制56人，在编56人。局长马晓聪，副局长王业有（7月—）、郭德明，总审计师谢忠祥，纪检组长郭竞。设有办公室、法规科、总支办、监察室、财政金融审计科、经贸审计科、行政事业审计科、固定资产投资审计科、农业资源环保审计科、社会保障审计科、外资运用审计科、经济责任审计科、信息科、审计干部培训中心（事业单位）。

审计成果 赣州市审计局全年完成审计项目193个，查出违规金额5767万元，管理不规范金额11538万元，查出损失浪费金额124万元，其中，应上缴财政1547万元，已上缴财政1463万元。被省委、省政府评为全省十二届文明单位；被市委、市政府评为“平安创建暨社会治安综合治理”先进单位，创业服务先进单位；被市直机关工委评为党建红旗先进单位；被中国审计报社表彰为通联工作先进单位。

财政审计 完成审计项目20个，已上缴财政163.8万元；提交专题或综合审计报告4份，被市人大、市政府批转2份，提交的2009年度市本级预算执行和其他财政收支审计工作报告，得到市人大、市政府的高度重视，在对某农村信用合作联社农户小额信用贷款利息收入的审计中，AO应用实例获得省审计厅鼓励奖。

经济责任审计 全年对32名领导干部开展经济责任审计，查出违纪违规金额14467.03万元，已上缴财政37.2万元。提交审计信息8篇，完成审计理论文章2篇。

行政事业审计 完成审计项目46个，查出违纪违规金额597万元，应上缴财政36.73万元，已上缴财政34.32万元；对全市法院系统经费保障及管理使用专项审计共查出违纪违规及管理不规范金额1201万元，应缴财政116.41万元，已缴财政82.92万元。

外资运用审计 全年完成审计项目18个，查出违规违纪金额3605.14万元，已上缴财政42.01万元；向省审计厅提交《关于赣州市政府外债总体情况的报告》的综合报告1篇。

农业与资源环保审计 完成审计项目18个，其中经济责任审计项目7个，查出违规金额7100余万元，已上缴财政390.55万元。制作的《医药加价的审计项目》在审计署2009年AO应用实例评选中获奖。

社会保障审计 完成审计项目16个，查出违纪违规金额8583.54万元，查出“三乱”行为11起，涉及金额6938.71万元，查出“小金库”金额6.48万元，已上缴财政33.58万元，提交了《我市5县（市）2009年新型农村合作医疗基金专项审计调查报告》、《全市青海玉树地震捐赠的审计报告》、《全市2010年抗洪救灾资金物资的审计报告》。

固定资产投资审计 完成审计项目53个，其中经济责任6个、省审计厅统一组织的专项审计8个、领导交办5个、财务收支审计1个、工程项目审计33个，已上缴财政726.25万元，投资项目审计核减金额573.16万元，提交了《全市工程建设领域专项治理审计报告》、《全市2009年度农村危房改造情况的审计综合报告》、《全市基层医疗卫生服务体系建设项目（县级）的审计调查综合报告》，《有关赣州市政府驻厦门办事处原主任的经济责任审计要情》得到市政府主要领导的批示。

企业审计 完成审计项目28个，已上缴财政136.97万元，开展了全市中小企业现状的审计调查，全年共提交审计信息及文章5篇。

信息化建设 基本完成审计专网四级网络联通建设和审计会商系统建设，省市两级网络联通已经完成，市县两级联通基本完成；在2009年AO应用实例评选中上报的15个应用实例，一个实例获得全国AO实例应用奖，四个实例获得全国AO实例鼓励奖，一个获省二等奖，四个获省三等奖，三个获省鼓励奖；发布审计动态信息130条，组织了3期审计软件应用培训。

干部培训 组织18名县（市、区）审计局长参加省厅的干部培训学习，选送8名市局领导或县局领导参加审计署的培训学习，举办了5期较大规模的审计业务培训班，组织了20多人赴山

东、安徽等地考察学习经济责任审计，组织全市审计干部参加全市的各种理论考试及继续教育考试。（撰稿人：黄雪峰）

【上饶市审计局】 2010年，上饶市审计局人员编制53人，在编52人。局长何丰，副局长徐天寿、万金星、董岚、周锋（7月—），总审计师周锋（—7月）、卢兴（11月—），纪检组长邵忠宽。设有办公室、监察室、法规科、财政金融审计科、行政事业和社会保障审计科、经贸审计科、固定资产投资审计科、农业环保与外资运用审计科、经济责任审计科、信息中心、基本建设审计中心、经济责任审计中心。

审计成果 上饶市审计机关完成审计（调查）项目1158个，查出违规金额4690万元，管理不规范金额187329万元，其中应上缴财政2762万元，应减少财政拨款或补贴1189万元，应归还原渠道资金3257万元，应调账处理资金6660万元；已上缴财政2762万元，已减少财政拨款或补贴1189万元，已归还原渠道资金3257万元，已调账处理资金6660万元。移送司法机关、纪检监察部门处理事项8件。提交审计报告、信息1356篇（条），被批示采纳76篇（条）。

财政审计 对上饶市35个财税部门进行审计或审计调查，应上缴财政681万元，已上缴财政681万元，主要问题是：未按规定征收、缴纳财政预算收入9132万元，隐瞒转移截留预算收入15206万元，财政收入核算不实14966万元，财政支出核算不实34670万元，违规改变资金用途1680万元，资金滞留闲置2438万元，其他16486万元。

行政事业审计 对上饶市498个行政事业单位进行审计或审计调查。应上缴财政954万元，已上缴财政953万元。共查出应缴未缴预算收入460万元，隐瞒截留收入4942万元，违规改变资金用途2935万元，虚列支出及成本39771万元，少计少缴税费740万元，未按规定征提基金1054万元，乱收费乱摊派乱罚款4550万元，未落实收支两条线和专户管理规定1019万元，超标准超计划支出849万元，其他10331万元。

固定资产投资审计 对上饶市553项政府投资项目开展审计，应上缴财政824万元，已上缴财政816万元，审计项目总金额206304万元，完成投资额186649万元，核减工程款19073万元。主要问题是：工程价款不实15371万元，少缴税费5万元，概预算编报不规范3702万元，超计划、超标准、超规模190万元，其他问题金额1438万元。

企业审计 对上饶市13个中央、省、市重点企业进行审计，应上缴财政70万元，已上缴财政70万元，主要问题是，少计或虚列成本费用10万元，少计少缴税费252万元，其他问题金额4218万元。

经济责任审计 对上饶市173个党政机关领导干部和国有企业领导人进行经济责任审计，共查出违规违纪金额138万元，查出管理不规范金额54329万元。

专项资金审计（调查） 对上饶市59个单位（项目）开展专项资金审计和审计调查，审计专项资金总额720万元，应上缴财政233万元，已上缴财政157万元，审计促进拨付资金到位218万元，查出违规改变项目计划和资金用途694万元，应缴未缴专项资金260万元，资金滞留闲置2889万元，其他问题金额568万元。

（撰稿人：胡跃明）

【抚州市审计局】 2010年，抚州市审计局编制51个，在编50人。局长曾龙昌，副局长廖金平（7月—）、黄荣泉（7月—）、李兆龙、万高峰（2月—），总审计师吴晓兰，纪检组长黄荣泉（—7月）、何辉荣（11月—）。设有人事秘书科、综合法规科、监察室、财政金融审计科、行政事业审计科、经贸审计科、固定资产投资审计科、经济责任审计科、农业资源环境审计科。下设培训中心、信息中心、审核中心及审计学会。

审计成果 抚州市审计机关共实施审计项目1517个，查出违规金额6.6亿元，移送并受理审计案件3个，立案调查处理2个，依法逮捕3人，受党纪、政纪处分15人，审计提出并采纳的建议200多条，发出审计报告、信息120多篇，被领导批示或上级审计机关和新闻单位采用100多篇。其中市本级实施审计项目47个，完成77名领导干部的经济责任审计，查出违规金额3.1亿元，审计提出并采纳的建议64条，发出审计报告、信息80多篇，被领导批示或上级审计机关和新闻单位采用50多篇，多次受到省审计厅和市领导的高度评价。

财政审计　全市审计机关按照审计署和省审计厅的要求，遵循“五个统一”的原则，成立了“同级审”的大财政审计组，由市审计局局长统一调度；统一整合审计资源、统一制订审计工作方案、统一对查出问题进行定性和处理。在2010年市二届人大常委会第二十九次会议上，市审计局受市政府委托所作的《市本级预算执行和其他财政收支情况的审计工作报告》，得到了委员们一致肯定和好评。委员们认为，今年的审计报告内容丰富、重点突出，既查出了问题，又剖析了原因，宏观性、可行性都得到了进一步显现。预算执行审计的整改工作也得到市政府及有关单位、部门的高度重视。2010年，市本级已上缴财政3280.14万元，已归还原渠道资金3371.69万元，已调账处理金额1.9亿元。

经济责任审计　抚州市审计局加强与组织、纪检、监察、人事等部门的合作和沟通，积极创新，改进办法，努力提高经责审计工作水平。一方面，采取事前集中告知方式，由组织部委托，审计局下通知，就被审计领导干部在审计中的有关事项进行统一集中审前告知。另一方面，扩大审计结果通报范围，审计结果征求意见及通报范围扩大至被审计单位领导干部所在班子成员。2010年，对市农业局、林业局、水利局的主要领导进行经济责任离任审计后，将《审计报告征求意见稿》原汁原味地在被审单位班子成员会上进行宣读，取得良好的效果。全市共完成292名干部的经济责任审计，其中市本级完成77名领导干部的经济责任审计，完成2名县长的任中审计，9名书记县长的离任审计，进一步扩大了经责审计的影响力，提升了经责审计的能力和水平。

固定资产投资审计　全市审计机关加大聘请社会中介机构参与投资审计项目的力度，进而弥补了投资审计业务人员不足的问题，扩大了审计的覆盖面。同时还制定《聘请社会中介机构参与国家建设项目预结算审计管理暂行办法》，完善了工程审计复核工作，确保固定资产投资审计成效得到进一步显现。全市共完成政府交办的重点工程预、结算审核项目3717项，审计金额60亿元，核减金额9亿元，其中市本级完成市政府交办的市重点工程预、结算审核项目123项，审计金额38亿元，核减金额4.15亿元，为提高项目建设管理水平和投资效益作出贡献。

专项资金审计　抚州市审计机关进一步加大对涉及百姓切身利益的新农合基金，粮食直补等资金的审计力度，积极做好对县（区）污水处理设施建设资金和抚河生态环境综合治理工程专项资金的跟踪审计工作，确保做到经济效益、社会效益、环境效益相统一。在对某县2007～2009年粮食直补资金和水稻良种补贴资金专项审计中，通过查看该专项资金主管部门账目、相关部门业务资料、走访农户、分析信用社补贴资金发放数据等多种手段，查出该项资金运行过程中存在拨付不及时、虚报冒领、补贴面积不真实、“一卡通”发放不到位等问题。审计及时提出加强管理的建议和意见，为切实维护人民群众利益，提高群众的积极性，充分发挥惠农资金的效益起到积极的促进作用。

（撰稿人：杨志波）

【宜春市审计局】　2010年，宜春市审计局人员编制56人，在编57人。局长谢会明，副局长彭泽荣、陈国新（—5月）、周洪波、邓余平（5月—），总审计师邓余平（—5月）、陈琪（5月—），纪检组长程小军。设有秘书科、综合法规科、财金审计科、行政文教审计科、政法社保审计科、经贸审计科、农业与资源环保审计科、固定资产投资审计科、经济责任审计一科、经济责任审计二科、信息科和监察室。

审计成果　宜春市审计机关完成审计项目969个，其中：预算执行审计44个、财政决算审计64个、专项资金审计159个、行政事业审计472个、固定资产投资审计310个、金融审计3个、企业审计36个、经济责任审计150个，153人。查出违规金额6847万元，损失浪费金额553万元，损益（收支）不实59903万元。审计处理上缴财政4798万元，减少财政拨款或补贴888万元，工程审计核减投资额8840万元。查处违纪违规案件12起，涉案人员22人。提交审计综合性报告和信息1101篇，被批示采用的审计专题、综合性报告和信息简报712篇。

财政审计　对49个单位进行预算执行审计，

共查出违规金额 1674 万元，损失浪费金额 267 万元，管理不规范金额 52759 万元。主要是未按规定征收、缴纳预算收入 13787 万元，财政支出核算不实 4531 万元，违规改变资金用途 3467 万元等问题，均按规定进行了处理。

对高安市、樟树市、上高县等 3 个县（市）及 61 个乡镇进行财政决算审计，共查出违规金额 243 万元，管理不规范金额 86804 万元。主要是决算编制不规范 1083 万元，未按规定征收、缴纳预算收入 8181 万元，隐瞒转移财政收入 3651 万元，财政收入核算不实 18053 万元，财政支出核算不实 13752 万元，违规改变资金用途 1502 万元等问题，均按规定进行了处理。

社会保障审计　全市审计机关按照市局的统一部署，对经济适用房和廉租房建设项目及效益，对城乡低保、农村劳动力转移、医疗收费和药品定价等 5 个专项审计项目进行审计；高安市审计局对 2007～2008 年度生猪调出大县奖励资金，万载县审计局对能繁母猪补贴资金、家电下乡政策执行情况等进行审计，为保证资金安全、高效使用，维护群众利益作出贡献。

专项资金审计　在对市交通局进行预算执行审计时，对 10 县市区渡改桥项目资金进行审计；在对市水利局进行预算执行审计时，对全市 2008、2009 年度病险水库除险加固项目建设管理和资金使用情况进行专项审计等。上高县审计局在财务收支审计中，选择有收费项目、预算外收支较大和上级拨付专项资金较多的单位作为审计监督重点；樟树市审计局积极策应加强农村基层组织建设的决策，对 20%的全市村居委会财务情况进行审计。在审计内容上，由过去专注揭露问题，转向揭露问题、促进整改、完善制度并重，得到政府领导、被审计单位的高度重视。

政府债务审计　市审计局在市本级预算执行情况审计时，对本级政府债务构成情况进行延伸审计，并就加强政府债务管理和监督向市政府提出建议。

行政事业单位审计　对 472 个行政事业单位进行审计，共查出违规金额 1391 万元，损失浪费金额 4 万元，管理不规范金额 66394 万元。主要是未按规定征收、缴纳预算收入 20937 万元，财政支出核算不实 20848 万元，超标准支出 1154 万元等问题，均按规定进行了处理。

固定资产投资审计　对 310 个单位固定资产投资项目进行审计，完成投资总额 273823 万元，核减工程款 12225 万元，节约了政府投资，取得良好的社会效益和经济效益。

效益审计　积极探索效益审计，开展效益审计项目（单位）779 个，查出损失浪费金额 6248 万元、造成潜在损失金额 36093 万元，审计后增收节支 3374 万元，提出审计建议 1266 条，被采纳 1174 条。（根据市政府统一安排，市审计局于 11 月 2 日起搬迁至宜春市新的行政中心宜阳大厦东座 14 楼、15 楼办公）

（撰稿人：张小平　陈国平）

【吉安市审计局】　2010 年，吉安市审计局人员编制 38 人，在编人员 42 人。局长胡守慰，副局长钟循、黄廉传、周共和，纪检组长徐锐。设有办公室、综合法规科、财政金融审计科、经贸审计科、行政事业审计科、农业资源环保审计科、固定资产投资审计科、经济责任审计科、社会保障外资运用审计科、监察室，下设一个全额拨款的单位：审计信息中心。

审计成果　吉安市审计机关共审计单位 1561 个，查出各类违规金额 27127 万元。应上缴财政 4630 万元（其中：吉安市本级 1100 万元），已上缴财政款 4546 万元（其中：吉安市本级 1091 万元）；审计后挽回（避免）经济损失 13053 万元，投资审计核减工程造价 28341 万元；移送司法机关案件 5 起，涉及人员 16 人，涉及金额 115 万元，已处理 15 人；移送纪检监察机关 40 件，涉及人员 46 人，涉及金额 338 万元，已处理 35 件 44 人。提交审计专题、综合性报告和信息简报 1561 篇，被批示采用 812 篇。

财政审计　树立了“凡是国家应该管的钱都是国家财政”的“大财政”审计理念，把地方政府债务及投融资公司的绩效情况纳入审计范围；税收审计打破长期不能对民营企业进行审计的坚冰，把审计的触角延伸到了民营、私营企业；树立了“大财政”“一盘棋”思想，做到了审计内容相互融合、专业审计相互结合、科室之间相互配合、审计资源相互整合的财政审计工作体系。吉安市人大常委在听取审计工作报告后认为，报告立意更高，宏观性、前瞻性、透明性更加增强，点问题恰到好处，较好地发挥了为地方经济社会保驾护航的“免疫系统”功能。审计工作报告在《井冈山报》、市政府信息公开平台和吉安审计网站上予以公告，引起社会各界和广大人民群众的关注和充分认可。财政审计在江西省审计工作座谈会上作了典型发言，并在省审计厅审计信息上刊发了经验介绍与做法。

固定资产投资审计　吉安市各级审计机关加大对交通、市政等基础设施的审计力度，全市共完成基建审计项目 917 个，审计项目资金总额 204970 万元，核减工程造价 28341 万元。有效地遏制工程建设中的暗箱操作、高估冒算、虚报工程量、多结工程款等违纪违规问题，提高了财政资金的使用效益。吉安市审计局开展了 8 个中央扩大内需工程项目的全程跟踪审计调查，涉及金额 2.25 亿元，发现项目未公开招标、地方配套资金不到位、建设规模和概算调整未上报批复等问题，并针对性地提出了整改意见，为建设单位节约资金。

专项资金审计　吉安市审计机关组织开展了农业、环保、医疗、社保等事关民生的重点领域、重点项目和重点资金的一系列审计和审计调查，全年共审计专项资金总额 10.9 亿元，查出违规金额 1506 万元，促进拨付资金到位 322 万元，切实保障了党委、政府决策部署的落实和中央、省市拨付财政资金的安全运行和有效使用。审计机关提出的审计建议，为党委、政府决策提供重要参考，在服务科学决策、加强制度建设等方面发挥重要作用。

经济责任审计　吉安市审计机关在认真做好“离任审计”的同时，积极开展“任中审计”，做到审计监督关口前移，审计重点突出，有力地推动经济责任审计从事后监督向事前、事中防范监督转变。全市共对 179 名领导干部进行经济责任审计，查出违规金额 3813 万元、管理不规范金额 6350 万元，促进了党风廉政建设和干部监督工作开展。

（撰稿人：曾宣洋）

2010 年江西省所辖区、县（市）级审计工作统计表

金额单位：万元

审计机关	完成审计项目（个）	查出违规金额	应上缴财政	应减少财政拨款或补贴	应归还原渠道资金	应调账处理金额	移送司法、纪检监察部门处理（件）	建议有关部门处理（件）	出具审计报告和审计调查报告（篇）	提出审计建议（条）	撰写审计信息（篇）
南昌市											
南昌市本级	109	80707	10677	175	7396			1	118	304	283
东湖区审计局	61	1959	124				1		61	53	23
西湖区审计局	15	1256	25		540				15	60	18
青云谱区审计局	11	2	2						11	38	33
湾里区审计局	11	207	40						11	27	10
青山湖区审计局	18	1665	41		6	374	1		18	49	11
南昌县审计局	19	1364			2046	1259			19	36	31
新建县审计局	16	39	44			69			16	5	12
安义县审计局	62	730	103		12				62	106	1
进贤县审计局	45	392	251						45	59	31
九江市											
九江市市本级	116	3452	1368	3658	533	49			107	286	4

（续 表）

审计机关	完成审计项目（个）	查出违规金额	应上缴财政	应减少财政拨款或补贴	应归还原渠道资金	应调账处理金额	移送司法、纪检监察部门处理（件）	建议有关部门处理（件）	出具审计报告和审计调查报告（篇）	提出审计建议（条）	撰写审计信息（篇）
浔阳区审计局	60	1339	68		418	4365	1		62	59	
庐山区审计局	86	211	38			23			87	114	35
庐山审计处	86	954	58						85	74	2
瑞昌市审计局	60	1200	86		921	772			59	97	39
九江县审计局	23	386	39			108			23	19	56
武宁县审计局	112	28	25						146	214	
修水县审计局	50	633	85		280				68	146	
永修县审计局	39	782	34		272	345			61	101	1
德安县审计局	108	585	182						57	27	
星子县审计局	40	1187	76		158	13			40	105	11
都昌县审计局	149	552	108		96	369	4		150	221	28
湖口县审计局	158	480	99						153	196	14
彭泽县审计局	79	765	131		202	878			81	166	18
景德镇市											
景德镇市本级	101	15181	395	6665	2148	5973			101	289	58
昌江区审计局	29	3917	176	2739	792	386			29	61	5
珠山区审计局	46	2159	39	1486	246	427			46	29	2
乐平市审计局	10	1419	22	1035	137	225			10	30	3
浮梁县审计局	13	437	16	28	189	220			13	25	4
鹰潭市											
鹰潭市本级	70	10734	1320		10	219			70	158	25
月湖区审计局	27	350	10			520			27	25	7
贵溪市审计局	41	16047	158		80	145			41	72	22
余江县审计局	61	6166	153	367	5600	926			61	35	10
新余市											
新余市本级	71	9010	276		324	144			84	256	328
渝水区审计局	52	1200	45		355	59			52	169	10
分宜县审计局	67	1995	80						67	189	6
萍乡市											
萍乡市本级	65	35118	805		3309	14226			25	144	22
安源区审计局	32	810	248		30	4542			18	76	10
湘东区审计局	38	1703	93		250	1081			10	119	43
莲花县审计局	23	2388	650		2	51			11	36	2

（续表）

审计机关	完成审计项目（个）	查出违规金额	应上缴财政	应减少财政拨款或补贴	应归还原渠道资金	应调账处理金额	移送司法、纪检监察部门处理（件）	建议有关部门处理（件）	出具审计报告和审计调查报告（篇）	提出审计建议（条）	撰写审计信息（篇）
上栗县审计局	20	6025	151		4190	360			2	27	4
芦溪县审计局	92	2641	31		136	29			8	39	24
赣州市											
赣州市本级	193	5767	1547		797	3773		1	193	816	22
章贡区审计局	66	1601	135		7				66		
瑞金市审计局	164	3471	358		6		3		164		
南康市审计局	64	2462	244			39			64		
赣县审计局	266	2718	209			925	3		266		
信丰县审计局	100	181	181		6				100		
大余县审计局	43	485	218		573	1	5		43		
上犹县审计局	59	7030	102						59		
崇义县审计局	536	4851	184		1036				536		
安远县审计局	86	1277	153		414	18			86		
龙南县审计局	51	4278	299		70	7	1		51		
定南县审计局	66	559	427		156				66		
全南县审计局	49	1012	96						49		
宁都县审计局	66	3994	374						66		
于都县审计局	131	1647	418				5		131		
兴国县审计局	88	88	144						88		
会昌县审计局	231	10098	223		25				231		
寻乌县审计局	130	1540	72		6				130		
石城县审计局	54	17431	222		1193	28			54		
上饶市											
上饶市本级	41	75	74						41	132	83
信州区审计局	61	167	165		2				61	109	1
德兴市审计局	1158	4690	2672	1189	3257	6660	8		1166	1539	190
上饶县审计局	100	684	483			2057			100		
广丰县审计局	140	639	639						140	11	
玉山县审计局	41	590	92		593	89			44	151	
铅山县审计局	80	1261	41		1016	1022			80	238	64
横峰县审计局	42	110	110						42		
弋阳县审计局	110	105	105	14	115				111	125	
余干县审计局	144	205	205		33	20			144	155	

（续表）

审计机关	完成审计项目（个）	查出违规金额	应上缴财政	应减少财政拨款或补贴	应归还原渠道资金	应调账处理金额	移送司法、纪检监察部门处理（件）	建议有关部门处理（件）	出具审计报告和审计调查报告（篇）	提出审计建议（条）	撰写审计信息（篇）
鄱阳县审计局	78	78	78	1175	1224	1320			78	116	17
万年县审计局	125	53	47		189				125	82	
婺源县审计局	97	274	274			1355			97	97	
抚州市											
抚州市本级	124	31000	3280				1	2	80	64	50
临川区审计局	90	2900	200		968	4			110	46	11
南城县审计局	160	3826	480		1325	874	2		78	80	52
黎川县审计局	68	3053	72		2125	856		5	11	46	35
南丰县审计局	92	2329	101		4				92	71	47
崇仁县审计局	56	2200	83	56	480	2069		2	56	3	30
乐安县审计局	168	1811	84	52	202	486		1	128	84	26
宜黄县审计局	143	2264	151		174	2090			120	10	15
金溪县审计局	99	2486	205			280		3	99	213	40
资溪县审计局	232	9098	91		104				4		1
东乡县审计局	93	2931	147		624	2046		20	158	78	58
广昌县审计局	192	2102	102		350	380			312	421	40
宜春市											
宜春市本级	171	2998	2998						171	352	241
袁州区审计局	95	163	154			9	6	1	95	189	195
丰城市审计局	182	2980	2980				2		182	211	44
樟树市审计局	68	143	143						68	191	60
高安市审计局	139	769	769				3		139	375	242
奉新县审计局	45	123	123						45	104	46
万载县审计局	64	1395	209		328	858			64	108	103
上高县审计局	60	77	77						60	97	26
宜丰县审计局	84	1022	111	888	23				84	203	70
靖安县审计局	83	69	69						83	207	27
铜鼓县审计局	99	74	74						99	136	56
吉安市											
吉安市本级	97	1919	1100					1	97	281	145
吉州区审计局	161	218	25		191				161	292	15
青原区审计局	71	2977	33						71	58	
井冈山市审计局	103	390	66		352	7			103	74	19

（续表）

审计机关	完成审计项目（个）	查出违规金额	应上缴财政	应减少财政拨款或补贴	应归还原渠道资金	应调账处理金额	移送司法、纪检监察部门处理（件）	建议有关部门处理（件）	出具审计报告和审计调查报告（篇）	提出审计建议（条）	撰写审计信息（篇）
吉安县审计局	72	13	557				3		72	72	152
吉水县审计局	66	493	65				1		66	105	7
峡江县审计局	119	287	124				2		119	66	3
新干县审计局	233	5326	506		309		35		233	455	105
永丰县审计局	113	2369	133		2171	144	1		113	32	6
泰和县审计局	65	3003	670						65	93	92
遂川县审计局	92	3338	669		580	751			92	257	138
万安县审计局	41	468	405		113	209			41	41	6
安福县审计局	71	1568	67			709			71	119	116
永新县审计局	257	4758	210		29	33	3		257	475	8

山东省

【山东省审计厅】 2010年，山东省审计厅编制197人，在编188人。设有办公室、法规处、人事处（机关党委）、财政审计处、行政事业审计综合处、农业与资源环保审计处、固定资产投资审计处、金融审计处、企业审计处、社会保障审计处、外资运用审计处、行政事业审计一处、行政事业审计二处、行政事业审计三处、行政事业审计四处、行政事业审计五处、行政事业审计六处、经济责任审计办公室。

领导成员

厅　　长：左　敏

副 厅 长：王谦华（—1月，1月—任巡视员）
　　　　　刘均刚　于　谦　李建军　魏惠育
　　　　　黄利明　王修岐（1月—）

总审计师：王修岐（兼）

纪检组长：宋　晋

审计成果　全年共审计单位9981个，查出违规金额306.0亿元，其中应上缴财政130.1亿元，应减少财政拨款或补贴15.5亿元，应归还原渠道资金31.1亿元，应调账处理金额345.4亿元；已上缴财政63.2亿元，已减少财政拨款或补贴14.6亿元，已归还原渠道资金14.9亿元，已调账处理金额92.0亿元，为国家增收节支92.7亿元；向司法机关和纪检监察部门移送案件线索62件、移送涉案人员71人、涉及金额4.6亿元，移送其他部门处理107件。省审计厅共完成审计项目140个，查出违规金额35.9亿元，应上缴财政25.7亿元，已上缴财政5.0亿元。向司法、纪检监察机关移送案件线索9件，移送其他部门处理15件。全省向各级党委、政府和上级审计机关提交审计报告和信息12569篇，被批示、采用6703篇（次），建议纠正地方政府和部门不当规定79条，省领导和审计署领导批示79篇（次），其中省审计厅提交报告和信息189篇，被上级机关批示采用91篇（次），其中姜大明省长批示26篇（次）。积极为部门单位加强内部管理、及时整改问题服务，提出审计建议被采纳11153条，促进被审计单位制定整改措施766项、建立健全规章制度283个。继续推进审计公开，全省向社会公告审计结果90篇。

财政审计　积极构建财政审计大格局，组织开展预算执行、地方政府性债务、财政非税收入收缴管理情况等审计，重点关注转移支付、政府采购、国库集中支付等财政改革措施落实情况和财政运行中的风险隐患，揭示了资金闲置、地方新增债务多、少数融资平台公司违规融资投资等问题，提出加强管理和监督的建议，为促进加强财政管理，保障经济平稳健康运行提供依据。全省共审计（调查）财政预决算单位1995个，查出违规金额182.4亿元，上缴财政38.0亿元。省领导6次对预算执行审计反映的问题作出批示，促进了问题的整改。

固定资产投资审计 以重大投资项目、重要民生工程为切入点，以跟踪审计为主要方式，组织开展新增投资项目、北川灾后恢复重建、十一运会比赛场馆、农村住房与危房改造、高速公路等重大投资项目审计，全省共核减投资额48.2亿元。在全省新增投资项目审计调查中，查出一些项目存在履行建设程序不严格、实施进度缓慢等问题，提出的审计意见和建议被采纳897条，促进了问题的解决。组织全省595名审计人员对北川灾后恢复重建进行跟踪审计，审减投资额2.5亿元，为实现"三年援建任务两年基本完成"的目标作出积极贡献。

专项资金审计 组织开展南水北调工程土地补偿金、住房公积金、残疾人就业保障金、新农合医疗基金、农村养老保险基金等重点专项资金审计（调查），揭示了一些影响政策公平性和人民群众现实利益的问题，引起各级党委、政府的高度重视。全省共审计（调查）专项资金管理使用单位871个，涉及资金总额2472.7亿元，查出违规改变项目计划和资金用途22.7亿元，应缴未缴专项资金29.0亿元，应上缴财政29.2亿元，促进拨付到位资金3.4亿元。

绩效审计 全省投入绩效审计工作量547326人·日，占全部项目的62.9%；全省共查出损失浪费金额17.2亿元，挽回（避免）损失5.1亿元。关注资源环境效益，在对许昌至禹州高速公路审计中，揭示了违反规定设置弃渣场增加占地、个别路段水土保持措施未落实造成水土流失等问题，保护了沿线环境。对济南市发电供热企业实施节能减排专项审计调查，揭示了财政资金投入较低、不按规定安装运行脱硫设施、二氧化硫超标排放等问题，推动节能减排政策落实。关注项目建设管理绩效，在利用世亚行贷款垃圾处理场项目绩效审计中，针对影响项目绩效的问题提出建议，三位省领导作出批示，有关部门制订了解决方案。

经济责任审计 认真贯彻落实《党政主要领导干部和国有企业领导人员经济责任审计规定》，推动经济责任审计工作深入发展。全省共审计经济责任人4449人，查出违规金额108.3亿元，其中应由经济责任人承担直接责任金额7.3亿元，承担主管责任金额101.0亿元。加大任中审计力度，任中审计比重达到40%，增强了经济责任审计的时效性和建设性。省审计厅对31位经济责任人进行审计，其中对2名地级市的市长和8名党政干部及企业领导人员进行任中审计，13个市开展了县（市、区）党政领导干部同步审计。

内部审计 各级审计机关进一步强化对内部审计工作的指导和监督，取得了显著成绩。截至2010年底，全省已建内审机构5907个、配备内审人员15861人，完成审计项目102628个，查出损失浪费金额13.3亿元，增加效益金额33.3亿元，发现大案要案线索63件，建议给予行政处分494人，移送司法机关处理10人。

相关工作 （1）大力营造学习氛围，制发《关于加强年轻干部培养锻炼的意见》和《审计能手评选办法》，把学习成果作为年终考评的重要依据，激发干部职工学习热情。实施分类教育培训，全年举办审计法规培训、专项业务培训、集中整训等22期培训班，培训1649人（次），其中3期计算机中级培训班，85%的参训人员通过审计署或省中级考试，培养了一批计算机审计能手。积极开展网络学习，组织了省、市、县三级审计法律知识和AO认证考试，提升了审计队伍整体素质。（2）积极推进审计信息化工作，省、市两级审计机关全部启用AO与OA交互功能，实现对审计过程的动态监督，全省有5篇AO应用实例被审计署评为优秀实例，3项信息系统审计案例在审计署研讨会上进行演示。加强理论研究，本厅承担了中国特色社会主义审计理论课题的研究工作，2项课题获得审计署重点科研课题立项；及时对成功经验、成熟做法进行理论总结，财政审计、外资绩效审计、投资审计等经验在全国性审计会议上交流推广。（3）牢固树立全省审计"一盘棋"思想，研究制定了《对市级审计局工作综合考核暂行办法》，发挥导向作用，推动审计事业全面协调发展。加强业务指导，对全省统一组织审计项目实行统一方案、统一调度、统一处理、统一汇总、统一报告的“五统一”管理模式，规范组织实施，发挥整体效能。推行交流挂职，鼓励基层审计机关选派业务骨干到对口业务处室挂职，为基层锻炼队伍。贯彻落实《山东省内部审计工作规定》，加强指导管理，推进内审工作转型发展。(4) 全面推行工作目标责任制，形成层层抓落实、人人有责任的工作格局。实行审计业务会议、项目限时管理等制度，强化对工作部署的督导检查，提升工作质量和效率。修订完善工作考核制度，强化考核结果应用，做到奖惩分明，激发干部职工的工作积极性。推进节约型机关建设，在山东省机关事务工作暨建设节约型机关表彰会上，省审计厅被评为五星级“机关事务工作品牌星级单位”。(5) 坚持质量第一，制发《关于加强审计项目创优工作的意见》，健全以提高审计质量为导向的业务考核评价体系，审计质量稳步提升，山东省在全国地方优秀审计项目评选中连续5年榜上有名。认真组织学习《党员领导干部廉洁从政若干准则》等廉政规定，坚决落实党风廉政建设责任制，严明审计纪律，实行审前公开承诺、审中定向检查、审后巡查回访，切实抓好廉政纪律落实，树立清正廉洁的审计形象。积极开展精神文明创建活动，省审计厅连续6年获得省级文明机关称号，15个市审计局获得或保持省级文明机关称号。

(撰稿人：冉　瑾)

【济南市审计局】 2010年，济南市审计局人员编制169人（其中行政编制157人，工勤人员12人），在编169人。局长孙竹兮，副局长毕永晔、唐军、吕思修、刘继强（12月—）、丁小玲、许利群（—12月），总审计师刘继强（—12月）、仪红军（12月—），副巡视员张振江（12月—），经责办主任李明（—12月）、张传堂（12月—）。设有办公室、法规处、组织人事处、财政金融审计处、行政事业审计一处、行政事业审计二处、行政事业审计三处、农业与资源环保审计处、固定资产投资审计处、融资建设项目审计处、投资建设审计处、工业交通审计处、商贸审计处、社会保障审计处、外资运用审计处、计算机审计技术处，按照有关规定设机关党委、另设4个派出审计处及济南市经济责任审计办公室。

审计成果 完成审计或审计调查项目72个，查处违规金额4.1亿元、管理不规范金额197.4亿元；上缴财政2.5亿元。向纪检、司法机关移送案件线索3起。提交审计工作报告、信息268篇，被批示采用116篇。

预算执行审计 构建财政审计大格局，对市财政局等14个市级预算执行部门及所属39个二、三级预算单位预算执行审计，重点揭示国库集中支付制度、政府采购体制改革、部门综合预算改革、非税收入管理体制改革等方面存在的问题。

专项审计 对中央和省、市政策措施执行情况进行监督检查，揭示和反映扩大内需工作迫切需要解决的一些政策、制度和管理上的问题。跟踪中央新增调控项目257个，审计总投资7.0亿元，确保项目、资金审计覆盖率100%。针对政策执行过程中遇到的新情况、新问题，提出审计建议，促进有关部门和县区有关部门建章立制50多项。

固定资产投资审计 注重强化奥体中心、园博园、大明湖综合治理、二环东路、擂鼓镇和北川新县城等重点建设项目竣工决算审计。重点关注棚户区拆迁改造审计，查出217户以虚假资料骗取最低保障住房问题，及时向市政府提出“对享受住房最低保障政策的拆迁户进行全面复核”等建议。

经济责任审计 对26个部门、单位的27名领导干部进行经济责任审计，查出违规金额1.5亿元，管理不规范金额91.0亿元。对平阴、济阳、历下、天桥4县区党政主要负责人进行同步经济责任审计。出台《济南市经济责任审计项目管理办法》，为提高经济责任审计工作制度化、规范化奠定坚实基础。

专项资金审计（调查） 组织开展第十一届全运会济南赛区组委会财务、公共交通总公司、机构改革撤并单位财务和资产清查、住房公积金归集管理、市级矿产资源补偿费、新型农村合作医疗基金、济南日报报业集团、济南齐鲁化纤集团有限责任公司、市文化广电新闻出版局下属“六院团”等14项审计或审计调查，揭示分配、管理、使用及效益方面存在的问题。

(撰稿人：白俊国)

【聊城市审计局】 2010年，聊城市审计局人员编制 82 人，在编 63 人。局长王连申，副局长崔玉忠、杨泽峰、郭明芳（—3 月）、张斌，总审计师李宏图（4 月—）。设有办公室、人事科、法制科、财政金融审计科、社会保障审计科、企业审计科（加挂外资审计科）、农业与资源环保审计科、行政事业审计科、开发区审计分局、监察室、机关党总支，另设有直属事业单位经济责任审计办公室、政府投资审计专业局、派出教育审计办公室、派出卫生审计办公室、派出政法审计办公室、派出城建审计办公室、审计科研所、审计培训中心、审计信息化办公室。

审计成果　聊城市审计机关完成审计项目 637 个，查出违规金额 16.6 亿元，管理不规范金额 114.3 亿元，应上缴财政 5.2 亿元，已上缴财政 4.8 亿元，减少损失浪费金额 5580 万元。提交审计工作报告、信息 986 篇，被采用 410 篇。

财政审计　对 95 个单位的预算执行进行审计，查出违规问题金额 4.36 亿元，管理不规范金额 23.98 亿元。聊城市政府高度重视审计结果，市人大常委会专门出台了《审议意见书》，督促各单位限期进行整改，确保发现的有关问题得到纠正。对东昌府区、开发区财政非税收入收缴管理情况进行专项审计，摸清政府非税收入基本情况，揭露非税收入征缴管理方面存在的问题。

固定资产投资审计　审计投资项目 16 个，审计金额 44.2 亿元，审减节约财政资金 2847.47 万元。圆满完成第十一届全运会场馆审计任务，审减工程造价 2248 万元，审减率 19%，跟踪审计过程中提出意见建议 25 条，保证了建设质量。对新增投资、援川重建、玉树赈灾等进行审计，促进专项资金的管理使用，提高了资金效益，市长作出重要批示，并强调“各级各部门要从讲政治、讲大局的高度来认识和对待”。

经济责任审计　对 168 名领导干部进行经济责任审计，其中任中经济责任审计 64 名，考察审计 1 名。查出违规金额 3.3 亿元，对促进领导干部正确行使权力、依法行政、加强廉政建设起到积极作用，为市委、市政府评价和使用干部提供客观依据。

专项资金审计（调查）　开展农村住房建设与危房改造项目建设、中学收费和教育专项经费、全市农村和城镇低保资金、新农合医疗基金、环保专项资金等专项审计（调查），共审计资金 40.55 亿元，确保资金的安全完整，保障国家各项惠民政策的落实。新农合基金审计报告引起市政府领导高度重视，市长做出重要批示，要求相关部门召开会议研究解决审计发现问题。

（撰稿人：杨　辉）

【德州市审计局】　2010 年，德州市审计局人员编制 69 人，在编 61 人。局长杨少华，副局长张千华（4 月—）、郑祥盾、韩吉庆（—5 月）、戴希祥、刘铁明，总审计师刘洪田。设有办公室、人事科、法规科、财政金融审计科、行政事业审计科、企业与外资运用审计科、农业与资源环保审计科、固定资产投资审计科、社会保障审计科、开发区审计科，局属事业单位德州市经济责任审计办公室（副县级），机关服务中心（正科级）。

审计成果　完成审计项目 59 个，查出违规金额 19.7 亿元，管理不规范金额 54.8 亿元。其中应上缴财政 18.2 亿元，应调账处理金额 3.4 亿元；已上缴财政 6403 万元，已调账处理金额 662 万元。提交审计工作报告、信息 74 篇，被采用 52 篇。

财政审计　对市财政局、发改委等 10 个单位 2009 年度预算执行情况进行审计，延伸审计二级单位 36 个，查出违规金额 2.2 亿元，管理不规范金额 8.6 亿元，节约财政支出 1938 万元。延伸审计 23 户纳税企业，查出涉税违法行为金额 2501 万元，督促地税部门进行收缴。审计结果报告和审计工作报告受到政府和人大好评。

金融审计　对德城区农村信用合作联社 2009 年度资产负债损益情况进行审计，对禹城市、夏津县农村信用合作联社 2008 和 2009 年度执行国家信贷政策情况进行专项审计调查，审计和调查 3 家联社及所属 57 个基层营业机构，延伸调查 22 户企业，提示了资产分类不合规、违规发放贷款等问题，查出违规及管理不规范金额 22.7 亿元。

农业与资源环保审计　完成德州市 11 个县（市、区）新型农村合作医疗基金审计，组织对德州市 2008 年、2009 年 11 个县（市、区）农村黄河水费收缴情况审计调查。审计（调查）资金 4.5 亿多元，查出违规及管理不规范金额 6700 万元，揭示机构建设、制度建设和基金管理使用等方面存在的问题，审计结果向社会进行了公告。

固定资产投资审计　对德州市新增投资和省扩大内需调控资金项目进行跟踪审计，审计项目投资总额37亿多元。对德州市体育中心、福利中心、博物馆等重大项目实行全过程跟踪审计，保证建设项目高效、安全、廉洁运行。对市供热配套管网二期工程进行决算审计，审减资金821万元，审减率22.3%。对白什乡援建项目建安工程的结算审计，项目原报1749万元，审减223万元，保障了资金合理有效使用。

经济责任审计　对市发改委、经委、民政局、文化局、广电局等29个单位原主要负责人进行离任审计或任中审计，对平原县委书记、县长进行同步经济责任审计。查出违规和管理不规范金额7.9亿元。审计结果向市直各部门单位进行通报，提高审计结果的透明度，发挥经济责任审计的警示作用。

专项资金审计（调查）　对德州市住房公积金、土地出让金、慈善捐赠资金、残疾人就业保障金等专项资金收支、管理情况进行审计，审计（调查）单位26个，审计资金总额43亿元，查出违规金额15.3亿元，管理不规范金额33.7亿元。

（撰稿人：李　伟）

【东营市审计局】　2010年，东营市审计局机关人员编制54人，事业单位编制3人，实际在编在岗58人（事业在编在岗7人）。局长曲同德，副局长张树芹、耿考青，总审计师成志强。设有经济责任审计办公室、政府投资审计办公室、东营港经济开发区审计科、东营经济开发区审计科、办公室、人事教育科、财政审计科、金融审计科、行政事业审计科、农业与资源环保审计科、社会保障审计科、法规科、审计执行科。所属事业单位：计算机审计中心。协会组织：内审协会。

审计成果　东营市审计机关完成审计项目70个，查出违规金额90520万元，其中应上缴财政82285万元，应减少财政拨款或补贴923万元，应归还原渠道资金840万元，应调账处理金额16413万元；已上缴财政6037万元，已归还原渠道资金21万元，已调账处理金额4361万元。移送处理有关部门事项2件。提交审计工作报告103篇，信息15篇，被采用13篇。

财政审计　财政预算执行审计18个，审计查出违规金额77086万元、管理不规范金额67965万元；应上缴财政70515万元，应调账处理金额10719万元；已上缴财政4497万元，已调账处理金额3336万元。对东营区、东营经济开发区、东营港开发区财政资金使用情况进行决算审计，审计查出违规金额10422万元；应上缴财政9874万元，应归还原渠道资金518万元，应调账处理金额75万元；已上缴财政637万元。

金融审计　东营市审计局对垦利县农村信用合作联社和省联社东营办事处资产负债损益情况进行审计。查出违规金额57万元、损失浪费金额190万元，管理不规范金额28556万元；应上缴财政57万元，应调账处理金额313万元；移送处理有关部门事项2件，涉及金额31853万元；已上缴财政603万元。

行政事业审计　东营市审计局对24个行政事业单位进行审计。审计查出违规金额1180万元、管理不规范金额22645万元；应上缴财政1159万元，应归还原渠道资金152万元，应调账处理金额4421万元；已上缴财政215万元，已调账处理金额808万元。

固定资产投资审计　东营市审计局审计固定资产投资项目5个。查出违规金额930万元、管理不规范金额35406万元；应上缴财政6万元，应减少财政拨款或补贴923万元；已上缴财政83万元。

企业审计　东营市审计局对4个企业进行审计。查出违规金额2万元、损失浪费金额231万元，管理不规范金额2027万元；应上缴财政2万元，应调账处理金额217万元；已上缴财政2万元，已调账处理金额217万元。

经济责任审计　全年审计经济责任人28人，查出违规负主管责任金额2009万元，管理不规范金额负主管责任36240万元。

专项资金审计　东营市审计局对15单位进行审计或审计调查。查出违规金额843万元、管理不规范金额34874万元；应上缴财政672万元，应归还原渠道资金170万元，应调账处理金额668万元。

内部审计　全市共有内审机构157个，其中专职机构68个。内审人员410人，其中专职人员

221个。全年共完成审计项目1305个，其中财务审计563个，效益审计183个，经济责任审计218个，基本建设审计92个，专项审计168个，内控评审57个，风险评估21个。共查出损失浪费金额902万元，增加效益金额51326万元。

（撰稿人：蔡　玲）

【淄博市审计局】　2010年，淄博市审计局人员编制90人，在编74人。局长王振升，副局长杜贞耐、梅立凯、房虹（10月—），总审计师贾立波。设有办公室、人事科、法规科、财政审计科、金融和社会保障审计科、行政事业审计科、经贸审计科、农业与资源环保审计科、外资运用审计科、政法审计科、科教文卫审计科；经济责任审计办公室（建制级别为行政副处级），下设经济责任审计一科、经济责任审计二科；淄博市审计局领导和管理的副县级财政拨款事业单位——淄博市政府投资审计专业局（编制22人，在编34人，领导职数3名。设有综合科、交通能源建设投资审计科、城市基础设施投资审计科、农林水环保投资审计科）。

审计成果　审计（调查）项目95个，其中审计调查5项，查出违规金额216991万元，应上缴财政56388万元，归还原渠道资金12359万元，应调账处理金额104627万元，审计查出的问题得到全面整改和落实。提交审计报告和调查报告168份，提出审计建议76条，撰写审计信息231篇，被采用123篇。

财政审计　对淄博市财政局、地税局等51个部门单位进行审计，查出违规金额19963万元，应上缴财政17419万元。审计结果受到淄博市委、市政府领导的高度重视。淄博市政府采纳审计建议，出台了《关于规范商业企业发票管理　严格行政事业单位办公用品采购报销制度的意见》。坚持“两个整合”（整合自身资源和审计对象资源），实现“五个统一”（即统一计划、组织、方案、时间、处理），做到“六个结合”（专题审计、专项调查、绩效审计、经济责任、政府投资、省厅项目相结合），统筹审计资源，不断提升财政审计的整体效能。这些做法，在2010年召开的全省审计工作座谈会上专门作了经验介绍。

行政事业审计　审计（调查）单位63个，审计查出违规金额6199万元，应上缴财政648万元，应调账处理金额20892万元，其中对62名行政事业单位主要负责人实施经济责任审计。

固定资产投资审计　把“扩内需、保增长”政府投融资项目审计作为淄博市审计局2010年工作重中之重，审计提报值14.58亿元，审减值2.38亿元，综合审减率16.3%。

经济责任审计　对70名单位主要负责人实施经济责任审计，其中行政事业单位主要负责人62名，区（县）委书记、区（县）长各4名，查出违规金额19.6亿元，应上缴财政3.8亿元，应归还原渠道资金1.2亿元。审计结果表明，领导干部接受经济责任审计的自觉性显著增强，严重违规违纪现象明显减少，“零”违规和只存在一般性控制管理方面问题的部门、单位明显增多。

（撰稿人：吴华龙）

【潍坊市审计局】　2010年，潍坊市审计局人员编制69人，在编66人。局长宫智，副局长高保强（—1月）、高敬禄、刘树龙（9月—）、李宏德（1月—），总审计师刘树龙（—9月），调研员高保强（1月—）。设有办公室、组织人事科、研究室、法制科、财政审计科、行政事业审计科、农业与资源环保审计科、固定资产投资审计科、社会保障与金融审计科、经贸与外资运用审计科、计算机审计管理科、市经济责任审计办公室（副县级），下设潍坊市审计局派出审计处。

审计成果　潍坊市审计局完成审计项目52个，查出违规金额3101万元，管理不规范金额1494441万元，其中应上缴财政2887万元，应归还原渠道资金6811万元，应调账处理金额20875万元，核减投资额2566万元。提交审计工作报告、信息168篇，被采用批示202篇（次）。

财政审计　共审计（调查）单位6个，查出管理不规范金额494643万元。实施的市本级预算执行、税收征管、国库集中支付情况审计，市人大常委会给予充分肯定，市委副书记、市长，副市长高度重视，分别作了重要批示，要求各部门对工作中存在的问题，加大力度、提升质量；对违规问题必须立即整改。开展2个县级政府财政决算审计，注重揭示深层次的矛盾和问题，防范和化解地方政府融资债务风险，促进了财政管理体制的完善。

金融审计　开展农信系统2009年度资产负债损益及2008年以来信贷政策执行情况审计和审计调查，基本摸清了有关单位股本构成及法人治理结构、风险控制、信贷政策执行、资产质量、赢利和抵御风险能力等情况，提出深化改革的意见和建议，并移送有关部门处理事项2件，涉及金额41170万元，为市领导研究农村信用社系统改革提供重要依据。

固定资产投资审计　完成对汶川灾后恢复重建项目、中央新增投资项目、第三批省调控资金项目、全市中小学校舍安全工程项目、农村住房建设与危房改造项目等的审计和审计调查，查出管理不规范金额6209万元，核减投资额2566万元，确保财政资金的安全、合理和有效使用。

经济责任审计　重点对22个单位的22个经济责任人进行审计，重点关注领导干部利用公共资源履行职责的经济性、效率性、效果性和廉洁自律情况，查出违规金额2849万元，管理不规范金额478383万元。

专项资金审计（调查）　加强对重点专项资金的审计和审计调查，完成审计和调查项目8个，查出违规金额1729万元，管理不规范金额74705万元。开展的住房公积金专项审计项目，从制度设计和执行入手进行绩效分析，市政府专门出台文件调整了住房公积金管理体制和领导机构。对青海玉树地震抗震救灾捐赠款物审计，促进救灾资金物资按要求及时到位、有效监管、规范使用。对残疾人就业保障金审计，进一步完善残疾人就业保障金管理制度，维护广大残疾人的切身利益。

行业审计　对潍坊盐业系统资产负债损益情况实施专项审计，查出问题金额6585万元，直接增收节支金额19万元，提高企业的管控水平，推进盐业管理体制改革。　（撰稿人：卢雯妍）

【烟台市审计局】　2010年，烟台市审计局人员编制90人，在编89人。局长宋振国（—6月）、李宁（6月—），副局长王国勋（—12月）、逄世毅、董瑞锋，总审计师翟宇翔。设有办公室、法制科、财政审计科、行政事业审计科、经贸审计科、固定资产投资审计科、社会保障审计科、农业与资源环保审计科、外资运用审计科、金融审计科、人事教育科、信息管理科，另设有派出审计一处（重点建设项目）、派出审计二处（公检法司）、派出审计三处（科教文卫），及直属的烟台市经济责任审计办公室（副处级，内设企业审计科和行政事业审计科）。

审计成果　完成审计（调查）项目104个，查出违规金额32249万元，应上缴财政32577万元，已上缴财政32323万元。出具审计报告和报送审计调查报告139篇，提出审计建议152条，被采纳49条；提交审计专题、综合性报告和信息简报239篇，被批示采用57篇。局机关继续保持全省文明机关称号，先后荣获全省审计系统“五五”普法先进单位、烟台市对口援助北川灾后重建工作先进集体、烟台市市直机关先进集体等荣誉称号。

财政审计　对市级21个部门预算组织及执行情况进行审计，结合开展了全市政府性债务情况专项审计调查；对2个县级政府财政决算情况进行审计，同步进行了国土资源利用及土地出让金收支专项审计调查和财政非税收入收缴管理情况专项审计。

固定资产投资审计　对211个中央新增投资项目、全省第三批调控资金18个项目及资金进行跟踪审计和审计调查；积极参与工程建设领域突出问题专项治理工作，对全市农村住房建设与危房改造项目建设情况和全市中小学校舍安全工程建设项目进行专题审计或专项审计调查；对3个十一届全运会烟台赛区比赛场馆项目进行跟踪审计；完成全市对口援建北川灾后恢复重建的20个项目的竣工决算审计，2名同志在全省援川工作总结表彰活动中，分别被省委、省政府荣记一等功和二等功。

专项资金审计　对第十一届全运会竞委会经费、全市“三年大造林”资金、水资源费、住房公积金、支援青海玉树地震灾区抗震救灾捐赠款物、残疾人就业保障金、新型农村合作医疗基金、三项计划生育奖励政策及资金进行了专题审计或调查，对1个县市区土地资源管理利用和国有土地使用权出让金征管情况进行专项审计和审计调查。

企业审计　组织对市属18户企业进行摸底调查，对全市盐业系统进行资产负债损益审计，选取电力行业开展全市节能减排政策执行情况专项审计调查。

金融审计　对3个县市区农村信用社或农村合作银行进行资产负债损益审计，对全市中小企业信用担保公司进行专项审计调查。

经济责任审计　对24个部门单位主要负责人开展离任经济责任审计，对17个部门单位主要负责人和2个县市区党政主要领导开展任中经济责任审计。4月，与市委组织部、市纪委联合下发了《关于实施三联三审强化对县级主要领导干部管理监督的意见》（烟组发〔2010〕23号），并于7月下旬启动实施了对首批17个市直部门单位主要负责人的"三联三审"工作。

内部审计　全市内审机构共审计项目单位5560个，查处损失浪费金额3.95亿元，促进增收节支3.22亿元。目前，全市已建内审机构460个、发展个人会员850名，有持证上岗人员1656人。　（撰稿人：车绍伟）

【威海市审计局】　2010年，威海市审计局人员编制52人，在编52人。局长于时文（—12月）、王晓（12月—），副局长丛培军（—12月）、李峰、孙思深，总审计师王旭。设有办公室、法制科、财政金融审计科、行政事业审计科、经贸审计科、农业环保审计科、外资运用审计科，另设政府投资审计中心（副县级）、经济责任审计办公室（副县级），政府投资审计中心下设投资审计一科、投资审计二科，经济责任审计办公室下设经济责任审计一科、经济责任审计二科、经济责任审计三科。

审计成果　全市审计机关共完成审计项目358个，查处违规金额5.8亿元，促进增收节支3.3亿元。向党委政府和上级业务机关提报专题报告和信息355篇，被采用和批示144篇（次）。

财政审计　全市审计机关对2009年度本级财政预算执行和其他财政收支情况进行审计，主要审计财政部门预算编制、预算资金分配、管理情况和地税机关税收征管情况，同时开展与预算执行审计相结合的专题审计项目26个，涉及部门单位175个，促进增收节支2.6亿元。在完成对财政预算执行审计和税收征管审计的同时，开展了对全市教育收费、农村药品"两网"建设、惠农资金、海域使用金、市公安局和市委党校综合楼竣工决算、全市新增中央预算内投资项目实施情况的审计和审计调查，持续跟踪审计四川汶川、青海玉树抗震救灾资金物资筹集、管理和使用情况。威海市人民政府市长办公会专题听取了审计结果报告，认为此次审计对于进一步规范财政经济秩序，增强财政预算执行的透明度，促进党风廉政建设，提高政府依法行政水平具有重要意义。威海市人大常委会的常委和委员们在听取和审议审计工作报告后认为，预算执行审计工作报告客观中肯、质量高，真实地揭示和反映了在预算执行、税收征管和其他财政收支方面存在的一些问题，提出了切实可行的审计意见和建议，为人大审批决算提供了充足依据，预算执行审计的整体性、完整性、效益性和建设性进一步增强。经请示威海市人民政府批准，威海市审计局对外公告了2009年度市级预算执行和其他财政收支、教育收费、药品供应网和监管网运行、惠农资金管理实施、海域使用金征缴使用5项审计结果，相关部门单位全部在规定时间内完成了整改任务。威海市辖属各市、区、开发区审计机关加强了对政府性资金和地方税收入库、国有资产管理等情况的审计监督，提报的本级预算审计结果先后被政府（管委）领导批示15（件）次，有力地促进整改。

经济责任审计　威海市审计机关对249名领导干部进行经济责任审计，重点关注领导干部民主决策、科学决策和科学理财、依法理财情况，发挥了审计对权力的约束和预警作用，为组织部门管理使用干部提供了重要的参考依据。为了更好地发挥经济责任审计的警示、帮促作用，按照《威海市领导干部任期经济责任审计结果运用意见》的要求，对所有的审计结果报告，联席会议都进行了点评和批示，对所有审计过的领导干部全部进行反馈谈话，联席会议各成员单位联合进行检查督促，确保问题得到整改。

专项资金审计　威海市审计机关对新型农村合作医疗资金、住房公积金、残疾人就业保障金、全市中小学校舍安全工程、农村药品"两网"建设、全市惠农资金、全市中小学教育收费、农村住房建设与危房改造工程进行审计和审计调查，促进解决一些体制机制制度性问题，进一步优化公共资源配置，保障财政资金依法有效使用，有效地维护人民群众的根本利益。

固定资产投资审计　对45个政府投资工程项目进行了审计，涵盖拉动内需、对口援川、市政、教育、社会福利、经济适用房等方面的工程，审计机关从招投标管理、材料价格控制、定额管理、工程资金管理使用等重点环节入手，加强实地勘验和财务核查，共审减工程造价9870万元，促进和提高财政资金的使用效益。

内部审计　威海市政府办公室下发了《关于进一步加强内部审计工作的意见》，对内部审计职能定位、组织形式、职责权限、审计程序进行了全面规范，推动全市内部审计工作健康发展。全市各级审计机关充分发挥审计法赋予的“管理、服务、宣传、交流”职能，加强内部审计队伍业务培训和资格认证管理，推动内审工作深入开展。全市各内审机构全年共完成审计项目7771个，促进增收节支3.3亿元，向司法机关移送处理案件3起。

（撰稿人：宋宝军）

【青岛市审计局】　2010年，青岛市审计局人员编制209人，在编209人。局长韩明升，副局长侯杰、商建波、李志平（—2月）、史祖平、栾心勇，总审计师管卫东，纪检组长王大平（—1月）。设有办公室，法规处，人事处，财政审计处，行政事业审计综合处，行政事业审计一处，行政事业审计二处，农业与资源环保审计处，金融审计处，企业审计综合处，企业审计一处，企业审计二处，社会保障审计处，外资运用审计处，经济责任审计办公室，政府投资审计专业局（规格为副局级，内设投资综合处，投资审计一处，投资审计二处，投资审计三处），机关党委。

审计成果　青岛市审计局完成审计项目98个，查处违规金额266088万元，损失浪费金额6455万元，管理不规范金额2130952万元，其中应上缴财政208997万元，应减少财政拨款或补贴45961万元，应归还原渠道资金7500万元，应调账处理金额77857万元；已上缴财政158559万元，已减少财政拨款或补贴46105万元，已归还原渠道资金13542万元，已调账处理金额4516万元。移送司法机关、纪检监察部门处理事项10件，建议有关部门处理事项21件。出具审计报告和报送审计调查报告126篇，审计提出建议215条，被采纳审计建议99条。提交审计专题、综合性报告和信息简报163篇，被批示采用135篇。

预算执行审计　完成审计项目19个，查处违规金额43539万元，管理不规范金额139837万元，应上缴财政40694万元，应归还原渠道资金4万元，应调账处理金额12697万元；已上缴财政40667万元，已归还原渠道资金4万元，已调账处理金额776万元。移送司法机关处理事项1件，建议有关部门处理事项2件。

专项资金审计　完成审计项目11个，查处违规金额162327万元，管理不规范金额719968万元，其中应上缴财政118715万元，应归还原渠道资金48869万元，应调账处理金额101万元；已上缴财政97115万元，已减少财政拨款或补贴1544万元，已归还原渠道资金4754万元，已调账处理金额101万元。移送司法机关、纪检监察部门处理事项3件，建议有关部门处理事项9件。

行政事业审计　完成审计项目22个，查处违规金额47322万元，管理不规范金额932877万元，其中应上缴财政39193万元，应归还原渠道资金2610万元，应调账处理金额28496万元；已上缴财政19241万元，已归还原渠道资金2560万元，已调账处理金额3618万元。移送司法机关处理事项6件，建议有关部门处理事项1件。

固定资产投资审计　完成审计项目40个，查处违规金额9114万元，核减投资额44738万元，管理不规范金额221010万元，其中应上缴财政9114万元，应减少财政拨款或补贴45961万元，应调账处理金额8957万元；已上缴财政725万元，已减少财政拨款或补贴44561万元，已调账处理金额21万元。建议有关部门处理事项6件。

企业审计　完成审计项目4个，查处违规金额3621万元，损失浪费金额1675万元，管理不规范金额33376万元，其中应上缴财政1240万元，应调账处理金额27606万元。建议有关部门处理事项3件。

经济责任审计　审计经济责任人29人，查出违规金额50661万元，管理不规范金额959345万元，移送司法机关7人。

效益审计　完成审计项目50个，审计后增收节支金额44209万元。提出审计建议75条，被采

纳审计建议 60 条。（撰稿人：刘守茂）

【日照市审计局】 2010 年，日照市审计局人员编制 56 人，在编 55 人。局长胡怀新，副局长韩华之、管雨春、滕世翠，经济责任审计办公室主任徐衍继。设有办公室、法规科、财政金融审计科、行政事业审计科、农业与资源环保审计科、固定资产投资审计科、企业外资审计科、社会保障审计科、内部审计指导科 9 个职能科（室）；另设经济责任审计办公室（加挂固定资产投资审计办公室的牌子），为副处级全额拨款事业单位，下设综合科、党群政法审计科、行政执法审计科、企事业审计科、政府投资审计科。

审计成果 日照市审计机关共审计项目 317 个，查出违规金额 53207 万元，其中应上缴财政 5352 万元，应减少财政拨款或补贴 16900 万元，应归还原渠道资金 1129 万元，应调账处理金额 80381 万元；已上缴财政 5072 万元，已减少财政拨款或补贴 16900 万元，已归还原渠道资金 861 万元，已调账处理金额 71940 万元。提交审计工作报告、信息 353 篇，被批示采用 210 篇，其中被市委、市政府主要领导批示 15 篇（次）。

预算执行审计 日照市审计机关共对 35 个预算执行部门单位进行审计，对地方政府债务情况、财政非税收入收缴管理情况进行专项审计调查，促进部门单位合理、规范使用资金，提高依法行政意识和财政财务管理水平。日照市审计局代日照市政府向日照市人大常委会作同级预算执行审计工作报告，日照市人大常委会连续第四年对报告单独作出决议，对审计工作给予充分肯定。

固定资产投资审计 日照市审计机关对市政、园林等 126 个工程项目进行竣工结算审计，审减工程造价 1.53 亿元。日照市审计局还对日照市区供热改造工程、日照市社会福利中心工程等 21 项城市建设项目全过程实施跟踪审计，提出审计意见和建议 153 条，全部被建设和施工单位采纳；对游泳馆建设项目实行跟踪审计，共跟踪审计游泳馆项目投资额 2.5 亿元，提出审计建议被采纳 130 余条，促进节约资金 2000 多万元。

经济责任审计 日照市审计机关对 151 名党政领导干部进行审计，向组织部门及时提交审计报告，为管理和使用干部提供参考依据。日照市审计局还对 14 名负有经济责任的市管干部、10 名提拔担任副处级干部的原乡镇党委书记和原区县直属部门正职负责人等进行审计，进一步规范了领导干部从政行为。针对日照市审计局在审计中发现的截留挪用套取财政资金、花钱大手大脚、损失浪费等问题，日照市委办公室、市政府办公室制定了《关于进一步严肃财经纪律的通知》，要求各有关部门进一步严肃财经纪律，强化监督管理，提高各级干部特别是领导干部在遵守财经纪律和廉政的自觉性、主动性。

专项资金审计 日照市审计机关对医保基金、新农合基金、住房公积金、残疾人就业保障金、中小学校舍安全工程建设资金等 20 余项民生项目和资金进行审计和调查，严肃查处截留、挤占、挪用等违反财经法规的问题，规范了惠民资金的管理。日照市委、市政府根据日照市审计局在农村住房建设与危房改造审计中发现的问题，下发了《关于加快推进农村住房建设与危房改造工作的通知》，从完善土地和信贷政策、加大财政奖补和扶持力度以及降低新型农房建设成本等方面深入推进农村住房建设与危房改造工作。

救灾款物审计 日照市审计局历经近三年的时间，对该市援川抗震救灾款物、过渡安置板房、灾后恢复重建工程开展全方位、全过程的跟踪审计。截至 2010 年底，审计工作任务全部完成，共审计资金总额 11178.55 万元，提出审计建议 36 条，促进完善规章制度 5 项，节约资金 300 万元；审计过渡安置板房、市政基础设施、公共服务设施等援建工程总额 21981.67 万元，审减造价 4190.52 万元。日照市审计局分别被山东省援川工作指挥部、日照市委市政府评为“援川工作先进集体”。

（撰稿人：滕仲明）

【临沂市审计局】 2010 年，临沂市审计局人员编制 87 人，在编 73 人。局长张少波，副局长王宏祥（10 月—）、张金堂、张维莉（—2 月）、殷宗建、陆光平（10 月—）。设有办公室、法制科、人事科、财政审计科、金融审计科、社会保障审计科、行政事业审计综合科、行政事业审计一科、行政事业审计二科、企业审计科、固定资产投资审计科、农业与资源环保审计科、外资审计科 13 个行政科室和经济责任审计办公室、重点建设项目审计办公室、审计计算机中心二级事业单位。

审计成果 全市共审计 909 个项目和单位，查处问题金额 196 亿元，促进增收节支 10.2 亿元，其中增加财政收入 2.2 亿元，减少财政拨款和归还原渠道资金 8 亿元。市审计局先后获得全国优秀审计项目、省级文明单位、省级文明机关、全市职业道德建设"十佳"单位、行风建设先进单位等市级以上荣誉 34 项。提交审计报告和审计信息 1116 篇，被各级采用 723 篇。市委、市政府主要领导先后 10 次对审计报告和审计要情作出批示。加大审计宣传力度，被市级以上新闻媒体采用稿件 324 篇，其中中国审计报采用 66 篇，审计署门户网站采用 54 篇，省审计厅门户网站采用 125 篇。

财政审计 对 169 个一级预算执行部门进行审计，查出问题金额 47 亿元，增加财政收入 9647 万元，为政府加强财政管理、人大监督预算执行提供了可靠依据。对 63 个县区、乡镇财政决算的审计，查出问题金额 6.3 亿元，增加财政收入 3343 万元，规范了财经秩序。

经济责任审计 对 442 个部门单位主要负责人开展经济责任审计，认定领导干部负主管、直接责任的问题金额 15 亿元。市审计局对 16 个重组、撤销、划转的部门单位进行资产清理审计，认定资产 4 亿元，确保政府机构改革的顺利进行。市经济责任审计工作联席会议通报了 57 名县级领导干部履行经济责任情况，并对部分审计对象进行集体谈话。

固定资产投资审计 对 571 个中央新增投资、环境保护等项目进行跟踪监督，促进宏观调控政策落实。对 21 个市级政府投资建设项目的跟踪审计和派驻审计，涉及单体工程 1657 个，避免损失浪费 7350 万元。对 501 个单体工程的决算审计，审减造价 4.81 亿元，审减率 22%。对 16 个援建通口镇项目的决算审计和跟踪审计，节约援建资金 372 万元。

专项资金审计（调查） 对农村住房建设与危房改造、拆迁资金、住房公积金、残疾人保障金、高职教育等 22 个民生项目进行专项审计和调查，涉及单位 586 个，查处问题金额 36 亿元，纠正侵害人民群众利益金额 2.7 亿元。对 59 栋 2882 套经济适用房的决算审计，审减 2914 万元。对青海玉树地震抗震救灾资金和物资实施跟踪审计，确保救灾资金和物资规范管理和安全使用。

相关工作 制定完善 33 项规章制度，建立起用制度管权、按制度办事、靠制度管人的运行机制。加强效能考核，出台《局内部考核暂行办法》，把考核结果与奖惩、评先树优、干部提拔使用挂钩，极大地调动了干部职工的积极性。强化学习培训，制订了干部教育培训计划，举办各类培训班 13 个，培训人员 831 人次。把党风廉政建设纳入审计工作整体规划之中，加强对审计组和审计现场的廉政建设，有效防止不廉洁现象发生。

（撰稿人：孟凡春）

【枣庄市审计局】 2010 年，枣庄市审计局人员编制 62 人，在编 59 人。局长吴进立，副局长胡卫东、李黎、侍文学（—3 月）、于晨。设有办公室、人事科、法规科、财政审计科、金融外资审计科、企业审计科、行政事业审计科、农业与社会保障审计科、固定资产投资审计科，经济责任审计办公室（参照公务员法管理副县级事业单位）下设综合科、审计一科、审计二科、审计三科、内审指导科，另设局机关党总支、离退休老干部科。

审计成果 全市完成审计项目 329 个，查出违规金额 228874 万元，其中应上缴财政 24914 万元，应减少财政拨款或补贴 990 万元，应归还原渠道资金 3906 万元，应调账处理金额 55815 万元；已上缴财政 20444 万元，已归还原渠道资金 1020 万元，已调账处理金额 45628 万元。移送司法机关、纪检监察部门处理事项 1 件。提交审计工作报告、信息 308 篇，被采用 185 篇。

财政审计 全市审计预算执行部门单位 50 个，查出各类问题金额 11.59 亿元。市级预算执行审计整改率连续两年达到 100%。税收征管审计延伸 20 多户重点企业，查补入库 2000 余万元。区（市）审计机关开展 15 个乡镇政府财政决算审计，规范并提高了基层财政管理水平。

金融审计 对省农信社枣庄办事处所属峄城和滕州信用社资产负债损益情况的审计，查出以贷转存、冒名虚假贷款等违规经营问题，提出清理不良资产、优化存贷款结构等方面的审计建议。

行政事业审计　全市审计单位 172 个，应上缴财政 4836 万元，已上缴财政 4599 万元。加大对教育系统二、三级会计核算单位的延伸审计力度，对计生委计生经费和社会抚养费的审计，促进系统财务管理工作的加强。

农业与资源环保审计　对利用世界银行贷款农业灌溉三期公证审计，揭示了项目管护不善、部分设施毁损的问题。城建环保二期东沙河项目公证审计促进建设单位加强财务管理。对滕州市吉田、润龙两个香料生产企业使用国际基金组织赠款及参与环保项目实施情况的公证审计，提出提高外资运用效益的建议和措施。

固定资产投资审计　实施扩大内需重点建设项目调控资金、新增投资项目、滕州市奥林匹克体育中心工程、中小学校舍安全工程、农村住房建设与危房改造、农村公路建设管理养护资金、新城建设资金等项目的审计（调查）。历时一年半，对北川灾后恢复重建 10 个项目进行跟踪审计，审计资金总额 11153 万元，审减工程造价 2629 万元，审减率为 23.58%。

社会保障审计　对新型农村合作医疗基金的审计调查，揭示了基层医疗卫生服务体系不完善，国家基本药物制度落实不到位，资金管理使用不规范等问题。开展的残疾人就业保障金、玉树抗震救灾捐赠资金、农民工培训与就业等资金项目的审计，均取得良好效果。

企业审计　全市对 21 户国有及控股企业进行审计，查出虚报或隐瞒收入 2967 万元，少计少缴税费 3218 万元，已上缴财政 5976 万元。对市热力总公司的审计，查出少计费用、资产负债损益不实和潜在损失 899 万元，核实了企业家底、供热成本以及供热运行等情况，为政府有关部门制定相关措施提供依据。

经济责任审计　全市对 128 名党政领导干部任期经济责任进行审计，查出各种问题金额 1.12 亿元。加大任中审计力度，市审计局开展 11 名党政领导干部任中审计，首次对区（市）检察院系统领导干部进行任中经济责任审计。制订印发了不同种类、不同级次领导干部任期经济责任审计工作方案，经济责任审计工作逐步规范

专项资金审计（调查）　全市开展专项资金审计（调查）项目 47 个，审计资金总额 36.4 亿元，查出滞留闲置等问题金额 10568 万元，促进资金拨付到位 2301 万元。

内部审计　认真贯彻落实《山东省内部审计工作规定》，举办了内审人员岗位资格证书、后续教育和乡镇审计人员业务培训班，400 余名内审人员接受培训。全市“双先一优”评选内审先进单位 25 个，先进工作者 37 人，优秀内审管理工作者 7 人。山东丰源煤电股份有限公司被评为全国内部审计先进单位。枣庄市内部审计工作加强管理指导、提升服务水平的经验文章在《中国审计报》上刊登。　（撰稿人：丁祥军　江庆玉）

【济宁市审计局】　2010 年，济宁市审计局（以下简称市审计局）人员编制 77 人，在编 75 人。局长陈立民，副局长王岱峰、孙进、苏桂双，总审计师王忠东，调研员刘清峰。设有办公室、人事科、法制审理科、财政审计科、行政事业审计一科、行政事业审计二科、行政事业审计三科、行政事业审计四科、行政事业审计五科、行政事业审计六科、企业审计科、农业与资源环保审计科、社会保障审计科、审计结果执行科、信息科。内设 1 个副处级行政机构：济宁市经济责任审计办公室。下设 1 个副处级、正科级事业单位各一个：济宁市政府投资审计处，济宁市审计局高新区审计工作处。

审计成果　全市审计机关完成审计（调查）项目 1019 个，查出违规金额 72228 万元，其中应上缴财政 37243 万元，应减少财政拨款或补贴 26146 万元，应归还原渠道资金 3999 万元，应调账处理金额 13746 万元；已上缴财政 48096 万元，已减少财政拨款或补贴 26093 万元，已归还原渠道资金 3760 万元，已调账处理金额 13056 万元。向司法机关、纪检监察部门移交案件线索 17 件，涉及金额 446 万元；移送有关部门处理事项 20 件。提交审计综合报告、审计专报及信息简报 977 篇，被批示采用 535 篇。市审计局两个审计项目被省审计厅评为优秀审计项目，两个计算机审计案例获得审计署应用奖，14 个计算机案例入选省厅专家经验库；被市作风办、优化办通报表扬为“办事效率高、服务质量优、干事创业、跨越发展”的先进典型；被市委、市政府表彰为“综合考核先进单位”，被市“双评”活动领导小

组通报表彰为“双评”活动满意单位。曲阜、鱼台、邹城、微山县（市）审计局晋升为市级文明单位，梁山县审计局晋升为省级文明单位。截至2010年底，市审计局及12个县市区审计机关中，共有省级文明单位2个，市级文明单位9个，县级文明单位2个。

财政审计 集中力量安排全市财政收支真实性等6项专项审计（调查）和曲阜、鱼台两个县（市）2009年度财政决算审计；对全市地税系统2009年度税收征管进行审计，延伸审计33家重点纳税单位，揭示了税收征管不规范、资金管理和使用效益等方面的问题。全市审计机关共查出违规金额39223万元，应缴财政31067万元。财政审计工作得到省审计厅的充分肯定，在全省审计工作座谈会上作了典型发言。

固定资产投资审计 全市审计机关完成285个政府投资审计和审计调查项目，并对重大政府投资项目实施跟踪审计，共核减投资额10.97亿元，审计后挽回或避免损失7073万元，为政府节省大量的建设资金，及时纠正项目建设及资金管理中存在的问题，改进项目管理，提高资金使用效益，促进国家调控政策的落实。

专项资金审计 开展全市种粮补贴、农机补贴、汽车和家电下乡补贴等涉农补贴专项审计，全市城市居民2009年度最低生活保障资金、全市残疾人就业保障金专项审计，市直和县市区、乡（镇）2008年至2009年医疗卫生服务机构建设资金投入管理使用情况审计，南水北调工程征地补偿金、援川项目及玉树抗震救灾资金等跟踪审计，国有土地出让收支管理情况审计调查。摸清了各项资金的使用管理情况，发现存在的问题，提出积极建议，引起领导的高度重视，促进各项惠民政策的落实。

经济责任审计 全市审计机关对460名党政领导干部和国有企业领导人员进行经济责任审计，查出违规金额14676万元。重点关注党的方针政策、国家法律法规的贯彻执行情况、财政资金的使用效益和领导干部经济决策与管理的情况，对存在的普遍性、倾向性、苗头性问题，进行汇总分析，向市领导提交了审计情况报告，为监督、选拔任用干部提供依据。曲阜市两办出台了《领导干部任中经济责任审计办法》，加大任中审计力度，提高了审计时效性。 （撰稿人：王宗蕙）

【泰安市审计局】 2010年，泰安市审计局人员编制72人，在编71人。局长马纯勇，副局长李祥利、张仁安、刘安，总审计师靳印龙。设有办公室、人事科、法规科、财政审计科、金融审计科、行政事业审计一科、行政事业审计二科、经贸审计科、农业与资源环保审计科、社会保障审计科、派出审计科、经济责任审计办公室、政府投资审计专业局。

审计成果 全市审计机关审计单位358个，查出违规问题金额17.63亿元，促进增收节支2.57亿元，归还原渠道资金2.11亿元。提交综合报告、审计信息和审计专报等337篇，被批示采用289篇（次）。

财政审计 共审计81个部门，查出违规问题金额5.1亿元。揭示了预算管理、税收征管、资金使用等方面存在的突出问题。从财税体制、经济环境上分析原因，提出了进一步规范预算管理的对策建议，审计的整体性、宏观性、效益性和建设性进一步增强。

审计调查 共审计和调查扩内需投资项目62个，调查资金额53.38亿元，查出有问题金额1.96亿元。对2009年跟踪审计查出的配套资金不到位、项目管理不规范等问题加强了督促整改，对照宏观调控政策的重点、方向和力度，加强对相关政策实施情况及效果、政府投资和新增贷款等情况的监督，揭示和反映政策执行中出现的新情况、新问题，并坚持以查促改，使多数问题及时纠正。

专项资金审计 对新型农村合作医疗基金、住房公积金、残疾人就业保障金、中小学校舍安全工程、农村住房建设与危房改造等民生资金和项目的专项审计和调查，审计资金总额60.75亿元。

固定资产投资审计 审计政府投资项目199个，核减投资和结算额1.71亿元，促进政府建设资金安全高效运作。组织开展工程建设领域突出问题专项治理检查工作，抽查建设项目78个，累计发现各类问题金额17.25亿元。

经济责任审计 审计领导干部246名，查出隐瞒截留收入、“账外账”、乱收费等各类违规金额 3.58 亿元。市审计局扩大了经济责任审计覆盖面，拓展了经济责任审计的深度和广度，对东平县书记、县长进行同步审计。（撰稿人：霍瑞国）

【莱芜市审计局】 2010 年，莱芜市审计局人员编制 54 人，在编 44 人。局长吕振宝，副局长张建国、刘吉秀、杨文安，总审计师韩秀君，调研员黄翠萍。设有办公室、财政审计科、农业与资源环保审计科、企业审计科、社会保障审计科、经济责任审计办公室、政府投资审计办公室。

审计成果 全年完成审计项目 75 个，涉及 267 个单位和 57 项资金，审计查出违规金额 8726 万元，管理不规范金额 27535 万元，审减工程资金 2.07 亿元。提出整改意见和建议 121 条，提交综合性报告、信息 120 篇。

财政审计 全市共审计（调查）预算执行部门（单位）28 个，延伸审计（调查）96 个单位，审计资金额 91100 万元，审计评价更加全面、准确。围绕促进增收节支，对 21 户企业的纳税情况及全市城市基础设施配套费、水资源费、河道工程维护费等非税收入的征管情况进行审计调查，查出偷漏税款 816 万元，非税收入未及时入库 12900 万元。针对存在的问题，及时提出审计意见和建议，督促相关单位进行整改，确保税款的应收尽收及非税收入的及时足额入库。

经济责任审计 围绕建立健全问责机制、促进依法行政，进一步深化领导干部经济责任审计。全市共审计经济责任人 21 人，查出违规违纪金额 3870 万元，损失浪费金额 4198 万元。以中办、国办《党政主要领导干部和国有企业领导人员经济责任审计规定》的出台为契机，加大经济责任审计宣传力度，修订完善我市相关规定和操作规范，切实抓好贯彻落实。

固定资产投资审计 对市文化中心建设、垃圾处理场扩建工程、牟汶河拦河闸二期工程等政府重点投资建设项目进行跟踪审计，审计人员参加相关建设会议 24 次，提出合理化建议 19 条，协助业主进行市场询价 18 次，参与竞争性谈判及招标竞价 6 次，出具跟踪审计意见单 2 份，确保了市重点建设项目的安全建设。根据市委、市政府领导的要求，对雪野旅游区建区以来的 132 项工程项目进行结算审计，项目总提报结算值 6.03 亿元，初步审减额 1.8 亿元，审减率达 30%。对青草河综合治理等 11 个 2009 年市级重点工程项目的预算执行情况进行审计。对牟汶河拦河闸一期工程、鲁中西大街改造（西外环一莱城大道）、莱芜职业技术学院二期工程、长勺路绿化工程等工程进行结算审计，审减工程造价 4278.56 万元。完成北川灾后重建审计，通过对援建项目及资金实施全面、全过程跟踪审计，审减工程总价 701.84 万元，有效地节约了政府资金。

专项资金审计 围绕维护民生、促进和谐，进一步加强对民生资金的审计力度，针对城镇居民医疗保险专项资金、新型农村合作医疗基金、残疾人就业保障金、农村住房建设与危房改造建设资金、全市中小学校舍安全工程建设资金、优抚对象住房保障资金及全民创业培训资金等 11 项民生资金和民生项目，采取跟踪审计和审计调查的方式，通过实地查看、查阅档案、入户走访、审核结算清单等方法，进行全面审计。

围绕专项资金的安全高效使用，对污染防治资金、城市低保资金、农业综合开发资金、长江防护林二期补助资金、林业贷款贴息补助资金、中小企业发展专项资金、农村公路建设资金以及应用技术研究与开发资金 8 项专项资金进行审计或审计调查。（撰稿人：张 芬）

【滨州市审计局】 2010 年，滨州市审计局人员编制 87 人，在编 79 人。局长张子禹（—1 月）、丁希安（1 月—），副局长谭拴海、张凯、扈献民（11 月—）、李少民（—11 月）、董建平（—3 月），总审计师王爱云。设有办公室、审计法规科、人事教育科、财政金融审计科、农业与资源环保审计科、外资审计科、行政事业审计科、经贸审计科、社会保障审计科等科室和经济开发区、高新技术产业开发区、北海经济开发区 3 个审计分局。下设经济责任审计办公室、政府投资项目审计办公室、计算机信息管理中心、内部审计指导中心、审计干部培训中心、审计举报服务中心等二级单位。

审计成果 滨州市审计局完成审计（调查）项目 117 个，查出违规金额 67520 万元，其中应上缴财政 58613 万元，应归还原渠道资金 8513 万元，应调账处理金额 51031 万元；已上缴财政

3364万元，已归还原渠道资金399万元，已调账处理金额42066万元。移送司法、纪检监察机关处理事件2件，建议有关部门处理事项3件。提交审计工作报告、信息104篇，被采用72篇。

财政审计　完成14个部门单位的预算执行审计和4个县、乡级人民政府财政决算审计，查出资金滞留闲置、未按规定征收缴纳预算收入、违规改变资金用途等问题金额13.3亿元。预算执行审计“两个报告”受到市人大常委会和市政府充分肯定，督促审计查出的问题基本落实整改到位，督促部门单位修改完善出台制度办法10余项，促进政府部门依法理财和市财经秩序逐年好转。

金融审计　完成滨城区农村信用合作联社、博兴县农村合作银行2个单位的审计和审计调查，查出违规经营、少计少缴税费等违规违纪金额39010万元，应上缴财政82万元。分别移送省银监局滨州分局、省农村信用合作联社滨州办事处等部门处理，移交问题10个，涉及金额38928万元。滨州银监分局作出对滨城区联社责任人撤职处分，对博兴农合行1人免职，2人通报批评，2人经济罚款的处理。

行政事业审计　完成行政事业审计（调查）单位37个，查出违规金额17506万元，管理不规范金额114098万元，审计提出建议97条，有力促进被审计单位加强内部管理，提高资金的使用效益。

固定资产投资审计　通过对33个重点工程建设项目的竣工决算审计，核减造价2562万元，平均核减率23.8%。同时，通过对滨州港、疏港路、文化中心等重点项目跟踪审计，核减阶段性工程拨款4.5亿元，对节约财政投入，提高资金的使用效益起到了较好的作用。全市审计机关完成援川资金和项目的审计任务，审计援川资金1.2亿元，审计提报值1.9亿元的援川项目11个，节约资金3742万元，并就市援川灾区投入的财力物力情况进行审计核实，使投入的2992.3万元救灾款物得到受援方的全部认证。

企业审计　完成全市盐业公司及相关企业审计，查出少计少缴税费、挤占费用支出、利用往来和预提账户调节损益等违规违纪金额2620万元。督促被审计单位整改落实力度较大，整改率100%，上缴财政25万元，调账处理金额2585万元，采纳审计建议14条。

经济责任审计　全年对37名市直党政机关和企事业单位主要负责人及沾化县委书记、县长开展“同步式”经济责任审计，共查出违规金额17249万元、管理不规范金额112339万元，其中领导干部负直接责任金额281万元。移送纪检监察机关线索2起，党内严重警告2人，为加强干部管理监督，促进党风廉政建设发挥了重要作用。

专项资金审计（调查）　完成对中央新增投资项目、省扩大内需调控资金、残疾人就业保证金、援川玉树抗震救灾、新型农村合作医疗基金等19项民生项目的审计和审计调查，审计各类专项资金40.9亿元，查出应缴未缴专项资金、资金滞留闲置、未纳入财政专户管理等违规违纪金额82858万元。移送有关部门处理事项1件，行政严重警告1人。揭示落实国家政策不到位、政策目标未实现以及严重影响和损害群众利益的突出问题，促进公共资源配置更多地向民生领域倾斜，推进和谐社会建设。（撰稿人：张瑞杰）

【菏泽市审计局】　2010年，菏泽市审计局人员编制69人，在编67人。局长陶体华，副局长李永垠、毛宝军、樊廷卷，纪检组长孙涛。设有办公室、法规科、人事科、财政审计科、行政事业审计科、农业与资源环保审计科、固定资产投资审计科、金融审计科、企业审计科、社会保障审计科、外资运用审计科、政法审计科。

审计成果　菏泽市审计机关完成审计项目656个，查出违规金额524453万元，其中应上缴财政24239万元，应归还原渠道资金84855万元，应调账处理金额4694万元；已上缴财政12912万元，已归还原渠道资金80431万元，已调账处理金额3620万元。移交司法机关、纪检监察部门处理事项8件。提交审计工作报告、信息797篇，被采用480篇。

财政审计　完成审计项目223个，完成市级预算执行5个，县级预算执行审计97个，乡级预算执行101个，县级财政决算审计2个，乡级财政决算审计20个，查出违规金额282717万元，其中应上缴财政21866万元。

行政事业审计　完成审计项目322个，查出违规金额115730万元，其中应上缴财政1232万元，已上缴财政 514 万元。

固定资产投资审计 完成审计项目 67 个，审计工程资金 103504 万元，查出违规金额 1621 万元，核减工程投资金额 15148 万元。

企业审计 完成审计项目 23 个，查出违规金额 1096 万元，其中，应上缴财政 1100 万元，已上缴财政 1100 万元。

经济责任审计 完成审计项目 290 个，查出违规金额 104215 万元。

专项资金审计（调查） 完成审计和审计调查项目 20 个，查出违规金额 1478 万元。

（撰稿人：张庆贺）

2010 年山东省所辖区、县（市）级审计工作统计表

金额单位：万元

审计机关	完成审计项目（个）	查出违规金额	应上缴财政	应减少财政拨款或补贴	应归还原渠道资金	应调账处理金额	移送司法、纪检监察部门处理（件）	建议有关部门处理（件）	出具审计报告和审计调查报告（篇）	提出审计建议（条）	撰写审计信息（篇）
济南市											
济南市本级	72	40737	25148		559	8255	3	5	74	249	250
市中区审计局	24	5673	503						24	54	17
历下区审计局	41	12974	11967						41	103	90
槐荫区审计局	27	4085	3896		3	1209			27	105	152
天桥区审计局	43	1553	1512			6	3		43	64	72
历城区审计局	84	12290	2738		542	9292			114	75	81
长清区审计局	65	1945	205						66	106	56
章丘市审计局	64	15537	4666		105	2710	1		65	143	75
平阴县审计局	37	611	169		336	104			55	94	231
济阳县审计局	39	2330	980		513	1556			41	101	40
商河县审计局	73	7749	488		46	11980			91	149	5
聊城市											
聊城市本级	90	59576	41133	2248	5668	110269		3	103	264	102
东昌府局审计局	36	8413	6397		3017	199		1	46	118	72
临清市审计局	72	38409	204		30				101	50	73
阳谷县审计局	115	9163	273		1400	51			115	112	120
莘县审计局	63	11493	1021		1045				89	95	121
茌平县审计局	50	7524	1634		64	158			58	60	103
东阿县审计局	63	13724	238		280	350			63	133	104
冠县审计局	114	3561	384	45		15			133	252	58
高唐县审计局	34	13658	574	2	434	1555			36	66	129
德州市											
德州市本级	59	197205	182090		27233	34474			59	82	74

（续表）

审计机关	完成审计项目（个）	查出违规金额	应上缴财政	应减少财政拨款或补贴	应归还原渠道资金	应调账处理金额	移送司法、纪检监察部门处理（件）	建议有关部门处理（件）	出具审计报告和审计调查报告（篇）	提出审计建议（条）	撰写审计信息（篇）
德城区审计局	34	955	686			2			34	9	237
乐陵市审计局	20	1436	16						20	45	110
禹城市审计局	24	4	4						24	34	142
陵县审计局	43	5829	902		166	1123			43	19	12
平原县审计局	9	87	86						9	11	190
夏津县审计局	28	3554	1661		297	2691			28	77	89
武城县审计局	26	1528	43		181	85			26	5	3
齐河县审计局	15								15	49	55
临邑县审计局	8	1106	13						8	15	
宁津县审计局	7	1786	1776						7		28
庆云县审计局	26	207	181						26	24	
东营市											
东营市本级	70	90520	82285	923	840	16413	2		103	200	15
东营区审计局	36	10625	5007		107	4092			67	40	22
河口区审计局	26	278	85	192		1057			41	62	44
垦利县审计局	23	2927	2927						35	52	146
利津县审计局	43	62	6			2			72	11	71
广饶县审计局	39	657	657			4893			75	11	60
淄博市											
淄博市本级	95	216991	56388	23	12359	104627			168	76	231
张店区审计局	60	364	50						98	186	60
淄川区审计局	55	12780	9059		13				94	102	40
博山区审计局	64	212	146		72				122	13	57
临淄区审计局	39	17979	22	271		17525			68	30	44
周村区审计局	68	1710	1710		16	6721			118	104	76
桓台县审计局	26	11150	8			11183			37	38	159
高青县审计局	55	239	28		250	1044			71	63	29
沂源县审计局	39	39	286			1810			70	25	54
高新区审计局	4	28	9						15	10	8
潍坊市											
潍坊市潍坊市本级（含高新、滨海）	125	3101	2890		6811	20875			13	218	198
奎文区审计局	42	975	962		13				46	100	64
潍城区审计局	28	46	46						42	50	17

（续表）

审计机关	完成审计项目（个）	查出违规金额	应上缴财政	应减少财政拨款或补贴	应归还原渠道资金	应调账处理金额	移送司法、纪检监察部门处理（件）	建议有关部门处理（件）	出具审计报告和审计调查报告（篇）	提出审计建议（条）	撰写审计信息（篇）
寒亭区审计局	32								32	70	18
坊子区审计局	41	78	72		5				42	101	16
安丘市审计局	113	13303	6595		337	6650	1		116	208	118
昌邑市审计局	110	463	438						110	162	22
高密市审计局	89	12896	12368						89	208	132
青州市审计局	56	16655	15644	381	257		3		95	52	63
诸城市审计局	93	6316	5913		156	5612			123	73	110
寿光市审计局	101	44750	4623		759	41403			158	238	325
临朐县审计局	87	12059	6786		34	19			87	63	94
昌乐县审计局	69	32	30			473			117	56	85
烟台市											
烟台市本级	104	32249	32577		15	127085		6	139	152	235
莱山区审计局	40	583	59			356			72	38	32
芝罘区审计局	57	3374	1140		691	1962			96	52	44
福山区审计局	36	1590	1363	88	11		1		58	30	73
牟平区审计局	70	776	776			40			109	26	76
经济技术开发区审计局	17	23	112						25	12	3
栖霞市审计局	36	2522	2522						63	24	37
海阳市审计局	45	2317	2273		10	57			78	28	19
龙口市审计局	64	7628	7630			865			105	31	33
莱阳市审计局	66	20234	20032		771	29905			113	144	93
莱州市审计局	52	407	380			2481			88	45	190
蓬莱市审计局	41	457	456		431	1771			60	28	37
招远市审计局	73	1505	1419			108			73	1	59
长岛县审计局	49	365	367			3517			83	20	15
威海市											
威海市本级	73	21418	1339	1452		81534			123	89	181
环翠区审计局	32	1246	925	1608		7068	2		64	52	22
荣成市审计局	92	16253	15728			1059			97	110	80
乳山市审计局	54	1152	1711			3271	1	1	81	68	40
文登市审计局	58	55147	6500			46451			83	109	88
经技区审计局	21	471	471	669					25	14	39
高技区审计局	21	1676	1476						22	57	

（续 表）

审计机关	完成审计项目（个）	查出违规金额	应上缴财政	应减少财政拨款或补贴	应归还原渠道资金	应调账处理金额	移送司法、纪检监察部门处理（件）	建议有关部门处理（件）	出具审计报告和审计调查报告（篇）	提出审计建议（条）	撰写审计信息（篇）
青岛市											
青岛市市本级	98	266088	208997	45961	7500	77857	10	21	126	99	163
市南区审计局	70	202	202	3220					70	109	180
市北区审计局	82	3114	3114	13497	2				82	77	54
四方区审计局	50								50	111	304
开发区审计局	128	23602	18629	18800		113	3		128	177	78
崂山区审计局	176	48300	6007	2233	35	85			176	123	264
城阳区审计局	307	7052	4824	15600	61	1215			307	442	134
李沧区审计局	112	1666	1661	1923					112	204	70
胶州市审计局	86	866	64	2567		5700			86	219	126
即墨市审计局	61	122586	26	2781	2568	63			61	116	41
平度市审计局	115	322	233		99	4663			115	124	212
胶南市审计局	74	5058	5058	8913					74	175	44
莱西市审计局	55	2172	4440	7677	924	94240			61	47	56
日照市											
日照市本级	96	48209	3559	14300	1129	73229			98	197	64
东港区审计局	118	3465	306	2579					89	55	52
岚山区审计局	20					179			14	69	8
五莲县审计局	27	483	298						35	42	25
莒县审计局	27	47	1						38	51	9
经济开发区审计局	29	1003	1188			6973			39	63	7
临沂市											
临沂市本级	124	69015	16630	1694	30058	50634		9	192	306	281
兰山区审计局	32	2420	1396		78	294			32	86	58
罗庄区审计局	59	3797	210						61	212	98
河东区审计局	34	7125	51						35	90	16
郯城县审计局	89	7699	75			1489			89	262	160
苍山县审计局	47	5441	214						49	60	8
莒南县审计局	57	6120	1170						57	133	43
沂水县审计局	71	2861	1001	2	655	1285			71	139	86
蒙阴县审计局	67	8150	679		11	5			113	197	38
平邑县审计局	41	9523	146						53	119	106
费县审计局	63	9923	466		33	590			63	246	52

（续表）

审计机关	完成审计项目（个）	查出违规金额	应上缴财政	应减少财政拨款或补贴	应归还原渠道资金	应调账处理金额	移送司法、纪检监察部门处理（件）	建议有关部门处理（件）	出具审计报告和审计调查报告（篇）	提出审计建议（条）	撰写审计信息（篇）
沂南县审计局	149	2216	69						149	387	146
临沭县审计局	76	1044	68		7	94			103	163	24
枣庄市											
枣庄市本级	47	84793	13244		154	6328	1		82	211	87
薛城区审计局	39	12761	9						39	94	57
市中区审计局	36	4739	511	990		6646			36	72	23
峄城区审计局	51	20541	283		2776	7586			51	95	17
台儿庄区审计局	59	61990	3290		119	27842			127	137	30
山亭区审计局	48	11336	2910		342	1309			48	303	8
滕州市审计局	49	32714	4667		515	6104			50	137	35
济宁市											
济宁市市本级	140	29144	29014	1451	3696	83	4	12	200	16	144
市中区审计局	25								25	44	5
任城区审计局	37		19						37	56	33
曲阜市审计局	53	8019	1691	4396	165		1	7	53	120	38
兖州市审计局	77	1158	485		6				116	200	45
邹城市审计局	84	16570	399	11036	132		2		137	31	69
微山县审计局	71	4012	4003						102	214	62
鱼台县审计局	109	3745	104				3		118	119	30
金乡县审计局	101	1735	23			26	1		141	138	39
嘉祥县审计局	48	2105	19			1879			76	17	46
汶上县审计局	100	1475	216			4236	2		136	82	135
泗水县审计局	66	1920	381				3		102		116
梁山县审计局	77	1525	71				1		77	140	66
高新区审计局	31	820	818	9263		7522		1	31	98	17
泰安市											
泰安市本级	75	132679	9697		40408	104482			129	43	110
泰山区审计局	25	237	237		152	746			41	23	44
岱岳区审计局	23	362	2		75	184			38	38	58
新泰市审计局	44	2332	1146		109	69			77	20	40
肥城市审计局	70	26359	94			50			110	57	57
宁阳县审计局	52	10643	29		54	621			105	63	63
东平县审计局	69	3654	336						118	165	165

（续表）

审计机关	完成审计项目（个）	查出违规金额	应上缴财政	应减少财政拨款或补贴	应归还原渠道资金	应调账处理金额	移送司法、纪检监察部门处理（件）	建议有关部门处理（件）	出具审计报告和审计调查报告（篇）	提出审计建议（条）	撰写审计信息（篇）
莱芜市											
莱芜市本级	75	8726					2		75	121	45
莱城区审计局	19	326	48						19	72	84
钢城区审计局	40	5510	33.25						39	70	29
滨州市											
滨州市本级	117	67520	58613		8513	51031	2	3	123	220	104
滨城区审计局	41	9	9						41	16	8
惠民县审计局	36								49	63	31
阳信县审计局	127	6018	771		1828	929			166	98	109
无棣县审计局	42	522	106		324	20			53	58	25
沾化县审计局	47	363	307		6	21802			68	65	72
博兴县审计局	56	297	142		437	11284			56	108	8
邹平县审计局	48	1313	31		171	1112			48	52	75
菏泽市											
菏泽市本级	67	160925	20667		84573	1429			73	226	13
牡丹区审计局	79	2595	99						79	212	25
曹县审计局	96	15726	180		19	185	3		96	172	243
定陶县审计局	36	16410	122		18	1			36	93	117
成武县审计局	38	1187	57						38	91	
单县审计局	96	276099	2193		48	981	5		96	248	138
巨野县审计局	61	33627	49		17	70			61	177	34
郓城县审计局	20	2650	235		103	1843			64	199	67
鄄城县审计局	53	6906	96						54	134	123
东明县审计局	66	4302	78		77	185			66	157	37

河南省

【河南省审计厅】　2010 年，河南省审计厅行政定编 170 人，在编 166 人。设有办公室，法规处，财政审计一处，财政审计二处，金融审计处，行政事业审计一处，行政事业审计二处，行政事业审计三处，企业审计处，农业与资源环保审计处，社会保障审计处，固定资产投资审计一处，固定资产投资审计二处，外资运用审计处，人事处，机关党委，离退休干部工作处，经济责任审计办公室；另设有派驻纪检（监察）室；还设有审计科研所，审计干部培训中心，机关服务中心，审计信息中心等直属事业单位。

领导成员

厅　　长：史宁安

副 厅 长：祁敦芳　万明云　赵国新

　　　　　李笃明　张　昕

总审计师：邹淮滨

纪检组长：李振明

审计成果　全省审计机关以促进经济平稳较快发展和加快转变经济发展方式为主线，牢固树立“监督体现服务、制约体现促进”科学审计理念，进一步加大审计监督力度，审计工作取得了明显成效。共完成审计和审计调查单位 8857 个，通过上缴财政、减少财政拨款及归还原渠道资金等促进增收节支 32.48 亿元。全省提出审计意见和建议 18312 条，被有关单位采纳 15437 条，提交审计工作报告、信息 8751 篇，被各级领导、部门、新闻媒体批示或采用 4770 篇。其中国务院领导在中小学校舍安全工程、玉树地震捐款等两篇审计信息上作出了重要批示，省长在禽畜养殖业污染治理示范工程等 6 篇审计信息上作出了重要批示；向社会公告审计结果 230 篇；移送违法违纪案件线索或事项 368 起，其中省审计厅移送 129 起。审计工作为实现全省保增长、保民生、保稳定、保态势的工作目标发挥了监督保障作用。全省审计事业进入一个规范、健康、科学、持续的发展时期。

财政审计　全省审计机关以维护财政资金安全、促进深化财政体制改革、规范财政管理、确保财政政策有效落实为目标，开展审计和审计调查单位 1483 个，为国家增收节支 24.34 亿元，提出审计建议 3895 条，挽回或避免经济损失 4434 万元。

金融审计　全年共审计（调查）单位 38 个，查出各类违法违规金额 143055 万元，移送事项 2 件。

行政事业审计　全年审计行政事业单位 4896 个，查出违规违纪金额 648421 万元，管理不规范金额 1197215 万元。经审计处理后，应上缴财政 22246 万元，已上缴财政 10808 元。

农业与资源环保审计　完成审计（调查）项目 7 个，审计资金总额 21 亿元，查出各类违纪违规金额 36474 万元，已归还原渠道资金 19994 万元，促进资金下拨 18000 万元，挽回经济损失 5800 多万元。审计提出建议被采纳 24 条，提交审计专题、综合报告和信息 20 余篇，被省长、常务副省长、副省长批示 8 篇，为促进中央“三农”政策的贯彻落实，建立资源节约和环境友好型社会，推动党风廉政建设发挥了建设作用。

固定资产投资审计　围绕政府重大投资建设、支援江油市恢复重建等重点，开展固定资产投资审计项目 929 个，核减投资额（工程款）13.63 亿元，帮助挽回或避免经济损失 1.72 亿元。

社会保障审计　完成审计项目 8 个，查出各类问题金额 97.07 亿元。移交案件线索 43 起，免职 2 人，党政纪处分 7 人，通报批评 9 人，诫勉谈话 3 人。提出审计建议 40 条。共编写 4 篇 AO 审计案例，其中 3 篇被评为省级优秀奖。

企业审计　组织对 157 家企业开展审计，揭示一些企业存在损益不实、决策失误造成国有资产流失和潜在损失等问题。

经济责任审计　全省审计机关对 2529 名领导干部进行经济责任审计，查出领导干部对违规行为负有直接责任的问题金额 9.51 亿元。审计后，15 名被审计领导干部受到处分，9 名相关人员被移送纪检监察机关处理，16 名相关人员受到处分。其中省审计厅对 6 名省辖市市长、7 名省政府工作部门主要领导干部、5 名省管高校校长、7 名省管企业领导人员进行经济责任审计。在各级党委、政府的高度重视和大力支持下，全省经济责任审计工作发展迅速。省审计厅对 4 名省辖市审计局离任局长和厅属转任的 4 名二级机构负责人进行了经济责任审计。

专项资金审计　共审计（调查）单位 1339 个，查出违规违纪金额 121494 万元，管理不规范金额 604589 万元。经审计处理后，应上缴财政 4595 万元，已上缴财政 4436 元。

（撰稿人：吕鸣莉　韩清华）

【郑州市审计局】　2010 年，郑州市审计局人员编制 142 人，在编 141 人。局长李连渠，副局长李忠仁、刘安杰（—10 月）、徐平、金振亚（—10 月）、王学荣（—10 月）、马志峰、桑富强、于士营（1 月—），纪检组长张保全。设有办公室、财政审计处、行政事业审计一处、行政事业审计二处、农业与资源环保审计处、经济责任审计处、固定资产投资审计处、经贸审计处、社会保障审计处、金融审计处、外资审计处、老干部管理处、组织人事处、政策法规处、监察室、机关党委、审计科研所。

审计成果　完成审计项目 734 个，查出违规金额 602591 万元，其中应上缴财政 154082 万元，应减少财政拨款或补贴 7739 万元，应归还原渠道资金 6191 万元，应调账处理金额 98539 万元；已上缴财政 1573 万元，已减少财政拨款或补贴 1534 万元，已归还原渠道资金 835 万元，已调账处理金额 23683 万元。移送司法机关、纪检监察部门处理事项 1 件，建议有关部门处理事项 9 件。提交审计工作报告、信息 192 篇，被采用 129 篇。

财政审计　共对 33 个财政、地税及预算执行单位进行审计，查出未按规定缴纳预算收入、无预算列支专项支出等违规金额 284969 万元。完成财政决算审计项目 39 个，查出未按规定征收缴纳财政收入、收支核算不实、违规改变资金用途等违规金额 38749 万元。

金融审计　完成审计项目 2 个，查出违规经营、违规构建固定资产等违规金额 89678 万元，管理不规范金额 858 万元。

行政事业审计　完成审计项目 463 个，查出应缴未缴预算收入、账外资产、超标准超计划支出等违规金额 143640 万元，应上缴财政 1340 万元，应归还原渠道资金 2452 万元。

固定资产投资审计　结合国家扩大内需、增加投资的实际情况，加大对政府投资的基础设施、生态环境建设、社会事业等方面工程项目的审计监督。通过对 103 个建设项目开展竣工决算审计和跟踪审计，节约政府投资 30265 万元，审计后挽回经济损失 6995 万元。

企业审计　完成审计项目 6 个，查出违规金额 3477 万元，管理不规范金额 19182 万元，应上缴财政 17 万元。

经济责任审计　完成 215 名领导干部经济责任审计，重点检查领导干部按照法定职责和程序行使经济决策权、经济管理权、经济政策执行和监督权以及遵守廉政规定的情况，查出违规金额 82647 万元，管理不规范金额 99387 万元，为监督和考核干部提供重要依据。

专项资金审计（调查）　审计单位 45 个，审计调查单位 43 个，查出违规改变项目计划和资金用途等违规金额 12804 万元，管理不规范金额 46554 万元。

（撰稿人：杨小娜）

【三门峡市审计局】　2010 年，三门峡市审计局行政编制 46 人，实有 47 人；工勤人员编制 5 人，实有 3 人；事业编制 5 人，暂空缺。局长张玉清，副局长刘树军、尚秀丽、侯功亮。设有办公室、经济责任审计办公室（副处级）、固定资产投资审计中心（副处级）、财政金融审计科、行政事业审计科、社会保障审计科、经贸审计科、农业与资源环保审计科、外资运用审计科、法制科。

审计成果　三门峡市审计机关完成审计项目 211 个，审计查处违规金额 6.4 亿元，管理不规范金额 6.5 亿元，应调账处理金额 1.7 亿元，通过上缴财政、减少财政拨款及归还原渠道资金、促进增收节支 1.3 亿元。向有关部门和被审计单位提出加强管理、完善制度、提高效益的审计建议 539 条，采纳 522 条，提交审计专题、综合性报告和信息简报 131 篇，被批示采用 99 篇。

财政审计　预算执行审计完成项目 19 个，应上缴财政 9740 万元，已上缴财政 9692 万元。查出问题金额 65908 万元。其中预算编制批复不规范 11460 万元，未按规定征收、缴纳预算收入 9327 万元，财政收入核算不实 3638 万元，资金滞留闲置 6066 万元，违规改变资金用途 2849 万元，其他违规金额 29460 万元。财政决算审计完成项目 26 个，应上缴财政 689 万元，已上缴财政 689 万元。查出问题金额 30924 万元。其中决算编制不规范 1042 万元，财政收入核算不实 12120 万元，财政支出核算不实 4089 万元，违规改变资金用途 965 万元，其他违规金额 11508 万元。

金融审计　完成审计项目 2 个。查出问题金额 250 万元，其中违规经营 44 万元、少计少缴税费 95 万元、其他违规金额 111 万元。

行政事业审计　完成审计与审计调查项目 124 个，查出问题金额 25937 万元。其中隐瞒截留收入 428 万元、违规改变资金用途 4604 万元、虚列支出 556 万元、乱收费乱摊派乱罚款 274 万元、“账外”资产 2639 万元、超标准超计划支出 3144 万元、其他违规金额 14010 万元。

固定资产投资审计　完成审计项目 23 个，审计项目投资额 28100 万元，完成投资额 14606 万元，核减投资额 7426 万元。

经济责任审计　审计单位 68 个，审计经济责任人 70 人，查出违规金额 2847 万元，管理不规范金额 11461 万元。

专项资金审计（调查） 完成审计（调查）项目 15 个。审计专项资金总额 105064 万元，查出问题金额 4822 万元，其中违规改变项目计划和资金用途 582 万元、应缴未缴专项资金 596 万元、资金滞留闲置 903 万元、“账外”资产 61 万元。

（撰稿人：任建学）

【洛阳市审计局】 2010 年，洛阳市审计局人员编制 78 人，在编 75 人。局长乔卫国，副局长马灿书、温志明，纪检组长史百里。设有办公室、法制科、财政审计科、金融审计科、行政事业审计科、经贸审计科、农业与资源环保审计科、社会保障审计科、固定资产投资审计科、外资运用审计科、经济责任审计科、派出审计科、人事科、机关党委、监察室、机关服务中心（事业编制）。局内设审计科研所、神都大厦。

审计成果 洛阳市审计机关完成审计项目 980 个，查出违规金额 11.1 亿元，其中应上缴财政 10275 万元，应减少财政拨款或补贴 9124 万元，应归还原渠道资金 4323 万元，应调账处理金额 46001 万元；已上缴财政 9159 万元，已减少财政拨款或补贴 2852 万元，已归还原渠道资金 3094 万元，已调账处理金额 40620 万元。移送司法机关、纪检监察部门处理事项 9 件，建议有关部门处理事项 17 件。提交审计工作报告、信息 864 篇，被采用 475 篇。

财政审计 加大对农、林、水、社保、教育、公积金管理和家电下乡等涉及群众切身利益的公共服务领域和专项资金的审计力度。8 月 25 日，洛阳市审计局受市政府委托，向市十三届人大常委会作了《关于 2009 年度市本级财政预算执行和其他财政收支情况审计报告》，在常委会的满意度表决中高票通过。

金融审计 对洛阳市金财投资担保公司及宜阳县、汝阳县、洛宁县、吉利区 4 家县级农信社资产负债损益进行审计，重点揭示农信社在经营中存在的突出风险，促进农信社深化改革、加强管理、提高效益和增强服务“三农”能力。对地方政府性债务进行专项审计调查，核实市本级的外债数额，分析外债的特点和存在的隐患，向市政府作了报告。

行政事业审计 组织全市审计机关对乡镇综合文化站建设资金进行审计调查，发现文化站建设选址不当、利用率不高、建设项目招投标不合规等问题，向市县两级主管部门提出有针对性的审计建议，并督促进行整改。

农业与资源环保审计 对全市 2009 年“阳光工程”专项资金的管理使用情况和项目实施绩效情况进行审计，发现部分县财政未安排“阳光工程”工作经费、培训时间未达到政策规定的课时要求、培训学校信息失真、档案管理不规范、重复申报补助等问题，督促相关单位进行了整改。

固定资产投资审计 对九都东路工程等 16 个政府投资重大建设项目进行跟踪审计；对 2009 年度农村公路建设项目进行专项审计调查；派出 6 个审计组赶赴四川江油，对洛阳市援建江油市灾后恢复重建项目进行就地竣工决算审计，重建项目送审金额 10267 万元，审减 1663 万元，审减率达到 16.2%。6 月 24 日，洛阳市审计局受市政府委托，向市十三届人大常委会作了《关于政府投资建设项目审计情况的报告》，获得全票通过。

社会保障审计 对全市城镇职工和居民医疗保险基金进行审计，发现基金征缴、管理上存在的一些问题，提出了切实可行的审计建议。对洛阳市青海玉树抗震救灾资金和物资的筹集、管理、拨付情况进行跟踪审计。

企业审计 对洛阳市水务集团 2009 年度财务收支进行审计。

经济责任审计 全年共审计经济责任人 276 个，涉及 259 个单位，查出违规违纪金额 49956 万元，管理不规范金额 31412 万元。

专项资金审计（调查） 组织开展全市家电、汽车、摩托车下乡情况专项审计调查，发现政策宣传不到位、产品补贴资金分配不均衡、部分销售网点未按规定开具发票、补贴对象不符合补贴条件、部分经销网点管理不规范等问题，并提出改进建议。

内部审计 全年共审计单位 124 个，纠正违规金额 380 万元，促进增收节支 480 万元，提出建议意见被采纳 210 条。 （撰稿人：王锦志）

【焦作市审计局】 2010 年，焦作市审计局人员编制 67 人，在编 61 人。局长闫万国，副局长尹柯玲、申文燕、王庆宝、范景致，纪检组长王天富。设有办公室、监督审理科、财金审计科、农业与资源环保审计科、固定资产投资审计科、经贸审计科、社会保障审计科、外资运用审计科、经济责任审计一科、经济责任审计二科、行政事业审计一科、行政事业审计二科、人事科、离退休干部工作科。下属二级机构为市基本建设工程预决算审计中心。

审计成果　全市审计机关共完成审计项目594个，查出违规金额15.6亿元，其中应上缴财政1188万元，应归还原渠道资金1982万元，应调账处理金额15433万元；已上缴财政1146万元，已归还原渠道资金1733万元，已调账处理金额7409万元。移送司法机关、纪检监察部门处理事项16件，建议有关部门处理事项2件。提交审计工作报告、信息1071篇，被采用642篇。

财政审计　市审计局按照构建财政审计大格局的思路，以保障财政资金安全有效使用为目标，积极拓展财政审计内容，对预算编制和执行情况、地方税收征管、土地出让金征管、国有资本经营收益和国有资源有偿使用收入征管、地方政府债务等进行全面审计，进一步提高了财政审计效果。省审计厅厅长专门作出长篇批示，希望市审计局“为全省财政审计改革、构建财政审计大格局提供示范”。

固定资产投资审计　全市审计机关完成90个竣工决算审计项目，审计建设资金32.7亿元，审减2.6亿元。同时市审计局重点对南水北调征迁安置工程进行跟踪审计，审查建设资金4.6亿元，审减6431.5万元。

经济责任审计　全市审计机关共开展经济责任审计项目264个，查出领导干部负直接责任问题金额3.35亿元，既理清了领导干部的财务管理责任，又加强了对领导干部“四责一规定”（即经济决策责任、经济执行责任、经济管理责任、经济监督责任和执行廉政规定）情况的审计监督。

专项资金审计　全市审计机关重点审计了农村劳动力“阳光雨露”培训资金、城镇职工和居民医疗保险基金、农村公路建设资金、家电汽车摩托车下乡补贴资金、青海玉树地震灾区捐款等民生资金13.74亿元，促进4341万元滞留资金拨付到位。

（撰稿人：谢晨光）

【新乡市审计局】　2010年，新乡市审计局人员编制63人，在编人员61人。局长李红旗，副局长王显生（—7月）、牟振斌、李瑞霞，总审计师周彦斌，纪检组长何录良。设有办公室、法制科、财政审计科、金融审计科、行政事业审计科、农业与资源环保审计科、固定资产投资审计科、企业审计科、社会保障审计科、外资运用审计科、经济责任审计办公室、人事科、离退休干部工作科。设立3个派出审计科：审计一科、审计二科、审计三科。

审计成果　新乡市审计机关完成审计项目589个，查出违规金额150775万元，其中应上缴财政3211.3万元，应减少财政拨款或补贴4072.6万元，应归还原渠道资金4173万元，应调账处理金额11538万元；已上缴财政2147.3万元，已减少财政拨款或补贴3987.6万元，已归还原渠道资金3923万元，已调账处理金额9377万元。移送司法机关、纪检监察部门处理事项26件，建议有关部门处理事项26件。提交审计工作报告、信息1543篇，被采用1289篇。

财政审计　审计财税单位15个，延伸审计财政预算执行单位100余个。查出违规违纪金额59025万元。向市人大常委报告的2009年度市级财政预算执行及审计查出问题落实整改情况，受到市政府和人大常委会高度肯定。

金融审计　对原阳县、获嘉县、新乡市区等四家农村信用联社进行资产负债审计，追偿不良贷款上千万元，移送案件线索8件（直接移交省审计厅处理1件，市公安部门处理7件）。该项目被省审计厅通报表彰。

行政事业审计　完成审计（调查）项目5个，包括对中小学校舍安全工程资金进行跟踪审计、全市质量技术监督系统财政财务收支审计等，提交审计报告（调查）报告5篇，提出审计建议20条，移交案件线索2件。

农业与资源环保审计　完成审计项目5个，其中在“阳光工程”、“雨露计划”审计过程中，针对交叉重复申报培训人数、专项资金结余较多等问题提出切实有效的建议，被有关部门采纳。

固定资产投资审计　完成全市政府投资建设项目审计65个，核减工程造价5371.77万元。对援建江油市马角镇、敬元乡恢复重建项目进行跟踪审计，审计核减工程决算造价 908.77 万元，平均审减率达 20%。完成省审计厅授权的江油河南工业园区“大鹏路一标”等 2 个工程项目，审减 249 万元。

社会保障审计 对城镇职工、城镇居民基本医疗保险、新型农村合作医疗保险基金、工伤医疗保险基金和药品加价情况进行审计和专项检查，追缴银行少计社保基金利息 751 万元。纠正药品违规加价 1000 多万元，收缴 420 万元，处罚 13.6 万元。全省医保、医院审计经验交流会在新乡召开，新乡市审计局在会上做了典型发言。新乡市城市居民最低生活保障资金审计项目，被省审计厅评为 2009 年度精品审计项目，实现了零突破。

企业审计 完成家电汽车摩托车下乡政策实施情况专项审计调查，查出借用农户资料购买家电下乡产品、家电下乡信息系统存在漏洞、上级财政部门下拨补贴资金不足等方面的问题。撰写综合报告 1 篇，受到市领导高度评价。

经济责任审计 对全市 242 名领导干部进行经济责任审计，共查出管理不规范和违规违纪金额数亿元，收缴财政 760 万元，为党委、政府正确提拔、使用干部提供参考依据。对 16 个单位的违规采购、“小金库”、乱收费等问题进行调查处理。

外资运用审计 完成审计项目 2 个，包括全市世行贷款中国结核病控制执行项目、全市日元贷款造林项目。配合省审计厅完成全省污水管理与供水行业贷款项目审计。

专项资金审计（调查） 对全市农村公路、产业集聚区财政补助资金和融资资金、地方政府性债务等 10 多个项目开展专项审计调查。其中政府投资建设项目建筑营业税收缴管理情况专项审计调查，共查出应缴未缴各种税费合计 8602.41 万元，已补缴税款 331.99 万元。完成对新乡市 2007～2009 年惠农资金专项清理和检查工作。对甘肃、玉树地区抗震救灾捐赠资金和物资的筹集、管理和使用情况进行跟踪审计，审计结果在《新乡日报》和政府网站进行了公告。

（撰稿人：胡燕霞）

【鹤壁市审计局】 2010 年，鹤壁市审计局人员行政编制 39 人，财政全供事业编制 20 人，自收自支事业编制 10 人，在编 53 人。局长王志贤，副局长张保成、杜胜洲（—4 月）、李路平（4 月—）、刘光连（—4 月）、曹崇华（4 月—），总审计师李路平（—4 月）、高国防（4 月—），纪检组长蔺玉堂。设有办公室、纪检室、法规科、财政金融审计科、社会保障审计科、经贸审计科、农业资源与环保审计科、外资审计科、行政事业审计科、固定资产投资审计科、计算机审计中心、经济责任审计中心。另设机关党总支。

审计成果 鹤壁市审计机关共完成审计项目 203 个，查出违规金额 13622 万元，其中应上缴财政 1759 万元，应归还原渠道资金 3016 万元，应调账处理金额 8075 万元；已上缴财政 1000 万元，已归还原渠道资金 2504 万元，已调账处理金额 5162 万元。移送司法机关、纪检监察部门处理事项 2 件，建议有关部门处理事项 6 件。提交审计工作报告、信息 501 篇，被采用 455 篇。

财政审计 全市审计机关以维护财政资金安全、促进深化财政体制改革、规范财政管理、确保财政政策有效落实为目标，开展审计和审计调查单位 12 个，查出未按规定征收、缴纳预算收入 26017 万元，资金滞留闲置 3284 万元，违规改变资金用途 867 万元，为国家增收节支 128 万元。

金融审计 对市商业银行资产负债损益审计，查出违规金额 412 万元。

行政事业审计 重点对市质量技术监督局、市安全生产监督管理局、市教育局等 124 个掌握资金分配权、资金使用量大的重点部门和拥有收费罚没权的执法机关进行审计监督，查出应缴未缴预算收入 924 万元，隐瞒截留财政收入 17 万元，违规改变资金用途 2749 万元，“乱收费乱摊派乱罚款” 3458 万元等违法违规行为。

固定资产投资审计 开展固定资产投资审计项目 16 个，查出工程价款不实、超计划、超标准、超规模投资等违纪违规金额 1232 万元，核减工程款 1185 万元，为国家挽回经济损失 560 万元。

企业审计 开展审计和审计调查单位 4 个，查出应上缴财政 18 万元，虚报或隐瞒转移收入 1092 万元。

经济责任审计 对 96 名领导干部进行经济责任审计，查出领导干部负有主管责任的违纪违规金额50027万元，3名有关责任人受到党纪政纪处理。

专项资金审计（调查）　开展审计和审计调查单位36个，查出违规金额和管理不规范金额2061万元，并针对性地提出了审计意见和建议，促进被审计单位进一步完善制度，规范管理，防范风险，确保资金安全运作，有效发挥审计监督保障作用。（撰稿人：贾连星）

【安阳市审计局】　2010年，安阳市审计局人员编制94人，在编90人。局长李庆祥，副局长郭河山、张士吉、李著亮、郝保旺，总审计师陈永太，纪检组长郭虎山。设有办公室、法制科、财政审计科、金融审计科、行政事业审计科、经贸审计科、农业与资源环保审计科、社会保障审计科、外资运用审计科、信息技术科、人事教育科、老干部管理科。

下辖安阳市经济责任审计办公室，设有4个职能科：综合科、机关事业审计科、企业审计科、县区审计科。

下辖安阳市政府投资审计办公室，设有3个职能科：审计一科、审计二科、审计三科。

下辖安阳市经济技术开发区审计分局。

审计成果　安阳市审计局共完成审计（调查）项目58个，审计经济责任人9个，查出违规金额574906.91万元，管理不规范金额1546328.46万元，应上缴财政836.26万元，已上缴财政619.26万元，审减工程造价3115.84万元。移送案件33件。出具综合性报告和信息简报85篇，被批示采纳53篇，提出审计建议65条，被采纳43条。

财政审计　完成5个审计项目。共查出违规违纪金额15237万元，移送案件7起，涉及23个事项，应上缴财政收入620万元，已上缴财政403万元。

金融审计　完成3个审计项目。其中政府投融资投融资平台运作审计调查，审计调查范围包括安阳市非税收入管理局、安阳投资集团有限公司、安阳市经济技术开发公司、安阳市土地储备中心、安阳市农业综合开发投资公司、安阳市文化产业投资有限公司、安阳市惠泽教育发展投资有限公司、安阳市交通发展投资有限公司、安阳市水利发展投资有限公司、安阳市企业国有资产经营有限公司等10个单位，审计查出违纪违规、管理不规范金额15.44亿元。内黄县农村信用社资产负债损益审计，审计和调查范围包括辖内25个营业网点，抽查166个贷款户，审计查出信贷、财务收支、抵债资产等32大类、394个单项问题，违纪违规金额4.4亿元。

行政事业审计　完成10个审计项目，审计共查出违规违纪金额741.91万元，管理不规范金额935.9万元。提交审计（综合）报告、审计专报共计16篇。

经贸审计　完成审计项目8个，其中：本年度计划项目4个，跨年结转项目4个，查出违纪金额4123万元，全年已上缴国库216.26万元。

农业与资源环保审计　完成12个审计项目，通过审计共查出问题29个，查处违法违纪金额539.68万元，查出的问题都得到了整改，督促被审计单位出台规定1个，出台工作实施意见1个。

综合审计　完成6个审计项目。审计发现违纪违规金额2000多万元，已完成项目中有2个项目上了本级审，1个AO案例在审计署获奖，向被审计调查单位提审计建议10余条。

固定资产投资审计　完成审计项目51个，共审计项目总金额351015.66万元，查出违规违纪金额78506.85万元，审减工程造价3115.84万元。投资办共移送案件线索26件，其中移送纪检监察部门7件，移送税务部门4件，其他有关主管部门15件。在移送的案件线索中，对2名责任人进行党纪处分，2名责任人经济处罚；对1名责任人诫勉谈话。

经济责任审计　完成9个审计项目，接受审计的9名责任人中，按性质分，区域领导1名，学校校长3名，医院院长3名，事业单位领导1名，事业单位企业化管理负责人1名；按任职情况分，离任审计6名，任中审计3名，分别占审计总数的66.7%和33.3%。从审结的9个项目看，共查出各类违纪违规金额38370.66万元，其中认定被审计人应负直接责任的627.35万元，应负主管责任的37356.71万元，应负领导责任的386.6万元。同时揭露管理不规范金额37044.70万元。提出改进建议27条，已经采纳16条。同时，就有关问题向税务等职能部门移交案件8起。有8条计算机审计经验被省审计厅推荐上报国家

审计署。　（撰稿人：龚　琳　邓全香）

【濮阳市审计局】　2010 年，濮阳市审计局人员编制 92 人，在编 92 人。局长樊相奇，副局长张正选，总审计师鲁付民，纪检组长林松。设有办公室、人事科、法制科、财政金融审计一科、财政金融审计二科、行政事业审计一科、行政事业审计二科、经贸审计科、农业资源与环保审计科、社会保障审计科、固定资产投资审计一科、固定资产投资审计二科、外资运用审计科、离退休干部工作科、机关党总支、监察室。下辖经济责任审计中心（副县级）、审计科研培训所、后勤服务中心。

审计成果　濮阳市审计机关完成审计项目 427 个，查出违规金额 5.6 亿元、管理不规范金额 18.6 亿元、减少财政拨款 20 万元、归还原渠道资金 83 万元、调账处理金额 1.07 亿元、应上缴财政 1015 万元，已上缴财政 981 万元。出具审计报告和审计调查报告 356 篇，提出整改建议 1281 条（项），被采纳 1154 条（项）。提交工作信息、宣传稿件 457 篇，被市级以上党政机关和新闻媒体采用 126 篇。

财政审计　完成财政预算执行审计项目 29 个，查出违规金额 4944 万元、管理不规范金额 48366 万元、上缴财政 92 万元。

完成财政决算审计（调查）项目 50 个，查出违规金额 25904 万元、损失浪费金额 577 万元、管理不规范金额 14130 亿元。上缴财政 123 万元。

专项资金审计　组织对城镇职工和居民医疗保险基金、市住房公积金、农村劳动力培训等 11 类民生资金和项目进行审计（调查），审计资金 27.66 亿元，查出虚报冒领资金 287 万元。市城区居民最低生活保障资金审计，揭露了骗取财政补助和居民骗保等问题，责令被审计单位停止 2155 人的城区居民最低生活保障资金的发放。

固定资产投资审计　组织开展 2009 年度农村公路建设项目、濮范高速公路建设征地拆迁补偿资金审计调查，对市体育馆、对口援建四川江油建设项目进行跟踪审计，完成大广高速濮阳段、黄河路东延、石化路东延等重点建设项目审计。对大广高速濮阳段建设项目竣工决算审计，审计资金总额 21 亿元，查出超概算投资 2.1 亿元，审减工程价款 3721 万元。全年投资审计项目共审减工程价款 8221 万元。

经济责任审计　在做好市直有关部门、单位党政领导干部经济责任审计的同时，加大了对县（区）长、县（区）法院、检察院两长和公安局长经济责任审计的力度。全年完成 149 名领导干部的经济责任审计，查出违规金额 1.36 亿元、管理不规范金额 5.33 亿元。

（撰稿人：吴春耀　黄卫畅）

【开封市审计局】　2010 年，开封市审计局人员编制 66 人，现实有人数 59 人。局长魏宪忠，副局长李侠（—2 月）、张同安、张泽宣、赵守红、王珂，纪检组长赵伟（2 月—）。设有办公室、人事教育科、财政金融审计科、行政事业审计科、经贸审计科、农业与资源环保审计科、固定资产投资审计科、外资运用审计科、社会保障审计科、经济责任审计科、开发区审计局、纪检监察室及科研所。

审计成果　全市审计机关共审计和审计调查单位 399 个，审计查出违规金额 10.93 亿元，管理不规范金额 23.87 亿元。经审计处理，已上缴财政 440 万元，已归还原资金渠道 1259 万元，已调账处理金额 2.12 亿元。市审计局先后荣获全市目标管理优秀单位、全市平安建设工作先进单位、全市公共机构节能减排工作先进单位等 31 项荣誉，连续 17 年保持了省级文明单位、省级卫生先进单位荣誉称号；有 24 人次荣获市级荣誉。

财政审计　全市共审计和审计调查预算执行单位 64 个，审计查出未按规定征收、缴纳预算收入 7.18 亿元，财政收入核算不实 674 万元，资金滞留闲置 2106 万元，违规改变资金用途 2271 万元，超预算列支 2948 万元，未落实收支两条线和专户管理规定 2.52 亿元等问题，促进了有关部门严格按照法定权限和程序行使权力、履行职责；审计和审计调查财政决算单位 44 个，审计查出决算编制不规范 1.02 亿元，未按规定征收、缴纳财政收入 1722 万元，财政收入核算不实 5940 万元，违规改变资金用途 1774 万元等问题，促进了县区政府严格执行财经法规，规范财政资金管理。

行政事业审计　全市审计机关共审计和审计调查行政事业单位 206 个，审计查出违规改变资金用途1907万元，虚列支出5964万元，未按规定征提基金2005万元，未落实收支两条线和专户管理规定3578万元，“账外”资产1.07亿元，“三乱”资金1420万元，超标准、超计划支出9746万元等问题，为推进国库统一支付工作，规范行政事业单位财务管理发挥了积极作用。

专项资金审计　全市审计和审计调查单位50个，审计专项资金总额7.3亿元，审计查出资金滞留闲置6220万元，配套资金不落实1.27亿元等问题，提高了专项资金使用效益。

固定资产投资审计　全市共审计建设项目282个，审计查出违规金额1.37亿元，审减工程款2.85亿元。其中市审计局完成165个建设项目的竣工决算审计，审计金额18.99亿元，审定金额16.64亿元，审减金额2.53亿元，审减率为13.3%。2010年9月28日《开封日报》在头版头条刊发了“我市全面加大政府投资建设审计力度，一年审减工程款1.39亿元”的报道，在社会上产生较好反响。

经济责任审计　对107个单位的123名领导干部进行经济责任审计。审计查出违规金额1.11亿元，管理不规范金额5.58亿元，为加强和完善领导干部管理监督机制作出贡献。

（撰稿人：韩庭斌）

【商丘市审计局】　2010年，商丘市审计局人员编制61人，其中行政编制48人，事业编制9人，工勤编制4人，目前在编61人。局长刘玉杰，副局长陈国立、李思义、冯永刚、贾玉强、吕义军、刘艳芳（1月—），总审计师朱彦强，纪检组长张永建。设有财政审计科、经贸审计科、固定资产投资审计科、行政事业审计一科、行政事业审计二科、社会保障审计科、农业与资源环保审计科、金融与外资审计科、领导干部经济责任审计办公室；局办公室、法规科、人力资源和信息科；监察室；事业单位商丘市政府投资建设项目审计中心（工作人员与机关人员混岗使用）。

审计成果　商丘市审计机关完成审计项目496个，查出违规金额140892万元，其中应上缴财政5679万元，应减少财政拨款或补贴2640万元，应归还原渠道资金1790万元，应调账处理金额17600万元。移送司法机关、纪检监察部门处理事项6件，建议有关部门处理事项2件。提交审计工作报告、信息187篇，被采用136篇。

财政审计　对14家市直行政预算单位开展预算执行情况审计，报告得到市人大常委会和市政府领导的充分肯定。会后，审计结果向社会进行公告。

金融审计　组织对民权、睢阳区、虞城三家农信社2009年度资产负债损益情况进行审计。

行政事业审计　组织开展2009年度省政府“十大实事”中关于进一步加大教育投入政策执行情况专项审计调查，根据审计调查发现的问题，以综合审计报告和审计要情专报的形式向商丘市委市政府反映，引起领导的高度重视，市委常委常务副市长和副市长分别对报告和专报作出重要批示，要求有关部门针对审计发现的问题认真整改，充分发挥审计的建设性作用，为党委政府领导的宏观科学决策提供可靠依据。

农业与资源环保审计　完成市农业局2009年农村劳动力转移培训“阳光工程”专项资金审计、市扶贫开发办公室2009年农村劳动力转移培训“雨露计划”专项资金审计、梁园区2009年农村劳动力转移培训“阳光工程”及“雨露计划”专项资金审计、夏邑县2009年农村劳动力转移培训“阳光工程”及“雨露计划”专项资金审计。在审计过程中，审计人员实地察看了31所培训机构，审计及审计调查总金额达1536万元。

固定资产投资审计　全市共审计建设项目投资资金46693万元，审计调查发现农村公路建设项目计划执行、招投标管理、资金管理、拖欠施工单位工程款、建设资金不足和公路养护管理等方面的问题，提出审计建议4条。对全市17个竣工决算项目进行审计，其中包含商丘市援建四川灾区恢复重建竣工决算审计项目14个，省审计厅及市政府授权3个，并对市重点建设项目进行跟踪审计，共计报审工程造价28858.56万元，审定工程造价26192.9万元，审减工程造价2665.66万元，平均审减率9.24%，查处不规范金额4246.10万元；为政府节约资金2665.66万元。

社会保障审计　组织对2009年度城镇职工和居民医疗保险基金管理及使用情况进行审计，发现城镇居民医保和新型农村合作医疗双重参保2213人，重复报销75人次等问题。在对定点医疗机构药品及医疗服务收费情况的审计中，发现市第三人民医院 2009 年 19 项医疗服务收费高于河南省发展改革委员会、省卫生厅《关于降低部分医疗服务项目价格的通知》规定标准，其中一般物理降温规定收费 23 元/次，实际收费 30 元/次。

经济责任审计　完成 17 个经济责任审计项目，审计查出一些单位擅自处置国有资产问题、业务招待费严重超支浪费问题，政企不分，下属企事业单位借行政权力收费问题、假发票等问题。

（撰稿人：薛　源）

【许昌市审计局】　2010 年，许昌市审计局人员编制 58 人，在编 58 人。局长田茂盛，副局长唐学亭、孟国强、黄河、张玲芝，总审计师朱臣峰，纪检组长高留彬。设有办公室、法规科、人事科、财政审计科、行政事业审计科、农业与资源环保审计科、固定资产投资审计科、金融审计科、经贸审计科、社会保障审计科、外资运用审计科、经济责任审计办公室。

审计成果　全市审计机关共完成审计和审计调查项目（单位）388 个，查出违规金额 229591 万元，其中应上缴财政 944 万元，应归还原渠道资金 15203 万元，应调账处理金额 44373 万元，应减少财政拨款或补贴 77 万元，审减工程投资 17659 万元。移送司法机关、纪检监察部门处理事项 1 件，建议有关部门处理事项 9 件。提交审计工作报告、信息 459 篇，被采用 149 篇。

财政审计　市本级（含许昌经济开发区、东城区）2009 年度预算执行和其他财政收支情况审计，揭示了预算收支中应收未收、应缴未缴等违规问题，以规范管理、完善机制为重心，强化对审计查出问题整改的跟踪问效，得到市政府和市人大常委会的充分肯定。结合财政审计，对全市政府债务情况进行了专项审计调查，核实了 2009 年底政府性债务总额，为化解政府债务风险提出合理化建议。对长葛市、许昌县、魏都区 2007 年度至 2009 年度的财政决算进行审计，纠正了应缴未缴预算收入、违规退库、无依据向非供给单位拨付经费、配套资金不到位等问题。

金融审计　对许昌银行股份有限公司 2008～2009 年度资产负债损益情况进行审计，查出贷款集中度偏高、企业贷款关联担保、贷款五级分类不准确等问题，提出规范抵贷资产的管理、防范金融风险的审计意见和建议。

行政事业审计　对许昌学院等 13 个行政事业单位开展财务收支审计，促进被审计单位进一步健全完善财经制度，规范提高财务管理。对许昌市监狱等 14 个改革改制单位进行资产清查，查出账外资产 661 万元，保障了企事业单位改革改制工作的顺利进行。

固定资产投资审计　对东城区住宅小区二期工程、新泌高速公路、许昌银行综合楼、市文史资料库二期工程等 11 个建设项目进行竣工决算审计，审减工程造价 8611 万元。开展许昌市对口支援四川省江油市新兴乡、新春乡地震灾区恢复重建项目跟踪审计，审减工程投资 534.6 万元。

经济责任审计　对市公路局等 13 个市直单位、魏都区、长葛市、鄢陵县 3 个县（区）政府和禹州市检察院的领导干部开展经济责任审计，查出会议费和招待费开支过大、往来账项清理不及时、资产管理不规范、固定资产不入账等问题，提出了审计建议和整改意见。

专项资金审计（调查）　组织市县两级审计机关开展校舍安全工程建设、乡镇综合文化站建设、城镇职工和居民医疗保险基金、扶贫开发“雨露计划”培训、农村劳动力转移培训等 19 项专项资金的审计和审计调查。其中，在对城镇职工和居民医疗保险基金审计中，查出部分企业欠缴基本医疗保险费，离休伤残基金挤占基本医疗基金等问题，督促有关部门及时认真整改，维护了城镇困难群体的利益。　（撰稿人：陶　凯）

【漯河市审计局】　2010 年，漯河市审计局人员编制 70 人，在编 70 人。局长陈会伟，副局长李东升、陈银坤、王宝玉、史秋学，总审计师李军，纪检组长曹新民。设有办公室、法制科、财政金融审计科、行政事业审计科、经贸审计科、农业与资源环保审计科、社会保障审计科、固定资产投资审计科、外资运用审计科。下属漯河市经济责任审计局（内设法制审理科、党政审计科、企事业审计科）；漯河市审计信息中心。

审计成果　全市完成审计及审计调查项目 290 个，查出违规金额 13648 万元，其中应上缴财政 3983 万元，应减少财政拨款或补贴 3236 万元，应归还原渠道资金 8062 万元，应调账处理金额 29768 万元；已上缴财政 1450 万元，已减少财政拨款或补贴 3466 万元，已归还原渠道资金 7804 万元，已调账处理金额 29742 万元。向社会公告审计结果 10 个。向纪检监察、司法机关移送案件线索 6 件，建议有关部门处理事项 22 件。提交审计工作报告、信息 818 篇，被采用 330 多篇，25 篇审计报告得到市委书记、市长等市领导批示；为被审计单位提出审计建议 403 条，被采纳 392 条；1 个项目被评为全省精品审计项目，1 个为全省表彰审计项目，实现了入选全省精品审计项目零的突破。

财政审计 对市财政局等 10 个部门的预算执行审计，对审计反映的问题，在依法处理的基础上加强跟踪检查，边审计边整改，确保整改纠正到位。向市政府和市人大提交的报告，不仅提交了问题，而且对审计发现的问题和整改情况同时进行全面汇报，市政府领导满意，市人大常委会给予充分肯定。完成郾城等 3 个区的财政决算审计，促进地方政府严格执行财经法规，规范财政资金管理。

金融审计 完成临颍、源汇区、召陵区农村信用联社的审计，发现违反程序发放贷款、违规发放冒名贷款并形成不良等问题，共向省农村信用联社和市检察院移送案件线索 13 起。

行政事业审计 完成全市质量技术监督机关及所属单位、市机关事务管理局、漯河电视台、漯河电台、漯河有线台、沙北广电中心、沙南广电中心、广电报社、漯河职业技术学院、漯河市第四高级中学等单位的财务收支审计，开展了进一步加大教育投入政策执行情况专项审计调查。广电系统的综合审计报告被副市长批示。

农业与资源环保审计 完成全市 2009 年农村劳动力转移培训“阳光工程”和扶贫开发“雨露计划”培训专项资金的审计，全市 2009 年农村饮水安全工程建设资金管理、使用情况的审计。全市农村劳动力转移“阳光工程”和扶贫开发“雨露计划”培训专项资金的审计报告，被市长、副市长批示。

固定资产投资审计 重点组织开展对口援建四川省江油市恢复重建项目、源汇区行政服务中心办公楼 2 个竣工决算项目审计，舞阳县 2009 年新增预算内农村公路工程项目、市游泳馆建设项目、全市廉租房建设项目、临颍县人民医院综合楼建设项目、漯河医专新校区建设项目 5 个项目的概算执行情况跟踪审计。对口援建江油市灾后恢复重建项目审计，共审计援建项目 22 个，审减资金 514 万元，取得了较好的审计效果，审计报告得到市委书记、市长等领导批示。

社会保障审计 完成城镇职工和城镇居民医疗保险基金审计，对玉树抗震救灾捐赠资金物资进行跟踪审计，并将审计结果向社会公告，反响良好。

企业审计 完成市城市建设投资有限公司和市发展投资有限公司 2 个单位的资产负债损益审计。市政府注入市城市建设投资有限公司和市发展投资有限公司资本金使用情况的审计报告，得到市人大常委会副主任批示。两个公司根据审计建议，成立了债权回收攻坚小组，针对不同情况分别制定资金回收措施。

经济责任审计 全市审计机关完成 147 名党政领导干部经济责任审计。市审计局组织完成 68 名领导干部经济责任审计，其中任前 26 名，任中 7 名，离任 35 名。年初市经济责任审计工作领导小组研究决定，对 2 名干部进行诫勉谈话，对 13 名干部进行警示谈话。

专项资金审计（调查） 开展乡镇综合文化站建设资金、医疗保险基金、农村劳动力“阳光、雨露”培训资金、农村安全饮水资金、家电汽车摩托车下乡实施情况和效果、地方政府债务情况、农村公路建设情况等 15 项专项资金的审计或审计调查。完成省审计厅交办的日元贷款造林项目等 3 个外国政府援贷款项目审计。农村公路建设项目专项审计调查结果表明，截至 2009 年底，全市实际建设项目 216 个，投资 21056 万元，全市 1256 个行政村全部通上了水泥路，实现了与干线公路网络的有效连接，促进了农村经济发展。

（撰稿人：李富宗）

【平顶山市审计局】 2010 年，平顶山市审计局人员编制 88 人，实有 90 人。局长晏树斌，副局长邵小红、高惠珍、王家民，总审计师虎继宗，纪检组长刘书芳。设有办公室、人事科、法制科、财政审计科、金融审计科、行政事业审计科、经贸审计科、农业与资源环保审计科、社会保障审计科、投资审计一科、投资审计二科、外资运用审计科、经济责任审计局、计算机信息科、离退休干部工作科、监察室、机关党委，另设有（正科级）审计科研所。

审计成果　平顶山市审计机关完成审计（调查）项目 863 个，查出违规金额 280277 万元，管理不规范金额 547999 万元，损失浪费金额 1436 万元，其中应上缴财政 40346 万元，应减少财政拨款或补贴 1670 万元，应归还原渠道资金 1232 万元，应调账处理金额 44126 万元；已上缴财政 39589 万元。移送司法机关、纪检监察部门处理事项 13 件，建议有关部门处理事项 221 件。共编发《审计工作信息》、《审计情况反映》56 期，被上级审计机关和审计报刊及市委、市政府内部刊物采用及市领导批示 506 篇。审计提出建议 367 条，被采纳 296 条。

财政审计　全市共审计和审计调查项目 26 个，查出违规金额 172650 万元，管理不规范金额 19608 万元。上缴财政 37810 万元。市审计局对市财政局、市地税局等部门预算执行情况进行审计，查出违规金额 37755 万元，管理不规范金额 8813 万元。上缴财政 38955 万元。同级审报告得到市人大、市政府和上级领导的充分肯定和好评。

金融审计　围绕有效防范风险，及时发现经济运行中的问题，提出防范和化解风险的对策建议，维护良好的经济秩序。市审计局组织完成 4 家县级农信社审计，查出违规金额 2400 万元，管理不规范金额 43 亿元。

行政事业审计　重点对乡镇综合文化站建设资金、农村广播电视村村通工程建设资金、教育投入政策执行情况等人民群众关心的热点问题进行审计（调查），查出违规金额 42 万元，管理不规范金额 4008 万元，应上缴财政 42 万元。

农业与资源环保审计　全市审计机关积极关注财政资金支持“三农”工作力度，注意揭露挪用支农资金等违法违纪问题，重点对“阳光工程”、“雨露计划”专项资金、环保资金、强农惠农专项资金等项目进行审计（调查），查出违规金额 5063 万元，管理不规范金额 1641 万元。

固定资产投资审计　认真贯彻落实《河南省政府投资建设项目审计条例》，重点关注国家宏观投资政策的落实和执行效果。市审计局围绕市政府安排的 34 亿元市政基础设施建设、支援江油市恢复重建和市重点工程竣工决算等项目开展审计。共审计和审计调查项目 589 个，查出违规金额 13425 万元，审减工程款 1656 万元。其中，援建江油市 17 个项目竣工决算审计，审减工程款 445 万元。

社会保障审计　全市审计机关坚持把维护群众的根本利益作为审计工作的最终目标，围绕市委、市政府提出的关系人民群众切身利益的“十件实事”，重点对城镇职工和城镇居民医疗保险基金、工伤保险统筹基金、玉树地震捐赠资金物资等重点民生工程和资金的审计力度，推动各项惠民政策的落实。查处违规金额 369 万元，管理不规范金额 3381 万元。

企业审计　重点查处因决策不科学、不合规，管理不严格导致国有资产流失的问题，切实维护国有资产安全和市场经济秩序。市审计局完成对市湛南国家粮食储备公司资产负债损益等 3 个单位的审计。

经济责任审计　全市审计机关对 247 名领导干部进行了经济责任审计，查出违规金额 41765 万元，管理不规范金额 68978 万元，损失浪费金额 903 万元。其中，市审计局对 37 名领导干部进行经济责任审计，查出违规金额 27413 万元，管理不规范金额 56201 万元。

专项资金审计（调查）　重点组织对农村劳动力“阳光工程”、“雨露计划”培训资金、乡镇综合文化站建设资金、城镇职工和居民医疗保险基金、农村广播电视村村通工程建设资金、中小学校舍安全工程资金等 11 类民生资金和工程进行审计或审计调查。查出违规金额 9706 万元，管理不规范金额 7389 万元。　（撰稿人：张兰松　黑相伟）

【南阳市审计局】　2010 年，南阳市审计局人员编制 92 人，在编 92 人。局长程建华（—1 月）、杨鸣哲（1 月—），副局长方向、余耀伟（6 月—）、田青、鲁德岑、孔雪飞，纪检组长李冬晓。设有办公室（机关党委）、法制科、财政审计科、行政事业审计科、农业与资源环保审计科、固定资产投资审计科、金融审计科、经贸审计科、社会保障审计科、外资运用审计科、信息管理科、人事科（纪检监察室）。下辖南阳市经济责任审计局（副处级事业单位，设有3个职能科：综合科、党政科、企业科）和南阳审计干部培训中心、南阳审计科学研究所科级事业单位。

审计成果 南阳市审计机关完成审计（调查）单位563个，查出违规金额472827万元，应上缴财政9806万元，应减少财政拨款或补贴650万元，应归还原渠道资金71994万元，应调账处理金额50669万元；已上缴财政9806万元，已减少财政拨款或补贴650万元，已归还原渠道资金71994万元，已调账处理金额50669万元。移送司法机关、纪检监察部门处理事项1件。提交审计工作报告、信息409篇，被采用209篇，审计提出建议1348条，被采纳1300条。

财政审计 审计112个单位，查出违规金额176920万元，应上缴财政8830万元，应减少财政拨款或补贴360万元，应归还原渠道资金70876万元，应调账处理金额21502万元；已上缴财政8830万元，已减少财政拨款或补贴360万元，已归还原渠道资金70876万元，已调账处理金额21502万元。

金融审计 审计6个单位，查出违规金额205850万元，应上缴财政7万元，应调账处理金额21406万元；已上缴财政7万元，已调账处理金额21406万元。

行政事业审计 审计233个单位，查出违规金额47433万元，应上缴财政547万元，应减少财政拨款或补贴290万元，应归还原渠道资金501万元，应调账处理金额6411万元；已上缴财政547万元，已减少财政拨款或补贴290万元，已归还原渠道资金501万元，已调账处理金额6411万元。

固定资产投资审计 审计67个单位，查出违规金额18382万元，应上缴财政226万元，应调账处理金额539万元；已上缴财政226万元，已调账处理金额539万元。

企业审计 审计17个单位，查出违规金额4073万元，应上缴财政63万元，应调账处理金额178万元；已上缴财政63万元，已调账处理金额178万元。

专项资金审计（调查） 审计（调查）128个单位，查出违规金额20169万元，应上缴财政135万元，应归还原渠道资金617万元，应调账处理金额633万元；已上缴财政135万元，已归还原渠道资金617万元，已调账处理金额633万元。

经济责任审计 审计68个单位，查出违规金额1213万元，管理不规范金额17762万元。

（撰稿人：刘彦忠）

【信阳市审计局】 2010年，信阳市审计局人员编制71人，在编71人。局长胡相云（—2月）、杨淑萍（2月—），副局长朱时锋、曾文物、马彦忠、唐阳志（12月—），总审计师卢世银，纪检组长王吉明（—12月）、周百勤（12月—）。设有办公室、监察室、机关党委、人事科、法制科、财税金融审计科、工商企业审计科、外资运用审计科、行政事业审计科、社会保障审计科、固定资产投资审计科、经济责任审计办公室、派出机构审计办公室、农业与资源环保审计科。下属事业单位审计科研培训所。

审计成果 全市审计机关共审计单位799个，查出各类违纪违规金额22.5亿元，管理不规范金额10.2亿元；责令上缴财政3285万元，归还原渠道资金2.63亿元，调账处理金额5.17亿元；提交审计工作报告、信息1081篇，被上级党政机关和各级新闻单位采用762篇。

财政审计 市审计局对15家市直单位的预算执行情况进行审计，延伸审计74个二、三级单位，市政府主要领导分别在综合报告上作出批示，并及时召开全市审计整改通报会，要求各有关单位高度重视审计发现的问题，采取措施加以整改纠正。在财政决算审计中，市审计局对息县、新县政府和南湾风景管理区进行财政决算审计，查处和纠正违规违纪行为，先后向有关部门移送处理违法违纪事项16件，进一步提高了审计的震慑力和审计监督的整体效能。

金融审计 市审计局对罗山、潢川、淮滨、商城、明港5个县级农村信用联社2009年度资产负债损益情况实施审计，核实农信社资产、财务总体质量和状况，揭示经营管理中存在的突出风险和薄弱环节，促进了农信社健全内控制度、增强风险意识、安全高效稳健经营。

固定资产投资审计 全市审计机关完成投资审计项目37个，审计金额33.03亿元，核减工程造价7840万元。市审计局对信阳市援建四川省江油市厚坝镇、小溪坝镇对口援建项目进行跟踪审计，对省援建的江油市厚六路、香青路援建项目进行竣工决算审计，审计核减承包商多计工程价款等760万元，审减率为16%，受到江油市和省审计厅领导的高度赞赏。

经济责任审计 全市审计机关紧密结合政府机构改革，重点对撤销、合并等单位的领导干部开展经济责任审计，完成经济责任审计项目82个，其中审计县处级党政领导干部12名，县以下党政领导干部70名。市审计局在对12名撤并和离任单位的领导干部经济责任审计中，查处违规金额1842万元，管理不规范金额2450万元，移送有关部门案件线索11起。市委出台的《关于推进干部能上能下工作的实施办法》中明确规定，在经济责任审计中，所在地方和单位存在严重经济问题且本人负有重要和直接责任的予以免职，形成良好的经济责任审计工作环境。

专项资金审计（调查） 全市审计机关坚持围绕政府和社会普遍关注的热点、难点、焦点问题，加强对重点专项资金的审计监督，确保专款专用、安全运行。先后开展“阳光工程”、“雨露计划”、“广播电视村村通”、乡镇综合文化站建设资金、住房公积金、城镇职工医保、家电汽车摩托车下乡补贴、抗震救灾款物等专项审计或审计调查，揭示存在的违法违规、政策执行不到位等问题，促进各项惠农惠民政策的贯彻落实。

（撰稿人：王　猛）

【周口市审计局】 2010年，周口市审计局人员编制60人，实有人员70人。局长杨元涛，副局长张贵成、李廷旭、翟建伟（8月—），总审计师魏学忠（8月—），纪检组长李耀杰（8月—）。设有办公室、法制科、人老科、财政金融审计科、行政事业审计一科、行政事业审计二科、经贸审计科、农林水审计科、固定资产投资审计科、外资运用审计科、社会保障审计科、纪检监察室、经济责任审计办公室和机关党委办公室。

审计成果 周口市审计机关完成审计项目559个，查出违规金额10.6亿元，其中应上缴财政37787万元，应归还原渠道资金1.5亿元，应调账处理金额1.6亿元，已上缴财政37780万元，已归还原渠道资金1.3亿元，已调账处理金额1.4亿元。提交审计工作报告、信息1088篇，被采用509篇。

财政审计 全市审计机关预算执行审计（调查）单位94个，查出违规变更预算资金4456万元，隐瞒转移截留预算收入2353万元，资金滞留闲置1.3亿元，未按规定征收、缴纳预算收入2.9亿元，超预算列支1198万元，未落实收支两条线和专户管理规定资金1923万元等问题。周口市审计局对组织市本级预算执行的市财政局、地税局等16个一级预算执行单位及所属二级单位进行审计，查出违规金额2.7亿元，管理不规范金额2.5亿元，经审计处理后，应收缴财政增加市本级财政收入2.5亿元。

固定资产投资审计 完成市林业局科研楼等5个重点工程建设项目竣工决算审计、对口援建四川地震灾区项目审计和“三桥三馆一路一公园”跟踪审计。市林业局科研楼等5个重点工程建设项目竣工决算审计，共审计项目资金9215万元，审减1188万元，审减率13%；对口援建四川地震灾区项目审计，市审计局对市第二批援建大堰乡场镇基础设施等3个建设项目和西屏乡场镇基础设施等2个建设项目的竣工决算进行审计。大堰乡三个项目，建设单位编制决算885万元，审定决算785万元。西屏乡两个项目，建设单位编制决算1050万元，审定决算903万元；“三桥三馆一路一公园”跟踪审计，市审计局对周口市贾鲁河建设路桥、周口市沙颍河大庆路桥、周口市文化艺术中心（文化馆）、周口市气象服务中心（科技馆）、周口市体育中心（体育馆）、周口大道、周口公园、周口市沙颍河八一路桥等重点工程项目进行跟踪审计。审计表明，市财政共拨付“三桥三馆一路一公园”等项目资金2.99亿元，支付中建七局工程款1.77亿元。

专项资金审计 一是保障民生审计。主要围绕民生问题，对农村劳动力“阳光工程”、“雨露计划”培训资金、乡镇综合文化站建设资金、城镇职工和居民医疗保险基金、中小学校舍安全工程资金等民生资金、政府投资工程和外资使用项目进行审计或审计调查。审计中，各级审计机关以进一步改善民生为目标，通过审查民生资金分配、拨付、管理、使用情况，揭示截留、挪用、转移民生资金，套取项目资金，效益低下、损失浪费等问题。二是落实决策审计。主要开展了进一步加大教育投入政策执行情况审计调查，重点调查教育投入项目计划的执行和教育项目资金管理使用情况以及国家“生均公用经费”和“两免一补”政策执行情况。

经济责任审计　全市审计机关接受经济责任审计任务346人，审计查出主要问题金额6.85亿元，其中违规金额3.55亿元，管理不规范金额3.15亿元，损失浪费金额1635万元。市审计局共接受市委组织部委托的县处级领导干部任期经济责任审计任务70名，并按照有关规定完成2个县审计局长离任经济责任审计任务。共查出各类有问题金额1.56亿元，其中违规金额4500万元，管理不规范金额1.11亿元。各县市区审计局共接受领导干部经济责任审计任务276名，查出主要问题金额5.29亿元。　（撰稿人：周孟教）

【驻马店市审计局】　2010年，驻马店市审计局人员编制48人，在编42人。局长张伟，副局长刘东亚（5月—）、蒋迎春、宋超燕(1月—)、周雪莹（—4月），总审计师罗宇威，纪检组长刘晓东。设有办公室、法制综合科、财税金融审计科、经贸审计科、行政事业审计科、农业与资源环保审计科、固定资产投资审计科、社会保障资金审计科、外资运用审计科、纪检监察室、机关党委。

审计成果　驻马店市审计机关完成审计项目717个，查处违规金额167680万元，其中应上缴财政1369万元，应归还原渠道资金7182万元，应调账处理29021万元；已上缴财政1326万元，已归还原渠道资金7182万元，已调账处理金额29021万元。移送司法机关、纪检监察部门处理事项2件。提交审计工作报告、信息650篇。

财政审计　完成同级预算执行审计（调查）单位2个，查出违规金额959万元；完成财政决算审计（调查）项目2个，查出违规金额8948万元。

行政事业审计　完成审计项目3个，查出违规金额240万元，其中应上缴财政72万元，已上缴财政72万元。

农业与资源环保审计　完成审计项目4个，查出违规金额382万元，其中应上缴财政13万元，已上缴财政13万元。

固定资产投资审计　完成审计项目3个，项目投资额4768万元，完成投资额4342万元，核减投资额426万元，工程价款不实金额3314万元。

社会保障审计　完成审计项目2个，查出违规金额20万元，其中应上缴财政20万元，已上缴财政20万元。

经济责任审计　完成审计项目8个，查出违规金额8万元，其中应上缴财政35万元，已上缴财政35万元。

灾后重建审计　根据省政府要求和省审计厅的统一部署，驻马店市审计局组织力量对支援江油市文胜乡、二郎庙镇第一批灾后恢复重建14个项目（22个子项目）以及河南省审计厅授权的两条道路的竣工决算进行就地审计。14个项目计划总投资4798.26万元，审定投资4334.26万元，审减433.7万元；另外两条道路送审金额为2762.17万元，审定投资2543.77万元，审减218.4万元。审计的项目数量、审减率、资金结余率在全省位居前列。受到上级审计机关的通报表彰。　（撰稿人：叶向阳　刘建伟）

【济源市审计局】　2010年，济源市审计局人员编制86人，在编76人。局长邱英平（—12月）、卢多璋（12月—），副局长王陆平、李建成、樊其程、崔汀（5月—），纪检组长孙恒文。设有办公室、法规科、纪检监察室、财政金融审计科、行政事业审计科、农业与资源环保审计科、社会保障审计科、投资审计科、经济责任审计局、基本建设审计中心。

审计成果　济源市审计局完成审计项目196个，查出违规金额23224万元，其中应上缴财政4285万元，应归还原渠道资金9846万元，应调账处理金额1262万元。已上缴财政4224万元，已归还原渠道资金9846万元，已调账处理金额1262万元。建议有关部门处理事项13件。提交审计工作报告、信息358篇。

财政审计　通过对市财政局、地税局、发改委、水利局、林业局等16个单位及所属二级机构的预算执行情况进行审计。发现预算执行过程中存在的预算编制不够细化完整、项目资金使用效益不高、预算管理不够严格等问题。向市委、市人大常委会和市政府提交了审计工作报告。市人大常委会对审计工作报告向市政府提出了审议意见。市政府对审议意见高度重视，专题进行研究部署，要求市审计局提出整改意见，并上报常务会议研究。根据人大和市政府的要求，济源市审计局共提出整改意见 200 多条。

固定资产投资审计　完成决算审计项目 35 个，开展跟踪审计项目 86 个，审计金额 23.4 亿元，审查招标文件、标底、合同 460 份，提出审计意见 420 条，被审计单位采纳 411 条，为财政节约资金 4232 万元。针对审计中发现的问题，向项目建设单位下达审计整改通知书 31 份。

经济责任审计　完成组织部门委托的经济责任审计项目 35 个，涉及被审计领导干部 43 名，其中离任审计 35 名，任中审计 8 名。审计查出各类问题金额 41493.67 万元，其中违规金额 33983.45 万元，管理不规范金额 7510.22 万元。违规金额中认定领导干部应负直接责任金额 12029.7 万元，应负主管责任金额 21953.75 万元；管理不规范金额中认定领导干部应负直接责任金额 553.5 万元，应负主管责任金额 6956.72 万元。审计处理收缴财政 1131 万元，入库税款 36 万元，审计罚款 8 万元，建议主管部门对相关责任 13 人进行责任追究。

专项资金审计（调查）　对济源市政府承诺 4.5 亿涉农惠农资金实施跟踪审计，查出问题金额 85.77 万元；对城镇职工和居民医疗保险基金、农村劳动力“阳光工程”、“雨露计划”培训资金、乡镇综合文化站建设资金等 9 项专项资金进行审计及审计调查，查出问题金额 196 万元。向省审计厅和济源市政府提交专题报告 3 篇、审计综合报告 9 篇。

（撰稿人：王一鸣）

2010 年河南省所辖区、县（市）级审计工作统计表

金额单位：万元

审计机关	完成审计项目（个）	查出违规金额	应上缴财政	应减少财政拨款或补贴	应归还原渠道资金	应调账处理金额	移送司法、纪检监察部门处理（件）	建议有关部门处理（件）	出具审计报告和审计调查报告（篇）	提出审计建议（条）	撰写审计信息（篇）
郑州市											
郑州市本级	56	416075	152196	6203	2518	90048	1	7	56	165	89
中原区审计局	117	28077	32		2097	178			117	355	7
二七区审计局	4					639			4	12	
管城回族区审计局	37	281	4	2		247			37	94	8
金水区审计局	20	43663	7						20	71	
上街区审计局	38	455	453			1			38	53	
惠济区审计局	47	964	113		676				47	179	
新郑市审计局	79	232		1534		28			79	175	
登封市审计局	93	9878	172		144	996			93	293	6
新密市审计局	70	85217	149						70	173	7
巩义市审计局	80	4332	456			1580			80	89	75

（续 表）

审计机关	完成审计项目（个）	查出违规金额	应上缴财政	应减少财政拨款或补贴	应归还原渠道资金	应调账处理金额	移送司法、纪检监察部门处理（件）	建议有关部门处理（件）	出具审计报告和审计调查报告（篇）	提出审计建议（条）	撰写审计信息（篇）
荥阳市审计局	58	8400	265		10	164			58	73	
中牟县审计局	37	5017	235		746	4658	2		37	96	
三门峡市											
三门峡市本级	93	15091	5871		114	1167			93	203	12
湖滨区审计局	12	94				94			12	48	44
灵宝市审计局	10	34095	4200		5026	11563			10	55	3
渑池县审计局	54	7910	60			603			58	102	
陕县审计局	5	2131			43	2085			8	19	
卢氏县审计局	20	875	34		217	2160			20	62	40
洛阳市											
洛阳市本级	73	22407	6226	1847	473	11728			73	238	65
西工区审计局	36	2157	11.6						36	72	48
老城区审计局	42	199	92		7	107			44	64	9
瀍河回族区审计局	37	478	5			8061			37	24	18
涧西区审计局	38	6125	23	111					38	80	61
吉利区审计局	27	1047	41	280		340			27	54	15
洛龙区审计局	25	437	241			629			25	50	3
偃师市审计局	96	5741	1208	5116	440	20220	2		96	212	238
孟津县审计局	57	1938	142			156			57	74	69
新安县审计局	93	5805	130	1437	1751	163	6		110	230	98
栾川县审计局	108	39900	65						108	236	63
嵩县审计局	90	5200	65		276	504		15	90	180	41
汝阳县审计局	59	4650	75						59	113	42
宜阳县审计局	75	4469	113		443	4085			75	104	13
洛宁县审计局	30	3646	149	257	624		1		30	100	40
伊川县审计局	82	4275	68	76					82	43	32
高新区审计局	12	2299	1620		309	8		2	9	28	9
焦作市											
焦作市本级	46	19117	521		1483	13411		1	46	128	15
解放区审计局	77	9717	10				1	1	77	210	138
山阳区审计局	11	2361	11						11	29	23
中站区审计局	47	47838	14						47	14	10

（续 表）

审计机关	完成审计项目（个）	查出违规金额	应上缴财政	应减少财政拨款或补贴	应归还原渠道资金	应调账处理金额	移送司法、纪检监察部门处理（件）	建议有关部门处理（件）	出具审计报告和审计调查报告（篇）	提出审计建议（条）	撰写审计信息（篇）
马村区审计局	16	1199	10						16	27	48
孟州市审计局	61	4224	81				5		61	163	156
沁阳市审计局	71	50461	329	4			2		71	102	196
修武县审计局	50	1306	67				2		50	87	45
博爱县审计局	44	960	55				1		44	44	57
武陟县审计局	88	7590	30				1		88	149	17
温县审计局	63	10926	60	495	2022		5		63	152	28
新乡市											
新乡市本级	94	43834	2278	3621.6	768	7500	26	24	108	325	243
卫滨区审计局	35	283	19		32	539		2	35	45	51
红旗区审计局	21	8.8	8.8						32	60	68
凤泉区审计局	21	658	152	1	5	498			26	41	12
牧野区审计局	14	277	6.5						36	36	24
卫辉市审计局	51	4389	60						72	137	45
辉县市审计局	67	22000	180	365	453	254			70	176	60
新乡县审计局	42	12291	56		45	1516			93	95	54
获嘉县审计局	96	6758.6	48	85	220	180			96	334	86
原阳县审计局	14	16240	130		519	1050			14	68	18
延津县审计局	43	36838	136		1911	1			42	118	82
封丘县审计局	29	998	57						29	103	45
长垣县审计局	62	6200	80		220	220			62	40	40
鹤壁市											
鹤壁市本级	58	4616	1597		2793	6870	1	6	58	187	177
淇滨区审计局	37	328	130		200	87			37	61	24
山城区审计局	22		1		1				22	25	15
鹤山区审计局	21	512	3						21	57	44
浚县审计局	34	5964	17		22	411			34	86	3
淇县审计局	31	2202	11			707			31	85	49
安阳市											
安阳市本级	67	574906	619.26	3115.84			33		85	65	53
北关区审计局	21	129	2						20	46	25
文峰区审计局	33	617.4	8						33	64	15
殷都区审计局	84	144							66	100	20

（续 表）

审计机关	完成审计项目（个）	查出违规金额	应上缴财政	应减少财政拨款或补贴	应归还原渠道资金	应调账处理金额	移送司法、纪检监察部门处理（件）	建议有关部门处理（件）	出具审计报告和审计调查报告（篇）	提出审计建议（条）	撰写审计信息（篇）
龙安区审计局	26	3							26	20	14
林州市审计局	78	7935	76						78	63	50
安阳县审计局	105	7100	87	35	1700	710		2	98	230	48
汤阴县审计局	55	6570.02	105.73		152.79	779.89			55	149	37
滑县审计局	45	11938.	54.09			10039.6	1		45	130	34
内黄县审计局	34	2523	31	9	10	11			34	112	14
濮阳市											
濮阳市本级	59	36676	657		7	8052			47	192	230
华龙区审计局	33	1984	22			30			48	119	
清丰县审计局	162	2418	112		20	23			100	322	81
南乐县审计局	60	9547	62		56	2627			54	148	58
范县审计局	30		39						30	109	15
台前县审计局	15	1884	11	20		21			1	34	
濮阳县审计局	68	2673	112						76	357	73
开封市											
开封市本级	90	52793	57		27	19606			90	141	140
鼓楼区审计局	12	96							12	26	34
龙亭区审计局	7	997	11		812				7	21	19
顺河区审计局	17		10						17	31	4
禹王台区审计局	19		3				1		19	48	39
金明区审计局	14	3978	142		2	270			14	35	16
杞县审计局	20	28170	29		29	2083			21	53	48
通许县审计局	67	8801	65						67	107	60
尉氏县审计局	65	3606	84		63	156			65	106	61
开封县审计局	25	2151	65						25	7	49
兰考县审计局	63	8666	73		499	35			63	23	50
商丘市											
商丘市本级	44	83810	122				4		68	193	187
梁园区审计局	53	3756	167		170	873	1	2	53	136	61
睢阳区审计局	64	11693	77			356			64	121	21
虞城县审计局	25	12000	130	2640	960	7850			152	326	86
民权县审计局	105	9800	110			2979			86	259	598

（续 表）

审计机关	完成审计项目（个）	查出违规金额	应上缴财政	应减少财政拨款或补贴	应归还原渠道资金	应调账处理金额	移送司法、纪检监察部门处理（件）	建议有关部门处理（件）	出具审计报告和审计调查报告（篇）	提出审计建议（条）	撰写审计信息（篇）
宁陵县审计局	47	3957	473		236				47	156	30
睢县审计局	40	6424	3545		362	1950			68	162	28
夏邑县审计局	45	7250	941		59	2746	1		45	128	55
柘城县审计局	73	2202	114		3	846			73	138	34
许昌市											
许昌市本级	69	171874	451		14959	26540	1	9	69	184	52
魏都区审计局	17	812	2						17	38	
禹州市审计局	51	9179	53		130	4150			51	109	
长葛市审计局	108	34203	340	77		13185			108	308	100
许昌县审计局	60	5937	76			161			60	150	160
鄢陵县审计局	58	642	18		44	52			58	52	131
襄城县审计局	25	6944	4		70	285			25	71	16
漯河市											
漯河市本级	125	5779	3866		598	18660	3	12	118	104	173
郾城区审计局	50	331	37		75	60	2	2	46	101	97
源汇区审计局	38	379	3	407	758	5846	1		38	85	156
召陵区审计局	24	631		1911	3907	2690			19	46	15
舞阳县审计局	15	2920	1		2654	2141		8	8	5	50
临颍县审计局	38	3608	76	918	70	371			38	62	60
平顶山市											
平顶山市本级	104	73627	38702			806	6		104	70	316
新华区审计局	58	565	132		1	47	1	1	58	63	3
卫东区审计局	55	5061	47		17	834		2	55	213	85
湛河区审计局	53	4219	414	41	7	6	1			40	70
石龙区审计局	26	1202	11	1	85	16			26	19	37
舞钢市审计局	85	60611	354		732	38775	1		85	109	93
汝州市审计局	109	18402	259				2	216	109		19
宝丰县审计局	90	35626	106	872	375	3642	2	2	90	132	26
叶县审计局	132	35166	120	745.5					132	200	28
鲁山县审计局	65	32397	49	10	15				65	11	10
郏县审计局	86	13400	152						80	137	60
南阳市											
南阳市市本级	114	375628	4527	37	68774	67612	1		156	138	

（续表）

审计机关	完成审计项目（个）	查出违规金额	应上缴财政	应减少财政拨款或补贴	应归还原渠道资金	应调账处理金额	移送司法、纪检监察部门处理（件）	建议有关部门处理（件）	出具审计报告和审计调查报告（篇）	提出审计建议（条）	撰写审计信息（篇）
卧龙区审计局	8	875	2						2	25	
宛城区审计局	4	436	21								
邓州市审计局	83	5359	113	290	85	230				267	150
南召县审计局	18	496	12		14					30	
方城县审计局	73	8676	4454	360	1229	2645				214	
西峡县审计局	20	1281	16							11	
镇平县审计局	61	14095	167		1258	7149				133	37
内乡县审计局	14	292	6		186					3	
淅川县审计局	34	267	64							45	
社旗县审计局	7									21	25
唐河县审计局	42	33107	299		177	4325				64	4
新野县审计局	88	31354	102		420	1130				335	
桐柏县审计局	21	1645	25							62	
信阳市											
信阳市本级	53	115063	443		3000	700	13	7	53	112	150
浉河区审计局	107	6629	1105			534			107	93	64
平桥区审计局	70	2023	152		1860	33930	2		70	70	83
息县审计局	51	9918	120		1034				87	13	39
淮滨县审计局	89	28610	137		11			1	89	93	9
潢川县审计局	92	7922	350	177	357	3591	1	21	92	270	132
光山县审计局	60	2071	119	36	675	860	22	8	65	204	112
固始县审计局	68	9992	1307	131	1007	6691			68	166	52
商城县审计局	64	15889	56		325	9591			64	71	74
罗山县审计局	70	2639	155		732	1723			70	159	110
新县审计局	42	6598	2		1561	901			42	71	52
周口市											
周口市本级	73	32362	25489		12545	6993			73	180	486
川汇区审计局	20		7						20	23	35
项城市审计局	88	880	46						88	129	36
扶沟县审计局	52	4969	57		1991	4819			52	40	53
西华县审计局	30	959							30	64	57
商水县审计局	37	3620	62						37	91	51
太康县审计局	72	2428	55		31	1658			72	198	72

（续表）

审计机关	完成审计项目（个）	查出违规金额	应上缴财政	应减少财政拨款或补贴	应归还原渠道资金	应调账处理金额	移送司法、纪检监察部门处理（件）	建议有关部门处理（件）	出具审计报告和审计调查报告（篇）	提出审计建议（条）	撰写审计信息（篇）
鹿邑县审计局	61	17831	11500		619	2093			61	110	88
郸城县审计局	51	5127	60						51	93	100
淮阳县审计局	39	1761	403			637			39	42	48
沈丘县审计局	94	26269	108		130	88			94	110	62
驻马店市											
驻马店市本级	35	35484	310		1566	24242			10	130	27
驿城区审计局	52	10988	131			456			28	164	15
确山县审计局	31	2771	55		77	608			28	144	28
泌阳县审计局	29	1032	78		32				19	95	21
遂平县审计局	73	33616	70		5060	2917			9	156	15
西平县审计局	95	4396	85	4	15	471			98	257	98
上蔡县审计局	118	22643	241						60	530	32
汝南县审计局	72	13696	92			174			12	221	31
平舆县审计局	52	19077	116	116	432	153	2		25	268	16
新蔡县审计局	59	7033	73						19	194	19
正阳县审计局	99	16753	118						5	222	36

湖北省

【湖北省审计厅】　2010年，湖北省审计厅编制154人，在编154人，领导职数7名。设有办公室、综合处、法规处、经济责任审计局、财政审计处、金融审计处、行政事业审计处、经贸审计处、农业与资源环保审计处、社会保障审计处、固定资产投资审计处、外资运用审计处、人事处、离退休干部处、机关党委、纪检监察室，另设有派出发展计划及投资审计处、派出经贸审计一处、派出经贸审计二处、派出科教卫审计处、派出政法审计处、派出农林水审计处、派出经济执法审计处、派出新闻出版及文化审计处、派出综合审计一处、派出综合审计二处，还设有厅机关后勤服务中心、计算机中心、审计科研所、企事业单位内部审计指导中心、审计干部学校直属事业单位。

领导成员

厅　　长：张永祥

副 厅 长：杨元寿（—2月）　秦守成
　　　　　周德刚　刘彩霞　焦跃华　崔永辉

总审计师：汤汉琴（4月—）

纪检组长：冯兴国

副巡视员：徐世谦（—2月）
　　　　　汤昌平（4月—）
　　　　　肖继时（4月—）

审计成果　2010年，全省审计机关共审计和审计调查单位12856个，查出各类违规和不规范金额497.5亿元，处理上缴财政25.6亿元，减少财政拨款或补贴8337万元，归还原渠道资金28.7亿元，调账处理金额48.9亿元。向纪检、监察和司法机关移送违法违纪和经济案件线索57件、涉案人员55人，涉及金额9492万元。全省审计机关促进被审计单位建立健全和完善各项规章制度536项，整改工作进度和效果好于往年。各级党委、政府批示采用审计机关报送的审计调研报告、分析材料和审计报告、信息 7902 篇（次），省委、省政府和审计署批示采用审计报告和信息 1522 份（次）。省委、省政府主要领导 45 次对审计情况作出重要批示，10 多次听取审计工作情况汇报。

精神文明建设再创佳绩，全省审计机关 98% 以上建成各级文明单位，其中，省级以上文明单位占 75%；省审计厅、鄂州等 8 家审计机关被授予国家级文明单位；审计系统连续三次被授予“精神文明创建工作先进行业（系统）”。审计厅机关共获得全国文明单位、省级最佳文明单位、武昌区精神文明建设示范单位、省委党建工作先进单位、国家信息化试点工程、全国和全省绿化模范单位、全省社会综合治理先进单位等各种荣誉称号 18 项。

财政审计　全省审计机关对 2066 个财税部门和行政事业单位预算执行、财务收支、转移支付资金进行审计，省审计厅对 13 个省政府组成部门和直属单位进行审计，并延伸审计其所属 68 个二、三级预算单位，占这些部门二、三级单位的 39%。审计表明：财政管理体制和预算管理制度逐步完善，部门预算执行和财务管理进一步规范，预算收支执行情况总体较好。同时审计也发现在省本级预算执行中存在应作未作一般预算收入；部分预算指标下划较晚，导致财政资金当年无法及时使用；部分专项资金分配使用不够规范；国有资产收益征管有待进一步加强；部分财政资金闲置，未发挥资金使用效益等问题。在部门预算执行中存在收入未纳入专户、预算编制不细化；虚编多编预算、改变资金用途；收入在暂存款或“账外”核算，不作收入反映；无依据收取管理费、调查费、推广费；违规发放奖金、补贴等方面的问题。

行政事业审计　组织全省审计机关对 97 个县（市、区）2009 年度新型农村合作医疗制度运行和基金筹集、使用、管理、效益情况进行审计；对全省 66 家国有农场债务情况进行清理核实；省审计厅对灾后恢复重建、国庆 60 周年彩车专项资金、省体育局、省人防办、省红十字会和省政府驻京办等项目及部门进行审计。审计发现：在新型农村合作医疗中，存在弄虚作假，虚报新农合人数，虚报业务量，套取财政补助资金；基金沉淀比较多，未充分发挥效益；部分地方“三类人员”优惠政策未落实；定点医疗机构提高药品价格、自立项目收费、重复收费、过度治疗、挂床住院等违纪违规问题。经审计，清退重复参合人员 2.6 万人，追回套取基金 53 万元；制订和完善了二次补偿方案和基金分配方案；收缴违规收费及处以罚金 1499 万元。处理相关责任人 31 名。对国有农场债务调查中，全面摸清了债务规模和构成，核减各农场虚报债务 10 亿元。

企业审计　完成对省交通厅预算执行及经济责任审计、高速公路运营管理效益审计调查、高速公路收费系统计算机审计、全省邮政行业审计等项目，审计和审计调查单位 483 家，查出各类违规资金（含损益不实、资金损失）等 32.5 亿元，对被审计单位内部管理、内控制度等管理方面提出审计建议 89 条。

社会保障审计　对省直及 13 个市县就业和再就业培训补贴资金管理和使用情况、全省洪水灾害救灾资金和物资的审计以及对湖北省人力资源和社会保障厅、省民政厅、省地质矿产勘查开发局预算执行及其他财政收支情况等项目进行审计。审计（调查）单位超过 500 家，入户调查个人近 3000 人；查出虚报培训人数、缩短培训时间、重复申报培训人数套取培训补贴，挤占挪用、私设“小金库”及贪污、诈骗等违纪违规金额 6953.76 万元；向纪检监察部门及检查机关移送案件线索 9 起，移送涉案人员 17 人。

农业与资源环保审计　组织部分审计机关对土地整治、水库除险加固、移民搬迁等项目进行审计。共审计 868 个部门单位，审计资金总额 234 亿元，查出各类违纪违规金额 29 亿元，向纪检监察部门移送案件线索 25 起，涉案人员 27 人，涉案金额 6791 万元；向有关部门和被审计单位提出加强项目建设和资金管理的审计建议和意见 530 多条，绝大部分已被采纳，促进制定和修改完善相关管理制度和办法 260 多项。

金融审计　组织对 24 个县（市、区）的政府和 171 家县级金融机构 2008 年至 2010 年 6 月落实金融政策措施的情况进行审计调查。审计表明：地方政府在整治县域信用环境，做大做强中小企业担保公司等方面做了大量工作，金融机构贯彻落实金融政策措施取得一定成效。同时，审计发现：政府要求的相关量化指标尚未完全落实；部分金融机构额外收费，企业实际融资成本高；国有商业银行县域机构服务县域经济发展的信贷功能弱化；企业贷款规模过小，贷款面过低，严重制约了县域经济发展；贷款条件脱离县域实际，门槛高，程序多，企业贷款困难等问题。审计建议：一是建立机制，加强对支持县域经济发展的有关政策措施落实情况的督导检查；二是达成共识，采取措施，促使县域金融机构为县域经济发展服务；三是大力扶持和发展地方金融机构；四是进一步完善担保机制，使用财政资金提供担保服务要审慎；五是采取措施，制止人为提高企业融资成本的行为；六是建议协调有关部门为外贸大县提供外汇管理服务。

固定资产投资审计　省审计厅对沪蓉西、青郑、汉洪高速公路项目和水布娅、洞坪、白莲河、大别山电厂一期电站7个重点工程建设项目及省人大安排的通顺河血防工程、省高级人民法院审判楼、省直周转楼等进行审计，发现经济案件线索7起，涉案21人。7个重点工程建设项目计划总投资313.9亿元，到位资金276.13亿元，完成投资294.16亿元。审计共查出各类违纪违规金额16.98亿元，占完成投资总额的5.8%。从审计情况看，各主管部门和项目单位对项目和资金管理重视程度较高，制定了相应的内部管理办法，与前几年重大投资项目审计情况相比，挤占挪用建设资金的问题明显减少，但仍存在招投标管理不够规范、违法分包转包工程等问题。

外资运用审计　省审计厅对18个国外贷援款项目进行审计，同时，组织部分审计机关对截至2009年底借用主权外债情况进行审计，并对31个县（市、区）和33个外债项目借、用、管、还的情况进行重点抽查。截至2009年底，全省主权外债协议总金额37.81亿美元，累计使用贷款29.78亿美元，已还本金8.59亿美元，债务余额为21.19亿美元。审计表明：湖北省外债管理较为规范，规模把握合理、风险可控，资金使用效果进一步增强。同时审计发现主权外债管理和使用中存在挤占挪用项目资金、滞留资金、违规抵扣资金和收费等问题。

经济责任审计　全省共对869名领导干部进行经济责任审计，查出违纪违规和管理不规范金额98亿元，移送经济案件线索29起。其中：省本级对7个地方和17个省直部门单位的30名领导干部进行审计，查出各类有问题金额61.3亿元，向省纪委移送案件线索5件，涉及责任人28名。建议被审计单位建立完善部门预算、国库集中支付、政府采购、收支两条线管理、工程招投标、专项资金管理和重大投资决策管理等方面的制度、规定210多项。

计算机审计　（1）金审工程二期建设初具规模。2010年建设完成4个市州11个县（市、区）财政预算执行联网审计系统，实现了财政资金审计的全覆盖；启动湖北省动态审计监测系统，地税审计已建立查询分析、多维分析、预警分析、专题分析等207个分析模型，社保审计已初步建立多维分析、查询分析等30个分析模型，财政审计建立查询分析、多维分析等31个分析模型。建设完成全省审计会商系统，目前已能够召开审计署、省、市三级审计机关视频会议。（2）审计数字化平台正式投入使用。湖北省审计专网交换中心正式建成，实现在建成交换中心平台和统一项目组织管理、系统监控安全保障、审计信息共享、联网审计监测服务四个应用系统，实现通过互联网安全访问审计专网，并为使用全国产化自主装备建设电子政务系统起到了很好的示范作用。正式启用全省审计指挥中心、权力运行风险电子监控系统。（3）狠抓计算机审计培训。组织了2次培训，共149人通过审计署AO认证考试；组织全省100名审计业务骨干参加计算机中级培训。组织编写《财政联网审计操作手册》，先后采取举办培训班及现场培训等形式，培训联网审计、指导应用联网审计系统开展财政预算执行审计等内容，参训人员达190余人。

内部审计　全省内部审计机构1538个，专兼职内部审计人员2730人。完成各类审计项目9052个，查出损失浪费金额12037万元，促进增收节支21854万元，提出建议性意见被采纳5039条，为部门单位领导决策，加强财务管理、健全内部控制、提高经济效益、实现目标价值，促进廉政建设发挥了积极作用。　（撰稿人：王　琳）

【武汉市审计局】　2010年，武汉市审计局共有在职干部、职工203人（注：包括武汉市政府投资项目审计中心在岗人数）。局长刘金萍，副局长张建（—9月）、吴学民、孟晖、刘东喜，陈华林（6月—），总审计师陈华林（—6月）、田书勤（6月—），纪检组长田晓汛。设有办公室、综合处、法制处、财政审计处、金融审计处、行政事业审计处、经贸审计处、农业与资源环保审计处、社会保障审计处、固定资产投资审计处、重点建设项目审计处、外资运用审计处、经济责任审计处、政治处和机关党委、纪检监察室和政府投资项目审计中心。

审计成果　完成审计和审计调查项目76个，其中参加全省统筹审计项目27项，审计和延伸审计的单位2205家，查出违规和管理不规范金额191256万元，应上缴财政66000万元，应调账处理金额29438万元。向纪检部门、司法机关和有关部门移送经济案件线索10起，审计执法工作无行政复议诉讼事项发生，全面完成2010年的绩效目标管理任务。全局获得审计署现场审计系统应用实例奖20个，3个项目获得全省优秀审计项目。提交各类报告、信息352篇（次），被批示采用312篇（次），提出审计建议156条，已被采纳95条，促使政府相关部门和被审计单位健全规章制度32项。

财政审计　围绕武汉经济工作中心，着力推动财政管理“五项改革”，逐步深化财政审计工作，初步形成了“以财政审计为主线，积极构建财政、政府投资、企业、资源环境、民生资金和经济责任六大审计一体化为内容的财政审计大格局”的总体工作思路。在具体工作中，强调从源头上推动整合政府各项收支，既关注财政收入结构，又关注财政支出的方向和支出的效益，推进“预算一个盘子、收入一个笼子、支出一个口子”，逐步建立起完整、统一的政府财政。较好地发挥了审计监督的“免疫系统”功能，为政府加强预算管理、人大依法开展预算监督提供重要依据。

组织13个区审计局对全市2008年至2009年度扩内需中央新增投资资金和项目、2009年地方政府债券使用情况进行跟踪审计，发现和揭示政策执行不到位，管理体制不完善、运行机制不健全等深层次问题，向各区党委、政府，相关责任单位提出审计建议50余条，促进出台完善资金和项目管理的制度19项。

行政事业审计　组织对全市福利彩票公益金等6项民生资金开展审计，审计总金额32.8亿元，促进规范资金用途2.39亿元。通过对全市123个社区卫生服务中心和68个乡镇卫生院基本公共卫生专项资金的延伸审计调查，督促资金管理部门及时拨付资金2005.42万元，有效促进社会公平，维护社会稳定。通过对福利彩票公益金的审计，推动完善福利彩票公益金管理的办法和规定，督促有关部门归还原渠道资金0.89亿元。及时向市政府上报全市农村公路养护资金缺口较大、部分农村公路损坏较为严重等问题，引起市领导高度重视，责成市交委、财政等部门努力争取上级领导的支持，积极筹措资金，不断改善广大农村群众的出行环境和生活质量。

对玉树地震捐赠款物、四川汉源灾后重建进行跟踪审计，坚持“边审计、边整改、边规范、边提高”的原则，提出建立询价机制等28条审计意见和建议，被相关部门和单位采纳21条，截至2010年5月，对口援建的11个项目已全部完工，提前实现中央提出的“三年援建两年基本完成”目标。

农业与资源环保审计　对全市农村安全饮用水改造、汉江流域武汉段水污染防治、亚行贷款武汉污水和雨污处理等项目进行审计，重点关注城乡居民饮用水源不达标、污水处理厂管理运营不善等影响人民群众身体健康的环境污染问题，上报的6篇有关审计信息材料被省、市领导批示采用4篇（次），为领导宏观决策提供翔实的依据。

固定资产投资审计　重点对政府投资专项资金开展审计调查和对政府投资的道路、桥梁、隧道、场馆等项目实施跟踪和竣工决算审计。及时跟进武汉长江隧道、中环线白沙洲大桥至青菱乡立交工程、阅马场交通综合整治工程等重大城市交通基础设施项目审计，促进完善和提升城市功能；继续保持对武汉国际博览中心等社会事业发展项目的审计，促进全市公共服务体系建设；积极开展全市政府投资重大项目前期费用及应急资金、武汉市城市建设投资开发集团有限公司等6个融资平台公司债务组成和举债资金运用情况、中小学校舍安全工程等专项审计，积极防范政府投资风险，促进提高公共财政资金使用效益。通过围绕概预算执行、资金管理等关键环节开展审计，促进节约公共财政资金 1.12 亿元。

社会保障审计 对武汉市劳动就业管理局就业再培训补贴资金、武汉市江岸区就业再就业培训补贴资金、2010 年洪水灾害救灾资金和物资进行了审计，对 2008 年度福利彩票公益金进行审计调查。通过审计，切实维护了人民群众的利益。

企业审计 对武汉城投集团公司、中央商务区投资控股集团有限公司、市停车经营管理有限公司、汉口银行等国有企业和金融机构实施了审计，对武汉地铁集团有限公司等 7 户出资企业 2009 年度国有资本经营预算实际执行情况进行审计调查，查出各类违纪违规金额 4.39 亿元，促进相关企业健全完善规章制度 21 项。市国资委针对审计调查中揭示的问题，进一步修订完善《武汉市企业国有资本经营收益管理暂行办法》，规范国有产权转让收入上缴，促进国有资本合理配置，提高国有资本收益率。

外资运用审计 开展对湖北省主权外债审计情况调查、武汉城市交通项目、武汉污水处理、武汉市雨水和污水处理、植树造林、城市交通征地拆迁 6 个世行、亚行外国银行贷款项目的审计，在审计中，注重工程建设管理审计，注重加强对国外贷援资金与国内建设资金到位和使用、项目设备采购和使用、提款报账等情况的全流程监督与跟踪审计，通过深化外资运用项目审计内容，既满足对外向世行、亚行提供审计公证报告的需要，又满足对内向政府履行审计监督职能的要求，促进加强管理与合理有效利用外资，提高资金使用效益和外债偿还能力。

经济责任审计 对 7 个行政事业单位、4 个国有企业、1 个行政区的行政负责人和法人代表开展经济责任审计，查出领导干部负直接责任违规金额 1.14 亿元。探索和推行经济责任审计“一拖 N”审计新模式，注重经济责任审计与财政财务收支审计、预算执行审计、效益审计相结合，建立起“上下联动，协调有序、资源共享、科学完整”的工作机制。通过对原市发改委主任、新洲区区长等主要行政负责人实施经济责任审计，加大对资金量较大、有预算资金征收权和分配权、下属单位较多的重点部门的审计，规范资金分配行为，建立健全预算编制、执行的制衡机制，促进依法行政和科学民主决策；通过对武汉工业控股集团有限公司董事长等国有企业法人代表实施经济责任审计，重点关注国有企业税收的及时上缴，分析评价企业资产质量、债务偿还能力、技改投入、环境保护、节能减排、自主创新、经营绩效等情况，推动企业在发展中促转变，在转变中谋发展，进一步拓展了经济责任审计的内容和深度。

内部审计 全市共有 260 个内审机构，其中专职机构 85 个，共完成了 1477 个审计项目，其中：完成财务收支审计 174 个，效益审计 236 个，经济责任审计 211 个，基本建设审计 271 个，专项资金审计 223 个，其他审计 362 个。查出损失浪费 959 万元，提出审计建议和意见被采纳 105 条。

（撰稿人：汪　涛）

【十堰市审计局】 2010 年，十堰市审计局共有职工 117 人，其中在职 80 人（离退休 37 人）。局长翁仙王，副局长刘文明、陈勇、金华、祁国凯、陆高明，总审计师李坚，纪检组长叶大余。设有办公室、人事科、综合科、法规科、财务科、财政审计科、金融审计科、行政事业审计科、经贸审计科、农业与资源环保审计科、社会保障和固定资产投资审计科、外资运用审计科、纪检监察室、离退休干部科和 9 个派出审计办事处；下设市经济责任审计局、市固定资产投资审计局 2 个副县级单位，以及社会保障审计局、计算机中心、培训中心、内部审计指导中心。

审计成果 完成审计项目 88 个，查出违规金额 10522 万元，其中应上缴财政 202 万元，应归还原渠道资金 2343 万元，应调账处理金额 2127 万元；已上缴财政 202 万元，已归还原渠道资金 2317 万元，已调账处理金额 2127 万元。移送司法机关、纪检监察部门处理事项 2 件。提交审计工作报告、信息 165 篇，被采用 144 篇。荣获全市政风行风评议优秀单位、全市社会治安综合治理先进单位、市直机关党建工作先进单位等市级以上 9 项荣誉。

财政审计 （1）继续加大对 2009 年度本级财政预算执行审计力度，着力构建财政审计大格局。按照“财政资金运用到哪里，审计就跟进到哪里”的要求，牢固树立“全市一盘棋”的科学审计理念，逐步探索建立十堰财政审计大格局，促进提高全市财政审计工作水平。市审计局利用现场审计实施系统对市地税局2009年税收征管数据进行重点剖析，发现未及时足额上缴税费等问题；对市级专项资金的计划安排和拨付使用情况逐笔审核，突出对重点项目、重点资金的跟踪问效，促进提高财政资金管理规范和使用效益。(2) 完成荆门市本级及所属5个县市区2008～2009年度扩大内需中央新增投资资金、地方政府债务、政府外债、扩大内需项目“五合一”和恩施州及所辖县市扩大内需大型完工项目审计调查。在对荆门市中央扩大内需428个项目21亿元投资审计，查出问题金额5亿元。对十堰市扩大内需资金“五合一”审计，查出地方财政配套资金到位率较低，挤占挪用项目资金，部分项目建设进度缓慢等问题。(3) 对市经济开发区2008～2009年度财政决算及其他财政收支进行审计，查出虚列支出、违规改变银行借款用途、超预算列支等问题。

金融审计　对丹江口市、郧西县贯彻落实中央及省促进县域经济发展金融政策情况进行审计调查。审计表明，两地不断完善金融服务政策，不断加大对重点建设项目的信贷投资支持力度，切实解决中小企业融资难问题，县域经济蓬勃发展。但同时也发现，市域金融服务网点设置停滞不前，信贷门槛偏高，金融产品单一等，成为制约县域经济发展的瓶颈。

行政事业审计　对市文体局系统进行审计，查出房租收入“账外账”支出，国有资产违规处理等问题，涉及违规金额1千多万元；对市广播电视大学进行审计，查出该校多申报中职受助学生769人次，获取的中职学生财政助学金补贴及利息50多万已全额追缴上缴财政。

农业与资源环保审计　(1) 对竹溪县2005～2009年土地开发整理和低丘岗地改造项目实施及资金管理使用情况进行审计。审计查出未按规定实行公开招投标投资938.23万元，擅自扩大项目资金使用范围147.8万元，高估冒算虚报工程成本50.86万元等违纪违规金额1916.62万元。(2) 对郧县汉江流域水污染防治和其他环保专项资金进行审计。审计资金总额1.29亿元，查出配套资金未完全落实、挤占水污染防治项目和其他环保专项资金、应收未收排污费和污水处理费、转包和分包工程、多付工程款等问题。(3) 对武安铁路增二线十堰段工程建设涉及7个县市区征迁补偿资金进行审计。抽查100多拆迁户，查出多个单位、部门挤占挪用征迁资金、征迁管理费超支、虚开假发票、固定资产产权不明、虚假工程项目列支、出纳人员任意涂改套取资金等违规违纪金额5800多万元。

固定资产投资审计　共完成政府投资建设项目33个，审计资金总额45亿元，审减工程造价款5892万元，审计后挽回损失5892万元，提出审计整改建议被采纳45条。对甘肃路一期工程、张湾区城市建设用地整理指挥部西部山地整理、许白路建设、城区108条内街小巷升级改造等12个项目开展审计，审计涉及资金总量3.9亿元，审减资金1901万元。对张湾区四条河道治理项目、马家河水库改造工程、西部垃圾处理场工程、神定河及泗河污水处理厂、浙江路二期工程、东环路工程建设等项目进行全方位跟踪审计，查出部分项目程序不到位，资料缺乏，地方配套资金到位率低、项目建设存在超计划现象，项目完工后验收、结算缓慢、票据使用不规范、资金用途不合规，竣工结算未经审计而办理交付使用资产等问题。张湾区西部山地整理项目资金审计情况上报后，市委召集相关部门对山地整理的资金管理、规划实施等进行专题研究，加强山地整理工作的制度化建设。

社会保障审计　一是对襄樊市直、宜城市2006～2009年就业再就业培训补贴资金进行交叉审计。重点剖析财政部门管理及拨付培训补贴资金、就业部门管理培训机构及培训补贴资金收支、延伸审计培训机构申报培训补贴及违规培训等情况。二是对郧县、房县两个地方2009～2010年优抚和城乡医疗救助资金进行审计，查出挤占挪用等违纪违规金额1567万元，超报优抚对象981人，多领优抚补助资金727万元。三是对全市接受青海玉树地震灾区捐赠款物进行审计。审计表明，截至目前未发现一起挤占挪用现象。对2010年中央和地方各级政府及社会捐赠投入的洪水灾害救灾资金和物资进行审计。延伸调查土关垭镇、石鼓镇等54个镇117个村521户灾民，审计督促进一步加强整改，建立健全救灾资金管理体系。

四是联合市财政、社保、农业等部门对农民工技能培训和农机购置补贴资金专项清理，共清理资金14159万元，追缴违规资金958万元。

经贸审计 对全市邮政行业2009年度财务收支情况进行审计，查出违法经营政策、损益不实等问题，引起邮政部门高度重视，积极进行整改。

经济责任审计 对17名领导干部进行经济责任审计，查出违纪违规金额2.14亿元，移送案件线索2起。十堰开展行业领导干部经济责任审计工作经验，在全省审计系统推广；市委要求全市纪检监察、组织人事、审计部门要密切配合，加大审计的力度，加大成果的运用，加大问题的整改督办，继续保持十堰领导干部经济责任审计工作在全国、在全省的先进地位。

外资运用审计 对世行贷款垃圾场处理、亚行贷款农村能源生态建设等4个外资项目资金管理使用情况进行公证审计。重点检查国外贷援款资金和国内建设资金的到位和使用、项目设备的采购和使用、提款报账等情况，揭露项目执行中存在的违反国家法规和国外贷援款项目协定，以及内部控制存在重大缺陷等问题。

（撰稿人：陈洪波）

【襄阳市审计局】 2010年，襄阳市审计局共有干部职工114人（其中局机关61人）。局长（书记）王万清，副局长张振武（—4月）、余汉国、胡国志，总审计师孙全华，纪检组长韩静（—7月）。设有财政审计科、金融审计科、行政事业审计科、政法审计科、经贸审计科、农林水审计科、国土环保审计科、固定资产投资审计科、外资运用审计科、办公室、综合科、信息科、人事科、法规科、审理科、审计结果执行科、纪检监察、离退休人员工作科。下设襄阳市经济责任审计局和襄阳市社会保障与重点建设项目审计局。

审计成果 全市审计机关完成审计项目320个，查出违规金额122819万元，其中应上缴财政46924万元，应归还原渠道资金13039万元；已上缴财政46773万元，已归还原渠道资金9094万元。移送司法机关、纪检监察有关部门处理5人。提交审计工作报告、信息1822篇，被采用1356篇。市审计局先后荣获“全市先进党组中心组”、“市直机关党建标兵”、“2009年度目标考核优秀班子和集体”、“档案管理省特级”等荣誉。

财政审计 组织对本级财政、地税及20个部门预算单位2009年度预算执行情况、保康县财政决算情况进行审计。审计发现相关单位在执行国家政策、部门预算编制、预算执行和财务管理方面仍然存在超预算收支、未编制政府采购预算、未办理政府采购手续、挪用专项资金、无依据收费等问题。市直和各县（市）的本级预算执行和其他财政收支专项审计得到了各地人大和政府的高度评价：注重从总体上把握审计情况；注重披露民生问题；关注财政资金使用绩效；注重反映审计整改情况；注重发挥审计建设性作用。

固定资产投资审计 组织对重点资金的管理使用和重大投资项目的建设情况进行跟踪审计。从审计调查情况看：2008～2009年，中央扩大内需第一至四批共安排我市533个项目，计划总投资34.83亿元。截至2009年底，全市实际已开工523个，占项目总数的98%。其中完工342个，占计划完工项目数的64%。将全市投资总额500万元以上的所有政府投资项目全部纳入审计监督范围。

专项资金审计 组织开展新型农村合作医疗基金、就业职业培训补贴资金、土地整理和低丘岗地改造、农村能源沼气建设、中小学校舍安全、汶川地震灾后恢复重建等专项资金审计。审计（调查）单位20个，资金总额1.91亿元，查出违规改变资金用途、虚报冒领、滞留闲置、配套资金不落实等问题金额1278万元，审计促进资金拨付到位529万元。

金融外资审计 组织完成世行贷款结核病防治、汉江流域水污染防治、日元贷款造林、教育、城市防洪5项外资审计工作，将监督与公证有机结合，为地方政府防范外债风险提供了依据，其中日元贷款城市防洪项目已获省级验收。同时，选择宜城、南漳2个县（市），开展了“促进县域经济发展金融政策措施落实情况专项审计调查”，摸清了两地县域经济融资规模、融资成本、融资方式、融资渠道以及地区间信贷支持经济发展不平衡等方面存在的突出问题及原因，提出了进一步贯彻落实金融政策的措施建议。

企业审计 开展金融外资和国有企业审计，促进国有资产保值增值，提高资金管理使用水平。

在市直破产改制企业专项资金审计工作中，对13个主管局和协会、140个市直改制、破产企业进行专项资金审计。

经济责任审计　继续坚持县（市）区长、书记“同步”经济责任审计，实现市经责办与市经责局合署办公，实行县（市）区“公、检、法‘三长’”审计全市交叉的方式，整合审计资源，确保审计质量。全市共完成经济责任审计项目77个，共查出违规金额1.04亿元（主管责任7927万元、直接责任3474万元），管理不规范金额1258万元，提出建议31条，被采纳15条。

信息化建设　市局及各县（市、区）局的所有计划项目和内部公文都进入OA系统进行管理。全市先后在财政、地税、社保、教育、邮政、投资等30多个大中型项目中应用AO系统开展计算机审计。特别是保康县在全市率先完成财政联网审计系统部署，并应用于本级预算执行审计。全市审计系统共编撰计算机审计方法17条、AO应用实例17个，其中9个AO实例在审计署获奖。

审计业务实施“四分离”　结合新一轮机构改革，实施审计业务“四分离”，积极探索分权制约、权责统一的审计业务管理新体系。将“审计计划、审计实施、审计审理、审计执行”四项职能进行分离，对全局原有的各业务部门的职责分工进行重新确定和划分，并设立与此相适应的内设机构。综合科负责审计项目计划；财政审计科等九个职能科室具体负责审计实施职能；审计审理科负责审计项目的审核、审理，审计和审计行政复议、行政诉讼；审计结果执行科负责执行审计结论、决定。全局调整成立科室18个，100%的中层干部进行轮岗。通过改革，形成各部门之间互相监督、互相制约、协作配合的审计业务管理和运行模式。

相关工作　一是组织春季集中培训，6批次20余人参加市委党校县科级干部培训，25人次参加市直机关工委和市人事局组织的科级干部培训和干部任前培训，110人次参加市人事局组织的公务员能力水平考试；3人参加省审计厅组织的计算机审计中级培训。二是结合贯彻《党员领导干部廉政准则》，在系统内深入开展“腐败风险预警防控”活动。三是在系统内大力开展“创先进基层党组织，争当优秀共产党员”活动。四是推进“企业评机关”和“民主政风行风”活动。

（撰稿人：郑双银　崔　纲）

【荆门市审计局】　2010年，荆门市审计局共有干部职工70人（包括直属单位在岗人数）。局长丁岱，副局长肖正兰、李正元、刘海泉、张汉城、刘洪斌，纪检组长吴玉金。设有办公室、人事教育科、监察室、综合科、法规监督科、财政审计科、金融审计科、行政事业审计科、社会保障审计科、经贸审计科、农业与资源环保审计科、机关总支。另设经济责任审计局和固定资产投资审计分局、后勤服务中心。

审计成果　完成审计项目425个（经济责任审计62个），审计查出违规金额30077万元，其中应上缴财政659万元，应归还原渠道资金4030万元，应调账处理金额1600万元；已上缴财政659万元，已归还原渠道资金4030万元，已调账处理金额1600万元；管理不规范金额230876万元，发现侵害人民群众利益金额5710万元。移送司法机关、纪检监察部门处理事项5件，建议有关部门处理事项1件。提交审计工作报告441、信息1625篇，被批示采用1279篇。荣获全省2008～2009年度理论学习先进单位、全省依法行政先进单位等；全市审计机关向省审计厅报送的6个优秀审计项目（市局3个、县市区局3个）全部获奖，再度包揽一、二等奖；作为全国仅有的市州代表，赴审计署就财政审计工作进行专题研讨，《完善机制、强化保障，努力实现财政审计效益最大化》的经验在全国大会上进行交流。

财政审计　在服务财政体制改革和深化绩效审计中，创新审计整改工作，建立起以“五制”（政府主导制、部门联动制、跟踪督办制、责任追究制、结果公告制）为核心的立体式整改工作模式，把审计发现问题与推动整改、规范提高相结合，显著提升财政审计质量。年内共对29个单位的预算执行情况进行审计，查出各类违规金额13572万元，管理不规范金额186604万元，处理上缴财政95万元。

行政事业审计　共对139个机关、事业单位的资产负债及经营情况、各项改革资金及部门预算执行情况进行审计，查出各种违规金额37020万元，处理上缴财政261万元，发现侵害人民群众利益金额5710万元。

企业审计　对3个单位进行财务收支、企业资产处置审计和审计调查，查出各种违规金额10281万元，处理上缴财政5万元，帮助企业追回欠款1000万元，1名责任人受到组织诫勉谈话。

专项资金审计（调查）　针对住房公积金、救灾救济和优抚资金、新型农村合作医疗基金、全市住房保障政策执行、土地整理、青海玉树地震抗震救灾资金和物资等广大群众关心、社会关注事项进行专项审计和审计调查，共完成审计项目28个，审计专项资金总额50120万元，查出各种违规金额5483万元，处理上缴财政188万元，促进拨付资金到位778万元。在新农合审计中核实了全市参合人数179.84万人，平均参合率96.97%，受益群众247.31万人次，享受基金补偿达1.9亿元；在保障性住房审计中，促进政策落实惠及城镇低收入家庭17000多户，促使有关部门进行清理、整改，制定和完善相关管理办法，促进民生资金的管理和党的惠民政策的落实。另外，按市“小金库”治理工作领导小组的统一安排，分6个检查组对全市4家国有企业、5家学会协会和2个县市林业系统的“小金库”情况进行清理检查，查出经营亏损严重、违规集资并高额付息和违规摊派收取赞助费等问题，涉及金额1900多万元，查处“小金库”7个。

固定资产投资审计　完成审计（调查）项目226个，审计金额73050万元，审减金额5884万元，处理上缴财政110万元，创新分类跟踪审计模式，对李宁工业园、漳河防洪快车道等重大建设项目实施全过程无缝隙跟踪审计，对小项目选择重点控制环节（如隐蔽工程）实行跟踪监管。

经济责任审计　对62名领导干部进行经济责任审计，查出违纪违规金额13642万元，管理不规范金额17347万元，归还各类财政1377万元，为有关部门全面考核和合理使用干部提供参考依据。在工作中创新经济责任审计进出点方式方法，实行经济责任审计报告纪委、组织、审计三家联合会诊和查明问题三家联合督促整改，继续推行审计情况通报制度，不断提升经济责任审计结论的科学性和权威性，有力促进领导干部责任意识、廉洁意识和管理水平提高。

内部审计　共有内部审计组织449个（其中专职机构362个），内部审计人员556人（其中专职审计人员375人），完成审计项目1817个，增加收益714万元，提出建议384条。推荐了4篇内审人员论文送省内审协会参加评选，获二等奖3篇，三等奖1篇。　（撰稿人：宋丽霞）

【孝感市审计局】　2010年，共有干部职工58人。局长钟淮山（—8月）、阳明军（9月—），副局长田卫民、金正谋、梁和平、陈鸿杰，经济责任审计局局长褚艺红，政府投资审计局局长陈国庆。设有办公室、人事科、综合科、法制科、财政审计科、金融外资审计科、行政事业审计科、经贸审计科、农业与资源环保审计科、监察室；经济责任审计局综合科、审计一科、审计二科、审计三科；政府投资审计局。

审计成果　完成143个审计项目，查出各类违规金额3.78亿元，增收节支0.70亿元，核减投资结算额和投资预算额1.93亿元，审计后挽回损失1.92亿元。提交审计专题、综合性报告和信息简报141篇，被批示采用78篇，审计提出建议247条，被采纳129条。

财政审计　完成2009年度本级财政预算执行审计、孝感市开发区财政收支审计、恩施州扩内需及政府债务五项审计调查。本级财政预算执行审计查出各类违规金额21167万元，管理不规范金额33065万元。审计表明在财政预算编制执行、专项资金拨付、财政收入征管、政府性债务清偿准备等方面还存在问题。

金融外资审计　完成孝南、应城、安陆、大悟、孝昌日元贷款湖北植树造林项目审计和汉川、云梦、孝昌世行贷款城市生活污水处理项目审计。重点检查国外贷援款资金和国内建设资金的到位和使用、提款报账等情况。审计查出滞拨项目资金、报账面积不实、挪用项目资金、贷款抵押手续不合规等问题，审计真实完整反映了项目建设和资金使用情况，为提高外资项目资金效益提供依据。

行政事业审计　完成荆州市本级及石首市2006～2009年就业职业培训补贴资金审计、孝南区及大悟县2009年优抚救灾城市和农村医疗救助民政资金审计、市本级新型农村合作医疗基金审计、孝感市高级中学财务收支审计、孝感市交警支队财务收支审计、孝感市政府驻北京办事处财务收支审计、孝感市市场服务中心财务收支审计。促进荆州市及石首市就业职业技能培训措施的落实。加强对重点专项资金的跟踪问效，确保各项惠民政策和资金落到实处，加强对涉及民生资金的监督，促进依法行政和内部财务管理水平的提高。

农业与资源环保审计　完成对麻城市、孝昌县 2005～2009 年土地开发整理和低丘岗地改造资金和项目审计，郑家河灌区节水改造工程、徐家河枢纽整险加固工程、双峰山白云和凉亭小型水库整险加固工程竣工决算审计。通过审计，规范农业专项资金管理及水利资金和项目管理，促进提高土地整理和低丘岗地改造资金及水利资金使用效益，发挥了审计在新农村建设中的作用。

固定资产投资审计　完成扩大内需廉租房建设项目跟踪审计、孝感市安居中心绩效审计和孝感市政府下达的政府投资审计项目任务 108 个。通过对市廉租房建设项目及资金进行跟踪审计，促进加强了项目和资金管理。孝感市安居中心绩效审计促进国家经济适用房政策的贯彻落实，加强市安居中心内部经营管理。根据孝感市政府出台的《孝感市政府投资项目全程审计监督办法》、《孝感市政府投资项目资金管理办法》，在孝感市政府的委托下，开展对三水厂工程前期费用审计、老澴河截污干管等 15 个政府投资项目的工程前期费用审计，对孝汉大道市政排水工程、槐荫河截污干管工程等 59 个政府投资项目的标底预算审计，对城区第三水厂原水管道 B 段工程、槐荫大道刷黑改造工程等 34 个政府投资项目的竣工结算审计，审计投资总额 143800 万元，审减 19291.16 万元，为政府节约了建设资金。

经贸审计　完成促进县域经济发展金融政策措施落实情况的审计调查和孝感市邮政系统财务收支审计。重点对 2009 年调查、走访过的部分企业进行审计回访，了解有关情况，促进县域经济金融政策措施的贯彻落实。

经济责任审计　完成 12 名党政领导干部和企事业单位领导人员经济责任履行情况的审计。其中县市政府主要领导干部 1 人，市直部门领导干部 9 人，事业单位领导干部 2 人。审计查出各类违规金额 5577 万元，管理不规范金额 130920 万元。为加强领导干部监督管理和党风廉政建设，促进依法行政发挥了应有作用。

内部审计　共有专兼职内审机构 178 个，专兼职内审人员 279 人，其中专职机构 26 个，专职人员 47 人。完成审计项目 240 个，查出损失浪费金额 517 万元。　　（撰稿人：李　斌）

【黄冈市审计局】　2010 年，黄冈市审计局共有干部职工 51 人。局长叶俊甫，副局长陈毅华（—5 月）、吴长林（5 月—）、董家革、吴晓鹏、黄拥华，总审计师曹安洲，纪检组长何敬东（—12 月），经济责任审计局局长张立平。设有办公室、政工科、监察室、综合法规科、财政审计科、金融审计科、行政事业审计科、社会保障审计科、固定资产投资审计科、农业与资源环保审计科、经贸审计科、外资审计科和经济责任审计局。

审计成果　全市审计机关完成审计或审计调查项目 407 个，查出违规金额 107416 万元，其中应上缴财政 716 万元，应归还原渠道资金 9415 万元，应调账处理金额 4761 万元；已上缴财政 625 万元，已归还原渠道资金 9415 万元，已调账处理金额 4242 万元。提出审计建议 671 条，被采纳 439 条；提交审计专报、综合性报告和信息简报 1543 篇（次），其中被批示采用 1089 篇（次）。黄冈市审计局再次被评为省级最佳文明单位，被省审计厅授予全省信息宣传工作先进单位、全省审计通联工作先进单位等荣誉称号。

预算执行审计　全市审计机关对 146 个财税部门及行政事业单位进行了预算执行审计，其中市局对市本级财政及 15 个市直部门预算执行进行审计。组织对市邮政局及所属的 9 个县、市邮政局（黄州区并入市直）2009 年财务收支进行就地审计。

专项资金审计　组织对全市校舍安全工程资金、就业再就业培训补贴资金、新型农村合作医疗基金、优抚和城乡医疗救助资金、玉树地震和洪涝灾害救灾资金、土地整理和低丘岗地改造资金等 10 多项与老百姓息息相关的资金、基金进行审计，部分进行全程跟踪审计。审计发现存在截留挤占挪用资金、管理不规范、损失浪费等问题。组织对全市 80 多名出国、出境人员经费情况进行审计调查核实，发现存在收费不合理、有的单位负责人向下级和管辖单位摊派费用以及违规出国等问题。

固定资产投资审计 组织对麻城、红安、罗田三县市境内17座大、中、小型水库除险加固项目进行审计，涉及投资4亿多元。摸清了大中型病险水库除险加固项目资金到位、管理、使用以及项目实施和完成情况，核实了项目建设成本的真实性、合法性，严肃查处了套取资金、挤占挪用、违法转分包、高估冒算和损失浪费等严重违纪违规和违法犯罪问题。同时，组织对团风、罗田、蕲春等地中德财政合作湖北省小农户造林项目，红安、麻城、浠水世行贷款欧盟赠款长江中上游水土保持项目，武穴市亚洲开发银行贷款发展农村生态农业项目，黄冈师范学院日元贷款内陆地区高等教育项目，黄州、黄梅、武穴等地日元贷款植树造林项目，日贷城市防洪项目6个外资项目进行公证审计；对黄州城区道路刷黑工程进行跟踪审计；结合市第一人民医院财务收支审计，对该医院基本建设项目进行决算审计；结合土地整理和低丘岗地改造资金审计，对相关项目进行跟踪审计。

经济责任审计 对麻城市市长、10个县市区检察长、116个部门、37个企事业单位主要负责人和39个乡镇长进行经济责任审计，围绕执行经济法规政策制度情况、管理财政经济的绩效情况、重大经济事项的决策情况以及本人遵守廉政规定的情况，全面科学评价领导干部任期经济责任和工作业绩。

风险防控 全市审计机关立足于保障审计工作安全健康发展，紧扣审计质量和廉政建设两条“生命线”，全面构建审计风险防控体系，大幅提高审计风险防控能力。市审计由纪检组和监察室牵头，组织全局审计干部以科室为单位，按照“梳、查、评、审”四个步骤进行审计风险点排查，共查出18个共性风险点和32个个性风险点。建立完善三项审计风险防控机制，即规范制约机制、预警处置机制、责任追究机制。

信息化建设 全市审计机关以推进“金审工程”二期建设为契机，在继续加强硬件建设的同时，大力推进AO和OA系统应用及交互，加强计算机审计人才培养和知识培训，基本实现所有审计项目普及应用计算机技术。全市审计机关共征集AO实例16篇和计算机审计方法15篇，建设完成全市会商系统。

队伍建设 全市审计机关将能力建设作为队伍建设的核心，以审计实践作为提升能力的“第一跑道”，进一步加强审计干部教育培训和锻炼，不断提高审计干部队伍综合素质。针对队伍年龄老化、结构不优等问题，普遍加大年轻干部培养力度，注重把年轻干部放到审计工作一线进行培养锻炼，下重任务、压重担子，并积极通过上挂下派和参加省审计厅统一组织项目审计，为年轻干部提供更多锻炼机会。全市审计干部参加审计业务和相关知识培训1200多人次，有13人参加上挂下派，400多人次参加省审计厅和市审计局统一组织项目，达到了实战锻炼的目的，促进了审计干部素质的提高。 （撰稿人：付后裕）

【鄂州市审计局】 2010年，鄂州市审计局共有干部职工52人。局长胡澜，副局长李向平、何贤江、钟儒兰，总审计师柯金龙、纪检组长李志鹏（9月—）、柯昌新（—9月）。设有办公室、综合信息科、法规科、财政金融审计科、行政事业审计科、农业与资源环保审计科、经贸审计科、社会保障审计科、监察室。另设有经济责任审计局（副县级）、政府投资审计局和4个派出审计科。其中经济责任审计局设有党政领导干部经济责任审计科和企业领导人员经济责任审计科。

审计成果 完成审计（调查）项目221个，查出违规金额19274万元，促进减少财政拨款或补贴1083万元、归还原渠道资金1943万元、上缴财政1095万元、调账处理14767万元、核减投资（结算）额14262万元、审计后挽回（避免）损失15582万元。提出审计建议被采纳338条。提交审计工作报告、信息被采用218篇（次）。荣获“全省审计系统先进集体”、“全国大中城市社科联先进学会”、“全省审计宣传通联工作先进单位”、“全市先进基层党组织”、“全市先进党组中心组”、“全市综合治理工作优胜单位”、“全市目标考核先进单位”、“全市保密工作先进单位”和“全市五四红旗团支部”等荣誉称号。

财政审计 在本级财政预算执行审计中查出少数单位未按规定编制政府采购预算、少数专项资金预算编制不够细化、部分预算（基金）反映不实和地税部门滞留税款等问题，促使有关部门及时清缴入库预算收入1971万元，清退违规收费248万元，归位专项资金274万元。此外，开展了鄂城区2009年度财政决算审计和古楼街道办事处2008～2009年度财政决算审计，并重点对全市城乡一体化建设资金和强农惠农资金等财政专项资金使用情况进行延伸审计。

行政事业审计　对市国土局系统、市规划局系统、市公安局及交警支队、市广播电影电视局、市教育局、市邮政局、市物贸公司、市政工程公司、市残联、市中心医院等单位进行了财政财务审计，查处了应缴未缴预算收入9万元、违规改变资金用途401万元、未落实收支两条线和专户管理规定119万元等问题，直接促进上缴财政98万元、挽回（避免）损失15万元。

农业与资源环保审计　完成鄂州市国土资金、土地整理及低丘山地改造项目资金、农业系统救灾款物审计、鄂州市石桥水库除险加固前期费用审计。通过审计，严肃查处挤占挪用、套取项目资金等问题，挽回损失288万元，促进市政府出台《鄂州市土地整理管理办法》。

固定资产投资审计　完成政府投资审计（调查）项目199个。一是完成工程预、结（决）算项目审计184个，送审金额9.79亿元，审定金额8.4亿元，审减金额1.38亿元（其中：工程结算（决算）项目审计128个，送审金额3.13亿元，审减0.8亿元；工程预算项目审计56个，送审金额4.68亿元，审减0.35亿元）；二是完成政府投资项目建设审计调查15个，送审金额1.98亿元，审减0.23亿元。

社会保障审计　完成新型农村合作医疗基金、就业职业培训补贴资金、优抚救灾城市和农村医疗救助民政资金审计。新型农村合作医疗基金审计促使有关医疗单位将套取的47.6万元基金及时全额退还。

经济责任审计　对市司法局、外事侨务局、房产局、物价局、行管局、市委党校、凤凰街道办事处和梁子湖区人民政府8个部门、单位主要领导干部实施经济责任审计，查处经济责任审计责任人直接责任问题金额1518万元。

专项资金审计（调查）　完成优抚和城乡医疗救助资金、落实中央及省促进县域经济发展金融政策措施情况、世行贷款结核病控制项目、日元贷款林业项目、国土整理和低丘岗地改造项目资金、新型农村合作医疗基金、就业再就业职业培训补贴资金、因公出国经费审计调查、汶川地震后恢复重建项目资金、青海玉树地震救灾捐赠资金和物资、农业系统救灾款物审计以及扩大内需、政府债券、政府债务、外债和大型完工项目等全省审计系统统一部署安排的“上审下”、“交叉审”项目22个，组织开展了农机具购置补贴资金、城乡一体化建设资金、农村集体“三资”、小城镇建设项目、电力城市公用事业附加费征收使用管理情况审计（调查）。对全市2010年洪水灾害救灾资金的跟踪审计，有效督促救灾资金及时发放到受灾群众手中，使2153户洪水倒房户、危房户及时得到救助。　（撰稿人：周红兵）

【黄石市审计局】　2010年，黄石市审计局共有干部职工52人。局长刘文水，副局长鲍贤咏、黄振福（—4月）、吴有祥、潘宪章（9月—）、夏明省，总审计师翁世成，纪检组长潘宪章（—9月）。设有办公室、综合科、法制科、政工科、监察室、财政金融审计科、行政事业审计科、经贸审计科、农业与资源环保审计科、外资运用审计科、社会保障审计科、政府投资审计中心和市经济责任审计局。

审计成果　全市共审计单位252个，查出违法违规金额13亿元，促进增收节支2690万元，核减政府性工程建设资金8203万元，促进有关单位建立和完善规章制度30余项，对上报送信息856篇，被采用批示468篇次，发表、交流及获奖文章30篇（次）。局机关先后获得全省文明单位、全省理论学习先进单位、全国先进社团组织等多项荣誉。政风行风评议在全市综合排名第五，在全市执法类22家单位中排名第二。

财政审计　全市审计机关牢固树立“大财政”审计理念，深刻揭示和查处了财政财务管理中存在的不严格、不规范、不合法以及影响改革和发展的突出问题。市本级财政预算执行审计工作报告包括了财政部门具体组织本级预算执行、地税系统税收征管、8家部门预算执行、政府投资项目审计、专项资金审计等七大块内容。在市十二届人大十六次会议上，财政预算执行和其他财政收支审计工作报告以高票获得通过。

行政事业审计 全市共审计行政事业单位 54 个，查出违规金额 3.5 亿元。市本级行政事业审计工作主要与部门预算执行审计工作同步安排，开展对市文化局、卫生局、司法局、水利局、国资委、经信委、交运局、人社局等 8 家部门（单位）预算执行审计工作，主要查出超预算支出、截留挪用资金、小车超编超标情况比较普遍等问题。在市政府强力推动下，8 个部门（单位）积极采取措施，审计整改工作取得实效。如市文化局及时召开了局长办公会研究落实整改意见，撤销了非税收入过渡户、归并了文化市场、文物局等多套账目的财务核算体系，修订完善了《黄石市文化局机关财务管理制度》，建立健全了内部审计制度，加强局机关及所属二级单位财务监管；市司法局根据审计意见重新修订了《单位财务管理制度》，调整和规范了收支往来科目的核算，严格了公务接待标准和范围，加大了小车费用的监管力度，下半年小车费用有了较大幅度的下降。同时，还对市重点中学黄石二中、市重点医院市中心医院财务收支情况进行审计，查处一批违规收费损害人民群众利益问题。

农业与资源环保审计 完成大冶市土地整理和低丘岗地改造项目审计。审计发现工程存在造价不实、虚报工程成本等问题，并依法督促整改落实，促进提高财政支农资金使用效益。

固定资产投资审计 完成大棋路五标段、人防指挥中心、市博物馆等 19 项决算审计，审计投资额 62752 万元，审减 6795 万元，审减率 10.83%。如在对支援四川汉源县援建项目跟踪审计项目中，工程送审金额 6989 万元，审定造价 5179 万元，审减工程造价 1809 万元。同时，制定和完善《黄石市审计局政府投资项目工程结算审计质量复核办法》、《黄石市审计局聘请外部机构及人员参与审计工作管理办法》等 6 项制度。

社会保障审计 围绕人民群众切身利益，黄石市认真开展民生和社会保障资金审计，累计审计资金总额达 8 亿元，查出各类违规金额 3987 万元。如市本级针对再就业资金审计暴露出的问题，及时向市委市政府报送《审计情况专报》，市委书记、市长均作出重要批示。市人社部门督促就业管理部门及定点培训机构退回套取的培训补贴资金，并制定了《黄石市就业再就业资金管理使用实施细则》、《黄石市就业培训管理办法》两个规范性文件，建立健全再就业资金监督和管理的长效机制。在全市“新农合”资金审计中，各地认真实施，查出新农合政策执行、合管办自身管理、定点医疗机构违规收费等一系列违纪违规问题。审计结果得到各级管理部门高度重视，市政府制定《黄石市 2011 年新型农村合作医疗统筹补偿实施办法（试行）》，取消黄石城区、大冶市、阳新县三地差异，实现全市统一筹资标准、统一补偿标准。

企业审计 在对黄石银行 2008～2009 年度资产负债损益情况进行审计中，掌握了黄石银行营运资金情况，促进黄石银行业合法稳健运行；分析黄石银行在管理体制、制度的机制方面存在问题的原因；并有针对性地提出切实可行的审计建议，为市政府领导作出决策提供依据；同时为省政府对城市商业银行改革重组提供重要参考资料。

经济责任审计 全年共审计党政领导干部 51 名，查处各类违纪违规资金 1.42 亿元。根据审计结果，组织部门已调整使用干部 17 名，其中：提拔重用 8 名。为促进全市经济责任审计工作协调发展，市审计局下发《2010 年经济责任审计工作指导意见》，积极探索经济责任审计“一体化”模式，收到好效果。

专项资金审计（调查） 全市各级审计机关重点完成好省审计厅下达的中央扩大内需资金和项目、地方政府债务情况、地方政府债券（省厅组织交叉审计，黄石审十堰市）、汶川地震灾后恢复重建项目、就业职业培训补贴资金、2009 年优抚、救灾、城市和农村医疗救助资金审计（黄石审仙桃市），大冶市土地整理项目和低丘岗地改造项目、新型农村合作医疗审计（大冶、阳新、西塞山区、下陆区、铁山区共 5 个）、促进县域经济发展的金融政策措施落实情况等 24 个专项资金与审计调查项目。黄石市各级审计机关将这些审计项目作为全面落实省厅《统筹全省审计工作发展的若干意见》的重要载体和平台，集中骨干力量，克服各种困难，在人力资源和后勤保障上全力支持，以统筹项目为契机，锻炼队伍，提升成果，树立黄石审计新形象。

内部审计　黄石内部审计协会在省内部审计协会的指导下，初步形成一个新型的内部审计组织管理体系。目前，建立市级内部审计协会1个，县级内部审计协会2个。市内部审计协会团体会员单位发展到71家，会员人数达200多人。

（撰稿人：纪俊锋）

【咸宁市审计局】　2010年，咸宁市审计局共有在职干部职工60人。局长冯春，副局长廖三楚、陈仁汉、石深强、张旺宝，总审计师付冬，纪检组长陶向明，经济责任审计局局长熊振兴。设有办公室、综合科、人事教育科、法制科、金融外资审计科、固定资产投资审计科、行政事业审计科、社会保障审计科、经贸审计科、财政审计科、农业与资源环保审计科、纪检监察室、工会，另设有经济责任审计局（直属事业单位）。

审计成果　咸宁市审计系统共完成审计项目236个，查出各类违规金额38836万元，损失浪费金额465万元，管理不规范金额286699万元，审计发现侵害人民群众利益金额7945万元，应上缴财政741万元，应归还原渠道资金7998万元，应调账处理金额6183万元。已上缴财政656万元，已归还原渠道资金5769万元，已调账处理金额4800万元。审计提出建议921条，被采用建议472条，提交审计专题、综合性报告和信息简报767篇，被批示采用472篇。

财政审计　对市财政局、地税局具体组织市级预算执行情况进行审计外，还对市财政局、地税局、公安局、住房和城建委、规划局、科技局、经委7个单位部门预算执行情况以及非税收入情况进行审计。查出违纪违规金额4892万元，分析产生问题的原因，提出改进意见，进一步促进和规范市的财政预算执行管理工作。已整改金额2122万元，整改成效明显。

专项资金审计　开展国外贷援款林业四期、卫生四期、亚行贷款、世行农村能源项目等9个项目审计，组织完成全市就业再就业培训补贴资金审计，全市新型农村合作医疗基金审计。查出专项资金在管理和使用中存在的各种违纪违规金额201万元。对存在的问题进行处理，提出加强管理和提高专项资金使用效益的审计意见和建议。

固定资产投资审计　完成政府投资建设项目审计6个，送审金额18056万元，审定金额15087万元，审减金额2969万元，审减率16.5%。

（撰稿人：石小钰）

【荆州市审计局】　2010年，荆州市审计局共有干部职工83人。局长王本波，副局长李俊平、雷扬彪、杨光忠、吴方俊，总审计师汤从华，纪检组长李翠峰。设有办公室、综合科、法规科、财政金融审计科、行政事业审计科、农业资源与环保审计科、固定资产投资审计科、社会保障审计科、计算机审计科、人事教育科（机关党委）、派驻纪检组、监察室、工会；另设有派出综合审计科、派出科教文卫科、派出农林水审计科、派出经贸审计科、派出计划城建及投资审计科，下设经济责任审计局、政府投资审计局两个直属事业单位。

审计成果　全市共审计（调查）项目388个，查出违规金额24000.7万元；应调账处理14166万元，应上缴财政9115万元。提交审计工作报告、审计信息材料559篇，被采用192篇。在去年全市“行风评议”结果排名中，全市审计机关全部进入前列，市审计局在市直75个参评单位中，获得前三名，洪湖市、荆州区两地审计局在当地均获得第一名。全年还刊发新闻、图片、信息40篇，制作《荆州市审计简报、政风行政评议专刊》8期。

年初全市审计系统获得“市级文明创建工作先进系统”荣誉称号，全市审计机关均获得“市级文明单位”；在全省审计系统先进集体和个人表彰中，洪湖市、石首市审计局获得“全省审计系统先进集体”荣誉称号；4人获“全省审计系统先进个人”荣誉称号。

财政审计　对市财政局、地税局以及市卫生、教育、国土、环保、国资委等11个部门的预算执行情况的审计（调查）结果表明：初步摸清了公用经费支出和项目支出标准，并将审计的着力点逐步转向促进公共财政体系建设，推进财政四项管理制度改革，并通过向预算编制和财政资金使用效益延伸，促进部门预算，编制方式的改进和提高财政资金使用效益。为市人大审核部门预算提供了真实可靠依据。并把审计触角向前延伸到预算编制和管理环节，针对审计中发现的编制预算不完整、部门专项资金拨付不规范等问题，提出6个方面的审计意见和建议，完善各项制度和措施21项。

社会保障审计　完成审计（调查）项目12个，审计资金总额2155万元，查处违纪违规金额13万元，管理不规范金额142万元。连续三年提出“提高职工医保待遇”的审计建议，引起市政府重视。运用AO实例的计算机审计，得到省审计厅计算机中心和中软国际公司专家的赞扬。

固定资产投资审计　完成审计（调查）项目15个。审计资金总额320046.26万元，查出管理不规范金额993万元，违纪违规金额476万元，核减国家投资项目结算和审减工程投资额共2360.94万元，上缴财政218万元，提交审计专题报告和信息9篇，被采用7篇。

行政事业审计　共完成审计项目12个，审计资金总额近20000万元，查出违纪违规金额3000万元，提出审计整改35条，审计信息5篇分别被省政府网络、省厅网站和市政府网站采用。

农业资金与环保审计　完成审计项目8个，审计资金总额23103.21万元，查出各类违纪违规和管理不规范金额11824.92万元，其中已归还原渠道资金431.98万元，上缴财政82.12万元。

经济责任审计　对134名党政领导干部和企事业单位负责人进行经济责任审计，共查出领导干部任职单位违纪违规金额25200万元，管理不规范金额15300万元；其中领导干部应负主管责任4193万元，审计后提拔使用17人，平调34人，免职14人，撤职1人。

计算机审计　为创新审计新技术，提高工作效能，先后邀请审计署专家、省审计厅开展计算机审计培训6场（次）培训人员150多人，组织开展AO应用实例成果展示和经验交流，进一步促进静态审计向动态审计、事后审计向事中审计、单一现场审计向远程联网审计的转变，其中市审计局就业专项资金计算机审计方法，在全省审计系统计算机审计方法培训中作为范例现场讲授，并被推荐参与全国优秀计算机审计方法评选。

内部审计　有内审机构70个，内部审计人员209人，审计单位（项目）347个，查处违纪违规金额720万元。提交审计意见和建议被采纳123条，共有59人参加国际内部注册审计师资格考试，合格9人。

（撰稿人：张节本）

【宜昌市审计局】　2010年，宜昌市审计局共有干部职工77人（含市经济责任审计局22人）。局长杜伟，副局长韩永清、李德信、潘兴华、司汝安（—8月），纪检组长方正国，市经济责任审计局局长宋银教。设有办公室、人事科（机关党委与其合署办公）、综合审理科、纪检监察室、审计执行督查科、财政审计科、金融外资运用审计科、行政事业审计科、社会保障审计科、经贸审计科、农业与资源环保审计科、固定资产投资审计科；宜昌市经济责任审计局（直属副县级事业单位），内设办公室、审计一科、审计二科。

审计成果　全市审计机关共完成审计项目422个，审计查出各类违规金额102398万元，管理不规范金额288148万元，应上缴财政54000万元，应减少财政拨款或补贴3163万元，应归还原渠道资金34486万元，应调账处理19688万元，审计后挽回损失5378万元。移送司法纪检、监察部门处理3件，出具审计报告和审计调查报告422篇，提出审计建议908条，撰写审计信息987篇，被采用788篇次。其中宜昌市审计局共完成审计项目77个，另承担省审计厅和市政府交办审计事项17个，审计查出违规金额21842万元，损失浪费金额856万元，管理不规范金额151039万元，审计后挽回损失1215万元。宜昌市审计局被湖北省人力资源保障厅、湖北省审计厅联合表彰为“全省审计系统先进集体”，宜昌市审计局朱心诗、秭归县审计局余小琴、长阳土家族自治县田秀玲、点军区审计局沈阳四同志表彰为“全省审计系统先进工作者”。

财政审计　全市审计机关共完成财税及部门预算审计37个，查出违规金额65861万元，管理不规范金额201406万元，处理上缴财政42253万元。其中：宜昌市审计局开展了财政同级审，市发改委、住建委、公安局、统计局、交通运输局、计生委、国资委、农业局、体育局、行政服务中心10部门预算执行审计，查出违规金额1403万元，管理不规范金额91789万元。大力推进“两个延伸”：即坚持财政预算执行审计向专项资金审计延伸；坚持部门预算执行审计向市级项目预算编制执行情况延伸。通过审计，查处了部分财政专项资金滞留在管理单位，资金使用效益不高，以及少数单位内部控制制度和财务管理存在问题和缺陷，专项资金被挤占和流失等问题。

专项资金审计（调查）　全市审计机关完成专项资金审计项目 46 个，包括土地整理和低丘岗地改造项目资金，就业职业培训补贴资金，优抚、救灾、医疗救助等民政资金，新型农村合作医疗资金、世行贷款水土保持及疾病控制项目、三峡大学世行贷款内陆教育项目资金的审计和审计调查，查出违规金额 4220 万元，管理不规范金额 10686 万元，督促归还原渠道资金 1067 万元。

在枝江、长阳优抚、救灾、医疗救助资金审计中，在审核资金的来源、拨付情况和结存规模的基础上，对两地 16 个乡镇 100 余名优抚对象进行延伸调查，查出挤占挪用、虚报冒领各类违规金额 391 万元，枝江市、长阳县政府对照审计结论，认真抓好整改落实，及时修订规章制度，保障了国家优抚政策的落实到位；在新型农村合作基金审计中，审计揭露的违规参合、定点医疗机构违规运作等问题，得到市委、政府领导的高度重视，常务副市长郑超批示督促卫生主管部门整改落实，并及时反馈整改情况。

政府债务审计　完成对武汉市、鄂州市扩大内需资金和政府债务审计，审计核实武汉市所属硚口、江汉、东西湖、武昌、黄陂、蔡甸 6 区截至 2009 年度政府性债务余额 124 亿元，查出东西湖区东吴大道治理工程等 17 个建设项目存在贷款资金滞留未使用、虚列项目成本、改变债务资金用途等问题，涉及违规金额 27 亿元。审计情况得到省审计厅领导的充分肯定，服务了各级党委、政府宏观决策，促进提高中央扩大内需资金的使用效率和效益。

固定资产投资审计　全市审计机关共完成固定资产投资审计项目 187 个，查出违规金额 5898 万元，审减工程投资 3398 万元，审计后挽回损失 5320 万元。其中：市局完成 18 个竣工决算审计、3 个标底审计、4 个决算审计核查及 2 个投资预算执行审计项目，合计 27 个重点建设项目的审计，查出各类违纪违规金额 12127.46 万元，审减工程投资 5848.63 万元。为进一步加强和规范政府投资审计工作，宜昌市审计局制订下发《2010 年政府投资建设项目审计工作方案》和《政府投资项目委托中介机构审计管理办法》，为提升投资审计质量提供有力的制度保障。

经济责任审计　全市审计机关完成经济责任审计项目 90 个，查出各类违规金额 23577 万元，管理不规范金额 13976 万元。其中：市局完成 14 个，查出各类违规金额 18325 万元，管理不规范金额 9882 万元，移送纪检监察机关事项 1 起。为进一步加强经济责任审计规范化建设，提高领导干部经济责任评价的科学性、规范性，宜昌市审计局结合湖北省审计厅出台的《经济责任审计项目实施暂行办法》，制订了《2010 年经济责任审计工作方案》，对领导干部任期经济责任审计的范围、内容、责任界定以及审计文书进行统一规范。

信息化建设　审计网络建设进一步完善，完成审计专网平移至电子政务网工作。通过利用电子政务平台这一资源，全市审计机关每年可节约审计专网租赁费用近 10 万元；完成审计会商系统的建设任务，组织召开全国审计系统审计准则视频培训会议；指导伍家岗区审计局成功部署财政联网审计系统，计算机审计成果得到进一步开发利用。　（撰稿人：陈　谦）

【随州市审计局】　2010 年，随州市审计局共有干部职工 33 人。局长夏洪国，副局长廖朝宏、敖殷、梁随朝、金玉莲，纪检组长刘昌发。设有办公室、综合科、法规科、政工人事科、行政事业审计科、经贸审计科、投资审计科、金融外资审计科、财政审计科、农业资源和环保审计科、社保审计科、经济责任审计局、投资审计中心。

审计成果　全市机关共审计和审计调查单位 290 个，查出各类违规和管理不规范金额 62754 万元；通过处理处罚和督促整改，为国家增收节支 10525 万元，其中上缴财政 1007 万元，归还原渠道资金 1282 万元，核减投资（结算）额 5769 万元，审计挽回（避免）损失 2467 万元。提交审计专题报告和信息调研材料 379 篇，被党政领导和上级部门批示采用 273 篇；审计提出建议 222 条，被审计单位采纳建议 163 条，制定整改措施 62 项，建立健全规章制度 42 项。向司法机关和纪检监察机关移送的案件线索得到了立案查处，追究刑事责任1人，给予党政纪处分5人，组织处理1人。

财政审计　组织对财税部门2009年度市级预算执行情况进行审计，同时对市直17个部门和单位财政财务收支进行审计，并延伸审计37个所属二、三级单位，涉及资金12.95亿元。通过审计，揭示有关部门和单位在预算执行及财政财务收支中存在的违规和管理不规范的问题，提出建设性意见。审计报告在审计范围、内容和审计方式上有新的拓展和创新，报告的形式和质量较往年有较大的改进和提升，充分体现了审计工作保障全市经济社会健康运行"免疫系统"功能。

行政事业审计　对市本级及所属县（市、区）2008～2009年度扩大内需中央新增投资资金和项目管理情况进行审计调查，并重点抽查廉租房建设，农村安全饮水等24个项目。

金融审计　完成省审计厅统一组织的对随州市、曾都区、广水市2009年度世界银行贷款和英国赠款结核病控制项目（卫Ⅹ项目）执行情况和财务收支的审计；协助配合省审计厅统一组织派出黄冈市审计组，完成对随州市曾都区、广水市世界银行日元贷款造林项目执行情况和2008度财务收支审计。

固定资产投资审计　先后组织对随州绕城公路、明珠路保障性住房工程、市民中心、随州经济开发区平台建设工程、随州新火车站配套工程、市中医院新住院大楼、白云大道改造工程等29个投资项目进行审计，审计投资总额79471万元，审计认定工程造价74482万元，审计核减工程造价4989万元，审减率为6.3%，为市政府节省了大量的工程建设资金。对审计发现的工程建设和管理中存在的少数项目超概算预算、规避招投标、随意更改工程合同、有的项目使用不合规票据支付工程款，以及工程项目监理不到位、多计多付工程款项等问题，审计机关及时提出整改意见。

专项资金审计　组织对全市就业再就业培训补贴资金、全市新型农村合作医疗基金、全市中小学校舍安全工程资金、随州城区住房维修基金、优抚和城乡医疗求助资金、广水市土地开发整理和低丘岗地改造项目实施及资金管理使用情况6个项目的审计和审计调查。审计揭露了在民生资金和民生工程项目中存在的各类违规及管理不规范问题，涉及资金1421.91万元。市审计局分别向有关部门和单位提出整改意见和建议。

经济责任审计　全市审计机关对58个单位主要领导干部履行经济责任情况进行离任和任中审计，作出客观评价，提出审计建议，为党委和干部监督管理部门考察管理干部提供依据。联合市纪委（监察局）、市委组织部、市国有资产监督管理委员会、市财政局、市人力资源和社会保障局六个部门制定《随州市领导干部离任经济事项交接管理办法》，进一步完善领导干部经济责任审计制度。

（撰稿人：邹　纯）

【仙桃市审计局】　2010年，仙桃市审计局共有干部职工32人。局长肖俊，副局长彭国黎、张文杰、杨新华、杨成红，纪检组长邓飞。设有办公室、财政金融外资审计科、行政事业审计科、经贸和社会保障审计科、农业与资源环保审计科、经济责任审计科、固定资产投资审计科、综合法规科。另设有经济责任审计局（直属事业单位）。

审计成果　全年完成审计项目46个，查出违规金额50706万元，其中应上缴财政315万元，应归还原渠道资金218万元，应调账处理金额2841万元；已上缴财政315万元，已归还原渠道资金218万元，已调账处理金额2841万元。提出审计建议116条，被采纳审计建议104条，促进各单位补充、修订和完善相关规章制度和办法26条。提交审计工作报告、信息94篇，被采用48篇。

财政审计　围绕提高政府全部财政性资金管理水平和使用绩效，着力关注国家重大宏观经济政策贯彻执行情况，关注本级财政支出的结构和方向，并加强对政府负债、部门预算、各类财政政策性资金的审计力度。预算执行审计，指出财政部门多列预算支出、收入未上缴国库、欠拨各项资金、违规改变资金用途、项目资金大量沉淀、往来资金回收乏力。提出了审计建议，市人大予以高度评价。

行政事业审计　对医疗卫生、公检法等群众关注的行业开展审计。查处医院违规加价销售药品、执法部门违规收费等侵害人民群众利益问题金额1233.25万元，指出并纠正资金管理使用中存在的被截留、挤占及效益不佳等问题，促进政府的各项惠民政策落到实处。

固定资产投资审计　围绕促进加强政府投资管理，完成省审计厅交办的荆门市掇刀区团林铺镇基本农田土地整理项目、市胡场镇等9个镇移民安置土地整理项目、市泽口灌区续建配套与节水改造工程、郑场一中新建学生公寓、陈场镇养老服务中心工程、沙湖镇中心卫生院改扩建工程6个政府投资项目审计，审计投资金额4961.74万元，审减投资金额744万元，较好地维护工程质量安全、资金安全和廉政安全。

社会保障审计　组织对市2010年洪水灾害救灾资金和物资进行审计，查出挤占挪用滞留救灾救济资金、超范围发放救灾救济资金补助款等问题。

经济责任审计　对10名地方和市直部门主要党政领导干部进行经济责任审计，查出违规收费、违规发放各种奖金补助、挪用专项资金、违规支出等违纪违规金额9830.69万元，对存在的问题和管理薄弱环节提出整改意见和建议28条，追回被挤占挪用资金1416.73万元。

专项资金审计（调查）　组织对土地整理专项资金、新型农村合作医疗基金、就业再就业培训补贴资金、农业机械购置补贴资金等群众关注的专项资金开展审计，查处截留挪用专项资金、虚报冒领套取现金、政策执行不到位等违纪违规金额2739.82万元，进一步规范资金管理行为，促进资金使用效益不断提高。

内部审计　共有内部审计机构17个，其中专职机构10个，兼职机构7个，内部审计人员24人。共查出损失浪费金额620万元，纠正违规金额392万元，促进增收节支230万元。

（撰稿人：昌　盛）

【天门市审计局】　2010年，天门市审计局共有在职干部职工29人。局长甘孝荣，副局长张昌宏、潘承勇、郑国宏，总审计师方福祥，纪检组长郭坤，经济责任审计局局长金红波。设有办公室、财政金融外资审计科、农业审计科、经贸企业审计科、行政事业审计科、固定资产投资审计科、法规科、社会保障审计科，另设经济责任审计局。

审计成果　全市审计机关完成审计项目28个，查出各类违规金额15480万元，其中应上缴财政103万元，应减少财政拨款或补贴2530万元，应归还原渠道资金292万元，应调账处理金额3632万元，应自行纠正金额6549万元；已上缴财政103万元，已归还原渠道资金292万元，已调账处理金额3632万元，已自行纠正金额6549万元。提交审计工作报告、信息75篇，被批示和采用47篇。

财政金融外资审计　完成审计项目2个，查出违纪违规金额3331万元，其中未按规定征收、缴纳预算收入2254万元，财政支出核算不实1077万元。

行政事业审计　完成审计项目4个，查出违纪违规金额1712万元，其中违规收费313万元，未缴财政专户478万元，违规支出523万元。

经贸企业审计　完成审计项目2个，查出违纪违规金额2638万元，其中挤占挪用财政性资金986万元，违规支出241万元。

固定资产投资审计　完成6个政府投资建设项目，审计工程价款总额1.43亿元，审减工程款1246.52万元。

专项资金审计　完成审计项目5个，查出违规改变项目计划和资金用途金额2537万元，应缴未缴专项资金230万元。

经济责任审计　对9名党政领导干部实施经济责任审计，查出违规金额585万元，管理不规范金额989万元。

（撰稿人：李　勇）

【潜江市审计局】　2010年，潜江市审计局共有干部职工53人。局长黄振林，副局长周进、李先祥，总审计师张玲，纪检组长张绪新。设有办公室、综合科、人教科、财政金融审计科、经济责任审计分局（行政事业审计科）、审计一分局（社会保障审计科）、审计二分局（农业与资源环保审计科）、审计三分局（经贸审计科）、投资审计分局（固定资产投资审计科）。

审计成果　全市审计机关完成审计项目83个，查出违规金额46914万元，其中违规金额4072万元，管理不规范金额42842万元。移送司法机关、纪检监察部门处理事项3件。提交审计工作报告、信息160篇，被采用44篇。

财政审计　开展12个部门的预算执行审计。共查出预算编制和执行、专项资金管理和使用、收费、转移支出和收入管理不规范4个方面问题64个。在市交通局预算执行审计中发现1起违法案件线索，移送司法机关、纪检监察部门后，市法院以贪污罪、挪用公款罪对2人判刑。

金融审计　开展金融政策措施落实情况专项审计调查，审计发现：促进县域经济发展的金融政策措施落实不到位，特别是金融服务县域中小企业和“三农”等方面存在的突出问题和原因，审计提出了进一步贯彻落实扶持县域经济金融政策措施，构建合理的农村金融服务体系，促进县域经济发展的审计建议。

固定资产投资审计　全年审计工程决算项目204个，送审造价总额25954万元，审减工程造价3847万元，审减率为14.8%；预算审核项目53个，预算金额4459万元，审减预算造价598万元，预算审减率达13.42%。以上两项共为国家节约造价资金4446万元；标底编制及审核项目7个，共计11556万元。进行征地面积核实，农作物核量，隐蔽工程测量等事前事中工作，并出具审计报告22份次，为政府拨付资金提供真实依据；进行跟踪审计，并从法规、制度、管理、经济效益、监督、人员素质等方面向政府或其主管部门提出了相关建议约10条。通过审计，严肃查处了高估冒算，虚报工程量、损失浪费等问题，节约了城市建设资金。完成15个移民安置点土方回填审计工作，审计发现个别移民点项目建设单位违规向施工单位收取各项费用、挪用项目资金、滞留移民补偿资金等问题。

企业审计　完成潜盛国有资产经营有限公司、汇桥投资担保有限公司、市城市建设投资开发有限公司、投资公司等单位的财务收支审计。促进被审计单位的财务管理，增强被审计单位民主理财意识。

外资运用审计　对利用世行贷款结核病控制项目和林业持续发展项目财务收支情况进行审计。以促进项目单位合理、有效地利用国际金融组织贷款和国内配套资金为目标，对项目单位执行国家法规和贷款协定的事项，如实揭露和处理项目执行中存在的有关问题。重点对项目实施过程中的提款报账环节、报账回补资金收拨和使用环节、配套资金筹集与到位环节等方面进行严格审查，并对审计发现的内部控制缺陷进行揭露，提出改进建议。

经济责任审计　全年完成经济责任审计项目36个，其中管理区6个、市直部门15个、事业单位15个。在全面审计的基础上，突出“八查八看”，探索出“五个结合”，使审计结果成为考察使用干部的重要依据。

专项资金审计（调查）　组织开展了政府债务、政府债券、扩大内需资金及完工项目审计调查，就业职业培训补贴资金审计，汶川地震灾后重建跟踪审计，新型农村合作医疗基金审计，汉江流域水污染防治资金审计，优抚救灾城市和农村医疗救助民政资金审计，团风县土地整理和低丘岗地改造审计。通过审计和审计调查，基本摸清了上述资金归集、管理和使用情况以及实施管理的真实、合法、效益性，提出了审计意见和建议，促进被审计单位进一步完善制度，规范管理。

内部审计　组织12人次参加后续教育培训；组织8人报考国际注册内部审计师（CIA）。

（撰稿人：汪海滨）

【神农架林区审计局】　2010年，神农架林区审计局共有干部职工22人。局长张福旺，副局长刘忠君、许贵国。设有办公室（法制审理科）、财政、金融审计科、经贸审计科、行政事业、社会保障、外资运用审计科、农业与资源环保审计科、固定资产投资审计科。下设四个直属事业单位，林区经济责任审计局、林区政府投资项目审计局、林区政府投资项目拦标价审计局和林区直属审计分局。

审计成果　林区审计局共完成审计项目87个，查出违规资金和管理不规范金额27070万元，审减政府投资额1308万元，查出“小金库”6个，提出审计建议210多条。提交审计工作报告、信息、审计情况专报及调研文章157篇，其中领导批示和各级媒体采用74篇。

财政审计　组织开展林区2009年财政预算执行及其他财政财务收支审计，林区地税局2009年度税收政策执行审计以及广电局、群艺馆等九个区直部门财务收支审计，木鱼镇、九湖乡两个乡镇财政决算审计。通过审计，查出各类违纪违规及管理不规范金额12444万元。

固定资产投资审计　组织实施神农酒店治理护坡工程和四号楼烧烤房工程、阳日至大坪通村公路工程等23个项目的工程决算审计；滨河新区、过境公路绿化、木鱼镇猴子包至九冲等四条公路招标控制价等9个工程项目的拦标价审计，审减工程造价1308万元，为政府节约了大量建设资金。此外，积极开展跟踪审计，开展了阳杜公路、武神公路、过境公路和滨河新区建设工程四个跟踪审计项目，提出整改意见20多条。查出各类违纪违规和管理不规范金额3580万元。

经济责任审计　组织实施林区红坪镇、房管局等30个单位主要领导离任经济责任审计。查出违纪违规和管理不规范金额3450万元。

专项资金审计（调查）　开展就业培训补贴、优抚和城乡医疗救助资金、新型农村合作医疗基金等10个专项资金审计和审计调查。查出违纪违规金额7596万元。　（撰稿人：王玉兰）

【恩施州土家族苗族自治州审计局】　2010年，恩施州土家族苗族自治州审计局共有干部职工44人。局长张安俊、副局长周立春、李东平、杨清利、徐青安，纪检组长何家祥。设有办公室、综合与法规科、行政事业与社会保障审计科、农业与资源环保审计科、经贸审计科、财政金融审计科、固定资产投资与外资审计科、国家建设项目审计科、信息科、社保审计科，另设有经济责任审计局。

审计成果　完成本级审计项目35个，其中审计调查项目10个，查出违规金额6928万元，管理不规范金额23.26亿元，审计发现侵害人民群众利益金额667万元，应归还原渠道资金3.18亿元，应调账处理金额1.79亿元；审计挽回损失686万元，为财政增收节支2.72亿元，已归还原渠道资金2.71亿元，已调账处理金额2660万元。审计提出建议425条，被采纳315条。提交审计专题、综合性报告和信息简报1164篇，被批示采用986篇次。移送纪检监察、司法部门处理3件3人，涉案金额26万元。

财政联网审计　为深入贯彻落实全省审计工作会议提出的“全面推广财政联网审计，构建动态审计监测系统”会议精神，有效统筹恩施审计工作科学发展，切实发挥审计“免疫系统”功能，积极构建财政审计大格局，开展州县两级联动部署财政联网审计。截至2010年9月，全州9家审计机关均顺利与财政实现联网，州审计局已通过财政联网系统对本级预算执行情况进行审计。

固定资产投资审计　向全省公开招聘，聘用6名社会专业人才到州审计局专职工作，共完成各类固定资产投资项目审计706个，审计项目投资额13.43亿元，核减投资额21811万元，审计后挽回损失21811万元。

经济责任审计　对14名领导干部进行经济责任审计，查出各类违规金额5814万元，管理不规范金额71584万元，其中领导干部负主管责任金额76364万元，负直接责任金额1034万元。

专项资金审计　重点对新农合、土地整理项目、扶贫资金、就业再就业培训补贴资金等多项民生资金进行审计和审计调查，审计专项资金总额317787万元，促进资金及时拨付到位8535万元。

内部审计　内审机构11个，内审人员36人，完成项目143个，查出损失浪费790万元，增加效益191万元。提出建议意见94条被采纳。

（撰稿人：邓梅娇）

2010 年湖北省所辖区、县（市）级审计工作统计表

金额单位：万元

审计机关	完成审计项目（个）	查出违规金额	应上缴财政	应减少财政拨款或补贴	应归还原渠道资金	应调账处理金额	移送司法、纪检监察部门处理（件）	建议有关部门处理（件）	出具审计报告和审计调查报告（篇）	提出审计建议（条）	撰写审计信息（篇）
武汉市											
武汉市本级	76	125861	66000		589	29438		10	76	156	352
江岸区审计局	37	1151				544	1		37	107	95
江汉区审计局	31	7156	380		38	671			31	94	43
硚口区审计局	31	933	4			17			32	81	33
汉阳区审计局	55					37405			55	125	63
武昌区审计局	28	111							28	56	93
青山区审计局	21	1911				403			21	35	43
洪山区审计局	26	1			1		2		26	50	51
东西湖区审计局	21	44563	1923			357		1	21	77	33
汉南区审计局	21				4515	502			21	58	79
蔡甸区审计局	23				64		1		79	75	131
江夏区审计局	25	1877	2						25	74	51
黄陂区审计局	23	5217							23	57	72
新洲区审计局	58	4517	362		163	156.6			38	81	34
十堰市											
十堰市市本级	88	10522	202			2127	2		48	98	165
茅箭区审计局	28	1046.98	178.4		980.7	65.8			28	48	31
张湾区审计局	32	385.01	195.56		32.15	157.3			45	55	15
丹江口市审计局	25	9387	69	774	1326	2334			84	81	102
郧县审计局	87	6050	62	3123	879	2047	1	1	87	126	128
竹山县审计局	58	6285	27.92		615	3258			58	107	145
房县审计局	51	4526	114	980	967.7	6234			56	120	108
郧西县审计局	64	6905	173	2724	332	2685	2		81	178	110
竹溪县审计局	41	516	29		149	505			41	125	1798
武当山特区审计局	11	602	86			516			7	18	
襄阳市											
襄阳市本级	80	77804	46472		2588	27916			80	144	485
襄城区审计局	30	4826	8		1594				30	107	41
樊城区审计局	7								7	14	7

（续 表）

审计机关	完成审计项目（个）	查出违规金额	应上缴财政	应减少财政拨款或补贴	应归还原渠道资金	应调账处理金额	移送司法、纪检监察部门处理（件）	建议有关部门处理（件）	出具审计报告和审计调查报告（篇）	提出审计建议（条）	撰写审计信息（篇）
襄州区审计局	47	9439	76	129	1317	446			47	149	140
老河口市审计局	18	9396	58		4740	1546			18	50	319
枣阳市审计局	10	24	32		92	1833			10	39	226
宜城市审计局	38	10414	78		474	549			38	78	167
南漳县审计局	42	7649	90		798	30			42	83	51
谷城县审计局	21	877	30		612	265			21	35	107
保康县审计局	27	2390	80	155	824	4676		1	26	68	279
荆门市											
荆门市本级	76	4900	199		1007	205	1	1	78	177	913
东宝区审计局	63	688	11		8	148			63	112	119
掇刀区审计局	56	728	19		120				70	62	50
钟祥市审计局	65	9813	360		2873	1227	2		65	144	213
沙洋县审计局	101	9155	32		22	20	1		101	83	120
京山县审计局	64	4793	38				1		64	148	210
孝感市											
孝感市本级	126	37890	37		44919	4815			126	247	169
孝南区审计局	194	9420	103		3877	541			194	334	238
应城市审计局	50	2731	96		950	9117			50	181	78
安陆市审计局	50	3717	43		288	240			50	82	135
汉川市审计局	34	818	510		134	20909			34	108	231
孝昌县审计局	64	3956	90		420	487	1	1	64	173	32
大悟县审计局	71	1458	43		5	12			71	194	120
云梦县审计局	57	17767	32		12110	179335			57	107	62
黄冈市											
黄冈市本级	48	8123	110		214	258	3		48	146	154
黄州区审计局	22	12800	503	1980	1171	1197	1	2	105	80	370
麻城市审计局	38	9511	220	80	180	1900			49	114	178
武穴市审计局	51	25495	194		223	600	2	3	51	88	110
红安县审计局	47	7029	157	236	339	1309	3	2	47	125	165
罗田县审计局	70	39672	72		1562	1218			68	40	138
英山县审计局	38	7132	447		1066				38	35	123
浠水县审计局	142	4121	108			1243			142	101	477
蕲春县审计局	64	17000	320	916	862	661	3	3	64	176	456

（续表）

审计机关	完成审计项目（个）	查出违规金额	应上缴财政	应减少财政拨款或补贴	应归还原渠道资金	应调账处理金额	移送司法、纪检监察部门处理（件）	建议有关部门处理（件）	出具审计报告和审计调查报告（篇）	提出审计建议（条）	撰写审计信息（篇）
黄梅县审计局	46	75416	150		28	206	2	2	21	86	377
团风县审计局	28	5240	112	572	217	2574	2	2	139	246	323
鄂州市											
鄂州市本级	221	19274	1095	1083	10683	13815			221	393	385
鄂城区审计局	7	79	14			920			7	21	25
梁子湖区审计局	10	116	11	8	17	32			10	8	26
华容区审计局	3	71							3	22	23
黄石市											
黄石市本级	81	60365	85	228	10146	1225	1869	2		439	268
下陆区审计局	20	6669	1	587	341	5056	1224			33	24
黄石港区审计局	22	7429	7.2		552	813	210			65	17
西塞山区审计局	14	1696	8		18	1200	326			33	12
铁山区审计局	11	5440	3	2113	307	2552	468			25	18
大冶市审计局	70	40613	58	128	520	1227	356	2		165	65
阳新县审计局	34	8465	208	174	470	832	530		1	96	64
咸宁市											
咸宁市本级	21	3780	108		1139	1569			14	59	57
咸安区审计局	39	9816	107		1901	2483			39	264	51
赤壁市审计局	52	3731	74		9	475			52	217	260
嘉鱼县审计局	12	1188	51		2700				12	39	19
通城县审计局	46	5866	102		1090	167			46	104	119
崇阳县审计局	20	1745	36						20	63	101
通山县审计局	46	12710	263		1159	1489			46	175	160
荆州市											
荆州市本级	48	15275	91155		5218	1416604			49	160	192
沙市区审计局	15	136	5		1366	2963			15	40	74
荆州区审计局	43	9517	51		598	20105			46	82	125
石首市审计局	35	14983	89						35	97	354
洪湖市审计局	33	10788	204	271	3201	70			33	74	106
松滋市审计局	72	3277	93		438	2359			72	195	199
江陵县审计局	24	15227	130		1369	5519			25	93	11
公安县审计局	69	2997	129			2873			71	63	150
监利县审计局	51	24395	141	146	601	775			51	154	254

（续 表）

审计机关	完成审计项目（个）	查出违规金额	应上缴财政	应减少财政拨款或补贴	应归还原渠道资金	应调账处理金额	移送司法、纪检监察部门处理（件）	建议有关部门处理（件）	出具审计报告和审计调查报告（篇）	提出审计建议（条）	撰写审计信息（篇）
宜昌市											
宜昌市本级	74	151039	10906		907	19688	2		74	201	73
西陵区审计局	9	6772							9	21	6
伍家岗区审计局	4	618	11			561			4	7	4
点军区审计局	24	6059	3		3937	465	1		24	45	66
猇亭区审计局	25	369							25	48	31
夷陵区审计局	81	44778	32036	2728	1200	626			81	108	81
枝江市审计局	10		9249		19313	1316			10	25	10
宜都市审计局	34	27780	132	399	675	23534			34	94	71
当阳市审计局	39	6749	100		209	906			39	76	89
远安县审计局	18	1375			931	444			18	53	18
兴山县审计局	24	33490	284		3788	4324			24	53	23
秭归县审计局	35	548	70		605				35	58	433
长阳土家族自治县审计局	35	4630	1031	36	65	437			35	92	30
五峰土家族自治县审计局	10	3941	178		2856	525			10	27	52
随州市											
随州市本级	54	44982	512		431				154	151	262
曾都区审计局	41	5800	110		236				45	25	33
广水市审计局	147	6801	385		250				180	34	72
随县审计局	48	5171			365					12	12
恩施土家族苗族自治州											
恩施土家族苗族自治州本级	35	6928	891		31840	17856			35	58	205
恩施市审计局	17	538	14541		240	22195	3		17	61	252
利川市审计局	17	7919	357		5582	14369			17	29	17
建始县审计局	20	762	321		299	209			20	51	66
巴东县审计局	32	141	5		364	5			32	50	292
宣恩县审计局	15	14642	7556		1072	3012			15	41	45
咸丰县审计局	18	2124	2124			20854			18	63	41
来凤县审计局	22	327	0.3	106	327	43788			22	31	24
鹤峰县审计局	150	879	9		14	964			150	41	222

湖南省

【湖南省审计厅】　2010年，湖南省审计厅人员编制287人，在编249人。设有办公室、法规处、审理处、财政审计一处、财政审计二处、社会保障审计处、金融审计处、行政事业审计一处、行政事业审计二处、行政事业审计三处、经贸审计一处、经贸审计二处、经贸审计三处、资源环保审计处、农业审计处、固定资产投资审计一处、固定资产投资审计二处、外资运用审计处、经济责任审计一处、经济责任审计二处、经济责任审计三处、综合计划处、审计执行处、审计技术处、人事处、机关党委（工会）、纪检（监察）室、离退休人员管理处；同时还有设厅机关后勤服务中心、内部审计指导中心、国外贷援款项目审计服务中心、科研培训所等直属事业单位。

领导成员

厅　　长：唐会忠

副 厅 长：罗良葆　胡吉祥（—7月）

刘崇斌　王建军　张晓菊

总审计师：陈庆林

纪检组长：王小华

审计成果　全年共审计和调查7483个单位，查出违规金额129.6亿元，损失浪费金额28亿元，通过审计，为国家增收节支35亿元。移送案件线索和事项52件，涉及人员671人。提交的审计综合报告和要情被批示、采用1876篇次，促进建立健全规章制度382项。同时，坚持以提升审计人员依法审计的能力和素质为核心，积极推进各项基础建设，取得明显成效。

扩大内需项目和资金审计　全省审计机关以促进扩大内需政策的贯彻落实为重点，在了解全省总体情况的基础上，抽查了衡阳、郴州、娄底、邵阳、湘潭、怀化6市128个扩大内需项目，重点关注资金安排、项目实施及投资效益情况。审计发现一些项目立项欠科学、配套资金不到位，重复申报项目、滞留中央资金等问题。针对项目计划管理、资金管理和建设管理中存在的主要问题，向省政府提出相应的建议。省主要领导在审计调查报告上作出批示，要求相关部门认真抓好问题的整改落实，切实加强项目和资金监管。

财政审计　在预算执行和决算审计中，围绕维护财政安全、防范财政风险，推动财税改革，重点关注财政资金的分配、拨付、管理及使用情况，提出进一步加强财政收入征管、优化财政支出结构、完善公共财政体系建设等建议，有效促进了积极财政政策的贯彻实施。全省共审计（调查）部门单位504个，查出违规金额49.8亿元，各级审计机关“两个报告”都得到当地政府的肯定和人大好评。省本级的审计工作报告和整改结果报告通过《湖南日报》、红网等省内媒体全文公开，并被人民网、新华网等多家媒体转载，切实增强了财政预算及其执行情况的透明度，提高资金使用效益和资源节约，进一步推动法治政府、责任政府和效能政府建设。

经济责任审计　全省对1735名党政领导干部和企业负责人进行经济责任审计，查出违规金额20亿元（移送司法、纪检监察机关处理5人），其中领导干部负直接责任的问题金额1.3亿元。审计中进一步突出审计重点，做到“五个必审”，即任期内的财政负债和税收情况必审、园区建设和招商引资必审、土地资源管理和资源性国有资产经营处置必审、民生资金和环保资金的使用必审、重点基建项目和重大政府采购项目必审。同时，积极推行市县党政领导干部同步审计，明确了责任划分。针对领导干部在履行经济责任中存在的突出问题，审计机关提出相应的建议，为加强干部管理监督提供重要参考，有力地促进领导干部守法守纪，守规尽责。

固定资产投资审计　全年对重点工程建设项目、四川理县灾后恢复重建项目、全省在建高速公路等2639个政府投资项目进行审计和审计调查。通过审计，核减投资36.8亿元。全省29条在建高速公路跟踪审计，提出的800多条审计建议被采纳后，促进节约建设成本13.4亿元。全省重点工程领域专项治理，共对943个项目进行全面排查，促进有关部门建立健全制度59项，有效促进了项目顺利建成并发挥效益，该项工作的开展情况还在省里相关会议上作了经验介绍和交流。

专项资金审计　全省审计机关牢固树立民本审计观，进一步加大对三农、教育、卫生、社会保障等重点民生项目和资金的审计监督，共对

454亿元专项资金进行审计，促进拨付和归还资金5亿元，为保障和改善民生、维护社会和谐稳定发挥了重要作用。省审厅重点组织实施就业专项资金、退耕还林资金、洞庭湖二期治理专项资金、中小学校舍安全工程建设资金的专项审计和审计调查，着力关注各项资金管理、使用情况和有关政策措施落实情况，促进发挥资金效益，使各项惠民政策落到实处。特别是退耕还林专项资金审计，既促使有关部门及时出台关于加强退耕还林专项资金管理的文件，确保各项资金及时足额兑付、发放到退耕农户的手中，提高了农户退耕还林的积极性，还针对退耕还林地区后期产业结构调整提出合理建议，得到当地党委政府的高度重视和采纳，巩固了退耕还林的成果；就业专项资金审计，重点关注就业政策执行、专项资金管理使用以及就业培训等方面存在的一些问题，提出进一步完善就业培训政策、整合培训资源、加大地方财力投入、抓好就业专项资金监管、构建全省就业资金管理信息网络等审计建议；中小学校舍安全工程专项审计，摸清工程项目进展、资金使用、资金配套、建设管理等方面的情况，专题报告引起相关部门的高度重视，已采取有效措施，切实加强校舍安全工程管理；洞庭湖二期治理专项资金审计，提出进一步理顺工作机制，加大工程资金和项目监管力度等建议。

金融和企业审计　全省共对168家金融机构和国有企业进行审计，查出资产不实9.9亿元，损益不实9.3亿元，因决策失误造成损失15.3亿元，挽回或避免损失5.2亿元。在对8个行业管理办公室的审计中，关注了企业改革中存在的不稳定因素或隐患，提出了分工负责、加快推进企业改革改制、分类处置、理顺管理关系等审计建议。多名省领导作出重要批示，省政府专门召开审计整改工作会议，召集省国资委、省人力与社会资源保障厅等8家单位共同研究解决办法。

基础建设　(1) 加强工作指导与协调。省审计厅就经济责任审计、审计项目质量、审计统计、队伍专业化建设等工作，出台20多个指导性意见和办法，进一步加强业务工作指导、领导班子成员协管和队伍专业化建设；组织开展全省审计项目质量检查，强化了审计准则、计算机审计、工程造价审计等方面的培训；加大对下级审计机关领导干部的协管力度；以"我为文明创建添光彩"为主题，开展了创先争优活动，加强了对机关文明创建工作的统筹规划、协调指导和督促检查，全省已有94个审计机关获各级文明单位称号。(2) 完善业务管理机制。全省各级审计机关逐步推行业务管理改革，根据各地实际情况，分别实行了审计权能"四分离"、"三分离"的管理模式，并不断规范审计业务流程，完善质量控制体系，提高了工作执行力，为高质量地完成各项工作任务提供有力保障。省审计厅修订完善32项审计权力运行制度，进一步明确审计业务流程和工作规程，细化相关操作程序，做到办事有依据、按程序、可检查、有奖惩。(3) 深化审计理论与方法研究。加强了"国家审计应对金融危机、地方政府债务管理、绩效审计、市县长经济责任审计"等重要课题的研究，以理论创新指导和推动审计实践；全省评选上报审计署AO应用实例51篇、计算机审计方法42篇，研发了"项目收支汇总系统"、"信贷审计程序"等多个应用程序和模块，与国防科大合作研发的"审计统计辅助系统"软件经测试验收，已在两个市（州）审计局和两个县审计局进行试用，为审计计划的制订、审计执行情况的跟踪以及审计统计自动化打造更为高效的平台。(4) 狠抓队伍廉政建设。全省深入开展"廉政风险防控工作"调研活动，着力查找审计廉政风险点，探索风险防控措施。省厅和大部分市局继续推行行政成本控制，实行外勤经费自理，割断与被审计单位一切经济联系，真正做到从源头上推动廉洁从审。这一经验在全国反腐倡廉制度建设经验交流会和全省规范权力运行制度建设现场会上作了交流，省审计厅已连续4年获全省反腐倡廉建设先进单位称号。（撰稿人：赵子威）

【长沙市审计局】　2010年，长沙市审计局人员编制105人，在编102人。局长刘景旺，副局长段安娜、刘金文、邓国浩、黄永健、彭保刚，总审计师关士麟，纪检组长赵志强。设有办公室、法制处、财政审计处、金融与社会保障处、行政事业审计处、农业与资源环保审计处、经贸审计处、外资运用审计处、人事教育处、计算机审计管理处、机关党委、内部审计指导处、经济责任审计局。直属局机构：政府投资审计专业局，长沙市监察局派驻市审计局监察室。

审计成果　全市完成审计项目 2084 个（含政府投资审计项目），查出违规问题金额 11.7 亿元，管理不规范金额 411.5 亿元，上缴财政 1.32 万元，核减政府投资 27 亿元。移送司法机关、纪检监察部门案件线索和事项 13 件，涉及 22 人。获得 2010 年长沙市委、市政府绩效考核一等班子和“反腐倡廉建设先进单位”等荣誉。

预算执行审计　对 156 家行政事业单位 2009 年度个人所得税申报、征管情况进行审计，并对 2009 年全市地税系统入库税收结构进行分析，审计结果得到长沙市委、市政府高度重视；对五家市直单位同时开展经济责任审计和预算执行审计。加强与纪检监察、组织人事等部门在案件线索移送、处理结果通报和信息资源共享等方面的沟通协调。积极参与“小金库”清理和工程建设领域突出问题专项治理，形成了审计合力。

政府性债务审计　率先在全省开展地方政府性债务审计，及时反映债务管理中存在的问题，市人大给予高度评价，市政府出台《关于进一步加强市本级政府性项目融资管理的意见》，健全和完善政府性债务前期审批归口管理、资金收支“双控”管理、债务风险预警管理等五项措施，推动了政府性债务管理规范化。

固定资产投资审计　完成投资审计项目 1763 个，被审计单位报审金额 181.8 亿元，终审审定金额 154.8 亿元，审减工程造价 27 亿元，对 63 个重点工程项目实施了全过程跟踪审计，特别是长沙市地铁 1 号线招标控制价审计，取得核减 8.2 亿元的审计成果。

经济责任审计　共审计经济责任单位 109 个，审计经济责任人 163 人，查出违规金额 1.4 亿元，管理不规范金额 29.5 亿元，移交纪检、监察部门 4 人，为正确评价领导干部经济责任和领导干部的考核任用提供了依据。　（撰稿人：何铁军）

【张家界市审计局】　2010 年，张家界市审计局人员编制 32 人，在编 30 人。局长吕毅，副局长曾维生、副局长（调研员）李文化、汤敬丁，总审计师高智，副局长（兼）纪检组长彭瑛。设有办公室、法制科、综合计划科、财政审计科、行政单位审计科、事业单位审计科、企业外资审计科、建设资金审计科、经济责任审计处、建设项目审计中心。

审计成果　张家界市审计系统共完成审计项目 186 个，查出违纪违规及管理不规范金额 141755 万元，审计质量大幅提高。

财政审计　在开展市本级预算执行情况审计的同时，还对土地出让收入和教育基金募集使用管理情况进行跟踪审计。永定区建立“审计谈话”制度，区长责成被审计单位的一把手就审计查出的问题进行研究、逐项整改并坚决落实审计决定。

行政事业审计　审计市委办、市委组织部、市纪委、市广播电视大学、市工商联、市贸促会等单位的财务管理、津补贴政策执行、个人所得税的代扣代缴、接待费的开支等情况，针对审计中发现的问题提出审计整改建议 30 余条，得到相关部门领导的肯定。永定区审计局着重关注行政事业单位车辆使用费、接待费、会议费等公务消费型支出以及津补贴发放情况，通过审计查处相关违纪违规金额 1000 余万元。

专项资金审计　对全市中小学校舍安全工程建设资金、退耕还林资金以及市本级城镇廉租房建设资金等跟踪审计，促进相关管理部门和单位加强资金管理和及时拨付、专款专用，还提出加强配套资金落实，确保政策实施效果的建议。确保专项资金的安全运行、规范管理、有效使用。

经济责任审计　完成经济责任审计项目 57 个，其中：离任审计项目 47 个，任中审计项目 10 个；共查出违规金额 11209 万元，其中应负领导责任 9847 万元，应负直接责任 1362 万元，收缴财政 92 万元，提出整改意见和建议 45 条，为市、区县两级党委选拔、使用、管理干部提供重要依据。

外资运用审计　按照省审计厅规定的时间和要求，由张家界市审计局组织实施，相关区县参与，按时完成 6 个国外贷援款公证审计项目，抽查了 12 个项目执行单位。

计算机辅助审计　为推进和运用计算机辅助审计，全市审计系统通过选送业务骨干参加培训、参与集中攻关、项目交流评比等形式，重点加强技术骨干的培养，进一步提高计算机辅助审计的能力，全市有 42 名同志通过了审计署的 AO 认证考试，运用计算机辅助审计共完成项目 45 个。编写的3个实例获省审计厅应用实例奖。

审计公告　公告6个项目的审计结果，在全省首开公告经济责任审计结果先河。

（撰稿人：李美林）

【常德市审计局】　2010年，常德市审计局人员编制61人，在编58人。局长吴让晓（—10月）、莫汉桃（10月—），副局长廖华春、李新辉、李卫、谷素君、陈位明、张峰、周罗生，总审计师李卫（兼）。市审计局下设常德市领导干部经济责任审计局、常德市政府投资审计专业局，设有办公室、综合计划科、审理科、执行科（加挂法制科牌子）、人事科、内部审计指导科、查证一科、查证二科、查证三科、查证四科、查证五科。

审计成果　常德市审计机关共完成审计项目709个，查出违规金额69683万元，管理不规范金额213923万元，损失浪费金额286万元，其中应上缴财政2377万元，应归还原渠道资金11961万元，应调账处理金额23098万元；已上缴财政2363万元，已归还原渠道资金11346万元，已调账处理金额23098万元。向司法机关、纪检监察机关和有关部门移送处理案件、事项22件，涉案人员17人，涉案金额2563万元。提交审计工作报告、信息596篇，被采用292篇。

财政审计　审计单位65个，查出违纪违规金额10583万元，管理不规范金额112265万元。决定收缴160万元。

专项资金审计　审计单位72个，审计专项资金总额344713万元，查出违纪违规金额2594万元，管理不规范金额28312万元。经审计处理决定收缴财政122万元。审计促进拨付资金到位12392万元。审计后挽回损失144万元。

行政事业审计　审计单位487个，查出违规金额40681万元，损失浪费金额286万元，管理不规范金额60565万元，经审计处理决定收缴财政1383万元。

固定资产投资审计　审计61个固定资产投资单位，审计项目投资总额170146万元，查出违规金额6566万元，管理不规范金额6972万元。审减工程投资总额15486万元，决定收缴384万元。审计后挽回损失35万元。

外资运用审计　审计3个国外贷援款单位。

企业审计　审计单位21个，查出违规金额9259万元，管理不规范金额5809万元，决定收缴327万元。

经济责任审计　对282个单位的314名党政领导干部进行任期经济责任审计。查出违规金额20870万元，管理不规范金额32427万元。2名领导干部涉嫌个人经济问题，金额93万元。

内部审计　开展审计项目8042个，查出损失浪费金额4924万元，发现大要案线索6件，提出建议意见被采纳2482条，建议给予行政处分27人，移送司法机关移送案件2件。

（撰稿人：田功海）

【益阳市审计局】　2010年，益阳市审计局人员编制55人。局长刘凌云，副局长谭超美、叶立飞、刘俊科、吴常青，总审计师潘俊高，纪检组长张松斌。设有办公室、法规科、人事教育科、机关党委、机关工会、经贸外资审计科、固定资产投资审计科、农业和资源环保审计科、行政事业审计科、财政金融审计科等科室，下设经济责任审计局、高新区审计特派办、大通湖管区审计特派办。

审计成果　全市共完成审计项目486个，查出违规金额56208万元，其中应上缴财政2161万元，应减少财政拨款或补贴16211万元，应归还原渠道资金1910万元，应调账处理35926万元；已上缴财政2161万元，已减少财政拨款或补贴16211万元，已归还原渠道资金1910万元，已调账处理35926万元。移送纪检、司法机关案件处理事项4件。提交审计工作报告、信息567篇，被采用459篇。

财政审计　对市财政预算编制、预算管理情况以及市地税局组织地方财政收入和大通湖区、高新区财政预算执行情况进行全面审计，延伸审计了市广电局、民政局、卫生局、总工会、城市建设投资公司等预算执行单位。同时，组织对赫山区、沅江市、桃江县、安化县2008年和2009年财政决算进行审计。

固定资产投资审计　全市共开展政府投资建设项目审计306个，审减工程造价1.3亿元。市审计局加强对东部新区基础设施建设工程、中心城区资江防洪大堤工程、梓山湖主题公园公益工程、市中心医院外科住院大楼等重大建设项目的跟踪审计监督，加强了对益阳医专搬迁工程等 7 个重点建设项目和 40 多个市政基础设施建设项目的工程决算审计，审减工程造价 0.7 亿元。认真落实市政府指示，对 15 个中央扩内需投资项目进行审计调查。

专项资金审计　市审计局组织对社会救助资金、残疾人就业培训补助资金、中小学校舍安全工程专项资金、退耕还林资金等涉及民生的专项资金进行审计；围绕人民群众反映较为激烈的就医难、看病贵等问题，对市中心医院、市四医院、市第一中医院、益阳医专附属医院等医疗卫生单位开展审计和审计调查；对益阳城区资江河段砂石采挖混乱，影响防洪保安和居民生活的问题，组织精干力量对有关采砂企业和砂石协会进行专项审计调查，为市委、市政府开展砂石市场专项整治工作发挥了重要作用。

经济责任审计　开展市管领导干部经济责任审计项目 26 个，将部分任职时间较长、管理资金较多的重点单位领导干部任中审计列入审计计划，促进了党政机关廉政建设。全市各审计机关积极探索改革经济责任审计组织形式，请组织部门干部参加审计进点会、交换意见会等重点环节，更加直接和全面了解被审计对象履行经济责任的情况，审计成果得到更好运用，有效地发挥了经济责任审计作用。　（撰稿人：尹小田）

【岳阳市审计局】　2010 年，岳阳市审计局人员编制 75 人，在编 75 人。局长罗陆平，副局长邓春初、杨如松、李星吾、陈超、丁湘平，总审计师干忠叶，纪检组长曾建国。设有办公室、法制科、人事科、综合计划科、监察室、机关工会、财政金融审计科、经贸审计科、固定资产投资审计一科、固定资产投资审计二科、行政事业与社会保障审计一科、行政事业与社会保障审计二科、外资运用审计科、农业与资源环保审计科、经济责任审计科、内审协会、开发区审计分局。

审计成果　岳阳市审计局完成审计项目 82 个，查出违规金额 33318 万元、管理不规范金额 82168 万元，其中应上缴财政 1306 万元，应归还原渠道资金 380 万元，应调账处理金额 82168 万元；已上缴财政 1306 万元，归还原渠道资金 380 万元，已调账处理金额 82168 万元。向市检察院移交经济案件 1 起。提交审计工作报告、审计信息 189 篇，被采用 156 篇。被省人力资源和社会保障厅、省审计厅授予全省审计工作先进集体称号；被市委、市政府评为全市党风廉政建设、依法行政、计划生育、综合治理工作先进单位。

财政审计　完成审计项目 7 个，查出违规金额 17714 万元，管理不规范金额 28560 万元，应上缴财政 406 万元，促进完善财政管理制度 12 个。市本级财政预算执行情况审计获得了市人大、市政府领导的充分肯定，为政府加强预算管理、人大加强预算监督发挥了积极作用。对湘阴县、岳阳楼区、君山区等四个县区财政决算进行审计，查出县区挤占挪用专项资金、违规收费等问题，引起市政府及县区党委、政府的高度重视。

行政事业审计　完成审计项目 30 个，查出违规金额 5300 多万元，应上缴财政 405.8 万元。根据省审计厅的安排，对常德市桃源县和鼎城区退耕还林专项资金进行审计，查处了侵害退耕还林农户利益等违纪问题，审计工作得到省审计厅通报表彰。重点审计了市质量技术协会等 5 家年收入在 100 万元以上的协会，发现“脱钩不到位、超标收费、票据不合规”等问题，并向市政府提交了审计综合报告。市长对此报告作出批示，要求市监察局督促有关部门整改，以促进全市社团组织管理走向规范。

固定资产投资审计　完成投资审计项目 16 个，累计核减不合理工程造价 3122 万元。根据市长的指示，3 月份，市审计局代市政府起草了《关于加强政府投资项目管理的意见》，并以岳政发〔2010〕6 号文件颁布执行。中心城区“五创提质”改造工程概算审计，审减概算投资 1255 万元，得到市领导的多次表扬，并在“五创”工作考核中获奖励分 8 分。对市体育中心建设项目和环南湖截污工程项目实行跟踪审计，进一步规范政府投资行为。

经济责任审计　完成领导干部经济责任审计项目 16 个，查出违规金额 1.2 亿元，管理不规范金额 3.1 亿元，应上缴财政 328 万元。针对审计发现的问题，市审计局年初向市委、市政府上报一期审计要情，引起市领导的高度关注。市委办、市政府办下发了《岳阳市规范领导干部任期经济责任审计工作“五项制度”的通知》。

（撰稿人：毛朝晖）

【株洲市审计局】　2010年，株洲市审计局人员编制66人，在编67人。局长侯建国，副局长杨长云、傅依全、戴勇、颜梦香，总审计师邓海林，纪检组长阎敬堂，总会计师龚军军。设有办公室、人教科、计算机审计科、法制审理科、经济责任审计处、重点建设项目审计中心、财政审计科、金融与社会保障审计科、行政事业审计科、固定资产投资审计科、外资运用审计科、农业与环保审计科、经贸审计科、驻城发集团审计室、后勤服务中心，另设机关党委和纪检监察室机构。

审计成果　完成审计和审计调查项目343个，查出各类违规金额37337万元，其中处理上缴财政4746万元，应减少财政拨款或补贴129万元，应归还原渠道资金4398万元，应调账处理金额63849万元；已上缴财政4746万元，已减少财政拨款或补贴129万元，已归还原渠道资金4398万元，已调账处理金额63849万元。移送司法机关、纪检监察部门处理事项3件。提交审计工作报告、信息683篇，被采用356篇。

财政审计　着眼统筹政府财力资源，深化财政预算执行审计，突出以财政资金流向为主线的综合型审计，突出有资金审批权和执收执罚权等重点部门单位以及惠民资金的审计，突出提升预算管理的统一性、完整性和财政资金的使用效益，突出计算机审计，突出规范财政管理和整改效果。共查处违规金额608万元，处理上缴财政312万元。

固定资产投资审计　着眼提高资金使用效益，切实把好政府投资审计“准入关”、“质量关”、“效益关”和“基础关”，充分发挥审计整体优势。开展了武广高铁株洲联络线工程、株洲职教园（一期）征地拆迁资金管理使用情况等专项审计调查，开展了中心医院、体育中心、园林绿化等政府投资项目预决算审计，查出并纠正了项目超预算、挤占建设成本、未按规定进行招投标和未按规定缴纳税费等问题。市审计局共审定政府投资项目54个，核减金额近3亿元。

经济责任审计　全市通过对141个经济责任人的审计，查出直接责任金额2530万元，查出1人涉嫌个人经济问题。为党委、政府进一步加强干部管理、促进党风廉政建设和建设法治政府发挥了积极作用。

专项资金审计（调查）　着眼经济社会和谐发展，加强专项资金审计和审计调查，着重“两个关注”。即着重关注民生，通过对31项重点民生项目和资金的专项审计和调查，处理上缴财政132万元，责成归还原渠道资金212万元，促进资金拨付到位1016万元；着重关注效益，积极提出了有针对性的建议，促进专项资金管理的加强和使用效益的提高。

（撰稿人：刘美飞）

【湘潭市审计局】　2010年，湘潭市审计局机关核定编制58人，实有57人。局长贺庆华（—6月）、陈少平（7月—），副局长彭术龙、卢湘文、何爱莲、罗百慧，总审计师康海湘，纪检组长秦国钦。设有办公室、综合计划科、法制审理科、人事科、监察室、财金社保审计查证科、经济责任审计查证科、行政事业审计查证科、经贸审计查证科、农业与资源环保审计查证科、高新区审计查证科（分局）、示范区审计查证科（分局）、审计执行科、计算机技术管理科和内部审计管理科；下辖湘潭市国家建设项目审计监督中心。

审计成果　湘潭市审计机关共完成审计项目236个，查处各类违纪违规金额8.1亿元、损失浪费金额515万元、管理不规范金额15.8亿元；促进增收节支1.1亿元、核减工程造价2.1亿元、审计后挽回损失2.7亿元；查处、移送大要案6起。提出审计建议375条，被采纳143条；提交信息或专题报告34篇（条），被批示、采用23篇（条）。

财政审计　全年共查出应缴未缴预算收入、预算资金安排不合规、预算支出项目不实、预拨经费、上年结转资金未及时拨付等违规金额2.5亿元。

固定资产投资审计　全年共开展19个建设项目计119个子项目的工程结算审计，送审金额19.4亿元，已审结39个，送审金额为2.9亿元，审定金额1.9亿元，核减金额1亿元，核减率为35.32%。

专项资金审计　湘潭市审计机关在参与省审

计厅统一安排的对望城县和宁乡县退耕还林专项资金审计中，共查出违纪违规金额1.6亿元。发现望城县虚列支出套取资金用于发放补助46万元、退耕面积与国土部门所反映的耕地减少面积不符等问题。

经济责任审计　全年对123个部门（单位）149名主要领导干部的任期经济责任进行审计，共查出违纪违规金额3.5亿元，管理不规范金额3.6亿元。（撰稿人：刘大海）

【衡阳市审计局】　2010年，衡阳市审计局人员编制85人，在编85人。局长伍元明，副局长李鹏飞、廖义伟、邱文，纪检组长许常礼。设有办公室、行政科、人事教育科、法制科、监察室、内部审计管理科、计算机审计管理科、财政金融审计科、固定资产投资审计科、经贸审计科、行政事业审计科、农业与国土资源环保审计科、外资审计科、经济责任审计中心（下设经济责任审计一、二、三科）。

审计成果　衡阳市审计机关完成审计项目329个，查出违规金额4.9亿元，其中应上缴财政1682万元，应减少财政拨款或补贴2591万元，应归还原渠道资金3236万元，应调账处理金额9745万元；已上缴财政2231万元，已减少财政拨款或补贴1432万元，已归还原渠道资金942万元，已调账处理金额5232万元。移送司法机关、纪检监察部门处理事件1件。提交审计工作报告、信息289篇，被采用80篇。

财政审计　促进企业欠税及时入库6228万元，促进非税收入入库51442万元。

农业与资源环保审计　一是完成永州市祁阳县、冷水滩区2006～2009年退耕还林资金审计和审计调查。查出滞留未及时发放资金4228万元，违规收费资金1623万元，挤占挪用资金970万元，违规转账资金3415万元。二是对全市养殖业扶持资金进行审计和审计调查。审计资金总额达14849万元，查出违规金额3071万元。

固定资产投资审计　全市共对197个项目进行审计，送审金额106200万元，核减工程造价18213万元，核减率为17.15%；对雁栖大桥工程、红湘南路建安工程、石鼓区四大家办公楼建设项目进行审计，共核减工程投资额6238万元；加大农村公路建设项目审计力度。查出未及时到位建设资金16132万元；滞留国家建设资金1288.4万元；个别县市区及部门挤占挪用建设资金162.3万元。对107国道改线工程开发有限公司资产负债清算进行审计，核实了该公司面积为172.07亩，按市场价60万元/亩计算，资产价值为10324万元。出具多个建设项目资本金审计报告，保障了衡阳市部分重点工程配比使用开行贷款资金19149万元。

企业审计　对11家改制企业进行审计，审计总资产29815万元，审计总负债9590万元，共调增资产1248万元，调减负债1819万元。

经济责任审计　对195名党政领导干部和企事业单位负责人实施经济责任审计，查处违规金额23479万元，管理不规范金额14557万元，损失浪费金额1998万元，提出审计建议116条。

专项资金审计（调查）　一是对市医疗保险基金管理中心2009年度医疗保险专项基金收支管理情况进行审计。2009年度合计少征缴职工基本医疗保险费3784万元，部分企业累计拖欠2008年及以前年度基本医疗保险基金等问题；二是对衡南县2008年和2009年度就业专项资金进行审计。审计资金总量2672万元，查处违纪违规金额57万元；三是对全市中小学校舍安全工程专项资金进行审计。组织对全市12个县市区和市本级的校舍安全工程专项资金行业审计，共审计校安工程专项资金33997万元，抽查校安工程项目213个，提出审计建议27条，部分建议得到被审计单位的采纳。（撰稿人：熊莉娜）

【郴州市审计局】　2010年，郴州市审计局人员编制46人，在编40人。局长段小卿，党组书记韩湘萍，副局长张进、周柏桐、罗发旺、邓百成，总审计师陈利民，纪检组长肖敦武，经济责任审计处主任谭南燕。设办公室、法制科、财政金融审计科、行政事业审计科、农业外资审计科、经贸审计科、固定资产投资审计科、经济责任审计处、计算机审计科、开发区园审计科、政工科、监察室。

审计成果　郴州市审计机关共完成审计项目1175个，查出违规金额136666万元，其中应上缴财政3346万元，应减少财政拨款或补贴534万元，应归还原渠道资金7779万元，应调账处理金额23626万元；已上缴财政2355万元，已减少财政拨款或补贴325万元，已归还原渠道资金6720万元，已调账处理金额23494万元；移送司法机关、纪检监察部门处理事项7件，建议有关部门处理事项3件。提交审计工作报告、信息527篇，被采用161篇。

财政审计　以提高审计工作报告和审计结果报告质量为导向，以整合审计资源为途径，不断改进和完善财政审计组织方式，实行“六统一”的财政审计工作机制，将同级审与上审下、专项审计、审计调查、经济责任审计相结合，一审多果、一果多用，做到审计项目、审计力量的合理安排与调配，有效地缓解了财政审计任务重而审计力量相对不足的矛盾，提高了工作效率。

固定资产投资审计　完成固定资产投资审计项目615个，送审金额228871万元，审计核减37302万元。通过审计，规范了投资行为，节约了财政资金。加强制度建设，先后出台了《关于进一步做好政府投资建设项目审计监督工作意见》、《郴州市政府投资项目跟踪审计暂行办法》等制度和办法，实行政府投资项目“必审制”、“二审定审制”、“中介机构淘汰制”和“高估冒算处罚惩戒机制”。

专项资金审计（调查）　组织全市审计机关对中小学校舍安全工程建设资金、就业专项资金、退耕还林资金等12项专项资金进行审计。对挤占挪用专项资金、未按规定使用专项资金等问题进行揭露和反映，同时也关注专项资金管理机制中的问题，在促进完善相关制度、落实惠民政策方面发挥了积极作用。

经济责任审计　对243单位383名领导干部进行经济责任审计，审计查出违规金额23800万元。郴州市委办、市政府办出台了《郴州市组织部门运用领导干部经济责任审计结果暂行办法》，全面推行“1+3”审计结果运用模式（印发一个党内通报，并根据违纪违规问题严重程度进行一次警示谈话、发放一份整改督办函或一张审计警示卡）。市委组织部和市审计局联合下发《郴州市市直科级事业单位主要负责人经济责任审计暂行办法》，将市直科级事业单位主要负责人列入领导干部经济责任审计对象，扩大了审计范围，实现审计“全覆盖”。　　（撰稿人：欧阳鹏）

【永州市审计局】　2010年，永州市审计局人员编制42人，在编42人。局长唐巍，副局长何先旺、黄丽晃、胡建华、雷玖夏、王平波，总审计师蒋跃军，纪检组长柏玉。设有财政金融审计科、经济责任审计室、经贸审计科、固定资产投资审计科、行政事业与社会保障审计科、农业资源环保外资审计科、法制科、政工科、内部审计指导科、监察室、办公室。

审计成果　全市审计机关共审计（调查）单位602个，查出违规金额137397万元，损失浪费金额3112万元；应上缴财政3355万元，应归还原渠道资金15291万元，应调账处理金额330450万元。提交审计专题、综合性报告和信息简报683篇，被批示采用347篇次。

财政审计　积极探索构建财政审计大格局的工作路子，整合审计力量，强化项目管理，拓宽审计视野，做到资金、对象、项目“三个全覆盖”。共查出违规金额76117万元，管理不规范金额268177万元，提出审计建议185条，为促进加强预算管理、完善公共财政体系发挥了积极作用。

经济责任审计　继续坚持以加强对领导干部的监督为落脚点，以检查和评价领导干部“三权一廉”执行情况为主线，将经济责任审计与绩效审计有机结合起来，把贯彻执行土地、环保、节能减排、民本民生等政策情况作为审计重点内容，并注重对重大经济决策效益情况作出客观公正的评价。全市审计机关共对117名领导干部进行经济责任审计，查出违规金额13952万元，管理不规范金额178017万元。

专项资金审计　根据上级审计机关的统一安排，对桂阳、宜章两县退耕还林资金、岳阳县校安工程资金和宁远县就业资金进行专项审计，并组织全市审计机关开展校安工程资金专项审计。其中对退耕还林资金和校安工程资金的专项审计得到省审计厅的表彰。

固定资产投资审计　突出审计重点，进一步加强对重要民生项目、重大基础设施建设项目等的审计监督，前移审计关口，对其实行全过程全方位监督。全市审计机关共完成固定资产投资审计项目54个，审计投资额94636万元，核减工程造价 1590 万元。

内部审计　组织 6 个检查组，对 68 个单位进行抽查，抽查专项资金总额 21 亿余元，查出挤占挪用专项资金、违规支付款项、在经费账或往来账中列收列支专项资金等违规问题金额 1724 万元。（撰稿人：周　波）

【邵阳市审计局】　2010 年，邵阳市审计局人员编制 69 人，在编 69 人。局长何晋意，副局长谭友明、胡正桥、阳海贵（兼纪检组长）、李伯升、袁连文，总审计师朱良华。设有办公室、财政审计科、金融外资与社会保障审计科、行政事业审计科、农业和资源环保审计科、经贸审计科、固定资产投资审计一科、固定资产投资审计二科、政工科、法制审理科、计划执行科、纪检监察室。下辖邵阳市领导干部经济责任审计处、内部审计管理办公室、邵阳市基本建设投资审计中心。

审计成果　邵阳市审计机关完成审计项目 676 个，查出违规金额 96889 万元，损失浪费金额 300 万元，管理不规范金额 150208 万元。已上缴财政 3306 万元，已归还原渠道资金 6680 万元，已调账处理金额 10515 万元；移交案件线索 4 起，涉案人员 13 人；提交审计工作报告 114 份、信息 249 篇，被采用 289 篇。

财政审计　完成预算执行、财政决算审计和审计调查 83 个，查出违规金额 49379 万元，管理不规范金额 96664 万元，审计决定处理处罚 9861 万元。

专项资金审计　完成 46 个单位的审计和审计调查，查出违规金额 1430 万元，管理不规范金额 3849 万元，审计决定处理处罚 890 万元。

行政事业审计　完成 313 个单位的审计和审计调查，查出违规金额 42276 万元，损失浪费金额 300 万元，管理不规范金额 49119 万元，审计发现侵害人民群众利益金额 302 万元，审计决定处理处罚 9265 万元。

固定资产审计　根据上级有关规定，依法制定出台了《邵阳市国家建设项目审计监督实施细则》。完成 266 个国家建设项目工程造价审计，核减工程造价 18288 万元，核减率达到 19.57%，最高核减率达 48%。完成国家建设项目预算执行审计 6 个，核减投资额 830 万元，完成国家建设项目竣工决算审计 167 个，核减投资额 2346 万元。

企业审计　完成 20 个单位的审计和审计调查，查出违规金额 946 万元，管理不规范金额 268 万元，审计决定处理处罚 216 万元。移交案件线索 1 起，涉案人员 4 人。

经济责任审计　根据上级审计机关和邵阳市委、市政府关于经责审计的有关规定，依法制定出台《邵阳市领导干部经济责任审计评价运用及责任追究暂行办法实施细则》。完成 144 个单位的 164 名领导干部的经济责任审计，查出违规金额 21574 万元，管理不规范金额 17695 万元，移送案件线索 3 件，影响干部使用 4 人次。

（撰稿人：曾敏剑）

【怀化市审计局】　2010 年，怀化市审计局人员编制 58 人，在编 56 人。局长梁明珍，副局长杨安秀、李定良、黄现昕、刘序国、刘圣平、杨承连、姜小祥，总审计师杨春洪，纪检组长谌小文（—4 月）、谭庆津（8 月—）。设有办公室、法制科、人事科、综合计划科、财政金融审计科、行政事业审计科、经贸与外资运用审计科、固定资产投资审计科、农业与资源环保审计科、审计技术科、经济责任审计室、监察室等十二个职能科室及一个二级机构——投资审计中心。

审计成果　怀化市审计机关完成审计项目 407 个，查出违规金额 91996 万元，其中应上缴财政 1716 万元，应归还原渠道资金 9947 万元，应调账处理金额 58985 万元。移送纪检监察部门处理事项 2 件。提交审计工作报告 407 篇，411 条建议被采纳，上报审计信息 490 篇，被采用 151 篇。

财政审计　完成审计项目 53 个，查出违规金额 44930 万元，其中应上缴财政 14510 万元，应归还原渠道资金 8366 万元，应调账处理金额 58468 万元，向纪检监察部门移送案件线索 1 件。

行政事业审计　完成审计项目 168 个，查出违规金额 14102 万元，其中应上缴财政 756 万元，应归还原渠道资金 483 万元，应调账处理金额 192 万元。

固定资产投资审计　完成审计项目 59 个，审核项目投资额 30365 万元，核减工程款 7276 万元，查出违规金额 3382 万元，其中应上缴财政

214万元，应减少财政拨款或补贴12万元，应归还原渠道资金72万元，应调账处理金额94万元。

企业审计　完成审计项目22个，查出违规金额12672万元，其中应上缴财政402万元，应归还原渠道资金113万元，应调账处理金额231万元。

经济责任审计　对141名领导干部实施经济责任审计，查出被审计对象应负责违规金额7100万元，1名干部被移送纪检监察机关。

专项资金审计（调查）　完成审计项目19个，查出违规金额2303万元，其中应上缴财政63万元，应归还原渠道资金1013万元。

（撰稿人：兰　平　粟双付）

【娄底市审计局】　2010年，娄底市审计局人员编制54人，在编54人。局长李赛斌，副局长胡锡辉、曾志伟（6月—）、张千秋、彭淑嫒，总审计师胡仁升，纪检组长许湘华（6月—）。设有经济责任审计处、监督中心、办公室、综合管理科、人事科、法规科、财政审计科、金融与社会保障审计科、行政事业审计科、经贸审计科、农业与资源环境审计科、投资外资审计科、工程审计科、计算机审计科、监察室、机关党委、工会。

审计成果　娄底市审计机关完成本级组织审计项目40个，查出违规金额49454万元，其中应上缴财政4941万元，应归还原渠道资金3396万元，应调账处理金额10462万元；已上缴财政4919万元，已归还原渠道资金3396万元，已调账处理金额10462万元。移送司法机关纪检监察处理事项3件。完成省审计厅统一组织审计项目11个，完成政府投资建设审计项目220个，核减工程造价8502.93万元。提交审计工作报告、信息296篇，被采用253篇。

财政审计　全市财政“同级审”查出违纪金额23500万元，通过审计，直接增加财政收入3276万元。首次对房地产企业减免税进行审计调查，审计发现部分房地产企业违规获取以安置自主择业军转干部名义的税收减免3000多万元，损害了公平的税收秩序，导致财政收入流失。2009年度市本级预算执行审计项目荣获全省优秀审计项目第一名。

经济责任审计　全市完成经济责任审计项目18个，查出违纪金额27519.1万元，上缴财政175万元。针对领导干部在履行经济责任中存在的突出问题，审计机关提出了相应的建议，为加强干部管理监督提供重要参考，促进领导干部守法守纪，守规尽责。

专项资金审计（调查）　完成排污费专项资金、农村义务教育其他债务、冷水江市“六补两贷一扶持”就业资金等专项资金审计（调查）13个。对冷水江市2008年至2009年度再就业专项资金进行审计，提出切实可行的意见和建议，对农村义务教育其他债务审计，核准市本级负债333.6万元，提高了审计监督的实际效果。

固定资产投资审计　完成政府投资建设审计项目220个，送审金额74521.6万元，审计审定金额为66018.7万元，核减工程造价8502.9万元，核减率为11.41%。在继续发挥工程投资竣工决算审计优势的同时，有效开展建设项目概预算审计工作，对新开工的项目，还对建设过程中的设计变更、现场变更进行签证审计。

行政事业审计　完成市委党校、市疾控中心、市儿童福利院等财务收支审计项目13个。在对娄底市社会福利院2007～2009年财务收支情况进行审计中，发现该单位存在挤占挪用专款资金弥补单位经费、少缴个人所得税等问题。

（撰稿人：娄底市审计局）

【湘西土家族苗族自治州审计局】　2010年，湘西土家族苗族自治州审计局人员编制44人，在编44人。局长胡少先，副局长万波平、肖远湘、黄大健、金利蓉、吴东升，总审计师印钊，纪检组长高光忠。设有办公室、法制科、财政审计科、行政事业与外资运用审计科、经贸、金融、社保审计科、农业与资源环保审计科、固定资产投资审计科、经济责任审计室、人事科、政府投资审计中心。

审计成果　全州审计机关共完成审计项目196个，查出违规违纪金额9.94亿元，管理不规范金额16.2亿元。全年共有70余篇信息、专报、论文在《中国审计报》、《湖南日报》、《湖南审计信息》、《审计观察》、《团结报》和《湘西审计》等报纸杂志上刊登。

财政审计　在州本级预算执行审计工作中涉

及部门、单位9个，审计查出违规和管理不规范金额1.6亿元，提出审计意见和建议3条。违规和管理不规范资金已得到有效纠正，多数审计意见和建议被采纳。州人大常委会对州级预算执行审计工作给予充分肯定。

专项资金审计　全州审计民生资金共137亿元。通过审计掌握了资金规模、投向重点及结余情况，了解制度建立执行情况，开展了绩效评价，促进了相关政策的完善。对州强农惠农资金进行专项审计调查，力争实现强农惠农政策制度更加完善、部门管理职责更加清晰、资金监管体系更加完备、资金统筹安排更加合理、资金使用效益更加显著、广大人民群众更加满意。

经济责任审计　全州各级审计机关开展经济责任审计项目44个。其中州局完成八县（市）长经济责任审计。凤凰县审计局继续开展乡党委书记任中经济责任审计，扩大了领导干部经济责任审计范围。

固定资产投资审计　州审计局积极开展州人民医院异地搬迁竣工决算审计等16个竣工决算审计项目；凤凰县城镇生活垃圾处理场工程项目竣工决算审计核减工程投资额399.9万元，审减率达16.9%；古丈县建立国家建设项目审计联席会议制度，出台《古丈县国家建设项目审计监督办法》；各县（市）审计局相继成立政府投资审计中心，政府投资建设项目审计得到逐步加强。

相关工作　湘西州审计局先后三次组织全州审计系统101名工作人员参加全省AO认证培训、考试，目前已有87人取得合格证书，合格率为86.14%，州审计局及八县市50岁以下工作人员已全部达标，AO认证考试的成绩得到省审计厅计算机培训中心的充分认可和肯定。州审计局派出的1名审计人员顺利通过“全国计算机审计中级水平考试”，实现零的突破。（撰稿人：张月月）

2010年湖南省所辖区、县（市）级审计工作统计表

金额单位：万元

审计机关	完成审计项目（个）	查出违规金额	应上缴财政	应减少财政拨款或补贴	应归还原渠道资金	应调账处理金额	移送司法、纪检监察部门处理（件）	建议有关部门处理（件）	出具审计报告和审计调查报告（篇）	提出审计建议（条）	撰写审计信息（篇）
长沙市											
长沙市本级	1061	93325	5679		81375	9991			1090	213	160
岳麓区审计局	18	1587	80				1		18	45	15
芙蓉区审计局	120	1620	280		33	9810	1		120	84	15
天心区审计局	32	1545	139		1	4774			32	86	12
开福区审计局	266	1570	229				2		283	83	25
雨花区审计局	16	8560	6191			27		1	16	55	9
浏阳市审计局	470	5250	321				5		470	126	18
长沙县审计局	46	110	13			29	1		46	56	10
望城县审计局	21	1815	151						21	74	10
宁乡县审计局	43	1659	153				3		43	97	13
张家界市											
张家界市本级	41	122471	82						41	63	
永定区审计局	45	11110	12		898	1			39	49	
武陵源区审计局	26	3334	27						18	12	

（续表）

审计机关	完成审计项目（个）	查出违规金额	应上缴财政	应减少财政拨款或补贴	应归还原渠道资金	应调账处理金额	移送司法、纪检监察部门处理（件）	建议有关部门处理（件）	出具审计报告和审计调查报告（篇）	提出审计建议（条）	撰写审计信息（篇）
慈利县审计局	47	4617	78		128				43	65	
桑植县审计局	41	1884	50			4			33	39	
常德市											
常德市市本级	141	16685	891		778	3404	3		125	272	73
武陵区审计局	44	3608	35						44	55	44
鼎城区审计局	74	9434	135		8087	15650	5	2	74	206	58
津市市审计局	61	1134	58		203	132	3		53	132	45
安乡县审计局	39	1756	151		819	2957	2		38	140	34
汉寿县审计局	50	2751	255				1		52	93	145
澧县审计局	72	13386	485		439	568			72	203	121
临澧县审计局	71	4809	111		879	266	2	2	71	156	44
桃源县审计局	98	11463	157		756	121			87	177	7
石门县审计局	59	4657	99				2		57	113	25
益阳市											
益阳市本级	139	26608	603	6830	618	22587	2		139	451	22
赫山区审计局	62	5392	278	1125	226	2559			62	132	10
资阳区审计局	55	4762	229	1310	192	1826			55	115	8
沅江市审计局	54	5072	231	1588	231	2322	1		54	131	12
南县审计局	52	4179	221	1383	182	1918			52	133	7
桃江县审计局	65	5111	294	1692	204	2240	1		65	175	9
安化县审计局	59	5084	305	1783	257	2474			59	142	13
岳阳市											
岳阳市本级	82	33318	1306		380	82168	1		82	310	189
岳阳楼区审计局	40	5731	150			383			40	120	5
君山区审计局	30	7627	130			3109	2		41	80	10
云溪区审计局	20	2878	105			1453	1		29	106	5
屈原区审计局	15	496	100		132	317			15	37	5
汨罗市审计局	70	13821	500		1175	875	7		96	200	11
岳阳县审计局	56	9400	300		800	280	5		56	112	10
华容县审计局	60	8671	360		1180	568	5		60	148	10
湘阴县审计局	82	7500	320		561	230	3		82		10
临湘市审计局	58	6900	196		350	248	6		48	146	10
平江县审计局	60	18525	400		462	4612	2		60	202	10

（续表）

审计机关	完成审计项目（个）	查出违规金额	应上缴财政	应减少财政拨款或补贴	应归还原渠道资金	应调账处理金额	移送司法、纪检监察部门处理（件）	建议有关部门处理（件）	出具审计报告和审计调查报告（篇）	提出审计建议（条）	撰写审计信息（篇）
株洲市											
株洲市本级	79	14192	3306		469	10398			85	194	113
天元区审计局	20	846	135		106	2128			20	31	17
荷塘区审计局	11	38	1			68			11	21	14
芦淞区审计局	20	4397	17						23	24	14
石峰区审计局	26	226	54			2007			34	15	14
醴陵市审计局	36	6397	97	129			1		36	77	32
株洲县审计局	28	5096	864		14	27419			30	68	23
攸县审计局	54	1560	188		18	20052			32	81	31
茶陵县审计局	31	1783	52		3791	1340	2		30	49	48
炎陵县审计局	38	2802	32			437			48	27	28
湘潭市											
湘潭市本级	78	54723	1246		823	218	4		12	167	82
岳塘区审计局	25	1390	37	127						35	12
雨湖区审计局	15	447	33			10				32	12
湘乡市审计局	21	1335	144		152	73				29	31
韶山市审计局	23	197	46						22	16	16
湘潭县审计局	74	22908	9595		2	349	2			106	21
衡阳市											
衡阳市本级	66	2060	822		609	3203			66	42	86
蒸湘区审计局	8								5		
雁峰区审计局	8	132.6			22				8	17	
珠晖区审计局	10	1038			317	900			12	32	
石鼓区审计局	23	6			157	43			24	17	52
南岳区审计局	13	122	40	108.7	28.39	430.31	1	1	25	50	34
常宁市审计局	16	4062	146	1127	146	368			13	168	4
耒阳市审计局	35	9249	56		873	288		1	54	67	49
衡阳县审计局	44	468	269	980	804	698			68	248	20
衡南县审计局	13	1202	28		6				26	18	28
衡山县审计局	25	519	72	39	25	610			42	98	55
衡东县审计局	45	28877	136	39	180	254			42	98	55
祁东县审计局	23	1982	113	297	69	2951		3	84	198	28

（续表）

审计机关	完成审计项目（个）	查出违规金额	应上缴财政	应减少财政拨款或补贴	应归还原渠道资金	应调账处理金额	移送司法、纪检监察部门处理（件）	建议有关部门处理（件）	出具审计报告和审计调查报告（篇）	提出审计建议（条）	撰写审计信息（篇）
郴州市											
郴州市本级	172	36600	1062				3	1	175	312	56
北湖区审计局	49	7261	387		55	2634	1	1	33	111	73
苏仙区审计局	101	26811	119		454	152			101	280	62
资兴市审计局	57	16949	266		119	13040	1	1	57	81	69
桂阳县审计局	105	7357	317	49	28	2670			108	36	10
永兴县审计局	280	18440	338	325	345	58			56	103	98
宜章县审计局	59	12882	157		130	4373			59	69	6
嘉禾县审计局	81	4640	168		3902	570			81	151	46
临武县审计局	61	1421	147			101	2		29	41	14
汝城县审计局	86	359	91						201	89	36
桂东县审计局	62	779	99		2169	28			62	61	5
安仁县审计局	62	3167	195	160	577				82	46	52
永州市											
永州市本级	62	49552	962		7448	316525	1		62	131	60
冷水滩区审计局	29	23037	132		38	6066			29	54	47
零陵区审计局	18	16504	60	80	29	1422			18	51	12
东安县审计局	17	9517	63		12				17	36	30
道县审计局	39	2952	705						36	107	15
宁远县审计局	68	1442	379						66	134	119
江永县审计局	37	2265	143		109	25			34	75	22
蓝山县审计局	41	1776	48			4			40	41	46
新田县审计局	53	13521	162		3080	3671	1		53	179	35
双牌县审计局	28	3637	258	143	633	209			28	96	18
祁阳县审计局	151	12015	264		3589	2388			140	324	188
江华瑶族自治县审计局	49	1179	179		353	140			49	96	54
邵阳市											
邵阳市本级	66	44416	1238		1496	873	1		67	201	7
大祥区审计局	13	64	30		181	85			16	27	
双清区审计局	26	5011	82			1400			26	44	
北塔区审计局	4	978	10		77	22			6	20	3
武冈市审计局	46	9898	164		80	840			46	66	
邵东县审计局	42	2576	28		207	2725			42	53	22

（续表）

审计机关	完成审计项目（个）	查出违规金额	应上缴财政	应减少财政拨款或补贴	应归还原渠道资金	应调账处理金额	移送司法、纪检监察部门处理（件）	建议有关部门处理（件）	出具审计报告和审计调查报告（篇）	提出审计建议（条）	撰写审计信息（篇）
邵阳县审计局	26	4858	138			1			29	36	33
新邵县审计局	53	3393	138		359	289			53	88	
隆回县审计局	146	7160	573		412	1163			149	208	
洞口县审计局	48	3737	117		52				49	108	
绥宁县审计局	62	3882	185		3140	2695			64	138	36
新宁县审计局	71	9677	314						71	182	78
城步苗族自治县审计局	20	1291	104		676	422			29	55	64
怀化市											
怀化市本级	44	36200	838		6165	57679			44	109	48
鹤城区审计局	47	2436	40		10	232			47	21	79
洪江区审计局	23	1201	36						23	29	23
洪江市审计局	24	1283	76	9	152	8			24	42	25
沅陵县审计局	50	3687	77						50	146	62
辰溪县审计局	32	1269	85		1955	686	1		32	55	32
溆浦县审计局	17	1373	76		596	59			17	32	24
中方县审计局	22	1576	51		877				22	52	32
会同县审计局	11	290	89		31	155			11	20	16
麻阳苗族自治县审计局	27	28201	51		110	93			27	78	27
新晃侗族自治县审计局	20	161	160						20	54	20
芷江侗族自治县审计局	52	13473	58						52	51	52
靖州苗族侗族自治县审计局	30	606	72	12	43		1		30	89	42
通道侗族自治县审计局	8	240	7		8	73			8	7	8
娄底市											
娄底市本级	40	49454	4941		3396	10462	3		40	107	189
娄星区审计局	59	5220	411						62	96	16
冷水江市审计局	67	15704	123		1085	1114	1		69	151	21
涟源市审计局	56	5985	47		863	1527			69	104	19
双峰县审计局	40	19209	685		340				42	110	23
新化县审计局	48	10304	187		18			1	48	150	36

（续表）

审计机关	完成审计项目（个）	查出违规金额	应上缴财政	应减少财政拨款或补贴	应归还原渠道资金	应调账处理金额	移送司法、纪检监察部门处理（件）	建议有关部门处理（件）	出具审计报告和审计调查报告（篇）	提出审计建议（条）	撰写审计信息（篇）
湘西土家族苗族自治州											
湘西土家族苗族自治州本级	35	64061	285		45299	7445			35	90	30
吉首市审计局	30	1216	45						30	68	10
泸溪县审计局	53	2753	89			5181			53	32	20
凤凰县审计局	14	18177	125		362	192			14	19	5
花垣县审计局	16	5399	26						34	34	8
保靖县审计局	49	2334	99	412					49	29	5
古丈县审计局	15	209	16						15	14	5
永顺县审计局	40	3527	38	452	4648	31			39	47	7
龙山县审计局	31	1936	103	537	797	1265			65	52	5

广东省

【广东省审计厅】　2010年，广东省审计厅定编259人。厅机关设有办公室、综合计划处、法规审理处、经济责任审计处、财政金融审计处、税务审计处、行政政法审计处、科教文审计处、农业与资源环保审计处、固定资产投资审计处、企业审计处（境外审计处）、社会保障审计处、外资运用审计处、整改监督处、人事处（与机关党委办公室合署）、绩效审计分局；并设厅机关服务中心、科研所等直属事业单位。

领导成员

厅　　长：蓝佛安

副 厅 长：李　心　潘享清　何丽娟

卢荣春（6月—）

欧阳标（—3月）

总审计师：陈　剑

纪检组长：叶昊文

审计成果　全省审计机关围绕科学发展主题和加快经济发展方式转变的主线，充分发挥审计服务经济社会发展大局的“免疫系统”功能，扎实推进各项审计工作落实到位。2010年全省审计机关开展审计和审计调查项目共7079个，查出违规金额47.20亿元、损失浪费金额4.01亿元、侵害人民群众利益金额0.79亿元，为国家增收节支27.78亿元，已上缴财政24.65亿元。向司法、纪检监察机关移送事项38件，涉及金额6.56亿元；提交审计专题报告、综合性报告等4304篇；向被审计单位或有关单位提出审计建议11014条，被采纳8849条，占80.34%；被审计单位根据审计建议制定整改措施679项；向社会公告审计结果报告949篇。

审计机构改革　2010年，广东省审计厅在新一轮机构改革中，对厅内机构进行重新设置和优化，新成立综合计划处、教科文审计处、税务审计处、整改监督处，将直属分局更名为绩效审计分局，撤销金融审计处将其并入财政金融审计处，撤销广东省审计厅驻深圳特派办，重新整合法规审理处、行政政法审计处等处室，建立起决策（计划）、执行、监督（审理、整改）既相互联系又相互制约的审计业务新格局，为推动审计管理发展，更好地履行审计监督职责，奠定了坚实基础。

预算执行审计　广东省审计机关积极探索财政审计大格局，加强预算执行审计力度，将财政决算审计纳入预算执行审计内容，推行对下级政府财政决算的轮审制度。全年共完成预算执行审计项目（含财政决算审计，下同）657个，查出违规金额33.32亿元，管理不规范金额784.79亿元，为国家增收节支22.6亿元；审计后挽回（避免）损失3528万元。

资源环保审计 广东省审计厅组织开展全省10个市的省级节能减排专项资金、东西北地区污水设施专项资金、省级污染减排专项资金等专项资金审计，促进节能减排政策有效落实。对湛江、清远、汕尾3个市省级土地整理和基本农田保护示范区建设开展专项资金审计，促进本省土地合理开发和基本农田保护。组织汕头、汕尾、江门等5个市开展重大水利专项资金审计，促进187.87公里江海堤的建设，推动连州市瑶安小流域274平方公里的综合治理。

经济责任审计 广东省审计机关开展经济责任审计项目2066个，审计查出：领导干部负有直接责任的违规金额达5461万元，负直接责任的管理不规范金额达41702万元；查出涉嫌个人经济问题的领导干部3人，金额154万元，审计后6名领导干部和15名其他人员的问题被移送司法、纪检监察机关处理。

企业审计 广东省各级审计机关共开展企业审计（调查）项目209个，查出问题金额51.48亿元，应上缴财政8300万元。省审计厅认真贯彻落实省属国有企业全面分类审计监督制度，组织开展对6家省属大型国有企业审计，促进相关省属国有企业加强管理，提高可持续发展能力。

民生审计 （1）广东省审计机关开展“广东扶贫济困日”活动捐赠资金物资情况跟踪审计，审计核实“广东扶贫济困日”活动募集资金物资为31.98亿元，并对实际到账资金物资收支管理等情况进行审计，提出加快建立和制定捐赠资金物资管理办法和具体分配使用方案，做好统计核查整改工作，积极落实募集资金物资及时到位的审计建议，得到省领导重要批示。（2）开展中小学校舍安全工程项目跟踪审计，全省审计机关共投入审计人员484名，审计工作量3670人·天，对校舍安全工程项目实施进度、资金安排及使用情况等开展审计或审计调查，提出审计建议134条，提交审计专题报告和信息34篇。开展解决中小学教师“代转公”和“两相当”问题跟踪审计，累计延伸调查部门单位774个、学校1310间、老师10146人，审计现场工作量31362人·天，出具各类审计文书469份，提出审计意见和建议374条，审计报告或信息得到党委政府领导批示29次。

外资运用审计 广东省审计厅完成14个国外贷款项目和国外援助项目的审计工作，项目概算投资总额55.12亿元，其中外资19.75亿元，涉及节能环保、污染治理、现代化养殖等多个领域。在全国审计系统国外贷援款项目审计质量检查活动中，本省8个授权国外贷援款公证审计项目的质量考核名列全国前茅。

社会保障审计 广东省审计机关对各地区社会保险基金收支管理情况进行审计，其中：13个市开展基本养老保险基金审计、14个市开展基本医疗保险基金审计、12个市开展失业和工伤保险基金审计、10个市开展生育保险审计。共完成248项社保专项资金审计，审计专项资金总额1527.40亿元，促进拨付资金6亿元。

绩效审计 广东省审计机关开展绩效审计项目5296个，绩效审计工作量234195人·天，审计查出损失浪费金额2.76亿元，造成潜在损失的问题金额473.78亿元；审计后挽回（避免）损失13.36亿元，提出审计建议6420条，被采纳审计建议5313条，占总数的82.76%。

专项审计（调查） 广东省审计机关完成专项审计和审计调查项目1329个。其中查出违规金额1.72亿元，管理不规范金额316.45亿元；审计后挽回（避免）损失954万元；出具审计报告和报送审计调查报告1361篇；审计提出建议2167条，被采纳审计建议1652条。配合审计署和省委、省政府完成专项治理审计工作，组织开展治理和规范涉企收费减轻企业负担审计，共发现涉企乱收费项目33个，发现违规问题金额1091.34万元，提出审计意见或建议18项，做到切实为企业发展服务。开展省直行政机关、事业单位“小金库”治理“回头看”工作，完成了对社团和国有企业“小金库”治理审计调查工作。

扩大内需促进经济增长政策落实情况审计调查 2010年，广东省审计机关审计了中央和省新增投资用于灌区续建配套和节水改造、城镇污水处理设施建设、重大水利项目建设、农村公路、电子信息产业振兴、中小企业技术改造、重点产业振兴、基层医疗卫生服务、防护林工程等项目2876个，审计调查金额255.61亿元，重点关注资金项目的投向、开工、程序、管理环节和政策执行实施效果。

第16届亚运会建设情况审计　2010年，广东省审计厅组织省审计厅和广州、佛山、东莞、汕尾4个亚运项目举办城市的审计机关，对亚运会专项资金的使用及场馆建设等方面实施跟踪审计。累计投入审计人员207名，投入工作量7818人·天，涉及94个工程项目，累计抽查资金143.53亿元，占审计项目计划投资223.60亿元的64.19%。对审计发现问题提出整改意见，责成有关单位限期整改，有效促进亚运场馆规范建设和安全运行，确保广州亚运会和亚残运会顺利举行。

灾后重建跟踪审计　2010年6月至10月底，广东省审计机关派出66名审计人员，组成13个审计组，对广东省对口援建汶川县灾后恢复重建工作开展跟踪审计。重点审计对口援建资金管理使用和项目建设管理情况。跟踪审计345个项目，截至审计时已完成投资49.4亿元，提交审计情况通报2篇、信息简报13篇、审计报告26篇，共提出审计建议23条，已采纳并完成整改的审计建议16条，已采纳并正在整改的审计建议5条，为我省圆满完成对口支援汶川县恢复重建工作以及援建项目整体移交任务，实现“三年援建任务两年完成”目标作出了贡献。

玉树地震救灾款物审计　2010年，广东省审计厅组织全省各级审计机关对民政、财政、慈善、红十字会等部门和单位开展跟踪审计，查实全省共募集抗震救灾资金物资9.3亿元，抗震救灾资金和物资的募集、管理、拨付情况总体良好，未发现重大违法违规问题。

审计整改　广东省审计厅以省政府名义召开了2009年度省级预算执行审计查出问题整改工作专题会议，推动广州、汕头、佛山等10个市切实进行整改。通过整改已上缴各级财政9.20亿元，归还原渠道资金4085.46万元，拨付滞留的专项资金2.5亿元，促进落实地方配套资金1036万元，有关部门针对审计查出问题的严重程度向有关责任人员9人进行问责。省级审计整改工作机制得到进一步巩固完善。

审计结果公告　广东省审计机关共向社会公开审计结果报告949篇。对社会关注度高的扶贫募捐、救灾捐赠等事项，及时向社会公告，扩大审计透明度和社会公众参与度，增强审计工作的威慑力。

内部审计　2010年，全省内审机构2010年开展内部审计项目5.17万个，查出损失浪费金额1.70亿元，提出并被采纳的意见3.41万条，增加效益13.06亿元，发现大案要案线索12条，向司法机关移交案件22件。　（撰稿人：陈健平）

【广州市审计局】　2010年，广州市审计局人员编制150人，在编142人。局长袁锦霞，副局长陈宝雄、黎子良、严健蓓，纪检组长李雪蘋。设有办公室、法规审理处、财政税务审计处、行政事业审计处、重点建设项目审计处、固定资产投资审计处、企业审计处、社会保障审计处、外资与农业资源审计处、经济责任审计管理处、整改执法监督处、监察室（与机关党委合署办公）和人事处。

审计成果　广州市审计机关完成审计项目416个，查出违规金额67692万元，其中应上缴财政63626万元，应减少财政拨款或补贴2644万元，应归还原渠道资金814万元，应调账处理金额233424万元；已上缴财政48075万元（含补缴上年数），已减少财政拨款或补贴603万元，已归还原渠道资金648万元，已调账处理金额141313万元。移送司法机关、纪检监察部门处理事项14件，建议有关部门处理事项24件。提交审计工作报告、信息339篇，被采用267篇。

预算执行审计　广州市审计机关完成预算执行审计项目72个，查出违规金额24636万元，管理不规范金额393075万元。广州市审计机关逐步建立起以政府财政管理审计为核心，以部门预算执行审计、财政专项资金审计、重大投资项目审计、财政收入征管情况审计为基础的预算执行审计工作体系。从完整把握财政审计范围、拓展审计领域、整合审计资源、扩大审计成果利用等方面构建起财政审计大格局，实现审计目标、审计内容、审计范围、审计重点、审计对象“五个转变”。为进一步加强审计整改落实工作，经市政府同意专门召开了加强预算执行审计整改工作会议，确保审计整改在完善体制、机制和管理制度等方面发挥积极作用。

亚运审计 广州市审计机关按照“提前介入、过程跟踪、落实整改、规范管理”的审计原则，开展对亚运及相关建设项目、第16届亚运会组委会财务收支情况、广州市污水治理和河涌综合整治项目专项资金和建设项目的审计（调查）。通过“四个创新”深化亚运跟踪审计：一是创新审计组织模式。采取“统一组织、统一调配、分级负责、上下联动”的做法，整合全市审计机关人力资源，充分借助中介机构和内审人员力量，实现审计资源配置最大化，提升了审计工作效能；二是创新工作方法。采取了提前介入与过程跟踪相结合、全面审计与突出审计相结合、资金审计与质量审计相结合等“四个结合”，提升审计工作质量；三是创新审计技术方法。通过加大计算机审计力度、探索联网审计新路子和实现审计综合管理网络化，提高了审计科技含量；四是创新审计整改机制。逐步转变以往实施审计后再要求被审计单位整改的做法，采取了“边审计、边交流、边整改、边规范”的做法，强化审计工作实效。

跟踪审计 广州市审计机关开展了第16届亚运会组委会财务收支、亚运建设项目和资金、污水治理和河涌综合整治专项资金和建设项目；广州市对口支援汶川威州镇灾后恢复重建项目、青海玉树地震抗震救灾资金物资募集、管理和拨付情况；解决中小学教师“代转公”和“两相当”问题专项经费、中小学校舍安全工程等跟踪审计。在对口支援汶川威州镇灾后恢复重建跟踪审计中，市审计局采取派出审计组和常驻审计相结合、前方审计和后方审计相结合的方式，开展在时间上实时监督、在空间上就地监督的全面跟踪审计，有效保障灾区建设的廉洁、高效和安全，得到市委、市政府、社会舆论和新闻媒体的一致肯定。全市审计机关还及时跟进，全程监督四川汶川、青海玉树救灾资金物资募集、管理和拨付情况，保障救灾资金和捐赠物资按要求及时到位、有效监管、规范使用。

社会保障审计 以促进改善民生福祉为目标，开展解决中小学教师“代转公”和“两相当”问题专项经费、中小学校舍安全工程、2009年度广州市住房公积金等民生资金和民生工程的审计工作。审计指出和纠正个别区（县级市）代课教师问题未完全解决，公积金贷款审批受理时间长等政策落实中存在的问题。

经济责任审计 全市审计机关对165名领导干部（人员）开展经济责任审计。关注领导干部贯彻执行国家法规、重大方针及部署情况，关注因管理不善、决策失误造成的损失浪费，加大对重大违法违规及责任问题的揭示、反映力度，不断完善权力运用的问责机制，不断创新经济责任审计管理方法，强化审计效果。一是在市审计局建议下，市经济责任审计工作联席会议首次对阻挠经济责任审计的情况进行通报；二是将经济责任审计结果报告范围扩大至整个市党政领导班子，领导了解情况、正确决策提供便利；三是继续推进任中经济责任审计，将预算执行审计成果运用到任中审计中，达到一审多果、一果多用的目的。

审计执法与制度化建设 为加强对政府投资项目的审计监督，规范投资行为，提高投资效益，市审计局自2009年启动《广州市政府投资项目审计办法》制定工作，成立立法领导机构，开展调研认真草拟，采取运用大众媒体、组织专家论证、召开公众代表座谈会等多种形式广泛公开征求意见，历经两年完成了立法程序，于2010年12月27日经市政府常务会议审议通过，并在2011年1月13日公布实施。此外，市审计局结合新修订的《审计法实施条例》、《国家审计准则》，对现行审计业务管理方面的规章制度进行清理，建立健全配套的规章制度及实施细则，先后制定和修订《广州市审计局审计处罚自由裁量权实施办法》、《关于适用审计规章、市政府规章和规范性文件的意见》、《关于修订审计报告提交审计业务会议审定环节的意见》、《关于重申法规引用规范的通知》等制度和规范，促进内部审计操作规范体系的完善。

信息化建设 一是积极探索联网审计新路子。财政联网审计系统基础架构基本部署到位，具备查询分析、多维分析、预警分析、专题分析4种分析工具，提供了模型管理、疑点管理、审计结果管理、权限管理等多种管理手段。二是逐步实现综合管理网络化。市审计局以审计管理系统为依托，不断开发完善审计项目统计、网上投票、办公会议管理、领导议事日程等功能模块。其中统计纠错软件的开发，有效降低了统计数据差错率，得到省审计厅认可并向全省审计机关推广。三是继续推进审计专网建设。实现全市审计机关审计专网的互联互通，文件的电子传输更加便利，压缩召开会议的次数和规模，进一步提高管理工作效果。（撰稿人：詹丽云）

【清远市审计局】 2010年，清远市审计局人员编制33人，在职人员33人。局长甘伟雄，副局长杨汉、谭瑞基、黄文坚，总审计师招文锋，纪检组长谭志钊。设有办公室、财政金融审计科、行政事业审计科（农业与资源环保审计科）、企业审计科、固定资产投资审计科、经济责任审计科、政策法规科。

审计成果 清远市审计机关共完成审计及审计调查单位267个，查出违规金额5216万元，其中应上缴财政1987万元，应归还原渠道资金672万元，应调账处理金额7929万元；已上缴财政2271万元，已归还原渠道资金668万元，已调账处理金额3624万元。移送司法机关、纪检监察部门处理事项2件，建议有关部门处理事项2件。审计提出建议611条、被采纳的审计建议571条，提交审计专题报告和信息简报156篇、被采用42篇，向社会公告审计结果1篇。

财政审计 全市预算执行和决算审计单位共32个（其中预算执行审计单位26个、财政决算审计单位6个），审计查出未按规定征收、缴纳财政收入4456万元，资金滞留闲置22621万元等问题。在清远市五届人大常委会第二十九次会议上，听取和审议了市审计局局长甘伟雄受市政府委托所作的《2009年度市本级财政预算执行和其他财政收支的审计工作报告》，并获得高票通过。

行政事业审计 全市审计机关共审计单位133个，查出主要问题有应缴未缴预算收入240万元，违规改变资金用途441万元，少计少缴税费358万元，未落实收支两条线和专户管理规定1004万元，账外资产1440万元。

固定资产投资审计 全市共审计（或调查）单位14个，项目投资金额46897万元，完成投资金额41089万元，核减投资额6274万元，审计后挽回（避免）损失6133万元。

企业审计 全市审计机关全年共审计（或调查）单位9个，查出主要问题有少计或虚列成本费用20万元，少计少缴税费80万元，其他问题资金191万元。

经济责任审计 按照“全面推进、突出重点、健全制度、规范管理、提高质量、深化发展”的工作思路。全市完成审计责任人116名，审计单位105个，审计查出违规金额1426万元，管理不规范金额57799万元。

效益审计 全市审计机关全年开展绩效审计项目80个，审计查出问题金额109031万元，审计提出建议188条，被采纳的审计建议162条。

专项资金审计（调查） 全市开展专项资金审计（调查）单位79个，审计专项资金总额1918997万元，审计查出违规改变项目计划和资金用途140000万元，资金滞留闲置582万元，其他问题63848万元。（撰稿人：李　坚）

【韶关市审计局】 2010年，韶关市审计局人员编制47人，在编42人。局长蒋伟民（—4月）、凌振伟（4月—），副局长李贵堂、凌振伟（—4月）、李秋月（7月—）、陈大川，总审计师钟定鸿，纪检组长李秋月（—7月）、徐进平（7月—）。设有办公室（计算机审计室）、法规审理科、经济责任审计办公室、财税金融审计科、行政事业审计科、农业与资源环保审计科、经贸外资审计科、固定资产投资审计科。

审计成果 韶关市审计机关完成审计项目350个，查出违规金额4879万元，损失浪费金额43万元，管理不规范金额67310万元，应上缴财政587万元，应调账处理金额1246万元。已上缴财政金额400万元。审计提出建议631条，被采纳审计建议589条。提交专题或综合性报告和信息简报554篇，被批示采用344篇。

财政审计 重点加强预算执行审计、财政支出审计、重点资金运用情况跟踪审计、转移支付资金审计，涉及民生的住房保障、医疗卫生、教育、住房公积金等资金的审计，关注部门预算、国库集中收付和政府采购等财政改革，促进公共财政制度的建立和完善。对始兴县2009年度财政决算、翁源县2009年度财政决算、新丰县2009

年度财政决算进行审计，关注执行上级财经法规情况、影响上级财政收入情况、管理和使用上级专项资金和补助资金情况等。对地税系统 2009 年度税收征管情况进行审计，推动地税部门依法治税、深化税收征管体制改革和管理创新。

行政事业审计　韶关市审计机关完成行政事业审计项目 195 个，审计调查项目 3 个，查出应上缴财政 577 万元，已上缴财政 390 万元。审计查出的主要问题为违规改变资金用途、未落实收支两条线和专户管理规定等。

社会保障审计　对 2009 年度企业职工基本养老保险基金、城镇职工基本医疗保险基金、失业保险基金、工伤保险基金、生育保险基金进行审计。重点审核资金安全性、完整性、合规性和基金管理内部控制制度的健全性和有效性。

企业审计　韶关市审计机关完成企业审计 7 个，审计调查 1 个，查出应上缴财政 9 万元，已上缴财 9 万元。

经济责任审计　韶关市审计机关认真学习贯彻执行《党政主要领导干部和国有企业领导人员经济责任审计规定》，以领导干部履行经济责任为主线，以财政财务收支及经济活动的真实合法效益为基础，重点关注领导干部贯彻执行国家财经法规和韶关市委、市政府的重大决策的执行落实、重大投资项目建设和管理、财政财务收支及相关经济活动的真实合法效益情况，以及领导干部个人遵守廉政规定情况等。共完成经济责任审计项目 176 个，查出违规金额 4150 万元，管理不规范金额 32972 万元。

专项资金审计（调查）　韶关市审计机关共完成专项资金审计单位 58 个，审计调查单位 49 个，审计专项资金总额 1308375 万元。

（撰稿人：褚晓芬）

【河源市审计局】　2010 年，河源市审计局人员编制 37 人，在编 34 人。局长陈钦添，副局长王超良、何国平，纪检组长黄炳忠。设有办公室、财税审计科、行政事业审计科、经济贸易审计科、农业与资源环保审计科、基建外资审计科、政策法规科、经济责任审计科、社会保障资金审计科、纪检监察室、绩效审计分局。

审计成果　河源市审计机关共审计或审计调查 210 个单位，查出违规和管理不规范金额 9.14 亿元，入库金额 5100 万元。向各级党委政府和有关部门提交综合报告或审计信息 216 篇。为规范经济秩序，促进党风廉政建设，为推动河源经济社会发展发挥积极作用。

经济责任审计　河源市审计局在继续巩固和完善经济责任审计工作的同时，不断深化经济责任审计操作内容和做法，进一步完善县委书记县长经济责任同步审计计算机软件，县委书记县长经济责任同步审计由过去的 10 多人耗时三个月缩短到只需 4 人和一个月时间，节约了审计成本，提高了审计质量。县委书记县长经济责任同步审计 AO 案例获省审计厅 AO 案例二等奖，并被推荐参加审计署 AO 案例优秀项目评比，获三等奖。

预算执行审计　河源市审计局在对市本级的财政预算执行审计中，共披露存在问题 11 个，提出审计意见和建议 13 条。财政部门高度重视，对审计发现的问题积极整改，整改率达到 95%以上。预算执行审计促进财政资金的规范管理，提高财政资金使用效益。

地税审计　河源市审计局组织全市审计机关开展税收审计，追收应缴未缴税款 3390 万元，提出审计意见和建议 12 条，全部被地税管理部门采纳，进一步规范了税收征管行为，提高税收征管质量。

专项资金审计　河源市审计局对中小学校舍安全工程、农业综合开发资金、乡镇卫生院经费和村医补贴专项资金等进行了审计，披露各种专项资金在筹集、管理和使用中存在的问题，并对问题进行原因分析，对每个专项资金的使用情况作出绩效评价。

环境审计　2010 年，河源市审计局开展了水资源环境审计，提出“四关注”和“四结合”的做法（关注生态、关注污染、关注治理、关注保护；审计内容与政府目标相结合、审计项目资金与审计项目绩效相结合、常规审计与非常规审计方法相结合、审计部门与被审计部门相结合）。河源市水资源环境审计得到审计署、广东省审计厅以及环保等有关部门的肯定和高度评价，并分别在审计署、广东省审计厅召开的环境审计研讨会作了经验介绍。

（撰稿人：谢统鹏）

【梅州市审计局】　2010 年，梅州市审计局行政编制 34 人、事业人员编制 6 人，共 40 人，在编 38 人。局长刘耿灵，副局长张少抗（—5 月）、刘少庭、刘鸿涛、杨伟南，纪检组长徐位平。设有办公室、综合与法规审理科、财政金融审计科、经贸审计科、固定资产投资审计科、行政事业审计科、经济责任审计科、农业与资源环保科、绩效审计室（事业编制）。

审计成果　梅州市审计机关完成审计和审计调查单位 49 个，查出违规金额 5041 万元，管理不规范金额 43745 万元，应归还原渠道资金 512 万元，应调账处理金额 9033 万元。应上缴财政 1872 万元，已缴财政 1872 万元。提交审计专题、综合性报告和信息 68 篇，被批示和采用 36 篇。

财政审计　围绕党委、政府、人大关心的重大经济事项，积极开展同级财政预算执行情况审计，审计单位 4 个，对 2 个县级财政进行决算审计，查出预算编报不真实 21686 万元，财政支出核算不实 4542 万元，违规改变资金用途 1712 万元，未落实收支两条线 177 万元，未按规定缴纳财政收入 612 万元等，处理上缴财政 760 万元。

专项资金审计　开展扩大内需促进经济增长新增投资项目资、农业开发、教育、社保、救灾资金等项目审计。审计资金总额 333002 万元，促进加强专项资金的使用和管理。

行政事业审计　突出对重点部门、重点单位审计，审计单位 32 个，查出未落实收支两条线和专户管理 1010 万元，其他问题金额 1055 万元，处理应上缴财政 1110 万元。

绩效审计　重点选择部分行政事业、企业单位进行审计，帮促加强管理，提高财务管理水平。审计 43 个单位，查出潜在损失金额 13971 万元，提出并被采用审计建议 75 条，审计后增收节支金额 1597 万元。

经济责任审计　审计县（处）级领导干部 30 人，审计单位 30 个，对县处级党政领导班子做到逢离必审，将离任经济责任审计与任中审计相结合，与财政预决算审计、财政财务收支审计、绩效审计相结合，提高任中审计的比重，不断提高工作质量及成效。查出违规金额中负有主管责任的 3626 万元，管理不规范金额中负有主管责任的 10191 万元。

内部审计　市直有内审机构 17 个，内审人员 83 人，共完成审计项目 710 个，主要是开展基建审计 104 个、经济责任 40 个，专项审计 17 个，财务审计 128 个等，查出损失浪费 383 万元，提出建议意见被采纳 116 条，增加效益 644 万元。

（撰稿人：古登信）

【潮州市审计局】　2010 年，潮州市审计局人员编制 31 人，在编 29 人。局长邱怀球，副局长蔡舜娜、杨桂生、刘建春。设有办公室、政策法规科、财税金融审计科、固定资产投资审计科、行政事业审计科、工交商贸审计科、经济责任审计科。

审计成果　共完成审计项目 150 个，查出违规金额 1848 万元，管理不规范金额 165336 元；应调账处理金额 1747 万元，归还原渠道资金 651 万元。提出审计建议意见 198 条，各部门落实整改 42 条。提交审计信息 47 篇，被上级审计机关和新闻单位采用 21 篇次。向纪检、检察、公安等部门移送案件线索和事项 3 件。

财政审计　通过对市本级预算执行情况（包括对市直部分教育、卫生单位 2009 年预算执行及其他财政收支情况的审计调查）、市地税系统税收征管情况等的审计，对辖属枫溪区政府 2009 年度财政决算审计。揭露和反映当前财政预算、决算管理中存在的一些薄弱环节，为人大和政府进一步加强预算管理和监督提供了重要的依据。在对市本级预算执行情况的审计中，发现部门预算约束力不强、财政管理存在不到位情况、财政拨款进度不够合理、部分财政资金没有按用款计划、项目进度拨款等主要问题。

行政事业审计　完成市中心血站、市市场物业管理总站 2 个单位的财务收支审计，发现“收支两条线”管理执行不严等问题，已责成有关单位予以纠正，市财政局已采纳我局针对结余“用血互助金”没有实行收支两条线管理提出的审计建议，将“用血互助金”实行收支两条线管理。

固定资产投资审计　重点对广济桥维修工程、牌坊街修复工程等政府投资建设项目开展审计调查，对潮安县彩塘镇金骊中学一期工程投资建设、市中心医院内科住院楼等进行竣工决算审计，对潮州市对口支援四川省汶川县耿达乡灾后恢复重建项目建设情况和援建资金管理使用情况开展跟踪审计，共查出管理不规范金额 22511 万元，核减固定资产投资 54 万元。

社会保障审计　完成 2009 年度全市社会保障基金的审计。督促相关部门及时对社保基金征收、管理、使用等方面的不规范问题加以纠正和整改落实，督促相关部门建立健全多项规章制度，有效推动和完善了潮州市社保体制、机制建设，促进了民生政策的落实，维护了参保人员的切身利益。

企业审计　对市直 80 家国有企业 2009 年度资产、负债和经营情况进行调查，重点调查 20 家企业。揭示了企业营运困难、亏损严重、待岗人员多，资产质量差、历史包袱沉重，经济运行不规范、管理机制不到位，经济遗留问题多、企业负债累累等问题，为潮州市进一步规范国有资产管理和促进深化国有企业改革提供决策参考。

经济责任审计　共完成经济责任审计项目的 16 个，共查出违纪违规金额 527 万元，管理不规范金额 40449 万元，处理上缴财政 75 万元，责令调账 80 万元，应归还原渠道资金 89 万元。向被审计单位提出审计建议 11 条。发现的主要问题是，财务收支反映不真实、没有严格执行“收支两条线”管理、个别单位工程项目和大宗购置没有按规定实行招投标、存在偷漏税费行为、挤占挪用专项资金。

专项资金审计（调查）　开展扩内需促增长专项资金、青海玉树救灾资金和物资、扶贫济困资金和物资等 11 项专项资金的审计调查。解决我省中小学代课教师和中小学教师待遇“两相当”问题专项经费跟踪审计，向省提出将枫溪区列入“两相当”补助对象、并补拨 2009 年度省级补助资金、确保省委和省政府政策落实到位等建议，得到采纳。农业综合开发资金审计，发现部分配套资金未到位、项目实施进度缓慢等问题，提出了 5 条审计建议。新型农村合作医疗保障基金审计调查，发现新农合补偿支出增长速度较快、二县二区基金支出都较前一年同期大幅增长、基金存在透支风险等多个问题，并向市政府提出了加强基金运行监测分析、适当调整相关政策等 6 条建议，为潮州市规范新农合基金的管理、使用发挥促进作用。

（撰稿人：林　娟）

【汕头市审计局】　2010 年，汕头市审计局人员编制 69 人，在编 64 人。局长林毅荣，副局长黄师杰、吴绚红、郭旭、吴少青，总审计师吴小琦，纪检组长林炎光。设有办公室、综合法规科、财政金融审计科、行政政法审计科、企业审计科、固定资产投资审计科、社会保障审计科、教科文审计科、农业与资源环境保护审计科。直属机构：经济责任和绩效审计分局、计算机审计中心。

审计成果　汕头市审计机关完成审计项目 253 个，查出违规金额 14431 万元，其中应上缴财政 11896 万元，应减少财政拨款或补贴 1538 万元，应归还原渠道资金 625 万元；已上缴财政 12134 万元，已减少财政拨款或补贴 1382 万元，已归还原渠道资金 828 万元，已调账处理金额 9628 万元。移送纪检机关处理 4 件。提交审计工作报告、信息 61 篇，被采用 33 篇（次），向社会发布审计结果公告 4 篇。

预算执行审计　汕头市审计局积极探索财政审计大格局，计划用三年时间，对市直部门预算执行情况全部轮审一遍。从 2010 年开始，对全市 30 个部门、单位的预算执行情况进行审计，财政审计覆盖范围得到进一步拓展。共查出应上缴财政 5741 万元，违规变更预算 1639 万元，预算编制批复不规范 26916 万元，未按规定征收、缴纳预算收入 4769 万元，财政收入核算不实 5360 万元，未落实收支两条线和专户管理规定 8800 万元，预算结余不实 1169 万元，其他问题金额 6.44 亿元；已上缴财政 5956 万元。针对市本级预算审计发现的问题，注重从体制、机制、制度以及政策措施层面综合分析研究，向市领导提交《综合理财，激励引导，绩效考核，舒解我市财政困难的审计建议》等审计专报，引起市委书记、市长等领导的高度重视。

专项资金审计　汕头市审计局完成 70 个专项资金审计和审计调查项目，审计专项资金总额 158.43 亿元，审计发现有问题的资金总额 14.68 亿元，其中违规改变项目计划和用途 18481 万元，资金滞留闲置 738 万元，配套资金不落实 64237 万元，其他问题资金 63346 万元，审计促进拨付资金到位 3972 万元。通过对涵盖赈灾、教育、社保、新农合医疗等专项资金加强监督，确保各项政府惠民利民政策落到实处。

固定资产投资审计　汕头市审计局完成 14 个政府投资项目、129911 万元的结算审计，核减投资额 1758 万元。市审计局还认真总结多年来政府投资审计中发现的一些普遍性和倾向性的问题，专门向市政府提交了《关于加强政府投资项目管理的审计建议》的审计专报，指出政府投资项目管理中存在“三自”管理模式存在弊端；监理单位履行职责不到位；政府监管链条长，易脱节，未能形成监管合力等问题，并提出推行“代建制”，实现“建管用”分离等审计建议，受到市委市政府的高度肯定，进一步打响汕头投资审计牌子。

经济责任审计　汕头市审计局审计经济责任人（单位）91 人，其中党委政府 11 人、党政机关领导 47 人、事业单位领导 31 人、国有及国有控股企业领导 2 人；查出违规金额 298 万元、管理不规范金额 16 亿元、损失浪费金额 869 万元。此外，市审计局创新经济责任审计计划管理，不断改进审计方式，提高审计效能。专门研究制定《汕头市审计局经济责任审计项目管理办法（试行）》，细化规范业务流程，细化不同经济责任审计对象的审计方法方式、审计报告表述重点；将财政决算、财务收支审计与经责审计相结合，实现了“一审多果”；把绩效审计融入经济责任审计项目中，努力做到对领导干部的“问绩”和对资金的“问效”有机结合，对领导干部作出客观、实事求是的评价。

企业审计　汕头市审计局审计 11 个国有企业，查出“账外”资产 30 万元、其他问题金额 2732 万元。在摸清企业家底的同时，加大对经济违纪的查处力度，如对某公司进行财务收支审计时，发现该公司 17 套房产房改时，部分职工房改资金 30.11 万元去向不明的问题，将线索移送市纪委查处，维护国有资产安全。同时按照市委、市政府要求对三家国有企业进行审计，提出改进企业经营状况、挖掘企业融资发展潜力的审计建议，促进企业提高自主创新能力。

审计整改　9 月，汕头市首次以市政府名义召开全市审计整改工作会议，部署对 2009 年市本级预算执行和其他财政收支审计查出问题的整改落实工作。市人大和市政府、纪委有关领导出席会议，各区县政府领导、人大财经委、审计、财政、地税等 40 多个单位负责人参加会议，推动了相关地区和部门单位切实加强整改。从整改情况看，截至 2010 年底已上缴财政专户 1.08 亿元，市和各区县落实配套资金 6.3 亿元，各级财政拨付以前年度列支挂存资金 6.5 亿元，整改效果显著。

内部审计　汕头市内部审计机构有 68 个，内部审计人员 183 名，共完成审计项目 44 个，查处损失浪费 121 万元，发现大案要案线索 7 件，促进增收节支（增加效益）13 万元，提出建议意见 36 条。开展“内部审计与内部控制体系建设”、“内部审计践行‘免疫系统’功能的途径和方式”、“风险导向审计”三场理论探讨。

（撰稿人：李依依）

【揭阳市审计局】　2010 年，揭阳市审计局人员行政编制 33 人，实有 35 人。局长唐莉，副局长林少波、杨愈勇、谢拱从，纪检组长方惠龙。设有办公室、法制科、财税金融审计科（加挂外资运用审计科牌子）、行政事业审计科、经济责任审计科、固定资产投资审计科、经贸审计科、直属分局和揭阳市审计局驻东山区办事处。另下设科级直属事业单位揭阳市审计信息管理办公室（2007 年 12 月 29 日前为揭阳市审计信息中心），编制 3 人，在编 3 人。

审计成果　全市完成审计和审计调查单位 346 个，完成全年计划的 168.78%。查出违规金额 17796 万元，管理不规范金额 201022 万元，损益（收支）不实 68957 万元，促进增收节支 5774 万元。提出并已被采纳的审计建议意见 480 条。提交审计专题、综合性报告和信息简报 133 篇，向社会公告审计结果 47 篇。

财政审计　全市审计机关完成对国库的审计，提出强化源头责任和国库监督的改进意见。加大对部门预算执行情况的审计力度，提出进一步完善部门预算编制、提高预算的科学性、加强非税收支预算管理、提高预算管理水平、科学反映年度收支预算计划，提高预算的完整性等审计建议。组织全市审计机关对地方政府债务情况开展专项审计调查，促进地方政府规范债务管理，防范政府性债务风险，为保持经济平稳较快发展提供保障。全市开展预算执行审计（调查）项目 27 个，查出违规金额 6489 万元；管理不规范金额 48889 万元；应上缴财政 785 万元已全部上缴。

经济责任审计 全市审计机关继续深化经济责任审计，县委书记的审计正式纳入审计监督范畴。县委书记审计工作经验做法，被中央五部委经济责任审计联席会议办公室刊发全国学习借鉴。经济责任审计在服务各级党委加强干部管理，推动科学决策、民主决策和廉洁从政等方面成果更加突出。全市共完成经济责任审计项目 184 个，涉及经济责任审计人 184 人，查出应负主管责任的违规金额 9795 万元，管理不规范金额 90021 万元。

固定资产投资审计 全市审计机关紧紧围绕市委、市政府的工作中心，做好政府投资审计工作。认真贯彻《对市财政拨款（融资）兴建的重大工程项目实行审计监督的实施意见》，切实加强对政府投资重大工程建设项目的监管。市审计局继续开展对新 30 亿工程全程跟踪监督审计，重点对 3 个公路工程项目的预（概）算审计，促进加强工程项目管理。

专项资金审计（调查） 全市各级审计机关继续突出服务大局的思想，突出抓好民生资金及民生工程审计监督，为党委、政府科学决策和惠民政策落实提供服务。先后组织对市中小学校舍安全工程和全市解决代课教师、中小学教师待遇“两相当”问题专项经费、2010 年度因公出国经费第一阶段等项目的审计调查；对汶川地震灾后我市对口援建项目开展恢复重建和青海玉树地震抗震救灾款物、全市“广东扶贫济困日”活动捐赠资金物资第一阶段、2007～2009 年度国家农业综合开发资金的分配管理和使用情况等项目进行审计；完成对市政府驻北京联络处 2009 年度财务收支情况审计；继续尝试使用 AO 系统辅助审计，组织对全市 2009 年度社保基金情况进行审计；完成对普宁市 2003 年 9 月至 2009 年 1 月土地出让金专项审计调查。有效促进落实各项惠民政策，切实维护人民群众的利益，推动解决当前群众关心、社会反映强烈的突出问题，增强政府提供公共服务的能力。

审计调查 市审计局完成扩大内需促进经济增长大南山侨区农村公路新增投资审计调查；完成揭阳市龙颈上水库除险加固工程专项审计调查；完成对广东巨轮模具股份有限公司新增中央投资重点产业振兴和技术改造——高精度液轮胎硫化机技术改造项目专项审计调查，揭西县审计局对中央和省安排该县新增投资的防护林、农村饮水安全工程、污水处理、计生服务设备购置、农产品质量安全监测、第二批 9 个农村公路建设项目及东园中学建设情况进行跟踪审计，保障了中央和省扩大内需促进经济平稳较快发展政策的贯彻落实，较好地发挥了审计“免疫系统”作用。

相关工作 （1）认真开展各项教育活动。开展忠诚教育活动和纪律教育学习月活动。审计队伍的综合素质明显提高，达到以强化思想防线、强化预警机制、强化队伍素质、强化工作效能等“四个强化”目标。（2）审计科学管理明显加强。强化审计业务综合管理，提高审计质量。审计整改落实机制得到完善，陈奕威市长主持召开市政府四届 33 次常务会议，专门对审计查出问题的落实整改工作进行部署。加强审计信息安全检查。（3）依法行政工作扎实推进。市审计局局长唐莉被中共揭阳市委授予“揭阳市 2006～2010 年依法治市工作先进个人”荣誉称号。审计通联工作受表彰，揭阳市审计局被审计署中国时代经济出版社《中国审计》编辑部评为“2010 年度审计宣传工作先进集体”称号。（4）继续加大审计信息化建设力度。市审计局正式部署 OA 系统的实际应用，审计信息化建设明显加快。（5）内审工作有了新的发展。组织召开全市内审工作会议，着力解决目前内审机构存在机构设置不健全，独立性较差；审计技术落后，方法不科学；思维方式局限，缺乏新理念；法规制度滞后，执行不到位四个方面问题。促进国家审计与内部审计的有效融合，促进内部审计“免疫系统”功能的发挥。（6）审计理论研究有新提高。认真开展审计理论研究和审计宣传，编辑质量较高的《揭阳市审计学会》（第三期）；市审计局长唐莉的论文《新形势下审计对权力制约和监督的思考》获得揭阳市首届哲学社会科学优秀成果奖论文类一等奖，受到揭阳市政府颁奖。市审计局经贸科撰写的《试谈跟踪审计的操作方法》获得省学会通报表扬；市公安局审计科撰写的《公安内部审计的增值功能及实现途径》获得省内审协会理论课题研究优秀论文三等奖；揭西县审计局撰写的《开展村官经济责任审计促进农村财务规范化管理》在省内审农村集体经济理论研讨会上作经验介绍。

（撰稿人：许镇奇）

【汕尾市审计局】　2010年，汕尾市审计局人员编制36人，实有人数42人。局长王晓东，副局长李明训，总审计师李桂芝。设有办公室、法规审理科、财税金融审计科、行政事业审计科、农业与资源环保审计科、经济贸易审计科、固定资产投资审计科、整改监督科和经济责任审计办公室。

审计成果　全市审计机关共完成审计和审计调查项目147个，查出违规金额6871万元，管理不规范金额9937万元，为财政增收节支2899万元。提出审计建议408条，被有关部门和被审计单位采纳354条。提交审计专题、综合性报告和信息简报151篇，被各级领导批示、新闻媒体采用131篇。市审计局分别被市委、市政府评为“全市反腐倡廉建设先进集体”、“党的建设先进单位”；被广东省体育局授予“广东省第十届‘体育节’活动先进单位”荣誉称号。市审计局和城区审计局、海丰县审计局、陆丰市审计局、陆河县审计局被审计署办公厅和《中国审计》编辑部授予“2010年全国审计宣传工作先进单位”荣誉称号；市审计局被《中国审计报》授予“全国审计宣传优秀单位”称号。全市2个审计项目参加全省优秀审计项目评比，均获得表扬项目奖励。

财政审计　全市审计机关继续推行“财政审计一体化”，实行统一审计项目计划、统一审计工作方案、统一审计实施时间、统一审计报告格式、统一审计处理处罚、统一审计质量控制的“六统一”预算执行审计模式。审计主要查处和揭露了政府性基金未列入预算等问题，并突出对财政资金的绩效评价，提出了进一步深化预算管理制度改革，规范预算分配行为，全部财政收入和支出实行预算管理“三统一”，强化预算监督和绩效评价，提高预算资金使用效益等审计建议。

全市审计机关对全市地税系统2009年度税收征管进行审计，查处了少缴少征、企业欠缴税费、未申报纳税的纳税登记户比例偏大等问题，并从完善体制、机制和制度的高度提出了进一步规范征管行为，健全完善的税收征管质量考核工作，严格按查账征收，防止税收流失等审计建议并得到采纳。

经济责任审计　全市共开展经济责任审计项目28个，其中离任审计18个，任中审计10个，审计查出管理不规范金额2584万元，违规金额3131元，提出可行性建议和意见80条，为加强领导干部的管理和监督，促进干部勤政廉政起到了积极作用。工作中，紧紧扣住审经济、审责任两大要素，准确区分单位领导的经济责任，为组织人事部门管理使用干部提供更加科学直观的参考依据，进一步发挥经济责任审计促进完善干部监督管理工作中的作用。

扩大内需跟踪审计　全市审计机关继续对中央和省扩大内需相关政策措施实施情况和效果进行专项审计调查，开展67个扩内需项目的审计跟踪调查，共形成阶段性报告5篇、整改情况报告4篇、政策落实情况的审计调查报告3篇。

固定资产投资审计　全市共完成政府投资建设项目竣工决算审计11个，送审标的达14380万元，经审计核减工程投资总额达1000多万元。审计查处了工程竣工不决算、高估冒算、虚大成本、损失浪费等行为，进一步发挥了审计监督在推进和规范固定资产投资市场秩序、提高资金使用效益等方面的积极作用，取得较好经济效益和社会效益。

专项资金审计（调查）　（1）抓好社保基金专项审计。对全市2009年度的社保基金进行专项审计，审计披露了社保基金未按时解缴财政专户、结余基金储备未转定期存款、离休医疗费占用基本医疗基金情况普遍和以前年度挤占挪用的社保基金尚未收回等问题，并提出了继续扩大社保覆盖面、加强社保基金征收力度、提高社保基金增值收益、清收挤占挪用基金等审计建议，获得采纳。（2）抓好青海玉树地震抗震救灾资金审计。全市审计机关对青海玉树地震抗震救灾资金的募集、拨付和管理进行了三个阶段跟踪审计，向政府和人民交出了一本放心账、明白账。（3）抓好“代转公”和“两相当”专项审计。全市审计机关对解决中小学教师“代转公”和“两相当”问题进行了第三阶段的跟踪审计，全面摸清了全市中小学教师“代转公”和“两相当”的情况，并针对全市中小学教师严重缺编和代课教师并存、中小学代课教师工资经费未能得到解决、学校占用公用经费发放代课教师工资等问题，提出了加大政策和资金扶持力度，合理配置教育资源等审计建议。

专项审计　汕尾市审计局对第16届亚运会省属场馆广东海上运动场维修改造项目专项资金和项目建设情况进行专项审计。该项目注重工程的进度、管理、质量和安全方面的审计，采取全程跟踪审计方式，增强了审计监督的时效性。并坚持“边审计边整改”的原则，审计共发出《审计现场整改通知单》8份，均得到施工、监理和业主单位的认可和重视，现场整改率均达100%。

完成交办工作　全市审计机关自觉树立大局意识、服务意识，正确处理交办任务与工作职责的关系，积极服务党委政府中心工作，认真完成上级交办任务，坚持做到交办任务件件有着落、事事有回音，受到了上级审计机关和党委、政府的充分肯定。

队伍建设　（1）加强教育培训。全市审计机关以教育培训为抓手，全面提高审计队伍的综合素质，采取了强化培训、多渠道学习的方式，积极为审计人员参加培训创造条件。汕尾市审计局继续以“每月一课”为平台，积极打造长效学习机制，共举办了10期“每月一课”学习活动，学习内容涵盖计算机知识、文秘知识、审计业务知识，接受教育培训人数达300多人次，有效地提高了审计人员的学习能力和知识水平。据统计，全年全市审计机关共选派21人次参加审计署、省审计厅的业务培训，共有198人次参加当地组织人事部门和其他有关部门举办的各类培训班，1人被评定为高级审计师资格，1人获审计署计算机审计中级资格，审计队伍的业务素质得到全面提高。（2）加强党风廉政建设。全市审计机关以学习贯彻落实《廉政准则》为契机，通过抓教育、强素质，抓制约、强监督，抓源头、强职能，有力地促进了审计机关的党风廉政建设和反腐败工作。市审计局从抓审计组审计纪律入手，强化审计人员的廉洁从审意识，针对个别审计人员出现的苗头性问题，及时开展“严管理、树正气、鼓士气”活动，有力地促进了审计机关的党风廉政建设。同时，对所有审计项目均实行审计人员遵守审计纪律情况反馈制度和回访制度，建立起有效的领导监督、现场监督、回访监督、社会监督、动态监督“五位一体”监督机制。全市审计机关未发现违纪违规事件。

文化建设　3月，开展了“亚运到汕尾，全民齐健身”骑自行车活动，以实际行动迎接亚运。8月，组织全市审计机关女干部职工编排富有汕尾地方特色的节目《渔家歌舞》，参加广东省审计厅“情系审计·喜迎亚运”文艺晚会并获优秀表演奖，既弘扬了汕尾地方文化，又展示汕尾审计形象。10月，市局党组书记、局长王晓东作为广州亚运火炬手，光荣地参加亚运圣火的传递，成为全国审计系统首位完成广州亚运圣火传递的火炬手，向全国、全世界展现了汕尾审计人开拓、创新、进取的精神。　（撰稿人：陈云海）

【惠州市审计局】　2010年，惠州市审计局人员编制51人，在编47人。局长冯起忠（10月—），副局长陈益明、张静远、骆英华。设有办公室、法规审理科、综合信息科、财政税务审计科、专项资金审计科、经济责任审计科、审计督查科、固定资产投资审计科、企业审计科。

审计成果　惠州市审计机关完成审计（调查）项目274个，涉及单位467个，查出违规金额3.11亿元，应上缴财政7541.38万元，应减少财政支出金额625.34万元，应归还原渠道资金4191万元。移送司法、纪检监察机关案件线索3宗。其中市审计局共审计（调查）项目54项，涉及单位161个，查出违规金额2.57亿元，应上缴财政4514.38万元，应减少财政支出金额625.34万元，应归还原渠道资金3718万元。需进一步跟踪调查整改事项3宗，已移送纪检监察机关案件线索1宗。

专项资金审计　惠州市审计局主要对基本农田建设、农村饮水、农村劳动力再就业培训、园林绿化、住房公积金、社保、扶贫济困等13大类民生资金和项目开展审计。对全市农村饮水、农田建设、农村劳动力再就业、农业综合开发4项专项资金的管理、使用和效益情况进行审计调查。审计发现部分专项资金使用违规、使用效益不佳、管理中存在薄弱环节等问题，审计部门提出加强资金和项目管理意见建议。

固定资产投资审计　惠州市审计局通过对政府投资工程项目的审计（调查）以及对重点项目的跟踪审计，促进项目堵塞漏洞、完善管理、规范运作，提高建设资金使用效益，共核减不实工程造价287.34万元，促进节约工程投资和减少财政支出584.34万元，已归还原渠道资金910万元，提出审计意见建议77条。

企业审计　对纳入仲恺高新区管理的陈江等5个镇（办）和部分县（区）镇（办）所属自来水公司股权转让进行审计调查。调查发现，审计复核结果与原评估结果差异超过6500万元。市政府制定了《关于进一步加强和完善乡镇国有（集体）资产监督管理的实施意见》，加强乡镇国有和集体资产管理；有关县（区）、镇（办）根据审计意见认真整改，调整或收回部分自来水厂的股权。

预算执行审计　惠州市审计局开展预算执行审计项目23个，查出违规金额2921万元，管理不规范金额6.69亿元。对市本级2009年度财政预算执行情况审计，坚持把揭露问题与规范管理、促进改革相结合，注重从机制和制度上发现问题，分析原因，提出建议。市本级预算执行审计结果表明，市本级财政预算执行情况总体较好，市本级对教育、科技、农业总投入的增幅符合有关法律规定。

经济责任审计　两级审计机关全年共完成经济责任审计项目129个，查出违规资金1795万元，发现管理不规范金额8.55亿元。市局继续对经济责任审计对象实行分类管理，对不同类别的审计对象有针对性地开展审计，做到既全面审计，又突出重点。开展对龙门、博罗县原县长的离任审计，较好地完成组织部门委托的离任审计项目。

相关工作　注重教育培训，不断提高审计队伍综合素质。加强考核，提高机关效能。党风廉政建设深入扎实。突出抓好审计过程的廉政建设，打造“阳光审计”。抓好审计组“八不准”廉政规定的贯彻落实，每个项目都实行随同审计通知书下发“八不准”廉政规定；重大审计事项定性处理坚持由审计业务会议决定。（撰稿人：刘文娜）

【东莞市审计局】　2010年，东莞市审计局人员编制61人，在编59人。局长杜沛游，副局长梁渠森、王汝铭、卢炳辉、何志宇，总审计师何建东。设有办公室、综合法规科、财政金融审计科、经济责任审计一科、经济责任审计二科、固定资产投资审计一科、固定资产投资审计二科、行政事业审计科、经贸审计科、内审指导科。

审计成果　东莞市审计局完成审计和审计调查项目53个，查出违规金额6895万元，管理不规范金额328251万元，损失浪费金额1349万元，促进上缴财政6817万元。提交专题审计报告、信息66篇，绝大部分都得到上级领导的批示、部门单位的认同或采用。市审计局被评为2010年度市直机关先进单位。

财政审计　开展对财政、地税等部门和部分专项资金的预算执行审计，查处违规金额6794万元，促进纠正管理不规范金额45217万元，上缴财政5252万元，严肃财经纪律，规范财政管理，提高预算执行力。开展全市地方政府性债务审计调查，及时揭示债务管理中的薄弱环节、潜在风险和存在问题，提出了审计意见和建议。

金融审计　对1家银行开展资产负债和损益审计调查，揭露部分贷款贷前调查不严谨、贷后检查不到位、贷款资金发放方式不规范等问题。

经济责任审计　对17名领导干部实行经济责任审计，积极探索镇委书记和镇长的“同步审计”，纠正和理顺管理不规范金额15000多万元，促进增强领导干部拒腐防变的意识，提高政策执行力，推进权力的源头监督和反腐倡廉建设。

专项资金审计　对10多项专项资金和项目开展审计，揭示和反映个别专项资金未及时发挥效益、教师待遇经费未落实、医院收费不合规等问题，促进有关部门加快落实相关政策，加强资金项目管理，发挥资金使用效益，维护群众切身利益。

固定资产投资审计　开展映秀镇灾后恢复重建、亚运场馆改造、高速公路等投资项目审计，依法查处多计建设成本、违规招投标、损失浪费等问题，查出管理不规范金额18278万元，损失浪费金额1036万元，促进建设单位加强工程管理，提高资金绩效，推进工程建设领域的廉政建设。

企业审计　对3家重点市属国有企业开展审计，把握企业的资产质量、债务和损益情况，关注资产处置等重大决策事项，查处利润不实、投资关系不清晰等问题。

内部审计　全市共有内审机构 448 个，配备内审人员 1793 人，全年完成审计项目 2363 项，查出违规金额 36841 万元，查出损失浪费金额 1141 万元，促进增收节支 11946 万元，增加效益 1042 万元，内部审计“免疫系统”功能作用得到进一步发挥。　　（撰稿人：朱清荣）

【深圳市审计局】　2010 年，深圳市审计局人员编制 199 人，在编 183 人。局长陈志刚（—6 月）、陈倩雯（7 月—），党组书记邓平（7 月—），副局长沈安利、何锐军，总审计师陈华。设有办公室、综合处、审理处、财政处、金融处、行政处、资金处、企业处、资源环境处，下属经济责任审计专业局、政府投资审计专业局。

审计成果　深圳市审计机关完成审计项目 2459 个，查出违规金额 14095 万元，其中应上缴财政 4535 万元，应归还原渠道资金 1671 万元，应调账处理金额 23077 万元；已上缴财政 610 万元，已调账处理金额 2459 万元。移送司法、纪检、监察部门处理 2 件。提交审计工作报告、信息 2443 篇，被采用 2068 篇。7 月新领导班子上任以来，着手编制深圳市审计工作五年规划，加强审计监督和服务，推进审计法制建设，加强计算机审计应用，得到深圳市委、市政府和审计署领导的充分肯定。

财政审计　按照审计署积极构建财政审计大格局的统一部署，在审计范围的完整性、审计内容和目标的全面性等方面树立财政审计“一盘棋”的观念，密切关注经济社会发展中的突出矛盾和潜在风险，围绕政府中心工作发挥作用。在市本级预算执行和其他财政审计中，除例行审计外，对会展业财政专项资金等进行审计调查，对重大政府投资项目进行跟踪审计，提出加强市本级预算执行管理的意见，努力促进深化财政改革、优化财政支出结构、规范政府投资项目建设管理、提高财政资金使用效益。组织各区审计局对 2009 年底以前的政府性债务情况进行专项审计调查，初步摸清市区两级综合可用财力状况，分析政府性债务风险，为全面开展政府债务审计奠定良好的基础；及时完成政府临时交办的各项审计任务，其中对平湖“绿的”司机罢驶事件及时组织进行审计调查，提出了有针对性的审计建议，为维稳决策提供准确信息，得到市维稳领导小组的高度赞赏。

绩效审计　围绕市委市政府关于加快转变经济发展方式的决定，积极拓展绩效审计工作内容，着力发挥绩效审计在推动新兴产业发展、促进产业升级、优化产业结构、转变经济发展方式等方面的建设性作用。2010 年对现代物流业发展专项资金、文化产业发展专项资金、深圳音乐厅深圳大剧院运营、财政用于巴士集团节能减排资金、城市垃圾处理费使用、福利彩票公益金资助项目、农民工医疗保险基金、地质灾害防治 8 个项目组织实施绩效审计。涉及产业扶持、公共资金、建设项目、宏观管理等领域，审计内容以财政资金和公共资源的使用管理绩效为主线，注重提高绩效审计的宏观性、时效性和建设性。绩效审计工作报告扩大了内容范围，将全年有绩效审计内容的审计项目情况纳入报告，增加被审计单位整改情况的内容，从宏观上提出加强和改进政府绩效的意见以及深化绩效审计的新思路。

固定资产投资审计　安排政府投资审计项目 674 个，完成福龙路、深圳文化中心等一批重大项目的竣工决算审计，对大运场馆建设、轨道交通二期、中小学校舍安全工程等一批政府关心、市民关注的重大项目进行跟踪审计，送审金额 389.92 亿元，审定金额 365.27 亿元，核减金额 23.65 亿元，共出具 1104 份审计报告，其中跟踪审计出具“现场跟踪审计工作联系单”102 份，发出“跟踪审计建议函”32 份，提出各类审计意见或建议 180 余条，得到建设单位的积极回应和采纳；对工程建设管理中存在的普遍性问题，通过审计信息向政府提出改进建议，3 篇信息获得市领导的重要批示。

经济责任审计　共审计领导干部 86 名，其中党政领导 59 名，企事业单位领导 27 名。审计查出违规金额 0.88 亿元，管理不规范金额 31.48 亿元，被审计单位有 3 名相关人员被移送司法机关处理。按时完成市政府组成部门领导的换届审计工作，积极开展市直各单位、市属企业内部管理干部经济责任审计情况调查，配合市组织部门完成 2009 年至 2010 年 10 月审计的 51 个项目 50 位领导干部的经济责任审计结果评议。对 2009 年和

2010年10月底前完成的52个经济责任审计项目的审计结果和整改情况进行汇总整理和分析，编制《年度任期经济责任审计一览表》，开展市直各单位、各企业内部管理干部经济责任审计情况调查，摸清深圳市各单位内管干部经济责任审计机构设置、人员状况和业务开展现状等情况，为进一步监督和指导各单位的内部经济责任审计工作夯实基础。

灾后恢复重建和援疆审计　深圳市审计局继续做好对汶川地震灾后恢复重建的跟踪审计和青海玉树地震抗震救灾捐赠物资的跟踪审计，同时开展深圳市支援新疆喀什地区建设项目和资金审计工作，全力促进社会和谐稳定。共派出11批次审计组赴甘肃陇南灾区开展现场跟踪审计，完成对口支援甘肃省受灾严重地区恢复重建直接援建项目的竣工决算审计，开展对深圳市青海玉树地震抗震救灾资金和物资募集、拨付和管理的跟踪审计，抽调审计骨干组成援疆建设项目审计组，及时跟进援疆建设项目审计。（撰稿人：凌春杰）

【珠海市审计局】　2010年，珠海市审计局人员编制42人，在编40人。局长周昌，副局长郭圣勇、胡艳华。设有办公室、政策法规科、财政金融审计科、行政事业审计科、经济责任审计科、经贸审计科、固定资产投资审计科、资源环保与绩效审计科。

审计成果　珠海市审计机关完成审计项目123个，查出违规金额23052万元，其中应上缴财政22985万元；应减少财政拨款或补贴3万元，应归还原渠道资金63万元；已上缴财政28013万元，已减少财政拨款或补贴3万元，已归还原渠道资金252万元。移送司法机关、纪检监察部门处理事项1件，建议有关部门处理事项2件。提交审计工作报告、信息164篇，被采用33篇。

财政审计　结合财政体制改革和发挥审计“免疫系统”功能的新要求，重点加强对财政预算、税收征管、部门预算等财政收支审计监督，促进财政管理和提高资金使用效益。

行政事业审计　全年审计行政事业单位54个，查出应上缴财政258万元，已上缴财政258万元，应缴未缴预算收入4243万元，隐瞒截留收入1283万元，违规改变资金用途557万元，少计少缴税费41万元，未落实收支两条线和专户管理规定210万元，其他问题42960万元。

固定资产投资审计　围绕“交通、产业、城市”三大格局建设，以规范建设行为、节约政府投资、提高资金绩效为目标，开展18个政府投资项目招投标及合同管理等情况专项审计调查。

社会保障审计　开展的2009年度社会保障资金预算执行和决算审计，重点审计财政专户的社保资金安全，对审计发现社保基金运作中存在的问题提出审计建议，促进相关部门规范基金管理，审计情况在《珠海特区报》和《珠江晚报》做了专题报道，实现审计结果透明、公开。

企业审计　对9个单位开展审计，应上缴财政4840万元，已上缴财政3007万元，审计查出少计或虚列成本费用435万元，少计少缴税费524万元，其他问题金额10609万元。

经济责任审计　全市共完成党政部门和国有及国有控股企业领导干部经济责任审计项目57个，审计查出违规金额2867万元，管理不规范金额48143万元，损失浪费金额344万元。

专项资金审计（调查）　重点开展社会保障、农业综合开发、住房公积金、校舍安全、抗震救灾、“广东扶贫日”捐赠资金等涉及民生的专项资金审计和审计调查；并继续开展对汶川县绵虒镇灾后恢复重建援建项目的跟踪审计。充分发挥审计在保障群众利益、维护社会稳定、推动和谐建设等方面的作用，取得良好成效。

（撰稿人：孙安宇）

【中山市审计局】　2010年，中山市审计局人员编制51人（行政编制47人，工勤编制4人），在编50人。局长吴维兴，副局长陈福成、杨伟文、冯欣荣、林文正，总审计师王梓明，纪检组长巫颖洁。设有办公室、人事科、内审指导监督科、财政税务审计科、行政事业审计科、经济责任审计科、固定资产投资审计科、综合计划与法规审理科、企业审计科、社会保障审计科、农业资源与环保审计科。

审计成果　中山市审计局完成审计（调查）项目59个（不计所属单位和延伸单位，含3个上年度审计项目），为年度计划的105.36%。共查出违规金额3380万元，查出管理不规范金额

1642887万元。共出具审计报告和报送审计调查58篇（含上年度项目），提出审计建议218条，被采纳217条。为政府增收节支707万元，核减投资（结算）额131万元，审计后挽回（避免）损失12万元。

预算执行审计 围绕应对国际金融危机，促进“保增长、保民生、保稳定”这个中心，以预算执行审计为基础，把握财政资金分配、管理和使用的总体情况，科学安排审计项目，选取对地方经济发展影响重大和涉及民生的重点资金作为专项审计内容，圆满完成中山市2009年预算执行和其他财政收支情况审计。该项目涉及市级预算资金1104409万元及镇区预算资金138379万元。

专项资金审计 （1）积极开展青海玉树抗震救灾资金和物资以及“广东扶贫济困日”活动捐赠资金物资跟踪审计。中山市审计局根据广东省审计厅相关文件精神和局工作指示，分阶段到市红十字会、市民政局、市财政局等有关单位开展审计工作，积极与被审计单位和部门密切配合，按时上报各个阶段的审计情况报告。（2）开展解决本省中小学教师“代转公”和“两相当”问题、地方政府债务情况、中央和省扩大内需相关政策实施情况和效果、社会保障性住房租赁资金、扶困助学资金、低产鱼塘整治经费、渔民转产转业经费、幼教经费、增班经费、镇区农业现代化小区建设配套资金专项等多个专项资金的审计或审计调查。通过审计及审计调查，有效促进市本级财政部门及有关单位合理分配和使用财政资金，促进完善相关制度，落实惠民政策等方面发挥了积极作用。（3）积极做好环境审计指标体系课题研究工作。中山市审计局委托南十字星环境实业有限公司开展的环境审计指标体系课题研究，经过专家评审和多次修改，并征求局课题组成员的意见，最终形成中山市环境审计指标体系课题研究的终稿，并作为审计局在环境审计方面的有益探索，在广东省珠江水环境综合整治专项审计调查总结会暨环境审计研讨会上作专题介绍，得到广东省审计厅和其他市审计局的好评。

经济责任审计 完成16个经济责任审计项目。一是以领导干部履行经济责任为主线，以财政财务收支及有关经济活动的真实合法效益为基础，以守法守纪守规尽责为目标，并与财政预算执行审计、绩效审计、专项资金审计等有机结合起来，力争“一审多果”。继续完善《中山市落实科学发展观领导干部经济责任审计评价指标体系》，对经济责任审计的内容、评价的标准进行了统一规范，继续积极探索经济责任审计方式、方法。二是着力抓好联席会议办公室工作，协调部门联动，加强同各联席会议成员单位的协调配合，深化联席会议平台作用。三是整理维护市经济责任审计数据库，完善有关的分类索引、及时充实了基础资料，提高使用的便利性。

固定资产投资审计 完成5个固定资产投资审计项目，对加强和完善基本建设项目管理，提高资金的使用效益起到了重要的作用。在开展全市中小学校舍安全工程跟踪审计项目中，审计局对24个镇区校舍进行走访以及对其校舍排查、鉴定情况进行整理、汇总。按照工程建设领域突出问题专项治理的自查内容，对纳入校安工程的10所学校项目建设程序履行情况进行抽查，对审计发现的主要问题提出合理化意见与建议；在横栏镇污水处理厂一期工程建设项目预算执行情况审计中，对项目的预算执行情况、项目建设管理过程中“五制”（项目法人责任、工程招投标、合同管理、工程质量终身责任、工程监理）、建设资金使用和管理情况以及对主体土建工程、机电设备安装工程和永兴片区进场主管工程的结算进行了审核，核减工程款130万元，对审计发现的该项目在工程造价、预算编制、项目建设管理、合同管理、财务管理等方面存在的问题，提出了意见与建议。

内部审计 2010年，全市内部审计机构共审计1000多个单位，查出损失浪费金额86万元，发现管理不规范金额2亿多元，增加效益183万元；提出审计意见和建议被采纳1519条。一是为进一步加强和规范全市内部审计指导监督工作，印发《中山市内部审计指导监督工作实施办法》、《中山市内部审计工作手册》等5个规范性文件。二是坚持做好业务指导工作。审计局坚持每月深入到5～6个镇区和单位进行调研，认真检查审计办的业务档案资料，指出存在问题，提出改进意见，探讨发展思路。通过开展“年审制”工作调查达到更好地督促有关单位完成年度审计工作。三是坚持做好经验交流工作。通过召开经验交流

会议和印制经验交流材料，真正起到了提高审计工作水平的目的。（撰稿人：陈国辉）

【江门市审计局】　2010年，江门市审计局人员编制42人，在编42人。局长甄仁旺，副局长陈新汉、陈伟文、梁小玲，纪检组长王小丽。设有办公室、政策法规科、财政审计科、金融审计科、行政事业审计科、经贸审计科、农业与资源环保审计科、社会保障审计科和经济责任审计科。

审计成果　江门市审计局完成审计项目58个，占年初计划的276%；查出违规金额13万元，管理不规范金额23.11亿元，其中处理上缴财政9万元。审计提出建议72条，提交审计报告及信息58篇。

财政审计　江门市审计局对14个本级2009年度预算执行和其他财政收支情况进行审计，查出管理不规范资金2.25亿元，提出审计建议21条；查出在财政管理方面存在部分资金未及时拨付使用；部门经费指标结余达17040万元，影响效益发挥。在税收征管方面，查出部分企业和单位纳税申报不实，缴税不及时，少缴税费共52万元。对市12个部门预算执行审计方面：查出有10个单位（含下属单位）存在2008年底结余4127万元未纳入2009年部门预算计划；有8个单位存在部分专项收入、其他收入及预算外收入2580万元，支出2158万元未纳入预算管理；有5个单位存在收入未入账，会计核算不规范，错记会计科目，收支核算不规范，涉及金额210万元等问题提出审计意见和建议。

经济责任审计　江门市审计局对31人进行经济责任审计，查出违规金额13万元，管理不规范金额19.94亿元。工作中，充分发挥联席会议作用，创新工作思路，关注民生，将有无重大决策失误造成严重损失浪费，有无搞“政绩工程”和“形象工程”而造成严重负债，有无严重违纪和违反廉洁自律规定，有无管理上的重大漏洞等作为审计重点，并把任期内资产是否保值增值、负债是否严重作为评价领导干部经济绩效的主要标准之一。在做好“逢离必审”的基础上，逐步加大对书记、市（区）长的经济责任审计，分别对蓬江、新会、台山、鹤山、恩平书记、市（区）长开展了经济责任审计，并积极探索实践书记、县长的“同步审计”模式，进一步拓展经济责任审计对象的层次，开拓新的审计思路。

专项资金审计　江门市审计局围绕地方党委政府中心工作和人民群众关心的热点难点问题，积极开展专项资金审计，为党委政府宏观决策服务。先后完成全市地方政府性债务情况、市（直）青海玉树地震抗震救灾资金物资、“广东扶贫济困日”活动捐款资金物资资金、社会保险基金、农业综合开发资金、全市住房公积金和市红十字会等专项资金审计；创新开展市对口汶川灾后恢复重建资金、全市中小学校舍安全工程等重点建设项目跟踪审计；开展对我市中小学教师“代转公”和“两相当”问题专项审计。

（撰稿人：卢永锡）

【佛山市审计局】　2010年，佛山市审计局人员编制45人，在编45人。局长杨耀松，副局长吴乃慧、林进浪、杜惠萍，总审计师温美球，纪检组长何内。设有办公室、法规审理科、财税审计科、社会保障审计科、行政事业审计科、企业审计科、经济责任审计科、固定资产投资审计科、绩效审计科。

审计成果　佛山市审计机关完成审计（调查）项目177个，查出违规金额1597万元，其中应上缴财政1386万元，应归还原渠道资金142万元，应调账处理金额180万元；已上缴财政3088万元（含上年度应缴财政金额），已归还原渠道资金74万元，已调账处理金额2174万元（含上年度应调账处理金额）。提交审计工作报告、信息64篇，被采用38篇。

财政审计　全年审计（调查）44个单位，查出管理不规范金额20.07亿元，上缴财政2699万元。围绕构建财政审计大格局，推进管理制度审计和预算执行绩效审计，促进健全预算管理制度、政府性债务资金审批制度，完善国库支付系统的控制机制，加快财政绩效预算和预算信息公开。深化财政审计结果运用，连续第四年向社会公开预算执行审计情况，首次向社会公开审计整改结果，增强财政审计工作成效。

固定资产投资审计　全年审计（调查）21个工程建设项目，涉及项目投资金额84.82亿元，查出管理不规范金额1.41亿元，审计核减或节约投资金额529万元。提前介入对佛山市6个重大交通建设项目实施跟踪审计，审计报告得到市领导重要批示；圆满完成佛山市对口四川省汶川县水磨灾区援建项目审计任务，促进援建项目荣膺“全球灾后援建最佳范例”称号；综合审计发现的问题，向市政府提交4份专题对策建议报告，促进健全建设项目资金监管制度。

经济责任审计 全年对22名领导干部开展经济责任审计，查出违规金额951万元，管理不规范金额2548万元。把经济责任审计与预算执行审计、效益审计结合起来，有效拓展审计监督的深度和广度；注重审计监督和干部考察相结合，对佛山市拟提拔任用的100多名副处级以上领导干部，都从审计的角度把好关口，与市委组织部形成干部任前考察联动机制。

专项资金审计（调查） 全年审计（调查）33个单位，审计专项资金总额达740.47亿元，查出管理不规范金额3.84亿元。加强对扩内需促进经济增长、社会保障、广州亚运会佛山赛区项目资金等民生领域专项审计（调查），促进惠民政策措施落实到位。在社保基金审计中，注重从制度层面查找薄弱环节，促进相关单位出台《关于进一步加强我市社保基金管理的实施意见》，健全社保基金的共同监管机制。 （撰稿人：龙遨海）

【肇庆市审计局】 2010年，肇庆市审计局人员编制45人，实有人数43人。局长江军洲，副局长周敏华、苏汉中、谢秋萍，纪检组长苏汉中（兼）。设有办公室（与纪检组、监察室合署）、综合法规科、财税金融审计科、行政政法事业审计科、农业与资源及社会保障审计科、企业与外资运用审计科、经济责任审计科、固定资产投资审计科、审计中心。

审计成果 完成审计及审计调查单位38个，审计或涉及单位375个，查出违规金额35302万元、管理不规范金额88191万元，其中应上缴财政6651万元，应归还原渠道资金781万元，应调账处理金额2819万元。经审计处理后已上缴财政2169万元，已归还原渠道资金52万元，已调账处理5483万元，人均对国家作出贡献51.65万元。提出审计建议84条，被采纳82条。提交审计专题、综合性报告和信息简报117篇，被批示采用111篇。向社会公告审计结果一篇。

财政审计 对12个预算执行单位和1个财政决算项目进行审计，首次将党委部门纳入预算执行审计范围，发现并查处储备土地转让不规范、用款企业资金使用监管缺位、非税收入未缴财政、占用专项经费等问题，并提出了相应的审计意见和建议。涉及违规金额6278万元、管理不规范金额23746万元，提出加强管理、完善制度、提高资金效益的建议。肇庆市人大常委会听取并审议了今年的审计工作报告，对市审计局在突出民生热点、认真履行职责、如实揭露问题、促进整改落实等方面取得的显著成绩给予充分肯定。市审计局还根据市人大常委会的审议意见，向社会公告了市本级预算执行的审计结果。

经济责任审计 对3名事业单位领导人员和5名党政领导干部进行经济责任审计，其中，任中审计对象4人，离任审计对象4人。揭露了基建项目超概算超规模、违规办理用地手续、违规处置国有资产等问题，查出违规金额4397万元、管理不规范金额7379万元。

专项资金审计（调查） 采取提前介入、动态监督、全程跟踪的审计方法，推进扩内需投资资金、玉树抗震救灾款物、汶川克枯乡53个援建项目、中小学校舍安全工程项目、解决中小学教师“代转公”和待遇“两相当”问题等事关重大民生事项的审计，同时整合审计资源，推进社会保险基金、农村合作医疗、农业综合开发资金、各级政府“驻京办”财务收支、因公出国经费等项目审计。共审计资金总额1308618万元，查出违规及管理不规范金额7074万元。对审计发现的配套资金未足额到位、未执行基本建设程序、项目管理不完善等突出问题及时提出了审计建议，促进各有关单位迅速整改，维护了资金的安全完整和有效使用。

地方政府性债务审计 对市直和市高新技术产业开发区1997～2010年地方政府性债务情况进行专项审计调查，揭露问题，分析成因，有针对性地提出了6条审计建议，促进了进一步规范政府性债务和政府融资平台的管理和监督。

审计整改 进一步落实了跟踪整改工作责任制及整改结果报告制，市本级审计工作报告中反映的违规和管理不规范问题大部分得到整改，审计整改取得明显成效。截至2010年10月底，已促使各被审计单位上缴财政资金2201万元、追回和归还各类被挤占挪用资金430万元、拨付财政资金8594万元、调账处理资金7438万元。全市审计整改工作在广东省政府召开的专门会议上作了经验介绍。

内部审计 市直共有内部审计机构47个，内审人员181人，完成审计项目1842个，增加经济效益1330万元，被采纳的审计意见和建议676条。市内部审计协会团体会员共16个、个人会员共75人。 （撰稿人：闲建中）

【云浮市审计局】 2010年，云浮市审计局公务员编制27人，在编27人。局长梁敏坚，副局长伍金明、莫剑平。设有办公室、政策法规科、财税审计科、金融与社会保障审计科、行政事业审计科、经贸审计科、农业与资源环保审计科、固定资产投资与外资运用审计科、经济责任审计科。

审计成果 全市审计机关共完成审计单位205个，查出违规金额7179万元，损失浪费金额258万元，管理不规范金额296944万元，应上缴财政454万元，核减投资额1849万元，审计后挽回损失3108万元。向被审计单位或有关单位提出建议399条，被采纳338条，促进被审计单位建立健全规章制度10项。

财政审计 全市开展预算执行审计和审计调查项目38个，共查出违规金额1117万元，管理不规范金额121977万元，提出审计建议120条，被采纳93条。开展财政决算审计项目5个，查出违规金额1723万元，管理不规范金额79377万元。

专项资金审计 坚持突出民生主题，结合绩效审计，积极关注涉及人民群众切身利益的财政资金使用情况，审计专项资金总额857518万元。其中，开展了市直住房公积金使用和管理情况审计，促进了市住房保障制度的完善；对医保基金和农村合作医疗专项资金的审计，进一步推进全市城乡医疗保险制度的完善，较好地保障了城乡群众的基本医疗需求，促进了全社会和谐稳定。

行政事业审计 开展行政事业审计82个，查出违规金额2743万元，管理不规范金额71456万元，应上缴财政金额280万元，已上缴财政52万元。

固定资产投资审计 审计单位19个，核减投资额1849万元，为政府投资项目节约资金，促进政府投资重大项目建设顺利进行。

企业审计 全市开展企业审计4个，企业审计调查1个，查出少计少缴税费87万元，损失浪费258万元，挽回损失1258万元。重点关注企业的损益状况、资产质量、债务状况，检查企业管理中的突出问题和绩效状况，促进完善现代企业制度和企业的可持续发展。

经济责任审计 全市完成64个单位的64名领导干部任期经济责任审计，其中处级13人，科级51人，查出违规金额2419万元，管理不规范金额66972万元。 （撰稿人：梁美红）

【阳江市审计局】 2010年，阳江市审计局人员编制45人，实有45人。局长关泳芬，副局长黄华贤、陈红、林业玺、明康颁、林志远。设有办公室、法规审理整改科、经济责任审计科、财税金融审计科、行政事业审计科、农业与资源环保审计科、固定资产投资审计科、绩效审计科。

审计成果 阳江市审计机关完成审计项目41个，查出违规金额8103万元，其中应上缴财政3679万元，应归还原渠道资金751万元，应调账处理金额577万元。出具审计报告和审计调查报告41篇。已上缴财政2153万元，已调账处理金额160万元。

财政审计 开展对财政、地税等部门和部分专项资金的预算执行审计，审计项目9个，查出应上缴财政2887万元，应归还原渠道34万元，处理金额5万元，已上缴1889万元。通过开展审计，发现和纠正存在部分财政收支反映不实、部分专项资金未按时安排使用等问题。

行政事业审计 审计项目12个，查出违规金额2092万元，应上缴669万元，应归还原渠道717万元，应调账处理387万元，已调账92万元。揭示和反映教师经费未落实、医院收费不合规等问题，维护群众的切身利益。

固定资产投资审计 全市审计机关依据经济社会发展需要，加大了固定资产投资审计力度，促进投资项目建设资金的有效管理。审计项目 5 个，查出违规金额 1414 万元，应上缴 128 万元。

绩效审计　审计项目 3 个，查出违规金额 960 万元，应上缴 988 万元，已上缴 986 万元。查处利润不实、投资关系不清晰等问题，及时堵塞管理漏洞，保障国有资产安全。

经济责任审计　2010 年 10 月，根据中共中央办公厅、国务院办公厅联合下发了《党政主要领导干部和国有企业领导人员经济责任审计规定》（中办发〔2010〕32 号），推动成立阳江市经济责任审计工作联席会议制度，大力推进经济责任审计。特别注重把经济责任审计与财政财务收支审计、专项审计结合起来，把离任审计与任中审计结合起来，做到监督关口前移，提高审计效能。审计单位 11 个，审计经济责任人 10 人，查处违规金额 2092 万元。

专项资金审计（调查）　审计项目 12 个，查出违规金额 750 万元，应上缴 5 万元，已上缴 5 万元，应调账处理 68 万元，已调账处理 68 万元。

审计宣传　2010 年，阳江市审计局着力加大宣传力度，踊跃向媒体推介我市审计工作的经验和做法，展示当代“审计人”积极向上、奋发有为的风采。《阳江市加大对审计工作的资金投入》《全省内审协会骨干齐集阳江“充电”》等稿件在《中国审计报》刊登采用，还有十多篇稿件被省、市新闻媒体所采用。　（撰稿人：区世尚）

【茂名市审计局】　2010 年，茂名市审计局人员编制 41 人，在编 40 人。局长王伯昌，副局长黄晓文、陈凡晓、李家胜，总审计师梁文超。设有办公室、综合审计科、财政金融审计科、行政事业审计科、经贸审计科、农资环保社保审计科、固定资产投资审计科、经济责任审计科。

审计成果　全市审计机关完成审计项目 230 个，查出违规金额 10234 万元，损失浪费金额 1698 万元，管理不规范金额 475502 万元。决定处理处罚应上缴财政 4389 万元，应减少财政拨款 644 万元，应归还原渠道资金 1183 万元，应调账处理金额 4813 万元；已上缴财政 3533 万元，已减少财政拨款 644 万元。提交审计工作报告、信息 107 篇，被批示采用 68 篇次。审计提出建议并被采纳 421 条，促进被审计单位制定整改措施 17 项。审计质量控制再上新台阶，地税征管审计项目被评为全省 7 个优秀审计项目之一并被推荐参加全国优秀审计项目评选。审计规范化建设全面推进，10 名干部获取了高、中级审计职称，茂名市审计局新订、修订了 62 项管理制度，审计基础设施明显改善。机关作风建设和行政效能建设成效显著，各局党支部均被当地党委评为先进党组织。

2010 年，茂名市审计机关加快审计转型升级，着力在更高层次、更广领域发挥审计“免疫系统”功能；积极构建财政审计大格局，围绕“两个报告”统筹审计项目安排；大力推进绩效审计，全市绩效审计项目占比为 61%，市本级达 72%；审计整改工作力度进一步加强，工作机制进一步完善；更加自觉融入经济社会发展大局，积极履行审计社会责任；审计规范化建设全面推进并取得初步明显成效。

财政审计　完成预算执行审计项目 14 个，查出违规金额 3879 万元，管理不规范金额 79448 万元。决定处理处罚应上缴财政 1932 万元（已上缴 1834 万元），应减少财政拨款 644 万元（已执结）。开展对 3 个县（市、区）上级下拨专项资金和财政供养人员工资发放情况专项审计调查，积极促进县级财政管理体制改革。

行政事业审计　完成审计项目 122 个，查出违规金额 5630 万元，管理不规范金额 37742 万元。决定处理处罚应上缴财政 1732 万元，已上缴财政 647 万元。

专项资金审计（调查）　突出抓好扩内需促增长、汶川抗震援建项目跟踪审计和教育、社保、住房、“三农”等民生发展资金绩效审计，完成审计（调查）项目 75 个，查出违规金额 165 万元，管理不规范金额 324697 万元。决定处理处罚应上缴财政 165 万元，已上缴财政 129 万元。

经济责任审计　以促进领导干部守法守纪守规尽责为目标，稳步推进县（市、区）、镇党政主要负责人的“同时审计”，深化审计对象分类管理，前移审计监督关口，规范审计评价内容，不断规范提高经济责任审计。共完成对 104 名领导干部的经济责任审计，查出主管责任违规金额 3931 万元，直接责任违规金额 386 万元。

固定资产投资审计　完成审计项目 3 个，查出管理不规范金额 1866 万元。

企业审计　完成审计项目 16 个，查出违规金额 560 万元，管理不规范金额 31749 万元。决定处理处罚应上缴财政 560 万元，已上缴财政 923 万元。

内部审计　全市内审机构完成审计项目 428 个，促进增加效益 380 万元，提出建议意见并被采纳 134 条，较好发挥审计“免疫系统”功能。

（撰稿人：凌启生）

【湛江市审计局】　2010 年，湛江市审计局人员编制 55 人，在编 55 人。局长郑德胜，副局长牟必洲、高敬元、符强（11 月—），纪检组长宋进耀（—11 月）。设有办公室、法规审理科、财税金融审计科、行政事业审计科、经贸审计科、固定资产投资审计科、社会保障审计科、经济责任审计科和 1 个直属分局。

审计成果　全市完成审计项目 304 个，查出违规金额 3.28 亿元，损失浪费金额 350 万元，管理不规范金额 21.92 亿元。审计提出建议 417 条，促进被审计单位制定整改措施 51 项；提交审计专题、综合性信息和信息简报 216 篇。

财政审计　全市完成预算执行审计 25 项，应上缴财政 1156 万元，已上缴财政 1078 万元。完成县级财政部门决算审计 5 个，应上缴财政 13429 万元，已上缴财政 13157 万元。市审计局局长郑德胜同志受市政府委托向人大常委会作了审计工作报告，报告求真务实，大胆揭露存在问题，得到湛江市人大常委会好评。

行政事业审计　全市完成行政事业单位审计和调查项目 206 个，审计发现违规改变资金用途 1484 万元，少计少缴税费 1079 万元，未落实收支两条线和专户管理规定金额 12237 万元，乱收费乱摊派乱罚款 878 万元；侵害人民群众利益 117 万元；应上缴财政 1441 万元，已上缴财政 354 万元。

固定资产投资审计　继续加大对政府投资的审计力度，做到及时跟进、全程跟踪。审计过程中，重点关注和揭露工程质量、征地拆迁、搬迁安置、资金使用等方面的问题。审计人员八次赴汶川龙溪乡对援建项目进行跟踪审计，核减工程支出 1800 万元；在对疏港公路 4、5、6 标段全程跟踪审计调查中，发现拆迁征地存在严重违纪问题，面对拆迁户的威胁，审计人员坚持原则，及时向市委市政府、征地主管部门反映，直接挽回财政资金损失达 1151 万元；市某单位大楼工程决算审计中，工程审计人员一边承受包工头蛮不讲理的态度，一边认真负责地向他们讲解政策，最终核减 1028 万元，核减率达 20%。在其他工程竣工决算审计中，也揭示了未取得施工许可证先行开工、工程设计未按规定进行招标、竣工图编制不规范，送审造价偏差大等问题。

效益审计　湛江市审计机关结合经济责任、行政事业、企业、专项资金等审计模式积极开展效益审计，共完成效益审计 268 个，查出损失浪费金额 146 万元，违规改变资金用途 4950 万元，其他造成潜在损失 65745 万元；审计后增收节支金额 557 万元；提出建议 268 条，被采纳的审计建议 135 条。

企业审计　完成企业审计和审计调查 19 个，审计发现问题金额 2376 万元，发现个别单位存在公款私存、虚列成本费用、少计少缴税费及损失浪费等问题，提出了整改意见和建议。

经济责任审计　全市共完成经济责任审计单位 173 个，涉及经济责任人 176 人，查出违规金额 1.30 亿元，管理不规范金额 1.27 亿元，损失浪费金额 350 万元。经济责任审计工作在促进党风廉政建设方面发挥重要作用。

专项资金审计（调查）　大力开展中央、省、市扩内需促增长政策措施落实情况的审计监督，涉及资金总额 1.54 亿元；对农业综合开发项目资金的分配、管理和使用情况进行了专项审计和审计调查，提出了审计意见和建议，促进了资金的管理和效益；对湛江市募集的青海玉树地震抗震救灾资金和物资 2085.40 万元进行跟踪审计监督，确保救灾资金和物资安全；开展全市解决中小学代课教师以及中小学教师待遇“两相当”问题审计，有力促进了我市教育事业的发展；在开展地方政府债务情况审计调查中，重点关注过度举债，偿债能力差和政府统筹监管不力，加大财政风险等问题，提出加强融资平台管理，保障财政安全和金融安全，促进政府建立健全债务风险责任制度等建议，为保持我市经济发展提供了制度保障。完成专项资金审计及调查 46 个，审计专项资金总额 70.80 亿元，查出违规改变项目计划和资金用途 3536 万元，应缴未缴专项资金 113 万元，配套资金不落实 3011 万元，其他违规金额 3.38 亿元，有力促进了中央省市扩内需促增长政策落实。

扶贫“双到”工作　按照省市的工作部署，组织开展对麻章区太平镇卜品村“规划到户、责任到人”的扶贫开发工作，加强对 40 户实施帮扶工作。通过实施智力帮扶、项目帮扶、政策帮扶，筹集资金 75.3 万元，投入近 47 万元资金，实现了 40%贫困户 12 户人均收入超过 2500 元的脱贫目标，取得了帮扶工作明显成效，促进了村集体经济发展和贫困户生产生活的改善。

（撰稿人：关南全）

2010 年广东省所辖区、县（市）级审计工作统计表

金额单位：万元

审计机关	完成审计项目（个）	查出违规金额	应上缴财政	应减少财政拨款或补贴	应归还原渠道资金	应调账处理金额	移送司法、纪检监察部门处理（件）	建议有关部门处理（件）	出具审计报告和审计调查报告（篇）	提出审计建议（条）	撰写审计信息（篇）
广州市											
广州市本级	72	44973	44457		225	195471	9	19	77	225	105
越秀区审计局	41	366	362		2	227			41	104	11
荔湾区审计局	26	188	14	174		31			26	49	57
海珠区审计局	18	673	657		15	31			18	44	12
天河区审计局	20	868	805		36	25			24	16	3
白云区审计局	35	1436	1362			75		1	35	36	7
黄埔区审计局	20	610	166	431	1	7	3	1	20	54	21
番禺区审计局	46	5027	4712		279	17965			51	99	32
花都区审计局	28	129	129			2178			28	32	32
南沙区审计局	16	419	419						16	42	8
经济技术开发区审计局	15	1297	1224	72	1	823	1		15	51	5
萝岗区审计局	7	89	5	84		20			8	17	
增城市审计局	41	7101	5016	1883	200	665	1		41	81	34
从化市审计局	31	4515	4298		55	14998		3	35	39	12
清远市											
清远市本级	36	3604	1115		668	7545	1		36	103	81
清城区审计局	20								22	30	13
英德市审计局	46	199	49			69			49	126	17
连州市审计局	36	266	192			52	1	2	36	64	6
佛冈县审计局	42	243	243						42	142	6
阳山县审计局	25	839	323			111			25	77	10

（续表）

审计机关	完成审计项目（个）	查出违规金额	应上缴财政	应减少财政拨款或补贴	应归还原渠道资金	应调账处理金额	移送司法、纪检监察部门处理（件）	建议有关部门处理（件）	出具审计报告和审计调查报告（篇）	提出审计建议（条）	撰写审计信息（篇）
清新县审计局	24	23	23						26	38	3
连山壮族瑶族自治县审计局	18	42	42			152			18	20	9
连南瑶族自治县审计局	20								20	11	11
韶关市											
韶关市本级	49	2708					1		49	114	449
浈江区审计局	17	205	205		14	193			17	55	
武江区审计局	13								13	32	
曲江区审计局	32	698	13						32	58	8
乐昌市审计局	31	5	5			280			31	81	4
南雄市审计局	28	533	70			204			28	12	36
始兴县审计局	37	437	220		181	155			37	69	11
仁化县审计局	31	58	58			224			31	86	15
翁源县审计局	50	220	11		7	190			50	28	21
新丰县审计局	38								38	36	10
乳源瑶族自治县审计局	24	15	5						24	60	
河源市											
河源市本级	43	4235	3958		2770	2251			51	117	49
源城区审计局	21	629	619			897			28	26	50
紫金县审计局	41								41	131	46
龙川县审计局	41	76	76						41	47	
连平县审计局	18								18	31	18
和平县审计局	32	25	8						32	75	
东源县审计局	38								38	52	42
梅州市											
梅州市本级	49	5041	1872		512	9033			49	100	68
梅江区审计局	25	2	1						25	47	2
兴宁市审计局	31	436	220		143	4570			31	69	1
梅县审计局	24	397	10						24	28	
大埔县审计局	46	2521	73		10	51	1		46	38	31
丰顺县审计局	33	94	59		1	754			33	68	33
五华县审计局	35	591	143		443	340			35	59	35
平远县审计局	28	40	17			559			28	31	29

（续 表）

审计机关	完成审计项目（个）	查出违规金额	应上缴财政	应减少财政拨款或补贴	应归还原渠道资金	应调账处理金额	移送司法、纪检监察部门处理（件）	建议有关部门处理（件）	出具审计报告和审计调查报告（篇）	提出审计建议（条）	撰写审计信息（篇）
蕉岭县审计局	32	414	414			1949			32	87	12
潮州市											
潮州市本级	45	1525	76	233	630	130			49	50	53
湘桥区审计局	24								25	52	
枫溪区审计局	14	50	15						14	2	
潮安县区审计局	29	273	98		21	1617			29	13	12
饶平县审计局	38								38	81	
汕头市											
汕头市本级	60	12258	10854	1384			3		60	120	42
金平区审计局	33	18	18						33	44	
濠江区审计局	16	26	5		9				16	24	
龙湖区审计局	22	351	252			16			22	48	10
潮阳区审计局	42								42	4	1
潮南区审计局	43	1385	544	127	601	113			43	87	
澄海区审计局	20								20	61	1
南澳县审计局	17	393	223	27	15	12	1		17	49	7
揭阳市											
揭阳市本级	105	9574	4360	1	16	4948			105	268	90
榕城区审计局	30	168	16		8				30	33	5
普宁市审计局	41	19	15			585	1		41	96	12
揭东县审计局	56	1070	134			216			56	44	7
揭西县审计局	46	6790	226		1561	1010			46	59	8
惠来县审计局	68	175	56						68	30	11
汕尾市											
汕尾市本级	38	3613	3345						38	137	85
市城区审计局	20	588	7		174	28			20	60	36
陆丰市审计局	36	2311	44		19				38	89	5
海丰县审计局	26	322	52		131	1172			26	77	13
陆河县审计局	27	37	1		36	317			27	45	12
惠州市											
惠州市本级	54	599	33			2082	1		54	188	23
惠城区审计局	35	4827	2831		91	5677	2		35	49	3
惠阳区审计局	56					56			56	69	

（续表）

审计机关	完成审计项目（个）	查出违规金额	应上缴财政	应减少财政拨款或补贴	应归还原渠道资金	应调账处理金额	移送司法、纪检监察部门处理（件）	建议有关部门处理（件）	出具审计报告和审计调查报告（篇）	提出审计建议（条）	撰写审计信息（篇）
博罗县审计局	34	431	28		367				34	84	34
惠东县审计局	57	165	147		15				57	127	
龙门县审计局	12								12	37	16
大亚湾区审计局	26	19	19						26	49	35
东莞市											
东莞市本级	53	6895	6817			77			55	205	11
深圳市											
深圳市本级	728	7784	898			5200	1		1183	104	396
福田区审计局	453	108	108						453	281	22
罗湖区审计局	93								93	27	14
南山区审计局	162	93	93						162	50	10
宝安区审计局	24								24	46	
龙岗区审计局	620	6110	3436		1671	17877			620	909	80
盐田区审计局	185								185	278	13
光明新区审计局	194						1		194	183	30
珠海市											
珠海市本级	52	20698	20631	3	63		1	1	59	126	82
香洲区审计局	22	2215	2215					1	24	65	38
斗门区审计局	22	139	139						24	50	22
金湾区审计局	27								28	62	5
中山市											
中山市本级	59	3380	3326		44	3638			58	218	115
江门市											
江门市本级	58	13	9						58	72	50
蓬江区审计局	15	177	177						15	30	30
江海区审计局	16								16	15	
新会区审计局	40	80	11		19				40	157	
恩平市审计局	44	138					2		44	73	4
台山市审计局	36	626	37						36		7
开平市审计局	38								38	39	
鹤山市审计局	28	422	15		1				28	23	
佛山市											
佛山市本级	42	163	163			180			42	137	23

（续 表）

审计机关	完成审计项目（个）	查出违规金额	应上缴财政	应减少财政拨款或补贴	应归还原渠道资金	应调账处理金额	移送司法、纪检监察部门处理（件）	建议有关部门处理（件）	出具审计报告和审计调查报告（篇）	提出审计建议（条）	撰写审计信息（篇）
禅城区审计局	19	580	511						19	47	
南海区审计局	32	53	53				1		32	111	2
顺德区（政务监察）审计局	36	68			68				36	63	14
三水区审计局	22	73			73				22	70	4
高明区审计局	26	660	659		1				26	113	
肇庆市											
肇庆市本级	38	35302	6651		781	2819	1	1	38	84	117
端州区审计局	23	55	5			13208	1		23	19	21
鼎湖区审计局	12	1256	3		33				12	20	21
高要市审计局	29	467	12		3	5683			29	54	10
四会市审计局	28	2764	925		32		1		28	70	28
广宁县审计局	21	70	47						21	28	11
怀集县审计局	21	180	10						21	32	16
封开县审计局	20	652	652						20	9	13
德庆县审计局	24	28				15			24	29	13
云浮市											
云浮市本级	38	5898	140		18				38	144	28
云城区审计局	28	530	15						28	57	2
罗定市审计局	24	274	274						24	251	5
云安县审计局	34	264	7						34	98	130
新兴县审计局	38								38	12	10
郁南县审计局	43	213	18		8	188			43	63	14
阳江市											
阳江市本级	41	8103	3679		751	577			41	47	10
江城区审计局	20	1203	7		33				20	1	
阳春市审计局	30	2669	1575		7				30	20	
阳西县审计局	21					113			21	19	
阳东县审计局	23	625	413						23	51	
茂名市											
茂名市本级	58	1618	407	644		2553			58	164	32
茂南区审计局	32	689	202		443				32	38	1
茂港区审计局	14	70	70						14	40	
化州市审计局	14	4371	1575			1021			14	39	

（续 表）

审计机关	完成审计项目（个）	查出违规金额	应上缴财政	应减少财政拨款或补贴	应归还原渠道资金	应调账处理金额	移送司法、纪检监察部门处理（件）	建议有关部门处理（件）	出具审计报告和审计调查报告（篇）	提出审计建议（条）	撰写审计信息（篇）
信宜市审计局	32	999	606			14			32	81	31
高州市审计局	49	1775	838			1022			49	125	12
电白县审计局	31	712	691		740	203			31	48	31
湛江市											
湛江市本级	50	20354	14947	240	6871	13683			51	135	36
赤坎区审计局	12	133	2						12	28	11
霞山区审计局	5	98				85			5	2	7
坡头区审计局	12	6	19						12	20	
麻章区审计局	14	116	3						14	6	4
开发区审计局	57	51							57	39	52
吴川市审计局	39	3558	200				1		39	61	23
廉江市审计局	19	2724	222			278			19	41	13
雷州市审计局	35	189	31						35	14	29
遂溪县审计局	31	5078	174		129				31	19	14
徐闻县审计局	30	514	453		55	350			30	52	27

广西壮族自治区

【广西壮族自治区审计厅】　2010年，广西壮族自治区审计厅行政编制144人，实有144人；事业编制46人，实有46人。设有办公室、法规处、财政审计处、行政事业审计处、农业与资源环保审计处、固定资产投资审计处、金融审计处、企业审计处（4月—，由经贸审计处更名）、社会保障审计处、外资运用审计处、经济责任审计处、人事处（4月—，由人事教育处更名）、机关党委、离退休人员工作处，设有派出发展计划审计处、派出经济贸易审计处、派出教育科学审计处、派出政法审计处、派出资源环保审计处、派出民政社保审计处、派出交通建设审计处、派出农业水利林业审计处、派出文化体育新闻审计处、派出卫生计划生育审计处、派出工商质监审计处、派出旅游民族事务审计处，还设有机关服务中心、内部审计指导中心、科学研究所、干部培训中心等事业单位。原自治区审计厅监察室变更为自治区监察厅驻自治区审计厅监察室（8月—）。

领导成员

厅　　长：黄必贵

副 厅 长：何小聪（正厅级）　陆　斌
　　　　　眭国华　黄绪全

总审计师：陈勇新

纪检组长：朱名胜（—5月）
　　　　　张永如（5月—）

副巡视员：钟南生

审计成果　2010年广西各级审计机关共审计（调查）单位4384个，查出违规金额167.8亿元，损失浪费金额37.6亿元，管理不规范金额478.8亿元。应上缴财政23.4亿元（已上缴13.0亿元），应减少财政拨款或补贴1.0亿元（已减少0.9亿元），应归还原渠道资金24.4亿元（已归还12.4亿元），应调账处理金额45.5亿元（已调账26.9亿元）。审计后挽回（避免）损失9.2亿元。移送司法机关案件5件（已立案3件），涉案人员19人（已追究刑事责任3人），涉案金额1.4亿元；移送纪检监察部门事项9件（已处理2件），涉及人员11人（已给予党纪政纪处分2人），涉及金额4.0亿元；移送有关部门事项17件，涉及人员1人，涉及金额6708万元。出具审计报告和报送审计调查报告3234篇，提出审计建议5997条（被采纳3982条）。向社会公告审计结果17篇。提交专题或综合性报告、信息简报1152篇（被批示、采用569篇次）。其中：自治区审计厅审计（调查）单位202个，查出违规金额113.1亿元，损失浪费金额34.2亿元，管理不规范金额212.1亿元。应上缴财政8.4亿元（已上缴6.5亿元），已减少财政拨款或补贴1362万元（含减少以前年度应减少的拨款或补贴），应归还原渠道资金21.2亿元（已归还8.8亿元），应调账处理金额35.5亿元（已调账20.7亿元）。审计后挽回（避免）损失1.8亿元。移送司法机关案件3件（已立案2件），涉案人员7人（已追究刑事责任1人），涉案金额350万元；移送纪检监察部门事项2件（已处理1件），涉及人员4人，涉及金额2.2亿元。出具审计报告和报送审计调查报告141篇，提出审计建议525条（被采纳509条）。

财政审计 全自治区共审计（调查）346个单位的预算执行情况，查出违规金额31.0亿元，损失浪费金额102万元，管理不规范金额250.2亿元。其中：自治区审计厅审计（调查）32个单位的预算执行情况，查出违规金额3.7亿元，管理不规范金额135.5亿元。自治区本级2009年度预算执行和其他财政收支情况审计项目，发现自治区财政部门对基本支出预算公用经费制定的定额标准不够准确、对项目支出预算公用经费没有制定定额标准，财政专户资金年末结余较大；自治区本级有些部门年初未将所有上年结余列入部门预算，项目支出预算不够细化，部分公用经费无预算或超预算支出，公务卡使用率不高，部门资金年末结余较大等问题，提出了大力推进科学精细管理、不断增强预算编制的完整性，深化部门预算综合管理，提高资金归集使用的效益等审计意见和建议。自治区人民政府召开政府常务会议专题研究整改问题，随后自治区有关部门出台了相关管理文件。全自治区共审计（调查）40个单位的财政决算情况，查出违规金额14.9亿元，管理不规范金额57.4亿元。其中：自治区审计厅审计（调查）4个单位的财政决算情况，查出违规金额6.5亿元，管理不规范金额23.3亿元。

审计厅实施的北海市2009年度财政决算和其他财政收支情况审计项目，查出违规金额6.5亿元、管理不规范金额20.4亿元，发现部分收入未缴国库或财政专户，部分资金未纳入预算管理，违规出借土地出让金、农民工工资保障金，多头开设银行账户，未及时拨付财政资金、清理往来款项、办理竣工决算等问题。

专项资金审计 全自治区共审计（调查）单位965个，查出违规金额4.3亿元，损失浪费金额1084万元，管理不规范金额30.6亿元。其中：自治区审计厅审计（调查）单位34个，查出违规金额3.1亿元，管理不规范金额3.2亿元。广西2009年6月至2010年5月救灾资金物资行业审计，自治区本级2006～2009年退耕还林工程建设资金、巩固退耕还林成果专项资金的分配管理使用及其工程建设情况专项审计调查，广西西部田林、西林、隆林、乐业、凌云五县2009年度基础设施建设大会战专项资金绩效审计等项目，普遍发现一些地方缓拨、截留、挤占、挪用专项资金物资，专项资金物资的分配、管理、使用缺乏有效监督，项目建设进展缓慢，专项资金物资的使用效益偏低等问题。

广西明阳某开发投资有限公司污水处理设施建设资金跟踪审计项目，查出违规金额1060万元，发现该公司未代收污水处理费，污水处理设施新建配套工程的建设进度滞后影响污水处理项目整体功能的发挥等问题，以审计要情上报广西明阳某生化科技股份有限公司排放的370万吨生产废水严重威胁南宁市郊大王滩水库的水质安全等重大问题。自治区主席等领导迅即批示，责令相关单位迅速整改。

广西100所中等职业学校2007年秋季学期至2009年春季学期学生资助资金专项审计项目，查出违规、管理不规范金额合计650万元，发现部分学校未按规定范围和标准发放资助资金，未按规定形式发放国家助学金和特定专业生活费资助金，将资助资金挪作他用，虚报受助学生人数套取财政资金等问题。专项审计报告上报自治区人民政府后，自治区人民政府有关领导批示要求自治区教育厅牵头督促各地方、各部门以及学校按照审计意见进行认真整改。

行政事业审计　全自治区共审计（调查）单位1040个，查出违规金额40.2亿元，损失浪费金额2.5亿元，管理不规范金额89.0亿元。其中：自治区审计厅审计（调查）单位54个，查出违规金额28.1亿元，损失浪费金额3430万元，管理不规范金额39.0亿元。广西福利彩票发行机构2009年度财务收支审计项目，查出违规、管理不规范金额合计1.8亿元，发现各地级市福利彩票发行机构截留自治区级彩票公益金收入，自治区福利彩票发行机构长期截留应拨专项资金、未及时将应收款项上缴财政、违反政府采购规定采购彩票投注单等问题，促使自治区有关部门出台了《广西壮族自治区彩票公益金管理暂行办法》，明确规定全自治区即开型彩票公益金必须统一缴入自治区财政。

企业审计　全自治区共审计（调查）单位81个，查出违规金额22.9亿元，损失浪费金额34.9亿元，管理不规范金额17.3亿元。其中：自治区审计厅审计（调查）单位15个，查出违规金额19.9亿元，损失浪费金额33.7亿元，管理不规范金额1.4亿元。广西某投资集团有限公司2009年度财务收支审计项目，查出违规、管理不规范金额合计33.2亿元，发现该公司超过规定比例对投资企业进行担保，未如实反映公司损益等问题。广西某公路桥梁工程总公司2008年至2009年财务收支审计项目，查出违规金额704万元，发现该公司不正确核算固定资产，少列收入，少反映投资收益，漏缴税款，财务管理不规范等问题，促使该公司纠正违规金额425万元、补缴营业税及附加278万元。

固定资产投资审计　全自治区共审计（调查）单位1895个，查出违规金额54.6亿元，损失浪费金额1809万元，管理不规范金额17.7亿元。其中：自治区审计厅审计（调查）单位47个，查出违规金额51.8亿元，损失浪费金额1536万元，管理不规范金额2.6亿元。组织对桂中治旱、漓江补水等28个扩大内需、重大特大投资项目实施全过程跟踪审计，对隆林至百色等8条高速公路债权债务实施专项审计，当年审计金额503亿元。通过实施跟踪审计，及时向自治区人民政府反映项目建设过程中遇到的困难和审计发现的重大问题，为自治区领导进行决策提供依据；促使各项目建设单位完善各项控制制度，保证项目建设质量，降低项目建设风险；核减项目工程造价，节约项目建设资金。实施的南宁至百色高速公路工程竣工决算审计项目，查出违规、管理不规范金额合计3.1亿元，发现该工程投资严重超概算，征用的永久用地、临时用地数量严重超批复，未按国家规定标准向土地被征用者支付补偿费，设计费违约或重复计算，工程结算价款高估冒算等问题。

外资运用审计　全自治区共审计（调查）单位14个，查出管理不规范金额7.1亿元。其中：自治区审计厅审计（调查）单位14个，查出管理不规范金额7.1亿元。广西主权外债债务管理情况专项审计调查项目，查出违规金额872万元、管理不规范金额5022万元，发现个别单位对项目的管理不到位，滞留、挪用项目资金；项目单位拖欠债务，广西各级财政为其垫付的债务清偿资金累计额占实际债务清偿资金累计总额的27.50%，未收取资金占用费或违约金，增加了财政负担；有关部门对主权外债的债务管理缺乏有效监督，导致部分项目资产闲置、损失浪费严重，部分项目运营效果未达到预期目标、可持续发展能力不强等问题。专项审计调查报告披露的问题引起自治区人民政府领导的高度重视。自治区人民政府办公厅根据自治区人民政府领导的批示转发了自治区审计厅上报自治区人民政府的《关于进一步加强广西主权外债债务管理整改工作的意见》。自治区财政厅和各市、县人民政府高度重视审计提出的整改意见，认真对照检查和分析原因，采取有效的整改措施，使整改工作取得明显的效果。

经济责任审计　全自治区共审计单位723个，审计经济责任人772人，查出领导干部应负主管责任的违规金额66.9亿元，损失浪费金额233万元，管理不规范金额211.4亿元；领导干部应负直接责任的违规金额7439万元，损失浪费金额75万元，管理不规范金额2.1亿元。其中：自治区审计厅审计单位82个，审计经济责任人61人，查出领导干部应负主管责任的违规金额45.0亿元，损失浪费金额40万元，管理不规范金额124.1亿元；领导干部应负直接责任的管理不规范金额3879万元。

开展领导干部任中经济责任审计的比例由2009年的62%提高到2010年的89%，较好地发挥审计的预警和防范作用。实施桂林市市长2008年2月至2010年6月任期经济责任审计、自治区人民政府驻上海办事处原党组书记2006年1月至2009年4月任期经济责任审计、广西新华书店集团有限公司董事长2006年8月至2010年5月任期经济责任审计等61个项目，审计结果表明绝大多数被审计的领导干部能够贯彻执行中央、自治区的决策部署，认真履行职责，积极推动本地方、本单位的科学发展，但也发现一些值得关注的违规、损失浪费、管理不规范甚至徇私舞弊、以权谋私等问题。2名领导干部、7名相关人员的问题已分别被移送司法机关、纪检监察部门以及其他有关部门依法处理。

内部审计 全自治区共有内部审计机构275个，其中专职机构182个；有内部审计人员1298人，其中专职人员547人。2010年广西各级内部审计机构共完成审计项目21956个，通过审计查出损失浪费金额3372万元，促进增加效益3.7亿元，提出建议意见被采纳4986条，财务决算审签109个，发现大案要案线索28件，建议给予行政处分20人。

自治区本级共有内部审计机构208个，其中专职机构135个；有内部审计人员1107人，其中专职人员445人。2010年自治区本级内部审计机构共完成审计项目20115个，通过审计查出损失浪费金额3368万元，促进增加效益3.6亿元，提出建议意见被采纳4721条，财务决算审签109个，发现大案要案线索28件，建议给予行政处分20人。

继续加强对内部审计的业务指导，全年共举办内部审计人员网络远程后续教育培训班2期，培训内部审计人员1700多人次；协助广西电网、工会等系统举办培训班8期，培训人员746人次。组织完成"风险导向审计实务探索"课题的研究任务，选送4篇论文参加全国内部审计理论研讨会的评选，其中1篇获一等奖、2篇获二等奖。先后到广西农村信用社、监狱等系统的内部审计单位进行调研，对进一步做好今后的内部审计工作提出完善机构、健全机制、关注风险、加快转型等意见和建议。

审计质量管理 制定审计项目管理办法、审计项目计划管理责任追究制度，对审计工作全过程实行严格的进度管理和质量控制，有力地促进各项目标任务按时保质保量完成。推行绩效考评制度，第一次在年底前全部完成本年度所有的审计项目。全年共复核审计项目188个，提出复核意见576条，全部得到采纳。

开展2009年度广西审计机关优秀审计项目评选活动，评出优秀审计项目25个、表彰审计项目5个，并推荐2个优秀审计项目参加审计署组织的全国审计机关2009年度优秀审计项目的评比，其中都安瑶族自治县审计局实施的水任（河池）至南宁高速公路建设都安分指挥部2000年4月至2009年11月财务收支审计项目、柳州市审计局实施的鹿寨县原县长2005年1月至2008年12月任期经济责任审计项目被评为2009年度地方表彰审计项目。

对柳州市、钦州市、来宾市、武宣县审计局的审计业务质量进行了检查，针对存在问题提出改进建议；对广西中众益、桂鑫诚2个会计师事务所的审计业务质量进行核查。

信息化建设 继续加快审计信息化建设步伐，分别实现与审计署、广西14个地级市审计局审计会商系统的联通，在2010年全员集中培训期间为厅和14个地级市审计局全体干部职工通过远程视频系统实时同步地参加培训发挥了重要作用，并为将来实现自治区、市、县三级审计机关之间审计业务远程视频会诊、教育资源共享利用等创造条件。完成厅本级、13个地级市审计局（崇左市审计局因办公楼正在装修尚未部署）、36个县审计局审计管理系统（OA）的部署和应用，逐步实现上述审计机关之间的信息互通、资源共享，提高了审计工作效率。根据审计署金审工程建设的总体部署，完成广西金审工程二期项目的立项工作，通过政府采购程序采购了该项目的核心工程数据中心和联网审计建设的相关设备。不断加大计算机辅助审计的力度，有效提高了现场审计工作的质量和效率。

队伍建设 继续坚持将审计干部能力建设放

在重要位置，其大规模地长期培训干部、通过委派挂职锻炼或跟班学习的方式培养干部、依托高等学校大力培养专业人才和领军人才的做法得到自治区党委组织部的肯定，在相关会议上作了典型发言。

2010年共举办全员集中整训、新任处级领导干部培训、审计业务专题培训等各类培训班23期，培训审计干部2058人次；委派干部外出参加培训60人次；选派4名审计业务骨干到审计署、审计署驻地方特派员办事处挂职锻炼或跟班参加审计项目的学习；从市、县两级审计机关选派14名干部到厅机关挂职锻炼；从厅机关选派4名干部到市、县（区）、乡（镇）机关挂职锻炼。继续与桂林电子科技大学、南京审计学院、北京交通大学分别合作举办计算机审计业务骨干精修班、审计专业本科函授班、工程项目审计方向会计专业硕士学位进修班，大力培养审计专业人才和审计领军人才。至今广西共有364名审计干部参加了上述三个班的学习。

厅党组中心组的学习采用各处室负责人参加扩大会集中学习的方式进行，以党组中心组学习为载体，辐射带动全员学习。为提高领导干部解决实际问题的能力，2010年该厅党组尝试将中心组集中学习的课堂搬到柳州钢铁集团公司等广西大型企业，开展调研和审计回访活动，取得良好学习效果。

精神文明建设 一是举办精神文明建设活动。建设健身房、乒乓球室等职工健身设施和阅览室、荣誉室、宣传橱窗等审计文化设施；举办首届广西审计系统职工运动会，举办球类和棋牌比赛、书法摄影展、工间健身操等丰富多彩的群众文体活动。组织完成13个广西审计重点课题的研究任务，年内在审计署组织的全国审计机关2008年至2009年度优秀审计论文和研究报告的评选中，广西推荐的1篇调查研究报告获二等奖、2篇论文获三等奖。从7月起创办《广西审计》（双月内刊），作为广西审计宣传工作的一个平台和窗口。组织广西各级审计机关开展“学习强素质，审计促发展”、共产党员创先争优警句格言征集和展示活动、厅机关“2010读书年”活动等形式多样的专题活动，丰富了广西审计干部的精神生活。二是开展审计对外交流活动。在自治区人民政府领导下成功协助审计署承办在广西桂林市举行的世界审计组织环境审计工作组第13次大会，大会取得圆满成功和丰硕成果，赢得与会各方的赞誉，极大地提高了广西审计的知名度和影响力。与到广西考察访问的越南审计代表团就各自审计工作的实际做法举行工作座谈会，达到交流经验、增进友谊的预期效果。

各市、县审计机关也积极开展精神文明建设工作，争创各级文明单位。钦州市审计局创建“五型好班子”活动、贵港市审计局开展“结对共建，先锋同行”活动均取得良好效果。自治区审计厅、平南县审计局获自治区精神文明建设委员会授予第13批“自治区文明单位”称号；柳州市审计局获自治区总工会授予“自治区百佳模范职工之家”称号；广西审计学会、柳州市审计学会获自治区民政厅授予“全区先进社会组织”称号；来宾市审计局获来宾市精神文明建设委员会授予第5批“来宾市文明单位”称号。

审计厅被中共中央宣传部、司法部评为“2006～2010年全国法制宣传教育先进单位”。

（撰稿人：朱　明）

【南宁市审计局】 2010年，南宁市审计局人员编制66人（行政编制60人，事业编制6人），实有64人（行政编制58人，事业编制6人）。局长边作新，副局长杨路、卢绍宁，总审计师雷剑秋（1月—），纪检组长刘小玉（1月—）。设有办公室、综合调研科（—9月）、法规科、财政金融审计科、行政事业审计科、农业与资源环保审计科、固定资产投资审计科、企业审计科（9月—，由经贸审计科更名）、社会保障审计科（9月—）、外资运用审计科、经济责任审计科、人事科（9月—，由人事教育科更名）、机关党组织（9月—）、纪检监察室（9月—），还设有南宁市公共投资审计中心。

审计成果 南宁市各级审计机关共审计（调查）单位278个，查出违规金额1.6亿元，损失浪费金额9318万元，管理不规范金额12.7亿元。应上缴财政394万元（已上缴275万元），应减少财政拨款或补贴20万元（已减少20万元），应归还原渠道资金272万元（已归还265万元），应调账处理金额1.4亿元（已调账0.2亿元）。审计后挽回（避免）损失1.2亿元。移送司法机关案件2件（已立案1件），涉案人员12人（已追究刑事责任2人），涉案金额1.4亿元；移送纪检监察部门事项3件（已处理1件），涉及人员3人（已给予党政纪处分2人），涉及金额1.8亿元；移送有关部门事项3件，涉及金额2375万元。出具审计报告和报送审计调查报告139篇，提出审计建议332条（被采纳228条）。提交专题或综合性报告、信息简报40篇（被批示、采用25篇）。其中：南宁市审计局审计（调查）单位47个，查出违规金额1.4亿元，损失浪费金额9301万元，管理不规范金额6.4亿元。应上缴财政329万元（已上缴263万元），应减少财政拨款或补贴20万元（已减少20万元），应归还原渠道资金263万元（已归还263万元），应调账处理金额1543万元（已调账1526万元）。审计后挽回（避免）损失1.2亿元。移送司法机关案件2件（已立案1件），涉案人员12人（已追究刑事责任2人），涉案金额1.4亿元；移送纪检监察部门事项2件（已处理1件），涉及人员2人（已给予党政纪处分2人），涉及金额1.8亿元；移送有关部门事项3件，涉及金额2375万元。出具审计报告和报送审计调查报告42篇，提出审计建议64条（被采纳64条）。提交专题或综合性报告、信息简报22篇（被批示、采用19篇）。

财政审计 全市共审计（调查）24个单位的预算执行情况，查出违规金额1339万元，管理不规范金额5.8亿元。其中市审计局审计（调查）6个单位的预算执行情况，查出管理不规范金额7274万元。实施的南宁市本级2009年度预算执行和其他财政收支情况审计项目，查出管理不规范金额6655万元，发现该市部分政府性基金未纳入预算管理，以前年度借出的国有资产收益未及时追回、借入的住房资金未及时归还等问题。全市共审计（调查）2个单位的财政决算情况，查出管理不规范金额1427万元。其中市审计局审计（调查）1个单位的财政决算情况，查出管理不规范金额1427万元。

专项资金审计 全市共审计（调查）单位140个，查出违规金额934万元，管理不规范金额7070万元。其中市审计局审计（调查）单位17个，查出违规金额867万元，管理不规范金额374万元。实施的马山县大石山区2010年度基础设施建设大会战专项资金审计项目，查出违规金额547万元、管理不规范金额162万元，发现有关单位挤占挪用专项资金，公款私存，设立“小金库”等问题。

行政事业审计 全市共审计（调查）单位77个，查出违规金额1096万元，损失浪费金额17万元，管理不规范金额2.3亿元。其中市审计局审计（调查）单位14个，查出违规金额520万元，管理不规范金额2.0亿元。

企业审计 全市共审计（调查）单位7个，查出违规金额1.3亿元，损失浪费金额9301万元，管理不规范金额841万元。其中市审计局审计（调查）单位5个，查出违规金额1.3亿元，损失浪费金额9301万元，管理不规范金额838万元。南宁市某厂2000年1月至2005年4月资产负债损益情况审计项目，发现该厂在改制前用企业资产以个人名义另行注册成立公司以隐瞒资产，造成企业改制方案反映的资产不真实、不完整；在改制时虚报企业净资产-3844万元，使改制后成立的公司由此获得政府给予30.96亩经营性用地使用权的补偿，该地拍卖后获得土地出让净收益8538万元，造成巨额国有资产流失；在改制后未在财务账上反映通过债务重组增加的企业资本公积金5673万元，造成国有资产流失等问题。在问题移送处理后，司法机关查明该厂部分人员私分占有3955万元（大部分已用于炒股）、受贿97万元、贪污32万元资金的事实，已对涉案人员依法追究刑事责任。

固定资产投资审计 全市共审计（调查）单位28个，查出管理不规范金额3.7亿元。其中市审计局审计（调查）单位4个，查出管理不规范金额3.4亿元。实施的南宁市区某道路工程概（预）算执行情况审计项目，发现投资严重超概算，对施工管理不严、对工程造价控制不力，工程质量偏低，工程结算价款高估冒算等问题，对工程造价的初步审计核减率为32.20%。审计促进南宁市出台了《南宁市政府投资工程结算管理办法》。

经济责任审计 全市共审计单位46个，审计经济责任人48人，查出领导干部应负主管责任的违规金额782万元，管理不规范金额2.0亿元；

领导干部应负直接责任的违规金额 423 万元，管理不规范金额 244 万元。其中市审计局审计单位 12 个，审计经济责任人 12 人，查出领导干部应负主管责任的违规金额 461 万元，管理不规范金额 1.7 亿元；领导干部应负直接责任的违规金额 283 万元。（撰稿人：叶　华）

【桂林市审计局】　2010 年，桂林市审计局人员编制 92 人（行政编制 84 人，事业编制 8 人），实有 90 人（行政编制 82 人，事业编制 8 人）。局长陆斌，副局长蒋新友（—3 月）、姜方龙、唐正柱，总审计师张宁，纪检组长杨邦胜。设有办公室、人事教育科、法规科、财政金融审计科、行政事业审计科、经贸审计科、农业与资源环保审计科、社会保障审计科、固定资产投资审计一科、固定资产投资审计二科、旅游外资审计科、经济责任审计科、机关党委办公室、纪检监察室、离退休人员工作科。

审计成果　桂林市各级审计机关共审计（调查）单位 254 个，查出违规金额 6.6 亿元，损失浪费金额 4 万元，管理不规范金额 42.5 亿元。应上缴财政 5.9 亿元（已上缴 1.3 亿元），应归还原渠道资金 747 万元（已归还 22575 万元，含归还以前年度应归还的金额），应调账处理金额 7201 万元（已调账 711 万元）。审计后挽回（避免）损失 45 万元。出具审计报告和报送审计调查报告 254 篇，提出审计建议 400 条（被采纳 256 条）。提交专题或综合性报告、信息简报 259 篇（被批示、采用 2 篇）。其中：桂林市审计局审计（调查）单位 40 个，查出违规金额 6.0 亿元，管理不规范金额 31.0 亿元。应上缴财政 5.7 亿元（已上缴 1.2 亿元），应归还原渠道资金 64 万元（已归还 66 万元，含归还以前年度应归还的金额），应调账处理金额 199 万元（已调账 547 万元，含调账以前年度应调账的金额）。审计后挽回（避免）损失 20 万元。出具审计报告和报送审计调查报告 40 篇，提出审计建议 100 条（被采纳 67 条）。提交专题或综合性报告、信息简报 45 篇。

财政审计　全市共审计（调查）26 个单位的预算执行情况，查出违规金额 4.6 亿元，管理不规范金额 18.1 亿元。其中市审计局审计（调查）3 个单位的预算执行情况，查出违规金额 4.4 亿元，管理不规范金额 8.2 亿元。实施的桂林市本级 2009 年度预算执行和其他财政收支情况审计项目，查出违规、管理不规范金额合计 4 亿多元，发现该市预算收入未及时缴入国库，中央扩大内需项目资金、涉农财政补贴资金未及时下拨，对预算的编制和执行不够规范、对资产的管理不够完善等问题。

全市共审计（调查）6 个单位的财政决算情况，查出违规金额 48 万元，管理不规范金额 84 万元。

专项资金审计　全市共审计（调查）单位 76 个，查出违规金额 163 万元，管理不规范金额 7610 万元。其中市审计局审计（调查）单位 9 个，查出违规金额 61 万元，管理不规范金额 2215 万元。

行政事业审计　全市共审计（调查）单位 126 个，查出违规金额 1.9 亿元，管理不规范金额 14.0 亿元。其中市审计局审计（调查）单位 23 个，查出违规金额 1.5 亿元，管理不规范金额 13.0 亿元。

企业审计　全市共审计（调查）单位 2 个，查出违规金额 264 万元，管理不规范金额 1244 万元。

固定资产投资审计　全市共审计（调查）单位 17 个，查出违规金额 473 万元，管理不规范金额 376 万元。其中市审计局审计（调查）单位 4 个，查出管理不规范金额 374 万元。实施的桂林市漓江某大桥建设工程竣工决算审计项目，发现在招标时对工程初步设计的审核、对投标报价的审查、对合同的管理和控制均不到位，因工程设计的深度未满足需要而作出重大变更、报价结构不平衡而调整合同价款导致工程造价增加等问题，对工程造价的审计核减率为 13.68%。

经济责任审计　全市共审计单位 88 个，审计经济责任人 90 人，查出领导干部应负主管责任的违规金额 1.5 亿元，管理不规范金额 10.7 亿元；领导干部应负直接责任的违规金额 504 万元，管理不规范金额 264 万元。其中市审计局审计单位 19 个，审计经济责任人 19 人，查出领导干部应负主管责任的违规金额 1.5 亿元，管理不规范金额 10.4 亿元；领导干部应负直接责任的违规金额 113 万元，管理不规范金额 49 万元。

由纪委、组织、审计三部门组成联合检查组对被审计单位执行审计决定、落实整改措施的情况进行跟踪督查，效果明显。（撰稿人：梁　林）

【柳州市审计局】 2010 年，柳州市审计局人员编制 95 人（行政编制 79 人，事业编制 16 人），实有 89 人（行政编制 74 人，事业编制 15 人）。局长莫晓钢，副局长徐庆东、陈钧、戴卫平，总审计师李怡，纪检组长吕建新（—11 月）、梁传辉（11 月—）。设有办公室、法规科、财政金融审计科、行政事业审计科、经贸审计科、农业与资源环保审计科、社会保障审计科、固定资产投资审计科、经济责任审计一科（3 月—，由原经济责任审计科分设）、经济责任审计二科（3 月—，由原经济责任审计科分设）、人事科（9 月—）、机关党委办公室（—9 月）、监察室（—9 月），还设有计算机信息管理中心、柳州市政府投资项目审计中心。

审计成果 柳州市各级审计机关共审计（调查）单位 560 个，查出违规金额 2.6 亿元，损失浪费金额 2503 万元，管理不规范金额 47.1 亿元。应上缴财政 1.0 亿元（已上缴 7100 万元），应减少财政拨款或补贴 2210 万元（已减少 503 万元），应归还原渠道资金 1242 万元（已归还 1291 万元，含归还以前年度应归还的金额），应调账处理金额 1.6 亿元（已调账 4793 万元）。审计后挽回（避免）损失 1183 万元。移送纪检监察部门事项 1 件，涉及人员 1 人，涉及金额 102 万元；移送有关部门事项 4 件，涉及金额 2652 万元。出具审计报告和报送审计调查报告 504 篇，提出审计建议 753 条（被采纳 654 条）。向社会公告审计结果 1 篇。提交专题或综合性报告、信息简报 277 篇（被批示、采用 190 篇）。其中柳州市审计局共审计（调查）单位 89 个，查出违规金额 2.5 亿元，管理不规范金额 41.5 亿元。应上缴财政 8888 万元（已上缴 6677 万元），应归还原渠道资金 1129 万元（已归还 1229 万元，含归还以前年度应归还的金额），应调账处理金额 1.3 亿元（已调账 4076 万元）。移送有关部门事项 4 件，涉及金额 2652 万元。出具审计报告和报送审计调查报告 94 篇，提出审计建议 214 条（被采纳 172 条）。向社会公告审计结果 1 篇。提交专题或综合性报告、信息简报 141 篇（被批示、采用 125 篇）。

财政审计 全市共审计（调查）21 个单位的预算执行情况，查出违规金额 1021 万元，损失浪费金额 102 万元，管理不规范金额 13.8 亿元。其中市审计局审计（调查）3 个单位的预算执行情况，查出违规金额 377 万元，管理不规范金额 10.5 亿元。实施的柳州市本级 2009 年度预算执行和其他财政收支情况审计项目，查出管理不规范金额 10.1 亿元，发现该市专项资金预算管理制度不够完善、预算执行率不高，政府采购预算约束力不强，未及时征收城市公用事业附加，房地产开发项目在容积率调整后未及时补缴土地出让金等问题。

鹿寨县审计局实施的鹿寨县本级 2009 年度预算执行和其他财政收支情况审计项目，查出违规金额 0.1 亿元、管理不规范金额 1.1 亿元，发现该县未及时将预算收入上缴财政，违规向企业出借土地出让金等问题，向司法机关移送该县财政局农业股李某挪用防洪保安费 102 万元的违法案件线索。李某已被司法机关依法追究刑事责任，被挪用的资金 102 万元已被追回。

全市共审计（调查）4 个单位的财政决算情况，查出违规金额 6523 万元，管理不规范金额 7335 万元。其中市审计局审计（调查）2 个单位的财政决算情况，查出违规金额 6523 万元，管理不规范金额 7180 万元。

专项资金审计 全市共审计（调查）单位 60 个，查出违规金额 54 万元，管理不规范金额 4.3 亿元。其中市审计局审计（调查）单位 14 个，查出违规金额 42 万元，管理不规范金额 3.8 亿元。

行政事业审计 全市共审计（调查）单位 102 个，查出违规金额 1.5 亿元，损失浪费金额 463 万元，管理不规范金额 11.1 亿元。其中市审计局审计（调查）单位 29 个，查出违规金额 1.5 亿元，管理不规范金额 9.9 亿元。

企业审计 全市共审计（调查）单位 7 个，查出违规金额 3351 万元，损失浪费金额 1878 万元，管理不规范金额 10.9 亿元。其中市审计局审计（调查）单位 4 个，查出违规金额 3345 万元，管理不规范金额 10.7 亿元。实施的柳州市某控股有限公司 2004 年 5 月至 2008 年 12 月资产负债损益审计项目，查出违规金额 548 万元、管理不规范金额4.4亿元，发现该公司未如实反映资产和所有者权益，多冲销长期股权投资，长期未清理往来账等问题，促使市主管部门核减不实资本，促使企业如实反映资产、负债和损益情况。

固定资产投资审计　全市共审计（调查）单位366个，查出违规金额186万元，损失浪费金额60万元，管理不规范金额6.4亿元。其中市审计局审计（调查）单位37个，查出管理不规范金额5.9亿元。实施的柳州市区某道路工程跟踪审计项目，查出违规、管理不规范金额合计1.9亿元，发现该工程合同预算造价高估冒算、约定的材料价格不合理、部分施工方案不遵守经济合理原则、计算工程造价高套定额等问题，对工程造价的审计核减率为37.33%。审计促进柳州市出台了《柳州市政府性投资工程项目实行BT模式建设管理暂行办法》等相关文件。

经济责任审计　全市共审计单位94个，审计经济责任人98人，查出领导干部应负主管责任的违规金额6.3亿元，损失浪费金额177万元，管理不规范金额15.2亿元；领导干部应负直接责任的违规金额1589万元，管理不规范金额785万元。其中市审计局审计单位31个，审计经济责任人33人，查出领导干部应负主管责任的违规金额6.2亿元，管理不规范金额14.3亿元；领导干部应负直接责任的违规金额1571万元，管理不规范金额157万元。

（撰稿人：杨靖云）

【梧州市审计局】　2010年，梧州市审计局人员编制52人（行政编制42人，事业编制6人，工勤编制4人），实有52人（行政编制42人，事业编制6人，工勤编制4人）。局长郭建平，副局长严伟维、陈坚强、蒙泽江，纪检组长姚启文。设有办公室、法规科、财政金融审计科、行政事业审计科、经贸审计科、农业与资源环保审计科、社会保障审计科、固定资产投资审计科、外资运用审计科、经济责任审计科、监察室，还设有梧州市政府投资审计中心。

审计成果　梧州市各级审计机关共审计（调查）单位514个，查出违规金额4583万元，损失浪费金额1.9亿元，管理不规范金额11.1亿元。应上缴财政2451万元（已上缴338万元），应归还原渠道资金163万元（已归还1万元），应调账处理金额1808万元（已调账1404万元）。出具审计报告和报送审计调查报告512篇，提出审计建议610条（被采纳578条）。提交专题或综合性报告、信息简报11篇。其中：梧州市审计局审计（调查）单位34个，查出违规金额2377万元，损失浪费金额1.9亿元，管理不规范金额8.9亿元。应上缴财政2116万元（已上缴7万元），应归还原渠道资金114万元（已归还1万元），应调账处理金额1542万元（已调账1272万元）。出具审计报告和报送审计调查报告32篇，提出审计建议120条（被采纳119条）。提交专题或综合性报告、信息简报3篇。

财政审计　全市共审计（调查）3个单位的预算执行情况，查出管理不规范金额6.6亿元。其中市审计局审计（调查）1个单位的预算执行情况，查出管理不规范金额5.7亿元。实施的梧州市本级2009年度预算执行和其他财政收支情况审计项目，查出管理不规范金额5.7亿元，发现该市未及时将国有土地使用权出让收入缴入国库，未及时拨付扩大内需项目资金，保障性住房、职业教育攻坚等专项资金的安排进度过慢等问题。

专项资金审计　全市共审计（调查）单位25个，查出违规金额416万元，管理不规范金额1.2亿元。其中市审计局审计（调查）单位13个，查出违规金额364万元，管理不规范金额1.1亿元。

行政事业审计　全市共审计（调查）单位77个，查出违规金额4003万元，损失浪费金额1.9亿元，管理不规范金额3.2亿元。其中市审计局审计（调查）单位16个，查出违规金额1855万元，损失浪费金额1.9亿元，管理不规范金额2.1亿元。

企业审计　全市共审计（调查）单位4个，查出违规金额6万元，管理不规范金额126万元。

固定资产投资审计　全市共审计（调查）单位403个，查出违规金额158万元，管理不规范金额869万元。其中市审计局审计（调查）单位3个，查出违规金额158万元。实施的梧州市某中学扩建工程预算造价审计项目，积极应用对口电算化工程软件，认真审核工程招标控制价编制的合法性、真实性、准确性，对工程预算造价的审计核减率为27%。

经济责任审计　全市共审计单位35个，审计经济责任人 40 人，查出领导干部应负主管责任的违规金额 1737 万元，管理不规范金额 2.2 亿元；领导干部应负直接责任的违规金额 472 万元。其中市审计局审计单位 15 个，审计经济责任人 15 人，查出领导干部应负主管责任的违规金额 1737 万元，管理不规范金额 1.7 亿元；领导干部应负直接责任的违规金额 472 万元。实施的藤县原县长 2006 年 7 月至 2010 年 2 月任期经济责任审计项目，查出违规、管理不规范金额合计 1.46 亿元，发现该县未及时上缴预算收入，未及时下拨专项资金，未按规定列支款项，在土地出让金专户直接支付税费等款项，将协议用于商品住房用地的国有土地使用权出让金收入作为地产公司的主营业务收入等问题。　（撰稿人：曹　悦）

【贵港市审计局】　2010 年，贵港市审计局人员编制 50 人（行政编制 40 人，事业编制 7 人，工勤编制 3 人），实有 45 人（行政编制 37 人，事业编制 5 人，工勤编制 3 人）。局长张立文，副局长陈修伟、伍勤、彭毅云（9 月—），总审计师黄影，纪检组长李世琪（—7 月）、黄开泽（7 月—）。设有办公室、财政金融审计科、行政事业审计科、社保与资源环境审计科（9 月—，由经贸审计科更名）、固定资产投资审计科、经济责任审计科 6 个内设机构以及港北区审计办事处、港南区审计办事处、覃塘区审计办事处 3 个派出机构，还设有贵港市政府投资审计中心。

审计成果　贵港市各级审计机关共审计（调查）单位 126 个，查出违规金额 821 万元，损失浪费金额 158 万元，管理不规范金额 10.1 亿元。应上缴财政 2235 万元（已上缴 1980 万元），应归还原渠道资金 3032 万元（已归还 2930 万元），应调账处理金额 1329 万元（已调账 922 万元）。审计后挽回（避免）损失 216 万元。出具审计报告和报送审计调查报告 133 篇，提出审计建议 212 条（被采纳 210 条）。提交专题或综合性报告、信息简报 18 篇（被批示、采用 13 篇）。其中：贵港市审计局审计（调查）单位 26 个，查出违规金额 646 万元，损失浪费金额 127 万元，管理不规范金额 7.1 亿元。应上缴财政 1985 万元（已上缴 1747 万元），应归还原渠道资金 2990 万元（已归还 2888 万元），应调账处理金额 580 万元（已调账 173 万元）。出具审计报告和报送审计调查报告 26 篇，提出审计建议 70 条（被采纳 70 条）。提交专题或综合性报告、信息简报 6 篇（被批示、采用 3 篇）。

财政审计　全市共审计（调查）11 个单位的预算执行情况，查出管理不规范金额 4.1 亿元。其中市审计局审计（调查）4 个单位的预算执行情况，查出管理不规范金额 1.8 亿元。实施的贵港市本级 2009 年度预算执行和其他财政收支情况审计项目，查出管理不规范金额 1.5 亿元，发现该市未根据政策变动及时将非税收入调整为一般预算收入，滞留闲置预算资金等问题。

全市共审计（调查）2 个单位的财政决算情况，查明违规金额 25 万元，管理不规范金额 321 万元。

专项资金审计　全市共审计（调查）单位 13 个，查出管理不规范金额 3.3 亿元。其中市审计局审计（调查）单位 6 个，查出管理不规范金额 3.2 亿元。

行政事业审计　全市共审计（调查）单位 51 个，查出违规金额 796 万元，损失浪费金额 22 万元，管理不规范金额 2.6 亿元。其中市审计局审计（调查）单位 12 个，查出违规金额 646 万元，管理不规范金额 2.1 亿元。

桂平市审计局实施的桂平市某医院 2007 年至 2008 年度财务收支审计项目，查出违规金额 40 万元，发现该医院擅自设立项目、超出范围、提高标准或重复进行收费，漏缴地方教育附加、防洪保安费，药品收入比重较大等问题。

固定资产投资审计　全市共审计（调查）单位 49 个，查出损失浪费金额 136 万元，管理不规范金额 932 万元。其中市审计局审计（调查）单位 3 个，查出损失浪费金额 127 万元，管理不规范金额 127 万元。

经济责任审计　全市共审计单位 22 个，审计经济责任人 22 人，查出领导干部应负主管责任的违规金额 1314 万元，管理不规范金额 2.3 亿元；领导干部应负直接责任的违规金额 231 万元，损失浪费金额 22 万元，管理不规范金额 1604 万元。其中市审计局审计单位 12 个，审计经济责任人 12 人，查出领导干部应负主管责任的违规金额 1314 万元，管理不规范金额 1.9 亿元；领导干部应负直接责任的违规金额 225 万元，管理不规范金额 1121 万元。市审计局实施的贵港市港北区原区长 2006 年 7 月至 2010 年 1 月任期经济责任审计项目，查出违规金额 646 万元、管理不规范金额 9177 万元，发现该区未按计划人数配套拨付城市、农村最低生活保障补助资金，未配套拨付农村义务教育经费，漏征教育附加，新型农村合作医疗的机构设置和基金管理使用亟待规范等问题。桂平市审计局实施的桂平西山风景名胜区管理处原主任 2002 年 3 月至 2009 年 4 月任期经济责任审计项目，查出违规金额 1517 万元、损失浪费金额 22 万元、管理不规范金额 19 万元，发现该管理处经营亏损连年增加、负债增加，对景区修缮维护的投入较少，对景区古树名木、文物等资源的管理保护不力，部分项目经营决策不当、损失浪费严重，景区管理体制紊乱等问题。

（撰稿人：王育红）

【玉林市审计局】 2010 年，玉林市审计局人员编制 41 人（行政编制 34 人，事业编制 7 人），实有 37 人（行政编制 32 人，事业编制 5 人）。局长黄业诚，副局长李放明、劳林灵、陈磊，纪检组长钟耿。设有秘书科、法规科、财政税务审计科、行政事业审计科、综合经济审计科、社会保障审计科、固定资产投资审计科、经济责任审计科、监察室，还设有玉林市政府投资审计办公室（11 月—，由玉林市政府投资审计中心更名）。

审计成果 玉林市各级审计机关共审计（调查）单位 197 个，查出违规金额 3.4 亿元，管理不规范金额 23.1 亿元。应上缴财政 8927 万元（已上缴 1705 万元），应归还原渠道资金 5733 万元，应调账处理金额 3771 万元。审计后挽回（避免）损失 27 万元。出具审计报告和报送审计调查报告 86 篇，提出审计建议 345 条（被采纳 298 条）。向社会公告审计结果 1 篇。提交专题或综合性报告、信息简报 83 篇（被批示、采用 30 篇次）。其中：玉林市审计局审计（调查）单位 30 个，查出违规金额 2376 万元，管理不规范金额 11.2 亿元。应上缴财政 413 万元（已上缴 15 万元），应调账处理金额 3771 万元。出具审计报告和报送审计调查报告 12 篇，提出审计建议 64 条（被采纳 56 条）。向社会公告审计结果 1 篇。提交专题或综合性报告、信息简报 3 篇（被批示、采用 5 篇次）。

财政审计 全市共审计（调查）15 个单位的预算执行情况，查出违规金额 2.5 亿元，管理不规范金额 17.5 亿元。其中市审计局审计（调查）2 个单位的预算执行情况，查出管理不规范金额 7.3 亿元。北流市审计局实施的北流市本级 2009 年度预算执行和其他财政收支情况审计项目，查出违规、管理不规范金额合计 1.66 亿元，发现该市欠收欠缴防洪保安费、土地出让金，欠缴国库款、财政专户款，欠缴税款等问题。

全市共审计（调查）6 个单位的财政决算情况，查出违规金额 816 万元，管理不规范金额 2.2 亿元。其中市审计局审计（调查）1 个单位的财政决算情况，查出违规金额 666 万元，管理不规范金额 2.2 亿元。

专项资金审计 全市共审计（调查）单位 72 个，查出违规金额 53 万元，管理不规范金额 1.3 亿元。其中市审计局审计（调查）单位 14 个，查出管理不规范金额 7723 万元。

行政事业审计 全市共审计（调查）单位 82 个，查出违规金额 4339 万元，管理不规范金额 2.1 亿元。其中市审计局审计（调查）单位 11 个，查出违规金额 97 万元，管理不规范金额 8343 万元。

企业审计 全市共审计（调查）单位 3 个，查出违规金额 2121 万元，管理不规范金额 200 万元。

固定资产投资审计 全市共审计（调查）单位 19 个，查出违规金额 1631 万元，管理不规范金额 262 万元。其中市审计局审计（调查）单位 2 个，查出违规金额 1613 万元。实施的玉林市某批发市场配套工程竣工结算审计项目，发现该工程未经招投标确定设计单位等问题，对工程造价的审计核减率为 12.20%。

经济责任审计 全市共审计单位 65 个，审计经济责任人 71 人，查出领导干部应负主管责任的违规金额 2074 万元，管理不规范金额 1.9 亿元；领导干部应负直接责任的违规金额 2 万元，管理不规范金额 8 万元。其中市审计局审计单位 11 个，审计经济责任人 11 人，查出领导干部应负主管责任的违规金额97万元，管理不规范金额8343万元。市审计局开展领导干部任中经济责任审计的比例达到78%，在审计中将领导干部的经济决策权、经济管理权、资金使用权和廉政情况作为审计重点，促进领导干部依法行政、廉洁从政、科学执政，较好地发挥审计预警和防范的作用。

（撰稿人：郭裕贞）

【钦州市审计局】 2010年，钦州市审计局人员编制52人（行政编制30人，事业编制22人），实有41人（行政编制29人，事业编制12人）。局长叶莉梅，副局长陈洪珊，总审计师刘海伟，纪检组长曾文武。设有办公室、法规综合科、财税审计科、行政事业审计科、农业与资源环保审计科（5月—）、固定资产投资审计科、金融外资审计科（5月—，由金融审计科、外资运用审计科合并设立）、企业审计科（5月—，由经贸审计科更名）、社会保障审计科（5月—）、经济责任审计管理科，还设有钦州市经济责任审计办公室（10月—，由钦州市经济责任审计中心更名）、钦州市公共投资审计中心（3月—，由钦州市政府投资审计中心更名；7月被确定为副处级）两个事业单位。

审计成果 钦州市各级审计机关共审计（调查）单位355个，查出违规金额8538万元，损失浪费金额1084万元，管理不规范金额20.5亿元。应上缴财政2742万元（已上缴1072万元），应减少财政拨款或补贴539万元，应归还原渠道资金746万元，应调账处理金额1.5亿元（已调账12万元）。审计后挽回（避免）损失2.8亿元。移送有关部门事项1件，涉及人员1人，涉及金额884万元。出具审计报告和报送审计调查报告385篇，提出审计建议504条（被采纳279条）。提交专题或综合性报告、信息简报285篇（被批示、采用287篇次）。其中钦州市审计局审计（调查）单位114个，查出违规金额2399万元，损失浪费金额1084万元，管理不规范金额13.4亿元。应上缴财政822万元（已上缴130万元），应减少财政拨款或补贴539万元，应归还原渠道资金598万元，应调账处理金额339万元。审计后挽回（避免）损失2.7亿元。移送有关部门事项1件，涉及人员1人，涉及金额884万元。出具审计报告和报送审计调查报告125篇，提出审计建议244条（被采纳71条）。提交专题或综合性报告、信息简报258篇（被批示、采用265篇次）。

财政审计 全市共审计（调查）8个单位的预算执行情况，查出违规金额851万元，管理不规范金额6.5亿元。其中市审计局审计（调查）2个单位的预算执行情况，查出管理不规范金额1.1亿元。实施的钦州市本级2009年度预算外资金管理情况专项审计调查项目，查出违规、管理不规范金额合计8000多万元，发现该市预算外资金未足额征收、未足额缴存财政专户，坐支预算外资金，设立“小金库”，预算资金纳入预算外专户管理，未征收国有资产占有费等问题。

市审计局审计（调查）1个单位的财政决算情况，查出违规金额1181万元，管理不规范金额4.1亿元。

专项资金审计 全市共审计（调查）单位43个，查出违规金额149万元，损失浪费金额1084万元，管理不规范金额4.0亿元。其中市审计局审计（调查）单位13个，查出违规金额82万元，损失浪费金额1084万元，管理不规范金额3.5亿元。实施的钦州市2008年至2009年新型农村合作医疗基金专项审计调查项目，查出违规、管理不规范金额合计1.2亿元，发现该市未按规定拨付财政补助资金、缴存参加合作医疗费用，虚报人数多领财政补助资金，将基金公款私存，未如实反映基金的支出等问题，将钦州市某矿务局医院虚报参加合作医疗农民体检费的违纪案件线索移送钦州市钦北区纪委查处并追回虚报资金。

行政事业审计 全市共审计（调查）单位50个，查出违规金额5338万元，管理不规范金额2.0亿元。其中市审计局审计（调查）单位12个，查出违规金额154万元，管理不规范金额1.5亿元。

企业审计 全市共审计（调查）单位6个，查出违规金额1019万元，管理不规范金额6729万元。其中市审计局审计（调查）单位3个，查出违规金额982万元，管理不规范金额666万元。实施的钦州市某公共汽车公司2006年1月至2008年12月财务收支审计项目，查出违规、管理不规范金额合计1768万元，发现该公司虚报、套取、挪用、未按规定兑现公共汽车燃油财政补贴，设立“账外”账，未按规定限额使用现金，出借单位银行结算账户存取资金等问题。

固定资产投资审计　全市共审计（调查）单位247个，查出管理不规范金额3.2亿元。其中市审计局审计（调查）单位83个，查出管理不规范金额3.1亿元。

经济责任审计　全市共审计单位41个，审计经济责任人47人，查出领导干部应负主管责任的违规金额5082万元，管理不规范金额1.8亿元；领导干部应负直接责任的违规金额255万元，管理不规范金额150万元。其中市审计局审计单位7个，审计经济责任人7人，查出领导干部应负主管责任的违规金额153万元，管理不规范金额1.3亿元；领导干部应负直接责任的管理不规范金额83万元。

（撰稿人：章年忠）

【北海市审计局】　2010年，北海市审计局人员编制54人（行政编制42人，事业编制12人），实有47人（行政编制39人，事业编制8人）。局长康新春，副局长葛庆新、刘文惠，总审计师黄廷中，纪检组长刘跃（—10月）、李态聪（12月—）。设有办公室、法规科、财政金融审计科、行政事业审计科、经贸审计科、农业环保社保审计科、固定资产投资审计科、外资运用审计科、经济责任审计科、监察室，还设有北海市经济责任审计办公室（10月—，由北海市经济责任审计中心更名）、北海市政府投资审计中心。

审计成果　北海市各级审计机关共审计（调查）单位159个，查出违规金额19.8亿元，管理不规范金额8.0亿元。应上缴财政1618万元（已上缴3322万元，含以前年度应上缴的资金），应归还原渠道资金65万元，应调账处理金额2097万元（已调账978万元）。出具审计报告和报送审计调查报告85篇，提出审计建议293条（被采纳50条）。其中北海市审计局审计（调查）单位75个，查出违规金额18.9亿元，管理不规范金额7.8亿元。应上缴财政624万元（已上缴2401万元，含以前年度应上缴的资金），应调账处理金额752万元（已调账752万元）。出具审计报告和报送审计调查报告17篇，提出审计建议118条（被采纳29条）。

财政审计　全市共审计（调查）12个单位的预算执行情况，查出违规金额15.7亿元，管理不规范金额4.9亿元。其中市审计局审计（调查）6个单位的预算执行情况，查出违规金额14.8亿元，管理不规范金额4.8亿元。实施的北海市本级2009年度预算执行和其他财政收支情况审计项目，查出违规、管理不规范金额合计14.6亿元，发现该市未及时将非税收入上缴国库、未落实农村低保财政配套资金、未收回从农民工工资保障金中借出的资金，超标准发放补贴，占用税收返还资金列支编外人员的费用，对政府投资项目管理不严、控制不力导致投资大幅增加等问题；发现北海市人民政府原副秘书长孟某、市交通局原总工程师刘某等人利用职务之便插手工程项目、与他人串通投标、收受100万元贿赂的严重违法案件线索。孟某、刘某和其余17名涉案人员均已被司法机关依法追究刑事责任。实施的北海市政府性债务情况专项审计调查项目，查出违规、管理不规范金额合计4.5亿元，发现滞留、截留债务资金，已还款未销账，债务反映不真实、不完整，因不及时还债导致资金被扣划、财产被查封，多冲销融资购入的土地成本而形成“账外”土地资产等问题，促使有关部门和单位调减多报的债务资金，及时归还债务资金，追回挪用的债务资金，上缴滞留的未付债务资金，代扣欠缴的税款等。

专项资金审计　全市共审计（调查）单位47个，查出违规金额4946万元，管理不规范金额1.4亿元。其中市审计局审计（调查）单位17个，查出违规金额4938万元，管理不规范金额1.4亿元。

行政事业审计　全市共审计（调查）单位42个，查出违规金额3.0亿元，管理不规范金额3994万元。其中市审计局审计（调查）单位27个，查出违规金额3.0亿元，管理不规范金额3358万元。

企业审计　市审计局审计（调查）单位1个，查出违规金额418万元，管理不规范金额1.3亿元。

固定资产投资审计　全市共审计（调查）单位57个，查出违规金额5709万元，管理不规范金额145万元。其中市审计局审计（调查）单位24个，查出违规金额5432万元，管理不规范金额 143 万元。

市审计局实施的中央扩大内需新增投资第二至第四批 95 个项目跟踪审计调查项目，发现县（区）部分项目的地方配套资金未足额到位，部分项目的前期工作及相关手续不完善，部分项目的监理和施工管理不到位，部分项目的进度缓慢、未能按要求完工等问题。

经济责任审计 全市共审计单位 22 个，审计经济责任人 24 人，查出领导干部应负主管责任的违规金额 2.8 亿元，管理不规范金额 3266 万元。其中市审计局审计单位 13 个，审计经济责任人 15 人，查出领导干部应负主管责任的违规金额 2.8 亿元，管理不规范金额 3266 万元。

（撰稿人：陈东方）

【防城港市审计局】 2010 年，防城港市审计局人员编制 28 人（行政编制 13 人，事业编制 15 人），实有 23 人（行政编制 15 人，事业编制 8 人）。局长罗俊殿，副局长苏胜堂、李世初、周铁军（12 月—），总审计师陈有良，纪检组长黄慧萍。设有办公室（11 月—，由秘书科更名）、法规科（11 月—）、财政和社保审计科（11 月—，由财政金融审计科更名）、行政事业审计科、农业环保和企业审计科（11 月—，由企业审计科更名）、固定资产投资审计科、经济责任审计科，还设有政府投资审计中心、经济责任审计中心。

审计成果 防城港市各级审计机关共审计（调查）单位 214 个，查出违规金额 1.4 亿元，损失浪费金额 77 万元，管理不规范金额 7.7 亿元。应上缴财政 7215 万元（已上缴 197 万元），应减少财政拨款或补贴 2686 万元（已减少 2686 万元），应归还原渠道资金 721 万元（已归还 11 万元），应调账处理金额 48 万元。审计后挽回（避免）损失 6076 万元。出具审计报告和报送审计调查报告 105 篇，提出审计建议 153 条（被采纳 94 条）。提交专题或综合性报告、信息简报 97 篇（被批示、采用 20 篇）。其中防城港市审计局审计（调查）单位 56 个，查出违规金额 6496 万元，损失浪费金额 77 万元，管理不规范金额 4.0 亿元。应上缴财政 2887 万元（已上缴 197 万元），应归还原渠道资金 710 万元。审计后挽回（避免）损失 1965 万元。出具审计报告和报送审计调查报告 55 篇，提出审计建议 87 条（被采纳 64 条）。提交专题或综合性报告、信息简报 64 篇（被批示、采用 19 篇）。

财政审计 全市共审计（调查）7 个单位的预算执行情况，查出违规金额 6697 万元，管理不规范金额 2.2 亿元。其中市审计局审计（调查）1 个单位的预算执行情况，查出管理不规范金额 265 万元。

市审计局审计（调查）港口区财政决算情况，查出违规金额 3005 万元，管理不规范金额 2.1 亿元。发现该区增加财政支出未编制预算调整方案，一般预算支出挂暂付款，改变专项资金的使用范围，未缴耕地占用税等问题。

专项资金审计 全市共审计（调查）单位 18 个，查出管理不规范金额 5575 万元。其中市审计局共审计（调查）单位 7 个，查出管理不规范金额 3872 万元。

行政事业审计 全市共审计（调查）单位 29 个，查出违规金额 3502 万元，管理不规范金额 1.6 亿元。其中市审计局审计（调查）单位 18 个，查出违规金额 3425 万元，管理不规范金额 1.0 亿元。

企业审计 全市共审计（调查）单位 4 个，查出违规金额 459 万元，管理不规范金额 2118 万元。其中市审计局审计（调查）单位 1 个，查出管理不规范金额 1 万元。

固定资产投资审计 全市共审计（调查）单位 155 个，查出违规金额 431 万元，损失浪费金额 77 万元，管理不规范金额 1.1 亿元。其中市审计局审计（调查）单位 27 个，查出违规金额 66 万元，损失浪费金额 77 万元，管理不规范金额 3830 万元。实施的防城港市江山半岛景区旅游基础设施某公路工程竣工结算审计项目，查出违规、损失浪费金额合计 1226 万元，发现该工程因变更原来不合理的路面结构层设计而造成损失浪费，对施工的监督管理不到位、不得力造成完工期限严重拖延、多计工程造价、财务管理薄弱等问题，对工程造价的审计核减率为 6.84%。港口区审计局实施的防城港市某工业园区路网工程（纬三路第一标段）竣工结算审计项目，东兴市审计局实施的东兴市区某道路工程竣工结算审计项目，均发现工程项目投资超概算，对施工的监督管理不严格、对工程造价的控制不得力，工程结算价款高估冒算等问题，对工程造价的审计核减率分别为 21.82%、17.00%。

经济责任审计　全市共审计单位 24 个，审计经济责任人 24 人，查出领导干部应负主管责任的违规金额 3122 万元，管理不规范金额 1.5 亿元；领导干部应负直接责任的违规金额 380 万元，管理不规范金额 580 万元。其中市审计局审计单位 16 个，审计经济责任人 16 人，查出领导干部应负主管责任的违规金额 3045 万元，管理不规范金额 9543 万元；领导干部应负直接责任的违规金额 380 万元，管理不规范金额 580 万元。

（撰稿人：苏　莺）

【崇左市审计局】　2010 年，崇左市审计局人员编制 33 人（行政编制 22 人，事业编制 11 人），实有 28 人（行政编制 20 人，事业编制 8 人）。局长来燊烈，副局长李柏、黄财政、伍春、冯艺刚（2 月—），总审计师梁敬东（—12 月）、韦青培（12 月—），纪检组长赖小芬（—2009 年 12 月）、许扬鹏（2 月—）。设有办公室、法规科、财政金融审计科、行政事业审计科、固定资产投资审计科、企业审计科、社会保障审计科、经济责任审计科，还设有崇左市政府性投资审计中心。

审计成果　崇左市各级审计机关共审计（调查）单位 129 个，查出违规金额 9678 万元，管理不规范金额 19.0 亿元。应上缴财政 839 万元（已上缴 642 万元），应归还原渠道资金 444 万元（已归还 14 万元），应调账处理金额 335 万元（已调账 308 万元）。出具审计报告和报送审计调查报告 129 篇，提出审计建议 320 条（被采纳 68 条）。其中崇左市审计局审计（调查）单位 31 个，查出违规金额 496 万元，管理不规范金额 3.8 亿元。应上缴财政 163 万元，应归还原渠道资金 144 万元（已归还 14 万元），应调账处理金额 4 万元。出具审计报告和报送审计调查报告 31 篇，提出审计建议 76 条。

财政审计　全市共审计（调查）11 个单位的预算执行情况，查出违规金额 6089 万元，管理不规范金额 13.7 亿元。其中市审计局审计（调查）3 个单位的预算执行情况，查出管理不规范金额 4016 万元。

市审计局审计（调查）大新县财政决算情况，查出违规金额 398 万元，管理不规范金额 7216 万元。发现预算管理不够规范，公房出租收入未纳入预算管理，挤占民政事业费，未及时拨付教育专项资金，往来款项长期挂账等问题，促进大新县出台了《大新县县属行政事业单位国有资产统一经营管理实施方案》。

专项资金审计　全市共审计（调查）单位 52 个，查出违规金额 2142 万元，管理不规范金额 11199 万元。其中市审计局审计（调查）单位 9 个，查出管理不规范金额 4763 万元。该市审计局实施的宁明县 2008 年至 2009 年“两基”教育巩固提高经费审计项目，查出管理不规范金额 1461 万元，发现该县漏征、欠拨教育附加，违规使用部分教育专项经费，教育专项经费的支出无计划，教育工程建设的管理不规范，县教育部门财务管理混乱等问题。

行政事业审计　全市共审计（调查）单位 48 个，查出违规金额 554 万元，管理不规范金额 3.0 亿元。其中市审计局审计（调查）单位 18 个，查出违规金额 98 万元，管理不规范金额 2.2 亿元。

扶绥县审计局实施的扶绥县某局财务收支审计项目，查出管理不规范金额 1220 万元，发现该局取得财政收入不上缴财政专户、固定资产管理不规范、部分往来款长期挂账等问题。

企业审计　全市共审计（调查）单位 8 个，查出违规金额 495 万元，管理不规范金额 4814 万元。

经济责任审计　全市共审计单位 31 个，审计经济责任人 32 人，查出领导干部应负主管责任的违规金额 978 万元，管理不规范金额 2.4 亿元；领导干部应负直接责任的管理不规范金额 861 万元。其中市审计局共审计单位 18 个，审计经济责任人 18 人，查出领导干部应负主管责任的违规金额 99 万元，管理不规范金额 2.1 亿元；领导干部应负直接责任的管理不规范金额 861 万元。

（撰稿人：黎茂华）

【百色市审计局】　2010 年，百色市审计局人员编制 43 人（行政编制 35 人，事业编制 8 人），实有 39 人（行政编制 32 人，事业编制 7 人）。局长黄武能，副局长黄培钰、谭荣先、赵映杰，总审计师潘秋玲，纪检组长张祥俭。设有办公室、法规科、财政金融审计科、行政事业审计科、经贸审计科、农业与社会保障审计科、固定资产投资审计科、经济责任审计科，还设有百色市政府投资审计中心。

审计成果 百色市各级审计机关共审计（调查）单位373个，查出违规金额10.7亿元，损失浪费金额12万元，管理不规范金额41.8亿元。应上缴财政2.7亿元（已上缴1.6亿元），应减少财政拨款或补贴4301万元（已减少4288万元），应归还原渠道资金9961万元（已归还5847万元），应调账处理金额2.4亿元（已调账1.7亿元）。审计后挽回（避免）损失323万元。出具审计报告和报送审计调查报告271篇，提出审计建议669条（被采纳185条）。向社会公告审计结果15篇。提交专题或综合性报告、信息简报32篇（被批示、采用7篇）。其中百色市审计局审计（调查）单位57个，查出违规金额7.8亿元，管理不规范金额30.6亿元。应上缴财政1.9亿元（已上缴9455万元），应归还原渠道资金9552万元（已归还5620万元），应调账处理金额2.0亿元（已调账1.4亿元）。出具审计报告和报送审计调查报告57篇，提出审计建议216条。提交专题或综合性报告、信息简报28篇（被批示、采用3篇）。

财政审计 全市共审计（调查）43个单位的预算执行情况，查出违规金额1.4亿元，管理不规范金额12.0亿元。其中市审计局审计（调查）5个单位的预算执行情况，查出违规金额718万元，管理不规范金额2.5亿元。

全市共审计（调查）7个单位的财政决算情况，查出违规金额6.7亿元，管理不规范金额23.2亿元。其中市审计局审计（调查）6个单位的财政决算情况，查出违规金额6.7亿元，管理不规范金额23.2亿元。

专项资金审计 全市共审计（调查）单位145个，查出违规金额2946万元，管理不规范金额4.0亿元。其中市审计局审计（调查）单位20个，查出违规金额1216万元，管理不规范金额3.5亿元。

行政事业审计 全市共审计（调查）单位88个，查出违规金额4974万元，损失浪费金额12万元，管理不规范金额1.1亿元。其中市审计局审计（调查）单位13个，查出违规金额1600万元，管理不规范金额2851万元。

田阳县审计局实施的田阳县某住房管理机构2008年1月至2009年10月财务收支审计项目，查出违规金额50万元、管理不规范金额375万元，发现该单位收取的经济适用房超面积补差价款未缴财政专户而是出借、历年出售经济适用房取得的收入未缴税费，职工个人截留、挪用所收取的经济适用房小区住户水电费、水改工程款、铺面租金等问题，促进该单位追回应收的借款风险补偿金45万元、借款利息补偿金11万元，收回借款67万元。

企业审计 全市共审计（调查）单位12个，查出违规金额2157万元，管理不规范金额1.1亿元。其中市审计局审计（调查）单位5个，查出违规金额769万元，管理不规范金额1.0亿元。

固定资产投资审计 全市共审计（调查）单位78个，查出违规金额1.5亿元，管理不规范金额3881万元。其中市审计局审计（调查）单位8个，查出违规金额6513万元，管理不规范金额109万元。实施的百色市进城快速路竣工决算审计项目，发现该工程在工程结算中高估冒算、高套材料价格定额、重复计算土方工程量等问题，对工程造价的审计核减率为17.76%。

经济责任审计 全市共审计单位52个，审计经济责任人64人，查出领导干部应负主管责任的违规金额7.0亿元，损失浪费金额12万元，管理不规范金额36.9亿元；领导干部应负直接责任的违规金额2152万元，管理不规范金额9263万元。其中市审计局审计单位15个，审计经济责任人20人，查出领导干部应负主管责任的违规金额6.7亿元，管理不规范金额36.2亿元；领导干部应负直接责任的违规金额1979万元，管理不规范金额9218万元。

市审计局积极推行书记、县（区）长同步审计制度，并实行各有侧重的经济责任评价办法，取得较好成效。

（撰稿人：黄耿步）

【河池市审计局】 2010年，河池市审计局人员编制37人（行政编制29人，事业编制8人），实有34人（行政编制29人，事业编制5人）。局长韦克风（—2月）、覃荣化（2月—），副局长周凤、刘自江，总审计师黄汉龙，纪检组长黄捷（2月—）。设有办公室、法规科、财政金融审计科、行政事业审计科、社会保障审计科、经贸审计科、农业与资源环保审计科、固定资产投资审计科、经济责任审计科，还设有计算机信息管理中心、机关后勤服务中心、河池市政府投资审计中心。

审计成果　河池市各级审计机关共审计（调查）单位336个，查出违规金额3.6亿元，管理不规范金额13.4亿元。应上缴财政2.1亿元（已上缴1.6亿元），应归还原渠道资金3999万元（已归还2231万元），应调账处理金额2119万元（已调账2.6亿元，含调账以前年度应调账的资金）。审计后挽回（避免）损失2.6亿元。出具审计报告和报送审计调查报告247篇，提出审计建议385条（被采纳223条）。其中河池市审计局审计（调查）单位57个，查出违规金额2.5亿元，管理不规范金额5.9亿元。应上缴财政1.7亿元（已上缴1.2亿元），应归还原渠道资金3283万元（已归还2185万元），应调账处理金额917万元（已调账2.6亿元，含调账以前年度应调账的资金）。审计后挽回（避免）损失2.6亿元。出具审计报告和报送审计调查报告43篇，提出审计建议129条（被采纳94条）。

财政审计　全市共审计（调查）31个单位的预算执行情况，查出违规金额9883万元，管理不规范金额6.5亿元。其中市审计局审计（调查）6个单位的预算执行情况，查出违规金额6314万元，管理不规范金额3473万元。市审计局实施的河池市本级2009年度预算执行和其他财政收支情况审计项目，发现该市未及时上缴预算收入，未及时列支预算支出，未将储备粮食差价转增粮食风险基金，未及时办理退税，漏缴土地收益金、营业税等税费，挪用项目资金等问题。

宜州市审计局实施的宜州市本级2009年度预算执行和其他财政收支情况审计项目，发现该市滞留拨付国债项目资金，个别政府性基金未纳入预算管理，未如实反映预算收入、预算支出，固定资产投资不及时入账，以大额现金支付工程款，将公款私存或未纳入本单位法定账户管理，漏缴税费，挤占挪用专项资金等问题。

专项资金审计　全市共审计（调查）单位96个，查出违规金额113万元，管理不规范金额3.9亿元。其中市审计局审计（调查）单位13个，查出违规金额50万元，管理不规范金额3.5亿元。

行政事业审计　全市共审计（调查）单位58个，查出违规金额2.5亿元，管理不规范金额2.7亿元。其中市审计局审计（调查）单位17个，查出违规金额1.8亿元，管理不规范金额2.1亿元。

企业审计　全市共审计（调查）单位9个，查出违规金额797万元，管理不规范金额1658万元。其中市审计局共审计（调查）单位3个，查明违规金额722万元。

固定资产投资审计　全市共审计（调查）单位142个，查出违规金额265万元，管理不规范金额811万元。其中市审计局审计（调查）单位18个，查出管理不规范金额528万元。

经济责任审计　全市共审计单位19个，审计经济责任人23人，查出领导干部应负主管责任的违规金额1.1亿元，管理不规范金额1.9亿元；领导干部应负直接责任的违规金额1204万元，管理不规范金额3300万元。其中市审计局审计单位7个，审计经济责任人9人，查出领导干部应负主管责任的违规金额1.0亿元，管理不规范金额1.5亿元；领导干部应负直接责任的违规金额1204万元，管理不规范金额3300万元。

自治区审计厅、河池市审计局联合实施的凤山县县长2006年8月至2010年6月任期经济责任审计项目，发现该县未及时上缴预算收入，漏征税费，违规借出项目资金，随意多付基建工程款，虚增预算收入，违规补发行政事业单位干部职工奖金，欠拨、挤占、挪用专项资金，县政府办公室财务管理混乱、个别财务人员涉嫌贪污挪用公款等问题。

（撰稿人：韦盛干）

【来宾市审计局】　2010年，来宾市审计局人员编制25人（行政编制23人，事业编制2人），实有24人（行政编制23人，事业编制1人）。局长陈建强，副局长韦炳高（—2009年12月）、朱双明（2009年12月—）、吴运生，总审计师覃锦平，纪检组长刘建平。设有办公室、法规科、财政金融审计科、行政事业审计科、农业与资源环保审计科（8月—）、固定资产投资审计科、经贸审计科、经济责任审计科，还设有来宾市经济责任审计中心、来宾市政府投资审计中心。

审计成果 来宾市各级审计机关共审计（调查）单位360个，查出违规金额3304万元，管理不规范金额1.9亿元。应上缴财政805万元（已上缴494万元），应归还原渠道资金114万元（已归还7万元），应调账处理金额512万元（已调账157万元）。移送有关部门事项1件，涉及金额33万元。出具审计报告和报送审计调查报告125篇，提出审计建议198条（被采纳185条）。提交专题或综合性报告、信息简报46篇（被批示、采用3篇）。其中来宾市审计局审计（调查）单位41个，查出违规金额2323万元，管理不规范金额1.2亿元。应上缴财政220万元（已上缴233万元，含上缴以前年度应上缴的金额）。移送有关部门事项1件，涉及金额33万元。出具审计报告和报送审计调查报告39篇，提出审计建议73条（被采纳72条）。提交专题或综合性报告、信息简报15篇（被批示、采用3篇）。

财政审计 全市共审计（调查）19个单位的预算执行情况，查出违规金额219万元，管理不规范金额5562万元。其中市审计局审计（调查）3个单位的预算执行情况，查出管理不规范金额2万元。

专项资金审计 全市共审计（调查）单位55个，查出违规金额26万元，管理不规范金额3823万元。其中市审计局审计（调查）单位8个，查出管理不规范金额3502万元。

行政事业审计 全市共审计（调查）单位63个，查出违规金额2951万元，管理不规范金额9830万元。其中市审计局审计（调查）单位14个，查出违规金额2323万元，管理不规范金额8948万元。

固定资产投资审计 全市共审计（调查）单位223个，查出违规金额108万元。其中：该市审计局审计（调查）单位16个。市审计局实施的来宾市凤凰工业园第三期土地平整工程（第二标段）竣工决算审计项目，审计核减率为23.87%。

经济责任审计 全市共审计单位32个，审计经济责任人49人，查出领导干部应负主管责任的违规金额2549万元，管理不规范金额9443万元；领导干部应负直接责任的违规金额8万元，管理不规范金额213万元。其中市审计局审计单位9个，审计经济责任人10人，查出领导干部应负主管责任的违规金额2320万元，管理不规范金额8751万元。

积极探索村级干部经济责任审计的办法，对14名村级干部开展的经济责任审计取得良好效果，中央政府门户网等多家媒体对此进行了报道。

来宾市审计局实施的某高级中学原校长2003年12月至2008年12月任期经济责任审计项目，查出违规金额703万元、管理不规范金额3580万元，发现该学校收到食堂和商店承包等收入、收到有关单位捐资建校款、代收学生校服款、代收考试费等均未纳入学校财务统一核算，少计固定资产等问题。 （撰稿人：陈盛福）

【贺州市审计局】 2010年，贺州市审计局人员编制29人（行政编制18人，事业编制9人，工勤编制2人），实有27人（行政编制18人，事业编制7人，工勤编制2人）。局长吴春生，副局长甘仕森、刘厚强，总审计师黄自珍。设有办公室（监察室）（12月—,办公室增加监察的职能，加挂监察室的牌子）、法规科（12月—，由法规调研科更名）、财政金融审计科、行政事业审计科、固定资产投资审计科、企业审计科（12月—,由经贸审计科更名）、经济责任审计科，还设有审计信息管理中心、贺州市政府投资审计中心。

审计成果 贺州市各级审计机关共审计（调查）单位199个，查出违规金额1.8亿元，损失浪费金额53万元，管理不规范金额8.2亿元。应上缴财政2824万元（已上缴2452万元），应归还原渠道资金4328万元（已归还1046万元），应调账处理金额8847万元（已调账7911万元）。出具审计报告和报送审计调查报告87篇，提出审计建议112条（被采纳36条）。其中贺州市审计局审计（调查）单位49个，查出违规金额1.7亿元，损失浪费金额53万元，管理不规范金额4.7亿元。应上缴财政2242万元（已上缴2391万元），应归还原渠道资金4307万元（已归还1046万元），应调账处理金额8395万元（已调账7736万元）。出具审计报告和报送审计调查报告29篇，提出审计建议94条（被采纳36条）。

财政审计 全市共审计（调查）17个单位的

预算执行情况，查出违规金额 3168 万元，管理不规范金额 2.4 亿元。其中市审计局审计（调查）6 个单位的预算执行情况，查出违规金额 2955 万元，管理不规范金额 9481 万元。

全市共审计（调查）3 个单位的财政决算情况，查出违规金额 4694 万元，管理不规范金额 1.4 亿元。其中市审计局审计（调查）平桂管理区财政决算情况，查出违规金额 4694 万元，管理不规范金额 1.4 亿元。发现该管理区未按规定征收、缴纳财政收入，未如实核算财政收入、财政支出，违规改变资金用途等问题。

专项资金审计　全市共审计（调查）单位 49 个，查出违规金额 136 万元，管理不规范金额 4673 万元。其中市审计局审计（调查）单位 21 个，查出管理不规范金额 4238 万元。实施的贺州市污水和垃圾处理建设资金跟踪审计项目，发现该工程在勘察设计、规模设置、概算审批、招标评审、项目管理等方面出现较大失误，原投资概算与实际严重不符造成实际投资超概算较多，多报工程进度款，多计工程造价等问题。经跟踪审计后核减、整改金额合计 5422 万元。

行政事业审计　全市共审计（调查）单位 82 个，查出违规金额 1263 万元，损失浪费金额 53 万元，管理不规范金额 3.1 亿元。其中市审计局审计（调查）单位 14 个，查出违规金额 176 万元，损失浪费金额 53 万元，管理不规范金额 1.1 亿元。

企业审计　全市共审计（调查）单位 3 个，查出违规金额 5856 万元，管理不规范金额 8275 万元。其中市审计局审计（调查）单位 1 个，查出违规金额 5856 万元，管理不规范金额 7659 万元。

固定资产投资审计　全市共审计（调查）单位 45 个，查出违规金额 3320 万元，管理不规范金额 293 万元。其中市审计局审计（调查）单位 6 个，查出违规金额 3283 万元，管理不规范金额 290 万元。

经济责任审计　全市共审计单位 63 个，审计经济责任人 70 人，查出领导干部应负主管责任的违规金额 6905 万元，管理不规范金额 20776 万元；领导干部应负直接责任的违规金额 180 万元，损失浪费金额 53 万元，管理不规范金额 118 万元。其中市审计局审计单位 15 个，审计经济责任人 15 人，查出领导干部应负主管责任的违规金额 5707 万元，管理不规范金额 18237 万元；领导干部应负直接责任的违规金额 11 万元，损失浪费金额 53 万元。

市审计局将经济责任审计与预算执行审计、经常性财务收支审计相结合，避免重复审计，提高了工作效率。　（撰稿人：董大星）

2010 年广西壮族自治区所辖区、县(市)级审计工作统计表

金额单位：万元

审计机关	完成审计项目（个）	查出违规金额	应上缴财政	应减少财政拨款或补贴	应归还原渠道资金	应调账处理金额	移送司法、纪检监察部门处理（件）	建议有关部门处理（件）	出具审计报告和审计调查报告（篇）	提出审计建议（条）	撰写审计信息（篇）
南宁市											
南宁市本级	47	14081	329	20	263	1543	4	3	47	64	22
青秀区审计局	35	54				10024			35	50	18
兴宁区审计局	4	32	4				1		4	11	
江南区审计局	37								37		
西乡塘区审计局	15	181	3						15	29	
良庆区审计局	26								26	11	

（续 表）

审计机关	完成审计项目（个）	查出违规金额	应上缴财政	应减少财政拨款或补贴	应归还原渠道资金	应调账处理金额	移送司法、纪检监察部门处理（件）	建议有关部门处理（件）	出具审计报告和审计调查报告（篇）	提出审计建议（条）	撰写审计信息（篇）
邕宁区审计局	6	16							6		
华侨投资区审计局	62	87									
武鸣县审计局	22	1442	1			2247			22	11	
横县审计局	13	13							13		
宾阳县审计局	33	159	4			7			33	60	
上林县审计局	6								6	12	
隆安县审计局	19	32			2	1			19	55	
马山县审计局	15	53	53		7				15	29	
桂林市											
桂林市本级	40	59540	56555		64	199			40	100	3
象山区审计局	2								2	9	
叠彩区审计局	10	33	4		15				10	6	
秀峰区审计局	1								1		
七星区审计局	5	2	2		14	34			5	15	
雁山区审计局	6								6	19	
阳朔县审计局	13								13	32	
临桂县审计局	10	221	32		14	50			10	18	
灵川县审计局	9					62			9	24	
全州县审计局	28	1226	19		371	203			28	20	
兴安县审计局	27	1708	1393		70	6257			27	52	
永福县审计局	8	74	20		28	25			8	13	
灌阳县审计局	18	127	80		15	10			18	41	
资源县审计局	15	356	18		67	198			15	4	
平乐县审计局	11	392	3		4				11		
荔浦县审计局	10	231	16		22				10		
龙胜各族自治县审计局	24	1042	164		63	163			24	10	
恭城瑶族自治县审计局	17	1041	1008						17	37	
柳州市											
柳州市本级	89	24940	8888		1129	13147			94	214	125
柳北区审计局	53	55	49		3	39			53	10	11
城中区审计局	22	72	32		18	866			22	78	17
鱼峰区审计局	23	20	37						23	27	

（续表）

审计机关	完成审计项目（个）	查出违规金额	应上缴财政	应减少财政拨款或补贴	应归还原渠道资金	应调账处理金额	移送司法、纪检监察部门处理（件）	建议有关部门处理（件）	出具审计报告和审计调查报告（篇）	提出审计建议（条）	撰写审计信息（篇）
柳南区审计局	153	6							147	72	5
柳江县审计局	25	469	461		8				13	21	6
柳城县审计局	44	35	18			17			10	21	23
鹿寨县审计局	40	43		503	43	1857			50	64	22
融安县审计局	22	81	63			6			4	34	20
三江侗族自治县审计局	17					12			16	19	
融水苗族自治县审计局	72	533	492	1707	41				72	193	13
梧州市											
梧州市本级	34	2377	2116		114	1542	1		32	120	3
长洲区审计局	2			25	82	382			2	7	
万秀区审计局	6	220				1			6	10	12
蝶山区审计局	6	11	7			9			6	7	
岑溪市审计局	30	411	328		34	145			30	28	3
苍梧县审计局	47					59			47	47	2
藤县审计局	98	1728	7						98	90	1
蒙山县审计局	305	67			15	62			305	325	2
贵港市											
贵港市本级	26	646	1985		2990	580			26	70	6
港北区审计办事处	5								5	19	
港南区审计办事处	10								10	8	
覃塘区审计办事处	3		123						4	13	
桂平市审计局	49	170	122		42	749			55	65	5
平南县审计局	33	5	5						33	37	7
玉林市											
玉林市本级	30	2376	413			3771			30	64	26
玉州区审计局	21	5277	82926		5712				21	38	15
福绵管理区审计局	14	51	35	9	10	11			14	59	9
北流市审计局	32	3906	2803						32	59	15
兴业县审计局	19	57	4		26	9721			19	37	15
容县审计局	29	6719	1622		12				30	44	4
陆川县审计局	22	2693	2304		9				22	55	9
博白县审计局	27	2474	1393						27	33	10

（续表）

审计机关	完成审计项目（个）	查出违规金额	应上缴财政	应减少财政拨款或补贴	应归还原渠道资金	应调账处理金额	移送司法、纪检监察部门处理（件）	建议有关部门处理（件）	出具审计报告和审计调查报告（篇）	提出审计建议（条）	撰写审计信息（篇）
钦州市											
钦州市本级	114	2399	822	539	598	339		1	125	244	19
钦南区审计局	180	701	691			110			192	182	
钦北区审计局	16	4104	226			47			21	31	10
灵山县审计局	11	1173	852		67	255			14	29	
浦北县审计局	34	161	151		81	14266			33	18	
北海市											
北海市本级	78	191325	2406			752	6		78	118	50
海城区审计局	11	978	966		9				11	19	2
银海区审计局	24	6444							24	47	
铁山港区审计局	11								11		
合浦县审计局	35	1713	11		56	1345			35	109	2
防城港市											
防城港市本级	56	6496	2887		710				56	87	12
港口区审计局	30	12							30		
防城区审计局	33	1696	1637		11	48			33	30	1
东兴市审计局	77	4400	2686	2686					77	80	
上思县审计局	18	1490	5						18	36	
崇左市											
崇左市本级	31	496	163		144	4	1		31	76	52
江州区审计局	16	535	36		295	23			16	50	
凭祥市审计局	20	4920							20	46	
扶绥县审计局	14	378	14			303			14	38	
大新县审计局	10	9			4	5			10	21	
天等县审计局	10	2703							10	27	
宁明县审计局	17								17	37	
龙州县审计局	11	637	626		1				11	25	
百色市											
百色市本级	57	77855	19048		9552	20074			57	216	28
右江区审计局	32	22								35	
田阳县审计局	47	229	51	13	9	80		1		2	
田东县审计局	14	6258	1096		136	1828				42	
平果县审计局	71	5933	33	4182	107	17				28	

（续表）

审计机关	完成审计项目（个）	查出违规金额	应上缴财政	应减少财政拨款或补贴	应归还原渠道资金	应调账处理金额	移送司法、纪检监察部门处理（件）	建议有关部门处理（件）	出具审计报告和审计调查报告（篇）	提出审计建议（条）	撰写审计信息（篇）
德保县审计局	21	1045	786			36				39	
靖西县审计局	22	5914	4594		10	149	1			40	4
那坡县审计局	23	74	11							56	
凌云县审计局	16	27	27							5	
乐业县审计局	15	1120	48	106	72	964				42	
西林县审计局	14	3399	7		6					64	
田林县审计局	24	1163	1093		69	425				40	
隆林各族自治县审计局	17	3507	446							37	
河池市											
河池市本级	47	25491	16639		3283	917			43	129	25
金城江区审计局	41	180							10	22	8
宜州市审计局	7	292	292						2	22	12
南丹县审计局	35								34	22	9
天峨县审计局	15	11	11						10	26	2
凤山县审计局	8	258	164		350				10	29	2
东兰县审计局	30								33	70	3
巴马瑶族自治县审计局	7	195	195						11	8	4
都安瑶族自治县审计局	33	4499	2356		306	202			27	15	10
大化瑶族自治县审计局	26								29	15	3
罗城仫佬族自治县审计局	23	580	12						22	5	4
环江毛南族自治县审计局	32	4388	379		60	929			26	57	4
来宾市											
来宾市本级	41	2323	220				1		41	73	15
兴宾区审计局	97	204	110		8				97	7	
合山市审计局	20	140			102	260			20	33	
象州县审计局	96	383	249						96	44	12
武宣县审计局	67	25	60		4	252			67	41	
忻城县审计局	20	21	14						20	15	
金秀瑶族自治县审计局	19	208	152						19		

（续表）

审计机关	完成审计项目(个)	查出违规金额	应上缴财政	应减少财政拨款或补贴	应归还原渠道资金	应调账处理金额	移送司法、纪检监察部门处理(件)	建议有关部门处理(件)	出具审计报告和审计调查报告(篇)	提出审计建议(条)	撰写审计信息(篇)
贺州市											
贺州市本级	49	16964	2242		4307	8395			52	156	25
八步区审计局	27	451	29						30	65	5
平桂管理区审计局	13	74	469		26				15	40	2
昭平县审计局	33	708	82		21	452			36	86	6
钟山县审计局	41								43	95	5
富川瑶族自治县审计局	36	240	2				1		39	92	7

海南省

【海南省审计厅】　2010年，海南省审计厅人员编制119人，在编117人。设有办公室（含老干部处）、组织人事处（含机关党委、机关工会）、金融处、财政审计处、行政政法审计处、农业审计处、资源环境审计处、教科文卫审计处、社会保障审计处、政府投资审计处、企业审计处、经济责任审计处、政策法规处。

领导成员

厅　　长：陈如军

副 厅 长：林　东（—9月）

何洪彬　何琼妹

林长彬（8月—）

副巡视员：王旭平

审计成果　全省共审计4170个单位，较上年增加51个百分点。全年查处违规金额40.32亿元，全年核减不合规工程造价14.1亿元，核减率为11%，收回挪用资金、追缴税款等11.3亿元，全省每个审计人员平均为财政增收节支508万元。移送司法、纪检监察机关案件线索25件、31人；从体制、机制、制度层面提出审计建设性意见被采纳543条，较上年提高42个百分点，促进有关部门健全完善规章制度210多项；82份审计综合报告被各级党委政府批示，较上年提高15个百分点；有21个审计项目获省厅优秀审计项目奖和重大成果审计项目奖；省审计厅“两免一补”项目获审计署地方表彰项目。提交审计工作报告、信息416篇，被采用272篇。

预算执行审计　（1）项目支出预算执行审计。全省审计机关对21个部门181个项目支出的预算编制、批复和执行情况进行全过程绩效审计，涉及金额达37.27亿元。抽查26个省本级部门157.62亿元预算的执行情况；审计会管中心会计监督效果，强化其监管职责。

（2）非税收入征缴情况审计。通过对非税收入征缴情况的审计发现：截至6月底，有12个单位欠缴海域使用金和探矿权采矿权价款共计1.83亿元，2个市县欠缴新增建设用地土地有偿使用费500万元，个别欠缴单位在经媒体公告后，依然未及时缴纳。一些已收缴的资金年终仍滞留在各类专户不及时清算入库，影响了当年的收入。省财政厅加强与国土部门的协调沟通，督促加快收入手续的审批确认，保障收入及时完整入库。

（3）土地增值税清算审核。2010年，省审计厅联合省地税局对海口、三亚7个房地产项目进行土地增值税清算审核，清算核增土地增值税1.37亿元。

（4）专项转移支付资金审计。省专项转移支付资金管理制度比较健全，各项资金均制定了相应的管理办法，管理使用较规范。但审计发现资金分配效率有待进一步提高。省级下拨市县超过

30天的达到43%，其中超过3个月的占7.4%，抽查3个市县，每项指标分配平均需71天；市县年底“突击支出”现象明显。抽查4个市县，11月和12月两个月的支出平均占全年的37.5%。有的市县以拨代支，将资金转到财政专户或部门专户，个别市县以拨代支达到72.6%；部分资金多头管理、零星分散，致使项目难以实施；市县事权与财权不匹配造成项目推进积极性不高，市县财政配套压力大，配套资金到位率低；个别市县变相挤占挪用专项资金。省财政厅已着手完善相关制度和深化改革，逐步解决存在的问题。

（5）全省地方政府性债务情况专项审计调查。按照审计署统一方案要求，组织对15个市县2009年政府性债务情况进行专项审计调查（省本级及其余3个市县由审计署武汉办实施调查），摸清政府性债务的规模、结构、来源和用途，深入分析偿债风险和债务成因，查出债务资金违规举借、违规使用、逾期、闲置以及监管不力等问题，并提出4条防范和化解当前政府性债务风险的审计建议。省政府主要领导对债务审计调查报告高度重视并作出重要批示。省政府办公厅遵照省长指示，将审计调查报告转发市县及省直有关部门。

金融审计　省审计厅组织对文昌、定安、东方、三亚、乐东等市县的农村信用合作联社审计，关注内部控制的薄弱环节，防范金融风险向财政领域转移，提高信贷资产质量。审计查出三亚农村信用合作联社违规发放贷款11325万元，其他有问题金额15909万元，查处违规发放贷款责任人12人，提出审计建议6条；审计查出乐东农村信用合作联社违规发放贷款2134万元，提出审计建议5条；截至2010年8月31日，查出省农信联社本部资产总额为54.69亿元，负债总额54.31亿元，所有者权益0.38亿元。

行政事业审计　省审计厅对26个行政事业单位遵守财经纪律情况进行审计。审计结果表明，自推行单位会计集中核算以来，行政事业单位的会计信息质量有较大的提高，财务收支行为日趋规范，一些典型的显性问题明显减少，基本遏制了重大违纪违法行为的发生。但也发现实行会计集中核算后，会计责任与财务责任未能完全理顺，单位财务管理仍较薄弱；单位内部控制不健全，导致财务控制与会计监督衔接不到位；单位财务制度执行不严格，审核把关不到位。7个单位超范围开支76.7万元，7个单位占用专项资金131.1万元。另外还存在挤占专项资金、项目支出结构不合理、专项资金用途不专、发票填写内容与税务发票信息系统中登记信息不一致等问题。省直单位会计管理中心及行政事业单位对审计发现的问题较重视，及时采取措施整改存在的问题。

农业与资源环保审计　省审计厅组织对“十一五”节能减排专项资金审计；开展8个市县18个污水垃圾处理厂（场）的竣工决算审计；开展对三亚亚龙湾国家旅游度假区规划的环境保护执行情况绩效审计。各级审计机关根据本地旅游资源开发情况，适时跟进，开展对本地旅游规划执行情况审计。重点关注是否把生态环境保护纳入领导干部经济责任考核体系；关注经济发展方式转变，调整经济结构相关政策的落实情况，揭示和反映浪费资源和破坏生态环境安全的突出问题；关注各市县节能减排工作，继续推进当地政府对重点流域、区域和行业污染的治理，加快建立生态补偿机制；关注污水垃圾处理项目的绩效情况，评价项目是否达到预期的社会效益。

固定资产投资审计　（1）中央扩大内需各项政策措施落实情况的跟踪审计。对省发改委组织的2009年省本级建设支出预算执行情况进行审计，涉及资金358.350亿元，审计资金357.362亿元，审计资金覆盖面99.32%。对海南东环铁路、海口至屯昌高速公路、68个农村沼气工程、5个林木苗工程、6个农村体育健身工程及269条农村公路建设等重大投资项目进行全过程跟踪审计。全年审计284个500万元以上的政府投资项目，核减工程造价14.1亿元。结合工程治理领域专项检查，对4个市县152个重点项目进行审查，涉及投资金额209亿元，揭示了61个项目在基本建设程序、招投标、合同履行等方面存在的突出问题，提出审计建议被采纳53条，省纪委将上述审计成果专报中纪委。

（2）政府重点投资项目审计。省审计厅开展了病险水库、农村公路、中小学校舍安全工程等专项资金审计；对东环铁路、海口至屯昌高速公路、三亚绕城公路主线工程、省文化公园、海口港二期工程、省医院门诊综合楼等13个重点建设项目进行跟踪审计；试行以支出科目为基础，对

300个发展建设项目预算执行审计，把握基本建设项目预算总体规模。从政策执行、资金使用、管理、投入产出等方面关注政府投资绩效。

社会保障审计 海南省政府印发了《海南省基本公共服务均等化重点民生项目发展规划（2011～2015）》，对今后五年民生项目发展作出科学规划。各级审计机关组织开展保障性住房建设资金、防汛救灾资金物资和农村劳动力转移培训阳光工程资金、农村新型合作医疗保险基金、城市居民最低生活保障资金、农村卫生医疗服务体系建设及经费管理使用情况、扶贫资金、抚恤金等审计。省审计厅侧重对民生资金分配环节和省级项目支出的审计，市县审计机关侧重于对资金末梢支出的审计。

企业审计 利用中介机构对15个项目进行全程跟踪监督，涉及金额4.18亿元；对3个市县的农村信用社财务收支情况进行审计，综合汇总审计发现的问题，与省联社联合下发审计结果通报，要求各市县联社针对通报反映的问题进行自查和限期整改，达到了“审计一部分，教育一大片”的效果。组织对海南发展控股公司等国有企业运行情况绩效审计，揭示了国企运营中因决策不科学、不合规、管理不严，导致国有资产流失或潜在风险等问题，促进国有资产保值增值，维护国有资产的安全。

经济责任审计 全省共开展198名党政领导干部和企业领导人员任期经济责任审计，查出违规金额1.13亿元，管理不规范金额11.89亿元，损失浪费金额894万元，移送纪检监察机关3人。通过加强与纪检、国资等部门协调配合，从内部控制制度入手，实行任中审计、同步审计和主要领导“约谈”方法方式，实事求是地通报领导干部任期中在经济决策、工程建设、土地管理等方面取得的业绩和存在的问题。

专项资金审计（调查） （1）抚恤资金管理使用审计。省审计厅组织实施对民政厅及三亚、五指山、琼海、澄迈、陵水5市县2008～2009年抚恤资金管理使用情况的审计。审计发现，3个市县有6位优抚经办人员以冒领、假名单、重复造单和多报等造假手法，骗取抚恤金15.3万元；3个市县挤占挪用抚恤等民政资金297.4万元用于修建道路和办公楼等支出，超范围发放抚恤金62.1万元和抚恤物资350.3吨。此外，还存在抚恤资金配套不到位、发放不及时、发放手段落后和政策宣传不到位等问题。针对存在问题，省民政厅及有关市县积极整改。研究起草了《海南省民政专项资金监督管理暂行办法》；有关市县对存在问题进一步调查核实，追回被侵占的抚恤金，依法处理相关责任人。

（2）抗震救灾资金物资的审计。汶川、玉树救灾资金物资管理使用情况审计。省审计厅及时跟踪审计汶川、玉树地震抗震救灾资金物资的捐赠、管理、使用情况。审计汶川地震捐赠资金额3.9亿元，玉树地震审计资金额达7919.73万元。审计结果表明，全省抗震资金救灾物资及时到位，管理使用规范。审计结果已向社会各界公开，给人民群众交了一本放心账。

防汛抢险救灾资金物资跟踪审计。10月份以来，持续的强降雨给16个市县带来较为严重的灾情，社会各界捐款捐物，帮助灾区人民重建家园。省审计厅要求全省各级审计机关对防汛抢险救灾资金物资的筹集、分配和拨付情况开展跟踪审计，确保救灾资金物资落到实处。省审计厅组成审计组，奔赴受灾较严重的文昌、万宁、儋州、琼海、陵水等市县，督促救灾资金及时到位，规范使用。截至10月31日，已审计资金额13.1亿元。审计结果表明，救灾资金物资做到及时拨付、管理使用规范。

（3）中等职业学校（实训基地）建设及中职学生资助体系建设资金绩效审计。对2008～2009年度全省中等职业学校（实训基地）建设及中职学生资助体系建设资金绩效情况进行专项审计调查。审计结果表明，全省中职教育规模不断扩大，在校生人数由2006年的7.8万人增加到2009年的14.9万人，教学条件不断改善，成效显著。但也发现，中职教育的覆盖面有待扩展；省级综合性共享型实训基地过少，不能满足需求；中职学生资助政策执行不到位，少数学校存在违反规定采用现金或抵扣的方式发放国家助学金、计提资助基金比例不足和将不符合资助条件的学生纳入资助范围等问题；个别中职学校校外班管理较混乱，出勤率低、辍学率高，办学效果未能达到教学大纲的要求等。有关部门采取措施积极整改。

（4）农村沼气建设工程绩效审计。省审计厅对2008～2009年度昌江、东方、澄迈、陵水等5个市县，农村沼气工程建设专项资金的绩效情况进行重点调查审计，抽查49个村级沼气服务网点及34个大中型沼气项目，深入33个乡镇67个村委会1059户农民，审计调查涉及金额51966.54万元。调查审计发现，部分市县资金配套不到位；政策宣传力度不够，群众对政策不知情；炉具采购方式不科学，造成过度采购和炉具浪费；服务体系建设滞后，后期管理跟不上，"病池"得不到及时修理，影响了农村沼气的有效使用；个别大中型沼气项目建设审批审查不严，不具备建设条件的项目立项上马；部分项目业主自筹资金未落实，项目无法开工；部分市县施工单位未具备大中型沼气工程施工资质；部分市县工程验收不符合规定、建材采购未实行公开招投标。省审计厅及时将发现的问题向市县政府通报，市县立即进行整改。有的市县还组成联合验收工作小组，对全县沼气项目进行重新验收，全面整顿沼气建设市场秩序。

（5）中小学校舍安全工程建设情况审计。对琼海、保亭、乐东、定安4个市县2009年度中小学校舍安全工程建设情况进行审计。审计结果表明，省教育厅和有关市县政府高度重视中小学校舍安全工程，积极采取措施，推进中小学校舍安全工程的建设。但抽查4个市县发现，建设资金未及时到位1.57亿元，造成工程进度偏慢；中小学排查鉴定工作不到位，校舍工程质量存在隐患；有的未严格执行基本建设程序，监理部门履行职责不到位。省教育厅以及4个市县政府针对存在的问题，采取措施认真整改。

（6）保障性住房建设审计。组织实施2007年至2009年度全省政府投资保障性住房情况进行专项审计调查。审计抽查13个市县发现，截至2009年9月底，13个市县廉租住房租赁补贴资金到位2.41亿元，仅发放0.32亿元，结余2.09亿元，占86.7%，影响资金使用效益；9个市县未按规定签订工程建设合同；有的市县未严格执行基本建设程序，部分工程建设管理人员不到位，工程质量安全存在隐患；7个市县1275套廉租住房套型面积超国家规定标准。省住房城乡建设厅及13个市县政府均表示对存在的问题将采取措施积极整改。省住房城乡建设厅针对租赁补贴资金结余过大问题已采取相应措施进行整改。

（撰稿人：韩　权）

【海口市审计局】　2010年，海口市审计局人员编制41人，在编41人。局长孙芬，副局长刘建、李冬青，总审计师刘桂云。设有财政审计处、政府投资审计处、经济责任审计处、行政事业审计处、社会保障审计处、农业资源环保审计处、企业审计处、政策法规处、办公室。下属事业单位海口市工程项目审计中心。

审计成果　海口市各级审计机关全年完成审计（调查）项目73个，查出违规金额4326万元，其中应上缴财政872万元，应归还原渠道资金51万元，应调账处理金额27811万元；已上缴财政820万元，已归还原渠道资金15万元，已调账处理金额17144万元。提交审计工作报告、信息23篇，被采用18篇。

财政审计　海口市审计机关结合财政制度改革，以促进预算规范管理、提高财政绩效为目标，组织财政审计项目13个，其中市、区本级预算执行审计5个，预算执行单位审计6个，财政决算审计1个，地税部门审计1个。市本级财政预算执行审计披露了存在的不真实和不规范的问题，依法追缴未纳入预算的行政性收费、国资收益等违规资金上缴财政；对部分预算资金没有批复落实到具体部门和单位、支出预算编制不完整，预算执行管理不到位、预算编制与执行偏差大等预算编制及管理中存在的问题，有针对性地提出细化预算、加快预算执行进度、提高资金使用绩效等整改建议，着力解决财政管理中存在的突出问题；审计还针对政府融资平台公司融资成本高、债务规模较大及运营中存在的漏洞和隐患，提出规范债务管理、防范财政风险等建议。

固定资产投资审计　全年共完成工程项目竣工决算和结算审计100个，审计总金额25.21亿元，是上年的114.8%；核减工程造价3.75亿元，是上年的120.58%，核减率14.86%，比上年提高0.5个百分点，审计金额和核减额均创历年最高，进一步提高了政府投资效益；实施跟踪审计项目6个，审计金额18.48亿元。海口市审计机关坚持从制度层面披露问题，规范项目前期工作和建设管理，促进政府和有关部门在项目方案评选、征地拆迁、概算、招投标、设计变更等环节不断完善规章制度。2010 年，参与了多项政府投资项目管理办法的修订，建言献策，推进政府投资项目管理体制改革。继续坚持完善“三权分离”的投资审计管理模式和“审计项目安排 5 人小组”监督制度、有效巩固了政府投资审计领域廉政建设的成果，促进了投资审计效率的大幅提高。

经济责任审计　全年实施领导干部经济责任审计 20 个，其中任中审计 4 个；审计对象涉及县处级党政领导 8 人，事业单位领导 3 人，国有控股企业领导 1 人；县处以下领导 8 人。审计发现部分单位挤占、挪用专项资金、固定资产账实不符、收入未上缴财政，项目（工程）管理上存在超预算、未按规定招投标、违规垫资承包、违规转包、分包等问题。共查处领导干部应负管理责任的违规金额 5914 万元。关注重点投资项目、重大民生工程和民生政策的执行推动情况以及行使经济决策权和领导干部个人廉洁守纪情况；注重评价政策执行、内部控制、重大发展决策和经济发展指标分析与考核等内容。继续加强与组织人事、纪检监察部门沟通协调，建立了审前信息沟通制度、审计结果报告制度，促进审计结果有效利用。审计机关对政府驻外某联络处主任经济责任审计中披露的问题，引起了地方组织部门和纪检部门的高度重视，政府办公厅专门下发通知，加强政府各驻外机构的财务管理工作。

专项资金审计（调查）　2010 年，海口市审计机关围绕党委、政府工作中心和民生热点，组织居民医保资金、教育费附加、环保专项资金、农村沼气工程、福利彩票资金、旧城改造资金、市水务工程项目管理制度、市建设资金等专项资金审计和审计调查 19 个，审计资金总额 115.64 亿元；查出改变项目资金用途，资金滞留闲置等违规资金 1.77 亿元。审计重点关注资金的绩效状况，确保资金的安全、完整和使用效益；揭露和查处各种侵害群众合法利益的行为，切实维护群众利益；认真查找各有关部门在政策执行中存在的不足和漏洞，提出建设性意见和建议。审计反映部分农村饮用水工程未能发挥效益、农村饮用水质合格率不到四成；教育费附加在资金二次分配上不平衡；居民基本医疗保险基金使用率仅为 50%、个别社区定点卫生医疗机构价格管理不透明，存在超标准收费、乱收费现象；环保、环卫、城市绿化与绿地养护专项资金未制定和完善专项资金绩效评价体系等问题。水务部门对农村安全饮水工程进行排查，针对尚未发挥效益项目存在的问题进行协调解决，同时与爱卫办、疾控中心协调，对农村安全饮水卫生加强了监测；教育部门根据审计建议草拟《海口市教育费附加管理的暂行办法》送有关部门征求意见，加强教育费附加的管理，合理配置教育资源，提高资金的使用效益；社保部门通过降低乙类药品个人支付比例、提高特检、特治诊疗项目报销比例、提高特病门诊支付待遇及提高居民二次待遇支付水平等方式，全面提高待遇支付水平，促进提高居保基金使用效率，进一步规范管理制度，完善对定点医疗机构的管理；环卫主管部门采取措施，整改审计查出的问题 13 个，采纳审计建议 7 条，完善内控制度 3 项；园林主管部门针对审计查出的问题建立和完善 10 项管理制度等。　（撰稿人：李洋波）

【三亚市审计局】　2010 年，三亚市审计局人员编制 43 人，在职 47 人。局长许焕中，副局长麦军、史晓辉，总审计师廖沙。设有办公室、行政事业审计科、财政审计科、企业审计科、农业与资源环保审计科、经济责任审计室、法规科、固定资产投资审计科、派出审计室。

审计成果　三亚市审计局完成审计项目 447 个，查出违规金额 7812 万元，其中应上缴财政 7544 万元，应减少财政拨款 29349 万元，应归还原渠道资金 64 万元，应调账处理金额 203 万元；已上缴财政 5823 万元，已减少财政拨款 29349 万元，已归还原渠道资金 22 万元，已调账处理金额 195 万元。移送司法机关、纪检监察部门处理事项 2 件。提出审计建议 90 条，被市政府或被审计单位及有关单位采纳 86 条，占 95%。提交审计工作报告、信息 505 篇，其中信息被采用 28 篇。

财政审计　主要对市本级预算执行、税收征收管理、重点部门、重点资金、重点项目预算执行等情况进行审计，查出未按规定征收、缴纳预算收入 51528 万元，资金滞留闲置 149942 万元，财政支出核算不实 2544 万元，违规改变资金用途 66 万元，未落实“收支两条线”和专户管理规定金额 137 万元，其他管理不规范金额 130289 万元。针对审计查出的问题，向政府及有关部门提出加强预算管理的意见和建议。

行政事业审计　开展行政事业单位审计9个，查出违规金额2794万元，管理不规范38952万元，应上缴财政2600万元，应归还渠道资金64万元，应调账处理金额130万元。移送纪检部门处理事项2件，涉及人员2名，涉及金额45万元。

农业与资源环保审计　开展对市污水处理费征收、管理使用和市生活垃圾填埋场2个项目的审计，查出违规金额562.7万元，管理不规范金额579万元，应上缴财政543万元，已上缴财政543万元。针对污水处理费征收使用管理存在的问题，市政府制定了《〈三亚市污水处理费征收使用管理实施办法〉补充规定》，加强监督和管理，确保市委、市政府各项惠民政策落到实处。

固定资产投资审计　全年完成政府投资建设项目审计408个，审计投资额14.5亿元，核减工程款2.4亿元，为政府节约了资金。通过审计，查出部分投资项目存在管理不善、损失浪费和多计工程造价等问题。审计建议引起市政府及有关部门的重视，加强了政府投资项目管理，规范了政府投资行为，增强了投资效益。

企业审计　审计企业单位2个，查出违规金额100万元，应上缴财政27万元，应调账处理金额73万元。通过审计，促进企业注重资产质量效益，加强经营管理，建立健全内部控制制度，实现国有资产保值增值。

经济责任审计　受市委组织部委托，开展对10名领导干部的经济责任审计。查出违规金额2585万元，管理不规范金额38827万元，为市组织部门管理、考核、任免干部提供决策依据。

专项资金审计（调查）开展专项资金审计（调查）项目7个，查出违规金额3369万元，管理不规范金额50734万元，资金滞留闲置45947万元。针对审计查明的问题，从制度、机制和政策法规等各方面剖析原因，从宏观和微观上提出解决问题的建议和办法，强化资金监管，提高资金使用效益，维护人民群众利益。

（撰稿人：刘　付　增　胜）

2010年海南省所辖区、县（市）级审计工作统计表

金额单位：万元

审计机关	完成审计项目（个）	查出违规金额	应上缴财政	应减少财政拨款或补贴	应归还原渠道资金	应调账处理金额	移送司法、纪检监察部门处理（件）	建议有关部门处理（件）	出具审计报告和审计调查报告（篇）	提出审计建议（条）	撰写审计信息（篇）
海口市											
海口市本级	43	4283	872		51	27783			43	140	18
龙华区审计局	11								11	32	
秀英区审计局	5	43			15	28			5	7	5
琼山区审计局	7								7	16	
美兰区审计局	7								7	29	
三亚市											
三亚市本级	390	7812	7544		64	203	2		390	76	51
省直辖行政单位											
文昌市审计局	10	24							10	32	14
琼海市审计局	15	524	529			83					

(续表)

审计机关	完成审计项目(个)	查出违规金额	应上缴财政	应减少财政拨款或补贴	应归还原渠道资金	应调账处理金额	移送司法、纪检监察部门处理(件)	建议有关部门处理(件)	出具审计报告和审计调查报告(篇)	提出审计建议(条)	撰写审计信息(篇)
万宁市审计局	36	1981	430	1526	11				36	57	5
五指山市审计局	9				5	131			9	12	2
东方市审计局									15	49	10
儋州市审计局	50	1719	503						50	60	31
临高县审计局	11	207	207						11	33	2
澄迈县审计局	42	1133	196	926	11	286			42	124	6
定安县审计局	47	1005	152	1565		202			47	57	
屯昌县审计局	68				27				68	207	21
昌江黎族自治县审计局	18	202	9	174					18	61	28
白沙黎族自治县审计局	24	13	11						24	69	11
琼中黎族自治县审计局	11	2		3	2	19			11	42	5
陵水黎族自治县审计局	11	20	16						11	22	3
保亭黎族苗族自治县审计局	18	85	11	52	22			3	18	68	5
乐东黎族自治县审计局	14	50	11		13				14	36	

重庆市

【重庆市审计局】 2010年，重庆市审计局人员编制310人，在编288人；设有办公室、综合处、人事处、法规处、机关党委（与机关工会、机关团委合署办公）、计算机应用管理处、内部审计管理处、离退休人员工作处、经济责任审计处、财政审计处、行政事业审计处、固定资产投资审计处、经贸审计处、金融审计处、农业审计处、移民审计处、社会保障审计处、外资运用审计处、工业审计处、市政建设审计处、教科文审计处、商贸审计处、资源环保审计处、交通审计处，另有市监察局派驻市审计局监察室、事业单位——重庆市审计中心（重庆市审计科学研究培训中心）。

领导成员

局　　长：王耘农

副 局 长：杨春林（正厅级）　杨成超　李永春　丁时勇　戴　希（7月—）

纪检组长：张海坤（9月—）

审计专员：周　菁

局长助理：李新建

副厅级干部：胡可惠（7月—）　冉隆兴（9月—）

副巡视员：李高书　王　义　谢大全

审计成果　全市审计机关共审计（审计调查）2507个单位，查出违规金额155.15亿元、管理不规范金额911.62亿元、损失浪费金额6753万元；审计决定应上缴财政74.23亿元，应减少财政拨款或补贴15.69亿元，应归还原渠道资金

44.26 亿元，应调账处理金额 81.15 亿元；向司法机关、纪检监察机关及有关主管部门移送案件 256 件，涉案人员 235 人，涉及金额 4.79 亿元。审计处理后，被审计单位已上缴财政 60.95 亿元，已减少财政拨款或补贴 15.55 亿元，已归还原渠道资金 36.03 亿元，已调账处理金额 52.84 亿元，审计移送事项已立案或处理 161 件，已惩处 108 人（注：审计处理结果落实指标含跨年度落实数）。全年提交专题和综合性审计报告、审计调查报告、审计要情、信息等 3360 篇，被批示、采用 1794 篇；提出审计建议 6198 条，被采纳 5218 条。向社会公告 2009 年度市级预算执行和其他财政收支审计工作报告，对口支援四川省崇州市灾后恢复重建跟踪审计等审计结果。

预算执行审计　预算执行和其他财政收支审计，组织实施了市级预算执行、市级部门预算、区县财政决算、重点专项资金和政府投资项目审计。审计结果表明，全市各级各部门认真落实积极财政政策，圆满完成人大批准的预算；加强资金统筹调度，保障重大决策贯彻落实；加大民生社保投入，促进财政资源合理配置；推进财政体制改革，加快公共财政建设步伐。但仍存在一些问题。(1) 审计市级预算管理情况发现的主要问题：市财政局少数财政收入未纳入预算管理，年初预算批复率低，财政结余资金统筹利用不够。市发展改革委部分新增中央投资项目实施缓慢，部分重大项目前期费管理使用不规范，部分项目建设管理不严。市地税局少数单位少缴纳税收，少数单位未取得代征资格征收税款。

(2) 审计市级部门预算执行情况发现的主要问题：少数单位违规编制预算，未经批准调整预算，挤占挪用专项资金用于弥补行政经费，滞留专项资金，部门预算结余资金统筹利用不够，采取收支在往来账核算、账外核算等方式少计收入、少计专项资金结余、少计固定资产、多计支出，少计收入等造成少缴税金。

(3) 审计区县（自治县）财政决算情况发现的主要问题：少数区县应征未征、违规减免、应缴未缴及虚增财政资金，挤占挪用、滞留专项资金，部分中小学和机关事业单位违规集资，部分区县政府部门乱收费，违规出借财政性资金。

市三届人大常委会第十八次会议审议了《关于 2009 年度市级预算执行和其他财政收支审计工作报告》，对审计工作报告中涉及的问题提出整改要求，市政府对此高度重视，责成相关市级部门和区县（自治县）政府限期整改，及时上报整改情况，安排市审计局会同市监察局对审计报告反映的部分区县财政决算重点问题整改情况进行专项督查。相关市级部门和区县（自治县）政府认真进行了整改。市财政局认真研究存在的问题，采取措施积极整改。市发展改革委认真整改到位。市地税局及时落实整改，加强税收征管。

固定资产投资审计　全市审计机关全年完成固定资产投资审计（审计调查）项目 1186 个，审计工程投资金额 513 亿元，审减投资 35 亿元，查出违规金额 30.82 亿元，管理不规范金额 63.27 亿元，损失浪费金额 220 万元；审计决定应上缴财政 2865 万元，应减少财政拨款或补贴 11.75 亿元，应归还原渠道资金 1.58 亿元，应调账处理金额 18.76 亿元；向司法机关、纪检监察机关及有关主管部门移送案件 49 件，涉案人员 21 人，涉及金额 7837 万元。揭示了国家建设项目在工程管理、工程质量及效益等方面存在的突出问题，促进了建设项目规范管理，提高了资金使用效益。为优化全市投资环境，推进畅通重庆建设，对全市 182 条、里程 7693 公里的政府还贷二级收费公路债务情况进行审计，审计审定债务余额，积极配合国家复核工作，为争取中央政策支持发挥重要作用。审计忠县至垫江高速公路、菜园坝长江大桥等 15 个市级重点建设项目，审计工程投资总额 188.3 亿元，审减投资 9.9 亿元，发现工程计量、计价、结算有误，虚增工程造价，多计项目成本，多计征地及房屋拆迁费，多计融资费用，多预留工程费用，多计其他概算外项目和费用，少数项目投资超概算，部分项目招投标制度执行不严格，项目业主、监理单位现场管理不到位等问题。

企业审计　全年审计（审计调查）71 户企业，查出违规金额 10.22 亿元，管理不规范金额 58.93 亿元，损失浪费金额 56 万元；审计决定应上缴财政 2.11 亿元，应减少财政拨款或补贴 3.59 亿元，应归还原渠道资金 3.75 亿元，应调账处理金额 27.45 亿元；向司法机关、纪检监察机关及有关主管部门移送案件 14 件，涉案人员 7 人，涉及金额3524万元。审计重庆日报报业集团、重庆机电集团等11个市级重点国有企业资产负债损益情况，发现部分企业管理不善造成企业损失或潜在损失、企业资产闲置、企业资金被无偿占用，企业资产及损益不实，企业工资及福利性支出不规范，工资发放总额超标、多计多缴职工基本保险基金，少计少缴税金等问题。审计中央下放煤矿企业棚户片区改造项目，发现4个区县未完成改造目标任务，个别区县未对被拆迁单位或个人资产进行评估，个别单位未及时拨付项目资金，个别区县棚户片区居民回迁安置进度缓慢，部分区县存在项目核算不规范、大额现金支付等问题。审计调查城市生活垃圾处置费征收管理使用情况，发现征收标准不严、征收工作不力，少征收垃圾处置费，5个单位坐支、滞留资金，征收工作基础薄弱，垃圾处理经费收不抵支等问题。审计调查渝东北、渝东南16个重点区县特色工业园区建设情况，发现4个区县挤占挪用贷款，2个区县村社干部涉嫌贪污、挪用征地补偿款，7个区县未批先征、违规办理土地使用权证，6个区县部分建设资金未实行公开招投标，9个区县低于土地整治成本价出让土地，10个区县园区部分企业欠缴税费，园区企业投入强度普遍不足，引入企业质量尚待提高等问题。

经济责任审计　全市审计机关对482名领导干部进行经济责任审计，查处违规金额36.5亿元，管理不规范金额114.66亿元，损失浪费金额661万元；向司法机关、纪检监察机关及有关单位移送处理经济责任人及相关人员44人，市委组织部根据审计结果对领导干部进行谈话。审计区县（自治县）党政领导干部履行经济责任情况，发现部分区县财政收支管理不规范，挤占挪用滞留专项资金，土地管理政策执行不严，部分重点建设工程未严格执行公开招投标程序，区县政府性债务负担较重，政府投融资公司管理不规范，少数区县违规集资和乱收费等问题。审计市级部门、单位党政领导干部履行经济责任情况，发现少数市级部门、单位未及时征缴财政收入，挤占挪用滞留专项资金，违规设立“账外账”，违规处置资产，个别单位资金结余量较大，影响财政资金使用效益等问题。

专项资金审计（调查）　全市审计机关坚持围绕中心、服务大局的方针，关注民生问题，加强对涉及人民群众利益的灾后重建、森林工程、就业、社会抚养费、粮畜补助、家电汽摩下乡等重点专项资金的审计，注重资金使用环节问题，关注惠民政策落实情况，提高资金使用效益。全年专项审计（审计调查）502个单位，查出违规金额23.17亿元，管理不规范金额37.54亿元，损失浪费金额1469万元；审计决定应上缴财政10.53亿元，应减少财政拨款或补贴845万元，应归还原渠道资金13.25亿元，应调账处理金额2.39亿元；向司法机关、纪检监察机关及有关主管部门移送案件60件，涉及人员67人，涉及金额15.15亿元。

（1）审计调查市级非税收入征缴管理情况，发现22个部门单位和2个区县违规收费，23个部门单位应收未收非税收入，4个部门单位违规减免非税收入，106个部门单位滞留非税收入，征管政策不尽完善，教育收费、行政事业单位经营服务性收费等未执行“收支两条线”管理等问题。

（2）审计调查森林工程资金管理使用情况，发现11个区县多申报建设任务完成量，部分建设项目用地等相关配套政策尚待完善，4个区县项目贷款与用款脱节，7个区县财政局滞留市级补助资金等问题。

（3）跟踪审计汶川地震灾后恢复重建款物管理使用情况，发现3个区县滞留“特殊党费”、教育恢复重建资金，6个区县擅自调整“特殊党费”、教育恢复重建项目，6个教育恢复重建项目未开工，资金及工程建设管理工作尚待加强等问题。

（4）审计三峡库区移民资金使用管理情况，发现13个区县挤占挪用移民资金，7个区县违规减免缓、违规使用移民土地出让金，部分区县移民资产处置收益未纳入移民资金管理，部分项目未及时办理工程结算，个别项目多计工程价款等问题。

（5）审计调查家电汽摩下乡专项资金管理使用情况，发现12个区县部分经销商及网点虚报领取财政补贴，22个区县部分经销商、交管部门、机动车检测机构及保险公司违规收费，个别区县财政部门未及时支付补贴，部分生产销售企业不具备销售资格，5个区县46家备案销售网点不符合规定条件，2个区县10家备案销售网点未售出下乡产品等问题。

（6）审计就业专项资金管理使用情况，发现市级有关单位和9个区县挤占挪用就业专项资金，市级有关单位和4个区县滞留就业专项资金，19个培训机构及36家大学生见习基地弄虚作假套取就业专项资金，市级有关单位和29个区县审核不严，多支付就业专项资金等问题。

（7）审计社会抚养费征收管理情况，发现多数区县少征收社会抚养费，11个区县未按规定程序征收社会抚养费，25个区县滞留、截留社会抚养费，3个区县私存私放资金，11个区县虚列、滞留计生经费等问题。

（8）审计新型农村合作医疗基金筹集、管理及分配使用情况，发现19个区县参合人员不实，部分定点医疗机构违规加价收取医疗费用，8个区县合作医疗管理办公室未按规定提取风险基金，4个区县财政或主管部门欠拨新型农村合作医疗工作经费，8个区县乡镇卫生院套取基金，11个区县基金补偿标准偏低，9个区县新型农村合作医疗信息系统数据与财务数据差异大，业务基础工作薄弱等问题。

（9）审计调查粮畜补助资金管理使用情况，发现15个区县及4个经销商弄虚作假套取资金，个别人员涉嫌骗取资金，15个区县滞留资金，7个区县挤占挪用资金，少数单位违规收费，7个区县违规代领资金，13个区县配套资金未到位等问题。

（10）审计体彩公益金提取、管理和使用情况，发现4个区县挤占挪用体彩公益金，财务核算及管理欠规范等问题。

（11）审计调查长江上游渝西地区水污染防治情况，发现项目总体推进缓慢，部分次级河流水质没有达到水域功能要求，部分乡镇生活污水处理能力不足，已建成的城区污水处理厂运行资金短缺等问题。

内部审计　2010年，全市各部门、各企事业单位（包括中央在渝单位）设内部审计机构2149个，其中专职机构650个；配备内部审计人员7021人，其中专职审计人员2247人。2010年，全市各级内部审计机构共完成审计项目43579个，查出损失浪费金额8987万元，增加效益7.71亿元，提出的建议和意见被采纳14813条，发现大案要案线索19件，移送纪检监察机关和有关主管部门建议给予党纪政纪处分的23人。

（撰稿人：刘　钢）

【渝中区审计局】　2010年，渝中区审计局人员编制24人，在编22人。局长李成跃，副局长温国文、胡曦、胡蓉（10月—）。设有综合科、综合审计科、行政事业审计科、财政金融审计科、投资审计科、经济责任审计科。

审计成果　完成审计项目99个，查出违规金额4342万元，其中应上缴财政153万元，应减少财政拨款或补贴4037万元，应归还原渠道资金2万元；已上缴财政153万元，已减少财政拨款或补贴4037万元，已归还原渠道资金2万元。提交审计工作报告99篇、信息39篇，被采用18篇（次）。

预算执行审计　审计单位9个，发现和纠正了涉及部门的11个问题，查出管理不规范金额1217万元，提出了审计意见和建议。向区人大常委会作了审计工作报告，推动财政体制改革的不断深化，提升了财政预算管理水平。

行政事业审计　审计15个行政事业单位的财政、财务收支情况。发现财政、财务核算不规范，固定资产不入账，往来账项清理不及时，内控制度执行不到位等问题，查出管理不规范金额447万元。

固定资产投资审计　完成60个基本建设项目审计，核减工程造价3664万元，应减少财政拨款3664万元。在项目安排上，加大当年投资建设项目资金使用情况的审计，确保后续资金使用的合理和高效；在审计手段上坚持以自审为主，充分运用社会中介机构的审计力量，以工程审计为重点，加大政府投资审计力度，积极配合有关部门开展基本建设竣工决算审计。揭示了建设项目在工程建设管理中造价管理较为粗放，工程竣工决算不及时，财务管理不规范以及工程结算高估冒算等突出问题。

经济责任审计　完成14名主要党政领导干部的经济责任审计。审计查出资产不实、管理不善、违规操作等问题，查出违规金额307万元，管理不规范金额30万元。

专项资金审计　开展专项资金审计项目12个，审计专项资金总额183402万元，已促进拨付资金到位 1009 万元。

审计调查　开展专项审计调查项目 3 个。调查单位 3 个，调查金额 46327 万元，调查发现问题金额 6 万元。及时反映情况，提出审计建议，引起区领导及相关部门的重视。

内部审计　全区各部门设内部审计机构 3 个，其中专职机构 3 个；配备内部审计人员 14 人，其中专职审计人员 7 人。2010 年，全区各级内部审计机构共完成审计项目 86 个，提出的建议和意见被采纳 143 条。　（撰稿人：唐　红）

【大渡口区审计局】　2010 年，大渡口区审计局人员编制 19 人，在编 16 人。局长温良德（—6 月）、龙子武（6 月—），副局长裘苹、刘厚成，纪检组长裘苹（兼）。设有办公室、财政金融审计科、行政事业审计科、经济责任审计科、审计中心。

审计成果　完成审计项目 28 个，查出违规金额 101 万元，其中应上缴财政 4 万元，应减少财政拨款或补贴 82 万元，应归还原渠道资金 536 万元，应调账处理金额 10615 万元；已上缴财政 4 万元，已减少财政拨款或补贴 82 万元，已归还原渠道资金 413 万元，已调账处理金额 7030 万元。移送司法机关、纪检监察部门处理事项 2 件，建议有关部门处理事项 2 件。提交审计工作报告、信息 41 篇，被采用 15 篇（次）。

预算执行审计　审计单位 2 个，发现和纠正涉及部门的 3 类问题，查出管理不规范金额 86596 万元，提出了审计意见和建议，取得新的突破。向区人大常委会作了审计工作报告。

行政事业审计　审计 9 个行政事业单位的财政、财务收支情况。发现财政、财务核算不规范，固定资产不入账，往来账项清理不及时，内控制度执行不到位等问题，查出违规金额 101 万元，管理不规范金额 2903 万元。

固定资产投资审计　完成 12 个基本建设项目审计，核减工程造价 8737 万元。在项目安排上，加大当年投资建设项目资金使用情况的审计，确保后续资金使用的合理和高效；审计手段上，坚持对区内重大工程建设项目实施全过程跟踪审计，使建设过程中资金的使用管理问题及时得到纠正，避免建设资金的损失和浪费。

经济责任审计　完成 10 名主要领导干部的经济责任审计，其中党政领导 10 名。审计查出资产不实、管理不善、违规操作等问题，查出违规金额 93 万元，管理不规范金额 2778 万元。

专项资金审计　开展专项资金审计项目 4 个，审计专项资金总额 2633 万元。

审计调查　开展专项审计调查项目 4 个。调查单位 4 个，调查金额 2633 万元，调查发现问题金额 165 万元。及时反映情况，提出审计建议，引起区领导及相关部门的重视。

内部审计　全区各部门、各企事业单位设内部审计机构 9 个，其中专职机构 2 个；配备内部审计人员 45 人，其中专职审计人员 4 人。2010 年，全区各级内部审计机构共完成审计项目 72 个，增加效益 10 万元，提出的建议和意见被采纳 72 条。

（撰稿人：梁　爽）

【江北区审计局】　2010 年，江北区审计局人员编制 29 人，在编 24 人。局长朱小玲，副局长马彦、陈捷，纪检组长罗翠渝。设有办公室、财政审计科、经济责任审计科、企业审计科、行政事业审计科、固定资产投资审计科。

审计成果　完成审计项目 70 个，查出违规金额 26952 万元，其中应上缴财政 7240 万元，应减少财政拨款或补贴 18143 万元，应归还原渠道资金 1575 万元，应调账处理金额 93644 万元；已上缴财政 7240 万元，已减少财政拨款或补贴 18143 万元，已归还原渠道资金 1575 万元，已调账处理金额 93644 万元。提交审计工作报告 70 份、信息 133 篇，被采用 83 篇（次），其中被区委、区政府主要领导批示 15 篇。提出审计建议 142 条，审计建议均得到及时有效整改落实。促进被审计单位制定整改措施 5 项，促使被审计单位建立健全规章制度 6 个，审计的服务作用进一步凸显。

全年未发生一起审计复议和审计诉讼。被市局评为 2010 年度审计工作先进集体、2010 年审计信息工作先进集体、2010 年度审计信息化建设工作先进集体。《江北区财政局 2009 年度预算执行及其他财政收支审计 AO 应用实例》获审计署鼓励奖，被评为江北区“学习型、创新型”机关。

预算执行审计　审计单位 5 个，查出管理不规范金额 20041 万元，提出审计意见和建议。向区人大常委会作了审计工作报告。

固定资产投资审计　完成 46 个基本建设项目审计，核减工程造价 18139 万元，应减少财政拨款 18139 万元。在项目安排上，加大当年投资建设项目资金使用情况的审计，确保后续资金使用的合理和高效；审计手段上，坚持对建设项目全过程的跟踪审计，使建设过程中资金的使用管理问题及时得到纠正，避免建设资金的损失和浪费。

企业审计　对 2 个企业的资产、负债、损益真实性进行审计，发现被审计单位存在会计信息失真、财务管理薄弱、投资效益差、资产损益不实等问题。查出违规金额 53 万元，管理不规范金额 1047 万元，应上缴财政 21 万元。

经济责任审计　完成对 5 名党政主要领导干部的经济责任审计。审计查出资产不实、管理不善、违规操作等问题，查出违规金额 10 万元，管理不规范金额 156408 万元。

专项资金审计　开展专项资金审计项目 7 个，审计专项资金总额 1053775 万元，查出违规金额 29 万元，管理不规范金额 23358 万元。

审计调查　开展专项审计调查项目 5 个。调查单位 5 个，调查金额 1331800 万元，查出管理不规范金额 753183 万元。及时反映情况，提出审计建议，引起区领导及相关部门的重视。

内部审计　全区各部门、各企事业单位设内部审计机构 31 个，其中专职机构 1 个；配备内部审计人员 71 人，其中专职审计人员 3 人。2010 年，全区各级内部审计机构共完成审计项目 170 个，增加效益 110 万元，提出的建议和意见被采纳 78 条。　（撰稿人：龚　争）

【沙坪坝区审计局】　2010 年，沙坪坝区审计局人员编制 31 人，在编 24 人。局长霍平，副局长许兵、林国勇。设有办公室、财政审计科、行政事业审计科、固定资产投资审计科、经济责任审计科。

审计成果　完成审计项目 41 个。查出各类违纪违规金额 15377 万元，其中应上缴财政 8953 万元，应减少财政拨款 1053 万元，应归还原渠道资金 965 万元，管理不规范金额 4355 万元；应调账处理 717 万元；已上缴财政 8953 万元，已减少财政拨款 1053 万元，已调账处理 4355 万元。移送税务机关案件 3 件，涉及金额 4819 万元，已全部追缴入库，建议有关部门处理事项 3 件。提交审计工作报告、信息 69 篇，被批示采用 31 篇。

预算执行审计　审计单位 2 个，发现和纠正涉及部门的 8 类问题，查出管理不规范金额 430 万元，提出审计意见和建议，在农村公路审计中进行效益评价，取得新的突破。向区人大常委会作了审计工作报告。

行政事业审计　审计 6 个行政事业单位的财政、财务收支情况。发现财政、财务核算不规范，固定资产不入账，往来账项清理不及时，内控制度执行不到位等问题，查出违规金额 3834 万元，管理不规范金额 206 万元。

固定资产投资审计　完成 5 个基本建设项目审计，核减工程造价 1053 万元，应减少财政拨款 1053 万元。在项目安排上，加大了对当年投资建设项目资金使用情况的审计，确保后续资金使用的合理和高效；审计手段上，坚持对建设项目全过程的跟踪审计，使建设过程中资金的使用管理问题及时得到纠正，避免建设资金的损失和浪费。

企业审计　对 2 个企业的资产、负债、损益真实性进行审计，发现被审计单位存在会计信息失真、财务管理薄弱、投资效益差、资产损益不实等问题。查出违规金额 729 万元，应上缴财政 729 万元。

经济责任审计　完成 11 名主要领导干部的经济责任审计，其中党政领导 11 名。审计查出资产不实、管理不善、违规操作等问题，查出违规金额 3871 万元，管理不规范金额 2894 万元。

专项资金审计　开展专项资金审计项目 8 个，审计专项资金总额 41716 万元。查出违纪违规金额 982 万元，管理不规范金额 2354 万元。

内部审计　全区各部门、各企事业单位设内部审计机构 120 个，其中专职机构 3 个；配备内部审计人员 144 人，其中专职审计人员 26 人。2010 年，全区（县）各级内部审计机构共完成审计项目 317 个，查出损失浪费金额 980 万元，增收节支 22 万元，增加效益 130 万元，被采纳的建议 36 条。内部审计协会的地位与影响力在区内逐步提高，内审工作呈现出蓬勃发展的良好态势。

（撰稿人：张　瑶）

【九龙坡区审计局】 2010年，九龙坡区审计局人员编制29人，在编24人。局长刘波，副局长吴秋云、兰华、姜道云，调研员余学川，纪检组长兰华（兼）。设有办公室、监察室、综合法制科（内部审计管理科）、财政金融审计科、行政事业审计科、固定资产投资审计科、经济责任审计科、审计中心。

审计成果 完成审计项目81个，查出违规金额12753万元，其中应上缴财政6737万元，应减少财政拨款或补贴3937万元，应归还原渠道资金1336万元，应调账处理金额23273万元；已上缴财政6737万元，已减少财政拨款或补贴3937万元，已归还原渠道资金1336万元，已调账处理金额23273万元。移送司法机关、纪检监察部门处理事项2起，涉案人员3人。提交审计工作报告、信息171篇，被采用32篇（次）。

预算执行审计 审计单位3个，查出违规金额4630万元，查出管理不规范金额24791万元。审计中加强了财政体制和债务的审计分析，提出加强预算管理监督力度、提高税收征管质量、规范部门财政财务收支行为、强化债务管理、完善各项财政政策、提升专项资金使用效益的意见和建议，审计查出问题整改率100%，审计工作报告获区人大常委会全票表决通过，推动了财政体制改革的不断深化，提升了财政预算管理水平。

行政事业审计 审计2个行政事业单位的财政、财务收支情况，查出管理不规范金额191374万元。

固定资产投资审计 完成55个基本建设项目审计，审核工程资金53740万元，核减工程造价3937万元，减少财政拨款3937万元，对5个重点建设项目实施跟踪审计。对政府投资建设项目管理存在问题开展深入调研，形成关于政府性投融资及项目管理方面的建议，力促区政府出台了《关于加强政府投资建设项目审计工作的意见》（九龙坡府发〔2010〕30号）。审计发现大要案线索1件。

经济责任审计 完成10名党政主要领导干部的经济责任审计。审计查出违规集资、应缴未缴各类款项、财务管理不规范等问题，查出违规金额2079万元，管理不规范金额174178.67万元。推进村干部经济责任审计工作，出台了《重庆市九龙坡区村干部任期经济责任审计实施意见》（九龙坡委办〔2010〕62号），推进了农村基层党风廉政建设。

专项资金审计 开展专项资金审计项目2个，管理不规范金额1203万元，查处违规金额92万元。

审计调查 开展审计调查项目6个。调查发现管理不规范金额148103万元。及时反映情况，提出审计建议，引起区领导及相关部门的重视。

内部审计 全区各部门、各企事业单位设内部审计机构52个，其中专职机构4个；配备内部审计人员63人，其中专职审计人员7人。2010年，全区各级内部审计机构共完成审计项目45个，审计增加效益25万元，提出的建议和意见被采纳46条。2月4日，经区政府批准（九龙坡府办发〔2010〕34号），区审计局成立内设科室内部审计管理科，负责全区内部审计工作的业务指导与监督，负责全区审计科学研究、学术交流，组织审计行业报纸杂志的征订和发行工作，负责对开展国家审计事项的中介组织执业质量进行监督，负责全区内部审计人员的审计行业培训工作等。12月15日，九龙坡区内部审计协会成立，75个单位、82个个人入会，选举产生了协会第一届理事会、常务理事、秘书长、副会长、会长，第一届会长姜道云。 （撰稿人：刘 波）

【南岸区审计局】 2010年，南岸区审计局行政事业编制21人（其中事业编制2人），在编17人（其中事业编制1人）。局长张林，副局长赵勇、赵开颜、杨柳，纪检组长张治国。设有办公室、经济责任审计科、财政审计科、金融经贸审计科、行政事业审计科、固定资产投资审计科、经济责任审计中心。

审计成果 完成审计（调查）项目43个，查出违规金额15646万元，管理不规范金额44521万元，审计决定解缴财政9368万元、审减财政拨款或补贴6278万元、调账处理金额4819万元。提交工作报告、信息、审计要情95篇，提出审计建议151条。

预算执行审计 审计单位3个，发现和纠正涉及部门的7类问题，管理不规范金额8738.74万元，审计决定上缴财政88.12万元，应调账处理金额1643.18万元。

行政事业审计　完成行政事业单位的财政、财务收支审计项目5个。查出资金滞留闲置、未按规定解缴财政社会统筹金收入、虚列成本、未专款专用、未落实收支两条线和专户管理、预算收入核算不实等问题，查出违规金额8423.5万元，管理不规范金额18406.31万元，审计决定解缴财政8335.39万元，应调账处理金额982.53万元。

固定资产投资审计　完成基本建设项目审计19个，查出工程价款不实等问题。审计项目投资总额63480万元，审减投资总额6230万元，其中：概算1579万元，结算4651万元，审计后挽回损失6247万元。

专项资金审计　开展专项资金审计项目4个。审计专项资金总额6675.3万元。查出虚列成本、未办理政府采购手续等问题。审计查出违规金额31.13万元，管理不规范金额332.63万元。减少财政拨款或补贴31.13万元。

经济责任审计　完成6名部门主要领导干部的经济责任审计。查出违规金额1856万元，管理不规范金额8759万元。

审计调查　开展专项审计调查项目7个。调查单位7个，调查金额924441.16万元，调查发现管理不规范金额8447.87万元。及时反映情况，提出审计建议，引起了区政府及相关部门的高度重视。

内部审计　南岸区11个单位内审机构共完成审计项目138个，其中：财务收支审计46个，经济责任审计47个，基本建设项目审计43个，专项资金审计1个，其他审计1个。提出建议意见被采纳16条。各基层内审机构在加强财务管理、促进增收节支等方面起到了重要作用。

（撰稿人：沈　扬）

【北碚区审计局】　2010年，北碚区审计局人员编制31人，在编25人。局长汪仕全，副局长唐小勤。设有办公室、行政事业审计科、财政审计科、固定资产投资审计科、经济责任审计科，下设经济责任审计中心（参照公务员管理事业单位）和投资审计中心（事业单位）。

审计成果　完成审计项目51个，查出违规金额19767万元，其中应上缴财政17950万元，应减少财政拨款或补贴223万元，应归还原渠道资金3193万元，应调账处理金额1642万元；已上缴财政17951万元，已减少财政拨款或补贴223万元，已归还原渠道资金3195万元，已调账处理金额2121万元。移送司法机关、纪检监察部门处理事项4件。出具审计报告51篇，提出并被采纳审计建议171条，审计信息、启示、要情共刊用106篇。

预算执行审计　审计单位11个，全年重点开展了本级预算执行情况审计，揭露并查处了财政收支中存在的挤占挪用、截留上级收入，以及固定资产不上账等违规问题，提高了财政管理水平。在本级财政预算执行的延伸审计中，督促完成欠缴收入15000万元，本级预算执行情况和其他财政收支审计工作报告得到区人大常委会高度评价。

行政事业审计　审计6个行政事业单位的财政、财务收支情况，发现财政、财务核算不规范，固定资产不入账，往来账项清理不及时，内控制度执行不到位等问题，查出违规金额49万元，管理不规范金额3346万元。

固定资产投资审计　完成21个基本建设项目审计，核减工程造价4254万元，应减少财政拨款4089万元，降低政府投资成本，规范了基建投资市场。

经济责任审计　完成6名主要领导干部的经济责任审计，审计查出资产不实、管理不善、违规操作等问题，查出违规金额90万元，管理不规范金额3256万元。

专项资金审计　开展专项资金审计项目7个，审计专项资金总额861451万元，已促进拨付资金到位32万元。

审计调查　开展专项审计调查项目5个，调查金额446184万元。及时反映情况，提出审计建议，引起区领导及相关部门的重视。

内部审计　全区各部门、各企事业单位设内部审计机构64个，其中专职机构3个；配备内部审计人员188人，其中专职审计人员3人。2010年，全区各级内部审计机构共完成审计项目321个，查出损失浪费金额2万元，增加效益366万元，提出的建议和意见被采纳38条，发现大案要案线索1件。

（撰稿人：周　丹）

【万盛区审计局】　2010年，万盛区审计局行政人员编制 15 人，事业编制 5 人。在编行政人员 14 人，事业人员 3 人。局长幸敏，副局长任永明、朱启学。设有办公室、外资企业审计科、金融投资审计科、经济责任审计科、行政财政审计科、审计中心。

审计成果　完成审计项目 22 个。查出违纪违规金额 65160 万元，其中应上缴财政 109 万元，应减少财政拨款 419 万元；已上缴财政 109 万元，已减少财政拨款 419 万元。提交审计报告 22 份，信息 57 篇，被采用 21 篇。

预算执行审计　审计单位 5 个，查出管理不规范金额 419 万元，提出审计意见和建议。向区人大常委会作了审计工作报告。

行政事业审计　审计 4 个单位的财政、财务收支情况。发现个别单位财政、财务核算不规范，往来账项清理不及时，内控制度执行不到位等问题，提出审计意见和建议。

固定资产投资审计　完成 8 个基本建设项目审计，核减工程造价 419 万元，应减少财政拨款 419 万元。在项目安排上，加大当年投资建设项目资金使用情况的审计，确保后续资金使用的合理和高效；审计手段上，坚持对建设项目全过程的跟踪审计，使建设过程中资金的使用管理问题及时得到纠正，避免建设资金的损失和浪费。

专项资金审计　开展专项资金审计项目 5 个，审计专项资金总额 64582 万元，通过对各种专项资金的审计，查处和纠正不规范的行为，帮助指导被审单位建立健全账务，完善各种专项资金必须“专户存储、专款专用”支出有据的管理制度，使专项资金发挥应有的效益，促进本地区经济健康发展。

（撰稿人：杨武权）

【双桥区审计局】　2010 年，双桥区审计局人员编制 13 人（其中行政编制 7 人），在编 6 人。局长黄茂胜（—4 月）、刘学能（12 月—）。设有办公室、行政事业及经济责任审计科、综合业务科、审计中心。

审计成果　完成审计项目 11 个，查出违规金额 32 万元，其中应上缴财政 32 万元，应归还原渠道资金 18 万元，应调账处理金额 2 万元；已上缴财政 32 万元，已归还原渠道资金 18 万元，已调账处理金额 2 万元。提交审计工作报告、信息 35 篇，被采用 10 篇（次）。

预算执行审计　审计单位 3 个、发现和纠正涉及部门的财政收入支出核算不实、资金滞留闲置、违规改变资金用途、未落实收支两条线等 7 类问题，针对问题提出审计意见和建议。通过审计，提高了相关单位和部门对预算程序、调整、执行的认识，规范了单位财经行为，促进财政资金的有效使用。向区人大常委会作了审计工作报告。

行政事业审计　审计 6 个行政事业单位的财政、财务收支情况。发现财政、财务核算不规范，固定资产不入账，往来账项清理不及时，内控制度执行不到位等问题，查出违规金额 32 万元，管理不规范金额 5 万元。

固定资产投资审计　完成 23 个基本建设项目审计，核减工程造价 1834.40 万元。在项目安排上，加大了对当年投资建设项目资金使用情况的审计，确保后续资金使用的合理和高效；审计手段上，坚持对建设项目全过程的跟踪审计，使建设过程中资金的使用管理问题及时得到纠正，避免建设资金的损失和浪费。

经济责任审计　完成 2 名党政主要领导干部的经济责任审计。通过审计，针对审计过程中发现的资产管理、财务核算不规范，应缴未缴预算收入等问题，责成被审计单位按有关规定进行调账、完善相关手续和上缴应缴预算收入，进一步规范了被审计单位的财务管理。为组织部门考察使用干部提供依据。

专项资金审计　开展专项资金审计项目 6 个，审计专项资金总额 122704 万元。

审计调查　开展专项审计调查项目 5 个。调查单位 5 个，调查金额 122664 万元，调查发现问题金额 9 万元。及时反映情况，提出审计建议，引起区领导及区相关职能部门的重视。

（撰稿人：彭吉丽）

【渝北区审计局】　2010 年，渝北区审计局人员编制为 28 人，在编 24 人。局长常涛，副局长曾泉、刘晓东、李攀富（兼职），纪检组长邓友兴。设有办公室、行政事业审计科、经贸社保审计科、经济责任审计科、综合审计科、渝北区审计中心。

审计成果　完成审计项目172个，查出违规金额38414万元。已上缴财政26968万元，已减少财政拨款或补贴11315万元，已归还原渠道资金3071万元，已调账处理金额25247万元。移送司法、纪检监察部门处理事项1件，建议有关部门处理事项1件。提交审计工作报告、信息172篇，被采用45篇（次）。

预算执行审计　审计单位6个，发现和纠正涉及部门的15类问题，提出审计意见和建议。向区人大常委会作了审计工作报告，制发《关于进一步加强整改工作的思路》，实行审计整改五项制度。

行政事业审计　审计6个行政事业单位的财政、财务收支情况。发现财政、财务核算不规范，违规改变资金用途，少计少缴税费，内控制度执行不到位等问题，查处违规金额129万元，管理不规范金额2301万元。

固定资产投资审计　完成151个政府投资建设项目审计，其中预算审计项目4个、竣工决算审计项目147个，核减工程造价14690万元，制定出台《渝北区政府投资项目审计监督试行办法》，加大对龙头寺公园等政府投资重点建设项目跟踪审计力度，为加强工程建设管理、提高投资效益充分发挥好审计职能作用。

企业审计　对重庆空港实业有限公司、空港新城建设投资（集团）有限公司2个企业2009年度的资产、负债、损益进行审计，发现被审计单位存在“账外”资产、未执行政府采购、工程成本核算不实、违规补助工会经费等问题。

经济责任审计　完成4名党政主要领导干部的经济责任审计，审计查出财务核算不规范、固定资产不入账、超范围现金结算、工程款结算未使用建筑工程专用发票、破产企业债权债务清算不及时等问题，查出违规金额81万元，管理不规范金额817万元。

专项资金审计　开展2009年度渝北区家电下乡、2006～2009年度全区退耕还林、中小学校舍安全工程3个专项资金审计项目，审计专项资金总额121193万元，查出管理不规范金额3727万元。

内部审计　全区各部门、各企事业单位设内部审计机构36个，其中专职机构1个；配备内部审计人员107人，其中专职审计人员2人。2010年，全区各级内部审计机构共完成审计项目50个，增加效益1621万元，提出的建议和意见被采纳35条。

（撰稿人：张　鹏）

【巴南区审计局】　2010年，巴南区审计局人员编制35人，在编36人，其中行政人员24人（工勤人员3人），事业编制人员9人，在编9人。局长马义华，党组书记林建起，副局长彭朝友、徐仁伟、王进（4月—），纪检组长徐仁伟（兼）。设有办公室、财政金融审计科、行政事业审计科、经济责任审计科、投资审计科、综合法制科、审计中心。

审计成果　完成审计项目64个，查出管理不规范金额224205万元；违规金额25618万元，其中应上缴财政13648万元，应减少财政拨款9559万元，应归还原渠道资金741万元，应调账处理金额13529万元；已上缴财政13648万元，已减少财政拨款9559万元，已归还原渠道资金741万元，已调账处理金额13529万元；向司法机关、区纪委（监察局）、主管部门等移送违纪线索4件。有4个审计项目被市审计局评为优秀审计项目。提交审计信息68篇，被采用53篇（次）；提交审计要情3篇。

预算执行审计　审计单位1个，发现和纠正涉及部门的征缴预算收入不及时、部分预算编制不够细化、部分预算单位挤占专项资金3类问题，查出管理不规范金额207068万元，违规金额13276万元，提出审计意见和建议。向区人大常委会作了审计工作报告。

行政事业审计　审计17个行政事业单位的财政、财务收支情况。发现财政、财务核算不规范，固定资产不入账，往来账项清理不及时，内控制度执行不到位等问题。查出管理不规范金额16867万元，违规金额2837万元。

固定资产投资审计　完成投资审计项目38个，审减工程造价9501万元，审减比例达13.58%。查出高估冒算、虚报工程量、损失浪费等问题，为国家挽回大量资金损失。

企业审计　开展企业审计1个，查出财务核算不规范、贷款未能及时使用、内部管理不规范，运行成本高等问题。

经济责任审计　完成20名主要领导干部的经

济责任审计，其中党政领导 18 名，事业单位领导 2 名。查出管理不规范金额 16865 万元；违规金额 2829 万元。审计查出资产不实、管理不善、违规操作、执行政府采购不到位等问题。

专项资金审计 采用经常性审计与专项审计相结合、项目审计与专项审计调查相结合的方式，开展专项资金审计项目 4 个，资金总金额 38693 万元。加强对社保、教育、医疗、救灾扶贫、城乡统筹和移民资金的审计，确保资金专款专用，各项惠民政策得到落实。

审计调查 开展专项审计调查项目 3 个。调查单位 3 个，及时反映资金使用情况，提出了针对性的审计建议，引起区领导和相关部门的重视。

内部审计 全区各部门、各企事业单位设内部审计机构 39 个，其中专职机构 4 个；配备内部审计人员 118 人，其中专职审计人员 13 人。2010 年，全区各级内部审计机构共完成审计项目 183 个，查出损失浪费金额 10 万元，增加效益 2 万元，提出的建议和意见被采纳 196 条，1 人被移送司法机关处理。 （撰稿人：皮开伦）

【万州区审计局】 2010 年，重庆市万州区审计局编制 60 人，在编 60 人。局长楼秋玲（—10 月），副局长陈建云、吴雪峰，纪检组长罗良杰。设有办公室、后勤科（离退休干部管理科）、纪检组、综合法制科、经济责任审计科（内部审计管理科）、财政审计科、固定资产投资审计科、行政事业审计科、经贸审计科、农业审计科、三峡移民资金审计科、社会保障审计科、乡镇审计科。下设事业单位万州区审计中心。

审计成果 完成审计项目 72 个，查出违规金额 182294 万元，其中应上缴财政 54304 万元，应减少财政拨款或补贴 5313 万元，应归还原渠道资金 122504 万元，应调账处理金额 51284 万元；已上缴财政 50971 万元，已减少财政拨款或补贴 4945 万元，已归还原渠道资金 98969 万元，已调账处理金额 45769 万元。移送司法机关、纪检监察部门处理事项 5 件，建议有关部门处理事项 28 件。提交审计工作报告、信息 180 篇，被采用 157 篇（次）。同时，提出审计建议 247 条，相关部门采纳审计建议 237 条，推动区政府或相关部门出台了《万州区人民政府直属驻外机构管理办法》、《建立土地执法责任制实施意见》、《建立家电下乡财政补贴工作对接机制》和《农业综合开发土地治理项目工程管护暂行办法》等 38 项制度和办法。实现了监督与服务的有机结合，审计机关服务大局的意识得到较好体现。

2010 年，万州区审计局机关荣获重庆市委表彰的“实施国家农业综合开发二十周年先进单位”；在重庆市审计局综合考核中名列榜首，被重庆市审计局表彰为“2010 年度全市审计工作先进集体”；信息宣传工作和审计信息化建设工作获得全市审计系统优秀奖；“万州区社保局 2009 年预算执行及其他财政财务收支审计”获市审计局优秀审计项目；局机关被万州区委组织部、区直机关工委表彰为“机关党建工作先进单位”；党风廉政建设、社会治安综合治理、行政执法、人口与计划生育、思想宣传等单项工作和“投身大会战、争作新贡献”作风建设主题活动荣获优秀；局班子成功创建“五星级学习型领导班子”。

财政审计 一是进一步拓展财政预算审计范围。对财政、发改委、地税 3 个部门的预算管理情况，13 个部门及下属单位的预算执行情况，区政府 3 个驻外机构的财政收支情况，20 个行政事业单位资产管理及区托管中心破产企业资产管理使用情况以及 52 个镇乡的债务情况进行审计。二是进一步拓宽审计内容。以一般预算、基金预算作为重点，对非税收入、财政转移支付、政府负债以及其他各种专项资金（基金）组成的政府性资金的使用管理情况也予以关注，力求全面系统地反映全部政府性资金和资产的分布状况、总量规模、管理现状，对家底做到心中有数，为政府决策提供依据。三是进一步突出审计重点。在对部门预算执行审计中重点关注津补贴政策执行、“小金库”治理、大部制改革中部门资产管理、公用经费支出结构比例等。在对镇乡财政决算的审计中，重点关注镇乡财政的收支结构、政府性负债及执行财经纪律等情况。四是进一步突出审计效果。根据目前违纪违规行为向二、三级预算单位下沉的现状，加大延伸审计力度，逐步将工作重点从一级预算单位向二、三级预算单位延伸。

固定资产投资审计 结合工程建设领域突出问题专项治理工作的总体部署，按照《万州区国家建设项目审计监督实施办法》，重点对政府投资

300 万元以上重大项目开展审计监督，全年计划开展投资审计项目 24 个，审计投资总额 11 亿元，核减工程造价 9173 万元。一是建立并逐步完善投资项目动态数据管理库。通过畅通财政建设资金信息、发改委项目审批信息、建设单位项目进度信息，建立政府投资项目动态数据管理库，初步实现政府投资建设项目审计立项的科学管理。同时在项目建设启动初期实行投资审计立项告知制度，增强了投资审计执法的规范性、公开性。二是拓宽投资审计覆盖面。开展 9 个农村水利和交通建设项目的审计。三是在工程竣工决算审计的基础上，积极开展工程预算执行审计、工程专项审计和工程跟踪审计，全年除竣工决算审计外，其他方式审计项目占 60%。四是切实加强投资工程造价审计质量控制。结合近年来的实践探索，制定了《工程造价审计质量控制办法》，明确了从局领导到审计人员的造价审计质量责任，对外聘机构、人员配备、审计程序、审计内容、完成时间等方面进行了详细的规定，制订了造价审计质量控制流程图。五是建立投资审计经费保障机制。区政府明确“国家投资建设项目审计经费由区财政筹集并纳入区审计局经费预算管理，专项用于国家建设项目的审计支出”。六是充实投资审计力量，由局投资审计科和移民审计科分块负责投资审计工作，实行分线作战。同时，根据工作实际，固定聘用 5 名有资质的工程投资审计专业人员。

专项资金审计　紧紧围绕重大民生资金开展专项审计，全年开展 17 项专项资金审计或审计调查。一是对养老保险基金、医保基金、小城镇建设和家电下乡等涉及专项政策执行情况的审计调查；二是对农业综合开发土地治理、大型灌区续建配套与节水改造、退耕还林资金、一事一议资金、抗震救灾捐赠款物等涉农及民本民生资金的审计；三是针对群众关注的教育收费问题，开展 10 所学校的专项资金和收费情况进行审计。共调查 80 多个部门、镇乡、项目实施单位和村组，走访农户 560 余家。同时，积极探索绩效审计，将绩效审计的理念贯穿每个审计项目始终。

经济责任审计　根据区委组织部交办，今年对 3 个镇乡、13 个部门（单位）的 19 名主要领导干部进行经济责任审计，共查出有问题金额 12.3 亿元。一是审计内容从关注财政财务收支、资产负债的真实合法为主深化到关注领导决策程序及效果和资产处置、土地转让、招商引资、基本建设、经济发展指标等履行法定经济事项的真实性、合法性、效益性。二是审计报告不单揭示和评价财政财务收支的情况，还对领导干部所在镇乡（街道）和部门的经济发展情况、重大经济事项决策情况、执行财经政策情况、内部管理及对下属单位的监管情况进行揭示和评价。三是区委组织部将经济责任审计的结果与干部队伍建设紧密结合，作为干部任免的重要参考依据。根据被审计对象存在问题的轻重，分别由区纪委、区委组织部进行诫勉谈话；对问题严重的由区委、区政府领导进行诫勉谈话。同时，由组织部牵头，经济责任审计联席部门共同参与，将经济责任审计结果在被审计单位适当范围内进行情况通报，让干部职工了解审计结果，形成干部监督管理的合力。

交办事项　全年共完成市局统一组织项目 9 个，完成区政府交办事项 26 项。组织开展的云阳县 2006～2009 年度三峡库区移民资金审计、2006～2009 年度退耕还林和巩固退耕还林成果专项资金管理及使用情况审计、长寿区 2006～2009 年度异地建设费征收管理及使用情况审计、2009 年度家电（汽摩）下乡、汽车以旧换新专项资金审计调查、万州区地税局 2009 年度预算执行及其他财政收支审计、万州区中小学校舍安全工程建设资金审计、开县结核病控制审计等项目获得市审计局行业审计优秀项目；万州区土地开发整治中心财务收支审计、三角凼水库专项审计、大河沟回填整治竣工决算审计等政府交办事项得到区委、区政府主要领导的充分肯定。

内部审计　2010 年全区各内审机构共完成审计项目 14061 个，减少损失浪费 1701 万元，增加效益 4165 万元，提出的建议意见被采纳 805 条，促进完善制度 35 个。在维护国家财经法纪，促进所在部门和单位建立健全自我约束机制，强化管理，提高经济效益，加强廉政建设等方面充分发挥了内部审计的应有作用。　（撰稿人：付　勇）

【涪陵区审计局】　2010 年，涪陵区审计局人员编制 55 人，在编 49 人。局长向文豪，副局长肖义贵、周德勇、陈仁勇、蒋青峰，纪检员任红伟。设有办公室、法制科、财政审计科、金融外资审计科、行政事业审计科、经贸审计科、农业与生态环保审计科、固定资产投资审计科、审计中心、社会保障审计科、经济责任审计办公室和组织人事教育科。

审计成果 完成审计项目52个，查出各类问题金额59853万元，查出违规金额5282万元，管理不规范金额54571万元，收缴财政3016万元，调账处理金额10950万元，核减工程投资2881万元，促进增收节支5262万元，审计挽回（避免）损失金额6888万元。审计移送处理事项12件，其中移送纪检监察机关处理7件，移送其他部门处理事项5件。提出审计建议111条。提交审计专题、综合性报告和信息简报188篇，被批示采用174篇次。先后获审计署、市审计局、区委和区政府表彰共26项。

预算执行审计 完成财政财务收支审计项目7个，涉及单位33个，查出违规金额1290万元，管理不规范金额32185万元。收缴财政497万元。提出整改意见和进一步深化财政预算以及规范土地出让金管理、增强乡镇财政管理水平、提升国有资产管理效益等审计建议16条。

固定资产投资审计 完成政府投资项目审计15个，审计核减金额2881万元。主要存在工程价款不实、概预算编报不规范等问题。揭示了建设项目在管理、质量及效益等方面存在的突出问题，促进项目规范管理，提高资金使用效益。

企业审计 完成企业审计4个（企业领导经济责任审计3个），查出违规金额1228万元，管理不规范金额6982万元。通过企业审计，为政府决策提供依据。此外，还根据区委、区政府交办，积极参与国企改革，配合有关部门完成国企改革任务。

经济责任审计 完成领导干部任期经济责任审计项目21个，对21名党政领导干部开展任期经济责任审计，共查出违规金额1496万元，管理不规范金额10424万元，收缴财政58万元。

专项资金审计 完成民生资金审计7项，查出违规资金63万元，管理不规范金额5279万元，收缴财政28万元。重点围绕推进“五个涪陵”建设、贯彻落实国发3号文件和构建和谐社会，加强涉及低收入群众、就业资金的收取与使用、涉农资金的使用与管理以及农村公共服务等专项资金的审计监督。

内部审计 全区内审机构42个，内审人员176人。全年完成审计单位347个，其中：财务收支审计127个，效益审计51个，经济责任审计25个，基本建设审计47个，专项资金审计36个，其他审计73个。查出损失浪费14万元，提出合理化建议被单位领导采纳221条，财务决算审签19个，为促进企业建立健全内控制度，增强自我约束能力，提高经营管理水平和经济效益，确保国有资产保值增值等方面发挥较好作用。

（撰稿人：胡　俊）

【黔江区审计局】 2010年，黔江区审计局共有干部职工33人。局长秦建川，副局长王明昌、施方林（10—12月），纪检组长李伟。根据重庆市黔江区人民政府办公室关于印发《重庆市黔江区审计局主要职责内设机构和人员编制规定的通知》（黔江府办发〔2010〕174号）的规定，设有办公室、法制科、财政审计科、行政事业审计科、农业与资源环保审计科、经济责任审计科、固定资产投资审计科、企业审计科、政府债务及金融外资审计科、内部审计管理科10个科室。人员编制：行政编制37名，后勤人员事业编制2名。

审计成果 审计计划项目40个，实际完成项目45个。审计查出违规金额9391万元，管理不规范金额64198万元，应上缴财政3655万元（其中税金1493万元），应减少财政拨款或补贴4049万元，应归还原渠道资金1125万元，应调账处理969万元，审计发现侵害人民群众利益296万元，固定资产投资审减4544万元，审计后挽回（避免）损失4580万元。移送区纪委监察局处理1件、主管部门处理5件；提交审计（调查）报告45篇、下达审计决定书26篇、发出审计整改建议函8篇；提出审计建议144条，被采纳144条。提交审计信息102条，被采用59条，其中《中国审计报》采用1条，审计署网站采用1条，市审计局采用26条，区委、区政府采用30条。

2009年度黔江区地税局部门预算执行和其他财政收支情况审计、黔江区政府性债务专项审计调查、黔江区政府主权外债审计调查和对綦江县

2006～2009年度易地建设费征收管理及使用情况审计获市审计局行业审计优秀项目，黔江区国土房管局2009年度财政预算执行及其他财政收支审计获市审计局表彰项目。2010年黔江区审计局被评为全市审计工作先进集体和审计信息化建设工作先进集体。

预算执行　审计项目10个。完成了区本级财政和区地税局、发改委、交委、教委、建委、公安局、国土房管局、林业局等10个部门2009年度预算执行及其他财政财务收支审计。

专项资金审计（调查）　完成了黔江区2009年度土地出让金、2008～2009年度城市建设配套费、2008～2009年度退耕还林工程、2009年度农业综合开发资金等专项资金的管理和使用情况进行审计；对黔江区2009年度家电下乡、汽摩下乡、汽车以旧换新专项资金和2009年度中小学校舍安全工程专项资金、2009年度残疾人就业保障金征收情况等开展审计调查；对玉树地震抗震救灾资金进行了跟踪审计。根据市审计局的行业审计安排，对綦江县人防易地建设费收支情况进行交叉审计。审计促进拨付资金到位1899万元，应上缴财政978万元；审计发现违规改变项目计划和资金用途100万元，虚报冒领207万元，资金滞留闲置2130万元，侵害人民群众利益296万元，其他违规资金4000多万元。

固定资产投资审计　完成黔江区正阳南北干道二期道路、正阳至青杠二级路、正阳经四纬八正黄道路、黔江区游泳馆、青杠廉租房、黔利二级公路改建一期工程石会至马嘶口段、检察院四分院办公技侦大楼、正阳园区重啤雨润场地平整涵洞工程、水市至畔南公路、正阳园区重啤雨润场地平整工程、中医院业务用房大楼、濯水古镇恢复和改造项目（风雨桥工程）、渝东南职教基地基础设施建设工程13个工程项目竣工决算（结算）审计或预算执行审计，完成城北水库建设项目征地移民安置补偿的财务收支专项审计。审计发现并查处多计工程价款、超计划超标准超规模、工程管理不规范、工程财务管理不规范等问题，业主单位送审金额42420万元，审减4544万元，审减率10.7%，为区财政节约大量资金。

经济责任审计　完成黔江区12位领导干部任期经济责任审计。审计查出违规金额687万元，管理不规范金额4357万元；收缴财政37万元。

政府债务审计调查　对2009年度黔江区地方性政府债务和主权外债管理情况进行专项审计调查。通过审计调查，摸清了黔江区政府债务规模、分析了债务风险和偿债能力，发现地方债务增幅较大、偿债准备金规模过小、偿债压力增大等问题；主权外债存在会计核算不规范、项目实施进度缓慢导致贷款成本增加等问题，并向区政府分别进行专题汇报。

其他工作　黔江区审计局还积极配合区经信委、区国资委完成对黔江区3511企业2009年业绩考核工作；配合区财政局、纪委等部门完成区政府驻蓉办债权债务清查；参加区政府理顺区民政局福利中心体制关系的相关工作；配合区纪委对区级有关部门开展“接待费、会议费、小车费”专项检查；配合区财政局完成全区机关事业单位、社会团体“小金库”清理工作；配合区人社局完成全区公务员养老保险清退审核工作等。

内部审计　黔江区内部审计单位已经达26家，其中行政事业单位设有专职机构10家，设兼职机构10家，企业6家，配备持有内审上岗资格证书专兼职从业人员28人，今年参加市局组织的内审人员岗位资格培训并颁发上岗证有20人。开展内部审计项目162个，其中：财务审计68个、经济效益审计15个、经济责任审计35个、基本建设审计25个、专项审计17个、其他8个；审计资金总额达285079.13万元，查处损失浪费123.9万元，增加效益205.54万元，提出的审计建议和意见被采纳161条，建议给予行政处分33人。

（撰稿人：杨　森）

【长寿区审计局】　2010年，长寿区审计局机关行政编制为19名、下属行政事业单位长寿区审计中心编制15名，在编23人。局长聂华甫，副局长程庸、张涛，纪检组长余永惠。设有办公室（挂综合法制科牌子）、财政审计科（挂企业审计科牌子）、行政事业审计科、固定资产投资审计科，经济责任审计与内部审计管理科。

审计成果　全年共完成各类审计（调查）项目77个，办理区领导交办审计10项。审计查出各类违规金额20570万元，其中：收缴财政11716万元；归还原渠道资金6077万元；查出管理不规范金额 382032 万元。移送纪检监察部门 5 件 8 人。在全市区县审计综合考核中，排名全市第 7 名，比去年前进 10 个位次，连续两年获重庆市审计局年度先进集体表彰；审计信息工作考核排名全市第三名；审计信息化考核排名全市第九名。在全市行业审计优秀项目评选中，长寿区 2009 年末政府性债务专项审计调查、长寿区 2009 年末主权外债管理情况调查、长寿区地税局 2009 年度预算执行情况审计、长寿区 2009 年家电下乡、汽摩下乡专项资金审计 5 个审计项目被评为全市优秀审计项目并获表彰。

预算执行审计　围绕构建财政审计大格局这个目标，对区财政局组织预算及预算管理情况，区地税局税收征缴管理情况，区教委、区文广新局、区地税局、区卫生局 4 个区级部门预算执行情况进行审计。同时延伸审计区医院、区中医院、长寿中学、渡舟中心校等 8 个二级预算单位 2009 年度预算执行情况，查出违规金额 19444.63 万元。审计揭示了区级预算管理中存在预算批复不规范、少征财政收入、财政收入未纳入预算管理；土地出让收入使用方向不符合规定等主要问题。部门预算管理执行中存在个别部门执行预算不严格、使用假发票报账、医疗机构违反药品价格及诊疗收费政策标准，违规加价收费、国有资产处置收入未上缴、执行“收支两条线”规定不到位、学校食堂大宗物资采购使用“白条”报账，导致供货商偷逃税款等主要问题。共向区监察局、区国税局移送审计案件线索 4 件 8 人。

固定资产投资审计　完成 46 个政府投资建设项目审计，审计政府投资额 63278.93 万元，核减投资额 3799.75 万元，综合审减率 6.0%。长寿区审计局率先在全市开展政府投资项目建设质量审计工作，建立了“造价与质量审计并重，内部外部风险双控，委托专业检测取证，权利责任明晰”的政府投资审计新模式。在对区交通局送审的洪湖秤砣至渝北大湾三级公路长寿段项目进行质量审计中，对业主、施工和监理单位“履职不到位，质量不达标，工程造价严重失控”等重大违规行为进行揭示并及时下达审计决定和移送处理决定。

经济责任审计　完成 12 名领导干部任期经济责任审计，查出各类问题金额 321 万元，其中：违纪违规金额达 27 万元，收缴入库财政 27 万元，管理不规范金额 294 万元。通过审计处理，使违纪违规行为得到纠正。同时，对审计中发现的普遍性问题向区委区政府写出审计专报，向区级部门和镇街发出审计通报，有效地发挥经济责任审计在从源头预防和治理腐败工作的作用。

专项资金审计（调查）　完成长寿区 2006～2009 年退耕还林专项资金分配、管理和使用情况审计；2009 年度政府性债务审计调查；城乡居民合作医疗保险基金筹集管理使用审计；家电下乡、汽摩下乡、汽车以旧换新专项资金审计调查；2009 年长寿区土地出让收入征缴管理使用审计等 9 个项目。在相关领域和项目的管理上，揭示了项目计划不科学、任务完成不达标，制度落实不严格、监督管理不到位等共 10 大类 36 项问题。

（撰稿人：陈湧健）

【江津区审计局】　2010 年，江津区审计局人员编制 37 人，在编 41 人。局长王贵福，副局长朱文良（—5 月）、张进洪、邹伯英（5 月—）、罗强（—10 月），纪检组长刘德福，局长助理陈家富。设有办公室、综合科、监察室、财政审计科、经济责任审计科、社会保障审计科、政府投资审计科、审计中心。

审计成果　完成审计（调查）项目 91 个，查出违规金额 57842 万元，管理不规范金额 77672 万元，其中应上缴财政 24474 万元，应减少财政拨款或补贴 13179 万元，应归还原渠道资金 51 万元，应调账处理金额 1919 万元；已上缴财政 24247 万元，已减少财政拨款或补贴 13179 万元，已归还原渠道资金 13 万元，已调账处理金额 1752 万元。移送司法机关、纪检监察部门处理事项 4 件，5 人被追究刑事责任，建议有关部门处理事项 1 件。提交审计工作报告、信息 67 篇，被采用 18 篇。在市审计局统一组织的审计和审计调查项目中本区有四个项目获得先进。

预算执行审计　审计单位 10 个，发现 7 类问题，包括预算编报不真实 778 万元，未按规定征收、缴纳预算收入 23716 万元，隐瞒转移截留预算收入 126 万元，政策性税收流失 11 万元，超预算列支 139 万元，违规采购 1433 万元，其他 71528 万元。应上缴财政 24161 万元，已上缴财政 24161 万元。

行政事业审计　审计18个行政事业单位的财政、财务收支，发现应缴未缴预算收入，隐瞒截留收入，违规改变资金用途，"账外"资产，乱收费乱摊派乱罚款，超标准超计划支出等问题，查出违规金额913万元，管理不规范金额22271万元。

固定资产投资审计　完成53个基本建设项目审计，核减工程造价13072万元，应减少财政拨款13072万元。通过对投资立项、概预算、招投标以及工程量、费、价的从严审查，依法、客观、公正地保护建设方、施工方的合法权益。针对审计中发现的问题，分别提出加强管理的建议意见。

企业审计　对江津区发电公司的资产、负债、损益真实性进行审计，发现被审计单位存在虚报或隐瞒转移收入、少计或虚列成本费用、少计少缴税费等问题。查出违规金额35万元，管理不规范金额97万元，应上缴财政3万元，已上缴财政3万元。

经济责任审计　完成22名主要领导干部的经济责任审计，其中包括党政领导14名、事业单位领导7名。审计查出违规金额3363万元，其中主管责任3344万元，直接责任19万元。查出不规范金额5353万元，其中主管责任5204万元，直接责任149万元。

专项资金审计　开展专项资金审计项目6个，审计专项资金总额12493万元。发现两类问题，其中应缴未缴专项资金21万元，其他97万元，审计后挽回（避免）损失2万元。

内部审计　全区各部门、各企事业单位设内部审计机构20个，其中专职机构3个；配备内部审计人员20人，其中专职审计人员3人。2010年，全区各级内部审计机构共完成审计项目12个，其中：财务收支审计10个，内控评审1个，其他审计1个。查出损失浪费56万元，提出的建议和意见被采纳5条。　（撰稿人：罗　聪）

【合川区审计局】　2010年，合川区审计局人员编制39人，在编31人。局长余有华，副局长李关海、罗中正、伍振华，纪检组长李建忠。设有办公室、监察室、法制科、财政金融审计科、行政事业审计科、专项资金审计科、经济责任审计及内部审计管理科、基本建设投资审计科。下辖全额拨款事业单位重庆市合川区审计中心，于9月批准参公管理，编制11人，在编11人。合川区审计局获重庆市实施国家农业综合开发20周年先进单位。

审计成果　完成审计项目99个（其中审计调查项目7个），查出违规金额51724万元，其中应上缴财政24560万元，应减少财政拨款或补贴4692万元，应归还原渠道资金4901万元，应调账处理金额879万元；已上缴财政33769万元，已减少财政拨款或补贴4692万元，已归还原渠道资金4532万元，已调账处理金额777万元。移送司法机关、纪检监察部门处理事项5件，涉及人员7人，涉及金额519万元；建议有关部门处理事项24件。提交审计工作报告、信息280篇，被批示、采用126篇（次）。

预算执行审计　审计单位5个，查出问题金额61667万元，其中违纪违规金额24054万元。在审计中坚持大财政审计理念，关注全部政府性资金和资金效益，着力推进完善财政管理制度改革，提高财政资金使用效益。预算执行审计结果报告得到区长批示和区人大的充分肯定。

行政事业审计　审计16个行政事业单位的财政、财务收支情况。发现应缴未缴预算收入、少计少缴税费等问题，查出问题金额14491万元。

固定资产投资审计　完成55个基本建设项目审计，核减工程造价4597万元。在审计中突出两个重点：对列入"双十工程"的项目，竣工验收后全覆盖审计；中央扩大内需资金投资项目全覆盖审计。在方法上探索创新，实行建设项目财务审计、管理审计、结算审计、效益审计"四审并举"。启动了政府投资BT项目跟踪审计。

经济责任审计　完成14名主要领导干部的经济责任审计，其中包括党政领导12名、事业单位领导2名。坚持把制度的健全性、决策的科学性和干部的廉洁性作为审计重点，实事求是地评价被审计领导干部在经济决策、经济管理等方面的能力和廉洁从政等方面的情况，查出违纪违规金额5102万元。

专项资金审计　开展专项资金审计项目7个，审计专项资金总额949211万元，审计后挽回（避免）损失158万元。加大对民生项目的关注，将审计与审计调查相结合，对中小学校舍安全工程，旧城拆迁专项资金等民生项目开展了审计和审计调查，促进项目推进和人民群众得实惠，维护社会和谐。

内部审计 全区各部门、各企事业单位设内部审计机构39个，其中专职机构2个；配备内部审计人员100人，其中专职审计人员4人。2010年，全区各级内部审计机构共完成审计项目305个，查出损失浪费金额403万元，增加效益1717万元，提出的建议和意见被采纳32条，建议有关主管部门给予行政处分的1人。

（撰稿人：李世伟）

【永川区审计局】 2010年，重庆市永川区审计局人员编制33人，在编31人。局长覃兴建（1—6月）、雷科（8－12月），副局长龙晓燕、李世红（8—12月）。设有办公室、法制综合科、行政事业审计科、经济责任审计科、社保与农业审计科、财政审计科和下属参公管理事业单位审计中心。

审计成果 全年完成审计（调查）项目94个，查出违规金额58830万元，管理不规范金额239143万元，增收节支金额40193万元；已上缴财政35044万元，已减少财政补贴5051万元，已归还原资金渠道98万元。移送司法机关、纪检监察、主管部门处理事项12件，提出审计建议并采纳289条。提交审计工作报告、信息152篇，被采用75篇（次）。

预算执行审计 审计单位4个，发现和纠正涉及部门的12类问题，查出违规金额44073万元，已上缴财政35011万元，提出审计意见和建议。向永川区人大常委会作了审计工作报告，得到批准和好评。

固定资产投资审计 完成竣工结算审计项目64个，送审金额60946万元，核减工程款5500万元，核减率8.3%；跟踪审计项目9个，投资总额183500万元，节约建设投资约3350万元。直接审计、聘请专业人员审计和委托中介机构审计相结合，强化政府投融资项目过程监管，加强政府重点项目跟踪审计监督，提高财政资金使用效益。

企业审计 对3个国有企业的资产、负债、损益真实性、合法性进行审计，发现被审计单位存在虚报利润、隐瞒收入等问题并依法作出处理。对国有资产管理、财务管理、资产保值增值等提出审计建议。查出管理不规范金额2472万元，违纪违规金额657万元。

经济责任审计 完成9个单位11名领导干部的任期经济责任审计，着力发挥审计监督作用，促进领导干部依法履责，规范机关管理运行。查出管理不规范金额11602万元，违规金额366万元，提出审计建议25条，整改落实20条。

专项资金审计（调查） 开展专项资金审计项目9个，查出管理不规范金额166550万元，从加强管理、提高效益、消除隐患等方面提出审计建议21条，有效维护群众利益，提高了专项资金的使用效益。

内部审计 全区各部门、各企事业单位设内部审计机构41个，其中专职机构30个；配备内部审计人员155人，其中专职审计人员30人。2010年全区内审机构共完成审计项目141个，查出损失浪费金额95万元，增加效益145万元，工程审计减少财政拨款和补贴1245万元。提出建议被采纳60条，建立完善内控制度25项。

（撰稿人：李金明）

【南川区审计局】 2010年，南川区审计局人员编制37人（其中：全额拨款事业单位编制12人），在编28人。局长陈纯秀，副局长余碧容、唐继伦、刘虹，纪检组长金华。设有办公室、法规科、财政审计科、行政事业审计科、经济责任审计和内审指导科、固定资产投资审计科、经贸审计科以及下属事业单位审计中心。

审计成果 完成审计项目83个，查出违规金额2852万元，其中应上缴财政758万元，应减少财政拨款或补贴189万元，应归还原渠道资金1922万元，应调账处理金额188万元；已上缴财政755万元，已减少财政拨款或补贴189万元，已归还原渠道资金1922万元，已调账处理金额188万元。移送有关部门处理事项3件。提交审计工作报告、信息80篇，被采用65篇（次）。

预算执行审计 审计单位5个，发现和纠正涉及部门的未按规定征收、缴纳预算收入，财政收入核算不实，超预算列支，“账外”资产，未落实收支两条线和专户管理规定等问题，查出违规金额7万元，管理不规范金额5807万元，提出了审计意见和建议，向区政府提交了审计结果报告，向区人大常委会作了审计工作报告。

财政决算审计　审计5个行政事业单位的财政决算情况。发现隐瞒转移截留财政收入、虚报冒领等问题，查出违规金额7万元，管理不规范金额38万元。

行政事业审计　审计24个行政事业单位的财政、财务收支情况。发现财政、财务核算不规范，固定资产不入账，往来账项清理不及时，内控制度执行不到位等问题，查出违规金额708万元，管理不规范金额1519万元。

固定资产投资审计　完成41个基本建设项目审计，核减工程造价2052万元，应减少财政拨款2052万元。在项目安排方面，加大了对当年投资建设项目资金使用情况的审计，确保后续资金使用的合理和高效；审计手段方面，坚持对建设项目全过程的跟踪审计，使建设过程中资金的使用管理问题及时得到纠正，避免建设资金的损失和浪费。

经济责任审计　完成23名主要领导干部的经济责任审计。审计查出资产不实、管理不善等问题，查出违规金额725万元，管理不规范金额1154万元。

专项资金审计　开展专项资金审计项目4个，审计专项资金总额397754万元，已促进拨付资金到位2万元。

审计调查　开展专项审计调查项目4个，调查发现问题金额29万元。及时反映情况，提出审计建议，引起区领导及相关部门的重视。

内部审计　全区各部门、各企事业单位设内部审计机构11个，其中专职机构1个；配备内部审计人员48人，其中专职审计人员3人。2010年，全区各级内部审计机构共完成审计项目93个，增加效益49万元，提出的建议和意见被采纳11条。（撰稿人：王华娟）

【綦江县审计局】　2010年，綦江县审计局人员编制22人，在编21人。局长郑平，副局长陈建、文道永（—9月），纪检组长杨云德。设有办公室、财政经贸审计科、行政事业审计科、投资审计科、经济责任审计科。下属事业单位綦江县审计中心（人员编制12人，在编12人）。

审计成果　完成审计项目89个，查出违规金额55948万元，其中应上缴财政51835万元，应减少财政拨款或补贴3405万元，应归还原渠道资金297万元，应调账处理金额150938万元；已上缴财政15550万元，已减少财政拨款或补贴3481万元，已归还原渠道资金479万元，已调账处理金额2492万元。移送司法机关、纪检监察部门处理事项2件，建议有关部门处理事项13件，促进全县出台13个制度。提交审计工作报告、信息186篇。报告、信息、要情被市县刊物网站采用、领导批示78篇，被《中国审计报》等国家级媒体采用10篇。

预算执行审计　审计单位4个，查出违规金额50995万元、管理不规范金额40352万元，存在未及时将预算外资金收入、土地出让金、应收借款利息清理入库，超预算拨款现象比较突出，未严格执行“收支两条线”，工会经费超标，信息新系统存在漏洞等问题，提出了审计意见和建议，及时向县政府提交专题报告，促进县财政局成立非税收入征收管理中心，及时追缴非税收入。

固定资产投资审计　完成60个基本建设项目审计，应减少财政拨款3405万元。围绕工程招投标、合同签订、工程造价的真实性以及财务管理、资金使用情况，开展对政府投资项目的跟踪审计和竣工决算审计。根据审计存在的问题，及时研究制定措施，上报了《清单计价项目招标档案资料留存急需规范》《建设单位现场代表管理亟待规范》等审计要情和信息，被綦江县治理工程建设领域突出问题工作领导小组转发各部门执行；上报了《不平衡清单报价漏洞明显投资项目限价方式急需完善》等要情，被綦江县政府批转县财政局商招标办究执行。

企业审计　对2个企业的资产、负债、损益真实性进行审计，发现被审计单位存在往来款项未定期清理核实、银行存款未按月核实和调节、票据传递程序不完善、部分转款未见银行回单、违规收费、少计提税费、少扣缴个人所得税、国家投资长期不分配利润等会计信息失真、财务管理薄弱问题。查出违规金额845万元，管理不规范金额155218万元，应上缴财政813万元。

经济责任审计　对14名主要领导干部的经济责任审计，其中包括7名党政领导。查出违规金额614万元，管理不规范金额2568万元。存在的主要问题是违规收费、转移收入、未执行收支两条线、无预算支出、违规发放补贴、应缴未缴财政收入、不合规票据列支、收支未及时入账、固定资产账实不符、多缴住房公积金、会计核算不规范。

专项资金审计　开展专项资金审计项目 10 个，审计专项资金总额 39120.56 万元，审计发现违纪违规金额 56 万元，挽回经济损失 10 万元，移送案件线索 2 件。

内部审计　各部门、各企事业单位设内部审计机构 37 个，配备内部审计人员 147 人，其中专职审计人员 5 人。2010 年，全县各级内部审计机构共完成审计项目 159 个，查出损失浪费金额 571 万元，增加效益 696 万元，提出的建议和意见被采纳 350 条。（撰稿人：刘　伟）

【潼南县审计局】　2010 年，潼南县审计局人员编制 26 人，在编 26 人。局长杨德海，党组书记梁燕保（8 月—），副局长王劲松、傅强（8 月—）、李晓兰，纪检组长陈建明（8 月—）。设有综合科、财政金融审计科、专项资金审计科、经济责任审计科、投资审计科、法规科，下设审计中心。

审计成果　完成审计项目 32 个，查出违规金额 27734 万元，其中应上缴财政 15555 万元，应归还原渠道资金 39332 万元，应调账处理金额 6074 万元；已上缴财政 15556 万元，已归还原渠道资金 38954 万元，已调账处理金额 6074 万元。移送司法机关、纪检监察部门处理事项 1 件。提交审计工作报告、信息 34 篇，被采用 12 篇（次）。

预算执行审计　审计单位 5 个，审计查出违规金额 27614 万元，管理不规范金额 124992 万元，其中应上缴财政 15435 万元，应归还原渠道资金 38954 万元，应调账处理金额 6068 万元；已上缴财政 15435 万元，已归还原渠道资金 38954 万元，已调账处理金额 6068 万元。潼南县审计局代县政府向县人大常委会作的审计情况报告和审计整改情况报告得到人大代表的广泛好评和高度肯定。

固定资产投资审计　完成 14 个基本建设项目审计，核减工程造价 4932 万元。在项目安排上，加大对当年投资建设项目资金使用情况的审计，确保后续资金使用的合理和高效；审计手段上，坚持对建设项目全过程的跟踪审计，使建设过程中资金的使用管理问题及时得到纠正，避免建设资金的损失和浪费。

企业审计　对 3 个企业的资产、负债、损益真实性进行审计，发现被审计单位存在合计信息失真、财务管理薄弱、投资效益差、资产损益不实等问题。审计查出违规金额 83 万元，管理不规范金额 779 万元，应上缴财政 83 万元。

经济责任审计　完成对 2 名党政主要领导干部的经济责任审计。审计查出资产不实、管理不善、违规操作等问题，管理不规范金额 548 万元。

专项资金审计　开展专项资金审计项目 4 个，审计专项资金总额 2750 万元，已促进拨付资金到位 177 万元。

审计调查　开展专项审计调查项目 4 个。调查单位 4 个，调查金额 318538 万元，调查发现问题金额 7625 万元。及时反映情况，提出审计建议，引起县领导及相关部门的重视。

内部审计　各部门、各企事业单位设内部审计机构 11 个，其中专职机构 4 个；配备内部审计人员 36 人，其中专职审计人员 11 人。2010 年，全县各级内部审计机构共完成审计项目 319 个，查出损失浪费金额 13 万元，增加效益 1847 万元，提出的建议和意见被采纳 41 条，移送纪检监察机关和有关主管部门建议给予党纪政纪处分 1 人。

（撰稿人：胡妮娜）

【铜梁县审计局】　2010 年，铜梁县审计局人员编制 22 人，在编 18 人。局长丁政，副局长陈树刚、刘黎，纪检组长冷华琼。设有办公室、财金和企业审计科、经济责任审计科、行政事业审计科及审计中心。

审计成果　完成审计（调查）项目 72 个，查出违规金额 6981 万元，其中应上缴财政 6978 万元，应归还原渠道资金 19 万元，应调账处理金额 7574 万元；已上缴财政 6978 万元，已归还原渠道资金 19 万元，已调账处理金额 7574 万元。移送有关部门处理事项 2 件。提交审计工作报告、信息 92 篇，被采用 12 篇（次）。

预算执行审计　审计单位 10 个，发现和纠正

7类问题，查出管理不规范金额9178万元，查出违规金额6900万元，其中应上缴财政6897万元，已上缴财政6897万元。提出审计意见和建议，本级财政预算执行审计取得新的突破。向县人大常委会作了审计工作报告。

决算审计　审计2个乡镇财政决算情况。查出管理不规范金额87万元，查出违规金额81万元，其中应上缴财政81万元，已上缴财政81万元。

行政事业审计　审计1个行政事业单位的财政、财务收支情况。存在未落实收支两条线和专户管理，财政、财务核算不规范，固定资产不入账，往来账项清理不及时，内控制度执行不到位等问题。

固定资产投资审计　完成52个基本建设项目审计，核减工程造价2044万元，应减少财政拨款2044万元。在项目安排上，加大了对当年投资建设项目资金使用情况的审计，确保后续资金使用的合理和高效；审计手段上，坚持对建设项目全过程的跟踪审计，使建设过程中资金的使用管理问题及时得到纠正，避免建设资金的损失和浪费。

企业审计　结合财政预算执行审计，对部分企业2009年度资产、负债、损益真实性及纳税情况进行延伸审计调查，发现被审计单位存在税收缴纳不及时、财务管理薄弱、投资效益差等问题。查出违规金额4235万元，管理不规范金额652万元，应上缴财政4235万元。

经济责任审计　开展6名党政领导干部的经济责任审计，审计报告在2011年出具。

专项资金审计　完成专项资金审计（调查）项目3个，审计专项资金总额3748万元。

审计调查　完成专项审计调查项目4个。调查单位4个，调查金额18661万元，调查发现问题金额3062万元。及时反映情况，提出审计建议15条，引起区（县）领导及相关部门的重视，被采纳审计建议12条。

内部审计　各部门、各企事业单位设内部审计机构15个，其中专职机构2个；配备内部审计人员20人，其中专职审计人员2人。2010年，全县各级内部审计机构共完成审计项目86个，增加效益120万元，提出的建议和意见被采纳37条。

（撰稿人：符　蓉）

【大足县审计局】　2010年，大足县审计局人员编制26人，在编24人。局长黄珍扬（7月—），副局长罗代光、姚晓红、李连友，纪检组长刘朝树。设有办公室、法制科、综合审计科、财政金融审计科、行政事业审计科、固定资产投资审计科和审计中心。

审计成果　完成审计项目50个，查出违规金额14553万元，其中应上缴财政11335万元，应减少财政拨款或补贴2149万元，应归还原渠道资金1069万元；已上缴财政11335万元，已减少财政拨款或补贴2149万元，已归还原渠道资金71万元。提出审计建议137条，被采纳124条，审计要情被主要领导批示4次；家电下乡等三个项目被评为市审计局行业优秀审计项目；获得审计工作、审计信息工作、审计信息化建设工作先进集体和优秀审计项目四块奖牌，各项工作得到领导和群众的好评。

预算执行审计　审计单位5个（含财政决算3个），对相关财政资金投入、使用、效益情况，从机制和体制等方面进行深入的分析，发现和纠正涉及部门的5类问题，查出管理不规范金额12908万元，提出审计意见和建议。在教育专项和再就业培训资金审计中进行效益评价，取得新的突破。向县人大常委会作了审计工作报告，报告内容实事求是，问题分析准确透彻，审计意见切实可行，既有预见性、前瞻性，又有针对性、可操作性。

行政事业审计　审计2个行政事业单位的财政、财务收支情况，发现不严格执行“收支两条线”管理规定，上缴财政预算收入不及时，执行国有资产管理规定不严格，固定资产不入账，内控制度执行不到位等问题，已责成有关部门整改。

固定资产投资审计　完成政府投资建设项目审计32个，核减工程造价2149万元，减少财政拨款2149万元。提出政府投资审计监督意见，出台了《关于做好政府性投资项目审计有关事项的通知》等文件，建立了中介机构备选库，坚持统一资料收集内容、统一确定中介机构、统一集中委托审计、统一考核标准、统一费用支付标准来确保审计质量，实现阳光委托、阳光待遇、阳光材料、阳光审计，在2011年全市审计工作会上得到充分肯定。

企业审计　对1个企业的资产、负债、损益真实性进行审计，发现被审计单位存在会计信息失真、财务管理薄弱、投资效益差、资产损益不实等问题。查出违规金额 1233 万元，管理不规范金额 183 万元，应上缴财政 235 万元。

经济责任审计　完成 4 名党政主要领导干部的经济责任审计。审计查出资产不实、管理不善、违规操作等问题，查出违规金额 23 万元，管理不规范金额 166 万元。

专项资金审计　开展退耕还林资金、政府性债务资金审计项目等 6 个，审计专项资金总额 20933 万元。深刻剖析产生问题原因，有针对性地提出审计建议，撰写的反映退耕还林工程直补资金代领代扣问题突出的《审计要情》得到县长的批示，县林业局认真落实整改，已责成承包大户予以清退，并制定《退耕还林业主承包补充协议》范本，对代领代扣退耕还林资金的问题，以足退耕办（〔2010〕16 号）文件进行了规范管理。地方政府性债务专项审计发现问题，县财政局、国资办积极采取措施，及时出台了《政府投融资平台改革建设方案》和《政府投融资管理办法》，对各融资平台公司的融资行为进行规范。

审计调查　开展专项审计调查项目 2 个，调查单位 4 个，调查金额 282959 万元，调查发现管理不规范金额 39744 万元，并及时反映调查情况，提出合理审计建议，引起了县领导及相关部门的高度重视，责成有关部门查处整改。

（撰稿人：曾令君）

【荣昌县审计局】　2010 年，荣昌县审计局人员编制 32 人，在编 29 人。局长梁堂林，副局长李可农、杨勇（9 月—）、杜冬梅，纪检组长李恭林，审计中心主任何雨霜。设有办公室、财政金融审计科、行政事业审计科、综合审计科、经济责任审计科、荣昌县审计中心。

审计成果　完成审计项目 37 个，查出违规金额 4236 万元，其中应上缴财政 618 万元，应减少财政拨款或补贴 3588 万元，应归还原渠道资金 43 万元，应调账处理金额 3204 万元；已上缴财政 753 万元（包括落实 2009 年审计决定），已减少财政拨款或补贴 3588 万元，已归还原渠道资金 21 万元，已调账处理金额 2643 万元。移送司法机关、纪检监察部门处理事项 8 件，建议有关部门处理事项 8 件。提交审计工作报告、信息 21 篇，被采用 25 篇（次）。

预算执行审计　审计单位 4 个，发现和纠正涉及部门的 7 类问题，查出违规金额 597 万元，管理不规范金额 290 万元，提出审计意见和建议，促进规范预算管理，提高资金使用效益，推动了财政体制改革的不断深化，提升了财政预算管理水平。

行政事业审计　审计 3 个行政事业单位的财政、财务收支情况。发现应缴未缴预算收入，违规改变资金用途，少计少缴税费，“账外”资产等问题，查出违规金额 26 万元，管理不规范金额 876 万元。

固定资产投资审计　完成 24 个基本建设项目审计，核减工程造价 3550 万元，应减少财政拨款 3550 万元。对政府投资项目在工程招投标、合同签订、工程施工和管理中存在的招标不规范、工程实施中变更大缺乏必要的审批手续、签证不规范、工程造价缺乏有效控制等问题进行披露，提出审计建议近 50 条，充分发挥了投资审计在控制工程投资、节约国家建设资金、提高投资效益、规范建筑市场秩序等方面的作用。

经济责任审计　完成 6 名主要领导干部的经济责任审计，审计查出资产核算不实、管理不善、应缴未缴预算收入等问题，查出违规金额 26 万元查出，管理不规范金额 876 万元。

专项资金审计　开展专项资金审计项目 4 个，审计专项资金总额 40189 万元，已促进拨付资金到位 2302 万元。

审计调查　开展专项审计调查项目 2 个。调查单位 2 个，调查发现问题金额 3 万元。及时反映情况，提出审计建议，引起相关部门的重视。

内部审计　各行政事业单位设内部审计机构 32 个，其中专职机构 4 个；配备内部审计人员 51 人，其中专职审计人员 8 人。2010 年，全县各级内部审计机构共完成审计项目 16 个。

（撰稿人：孙　亮）

【璧山县审计局】　2010 年，璧山县审计局人员编制 24 人，在编 25 人。局长张玉平（—9 月）、舒朝勇（9 月—），书记黄志强，副局长董其鑫、杨用明，纪检组长杨用明（兼）。设有办公室、财政金融审计科、行政事业审计科、经济责任审计科、投资审计科、法制科和下属事业单位（璧山县审计中心）。

审计成果　完成审计项目（或审计调查）50个，查出违规金额2534万元，管理不规范金额39668万元，在国家建设项目审计中审减工程款1293万元，对8位部门或乡镇党政主要领导干部进行任期经济责任审计。移送司法机关、纪检监察部门处理事件1件，建议有关部门处理事项3件。提交审计工作报告50篇，提交信息600多篇，被采用近200篇（次）。

预算执行审计　开展县本级财政预算执行情况审计，按时向县政府提交审计结果报告，在报告中依照有关法律法规对发现的问题分别进行处理并提出建设性建议。县财政局根据报告中提到的“市专款结余较大，部分资金安排不够及时”问题，及时查找分析原因，切实加强预算执行管理，及时下达各项转移支付资金，强化了项目资金管理，完善了手续，加快资金拨付进度，切实压缩结余结转资金规模。并对县规划局、地税局，璧城、丁家、青杠、来凤4个房管所等单位财务收支情况进行审计。其中房管所审计项目审计成果显著，审计发现并移送处理“小金库”单位3个，涉及金额90余万元，移送案件线索1件。县政府对审计反映的问题高度重视，分管领导做出重要批示，并采纳县审计局关于规范本县单位手续费开支的建议。现相关单位的审计整改落实的工作已基本完成，大部分问题已得到整改落实，已上缴财政20万元。

固定资产投资审计　全年完成政府投资审计项目34个，送审金额21214万元，审减造价1293万元，综合审减比例6%。其中，对璧山县生活垃圾填埋场工程（二标段）预算执行情况审计，送审618.97万元，审减169.10万元，审减比例为27.3%；对璧山县璧城街道办事处机电学院农民安置区基础设施工程预算执行情况，送审802.15万元，审减110.15万元，审减比例为13.7%。

专项资金审计　开展农村低保、城乡医疗救助、退耕还林、政府融资等关系民生资金的审计（调查），审计专项资金16537万元，查出管理不规范资金7254万元。其中，农村居民最低生活保障资金审计调查，查出农村低保中存在家庭收入核实难度较大，最低生活保障管理不够规范等问题，并针对问题提出健全完善低保对象确定制度，将低保工作制度化，强化民政部门主管职能等建议；城乡医疗救助资金审计，查出局级文件与县级文件之间存在冲突，导致多拨、多收困难群众参保费11.82万元，错划城市困难居民参合经费21.74万元等问题，引起该县领导的高度重视，要求相关部门逐一核实；退耕还林资金跟踪审计，查出退耕大户谭荣超范围享受退耕还林直补款5.54万元、退耕大户侵占退耕农户利益、代领退耕还林直补款元65.99万等问题，县林业局于2010年8月3日下发了《关于开展退耕还林工程专项检查和限期整改的通知》（璧林文〔2010〕148号），要求将本次审计发现的问题作为检查和整改的重点，并安排人员对各街道、镇的整改情况进行重点检查。

经济责任审计　完成对县卫生局局长等8位同志的任期经济责任审计。审计类型上由“离任审计为主”向“届中审计为主”转变，任中审计比例达到75%，实现了审计监督关口前移；审计对象的确定由“共同议定”向“随机抽选”的转变，对近三年内未接受过审计的单位按照确定的审计数量进行随机抽签确定审计对象；街道、镇乡的审计由“分别审计”向“捆绑审计”转变，对街道、镇乡党政主要领导实行“捆绑审计”；促进了领导干部廉政、勤政，从源头上预防和治理腐败。

授权审计项目　按照市审计局的统一安排，对县家电下乡、汽摩下乡、汽车以旧换新专项资金进行跟踪审计；对该县玉树地震抗震救灾资金物资进行跟踪审计；对该县抗震救灾中央“特殊党费”补助资金管理和使用情况进行跟踪审计。根据该县领导交办，对重庆奥康置业有限公司投入皮鞋工业园区基础设施项目资金、重庆力帆控股有限公司投资璧山微车项目土建构筑物及相关费用进行审核；对勇胜机械厂、西部制药公司、重庆富成标准件有限公司、银泉实业有限公司、重庆东威包装材料有限公司、璧山县富民机械厂、重庆红宇精密工业有限责任公司、重庆嘉瑞动物制药有限公司8宗土地回收成本进行审核；对璧山县大路镇国土整治指挥部2008年6月至2009

年12月的财务收支情况进行审计。

内部审计 各部门、各企事业单位设内部审计机构18个；配备内部审计人员64人，其中专职审计人员10人。2010年，全县各级内审机构共完成审计项目57个，查处损失浪费金额18万元，增加效益157万元，提出的建议和意见被采纳43条。（撰稿人：杨胜利）

【垫江县审计局】 2010年，重庆市垫江县审计局人员编制29人（其中行政编制20名，机关工勤编制1名，事业8名），在编27人。党组书记张光福，党组副书记、局长梁辉，副局长朱华章、雷中山、冯文权、白云，纪检组长罗显容。设有办公室、财政金融审计科、行政事业审计科、固定资产投资审计科、经贸审计科、经济责任审计科，下属参公管理事业单位（垫江县审计中心）。

审计成果 完成审计项目39个，查出违规金额4089万元，其中应上缴财政20万元，应归还原渠道资金131万元，应调账处理金额1314万元；已上缴财政6万元，已减少财政拨款或补贴274万元，已归还原渠道资金188万元，应调账处理金额44万元。移交纪检监察部门处理事项1件。提出审计建议153条，采纳153条。2009年度审计发现问题整改率达成95%以上。提交工作报告、审计要情、信息、经济责任审计简报等34篇，被采用或批示20篇（次）。

预算执行审计 完成2009年度县本级预算执行及其他财政财务收支审计、垫江地方税务局2009年度预算执行和其他财政收支审计和鹤游镇财政决算审计。向财政局等相关部门提出搞好部门预算，促进项目支出规范化、公平化，加强专项资金拨付和使用监督工作，加大残疾保障金和帮困基金的征收力度等的建议意见，为推进统筹城乡综合配套改革示范县建设发挥重要作用。

行政事业审计 审计11个行政事业单位的财政、财务收支情况。发现财政、财务核算不规范，固定资产不入账，往来账项清理不及时，内控制度执行不到位等问题。促使行政事业单位建立和完善7项内部管理制度，有效地规范了行政事业单位的经济管理秩序。

固定资产投资审计 按照《重庆市国家建设项目审计办法》（市政府182号令）的要求，加强国家建设项目的审计，完成7个基本建设项目审计，核减投资额1252万元，平均审减率为9.4%。查出概预算编报不规范、超计划超标准超规模等问题；完成县政府临时交办项目5个，其中土地整治项目4个涉及33个子项，审计投资达34713万元，对在资金和项目建设管理上存在的问题提出建议和意见，引起县政府领导、主管部门和业主单位的高度重视，提高了国家投资资金的使用效率。

企业审计 对重庆市渝垫国有资产管理公司的资产负债损益审计，发现存在少计企业所得税、违规使用现金、对外投资效益不佳、资金“账外”循环等问题。提出加强管理、规范经营的建设性建议，得到被审计单位及其主管部门的重视和采纳。

经济责任审计 完成10个单位12名领导干部的经济责任审计，查出违规金额737万元，管理不规范金额406万元。按照《垫江县乡镇党委书记乡镇长任期经济责任审计评价及责任界定办法（试行）》，对乡镇党委书记、镇长任期内的经济社会发展业绩进行科学的评价，对任期内的经济责任进行合理的界定。

专项资金审计（调查） 开展专项资金审计项目12个（其中6个审计调查项目）。查出违规金额3352万元，管理不规范金额5374万元。通过审计，加强了专项资金使用的统筹规划，确保资金的及时足额到位，提高了专项资金的使用效益，促进了县各项事业的发展。

内部审计 各部门、各企事业单位设内审机构47个，其中专职机构5个；配备内审人员77人，其中专职人员12人。全县各级内部审计机构共完成审计项目82个，增加效益320万元，提出建议和意见被采纳62条。（撰稿人：李一奎）

【武隆县审计局】 2010年，武隆县审计局人员编制24人，在编23人。局长龚文，副局长谭明波、熊波、黄小林，纪检组长谭明波（兼）。设有办公室、政策法规科、财政金融审计科、行政事业和社会保障审计科、农业和资源环保审计科、固定资产投资和外资审计科、经济责任审计和内部审计管理科、审计中心。

审计成果 完成审计项目39个，查出违规金额2245万元，管理不规范金额84297万元，其中应上缴财政24万元，应归还原渠道资金1279万元，应调账处理金额43741万元；已上缴财政24万元，已归还原渠道资金1279万元，已调账处理金额43741万元。移送司法机关、纪检监察部门处理事项1件，共涉及3人，建议有关部门处理事项1件，涉及3人。提交审计工作报告、信息94篇，被采用35篇（次）。

预算执行审计　重点审计县财政局、县发改委、县地税局等单位，延伸审计县交委、县水务局、仙女山新区管委会、白马工业园区管委会等相关单位，发现和纠正滞留资金、挪用专项资金、擅自改变资金用途以及资金管理不规范等问题，查出管理不规范金额65321万元。针对性地提出了加强和改进预算管理、健全政府投资控制机制、有效化解债务风险、强化专项资金跟踪监督等审计意见和建议。向县人大常委会作了审计工作报告，受到县政府的高度重视，受到县人大好评。

行政事业审计　审计县卫生局、县旅游局、石桥乡等10个行政事业单位的财政、财务收支情况。发现滞留下拨资金、挪用专项资金、违规改变资金用途、虚列支出、财务管理不规范等问题，查出违规金额133万元，管理不规范金额564万元。向纪检监督机关移交案件1件，涉及3人。

固定资产投资审计　完成15个基本建设项目审计，审计项目投资额27058万元，核减工程造价2253万元，应减少财政拨款2253万元。紧紧围绕全县“旅游富民、工业强县”发展战略，加大城乡环境改造、旅游基础建设、工业园区建设等重点项目的监督。对接龙水库等投资巨大的建设项目实行跟踪审计，及时发现建设过程中资金的使用管理问题，并向县政府进行专题汇报，提出改进意见，促进了政府建设资金的管理。

企业审计　对2个企业的资产、负债、损益真实性进行审计，发现被审计单位注册资本金失真、虚列成本费用、因管理不到位造成资产损失等问题。查出违规金额121万元，管理不规范金额1533万元，上缴财政14万元。

经济责任审计　完成18名主要领导干部的经济责任审计，其中包括党政领导16名、国有及国有控股企业领导2名。审计查出违规收取费用、账实不符、财务管理混乱等问题，查出违规金额1520万元，管理不规范金额818万元。

专项资金审计　开展专项资金审计项目4个，审计专项资金总额337885万元，查出违规改变资金用途金额279万元，滞留资金11321万元。重点对县水务局水利建设专项资金和国有企业融资资金进行审计，发现滞留专项资金、挤占专项资金等问题，通过专题报告等形式向县政府进行汇报，促进了审计整改。

内部审计　各部门、各企事业单位设内部审计机构72个，其中专职机构35个；配备内部审计人员131人，其中专职审计人员60人。2010年，全区（县）各级内部审计机构共完成审计项目11个，查出损失浪费金额45万元，提出的建议和意见被采纳7条，1个内部审计项目被重庆市内部审计协会表彰为优秀项目。

（撰稿人：苏永胜）

【丰都县审计局】　2010年，丰都县审计局人员编制40人，在编35人。局长秦宗成，副局长吴小平、熊伟，纪检组长范福义。设有办公室、综合法制科、财政金融审计科、行政事业审计科、企业审计科、经济责任审计科、固定资产投资审计科、移民资金审计科，丰都县审计中心，丰都县固定资产投资审计中心。

审计成果　年初市审计局下达年度审计项目计划38个，全年实际完成审计（调查）项目46个，其中预算执行审计6个，行政事业审计10个，专项资金审计（调查）8个，固定资产投资审计19个，企业审计1个，交叉审计2个。共查出主要问题金额38238万元，其中违规金额6811万元，管理不规范金额31427万元，审计发现侵害人民群众利益金额158万元。审计决定应上缴财政279万元，应减少财政拨款或补贴1892万元，应归还原渠道金额1428万元，应调账处理金额1704万元，审减投资（结算）额1892万元。移送公安机关及纪检监察部门案件3件，涉及金额148万元。提交审计专题、综合性报告和信息简报123篇，被批示（采用）107篇（次）。审计提出建议106条被全部采纳，审计后实现增收节支3599万元，向社会公告审计结果3个。获全市优秀行业审计项目6个、年度优秀审计项目1个。

预算执行审计　审计单位6个，重点开展县级财政管理审计和5个部门预算执行审计。审计决定执行率为90.58%，审计建议采纳率达100%。县政府及时开展国家出资企业清理规范及整合重组，落实政府性债务风险管控措施，防范财政风险；县纪委（监察局）严格规范临时机构财务监督管理，县委办、县政府办联合出台《关于开展“三联评”加强监督检查的通知》；县国土房管局切实纠正下属单位违规缴存职工住房公积金、职工养老保险金和向管理对象收取工作经费等问题；查出某公司环卫趸船建造款129.18万元涉嫌发票犯罪问题，县公安局以涉嫌逃避缴纳税款罪移送县检察院起诉。

经济责任审计　完成10名县管领导干部的经济责任审计（离任审计9个，任中审计1个），审计查出主要问题资金2382万元，其中违规金额1539万元、管理不规范金额843万元，落实直接责任88万元，主管责任2294万元。发现应缴未缴预算收入、违规改变资金用途、虚列支出、未落实收支两条线和专户管理规定、乱收费乱摊派乱罚款等问题。

固定资产投资审计　完成19个基本建设项目审计，查出违规金额1892万元（核减工程投资额1892万元），重点开展蒋家沟水利工程等4个重大国家建设项目跟踪审计，审减丰都长江二桥工程前期已完辅助项目建设投资1186万元、涪（陵）丰（都）高速公路电力拆迁工程预算422万元，审减率分别高达39.14%、36.23%，完成工程建设领域突出问题专项治理和投资审计调研。更为值得关注的是，历时一年时间，完成重庆恒安实业有限公司在丰都建设项目合同履行情况审计调查，为县委、县政府依法招商引资、助推兴工强县发挥建设性作用。

专项资金审计（调查）　开展专项资金审计（调查）项目8个，审计（调查）专项资金总额22618万元，查出违规金额1242万元，管理不规范金额7399万元。其中查出某工程管理站涉嫌私分国有资产18.03万元问题，移送县监察局查处。

企业审计　开展企业审计1个，查出违规金额25万元，管理不规范金额169万元，应上缴财政10万元。

内部审计　全县设内部审计机构33个，其中专职机构11个；配备内部审计人员60人（其中专职审计人员24人）。完成审计项目194个（其中财务审计83个，效益审计2个，经济责任审计78个，基本建设审计8个，专项审计11个，内控评审2个，风险评估3个，其他7个），查出损失浪费金额101万元，增加效益12万元，提出建议意见被采纳39条。　（撰稿人：*石纹碧　李　勤*）

【城口县审计局】　2010年，城口县审计局人员编制17人，在编17人。局长肖冬辉，副局长雷光泉、田忠培、汪元媛，纪检组长熊学东。设有办公室、法制监督科、财政审计科、经济责任审计科、固定资产投资审计科。

审计成果　完成审计项目18个，查出违规金额2万元，管理不规范金额3655万元，审计后挽回损失192万元。提交审计工作报告、信息40篇，被采用10篇（次）。

预算执行审计　审计单位2个，查出管理不规范金额177万元，提出了审计意见和建议，在新农合资金的管理上提出建议，取得新的突破。向县人大常委会作了审计工作报告。

行政事业审计　审计4个行政事业单位的财政、财务收支情况。发现财政、财务核算不规范，固定资产不入账，往来账项清理不及时，内控制度执行不到位等问题，查出管理不规范金额1861万元。

固定资产投资审计　完成4个基本建设项目审计，查出管理不规范金额1356万元，核减工程造价191万元，应减少财政拨款192万元。在项目安排上，加大了对当年投资建设项目资金使用情况的审计，确保后续资金使用的合理和高效；审计手段上，坚持对建设项目全过程的跟踪审计，使建设过程中资金的使用管理问题及时得到纠正，避免建设资金的损失和浪费。

经济责任审计　完成2名主要领导干部的经济责任审计，审计查出资产不实、未落实专户管理等问题，查出管理不规范金额53万元。

专项资金审计　开展专项资金审计项目8个，审计专项资金总额293117万元，查出管理不规范金额261万元。

审计调查　开展专项审计调查项目5个。调查单位5个，调查金额269934万元，调查发现问题金额260万元。在政府债务审计调查中，提交

"我县应立即加大政府债务的融资和管理力度"的审计要情并及时向政府专题反映情况，引起县领导及相关部门的重视。　（撰稿人：冉　茂）

【梁平县审计局】　2010年，梁平县审计局共有干部职工17人，其中本科学历11人，大专学历2人。局长、党组书记程伟，副局长孔令、高保勇、刘坚。设有审计局办公室、财政金融审计科、行政事业审计科、经济责任审计科、建设项目审计科，负责对全县镇乡（街道办事处）和县级各部门的审计监督。

审计成果　完成财政预算执行、国家建设项目、经济责任、行政事业、专项资金审计及审计调查65个审计项目，查处违规金额3300万元，处理上缴财政1164万元，归还原资金渠道75万元，调账纠正2085万元，核减工程投资105万元，查出管理不规范9856万元。提交审计报告48份，出具审计决定15份，提出审计建议98条，被审计单位采纳77条。

预算执行审计　审计单位4个，发现和纠正涉及部门的5类问题，提出3条审计意见和建议。通过审计，进一步加强财政预算的监督管理，规范财政预算行为，提高财政财务会计水平，有效防范和化解财政资金风险，确保国家财政资金的安全完整。

财政决算审计　对2个镇乡财政决算及其他财政、财务收支情况进行审计。审计发现存在虚列支出、违规收费等问题。审计对有关问题已按规定作出处理，并责令其自行纠正。

行政事业审计　对全县17个行政事业单位财政、财务收支进行审计，查处违规金额60万元，管理不规范金额66万元。发现财政、财务核算不规范，部分单位收支核算不真实，固定资产不入账等问题。

专项资金审计（调查）　开展专项资金审计项目4个，审计调查3个，审计专项资金总额218500万元，查出管理不规范金额3241万元，应归还原渠道资金16万元。在项目的规划实施，资金拨付、使用以及效果方面提出审计建议。

固定资产投资审计　完成18个基本建设项目审计，核减工程造价105万元。

经济责任审计　完成17位县级部门主要负责人和镇乡党委书记、镇乡长经济责任审计，查出违规金额60万元，管理不规范金额41万元。

内部审计　全县设有内部审计机构14个，其中专职机构5个，配备内部审计人员39人。2010年全县各级内部审计机构共完成了审计项目185个，其中财务收支审计39个，效益审计1个，经济责任审计6个，专项资金审计91个，基本建设项目审计40个，内控评审7个，其他1个。提出建议、意见被采纳24条，查处损失浪费39万元，增加效益237万元。　（撰稿人：袁其亚）

【开县审计局】　2010年，开县审计局人员编制29人，在编25人。局长雷晓玲，副局长谭显春、谢从新。设有党政办公室、法规科、行政科、财政金融审计科、行政事业审计科、固定资产投资审计科、内审指导科、经济责任审计科、审计中心。

审计成果　完成审计项目65个，出具审计报告65个、审计决定44个，建议有关部门处理事项6件；查出违规金额5676万元，其中应上缴财政3016万元，应减少财政拨款或补贴379万元，应归还原渠道资金595万元，应调账处理金额147万元；已上缴财政3016万元，已减少财政拨款或补贴379万元，已归还原渠道资金595万元，已调账处理金额147万元。提交审计工作报告、信息58篇，被采用36篇（次）；获审计署计算机应用奖项目2个，获重庆市审计局先进集体、审计工作信息和信息化建设先进集体，获重庆市审计局审计优秀项目1个、行业优秀项目6个。

预算执行审计　实施审计项目8个，发现和纠正涉及部门的8类问题，查处管理不规范金额1590万元，促使县政府出台《财政性资金管理办法》《政府非税收入管理办法》，县财政局出台《县级部门预算项目支出管理暂行办法》，规范预算常态管理，推进财政体制改革，提升了预算管理水平。审计工作报告引起政府重视、令人大满意。

行政事业审计　完成行政事业审计项目41个，发现应缴财政收入不及时、核算不规范、虚列支出、固定资产不入账，内控制度执行不到位等问题，查出违规金额 3576 万元，管理不规范金额 9819 万元。

固定资产投资审计　着重政府性资金使用的合理性和效益性，加大了对民生工程和中小学危房改造等领导关注、群众关心的重点建设项目资金使用情况的审计监督，完成基本建设项目审计 7 个，审减工程造价 378 万元，审减率 6.7%；应减少财政拨款 335 万元，有效避免了建设资金的损失浪费，提高资金到位使用率。

经济责任审计　完成涉及 56 名领导干部任期经济责任审计项目 40 个，查出资产不实、管理不善、违规操作等问题，查处违规金额 3599 万元，管理不规范金额 9610 万元。

专项资金审计　完成专项资金审计项目 9 个，审计专项资金总额 449298 万元，发现滞留资金和管理不到位等问题，通过逐年审计和跟踪督促整改，专项资金到位使用率、效益大幅提高。

内部审计　全县内部审计机构 14 个，其中专职机构 7 个；配备内部审计人员 243 人，其中专职审计人员 20 人。2010 年共完成审计项目 150 个，查出损失浪费金额 39 万元，增加效益 113.89 万元，提出的建议和意见被采纳 206 条。县教委出台《开县学校学生食堂财务管理暂行办法》，县移民局制定《库区乡镇移民行管费核算管理办法》《移民后期扶持资金核算管理办法》，并修订完善了移民资金拨款程序等资金管理办法。

（撰稿人：魏　平）

【巫溪县审计局】　2010 年，巫溪县审计局人员编制 18 人，在编 17 人。局长马攀华，副局长许建川、夏友福、陈永鑫（5 月—）。设有办公室、财政金融审计科、行政事业审计科、投资审计科、经济责任审计科、审计中心。

审计成果　完成审计项目 40 个，查出违规金额 9607 万元，其中应上缴财政 5043 万元，应减少财政拨款或补贴 2998 万元，应归还原渠道资金 1659 万元，应调账处理金额 139 万元；已上缴财政 4893 万元，已减少财政拨款或补贴 2201 万元，已归还原渠道资金 429 万元，已调账处理金额 125 万元。移送司法机关、纪检监察部门处理事项 1 件，建议有关部门处理事项 11 件。提交审计工作报告、信息 88 篇，被采用 64 篇。

预算执行审计　发现和纠正涉及部门的 6 类问题，查出管理不规范金额 1420 万元，提出审计意见和建议，在教育专项和再就业培训资金审计中进行效益评价，取得新的突破。向县人大常委会作了审计工作报告。

行政事业审计　发现财政、财务核算不规范，固定资产不入账，往来账项清理不及时，内控制度执行不到位等问题，查出违规金额 167 万元，管理不规范金额 4528 万元。

固定资产投资审计　完成 20 个基本建设项目审计，应减少财政拨款或补贴 2998 万元。

经济责任审计　完成 8 名主要领导干部的经济责任审计，其中包括党政领导 7 名、国有及国有控股企业领导 1 名。审计查出资产不实、管理不善、违规操作等问题，查出违规金额 165 万元，管理不规范金额 7205 万元。

专项资金审计　开展专项资金审计项目 4 个，审计专项资金总额 30640 万元。

审计调查　调查单位 56 个，调查金额 23219 万元，调查发现问题金额 8954 万元。及时反映情况，提出审计建议，引起县领导及相关部门的重视。

内部审计　各部门、各企事业单位设内部审计机构 1 个，其中专职机构 1 个；配备内部审计人员 13 人。2010 年，全县各级内部审计机构共完成审计项目 88 个。

（撰稿人：刘汉平）

【巫山县审计局】　2010 年，巫山县审计局编制 28 人，在编 24 人。局长王碧，党组书记毛勇，副局长刘大伟，纪检组长毛勇（兼）。设有办公室、综合科、财政金融审计科、行政事业审计科、经济责任审计科（挂经贸审计科牌子）、固定资产投资审计科、固定投资与经济责任审计中心。

审计成果　完成审计项目 52 个，查出违规金额 5601 万元，其中应上缴财政 341 万元，应减少财政拨款或补贴 3950 万元，应归还原渠道资金 531 万元，应调账处理金额 749 万元；已上缴财政 158 万元，已减少财政拨款或补贴 3883 万元，已归还原渠道资金 535 万元，已调账处理金额 477 万元。提交审计工作报告、信息 49 篇，被采用 35

篇（次），县领导批示审计报告、决定和审计信息17篇。

预算执行审计　审计单位4个，发现和纠正涉及部门的8类问题，查出违规金额72万元，管理不规范金额17423万元。重点揭示县财政和县国资公司及子公司债务规模大，财政面临较大的偿债风险；财政借出资金大，未及时清理结算以及财政非税收入征收和管理中存在的问题。在发改委管理建设资金审计中，揭示了新增中央投资个别项目未及时开工，以工代赈项目进展缓慢造成资金闲置等问题，促进财政管理进一步规范。

行政事业审计　审计7个行政事业单位的财政、财务收支情况。发现部门上年基本结余未纳入预算安排、滞留专项资金、超预算支出、国有资产收益未实行“收支两条线”管理、部分项目未进行公开招投标、未取得符合规定的发票等问题，查出违规金额758万元，管理不规范金额2148万元。

固定资产投资审计　认真落实《巫山县政府投资建设项目审计办法》，结合工程建设领域突出问题专项治理工作，加强了职教工业园区建设项目、市政基础设施、农村公路建设等项目的审计，全年共完成30个审计项目，完成送审金额55512万元，审减工程投资3619万元。揭示了施工单位多计多报工程价款，超概算投资8907万元，超合同投资4344万元，未履行报批手续、招投标不符合规定等问题，规范基本建设秩序，节约了建设投资。

企业审计　对1个企业的资产、负债、损益情况进行审计，发现被审计单位存在虚列项目支出套取资金、未如实申报项目资金使用计划、注册资本不实等问题。查出违规金额7万元、损失浪费金额36万元、管理不规范金额3379万元。

经济责任审计　完成10名主要领导干部的经济责任审计，其中包括党政领导干部8名、事业单位领导人员2名。揭示领导干部所在单位存在的少计收入和收入未及时入账、国有资产收入未实行收支两条线管理及漏缴税费、扩大开支范围、应收未收、超预算支出等问题，查出违规金额802万元、管理不规范金额2194万元。

专项资金审计（调查）　开展专项资金审计项目3个，审计调查项目4个，审计专项资金总额239939万元，发现问题金额2463万元，侵害人民群众利益金额50万元。揭示了资金使用单位挤占、挪用、滞留专项资金，擅自扩大专项资金使用范围，项目管理不规范，相关政策执行不到位，损害群众利益的违纪违规行为，促进专项资金的规范管理，有效维护群众利益。

内部审计　各部门、各企事业单位设内部审计机构32个，其中专职机构1个；配备内部审计人员56人，其中专职审计人员4人。2010年，全县内部审计机构共完成审计项目77个，查出损失浪费金额9万元，提出的建议和意见被采纳72条。

（撰稿人：向天泉）

【奉节县审计局】　2010年，奉节县审计局人员编制26人，在编21人。局长向朝阳（1月—），党组书记王劲（—8月），副局长刘刚（1月—）、周斌（4月—）、雷廷雄（—11月），纪检组长杨建平（8月—）。设有办公室、财政投资审计科、农业及城乡建设审计科、行政社保审计科、经济责任审计科、政策法规科、投资审计中心。

审计成果　完成审计项目76个，查出违规金额14066万元，其中应上缴财政1330万元，应减少财政拨款或补贴212万元，应归还原渠道资金13257万元，应调账处理金额3420万元；已上缴财政1327万元，已减少财政拨款或补贴212万元，已归还原渠道资金6832万元，已调账处理金额3282万元。移送司法机关、纪检监察部门处理事项3件。提交审计工作报告、信息91篇，被采用42篇（次）。

预算执行审计　审计单位8个，发现和纠正涉及部门的未按规定征收缴纳预算收入等7类问题，查出管理不规范金额25003万元，提出的加强对历年积存财政往来账款进行分类清理、加强政府借款监督等审计意见和建议，使政府防范融资风险、促进财政平稳、健康、有序发展上取得了新的突破。向县人大常委会作了审计工作报告，共提出5大类25项问题，推动财政体制改革的不断深化，提升了财政预算管理水平。

行政事业审计　审计28个行政事业单位的财政、财务收支情况。发现固定资产不入账、往来账项清理不及时等问题，查出违规金额 9218 万元，管理不规范金额 11308 万元。

固定资产投资审计　完成 12 个基本建设项目审计，核减工程造价 226 万元，应减少财政拨款 212 万元。

企业审计　对 2 个企业的资产、负债、损益真实性进行审计，查出违规金额 216 万元，管理不规范金额 267 万元。

经济责任审计　完成 10 名主要领导干部的经济责任审计，其中党政领导 9 名、国有及国有控股企业领导 1 名。审计查出违规金额 7997 万元，管理不规范金额 2405 万元，对审计中发现的工作经费挤占专项经费、津补贴不规范及出差费标准不一且偏低等问题，从完善体制机制上入手，进行归纳汇报，得到县委政府主要领导的高度重视，并督促相关部门及时修订制度：调高人均公用经费标准和车辆运行费标准，提高并规范差旅费补贴等。

专项资金审计　开展专项资金审计项目 16 个，审计专项资金总额 349975 万元，已促进拨付资金到位 26 万元。

审计调查　开展专项审计调查项目 4 个。调查单位 4 个，调查金额 33.7 亿元，调查发现问题金额 529 万元。

内部审计　各部门、各企事业单位设内部审计机构 55 个，其中专职机构 15 个；配备内部审计人员 69 人，其中专职审计人员 6 人。2010 年，全县各级内部审计机构共完成审计项目 55 个，提出的建议和意见被采纳 81 条。（撰稿人：周　娅）

【云阳县审计局】　2010 年，云阳县审计局人员编制 29 人，在编 25 人。局长杨兵，副局长刘小文、姜翠平、陈明勇。设有办公室、财政金融审计科、行政事业审计科、农业外资审计科、固定资产投资及经贸审计科、经济责任审计科、计算机审计管理科（法规科）和审计中心。

审计成果　完成审计项目 78 个，查出违规金额 1936 万元，其中应上缴财政 1342 万元，应调账处理金额 212 万元；已上缴财政 620 万元，已调账处理金额 212 万元。提交审计工作报告、信息 37 篇，被采用 5 篇。

预算执行审计　审计单位 1 个，重点揭示政府性融资债务财政监管欠严密，财政资金往来借款比上年增加等主要问题，审计提出财政管理体制改革步伐有待进一步加快，政府财政借款及其财政为企业在银行贷款担保规模增长过快，投资回报率低等问题。向县人大常委会作了审计工作报告。

行政事业审计　审计 31 个行政事业单位的财政、财务收支情况。发现财政、财务核算不规范，固定资产不入账，往来账项清理不及时，内控制度执行不到位等问题，查出违规金额 988 万元，管理不规范金额 12012 万元。

固定资产投资审计　完成 22 个基本建设项目审计，核减工程造价 548 万元，应减少财政拨款 548 万元。加大对当年投资建设项目资金使用情况的审计，确保后续资金使用的合理和高效；坚持对建设项目全过程的跟踪审计，使建设过程中资金的使用管理问题及时得到纠正，避免建设资金的损失和浪费。

企业审计　对 8 个企业的资产、负债、损益真实性进行审计，发现被审计单位存在会计信息失真、财务管理薄弱、投资效益差、资产损益不实等问题。查出违规金额 281 万元，管理不规范金额 12207 万元，应上缴财政 70 万元。

经济责任审计　完成 20 名主要领导干部的经济责任审计，其中党政领导 17 名、事业单位领导 3 名。审计查出资产不实、管理不善、违规操作等问题，查出违规金额 207 万元，管理不规范金额 8221 万元。

专项资金审计　开展专项资金审计项目 9 个，审计专项资金总额 430846 万元。

审计调查　开展专项审计调查项目 7 个。调查单位 7 个，调查发现问题金额 23464 万元。及时反映情况，提出审计建议，引起县领导及相关部门的重视。

内部审计　各部门设内部审计机构 14 个，其中专职机构 5 个；配备内部审计人员 52 人，其中专职审计人员 16 人。2010 年，全县各级内部审计机构共完成审计项目 137 个，提出的建议和意见被采纳 43 条，发现大案要案线索 8 件，向司法机构移送案件 10 件，涉案人员 10 人，移送纪检监察机关和有关主管部门建议给予党纪政纪处分4人。
（撰稿人：阙　超）

【忠县审计局】　2010年，忠县审计局人员编制23人，在编17人。局长陈新（—7月），副局长易文明（7月起主持全局工作）、肖晓明。设有办公室、综合法规科、经济责任审计科、财政金融审计科、外资移民投资审计科、行政事业审计科和审计中心。

审计成果　完成审计项目33个，查出违规金额829万元，其中应上缴财政31万元，应减少财政拨款或补贴5万元，应归还原渠道资金41万元，应调账处理金额13万元；已上缴财政28万元，已减少财政拨款或补贴5万元，已归还原渠道资金40万元。移送司法机关、纪检监察部门处理事项1件，涉及国家工作人员1人，涉及金额23万元。提交审计工作报告33篇，提出建议70条，被采用48条。

预算执行审计　审计单位4个，发现和纠正涉及部门的预算编报不真实、未按规定征收、缴纳预算收入、隐瞒转移截留预算收入等7类问题，查出管理不规范金额8.9亿元，提出审计意见和建议。向县人大常委会作了预算执行审计工作报告。

财政决算审计　审计单位4个，发现隐瞒转移截留财政收入、财政支出核算不符、违规改变资金用途、损失浪费资金等问题，涉及金额4883万元，应上缴财政28万元，已上缴28万元。

行政事业审计　审计14个行政事业单位的财政、财务收支情况。发现隐瞒截留收入、未按规定截留基金、未落实收支两条线和专户管理规定等问题，查出违规金额20万元，管理不规范金额1.2亿元。

固定资产投资审计　完成1个基本建设项目审计，核减工程造价4万元，应减少财政拨款4万元。

企业审计　对6个企业的资产、负债、损益真实性进行审计，发现被审计单位存在会计信息失真、财务管理薄弱、投资效益差、资产损益不实等问题金额5934万元。

经济责任审计　完成7名主要领导干部的经济责任审计。审计查出资产不实、管理不善、违规操作等问题，查出违规金额1万元，管理不规范金额126万元。

专项资金审计　开展专项资金审计和审计调查项目4个，审计专项资金总额8163万元，已促进拨付资金到位8113万元。

内部审计　各部门、各企事业单位设内部审计机构57个，其中专职机构8个；配备内部审计人员120人，其中专职审计人员15人。2010年，全县各级内部审计机构共完成审计项目111个，查出损失浪费金额24万元，增加效益83万元，提出的建议和意见被采纳166条。
（撰稿人：张永斌）

【石柱土家族自治县审计局】　2010年，石柱土家族自治县审计局人员编制23人，在编19人。局长谭地勇，副局长胥志雄、田晟（1月—），纪检组长刘晓涛，副调研员袁锦发。设有办公室、政策法规科、财政金融审计科、行政事业审计科、经贸基建外资审计科、经济责任审计科，下设审计中心（参照公务员法管理单位）。

审计成果　完成审计项目50个，查出违规金额5127万元，其中应上缴财政1730万元，应减少财政拨款或补贴2169万元，应归还原渠道资金709万元；已上缴财政1730万元，已减少财政拨款或补贴1448万元，已归还原渠道资金333万元。移送司法机关、纪检监察部门处理事项3件，建议有关部门处理事项2件。提交各种专题报告、审计信息、论文75篇，被采用47篇（次）。审计提出建议123条，被审计单位采纳106条。审计工作受到县委、县政府及市审计局充分肯定，被评为“全县十佳执法单位”第一名，在县委县政府年度综合考核中获执纪执法组第一名；“石柱县森林工程资金管理使用审计项目”被重庆市审计局表彰为“优秀审计项目”，2009年末“地方政府性债务专项审计调查项目”被市审计局表彰为“行业优秀审计项目”。

预算执行审计　审计单位3个，发现和纠正部门预算编制粗放，未按规定征收、缴纳预算收入，未落实收支两条线和专户管理规定，违规采购等问题，查出违规金额29万元，管理不规范金额2567万元，提出了审计意见和建议。向县人大常委会作了工作报告。

行政事业审计　审计10个行政事业单位的财政、财务收支情况。发现应缴未缴预算收入、隐瞒截留收入、违规改变资金用途、超标准超计划支出等问题。查出违规金额597万元，管理不规范金额2136万元。

固定资产投资审计　完成17个基本建设项目审计，核减工程造价2232万元。揭示部分项目工程质量不高，超计划投资，设计变更大，未按招标文件订立施工合同，附属项目未进行招投标等问题。项目安排上，根据《石柱土家族自治县国家建设项目审计暂行办法》（石柱府办发〔2008〕162号）要求，实行100万元以上项目必审，100万元以下项目自查备案制度，并对部分重点项目进行全程跟踪审计。审计中充分利用社会中介机构专业力量参与审计。

企业审计　对8个企业的资产、负债、损益真实性进行审计，发现被审计单位存在违规经营、违规出借资金、虚报或隐瞒转移收入、少计或虚列成本费用、少计少缴税费等问题。查出违规金额1419万元，管理不规范金额188万元，应上缴财政748万元。

经济责任审计　完成14个单位，25名主要领导干部的经济责任审计，其中党政领导20名、国有及国有控股企业领导5名。查出违规金额759万元，管理不规范金额1424万元；其中领导干部应负主管责任1666万元，应负直接责任517万元。

专项资金审计　开展专项资金审计项目10个，审计专项资金总额19993万元，查出违规金额850万元，查出管理不规范金额977万元。揭示违规改变项目计划和资金用途、虚报冒领、弄虚作假套取、未纳入财政专户管理等问题，促进专项资金专款专用。

内部审计　各部门、各企事业单位设内部审计机构17个，其中专职机构5个；配备内部审计人员65人，其中专职审计人员17人。2010年，全县各级内部审计机构共完成审计项目41个，查出损失浪费金额3万元，增加效益165万元，提出的建议和意见被采纳61条，较好地发挥了内部审计的职能作用。

（撰稿人：刘晓涛）

【彭水苗族土家族自治县审计局】　2010年，彭水苗族土家族自治县审计局机关人员行政编制10人，在编11人；工勤编制2人，在编2人。局长王露波，副局长张和奎、冉晓艳（—7月）、廖建华（7月—），纪检组长陈敬容。设有综合科、行政事业科、经济责任科、经贸外资投资科、财政金融科。下设审计中心（核定参照公务员法管理编制13人，在编12人，主任秦维娅）。

审计成果　完成审计项目48个，查处违规金额11058万元，管理不规范金额22537万元。其中应上缴财政791万元，应减少财政拨款或补贴2437万元，应归还原渠道资金8252万元，应调账处理金额4090万元；已减少财政拨款或补贴1077万元，已归还原渠道资金23万元。移送司法机关、纪检监察部门处理事项3件，建议有关部门处理事项6件。提交审计结果报告21篇，编报《审计要情》2期、《审计信息》62期，领导批示、采用24期。

预算执行审计　审计单位7个，发现和纠正涉及部门的9类问题，查出管理不规范金额6020万元，提出了审计意见和建议。向县人大常委会作了审计工作报告。

行政事业审计　审计10个行政事业单位的财政、财务收支情况。发现财政、财务核算不规范，固定资产不入账，往来账项清理不及时，内控制度执行不到位等问题，查出违规金额332万元，管理不规范金额1696万元。

固定资产投资审计　完成16个基本建设项目审计，核减工程造价3952万元（其中核减工程结算款3952万元），应减少财政拨款1883万元。加大了对当年投资建设项目资金使用情况的审计，确保后续资金使用的合理和高效；坚持对建设项目全过程的跟踪审计，使建设过程中资金的使用管理问题及时得到纠正，避免建设资金的损失和浪费。

企业审计　对4个企业的资产、负债、损益真实性进行审计，发现被审计单位存在虚报或隐瞒转移收入、少计少缴税费等问题。查出违规金额6393万元，管理不规范金额3592万元，应上缴财政 104 万元。

经济责任审计 完成 14 名主要领导干部的经济责任审计，其中党政领导 10 名，事业单位主要领导 2 名，国有及国有控股企业领导 1 名。审计查出资产不实、管理不善、违规操作等问题，查出违规金额 6790 万元，管理不规范金额 4491 万元。

专项资金审计 开展专项资金审计项目 5 个，审计专项资金总额 9641 万元。

审计调查 开展专项审计调查项目 4 个。调查单位 4 个，调查金额 103404 万元，调查发现问题金额 7138 万元。及时反映情况，提出审计建议，引起县领导及相关部门的重视。

内部审计 各部门、各企事业单位设内部审计机构 4 个，其中专职机构 1 个；配备内部审计人员 15 人，其中专职审计人员 5 人。2010 年，全县各级内部审计机构共完成审计项目 24 个，查出损失浪费金额 2 万元，提出的建议和意见被采纳 10 条。

（撰稿人：王元华）

【酉阳土家族苗族自治县审计局】 2010 年，酉阳土家族苗族自治县审计局人员编制 28 人，在编 22 人。局长张鹰，党组书记田维君，副局长杨再萍，纪检组长梁胜举。设有行政办公室、法规科、经济责任审计科、投资审计科、财政金融审计科、行政事业审计科、审计中心。

审计成果 完成审计项目 32 个，查出违规金额 526 万元，其中应上缴财政 285 万元，应归还原渠道资金 239 万元，应调账处理金额 2 万元；已归还原渠道资金 3 万元，已调账处理金额 2 万元；查出管理不规范金额 59573 万元；提交审计工作报告、信息 3 篇，被采用 3 篇。

预算执行审计 审计单位 6 个，查出管理不规范金额 32626 万元，查出违规金额 4 万元，提出审计意见和建议，在教育专项和再就业培训资金审计中进行了效益评价，取得新的突破。向县人大常委会作了审计工作报告。

固定资产投资审计 完成 11 个基本建设项目审计，核减工程造价 11613 万元，应调账处理金额 137 万元。

经济责任审计 完成 3 名党政主要领导干部的经济责任审计，审计查出资产不实、管理不善、违规操作等问题，查出违规金额 285 万元，管理不规范金额 242 万元。

专项资金审计 开展专项资金审计项目 10 个，审计专项资金总额 381684 万元，已促进拨付资金到位 242 万元。

审计调查 开展审计调查项目 5 个。调查单位 5 个，调查金额 362421 万元，及时反映情况，提出审计建议，引起县领导及相关部门的重视。

内部审计 各部门、各企事业单位设内部审计机构 1 个，其中专职机构 1 个；配备内部审计人员 8 人，其中专职审计人员 8 人。

（撰稿人：骆　红）

【秀山土家族苗族自治县审计局】 2010 年，秀山土家族苗族自治县审计局有在职干部职工 19 人，其中本科学历 15 人，大专学历 4 人。局长雷天军，副局长刘军、张玉芬，纪检组长杨诚。设有办公室、行政事业审计科、财政金融审计科、经贸外资审计科、经济责任审计科、固定资产投资审计科、审计中心。

审计成果 完成审计（调查）项目 31 个，查出违规金额 12127 万元，管理不规范金额 75015 万元，归还原渠道资金 7252 万元；应上缴财政 217 万元，已全额入库；协助有关部门查处案件 1 件，向纪检监察机关移送案件 1 件。针对审计发现的问题，为规范行为，强化管理，提高效益，提出审计建议 104 条，被采纳的审计建议 99 条；提交审计专题报告、综合性报告和信息 53 篇，被批示采用 32 篇。局领导班子被县委、县政府评为“先进领导集体”；继续保持市级“文明单位”和“市级卫生单位”称号。

预算执行审计 审计单位 6 个，针对存在的问题提出审计意见和建议。向县人大常委会作了审计工作报告，推动县财政体制改革不断深化，提升了财政预算管理水平。

行政事业审计 审计 5 个行政事业单位的财政、财务收支情况。查出挪用专项资金、业务招待费突破规定限额、财务核算不规范等问题。查出违规金额 238 万元，管理不规范金额 196 万元。

固定资产投资审计 完成基本建设项目审计

14个，审计政府投资资金61313万元，核减工程价款4569万元，审减率为7.45%。对促进政府投资项目规范管理，保证建设资金的安全、合理、有效使用发挥了积极作用。

经济责任审计　完成4名主要领导干部任期经济责任审计和2名主要领导干部任中审计。审计查出挤占挪用专项资金214万元，管理不规范金额196万元。启动了村（居）干部经济责任审计工作。

专项资金审计　开展专项资金审计项目5个，查出未及时拨付专项资金、改变资金项目投向等问题，提出强化专项资金和完善项目管理等审计建议，确保惠民政策的落实，切实维护人民群众的利益。

审计调查　开展审计调查项目2个，及时反映情况，针对存在的问题分析原因，提出有针对性的审计建议15条，引起县委、县政府领导高度重视。

内部审计　各部门、各单位设有内部审计机构43个，其中专职机构11个；配备内部审计人员63人，其中专职审计人员16人。2010年，内部审计机构共审计单位95个，查出损失浪费385万元，促进增收节支783万元，提出加强管理的建议和意见122条，被采纳122条，内审工作越来越受到部门领导的重视。　（撰稿人：侯少宏）

2010年重庆市所辖区、县（市）级审计工作统计表

金额单位：万元

审计机关	完成审计项目（个）	查出违规金额	应上缴财政	应减少财政拨款或补贴	应归还原渠道资金	应调账处理金额	移送司法、纪检监察部门处理（件）	建议有关部门处理（件）	出具审计报告和审计调查报告（篇）	提出审计建议（条）	撰写审计信息（篇）
重庆市											
重庆市本级	174	743533	386557	37541	216040	345024	15	33	246	1004	657
渝中区审计局	99	4342	153	4037	2				99	60	39
大渡口区审计局	28	101	4	82	536	10615	2	2	28	66	41
江北区审计局	70	26952	7240	18134	1575	93644			70	142	133
沙坪坝区审计局	41	15377	8953	1053	965	717	3	3	41	131	28
九龙坡区审计局	81	12753	6737	3937	1336	23273	2		81	180	90
南岸区审计局	43	15646	9368	6278		4819			30	151	65
北碚区审计局	51	19767	17950	223	3193	1642	4		51	171	66
万盛区审计局	22	65160	109	419					22	35	57
双桥区审计局	11	32	32		18	2			11	42	24
渝北区审计局	172	38414	26968	11315	3071	25247	1	1			120
巴南区审计局	64	25618	13648	9559	741	13529	3	1	68	107	68
万州区审计局	72	182294	54304	5313	122504	51284	5	28	72	247	108

（续 表）

审计机关	完成审计项目（个）	查出违规金额	应上缴财政	应减少财政拨款或补贴	应归还原渠道资金	应调账处理金额	移送司法、纪检监察部门处理（件）	建议有关部门处理（件）	出具审计报告和审计调查报告（篇）	提出审计建议（条）	撰写审计信息（篇）
涪陵区审计局	52	5282	3016		2246	10950	7	5	52	111	90
黔江区审计局	45	9391	3655	4049	1125	969	1	5	45	144	102
长寿区审计局	77	20570	11716	2790	6077	1395	4	1	77	95	42
江津区审计局	91	57842	24474	13179	51	1919	4	1	91	267	67
合川区审计局	99	51724	24560	4692	4901	879	5	24	99	181	280
永川区审计局	94	58830	40193	5051	98		12		152	289	58
南川区审计局	83	2852	758	189	1922	188		3	83	221	80
綦江县审计局	89	55948	51835	3405	297	150938	2	13	93	185	93
潼南县审计局	32	27734	15555		39332	6074	1		32	83	34
铜梁县审计局	72	6981	6978		19	7574		2	72	90	91
大足县审计局	50	14553	11335	2149	1069				50	137	60
荣昌县审计局	37	4236	618	3588	43	3204	8	8	37	104	21
璧山县审计局	50	2534		1293			1	3	50	106	55
垫江县审计局	39	4089	20		131	1314	1		39	153	34
武隆县审计局	39	2245	24		1279	43741	1	1	39	92	55
丰都县审计局	44	6811	279	1892	1428	1704	3		44	106	123
城口县审计局	18	2			1				40	50	22
梁平县审计局	65	3300	1164		75	2085			65	98	77
开县审计局	65	5676	3016	379	595	147		6	65	206	58
巫溪县审计局	40	9607	5043	2998	1659	139	1	11	40	132	48
巫山县审计局	52	5601	341	3950	531	749			52	95	49
奉节县审计局	76	14066	1330	212	13257	3420	3		76	172	91
云阳县审计局	78	1936	1342			212			78	271	37
忠县审计局	33	829	31	5	41	13	1		33	70	30
石柱土家族自治县审计局	50	5127	1730	2169	709		3	2	75	47	80
彭水苗族土家族自治县审计局	48	11058	791	2437	8252	4090	3	6	48	165	62
酉阳土家族苗族自治县审计局	30	526	285		239	2			30	88	3
秀山土家族苗族自治县审计局	31	12127	217	4569	7252		1		31	104	22

四川省

【四川省审计厅】 2010年，四川省审计厅人员编制237人（含事业编制65人），在编180人（含事业人员36人），行政领导职数7名。设有办公室、法规处、内部审计监督指导处、财政审计一处、财政审计二处、行政事业审计处、农业与资源环保审计处、固定资产投资审计处、金融审计处、企业审计处、社会保障审计处、外资运用审计处、人事处、离退休人员工作处和直属审计机构经济责任分局，机关党委、厅监察室、厅机关服务（省审计干部培训）中心、计算机技术中心、审计科研所直属事业单位。

领导成员

厅　　长：高仁全

副 厅 长：杨书军　蔡文强

　　　　　唐　萍　陶志伟

　　　　　廖代永（4月—）

总审计师：王克怀（8月—）

纪检组长：曹晓雪

审计成果 全省审计机关共审计（调查）11276个单位，查出违规金额99.81亿元、损失浪费金额5.04亿元；为国家增收节支47.99亿元，其中已上缴财政30.42亿元，已减少财政拨款和补贴4.94亿元，已归还原渠道资金12.63亿元；核减固定资产项目投资概算和结算额38.10亿元；移送司法、纪检监察机关经济案件线索70件，涉案69人、涉案金额2.72亿元；移送有关部门处理70件；提交各类审计报告和信息简报9993篇，发布审计结果公告664篇，提出审计建议17689条，促进建立健全规章制度346份。

灾后重建审计 2010年是灾后恢复重建工作的决胜之年，按照“三年目标任务两年基本完成”的要求，以扎实的工作确保“促进灾后恢复重建顺利进行、保障灾后恢复重建不出重大问题”目标的实现。全省审计机关共组织2887名审计人员，组成997个审计组，跟踪审计3742个项目的总投资604.53亿元，审计调查2179个项目的总投资561.56亿元，主要涉及学校、医疗卫生机构等民生工程和交通、水利、电力、通信、市政工程等重要基础设施项目。通过审计，促进375个项目加快了建设进度、404个项目改进了工程质量管理，节约资金或挽回损失2.54亿元；对审计中发现的涉嫌违纪违法线索，已移送有关部门进行严肃处理。同时，组织力量对281个港澳援助和使用国外五大机构紧急优惠贷款灾后恢复重建项目全面实施跟踪审计，提出审计建议598条，已整改487条。为强化跟踪审计效果，适时将阶段性跟踪审计情况、专项审计调查情况、港澳援建资金项目审计情况和“特殊党费”项目资金跟踪审计情况面向社会进行6次公告，引起社会各界和新闻舆论的良好反响，对正确引导并营造客观公正地评价全省灾后恢复重建实绩实效的舆论环境起到积极作用。

财政审计 按照“财政资金运用到哪里，审计就跟进到哪里”的要求，进一步拓展监督范围，审计范围逐步向全部政府性资产资金扩展，审计方法上既检查财务账表也注重资产核查，既关注资金本身，也注重制度机制的测试和分析。省审计厅统一组织对各级财政预算管理和地税征管情况、13个部门及其31个直属单位的部门预算执行情况进行审计，对部分市、县进行财政决算审计。更加注重维护财政安全，重点关注和分析各级政府性债务的规模与结构、潜在的债务风险等问题，对市县级财政决算重点检查决算真实性和财政资金支付风险等问题，审计报告得到省长和常务副省长的高度重视，专门批示相关部门和地方抓好整改，审计促进制度机制健全的作用进一步彰显。突出财政资金绩效监督，对省政府下达的绩效指标进行全面检查，对重点专项资金的使用效益进行延伸审计，促进部门节约行政成本、提高资金使用绩效。加强审计资源整合，在省级预算执行审计中，组织省级部门内审机构与审计机关配合，共同开展省级科技经费的专项调查；实行省、市、县三级联动，与当地预算执行审计相结合，同步开展13个扩权试点县的财政决算审计，实现了力量整合、信息共享、成果共用。进一步推动审计政务公开，继续面向社会全文公布审计工作报告，同时还将部门预算执行审计、部分专项资金审计等单项审计结果印送省人大等部门，促进审计公开范围和内容的扩展。

金融审计 重点关注地方金融安全，首次较大规模开展对省本级和成都等10个市、仁寿等5个县（区）本级政府融资平台情况的审计调查，揭示地方政府融资平台在执行政策法规、内控制度建设、偿债能力、风险防范等方面存在的问题，从政策、体制、机制等方面分析原因，提出建议，为政府加强管理和进行宏观决策提供真实可靠的依据；统一组织开展对16个农村信用联社资产负债损益审计，通过揭示违规放贷及核算不规范、管理不到位等问题，防范地方金融风险。

行政事业审计 积极推进行政事业效益审计，突出对资金分配、管理、使用等各个环节的全面监督，注重从体制机制制度层面发现管理漏洞、查找薄弱环节，促进被审计单位建章立制；加强民生工程和专项资金审计，先后开展对16所省属高校、省政府7个驻外办事处财政收支审计和三州两市“教育十年行动计划”专项资金审计，切实发挥审计服务人民群众的作用。

农业与资源环保审计 继续把维护人民群众的根本利益作为审计工作的出发点和履行职责的落脚点，进一步加大对涉民专项资金的审计监督力度。组织实施了15个市（州）113个县退耕还林工程资金和“牧民定居行动”、彝族地区“三房”改造等专项资金的审计和调查。查处了各种违纪违规和损害群众利益的问题，促进专项资金合规管理、有效使用。

固定资产投资审计 进一步加大政府投资项目审计力度，深入揭示和查处工程建设领域的突出问题，共审计和调查项目建设或执行单位6153个，核减政府投资概、结算价款38.10亿元，为治理建设投资环境、促进国家建设资金安全和有效使用发挥积极作用。

社会保障审计 组织开展玉树抗震救灾资金、舟曲特大山洪泥石流救灾资金和四川省特大山洪地质灾害救灾资金审计，对2009年城市居民最低生活保障资金进行审计调查，重点核查城市低保的申报、审批、筹集、管理、使用和发放情况，揭示低保资金在管理、使用上存在的问题，促进专项资金规范管理、有效使用。

企业审计 对省商业集团等61户省、市、县级企业进行审计或调查，开展广旺煤矿等企业灾后恢复重建项目的跟踪审计，揭露和查处部分企业在对外投资、资产重组中的弄虚作假行为以及会计信息失真等问题。

经济责任审计 省纪委、省委组织部、审计厅等六部门联合出台《党政领导干部和国有企业及国有控股企业领导人员任期经济责任审计评价办法（试行）》《经济责任审计结果运用办法（试行）》《离任经济责任事项交接办法（试行）》三个文件，促进全省经济责任审计工作的开展，也引起中央五部委经济责任审计联席会议办公室的高度关注，全文向全国转发。全省共审计1499个经济责任人，为促进各级党政领导干部和企业领导人员依法行政、依法理财、认真履职起到积极作用，也为客观评价和科学选拔任用干部提供重要依据。眉山、遂宁、南充、巴中、内江、广安和岳池、威远、仪陇、武胜等地在完善经济责任审计办法、创新审计方式和扩大审计范围等方面取得成效，部分地方对村社级干部已基本实现100%的审计覆盖面。

外资运用审计 继续以促进规范管理和有效使用、规避偿债风险为目标，整合三级审计机关力量，对15个世、亚行贷款和其他国际金融组织贷援款项目实施公证审计，组织完成省定21个市级子项目审计并将其结果纳入省厅的公证报告，审计结果得到省政府领导高度重视，促使有关主管部门和项目执行单位进一步加强管理、完善制度。

机关建设 全省审计机关对外积极争取党委、政府的更大支持，对内抓制度、强管理、促规范，进一步夯实了审计事业科学发展的基础。以提升业务技能、更新知识结构为核心，以改进培训机制、丰富教学形式为重点，全省审计干部培训工作取得新成效；以构建审计机关合理的专业人员构成和年龄结构为目标，省审计厅及部分基层审计机关充实了工作急需的工程技术、法律、计算机专业干部，审计队伍建设进一步加强；以加快审计复核向项目审理转变和本省财政审计条例、国家建设项目审计办法的修订出台为契机，审计业务规范化建设和审计法制建设进入新的发展阶段；以提高OA和AO运用水平、加快专业数据库建设、探索联网审计模式、启动“金审”二期工程为着力点，全省审计信息化建设全面推进；以加强内部审计和社会审计监督指导、完善廉政责任机制、健全行政效能和责任追究制度为重点，审计资源整合与审计实战能力的水平和效果进一步提高。自贡、广元、甘孜、宜宾、凉山和南部、兴文、盐边、蓬溪、峨眉山等地结合实际，各富特色地积极推进基础建设，有效提升了审计能力。

（撰稿人：赖卫昕　董　华）

【成都市审计局】 2010年，成都市审计局人员行政编制110个，在编110人。局长戴志勇，副局长范光远、罗济沙、陈虹、曾京，总审计师邓勉。设有办公室、人事处、法规处、信息处、纪检监察处、财政处、金融处、企业处、行事处、投资处、外资处、农业处和社保处等内设机构。另下设市经济责任审计局，编制25人，内设部门领导处、区县处和综合处。

审计成果 成都市审计机关共审计（调查）项目3155个，查出违纪违规金额240150万元。通过审计，上缴财政96163万元，减少财政拨款13229万元，归还原渠道资金28974万元，核减工程总投资194832万元，审计后挽回（避免）损失387722万元。促进被审计单位建立健全规章制度193项，向社会公告审计结果196份。提交的审计专题、综合性报告和信息简报被批示采用641篇次，建议被采纳2149条。上报的审计实例和审计方法荣获审计署计算机应用成果奖5个、鼓励奖2个。

财政审计 开展2009年度市级财政预算执行和其他收支情况审计，查出应上缴财政200343万元；对2008～2009年度耕地占用税征管部门的专项审计调查，查出有关单位欠缴税收4.3亿元。温江市审计局作为全国唯一一个基层审计机关在全国审计工作座谈会上就构建财政审计大格局做经验交流。

固定资产投资审计 完成工程竣工（结）决算审计项目2469个，送审工程投资额192.7亿元，审计核减工程总投资19.9亿元。同时，开展建筑领域突出问题专项治理工作，共审计和检查建设项目351个，审计总金额107亿元，审计检查发现建设项目立项、审批、建设、资金管理等方面不规范问题250个，涉及金额5.9亿元，提出审计建议201条，建议被采纳151条。

专项资金审计 将涉及14个政府部门、总金额16.7亿元的同类资金、同类事项的民生项目合并审计；开展个人购房补贴资金、残疾人就业保障金和社会救助专项资金审计调查，促进《成都市城乡低收入家庭认定暂行办法》的制定；开展对村级公共服务和社会管理改革政策落实情况的审计调查，涉及19个区（市）县的263个涉农乡镇（街办），并重点抽查471个村（涉农社区）。实施了成都市公交公司城市公交管理及运营情况、城区道路交通安全设施维护资金等专项资金的审计。

灾后重建和救灾款物审计 全市跟踪审计项目993个，规划总投资296.2亿元，采纳整改审计建议342条，促进建立健全规章制度52项，核减工程造价3.9亿元，较好地发挥国家审计的“免疫系统”功能。还开展了青海玉树地震、舟曲特大泥石流、都江堰市等11个区（市）县特大洪水地质灾害共计10.9亿元救灾捐赠款物的跟踪审计。

经济责任审计 共审计领导干部242人，查出领导干部所在地区、部门各类违纪违规金额8.9亿元，管理不规范金额22.6亿元。针对经济责任审计中发现的问题，审计提出建议被被审计单位采纳546条，审计报告被各级党政领导批示39份。

（撰稿人：黄衍定）

【广元市审计局】 2010年，广元市审计局机关人员编制48人，在编44人。局长马军，副局长龙显棋、丛娜（—10月）、昝鹏程、梁义兮（2月—）、唐玉瑶（—1月），总审计师韩和林（6月—），纪检组长闫川建。设有财税审计科、金融外资审计科、行政事业审计科、农业与环境资源保护审计科、固定资产投资审计科、社会保障审计科、经贸企业审计科、经济责任审计科、法制科、办公室和局下属事业单位直属分局、信息中心、投资中心。

审计成果 广元市审计机关完成审计项目118个，查出违规金额83034万元，其中应上缴财政5508万元，应减少财政拨款或补贴80万元，应归还原渠道资金5083万元，应调账处理金额9508万元；已上缴财政5508万元，已减少财政拨款或补贴80万元，已归还原渠道资金5083万元，已调账处理金额9508万元。移送司法机关、纪检监察部门处理事项2件，提交审计工作报告、信息127篇，被采用64篇。

财政审计　预算审计重点关注财政资金分配、灾后重建和扩大内需资金的安排、拨付及使用效果，确保审计覆盖财政资金全过程。通过税收征管审计揭示存在的问题，促进整改。同时开展了灾后重建税收优惠政策落实情况调查、再就业政策落实情况调查等专项审计调查。

金融与外资运用审计　继续对非扩权县的世行贷款、亚行贷款的城镇基础设施项目、卫生项目、农村公路项目进行跟踪审计，了解和掌握项目建设实施情况。

行政事业审计　开展对市发改委、教育局等8个部门及市地税局、市财政局机关2009年预算执行情况进行审计。

农业与资源环保审计　全面完成“金土地工程”审计，重点对剑阁县王河镇、金仙镇、公兴镇“金土地工程”实施专项审计，查出了项目建设、后期管理、资金使用中存在的问题，并提出整改意见。

固定资产投资审计　坚持资金到哪里，审计人员就跟到哪里，出色地完成重建项目资金审计，保障和促进“三年重建两年基本完成”奋斗目标的实现。

社会保障审计　完成青海玉树地震捐款审计，并对市本级财政局、民政局、红十字会等重点部门进行跟踪审计。对“特殊党费”的使用和管理情况进行阶段性跟踪审计。

企业审计　完成市公交公司2007～2009年度资产负债损益和公交线路运营情况调查；省道202线元坝至牛项颈收费公路改造工程投资和债务情况核实；广元市水泥厂破产清算组财务收支审计等多项省、市交办任务。

经济责任审计　开展对市规划和建设局、市水务局、市教育局、市交通局、市国资委、元坝区政府等9个单位现任主要领导的任中经济责任审计。

专项资金审计　对苍溪县和朝天区截至2005年12月31日农村其他义务教育和乡村其他公益性债务进行抽查复核。在实施预算执行审计的同时，开展了灾后重建税收优惠政策落实情况调查、再就业政策落实情况调查等专项审计调查。

（撰稿人：张忠民）

【绵阳市审计局】　2010年，绵阳市审计局人员编制88人，在编77人。局长刘清华（—10月）、董泓（10月—），副局长郭兴林、唐巨龙、潘晓东（10月—），总审计师张勇，纪检组长杜桢荣。设有办公室、人事教育科、法制科、财政审计科、行政事业审计科、金融与社会保障审计科、农业与资源环保审计科、固定资产投资与外资运用审计科、经济责任审计科、经贸审计科，直属审计分局、绵阳市审计信息中心。

审计成果　绵阳市审计机关共完成审计项目736个，查处违规金额5.45亿元，管理不规范金额77.2亿元；上缴财政3.73亿元，归还原渠道资金4025万元，调账纠正2805万元；完成政府投资审计项目413个，审减金额4.21亿元；移送司法纪检监察机关处理案件2起，涉及人员4人，移送主管及其他部门处理案件8起。共出具审计报告和报送审计调查报告837份，审计提出建议1970条，被市县领导批示162件，促进建立健全各项规章制度27件。

灾后恢复重建审计　全面落实“每投必审”制度，共派出337个审计组，跟踪审计735个总投资149.13亿元的重建和扩大内需项目；对32个港澳援建项目进行跟踪审计和公证审计；对“特殊党费”援建项目、舟曲特大泥石流、玉树地震和洪涝灾害捐赠资金、城乡住房恢复重建资金进行审计调查。通过审计，促进93个项目改进工程质量管理，节约资金或挽回损失4767万元，促进审计发现的问题及时整改。

财政审计　完成财政预决算审计（调查）37个，查出违规金额49284万元，管理不规范金额609692万元。审计决定处理处罚应上缴财政51552万元，应减少财政拨款和补贴100万元，应归还原渠道资金51552万元，应调账处理金额216062万元。

固定资产投资审计　完成政府投资审计项目413个，送审金额366572万元，审定金额324500万元，审减金额42072万元，审减率11.5%。

经济责任审计　完成58个单位68名领导干部经济责任审计，审计查出违规金额中负主管责任金额1708万元，负直接责任金额604万元。管理不规范金额中负主管责任金额67054万元，负直接责任金额3345万元。

专项资金审计（调查） 对绵阳市惠民帮扶中心2008年扶贫解困工程资金的筹集、管理、使用、效益情况和“八项民生工程”进行审计调查；对涪城区等12项“金土地”项目进行审计；参与绵阳市强农惠农资金专项清理检查工作。审计专项资金总额3263302万元。

金融审计 对市本级9家融资平台公司进行审计调查，对市商业银行进行审计。全市共完成金融审计项目（调查）3个，审计查出管理不规范金额600万元。

企业审计 完成审计项目（调查）7个，审计查出管理不规范金额2127万元。

（撰稿人：黄江洪）

【德阳市审计局】 2010年，德阳市审计局人员编制55人，在编53人。局长向庆田，副局长廖永春、张泽琴、李晖，纪检组长罗荣华。设有办公室、人事教育监察科、法制科、财政审计科、行政事业社保审计科、农业外资审计科、金融经贸审计科、投资审计科、经济责任审计分局、审计信息管理中心。

审计成果 德阳市审计机关完成审计项目308个，查出管理不规范金额864260万元，违规金额134178万元，应上缴财政48891万元，已上缴财政42343万元，应归还原渠道资金5434万元，已归还2290万元；审计后挽回（避免）损失8097万元；向司法、纪检部门移送案件4起；提出审计建议684条，采用330条；提交审计专题、综合性报告和信息571篇，促进被审计单位制订整改措施、建立健全规章制度14项。

财政审计 共审计项目44个。查出违规金额21603.84万元，管理不规范金额383430.95万元，应上缴市财政19135.5万元；审计建议被采纳125条（其中一份审计建议书追补税款入库200多万元），已上缴财政19079.5万元。

金融审计 开展担保公司和融资平台的专项调查。

行政事业审计 对四川建筑职业技术学院和司法警官学院等单位开展财务收支审计。

农业与资源环保审计 开展对城乡住房灾后恢复重建资金、农房补助等的审计调查，对农转非拆迁安置统建房工程、土地整理等的跟踪审计。对涉嫌虚报冒领、贪污救灾资金的人员移送相关部门进行处理。在审计过程中，将资源环境内容纳入审计方案并组织实施。

固定资产投资审计 组成163个审计组，跟踪审计项目188个（规划总投资61.77亿元），审计调查项目162个（规划总投资250亿元），对92个重点建设项目（完成投资额150629万元）实施竣工决算审计。提出审计建议925条，已采纳并整改审计建议893条，受到各级政府及上级审计机关批示50次，促进被审计单位建立健全规章制度76项，节约资金和挽回损失10647.6万元。灾后恢复重建审计和港澳援建审计均获得省审计厅表彰。

经济责任审计 突出对政策执行、责任事项、决策程序、管理成效和廉政情况的审计，完成经济责任审计项目55个，查出违纪违规金额2512万元，查出管理不规范金额13310万元，被地方党政机关领导批示12条，移送纪检监察机关案件1起，移送司法机关1起，已立案2起。

专项资金审计（调查） 对农房重建补偿资金、“金土地工程”、社会保障资金、新型农村合作医疗基金等32个项目580806万元资金进行审计（调查）。特别是对个人购房财政补贴资金，对玉树地震捐赠资金、舟曲泥石流捐赠资金、清平“8·13”泥石流地质灾害救灾资金的调查都取得较好的社会效益。

（撰稿人：徐荣福）

【南充市审计局】 2010年，南充市审计局人员编制52人，在编50人。局长廖大春，副局长罗东涛（—2月）、周生安、张彦，纪检组长吴小华。设有办公室、法制综合科、人事教育科、财政税务审计科、固定资产投资审计科、社会保障审计科、农业与资源环保审计科、行政事业审计科、金融外资审计科、经济贸易审计科、经济责任审计分局、计算机审计技术服务中心。

审计成果 南充市审计机关共完成审计项目1147个，查出违规金额42470万元，管理不规范金额376507万元，核减工程造价27556万元（其中，市本级核减8900万元），挽回经济损失29625万元，审计处理处罚上缴财政10805万元；向纪检、司法机关移送各类涉嫌违法违纪案件线索6件，涉及责任人6人；提出审计建议并被采纳1270条，建立和完善规章制度16项。

财政审计　对市财政局、市地税局、市发改委2009年度预算执行情况进行审计，并对西充、营山两县乡村债务进行审计锁定。

金融审计　在省审计厅组织下，对蓬安县农村信用联社2009年度资产负债损益进行审计，查出违规金额1亿多元、潜在风险资金近3亿元；完成对南充发展公司、南充土地储备中心等5个政府融资公司的审计调查。

行政事业审计　完成对南充市投促局、旅游局、科技局、供销社、驻京办，西南石油大学等单位的预算执行及财务收支审计，并针对查处的问题提交专项审计报告和建议，促进《南充市市级行政单位、事业单位国有资产管理暂行办法》等4个规范性文件的出台。

农业与资源环保审计　对高坪区退耕还林专项资金、世行贷款农村供水和环境卫生项目资金、“金土地”项目、世行贷款西部地区基础教育发展项目等专项资金进行审计。核减“金土地”整理项目投资1200余万元，查出未按规定招标或比选、挤占挪用专项资金3000余万元。

固定资产投资审计　对48个竣工的政府投资项目进行审计，核减工程造价8900万元，对嘉陵江四桥、化学工业园区等重大项目和扩大内需及灾后重建项目进行跟踪审计，先后发出审计警示函5份、审计建议函6份。

社会保障审计　对2009年度南充市本级医疗保险基金征缴情况、城市居民最低生活保障资金进行审计，对2008年违规使用职业培训补助资金的整改落实情况进行审计检查。向南充市人大专题报告医疗保险基金征管网络设备落后等问题，促进医疗保险基金征管必备硬件设施的改善。

经济责任审计　完成对阆中市委书记、市长，南充市嘉陵江航道管理局原局长等任期经济责任审计。共查出问题金额2183万元，4名相关责任人被追究司法责任。

专项审计（调查）　对土地增容费、城市建设配套费、人民防空费三项规费进行审计调查，查出某单位少算漏征规费1.1亿元，责成主管部门追缴土地增容费、城市配套费等三项规费5400万元，为财政增收节支1.5亿元。

（撰稿人：方国华）

【广安市审计局】　2010年，广安市审计局人员编制32人，在编30人。局长秦小平，副局长张力、唐素珍、吕玲，总审计师黎柯，纪检组长黎毅翔。设有办公室、法制科、经济责任审计分局、财政金融审计科、行政事业审计科、经贸审计科、农业与资源环保审计科、社会保障审计科、固定资产投资与外资运用审计科、人事教育科。

审计成果　全市共完成审计项目（单位）576个，查出违纪违规金额27301万元，管理不规范金额155612万元，处理收缴各级财政8569万元，归还原渠道资金3440万元，调账金额27059万元；完成基本建设审计项目353个，审计投资总额67095万元，核减工程造价7194万元；审计移送纪检监察和司法机关查处案件线索8件，涉案金额592万元。向市委、市政府和上级审计机关提供审计报告、要情、信息等稿件718篇（条），先后被各级报刊媒体采用、领导批示563篇（次）；提出审计建议905条，被采纳688条。

财政审计　完成审计项目59个，查出违纪违规金额11949万元，管理不规范金额38430万元，处理收缴各级财政1308万元。同时加强对2009年度市级财政预算执行和其他财政收支审计查出问题整改情况的跟踪检查，确保审计提出问题的彻底整改。

金融审计　完成金融审计项目1个，管理不规范金额25295万元，审计处理应上缴财政12万元（已上缴财政12万元），违规经营15976万元。

行政事业审计　审计行政部门117个，完成审计调查1个，审计处理应上缴财政7062万元，已上缴财政271万元，调账处理1437万元，应缴未缴预算收入2019万元，违规改变资金用途2885万元，虚列支出6626万元，未落实收支两条线和专户管理规定11456万元，乱收费乱摊派乱罚款801万元，超标准超计划支出905万元。

固定资产投资审计　完成基本建设审计项目353个，审计投资总额67095万元，核减工程造价7194万元，审减率10.7%。2010年投资审计第一次有案件移交，第一次有审计处罚。

企业审计　审计处理应上缴财政36万元，已上缴财政36万元，公款私存28000万元，少计或虚列成本费用5万元，少计少缴税费22万元。

经济责任审计　完成经济责任审计和审计调查项目 77 个，审计领导干部 92 人，查出违纪违规金额 21548 万元，管理不规范金额 26217 万元。

专项资金审计　专项资金审计 40 个，审计专项资金总额 178689 万元，审计处理应上缴财政 123 万元，已上缴财政 123 万元，审计促进拨付资金到位 342 万元，违规改变项目计划和资金用途 208 万元，应缴未缴专项资金 24 万元，违规有偿使用资金 125 万元，资金滞留闲置 259 万元，配套资金不落实 321 万元。

绩效审计　完成绩效审计项目 374 个，违规改变资金用途 145 万元，虚报冒领 39 万元，资金滞留闲置 256 万元，违规立项 1 个，违规招投标 6 个，挽回（避免）损失 7321 万元，提出审计建议 433 条，被采纳的审计建议 392 条。

（撰稿人：何中权　邓　星）

【遂宁市审计局】　2010 年，遂宁市审计局编制 42 人，在编 38 人。局长青小平，副局长蔡立春、邓兵（1 月—），总审计师杨晓春（11 月—），纪检组长冉启秀。设有办公室、法制教育科、经济责任审计科、财政金融审计科、行政事业审计科、农业外资审计科、经贸企业审计科、固定资产投资审计科、社会保障审计科。

审计成果　遂宁市审计机关完成审计项目 227 个，查出违规金额 13525 万元；审计处理后应上缴财政 9899 万元，应归还原渠道资金 1907 万元，应调账处理金额 133217 万元。移送司法机关、纪检监察部门处理事项 2 件，提交审计工作报告、信息 744 篇，被采用 329 篇。

财政审计　完成审计和审计调查项目 32 个，查出违规金额 7969 万元，管理不规范金额 63712 万元，应上缴财政 7969 万元。

行政事业审计　完成审计项目 33 个，查出违纪违规资金 26544 万元，向被审计单位提出审计建议 29 条，促进被审计单位完善规章制度 6 个。

农业与资源环保审计　完成审计项目 26 个，其中省定项目 14 个，市政府交办项目 11 个，市审计局安排市水务局内审项目 1 个。共查出有问题金额 3605 万元，已全部整改到位。

固定资产投资审计　全年完成投资审计项目 30 个、投资额达 4.5 亿元的工程建设项目进行竣工结算或决算审计，共审减投资 8313 万元，平均审减率达 19%（最高达 45%），为各级财政节约建设资金 8313 万元。

经济责任审计　对 29 名党政领导干部进行经济责任审计，查出管理不规范金额 54804 万元。与市委组织部联合出台《经济责任审计相关工作制度》和《关于构建经济责任审计工作大格局的意见》2 个文件，实行“八个统一”制度，规范经济责任审计工作程序。

专项资金审计（调查）　对 2009 年度民生工程中的扶贫解困、教育助学、社会保障三大重点工程开展专项审计调查，审计总金额 61862 万元，查出管理不规范金额 627 万元，已纠正金额 627 万元；提出审计建议 21 条。对 2010 年城镇居民最低生活保障资金进行审计调查，审计总金额 16253 万元，查出违纪金额 874 万元，纠正金额 874 万元，提出审计建议 5 条。开展退耕还林、土地整理等农业专项资金审计调查，审计资金 38275 万元，查处问题金额 1520 万元。

（撰稿人：毛江川）

【内江市审计局】　2010 年，内江市审计局人员编制 45 人，在编 44 人。局长刘洪伟，副局长蔡涤、葛明，纪检组长黄京力。设有办公室、人事教育科、法制科、财政审计科、金融审计科、行政事业审计科、经贸审计科、农业与资源环保审计科、社会保障及外资运用审计科、固定资产投资审计科、固定资产投资审计分局和经济责任审计分局。

审计成果　内江市审计机关完成审计项目 59 个，查出违规额 3878 万元；审计处理后应上缴财政 2799 万元，应归还原渠道资金 745 万元，应调账处理金额 5550 万元；已上缴财政 2087 万元，已归还原渠道资金 15 万元，已调账处理金额 5384 万元。建议有关部门处理事项 2 件。提交审计工作报告、信息 38 篇，被采用 25 篇。

财政审计　完成预算执行审计单位 10 个，查出违规金额 3501 万元，移送有关部门案件 1 起。

金融审计　完成审计（调查）单位 2 个，查出管理不规范金额 2092 万元，移送有关部门案件 1 起。

行政事业审计　完成审计（调查）单位 7 个，

查处违规金额 1440 万元，管理不规范金额 1692 万元。

专项资金审计　完成审计（调查）单位 9 个，审计专项资金总额 39511 万元。

固定资产投资审计　完成审计（调查）单位 23 个，查处违规金额 314 万元，核减投资额 4670 万元。

经济责任审计　完成审计（调查）单位 11 个。查处违规金额 120 万元，管理不规范金额 27664 万元。　（撰稿人：都晓阳）

【乐山市审计局】　2010 年，乐山市审计局人员编制 57 人，在编 37 人。局长王频，副局长李秀木、宋红玢、陈学焦，纪检组长雷邦军。设有办公室、法规科、财政审计科、行政事业审计科、外资基建审计科、金融审计科、企业审计科、农业与资源环保审计科和经济责任审计分局、市纪委监察派驻监察室。

审计成果　完成审计和审计调查项目 41 个，查出违规金额 25193 万元，管理不规范金额 271898 万元，应上缴财政 2402 万元，应归还原渠道资金 19360 万元，应调账处理金额 3058 万元，核减工程建设成本 7023 万元。移送经济案件 1 起，提出审计建议 141 条，被采纳的审计建议 109 条，领导批示 14 次，通过中国乐山门户网站向社会公告审计结果 6 篇。

财政审计　开展对市财政局、市地税局以及市国资委、市科技局、市民政局、市规建局、市水务局、市体育局、市畜牧局 9 个市级部门预算执行审计。针对审计中发现的问题，从体制、机制、制度层面分析原因，有针对性地提出审计建议，促进财政资金使用效益的提高，促进预算管理的规范和公共财政体系的完善。预算执行审计工作报告得到政府和人大的高度重视和充分肯定。

固定资产投资审计　全年完成犍为污水处理工程、王河园廉租房经济适用房 1、2 期、青衣江流域续建及节水改造工程等 13 个投资项目的工程结算或竣工决算审计，涉及投资总额 61006.98 万元。审计核减直接投资 7023 万元。对 G213 线五通黄桷井至犍为沙嘴段路面改建工程、乐山市救灾物资储备仓库工程、四个棚户区改造项目进行跟踪审计。

经济责任审计　完成 7 名县级领导干部的经济责任审计，查出违规金额 11520 万元，其中领导干部负主管责任的金额 4708 万元，负直接责任的金额 6812 万元；管理不规范金额 43486 万元，其中领导干部负主管责任的金额 15312 万元，负直接责任的金额 25916 万元。

专项资金审计　完成农村安全饮水工程、特殊党费、城市低保、退耕还林、特大洪水地质灾害、玉树地震捐赠、彝区“三房”改造等资金的审计和审计调查，并提出审计建议，督促有关部门整改落实。

行政事业审计　开展对乐山师范学院、乐山市土地矿权交易中心等单位财政财务收支审计。

金融审计　完成 1 个农村信用联社和地方政府融资平台（公司）专项审计调查，揭示问题，提出建议，促进被审计单位健全、完善制度。

交办任务　根据市政府的安排，对乐山市公共交通总公司 2007 年至 2010 年 4 月底的资产、负债、损益情况进行审计，得到市政府充分肯定。与发改、财政等部门组成 5 个联合检查组，多批次对全市“扩大内需”和“灾后重建”项目进行拉网式检查，责成主管部门、业主单位就发现的问题及时整改。　（撰稿人：全中强）

【自贡市审计局】　2010 年，自贡市审计局人员编制 52 人，在编 48 人。局长王志超（一10 月）、舒维俊（10 月一），副局长江鸿、张碧辉、周大元，纪检组长孙红。设有办公室、人教科、监察室、法制科、财政审计科、金融外资社保审计科、经济责任审计科、经贸审计科、基建审计科、行政事业审计科。

审计成果　自贡市审计机关完成审计项目 406 个，查出违规金额 40637 万元，其中应上缴财政 9858 万元，应减少财政拨款或补贴 6541 万元，应归还原渠道资金 3766 万元，应调账处理金额 167097 万元。已上缴财政 9245 万元，已减少财政拨款或补贴 5797 万元，已归还原渠道资金 3566 万元，已调账处理金额 134926 万元。移送司法机关、纪检监察部门处理事项 2 件，建议有关部门处理事项 4 件。提交审计工作报告、信息 683 篇，被采用 129 篇。

财政审计　完成自贡市、县（区）财政、地税和法院等预算执行审计 74 个，富顺县人民政府等财政决算审计 25 个，共查出违规资金 9825 万元，管理不规范金额 55491 万元。已上缴财政 9243 万元，已归还原渠道资金 3255 万元，已调账处理金额 45063 万元。

金融审计　完成自贡市沿滩区农信社等金融审计 4 个，共查出违规资金 30809 万元，管理不规范金额 44007 万元。移送司法机关处理案件 1 起，涉案金额 5429 万元，已立案。移送有关部门处理事项 3 件，涉及金额 27157 万元。

行政事业审计　完成自贡市体育局和城镇特困救助资金等行政事业审计 48 个，共查出违规资金 1 万元，管理不规范金额 2693 万元。已归还原渠道资金 247 万元，已调账处理金额 1695 万元。

固定资产投资审计　完成各类固定资产投资审计项目 195 个，核减投资（结算）额 4462 万元。开展“四川省两运会”场馆、广元市苍溪县三川镇自贡援建等灾后恢复重建和中央扩大内需重点建设项目跟踪审计约 200 个，深入推进工程建设领域突出问题专项治理审计工作。

经济责任审计　审计领导干部 52 人，其中县处级以下领导 49 人，国有及国有控股企业 3 人。查出违规金额 90 万元，管理不规范金额 866 万元。

专项资金审计（调查）　完成自贡市城市居民最低生活保障资金、特大洪水地质灾害救灾资金和重点建设项目征地拆迁补偿成本等专项资金审计（调查）80 个，共查出管理不规范金额 1642 万元。已减少财政拨款或补贴 725 万元，已归还原渠道资金 54 万元，已调账处理金额 590 万元。

（撰稿人：熊　俊）

【泸州市审计局】　2010 年，泸州市审计局人员编制 62 人，在编 60 人。局长刘国林（—7 月）、喻志强（7 月—），副局长章华（—9 月）、殷廷彪（9 月—）、叶青、温水源（1 月—），纪检组长曹英强。设有办公室、法规科、内部审计监督指导科、财政审计科、行政事业审计科、农业外资审计科、固定资产投资审计科、金融审计科、企业审计科、社会保障审计科、人事科、监察室、经济责任审计分局。

审计成果　泸州市审计机关共完成审计（调查）项目 278 个，查出违规金额 8371 万元，其中应上缴财政 2081 万元，应减少财政拨款或补贴 1758 万元，应归还原渠道资金 2898 万元，应调账处理金额 37558 万元；已上缴财政 2006 万元，已减少财政拨款或补贴 1083 万元，已归还原渠道资金 2066 万元，已调账处理金额 34926 万元。移送司法机关、纪检监察部门处理事项 10 件，建议有关部门处理事项 12 件。提交审计工作报告、信息 1231 篇，被采用 562 篇。泸州市审计局获全省审计业务绩效考核优秀单位，泸县、合江县和叙永县审计局分获全省扩权强县综合考核优秀单位。

财政审计　完成审计（调查）项目 71 个，查出违规金额 4212 万元，管理不规范金额 193058 万元。

金融审计　完成审计（调查）项目 2 个，查出管理不规范金额 27658 万元。

行政事业审计　完成审计项目 80 个，查出违规金额 3182 万元，管理不规范金额 19843 万元。移送纪检监察部门事项 3 件，涉及人员 4 人。

固定资产投资审计　完成计划内投资审计项目 45 个，审减工程概、结算价款 3491 万元（含计划外项目）。狠抓工程决算审计，审计竣工决算投资额 35693 万元，审减 3030 万元。

企业审计　完成审计和调查项目 3 个，查出违规金额 62 万元，管理不规范金额 4975 万元。促进企业规范经营，确保国有资产保值、增值。

经济责任审计　对 67 名党政领导干部和国有企事业单位领导人员开展经济责任审计，查出违规金额 2997 万元，管理不规范金额 15122 万元，移送纪检监察机关 4 人、其他处分 1 人。与市纪委等部门联合印发了《关于进一步深化全市领导干部经济责任审计工作的意见》等文件。

专项资金审计（调查）　完成审计（调查）项目 73 个，查出违规金额 330 万元，管理不规范金额 9736 万元。移送司法机关案件 1 起，涉案人员 1 人，涉案金额 35 万元。各县区政府及相关部门根据审计结果取消不符合低保条件的低保人员 1882 人，合江、叙永、古蔺分别以政府名义出台文件规范低保资金管理。

外资运用审计　完成世、亚行贷款和其他国际金融组织贷款审计项目 4 个，查出管理不规范金额 3282 万元。

灾后重建项目审计　完成泸州对口援建广元市元坝区昭化镇灾后恢复重建跟踪审计项目 13 个，资金总额 3662 万元。组织四县三区开展“特殊党费”审计。对口援建灾后恢复重建项目审计工作在全省率先实施完毕，得到省审计厅肯定。

（撰稿人：刘明春）

【宜宾市审计局】　2010 年，宜宾市审计局人员编制 68 人，在编 54 人。局长刘岗（—3 月）、李勤（8 月—），副局长田劲松（—12 月）、尹昌文、许波，纪检组长肖军。设有办公室、人事科、政策法规科、财政审计科、行政事业社保审计科、农业与资源环保外资审计科、固定资产投资审计科、金融审计科、企业审计科、经济责任审计分局、宜宾市投资审计中心和市纪委、市监察局派驻监察室。

审计成果　宜宾市审计机关共完成审计和审计调查项目 387 个，查出违规金额 42359 万元，管理不规范金额 113435 万元，损失浪费金额 2173 万元。其中应上缴财政 16483 万元，应减少财政拨款或补贴 1591 万元，应归还原渠道资金 6413 万元，应调账处理金额 20122 万元；已上缴财政 16600 万元（含跨年度金额，下同），已减少财政拨款或补贴 1100 万元，已归还原渠道资金 1100 万元，已调账处理金额 9338 万元。移送司法机关、纪检监察部门处理事项 8 件，建议有关部门处理事项 9 件，有 13 件已立案或处理，有 15 人被追究刑事责任、获党政纪处分或受相应处理。提交审计（调查）报告、信息 741 篇，被采用 509 篇（次）；提出审计建议 803 条，被采纳 496 条；促进被审计单位制定整改措施 4 项，建立健全规章制度 5 项；向社会公开审计工作报告和单项审计结果公告 181 份。

财政审计　完成预算执行审计项目 52 个，查出违规金额 12613 万元，管理不规范金额 52594 万元；完成财政决算审计项目 16 个，查出违规金额 5989 万元，管理不规范金额 15730 万元。

金融审计　完成审计和审计调查项目 2 个，查出管理不规范金额 2411 万元。

行政事业审计　完成审计和审计调查项目 78 个，查出违规金额 16724 万元，管理不规范金额 20082 万元。

固定资产投资审计　完成审计和审计调查项目 119 个（不含政府临时交办项目），查出违规金额 4109 万元，管理不规范金额 9159 万元，损失浪费金额 2173 万元。

企业审计　完成审计项目 4 个，查出违规金额 2892 万元，管理不规范金额 7406 万元。

经济责任审计　审计经济责任人 69 人，查出违规金额 16093 万元，管理不规范金额 14866 万元，其中领导干部负主管责任金额 30186 万元，负直接责任金额 773 万元。

专项资金审计　完成审计和审计调查项目 113 个，查出违规金额 32 万元，管理不规范金额 6045 万元。

外资运用审计　完成审计项目 3 个，查出管理不规范金额 8 万元。

内部审计　完成审计项目 10346 个，查出损失浪费 4391 万元，增加效益 11261 万元，提出建议意见被采纳 722 条，建议给予行政处分 2 人，开展财务决算审签 342 个。　（撰稿人：刘利川）

【攀枝花市审计局】　2010 年，攀枝花市审计局人员编制 57 人，在编 51 人。局长谢安德，副局长程兴国、曾妍妍、汪沛川，纪检组长万启树。设有办公室、法制处、监察室、人事教育处、社保外资审计处、农业与资源环保审计处、财政金融审计处、固定资产投资审计处、行政事业审计处、经贸审计处、经济责任审计分局。

审计成果　攀枝花市审计机关完成审计项目 202 个，查出违规金额 2354 万元，管理不规范金额 64512 万元，审计处理后应上缴财政 1192 万元，应归还原渠道资金 7511 万元，应调账处理金额 1485 万元，出报告核减投资额 8687 万元（未出报告核减投资额 9398 万元）。向市相关主管部门移送违纪违法案件线索 1 件。提交信息 101 篇，被采用 41 篇。

财政审计　重点关注国家宏观调控政策和加快经济发展相关政策执行情况，审计监督部门政策的执行情况与实施效果，共开展 40 个预算执行情况审计，促进各级党委政府决策措施得到有效贯彻落实。突出对部门预算中有科研经费单位的审计监督，促进科研经费有效使用。

金融审计　开展盐边县农村信用合作联社2009年资产负债损益审计，促进金融机构有效执行各项基本制度，建立健全风险防控机制。

固定资产投资审计　创新方法、规范程序、整合资源、加大跟踪，全力做好扩大内需、灾后恢复重建项目审计。继续加大对交通、能源、城市基础设施建设工程的竣工决算审计规模。制定《固定资产投资竣工决算项目简易审定办法》，提高审计工作效率。

企业审计　以促进改善企业管理、提高经济效益为目标，立足于"建设性"和"服务性"并重，通过审计（调查），为上级部门及企业改革体制、健全机制、完善制度、强化管理、防范风险提供服务。

经济责任审计　突出对政策执行、责任事项、决策程序、管理成效和廉政情况的审计，以米易县审计局为试点，推进对村（社区）干部的经济责任审计工作；加大预算执行审计与经济责任审计相结合审计力度，在盐边县首次推行领导干部经济责任告知承诺试点。

专项资金审计（调查）　开展涉民、惠农、资源环保专项资金及党委、政府重视、社会关注、群众关心的热点、难点资金的审计监督。在审计实施过程中，注重对取得的资料、数据做调查分析，发现隐蔽性问题，注重提出有针对性的审计建议。审计（调查）结果受到有关方面的高度重视，取得较好的效果。　（撰稿人：陈　黎）

【巴中审计局】　2010年，巴中市审计局人员编制38人，在编32人。局长康远奎，副局长苟中珏、巩仕和，总审计师易旭东，纪检组长刘朝文。设有直属审计分局、固定资产投资审计分局、办公室、人事教育科、法制科、财政审计科、金融审计科、行政事业审计科、社会保障审计科、经贸审计科、农业资金审计科、外资运用审计科、机关后勤服务中心。

审计成果　巴中市审计局机关完成审计项目37个，查出违规金额7896万元，其中应上缴财政46万元，应归还原渠道资金755万元，应调账处理金额10万元；已上缴财政44万元，已归还原渠道资金755万元，已调账处理金额10万元。移送司法机关、纪检监察部门处理事项3件，建议有关部门处理事项5件。提交审计工作报告、信息142篇，被采用128篇。

财政审计　重点审计市财政局、市地税局2009年度市级财政预算执行情况，延伸审计市法院、市检察院等8个一级财政预算单位及所属9个二级预算单位。共查出违纪违规金额102.15万元，审计收缴及处罚款13.79万元。

金融审计　根据授权，对通江县农村信用合作联社2009年度资产负债及损益情况进行审计，查出违规金额16613万元，移送银监部门处理金额9042万元，责令单位自行纠正金额7571万元。

行政事业审计　组织开展2010年巴中市因公出国经费审计；2009年市政府采购审计调查；2010年巴中市治理教育乱收费、"普九"化债清理核实工作；巴中市第五中学2009年度财务收支审计。共查出违规金额558.12万元，责令自行纠正金额556.92万元。

农业与资源环保审计　对巴中市四县（区）退耕还林建设资金进行审计调查，查出违规金额7158.27万元。对四县（区）7个"金土地工程"项目进行审计，审减工程投资346.22万元。同时查出涉及农业与资源环境方面违纪违规金额911.42万元。

固定资产投资审计　抽派96名审计人员组成22个审计组对灾后重建和扩大内需项目实施跟踪审计，完成审计项目64个，送审投资额1.4亿元，审减963万元。加强对港澳援建项目的审计监督，派出35个审计组跟踪审计项目29个，审计项目资金2.5亿元。

社会保障审计　对南江县2009年度城市低保资金进行审计，查出南江县级财政低保配套资金不到位、高标准发放低保金、违规发放金额共计423.14万元。

企业审计　对"送电影下乡"财政专项资金进行审计调查，查出某电影院线公司涉嫌骗取国家财政补贴资金205.15万元，同时查出该公司法定代表涉嫌侵占国家财产问题。

经济责任审计　完成6名县处级领导干部经济责任审计，查出被审计领导干部所在单位违纪违规金额10517万元。

专项资金审计（调查）　对玉树抗震救灾、舟曲地质灾害资金、特大洪灾资金进行跟踪审计，对廉租住房补贴资金进行审计调查，揭示了资金安排、管理、使用等方面存在的问题。

（撰稿人：李怡玲）

【达州市审计局】 2010 年，达州市审计局人员编制 52 人，在编 46 人。局长王新权，副局长王隆琼、张国煌、聂永生，总审计师徐浩，纪检组长游从文。设有办公室、法制科、财政审计科、金融审计科、行政事业审计科、农业与资源环保审计科、社会保障审计科、外资运用审计科、固定资产投资审计科、经济责任审计科、经贸审计科、人事科。

审计成果 达州市审计局完成审计项目 89 个，查出违规金额 73763 万元，应上缴财政 263 万元，应归还原渠道资金 118 万元，应调账处理 4571 万元；已上缴财政 263 万元，已归还原渠道资金 118 万元，已调账处理 4571 万元；核减固定资产投资 3026 万元，促进增收节支 381 万元。移送司法机关、纪检监察部门处理事项 2 起、涉及资金 363 万元，移送其他部门处理事项 5 起。提出审计建议 208 条，被采纳 178 条。提交审计工作报告 89 份、审计信息 70 篇，被党政领导批示和公开发行刊物采用 155 篇。

财政审计 对市财政局财政预算和地税、公安、体育、商务 5 个行政事业单位 2009 年度的部门预算执行和财政财务收支进行审计，查出未按规定征收、缴纳预算收入 3729 万元、资产核算不实 695 万元、资金滞留闲置 649 万元、违规采购 24 万元，决定处理上缴财政 2 万元。对宣汉县人民政府 2010 年度的财政决算进行审计，查出违规金额 3426 万元，决定处理上缴财政 22 万元。

金融审计 对宜宾市商业银行、宣汉县农村信用合作联社资产、负债、损益情况进行审计，发现违规金额 9686 万元，审计处理收缴财政 5 万元，并作出移送宜宾市银监局调查处理的决定。

行政事业审计 完成 52 个行政事业单位的财政财务收支审计，查出应缴未缴预算收入 12045 万元，违规改变资金用途 8715 万元，虚列支出 2165 万元，隐瞒截留收入 384 万元，未落实收支两条线和专户管理规定 5250 万元，审计处理收缴财政 234 万元。

固定资产投资审计 完成固定资产投资审计项目 26 个，审计资金总额 18983 万元，查出工程价款不实以及超计划、超标准、超规模建设等金额 3647 万元，核减工程造价 3026 万元。

企业审计 开展对达州商业集团有限公司、达州市电力有限公司 2 户重点企业的审计，查出违规金额 8975 万元，审计作出调整相关账务并罚款 2 万元的审计决定。

经济责任审计 对 9 个党政部门、事业单位、国有及国有控股企业领导人的任期经济责任进行审计，查出违规金额中领导干部应负主管责任的 329 万元，管理不规范金额中领导干部应负主管责任的 84 万元。开展达州市交警行业领导人任期经济责任审计。

专项资金审计 对救灾、灾后重建、特殊党费、港澳援建、土地整理、退耕还林等 23 个专项资金进行审计，查出违规金额 1585 万元，审计调减工程决算 1263 万元。先后 4 次将达州市“7·18”洪灾救灾、灾后重建专项资金阶段性审计结果在《达州日报》上向社会公告。

（撰稿人：冉从全）

【资阳市审计局】 2010 年，资阳市审计局人员编制 52 人，在编 48 人。局长文富洲（6 月一），副局长张晓燕（一8 月）、廖念俊、吕静，纪检组长樊佳（一8 月）。设有办公室、人事教育科、政策法规科、财政金融审计科、固定资产投资审计科、行政事业审计科、经贸审计科、经济责任审计科、农业外资和资源环保审计科、社会保障审计科和资阳市投资审计中心。

审计成果 资阳市审计机关完成审计项目 344 个，查出违规金额 46526 万元，其中应上缴财政 789 万元，应减少财政拨款或补贴 11182 万元，应归还原渠道资金 14 万元，应调账处理金额 19204 万元；已上缴财政 782 万元，已减少财政拨款或补贴 11182 万元，已归还原渠道资金 14 万元，已调账处理金额 19204 万元。移送司法机关、纪检监察部门处理事项 4 件，建议有关部门处理事项 1 件。提交审计工作报告、信息 329 篇，被采用 302 篇。

财政审计 资阳市审计机关完成审计项目 88 个，查出违规金额 27479 万元。出具审计报告和报送审计调查报告 88 篇，审计提出建议 201 条，被采用182条。

金融审计 资阳市审计机关完成审计项目1个，出具审计报告和报送审计调查报告1篇。

行政事业审计 资阳市审计机关完成审计项目65个，查出违规金额3701万元。出具审计报告和报送审计调查报告65篇，审计提出建议120条，被采用97条。

固定资产投资审计 资阳市审计机关完成审计项目133个，查出违规金额14798万元。出具审计报告和报送审计调查报告133篇，审计提出建议177条，被采用160条。

企业审计 资阳市审计机关完成审计项目5个，查出违规金额32万元。出具审计报告和报送审计调查报告5篇，审计提出建议8条，被采用7条。

经济责任审计 资阳市审计机关完成审计项目55个，查出违规金额2130万元，管理不规范金额4103万元。移送司法机关、纪检监察部门处理事项1件。

专项资金审计（调查） 资阳市审计机关完成审计项目51个，查出违规金额516万元。出具审计报告和报送审计调查报告51篇，审计提出建议54条，被采用46条。 （撰稿人：袁　军）

【眉山市审计局】 2010年，眉山市审计局行政编制26人，事业编制14人。局长陈泽文，副局长魏聂、兰可，总审计师周京慧，纪检组长万义。设有办公室、法制科、经济责任审计分局、财政金融审计科、行政事业审计科、经贸审计科、固定资产投资审计科、农业与社会保障审计科和眉山市审计局直属分局。

审计成果 眉山市审计机关完成市本级审计项目44个，共查出违规金额4312万元、管理不规范金额106651万元。审计为财政增收节支21137万元（其中应上缴财政10524万元，应减少财政拨款或补贴5346万元，审计核减政府性投资5267万元），审计查出应归还原渠道资金666万元、应调账处理金额1347万元。审计移送纪检监察和公安机关案件3件。已出具审计报告和报送审计调查报告80篇，提出审计建议85条，被采纳57条。

财政审计 完成预算执行审计项目10个，查出违规金额14290万元、管理不规范金额22863万元、应上缴财政14290万元，应归还原渠道资金12万元。

完成财政决算审计项目2个，查出违规金额7228万元、管理不规范金额18149万元、应上缴财政5010万元，应归还原渠道金额68万元。

专项资金审计 完成专项资金审计项目6个，查出违规金额130万元、管理不规范金额399万元。

行政事业审计 完成行政事业审计项目2个，查出违规金额9612万元，管理不规范金额27487万元，应上缴财政4625万元。

固定资产投资审计 固定资产投资完成审计项目8个，查出违规金额217万元、管理不规范金额9664万元。

金融审计 完成金融审计项目2个，查出管理不规范金额27044万元。

企业审计 完成企业审计项目1个，查出违规金额606万元，管理不规范金额1045万元。

（撰稿人：邹方舟）

【雅安市审计局】 2010年，雅安市审计局人员编制40人，在编33人。局长王唯，副局长刘楠、王东，总审计师陈浮，纪检组长王露凤。设有办公室、人事教育法制科、经济责任审计分局、固定资产投资审计分局、财政审计科、金融审计科、行政社会保障审计科、农业外资审计科、经贸审计科。

审计成果 全市共完成审计和审计调查项目84个，查出违规金额3435万元，审计处理处罚后应上缴财政2839万元，纠正挤占挪用应归还原渠道资金1052万元。投资审计（包括灾后恢复重建项目）核减工程投资7502万元。移送司法、纪检监察机关经济案件线索5件，涉案8人，涉案金额77万元；提出审计整改建议260条，被采纳205条。

财政审计 完成雅安市财政局、地方税务局2010年度市级财政预算执行审计；完成雅安市人事局、劳动和社会保障局、经委、物价局的预算执行及其他财政财务收支审计。完成荥经县的财政决算审计和市本级政府债务审计调查，并将《审计工作报告》通过《雅安日报》向社会公告。

固定资产投资审计　完成政府投资项目竣工决（结）算审计 297 个，送审工程总金额 74630 万元，核减项目投资 4789 万元，其中纳入审计项目计划的政府投资项目竣工决（结）算审计 14 个，送审工程总金额 3123 万元，核减项目投资 112 万元。市本级完成工程竣工决（结）算审计项目 19 个，送审工程总金额 19901 万元，核减项目投资 534 万元；审核政府重点工程预付款 65 笔，审核预付款金额 8371 万元，延缓或扣减政府重点工程预付款 1090 万元。

完成六个“交支票”项目的竣工结算与财务决算审计，初步审减 124 万元；对国道 108 线、省道 306 线雅安段、汉源县大树大桥的六个合同段实施竣工结算审计，送审总金额 22930 万元，同时还完成了六个合同段的现场复核和工程量复核工作。

经济责任审计　完成领导干部任期经济责任审计 34 人（县级领导干部 6 人、县级以下领导干部 28 人），其中任中审计 19 人，查出由领导干部承担直接领导责任的违规金额 296 万元。

专项资金审计　完成市本级和 8 县（区）玉树地震抗震救灾资金和物质、特大洪水地质灾害资金和政策执行审计。组织开展了 8 县（区）和广元市利州区乡镇债务锁定审计核实工作；完成名山县新店镇、茅河乡“金土地”整理涉农项目专项审计；配合四川省审计厅完成对四川农业大学的财务收支审计。首次开展对雅安市本级融资平台专项审计调查和港澳援助外资灾后恢复重建项目的年度公证审计和跟踪审计。

灾后重建审计　通过审计，促进雅安市灾后重建 35 个项目加快了建设进度，42 个项目改进了工程质量管理，收回挤占挪用资金 200 万元，节约资金或挽回损失 3946 万元；提出审计建议 396 条，已采纳并整改的审计建议 325 条；建立健全规章制度 28 项；查出 1 起经济违法案件，2 人已被给予党纪政纪处分，并移送司法机关进一步处理。

（撰稿人：曾乐伟）

【阿坝藏族羌族自治州审计局】　2010 年，阿坝藏族羌族自治州审计局人员编制 37 人，在编 33 人。局长陈福生（1 月—），副局长蔡永斌、杨国彬、李文双（5 月—），纪检组长刘波。设有办公室、复核法制科、财政金融审计科、行政事业审计科、经贸审计科、固定资产投资审计科、经济责任审计科、审计信息科、监督室。

审计成果　全州审计机关共完成审计项目 1011 个，查出违规金额 9800 万元，管理不规范金额 59204 万元。上缴财政 5573 万元，减少财政拨款或补贴 98 万元，归还原渠道资金 405 万元，调账处理金额 14656 万元，核减投资额 3465 万元。提出和采纳审计建议 613 条，提交审计专题、综合性报告和信息简报 464 篇，提交灾后恢复重建跟踪审计情况通报 54 份，被批示和采用 307 篇（次）。

财政审计　州本级开展对州财政局、地税局等 6 部门的预算执行情况的审计。全州共审计 84 个单位、61 个审计项目，提出审计建议 86 条。

行政事业审计　审计和审计调查 39 个单位，查出应缴未缴预算收入 13 万元、隐瞒截留收入 33 万元、违规改变资金用途 26 万元、未落实收支两条线和专户管理规定 75 万元。

固定资产投资审计　公开招聘具有资质的社会中介机构参与投资审计。对阿坝州财政局九鑫山庄附属楼工程开展竣工决算审计，审减投资额 680 万元，审减率达 18%；对马尔康县 2007 年、2008 年度通乡油路竣工进行决算审计，审减投资额 134 万元，审减率达 2.21%。

企业审计　对 2 个国有企业开展审计，共查处虚列成本费用 51 万元、负责不实 360 万元、损益不实 99 万元。

经济责任审计　完成经济责任项目 19 个，查出违规金额 5689 万元，管理不规范金额 48397 万元。经审计降级处理 1 人。

专项资金审计（调查）　对州本级和若尔盖县、马尔康县退牧还草工程项目进行专项审计和开展对红原县、松潘县新型农村合作医疗基金专项审计的审前调查。开展“民族地区教育发展十年行动计划”资金专项审计，共审计主管部门 14 个，延伸审计及审计调查单位 38 个，提出审计建议 52 条，移送纪检监察部门案件 1 起。开展对“牧民定居行动计划”资金的专项审计，共审计主管部门 36 个，提出审计建议 40 条。

外资运用审计　根据省审计厅授权，共开展 22 次跟踪审计，2 次公证审计，完成对澳门特别行政区援助九寨沟县永丰乡中心小学校重建等一批项目的专项审计，并首次形成《关于阿坝州港澳援建和德国援助项目跟踪审计的情况专报》。

灾后重建项目审计　累计派出审计人员 807 人，成立 308 个审计组，跟踪审计（审计调查）776 个项目，完成跟踪审计和审计调查项目投资 126.9 亿元。节约资金或挽回损失 779.9 万元（核减工程造价），提交灾后恢复重建跟踪审计情况通报 108 份、信息简报 115 篇、审计报告 107 份，提出并采纳审计建议 220 条。促进建立健全规章制度 36 项、加快项目建设进度 5 个、改进工程质量管理 4 个。（撰稿人：邓维学）

【甘孜藏族自治州审计局】　2010 年，甘孜藏族自治州审计局（以下简称甘孜州审计局）人员编制 40 人，在编 33 人。局长格绒，副局长肖志明、欧康清、康东进（5 月一），纪检组长梁红。设有办公室、法制科、财政金融审计科、行政事业审计科、固定资产投资审计科、经贸审计科、农业资源环保审计科、社保审计科、经济责任审计分局。

审计成果　甘孜州审计机关共完成审计和审计调查项目 580 个，其中审计项目 572 个，审计调查项目 8 个。共查出违规金额 4734 万元，管理不规范金额 93873 万元，挽回经济损失 3239 万元。提出审计建议 1114 条，被审计单位采纳 981 条。

财政审计　甘孜州审计机关完成对州本级和全州 18 个县财政预算执行情况及转移支付资金及其他财政收支审计项目 43 个，审计查出预算编制批复不规范 37517 万元，未按规定征收、缴纳预算收入 8704 万元，财政收入核算不实 481 万元，违规改变资金用途 2028 万元，其他问题金额 81 万元。审计决定处理处罚 2 万元，已上缴财政 2 万元。

行政事业审计　完成行政事业单位审计项目 111 个（包括经济责任审计项目 97 个），查出应缴未缴预算收入 8091 万元，隐瞒截留收入 31 万元，违规改变资金用途 7243 万元，虚列支出 200 万元、少计少缴税费 121 万元，未按规定征提基金 15 万元，未落实收支两条线和专户管理规定 313 万元，“账外”资产 285 万元，乱收费乱摊派乱罚款 557 万元，超标准超计划支出 31 万元，其他问题金额 12958 万元。审计决定处理处罚 164 万元，应归还原渠道资金 133 万元，应调账处理金额 135 万元。已上缴财政 145 万元，已调账处理金额 11 万元。

固定资产投资审计　完成固定资产投资审计项目 257 个，项目总投资 55799 万元，核减工程结算款 3065 万元。查出的问题主要有工程价款不实多计 2917 万元，工程价款不实少计 4 万元，资金不落实 20 万元，超计划超标准超规模 46 万元，其他问题金额 226 万元。审计后挽回（避免）损失 3065 万元。

经济责任审计　完成经济责任审计项目 98 个，审计县级主要领导干部 10 人、区科级领导干部 88 人（其中企业法人 1 人）；在完成的审计项目中，任中审计 8 人，离任审计 76 人。审计查出违规金额 3836 万元（其中领导负主管责任 554 万元、直接责任 3282 万元），管理不规范金额 25005 万元。

专项资金审计（调查）　完成专项资金审计及审计调查项目 158 个。审计资金总额 393355 万元，查出违规改变项目计划和资金用途 2329 万元，应缴未缴专项资金 215 万元，虚列支出 132 万元，资金滞留闲置 200 万元，配套资金不落实 711 万元，损失浪费（管理不善）268 万元，其他问题金额 13149 万元。

（撰稿人：郑泽兵　郑迎春）

【凉山彝族自治州审计局】　2010 年，凉山彝族自治州审计局（以下简称凉山州审计局）人员编制 67 人，在编 67 人。局长苏志明（—4 月）、马报（4 月—），副局长邢琦、李伟玲、伍皎辉，总审计师李文品，纪检组长龙建平。设有办公室、经济责任审计分局、人事教育科、法制科、财政审计科、外资与金融审计科、固定资产投资审计科、行政事业与社会保障审计科、农业与资源环保审计科、经贸审计科、监察室、信息中心。

审计成果　凉山州审计机关完成审计项目 623 个，查出违规金额 50831 万元；审计处理后应上缴财政 26391 万元，应减少财政拨款或补贴

1069万元，应归还原渠道资金11336万元，应调账处理金额34629万元；已上缴财政26320万元，已减少财政拨款或补贴1046万元，已归还原渠道资金11295万元，已调账处理金额34147万元。提出审计建议1390条，被采纳1296条，建议有关部门处理事项1件。提交审计工作报告、信息646篇，被采用280篇。

财政审计　开展财政预（决）算审计110个，查出违规金额37836万元，管理不规范金额48733万元，依法处理处罚后上缴财政24551万元，归还原渠道资金6497万元，调账处理金额8168万元。

金融审计　开展金融审计项目1个，查出违规金额1644万元，管理不规范金额1289万元，损益不实89万元，依法处理处罚后上缴财政2万元，调账处理金额1368万元。移送其他部门处理事项1项（件），涉及金额1634万元。

外资运用审计　开展项目审计4个，查出管理不规范金额168万元，审计后归还原渠道资金5万元，责令自行纠正70万元。

行政事业和企业审计　开展行政事业单位审计（调查）项目172个、企业审计项目11个，共查出违规金额8207万元，管理不规范金额38433万元。依法处理处罚后上缴财政1644万元，归还原渠道资金3674万元，调账处理17082万元。

固定资产投资审计　开展投资审计（调查）项目148个，审计项目投资额69323万元，共核减投资（工程款）额6727万元；查出资金不落实136万元，违规改变资金用途60万元，少计少缴税费122万元，挤占建设成本51万元，查出违规金额1204万元，管理不规范金额10000万元。依法处理处罚后上缴财政126万元，减少财政拨款或补贴1069万元，归还原渠道资金69万元，调账处理金额6618万元。

经济责任审计　完成经济责任审计153人（个），查出违规金额属主管责任4787万元，属直接责任139万元；管理不规范金额属主管责任17181万元，属直接责任820万元。

专项资金审计（调查）　完成专项资金审计项目177个（其中审计调查44个），审计专项资金总额159762万元，查出违规金额1939万元，管理不规范金额9047万元；虚列支出1787万元，资金滞留闲置4432万元，改变项目资金计划和资金用途42万元，促进拨付资金到位254万元；依法处理处罚后上缴财政68万元。

（撰稿人：冯志凌）

2010年四川省所辖区、县（市）级审计工作统计表

金额单位：万元

审计机关	完成审计项目（个）	查出违规金额	应上缴财政	应减少财政拨款或补贴	应归还原渠道资金	应调账处理金额	移送司法、纪检监察部门处理（件）	建议有关部门处理（件）	出具审计报告和审计调查报告（篇）	提出审计建议（条）	撰写审计信息（篇）
成都市											
成都市本级	66	96693	90344			8050		2	66	151	63
青羊区审计局	121	323	323						121	68	30
锦江区审计局	284	1312	1312						284	225	45
金牛区审计局	186	1035	996		11				186	9	52
武侯区审计局	86	3883	3862		9	14			86	69	15
成华区审计局	176	37	31		11030	257	1		176	254	64
龙泉驿区审计局	14	1224	1224						14	65	28

（续表）

审计机关	完成审计项目（个）	查出违规金额	应上缴财政	应减少财政拨款或补贴	应归还原渠道资金	应调账处理金额	移送司法、纪检监察部门处理（件）	建议有关部门处理（件）	出具审计报告和审计调查报告（篇）	提出审计建议（条）	撰写审计信息（篇）
青白江区审计局	30	20448	17995	2312	206	332			30	74	146
新都区审计局	132	79				71			132	35	
温江区审计局	181	34869	7471	10917	14190	2774			181	86	70
都江堰市审计局	102	2500	2303				1	2	102	180	65
彭州市审计局	203	1009	1019					1	203	111	12
邛崃市审计局	196	627	4		2714				196	72	25
崇州市审计局	45	11	11				2		45	72	76
金堂县审计局	16						1		16	16	45
双流县审计局	261	5516	5233		283				261	113	41
郫县审计局	80	62725							80	56	52
大邑县审计局	270	4434							270	497	
蒲江县审计局	95	136	140						95	122	58
新津县审计局	139	5284	844			4440			139	41	8
高新区审计局	472	5	72						472	127	
广元市											
广元市本级	118	83034	5508	80	5083	9508	2	6	82	545	127
利州区审计局	31	21805	48	148	7094	22015	1	3	31	196	140
元坝区审计局	11	2955	31		401	996			11	31	137
朝天区审计局	31	2974	4		501		1	1	31	50	33
旺苍县审计局	43	80	7	768	139	1946	1	3	43	121	62
青川县审计局	15	193	193			54			15	43	5
剑阁县审计局	64	3287	319		7192	58	6	6	64	118	2
苍溪县审计局	100	1523	30	715	40	42	1	3	100	132	28
绵阳市											
绵阳市本级	108	3515	1521		41905	13076	1	1	108	261	178
涪城区审计局	80	237	148		20	3882			80	163	78
游仙区审计局	69	109	5		60				70	63	96
江油市审计局	60	28284	28284		414		1		60	67	80
三台县审计局	57	2716	2485		470	7874	1	2	57	111	133
盐亭县审计局	99	1482	99		42	1054			99	151	170
安县审计局	59	9170	4384	100				1	59	8	36
梓潼县审计局	26	2228	625		1239	298			26	153	53
北川羌族自治县审计局	57	54	25		7026	210876		1	57	76	63

（续表）

审计机关	完成审计项目（个）	查出违规金额	应上缴财政	应减少财政拨款或补贴	应归还原渠道资金	应调账处理金额	移送司法、纪检监察部门处理（件）	建议有关部门处理（件）	出具审计报告和审计调查报告（篇）	提出审计建议（条）	撰写审计信息（篇）
平武县审计局	47	9	9		16	14		1	47	123	38
德阳市											
德阳市本级	82	3637	3591		521	5326	3		82	161	175
旌阳区审计局	32	8049	5484		147	16504			32	74	109
什邡市审计局	27	8918	5782			1686			27	67	120
广汉市审计局	66	927	927						66	87	4
绵竹市审计局	26	6274	305		185	5660			26	82	30
罗江县审计局	27	994	89	171	68	1296			27	109	40
中江县审计局	48	3843	3487		60	1567	1		48	104	93
南充市											
南充市本级	70	24853	13833		15817	35969	3	2	70	149	19
顺庆区审计局	196	69	61						196	229	8
高坪区审计局	146	5961	1140		32	4312			146	148	
嘉陵区审计局	34	1462	214			2993			34	79	20
阆中市审计局	45	510	89		356	818			45		12
南部县审计局	115	740	136				3	3	115	99	55
营山县审计局	262	3550	47						262	462	23
蓬安县审计局	139	3569	242		1	2302			139	68	
仪陇县审计局	156	4137	125		23	565	2		156	326	17
西充县审计局	140	1756	68	27	20	416			140	36	25
广安市											
广安市本级	49	11460	7496		2345	9847		2	49	105	260
广安区审计局	116	16660	673	1829.2	995	15364			89	78	95
华蓥市审计局	93	2549	79.8	695		40590	1		93	98	128
岳池县审计局	147	1767	191		95	1147	2		147	411	114
武胜县审计局	143	6990	34		3	576			143	37	120
邻水县审计局	193	15268	102		799	29	5		81	142	68
遂宁市											
遂宁市本级	87	11837	9826		143	110856		2	87	130	296
船山区审计局	14	36	3		183	2235			14	28	7
安居区审计局	39	5	5		1561	778			39	76	47
蓬溪县审计局	46	1277	12		20	543			46	65	68
射洪县审计局	28	370	53			18805			28	58	79

（续 表）

审计机关	完成审计项目（个）	查出违规金额	应上缴财政	应减少财政拨款或补贴	应归还原渠道资金	应调账处理金额	移送司法、纪检监察部门处理（件）	建议有关部门处理（件）	出具审计报告和审计调查报告（篇）	提出审计建议（条）	撰写审计信息（篇）
大英县审计局	13								13	39	20
内江市											
内江市本级	59	3878	2799		745	5550		2	59	169	38
市中区审计局	21	1075	9		7	197			21	74	77
东兴区审计局	85	3052	45		47	1068	1		85	207	62
威远县审计局	41	4032	835	26	65	3046	3	2	41	115	148
资中县审计局	51	28599	634		174	1310	2	1	51	137	107
隆昌县审计局	30	383	4776			6			30	69	107
乐山市											
乐山市本级	41	25193	2402	66	19360	3058		1	41	141	25
市中区审计局	16	103	23		41	40			16	25	18
沙湾区审计局	59	206	73	751	152	238			59	94	22
五通桥区审计局	47	7434	7434	732		76		1	47	30	17
金口河区审计局	33	8477	2	107					33	40	3
峨眉山市审计局	25	13	1	534	18	5			25	81	53
犍为县审计局	47	150	150						47	17	10
井研县审计局	66	141		397					66	162	8
夹江县审计局	18	173	148			4070			18	56	12
沐川县审计局	67	17096	3003	793	11852	1448			67	75	8
峨边彝族自治县审计局	30	89	83		1	105			30	59	6
马边彝族自治县审计局	55								55		17
自贡市											
自贡市本级	38	23757	7933	712	936	121068	2	1	39	114	142
自流井区审计局	36	1		186	2334	2774			36	63	10
大安区审计局	18	1205	1205	22	246	9709			18	17	12
贡井区审计局	55	11	11	495	33	2175			55	39	18
沿滩区审计局	20	627	627	113	217	5270			20	34	18
荣县审计局	180	82	82	1622		11934		2	180	98	76
富顺县审计局	59	14954		1391		14167		1	59	110	23
泸州市											
泸州市本级	55	2901	74		551	33896	2	3	55	103	174
江阳区审计局	31	736	610		245	379	1		31	92	106
纳溪区审计局	23	1026	28			108			23	56	162

（续表）

审计机关	完成审计项目（个）	查出违规金额	应上缴财政	应减少财政拨款或补贴	应归还原渠道资金	应调账处理金额	移送司法、纪检监察部门处理（件）	建议有关部门处理（件）	出具审计报告和审计调查报告（篇）	提出审计建议（条）	撰写审计信息（篇）
龙马潭区审计局	22	1894	1151		1228	888	1		22	64	111
泸县审计局	30	273	20		2	350	1		30	69	132
合江县审计局	28	26	26			508			28	82	126
叙永县审计局	50	798	155	1450	271	520	3	8	50	106	69
古蔺县审计局	39	717	17	308	112	909	2	1	39	126	73
宜宾市											
宜宾市本级	58	28388	6786		5435	12074	1	7	58	144	50
翠屏区审计局	26	600	474	340	1	77		2	26	69	39
宜宾县审计局	36	2173	1318	280	52	366			36	33	72
南溪县审计局	86	2363	2363		8	3191	2		86	167	171
江安县审计局	24	67	73	792	11	3400			24	45	76
长宁县审计局	29	140	140	120	86	447	5		29	76	57
高县审计局	21	321	17	37	22	111			21	51	52
筠连县审计局	18	2712	2668			69			18		44
珙县审计局	35					8			35	99	60
兴文县审计局	28	2957	32	22	782	118			28	47	39
屏山县审计局	26	2638	2612		16	261			26	64	23
攀枝花市											
攀枝花市本级	62	884	884			1329		1	62	186	59
东区审计局	29	4	4						29	49	7
西区审计局	15								15	33	4
仁和区审计局	19	233	264			93			19	51	6
米易县审计局	32	676	20		7509				32	107	19
盐边县审计局	45	557	20		2				45	162	6
巴中市											
巴中市本级	37	7896	44		755	10	3	5	37	139	105
巴州区审计局	27	604	29		75459	12773			27	74	
通江县审计局	22	1694	63		491	22			22	60	
南江县审计局	39	4419	776		415	1170			39	135	120
平昌县审计局	31	6131	15			7			31	76	38
达州市											
达州市本级	89	73769	263		118	4571	2	5	89	208	70
通川区审计局	64	11515	75	5572		5435	1		64	40	26

（续 表）

审计机关	完成审计项目（个）	查出违规金额	应上缴财政	应减少财政拨款或补贴	应归还原渠道资金	应调账处理金额	移送司法、纪检监察部门处理（件）	建议有关部门处理（件）	出具审计报告和审计调查报告（篇）	提出审计建议（条）	撰写审计信息（篇）
万源市审计局	43	645	104		66	1041	1	1	43	88	24
达县审计局	42	3151	3110	2814	1418	5468	2	2	42	106	65
宣汉县审计局	75	2270	73	2940	1498	3910	2	2	49	263	32
开江县审计局	140	7299	38		51	125			140	65	25
大竹县审计局	170	4983	110		1232	2950	1		170	198	108
渠县审计局	72	4071	86		124	1970	1		72	69	70
资阳市											
资阳市本级	48	2063	265		1	4329	1		48	134	123
雁江区审计局	99	4000	35	3668		1660	1		99	144	51
简阳市审计局	95	37846	196	6645		901	2		95	172	49
乐至县审计局	48	1356	57	869		165			48	15	71
安岳县审计局	54	1261	236		2	12149		1	54	95	35
眉山市											
眉山市本级	46	32083	24169	5346	666	1347			46	85	80
东坡区审计局	57	121	30	747	102	1241			57	65	19
仁寿县审计局	44	2464	46	172		2460			22	43	20
彭山县审计局	26	4783	4079		7680	1715			36	79	34
洪雅县审计局	19	1624	1624	458	211	9			10	51	10
丹棱县审计局	27	1078	995	242	77	49			12	30	10
青神县审计局	31	512	6	141	3799	37			66	103	38
雅安市											
雅安市本级	20	1340	950			349	3		18	45	52
雨城区审计局	7	98	59		76	4			13	22	26
名山县审计局	9	112	13		950	461			14	18	19
荥经县审计局	13								12	16	18
汉源县审计局	6	49			4				8	21	15
石棉县审计局	6	20		21	17		1		13	16	25
天全县审计局	7	1805	180						19	22	24
芦山县审计局	6						1		12	28	20
宝兴县审计局	10	11	11						9	26	17
阿坝藏族羌族自治州											
阿坝藏族羌族自治州本级	27	9452	9453	134	203	13546	1		27	78	112
马尔康县审计局	13				9	49			13	36	19

（续表）

审计机关	完成审计项目（个）	查出违规金额	应上缴财政	应减少财政拨款或补贴	应归还原渠道资金	应调账处理金额	移送司法、纪检监察部门处理（件）	建议有关部门处理（件）	出具审计报告和审计调查报告（篇）	提出审计建议（条）	撰写审计信息（篇）
汶川县审计局	10								10	76	24
理县审计局	16								16	55	25
茂县审计局	7								7	19	20
松潘县审计局	14	59	59		158	28			14	34	23
九寨沟县审计局	19								19	36	43
金川县审计局	20	186	186	35	41	45			20	73	30
小金县审计局	16	13	13	3	19	344			16	34	24
黑水县审计局	15					5			15	14	22
壤塘县审计局	20	9	9		3	3			20	41	28
阿坝县审计局	19	30	14	63	19				19	31	14
若尔盖县审计局	21	51	51		2	661			21	42	31
红原县审计局	14								14	50	16
甘孜藏族自治州											
甘孜藏族自治州本级	126	3815	143		167				126	284	182
康定县审计局	12								12	19	33
泸定县审计局	13	39							13	37	50
丹巴县审计局	25	42	1			172			25	23	39
九龙县审计局	50	2	1						50	155	7
雅江县审计局	33								33	85	25
道孚县审计局	98	54	4						98	206	54
炉霍县审计局	20	111	1						20	38	32
甘孜县审计局	36	196	12						36	10	2
新龙县审计局	15	17	1		3	18			15	17	12
德格县审计局	9	254	12			1			9	23	42
白玉县审计局	7								7	17	26
石渠县审计局	11	31				29			11	25	1
色达县审计局	44								44	42	52
理塘县审计局	12	32	2						12	21	24
巴塘县审计局	15		1						15	30	3
乡城县审计局	10					118			10	21	44
稻城县审计局	24	141	4		136	342			24	25	22
得荣县审计局	20								20	36	55

（续 表）

审计机关	完成审计项目（个）	查出违规金额	应上缴财政	应减少财政拨款或补贴	应归还原渠道资金	应调账处理金额	移送司法、纪检监察部门处理（件）	建议有关部门处理（件）	出具审计报告和审计调查报告（篇）	提出审计建议（条）	撰写审计信息（篇）
凉山彝族自治州											
凉山彝族自治州本级	48	29618	17764		4050	21988		1	48	150	65
西昌市审计局	77	4430	4396		51	3486			77	180	257
盐源县审计局	24	62	58		3	1996			24	46	14
德昌县审计局	21	2085	27	328	1018	567			21	40	40
会理县审计局	20	5138	318	16	231	363			20	52	44
会东县审计局	53	1916	121	117	42	400			53	85	21
宁南县审计局	24	2524	2501			593			24	23	32
普格县审计局	33	216	1		184	522			33	116	
布拖县审计局	26	27	1	108	8	553			26	59	27
金阳县审计局	23	307	282	23		445			23	49	
昭觉县审计局	28	2246	573		360	765			28	88	9
喜德县审计局	16	2			19	29			16	37	
冕宁县审计局	25	368	8		85	440			25	29	54
越西县审计局	75	384	129	121	4134	1468			75	134	36
甘洛县审计局	32	76	78	310	4	87			32	28	41
美姑县审计局	20	113	6		73	113			20	56	
雷波县审计局	37	87	80		9	94			37	105	6
木里藏族自治县审计局	41	1232	48	46	1065	360			41	113	

贵 州 省

【贵州省审计厅】 2010年，贵州省审计厅人员编制176人，在编161人，领导职数9名。设有办公室、法规处、财政审计处、行政事业审计处、农业与资源环保审计处、金融审计处、企业审计处、社会保障审计处、外资运用审计处、人事处、机关党委、离退休干部处；另辖贵州省经济责任审计局和固定资产投资审计局（其中经济责任审计局设3个处，固定资产投资审计局设2个处）；另设有发展统计、国资及经济和信息、教育、科技、政法民（族）宗（教）、国土环保、人力资源民政、建设、交通、农林水、文体卫新闻、经济执法及外事旅游12个派出处；还设有厅机关审计培训中心、审计信息中心、服务中心。

领导成员

厅　　长：张如飞

副 厅 长：丁诗建（—8月）

黄启明

寇　平（—11月）

吕建军

游明进

总审计师：卢　伟

专职纪检监察员：张　杰

机关党委书记：严贵林

审计成果　2010年全省审计和审计调查3454

个单位，查出违规金额 38 亿元，损失浪费金额 5.73 亿元。通过审计已上缴财政 16.23 亿元，已减少财政拨款或补贴 8571 万元，核减工程投资 6.3 亿元。向司法、纪检监察机关及有关部门移送案件和事项 76 件、涉及人员 58 人，涉及金额 3.54 亿元；各级审计机关注重把揭露问题与督促整改相结合，提出审计建议 6841 条，被采纳的有 4085 条，被审计单位制定整改措施 193 项，建立和健全规章制度 155 个。

财政预算执行审计　按照“揭露问题、规范管理、促进改革、提高效益、维护安全”的整体思路，以加强财政管理、完善预算制度、规范资金分配行为、提高财政资金使用效益为目的，组织对省财政厅实施省本级预算执行情况、省地税局组织省级税收征管情况、省发改委管理投资资金情况及对省经信委等 8 个部门的预算执行情况进行审计或审计调查。省级预算执行情况审计发现省财政在批复 24 个省级部门项目支出预算 80.26 亿元中有 50.25 亿元的项目支出未细化到具体项目，省级部门年初预算编报的政府采购预算仅占省财政执行政府采购统计数的 24.57%，使得政府采购约束力不强等问题。在对 8 个部门的预算执行情况审计中，发现有 6 个部门预算编制不完整，有 4 个部门由于未实行项目滚动管理，使得 8.22 亿元年初项目支出预算未细化到具体项目和单位等问题。据此提出加大财政管理体制改革力度，强化综合财政预算管理，加大对部门财政拨款结余资金的清理和管理力度，提高财政资金的使用效益等建议。张如飞厅长受省政府委托，向省十一届人大常委会第十六次会议作了《关于 2009 年度贵州省省级预算执行和其他财政收支的审计工作报告》，得到省人大常委会的充分肯定，审计工作也得到社会各界的高度关注。

审计调查　(1) 中央扩大内需贯彻落实情况专项审计调查。共调查 1792 个投资项目，项目总投资 1060 亿元。从审计调查情况看，固定资产投资有较大增长，项目建设情况总体较好，涉及民生的社会事业得到较大发展，交通、水利等基础设施建设取得新突破，为经济社会的可持续发展奠定坚实的基础。但也存在一些值得关注的问题，主要是由于地方财力有限和中小企业融资困难等原因，造成部分项目配套资金及项目资金未按期足额到位。针对查出的问题，提出了审计建议。

(2) 地方政府性债务审计调查。组织全省 9 个市（州、地）审计局以“交叉审”方式，对 8 个市（州、地）本级、25 个县（市、区）本级的地方政府性债务情况进行专项审计调查。调查反映普遍存在政府性债务管理制度不健全；部分市（州、地）、县（区、市）政府性债务到期还款困难，逾期债务情况突出；截至 2009 年年末政府性债务余额中存在尚未支出到项目的银行贷款等共计 64.08 亿元，造成银行贷款等资金滞留、闲置，资金使用效益低下，加重了政府性债务资金的利息负担等问题。

(3) 新型农村合作医疗基金审计调查。组织全省各级审计机关完成全省 2009 年至 2010 年 5 月新型农村合作医疗基金（以下简称“新农合”）的审计调查。调查揭示全省 88 个县（市、区）新农合制度已全面实施。对存在未落实配套资金 2847.6 万元、滞留财政补贴资金 333.5 万元、挤占挪用新农合基金 647.35 万元、农村医疗救助资金使用率低、农村医疗救助政策并未完全落实等问题，分析了产生的原因，为新农合制度的建立健全提出了切实可行的审计建议。省政府领导分别在审计报告和审计要情上做出重要批示，纪检监察机关对违法违规问题进行了严肃处理，确保新农合制度积极有效地推行。

(4) 新型农村养老保险基金审计调查。组织对修文等 6 个县（市）开展新型农村社会养老保险试点工作情况进行专项审计调查，延伸调查 17 个乡镇、32 个村、382 户农户，并对涉及此项工作的财政等相关单位也进行了调查。调查反映修文等 6 县（市）参保率为 33.53%，新农保基金上年结余 1.02 亿元，本年收入 1.41 亿元，本年支出 4964.64 万元，累计结余 1.94 亿元。调查揭示部分试点县（市）存在中青年农民参保率低、部分特殊人群未享受到国家的优惠政策、重复发放新农保养老金等需要加以纠正和解决的问题。

(5) 教育收费审计调查。组织 9 个市（州、地）审计局对全省市（州、地）政府所在地 84 所城镇中小学（高中 21 所，初中 29 所，小学 34 所）教育收费、使用情况进行审计调查。针对调查所反映的违规收费 3634.39 万元、没有严格执行“三限”政策规定、未按规定将 2503 万元资金纳入财政专户管理等问题，提出建议措施，为从源头治理教育乱收费问题起到促进作用。

专项资金审计 （1）政府投资廉租住房资金审计。组织20个审计组对20个县（市、区）廉租住房建设项目概预算执行情况进行交叉审计，全面掌握廉租住房保障资金的筹集、管理、使用等情况。审计表明，各级党委、政府高度重视廉租住房保障工作，总体进展顺利，资金管理基本规范，取得了一定的保障效果。但有的地方存在未按规定渠道筹集资金、地方配套资金不到位、部分廉租住房超过规定的建筑面积等问题。

（2）三项涉农资金审计。组织对30个县（市）2006～2009年度各级政府投入的退耕还林工程资金和巩固退耕还林成果专项资金的分配管理使用及相关政策执行情况、15个县（市）2008～2009年石漠化综合治理专项资金管理使用情况、农资综合补贴专项资金管理使用情况进行审计。三项资金审计总金额47.6亿元，共查出违法违规金额5.17亿元，共向纪检、监察、司法等机关移送案件及线索27件、涉及金额3852.7万元。据不完全统计，部分县（市）已整改的违法违规金额为1990.36万元，其中相关部门已拨付项目资金1808.75万元，归还原资金渠道181.61万元，促进了国家强农惠农政策的贯彻落实和涉农资金的规范管理。

（3）玉树抗震救灾资金物资跟踪审计。根据审计署的要求，省审计厅组织对全省为玉树地震筹集的救灾资金、物资进行跟踪审计。审计情况表明，玉树地震发生后，省相关部门和单位积极募集救灾款物，并按规定管理和拨付救灾资金、物资。截至2010年9月底，共筹集抗震救灾资金物资折款4088.28万元，已全部分别汇往民政部、红十字总会、慈善总会和灾区。

（4）抗旱救灾资金物资跟踪审计。组织对全省抗旱救灾资金物资进行跟踪审计，抽查审计或审计调查329个乡镇、33个村、250个应急抗旱工程项目，走访1957户受困群众。审计反映截至2010年9月30日，全省抗旱救灾资金收入总计15.66亿元，支出13.06亿元，结余2.6亿元。审计情况表明，旱灾发生以来，各级财政、民政部门、红十字会、慈善会积极投入资金并多渠道募集资金进行救灾，抗旱救灾资金已按规定下达灾区，并按国家救灾工作相关政策和法律法规，加强对救灾资金、物资的管理，为全省抗旱救灾夺取全面胜利打下基础。

外资运用审计 根据审计署授权，省审计厅组织对8个国外贷援款项目进行审计，审计项目投资额45.4亿元，其中利用国外贷援款资金3.12亿美元。审计后出具公证审计报告7份，整改建议函5份、移送处理书1份，保证了国外贷援款项目提款报账工作的顺利进行。同时开展政府外债审计调查，摸清了政府外债的规模、分布、结构及还本付息情况和财政垫付情况，有针对性地利用各项外资审计成果，分析归纳外资运用中存在的各类问题，提出合理有效利用外资的政策性建议。

国有土地出让金审计 组织对9个市（州、地）和所在市（区）以及经济技术开发区国土资源局2006～2008年度的国有土地出让金的征缴、使用及管理情况进行审计。审计发现8个市（州、地）及经济技术开发区应收未收土地出让收入22.99亿元；9个市（州、地）未按规定将37.92亿元土地出让收入纳入基金预算管理；违规使用土地出让金5.91亿元，用于对外投资、基建投资和弥补行政经费；存在坐支坐收土地出让收入，财政部门与国土部门存在对土地出让收缴协调沟通工作不到位情况；部分地方存在违规发放土地证及土地闲置等问题，据此提出审计建议，并督促落实整改。

经济责任审计 全省审计机关共完成388名领导干部的经济责任审计，查出违规金额3.22亿元、管理不规范金额81.8亿元，揭示了私设“小金库”、乱收费、截留上级收入、挤占挪用专项资金等问题。各级审计机关在审计中注重把经济责任审计与预算执行、财政决算审计相结合，积极推进了市县党政领导干部同步审计。大力发挥联席会议的作用，加强与同级纪委、组织、人事和国资部门的联系，进一步加强审计成果的运用。

队伍建设 积极探索和改进干部选拔任用方式，推进竞争性选拔干部工作经常化、制度化、规范化，提高选人、用人公信度，逐步完善干部选拔任用科学机制。省审计厅认真执行《党政领导干部选拔任用工作条例》和《干部选拔任用四项监督制度》，坚持公开、公平、公正的原则，完成了11名处级非领导干部的选拔任用工作；积极健全干部业绩考核制度，完善干部考核评价体系，强化干部监督工作；以执行“八不准”等审计纪律和其他各项反腐倡廉规定为切入点，坚持用制度管人、管钱、管物，进一步规范审计权力运行。建立个人业绩档案，作为考核选拔任用干部的重要依据，强化对审计权力行使全过程的监督和对领导干部的廉政监督；加大对审计专业人才的培养，按照审计署与国家公务员局的相关规定，在全国率先进行审计业务骨干人才和审计专业领军人才的评选工作，出台了《贵州省审计厅审计业务骨干人才和审计专业领军人才实施办法（试行)》，省审计厅评选出审计领军人才 5 人、审计骨干人才 17 人。

省审计厅通过电视、广播、网络、学习展板、街头发放宣传资料等多形式、多举措学习宣传《中华人民共和国审计法实施条例》《中华人民共和国国家审计准则》和《党政领导干部和国有企业领导人员经济责任审计规定》，通过学习不断提高依法审计能力；在公开、公平、公正的原则下，对全省推荐的 32 个项目进行认真评选，评选出 2009 年度优秀审计项目 6 个、表彰项目 10 个，通过开展案例交流，充分发挥优秀和表彰项目的示范引导作用。

信息化建设　为使金审二期工程建设在全省（除贵阳市外）8 个市（州、地）及 78 个县（市、区）的审计机关顺利推行，省审计厅狠抓计算机审计运用培训，从全省选拔 100 名审计业务骨干进行为期两个半月的计算机审计中级培训，通过严格考试，有 28 人获得计算机审计中级资格，从数量和规模上提升了全省审计信息化水平；贵阳市审计局开发并运用“贵阳市社保基金联网审计系统”，实现对该市社保基金的全程动态监控，切实加强社保基金的监督管理工作，荣获贵阳市科技进步三等奖。

7 月 25 日，审计署副审计长石爱中等一行来黔考察，强调要下大力推动“金审工程”建设工作，普及和加强全省审计机关的审计信息化学习，积极与主要的被审计单位进行联网审计，有力推动信息化建设步伐。

举办西部理论研讨会　8 月 19 日，第九届西部审计理论研讨会在贵阳市举行。来自内蒙古、广西、重庆、四川、云南、西藏、陕西、甘肃、青海、宁夏、新疆、贵州 12 个省（区、市）审计厅（局）的代表 40 人参加会议。贵州省委常委、副省长黄康生出席会议并作重要讲话，审计署驻成都、长沙特派员办事处的领导应邀出席会议并对会议作指导。会议围绕深入贯彻落实科学发展观，以审计“免疫系统”观的实践，推进审计事业新发展；深化财政预算执行审计，构建财政审计大格局；推动政府绩效审计，服务效能政府建设；开展信息系统审计和创新审计理念，加强审计管理等专题进行研讨。会议共收到研讨论文 13 篇，并汇编成册发放。　　（撰稿人：陈迎春）

【贵阳市审计局】　2010 年，贵阳市审计局人员编制 109 人，在编 97 人。局长方鉴常（—12 月)、张海涛（12 月—），副局长周毅、罗继荣、王雄伟，总审计师汪耘，纪检组长彭中利。设有固定资产投资审计处、财政审计处、经济责任审计处、人事处、法制处、行政事业审计处、农业与资源环保审计处、社会保障审计处、外资运用审计处、金融处、计算机审计处、经贸审计处、办公室、监察室 14 个职能处（室）。

审计成果　全市审计机关完成各类审计和审计调查项目 264 项，查出各类违规金额 8565 万元，管理不规范金额 217322 万元，其中应上缴财政 6801 万元，应减少财政拨款补贴 52 万元，应归还原渠道资金 12602 万元，应调账处理金额 25199 万元；已上缴财政 7233 万元（含上年度补缴落实金额 1472 万元），已归还原渠道资金 173 万元，已调账处理金额 9499 万元。移送纪检监察部门处理 3 件，涉及金额 270 万元。提交审计信息简报 553 期，其中被省审计厅采用 11 篇，被市委、市政府采用 13 篇。在 2010 年省审计厅目标考核中荣获一等奖。

财政审计　完成财政审计项目 50 个，共查出各类问题金额 165147 万元，审计处理处罚金额 36503 万元，其中应上缴财政 6204 万元，应归还原渠道资金 12302 万元，应调账处理金额 17997 万元。对下级政府财政决算审计 17 个，查出主要问题：未按规定征收、缴纳财政收入 267 万元，财政收入核算不实 1991 万元，违规改变资金用途 10759 万元。

行政事业审计　共审计（调查）64 个行政事

业单位，查处违规金额1109万元，管理不规范金额12804万元。通过审计，促进行政事业单位不断完善内部财务管理。

农业与资源环保审计　完成农业与资源环保审计项目9项。审计资金总额43871万元，审计查出违规改变项目计划和资金用途48万元，资产滞留闲置1011万元，配套资金不落实170万元，其他违规6135万元。

固定资产投资审计　统筹社会中介审计力量完成政府投资审计项目378个，审计总金额89.44亿元，核减投资、减少财政支出3.02亿元。

社会保障审计　组织开展审计项目57个，查出主要问题：违规改变项目计划和资金用途1400万元，其他13191万元。

企业审计　分别对11家投融资平台公司2009年度经营业绩情况、一汽贵州汽车配件厂有关资金收支等情况以及贵阳市公共交通总公司及有关“三产”单位2009年1月至2010年5月损益情况进行专项审计调查，查出不规范金额6360万元。

经济责任审计　完成48名领导干部的经济责任审计（含国有及国有控股企业领导干部），其中县处级领导干部7人、县处级以下领导干部41人。查出违规金额5548万元，其中主管责任金额5547万元，直接责任金额1万元；查出管理不规范金额75999万元，其中主管责任金额75972万元，直接责任金额27万元。

专项资金审计　重点开展对全市农村危房改造资金、新型农村合作医疗资金及农村医疗救助资金、贵阳市本级廉租房建设资金、贵阳市住房公积金、八个区（县、市）政府2009年年末地方政府性债务情况、中小学教育收费情况、医院收费情况、贵阳市价格调节基金、煤炭价格调节基金以及玉树地震抗震救灾资金进行审计。全年共完成专项资金审计及审计调查128项，审计专项资金总额844073万元，查出违规金额885万元，管理不规范金额37569万元，移送纪检监察部门处理事项1件，涉及金额244万元。

（撰稿人：王秋明）

【六盘水市审计局】　2010年，六盘水市审计局人员编制49人，在编45人。局长李丽（—3月）、赵敏（3月—），副局长张勤荣、李文旭，纪检组长张传义。设有办公室、监察室、政策法规科、财政审计科、行政事业审计一科、行政事业审计二科、农业与资源环保审计科、固定资产投资审计一科、固定资产投资审计二科、金融与外资审计科、经济责任审计一科、经济责任审计二科、企业审计科、社会保障审计科、审计政策咨询中心等职能科（室）。

审计成果　全市审计机关共完成审计及审计调查项目144个，其中审计项目123个，审计调查项目21个。查出违规金额16533万元，其中应上缴财政16278万元，应归还原渠道资金2712万元，应调账处理金额37337万元；已上缴财政16036万元，已归还原渠道资金34万元，已调账处理金额29931万元。移送司法机关、纪检监察部门处理事项6件，涉及人员8人，涉及金额387万元。提交审计工作报告、信息215篇，被采用82篇。荣获省审计厅目标考核一等奖，“六盘水市‘五五’普法依法治理工作模范单位”、“六盘水市法治创建先进单位”和“六盘水市市直机关2008～2010年五好基层党组织”。

财政审计　共完成财政审计项目34个，查出未按规定征收、缴纳预算收入16381万元，资金滞留闲置2984万元，财政支出核算不实14762万元，违规改变资金用途1067万元，应上缴财政10824万元，已上缴财政10781万元。调整思路，拓宽审计范围，将涉及税收的部分非公有制企业纳入审计调查。

行政事业审计　完成行政事业审计项目26个，查出应缴未缴预算收入5948万元，隐瞒截留收入26888万元，违规改变资金用途21929万元，未落实收支两条线和专户管理规定2498万元，乱收费乱摊派乱罚款65981万元，应上缴财政4479万元，已上缴财政4306万元。

企业审计　完成企业审计项目5个，查出账外资产548万元，虚报或隐瞒转移收入1804万元，少记或虚列成本费用1943万元，损益不实2751万元，应上缴财政251万元，已上缴财政251万元。

固定资产投资审计　完成固定资产投资审计及审计调查项目25个，核减工程投资金额2469万元。

经济责任审计　完成经济责任审计项目25

个，查出违规金额2858万元（主管责任2832万元，直接责任26万元），管理不规范金额327582万元（主管责任327140万元，直接责任442万元），损失浪费金额1494万元（主管责任）。进一步贯彻实施《六盘水市经济责任审计评价办法（试行）》，经过近两年的调研和实践，牵头起草出台了《六盘水市经济责任审计评价办法（试行）实施细则》，为规范经济责任审计工作，客观、公正地评价领导干部履行经济责任情况提供制度保障。

审计执法检查　积极开展审计执法检查工作，促进制定、修改规范性文件及规章制度16个，停止各种收费2项、修改收费标准1项。

专项资金审计（调查）　完成专项资金审计及审计调查项目54个，审计专项资金总额898431万元，查出应缴未缴专项资金645万元，违规改变项目计划和资金用途3759万元，违规采购1822万元，资金滞留闲置1265万元，配套资金不落实11135万元，应上缴财政682万元，已上缴财政657万元。

（撰稿人：高　赫）

【遵义市审计局】　2010年，遵义市审计局人员编制37人，在编36人。局长翁永厚，副局长何其毓、雷以怀，总审计师张辉，纪检组长王卫平。设有办公室、固定资产投资审计科、财政金融审计科、经济贸易审计科、经济责任审计科、农业与环保资源审计科、行政事业审计科、法制科。

审计成果　全市审计机关完成审计项目830个，查出违规金额62882万元，其中应上缴财政13131万元，应减少财政拨款或补贴7513万元，应归还原渠道资金3429万元，应调账处理金额55381万元；已上缴财政12696万元，已减少财政拨款或补贴7458万元，已归还原渠道资金3287万元，已调账处理金额55343万元。移送纪检监察部门案件4起，涉及金额1001万元；建议有关部门处理事项4件，涉及金额155万元。提交审计信息（要情）339篇。

财政审计　全年完成财政预算执行审计（调查）项目59个。查出违规变更预算、未按规定征收缴纳预算收入、隐瞒转移截留预算收入、财政收入核算不实、财政支出核算不实、违规改变资金用途等问题。全年完成财政决算审计项目28个。查出未按规定征收缴纳预算收入、隐瞒转移截留预算收入、财政收入核算不实、违规改变资金用途等问题。

行政事业审计　完成行政事业单位审计及审计调查项目54个。查出主要问题为应缴未缴预算收入1337万元，隐瞒截留收入108万元，违规改变用途资金1643万元，“账外”资产312万元，乱收费乱摊派乱罚款904万元，其他问题金额5321万元等。

固定资产投资审计　完成固定资产投资竣工结（决）算审计及审计调查项目541个，核减投资额（工程款）11644万元。查出资金不落实246万元，工程价款不实10662万元，挤占建设成本83万元，超计划超规模超标准1848万元等主要问题。

经济责任审计　完成39人经济责任审计，其中县级领导3人，科级领导36人。查出违规金额7649.89万元，管理不规范金额8323.32万元，损失浪费金额9.68万元等问题。

专项资金审计（调查）　完成专项资金审计及审计调查项目146个。主要问题是违规改变项目计划和资金用途322万元，应缴未缴专项资金9万元，违规采购149万元，资金滞留闲置1058万元，未纳入财政专户管理3572万元，其他问题金额20056万元等。

队伍建设　对全市103名审计干部进行AO审计软件培训，92名审计干部通过审计署的AO操作资格考试；组织全市70余名审计干部到南京审计学院开展为期20天的审计专业知识培训。开展“免疫·交流·论坛”、多彩党课等活动，各业务科（室）围绕职能，开展案例讲解、问题研讨、经验交流等活动。制定《遵义市审计专业技术能手评选办法》，评选表彰23名审计专业技术能手。

（撰稿人：李　励）

【安顺市审计局】　2010年，安顺市审计人员编制36人，在编31人。局长陈勇，副局长甘宗祥、徐晓艳、汪泽荣，总审计师陈敏，纪检组长李艳麟。设有办公室、监察室、综合科、经济责任审计一科、经济责任审计二科、经济责任审计三科、财政金融审计科、农业与资源环保审计科、社保与外资审计科、经贸审计科、固定资产投资审计科。

审计成果　全市审计机关完成审计项目184个，查出违规金额126万元，管理不规范金额165689万元，其中应上缴财政126万元，应减少财政拨款或补贴126万元，应归还原渠道资金213万元，应调账处理金额4499万元；已上缴财政126万元，已减少财政拨款或补贴126万元，已归还原渠道资金213万元，已调账处理金额4499万元。移送司法机关、纪检监察部门处理事项3件，涉及人员8人，涉及金额1531万元，建议有关部门处理事项2件。提交审计工作报告、信息184篇，被采用19篇。

财政审计　全市完成财政预算执行项目35个，查出违规金额5万元，管理不规范金额40944万元。并对关岭自治县2009年度财政决算进行就地审计。安顺市审计局受安顺市人民政府委托，向安顺市人大常委会作了《市人民政府关于2008年市级财政预算执行和其他财政收支的审计意见整改落实情况的报告》和《市审计局关于2009年市级财政预算执行和其他财政收支的审计工作报告》，两个《报告》均得到安顺市人大常委会委员们的充分肯定。

农业与资源环保审计　对紫云自治县退耕还林补助资金和巩固退耕还林成果专项资金进行审计，查出滞留退耕还林资金444万元；挪用退耕还林专项资金43万元，未按国家政策兑付退耕户补助款304万元，未及时兑付退耕户生活困难补助款151万元等问题；对紫云自治县石漠化综合治理资金审计中，查出财政滞留石漠化综合治理资金100万元；地方配套资金不到位164万元；公款私存411万元；用虚假资料报账，虚列工程支出103万元等问题。据此，提出建议。

固定资产投资审计　重点加强对专项资金审计和审计调查，审计核减建设项目工程款2212万元。安顺市审计局在对安顺机场跑道改造工程审计中，核减工程款122万元，核减管理费31万元；在对开发区王庄村至破木村道路改造工程竣工决算审计中，查出挪用建设资金238万元，违规计提管理费42万元，审计核减工程款152万元；委托中介机构完成审计项目12项，共核减工程款332万元。

对六盘水市六枝特区人民政府和钟山区人民政府组织实施的廉租住房建设项目资金管理使用情况进行审计。发现资金未纳入专户管理、财政配套资金不到位、工程未招标、未经批准改变建设内容和违反廉租房建设资金管理相关规定等重大问题。

经济责任审计　完成领导干部经济责任审计项目21个。其中县（处）级领导干部4人，乡科级领导干部17人。审计查出违规和管理不规范金额32862万元；收缴违纪金额92万元。

（撰稿人：陈朝洪）

【毕节地区审计局】　2010年，毕节地区审计局人员编制31人，在编31人。局长刘晓益，副局长肖应刚、李明祥、陈志勇，总审计师项学新，纪检组长吴光辉。设有办公室、法制科、信息科、财政农业审计科、经济责任审计科、固定资产投资审计科、行政事业审计科、企业审计科。

审计成果　全区审计机关完成审计（含审计调查）项目244个，审计查出违规金额14130万元，管理不规范金额281495万元，损益（收支）不实10821万元，审计决定应上缴财政10060万元，已上缴财政9844万元，已归还原渠道资金67598万元，已调账处理金额74683万元，增收节支77442万元。提交审计专题、综合性报告和信息简报178篇，被批示采用56篇。审计提出建议550条，被采纳258条。

财政审计　完成同级预算执行审计项目41个。查出违规金额8489万元；管理不规范金额137438万元；应上缴财政8489万元；应调账处理金额70263万元；已上缴财政7894万元，已调账处理金额11507万元。毕节地区审计局受行署委托，向毕节地区人大工委第87次会议所作的《毕节地区2009年地级财政预算执行和其他财政收支审计工作报告》，得到人大工委组成人员、与会代表的一致肯定和高度评价，认为报告客观公正地反映了问题，提出的审计建议切实可行，报告获得全票通过。

固定资产投资审计　组织全区审计机关对新增中央预算内投资项目进行跟踪审计调查，审计发现一些项目由于部门之间协调不到位，以致工程进度缓慢；部分项目仍未按计划动工；个别项目严重超概算投资；已完工项目不及时组织竣工验收等问题。审计调查发现的问题，引起行署和各县、市人民政府高度重视，切实采取措施，要求有关单位积极进行整改，整改工作已取得阶段性成效。

经济责任审计　完成经济责任审计项目 5 个，查出的主要问题有政府隐性赤字；滞留专项资金；租金收入未执行收支两条线；往来款项清理不及时；购置固定资产未入账等。查出违规违纪金额 359 万元，其中直接责任 328 万元，主管责任 31 万元；管理不规范金额 2470 万元，其中直接责任 1581 万元，主管责任 889 万元。

专项资金审计（调查）　加强对重点民生资金、项目开展审计（调查）或跟踪审计，积极关注住房保障资金、抗旱救灾款物、青海玉树抗震救灾资金和物资、新型农村合作医疗资金、农业补贴资金、新型农村养老保险基金、教育经费等的管理使用情况的专项审计。查出违规改变项目计划和用途资金 62804 万元，滞留闲置资金 4652 万元，配套资金不落实 17389 万元。审计促进拨付资金到位 10159 万元。　（撰稿人：项学新）

【铜仁地区审计局】　2010 年，铜仁地区审计局人员编制 63 人，在编 51 人。局长田应银，副局长刘榕生、文玉宏、刘嘉赋（8 月—），总审计师唐平，纪检组长邱明福。设有办公室、监察室、审计质量监督复核科、财政金融审计科、农业外资审计科、固定资产投资审计科、经贸审计科、行政事业审计科、经济责任审计一科、经济责任审计二科，下设铜仁地区投资审计评审中心。

审计成果　全地区审计机关完成审计项目 429 个、审计调查项目 25 个，查出违规金额 3920 万元，管理不规范金额 166524 万元，其中应上缴财政 3658 万元，应归还原渠道资金 4138 万元，应调账处理金额 4303 万元；已上缴财政 1926 万元，已归还原渠道资金 478 万元，已调账处理金额 3334 万元。移送司法机关、纪检监察部门处理案件（事项）线索 4 件。提交审计工作报告、信息 420 篇，被批示、采用 214 篇。

财政审计　完成财政预算执行审计项目 53 个，查出违规金额 2316 万元，管理不规范金额 46945 万元，查出的主要问题：未按规定征收、缴纳预算收入 3680 万元，截留预算收入 914 万元（如对 2009 年财政预算执行情况的审计，查出地区财政局未按规定缴纳预算收入 945.5 万元，沿河县财政局应缴未缴预算收入 257.5 万元）；对 2009 年税收计划完成情况的审计，查出地区地税局稽查查补税款及滞纳金等共 473.84 万元，未按规定清收入库，审计依法对上述问题作出了全额上缴财政和限期清收入库的处理。对 2009 年部门预算执行情况的审计，查出万山特区接待办财务管理混乱，涉及用内部结算票据收取出售烟酒收入等违纪违规问题，已依法移送特区纪委查处。

固定资产投资审计　完成投资审计项目 226 个，审计项目投资额 185896 万元，查出违规金额 139 万元，管理不规范金额 20898 万元。其中完成概预算前置审计项目 104 个，审计项目投资额 110406 万元，核减概算投资额 14535 万元，总核减率为 13.17%；对铜仁川硐教育园区市政基础设施工程预算的审计，送审预算投资额 2489.22 万元，核减预算投资额 1062.82 万元，核减率为 42.7%。完成竣工决（结）算审计项目 122 个，审计项目投资额 75490 万元，核减结算工程款 3901 万元，总核减率为 5.17%；对铜仁民族风情园一期工程结算的审计，送审结算投资额 2765.40 万元，核减结算投资额 253.09 万元，核减率为 9.16%。

经济责任审计　完成审计项目 53 个，审计经济责任人 65 人，其中县处级 4 人，乡科级 60 人，国有企业领导人员 1 人。查出违规金额 550 万元，其中主管责任 342 万元，直接责任 208 万元；查出管理不规范金额 57700 万元，其中主管责任 57476 万元，直接责任 224 万元。对万山特区区长任期经济责任审计，查出特区有关部门共挤占挪用专项资金 566.36 万元、多提代征代扣税款手续费 54.21 万元；对思南县教育局局长任期经济责任审计，查出该局 2007～2009 年滞留、挤占义务教育经费 1561.7 万元，截留、挪用专项资金 197.35 万元。审计对上述问题依法作出了上缴财政、归还原渠道资金和调账处理的决定。

专项资金审计（调查）　完成审计项目 83 个，审计调查项目 24 个，审计（调查）专项资金总额 372815 万元，查出违规金额 899 万元，管理不规范金额 14026 万元，其中应上缴财政 895 万元，应归还原渠道资金 631 万元。移送纪检监察部门处理事项 2 件。查出的主要问题：违规改变资金用途 1959 万元、应缴未缴专项资金 392 万元、“账外”资产 504 万元。　（撰稿人：朱亚明）

【黔东南苗族侗族自治州审计局】 2010 年，黔东南苗族侗族自治州审计局（以下简称黔东南州审计局）人员编制总人数 51 人，在编人数 35 人。局长姜庭桂，副局长崔平（兼总审计师）、刘坤群（—5 月）、欧勤远（5 月—），纪检组长王琳（—5 月）、罗俊（5 月—）。设有办公室、法制科、财政金融审计科、行政事业审计科、农业与资源环保审计科、社会保障审计科、企业与外资运用审计科。同时下设固定资产投资审计局、经济责任审计办公室（分为审计一科、二科、三科）；另设有 1 个自收自支的建设工程预结算审查中心直属事业单位。

审计成果　全州各级审计机关完成审计项目 658 个，应上缴财政 2498 万元，已上缴财政 2254 万元；应减少财政拨款或补贴 413 万元；应归还原渠道资金 1442 万元；应调账处理金额 17075 万元；审计后挽回经济损失 435 万元。审计移送纪检监察、司法机关处理案件 7 件，涉及人员 2 人，涉案金额 266 万元。提出审计建议 1151 条，被采纳 493 条，促进被审计单位制定整改措施 44 项，提交审计工作报告和审计信息 463 篇，被批示采用 283 篇。在州级机关目标管理年度考核获得一等奖和特别奖。

财政审计　全州完成财政预算执行情况审计项目 17 个，延伸相关预算执行部门审计 121 个，查出主要问题金额 51153 万元，其中违规金额 4967 万元；管理不规范金额 46186 万元。应归还原渠道资金 395 万元，已归还原渠道资金 190 万元；应调账处理金额 11766 万元，已调账处理金额 9138 万元；应上缴财政 1594 万元，已上缴财政 1592 万元。

全州完成财政决算审计项目 29 个，审计覆盖面超过 40%。审计查出主要问题金额 7199 万元。通过审计，促进财政部门进一步加强对资金的管理，推进公共行政管理体制及公共财政体制的建立和完善，促进财政管理水平的提高。

行政事业审计　完成行政事业单位财务收支审计项目 142 个，查出主要问题金额 15073 万元。通过审计挽回（避免）损失 12 万元，审计针对查出的问题，提出审计整改意见和建议，责成相关单位进一步规范财务工作。

涉农资金审计　一是开展对全州 15 个县（市）农业综合直补资金进行审计，审计发现部分县存在财政部门未建立相关健全账务；补贴面积与实际面积存在差异；资金拨付不及时；财政所代管“一折通”清册数和实际发放补助人数不相符等问题。二是开展对全州 12 个县（市）退耕还林资金进行审计。发现部分县存在配套资金不到位、工程进度缓慢、资金兑付不及时、改变项目内容等现象。三是开展对岑巩、麻江、镇远、施秉 4 个县石漠化治理资金审计。审计发现工程进度缓慢、账务处理不规范、改变项目用途等问题。

固定资产投资审计　完成固定资产投资审计（审计调查）项目 169 个，送审工程项目决（结）算价款 49337 万元，审计核减工程投资价款 4099 万元。审计（调查）查出主要问题金额 6737 万元。审计后挽回（避免）损失 421 万元，审计机关责成相关单位进一步完善工程项目编报和财务工作规范。

企业审计　完成国有及国有控股企业资产、负债、损益审计项目 8 个，查出的主要问题金额 1188 万元。审计对查出的问题进行分析和评价，并提出加强国有企业内部控制制度建设的改进及整改意见和建议，责成企业单位进一步完善企业财务工作规范，并得到企业单位的采纳。

经济责任审计　完成领导干部经济责任审计项目 87 个，其中县级领导干部 4 人；科级干部 83 人。查出主要问题金额 12928 万元，领导干部负直接责任问题金额总计 1216 万元。移送纪检监察部门处理案件 1 件，处理 1 人。

专项资金审计（调查）　完成专项资金审计项目 172 个，审计调查 94 个单位，查出主要问题金额 109207 万元。审计促进拨付专项资金到位 44361 万元。查出移送纪检监察部门处理事项 1 件，涉及金额 160 万元；移送有关部门处理事项 2 件，涉及金额 819 万元。审计揭示了专项资金在归集、管理和使用中存在的问题，提出合理化的意见和建议，得到政府和有关部门的采纳。

全州完成审计调查项目 95 个，调查发现问题金额92855万元，其中违规金额307万元；管理不规范金额92548万元。审计机关对查出的违规问题资金依法提出完善内控管理的审计建议和审计整改意见，有力地促进有关部门制定和完善内部控制制度，为当地党委、政府摸清家底和决策提供科学依据。（撰稿人：时　建）

【黔南布依族苗族自治州审计局】 2010年，黔南布依族苗族自治州审计局（以下简称黔南州审计局）人员编制39人，在编33人。局长管跃敏，副局长汪南、宋淑琴，总审计师罗宪平，纪检组长司文丽。设有办公室、法制科、财政金融审计科、经济责任审计科、经贸外资审计科、社保与行政事业审计科、农业与环保资源审计科和固定资产投资审计科，同时设有固定资产投资审计中心直属事业单位。

审计成果 全州审计机关完成审计项目375个，查出违规金额24099万元，其中应上缴财政10554万元，应减少财政拨款或补贴702万元，应归还原渠道资金11759万元，应调账处理金额8641万元；已上缴财政9417万元，已减少财政拨款或补贴667万元，已归还原渠道资金10138万元，已调账处理金额8534万元。移送司法机关、纪检监察部门处理案件3起，移送有关部门处理事项6件。提交审计专题、综合性报告和信息803篇，被采用217篇。黔南州审计局荣获2010年省审计厅目标考核一等奖，该局党支部被省党建工作领导小组评为省级“五好基层党组织”。

财政审计 完成财政预算和其他财政收支审计项目52个，查出违规金额16944万元，其中应上缴财政9475万元，已上缴8388万元。移送纪检监察机关处理案件2件。促进加强预算管理，规范财政资金分配秩序。州、县两级预算执行情况审计报告得到州、县人大常委会的充分肯定和高度评价。

行政事业审计 完成行政事业审计项目47个，查出违规金额3594万元，其中应上缴财政988万元，已上缴943万元。

固定资产投资审计 完成固定资产投资预（决）算审计155个，审计项目投资额33413万元，审计核减投资额2490万元。通过审计，重大投资领域高估冒算、损失浪费得到有效遏制，项目管理进一步规范，提高了建设资金使用效益。

组织13个审计组对全州中央扩大内需政策落实情况进行审计调查，审计和审计调查项目259个，涉及保障性安居工程、农村民生工程设施等投资共计28.2亿元。针对发现的问题，向政府和有关部门提出建议，促使问题得到及时整改，促进国家宏观调控政策措施的有效落实。

企业审计 完成企业审计项目15个，查出违规金额2189万元，应上缴财政1万元，已上缴财政1万元，查出管理不规范金额120万元。

经济责任审计 完成经济责任审计项目17个，审计经济责任人县处级领导干部5人，县处级以下领导干部9人，国有及国有控股企业领导人员3人。查出违规金额1104万元，管理不规范金额1335万元。移送司法、纪检监察机关处理案件1起，移送有关部门处理事项2件。

专项资金审计 完成专项审计或审计调查项目105个，查出违规资金240万元。其中应上缴财政20万元，应归还原渠道资金208万元；已上缴财政15万元，已归还原渠道资金142万元。移送有关部门处理事项4件。

内部审计 召开内审协会常务理事会，完成理事会秘书长改选等相关工作；举办全州内部审计人员后续教育培训，参训人员200余人，持证人员全部通过省内部审计协会两年一次的年检；重视内审工作的经验交流，组织10余名内审人员赴广西、海南等地考察学习内部审计工作。

（撰稿人：刘亚凌）

【黔西南苗族布依族自治州审计局】 2010年，黔西南苗族布依族自治州审计局（以下简称黔西南州审计局）人员编制32人，在编32人。局长梁天庆，副局长谢剑辉、龙敏，总审计师沈浩廷，纪检组长文建荣。设有办公室、法规科、财政金融审计科、行政事业外资审计科、农林水资源环保社保审计科、企业审计科、固定资产投资审计科（国家基本建设预结算审核中心）、经济责任审计一科、经济责任审计二科、监察室。下设正科级事业单位黔西南州政府性投资建设项目前置审计中心，隶属州审计局管理。

审计成果 全州审计机关完成审计和审计调查项目141个。查出各类违规金额35449万元，管理不规范金额274097万元，其中应上缴财政8899万元，应减少财政拨款或补贴7万元，应归还原渠道资金2420万元，应调账处理金额2337万元；已上缴财政1207万元，已减少财政拨款或补贴7万元，已归还原渠道资金268万元，已调账处理金额86万元。移送纪检监察部门处理事项2件，建议有关部门处理事项2件。提交审计信息、简报70篇，被采用10篇。

财政审计　对黔西南州本级预算执行情况和其他财政收支情况进行审计，发现的主要问题是：预算执行不够透明；应纳入预算管理的非税收入未及时纳入预算管理；实行国库集中支付的50个单位，年终资金滚存结余过大，财政资金滞留部门较多，未能充分发挥财政资金效益；未将政府性基金年初预算编入决算报表；税收收入未按预算级次入库等。针对上述问题，已分别依法下达审计决定，提出审计意见和建议。延伸审计财政、地税、水利水电工程移民、旅游局四个部门2009年度财务收支情况。

固定资产投资审计　一是投资项目竣工结算审计（审核）项目。共完成固定资产投资建设项目竣工结算审计（审核）418个，核减金额1076万元，净核减率为2.26%。二是政府性投资建设项目前置审计工作。完成政府性投资建设项目前置审计528个，共核增299.6万元，核增率为0.16%，共核减1.49亿元，核减率为7.93%，净核减1.46亿元，净核减率为7.77%。通过审计从源头上控制政府性投资建设项目造价，促进工程管理，提高投资效益，促进廉政建设。组成多个专项审计调查组对扩内需、保增长政策措施贯彻落实情况和实施效果进行专项跟踪审计调查。全州审计机关在第一、第二阶段共调查项目494个，占全州安排项目的49.06%，被调查单位145个。根据审计调查发现的问题，州、县（市）审计机关依法出具审计调查报告，提出整改意见和建议。

经济责任审计　对黔西南州劳动和社会保障局、发改局、卫生局局长、供销社主任、望谟县县长任期内的财政收支、财务收支以及经济活动应负经济责任的履行情况进行审计。共查出各种违纪违规金额8219万元，查出管理不规范金额10214万元。针对审计查出的主要问题，全州各级审计机关已分别下达审计决定，对有关单位进行处理和处罚，提出整改意见或建议。

专项资金审计（调查）　组织完成农业专项资金、农村养老保险基金专项、新型农村合作医疗基金专项、教育经费专项、廉租房建设项目资金、治理和规范涉企收费减轻企业负担、抗震救灾资金物资七个方面共12项涉及民生问题的专项资金的审计或审计调查。结果表明全州1.89亿元的抗旱救灾资金运转基本安全。针对审计发现问题提出审计意见和建议。　　（撰稿人：谢　君）

2010年贵州省所辖区、县（市）级审计工作统计表

金额单位：万元

审计机关	完成审计项目（个）	查出违规金额	应上缴财政	应减少财政拨款或补贴	应归还原渠道资金	应调账处理金额	移送司法、纪检监察部门处理（件）	建议有关部门处理（件）	出具审计报告和审计调查报告（篇）	提出审计建议（条）	撰写审计信息（篇）
贵州市											
贵阳市本级	53	6902	5348		10865	23429	1		53	198	115
乌当区审计局	21	2	2	24	8	519			21	51	60
南明区审计局	15								15	19	32
云岩区审计局	26								26	12	50
花溪区审计局	25	843	843	3	1520	2			25	42	93
白云区审计局	23	238	57	25	155				23	39	45

（续表）

审计机关	完成审计项目（个）	查出违规金额	应上缴财政	应减少财政拨款或补贴	应归还原渠道资金	应调账处理金额	移送司法、纪检监察部门处理（件）	建议有关部门处理（件）	出具审计报告和审计调查报告（篇）	提出审计建议（条）	撰写审计信息（篇）
小河区审计局	15								15	35	18
清镇市审计局	20								20	53	22
开阳县审计局	21	542	542			591			21	58	45
修文县审计局	13								13	30	13
息烽县审计局	32	9	9		54	658	2		32	82	43
六盘水市											
六盘水市本级	46	5270	5250	627	2645	9368	1		46	174	86
钟山区审计局	17	920	922		22	1414	1		17	51	20
盘县审计局	17	9834	9660		30	832	2		17	47	26
六枝特区审计局	32	52	52	27	1	503			32	61	12
水城县审计局	32	457	394		14	25229	2		32	69	24
遵义市											
遵义市本级	20	25113	2479		806	442			20	61	26
汇川区审计局	17	6	1			4	1	1	17	38	16
红花岗区审计局	80	87	105	2750	50				80	67	1
赤水市审计局	205	4991	874		250	2		1	205	213	16
仁怀市审计局	19	7691	513	789	83	67	1		19	79	19
遵义县审计局	209	69	2			50258			209	31	2
桐梓县审计局	57	1681	1681		63	702		1	57	162	14
绥阳县审计局	18	659	13	22	74	4	1	1	18	45	23
正安县审计局	22	9793	24	4	660	1926			22	77	18
凤冈县审计局	50	1916	1704		107	22			50	40	36
湄潭县审计局	19	3763	2655	7	3	1072			19	53	12
余庆县审计局	32	1679	127		1032	519	1		32	79	24
习水县审计局	18	4404	2693	3859	21	7			18	8	6
道真仡佬族苗族自治县审计局	33	163	6	82	52		1		33	59	19
务川仡佬族苗族自治县审计局	31	867	254		228	356			31	81	37
安顺市											
安顺市本级	37	91	91		92	4302	2	2	37	116	35
西秀区审计局	48	3	3						48	114	26
开发区审计局	8						1		8	22	12
平坝县审计局	15								15	48	12

（续表）

审计机关	完成审计项目（个）	查出违规金额	应上缴财政	应减少财政拨款或补贴	应归还原渠道资金	应调账处理金额	移送司法、纪检监察部门处理（件）	建议有关部门处理（件）	出具审计报告和审计调查报告（篇）	提出审计建议（条）	撰写审计信息（篇）
普定县审计局	34	2	2		121				34	116	12
黄果树审计局	8	25	25			3			8	29	24
关岭布依族苗族自治县审计局	12					194			12	22	9
镇宁布依族苗族自治县审计局	13	5	5						13	47	48
紫云苗族布依族自治县审计局	9								9	19	12
毕节地区											
毕节地区本级	30	4695	2134		2643	62			57	101	42
毕节市审计局	35	6985	611		154	6124	1		35	45	19
大方县审计局	20	2218	2218		5342	7187			20	62	24
黔西县审计局	24	76.1	76.1	454.16	155.15	4130.84	1	2	24	112	22
金沙县审计局	27	888	800		57	213			27	90	29
织金县审计局	80	1631	51		191	13280			80	62	13
纳雍县审计局	26	4370	4108		66	123		3	30	17	13
赫章县审计局	161	138.49	41.8		42.58	47.94	1		161	40	15
威宁彝族回族苗族自治县审计局	41	5573.68		204.56		8488			41	90	16
铜仁地区											
铜仁地区本级	93	1990	1936	54	911	133	2		93	273	30
铜仁市审计局	43	125	125						43	96	33
江口县审计局	23	136	136		63				23	76	16
石阡县审计局	30	126	126		237	299			30	104	52
思南县审计局	57	584	584		2144	426			57	58	42
德江县审计局	32	323	119		151				32	65	42
玉屏侗族自治县审计局	15	154	154						15	45	20
印江土家族苗族自治县审计局	41	72	68	4	92				41	97	22
沿河土家族自治县审计局	35	288	288		290	3267			35	73	36
松桃苗族自治县审计局	42	119	119		217				42	67	51
万山特区审计局	43	3	3		33	178	2		43	93	24
黔东南苗族侗族自治州											
黔东南苗族侗族自治州本级	63	818	1271		215	27			63	77	35

（续表）

审计机关	完成审计项目（个）	查出违规金额	应上缴财政	应减少财政拨款或补贴	应归还原渠道资金	应调账处理金额	移送司法、纪检监察部门处理（件）	建议有关部门处理（件）	出具审计报告和审计调查报告（篇）	提出审计建议（条）	撰写审计信息（篇）
凯里市审计局	47	5259.72	254.23			5753.6		2	47	67	22
黄平县审计局	53	443	33	290	10	156			53	100	44
施秉县审计局	26	1153	70		67	981			26	11	12
三穗县审计局	32	1082	23		34	779			32	50	24
镇远县审计局	88	2862.47	428.88	24	0.67	1904			88	16	9
岑巩县审计局	78	94	3		215	186			78	94	12
天柱县审计局	25	129	71						29	48	44
锦屏县审计局	22	337	20		13	202			26	55	14
剑河县审计局	21	71	38			1710	1		18	5	41
台江县审计局	22	2968	14		56	1231			39	88	28
黎平县审计局	29	759	41		46	458			29	64	15
榕江县审计局	23	2509	36	2	41	55	1		23	88	23
从江县审计局	37	109	38		10	36	1		41	55	17
雷山县审计局	30	2046	15	1884	21	13	2		26	38	45
麻江县审计局	30	223	1	2	213	9			30	17	13
丹寨县审计局	32	744	22.6						54	226	13
黔南布依族苗族自治州											
黔南布依族苗族自治州本级	37	14985	6387		10641	3988	2	6	37	103	51
都匀市审计局	19	238	91			1			19	41	35
福泉市审计局	17	344	187	166	29				17	30	26
荔波县审计局	13	2339	332		37	2010			13	27	33
贵定县审计局	29	240	109	262		7			29	70	24
瓮安县审计局	18	540	259			392			18	51	25
独山县审计局	61	660	191		140	125			61	88	72
平塘县审计局	45	16		26	11	65			45	88	26
罗甸县审计局	33	2768	2058		63	1944			33	106	30
长顺县审计局	17	1015	745	190	33	101	1		17	66	25
龙里县审计局	57	560	163		804	6			57	47	29
惠水县审计局	13	328	4		1				13	22	25
三都水族自治县审计局	16	66	28	58		2			16	29	26
黔西南布依族苗族自治州											
黔西南布依族苗族自治州本级	21	8334	5540		2087	675	1	2	21	87	15

（续 表）

审计机关	完成审计项目（个）	查出违规金额	应上缴财政	应减少财政拨款或补贴	应归还原渠道资金	应调账处理金额	移送司法、纪检监察部门处理（件）	建议有关部门处理（件）	出具审计报告和审计调查报告（篇）	提出审计建议（条）	撰写审计信息（篇）
兴义市审计局	17	790	76		167	73			20	60	12
兴仁县审计局	25	19565	30		7	78			25	78	8
普安县审计局	19	1742	77	7	157	1501			19	19	15
晴隆县审计局	9	352	350		2		1		10	46	14
贞丰县审计局	5	4659	2819						5	11	
望谟县审计局	16	6	6						16	26	
册亨县审计局	8								8	27	
安龙县审计局	7	1	1			10			8	16	

云南省

【云南省审计厅】 2010 年，云南省审计厅人员编制 258 人，在编 250 人，领导职数 5 名。设有办公室、法规处、财政审计处、行政事业审计处、农业与资源环保审计处、固定资产投资审计处、金融审计处、企业审计处、社会保障审计处、涉外审计处、人事处、机关党委、离退休人员办公室、派出审计一处、派出审计二处、派出审计三处、派出审计四处、派出审计五处、派出审计六处、派出审计七处、派出审计八处、派出审计九处、派出审计十处、派出审计十一处。厅机关下设一个二级局：云南省经济责任审计局，所辖经济责任审计一处、经济责任审计二处、经济责任审计三处；省纪委派驻的纪检组和省监察厅派驻的监察室；还设有 3 个直属事业单位（厅机关后勤服务中心、审计科研培训中心、计算机技术中心）和 1 个参公管理单位（内部审计指导中心）。

领导成员

厅　　长：尹建业

副 厅 长：段义田（正厅级巡视员，—11 月）

　　　　　吴绍吉　苏　黎　任晓珍

总审计师：史　峰（正处级，12 月—）

纪检组长：罗廷才

审计成果 2010 年，全省审计机关以科学发展观为统领，认真履行审计监督职责，充分发挥“免疫系统”功能和建设性作用，积极服务于全省经济社会发展大局，各项工作均取得了显著成效。共审计 9220 个单位，查出违规金额 71.39 亿元、管理不规范及损失浪费金额 269.92 亿元，审计决定收缴财政 11.72 亿元，通过审计促进增收节支 36.08 亿元。审计报告和信息被党委、政府和审计署批示采用 1803 篇。《云南农垦总局 2006 年至 2008 年绩效专项审计调查项目》获得审计署 2009 年度地方优秀项目第一名，《2007 年度省级固定资产投资项目贷款贴息资金审计》项目获得审计署 2009 年度地方表彰项目。

财政审计 科学整合不同层级与属性的审计资源，有效实现了与决算审签、绩效审计、经责审计、信息系统审计的有机结合，审计结果向社会作了全面公告；审计工作报告得到省人大常委会的充分肯定，并提出今后听取审计工作报告不设置时间限制；网络调查显示社会公众对审计工作报告的满意度达到 84%；在省政府加强自身建设的一系列措施推动下，各地、各部门和单位的依法行政和依法理财意识明显加强，审计整改工作趋于规范化和制度化，审计整改覆盖面持续拓展，整改内容进一步深化。2009 年 7 月至 2010 年 6 月，审计查出违规金额 106.1 亿元，截至 2010 年年底，已整改到位 100.6 亿元。省级预算执行审计整改率达到 95%。

固定资产投资审计 把中央和省委、省政府转方式、调结构等有关政策措施的落实情况作为审计监督重点，共审计投资总额1313.4亿元，核减投资25.5亿元；其中对全省2008年至2010年2月新增中央预算内扩大内需投资专项资金进行审计调查，重点跟踪审计调查46个治污项目，查出违规及管理不规范金额1.6亿元，省政府向全省通报了个别单位的严重违规问题；对全省中小学校舍安全工程、昆明新机场等360个重点项目进行跟踪审计，揭示违规违纪问题，促进各项政策措施的落实。

专项资金审计 按照省委、省政府统一部署，迅速启动了《突发重特大自然灾害救灾款物审计应急预案》，全省共投入审计人员529名，跟踪审计了抗旱救灾款物47.95亿元，向社会公告审计结果43次，未发现重大违纪违规问题，起到服务政府、稳定民心、鼓舞斗志的作用；向社会公开征集2010年度审计计划，并将公众较为关注的48个民生项目列入计划，截至年底已完成42个，已公告审计结果10个。还对玉树地震本省捐赠款物情况、以工代赈专项资金、华侨农场改革专项资金、福彩公益金等开展审计，切实维护了人民群众的基本权益和根本利益。

经济责任审计 审计各级领导干部794名，结果表明，大多数领导干部做到了守土有责、在位谋政、恪尽职守，领导干部队伍的总体情况是好的；审计同时也揭示出个别领导干部法治观念淡薄，责任意识不强，决策和管理不够规范的问题，共查出违规金额15.33亿元，管理不规范金额55.59亿元。通过试点，初步建立了县（市）长、乡（镇）长和国有企业领导人员的经济责任审计分类评价指标体系，推动了全省经济责任审计工作的创新发展。同时，开展了对《党政主要领导干部和国有企业领导人员经济责任审计规定》的学习宣传活动。

金融和企业审计 针对国际金融危机影响，加大对金融、国有资产运营等方面审计监督力度，通过对省级财政技改项目贴息资金以及农信社、农资公司、华侨农场等重点领域、重点单位和重点资金、重点项目的审计，发现了一些体制、机制和制度层面的问题，移送违法违规案件线索120件，并从省级层面修订和出台了《云南省固定资产投资项目贷款贴息资金管理办法》等10多份规范性文件，促进深化改革和制度建设，有效化解潜在风险。

绩效审计 认真贯彻落实省政府效能政府四项制度，抓住负责协调推进行政绩效管理制度的有利契机，一方面，积极开展行政绩效审计，从省政府确定的“两个20项”中选择16项开展行政绩效审计，对扩大内需项目建设及运营绩效进行审计，对29个省级单位的行政绩效作出审计评价，对10个重点单位实施行政绩效管理制度的情况进行检查，及时纠正存在问题，进一步促进行政绩效的提升；另一方面，改进审计机关自身的绩效管理方式，完善审计成本控制办法，实行重要工作目标倒逼管理和一线工作方法，进一步提升审计机关的工作效能和效果。

信息化建设 坚持把信息化建设作为实现云南审计跨越发展的根本途径，提前完成“金审工程”一、二期建设任务。首次对省地税局和7家省级医院承载财务和业务数据的信息系统进行审计，完成手工审计无法实现的目标，揭示了常规审计难以发现的问题，提高工作效率。首次开展AO应用实例和计算机审计专家经验评选，全省有20个计算机审计方法和20个AO应用实例分别获得优秀奖和应用奖，推荐参加审计署AO应用实例评选有18个获得表彰。还召开了全省审计信息化建设座谈会，出台全省审计机关计算机应用考评办法，发布“十二五”信息化发展规划，提出“十二五”要实现审计数字化的目标。

相关工作 省政府《关于加强基层审计工作的意见》出台一年来，“云南审计发展工程”快速推进，审计队伍整体素质明显提升，工作质量和水平明显提高，基层工作条件明显改善。130个县级审计机关中，计算机审计技术的应用率提前两年达到100%；已有114个县发布了审计结果公告，其中54个县公告率达50%以上；已有116个县拥有中级专业技术资格人员，占审计人员总数的平均比例超过了30%；已有48个县绩效审计项目的比例达到50%以上；第一批44个县新建或新购审计业务用房，已有35个县投入使用。通过深入开展“学习型、创新型、务实型”党组织建设和“爱读书读好书善读书”活动，大兴学习培训和科研强审之风，推动了审计理论研究工作的蓬勃发展，《云南省经济责任审计制度创新研究》《云南省预算执行审计创新研究》在审计署组织的优秀审计论文和研究报告评选活动中分获一等奖和二等奖，《加强云南基层审计工作研究》获省政府"云南发展研究奖"三等奖。2010 年，省委宣传部授予审计厅党组中心组为"全省理论武装工作先进单位"，授予审计厅为"学习型机关"。全省审计系统精神文明建设取得丰硕成果，被省委、省政府授予"云南省文明行业"荣誉称号，标志着全省审计工作从整体上跃上一个新的台阶。

（撰稿人：汪　文　方铁成）

【昆明市审计局】 2010 年，昆明市审计局人员编制 118 人，在编 113 人。局长李冰晶，副局长周大民、舒永恒、林英、王雷（6 月—）、易迎霞（11 月—），总审计师陈林。设有办公室、法规处、财政审计处、金融审计处、行政事业审计处、企业审计处、农业与资源环保审计处、社会保障审计处、固定资产投资审计处、涉外审计处、信息处、审计执行检查处、昆明市内部审计管理办公室、经济责任审计一处、经济责任审计二处、经济责任审计三处、人事教育处（离退休人员办公室）、机关党委。

审计成果 全市审计机关共完成审计项目 820 个，查出违规金额 19322 万元，其中应上缴财政 8899 万元，应减少财政拨款或补贴 5065 万元，应归还原渠道资金 634 万元，应调账处理金额 34006 万元；已上缴财政 6930 万元，已减少财政拨款或补贴 5051 万元，已归还原渠道资金 627 万元，已调账处理金额 20176 万元。移送司法机关、纪检监察部门处理事项 4 件。提交审计工作报告 944 份、信息 302 篇。

财政审计 开展市本级 2009 年度财政预算执行和 12 个市级部门 2009 年度预算执行情况的审计工作并进行结果公告。按照构建财政审计大格局的工作要求，从财政体制、机制、制度层面，提出有针对性和建设性的意见建议。

行政事业审计 开展市科技局、市政府研究室 2009 年度预算执行审计，追加了市民委经济责任审计项目，出具关于 2010 年上半年和下半年昆明市中小学校舍安全工程审计情况的综合报告 2 篇。

农业与资源环保审计 配合省审计厅开展 2010 年滇池污染治理项目绩效审计调查及滇池流域水污染防治"十一五"规划执行绩效情况专项审计调查。

固定资产投资审计 开展 16 个市本级政府重点投资竣工决算（结算）审计，对昆明轨道交通试验段、首期工程、3 号线、6 号线以及昆明新机场配套工程等 36 项政府投资建设项目的跟踪审计，组织对 18 个建设用地项目所涉及的土地储备支出的评审。

社会保障审计 按照市委、市政府和省审计厅的要求和部署，昆明市审计局及时启动《昆明市突发重特大自然灾害救灾款物审计应急预案》，确保抗旱资金专款专用。

企业审计 开展云南变压器电气股份有限公司 2009 年度资产负债审议情况审计和昆明市公交集团有限责任公司 2009 年度运营成本审计。

经济责任审计 成立了昆明市经济责任审计局，设立 3 个处，审计人员由原来 8 人增加为 12 人。全市审计机关对 154 名领导干部进行任期经济责任审计，对昆明市 14 个县（市）区人民检察院检察长任期经济责任进行全覆盖审计，并在 2 个县区试点将县（市）区长与该县（市）区书记实行"合并式"审计。

专项资金审计 完成昆明市规划局 2009 年 7 月 1 日至 2010 年 6 月 30 日城市基础设施配套费征收情况审计调查、昆明市 2009 年新增中央预算扩大内需投资专项资金审计调查、政府利用外资审计调查、2010 年抗旱救灾资金物资专项审计调查。

制度建设 制定出台了《昆明市经济责任审计评价办法》、《昆明市市管干部经济责任审计对象分类管理办法（试行）》、《昆明市市级政府投资建设项目审计审减费用管理暂行办法》、《昆明市内部审计协会财务管理办法》、《昆明市审计学会财务管理办法》等。

内部审计 根据中共昆明市委办公厅昆明市人民政府办公厅印发的《关于在市级部门和县（市）各纪检监察机构加挂审计机构牌子的通知》，70 家市级部门加挂了审计机构牌子，增加审计工作职能，截至年底，在审计机关备案管理的各单位审计人员达到 187 人。组织培训内审人员 157

人，制定出台了《昆明市内部审计管理办法》。

（撰稿人：马泽福）

【曲靖市审计局】　2010年，曲靖市审计局人员编制55人，在编55人。局长宁伯浩，副局长郭建春、李生荣。设有办公室、法制科、科技信息科、财政审计科、经贸审计科、社会保障审计科、行政事业审计科、农业与资源环保审计科、经济责任审计科、固定资产投资审计科、政府性投资前置审计科、金融与外资运用审计科。

审计成果　全市审计机关共完成审计项目1934项，审计查出违规金额34210万元，其中应上缴财政18969万元，应归还原渠道资金4723万元，应调账处理3089万元，应减少财政拨款和补贴333万元；已上缴财政17839万元，已归还原渠道资金4677万元，已调账处理3089万元，已减少财政拨款和补贴333万元。提出审计建议2425条，被采纳的审计建议1234条；提交审计专题、综合性报告和信息简报174篇，被有关部门批示、采用41篇次。公告审计结果69个。

财政审计　完成预算执行审计项目64个，查出预算编报不实5082万元，未按规定征收缴纳预算收入19039万元，隐瞒转移截留预算收入1227万元，财政收入核算不实384万元，资金滞留906万元，财政支出核算不实975万元，违规改变资金用途91万元，超预算列支546万元，“账外”资产8003万元，未落实收支两条线管理规定278万元，预算结余不实1919万元，资产核算不实113万元，其他违规问题金额20295万元。审计处理上缴财政8641万元。

完成决算审计项目29个，查出决算编报不规范186万元，未按规定征收缴纳预算收入2332万元，隐瞒转移截留预算收入342万元，财政收入核算不实9979万元，财政支出核算不实390万元，违规改变资金用途135万元，其他问题金额6152万元。审计处理应上缴财政2576万元。

行政事业审计　完成166个党政部门和行政事业单位的审计，查出应缴未缴财政收入914万元、隐瞒转移截留收入110万元、违规改变资金用途130万元、虚列支出1650万元，未落实收支两条线管理和专户管理规定6327万元，“账外”资产2353万元，少计少缴税费578万元，乱收费乱摊派乱罚款334万元，其他问题金额31679万元。审计决定处理应上缴财政5686万元。

固定资产投资审计　完成前置审计项目888个，审计拦标价45.98亿元，审定前置审计价41.69亿元，审计核减工程造价4.29亿元，为政府节约投资4.29亿元，平均核减率9.3%。完成建设项目竣工决算审计项目391项，审计总投资164552万元，审计核减5229万元。

经济责任审计　完成99名领导干部的任期经济责任审计，其中县处级领导18人，县处级以下领导81人。查出违规金额614万元，管理不规范金额1996万元，均属主管责任。

专项资金审计　完成审计项目145个，审计资金总额99.6亿元，查出违规改变项目计划和资金用途254万元，资金滞留闲置14189万元，配套资金不落实410万元，其他问题金额3390万元，促进拨付到位资金1082万元。

云审工程建设　根据《云南省人民政府关于加强基层审计工作的意见》（云政发〔2009〕73号）要求，全市加强基层审计机关建设工作全面展开。全市9个县（市）区审计机关，计划投资3250万元。年内，马龙县、罗平县业务用房已完工，宣威市、会泽县、沾益县已开工，其他县正在进行前期工作。（撰稿人：陈守忠）

【玉溪市审计局】　2010年，玉溪市审计局人员编制50人，在编49人。局长申列京，副局长禹联信、杨海明、黄太武。设有办公室、法规科、财政金融审计科、经济责任审计科、固定资产投资前置审计科、固定资产投资决算审计科、农业与资源环保审计科、经贸与社会保障审计科、行政与科教文卫审计科、信息科。

审计成果　全市审计机关共完成审计项目711个。审计查出问题金额187125万元，其中违规金额17317万元，管理不规范金额169808万元。审计决定应上缴财政8032万元，应归还原渠道资金7317万元，应调账处理金额12076万元，应减少财政拨款或补贴38万元。移送司法、纪检监察机关处理案件17件，涉及人员7人，涉及金额3732万元；移送其他部门处理事项21项，涉及人员10人，涉及金额285万元。审计后共出具审计（调查）报告735篇，提出建议1349条、被采纳 1218 条。提交审计专题、综合性报告和信息简报 309 篇，被批示、采用 223 篇。

财政审计　完成财政审计项目 54 个，其中财政预算执行 11 个，部门预算执行 25 个，税收征管 11 个，财政决算 7 个。查出违规金额 9412 万元，管理不规范金额 79392 万元。审计决定应上缴财政 4240 万元，应归还原渠道资金 296 万元，应调账处理 1871 万元。

固定资产投资审计　投资审计在形式上从单一的竣工决算审计发展到前置审计、跟踪审计与决算审计并重，共审计投资项目 515 个，其中前置审计 219 个。审计投资总额 478243 万元，核减工程投资 30027 万元，核增 2555 万元。委托或聘请中介组织参与投资审计项目 414 项，参与人数 865 人次，支付委托项目审计费 560 万元。

经济责任审计　继续推行“1＋N”审计模式，积极配合省审计厅和市委组织部向省委组织部回复了 6 名省管领导干部的审计意见。全年共完成经济责任审计 53 个，查出违规金额 6154 万元，管理不规范金额 26082 万元，其中主管责任金额 29365 万元，直接责任金额 2871 万元。

专项资金审计　完成专项资金审计项目 72 个，审计专项资金总额 521908 万元，查出违规金额 714 万元，管理不规范金额 15363 万元。审计决定上缴财政 661 万元。

绩效审计　以牵头推进行政绩效管理制度为契机，把绩效审计与预算执行、经济责任、投资项目和专项资金审计有机结合，把审计重点投向政策执行、制度完善、效果分析等宏观领域。全市完成绩效审计 201 个。　（撰稿人：王　曦）

【保山市审计局】　2010 年，保山市审计局人员编制 33 人，在编 32 人。局长罗建国，副局长于剑武。设有办公室、计算机信息中心、人事教育法制科、财政金融审计科、行政事业审计科、农业资源环保审计科、社会保障审计科、经贸审计科、经济责任审计科、固定资产投资审计科、内部审计指导科。

审计成果　全市审计机关共完成审计（调查）项目 376 个；查出违规金额 19478 万元，其中应上缴财政 3346 万元，应减少财政拨款或补贴 37 万元，应归还原渠道资金 854 万元，应调账处理金额 4418 万元；已上缴财政 3266 万元，已减少财政拨款或补贴 37 万元，已归还原渠道资金 383 万元，已调账处理金额 1690 万元。移送司法机关、纪检监察部门处理事项 5 件 7 人、涉及资金 723 万元；建议有关部门处理事项 1 件。提交审计工作报告 81 份、信息 198 篇，被采用 82 篇。提出审计建议 844 条，被采纳 802 条。

预算执行审计　完成 33 个单位的预算执行审计，查出未按规定征收缴纳预算收入、财政收入核算不实、财政支出核算不实以及资金滞留等问题，审计后应上缴财政 1846 万元，年末已上缴 1845 万元。

固定资产投资审计　完成固定资产投资审计（调查）项目 157 个，审计查出工程造价不实、少计少缴税费、账外资产、挤占建设成本等问题，审计后核减工程款 788 万元。

经济责任审计　对 37 名党政领导干部和企业领导人员进行经济责任审计，查出违规金额 4854 万元，管理不规范金额 8034 万元，损失浪费金额 36 万元。

专项资金审计　完成专项资金审计项目 110 个，审计调查项目 9 个，审计（调查）项目数占年度完成项目数的 32%，审计资金总额 548091 万元。

内部审计工作　全市 157 个内部审计机构（其中专职机构 90 个）、440 人（其中专职人员 226 人）完成 1712 个审计项目，查出损失浪费金额 44 万元，增加效益 405 万元，提出建议意见 312 条。

绩效审计　保山市审计局联合市发改委、市财政局制订了《保山市行政机关绩效管理制度工作方案》，并对 9 项重大建设项目、3 项重要工作资金进行绩效审计。市审计局、市发改委和市财政局分别制订了《保山审计局 2010 年行政绩效审计工作方案》《保山市发改委关于政府投资重大项目开展稽查的实施方案》和《保山市市级财政支出绩效评价暂行办法》，认真开展了绩效审计、项目稽查和绩效评价工作，有效提升行政机关的行政效能。

相关工作　全市审计机关在认真组织对抗旱救灾资金物资跟踪审计的同时，共投入联系抗旱村资金 6 万元，为隆阳区丙麻乡河西村羊山头村民小组协调畜饮水工程资金 43 万元，解决了 34 户、140 人、156 头大牲畜的饮水问题。全市审计机关参与抗旱的同时积极捐献爱心，共为抗旱捐款 5.4 万元。全年深入扶贫挂钩村调研 29 人(次)，为基层组织活动场所建设、协调乡村道路通达工程资金、产业扶持等共投入、协调资金 29.88 万元；为隆阳区杨柳乡茶花村茶花树自然村的基础设施和村容村貌整乡推进试点项目，协调资金 6 万元。 (撰稿人：王绍婷)

【昭通市审计局】 2010 年，昭通市审计局人员编制 48 人，在编 46 人。局长陈明甫，副局长赵萍、王兴宝、丁昌勇。设有办公室、财政审计科、社会保障审计科、农业与资源环保审计科、外资金融审计科、行政事业审计科、固定资产投资审计科、经济责任审计一科、经济责任审计二科、法制科、计算机中心、投资审计中心、内审协会。

审计成果 昭通市审计局完成审计项目 53 个，查出违规金额 16.7 万元，应上缴财政 16.7 万元，应归还原渠道资金 798 万元，应调账处理 396 万元；提出审计建议 105 条；提交审计（调查）报告 53 份，发布审计公告 9 期，报送审计信息 35 篇、批示 1 篇。

财政审计 完成审计项目 17 个，查出违规及管理不规范金额 6760 万元。

固定资产投资审计 完成重点建设项目投资跟踪审计和竣工决算审项目 10 个。重点建设项目投资跟踪审计和审计调查 4 个项目，其中校安工程项目审计总金额 57380.7 万元，扩大内需项目审计总金额 160699.6 万元，廉租房建设和农村公路工程审计调查金额 6807.2 万元；政府投资项目竣工决算审计 6 个，送审金额 40463.9 万元，审减投资 4415.6 万元，审减率为 10.9%。

经济责任审计 根据市组织部门的委托，开展市计生委等 8 个部门主要领导和鲁甸、彝良 2 个县县长任期经济责任审计。

专项资金审计 完成专项资金审计项目 4 个。其中组织全市审计力量对 11 个县（区）2009 年度新农合基金的筹集、管理、使用情况进行审计调查，重点抽查 50 个乡镇、136 个村、68 个定点医疗机构，入户核实调查农户 1012 户。

专项资金审计 共完成重大投资建设项目、重大民生资金和市直重点部门财政资金的支出情况等方面的审计项目 12 个，涉及相关责任部门 14 个，总金额 11.3 亿元。

相关工作 组织领导班子 2 人参加了审计署及省审计厅组织的新任局长培训班学习；组织开展了《浅析财政预算执行审计》等 10 个专题的审计知识培训，参训人员 450 余人次；组织 2 名审计人员参加了省审计厅组织的高级审计师知识培训，1 名审计人员参加了省审计厅组织的审计师知识培训；组织开展 AO 系统应用软件全员培训 2 期，参训人员 42 人次，一线审计人员 100%通过 AO 认证考试，通过中级职称考试的人数占全局审计人员的 34.78%。 (撰稿人：胡官蓉)

【丽江市审计局】 2010 年，丽江市审计局人员编制 21 人，在编 20 人。局长和波涛，副局长陈秀英、文金海。设经贸投资审计科、农业资金审计科、法制科、财经审计科、经济责任审计办公室、固定资产投资审计中心、局办公室。

审计成果 丽江市审计局完成审计项目 44 个，查出违规金额 3956 万元，应调账处理金额 678 万元，应归还原渠道资金 520 万元；已归还原渠道资金 78 万元，已调账处理金额 601 万元。提交审计工作报告 43 份、信息 26 篇。

预算执行审计 注重调整审计思路和突出审计重点，共完成审计项目 6 个，查出违规金额 5 万元。

固定资产投资审计 扩大了投资审计覆盖面，为政府节约大量建设资金。完成政府投资审计项目 70 个，送审金额共计 62978 万元，审减 1693 万元。

经济责任审计 探索经济责任审计方式、方法，做到经济责任审计同预算执行审计相结合。完成审计项目 12 个，查出违规金额 3009 万元，管理不规范金额 8689 万元。

专项资金审计 加强对社会主义新农村建设以及教育、医疗、社保等财政专项资金的审计监督力度。共完成审计项目 10 个，查出违规金额 442 万元，管理不规范金额 65 万元。

法制建设 开展了新审计法条例的学习宣传，提高审计法制化和规范化水平，加大对执行审计意见和决定的检查、督促，严格审计复核，做到依法行政和依法审计。

队伍建设 组织集中学习培训3次近180人次，参加上级审计机关学习培训45人次。全市通过审计署AO应用培训认证考试的审计人员达到77人，占全市审计人员的95%。1人获得审计师职称，4人通过了高级审计师资格考试，有2人考取云南财大MPA硕士研究生。

绩效审计 制订了《丽江市行政机关行政绩效管理制度工作方案》和《丽江市审计局2010年行政绩效审计工作方案》，围绕市政府确定的20个重大建设项目和20项重要工作，选定其中的10个重大建设项目和10项重要工作涉及的项目作为审计对象，并明确了绩效审计的内容、方式、评价标准及组织分工。

相关工作 认真贯彻落实省政府73号文件精神，积极筹措资金，加快了审计机关办公楼建设速度。其中古城区审计局新建办公楼工程项目，计划预算投资213.79万元，项目建筑面积903.9平方米；玉龙县审计局新建办公楼工程项目，计划预算投资250万元，项目建筑面积1100平方米；永胜县审计局购置办公楼项目，已经有偿转让县政协办公楼建筑面积560平方米，有偿转让价格80万元；宁蒗县审计局购置办公楼项目，政府有偿划拨原县检察院主体办公楼，占地总面积为1925平方米。 （撰稿人：范小琴）

【普洱市审计局】 2010年，普洱市审计局人员编制30人，在编39人。局长张保国，副局长段萍、李海鹰，总审计师罗恒林，纪检组长任向前。设有办公室、法规科、财政金融审计科、行政事业审计科、农业与资源环保审计科、社会保障与外资审计科、固定资产投资审计科、经济责任审计一科、经济责任审计二科、计算机审计科、内部审计指导科。

审计成果 全市审计机关共完成审计项目364个，查出违规金额36869万元，管理不规范金额47446万元。审计决定应上缴财政3296万元，应减少财政拨款或补贴961万元，应归还原渠道资金821万元，应调账处理金额21626万元。固定资产投资审计核减工程投资额1173万元。移送纪检监察部门处理事项2件，涉及金额173万元。移送税务部门处理事项2件，金额435万元。审计后已上缴财政3130万元，已减少财政拨款或补贴844万元，已归还原渠道资金396万元，已调账处理金额9877万元。提交审计专题、综合性报告和信息简报110篇，被批示、采用48篇。提出审计建议1045条，被采纳933条。

财政审计 完成预算执行审计65项，查出违规金额14409万元，管理不规范金额32174万元。审计决定应上缴财政2579万元，应减少财政拨款或补贴51万元，应归还原渠道资金320万元，应调账处理6457万元。审计后已上缴财政2505万元，已减少财政拨款或补贴51万元，已归还原渠道资金216万元，已调账处理6457万元。完成财政决算审计8项，查出违规金额12183万元，管理不规范金额6868万元。审计决定应上缴财政83万元，应归还原渠道资金247万元，应调账处理11806万元。审计后已上缴财政95万元。

固定资产投资审计 完成投资项目审计99个，审计项目投资额69898万元。查出违规金额1788万元，管理不规范金额265万元，核减工程投资和结算金额1173万元，挽回和避免损失733万元。审计决定应上缴财政22万元，应减少财政拨款或补贴910万元，应归还原渠道资金27万元，应调账处理147万元。

经济责任审计 对46名领导干部进行经济责任审计，查出违规金额1883万元，管理不规范金额5482万元，移送纪检机关处理人员2人。

专项资金审计（调查） 完成专项资金审计133个，审计专项资金总额1159013万元。查出违规金额1900万元，管理不规范金额2284万元，审计决定上缴财政222万元，应归还原渠道资金136万元。

内部审计 普洱市内审机构完成审计项目161个，查出损失浪费金额20万元，增加经济效益88万元，提出审计建议114条，被采纳114条。

相关工作 全市11个审计机关全部建成各级文明单位，文明单位建成率达100%。2010年，普洱市审计局被省文明办、省审计厅表彰为“精神文明建设先进地区”。

在2010年党风廉政建设责任制考核中，普洱市审计局被普洱市委、市政府表彰为“优秀单位”。

（撰稿人：陶 军）

【临沧市审计局】 2010年，临沧市审计局人员编制44人，在编41人。局长查天云，副局长陈震武、罗家贤，总审计师邓绍华。设有办公室、法制科、财政审计科、行政事业审计科、农业审计科、经贸审计科、基础设施投资审计科、工业与民用建筑投资审计科、领导干部任期经济责任审计办公室、内部审计指导科、信息化科、社会保障审计科。

审计成果 全市审计机关完成审计项目315个，查出违规金额4.23亿元，管理不规范金额10.14亿元；应上缴财政3835万元，已上缴财政3440万元，同比增加1.63倍；审计核减工程投资3911万元，挽回损失3915万元，同比增加27.2%。审计后移送司法机关案件线索2件3人，移交纪检监察部门处理4件2人。提交审计专题、综合性报告及信息简报263篇、被批示采用138篇，提出审计建议818条、被采纳598条。向社会公告审计结果178个。

市审计局连续4年被市委授予"基层党建示范点"和"先进基层党组织"荣誉。实行了一岗多责，层层签订廉政责任书、审计质量责任书、保密责任书等，市审计局连续8年被表彰为"党风廉政建设先进集体"。

预算执行审计 以财政预算为主线，采取预算执行审计、经济责任审计、财政审计、专项审计、投资审计相结合的方式，审计预算执行项目48个，查出未按规定征收缴纳预算收入2832万元，财政收入核算不实112万元，资金滞留闲置28627万元，财政收支核算不实2523万元，违规改变资金用途17180万元，应上缴财政3371万元，已上缴财政3223万元，执行率为95.61%。

专项资金审计 重点揭露了不及时拨付、隐瞒挤占挪用、虚列转移支出、擅自改变资金投向等问题。审计单位58个，审计发现违规改变项目计划和资金用途14万元，未纳入财政专户管理46万元，配套资金不落实1146万元，审计后挽回（避免）损失78万元。

行政事业审计 审计项目35个，审计发现应缴未缴预算收入21万元，违规改变资金用途573万元，虚列支出577万元，未落实收支两条线和专户管理规定148万元，"账外"资产167万元，乱收费乱摊派乱罚款71万元，超标准超计划支出63万元，其他违规问题4534万元，应上缴财政211万元，已上缴财政63万元。

固定资产投资审计 审计项目121个，审计发现违规改变资金用途900万元，多计工程款5088万元，少计少缴税费96万元，超计划超标准超规模2902万元，审计核减投资额3911万元，审计后挽回（避免）损失3915万元，应上缴财政252万元，已上缴财政56万元。

经济责任审计 市委办公室和市政府办公室联合印发《临沧市领导干部任期经济责任审计工作领导小组工作制度（暂行）》和《临沧市领导干部任期经济责任审计工作领导小组成员单位职责分工及协调配合制度》，推动了全市经济责任审计工作的法制化、规范化和正规化进程。全年审计项目29个，审计发现应负主管责任的违规金额2092万元，应负直接责任的违规金额470万元，应负主管责任的管理不规范金额2221万元，应负直接责任的管理不规范金额14万元。

内部审计 加大培训指导力度，提高内审人员素质。完成内审项目434个，其中财务审计63项，效益审计6项，经济责任审计44项，基本建设项目审计187项，专项审计52项，内控评审4项，其他78项。查出损失浪费2万元，发现大案要案线索3件，审计后为单位增加效益410万元，提出建议意见被采纳420条，建议给予行政处分30人，移送司法机关处理2人，财务决算审签3个。

相关工作 （1）"云审工程"的实施，有效改善了全市审计机关工作环境，极大提高了审计队伍整体素质。截至2010年12月，省级专项资金到位360万元，已全部拨付到县级审计机关，实行专款专用。双江县已落实审计局建设用地，临翔区审计局正在筹备前期工作，沧源县审计局已新购办公用房，耿马县审计局业务用房完成改造装修，云县、永德县、凤庆县、镇康县审计局已随政府搬迁办公；耿马、云县、永德、凤庆、镇康5县审计局更新了业务用车；全市计算机审计应用已达到100%；全市171名在职审计人员中，取得中级以上专业技术资格26人（高级4人），占总在职人数的15.2%。

（2）开展了"精神文明进我家"、"审计文明知识讲座"、"创先争优——争当文明审计工作者"

征文等活动，全市 9 个审计机关全为省级和市级“文明行业”，其中市审计局、云县审计局为省级文明单位，其余 7 县（区）审计局均为市级文明单位。

（3）认真履行牵头实施行政绩效管理制度的职责，制定了实施细则和工作方案，开展了业务培训。围绕市委、政府确定的 30 个重大项目和重要工作，对 12 个重大项目和 6 项重点工作进行绩效审计调查，邀请市政府督查室、市纪委第六派出纪工委组成督查组对市直 47 个行政绩效管理制度实施单位进行专项督查，并通报了督查结果。

（撰稿人：王明华）

【德宏傣族景颇族自治州审计局】 2010 年，德宏傣族景颇族自治州审计局（以下简称德宏州审计局）人员编制 27 人，在编 27 人。局长郝豫昆，副局长刘宗燕、雪琳。设有办公室、综合法制科、财政金融审计科、领导干部任期经济责任审计科、行政事业审计科、经贸社会保障审计科、农业与资源环保审计科、固定资产投资外资运用审计科。

审计成果 德宏州审计局完成审计项目 17 个、审计调查 3 个，查出违规金额 1622 万元、管理不规范金额 88232 万元。应上缴财政 1595 万元，应调账处理 616 万元。提出审计建议 30 条，被审计单位采纳 30 条；报送审计信息 44 篇，批示采用 34 篇。

财政审计 完成审计项目 4 个，查出未按规定征收缴纳收入 1741 万元、违规改变资金用途 30 万元，其中应上缴财政 1741 万元，已上缴财政 1741 万元。

行政事业审计 完成审计项目 5 个，查出应缴未缴预算收入 6 万元、违规改变资金用途 77 万元、未落实收支两条线和专户管理规定 18 万元、“账外”资产 28 万元，对所发现违规问题均依法进行处理处罚，促进了财政财务收支行为的规范化。

固定资产投资审计 认真落实《德宏州国家建设项目审计暂行办法》，完成审计项目 3 个、审计调查 1 个，审计投资金额 34897 万元，查出多计工程价款 68 万元、超计划超标准超规模 202 万元，并对查出的违规问题均依法进行了处理处罚，责令被审计单位上缴财政 122 万元，已上缴 20 万元，共计核减工程款 617 万元，通过审计挽回或避免损失 613 万元，为国家节省建设资金，维护投资秩序。

经济责任审计 完成审计项目 2 个，查出违规金额 65 万元、管理不规范金额 154 万元，均依法进行了处理处罚。

专项资金审计 强化对社会保障、科教文卫体、农林水、环保、基础设施建设等民生项目资金的审计监管，全年开展专项资金审计项目 4 个，审计调查项目 2 个，审计资金总额 133283 万元。

（撰稿人：李志远）

【怒江傈僳族自治州审计局】 2010 年，怒江傈僳族自治州审计局（以下简称怒江州审计局）人员编制 33 人（事业人员编制 5 人），在编 28 人。局长刘双宝，副局长杨世周、陈坤良（2 月—）。设有办公室、法制综合科、经济责任审计科、企业与外资审计科、农业与资源环保审计科、行政事业审计科、财政金融审计科、计算机审计应用科、社会保障审计科、怒江州固定资产投资审计中心。

审计成果 怒江州审计局完成审计项目 47 个，审计调查项目 6 个，查出违规金额 17566 万元，损失浪费金额 397 万元，管理不规范金额 149108 万元。其中应上缴财政 252 万元，应归还原渠道资金 27691 万元，应调账处理金额 38954 万元；已上缴财政 96 万元，已归还原渠道资金 4435 万元，已调账处理金额 13181 万元。出具审计报告和报送审计调查报告 53 份，提出建议 44 条，被采纳 36 条。提交综合性报告和信息简报 47 篇，被批示采用 9 篇。向社会公告审计结果 9 篇。

财政审计 完成审计项目 8 个，查出违规金额 1929 万元，管理不规范金额 23 万元。进一步规范了财政收支行为和资金使用效益，增强了财政预算管理，推动怒江州财政体制改革进程。

完成审计项目 1 个，查出违规金额 512 万元，管理不规范金额 67410 万元，应上缴财政 56 万元。该项目获得审计署 AO 应用实例鼓励奖和省审计厅 AO 应用实例应用奖。

固定资产投资审计（调查） 完成审计项目 24 个，查出违规金额 422 万元，其中应归还原渠道资金350万元，应调账处理金额72万元；核减投资额67万元。扩大了对民生工程、基础设施、生态环境建设等重大投资项目的审计覆盖面。

经济责任审计　完成审计项目11个，查出违规金额13378万元，管理不规范金额81191万元。开展泸水县县委书记、县长党政“一把手、2＋4”联动式经济责任审计，更好地发挥了经济责任审计在服务干部管理监督、促进党风廉政建设、保障经济社会健康发展等方面的积极作用，进一步推动怒江州开展县、乡（镇）党委、政府领导干部经济责任审计的步伐。

专项资金审计（调查）　完成审计项目3个，审计调查项目6个，审计专项资金总额15046万元，查出问题金额1809万元，应上缴财政16万元，已上缴财政16万元。加强了财政扶贫资金的管理，确保国家的各项惠农政策执行到位，更好地促进扶贫资金发挥效益。4月，怒江州审计局集全州审计力量，牵头对全州财政专项资金进行拉网式检查，进一步规范了资金的使用和安全。

（撰稿人：刘　婕）

【迪庆藏族自治州审计局】　2010年，迪庆藏族自治州审计局人员编制23人，在编22人。局长浦永兴，副局长张柱能、赵凤英。设有办公室、综合法规科、财政金融审计科、行政事业审计科、固定资产投资审计科、经济责任审计科。

审计成果　迪庆藏族自治州审计局完成审计项目44个，查出违规金额1819万元，其中应上缴财政5万元，应归还原渠道资金118万元，应调账处理金额1441万元；已调账处理金额1054万元。提交审计工作报告44份、信息16篇，被采用5篇。

财政审计　完成审计项目2个，查出其他问题金额1575万元。

行政事业审计　完成审计项目14个，查出隐瞒截留收入77万元，违规改变资金用途8万元，虚列支出2万元，少计少缴税费5万元，未落实收支两条线和专户管理规定9万元，“账外”资产155万元，其他440万元；应上缴财政5万元。

固定资产投资审计　完成审计项目16个，审计投资额19亿元，完成投资额5亿元，核减投资额（工程款）1136万元；查出价款不实（多计）1020万元，挤占建设成本12万元，其他15万元。

经济责任审计　完成审计项目10个，查出负主管责任的违规金额228万元，管理不规范金额14万元。

专项资金审计　完成审计项目5个，审计调查7个，审计资金总额13.7亿元，促进拨付资金到位503万元，查出其他问题金额1063万元，审计后挽回（避免）损失341万元。

（撰稿人：郑永平）

【大理白族自治州审计局】　2010年，大理白族自治州审计局人员编制54人，在编52人。局长张学义，副局长杜永进、施黄、梁育鸿。设有办公室、法制科、内部审计指导科、行政事业审计科、农业环保审计科、经贸审计科、财金审计科、经济责任审计一科、二科、固定资产审计科、政府性投资建设项目审计科。

审计成果　全州审计机关共完成审计项目905个，查出违规金额12309万元，管理不规范金额29310万元。通过审计处理处罚，已上缴财政1936万元，已减少财政拨款或补贴741万元，已归还原渠道资金2587万元，已调账处理金额3715万元。出具审计报告和审计调查报告905份，提出审计意见和建议585条，被各级党委、政府和上级审计机关采纳359条。

财政审计　在对全州2009年度财政预算执行和其他财政收支情况进行全面审计的同时，延伸审计了大理州国有资产经营公司、融资担保公司和小额信贷担保公司，以及巍山、鹤庆两个县的2009年度财政决算；完成了全州地税系统的联网审计和对大理州公安局、大理州检察院、大理州法院、大理州司法局、大理州环保局等单位的预算执行及其他财政财务收支审计，揭示出部分单位年初预算不够细化、专项资金核算不够规范、项目实施进度缓慢等问题。

固定资产投资审计　完成政府投资建设项目审计738个，审计投资总额276845万元，审计核减投资额22368万元，平均核减率达8%。

经济责任审计　坚持贯彻省、州领导小组关于重点审计“大项目、大资金、大范围”的要求，努力实现监督手段和方法的创新，同时开展了大理市人民政府市长、大理市公（公安局）、检（检察院）、法（法院）三长和大理经济开发区管委会主任的任期经济责任审计，并在认真开展部分乡镇长任期经济责任审计的基础上，提请州委、州政府出台了《大理州领导干部离任经济责任事项交接制度》和《大理州乡镇长经济责任审计评价办法》，对年内实施的经济责任审计结果进行了公告。

专项资金审计（调查）　强化对农业扶贫、抗震救灾、医保、社保等专项资金的审计，完成民生资金专项审计和审计调查项目 41 个，其中抗旱救灾资金审计项目 13 个、社会保障资金审计项目 3 个、科教文卫资金审计项目 9 个、农林水专项资金审计项目 9 个、基础设施资金审计项目 7 个，审计资金总额达 18 亿元。（撰稿人：谢云山）

【楚雄彝族自治州审计局】　2010 年，楚雄彝族自治州审计局共有干部职工 53 人。局长张万礼，副局长王之忠、徐永金、陶光明，总审计师胡晓雯。设有办公室、人事培训科、党总支办公室、法制科、信息科、财政审计科、金融与外资运用审计科、经济责任审计科、行政事业审计科、社会保障资金审计科、固定资产投资审计科、经贸审计科、农业与资源环保审计科。

审计成果　全州审计机关共完成审计项目和审计调查项目 522 个，其中审计项目 494 个，审计调查 28 个。查出违规金额 25573 万元，损失浪费金额 179 万元，管理不规范金额 147196 万元，应上缴财政 5973 万元，应减少财政拨款或补贴 1909 万元，应归还原渠道资金 27492 万元。已上缴财政 4596 万元，审计核减工程投资 3022 万元。审计移送司法机关案件 1 件 2 人，纪检监察部门 2 件 5 人，有关部门 2 件 1 人。向社会公告审计结果 365 篇，提交审计专题、综合性报告和信息简报 411 篇，被批示采用 411 篇，审计建议被采纳 1272 条。

财政审计　完成预算执行审计 28 个，财政决算审计 9 个。以预算编制的完整性和预算执行的真实性、合法性为重点，开展财政预算执行审计；财政决算审计注重通过从宏观管理的角度揭示财政资金管理不规范等存在的问题，进一步规范财税管理工作；按照“一条线”审计模式，采取“六统一”审计方式，并试行应用地税联网审计系统开展审计；整合审计力量，实现上下联动，并做到财政审计与经济责任审计相结合。

固定资产投资审计　完成固定资产投资审计 233 个，项目投资额 376885 万元，核减投资额 3022 万元，促进了投资管理科学化、规范化。

经济责任审计　完成经济责任审计项目 89 个，审计查出违规金额 12478 万元，其中涉及主管责任金额 12372 万元、直接责任金额 106 万元。查出管理不规范金额 13217 万元。以关注领导干部任期履行经济责任为重点，稳步推进经济责任审计和县（市）长经济责任评价试点工作，制定了《楚雄州县（市）长经济责任审计评价暂行办法》，开展 2 个县（市）长经济责任审计评价试点工作。

专项资金审计　完成专项资金审计 152 个，行政事业审计 98 个，金融审计 1 个，企业审计 1 个。重点关注经济社会可持续发展、涉及人民群众切身利益方面的内容，对抗旱救灾、地震救灾款物、新型农村合作医疗资金、住房维修基金等资金进行审计，并将审计结果及时进行公告。

相关工作　落实“云审工程”建设资金 3865 万元，征用土地 44 亩，完成投资 3055 万元，其中 2 个县完善配套 1894 平方米的工程已完工投入使用，8 个新建办公用房的县市中有 6 个已竣工投入使用，2 个县根据县政府的统一规划安排，正在施工建设中。

投入培训经费 176.7 万余元，完成 13 批次、986 人次的培训工作。全州审计机关高级审计师有 3 人通过评审、理论考试合格 26 名，占全省总通过人员 112 名的 23.2%，并考取审计师 43 名、经济师 3 名、招标师 1 名、统计师 1 名，考取造价员 1 名；通过审计署计算机中级考试合格 4 名。

（撰稿人：杨崇显）

【红河哈尼族彝族自治州审计局】　2010 年，红河哈尼族彝族自治州审计局（以下简称红河州审计局）人员编制 52 人，在编 45 人。局长吴自云，副局长解友发、谭亚东、龚宁华。设有办公室、综合法制科、经济责任审计办公室、行政审计科、财金审计科、社会保障审计科、投资审计科、经贸审计科、农业与环保审计科、事业审计科、计算机技术中心。

审计成果　红河州审计机关完成审计项目680个，查出违规金额36003万元，其中应上缴财政19513万元，应减少财政拨款或补贴6560万元，应归还原渠道资金10936万元，应调账处理金额19162万元；已上缴财政17640万元，已减少财政拨款或补贴6560万元，已归还原渠道资金9076万元，已调账处理金额17011万元。提交审计工作报告、信息389篇，被采用178篇。

财政审计　完成预算执行审计项目62个，查出违规金额22328万元，管理不规范金额31829万元，应上缴财政16544万元，应归还原渠道资金2604万元，应调账处理金额10459万元；开展财政决算审计项目3个，查出违规金额29万元，管理不规范金额9146万元，应上缴财政12万元，应归还原渠道资金17万元，应调账处理金额1459万元。移送有关部门处理事项1件，涉及金额216万元。

固定资产投资审计　完成审计项目190个，查出违规金额281万元，管理不规范金额10253万元，应上缴财政181万元，应减少财政拨款或补贴6560万元，应归还原资金渠道93万元，应调账处理81万元，核减投资额10592万元。

专项资金审计　坚持关注民生、体现民意、维护民利，围绕省政府20项重要工作和州政府确定的重点工作，以及社会关注的热点问题，开展民生资金和民生工程审计。完成审计和审计调查项目295个，查出违规金额784万元，管理不规范金额70338万元，应上缴财政232万元，应归还原渠道资金518万元，应调账处理金额581万元。

经济责任审计　完成91名领导干部的经济责任审计，查出领导干部对违规金额负有主管责任12035万元，直接责任42万元；查出领导干部对管理不规范金额负有主管责任29339万元，直接责任10万元。制定出台了《红河州县（市）长任期经济责任审计评价暂行办法》。

行政事业审计　完成审计项目126个，查出违规金额12577万元，管理不规范金额34888万元，应上缴财政2543万元，应归还原渠道资金7704万元，应调账处理金额6541万元，移送纪检监察处理事项1起，涉及金额811万元，移送有关部门处理事项1起，涉及金额864万元。

企业审计　审计项目4个，查出违规金额1万元，管理不规范金额201万元，应上缴财政1万元，应调账处理金额41万元。

（撰稿人：普发俊）

【文山壮族苗族自治州审计局】　2010年，文山壮族苗族自治州审计局（以下简称文山州审计局）人员编制28名，在职35人。局长余游，副局长李建祥、何淑清、陆明会、李云山。设有办公室、综合法规科、企业审计科、行政事业审计科、财政金融审计科、农业审计科、固定资产投资审计科、领导干部任期经济责任审计科、计算机中心。

审计成果　文山州审计机关完成审计项目217个，查出违规金额39567万元，其中应上缴财政5334万元，应归还原渠道资金139万元，应调账处理金额1390万元；已上缴财政5198万元，已归还原渠道资金35万元，已调账处理金额1390万元。出具审计结果报告和审计调查报告217份、提出审计建议334条，报送审计信息61篇，被采用10篇。

财政审计　围绕保障积极财政政策的贯彻实施，按照“做深财政审计”的要求及全省“一盘棋”的布局和“一条线”的模式，全年共开展预算执行和地税联网审计2个，查出违规金额665万元，管理不规范金额3712万元，调账处理金额665万元。

行政事业审计　以规范财政财务收支行为、加强财务管理为目标，选择领导重视和群众关心的问题开展审计。全年完成行政事业审计8个，查出违规金额407万元，管理不规范金额427万元，处理应上缴财政2万元，调账处理金额712万元。

固定资产投资审计　在继续发挥工程投资竣工决算审计优势的同时，有效开展了建设项目概预算审计工作，保证了扩大内需建设项目全过程跟踪审计任务的完成。全年共完成工程预算审计183个，审计投资金额292627万元，审减工程投资16015万元。

经济责任审计　对4名领导干部进行任期经济责任审计。查出违规金额232万元，其中领导干部应负违规行为主管责任金额232万元，应负管理不规范行为主管责任金额17万元。

专项资金审计　开展了土地出让金和矿产资源补偿费、教育费附加资金、劳动力转移培训项目、农村公路通达工程项目、易地扶贫开发转移安置项目、艾滋病亚洲区域项目等专项资金的审计共21个，审计资金总额288824万元，揭露和查处了违规改变项目计划和资金用途、应缴未缴专项资金等违规金额20233万元，处理应上缴财政5332万元。

绩效审计　履行牵头职责，抓好行政绩效管理制度的推进工作。确定重大建设项目绩效审计对象10个，重点民生资金项目绩效审计对象6个。共完成绩效审计项目2个，揭露和查处了违规改变资金用途、“账外”资产等违规金额1112万元，提出审计建议21条，被采纳21条。

（撰稿人：肖映林）

【西双版纳傣族自治州审计局】　2010年，西双版纳傣族自治州（以下简称西双版纳州）审计局人员编制23人，在编23人。局长刀金海，副局长唐兴朝、安永祥。设有办公室、法制科、财政审计科、经贸审计科、固定资产投资审计科、经济责任审计科，下设西双版纳州内部审计指导中心。

审计成果　西双版纳州审计局完成审计项目79个，查出违规金额7515万元，管理不规范金额4670万元，其中应上缴财政1883万元，应减少财政拨款或补贴4256万元，应归还原渠道资金155万元，应调账处理金额35万元；已上缴财政643万元，已减少财政拨款或补贴4256万元，已归还原渠道资金3万元，已调账处理金额35万元。固定资产审计核减投资额6779万元，其中固定资产前置审计挽回（避免）损失2962万元。移送司法机关、纪检监察部门处理事项5件。提交审计工作报告76篇。

财政审计　对州本级财政预算执行和其他财政资金收支、全州地税系统2009年度税收计划和政策执行情况3个项目进行审计，查出未按规定缴纳财政收入455万元，隐瞒转移截留财政收入21万元，违规改变资金用途83万元，虚报冒领16万元，未落实收支两条线和专户管理规定74万元，其他问题金额440万元。

行政事业审计　完成审计项目1个，查出少缴税费17万元，未落实收支两条线和专户管理规定金额38万元。

固定资产投资审计　完成竣工决算审计项目5个，项目投资总额74530万元，核减投资额3817万元；完成前置审计项目55项，送审金额为48354万元，审计核减2962万元。投资审计项目数量大幅增长，投资审计工作不断向深度和广度拓展。

专项资金审计　突出民众普遍关心的问题和与群众利益密切相关的专项资金，完成审计项目14个，审计资金总额230958万元，查出违规改变资金用途40万元，虚报冒领7万元，虚列支出48万元，配套资金不落实1190万元，其他问题金额1083万元，通过审计促进拨付资金到位117万元。

绩效审计　发挥审计机关组织实施行政绩效管理制度的牵头作用，选定州级50%的20个重大建设项目和30%的20项重要工作作为审计对象开展了行政绩效审计工作。对州级11个重大建设项目提出了3个方面普遍存在的问题，涉及12个建设项目；对6项重要工作揭示了9个方面的问题，提出7条审计建议。

相关工作　根据省审计厅的统一部署全面启动“云审工程”，景洪市审计局的业务用房签订了购房合同，勐腊县审计局的业务用房动工建设。全州审计机关云审工程各项指标均已达年度目标。

（撰稿人：刘　怡）

2010 年云南省所辖区、县级审计工作统计表

金额单位：万元

审计机关	完成审计项目（个）	查出违规金额	应上缴财政	应减少财政拨款或补贴	应归还原渠道资金	应调账处理金额	移送司法、纪检监察部门处理（件）	建议有关部门处理（件）	出具审计报告和审计调查报告（篇）	提出审计建议（条）	撰写审计信息（篇）
昆明市											
昆明市本级	56	13355	5411		33	32532			76	186	150
盘龙区审计局	37	29	29		75				43	88	
五华区审计局	34	1256	486	770					45	117	
官渡区审计局	13								13	31	40
西山区审计局	51	1032	43		83	889	1		51	96	57
东川区审计局	37	429	127		270	33			46	96	
安宁市审计局	30								35	90	
呈贡县审计局	58	107	3		51	243	2		71	90	
晋宁县审计局	241	2164	2259	2609		3			252	43	
富民县审计局	38	301	44		27	50			43	55	14
宜良县审计局	51	115	115						56	96	
嵩明县审计局	19	58	58						21	62	
石林彝族自治县审计局	34	36	36			1			46	62	
禄劝彝族苗族自治县审计局	79	385	288	1686	40	264			75	57	25
寻甸回族彝族自治县审计局	42	55			55		1		71	70	16
曲靖市											
曲靖市本级	339	10542	5484		8	134			346	311	9
麒麟区审计局	235	4859	4859						257	613	1
宣威市审计局	199	913	698		13	68			216	292	12
马龙县审计局	164	3151	2997		20		1		163	68	10
沾益县审计局	105	326	311			35			109	148	46
富源县审计局	183	1756	1555		178	1971			196	330	5
罗平县审计局	127	819	629		98	408			127	212	25
师宗县审计局	215	10256	1253		4399	246			217	180	10
陆良县审计局	188	65	65						197	252	2
会泽县审计局	179	1523	1118	333	7	227			196	19	19
玉溪市											
玉溪市本级	138	9138	5037		662	5682	17	6	145	145	79
红塔区审计局	45	239	188	38	5019	403		3	45	151	27

（续表）

审计机关	完成审计项目（个）	查出违规金额	应上缴财政	应减少财政拨款或补贴	应归还原渠道资金	应调账处理金额	移送司法、纪检监察部门处理（件）	建议有关部门处理（件）	出具审计报告和审计调查报告（篇）	提出审计建议（条）	撰写审计信息（篇）
江川县审计局	75	537	537		707	1785		1	76	86	22
澄江县审计局	89	2482	1159		83	1		2	89	237	29
通海县审计局	83	581	70		725	78		3	88	227	14
华宁县审计局	58	371	110		7	2039		4	64	69	23
易门县审计局	36	2721	208		33	1885			37	79	15
峨山彝族自治县审计局	45	522	105			201			49	102	20
新平彝族傣族自治县审计局	104	252	252						104	156	34
元江哈尼族彝族傣族自治县审计局	38	460	354		81	2		2	38	59	12
保山市											
保山市本级	34	13107	2139		36	703		1	34	121	45
隆阳区审计局	42	4347	570		810	2934			42	101	33
施甸县审计局	88	768	102			82	4		88	216	43
腾冲县审计局	74	224	63			136	1		74	118	33
龙陵县审计局	73	243	86			205			73	127	24
昌宁县审计局	65	789	386	37	8	358			65	161	20
昭通市											
昭通市本级	53	16.7	16.7		798	396			53	105	
昭阳区审计局	53								53	63	
鲁甸县审计局	12								12	23	
巧家县审计局	13								13	18	
盐津县审计局	12	3	3						12	31	
大关县审计局	13	65	65						13	28	
永善县审计局	17								18	29	
绥江县审计局	16	484	85		2				16	27	
镇雄县审计局	30	622.3	585.3						30	44	
彝良县审计局	18								18	36	
威信县审计局	26	139	77						26	31	
水富县审计局	25								25	30	
丽江市											
丽江市本级	43	3956			520	678			41	111	26
古城区审计局	30	1695	531		102	87			25	98	13
永胜县审计局	53	358	5		83	213			50	124	15

（续表）

审计机关	完成审计项目（个）	查出违规金额	应上缴财政	应减少财政拨款或补贴	应归还原渠道资金	应调账处理金额	移送司法、纪检监察部门处理（件）	建议有关部门处理（件）	出具审计报告和审计调查报告（篇）	提出审计建议（条）	撰写审计信息（篇）
华坪县审计局	59	1848	324		31	1361			54	95	9
玉龙纳西族自治县审计局	39	16	117			14			37	79	7
宁蒗彝族自治县审计局	30	457	28		23	208			27	74	4
普洱市											
普洱市本级	60	23472	1060	478	259	19348		1	69	227	25
思茅区审计局	28	1389	2	23	42				30	71	10
宁洱县审计局	35	154	10	80	1				35	85	
墨江哈尼族自治县审计局	32	6790	899	15	136	654	1		45	131	10
景东彝族自治县审计局	44	359	137	98	26	117			46	81	
景谷傣族彝族自治县审计局	23	64	29		31				25	68	
镇沅彝族哈尼族自治县审计局	21	363	170	105	17	3			21	40	16
江城哈尼族彝族自治县审计局	29	198	173	54		25			31	59	4
孟连傣族拉祜族佤族自治县审计局	26	569	37	58	212				33	70	
澜沧拉祜族自治县审计局	48	3463	762	50	66	1479	1		54	156	11
西盟佤族自治县审计局	18	48	17		31				19	57	3
临沧市											
临沧市本级	59	20857	751		17070	574	4		68	184	94
临翔区审计局	52	980	5						55	90	60
凤庆县审计局	28	405	9		77				40	90	10
云县审计局	29	3083	218		2109	182			29	63	14
永德县审计局	18	206	5			162			18	42	5
镇康县审计局	26	2790	2640		64	177			26	60	13
双江拉祜族佤族布朗族傣族自治县审计局	33	10129	17		4	394	1		33	75	20
耿马傣族佤族自治县审计局	44	2267	38			1094	1		44	147	8
沧源佤族自治县审计局	26	1610	152		330	1081			26	67	39
德宏傣族景颇族自治州											
德宏傣族景颇族自治州本级	20	1622	1595			616				30	44
芒市审计局	44	40	7		251	59				139	41

（续表）

审计机关	完成审计项目（个）	查出违规金额	应上缴财政	应减少财政拨款或补贴	应归还原渠道资金	应调账处理金额	移送司法、纪检监察部门处理（件）	建议有关部门处理（件）	出具审计报告和审计调查报告（篇）	提出审计建议（条）	撰写审计信息（篇）
瑞丽市审计局	29	6639	71			102				75	31
梁河县审计局	38	668	29			54				94	33
盈江县审计局	51	21745	51	21		5414				116	38
陇川县审计局	37	161	39		1	292				78	29
瑞丽市畹町经济开发区审计局	33	15				189				30	23
怒江傈僳族自治州											
怒江傈僳族自治州本级	53	17566	252		27691	38954			53	44	32
泸水县审计局	18	11588	2		33	11517				19	
福贡县审计局	24	436	38			373				21	
贡山独龙族怒族自治县审计局	9	381			381					11	
兰坪白族普米族自治县审计局	28	1019	54		35	754		1		71	
迪庆藏族自治州											
迪庆藏族自治州本级	44	1819	5		118	1441			44	92	16
香格里拉县审计局	33	900	900		12	430			33	83	12
德钦县审计局	30	1516	133		452	670	1	1	30	87	
维西傈僳族自治县审计局	40	3515	580		1906	353			40	113	10
大理白族自治州											
大理白族自治州本级	76	63591	4537	1360	140	56727			76	138	42
大理市审计局	460	681	511		150	133			460	467	29
祥云县审计局	34	6403	496		2200	3101	1		34	56	20
宾川县审计局	52	149	75		39	35			52	106	36
弥渡县审计局	89	1996	191	106	276	300		3	89	126	14
永平县审计局	148	499	234	339	100	200	1		147	174	5
云龙县审计局	130	37	33		1	3			130	149	17
洱源县审计局	63	772	270		4	134			63	88	3
剑川县审计局	22	458				458			22	40	7
鹤庆县审计局	134	252	2		4	173			134	104	8
漾濞彝族自治县审计局	34	123				123			34	31	7
南涧彝族自治县审计局	60	139	96		35	17			60	48	11
巍山彝族回族自治县审计局	27	61	37			27			27	46	9

（续表）

审计机关	完成审计项目（个）	查出违规金额	应上缴财政	应减少财政拨款或补贴	应归还原渠道资金	应调账处理金额	移送司法、纪检监察部门处理（件）	建议有关部门处理（件）	出具审计报告和审计调查报告（篇）	提出审计建议（条）	撰写审计信息（篇）
楚雄彝族自治州											
楚雄彝族自治州本级	56	8389	2661	442	26710	397			76	170	91
楚雄市审计局	64	1906	1118	382	4	1635	3	1	72	177	38
双柏县审计局	33	6829	20	2		293			40	96	15
牟定县审计局	46	1016	832	172	11	272			50	102	129
南华县审计局	45	295	257	50					53	102	30
姚安县审计局	34	56	1			45			36	62	32
大姚县审计局	57	357	311	140	670	109			67	194	23
永仁县审计局	38	376	69	121	23	803			46	122	
元谋县审计局	46	3341	127	242	65	800			52	72	79
武定县审计局	37	2890	544	118	9	98			55	110	62
禄丰县审计局	66	109	33	240		149			117	218	91
红河哈尼族彝族自治州											
红河哈尼族彝族自治州本级	63	32710	17406		7887	16497			75	203	55
蒙自市审计局	32	397	366		101	442	1	1	32	62	20
个旧市审计局	34	13	9						34	45	13
开远市审计局	43	104	191	6560		1013			43	150	36
绿春县审计局	42	1005	411		2643	41			48	101	24
建水县审计局	43	248	252			743		1	57	117	33
石屏县审计局	51	283	276		1	254			56	148	30
弥勒县审计局	109	234	13						122	177	42
泸西县审计局	57	190	184		6	1			61	99	35
元阳县审计局	56	130	138		43	19			56	149	26
红河县审计局	47	82	41		76	2			47	92	25
金平苗族瑶族傣族自治县审计局	39	316	219		125				39	96	3
河口瑶族自治县审计局	23	77	7		51	150			25	36	1
屏边苗族自治县审计局	41	214			3				48	105	10
文山壮族苗族自治州											
文山壮族苗族自治州本级	217	39567	5334		139	1390			217	334	61
文山市审计局	45	325	6	201	105	17			45	77	27
砚山县审计局	130	748	66	212		413			130	156	16
西畴县审计局	34	425	49		127	1629	1		34	80	20

（续表）

审计机关	完成审计项目（个）	查出违规金额	应上缴财政	应减少财政拨款或补贴	应归还原渠道资金	应调账处理金额	移送司法、纪检监察部门处理（件）	建议有关部门处理（件）	出具审计报告和审计调查报告（篇）	提出审计建议（条）	撰写审计信息（篇）
麻栗坡县审计局	83	846	210		6	127			83	86	41
马关县审计局	46	2053	936		5				46	127	15
丘北县审计局	52	1547	200		50	292			52	80	22
广南县审计局	68	818	1		17				68	136	30
富宁县审计局	51	3695	91		59	20			51	105	62
西双版纳傣族自治州											
西双版纳傣族自治州本级	79	7515	1883	4256	155	35	3		76	299	38
景洪市审计局	83	1403	1358		323		1		87	177	38
勐海县审计局	53	29	18		12				56	106	22
勐腊县审计局	55	25588	237	5			2		57	98	12

西藏自治区

【西藏自治区审计厅】 2010 年，西藏自治区审计厅人员编制 100 人（其中行政编制 69 人、事业编制 31 人），在编 84 人（含援藏干部 3 人），厅领导职数 7 名。设有办公室、政工人事处、纪检监察室、法规处、财政金融审计处、固定资产投资审计处、经济责任审计处、行政事业审计处、社会保障审计处、经贸外资审计处、农业与资源环境保护审计处，财政全额拨款事业单位——政府投资审计中心、后勤服务中心。

领导成员

厅　　长：贵　桑（党组副书记）

副 厅 长：马国超（党组书记）

李瑞富　孙玉英

宋　民（—7 月）援藏干部

甄广川（7 月—）援藏干部

总审计师：周忠祥

纪检组长：张福山

审计成果　西藏自治区各级审计机关共审计和审计调查 236 个项目（单位），查出违法违规金额 65.47 亿元。向有关部门移送案件线索和事项 25 件。提出审计意见和建议 593 条，向各级党委政府报送审计信息 475 篇，得到自治区党委和政府领导批示 11 件（次），被自治区党委办公厅和政府办公厅采用 19 篇。

财政审计　积极构建以全部政府性资金为主线，以用款单位为载体，以资金流向为抓手，以资金管理为重点，以资金使用效果为目标，对政府性资金实施全过程、全覆盖、全方位监督的财政审计大格局。审计范围逐步涵盖了预算内和预算外资金和资产、税收收入和非税收入。审计的组织方式逐步打破了厅机关内部处室和各地（市）界限、专业界限和单兵作战的传统方式。财政审计以“两个报告”为统领，实行滚动计划，使项目之间相互配合、相互衔接、相互补充，审计成果得到了充分利用。

对 2009 年度自治区本级预算执行和 2 个地市财政决算及其他财政收支情况、自治区和 2 个地市国税局 2009 年度税收征管情况审计，查出虚减财政收入和支出、滞留应缴财政收入、挪用基建项目资金及支农资金、违规开设账户等违法违规金额 11.3 亿元，少征增值税及附加费、滞纳金和企业所得税 1.2 亿元；对自治区 5 个部门财政财务收支情况审计，查出违规改变资金用途、隐瞒截留收入、乱收费、管理不规范等违法违规金额

2.3亿元。着力提升“两个报告”的质量，自治区人大常委会对审计在查处财经领域中的问题，推进依法理财，提高资金使用效益，规范预算管理等方面发挥的作用给予充分肯定。

固定资产投资审计 对8个投资项目进行审计，查出建设用地未批先用、违法分包工程、未公开招标、挤占国有草场补偿资金、违规签订施工合同、多计工程结算价款、虚列建设成本等违法违规金额12.7亿元，核减工程造价995.8万元。审计中重点关注项目决策、工程质量、环境保护、征地拆迁、材料采购、资金管理使用情况。积极开展效益审计，将项目招投标、合同执行情况、工程结算，建设资金筹集的合规性、资金结构的合理性，工程建设管理中出现的损失浪费，与投资效益相结合，对影响投资效益的问题进行综合分析，及时向建设主管部门和建设单位提出加强项目建设管理和提高投资效益的意见和建议；努力探索环境审计，重点关注投资项目是否履行了规定的报批程序和手续，环境终验是否符合环评报告预期目标，施工中是否保护现有的文物及设施，是否采取措施保护高寒植被，施工单位是否进行植被恢复和环境整治，尝试推行环境影响评价，促进保护西藏的生态环境。

企业审计 对11家国有企业进行审计，发现管理不规范、少记或虚列成本、虚报或隐瞒转移收入、漏缴税费等违规金额8亿多元。审计中重点关注各级政府促进企业发展的各项政策措施的执行和落实情况、企业经营管理情况，揭露了企业经营中的重大违法违规以及因决策失误、管理不善导致国有资产损失浪费等问题，促进增强自主创新能力和转变发展方式，提高企业的市场竞争力和抗风险能力。

经济责任审计 全区对87名党政领导干部进行任中或离任经济责任审计，查出隐瞒财政收入、私设“小金库”、骗取财政专项资金、违规改变资金用途、漏缴税费、坐收坐支应缴财政收入等违法违规金额8.2亿元。审计中坚持“稳中求进、量力而行，创新方式、防范风险”的方针，以领导干部履行经济责任为主线，以财政财务收支及有关经济活动的真实、合法、效益为基础，重点关注领导干部重大经济决策权、经济管理权、政策执行权的履行情况，注重从体制机制和制度层面发现和分析问题，提出改进和完善的建议；积极探索专员和县长经济责任审计的方式方法，进一步丰富审计内容，提高经济责任审计水平。通过开展经济责任审计，为促进依法行政，科学理财，规范管理，提高财政资金使用效益，推进党风廉政建设发挥了积极作用。

专项资金审计 对自治区财政安排的2008～2009年种粮农民直接补贴、粮食企业储备粮保管费和利息补贴、良种推广补贴等部分粮食补贴资金的管理使用和有关补贴政策落实情况进行审计调查，揭示了补贴资金管理不规范、滞留以前年度补贴资金，个别地市配套资金不到位、降低补贴标准减少农民收入等问题；对部分有预算资金分配权、管理资金多的部门以及关系教育、医疗、社会保障等重点资金（基金）进行审计或审计调查，查出挪用扶贫专项资金、设置“账外”资产、擅自处置国有资产等违法违规金额14.8亿元；对自治区2004～2008年退牧还草资金使用管理专项审计调查，发现挪用专项资金1800多万元、违规提取项目前期费用500多万元、部分建设单位虚假编制草地补播验收资料，应付自治区终验工作，饲料粮补贴发放不及时影响牧民积极性等问题；对自治区2002年至2009年退耕还林专项资金审计调查，发现滞留（挪用）项目资金600多万元、未按照规定及时兑现退耕还林粮食折现补助和现金生活补助800多万元，部分建设项目占用退耕地等问题。针对存在的问题，依法进行了处理，维护了人民群众的利益，促进社会和谐稳定。

相关工作 （1）法制建设。制定了《西藏自治区审计厅审计项目质量责任追究试行办法》和《西藏自治区审计厅审计结果文书传递管理暂行办法》，对32个审计项目进行复核并提出复核意见269条，对3个地（市）审计项目质量和33个审计项目的审计结果落实情况进行了检查，组织对2009年度优秀审计项目评选表彰工作，对2个审计项目进行审计结果公告，积极做好审计法实施条例和国家审计准则的宣传培训和实施工作。通过扎实有效的工作，完善审计质量控制制度，强化质量控制，推进审计工作法制化、规范化建设进程。

（2）信息化建设。强力推进“金审工程”建设步伐，基本建成审计外网、审计专网、审计内网三大网络系统，审计署、审计厅、地（市）审计局三级网络互联互通，信息化硬件得到保障，计算机应用水平逐步提高，计算机辅助审计探索前进；AO认证考试培训、计算机中级培训、视频会议系统、门户网站建设、OA应用等方面都取得长足发展。

（3）党风廉政建设。全区审计机关着力构建审计惩治与预防腐败体系，突出以“八不准”审计纪律为核心的廉政纪律建设，层层签订廉政责任书，形成多层次、立体式的党风廉政建设责任机制；积极建设富有西藏特点的审计文化，发扬审计勤政廉洁的一贯作风，深入开展创先争优活动，审计队伍呈现出“比”“学”“赶”“帮”“超”的生动局面。

（4）队伍建设。采取区内办班、区外送培、自学考试等相结合的形式，围绕加强审计“三支队伍”（领导人才、专业人才、管理人才）建设目标和培养“四手”（查核问题的能手、分析研究的高手、计算机应用的强手和精通管理的行家里手）要求，选派人员到国外学习考察以拓宽工作思路和视野，组织人员参加区内外各种培训班以增长知识和业务技能，选送审计人员参加审计署组织的国际审计工作和计算机审计中级培训班，实现了参与国际审计和计算机中级资格“零”的突破。

（撰稿人：邓东风）

【拉萨市审计局】 2010年，拉萨市审计局人员编制40人，在编36人。局长次旦（党组副书记），副局长史勇、彭多、格桑平措，副调研员蒋利萍。设有办公室、法规科、财政金融审计科、基本建设投资审计科、行政事业审计科、经济责任审计科、经贸企业审计科、农业与资源环保审计科、信息中心。

审计成果 拉萨市审计局完成审计项目35个，审计总金额1057868.61万元，共查出违规金额59183.64万元，其中应上缴财政52035.93万元，应归还原渠道资金744.55万元，应调账处理金额2425.34万元，自行纠正222.28万元，限期整改3750.78万元，应缴未缴税款4.76万元（已入库）；已上缴财政14507.68万元；罚款22.6万元（已入库）；核减工程款25.21万元。提交审计工作专题调查、综合性报告44篇，编报审计综合信息93篇（其中采纳36篇）；撰写综合调研报告5篇；审计提出建议73条，被相关单位采纳73条。审计工作在加强拉萨市经济宏观管理、推进依法行政、促进增收节支、维护群众利益、推动廉政建设以及维护社会稳定、构建和谐社会等方面发挥了积极的作用。

财政审计 根据审计法相关规定，从3月份至8月份，派出审计组对市财政局执行2008～2009年度政府预算和其他财政收支管理情况，基本建设资金使用情况以及农发、扶贫、支农等专项资金、社会保障资金使用情况进行全面审计。同时根据审计需要对市公安局、市建设局、市国土局、市水利局4个系统及所属10个单位的行政事业性收费及专项资金管理使用情况进行延伸审计。10月份开展林周县2007～2009年财政决算审计，已完成审计项目2个。审计总金额948047.84万元，查出违纪违规金额46446.19万元，其中应归还原渠道资金101.50万元，限期整改767.31万元，应上缴财政45577.38万元，已上缴本级财政8098.86万元。提出审计建议28条，被相关单位采纳28条。

行政事业审计 重点对市政协、团市委、国家统计局拉萨调查队、市广电局、市文化局、市发展和改革委员会2008～2009年度财政财务收支情况、青海玉树地震救灾资金跟踪审计等项目进行审计。完成审计项目7个。审计总金额14330.28万元，通过审计查出违纪违规金额585.04万元，其中应调账处理315.32万元，应归还原渠道资金43.05万元，自行纠正176.94万元，应上缴本级财政49.73万元，已上缴本级财政49.73万元。提出审计建议7条，被相关单位采纳7条。有效地规范了行政事业单位财务收支行为。

经贸企业环保与资源审计 围绕维护人民群众根本利益和促进拉萨社会和谐稳定发展这一主题，拉萨市审计局逐步改进工作方式，以保护农牧民的切身利益，维护农村社会稳定为出发点，重点对关系农牧民切身利益的农牧资金、补贴的使用管理情况等进行专项审计监督。先后派出审计组，对墨竹工卡县城区防洪工程、墨竹工卡县2008年农村饮水工程、拉萨市自来水公司、曲水县2008年农村安全饮水工程、堆龙德庆县2009

年特色扶贫资金项目、堆龙德庆县2009年土地治理项目、堆龙德庆县2009年农发产业化项目及整乡推进扶贫项目、墨竹工卡县2008年面上扶贫卓普水渠项目、墨竹工卡县2008年贫困互助资金试点项目、墨竹工卡县1200头牦牛养殖项目、墨竹工卡县2008年农业综合开发土地治理项目、墨竹工卡县2008年整乡推进扶贫项目资金收支进行专项审计。完成审计项目13个，审计总金额26216.99万元，通过审计查出违纪违规金额2686.47万元，其中应调账处理金额2065.05万元，应归还原渠道资金600万元，自行纠正金额12.12万元，应上缴财政9.30万元，已上缴本级财政9.30万元，罚款21.60万元（已入库）。针对存在的问题按照有关规定提出审计建议23条，被相关单位采纳23条。

固定资产投资审计　继续加大国家对西藏“180项目”及市政府重点项目投资的审计监督力度，先后组织实施拉萨市北京中路（白塔至铜牛段）维修改造工程结算审计和拉萨市劳动和社会保障局社会服务中心建设项目的竣工决算审计。已完成审计项目2个，审计总金额1668.92万元，审计查出违纪违规金额373.89万元，其中应上缴财政335.91万元，自行纠正33.22万元，应缴未缴税款4.76万元（已入库）；已上缴本级财政335.91万元，核减工程造价25.21万元。

经济责任审计　拉萨市审计局将经济责任审计工作的重心逐步从离任审计转向任中审计，做到任中审计与离任审计相结合，变事后监督为事前、事中监督，把审计监督贯穿于领导干部的任期全过程。先后派出审计组对市招商局、市乡企局、市柳梧新区管委会、市民政局、市中法、市劳动和社会保障局、市信用担保有限责任公司、市政市容管理委员会、市工信局、北京办事处、成都办事处等单位开展领导干部任中或离任经济责任审计。已完成审计项目11个。审计总金额67604.58万元，通过审计查出违纪违规金额9092.05万元，其中应调账处理金额44.97万元，限期整改资金2983.47万元，应上缴财政6063.61万元；已上缴财政6063.61万元，罚款1万元（已入库）。提出审计建议10条，被相关单位采纳10条。通过开展任中审计，逐步实现了任中审计与离任审计相结合的经济责任审计模式，促进经济责任审计监督逐步从事后监督向事中监督转变，促进干部监督管理部门及时利用审计结果，充分发挥经济责任审计作用。（撰稿人：沈士虹）

【那曲地区审计局】　2010年，那曲地区审计局人员编制为34人，其中行政编制26人，事业编制8人。实有人数25人（含援藏干部）。局长徐春林（党组副书记），副局长卓玛措姆、张进发（6月一，援藏干部），纪检组长达尔培。设有办公室、法规科、经济责任审计科、行政事业审计科、财政金融审计科、经贸外资与投资审计科、审计事务所。

审计成果　那曲地区审计局共开展审计项目24个，其中预算执行审计1个，专项资金审计8个，财政收支审计2个，经济责任审计13个。配合地区纪检委案件查证2项，配合相关部门开展工作6项。查出违规金额1558万元，管理不规范金额4760万元。应上缴财政192万元，应归还原渠道资金1027万元，应调账处理金额2814万元。提出建议52条。

预算执行审计　对地区财政2007～2009年度本级预算执行及其他财政收支情况进行审计，查出管理不规范金额2186万元，主要是虚列支出方面。

专项资金审计　开展“青海玉树抗震救灾资金跟踪审计”“嘉黎县、安多县土地治理项目资金审计”“安多县农业综合开发产业化项目资金审计”“2010年地区赛马节经费收支审计”“西新工程专项资金审计”等8个专项资金审计，查出违规金额32万元，主要是挪用专项资金等。

行政事业审计　对国家统计局那曲调查队2008～2009年财政收支情况审计和地区民族宗教事务局2005～2009年度财政收支情况进行审计，查出违规金额75.52万元，主要是骗取财政资金、公款私存私放等问题。

经济责任审计　对地区外事办、地区卫生局、地区交通局、地区扶贫办、地区乡企局、地区国土局、地区建设局、地区文化局8个部门（单位）原任行政一把手进行离任经济责任审计，对地区人民医院、巴青县人民政府、比如县人民政府、那曲县人民政府、地区计生委5个部门（单位）行政一把手进行任中经济责任审计。查出违规金额1100万元，管理不规范金额2381万元，主要是虚列支出、应缴未缴预算收入、挪用专项资金、国有资产处置未及时上缴、预算外收入未及时上缴、坐收坐支等问题。（撰稿人：李兴林）

【昌都地区审计局】 2010年，西藏昌都地区审计局人员编制41人，在编33人。局长欧珠达瓦（党组副书记），副局长叶国荣（党组书记）、张高林。设有办公室（法规科）、财政金融审计科、行政事业社会保障审计科、经贸农业与资源保护审计科、固定资产投资审计科、经济责任审计科。

审计成果 主要实施了财政审计、行政事业审计、经济责任审计、专项资金审计、专项审计调查、固定资产投资审计、审计回访和授权审计8大类，先后组织27个审计组，依法对28个项目110个单位进行审计和审计调查，查出各类违纪违规金额24833万元，其中审计决定上缴财政1167万元，已上缴财政1167万元（上缴率达100%），补缴税费43万元，查出损失浪费金额529万元，管理不规范金额22209万元，应归还原渠道资金3339万元，应自行纠正和调账处理金额37715万元。移送纪检和有关部门案件线索2件，涉案金额28万元；向有关单位提出审计建议87条，已被采用78条；督促被审计单位制定整改措施和建立健全规章制度12项；向上级单位报送审计报告和审计调查报告28个，被批示采用28个。

财政金融审计 对芒康、类乌齐两县的财政决算以及其他财政收支情况进行审计，并通过延伸审计乡镇达30%，查出虚列支出、虚增收入、应缴未缴财政收入、财政收支核算不实、违规改变资金用途、挪用专项资金等违纪违规金额37273万元。其中重点审计了县级财政管理的规范性和执行的效果性，以及政府用于拉动经济增长、扩大内需的投资分配、拨付、管理及使用情况及其效果，出具的两个审计报告均得到了地委书记、行署专员和地委副书记、行署常务副专员等领导的批示。

行政事业审计 2010年分别对地区教育局的教育事业费和地区乡镇企业局的财政财务收支进行审计。查出违纪违规金额7032万元。应归还原渠道金额883万元，应调账处理金额4495万元，应上缴财政60万元。审计反映出相关单位存在资产疏于管理、财务管理和账务处理不规范、往来款项结算清理不及时等问题，引起了被审计单位的重视，促进了财政财务管理的加强和国有资产保值增值。

专项资金审计（调查） 完成专项资金审计和审计调查项目8项，分别对芒康县教育"三包"资金、天然林资源保护和生态公益林建设资金、农村安全饮水专项资金、涉农资金以及对昌都县农村安全饮水专项资金和类乌齐县涉农资金、安居工程、农牧区医疗制度专项资金进行审计和审计调查，涉及总金额63454万元，查出违纪违规金额2050万元，为国家和人民群众挽回损失106万元。揭示了专项资金在归集、管理和使用中存在的问题，并有针对性地提出审计建议，形成了审计报告和专项审计调查报告，撰写出质量较高的安居工程建设资金和教育"三包"经费的使用和管理的调研报告，得到地委、行署的高度重视，地委书记、行署专员、分管安居工程和教育工作的行署领导多次作了批示。促进被审计单位进一步规范管理，完善制度，防范风险，确保资金安全运行，扩大了审计在领导决策和昌都经济社会发展中的影响，提升了昌都审计形象。

固定资产投资审计 对昌都县农产品质量检测站建设项目进行固定资产投资审计，审减工程投资4.2万元，审减率为2.9%，审出未经审批的变更投资14.8万元，占预算金额的11.4%，待摊投资超预算2.4万元，占预算金额的21%。审计报告和审计决定得到地委、行署领导的批示。

经济责任审计 对江达县原县长等8位同志进行经济责任审计。共查出改变资金用途、虚列支出、虚增收入、管理不规范等问题金额25893万元。对被审计领导干部履行经济责任情况作出评价，对其履职期间所存在问题应承担的责任进行了划分，发挥了经济责任审计的预防和制约作用。（撰稿人：罗时兵）

【林芝地区审计局】 2010年，林芝地区审计局人员编制31人，在编28人。局长玉珍（党组副书记），副局长赵全智（党组书记），副调研员刘应萍、路文玲。设有办公室、法规科、经济责任审计科、固定资产投资审计科、行政事业社会保障审计科、财政金融审计科、经贸、农业与资源环保审计科。

审计成果　林芝地区审计局实施审计项目 22 个，共查出违规金额 12818 万元。其中违规改变资金用途 1146 万元，“账外”资产 52 万元，未按规定征收缴纳财政收入 2032 万元，其他问题资金 9588 万元。按照相关规定，共下达审计决定 15 个，处理处罚 6793 万元。其中上缴国库 719 万元、归还原资金渠道 5560 万元、调账处理 500 万元；移送有关部门资金 14 万元。提出审计建议 52 条，提交审计信息 200 余篇。

财政审计　查出违纪违规金额 9045 万元，其中应缴未缴财政收入 1066 万元，虚列支出 6615 万元，其他 1364 万元。审计决定处理 2156 万元。其中上缴地区国库 16 万元，上缴县级财政 590 万元。提出审计建议 14 条。由主要领导带队，克服交通不便等困难，首次对墨脱县政府财政决算进行审计。

经济责任审计　查出违纪违规金额 2995 万元，其中应缴未缴财政收入 112 万元，虚列支出 1199 万元，其他 1684 万元。提出审计建议 25 条。在审计过程中，林芝地区审计局还进一步建立和完善了经济责任审计联席会议制度，推动经济责任审计从事后监督向事中监督的转变，有效地发挥了审计的预警作用。

行政事业审计　通过审计，查出违纪违规金额 471 万元，其中，应缴未缴财政收入 1 万元，虚列支出 66 万元，其他 404 万元。提出审计建议 11 条。

专项资金审计　根据自治区审计厅和地委、行署的安排部署，按照“专款专用、严禁挪用”的要求，突出资金使用的真实性、合法性和效益性，先后三次对青海玉树救灾资金、地区住房公积金管理中心和舟曲救灾资金进行专项审计，强化了资金的使用管理，较好地确保了重大项目的效益发挥，使挤占挪用专项资金等行为得到了有效遏制。

企业审计　本着“规范企业经营、促进企业发展”的思路，重点对地区医药公司、地区运输公司原法人经济责任进行审计。全年共查出违纪违规金额 307 万元，其中扩大成本 32 万元，欠缴社会保险基金 51 万元，其他 224 万元。提出审计建议 2 条。在审计中坚持走企业资产负债损益审计与经济责任审计、经济效益审计相结合的路子，切实为促进国有企业深化改革、加强管理、提高整体效益做好服务工作。

固定资产投资审计　积极抽调审计专业人员，配合自治区审计厅，先后对西藏林芝巴河水电站含冲久水库建设项目、西藏自治区 2010 年工程建设领域突出问题专项治理工作暨扩大内需促进经济增长政策落实第二轮检查等固定资产投资项目开展审计，为今后林芝地区开展固定资产投资审计奠定基础，探索道路。

审计执法回访　按照“跟进服务、强化整改、落实执法”的原则，有效建立审计回访制度，年底对被审计单位开展审计回访工作。回访的内容包括审计决定、审计意见和建议的采纳落实情况、审计人员的工作态度、作风纪律情况以及听取新形势下对审计工作的建议和要求。以维护审计权威，提高审计质量，树立审计人员廉洁从审意识，促进被审计单位进一步加强内部管理。

（撰稿人：陆　洋）

【山南地区审计局】　2010 年，山南地区审计局定编 32 名，其中行政编制 26 名，事业编制 3 名，后勤事业编制 3 名。实有在职干部职工 36 人（含离岗待退 2 人）。局长贾德文（党组副书记），副局长扎西（党组书记）、张洪林、扎西罗布、次仁群培（9 月—），调研员卫东（9 月—），副调研员王显琼。设有办公室、法规科、财政金融审计科、行政事业审计科、社会保障审计科、经济责任审计科、固定资产投资审计科、经贸外资审计科、农业与资源环保审计科，审计信息中心为全额拨款的事业单位。

审计成果　山南地区审计局完成项目 42 个，查出违规资金 7370 万元，管理不规范金额 945 万元，其中上缴地县两级国库 1705 万元，补缴税金 23 万元，归还原渠道资金 140 万元，调账处理 2229 万元。向相关部门移送处理案件 4 起。提出审计建议 128 条，撰写审计报告 42 份，上报信息 127 篇，被《中国审计报》、地委、行署和《山南报》采用 40 余篇（次），较好地发挥了审计“免疫系统”功能。

经济责任审计　受地委组织部门的委托，完成19名领导干部的经济责任审计，13个单位的审计调查，查出违规金额1479万元，管理不规范金额226万元，上缴地县两级国库130万元，归还原渠道资金90万元，调账处理金额1793万元，提出审计建议52条。

专项资金审计 完结9个单位的审计和44个单位的审计调查，查出违规金额411万元，上缴地县两级国库金额71万元，归还原渠道资金50万元。移送地区教体局、扎囊县纪检委（监察局）处理案件3起。提出审计建议31条。

财政审计 完结3个县财政决算及其他财政收支情况审计和14个单位的审计调查，查出违规金额4717万元，管理不规范金额534万元，应上缴地县两级国库1495万元，提出审计建议14条。

固定资产投资审计 完结6个项目的固定资产投资审计和11县援藏工程项目的抽查审计，查出违规资金2.7万元，管理不规范资金109万元，上缴地区国库2.7万元，调账处理金额96万元，提出审计建议13条。

行政事业审计 完结1个单位的审计，查出违规资金80万元，针对存在的问题，提出审计建议6条。

企业审计 完成4个单位的审计，查出违规金额679万元，管理不规范金额75万元，上缴地区国库6万元，补缴税金23万元，调账处理340万元，向地区国税局移送处理案件1起，提出审计建议12条。（撰稿人：蒋艳华）

【日喀则地区审计局】 2010年，日喀则地区审计局人员编制41人，在编37人。局长多吉旺久（党组副书记），副局长陈元森（党组书记）、多吉、刘志远、阿旺赤来。设有办公室、法规科、财政金融审计科、行政事业审计科、社会保障审计科、经济责任审计科、固定资产投资审计科、经贸农业与资源环保审计科。

审计成果 日喀则地区审计局完成33个单位的审计及审计调查，查处违纪违规金额9287万元，其中应上缴财政156万元，应归还原渠道资金837万元，应调账处理金额1469万元。移送纪检监察等部门处理事项4件。提交审计工作报告37篇、信息63篇，向有关部门和被审计单位提出审计建议40条。

财政审计 围绕规范财政管理行为，提高资金使用效益的目标，组织实施对仲巴县、吉隆县、萨迦县2008～2009年度财政决算及其他财政财务收支情况的审计。

经济责任审计 受日喀则地委组织部的委托，完成15名领导干部的任期经济责任审计。审计共查出财政收支核算不真实等违规金额8268万元，损失浪费金额9万元，对问题进行严格的责任界定，并对发现的重大违法违纪案件线索，依法进行移送处理。

专项资金审计 为严肃财经法纪，规范财政专项资金管理，使日喀则地区民生资金发挥更大效益，切实维护广大人民群众的切身利益，根据自治区审计厅的安排，认真开展玉树、舟曲救灾款物的跟踪审计工作；组织实施对18个县市扶贫项目、2个县农牧业建设项目、南木林退耕还林项目、西新工程等专项资金的审计。审计专项资金总额8370万元。针对专项资金管理的薄弱环节，提出加强项目管理和财务报销规范化的建议。

企业审计 组织实施对日喀则市自来水公司相关年度财务收支审计。针对企业需弥补以前年度亏损等问题，提出进一步加强企业经营管理，提高资产保值增值能力的建议。

行政事业审计 根据自治区审计厅的统一安排，组织实施国家统计局日喀则调查队相关年度财政收支情况审计。通过审计，在揭示问题的同时，对规范资金管理等方面提出建议。

（撰稿人：陈鸿娣）

【阿里地区审计局】 2010年，阿里地区审计局人员编制30人，在编人员16人。局长边巴卓玛（党组副书记），副局长向国平（党组书记）、罗杰、刘军，调研员桑杰多吉。设有办公室、法规科、经济责任审计科、行政事业和社会保障审计科（财政金融审计）、农业与资源环保审计科、固定资产投资审计科。

审计成果 完成审计和审计调查项目14个（预算执行审计4个，专项资金审计3个，行政事业审计1个，企业审计1个，固定资产投资审计2个，经济责任审计3个），通过审计，查出违规及管理不规范金额7433.6万元，其中违规金额4158.6万元，管理不规范金额3275万元。提出审计建议 50 条，被审计单位采纳 30 条。

预算执行审计　完成札达县、噶尔县、普兰县、日土县 2009 年度预算执行审计，共计查出违规及管理不规范金额 6134.6 万元，其中未按规定征收、缴纳预算收入 46 万元、隐瞒预算收入 92 万元、财政支出核算不实 2479 万元、违规改变用途 95 万元、“账外”资产 576.6 万元、决算编制不完整 526 万元、预算结余不实 438 万元、损失浪费 1 万元、虚增收入 74 万元、往来账过大 355 万元、账表不符 1150 万元、原始票据不规范 11 万元、其他金额 291 万元。

专项资金审计　完成措勤、改则、革吉、普兰、日土、札达、噶尔七县 2008～2009 年度农业综合开发和扶贫项目审计，玉树抗震救灾捐助资金及广电局“西新工程”项目的专项审计，地区中学“三包经费”的专项调查，噶尔县、普兰县、札达县的安居工程审计调查。查出违规及管理不规范金额 358 万元，其中违规改变用途 56 万元、资金滞留 69 万元、“账外”资产 2 万元、配套资金不落实 231 万元。

行政事业审计　根据审计厅的授权对国家统计局阿里调查大队 2008～2009 年财政收支进行审计。查出违规及管理不规范金额 433 万元，其中违规改变用途 83 万元、虚列支出 10 万元、其他 38 万元、未按规定提取资金 61 万元、未落实收支两条线和专户管理规定 178 万元、账外资产 63 万元。

企业审计　对地区农机有限责任公司 2005 年 6 月至 2009 年 12 月末资产、负债、所有者权益的真实性、合法性、效益性情况审计，查出违规金额 2 万元，其中少计或虚列成本 1 万元、其他 1 万元。

经济责任审计　完成地区残联原理事长、地区国资委原主任、地区住建局原局长三名同志的离任经济责任审计。查出违规及管理不规范金额 420 万元，其中违规金额 326 元，管理不规范金额 94 万元。

固定资产投资审计　在地委、行署、自治区审计厅与陕西审计厅的协调沟通下，陕西审计厅派出三名工作人员帮助完成了自治区审计厅委托的政协办公大楼和阿里地区首期廉租房的审计。审计出违纪违规金额 86 万元，其中核减投资额 44 万元、多计工程款 15 万元、挤占建设成本 3 万元、其他 24 万元。（撰稿人：许昌平）

陕西省

【陕西省审计厅】　2010 年，陕西省审计厅定编 279 名（其中行政编制 208 名，事业编制 71 名），实有人员 260 名（其中行政编制 198 名，事业编制 62 名）。厅机关设有办公室、法规处、财政审计处、派出市县财政审计处、金融审计处、派出经济执法审计处、行政事业审计处、派出教育科技审计处、企业审计处、派出经济贸易审计处、农业与资源环保审计处、派出农林水利审计处、社会保障审计处、派出民政社保审计处、固定资产投资审计处、派出交通建设审计处、外资运用审计处、派出外事外贸审计处、派出发展统计处、审理稽核处、经济责任审计处、人事处、机关党委、监察室、老干部管理处、派出国资监管审计处；还设有研究所、培训中心、后勤服务中心、计算机技术信息中心直属事业单位。

领导成员

厅　　长：屈方方

副 厅 长：徐宗一　张海成

李　健　马玉红

赵宝田（5 月—）

总审计师：王志高（8 月—）

纪检组长：陈宗海

审计成果　全省审计机关审计（调查）单位和项目 9484 个，查出违规金额 156.20 亿元，损失浪费金额 1.90 亿元，管理不规范金额 586.74 亿元。通过审计，为国家增收节支 47.2 亿元，其中收缴财政 14.28 亿元，减少财政拨款或补贴 1.32 亿元，归还原渠道资金 6.18 亿元；核减投资金额 18.30 亿元，帮助被审计单位挽回或避免损失 7.13 亿元。

向纪检监察局和司法机关移送案件线索 21 件。促进制定整改措施 1104 项，建立健全规章制度 584 项，向社会发布审计结果公告 203 篇。

预算执行审计 全省审计（调查）预算执行单位 761 个，查处违规金额 37.45 亿元。西安市审计局首次向社会公告 17 个政府部门预算执行审计结果；渭南市政府通报了市级预算执行审计报告；杨凌示范区审计局开展第 16 届农高会预算执行和财务收支情况审计；延安市审计局利用计算机软件开展市本级 20 个单位预算执行情况审计；省审计厅和咸阳、铜川、渭南、榆林、安康市审计局组织开展了本级预算执行单位内审自查与抽查；省审计厅首次向社会公告省级预算执行审计反映问题的整改情况。

专项资金审计 全省审计（调查）行业与专项项目 1751 个，查出违规金额 19.1 亿元。完成退耕还林还草、渭河流域污水处理及垃圾填埋场建设、农村居民最低生活保障、2010 年新型农村合作医疗、部分市（区）转移支付及财政约束考核补助、15 所省属高校重点学科科技创新及质量工程项目、灾后移民迁建及防洪工程中央补助资金等审计和审计调查。西安市审计机关查出退耕还林还草违规金额 8720 万元，移交处理 12 人；宝鸡市审计机关开展的民生资金审计向社会发布 20 份审计结果公告。

企业和金融机构审计 全省开展省投资集团、铜川铝业等 176 个国有企业资产负债损益审计，查出违规金额 4.07 亿元。完成渭化集团、华山化工等企业节能减排绩效审计调查和评价。完成 10 市 1 区政府性债务及融资平台业务专项审计调查。省审计厅开展省、市属高校债务调查核实；完成安康部分县区农信社系统信贷资产审计调查，推动地方金融机构加强内控和风险防范。

固定资产投资和外资运用审计 全省完成 2563 个建设项目和项目施工单位的审计（调查），查处违规金额 13.73 亿元，核减投资 18.3 亿元。开展引汉济渭、引红济石等重大项目跟踪审计和咸阳至永寿、吴堡至子洲高速公路等重点项目竣工决算审计。省审计厅派出援藏审计组赴阿里地区开展投资审计；西安市审计局围绕世园会加强城市建设项目审计；延安市审计局开展延安革命纪念馆等重点工程、榆林市审计局开展扩大内需新增投资项目、铜川市审计局开展廉租房建设等项目跟踪审计。外资运用审计完成世、亚行贷款安康公路、西安城市综合交通改善、农村饮水与环境等 14 个外资项目 223 个项目执行单位审计和全省政府主权外债审计调查。

救灾款物与恢复重建审计 汉中、宝鸡等“5·12”地震受灾市、县审计机关深入开展灾后恢复重建项目跟踪审计，全省审计项目计划总投资金额 198.85 亿元，实际完成投资金额 122.72 亿元。西安、咸阳、铜川、渭南、延安、榆林、安康、商洛市审计机关顾全大局，支援灾区，抽调骨干力量赴宁强、略阳、勉县和陈仓 4 个重灾县（区）完成 24 个灾后恢复重建项目竣工决算审计。省审计厅向社会发布灾后恢复重建审计情况公告 3 次。各级审计机关开展玉树地震捐赠款物跟踪审计，保证捐赠资金及时归缴；开展抗洪救灾资金和捐赠款物跟踪审计，确保全省特大暴雨洪涝灾害救灾款物和灾后重建资金安全、规范、有效运行。

经济责任审计 全省审计机关完成 2101 名党政领导干部和企业负责人经济责任审计，查出领导干部直接责任问题金额 3.7 亿元。宝鸡、渭南、延安、商洛市审计机关试行书记、县长一并审计，榆林市审计机关开展对县长的经济责任审计；省审计厅完成 11 名市厅级党政领导干部经济责任审计，向省纪委移送西安工程大学领导干部重大经济犯罪线索。

审计业务管理 制定《审计项目质量和执法过错责任追究办法（试行）》，建立以审计项目“终身责任”和“过错追究”为特点的审计行政执法和质量责任制。试行审计现场总结会和推广《审计建议书》等制度，提高审计现场管理水平，对跟踪审计、审计调查项目中发现的问题，及时要求整改；坚持依法行政，规范审计行为，向社会发布审计结果公告 5 期，17 个项目。严格落实行政执法责任制，审核备案规范性文件。强化审理复核，出具审理稽核意见书 82 份、审理稽核意见 375 条。编印新修订的厅机关制度汇编（2010 版）；恢复建立特约审计员制度。修订《省审计厅特约审计员组织管理办法》和《省审计厅特约审计员活动组织办法》，聘任 16 名民主党派、无党派人士担任特约审计员。组织特约审计员赴灾区参与审计检查，参与科研课题评审等活动。

机关建设 各级审计机关扎实开展“创先争

优”活动，渭南、铜川、榆林、杨凌等审计机关开展“好书伴我行”、“书香机关”等建设学习型党组织主题活动；汉中、商洛市审计机关加大了向社会宣传审计法实施条例力度；西安市审计局在机构改革中实现权能分解，并依据新审计准则制定《审计现场规范化管理试行办法》；铜川市审计局在机构改革中加强了投资审计机构；宝鸡、延安市审计局等在机构改革中优化了干部队伍结构。省审计厅举办了审计法实施条例、审计统计、土建造价员、计算机等培训班7期，抽调基层业务骨干参加了审计署和省审计厅项目，共培训1000余人（次）。各级审计机关认真学习贯彻《廉政准则》，严格执行“八不准”纪律和“四项补充规定”。

内部审计　10个设区市全部成立内审协会。全省内部审计机构审计3.8万个单位，查出损失浪费金额8.75亿元，增加效益50.88亿元，财务决算审签1.12万个，促进了各行业、单位健康发展。

（撰稿人：黄　松）

【西安市审计局】　2010年，西安市审计局人员编制89人，在编99人。局长石桂英（—3月）、李永奇（3月—），副局长张敏琦、王建军、阎金平，总审计师贺成志，纪检组长李中澍。设有办公室、组织人事处、政策法规处、财政金融审计处、行政事业审计处、农业与资源环保审计处、固定资产投资审计一处、固定资产投资审计二处、企业审计处、社会保障与外资运用审计处、经济责任审计处、审理稽核处、机关党委、监察室。另设有西安市计算机审计信息中心（正处级事业单位）。

审计成果　西安市两级审计机关完成审计项目956个，查出违规金额230903万元，其中应上缴财政118612万元，应减少财政拨款或补贴2850万元，应归还原渠道资金7667万元，应调账处理金额54100万元；已上缴财政63851万元，已减少财政拨款或补贴11677万元，已归还原渠道资金6626万元，已调账处理金额5239万元。移送司法机关、纪检监察部门处理事项7件，建议有关部门处理事项1件。提交审计工作报告、信息680篇，被采用456篇（次）。

财政金融审计　对115个预算执行单位进行审计，对西安市政府外债、区县政府性债务和融资平台进行审计调查。在预算执行审计中，坚持收支并重的原则，关注财政收入征管、专项资金使用、“收支两条线”管理和节能降耗、厉行节约等政策措施的落实情况，查出违规金额138545万元，并在一定范围内首次对17个市级部门单位预算执行审计结果进行公告。对56个县、乡镇（街办）政府财政决算收支情况进行了审计，查出违规金额和管理不规范金额55782万元，应上缴财政25623万元。

行政事业审计　对280个单位的审计或审计调查，查出应缴未缴预算收入、违规改变资金用途、未落实收支两条线和专户管理规定等问题金额47237万元。在对西安市公安系统行业审计中，突出对重点部门单位和群众反映强烈的治安罚款、扣押款物、赞助及收费等事项的审计，针对查出的各类问题，提出多项加强和改进财政财务收支工作的审计建议。

农业与资源环保审计　组织开展以西安市退耕还林还草专项资金和西安市本级环境保护专项补助资金及节能减排专项资金为重点的农业与资源环保审计或审计调查38个。西安市退耕还林还草专项资金审计，查出违纪违规金额8720万元，移交违纪案件线索5件，12名责任人受到党纪政纪处分，3名责任人受到诫勉谈话和通报批评。

固定资产投资审计　组织实施政府投资项目审计和调查260个，重点对地铁一、二号线和西安世园会建设等重点建设项目进行跟踪审计，查出违规改变资金用途、工程价款不实、挤占建设成本和超计划、超标准、超规模项目金额13141万元，较好地发挥了审计工作在控制项目投资、提高投资绩效和加强建设项目管理等方面的作用。

社会保障审计　组织开展西安市财政扶贫和救灾资金、新农合医疗保险基金、农村低保资金以及廉租房建设、城中村改造等78项社会保障项目的审计和审计调查，查出资金总额4646304万元，查出资金滞留闲置、配套资金不落实等金额114024万元。廉租房建设项目审计调查报告和加强城中村改造专项资金管理的审计意见，分别被市政府批转。开展了青海玉树地震救灾资金审计和全市抗洪救灾募集资金、物资审计，及时提出相关意见建议，保证救灾款物及时安全有效使用。

经济责任审计　组织实施党政领导干部经济责任审计182项，查出对违规问题应负主管责任的金额2.49亿元，对管理不规范问题应负主管责任的金额3.83亿元，对损失浪费问题应负直接责任的金额126万元，促进了领导干部守法尽责和廉洁从政。

专项资金审计（调查）　对西安市2010年扩大内需新增中央投资项目实施情况以及工程建设领域突出问题专项治理情况进行审计调查。开展对世行、亚行、外国政府贷援款项目和农发基金贷款项目以及亚行贷款项目审计，综合分析了外资项目效益情况，提出建设性审计建议。根据纪检监察部门的意见审计有关单位，配合市纪委审计有关事项，配合市财政局开展“小金库”检查工作。（撰稿人：毛　航）

【延安市审计局】　2010年，延安市审计局人员编制80人，在编80人。局长李来存，副局长樊鹏英（—5月）、李海生、屈宏（5月—）、卜长江、张景庭，总审计师朱晓冬，纪检组长齐统贤（5月—）。设有政秘科、法制科、监察室、财政金融审计科、农业与资源环保审计科、行政事业审计科、市直企业审计处、内部审计管理中心、审计信息中心；经济责任审计局党政事业审计科、企业审计科；审计处行政事业审计科，固定资产投资审计处一科、二科、三科。

审计成果　全市完成审计项目（调查）单位1179个，为全年计划的203%。查出违规金额116846万元，查出管理不规范金额327249万元，应上缴财政4203万元，应归还原渠道资金2812万元，应调账处理金额15645万元，核减工程投资额39922万元，提出审计建议1916条。

预算执行审计　对市本级2009年财政预算、4个县区2009年财政收支和20个部门预算执行情况进行审计，对20个市直单位部门预算执行审计结果在《延安日报》进行公告。全市共对552个行政事业单位的财务收支进行审计（调查）。

专项资金审计　全市对涉及环境与民生工程、新型农村合作医疗基金、城乡最低生活保障专项资金、全市涉农惠民政策补贴情况、政府债务及融资平台业务、政府外债等管理使用情况共158个单位进行审计和审计调查。对13个县区的退耕还林（草）审计项目结果及整改情况在《延安日报》进行公告。

固定资产审计　全市对279个投资项目（单位）进行审计或调查，核减工程投资额39922万元。

经济责任审计　全市对444名领导干部进行经济责任审计。（撰稿人：吴耀东）

【铜川市审计局】　2010年，铜川市审计局人员编制（含下属单位）62人，在编55人。局长彭群才，副局长侯东强、季铜章、付俊楼，总审计师刘仁忠，纪检组长段小玲。设有办公室、法规科、审理稽核科、财政金融审计科、行政事业审计科、经贸审计科、农业与资源环保审计科、社会保障审计科、经济责任审计局（副县级，下设党政干部审计科和企业事业干部审计科）八科（室）一局。设陕西省审计厅铜川审计处、内部审计管理中心、计算机信息中心3个下属单位。

审计成果　铜川市审计机关共审计（调查）单位和项目322个，查出违规金额18599万元，管理不规范金额174787万元，应缴财政417万元，应减少财政拨款或补贴59万元，应归还原渠道资金2012万元，应调账处理金额3210万元，审计核减工程造价11592万元。移送案件线索3件。提交专题、综合性报告和信息171篇，被市级以上刊物转发、刊载的审计信息37篇。

财政审计　逐步将全部财政性资金纳入预算执行审计范围；重点检查了税收征管，查出影响市级收入300.23万元、个人所得税征管不规范等问题；安排市级23个部门和单位进行自查，其中重点抽查单位8个。

行政事业审计　完成铜川市公安局、政府研究室等行政事业单位财政财务收支审计21个，查出违规金额369万元，管理不规范金额8403万元。

农业与资源环保审计　完成退耕还林还草工程资金、土地整理专项资金及项目建设审计等农业资源环保审计项目8个，审计资金总额76798万元，查出违规金额955万元，管理不规范金额16886万元。

固定资产投资审计 完成扩大内需新增投资项目、工程建设领域突出问题专项治理工作、重点建设项目等固定资产投资审计（调查）项目32个，审计（调查）资金总额64475万元，查出违规金额182万元，管理不规范金额28523万元，核减工程价款10057万元。修订并印发了《铜川市政府投资项目审计办法》（铜政发〔2010〕56号），进一步加强投资审计工作。

社会保障审计 完成新型农村合作医疗基金、农村最低生活保障专项资金等社会保障审计（调查）项目7个，审计资金总额1429万元，查出违规金额897万元，制定了《关于进一步加强农村居民最低生活保障资金管理及使用意见》（铜政办发〔2010〕79号）、《关于进一步加强医疗保险基金管理的意见》（铜政办发〔2010〕4号）。

企业审计 一是完成陕西铜川华山水泥有限责任公司2009年度资产、负债、损益情况的审计及其2007～2009年节能减排情况审计调查，查出违规金额23万元、管理不规范金额6308万元；二是完成市本级2007～2009年节能减排资金管理分配使用情况审计调查；三是完成陕西西北耐火材料有限公司等5户公司从成立至2010年8月财务收支审计。

经济责任审计 坚持以任中审计为主，离任审计为辅，共完成18名县级领导干部任期经济责任审计，查出违规金额2696万元，管理不规范金额1859万元；制定的《铜川市领导干部离任经济事项交接办法》，为《铜川市领导干部职务变动监督事项规定（试行）》（铜发〔2010〕7号）的制定提供参考。

专项资金审计（调查） 完成全市政府外债情况的审计调查，审计资金总额25240.59万元，查处管理不规范金额6307.93万元；根据审计署、省审计厅的统一安排，组织全市审计机关完成市玉树地震救灾捐赠资金物资的跟踪审计调查以及抗洪救灾资金和物资跟踪审计。

相关工作 一是召开内审协会二届二次会议；二是开展了内审研讨交流和优秀内部审计项目评选活动；三是在铜川电视台赞助播出了反映内审工作的电视连续剧《在路上》；四是信息化平台和“审计会商系统”已建成并投入使用，从5月1日起在局内实现无纸化办公，与省审计厅的“审计管理系统”已对接运行。 （撰稿人：朱邦晨）

【渭南市审计局】 2010年，渭南市审计局人员编制73人，在编73人。局长王俊杰，副局长马德民、王忠义、朱福秦，纪检组长袁崇义。设有办公室、监察室、法制科、财政金融审计科、行政事业审计科、经济责任审计处、农业与资源审计科、经贸与社保审计科、固定资产投资审计科、驻渭单位审计科、计算机信息中心、内审管理中心、后勤管理中心。

审计成果 渭南市审计机关完成审计项目1032个，审计查出违规金额210305万元，发现侵害人民群众利益金额3467万元，损益（收支）不实金额28535万元，审计后增收节支2284万元，核减投资（结算）金额2479万元。提出审计建议1777条，被采纳1283条，提交审计专题、综合报告554份，被批示采用198份。

财政审计 完成审计单位104个，查出违规金额62618万元，审计决定应上缴财政220万元，应归还原渠道资金15036万元，应调账处理金额42028万元。

专项资金审计 完成署、省安排的行业和专项资金审计单位55个，审计调查单位71个，审计专项资金总额224918万元，查出违规金额26530万元，审计促进拨付资金到位5377万元，挽回经济损失38万元。

行政事业审计 对638个行政单位的财务收支进行审计，查出违规金额69373万元，管理不规范金额41803万元，损失浪费金额170万元。

经济责任审计 完成党政领导干部和企业领导人员经济责任审计项目131个，审计经济责任人165名。查出违规金额45425万元，管理不规范金额9127万元，损失浪费金额94万元。

固定资产投资审计 完成固定资产投资审计项目104个，查出违规金额4099万元，核减工程造价3453万元。

企业审计 审计国有企业15户，查出违规金额2260万元，损失浪费金额76万元，管理不规范金额1232万元。

绩效审计 开展绩效审计项目312个，查出损失浪费金额314万元，违规改变资金用途1615万元，资金滞留闲置406万元，审计提出建议327

条，被采纳 277 条。

内部审计　渭南市现有内审机构 50 个（专职机构 29 个），内审人员 86 人（专职人员 53 人）。全年完成审计项目 241 个，查出损失浪费金额 137 万元，提出建议被采纳 46 条。（撰稿人：马笃祥）

【咸阳市审计局】　2010 年，咸阳市审计局人员编制 69 人，在编 61 人。局长陈普选，副局长郑天瑞（—11 月）、赵乃斌、焦文治，总审计师何初国（5 月—），纪检组长姚广迎。下属单位有陕西省审计厅咸阳审计处、经济责任审计处、内部审计中心。设有秘书科、法制复核科、监察室、财政税务审计科、金融外资审计科、社会保障审计科、行政事业审计科、农业与环保资源审计科、固定资产投资审计科、经贸企业审计科、经济责任党政审计科、经济责任企事业审计科、咸阳审计处一科、二科、内审管理中心。

审计成果　咸阳市审计机关完成审计项目 1371 个，查出违规金额 80411 万元，其中应上缴财政 1781 万元，应减少财政拨款或补贴 464 万元，应归还原渠道资金 6124 万元，应调账处理金额 2117 万元。移送司法机关、纪检、监察部门处理事项 4 件，建议有关部门处理事项 2 件。出具审计报告和审计调查报告 1398 篇，提出审计建议 1855 条，撰写审计信息 545 篇。

财政审计　完成市财政局、地税局的本级预算执行情况审计和对淳化县、旬邑县、永寿县、武功县、兴平市、渭城区人民政府的财政决算审计，对 18 个预算执行单位预算执行情况审计和 10 个单位预算执行情况内审自查，并向同级人大常委会作了审计工作报告。

金融与外资运用审计　开展对全市政府融资平台业务和政府外债审计调查。对查出的问题提出建议，得到市政府批转；按照授权完成日元贷款陕西植树造林和外国政府贷款项目的公证审计，为规范利用外资项目的管理起到保驾护航的作用。

行政事业单位审计　完成全市交警系统的行业审计、对市粮食局、市商务局等 31 个部门单位财务收支情况审计，促进“收支两条线”规定的落实。

农业与资源环保审计　完成礼泉县、旬邑县的退耕还林专项资金审计，市农业局、水利局 2009 年农业专项资金、水利专项资金审计，长武县人民政府、市国土资源局土地出让金专项审计；对渭河流域综合治理污水处理设施建设项目专项资金审计调查。

固定资产投资审计　完成咸阳市西郊污水处理厂工程、市机关房管处公寓楼改造等 13 项工程的决算审计；制定下发咸阳市人民政府《关于进一步规范政府投资建设工程审计立项的暂行规定》和《咸阳市国家建设项目审计管理办法》，促进工程建设领域的健康发展。

社会保障审计　完成全市新农合基金、农村最低生活保障资金的专项审计调查，对审计查出的制度未执行到位，资金未及时发放及补助标准偏低、截留挪用专项资金、项目配套资金不到位等问题，针对性地提出整改意见和建议，有效地缓解群众和政府之间的矛盾，推动社会和谐健康发展。

企业审计　完成全市节能减排专项审计调查，发现的问题引起有关部门重视；划清了市某公司基础设施配套费权属不明晰问题，受到市政府肯定。

经济责任审计　市本级完成经济责任审计项目 13 个。审计实施中做到“三个结合”，即离任审计和任中审计结合，财务收支审计和绩效审计结合，督促整改和整章建制结合，为党委、政府和组织部门管理、评价和考核干部提供重要依据。

灾后恢复重建审计　完成汉中市略阳县 3 个学校 6 个项目的工程决算审计，查处经济案件线索 2 项并移交司法机关处理；对市抗洪救灾资金及捐赠青海玉树地区抗震救灾资金和物资的跟踪审计。

交办事项　完成秦宝宾馆、市人大办公楼装修改造工程决算审计，市农机公司 2001～2006 年资产负债损益审计，原沣河新区建设指挥部咸阳湖工程建设拆迁安置河南街、安谷园两个小区签订的拆迁购房协议及相关财务情况的专项审计，市企业改制遗留问题审计评估工作，市食品公司劳动服务公司遗留问题调查等。

（撰稿人：任生堂）

【宝鸡市审计局】　2010 年，宝鸡市审计局人员编制 64 人，在编 62 人。局长胡德成（—4

月)、高海（4月—），副局长陈金仓、王兴英、汪彩玲、刘红霞，总审计师谭鸿彬，纪检组长陈科林。设有办公室、法规审理科、内审管理科、财政金融审计科、行政事业审计科、农业与资源环保审计科、固定资产投资审计一科、固定资产投资审计二科、企业审计科、社会保障审计科、经济责任审计处、省审计厅驻宝鸡审计处、监察室、机关党委共14个职能科（处）室。

审计成果　宝鸡市审计局完成审计项目83个、审计调查项目8个，审计查出违规金额20302万元，其中应上缴财政150万元，应归还原渠道资金175万元，应调账处理金额1559万元，应自行纠正金额18359万元；已上缴财政210万元，已归还原渠道资金175万元，已调账处理金额1559万元，已自行纠正金额16933万元。提交审计报告、信息156篇，被采用118篇。

财政金融审计　宝鸡市审计局以督促预算部门单位增收节支、厉行节约为重点，进一步规范了市级部门财政收支行为。先后对79个市级一级预算部门进行审计和调查，覆盖面达到100%。审计查出违规金额12771万元，管理不规范金额2145万元；对眉县、渭滨区、陈仓区、凤县4个县区2009年度财政决算进行审计，查出违规金额2218万元，管理不规范金额3264万元，上缴财政34万元，并对全市10个县（区）政府债务及融资平台业务进行审计调查，基本摸清了债务情况。

行政事业审计　宝鸡市审计局完成政府部门和事业单位审计和审计调查项目37个，审计查出违规金额1795万元，上缴财政35万元。

农业与资源环保审计　宝鸡市审计局对污水处理项目进行专项审计调查，并完成4个农林水与环保审计和调查项目，审计专项资金总额71477万元，审计查出违规金额468万元，上缴财政18万元。

固定资产投资审计　宝鸡市审计局对2009年度住房公积金归集管理使用情况进行审计，完成市行政中心办公楼、市城市建设投资开发有限公司建设工程项目竣工决算、石鼓公园建设、市区旧住宅小区综合改造项目等13个重点建设项目审计，共审减资金13274万元。市审计局驻宝鸡高新区审计组对高新区67个投资项目进行审计，审计资金2.5亿元，审减资金额2576万元，上缴财政35万元。

社会保障审计　宝鸡市审计局重点对抗震救灾资金、农村低保、新农合等专项资金进行审计，先后4次开展玉树地震、“7·23”灾害救灾资金使用跟踪审计，督促有关部门按规定及时拨付资金，维护了民生资金使用绩效和安全。《全市2009年农村居民最低生活保障专项资金审计调查综合报告》得到市长的批转。审计资金总额33.55亿元，上缴财政23万元。

企业审计　宝鸡市审计局完成全市节能减排专项审计调查任务，对陕西红旗民爆集团等3个单位进行资产负债损益审计，审计查出违规金额2860万元，上缴财政20万元。

经济责任审计　宝鸡市审计局制定和修订了《宝鸡市党政领导干部和国有企业领导人员经济责任审计实施办法》、《宝鸡市党政领导干部和国有企业领导人员经济责任审计评价办法》和《宝鸡市本级经济责任审计对象分类管理办法》，已报市经济责任审计领导小组进行审定。按《宝鸡党政领导干部任期经济责任审计实施办法》和《宝鸡市国有企业及国有控股企业领导人员任期经济责任审计实施办法》，对34个单位的39名县处级领导干部进行了经济责任审计，其中5个县区的10名书记、县（区）长，19个市级部门、10个企事业单位的主要领导，审计查出违规金额190万元，管理不规范金额6567万元，上缴财政45万元。省审计厅在宝鸡市召开了经济责任审计分片座谈会。

灾后恢复重建跟踪审计　宝鸡市审计局对全市灾后恢复重建项目继续进行跟踪审计，完成城镇居民住房重建、公路灾后恢复重建等竣工决算项目16个，并完成审计署、省审计厅安排部署的灾后重建、扩大内需、专项治理等专项和行业审计及审计调查的综合汇总上报任务。

其他审计　宝鸡市审计局还完成省审计厅安排的全省建筑施工人员意外伤害保险返还资金审计调查任务，市领导交办的冯家山灌区改造工程审计、东岭锌业审计、蟠龙大道建设项目预算审核等临时性任务，完成其他部门申请协办的计划生育专项资金检查、清理“小金库”回头看专项检查，派人参加西安、重庆特派办、省审计厅外资相关审计工作，得到领导和组织的好评。

（撰稿人：李志军）

【汉中市审计局】 2010年，汉中市审计局人员编制44人，实有干部职工43人。局长黄生怀，副局长李振武、吴加录、黄中利（10月—），总审计师赵明华，纪检组长郭久箐。设有经济责任审计处、办公室、监察室、综合法制科、经贸审计科、中央省属企事业审计科、财政审计科、行政事业审计科、农业与资源环保审计科、固定资产投资审计科、社会保障资金审计科、外资运用审计科、机关事务所等职能科室。

审计成果 汉中市审计局完成审计项目85个，查出违规金额39152万元，其中应上缴财政45万元；已上缴财政45万元，核减投资额2222万元；移送案件线索1件；提交审计工作报告信息173篇。

财政审计 完成市级财政预算执行情况审计，对城固县、南郑县、西乡县3县财政决算进行审计。对上年预算执行和其他财政收支情况审计查出问题的整改情况进行了督促检查。

行政事业审计 开展市发改委、市广播电视局、城固师范学校、汉中铁路医院4个行政事业单位的财务收支审计。

农业与资源环保审计 开展勉县长林镇等4镇土地整理项目工程财务决算审计，镇巴县退耕还林专项资金审计，市水利局省秦巴山区大鲵保护区专项资金审计，市石门水库管理局段家沟水库等5个水库除险加固工程项目审计。同时对市水利局等3个单位财务收支进行审计。

固定资产投资审计 开展汉中职业技术学院新校区建设工程项目审计、汉江西二环大桥工程项目跟踪审计、市广播电视新闻出版局广电中心大楼3项工程决算审计。同时对汉台区市政设施管理处等3个单位财务收支进行审计。

社会保障审计 开展市本级和城固县农村居民最低生活保障专项资金审计调查，市本级和汉台区新型农村合作医疗基金审计调查。对青海玉树抗震救灾资金和物资进行跟踪审计，对抗洪救灾资金和物资进行审计。同时对市社会福利院等3个单位财务收支进行审计。

企业审计 开展市地方公路管理处等6个单位的财务收支审计，对市生产资料总公司等2个市属企业资产负债损益进行审计。对市建设工程质量监督中心站建筑施工人身意外伤害保险返还资金进行专项审计调查，对市本级和西乡县政府外债管理使用情况、汉台区政府债务及融资平台进行审计调查。同时按照省审计厅授权，开展汉中地质大队等5个单位财务收支审计。

灾后恢复重建审计 开展宁强县北关小学等4个学校灾后恢复重建项目审计，西乡县白龙镇中心卫生院等4个灾后恢复重建项目竣工决算审计。同时对宁强、略阳、勉县3县灾后恢复重建竣工决算评估费用列支情况进行审计调查。

经济责任审计 根据组织人事部门委托，开展市直行政事业单位领导、县区党政领导、市直国有及国有控股企业领导人员经济责任审计31项。

（撰稿人：袁怀兰）

【榆林市审计局】 2010年，榆林市审计局人员编制59人，在编人员59人。局长乔乃章，副局长吕登榜、高林、强少炜、冯占廷，总审计师张随平，纪检组长贺占彪。设有政秘科、法规科、财政金融审计科、行政事业审计科、社会保障审计科、农业与资源环保审计科、固定资产投资审计科、企业审计科、开发区审计科、总支、工会等科室，审计处内设企业审计科、事业审计科，经济责任审计办公室内设党政审计科、企事业审计科和综合科。

审计成果 榆林市审计机关完成审计及专项审计调查项目1391个，查出违规金额91744万元，其中应上缴财政7852万元，管理不规范金额710490万元，损失浪费金额1508万元，核减工程决算45858万元，核减工程预算47910万元，审计后挽回损失1508万元，应调账处理金额5320万元。共为财政增收节支101620万元。移送司法机关案件线索2起。向有关部门和单位发布审计公告27篇，向被审计单位提出合理化审计建议2186条，被采纳1731条。向上级部门和新闻媒体提交报告、信息222篇，被批示、采用56篇。

财政审计 着重关注中央、省、市宏观经济政策的贯彻落实，认真开展本级财政预算执行审计，共审计（调查）预算执行单位60个，查出违规金额 2.2 亿元。

行政事业、农业与资源环保审计　审计单位（项目）510 个，查出违规金额 13987 万元，损失浪费 596 万元，管理不规范金额 70256 万元，审计发现侵害群众利益 101 万元。提出审计建议 723 条，被采纳 576 条。

固定资产投资审计　共审计固定资产投资决算审计项目 583 个，预算审计项目 202 个，核减工程决算价 4.6 亿元，核减工程预算价 4.8 亿元，综合核减率达到 9.68%，挽回经济损失 45875 万元，取得良好的经济和社会效益。

社会保障审计　自觉服务民生，切实加强社保民生审计，审计（调查）行业与专项审计项目 174 个，查出违规金额 1.8 亿元。

企业审计　以促进深化国有企业改革，规范经营管理，提高效益，保障国有资产保值增值为目标，切实维护国有资产安全，共审计国有及国有控股企业 20 户（项目），查出违规金额 1132 万元，提出审计建议 34 条，被采纳 20 条，督促被审计单位制订整改措施 16 条。

经济责任审计　根据组织部门的委托和地方政府机构改革需要，对 322 名领导干部任期经济责任进行审计，查出违规金额 1.2 亿元。

专项资金审计　组织开展新型农村合作医疗基金、退耕还林资金、农村和城市低保资金、农村中小学取暖设施改造资金、排污费、土地出让金等专项审计和审计调查。审计（调查）单位 174 个，审计专项资金总额 54.2 亿元，查出违规金额 18118 万元，损失浪费金额 542 万元，管理不规范金额 82270 万元，资金滞留闲置 22986 万元。

内部审计　全市内审机构共审计项目 376 个，查出损失浪费金额 48 万元，促进增加效益 650 万元，提出建议被采纳 520 条。（撰稿人：李艳飞）

【安康市审计局】　2010 年，安康市审计局人员编制 53 人，在编 45 人。局长杜保华，副局长陈国进、陈建国，纪检组长兰天安。设有省属企事业审计处（正处级）和经济责任审计处（副处级）。下设政办科、法制科、行政事业审计科、农业与资源环保审计科、经贸社保审计科、财税与金融审计科、基建投资审计科、省属企事业审计处事业审计科、省属企事业审计处企业审计科、经济责任审计处党政领导干部审计科、经济责任审计处企事业领导干部审计科、市纪委派驻市审计局纪检组监察室等职能科室、计算机审计信息中心。

审计成果　全市完成 549 个审计（调查）项目。共查出违规金额 46227 万元，管理不规范金额 171111 万元，损失浪费金额 1357 万元、审计决定上缴财政 2989 万元、核减工程造价 2545 万元、归还原渠道资金 1442 万元、调账处理金额 4347 万元。提出审计建议 846 条，被采纳 653 条，被审计促进单位制定整改措施 64 项，健全规章制度 14 份。提交工作报告、信息 554 篇，被采纳 410 篇。

财政审计　重点对财政预算编制及其执行过程中资金运用的决策权与执行权等主要环节进行审计监督，关注预算编制、调整与执行情况，加大对财政决策权、管理权、使用权的监督。审计发现预算执行及管理中存在的问题，主要是预算不够细化、预测不够准确、部分收支未报经人大审批或备案；压预算收入、少计预算收入、滞留预算收入。审计发现其他财政收支管理中存在的问题，主要是挪借专项资金、改变国债资金存款利息用途、社保资金专户部分资金未单独计息。针对审计发现的问题提出严格预算编制程序，强化预算约束、加强专户及专项资金的监管、完善市财信担保公司风险管理制度的建议。

经济责任审计　在经济责任审计中积极运用绩效审计的方法，强化对领导干部履行职责中绩效情况的分析评价，为组织和纪检监察机关提供较为翔实的情况，使审计结果切实变成干部任用、奖惩等全面考核的依据。全市共对 79 个部门和单位领导干部进行任期经济责任审计，查出各类违规金额 12943 万元，其中负主管责任金额 7617 万元，负直接责任金额 5326 万元。

专项资金审计　市县审计机关实施了新型农村合作医疗基金、农村居民最低生活保障专项资金、退耕还林资金、政府外债、节能减排专项资金、全市质量技术监督局行业等 7 个行业和专项资金的审计和审计调查，查处各行业资金使用管理不规范，各级政府在贯彻执行国家政策规定与地方配套制度在实施中相互脱节，甚至与实际情况有差异等问题。全市共审计单位 99 个，促进资金拨付 1245 万元，收缴财政 23 万元，提出审计处理意见和建议意见 500 多条，采纳 80%。被审计促进单位制定整改措施近 50 项，健全规章制度 14 份。提交工作报告、信息 400 多篇，被采纳 308 篇。

固定资产投资审计 市审计局为了配合市委、政府“经营城市”经济战略，审计重点向国家投入的公路、公共基础设施、重点工程和市政建设等建设项目转变。实施市房管局 3 个廉租房工程、1 个水利设施项目、部分市政管理处重点工程等一批重点建设项目竣工决算审计，对市中心城市建设投资有限公司实施的经济适用房进行跟踪审计。对市委基建财务和市政管理处的机关和管理的专项资金进行财务收支审计。各县也将政府投资审计作为服务经济发展的重要平台，整合资源，集中力量，强化政府投资项目的审计监督，促进加强建设项目管理，规范决策和建设程序，合理控制工程成本，避免损失浪费，节约政府投资，提高投资效益。全市共完成建设项目工程竣工决算审计 150 个，审计金额 220119 万元；查出各类违规金额 15664 万元，核减投资额 2545 万元。

灾后恢复重建审计 积极组织全市审计机关全力开展对玉树捐赠资金及物资进行全程跟踪审计，共向上级审计机关上报综合审计报告四次。通过审计全面掌握捐赠资金的归集和上解情况，本次全市共募集捐赠资金 339.67 万元，全部按时上解，同时民政和红十字会对捐赠资金收支情况进行社会公告。继前两年对汶川地震灾后恢复重建项目、资金进行跟踪审计的经验，深入项目实施单位施工现场，对项目资金、工程质量等进行全方位跟踪审计，全程监督工程招标、建设、验收、交付使用的全过程，掌握工程进度，资金流向，保证了资金的安全性和使用效率。同时协助省厅对各县的审计检查和特殊党费的审计。全市共对汶川地震灾后重建项目 267 个项目（包括特殊党费援建项目）进行全面跟踪审计，审计金额 6 亿元，其中已审结竣工决算项目 26 个，送审金额 1.7 亿元，审计核减 600 万元，核减率为 4.8%。

相关工作 以科学理论武装为根本，加强思想政治建设，提升审计队伍的思想政治水平。以“一把手”建设为重点，加强领导班子建设，提高各级领导班子领导科学发展的能力。以专业化建设为标准，加强依法审计能力建设，提高审计人员的综合素质。以推动廉洁从审为目标，加强党风廉政建设，保障审计工作健康发展。以深化干部人事制度改革为契机，增强选人用人的公信度，为审计干部成长营造良好的制度环境。加强对下级审计机关的领导和管理，全面提升全省审计队伍的向心力。以审计理论研究为基础，加强审计文化建设，推动审计事业全面协调可持续发展。

（撰稿人：汪　平）

【商洛市审计局】 2010 年，商洛市审计局人员编制 37 人，在编 33 人。局长卫星，副局长赵晓伟、徐丹红（5 月—），总审计师郭正，纪检组长于天翔（8 月—）。设有办公室、法规科、财政与金融审计科、行政事业审计科、固定资产投资审计科、经贸审计科、农业与资源环保审计科、社会保障审计科、经济责任审计科，监察室、商洛市内部审计管理中心。

审计成果 商洛市审计机关共完成审计项目 605 个，查出违规金额 102815 万元，其中应上缴财政 1344 万元，应减少财政拨款或补贴 14 万元，应归还原渠道资金 876 万元，应调账处理金额 450 万元；已上缴财政 282 万元，已减少财政拨款或补贴 12 万元，已归还原渠道资金 429 万元，已调账处理 299 万元。提交审计工作报告、信息 150 篇，被采用 63 篇。

财政审计 对本级 2009 年度财政预算执行情况进行审计，代表市政府向人大常委会作的市本级预算执行及其他财政收支情况的审计工作报告，得到代表们的一致好评。对商州、洛南两县（区）实施财政决算审计。对洛南、山阳等五县的地方政府性债务及融资平台专项业务进行审计调查。

行政事业审计 对全市 299 个行政事业单位进行审计。查处违规金额 8035 万元，损失浪费金额 374 万元，管理不规范金额 3712 万元。

农业与资源环保审计 实施全市退耕还林还草专项资金审计，促进提高资金使用效益。

固定资产投资审计 对 68 个政府投资项目进行审计，核减工程投资 478 万元。中小学校舍安全工程审计综合报告被市政府主要领导批示。

企业审计　对市建筑勘察设计院等 9 个国有企业的资产、负债、损益进行审计。

经济责任审计　实施领导干部经济责任审计项目 242 个，开展村干部经济责任审计 6 人。商南县出台了《商南县科级领导干部经济责任审计结果利用办法（试行）》。镇安县出台了《镇安县领导干部经济责任审计整改工作暂行办法》《镇安县领导干部离任经济事项交接办法（试行）》。

专项资金审计（调查）　对全市农村最低生活保障专项资金、建筑施工人身意外伤害保险返还资金进行审计和审计调查。

灾后恢复重建审计　对宝鸡市陈仓区幕仪镇齐西二小学教学楼重建项目及教师宿办楼等 4 个项目实施竣工决算审计。

内部审计　商洛市公路局、中心医院审计科科长在“双先”评比中受到省审计厅的表彰奖励。

（撰稿人：何　潇）

2010 年陕西省所辖区、县（市）级审计工作统计表

金额单位：万元

审计机关	完成审计项目（个）	查出违规金额	应上缴财政	应减少财政拨款或补贴	应归还原渠道资金	应调账处理金额	移送司法、纪检监察部门处理（件）	建议有关部门处理（件）	出具审计报告和审计调查报告（篇）	提出审计建议（条）	撰写审计信息（篇）
西安市											
西安市本级	77	171202	112400	2594	4369	30301	7	1	77	199	167
未央区审计局	35	1315	1501		12	3			35	54	75
莲湖区审计局	102	1136	48	256	262	230	1		102	40	37
新城区审计局	36	526	98						36	23	36
碑林区审计局	47	4126	3153						47	8	21
灞桥区审计局	89	119			2013	6412			89	103	12
雁塔区审计局	53	4914	253		404	956			53	79	38
阎良区审计局	55	927	288		202				55	88	16
临潼区审计局	78	3274	115		120				78	7	20
长安区审计局	123	23063	21		3	16007			123	59	14
蓝田县审计局	45	1163	595		217	190			45	86	51
周至县审计局	47	1989	10		65				47	94	11
户县审计局	42	13843	41						42	85	29
高陵县审计局	143	3306	89						140	84	16
延安市											
延安市本级	112	65999	3463		1414	12525			122	392	19
宝塔区审计局	35	4534	9		118	2526			30	45	4
延长县审计局	45	173							46	78	45
延川县审计局	45	465							45		
子长县审计局	100	353							1	187	
安塞县审计局	110	17028	126						106	234	

（续 表）

审计机关	完成审计项目（个）	查出违规金额	应上缴财政	应减少财政拨款或补贴	应归还原渠道资金	应调账处理金额	移送司法、纪检监察部门处理（件）	建议有关部门处理（件）	出具审计报告和审计调查报告（篇）	提出审计建议（条）	撰写审计信息（篇）
志丹县审计局	63	5389	473		1019	16			59	109	
吴起县审计局	138	2766	6						71	2	
甘泉县审计局	119	3467	24						111	172	17
富县审计局	82	486	27		95	55			49	116	
洛川县审计局	31	6200	18						12	3	
宜川县审计局	121	9537	17		483	436			85	190	7
黄龙县审计局	40	2792	4		50	88			40	92	35
黄陵县审计局	81	11367	32		13	1528			79	183	8
铜川市											
铜川市本级	94	16854	385		1799	2998	3		94	156	98
耀州区审计局	133	1241	21						137	283	21
王益区审计局	30	42	3							59	6
印台区审计局	22	4			1	42			22	12	33
宜君县审计局	43	458	8	57	212	170			43	151	13
渭南市											
渭南市本级	72	157429	284		15519	55012				193	120
临渭区审计局	109	8152	282		1396	2253				288	41
华阴市审计局	60	1955	55							43	20
韩城市审计局	110	8933	6871		28	5541				232	55
华县审计局	102	4949	70			3				172	28
潼关审计局	75	827	29							182	21
大荔县审计局	73	4508	130		262	62				129	35
蒲城县审计局	106	6892	66		739					171	25
澄城县审计局	101	6538	74							101	87
白水县审计局	68	2054	89		147	140				126	39
合阳县审计局	75	4822	749							79	21
富平县审计局	73	3246	310		382	107				164	48
咸阳市											
咸阳市本级	70	26609	105		3300	472	2		78	79	126
秦都区审计局	42	975	23						45	11	20
渭城区审计局	73	4398	75		13				73	168	6
兴平市审计局	54	1775	57		67	7			54	154	126
三原县审计局	81	2575	119		236	636		2	81	36	

（续 表）

审计机关	完成审计项目（个）	查出违规金额	应上缴财政	应减少财政拨款或补贴	应归还原渠道资金	应调账处理金额	移送司法、纪检监察部门处理（件）	建议有关部门处理（件）	出具审计报告和审计调查报告（篇）	提出审计建议（条）	撰写审计信息（篇）
泾阳县审计局	83	1024	62		80	70			83	91	7
乾县审计局	262	5453	144		921				270	501	82
礼泉县审计局	74	6054	51		245	318	2		78	67	7
永寿县审计局	82	2153	53		83	236			86	192	74
彬县审计局	131	13800	134		347	153			131	215	39
长武县审计局	106	1218	52		130	55			106	71	5
旬邑县审计局	74	5398	64	69	134				74	84	32
淳化县审计局	110	6750	30		230	170			110	124	10
武功县审计局	129	2229	812	395	338				129	62	11
宝鸡市											
宝鸡市本级	83	20302	150		175	1559			90	145	66
渭滨区审计局	10	18	2						10	25	11
金台区审计局	29	1865	3						29	110	7
陈仓区审计局	57	592	9	2	26	555			57	66	31
凤翔县审计局	69	3218	144		7656	5852			69	94	25
岐山县审计局	64	2548	25		67	397			64	111	12
扶风县审计局	43	2958	2038			441			43	47	16
眉县审计局	48	2602	22		80	388			59	78	10
陇县审计局	47	1880	712		221	1620			58	52	11
千阳县审计局	48	7245	33						48	57	11
麟游县审计局	51	414	324		24	73			60	75	30
凤县审计局	81	771	771		3	627			45	98	5
太白县审计局	24	1822			1095	116			43	30	26
汉中市											
汉中市本级	85	39152	45			8894	1		85	570	88
汉台区审计局	72	1449	8			194			72	148	13
南郑县审计局	148	4962	1599	228	93	3304		2	148	188	5
城固县审计局	261	176	90	592	10	114	1		261	356	12
洋县审计局	150	6466	37		179	5			150	214	11
西乡县审计局	83	7549	118		2909				83	126	25
勉县审计局	73	261	102		20	139			73	107	24
宁强县审计局	53	33165	17				1			120	
略阳县审计局	42	810	9						42	111	63

（续表）

审计机关	完成审计项目（个）	查出违规金额	应上缴财政	应减少财政拨款或补贴	应归还原渠道资金	应调账处理金额	移送司法、纪检监察部门处理（件）	建议有关部门处理（件）	出具审计报告和审计调查报告（篇）	提出审计建议（条）	撰写审计信息（篇）
镇巴县审计局	129	379	33	74	300	2030			97	74	23
留坝县审计局	52	647	11	145					52	140	20
佛坪县审计局	71	73	2						71	106	7
榆林市											
榆林市本级	194	46248	1084			1010			166	532	40
榆阳区审计局	79	954	111						79	233	12
神木县审计局	128	5705	3054	122					123	327	
府谷县审计局	199	4630	265	30					199	39	
横山县审计局	52	15009	1195		138	1113			52	137	
靖边县审计局	80	1103	299				1		143	229	20
定边县审计局	59	4955	1670		39	9195			59	47	
绥德县审计局	55	1993	50						55	55	13
米脂县审计局	154	1058	27						154	112	
佳县审计局	59	3175	7		50		1		59	42	14
吴堡县审计局	47	2824	24						47	70	3
清涧县审计局	140	3631	25						140	98	16
子洲县审计局	145	459	41	27	72				164	288	
安康市											
安康市本级	126	23246	63		520	964			26	172	208
汉滨区审计局	44	167	104		695	439			44	62	92
汉阴县审计局	33	704	14		249	33			26	70	48
石泉县审计局	38	3755	13		364	2566			39	121	27
宁陕县审计局	28	3755	2541	64	476	907			29	69	
紫阳县审计局	108	465	110	556	67	7			41	76	50
岚皋县审计局	31	11086	30		1790	8432	2		31	72	14
平利县审计局	109	9713	15		195	452			109	82	18
镇坪县审计局	21	3							22	57	32
旬阳县审计局	32	112	27		9				33	73	47
白河县审计局	44	34	34		29	522			44	128	12
商洛市											
商洛市本级	44	62385	876		448	253			44	82	14
商州区审计局	57	1303	31		102	49			57	64	3
洛南县审计局	95	12734	93		123	1			95	123	10

（续 表）

审计机关	完成审计项目(个)	查出违规金额	应上缴财政	应减少财政拨款或补贴	应归还原渠道资金	应调账处理金额	移送司法、纪检监察部门处理(件)	建议有关部门处理(件)	出具审计报告和审计调查报告(篇)	提出审计建议(条)	撰写审计信息(篇)
丹凤县审计局	62	2804	39		11	65			62	71	4
商南县审计局	67	2489	44	14	40	43			67	68	58
山阳县审计局	92	12788	120						92	95	35
镇安县审计局	130	2719	74		89				130	145	55
柞水县审计局	58	5593	67		63	39			58	63	12

甘肃省

【甘肃省审计厅】　2010年，甘肃省审计厅人员编制217人，在编201人，领导职数10名。设有办公室、法规处、内部审计监督处、社会审计核查处、经济责任审计办公室、经济责任审计一处、经济责任审计二处、经济责任审计三处、财政审计处、行政事业审计处、农业与资源环保审计处、固定资产投资审计处、金融审计处、企业审计处、社会保障审计处、外资与运用审计处、人事处、机关党委、监察室、服务中心、科培中心、信息中心。

领导成员

厅　　长：何振中

副 厅 长：郝发忠　胡秀龙（—12月）

丁建华（—1月）　边　恺

成荣生（5月—）

总审计师：张　冰（5月—）

纪检组长：郭耀义（9月—）

巡 视 员：樊静安（—1月）

副巡视员：王瑞堂（1月—）

艾晓明（11月—）

副地级纪律检查员：石德生

审计成果　2010年，省审计厅共审计和审计调查项目121个，查出违规金额1亿元，管理不规范金额794.9亿元，损失浪费金额1394万元；通过审计处理，上缴财政1136万元，促进增收节支2978万元；向司法和纪检监察及其他部门移送案件线索3件；向各级党委、政府和上级审计机关提交综合报告、专题报告、调研、信息93篇（次），其中被采用和批示35篇（次）；向被审计单位提出审计建议305条。

预算执行审计　重点对省级预算执行情况、税收征管情况，省财政厅、省交通厅、省地税局等9个省直部门的预算执行情况进行审计；结合领导干部任期经济责任审计，对陇南、临夏2市州财政收支情况进行审计；对省委、省人大、省政府、省政协、省纪委5大班子办公厅财务收支情况进行审计。同时，统一组织各级审计机关对全省政府性债务情况进行审计调查。针对审计发现的问题，提出了完善政府预算体系、深化财政体制改革等5个方面的意见和建议。10月，审计厅通过《甘肃日报》公告了2009年省级预算执行审计结果，引起被审计单位的高度重视和社会各界的广泛关注。

专项资金审计　加强对扩大内需和政府投资项目的审计，经审计，2009年，中央分四批安排甘肃省扩大内需投资计划318.2亿元，项目总数5000个，目前落实各类资金276.9亿元，开工项目4820个，完工3158个。组织陇南等8个市州审计机关对全省地震灾后恢复重建项目进行跟踪审计，7月27日，在《甘肃日报》公告了2010年上半年地震灾后恢复重建跟踪审计情况。对2009年全省住房公积金归集、管理及使用情况，全省教育经费投入及使用情况和全省中小学校舍安全工程建设情况进行审计；对省人民医院住院部大楼、天宝高速公路等14个重点建设项目进行跟踪审计和竣工决算审计，审计资金总额达113亿元。

对全省林业资源生态建设与保护项目、白龙江林业管理局天然林资源保护工程、白银公司铜冶炼污染治理工程和临夏州城镇污水、垃圾处理设施及污水管网工程等进行审计和审计调查。在揭示问题的同时，向省财政厅、建设厅、民政厅、人社厅等资金主管部门和项目实施单位提出审计意见和建议。

抗洪救灾跟踪审计　8月8日，舟曲特大山洪泥石流地质灾害发生后，省、州、县三级审计机关迅速开展对省财政厅等省直相关部门及舟曲县抗洪救灾的跟踪审计。同时，向社会各界公布举报电话，及时受理群众来信来访，确保了救灾资金物资按要求及时到位、规范管理、高效使用。省、州、县三级审计机关整合审计力量，共投入审计力量1026人次，跟踪审计48个单位的应急救灾资金管理使用情况，审计涉及资金15.3亿元。

经济责任审计　对25名省管干部进行经济责任审计，涉及市州长、省委部门、省直行政机关、事业单位和国有企业等各个层面。主要对兰州市、陇南市和团省委、《读者》集团等8个单位的领导进行离任审计；对临夏州、省农牧厅等16个单位的领导进行任中审计。根据市州委组织部委托，对嘉峪关、武威、天水、平凉、甘南5市州原审计局局长进行离任审计。2010年3月，省委组织部专门听取了省审计厅经济责任审计情况汇报，对经济责任审计工作给予充分肯定，提出做好今后工作的意见建议。

绩效审计　通过对农业综合开发项目、节能减排项目等专项资金的审计和引洮供水一期工程、天宝高速公路等重点投资项目的跟踪审计，对规范投资决策、提高财政资金使用效益、加强项目管理起到积极作用。目前省审计厅出具的竣工决算审计报告已成为政府加强基建项目管理、财政及建设单位拨付资金和结算工程款的重要依据。同时，省审计厅在深入调研的基础上，制定出台了《政府投资重大项目前期审计办法》。

企业审计　对金川公司、《读者》集团、窑街煤电公司、靖远煤业集团、白龙江林业管理局、省电力投资公司、省工交投资公司进行审计，查出少计少缴税费、虚列成本费用、“账外”资金等20多项问题，涉及资金13.68亿元。

金融审计　结合省农信社社长经济责任审计，组织开展省农信社2008年以来经营及财务管理情况的审计调查。共对59个基层联社进行深入的调查了解，摸清了金融危机以来，全省农村信用社贯彻执行中央金融政策的情况，重大经营决策情况以及支农惠农政策落实等情况。初步查明财务管理、信贷管理、经营管理、信贷业务等方面的问题，涉及金额304.7亿元。

外资运用审计　对18个国外贷、援、赠款项目进行审计，审计资金总额68.4亿元。查出滞留和擅自出借项目资金、固定资产管理不善、会计核算不规范等问题，及时向省委、省政府和有关部门提出加强项目资金监管、加快项目实施进度等建议。2010年4月，通过《甘肃日报》公告了2009年国外贷援款项目审计结果。

社会审计核查　针对窑街煤电公司、《读者》集团审计中发现的利润不实等问题，重点核查了甘肃天一永信会计师事务所等出具的相关审计报告，揭示了企业财务报表存在的重大错报及审计后未发表意见等问题。9月21日，甘肃省人民政府发布第73号省长令，颁布了《甘肃省社会审计机构审计报告核查办法》，并于2010年12月1日起施行。

交办和委托事项　按照省政府要求，对庆阳和嘉峪关机场复航改造工程等5个项目进行审计和审计调查。对14个市州及所属县区保障性住房建设情况进行专项审计调查。同时，对全省廉租房建设情况进行审计抽查。审计结果得到省委省政府的充分肯定。根据省财政厅、安监局等单位的申请，对省财政厅等3单位工程项目进行审计。抽调人员配合有关部门开展全省“小金库”治理、中小学校舍安全工程督查、退耕还林成果巩固检查、白银中学案件调查等工作。

审计整改　组织专门力量，对2008年7月以来重点审计的32个单位审计发现问题的整改落实情况和审计决定落实情况进行专项督查，并向省政府专题汇报了督查结果，提出了加强审计整改工作的建议。省政府将审计发现问题的整改情况列入政务督查的内容，督促被审计单位加强整改。7月，省政府出台了《关于进一步加强审计整改工作的意见》。《意见》确立了六项整改工作制度，并对各单位整改工作提出具体明确的要求。

教育培训　在南京审计学院、兰州商学院、兰州理工大学、深圳市建立培训基地，分层分类举办了9期培训班，重点开展工程投资、资源环保、计算机审计和绩效审计等中高级培训，增强了培训的针对性和实效性，进一步提高了培训的质量和水平。特别是2010年新修订的《中华人民共和国审计法实施条例》和《审计准则》颁布施行之后，省审计厅采取多种方式组织开展历时三个多月的以“加强审计监督，促进依法行政”为主题的系列学习宣传活动，并举办了“甘审杯”审计法律法规知识竞赛活动，为新条例和准则的贯彻落实营造良好的法治环境。

相关工作　一是根据省委的统一部署，积极开展“作风建设年”“质量建设和制度落实年”活动。积极部署开展“创先争优”活动，大力宣传先进典型，努力构建和谐机关。2010年，省审计厅被省直机关工委评为文明单位，并通过了省文明委的创建省级文明单位检查验收。二是国务院办公厅《关于进一步支持甘肃经济社会发展的若干意见》出台后，省审计厅积极向审计署汇报争取，协调财政部拨付甘肃省基层审计机关补助经费1967万元，为改善基层审计机关基础条件给予大力支持。最近，审计署又下发了《关于进一步支持甘肃审计事业发展的意见》。三是各级审计机关注重加强审计理论研究，积极探索审计理论与实践相结合的有效方法。厅领导确定了10个方面的专题，领题带头开展研讨交流。注重加强科研管理，制定了《甘肃省审计科研课题管理办法》，促进科研工作的规范化建设。四是加强审计信息化建设，研究制定了“十二五”审计信息化发展规划，大力推广金审一期、二期工程建设成果，部署开展金审三期工程建设。

审计宣传　加强对通信员队伍的教育培训，组织召开全省审计新闻宣传培训暨通联工作会议。坚持严格的新闻稿件审核程序，坚持正确的宣传报道方向，把握新闻纪律，严格按照审计工作要求开展宣传报道。省审计厅全年在各级各类媒体发表文章、信息200余篇，仅在中国政府网、人民网、《中国审计报》、《中国审计》杂志、审计署网站、《甘肃日报》等媒体就发表文章、信息130余篇，进一步扩大了审计工作的影响。

（撰稿人：梁馨予）

【兰州市审计局】　2010年，兰州市审计局人员编制110人，在编106人，领导职数5名。局长高兴贵，副局长郑登江、韩林、何金春，纪检组长程国珍（—10月）、张红桢（10月—）。设有办公室、法规处、内部审计监督处、社会审计核查处、审计执法监督处、财政金融审计处、行政事业审计处、农业与资源环保审计处、社会保障审计处、企业审计处、外资投资审计处、计算机审计处、人事处、机关党委、监察室等职能处（室）和兰州市经济责任审计分局及所属经济责任审计一处、二处、三处。

审计成果　完成审计项目71个，查出违规金额36344万元，其中应上缴财政7647万元，应减少财政拨款或补贴46万元，应归还原渠道资金1795万元，应调账处理金额7366万元；已减少财政拨款和补贴46万元。提交审计工作报告、信息127篇，被采用信息31篇。提出审计建议114条。配合参与了市纪委、市发改委、市财政局等部门牵头的重要工作。

财政审计　审计市财政局组织预算执行情况、市地税局税收征管情况，并对榆中县和永登县财政决算及其他财政收支情况进行审计。

行政事业审计　审计市政协办公厅、市科技局、市公安局、市卫生局、市南北两山绿化指挥部、市残疾人联合会、市中医院、市贸促会、市中小企业服务中心、市酒类商品管理局、市城市节水办、市规划局12个部门单位2009年度财政预算执行情况及其他财务收支情况。

农业与资源环保审计　对市环保局2008～2009年度环境保护专项资金管理使用情况、兰州市大气环境保护建设工程项目情况（兰州西热东输供热工程和兰州东城区供热管网扩建工程，项目建设期均为五年）进行绩效审计。

固定资产投资审计　对北滨河路银农段、农沙段道路及绿化、东岗北出口道路、大砂坪北出口道路扩建、大滩儿童福利院和雁滩607#道路建设项目的跟踪审计，对空港花园照明、崔深段道路建设项目进行决算审计。继续跟踪审计南山路建设、市房产局廉租房建设、全收集全集流污水雨水管网改造、西热东输管网改造、孙家台经济适用房、流浪儿童救助中心、望河宾馆改造、雁滩605#道路及606#道路项目。

社会保障审计　对兰州市保障性住房基金进行调查审计，对2009年住房公积金归集、管理、使用情况和为民办实事项目情况进行审计调查。

经济责任审计　对兰州职业技术学院院长、市城市执法局执法一大队原大队长进行任中经济责任审计；对市人防办原主任、市燃气集团有限公司原董事长进行离任经济责任审计；协调完成市公安局治安支队原队长、兰铁一中原校长的离任经济责任审计。

专项资金审计（调查）　审计兰州市城投公司2010年上半年车辆通行费的收支管理情况、2009年度工业发展和银行贷款贴息专项资金使用情况、市文化局近三年财政财务收支情况、兰州市少儿活动中心近三年财政投入资金使用情况、原农牧局2009年度财政财务收支情况和原农业办公室、原市人事局、市劳动局、市农牧局、市农办、市经委、市外办等单位的存量资产和财务收支情况；审计市教育局、市电化教育中心、市卫生学校、市外国语高级中学、市第四中学、市第十二中学、市第六十六中学、兰炼总校、兰化工业中小学校、市东郊小学、市实验幼儿园11个单位的2009年度财政性教育经费投入及管理使用情况。对世行贷款、英国赠款结核病控制项目进行专项审计。跟踪审计舟曲抗洪救灾资金和物资管理使用情况。牵头对“中立桥”和“兰天园”项目补偿有关事项进行审计核查。

（撰稿人：韩文钦）

【嘉峪关市审计局】　2010年，嘉峪关市审计局人员编制30人，实有27人。局长赵大鹏，副局长芦勇。设有办公室、经济责任审计科、行政事业审计科、法制科、固定资产投资科、社保金融审计科、社会审计核查科、经贸审计科、基建审核中心。

审计成果　嘉峪关市审计局完成审计和审计调查项目59个，查出违规违纪金额和管理不规范金额1227.32万元，核减固定资产投资821.34万元。向市委、市政度和上级审计机关、市属相关部门提交综合报告、专题报告、工作调研、信息121篇，其中被采用批示65篇；向被审计单位提出审计建议83条，均被审计单位采纳，使审计整改工作落到实处，促进了嘉峪关市社会经济平稳健康有序地发展。

财政审计　对嘉峪关市2009年度财政预算执行情况、市地税局税收征管情况、中国人民银行嘉峪关市支行办理国库资金情况进行审计，并延伸审计17个一、二级预算单位，查出管理不规范金额922.54万元。预算执行审计金额和审计覆盖面进一步扩展，审计的深度和广度大幅度提升。在审计中将关口前移，向预算编制延伸；深化了审计内容，重点关注财政资金的使用和财政投资项目的效益，实现了从传统的财政财务收支审计向财政资金的绩效审计转变；创新审计方法，采取财政审计与经济责任审计、预算执行审计、固定资产投资审计相结合，有计划、分步骤地开展工作；加强综合分析，发挥审计建设性作用和建言献策作用，注重从体质、机制和制度层面揭示问题、分析问题、提出建议、促进深化改革和规范管理。7月份，向市政府和市人大常委会提交了审计结果报告和审计工作报告，9月份，向市政府提交了《关于2009年度市级预算执行和其他财政收支审计整改落实情况的报告》，并建议市政府出台《嘉峪关市人民政府印发关于贯彻落实省政府〈关于进一步加强审计整改工作的意见〉的实施意见》，将审计整改工作纳入政府督察督办事项，全年整改落实率100%。

行政事业审计　以加强部门预算管理为目标，对市发改委等7个单位的预算执行情况进行了审计。查出少缴、未缴财政专户，无凭证附件列支，漏缴所得税等管理不规范金额436.57万元，提出审计建议34条。

固定资产投资审计　共对14个建设项目进行竣工决算审计，核减固定资产投资821.34万元，有效地控制了工程建设中的高估冒算、偷工减料、损失浪费等现象，保证了政府建设资金真实、合法、有效地使用。

经济责任审计　根据市委组织部的委托，对市建设局、市财政局等24个单位的主要领导进行任期经济责任审计，查出管理不规范金额533.78万元。在审计过程中，除抓好被审计单位的财务收支审计外，重点关注领导干部经济责任履行情况，关注民生和发展等重大政策措施的贯彻落实情况，关注财政资金的管理使用和重点项目的实施情况等，使审计的评价内容更加全面。

专项资金审计　对城市维护建设资金、中小学校舍安全工程等进行专项审计，查出管理不规范金额427万元，提出审计建议11条。

（撰稿人：茹作臻）

【金昌市审计局】　2010年，金昌市审计局人员编制31人，在编21人，领导职数6名。局长高善鹏，党组书记张正平（6月—），副局长侯永林、梁福山，副调研员刘成德。设有办公室、法制科、经济责任审计办公室、财政审计科、行政事业审计科、企业和社会保障审计科、农业和资源环境审计科、固定资产投资审核中心。

审计成果　完成审计和审计调查51项，查出各类违规金额3.29亿元；向市委、市政府和省审计厅提交综合或专题审计报告、信息89篇（次），被采用和批示48篇（次）；向被审计单位提出审计建议120多条。

财政审计　市级预算执行审计，继续以促进规范预算管理，提高财政资金使用效益为目标，以全部政府性资金为主线，加强对重大投资项目和重点民生资金的跟踪审计，主要对财政部门具体组织预算执行情况，教育经费、农业资金（新农村建设资金）、基建（国债）资金、排污费、科技三项费、工程竣工决算以及领导干部经济责任履行情况进行审计，并对全市地方政府债务和市城投公司进行专项审计调查。共审计一、二级拨款单位及资金使用单位220多个，延伸审计12个乡镇，31家企业，并深入100多农户进行调查。审计资金总额约21亿元，共查处违纪违规金额2.47亿元。

固定资产投资审计　整合审计资源，突出对重点工程、重点领域、重点资金的监督管理，积极开展政府投资项目竣工决算审计，完成城市道路、金川公园人工湖、新材料工业园区排水工程、城市生活垃圾处理场等20个项目的竣工决算审计，审计资金2.29亿元，核减投资额5643.86万元，核减率为24.64％。

经济责任审计　完成市商务局、金昌日报社、市建设投资公司、市交警支队、市科技局、市政府驻兰州办事处等10个单位领导人员的任期和任中经济责任审计。审计结果得到市政府主要领导批示，立案查处1件。完成市建设投资公司专项审计调查，提出拓宽融资渠道等建议，得到市政府的高度重视。

专项资金审计（调查）　坚持把国家宏观调控政策的贯彻落实和关系民生等专项资金管理使用情况作为审计的重点内容，开展农业资金、教育经费、基建（国债）资金、科技三项费、排污费、住房公积金等专项资金的审计。根据省审计厅安排，完成全市扩大内需促进经济平稳增长专项审计和工程建设领域突出问题专项治理情况审计，每月按时上报审计结果。整合审计力量，开展全市政府性债务审计调查，审计调查金额8.42亿元。完成保障性住房建设、舟曲救灾资金物资跟踪审计，出国经费等专项审计。

外资运用审计　根据省审计厅的授权和安排，完成了世界银行贷款及英国赠款结核病控制项目、世界银行贷款永昌牧业发展项目、世界银行贷款牧业发展全球环境基金协会（GEF）赠款项目和日本国际协力银行贷款金昌市造林和植被恢复项目等审计。

其他审计　对市委、市政府交办的审计事项，主要领导负总责，分管领导担任审计组长，集中时间、集中人员，开展审计。对市供热处供热成本核算、市园艺场清产核资、市开发区和原市房管局债权债务情况等进行审计，审计结果为市政府决策发挥了重要作用，也为被审计单位顺利交接资产提供了依据。完成金昌市政府办公室、金昌饭店、体彩、福彩、市区北部绿色长廊管理站财务收支情况审计。

（撰稿人：邱进新）

【白银市审计局】　2010年，白银市审计局人员编制42人，在编37人。局长盛维忠，副局长李继明、王世勇、宋建强、李文辉（12月—），纪检组长程德选。设有办公室、法规科、财政金融审计科、农业与资源环保审计科、经济责任审计一科、经济责任审计二科、社会保障审计科、固定资产投资审计科、白银市基本建设审计中心（直属事业单位）。

审计成果　白银市审计局完成审计项目64个，查出违规金额837万元，其中应上缴财政808万元，应归还原渠道资金170万元，应调账处理金额24658万元；已上缴财政710万元，已归还原渠道资金170万元，已调账处理金额24419万元。提交审计工作报告、信息122篇，被采用27篇。

财政审计 审计财税部门和一、二级预算单位11个，查出违规金额161万元，管理不规范金额15134万元，其中应上缴财政161万元，应归还原渠道资金27万元，应调账处理金额1398万元。已上缴财政70万元，已归还原渠道资金27万元，已调账处理1324万元。提交审计工作报告11篇，提出审计建议30条，被采纳的审计建议18条。审计县级政府决算2个，查出违规金额338万元，管理不规范金额2823万元，其中应上缴财政338万元，已上缴财政338万元，应归还原渠道资金143万元，已归还原渠道资金143万元，应调账处理1064万元，已调账处理1064万元。提交审计工作报告2篇，提出审计建议10条，被采纳的审计建议10条。

行政事业审计 审计单位16个，查处违规金额36万元，管理不规范金额165万元，其中应上缴财政7万元，应调账处理金额165万元。提交审计工作报告17篇，提出审计建议24条，被采纳的审计建议14条。

固定资产投资审计 审计预算执行项目2个，竣工决算项目3个，查处管理不规范金额517万元，应调账处理金额517万元，已调账处理517万元。提交审计工作报告5篇，提出审计建议8条，被采纳的审计建议4条。

企业审计 审计单位2个，查处管理不规范金额125万元，应调账处理金额21337万元，已调账处理21337万元。提交审计工作报告1篇，提出审计建议1条，被采纳的审计建议1条。

经济责任审计 审计单位21个，查处违规金额563万元，管理不规范金额3989万元。结合预算执行审计认真开展领导干部任期经济责任审计。在市管干部任期经济责任审计积累经验的基础上，就如何全面展开经济责任审计，尤其是任中经济责任审计工作，采取一系列措施，取得良好的效果。

专项资金审计（调查） 审计单位9个，查处违规金额302万元，管理不规范金额260万元，其中应上缴财政302万元，应调账处理177万元；已上缴财政302万元，已调账处理177万元。提交审计工作报告7篇，提出审计建议16条，采纳8条。

（撰稿人：董艳萍）

【天水市审计局】 2010年，天水市审计局人员编制66人，在编66人。局长马武生（1月—）、刘永年（—1月），副局长晏平（—12月）、林育德、石怀智，总审计师付新顺（9月—），纪检组长葛南翔（9月—）、田建民（—7月）。设有办公室、综合科、财政审计科、金融外资审计科、行政事业审计科、经贸审计科、农业与资源环保审计科、社会保障资金审计科、固定资产投资审计一、二科、审计监督与核查科，另设有副县级建制的直属事业单位天水市经济责任审计办公室和天水审计培训中心。

审计成果 天水市审计局完成审计项目67个，查出违规金额13685万元，其中应上缴财政78万元，应归还原渠道资金34万元，应调账处理金额16042万元；已上缴财政78万元，已归还原渠道资金34万元，已调账处理金额16029万元。提交审计工作报告68篇、信息460篇，被采用96篇，提出审计建议161条。

财政审计 完成财政审计项目24个，查出违规金额3343万元，其中应上缴财政51万元，应调账处理金额581万元；已上缴财政51万元，已调账处理金额568万元。针对审计查出的突出问题，加强综合分析，从机制、体制和制度上查找根源，促进预算执行单位进一步加强财务管理。

固定资产投资审计 完成审计项目19个，查出违规金额5417万元，其中应上缴财政3万元，应归还原渠道资金31万元，应调账处理金额2453万元；已上缴财政3万元，已归还原渠道资金31万元，已调账处理金额2453万元。加强了项目管理，提高投资效益。

企业审计 完成审计项目2个，查出违规金额486万元，其中应上缴财政1万元，应调账处理金额45万元；已上缴财政1万元，已调账处理金额45万元。

经济责任审计 对14个单位的经济责任人进行审计，查出违规金额4371万元，其中应上缴财政21万元，应归还原渠道资金3万元，应调账处理金额12911万元；已上缴财政21万元，已归还原渠道资金 3 万元，已调账处理金额 12911 万元。先后对甘谷、武山、张家川 3 个县的县长实施离任审计，审计结果得到市委、市政府和干部管理部门的重视。通过审计，探索总结了县区政府正职经济责任审计的方式和途径，为实现县（区）长经济责任审计的制度化、规范化创造了良好的开端。

专项资金审计（调查）　完成 4 个项目，查出违规金额 68 万元，其中应上缴财政 2 万元，应调账处理金额 52 万元；已上缴财政 2 万元，已调账处理金额 52 万元。对 2009 年全市教育经费投入及使用、2009 年住房公积金归集、管理及使用情况和医院收费情况进行审计，通过审计促进国家政策落实的到位，加强民生项目和资金管理，提高资金使用效益。

外资运用审计　完成审计项目 4 个，分别对世界银行贷款卫生 X 项目、西部地区基层教育发展项目、畜牧综合发展项目、林业持续发展项目进行审计。重点检查了国外贷款资金和国内建设资金的到位、使用情况，项目设备的采购、使用，提款报账情况，揭露了项目执行中存在的违反国家法规和国外贷款项目协议，以及内部控制中存在的重大缺陷等问题，督促项目执行单位严格遵守项目协议，规范财务管理和会计核算。

（撰稿人：王　荣　李卫周）

【武威市审计局】　2010 年，武威市审计局人员编制 31 人，在编 31 人，领导职数 5 名。局长王晓文，副局长李天忠、马忠民，纪检组长李镜，市经济责任审计局局长薛崇瑞。设有办公室、法规科、财政金融审计科、党政领导干部经济责任审计科、农业和资源环保审计科、社会保障审计科、行政事业审计科、固定资产投资审计科、社会审计核查科。

审计成果　武威市审计局共完成审计（审计调查）项目 150 个，查出违规金额 9344 万元，管理不规范金额 18222 万元，损失浪费金额 209 万元。其中，应上缴财政 1734 万元，应归还原渠道资金 1102 万元，应调账处理 1123 万元；已上缴财政 1730 万元，已归还原渠道 654 万元，已调账处理 1008 万元。审计核减工程投资额 285 万元，审计后挽回损失 33 万元。移送纪检监察机关事项 2 件，涉及金额 349 万元。提交审计专题、综合性报告和信息 104 篇，其中被批示采用 66 篇。

财政决算审计　完成民勤县的财政决算审计，审计查出应上缴财政 552 万元，已上缴财政 552 万元。其中，未按规定征收、缴纳财政收入 552 万元，其他 1344 万元。审计对于规范县区财政资金管理、使用方面发挥了突出作用。针对审计查出的问题，市政府专门召开全市审计整改动员大会，对审计整改工作提出了明确要求，责任到人，有力地促进了审计整改。

预算执行审计　完成预算执行审计项目 27 个，查出应上缴财政 996 万元，已上缴 977 万元。未按规定征收缴纳预算收入 948 万元，资金滞留闲置 29 万元，违规改变资金用途 12 万元，未落实收支两条线和专户管理规定 18 万元，其他 32 万元。

行政事业审计　全年完成 54 个行政事业单位的审计。审计查出隐瞒截留收入 184 万元，违规改变资金用途 154 万元，未落实收支两条线和专户管理规定 510 万元，“账外”资产 1957 万元，其他 2089 万元。

专项资金审计　完成 9 个专项资金审计项目，审计专项资金总额 306531 万元，审计促进资金拨付到位 2731 万元。审计发现的主要问题是资金滞留闲置 4021 万元，配套资金不落实 4804 万元。重点加强对救灾、扶贫、医疗、社保等专项资金的管理使用情况进行审计和审计调查。

固定资产投资审计　对市属范围内 2009 年年底已竣工未审计的基础设施建设项目、部分单位办公楼等建设项目进行跟踪审计，积极探索绩效审计的方法和路子。共完成审计项目 34 项，审计项目投资额 60829 万元，完成投资额 29657 万元，核减工程投资 236 万元。

经济责任审计　完成经济责任审计 51 项，其中县处领导干部 49 人，县处级以下干部 2 人。在做好离任审计的同时，加大了任中审计力度，共查出各类违纪违规金额 1609 万元，管理不规范金额 1388 万元。经济责任审计结果已运用到领导班子和领导干部年度工作实绩考核中，较好地促进了资金的有效运行和发挥效益。

外资运用审计　完成 5 个外资项目的审计，项目概算投资总额为 31213 万元，其中外资 24957

万元，审计发现的主要问题是违规改变资金用途343万元，资金不到位不落实1855万元，其他162万元。通过审计有效地促进了项目资金的拨付到位和使用以及项目效益的发挥。

（撰稿人：李永富）

【酒泉市审计局】　2010年，酒泉市审计局人员编制49名，在编33人。局长成茂和，副局长张贵虎、刘红艺、张东平，总审计师李翠萍，纪检组长马生忠（5月—）。设有办公室、综合法制科、经济责任审计一科、经济责任审计二科、财政金融审计科、行政事业审计科、经贸审计科、农业与资源环境审计科、社会保障审计科、固定资产投资与外资运用审计科、计算机审计管理科、社会审计核查与内部审计监督科。

审计成果　酒泉市审计局完成审计项目67个，查出违纪违规金额38100万元，其中应上缴财政8192万元。促进当年财政增收节支9023.69万元，其中追缴规费收入5433.69万元，补缴税金717万元，追缴罚没收入27万元，核减工程造价2846万元。提交审计报告和综合审计报告55篇，其中领导批示8次，下达审计决定68份，提出合理化意见和建议138条，被采纳110条。

财政审计　开展本级预算执行审计和肃州、金塔两区县财政决算审计3个。通过审计客观分析评价2009年政府财政管理工作的主要成效，揭示存在的突出问题，并从机制制度层面提出改进管理的意见，促进财政政策得到有效实施。共出具审计报告、审计结果报告和审计工作报告及审计要情8份，其中受市政府委托向人大作的审计工作报告和审计查出问题整改报告受到人大常委会的高度评价。

专项资金审计（调查）　紧紧围绕加强“三农”、教育、卫生、科技、环保、资源和抗震抗雪救灾资金为重点，组织实施了“2008～2009年全市就业专项资金审计调查”、“2008～2009年玉门市、瓜州县移民专项资金审计调查”、“2009年全市教育经费投入及使用情况审计调查”、“2009年全市住房公积金归集管理及使用情况审计调查”、“2009年酒泉城区污水排放治理情况审计调查”、“全市2008～2009年工程项目招投标情况审计调查”、“全市抗震抗雪救灾捐款专项资金审计调查”、“舟曲泥石流特大灾害捐款专项资金审计调查”、“全市保障性住房建设情况专项审计调查”9项专项审计和审计调查，共出具审计调查报告13份，其中有8个项目报告得到市委、政府主要领导的重要批示，为政府加强管理、维护人民群众的切身利益、推动工作整改提供了科学依据。

对中央扩内需新增投资项目、工程领域突出问题治理、政府债务、校安工程建设等内容开展跟踪审计和审计调查，出具审计和审计调查报告8份，提出促进整改的意见和建议21条。

经济责任审计　受市委组织部门委托，对2名县（区）长、17名市直部门局长、2名市直院校校长和4名政府办公室驻外联络机构的负责人共25名领导干部任职期间的经济责任履行情况进行审计，反映出少数或个别单位在预算执行中还存在专项资金及预算管理不到位等问题。

固定资产投资审计　对酒泉工业园区服务中心综合办公大楼等15个政府性投资建设项目共33330万元的竣工决算项目进行审计。通过审计，核定工程造价2.85亿元，在建设单位已委托社会审计机构审计核减1483.96万元的基础上，酒泉市审计局再次审计核减工程造价2846万元，审计核减率8.54%，并向市政府和被审计单位出具了审计报告。对工程建设领域特别是招投标管理上存在招投标不规范、个别项目未招标和一些项目前期可研论证不充分、工程造价内控制度不健全、基建财务管理不规范等问题进行披露。

外资运用审计　对2009年世行贷款/英国赠款结核病控制项目、世行贷款/英国赠款西部基础教育项目、世行贷款牧业发展项目、世界银行贷款牧业发展全球环境基础（DEF）赠款项目、日协贷款风沙治理项目5个利用外资项目的执行及资金使用情况进行审计。审计结果表明，通过连续几年的审计监督和推动整改，酒泉市外资利用项目内控制度不断完善，管理逐步规范，项目效益逐年提高，在促进教育、卫生事业发展和生态环境改善方面发挥了较好作用。

交办事项　一是完成甘肃省审计厅交办的肃州区工商局原局长离任经济责任审计和因公出国经费审计2个审计项目。二是完成市政府交办的四大班子接待费审计项目、市体育场、馆项目建设进展情况审计调查2个审计项目，同时对市法、检两院和市文化中心2008～2009年财务收支3个项目进行了专项审计。

内部审计和社会审计组织质量核查　结合酒泉实际，由局领导带队，组成工作检查组，对市教育局、水利局和市直医院、学校等重点部门单位的内部审计工作进行检查指导。同时，配合甘肃省审计厅内部审计管理处开展内部审计工作调研。酒泉市审计局集中对2008～2009年委托给8个会计事务所和造价所的19个政府性投资项目进行审计质量核查。通过核查，大部分社会审计组织能够公正审计，行业自律有所加强。

（撰稿人：魏　韡）

【张掖市审计局】　2010年，张掖市审计局人员编制35人，在编33人。局长陈华，副局长姬忠、赵光源、王天荣，副总审计师龙建国，纪检组长李鸿寿。设有办公室、综合法制科、财政金融审计科、行政事业审计科、经济责任审计科、外资经贸审计科、固定资产投资审计科、农业与资源环保审计科、社会保障审计科、审计核查整改办公室。

审计成果　张掖市审计局完成审计项目112个，审计查出违规金额4757万元（其中应上缴财政103万元），应归还原渠道资金4930万元，应调账处理金额16055万元；已上缴财政103万元，已归还原渠道资金4930万元，已调账处理金额16055万元。提交审计工作报告、信息364篇，被采用160篇。

财政审计　按照财政审计大格局的要求，坚持“审深、审透、审细、审严”的原则，对财政、地税等19个预算执行单位和部门进行审计，对全市地方性政府债务进行审计和审计调查，涉及单位560多个。通过对财政资金支出结构、财政转移支付、国库集中支付、政府采购、税收收入和重点部门预算编制及执行情况的审计，从源头上防止财政资金使用的随意性，对进一步规范预算行为，加强预算管理和领导决策提供了依据。

固定资产投资审计　重点对张掖市实施的417项中央扩大内需项目进行跟进审计，建立了审计台账，确定了工程招投标、土地出让等8个方面的审计关注点，定期督查，及时发现和纠正存在的问题。先后对市直部门（单位）实施的14个扩大内需项目进行两轮审计和审计调查。同时，认真开展工程建设领域突出问题专项治理工作，重点对2008年以来实施的教育、文化、卫生、住房等政府重大投资项目和使用国有资金建设的620个项目进行全面排查清理。针对存在的问题，向被审计单位制发整改通知书。各单位按照整改通知书的要求，制定措施，积极整改，促使项目建设顺利进行。围绕张掖市十大工程建设，加大重点建设项目审计力度，把好建设资金关口，核实工程造价，促进完善投资管理，对项目建设中存在的违纪违规问题，依据国家的有关财政法规进行处理，并向有关部门提出切实可行的意见和建议。

经济责任审计　受市委组织部的委托，完成对22名领导干部的经济责任审计（其中离任审计14项，任中审计8项），重点关注经济决策、经济政策执行、经济管理和廉政责任等方面的情况，对领导干部在任职期间履行经济责任的情况作出客观公正的评价，进一步强化了领导干部依法行政的意识，规范了领导干部的经济决策行为，为加强干部监督管理提供重要参考依据。上报的经济责任审计汇总报告得到市委、市政府领导的高度重视。

专项资金审计（调查）　对全市2009年住房公积金、教育经费投入、中小学校舍安全工程、农村危旧房改造专项资金和甘州区及临泽、高台、肃南县黑河流域近期治理退耕还林还草调整为灌区节水改造工程项目等进行专项审计和审计调查。通过审计，揭示了资金管理及政策执行方面存在的问题，查处了损失浪费、侵占群众利益等方面的问题，促进资金规范管理和及时、足额到位，保证党和政府各项惠民政策的落实。根据省审计厅统一组织，对世行贷款结核病控制项目等5项外资项目进行公证审计，不仅关注资金管理使用的合法合规，尤其关注资金使用和项目管理效率、效益和效果。

相关工作　先后举办由省审计厅领导和专家授课的全系统全员参加的业务培训班、财政审计大格局培训班、计算机AO现场操作系统培训班和计算机中级培训班等。省审计厅两次在张掖市设立考场，全市审计系统50岁以下的业务人员全部参加了全国AO认证资格考试，有79人获得了认证资格，占业务人员的98%。先后选派市县区局领导和业务骨干55人参加赴外培训班，接受高层次的培训。80%以上的业务人员取得了中高级职称。上报的6份《审计要情》和19份综合报告分别得到了市委书记、市长和分管市长等领导的批示，共计66次，有的以《工作通报》、《张掖政务》的形式下发各县区委和各相关部门，有的在政府常务会和市长办公会上进行了研究，不仅推动了问题的解决，而且促成了机制、制度的完善。积极探索加强审计信息宣传科研工作的有效途径，不断扩大审计的社会影响力，营造良好的审计环境，在《中国审计报》、《甘肃审计》等市级以上刊物和媒体上发表各类信息稿件和科研文章160篇。实行由班子成员牵头的课题组机制，开展审计科研活动，形成论文38篇，在各级刊物发表15篇。在市委目标责任综合考核中，荣获一等奖，确定为好班子；被市委第一批命名为领导班子思想政治建设“五个好”单位，被市委表彰为全市思想政治工作先进单位，被市委、市政府命名为“市级文明单位”、“五五”普法中期先进单位。

（撰稿人：高飞贤）

【庆阳市审计局】 2010年，庆阳市审计局人员编制38名，在编28人，领导职数5名。局长刘俊峰，副局长云天祥、陈建学、李崇峰（1月—），纪检组长李文虎。设有人事秘书科、综合法制科、社会审计核查科、财政金融审计科、行政事业审计科、基建外资审计科、经贸社保审计科、农业环保审计科、经济责任审计办公室、经济责任审计联席会议办公室。

审计成果 全市共完成审计项目354个，查出违规违纪金额11159万元，收缴财政371万元，归还原渠道资金1305万元，应调账处理金额3668万元。向纪检监察机关移送违法案件线索5起。出具审计报告334篇，审计提出建议480条，被采纳的审计建议322条。全市审计工作被省审计厅授予目标管理考核一等奖，市审计局被省审计厅评为AO应用实例优秀组织单位，被市委、市政府评为目标管理综合奖，2个计算机审计项目被省审计厅评为优秀奖，2个计算机审计项目分别被评为应用奖和鼓励奖，为保障全市国民经济和社会健康发展作出积极贡献。

财政审计 对市本级和县（区）2009年度财政预算执行及其他财政财务收支情况进行审计，对全市政府性债务情况组织进行审计调查。

社会保障审计 共派出234名审计人员，组成81个审计组，对316个灾后重建项目开展跟踪审计，累计现场审计工作量2896人·天，已跟踪审计项目总投资5.12亿元，并加大对社会保障、住房公积金、外资项目、教育经费投入及使用情况等民生项目资金的审计力度，确保各项资金及时足额兑付，发挥应有的经济和社会效益。

专项资金审计 抽调18名工作人员，组成四个工作组，集中利用45天时间，对8县（区）24个乡镇2007～2009年度财政、财务收支情况进行全面审计，共查出违纪违规金额5090.99万元，收缴财政216.38万元，向有关部门移送案件4起，理清了乡镇财务收支管理中存在的突出问题，提出了改进和加强乡镇财务管理的具体措施。

经济责任审计 全市共受理委托经济责任审计项目213个，其中县（区）委书记、县（区）长和乡（镇）党委书记、乡（镇）长经济责任审计项目111个，已审结111个。

外资运用审计 在世行贷款甘肃牧业发展项目审计中，重点审查项目目标和执行计划，检查项目工程实施情况及项目执行进度、目标实现和效益情况。审计调查发现，宁县畜牧综合发展项目实施后，2010年项目农户人均年收入比非项目农户提高1710元；项目农户收入平均由2004年的11764元提高到2010年的20508元，增长74%，非项目农户平均增长24%，项目实施期呈现出显著的经济效益，项目农户获得良好的投资回报。

固定资产投资审计 庆阳市人民政府办公室制定下发了《关于开展全市重点投资项目审计工作的安排意见》。市、县（区）审计机关，按照市上的部署安排，把投资项目审计作为重要内容，加强领导，统筹安排，突出重点，加大力度，在人、财、物等方面尽力倾斜，投资项目审计取得突破性进展。西峰区、合水县、镇原县、环县组织力量，对县（区）政府交办的投资项目，抽调精兵强将，集中时间人力，逐个进行审计，针对发现问题，及时向政府和有关部门提出合理化建议，收到很好成效。2010年，全市共完成固定资产投资审计项目23个，核减工程造价497万元。

（撰稿人：杨　静）

【平凉市审计局】 2010年，平凉市审计局人员编制45人，在编40人，领导职数5名。局长邢建军（—4月）、车兴安（4月—），副局长刘继荣（调研员）、朱江、席瑞林（5月—），纪检组长韩建华（4月—）。设有办公室、法制科、财政金融审计科、固定资产投资审计科、行政事业审计科、农业审计科、经济贸易审计科、经济责任审计科、社会审计核查科、电子审计中心。

审计成果 平凉市审计机关共完成审计项目562个，查处违规金额102438万元，其中应上缴财政6123万元，应归还原渠道资金6293万元，应调账处理金额34649万元，均已落实。核减工程投资额594万元，提交审计工作和调查报告586篇，信息223篇，被采用148篇。

财政审计 围绕优化财政支出结构、规范转移支付资金管理和提高财政资金使用效益，开展了对本级财政预算执行和下一级财政决算审计。审计项目97个，查出违规金额38178万元，应上缴财政5934万元，应归还原渠道资金4596万元，应调账处理金额27083万元。市政府领导对审计整改工作作出重要批示，督促有关部门限期进行整改，收到良好的效果。庄浪县人大根据审计建议督促县政府取消多年来一直收取的人民教育基金，华亭县政府根据审计意见制定出台了《关于进一步规范和加强全县财务管理工作的通知》，审计建设性作用得到有效发挥。

金融审计 审计项目1个，查出违规金额33871万元，决定应上缴财政10万元，应调账处理980万元，均已按期落实。通过对商业银行的审计，掌握了改革改制以来的金融资产规模、经营效益以及信贷质量和资产运营情况，提出改进和加强管理的意见建议，在维护地方经济安全、防范金融风险、服务企业发展等方面发挥积极作用。

行政事业审计 审计项目249个，查出违规金额15343万元，决定应上缴财政137万元，应归还原渠道资金1369万元，应调账处理1528万元，均已按期落实。通过审计，规范了部门单位的财政财务收支行为。

农业与资源环保审计 审计项目19个，审计资金总额43258万元，查出违规金额1967万元，其中违规改变项目计划和资金用途1028万元，决定应上缴财政22万元，应缴未缴专项资金13万元，资金滞留闲置722万元，其他204万元。通过审计，为政府管好用好环保专项资金，提出建设性的建议，得到市政府的充分肯定。

固定资产投资审计 审计项目128个，审计资金总额135558万元，查出违规金额4377万元，决定应上缴财政11万元，应归还原渠道资金280万元，应调账处理363万元，核减工程投资594万元，均已按期落实，确保了工程建设资金的依法有效使用。

社会保障审计 审计项目5个，审计资金总额18073万元，查出违规金额2344万元，审计促进资金拨付到位346万元。发挥审计维护群众利益，促进社会和谐的作用。

企业审计 审计项目7个，查出违规金额6191万元，管理不规范金额46万元。应上缴财政2万元，决定应调账处理4695万元，均已按期落实。本着“审帮促”相结合的原则，对企业的赢利能力、资产质量、债务风险、经营状况进行综合对比分析，针对薄弱环节提出加强管理、规范核算、提高效益的意见及建议。

经济责任审计 研究制定《平凉市经济责任审计联席会议部门工作协调办法》，召开平凉市第三次经济责任审计联席会议。扩大了任中审计的比重，变事后监督为事先防范。审计经济责任人228人（次），查处违规金额18068万元，管理不规范金额4011万元。

专项资金审计 审计项目80个，审计资金总额100.76亿元，查出违规金额4478万元，其中违规改变资金用途1491万元，应缴未缴专项资金13万元，资金滞留闲置1068万元，未纳入财政专户管理10万元，配套资金不落实609万元，其他9661万元。决定应上缴财政29万元，应归还原渠道资金48万元，相关部门单位根据决定和领导批示，逐问题进行了整改落实，促进了各项惠民政策的落实。

外资运用审计 根据省审计厅委托，完成世行贷款牧业发展、结核病控制、西部地区基础教育3个项目审计，审计资金总额8417.6万元，查出配套资金不到位等问题446.1万元。针对回补资金拨付缓慢、配套资金不到位等问题，提出审计意见和建议，为规范外资运用、防范外债风险发挥积极作用。

抗震救灾资金物资审计　根据省审计厅委托，平凉市审计局抽组各县（区）审计人员组成审计组，对“5·12”汶川地震和舟曲特大泥石流等93个项目救灾物资的筹集、拨付、管理、分配和使用情况进行全程跟踪审计，审计资金总额2.18亿元，并按程序及时上报了审计结果，确保救灾资金物资的安全规范使用。（撰稿人：王其红）

【定西市审计局】　2010年，定西市审计局人员编制39人，在编31人，领导职数8名。局长岳余之，副局长蔡呈祥、张晓伟、潘欣、胡世祯（—5月）、李宏军（9月—），纪检组长任旭。设有办公室、法规监核科、财政金融审计科、行政事业企业审计科、社会保障审计科、农业与资源环保审计科、固定资产投资审计科、经济责任审计办公室（下设经济责任审计一科和经济责任审计二科）。

审计成果　定西市审计局完成审计和审计调查项目127个，查出各类问题金额36723万元（其中，违规金额12022万元，管理不规范金额24701万元），其中应上缴财政6636万元，应减少财政拨款或补贴3885万元，应归还原渠道资金806万元，应调账处理金额1177万元；已上缴财政6367万元，已减少财政拨款或补贴3885万元，已归还原渠道资金600万元，已调账处理金额1154万元。建议有关部门处理事项1件。提交审计工作报告、信息164篇，被采用135篇。

财政审计　重点对2009年度市级财政预算执行和17个部门、单位的财政收支情况进行审计，查出少计财政收入、应征未征税款、挤占专项资金等问题金额1.76亿元；对安定、通渭、陇西和渭源4个县的财政决算进行审计，延审67个预算执行单位和9个乡镇，查出违规出借财政资金、用假发票套取现金、私设“小金库”等问题金额1.57亿元；统一组织市县区审计机关对全市地方政府性债务进行专项审计调查，在分析原因的基础上提出完善体制机制、控制债务规模、明确债务主体3个方面的审计建议，引起各级党委和政府的高度重视。主要特点是更加注重整改落实，把规范管理、推动工作、促进发展作为审计的出发点和落脚点，有效地发挥了审计的建设性作用和“免疫系统”功能。

经济责任审计　根据组织部门委托，定西市审计局完成经济责任审计项目26个，查出各类问题金额1180万元。审计结果表明，伴随着经济责任审计制度的不断完善，市县区大多数单位的依法理财意识明显增强，财务管理水平不断提升，违规违纪问题逐年减少，审计决定的落实率明显提高，审计监督关口前移的成效正在逐步显现。

专项资金审计　对中央扩大内需政策实施效果、地震灾后恢复重建项目、工程建设领域突出问题专项治理、教育经费投入使用、中小学校舍安全工程、住房公积金归集管理使用、农村最低生活保障金进行审计和审计调查，对定西市人民医院整体迁建工程和引洮一期支渠及配套工程进行跟踪审计，查出各类问题金额5155万元。审计人员及时发现和指出项目建设程序不规范、土地使用手续不齐全、建设进度缓慢、超规模超概算以及挤占挪用专项资金等问题，并督促有关单位进行整改，为保障和改善民生发挥重要作用。

固定资产投资审计　以规范项目管理和核实工程造价为目标，依据《定西市国家建设项目审计监督办法》，定西市审计局完成51个项目的竣工决算审计，审计资金总额42346.7元，查出各类问题金额1081万元，核减工程结算款3795万元，平均核减率达8.96%。（撰稿人：姚洁琼）

【陇南市审计局】　2010年，陇南市审计局人员编制41人，在编33人。局长曹代成，副局长张欣平（正县级）、马治斌、秦汝宁、王东红（2月—），总审计师张俭，纪检组长段秀福。设有经济责任办公室（副县级）、办公室、法制科（审理科）、监察室、财政审计科、外资和企业审计科、农业与资源环保审计科、政府投资审计科、行政事业审计科、经济责任审计一科、经济责任审计二科、社会保障审计科、内部和社会审计监督核查科。

审计成果　全市审计机关共完成审计和审计

调查项目610个，查出各类违规金额25251万元，管理不规范金额315739万元，其中应上缴财政3259万元，应减少财政拨款或补贴31万元，应归还原渠道资金15487万元，应调账处理金额11711万元；已上缴财政2200万元，已减少财政拨款或补贴31万元，已归还原渠道资金1222万元，已调账处理金额9903万元。移交纪检监察部门案件线索3起。提出审计建议675条，采纳369条，提交各类审计工作报告、宣传信息115篇次，被批示采用67篇次。

财政审计 陇南市审计机关对市、县财政预算执行和成县、西和县、宕昌县财政决算进行审计。查出各类违规金额20059万元，管理不规范金额304383万元，应上缴财政3117万元，并组织开展了财政、政府性债务情况审计调研工作。

外资运用审计 开展陇南市本级及8县1区2009年世行贷款和英国赠款结核病控制项目审计；完成康县、西和、武都区3县区世行贷款和英国赠款西部基础教育项目审计。

行政事业审计 结合财政预算执行审计，全市审计机关对市公安局等127个单位的2009年预算执行情况进行审计，查出违规金额836万元，管理不规范金额1691万元，应上缴财政128万元，已上缴114万元。

跟踪审计 灾后恢复重建工作开展以来，全市审计机关组成168个审计组，派出511人次审计人员，对全市194个灾后恢复重建项目开展跟踪审计，涉及项目总投资772500万元，开展灾后恢复重建项目审计调查51个，涉及项目总投资337300万元，重点审计灾后恢复重建资金管理使用、工程质量和管理等情况。

农业与资源环保审计 开展陇南市八县一区2007～2009年的扶贫资金审计等农林水、环保类资金审计项目42个。

固定资产投资审计 开展市药监局办公楼等固定资产投资审计41个，查处违规金额418.13万元；完成购车资金来源审计29项，审计资金1092.62万元。

社会保障审计 完成市住房公积金管理中心等30个单位2009年度社会保障资金95936万元的归集、管理和使用情况的审计。

经济责任审计 完成220个单位的237名领导干部经济责任审计。审计查出违规金额463万元，管理不规范金额3304万元。

专项资金审计（调查） 一是完成政府投资保障性住房建设审计。二是完成中央扩大内需项目审计。主要对西和、宕昌、成县等中央扩大内需项目进行审计调查。三是完成市区学校教育经费投入管理使用情况审计和中小学校舍安全工程审计。四是完成抗洪抢险救灾物资资金跟踪审计。五是完成27个工程领域政府投资项目的审计。

自身建设 市县审计机关按照省审计厅提出的“和谐、质量、素质”的总体要求，围绕建设高素质的领导班子和干部职工队伍、提高审计质量、优化内部管理、创建和谐环境等方面，积极开展各项活动，进一步加强领导班子和干部队伍建设、干部职工思想作风建设、审计宣传工作、审计质量、党风廉政建设。 （撰稿人：陈荣富）

【临夏回族自治州审计局】 2010年，临夏回族自治州（以下简称临夏州）审计局人员编制81人，在编85人。局长金存智，副局长马理荣、崔永奎、马福雄、罗宏志，纪检组长马黎明，经济责任审计办公室主任宗淑芳。设有人事秘书科、财政金融审计科、行政事业审计科、农业与资源环保审计科、社会保障审计科、固定资产投资审计科及审计执法监督检查室（事业）；内设经济责任审计办公室（副县级），下设经济责任审计一科、经济责任审计二科。

审计成果 临夏州审计局完成审计项目179个，查出违规金额5825万元，管理不规范金额2.49亿元；审计期间督促被审计单位上缴财政639.95万元、拨付滞留专项资金5208.34万元、纠正管理不规范金额9441.22万元、缴纳税金173万元、核减工程价款560.4万元。提交审计工作报告、信息21篇，被采用10篇。

财政审计 对州级2009年度财政预算执行及其他财政财务收支情况进行审计，审计资金10.82亿元，主要审计了州级2009年度一般预算收支情况，州级政府性基金收支情况，预算外财政专户资金收支情况。延伸审计14个州直一级预算单位。从审计情况看，2009年度州级预算执行总体情况良好。同时，对康乐、和政、东乡3个县的人民政府2008～2009年度财政决算的真实性、合法性进行审计。8月18日，受临夏州人民政府委托，向临夏州十三届人大常委会第二十二次会议提交了《关于2009年度州级财政预算执行及其他财政收支情况的审计工作报告》。

固定资产投资审计　围绕中央和省扩大内需拉动经济增长调控政策的贯彻落实和州委、州政府"抓项目，促发展"的决策部署和要求，继续加强对基础设施和重点工程建设项目的审计，完成了临夏市统办楼工程和政县北部饮水安全工程、积石山县吹麻滩镇生活垃圾处理工程、临夏市枹罕人饮安全工程、东乡县锁达路工程等35项审计任务，审计总金额6.01亿元，核减工程价款560.4万元。同时，抽调人员组成2个调查组，分别对临夏市、东乡县、康乐县、永靖县、积石山县六县市34个建设项目进行专项审计调查，并向省审计厅和州人民政府上报了调查报告，向各县（市）人民政府出具了反馈意见。

经济责任审计　受临夏州委组织部委托，完成任中经济责任审计项目4个，离任经济责任审计项目66个，发挥了审计监督的预警作用。根据州工商局申请，对8县（市）工商局原任局长进行离任审计。通过审计，领导干部依法履行经济责任的观念不断增强，财务管理逐步规范，确保了国有资产的保值增值，未发现领导干部个人有不廉洁行为。

专项资金审计　根据临夏州委、州政府的总体部署和统一要求，对涉及民生的住房公积金归集、管理及使用情况、新型农村合作医疗保险基金、土地出让金管理使用情况、扶贫资金、教育经费投入及使用情况和中小学校舍安全工程进行审计，对刘家峡库区水土保持综合治理一期工程资金、康临高速公路征地拆迁补助资金、保障性住房建设资金管理使用情况、农村五保户供养、特困医疗救助资金等10个专项进行审计和审计调查。对各类专项资金审计中发现的问题，依法进行处理和纠正。

外资运用项目审计　根据省审计厅授权，对世行贷款及英国赠款结核病控制项目、世行贷款牧业发展项目、国际农业发展基金贷款甘肃省农业综合发展项目3个外资项目17个子项目进行审计。针对部分县财政滞留项目资金、配套资金不到位等问题，提出了解决的措施和方法。审计结果表明，外资项目资金管理使用基本规范，发挥了应有的社会效益。审计中充分运用AO审计软件，降低了审计风险，提高了审计工作效率和质量。

配合工作事项　选派1名同志参加审计署驻兰州特派办的审计实战锻炼，3名同志参加省审计厅组织的项目审计和审计实战锻炼，抽调4名同志配合省审计厅对临夏州人民政府马青林州长任期经济责任履行情况进行审计，抽调9名同志配合纪委、监察、财政等部门对全州"小金库"专项治理进行专项检查。　（撰稿人：张国福）

【甘南藏族自治州审计局】　2010年，甘南藏族自治州（以下简称甘南州）审计局人员编制43人，在编43人。局长安旭林（—5月）、宫永祯（6月—），副局长范元龙、安玉荣、陈克明，经济责任审计局局长吕保平。设有经济责任审计局（下设综合科、县市党政领导干部经济责任审计科、州直部门党政领导贵州南部经济责任审计科）、办公室、法规和内部审计监督科、社会审计核查科、财政金融审计科、行政事业审计科、农业与资源环保审计科、固定资产投资审计科、企业审计科。

审计成果　甘南州审计机关共完成审计和审计调查项目505个（其中州局完成115个），查出违规金额3859万元，管理不规范金额129102万元，损失浪费金额47万元；通过审计处理，上缴财政金额637万元；向各级党委、政府和上级审计机关提交综合报告、专题审计报告、调研、信息710篇（次），被采用350篇；向被审计单位提出审计建议602条，被采用550条。

预算执行审计　全州共对152个部门和单位的财政收支情况进行审计，查处违规金额2545万元，管理不规范金额80447万元，审计覆盖面比上年大幅度提高，审计内容进一步深化。州县两级审计机关分别向同级人大和政府提交了审计结果报告和审计工作报告，得到人大和政府的充分肯定和好评。全州各级党委和政府对审计查出问题的整改高度重视，将审计整改纳入政府督查督办事项，建立和落实问责制，认真督促有关部门整改存在的问题，对落实整改意见不力的单位实行责任追究，审计的建设性作用得到有效体现。

专项资金审计　开展农业、土地、社保、教育、医疗、住房、扶贫等民生项目以及交通、能源、资源、环境等基础设施建设项目的审计和审计调查。州审计局重点对兰州甘南花园小区建设项目、七县一市财政自立基本建设项目等7个项目的竣工决算和投资效益进行审计。所审固定资产投资项目送审工程决算造价12350万元，核减工程造价49万元。完成临潭县财政扶贫专项、合作市牧业专项、七县一市农牧互补“一特四化”、黄河重要水源补给生态功能区生态保护与建设项目的审计。发现并查处了截留挪用财政专项资金、侵占群众利益等突出问题，促进党和政府惠民政策的落实，维护了人民群众的切身利益。

经济责任审计　在各级党委、政府的大力支持与重视下，各县市都成立了经济责任审计局(办)，增加了人员编制，健全了工作制度，为全州经济责任审计工作规范、有序开展提供了必要的保障。全州共完成206名领导干部的经济责任审计，审计查出违规金额1485万元，管理不规范金额3593万元。州审计局重点对夏河、卓尼县政府2个现任县长和州粮食局、合作市人民法院等61个州直部门党政领导干部开展经济责任审计。2010年是自经济责任审计工作开展以来，完成经济责任审计项目最多的一年，也是社会关注最多、受审面最大、成效最明显的一年。从审计情况来看，各县市党委、政府和州直有关部门主要领导对认真履行经济责任工作的认识明显提高，自觉接受审计的意识逐步增强，并能积极采纳审计建议，认真整改违纪违规问题，不断健全规章制度，使违规违纪问题逐年减少，依法理财的能力和水平明显提高。经济责任审计在为地方经济发展、经济宏观调控和促进党风廉政建设中所发挥的作用日显突出。

外资运用审计　根据省审计厅的授权，州审计局认真开展了对国外援贷款项目的审计。完成了对州本级和七县一市世界银行贷款/英国赠款结核病控制项目以及玛曲、碌曲、舟曲三县西部地区基础教育基金项目的审计，重点检查了国外援贷款资金和国内建设资金的到位使用、项目设备采购、提款报账等情况。通过审计，这些项目执行的国家法规、贷款协定、内控制度都符合国外援贷款项目的要求。同时，完成教育经费投入、住房公积金归集管理、政府投资保障性住房和城乡最低生活保障资金等10个项目的审计。完成全州工程建设领域突出问题专项治理、扩大内需和地方政府性债务等项目资金的审计调查。通过审计和审计调查，各项目建设单位对专项资金均实行专户储存，封闭运行，没有发生挤占挪用等行为。

救灾款物审计　全州审计机关对州本级和7县市灾后重建资金的拨付、管理、使用、效益等情况进行跟踪审计监督。已审在建和已建项目271个，已跟踪审计项目总投资245579万元；审计调查项目108个，已审计调查项目总投资53250万元。提出审计意见建议153条，累计现场工作量10367人·天。舟曲“8·8”特大山洪泥石流自然灾害发生后，在全力组织州县两级审计机关开展抗洪抢险工作的同时，与省审计厅组成联合审计组对各类抗洪救灾资金物资的筹集、管理、使用情况等进行全面跟踪审计。截至去年11月26日，审计涉及23个部门、2个重灾乡镇，累计审计金额5.28亿元，物资163.98万件。通过审计，及时发现灾后恢复重建和抗洪救灾资金物资管理、拨付、使用中存在的突出问题，进一步分析原因，有针对性地提出整改问题和加强管理的建议，促进了灾后恢复重建和抗洪救灾资金物资的安全、合规、有效使用。

绩效审计　甘南州州、县市两级审计机关始终以提高资金使用效益和管理水平为目标，广泛运用专项审计和审计调查手段，积极探索推进绩效审计，重点关注专项资金使用的效益性和建设项目的科学性、规范性，注重从管理体制和机制层面上提出加强和改进的建议，绩效审计取得了一定的成效。譬如，对一些重点投资项目的跟踪审计、规范投资决策、提高财政性资金使用效益、加强项目管理等方面发挥了重要作用。对国外贷、援、赠款项目进行审计和审计调查，提出了加强和改进管理的建议，提高了外资运用的效益。对一些企业资产负债损益和经营情况的审计，揭露和反映了企业损益不实、投资潜在损失、违规拆借资金、产权不清晰等问题，在严肃处理问题的同时，积极督促企业加强管理、规范经营。

交办事项　甘南州审计局在全面完成州委、州政府和省审计厅年初交办的41件审计项目的基础上，同时对全州农村饮水安全工程项目、牧区节水灌溉项目、农村电气化项目、森林重点火险综合治理工程项目和九甸峡库区移民等92件政府临时交办的项目进行全程跟踪审计和审计调查。各县市审计机关在重点抓好年度计划审计项目的同时，坚持统筹兼顾，科学安排，对上级临时交办的专项审计任务，都由主要领导负总责，分管领导担任审计组长，集中时间、集中人力开展审计，圆满完成临时交办的各项工作任务。

（撰稿人：党育林）

【甘肃矿区审计局】　2010年，甘肃矿区审计局人员编制8人，在编8人，领导职数1名。局长薛继峰。设有综合科、企业审计科。

审计成果　矿区审计局主要开展了专项资金审计、经济责任审计等工作。全年完成审计项目10个，提交审计工作报告10篇，审计资金额171490.98万元。在审计中，发现被审计单位存在问题13个，提出审计意见13条，在矿区政府领导的高度重视下，被审计单位按照提出的审计意见进行了整改，取得较好的审计效果。

经济责任审计　接受人事部门委托，对甘肃矿区8个单位的领导进行任期经济责任审计。针对这些单位在项目管理、财务管理、资产管理、合同管理等方面存在的问题，提出审计建议9条，全部被采纳。在审计中，矿区审计局注重把好领导干部的任期审计监督关，促进了领导干部任期经济责任的落实。

专项资金审计　对2009年度甘肃矿区住房公积金的归集、管理及使用情况进行审计，审计资金量3617.67万元，为矿区政府加强住房公积金的管理提供了审计意见。提出审计建议2条，被采纳2条；对甘肃矿区腰泉子农场（一期）土地开发整理项目竣工财务决算进行审计，审计资金量300万元，提出审计建议2条，矿区国土资源局按照提出的审计建议进行整改。

队伍建设　2010年，矿区审计局以审计工作质量作为重点，加强审计队伍的素质建设，提高审计能力和水平，鼓励审计人员在兼顾工作的同时，加强理论学习，并派出审计人员参加各种学习培训，不断提高业务能力，为做好审计工作提供了根本保证。

内部审计　内部审计机构1个，专职人员8人，2010年完成审计项目19个，其中基本建设审计1个、专项资金审计15个、内部控制审计1个、财务决算审计1个、其他审计1个，审计资金量713406.25万元，提交审计报告19份，提出审计建议3条，全部被采纳。（撰稿人：蔡　燕）

2010年甘肃省所辖区、县（市）级审计工作统计表

金额单位：万元

审计机关	完成审计项目（个）	查出违规金额	应上缴财政	应减少财政拨款或补贴	应归还原渠道资金	应调账处理金额	移送司法、纪检监察部门处理（件）	建议有关部门处理（件）	出具审计报告和审计调查报告（篇）	提出审计建议（条）	撰写审计信息（篇）
兰州市											
兰州市本级	71	36344	7647	46	1795	7366				114	56
城关区审计局	59			973		562			82	26	72
七里河区审计局	38	532	2		66	692			25	36	24
西固区审计局	63	116	116						57	26	
安宁区审计局	40	241							40	95	3
红古区审计局	42	58	7		39	14			42	15	

（续 表）

审计机关	完成审计项目（个）	查出违规金额	应上缴财政	应减少财政拨款或补贴	应归还原渠道资金	应调账处理金额	移送司法、纪检监察部门处理（件）	建议有关部门处理（件）	出具审计报告和审计调查报告（篇）	提出审计建议（条）	撰写审计信息（篇）
永登县审计局	44	2933.14	1934.37	562.08	5	431.69			44	50	
皋兰县审计局	36	469.71	395.13		71.01	3.57			38	59	5
榆中县审计局	126	13.6	13.6	391.3			1	2	126	69	16
嘉峪关市											
嘉峪关市审计局	59	1227.32	308		190	130			59	83	65
金昌市											
金昌市本级	51	32900								51	126
金川区审计局	45	468	4		20	117	327			24	120
永昌县审计局	42	209.47	158				51.5			37	69
白银市											
白银市本级	64	837	808		170	24658			64	89	58
白银区审计局	51	239	28		12	150		1	51	23	12
平川区审计局	47	9596	2795	359	2097	4345			47	180	16
靖远县审计局	40	2984	369		1361	9753			40	52	
会宁县审计局	48	30	50		16	1112	1		48	105	4
景泰县审计局	77	4777	361		2356	896	1		77	83	18
天水市											
天水市本级	67	13685	78		34	16042			68	161	460
秦州区审计局	92	100	94		353	1219			82	129	82
麦积区审计局	61	11	222		30	602			61	69	61
清水县审计局	143	1572	21		16	1085			23	302	60
秦安县审计局	78	588	20		150	25			138	70	70
甘谷县审计局	44	34	8		20	24			43	55	30
武山县审计局	56	7346	1089		6063	117			60	73	62
张家川回族自治县审计局	41	202	20						54	139	63
武威市											
武威市本级	150	12731	2404		1102	1123	2	1	150	268	104
凉州区审计局	123	297	143		1172	2682		9	123	256	13
民勤县审计局	147	1032	722		87	1545			147	71	8
古浪县审计局	105	1206	121		27	242			105	107	17
天祝藏族自治县审计局	159	2216	893		154	75	1		159	123	37

（续 表）

审计机关	完成审计项目（个）	查出违规金额	应上缴财政	应减少财政拨款或补贴	应归还原渠道资金	应调账处理金额	移送司法、纪检监察部门处理（件）	建议有关部门处理（件）	出具审计报告和审计调查报告（篇）	提出审计建议（条）	撰写审计信息（篇）
酒泉市											
酒泉市本级	67	38100	8192	2864					72	138	56
肃州区审计局	40	192	59						33	39	32
玉门市审计局	47	1168	22	1185					52	70	33
敦煌市审计局	29	8596	363	60					28	57	45
金塔县审计局	33	763	1	114			1		35	84	27
瓜州县审计局	22	3128	17	135					22	55	45
肃北蒙古族自治县审计局	20	259.9	233	162					20	31	45
阿克塞哈萨克族自治县审计局	27	36.5	17	177					23	46	1
张掖市											
张掖市本级	112	4757	103		4930	16055			112	212	252
甘州区审计局	77	354	33		30	3425			77	48	47
民乐县审计局	55	871	30		24	4585			55	113	93
临泽县审计局	44	724.95	371.89	119.33	10				44	17	100
高台县审计局	67	3218	17		2800	401			67	53	53
山丹县审计局	51	2590	99		59	399			51	46	100
肃南裕固族自治县审计局	58	4.65	0.69						58	25	30
庆阳市											
庆阳市本级	76	21784	243	11	7798	5442	5		55	114	35
西峰区审计局	57	366	8	125		58			57	75	24
庆城县审计局	69	2681	13.17		319	32			72	76	16
环县审计局	44	97.8	26.6	99.7056	12681		2		44	37	5
华池县审计局	77	884.76	90.93		487.21	405.66			77	66	14
合水县审计局	46	7828	216		297.68	668	2		51	143	16
正宁县审计局	54	7167	11		1278	796		21	58	57	40
宁县审计局	59	1080	29		47	936			66	106	15
镇原县审计局	39	371.56	28.54						113	16	34
平凉市											
平凉市本级	142	74986	5323		3316	18988			152	239	128
崆峒区审计局	92	1077	30		6	758			94	71	18
泾川县审计局	50	347	35		18	179			52	12	14

（续 表）

审计机关	完成审计项目（个）	查出违规金额	应上缴财政	应减少财政拨款或补贴	应归还原渠道资金	应调账处理金额	移送司法、纪检监察部门处理（件）	建议有关部门处理（件）	出具审计报告和审计调查报告（篇）	提出审计建议（条）	撰写审计信息（篇）
灵台县审计局	38	3644	3		24				40	20	9
崇信县审计局	30	103	46		374	457			32	86	9
华亭县审计局	83	4394	589		40				85	112	17
庄浪县审计局	80	3174	74		2485				82	15	16
静宁县审计局	47	14713	23		30	14267			49	26	12
定西市											
定西市本级	127	12022	6636	3885	806	1177		1	79	171	85
安定区审计局	119		19		74	2376			109	191	
通渭县审计局	186	994	510		118				178	133	
临洮县审计局	279	1880	72	1684	144	39			281	23	
漳县审计局	93		66		28				23	79	
岷县审计局	132	389	47		83				122	194	
渭源县审计局	119	412	111		255	420			119	12	
陇西县审计局	282	948	371		82	3999			282	397	
陇南市											
陇南市本级	83	4068	2105		1018	787	2		83	81	115
武都区审计局	60		1		7224		1		60	45	
成县审计局	74	297	8	31	75	60		1	74	36	
宕昌县审计局	44	2090			113	116			29	55	
康县审计局	43	17638	1140		6954	10132			43	73	
文县审计局	40								40	130	
西和县审计局	58	573	5		20	516			58	27	
礼县审计局	121	514							121	193	
两当县审计局	35	71			83	100			35	35	
徽县审计局	52								52		
临夏回族自治州											
临夏回族自治州本级	179	5825	1727		4829	10626			179	88	21
临夏市审计局	77	3578	427						77		
临夏县审计局	78	18	33.4		18	77	1		78	135	3
康乐县审计局	80	17.05	10.14		6.91				80	31	
永靖县审计局	81	4355.27	38.27						81	64	12
广河县审计局	176	223.28	20.82						176	190	6
和政县审计局	64	36.5							64		10

（续表）

审计机关	完成审计项目（个）	查出违规金额	应上缴财政	应减少财政拨款或补贴	应归还原渠道资金	应调账处理金额	移送司法、纪检监察部门处理（件）	建议有关部门处理（件）	出具审计报告和审计调查报告（篇）	提出审计建议（条）	撰写审计信息（篇）
东乡族自治县审计局	65	81							65	144	10
积石山保安族东乡族撒拉族自治县审计局	98	899.63	806.33			93.3			98		15
甘南藏族自治州											
甘南藏族自治州本级	115	1812	745	5022	3667				115	174	38
合作市审计局	46	552							46	86	21
临潭县审计局	34	285							34	18	19
卓尼县审计局	66	896	14						66	116	16
舟曲县审计局	29	69	7				1	1	29	20	15
迭部县审计局	67	2	6	4	2				67	8	28
玛曲县审计局	57	243	15						57	103	24
碌曲县审计局	36								36	53	18
夏河县审计局	55								55	24	26

青海省

【青海省审计厅】 2010年，青海省审计厅人员编制139人，在编128人，领导职数7名。设有办公室、政策法规处、人事处、财政审计处、行政事业与社会保障审计处、农业与资源环保审计处、固定资产投资审计处、经贸与外资运用审计处、经济责任审计局、派出审计一局、派出审计二局、派出审计三局、派出审计四局、计算机审计处、机关党委、审计信息中心（事业单位）、机关后勤服务中心（事业单位），另外还设有省纪委驻厅纪检组。

领导成员

厅　　长：张国生

副 厅 长：王继卿　周文成

　　　　　王新平（—5月）

　　　　　卫　强（2月—）

总审计师：张得庆（7月—）

纪检组长：沈继伟

审计成果　全省各级审计机关完成审计项目1259个，查处违规金额29241万元，管理不规范金额975924万元，应上缴财政8351万元，应归还原渠道资金5359万元。向纪检、监察部门和司法机关移送案件线索4件，涉案人员5人，涉案金额248万元。各级审计机关向当地党委政府提交审计专报和综合性报告以及信息简报等1035篇，被批示采用206篇；提出审计建议1356条，被采纳557条；其中，省审计厅全年完成审计项目37个，查出违规金额7090万元，管理不规范金额563440万元，应上缴财政4601万元，应归还原渠道资金3540万元，向纪检司法机关移送案件3起，涉案金额211万元。提出审计建议154条，被审计单位根据审计建议制定整改措施14项。省审计厅荣获“省级文明单位标兵”称号、机关党委荣获“先进机关党委”、“民族团结进步创建模范集体”称号。

灾后跟踪审计　“4·14”玉树强烈地震发生后，全省审计机关按照青海省委、省政府和审计署的要求，主动跟进、及时介入、全程跟踪、严格监督，全力以赴做好各项灾后跟踪审计工作。

（1）积极做好玉树抗震救灾捐赠资金物资的跟踪审计工作。一是根据省委、省政府和审计署的安排与部署，省审计厅紧急启动重大审计事项应急预案，要求全省各级审计机关迅速对当地捐赠玉树抗震救灾资金物资的接收、拨付、管理情况进行跟踪审计，并及时向社会公布审计监督举报电话和举报信箱，实行昼夜值班制度，确保监督渠道畅通。二是及时抽调精兵强将，组成西宁地区审计组和玉树救灾现场审计组，对抗震救灾物资的接收、下拨、使用、采购和管理情况及社会捐赠程序等方面开展严格的审计。三是针对抗震救灾应急阶段个别单位存在的未对救灾物资清点验收，直接出具收条；收款与开票由一人经办；未建立或未及时登记救灾款物明细账；出具白条收据或不合规票据；发放捐赠物资没有清单和经办人签字；其他捐款与抗震救灾捐款未分别核算；部分大宗、重要的捐赠物资无明细清单等问题，及时依法出具了15份审计建议书，督促有关部门和单位认真整改，健全管理制度，严格按制度办事，确保了抗震救灾工作有力、有序、有效进行。按照审计署的要求，玉树地震抗震救灾应急阶段资金物资跟踪审计结果已于11月19日向社会进行公告。

（2）全力以赴做好玉树灾后恢复重建跟踪审计工作。一是省审计厅报请省政府及时印发了《玉树地震灾后重建项目跟踪审计办法》和《重建资金跟踪审计办法》，之后又紧急制发了《玉树地震灾后城乡居民住房恢复重建跟踪审计调查工作方案》《玉树地震灾后恢复重建审计组织方案》，确保灾后恢复重建跟踪审计工作顺利进行。二是及时部署灾后重建审计力量。三是认真组织开展玉树灾后恢复重建审计摸底调查工作。对省发改委、财政厅、建设厅等30个厅（局、委、办）玉树地震灾后恢复重建规划编制与优惠政策制定，恢复重建前期准备与各项保障措施，重建资金到位、分配、拨付与管理使用，大宗救灾物资接收与发往灾区等情况进行审计摸底调查，摸清了恢复重建规划编制、政策制定和资金到位等基本情况。审计组深入各重建点，广泛深入地开展调查，及时出具了6份审计建议书并上报了省政府和审计署。四是与审计署驻兰州特派办、成都特派办、北京市审计局、辽宁省审计厅组成联合审计组，对涉及灾后恢复重建规划编制，重建资金的筹集、到位和管理使用情况，建筑材料的采运存等情况进行审计调查；对省发改委、经委、财政厅、建设厅、国土厅、商务厅、农牧厅、文化新闻出版厅、交通厅以及中国中铁等6家援建单位、玉树州国土局、玉树州经委、玉树建材物流集散中心等部门和单位进行审计，对玉树机场应急工程、西宁铁路北货运中心、结古镇应急防洪工程3个重点项目进行跟踪审计。到2010年年底，共组织600多人（次）参加抗震救灾物资资金的跟踪审计；组织9轮308人（次）参加灾后恢复重建跟踪审计，向省政府、玉树地震灾后重建现场指挥部、玉树州政府、省级有关部门出具灾后重建审计专报和审计建议书23份。玉树灾后重建《审计结果公告》经省政府同意已上报审计署。

预算执行审计　一是开展省本级预算执行审计。在预算执行审计过程中，重点反映财政预算纳入人大监督的范围、预算执行结果与人大批准的预算是否存在偏差、预算执行的均衡度、转移支付资金管理使用情况。揭示了政府预算编制、预算支出进度、年末结转（结余）资金等方面存在的问题。提出相关建议，为推进财政规范化管理起到促进作用。二是深入开展政府性债务审计调查。对省本级、西宁市本级和湟中县、民和县政府性债务规模、结构、资金投向、管理现状等情况进行专项审计调查，分析地方政府性债务的偿债责任归属，评价政府性债务的偿债风险，提出审计建议。另外，深入开展“小金库”治理工作，重点检查了省本级40多个社会团体和厅局所属企事业单位公款私存私放、设置“账外”账等问题。

固定资产投资　一是加大对中央扩大内需项目的监督检查力度，从制度建立、方案制订、项目实施、建设资金的管理、使用和效果入手进行全过程跟踪审计，共调查98个项目，发现10类近百个问题，提出了相关建议和整改意见。二是对全省“十一五”期间重点社会公益工程——青海大剧院项目的立项、实施和工程进展情况，以及概算执行的真实性、建设程序、招投标、合同签订和履行、项目管理执行的有效性、建设资金管理使用的真实合法性等开展专项审计调查，提出了相关工作建议。

专项资金审计 为促进“学有所教”，对全省农村牧区义务教育“普九”其他债务认定、2008～2010年“两基”教育经费、全省中小学校舍安全工程项目进行审计，完成黄南、海北、海东和西宁等地区实施的文化教育等扩大内需新增投资项目的审计调查工作；为促进“住有所居”，对三江源地区15个县市和省科技厅2008～2009年三江源生态保护和建设工程项目、全省30个县游牧民定居工程、全省38个县农村困难群众危房改造工程等进行审计或审计调查；为促进“病有所医”，对青海省世行贷款/英国赠款中国农村卫生发展项目进行审计；为促进“老有所养”，对新型农村养老保险试点情况进行专项审计调查。同时，配合审计署完成全省3个州（市、地）和4个县（市）巩固退耕还林成果、对西宁市本级和4个县（区）强农惠农资金落实到位情况的检查。另外，完成了全省农村信用社经营管理情况专项审计调查、全省政府外债总体情况审计以及世界银行、日元贷款等外资项目审计。

经济责任审计 在认真开展领导干部离任审计的同时，积极探索领导干部事后审计向任中经济责任审计转变的新路子，出台了《青海省党政主要领导干部和国有企业领导人员离任交接暂行办法》。严格按照《青海省领导干部任中经济责任审计暂行办法》等相关制度，全省审计部门对299名领导干部进行任期经济责任或离任审计，在加强干部管理监督、促进惩防体系建设等方面发挥了积极作用。

相关工作 （1）领导班子建设。一是着力增强班子谋划工作的能力。党组一班人通过加强学习，不断增强驾驭全局工作的本领；通过开展广泛深入的调查研究，及时提出适应本省实际的审计工作新思路；通过强化团结协作的团队精神，带领全省审计人员为青海省经济社会又好又快发展作出了积极贡献；通过严于律己、率先垂范，带出了一支作风正、能打硬仗的审计队伍。二是厅党组始终注重加强班子和各级干部政治理论学习，全年共组织中心组学习16次，重点学习党的十七届四中全会、五中全会和十七届中纪委三次、四次全会精神及省委十一届八次、九次全会精神等，自觉地把学习与指导审计事业科学发展紧密结合起来，准确把握党的路线、方针、政策和省委、省政府的决策部署及工作要求，分析研究审计工作融入全省经济社会发展全局的思路和有效途径。三是厅领导班子认真执行党内民主集中制，凡重大审计事项、干部调整和涉及全局的内部管理事项，全部提交党组会集体研究决策。

（2）提升依法审计水平。一是以新修订的审计准则为主线，先后组织开展审计业务知识、行政法律法规为主要内容的教育培训，并把审计法、《审计实施条例》、行政复议法、行政诉讼法等作为学习重点，以此强化审计人员理解、掌握和执行审计法律法规的自觉性。二是在厅机关开展“五五”普法自查工作的基础上，收集、整理、归类普法资料，并顺利通过了省依法治省办对“五五”普法依法治理的目标考核。三是在深入学习贯彻执行新修订的审计法、“审计署八号令”的同时，研究制定了审计项目质量控制操作规程等专业规章制度，促进审计执法的规范化和标准化。四是加强审计质量控制，按照审计准则规定，认真履行复核程序，坚持对所有审计项目从计划、方案、通知、报告、决定整个过程严把复核关，确保审计程序的规范和完善。五是加强基层审计机关业务领导，提高全省依法审计的整体工作水平。

（3）机关基础建设。一是加强干部队伍思想政治教育。在教育引导广大干部职工坚定理想信念、树立正确的世界观、人生观和价值观的同时，通过广泛开展社会主义核心价值体系学习教育，深入开展爱国主义、社会主义、国情党情省情教育，继续开展“四个大兴”主题教育和“四去四求”教育，班子成员与干部职工开展经常性的交流、谈心等活动，及时掌握干部职工的思想动态，有针对性地开展教育工作。二是加强机关党的建设。认真落实党组书记上党课、支部书记专题辅导和支部“三会一课”等制度，开展创建“五好支部”活动，及时召开党员代表大会，选好、配强机关党委和各支部领导班子。充分发挥工、青、妇等组织的作用，做好化解矛盾、凝聚人心的工作，并结合实际，深入扎实地开展“先进党支部”、“优秀党员”等评选活动。三是扎实开展创先争优活动。按照省委的总体部署和要求，周密部署，精心组织，在精心确定活动载体的基础上，紧紧围绕活动主题，制订印发《关于在厅机关各党支部和党员中深入开展创先争优活动实施方案》《厅机关开展创先争优活动推进计划》《青海省审计厅创先争优活动考核评比试行办法》等，并采取举行党员承诺仪式、设立党员示范窗口、实施“微笑计划”、选树典型等措施扎实推进。同时，充分利用宣传橱窗、电子显示屏、《青海审计》刊物、专题简报等载体进行宣传。已编发活动简报26期（3篇被省创先争优活动办编发、9篇在省直工委党建简报和省精神文明建设简报摘编）。通过以党组织和党员的创先争优带动各级干部职工创先争优。省创先争优领导小组办公室先后4次来审计厅检查指导活动进展情况，对审计厅的工作给予充分肯定。四是加强干部队伍建设。认真执行《党政干部选拔任用工作条例》，积极探索干部选拔任用的新思路、新途径，在综合考虑各种因素、认真制订各种方案的基础上，向上级推荐提任厅级干部2名，选拔任用各级干部22名，轮岗交流各级干部36名，结合实际选调、遴选和公开考录厅机关工作人员17名，举办各类培训班7期，培训审计人员528人次，有力地提升了干部队伍的理论素养、知识水平和服务能力。

（4）精神文明建设。一是大力推进思想道德建设。先后组织开展法制宣传、信息交流、读书交流、“争作文明市民、争当文明审计人”和专题辅导等多种形式的活动，并坚持做到纪念活动与创先争优活动相结合，使学习教育活动成为常态化、制度化，以此激发干部职工爱岗敬业、履职尽责、无私奉献的工作热情。特别是玉树抗震救灾战斗中，厅领导班子和各级干部在困难面前经受住考验，玉树灾后重建联合审计组被省政府评为玉树灾后重建先进集体，总审计师张得庆同志被评为玉树灾后重建先进个人。二是大力推进机关文化建设。组织开展了政务礼仪讲座、声乐欣赏辅导、女性健康知识讲座、“广聚贤言良策、服务科学发展”建言献策征文活动、观看优秀电影宣传片等，极大地丰富了干部职工的精神文化生活，助推了机关精神文明创建活动的深入开展。同时，积极开展“献爱心、送温暖”等扶贫济困活动。为玉树地震灾区送去30多万元的物资，为玉树地震灾区捐款30750元、交纳特殊党费24250元；为西南干旱地区捐款11000元、为舟曲特大泥石流灾害捐款8940元；为果洛州玛沁县大武镇尼玛龙村解决8万元帮助建立党员活动室及各类设施，厅机关5个党支部为帮扶村困难党员和群众捐款5000元，并对厅机关21名职工和离退休人员给予一定的困难补助，体现了党组织的关怀和温暖。

（5）加强廉政教育。一是科学安排教育内容。二是严格落实教育制度。三是认真组织《廉政准则》学习活动。在全厅范围组织开展了学习讨论活动，并组织实施了《廉政准则》测试，优良率达到98%。四是认真组织开展“算好廉政‘五笔账’，走好人生每一步”主题教育活动，增强廉政教育的感染力和渗透力。五是落实廉政责任。坚持党组统一领导，党组书记亲自抓、分管厅长具体抓、处室各负其责，层层抓落实的领导体制和工作机制。细化分解责任，层层签订责任书，把廉政建设与年终考评和提职晋级、评先选优进行挂钩，实行“一票否决制”。

（6）健全完善制度。先后修订完善了审计厅工作规则、审计厅党组选拔任用处级干部试行办法、财务管理制度等17项制度。严格执行《审计法实施条例》、审计执法责任制度、审计执法过错责任追究制度和《审计纪律“八不准”规定》等，坚持审计项目复核和审定制度，加大审计回访力度，建立和完善审计质量考核制度。聘请5名民主党派和无党派人士担任特约审计监督员，凡是重要的审计工作会议和重大审计项目，都邀请他们参加，并诚恳地接受他们的监督。自觉接受社会各界监督；加强内部审计，有效防止“灯下黑”。

（撰稿人：王志哲）

【西宁市审计局】 2010年，西宁市审计局人员编制72人，在编66人。局长于勇，副局长侯孔明、顾焕平、苟让德，纪检组长安殿玉。设有办公室、政策法规处、财政金融审计处、行政事业审计处、经贸与外资运用审计处、农业资源与环保审计处、固定资产投资审计处、社会保障审计处、运用计算机审计处，另设经济责任审计局办公室。

审计成果 全市审计部门共完成审计项目183个，查出违规金额3640万元；提出审计建议115条，被有关部门采纳36条，采用率31%；提交审计专题、综合性报告及信息简报98篇，被批示采用25篇，采用率26%。核减投资额3697万元，向社会发布审计结果公告2篇。西宁市审计局关于市本级预算执行及其他财政收支情况审计和全市2008～2009年度政府投资保障性住房的审计调查被省审计厅授予省审计系统优秀审计项目荣誉称号，同时还积极完成省审计厅和西宁市政府交办的各项审计任务。

财政审计 2010年的财政审计，针对预算管理制度改革不断深化出现的新情况、新问题，及时调整工作思路，改进审计方法，按照揭露问题、规范管理、促进改革、提高效益的整体工作思路，以财政综合预算改革为主线，严把真实性，突出合法性，注重效益性，关注整体性，分析结构性，侧重宏观性，实现审计对象由过去主要审计各主管部门向跟踪资金使用全过程转变，审计内容由过去以查错纠弊为主向深入剖析资金使用效益、规范管理转变，审计方法由过去以审计为主向审计与审计调查并重转变，集中查处影响财政资金分配效果和使用效益的典型问题和经济案件，既审查重点指标分配，又审查重点资金使用情况，为促进财政改革、加强财政管理、提高财政资金使用效益发挥更大的作用。除审计市财政局具体组织的市本级预算执行情况外，还重点审计了市发改委、市水利局和市体育局3个部门的预算执行情况。

审计结果表明，2009年度市本级预算执行情况良好，财政收入、财力持续稳定增长，支出结构不断优化，预算管理水平不断提高，财政改革不断深入，财政工作取得了新进展。但西宁市经济总量小，财力薄弱，财政资金紧缺，对上级财政部门的依赖仍然很大；专项资金的管理和使用效益有待进一步提高；政府采购“扩面增量”的压力依然较大；部门预算执行单位内控制度不完善，违规违纪的现象依然存在。针对审计查出的问题，按有关法规做了审计处理和纠正，并按规定分别向市政府和市人大提交了市本级财政预算执行和其他财政收支情况的审计结果报告和审计工作报告，针对预算执行中存在的问题，提出了四条加强预算管理的建议。继续开展湟中县、城东区人民政府财政决算“上审下”工作。审计发现应缴未缴预算收入、虚列支出、专项资金使用不规范等问题，根据有关法规向有关部门提出改进意见和建议。

固定资产投资审计 全市审计机关紧紧围绕“规范政府投资行为，完善投资项目管理，提高投资效益”的目标，在重点开展政府投资工程项目的竣工决算审计监督的同时，认真开展对海湖新区文苑路工程、通海路工程、东西大街整治改造工程项目竣工决算审计、全市扩大内需项目、市火车站综合改造工程等项目的全过程跟踪审计。对审计中发现的工程结算中多计工程费用的问题，已根据规定进行核减。

审计调查 着重围绕全市2008～2009年度政府投资保障性住房、巩固退耕还林成果资金管理使用情况及全市农村困难群众危房改造资金管理使用情况进行审计调查。

针对2008～2009年全市巩固退耕还林成果资金项目实施中存在的退耕地零星分散、病虫鼠害严重、巩固退耕成果难度大；退耕户和非退耕户的田地相互交织，基本口粮田坡改梯项目实施难度大；个别项目申报存在盲目性；部分项目结余资金522.81万元未重新安排使用的问题，西宁市审计局已建议相关部门进一步加大巩固退耕还林成果资金投入；加强项目申报的监督审查，增强针对性和可行性；抓紧对结余资金重新安排，充分发挥项目资金效益。

对全市政府投资保障性住房资金审计调查中发现的资金筹集政策落实不到位、擅自改变土地规划用途、大通县违规分配廉租住房；廉租住房配套设施不到位；住房保障资金管理不合规、廉租住房租金收入未实行“收支两条线”管理、廉租住房租赁补贴结余较大；未建立廉租住房维修基金制度，廉租住房租赁补贴的申请、审核、审批尚不规范等问题，西宁市审计局已建议财政部门按规定筹集配套廉租住房资金，将廉租住房租金收入纳入“收支两条线”管理，建立廉租住房保障资金专户；土地管理部门加强保障性住房建设用地的监督检查；房产部门将省财政补助各地的租赁补贴资金结余按照70%的比例，用于收购、改建（维修）廉租房，提取廉租住房维修基金；进一步完善准入程序，严格按准入条件确定保障对象。调查报告得到市长的重要批示，批示中指出：“此报告情况反映全面，说明审计工作扎实，提出的七条建议针对性极强，并具操作指导性。要求相关部门抓好落实，切实整改，以审计工作促管理水平的提高。审计部门要加强对审计建议落实的后续跟踪和审计监督工作。”

经济责任审计 主要对市人防办、市科协、市机关事务管理局、市卫生局、市招商局及西宁供水（集团）有限责任公司的负责人开展经济责任审计。6月份，市委组织部又委托西宁市审计局对市经委、西宁印刷厂、市林业局、团市委、市体育局及市残联六个部门的负责人开展经济责任审计。

（撰稿人：陈道祥）

【海东地区审计局】 2010年，人员编制14人，在编14人。局长赵晓静，副局长张建华、熊成芳，纪检组长韩芳忠。设有办公室、财政金融审计科、行政事业审计科、农业资金审计科、经济责任审计科。

审计成果 海东地区审计局完成审计（调查）项目20个，查出违规金额10387万元，管理不规范金额2328万元，其中应上缴财政34万元，应调账处理金额5647万元；已上缴财政34万元，已调账处理金额5647万元。提交审计专题、综合性报告和信息简报22篇，被采用6篇。

财政审计 对地区本级2009年度财政预算执行和其他财政收支情况进行审计（包括延伸审计预算执行单位5个）。同时，对循化、化隆两县人民政府2009年度财政决算进行审计。查出违规金额10359万元，管理不规范金额2269万元。通过审计，重点揭露和纠正了违规变更预算、预算编制批复不规范、未按规定缴纳预算收入、隐瞒截留预算收入、财政支出核算不实、违规改变资金用途、向非本级预算单位拨款、预算结余不实等问题，提出了加强和改进财政管理，严格执行《预算法》，预算调整要报人大审核，规范财政周转金管理的意见和建议，进一步推动预算执行审计工作的不断深化。

行政事业审计 对6个行政事业单位的财务收支情况进行审计，为减轻被审计单位的接待负担，整合审计资源，节约审计成本，对部分单位实行送达审计。通过审计，重点揭露和纠正了隐瞒截留财政收入、违规改变资金用途、少计少缴税、未落实“收支两条线”和专户管理规定等问题。对海东驾驶人考试中心2007至2009年10月底的财务收支情况的审计结果引起行署和地区人大工委的重视，行署常务副专员作了批示，要求被审计单位制定具体整改措施并认真加以整改，地区人大工委以督办形式要求加大对驾驶人考试中心和驾驶人培训学校的审计监督力度。

农业与资源环保审计 以保障中央扩大内需促进经济平稳较快发展政策的贯彻实施，完善相关政策措施，确保相关政策措施取得实效为目标，地区审计局重点对平安县污水处理厂建设项目进行跟踪审计调查。审计调查结果表明，该项目建设实行了法人制、招标制和监理制，项目资金使用合法合规，基建资料齐全。

社会保障审计 以摸清社会保障资金的管理现状，揭露资金筹资、管理和使用中存在的突出问题，促进加强资金管理，保障资金安全完整为目标，对地区住房公积金管理中心管理的2009年职工住房公积金的归集、使用管理情况进行审计，审计结果按照地区人大工委的要求，经请示行署同意在“行署政务网”和“海东审计网站”进行了公开。

经济责任审计 受组织部门的委托，有选择、有重点地开展了党政领导干部和企业领导人员任期经济责任的审计监督工作。对6个单位6名领导干部进行任期经济责任审计，通过审计，重点揭露和纠正了个别被审计单位违反规定的财务收支行为，对领导干部任期经济责任作出客观公正的评价。

专项资金审计（调查） 一是对乐都县第四中学和平安县第三中学校舍安全工程实施情况进行跟踪审计，审计结果表明，校舍安全工程建设项目资料齐全，手续规范，资金管理做到了专户储存、专账核算，会计资料齐全，资金的使用合法、合规。二是组织县级审计机关对2009年和2010年农村困难群众危房改造项目实施情况和效果开展专项审计调查，地区审计局对循化县2010年农村困难群众危房改造项目实施情况和效果开展专项审计调查。审计调查结果表明，全区农村困难群众危房改造项目组织机构健全，责任明确，项目确定按要求经过“三级审核、三榜公示”，做到对象公开、标准公开、资金公开，危房改造项目补助资金档案资料齐全，管理规范。但也存在一些问题，如农村困难群众危房改造的供需之间的矛盾仍然突出；部分农户确因家庭经济基础差，建房资金紧缺，房屋修建缓慢；地方财政配套资金压力大等。三是以掌握游牧民定居工程实施情况、政策执行和资金筹资、管理使用情况，促进规范管理，强化资金监管，确保工程顺利实施为目标，地区审计局对循化县2010年实施的游牧民定居工程项目及资金管理使用情况进行专项审计调查。审计调查结果表明，循化县2010年实施的游牧民定居工程项目组织机构健全，责任明确，项目资金管理设立了专户，专款专用，游牧民定居工程项目的实施，极大地改善了牧民群众的生产生活条件，为扎实推进社会主义新牧区建设奠定坚实的基础。

抗震救灾款物审计　“4·14”玉树地震发生后，根据省审计厅的统一安排部署和要求，组织地县两级审计机关对当地民政部门、红十字会、组织部门、工会等相关单位开展抗震救灾款物的募集、管理、拨付及结存情况审计，从4月26日起进行三次跟踪审计。审计结果表明，全区玉树抗震救灾款物的接受单位严格执行了《青海省玉树抗震救灾捐赠资金管理办法》和《青海省玉树抗震救灾捐赠物资管理办法》的规定，未发现弄虚作假、截留克扣、挤占挪用、贪污私分等违纪违规现象。按照省审计厅的安排，在全区审计机关抽调8名业务骨干参加省审计厅举办的玉树抗震救灾款物审计培训班的学习，按照省审计厅的统一部署赴玉树参加抗震救灾款物的审计监督。

农村义务教育其他债务审计　为进一步稳定农民负担，促进农村综合改革的深化和新农村建设，推动开展清理化解农村义务教育其他债务工作，按照省审计厅的安排，地区审计局完成对海西州农村牧区义务教育其他债务审计锁定工作的同时，配合省审计厅审计组完成民和、乐都、互助、平安四县农村义务教育其他债务的审计锁定工作。

其他审计工作　一是完成行署交办的地区就业局2009年至2010年9月底的财务收支情况的审计；二是按照地区治理“小金库”领导小组的安排部署，对8个地直单位行业协会开展“小金库”专项治理检查。　（撰稿人：李伶业）

【海北藏族自治州审计局】　2010年，海北藏族自治州审计局人员编制12名，实际在岗13人。局长陈杰（2010年1月—2010年11月）、李刚（2010年12月—），副局长祁兴福、张国权（—2010年9月）、黄金刚（2010年9月—）。设有办公室、财政审计科、经贸投资审计科、行政事业审计科、经济责任审计局。

审计成果　全州审计局共完成审计项目27个，查出违纪违规金额3767.05万元、管理不规范金额3047.40万元，损益不实655万元，应上缴财政14.97万元。出具审计决定1篇、审计报告27篇，审计建议54条，被采纳51条。发布《审计结果公告》4期，报送《审计要情专报》6篇，编发审计、党建等信息、简报50篇，被上级有关部门采用29篇。撰写论文和调研文章12篇，被上级有关部门采用3篇。

财政审计　一是对2009年度州本级财政预算执行和其他财政财务收支情况进行审计。通过审计，提出有针对性的处理意见和建议，向州人民政府上报了2009年度州本级财政预算执行和其他财政财务收支情况的审计结果报告。二是完成“上审下”项目（海晏县财政决算审计）1个，查出违纪违规金额2513.73万元，应上缴财政0.3万元。对审计发现的挤占挪用专项资金和违规支付资金等问题，提出处理意见，下达了审计决定。三是针对重点部门和单位开展部门预算执行审计，全年完成2009年州本级财政预算执行审计1个，部门预算执行审计和其他财政财务收支审计3个（州建设局、州检察院、州发改委）。

行政事业审计　以查处“账外账”和审查“收支两条线”规定的落实情况为重点，根据年度工作计划和单位的提请，完成州林业工作站、州政协办公室、西海民族寄校、州交通局等单位的财务收支审计。针对审计中发现的部分工程项目、办公设备未进行招投标和政府采购，财务收入不真实、不完整，会计基础工作比较薄弱，工程结算资料编制和审定不完善、不规范，发票使用不规范，记账凭证金额和原始凭证金额不符等问题，对被审计单位提出加强财务管理的建议及整改意见。

固定资产投资审计　按照海北州扩大内需领导小组的要求，会同州监察局等部门，先后三次对全州中央扩大内需投资项目资金管理使用情况进行审计调查。对州财政局政府采购中心业务用房及干部周转房工程项目、州环境保护和林业局主要污染物减排自身能力建设投资项目、海北州原子城展馆布展工程项目、州交通局茶默公路和州牧科所动物疫情测报站建设项目进行审计。

专项资金审计　完成全州政法系统专项经费情况、青海省全球基金第一轮和第四轮结核病控制项目、玉树抗震救灾捐助资金物资情况、海晏县藏区游牧民定居工程及资金管理使用情况、海晏县农村困难群众危房改造工程及资金管理使用情况、州职业技术学校教育专项经费的审计和审计调查。针对有些项目实施过程缺乏有效管理，项目资金拨付不及时，项目进度比较缓慢，财务核算不够规范等问题，审计提出加强项目实施管理和规范财务核算的建议。

经济责任审计　根据州委组织部的委托，先后对州劳动和社会保障局、文体广电局局长、副局长、州委宣传部副部长、州委组织部副部长、青海湖农场场长 6 名领导干部任期内履职情况进行经济责任审计；根据年度审计项目计划，对州安全生产监督管理局、农牧局局长等 2 名领导干部任中履职情况进行经济责任审计。共查出违纪违规金额 1253.32 万元，管理不规范金额 789.5 万元，应上缴财政 14.67 万元。对审计中发现的部分单位领导长期疏忽对固定资产的盘点和管理，对购置调入处置的固定资产不做账务处理；建设项目未办理招投标手续；企业核算损益和编制财务报表不符合制度规定；业务招待费超支等问题提出审计建议，对每位领导干部的经济责任审计都能客观公正地及时形成书面审计结果报告上报州委组织部等相关部门，为州委考察任用干部提供依据。

（撰稿人：代仁谦）

【海南藏族自治州审计局】　2010 年，海南藏族自治州审计局人员编制 21 人，在编 17 人。局长王常明，副局长杨立业、赵忠。设有行政事业审计科、经济责任审计科、财政税务审计科、外资运用审计科、法规科、办公室、农牧环保审计科。

审计成果　全州共完成 109 个审计项目，为年初审计项目计划的 108%。查出违规金额 1524 万元，管理不规范金额 3155 万元，应上缴财政 81 万元，应归还原渠道资金 537 万元。已上缴财政 81 万元。提交审计专题、综合性报告和信息 151 篇，提出审计建议 45 条。州审计局完成 19 个审计项目，完成年计划的 100%。查出违规金额 80 万元，应上缴财政 80 万元，已上缴财政 80 万元。提交工作报告、信息 153 篇。

财政审计　全州审计机关对 2009 年度本级预算执行和其他财政收支进行审计，共审计 11 个单位（项目）。按规定向本级政府提交了审计结果报告，并代州、县政府草拟了审计工作报告。

经济责任审计　全州审计机关按照经济责任审计的两个实施办法、青海省党政领导干部和企业领导人员经济责任审计操作要点，接受各级党委、政府的委托，积极开展经济责任审计。共审计经济责任 32 项 32 人，其中党政领导 31 人，事业单位 1 人。及时向党委、政府实事求是地汇报领导干部经济责任审计结果和审计决定的整改落实情况。

专项资金审计　全州审计机关共完成专项资金审计 58 项，审计专项资金总额 116878 万元，查出管理不规范金额 6 万元。按照省审计厅和地方党委、政府安排部署，审计社会保障类项目 4 个、科教文卫体类 4 个、农林水与环保类项目 14 个、基础设施类项目 15 个、其他 15 个。对审计中发现的问题及时提出了意见建议，为促进合理有效使用专项资金，进一步规范专项资金的管理发挥了积极功能。

（撰稿人：樊尚录）

【黄南藏族自治州审计局】　2010 年，黄南藏族自治州审计局编制 15 人，实有人员 15 人。局长雷延鹏，副局长辛晓震、耿常春。设有综合科、行政事业与社会保障审计科、财政经贸审计科、农牧与资源环保审计科、经济责任审计科。

审计成果　全州审计机关审计完成 116 个单位的审计和审计调查，查出违规金额 3055 万元，管理不规范金额 8608 万元，应上缴财政 373 万元，追缴挤占挪用专项资金 165 万元，调账处理金额 1574 万元。促进增收节支 401 万元。移送司法机关 1 件，涉及金额 36.72 万元。移送纪检部门 1 件，涉及金额 213.01 万元。其中州审计局完成 24 个单位的审计和审计调查，查出违规金额 1246 万元，管理不规范金额 4287 万元，应上缴财政 109 万元，追还挤占挪用资金 34 万元，应调账处理金额 690 万元，促进增收节支 132 万元，移送纪检部门 1 件。州委主要领导为三江源生态保护和建设项目、游牧民定居工程等四个审计项目作出批示，州审计局配合州委督查室对部分被审计单位督促整改。通过对突出问题的督查，达到了规范部门资金管理和提高资金使用效益的目的，对维护全州重点工程、重大项目资金的规范管理起到积极作用。

2010 年州审计局荣获“省级文明单位”、“目标综合考核优秀领导班子”、“党风廉政建设优秀单位”、“党建和创先争优优秀单位”等荣誉称号。

财政审计　一是组织开展州本级财政预算执行审计。在强化本级预算支出真实合法审计的基础上，进一步扩大审计覆盖面。通过调研，把州财政局具体组织本级预算执行和其他财政收支情况以及州经济和商务委员会、州发改委等 5 部门单位的专项资金使用情况确定为 2010 年本级预算执行的审计范围。查出违规金额 11 万元，管理不规范金额 2754 万元。针对审计出的问题，提出改进财政监督、加强财政财务管理、强化审计整改等 4 条建议。二是对同仁、尖扎两县政府财政决算进行审计。同时延伸审计 13 个部门单位管理的各类专项资金。查出违规金额 636.67 万元，管理不规范金额 820.83 万元，应上缴财政 92.67 万元。三是积极向人大报告工作，自觉接受人大监督。受州政府委托，分别在黄南州第十三届人大常务委员第二十三次会议上作了《关于 2009 年州本级预算执行和其他财政收支的审计工作报告》，在第二十四次会议上作了《关于 2009 年州本级预算执行和其他财政收支审计查出问题整改落实情况的报告》，并接受常委会的审议。促进了审计决定的落实，决定执行率达到 99%，有效巩固了审计成果。

经济责任审计　全州审计机关共完成 26 位党政领导干部经济责任审计，其中县处级领导干部 8 人，县处级以下领导干部 18 人。查出违纪违规金额 513 万元，管理不规范金额 282 万元。在抓好领导干部离任经济责任审计的同时，针对当前经济责任审计存在“先离后审计”、审计任务过于集中而影响审计质量的问题，对在同一岗位任职时间长、单位资金量大、专项资金多的“一把手”实施任中经济责任审计，不断拓宽经济责任审计的范围，丰富审计内涵。

专项资金审计　完成三江源自然生态保护和建设工程项目、重点火险综合治理项目、整村推进扶贫开发项目、贫困牧民人畜饮水工程、农业综合开发项目、提灌站建设项目、退牧还林还草工程、困难群众危房改造、中小学校舍安全工程等 44 个重点项目资金的审计和审计调查。审计总金额 68542 万元，查出违规金额 14 万元，管理不规范资金 159 万元，有效地促进项目资金的管理，维护群众切身利益，促进了廉政建设。

固定资产投资审计　按照省审计厅下发的《全省扩大内需新增中央投资项目全过程跟踪审计工作方案》，州审计局对列入农村民生工程和基础设施项目的同仁县加吾乡至吾屯砖厂公路实施跟踪审计。审计期间，审计组先后 4 次深入施工现场，核实工程量、审核程序，就该项目各标段监理及施工监理不到位、未及时开工、施工日志不规范及边沟、涵洞水毁现象等问题向建设单位提出整改建议，有效发挥审计监督职能作用，促进工程项目管理。同时，根据省审计厅《关于青海省审计机关开展工程建设领域突出问题专项治理工作方案》，结合本地区实际，将专项治理与日常监督相结合，把工程建设领域突出问题专项治理重点关注的 8 个方面作为重点审计内容。通过审计揭露和发现工程建设领域存在的突出问题，查出违纪案件，维护人民群众利益，提高了投资效益。

抗震救灾款物审计　玉树地震发生后，全州审计系统抽调精干审计力量 17 人，开展政府办公室、组织部、财政局、民政局、红十字会、团委等部门筹集的资金 740.11 万元和物资折价 323.01 万元的审计。审计中发现个别部门对救灾资金管理不到位、手续不全、滞留捐款等问题，及时提出整改意见，督促上缴滞留的救灾资金，确保全州救灾款全额如数上划，并将审计结果向全州社会各界进行公告。

行政事业审计　为规范部门资金管理和提高资金使用效益，全州审计机关对 56 个行政事业单位的财务收支进行审计，其中州审计局审计完成 14 个单位。审计查出违规金额 2288 万元，管理不规范金额 878 万元，追还挤占挪用专项资金 75

万元，调整账务处理金额 962 万元，有效促进了行政事业单位的财务管理工作进一步规范。同时充分发挥审计机关在打击经济领域犯罪中的作用，根据群众关于棚户区改造工程存在收取管理费的举报线索，黄南州审计局组织审计组深入项目户调查取证，查实问题，责令建设单位将违规收取每户 400 元总计 4 万元的管理费退还项目户，切实维护群众利益，树立政府公信力。

（撰稿人：刘丽青）

【果洛藏族自治州审计局】 2010 年，果洛藏族自治州（以下简称果洛州）审计局人员编制 10 人，在编 8 人。局长李海林，副局长管全军。设有综合科、经济责任审计科、财政与社会保障审计科、经贸与外资运用审计科（2010 年 12 月机构改革中分别调整为综合科、综合审计科、财政审计科、企业与投资审计科）。

审计成果 果洛州审计机关完成审计项目 136 个，查出违规金额 481 万元，管理不规范金额 21340 万元，应上缴财政 67 万元，应调账处理金额 29 万元。提出审计建议 240 条，出具审计报告和调查报告 136 篇，撰写审计信息 66 篇，被有关部门采用 15 篇。

财政审计 一是对州本级 2009 年度预算执行及其他财政收支情况进行审计，并延伸审计了州卫生局、教育局、民政局 2009 年度部门预算执行情况，对审计查出的财政预算支出随意性大、盲目追加预算，历年超预算安排支出导致财政赤字过大，应纳入预算资金未按规定纳入预算管理等问题提出纠改意见和建议，及时上报审计结果报告，并受州人民政府委托，向州人大常委会作了关于 2009 年度州本级预算执行情况的审计工作报告。二是对达日、甘德、玛沁三县政府 2009 年度财政决算和其他财政收支情况进行审计，对审计发现的隐瞒截留预算收入、任用会计人员不合法、专用票据和普通收据串用、“账外”坐收坐支、违规使用现金结算、单位间互相借用现金、预算调整未经人大常委会审查批准等问题依法进行处理和处罚，为增加地方财政收入、维护财经秩序作出一定贡献。

专项资金审计（调查） 对全州三江源保护与建设资金、城镇居民基本医疗保险基金、玉树抗震救灾款物进行专项审计，对藏医院住院综合楼工程投资情况和全州中央扩大内需政策贯彻落实情况进行专项审计调查，配合有关部门完成州属学校移交玛沁县有关资产、负债核查、州属企业和社会团体小金库专项治理检查、重大专项工程投资资金管理使用情况检查等工作。

经济责任审计 根据州委组织部的委托，对州国土资源局、州史志办、达日县公安局、达日县法院、久治县公安局和班玛县公安局单位领导干部任期经济责任履行情况进行审计，并及时向组织部门提交审计结果报告，在强化干部监督管理、促进领导干部正确履行经济责任、加强党风廉政建设等方面发挥作用。

企业审计 对果洛州大武供热服务经营公司 2004～2010 年度财务收支情况进行审计，对审计查出的未办理法人登记和领取工商营业执照、未按规定计提折旧、存在收取暖气费标准不一、会计核算不规范，白条列支和漏缴税款严重、漏记固定资产等违纪违规问题，依法进行了处理、处罚。

（撰稿人：穆才旦）

【玉树藏族自治州审计局】 2010 年，玉树藏族自治州审计局人员编制 15 人，在编 15 人。局长邱德，副局长李超英、汪生启。设有综合业务科、行政事业与社会保障审计科、财税金融审计科、农牧环保审计科、经济责任审计科。

审计成果 玉树州审计机关完成审计项目 95 个，查出违规金额 1055.95 万元，其中应上缴财政 77.74 万元，应归还原渠道资金 145.37 万元。提交审计工作信息 87 篇。

财政审计 全州完成财政预算执行审计 21 个单位，突出审计重点，深化审计内容，加强对财政支出、预算外收支和“收支两条线”的审计。做到预算执行审计与专项资金审计、经济责任审计相结合，提高了审计工作效率和质量。提出加强管理和完善制度方面的建议，审计成果得到各级政府和人大的充分肯定。

行政事业审计 全州完成行政事业审计 7 个单位。

经济责任审计 各级审计机关克服任务重、人员少、经费短缺的困难，严格按照经济责任审计的两个实施办法和操作要点，积极开展经济责任审计。全州审计机关对19名党政领导干部进行经济责任审计，查出管理不规范金额957万元，上缴财政0.69万元。审计查出的预算管理不规范、资产管理不严、产权不明，造成国有资产流失等问题引起党委、政府和被审计单位的高度重视，使存在的问题及时得到整改。

专项资金审计　按照全州审计工作“一盘棋”的思想，采取“混合编组”的审计方法，加强三江源生态保护和建设工程专项资金的审计。完成专项资金审计17个，审计资金总额3845.17万元。　　（撰稿人：永措毛）

【海西蒙古族藏族自治州审计局】　2010年，海西蒙古族藏族自治州（以下简称海西州）审计局人员编制22人，在编22人。局长李东亮，副局长刘凤莲、才让卓玛，纪检组长董永。设有办公室、财政金融商贸行政事业审计科、固定资产投资企业审计科、农林牧水审计科、经济责任审计科等职能科室。

审计成果　海西州审计局完成审计（审计调查）项目34个，其中预算执行审计2个，财政决算审计2个，专项资金审计4个，行政事业审计23个（经济责任审计15个），固定资产投资审计3个。查出管理不规范金额30783万元；应归还原渠道资金9万元（已归还原渠道资金9万元）。审计基建资金4671万元，核减工程项目支出414万元，平均核减率为9%。全年抽调25人次，完成省审计厅抽调审计、州政府交办事项等，并配合纪检、财政、农牧等相关部门联合检查事项16项。出具审计报告和报送审计调查报告33篇，审计提出建议79条，被采纳审计建议55条。

财政审计　财政预算执行审计在关注预算执行的刚性和财政收支结构的同时，重点关注财政对非税收入征收和管理、惠民政策执行、资产绩效管理制度建设和政策执行等情况。以本级财政预算执行情况审计为核心，以全部政府性资金为网线的审计模式，披露了预算编制，预算收入、支出管理、财务管理等方面存在的问题，引起州政府和有关部门的高度重视。

在实施的县级预算执行情况审计中，首次尝试大规模交叉审计。从全州审计机关抽调近20名业务骨干，分成4个审计小组，由各县审计局业务骨干担任组长，在全州各县开展异地交叉审计，有效增强审计的独立性和客观性。

经济责任审计　受州委组织部委托，对24个单位的领导干部开展经济责任离任、任中审计。共查出违规金额48万元，管理不规范金额18533万元。审计中，海西州审计局积极改进工作方法，认真开展审前调查工作，同时将经济责任审计和单位的财务收支审计有机地结合，以财务收支为基础和主线，以客观评价领导干部经济责任为目的，对领导干部作出实事求是的界定和客观公正的评价，对被审计单位存在的问题提出了整改意见，对违规问题依法作出审计处理，充分发挥了审计的“免疫系统”功能。

专项资金审计　一是开展抗震救灾款物跟踪审计。为确保玉树地震救灾物资资金全部落实到灾区，5月初州审计局就全州玉树抗震救灾捐赠款物的情况进行跟踪审计。此次海西抗震救灾捐赠资金4839.6万元（其中：财政性资金660万元、州慈善总会1602.9万元、红十字会2016.2万元、各单位及个人捐赠资金560.50万元），经过审计，海西所接受捐赠资金全部上缴各对口的上级部门，捐赠救灾物资全部运往玉树灾区，没有截留、挪用等问题。二是开展2009～2010年度全州藏区游牧民定居工程的审计工作，审计资金总额24620.7万元。三是完成海西州2009年度农村困难群众危房改造的专项审计调查，审计专项资金总额4200万元。四是组织实施农村牧区最低生活保障的审计调查工作。五是重点审计了2009年度全州社会保障基金、州级农业前期工作与政策研究资金、政法系统办案转移支付资金等关注民生的资金管理和使用情况。

行政事业审计　完成州政府、州纪委、州团委、州住房公积金管理中心、州旅游局、州政府驻北京联络处、州地税局、州人事局、州食品药品管理局、州国税局、州招商局、州经贸委、州新农办13个单位2009年度的部门财务收支情况的审计，对审计中发现的部门内部控制不够健全，部分经费使用未追加预算审批程序，专项经费中列支较多的招待费用，会计核算不够规范等问题，根据审计法及相关法律法规进行处理，出具了相应的审计建议，要求有关部门落实整改措施。以关注行政、企事业单位资产管理和资金使用绩效为重点，借助财务收支和经济离任审计，加强行政、企事业单位资产管理，对违规出借、处理专项资金等问题向州委、州政府作了专题报告，提出了相应的整改意见。

固定资产投资审计　成立了政府投资审计中心，投资近10万元购买了建筑、安装、道路、市政工程预算、审核等软件，并充实了专业技术审计人员。完成政府投资审计项目8个，对海西图书馆、原档案楼装修改造、德令哈市祁连路道路景观改造、州财政局办公楼装修及综合楼基建项目进行审计，并对州消防支队塑胶跑道操场改造项目、都兰县公安局技侦楼建设项目、乌兰县游牧民定居小区室外管网工程进行审核。对天峻县第二民族完小建设项目实施跟踪审计。全年共审计建设资金4671万元，核减工程支出414万元，平均核减率为9%。投资审计工作的开展对规范建筑市场，确保工程质量，缓解建设资金供需矛盾，提高资金使用效益等方面发挥了积极作用。

其他审计　一是配合有关单位认真开展清理化解农村义务教育其他债务的审计。二是与州财政、监察等部门联合开展清查“小金库”及“强农惠农”资金管理使用情况的检查。三是对机构改革中涉及撤并的州旅游局、州人事局、州招商局等单位开展资产清查的财务收支审计，审查其资产的划分及界定，及时提出审计建议，为职能调整和整合的部门开展资产重组等工作提供参考依据，确保政府机构改革顺利进行。四是对都兰县棚户区改造工程进行专项调查审计。五是协助省审计厅对三江源专项资金进行审计。

（撰稿人：何　莺）

2010年青海省所辖区、县（市）级审计工作统计表

金额单位：万元

审计机关	完成审计项目（个）	查出违规金额	应上缴财政	应减少财政拨款或补贴	应归还原渠道资金	应调账处理金额	移送司法、纪检监察部门处理（件）	建议有关部门处理（件）	出具审计报告和审计调查报告（篇）	提出审计建议（条）	撰写审计信息（篇）
西宁市											
西宁市本级	31	3448	2894		326	13			21	51	17
城中区审计局	9								13		15
城东区审计局	11	127	50			121			16	25	22
城西区审计局	7		16						6	26	12
城北区审计局	13	65			22	42			19	11	3
大通回族土族自治县审计局	34								40		12
湟源县审计局	24								28		7
湟中县审计局	54		12			39			54	2	10
海东地区											
海东地区本级	20	10387	34		2644	5647			20	30	22
平安县审计局	56	26.2	26.2						16	8	24
乐都县审计局	84	2	2						84	24	34
民和回族土族自治县审计局	128	5990.67	344.89						128	39	38
互助土族自治县审计局	68	283			77				18	9	23
化隆回族自治县审计局	26	1126.18	914		115	75			33		3

（续表）

审计机关	完成审计项目（个）	查出违规金额	应上缴财政	应减少财政拨款或补贴	应归还原渠道资金	应调账处理金额	移送司法、纪检监察部门处理（件）	建议有关部门处理（件）	出具审计报告和审计调查报告（篇）	提出审计建议（条）	撰写审计信息（篇）
循化撒拉族自治县审计局	20	558	21		163	25			23	27	6
海北藏族自治州											
海北藏族自治州本级	27	3767.05	14.97						27	54	50
海晏县审计局	18		6862			6862			22	38	10
祁连县审计局	25	24	22			2			25	16	65
刚察县审计局	33	1225.17			343.05	882.12			33	42	24
门源回族自治县审计局	21	986.26	109.78		230	14			21	63	40
海南藏族自治州											
海南藏族自治州本级	19	80	80						27	10	170
共和县审计局	30	901			901				44	3	87
同德县审计局	11								14	3	37
贵德县审计局	24	6	1						30	22	
兴海县审计局	15	537			537				17	2	7
贵南县审计局	10								19	6	25
黄南藏族自治州											
黄南藏族自治州本级	24	1246	109		34	690	1		25	23	44
同仁县审计局	29	1591	71		39	779	1		29	25	27
尖扎县审计局	28	100	181		92	105			28	1	
泽库县审计局	22	118	12						22	52	21
河南蒙古族自治县审计局	13								13	25	16
果洛藏族自治州											
果洛藏族自治州本级	16	360	43		30	8			16	29	22
玛沁县审计局	16	48	10		126	7			16	42	8
班玛县审计局	19	8				2			19	73	15
甘德县审计局	16	25	1		8	6			16	7	
达日县审计局	12								12	17	
久治县审计局	30								30	50	7
玛多县审计局	27	40	13			6			27	22	14
玉树藏族自治州											
玉树藏族自治州本级	7								7	29	27
玉树县审计局	11	5.5							14	23	11
杂多县审计局	14	329.65	33.51		139.37				14	3	16

（续表）

审计机关	完成审计项目（个）	查出违规金额	应上缴财政	应减少财政拨款或补贴	应归还原渠道资金	应调账处理金额	移送司法、纪检监察部门处理（件）	建议有关部门处理（件）	出具审计报告和审计调查报告（篇）	提出审计建议（条）	撰写审计信息（篇）
称多县审计局	6	5.41	5.41						6	6	11
治多县审计局	24	594.43	36.43		6	7.37			24	27	4
囊谦县审计局	21								21	21	5
曲麻莱县审计局	12	120.96	2.39						12	15	13
海西蒙古族藏族自治州											
海西蒙古族藏族自治州本级	34				9	30783			34	79	
德令哈市审计局	49	89	15			2956			49	82	
格尔木市审计局	37					9886			37	61	
乌兰县审计局	50		2		18	5463			50	4	
都兰县审计局	30	53	54			806			31	73	
天峻县审计局	30					24741			36	39	
大柴旦行委审计局	14	14	3			455			15	37	
冷湖行委审计局	2		2			2			2		
茫崖行委审计局	7					15			8		

宁夏回族自治区

【宁夏回族自治区审计厅】 2010年，宁夏回族自治区审计厅行政编制97人，在职93人，事业单位定编46人，在职41人。厅机关设有财政金融处、行政事业处、外资处、社会保障处、经贸处、投资处、农业环保处、经济责任局和办公室、政策法规处、纪检监察室、机关党委。还下设有科研培训中心、信息中心直属事业单位。

领导成员

厅　　长：章建忠

副 厅 长：陈霭琛　胡仲秋　马　健

总审计师：王金平

纪检组长：安　武

经济责任审计局局长（副厅级）：

　　梁雪铖（6月—）

副巡视员：徐嘉云　马　其（—11月）

审计成果　全区审计机关共审计832个单位，查出违规金额42亿元，促进财政增收节支9.6亿元，促使有关部门和地方健全完善制度752项。移送司法机关和纪检监察部门案件15件。审计工作在推进政府提高行政效能、维护群众利益、促进廉政建设等方面发挥了积极作用。

预算执行审计　各级审计机关按照“揭示薄弱环节、促进规范管理、推动财税体制改革”的思路，对各级政府159个部门、单位的预算执行情况进行审计。审计厅重点审计12个一级预算部门的预算执行情况，查出预算管理制度不健全、资金管理不规范等问题。审计结果分别向自治区政府、人大常委会作了汇报，并通过新闻媒体公告，引起社会各界的普遍关注。

各市、县（区）审计机关重点揭示预算编制、财政收支、资产管理等方面的共性问题，促进公共财政体系建设。

专项资金审计　全区共开展民生和专项资金审计及审计调查123项。审计厅重点实施9个大项。一是组织调查宁东基地财税管理情况，发现管理体制和利益分配机制存在需规范的问题。二是实施全区地方政府债务专项审计调查，揭示出债务管理混乱、偿债存在风险等问题。三是完成全区政府主权外债审计，发现拖欠外债、减免债务政策未落实等问题。四是开展全区退耕还林资金审计，查出虚报冒领、挤占挪用等问题。五是审计全区新型农村合作医疗基金收支情况，发现诈骗新农合基金、套取补助资金等问题。六是开展银川市城市低保和医保资金审计，查出资金使用不规范、配套资金不到位等问题。七是完成全区中小学“校舍安全”工程审计，揭示出擅自调整建设规模、工程质量存在安全隐患等问题。八是实施扩大内需项目专项审计调查，发现套取补助资金、项目未执行批复等问题。九是跟踪审计玉树和舟曲捐赠款物后续管理情况，及时向社会公告了审计结果。

中卫、泾源、红寺堡等地对新农合、住房公积金、生态治理、棚户区改造等资金进行审计，查处截留挪用专项资金、侵占群众利益的突出问题，规范了资金管理。

经济责任审计　全区共对314名领导干部进行经济责任审计，其中厅级13名、县处级101名、科级197名、企业领导3名。各地在审计评价、组织方式、成果转化等方面狠下工夫，监督服务水平明显提高。审计厅组织对4个市县党政“一把手”和1家企业董事长、总经理实行同步审计，完成对4所高校、5个地级市公安局主要负责同志经济责任审计，丰富了同步审计、行业审计经验；积极打造市县党政领导和部门领导干部经济责任审计样板项目，总结出两套审计范例，指导工作。

石嘴山市实行多部门联合审计和集体审定评价制度，固原市、青铜峡市分别借助中介和内审机构力量开展经济责任审计，贺兰、金凤、西夏等县区开展乡镇党政领导同步审计，探索实践了经济责任审计新领域、新方法。同心县、大武口区开展了村级财务审计，促进了基层政权建设。

固定资产投资审计　各级审计机关进一步加大工程建设领域审计力度，积极为规范投资行为和提高投资效益服务。全区共查出招投标不规范等违规金额2.3亿元，核减工程价款6.8亿元，核减工程预算2.9亿元。其中审计厅核减工程价款1.2亿元，7个市县审计局核减额超过6000万元，节约了政府投资。

各地积极探索实践工程建设领域审计方式方法。84%的基层审计机关聘请中介机构参与工程建设项目决算审计，40%的基层审计局开展工程标底和拦标审计，个别市县对政府重点投资项目进行全程跟踪检查，取得了明显成效。

其他项目审计　全区共对5户企业、1家金融机构和10个外资运用项目进行审计。审计厅在宁夏出版社、宁夏银行和审计署授权的外资公证项目、宁夏邮政公司和宁夏气象系统审计中，不仅揭示了资金管理、投资管理、信贷管理等方面的漏洞和风险隐患，还反映了事企改制、法人治理结构方面的问题，引起企业主管和有关部门的高度重视，收到较好效果。

各地以促进企业可持续发展为目标，重点揭示决策失误、损失浪费、扶持政策不到位等问题，帮助查找管理中的薄弱环节，促进提高企业发展后劲。

相关工作　各地以创建审计文明行业为总抓手，进一步加强了党建、廉政和精神文明建设。审计厅扎实开展学习型党组织建设和一系列评先评优活动，坚持“三个延伸”，全面实行廉政风险防范管理，严格执行“八不准”审计纪律，成功举办全区审计系统第三届职工运动会，营造了风清气正、奋力争先、健康和谐的工作氛围。根据文明行业创建安排，召开全区审计文明行业创建座谈会，加强巡回检查和督促指导，主动做好与有关部门的协调工作，使文明行业创建工作保持了良好的发展势头。截至2010年年底，全系统已有7个自治区级、15个市级、4个县级“文明单位”，涌现出了一批先进集体和先进个人。审计厅保持了自治区级“文明单位”荣誉，被评为“全区依法行政先进单位”；审计厅和石嘴山市审计局分别有1个项目被审计署评为表彰审计项目；吴忠市审计局被评为“自治区卫生先进单位”。

绩效审计　各级审计机关进一步深化绩效审计，更多地关注和揭示政策执行、机制制度、履行职责等情况，注重从全局、宏观的高度找对策、提建议，发挥了审计建设性作用。审计厅重点实施了宁东财税体制、“宁洽会”招商引资、扩大内需等绩效审计示范项目，其他每个项目都引入绩效审计方法，揭示了一些深层次问题，为党委政府提供了可靠的决策依据。在评价领导干部履行经济责任情况时，更多地从决策事项的科学合理性、资金使用效益、经济与社会事业的协调发展等方面予以评价，适应了干部管理部门的要求。

法制建设　各地立足审计事业发展，健全审计业务、内部控制等方面的制度，进一步规范了执法行为。审计厅依托加拿大政府的无偿援助项目，草拟并提请自治区政府颁布实行了《宁夏绩效审计办法》；起草了《宁夏社保资金审计监督条例》，已由自治区十届人大常委会颁布实行。建立健全了聘请外部专家、审计处罚自由裁量权、审计质量检查等制度，促进了审计规范化进程。

创新方式方法增强监督效能　各级审计机关在审计方式、技术方法等方面探索创新，大胆实践，提升了监督效能。审计厅积极借助社会中介力量开展重点投资项目审计，对个别项目实行全程跟踪监督，有选择地组织全系统同步审计，保证了审计的广度和深度。在一些单位和项目审计中，检查被审计单位的计算机系统，使用GPS、“破坏性”检测仪器等高科技设备，尝试审计现场跟踪复核，大大提高了审计效率和质量。采用国家权威标准、项目批复等作为绩效评价依据，增强了评价的说服力。各地始终将审计成果转化作为提升审计工作水平的重要抓手，采取有效措施，取得了良好效果。审计厅对重大事项和带有普遍性的问题，及时以《审计专报》向自治区党委、政府主要领导汇报，既反映问题，又提出建议，为领导决策提供参考。对于审计专报反映的财税体制、企业改制、扩内需政策执行、新农合基金等方面的问题，自治区党委、政府主要领导都作出重要批示，促进了问题的解决。

（撰稿人：金　荣）

【银川市审计局】　2010年，银川市审计局编制56人（其中：行政编53人，工勤编3人），在编56人（其中：行政52人，工勤4人）。局长李自辉，副局长苏广清、郎武（1月—）、赵玲（—1月）、张国华，纪检组长吴效民。按照银川市委、市政府机构“扁平化”改革要求，经市机构编制委员会审定，市政府批准，局机关内设四个处：财政金融审计处、固定资产投资审计处、经济责任审计处、综合处。

审计成果　银川市审计局完成审计项目（单位）42个，查出违规金额5593万元，管理不规范金额11758万元，应上缴财政4508万元，已上缴财政6112万元（含补缴上年度），应归还原渠道资金14万元。提交专题或综合性报告、信息简报182篇，被批示或采用104篇。

财政审计　主要审计市财政局具体组织市本级预算执行情况，市地税局税收征管情况，市发改委、市民防局、市国土资源局、市农牧局、市环保局、市科技局、市文广局等部门预算执行情况。一是继续揭示在预算执行过程中存在的突出问题。在深入分析的基础上，重点揭示部分收入未按规定纳入预算管理、土地出让金欠缴数额较大、城市基础设施配套费征管不够到位、部分专项资金结余数额仍然较大、资金分配不够及时、财政支出进度不够均衡、预算外资金管理还不够到位、政府债务存在还款压力、专项资金被挤占挪用等问题，提出了有针对性的审计意见和建议。二是延伸审计效果明显。围绕财政体制改革的一些重大事项、财政专项资金和地方级收入征管等有关事项横向和纵向延伸审计相关部门和单位，进一步拓宽审计内容，取得良好效果。三是加大整改力度，充分发挥审计机关“免疫系统”功能作用，效果明显。通过审计查处违规金额4223万元，管理不规范金额2101万元。应缴财政3781万元。

经济责任审计　全年市本级完成24个单位的党政领导干部任期经济责任审计，查出违规金额2414万元，管理不规范金额6600万元。

专项资金审计　主要结合预算执行情况审计开展银川市财政扶贫、就业补助、保障性住房等专项资金、住房公积金资金管理使用、中小学校舍安全、农业综合开发项目等专项资金情况的审计或审计调查。同时对青海玉树抗震救灾捐赠资金、全市退耕还林等专项资金进行审计，旨在通过审计强化对专项资金的监管，确保资金安全高效使用。涉及资金额1.29亿元，查处不规范金额1511万元，滞留闲置资金2381万元，应缴财政248万元。

固定资产投资审计　主要对中小学校舍安全、财务及资产管理情况开展审计调查，发现个别学校存在违规收取补课费、复读费、择校费等问题。对存在的问题，审计提出了纠正意见及建议。

配合国土资源局、土地储备局完成征地拆迁、补偿等项目 35 项；参与招投标监督项目 56 项；发现主要存在工程价款不实、概预算编报不规范等问题。银川市审计局全面落实重大建设项目必审制和跟踪审计制，重点保证对扩大内需建设项目和资金的全程跟踪审计，还进行建设过程中的设计变更、现场变更签证审计。

绩效审计　2010 年，在年度审计项目计划中安排了三个绩效审计项目，即银川市 2007～2009 年度财政扶贫专项资金绩效审计、银川市 2008～2009 年度保障性住房专项资金绩效审计、银川市 2008～2009 年度就业补助专项资金绩效审计。通过审计监督，查处违规金额 24.69 万元，管理不规范金额 2646.6 万元。　（撰稿人：耿江宁）

【石嘴山市审计局】　2010 年，行政人员编制 47 名，后勤事业编制 2 名。现有干部职工 49 名。局长李树岩，副局长瞿祖贵、黄德志、朱桂华（3 月—），纪检组长黄德志（兼）。局机关内设办公室、政策法规科、财政金融审计科、行政事业审计科、企业审计科、社会保障审计科、固定资产投资审计科（财政投资评审办公室）、经济责任审计处。

审计成果　石嘴山市审计局完成审计项目 71 个，查出违规金额 15787 万元，其中上缴财政 1125 万元，核减工程价款 11336 万元。提出审计建议 47 条，提交审计报告和审计调查报告 71 份，撰写审计信息 96 篇，被各级采纳 29 篇次。

财政审计　对 2009 年度市本级预算执行和其他财政财务收支及部门预算进行审计，查出违规延期收缴税款 924 万元。审计揭示市本级财政部门存在预算编制粗、项目支出不够细化、随意追加预算等问题。对存在的应缴未缴预算收入、挤占挪用专项资金、账外核算资金等问题提出改进意见和建议。

行政事业审计　行政事业审计以收支管理为重点，深入开展绩效审计。实施了市卫生局、市机关工委等单位的财务收支审计，共查出违规金额 168 万元，管理不规范金额 529 万元。对个别单位收费缺少政策依据、收费管理运行不规范的问题，提出审计整改建议。

固定资产投资审计　对基础设施、生态环境和民生工程等 22 项政府重点投资建设项目竣工决算进行审计，评审财政投资建设项目 13 项，审计投资总额 69089 万元，核减工程价款 11336 万元。

为配合建设领域突出问题专项治理工作，加强对工程造价、基本建设程序的审计监督，制定出台了《石嘴山市审计局政府投资建设项目征地拆迁补偿审计监督暂行办法》，为全市审计机关开展征地拆迁补偿资金审计提供依据。

社会保障审计　对全市企业职工养老保险基金、国有企业下岗职工基本生活保障和再就业资金、住房公积金、残疾人保障金等民生资金进行审计。全市企业职工养老保险基金审计显示，截至 2009 年 12 月末，基金征缴额增长 25%，支出增长 20%。全市职工养老基金收支有所增长，基金支撑能力良好，群众利益得到有效保障。

企业审计　对市建设工程招标投标管理中心、市有道渡运有限公司进行了财务收支审计，对市九柱集团实施审计巡查。对玉树抗震救灾捐款情况实施审计巡查，确保捐赠资金足额安全送达灾区。

经济责任审计　全年共完成领导干部经济责任审计 16 项，其中任期内审计 5 项，离任审计 11 项。审计查出违规资金 3629 万元，管理不规范金额 2402 万元。通过推行组织、纪检、审计联合审计制度和集体审定评价制度，使领导干部经济责任审计监督的整体合力得到有效发挥，多部门协作配合构筑监督平台，规范了财务管理，强化了依法行政意识，推动了党风廉政建设。

专项资金审计（调查）　重点对棚户区改造项目资金、市民政局社会捐助专项资金、农民工工资保证金、县（区）2008～2009 年退耕还林资金进行审计调查。对审计调查发现的问题，提出了整改意见和建议。市民政局社会捐助专项资金审计调查获得审计署地方优秀表彰审计项目，对棚户区改造资金专项审计调查获得全区优秀审计调查项目，惠农区退耕还林资金审计项目被自治区审计厅评为全区退耕还林资金审计三等奖。

（撰稿人：马维清）

【吴忠市审计局】 2010年吴忠市审计局人员编制30人（行政编27人，工勤编3人），在编30人。局长张继业，副局长马克林（2月—）、王学仲、朱卫东。局机关内设办公室（内设法规科）、经济责任审计室、财政审计科、行政农业审计科、经贸投资审计科、利通区审计特派办、红寺堡审计特派办。

审计成果 2010年计划审计项目57个，完成项目61个，查出违规金额33661.73万元，管理不规范金额4646.56万元。经审计处理处罚，应上缴财政5352.58万元，应归还原渠道资金27876万元，应调账处理4646.56万元。审减工程造价9799.72万元，审减率18.78%。向吴忠市公安局移交犯罪线索2件，涉案24人，金额97.81万元。向市“小金库”治理办公室移交案件2起，向工程领域专项治理办公室移送案件1起。向建设局移送案件1起。向有关县（市区）、部门发送专题审计建议书6份，出具审计专报4份，发表审计信息、论文等303篇。

财政审计 组织开展7个部门（单位）预算执行及其他财政收支情况审计。审计中坚持把披露问题与遏制违纪违规相结合，把预算执行和经济责任审计、政府投资审计、专项审计、审计调查相结合，突出绩效分析，重点关注民生、民意事项，着力从体制、机制上查找原因，提出审计整改的意见、建议。对审计查出的问题依法征求被审计单位的意见，做出处理处罚决定。财政预算执行审计为党委决策、人大监督、政府理财、部门管理的监督和服务作用得到充分发挥。

经济责任审计 受市委组织部委托，对43名领导干部履行经济责任情况进行审计。为配合干部管理机关强化对领导干部的监督管理，对14名拟调整和提拔使用干部进行任前经济责任审计，在此基础上制定出台了《党政领导干部任前经济责任审计暂行办法》。《办法》的出台，前移监督“关口”，对规范干部管理、加强对权力的监督和制约、进一步发挥审计工作“免疫系统”功能，起到积极作用。在对市医保中心主任经济责任审计中，发现有16名参保职工伪造宁夏武警医院发票63例，套取医保基金88.5万元。

固定资产投资审计 组织实施太阳山移民开发区管委会2004年以来基础设施建设项目实施情况等13项投资审计，审减工程造价9799.72万元，审减率18.78%。其中太阳山基础设施审计中调查了2004年以来实施的132项基础设施建设项目，工程总投资58397.12万元。经对已竣工的74项基础设施建设项目审核，审减工程造价8241.87万元，审减率24%，重点揭示了高估冒算、程序不规范等突出问题，引起市委和政府的高度重视。

专项资金审计（调查） 组织对利通区、红寺堡区新型农村合作医疗管理中心2009年度新型农村合作医疗基金筹集、管理、使用情况等9个单位（项目）实施专项审计和审计调查。在对2009年度红寺堡新农合资金审计中，发现8例持假发票报销住院费的线索，假发票票面金额24.44万元，报销金额9.31万元，涉嫌经济犯罪，审计将此犯罪线索移交吴忠市公安局查处。在对市区及太阳山开发区2003年以来征地补偿费兑付情况的审计调查中，全面摸清了2003年以来市区及太阳山开发区征用土地的总体规模及兑付征地补偿费的资金的筹集、兑付情况。针对建立征地补偿费长效管理机制，提出了具体的意见和建议，对促进征地补偿费的管理步入规范化、制度化、正常化的轨道起到积极的促进作用。

（撰稿人：蒲建芳）

【固原市审计局】 2010年，固原市审计局人员编制20人，在编20人。局长范霞，副局长李国安、孟光军，总审计师田成业（—9月）。设有办公室、经济责任审计科、财政审计科、行政事业审计科、投资与企业审计科、法规科。

审计成果 固原市审计机关完成审计项目41个，查出违规金额16783万元，其中应上缴财政172万元，应归还原渠道资金260万元，已上缴财政172万元，已归还原渠道资金260万元。移送司法机关、纪检监察部门处理事项1件，提交审计工作报告、信息41篇，被采用4篇。

财政审计 按照财政审计“一盘棋”的指导思想，整合审计资源，合理安排审计项目，完成了对财政局、国税局、民政局等11个单位预算执行审计，查出违规资金8402万元。经审计处理，归还原渠道资金122万元。促进财政等部门（单位）进一步规范预算管理，提高了财政资金的使用效益。

经济责任审计 共完成政协办、水务局、林业局等22个部门（单位）领导干部经济责任审计，查出违规金额3168万元，管理不规范金额5634万元。经审计处理，上缴财政172万元，归还原渠道资金138万元。经济责任审计在加强干部监督管理、促进领导干部廉政勤政等方面发挥了积极作用。

行政事业审计 完成养老保险、医疗保险和住房公积金的审计，查出拖欠职工养老保险费1009万元。对此问题，区、市主要领导分别做了批示，市政府领导高度重视，先后召开市长办公会、政府常务会进行研究，部署清欠工作，已清缴养老保险费623万元。市政府出台《固原市基本养老保险费征缴管理办法（暂行）》，从制度上规范养老保险费的征缴工作。

固定资产投资审计 完成东山坡引水工程、大原广场等13个工程项目结算审计，核减造价4679万元。通过审计，防止了工程建设中虚报冒领、投资损失浪费等问题。同时对规范建筑市场秩序，节约国家建设资金，发挥积极作用。

专项资金审计调查 对隆德、彭阳县2006～2009年度退耕还林还草资金进行审计调查，分别获得全区二、三等奖；对市本级廉租住房建设资金、环保资金的使用情况开展专项审计调查，发现项目建设周期长、资金使用效率低、资金拨付不及时等问题；廉租住房资金调查中发现的廉租房保障资金到位不及时、廉租住房异地配建未全面实施、廉租房管理经费保障机制未真正建立等问题，审计提出了建设性的意见和建议，取得较好的审计效果。 （撰稿人：虎 伟）

【中卫市审计局】 2010年，中卫市审计局人员编制22人，在编20人。局长柯义虎，副局长鲍成文、王谦、拓兆成，总审计师杨学芳。局机关设有办公室、政策法规科、经济责任审计科、农水环保审计科、固定投资审计科、财贸审计科、行政事业审计科。

审计成果 中卫市审计局完成审计项目61项，查处违规金额46795万元。经审计处理，应收缴财政资金7026万元，应减少财政拨款922万元，应追还原渠道资金2233万元，核减工程造价1189.95万元，调账处理277万元。已上缴财政7026万元，已归还原渠道资金2233万元，已调账处理金额277万元。移送司法机关、纪检监察部门处理事项1件，建议有关部门处理事项2件。提交审计工作报告、信息303篇，被采用303篇。

财政审计 完成市本级财政、国土局等9个部门、镇乡财政预算执行审计，查处预留预算指标、截留应缴财政收入、挤占挪用专项资金和违反招投标及政府采购等违规行为。追还原渠道资金2233万元，上缴财政收入6216万元。完成县级政府财政决算审计1项，查处了违规出借财政资金、挤占挪用专项资金、社保资金等方面的违规问题。

专项资金审计 开展退耕还林、新农合、住房公积金、社保基金等12项民生资金审计，审计资金总额7971万元，查处违规金额352万元，向公安机关移送诈骗新农合基金案件（金额25.21万元）已成功告破，抓获犯罪嫌疑人7人，移送起诉6人，追回赃款3.9万元，保障了社保基金的安全。

经济责任审计 开展9个部门、4个乡镇、3个单位、2个县公安局长共18名党政领导干部任期经济责任审计，其中任中经济责任11个，查处违规金额4215万元。

固定资产投资审计 对腾格里湖一期工程决算、沙坡头区中小学校舍安全工程进行专项审计调查，对美利工业区东连接线绿化带土方工程、公安局办公楼等16项政府建设项目决算审计，审计资金13897.17万元，审减工程造价1189.95万元，审减率8.56％。

企业审计 中卫市审计局通过对一家国有企业2008～2009年度财务收支审计，查处违规金额1066万元，收缴财政798.6万元。

审计信息宣传 进一步修订完善了局机关信息宣传奖励办法和目标任务，将审计信息宣传工作列入市局对县局工作的管理内容，签订了目标责任书。坚持奖罚并重、按月通报、按季兑现奖罚。共印发各类信息稿件367条，发表审计调研文章34篇，大力宣传了全市审计工作。65％的信息、调研材料被《中国审计报》、《中国审计》、《宁夏审计》杂志和审计署网站、新华网宁夏频道、宁夏审计网等省部级媒体采用。

（撰稿人：方振荣）

2010 年宁夏回族自治区所辖区、县（市）级审计工作统计表

金额单位：万元

审计机关	完成审计项目（个）	查出违规金额	应上缴财政	应减少财政拨款或补贴	应归还原渠道资金	应调账处理金额	移送司法、纪检监察部门处理（件）	建议有关部门处理（件）	出具审计报告和审计调查报告（篇）	提出审计建议（条）	撰写审计信息（篇）
银川市											
银川市本级	42	5628	4508	174	14	187			67	109	182
兴庆区审计局	8	13349	95			360			8	24	
金凤区审计局	8	21							8	22	53
西夏区审计局	12	208	9						12	27	12
灵武市审计局	33	12047	12213		2868	32			53	87	71
永宁县审计局	20	4119							42	46	71
贺兰县审计局	13	36174	2266			2944			13	33	43
石嘴山											
石嘴山市本级	71	15787	1125						71	47	96
大武口区审计局	22	7762	1217			5016			22	34	85
惠农区审计局	23	1744	5						24	35	90
平罗审计局	121	22856	33						121	215	75
吴忠市											
吴忠市本级	61	33661.73	5352.58		27876	4646.56	2	1	61	121	235
青铜峡市审计局	126	17153	5284.44		358.54	27.7	2		126	39	18
盐池县审计局	51	10989.73	429.5		91.5				51	48	15
同心县审计局	25	26968.29	14				1		25	20	35
固原市											
固原市本级	41	16783	172		260		1		41	10	52
原州区审计局	47	5640	46		458				47	94	90
西吉县审计局	35	3264	34						35	56	80
隆德县审计局	25	1184	3		70	2224	1		25	32	22
泾源县审计局	61	7237	1		66		1		25		
彭阳县审计局	8	6379	259		45	973			8	15	40
中卫市											
中卫市本级	61	46795	7026	922	2233	277	1	2	65	118	238
中宁县审计局	49	55306	538		3132	3840			49	109	83
海原县审计局	25	501	14		356	29	1		25	36	46

新疆维吾尔自治区

【新疆维吾尔自治区审计厅】 2010年，新疆维吾尔自治区审计厅人员编制280人，在编238人，领导职数7人（含纪检组长）。设有办公室、法制处、督察处、财政审计处、行政事业审计处、农业与资源环保审计处、金融审计处、企业审计处、社会保障审计处、外资运用审计处、经济责任审计一处、经济责任审计二处、计划财务处、人事处、内部审计管理处；机关党委、监察室（与纪检组合署办公）、离退休干部工作处；派出审计一处、派出审计二处、派出审计三处、派出审计四处、派出审计五处、派出审计六处；直属事业单位：固定资产投资审计局（参照公务员管理）、计算机技术中心、机关服务中心、审计干部培训中心、审计科研所。

领导成员

党组书记、副厅长：吉力力·纳斯尔（2月—）

党组副书记、厅长：朱登云（—10月）

副厅长：周贤荣　王占武

维力功　廖金梅

总审计师：宣国苗

纪检组长：褚东井（—8月）

副巡视员：王兴武　车恒祥（—7月）

审计成果 新疆自治区审计厅全年完成审计项目113个，查出违规金额135207万元，其中应上缴财政42847万元，应归还原渠道资金24432万元，应调账处理金额16374万元；已上缴财政27022万元，已归还原渠道资金872万元，已调账处理金额4046万元。移送司法机关、纪检监察部门处理事项10件，建议有关部门处理事项11件。提交审计工作报告、信息104篇，被采用45篇。

财政审计 按照“构建财政审计大格局的要求”，结合新疆实际，提出了财政审计工作“三结合”，即：项目、预算、资金三者紧密结合，财政审计与专项审计调查“点面结合”，“同级审”与“上审下”相结合。主要审计财政厅、地税局组织自治区本级预算执行和税收征管情况，自治区重点税源情况和地方政府债务、债券情况；开展35个部门单位本级预算执行情况审计和2009年自治区55亿元地方政府债券资金管理使用情况专项审计调查，提出推进部门预算管理制度改革，改进预算编制办法；完善自治区对下转移支付办法，提高财政管理水平；优化财政支出结构，整合财政资源等意见建议。审计结果得到自治区人大、政府的充分肯定和高度重视。自治区55亿元地方政府债券资金管理使用情况审计调查结果报自治区人民政府后，引起高度重视，自治区党办、政办联合发文要求各地和自治区相关部门单位认真对照整改，有力促进了地方政府债券资金的安全、规范、有效使用。通过审计，规范了自治区预算管理，净化了财政管理秩序。

专项资金审计（调查） 主要开展了新型农村合作医疗、新型农村养老保险、县乡医疗服务体系、土地出让金及矿产资源补偿费和土地征迁补偿费、节能减排、救灾专项等项目的审计和调查，涉及项目资金额约444.5亿元。揭露处理了挤占、挪用专项资金，改变资金用途，配套资金不到位，部分项目实施滞后，一些财政专项补助资金未及时拨付到位，政策、制度之间缺乏相互衔接，弱势群体得不到应有保障，问责制没有真正落实等问题。

固定资产投资审计 对自治区2008年中央新增投资项目和2009年扩大内需中央预算内投资项目进行审计和审计调查，涉及全疆13个地、州、市的348个建设项目（厅本级完成20个建设项目），城建、水利、文化、教育、卫生五个行业，项目总投资35.85亿元。结果表明，各地基本能够按照规定及时下达计划和拨付、管理、使用资金，但在项目申报及审批环节、资金安排、管理及使用等方面还存在一些问题。上半年我们将各级审计机关完成的151个项目情况专题上报自治区人民政府，得到了自治区政府主席和副主席的重要批示，要求自治区发改委及相关部门认真研究整改。

经济责任审计 全年完成18个单位33位领导干部的经济责任审计，共查出党政领导因主管责任造成的违规问题8534万元。成功举办了全疆经济责任审计工作经验交流会。同时加大对市（县）主要领导的离任审计力度。根据干部监督管理工作的需要，自2010年下半年起，组织实施了11个市（县）主要领导的离任经济责任审计。

金融审计　继续开展33家县市农村信用社审计和自治区小额贷款公司的专项审计调查工作，查处了违规经营、“账外”资产、违规改变资金用途等问题，揭示了农村信用社抗风险能力不足、信贷资产质量不高、盈利水平低等问题。摸清了小贷公司基本情况，为规范小额贷款公司行为、完善小贷公司的监管机制和营造公平有序的竞争环境提出建议，为政府决策、规范管理提供重要依据。

外资运用审计　根据审计署要求，组织开展13个国外贷（赠）款和国外援助项目审计和审计调查，涉及外资83.19亿元，揭露处理了资金管理不规范、不按规定招标、套取项目资金、配套资金不到位等违纪违规问题，进一步规范外资项目工作。

企业审计　对6家上市公司募集资金管理使用及薪酬收入分配情况进行专项审计调查，调查分析数据表明，目前控股公司绩效考核工作缺乏科学化、规范化管理措施，工效挂钩政策执行有偏差，高管人员薪酬收入的增长普遍高于普通员工，且差距进一步拉大，不同控股公司相互间人均收入水平过于悬殊，其中董事长、总经理情况尤为突出，企业内部经营成果未能合理共享。

（撰稿人：张　磊）

【乌鲁木齐市审计局】　2010年，乌鲁木齐市审计局人员编制115人，在编113人。党组书记、副局长和新玲，局长、党组副书记黎忠，副局长李钢建、杨少英，总审计师樊伟，纪检组长杨明。设有办公室、组织人事教育处、纪检监察室、法制处、财政审计处、固定资产投资审计处、行政事业审计处、经贸审计处、经济责任审计处、农牧与资源环保审计处、外资运用与金融审计处、社会保障审计处和3个派出审计处。

审计成果　乌鲁木齐市审计机关全年共完成审计项目101个，查出违规违纪金额24401万元，其中应上缴财政116万元，应归还原渠道资金101万元，应调账处理金额18078万元，其他64533万元（虚报冒领、“账外”资产、未按规定缴纳、损失浪费等管理不规范金额）；已上缴财政44万元，已归还原渠道资金27万元，已调账处理金额128万元；移送司法机关3起，涉及金额114万元，移送纪检监察部门1起，涉及金额2000万元，移送有关部门处理4起，涉及金额2243万元。提交审计（调查）工作报告或信息简报124篇，被采用59篇，被审计单位制定整改措施14项，被审计单位建立健全规章制度4项。

财政审计　乌鲁木齐市各级审计机关对财政、税务部门和部分预算执行单位开展预算执行情况审计，对财政部门重点审计财政政策的执行，预算管理情况，财政改革进展情况，资金的收纳、划解、拨付情况；对地税部门重点审计税收管理情况；对预算执行单位重点审计预算执行的真实、完整和有效。审计主要查处了财税部门违反财政和税收法规以及预算执行单位财务收支反映不真实、非税收入管理不规范等问题，并提出加强本级预算管理的建议。共查出管理不规范金额295万元，应调账金额659万元。披露了个别区县未按规定严格落实“收支两条线”规定、迟滞上缴预算资金、违规改变资金用途、资金滞留闲置等问题，为进一步规范预算管理，推进财政管理制度改革，严肃财经纪律，促进地方财政依法行政，不断加强财政管理的目标起到了积极的促进作用。

固定资产投资审计　全年开展10项竣工决算审计、3项概算审计，项目投资总额181604万元，项目完成投资总额106121万元。在审计中查出超计划超规模投资，决算编报不规范和工程价款不实等问题。共查出违规金额4515万元，核减投资4484万元，提出审计建议26条，挽回经济损失4191万元。

经济责任审计　全年审计机关对27个单位的27名领导干部开展任期经济责任审计。审计查出违规金额1162万元，管理不规范金额10341万元，其中：由领导干部主管经济责任造成的违规资金928万元。通过审计揭露了虚列财政支出、隐瞒、截留应上缴财政收入、损失浪费等方面的问题。

专项资金审计　乌鲁木齐市审计机关围绕“医疗保障资金”、“国家农业综合开发资金”等社会保障体系的建设及重大项目的政策落实等涉及群众切身利益的问题开展11个专项审计和8个审计调查。审计专项资金总额3673416万元，共查出违规金额 9812 万元，管理不规范金额 21594 万元。其中应归还原渠道资金 7 万元，审计促进资金拨付到位 2875 万元。查出不合规发票、账表不符、改变资金用途、资金转拨部门未及时下拨、截留挪用等方面的问题。

行政事业审计　乌鲁木齐市审计机关对全市 42 个行政事业单位财务收支情况开展审计监督，并开展 1 项审计调查，共查出违规金额 3407 万元，管理不规范金额 10409 万元，损失浪费金额 91 万元，应上缴财政 81 万元，应归还原渠道资金 67 万元，应调账处理金额 659 万元。在审计中加强对未落实收支两条线和专户管理规定、私存私放财政资金或者其他公款、代管资产计提折旧和账外资产等问题的揭露和纠正力度，促进财政资金使用效益的提高。

企业审计　全市审计机关共审计国有企业 4 个，查出违规金额 17 万元，管理不规范金额 5508 万元。通过审计，为促进国有企业加强和改善经营管理，建立健全内部控制制度，实现国有资产保值增值发挥积极作用。

外资运用审计　根据审计署授权和自治区审计厅安排，按照“内外合一，如实披露”的外资审计原则，以提高利用外资质量和降低政府偿债风险为目标，全年组织完成 1 个审计项目及调查。

（撰稿人：高雪庆）

【克拉玛依市审计局】　2010 年，克拉玛依市审计局人员编制 28 人，在编 25 人。局长王军，副局长况萍、苏富庆（兼纪检组长）。设有办公室、法制监察科、财政审计科、经贸与金融审计科、行政事业审计科、经济责任审计科、固定资产投资审计科和农业资源与环保审计科。

审计成果　市审计局审计和调查 26 个单位，查出违规金额 2227 万元，管理不规范金额 24509 万元。审计处理后，已上缴财政 291 万元，审计挽回经济损失 346 万元。审计移交纪检监察部门 1 件 1 人，涉及金额 366 万元。审计提出建议 64 条。

财政审计　市审计局按照财政审计大格局的要求，继续深入开展本级预算执行审计工作，结合对白碱滩区和乌尔禾区原区委书记的离任经济责任审计工作，开展了财政决算审计。重点对保障性住房资金、住房维修基金、新农村建设资金、森林生态效益补偿资金、学校医院抗震加固工程资金、教育专项资金、甲型 H1N1 流感防治资金、医院维修基金、拉动内需项目专项资金、福利彩票和体育彩票、地方政府债务情况、玉树地震抗震救灾资金物资及部分行政事业单位差旅费管理使用情况开展审计和审计调查。

经济责任审计　市审计局加强与相关部门的沟通和审计结果利用，改进工作方法、规范审计评价，努力抓好审计决定、意见和建议的跟踪落实，使审计监督与纪检监察、组织监督和财政监督有效结合，经济责任审计结果得到市委、市人大和市政府认可，联席会议相关部门高度重视。

固定资产投资审计　聘请社会中介机构人员参与投资审计项目。重点开展了市区道路、学校医院抗震加固、石化园区基础设施建设、各区的重点建设项目等工程项目的竣工结算审核工作。全年已审核完毕的单项单位工程 91 项，施工单位申报结算金额为 106943.63 万元，经造价咨询机构审核为 88294.32 万元，在此基础上审计人员核定为 87289.16 万元，累计核减 1005.16 万元，取得较好审计效果。

（撰稿人：徐　瑛）

【石河子市审计局】　2010 年，石河子市审计局人员编制 68 人，在编 64 人。局长、党组副书记杨全义，党组书记、副局长张新江、刘文。设有综合科（办公室）、法制科、财金审计科、行政事业审计科、企业审计科、固定资产投资审计科、经济责任审计科。四个审计中心分别设有 3 个职能科室：一科、二科、综合科。

审计成果　全年完成审计（调查）项目 68 个，完成年计划的 107%。查出违规金额 23470 万元，损失浪费金额 175 万元，管理不规范金额 14867 万元，损益不实金额 10236 万元，侵害人民群众利益金额 15 万元。审计指出应调账处理金额 14691 万元，已调账处理 12480 万元，应上缴财政 83 万元，已上缴财政 83 万元。移送纪检监察机关处理 1 件 6 人，涉及金额 157 万元。提交审计报告 67 份、综合性报告 5 篇，上报审计要情 2 篇，提出建议 106 条，被采纳 88 条。

财政审计　一是对当年市财政预算编制、批复及调整情况、一般预算收支和基金预算收支完成情况、非税性收入收缴管理及使用情况，对开发区、北泉镇财政进行延伸调查，并延伸抽查了10家房地产企业。调查发现对房地产企业预征土地增值税未及时清算，将会对市财政形成潜在风险；市区50%以上房地产企业微利或亏损，直接影响企业所得税的征收，导致财政收入减少。对此，向市政府上报了专题审计要情。对审计提出的问题，财政和地税部门积极进行整改纠正。二是市预算执行单位审计情况。通过对石河子市广播电视局2009年度财务收支审计，查出该单位广告业务管理较为混乱，广告收入、有线电视收视费收入共计150.49万元不入财务账，直接在账外抵单位业务招待费等开支。收支事项脱离财务监管单位工作人员合谋私分公款4.8万元等问题。根据市主要领导指示，派出审计组，完成对北京、上海、深圳3个驻外办事处的审计，对3个办事处在编干部的工资福利待遇和监管机制提出了合理化建议。三是完成市高中学区管理服务中心2009年财务收支审计和阳光双语学校清算组财务收支审计。

经济责任审计　接受组织部门委托，对石河子市人民医院原院长等19名领导干部进行任期经济责任审计。结果表明，多数部门的主要领导均能积极履行岗位职责和经济责任，认真执行财经法规，但个别单位还存在业务招待费超支、超标准提取福利费、资产管理不规范、国有资产流失等问题。对上述问题，已按规定进行审计处罚，并提出审计建议。被审计单位针对审计建议，积极健全和完善内控制度，采取有力措施认真整改纠正。

专项资金审计　重点对市就业资金、居民基本医疗保险基金、玉树地震抗震救灾资金物资筹集使用情况、社会保险基金管理及使用情况、农业综合开发资金使用管理情况进行专项审计调查。结果表明，一是就业资金结存数额大、未按规定提取划转就业补助资金、社会保险补贴标准不到位。二是居民基本医疗保险基金方面，现行的居民医疗保险政策在报销比例、最高支付限额、支付范围等方面低于国家现行标准，也低于自治区现行的“新农合”政策标准，影响居民参保的积极性，参保人数由启动时的26.26万人下降到2010年6月末的23.9万人。三是通过对市社保局2008～2009年社会保险基金管理及经费使用情况审计发现，长期滞留社保所资金1074.66万元、企业欠缴社会保险费1587.41万元、基本医疗保险未按规定标准划转个人账户、社会保险信息系统尚不完善。调查结果上报党委、政府后，主要领导要求相关部门认真整改，财政、劳动等部门高度重视，整改工作正在顺利进行，有的已得到贯彻落实。

金融审计　根据自治区审计厅的安排，8月份派出4人组成审计组，历时30余天，对塔城地区裕民县农村信用社资产负债进行审计，按时完成了审计厅部署的统一审计项目。

企业审计　一是接受国资委的委托，对市12家国有及国有控股企业2009年度经营业绩进行考核审计，发现部分企业存在超发年薪、未按规定上缴国有资本收益的问题。二是对天宏股份公司2008～2009年经营情况进行审计调查。三是完成下野地试验站和残联福利汽修厂的资产负债审计，为这两个单位顺利改制提供依据。

固定资产投资审计　完成9个项目的审计和5个项目的工程结算审计，共审减工程结算价款2248.32万元，审减率达10.66%。委托社会中介机构开展工程结算审核，51个工程项目审核结果经审核确认，审减额2151.69万元，审减率达6.87%。上述两项工作共为市节约建设资金4400万元。结合国家和市工程领域突出问题专项治理工作安排，审计披露个别建设单位严重违反招投标法规、私设“小金库”、合同管理不规范等突出问题，对此，已按相关法律规定进行处理处罚。

（撰稿人：黄学邦）

【喀什地区审计局】　**审计概况**　2010年，全地区各级审计机关已完成审计（调查）单位504个（其中政府投资审计299个，专项审计调查38个），查出违纪违规金额5267万元，管理不规范金额10.8亿元，损失浪费金额214万元；审计后，增加财政收入300万元，核减工程价款1.03亿元；审计处理移送司法机关2人，移送纪检监察机关3人，涉案金额286万元，移送有关部门案件 4 件；向社会公告审计结果 29 篇；提交工作报告、信息 408 篇，被批示采用 128 篇。2010 年喀什地区审计局被评为自治区审计系统先进集体。

财政审计 2010 年，地、县审计机关坚持以预算执行审计为重点，部门单位审计为基础，继续加大了财政专项资金的审计和调查力度，并且更加注重强化绩效审计，审计的范围和内容进一步深化，成效更加显著。共对 23 个财税部门及 70 个行政事业预算执行单位进行了审计，其中，地区审计局结合领导干部经济责任审计，对民政局、林业局、六中、安全生产监督管理局、卫校、计生委 6 个地直部门预算执行单位进行审计，对麦盖提县、英吉沙县的财政决算情况进行审计。全地区共查出违纪违规金额 657 万元，管理不规范金额 6.67 亿元，损失浪费 107 万元，审计后，增加财政收入 285 万元。对审计中查出的问题分门别类提出改进和加强管理的建议，为规范财政管理和税收征管发挥了积极作用。各级审计机关在审计工作报告中真实、完整地反映审计中查出的各类问题，对存在的问题提出改进和加强管理的建议，为规范财政管理和税收征管发挥了积极作用。根据人大工作要求，地区人大工委和各县（市）人大常委会在先听取审议审计工作报告后，对审计工作都给予了充分肯定。

专项资金审计 2010 年，地区审计局组织各县（市）审计局采取“上审下”和“同级审”相结合的形式，抽调相关县审计局的业务骨干，以“以审代培”的方式，对全区使用学前“双语”教育和职业教育资金、救灾资金、青海玉树地震抗震救灾捐款（物资）、新型农村合作医疗基金、新型农村社会养老保险基金、县乡医疗服务体系建设情况、土地出让金及矿产资源补偿费和土地征迁补偿费征收管理使用情况等项目进行审计和审计调查，同时还针对改革发展和社会关注及反映强烈的热点、难点问题加大审计力度。全地区共审计和调查 71 个单位，审计资金总额为 35.93 亿，查出违纪违规金额 334 万元，管理不规范金额 8255 万元。学前教育保障资金审计结果得到地委行署领导高度重视，及时安排召集各县市分管教育的主要领导以及教育、财政部门相关领导召开了学前教育基建项目和保障资金审计情况通报会，要求各县必须及时整改、纠正审计发现的问题，一再强调指出专项资金的管理和使用必须严格按照相关文件精神执行。县审计局向当地人民政府汇报有关专项资金的审计情况，县政府以文件形式下发要求相关部门认真落实整改。

经济责任审计 2010 年，地、县审计机关认真总结经济责任审计的经验和做法，加强与相关部门沟通和审计结果利用，注重改进工作方法，不断规范和完善审计评价体系，有力推进了经济责任审计的深入开展并取得较好的效果。目前，全地区共对 53 个单位的 61 名领导干部进行了经济责任审计，其中，地区审计局对民政局、林业局、喀什驻乌办事处、安全生产监督管理局、六中、卫校、发改委、计生委 8 个地直单位领导干部和英吉沙县党政主要领导进行了任期经济责任审计。全地区共查出违纪违规金额 1723 万元，管理不规范金额 1.1 亿元，经济责任人移送纪检监察机关 1 人，其他人员移送司法机关 2 人。在进一步规范和总结经济责任审计工作的成功经验的基础上，采取以下有效措施和方法，使经济责任审计工作达到更好的效果。首先，深化创新经济责任审计内容和方法，提高审计工作自身质量。一是经济责任审计内容要以全部政府性资金为主线，围绕领导干部履责情况，关注科学发展观落实情况、民生资金使用情况、决策的科学性等情况；二是审计方法上要采用绩效审计、计算机审计理念，实施分类审计方法，建立以任中审计为主的经济责任审计模式。其次，逐步实行经济责任审计结果和责任追究结果的信息公开。以经济责任审计联席会议办公室为平台，由审计部门牵头，定期召开审计结果情况分析会，梳理审计问责情况，并将经济责任审计报告和行政问责落实情况予以公开。

政府投资项目审计 2010 年，地、县审计机关成立了治理工程建设领域突出问题工作领导小组，相继制定了《工程建设领域突出问题专项治理方案》，明确了今后工程建设项目审计的目标和重点，并以审计、审计调查、排查等多种形式积极开展工程建设领域突出问题专项治理工作。地、县审计机关围绕当地党政中心工作，重点关注城市基础设施、县乡公路和地区有影响的建设项目，结合工程建设领域突出问题专项治理开展审计工作，直接审计和委托中介机构审计政府投资建设项目299个，建设项目总投资14.73亿元。通过审计，核减工程造价1.03亿元，同时发现部分投资项目决策、管理、机制等方面存在不容忽视的问题。2010年，我局采取审计主审和中介参与，对建设程序、项目资金自主审计与工程造价委托中介机构审计相结合的方式，对32个政府投资项目进行了审计，审计投资总额36200万元，核减工程造价959万元，积极推进了投资审计力度，提高资金使用效益，加强工程造价管理和质量管理。

地方金融审计　2010年，地区审计局对莎车县、叶城县农村信用社实施了审计，同时组织疏勒县、伽师县和麦盖提县完成了"同级审"，共查出违纪违规金额1238万元，管理不规范金额1.06亿元。我局采取抽调有该项审计任务的县审计局业务骨干和计算机骨干，以"以审代培"的方式，参与地区审计局对莎车县农村信用社的审计。审计过程中，审计组查出该县信用社违规发放贷款1003万元，及时与该县信用社主要领导进行沟通，要求收回违规发放的贷款。信用社新任领导班子高度重视，安排人员在审计组还没结束审计工作时，及时纠正错误，提前收回违规发放贷款953万元，使被审单位规避了金融风险，审计监督职能作用得到了充分的体现。参与这次审计的县局同志回去后及时开展了本县农村信用社审计，都担任了本县审计项目的审计组长。

完成党政交办、协助事项　2010年，共完成党政交办、协助事项26件。地区审计局为配合地委、行署的中心工作，分别参与了地区组建的扩大内需、建设领域专项治理、四清四知四掌握、人口普查、清房、援建资金、抗震安居等检查指导组对各县（市）进行检查指导工作。喀什市、岳普湖县和巴楚县审计局根据当地政府的要求与县有关部门组成工作组对2008年度以来规模以上政府投资项目和使用国有资金项目八个方面按要求进行了排查，排查项目投资额达到105016万元，发现一些立项审批手续不完备、工程资料不完整等不容忽视的问题。伽师县审计、财政、监察、纠风办四部门联合，全面启动强农惠农资金专项清理和检查工作。

【阿克苏地区审计局】　2010年，阿克苏地区审计局实有人员43人。局长苏耀民，副局长兼纪检组长樊建国、副局长史军团、刘艳、刘勇，总审计师黄疆萍，助理调研员黄先全。设有财政金融审计科、行政文教事业审计科、农林水牧审计科、经济贸易审计科、固定资产投资审计科、经济责任审计科、法制科、人事教育科、办公室。

审计成果　全地区共完成审计和审计调查项目301个，查处各类违规金额4.48亿元，损失浪费金额218万元，管理不规范金额23.29亿元，侵害人民群众利益金额43万元，核减投资1426万元；审计挽回损失447万元，已上缴财政9299万元，已归还原渠道资金1407万元。移送纪检监察部门事项2件，涉案金额69万元；移送有关部门处理案件30件，涉及人员2人，涉案金额3273万元；完善和推行审计结果公告制度，共向社会公告审计结果43篇。审计为严肃财经法纪，维护经济秩序，促进地区经济事业发展和社会稳定，加强党风廉政建设和反腐败斗争做出重要贡献。

财政审计　阿克苏地区审计局对地区财政局2009年度地区本级预算执行和其他财政收支情况进行就地审计，延伸审计部分预算执行单位。审计以规范管理，促进改革为目标，重点检查财政部门的预算安排、收支核算、资金分配使用，非税性收入和政府资产管理、中央专项和转移支付、各项财政改革的推进和实施等情况。对地区本级地方政府性债务情况进行审计调查。审计后提出"推动区域经济发展，壮大政府财政收入规模，增强地方财政实力"、"完善政府绩效评价和监督体系，以减轻地方政府财政支出和债务压力"、"建立健全地方政府性债务管理机制"三条改进建议。

专项资金审计（调查）　（1）对地区2007～2009年节能减排资金管理使用情况进行专项审计调查。

（2）对地区民政局2009年1月1日至2009年12月31日民政专项资金管理、分配情况进行审计调查。阿克苏地区审计局及阿克苏市、温宿县、阿瓦提县、乌什县、柯坪县、库车县、沙雅县、新和县审计局分别对2009年度县乡医疗服务体系建设专项资金进行专项审计调查。

（3）组织沙雅县、阿瓦提县、柯坪县、乌什县、温宿县、库车县、阿克苏市审计机关分别对本县2009年度合作医疗基金筹集使用管理及效益情况进行专项审计调查。同时采取“上审下”的方式，阿克苏地区审计局6月份对新和县2009年度新型农牧区合作医疗基金筹集使用管理及效益情况进行专项审计调查。审计调查以促进落实国务院确定的“增加补助、全面覆盖、巩固提高”总体要求，加快推进覆盖农村基本医疗保障制度建设为目标，揭露新农合覆盖农村基层医疗卫生服务体系不完善、服务能力不足以及此项制度运行中存在的突出问题。

(4) 对地区财政局2008～2009年度学前“双语”教育及职业教育专项资金的管理、拨付情况进行就地审计调查，重点检查中央和自治区学前“双语”教育和职业教育政策是否落实和执行，资金分配是否到位，资金的管理使用是否合规有效，查处并纠正挤占挪用项目资金及损失浪费等问题。

(5) 组织对地区住房公积金管理中心2009年度住房公积金归集、管理使用计划执行和效益情况进行就地审计。

专项审计调查　3月至4月底，阿克苏地区审计局组织八县一市审计局对全地区2009年扩大内需中央预算内投资计划项目进行专项审计调查。阿克苏地区2009年扩大内需中央预算内投资计划项目共计472个，总投资200260万元。地区本级和各县（市）实施的项目工作总体进展顺利，项目实施能履行基本建设程序，投资项目基本执行了项目法人制、招投标制和合同管理制，项目设计、施工、监理单位资质和资信基本符合要求，项目管理和施工单位基本建立和落实了工程质量和安全生产领导责任制。中央预算内资金基本到位，项目资金管理制度基本有效，项目资金使用基本合法。但有部分投资项目存在投资管理不规范的情况。主要有：地方配套资金未及时到位，原始凭证不完备，个别项目未严格履行基本建设程序，项目档案管理不规范，财务核算不规范。审计提出了改进建议。

经济责任审计　2010年第一次经济责任审计工作联席会议确定安排6项经济责任审计。其中，5个地直单位领导干部、1个县委书记和县长。实际完成7项经济责任审计。在审计中，严格依法审计，规范审计程序，实事求是，客观公正。对查出的问题深入分析原因，划清责任。在经济责任审计报告起草定稿前，认真听取被审计责任人的意见，充分考虑，合理采纳，保证了审计评价恰当，为各方所接受。同时为组织部门培养和选拔干部，为各级党委使用和提拔干部提供重要参考。

（撰稿人：任　鹏）

【和田地区审计局】　2010年，和田地区审计局人员编制31人，在编33人。党组书记、副局长刘新英，党组副书记、局长艾热提·热介甫、孙明山（—8月）、毛建新（8月—）（兼纪检组长），副调研员雷凤霞。设有办公室、综合科、财政基建审计科、经济责任审计科、行政事业审计科、农牧审计科和固定资产投资审计中心。

审计成果　和田地区审计局完成审计单位19个，查出违规金额9216万元，其中应上缴财政3882万元，应减少财政拨款或补贴1万元，应归还原渠道资金31万元，应调账处理金额2048万元；已减少财政拨款或补贴1万元，已归还原渠道资金25万元，已调账处理金额159万元。移送纪检监察部门处理事项1件，涉及人员1人、涉及金额9万元，已处理1项，给予党政纪处分1人。提交审计工作报告、信息88篇，被采用28篇。

财政审计　和田地区审计局以确保财政安全为目标，对财税部门、7个预算执行单位的财政财务收支及管理等情况进行审计。工作中，加强对部门单位预算编制和执行、非税收入、政府采购、资产管理及处置、专项资金分配使用等情况的审计监督，促进规范管理，提高资金使用效益。通过审计，各部门单位能够严格财务管理，遵守财经制度，不断提高财政资金效益。同时，对皮山县财政决算进行审计。

固定资产投资审计　对2009年度中央扩大内需促进经济增长的投资建设项目进行审计调查。专项审计调查项目33个。调查结果表明，扩大内需中央预算内投资项目能按照批准的建设项目计划实施，施工、监理、材料采购等工程建设程序合规，资金的使用和管理能按照《基本建设财务管理规定》执行。

经济责任审计　和田地区审计局对4个单位8名领导干部进行经济责任审计。通过经济责任审计，促进各级党政领导干部依法行政，依法履行职责的能力。

专项资金审计（调查）　和田地区审计局主要开展了医疗、社保、教育、救灾资金、土地出让金、矿产资源补偿费等惠及民生项目的重点资金审计和专项审计调查，审计专项资金总额11618万元。（撰稿人：赵传奇）

【吐鲁番地区审计局】　2010年，吐鲁番地区审计局人员编制28人，在编23人。局长王平，副局长龙书江、田桂林，纪检组长李雪琴。设有法规科、财政金融审计科、行政事业审计科、固定资产投资审计科、经贸审计科、经济责任审计科、农业社保科和办公室。

审计成果　吐鲁番地区审计机关完成审计单位192个，查出违规金额25042万元，其中应上缴财政24万元，应减少财政拨款或补贴6204万元，应归还原渠道资金12万元，应调账处理金额1430万元；已上缴财政7万元，已减少财政拨款或补贴6204万元。提交审计工作报告、信息35篇，被采用14篇。

在2010年自治区组织的统一审计项目中，吐鲁番地区有5个项目获奖，其中，玉树地震捐款捐物情况审计项目获二等奖；土地出让金及矿产资源补偿费审计项目获三等奖；教育“两基”验收审计项目获二等奖；保障性住房（廉租房）审计项目获二等奖；世行贷款新疆畜牧业发展项目获二等奖（新审法〔2010〕248号）。

财政审计　开展了地区本级预算执行及其他财政财务收支情况的审计，揭示预算管理部分项目预算编制不够细化，有“一疙瘩”现象；部分预算资金安排“模糊”；项目资金预算存在“大预算，小支出”现象等问题。揭露了在其他财政收支方面存在的社会保险基金多头开户，并未按照规定在国有商业银行开设等问题，并综合分析了问题产生的原因，提出整改意见。同时注重做好发现问题的整改抓落实工作。针对预算执行审计中发现关于“城乡低保资金两县一市结余比较大”等问题，地区审计局分三个组，对12个单位审计报告的整改落实、审计决定的执行情况进行回访、督促落实，使有罚款以及应收缴款项的全部上缴财政，城乡最低生活保障资金及2009年中央一次性补贴中结余资金发放到各乡（镇）。在7月20日召开的地区人大二次会议上，代表对地区本级预算执行审计给予高度评价，认为审计机关能够实事求是，敢于揭露问题，注重整改落实，对审计工作感到满意。

固定资产投资审计　2010年，地区审计局创新审计工作方式方法，以揭示问题、促进整改、健全制度、规范管理为出发点和落脚点，积极开展工程建设领域突出问题专项治理工作。工作成果引起人大代表的高度重视，行署专门下文责成有关单位部门整改。全地区共完成投资审计项目80个，送审造价26111万元，审定造价21804万元，核减政府投资5712万元，核减率达21.87%。通过开展固定资产投资审计，促进规范执行基本建设程序，为国家节约大量资金。

经济责任审计　继续探索县市委书记、县市长经济责任审计工作。在托克逊县县长经济责任审计中，以资源共享为手段，以县长经济责任审计为统领，同时开展财政决算审计、专项资金审计和部门经济责任审计，仅用1个半月完成11个审计项目的现场实施阶段工作。切实抓好《吐鲁番地区县处级党政领导干部离任经济事项交接办法》等3个办法的落实工作。统筹安排、科学规划，完成组织部门委托的39人的经济责任审计工作。

专项资金审计（调查）　开展了2008～2009年度土地出让金及矿产资源补偿和土地征迁补偿征收管理使用情况审计、新型农村合作医疗基金专项审计调查和县乡医疗服务体系建设专项资金管理使用情况审计调查；对吐鲁番地区向玉树捐赠款物的募集、管理和上缴情况进行了专项审计调查，保障救灾款物的快速调拨；开展了世行贷款畜牧业项目审计和审计调查，鉴于该项目2010年6月闭关，若存在的问题得不到整改，将影响吐鲁番世行贷款畜牧业综合发展项目竣工报告的编制的情况，地区审计局专门派两名审计干部帮助吐鲁番世行贷款畜牧业综合发展项目办对2009年在建工程、待摊投资等科目进行调账，调账数额1028万元，确保此项目顺利实施；组织开展吐鲁番地区旅游发展基金征收、管理和使用情况审计，揭露未按照基金管理的要求单独核算、未经批准擅自扩大开支范围等4个方面的问题，提出了审计建议，为进一步加快吐鲁番旅游产业发展，促进地区经济发展，作出积极贡献。

（撰稿人：吕建成）

【哈密地区审计局】 2010年，哈密地区审计局行政编制23名，另工勤编制2名。党组副书记、局长段西麟，党组书记、副局长阿不列孜·阿不都热依木（—3月）、副局长于伟远、骆东鹏（3月—）、艾合买提·买买提（3月—）。设有办公室、财政金融审计科、行政事业审计科、农牧环保资源审计科、固定资产投资审计科、经贸科、法制科。隶属地区审计局管理3个全额拨款事业单位：地区经济责任审计办公室、地区审计信息技术室、固定资产投资审计中心。全额事业编制16名。

审计成果 全地区各级审计机关共完成审计单位168个，查处违规金额665万元，管理不规范金额80598万元；已上缴财政17万元，已调账处理金额234万元；固定资产投资审计核减工程投资款6913万元，审计后挽回损失7280万元。全年共出具审计报告201篇，提出审计建议197条，被采纳的审计建议34条。

财政审计 全地区审计机关共完成预算执行审计项目7个，查处管理不规范金额50349万元。完成行政事业审计及审计调查项目46个，查出违规金额548万元，查出管理不规范金额12032万元，审计后挽回损失291万元。

专项资金审计（调查） 重点围绕地区中心工作和社会关注、涉及民生的专项资金开展审计和审计调查工作。共审计专项资金总额104802万元，查处管理不规范金额8467万元。通过审计，及时发现和纠正专项资金管理中存在的问题，保证专项资金的安全使用和及时到位。

固定资产投资审计 重点加强对政府重点建设项目全过程跟踪审计，注意发现建设单位在管理、建设程序、施工质量控制等方面存在的问题，并及时提出审计建议，督促建设单位进行整改。共完成固定资产投资审计及审计调查项目89个，审计金额54591万元，查处管理不规范金额8346万元。

经济责任审计 经济责任审计不断探索新思路，突破传统审计方法，坚持经济责任审计与财政财务收支审计相结合、经济责任审计与重要专项资金、重点建设项目相结合，共完成43个单位、52人的经济责任审计，查处违规金额571万元，管理不规范金额12186万元。

企业审计 企业审计以维护国家资金安全，保障经济健康运行为重点，从长远利益和整体利益出发，加大企业资产负债审计的力度。完成企业审计及审计调查项目8个，查出管理不规范金额1219万元，审计后挽回损失46万元。

专项资金审计 地区审计局完成本级预算执行、世行贷款新疆畜牧业发展项目审计和世行全球环境信托基金赠款牧业发展项目、新型农村合作医疗基金、新型农村社会养老保险基金、县乡医疗服务体系、地方政府债务、土地出让金及矿产资源补偿费和土地征迁补偿费、玉树地震抗震救灾捐助资金（阿克苏地区沙雅县县委书记、县长经济责任履行情况）9个项目的专项审计及审计调查。

其他审计 地区审计局完成地区交办师范学校劳动技术实习中心联合调查任务；与纪检监察、财政等部门密切配合，开展中央扩大内需促进经济增长的投资建设项目检查、工程建设领域突出问题专项治理工作、“小金库”清理检查、强农惠农资金专项清理和检查等工作，结合各项审计，把治理和验收工作作为审计监督的重要内容，坚决查处和纠正各种形式的违纪违规问题。

（撰稿人：张旭鑫）

【克孜勒苏柯尔克孜自治州审计局】 2010年，克孜勒苏柯尔克孜自治州审计局（以下简称克州审计局）人员编制37人，在编31人。局长许毅，副局长艾尼瓦尔·艾山、黄林勇、牙生江·艾力，纪检组长黄林勇（兼）。设有办公室、纪检监察室、法制科、财政金融审计科、固定资产投资审计科、行政事业审计科、农业与资源环保审计科、经济责任审计科、经贸审计科、社会保障审计科、计算机中心。

审计成果 克州审计机关共完成审计（审计调查）项目69个，审计查出违规金额17045万元，应上交财政16万元，应归还原渠道资金3万元。针对审计中存在的问题，提出审计建议117条。

财政审计 完成财政审计26个，审计共查出违规金额 14399 万元，应上交财政 16 万元，应归还原渠道资金 3 万元。

行政事业审计　完成审计项目 11 个，审计共查出违规金额 170 万元。

固定资产投资审计　完成审计项目 14 个，查出违规金额 208 万元。

企业审计　完成审计项目 3 个，审计查出违规金额 1585 万元。

经济责任审计　对 6 个单位 8 名领导干部的经济责任履行情况进行审计，共查出违规金额 1487 万元。

专项资金审计（调查）　完成审计项目 15 个，审计查出违规金额 683 万元。

（撰稿人：郭　君）

【博尔塔拉蒙古自治州审计局】　2010 年，博尔塔拉蒙古自治州（以下简称博州）审计局人员编制 34 人，在职 32 人。局长林方，副局长宝音代力格、张自贤（兼纪检组长），总审计师周娟。设有办公室、财政审计科、法制科、行政事业审计科、固定资产投资审计科、经济责任审计科和经贸金融审计科。

审计成果　全州审计机关共完成审计和调查项目 111 个，查出违规金额 22609 万元，管理不规范金额 55567 万元。应上缴财政 842 万元，应归还原渠道资金 9831 万元，应调账处理金额 2390 万元；已上缴财政 20 万元，已调账处理金额 1478 万元。审计完成投资额 89234 万元，审减投资额 8254 万元。对 39 名领导干部进行经济责任审计（其中县级干部 11 名），查出违规违纪金额 3003 万元。审计后挽回损失 8315 万元。移送纪检监察部门事项 1 件，责任人受到党纪政纪处分 1 人，涉及金额 103 万元。移送税务机关事项 1 项，涉及金额 100 万元。出具审计报告和报送审计调查报告 155 篇，审计提出建议 213 条，被审计单位采纳 132 条。提交审计专题、综合性报告和信息 91 篇，被批示、采用 20 篇。向社会公告审计项目 2 个（博州 2010 年玉树地震抗震救灾捐赠资金物资审计调查和博乐市 2009 年度新型农牧区合作医疗基金专项审计调查）。

财政审计　州审计局完成对州财政局具体组织 2009 年度州本级预算执行情况的审计，审计反映了预算编制批复不规范、财政支出核算不实、自行改变资金用途、部分专项资金滞留闲置、先征后返税款等问题；在对州地税局 2009 年度税收征管情况审计中，查出税收减免时限滞后、越权减免企业所得税、延压税收等问题。审计提出处理意见和规范建议。州局向本级人民政府提交 2009 年度预算执行情况审计结果报告，受州政府委托，向本级人大常委会做了州本级 2009 年度预算执行审计工作报告。审计工作得到了党委政府的大力支持和人大的充分肯定。县市审计局也开展了本级预算执行审计并及时向本级政府和人大提交了报告。温泉县审计局首次向本级人大常委会作了财政预算执行和其他财政收支整改落实情况的专题报告。

州审计局完成对博乐市 2009 年度财政决算审计，对审计发现超预算支出挂往来、个别预算单位应缴未缴市财政收入等问题提出相应处理意见，促进了财政部门加强管理。

固定资产投资审计　全州审计机关完成博州交通局 2008～2009 年农村公路和自治州 2009 年扩大内需中央预算内投资建设项目专项审计调查，涉及建设项目投资额 7.19 亿元。审计调查发现问题引起州党委、政府的高度重视。两项审计调查工作分别被自治区审计厅评为优秀审计项目一、二等奖。州审计局完成对政府投资建设的博乐市南城新区中学工程、新建博尔塔拉宾馆工程、州人民医院新建住院楼及附属工程、阿拉山口口岸城区基础建设项目、赛里木湖风景名胜区引电工程、州人力资源市场综合楼工程 6 项竣工结算审计，以及州公安局通信指挥中心工程、州广电传媒中心工程、博乐市滨河景区工程 3 项跟踪审计。县市审计局结合自身实际，采取不同措施继续加大投资审计工作力度。

州审计局完成了政府投资建设项目审计 2010～2011 年度社会中介机构备选库招标工作，将委托审计中介机构由 2008 年的 3 家扩充为 6 家。继续实施对 2009 年度阿拉山口口岸工程基础设施竣工决算委托审计 5 个。建设单位送审项目总投资 3648.16 万元，审减 232.38 万元。

经济责任审计　经济责任审计注重把离任审计与任中审计相结合，采用审计与审计调查相结合的方法，加大了任中审计的比例，首次开展了对党政一把手的审计。县市经济责任审计质量不断提高，博乐市 1 项经济责任审计项目荣获自治区审计厅优秀项目。

进一步发挥经济责任审计工作联席会议的作用，贯彻落实工作报告制度。博州经济责任审计工作联席会议审议通过了州审计局《关于 2009 年度经济责任审计工作情况专题报告》、州党委组织部《关于自治州领导干部经济责任审计结果利用情况的报告》和州纪委监察局《关于经济责任审计发现问题立案查处情况的报告》。认真贯彻落实自治区经济责任审计工作经验交流会精神，召开了博州经济责任审计工作会议。

专项资金审计　重点关注城乡社会保障、惠农等方面专项资金的管理状况，认真开展专项审计和审计调查。根据审计厅的安排和统一组织，具体完成博乐市“新农保、新农合、县乡医体建设”三项专项基金（资金）的审计调查、玉树地震救灾款的跟踪审计调查、2008～2009 年度土地出让金及矿产资源补偿费和土地征迁补偿费征收管理使用情况审计。同时开展了全州统一项目自治州 2009 年度农机补贴专项资金审计调查。积极参加自治州强农惠农资金检查，为推进新农村建设，保障各项改革的顺利进行起到积极作用。以上项目中，土地出让金及矿产资源补偿费审计项目荣获全疆统一审计项目二等奖，新型农村养老保险基金审计调查项目、新型农村合作医疗基金审计调查项目、农村信用社审计项目和县乡医疗服务体系建设专项资金审计调查项目分别荣获全疆统一审计项目三等奖。

其他审计　（1）率先在全疆开展国有担保公司审计。根据博州党委、政府安排，对全州现有 4 家国有担保公司 2009 年资产负债损益情况开展审计或调查，通过审计揭示了担保行业存在的风险，提出加大政府扶持力度，完善配套政策，加强内部管理等意见建议。

（2）按期完成世行贷款新疆畜牧业发展项目审计，督促项目单位严格执行国家法规和项目协议。

（3）认真及时完成博州党委、政府临时交办的各项工作。积极参与自治州重点项目领导小组、监督小组、项目小组的相关工作。派出人员参加昌吉干休所统建房、工程建设领域突出问题专项治理工作，参与自治州“两基”检查和“小金库”清理检查工作，积极配合州纪委开展案件查处工作。

（撰稿人：秦江峰）

【昌吉回族自治州审计局】　2010 年，昌吉回族自治州审计局人员编制 47 名（其中行政编制 34 名，事业编制 10 名，工勤编 3 人），在编 44 人。局长周恒（5 月—），副局长程军（5 月—）、肖莉（11 月—），纪检组长吴承凯。设有办公室、法制科、财政审计科、行政事业审计科、经济责任审计科、农牧审计科、外资社保审计科、经贸与金融审计科；下属事业单位政府投资审计中心。

审计成果　全州审计机关共完成审计（审计调查）项目 365 个，审计查出违规金额 8674 万元；上缴财政 75 万元；对 46 名领导干部进行经济责任审计，查出直接责任金额 917 万元，主管责任金额 7596 万元；查处损害人民群众利益金额 134 万元；出具审计（审计调查）报告 405 篇；提交专题、综合报告和信息 377 篇，有 324 篇被批示和采用；提出审计整改意见建议 425 条，有 371 条被采纳，其余正在整改中。

财政审计　昌吉州审计局立足于乌昌经济一体化，进一步深化财政预算执行审计。牵头与乌鲁木齐市审计局组成联合审计组，重点对乌昌财政预算科学性、真实性进行审计，就乌昌财政新体制运行中出现的新情况新问题如实向人大常委会做了报告，引起了乌昌两地党委、人大和政府的高度重视。组织全州审计机关摸清全州政府债务，对债务结构、成因和风险进行认真分析和评估，州长对此给予充分肯定，责成州委经济办、乌昌财政局和审计局提出加强全州政府性债务管理办法。继续加大对重点部门、重点资金、重点领域的审计力度，对低保、救济、捐赠等民政资金进行审计，及时发现解决苗头性问题，促进各项政策措施落实到位，资金使用合规有效，民生得到显著改善。

金融审计　昌吉州审计局立足于金融安全，完成吉木萨尔、木垒两县农村信用社审计。重点分析农村信用社资产质量和经营绩效，揭露和查处农村信用社经营管理中存在的违规、违纪问题。

农业与资源环保审计　昌吉州审计局对吉木萨尔县土地出让金、矿产资源补偿费和土地征迁补偿费征收管理情况进行专项审计。服务于社会主义新农村建设，对500个水库工程进行竣工决算审计。

固定资产投资审计　昌吉州审计局先后对全州2009年扩大内需中央预算内投资项目中的教育和卫生系统抗震加固、廉租房以及农村饮水安全3大类项目进行专项审计调查。对准东煤电工业园区展示大厅工程进行决算审计。对州二中在内的全州42所中小学及幼儿园校舍抗震加固工程进行竣工决算审计，审计发现普遍存在工程严重超概算等问题，在节约政府投资的基础上，促进了教学安全。木垒县、阜康市、昌吉市、玛纳斯县审计局组织对107个县、乡、村医疗卫生机构工程进行竣工审计；组织对游牧民定居、政府投资保障性住房、廉租房建设工程进行了审计，有力促进了惠民政策有效落实。积极探索和规范政府投资审计工作运行机制，采取公开招标方式，选定社会中介机构参与审计，审计结果从严把关复核，发挥了昌吉州政府投资审计工作在全疆的引领示范效应。全州审计机关经审计核减投资额3.11亿元，同比增长225%。

社会保障审计　对昌吉市新型农牧区合作医疗基金及县乡医疗服务体系建设专项资金进行专项调查，及时揭示政策执行中存在的新情况、新问题，促进惠民政策落到实处。

企业审计　昌吉州审计局对州破产企业清算组财务及破产资产处置情况进行检查，及时清理纠正坏账，规范了清算组财务管理，而且圆满解决了一起涉诉上访积案，为维护社会稳定做出应有的贡献。

经济责任审计　调整充实了昌吉州领导干部经济责任审计工作联席会议领导小组，切实加强领导；制定印发《昌吉州领导干部经济责任审计结果运用办法》，为深层次监督评价领导干部奠定基础；召开全州经济责任审计工作经验交流会，建立了学习先进、鞭策后进的平台；圆满完成了46名领导干部经济责任审计任务，在全疆业务评比中，昌吉州有两个项目被评为优秀审计项目。

（撰稿人：王若斌）

【巴音郭楞蒙古自治州审计局】　2010年，巴音郭楞蒙古自治州审计局人员编制52人，在编52人。局长李爱民，副局长那永刚、韩贵兵、刘元飞（援疆），总审计师陈志军，纪检组长何遄。设有自治州经济责任审计处、自治州固定资产投资审计处、财政审计科、金融与外资审计科、经贸审计科、农业资源与环保审计科、行政事业与社保审计科、法制科、纪检监察室、办公室。

审计成果　巴州审计机关完成审计项目（调查）253个，查出违规金额36462万元，应上缴财政26676万元，应归还原渠道资金1437万元，应调账处理金额6060万元，已上缴财政金额20881万元。固定资产投资审计项目金额38609元，核减投资额3675万元，审计核减率9.52%。全州共对32个单位、42名领导干部进行经济责任审计。查处各类违规金额2410万元，管理不规范金额11395万元。移送相关单位4人，其中经济责任人1人。移交有关部门处理15件，有效促进了廉政建设。全州审计机关共提交审计信息简报778篇，其中被采用审计信息简报359篇。州审计局刊发《审计要情》16期，被州领导批示6篇。

财政审计　以“促进规范预算管理，提高财政资金使用效益，建立社会主义公共财政制度”为目标，切实提高财政审计的宏观性、时效性和建设性。着力构建财政审计大格局，探索建立以部门预算执行审计、财政转移支付审计、财政专项资金审计、财政收入征管情况审计为基础的预算执行审计工作体系，把重点放在推动建立统一完整的政府财政和预算管理制度，促进深化财政改革，优化财政支出结构，提高财政资金使用效益。紧紧围绕“三农”、教育、医疗及社会保障等领域资金开展审计，增强财政审计工作的协同性。继续对年度自治州本级预算执行情况的审计结果进行审计公告，进一步提高审计透明度和开放性，扩大知情范围，促进审计整改。

专项资金审计　坚持把民生审计作为重点，加大对政府投资保障性住房、新型农村合作医疗基金、救灾资金、节能减排等资金项目的审计。对项目中存在的带有普遍性、苗头性的问题具体分析，提出审计建议，加强管理，整改提高，全州民生资金管理水平进一步提高。

固定资产投资审计　大部分县均成立了投资审计专门机构，解决了人员编制。按照审计厅统一部署，各级审计机关配合纪检部门开展工程领域突出问题专项治理工作。采取多种方式对州重点工程项目进行审计监督。各县市普遍实行了政府投资项目必审制。通过审计，进一步规范建设单位基本建设程序，有效控制工程项目造价。

经济责任审计　以领导干部履行经济责任为主线，以财政财务收支及有关经济活动的真实、合法、效益为基础，将领导干部经济责任审计与预算执行审计、财政收支审计相结合，整合资源，提高了审计效率。

涉农资金、外资运用审计　加大对“三农”政策资金的审计，完成全州 2009 年度森林生态效益补偿基金的审计调查项目及审计厅统一组织的轮台县、和静县 2008～2009 年土地出让金、矿产资源补偿费及土地征迁补偿费的征收、管理、使用情况的审计。各县市也围绕服务“三农”开展审计工作。积极开展金融外资审计工作，完成世界银行贷款畜牧业发展项目 2009 年度财务收支及项目执行情况审计；世界银行贷款 GEF 赠款畜牧业发展项目 2009 年度财务收支及项目执行情况审计。

（撰稿人：孙至武）

【伊犁哈萨克自治州审计局】　2010 年，伊犁哈萨克自治州审计局人员编制 60 人，在编人员 57 人。局长阿曼，副局长陈洁、任志国、马兴慧，纪检组长王军强。设有办公室、法制处、财政金融审计处、文教行政事业审计处、经济责任审计处、农业与资源环保审计处、社会保障审计处、固定资产投资审计处、经贸审计处、老干处和机关服务中心。

审计成果　伊犁哈萨克自治州审计局以及直属八县两市审计局（以下简称州直审计机关）完成审计及审计调查项目 421 个，查出违规金额 53034 万元，管理不规范金额 155798 万元，损失浪费金额 938 万元。移送司法、纪检监察机关案件 2 件，涉案人员 2 人，涉及金额 10 万元。出具审计报告、审计调查报告 440 份，提出审计建议 874 条被采纳，提交审计专题或综合报告、动态信息 554 篇。有 10 个审计项目被自治区审计厅评为优秀，较好地发挥了审计服务于经济社会发展的职能作用。

财政审计　州直审计机关共审计（调查）财政、税务、国库及预算执行单位 143 个；查出违规金额 15050 万元，管理不规范金额 105972 万元，应上缴财政 594 万元。为加强预算执行审计工作力度，提高审计质量，伊犁州审计局在制定了 2009 年度本级财政预算执行审计工作方案后，分别向州人大、党委、政府、纪检委、政协以及特邀社会监督员征求意见，并根据社会各界对财政审计的意见，修订完善审计工作方案。在实施审计过程中，实行上下结合，处室联动，力量整合，交叉审计。向州政府提交了审计结果报告，并受州人民政府委托向人大做了工作报告，受到人大常委会组成人员的好评。2010 年 9 月自治区审计厅在伊宁市召开了全区财政预算执行审计座谈会，伊犁州审计局获全区 2009 年度自治区财政预算执行审计项目一等奖。

经济责任审计　州直审计机关对 60 个单位 83 位党政领导干部及企业负责人进行经济责任审计。审计中注重创新方法，在规范审计内容和评价标准，把绩效审计引入经济责任审计等方面都有了新的尝试和探索，在干部监管和使用方面，注重利用审计成果，确保经济责任审计发挥应有的成效。在 2010 年 9 月自治区经济责任审计工作经验交流会上伊犁州审计局被评为自治区经济责任审计先进集体。

专项资金审计　州直审计机关以贯彻落实州党委工作会议精神为目标，以涉农资金、民生资金为重点，组织开展专项资金审计 34 个，审计调查 37 个，涉及资金 216248 万元。查出违规金额 13794 万元，管理不规范金额 7434 万元，审计促进拨付资金到位 4333 万元。对救灾专项资金、学前“双语”教育专项资金、职业教育专项资金、中央扩大内需资金、新型农村合作医疗基金、新型农村社会养老保险基金、县乡医疗服务体系建设专项资金、政府性债务情况、土地出让金、节能减排专项资金、玉树地震抗赈救灾资金等情况进行审计，促进了相关资金管理使用效益的提高和具体政策措施的落实。

固定资产投资审计　州直审计机关积极探索政府投资项目审计的新路子、新方法，通过外聘人员和委托中介机构审计等办法，加大了对公路、医院、学校、城市基础设施等政府投资项目的审计。完成固定资产投资审计项目 70 个，查出违纪违规金额 20810 万元，核减投资 5955 万元。

审计结果公告　州直审计机关向社会公告审计结果19篇，主要内容是涉及民生的医疗保险基金、农业综合开发资金、政府投资保障性住房建设、农村义务教育经费保障机制及中小学校舍D级危房改造等专项资金管理使用情况等。经州人民政府批准，伊犁州审计局向社会公布6个审计项目的审计结果。

相关工作　编印了《伊犁审计文集》一书；制定《伊犁州党政领导干部经济责任审计暂行办法》；开展了"树立科学审计理念"大讨论活动；创办"审计精品"论坛；开设"每月一讲"专题课堂，聘请专家、领导为审计干部授课；实施学政策、学法律、学业务、学州情州策、学工作方法等五学工程；继续开展"一帮一"业务大练兵活动；在伊犁日报开设审计专版，介绍宣传审计创新方法和成果，扩大审计影响。2010年，伊犁州审计局荣获自治区审计系统先进集体，并连续三年荣获州直绩效考核优秀单位。

（撰稿人：郭　敏）

【塔城地区审计局】　2010年，塔城地区审计局人员编制25人，在编23人。局长孙文斌，副局长哈依拉提、程和新，纪检组长陈学芳。设有办公室、财政金融审计科、经济贸易审计科、文教行政事业审计科、固定资产投资审计科、经济责任审计科、法制科。

审计成果　全地区审计局完审计和审计调查单位333个，查出各类违规违纪金额14982万元，损失浪费金额33万元，管理不规范金额40957万元。审计后挽回损失149万元，增收节支金额5735万元。移送司法纪检监察机关3件。审计机关提出的审计建议被采纳224条，被审计单位制定整改措施11项。提交审计报告和信息426篇，被批示采用214篇。开展业务培训3次，参加学习230人次。

预算执行审计　地区审计局完成审计和延伸审计单位45个，查出违规改变资金用途4794万元，未按规定征收缴纳预算收入450万元，损益（收支）不实4125万元，账外资产101万元等。对发现的问题提出了推进完善财政管理体制等意见和建议，得到地县（市）政府、人大的充分肯定和高度重视。预算执行情况审计为规范预算管理，推进各项财政改革和完善管理制度发挥了重要作用。

专项资金审计　地区审计局全年完成玉树抗震救灾、新型农村社会养老保险基金、新型农村合作医疗基金及县乡医疗服务体系建设专项资金情况审计调查、学前"双语"教育、职业教育等专项资金审计及审计调查52项，审计专项资金总额70721万元。揭露处理了违规使用资金、配套资金不落实等问题，促进相关政策措施的贯彻落实和制度的完善。

经济责任审计　地区审计局认真贯彻地区经济责任审计联席会议精神，加强领导，完善制度，认真总结经济责任审计的成功经验和做法，不断规范和完善经济责任审计评价体系，努力提高审计质量和水平。认真开展56个单位64位领导干部任期经济责任审计。查出管理不规范金额2810万元，查处违规金额2042万元。审计结果为加强干部监督管理和党风廉政建设发挥积极作用。

固定资产投资审计　全年完成固定资产投资审计项目158个，地区本级完成固定资产投资审计项目33个，全区审计项目投资额63120万元，审计查出配套资金不落实770万元，超计划超规模1345万元，少计少缴税费33万元，预决算编报不规范1478万元，核减工程款5394万元。通过审计促进加强了投资决策和投资管理，提高了建设资金使用效益。

金融、外资运用审计　金融审计，按照自治区的统一部署，完成了额敏县、托里县农村信用社审计。国外援贷款项目审计，共完成国外贷（增）款畜牧业发展项目审计、全球环境基金信托基金赠款牧业发展项目审计两项工作。

（撰稿人：廖祖贵）

【阿勒泰地区审计局】　2010年，阿勒泰地区审计局人员编制39人，在编39人。党组书记、副局长刘洛阳，局长张玉兰（—4月）、党组副书记、局长许玲（4月—），副局长塔斯肯·哈扎太、庞维江（—4月）、张跃平（4月—），总审计师姜淑英（6月—）。设有办公室、监察综合室、法规科、财政金融审计科、文教行政社保审计科、农业企业审计科、固定资产投资和外资审计科、经济责任审计中心。

审计成果　阿勒泰地区审计机关完成审计

(调查）项目 151 个，查出违规金额 12026 万元，其中应上缴财政 5911 万元，应减少财政拨款或补贴 5 万元，应归还原渠道资金 528 万元，应调账处理金额 2479 万元；已上缴财政 4726 万元，已减少财政拨款或补贴 5 万元，已归还原渠道资金 385 万元，已调账处理金额 1560 万元。移送司法机关、纪检监察部门处理事项 2 件，建议有关部门处理事项 1 件。提交审计工作报告、信息 401 篇，被采用 264 篇。

财政审计　地区财政审计工作坚持以规范预算管理和资金分配、提高财政资金使用效益、推进财政改革为重点，加大财政财务收支真实合法和效益情况的审计力度。审计单位 30 个，查出违规金额 8519 万元，损失浪费金额 501 万元，管理不规范金额 27644 万元，其中违规改变资金用途 957 万元，未按规定征收、缴纳财政收入 5858 万元，资产核算不实 11500 万元，其他 18349 万元。

金融审计　根据自治区审计厅统一安排对农村信用社进行审计。审计单位 3 个，查出违规金额 360 万元，管理不规范金额 11927 万元，其中违规经营 10673 万元，其他 1254 万元。通过审计，分析农村信用社资产质量和经营绩效，揭露和查处农村信用社经营管理中存在的违规、违纪问题，促进农村信用社深化改革、加强管理。

固定资产投资审计　审计（调查）单位 39 个，查出违规金额 619 万元，管理不规范金额 13775 万元，配套资金不落实 2598 万元，违规改变资金用途 124 万元，工程价款不实 1062 万元，其他 10610 万元，核减投资额（工程款）955 万元。

经济责任审计　审计经济责任人 34 个，涉及单位 28 个，查出违规金额 1716 万元（主管责任 907 万元，直接责任 809 万元），管理不规范金额 2876 万元（主管责任 2711 万元，直接责任 165 万元）。通过审计，不断规范和完善经济责任审计评价体系，增强领导干部财经法规意识和经济责任意识，促进领导干部依法履行经济责任，正确行使经济决策权、经济管理权、财政决策执行权。

专项资金审计（调查）　审计（调查）单位 51 个，审计专项资金总额 92432 万元，查出违规金额 881 万元，损失浪费金额 64 万元，管理不规范金额 2322 万元，其中违规改变项目计划和资金用途 168 万元，“账外”资产 261 万元，资金滞留闲置 368 万元，其他 2470 万元。通过审计，揭露处理挤占、挪用专项资金，改变资金用途，配套资金不落实不到位，部分项目实施滞后，一些财政专项补助资金未及时拨付到位，弱势群体得不到应有保障，问责制没有真正落实等问题。提高了资金使用效益，维护了人民群众切身利益，促进国家相关政策的贯彻落实。（撰稿人：张　丽）

2010 年新疆维吾尔自治区所辖区、县（市）级审计工作统计表

金额单位：万元

审计机关	完成审计项目（个）	查出违规金额	应上缴财政	应减少财政拨款或补贴	应归还原渠道资金	应调账处理金额	移送司法、纪检监察部门处理（件）	建议有关部门处理（件）	出具审计报告和审计调查报告（篇）	提出审计建议（条）	撰写审计信息（篇）
乌鲁木齐市											
乌鲁木齐市本级	32	21344	76		73	16937	3	4	70		44
天山区审计局	10	6				51			15		1
沙依巴克区审计局	6	1			1	7			6		
新市区审计局	8								26		17
水磨沟区审计局	10								29		15

（续表）

审计机关	完成审计项目（个）	查出违规金额	应上缴财政	应减少财政拨款或补贴	应归还原渠道资金	应调账处理金额	移送司法、纪检监察部门处理（件）	建议有关部门处理（件）	出具审计报告和审计调查报告（篇）	提出审计建议（条）	撰写审计信息（篇）
头屯河区审计局	5								5		3
达坂城区审计局											
东山区审计局	16	2596	5			49	1		28		14
乌鲁木齐县审计局	14	454	35		27	1034			44		30
克拉玛依市											
克拉玛依市本级	26	2227	291				1		26		1
克拉玛依区审计局	9	6	18			15			9		
独山子区审计局	11	22498			171	22285			11		8
白碱滩区审计局	1				5	337			1		
乌尔禾区审计局	2	24			9				2		
石河子市											
石河子市本级	22	3078	4			77	1		28		30
喀什地区											
喀什地区本级	81	2409				877	1	1	94		8
喀什市审计局	20	321	2		13		1	1	20		22
疏附县审计局	34	322	29		46				31		
疏勒县审计局	63								62		
英吉沙县审计局	43	547	6		43		1	3	43		7
泽普县审计局	64	166	5		40	868	1		64		24
莎车县审计局	72	1082	61		18	981			72		124
叶城县审计局	16	113	21		32		1		16		3
麦盖提县审计局	23						1		23		
岳普湖县审计局	20	272	272						19		3
伽师县审计局	50	24	7						50		62
巴楚县审计局	10								10		
塔什库尔干塔吉克自治县审计局	8	11		11					8		
阿克苏地区											
阿克苏地区本级	31	8750	1365		601	675	1	3	112	132	
阿克苏市审计局	21	8483	1093						68	31	

（续 表）

审计机关	完成审计项目（个）	查出违规金额	应上缴财政	应减少财政拨款或补贴	应归还原渠道资金	应调账处理金额	移送司法、纪检监察部门处理（件）	建议有关部门处理（件）	出具审计报告和审计调查报告（篇）	提出审计建议（条）	撰写审计信息（篇）
温宿县审计局	15	19720	105		764	20190		3	81	60	
库车县审计局	74		3486		14	397			45	32	
沙雅县审计局	21	4594			3997	333		1	56	26	
新和县审计局	5								5		
拜城县审计局	12	1351	236		19	1177		1	40	13	
乌什县审计局	15	59			9	24					
阿瓦提县审计局	40	2335	6		43	331	1	22	109	89	
柯坪县审计局	3								1	1	
和田地区											
和田地区本级	19	9216	3882	1	31	2048	1		88		28
和田市审计局	19								14		5
和田县审计局	15	386			39	5			113		20
墨玉县审计局	24	176	19						71		16
皮山县审计局	41	2000	21		82	422			39		26
洛浦县审计局	8	15	1						85		31
策勒县审计局	18	4362	43						16		
于田县审计局	19	564	64						23		
民丰县审计局	7	89	3		55				40		
吐鲁番地区											
吐鲁番地区本级	58	91	3	1882					69	56	25
吐鲁番市审计局	19	543			12	9			23	52	2
鄯善县审计局	94	22111	4	4322		1421			94	66	6
托克逊县审计局	21	2297	16						23	33	2
哈密地区											
哈密地区本级	24	6	6			2812			50		14
哈密市审计局	62	66	8						158		6
伊吾县审计局	12	216	3		16	226			27		2
巴里坤县审计局	70	377	14		314	3509			132		3
克孜勒苏柯尔克孜自治州											
克孜勒苏柯尔克孜自治州本级	20	5205	16		3				43		23
阿图什市审计局	19	4432							24		11
阿克陶县审计局	11	3311							20		5

（续 表）

审计机关	完成审计项目（个）	查出违规金额	应上缴财政	应减少财政拨款或补贴	应归还原渠道资金	应调账处理金额	移送司法、纪检监察部门处理（件）	建议有关部门处理（件）	出具审计报告和审计调查报告（篇）	提出审计建议（条）	撰写审计信息（篇）
阿合奇县审计局	10	1756							17		1
乌恰县审计局	9	2341							15		8
博尔塔拉蒙古自治州											
博尔塔拉蒙古自治州本级	23	17393	705		9561	439	1		40		6
博乐市审计局	19	1655	123		229	1526		1	13		2
精河县审计局	36	3538	14		41	425			32		12
温泉县审计局	33	23							6		
昌吉回族自治州											
昌吉回族自治州本级	365	8674	419		129	3152			377		324
昌吉市审计局	83	1751	15			1955			18		29
阜康市审计局	47	561	21						56		46
呼图壁县审计局	36	134	19						25		15
玛纳斯县审计局	51	1844	17						66		59
奇台县审计局	30	2							52		44
吉木萨尔县审计局	46	743	11			1142			76		68
木垒哈萨克自治县审计局	39	1372	324		129	55			58		43
巴音郭楞蒙古自治州											
巴音郭楞蒙古自治州本级	35	7299	4271		550	639		4	91		52
库尔勒市审计局	36	22780	17753		710	4120		5	92		32
轮台县审计局	17	127	13		25	177			188		13
尉犁县审计局	24	54	1		53				66		37
若羌县审计局	24	268	1			672	2	1	21		21
且末县审计局	27								46		46
和静县审计局	14	5803	4636		99	452		3	60		28
和硕县审计局	14								17		14
博湖县审计局	23	1	1						117		66
焉耆回族自治县审计局	39	130							100		65
伊犁哈萨克自治州											
伊犁哈萨克自治州本级	57	56	28712	78		5324	3673		96		28
伊宁市审计局	23	51	6970	25					27		6
奎屯市审计局	16	51	1889	400					37		
伊宁县审计局	15	6	24				2		53		4

（续表）

审计机关	完成审计项目（个）	查出违规金额	应上缴财政	应减少财政拨款或补贴	应归还原渠道资金	应调账处理金额	移送司法、纪检监察部门处理（件）	建议有关部门处理（件）	出具审计报告和审计调查报告（篇）	提出审计建议（条）	撰写审计信息（篇）
霍城县审计局	17	51	2409	59	2410				110		23
巩留县审计局	13	68	3635	26					74		11
新源县审计局	17	43	4555	43							
昭苏县审计局	13	17	590	6		437			50		7
特克斯县审计局	11	26	166	1		23			34		
尼勒克县审计局	15	32	3769	131		534	1541	1	36		
察布查尔锡伯自治县审计局	14	20	315	2			36	1	37		19
塔城地区											
塔城地区本级	43	3523	130	188					59		45
塔城市审计局	65		1	81		1314			52		27
乌苏市审计局	52	246	114	24	6	11300			65		8
额敏县审计局	43	1350	38		20				60		47
沙湾县审计局	38	8927	219			436	2	2	8		8
托里县审计局	16	327	4			5	1		16		14
裕民县审计局	38	376	3		1	245			60		41
和布克赛尔蒙古自治县审计局	38	233	8	34		287			47		24
阿勒泰地区											
阿勒泰地区本级	34	1227	42		98	1341			78		62
阿勒泰市审计局	10	2566	2335		48	84			64		44
布尔津县审计局	16	2699	1778			95			21		8
富蕴县审计局	19	123	1			30			8		4
福海县审计局	19	2304	55			60			75		54
哈巴河县审计局	14	1013	1353			5			62		41
青河县审计局	12	152	51	4	102		1	1	18		9
吉木乃县审计局	27	1942	296	1	280	864	1		75		42

新疆生产建设兵团

【新疆生产建设兵团审计局】 2010 年，新疆生产建设兵团（以下简称兵团）审计局定编 28 人，在编 28 人，领导职数 3 人。设有办公室、法制处、财金审计处、社会保障暨专项资金审计处、企业审计处、固定资产投资审计处、经济责任审计处。

领导成员

局　长：李国平

副局长：李金荣　向春华

审计成果　兵团和 14 个师审计机关共完成审

计（调查）单位798个，查出违规金额104354万元，损失浪费金额5969万元，管理不规范金额340859万元。移送司法机关案件1起，涉案人员1人，涉案金额50万元；移送纪检监察部门处理事项8件，涉案人员12人，涉及金额1784万元；移送有关部门处理事项1件，涉及金额51万元。审计机关全年共提出审计建议1587条，已被采纳1239条，审计建议采纳率为78%。审计后挽回（避免）经济损失总计5062万元。

预算执行审计 对10个财务（政）部门和43个预算执行单位的预算执行情况进行了审计，查出资金滞留闲置19600万元，违规改变资金用途757万元，损失浪费2000万元等问题。农一师、五师、六师、八师、九师、十师、十三师召开专门会议部署整改事项，并通报了违纪违规问题。

固定资产投资审计 兵、师两级审计机关对198个投资项目进行跟踪审计，核减工程投资额4428万元，挽回和避免经济损失2498万元。兵团审计局组织14个师审计机关对2009～2010年度兵团中小学校舍安全改造工程项目进行审计调查，重点抽查418个（其中，内地省区对口支援项目112个）校舍加固改造项目的建设管理和资金使用情况，对兵团新建38团至且末垦区苏塘灌区水利工程一期项目，玛纳斯河肯斯瓦特水利枢纽工程等兵团重大投资项目进行全过程跟踪审计。9～11月，按照兵团的统一部署，13个师审计机关配合有关部门对强农、惠农专项资金的使用管理情况开展检查，兵团审计局重点对农三师5个团场和一个种业公司进行了检查，并深入到50户农场职工家庭开展入户调查。

债务和企业审计 一是兵团审计局组织14个师审计机关对兵团本级、14个师本级、176个团场及兵师两级所属部门和机构（含团级开发区），经费补助事业单位和融资平台公司等总计153个部门（单位）截至2009年末的债务情况进行专项审计调查，基本摸清了兵团各级债务规模、结构、资金投向、管理现状等情况，初步分析了债务的偿债责任归属，分类评价了债务的偿债风险，并提出规范债务管理，防范财政潜在风险等建议。二是兵、师两级审计机关全年总计对287户国有及国有控股企业进行资产负债损益审计，查出违规经营金额23463万元，“账外”资产14235万元，虚报或隐瞒转移收入35870万元，损失浪费金额1662万元，审计后挽回经济损失509万元。兵团审计局重点对兵团供销合作总公司及控股的子、分公司，新疆徕远经贸投资（集团）有限责任公司进行审计，并移送纪检监察部门案件6件，涉及人员4人，涉及金额1777万元。三是兵团审计局统一组织14个师审计机关对兵团2008～2009年度退耕还林工程资金管理及实施情况进行审计调查，对14个师2008～2009年度五项社会保障基金及经费管理使用情况进行审计，并重点对兵团医院综合楼建设项目和农六师新湖农场六连至农八师148团三营公路等民生建设项目进行审计，查处违规改变项目计划和资金用途44277万元，审计促进拨付资金到位388万元。

专项资金审计 一是按照审计署的统一部署，组织14个师审计机关对兵师两级党政领导干部因公出国（境）经费使用情况进行审计。二是组织完成了青海玉树抗震救灾资金物资的跟踪审计。三是组织并完成治理工程建设领域突出问题和兵团中小学校舍安全检查等专项工作。四是按照兵团的安排，对兵团驻天津、上海办事处进行财务收支审计。各师审计机关按照本级党政的要求，按时保质完成了各类检查，验收，案件协查、专项治理“小金库”及政府采购项目统一招投标等工作。

经济责任审计 兵、师两级全年对31名党政领导干部和56位国有及国有控股企业领导干部进行经济责任审计，共查出领导干部对违规行为负有直接责任的问题金额33万元，损失浪费金额242万元，管理不规范金额132万元。

相关工作 （1）结合贯彻中央新疆工作座谈会议精神，兵团审计局明确了兵团审计机关在对口援疆工作中的职责。在审计署的大力支持下，兵团15个审计机关和25个农牧团场审计中心专项经费补助于年底全部拨付到各师审计机关。

（2）在队伍建设方面，兵团审计局组织了5期业务培训班，累计培训158人（次），选派18名师审计机关和审计中心负责人参加审计署举办的业务培训班。

（3）兵团审计局组织农五师、七师、九师审计局有关领导赴内地三省区现场考察学习了优秀审计项目评选，审计项目质量检查，审计复核等业务，并重点学习了湖南省审计厅将审计项目计划、实施、审理、执行“四权分离”的做法。完成了审计署“五五”普法中期检查验收工作，对农一师、四师、五师、八师、十师、十三师“五五”普法和统计报表工作进行了实地抽查。

（4）继续在兵、师两级组织开展了优秀审计项目评选活动，农十师、九师、八师等审计机关选送的9个审计（调查）项目获得优秀审计项目，农八师、十三师、五师等审计机关选送的11个审计（调查）项目获得综合、单项表彰项目。在审计署开展的全国优秀审计项目评选表彰活动中，农九师、十师选送的两个项目获得表彰。

（5）14个师审计机关已完成金审二期项目机房，硬件采购，设备安装调试等工作，七个师完成OA应用全员培训。在审计署开展的全国审计机关AO应用评选活动中，农六师、八师审计局报送的2个AO应用实例项目获得应用实例优秀奖，农四师、七师、八师、十三师报送的10个项目获得应用实例应用奖，农一师、四师、八师审计局报送的3个项目获得应用实例鼓励奖。

（撰稿人：焦　平）

【农一师阿拉尔市审计局】 2010年，农一师审计局编制32人，在编29人（含两个农牧团场审计中心）。局长兰新华，副局长邹桂霞、张建民。设财经暨固定资产投资审计科、综合科。

审计成果 全年完成审计项目95个，查出问题金额24365万元，其中，违规行为金额10266万元，管理不规范金额14099万元。审计决定处理处罚金额15829万元，其中，上缴财政8万元，审减投资额288万元，调账处理15533万元。移送相关部门处理事项1件。提出审计意见和建议289条。

预算执行审计 对农一师、阿拉尔市本级预算执行及其他财务收支以及6个预算单位（部门）实施审计，查出问题金额527万元，其中，预算编制批复不规范321万元，“账外”资产120万元，虚报隐瞒收入32万元，虚列支出8万元，违规改变资金用途19万元，其他27万元。

专项资金审计（调查） 对师农业综合开发办公室及12个项目团场的农业综合开发资金、财政资金、团场医疗卫生经费、兵团债务等专项资金实施审计或审计调查，查出问题金额3056万元，其中，虚列支出180万元，违规改变资金用途161万元，资金滞留闲置80万元，“账外”资产262万元，未纳入财政专户管理1670万元，其他703万元。

固定资产投资审计 完成固定资产投资审计及调查项目32个，重点对国债资金投资额较大项目及阿拉尔市政建设项目实施审计，并对中小学校校舍安全改造项目进行跟踪审计调查。审计净核减投资额288万元，查出问题金额4598万元，其中，工程造价不实327万元，超计划超标准超规模372万元，配套资金不落实772万元，违规收取费用2万元，预、决算编报不规范248万元，其他2877万元。对审计中发现的建设单位、招标单位、中标单位及公证部门多起违法违规和不履职行为向有关部门进行移送，并按规定进行了处理。

社会保障审计 重点对农一师2008～2009年五项保险基金征收、管理、使用和社保经办机构经费收支情况进行审计。发现的问题主要有：一是养老基金、失业基金、医疗保险基金相互挤占。二是基金业务数据管理中存在着养老保险超过封顶线保底线、划入医疗保险基金个人账户计算不准确（495人多划，293人少划）、一人多个社保号重复缴纳养老金、身份证号码登记不准确多人同号等问题。三是在经费管理中存在着固定资产管理不完善，应收、应付款项未及时清理，长期挂账等问题。

企业审计 完成项目25个，其中，农牧团场16个，工交建商企业9个。查出问题金额16184万元，其中虚报隐瞒或转移收入3258万元，虚列成本费用3699万元，账外资产1968万元，少计少缴税费2001万元，其他5258万元。

经济责任审计 完成项目7个，查出违规及管理不规范金额9753万元，其中，被审计领导人应负主管责任的违规金额597万元，管理不规范金额9156万元。

相关工作 全年组织3期业务培训班，累计培训81人（次），派出16人（次）参加审计署、自治区审计厅和兵团审计局组织的学习培训活动。组织开展审计优秀项目评选和理论研讨活动，开展了内部审计质量检查工作。（撰稿人：勾亚雄）

【农二师审计局】 2010年，农二师审计局编制28人，在编19人（含1个农牧团场审计中心）。局长芦河水，副局长金银花。设有财经社保科、投资经责科、企业事业科。

审计成果 全年完成审计和审计调查项目34个，查出违规金额2507.35万元，管理不规范金额68385.59万元。已纠正管理不规范金额68246.59万元。提出审计意见及建议107条，已被采纳74条。

预算执行审计 对本师2009年本级预算执行和其他财政收支情况进行审计，并从建立健全机制、体制、制度层面提出审计建议。

专项审计调查 对师、团两级及所属部门和机构（含同级开发区）经费补助事业单位和融资平台公司发生的所有公益性债务进行审计调查，债务抽审金额106008.88万元，占本师债务总额的41.1%。

固定资产投资审计 配合兵团审计局完成了国家重大投资项目38团至且末垦区苏塘灌区一期项目审计。完成了24团和33团教学楼校舍安全工程竣工决算审计。

社会保障资金审计 对师社会保险基金的管理使用情况进行审计。

企业审计 对师机关后勤服务中心上年度财务收支情况、师“金三角商贸集团公司”经济效益及财务状况、师属企业2009年经营效益及资产状况、师天润公司2009年度资产、负债、损益情况进行审计，并对师棉花二次分配资金进行审计调查。

经济责任审计 对师交通局、民政局、党校、博斯腾宾馆、天基建材5个单位主要领导干部开展任期经济责任审计，共查出违规金额138.56万元，管理不规范金额52511万元，对违规问题依法作出审计处理决定。

内部审计 现有专职内审机构7个，内审人员12名。全年共审计单位66个，查出违规金额45万元，已纠正违规金额30万元。提出建议、意见并被采纳67条。（撰稿人：段国华）

【农三师图木舒克市审计局】 2010年，农三师图木舒克市审计局编制45人，在编28人（含2个农牧团场审计中心和1个固定资产投资审计中心）。局长何小强，副局长周淑梅、朱媛。

审计成果 全年完成审计项目81个，查出违规金额24600万元，建议有关部门处理事项72件，提交审计工作报告、信息2篇，被采用2篇。

财政审计 围绕促进师市、团场两级财（政）务预算管理规范化、科学化、制度化，提高预算资金使用效益，共完成12个财政审计项目。

专项审计调查 对师本级、各团场、企业事业单位和师国有资产经营公司的债务规模、结构、资金投向、管理现状等情况进行审计调查。提出对已形成的债务要建立完善偿债渠道，严格控制政府债务新增规模，不断完善政府债务监督管理制度，健全债务的管理体制，规范政府举债行为等审计建议。

固定资产投资审计 全年完成固定资产投资项目24个，经审计核减工程款257万元。

企业审计 重点对24个农牧团场及师市直属企业2009年度财务收支情况和资产、负债及经营成果情况进行审计，为师市考评领导小组落实经营奖惩兑现政策提供参考依据。

经济责任审计 对17名党政领导干部和国有企业领导人员实施离任经济责任审计。

专项资金审计（调查） 重点对本师2006～2009年国家投入及团场自筹的退耕还林工程建设资金、农业综合开发资金、“普九”义务教育债务清理等进行审计和调查，并从制度层面提出审计意见和建议。（撰稿人：王　峰）

【农四师审计局】 2010年，农四师审计局编制31人，在编27人（含3个农牧团场审计中心）。局长史新斌，副局长谢明清（11月—）、来永红（—11月）。

审计成果 完成审计项目81个，查出违纪金额366.47万元，纠正管理不规范金额13553.21万元，提出审计建议22条，向师党委报送“审计要情”2篇。

行政事业审计 审计项目7个，出具审计报告7篇，提交审计要情报告1篇。

固定资产投资审计 审计项目21个，出具审计报告21篇，提交综合性报告1篇。

专项资金审计与审计调查 审计项目5个，出具审计报告8篇。

企业审计 审计项目36个，查出违规金额366.47万元，出具审计报告36篇，提交审计要情报告1篇。

经济责任审计 审计项目11个，出具审计报告11篇。

审计质量检查 年内对17个被审单位整改情况进行了专项检查。

内部审计 现有内审机构3个，内审人员6人，共完成审计项目40个，其中，财务收支审计27个，效益审计13个。 （撰稿人：来永红）

【农五师审计局】 2010年，农五师审计局编制25人，在编18人（含2个农牧团场审计中心），其中大学本科学历10人，大专学历8人。局长李发州，副局长李菊萍。

审计成果 全年完成审计项目125个，审计总金额51490万元，查出违规金额1405.73万元、管理不规范金额11600万元，应上缴本级财务230.13万元。

财政审计 对师本级财务预算编制和执行情况进行审计，发现师本级债权、债务长期挂账金额过大等问题，提出了审计建议。

专项审计调查 审计总金额75635.08万元，审计发现师债务资金形成时间长，偿债风险高，职责不清，账面无法反映团场政府性债务的真实情况等问题。

行政事业审计 对9个行政事业单位及其下属单位进行财务收支审计，查出违规金额961.8万元，管理不规范金额1706.14万元，应调账处理161.3万元，应上缴师财务230.13万元。

专项资金审计调查 对退耕还林专项资金、农业综合开发资金、师自主产品使用情况进行专项审计调查，查出违规金额95.64万元，管理不规范金额3905.85万元。

固定资产投资审计 完成投资项目审计31个，并对本师重大建设项目进行全程跟踪审计。

社会保障审计 审计总金额65073.71万元，查出管理不规范金额2832.37万元。

企业审计 对三家师属国有企业进行资产、负债及损益审计，查出不规范金额254.36万元，违规金额158.24万元。对师国资委监管的20家企业进行财务决算审计。

对9个团场2009年度财务决算进行了审计，审计总金额37亿元，并对影响2009年度团场综合收益情况的因素进行深入分析，为师党委决策提供依据。

经济责任审计 对10名党政领导干部开展离任经济责任审计，查出违规金额347.23万元，管理不规范金额6029.59万元，应调账处理9716.94万元。

质量检查 年内通过去被审计单位实地检查回访，掌握审计人员执法情况，并对审计决定及建议的执行情况进行检查。 （撰稿人：叶海英）

【农六师五家渠市审计局】 2010年，农六师五家渠市审计局编制36人，在编35人（含3个农牧团场审计中心）。局长赵俊霞，副局长马新中，副局长兼纪检组长秦万德。内设办公室、法制科、财金科、投资科、农牧团场企业科、行政事业科。

审计成果 全年完成83个审计项目，查处违规金额2859万元，损失浪费金额1000万元，管理不规范金额10300万元，应上缴财政98万元。

预算执行审计 一是对五家渠市本级以及下属7个事业单位预算执行情况进行审计，查出违规金额67万元，管理不规范金额18455万元。二是对农六师本级及下属行政事业单位的预算编制、批复与执行等情况进行审计，查出结余资金3629.27万元闲置，未纳入综合预算，挪用专项资金用于弥补经费不足182.99万元等问题。

固定资产投资审计 对18个固定资产投资项目进行审计，对1个土地开发水利配套工程项目进行效益审计，审计后核减工程款796.96万元。

社会保障审计 对师社会保险基金管理中心2008～2009年度五项社会保险基金的收支、管理和运行情况及经办机构经费收支情况进行审计。

企业审计 重点对14个农牧团场及9户国有企业的资产负债损益情况进行审计，查处违规经营金额15500万元，“账外”资产386万元，虚报和隐瞒转移收入1554万元，少计和虚列成本3090万元，损失浪费1000万元，其他违规金额21100万元等问题。

经济责任审计 对10个行政事业单位主要领导干部实施经济责任审计，查出违规金额104万元，管理不规范金额 16700 万元。

（撰稿人：赵俊霞）

【农七师审计局】 2010 年，农七师审计局编制 28 人，在编 25 人（含两个农牧团场审计中心）。局长边峰，副局长张明炜。

审计成果 完成审计项目 67 个，查出违规金额 842 万元，管理不规范金额 20520 万元，提交综合性报告、信息 4 篇，被采用 4 篇。

预算执行审计 对师本级预算执行及其他财政收支情况进行审计，出具了本级预算执行情况审计报告和审计结果报告。

专项资金审计（调查） 一是对本师 2008～2009 年五项保险基金收支管理及社保经办机构经费使用情况进行审计，查处和纠正应缴未缴专项资金 56.2 万元，虚报冒领专项资金 9.02 万元，其他问题 11.01 万元。二是对师 8 个农业综合开发项目资金的投向、管理、使用、效益情况和 14 个单位义务教育“普九”债务清理情况进行审计。三是对师、团两级截至 2009 年末债务情况进行专项审计调查，并分析了师团政府性债务的成因，提出了审计建议。四是对师 8 个团场校舍安全建设项目的资金管理、使用及施工、建设管理中相关政策执行情况进行审计调查。五是对师 2008 年度农牧团场公共预算管理情况进行审计调查，并对师农牧团场财务改革政策落实情况进行评估。六是对师 2 个团场 2007～2009 年强农惠农资金使用情况进行审计调查，并向师领导提交了调查报告。七是与师武装部组成联合调研组对农牧团场 2008～2009 年民兵专项经费管理使用情况进行调研，并提交了调研报告。

固定资产投资审计 对 14 个建设项目竣工情况进行审计，查出配套资金不到位 109 万元、挤占建设成本 55 万元、超概算 939 万元、未按规定取得发票 820 万元等问题。

企业审计 对 17 户重点国有企业进行审计，查处虚报或隐瞒转移收入 184 万元，少计或虚列成本费用 635 万元等问题。

经济责任审计 对 7 名领导干部进行任期经济责任审计。

（撰稿人：杨建芳）

【农八师石河子市审计局】 2010 年，农八师石河子市审计局编制 68 人，在编 64 人（含 4 个农牧团场审计中心）。局长杨全义，副局长张新江、刘文。内设综合科（办公室）、法制科、财金审计科、行政事业审计科、企业审计科、固定资产投资审计科、经济责任审计科。

审计成果 全年完成审计（调查）项目 68 个，查出违规金额 23470 万元，损失浪费金额 175 万元，管理不规范金额 14867 万元，损益不实金额 10236 万元，侵害人民群众利益金额 15 万元。审计指出应调账处理金额 14691 万元，已调账处理 12480 万元，应上缴财政 83 万元，已上缴财政 83 万元。移送纪检监察机关处理 1 件 6 人，涉及金额 157 万元。提交审计报告 67 份、综合性报告 5 篇，上报审计要情 2 篇，提出建议 106 条，被采纳 88 条。

财政审计 一是对 2009 年度农八师预算执行情况进行审计，审计结果表明，农八师财务局及 16 个团场（水管处）提供的 2009 年会计账表数据与审计认定的数据相符，会计资料真实地反映了当年师预算收支情况。二是对 2009 年度石河子市财政预算编制、批复及调整情况，一般预算收支和基金预算收支完成情况，非税性收入收缴管理及使用情况进行审计，并对开发区、北泉镇及 10 家房地产企业进行延伸调查，发现房地产企业预征土地增值税未及时清算等问题，向师市上报了专题审计要情。三是对石河子市广播电视局预算执行情况进行审计，查出该单位广告收入、有线电视收视费收入共计 150.49 万元直接在账外抵单位业务招待费开支，工作人员合谋私分公款 4.8 万元等违规问题。四是对北京、上海、深圳 3 个驻外办事处进行财务收支审计。五是对市高中学区管理服务中心 2009 年财务收支情况进行审计。

金融审计 根据自治区审计厅的安排，对塔城地区裕民县农村信用社资产负债情况进行审计。

专项资金审计（调查） 全年重点对师市就业资金、居民基本医疗保险基金、社会保险基金、农业综合开发资金的使用管理情况及玉树抗震救灾资金物资筹集使用情况进行审计和审计调查，发现就业资金结存数额较大，未按规定提取划转就业补助资金、社会保险补贴标准不到位、团场挤占挪用就业补贴资金用于弥补经费；现行的居民医疗保险政策在报销比例、最高支付限额、支付范围等方面低于国家和自治区现行标准，影响了居民参保的积极性；师市社保局长期滞留社保所资金1074.66万元、企业欠缴社会保险费1587.41万元、基本医疗保险未按规定标准划转个人账户、社会保险信息系统尚不完善等问题。

固定资产投资审计　对14个投资项目进行审计，共审减工程结算款2248.32万元，委托社会中介机构对51个工程项目进行工程结算款审核，审减工程结算款2151.69万元，总计为师市节约建设资金4400万元。

企业审计　一是对14个农牧团场和2个水管处上年度生产经营责任目标完成情况进行审计考核，客观评价了团场在会计核算、财务收支、经营业绩等方面的情况，为团场和水管单位考核兑现提供了依据。二是接受国资委的委托，对师市12家国有及国有控股企业2009年度经营业绩进行考核，发现部分企业存在超发年薪、未按规定上缴国有资本收益等问题。三是对天宏股份公司2008～2009年经营情况进行审计调查。四是完成下野地试验站和残联福利汽修厂的资产负债审计。

经济责任审计　受组织部门委托，对农八师人民医院原院长等19名领导干部进行任期经济责任审计，并对发现的个别单位业务招待费超支、超标准提取福利费、资产管理不规范、国有资产流失等问题按规定进行审计处罚。

（撰稿人：黄学邦）

【农九师审计局】　2010年，农九师审计局编制25人，在编23人（含两个农牧团场审计中心）。局长吴新国，副局长张艳丽。

审计成果　完成审计项目62个，查出违规金额29609万元，损失浪费金额80万元，管理不规范金额2623万元。移送司法、纪检监察机关处理案件3起，涉案人员9人，涉案金额57万元。提出审计建议156条。

财政审计　对师财务局具体组织2009年度师本级预算执行和5个预算执行单位上年度预算管理及执行情况实施审计，查出财政收入核算不实57万元，财政支出核算不实283万元，违规改变资金用途474万元，超预算列支11万元，预算结余不实108万元，其他违规金额785万元。

专项资金审计（调查）　对师2008～2009年度社会保险基金、团场2006～2009年退耕还林专项资金、2009～2010年校舍安全改造工程资金、师债务资金、义务教育经费的管理使用情况实施审计（调查），查出违规改变专项资金用途14099万元，虚报冒领202万元，虚列支出213万元，其他问题金额817万元。

企业审计　对师直12个国有企业和全师9个农牧团场2009年度资产、负债和损益情况进行审计，查出公款私存9万元，"账外"资产69万元，虚报、隐瞒转移收入4700万元，虚列、少计成本费用6010万元，其他违纪违规金额4282万元。

固定资产投资审计　对师高级中学综合楼工程建设项目、职业技术学校综合楼建设项目、通乡（营）公路（锡额）建设项目进行审计，审计查出违反规定擅自扩大建设规模、多计工程成本等问题。

经济责任审计　根据师党委组织部委托，对一六一团、一六三团、一六六团、团结农场四位团长以及朝阳宾馆、第二运输公司经理任期间经济责任进行审计。

（撰稿人：王　红）

【农十师审计局】　2010年，农十师审计局编制25人，在编20人（含两个派出审计中心）。局长张瑶（5月—）、韩光俊（—5月），副局长蔡建新（5月—）、盛振福（—5月）。

审计成果　完成审计项目44个，查处违规金额4555万元，管理不规范金额3782万元，应上缴财政罚没款9万元，应调账处理金额820万元。提出并被采纳的审计意见和建议111条，向师领导提交审计要情1篇，专题报告1篇。

预算执行审计　对8个农牧团场非生产经营预算及其他预算执行情况进行审计，共查出违纪违规金额205万元，管理不规范金额758万元。

专项资金审计（调查）　重点对师团两级负债规模、支农资金、惠农资金使用和管理状况开展审计（调查），查出违规改变项目计划和资金用途99万元，配套资金未落实50万元，管理不规范金额782万元。

固定资产投资审计　重点对师廉租房及经济

适用房建设项目、中小学校舍安全改造项等 10 个项目进行审计，查出违纪违规金额 802 万元，审减工程造价 407 万元。

企业审计　对 8 个农牧团场及屯南煤业有限责任公司加油站和火电厂等 12 个企业实施资产负债损益审计，查出违规金额 3469 万元，管理不规范金额 2094 万元，应调账处理金额 808 万元。

经济责任审计　审计项目 5 个，查出违规金额 611 万元，管理不规范金额 295 万元。

社会团体审计　对师工会财务收支情况和工会经费的征缴、管理及使用情况进行审计，查出违纪违规金额 23.51 万元。　（撰稿人：刘　云）

【农十二师审计局】　2010 年，农十二师审计局编制 6 人，在编 5 人。局长高军。

审计成果　完成审计任务 21 项，查出违规问题金额 584 万元，管理不规范金额 8586 万元，损失浪费金额 7 万元，应上缴财政罚没款 6.6 万元，应归还原渠道资金 313 万元，应调账处理金额 1114 万元。提出审计建议 99 条，已上缴财政罚没款 6.6 万元。

财政审计　对十二师法院、检察院 2008 年 12 月至 2010 年 6 月预算执行情况进行审计调查。

专项资金审计（调查）　重点对 221 团 2009 年度农村饮水安全项目和五连小型农田水利工程建设项目，104 团 2008 年农村饮水安全工程、天然草原退牧还草工程和后沟水库除险加固工程，五一农场伍怡天宇果品有限公司一千吨葡萄保鲜配套分选包装加工项目、实验楼抗震加固建设项目和中学逸夫教学楼抗震加固建设项目进行竣工财务决算审计，对师 2008～2009 年度社会保险基金、2006～2009 年退耕还林工程建设资金、截至 2009 年末债务情况、2010 年党政干部因公出国（境）情况开展审计调查。

企业审计　对新疆天润乳业生物制品股份有限公司、乌鲁木齐市农垦局种子公司、221 团 2008～2009 年度资产负债损益情况进行审计，对国润楼兰酒业有限公司 2009 年 1 月至 2010 年 6 月资产负债损益及生产经营情况开展审计调查。

经济责任审计　对 1 位国有企业领导干部任期经济责任情况进行审计。　（撰稿人：高　军）

【农十三师审计局】　2010 年，农十三师审计局编制 23 人，在编 16 人（含两个派出审计中心）。局长黄玉华，副局长廖红川（7 月—）。

审计成果　完成审计项目 56 个，其中财政审计项目 1 个，事业单位审计项目 9 个，专项资金审计调查项目 14 个，固定资产投资审计项目 12 个，企业资产负债损益审计项目 8 个，农牧团场财务收支审计项目 8 个，经济责任审计项目 4 个。查出违规金额 8634 万元，审计决定处理处罚金额 4666 万元，其中，罚款 22 万元，应调账处理金额 4392 万元，归还原渠道资金 252 万元，责令被审计单位自行纠正金额 3968 万元。提出审计意见及建议 129 条。

基础建设　组织开展 2009 年师优秀审计项目评选活动，并积极参加兵团优秀审计项目评选活动，两个审计项目在审计成效化和规范化方面均获兵团"优秀审计项目"表彰奖，选送的计算机审计项目获得审计署计算机辅助审计应用奖。

（撰稿人：李杉杉）

【农十四师审计局】　2010 年，农十四师审计局编制 4 人，在编 4 人。局长何志强，副局长庞开洪（—3 月）、孙静（3 月—）。

审计成果　全年完成审计和审计调查项目 14 个，查处管理不规范金额 2739 万元。

固定资产投资审计　重点对师属中小学校校舍安全改造项目进行审计调查。

专项资金审计（调查）　对本师 2008 至 2009 年五项保险基金收支管理及社保经办机构经费使用情况进行审计，对退耕还林工程建设资金使用效益进行审计，查出管理不规范金额 14 万元。

企业审计　对四个农牧团场、师国资公司及下属 9 个企业进行审计。

经济责任审计　对 2 名团场及师国资公司领导干部进行任期经济责任审计。

质量检查　对上年度被审计单位整改情况进行检查。　（撰稿人：郭建盛）

【建工师审计局】　2010 年，建工师审计局编制 7 人，在编 5 人。内设综合审计部，综合事务办公室。局长曹建辉（5 月—），副局长陈建文。

审计成果　完成审计项目 31 个，其中：财政审计项目 2 个，政府性债务专项审计调查 2 个，专项资金审计调查项目 1 个，固定资产投资审计项目 22 个，企业资产负债损益审计项目 3 个，经济责任审计项目 1 个，总计查出违规金额 1376 万元。

内部审计　现有内审机构 10 个，人员 30 人，全年完成审计项目 169 个（其中建筑安装单位 155 个，工业单位 2 个，其他单位 12 个）。审计总金额 437478 万元，查出违纪金额 1702 万元。

（撰稿人：王光灿）

科研、培训、出版、学术团体

【审计署审计科研所】　2010 年，审计署审计科研所人员编制 30 人，在编人员 25 人；领导编制 4 人，实有人数 3 名。设有审计基础理论研究处、审计技术方法研究处、审计管理研究处、审计法制研究处、审计博物馆研究处和科研管理处。

领导成员

所　长：王秀明

副所长：于汉贵　刘力云

工作综述　审计科研所在署党组和分管署领导的正确领导下，认真学习贯彻党的十七大和十七届四中、五中全会精神，全面落实科学发展观，按照审计署工作部署和《审计署 2008 至 2012 年审计工作发展规划》及 2008 至 2012 年审计科研工作规划的要求，紧密结合审计工作的实际，积极开展理论研究工作，较好地完成了以审计科研为中心的各项工作任务。

所内重点课题的研究　(1) 完成“我国地方政府债务问题、成因及对策研究”。该课题针对我国地方政府债务总额规模过大，面临较大财政风险等问题，深入分析形成的原因，并就如何完善地方政府债务管理，强化对地方政府债务审计监督提出对策建议。

(2) 完成“跟踪审计若干问题研究”。该课题明确了跟踪审计的概念、特点和定位，提出了跟踪审计的程序和要求，阐述了项目跟踪审计、资金跟踪审计、政策跟踪审计的主要内容，同时就跟踪审计的业绩考核与评价提出建设性的意见。

(3) 完成“专项审计调查研究”。该课题明确了专项审计调查的内涵和特点，阐述了专项审计调查的目的、内容、对象范围、程序等，同时就专项审计调查的报告规范提出看法和政策性的改进建议。

(4) 完成“审计机关聘用中介机构参与审计问题研究”。该课题研究外聘审计的基本特征、依据、程序、组织方式和法律责任，外聘审计的范围内容、管理、考核、质量控制和经费来源，分析了外聘审计存在的主要问题，提出进一步完善的政策建议。

(5) 完成“企业信息系统审计研究”。该课题在借鉴国外企业信息系统审计的基础上，结合我国国有企业信息化的特点，阐述了对企业信息系统审计的基本认识，研究了企业信息系统审计的目标、内容、评价标准、组织和实施方式。

审计署课题研究及相关工作　(1) 继续参加刘家义审计长为课题组长、其他全体署领导参与的“中国特色社会主义审计理论”重大课题研究工作。

(2) 与中国审计学会共同组织《中国国家审计学》的编撰。该项目于 2010 年 9 月份正式启动，至年底前已经确定了研究大纲、撰写人员和时间进度安排，并开始初稿的撰写工作。

(3) 根据刘审计长关于组织专门人员对中国共产党领导下的革命根据地审计史进行专题研究的指示，组织有关人员完成“中国共产党领导下的革命根据地审计”初稿的撰写工作。

(4) 完成审计署招标立项的“绩效审计指南”课题研究。该课题充分考虑了我国当前和今后一段时期绩效审计实践特点，明确了绩效审计的一般原则和框架、主要环节和要求、审计实务、审计方法等，为审计机关及其审计人员规范实施绩效审计提供了指导和帮助。

审计理论研究调研　为全面了解审计机关开展审计理论研究的情况，更好地指导审计科研工作，2010 年上半年，科研所与中国审计学会联合组成调研组，先后到湖北、安徽、上海、浙江和武汉、合肥、杭州等地方审计机关以及武汉、上海特派办，就其开展审计理论研究情况进行专题调研，形成了“关于部分审计机关开展审计理论研究情况的调研报告”。

撰写《审计研究简报》 2010年的17期《审计研究简报》紧跟审计工作实际，主要围绕财政审计大格局、推进审计整改创新、防范和化解地方政府债务风险、绩效审计方法、当前国家审计实践中的问题分析及建议、专项审计调查、审计文化、审计人员应具备的素质能力等方面内容，这些短平快的研究成果，为审计人员提出一些贴近审计工作实际的观点、思路和方法。

编译《国外审计动态》 科研所在2010年启动了国外政府审计跟踪研究工作，重点关注美国、英国、德国政府审计和欧盟国家最高审计机关的审计动态。在编译《国外审计动态》中，特别关注这些国家审计体制、相关法案条款等内容，编译了“美国审计署法案关于设立检察长的规定”、“美国《2009年华尔街改革和消费者保护法案》中有关审计的条款”、“欧盟国家最高审计机关概述”、“德国联邦政府审计简介”、“英国下议院环境审计委员会2008～2009年度工作报告”等，为大家借鉴国外审计做法提供有益的参考。

根据署领导的指示，在署办公厅的支持协助下，科研所创办了《审计简报（国外审计要报）》，并撰写印发了第一期简报“美国强化经济刺激政策实施情况的审计”，报送给国务院、全国人大、全国政协和有关部门参阅。

组织审计论文和研究报告评选 为推动各级审计机关和广大审计人员深化审计理论研究，提高审计理论研究水平，多出优秀审计理论研究成果，科研所组织开展了审计机关2008～2009年度优秀审计论文和研究报告的评选活动。本次活动共收到审计系统58个单位推荐的审计论文和研究报告138篇，其中论文109篇，研究报告29篇。经过评审，共选出60篇为优秀审计论文和研究报告，其中一等奖10名，二等奖20名，三等奖30名。这60篇优秀论文和研究报告已经出版论文集，作为理论研究和审计实务的参考。

专题研讨班 7月份，科研所与中国审计学会在兰州联合举办省级审计学会及特派办理论研究会秘书长和审计科研所所长专题研讨班。主要研讨政府审计发展趋势、当前政府审计理论与实践中需要研究解决的问题、开展政府审计理论研究的方式方法、如何做好审计科研工作等问题，并组织科研工作的经验交流。

成立博士后工作站 为吸引优秀审计研究人才，促进审计机关科研能力水平的提高，在审计署的高度重视和大力支持下，科研所积极筹备申请设立博士后工作站。经人力资源与社会保障部批准，科研所于2010年10月正式设立博士后科研工作站，成为目前我国审计领域第一个博士后工作站。至12月，科研所已根据科研课题研究方向，与相关科研院所和高等院校就联合招收首批博士后进行了多次协商，并完成了相关准备工作。

（撰稿人：韩乃志）

【审计署审计干部培训中心】 2010年，审计署审计干部培训中心（以下简称培训中心）人员编制38人，在编33人，领导职数4名。设有办公室、培训一处、培训二处、国际合作处、职业发展处、考试处（考试中心）、电教处、国际会计审计师培训部以及审计署怀柔干部培训基地（以下简称怀柔基地）。

领导成员

主　任：陈太辉

副主任：刘建础　杜光宇（5月一）

工作综述 2010年，培训中心在审计署党组的正确领导下，深入学习实践科学发展观，全面落实审计工作发展规划、人才队伍建设规划和干部教育培训规划各项要求，以提高培训质量、提升培训效果为主线，以建设学习型党支部为抓手，以改革创新培训工作为发展路径，深入开展创先争优活动，认真履行工作职责，努力践行审计干部培训工作“三个服务”的根本宗旨，完成各项工作任务。

培训体系建设 全年共实施各类培训47期，培训8898人次，比上年增长83.8%。其中：初任和任职培训3期，培训1176人次；领导能力培训6期，培训789人次；知识补充和更新培训7期，培训1853人次；专业培训14期，培训3264人次；管理培训7期，培训1612人次；境外培训10期，培训204人次。

（1）3月，正式向全国审计机关印发《审计署2010～2012年干部教育培训实施意见》，6月，培训中心印发《关于加强审计干部职业教育培训体系建设的意见》，为培训工作科学、规范发展起到重要作用。

(2) 举办新录用公务员、新任处级干部和处级以下干部分级培训等 3 期初任和任职培训班，促进学员顺利实现角色转换、明确岗位职责、适应岗位要求。如初任培训从培训需求入手，找准目标定位，强化培训课程设计和流程管理，组织编写适用的辅导教材，充分传递责任与使命，点燃了新人工作激情。新任处级干部培训围绕处级干部职责和能力，精心设置教学模块，开展丰富多彩的论坛、访谈、经验交流、记录短片展播活动，促进改善心智模式，掌握领导方法与艺术。处级以下干部分级培训依托网络开展，分职级、分层次确定必修科目和选修科目，着重培养职业素质和学习习惯。

(3) 举办司（厅、局）级干部、地县级审计局长等 6 期领导能力培训班，促进“一把手”牢固树立科学审计理念、拓展思路、创新方法、提升组织领导能力。司（厅、局）级干部培训专题研究审计工作重点和经济安全热点问题，分别以深化财政审计、投资审计工作和推动转变经济发展方式为主题，充分发挥学员主导作用，培训成果丰富。地县级审计局长培训创造性地引入案例教学，组织 18 人授课和引导教师队伍，集中力量编写 4 个教学案例，在 180 人的培训班上成功开展案例教学，并以地方优秀审计项目为主，开展多个范例教学，培训效果明显。

(4) 举办集中培训等 7 期知识补充和更新培训班，促进审计干部更新相关知识，加强审计干部队伍专业化建设。如审计署机关集中培训安排任务要求、宏观形势、素质修养 3 个教学单元，举办专题讲座和业务交流 12 次，并首次利用集中培训平台开展辩论赛、审计法知识竞赛 8 场，提高了思辨能力，普及了法律常识。署机关各单位、各派出审计局 800 余人全程参加，各特派办和地方审计机关近 7000 人实时参与有关培训。青年审计干部知识技能更新培训以编写审计项目实施方案和撰写审计报告为主线，选取署优秀审计项目为教学内容，邀请项目组长、主审授课，贴近实际、接近实战，针对性和实效性突出。审计会计基础知识培训首次巧妙结合网络和面授培训，自主编写辅导手册教材，组织网络学习辅导和答疑，面授串讲重点内容，帮助学员学深学透基础知识。中高级审计师研究能力培训班重点提升审计干部钻研理论、总结经验、开展课题研究的能力，采用网络培训方式，拟定课题目录，专门制作课件，受到审计干部广泛关注，共 628 人提交文章，营造了良好的学术研究氛围。

(5) 举办 14 期审计业务培训班，促进审计干部提高专业能力和把握年度审计工作重点。配合各业务司局结合年度审计项目，讲解工作方案和工作要求，统一审计实施思路。同时对审计业务骨干分行业开展政策法规、行业发展状况、改革进展及专业审计技术等培训，促进业务骨干了解行业审计相关背景，进一步理清工作思路。

(6) 举办 7 期管理培训班，促进提升综合管理能力，培养精通内部管理的行家里手。如审计法实施条例、国家审计基本准则培训班均配套召开了审计系统的网络视频培训会议，加深审计干部对新修订法规主要内容和具体要求的理解，为全面贯彻落实打下坚实基础。突发事件应急管理培训班强化了审计机关突发事件应急管理能力。

(7) 举办 10 期境外培训班，促进审计干部加强国际间审计理论与实践的学习和借鉴。培训中严格落实中央有关部门对境外培训的相关规定，严格执行关于境外培训地点和培训时间等限制性要求，积极配合署相关司局制订好境外培训方案，并大力做好协调保障工作，及时归集培训成果，取得良好效果。

审计模拟实验室建设　建设完成“造价工程师基础知识学习、计算机工程造价软件应用练习和模拟工程审计实务操作”三位一体的现代多媒体教学实验环境，已建成容纳 12 个客户端的硬件环境，开发完成教学管理软件平台。第一个子系统——建设项目审计模拟实验室已初具成效，制作了 1200 学时的工程造价专业知识课件和 370 学时的工程造价软件及应用学习课件。以房建和高速公路建设项目为例，将施工全过程制作成三维动画，并制作 100 多件可全景展示的三维建筑构件；在系统中植入 100 多个建设项目审计案例，涉及建设项目各个环节并附带电子化原始资料；采用虚拟仿真技术设计 12 个模拟算量案例，并建立包含典型审计问题分析的两个综合模拟审计项目。

网络培训体系建设　全年新增课件93门，计2000学时，累计已下发课件259门，计3000多学时，基本实现预定工作目标。新增课件中，加大了审计业务课件比重，以优秀审计案例为重点，及时组织署内业务专家和骨干制作编辑完成网络课件28门；制作工程造价员和造价师资格课件25门；有重点地从外单位购置课件40门。

师资体系建设　确定保证规模、合理配置、权威专家、动态管理的建设思路。分析梳理现有师资队伍，整理入库信息，初步形成近500人的师资信息库。按照培训师资专长、研究领域或工作范围以及近三年授课次数，建立按不同标志分类的子库，方便后续管理。

教材体系建设　草拟《审计署2010～2015年审计干部职业教育教材建设规划暨2010～2012年建设重点（草案）》。根据教材建设总体设想，编写《新录用审计人员培训资料合订本》，系统总结新进人员应学、应知、应会、应守的知识和规范；编写《审计会计知识补充和更新培训班配套辅导手册》，精练审计会计基础知识培训各门课程的核心和重点内容，使审计干部在有限时间内能够迅速学会、理解和抓住各学科的主干。全年编发《审计干部培训活页文选》12期，向全国各级审计机关总计发行54400册。

考核评价体系建设　2010年，全国共有31677人报名参加审计专业技术资格考试，其中3053人报考高级审计师、22245人报考审计师、6379人报考初级资格，总报考人数创近十年新高。结合新修订的审计法实施条例，及时修订考试教材和参考用书，强化各环节质量控制。不断加强命题工作环节控制与高级审计师考试网上阅卷流程管理，加强对考试专家后备队伍的选拔与培养，已建立包含110余位专家的考试专家库。依托OA网上考试测评系统，建设开发网上考试题库；实地调研走访人社部、中组部考试中心等，着手建设审计考试题库，已开始题库建设的硬件和软件配置工作。

多媒体宣传与电教服务　全年拍摄编辑各类领导讲话、专题讲座、汶川地震灾后重建审计等重要审计现场，以及世界审计组织IT审计工作组年会等音像资料共计150小时，新闻资料30小时。积极配合署办公厅开展审计宣传工作，向中央电视台、北京电视台等主流媒体提供有关审计工作的视频影像资料。拍摄制作知识结构调整网络培训课件2门94课时，拍摄制作审计法实施条例、AO审计案例等培训课件20余门。以审计署官方门户网站为平台，制作播出45期《审计播报》节目，内容涉及全署党建廉政、重要会议活动、重大审计事项、业务培训学习、干部队伍建设等各个方面，主动营造积极正面的宣传氛围，为发挥审计“免疫系统”功能做好舆论导向工作。精心策划摄制《外国审计长访谈录》节目和中印青年审计人员英文专辑节目，进一步增进中外各方的互信、了解和友好交流。

内部管理　（1）组织全体干部认真学习创先争优和“四手”活动工作部署，围绕“创建全国审计人才培养基地”共同愿景，坚持“三会一课”基本制度，开展学习领导同志有关党课、讲话以及沈浩同志先进事迹的活动，实地参观抗日战争纪念馆和李大钊烈士革命公墓，组织开展“什么是合格共产党员、怎样做一名合格共产党员”大讨论，以“《钱学森同志的论语选编》读后感”为主题召开青年干部座谈会，着力加强干部队伍的思想作风建设。

（2）突出培训特色，扎实开展“四手”活动。培训中心认真思考和研究干部培训工作对比审计业务工作在“四手”方面的不同内涵与要求，提出党员干部应根据自身条件争当“审计培训理论专家、审计教学专家、教材编审专家、实验室设计专家、培训管理专家、考试管理专家；多媒体教学节目和课件制作的能手，计算机应用的高手，审计模拟实验室建设管理应用的强手，内部行政管理、经营管理、党建工作的行家里手”。培训中心按照规定开展了公开承诺活动，并结合总结、民主生活会，开展了点评活动。

（3）根据干部特点，进行岗位调整和合理人员配备，进一步优化队伍组织结构。集中培训、案例教学等重要工作实施项目管理制，对干部实施多岗位锻炼，尤其是案例教学，40岁以下干部几乎人人参与。立足培养师资和教材编审专家，组织干部参与教材编写、为培训班授课，取得良好效果。选派10余人次参加各类培训，有计划开展青年学习研究会活动，组织开展审计业务锻炼，不断提升干部的学习能力和提高干部的综合素质。

吸收中青年骨干人才参与职业教育培训体系、人力资源等重要课题研究，《审计干部职业教育培训体系研究》在审计署2010年优秀审计论文和研究报告评选中获得一等奖。

（4）按照审计署“制度完善年”工作要求，新制定《培训中心各项费用支出控制管理暂行办法》，在物资采购、机票、保险、境外接待单位遴选等重要财务事项上，严格按照货比三家原则，由办公室执行集中采购，进一步规范财务管理。新制定公文流转程序、进修学习等管理办法，进一步加强基础管理工作。

（5）积极履行牵头单位职责，就理顺怀柔基地管理关系、规范薪酬分配等事项，充分协调办公厅、人教司、服务局等单位，并正式印发《审计署关于进一步理顺和加强怀柔干部培训基地管理若干规定（试行）》，基本理顺各项管理关系，进一步规范薪酬分配。

（6）初步建立包括项目档案、师资档案、学员档案、课程档案等在内的培训基础数据库，录入2007～2010年数据记录，包括培训项目146个、培训学员信息6403人、培训通知记录125条、培训课程记录182条、培训师资信息461条，为实现科学管理打下良好基础。

基地管理　怀柔基地以创先争优活动为契机，进一步完善各项制度，采取有效措施提升员工素质；积极开展工程改造、节能减排等各项工作，以进一步提供良好服务；始终注重抓好食品安全、交通安全、基地保卫等重要工作。2010年，共接待宾客34813人次，实现收入1790万元，未发生安全事故，较好完成全年工作任务。

（撰稿人：华海峰）

【计算机技术中心、信息化建设办公室】
2010年，计算机技术中心实有工作人员30人。计算机技术中心现有四个处：系统运行处、网络管理处、辅助审计处、应用技术推广处（兼办公室）。信息化建设办公室现有两个组：网络与安全建设组、应用系统建设组。

领导成员

主　　任：王智玉

副 主 任：李进建　于广军

总工程师：杨蕴毅

信息化建设办公室主任：周德铭（兼办公厅巡视员）

信息化工作的协调和指导　（1）与国家相关信息化建设部门联系与沟通。受发改委委托，接受国信招标集团有限公司完成对金审一期工程的评价，评价报告中肯定一期工程建设是成功的。向发改委、财政部报送《审计署关于报送金审二期工程中央本级2009年建设进度和预算执行情况报告的函》。配合工业和信息化部杨学山副部长完成在审计署的调研。配合完成财政部检查组委托上海大华工程造价咨询有限公司对金审二期工程的专项核查。向国务院办公厅秘书局报送了《政府电子政务内网需求分析资料》。向国家发展改革委报送《国家重大信息化工程建设规划（2011～2015年）金审三期工程项目建议》。向工信部报送我署《审计信息化“十一五”建设状况和“十二五”规划任务》。

接待了28个部委的信息中心领导和专家共34人的来访，对审计专网总体监控系统应用进行介绍观摩。工信部全国电子政务建设和发展经验交流会在审计署召开现场会，国务院58个部委局办，32个省级、15个副省级城市主管信息化部门的代表约180人参加了会议。接待了商务部信息化司、中国人民银行内审司、国务院法制办信息中心的来访，介绍审计信息化建设的经验和做法。

（2）指导、支持地方审计机关信息化建设。作为审计信息化主管部门，全年共制发审计署文件9份，审计署函1份，审计署办公厅文件47份，办公厅函12份，中心文件23份，共计92份；为办理各项事务形成署内签报112份，履行组织协调、指导管理、监督审计系统的信息化建设的责任。

陪同石爱中副审计长听取宁波市鄞州区和安徽省芜湖市审计局汇报、兰州特派办投资审计方法体系和企业财务状况总体分析软件立项汇报。陪同石爱中副审计长前往武汉、广州、深圳三地调研固定资产投资审计和信息化工作，前往河北省审计厅、石家庄市审计局调研。接待地方审计机关，听取审计信息化建设情况介绍，到西藏、云南等地方调研信息化工作。

在浙江省审计厅召开落实国家发展改革委国产化示范项目协调会，研究了项目涉及的国产化配置、技术平台和安全保护方案，以及项目实施计划等。

召开了全国各省级审计机关分管领导、计算机处全体人员等约有400人参加的地方审计机关金审二期工程建设（视频）会议，会后提出了标准规范、应用系统、信息资源、网络设施、安全保障、服务保障、金审工程二期验收三期筹划7个方面的40项任务。

对全国29个省级审计机关报送的地方金审工程二期可研进行批复，督促地方审计机关按照进度完成广域互联设备、安全设备、主机和终端设备、应用系统部署服务和人员培训等纳入国家发改委确定的地方金审二期工程建设任务。为地方审计机关争取的包括信息化运行维护、培训内容的支持西部审计机关经费34340万元年底前到位。批复广东省审计厅与广州特派办共建模拟审计实验室。

（3）推广应用一期开发的AO和OA两个系统。继续举办AO实例征集活动，推动AO的深度应用。评选2009年AO应用实例，通报评选结果并对获奖的项目和获奖组织单位进行了奖励，继续征集2010年度AO应用实例，收到实例2500篇。

支持地方审计机关部署OA地方版和1拖N版。截至12月底，共有31个省级审计厅局、5个计划单列市审计局、241个地市审计局、1642个区县审计局（含直辖市所属区县审计局和开发区审计局）、18个开发区、1个农垦师审计局完成OA部署。

（4）制发计算机审计实务公告，提供技术指导。全年完成国家审计数据中心系统规划和投资、环保两个审计数据规划的编制；完成中央部门预算执行、海关、外资三个计算机审计方法体系的编制；另外还安排了乡镇领导干部经济责任、商业保险、省级财政决算、住房公积金、医保定点医疗机构医疗业务、高校六个审计数据规划的编写；安排了乡镇领导干部经济责任、省级财政决算、医保定点医疗机构医疗业务、高等院校等四个计算机审计方法的编写，以前年度下达的企业、社保、金融计算机审计方法也在编写过程中。

全年制发外资计算机审计方法体系等6个计算机审计实务公告，现已累积制发计算机审计实务公告27个。

（5）建章建制完善审计信息化的管理规范。印发《接入审计内网计算机使用管理办法》。印发《设置系统管理员、安全保密管理员和安全审计员的通知》，确定了审计署涉密信息系统三大员。修订了保密管理制度和策略。

发布《审计事项数据字典（试行）》，为今后计算机审计方法和AO应用实例的征集，并按此组建计算机审计方法库和AO优秀实例库奠定了基础。

（6）协调署机关各单位、各特派办的信息化建设工作。以办公厅文件下发《检查当前审计信息化主要任务落实情况的通知》，要求各责任单位报送落实情况。以《当前审计信息化工作的主要任务落实情况》的报告向石爱中副审计长和刘家义审计长汇报了落实情况。根据署领导要求再次发出《检查审计信息化主要任务落实情况的通知》，陪同石爱中副审计长听取了各单位汇报。

协助人教司完成对特派办2009年的信息化考核，协助行政事业司完成对派出局2009年的信息化考核。

金审工程二期建设的进展　（1）金审工程2010年预算执行计划基本完成。2010年发展改革委和财政部安排年度建设预算资金6000万元，上年结转357.79万元，本年可用预算资金6357.79万元。通过招标和政府采购，2010年组织安排了50份采购合同，其中协议供货合同39份，安排项目预算资金3173.14万元。

2008～2010年累计安排预算资金18000万元，截至2010年底累计安排预算项目20349.51万元，占同期预算的113%，国库支付17471.72万元，占同期预算的97%。

（2）审计数据中心和交换中心基本建成。审计数据中心机房建设项目通过审计署验收委员会的验收。确定长沙异地备份方式和网络联通方案，完成网络调试，完成设备、数据同步软件及演练软件的部署调试。为怀柔备份中心选址，采购机柜、UPS等设备，土建改造工程开工。

以计算机审计实务公告第24号印发的《国家审计数据中心系统规划》（包括了《数据中心系统建设指导方案》、《国家审计数据中心系统规划技术方案》相关内容，现两个方案不再制订）。依此确定了数据中心技术架构体系和运行、处理、存储、交换4个系统的功能实现机制。

全年共为数据中心新采购了4台数据库服务器和40TB磁盘扩容设备，到年底数据中心可使用设备为10台应用服务器，分别运行数据中心应用服务、数据中央部门预算执行大AO服务、企业审计应用服务、海关审计应用服务、金融审计应用服务、社保审计应用服务、投资审计应用服务、税收审计应用服务；8台数据库服务器，分别运行数据中心数据库服务与企业审计数据库服务、金融审计数据库服务、社保审计数据库服务、海关审计数据库服务、企业审计大AO数据库服务、GBASE测试数据库服务；100TB有效存储空间。

建设专网安全认证系统。完成审计署、特派办专网RA信任系统设备在署机关和特派办的部署；举办特派办“迷彩U锁”部署使用培训班，进行网络拓扑结构讲解，新版迷彩U锁介绍、制作迷彩U锁流程、CA网关功能、标签打印机的使用方法等。各办管理员在本办通过审计专网访问审计署的RA制证中心为本办的工作人员制发“迷彩U锁”和安装“安全客户端”系统，就此专网全面启用CA认证系统。安全客户端正式通过中国国家信息安全评测中心的测评，测评结论是“通过”。在署机关和特派办全面实行《移动终端在政务外网和因特网间安全连接方案》并按照《接入审计专网计算机使用管理办法》进行管理。

建设密网安全认证系统。根据金审工程二期规划和涉密网络分级保护要求，对在审计署密网运行的应用系统进行安全改造，2010年完成了密网RA信任系统设备（两台CA网关）在审计署的部署，制发红锁343个。

建设审计数据中心监控系统。在原有基础上，完成对18个特派办网络、服务器的监控加载，对特派办相关使用人员进行培训，制定下发《审计专网总体监控系统使用管理办法》。

启用了交换中心的部分功能，信息共享试加载了部分数据，信息交换有一个上传下载模块投入使用。已开启的应用，与特派办、省厅的交换功能运转情况正常。已具备了实现信息化条件下大型项目审计组织管理的功能，满足审计业务和审计管理的工作协同。

（3）中央部门预算执行联网审计继续积累数据。配合派出局新部署16台中央部门预算执行联网审计前置机，已累积部署41台前置机，并另有9台数据不上传的前置机。中央部门预算执行联网审计系统中已有91个中央部门数据，3011套电子账；部署前置机实现了与50个中央部门的财务系统联网（其余部门的数据是通过AO获取后置入系统）。

支持和参与审计业务　积极支持和参与了数据审计、信息系统审计、信息安全审计调查等项工作，为实现审计署的统一组织目标服务。

（1）支持并参与署机关业务司、派出局的审计业务。承担了署机关业务司、派出局使用AO的技术支持服务，开发新的转换模版。配合业务司局实施大项目统一组织管理。

配合卫生药品审计局在2010年度部门预算执行审计中，全程使用联网审计系统，分析数据、建立分析模型，把握总体，配合该局工作。

继续派员参加联合国审计项目。

支持投资司的溪洛渡水电工程审计项目，在工程现场完成了系统调查和采集方法的设计，并为2011年三峡决算审计打下了基础。

对财政司国税审计的支持、对企业司联通公司手机涉黄审计的支持等都收到了好的效果。

（2）实施信息系统审计探索。经多次反复修改，出台了信息系统审计指导意见，较好地诠释了刘家义审计长提出的信息系统审计安全性、可靠性、经济性三个着力点，对信息系统审计的内容、事项分类、组织管理、采用的方法给出了方向性指导，明确了信息系统审计的范围和重点，对于规范信息系统审计组织管理、操作具有重要意义。跟踪办公厅计划中5个含有信息系统审计内容的项目，并及时了解地方审计机关开展信息系统审计项目的情况，年底在南京召开的信息系统审计案例研讨会上，对信息系统审计工作做了总结。

审计署信息化系统的运行和维护　（1）保障“三网”的持续运行，为机关提供信息化管理和办公环境。

保证了审计署因特网、审计专网和审计内网的正常运转，保障了审计署与中办、国办和财政部等署外单位的网络通信畅通，全年无重大断网事故。此外，新开通2Mbps和30Mbps电路专线，分别连通溪洛渡联网审计项目和审计署长沙数据备份中心，为联网审计和数据备份打下坚实基础。

涉密信息系统的分级保护工作全面开展，已经向国家保密局提出测评申请。非涉密办公系统的等级保护工作顺利开展，管理域的划分、各种安全设备等基本到位。审计署还作为国家保密局的应用试点单位承担了国家相关项目的试用课题。

（2）提供经济适应的计算机设备，保障审计和办公的需要。目前署机关在用的计算机数千台（专网、内网、因特网、联合国审计、培训、周转等），日常的管理、维护工作十分繁重。以有限的资金，向署机关提供经济适用的计算机设备，保障了审计和办公的需要。

全年共新购计算机设备 2611 件/套，维修计算机设备 480 台/次，安装操作系统及应用软件约 1700 台/次，保障了信息类固定资产对机关工作的需求；年中办公厅决定将信息类固定资产的实物管理职责交给中心。

（3）利用已建成的专网通道，实现署机关大型会议的视频转播。制订了《审计署审计会商系统使用办法》。承担了 2010 年度署集中培训、全国审计会议、审计准则培训等大型活动的转播，支持了地方信息化建设会议、业务司审计项目培训等转播，节约了大量的会议经费。

（4）充分利用审计专网带宽，丰富应用内容。继续在网上培训平台下发新的培训课件。保证公文分发畅通，保证审计计划、审计报表、联网审计数据加载传输畅通，保证 RTX 即时通信、公告、邮件等通信平台畅通。加载维护法规、宏观经济信息、专家经验等资料数据。

（5）继续开展计算机培训，进一步改善审计队伍的知识结构。继续组织审计署计算机审计中级培训和审计署计算机中级水平考试。按照刘家义审计长关于中级培训要提高标准的思路，于 1 月初发布了新的培训大纲，7 月 6 本新编教材出版。全年共举办三期培训，参加培训共 180 人，组织了 5 次考试，通过 497 人。

年底召开了地方审计机关参加的中级培训组织工作座谈会，会后印发的会议纪要，为今后一个时期中级培训的发展指明了方向；为通过中级培训的人员设计了 9 门中级培训后续课程，以满足部分审计项目、部分审计人员的特殊需要。

5 月底举办了第一期审计机关领导干部信息化素质培训班，从体系上弥补了培训的缺欠，收到较好的效果。

在信息系统审计培训方面，采取交流经验的方式，继续开展普及型的培训，同时继续鼓励计算机专业人员开展特定深入方向的学习。

全年举办 3 次 AO 培训认证考试，全国有 13588 人通过，至年底全国有 36308 人通过 AO 认证考试，占 8 万审计人员的 45%。

利用 ERP 模拟审计实验室组织 3 期 ERP 培训，为 106 名企业审计、境外审计人员普及了 ERP 知识。

审计信息化科研和对外交流　（1）会计标准。会计核算软件数据接口标准的企业版、行政事业版于 6 月 30 日经国家标准委批准正式发布，总预算会计、商业银行数据接口标准已于 12 月底经专家审定会审定。

（2）信息化科研。科技部批复了审计署申请的国家科技支撑计划《政府预算执行动态审计监测关键技术与应用示范研究》项目，组织署机关相关单位、科研院所、高等院校和相关 IT 企业，采用产学研联合机制，攻关研究动态审计方式和监测模型、智能处理技术应用、关键技术系统集成、4 类专业审计应用示范。其中中心承担的课题之一——审计方式与监测模型研究课题，已经启动。

承担的中国特色社会主义审计理论研究审计信息化部分已经交稿。

承担的内部审计协会《数据式系统基础审计理论和实践研究》课题于 12 月底通过内审协会的理论验收检查。

承担的中国审计学会信息系统审计指南研究取得阶段性成果。

承担的《中国国家审计学》第十章——国家审计信息化建设部分已经开始编写。

（3）外事交流。继续做好 IT 审计委员会中国工作组的日常工作，跟踪 IT 审计委员会官方网站，翻译重点文章的摘要，为杂志和网站提供稿件。

4 月最高审计机关 IT 审计工作组第六届效益审计研讨会和工作组第 19 次年会在中国举行。两个会议共有 38 个国家 82 名代表参加，是 IT 审计工作组有史以来规模最大的会议。中国在研讨会上宣读了3篇论文，还印发了4篇论文（英文版），中心对参加会议的论文进行了遴选、修改；在年会上杨莉代表中国审计署宣读了题为“中国IT项目绩效审计的评价指标”的国家论文。年会确定建立“审计IT项目的关键绩效指标方法（Key Performance Indicator Methodology for Auditing IT Programs）”课题，并明确由中国审计署领导，美国、不丹、厄瓜多尔、日本、科威特、马来西亚、波兰和俄罗斯8个成员国参与，该项目是IT工作组有史以来参与成员国最多的项目。会议期间还与多次参加IT审计工作组会议的老朋友加强沟通与联系，希望他们更多地支持中国的计算机审计工作。会后，在征集论文的基础上出版了《IT项目绩效评价论文集》。继续派员参加联合国审计。

按照署领导与澳门审计署领导达成的意向，中心对澳门审计署工作人员进行了AO 2008的培训，经请示署领导同意，中心启动了AO 2008澳门版的工作，已经做过多次沟通。

中心承接两位澳门同事参加中级培训，两位澳门同事努力学习以较好的成绩通过中级考试。在整理建署以来外事档案的基础上，写出了国外计算机审计情况。

加强党风廉政建设　（1）中心已连续九年被评为中央国家机关文明单位，连续三年被评为首都文明单位。于广军副主任被评为“2009年度中央国家机关精神文明建设先进工作者”。积极参加机关党委、北京市组织的各项活动，与门头沟区法城村建立精神文明共建关系，组织了相关参观活动，协助机关党委为法城村建立了因特网阅览室；组织参观了清白口村革命抗战史馆，参观了平津战役纪念馆，接受爱国主义教育；组织向贫困地区捐款捐物；组织健身活动。

（2）中心的工作在业内继续得到好评。3月，工信部杨学山副部长来署调研，要求相关机构总结金审工程经验；6月工信部在审计署召开电子政务现场会，听取审计署介绍金审工程建设经验；11月中心信息办邀请国务院15个部委的信息中心主任，结合审计署国产化应用，研讨国产化应用支撑平台，与会人员盛赞审计署在审计信息化建设项目中使用国产软件的途径和解决方案；中心王智玉主任被中国信息协会信息主管（CIO）分会评为“2009政府CIO年度贡献奖”；“国家审计交换中心应用平台”项目被评为“2009年政府信息化优秀项目”；在中国质量协会用户委员会、工信部电子科学技术情报研究所、计世资讯联合主办的“2010年中国IT用户满意度年会”上，中心王智玉主任荣获“中国IT应用卓越成就奖”。

（3）中心一贯注重加强廉政教育，提高防腐的自觉性，保持廉政工作的高压态势。在工程管理过程中，严格执行政府采购规定，严格执行审计人员“八不准”和金审工程“六不准”纪律。目前没有发现不廉洁行为，没有发现以权谋私的现象。2010年中心提任一位处长、三位副处长，调整了四位处级干部的工作岗位，整个执行过程中，中心领导班子坚持从工作需要出发，从培训干部出发，任人唯贤，公开透明，按照规定操作，没有人送礼说情。在有关部门实施对中心的预算执行审计、对王智玉主任的任期经济责任审计、对金审工程一期的竣工审计和财政部委托大华会计事务所对金审工程二期建设项目的审计，都表明中心在财务管理、资金收支方面严格执行法规制度，保证了资金使用的安全。

（撰稿人：裴晓宁）

【中国时代经济出版社】　2010年，中国时代经济出版社在编人员34人，招聘人员55人，领导职数5名。设有行政人事部、财务部、总编室、期刊编辑一部、期刊编辑二部、图书编辑一部、图书编辑二部、对外合作部、高等教育教材编辑出版中心、期刊营销部、图书营销部、编审室12个部室。

领导成员

社长兼总编辑：宋灵恩

副 社 长：韩大川

副 社 长：乔晚根

纪检组长：陈遥征

副总编辑：林晓靖

工作综述　2010年，中国时代经济出版社全面贯彻审计署党组关于审计宣传工作的指示精神，认真履行审计署直属出版单位的责任和义务，通过不断地改革、创新与发展，使《中国审计》杂志的办刊质量和规模不断提高，并在全国图书市场异常低迷的不利局面下，使审计、财经类图书及社科类图书的出版与发行保持着良好的规模与质量。

审计宣传与期刊出版　中国时代经济出版社始终将审计宣传工作视为年度工作的重中之重，积极贯彻落实刘家义审计长提出的“六个一”要求，通过不断探索和改进宣传方式、充实和丰富宣传内容，充分发挥现有杂志、图书等媒体平台的传播作用，从而使审计宣传工作在规模、质量、时效等方面均有了一定程度的提升。一是《中国审计》杂志积极贯彻落实全国审计工作会议、全国审计工作座谈会精神和刘家义审计长提出的“六个一”要求，以“围绕一个中心、实现两大目标，完成八项任务，促进审计工作为经济发展和社会进步作出更大贡献”为主题，顺利完成了全年24期杂志的编辑出版任务，起到了宣传政策、传递信息、指导工作的舆论阵地作用和桥梁纽带作用，同时也使杂志呈现出新的办刊特色。二是对《中国财经审计法规选编》和《中国审计年鉴》的编辑出版工作给予应有的重视和投入，并使其在审计宣传体系中发挥了重要的作用，全年共编辑出版《中国财经审计法规选编》24期，并在信息的收集与内容筛选方面基本做到了准确、及时、实用，进一步增强了法规选编的实用性与可读性；在《中国审计年鉴》的编辑出版工作中，出版社加强与相关部门的沟通与协调，基本理顺了与审计署有关司局、派出局、特派办及地方审计机关的工作联系，进一步提高了工作效率、保证了稿件的质量，努力使年鉴真正成为如实记录审计发展历史、全面展现审计工作业绩、准确反映审计工作变化的权威工具书。三是密切关注对审计工作具有重大指导意义的热点理论问题，并积极利用自身的人才优势和媒体资源将这些理论在相关领域进行宣传和推广，2010年6月19日中国时代经济出版社在山西太原组织召开了第四次发挥审计“免疫系统”功能学术讨论会，参会代表包括山西财经大学、山西大学、沈阳大学、江西财经大学、南京审计学院等高校数十名专家教授、近百名研究生以及审计署太原办、山西省审计厅的领导，会上交流论文40余篇。

图书出版　在图书出版方面，出版社深入挖掘内部潜力、合理整合内外部资源，有针对性地采取一系列措施，积极应对不利局面、及时消化不利因素。一是“调结构”：进一步优化选题结构，将有限的资源向社会影响力大和市场潜力好的选题倾斜，通过优化结构提升图书产品的市场认可度。二是“创品牌”：充分发挥品牌书系和品牌作者、品牌编辑的带动和辐射作用，从内容、编辑、装帧、印制等全方位提升图书产品的质量和市场影响力，把一部分门类的图书做大做强，通过品牌战略不断提升出版社的社会知名度以及本版图书的读者认可度和市场占有率。三是“保重点”：作为审计署直属出版单位，审计类图书始终是图书出版重点，2010年出版社在比较困难的情况下仍然对审计类图书的出版给予较大的投入，出版一批具有较高学术水平或较强实用性的审计理论和实务方面的图书。四是“压成本”：在图书市场需求萎缩和竞争加剧的不利局面下，通过扩大生产规模来提升经济效益的难度越来越大，所以出版社就在压缩成本方面狠下功夫，即通过细化生产管理严格控制和压缩生产成本，以成本的降低换取利润的增加。正是由于采取了积极应对图书市场变化的有效措施，2010年出版社在图书市场异常疲软的情况下，仍然取得了年度出版图书541种、实现出版码洋6797万元的业绩。

内部管理　根据中央关于文化体制改革的方针、政策，积极推进出版社转企改制工作，并以转企改制为契机，进一步提升出版社经营管理的科学化、规范化水平。首先是按照中央及审计署关于出版社转企改制工作的部署和要求，通过出版社各级领导和有关人员的周密组织和认真操作，扎扎实实地完成有关转企改制的各项具体任务，努力实现出版社转企改制的既定目标。其次是以转企改制为契机，建立科学、规范且符合现代出版业要求的内部管理机制，进一步提升了应对市场竞争的能力，为改制后出版社的生存与发展奠定良好的基础。为此，出版社对下一步的经营管理工作展开广泛的讨论与研究并达成初步共识。一是组织书刊编辑人员以座谈交流的形式，根据市场变化情况及出版社的资源情况，研究、规划书刊产品的选择策划方式、发展重点、盈利模式等，力求对今后的书刊出版工作形成清晰的思路；二是组织财务部门和出版管理部门，按照企业管理的客观要求，研究如何改进书刊生产及财务管理方面的工作流程，力求通过严格、规范的管理与监督有效地控制经营风险；三是组织行政管理部门，根据《劳动合同法》等管理法规及出版社的人力资源管理特点，研究和改进人力资源管理方式，清理、修改和完善了规章制度，依法实施劳动关系管理及有效控制用人风险。

党建与思想政治工作　出版社党支部根据当前面临的转企改制新形势，及时学习和领会审计署领导和上级党委的指示精神，有针对性地对党建工作、思想政治工作和廉政建设作出部署，使支部工作在出版社的发展进程中始终能够发挥积极的保障和促进作用。一是根据社领导班子的调整情况，适时调整和补充党支部组成人员，进一步细化了支部成员的工作分工，并针对面临的内外部形势统一支部一班人的工作思路，在组织上为积极、有效地开展支部工作创造良好条件。二是结合转企改制的新形势，有针对性地开展思想政治工作，特别是针对员工一度出现的畏惧和担心改制的思想状况，党支部利用集中整训等时机，运用传达文件、讨论研究、座谈交流等多种形式，组织员工集中学习有关转企改制的文件精神以及审计署领导对出版社转企改制工作的希望和要求，了解改制工作的有关政策和工作计划，通过思想教育让全社员工了解改制、支持改制、参与改制，从而使员工的思想情况自启动改制工作以来始终处于比较稳定的状态。三是认真学习和贯彻上级党组织关于开展创先争优活动的文件精神，并结合出版社经营管理特点，全面分析岗位设置和人员配置情况，找出员工队伍在能力和素质方面存在的不足以及今后的努力方向，采取多种有效形式不断提升员工自身的素质和能力，通过准备实行岗位准入等措施，引导和鼓励员工积极提升自身的专业水平和专业资质，并在资金、时间等方面为员工参加学历教育、职称考评、专业岗位证书考评等活动创造便利条件，从而使员工中具有中级以上专业职称和持有责任编辑上岗证书人员的比例显著提升。　（撰稿人：蔡　萌）

【中国审计报社】　2010 年，中国审计报社（以下简称报社）实有人员 51 人，领导职数 4 名。设有总编室、新闻部、专刊部、技术信息部、办公室、财务部、发行部、广告部。

领导成员

社长兼总编辑：刘玉慧

副总编辑：姚汝杰　陈胜利

纪检组长：张友方

工作综述　2010 年是文化报刊体制改革全面启动之年。在署党组的正确领导下，报社全体职工和驻各地记者站以科学发展观为指导，以履行新闻宣传职责为己任，创先争优，积极奋进，不断提高办报质量，提高内部管理水平，加强队伍素质建设，办报质量及其宣传力影响力不断提高，职工收入稳定增长，各项工作都取得了新的进步和突破性发展，为下一步文化报刊体制改革奠定了坚实的基础。

创先争优活动　按照中央国家机关工委和署机关党委的统一部署，报社紧密结合工作实际，围绕着开展创先争优活动和内树正气外树形象，推动了报社队伍建设的新发展，取得了良好的效果。

在创先争优活动中，报社紧密结合报社业务工作和党建工作实际，重点加强了能力建设、作风建设和制度建设，开展了争当“采编岗位的高手、经营岗位的强手、技能岗位的能手、综合管理岗位的行家里手”的报社“四手”活动；大张旗鼓地开展“谈身边事、学身边人”的树立、宣传、学习典型活动；开展党员点评评议工作，全社同志人人参与，人人争创，人人受教育，人人有提高。通过活动，报纸宣传力和影响力、报社在同行业中的竞争力、党支部的凝聚力和战斗力明显增强。一是注重对广大职工的思想教育。报社始终把提高人的综合素质和素养放在十分重要的位置来加强组织领导和体现，注重加强革命传统教育、集体意识和观念的培养教育，有意识地培养员工的集体荣誉感和爱社如家的归属感。二是注重对年轻干部和骨干的培养使用，充分发挥和调动中层干部和骨干的积极性和创造性。通过对年轻干部和骨干的培养和使用，中层干部得到了进一步的锻炼和成长，大局意识、责任意识、管理意识、合作意识、带队伍意识明显增强，各部室的内部管理工作也明显加强，表现出了很好的负责精神和良好的精神面貌和精神状态。三是更加注重奖惩激励机制，抓典型、立样板，树正气。对于思想道德修养好，工作中成绩突出，以及在各种活动和参加有关竞赛中取得好名次，为报社赢得荣誉的，都在全社进行通报表扬或表彰，使大家不断增强责任意识，增强对报社这个集体的热爱，这些措施为报社员工的行为起到了很好的导向和表率作用。四是注重严暖结合，生活上关心，坚持把思想工作体现在日常工作的细微处。注重形式和内容的统一，多次开展了寓教于乐的集体活动，起到了教育、健身和陶冶情操等多重效果。7 月，报社组织全体同志到河北参观保定廉政公署，到白洋淀参观地道战遗址。10 月组织到山东枣庄参观台儿庄抗日战争纪念馆，对大家进行传统革命教育。五是在党的建设上，党支部的战斗堡垒作用和共产党员的先锋模范作用得到进一步加强和体现。党支部进一步加强培养和发展党员的工作，定期分析研究党员及积极分子的情况，定期或不定期地分工谈话。2010 年有一名同志被接收为中共正式党员，有三位同志被发展为中共预备党员。

采编业务管理　(1) 围绕审计中心工作，舆论引导强势有力。一是突出宣传署党组中心工作，在重大新闻事件宣传报道上实现多角度、跟踪式报道，使重大新闻事件的宣传呈现立体化，为推进审计事业科学发展和民生审计新发展提供保障。如在青海玉树地震的连续报道中，从抗震救灾到灾后重建，先后刊发了一批质量上乘、特色鲜明、影响广泛的稿件。在“两办”关于对党政领导干部经济责任审计的规定发布后，报社精心组织专题报道，确保在第一时间做出准确、全面、权威、深度解读。这些重大新闻事件的报道角度全面、内容翔实、时效性强、政策性突出。在报道中不是孤立地报道工作动态，而是把具体工作与国家的部署紧密联系起来，体现了新闻报道的政策高度，有力配合了署党组的工作部署，在围绕中心、服务大局方面发挥了重要作用，多次受到署领导和广大读者的肯定。

二是围绕审计项目，加大主题报道、系列报道的策划力度。这些主题报道、系列报道的策划都围绕国家经济热点、审计工作重点，力图把经济与审计结合起来，通过写审计反映经济发展，通过项目总结绩效审计、环境审计的新动态、新经验和新做法。如南京中山陵改造，钱塘江环境治理，南通农民集中居住地建设，洪湖新农村建设等报道。

三是加大审计信息成果的转化程度，注意把审计业务与国家经济生活的热点结合起来，通过新闻报道看审计如何服务经济建设。如浙江的盐业调查《百姓可否不再被加碘》以及《温岭“退二进三”土地管理政策存在缺失》、《企业调整专项资金有力拉动地区经济社会健康快速发展》等是其中的代表，充分体现了审计成果的转化。

四是加大了案例的报道，如王益腐败案、公路大王刘根山案、吉安再就业资金挪用案、吉林四平李氏兄弟骗取银行贷款案、中行四川分行什邡支行违法发放贷款案等一大批在全国有影响的大案要案。同时，也加大对一些违法违纪问题的报道，起到了一定威慑作用，为当地审计机关开展工作创造了条件。如湖北省安陆市机关事业保险局出纳贪污挪用公款的报道刊发后，引起了当地政府的高度重视，树立了审计的威信。

(2) 加强报纸的品牌栏目、品牌版面和特色专刊的建设。年初，报社认真研究读者需求，在充分调研论证的基础上，将原《考试周刊》改为了《内审专刊》。新的专刊直接面向整个内审系统，与各级内审机构和大型企业内部审计部门建立了密切联系，有助于扩大报纸的影响力。同时，编辑积极做好报道选题的策划，提高专刊的质量，受到广大读者的欢迎。此外将财经周刊《企业看台》版改为了《民生经济》版，版面的定位就是重点关注与民生有关的社保、住房等领域的问题。在 9 月份报社通联宣传工作会上针对基层审计机关的问卷调查显示，《民生经济》版开办 8 个月，关注度就已经达到 64%，在专刊各版中排前列，进一步拓宽了报道领域。目前，报纸改版和栏目调整已经成为常态，以符合行业特点、满足读者需求为标准，品牌栏目和版面建设得到加强。

几个专刊在完成日常报道工作的同时，对国家社会、经济发展中的热点问题和重大新闻事件予以高度关注和及时跟进，专刊特色建设进一步提高。《财经周刊》专题丰富、评论敏锐，紧密跟踪中央政策走向，及时报道具有代表性的见解。众多权威的声音在本报登台亮相，充实丰富了报纸内容，提高了版面的可信度、可读性。《学习专刊》的文章富有理论性、学术性、前瞻性，很多文章发表后，引起较好的反响。如 3 月 3 日，由浙江工商大学财会学院审计系主任王宝庆撰写的《国家审计维护地方经济安全的实现途径》一文发表后，被中国人民大学复印报刊资料全文转载。专刊编辑为经济特区建立三十周年及时约请中共广东省委宣传部丁晋清同志撰写了《推进科学发展的政治宣言和行动纲领》的文章。文章发表后，被人民网全文转载。

（3）着力狠抓报纸质量。过去的一年里，报社的采编工作及各项采编制度也得到了有效的执行，较好地坚持了每周两次的编前会制度以及每季度一次的报道策划会制度，对报纸质量的监督和考核得到进一步加强，办报质量明显提高。邀请外部专家对好稿件进行评选，在专家评审座谈会上，五位专家一致认为，好稿评选的参选作品整体水平较高，尤其是言论的质量非常高，旗帜鲜明。同时对办报水平也给予高度评价，认为审计报文化导向突出，行业指导到位，同时兼顾了报纸的知识性、趣味性、可读性，是一份优秀的行业报。

规范有序狠抓经营工作　报刊发行是扩大报纸读者覆盖面和报纸影响力的重要手段，是让社会各界充分认识审计、了解审计、理解审计、支持审计的重要途径。一年来，报社狠抓关键环节、关键地区、关键部门，发挥重点大户的带动力量，举全社之力做好报刊发行工作，取得显著成效。到12月份，报纸印厂实际印数比年初又有所增长，报纸发行工作取得重大进展，覆盖面和影响力进一步扩大。同时，报社通过降低发行费率，提高对市场的预见性，大大降低了发行成本，扭转了发行基本成本核算亏损的局面，近年来报纸发行收入已逐步成为报社经营发展的稳定来源。

在广告经营中，面对近几年广告政策不断变化、经营人员调整等诸多不利因素，报社不断加强采编、发行、广告三个环节之间的统一协调，形成合力，提高广告宣传层次和力度，扩大广告效应，在外部形势不利的环境下，积极拓展新的市场和发展空间，应对市场变化，及时调整经营策略。一是积极认真整理过去为报社提供广告支持的客户信息，积极主动沟通联系；二是拓展向地方审计机关寻求相关广告信息支持的路子；三是大胆有效地探索直接向社会征集广告，取得较好的效果。通过一年来的努力，广告收入基本达到预期目标，保障了报社全年度经营工作圆满完成。

内部管理　2010年年初，作为人事制度改革的又一举措，报社对采编部门中层干部进行了岗位交流。轮岗是培养、锻炼中层管理人员的好办法，报社计划将这次轮岗作为重要的人力资源管理手段进行系统规划实施。通过轮岗，加强了中层干部自觉探索意识，锻炼了工作能力，增加了工作动力，对优化干部队伍结构，增强工作活力，提高工作效率起到促进作用。同时，对发行、广告两个经营部门的中层干部实行目标责任管理，在与部门负责人签订的责任书中，加大了风险和奖励的约定。

在工资福利制度的改革和完善上，报社在“四险”基础上，为编外职工又缴纳了住房公积金。至此，报社从2004年缴纳基本养老保险和医疗保险工作开始，编外职工“五险一金”工作全面得到落实，职工待遇和福利得到切实保障。在外部大环境并不景气的情况下，报社在对行业、系统工资结构、福利待遇充分调研的基础上，对全员职工工资进行了进一步规范和调整，为下一步事业单位绩效工资改革奠定基础，探索逐步建立基本工资、社会保障、职工福利三位一体的薪酬体系。

11月，署经责司派出审计组对刘玉慧社长2006年7月至2010年9月任中期间业务开展和履责情况进行经济责任审计。报社的内部管理和经营管理等工作得到审计组的肯定评价，他们认为报社的经营工作干净、清楚。（撰稿人：李铬铬）

【国外贷援款项目审计服务中心】　2010年，国外贷援款项目审计服务中心（以下简称中心）编制35人，在编18人，聘用人员14人。领导职数3名。设有综合管理部（处）、业务一部（处）、业务二部（处）、业务三部（处）。

领导成员

主　任：陈　华

副主任：鹿云飞　李　丹

工作综述　2010年，完成国外贷援款公证审计项目103个，其中直接完成审计项目76个，外资司和特派办完成后交中心复核的审计项目27个；出具公证审计报告103份，其中保留意见审计报告16份，拒绝表示意见审计报告1份，无保留意见审计报告 86 份；审计发现问题 194 个，涉及违规金额 2.3 亿元人民币，其中：违反国家法规、贷援款协定问题金额 1.25 亿元人民币，管理不规范问题金额 1.05 亿元人民币；向相关项目执行单位提出建议共计 194 条。世界银行、亚洲开发银行和联合国开发计划署等国外贷援款机构通过会谈和发函等形式，对中心出具的审计报告质量表示满意并给予赞扬。

国外贷援款项目公证审计　(1) 继续加大审计力度，揭示项目存在的重大履约风险。在审计过程中，不仅全面履行公证审计职能，同时还注意发现和查处重大违法违规问题，防范国际履约风险，从发挥国家审计的“免疫系统”功能和维护国家经济安全的角度，揭露项目管理机制、体制、制度方面存在的问题。

(2) 严格项目管理，进一步提高审计质量。一是把伞型贷款项目的质量控制关口前移。针对以往伞型贷款项目投资规模大、涉及省市多、部分省级审计机关上报的分项目审计报告存在审计发现问题事实描述不清、详略不当、定性不准、处理意见不统一，严重影响审计结果的汇总和公证审计报告的质量等问题，中心以世界银行贷款/英国国际发展部赠款中国结核病控制项目和世界银行贷款加强灌溉三期两个伞型项目为切入点，尝试对地方审计机关进行审前指导，将控制关口前移，变被动为主动。把这两个项目的概况、项目进度、提款报账情况以及近两年各省级审计机关审计发现的问题进行汇集整理，归纳出 12 类常见审计发现问题，并对问题的表述方法、报告要素等方面进行统一规范，向 20 个省级审计机关印发了审计参阅资料，供他们在相关项目审计中参照执行。统一的标准和尺度使 2010 年省级审计机关提交的分项目审计报告质量有明显提高。

二是加大延伸审计的力度，全面了解项目的执行效果。在对世界银行贷款微小企业转贷款项目审计中，从每家合作银行随机选取 6 家微贷款客户进行实地调查走访，对于未能实地走访的客户，发放调查问卷近千份以了解对微贷项目的评价和参与项目前后经营状况发生的变化。在对世界银行赠款适应气候变化农业开发项目审计中，审计人员跟踪资金流向，深入农户家、田间地头核实项目资金是否足额补贴到户，沼气、蔬菜大棚等是否建成并投入使用，项目物资是否发放到位等。通过现场调查和了解，审计人员发现项目执行中存在改变项目资金用途、违规向项目区农户收取费用等问题。

三是加强现场复核力度。审计过程中，加强了现场复核的力度，通过层层把关，及时化解审计程序不充分的风险。根据审计方案中确定的人员分工，中心在每个项目中都明确岗位职责，强化现场复核。除要求主审对审计组成员编制的审计工作底稿和审计证据进行复核外，审计组长要到现场对所有工作底稿进行全面复核，发现问题及时解决，以确保审计工作底稿的规范和审计证据的充分、合理、有效。

四是改进审计报告的复核方式。中心在审计报告复核工作中运用自主开发的审计报告复核管理系统，通过信息化手段将国外贷援款项目公证审计报告复核工作规范化、自动化。在审计报告复核过程中，复核方式也由报告层面的复核延伸至底稿层面的复核。复核时不仅要看审计报告，还要审阅查证材料、审计工作底稿和其他支持审计报告的相关材料，加强审计报告质量控制，提高报告复核水平。

(3) 实施期中审计，缓解审计任务全年不均衡的矛盾。2010 年中心承担的国外贷援款项目共计 103 个，大部分项目的审计报告必须在 4 月底和 6 月底之前对外出具。为缓解人手少、时间紧和审计质量要求高之间的矛盾，中心认真贯彻落实分管署领导关于“一年审多次、多次审一年”的指示精神，在完成财务报表审计基础上，下半年对 12 个项目进行期中审计，延伸审计 33 家项目办（企业），缓解了审计任务全年不均衡的矛盾。在审计项目的选择、审计重点的确定、审计方式的创新、审计质量的提升等方面进行了有益探索。例如，11 月对白蚁防治氯丹灭蚁灵替代示范项目进行了期中审计，走访了江苏、湖南、安徽等三个省级项目办，抽查了南京、长沙、芜湖等地的 6 个市县级项目办，对该项目的实施内容、效果及存在的问题进行了深入的调查了解，为全面掌握项目实际情况和出具审计报告奠定了基础。

开展期中审计时，一是重点关注审计报告披露问题的整改情况，跟踪项目实施进度，并就审计发现问题进行深层次原因分析。如对世行贷款农民工培训与就业项目的期中审计，审计重点是项目执行进度缓慢问题的整改情况。二是重点延伸上半年未抽查子项目的财务收支及有关经营管理情况，如对全球环境基金赠款海河流域水资源与水环境综合管理项目的期中审计，审计重点是山西潞城项目办的财务收支情况。三是重点审计项目的工程建设情况、项目目标完成情况以及物资招标采购等情况，如对世行贷款中国节能融资项目的期中审计，审计重点是钢铁企业节能减排工程的建设和运行情况。

（4）继续对国外贷援款项目审计管理模式和审计报告格式进行规范。针对过去对UNDP援助项目审计类型界定不清，审计报告格式不规范的情况，中心重点对UNDP援助项目审计管理模式和审计报告格式进行规范，把UNDP援助项目公证审计明确定位为报表审计，对每个项目都单独出具审计报告，并对以前年度沿用的UNDP援助项目审计报告模版进行修改，使之满足了UNDP审计大纲要求，并着手编写UNDP援助项目审计手册。该项工作得到UNDP总部的认可，中心出具的37份UNDP援助项目审计报告一次通过UNDP总部的审核，UNDP驻华代表处为此专门致函中心表示感谢。

（5）开展“审、帮、促”活动，发挥审计的建设性作用。一是加强与项目主管部门的合作，帮促国外贷援款项目的执行。如：中心派人在财政部国际司组织的GEF项目培训会和亚行赠款防治土地退化项目财务培训班上讲课，对项目人员进行项目管理与财务、审计知识培训；与世行赠款“禽/人流感信托基金赠款高致病性禽流感及人流感大流行防控能力建设项目”中央项目办共同组成财务督导组，赴安徽、辽宁两省4个子项目单位进行实地调研和检查，促进被审计单位提高自身的财务管理水平。

二是加强与被审计单位的沟通，共同研究解决项目执行过程中遇到的难题。如针对世行贷款农民工就业与培训项目、世行贷款华夏银行节能融资项目等项目存在的执行进度缓慢问题，中心与被审计单位相关人员共同研究，分析问题，促使被审计单位及时采取下放采购权限等具体措施，为加快项目执行速度奠定基础，减少项目资金闲置造成的损失浪费。

三是加强与地方审计机关的协调，提供审计业务培训，提高地方审计机关的业务水平。如：派人参加浙江省审计厅组织的全省外资项目审计研讨会，对蒙特利尔多边基金援款环保项目进行培训；与上海市审计局、辽宁省审计厅共同研究伞形授权项目审计中存在的困难和解决办法。

（6）提炼审计成果，及时向署报送《审计工作动态》。为深入分析挖掘审计信息资源，发挥审计的建设性作用，中心制订了不定期向署里报送《审计工作动态》的制度，要求每位审计人员注意归纳整理项目在执行过程中存在的管理机制、体制、制度方面的问题，每年每个处室至少要编写三期审计工作动态。2010年中心共向署报送11篇审计工作动态，内容涉及项目单位对审计建议的落实情况、项目绩效目标评价、项目管理体制分析、审计质量控制等方面，其中部分信息已由分管署领导批示转发有关部门。

内部管理与队伍建设　（1）中心内部管理。一是健全和完善内部管理制度，为有序发展奠定基础。中心对各项基础工作进行梳理、细化，确定重点，分解责任，明确分工；对《审计外勤经费管理办法》等内部管理制度进行修订，并收集整理中心的全部规章制度，即将汇编成册。

二是严格财务管理，规范项目经费支出。根据署办公厅下达的审计项目计划，加强审计项目动态管理和项目预算管理，由各业务处核算每个审计项目的经费使用情况，为下一年度的项目预算提供准确、可靠的数据；加强现金和各项费用报销的管理，健全完善审核机制。

三是加强人才资源管理，建立规范的人事工作管理流程。按照署人教司的要求，补齐了相关人员缺失的人事档案资料100余份；为2位同志办理调入手续、为3位同志办理辞职手续；为10多名职工办理正常晋级和工资变动以及部分聘用人员的续签合同手续。

四是加强固定资产和办公用品的管理，严控办公经费开支。按照公开、透明的原则，实行阳光采购，本年度共采购固定资产8.21万元，均做到了及时登记、入账。

五是加强审计档案和审计报告出具工作，全面推进审计资料管理工作的规范化。建立了规范的审计档案管理制度，向署办公厅移交256卷审计项目档案，全部通过验收。还印制装订1016份审计报告，保证审计报告的按时出具。

六是加强保密工作管理，落实保密措施。在审计署组织的保密检查中，中心没有出现任何违反保密规定的问题。

七是紧抓低碳节能和安全工作不放松。制作了主题为“绿色办公、低碳生活”板报，通过广泛宣传，使节能活动人人皆知，全体员工自觉培养低碳行为习惯，有效杜绝浪费现象。4月，中心被中央国家机关社会治安综合治理领导小组办公室评为2009年度中央国家机关“平安单位”，成为全署唯一获此称号的单位。

(2) 干部队伍建设。一是采取切实可行的具体措施，将“实、高、新、严、细”要求落实到审计业务实处。以审计报告复核为例，中心在以往年度审计报告复核工作信息化建设的基础上，将报告复核系统进行升级，实现审计项目管理的全过程信息化，审计报告的复核过程以及复核中发现的错误可以得到精确的记录和统计，提高了审计报告质量。

二是制定并实施了审计项目主审制度、每周业务学习制度、每月培训交流制度等一系列制度，为学习型组织的建设提供了必要的制度保障。

三是除参加审计署统一组织的集中整训外，中心还组织对《国家审计准则》、新修订的《世界银行贷款审计项目操作指南》、AO外资2008版的培训。2人参加注册造价师、ACCA和CIA的考试，1人参加计算机中级学习班，3人参加计算机中级考试，3人参加了审计署组织的审计会计基础知识培训班。

四是中心先后组织15名人员参加审计署中高级审计师研究能力培训班并撰写了论文；组织20位青年同志开展以“树立科学审计理念”为主题的论文征集活动；与安永（中国）企业咨询有限公司合作，完成亚行赠款“建立中国污水和农村发展项目内部控制系统模型”项目的课题研究工作，出版了《污水处理项目内部控制手册》、《农村发展项目内部控制手册》，为项目执行机构设计良好的内部控制体系提供参考；协助中国内部审计协会完成亚行赠款《提高中国内部审计能力》项目的课题研究工作，组织编写出版了《亚洲内部审计在公司治理中的作用》、《内部审计良好实务亚洲案例分析》两个研究报告，这两个研究报告已发送亚洲内部审计师协会联合会各成员协会作为培训教材，并送给国际内部审计师协会和世界经济合作组织等作为研究资料，受到广泛重视。

五是借鉴企业文化建设的做法，积极开展文化建设，通过组织全体人员参观南通审计博物馆、积极参加中央国家机关第三届职工运动会、开展读书、观影、听讲座等形式多样的文体活动，使干部队伍充满生机，中心凝聚力不断增强。

党建和廉政建设 中心党支部深入贯彻落实科学发展观，认真学习贯彻党的十七大和十七届三中、四中全会精神，在我中心各项工作中发挥战斗堡垒作用，结合创先争优活动的开展，推进党支部的思想、组织作风和制度建设，发挥工、青、妇等群众性组织作用，调动一切积极因素，努力营造团结和谐的工作环境，不断增强党组织活力，促进中心各项工作的顺利开展。

(1) 中心党支部将学习培训制度的建立作为学习型党支部建设的重点，规定中心领导和处室负责人必须在年内承担一次中心内部的培训授课任务，鼓励业务骨干总结工作经验，与中心全体同志分享。培训内容采取民意测验方式确定，使得培训内容能够切实满足大家的需要。通过这种形式，全年共组织专题培训讲座13次，为提高中心整体业务水平起到积极作用。党支部还通过召开支部大会，发动大家自学并结合对自学成果进行集中研讨等方式，组织全体同志学习党的十七届四中、五中全会精神、党委年初规定的8本书，参加署集中整训的各项培训和观看形势辅导报告，举办读书会，部分党员还在网上观看形势辅导报告和培训课件。

(2) 按照创先争优活动实施方案的各项工作安排，支部积极开展各项活动，把创先争优活动安排落到实处，以“创先争优、争当‘四手’人才”活动为载体，通过党员个人争当“四手”人才的具体目标和措施的公开承诺，使每一位党员都明确自己肩负的责任和使命，真心承诺、认真践行、以身作则、发挥先锋模范作用，在审计事业中建功立业、奋发有为。全体党员结合自身特点，认真分析当前审计业务工作和管理工作的实际需要，选择自己的努力方向，并制订了切实可行的具体措施和预期目标。

支部将全部党员承诺书以板报形式公开，让全体人员对此进行监督和督促，全面促进了创先争优活动的深入开展。结合工作特点，采取灵活多样的点评形式，使点评工作产生实效。支部紧紧围绕全年审计工作任务，突出点评的针对性和实效性，采取集中点评、随时点评和个别点评等多种形式，使点评工作及时、有效，并注意发现先进个人和总结典型事迹。

(3) 支部组织全体党员认真学习刘少奇同志的《论共产党员修养》和张全景同志的《大力弘扬党和组织部门的优良传统》党课报告，并围绕“什么是合格共产党员、怎样做一名合格共产党员”主题，结合各自学习体会进行讨论，学习效果显著。通过组织观看电影《第一书记》、青海玉树地震抗震救灾展览和甘肃舟曲特大山洪泥石流灾害抢险救援展览等形式，接受教育，学习先进人物事迹，增强了审计人员的使命感和责任感。

(4) 支部多次组织全体党员认真学习《中国共产党党员领导干部廉洁从政若干准则》、《中国共产党党员权利保障条例》、《审计署党组关于贯彻落实〈建立健全惩治和预防腐败体系 2008～2012 年工作规划〉的实施办法》和《开展 2010 年度推进惩治和预防腐败体系建设检查工作的实施方案》、“八不准”廉政纪律等与廉洁从政相关的文件，并结合廉政准则和典型案例进行了热烈讨论，使大家认识到廉政建设是审计工作的生命线，在自身廉洁自律意识和遵守审计纪律的自觉性方面都要不断加强，切实筑牢廉洁审计思想防线。完成了监察局安排的有关反腐倡廉的各项工作任务。2010 年，中心未发生违反廉政纪律问题，并顺利通过了署经济责任审计司对陈华主任的经济责任审计。

(5) 中心有 2 名同志发展为预备党员，2 名同志被列为入党积极分子，党员干部在工作中积极发挥模范带头作用，党组织的号召力、影响力和凝聚力进一步增强，4 名青年同志递交了入党申请书。

（撰稿人：于　荣）

【中国审计学会】　2010 年，中国审计学会共有单位会员 122 个、个人会员 1533 名，学会第六届理事会有理事 187 人、常务理事 60 人。学会设有学术委员会、编辑委员会和培训委员会三个专门委员会。学会办事机构为秘书处，设有办公室和《审计研究》编辑部。

领导成员

会　长：翟熙贵

副会长：石爱中　李清和　张立民　秦荣生
　　　　王家新　刘达朱　王秀明

秘书长：刘达朱（兼）

副秘书长：周德铭　刘力云　尹　平
　　　　　章　轲　王本强

工作综述　2010 年，中国审计学会在审计署党组的领导下，认真贯彻党的十七大和十七届四中、五中全会及全国审计工作会议精神，深入贯彻落实科学发展观，围绕审计工作中心，以构建中国特色社会主义审计理论体系为主线，保持和发扬“求实、严谨、科学、创新”的优良会风，圆满完成了年度各项工作任务，在深化审计理论研究、促进我国审计事业发展方面发挥了积极作用。

理论研究基础性工作　2009 年底召开的第六届会员代表大会和六届一次理事会会议，认真总结了学会过去五年工作，明确了今后五年学会工作的目标、任务和措施。审计署党组书记、审计长刘家义同志在会上作了题为《积极探索创新 努力健全完善中国特色社会主义审计理论体系》的重要讲话。根据刘家义审计长关于加强审计理论研究的意见和关于加强审计理论研究队伍建设的要求，学会开展专题调研、培育审计理论骨干，认真总结理论研究经验、建设理论研究队伍，进一步贯彻落实会议精神。

上半年，学会和审计署审计科研所组成联合调研组，由学会领导带队，先后到湖北、安徽、上海、浙江 4 个省市审计厅（局）及武汉、合肥、杭州 3 个省会城市审计局、审计署驻武汉和上海特派办等单位，就审计机关开展审计理论研究的情况进行调研，并于 7 月中旬联合举办省级审计学会及审计署特派办理论研究会（组）秘书长和审计科研所所长研讨班，就如何做好审计理论研究工作进行了深入研讨和经验交流，学会领导就如何贯彻落实第六次会员代表大会精神进一步提出了具体要求。根据上述调研和研讨情况，调研组在向审计署报送的《关于部分审计机关开展审计理论研究情况的调研报告》中，总结了审计理论研究的基本经验，指出了目前在开展审计理论研究方面存在的问题，提出了进一步加强和改进审计理论研究工作的建议。刘家义审计长和石爱中副审计长对调研报告给予充分肯定，并批转审计署机关各业务司和综合部门的领导参阅。这次调研为制定《审计署关于加强审计理论研究工作的意见》做了很好的准备。

3月下旬，学会对审计理论研究骨干情况进行调查摸底。在各地审计机关、高等院校的大力支持和配合下，共有署机关16个单位、16个派出局和17个特派办、28个省级审计机关和81所高等院校，向学会报送了审计理论研究骨干基本情况。符合条件的1107人纳入了全国审计理论研究人才信息库。

为培育审计理论研究骨干队伍，尽快提高研究能力和水平，学会于9月下旬在浙江举办了第一期审计理论研究骨干培训班，共有172人参加了关于审计研究方法论、学术论文基本规范等课程的学习，为加强审计理论研究队伍建设、深入持续开展审计理论研究发挥了积极作用。

研究制定五年理论研究规划　六届一次理事会会议后，学会组织专门力量，由学会领导带队围绕审计理论研究需求进行调查研究，先后召开两次座谈会，全面分析我国审计工作发展现状和今后发展方向，根据审计署五年审计工作发展规划和审计科研规划，草拟了学会今后五年审计理论研究规划。经过多次征求意见、反复研究修改，《中国审计学会2010～2014年审计理论研究规划》于7月经学会六届一次常务理事会审议通过，并由审计署批转各地审计学会、各有关单位参照执行。规划确定了今后五年学会开展审计理论研究的指导思想、总体目标、基本原则、主要任务和措施，是指导学会今后五年开展理论研究等各项工作的纲领性文件，对增强审计理论研究的前瞻性、系统性和针对性有着重要意义。

课题研究管理　一是认真组织课题公开招标和立项评审工作。2月至4月组织开展审计署2010～2011年度重点科研课题公开招标和立项评审工作。招标课题研究方向包括政府审计如何维护国家经济安全、政府审计在应对公共危机中如何发挥作用、信息化与政府审计、经济责任审计和资源环境审计。经组织有关专家评审，并报审计署批准，在收到的107份课题立项申请中确定了12个课题和6个定向委托研究课题。

二是严格进行课题中期检查和结项评审工作。课题中期检查是加强对课题进行跟踪指导，确保课题研究质量的重要措施；课题结项评审则是保证课题质量的最后关口。审计署2009～2010年度重点科研课题共26个，其中公开招标立项的有中国特色社会主义审计基本理论、绩效审计指南、审计文化建设、审计职业道德建设、当前金融审计领域若干重大问题5个研究方向的20个课题，定向委托审计署机关有关单位研究的有水环境审计指南、国家审计职业准入制度、信息系统审计指南、外资审计计算机审计方法体系、企业审计计算机审计方法体系、审计信息综合利用技术研究6个课题。2010年，已对25个课题进行了中期检查，并于10月组织专家进行了结项评审，除1个课题需要延期外，其余24个课题经过专家组评议，并报经审计署批准全部结项。从结项评审总的情况看，课题研究注重了质量，取得了较好成果。但一些课题研究不同程度上还存在缺陷，在结项评审中提出进一步修改意见。

三是具体组织中国特色社会主义审计理论课题研究和《中国国家审计学》的编撰工作。中国特色社会主义审计理论课题研究是署领导牵头的一项重大科研课题。按照计划，这一课题研究由学会与署审计科研所具体组织，课题组在2010年已经召开了4次讨论会，目前正组织进行最后修改完善。《中国国家审计学》编撰工作现正在进行之中。

专题研讨　为深化审计理论研究，学会本着“小型为主、多搞联合”的原则，在2010年举办了4次专题研讨会。一是为总结国家审计在应对金融危机中发挥的作用和取得的经验，探讨国家审计在应对金融危机中发挥作用的机制和方法，4月底在厦门举办国家审计在应对金融危机中的作用专题研讨会。会议总结了我国审计机关在应对金融危机中的做法、所发挥的作用及取得的经验，研究了其他一些国家的审计机关应对金融危机所采取的主要措施及其对我国的借鉴意义。会上提出的许多观点对推动审计机关总结经验，更好地发挥审计“免疫系统”功能具有启示意义。

二是为深入贯彻落实党的十七大和十七届四

中全会精神，推动深化财政审计工作，6月中旬在北京召开了深化财政审计工作专题研讨会。会议围绕当前财政审计工作面临的形势和要求、财政审计工作的经验和存在的问题、进一步深化财政审计工作的目标和方式方法，以及深化财政审计工作应采取的措施等进行深入的研讨，到会同志提出许多有益的观点和建议。会后，学会向审计署上报了《关于深化财政审计工作专题研讨情况的报告》，刘家义审计长和石爱中副审计长给予充分肯定，批示署有关单位作为研究拟定《审计署关于进一步深化财政审计工作的意见》的参考。

三是为总结交流外资项目绩效审计工作经验，进一步推动外资项目绩效审计工作深入发展，10月中旬与审计署外资运用审计司在西安联合举办外资项目绩效审计专题研讨会。审计署孙宝厚总审计师出席会议并做了题为《积极探索 大力推进外资项目绩效审计》的重要讲话。他根据外资项目审计的特点，提出外资项目绩效审计要主辅结合，坚持"三主三辅"，即以财务审计为主，以专项绩效审计为辅；以历年的持续审计为主，以中后期集中绩效审计为辅；以微观绩效审计为主，以行业、类别或全部项目绩效审计为辅。研讨会系统总结了全国外资项目绩效审计开展情况和经验，深入研讨了外资项目绩效审计的理论和实务问题，与会代表就如何进一步推进外资项目绩效审计达成了共识。

四是为加强境外审计工作情况交流，从理论和实务两个方面探索境外审计工作路子，推动境外审计工作稳步开展，12月中旬与审计署境外审计司在北京联合召开境外审计研讨会。会上国务院相关部门同志介绍了我国对外投资、境外国有资产和外援资金的管理监督情况，审计机关代表交流了本地区本单位境外审计工作开展情况，有关国有企业集团公司内部审计机构介绍了对本公司所属境外公司的审计监督经验，高等院校代表介绍了境外国有资产管理、监督和审计的国际实践及研究情况。与会代表就境外审计的理论和实务问题，特别是如何逐步开展境外审计进行了探讨，达成许多共识。审计署孙宝厚总审计师参加研讨会，并以《要积极稳妥灵活有效地开展境外审计》为题发表了重要讲话，指出对于境外审计，态度要积极，步子要稳妥，程序、方式和方法要灵活，成果要有效。

5月，学会制定了《中国审计学会优秀审计论文评选办法（试行）》。12月，学会按照计划和办法的规定，遵循"科学公正、注重质量、简便易行"的原则，组织有关专家对入选2010年学会4次研讨会的109篇论文进行评选，共有17篇论文获奖，其中2篇为一等奖、4篇为二等奖、11篇为三等奖，学会还对获奖论文及其作者给予通报表彰。

学术交流 一是为加强大陆与港澳台审计界的交流，促进海峡两岸暨港澳地区审计工作共同发展，经审计署批准，于9月中旬在南京审计学院举办了2010年海峡两岸暨港澳地区审计理论与实务研讨会。这次研讨会得到审计署和有关单位的高度重视。对办好这次研讨会，刘家义审计长提出明确要求，委托石爱中副审计长出席会议并致欢迎辞。研讨内容主要包括审计机关在经济社会健康运行中的地位和作用、绩效审计、计算机审计和跟踪审计4个方面。会上，两岸四地的17位代表作了专题发言，8位专家进行了点评。

学会举办两岸四地审计研讨会尚属首次。经过两天的深入交流和研讨，会议取得很好效果。围绕4方面主题进行研讨，涉及审计理念、审计制度安排、审计未来发展，审计技术方法等内容。

首届"海峡两岸暨港澳地区审计理论与实务研讨会"被编入审计署2010年大事记。

二是为深入了解和借鉴加拿大审计机关开展环境审计和绩效审计的主要做法和经验，推动我国环境审计和绩效审计的发展，11月组团赴加拿大进行环境审计和绩效审计专题培训和交流活动。通过培训和交流，了解了加拿大环境保护有关法律，环境评审指标、程序，环境审计立项、标准和依据，以及绩效审计特点等。代表团回国后报送了题为《加拿大环境审计与绩效审计及对我国的启示》的培训交流情况报告。

期刊编辑和网站建设 《审计研究》是我国审计界的重要理论刊物。2010年，《审计研究》继续贯彻理论联系实际的办刊方针，注重及时反映审计理论研究的新成果和审计实践的新鲜经验，积极倡导和推动审计理论与实务创新，繁荣审计理论，促进审计学术交流和成果转化。为改进《审计研究》杂志的编辑和出版，采取了一系列的措施：每期页码由原来的96页增至104页；提高审计实务工作者的论文比重；紧密配合审计机关的中心工作有针对性地组织论文，如先后组织专家对《中华人民共和国国家审计准则》、《党政主要领导干部和国有企业领导人员经济责任审计规定》进行学习讨论，并集中大家的主要观点予以发表；与北京大学光华管理学院联合举办“审计基本问题”学术研讨会，并将陆续刊登所筛选出的优秀论文。杂志全年共出版6期，编发论文99篇，约150万字。《审计研究》的发行量也有较大幅度提升，杂志的影响继续扩大。

网站是学会对外宣传和向会员服务的重要渠道。学会充分利用网站平台，加强同广大会员的联系，为广大会员和审计工作者交流研究成果提供服务。网站全年发布审计要闻328篇、观点摘编46篇、学会动态43篇、地方审计学会和特派办理论研究会动态44篇，审计论坛论文22篇，共计数百万字。为规范和加强学会网站管理，学会还出台《中国审计学会网站管理办法》，确保网站安全、有效运行，为充分发挥其功能和作用提供制度保证。

组织建设　一是积极发展会员，强化学会的组织基础。自3月中旬下发《中国审计学会关于积极发展会员加强学会组织基础建设的通知》至2010年12月底，共有694名同志和2个单位成为学会新会员，为学会发展增添了新的活力。二是组建学会第六届理事会专业委员会。在认真总结学会各专业委员会以往工作经验的基础上，在上届三个专业委员会的基础上进行充实调整，组成学会新一届学术委员会、培训委员会和编辑委员会。12月召开了各专业委员会会议，听取学会秘书处的相关工作汇报，提出进一步加强学会的学术研究工作、培训工作和《审计研究》编辑工作的重要意见，发挥了各委员会的职能作用。三是向民政部门报批成立审计教育分会和计算机审计分会，做了沟通和联系工作。四是筹备成立环境审计专业委员会，并提出议案拟提交学会六届二次常务理事会审议。五是在审计署机关成立中青年干部审计理论研究组，为审计署机关中青年干部开展理论研究和学术交流搭建平台。

自身建设　一是制定、完善各项规章制度。学会对已有的规章制度进行清理，保留9项、废止3项、修订2项，新制定秘书处办公室工作规则等6项工作制度，力求使学会的各项工作都有章可循，规范有序。

二是坚持把调查研究贯穿于学会各项工作中，保持良好的工作作风。学会在制定审计理论研究五年规划、提出重点研究课题选题建议、确定各类研讨会和理事论坛主题，以及年度工作计划等重大决策之前，坚持调查研究，多方听取意见，摸准审计需求，然后再实行民主决策，为学会工作更好地服务于审计工作中心奠定了坚实基础。

三是以提高学会工作人员素质和能力为核心，努力创建学习型组织。学会秘书处积极响应机关党委创建学习型组织的号召，结合学会工作特点，明确学习目标，制定集体学习和个人自学相结合的学习制度，在学会领导的指导下，采取灵活多样的方式，加强学习和培训，已取得初步成效。

四是扎实推进创先争优活动，积极发挥基层党组织和广大党员在工作中先锋模范作用。根据署创先争优活动的安排，学会秘书处党员积极参与争当“四手”的活动。　（撰稿人：王大强）

【中国内部审计协会】　2010年，中国内部审计协会秘书处共有在职员工31人，下设综合业务部、准则与学术部、职业教育部、公共宣传部、书刊服务部5个业务部门。

领导成员

会　　长：王道成
副 会 长：张连华　佟吉禄　舒家伟
　　　　　易仁萍　欧阳胜英　王光远
　　　　　李淑琴　刘志远　刘德恒　鲍国明
特邀顾问：刘鹤章
秘 书 长：鲍国明（兼）
副秘书长：徐志中　张秀林　张　和
　　　　　王向东　曹志勇　时　现
准则委员会主任：王光远
　　　　副主任：冯均科　时　现
学术委员会主任：刘志远
　　　　副主任：张秀林　韩传模
培训委员会主任：张连华
　　　　副主任：欧阳胜英　席　晟
考试委员会主任：李淑琴
　　　　副主任：徐志中　谭劲松　李延敬

质量委员会主任：薛蓓儿

副主任：王景华　黄　慧

主要工作情况

制定 2011～2015 年工作规划，明确指导思想、发展目标和任务　为引领内部审计持续发展，明确今后五年协会发展目标和主要任务，协会成立了规划领导小组，在广泛调查研究的基础上，草拟了《中国内部审计协会 2011～2015 年工作规划》（草案）。1 月，中国内部审计协会召开第四次会长会议，对规划的指导思想、发展目标和主要任务进行了审议。全国政协副主席、名誉会长李金华发表了重要意见，指出：制订发展规划，首先要认真总结经验，找出面临的突出矛盾和主要问题，使规划要有针对性；协会工作规划要以推动内部审计事业发展为主要任务；协会规划要与国家“十二五”规划衔接好，要为促进转变经济发展方式作贡献；协会要借助社会资源和力量，推动内部审计事业发展。刘家义审计长对协会工作提出“加快发展、规范管理”的重要指示。为贯彻落实好李主席和刘家义审计长的指示，2 月中旬，协会召开全国内部审计协会会长和秘书长会议，对规划草案又作了进一步的修改和完善。

撰写《党政部门内部审计发展报告》，引领部门内部审计的发展　2008 年，中国内部审计协会以调查问卷、召开座谈会和深入单位调研等方式，对中央和地方政府部门内部审计情况进行了普查和调研。5 月，中国内部审计协会召开了中央部门内部审计研讨会。各省、自治区、直辖市和计划单列市内部审计（师）协会，开展了对省级部门内部审计发展状况的调查活动。协会对普查和调研情况进行汇总整理、提炼分析，撰写了《党政部门内部审计发展报告》，近期将向社会发布。这对提升社会大众对党政部门内部审计重视、加强对党政部门内部审计指导和监督，引领党政部门内部审计实现全面转型与发展，将发挥积极的支持和促进作用。

召开五届七次理事会和全国秘书长会议，总结安排各项工作任务　2 月，召开了第五届理事会第七次会议，总结 2009 年工作，安排 2010 年任务；全国政协副主席、协会名誉会长李金华出席会议并作重要讲话，要求内部审计要关注民营企业发展；审计署副审计长石爱中出席会议并讲话，提出协会发展应关注内部审计环境的改善、理念和实务的转型、职业化的推进等问题，为协会指导内部审计工作和自身发展指明了方向。会议审议通过了《中国内部审计协会第五届理事会第七次会议工作报告》、《中国内部审计协会 2009 年财务收支情况报告》、《关于调整理事和常务理事的议案》、《关于接收单位会员的议案》和《关于提名鲍国明任中国内部审计协会秘书长的议案》。会上，甫翰咨询董事、总经理兼大中华区总裁刘建新作了《解析后经济危机时期：中国内部审计的角色转变与发展趋势》的专题报告，神华集团有限责任公司内控审计部总经理李国忠作了《中国神华基于风险观的内部控制管理》的专题报告。7 月，协会以通讯方式召开第五届理事会第八次会议，审议通过了鲍国明任第五届理事会副会长兼秘书长的议案。

4 月，为贯彻落实五届七次理事会要求，总结交流协会秘书长工作经验，协会召开了全国内部审计协会秘书长会议。会议就落实协会 2010 年的重点工作和如何做好秘书长工作进行充分、深入的讨论与交流。北京市内部审计协会和山东省内部审计师协会的秘书长分别作了经验交流。会议还向各级协会提出了建设学习型协会的倡议，并就建设学习型协会提出意见和建议。

实地调研与理论研讨相结合，推动内部审计更新理念、创新发展　为总结内部审计在推进转型与发展中的典型经验，促进构建以风险为导向、以控制为主线、以治理为目标、以增值为目的的内部审计新模式，从 3 月至 11 月，协会采取实地调查和召开座谈会的方式，先后到北京市、天津市、黑龙江省、上海市、江苏省、陕西省、云南省、宁夏区、宁波市和中国石油化工集团公司、新兴铸管集团公司、西安飞机工业（集团）有限公司、中国航空试验飞行研究院、宁波得力集团进行调研，了解内部审计工作的总体情况和协会工作开展情况，以及政府部门、事业单位和中央企业、地方国有企业、民营企业内部审计工作的重点和特色，特别是开展风险导向审计实践经验，内部审计在促进内部控制体系和审计信息化建设等方面的情况，为指导和监督内部审计工作提供了重要信息支撑。

3～11月，协会以“风险导向审计实务探索”为主题，在全国内部审计系统内，组织自下而上的理论研讨和经验交流，各地区、各会员单位组织了各种形式的研讨和经验交流，向中国内部审计协会学术委员会提交了240篇论文，经学术委员会的评选，评出一等奖获奖论文6篇，二等奖论文32篇，三等奖论文85篇，优秀论文提名奖117篇。同时，还对在组织工作中成绩突出的11家会员单位颁发了组织奖。11月，协会召开全国风险导向审计理论研讨暨经验交流会，对研讨交流活动进行了全面总结并全面展示研讨成果。北京国家会计学院张庆龙副教授作了题为“正确认识风险导向审计”的专题报告，获奖论文作者代表作了发言。中国内部审计协会学术委员会委员、中央财经大学奚淑琴教授做了研讨论文的综述。全国性的理论研讨活动的开展，有力地推动了风险导向审计理论研究和实务经验的总结。

7月，内部审计发展研究中心围绕“内部审计在公司治理中的作用”这一主题，邀请北京工商大学、北京国家会计学院、东方航空公司等院校及单位的学者专家近60人，就内部审计在公司治理领域的价值增值、我国公司治理环境下内部审计的现状与对策、内部审计从业人员职业资格认证、不同治理主体对内部审计服务的需求等问题，进行了理论和实务层面的研讨与建言。

以理论研讨及高峰论坛方式，与时俱进地指引内部审计发展方向　4月，协会在北京举办了“内控监督——内部控制与内部审计”2010春季高峰论坛，深入探讨了内部审计作为内部控制监督体系的重要组成部分，在后危机时代如何参与企业内部控制体系建设，评价企业内部控制实施的有效性，确保企业内部控制持续有效运行。鲍国明副会长作了题为《内部审计师应该是内部控制方面的专家》的主题报告，中天恒会计师事务所李三喜总经理作了题为《内控审计——内部控制落地的重要举措》的报告，中国联合网络通信有限公司审计部唐富馨总经理作了题为《探索以内部控制评价为主线的内审发展方向》的报告，来自全国各地的160余名企事业单位代表与业内专家参加了论坛，与会代表反映论坛主题紧贴形势，具有引领性和借鉴性。

5月，协会召开了中央部门内部审计工作研讨会，交流经验、统一认识。石爱中副审计长到会并作重要讲话，对中央部门内部审计工作提出指导意见和希望。会上，协会就草拟中的《政府部门内部审计发展报告》的总体框架征求与会人员的意见，邀请财政部科研所所长贾康作《公共财政体系建设、预算制度与支出绩效考评》专题讲座，公安部、海关总署、教育部的内部审计机构负责同志作了开展内部审计工作的经验交流。这是首次针对中央部门内部审计工作的专门会议，对内部审计工作具有推动和促进作用。

8月，为促进企业贯彻落实《企业内部控制基本规范》，积极开展内部控制监督与评价工作，协会召开了企业内部控制监督与评价座谈会，邀请在境内外上市的8家大型国有企业内部审计机构负责人，就本企业开展内部控制监督与评价工作情况进行交流，并对协会加强业务指导提出建议。

为贯彻落实中共中央办公厅、国务院办公厅印发的《党政主要领导干部和国有企业领导人员经济责任审计规定》，12月，协会召开贯彻《党政主要领导干部和国有企业领导人员经济责任审计规定》座谈会。审计署党组成员、总审计师孙宝厚，审计署经济责任审计司领导出席座谈会，在京123家中央部门、国有企事业单位内部审计机构负责人出席会议。会上，教育部审计室、中国科学院监察审计局、中国石油天然气集团公司审计部、中国人寿股份有限公司审计部的负责人就开展经济责任审计情况和如何贯彻两办《规定》作了大会交流。会上，中国内部审计协会发布了“立场公告第1号”，对深化内部管理领导干部经济责任审计工作，提出了指导性的意见。

加强审计署立项科研课题研究，以先进的理论指导内部审计实践　5月，协会对审计署立项科研课题进行中期检查，进一步厘清各课题组的研究思路，明确研究方向，督促研究进度，促进各课题组按时保质完成任务。12月29日，协会召开审计署立项科研课题结题评审会议，审结通过了《内部审计践行“免疫系统”功能途径》、《内部审计为组织增加价值》、《上市公司内部审计部门如何开展内部控制审计》、《内部审计质量外部评估方法系统》以及《股东审计与集团公司治理研究》5个课题，同意《政府内部控制与审计研究》和《小企业内部控制审计》2个课题延期评审。同时，对《数据式系统基础审计理论与实践研究》课题进行中期检查，促进和提升各课题的研究质量。

修订和完善准则体系，构建准则实施机制，促进内部审计规范化　2009年9月，协会启动了对《内部审计基本准则》、《内部审计职业道德规范》以及29个具体准则的修订工作。2010年5月，协会对准则修订稿进行了认真研究和讨论，提出具体的修改方案。同时，协会还将修订方案分送有关专家征求意见。2010年，协会还多次召开准则研讨会，讨论和修改内部控制审计指南和经济责任审计指南。

开展内部审计质量外部评估，是落实执行内部审计准则的有力抓手。协会根据我国国情，借鉴国际上的成功经验，参照IIA《质量评估手册》，草拟了符合我国现阶段内部审计发展状况的《质量评估办法》和《质量评估指引》。7月，协会组织专家对《质量评估指引》（草案）进行论证。9月，协会召开质量委员会会议，对《内部审计质量评估指引》（讨论稿）进行讨论与修改。目前，这两份文件都在做进一步的修改与完善。

10月，协会召开内部审计质量外部评估研讨会，中国内部审计协会各分会及各省区市内部审计协会会长和秘书长参加会议。会上，江苏省内部审计协会薛蓓儿会长、中广核工程有限公司审计部严忠新处长，分别介绍了开展内部审计质量外部评估的经验，湖南省内部审计师协会张连华会长介绍了《内部审计质量外部评估方法系统》的研究成果，中国内部审计协会介绍了《质量评估办法》的内容框架和《质量评估指引》制定的进展情况。与会代表就如何推动内部审计质量外部评估工作进行讨论，对《质量评估办法》提出意见和建议。

以提高内部审计能力为主导，创新职业化教育内容、方法和机制　2010年，新开设控制自我评估培训班和税收与内部审计专题培训班，使协会举办的培训班种类达到17个。为贯彻五部委发布的《企业内部控制配套指引》，及时举办了内部控制配套指引解读与运用培训班，邀请参与制定工作的专家授课，解读文件精神。全年高级班占全年计划的20%。全年共举办各类培训班87个，培训人员7000多人次。

由审计署外资审计中心和协会共同参与实施的亚行赠款“建立中国污水和农村发展项目内部控制系统模型”项目，6月完成《污水项目内部控制手册》和《农村发展项目内部控制手册》的编写。为了扩大项目研究成果的共享面，结合当前我国企业建立和评价内部控制制度的现实需求，7月举办了由企事业单位内部审计业务骨干、亚行项目执行人员、外资审计人员参加的内部控制系统建设培训班，邀请来自审计署、亚行中国代表处、安永（中国）企业咨询有限公司等单位的专家，围绕项目研究成果，结合财政部等五部委发布的《企业内部控制基本规范》及《配套指引》，讲解内部控制和风险管理的理论知识、建立内部控制制度模型的基本程序及如何使用内部控制手册等，帮助内部审计人员、亚行项目执行人员和外资审计人员提升建立和评价内部控制制度的实际能力。这次培训是内部审计、国家审计和社会审计互动、合作的一次成功的尝试，取得了良好的效果。

协会对后续教育和CIA考前辅导的网络课程内容进行调整、修改，复习题目质量有了提高，据统计，680人参加了CIA考前网络辅导课程，47人参加了后续教育网络培训课程。

以CIA资格认证考试为抓手，提升审计人员素质和职业胜任能力　2010年，协会继续加大考试的宣传推广力度，在夯实原有宣传方式的基础上，为便于全国各考点统一宣传，给考生提供报名和应考指南，以活页形式组织编制了《国际注册内部审计师考试简介》，全面介绍考试及网上辅导课程的相关信息，免费提供给考生；在2010年CIA考试结束后，特邀请参加考试的山西省审计厅郝志远厅长及部分有代表性的考生，撰写复习备考的体会，在协会网站和《中国内部审计》杂志上进行集中宣传。

为方便考生就近参加考试，降低考生的考试成本，协会向IIA申请新增设了广西考点和江西分考点，目前全国共计 22 个考点，4 个分考点。2010 年，共计 25458 人报名 CIA 考试，较 2009 年增加 1574 人，再创报名人数新高。

为了加强对 CIA 人员的后续教育管理，协会于 5 月下发了《关于上报取得 CIA 证书人员后续教育情况的通知》，要求各考点统计报告考生参加后续教育的情况。

以倡导转型为主旋律，总结和传导最佳实践与经验　协会以《中国内部审计》杂志和网站为主要媒介，围绕推进内部审计转型这个中心，及时反映审计署和协会关于内部审计工作的新思路、新举措，大力宣传内部审计在实施转型与发展中的理论研究成果和实践经验，实现成果共享，共同提高。

《中国内部审计》杂志及时宣传有关领导的讲话和重大活动，着力宣传内部审计转型与发展的典型经验；全面宣传内部审计机构贯彻落实科学发展观，发挥内部审计"免疫系统"功能作用；大力宣传内部审计在促进风险防范和应对国际金融危机中的建设性作用，促进探索风险导向审计模式；主动宣传内部审计贯彻落实《企业内部控制基本规范》和相关指引的情况，推动内部审计积极开展内部控制评价。

在 2009 年广泛调研的基础上，2010 年协会正式启动了网站改版工作，力争 2011 年第二季度进入试运行。届时，网站的信息宣传、培训教育、会员沟通、协会管理等功能将进一步提升，网络管理将进一步规范。

加强国际和两岸交流与合作，扩大在国际内部审计事务中的影响力　2010 年，协会本着既借鉴国外内部审计先进经验，又宣传中国内部审计成果的指导思想，积极开展对外交流。3 月，借 IIA 主席罗德理克·温特斯来华访问的时机，协会在北京国际饭店会议中心举办题为"后危机时代的内部审计"的专题报告会，罗德理克·温特斯先生从发掘内部审计的潜力、内部审计面临的主要挑战和发展趋势、内部审计如何适时做出调整等方面，阐述了后危机时代内部审计面临的问题和应对策略，来自在京会员单位的内部审计负责人和业务骨干共 200 余人参加了报告会。罗德理克·温特斯先生的演讲，对我国内部审计工作具有指导意义。

5 月，协会组织代表团参加在澳大利亚召开的亚洲内部审计大会和 ACIIA 工作人员会议，与来自二十多个国家和地区的内部审计从业人员、审计服务提供商、立法机构官员和专家学者等进行交流学习。6 月，参加在美国亚特兰大市召开的 IIA 第 69 届国际大会，大会围绕"提升领导能力发展审计"这一主题，由著名学者、知名企业的 CEO、《经济学家》杂志的编辑等演讲人，从各自的角度对内部审计发展以及如何提高领导能力等方面进行了阐述。11 月，鲍国明副会长兼秘书长赴美国参加秘书长会议，听取 IIA 秘书长兼总裁理查德·钱伯斯先生作的 IIA2010 年工作情况和 2011 年工作重点的报告。

2010 年协会继续做好境外培训工作，针对风险评估和舞弊审计、内部控制与 IT 审计、内部审计质量控制与外部评估、绩效审计与运营审计等内容，组织了 4 个境外培训团组，分别赴美国、澳大利亚、德国、加拿大，一方面学习借鉴国外先进经验，另一方面宣传我国内部审计取得的成效和发挥的作用。

10 月，协会还组团赴台参加第十届海峡两岸内部审计研讨会。来自两岸的内部审计学者和实务工作者齐聚台北市剑潭青年活动中心，围绕"内部控制监督"这一主题展开了交流与研讨。与会的两岸专家、学者一致认为，一年一度的交流研讨活动具有重要意义，对推进两岸内部审计共同发展、共同繁荣起到了积极的推动和促进作用。

加强书刊发行宣传工作，为推进内部审计的发展提供智力支撑　5 月和 9 月，协会分别召开省区市内部审计协会和中央单位参加的通联宣传工作会议，研究讨论《中国内部审计》杂志的通联宣传工作，交流通联宣传工作的经验和做法，查找存在的主要问题，提出改进措施。

为了使协会图书更符合内部审计发展需要，协会加强了与出版机构的联系与合作，目前已与 5 家经济类出版单位建立了合作关系，定期发送信息，做到及时、快捷，极大地提高了工作效率。

2010 年《中国内部审计》杂志发行量为 47000 册，比上年增长 9.03%。引进内部审计业务或与内部审计业务相关的图书 16 种，出版新书

6种，发行各类图书108809册，促进了内部审计职业知识体系建设。（撰稿人：王蕙娜）

【南京审计学院】 2010年，南京审计学院（简称南审）全日制在校生人数22000人，1324名教职员工，其中专任教师840名，教授97名，博士249名。学院有浦口和莫愁两个校区，占地2200余亩，设有国际审计学院、会计学院、管理学院、经济学院、金融学院、法学院、信息科学学院、数学与统计学院、外国语学院、国际文化交流学院、政治与行政学院等11个二级学院，1个独立民办学院——金审学院，1个继续教育学院，3个教学部即思想政治理论教学部、体育部、艺术教育部。设有25个本科专业，其中，审计学、金融学、财政学为教育部特色专业建设点，审计学为江苏省品牌专业，金融学为江苏省高校品牌专业建设点，财政学、信息管理与信息系统、国际经济与贸易、会计学、工商管理为江苏省高校特色专业建设点。

学院独立设置江苏省审计信息工程重点建设实验室、中国内部审计协会内部审计发展研究中心、国民经济研究所、公共管理绩效评估研究院、分工与超边际研究所、货币研究所、高教研究所7个科研机构；设置招生就业中心、实践教学中心、教育技术与网管中心、图书馆、学报编辑部、档案馆6个教辅机构；后勤服务机构为总务委员会，下设7个办事机构；此外，还设置教育发展基金会办公室、校友联谊会办公室、人才交流中心、金融高级人才培训中心、国际学术交流中心5个附属机构。

领导成员

党委书记：熊仁民

党委副书记、院长：王家新

副院长：张建红　尹　平

郭宏之　王会金

时　现　张金城

党委副书记、纪委书记：吴朝国

召开首届教育国际化工作会议，教育国际化工作取得显著成果 召开南审首次教育国际化工作会议，出台《南京审计学院关于进一步推进教育国际化工作的若干意见》等文件，通过此次会议，教育国际化的理念深入人心。

聘请诺贝尔经济学奖得主泽尔腾教授来校讲学，并与学校合作成立了"实验经济学与有限理性理论研究基地"。聘请印度主计审计长温诺德·莱先生为南京审计学院名誉教授，并作关于印度审计制度的演讲。名誉教授捷克审计长弗朗西斯科·多赫纳尔先生再次来南京审计学院访问并作了题为《欧盟公共基金及其使用和审计》的学术报告。

教育部于2010年8月批准南京审计学院中澳合作项目为"中外合作办学"项目，这是江苏省高校同批申报的45个项目中唯一获批的。2010年南京审计学院与摩洛哥、意大利、美国、加拿大、英国、韩国等国家及台湾地区的高校和教育机构共签署了13项合作协议，拓展了在教师交流、学生交换、合作科研等方面与境外高校的合作。

2010年学生出国（境）299人次，其中，修读学历62人，访学研修68人次，实践实训169人次。教师因公出国（境）计50批共132人次，创历史新高。其中，学术交流43人次，友好访问34人次，进修培训55人次。接待境外来访209人次。

以学科建设为龙头，提升教学、科究水平

成功申报"审计科学与技术"省级优势学科。学校专门成立了优势学科建设工程项目实施领导小组，组织省优势学科建设工程一期项目的申报工作，结合学校的审计特色，综合全校力量成功申报新兴交叉学科"审计科学与技术"省级优势学科。该学科的成功申报带动了全校学科建设整体水平和核心竞争力的不断提升，科研风气蔚然成风，高水平科研成果稳步增长。

积极推动审计硕士专业学位教育工作。撰写了《审计硕士专业学位设置论证报告》、《审计硕士专业学位设置方案》、《审计硕士专业学位研究生指导性培养方案》3份材料和《审计硕士专业学位与会计硕士专业学位的区别》1份附件。经刘家义审计长审阅后，由审计署交国务院学位办。该方案已经国务院学位办通过。

切实推进通识教育。引入国内名师开设通识课程，提升通识教育课程层次。

取得丰硕的科研成果。2010年学校国家基金资助项目达10项，创历史新高，其中社科基金8项，位列江苏高校第四。获省部级课题立项资助22项，其中重点项目2项，教育部课题资助达14项，为历年数量最多。此外，还获省属高校哲学社科基金、省教育厅自然科学研究基金等项目资助38项，其中2项为重大项目，8项为重点项目。

2010年，学校共发表论文近600篇，发表CSSCI期刊论文200多篇，北大核心期刊论文300多篇。2010年有2项科研成果获省部级奖励，10项成果获市厅级奖励。

学校申报的"公共工程审计实验室"被评为"江苏省高校重点实验室"，是该批次全省25个重点实验室中唯一的财经类实验室。"金融风险管理研究中心"也被省教育厅确立为江苏高校哲学社会科学重点研究基地。尹平、时现、王昊、汪祖杰教授分别获得基地重大招标项目"国家经济安全与政府审计研究"、"中国内部审计发展若干战略问题研究"、"基于CPA主体行为的计算实验方法研究"、"区域金融稳定与金融风险管理研究——基于金融地理学的方法"资助，基地研究工作正在顺利展开。金融学专业、财政学专业、信息管理与信息系统专业顺利通过省教育厅品牌特色专业验收，其中金融学专业测评获得"优秀"。

蔡则祥教授带领的金融学核心课程教学团队获得"江苏省高等学校优秀教学团队"荣誉称号。学校申报的《内部审计学》、《财务管理》、《商业银行业务与经营》和《信息系统审计》4门课程，被评为"2010年省级精品课程"。至此，南京审计学院省级精品课程达到10门。

《审计与经济研究》首次荣获"全国高校百强社科期刊"称号。在2010年中国学术期刊影响因子排名中，《南京审计学院学报》在综合性人文、社会科学类别的653种期刊中排名136名，在会计、审计类别的30种期刊中排名第7位。

实施人才强校战略，进一步加强师资队伍建设　根据学校内涵建设的要求，结合学科建设和硕士点建设的需求，继续推进师资队伍建设，进一步加强青年骨干教师培养，同时加大对海外博士和学科带头人的引进力度。

坚持高起点、多形式、多渠道引进，重点引进高水平博士及紧缺专业副教授以上专业技术职称的教师充实师资队伍，特别加大对海外博士和学科带头人的引进力度。2010年共引进51人，其中正高2人，副高2人，博士34人（海归博士2人）、海归硕士2人。

继续推进学校"海外访学计划"。本年度派出8人（含审计署培训项目2人）出国访学，9名教师获得江苏省政府留学奖学金的资助。通过实施"海外访学计划"，较大提高学校教师的综合素质和国际交流能力；更好地吸收借鉴国外同类大学教学方法和体系，促进南京审计学院教学与课程改革；为教师参与国际科学研究、跟踪国际学术前沿提供良好平台，提升了科研水平。

组织高层次人才选拔推荐与考核工作。2010年度入选省青蓝工程中青年学术带头人培养对象4人，入选省青蓝工程青年骨干教师培养对象11人，获得江苏省有突出贡献的中青年专家称号1人。

继续推进"青年教师脱产挂职锻炼计划"。依托审计系统行业优势，选拔4人赴审计署特派办挂职锻炼，选拔7人参加联合国审计。

举办"管理学专业主干课"暑期讲习班、"教师和管理骨干暑期香港培训班"、新教师培训交流会。此外，还召开"教授座谈会"、"博士座谈会"、"教师座谈会"等多场座谈会，积极听取教师们对学校管理和师资队伍建设的建议，为教师与学校管理部门交流架设良好的沟通平台。

招生生源持续良好，人才培养成果丰硕　2010年江苏省区招生中，南京审计学院本一专业文科录取最低分为360，理科录取最低分为372，分别在江苏省同批高校中名列第四与第七；本二专业文科录取最低分为343，理科录取最低分为351，分别在江苏省同批高校中名列第三与第八。

南京审计学院普通本科年终就业率达到了96.74%，协议就业率达到70%，均创历史新高。升学出国率达到11%，公务员录用率达到5.4%。进入德勤、毕马威等四大会计师事务所的学生数为32人；进入国有企业工作的有848人，占就业人数的35%；进入京、津、沪、苏、浙、粤等经济发达地区工作的学生达到2194人，占就业人数的90%以上。

学校承办了第七届江苏省大学生辩论赛并荣膺全省冠军及“优秀组织奖”。受邀赴马来西亚参加第三届世界华语大专辩论赛，力克新加坡国立大学、墨尔本大学等传统强队，以小组第一进入复赛，最终获得第六名的好成绩。

在第六届江苏省“挑战杯”大学生创业计划大赛中南审获一等奖1项、三等奖2项和优秀组织奖。获首届中国大学生创意创业大赛团体一等奖、三等奖各1项，学校同时被评为“全国创意创业教育先进单位”和“优秀组织奖”。在第四届全国商科院校技能大赛市场营销专业竞赛暨第七届（新加坡）国际市场营销大赛中国区决赛中，南审荣获一等奖3个，二等奖、三等奖4个，同时获得“最佳组织奖”。在12月举行的第二届全国电子商务“三创”比赛中，学校荣获江苏省唯一的全国特等奖，另获得一等奖、三等奖各1项。

（撰稿人：曹兴华）

审计理论与科研

科研成果综述

一、跟踪审计的概念和程序要求

随着《审计署 2008～2012 年审计工作发展规划》的贯彻实施，跟踪审计已经成为国家审计的重要组织方式，成为审计发挥免疫系统功能的有效途径。

（一）跟踪审计的概念

从字面上理解，“跟”指在后面紧接着向同一方向行动，“踪”即踪迹，跟踪即紧紧跟随在后面，跟踪审计就是在被审计事项实施过程中，紧紧跟随项目实施过程的审计。由此可见，跟踪审计只与被审计事项的实施过程有关，跟随实施过程中进行的审计就是跟踪审计。考虑到审计的依据、时点及持续性，我们可以把跟踪审计界定为：跟踪审计是审计机关依据有关法律、法规和规章，在被审计事项实施的某个中间环节介入，并跟随被审计事项实施过程而持续进行监督的一种审计组织方式。

（二）跟踪审计的特点

与传统的事后审计相比，跟踪审计具有以下几个特点：

一是事中预防。跟踪审计在被审计事项实施的中间环节介入，被审计事项实施一段，审计就跟进一段，审计发现或揭示的问题马上对被审计事项下一阶段的工作产生作用，从而促进被审计事项规范实施和结果有效，客观上对下一阶段的审计事项的实施发挥预防作用。

二是动态跟踪。跟踪审计就是审计机关动态跟踪被审计事项的实施，利用其专业优势，及时发现制度和管理方面的漏洞，帮助项目管理部门、实施单位完善管理制度和纠正管理错误。从审计实施与被审计项目的实施及审计发挥的作用方面看，跟踪审计都具有动态性。

三是注重过程。跟踪审计主要对被审计事项发挥预防作用，其主要目的就是发现和纠正事项实施过程中的差错，完善管理制度，保障事项实施的绩效，因此跟踪审计往往贯穿于被审计事项的全过程。

四是内容全面。跟踪审计不仅审查财政财务收支的真实合法，而且更要审查被审计事项的管理和绩效，既要关注资金，也要关注政策，审计内容更加广泛全面。

（三）跟踪审计的定位

跟踪审计要把握以下定位：

第一，跟踪审计的基本功能仍然是监督。由于跟踪审计频繁地介入被审计事项，频繁地提出意见或建议，审计人员很容易忘掉审计的监督职能，参与到被审计单位的具体经营、管理和决策活动中，这是对审计监督功能认识不到位的结果。

第二，跟踪审计是审计发挥“免疫系统”功能的有效途径。跟踪审计与被审计事项的实施同步，能够及时发现管理上的漏洞、查出腐败案件、追讨资金物资，发挥“免疫系统”的预防功能。

第三，跟踪审计是一种审计组织方式。跟踪审计不是与财政财务收支审计、绩效审计并列的一种审计类型，而是一种审计组织方式。

（四）跟踪审计的程序要求

1. 跟踪审计的立项

跟踪审计的立项，包括跟踪审计的立项统筹、立项选择和立项计划三个方面的内容。

（1）跟踪审计的立项统筹

跟踪审计的立项统筹，是指为具体项目的选择确定方向，为编制审计方案和进行审计资源配置提供方向和指导。跟踪审计的立项统筹需要进行跟踪审计项目的需求分析、价值分析和审计资源状况分析。

跟踪审计项目的需求有三种形式：一是指令性需求，包括政府、人大交办的任务和上级审计机关统一组织的跟踪审计项目；二是政策需求，包括国家宏观经济发展分析，国家民主法制建设分析，国家审计发展分析等；三是专业审计需求分析，主要指审计机关各专业审计部门的专业需求分析。

跟踪审计项目的价值分析，通常主要从政府管理和经济管理的薄弱环节入手，通过政策研究，选择政府特别关注的项目、资金、政策等方面，作为立项统筹的重要选择。

跟踪审计的审计资源状况分析，主要是从审计资源配置的角度，对跟踪审计能否进行以及能否取得预期效果进行综合能力评估。

（2）跟踪审计的立项选择

跟踪审计的立项选择应在立项统筹的基础上，对备选的审计项目进行可行性研究与风险评估，重点考虑审计效果和审计风险等因素。

审计效果因素，主要应考虑审计结果的建设性。建设性要求在宏观和微观两方面都能够产生预期的实际效用，确实值得进行跟踪审计。

审计风险因素，在跟踪审计实践中体现为管理风险、合规性风险和操作性风险。管理风险越大，改进的潜力也越大，开展跟踪审计的增值空间也就越大。而合规性风险和操作性风险则属于应当控制的风险。操作性风险主要考虑跟踪审计选题的可审计性、审计资源配置的可支配性和审计评价标准的可执行性，以及被审计单位配合的主动性、审计成本的高低等，保证操作风险在审计机关的可控范围之内。

（3）跟踪审计的立项计划

跟踪审计项目确定后，应纳入年度审计项目计划，作为当年的审计项目进行立项。跨年度或多次进行的跟踪审计项目，不再另行立项，而是作为“续审”项目纳入所在年度的审计项目计划。

2. 跟踪审计方案的制订

审计机关统一组织多个审计组实施同一个跟踪审计项目，或者分别实施同一类跟踪审计项目的，应当编制统一的跟踪审计工作方案，然后由各参与的审计组分别据此制定具体的跟踪审计实施方案。对于跨年度或分阶段多次实施的跟踪审计项目，审计机关可以在开始年度或第一次审计时制订统一的审计工作方案和实施方案，对跟踪审计项目全过程做出统筹安排。

跟踪审计实施方案经审核、批准后，由审计组负责实施，作为实施跟踪审计项目的作业依据。一个跟踪审计项目应当只编制一个审计实施方案。

审计机关在编制审计方案前，应详细调查了解被审计单位和被审计事项的背景知识与信息，为制定完善的审计工作和实施方案，顺利进行跟踪审计创造条件。

3. 跟踪审计通知书的制发

实施跟踪审计前，应当制定并向被审计单位发送审计通知书，并送达与项目实施相关的部门和单位。审计机关在跟踪审计开始年度或第一次审计时，一次性制发审计通知书。审计通知书除包含一般审计通知书的内容外，还要对跟踪审计方式做出说明，明确跟踪审计的重点环节及审计要求。跨年度或分阶段多次实施的跟踪审计项目，应当只在开始年度或第一次审计时制发和送达审计通知书。特殊情况下，如汶川地震灾后恢复重建审计，由于时间紧、任务重、项目多等特点，不可能逐个项目发送审计通知书。这时可向项目所在的地方人民政府发送审计通知书，并抄送政府有关部门。

4. 跟踪审计的实施

根据审计项目计划，审计机关确定审计组组长、主审，选派审计人员，组成审计组。必要时审计组可以聘请部分专业人员或社会中介机构参与跟踪审计。审计组实行组长负责制，并对审计结果负责。

跟踪审计实施过程中，审计人员应当根据审计项目质量控制相关规定的要求收集审计证据，编制审计工作底稿，如实记录审计过程和结果。

跟踪审计实施过程中，可以以审计机关名义或经审计机关授权以审计组的名义及时向被审计单位发送审计情况通报，反映被审计单位存在的问题，分析原因，提出改进意见和建议。审计组应当督促被审计单位抓紧整改，认真落实审计情况通报提出的审计意见和建议，并及时了解被审计单位的整改情况。对于重大事项，审计机关应当以审计信息的形式及时向上反映。

5. 跟踪审计的结果及归档

跟踪审计全过程结束后，审计组应出具完整的审计报告，全面系统地反映整个跟踪审计的基本情况、审计发现的主要问题、意见建议以及被审计单位的整改情况。跨年度或分阶段多次实施的跟踪审计项目，审计组应当在每一年度或者每一阶段审计终了后向审计机关提交年度或者阶段性审计报告。年度或者阶段性审计报告应当包含该项目本年度或本阶段所反映的被审计单位存在的问题、审计意见和建议以及被审计单位的整改情况等内容。

最终审计报告和年度审计报告以及其他所有文书都应按准则规定书面征求被审计单位的意见，并履行复核、审理和审定等相应程序。

跟踪审计项目结束后，审计机关可以依据有关规定及时向社会公告跟踪审计结果。必要时，可在跟踪审计过程中适时向社会公告年度或者阶段性跟踪审计结果。其中，审计机关统一组织不同级次审计机关参加的审计项目，其跟踪审计结果原则上由负责该项目组织工作的审计机关统一对外公布。

跟踪审计项目结束后，审计组应当指定专人立卷归档，一个跟踪审计项目一个档案。跨年度的跟踪审计项目，审计组应指定专人按年度收集、整理、保管相关资料，待跟踪审计项目终结后统一立卷归档。

二、推进审计整改创新的若干问题

审计整改是被审计单位根据审计机关依法审计所做出的审计决定或提出的审计建议，对其自身存在的违法违规问题或薄弱环节进行纠正和改进的过程和结果。审计整改是审计监督工作的重要组成部分。

（一）审计整改情况概述

1. 党委、人大、政府层面

党委、人大、政府在推进审计整改工作中起着主导作用。体现在以下三个方面：一是相对某些被审计单位而言，它使审计机关这一平级单位的督促行为上升为上级部门的督促行为，提高了督促审计整改的权威；二是从督促审计整改的主体看，它使审计机关最初的单独督促行为扩大为党委、政府相关部门的共同督促行为，增强了督促审计整改的合力；三是从审计整改制度建设看，由党委、人大、政府制定督促审计整改的法规规章或规范性文件，增强了审计整改制度的法律效力。经过党委、人大、政府的大力推动，在督促审计整改方面初步形成了报告机制、督查机制、问责机制等一些相对成熟的机制。

2. 党委、政府主管部门及其他有关部门层面

审计机关由于权力所限，对审计查出的超出审计机关职权范围的问题，应当依法移送组织人事、国资监管、行政监察以及相关执纪执法部门进行处理处罚。这既是国家整体权力配置的需要，也是提高审计整改工作效果的内在要求。

3. 审计机关层面

审计机关在审计整改工作中处于监督主体的地位，这是审计法及其审计法实施条例和国家审计基本准则对审计机关的明确要求。近年来的主要做法有：落实督促审计整改的人员，明确督促审计整改的责任和时间节点要求，有的还设立了督促审计整改的专门岗位或专职机构；建立审计回访制和跟踪检查制度；尝试建立审计整改公告制度，以公开促整改等。

4. 被审计单位层面

被审计单位是审计整改的直接责任主体。随着审计工作的不断深化发展和审计整改工作力度的不断加大，大多数被审计单位已经能够正确对待审计工作，通过采取强化审计整改的组织领导，细化分解审计整改责任，建立健全内部管理控制制度，建立审计整改反馈报告制度等措施，逐步形成有领导、有措施、有考核的审计整改工作框架。

（二）当前审计整改方面存在的问题

1. 审计整改环境方面存在的问题

审计整改环境是影响审计整改实施与发展变化的各种因素或条件的总和，主要包括政治、经济、法制等方面对审计整改有着重要影响的相关要素。从总体来看，当前的审计整改环境对审计整改的推进形成了明显制约。

一是在经济环境方面，随着市场经济的发展，违规逐利的现象越来越普遍。

二是在政治环境方面，由于我国当前正处于社会主义初级阶段，很多领域的制度不够完善，导致一些审计发现的问题整改起来难度很大。

三是在法律环境方面，由于我国整体的法律还不够完善，直接影响了审计整改的效果。

2. 审计整改措施方面存在的问题

一是在审计整改制度方面还存在一些问题。如：在审计整改问责制度方面，由于当前整体的问责制度不够完善，相应的，对未落实审计整改的责任人员，如何追究责任亦缺乏法律支撑。

二是在审计整改机制方面存在一些问题。如：在提高部门之间督促审计整改的合力方面，由于相关监督和管理部门缺乏有效的联动协作，以及部门之间沟通不及时，有些问题处理处罚存在不到位的现象。

三是在审计整改力度方面还存在一些问题。如：一些被审计单位的审计整改工作，基本停留在就审计发现的问题作一一对应式的整改，缺乏对问题产生原因的深入分析，源头治理力度不够。

3. 审计整改标准方面存在的问题

一方面，审计整改标准不够健全。如对于不同类型审计查出的问题，应采用何种指标来衡量整改与否以及整改的效果，目前都还没有统一明确的规定。

另一方面，审计整改标准不够统一。由于审计整改的标准不够统一，被审计单位整改与否、整改是否到位，在不同的审计机关具有较大的价值判断空间，在审计整改的要求上往往十分模糊，无形中给被审计单位的整改要求打了折扣。

（三）推进审计整改创新的对策

1. 创新审计整改工作的总体思路

审计法明确指出，审计监督的目的就是为了加强国家的审计监督，维护国家财政经济秩序，提高财政资金使用效益，促进廉政建设，保障国民经济和社会健康发展。审计法的这一规定也是审计整改工作的根本目的。围绕这一根本目的，要在现有审计整改工作实践的基础上，加强审计整改的三大体系建设：落实审计整改的责任体系——明确督促审计整改和落实审计整改的责任主体；推进审计整改的制度体系——为全面落实审计整改提供系统完整的制度支撑；评价审计整改的标准体系——为规范被审计单位落实审计整改的行为、评价被审计单位整改效果提供判断标准。这三大体系是相互联系的有机整体，是推动审计整改工作深入开展和提升审计整改工作效果的三大支柱。

2. 创新审计整改工作的措施

一是全面明确落实审计整改的责任主体。全面明确落实审计整改的责任主体，形成各司其职、各负其责的审计整改责任体系，应当包括：对督促审计整改负总责的责任主体，即政府；对督促审计整改负有直接责任的主体，即审计机关；对督促审计整改负有共同责任的主体，即相关主管部门；对全面落实审计整改负有直接责任的主体，即被审计单位。

二是建立健全审计整改工作联动机制。为进一步形成督促被审计单位全面认真整改的监督合力，应由政府总牵头负责，审计机关具体组织协调，相关主管部门共同参加的督促审计整改的联动机制。重点是建立督促审计整改的联席会议制度，制定审计整改工作联席会议组织办法，确保联席会议分工具体明确、责任界定清晰、人员落实到位、工作措施到位。

三是建立健全审计整改工作制度体系。在明确审计整改的责任体系和推进审计整改的组织框架以后，需要在此基础上，建立健全一整套科学合理、有序衔接、运行顺畅的审计整改工作制度体系，为提高审计整改工作效果提供系统完整的制度保障：健全审计整改跟踪检查制度；建立健全审计问责制度；建立健全审计整改结果通报和公告制度；建立健全审计整改工作党委和政府督查制度。

3. 创新审计整改工作的标准

明确审计整改判断标准，是落实审计整改工作必须确定的前提。(1) 关于审计整改判断标准。对不同类型审计项目查出问题的整改，可以按照涉及资金的问题和不涉及资金的问题两个方面探索设立审计整改判断标准，分为完全整改、部分整改、承诺整改、未整改四类。(2) 关于审计整改难点问题的判断标准。目前，除跟踪审计外，大多数审计为事后监督，审计发现的部分问题属于既成事实，具有不可追溯或不可逆性，通常成为无法整改的难点问题。这些问题有一些共性特征，可以通过举一反三，健全制度，为今后避免发生类似问题提供制度保障。

三、国家审计人员应当具备的职业素质能力

国家审计是一种专家行为，因此，审计人员的素质能力状况决定了国家审计的成效。

（一）审计人员基本职业素质能力

审计人员的基本职业素质是指从事国家审计工作应当具备的基础条件。基本职业素质解决的是审计人员的合格性，只有具备了基本的职业素质，才能成为一个合格的国家审计工作人员。

一般而言，审计人员的基本职业素质包括：责任感、理想品德素质、基本工作能力、基本思维能力、知识结构素质、心理素质和生理素质。

1. 责任感

责任感是人取得事业成功的基础，只有具有一定责任感的人，才能积极主动地做好工作。国家审计人员在履行国家审计职能时必须要有强烈的政治意识和责任感，时时关注世界及国家政治经济发展形势变化，以促进国家和社会发展为己任；要有一种“大我”境界，应当具有强烈的正义之心；要对国家审计组织的发展有责任感。

2. 理想品德素质

理想和信念是人世界观和价值观的反映，“志不立，天下无可成之事”。作为国家审计工作人员，首先应当树立崇高远大的理想，坚定的信念，热爱祖国，愿为国家和民族的强盛、人民生活的幸福而不懈努力。人生价值理想是崇高理想的具体化，审计人员要树立明确的人生价值理想，找准自己的奋斗目标。审计人员应当具有仁爱之心，爱亲人，爱同事，爱一切应爱之人，愿意以自己的能力满足他人的基本需求，不求回报。

3. 基本的工作能力

审计人员的基本工作能力是从事审计工作的基础，它包括一定的理解能力、分析能力、判断能力、学习能力、表达能力、合作能力等。

4. 基本思维能力

思维是在表象、概念的基础上进行分析、综合、判断、推理等认识活动的过程。这种过程经过实践的不断锤炼，在人们的意识中便形成了一定思维框架，并潜意识地影响人们的行为、决策、认知等。因此，不同思维方式的选择，会带来不同的结果。国家审计职业思维是审计人员在实施审计过程中所形成的审计职业特有的观察、认识和判断客观事物的模式结构。

审计基本的职业思维是以事实、规则和价值认定为中心的思维活动，只要按照常规、遵循或借鉴以往的学习经验和知识就能顺利完成，是开展审计工作的基本要求和保证。

5. 知识结构素质

具有相应的专业知识是从事审计工作的基本要求，审计人员能否对审计事项进行良好的分析判断，取决于其知识的掌握程度。随着社会的进步，国家的发展，国家审计所涉及的领域也将不断扩大。多样性的审计，要求多样性的专业人才。不同学科的人，不仅具有不同的专业领域知识，更多地体现了不同的思维模式，不同的思维模式决定了思考和研究问题的不同效果。国家审计只有在多样性认识问题的基础上，才能获得一个相对权威的审计结论。因此，国家审计发展需要社会学、管理学、法学、经济学、行政学、物理学、化学、数学、环境学等涵盖诸多学科领域的人才。作为审计人员，一是应具有某一学科的专业理论基础知识，并能够在实际工作中有效运用；二是知识结构应当多样化，了解和掌握其他学科的相关知识。在所具有的专业知识基础上，以审计需要为圆心，扩大其知识领域范围，博而杂，通过对其他学科知识的掌握拓宽思维和解决问题的路径。

6. 心理素质

审计人员的工作性质决定其要承受着巨大的心理压力，包括工作绩效的压力、家庭关系的压力、社会关系的压力，同事之间的压力。因此，审计人员具有良好的心理素质非常重要。审计人员应当在认知、情感、意志以及行为等方面处于健康状态，能够对外界的变化做出协调反映，愉快幸福地工作和生活。

审计人员面对工作要有希望和意志，愿意付出更多的时间和精力，坚持不懈，直到完成决心要做到的事情；要有一定的自信心，对于成功充满信心，相信自己拥有能够成功的东西；要有韧性和复原能力，能迅速从逆境和冲突以及失败中回弹和恢复过来；要有一种从自律、剖析过去、权变计划与未雨绸缪中获得经验的现实能力及乐观态度。

7. 生理素质

生理素质是指人的生理功能和机能的内部平衡力和外部适应能力。审计工作非常艰苦，由于审计项目任务重与人员不足的矛盾，审计人员几乎常年奔波在审计现场，审计人员应当具有健康的体魄才能适应工作需要。

审计人员的基本素质可以通过一定时期的强化培训来达到。对于道德而言，长期的精神熏陶和教育可以改变一个人的道德观念，使其符合审计工作的需要。对于基本工作能力而言，实践经验的积累和后续的强化教育在一定程度上可以实现提高。

（二）审计人员特殊职业素质能力

审计人员的特质，是一个优秀审计人员所具有的对事物判断和分析的敏感能力和洞察能力，对综合知识的运用能力，以及良好的情感管理能力，创新思维能力等。

1. 敏感能力

审计工作本身要求审计人员对审计事项有一定的敏感性，能否发现问题以及发现问题的深度和广度，均取决于审计人员对问题的敏感程度。面对所给定的相关审计材料，为什么有的人就能迅速找到切入点？或者当一定的审计目标确定以后，为什么有的人能够迅速确定应从哪几方面搜索材料？其原因在于一个人与生俱来的对问题观察的敏锐程度，这种心理上的特性与一定的知识积累相结合，便可达到事半功倍的效果。

2. 洞察能力

在发现事物的敏感性基础上，如何进一步求证所发现问题的实质，关键在于审计人员是否具有一定的洞察力，发现事物关键点的渊源，即从哪方面着手可以有效取得对事物正确判断的证据。洞察是对事物承上启下的一种关联分析，它能够准确把握事物的本质，并能分析事物的发展走向。对于一个优秀的审计人员而言，洞察力是深层次发现问题和解决问题的关键。

3. 综合能力

在对事物的基本材料掌握和分析以后，就要实现对事物的综合分析判断，而判断质量的高低，直接取决于审计人员的综合判断能力。判断能力不仅仅是简单的分析综合，它需要从事物的宏观层面进行剖析，分析事物产生和发展的制度因素，包括国家的宏观政策导向，行业的发展脉络，法律环境的影响程度；又需要从微观层面进行甄别，具体分析事物产生的局部因素，包括微观单位的管理因素，个人对事物的影响程度等。在宏观与微观统筹分析综合的基础上，对所掌握的材料进行高度的理论概括和总结，既清楚阐释事物产生和发展的过程，又依据国家的政策及法律判断事物的实质，并依此评价国家政策及法律对某一行业的影响程度，提出有价值的意见。

4. 创新思维能力

创新审计职业思维表现为多角度、多侧面、多方向地认识、分析和判断事物，在整个思维过程中，能够处理好确定与非确定的、逻辑与非逻辑的、相似与相异的、单元与多元的、抽象与形象的等各种思维因素间的关系，并将各种因素纳入到统一的系统中来，构成整体的、系统的、立体的思考。

5. 理论研究能力

随着国家政治经济体制改革的不断深化，国家审计更多地需要从战略全局的角度去观察和思考问题，关注国家整个经济和社会运行情况，利用所取得的数据，对宏观经济运行状况进行专业分析，并做出良好的职业判断，准确预测和评价宏观经济政策对经济状况的影响力，从而促进政府加强宏观经济调控职能，实现经济结构的优化，促进经济增长，增加就业，稳定物价，保持国际收支平衡，促进民生改善。进行宏观性战略分析与判断需要审计人员具有很高的专业知识和理论研究能力，能够对一定领域有比较深的研究，善于及时发现和把握领域的发展动态，能够在一定程度上创新领域的理论。

6. 协调能力

国家审计工作开展处于动态开放状态，审计人员一是要与外部发生联系，包括同被审计单位，同其他相关部门；二是与审计内部发生联系，包括审计组内部成员间，审计管理组织之间。因此，需要审计人员具有良好的协调管理能力，协调人们在目标以及价值观、利害关系等方面的分歧，使人们能够为了审计目标的实现团结合作。

7. 情感管理能力

审计工作要面对复杂的关系，包括被审计单位的不配合，审计组成员间的矛盾以及来自于社会各种关系的纷扰。优秀的审计人员能够直面各种情绪和人际关系危机，并勇于承担责任，果断运用权力解决问题和危机。

总之，对于一个现代审计人员来讲，具备基本的工作能力只是为开展审计工作提供了前提条件，但是，要提高审计工作质量或者在纷繁复杂的审计环境中实现审计目标，只具备基本的工作能力是难以奏效的，而具备特殊职业素质能力的审计人员才能适应这种要求，才能做到在复杂的条件下，游刃有余，更好地实现审计的目标。

四、专项审计调查的法制化进程与发展

经过近十年的探索性实践，专项审计调查于1994年首次被写入审计法。在此后的七年间，专项审计调查的法制化建设驶入了快车道。

（一）专项审计调查成为审计机关法定职责

1994年颁布的审计法第一次明确了专项审计调查的法律地位，使之成为我国审计机关的一项法定职责。这一规定具有里程碑意义。在这之前的十年间，专项审计调查在各项审计法规制度中都没有明确提及。

2008年国务院批准的《审计署主要职责、内设机构和人员编制规定》，进一步明确了审计署的专项审计调查职责。规定指出："组织实施对国家财经法律、法规、规章、政策和宏观调控措施执行情况，财政预算管理或国有资产管理使用等与国家财政收支有关的特定事项进行专项审计调查”，为审计署的主要职责之一。专项审计调查从法律的规定到部门职责的规定，表明审计机关的专项审计调查职责真正实现了具体化。

（二）专项审计调查开始进入规范化程序

专项审计调查进入规范化实施程序，应当是始于 1997 年。当年出台的《审计法实施条例》，对专项审计调查的程序作了原则规定。2001 年审计署令第 3 号公布了《审计机关专项审计调查准则》，专门对专项审计调查程序等尽可能作了必要的规范。

2010 年修订的《审计法实施条例》，对 2006 年修订的审计法中关于专项审计调查的规定，做了最新的比较充分的阐释。它进一步解释了专项审计调查与审计的关系，并更加明确规定了专项审计调查的事项范围。新条例规定：“审计机关可以依照审计法和本条例规定的审计程序、方法以及国家其他有关规定，对预算管理或者国有资产管理使用等与国家财政收支有关的特定事项，向有关地方、部门、单位进行专项审计调查。”同时，新条例还规定了专项审计调查中发现问题的处理办法。与此同时，2010 年新修订的《国家审计准则》，对专项审计调查的特定事项又作了外延界定。新准则规定：“对于预算管理或者国有资产管理使用等与国家财政收支有关的特定事项，符合下列情形的，可以进行专项审计调查：（1）涉及宏观性、普遍性、政策性或者体制、机制问题的；（2）事项跨行业、跨地区、跨单位的；（3）事项涉及大量非财务数据的；（4）其他适宜进行专项审计调查的。”

（三）专项审计调查法制化的发展

专项审计调查自进入法制化轨道后，发展更加迅速，但相对项目审计而言还不够完善，有些条款还是原则性规定。专项审计调查的法制化建设还有很长的路要走。

1. 专项审计调查目标与报告的法制化

现阶段专项审计调查的突出问题，主要集中在与项目审计的区别上。我国现阶段审计工作最突出的特征，就是专项审计调查与项目审计相结合，绩效审计与真实、合法性审计相结合。这种结合是一种客观需要，经审计实践证明是十分有效的审计组织方式。在这种结合式的审计实践中，专项审计调查的特征有时会淡化，甚至趋同于项目审计；绩效审计的特征有时也会模糊，注意力仍然集中在真实、合法性审计上。这样就会直接影响专项审计调查的健康发展和审计工作服务宏观目标的效果，就会影响绩效审计的全面推行和深入发展。未来的专项审计调查法制化将进一步着眼其全面的规范运行。

专项审计调查与项目审计的区别，主要表现在目标和报告方面。

无论是项目审计还是专项审计调查，为宏观调控服务一直是审计工作的基本目标。由于项目审计侧重被审计对象本身，微观性很强。它有利于促进宏观政策的正确执行，但对宏观调控的完善等作用有限。专项审计调查则不同，它往往直接根据宏观管理需求立项，调查结果直接服务于宏观调控。专项审计调查目标的这种宏观性，要求立项、审计调查实施、调查报告等必须充分体现目标导向，发挥政策执行情况的及时反馈作用和促进完善政策、制度、管理的建设性作用。

专项审计调查报告与项目审计报告不同。它的报告对象主要是政府，而项目审计报告的对象主要是被审计单位。专项审计调查报告和项目审计报告都要揭露被调查、被审计单位的问题，但其目的不同。专项审计调查报告是要通过揭露被调查单位的问题来反映特定事项的情况，而项目审计报告是要通过揭露被审计单位的问题来反映被审计单位的情况。

专项审计调查在实现我国审计从微观层面向宏观层面转型的过程中，发挥了非常重要的作用。现阶段专项审计调查与项目审计相结合的特点，使得专项审计调查的规范化、法制化更显重要。因此，专项审计调查目标和报告的规范化、法制化还有很大发展空间。

2. 专项审计调查作为绩效审计的法制化

专项审计调查与绩效审计既有联系，又有区别。

首先，专项审计调查是绩效审计的特殊形式。专项审计调查的宏观目的性，使其具有常规绩效审计很难具有的宏观服务作用。专项审计调查关注的绩效并不完全等同于绩效审计的绩效。专项审计调查主要是关注涉及决策、管理、制度等方面的绩效问题，它实际上是一种宏观的绩效。而绩效审计则主要关注被审计对象本身的经济性、效率性、效果性。

其次，专项审计调查是要解决影响绩效的最根本和最重要的问题。专项审计调查的最终目的，还是为了解决绩效问题。它侧重于倾向性问题、普遍性问题的根本性解决。专项审计调查的审计建议，主要不是针对被调查对象的绩效情况，包括经济效益、社会效益、环境效益等，而是针对政府或主管部门决策、管理等的完善。显然，专项审计调查实际上是一种更高层次的绩效审计。

再次，专项审计调查也是真实、合法性审计向绩效审计过渡的最自然的中间形式。专项审计调查的研究性审计、审计资源的合理配置、审计人才的培养与储备等，对全面推行绩效审计都是十分必要的。

将专项审计调查作为绩效审计形式，进一步纳入法制化建设，将对中国绩效审计的深入发展产生重要影响。

五、绩效审计方法的基本特征

绩效审计方法，就是在绩效审计中应用的审计方法。在绩效审计中，审计主客体之间的相互作用，离不开一定的审计手段，即审计工具和审计方法。绩效审计的审计目的和审计客体方面的特征，决定了绩效审计手段的特征，从而决定了绩效审计方法的基本特征。

（一）方法的多样性

在审计目的方面，财务审计主要关注审计客体的合规性责任，绩效审计主要关注审计客体的绩效责任。根据我国审计法的规定，在审计客体方面，接受财务审计和接受绩效审计的实体范围两者并无差别，凡是依法属于财务审计范围内的实体单位，同时也被包含在绩效审计的范围之内。所有接受审计监督的实体，都要接受真实、合法和效益方面的审计监督。然而，在审计客体方面，由于审计目标的不同，接受财务审计和接受绩效审计的内容却明显不同。财务审计关注的主要是被审计实体履行职责的合规性情况，而绩效审计关注的主要是被审计实体履行职责的效果。由于接受财务审计的实体应遵守的法律法规和相关行为规范比较固定和统一，财务审计的内容也比较固定和统一。相比之下，绩效审计的内容则具有多变性或多样性，将会因被审计实体履行职责的具体内容不同而不同。在审计客体方面，接受绩效审计的内容的多样性，必然导致作为联系审计主体和审计客体中介的审计手段的多样性，即审计工具和审计方法的多样性。随着绩效审计的不断发展，近年来，审计人员不仅广泛应用了计算机技术设备，而且运用了大量的新型技术设备，例如 GPS 测量坐标、图像分析技术、环境数据自动监测仪器设备等。不仅运用大量的物质工具来获取、处理和分析审计资料，而且还运用多种理论思维工具把审计内容指标化并对绩效进行测量和评价，以及分析问题的深层原因。审计工具的多样化，导致了各种各样的审计方法。

绩效审计方法具有多样性，加上新的方法不断涌现，对所有的绩效审计方法进行描述和说明是不现实的。除了上述按审计工具对审计方法进行分类外，还可以根据绩效审计目标的不同，把绩效审计方法分为经济性审计方法、效率性审计方法和效果性审计方法。由于在每个审计阶段面临的具体任务不同，需要运用的审计方法也各不相同，因而还可以按照开展审计的程序步骤，把绩效审计方法分为审计计划阶段的方法、审计实施阶段的方法和审计终结阶段的方法。

（二）重视理论思维方法

对绩效情况进行检查和评价，并提出相应的改进建议，往往需要回答各种各样的问题。要找出问题的答案，必须对相关事项进行深入的研究，因而，绩效审计通常具有研究活动的性质。与财务审计相比，绩效审计对审计人员的理论研究能力也提出了更高的要求。开展绩效审计不仅需要人本身的感官工具、物质工具，而且更加需要理论思维工具。不仅需要运用理论思维工具来测量绩效和评价绩效，而且需要运用理论思维工具来揭示影响绩效的深层次原因。无论财务审计还是绩效审计，都需要经验认知方法、物质工具类方法和理论思维方法。相比之下，在这三大类审计方法中，绩效审计更加需要运用理论思维方法来揭示现象背后的本质和把握事物发展的规律。就理论思维方法来说，首先，哲学方法是最高层次的理论思维方法。哲学是关于世界观的学问，有什么样的世界观，就有什么样的方法论。哲学方法对人们认识世界和改造世界具有普遍的指导作用。马克思主义的辩证唯物主义和历史唯物主义哲学，为开展绩效审计提供了最为科学的世界观和方法论。其次，一些在自然科学和社会科学中普遍适用的理论思维方法，例如，比较方法、分类方法、归纳方法、演绎方法、分析方法、综合方法、系统方法、信息方法、控制方法等，也可以运用到绩效审计之中。最后，有什么样的审计理论就有什么样的审计方法，特别是理论思维方法。审计理论的发展直接推动着审计理论思维方法的发展。例如，审计“免疫系统”理论，推动了审计理论思维方法的创新。为了熟练运用理论思维方法，必须提高审计人员的思想理论水平。

（三）大量借鉴相关学科领域的研究方法

在绩效审计中，绩效审计内容的多样性及其研究性活动的特点，决定了绩效审计可以大量借鉴其他学科领域的研究方法。每个学科领域都有自己专门的研究方法，包括经验认知方法、运用物质工具的方法和理论思维方法。例如，会计学有会计学的研究方法、管理学有管理学的方法、财政学有财政学的研究方法、经济学有经济学的研究方法、工程学有工程学的研究方法、环境学有环境学的研究方法等。当绩效审计涉及某个学科领域时，绩效审计的内容往往也就是该学科领域本身的研究内容。鉴于绩效审计具有研究活动的性质，相同的研究内容当然可以使用相同的研究工具和研究方法。因而，绩效审计可以大量借鉴、吸收或引进相关学科领域的研究方法，包括经验认知方法、运用物质工具的方法和理论思维方法。在开展绩效审计时，要想借鉴、引进其他学科领域的研究方法，首先要熟悉这些学科领域的研究方法，虽然有时可以咨询外部专家，最有效的办法还是拥有大量的复合型审计人才。事实上，目前相关学科领域的研究方法已经被大量引入到绩效审计之中。随着绩效审计的不断发展，以绩效审计为桥梁，审计学与其他学科之间的相互渗透、相互交叉、相互融合的现象也越来越显著，审计学已经成为一门多种学科相互交叉的综合性社会科学。

（撰稿人：韩乃志）

论文摘登

【跟踪审计的主要内容研究】　跟踪审计的实践发展很快，从最初对建设项目领域的探索，扩大到资金、政策等方面。一般情况下，审计人员可以从项目、资金、政策 3 个方面对跟踪审计内容进行划分。

一、跟踪审计内容选择和确定的原则

包括全面有侧重原则、合规与管理、绩效并重原则、独立性原则、成本效益原则。

1. 全面有侧重原则。跟踪审计项目往往具有项目多、内容繁杂的特点。审计人员在审计内容的选择上，应在坚持全面审计的基础上，抓住审计的侧重点。

2. 合规与管理、绩效并重原则。在跟踪审计内容的选择上，除了合规性的内容之外，还应包括管理和绩效方面的内容。

3. 独立性原则。审计人员应始终把自己放在一个监督者的角度去进行审计，做到“到位而不越位”，应避开自我评价的内容，不要介入到被审计单位的管理决策当中去。

4. 成本效益原则。跟踪审计具有审计次数多，审计周期长的特点，审计人员在审计内容方面，应选取关键环节、关键内容进行审计，以期进一步提高成本效益。

二、跟踪审计内容的三个方面：项目、资金和政策

1. 项目、资金、政策的区别。项目是为了完成一个明确的目标，在特定的时间、预算和资源限定内，完成的一系列独特的、复杂的并相互关联的活动。项目必须具有一定的载体和特定的目标。项目还必须有一定的生命周期，具有一定的阶段性特征。

资金一般被认为是财产物资的货币表现，是社会生产和周转过程的媒介，一般来说可划分为资金的归集、分配、使用等过程。资金通常也具有一定的目标，但并没有和项目一样的具体载体。

政策是国家基于对某一类社会或经济行为支持或限制的目标而采取的措施和方式方法的综合。政策根据其工具可划分为财政政策、货币政策等。当然也有综合性的政策，如刺激经济增长的政策、扩大内需的政策等。

2. 项目、资金、政策的联系。项目是资金目标具体化的载体，资金是项目目标得以实现的基本保证，而两者共同作用的目的是为了完成政策目标。

3. 跟踪审计对象与侧重点的选择。审计对象为单个审计项目的，审计应以项目本身的立项、建设以及完成情况等方面为侧重点。审计对象为资金流动的，审计应以资金的归集、分配、使用以及绩效等方面为侧重点。审计对象为政策的，应将重点放在政策制定的依据、执行的合规性和效果等方面。

三、项目跟踪审计的主要内容

项目的建设过程具有一定周期，在每个周期中，都有一些关键环节、关键事项，审计人员应将跟踪审计重点放在这些关键环节和事项上。

1. 项目审批程序审计。主要是对项目审批程序进行检查，评价项目审批程序的合规性和完备性。包括对项目立项文件审批的审计，对项目选址申请及审批的审计，对建设用地预审审批的审计，对可行性研究审批的审计，对建设用地规划审批的审计，对初步设计审批的审计，对建设用地征收、征用、划拨手续审批的审计，对工程规划许可审批的审计，对施工图审批的审计，对开工报告审批的审计，对施工许可审批的审计，对相关行政审批的审计。

2. 概算编制及执行情况审计。主要对工程概算进行审计，评价工程概算编制和执行过程的合规性。包括概算的编制依据审计，编制深度审计，建筑安装工程费用编制审计，设备及安装工程费用编制审计，其他费用编制审计，预备费编制审计，建设周期贷款利息编制审计，概算执行情况审计，概算调整合理性审计等。

3. 项目资金流转情况审计。主要对项目建设全过程的资金流转情况进行检查，评价资金使用情况的合规性和绩效。包括项目资金的来源情况审计，资金的到位情况审计，拆迁补偿资金的拨付情况审计，工程进度款的拨付情况审计等。

4. 招投标审计。主要对勘察、设计、施工、监理和主要设备材料采购的招投标文件进行复核，审查是否存在转包、违规分包、围标或暗箱操作的问题。包括检查项目是否按照法律法规的规定进行招投标，招标是否具有合法性，招标方式的选择是否适当，招标信息的发布是否适当，预审工作是否合规公正，招投标全过程是否公开公平公正等。

5. 拆迁审计。主要是项目所需的拆迁管理及实施过程进行审查，评价其是否符合国家相关法律法规的规定。

6. 工期、投资以及质量控制审计。主要是对项目的工期、投资以及质量情况进行检查，评价其合规性及效益型的审计。包括检查工程进度是否符合预先设定的要求，有没有存在工期延误的情况，工程建设资金是否按照计划及时足额到位，管理和使用是否合规，工程安全质量是否达到要求等。

7. 工程量清单编制和执行情况审计。主要是通过对工程量清单编制和执行过程进行检查，评价其合规性和绩效。包括对工程量编制单位和编制过程的审查和监督，对工程量清单和施工图纸的准确性和合理性进行复核，对工程量清单内外的工程量包括隐蔽工程的工程量进行审计，对工程量清单内外的工程结算进行审计等。

8. 效益审计。主要是对项目效益进行审查，评价其是否符合预先设定的目标及国家的相关规定。

9. 环境影响评价审计。主要是对项目的环境影响评价过程和结果进行审查，评价其是否符合国家相关规定和预先设定的目标。

四、资金跟踪审计的主要内容

资金跟踪审计就是对资金的归集、管理和分配以及使用的全过程进行的审计。

1. 资金的归集情况审计。一是摸清资金的种类、性质及其征收管理方式，关注资金有关政策的落实情况；二是检查资金是否及时、足额上缴并按规定纳入预算管理；三是检查资金是否及时、足额从资金的管理单位拨付。

2. 资金的分配情况审计。一是资金的分配是否按照预先设定的目标进行，符合资金的使用目的；二是资金的分配过程是否公开、公平、公正；三是资金的分配是否存在交叉、重复安排或遗漏等问题。

3. 资金的管理情况审计。一是检查资金是否按照国家有关规定进行管理，并严格地执行了管理制度；二是检查资金的运行全过程是否都有严格的记录，并定期进行核对；三是检查资金的管理是否规范有效，关注资金的安全和效率。

4. 资金的使用情况审计。一是检查资金账簿和凭证等财务基础资料的设置情况；二是检查资金是否按照预算制度的规定安排支出；三是检查资金的使用是否符合规定的用途；四是检查资金使用的合规性问题。

5. 资金的效益情况审计。一是检查资金使用是否达到预期的目标，关注资金使用的实际效果；二是检查资金的使用是否符合国家的大政方针政策。

五、政策跟踪审计的主要内容

政策跟踪审计既涉及政策配套措施的制定和执行情况，又涉及相关的项目和资金的完成情况，具有综合性强的特点。

1. 政策配套措施制定情况审计。一是要检查政策配套措施出台的依据，关注依据是否充分，是否符合现实情况要求；二是要检查政策配套措施的可行性，关注配套措施是否真实、可操作；三是检查配套措施的制定过程，关注其是否经过严格论证，并符合政策配套措施出台的程序；四是检查配套措施的下发情况，关注配套措施是否为基层工作人员所熟悉，并经过充分培训。

2. 政策及其配套措施执行情况审计。一是要检查政策执行的进度，包括与政策相关的项目的建设情况，以及资金的拨付和使用情况等；二是要检查反映政策执行效果的经济指标的情况；三是要检查国家重大方针政策的落实情况，关注政策的执行是否符合国家的大政方针。

3. 与政策相配套的资金和项目审计。一是要检查项目和资金的总体情况，包括项目投资的总体规模和结构、资金的来源和去向等；二是要检查项目的投向是否符合政策目标；三是要检查地方配套资金的落实情况。

4. 政策执行的绩效审计。一是检查政策执行是否收到预期效果；二是检查政策执行所花费的成本是否超出预定的预算限制；三是结合成本和收益两个方面，综合评价政策执行的绩效。

（撰稿人：李　俊）

【关于完善我国地方政府债务管理的建议】

目前我国地方政府债务种类之多，负担之重，管理之混乱，已经超出想象，必须尽快予以解决。但是，建立适合中国国情的地方政府债务管理制度，不可能一蹴而就。这不仅仅是一项制度的科学设计和不断完善的过程，还需要经历中央与地方、地方上级政府与下级政府之间一个长期的讨价还价和博弈过程。从长远看，需要进一步明晰各级政府之间的事权界限，通过分税制改革和规范化的转移支付制度，逐步使地方政府的财权与事权相统一。从短期看，应当通过立法赋予地方政府一定的债务权限，开通地方政府公开发债渠道，规范地方政府融资和偿债制度，明确地方政府债务管理机构及其责任，提高地方财政及债务信息的透明度，建立符合我国国情的财政风险信用预警体系；同时，还要健全法制，严格管理，充分发挥各级人民代表大会和审计机关的监督作用。当务之急是，区别情况，实事求是，妥善处理好地方政府融资平台的债务问题，有效化解地方财政的潜在风险。

一、改革和完善相关体制

一是改革和完善财政管理体制。科学合理地划分中央政府与地方政府的事权与财权，是解决地方政府不规范发债问题的根本出路。中央政府原则上应负责公益性覆盖全国范围的公共服务供给，以城乡和区域基本公共服务均等化为重点，强化再分配职能；各级地方政府主要应负责管辖区域内的公共服务供给，重点根据本地区的实际情况，提高公共服务的效率和质量；对于中央和地方共同承担责任的公共服务事项，也应当责任清晰，分工明确。在合理划分和明确财权与事权的基础上，应重新调整各类税收在中央和地方政府间的分配，扩大地方政府税收管理权限，增强地方政府依靠自身财力防范和化解债务风险的能力。

二是逐步改革地方行政管理体制。加快地方政府行政管理体制改革，建立与“省直管县”财政管理体制相适应的行政管理体制。进一步转变政府职能，加快从经济建设型政府向服务型政府的转变，以降低行政成本，提高行政效率。逐步完善政府绩效管理，建立科学的政绩评价指标导向体系，并建立相应的行政问责制度。

二、建立健全法律法规体系

一是加快修订预算法。在预算法修订中，应将允许地方政府发债与完善地方政府预算管理结合起来，建立地方政府债务预算，形成包括公共预算、国有资本经营预算、政府性基金预算、社保基金预算和政府债务预算在内的地方政府预算体系；明确地方政府债务审批程序和管理权限，严格控制地方政府债务规模、结构和使用方向。

二是尽快修订担保法。在修订担保法过程中，将允许地方政府提供必要担保作为重要内容确定下来，并严格规范地方政府的担保行为，防止政府部门随意担保所可能带来的不良后果。同时，应在法律上具体明确规定地方政府提供担保的权限、原则、条件、范围和程序等相关内容。

三是适时研究制定地方政府债务管理条例。在有关条件基本成熟时，可以考虑研究制定专门的地方政府债务管理条例，对地方政府债务的管理主体、规模控制、举债渠道、使用方向、偿还方式、监测预警、监督管理、法律责任等作出明确规定。

四是制定和完善相关配套法规制度。研究制定与政府发行债券相配套的信用评级制度，购买地方政府债券收益的税收优惠等。

三、加强地方政府债务的管理

一是尽快建立统一的债务管理机构。在地方政府债务管理法律法规尚未建立和完善期间，应由省级以上政府制定专门的具有指导性的政府债务管理办法，明确债务管理机构和债务责任主体。考虑到各级财政部门是政府债务的直接担保者和承贷者，对政府债务借、用、还等负有无法推卸的责任，而且政府债务的规模和效益与各级财政状况等紧密相关，因此，应建立以财政部门为主的地方债务管理体制。明确财政在地方政府债务管理中的主体地位，加强财政对地方债务集中、统一管理的力度，从根本上改变当前地方政府债务分散管理的弊端。在尚无法统一控制举债行为的情况下，可考虑先建立政府债务和政府担保债务的登记或备案管理制度，使地方政府债务公开、透明，以便中央掌握地方各级政府债务的总体规模和结构，为今后建立科学规范的债务管理体系，有针对性地防范和化解债务风险做好准备工作。

二是建立防范债务风险的预警体系。债务风险的预警体系能够在债务管理过程中对各项经济活动进行监督和检测，债务风险管理部门可据此进行有效的调控。为了防范地方政府债务风险，应该根据地方政府债务的现状，研究确定相对科学合理的债务监控指标体系，以保证地方政府债务与当地经济发展水平和财政承受能力相适应，防止发生债务危机。

三是完善预算管理和预算会计制度。将地方政府举债计划、使用方案及债务还本付息情况纳入预算管理，完善政府预算管理体系。在地方政府债务预算与地方政府公共预算之间，以及在地方政府债务预算与地方政府国有资本经营预算之间，建立起资金划拨联系，为化解政府债务提供制度基础。同时，要改革现行预算会计制度，最终建立起以权责发生制为基础的政府会计制度。

四、妥善处理好融资平台债务问题

首先，在指导思想上，应辩证地看待地方政府融资平台的存在和发展。这些年以来，我国地方政府融资平台在城市基础设施建设方面发挥了重要作用，在应对 2008 年国际金融危机过程中也是功不可没。对于 2008 年以来地方政府融资平台债务的过度膨胀问题，既不能放任自流、信马由缰，也不能采取“急刹车”和“一刀切”的政策，必须正确认识，实事求是，按照“控制增量，区别对待存量”的原则，分别不同情况，妥善作出处理。

其次，在处理融资平台债务问题上，应当坚持三个基本原则，即公平原则、政企和政资分开原则以及分类管理原则。坚持公平原则，就是要明确政府责任，本级政府的债务由本级政府负责化解，不能把责任推给上一级政府。坚持政企、政资分开原则，就是要避免走回头路，融资平台在本质上是一种政府配置资源的方式，建设社会主义市场经济体制，必须发挥市场在资源配置中的基础性作用。坚持分类管理原则，就是在地方政府债务的总体分类中，把融资平台形成的直接债务、或有债务等，与其他非经营性的政府及其部门、事业单位举借的债务严格区分开来。

最后，在具体措施方面，应在财政部门建立政府财务预算对政府债务统一管理的基础上，实行分工管理。具体可由财政部门重点负责管理政府部门和事业单位产生的政府债务，由国有资产监督管理机构负责集中管理各类“融资平台”及其产生的政府债务。财政部门通过债务预算和公共预算之间的联系，管理和化解政府部门和事业单位的政府债务。国有资产监督管理机构，通过完善出资人制度，把融资平台与其他经营性国有资产监管起来，把管理资产和管理债务结合起来，把融资平台的债务纳入国有资本经营预算管理，通过国有资本经营预算与本级政府的债务预算之间联系，与财政部门对本级政府债务的统一管理协调配合。国有资产监管机构应努力防止融资平台的财务风险转化为财政风险和金融风险。

五、强化对地方政府债务的审计监督

一是深入开展专项审计调查，摸清地方政府债务规模及结构。当前，各级审计机关要密切关注有关动向，积极配合中央和地方有关部门清理地方政府债务工作的需要，及时深入开展专项审计调查，全面摸清地方政府债务的规模、结构和分布的真实情况，查找地方政府债务管理中存在的问题，加强审计的综合分析和研究工作，从审计的视角评估地方政府债务的风险，提出解决问题的思路和建议，为中央和有关部门科学决策提供依据和参考。

二是深化预算执行审计，促进完善地方政府债务管理。允许地方政府举债是财政分权改革的一项重要内容，根据权责对等的原则，在授予地方发债权力的同时，必须强化对债务管理责任的监督。建立地方债务预算，把地方政府债务纳入预算管理的范围是强化地方政府债务监督的根本途径。地方政府债务纳入预算管理后，人大可以通过对预算的审批和监督，实现对地方政府债务的监督；社会公众可以通过预算公开进行监督。审计机关作为专门的监督机构，应结合本级预算执行审计工作，切实加强对地方政府债务的日常性监督，严肃查处债务管理使用中存在的违法违规问题，并对债务资金的使用效益进行评价。

三是完善经济责任审计指标体系，强化审计问责机制。各级审计机关在开展地方党政领导干部经济责任审计中，要把地方政府债务问题作为一项重要审计内容，更多地关注地方经济增长与政府债务之间的对比变化情况，通过查清负债总额、负债率、债务率和偿债率等变化情况，并对这些指标进行评价，提醒和督促地方政府的主要领导干部重视债务问题，促进地方政府债务问题的解决，有效减少“新官不理旧账”问题，并进而促进地方债务管理制度的建立和有效执行。同时，适当强化经济责任审计的问责机制，强化审计问责制度。

四是创新审计方式，加大“上审下”或“交叉审”的力度。考虑到地方政府债务问题主要涉及地方政府行为，本级审计机关独立性相对较弱，很难全面、系统地揭露和查处地方政府债务管理方面存在的问题。必须进一步创新审计方式，在全国或者一定区域内调动多方力量，整合审计资源，不定期组织开展“上审下”或“交叉审”等方式，提高审计监督的独立性和权威性，全面、真实地了解地方政府债务管理情况，提出规范管理和化解风险的建议。

（撰稿人：王秀明　韩乃志　崔孟修　叶君鳌）

【试论绩效审计方法的特征及其应用】　审计方法体现了审计主体和审计客体的统一，体现了审计目的和审计手段的统一。在绩效审计中，审计方法是决定一个审计项目能否成功的关键所在。正确认识和把握绩效审计方法的特征，合理运用各种绩效审计方法，对于开展绩效审计具有重要的意义。

一、审计方法的基本概念

审计活动是审计主体和审计客体之间的相互作用。审计主体是审计活动的执行主体。审计客体是审计主体作用的对象，包括接受审计的实体和内容，接受审计的实体即为责任的承担者，接受审计的内容即为责任的履行情况。

审计活动具有目的性，实现审计目的，需要有相应的审计手段。审计手段是联系审计主体和审计客体的中介。审计目的和审计手段的辩证关系是：审计目的决定审计手段，有什么样的审计目的，就有什么样的审计手段。审计目的必须依赖审计手段来实现，审计手段可以影响审计目的实现的程度。审计的总体目标可以分解为若干子目标，子目标又可以进一步分解为更加具体的小目标。在这个层次系统中的每一个层次，都可以视为下一个层次的目的和上一个层次的手段。所以，审计目的与审计手段在一定条件下可以相互转化。审计目的和审计手段的辩证统一是审计主体和审计客体辩证统一的基础。

审计手段包括两个基本要素：一是审计工具；二是操作审计工具的方法，即审计方法。审计工具的本质特征是中介性和有用性，包括人本身的感官、物质工具和观念工具。审计方法是指审计主体操作审计工具的一系列步骤或程序。审计手段是审计工具和审计方法的结合，两者缺一不可。

二、绩效审计方法的特征

在绩效审计中，审计主客体之间的相互作用，离不开一定的审计手段，即审计工具和审计方法。绩效审计的审计目的和审计客体方面的特征，决定了绩效审计手段的特征，从而决定了绩效审计方法的基本特征。

（一）方法的多样性

在审计目的方面，财务审计主要关注审计客体的合规性责任，绩效审计主要关注审计客体的绩效责任。根据我国审计法的规定，在审计客体方面，接受财务审计和接受绩效审计的实体范围两者并无差别，凡是依法属于财务审计范围内的实体单位，同时也被包含在绩效审计的范围之内，所有接受审计监督的实体，都要接受真实、合法和效益方面的审计监督。然而，在审计客体方面，由于审计目标的不同，接受财务审计和接受绩效审计的内容却明显不同。财务审计关注的主要是被审计实体履行职责的合规性情况，而绩效审计关注的主要是被审计实体履行职责的效果。由于接受财务审计的实体应遵守的法律法规和相关行为规范比较固定和统一，财务审计的内容也比较固定和统一。相比之下，绩效审计的内容则具有多变性或多样性，将会因被审计实体履行职责的具体内容不同而不同。在审计客体方面，接受绩效审计的内容的多样性，必然导致作为联系审计主体和审计客体中介的审计手段的多样性，即审计工具和审计方法的多样性。

（二）重视理论思维方法

开展绩效审计不仅需要人本身的感官工具、物质工具，而且更加需要理论思维工具。不仅需要运用理论思维工具来测量绩效和评价绩效，而且需要运用理论思维工具来揭示影响绩效的深层次原因。无论财务审计还是绩效审计，都需要经验认知方法、物质工具类方法和理论思维方法，相比之下，在这三大类审计方法中，绩效审计更加需要运用理论思维方法来揭示现象背后的本质和把握事物发展的规律。

（三）大量借鉴相关学科领域的研究方法

在绩效审计中，绩效审计内容的多样性及其研究性活动的特点，决定了绩效审计可以大量借鉴其他学科领域的研究方法。每个学科领域都有自己专门的研究方法，包括经验认知方法、运用物质工具的方法和理论思维方法。随着绩效审计的不断发展，以绩效审计为桥梁，审计学与其他学科之间的相互渗透、相互交叉、相互融合的现象也越来越显著，审计学已经成为一门多种学科相互交叉的综合性社会科学。

三、明确绩效审计的研究类型

在绩效审计中，审计方法的运用贯穿于整个审计过程之中，每个审计阶段都有相应的审计方法，每个审计阶段又有多种方法可供选择。

（一）结果导向和问题导向

根据绩效审计关注的出发点不同，可以把绩效审计的研究类型分为结果导向和问题导向两种基本类型。结果导向研究主要关注的问题是，“被审计单位的绩效如何，或取得了什么结果？有关要求或目标有没有达到”。在这种情况下，审计人员检查被审计单位的绩效（经济性、效率性、效果性），并将所发现的情况与既定标准（目的、目标和规章）以及审计标准（或多或少在主要检查开始之前就已经确定）进行比较。

问题导向类型则主要关注对问题的核实和分析，一般不参考事先确定的审计标准。在这种情况下，绩效方面的缺陷和问题是审计的出发点而不是审计的结论。审计的主要任务是核实所述问题的存在情况，并从不同角度对问题（与政府项目和活动的经济性、效率性和效果性有关的问题）的原因进行分析。问题导向关注的主要问题是：“所述问题是否真的存在？如果存在，如何理解这些问题？问题的原因是什么”。

（二）定性研究和定量研究

任何事物都是质和量的统一。质是指一事物区别于他事物的内在规定性。量是指事物存在和发展的规模、程度、速度等可以用数量来表示的规定性。人们之所以能把同质的事物区别开，就在于它们还有量的差别。在科学研究中，有定性研究和定量研究，前者是对事物的质的认识，后者是对事物的量的把握。绩效审计，无论是结果导向还是问题导向，作为一种研究活动，都可以进一步细分为定性研究和定量研究两种类型。

四、制定审计方法应用方案

在绩效审计中，可选择的审计方法往往很多，每种审计方法又有各自的特点，而且各种方法必须相互协调配合，才能产生最佳的应用效果。制定审计方法应用方案应考虑以下几个基本问题：

（一）确定绩效审计的研究类型

如前文所述，不同的研究导向或者研究类型，在很大程度上决定了需要使用什么样的审计方法。因而，在制定审计方法应用方案时，首先要确定该绩效审计项目是结果导向的研究还是问题导向的研究？是定性研究还是定量研究？

（二）合理选择所需的审计方法

选择审计方法应当考虑审计主体、审计客体、审计工具方面的因素，以及考虑所要选择的审计方法自身的特点。在审计主体方面，要考虑审计的目的或目标、可以利用的审计资源、审计成本，以及审计期限方面的约束等；在审计客体方面，要考虑接受审计的实体、接受审计的内容、被审计单位是否配合、是否能够提供必要的资料等；在审计工具方面，不仅要考虑可以利用的物质工具（如计算机技术设备或者其他必要的技术设备），还要考虑可以利用的观念工具或者科学理论方面的支撑。在此基础上，还应考虑所要选择的审计方法本身的适用性和优缺点。

（三）关注审计方法的效度和信度

审计人员应当注意审计方法的效度和信度。效度是指测量工具的有效性程度，即测量结果在多大程度上反映了想要测量事物的真实情况。效度越高，即表示测量结果越能显示出所要测量的对象的真正特征。信度就是指测量数据和结论的可靠性程度，也就是说测量工具能否稳定地测量到它要测量的事项的程度，如果在相同环境下进行重复研究，得到的结果应是相同的。必要时，可以对审计方法的效度和信度进行检验，在相关文献中很容易找到检验效度和信度的方法。

（四）保持一定的灵活性

尽管绩效审计的性质要求对审计方法进行谨慎的选择和组合，重要的是在实施过程中有一个开放的思维。绩效审计总是基于审计人员的个人判断、经验、想象力和创造力，因而在运用某种审计方法时不能机械地照搬该审计方法的应用规则和程序。

（撰稿人：崔孟修）

内 部 审 计

【鞍山钢铁集团公司】 鞍山钢铁集团公司（以下简称鞍钢）总部坐落在辽宁省鞍山市，鞍山地区铁矿石资源丰富，已探明的铁矿石储量约占全国储量的四分之一。周围还蕴藏着丰富的菱镁石矿、石灰石矿、黏土矿、锰矿等，为黑色冶金提供了难得的辅助原料。60 年来，鞍钢为国家经济建设作出了巨大贡献，累计生产钢 3.81 亿吨、铁 3.75 亿吨、钢材 2.77 亿吨；上缴利税 1245 亿元。经过 60 年的建设和发展，目前钢铁主业已形成鞍山、鲅鱼圈、朝阳三大生产基地的发展格局，具有钢、铁、钢材 2500 万吨的综合生产能力，成为以汽车板、家电板、集装箱板、船板、重轨、石油管、管线钢、容器板、冷轧硅钢等为主导产品的精品钢材生产基地。能够生产 16 大类钢材品种，120 个产品细类，600 个钢牌号，42000 个规格的钢材产品，广泛应用于国民经济各领域。

领导成员

总 经 理：张晓刚

纪委书记：苏文生

审计部部长：王耕野

审计职责 制定鞍钢集团公司内部审计工作制度，编制内部审计工作计划；对各单位的财务收支、财务预算、财务决算、资产质量以及其他有关的经济活动进行审计监督；对发生重大财务异常情况的单位进行专项审计；对各单位的基建、技改、年修和维修等工程项目进行审计监督；对各单位的物资（劳务）采购、产品销售、工程招标、对外投资等经济活动和重要的经济合同等进行审计监督；对各单位的风险管理和内部控制的健全性、合理性和有效性进行监督与评价；对各单位的经营绩效及有关经济活动进行监督与评价；对鞍钢集团公司所属全资子公司、控股子公司、直属单位、有实际控制力的参股公司经理（主要行政负责人）以及鞍钢集团公司主要业务部门负责人和重要子公司业务部门负责人进行任期内和离任经济责任审计；对各单位的信息系统进行监督与评价；在鞍钢集团公司范围内开展审计咨询服务；其他事项。

审计成果 2010 年鞍钢审计部全年完成审计项目 32 个，其中经济责任审计 15 个（离任经济责任审计 14 个、任期经济责任审计 1 个），工程审计项目 14 个，专项审计调查 2 个，集中开展后续审计 1 个。审计发现和披露各类问题 346 个，提出审计意见和建议 333 条，移交纪委监察部门 3 个疑似案件。审计工程投资额 57.11 亿元，审减工程费用 2802 万元。

鞍钢所属单位审计部门 2010 年共开展审计项目 179 个，发现问题 215 个，审减工程费用 496 万元，提出审计意见和建议 200 条。

工作特点 （一）继续把经济责任审计作为审计工作的重点之一，继续坚持对集团公司所属全资子公司、控股子公司、直属单位、改制单位法人代表（经理、厂长、行政负责人）以及股份公司所属厂长（经理、行政负责人）实行离任必审，并力争实行任期内 3 年一审的原则。全年完成审计项目 15 个。通过经济责任审计，查出各类问题及披露事项 232 个，提出审计意见和建议 230 条，有效地促进了被审计单位加强经营管理和内部控制，提高风险防范能力。同时为集团公司考核、任用干部提供了重要参考依据。

（二）加大管理效益审计力度。一方面针对公司生产经营的重点部位鞍钢审计部专项审计调查 2 项，有针对性地检查并揭示了一些管理方面存在的问题和不规范行为，取得了较好效果。另一方面继续注重风险管理审计和内部控制审计。2010 年，鞍钢审计部在各项审计工作中，坚持以风险为导向，以内部控制为重点开展审计检查，不但对已经发生的问题进行检查和纠正，特别对没有发生但存在发生风险的问题提出警示及审计建议。拓宽了审计工作视野和空间，实现了真正意义上的审计工作前移，使审计内容和审计空间更加广泛，审计效率和效果更加明显。

（三）进一步加强工程审计。2010年共开展工程审计项目14个，审计工程投资额57亿元，发现并纠正问题110个，提出审计意见和建议120条。其主要做法：（1）坚持突出重点原则。2010年鞍钢审计部继续将集团公司、鞍钢股份公司重大投资项目作为审计工作重点。完成了鞍钢鲅鱼圈炼钢工程等项目的审计工作。（2）及时完成集团公司领导批示的审计项目。2010年鞍钢审计部及时完成集团公司领导批示的计划外审计项目3个。（3）积极开展过程跟踪审计。通过跟踪审计，及时发现和解决问题，把问题消灭在萌芽状态；深入现场，结合实际对工程量进行及时核对，解决了工程项目有些工作内容事后无法检查的问题；有效减少设计变更和现场签证；促进施工单位按图纸规范施工；促进被审计单位加强工程管理。

（四）充分发挥鞍钢“三位一体”大监督体系作用。2010年，鞍钢审计部在集团公司“三位一体”大监督体系中继续发挥积极作用。其主要工作：一是将审计项目中发现的重大疑似违法违纪问题及线索及时向纪委移交；二是组织召开鞍钢审计部长、子公司监事会主席联席会议，认真研究、落实集团公司领导指示精神，研究、协调和处理子公司监事会以及鞍钢改制企业、合资企业派出监事的相关工作；三是与鞍钢纪委监察部组成联合调查组，调查审计工作中发现的重大问题；四是参加鞍钢纪委牵头组织的“小金库”专项治理工作和鞍钢集团公司有关部门牵头的相关专项检查工作。

（五）进一步夯实审计基础工作。（1）鞍钢审计部开展了审计业务流程梳理、优化工作，共完成19项具体审计业务流程优化方案，使审计工作得到进一步的规范；发布《审计简报》，在集团公司范围内通报有关审计信息；修订了《鞍钢集团公司审计部审计复核办法》，完善了项目组长（处长）、审计复核处、审计部长三级审计复核制度。（2）积极组织审计人员的业务培训。鞍钢审计部2010年共参加集团公司安排的28个项目、340人次的各类业务培训；聘请审计署专家来鞍钢为审计部、子公司监事会全体人员以及各单位审计人员举办专题业务讲座；组织全体审计人员参加辽宁省内审协会组织的建设工程项目审计和风险、内控审计等方面的业务培训；参加国资委、内审协会组织的审计学习、经验交流会；通过这些有针对性的业务学习和专项培训，拓宽了审计人员的知识面，有效地提升了审计人员的专业水平和综合素质。 （撰稿人：孙　齐）

【吉林农业大学】 吉林农业大学是吉林省属重点大学，是我国首批具有学士、硕士学位授予权的高等院校之一，1993年获得博士学位授权。学校现有教职工1800余人，其中，中国工程院院士1人，国务院学科评议组成员1人，现有各类全日制在校生18000余人。学校拥有7个博士后科研流动站，23个博士学位授权学科，72个硕士学位授权学科，59个本科专业，学校现有23个省部级科研平台，4个国际合作与校企合作平台。

领导成员

党委书记：姚秋杰

校　　长：秦贵信

副 校 长：孙少平　孙爱军

　　　　　张立峰　陈　光

审计职责 吉林农业大学审计处成立于1987年，由校长主管。审计处为正处级建制，共有专职审计人员7人，设处长1名，副处长1名。现有人员7名（其中高级职称3人，中级职称3人）。审计处主要在校长领导下，开展学校处级领导干部经济责任审计、经济合同审计、基建工程及维修审计、物资及仪器设备采购、财务收支审计、财务预算执行及决算审计、内部控制审计、科研经费审计等工作。

审计成果 2010年学校审计处在省教育厅和相关审计机关的领导下，充分发挥审计工作“免疫系统”功能，树立科学审计理念，创新审计工作方法，注重提高审计工作的质量和水平，认真履行审计监督职能，取得明显成效。全年共计进行各类审计工作366项，其中：基建工程及维修项目审计工作119项、经济合同及招标文件审计157项、干部经济责任审计5项、工程招投标22项、大宗物资采购及考察工作12项，质量验收20余项，其他专项审计19项，审计总金额5.6亿元，提出各类审计建议216条，工程审减金额539.97万元。

制度建设　2010年，审计处根据学校发展实际和国家新出台的法律法规，进一步修订和完善财务审计、工程审计等12项规章制度。新制定了科研经费审计、基建全过程跟踪审计、审计结果公告、后续审计、内控制度审计、财务预决算审计等10项制度。

工程项目审计　全年完成工程项目审计119项，审计总金额值9832.45万元，审定值9292.48万元，审减值达539.97万元，审减率5.5%。工作中注重拓宽基建审计范围，丰富审计内容，逐步探索建立事前预警、事中监控、事后整改的全过程工程审计管理体系。提前从工程项目源头开始，对项目的立项、可行性研究报告、设计概算、招标、合同等环节进行审核把关，进行全过程跟踪审计，重点对以往未深入的设计及施工方案进行审计，通过对农学楼等的工程设计方案及费用的工程洽商参与，既完善了工程方案，又节约了设计费用。

经济合同审计　审计处在重大基建投资、大宗物资采购、招投标等项目中，提前介入，全年审计各类合同及招标文件共计157份，提出建议216条，多数为相关部门采纳。通过对经济合同的审计，有效地促进学校各部门严格遵守财经纪律，加强相关业务部门的责任意识，减少了经济风险。

经济责任审计　全年，对5名离任的处级领导干部开展任期经济责任审计，审计总金额4.6亿元。审计处对被审计单位财务管理等方面存在的问题提出相应的审计建议，得到学校领导和被审计单位的重视，学校党委常委会专题会议听取经济责任审计工作汇报，并落实需整改内容。

参与相关工作　全年参加了大宗物资采购及考察工作10余项，在招投标及大宗物资采购项目上，审计人员为职能部门提供热心服务，通过积极参与招投标及大宗物资采购工作，切实维护了学校的利益。

科研经费审计　审计处对两项科研经费进行审计，分析和总结了科研经费使用过程中的常见问题，向相关院系领导和科研人员提出审计发现的经费使用过程中需要注意的问题和应该加强管理的环节。

队伍建设　随着学校事业的发展和需要，为适应新形势下学校审计工作的要求，审计处合理改善和优化审计人员的知识结构和年龄结构，加强审计队伍建设，从南京审计学院新进一名审计专业的毕业生。重视培养审计工作需要的复合型人才，教育审计人员自觉遵守职业道德，着力培养“四手”人才，即内审业务能手、分析研究的高手、计算机应用的强手、沟通协调的行家里手。2010年，派6人次外出学习，与省外其他高校开展业务交流学习2次。　（撰稿人：李双凤）

【晋西工业集团有限责任公司】　晋西工业集团有限责任公司（简称晋西工业集团）是中国兵器集团公司成立的第一批专业化子集团，目前拥有职工14000余人，资产总额近70亿元，拥有三级子公司14个（其中，上市公司1个），四级子公司15个，是一个多元化经营的大型国有控股子集团。2008年以来，晋西工业集团通过区域重组、产品重组，实现了整体经济效益的健康、稳步提升，企业文化逐步融合，重组优势逐渐显现。在公司快速发展的大环境下，审计监督和评价工作也得到了前所未有的重视，基础管理不断完善，创新步伐逐渐加快。审计工作在推动公司内部管理不断优化的同时，也得到国家审计机关的认可，2010年晋西工业集团审计部获得了“山西省审计工作先进单位”的荣誉称号，并被推荐为“全国审计工作先进单位”。

领导成员

总经理：李照智

监事会主席：冯志君

审计职责　晋西工业集团设有内部审计机构5个，专职审计人员22人。晋西工业集团总部共有审计人员14人（其中高级职称1人，中级职称10人，助理职称3人。有注册税务师和注册造价师资格的各1人），设有绩效与责任审计一科、绩效与责任审计二科、后评价科3个科室。主要负责晋西工业集团所属单位的财务收支审计、绩效审计、经济责任审计、内控制度审计、经济效益审计、物资采购价格审计、工程预结算审计、专项审计调查、经济运行质量分析等工作，并负责对晋西工业集团各子公司审计业务的指导和管理。

审计成果　2009～2010两年来审计部共组织实施经济责任审计102个、工程项目审计202个、财务基础审计15个，绩效审计4个，审计调研2

个，开展专项审计 7 项；下发审计制度 4 项；提出审计建议 152 条，均得到采纳或落实；从 2010 年起审计部还按照审计委员会要求按季开展经济运行质量分析；每年均开展绩效审计。目前，常规审计工作的模式和业务管理已逐步趋于成熟。

工作特点　（一）建立了标准化的审计工作体系，推动审计工作效率和质量逐步提升。制定和优化了绩效审计、经济责任审计、工程项目审计、后评价审计的业务流程，统一了各类审计的标准化格式文档，对各类审计业务进行标准化管理。

（二）实施了审计业务的全面质量管理。在审计过程中，基本实现了审计工作的“全面质量管理”、审计主体的“全员参与管理”、审计项目的“全过程质量管理”的目标。从审计计划安排、审前调查开展、审计方案编制、优化报告编制、审计成果转化、跟踪回访直至审计档案管理，实行全过程的质量控制，使所有审计活动均处于受控制状态之中。所有审计类型上严格执行“三级复核”制度。通过这些举措，将质量管理从过去的以事后检验“把关”为主，转变为以预防改进为主；从管“结果”转变为“管因素”；工作上将过去的以分工为主转变为以整合为主，使审计的各环节成为一个有机整体。

（三）建立了审计公示制和问责制工作流程。审计公示制是推动专业监督和群众监督的有机结合所采取的办法之一，通过公示审计目的和审计结果，增强审计工作的透明度，鼓励员工积极参与公司事务监督。问责制是为了加强被监督者的责任意识，促进公司可持续发展，针对审计过程中发现的问题，由监事会审计委员会对被审计单位的直接领导、主管领导进行相应问责的一种机制。通过审计问责制，规范了权力运行，落实了审计结果。

（四）创新审计方法和技术，通过运用风险分析、抽样模型、控制测评等技术，运用现代信息化手段，提升审计质量和效果。建立了经济运行标杆信息库。通过对主要经济运行质量指标的行业值、国家标准值、国际标准值信息的收集和对比，找出公司经济运行过程中存在的差距，分析原因，实现对标管理，达到提升管理水平的目的。

（五）以审计理论研究拓展实践领域。2010 年，审计部已通过山西省审计厅申报了“经济责任审计基本理论研究”和“提高审计质量的途径”两组课题进行研究。通过对审计理论的研究来推动审计工作的深入、有序开展，强化理论和实际的结合，以理论指导实践、实践丰富理论，确保审计工作与前沿理念逐步接轨。

目前，晋西工业集团审计部本着“融入公司经营发展、服务公司改革发展大局”的目标，通过不断创新和探索，逐步实现向新的审计领域的转型。　（撰稿人：张向丽）

【上海银行股份有限公司】　上海银行股份有限公司（以下简称上海银行），在编近 8000 人，设有董事会办公室、监事会办公室、办公室、人力资源部、合规部、计划财务部、风险管理部、公司金融部、个人金融部、会计结算部、审计部等 30 个职能部门，下辖上海 26 家分支机构，以及宁波、南京、杭州、天津、深圳、成都、北京和苏州等 8 家异地分行。

领导成员

董事长：宁黎明

监事长：张世虎

行　长：瞿秋平

副行长：张伟国　蒋　洪
　　　　李建国　贺　青　胡友联

审计职责　上海银行总行设审计部，对董事会及其审计委员会负责；分行根据资产规模等情况，设立分行审计部或审计岗。内部审计部门主要负责拟定内部审计章程、中长期审计规划和年度工作计划，经董事会批准，在董事会审计委员会指导下，组织实施全行内部审计工作；负责制定内部审计工作规章制度和程序；负责定期向董事会、监事会、高级管理层、监管部门报告内部审计工作情况；负责定期对全行内部控制、风险状况进行检查和评价；负责定期对全行业务经营、会计记录、财务报告、经营绩效、计算机信息系统等方面实施审计和评价；负责对全行各经营单位高级管理人员履职情况和经济责任实施审计；负责组织开展内审人员的培训。

审计成果　全年完成审计项目 61 个，其中经营及管理状况审计 6 个、基本建设审计 1 个、经济责任审计 7 个、内部控制审计 13 个、后续审计 1 个、离任审计 22 个、专项审计及调研 11 个。提出建议被采纳 216 条。

工作特点　（一）上海银行审计部在董事会审计委员会指导下，组织实施全行内部审计工作，定期向董事会、监事会和高级管理层报告工作。颁布《内部审计章程》，明确审计职能和权力，增强审计独立性和权威性。根据上海银行跨区域发展的实际，适时制定分行审计管理办法，明确总行对分行审计的垂直管理要求，推进分行审计机制建设，发挥分行审计在完善分行内控管理、强化总行管控力度方面的积极作用。设立质量控制科，归口负责制定内部审计制度、编制审计手册、实施审计项目质量管理以及整改跟踪管理等；设立评审委员会，对审计项目的实施方案和审计报告进行集体评审。

（二）密切关注银行各类风险的特征、暴露程度以及变化趋势，实施风险监测，在对各类风险进行审计覆盖的同时，加大对高风险领域的审计频度。如对信用风险、操作风险持续开展审计，并结合银行经营的特点，适时开展流动性风险、市场风险等审计项目。针对银行业案件防控要求，每年开展内控评价和风险评估，将内控薄弱的单位和业务条线及时列入审计计划，采用突击审计、飞行审计、强制休假审计、非现场监控等多种方式，对会计结算、信贷管理等银行主要业务的关键控制点和关键岗位实施高强度审计。

（三）加强对新业务新产品的审计，对网上银行、理财业务、资产托管业务、新建业务系统等开展专项审计或评估，及时发现问题，提出完善制度、优化流程、改进管理、提高绩效的建议和意见。

（四）对新建分行及时跟进审计，督促、帮助、指导分行根据总行战略发展要求，不断完善内控管理，增强风险合规经营理念，提升分行经营管理水平。尝试开展对分支行经营绩效的审计调研，并在审计项目中增加了对业务结构、经营绩效的分析评价内容。如在信用卡专项审计中对信用卡业务的盈利状况进行了分析，在小企业授信业务调研中对小企业授信资产质量进行了分析评价，在分支行审计中增加对业务结构和特点的分析内容等。

（五）开发计算机辅助审计系统，建立一批审计模型和查证线路，实现审计人员对审计模型和查询路径的灵活配置。通过运行审计模型，较全面地排查被审计对象的业务数据，并借助不同生产系统内业务数据的跨系统、跨业务的查证和分析，发现问题疑点和风险隐患，增强现场审计抽样的针对性。运用审计模型对各类业务数据定期进行非现场风险排查，对异常数据进行现场核实，及时发现风险隐患，纠正差错，遏制违规行为，形成系统监控的威慑力。　（撰稿人：陈晓艺）

【江苏省丝绸集团有限公司】　江苏省丝绸集团有限公司（简称江苏省丝绸集团）是江苏省人民政府授权的国有资产投资主体，控股江苏省纺织集团、江苏弘业国际集团、江苏苏豪国际集团等企业集团，2010 年末资产总额 228 亿元，营业收入 208 亿元，年进出口额 25 亿美元，实现利润 6.12 亿元。江苏省丝绸集团以科学发展观为统领，依托经济全球化和中国社会经济快速发展的良好机遇，积极开拓国际国内市场，不断优化资源配置，形成了以投资、贸易、房地产开发为主业，以新型纺织丝绸、文化艺术品为优势产业的多元化业务格局。

“十二五”期间，江苏省丝绸集团将以企业价值为理念，以资本运营为重点，以推进资产证券化为目标，积极整合内部资源，充分利用外部资源，努力打造企业核心竞争力，培养新的经济增长点，构建积极向上的和谐企业，实现主业以及优势产业的协调发展，建设一个成长性好、可持续发展能力强、职工群众满意度高的现代投资控股型企业集团。

领导成员

董事长：沙卫平

总　裁：张道文

副总裁：沈祥元　韩　平
秦志强　余亦民
钱一平　周　勇

纪委书记：刘显素

党委委员：李结祥

审计职能　江苏省丝绸集团的内部审计工作始于 20 世纪 90 年代，审计职能依附财务部门。2006 年 12 月，江苏省丝绸集团成立独立的审计部。审计部的工作职能主要包括：依据国家有关法律法规、财务会计制度和集团公司内部审计工作规定等制度，对集团控股企业的财务收支、财务预算、财务决算、资产质量、经营绩效以及建设项目或者有关经济活动的真实性、合法性和效益性进行监督和评价工作。

具体包括：制定内部审计工作制度，编制年度内部审计工作计划；按集团公司内部分工，组织或参与组织集团公司及控股企业年度财务决算的审计工作，并对年度财务决算的审计质量进行监督；对集团控股企业经营者经营期中和离任的经营责任进行审计，评价经营管理业绩，明确经济责任；组织对集团公司及控股企业的基建工程和重大技术改造、大修等的立项、概（预）算、决算和竣工交付使用进行跟踪审计；对集团控股企业内部控制系统的健全性、合理性和有效性进行检查、评价和意见反馈，对有关业务的经营风险进行评估和意见反馈；对企业改进经营管理、提高经济效益提出建议；参与集团公司及控股企业改制、资产重组、投资决策等方面的审计、评估工作；定期向审计机关、上级内部审计部门报送内部审计工作计划、工作总结，以及审计工作中的重大事项；做好集团公司及控股企业内部审计人员的管理及业务岗位培训；负责内部审计档案的整理、归档工作。目前，江苏省丝绸集团审计部配备 5 名审计人员。

审计成果 多年来，江苏省丝绸集团审计部紧紧围绕集团中心工作，融入大局、服务大局，立足实际、谋划长远，忠实履行维护国家和企业财经法纪，增加集团价值，实现集团目标。

2010 年，江苏省丝绸集团内部审计共完成 32 个审计项目，其中：内部控制审计 4 项，任期经济责任审计 6 项、财务收支审计 17 项，工程建设跟踪审计 5 项。审计总金额 20.91 亿元。审计中发现被审计单位存在问题 65 个，提出审计意见和建议 73 条，99%被采纳。

工作特点 （一）近年来，集团在房地产开发、生产基地建设、办公用房建设等方面投入较大，我们将内部审计关注的重点放在了对建设项目的全过程跟踪审计，收效显著。我们的做法主要是以委托中介的方式开展。项目建设方提出全过程跟踪审计要求，由集团审计部组织招标中介机构，选聘的中介机构与建设方签订业务约定书。随后中介机构全过程参与工程招标、工程结算、验收、施工变更、合同审核、资金支付等方面的审核、审计工作。2005 年以来，集团实行全过程跟踪审计的建设项目 8 项，核减工程造价 5000 多万元。

（二）建设“以控制为主线、以风险为导向”的新型内部审计模式，是努力的方向和目标。随着集团与其他省属企业合并重组后的规模不断扩大，控股、参股企业增多，集团重新确定了“十二五”期间的发展主业和优势产业，各单位在内部控制、风险管理等方面的水平和能力参差不齐，为此提出了“以控制为主线、以风险为导向”的新型内部审计模式。

年末对控股企业进行风险审计调查，审计调查中主要依据各控股单位的内部控制制度建设及执行情况、与以前年度相比的经营收支情况、资产变化情况等，确定下一年度的内部审计计划，该计划报集团董事会批准后实施。

实施审计项目时，重点关注被审单位的内部控制执行情况以及风险管理的做法，通过具体审计方法，控制审计风险。

（三）通过规范审计程序，提高审计质量。确定审计项目主审，由主审对审计项目进行审前调查、编制审计方案、分配审计力量、掌握审计进度、确定审计重点、撰写审计报告，由审计组长审查审计方案和审计报告，审计部领导签发审计方案和审计报告。既培养了审计人员，也确保了审计质量。 （撰稿人：江苏省丝绸集团）

【南京市城市建设投资控股（集团）有限责任公司】 南京市城市建设投资控股（集团）有限责任公司（简称南京市城建集团）2010 年末，国有资产总值 841 亿元，在职员工 18866 人；集团设 5 部 3 室（综合办公室、财务部、投资发展部、企业管理部、党群工作部、纪检监察室、审计室、工程部），下辖全资、控股和参股企业近 30 家，分为公用事业类、基础设施类、准经营类、房地产类、宾馆酒店类等。

领导成员

董 事 长：邹建平

党委书记：张争气

总 经 理：丁卫东

副总经理：蔡　龙　季石青

　　　　　邹　锐　周　仪

党委副书记、纪委书记：王晨艳

审计职责　审计室职责主要有：制定集团内部审计制度和工作规范，负责向主要行政负责人或董事会提交审计工作计划和审计工作报告；负责对集团及所属企业的资产、负债、损益及其经营管理活动进行审计；负责对集团及所属企业内部控制制度的健全性、合理性和有效性进行审计、评价；负责对集团及所属企业的建设项目竣工决算和工程预（结）算情况进行审计监督；负责对集团及所属企业发生重大财务异常情况进行专项审计；负责对所属企业领导人员进行任职期中经济责任审计和离任审计；参与集团年度财务决算审计，并对所属企业财务决算的审计质量进行监督；对审计中发现的重大问题，及时向集团和上一级审计机构报告；负责办理上级主管部门及集团安排委托的其他审计事项；负责集团委托社会中介机构审计事宜。

审计成果　2010 年，集团先后对所属的钟山公司、场站公司、秦淮河公司等 12 个单位实施 13 项专项审计（其中：内控审计 3 项、经济责任审计 1 项、工程审计 6 项、经济效益审计 1 项、费用审计 1 项、专项调查 1 项）；对自来水公司、建发公司、幕燕公司等 6 个单位的 7 个已完审计项目实施了后续跟踪审计。经统计：审计资产总量 264.67 亿元，发现问题 228 个，提出审计意见 195 条，查出违规金额 648.21 万元，挽回损失 44.27 万元。通过审计，成员企业制定整改措施 162 项，帮助并促进成员企业制定内控制度 37 项，修订完善内控制度 47 项，梳理理顺业务流程 59 项。此外，对由中介机构实施的钟山风景区综合整治、南捕厅、聚宝山、幕燕环境整治等重点工程建设项目的跟踪审计进行审计质量过程控制与把关，与审计对象、审计实施主体建立联系工作制度和审计结果的落实跟踪制度；经统计工程资金审计总量为 35085 万元，核减工程款 4866 万元，平均核减率 13.87%。

工作特点　集团内部审计以推进内部审计转型与发展为主线，以探索完善内部控制和风险导向审计技术为重点，围绕经营管理工作中心，按照“两年全覆盖”的基本要求，进一步强化内部控制，健全风险机制，夯实基础管理；将内部控制审计与风险管理审计有机融合，推进内部审计逐步向企业内部控制的各个领域的全方位渗透，更多地关注风险、关注绩效、关注企业亟待解决的管理“瓶颈”，着眼于企业安全健康地发展，全面提升内部审计工作的先进性、务实性和全面性。

（一）树立科学审计理念，强化夯实组织领导。提高认识，落实思想保证：在审计过程中，本着为企业服务、帮企业诊断的主导思想，深入审计对象管理和内控的关键环节和控制点，沉下心去调查和分析，找出问题的所在和实质。关心支持，落实领导保证：集团内审工作由董事长主管，对审计发现的重大问题及时听取汇报，在全系统的工作会议上多次强调审计监管的重要性，提高了内审工作地位；2010 年度内审机构由与监察机构合署转为独立运行，进一步确立了审计的独立性、权威性。责任追究，落实目标保证：对审计中发现的管理漏洞，抓住问题不放过，尤其是对重大事件及重要问题，特别是造成国有资产损失的，给企业造成不良后果的，对负有责任的领导人员建立了问责机制。

（二）全面履行审计职责，努力发挥审计效能。力求实施好“三类工作”：围绕工作重点，开展经济责任审计、内控评审、投资审计、管理审计等专项审计；对已完审计项目实行后续审计，加大审计整改督查力度；对重点工程实施跟踪审计，努力控制投资成本。力求发挥好“四个作用”：发挥好监督作用，揭示违规行为；发挥好防护作用，保障资产安全；发挥好建设作用，提高管理水平；发挥好参谋作用，提供决策分析。力争实现好“五个转变”：职能上由监督向监督与服务并重转变；目标上从查错纠弊向内控评价和风险评估转变；内容上由财务控制向业务控制和信息系统控制转变；方式上由事后监督向事前、事中监督转变；手段上由手工操作为主向计算机、网络信息技术为主转变。

（三）构建和谐审计关系，形成良好审计生态。集团在内部审计的实践过程中，将有效沟通作为内部审计工作的重要组成部分，贯穿于审计的整个过程。通过良好有效的沟通，强化服务意识，增强融入程度，与审计对象形成水乳交融的工作伙伴关系，共同认识，共同提高，已形成双方共赢的良好局面。努力创造沟通环境，构建和谐审计；努力提高沟通能力，掌握方法技巧。

（四）科学整合审计资源，着力提高运行水平。解决审计资源整合，构建综合审计模式，积极探索和推广多专业融合、多视角分析、多方式结合的管理模式。抓好集团内部不同审计主体之间的资源整合：加强集团内审机构与下属企业内审机构、集团内审机构与集团监事会、职能部门的沟通与交流，即纵向与横向联合，实行内部审计资源的直接管理，资源共享，不搞重复审计和检查，减轻了企业的负担和压力，提高了审计效率。抓好集团内部审计主体与外部审计主体的资源整合：充分依托国家审计的行政权威，充分利用社会审计的技术资源优势，加上自身的信息资源优势，采取联合审计、委托审计等形式，科学整合，优势互补，缓解了压力，圆满实现了审计目标。

（撰稿人：张冉玮）

【杭州市内部审计协会】 杭州市内部审计协会的基本职能是：管理、服务、宣传、交流，为内部审计机构和内部设计人员提供业务指导和业务培训，开展职业道德教育，提高内部设计人员的素质；维护内部审计机构的独立性、权威性和内部设计人员的合法权益，强化行业管理，加大对内部审计业务的监督指导力度，逐步建立一套与我市经济社会发展相适应的科学、规范、完善的内部审计监督管理体系。

杭州市内部审计协会现有：萧山区、余杭区、上城区、相城区、西湖区、拱墅区、江干区、滨江区、临安市、富阳市、桐庐县、建德市、淳安县13个分会；现有团体会员单位477个；个人会员1156人。杭州市各级审计机关和内审协会在上级审计机关和内审协会的领导和指导下，积极践行审计“免疫系统”理论，努力推进各项工作任务的圆满完成，内审工作继续保持良好发展势头。在全省内部审计工作考评中，杭州市审计局荣获全省内部审计指导和监督工作先进单位一等奖；杭州市内部审计协会被评为杭州市社科联系统先进集体；2010年在全国大中城市社科联系统第二十一次会议上杭州市内部审计协会被评为“全国大中城市社科联系统先进单位”，荣获“全国大中城市社科联系统先进协会”称号。

领导成员

名誉会长：潘再高（杭州市审计局党组书记、局长）

会　　长：孙　钧（杭州市审计局党组成员、副局长）

副 会 长：刘　英（杭州市总工会副主席）

副 会 长：李金水（杭州市萧山区原党组书记，现任调研员）

秘 书 长：黄　靖（杭州市审计局经济责任审计处处长）

副秘书长：李国强（杭州市审计局调研员）

李惠娟（杭州市审计局调研员）

审计成果　2010年，杭州市内审机构823个（其中专职机构286个），内审人员2858人（其中专职人员631人），全市完成内部审计项目17988个（其中财务收支1461个，效益审计432个，经济责任审计888个，基本建设审计3167个，专项审计1528个，内控评审10165，风险评估67个，财务审签655个，其他280个），查出损失浪费16316万元，发现大要案线索3件，增加效益23661万元，提出建议意见被采纳7220条，向司法机关移送案件1件，建议给予行政处分7人，移送司法机关处理7人。

工作特点　（一）深入贯彻落实《审计法实施条例》，内部审计工作体系进一步完善。一是深入学习宣传《审计法实施条例》。在杭州市范围内组织开展《审计法实施条例》宣传服务月活动。组织人员深入开展“送宣传、送服务”活动，帮助指导基层开展审计工作。二是充实加强内审指导部门力量，进一步完善内部审计工作体制。普遍实行内审指导部门和内审协会秘书处合署办公，按照“一套班子，两块牌子”模式，履行指导监督和服务管理职能。三是深入贯彻落实内审工作规定，内审机构建设成效显著。据不完全统计，2010年全市有内审机构823个，与2009年相比新建内审机构207个，是近年来内审机构发展最快的一年。四是进一步完善内审工作规章制度，促进工作走向规范化。出台了《杭州市内部管理领导干部任期经济责任审计暂行办法》。

（二）注重彰显特色创品牌，内审工作转型进一步展现。一是彰显调研特色创指导品牌。在各区、县（市）内审协会的积极配合下，按照分级负责、分别实施的方法，对全市内部审计工作单位作了专题调研。二是彰显转型特色创质量品牌。组织内审项目评选活动，杭州市有4个项目获省优项目，33个项目被评为市级内审优秀项目。组织开展内审案例征集活动，有6个被评为省级内审优秀案例，22篇被评为市级优秀案例。三是彰显科研特色创人才品牌。组织内审理论研究，获省级内审优秀论文12篇；评出市级优秀论文50篇。

（三）积极优化内部审计组织方式，内部审计建设性作用得到进一步发挥。一是加强审计资源整合，提高审计的监督效果。采用统一编制工作方案、现场指导、培训交流等方式加强指导，内审的建设性作用得到充分发挥。二是积极推进内审工作规范化建设，不断提升内审工作水平。创新内审工作方式，内审工作质量不断提高。以内审规范化建设为抓手，大力推进内审工作全面发展和可持续发展，提高内部审计工作的权威性和有效性。三是积极运用信息技术开展计算机审计，提高审计工作效率。杭州各单位大力推进内部审计信息化建设，不断拓展计算机审计应用领域和范围，提高内审工作水平。四是实行监督与服务相结合，提高审计工作实效性。杭州市在推进内部控制评估中，突出把审计结果落实情况作为重要内容，促进了内部审计结果转化利用。

（四）深化内部审计管理创新，内审指导服务机制进一步完善。一是深度总结推广内审管理创新经验。11月中旬协会召开全市内部审计管理创新经验交流会，会议总结交流了2010年全市内部审计管理创新经验，共收到经验材料38篇，余杭区审计局、传化集团等8家单位作了典型交流。二是深入开展内部审计指导工作考核评比。根据杭州市内审指导工作考核办法，完成对区、县（市）的内审指导工作考核评比，形成比、学、赶、帮的良好氛围，促进内部审计指导工作水平的不断提高。三是认真开展内部审计“双先”评选。推荐8个单位和8个个人参加浙江省内部审计“双先”评选，推荐2个内审单位领导参加浙江省内部审计工作“十佳领导”评选。

（撰稿人：李国强）

【东方通信股份有限公司】　东方通信股份有限公司（以下简称东方通信）自1958年成立至今，始终致力于成为在国际市场中拥有优势品牌、持续稳定发展的领先企业。东方通信实施“立足国内，参与全球”战略，通过基于对客户需求的深刻理解，坚持技术创新，在专网通信、金融电子、移动增值平台与业务、移动网络优化、制造服务等产业领域，不断整合业务优势资源，打造核心竞争力。公司拥有国家级企业技术中心和博士后工作站，承担多项国家重点研发项目。东方通信将围绕产业战略布局，在整体业务解决方案、设备运营、技术服务等方面不断加大投入，凝聚优秀人才和团队，弘扬“超越自我、追求卓越”的企业精神，致力于能够为信息电子产业发展作出积极贡献。2010年，东方通信实现销售收入27.27亿元，利润1.45亿元，上缴税金1亿元。

领导成员

董 事 长：张泽熙

副董事长：王忠雄

监事会主席：郁旭东

总　　裁：王忠雄

副 总 裁：俞芳红　郭端端

虞永超　李海江

审计职责　东方通信内部审计部是隶属于董事会的独立审计部门，是审计委员会的常设机构，设部门总经理，负责公司内部审计体系建设和管理，下设专项审计组、内控审计组，组织开展公司全面管理审计工作。东方通信内部审计部全面负责公司总部及下属单位、企业的内部审计，根据国家相关法律法规、内部审计准则和公司内部控制体系要求，开展独立、客观的评鉴和服务，优化风险管理、提升经营管理绩效、促进公司目标实现、保障公司健康发展。主要职能有：内审体系建设与管理；内部控制体系牵头维护；财务管理、经济责任、经营管理、经营绩效、内部控制、战略管理等全面管理审计；专项审计调查与监督等。

审计成果　东方通信内部审计以风险和绩效为导向开展全面管理审计12项，提出管理审计建议45条，跟踪整改44条；牵头推动公司内部控制体系的持续优化，新建流程29个，优化流程28个。有效促进了公司经营管理的持续改善提升和公司经营与发展风险的有效受控。

工作特点　东方通信内部审计以服务公司目标实现、促进管理绩效提升、保障公司健康发展为宗旨；坚持以服务为本，服务与监督同步策略；秉承积极主动、适时转型，保持与企业发展、需求相适应，并持续超前半步的内部审计发展规划；始终以管理有效改善为内部审计成果的评价标准。东方通信内部审计注重内部审计内控体系建设，在遵循国际、国内内审准则的基础下，建立、健全了包括《内审条例》、《内审流程》、《内审执业规范》等内部审计控制体系，有效保证、促进了东方通信内部审计成果的持续产生、转化和内部审计部门的健康发展，得到公司管理层的认可。东方通信内部审计根据公司经营发展实际、结合国际国内内审发展趋势，制定相匹配的风险导向、绩效导向、战略导向等分阶段实施的多导向侧重的内部审计发展规划，保证了内部审计的顺时应势转型发展、持续保持旺盛生命力、良好的适应力。　（撰稿人：陈宗福）

【铜陵化学工业集团有限公司】　铜陵化学工业集团有限责任公司（以下简称集团公司）成立于1991年，集团公司现拥有资产总额55亿元，在岗员工7800余人，其中，高级专业技术人员104人。设有办公室、政治工作部、纪委监察部、审计监管部、人力资源部、生产发展部、工程管理部、企划部、财务部、技术研发中心、法律事务中心、信息中心等12个职能部门；拥有控股、参股子公司共16家，其中全资子公司8家，控股子公司8家，拥有两家上市公司，即“六国化工”（股票代码600470）和“安纳达”（股票代码002136）。集团公司是全国制造业500强、中国化工100强，排名2009年安徽企业100强第23位。是全国重要的硫磷化工基地之一，也是安徽省化肥产业和铜陵市地方经济的支柱企业。

领导成员

董 事 长：黄化锋

副董事长：陈嘉生　陈先明　喻尊农

总 经 理：黄化锋

副总经理：陈嘉生　袁菊兴　李　霞

审计职责　铜化集团公司审计监管部是集团公司12个职能部门之一，现有人员6人，设有财务审计、工程审计两科室。根据集团公司要求，下属子公司也先后成立了审计部，从事内审工作人员共计28人，通过近几年运行，已经实现了人力资源共享，主要职能有：财务审计、工程审计、管理审计、资产监管、财务代理等。（1）进行价值管理审计：内部审计人员从经济性（最低的成本）、效率（资源的最好利用）、效果（最佳的结果）三方面关注公司的资源使用情况；（2）企业信息系统的审计：通过内部审计判定公司信息系统是否为报表编制提供可靠的信息，是否有有效的内控制度保证降低错报、漏报的风险；（3）开展项目审计内部审计：对具体特定项目进行审计，例如开展对新的投资项目审计，贯彻到事前、事中、事后全过程审计。内部审计负责分析项目的目标是否能实现，项目是否按计划有效的运行，并从运行项目失败教训中总结经验等；（4）进行内部财务审计：这是内部审计部门传统上的主要工作领域，例行性地检查编制财务报表的财务记录与支持文件，以减少错误与舞弊事件的发生；对财务数据进行趋势分析等；（5）开展专项审计：内部审计部门可以对物资采购、市场营销、生产成本控制等项目开展专项审计，检查与复核内部控制的有效性，提出可以进一步提高业绩与改善管理的建议与对策等。

审计成果　2010年，集团公司审计监管部以及下属子公司审计部门共完成审计项目31个，其中审计调查项目3个，财务收支审计24个，经济责任审计3个，经济效益评估审计划1个，查出违规资金565.2万元，促进增收节支4860万余元。

在铜陵市审计局、内审协会的指导下、在集团公司高层的高度重视下，在各职能部门的大力协助下以及被审单位的支持配合下，铜化集团审计部2010年在开展审计监督、堵塞经济漏洞、改善经营管理、提高资产运行质量等方面发挥了积极的作用。

工作特点　（一）内审部门权威性较强，确保了内部审计客观公正。集团公司把内审部门视为最高管理层的“眼睛”和管理工具。其权威性体现在两个方面：一是内审部门高度独立。集团公司审计委员会制订的内审工作标准要求，内审机构组织编制要适应工作强度，内审人员应在完全独立的情况下工作。因此，根据企业规模和工作需要，有的内审机构置于董事会之下；有的设立内审委员会，由监事会、董事会派人组成，这几种职权定位模式均能有效保持内审机构的独立性。二是内审人员职权较大。内审机构主管必须参加单位的经济型、风险管理、战略计划等会议，参与到组织各个管理环节，其他部门应予配合。而且，一般情况下，单位裁员很少涉及内审机构，内审人员进入管理层的机会也比其他部门人员更多。

（二）注重队伍素质整体建设。集团公司非常重视内审队伍建设，内审人员能力素质决定审计工作质量，因此集团公司对吸纳内审人员标准较高。主要体现在：一是准入标准较高。最高管理层根据单位性质特点，授权内审主管有重点地选择审计人员。但凡选入的审计人员应接受过审计培训或相关商业、技术培训，具有大学以上文凭，具有较强的组织领导、表达演讲、总结分析等能力和团队协作精神。同时，要求内审人员取得“CIA 证书”，才能获得职务晋升或担任内审主管，且每两年要接受 80 小时以上的后续教育。二是层次结构合理。在专业结构上，财务、审计及相关商业、技术专业人员占三分之一，IT 和法律专业人员占近三分之二，适应了全球经济化和审计由手工阶段向计算机阶段的发展。在年龄结构上，30～50 岁的人员占四分之三以上，保证了审计人员精力旺盛、经验丰富。三是双向交流比较科学。一方面，由于内审工作接触业务范围较广，因此，内审机构常选择有发展潜力的实习生或其他部门的人员来工作，便于全面掌握单位情况和提高自己；另一方面，审计人员一般只在内审机构工作 3～4 年，再调到其他部门工作或进入领导班子，增强了内审工作岗位的竞争性和权威性。

（三）计划管理比较科学。集团公司审计部把计划管理作为审计质量管理的首道“关口”，一般均制订有年度计划和 3～5 年的长期规划。在制订计划过程中，注重把握重点和有效性。通常采取三个步骤：一是定目标。内审机构要根据审计对象的不同，确定审计工作是追求经济性目标，还是效率性或效果性目标，并据以制订计划。每名审计人员要根据审计计划，确定个人工作目标任务和落实措施。同时，计划目标随着时间推移及时进行调整。二是定范围。计划中要明确审计哪个部门、需要多长时间审计等具体指标，并上报最高管理层批准。三是资源分配。对计划中所列的每项审计工作，都要明确具体审计人员，并将审计工作时间落实到具体日期。同时，留出一定的机动时间，应付审计突发事件，增强了计划可操作性。每年年终，内审机构还要把计划执行情况上报最高管理层，接受监督。

（四）质量管理机制健全。集团公司审计部从制订审计计划到组织实施，均建立了较完善的质量管理机制。其主要做法有：一是加强审计报告质量管理。在强调审计报告规范格式、规范内容的基础上，每项工作完成后，必须召开由内审主管组织的审计总结会，审计人员要对审计结果进行评价分析，出具书面报告，传阅给被审计部门征求意见后，再上报最高管理层。被审计部门要依据审计意见进行整改，并向内审机构报告整改情况，内审机构每 2～3 年组织一次事后检查，重点检查审计意见落实情况。二是依靠外部力量强化质量管理。外部力量主要是指政府审计和会计师事务所审计人员。集团公司审计部每年都邀请上述机构资深审计人员指导集团公司内审人员出具审计报告，检查内审部门的内审规定、工作安排是否合理，以及审计工作是否能保证独立性等情况，据此衡量和考评内审工作质量。

（撰稿人：铜陵化学工业集团有限公司）

【武汉中百集团股份有限公司】　武汉中百集团股份有限公司（以下简称武汉中百集团）共有在职员工 34468 人，设有董事会秘书处、审计部、经理办公室、业务管理部、财务资金部、证券部、企业管理部、人力资源部、培训部、信息管理部、卡券管理部、保卫部、招标办公室、发展中心、监察部、集团党群工作部，下辖武汉中百连锁仓储超市有限公司、武汉中百便民超市连锁有限公司、武汉中百百货有限公司、武汉中百电器连锁有限公司、武汉中百物流配送有限公司、武汉中百农产品经营有限责任公司、武汉中百电子商务有限公司等 10 家子公司。

领导成员

董 事 长：汪爱群

副董事长：俞善伟
总 经 理：张锦松
副总经理：俞善伟　程　军
张冬生　王　辉
杨晓红　赵　琳

审计职责　武汉中百集团审计部成立于 1996 年，是集团职能部门中唯一划归董事会直接领导的常设机构。目前，审计部拥有专职审计人员 17 人，其职能是依据国家法律、法规和集团规章制度独立行使审计权力，监督和反馈董事会决议的执行情况，检查和评价内部各单位履行经济责任的状况，帮助改善企业内部环境，防范企业风险，提高企业经济效益；至今已连续三届被评为“武汉市内部审计工作先进单位”、“湖北省内部审计工作先进单位”、“全国内部审计工作先进单位”等荣誉称号。

近年来，随着集团快速发展，根据内审工作需要，审计部对下属单位实行了审计机构派驻制，派驻审计机构行政上由所在单位管理，接受本单位的领导，向本单位领导负责并报告工作；业务上按照“集中管理、分层负责”的原则管理，使内审工作从上至下在管理和权限上，全面实现“无缝”对接。

审计成果　各级审计部门完成审计项目 394 个，其中内部控制审计 4 个、工程审计 389 个、募集资金专项审计 1 个，招标监管 344 项，合同审核 3062 项，提出审计建议 480 余条。共编发《武汉中百集团内部主要建筑材料内部指导价》3 期，《武汉中百集团工程审计情况分析》11 期，促进增收节支 10940 余万元，使企业效益和内审工作同步增值。

工作特点　武汉中百集团审计部在董事会的领导和支持下，以《审计署关于内部审计工作的规定》、《内部审计基本准则》、《内部审计人员职业道德规范》作为行动指南，紧紧围绕集团二次创业的战略任务，不断拓宽审计范围，创新审计思路，在完善企业内部控制制度、防范企业风险，提高企业经济效益方面起到了良好的促进作用。审计工作呈现三大特点：

（一）围绕集团多业态的发展方向，坚持以风险控制为导向的管理审计模式。随着集团多业态的深入发展，为保证新业态从营运之初就能制度规范、管理有序，审计部以“强化管理，提高效益”为宗旨，紧紧结合各子（分）公司经营业务的特点和管理的重点，在充分掌握各单位制度、流程的基础上，有针对性、目的性地制订审计方案；采取以账项与制度相结合为基础的审计工作模式，审查被审计单位内部控制制度及其管理流程设计的合理性、健全性、有效性，帮助各公司发现效益失控点，找出操作流程中的薄弱点，促进内控制度进一步完善，效益进一步提高。如对武汉科德冷冻食品有限公司的管理审计中，审计人员以其经营业务为主线，计算成本、测试管理、考核效益，发现其内部管理中出现的问题主要是由于部分岗位职责、信息化管理、存储商品管理方面的内控制度、流程缺乏或执行力度不够所致，对此及时向该公司相关负责人进行反馈，并提出合理化建议 4 条，取得了良好的审计效果。

（二）针对集团发展的新形势、新情况，加强工程审计管理，适时调整工程审计思路，不断提高工程审计质量和效率。随着集团商业网点布局及扩张步伐加快，物流战略发展规划的同步实施，工程项目在数量和投资额度上都有所提高。为确保工程审计工作质量，客观反映工程造价，审计部积极应对，挖掘内潜，从管理入手寻找工程审计中尚需完善的部分和环节，对工程审计的管理方式进行调整，使工程审计结果和审计过程并重，从而缩短审计周期，在较好维护企业利益的同时，增强了企业信誉，树立了良好口碑。具体做法：一是调整审计流程。将工程审计后期工程造价的确认工作，从由建设单位签字盖章调整为由审计部负责人签字、部门盖章后生效的方式，强化了审计部的监督职责，使审计流程更加简化。二是调整审计方式。将所有工程项目报审金额超过 10 万元的审计项目调整为由外聘工程造价咨询公司直接负责，审计部派专人跟踪、随机抽检的审计工作方式，从而在保证审计质量的基础上，审计速度明显加快，为施工单位按期结账提供了保证。三是调整审计结算依据。将工程新增材料价格按照审计部编制的《武汉中百集团内部主要建筑材料内部指导价》作为结算依据，调整为按省、市建设工程造价管理站发布的市场价格信息作为结算依据，使审计结算更为客观和有效。

（三）强化审计人员的学习观念，注重提升业务技能和综合素质，积极推动内部审计工作发展。企业持续健康稳步的发展需要人的思想、观念、意识的不断创新，需要通过不断学习来提高工作能力、专业能力和全面协调能力。对此，审计部始终提倡审计人员在“干中学，学中干”，积极搭建审计人员学习交流平台，定期组织召开内部审计交流会，鼓励审计人员加强审计研讨，营造了一种积极进取、和谐互助的学习氛围。如 4 月，根据《武汉市内部审计师协会关于开展 2010 年内部审计理论研讨的通知》，在集团内部开展了以“风险导向审计实务探索”为主题的理论研讨活动，其中，审计部课题组撰写的论文《连锁商业企业风险导向内部审计的实践与思考》，被湖北省内部审计师协会推荐到中国内部审计协会，并获邀参加全国风险导向审计理论研讨暨经验交流会。

（撰稿人：姚　芸）

【福建省能源集团有限责任公司】　福建省能源集团有限责任公司（以下简称福建能源集团）系由原福建省煤炭工业（集团）有限责任公司和福建省建材（控股）有限责任公司于 2009 年 12 月整合重组成立，在职员工 2.8 万人，共有 40 家全资和控股企业、9 家参股企业。2010 年底总资产 321.8 亿元，为 2010 年中国 500 强企业，位列 2010 年全国煤炭企业 100 强第 31 位。

领导成员

董事长、党委书记：隋　军

党委副书记：林孟启

副总经理：李建寅　姜初炎　林锦瑞

董　事：李恭洲

审计职责　审计委员会在集团董事会的领导下，负责指导、协调、规划集团内部审计工作，制订了《内部审计管理暂行办法》，对所属单位内审专门机构设置、内审人员配备作了强制性规定。集团公司设立审计室，定编 5 人，所属单位审计机构的变更和审计人员的调动任免必须征得集团公司审计室的同意。所属独资企业和规模较大的控股企业均设立了独立的审计机构，配备了专职审计人员，现共有 15 个内审机构，其中 8 个独立机构、7 个与财务合署办公；配备 43 名内审人员，其中 17 名专职内审人员、26 名兼职审计人员。

审计成果　集团公司及所属企业审计部门共完成审计项目 1108 项，其中：财务收支审计 355 项，经济效益审计 387 项，经济责任审计 36 项，内控评审 267 项，专项资金审计 63 项，有力地促进了集团公司各项制度落实和各子公司的规范经营。

工作特点　集团公司领导高度重视和支持内部审计工作，集团公司主要领导在年度工作会报告及其他有关会议上都对审计工作给予高度评价，给内部审计工作创造了宽松的环境。集团公司审计工作覆盖全部子公司，每年审计部门都要根据各子公司经营特点确定检查重点，至少组织一次检查；对大额资金、投资、物资采购等决策环节均有介入，有效发挥了监督作用。定期开展经济责任审计，对主要领导成员发生变动逢离必审，一律要接受审计部门组织的离任审计，对主要领导人员在同一单位任职时间较长，且经营出现异常的，重点组织开展经济责任审计。通过经济责任审计，有效落实了各单位“三重一大”决策制度，增强了各单位领导人员的责任心。

（撰稿人：王贵长）

【福建省农村信用社联合社】　福建省农村信用社联合社（以下简称福建省农村联社）共有在职员工 228 人，设有办公室、人事教育处、计划财务处、业务指导处、稽核审计处、监察保卫处、科技处、风险合规处、会计核算中心、科技服务中心、银行卡中心、培训中心等部门，下辖 7 个办事处，负责管理、指导、服务全省农村信用联社、农村合作银行、农村商业银行共 67 家法人行社。

领导成员

理事长、党委书记：鄢一忠

主任、副理事长、党委副书记：严　正

党委副书记：兰益江

副主任：张镇雄

纪委书记：刘务本

审计职责　稽核审计处负责领导、组织全辖稽核力量，实施稽核监督。拟定本系统年度稽核工作计划、稽核工作有关规定及实施办法；组织对同级及辖属营业机构、主要业务管理机构的经营管理状况及经营管理行为进行稽核检查；对辖内重大违章、违规、违纪事项提出处理意见，制止和纠正违章、违规、违纪行为；组织辖内稽核人员培训；本单位领导赋予的其他职责。

审计成果　2010年，福建省农村联社各级稽核审计部门共完成审计和审计调查项目1351个，其中财务收支审计8个、经济效益审计12个、经济责任审计1240个、专项资金审计90个、审计调查1个，查出违规金额234753万元，促进增收节支819万元。

工作特点　稽核审计处主要围绕“加强风险检查，增强监督实效；规范稽核操作，提升履职水平”的工作主线，突出了五个重点：

（一）突出队伍建设。稽核审计处以抓好全省稽核人员准入关为切入点，通过组织全省稽核岗位资格考核、考试工作，建立稽核人才库，逐步充实稽核后备队伍，全面推行稽核持证上岗制度，并通过开展稽核证年审，及时调整不适应稽核岗位工作的相关人员，优化稽核队伍结构。至2010年底，福建省农村联社系统共有持证稽核人员334人及后备稽核人员660人，分别占在岗员工的1.9%和3.75%，均已纳入“稽核人员管理子系统”进行统一管理。福建省农村联社于2007年12月成立稽查大队，由稽核审计处负责管理、指导，以强化省农村联社检查监督职能。同时通过定期轮换稽查大队人员，逐步为全省各法人行社培养一批稽核骨干。稽核审计处2010年还通过组织稽核岗位人员应知应会测试及全能知识竞赛、集中培训学习、QQ群实时交流，抽调人员参与专项检查现场培训，定期召开季度例会等方式，加强稽核队伍管理，促进全省稽核队伍素质提升。

（二）突出管理创新。稽核审计处利用2007年底开发上线的“稽核信息系统”，进一步规范各法人行社的稽核操作流程，加大非现场监督力度，提高工作效率；全面掌握各法人行社稽核管理工作存在的问题和不足，及时进行提示，并督促落实整改。2010年，稽核审计处在组织全省稽核工作量化考核试评价的基础上，开始全面推行稽核量化考评工作，有效促进全省稽核管理工作进一步规范。9月份，福建省农村联社启动了稽核信息系统二期建设，在优化系统的基础上增加了稽核人员管理子系统模块，强化了管理措施，提升了管理效果。

（三）突出先行先试。2010年，稽核审计处组织对部分农村信用联社、农村合作银行、农村商业银行开展序时性全面检查、内部控制综合评价工作等试点工作，查找、分析被检查评价机构经营管理过程中的风险环节和风险隐患，全面评价内控制度的健全性和有效性，督促其完善内控机制，加强内控管理。同时交流现场检查工作经验，探讨现场检查和内控评价工作方法，为各级稽核部门实施现场检查、推行内控评价积累经验。

（四）突出风险检查。2010年，稽核审计处在组织开展常规的年度会计决算稽核、资金账户管理检查、对6家农商行改制试点联社的29名高管进行离任审计的基础上，还引导各农村信用联社、农村合作银行、农村商业银行内审部门将检查重点从单纯的合规性检查向风险性检查转变，加大风险排查力度，如重点开展信息科技安全专项稽核、存款滚动式检查、重要空白凭证专项检查等，并加强风险提示。

（五）突出整改落实。稽核审计处在日常管理工作中，注重督促各行社加强后续稽核，加大责任追究力度，增强稽核监督实效。2010年，全省农村联社系统各级内审部门共发出整改意见27966条，当年整改率达98.49%；收回违规款项819万元，处理违规人员6868人，处罚金额115万元。

（撰稿人：苏宝华）

【山东电力集团公司】　2010年共有在职员工3.16万人，设有办公室、发展策划部、财务资产部、安监保卫部、生产技术部等20个部门，国家电网公司企业管理协会山东电力集团公司分会、山东电力集团公司新闻中心、山东电力集团公司信息通信中心等8个直属单位，下辖济南、青岛供电公司等18个供电单位，山东电力研究院、山东送变电工程公司等8个综合单位。

领导成员

总经理、党委副书记：李同智

党委书记、副总经理：于良民

党委副书记、纪委书记：孙可奇

副总经理、党委委员：钱　平

副总经理、党委委员：张方正

副总经理、总会计师、党委委员：商其德

副总经理、党委委员：潘敬东

工会主席、党委委员：刘清鑫

审计职责　山东电力集团公司审计部门根据国家有关法律法规、财务会计制度以及上级和本单位内部管理规定，按照规定的审计程序、方法和要求，对本单位及所属单位财务收支、财务预算、财务决算、资产质量、经营绩效，以及建设项目或者有关经济活动的真实性、合法性和效益性进行监督和评价工作。

审计成果　2010 年，山东电力集团公司各级审计部门完成审计项目 1655 个（其中财务收支审计 44 个、经济效益审计 59 个、经济责任审计 141 个、专项资金审计 1276 个），促进增收节支 22051 万元。

工作特点　（一）加强组织体制建设，提高审计工作整体水平。（1）建立完善的组织体系。山东电力集团公司审计系统逐步建立完善了系统的、分层监督、职责明确的审计网络体系。集团公司及部分市公司建立审计委员会，重大审计事项和重要审计报告都通过审计委员会会议研究决定。集团公司及所属各市供电公司均建立了独立的审计部门；县级供电公司根据企业发展和经营管理的需要，配备了专职审计员。初步建立起了集团、市、县公司三级内部审计组织体系。

（2）合理配备审计人员。公司严格把好审计人员配备的“人口关”，选派具有较高理论水平、丰富管理经验、较强组织能力和沟通能力的业务骨干充实审计队伍。不断优化审计队伍结构，充实懂工程、营销、等专业人才，形成审计队伍的“多师结构”。

（3）加强审计队伍建设。有针对性举办各类培训班；鼓励审计人员参加国际注册内部审计师、注册会计师、造价工程师、预算中级编审等专业资格证书的考试；通过项目审计示范，以审带培，提高人员实务能力；积极开展“三走出”学习，加强与其他单位的学习交流，拓宽视野、启发思维。

（二）建立有效的审计机制，充分发挥审计作用。一是信息接收机制。审计部门作为专业的经济监督部门，能够及时地获得其从事工作所必须掌握的各类信息。审计参加与生产经营有关的会议，阅知与生产经营有关的文件，实现审计与各类经营管理信息系统共享。二是工作报告机制。审计部门定期向公司领导报告审计工作，在综合分析的基础上反映重大和重要事项，并提交审计意见和建议供公司领导参考，保证了审计成果成为决策的重要依据。三是成果运用机制。建立审计结果执行情况反馈制度，监督约束审计意见的及时落实；建立被审计单位经济健康档案，为系统掌握被审计单位基本情况和开展审计工作提供信息，促进审计效率的提高。

（三）加强审计精细化管理，强化审计质量控制。一是加强审计制度体系建设。公司审计系统按照流程标准、制度健全、业务规范的目标，加强了审计制度建设工作，不断健全审计制度体系，陆续制订和修订了经济责任审计、工程审计、营销管理审计等 23 项审计管理标准及岗位标准。制定了《山东电力集团公司审计项目质量控制办法》《山东电力集团公司审计管理考核标准》等制度办法，审计行为进一步规范，审计质量进一步提高。二是加强审计基础管理工作。组织对近年来审计发现问题进行归纳、提炼，对问题的定性与处理意见进行统一规范，进一步增强了定性与处理的恰当、准确及可操作性。建立了审计常用法规库，为审计工作开展提供法规制度支持。三是加强审计综合分析。在审计过程中，加大了对体制机制性问题的揭示。注重从宏观和全局的角度，认识和审视审计掌握的情况，分析和反映审计发现的问题，积极帮助被审计单位查找制度和管理的漏洞，在及时反馈各类审计信息的同时，在加强管理、完善制度、健全机制等方面提出有针对性的审计建议，增强被审计单位依法经营意识。四是积极推行审计示范项目。公司审计部汇编了各年度集团公司优秀审计项目，印发各单位示范学习。通过示范项目进一步规范审计业务流程、审计内容、操作方式和方法，提高审计工作质量。五是加强信息交流和沟通。以片区为单位组织召开审计业务研讨会，开展年度优秀审计项目、审计课题评选活动。建立审计信息交流平台，编发审计信息简报，及时交流审计工作经验、介绍法规制度，沟通工作思路。

（四）加快信息化建设，实现审计手段更新。围绕集团公司“深化应用，提升管理”这一主题，不断深化审计综合管理信息系统应用，规范审计作业信息管理，充实完善业务支持数据。建立了信息系统应用的有关标准和制度，加强系统使用情况的监督考核。逐步实现系统应用覆盖全部管理流程。根据国家电网公司部署，进一步深化审计业务工具软件应用，积极探索审计软件与营销、工程等管理信息系统的融合，审计工作信息化建设带动了整体审计工作水平的提高。

（撰稿人：马云兰）

【中国移动通信集团山东有限公司】 中国移动通信集团山东有限公司（以下简称公司）2010年共有在职员工30893人，设有战略部、财务部、内审部、市场经营部等21个部（委）、中心，下辖142个分支机构，其中17个市级分公司、125个县级分公司。

领导成员

董事长、总经理：李秀川

副总经理：张 渲 张子英 刘 坚 陈文跃 徐海勇

审计职责 贯彻执行国家及公司内部审计工作有关方针政策和法规制度，发挥“监督、评价、服务”三大职能，完成财务审计、内部控制审计、经济责任审计、建设项目审计、风险评价、审计调查、审计咨询服务7项工作任务，发现问题、揭示风险、提出建议、督促整改。按照中国移动内部审计“双重管理”机制要求，向中国移动总部内审部和山东公司管理层报告内部审计工作情况。

审计成果 2010年，内审部紧密围绕公司生产经营目标，多层次、多角度、全方位开展监督评价，完成审计项目67个，提交审计报告89份，提出审计意见、建议326条。其中财务收支及内控风险审计项目11个，纠正违规金额7300万元；建设工程结算审计项目56个，审减金额1.1亿元。通过强化内部监督与风险防控，促进公司科学决策和协调发展，推进基层管理和基础管理水平的巩固与提升，有力保障公司实现健康安全运营。

工作特点 （一）开展风险自评估及内部控制测试，促进内部控制体系不断完善。（1）按照《萨班斯一奥克斯利法案》第404条款规定，推进内部控制的常态化建设。召集各部门业务骨干成立内部控制测试专家组，开展控制自评估；建立公司内部控制测试矩阵，明确流程控制点的测试标准，协助各单位正确理解、准确执行内部控制制度；借鉴内外部先进经验，优化测试程序、固化测试模板、增强测试深入性，督促落实内部控制岗位责任制。通过多措并举，顺利通过中国移动总部每年委托中介机构实施的内部控制评审。

（2）按照风险管理工作规划，对公司重要机制、流程开展风险评估。经过持续的评价活动，提高了内部审计的风险预警能力，能够敏锐洞察经营管理中的新问题、新风险，促使各级管理人员加强风险控制意识。在此基础上，经过对各类风险的分析归纳，内审部建立起省级内部审计风险库，明确了风险评价指标、数据分析架构和风险等级，开发各类分析性复核模板，为高效率开展审计工作提供实用工具。

（二）以风险为导向开展专项审计项目，促进公司管理提升。内审部每年组织开展财务、税务等专项审计项目，采用以风险为导向、以控制为主线的审计模式，将传统的财务审计方法与内部控制审计方法充分融合，侧重于关注生产经营风险及其影响。通过审计，及时揭示了重要风险、纠正了不规范行为、避免公司财产损失，促进内控制度不断完善。例如，年度税务专项审计历时37天、投入近百人次完成，项目结束后分别向公司管理层、省公司各部门和各分公司提交审计报告，合并提出24条审计建议、提示7项重要风险。内审部创建的审计稽核方法、建立的财税风险库被专业部门借鉴。

（三）建设项目审计成果实现较大突破，推动工程物资管理模式转型。（1）坚持对公司建设项目实施全覆盖审计。为提高审计质量，内审部与中介分工协作、联合实施现场审计，内审部负责审查工程管理情况，对审计质量实施监控；中介负责审核施工质量和工程造价。全年开展结算审计项目56个，送审金额10.1亿元，审减额1.1亿元，审减率10.9%，为公司节约了巨额支出；开展决算审计项目103个，审计交付资产41.2亿元，保证项目顺利完工和资产及时交付。建设项目审计督促各单位健全制度流程、强化工程管理、杜绝高估冒算，审减率已连续几年呈下降态势。

（2）GSM网络扩容工程是公司重点建设项目，投资规模大、时间长、建设过程复杂。内审部自2008年起，历时三年对全省17个分公司开展网络扩容工程管理审计。深入剖析工程管理风险动因，审计成果受到公司管理层高度关注，分管副总经理亲自挂帅、督促各单位落实审计建议。该项目直接推动公司建设项目管理的制度建设、队伍建设、信息化建设，加强了对工程物资进销存的全面监控，使建设项目管理水平大为提升，2010 年被评为“山东省优秀内部审计项目”。

（四）着力锻造一支高效稳定的内部审计队伍。（1）人员不断充实，机构陆续健全。内审部近年来取得优异的工作成绩，使公司管理层对内部审计的重要作用给予了充分认可。2010 年省公司内审部进一步充实了人员，部分市分公司先后设立独立的内审机构、配置了专职内审人员。

（2）有的放矢地组织审计理论学习和培训。年内组织全省内审人员参加山东省内部审计师协会组织的内控风险审计培训；与山东建筑大学联合举办工程造价管理与审计培训班，全省 49 名工程管理和审计人员考取土建工程预算员资格；省公司 3 名内审人员考取国际注册内部审计师资格。

（3）注重提升研究能力，促进经验总结和成果转化。为充分利用审计成果，形成管理闭环、实现价值增值，内审部每年组织全省开展专项课题研究。《GSM 网络扩容工程管理审计项目》获评“山东省优秀内部审计项目”；《加强建设项目内部审计监督的措施》、《加强建设项目审计，提高投资效益》等文章先后在《中国内部审计》、《中国审计报》、《通信企业管理》等国家级刊物发表。（撰稿人：狄艳林　王　强）

【河南省安阳钢铁集团有限责任公司】　河南省安阳钢铁集团有限责任公司（以下简称集团公司）始建于 1958 年，通过 53 年的发展，目前已成为年产钢近千万吨的特大型钢铁联合企业，职工 3 万人，3 个分公司、14 个全资、控股子公司、6 个驻外钢材经营机构。

领导成员

董 事 长：王子亮
副董事长：吴长顺　张太升
总 经 理：王子亮
副总经理：史美伦　张清学　李存牢
李利剑　刘润生　王新江
刘　楠

审计职责　安钢审计部成立于 1984 年 2 月，在经历了“边组建、边工作”、“抓规范、打基础”、“积极发展、逐步提高”、“强化管理、突出重点”四个阶段后，现已拥有经营审计科、工程审计科、合同审计科三个职能科室。经营审计科负责集团公司范围内的管理审计、经营审计、资金管理审计、经济责任审计；工程审计科、合同审计科负责集团公司及股份公司各业务主管部门、分公司对外签订的物资采购合同、加工承揽合同、运输合同、建设工程合同、工程项目竣工结算审计。截至目前共有在职管理人员 20 人，其中高级技术职务 9 人，中级技术职务 11 人。

审计成果　2010 年，安钢审计部完成经营管理审计项目 16 个，提出强化管理、完善制度、提高效益的审计意见及建议近百条；审计合同 15126 份，金额 339.55 亿元，退回或处理问题合同 123 份，下达审计意见书 4 份，审减采购资金 13.12 万元；审计工程结算 717 份，结算金额 2.86 亿元，核减工程造价 158.97 万元。为集团公司加强管理、节约成本作出了贡献。

工作特点　2010 年，安钢审计部围绕集团公司低成本运行和经营管理目标，发挥专业优势，创新审计理念，提升审计质量，充分发挥内审“监督、管理、评价、服务”职能。工作特点如下：

（一）经营管理审计抓住关键环节，拓展审计层面。2010 年，安钢审计部以集团公司低成本运行为主线，充分发挥审计的专业职能作用，抓住关键环节，利用多种审计方式努力寻找降本增效途径。

一是拓展驻外钢材销售公司审计内容。对安钢 6 个驻外销售分公司，实施了经营管理效益审计。对钢材经营业务进行盈亏平衡分析，发现钢材销售节奏与市场价格不匹配的问题，进而揭示出严重亏损的重要原因，为应对复杂的市场变化和完善对驻外销售公司的管理制度提供参谋作用。二是围绕低成本运行开展管理审计。安钢审计部加大管理审计力度，采购与付款环节审计关注供货商评定和选择、采购计划、招标比价、合同签订、合同执行等环节。销售与收款环节审计关注销售货物的收款风险，信用政策评审，库存产成品、生产量与销售量关系评审等环节。成本与费用方面审计劳务费用支出，劳务用工，运输费用等方面。固定资产投资审计关注立项、审批、招标、合同、验收、预付款、质保金等环节，不断深化、细化审计内容。三是做好公司交办的临时工作任务。党中央加大对小金库的治理力度，集团公司下发了相关文件，成立了“小金库”专项治理机构。安钢审计部派出多名审计人员充分利用专业优势，积极配合管理部门圆满完成了工作任务。

（二）合同审计强化专业管理，努力为降低采购成本服务。2010 年，安钢审计部把降低合同风险、节约采购成本作为合同审计目标，以规范合同条款为基础，对物资采购实施全方位审计。

一是认真履行监督组职责，确保招标过程公开、公平、公正。安钢审计部关注招标前期的准备工作，注意积累知识储备，了解原材料市场行情，及时提出规避采购风险的建议。从供应商考察、资质审查、资质变更手续规范、合格供方管理评价等方面规范管理。招标过程严格执行公司招投标管理规定认真监督。对不符合公司规定的行为坚决制止，合同不予审批，积极协调妥善解决问题。二是了解原材料市场信息、开展成本分析。集团公司针对安钢审计部提出的“非标备件委托加工定价模型研究”的工作思路，从原材料、毛坯、加工工艺、期间费用、运费以及合理利润等方面测算非标备件的吨单价，分析原材料、备品备件的成本构成。三是细化、深化合同管理工作。加强对采购计划执行的源头控制。严格按照采购计划进行审计，保证正常的生产经营；强化采购计划的时效性。避免重复采购，防止库存积压；根据招标结果对合同签订条款约定是否完整进行审计。四是积极参与合同能源管理项目。集团公司探索“零投入”的新型节能方式，开展了合同能源管理项目工作。安钢审计部尽快熟悉国家相关产业政策，招标过程严格监督，充分发挥管理服务职能。

（三）工程审计严把关键节点，服务工程建设。2010 年，安钢审计部对工程审计重心前移，强化事前控制，拓展工作思路，努力节约投资资金，提高投资效益。

一是工程合同审计强化事前控制。审计部把降低工程成本、改善投资结构、提高投资效益，作为工作重点。审计人员加大深入现场力度，强化招标过程监督，严格合同条款审计，不断探索新的工程项目竣工结算模式，为推进工程建设，确保工程质量，提高投资资金的合理高效使用发挥积极作用。二是工程结算审计加大了工程外委审计力度。为保障工程审计质量，提高审计效率，安钢审计部积极组织、协调、配合中介机构搞好集团公司重点工程的竣工结算审计，最大限度地节约工程投资。

（四）发挥专业职能，服务经营管理。2010 年，集团公司把加强专业管理作为应对危机挑战的重要措施，做出部署。安钢审计部不断创新工作思路，拓展审计领域，提升审计质量。一是对驻外公司审计报告总结提升，找出关键控制点，制作课件，帮助驻外公司降低经营管理风险。二是与相关管理部门配合，就“如何防范加工承揽合同签订过程中的经营风险”制作课件，帮助安钢销售公司规范加工承揽合同条款。三是结合集团公司物资采购现状，写出“合同管理概述”材料，制作课件，对效能监察人员及合同管理人员进行培训，扎实推进强化管理工作。

（撰稿人：杨　冉）

【中国平煤神马能源化工集团有限责任公司】

中国平煤神马能源化工集团有限责任公司（以下简称中平能化集团）是一家以能源化工为主导的国有特大型企业集团，产业遍布河南、湖北、江苏、上海、陕西等 9 个省区，产品远销 30 多个国家和地区，与 40 多家世界 500 强企业及跨国集团建立了战略合作关系。旗下拥有平煤股份和神马股份两家上市公司，居 2010 年中国企业 500 强第 75 位。2010 年末在职职工人数 146142 人。

中平能化集团是我国品种最全的炼焦煤、动力煤生产基地和亚洲最大的尼龙化工产品生产基地。近年来，集团坚持“以煤为主、相关多元”发展战略，构建了煤炭采选、尼龙化工、煤焦化工、煤盐化工 4 大核心产业和煤电、现代物流、高新技术、建工建材、装备制造 5 个辅助产业的“4＋5”产业体系。已具备煤炭产能 7000 万吨，产销量居全国前列；非煤产品：糖精钠、超高功率石墨电极、碳化硅精细微粉等产能全国第一，尼龙 66 盐、工程塑料产能亚洲第一，工业丝、帘子布产能世界第一。

领导成员

董 事 长：梁铁山

副董事长：杨建国

总 经 理：杨建国

审计职能　截至2010年末，中平能化集团设立内部审计机构56个，配备审计人员184人。其中集团监察审计部审计处人员24人，下设任期经济责任、绩效考评、投资审计、风险管控、经营管理、审计业务管理等6个科室；所属基层单位有审计部门55个，审计人员160人。审计人员中高级会计师25人、高级审计师2人、注册内部审计师7人、注册会计师2人、注册税务师2人，具有中级技术职称96人，初级技术职称21人。持有内审人员岗位资格证184人（含兼职审计人员）。高、中级技术职称人员占总人数的66%，大专以上学历的163人，占总人数的89%。

（1）贯彻执行国家财政、审计法规和上级主管部门的审计制度，依据《审计法》及《审计署关于内部审计工作的规定》制定本部门、本单位内部审计准则、规章制度和具体实施办法，实现集团公司内部审计工作制度化、规范化。

（2）围绕集团经营管理工作中心，确定审计工作重点，编制下达集团审计工作计划，并进行组织落实。

（3）监督检查集团及各业务群（事业部、区域公司、专业化公司）的会计资料的准确性、完整性和真实性，监督检查其反映财务收支和经营成果的合规性、合法性。

（4）开展对集团及各业务群（事业部、区域公司、专业化公司）的财产保值增值情况、领导人员任期经济责任、年度经营目标完成情况、建设工程项目预决算执行情况、内部控制制度健全有效性和经济合同的合规性、合法性、效益性进行审计。发现问题并提出审计意见和建议。

（5）加强集团审计基础工作建设，检查、指导集团所属单位开展审计工作，对各单位开展的审计工作进行考核、评比和表彰。

（6）负责集团各层次审计人员后续教育培训和审计人员的绩效考评。组织审计人员开展审计理论、学术研讨，提高审计人员理论水平和业务能力。

（7）负责协调集团与上级审计机关监督、检查和指导等工作关系，积极配合、迎接各类外部审计、检查，协调委托社会中介组织审计工作。

（8）根据审计过程发现的问题及审计调查所反映的共性问题，及时向集团领导汇报，并提出解决问题的建议和措施。配合集团财务、经营管理等职能部门，进一步完善财务、会计及经营等方面的管理制度，建立有效的内部控制制度。

审计成果　2010年，中平能化集团各级审计部门完成审计项目573个，其中财务收支审计187个，经济效益审计52个、经济责任审计100个，专项审计及审计调查234个，查处违规金额9076.69万元，提出审计意见及建议681条，查出损失浪费2088.88万元，促进增收节支3366.64万元。

工作特点　（一）转变观念，推进审计工作转型。随着集团发展规模的扩展、涉及领域的增多和发展战略的转型，市场竞争日趋激烈，各种不确定因素增加，有效防范和化解风险，全面强化企业风险管理成为集团2010年的工作重点之一。审计部门注重转变思想观念，加大创新力度，努力推进审计工作转型，积极开展各项审计工作。

（1）创新理念。结合集团事业部、区域公司、专业化公司新的管控运营模式，改变传统“查账”“监督”“看门”的表象性审计习惯，积极主动地上升到对集团所属单位的经营机制、决策程序、行政议事、内部控制是否科学、规范、有效运作的“把脉”和诊断，发挥审计的“免疫系统”功能，力争提高审计前瞻性，超前防范各种问题发生。

（2）改进方式。为适应集团专业化重组后新的管控运营模式，积极探索有效的审计组织形式，关注集团各项改革措施、经营风险控制对企业外部市场风险和内部管控风险监管形成的问题，采取“运用联合审计、互审互查等形式”形成审计合力，积极整合系统审计力量，结合集团审计工作实际，充分利用审计资源。通过对集团目前设置的审计机构、配备的审计人员实施划片管理，使集团各层面、各板块、各分片审计业务有效开展。挖掘有限的审计资源潜力，不断提升审计工作的管理效用和效率。

（3）丰富内容。要使企业做到既保证经营安全又可持续发展，审计就要从政策、体制、机制、制度上发挥建设性作用，把集团重大项目、重点部门、重要环节、重大资金等适时动态纳入审计监督。通过审计促进政策法规的落实，促进建立一套完整的风险管控体系，实施动态监督和风险预警。

（4）完善机制。审计工作以发挥审计“免疫系统”功能为目标，坚持“两手抓”，一手抓监督，一手抓服务，监督放在平时，服务紧跟重点。监督主要是开展对所属单位的财务收支审计、经济责任审计、经济效益审计、内控制度评审等工作，重点查处和揭露重大违纪违规和损失浪费问题，对违反财政法规和集团相关规定的坚决予以纠正，这是审计的传统强项，也是审计威慑力所在，今后仍需要继续加强。服务主要是帮助所属单位建立健全内部控制制度，重点通过对关键业务和高风险业务环节的内部控制评审，为所属单位提高经营风险意识、加强和改进内部控制提供建议。在加大力度揭露查处重大违法违纪事项的同时，狠抓审计质量提高。探索推行审理制度，通过审理机制来防范审计风险，保障提高审计质量。

（二）加快内审体系建设，落实风险防范责任。

（1）科学有序地安排审计工作任务。在安排年度常规审计项目计划时，注重突出审计重点，以防范风险为导向，以强化内部控制为重点，关注资金运行的各个环节、各个层面，保证合理的审计周期和适当的审计覆盖面。

（2）强化审计项目的落实。为了更好地把握审计工作要点，采取把集团下达的半年审计工作计划分解到每个月，以监察审计部便函下发各基层单位的方式。要求各级审计部门要把是否有利于集团经济平稳较快发展作为揭示问题、分析原因、做出处理、提出审计意见的重要标准，既要做好常规审计，又要开展效益审计和管理审计，善于抓住重点环节和主要矛盾，为管理层科学决策提供有价值的信息。

（三）突出重点，逐步提升集团管理水平。

（1）注重评价领导干部经济责任履行情况，促进建立健全责任追究制度。及时规范、完善经济责任审计评价指标体系，把反腐倡廉工作融入经营管理，做好经济责任和党风廉政建设责任“双审计”工作。通过审计，发现一些单位在经济运行和风险管控过程中值得关注的问题。及时针对审计查出的问题，提出 80 余条审计意见和建议。

集团所属单位结合本单位实际情况也积极开展了区队队长、项目经理等人员任期经济责任审计工作，通过审计，促进企业内部各部门加强和改善经营管理，真实反映经济技术指标完成情况，客观公正的评价部门负责人的经营业绩及所承担的经济责任，进一步提高被审计单位负责人的财经法规意识和经济责任意识，对审计中查出的问题，提出切实可行的审计意见。

（2）关注经济运行中的薄弱环节和潜在风险，着力维护集团经济安全。注重揭示、分析和反映经营管理、财务管理、资金管理、资产管理等方面的薄弱环节和潜在风险。做好对企业重要事项定期审计，对存在的重点、突出和带有普遍性的违纪违规问题重点查处。及时将发现和反映经济运行中存在的风险和问题，反馈给集团领导和有关职能部门，力争促进完善集团内部控制机制，有效提升集团公司的控制力。

（3）坚持常规财务收支审计，促进企业管理水平提高。通过审计发现经营管理活动中存在的漏洞和管控风险情况为集团和有关部门掌握基层单位经营管理现状、制定各项管理制度、采取有效措施提供了重要依据。分公司、子公司的审计部门积极落实审计计划，开展同级财务审计和对所属多种经营单位的审计工作，有针对性地提出改进经营管理、提高经济效益的意见和建议，进一步规范了各基层单位的内部核算，起到了良好的效果。

（4）坚持“三同步”原则，布置年度财务决算审计。按照上级部门的要求，有侧重地确定决算抽审范围，对集团所属 75 个单位进行年度财务决算抽审。2010 年财务决算审计查出有问题金额 2686.26 万元。对查出的问题，财务部门按现行财务会计制度均已做了纠正处理。

（四）求实求效，促进审计成果的运用。

（1）充分发挥纪检、监察、审计对权力制约和督作用。积极与纪检监察交流信息，纪检监察部门将掌握的群众举报信息及时反馈给内审部门，内审部门以此作为制订年度审计重点的参考。同时，内审部门将审计过程中发现的严重违纪、违规问题，及时移交给纪检监察立案查处，从而使纪检监察可以利用内审经常性的监督优势，抓住案件线索，严查大案要案。

(2) 强化审计责任追究。对全年已完成审计项目查出的违纪违规事项，对18个单位下发了审计处理决定，对责任单位罚款161.8万元、对91个责任人罚款11.6万元，以警示各级管理人员增强法制观念和责任感。

(3) 建立审计整改跟踪制度。在审计整改建议质量上狠下工夫，注重总结、提炼、利用审计成果，服务于集团管理活动，对审计过程中发现的新情况、新问题和经济活动中发生带有普遍性和倾向性问题，予以归类分析研究，提出了有价值、有分量的审计整改建议。向集团提出了多项建议书，把查处问题与促进改革、完善制度、强化管理结合起来，从完善制度、机制上提出审计整改建议，得到集团领导的高度重视。

(4) 提高审计成果的运用价值。实事求是、客观公正地反映被审计单位情况，提高了审计工作效率，保证了审计报告质量。集团领导非常支持审计工作，坚持定期听取审计工作汇报，采取强有力措施保证建设性的审计意见和建议得到落实，推动审计成果在更大范围、更高层次的共享。审计结论跟踪维护了审计执法的严肃性和权威性，实现了审计成果利用的最大化。

（撰稿人：陈艳军）

【广东省教育厅】 广东省教育厅是广东省人民政府组成部门，共有机关行政编制127名，设有办公室、发展规划处、基础教育处、高中与中职教育处、高等教育处、审计室等19个行政处室，下辖厅直属单位31个。

领导成员

广东省委教育工委书记、省教育厅党组书记、厅　长：罗伟其

省教育厅党组成员、省教育纪工委书记、监察专员：赵　康

审计职责 广东省教育厅负责指导和检查全省教育系统内部审计工作；对机关、直属单位进行审计监督；按干部管理权限组织对厅属高校、厅直属事业单位有关责任人进行经济责任审计；对教育系统有关单位经济活动中的重大事项进行审计监督；拟订教育系统内部审计规章制度；培训教育系统专兼职审计人员。

审计成果 2010年，广东省教育系统共开展审计项目15444项，审计总金额650.35亿元，查出有问题金额9827.01万元，其中违纪违规金额231.39万元；促进增收节支6.52亿元。

工作情况 2010年，省教育厅内部审计工作的情况：

（一）教育审计实务工作。2010年，广东省教育审计机构按照省教育厅《关于做好2010年教育审计工作的通知》要求开展各项审计实务工作，取得明显成效。

（二）专项资金审计和审计调查。2010年，省教育厅组织各市教育局、各有关高校积极开展对义务教育补助资金、普及高中阶段教育专项资金和科研经费等专项资金的审计工作。共开展实施教育“五大工程”专项资金审计1067项，有效防范损失、浪费及挤占、挪用专项资金等问题的发生。2010年下半年，省教育厅组织对32所省属高校基建资金管理使用情况的专项审计调查，审计调查上述高校2008年以来立项、在建、竣工，并且工程概算（预算）、结算金额达到或超过50万元的基建工程项目和修缮工程项目共429项，涉及资金84.58亿元。通过审计调查，一方面发现高校基建资金管理上存在的突出问题，提出进一步加大对高校基建资金管理和监督力度的审计建议；另一方面促使高校建立健全基建资金管理制度，有利于进一步规范基建资金的管理，有利于加强高校党风廉政建设。

（三）预算执行与决算审计。2010年，广东省教育审计机构积极开展预算执行与决算审计，重点审计预算管理和财经法规执行情况，着力反映预算分配及管理中存在的突出问题，促进本部门、本单位加强财务管理，规范财务行为。一年来，广东教育系统开展预算执行与决算审计共159项。

（四）经济责任审计。2010年，省教育厅积极指导各级教育行政部门、各有关高校稳步推进经济责任审计工作，审计对象从教育行政部门、学校直属企业领导干部向中小学校长、高校学院（系）领导、中层干部延伸，审计时段从离任审计向任中审计拓展。一年来，全省教育系统共开展

领导干部经济责任审计640项。审计室加大了对厅直属单位领导和省属高校校长任期经济责任审计力度。2010年组织开展了10个单位有关负责人的经济责任审计，促进了被审计人所在单位经济管理水平的提高。为了充分利用审计成果，在完成了广东理工职业技术学校等三所中职学校的审计工作后，省教育厅组织召开了审计情况通报会，对三所中职学校审计结果进行了通报，并要求中职学校针对存在问题进行整改，进一步规范了厅属中职学校的经济管理活动，促进了中职学校的党风廉政建设。

（五）基建工程审计。2010年，广东省教育审计机构深入开展基建工程审计，充分发挥审计事前、事中控制的作用，对基建工程投资决策、投资预算、竣工结算、财务决算等各阶段的经济管理活动进行审计监督，对重点工程项目，逐步实施全过程跟踪审计，力度不断加大，提出了大量的合理化建议，有效控制了投资规模和工程造价，节约了大量的基建资金。一年来，广东省教育系统开展建设工程审计5852项，核减工程造价6.16亿元。

（六）教育审计制度建设。2010年，省教育厅组织各级教育行政部门和高校认真学习贯彻新修订的《审计法实施条例》、《党政主要领导干部和国有企业领导人员经济责任审计规定》等有关法律法规及政策文件，要求各单位在认真学习的基础上，对本部门本单位的内部审计规章制度进行梳理，推动各级教育行政部门和高校进一步建立健全单位内部审计制度，提高审计工作的质量和水平。一年来，广东省教育系统共制定或修订审计制度166个。

（七）教育审计机构和队伍建设。广东教育系统近年来逐步建立起一支年龄结构、知识结构、专业技术结构相对合理的审计人员队伍。截至2010年底，全省教育系统具有内审职能的机构共207个，专、兼职审计人员1076名。

（八）教育审计学术交流。2010年，广东教育系统继续实施教育内审工作区域联系制度，分区域先后在惠州、肇庆、佛山等地组织召开教育审计工作研讨会，交流近两年来工作开展的情况，总结推广有关单位开展内审工作的先进经验，并创新性地以“如何开展建设工程全过程审计”和“如何进一步加强高校预算执行与决算审计”为题进行专题研讨，进一步明确工作思路，促进了审计实务工作的深入开展。

2010年，广东教育审计人员科研立项8项，公开发表论文36篇。（撰稿人：卢　鸿）

【中国移动通信集团广东有限公司】 中国移动通信集团广东有限公司（以下简称广东移动）在职员工共10266人，设综合部、人力资源部、财务部、党群工作部等33个职能部门，下辖广州、深圳、东莞等21个分支机构。

领导成员

董事长：徐　龙

总经理：徐　龙

审计职责 广东移动的具体工作如下：

(1) 负责公司内审战略策略政策的研究、内审管理制度和工作计划的制订；

(2) 负责组织实施公司SOX法案内控遵循项目内部测试工作；

(3) 负责组织实施公司重点流程内部审计风险评估工作；

(4) 负责组织对公司及所属分公司财务收支及经营管理开展专项审计；

(5) 负责组织对所属分公司经理人员任期经济责任进行审计；

(6) 负责组织对公司投资项目进行预算、结算、决算审计及重大投资项目的全过程跟踪审计；

(7) 负责组织对所属分公司审计工作的指导监督和考核；负责组织公司对各级审计决定或改进建议落实情况的跟踪及反馈；

(8) 负责组织对公司审计信息进行分析、统计、披露，并归集审计档案；

(9) 负责配合上级单位及外部监管机构对本公司的审计和检查；

(10) 负责协助组织内审人员的后续教育及培训工作。

审计成果 2010年，广东移动内审工作以价值创新为主线，完善公司风险治理架构，狠抓精品审计项目，精心培养内审专业团队，着力扩大审计工作影响，圆满完成了全年的审计工作任务，共获得各级荣誉26项。

全年组织全省完成SOX内控审计、风险评

估、专项审计、经济责任审计共272项，审计发现并落实整改建议2947个；组织全省完成建设项目审计7713个，审计金额84.3亿元，其中工程造价审计审减0.94亿元；全力支持集团公司项目人员使用，共安排311人天参与14项集团公司跨省审计与课题研究项目。

工作特点　（一）建立审计委员会管理机制。2010年，广东移动首度建立省市公司两级审计委员会，并于年内成功组织召开了两次会议。公司管理层、五大管理运营线条牵头部门第一负责人和相关重要部门负责人与会，听取内审部门对重点审计项目的工作汇报。审计委员会主席徐龙总经理和管理层委员分别作了重要指示，对审计工作成效给予高度评价和充分肯定。

各市公司在年内均相继成立审计委员会，对审计发现都进行了通报和督办整改。省市两级的审计成果都得到公司的高度重视。

（二）积极推进审计策略转变。2010年，广东移动内审部从全面业务风险管控入手，聚焦于投资、市场及业务支撑三大核心风险领域，深入业务前端，从外部合作商管理风险到公司内部员工执行风险都进行了全面扫描，深入促进内部审计向“风险导向型”、“服务导向型”审计的转变，实现了审计增值；同时，在审计策略部署上实现了“从重财务到深业务转变，从重结果到重过程转变，从单项目到集约式转变，从追数量到要质量转变”的四大转变，促进了审计工作成效和公司全面风险管控水平的持续提升。

（1）紧扣公司市场营销热点，挖掘业务运营一线重大风险。紧紧围绕公司年度“全业务运营”和“全过程管控”战略，实施了渠道运营管理风险、G3营销推广管理风险、公司内部使用自有产品业务、积分计划全流程管理等专项审计。相关业务主管部门成立专题工作小组，针对审计发现问题逐条提出解决方案和计划，并完善相关风险控制，有效制止了相关风险隐患的进一步扩大。

（2）聚焦核心业务控制环节，扫描业务支撑保障机制漏洞。针对日常业务运营支撑的规范性和有效性，开展了全业务收入计量体系风险诊断、重要集团客户与数据业务信息系统IT控制框架等专项审计，深度扫描了公司在业务支撑保障机制和系统底层存在的管理和技术漏洞。通过审计，业务部门、系统管理部门及时制订和落实整改优化工作方案，打足补丁、加密数据、增设稽查，及时封堵了重要的控制漏洞。

（3）着眼基础管理风险管控，促进建立风险防范长效机制。在2010年经济责任审计工作中，深入业务一线，探查基础管理风险漏洞，完成9家地市分公司和省公司三个重要部门的离任经济责任审计工作，针对多个业务领域的审计发现问题，提出针对性管理建议，并通过有效沟通将整改工作落到实处，及时封堵业务一线运营管理漏洞。

结合中央部委和集团公司针对“小金库”专项治理工作的要求，从8月起在全省深入开展“小金库”专项治理审计抽查工作。在所有单位自查自纠的基础上，内审部组织对11家地市公司进行重点抽查，覆盖面超过50%。通过深入剖析产生问题的原因，促进了公司强化基础管理风险管控，建立和完善相关管理制度，建立防治“小金库”的长效机制，从源头上防止“小金库”问题的产生。

（4）前瞻咨询、贴身辅导，充分辐射内审服务能量。省公司充分发挥SOX三维一体内控监测体系和内审各线条管理体系的辐射作用，在审计发现深度和广度持续提升的同时，加大前瞻防范工作力度，开展内审咨询服务，有效地将审计成果向公司各领域进行辐射。例如：根据常态化测试、专业化测试和咨询式测试五星风险数据库分析结果，向全省发出5批次“风险盲点”和“风险预警”提示信息，通过提供各业务领域的前瞻性风险预警提示，揭示经营中可能触及的风险所在，避免“业务风险屡审屡犯”现象的出现。

（三）深化集团精品审计项目。针对集团公司进点和委托开展的精品审计项目成果，广东移动在审计范围、审计内容上进行深度扩展，以促进在全省充分发挥其审计成果效益。针对集团客户业务管理风险审计，扩充审计领域，设计并组织实施了公司内部使用自有产品业务专项审计，及时防范了此类以往较少关注业务领域的潜在风险；对于客户信息安全管理审计和收入数据生成与验证审计，则扩大审计范围，覆盖全省50%以上地市公司，全面、深入挖掘一线风险。

（四）强化梯度式大审计团队。2010年，广东移动着力打造“融合式、跨公司、跨专业”的内审虚拟团队，三“管”齐下，建立梯队式管理模式。

（1）提升区域内审部地位，使其融入省公司内审部的组织架构中。省公司内审部作为区域内审部的坚强后盾，赋予权力、给予课题、全程跟踪，使省公司内审部成员数量由12名拓展至50名，有效促进了区域内审能力的提升，形成了统一的省市审计工作大团队。

（2）在紧密利用区域内审资源，建立核心、骨干审计团队的同时，公司还重点向二三类公司资源倾斜，实施多种形式的人才培养，以审代训，以老带新。

（3）在引入内审人员时，注重审计人员的原有工作背景，至年底全省内审线条已拥有财务、市场、IT、工程、网络等各类背景成员，为顺利开展各线条内审工作积极做好人才储备。

（撰稿人：汪春信）

【柳州市百货股份有限公司】　柳州市百货股份有限公司（简称柳州市百货公司）是广西柳州市国有控股商业企业，受柳州市人民政府国有资产监督管理委员会监督管理。共有在职人员2146人，设有企业管理部、人力资源部、财务部、审计部、信息管理部、资产管理部、营销策划部、安全防损部、设备维护部9个部，下辖五星商业大厦、进出口贸易分公司、劳保分公司、糖酒副食品分公司、新阳商场、综合商场、现代用品商场、亨得利钟表眼镜黄金珠宝商店、五星易购分公司、五星电脑软件分公司、五星服饰分公司、五星日化分公司12个分支机构和1个全资子公司柳州市五星连锁经营有限责任公司，是柳州市集百货零售、批发、超市、进出口贸易于一体的大型商业企业。

领导成员

董 事 长：潘海龙

副董事长：雷伟华

总 经 理：唐小云

副总经理：冯　丹　朱丽雯

　　　　　郭　荣　邓志强

总会计师：邓康强

审计职责　柳州市百货公司设有内部审计机构——审计部，共有专职审计人员2人，兼职审计人员6人。

柳州市百货公司审计部的职责主要是：

（1）对公司及所有下属单位会计核算的真实性、合法性进行审计监督，审查其会计凭证、会计账簿、会计报表等会计信息是否真实完整、合法有效，账务处理是否规范等；

（2）对公司及所有下属单位的财务管理工作进行监督，促使各级财务部门全面开展财务分析、切实加强财务监督；

（3）开展公司财务收支审计、效益审计、经济责任审计、内部控制制度测评审计等内部审计工作，针对存在问题提出审计意见；

（4）延伸开展管理审计，对经济决策进行事前、事中、事后全过程风险管理审计，对投资效果进行连续跟踪审计；

（5）配合公司监事会开展各项工作。

审计成果　2010年柳州市百货公司审计部完成审计（调查）项目10个，其中：财务收支审计2个，效益审计1个，经济责任审计1个，专项审计2个，内部控制制度测评审计2个，审计调查2个。审计总金额3.2亿元，查出违规金额5万元，促进增收节支230万元。

近年来该公司审计部围绕公司的工作重心，积极开展投资管理审计，取得良好效果。2010年公司审计部对公司拟购买柳州市某新商业区总建筑面积3.1万平方米商铺的投资项目开展审计调查，经全面分析和测算后提出的价款支付意见、风险控制方案得到了公司董事会的采纳，发挥了决策参谋的作用。公司最终以2.62亿元的合理价格投资购买了该商铺，为推动公司的可持续发展创造了条件。

该公司审计部还稳步开展风险管理审计。近年来该公司的全资子公司柳州市五星连锁经营有限责任公司由于经营不善、效益不佳而陷入进退两难的困境，为此向母公司提出母公司下放经营管理权、子公司调整经营模式的方案以解决经营危机。2010年公司审计部对该方案开展了审计调查，发现如果实施该方案将产生母公司难以监控子公司经营管理、难以最大限度地统筹调配资金和平衡库存商品余缺，子公司增加经营成本等较大风险，认为该方案不宜实施，同时找出了子公司经营持续亏损的主要原因，向公司董事会提出了维持子公司原有经营模式、由母公司向子公司注入资金增强其经营活力的审计建议。公司董事会采纳了该审计建议，向子公司注资400万元，使子公司年内不仅顺利渡过了经营危机，还减少亏损140万元。

工作特点　2010年柳州市百货公司审计部积极贯彻落实科学发展观，紧密围绕公司的中心工作，抓住热点、重点、难点深入开展各项审计，发挥内部审计监督、评价和服务的职能作用，促进了公司管理的全面升级。2010年柳州市百货公司先后被评为柳州市、广西内部审计先进单位。

（一）加强日常的内部控制监督，促进规范管理。该公司审计部每年都开展全面的财务收支审计，对公司所有单位的会计凭证、会计账簿、会计报表等进行审查核对，对存在问题及时提出整改意见，促进了会计基础工作的规范和会计制度的执行；参与监督公司财务预算的编制和执行，对预算外开支敢于提出监督意见，加强了事前控制；开展经营合同管理审计，对授权、采购、付款等环节的内部控制缺陷提出改进意见，参与修订完善《柳州市百货股份有限公司经营合同管理规定》等制度，使公司签订的大部分经营合同得以完善和规范；开展往来账审计，积极向主管领导反映公司长期收不回应收账款的问题并追踪应收账款的收回情况，督促有关下属单位收回了大部分长期被拖欠的应收账款。

（二）主动发挥决策参谋的作用，防范决策风险。该公司审计部对公司拟投资购买商铺的项目主动进行事前审计调查和财务核算，对如何降低成本、控制风险等向领导献计献策，为公司成功购买该商铺提供了有价值的决策依据，此外还参与制定《柳州市百货股份有限公司对外投资管理操作流程》，进一步完善了公司的投资管理行为；主动介入公司债权的追收工作，在追收现已改制的柳州市某企业长期拖欠该公司76.5万元货款的过程中，通过实地勘察该企业原有厂房、听取法院介绍、调阅档案等方式掌握第一手资料，确认并支持公司制定的“收购厂房抵债”的债权追收方案，最终使公司既收回被拖欠10年的76.5万元货款，又得到近30万元收益。

（三）关注公司投资效益，促进收回不良投资。该公司审计部积极开展投资效果跟踪审计，针对公司投资的某物流公司经营效益欠佳、投资回报率低的实际情况，建议公司退出对该物流公司的投资。公司董事会采纳了该意见，作出了转让股权的决定。此外，公司审计部还积极协助中介机构完成清产核资、评估资产、股权转让等工作，使公司该项投资款已得以全部收回。

（四）加强后续审计，形成管理的良性循环。该公司审计部加大后续审计的力度，跟踪审计意见的整改落实情况，建议公司实行责任追究制度，使公司内部控制的缺陷得到了及时的纠正，促进了公司的增收节支、经济效益节节攀升。

（撰稿人：黄　静）

【广西医科大学第一附属医院】　广西医科大学第一附属医院（简称广西医科大一附院）始建于1934年，是全国建院较早的医学院校附属医院，占地面积238亩，由东院、西院两院区组成，目前是广西专科配备最齐全、医疗设备最先进、技术力量最雄厚、规模最大的省级综合性医院，也是广西医疗、医学研究、临床医学教育和医疗保健的中心，年门诊量170余万人次、年住院病人5万余人次、年手术量3万余台次，被评为卫生部“三级甲等”医院、全国“百佳”医院、全国百姓放心示范医院。共有在职人员2259人。设有办公室、组织人事科、纪委监察科、医疗保险科等行政科室，以及内科（分为呼吸内科、消化内科、血液内科、心血管内科、内分泌内科、肾内科、神经内科、肿瘤内科、综合内科等）、外科（分为肝胆血管外科、胃肠腺体外科、心胸外科、泌尿外科、结直肠肛门外科、脊柱骨病外科、创伤骨外科、神经外科、烧伤整形外科、整形美容外科等）、妇产科、儿科等专业科室。

领导成员

院　　长：赵劲民
党委书记：杨连招
副 院 长：肖常青　罗杰峰　李慕军
　　　　　刘志明　伍伟峰　曾志羽
　　　　　罗佐杰
纪检书记：叶　凤

审计职责　广西医科大一附院设有内部审计机构——审计科，共有专职审计人员6人。

广西医科大一附院审计科的职责主要是：

（1）拟定医院内部审计规章制度，对医院内部控制制度的健全性、有效性以及风险管理进行评审，按照《广西壮族自治区卫生系统内部控制审计实施细则》开展医院内部控制审计；

（2）对医院预算的执行和决算、财务收支以及有关经济活动的管理和效益情况进行审计；

（3）对医院基本建设投资、修缮工程项目，医疗、卫生、科研、教育、各类援助等专项经费的管理和使用，医院固定资产的购置和使用、药品和医用耗材的购销、工资的分配等进行审计或专项审计调查，配合有关部门开展经济责任审计，检查接受医院委托的社会审计中介机构的审计业务质量；

（4）监督检查审计整改和内部管理制度的落实情况，提出纠正、处理违法违规行为的意见和改进经济管理、提高经济效益的建议；

（5）对模范遵守财经法规的部门和人员提出通报表彰的建议，对违法违规和造成损失浪费的部门和人员提出通报批评或追究责任的建议；

（6）法律法规规定和院长或上级业务主管部门要求办理的其他审计事项。

审计成果 2010年广西医科大一附院审计科完成审计（调查）项目3684个，其中：财务收支审计42个，经济合同审计39个，基建维修项目审计93个，药品采购审计351个，物资采购审计2647个。审计总金额6.6亿元，促进增收节支138万元。

广西医科大一附院审计科实施的2010年装（维）修工程审计项目，发现工程技术人员片面关注工程技术，缺乏成本控制的意识；管理人员对施工的管理不严、对项目投资的控制不力；施工单位高估冒算工程结算价款等问题，提出将审计监督与服务贯穿于基建维修工程项目的全过程，加强对中介机构的监督管理，完善各项规章制度等建议，制定了《广西医科大学第一附属医院建设工程项目全过程跟踪审计实施办法》。审计金额429.7万元，审计核减金额64.4万元，审计核减率达14.99%。

工作特点 2010年广西医科大一附院审计科积极贯彻落实科学发展观，紧密围绕医院的中心工作，深入开展各项审计，发挥内部审计监督、评价和服务的职能作用。2010年广西医科大一附院被评为自治区本级医疗卫生内部审计先进单位。广西医科大一附院内部审计工作的特点主要是：

（一）认真贯彻落实《卫生系统内部审计工作规定》，加强内部审计的制度建设。该单位围绕医院“推进绩效管理，提升工作质量”的主题，明确内部审计人员的工作职责，规范医院内部审计工作的流程，使内部审计积极配合医院的改革发展，寓监督于服务之中。

（二）依法审计、勤政廉政，认真完成各项审计工作。该单位内部审计人员坚持原则、忠于职守，严格按照规范开展审计工作，勤政廉政，增加审计工作的透明度，自觉接受监督，做到文明审计、科学审计，防范职业风险。

（三）单位领导重视内部审计工作。该单位领导严格自律，将自己置于医院制度的监督之中，从不干扰内部审计工作，而是要求内部审计机构严格依法审计，重视并督促落实审计意见和建议，大力支持内部审计机构加强学习培训和购置必要的软件工具，为内部审计创造良好的审计环境。

（四）狠抓审计质量。该单位内部审计人员以医院开展“推进绩效管理，提升工作质量”的活动为契机，深入分析审计项目中存在的问题和原因，将审计发现问题与促进规范管理结合起来，提出相应的整改意见，不断提高审计工作的层次；重点开展工程建设项目全过程跟踪审计，对涉及工程建设的造价咨询公司、监理单位等延伸开展跟踪审计，使工程造价的控制工作贯穿于工程施工的全过程，切实发挥内部审计的监督服务作用，确保工程建设质量可靠、造价合理。

（撰稿人：雷小光）

【海南矿业股份有限公司】 海南矿业股份有限公司是一家以铁矿石开采为主业的股份制企业。共有在职员工4442人，设有公司办公室、人力资源部、财务部、生产部、营销部、计划部、投资管理部、审计部等职能部门，下辖露天采矿部、选矿厂、动力厂、机修厂、后勤管理部、培训中心、保卫部、海南昌鑫钴业有限公司、欣达实业有限公司、新疆托里红山矿业金属有限责任公司等分支机构。

领导成员

董 事 长：陈国平

副董事长：杨祖光
总 经 理：刘明东
副总经理：张洪义　冯意林
　　　　　郭风芳　张春波

审计职责　公司审计部现有审计人员 12 人，职责范围是：依照国家法律、法规及公司的规章制度，对公司所属单位的各项经济活动及其经济责任的真实性、合法性和效益性实施审计监督。一是开展对公司各单位的经济责任审计；二是对全公司的工程项目全过程投资监督、控制和负责工程决算审计；三是开展内部控制评价和内控制度审计；四是设备物资采购价格形成过程审计和审计调查。

审计成果　2010 年共完成审计项目 1650 个，其中：经济责任审计 8 个、基建工程结算审计 236 个、专项资金审计（含采购合同、招标、议标）1344 个、专项审计调查 3 个、其他审核 59 个。审计总金额 90914 万元，其中：专项资金送审额 66374 万元（其中核减专项资金额 1693 万元）、基建工程结算送审额 24162 万元（其中核减工程款 1669 万元）、其他审核送审额 378 万元（其中审减额 33 万元）。

工作特点　（一）认真开展经济责任审计，切实加强内部控制管理。2010 年审计部对关系公司生产发展大局和公司高层高度关注的重大项目进行重点审计。一是完成对北一地采项目指挥部 2010 年上半年资金运作情况的审计。二是完成对动力厂原下属子公司昌江宏源实业有限公司财务清查的审计。三是完成对机修厂、后勤部、选矿厂负责人的任期经济责任审计。四是开展了对资源与质量管理部、机械动力部原任部长的离任审计。五是开展了对公司部分单位库存现金管理的内部控制审计。

（二）基建工程过程管理与造价审计稳步推进。一是完成 110 万吨/年铁矿选矿扩建工程造价审计。二是做好北一地采建设项目全过程跟踪审计，确保公司工程资金安全。三是完成对计划部、昌鑫钴业公司、后勤部、工程管理部、选矿厂、采矿部等单位送审的工程结算审计。四是配合复星集团审计部开展工程管理审计。五是开展对北一采场边坡稳定治理的过程管理跟踪和 200 万吨贫矿选厂建设的前期准备工作过程管理跟踪审计。

（三）物资采购合同审计成效显著。2010 年来审计部严格执行送审合同登记、审结签收制度，做到审计问题有登记、审计工作无遗漏。在采购合同审计方法上，积极探索、不断改进。对于公司已经形成招标结果和议标后的采购合同，做一般性审查和核对；对于公司引进的新材料、进口设备配件，进行重点价格审计和验收抽查。针对采购送审合同中存在的送审合同未标清楚产品的生产厂家、规格型号，采购价格不合理，比市场信息价偏高等问题，提出审计建议 266 条。

（四）开展专项审计调查 防范经营风险。一是开展公司 110 万吨选矿厂项目建设完工后部分钢管的处理情况做了审计调查，圆满解决了久拖不决的遗留问题。二是 2010 年 11 月，开展了对公司非固定资产类物品自行采购内部控制情况进行了专项审计调查，加强了自行采购内部控制的管理。

（五）积极开展内部控制体系建设工作，为公司 IPO 创造条件。按照财政部、证监会、审计署、银监会、保监会颁发的《企业内部控制基本规范》（财会〔2008〕7 号）和《关于印发企业内部控制配套指引的通知》（财会〔2010〕11 号）的规定，为提高公司经营管理水平和风险防范能力，确保公司企业内部控制规范体系建设工作符合 IPO 的基本要求，2010 年，审计部积极配合德勤会计师事务所，组织开展公司的内部控制体系建设各项工作。通过近 4 个月的努力，目前各单位对梳理出的 16 个业务流程中 56 个内部控制缺陷点，并就梳理出的缺陷点陆续整改，各种内部控制制度相继出台，公司的内部控制体系建设工作正按照预定目标有序推进，为公司 2011 年申报 IPO 工作创造条件。

（撰稿人：黄　添）

【海南省交通运输厅】　2010 年，海南省交通运输厅共有在职职工 78 人，设有审计监察处等 16 个处（室），12 个厅直属单位。

厅　长：董宪曾
副厅长：周文雄　刘保锋
海南省交通运输厅审计监察处处长：张姝为

审计成果　2010 年，交通运输审计充分发挥监督与保障作用，完成审计项目 112 个，其中经济责任审计 37 个，建设项目审计 43 项目（跟踪审计 2 个），专项审计（调查）16 个，财务收支审计4个，部门预算执行审计12个，协助省纪检案件1个，促进增收节支2267万元，查出违纪违规金额213万元，被采纳整改、建议意见58条。规范了权力运行，有效促进建设资金安全使用，不断规范我省交通运输系统预算执行和各项管理，行业经济效益和廉政建设明显提升。荣获2010年全省内部审计先进单位。

工作特点 （一）深入开展建设项目竣工决算审计工作，不断扩大“覆盖面”；加强对重点建设项目的跟踪审计，高度重视建设资金和工程造价问题。2010年完成竣工决算审计项目41个，投资总额89594万元，促进增收节支2267万元。

（二）完成经济责任审计37个。其中8个任中经济责任审计，29个离任经济责任审计。在提高行业财务管理和会计核算水平，增强领导干部依法履行经济责任意识，促进依法行政、依法决算、依法理财等方面起到了积极的作用。

（三）随着国家财政管理体制改革的不断深入，我们更加注重检查经济活动的真实性、合法性，更加关注预算管理、资金管理、资产管理、内控制度建立和执行情况等内容。2010年除配合省审计厅完成2010年度部门预算执行情况进行跟踪审计调查，还组织开展下属单位4个财务收支审计，还根据交通部对已取消政府还贷二级公路省份要求，对2009年中央补助资金使用情况进行审计。

（四）充分发挥专项审计和审计调查针对性强、监督面广、组织方便、操作灵活、易见成效的特点，结合《海南省开展社会团体“小金库”专项治理工作方案》，组织审计组对交通系统9个社会团体进行“小金库”专项审计调查和部分进行财务收支审计，重点对“小金库”、财务信息质量和内控制度审计；并根据年度计划安排对2公路路产路权赔（补）偿、农村公路建设和交通运输系统工会经济活动开展专项审计调查。重点查找路产路权赔（补）偿费票据使用、收支管理以及农村公路建设进度、资金配套等情况。进一步规范了规范财务会计管理工作，杜绝“账外账”、“小金库”等现象发生。

（五）与国家审计、社会审计力量通力合作，是省交通运输审计创新的又一大特色。根据与海南省审计厅共同签订《交通财务管理与审计工作共建协议》。按照“分工明确、各司其职、各负其责、信息互通、成果共享”的工作思路，形成了政府、社会、内部审计“三位一体”的审计工作模式，对三亚绕城高速公路、海口至屯昌高速公路项目进行跟踪审计。实现了对企业和项目的全过程监督，在监督实施过程中及时发现问题、解决问题。做到发现问题促进整改，确保工程项目质量、资金和干部“三安全”。现在正积累这种跟踪审计模式经验，为下一步审计工作拓宽思路。

（六）为了加强对审计工作的监督指导，规范审计行为，公开透明审计工作，促进审计工作全面、健康、协调发展，不断完善《海南省交通系统审计联席会议制度》。首次引入竞争机制，制定了《海南省交通运输厅选择和聘用交通建设项目审计公司试行办法》和《投标文件》，通过招投标办法，按照择优聘用的原则，选择有资质的社会审计组织。不仅弥补了我们自身审计力量的不足，而且降低了审计费用，提高了审计质量。这也是我省交通运输系统规范建设项目审计工作程序的又一项新举措。 （撰稿人：卓　玲）

【重庆市公安局】 重庆市公安局成立于1950年1月，现内设21个职能部门和消防总队、警卫局、边防总队3个现役机构；直属警官学院及铁路、长航、民航、森林和海关缉私等6个专业公安机构列入警局序列；下辖42个区县（自治县）局、610个派出所；现有警力34476人，占全市总人口的10.6/万。

审计职责 重庆市公安局设立审计室，下设综合科、一科、二科、三科。负责市局直属单位财务收支审计、涉案财物审计、领导干部经济责任审计；负责全局保留的掩护性、保障性企业的审计监督；负责全局专项审计调查；参与市局直属单位预算执行、建设项目、货物和服务采购、政府采购的事前、事中、事后全过程审计监督；负责各分局、区县局公安审计工作的业务指导和全局审计人员培训。

审计成果 2010年，审计室围绕公安中心工作，审计关口前移，重点实施对建设工程、采购项目、干部离任、涉案财物的审计监督，充分展现检验、驱动、制衡作用。完成各类审计监督事项1820项，审计金额730486.44万元，促进增收节支1975.05万元，发现违规金额13346.69万元。提出审计建议1273条，采纳1244条。接受其他审计咨询52项。2010年，重庆市公安局审计室荣获重庆市内部审计工作先进集体，审计室副主任程小铧荣获“重庆市内部审计先进工作者”荣誉称号；《局直属单位预算执行情况审计》项目被评为“重庆市优秀内审项目”。

工作特点　（一）突出结果运用，审计的权威地位明显提升。对全局524人实施经济责任审计，审计总金额17亿余元，发现和纠正违纪违规金额3000余万元，免职2人，移送司法机关1人，移送纪检监察部门研究10人，为市局党委正确识人用人提供了有价值的参考依据。

（二）紧扣中心工作，审计的服务功能明显提升。全程参战打黑除恶涉案资产清查工作，共参与审计团伙资金377个，查扣审计涉案资产39亿余元，切断非法放水资金700亿余元，并对15个重点专案涉案财物开展专项审计。坚持“四全”制度，根治内审工作“事前不知、事中不明、事后无奈、被迫认可、监督乏力”顽疾，即全面参与市局直属单位招标采购活动审计、全部询价送审采购项目、全面审查外签付款合同、全程监督工程项目。2010年共完成各类合同审计约200项，建设项目审计140余项，参与招投标及竞争性谈判会议监督约200项，促进增收节支近2000万元。

（三）前移审计监督关口，审计的预警作用明显提升。创新出台了新任领导干部经济责任告知制度，首批次发放《重庆市公安机关新任领导干部经济责任告知书》581份，涵盖了全市各分局、区县局领导班子和市局直属单位副处职以上领导干部。

（四）加强制度建设，审计的体系运行质量明显提升。修订《内部审计工作规定》，出台九项制度，促进财务经济活动依法、科学、高效进行。

（五）集约审计资源，审计基层基础工作明显提升。将19家符合不同资质要求的事务所纳入市局社会审计资源库，建立社审资源库入库联席会议制度和全市公安审计社会资源共享制度，并委托相关中介机构完成多项工程审计和多家保障性企业的财务收支审计。　　（撰稿人：何　艾）

【重庆市能源投资集团公司】　重庆市能源投资集团公司（以下简称重庆能源）是由重庆市建设投资公司、重庆煤炭（集团）有限责任公司、重庆燃气（集团）有限责任公司于2007年底组建而成，是重庆市国资委管理的国有大型重点企业集团。重庆能源连续三年进入重庆市工业企业50强、重庆企业100强、中国煤炭企业100强，中国企业500强。先后获得全国五一劳动奖状、重庆市国企贡献奖和功勋企业等荣誉称号。

重庆能源集能源投资、能源开发、能源利用和能源服务于一体，以煤炭、电力、天然气的投资开发和营销为主，兼营基本建设、火工产品、建材、机械、物流等，主要产品覆盖渝、黔、滇、疆三省一市。截至2010年12月31日，注册资本60亿元，拥有子（分）公司和代管单位25个，在职职工75604人，其中，中高专业人才3442多人，资产总额390亿元，所有者权益146亿元，营业收入198亿元，利润5.44亿元。仅用三年时间就实现了资产总额、营业收入、利润翻番目标。

重庆能源以母子公司为构架，推行资本运作与产业运作相结合的混合型经营模式，建立母公司6中心和子公司4主体的管控模式，设17个部室，建立完整的议事决策机制，全集团设了11个内部审计机构，专职审计人员50人。

领导成员

董 事 长：侯行知

总 经 理：蒲恒荣

党委书记：李华清

监事长（纪委书记）：唐顺洪

副书记（工会主席）：刘万学

副总经理：柳中琪　刘德忠　张凤舞
陈乐平　唐光治　李云鹏
胡晓英

资深经理：陈国政

审计职责　集团本部下设审计工作部，由监事长协助董事长和总经理管理，主要职责是负责对全集团内部审计管理，实施内部审计监督，对集团所属单位开展效益审计、重大工程和重大投资以及重大担保审计、经济责任审计和管理审计等工作；负责组织、协调和委托社会审计力量对集团所属单位开展审计工作等。

审计成果　2010年，重庆能源审计工作坚持“强基固本抓监督，保驾护航促发展”的工作方针，根据年度审计计划和企业中心工作，全年共完成审计项目771个，审计中发现问题339个，提出审计建议597条，其中建议被采纳587条，为集团增加效益6794.98万元；“天府矿业公司内控制度评价”和“松藻煤电公司运销部扩能工程审计”被重庆市审计局评为2010年度重庆市优秀内部审计项目，占企业优秀审计项目的25%。

工作特点 审计工作坚持“依法审计、服务大局、围绕中心、突出重点、求真务实”的工作方针，以强化审计工作职能，加大审计力度，发挥审计监督作用为中心，充分发挥防范风险、促进管理、服务发展、保驾护航的作用。

（一）财务收支审计向管理审计延伸。集团审计部门将查错纠弊的财务收支审计与管理审计相结合，积极开展审计工作。在强调核算的规范和损益的真实性的同时，注意关注影响企业效益的关键环节问题；对工程尤其是竣工投产后的效益纳入审计范畴。坚持一审二帮三促进，要求凡效益审计一定要提出合理的建议，对建议的采纳情况继续纳入审计视线。

（二）把工程建设审计作为重点。源集团处于大发展时期，建设项目多，涉及金额大，工程审计是集团内部审计的重中之重工作。按“资金流到哪里、审计跟到哪里”的要求，集团出台了《全过程跟踪审计规范》，要求对投资亿元以上的工程项目必须实施全过程跟踪审计。通过开展工程结算审计、工程竣工决算审计和全过程跟踪审计，提高了企业工程管理水平，有效控制工程造价，促进重点建设项目资金使用规范。

（三）任期经济责任审计有所创新。集团对于任期经济责任审计坚持“有离必审”的原则。在审计中努力做到三个结合，即经济责任审计与财务收支审计相结合；经济责任审计与廉政工作相结合；经济责任审计与职业素质评价相结合。切实使任期经济责任审计成为正确评价被审计人员任期内经济责任、人事部门考核任用干部和纪检监察部门考核党风廉政建设的重要依据。

（四）努力搞好专项审计。在审计过程中，查找内部控制存在的缺陷和经营活动中的薄弱环节，开展内部控制合理性、有效性的评价和风险评估，提出改进措施和实施方案。2010年，在“小金库”专项治理工作中取得实效，受到重庆市国资委的充分肯定。 （撰稿人：崔德建）

【云南省第一人民医院】 云南省第一人民医院（也称昆华医院）建于1939年4月1日，是云南省最早的一所公立医院。占地面积75.52亩，编制病床1500张（另有在建建筑面积457690平方米，床位3300张和报建建筑面积119800平方米，病床1000床的两所股份制医院），现有在编职工1993人，其中国家和省突出贡献的优秀专业技术人才21人，享受国贴、省贴30人，专业技术人员1830人，高级职称在职人员387人。设有27个机关后勤职能处（科）室，60个临床医技科室，其中有12个省级重点专科，1个省级创新团队，是一所专业人才密集、学科配置合理、设备仪器先进、临床教学共融、高度综合与高度专科结合、整体医疗水平较高的省级大型综合医院。1992年在云南省率先被评为三级甲等医院，1999年荣获全国“百佳医院”和昆明市“十佳医院”称号。2008年被卫生部和卫生厅评为云南省唯一一家全国和全省“医院管理年”活动先进单位。

领导成员

院　　长：王天朝
党委书记：杨云昆
纪委书记：江晓云
副 院 长：王　平　刘玉明　王昆华
　　　　　梅　妍　郝建华　郭　强
总会计师：张有刚
工会主席：王湘虹

审计职责 医院审计处成立于1988年7月，现有内审人员6名，全部持有内审资格证，所有人员都是大学本科以上学历，其中硕士研究生3名，在读硕士1名，具有高级职称的2人，中级职称3人，初级职称1人。1人具备国际注册内部审计师资格，4人具备全国造价员资格，是一支素质高、业务精、能吃苦，充满活力的年轻队伍。

主要职能是：拟定内部审计规章制度；依法对医院预算的执行和决算、医院财务收支、内控制度及有关经济活动进行审计；对医院的基建投资、修缮工程进行审计；对医院固定资产购置和使用、药品和医用耗材购销、医疗服务价格执行情况等进行审计；对医院经济管理和效益情况进行审计；按照干部管理权限开展有关领导人员的任期经济责任审计；审计调查上级领导交办、转办的案件和群众投诉、举报的相关案件等，在医院管理中发挥自我约束机制作用，促使医院工作目标的实现。

审计成果　2010年，审计处积极开展审计工作，努力探索开展风险导向审计，在促进单位加强管理、完善内控、防范风险、提高效益等方面发挥了重要作用。全年完成审计项目49个，其中财务收支审计7个，内部控制评审7项、风险评估7项、基建投资审计26个，收费价格专项审计2个，参与了基建、设备、消耗性材料等相关招标采购70余次，查出违规金额3万元，促进增收节支190万元，提出103条意见和建议被采纳，加强了内控制度，促进了风险控制，规范了医院管理。

在基建投资等审计工作中，从事后的决算审计、事前的预算审计，逐步向全过程跟踪审计过渡。2010年审计工程项目26项，送审金额1141万元，审定金额951万元，审减金额190万元，综合审减率16.61％。

针对医院药品、医用耗材、试剂、医疗设备等每年采购使用数量多、金额大的情况，审计处积极发挥"免疫系统"作用，积极参与招标采购，协同相关部门制定了《物资采购制度》、《固定资产管理实施办法》、《基建工程招投标管理工作规范》等一系列规章制度，并严格遵照执行，从源头上预防不正之风的发生。2010年审计处参与了基建、设备、消耗性材料等相关招标采购70余次，为防范风险，降低医疗成本，解决"看病贵、看病难"作出了不懈努力，受到患者和上级领导肯定。

针对医疗收费的社会热点问题，审计处开展了全院临床科室物价监督员培训，让全院职工树立物价法规意识，规范了收费行为。同时严格监督检查，抽查住院收费清单124份，耐心解答患者价格投诉，实行价格公示制、查询制、清单制，严惩不合理收费行为，使患者综合满意度逐年提高。经过努力，医院审计处在严格执行法律法规、加强廉政建设、促进医院管理等方面发挥了重要作用，近几年来，该院没有发生重大违纪违法问题。

工作特点　（一）医院领导十分重视内部审计工作，院长主管审计处。有健全、独立的内部审计制度和内部审计机构。明确规定了内部审计职能及审计人员岗位职责，内审人员既分工明确，又团结协作。

（二）审计经费纳入医院预算管理，院务委员会和院长定期听取审计工作情况汇报，支持、保护和监督内部审计人员依法依规履行职责。认真贯彻执行审计法、《内部审计准则》、《职业道德规范》和业务程序规范，明确责任，全过程严把审计质量关。

（三）每年均组织全处人员参加内审协会组织的各种培训，认真贯彻执行内部审计人员岗位资格证书制度和职业后续教育制度，积极参与国家审计，努力提高内审人员素质，创建学习型的组织，培养学习型的人才。

（撰稿人：朱　华　葛建民）

【贵州电网公司】　2010年，贵州电网公司共有在职员工4.8万人，设有办公室、计划发展部、安全监察部、生产技术部、保卫部、市场交易部、工程建设部、农电局、财务部、人事部、政治工作部、监察部、审计部、工会、离退休工作部等15个部（室），公司直属单位23个，并对全省88个县（市、区）供电（电力）局（公司）进行直管或代管。

领导成员

总 经 理：唐斯庆

党组书记：杨晋柏

党组副书记、纪检组长：孙兆媛

副总经理：晁　剑　廖新和　邱跃丰
陈　真　尚　春

总会计师：周祖斌

工会主席：张　帆

审计职责　贵州电网公司设立了总部—地区供电局（分子公司）—县级供电局三级内部审计机构，对公司系统内各单位内部控制和风险管理的健全性、有效性，财务信息的真实性和完整性以及经营活动的效率和效果进行监督、检查、评价。

审计成果　2010年，公司各级审计部门完成审计项目585个、审计调查项目4个，其中经济责任审计59个，内控制度审计36个，风险管理审计和经济效益审计51个，资产经营责任审计31个，财务收支审计15个，工程项目审计393个，促进增收节支8870万元。

工作特点 贵州电网公司确立了“监督和服务”的内部审计工作理念，积极推进内部审计转型。各级内部审计部门围绕企业中心工作，立足经营管理，将工作深入到经济活动的一切领域，保障公司经营活动的规范，着力为公司的经营管理提供有价值的咨询服务，内部审计作用和地位得到不断提升。

（一）创造良好审计工作环境，促进工作全面开展。公司设立了独立健全的内部审计组织机构、建立起日益完善的审计制度体系。通过持续不断的审计课题研究，为审计转型工作的开展奠定了坚实的理论基础、运用先进科学的信息化审计方法，使审计创新业务有了扎实的技术基础。

（二）紧抓企业管理中的热点和难点问题，发挥好“保健医生”作用。公司各类经济活动众多，审计部门通过广泛了解、深入分析，有针对性地对资金管理、电费回收、农电管理、物资管理等关键领域开展了专项审计调查，着力于为公司提供挖潜增效的管理建议，更加凸显了内部审计的价值。

（三）积极拓展审计内容和范围，注重防患于未然。公司大力推进内部控制制度审计和风险管理审计，审计关口前移，着重检查管理制度建设和制度执行落实，强化管理者的风险意识，促进企业管理在复杂多变的内外部环境中上台阶、上水平。

（四）严肃认真抓整改，让审计成果转化为生产力。近年来公司更加注重审计整改和后续审计，按照“举一反三，彻底整改”的要求开展审计整改工作，强化审计成果运用，通过“审计整改年”活动、开展审计整改考核等手段，切实地落实审计意见，有效地把审计成果转化为生产力。

（五）全面提升审计人员素质。公司坚持思想、管理、培训齐抓共管，着力建设一支素质更好、水平更高、业务更棒的审计人员队伍。在每年开展针对性强、人员覆盖面广的培训基础上，创办了《贵州电网监察审计》杂志，搭建起各级审计人员交流学习的平台；开展了内部审计理论研究，审计人员的理论水平、业务知识、综合素质得到有力提升。 （撰稿人：梁从文）

【四川省监狱管理局】 四川省监狱管理局是主管全省监狱工作的副厅级部门管理机构，依法管理省属监狱，领导监狱企业集团公司和子（分）公司，监狱管理处（科），指导市属监狱工作。监狱局机关设13个内设机构和政治部、机关党委。全省监狱系统共辖行政事业单位51个，生产经营单位39个，全系统干警编制2万余人，工人（含退休人员）1.5万余人，罪犯总关押规模8.9万。

领导成员

局　　长：刘志诚

副 局 长：肖乾华　游柱石　向　东

　　　　　张碧贵　青大华

纪委书记：秦治国

机关党委书记：乔亚力

系统工委主任：张庆荣

审计职责 根据省政府的批复，监狱局设置审计处，职责是：制定监狱系统内部审计工作规定、办法，指导监督监狱内部审计工作；负责二级预算单位财务收支、绩效和行政资产管理情况审计；负责监狱企业财务收支、效益及企业资产管理情况审计；负责监狱及监狱企业固定资产投资审计；负责监狱及监狱企业领导干部经济责任审计。

审计成果 2010年，审计处完成审计项目92个，审计金额61亿元，审减金额1.07亿元。全省监狱系统完成审计项目1103个，审计金额110.87亿元，发现问题金额3584.07万元，促进增收节支93.47万元。

审计特点 （一）完善的制度体系。监狱局设立审计处，各监狱设立独立的内审机构，形成局主要领导主管审计工作，各监狱党委副书记、纪委书记分管审计工作的工作机制。进一步制定了审计项目实施制度、审计程序制度、审计规范和质量考评制度等20余项管理制度和规定，形成了较为全面和完善的审计制度体系。充实的干部队伍。全省监狱系统202名审计人员中，专业涵盖工程、管理、财务、审计，大专以上学历的184人、中级职称以上的81人。

（二）创新审计模式和方式方法。强化事前介入，从源头上控制；注重事中控制，加强全过程控制；重视事后把关，对财政投资超过 100 万元、但又未纳入省财政和省审计厅监管的监狱建设项目竣工结算进行委托审计。建立了会计师事务所和造价咨询机构备选库，委托中介机构实施监狱系统审计项目，局审计处最后负责、管理。制定了《四川省监狱系统审计信息化建设方案》，加强计算机运用能力和审计软件操作水平培训，大力推进计算机辅助审计。

（三）推进审计功能转型。采取对局机关年度财务收支情况实施“同级审”，大宗生活物资片区集中采购“专项审”，经济责任审计与年度财务收支审计“结合审”相结合的方式，促进被审单位强化内部管理和内部控制，推进审计功能转型。

注重结果运用与风险控制。坚持经济责任审计结果通报制度，注重有针对性地提出建议并坚决、迅速地整改落实。注重审计调查，重点调查内控制度的关键控制点及风险管理系统，适时发现内部控制的薄弱环节，健全和完善事前防范机制。围绕监狱重点工作，对局重点工作全面介入，抓好监督与控制。

（撰稿人：四川省监狱管理局审计处）

【新华文轩出版传媒股份有限公司】 新华文轩出版传媒股份有限公司（以下简称新华文轩）现有员工近 8000 人，设有董事会办公室、经理办公室、人力资源开发部、财务管理中心、运营中心、预算管理中心、出版管理部、资本经营中心、基建与资产管理中心、战略企划部、法务部、审计部、党群工作部、纪检监察室、文化产业拓展部、管理研究院、北京分部共 17 个部门，教材发行事业部、零售连锁事业部、中盘事业部 3 个事业部，采购中心、物流中心、信息中心、印制中心、纸张采购、馆配中心、北京选题策划中心 7 个业务平台，下辖 35 家全资、控股子公司。

领导成员

董 事 长：龚次敏

副董事长：张邦凯

总 经 理：罗 勇

审计职责 新华文轩董事会设立审计委员会，审计委员会下设内部审计机构——审计部，现有财务管理审计、基建安装审计、信息系统审计、内部控制评价等专职审计人员 13 人，独立行使监督、评价、鉴证的职能。主要工作职责如下：根据有关审计法规，制定内部审计制度，报公司董事会批准后实施；对经济管理和效益情况进行审计；对财务收支及其有关的经济活动进行审计；对干部任期经济责任进行审计；对企业内部控制活动进行评价；对基建、装修、维修、改造等工程的预算进行审计或专业指导，对工程竣工决（结）算事项组织审计；参与对舞弊、渎职事件及其他重大事项的调查；各类专项审计及审计调查；法律、法规规定及董事会、董事会审计委员会、公司经营管理团队要求办理的其他审计事项。

审计成果 对公司投资业务进行内控评价，发现 26 条内控缺陷；督促已发现内控缺陷的整改。对公司层级颁发的规章制度进行自查、梳理，对相关环节存在脱节及冲突的规章制度逐项提出建议。对公司 280 余个经营机构的主要经营指标进行分析、评估。全年完成审计项目 136 个，共发现问题或缺陷 129 条，提出审计建议 257 条。制定颁发了《后续审计管理办法》，完善了内部审计制度。

工作特点 内审工作紧紧围绕服务于公司的战略和发展目标，保持与公司战略、董事会关注重点的高度一致性。努力探索内部审计的前沿领域，积极探索、稳步实践信息系统审计。加大内部控制评价力度，前移审计关口，做到事前、事中、事后审计相结合，更好地满足了企业加强生产经营管理的需要。通过项目启动会、专题研讨会等多种方式与被审计（评价）单位充分沟通，在使被审计（评价）单位更加理解内部审计（内部控制评价），又多方收集了被审计（评价）单位的合理化建议意见。

（撰稿人：文 宣）

【陕西有色金属控股集团有限责任公司】 陕西有色金属控股集团有限责任公司（以下简称陕西有色集团）陕西有色金属控股集团有限责任公司共有在职员工 2.8 万余人，集团总部设有办公室、规划发展部、经济运行部、资产财务部、审计部等 16 个职能部室，下辖 30 家权属单位。

领导成员

董 事 长：黄晓平

总 经 理：汪汉臣

副总经理：颜学柏 刘学武

田照峰　曲大伟

审计职责　拟定集团内部审计规章制度；拟定集团内部审计工作计划；对集团权属子企业进行经济责任审计、经济效益审计；对集团内企业管理中的特定事项进行专项审计调查；负责集团内部审计工作的管理、业务指导和监督检查。自建立内部审计机构以来，针对下级单位多，分布范围广的特点，一直实行两级审计管理体制。目前，共有审计机构21个，集团总部设有审计部，子企业审计机构20个，其中专职审计机构9个，与其他部门合署办公的审计机构11个。

审计成果　2010年集团公司及各权属单位审计部门共完成各类审计项目263项。其中：财务收支审计8项，资产负债损益审计3项，经济效益审计27项，经济责任审计33项，经营承包审计1项，基建技改项目审计166项，内控制度审计11项，专项审计调查10项，其他审计4项，查出违纪资金35.90万元，促进增收节支1859.45万元。

工作特点　（一）各级审计部门在集团公司的领导下，依法履行审计监督职责，牢固树立服务于企业的意识，认真落实“全面审计，突出重点”的方针，围绕企业中心工作，积极开展各类型的审计项目，审计覆盖面达到100%。面对企业快速发展中不断涌现出的新课题和新情况，以及管理层所关心的热点、难点等问题，内部审计以计划内审计项目为主，计划外审计项目为辅，按照决策层及管理层的重视程度，将每个审计项目按轻重缓急进行排序，统筹安排分别制订项目实施计划，保证内部审计活动围绕决策层考虑的重大事项开展工作，突出重点发挥内部审计的参谋作用、经营诊断作用、评价和监督作用，使内部审计的价值在企业经营活动中充分体现，取得的审计成效受到了集团公司领导和权属企业领导的肯定。

（二）在提高审计质量上，坚持以审计质量为本的思想，将质量意识贯穿于审计全过程，确保审计活动符合程序、准则和规范。从编制审计计划、审计项目立项、审前调查、编制审计方案到审计项目执行过程等方面进行严格的质量控制，并始终坚持对审计工作底稿的三级复核制度，认真审核严把质量关，保证审计工作底稿记录有关事项的内容翔实清楚、依据充分和数据准确。审计项目结束后，还要在一定时间内对该项目采取审计回访，检查审计报告所列问题和审计建议的落实及整改情况，有效地保证了审计质量和审计效果的提高。定期组织内审人员参加国家内审协会举办的理论学习班和理论研讨会，组织内审人员在集团企业间相互学习交流审计工作经验，将好的审计经验、先进的审计方法和理念逐步在集团内进行推广和应用，使内部审计在风险管理、内部控制及运营管理过程中发挥了积极的作用，有利于决策层与执行层对管理中存在的问题进行充分的沟通与协调，有助于企业及时应对环境变化，提升内部审计活动的价值。

（三）在制度方面，制定并实施了集团公司《内部审计工作规定》《企业领导人员任期经济责任审计暂行办法》等制度。权属单位根据实际情况制定了相关的实施办法和细则。这些制度的建立及完善为审计工作的规范化、程序化和制度化打下了基础，促进了被审单位提供会计及相关资料的真实性、完整性和可靠性等，保证内部审计作用的发挥。在机制方面，采取和中介机构相结合审计，内部审计人员互调审计，有效解决了人员少，任务重的矛盾，增强了内部审计和外部审计的资源相互利用，使内部审计信息更符合管理层的需要，减少了重复工作，大大提高了审计效率和效果。同时通过实施审计信息化建设，借助信息技术减轻审计人员手工抄写、汇总的工作量，提高审计工作效率，使审计人员有时间和精力去检查梳理企业流程管理和内部控制活动，对发现的企业经营活动中资源利用效益不佳、内部控制制度不健全、内部控制缺乏有效性等问题进行分析和讨论，充分发挥内审人员的专业技能，不但能够客观准确地反映问题的症结所在，而且还能够针对企业的运营状况和管理现状提出具有针对性和建设性的审计建议，保证内部审计价值的实现。

（四）在审计转型方面，针对内部审计在风险管理、控制及治理过程中应发挥的作用，提出了向管理效益延伸，向风险管理延伸，向内部控制延伸，即“三个延伸”，体现了内部审计在管理上的特点和优势，拓展了企业内部审计的深度。近几年，通过逐步扩展审计项目类型，加大在企业基本建设、经济效益、内部控制等方面的审计力度，这些类型审计项目的开展不但取得了良好的审计效果，而且使集团内部审计方式和审计理念发生了重大转变，改变了以往以财务收支审计为主，以查错防弊为重点的事后审计工作思路，逐渐使审计监督关口前移，使企业决策层和经营层及时了解企业的运营状况和存在的问题，为经营决策提供翔实可靠的参考依据，促进内部审计活动围绕决策层考虑的重大事项开展工作，突出了内部审计在经济活动中为企业增加价值的服务功能。（撰稿人：王浩亮）

【甘肃省交通运输厅】 2010 年，甘肃省交通运输厅共有在职职工 26919 人，设有办公室、政策法规处、综合规划处、财务资产管理处、人事劳资处、建设管理处、综合运输处、安全监督处、科技处、审计处、离退休人员工作处、交通战备办公室、厅直机关党委、驻厅纪检监察室、省交通工会。下辖 54 个单位（其中事业 44 个、企业 10 个）。资金运行量 300 亿元。

领导成员

厅　　长：杨咏中

副 厅 长：杨映祥　阮文易

　　　　　王繁已　赵彦龙

纪检组长：艾玉德

审计成果　2010 年共完成审计项目 401 个，查出违纪违规金额 6013.3 万元，内控制度评审 89 项、提出审计建议 373 条，完善规章制度 121 条。

（1）重点做好对建设项目和建设资金的审计监督。按照交通运输部《交通建设项目审计实施办法》的规定和《关于加强交通建设项目审计监督的通知》精神，加强对重点建设项目的审计监督，将审计关口前移，积极开展建设项目期间审计，及时发现和纠正各种挤占、挪用、贪污、浪费建设资金等问题，使审计参与到交通基本建设、农村公路、运输站场及水运设施建设的建设前期、中期和竣工决算等全过程中，实行全过程跟踪审计。2010 年完成基本建设项目审计 111 个，其中：建设项目竣工财务决算审计 86 个，在建项目审计 3 个；对 12 个灾后重建、10 个公路改扩建等新建项目进行了开工前的审计。经过审计的已完工程及在建项目的投资额为 8426112 万元，已完成投资额 5675449.5 万元，共查出违纪违规金额 6006.7 万元，其中超预算 5478.0 万元、挤占挪用 464.2 万元；资金不落实 2413.6 万元。在基本建设项目审计中，我们特别加大了工程建设中概预算执行情况的审计，对未经批准擅自超预算支出、无预算支出、单向费用之间调整的违规行为，要求坚决予以纠正和整改，坚决做到未经审计，不得付清工程尾款，不得批复竣工决算，不得办理竣工验收。

（2）继续开展领导干部经济责任审计。对领导干部经济责任审计，着重从管理指标、内控制度、经营成果、遵守财经纪律等方面进行，对离任的审计面达到了 100%。2010 年完成对领导干部经济责任审计 49 个。在审计中共查出账外资产 146.5 万元，投资损失 12.4 万元；促进增收节支金额 13.4 万元。对领导干部进行经济责任审计，不仅加强了领导干部履行职责、廉政勤政的意识，提高了资金的使用效益，维护了国有资产的安全完整，促进了各项管理工作，而且也为组织人事、纪检监察等部门考核领导干部提供了重要的依据。

（3）继续深化财务收支自审工作。财务收支审计是内部审计的一项重要工作，2010 年在公路系统、征稽系统开展了以内部交叉形式的财务收支审计，着重对财务预算执行情况、财经纪律和财政法规制度的执行情况、政府采购、“收支两条线”管理规定执行情况、专项资金使用情况、国有资金产使用管理情况、国库集中支付以及会计基础工作等方面进行了全面的检查。全年完成财务收支审计 219 个，查出违纪违规金额 6.6 万元；损益不实 5 个，其中虚增利润 55.2 万元，虚减利润 1 万元；资产不实 4 个，金额 2966.7 万元 。通过财务收支检查，使各单位及时发现了管理中存在的问题和薄弱环节，突出强化了预算（计划）的执行情况和各项交通规费的征收、解缴和使用情况，有效防止会计信息失真，资产、损益不实，私设“账外账”等问题的发生。进一步规范和加强会计基础工作，完善内部控制制度。

（4）开展专项资金审计调查，确保专项资金专款专用。2010 年主要审查了 2008 年、2009 年中央扩大内需资金安排的重点公路建设项目 5 个，项目资金共计 46000 万元，项目概算投资总额 2814468 万元，建设规模约 785 公里，累计投资支出1509565万元。另外，对甘南藏族自治州舟曲县、陇南地区突发特大泥石流及山洪等自然灾害的灾后恢复重建项目建设资金和物资的使用情况进行了审计调查，共完成专项审计调查22个。在审计中，以资金为主线、坚持“全面自查、突出重点”的原则，对建设资金所涉及的重点领域、关键环节进行重点审计检查。对审计发现的问题或薄弱环节，进行了定性定量分析，查明原因，逐项整改，做到全面、彻底、不留死角。

工作特点　（一）加强内部审计机构和审计人员队伍建设。甘肃省交通运输厅及所属单位已形成以厅审计处为主，条块结合、上下联动的内部审计工作体系，全系统已建内审机构24个，有专兼职审计人员167人。同时，重视内部审计人员的后续教育和培训工作，积极组织内部审计人员参加交通部和省内审协会举办的经济责任、基本建设等培训班61人次，上报审计论文6篇。

（二）探索内部审计工作新方法，为党风廉政建设提供技术保障。甘肃省交通运输厅与兰州商学院共同协作，开展了“甘肃省交通系统领导干部经济责任审计评价指标体系研究”和“甘肃省交通运输系统内部审计质量控制体系研究”的科研课题项目研究，探索内部审计工作的新思路和新方法，从而实现经济责任审计评价科学化，推进内部审计工作规范化，进一步提高内部审计质量，充分发挥内部审计职能，为党风廉政建设提供技术保障。（撰稿人：夏　翔）

【西宁特殊钢集团有限责任公司】　西宁特殊钢集团有限责任公司（简称西钢集团）现有职工10733人，下设公司管理部、财务审计处、法律事务部、党群工作部等部4个（处）室及5个直接和间接控股公司，即上市公司西钢股份（直接控股49.87%），青海江仓能源发展有限责任公司（间接控股35%），哈密博伦矿业有限责任公司（间接控股100%），肃北博伦矿业有限责任公司（间接控股70%），青海西钢矿业开发有限公司（间接控股100%）。

领导成员

董事长：陈显刚

总经理：刘克林

总会计师：王大军

总法律顾问：汤巨祥

党委副书记、纪委书记：李全

审计职责　主要对各直接、间接控股子公司监督、检查、服务、指导工作，从而完善西钢集团内部控制制度，促进公司实现发展战略。主要职责如下：

（1）对集团各项经济政策制度落实情况的审计；

（2）对集团及各子公司领导干部的经济责任审计；

（3）对各子公司经营管理合法合规，重大违法违规和经济犯罪问题的审计；

（4）对各子公司资产安全性的审计；

（5）对各子公司财务报告及相关信息真实、完整性审计；

（6）对各子公司经营效率和效果的审计；

（7）对各子公司采购、销售业务的审计；

（8）组织和督促审计人员学习政治理论和审计业务，遵守职业道德，不断提高审计人员的政治思想素质和业务水平。

审计成果　2010年度，财务审计处完成审计项目6项，其中：完成对控股子公司下属子公司矿业公司财务收支审计一项；完成对控股子公司下属子公司江仓公司领导干部离任审计一项；完成对控股公司及全部下属子公司包括矿业公司、江仓公司、哈密博伦矿业公司、肃北博伦矿业公司的工程项目立项、招投标、建设及竣工决算审计一项；完成对控股公司及全部下属子公司包括矿业公司、江仓公司、哈密博伦矿业公司、肃北博伦矿业公司的销售与收款环节和采购与付款环节风险控制审计；完成对控股子公司及全部下属子公司采购模式转换实施情况审计一项；完成对控股子公司股份公司备件库存专项审计一项。审计共计提出意见建议9项，得到采纳7项。

工作特点　（一）完善审计制度，规范审计行为，不断提高审计工作质量。依据审计署《关于加强内部审计工作的规定》、中国内部审计协会《内部审计基本准则》《内部审计人员职业道德规范》和《内部审计具体准则》，制定了西钢审计监察制度，明确了工作内容与要求、责任和权限。从审计计划的立项、审计方案的报批、审计报告的签发，审计意见的落实到审计档案的整理，以及审计信息的传递上报，都形成了一套规范严谨的工作程序和制度，为审计成果的应用提供了可靠的保证。

（二）围绕中心、服务大局，努力提升审计工作谋划力。始终把规范管理行为作为审计工作的重要诉求，自觉的将审计工作融入公司生产经营发展的大局，突出生产经营重点工作，结合自身工作实际及审计项目的具体情况，制定详细的审计计划、统筹兼顾、突出重点，盯住领导重视、员工关心的难点和热点问题，切实保证公司经营目标的实现。

（三）突出审计重点，抓住关键环节，促进企业良性发展。随着公司审计工作的发展，审计监督领域和范围的不断扩大，从提高审计质量和审计效果出发，在坚持做好一般项目审计的同时，突出了对重点项目的审计监督。

（1）开展了财务会计信息真实性、完整性、准确性以及内部控制的适当性和有效性的全面内部审计工作；对股份公司开展了应收账款、预付账款、已完工工程、材料备件库存的专项审计工作、股份公司担保及保兑仓业务风险防控专项审计工作，及廉政建设审计工作，促进公司又好又快发展。

（2）加强任期经济责任审计，按照公司《干部任期经济责任审计办法》和有关干部管理规定，对公司任命的、负有经济责任的主要负责人进行了离任审计，做到审计监督与干部管理衔接。

（3）积极开展经济效益审计，为企业规避风险。根据审计工作计划和要求，定期对各公司开展经济效益审计和财务收支审计，把效益的真实性和内控制度建设作为重点，突出强化效益审计和管理审计。

（4）加强后续审计和审计成果的转换应用。按照“审而要究、审而要改、审而要用”的工作方针，加强后续审计工作，对重要审计项目和审计建议实行连续追踪审计，监督落实审计报告整改执行情况。同时，重视审计成果的运用，为领导决策切实起到参谋、助手的作用。在审计工作实施过程和审计结果的综合分析中，坚持把审计情况的综合分析与信息反馈作为管理与决策的切入点，发挥审计工作接触经济领域广、掌握情况真实可靠的优势，从不同侧面、不同角度及时发现和反映经济活动中带有普遍性、典型性、倾向性和苗头性的问题，注意发现管理中的薄弱环节和存在的问题，从制度和机制上提出解决问题的意见和建议，帮助被审计单位建章立制，使审计结论和审计成果得到充分运用。许多审计情况和信息成为公司领导决策的依据，有的直接转化为经济管理的措施。　　（撰稿人：于　鑫）

【青海省有色地质矿产勘查局】　青海省有色地质矿产勘查局是归口青海省国土资源厅管理的地质勘查事业单位，主要承担国家和省基础性、公益性地质工作和国家战略性资源勘查、商业性地质勘查等任务，为地方经济和社会发展提供矿产资源保障、地质技术服务等。全局现有职工1800多人。局机关设有办公室、机关党委、纪委、人事教育处、综合研究室、工会、地质矿产开发处、生产经营处、计划财务处、基建处、监察审计室、物业发展部等12个职能处室。局辖属4个地质勘查事业单位，分别为青海省有色地质矿产勘查局矿产勘查院；青海省有色地质矿产勘查局七队；青海省有色地质矿产勘查局八队；青海省岭田地球物理化学勘查股份合作公司。局属企业2个，分别为海元矿业有限公司；海达勘查开发科技有限公司。参股的有限责任公司3个，分别为青海山金矿业有限公司、青海海鑫矿业有限公司、青海中铝黄金有限公司。

领导成员

局　　长：吴庭祥

党委书记：廖纪元

副 局 长：肖积图　孙占科

党委副书记、纪委书记：马少武

（副局长）总工程师：沈小荣

审计职责　局系统实行两级审计制，局设有监察审计室，配备专职审计人员，局属各单位（含控股公司）配备专、兼职审计人员。

局内部审计机构在局主要负责人的领导下开展工作，主要职责为：参与经济合同签订和审查、参与本单位有关会议、参与研究制定有关规章制度；提出纠正、处理违法违纪行为的意见以及改进经济管理、提高经济效益的建议；对违法违规和造成损失浪费的单位和人员，给予通报批评或者提出追究责任的建议。

审计成果 2010年在局党委的正确领导下，局监察审计室紧紧围绕着全局中心工作，努力解放思想、不断创新，进一步拓展工作思路，认真履行各项工作职责，锐意进取、扎实工作，2010年完成审计项目5个，其中经济效益审计项目4个，通过工作对被审计单位经济运行情况及经济运行质量进行了审计监督评价，实施基本建设专项审计项目1个，审计的基本建设投资额达1.12亿元，对基本建设项目的支出合规、真实、合法性，以及工程决策、工程设计、工程招投标、工程施工、到工程竣工的所有工程建设程序和资金使用的合理合法真实性进行了审计监督与评价，为规范局今后的基本建设工作提供了宝贵的经验。

工作特点 （一）按照审计工作职责，内部审计工作牢牢坚持"依法审计、服务大局、围绕中心、突出重点、求真务实"的工作方针，以有效发挥内部审计的监督服务职能为目标，以不断提高内部审计工作的质量促进全局经济工作健康平稳运行为目的。近几年来，通过定期开展财务收支审计，全面了解各单位生产经营及经济运行情况，掌握各单位财务管理会计核算、内控制度的建立及执行、及有关财经法律法规制度的执行情况，促进了全局经济快速、平稳、健康发展。

（二）以风险防范和风险控制为目标实施的绩效审计工作，逐步实现了内部审计工作的转型；在对基本建设和重大工程、重大投资项目开展的审计监督工作中，深化了对重大投资的决策和运行的管理；对局管所有离任干部全面开展经济责任审计，促进领导干部勤政廉政、遵法遵纪遵规；同时注重内部审计队伍的建设和培养，不断加强审计队伍的建设，提升内部审计工作质量。

（三）通过内部审计职能的有效发挥和各项审计工作扎实有效地开展，内部审计在加强单位内部管理促进内部控制制度的执行和建立、提高经济效益上发挥了积极作用；通过实际工作，积极探索，勇于创新，使审计方式方法不断有所提升，审计工作质量逐年提升；同时，以人为本，使得审计队伍建设又上升到新的台阶。

（撰稿人：赵丽红　李　倩）

【神华宁夏煤业集团公司】 神华宁夏煤业集团公司共有在职员工5.3万人，设有办公室、规划发展部、财务部、企业策划部、生产技术部、机电管理部、建设工程管理部、技术委员会设计造价审查中心、人力资源部、科技发展部、审计部、社会事务部、安全监察局、调度中心、党委组宣部、纪检监察部、工会等17个职能部门。另有运销公司、物资公司、能源工程公司、煤化工分公司、物业分公司、太西炭基公司、信息技术中心、新闻中心、亘元房地产公司、教育培训中心10个专业化公司。下辖分（子）公司46个，其中：分公司33个，子公司13个。

领导成员

董 事 长：王　俭

副董事长：陆维平

总 经 理：严永胜

副总经理：姚具元　仝金正　甄久春

陈　毅　张正军　刘晋冀

吴学林　关清安　樊永宁

姚　敏　杨吉平

审计职责 神华宁夏煤业集团公司审计部是集团经济监督部门，在集团的领导下依照法律法规和本规定对集团各实业公司、所属矿、厂、公司（含控股子公司，以下简称矿厂）等独立核算单位的财务收支、经济责任、工程项目及有关经济活动或经营管理进行检查和评价。通过对资产负债、损益的真实性、合法性和效益性的审计监督，严肃财经法纪，促进廉政建设，维护企业合法权益，为确保资产保值增值，改善经营管理，提高经济效益服务。

审计成果 2010年共完成对所属单位16位领导干部的经济责任离任审计；12个单位的财务收支和经济效益审计；4个建设单位的工程项目审计；4个单位的内部控制制度审计和松山工贸公司等专项审计2项；完成了对2008年以来已下发的涉及46个单位的65份审计报告的督察工作；完成了对集团所属单位的"小金库"专项治理、薪酬福利专项检查，并对2007～2008年度薪酬福利发现情况进行了复审。

在2010年度对各相关单位的审计中，共查出各类问题342个，涉及问题金额3.85亿元，其中收缴到集团公司1537.06万元，提出审计意见和建议210条。

工作特点 （一）加强基础管理。重点将审计项目的质量控制作为重要环节，在对以前的审计规范制度进行修订完善的同时，制订了审计部责任考核细则，强化现场审计人员工作质量，规范和约束审计人员的行为；注重审计质量、规范现场审计工作底稿及审计取证单的质量；注重与被审计单位的现场沟通；设立审计报告的三级复核，有效控制审计风险，使审计规范深入到每个员工的审计活动中。

（二）关注审计结果的落实。针对审计查出的问题，审计部坚持审计结果的跟踪落实，确保查出的问题得到整改，提出的建议得到采纳，同时将个别单位在内部控制制度执行中存在的问题通过审计通报的形式转发给集团所属公司、煤矿，并根据各企业情况，进行整改完善，从而更好地促进集团公司经济秩序的健康运行。

（三）加大经济责任审计力度，创新审计方式。2010 年，开展了经济责任审计 16 项，通过经济责任审计，既澄清了矿长（经理）任期内的各项经济责任，又为企业提出了一系列建议和措施，促进了企业的经营管理。在开展经济责任审计项目时，逐步将审计关口前移，将内部控制制度的健全性、执行的有效性引入经济责任审计项目工作中，从而对企业管理状况有一个初步的判断，并初步确定应重点关注的审计领域，进一步针对该环节查找企业在经营管理中可能出现的漏洞及造成的企业损失和资产流失等问题。同时对企业的资金、成本、合同、工程管理等各个重点环节进行风险控制分析，对企业运行中可能存在的经营风险进行披露，这些审计内容的开展，使经济责任审计内容更加完善，增强了经济责任的全面性和有效性，为在集团内形成注重经营业绩，提高经营管理水平的氛围起到了积极的促进作用。

（四）开展建设项目审计，规范建设管理行为。2010 年对部分矿井筹建处和科研项目，从工程招投标、施工到竣工验收质量的每个环节，实行全面审计，从中发现存在多计工程量，工程变更把关不严等诸多问题。在建设过程审计中，将工程造价、财务收支、工程管理过程三条主线结合，把工程造价的核减作为主要内容，通过审计招投标，核减投资额等方式，规范企业在建设管理方面的管理行为。同时采取“审计关口前移”的方式，作好全过程审计监督。对审计查出的问题及时责成纠正、整改，为企业挽回了经济损失。

（五）积极探索开展内部控制健全性、有效性的评审。按照审计署等五部委关于《企业内部控制基本规范》的要求，组织开展了对集团公司下属单位的内部控制制度审计。通过内部控制的评审，使被审计单位充分认识到制度执行方面存在的问题和不足，并根据审计提出的问题和建议，及时进行整改并完善制度建设。

（撰稿人：万雪艳）

【中电投宁夏青铜峡能源铝业集团有限公司】

中电投宁夏青铜峡能源铝业集团有限公司（以下简称中电投宁夏能源公司）2010 年，中电投宁夏能源公司共有在职员工 9432 人。下设总经理工作部、计划发展部、人力资源部、财务与产权股权管理部、安全监察部、生产技术部、工程管理部、招投标管理部、市场营销部、审计部、党群工作部、纪检监察室、煤炭事业部、电力事业部 14 个职能部室；5 个全资子公司；3 个控股子公司；4 个参股公司和 1 个职能中心。

领导成员

董 事 长：黄　河

总 经 理：王同明

副总经理：石四存　牛庆仁

冯建清　吴金华

赵明杰　马国林

总工程师：胥克俊

审计职责　中电投宁夏能源公司审计部按照“依法依规、关口前移、过程监督、服务大局”的原则履行审计职责，以公司风险管理和内部控制体系建设、重点项目和日常监督为主线开展工作。具体职能是负责组织公司建立健全风险管理和内部控制标准与体系，负责提出公司审计工作计划并组织实施；负责对公司及所属单位招投标工作进行监督和专项检查；负责对公司所属单位实施资产经营责任审计、任中和离任经营责任审计、重大建设项目和经营项目绩效结果审计或审计调查、经营状况和财务收支情况例行审计或审计调查、执行国家财经法规和公司有关规定制度情况审计或审计调查；负责组织对公司内部控制进行自我评价；负责公司审计委员会的日常工作，负责归口管理的公司制度评估以及日常审计对标管理工作。

工作特点　中电投宁夏能源公司由原中电投宁夏能源有限公司和青铜峡铝业集团有限公司重组设立，属中电投集团公司在宁夏设立的二级控股子公司，负责中电投集团公司在宁夏的电力、煤炭、煤化工、有色冶金等产业的投资、建设和生产经营管理工作。2010 年，中电投宁夏能源公司紧紧围绕中电投集团公司和公司的总体工作目标，加强对重点项目、重点环节的内部审计，认真履行经营管理监督、风险管理与内控体系建设、增值服务等职能，以推进内部审计工作转型与发展。

（一）加强审计制度、标准的建设，使审计工作制度化、规范化、标准化，通过审计制度、标准的建设，提高了审计效率，保证了审计质量。

（二）采取多种措施，加大审计整改力度，强化审计成果的运用。审计意见和建议的整改落实情况作为一项重要的工作内容，在每月的司务会上进行汇报，使被审计单位认识到审计工作的重要性和必要性。

（三）建立风险管理及内部控制的长效机制，积极推进风险管理及内部控制体系建设工作。按照审计工作“以风险为导向、以流程为纽带、以控制为手段、以制度为保障”的总体工作思路，以防范风险、规范管理为目标，积极推进风险管理及内控体系建设工作，最终建立一套符合公司实际的风险管理及内部控制标准和风险管理及内部控制体系，为有序开展公司风险管理及内部控制体系建设工作提供了保障。

（四）注重审计软件应用，加快审计信息化建设。围绕中电投集团公司“三步走”发展战略，以信息化支撑企业经营管理与发展为目标，在中电投集团公司信息化发展规划指导下，结合公司的信息化建设工作，大力推进审计信息化建设。

（撰稿人：蔡素华）

【新疆友好集团股份有限公司】　2010 年新疆友好集团股份有限公司共有在职员工 2386 人，设有防损部审计监察室。

领导成员

董 事 长：聂如旋

总 经 理：黄卫东

总经理助理兼防损部部长：胡才忠

审计职责　根据集团公司的战略目标部署，指导组织集团公司的审计工作以及物价监督管理工作，通过规范公司审计流程，依照审计法规，组织开展审计监督、评价和鉴证工作，规范经济行为，发挥审计监督的作用。为企业正常运行提供审计支持，做好各项经营工作的事前、事中、事后的风险防范，避免经济损失，促进企业健康可持续发展。

审计监察室现有专职审计人员 7 名，平均年龄 37 岁，已从事内部审计工作 12 年的有 1 人，1～5年的有 6 人。其中本科学历 2 人，大专学历 5 人；会计师 4 人，经济师 1 人，人力资源管理师 1 人；国际注册内部审计师 1 人；内部审计人员岗位资格证书 7 人。

审计成果　2010 年，审计监察室完成审计项目 27 个，其中经济责任审计 4 个、专项审计 9 个，价格监察审计 14 个，查出资金使用效益未实现目标的金额 1923.07 万元；组织召集议标会 21 次，通过议标实现了最终报价比一次报价降低，促进增收节支上百万元；库存监管方面，参与经销商品报损验损处理工作 8 次，金额达 17.24 万元。

工作特点　近年来，集团公司经济效益和经营管理水平一年一个台阶，审计监察室作为集团公司的重要监督部门，在集团党委的正确领导及大力支持下，坚持以风险为导向，以内部控制为主线，以经济效益为目标，立足于服务，为促进集团公司提高经营管理水平，防范风险，保障集团公司经营目标的实现发挥了重要作用。

（一）以“经营辅导”为目标，把监督与服务融为一体。在审计过程中，从风险防控的角度，检查从严，找问题、摸家底，力求做到通过审计，客观反映经营及财务状况，指出问题，提出合理化建议。对于存在的问题，特别是违纪违规问题，要求正确认识，接受教训，认真纠正，严肃查处。

对于问题较多的单位，采取召开听证会、见面会的方法，将问题落到实处，并提出相应的整改意见；对于做出罚款处理的个人，对其做耐心、细致的思想工作，不给领导推包袱，将矛盾及时消化、解决，使其做到心服口服。

有的部门领导说："过去认为审计是找茬，怕审计，现在我们盼审计。"有的部门领导主动找我们审计，以弄清家底，改善管理，内审在经营管理中的地位，威信逐渐提高。

（二）创新工作方法，发挥内审帮和促的作用。作为审计人员，审计监察室一直在探索，如何能更好地履行保障企业资产安全和资金运行安全的风险防范职能，答案是审计建议必须得到有效执行。

针对以往审计报告下发后不能及时传达到具体的执行者，导致审计意见得不到有效执行的现象，在被审计单位召开现场纠错沟通会，集中管理人员，对审计报告中的问题逐条跟踪纠错，并结合其他单位的案例与需要纠错的部门面对面进行沟通，加深了被审计单位基层管理人员对审计报告的理解程度及对存在问题的认识深度，取得了非常好的效果。

在总经理的支持下，通过明确审计建议的执行期限，并按期对被审计单位进行跟踪验证，给审计创造了一个良好的执行环境，使审计建议能够落到实处，发挥出了内部审计帮和促的作用。

（三）针对审计对象，突出审计重点。在审计中，针对不同的对象，采用不同的方法，侧重点也有所不同，从而有效避免了形式化的审计，规范了企业经营行为。

如对采购合同进行审计时，将重点放在合同是否按期、如约履行，签订手续是否合法、合规等方面，对于发现的问题及时与当事人沟通，讲解有关法律条文，提出改进意见，从经营活动的源头规避风险。

对收银情况进行核查时，则从职能分离、环境安全等角度分析其管理现状，从大家已司空见惯的操作程序中找出不安全因素，及时提出整改建议。

对促销活动进行过程审计时，审计人员深入到一线，进行全过程的参与，了解并掌握活动内容，从促销活动各环节及流程入手，分析可能存在的问题，做到防患于未然；从实现的销售额、毛利额及产生的费用额三方面入手，进行分析及评价，并提出解决问题的建议。

（四）控制风险，完善企业内部管理。企业的经营、管理是集团的工作中心，如何通过审计完善企业内部管理，强化内部控制，是内部审计工作的重点。为此，审计监察室着力开展了与此相关的对控股子公司的审计；对集团公司主营业务环节内部控制专项审计等。通过"走动下访、沟通服务、效率优先"的形式，本着"解决问题，提高经营、管理质量"的方针，务实进取，取得了较好效果。例如：

（1）库尔勒天百商贸有限公司，依据审计建议建立健全相应的内控制度，加强内控队伍的建设和人员的培训工作，全面提升了管理水平，经营业绩也呈逐年上升趋势。

（2）强化过程监督，对发现问题及时提出整改建议，在对集团超市公司的存货审计中，从商品的购进、销售、库存及毛利等方面，运用各项指标比率，进行客观的分析、评价，提出合理化建议、规范工作流程，使库存结构趋向合理化，并进一步降低了损失。

（3）针对集团公司预付资金及铺底资金业务，及时开展专项审计及后续审计工作，从提高风险防范意识、加强工作责任心等方面，对审计意见进行逐条分析并落实执行情况，从而起到了防患于未然，降低企业资金风险的作用。

（4）与工会经费审查委员会共同开展的工会经费审计工作，得到了集团领导的大力支持，并对工会经费的使用范围及资产管理运营等方面，提出了可行性建议并得以实施。

（五）建立经济责任审计制度，坚持"有离必审"。随着干部管理制度、内容的落实和干部管理规范化、科学化的进程，结合干部工作实际，坚持有离必审，在友好集团已形成制度。离任审计，在促使企业加强管理、提高效益，提供干部考核依据，构筑对经营者的监督、激励机制，促进企业的廉政建设方面发挥了重要作用。

审计中，从离任经理任职期间执行财经纪律、内控制度、债权债务清理、有问题商品比例、企业资产完整情况等方面入手，尽量做到"成绩说足，问题讲透"，实事求是、决不夸大或缩小，明确划分不同时期经理的经营业绩和应承担的经济责任，客观的、恰如其分地评价其任职期间的功过是非，既充分肯定任职期间的业绩，又实事求是地指出存在的问题，使离任经理心服口服；并为集团公司考核任命干部提供依据。

（六）拓宽审计领域，开展物价监察审计工作。根据集团公司对物价监察工作的需要，2009年建立了友好集团公司价格监测网络。组建了兼职物价信息员队伍，搭建集团公司价格监测网络，为价格信息的快速、有效、有序传递提供了方便快捷的渠道。

2009年至2010年共完成27项调查项目，并出具了相应的《价格监察报告》，提出合理化建议76条，切实有效地发挥了价格监察的职能作用，对集团公司的物价管理工作起到了促进和推动作用，因而也得到了主管领导的高度评价及相关部门的重视。（撰稿人：张雪颜　麻　虹）

【中国移动通信集团新疆有限公司】 中国移动通信集团新疆有限公司（以下简称新疆移动公司）共有在册劳动合同制员工2759人，劳务派遣制员工7953人，设有综合部、人力资源部、财务部、市场经营部、网络部、内审部等16个职能部门，乌鲁木齐营销服务中心、业务支撑中心、呼叫服务中心、采购物流中心、大客户营销服务中心、数据业务中心、网络监控维护中心、网络优化中心、终端营销服务中心、后勤服务中心10个生产中心，下辖昌吉、石河子、奎屯等15个地州市分公司，新疆中移通信技术工程有限公司1个全资子公司。

领导成员

董 事 长：白志刚

总 经 理：白志刚

副总经理：李　雁　加哈努　李雪松　胡迎东　涂朝晖

审计职责 新疆移动公司内审部是公司内部进行审计监督检查的职能部门，负责贯彻执行国家及上市地监管、审计的有关方针政策，建立健全企业内部审计体系和内控评价体系。具体负责公司各部门的财务审计工作，协调、配合外部审计机构对公司的审计检查；公司中层管理人员经济责任审计；公司全业务流程审计；参与建设项目的招投标、合同签订、工程施工、竣工决算等过程，对固定资产投资、工程建设项目实施过程监控；重点项目及装修、土建等工程建设的决算审计或委托审计；对下辖公司经营状况进行跟踪分析，反馈存在的问题并提出审计意见；对下辖公司在经营活动中存在的各类风险提出规避意见。

审计成果 2010年，新疆移动公司内审部共完成经济责任审计项目7个，中国移动通信集团公司（以下简称“总部”）扩展审计项目4个，自审项目3个，风险评估4个流程，管理提升及SOX测试17个（共测试2343个控制点），调研项目4个，咨询项目效果评估1个，完成内控内审（ICIA）平台上线，参与总部审计项目4个，配合总部项目3个，全年提出管理建议共计141条，当年整改完成率达到80%以上。内审工作紧密围绕公司的战略目标，审视和评价相关业务发生的合规性、真实性、效益性，揭示潜在风险，为公司规范运营提供审计参考，促进公司持续提升管理水平。

工作特点 （一）通过收入数据生成验证、客户信息安全、重要营销费用、无线上网收入保障审计跟进、风险评估等各类专项审计，从业务发生源头出发，分析业务存在的真实性、各类经营活动合规性及业务发展的合理性，通过业务活动全过程的流程穿越，分析评价收入及支出是否真实、准确、完成。利用技术手段对各类数据平台经营数据进行细致的对比分析，查疏堵漏，对各类审计发现进行风险评估，并提出相应的审计建议，为公司建立有效的经营风险预警防控体系、安全高效运营奠定基础。

（二）结合公司调研工作管理要求，根据业务发展新形势，对公司管理热点、难点和特定问题开展审计调查，为公司决策和经营管理活动提供管理建议，促进公司业务流程优化和管理提升。2010年，新疆移动公司内审部开展了客户信息安全和收入数据生成调研，同时配合综合部完成全疆合同专项调研，对促进公司规范合同管理、优化审批流程、提高合同审签效率、完善合同管理监督机制，全面提升公司合同管理工作起到了积极作用。在内审部调研的基础上，经过几年的跟进和努力，促进公司实现了前台业务“一单清”的功能。（撰稿人：杨忠燕）

【新疆机场（集团）有限责任公司】 新疆机场（集团）有限责任公司（以下简称新疆机场集团）成立于2004年4月16日，为新疆维吾尔自治区人民政府直属管理的国有独资一类企业，是一家拥有总资产63亿元，在册员工5000人的大型现代化集团公司。新疆机场集团主要经营：航空地面保障和服务，航空销售代理、房地产、仓储物流、商业、酒店、旅游以及国家和自治区批准经营的其他业务。

新疆机场集团管辖乌鲁木齐、喀什、伊宁等16个在用机场，其中飞行区等级4E级2个、4D级4个、4C级8个、3C级2个。新疆已经发展成为全国民用机场数量最多的省份。

现有南航股份新疆分公司，海航股份新疆分公司两家航空公司落户乌鲁木齐国际机场。

领导成员

董 事 长：顾中秦

总 经 理：段子新

副总经理：张同俊　张　军

姚新民　刘永昌

买买提江　伊布拉音

华晋元　聂亚春

审计职责 新疆机场集团审计部是独立监督和评价本单位及所属单位财政收支、财务收支、经济活动的真实、合法、效益行为的职能机构。

审计部现有人员3人，部长李金龙，3人中1人具有高级职称、2人具有中级职称，具有财务、会计、审计的专业知识，也有计划统计、人事劳动、经济法规、工商税收、文秘和基建投资预决算等相关知识，基本形成能适应新疆机场集团当前内审工作所需的知识结构。

审计部主要职责 （1）制定集团公司内部审计制度。（2）对财务收支及其有关的经济活动、集团公司主要管理人员的任期经济责任、固定资产投资项目、预算执行情况等进行审计。（3）对内部控制制度的健全性、有效性、风险管理进行评审并对其经营管理和效益情况进行审计。（4）对内部招投标活动和经济合同的执行情况进行监督。（5）负责重大事项的审计调查，研究、开展专项审计工作。（6）集中办理验资、资产评估等需要委托社会中介机构的审计事项。（7）对集团公司及所属部门（含全资、控股公司）的财务收支、经济活动的真实性、合法性、效益性进行独立的监督和评价，并对集团公司资产的保值、增值情况进行监督。（8）对修建工程部报备的建设工程审核报告进行监督，如有异议有权安排复审。（9）对审计报告的真实性负责。（10）完成领导交办的其他工作。（11）承担以上工作的失误、失职造成集团公司资产损失的相关责任。

审计成果 2010年全年共完成审计项目6项，其中经济责任审计1项，财务收支审计5项。查出违规金额49.33万元，需要调整账务金额25.45万元，向被审计单位提出审计建议25条，完成招投标监督60余项。

工作特点 （一）新疆机场集团审计部紧紧围绕集团公司中心工作，从企业经营活动和内控制度的审计评价入手，进一步拓展工作思路，积极推进内部审计工作从以真实性、合规性为主的财务审计向财务审计与管理审计并重转型，把内审工作的出发点和落脚点放在促进发展、促进管理、促进提高效益，强化内部控制、防范风险上，通过独立客观的审计监督和评价，不断提高审计质量，为集团公司促进廉政建设，加强财务管理，提高经济效益起到督促作用。

（二）通过对被审计单位内部控制的健全性、有效性和科学性进行测试评价，堵塞了可能存在的漏洞，促使其管理水平不断提高。近些年，在审计实践中逐步形成了以下几个方面的转变：在审计目的上，实现了从合规性审计向增值性审计转变；在审计内容上，实现了从以财务审计为主向管理审计为主转变；在审计方式上，实现了从事后审计为主向事前控制、事中审计与事后审计相结合转变。

（三）在认真履行审计职责的同时，新疆机场集团审计部积极配合审计署对机场集团的审计工作。对乌鲁木齐机场改扩建三期上报的重大事项变更、签证进行预审核，严格按照招投标各项法规及规定，认真履行监督职责，加强经验交流，加大培训力度，确保审计工作质量不断提高，2010年《中国内部审计》杂志发表了题为《为企业的发展奉献心力》的文章，表彰了新疆机场集团审计部李金龙为审计工作作出的贡献，通过该文章进一步扩大了集团公司审计工作影响。

（四）在学术交流方面，新疆机场集团审计部积极参加自治区内部审计协会组织的内部审计研讨，撰写的论文荣获二等奖，在中国总会计师协会民航分会组织的第二届新疆民航优秀财务论文评选活动中提交的论文荣获一等奖。在区总工会组织的经审经验交流中审计部代表新疆机场集团工会经审会撰写的论文荣获二等奖。除此之外，还有一篇《内部审计在企业内部控制制度建设中的作用》的论文刊登在《新疆审计》杂志上。通过学习、交流，丰富了知识，扩大了审计工作影响，为提高审计工作质量奠定基础。

（撰稿人：黄晓梅）

重要财经审计法规

财政部关于印发《中央部门财政拨款结转和结余资金管理办法》的通　　知

财预〔2010〕7 号

党中央有关部门，国务院各部委、各直属机构，总参谋部、总政治部、总后勤部、总装备部、武警总部，全国人大常委会办公厅，全国政协办公厅，高法院，高检院，有关人民团体，有关中央管理企业：

为了进一步加强中央部门财政拨款结转和结余资金的管理，优化财政资源配置，提高财政资金使用效益，特制定《中央部门财政拨款结转和结余资金管理办法》，现印发给你们，请遵照执行。

从编报 2009 年度中央部门预算财政拨款结转和结余资金情况时起，中央部门即按照本办法进行核算、统计。中央级事业单位基本支出当年未使用的财政拨款，不再提取职工福利基金和转入事业基金，统一按本办法关于基本支出结转资金的规定执行。对事业单位在实行国库管理制度改革后，已转入事业基金但尚未使用的财政拨款资金，也一并纳入本办法管理。在编报 2009 年度财政拨款结转和结余资金情况时，应按规定编报事业单位基本支出当年结转和累计结转资金情况。

附件：中央部门财政拨款结转和结余资金管理办法

财政部

二〇一〇年一月十八日

附件：

中央部门财政拨款结转和结余资金管理办法

第一章　总　则

第一条　为加强中央部门财政拨款结转和结余资金管理，优化财政资源配置，提高财政资金使用效益，根据《中华人民共和国预算法》《中华人民共和国预算法实施条例》以及财政预算和国库管理制度等有关规定，制定本办法。

第二条　中央部门财政拨款结转和结余资金，是指与中央财政有缴拨款关系的中央级行政、事业单位（含企业化管理的事业单位）、社会团体及企业在预算年度内，按照财政部批复的本部门预算，当年未列支出的财政拨款资金。

第三条　财政拨款结转资金（以下简称结转资金）是指当年支出预算已执行但尚未完成，或因故未执行，下年需按原用途继续使用的财政拨款资金。

财政拨款结余资金（以下简称结余资金）是指支出预算工作目标已完成，或由于受政策变化、计划调整等因素影响工作终止，当年剩余的财政拨款资金。

第四条　中央部门应当对结转资金和结余资金分别进行明细核算和统计，并与单位会计账表相关数字核对一致。

第五条　按形成时间，中央部门结转资金分为当年结转资金和累计结转资金，结余资金分为当年结余资金和累计结余资金。当年结转和当年结余资金是指中央部门当年形成的财政拨款结转和结余资金；累计结转和累计结余资金是指中央部门截止到年底形成的历年累计财政拨款结转和结余资金。

第二章　结转资金的管理

第六条　中央部门结转资金包括部门预算基本支出结转资金和项目支出结转资金。其中基本支出结转资金包括人员经费结转资金和日常公用经费结转资金。

第七条　基本支出结转资金原则上结转下年继续使用，用于增人增编等人员经费和日常公用经费支出，但在人员经费和日常公用经费间不得挪用，不得用于提高人员经费开支标准。

项目支出结转资金结转下年按原用途继续使用。

第八条　结转资金原则上不得调整用途。在年度预算执行过程中，中央部门确需调整结转资金用途的，需报财政部审批。

第九条　中央部门在预算执行中因增人增编需增加基本支出的，应首先通过本部门基本支出结转资金安排，并将安排使用情况报财政部备案。

第十条　中央部门连续年度安排预算的延续项目，有结转资金的，在编制以后年度预算时，应根据项目结转资金情况和项目年度资金需求情况，统筹安排财政拨款预算。

第三章　结余资金的管理

第十一条　中央部门结余资金是指部门预算项目支出结余资金。

对某一预算年度安排的项目支出连续两年未使用、或者连续三年仍未使用完形成的剩余资金，视同结余资金管理。

第十二条　基本建设项目支出结余资金的确认按基本建设财务管理有关规定执行。

第十三条　对财政部核定的部门年度机动经费，当年未使用的资金按项目支出结余资金管理。

第十四条　中央部门在年度预算执行结束后，形成的项目支出结余资金，应全部统筹用于编制以后年度部门预算，按预算管理的有关规定，用于本部门相关支出。

第十五条　中央部门在编制本部门预算时，可以在部门本级和下级预算单位之间、下级不同预算单位之间、不同预算科目之间统筹安排使用结余资金。

第十六条　中央部门项目支出结余资金，在统筹用于编制以后年度部门预算之前，原则上不得动用。因特殊情况需在预算执行中动用项目支出结余资金安排必需支出的，应报财政部审批。

第十七条　中央部门基本建设项目竣工后，应及时按规定向项目主管部门或财政部报送项目竣工财务决算。中央部门根据项目主管部门或财政部批复的项目竣工财务决算中确认的结余资金数额，按基本建设财务管理有关规定，在项目主管部门或财政部批复竣工财务决算后30日内，将应上交中央国库的结余资金上交；中央部门及单位留用的结余资金需报财政部批准后方可动用。

第四章　减少结转和消化结余资金的措施

第十八条　中央部门在预算执行中，对当年执行进度缓慢、预计年底可能形成较多结转或结余资金的项目，应及时提出调减当年预算或调整用于本部门执行中新增的重要支出的建议，报财政部审批。对经财政部审核调减的部门预算资金，全部收回中央总预算。

第十九条　除特殊原因外，对当年结转和结余资金比上年增加较多，或常年累计结转和结余资金规模较大的中央部门，在编制部门预算时，财政部将视其结转和结余资金情况，适当压缩部门财政拨款预算总额。

第二十条　对以前年度部门预算安排的财政拨款资金，因特殊原因已无法支出或已不需要支出的，或因其他原因需要收回的，财政部可以商中央部门后通过调减部门预算等方式，将资金收回中央总预算。

第五章　预算编制阶段结转和结余资金的安排使用

第二十一条　预算编制阶段，中央部门结转和结余资金使用按以下程序办理：

（一）“一上”预算编制阶段。中央部门按照财政部关于编制部门预算的要求，结合本部门累计结转和结余资金情况以及当年部门预算执行进度，统筹安排提出部门“一上”预算申请。对拟统筹使用本部门累计结转和结余资金安排下一年度支出预算情况，随部门“一上”预算报送财政部。

（二）“一下”控制数测算阶段。财政部结合中央部门累计结转和结余资金情况以及当年部门预算执行进度，对部门“一上”预算进行审核，提出“一下”预算控制数。将对部门动用结余资金计划的审核意见，随“一下”预算控制数下达中央部门。

（三）“二上”预算编制阶段。中央部门根据财政部下达的“一下”预算控制数和结余资金安排使用建议数，编制“二上”预算。同时，对当年年底结转资金情况作充分预计，随部门“二上”预算报送财政部。因结合部门预算执行进度，需对下年有关财政拨款预算数进行调整的，应商财政部同意并调整“一下”预算控制数后，调整编制“二上”预算。

（四）部门预算草案上报阶段。年度预算执行结束后，部门预算草案正式上报国务院并由国务院提交全国人大审议之前，财政部可结合中央部门的当年实际财政拨款结转和结余资金情况，商中央部门对有关项目财政拨款预算安排数及统筹使用结转和结余资金数进行调整。

第二十二条 中央部门的项目支出结余资金必须在年度预算执行结束、结余资金已实际形成后，才可在编制以后年度预算时统筹使用。对在年度预算执行中，因项目已完成或终止形成的剩余资金，未经财政部批准，不得直接在编制下年预算时安排使用。

第六章 结转和结余资金的报送及确认

第二十三条 预算年度结束后，中央部门应对本部门和所属预算单位的结转和结余资金情况逐级汇总，并对形成结转或结余资金的原因进行分析说明，于下年2月底前，将本部门《20××年度财政拨款结转和结余资金情况表》（格式及填制说明见附1、2）和有关说明文件报送财政部。

第二十四条 国库集中支付形成的年终预算结转和结余资金，中央部门还须按照财政部关于国库管理制度改革试点年终结转和结余资金管理有关规定，在下年1月20日之前报送相关报表。

第二十五条 财政部负责对中央部门结转和结余资金数额进行审核确认，并于3月底前将审核意见通知中央部门。财政部批复的部门预算中的结转资金数额与财政部审核确认的结转资金数额不一致的，以审核确认数为准。

第七章 附 则

第二十六条 中央部门在结转和结余资金管理中违反本办法规定的，财政部应当责成其进行纠正，并可以通过调减部门预算等方式将有关资金收回中央总预算。

第二十七条 中央部门可以依据本办法规定，结合部门实际情况，制定本部门结转和结余资金的具体管理办法。中国人民解放军、武警部队参照本办法的原则，另行制定管理规定。

第二十八条 对纳入预算管理的政府性基金项目支出结转和结余资金，按照有关政府性基金项目管理规定执行。

第二十九条 本办法由财政部负责解释。

第三十条 本办法自发布之日起施行，财政部2006年12月7日发布的《中央部门财政拨款结余资金管理办法》（财预〔2006〕489号）同时废止。

附：1. 20××年度财政拨款结转和结余资金情况表

2.《财政拨款结转和结余资金情况表》填制说明

中华人民共和国财政部令

第58号

《财政部门内部监督检查办法》已经2010年1月22日财政部部务会议审议通过，现予公布，自2010年3月1日起施行。

部 长 谢旭人

二〇一〇年二月二日

财政部门内部监督检查办法

第一条　为了规范财政部门内部监督检查行为，保障财政部门内部监督检查有效实施，根据《中华人民共和国预算法》《中华人民共和国会计法》等法律的有关规定，制定本办法。

第二条　县级以上人民政府财政部门（以下简称财政部门）进行的内部监督检查，适用本办法。

第三条　本办法所称财政部门内部监督检查，是指财政部门统一领导、财政监督机构具体组织实施的，对本部门内部各业务管理机构和派出机构履行财政管理职责，本部门及所属单位预算、财务与资产管理，本部门内部控制等情况的监督检查。

第四条　财政部门应当按照依法监督、注重预防和规范管理的原则开展内部监督检查工作，促进本部门及其工作人员遵守国家法律制度、强化内部控制、防范管理风险、提高管理效能、推进廉政建设。

上级财政部门应当督促和指导下级财政部门开展内部监督检查工作。

第五条　财政部门内部监督检查工作实行主要领导负责制。财政部门主要负责人对本部门内部监督检查工作负总责，分管负责人负直接领导责任。

第六条　财政部门应当对下列事项实施内部监督检查：

（一）预算编制、预算执行、预算调整和决算等管理情况；

（二）国库集中收付、财政和预算单位账户管理、国库现金管理、政府采购监督管理、国债和地方政府债券发行与兑付管理等情况；

（三）税收减免等税政管理情况；

（四）政府非税收入管理、财政票据管理、彩票管理情况；

（五）财政专项资金管理情况；

（六）行政事业单位及企业国有资产和财务管理情况；

（七）会计管理、注册会计师行业和资产评估行业监管情况；

（八）外国政府、国际金融组织贷款和赠款管理情况；

（九）本部门及所属单位的预算、资产和财务管理情况；

（十）财政部门内部控制制度建立与执行情况；

（十一）对审计机关、上级财政部门等监督检查和本部门内部监督检查查出问题的整改落实情况；

（十二）其他需要监督检查的事项。

第七条　财政部门应当建立内部监督检查负责人专题会议制度和内部监督检查联络员制度等内部监督检查协调机制。

内部监督检查负责人专题会议由财政部门主要负责人或分管负责人主持，财政部门内部有关机构或所属单位负责人参加，通报内部监督检查情况，研究内部监督检查工作重点和问题整改等相关问题。

财政部门内部各业务管理机构和所属单位应当设立内部监督检查联络员，协助和配合财政监督机构开展内部监督检查工作。

第八条　财政部门内部监督检查人员以财政监督机构人员为主。必要时，报经财政部门主要负责人或分管负责人批准，财政监督机构可以抽调财政部门内部各业务管理机构、派出机构和所属单位人员参与内部监督检查工作。

在对财政部门所属单位实施内部监督检查时，根据需要，财政监督机构可以聘用专门机构或者具有专门知识的人员协助检查人员开展内部监督检查工作。

财政部门内部监督检查人员开展内部监督检查工作时，必须忠于职守、依法监督、廉洁自律、保守秘密，做到公正、客观、规范、高效。

第九条　财政部门应当重点监督检查本部门内部各业务管理机构和派出机构履行财政管理工作职责的合法性、合规性和有效性，本部门及所属单位预算、财务管理与会计核算的合法性、真实性以及资产的完整性、安全性，财政部门内部控制的健全性、合理性和有效性。

第十条　财政部门对财政部门内部控制进行监督检查时，应当从控制环境、风险评估、控制措施、信息与沟通和监督检查等方面进行检查评价，及时发现内部控制缺陷，防范管理风险，促进完善财政部门内部控制。

检查评价的重点内容包括：内部控制制度建设、工作人员岗位胜任能力、风险识别与应对、授权批准、岗位职责分离、查验与核对、工作督导以及信息准确性与沟通有效性等。

第十一条　财政监督机构根据工作需要，要求财政部门内部各业务管理机构、派出机构和所属单位提供有关文件、账表、凭证等相关资料的，有关机构和单位应当全面、及时地提供，并对所提供资料的完整性和真实性负责。

第十二条　财政部门应当结合本部门实际情况，综合运用日常监督和重点检查方式开展内部监督检查工作，实现对本部门管理活动的全过程监督。

日常监督是指对日常财政管理活动实施的实时、动态监督，包括事前审核、实时监控、现场核查、跟踪问效等。

重点检查是指根据年度重点检查计划，按照规定程序组织实施的有针对性、有重点的监督检查。

第十三条　财政部门应当制订并按照年度重点检查计划，开展内部监督检查的重点检查工作。

年度重点检查计划由财政监督机构提出，报经财政部门负责人批准后及时通知被检查的各相关业务管理机构、派出机构和所属单位。

财政部门每年对本部门有预算管理职能的内部各业务管理机构的重点检查数不得低于该类机构数的30%。

第十四条　开展重点检查工作应当组成检查组，检查组组长由财政监督机构确定。检查组实行组长负责制。

检查人员与被检查单位或者检查事项有直接利害关系的，应当回避。

第十五条　财政监督机构实施重点检查，一般应于3个工作日前向被检查单位送达检查通知书。

检查通知书应当包括下列内容：

（一）被检查单位名称；

（二）检查的依据、范围、内容、方式和实施计划；

（三）对被检查单位配合检查工作的具体要求；

（四）检查组组长及其他成员名单、联系电话；

（五）财政监督机构印章及签发日期。

第十六条　实施重点检查时，经批准，检查人员可以向与被检查单位有经济业务往来的部门和单位核实有关情况。必要时，可以根据《财政检查工作办法》（财政部令第32号）对有关问题进行延伸检查。

第十七条　检查组对被检查单位实施检查或调查、询问时，检查人员不得少于2人。

证明材料应当有提供者的签名或盖章。未取得提供者签名或盖章的，检查人员应当注明原因。

检查人员应当将检查内容与事项予以记录和摘录，编制财政检查工作底稿，并由被检查单位相关人员签字或者被检查单位盖章。

第十八条　检查组组长应当对检查人员的工作质量进行监督，并对有关事项进行必要的审查和复核，实施检查中遇到重大问题，应当及时报告。

第十九条　检查结束前，检查组应当就检查工作的基本情况、被检查单位存在的问题等事项征求被检查单位意见。被检查单位应当在5个工作日内予以回复。在规定期限内没有回复的，视为无异议。

第二十条　检查组应当在被检查单位回复意见后10个工作日内向财政监督机构提交检查报告。

检查报告应当包括以下内容：

（一）被检查单位财政财务管理、会计核算、内部控制运行等基本情况及对该单位工作的基本评价；

（二）被检查单位违法行为的基本事实、认定依据和处理意见；

（三）改进财政、财务管理的意见和建议；

（四）其他应当报告的事项。

第二十一条　财政监督机构应当在检查组提交检查报告后5个工作日内，从以下几个方面对检查报告进行复核：

（一）对被检查单位的工作评价是否恰当；

（二）与检查事项有关的事实是否清楚；

（三）检查证据是否真实、充分；

（四）对有关问题的定性和处理意见是否合法、适当，表述是否准确；

（五）提出的改进建议是否适当；

（六）其他需要复核的事项。

第二十二条 财政监督机构应当将复核形成的检查报告送被检查单位征求意见。被检查单位应当自收到检查报告之日起5个工作日内，提出书面意见或说明；无正当理由逾期没有提出书面意见或说明的，视为无异议。

财政监督机构应当将检查情况、审定后的检查报告和被检查单位的书面意见，一并上报财政部门负责人。

第二十三条 检查报告经财政部门负责人同意后，财政监督机构应当及时将财政部门负责人要求、监督检查结论和处理意见送达被检查单位。

第二十四条 财政部门内部各业务管理机构、派出机构和所属单位，应当做好内部监督检查发现问题的整改工作。有关机构和单位应当在收到监督检查结论和处理意见后30日内，将整改情况书面报告财政部门负责人，并抄送财政监督机构。

第二十五条 财政监督机构应当定期回访被检查单位整改落实内部监督检查处理意见和管理建议的情况，定期检查审计机关和上级财政部门查出问题的整改情况，并向财政部门负责人报告。

第二十六条 财政部门应当建立内部监督检查专题报告制度。财政监督机构应当定期对内部监督检查中发现的共性问题进行归纳总结，分析原因，提出建议，并向财政部门负责人专题报告。

第二十七条 财政部门应当将内部监督检查结果作为财政部门内部各业务管理机构、派出机构和所属单位评选先进和干部考核、任用的参考依据。

财政部门有预算管理职能的内部各业务管理机构，应当将内部监督检查结果作为加强预算管理的参考依据。

第二十八条 全部检查工作结束后30日内，财政监督机构应当将检查资料进行鉴别整理，依照档案管理的有关规定归卷存档。

第二十九条 财政部门应当推进内部监督检查信息化建设，实现财政监督机构与其他业务管理机构对于财政管理信息系统的信息共享，充分利用计算机信息化技术开展内部监督检查工作。

第三十条 内部监督检查发现的被检查单位和个人的违法违纪行为，依照有关法律、法规的规定追究相应责任。

第三十一条 有下列情形之一的被检查单位和个人，由财政部门根据有关规定给予内部通报批评或行政处分；涉嫌犯罪的，依法移送司法机关处理：

（一）拒绝、拖延提供情况和资料或者提供虚假情况和资料的；

（二）妨碍内部监督检查人员行使职权的；

（三）拒不执行内部监督检查决定的；

（四）报复陷害内部监督检查人员的。

第三十二条 有下列情形之一的内部监督检查人员，由财政部门根据有关规定给予处理；涉嫌犯罪的，依法移送司法机关处理：

（一）弄虚作假，隐瞒事实真相的；

（二）滥用职权，以权谋私的；

（三）玩忽职守，给国家和单位造成重大损失的；

（四）泄露国家秘密或者被监督检查单位秘密的。

第三十三条 各省、自治区、直辖市和计划单列市财政厅（局），新疆生产建设兵团财务局，可以根据本办法，结合实际情况制定具体实施办法。

第三十四条 本办法自2010年3月1日起实施。2002年1月16日财政部发布的《财政部门内部监督检查暂行办法》（财监〔2002〕3号）和2003年12月30日财政部发布的《财政部内部监督检查工作规则（试行）》（财监〔2003〕129号）同时废止。

财政部关于印发《政府性基金管理暂行办法》的通知

财综〔2010〕80号

党中央有关部门，国务院各部委、各直属机构，有关人民团体，各省、自治区、直辖市、计划单列市财政厅（局），新疆生产建设兵团财务局：

为加强政府性基金管理，进一步规范审批、征收、使用、监管等行为，切实保护公民、法人和其他组织的合法权益，我部制定了《政府性基金管理暂行办法》。现印发给你们，请遵照执行。

执行过程中如发现问题，请及时向我部反映，以便适时修改和完善。

附件：政府性基金管理暂行办法

财政部

二〇一〇年九月十日

附件：

政府性基金管理暂行办法

第一章　总　则

第一条　为加强政府性基金管理，进一步规范审批、征收、使用、监管等行为，保护公民、法人和其他组织的合法权益，根据《中共中央 国务院关于坚决制止乱收费、乱罚款和各种摊派的决定》（中发〔1990〕16 号）、《国务院关于加强预算外资金管理的决定》（国发〔1996〕29 号）和《中共中央 国务院关于治理向企业乱收费、乱罚款和各种摊派等问题的决定》（中发〔1997〕14 号）的规定，制定本办法。

第二条　本办法所称政府性基金，是指各级人民政府及其所属部门根据法律、行政法规和中共中央、国务院文件规定，为支持特定公共基础设施建设和公共事业发展，向公民、法人和其他组织无偿征收的具有专项用途的财政资金。

第三条　政府性基金实行中央一级审批制度，遵循统一领导、分级管理的原则。

第四条　政府性基金属于政府非税收入，全额纳入财政预算，实行"收支两条线"管理。

第五条　各级人民政府财政部门（以下简称各级财政部门）以及政府性基金征收、使用部门和单位按照本办法规定权限，分别负责政府性基金的征收、使用、管理和监督。

第六条　各级财政部门是政府性基金管理的职能部门。

财政部负责制定全国政府性基金征收使用管理政策和制度，审批、管理和监督全国政府性基金，编制中央政府性基金预决算草案，汇总全国政府性基金预决算草案。

地方各级财政部门依照规定负责对本行政区域内政府性基金的征收使用管理和监督，编制本级政府性基金预决算草案。

第七条　政府性基金征收部门和单位（以下简称征收机构）负责政府性基金的具体征收工作。

第八条　政府性基金使用部门和单位（以下简称使用单位）负责编制涉及本部门和单位的有关政府性基金收支预算和决算。

第九条　财政部于每年 3 月 31 日前编制截至上年 12 月 31 日的全国政府性基金项目目录，向社会公布。各省、自治区、直辖市人民政府（以下简称省级政府）财政部门按照财政部规定，于每年 4 月 30 日前编制截至上年 12 月 31 日在本行政区域范围内实施的政府性基金项目，向社会公布。

第十条　政府性基金的征收、使用、管理等应当接受财政、审计部门的监督检查。

第二章　申请和审批程序

第十一条　国务院所属部门（含直属机构，下同）、地方各级人民政府及其所属部门申请征收政府性基金，必须以法律、行政法规和中共中央、国务院文件为依据，法律、行政法规和中共中央、国务院文件没有明确规定征收政府性基金的，一律不予审批。

第十二条　法律、行政法规和中共中央、国务院文件明确规定征收政府性基金，但没有明确规定征收对象、范围和标准等内容的，应当按照下列程序进行申请和审批：

（一）国务院所属部门、地方各级人民政府及其所属部门申请附加在税收、价格上征收，或者按销售（营业）收入、固定资产原值等的一定比例征收的政府性基金项目，应当由国务院所属部门或者省级政府提出书面申请，经财政部会同有关部门审核后，报国务院批准。

（二）国务院所属部门申请征收除本条第一款（一）以外的其他政府性基金项目，应当向财政部提出书面申请，由财政部审批。

（三）地方各级人民政府及其所属部门申请征收除本条第一款（一）以外的其他政府性基金项

目，应当提出书面申请，经省级政府财政部门审核后，由省级政府财政部门或者省级政府报财政部审批。

法律、行政法规和中共中央、国务院文件已经明确政府性基金征收对象、范围和标准等内容的，其具体征收使用管理办法由财政部会同有关部门负责制定。

第十三条 征收政府性基金的申请文件应当包括下列内容：政府性基金项目名称、征收目的和依据、征收机构、征收对象、征收范围、征收标准、征收方式、资金用途、使用票据、使用单位、执行期限等，并说明有关理由。同时，还应当提交有关征收政府性基金的法律、行政法规和中共中央、国务院文件依据，以及国务院或财政部认为应当提交的其他相关数据和资料。

第十四条 财政部收到征收政府性基金的申请文件后，经初步审查确认申请文件的形式和内容符合本办法规定的，应当予以受理；经初步审查确认申请文件的形式和内容不符合本办法规定的，应当及时通知申请单位对申请文件作出相应修改或者补充相关资料。

第十五条 财政部正式受理申请后，应当对申请征收的政府性基金是否符合法律、行政法规和中共中央、国务院文件规定等内容进行审查，并对申请征收政府性基金的有关情况进行调查，通过召开座谈会、论证会、书面征求意见等形式，广泛听取征收对象和其他相关部门或者单位的意见。其中，涉及农民负担的政府性基金，应当听取农民负担监督管理部门的意见。

第十六条 财政部原则上应当自受理申请之日起 90 个工作日内作出是否批准征收政府性基金的决定或者提出是否同意征收政府性基金的审核意见。由于客观原因未能在规定时间内作出审批决定或者提出审核意见的，应当向申请单位说明理由。

第十七条 财政部关于批准或者不予批准征收政府性基金的决定，应当以书面形式发布。

批准决定应当包括以下内容：审批政府性基金的依据、政府性基金项目名称、征收机构、征收对象、征收范围、征收标准、征收方式、使用票据、资金用途、使用单位、执行期限、监督检查等。其中，政府性基金征收标准根据有关事业发展需要，兼顾经济发展和社会承受能力确定。

不予批准的决定，应当说明依据和理由。

第十八条 财政部同意或者不同意征收政府性基金的审核意见，应当以书面形式上报国务院。其内容包括：申请征收的政府性基金是否具有法律、行政法规和中共中央、国务院文件依据，是否同意征收及主要理由；对经审核同意征收的政府性基金，还应当提出对政府性基金项目名称、征收机构、征收对象、征收范围、征收标准、征收方式、使用票据、资金用途、使用单位、执行期限、监督检查等内容的具体意见和建议。

第十九条 按照本办法第十二条规定报经批准征收的政府性基金，在执行过程中需要变更项目名称，改变征收对象，调整征收范围、标准、支出范围及期限或减征、免征、缓征、停征的，除法律、行政法规、国务院或财政部另有规定外，应当按照本办法第十二条规定的审批程序重新履行报批手续。

第二十条 政府性基金在执行过程中，如遇征收政府性基金依据的法律、行政法规修改或者中共中央、国务院出台新的规定，应当按照修改后的法律、行政法规或新的规定执行。

因客观情况发生变化，对不宜再继续征收的政府性基金，由财政部按照规定程序报请国务院予以撤销，或者按照法律、行政法规规定程序予以撤销。

第二十一条 除法律、行政法规和中共中央、国务院或者财政部规定外，其他任何部门、单位和地方各级人民政府均不得批准设立或者征收政府性基金，不得改变征收对象、调整征收范围、标准及期限，不得减征、免征、缓征、停征或者撤销政府性基金，不得以行政事业性收费名义变相设立政府性基金项目。

第三章 征收和缴库

第二十二条 政府性基金按照规定实行国库集中收缴制度。各级财政部门可以自行征收政府性基金，也可以委托其他机构代征政府性基金。

委托其他机构代征政府性基金的，其代征费用由同级财政部门通过预算予以安排。

第二十三条 政府性基金征收机构应当严格按照法律、行政法规和中共中央、国务院或者财政部规定的项目、范围、标准和期限征收政府性基金。

公民、法人或者其他组织不得拒绝缴纳符合本办法规定设立的政府性基金。

第二十四条 除财政部另有规定外，政府性基金征收机构在征收政府性基金时，应当按照规定开具财政部或者省级政府财政部门统一印制或监制的财政票据；不按规定开具财政票据的，公民、法人和其他组织有权拒绝缴纳。

第二十五条 政府性基金收入应按规定及时、足额缴入相应级次国库，不得截留、坐支和挪作他用。

各级财政部门应当按照有关规定，监督政府性基金的征收和解缴入库。

第四章　预决算管理

第二十六条 政府性基金收支纳入政府性基金预算管理。

政府性基金预算编制遵循“以收定支、专款专用、收支平衡、结余结转下年安排使用”的原则。政府性基金支出根据政府性基金收入情况安排，自求平衡，不编制赤字预算。各项政府性基金按照规定用途安排，不得挪作他用。

各级财政部门应当建立健全政府性基金预算编报体系，不断提高政府性基金预算编制的完整性、准确性和精细化程度。

第二十七条 政府性基金使用单位应当按照财政部统一要求以及同级财政部门的有关规定，编制年度相关政府性基金预算，逐级汇总后报同级财政部门审核。

第二十八条 各级财政部门在审核使用单位年度政府性基金预算的基础上，编制本级政府年度政府性基金预算草案，经同级人民政府审定后，报同级人民代表大会审查批准。

财政部汇总中央和地方政府性基金预算，形成全国政府性基金预算草案，经国务院审定后，报全国人民代表大会审查批准。

第二十九条 各级财政部门要加强政府性基金预算执行管理，按照经同级人民代表大会批准的政府性基金预算和政府性基金征收缴库进度，以及国库集中支付的相关制度规定及时支付资金，确保政府性基金预算执行均衡。

政府性基金使用单位要强化预算执行，严格遵守财政部制定的财务管理和会计核算制度，按照财政部门批复的政府性基金预算使用政府性基金，确保政府性基金专款专用。

政府性基金预算调整必须符合法律、行政法规规定的程序。

第三十条 政府性基金使用单位按照财政部统一要求以及同级财政部门的有关规定，根据年度相关政府性基金预算执行情况，编制政府性基金决算，报同级财政部门审核。

各级财政部门汇总编制本级政府性基金决算草案，报同级人民政府审定后，报同级人民代表大会常务委员会审查批准。

财政部汇总中央和地方政府性基金决算，形成全国政府性基金决算草案，经国务院审定后，报全国人民代表大会常务委员会审查批准。

第五章　监督检查与法律责任

第三十一条 各级财政部门、政府性基金征收机构和使用单位应当严格按照国家规定征收、使用和管理政府性基金。

第三十二条 对未按本办法规定的审批程序批准，自行设立政府性基金项目，或者改变政府性基金征收对象、范围、标准和期限的，财政部应当会同有关部门予以纠正，公民、法人和其他组织有权拒绝缴纳并向财政部举报。

第三十三条 各级财政部门应当按照财政部规定，加强政府性基金收支管理及相关财政票据使用情况的监督检查。

第三十四条 政府性基金征收机构和使用单位应当建立健全相关政府性基金的内部财务审计制度，自觉接受财政、审计部门的监督检查，如实提供相关政府性基金收支情况和资料。

第三十五条 财政部应当按照本办法规定定期向社会公布新批准征收或取消的政府性基金项目等相关信息。

省级政府财政部门应当按照本办法规定定期向社会公布本行政区域内实施的政府性基金项目等相关信息。

政府性基金征收机构应当按照规定在征收场所公布政府性基金的征收文件，自觉接受社会监督。

第三十六条 对违反本办法规定设立、征收、缴纳、管理和使用政府性基金等行为，依照《财政违法行为处罚处分条例》（国务院令第427号）等国家有关规定追究法律责任。

第六章　附　则

第三十七条　国务院所属部门代拟中共中央、国务院文件，凡涉及新设立政府性基金项目或调整政府性基金相关政策的，应当事先征求财政部意见。

第三十八条　通过公共财政预算安排资金设立的基金，公民、法人和其他组织自愿捐赠、赞助设立的基金，各类基金会接受社会自愿捐赠设立的基金，行政事业单位按照财务制度规定建立的专用基金，以及社会保险基金，不适用本办法。

第三十九条　省级政府财政部门可以根据本办法的规定，结合本地区实际情况，制定政府性基金管理的具体实施办法，经同级人民政府批准后，报财政部备案。

第四十条　本办法自2011年1月1日起施行。

财政部关于印发《统借自还主权外债预算管理办法》的通知

财金〔2010〕185号

各省、自治区、直辖市、计划单列市财政厅（局），有关中央单位，有关银行：

为了规范统借自还主权外债预算管理工作，加强利用国外优惠贷款项目管理，提高贷款的使用质量和效益，现将我部制定的《统借自还主权外债预算管理办法》印发给你们，请遵照执行。

附件：统借自还主权外债预算管理办法

二〇一〇年十二月二十九日

附件：

统借自还主权外债预算管理办法

第一章　总　则

第一条　为了规范和加强统借自还主权外债预算管理工作，根据国家有关预算管理法律、行政法规及主权外债管理相关规定，制定本办法。

第二条　本办法所称统借自还主权外债，是指由财政部代表国家统一借入，由地方财政部门、中央或地方项目单位负责偿还的外国政府贷款和国际金融组织贷款（以下简称贷款）。

第三条　根据预算管理有关规定，财政部门按照分级负责、分类管理、全面反映的原则开展贷款预算管理工作。

分级负责，是指财政部门根据还款责任的归属级次实行预算管理。

分类管理，是指根据地方财政部门承担还款责任、担保责任的不同情况，实行有区别的预算管理。地方财政部门承担还款责任的，贷款的收入、分配和还本付息付费全过程纳入预算管理；地方财政部门承担担保责任的，对于因履行担保责任发生涉及预算资金收支的过程实行预算管理。

全面反映，是指全国年度统借自还主权外债收支的情况，在全国预算（草案）中单独设表反映，并向全国人民代表大会及其常委会报告；各地区年度统借自还主权外债收支的情况，在地方同级预算（草案）中单独设表反映，并向同级人民代表大会及其常委会报告。

地方各级财政部门负责汇编本地区年度统借自还主权外债收支表（格式见附件），并由省级财政部门向财政部报送全省（自治区、直辖市、计划单列市）年度统借自还主权外债收支表。地方各级财政部门不承担还款责任、担保责任的贷款，由财政部汇总统计收支情况。

第四条　除与贷款方的相关协议有约定外，贷款资金支付、收回，应纳入财政总预算会计核算体系，账户管理办法和会计核算办法由财政部另行制定。

第五条　贷款用于资本性支出，形成属于国家资本的权益时，财政部门应当督促相关部门或单位按国有资产管理的相关规定，代表国家履行出资人职责。

第二章　地方财政部门承担还款责任贷款的预算管理

第六条　地方财政部门承担还款责任的贷款，其筹借、使用、偿还按以下规定列入本级预算反映：

借入贷款时，按提款额列债务收入，按贷款来源分列向外国政府借款收入、向国际组织借款收入；

安排使用时，按资金用途列一般预算支出。

还本付息付费时，本金的偿还列国外债务还本支出，按贷款来源分列向国外政府还本支出、向国际组织还本支出；支付贷款利息，列一般预算—国外债务付息，按贷款来源分列向国外政府借款付息、向国际组织借款付息；支付贷款相关费用，列一般预算—国内外债务发行。

第七条　地方财政部门承担还款责任、贷款由本级财政同级部门、单位使用的，地方财政部门在编制年度本级预算时，应根据已签订的贷款协议以及相关文件，提出相应资金支出的初步分配计划。在预算执行年度年底前，提出按部门、按科目的资金分配情况，据实核定并下达预算指标。

第八条　地方财政部门承担还款责任、贷款由下级财政同级部门、单位使用的，应当按补助下级预算资金进行管理，上级财政部门应及时与下级地方财政部门对账，按科目制发预算指标下达文件。

第九条　地方财政部门承担还款责任的贷款，由地方财政部门根据还本付息付费计划安排资金，按经同级人民代表大会批准的年度预算及时办理支付手续。

第三章　地方财政部门承担担保责任贷款的预算管理

第十条　地方财政部门承担担保责任的贷款，地方财政部门应当督促相关项目单位按贷款协议和有关规定用好资金，按时足额偿还贷款本息和相关费用。

第十一条　当项目单位拖欠贷款本息和相关费用导致相关地方财政部门履行担保责任时，相关地方财政部门应当从还贷准备金统筹安排垫付。还贷准备金不足以支付的，从一般预算中列支。

使用还贷准备金的程序和要求，按照财政部门有关规定办理。

第十二条　地方财政部门在履行担保责任后，应当依法对项目单位及有关责任方行使追索权，由此回收的资金根据原支付情况，纳入一般预算收入，或补充还贷准备金。

第四章　预算报送

第十三条　省级财政部门应当在每年的 1 月 10 日前将本地区汇总的年度统借自还主权外债收支表一式两份报送财政部审核汇总。

第十四条　有关银行应当在每年的 1 月 10 日前将本行负责的地方财政部门承担还款责任或担保责任以外的贷款项目（含中央项目）的年度统借自还主权外债收支表一式两份报送财政部审核汇总。

第十五条　地方财政部门、有关银行应当建立贷款收支的外币台账，按程序及时与上下级财政部门、转贷机构、项目单位、外国政府贷款机构或国际金融组织核对提款额、债务余额和还本付息付费情况，并对数据进行汇总统计分析。

第五章　附　则

第十六条　省级财政部门可以根据本办法规定，并结合本地区实际情况制定具体实施办法。

第十七条　中央项目单位利用贷款的预算管理工作参照本办法执行。

第十八条　本办法自印发之日起实施。

附件：××××年度统借自还主权外债收支表（略）

中华人民共和国国务院令

第 571 号

《中华人民共和国审计法实施条例》已经2010年2月2日国务院第100次常务会议修订通过，现将修订后的《中华人民共和国审计法实施条例》公布，自2010年5月1日起施行。

总理　**温家宝**
二〇一〇年二月十一日

中华人民共和国审计法实施条例

（1997年10月21日中华人民共和国国务院令第231号公布　2010年2月2日国务院第100次常务会议修订通过）

第一章　总　则

第一条　根据《中华人民共和国审计法》（以下简称审计法）的规定，制定本条例。

第二条　审计法所称审计，是指审计机关依法独立检查被审计单位的会计凭证、会计账簿、财务会计报告以及其他与财政收支、财务收支有关的资料和资产，监督财政收支、财务收支真实、合法和效益的行为。

第三条　审计法所称财政收支，是指依照《中华人民共和国预算法》和国家其他有关规定，纳入预算管理的收入和支出，以及下列财政资金中未纳入预算管理的收入和支出：

（一）行政事业性收费；

（二）国有资源、国有资产收入；

（三）应当上缴的国有资本经营收益；

（四）政府举借债务筹措的资金；

（五）其他未纳入预算管理的财政资金。

第四条　审计法所称财务收支，是指国有的金融机构、企业事业组织以及依法应当接受审计机关审计监督的其他单位，按照国家财务会计制度的规定，实行会计核算的各项收入和支出。

第五条　审计机关依照审计法和本条例以及其他有关法律、法规规定的职责、权限和程序进行审计监督。

审计机关依照有关财政收支、财务收支的法律、法规，以及国家有关政策、标准、项目目标等方面的规定进行审计评价，对被审计单位违反国家规定的财政收支、财务收支行为，在法定职权范围内作出处理、处罚的决定。

第六条　任何单位和个人对依法应当接受审计机关审计监督的单位违反国家规定的财政收支、财务收支行为，有权向审计机关举报。审计机关接到举报，应当依法及时处理。

第二章　审计机关和审计人员

第七条　审计署在国务院总理领导下，主管全国的审计工作，履行审计法和国务院规定的职责。

地方各级审计机关在本级人民政府行政首长和上一级审计机关的领导下，负责本行政区域的审计工作，履行法律、法规和本级人民政府规定的职责。

第八条　省、自治区人民政府设有派出机关的，派出机关的审计机关对派出机关和省、自治区人民政府审计机关负责并报告工作，审计业务以省、自治区人民政府审计机关领导为主。

第九条　审计机关派出机构依照法律、法规和审计机关的规定，在审计机关的授权范围内开展审计工作，不受其他行政机关、社会团体和个人的干涉。

第十条　审计机关编制年度经费预算草案的依据主要包括：

（一）法律、法规；

（二）本级人民政府的决定和要求；

（三）审计机关的年度审计工作计划；

（四）定员定额标准；

（五）上一年度经费预算执行情况和本年度的变化因素。

第十一条　审计人员实行审计专业技术资格制度，具体按照国家有关规定执行。

审计机关根据工作需要，可以聘请具有与审计事项相关专业知识的人员参加审计工作。

第十二条　审计人员办理审计事项，有下列情形之一的，应当申请回避，被审计单位也有权申请审计人员回避：

（一）与被审计单位负责人或者有关主管人员有夫妻关系、直系血亲关系、三代以内旁系血亲或者近姻亲关系的；

（二）与被审计单位或者审计事项有经济利益关系的；

（三）与被审计单位、审计事项、被审计单位负责人或者有关主管人员有其他利害关系，可能影响公正执行公务的。

审计人员的回避，由审计机关负责人决定；审计机关负责人办理审计事项时的回避，由本级人民政府或者上一级审计机关负责人决定。

第十三条　地方各级审计机关正职和副职负责人的任免，应当事先征求上一级审计机关的意见。

第十四条　审计机关负责人在任职期间没有下列情形之一的，不得随意撤换：

（一）因犯罪被追究刑事责任的；

（二）因严重违法、失职受到处分，不适宜继续担任审计机关负责人的；

（三）因健康原因不能履行职责1年以上的；

（四）不符合国家规定的其他任职条件的。

第三章　审计机关职责

第十五条　审计机关对本级人民政府财政部门具体组织本级预算执行的情况，本级预算收入征收部门征收预算收入的情况，与本级人民政府财政部门直接发生预算缴款、拨款关系的部门、单位的预算执行情况和决算，下级人民政府的预算执行情况和决算，以及其他财政收支情况，依法进行审计监督。经本级人民政府批准，审计机关对其他取得财政资金的单位和项目接受、运用财政资金的真实、合法和效益情况，依法进行审计监督。

第十六条　审计机关对本级预算收入和支出的执行情况进行审计监督的内容包括：

（一）财政部门按照本级人民代表大会批准的本级预算向本级各部门（含直属单位）批复预算的情况、本级预算执行中调整情况和预算收支变化情况；

（二）预算收入征收部门依照法律、行政法规的规定和国家其他有关规定征收预算收入情况；

（三）财政部门按照批准的年度预算、用款计划，以及规定的预算级次和程序，拨付本级预算支出资金情况；

（四）财政部门依照法律、行政法规的规定和财政管理体制，拨付和管理政府间财政转移支付资金情况以及办理结算、结转情况；

（五）国库按照国家有关规定办理预算收入的收纳、划分、留解情况和预算支出资金的拨付情况；

（六）本级各部门（含直属单位）执行年度预算情况；

（七）依照国家有关规定实行专项管理的预算资金收支情况；

（八）法律、法规规定的其他预算执行情况。

第十七条　审计法第十七条所称审计结果报告，应当包括下列内容：

（一）本级预算执行和其他财政收支的基本情况；

（二）审计机关对本级预算执行和其他财政收支情况作出的审计评价；

（三）本级预算执行和其他财政收支中存在的问题以及审计机关依法采取的措施；

（四）审计机关提出的改进本级预算执行和其他财政收支管理工作的建议；

（五）本级人民政府要求报告的其他情况。

第十八条　审计署对中央银行及其分支机构履行职责所发生的各项财务收支，依法进行审计监督。

审计署向国务院总理提出的中央预算执行和其他财政收支情况审计结果报告，应当包括对中央银行的财务收支的审计情况。

第十九条　审计法第二十一条所称国有资本占控股地位或者主导地位的企业、金融机构，包括：

（一）国有资本占企业、金融机构资本（股本）总额的比例超过50%的；

（二）国有资本占企业、金融机构资本（股

本）总额的比例在50%以下，但国有资本投资主体拥有实际控制权的。

审计机关对前款规定的企业、金融机构，除国务院另有规定外，比照审计法第十八条第二款、第二十条规定进行审计监督。

第二十条 审计法第二十二条所称政府投资和以政府投资为主的建设项目，包括：

（一）全部使用预算内投资资金、专项建设基金、政府举借债务筹措的资金等财政资金的；

（二）未全部使用财政资金，财政资金占项目总投资的比例超过50%，或者占项目总投资的比例在50%以下，但政府拥有项目建设、运营实际控制权的。

审计机关对前款规定的建设项目的总预算或者概算的执行情况、年度预算的执行情况和年度决算、单项工程结算、项目竣工决算，依法进行审计监督；对前款规定的建设项目进行审计时，可以对直接有关的设计、施工、供货等单位取得建设项目资金的真实性、合法性进行调查。

第二十一条 审计法第二十三条所称社会保障基金，包括社会保险、社会救助、社会福利基金以及发展社会保障事业的其他专项基金；所称社会捐赠资金，包括来源于境内外的货币、有价证券和实物等各种形式的捐赠。

第二十二条 审计法第二十四条所称国际组织和外国政府援助、贷款项目，包括：

（一）国际组织、外国政府及其机构向中国政府及其机构提供的贷款项目；

（二）国际组织、外国政府及其机构向中国企业事业组织以及其他组织提供的由中国政府及其机构担保的贷款项目；

（三）国际组织、外国政府及其机构向中国政府及其机构提供的援助和赠款项目；

（四）国际组织、外国政府及其机构向受中国政府委托管理有关基金、资金的单位提供的援助和赠款项目；

（五）国际组织、外国政府及其机构提供援助、贷款的其他项目。

第二十三条 审计机关可以依照审计法和本条例规定的审计程序、方法以及国家其他有关规定，对预算管理或者国有资产管理使用等与国家财政收支有关的特定事项，向有关地方、部门、单位进行专项审计调查。

第二十四条 审计机关根据被审计单位的财政、财务隶属关系，确定审计管辖范围；不能根据财政、财务隶属关系确定审计管辖范围的，根据国有资产监督管理关系，确定审计管辖范围。

两个以上国有资本投资主体投资的金融机构、企业事业组织和建设项目，由对主要投资主体有审计管辖权的审计机关进行审计监督。

第二十五条 各级审计机关应当按照确定的审计管辖范围进行审计监督。

第二十六条 依法属于审计机关审计监督对象的单位的内部审计工作，应当接受审计机关的业务指导和监督。

依法属于审计机关审计监督对象的单位，可以根据内部审计工作的需要，参加依法成立的内部审计自律组织。审计机关可以通过内部审计自律组织，加强对内部审计工作的业务指导和监督。

第二十七条 审计机关进行审计或者专项审计调查时，有权对社会审计机构出具的相关审计报告进行核查。

审计机关核查社会审计机构出具的相关审计报告时，发现社会审计机构存在违反法律、法规或者执业准则等情况的，应当移送有关主管机关依法追究责任。

第四章 审计机关权限

第二十八条 审计机关依法进行审计监督时，被审计单位应当依照审计法第三十一条规定，向审计机关提供与财政收支、财务收支有关的资料。被审计单位负责人应当对本单位提供资料的真实性和完整性作出书面承诺。

第二十九条 各级人民政府财政、税务以及其他部门（含直属单位）应当向本级审计机关报送下列资料：

（一）本级人民代表大会批准的本级预算和本级人民政府财政部门向本级各部门（含直属单位）批复的预算，预算收入征收部门的年度收入计划，以及本级各部门（含直属单位）向所属各单位批复的预算；

（二）本级预算收支执行和预算收入征收部门的收入计划完成情况月报、年报，以及决算情况；

（三）综合性财政税务工作统计年报、情况简报，财政、预算、税务、财务和会计等规章制度；

（四）本级各部门（含直属单位）汇总编制的本部门决算草案。

第三十条　审计机关依照审计法第三十三条规定查询被审计单位在金融机构的账户的，应当持县级以上人民政府审计机关负责人签发的协助查询单位账户通知书；查询被审计单位以个人名义在金融机构的存款的，应当持县级以上人民政府审计机关主要负责人签发的协助查询个人存款通知书。有关金融机构应当予以协助，并提供证明材料，审计机关和审计人员负有保密义务。

第三十一条　审计法第三十四条所称违反国家规定取得的资产，包括：

（一）弄虚作假骗取的财政拨款、实物以及金融机构贷款；

（二）违反国家规定享受国家补贴、补助、贴息、免息、减税、免税、退税等优惠政策取得的资产；

（三）违反国家规定向他人收取的款项、有价证券、实物；

（四）违反国家规定处分国有资产取得的收益；

（五）违反国家规定取得的其他资产。

第三十二条　审计机关依照审计法第三十四条规定封存被审计单位有关资料和违反国家规定取得的资产的，应当持县级以上人民政府审计机关负责人签发的封存通知书，并在依法收集与审计事项相关的证明材料或者采取其他措施后解除封存。封存的期限为7日以内；有特殊情况需要延长的，经县级以上人民政府审计机关负责人批准，可以适当延长，但延长的期限不得超过7日。

对封存的资料、资产，审计机关可以指定被审计单位负责保管，被审计单位不得损毁或者擅自转移。

第三十三条　审计机关依照审计法第三十六条规定，可以就有关审计事项向政府有关部门通报或者向社会公布对被审计单位的审计、专项审计调查结果。

审计机关经与有关主管机关协商，可以在向社会公布的审计、专项审计调查结果中，一并公布对社会审计机构相关审计报告核查的结果。

审计机关拟向社会公布对上市公司的审计、专项审计调查结果的，应当在5日前将拟公布的内容告知上市公司。

第五章　审计程序

第三十四条　审计机关应当根据法律、法规和国家其他有关规定，按照本级人民政府和上级审计机关的要求，确定年度审计工作重点，编制年度审计项目计划。

审计机关在年度审计项目计划中确定对国有资本占控股地位或者主导地位的企业、金融机构进行审计的，应当自确定之日起7日内告知列入年度审计项目计划的企业、金融机构。

第三十五条　审计机关应当根据年度审计项目计划，组成审计组，调查了解被审计单位的有关情况，编制审计方案，并在实施审计3日前，向被审计单位送达审计通知书。

第三十六条　审计法第三十八条所称特殊情况，包括：

（一）办理紧急事项的；

（二）被审计单位涉嫌严重违法违规的；

（三）其他特殊情况。

第三十七条　审计人员实施审计时，应当按照下列规定办理：

（一）通过检查、查询、监督盘点、发函询证等方法实施审计；

（二）通过收集原件、原物或者复制、拍照等方法取得证明材料；

（三）对与审计事项有关的会议和谈话内容作出记录，或者要求被审计单位提供会议记录材料；

（四）记录审计实施过程和查证结果。

第三十八条　审计人员向有关单位和个人调查取得的证明材料，应当有提供者的签名或者盖章；不能取得提供者签名或者盖章的，审计人员应当注明原因。

第三十九条　审计组向审计机关提出审计报告前，应当书面征求被审计单位意见。被审计单位应当自接到审计组的审计报告之日起10日内，提出书面意见；10日内未提出书面意见的，视同无异议。

审计组应当针对被审计单位提出的书面意见，进一步核实情况，对审计组的审计报告作必要修改，连同被审计单位的书面意见一并报送审计机关。

第四十条 审计机关有关业务机构和专门机构或者人员对审计组的审计报告以及相关审计事项进行复核、审理后，由审计机关按照下列规定办理：

（一）提出审计机关的审计报告，内容包括：对审计事项的审计评价，对违反国家规定的财政收支、财务收支行为提出的处理、处罚意见，移送有关主管机关、单位的意见，改进财政收支、财务收支管理工作的意见；

（二）对违反国家规定的财政收支、财务收支行为，依法应当给予处理、处罚的，在法定职权范围内作出处理、处罚的审计决定；

（三）对依法应当追究有关人员责任的，向有关主管机关、单位提出给予处分的建议；对依法应当由有关主管机关处理、处罚的，移送有关主管机关；涉嫌犯罪的，移送司法机关。

第四十一条 审计机关在审计中发现损害国家利益和社会公共利益的事项，但处理、处罚依据又不明确的，应当向本级人民政府和上一级审计机关报告。

第四十二条 被审计单位应当按照审计机关规定的期限和要求执行审计决定。对应当上缴的款项，被审计单位应当按照财政管理体制和国家有关规定缴入国库或者财政专户。审计决定需要有关主管机关、单位协助执行的，审计机关应当书面提请协助执行。

第四十三条 上级审计机关应当对下级审计机关的审计业务依法进行监督。

下级审计机关作出的审计决定违反国家有关规定的，上级审计机关可以责成下级审计机关予以变更或者撤销，也可以直接作出变更或者撤销的决定；审计决定被撤销后需要重新作出审计决定的，上级审计机关可以责成下级审计机关在规定的期限内重新作出审计决定，也可以直接作出审计决定。

下级审计机关应当作出而没有作出审计决定的，上级审计机关可以责成下级审计机关在规定的期限内作出审计决定，也可以直接作出审计决定。

第四十四条 审计机关进行专项审计调查时，应当向被调查的地方、部门、单位出示专项审计调查的书面通知，并说明有关情况；有关地方、部门、单位应当接受调查，如实反映情况，提供有关资料。

在专项审计调查中，依法属于审计机关审计监督对象的部门、单位有违反国家规定的财政收支、财务收支行为或者其他违法违规行为的，专项审计调查人员和审计机关可以依照审计法和本条例的规定提出审计报告，作出审计决定，或者移送有关主管机关、单位依法追究责任。

第四十五条 审计机关应当按照国家有关规定建立、健全审计档案制度。

第四十六条 审计机关送达审计文书，可以直接送达，也可以邮寄送达或者以其他方式送达。直接送达的，以被审计单位在送达回证上注明的签收日期或者见证人证明的收件日期为送达日期；邮寄送达的，以邮政回执上注明的收件日期为送达日期；以其他方式送达的，以签收或者收件日期为送达日期。

审计机关的审计文书的种类、内容和格式，由审计署规定。

第六章 法律责任

第四十七条 被审计单位违反审计法和本条例的规定，拒绝、拖延提供与审计事项有关的资料，或者提供的资料不真实、不完整，或者拒绝、阻碍检查的，由审计机关责令改正，可以通报批评，给予警告；拒不改正的，对被审计单位可以处5万元以下的罚款，对直接负责的主管人员和其他直接责任人员，可以处2万元以下的罚款，审计机关认为应当给予处分的，向有关主管机关、单位提出给予处分的建议；构成犯罪的，依法追究刑事责任。

第四十八条 对本级各部门（含直属单位）和下级人民政府违反预算的行为或者其他违反国家规定的财政收支行为，审计机关在法定职权范围内，依照法律、行政法规的规定，区别情况采取审计法第四十五条规定的处理措施。

第四十九条 对被审计单位违反国家规定的财务收支行为，审计机关在法定职权范围内，区别情况采取审计法第四十五条规定的处理措施，可以通报批评，给予警告；有违法所得的，没收违法所得，并处违法所得1倍以上5倍以下的罚款；没有违法所得的，可以处5万元以下的罚款；对直接负责的主管人员和其他直接责任人员，可以处2万元以下的罚款，审计机关认为应当给予处分的，向有关主管机关、单位提出给予处分的建议；构成犯罪的，依法追究刑事责任。

法律、行政法规对被审计单位违反国家规定的财务收支行为处理、处罚另有规定的，从其规定。

第五十条 审计机关在作出较大数额罚款的处罚决定前，应当告知被审计单位和有关人员有要求举行听证的权利。较大数额罚款的具体标准由审计署规定。

第五十一条 审计机关提出的对被审计单位给予处理、处罚的建议以及对直接负责的主管人员和其他直接责任人员给予处分的建议，有关主管机关、单位应当依法及时作出决定，并将结果书面通知审计机关。

第五十二条 被审计单位对审计机关依照审计法第十六条、第十七条和本条例第十五条规定进行审计监督作出的审计决定不服的，可以自审计决定送达之日起60日内，提请审计机关的本级人民政府裁决，本级人民政府的裁决为最终决定。

审计机关应当在审计决定中告知被审计单位提请裁决的途径和期限。

裁决期间，审计决定不停止执行。但是，有下列情形之一的，可以停止执行：

（一）审计机关认为需要停止执行的；

（二）受理裁决的人民政府认为需要停止执行的；

（三）被审计单位申请停止执行，受理裁决的人民政府认为其要求合理，决定停止执行的。

裁决由本级人民政府法制机构办理。裁决决定应当自接到提请之日起60日内作出；有特殊情况需要延长的，经法制机构负责人批准，可以适当延长，并告知审计机关和提请裁决的被审计单位，但延长的期限不得超过30日。

第五十三条 除本条例第五十二条规定的可以提请裁决的审计决定外，被审计单位对审计机关作出的其他审计决定不服的，可以依法申请行政复议或者提起行政诉讼。

审计机关应当在审计决定中告知被审计单位申请行政复议或者提起行政诉讼的途径和期限。

第五十四条 被审计单位应当将审计决定执行情况书面报告审计机关。审计机关应当检查审计决定的执行情况。

被审计单位不执行审计决定的，审计机关应当责令限期执行；逾期仍不执行的，审计机关可以申请人民法院强制执行，建议有关主管机关、单位对直接负责的主管人员和其他直接责任人员给予处分。

第五十五条 审计人员滥用职权、徇私舞弊、玩忽职守，或者泄露所知悉的国家秘密、商业秘密的，依法给予处分；构成犯罪的，依法追究刑事责任。

审计人员违法违纪取得的财物，依法予以追缴、没收或者责令退赔。

第七章 附 则

第五十六条 本条例所称以上、以下，包括本数。

本条例第五十二条规定的期间的最后一日是法定节假日的，以节假日后的第一个工作日为期间届满日。审计法和本条例规定的其他期间以工作日计算，不含法定节假日。

第五十七条 实施经济责任审计的规定，另行制定。

第五十八条 本条例自2010年5月1日起施行。

中华人民共和国审计署令

第8号

《中华人民共和国国家审计准则》已经审计署审计长会议通过，现予公布，自2011年1月1日起施行。

审计长 **刘家义**

二○一○年九月一日

中华人民共和国国家审计准则

第一章 总 则

第一条 为了规范和指导审计机关和审计人员执行审计业务的行为，保证审计质量，防范审计风险，发挥审计保障国家经济和社会健康运行的“免疫系统”功能，根据《中华人民共和国审计法》《中华人民共和国审计法实施条例》和其他有关法律法规，制定本准则。

第二条 本准则是审计机关和审计人员履行法定审计职责的行为规范，是执行审计业务的职业标准，是评价审计质量的基本尺度。

第三条 本准则中使用“应当”“不得”词汇的条款为约束性条款，是审计机关和审计人员执行审计业务必须遵守的职业要求。

本准则中使用“可以”词汇的条款为指导性条款，是对良好审计实务的推介。

第四条 审计机关和审计人员执行审计业务，应当适用本准则。其他组织或者人员接受审计机关的委托、聘用，承办或者参加审计业务，也应当适用本准则。

第五条 审计机关和审计人员执行审计业务，应当区分被审计单位的责任和审计机关的责任。

在财政收支、财务收支以及有关经济活动中，履行法定职责、遵守相关法律法规、建立并实施内部控制、按照有关会计准则和会计制度编报财务会计报告、保持财务会计资料的真实性和完整性，是被审计单位的责任。

依据法律法规和本准则的规定，对被审计单位财政收支、财务收支以及有关经济活动独立实施审计并作出审计结论，是审计机关的责任。

第六条 审计机关的主要工作目标是通过监督被审计单位财政收支、财务收支以及有关经济活动的真实性、合法性、效益性，维护国家经济安全，推进民主法治，促进廉政建设，保障国家经济和社会健康发展。

真实性是指反映财政收支、财务收支以及有关经济活动的信息与实际情况相符合的程度。

合法性是指财政收支、财务收支以及有关经济活动遵守法律、法规或者规章的情况。

效益性是指财政收支、财务收支以及有关经济活动实现的经济效益、社会效益和环境效益。

第七条 审计机关对依法属于审计机关审计监督对象的单位、项目、资金进行审计。

审计机关按照国家有关规定，对依法属于审计机关审计监督对象的单位的主要负责人经济责任进行审计。

第八条 审计机关依法对预算管理或者国有资产管理使用等与国家财政收支有关的特定事项向有关地方、部门、单位进行专项审计调查。

审计机关进行专项审计调查时，也应当适用本准则。

第九条 审计机关和审计人员执行审计业务，应当依据年度审计项目计划，编制审计实施方案，获取审计证据，作出审计结论。

审计机关应当委派具备相应资格和能力的审计人员承办审计业务，并建立和执行审计质量控制制度。

第十条 审计机关依据法律法规规定，公开履行职责的情况及其结果，接受社会公众的监督。

第十一条 审计机关和审计人员未遵守本准则约束性条款的，应当说明原因。

第二章 审计机关和审计人员

第十二条 审计机关和审计人员执行审计业务，应当具备本准则规定的资格条件和职业要求。

第十三条 审计机关执行审计业务，应当具备下列资格条件：

（一）符合法定的审计职责和权限；

（二）有职业胜任能力的审计人员；

（三）建立适当的审计质量控制制度；

（四）必需的经费和其他工作条件。

第十四条 审计人员执行审计业务，应当具备下列职业要求：

（一）遵守法律法规和本准则；

（二）恪守审计职业道德；

（三）保持应有的审计独立性；

（四）具备必需的职业胜任能力；

（五）其他职业要求。

第十五条　审计人员应当恪守严格依法、正直坦诚、客观公正、勤勉尽责、保守秘密的基本审计职业道德。

严格依法就是审计人员应当严格依照法定的审计职责、权限和程序进行审计监督，规范审计行为。

正直坦诚就是审计人员应当坚持原则，不屈从于外部压力；不歪曲事实，不隐瞒审计发现的问题；廉洁自律，不利用职权谋取私利；维护国家利益和公共利益。

客观公正就是审计人员应当保持客观公正的立场和态度，以适当、充分的审计证据支持审计结论，实事求是地作出审计评价和处理审计发现的问题。

勤勉尽责就是审计人员应当爱岗敬业，勤勉高效，严谨细致，认真履行审计职责，保证审计工作质量。

保守秘密就是审计人员应当保守其在执行审计业务中知悉的国家秘密、商业秘密；对于执行审计业务取得的资料、形成的审计记录和掌握的相关情况，未经批准不得对外提供和披露，不得用于与审计工作无关的目的。

第十六条　审计人员执行审计业务时，应当保持应有的审计独立性，遇有下列可能损害审计独立性情形的，应当向审计机关报告：

（一）与被审计单位负责人或者有关主管人员有夫妻关系、直系血亲关系、三代以内旁系血亲以及近姻亲关系；

（二）与被审计单位或者审计事项有直接经济利益关系；

（三）对曾经管理或者直接办理过的相关业务进行审计；

（四）可能损害审计独立性的其他情形。

第十七条　审计人员不得参加影响审计独立性的活动，不得参与被审计单位的管理活动。

第十八条　审计机关组成审计组时，应当了解审计组成员可能损害审计独立性的情形，并根据具体情况采取下列措施，避免损害审计独立性：

（一）依法要求相关审计人员回避；

（二）对相关审计人员执行具体审计业务的范围作出限制；

（三）对相关审计人员的工作追加必要的复核程序；

（四）其他措施。

第十九条　审计机关应当建立审计人员交流等制度，避免审计人员因执行审计业务长期与同一被审计单位接触可能对审计独立性造成的损害。

第二十条　审计机关可以聘请外部人员参加审计业务或者提供技术支持、专业咨询、专业鉴定。

审计机关聘请的外部人员应当具备本准则第十四条规定的职业要求。

第二十一条　有下列情形之一的外部人员，审计机关不得聘请：

（一）被刑事处罚的；

（二）被劳动教养的；

（三）被行政拘留的；

（四）审计独立性可能受到损害的；

（五）法律规定不得从事公务的其他情形。

第二十二条　审计人员应当具备与其从事审计业务相适应的专业知识、职业能力和工作经验。

审计机关应当建立和实施审计人员录用、继续教育、培训、业绩评价考核和奖惩激励制度，确保审计人员具有与其从事业务相适应的职业胜任能力。

第二十三条　审计机关应当合理配备审计人员，组成审计组，确保其在整体上具备与审计项目相适应的职业胜任能力。

被审计单位的信息技术对实现审计目标有重大影响的，审计组的整体胜任能力应当包括信息技术方面的胜任能力。

第二十四条　审计人员执行审计业务时，应当合理运用职业判断，保持职业谨慎，对被审计单位可能存在的重要问题保持警觉，并审慎评价所获取审计证据的适当性和充分性，得出恰当的审计结论。

第二十五条　审计人员执行审计业务时，应当从下列方面保持与被审计单位的工作关系：

（一）与被审计单位沟通并听取其意见；

（二）客观公正地作出审计结论，尊重并维护被审计单位的合法权益；

（三）严格执行审计纪律；

（四）坚持文明审计，保持良好的职业形象。

第三章 审计计划

第二十六条 审计机关应当根据法定的审计职责和审计管辖范围，编制年度审计项目计划。

编制年度审计项目计划应当服务大局，围绕政府工作中心，突出审计工作重点，合理安排审计资源，防止不必要的重复审计。

第二十七条 审计机关按照下列步骤编制年度审计项目计划：

（一）调查审计需求，初步选择审计项目；

（二）对初选审计项目进行可行性研究，确定备选审计项目及其优先顺序；

（三）评估审计机关可用审计资源，确定审计项目，编制年度审计项目计划。

第二十八条 审计机关从下列方面调查审计需求，初步选择审计项目：

（一）国家和地区财政收支、财务收支以及有关经济活动情况；

（二）政府工作中心；

（三）本级政府行政首长和相关领导机关对审计工作的要求；

（四）上级审计机关安排或者授权审计的事项；

（五）有关部门委托或者提请审计机关审计的事项；

（六）群众举报、公众关注的事项；

（七）经分析相关数据认为应当列入审计的事项；

（八）其他方面的需求。

第二十九条 审计机关对初选审计项目进行可行性研究，确定初选审计项目的审计目标、审计范围、审计重点和其他重要事项。

进行可行性研究重点调查研究下列内容：

（一）与确定和实施审计项目相关的法律法规和政策；

（二）管理体制、组织结构、主要业务及其开展情况；

（三）财政收支、财务收支状况及结果；

（四）相关的信息系统及其电子数据情况；

（五）管理和监督机构的监督检查情况及结果；

（六）以前年度审计情况；

（七）其他相关内容。

第三十条 审计机关在调查审计需求和可行性研究过程中，从下列方面对初选审计项目进行评估，以确定备选审计项目及其优先顺序：

（一）项目重要程度，评估在国家经济和社会发展中的重要性、政府行政首长和相关领导机关及公众关注程度、资金和资产规模等；

（二）项目风险水平，评估项目规模、管理和控制状况等；

（三）审计预期效果；

（四）审计频率和覆盖面；

（五）项目对审计资源的要求。

第三十一条 年度审计项目计划应当按照审计机关规定的程序审定。

审计机关在审定年度审计项目计划前，根据需要，可以组织专家进行论证。

第三十二条 下列审计项目应当作为必选审计项目：

（一）法律法规规定每年应当审计的项目；

（二）本级政府行政首长和相关领导机关要求审计的项目；

（三）上级审计机关安排或者授权的审计项目。

审计机关对必选审计项目，可以不进行可行性研究。

第三十三条 上级审计机关直接审计下级审计机关审计管辖范围内的重大审计事项，应当列入上级审计机关年度审计项目计划，并及时通知下级审计机关。

第三十四条 上级审计机关可以依法将其审计管辖范围内的审计事项，授权下级审计机关进行审计。对于上级审计机关审计管辖范围内的审计事项，下级审计机关也可以提出授权申请，报有管辖权的上级审计机关审批。

获得授权的审计机关应当将授权的审计事项列入年度审计项目计划。

第三十五条 根据中国政府及其机构与国际组织、外国政府及其机构签订的协议和上级审计机关的要求，审计机关确定对国际组织、外国政府及其机构援助、贷款项目进行审计的，应当纳入年度审计项目计划。

第三十六条 对于预算管理或者国有资产管理使用等与国家财政收支有关的特定事项，符合下列情形的，可以进行专项审计调查：

（一）涉及宏观性、普遍性、政策性或者体制、机制问题的；

（二）事项跨行业、跨地区、跨单位的；

（三）事项涉及大量非财务数据的；

（四）其他适宜进行专项审计调查的。

第三十七条 审计机关年度审计项目计划的内容主要包括：

（一）审计项目名称；

（二）审计目标，即实施审计项目预期要完成的任务和结果；

（三）审计范围，即审计项目涉及的具体单位、事项和所属期间；

（四）审计重点；

（五）审计项目组织和实施单位；

（六）审计资源。

采取跟踪审计方式实施的审计项目，年度审计项目计划应当列明跟踪的具体方式和要求。

专项审计调查项目的年度审计项目计划应当列明专项审计调查的要求。

第三十八条 审计机关编制年度审计项目计划可以采取文字、表格或者两者相结合的形式。

第三十九条 审计机关计划管理部门与业务部门或者派出机构，应当建立经常性的沟通和协调机制。

调查审计需求、进行可行性研究和确定备选审计项目，以业务部门或者派出机构为主实施；备选审计项目排序、配置审计资源和编制年度审计项目计划草案，以计划管理部门为主实施。

第四十条 审计机关根据项目评估结果，确定年度审计项目计划。

第四十一条 审计机关应当将年度审计项目计划报经本级政府行政首长批准并向上一级审计机关报告。

第四十二条 审计机关应当对确定的审计项目配置必要的审计人力资源、审计时间、审计技术装备、审计经费等审计资源。

第四十三条 审计机关同一年度内对同一被审计单位实施不同的审计项目，应当在人员和时间安排上进行协调，尽量避免给被审计单位工作带来不必要的影响。

第四十四条 审计机关应当将年度审计项目计划下达审计项目组织和实施单位执行。

年度审计项目计划一经下达，审计项目组织和实施单位应当确保完成，不得擅自变更。

第四十五条 年度审计项目计划执行过程中，遇有下列情形之一的，应当按照原审批程序调整：

（一）本级政府行政首长和相关领导机关临时交办审计项目的；

（二）上级审计机关临时安排或者授权审计项目的；

（三）突发重大公共事件需要进行审计的；

（四）原定审计项目的被审计单位发生重大变化，导致原计划无法实施的；

（五）需要更换审计项目实施单位的；

（六）审计目标、审计范围等发生重大变化需要调整的；

（七）需要调整的其他情形。

第四十六条 上级审计机关应当指导下级审计机关编制年度审计项目计划，提出下级审计机关重点审计领域或者审计项目安排的指导意见。

第四十七条 年度审计项目计划确定审计机关统一组织多个审计组共同实施一个审计项目或者分别实施同一类审计项目的，审计机关业务部门应当编制审计工作方案。

第四十八条 审计机关业务部门编制审计工作方案，应当根据年度审计项目计划形成过程中调查审计需求、进行可行性研究的情况，开展进一步调查，对审计目标、范围、重点和项目组织实施等进行确定。

第四十九条 审计工作方案的内容主要包括：

（一）审计目标；

（二）审计范围；

（三）审计内容和重点；

（四）审计工作组织安排；

（五）审计工作要求。

第五十条 审计机关业务部门编制的审计工作方案应当按照审计机关规定的程序审批。在年度审计项目计划确定的实施审计起始时间之前，下达到审计项目实施单位。

审计机关批准审计工作方案前，根据需要，可以组织专家进行论证。

第五十一条 审计机关业务部门根据审计实施过程中情况的变化，可以申请对审计工作方案的内容进行调整，并按审计机关规定的程序报批。

第五十二条 审计机关应当定期检查年度审计项目计划执行情况，评估执行效果。

审计项目实施单位应当向下达审计项目计划的审计机关报告计划执行情况。

第五十三条 审计机关应当按照国家有关规定，建立和实施审计项目计划执行情况及其结果的统计制度。

第四章 审计实施

第一节 审计实施方案

第五十四条 审计机关应当在实施项目审计前组成审计组。

审计组由审计组组长和其他成员组成。审计组实行审计组组长负责制。审计组组长由审计机关确定，审计组组长可以根据需要在审计组成员中确定主审，主审应当履行其规定职责和审计组组长委托履行的其他职责。

第五十五条 审计机关应当依照法律法规的规定，向被审计单位送达审计通知书。

第五十六条 审计通知书的内容主要包括被审计单位名称、审计依据、审计范围、审计起始时间、审计组组长及其他成员名单和被审计单位配合审计工作的要求。同时，还应当向被审计单位告知审计组的审计纪律要求。

采取跟踪审计方式实施审计的，审计通知书应当列明跟踪审计的具体方式和要求。

专项审计调查项目的审计通知书应当列明专项审计调查的要求。

第五十七条 审计组应当调查了解被审计单位及其相关情况，评估被审计单位存在重要问题的可能性，确定审计应对措施，编制审计实施方案。

对于审计机关已经下达审计工作方案的，审计组应当按照审计工作方案的要求编制审计实施方案。

第五十八条 审计实施方案的内容主要包括：

（一）审计目标；

（二）审计范围；

（三）审计内容、重点及审计措施，包括审计事项和根据本准则第七十三条确定的审计应对措施；

（四）审计工作要求，包括项目审计进度安排、审计组内部重要管理事项及职责分工等。

采取跟踪审计方式实施审计的，审计实施方案应当对整个跟踪审计工作作出统筹安排。

专项审计调查项目的审计实施方案应当列明专项审计调查的要求。

第五十九条 审计组调查了解被审计单位及其相关情况，为作出下列职业判断提供基础：

（一）确定职业判断适用的标准；

（二）判断可能存在的问题；

（三）判断问题的重要性；

（四）确定审计应对措施。

第六十条 审计人员可以从下列方面调查了解被审计单位及其相关情况：

（一）单位性质、组织结构；

（二）职责范围或者经营范围、业务活动及其目标；

（三）相关法律法规、政策及其执行情况；

（四）财政财务管理体制和业务管理体制；

（五）适用的业绩指标体系以及业绩评价情况；

（六）相关内部控制及其执行情况；

（七）相关信息系统及其电子数据情况；

（八）经济环境、行业状况及其他外部因素；

（九）以往接受审计和监管及其整改情况；

（十）需要了解的其他情况。

第六十一条 审计人员可以从下列方面调查了解被审计单位相关内部控制及其执行情况：

（一）控制环境，即管理模式、组织结构、责权配置、人力资源制度等；

（二）风险评估，即被审计单位确定、分析与实现内部控制目标相关的风险，以及采取的应对措施；

（三）控制活动，即根据风险评估结果采取的控制措施，包括不相容职务分离控制、授权审批控制、资产保护控制、预算控制、业绩分析和绩效考评控制等；

（四）信息与沟通，即收集、处理、传递与内部控制相关的信息，并能有效沟通的情况；

（五）对控制的监督，即对各项内部控制设计、职责及其履行情况的监督检查。

第六十二条　审计人员可以从下列方面调查了解被审计单位信息系统控制情况：

（一）一般控制，即保障信息系统正常运行的稳定性、有效性、安全性等方面的控制；

（二）应用控制，即保障信息系统产生的数据的真实性、完整性、可靠性等方面的控制。

第六十三条　审计人员可以采取下列方法调查了解被审计单位及其相关情况：

（一）书面或者口头询问被审计单位内部和外部相关人员；

（二）检查有关文件、报告、内部管理手册、信息系统的技术文档和操作手册；

（三）观察有关业务活动及其场所、设施和有关内部控制的执行情况；

（四）追踪有关业务的处理过程；

（五）分析相关数据。

第六十四条　审计人员根据审计目标和被审计单位的实际情况，运用职业判断确定调查了解的范围和程度。

对于定期审计项目，审计人员可以利用以往审计中获得的信息，重点调查了解已经发生变化的情况。

第六十五条　审计人员在调查了解被审计单位及其相关情况的过程中，可以选择下列标准作为职业判断的依据：

（一）法律、法规、规章和其他规范性文件；

（二）国家有关方针和政策；

（三）会计准则和会计制度；

（四）国家和行业的技术标准；

（五）预算、计划和合同；

（六）被审计单位的管理制度和绩效目标；

（七）被审计单位的历史数据和历史业绩；

（八）公认的业务惯例或者良好实务；

（九）专业机构或者专家的意见；

（十）其他标准。

审计人员在审计实施过程中需要持续关注标准的适用性。

第六十六条　职业判断所选择的标准应当具有客观性、适用性、相关性、公认性。

标准不一致时，审计人员应当采用权威的和公认程度高的标准。

第六十七条　审计人员应当结合适用的标准，分析调查了解的被审计单位及其相关情况，判断被审计单位可能存在的问题。

第六十八条　审计人员应当运用职业判断，根据可能存在问题的性质、数额及其发生的具体环境，判断其重要性。

第六十九条　审计人员判断重要性时，可以关注下列因素：

（一）是否属于涉嫌犯罪的问题；

（二）是否属于法律法规和政策禁止的问题；

（三）是否属于故意行为所产生的问题；

（四）可能存在问题涉及的数量或者金额；

（五）是否涉及政策、体制或者机制的严重缺陷；

（六）是否属于信息系统设计缺陷；

（七）政府行政首长和相关领导机关及公众的关注程度；

（八）需要关注的其他因素。

第七十条　审计人员实施审计时，应当根据重要性判断的结果，重点关注被审计单位可能存在的重要问题。

第七十一条　需要对财务报表发表审计意见的，审计人员可以参照中国注册会计师执业准则的有关规定确定和运用重要性。

第七十二条　审计组应当评估被审计单位存在重要问题的可能性，以确定审计事项和审计应对措施。

第七十三条　审计组针对审计事项确定的审计应对措施包括：

（一）评估对内部控制的依赖程度，确定是否及如何测试相关内部控制的有效性；

（二）评估对信息系统的依赖程度，确定是否及如何检查相关信息系统的有效性、安全性；

（三）确定主要审计步骤和方法；

（四）确定审计时间；

（五）确定执行的审计人员；

（六）其他必要措施。

第七十四条　审计组在分配审计资源时，应当为重要审计事项分派有经验的审计人员和安排充足的审计时间，并评估特定审计事项是否需要利用外部专家的工作。

第七十五条　审计人员认为存在下列情形之一的，应当测试相关内部控制的有效性：

（一）某项内部控制设计合理且预期运行有效，能够防止重要问题的发生；

（二）仅实施实质性审查不足以为发现重要问题提供适当、充分的审计证据。

审计人员决定不依赖某项内部控制的，可以对审计事项直接进行实质性审查。

被审计单位规模较小、业务比较简单的，审计人员可以对审计事项直接进行实质性审查。

第七十六条　审计人员认为存在下列情形之一的，应当检查相关信息系统的有效性、安全性：

（一）仅审计电子数据不足以为发现重要问题提供适当、充分的审计证据；

（二）电子数据中频繁出现某类差异。

审计人员在检查被审计单位相关信息系统时，可以利用被审计单位信息系统的现有功能或者采用其他计算机技术和工具，检查中应当避免对被审计单位相关信息系统及其电子数据造成不良影响。

第七十七条　审计人员实施审计时，应当持续关注已作出的重要性判断和对存在重要问题可能性的评估是否恰当，及时作出修正，并调整审计应对措施。

第七十八条　遇有下列情形之一的，审计组应当及时调整审计实施方案：

（一）年度审计项目计划、审计工作方案发生变化的；

（二）审计目标发生重大变化的；

（三）重要审计事项发生变化的；

（四）被审计单位及其相关情况发生重大变化的；

（五）审计组人员及其分工发生重大变化的；

（六）需要调整的其他情形。

第七十九条　一般审计项目的审计实施方案应当经审计组组长审定，并及时报审计机关业务部门备案。

重要审计项目的审计实施方案应当报经审计机关负责人审定。

第八十条　审计组调整审计实施方案中的下列事项，应当报经审计机关主要负责人批准：

（一）审计目标；

（二）审计组组长；

（三）审计重点；

（四）现场审计结束时间。

第八十一条　编制和调整审计实施方案可以采取文字、表格或者两者相结合的形式。

第二节　审计证据

第八十二条　审计证据是指审计人员获取的能够为审计结论提供合理基础的全部事实，包括审计人员调查了解被审计单位及其相关情况和对确定的审计事项进行审查所获取的证据。

第八十三条　审计人员应当依照法定权限和程序获取审计证据。

第八十四条　审计人员获取的审计证据，应当具有适当性和充分性。

适当性是对审计证据质量的衡量，即审计证据在支持审计结论方面具有的相关性和可靠性。相关性是指审计证据与审计事项及其具体审计目标之间具有实质性联系。可靠性是指审计证据真实、可信。

充分性是对审计证据数量的衡量。审计人员在评估存在重要问题的可能性和审计证据质量的基础上，决定应当获取审计证据的数量。

第八十五条　审计人员对审计证据的相关性分析时，应当关注下列方面：

（一）一种取证方法获取的审计证据可能只与某些具体审计目标相关，而与其他具体审计目标无关；

（二）针对一项具体审计目标可以从不同来源获取审计证据或者获取不同形式的审计证据。

第八十六条　审计人员可以从下列方面分析审计证据的可靠性：

（一）从被审计单位外部获取的审计证据比从内部获取的审计证据更可靠；

（二）内部控制健全有效情况下形成的审计证据比内部控制缺失或者无效情况下形成的审计证据更可靠；

（三）直接获取的审计证据比间接获取的审计证据更可靠；

（四）从被审计单位财务会计资料中直接采集的审计证据比经被审计单位加工处理后提交的审

计证据更可靠；

（五）原件形式的审计证据比复制件形式的审计证据更可靠。

不同来源和不同形式的审计证据存在不一致或者不能相互印证时，审计人员应当追加必要的审计措施，确定审计证据的可靠性。

第八十七条　审计人员获取的电子审计证据包括与信息系统控制相关的配置参数、反映交易记录的电子数据等。

采集被审计单位电子数据作为审计证据的，审计人员应当记录电子数据的采集和处理过程。

第八十八条　审计人员根据实际情况，可以在审计事项中选取全部项目或者部分特定项目进行审查，也可以进行审计抽样，以获取审计证据。

第八十九条　存在下列情形之一的，审计人员可以对审计事项中的全部项目进行审查：

（一）审计事项由少量大额项目构成的；

（二）审计事项可能存在重要问题，而选取其中部分项目进行审查无法提供适当、充分的审计证据的；

（三）对审计事项中的全部项目进行审查符合成本效益原则的。

第九十条　审计人员可以在审计事项中选取下列特定项目进行审查：

（一）大额或者重要项目；

（二）数量或者金额符合设定标准的项目；

（三）其他特定项目。

选取部分特定项目进行审查的结果，不能用于推断整个审计事项。

第九十一条　在审计事项包含的项目数量较多，需要对审计事项某一方面的总体特征作出结论时，审计人员可以进行审计抽样。

审计人员进行审计抽样时，可以参照中国注册会计师执业准则的有关规定。

第九十二条　审计人员可以采取下列方法向有关单位和个人获取审计证据：

（一）检查，是指对纸质、电子或者其他介质形式存在的文件、资料进行审查，或者对有形资产进行审查；

（二）观察，是指察看相关人员正在从事的活动或者执行的程序；

（三）询问，是指以书面或者口头方式向有关人员了解关于审计事项的信息；

（四）外部调查，是指向与审计事项有关的第三方进行调查；

（五）重新计算，是指以手工方式或者使用信息技术对有关数据计算的正确性进行核对；

（六）重新操作，是指对有关业务程序或者控制活动独立进行重新操作验证；

（七）分析，是指研究财务数据之间、财务数据与非财务数据之间可能存在的合理关系，对相关信息作出评价，并关注异常波动和差异。

审计人员进行专项审计调查，可以使用上述方法及其以外的其他方法。

第九十三条　审计人员应当依照法律法规规定，取得被审计单位负责人对本单位提供资料真实性和完整性的书面承诺。

第九十四条　审计人员取得证明被审计单位存在违反国家规定的财政收支、财务收支行为以及其他重要审计事项的审计证据材料，应当由提供证据的有关人员、单位签名或者盖章；不能取得签名或者盖章不影响事实存在的，该审计证据仍然有效，但审计人员应当注明原因。

审计事项比较复杂或者取得的审计证据数量较大的，可以对审计证据进行汇总分析，编制审计取证单，由证据提供者签名或者盖章。

第九十五条　被审计单位的相关资料、资产可能被转移、隐匿、篡改、毁弃并影响获取审计证据的，审计机关应当依照法律法规的规定采取相应的证据保全措施。

第九十六条　审计机关执行审计业务过程中，因行使职权受到限制而无法获取适当、充分的审计证据，或者无法制止违法行为对国家利益的侵害时，根据需要，可以按照有关规定提请有权处理的机关或者相关单位予以协助和配合。

第九十七条　审计人员需要利用所聘请外部人员的专业咨询和专业鉴定作为审计证据的，应当对下列方面作出判断：

（一）依据的样本是否符合审计项目的具体情况；

（二）使用的方法是否适当和合理；

（三）专业咨询、专业鉴定是否与其他审计证据相符。

第九十八条　审计人员需要使用有关监管机

构、中介机构、内部审计机构等已经形成的工作结果作为审计证据的，应当对该工作结果的下列方面作出判断：

（一）是否与审计目标相关；

（二）是否可靠；

（三）是否与其他审计证据相符。

第九十九条　审计人员对于重要问题，可以围绕下列方面获取审计证据：

（一）标准，即判断被审计单位是否存在问题的依据；

（二）事实，即客观存在和发生的情况。事实与标准之间的差异构成审计发现的问题；

（三）影响，即问题产生的后果；

（四）原因，即问题产生的条件。

第一百条　审计人员在审计实施过程中，应当持续评价审计证据的适当性和充分性。

已采取的审计措施难以获取适当、充分审计证据的，审计人员应当采取替代审计措施；仍无法获取审计证据的，由审计组报请审计机关采取其他必要的措施或者不作出审计结论。

第三节　审计记录

第一百零一条　审计人员应当真实、完整地记录实施审计的过程、得出的结论和与审计项目有关的重要管理事项，以实现下列目标：

（一）支持审计人员编制审计实施方案和审计报告；

（二）证明审计人员遵循相关法律法规和本准则；

（三）便于对审计人员的工作实施指导、监督和检查。

第一百零二条　审计人员作出的记录，应当使未参与该项业务的有经验的其他审计人员能够理解其执行的审计措施、获取的审计证据、作出的职业判断和得出的审计结论。

第一百零三条　审计记录包括调查了解记录、审计工作底稿和重要管理事项记录。

第一百零四条　审计组在编制审计实施方案前，应当对调查了解被审计单位及其相关情况作出记录。调查了解记录的内容主要包括：

（一）对被审计单位及其相关情况的调查了解情况；

（二）对被审计单位存在重要问题可能性的评估情况；

（三）确定的审计事项及其审计应对措施。

第一百零五条　审计工作底稿主要记录审计人员依据审计实施方案执行审计措施的活动。

审计人员对审计实施方案确定的每一审计事项，均应当编制审计工作底稿。一个审计事项可以根据需要编制多份审计工作底稿。

第一百零六条　审计工作底稿的内容主要包括：

（一）审计项目名称；

（二）审计事项名称；

（三）审计过程和结论；

（四）审计人员姓名及审计工作底稿编制日期并签名；

（五）审核人员姓名、审核意见及审核日期并签名；

（六）索引号及页码；

（七）附件数量。

第一百零七条　审计工作底稿记录的审计过程和结论主要包括：

（一）实施审计的主要步骤和方法；

（二）取得的审计证据的名称和来源；

（三）审计认定的事实摘要；

（四）得出的审计结论及其相关标准。

第一百零八条　审计证据材料应当作为调查了解记录和审计工作底稿的附件。一份审计证据材料对应多个审计记录时，审计人员可以将审计证据材料附在与其关系最密切的审计记录后面，并在其他审计记录中予以注明。

第一百零九条　审计组起草审计报告前，审计组组长应当对审计工作底稿的下列事项进行审核：

（一）具体审计目标是否实现；

（二）审计措施是否有效执行；

（三）事实是否清楚；

（四）审计证据是否适当、充分；

（五）得出的审计结论及其相关标准是否适当；

（六）其他有关重要事项。

第一百一十条　审计组组长审核审计工作底稿，应当根据不同情况分别提出下列意见：

（一）予以认可；

（二）责成采取进一步审计措施，获取适当、充分的审计证据；

（三）纠正或者责成纠正不恰当的审计结论。

第一百一十一条　重要管理事项记录应当记载与审计项目相关并对审计结论有重要影响的下列管理事项：

（一）可能损害审计独立性的情形及采取的措施；

（二）所聘请外部人员的相关情况；

（三）被审计单位承诺情况；

（四）征求被审计对象或者相关单位及人员意见的情况、被审计对象或者相关单位及人员反馈的意见及审计组的采纳情况；

（五）审计组对审计发现的重大问题和审计报告讨论的过程及结论；

（六）审计机关业务部门对审计报告、审计决定书等审计项目材料的复核情况和意见；

（七）审理机构对审计项目的审理情况和意见；

（八）审计机关对审计报告的审定过程和结论；

（九）审计人员未能遵守本准则规定的约束性条款及其原因；

（十）因外部因素使审计任务无法完成的原因及影响；

（十一）其他重要管理事项。

重要管理事项记录可以使用被审计单位承诺书、审计机关内部审批文稿、会议记录、会议纪要、审理意见书或者其他书面形式。

第四节　重大违法行为检查

第一百一十二条　审计人员执行审计业务时，应当保持职业谨慎，充分关注可能存在的重大违法行为。

第一百一十三条　本准则所称重大违法行为是指被审计单位和相关人员违反法律法规、涉及金额比较大、造成国家重大经济损失或者对社会造成重大不良影响的行为。

第一百一十四条　审计人员检查重大违法行为，应当评估被审计单位和相关人员实施重大违法行为的动机、性质、后果和违法构成。

第一百一十五条　审计人员调查了解被审计单位及其相关情况时，可以重点了解可能与重大违法行为有关的下列事项：

（一）被审计单位所在行业发生重大违法行为的状况；

（二）有关的法律法规及其执行情况；

（三）监管部门已经发现和了解的与被审计单位有关的重大违法行为的事实或者线索；

（四）可能形成重大违法行为的动机和原因；

（五）相关的内部控制及其执行情况；

（六）其他情况。

第一百一十六条　审计人员可以通过关注下列情况，判断可能存在的重大违法行为：

（一）具体经济活动中存在的异常事项；

（二）财务和非财务数据中反映出的异常变化；

（三）有关部门提供的线索和群众举报；

（四）公众、媒体的反映和报道；

（五）其他情况。

第一百一十七条　审计人员根据被审计单位实际情况、工作经验和审计发现的异常现象，判断可能存在重大违法行为的性质，并确定检查重点。

审计人员在检查重大违法行为时，应当关注重大违法行为的高发领域和环节。

第一百一十八条　发现重大违法行为的线索，审计组或者审计机关可以采取下列应对措施：

（一）增派具有相关经验和能力的人员；

（二）避免让有关单位和人员事先知晓检查的时间、事项、范围和方式；

（三）扩大检查范围，使其能够覆盖重大违法行为可能涉及的领域；

（四）获取必要的外部证据；

（五）依法采取保全措施；

（六）提请有关机关予以协助和配合；

（七）向政府和有关部门报告；

（八）其他必要的应对措施。

第五章　审计报告

第一节　审计报告的形式和内容

第一百一十九条　审计报告包括审计机关进

行审计后出具的审计报告以及专项审计调查后出具的专项审计调查报告。

第一百二十条　审计组实施审计或者专项审计调查后，应当向派出审计组的审计机关提交审计报告。审计机关审定审计组的审计报告后，应当出具审计机关的审计报告。遇有特殊情况，审计机关可以不向被调查单位出具专项审计调查报告。

第一百二十一条　审计报告应当内容完整、事实清楚、结论正确、用词恰当、格式规范。

第一百二十二条　审计机关的审计报告（审计组的审计报告）包括下列基本要素：

（一）标题；

（二）文号（审计组的审计报告不含此项）；

（三）被审计单位名称；

（四）审计项目名称；

（五）内容；

（六）审计机关名称（审计组名称及审计组组长签名）；

（七）签发日期（审计组向审计机关提交报告的日期）。

经济责任审计报告还包括被审计人员姓名及所担任职务。

第一百二十三条　审计报告的内容主要包括：

（一）审计依据，即实施审计所依据的法律法规规定；

（二）实施审计的基本情况，一般包括审计范围、内容、方式和实施的起止时间；

（三）被审计单位基本情况；

（四）审计评价意见，即根据不同的审计目标，以适当、充分的审计证据为基础发表的评价意见；

（五）以往审计决定执行情况和审计建议采纳情况；

（六）审计发现的被审计单位违反国家规定的财政收支、财务收支行为和其他重要问题的事实、定性、处理处罚意见以及依据的法律法规和标准；

（七）审计发现的移送处理事项的事实和移送处理意见，但是涉嫌犯罪等不宜让被审计单位知悉的事项除外；

（八）针对审计发现的问题，根据需要提出的改进建议。

审计期间被审计单位对审计发现的问题已经整改的，审计报告还应当包括有关整改情况。

经济责任审计报告还应当包括被审计人员履行经济责任的基本情况，以及被审计人员对审计发现问题承担的责任。

核查社会审计机构相关审计报告发现的问题，应当在审计报告中一并反映。

第一百二十四条　采取跟踪审计方式实施审计的，审计组在跟踪审计过程中发现的问题，应当以审计机关的名义及时向被审计单位通报，并要求其整改。

跟踪审计实施工作全部结束后，应当以审计机关的名义出具审计报告。审计报告应当反映审计发现但尚未整改的问题，以及已经整改的重要问题及其整改情况。

第一百二十五条　专项审计调查报告除符合审计报告的要素和内容要求外，还应当根据专项审计调查目标重点分析宏观性、普遍性、政策性或者体制、机制问题并提出改进建议。

第一百二十六条　对审计或者专项审计调查中发现被审计单位违反国家规定的财政收支、财务收支行为，依法应当由审计机关在法定职权范围内作出处理处罚决定的，审计机关应当出具审计决定书。

第一百二十七条　审计决定书的内容主要包括：

（一）审计的依据、内容和时间；

（二）违反国家规定的财政收支、财务收支行为的事实、定性、处理处罚决定以及法律法规依据；

（三）处理处罚决定执行的期限和被审计单位书面报告审计决定执行结果等要求；

（四）依法提请政府裁决或者申请行政复议、提起行政诉讼的途径和期限。

第一百二十八条　审计或者专项审计调查发现的依法需要移送其他有关主管机关或者单位纠正、处理处罚或者追究有关人员责任的事项，审计机关应当出具审计移送处理书。

第一百二十九条　审计移送处理书的内容主要包括：

（一）审计的时间和内容；

（二）依法需要移送有关主管机关或者单位纠

正、处理处罚或者追究有关人员责任事项的事实、定性及其依据和审计机关的意见；

（三）移送的依据和移送处理说明，包括将处理结果书面告知审计机关的说明；

（四）所附的审计证据材料。

第一百三十条　出具对国际组织、外国政府及其机构援助、贷款项目的审计报告，按照审计机关的相关规定执行。

第二节　审计报告的编审

第一百三十一条　审计组在起草审计报告前，应当讨论确定下列事项：

（一）评价审计目标的实现情况；

（二）审计实施方案确定的审计事项完成情况；

（三）评价审计证据的适当性和充分性；

（四）提出审计评价意见；

（五）评估审计发现问题的重要性；

（六）提出对审计发现问题的处理处罚意见；

（七）其他有关事项。

审计组应当对讨论前款事项的情况及其结果作出记录。

第一百三十二条　审计组组长应当确认审计工作底稿和审计证据已经审核，并从总体上评价审计证据的适当性和充分性。

第一百三十三条　审计组根据不同的审计目标，以审计认定的事实为基础，在防范审计风险的情况下，按照重要性原则，从真实性、合法性、效益性方面提出审计评价意见。

审计组应当只对所审计的事项发表审计评价意见。对审计过程中未涉及、审计证据不适当或者不充分、评价依据或者标准不明确以及超越审计职责范围的事项，不得发表审计评价意见。

第一百三十四条　审计组应当根据审计发现问题的性质、数额及其发生的原因和审计报告的使用对象，评估审计发现问题的重要性，如实在审计报告中予以反映。

第一百三十五条　审计组对审计发现的问题提出处理处罚意见时，应当关注下列因素：

（一）法律法规的规定；

（二）审计职权范围：属于审计职权范围的，直接提出处理处罚意见，不属于审计职权范围的，提出移送处理意见；

（三）问题的性质、金额、情节、原因和后果；

（四）对同类问题处理处罚的一致性；

（五）需要关注的其他因素。

审计发现被审计单位信息系统存在重大漏洞或者不符合国家规定的，应当责成被审计单位在规定期限内整改。

第一百三十六条　审计组应当针对经济责任审计发现的问题，根据被审计人员履行职责情况，界定其应当承担的责任。

第一百三十七条　审计组实施审计或者专项审计调查后，应当提出审计报告，按照审计机关规定的程序审批后，以审计机关的名义征求被审计单位、被调查单位和拟处罚的有关责任人员的意见。

经济责任审计报告还应当征求被审计人员的意见；必要时，征求有关干部监督管理部门的意见。

审计报告中涉及的重大经济案件调查等特殊事项，经审计机关主要负责人批准，可以不征求被审计单位或者被审计人员的意见。

第一百三十八条　被审计单位、被调查单位、被审计人员或者有关责任人员对征求意见的审计报告有异议的，审计组应当进一步核实，并根据核实情况对审计报告作出必要的修改。

审计组应当对采纳被审计单位、被调查单位、被审计人员、有关责任人员意见的情况和原因，或者上述单位或人员未在法定时间内提出书面意见的情况作出书面说明。

第一百三十九条　对被审计单位或者被调查单位违反国家规定的财政收支、财务收支行为，依法应当由审计机关进行处理处罚的，审计组应当起草审计决定书。

对依法应当由其他有关部门纠正、处理处罚或者追究有关责任人员责任的事项，审计组应当起草审计移送处理书。

第一百四十条　审计组应当将下列材料报送审计机关业务部门复核：

（一）审计报告；

（二）审计决定书；

（三）被审计单位、被调查单位、被审计人员或者有关责任人员对审计报告的书面意见及审计组采纳情况的书面说明；

（四）审计实施方案；

（五）调查了解记录、审计工作底稿、重要管理事项记录、审计证据材料；

（六）其他有关材料。

第一百四十一条　审计机关业务部门应当对下列事项进行复核，并提出书面复核意见：

（一）审计目标是否实现；

（二）审计实施方案确定的审计事项是否完成；

（三）审计发现的重要问题是否在审计报告中反映；

（四）事实是否清楚、数据是否正确；

（五）审计证据是否适当、充分；

（六）审计评价、定性、处理处罚和移送处理意见是否恰当，适用法律法规和标准是否适当；

（七）被审计单位、被调查单位、被审计人员或者有关责任人员提出的合理意见是否采纳；

（八）需要复核的其他事项。

第一百四十二条　审计机关业务部门应当将复核修改后的审计报告、审计决定书等审计项目材料连同书面复核意见，报送审理机构审理。

第一百四十三条　审理机构以审计实施方案为基础，重点关注审计实施的过程及结果，主要审理下列内容：

（一）审计实施方案确定的审计事项是否完成；

（二）审计发现的重要问题是否在审计报告中反映；

（三）主要事实是否清楚、相关证据是否适当、充分；

（四）适用法律法规和标准是否适当；

（五）评价、定性、处理处罚意见是否恰当；

（六）审计程序是否符合规定。

第一百四十四条　审理机构审理时，应当就有关事项与审计组及相关业务部门进行沟通。

必要时，审理机构可以参加审计组与被审计单位交换意见的会议，或者向被审计单位和有关人员了解相关情况。

第一百四十五条　审理机构审理后，可以根据情况采取下列措施：

（一）要求审计组补充重要审计证据；

（二）对审计报告、审计决定书进行修改。

审理过程中遇有复杂问题的，经审计机关负责人同意后，审理机构可以组织专家进行论证。

审理机构审理后，应当出具审理意见书。

第一百四十六条　审理机构将审理后的审计报告、审计决定书连同审理意见书报送审计机关负责人。

第一百四十七条　审计报告、审计决定书原则上应当由审计机关审计业务会议审定；特殊情况下，经审计机关主要负责人授权，可以由审计机关其他负责人审定。

第一百四十八条　审计决定书经审定，处罚的事实、理由、依据、决定与审计组征求意见的审计报告不一致并且加重处罚的，审计机关应当依照有关法律法规的规定及时告知被审计单位、被调查单位和有关责任人员，并听取其陈述和申辩。

第一百四十九条　对于拟作出罚款的处罚决定，符合法律法规规定的听证条件的，审计机关应当依照有关法律法规的规定履行听证程序。

第一百五十条　审计报告、审计决定书经审计机关负责人签发后，按照下列要求办理：

（一）审计报告送达被审计单位、被调查单位；

（二）经济责任审计报告送达被审计单位和被审计人员；

（三）审计决定书送达被审计单位、被调查单位、被处罚的有关责任人员。

第三节　专题报告与综合报告

第一百五十一条　审计机关在审计中发现的下列事项，可以采用专题报告、审计信息等方式向本级政府、上一级审计机关报告：

（一）涉嫌重大违法犯罪的问题；

（二）与国家财政收支、财务收支有关政策及其执行中存在的重大问题；

（三）关系国家经济安全的重大问题；

（四）关系国家信息安全的重大问题；

（五）影响人民群众经济利益的重大问题；

（六）其他重大事项。

第一百五十二条　专题报告应当主题突出、

事实清楚、定性准确、建议适当。

审计信息应当事实清楚、定性准确、内容精炼、格式规范、反映及时。

第一百五十三条 审计机关统一组织审计项目的，可以根据需要汇总审计情况和结果，编制审计综合报告。必要时，审计综合报告应当征求有关主管机关的意见。

审计综合报告按照审计机关规定的程序审定后，向本级政府和上一级审计机关报送，或者向有关部门通报。

第一百五十四条 审计机关实施经济责任审计项目后，应当按照相关规定，向本级政府行政首长和有关干部监督管理部门报告经济责任审计结果。

第一百五十五条 审计机关依照法律法规的规定，每年汇总对本级预算执行情况和其他财政收支情况的审计报告，形成审计结果报告，报送本级政府和上一级审计机关。

第一百五十六条 审计机关依照法律法规的规定，代本级政府起草本级预算执行情况和其他财政收支情况的审计工作报告（稿），经本级政府行政首长审定后，受本级政府委托向本级人民代表大会常务委员会报告。

第四节 审计结果公布

第一百五十七条 审计机关依法实行公告制度。审计机关的审计结果、审计调查结果依法向社会公布。

第一百五十八条 审计机关公布的审计和审计调查结果主要包括下列信息：

（一）被审计（调查）单位基本情况；

（二）审计（调查）评价意见；

（三）审计（调查）发现的主要问题；

（四）处理处罚决定及审计（调查）建议；

（五）被审计（调查）单位的整改情况。

第一百五十九条 在公布审计和审计调查结果时，审计机关不得公布下列信息：

（一）涉及国家秘密、商业秘密的信息；

（二）正在调查、处理过程中的事项；

（三）依照法律法规的规定不予公开的其他信息。

涉及商业秘密的信息，经权利人同意或者审计机关认为不公布可能对公共利益造成重大影响的，可以予以公布。

审计机关公布审计和审计调查结果应当客观公正。

第一百六十条 审计机关公布审计和审计调查结果，应当指定专门机构统一办理，履行规定的保密审查和审核手续，报经审计机关主要负责人批准。

审计机关内设机构、派出机构和个人，未经授权不得向社会公布审计和审计调查结果。

第一百六十一条 审计机关统一组织不同级次审计机关参加的审计项目，其审计和审计调查结果原则上由负责该项目组织工作的审计机关统一对外公布。

第一百六十二条 审计机关公布审计和审计调查结果按照国家有关规定需要报批的，未经批准不得公布。

第五节 审计整改检查

第一百六十三条 审计机关应当建立审计整改检查机制，督促被审计单位和其他有关单位根据审计结果进行整改。

第一百六十四条 审计机关主要检查或者了解下列事项：

（一）执行审计机关作出的处理处罚决定情况；

（二）对审计机关要求自行纠正事项采取措施的情况；

（三）根据审计机关的审计建议采取措施的情况；

（四）对审计机关移送处理事项采取措施的情况。

第一百六十五条 审计组在审计实施过程中，应当及时督促被审计单位整改审计发现的问题。

审计机关在出具审计报告、作出审计决定后，应当在规定的时间内检查或者了解被审计单位和其他有关单位的整改情况。

第一百六十六条 审计机关可以采取下列方式检查或者了解被审计单位和其他有关单位的整改情况：

（一）实地检查或者了解；

（二）取得并审阅相关书面材料；

（三）其他方式。

对于定期审计项目，审计机关可以结合下一次审计，检查或者了解被审计单位的整改情况。

检查或者了解被审计单位和其他有关单位的整改情况应当取得相关证明材料。

第一百六十七条 审计机关指定的部门负责检查或者了解被审计单位和其他有关单位整改情况，并向审计机关提出检查报告。

第一百六十八条 检查报告的内容主要包括：

（一）检查工作开展情况，主要包括检查时间、范围、对象、和方式等；

（二）被审计单位和其他有关单位的整改情况；

（三）没有整改或者没有完全整改事项的原因和建议。

第一百六十九条 审计机关对被审计单位没有整改或者没有完全整改的事项，依法采取必要措施。

第一百七十条 审计机关对审计决定书中存在的重要错误事项，应当予以纠正。

第一百七十一条 审计机关汇总审计整改情况，向本级政府报送关于审计工作报告中指出问题的整改情况的报告。

第六章 审计质量控制和责任

第一百七十二条 审计机关应当建立审计质量控制制度，以保证实现下列目标：

（一）遵守法律法规和本准则；

（二）作出恰当的审计结论；

（三）依法进行处理处罚。

第一百七十三条 审计机关应当针对下列要素建立审计质量控制制度：

（一）审计质量责任；

（二）审计职业道德；

（三）审计人力资源；

（四）审计业务执行；

（五）审计质量监控。

对前款第二、三、四项应当按照本准则第二至五章的有关要求建立审计质量控制制度。

第一百七十四条 审计机关实行审计组成员、审计组主审、审计组组长、审计机关业务部门、审理机构、总审计师和审计机关负责人对审计业务的分级质量控制。

第一百七十五条 审计组成员的工作职责包括：

（一）遵守本准则，保持审计独立性；

（二）按照分工完成审计任务，获取审计证据；

（三）如实记录实施的审计工作并报告工作结果；

（四）完成分配的其他工作。

第一百七十六条 审计组成员应当对下列事项承担责任：

（一）未按审计实施方案实施审计导致重大问题未被发现的；

（二）未按照本准则的要求获取审计证据导致审计证据不适当、不充分的；

（三）审计记录不真实、不完整的；

（四）对发现的重要问题隐瞒不报或者不如实报告的。

第一百七十七条 审计组组长的工作职责包括：

（一）编制或者审定审计实施方案；

（二）组织实施审计工作；

（三）督导审计组成员的工作；

（四）审核审计工作底稿和审计证据；

（五）组织编制并审核审计组起草的审计报告、审计决定书、审计移送处理书、专题报告、审计信息；

（六）配置和管理审计组的资源；

（七）审计机关规定的其他职责。

第一百七十八条 审计组组长应当从下列方面督导审计组成员的工作：

（一）将具体审计事项和审计措施等信息告知审计组成员，并与其讨论；

（二）检查审计组成员的工作进展，评估审计组成员的工作质量，并解决工作中存在的问题；

（三）给予审计组成员必要的培训和指导。

第一百七十九条 审计组组长应当对审计项目的总体质量负责，并对下列事项承担责任：

（一）审计实施方案编制或者组织实施不当，造成审计目标未实现或者重要问题未被发现的；

（二）审核未发现或者未纠正审计证据不适

当、不充分问题的；

（三）审核未发现或者未纠正审计工作底稿不真实、不完整问题的；

（四）得出的审计结论不正确的；

（五）审计组起草的审计文书和审计信息反映的问题严重失实的；

（六）提出的审计处理处罚意见或者移送处理意见不正确的；

（七）对审计组发现的重要问题隐瞒不报或者不如实报告的；

（八）违反法定审计程序的。

第一百八十条　根据工作需要，审计组可以设立主审。主审根据审计分工和审计组组长的委托，主要履行下列职责：

（一）起草审计实施方案、审计文书和审计信息；

（二）对主要审计事项进行审计查证；

（三）协助组织实施审计；

（四）督导审计组成员的工作；

（五）审核审计工作底稿和审计证据；

（六）组织审计项目归档工作；

（七）完成审计组组长委托的其他工作。

第一百八十一条　审计组组长将其工作职责委托给主审或者审计组其他成员的，仍应当对委托事项承担责任。受委托的成员在受托范围内承担相应责任。

第一百八十二条　审计机关业务部门的工作职责包括：

（一）提出审计组组长人选；

（二）确定聘请外部人员事宜；

（三）指导、监督审计组的审计工作；

（四）复核审计报告、审计决定书等审计项目材料；

（五）审计机关规定的其他职责。

业务部门统一组织审计项目的，应当承担编制审计工作方案，组织、协调审计实施和汇总审计结果的职责。

第一百八十三条　审计机关业务部门应当及时发现和纠正审计组工作中存在的重要问题，并对下列事项承担责任：

（一）对审计组请示的问题未及时采取适当措施导致严重后果的；

（二）复核未发现审计报告、审计决定书等审计项目材料中存在的重要问题的；

（三）复核意见不正确的；

（四）要求审计组不在审计文书和审计信息中反映重要问题的。

业务部门对统一组织审计项目的汇总审计结果出现重大错误、造成严重不良影响的事项承担责任。

第一百八十四条　审计机关审理机构的工作职责包括：

（一）审查修改审计报告、审计决定书；

（二）提出审理意见；

（三）审计机关规定的其他职责。

第一百八十五条　审计机关审理机构对下列事项承担责任：

（一）审理意见不正确的；

（二）对审计报告、审计决定书作出的修改不正确的；

（三）审理时应当发现而未发现重要问题的。

第一百八十六条　审计机关负责人的工作职责包括：

（一）审定审计项目目标、范围和审计资源的配置；

（二）指导和监督检查审计工作；

（三）审定审计文书和审计信息；

（四）审计管理中的其他重要事项。

审计机关负责人对审计项目实施结果承担最终责任。

第一百八十七条　审计机关对审计人员违反法律法规和本准则的行为，应当按照相关规定追究其责任。

第一百八十八条　审计机关应当按照国家有关规定，建立健全审计项目档案管理制度，明确审计项目归档要求、保存期限、保存措施、档案利用审批程序等。

第一百八十九条　审计项目归档工作实行审计组组长负责制，审计组组长应当确定立卷责任人。

立卷责任人应当收集审计项目的文件材料，并在审计项目终结后及时立卷归档，由审计组组长审查验收。

第一百九十条　审计机关实行审计业务质量

检查制度，对其业务部门、派出机构和下级审计机关的审计业务质量进行检查。

第一百九十一条　审计机关可以通过查阅有关文件和审计档案、询问相关人员等方式、方法，检查下列事项：

（一）建立和执行审计质量控制制度的情况；

（二）审计工作中遵守法律法规和本准则的情况；

（三）与审计业务质量有关的其他事项。

审计业务质量检查应当重点关注审计结论的恰当性、审计处理处罚意见的合法性和适当性。

第一百九十二条　审计机关开展审计业务质量检查，应当向被检查单位通报检查结果。

第一百九十三条　审计机关在审计业务质量检查中，发现被检查的派出机构或者下级审计机关应当作出审计决定而未作出的，可以依法直接或者责成其在规定期限内作出审计决定；发现其作出的审计决定违反国家有关规定的，可以依法直接或者责成其在规定期限内变更、撤销审计决定。

第一百九十四条　审计机关应当对其业务部门、派出机构实行审计业务年度考核制度，考核审计质量控制目标的实现情况。

第一百九十五条　审计机关可以定期组织优秀审计项目评选，对被评为优秀审计项目的予以表彰。

第一百九十六条　审计机关应当对审计质量控制制度及其执行情况进行持续评估，及时发现审计质量控制制度及其执行中存在的问题，并采取措施加以纠正或者改进。

审计机关可以结合日常管理工作或者通过开展审计业务质量检查、考核和优秀审计项目评选等方式，对审计质量控制制度及其执行情况进行持续评估。

第七章　附　则

第一百九十七条　审计机关和审计人员开展下列工作，不适用本准则的规定：

（一）配合有关部门查处案件；

（二）与有关部门共同办理检查事项；

（三）接受交办或者接受委托办理不属于法定审计职责范围的事项。

第一百九十八条　地方审计机关可以根据本地实际情况，在遵循本准则规定的基础上制定实施细则。

第一百九十九条　本准则由审计署负责解释。

第二百条　本准则自2011年1月1日起施行。附件所列的审计署以前发布的审计准则和规定同时废止。

附件：废止的审计准则和规定目录

附件：

废止的审计准则和规定目录

1. 中华人民共和国国家审计基本准则（2000年审计署第1号令）
2. 审计机关审计处理处罚的规定（2000年审计署第1号令）
3. 审计机关审计方案准则（2000年审计署第2号令）
4. 审计机关审计证据准则（2000年审计署第2号令）
5. 审计机关审计工作底稿准则（试行）（2000年审计署第2号令）
6. 审计机关审计报告编审准则（2000年审计署第2号令）
7. 审计机关审计复核准则（2000年审计署第2号令）
8. 审计机关专项审计调查准则（2001年审计署第3号令）
9. 审计机关公布审计结果准则（2001年审计署第3号令）
10. 审计机关审计人员职业道德准则（2001年审计署第3号令）
11. 审计机关国家建设项目审计准则（2001年审计署第3号令）
12. 审计机关审计重要性与审计风险评价准则（2003年审计署第5号令）
13. 审计机关分析性复核准则（2003年审计署第5号令）
14. 审计机关内部控制测评准则（2003年审

计署第 5 号令）
15. 审计机关审计抽样准则（2003 年审计署第 5 号令）
16. 审计机关审计事项评价准则（2003 年审计署第 5 号令）
17. 国有企业财务审计准则（试行）（审法发〔1999〕10 号）
18. 审计机关审计项目质量控制办法（试行）（2004 年审计署第 6 号令）
19. 审计署关于国有金融机构财务审计实施办法（审金发〔1996〕331 号）
20. 审计署关于中央银行财务审计实施办法（审金发〔1996〕332 号）
21. 审计机关对社会保障基金审计实施办法（审行发〔1996〕350 号）
22. 审计机关对社会捐赠资金审计实施办法（审行发〔1996〕351 号）
23. 审计机关对国外贷援款项目审计实施办法（审外资发〔1996〕353 号）
24. 审计机关审计行政强制性措施的规定（审法发〔1996〕359 号）
25. 审计机关指导监督内部审计业务的规定（审管发〔1996〕367 号）
26. 审计署关于派出审计局开展审计工作的暂行办法（审发〔1998〕314 号）
27. 中央预算执行审计工作程序实施细则（审财发〔1999〕32 号）
28. 审计机关审计项目计划管理办法（审办发〔2002〕104 号）

审计署关于印发
政府投资项目审计规定的通知

审投发〔2010〕173 号

各省、自治区、直辖市审计厅（局），解放军审计署，各计划单列市、新疆生产建设兵团审计局，署机关各单位、各特派员办事处、各派出审计局：

为进一步加强政府投资项目审计工作，规范政府投资项目审计行为，根据《中华人民共和国审计法》、《中华人民共和国审计法实施条例》和《中华人民共和国国家审计准则》等有关法律法规，审计署研究并制定了《政府投资项目审计规定》。现予以印发，请认真贯彻执行。执行中如有问题，请及时反馈。

二〇一〇年十二月三十一日

政府投资项目审计规定

第一条　为进一步加强政府投资项目审计工作，规范政府投资项目审计行为，提升政府投资审计质量和成效，充分发挥审计保障国家经济社会健康运行的“免疫系统”功能，根据《中华人民共和国审计法》、《中华人民共和国审计法实施条例》和《中华人民共和国国家审计准则》等有关法律法规，制定本规定。

第二条　审计机关对政府投资和以政府投资为主的项目实施的审计和专项审计调查适用本规定。

第三条　审计机关依据《中华人民共和国审计法》和《中华人民共和国审计法实施条例》以及本级人民政府规定，确定政府投资项目审计的对象、范围和内容。

第四条　审计机关应当根据法律、法规、规章的规定和本级人民政府的要求以及上级审计机关的工作安排，按照全面审计、突出重点、合理安排、确保质量的原则，确定年度政府投资审计项目计划。

各级政府及其发展改革部门审批的政府重点投资项目，应当作为政府投资审计重点。

审计机关按照确定的审计管辖范围开展政府投资项目审计，防止不必要的重复审计。

第五条　审计机关对政府重点投资项目以及涉及公共利益和民生的城市基础设施、保障性住房、学校、医院等工程，应当有重点地对其建设和管理情况实施跟踪审计。

第六条 审计机关对政府投资项目重点审计以下内容：

（一）履行基本建设程序情况；

（二）投资控制和资金管理使用情况；

（三）项目建设管理情况；

（四）有关政策措施执行和规划实施情况；

（五）工程质量情况；

（六）设备、物资和材料采购情况；

（七）土地利用和征地拆迁情况；

（八）环境保护情况；

（九）工程造价情况；

（十）投资绩效情况；

（十一）其他需要重点审计的内容。

除重点审计上述内容外，还应当关注项目决策程序是否合规，有无因决策失误和重复建设造成重大损失浪费等问题；应当注重揭示和查处工程建设领域中的重大违法违规问题和经济犯罪线索，促进反腐倡廉建设；应当注重揭示投资管理体制、机制和制度方面的问题。

第七条 审计机关在真实性、合法性审计的基础上，应当更加注重检查和评价政府投资项目的绩效，逐步做到所有审计的政府重点投资项目都开展绩效审计。

第八条 对政府投入大、社会关注度高的重点投资项目竣工决算前，审计机关应当先进行审计。

审计机关应当提高工程造价审计质量，对审计发现的多计工程价款等问题，应当责令建设单位与设计、施工、监理、供货等单位据实结算。

第九条 审计机关对列入年度审计计划的竣工决算审计项目，一般应当在审计通知书确定的审计实施日起3个月内出具审计报告。确需延长审计期限时，应当报经审计计划下达机关批准。

第十条 审计机关开展政府投资项目审计，应当确定项目法人单位或其授权委托进行建设管理的单位为被审计单位。在审计通知书中应当明确，实施审计中将对与项目直接有关的设计、施工、监理、供货等单位取得项目资金的真实性、合法性进行调查。

采取跟踪审计方式实施审计的，审计通知书应当列明跟踪审计的具体方式和要求。

第十一条 审计机关在法定职权范围内对审计发现的违法违规问题进行处理处罚；对审计发现的需要追究有关人员责任的违法违纪案件线索，应当及时移送司法机关或纪检监察等机关处理；对不属于审计管辖范围内的、应当依法由其他有关部门纠正、处理处罚的事项，应当移送有关部门处理。

办理审计移送事项时，应当按规定移交相关证据材料。

审计机关应当进一步建立健全审计机关与纪检监察机关和司法机关的案件线索移送、协查和信息共享的协调沟通机制，发挥监督合力。

第十二条 审计机关应当及时向本级人民政府报告重点投资项目审计结果，并通报有关部门。政府投资项目审计中发现的重大问题，应当纳入本级预算执行审计结果报告。

审计机关在审计中发现有关部门履行职责不到位、政策法规不完善等问题，应当及时向本级人民政府或有关主管部门提出建议。

第十三条 审计机关实施政府投资项目审计，遇有相关专业知识局限等情况时，可以聘请符合审计职业要求的外部人员参加审计项目或者提供技术支持、专业咨询、专业鉴定。

审计机关应当制定有关聘请外部人员的工作规范，加强对聘请外部人员工作的督导和业务复核，保证审计质量。

审计机关聘请的外部人员在政府投资项目审计中违反有关法律法规规定的，审计机关应当停止其承担的工作，追究违约责任，移送有关部门处理；涉嫌犯罪的，移送司法机关追究刑事责任。

第十四条 审计机关应当根据《中华人民共和国国家审计准则》，建立健全政府投资项目审计质量控制制度，实行审计组成员、审计组主审、审计组组长、审计机关业务部门、审理机构、总审计师和审计机关负责人对审计业务的分级质量控制，作出恰当的审计结论，依法进行处理处罚，防范审计风险。

第十五条 审计机关应当建立健全政府投资项目审计整改检查机制，督促被审计单位和其他有关单位根据审计结果进行整改。审计组在审计实施过程中，应当及时督促被审计单位整改审计发现的问题。

对于跟踪审计项目，审计机关应当将上次审

计查出问题的整改情况作为审计的重要内容。

第十六条　审计机关应当依法实行公告制度，及时客观公正地向社会公告政府投资项目审计结果及整改情况；逐步实现所有政府重点投资项目审计结果及整改情况，除涉及国家秘密和商业秘密外，都按程序全面、如实向社会公告。

第十七条　审计机关应当充分运用信息化手段开展政府投资项目审计工作，努力搭建管理平台，逐步建立政府投资项目审计数据库，加快方法体系建设，扩大工程造价软件在竣工决算审计中的应用，并探索信息化条件下的联网审计，提高政府投资项目审计管理水平和效率。

第十八条　上级审计机关应当加强对下级审计机关政府投资项目审计工作的业务领导，及时总结和推广好的经验与做法，研究制定政府投资项目审计业务规范，提高规范化水平。

下一级审计机关应当按规定向上一级审计机关报告政府重点投资项目审计结果。

第十九条　审计机关应当重视和加强投资审计队伍建设，积极引进符合条件的投资审计相关专业人才，培养投资审计业务骨干人才和领军人才，改善投资审计队伍的专业结构，逐步提高投资审计人员的整体素质，使投资审计人员具备与政府投资项目审计工作相适应的专业知识、业务能力和实践经验，为投资审计发展提供人才保障。

第二十条　审计机关应当加强对投资审计人员的职业道德和廉政纪律教育，针对投资审计工作容易出现廉政风险的环节，加强内部控制，强化管理，确保严格执行审计纪律，维护审计机关廉洁从审的良好形象。

第二十一条　地方审计机关可以根据《中华人民共和国审计法》和《中华人民共和国审计法实施条例》，结合本地实际，制定地方政府投资项目审计的实施细则。

第二十二条　审计机关对国有资本占控股地位或者主导地位的企业和国家事业组织投资的项目审计，参照本规定执行。

第二十三条　本规定由审计署负责解释，自发布之日起施行。2006 年 1 月 20 日颁布的《政府投资项目审计管理办法》同时废止。

中华人民共和国审计署令

第 9 号

《审计机关封存资料资产规定》已经审计署审计长会议通过，现予公布，自 2011 年 2 月 1 日起施行。

审 计 长　**刘家义**

二〇一〇年十二月二十八日

审计机关封存资料资产规定

第一条　为了规范审计机关封存被审计单位有关资料和违反国家规定取得的资产的行为，保障审计机关和审计人员严格依法行使审计监督职权，提高依法审计水平，维护国家利益和被审计单位的合法权益，根据审计法、审计法实施条例和其他有关法律法规，制定本规定。

第二条　审计机关对被审计单位有关资料和违反国家规定取得的资产采取封存措施适用本规定。

审计机关在审计证据可能灭失或者以后难以取得的情况下，采取的先行登记保存措施，依照行政处罚法和有关行政法规的规定执行。

第三条　审计机关采取封存措施，应当遵循合法、谨慎的原则。

审计机关应当严格依照审计法、审计法实施条例和本规定确定的条件、程序采取封存措施，不得滥用封存权。

审计机关通过制止被审计单位违法行为、及时取证或者采取先行登记保存措施可以达到审计目的的，不必采取封存措施。

第四条　有下列情形之一的，审计机关可以采取封存措施：

（一）被审计单位正在或者可能转移、隐匿、篡改、毁弃会计凭证、会计账簿、财务会计报告以及其他与财政收支或者财务收支有关的资料的；

（二）被审计单位正在或者可能转移、隐匿违反国家规定取得的资产的。

第五条 审计机关依法对被审计单位的下列资料进行封存：

（一）会计凭证、会计账簿、财务会计报告等会计资料；

（二）合同、文件、会议记录等与被审计单位财政收支或者财务收支有关的其他资料。

上述资料存储在磁、光、电等介质上的，审计机关可以依法封存相关存储介质。

第六条 审计机关依法对被审计单位违反国家规定取得的现金、实物等资产或者有价证券、权属证明等资产凭证进行封存。

第七条 审计机关采取封存措施，应当经县级以上人民政府审计机关（含县级人民政府审计机关和省级以上人民政府审计机关派出机构，下同）负责人批准，由两名审计人员实施。

第八条 审计机关采取封存措施，应当向被审计单位送达封存通知书。

封存通知书包括下列内容：

（一）被审计单位名称；

（二）封存依据；

（三）封存资料或者资产的名称、数量等；

（四）封存期限；

（五）被审计单位申请行政复议或者提起行政诉讼的途径和期限；

（六）审计机关的名称、印章和日期。

在被审计单位正在转移、隐匿、篡改、毁弃有关资料或者正在转移、隐匿违反国家规定取得的资产等紧急情况下，审计人员报经县级以上人民政府审计机关负责人口头批准，可以采取必要措施，当场予以封存，再补送封存通知书。

第九条 审计机关采取封存措施时，审计人员应当会同被审计单位相关人员对有关资料或者资产进行清点，开列封存清单。

封存清单一般登记封存资料的名称、数量，封存资产的名称、规格、型号、数量等。封存资料存储在磁、光、电等介质上的，还应当列明存储介质的名称、规格等。

封存清单一式两份，由审计人员和被审计单位相关人员核对后签名或者盖章，双方各执一份。

第十条 审计机关应当对存放封存资料或者资产的文件柜、保险柜、档案室、库房等加贴封条。

封条上应当注明审计机关名称、封存日期并加盖审计机关印章。

第十一条 审计机关具备保管条件的，可以自行保管封存的资料或者资产；不具备保管条件的，可以指定被审计单位对存放封存资料、资产的设备或者设施进行保管或者看管；特殊情况下，也可以委托与被审计单位无利害关系的第三人保管。

审计机关指定被审计单位保管或者看管存放封存资料、资产的设备或者设施的，应当在封存通知书中一并载明被审计单位的保管责任。

第十二条 被审计单位或者受托保管的第三人应当履行保管责任，除本规定第十三条规定的情形外，不得擅自启封，不得损毁或者转移存放封存资料、资产的设备或者设施。

第十三条 遇有自然灾害等突发事件，可能导致封存的资料或者资产损毁的，负有保管责任的被审计单位或者第三人，应当将封存的资料或者资产转移到安全的地方，并将情况及时报告采取封存措施的审计机关。

第十四条 封存的期限一般不得超过7个工作日；有特殊情况需要延长的，经县级以上人民政府审计机关负责人批准，可以适当延长，但延长的期限不得超过7个工作日。

第十五条 审计机关封存资料或者资产后，审计人员应当及时进行审查，获取审计证据，或者提请有关主管部门对被审计单位违反国家规定取得的资产进行处理。

第十六条 审计机关在封存期限届满或者在封存期限内完成对有关资料或者资产处理的，审计人员应当与被审计单位相关人员共同清点封存的资料或者资产后予以退还，并在双方持有的封存清单上注明解除封存日期和退还的资料或者资产，由双方签名或者盖章。

第十七条 审计机关违反规定采取封存措施，给国家利益或者被审计单位的合法权益造成重大损害的，依照有关法律法规的规定追究相关人员的责任。

第十八条 被审计单位或者负有保管责任的

第三人有下列行为之一的，依照有关法律法规的规定追究相关人员的责任：

（一）除本规定第十三条规定的情形外，擅自启封的；

（二）故意或者未尽保管责任，导致封存的资料被转移、隐匿、篡改、毁弃的；

（三）故意或者未尽保管责任，导致封存的资产被转移、隐匿、损毁的。

第十九条　本规定由审计署负责解释。

第二十条　本规定自 2011 年 2 月 1 日起施行。

审计署关于印发聘请外部人员参与审计工作管理办法的通知

审办发〔2010〕68 号

署机关各单位、各特派员办事处、各派出审计局：

《审计署聘请外部人员参与审计工作管理办法》已经审计长会议修订通过，现予印发。请署机关各单位、各特派员办事处和各派出审计局遵照执行。地方各级审计机关应当参照本办法的有关规定，结合当地实际，严格规范审计机关聘请外部人员参与审计工作。

二〇一〇年五月十九日

审计署聘请外部人员参与审计工作管理办法

第一章　总　则

第一条　为了充分履行审计职责，规范聘请外部人员参与审计工作的行为，根据《中华人民共和国审计法》和《中华人民共和国审计法实施条例》，制定本办法。

第二条　审计署遇有审计力量不足、相关专业知识不能满足审计工作需要时，可以从外部聘请相关专业人员参与审计（含专项审计调查，下同）工作，主要包括：

（一）从地方审计机关、社会中介机构和其他专业机构聘请外部人员参与审计；

（二）聘请外部专家对与其专业相关的特定事项提供咨询意见或者专业鉴定意见。

第三条　审计署可以聘请外部人员参与下列审计：

（一）固定资产投资审计；

（二）企业和金融机构资产、负债、损益及其主要负责人任期经济责任审计；

（三）事业单位、社会团体和其他社会组织财务收支及其主要负责人任期经济责任审计；

（四）资源环境项目审计；

（五）社会保障项目审计；

（六）国外贷援款项目审计；

（七）其他需要聘请外部人员参与的审计。

第二章　外部人员的聘请

第四条　聘请外部人员实行计划管理。署机关和特派办（以下简称各单位）每年制定审计项目计划时，应“尽力而为，量力而行，留有余地”，确因工作需要或特殊事项必需外聘相关专业人员的，应向审计署提出包括聘请人员的数量、专业、资质和聘请时间等内容的外聘工作计划（草案）。

署机关外聘工作计划（草案）由办公厅审核并报经审计长会议审定；特派办外聘工作计划（草案）由办公厅会同业务司审核并报分管特派办和财务工作的署领导审定。形成审计署年度外聘工作计划（草案），作为申请分配外聘经费的重要依据。

第五条　从社会中介机构和其他专业机构聘请外部人员的，拟聘请人员所在机构一般应当符合下列条件：

（一）依法设立，能够独立享有民事法律权利、承担民事法律责任；

（二）具备与审计事项相适应的资质、等级；

（三）社会信誉好，近3年未因业务质量问题和违法违规行为受到有关部门处理处罚；

（四）聘请审计机关退休人员的，应符合退休人员从业的有关规定。

第六条 拟聘请的外部人员应当符合下列条件：

（一）具有与审计事项相适应的专业技能和资格；

（二）从事相关专业工作3年以上；

（三）职业道德良好，近3年未受到有关部门处理处罚，未受到纪律处分或者行政处分；

（四）身体健康。

如有特定审计事项，可以向拟聘请人员提出除上述条件之外的其他特殊聘请要求。

第七条 从社会中介机构和其他专业机构聘请外部人员的，一般应从财政部、国资委、证监会和审计署确立的社会中介机构或其他专业机构名单中选择。在办理聘请外部人员参与审计的相关工作时，各单位与拟聘用的社会中介机构和其他专业机构或个人有利害关系的人员应回避。

第八条 协议签订。从社会中介机构和其他专业机构聘请外部人员的，应当由各单位与拟聘请人员所在机构签订聘请协议。聘请协议应当明确以下内容：

（一）审计目标、内容和职责范围；

（二）工作时限和要求；

（三）受聘人员姓名、资质条件及其权利；

（四）费用及支付方式；

（五）廉政、回避和保密承诺；

（六）违约责任；

（七）其他应当约定的事项。

第九条 凡与被审计单位或者审计事项有利害关系的外部单位和外部人员，应当要求其回避。

第三章　外聘人员的工作管理

第十条 各单位应当对外聘人员进行国家审计法律、法规、规章和相关审计业务培训，并对其进行审计工作纪律、审计职业道德教育。

第十一条 各单位应当将外聘人员编入相关审计项目的审计组，但不得担任审计组组长、副组长和主审。

审计组组长在审计实施中应当加强对外聘人员的督导和业务复核，审计组所在部门和审计署相关部门应当加强对外聘人员工作的监督检查，有效保证其审计质量。

第十二条 外聘人员在审计实施中享有审计法第三十一条、第三十二条和第三十三条规定的要求被审计单位提供资料、检查和调查取证等相关权限。

外聘人员有权如实向审计机关反映审计中发现的问题和处理建议，对审计机关有关人员阻止受聘人员如实反映情况的，外聘人员可越级直至向审计署领导反映有关情况，提出相应意见和建议。审计署和各单位对于反映真实情况的外聘人员应予保护和奖励。

第十三条 外聘人员应当在审计项目完成后，及时移交审计实施过程中所形成的全部纸质资料和电子资料。外聘人员不得将其参与审计工作获取的相关信息用于与所审计事项无关的目的。

第十四条 外聘人员应当对其工作结果负责，各单位应当对利用其结果所形成的审计结论负责。

第十五条 审计项目完成后，各单位应当组织对外聘人员参与审计工作的业务质量和履行聘请协议情况进行考评。各单位应当逐步建立外聘人员备选库，根据考评结果，将业务能力强和职业道德水平高的外聘人员列入外聘人员备选库，并实行动态管理。

第四章　纪律管理

第十六条 外聘人员参与审计工作，必须遵守《审计署关于加强审计纪律的八项规定》和各项审计纪律、廉政纪律、保密规定等法律法规和纪律。

第十七条 外聘人员有下列情形之一的，应当依法依纪作出处理处罚：

（一）隐瞒审计发现的问题或者与被审计单位串通舞弊的；

（二）利用受聘工作从被审计单位获取不正当利益的；

（三）将参与审计工作获取的信息用于与审计事项无关目的的；

（四）违反保密纪律或回避规定的；

（五）拒绝接受聘请单位和审计组统一领导和监督的；

（六）不履行聘请协议规定的其他义务的。

第十八条　审计人员有下列情形之一，造成严重后果的，应当依法依纪作出处理处罚：

（一）未按本办法规定履行聘请外部人员相关职责的；

（二）通过聘请外部人员工作获取不正当利益的；

（三）要求外聘人员或者与其串通实施违反审计工作有关规定的活动的；

（四）有其他违法违纪行为的。

第五章　外聘经费的管理

第十九条　外聘经费应纳入各单位年度财政预算，按照下列程序申请、审批和使用。

（一）办公厅依据财政部下达的年度预算控制数、署年度外聘工作计划和各单位人力资源状况，提出外聘经费分配草案，并报审计长会议批准后，列入各单位年度预算。

办公厅根据外聘经费预算执行情况，可在每年第四季度进行一次预算调整。

（二）各单位在年度预算确定的外聘经费控制数内，依据年度外聘工作计划开展外部人员聘请工作。执行中需要调整外聘经费预算的，应当履行相应的审批程序。

（三）署本级需要支付外聘经费的，由相关业务司局提出费用支付申请和依据，按经费审批权限报经批准后，在署本级年度预算控制数内按聘请协议支付。

第二十条　外聘费用标准。各单位统一按审计外勤经费标准报销外聘人员相关费用，并在下述标准内支付外聘费用，除此之外不再承担其他任何费用。

从社会中介机构和其他专业机构聘请外部人员参与审计的，向外聘人员所在机构按下述标准支付外聘费用：

高级职称人员 500 元/人天（税前，下同）。

中级职称人员（含注册会计师等执业资格人员）300 元/人天。

一般人员 200 元/人天。

聘请相关特殊专业专家的，按相关规定标准支付费用。

第二十一条　审计过程中，聘请外部专家对与其专业相关的特定事项提供咨询意见或者专业鉴定意见，需要支付咨询费、检测费等其他费用时，必须提供相应的收费依据和收费标准，无依据的不得支付外聘费用。

第二十二条　外聘经费的结算。

（一）审计组应安排专人做好考勤记录，由记录人、外聘人员、审计组组长和有关单位负责人签字认可，报销时须附考勤表。

（二）外聘人员的城市间交通费、住宿发票等报销票据应与本单位职工分开填列，单独报销。

第二十三条　各单位应按照规定的程序和范围管理使用外聘经费，严禁违规使用外聘经费。

第二十四条　办公厅及各特派办办公室负责对外聘经费使用进行监督检查。年度预算执行结束后，办公厅将抽查外聘经费使用情况。

第二十五条　同等条件下，聘请外部人员参与审计应优先聘请地方审计机关人员。从地方审计机关聘请人员参与审计的，可经双方协商，向参审人员派出单位适当支付外聘费用。

第六章　附　则

第二十六条　本办法由审计署办公厅负责解释。

第二十七条　本办法自发布之日起施行，原《审计署关于印发〈审计署聘请外部人员参与审计工作管理办法〉的通知》（审法发〔2006〕39 号）和《审计署办公厅关于加强聘请外部人员参与审计工作经费预算管理和支付管理的通知》（审办办发〔2007〕63 号）同时作废。

中央五部委经济责任审计工作联席会议办公室关于转发山东省纪委监察厅机关经济责任审计结果运用办法（试行）的通知

经审办字〔2010〕5号

各省、自治区、直辖市、计划单列市和新疆生产建设兵团纪委、组织部、监察厅（局）、人力资源社会保障厅（局）、审计厅（局）、国资委：

现将山东省纪委办公厅印发的《省纪委监察厅机关经济责任审计结果运用办法（试行）》（鲁纪办发〔2010〕19号）转发给你们，供工作中参考。

二〇一〇年十一月二十六日

关于印发《省纪委监察厅机关经济责任审计结果运用办法（试行）》的通　　知

鲁纪办发〔2010〕19号

机关各厅室、单位、巡视办：

《省纪委监察厅机关经济责任审计结果运用办法（试行）》已经省纪委领导同意，现印发给你们，请认真遵照执行。

中共山东省纪委办公厅
山东省监察厅办公室
2010年8月11日

省纪委监察厅机关经济责任审计结果运用办法（试行）

第一条　为进一步规范委厅机关经济责任审计结果的管理和运用工作，充分发挥经济责任审计结果在加强干部监督和促进党风廉政建设中的作用，根据《中华人民共和国审计法》、《国有及国有控股企业领导人员任期经济责任审计暂行规定》和山东省《领导干部任中经济责任审计暂行办法》、《领导干部经济责任审计结果运用暂行办法》及有关法律法规，制定本办法。

第二条　本办法所称经济责任审计结果，是指审计机关根据政府指令和有关部门委托对省委管理的领导干部（人员）任期内履行经济责任情况进行审计后，依法向省纪委、省监察厅出具的审计业务文书所反映的内容。

第三条　经济责任审计结果运用应坚持实事求是、客观公正、及时准确、注重实效的原则。

第四条　对经济责任审计结果的办理应按如下程序进行：

（一）结果受理。审计机关抄送省纪委、省监察厅的经济责任审计报告（含审计决定书，下同）统一归口由监察综合室受理。

（二）文书呈报。监察综合室对受理的经济责任审计报告进行分析研究，提出办理建议，及时呈报委厅领导。

（三）分别办理。有关厅室根据领导批示要求和工作职责提出具体办理意见，并在一定期限内书面反馈监察综合室。监察综合室对办理情况进行跟踪督办。

（四）情况反馈。监察综合室对经济责任审计结果办理情况应及时向委厅领导报告，并反馈审计机关。

第五条　对经济责任审计结果的办理作如下分工：

（一）监察综合室负责委厅机关审计结果运用的综合协调，研究分析经济责任审计中反映的苗头性、倾向性和普遍性问题，提出惩戒、预防的意见和措施。

（二）党风廉政建设室负责将经济责任审计结果纳入党风廉政建设责任制考核和领导干部述职述廉重要内容及干部廉政档案，作为考核干部廉政情况的重要依据；根据审计发现问题的性质和情节，提出建议并对有关干部进行谈话或诫勉，谈话和诫勉情况存入干部廉政档案。

（三）纪检监察室、案件审理室负责对经济责任审计中反映出的违法违纪问题，按照规定进行调查处理，追究其党纪政纪责任。

（四）宣传教育室负责运用经济责任审计典型案例，开展警示教育。

第六条　对经济责任审计结果运用情况，监察综合室应适时反馈省经济责任审计工作领导小组或联席会议办公室。

中国银行业监督管理委员会令

2010年第1号

《流动资金贷款管理暂行办法》已经中国银行业监督管理委员会第72次主席会议通过，现予公布，并自发布之日起施行。

主席　**刘明康**

二〇一〇年二月十二日

流动资金贷款管理暂行办法

第一章　总　则

第一条　为规范银行业金融机构流动资金贷款业务经营行为，加强流动资金贷款审慎经营管理，促进流动资金贷款业务健康发展，依据《中华人民共和国银行业监督管理法》、《中华人民共和国商业银行法》等有关法律法规，制定本办法。

第二条　中华人民共和国境内经中国银行业监督管理委员会批准设立的银行业金融机构（以下简称贷款人）经营流动资金贷款业务，应遵守本办法。

第三条　本办法所称流动资金贷款，是指贷款人向企（事）业法人或国家规定可以作为借款人的其他组织发放的用于借款人日常生产经营周转的本外币贷款。

第四条　贷款人开展流动资金贷款业务，应当遵循依法合规、审慎经营、平等自愿、公平诚信的原则。

第五条　贷款人应完善内部控制机制，实行贷款全流程管理，全面了解客户信息，建立流动资金贷款风险管理制度和有效的岗位制衡机制，将贷款管理各环节的责任落实到具体部门和岗位，并建立各岗位的考核和问责机制。

第六条　贷款人应合理测算借款人营运资金需求，审慎确定借款人的流动资金授信总额及具体贷款的额度，不得超过借款人的实际需求发放流动资金贷款。

贷款人应根据借款人生产经营的规模和周期特点，合理设定流动资金贷款的业务品种和期限，以满足借款人生产经营的资金需求，实现对贷款资金回笼的有效控制。

第七条　贷款人应将流动资金贷款纳入对借款人及其所在集团客户的统一授信管理，并按区域、行业、贷款品种等维度建立风险限额管理制度。

第八条　贷款人应根据经济运行状况、行业发展规律和借款人的有效信贷需求等，合理确定内部绩效考核指标，不得制订不合理的贷款规模指标，不得恶性竞争和突击放贷。

第九条　贷款人应与借款人约定明确、合法的贷款用途。

流动资金贷款不得用于固定资产、股权等投资，不得用于国家禁止生产、经营的领域和用途。

流动资金贷款不得挪用，贷款人应按照合同约定检查、监督流动资金贷款的使用情况。

第十条　中国银行业监督管理委员会依照本办法对流动资金贷款业务实施监督管理。

第二章　受理与调查

第十一条　流动资金贷款申请应具备以下条件：

（一）借款人依法设立；

（二）借款用途明确、合法；

（三）借款人生产经营合法、合规；

（四）借款人具有持续经营能力，有合法的还款来源；

（五）借款人信用状况良好，无重大不良信用记录；

（六）贷款人要求的其他条件。

第十二条 贷款人应对流动资金贷款申请材料的方式和具体内容提出要求，并要求借款人恪守诚实守信原则，承诺所提供材料真实、完整、有效。

第十三条 贷款人应采取现场与非现场相结合的形式履行尽职调查，形成书面报告，并对其内容的真实性、完整性和有效性负责。尽职调查包括但不限于以下内容：

（一）借款人的组织架构、公司治理、内部控制及法定代表人和经营管理团队的资信等情况；

（二）借款人的经营范围、核心主业、生产经营、贷款期内经营规划和重大投资计划等情况；

（三）借款人所在行业状况；

（四）借款人的应收账款、应付账款、存货等真实财务状况；

（五）借款人营运资金总需求和现有融资性负债情况；

（六）借款人关联方及关联交易等情况；

（七）贷款具体用途及与贷款用途相关的交易对手资金占用等情况；

（八）还款来源情况，包括生产经营产生的现金流、综合收益及其他合法收入等；

（九）对有担保的流动资金贷款，还需调查抵（质）押物的权属、价值和变现难易程度，或保证人的保证资格和能力等情况。

第三章 风险评价与审批

第十四条 贷款人应建立完善的风险评价机制，落实具体的责任部门和岗位，全面审查流动资金贷款的风险因素。

第十五条 贷款人应建立和完善内部评级制度，采用科学合理的评级和授信方法，评定客户信用等级，建立客户资信记录。

第十六条 贷款人应根据借款人经营规模、业务特征及应收账款、存货、应付账款、资金循环周期等要素测算其营运资金需求（测算方法参考附件），综合考虑借款人现金流、负债、还款能力、担保等因素，合理确定贷款结构，包括金额、期限、利率、担保和还款方式等。

第十七条 贷款人应根据贷审分离、分级审批的原则，建立规范的流动资金贷款评审制度和流程，确保风险评价和信贷审批的独立性。

贷款人应建立健全内部审批授权与转授权机制。审批人员应在授权范围内按规定流程审批贷款，不得越权审批。

第四章 合同签订

第十八条 贷款人应和借款人及其他相关当事人签订书面借款合同及其他相关协议，需担保的应同时签订担保合同。

第十九条 贷款人应在借款合同中与借款人明确约定流动资金贷款的金额、期限、利率、用途、支付、还款方式等条款。

第二十条 前条所指支付条款，包括但不限于以下内容：

（一）贷款资金的支付方式和贷款人受托支付的金额标准；

（二）支付方式变更及触发变更条件；

（三）贷款资金支付的限制、禁止行为；

（四）借款人应及时提供的贷款资金使用记录和资料。

第二十一条 贷款人应在借款合同中约定由借款人承诺以下事项：

（一）向贷款人提供真实、完整、有效的材料；

（二）配合贷款人进行贷款支付管理、贷后管理及相关检查；

（三）进行对外投资、实质性增加债务融资，以及进行合并、分立、股权转让等重大事项前征得贷款人同意；

（四）贷款人有权根据借款人资金回笼情况提前收回贷款；

（五）发生影响偿债能力的重大不利事项时及时通知贷款人。

第二十二条 贷款人应与借款人在借款合同中约定，出现以下情形之一时，借款人应承担的违约责任和贷款人可采取的措施：

（一）未按约定用途使用贷款的；

（二）未按约定方式进行贷款资金支付的；

（三）未遵守承诺事项的；

（四）突破约定财务指标的；

（五）发生重大交叉违约事件的；

（六）违反借款合同约定的其他情形的。

第五章　发放和支付

第二十三条　贷款人应设立独立的责任部门或岗位，负责流动资金贷款发放和支付审核。

第二十四条　贷款人在发放贷款前应确认借款人满足合同约定的提款条件，并按照合同约定通过贷款人受托支付或借款人自主支付的方式对贷款资金的支付进行管理与控制，监督贷款资金按约定用途使用。

贷款人受托支付是指贷款人根据借款人的提款申请和支付委托，将贷款通过借款人账户支付给符合合同约定用途的借款人交易对象。

借款人自主支付是指贷款人根据借款人的提款申请将贷款资金发放至借款人账户后，由借款人自主支付给符合合同约定用途的借款人交易对象。

第二十五条　贷款人应根据借款人的行业特征、经营规模、管理水平、信用状况等因素和贷款业务品种，合理约定贷款资金支付方式及贷款人受托支付的金额标准。

第二十六条　具有以下情形之一的流动资金贷款，原则上应采用贷款人受托支付方式：

（一）与借款人新建立信贷业务关系且借款人信用状况一般；

（二）支付对象明确且单笔支付金额较大；

（三）贷款人认定的其他情形。

第二十七条　采用贷款人受托支付的，贷款人应根据约定的贷款用途，审核借款人提供的支付申请所列支付对象、支付金额等信息是否与相应的商务合同等证明材料相符。审核同意后，贷款人应将贷款资金通过借款人账户支付给借款人交易对象。

第二十八条　用借款人自主支付的，贷款人应按借款合同约定要求借款人定期汇总报告贷款资金支付情况，并通过账户分析、凭证查验或现场调查等方式核查贷款支付是否符合约定用途。

第二十九条　贷款支付过程中，借款人信用状况下降、主营业务盈利能力不强、贷款资金使用出现异常的，贷款人应与借款人协商补充贷款发放和支付条件，或根据合同约定变更贷款支付方式、停止贷款资金的发放和支付。

第六章　贷后管理

第三十条　贷款人应加强贷款资金发放后的管理，针对借款人所属行业及经营特点，通过定期与不定期现场检查与非现场监测，分析借款人经营、财务、信用、支付、担保及融资数量和渠道变化等状况，掌握各种影响借款人偿债能力的风险因素。

第三十一条　贷款人应通过借款合同的约定，要求借款人指定专门资金回笼账户并及时提供该账户资金进出情况。

贷款人可根据借款人信用状况、融资情况等，与借款人协商签订账户管理协议，明确约定对指定账户回笼资金进出的管理。

贷款人应关注大额及异常资金流入流出情况，加强对资金回笼账户的监控。

第三十二条　贷款人应动态关注借款人经营、管理、财务及资金流向等重大预警信号，根据合同约定及时采取提前收贷、追加担保等有效措施防范化解贷款风险。

第三十三条　贷款人应评估贷款品种、额度、期限与借款人经营状况、还款能力的匹配程度，作为与借款人后续合作的依据，必要时及时调整与借款人合作的策略和内容。

第三十四条　贷款人应根据法律法规规定和借款合同的约定，参与借款人大额融资、资产出售以及兼并、分立、股份制改造、破产清算等活动，维护贷款人债权。

第三十五条　流动资金贷款需要展期的，贷款人应审查贷款所对应的资产转换周期的变化原因和实际需要，决定是否展期，并合理确定贷款展期期限，加强对展期贷款的后续管理。

第三十六条　流动资金贷款形成不良的，贷款人应对其进行专门管理，及时制定清收处置方案。对借款人确因暂时经营困难不能按期归还贷款本息的，贷款人可与其协商重组。

第三十七条　对确实无法收回的不良贷款，贷款人按照相关规定对贷款进行核销后，应继续向债务人追索或进行市场化处置。

第七章　法律责任

第三十八条　贷款人违反本办法规定经营流动资金贷款业务的，中国银行业监督管理委员会应当责令其限期改正。贷款人有下列情形之一的，中国银行业监督管理委员会可采取《中华人民共和国银行业监督管理法》第三十七条规定的监管措施：

（一）流动资金贷款业务流程有缺陷的；

（二）未将贷款管理各环节的责任落实到具体部门和岗位的；

（三）贷款调查、风险评价、贷后管理未尽职的；

（四）对借款人违反合同约定的行为应发现而未发现，或虽发现但未及时采取有效措施的。

第三十九条　贷款人有下列情形之一的，中国银行业监督管理委员会除按本办法第三十八条采取监管措施外，还可根据《中华人民共和国银行业监督管理法》第四十六条、第四十八条对其进行处罚：

（一）以降低信贷条件或超过借款人实际资金需求发放贷款的；

（二）未按本办法规定签订借款合同的；

（三）与借款人串通违规发放贷款的；

（四）放任借款人将流动资金贷款用于固定资产投资、股权投资以及国家禁止生产、经营的领域和用途的；

（五）超越或变相超越权限审批贷款的；

（六）未按本办法规定进行贷款资金支付管理与控制的；

（七）严重违反本办法规定的审慎经营规则的其他情形的。

第八章　附　则

第四十条　贷款人应依据本办法制定流动资金贷款管理实施细则及操作规程。

第四十一条　本办法由中国银行业监督管理委员会负责解释。

第四十二条　本办法自发布之日起施行。

中国保险监督管理委员会令

2010年第9号

《保险资金运用管理暂行办法》已经2010年2月1日中国保险监督管理委员会主席办公会审议通过，现予公布，自2010年8月31日起施行。

主席　**吴定富**

二〇一〇年七月三十日

保险资金运用管理暂行办法

第一章　总　则

第一条　为了规范保险资金运用行为，防范保险资金运用风险，维护保险当事人合法权益，促进保险业持续、健康发展，根据《中华人民共和国保险法》（以下简称保险法）等法律、行政法规，制定本办法。

第二条　在中国境内依法设立的保险集团（控股）公司、保险公司从事保险资金运用活动适用本办法规定。

第三条　本办法所称保险资金，是指保险集团（控股）公司、保险公司以本外币计价的资本金、公积金、未分配利润、各项准备金及其他资金。

第四条　保险资金运用必须稳健，遵循安全性原则，符合偿付能力监管要求，根据保险资金性质实行资产负债管理和全面风险管理，实现集约化、专业化、规范化和市场化。

第五条　中国保险监督管理委员会（以下简称中国保监会）依法对保险资金运用活动进行监督管理。

第二章　资金运用形式

第一节　资金运用范围

第六条　保险资金运用限于下列形式：

（一）银行存款；

（二）买卖债券、股票、证券投资基金份额等有价证券；

（三）投资不动产；

（四）国务院规定的其他资金运用形式。

保险资金从事境外投资的，应当符合中国保监会有关监管规定。

第七条　保险资金办理银行存款的，应当选择符合下列条件的商业银行作为存款银行：

（一）资本充足率、净资产和拨备覆盖率等符合监管要求；

（二）治理结构规范、内控体系健全、经营业绩良好；

（三）最近三年未发现重大违法违规行为；

（四）连续三年信用评级在投资级别以上。

第八条　保险资金投资的债券，应当达到中国保监会认可的信用评级机构评定的、且符合规定要求的信用级别，主要包括政府债券、金融债券、企业（公司）债券、非金融企业债务融资工具以及符合规定的其他债券。

第九条　保险资金投资的股票，主要包括公开发行并上市交易的股票和上市公司向特定对象非公开发行的股票。

投资创业板上市公司股票和以外币认购及交易的股票由中国保监会另行规定。

第十条　保险资金投资证券投资基金的，其基金管理人应当符合下列条件：

（一）公司治理良好，净资产连续三年保持在人民币一亿元以上；

（二）依法履行合同，维护投资者合法权益，最近三年没有不良记录；

（三）建立有效的证券投资基金和特定客户资产管理业务之间的防火墙机制；

（四）投资团队稳定，历史投资业绩良好，管理资产规模或者基金份额相对稳定。

第十一条　保险资金投资的不动产，是指土地、建筑物及其他附着于土地上的定着物。具体办法由中国保监会制定。

第十二条　保险资金投资的股权，应当为境内依法设立和注册登记，且未在证券交易所公开上市的股份有限公司和有限责任公司的股权。

第十三条　保险集团（控股）公司、保险公司不得使用各项准备金购置自用不动产或者从事对其他企业实现控股的股权投资。

第十四条　保险集团（控股）公司、保险公司对其他企业实现控股的股权投资，应当满足有关偿付能力监管规定。保险集团（控股）公司的保险子公司不符合中国保监会偿付能力监管要求的，该保险集团（控股）公司不得向非保险类金融企业投资。

实现控股的股权投资应当限于下列企业：

（一）保险类企业，包括保险公司、保险资产管理机构以及保险专业代理机构、保险经纪机构；

（二）非保险类金融企业；

（三）与保险业务相关的企业。

第十五条　保险集团（控股）公司、保险公司从事保险资金运用，不得有下列行为：

（一）存款于非银行金融机构；

（二）买入被交易所实行“特别处理”、“警示存在终止上市风险的特别处理”的股票；

（三）投资不具有稳定现金流回报预期或者资产增值价值、高污染等不符合国家产业政策项目的企业股权和不动产；

（四）直接从事房地产开发建设；

（五）从事创业风险投资；

（六）将保险资金运用形成的投资资产用于向他人提供担保或者发放贷款，个人保单质押贷款除外；

（七）中国保监会禁止的其他投资行为。

中国保监会可以根据有关情况对保险资金运用的禁止性规定进行适当调整。

第十六条　保险集团（控股）公司、保险公司从事保险资金运用应当符合下列比例要求：

（一）投资于银行活期存款、政府债券、中央银行票据、政策性银行债券和货币市场基金等资产的账面余额，合计不低于本公司上季末总资产的5%；

（二）投资于无担保企业（公司）债券和非金融企业债务融资工具的账面余额，合计不高于本公司上季末总资产的20%；

（三）投资于股票和股票型基金的账面余额，合计不高于本公司上季末总资产的20%；

（四）投资于未上市企业股权的账面余额，不高于本公司上季末总资产的5%；投资于未上市企业股权相关金融产品的账面余额，不高于本公司上季末总资产的4%，两项合计不高于本公司上季末总资产的5%；

（五）投资于不动产的账面余额，不高于本公司上季末总资产的10%；投资于不动产相关金融产品的账面余额，不高于本公司上季末总资产的3%，两项合计不高于本公司上季末总资产的10%；

（六）投资于基础设施等债权投资计划的账面余额不高于本公司上季末总资产的10%；

（七）保险集团（控股）公司、保险公司对其他企业实现控股的股权投资，累计投资成本不得超过其净资产。

前款（一）至（六）项所称总资产应当扣除债券回购融入资金余额、投资连结保险和非寿险非预定收益投资型保险产品资产；保险集团（控股）公司总资产应当为集团母公司总资产。

非金融企业债务融资工具是指具有法人资格的非金融企业在银行间债券市场发行的，约定在一定期限内还本付息的有价证券；

未上市企业股权相关金融产品是指股权投资管理机构依法在中国境内发起设立或者发行的以未上市企业股权为基础资产的投资计划或者投资基金等；

不动产相关金融产品是指不动产投资管理机构依法在中国境内发起设立或者发行的以不动产为基础资产的投资计划或者投资基金等；

基础设施等债权投资计划是指保险资产管理机构等专业管理机构根据有关规定，发行投资计划受益凭证，向保险公司等委托人募集资金，投资基础设施项目等，按照约定支付本金和预期收益的金融工具。

保险集团（控股）公司、保险公司应当控制投资工具、单一品种、单一交易对手、关联企业以及集团内各公司投资同一标的的比例，防范资金运用集中度风险。

保险资金运用的具体管理办法，由中国保监会制定。中国保监会可以根据有关情况对保险资金运用的投资比例进行适当调整。

第十七条 投资连结保险产品和非寿险非预定收益投资型保险产品的资金运用，应当在资产隔离、资产配置、投资管理、人员配备、投资交易和风险控制等环节，独立于其他保险产品资金，具体办法由中国保监会制定。

第二节 资金运用模式

第十八条 保险集团（控股）公司、保险公司应当按照"集中管理、统一配置、专业运作"的要求，实行保险资金的集约化、专业化管理。

保险资金应当由法人机构统一管理和运用，分支机构不得从事保险资金运用业务。

第十九条 保险集团（控股）公司、保险公司应当选择符合条件的商业银行等专业机构，实施保险资金运用第三方托管和监督，具体办法由中国保监会制定。

托管的保险资产独立于托管机构固有资产，并独立于托管机构托管的其他资产。托管机构因依法解散、被依法撤销或者被依法宣告破产等原因进行清算的，托管资产不属于其清算财产。

第二十条 托管机构从事保险资金托管的，主要职责包括：

（一）保险资金的保管、清算交割和资产估值；

（二）监督投资行为；

（三）向有关当事人披露信息；

（四）依法保守商业秘密；

（五）法律、法规、中国保监会规定和合同约定的其他职责。

第二十一条 托管机构从事保险资金托管，不得有下列行为：

（一）挪用托管资金；

（二）混合管理托管资金和自有资金或者混合管理不同托管账户资金；

（三）利用托管资金及其相关信息谋取非法利益；

（四）其他违法行为。

第二十二条　保险集团（控股）公司、保险公司的投资管理能力应当符合中国保监会规定的相关标准。

保险集团（控股）公司、保险公司根据投资管理能力和风险管理能力，可以自行投资或者委托保险资产管理机构进行投资。

第二十三条　保险集团（控股）公司、保险公司委托保险资产管理机构投资的，应当订立书面合同，约定双方权利与义务，确保委托人、受托人、托管人三方职责各自独立。

保险集团（控股）公司、保险公司应当履行制定资产战略配置指引、选择受托人、监督受托人执行情况、评估受托人投资绩效等职责。

保险资产管理机构应当执行委托人资产配置指引，根据保险资金特性构建投资组合，公平对待不同资金。

第二十四条　保险集团（控股）公司、保险公司委托保险资产管理机构投资的，不得有下列行为：

（一）妨碍、干预受托机构正常履行职责；

（二）要求受托机构提供其他委托机构信息；

（三）要求受托机构提供最低投资收益保证；

（四）非法转移保险利润；

（五）其他违法行为。

第二十五条　保险资产管理机构受托管理保险资金的，不得有下列行为：

（一）违反合同约定投资；

（二）不公平对待不同资金；

（三）混合管理自有、受托资金或者不同委托机构资金；

（四）挪用受托资金；

（五）向委托机构提供最低投资收益承诺；

（六）以保险资金及其投资形成的资产为他人设定担保；

（七）其他违法行为。

第二十六条　保险资产管理机构根据中国保监会相关规定，可以将保险资金运用范围的投资品种作为基础资产，开展保险资产管理产品业务。

保险集团（控股）公司、保险公司委托投资或者购买保险资产管理产品，保险资产管理机构应当根据合同约定，及时向有关当事人披露资金投向、投资管理、资金托管、风险管理和重大突发事件等信息，并保证披露信息的真实、准确和完整。

保险资产管理机构应当根据受托资产规模、资产类别、产品风险特征、投资业绩等因素，按照市场化原则，以合同方式与委托或者投资机构，约定管理费收入计提标准和支付方式。

保险资产管理产品业务，是指由保险资产管理机构为发行人和管理人，向保险集团（控股）公司、保险公司以及保险资产管理机构等投资人发售产品份额，募集资金，并选聘商业银行等专业机构为托管人，为投资人利益开展的投资管理活动。

第三章　决策运行机制

第一节　组织结构与职责

第二十七条　保险集团（控股）公司、保险公司应当建立健全公司治理，在公司章程和相关制度中明确规定股东大会、董事会、监事会和经营管理层的保险资金运用职责，实现保险资金运用决策权、运营权、监督权相互分离，相互制衡。

第二十八条　保险资金运用实行董事会负责制。保险公司董事会应当对资产配置和投资政策、风险控制、合规管理承担最终责任，主要履行下列职责：

（一）审定保险资金运用管理制度；

（二）确定保险资金运用的管理方式；

（三）审定投资决策程序和授权机制；

（四）审定资产战略配置规划、年度投资计划和投资指引及相关调整方案；

（五）决定重大投资事项；

（六）审定新投资品种的投资策略和运作方案；

（七）建立资金运用绩效考核制度；

（八）其他相关职责。

董事会应当设立资产负债管理委员会（投资决策委员会）和风险管理委员会。

第二十九条　保险集团（控股）公司、保险公司决定委托投资，以及投资无担保债券、股票、股权和不动产等重大保险资金运用事项，应当经董事会审议通过。

第三十条 保险集团（控股）公司、保险公司经营管理层根据董事会授权，应当履行下列职责：

（一）负责保险资金运用的日常运营和管理工作；

（二）建立保险资金运用与财务、精算、产品和风控等部门之间的协商机制；

（三）审议资产管理部门拟定的保险资产战略配置规划和年度资产配置策略，并提交董事会审定；

（四）控制和管理保险资金运用风险；

（五）执行经董事会审定的资产配置规划和年度资产配置策略；

（六）提出调整资产战略配置调整方案；

（七）其他职责。

第三十一条 保险集团（控股）公司、保险公司应当设置专门的保险资产管理部门，并独立于财务、精算、风险控制等其他业务部门，履行下列职责：

（一）拟定保险资金运用管理制度；

（二）拟定资产战略配置规划和年度资产配置策略；

（三）拟定资产战略配置调整方案；

（四）执行年度资产配置计划；

（五）实施保险资金运用风险管理措施；

（六）其他职责。

保险集团（控股）公司、保险公司自行投资的，保险资产管理部门应当负责日常投资和交易管理；委托投资的，保险资产管理部门应当履行委托人职责，监督投资行为和评估投资业绩等职责。

第三十二条 保险集团（控股）公司、保险公司的资产管理部门应当在投资研究、资产清算、风险控制、业绩评估、相关保障等环节设置岗位，建立防火墙体系，实现专业化、规范化、程序化运作。

保险集团（控股）公司、保险公司自行投资的，资产管理部门应当设置投资、交易等与资金运用业务直接相关的岗位。

第三十三条 保险集团（控股）公司、保险公司风险管理部门以及具有相应管理职能的部门，应当履行下列职责：

（一）拟定保险资金运用风险管理制度；

（二）审核和监控保险资金运用合法合规性；

（三）识别、评估、跟踪、控制和管理保险资金运用风险；

（四）定期报告资金运用风险管理状况；

（五）其他职责。

第三十四条 保险资产管理机构应当设立首席风险管理执行官。

首席风险管理执行官为公司高级管理人员，负责组织和指导保险资产管理机构风险管理，履职范围应当包括保险资产管理机构运作的所有业务环节，独立向董事会、中国保监会报告有关情况，提出防范和化解重大风险建议。

首席风险管理执行官不得主管投资管理。如需更换，应当于更换前至少五个工作日向中国保监会书面说明理由和其履职情况。

第二节 资金运用流程

第三十五条 保险集团（控股）公司、保险公司应当建立健全保险资金运用的管理制度和内部控制机制，明确各个环节、有关岗位的衔接方式及操作标准，严格分离前、中、后台岗位责任，定期检查和评估制度执行情况，做到权责分明、相对独立和相互制衡。相关制度包括但不限于：

（一）资产配置相关制度；

（二）投资研究、决策和授权制度；

（三）交易和结算管理制度；

（四）绩效评估和考核制度；

（五）信息系统管理制度；

（六）风险管理制度等。

第三十六条 保险集团（控股）公司、保险公司应当以独立法人为单位，统筹境内境外两个市场，综合偿付能力约束、外部环境、风险偏好和监管要求等因素，分析保险资金成本、现金流和期限等负债指标，选择配置具有相应风险收益特征、期限及流动性的资产。

第三十七条 保险集团（控股）公司、保险公司应当建立专业化分析平台，并利用外部研究成果，研究制定涵盖交易对手管理和投资品种选择的模型和制度，构建投资池、备选池和禁投池体系，实时跟踪并分析市场变化，为保险资金运用决策提供依据。

第三十八条　保险集团（控股）公司、保险公司应当建立健全相对集中、分级管理、权责统一的投资决策和授权制度，明确授权方式、权限、标准、程序、时效和责任，并对授权情况进行检查和逐级问责。

第三十九条　保险集团（控股）公司、保险公司应当建立和完善公平交易机制，有效控制相关人员操作风险和道德风险，防范交易系统的技术安全疏漏，确保交易行为的合规性、公平性和有效性。公平交易机制至少应当包括以下内容：

（一）实行集中交易制度，严格隔离投资决策与交易执行；

（二）构建符合相关要求的集中交易监测系统、预警系统和反馈系统；

（三）建立完善的交易记录制度；

（四）在账户设置、研究支持、资源分配、人员管理等环节公平对待不同资金等。

第四十条　保险集团（控股）公司、保险公司应当建立以资产负债管理为核心的绩效评估体系和评估标准，定期开展保险资金运用绩效评估和归因分析，推进长期投资、价值投资和分散化投资，实现保险资金运用总体目标。

第四十一条　保险集团（控股）公司、保险公司应当建立保险资金运用信息管理系统，减少或者消除人为操纵因素，自动识别、预警报告和管理控制资产管理风险，确保实时掌握风险状况。

信息管理系统应当设定合规性和风险指标阈值，将风险监控的各项要素固化到相关信息技术系统之中，降低操作风险、防止道德风险。

信息管理系统应当建立全面风险管理数据库，收集和整合市场基础资料，记录保险资金管理和投资交易的原始数据，保证信息平台共享。

第四章　风险管控

第四十二条　保险集团（控股）公司、保险公司应当建立全面覆盖、全程监控、全员参与的保险资金运用风险管理组织体系和运行机制，改进风险管理技术和信息技术系统，通过管理系统和稽核审计等手段，分类、识别、量化和评估各类风险，防范和化解风险。

第四十三条　保险集团（控股）公司、保险公司应当管理和控制资产负债错配风险，以偿付能力约束和保险产品负债特性为基础，加强成本收益管理、期限管理和风险预算，确定保险资金运用风险限额，采用缺口分析、敏感性和情景测试等方法，评估和管理资产错配风险。

第四十四条　保险集团（控股）公司、保险公司应当管理和控制流动性风险，根据保险业务特点和风险偏好，测试不同状况下可以承受的流动性风险水平和自身风险承受能力，制定流动性风险管理策略、政策和程序，防范流动性风险。

第四十五条　保险集团（控股）公司、保险公司应当管理和控制市场风险，评估和管理利率风险、汇率风险以及金融市场波动风险，建立有效的市场风险评估和管理机制，实行市场风险限额管理。

第四十六条　保险集团（控股）公司、保险公司应当管理和控制信用风险，建立信用风险管理制度，及时跟踪评估信用风险，跟踪分析持仓信用品种和交易对手，定期组织回测检验。

第四十七条　保险集团（控股）公司、保险公司应当加强同业拆借、债券回购和融资融券业务管理，严格控制融资规模和使用杠杆，禁止投机或者用短期拆借资金投资高风险和流动性差的资产。保险资金参与衍生产品交易，仅限于对冲风险，不得用于投机和放大交易，具体办法由中国保监会制定。

第四十八条　保险集团（控股）公司、保险公司应当发挥内部稽核和外部审计的监督作用，每年至少进行一次保险资金运用内部全面稽核审计。内控审计报告应当揭示保险资金运用管理的合规情况和风险状况。主管投资的高级管理人员、保险资金运用部门负责人和重要岗位人员离职前，应当进行离任审计。

保险集团（控股）公司、保险公司应当定期向中国保监会报告保险资金运用内部稽核审计结果和有关人员离任审计结果。

第四十九条　保险集团（控股）公司、保险公司应当建立保险资金运用风险处置机制，制定应急预案，及时控制和化解风险隐患。投资资产发生大幅贬值或者出现债权不能清偿的，应当制订处置方案，并及时报告中国保监会。

第五十条　保险集团（控股）公司、保险公司应当确保风险管控相关岗位和人员具有履行职责所需知情权和查询权，有权查阅、询问所有与保险资金运用业务相关的数据、资料和细节，并列席与保险资金运用相关的会议。

第五章　监督管理

第五十一条　中国保监会对保险资金运用的监督管理，采取现场监管与非现场监管相结合的方式。

第五十二条　中国保监会应当根据公司治理结构、偿付能力、投资管理能力和风险管理能力，对保险集团（控股）公司、保险公司保险资金运用实行分类监管、持续监管和动态评估。

中国保监会应当强化对保险公司的资本约束，确定保险资金运用风险监管指标体系，并根据评估结果，采取相应监管措施，防范和化解风险。

第五十三条　保险集团（控股）公司、保险公司分管投资的高级管理人员、资产管理部门的主要负责人、保险资产管理机构的董事、监事、高级管理人员，应当在任职前取得中国保监会核准的任职资格。

第五十四条　保险集团（控股）公司、保险公司的重大股权投资，应当报中国保监会核准。

保险资产管理机构发行或者发起设立的保险资产管理产品，实行初次申报核准，同类产品事后报告。

中国保监会按照有关规定对上述事项进行合规性、程序性审核。

重大股权投资，是指对拟投资非保险类金融企业或者与保险业务相关的企业实施控制的投资行为。

第五十五条　中国保监会有权要求保险集团（控股）公司、保险公司提供报告、报表、文件和资料。

提交报告、报表、文件和资料，应当及时、真实、准确、完整。

第五十六条　保险集团（控股）公司、保险公司的股东大会、股东会、董事会的重大投资决议，应当在决议作出后5个工作日内向中国保监会报告，中国保监会另有规定的除外。

第五十七条　中国保监会有权要求保险集团（控股）公司、保险公司将保险资金运用的有关数据与中国保监会的监管信息系统动态连接。

第五十八条　保险集团（控股）公司和保险公司的偿付能力状况不符合中国保监会要求的，中国保监会可以限制其资金运用的形式、比例。

第五十九条　保险集团（控股）公司、保险公司违反资金运用形式和比例有关规定的，由中国保监会责令限期改正。

第六十条　中国保监会有权对保险集团（控股）公司、保险公司的董事、监事、高级管理人员和资产管理部门负责人进行监管谈话，要求其就保险资金运用情况、风险控制、内部管理等有关重大事项作出说明。

第六十一条　保险集团（控股）公司、保险公司严重违反资金运用有关规定的，中国保监会可以责令调整负责人及有关管理人员。

第六十二条　保险集团（控股）公司、保险公司严重违反保险资金运用有关规定，被责令限期改正逾期未改正的，中国保监会可以决定选派有关人员组成整顿组，对公司进行整顿。

第六十三条　保险集团（控股）公司、保险公司违反本规定运用保险资金的，由中国保监会依法给予行政处罚。

第六十四条　保险资金运用的其他当事人在参与保险资金运用活动中，违反有关法律、行政法规和本办法规定的，中国保监会应当记录其不良行为，并将有关情况通报其行业主管部门；情节严重的，中国保监会可以通报保险集团（控股）公司、保险公司3年内不得与其从事相关业务，并商有关监管部门依法给予行政处罚。

第六十五条　中国保监会工作人员滥用职权、玩忽职守，或者泄露所知悉的有关单位和人员的商业秘密的，依法追究法律责任。

第六章　附　则

第六十六条　保险资产管理机构管理运用保

险资金参照本办法执行。

第六十七条　保险公司缴纳的保险保障基金等运用，从其规定。

第六十八条　中国保监会对保险集团（控股）公司资金运用另有规定的，从其规定。

第六十九条　本办法由中国保监会负责解释和修订。

第七十条　本办法自 2010 年 8 月 31 日起施行。原有的有关政策和规定，凡与本办法不一致的，一律以本办法为准。

国家税务总局令

第 22 号

《增值税一般纳税人资格认定管理办法》已经 2009 年 12 月 15 日国家税务总局第 2 次局务会议审议通过，现予公布，自 2010 年 3 月 20 日起施行。

国家税务总局局长　**肖捷**
二〇一〇年二月十日

增值税一般纳税人资格认定管理办法

第一条　为加强增值税一般纳税人（以下简称一般纳税人）资格认定管理，根据《中华人民共和国增值税暂行条例》及其实施细则，制定本办法。

第二条　一般纳税人资格认定和认定以后的资格管理适用本办法。

第三条　增值税纳税人（以下简称纳税人），年应税销售额超过财政部、国家税务总局规定的小规模纳税人标准的，除本办法第五条规定外，应当向主管税务机关申请一般纳税人资格认定。

本办法所称年应税销售额，是指纳税人在连续不超过 12 个月的经营期内累计应征增值税销售额，包括免税销售额。

第四条　年应税销售额未超过财政部、国家税务总局规定的小规模纳税人标准以及新开业的纳税人，可以向主管税务机关申请一般纳税人资格认定。

对提出申请并且同时符合下列条件的纳税人，主管税务机关应当为其办理一般纳税人资格认定：

（一）有固定的生产经营场所；

（二）能够按照国家统一的会计制度规定设置账簿，根据合法、有效凭证核算，能够提供准确税务资料。

第五条　下列纳税人不办理一般纳税人资格认定：

（一）个体工商户以外的其他个人；

（二）选择按照小规模纳税人纳税的非企业性单位；

（三）选择按照小规模纳税人纳税的不经常发生应税行为的企业。

第六条　纳税人应当向其机构所在地主管税务机关申请一般纳税人资格认定。

第七条　一般纳税人资格认定的权限，在县（市、区）国家税务局或者同级别的税务分局（以下称认定机关）。

第八条　纳税人符合本办法第三条规定的，按照下列程序办理一般纳税人资格认定：

（一）纳税人应当在申报期结束后 40 日（工作日，下同）内向主管税务机关报送《增值税一般纳税人申请认定表》（见附件 1，以下简称申请表），申请一般纳税人资格认定。

（二）认定机关应当在主管税务机关受理申请之日起 20 日内完成一般纳税人资格认定，并由主管税务机关制作、送达《税务事项通知书》，告知纳税人。

（三）纳税人未在规定期限内申请一般纳税人资格认定的，主管税务机关应当在规定期限结束后 20 日内制作并送达《税务事项通知书》，告知纳税人。

纳税人符合本办法第五条规定的，应当在收

到《税务事项通知书》后10日内向主管税务机关报送《不认定增值税一般纳税人申请表》(见附件2),经认定机关批准后不办理一般纳税人资格认定。认定机关应当在主管税务机关受理申请之日起20日内批准完毕,并由主管税务机关制作、送达《税务事项通知书》,告知纳税人。

第九条 纳税人符合本办法第四条规定的,按照下列程序办理一般纳税人资格认定:

(一)纳税人应当向主管税务机关填报申请表,并提供下列资料:

1.《税务登记证》副本;

2.财务负责人和办税人员的身份证明及其复印件;

3.会计人员的从业资格证明或者与中介机构签订的代理记账协议及其复印件;

4.经营场所产权证明或者租赁协议,或者其他可使用场地证明及其复印件;

5.国家税务总局规定的其他有关资料。

(二)主管税务机关应当当场核对纳税人的申请资料,经核对一致且申请资料齐全、符合填列要求的,当场受理,制作《文书受理回执单》,并将有关资料的原件退还纳税人。

对申请资料不齐全或者不符合填列要求的,应当当场告知纳税人需要补正的全部内容。

(三)主管税务机关受理纳税人申请以后,根据需要进行实地查验,并制作查验报告。

查验报告由纳税人法定代表人(负责人或者业主)、税务查验人员共同签字(签章)确认。

实地查验时,应当有两名或者两名以上税务机关工作人员同时到场。

实地查验的范围和方法由各省税务机关确定并报国家税务总局备案。

(四)认定机关应当自主管税务机关受理申请之日起20日内完成一般纳税人资格认定,并由主管税务机关制作、送达《税务事项通知书》,告知纳税人。

第十条 主管税务机关应当在一般纳税人《税务登记证》副本"资格认定"栏内加盖"增值税一般纳税人"戳记(附件3)。

"增值税一般纳税人"戳记印色为红色,印模由国家税务总局制定。

第十一条 纳税人自认定机关认定为一般纳税人的次月起(新开业纳税人自主管税务机关受理申请的当月起),按照《中华人民共和国增值税暂行条例》第四条的规定计算应纳税额,并按照规定领购、使用增值税专用发票。

第十二条 除国家税务总局另有规定外,纳税人一经认定为一般纳税人后,不得转为小规模纳税人。

第十三条 主管税务机关可以在一定期限内对下列一般纳税人实行纳税辅导期管理:

(一)按照本办法第四条的规定新认定为一般纳税人的小型商贸批发企业;

(二)国家税务总局规定的其他一般纳税人。

纳税辅导期管理的具体办法由国家税务总局另行制定。

第十四条 本办法自2010年3月1日起执行。《国家税务总局关于印发〈增值税一般纳税人申请认定办法〉的通知》(国税明电〔1993〕52号、国税发〔1994〕59号),《国家税务总局关于增值税一般纳税人申请认定办法的补充规定》(国税明电〔1993〕60号),《国家税务总局关于印发〈增值税一般纳税人年审办法〉的通知》(国税函〔1998〕156号),《国家税务总局关于使用增值税防伪税控系统的增值税一般纳税人资格认定问题的通知》(国税函〔2002〕326号)同时废止。

中华人民共和国监察部
中华人民共和国人力资源和社会保障部
中华人民共和国财政部
中华人民共和国审计署令

第19号

《设立"小金库"和使用"小金库"款项违法违纪行为政纪处分暂行规定》已经监察部2009年11月27日第八次部长办公会议、人力资源社会保障部2009年9月2日、财政部2009年8月17日、审计署2009年8月21日审议通过。现予公布，自2010年2月15日起施行。

监察部部长　马　馼
人力资源社会保障部部长　尹蔚民
财政部部长　谢旭人
审计署审计长　刘家义
二〇一〇年一月五日

设立“小金库”和使用“小金库”款项违法违纪行为政纪处分暂行规定

第一条　为规范财政秩序，严肃财经纪律，惩处设立“小金库”和使用“小金库”款项违法违纪行为，确保“小金库”治理工作取得实效，根据《中华人民共和国行政监察法》《中华人民共和国公务员法》《行政机关公务员处分条例》《财政违法行为处罚处分条例》及其他有关法律、行政法规，制定本规定。

第二条　本规定所称“小金库”，是指违反法律法规及其他有关规定，应列入而未列入符合规定的单位账簿的各项资金（含有价证券）及其形成的资产。

第三条　国家行政机关及其内设机构有设立“小金库”或者使用“小金库”款项行为的，对负有责任的领导人员和其他直接责任人员（以下统称有关责任人员），由任免机关或者监察机关按照管理权限，依法给予处分。

国有及国有控股企业、事业单位有设立“小金库”或者使用“小金库”款项行为的，对负有责任的领导人员和其他直接责任人员中由国家行政机关任命的人员（以下统称有关责任人员），由任免机关或者监察机关按照管理权限，依法给予处分。

第四条　有设立“小金库”行为的，对有关责任人员，给予记过或者记大过处分；情节严重的，给予降级或者撤职处分。

第五条　使用“小金库”款项吃喝、旅游、送礼、进行娱乐活动或者有其他类似行为的，对有关责任人员，给予警告处分；情节较重的，给予记过或者记大过处分；情节严重的，给予降级或者撤职处分。

第六条　使用“小金库”款项新建、改建、扩建、装修办公楼或者培训中心等的，对有关责任人员，给予警告处分；情节较重的，给予记过或者记大过处分；情节严重的，给予降级或者撤职处分。

第七条　使用“小金库”款项提高福利补贴标准或者扩大福利补贴范围、滥发奖金实物或者有类似支出行为的，对有关责任人员，给予警告处分；情节较重的，给予记过或者记大过处分；情节严重的，给予降级或者撤职处分。

第八条　使用“小金库”款项报销应由个人负担的费用的，对有关责任人员，给予记过或者记大过处分；情节较重的，给予降级或者撤职处分；情节严重的，给予开除处分。

第九条　以单位名义将“小金库”财物集体私分给单位职工的，对有关责任人员，给予记过或者记大过处分；情节较重的，给予降级或者撤职处分；情节严重的，给予开除处分。

第十条　有设立“小金库”或者使用“小金库”款项行为，并且有本规定之外的其他违法违纪行为需要合并处理的，对有关责任人员，依照《行政机关公务员处分条例》第十条的规定追究责任。

第十一条　对在治理“小金库”工作中有弄虚作假、对抗检查、拒不纠正、销毁证据、突击花钱、压案不查、打击报复举报人等行为的，依法从重处理。

第十二条　中共中央办公厅、国务院办公厅《关于深入开展“小金库”治理工作的意见》（中办发〔2009〕18号）印发前，有设立“小金库”或者使用“小金库”款项行为，情节较轻，且能够按照有关规定认真自查自纠的，可以免予处分；情节较重，但能够按照有关规定自查自纠的，可以减轻或者从轻处分；情节严重，但能够按照有关规定自查自纠的，可以从轻处分。

第十三条　中共中央办公厅、国务院办公厅《关于深入开展“小金库”治理工作的意见》（中办发〔2009〕18号）印发后再设立或者继续设立“小金库”的，对有关责任人员，按照组织程序先予免职，再依据本规定追究责任。

第十四条　本规定由监察部、人力资源社会保障部、财政部、审计署负责解释。

第十五条　本规定自 2010 年 2 月 15 日起施行。

国家工商行政管理总局令

第 51 号

《合同违法行为监督处理办法》已经中华人民共和国国家工商行政管理总局局务会审议通过，现予公布，自 2010 年 11 月 13 日起施行。

局长　**周伯华**

二〇一〇年十月十三日

合同违法行为监督处理办法

第一条　为了维护市场经济秩序，保护国家利益、社会公共利益和当事人合法权益，依据《中华人民共和国合同法》和有关法律法规的规定，制定本办法。

第二条　本办法所称合同违法行为，是指自然人、法人、其他组织利用合同，以牟取非法利益为目的，违反法律法规及本办法的行为。

第三条　当事人订立、履行合同，应当遵守法律、行政法规，尊重社会公德，不得扰乱社会经济秩序，损害国家利益、社会公共利益。

第四条　各级工商行政管理机关在职权范围内，依照有关法律法规及本办法的规定，负责监督处理合同违法行为。

第五条　各级工商行政管理机关依法监督处理合同违法行为，实行查处与引导相结合，处罚与教育相结合，推行行政指导，督促、引导当事人依法订立、履行合同，维护国家利益、社会公共利益。

第六条　当事人不得利用合同实施下列欺诈行为：

（一）伪造合同；

（二）虚构合同主体资格或者盗用、冒用他人名义订立合同；

（三）虚构合同标的或者虚构货源、销售渠道诱人订立、履行合同；

（四）发布或者利用虚假信息，诱人订立合同；

（五）隐瞒重要事实，诱骗对方当事人做出错误的意思表示订立合同，或者诱骗对方当事人履行合同；

（六）没有实际履行能力，以先履行小额合同或者部分履行合同的方法，诱骗对方当事人订立、履行合同；

（七）恶意设置事实上不能履行的条款，造成对方当事人无法履行合同；

（八）编造虚假理由中止（终止）合同，骗取财物；

（九）提供虚假担保；

（十）采用其他欺诈手段订立、履行合同。

第七条　当事人不得利用合同实施下列危害国家利益、社会公共利益的行为：

（一）以贿赂、胁迫等手段订立、履行合同，损害国家利益、社会公共利益；

（二）以恶意串通手段订立、履行合同，损害国家利益、社会公共利益；

（三）非法买卖国家禁止或者限制买卖的财物；

（四）没有正当理由，不履行国家指令性合同义务；

（五）其他危害国家利益、社会公共利益的合同违法行为。

第八条　任何单位和个人不得在知道或者应当知道的情况下，为他人实施本办法第六条、第七条规定的违法行为，提供证明、执照、印章、账户及其他便利条件。

第九条　经营者与消费者采用格式条款订立合同的，经营者不得在格式条款中免除自己的下列责任：

（一）造成消费者人身伤害的责任；

（二）因故意或者重大过失造成消费者财产损失的责任；

（三）对提供的商品或者服务依法应当承担的保证责任；

（四）因违约依法应当承担的违约责任；

（五）依法应当承担的其他责任。

第十条 经营者与消费者采用格式条款订立合同的，经营者不得在格式条款中加重消费者下列责任：

（一）违约金或者损害赔偿金超过法定数额或者合理数额；

（二）承担应当由格式条款提供方承担的经营风险责任；

（三）其他依照法律法规不应由消费者承担的责任。

第十一条 经营者与消费者采用格式条款订立合同的，经营者不得在格式条款中排除消费者下列权利：

（一）依法变更或者解除合同的权利；

（二）请求支付违约金的权利；

（三）请求损害赔偿的权利；

（四）解释格式条款的权利；

（五）就格式条款争议提起诉讼的权利；

（六）消费者依法应当享有的其他权利。

第十二条 当事人违反本办法第六条、第七条、第八条、第九条、第十条、第十一条规定，法律法规已有规定的，从其规定；法律法规没有规定的，工商行政管理机关视其情节轻重，分别给予警告，处以违法所得额三倍以下，但最高不超过三万元的罚款，没有违法所得的，处以一万元以下的罚款。

第十三条 当事人合同违法行为轻微并及时纠正，没有造成危害后果的，应当依法不予行政处罚；主动消除或者减轻危害后果的，应当依法从轻或者减轻行政处罚；经督促、引导，能够主动改正或者及时中止合同违法行为的，可以依法从轻行政处罚。

第十四条 违反本办法规定涉嫌犯罪的，工商行政管理机关应当按照有关规定，移交司法机关追究其刑事责任。

第十五条 本办法由国家工商行政管理总局负责解释。

第十六条 本办法自 2010 年 11 月 13 日起施行。

审计结果公告

中华人民共和国审计署审计结果公告（2010年第1号）

汶川地震社会捐赠款物审计结果

（2010年1月6日公告）

最近，全国审计机关对28个中央部门单位、31个省（自治区、直辖市）和新疆生产建设兵团汶川地震社会捐赠款物的筹集、支出和结存情况进行了全面审计。

截至2009年9月30日，全国共筹集社会捐赠款物797.03亿元（含“特殊党费”）。具体情况是：按形态划分，资金687.90亿元，物资109.13亿元；按捐赠意向划分，定向291.93亿元，非定向505.10亿元；按捐赠渠道划分，境内捐赠723.05亿元，国际组织、海外华侨等国外捐赠40.48亿元，港澳台地区捐赠33.50亿元。

全国共支出捐赠款物527.69亿元，其中：用于应急抢险173.79亿元，用于灾后重建213.28亿元，140.62亿元与财政资金统筹安排用于灾后恢复重建。

全国尚结存捐赠款物269.34亿元，其中：中央部门单位和社会团体0.35亿元，有关全国性基金会22.66亿元，18个有援建任务的非灾省市78.09亿元，8个没有援建任务的非灾省区和新疆生产建设兵团6.14亿元，5个重灾省市162.10亿元。结存款物中有119.26亿元正随重建项目进度陆续拨付，150.08亿元将按恢复重建规划安排使用。

现将具体情况公告如下：

一、中央部门单位和社会团体社会捐赠款物接收、划拨、使用和结存情况

民政部接收捐赠资金50.67亿元（含外交部等有关单位、有关基金会汇缴30.39亿元）。支出50.32亿元，其中：拨付灾区44.97亿元（四川18.87亿元，甘肃17.40亿元，陕西8.10亿元，重庆0.59亿元，云南0.01亿元），拨付北京市和浙江省5.29亿元，用于为灾区购买活动板房和篷布，其他定向救灾支出0.06亿元。结存0.35亿元（这部分资金是2009年4月后陆续直接接收以及有关单位汇缴的），目前正按照程序拨付灾区。

中央统战部、外交部、商务部、卫生部、国务院侨办等中央国家机关，全国总工会、共青团中央、全国妇联以及海峡两岸关系协会等人民团体和社会组织共接收捐赠款物39.58亿元（资金36.68亿元，物资2.90亿元）。支出39.58亿元，其中：汇缴民政部30.28亿元，用于应急抢险和灾后重建0.11亿元，拨付灾区8.49亿元（四川7.31亿元，甘肃0.61亿元，陕西0.43亿元，重庆0.13亿元，云南0.01亿元），用于采购抢险物资等0.70亿元。

二、中国红十字会总会及红十字基金会、中华慈善总会和其他16家全国性基金会社会捐赠款物接收、划拨、使用和结存情况

中国红十字会总会及红十字基金会、中华慈善总会和其他经批准可以开展抗震救灾捐赠活动的16家全国性基金会共接收捐赠款物84.28亿元（资金73.68亿元，物资10.60亿元）。

捐赠款物支出61.62亿元，其中：用于应急抢险5.92亿元，用于灾后重建4.23亿元（主要是城乡住房建设0.19亿元，学校及配套设备2.98亿元，医院及配套设备0.06亿元，其他重建支出1亿元），拨付灾区45.29亿元（四川34.73亿元，甘肃5.44亿元，陕西3.93亿元，重庆0.86亿元，云南0.33亿元），拨付其他省区5.25亿元用于购置活动板房，其他支出0.82亿元，汇缴民政部0.11亿元。

捐赠款物结存22.66亿元（资金22.61亿元，物资0.05亿元），分别为中国红十字会总会及红十字基金会15.94亿元，中华慈善总会0.57亿元，中国宋庆龄基金会0.17亿元，中国残疾人福利基金会0.02亿元，中国青少年发展基金会1.87亿元，中国儿童少年基金会1.01亿元，中国绿化基金会0.01亿元，中国光彩事业基金会1.33亿元，中国教育发展基金会0.48亿元，中国环境保护基金会0.02亿元，中国妇女发展基金会0.16亿元，中国扶贫基金会1.08亿元。结存款物中有13.40亿元正随重建项目进度陆续拨付，其他款物将按重建规划安排使用。

三、18个有援建任务的非灾省市社会捐赠款物（不含“特殊党费”）接收、划拨、使用和结存情况

北京、天津、河北、山西、辽宁、吉林、黑龙江、上海、江苏、浙江、安徽、福建、江西、山东、河南、湖北、湖南、广东18个有援建任务的非灾省市接收捐赠款物386.94亿元（资金334.10亿元，物资52.84亿元）。

捐赠款物支出308.85亿元，其中：用于应急抢险35.61亿元，用于灾后重建36.63亿元（主要是城乡住房建设11.14亿元，学校及配套设备12.93亿元，医院及配套设备4.10亿元，道路、桥梁等基础设施建设5.21亿元，其他重建支出3.25亿元），拨付灾区114.01亿元（四川105.01亿元，甘肃5.53亿元，陕西2.64亿元，重庆0.56亿元，云南0.27亿元），拨付其他省区0.39亿元，有关系统上划中央部门单位5.39亿元统筹安排用于灾后重建，116.82亿元捐赠资金与财政资金统筹用于对口支援县市的学校及配套设备、城乡住房建设、医院及配套设备、道路及桥梁等基础设施等重建项目。

捐赠款物结存78.09亿元（资金75.62亿元，物资2.47亿元），分别为北京1.42亿元，天津0.25亿元，河北1.95亿元，山西1.77亿元，辽宁1.68亿元，吉林1.37亿元，黑龙江1.55亿元，上海4.83亿元，江苏10.52亿元，浙江11.02亿元，安徽4.81亿元，福建1.30亿元，江西0.74亿元，山东11.55亿元，河南0.71亿元，湖北1.55亿元，湖南2.04亿元，广东19.03亿元。上述结存资金结存在省级41.63亿元，地市级28.66亿元，县区级7.80亿元。结存款物中有27.14亿元正随重建项目进度陆续拨付，其他款物将按重建规划安排使用。

四、8个没有援建任务的非灾省区和新疆生产建设兵团社会捐赠款物（不含“特殊党费”）接收、划拨、使用和结存情况

内蒙古、广西、海南、贵州、西藏、青海、宁夏、新疆8个没有援建任务的非灾省区和新疆生产建设兵团共接收捐赠款物28.63亿元（资金25.28亿元，物资3.35亿元）。

捐赠款物支出22.49亿元，其中：用于应急抢险0.89亿元，用于灾后重建1.18亿元（主要是城乡住房建设0.07亿元，学校及配套设备0.03亿元，道路、桥梁等基础设施建设0.73亿元，其他重建支出0.35亿元），拨付灾区19.40亿元（四川11.82亿元，甘肃4.63亿元，陕西2.67亿元，重庆0.23亿元，云南0.05亿元），拨付其他省区0.04亿元，有关系统上划中央部门单位0.98亿元统筹安排用于灾后重建。

捐赠款物结存6.14亿元（资金6.02亿元，物资0.12亿元），分别为内蒙古3.16亿元，广西0.16亿元，海南1.53亿元，贵州0.80亿元，西藏0.04亿元，青海0.24亿元，宁夏0.14亿元，新疆0.03亿元，新疆生产建设兵团0.04亿元。上述结存款物已于2009年12月31日前，全部转交受灾省市安排使用。

五、“特殊党费”接收、划拨、使用和结存情况

全国共有4559.7万名中国共产党党员缴纳“特殊党费”97.30亿元。

中央组织部直接接收和各地汇缴共计91.89亿元（中央组织部直接接收19.69亿元，四川等5个重灾省市汇缴4.30亿元，18个有援建任务的非灾省市汇缴61.37亿元，8个没有援建任务的非灾省区和新疆生产建设兵团汇缴6.53亿元），以上资金已全部拨付灾区（四川77.50亿元，甘肃8.76亿元，陕西3.63亿元，重庆1亿元，云南1亿元）。各灾区省市及有援建任务的非灾省市接收并直接用于重建的“特殊党费”5.41亿元（5个重灾省市直接接收并用于重建4.73亿元，有援建任务的非灾省市接收并用于陕西省重建0.68亿元）。

“特殊党费”已支出用于灾后恢复重建29.40亿元，其中：城乡住房建设15.75亿元，学校及配套设备10.66亿元，医院及配套设备1亿元，其他重建支出1.99亿元。

四川等5个重灾省市“特殊党费”结存67.90

亿元，其中：省本级 5.53 亿元，地市本级 4.05 亿元，县区本级 58.32 亿元。结存“特殊党费”中有 25.58 亿元正随重建项目进度陆续拨付，其他资金将按重建规划安排使用。

六、5 个重灾省市社会捐赠款物（不含“特殊党费”）接收、划拨、使用和结存情况

四川、甘肃、陕西、重庆、云南 5 个重灾省市共接收社会捐赠款物 390.18 亿元，其中直接接收 170.74 亿元，中央部门单位和其他省市划拨 219.44 亿元（该部分资金在前项中已有表述，下述各省市接收捐赠款物总额，均为本省市直接接收和上级、外省市划转数的合计）。

（一）四川省共接收捐赠款物 293.49 亿元（资金 201.95 亿元，物资 91.54 亿元）

捐赠款物支出 217.93 亿元，其中：用于应急抢险 104.66 亿元，用于灾后重建 107.78 亿元（主要是城乡住房建设 21.49 亿元，学校及配套设备 45.54 亿元，医院及配套设备 8.77 亿元，道路、桥梁等基础设施建设 8.30 亿元，其他重建支出 23.23 亿元），5.49 亿元捐赠资金与财政资金统筹用于灾区学校及配套设备、城乡住房建设、医院及配套设备、道路及桥梁等基础设施等重建项目。

捐赠款物结存 75.56 亿元（资金 73.18 亿元，物资 2.38 亿元），分别为省级 30.10 亿元，地市级 17.16 亿元，县区级 28.30 亿元。结存款物中有 39.78 亿元正随重建项目进度陆续拨付，其他款物将按重建规划安排使用。

（二）甘肃省共接收捐赠款物 51.19 亿元（资金 34.79 亿元，物资 16.40 亿元）

捐赠款物支出 35.85 亿元，其中：用于应急抢险 16.53 亿元，用于灾后重建 19.28 亿元（主要是城乡住房建设 13.25 亿元，学校及配套设备 2.80 亿元，医院及配套设备 0.96 亿元，道路、桥梁等基础设施建设 0.14 亿元，其他重建支出 2.13 亿元），拨付其他灾区 0.04 亿元，6 亿元捐赠资金与财政资金统筹安排全部用于本省受灾地区城乡住房建设。

捐赠款物结存 9.34 亿元（资金 7.53 亿元，物资 1.81 亿元），分别为省级 7.74 亿元，地市级 0.87 亿元，县区级 0.73 亿元。结存款物中有 6.08 亿元正随重建项目进度陆续拨付，其他款物将按重建规划安排使用。

（三）陕西省共接收捐赠款物 30.90 亿元（资金 26.38 亿元，物资 4.52 亿元）

捐赠款物支出 23.59 亿元，其中：用于应急抢险 5.95 亿元，用于灾后重建 6.89 亿元（主要是城乡住房建设 2.23 亿元，学校及配套设备 3.10 亿元，医院及配套设备 1.08 亿元，道路、桥梁等基础设施建设 0.35 亿元，其他重建支出 0.13 亿元），拨付其他灾区 0.70 亿元，有关系统上划中央部门单位 0.03 亿元统筹安排用于灾后重建，10.02 亿元捐赠资金与财政资金统筹安排用于灾区学校及配套设备、城乡住房建设、医院及配套设备等重建项目。

捐赠资金结存 7.31 亿元，分别为省级 3.40 亿元，地市级 1.40 亿元，县区级 2.51 亿元。结存资金中有 4 亿元正随重建项目进度陆续拨付，其他款物将按重建规划安排使用。

（四）重庆市共接收捐赠款物 11.87 亿元（资金 9.40 亿元，物资 2.47 亿元）

捐赠款物支出 10.66 亿元，其中：用于应急抢险 2.34 亿元，用于灾后重建 3 亿元（主要是城乡住房建设 0.72 亿元，学校及配套设备 0.95 亿元，医院及配套设备 0.39 亿元，道路、桥梁等基础设施建设 0.71 亿元，其他重建支出 0.23 亿元），拨付其他灾区 3.03 亿元，有 2.29 亿元捐赠资金与财政资金统筹安排用于灾区城乡住房建设、医院及配套设备、道路及桥梁等基础设施等重建项目。

捐赠款物结存 1.21 亿元，分别为省级 0.65 亿元，县区级 0.56 亿元。结存的捐赠资金中有 0.92 亿元正随重建项目进度陆续拨付，其他款物将按重建规划安排使用。

（五）云南省共接收捐赠款物 8.25 亿元（资金 7.63 亿元，物资 0.62 亿元）

捐赠款物支出 7.48 亿元，其中：用于应急抢险 0.76 亿元，用于灾后重建 4.89 亿元（主要是城乡住房建设 1.01 亿元，学校及配套设备 0.34 亿元，医院及配套设备 0.44 亿元，道路、桥梁等基础设施建设 3.09 亿元，其他重建支出 0.01 亿元），有关系统上划中央部门单位 0.08 亿元统筹安排用于灾后重建，拨付其他灾区 1.75 亿元。

捐赠资金结存 0.77 亿元，分别为省级 0.27 亿元，地市级 0.49 亿元，县区级 0.01 亿元。结存资金中有 0.73 亿元正随重建项目进度陆续拨付，其他款物将按重建规划安排使用。

在汶川地震社会捐赠款物中，共接收国际组织、海外华侨等国外和港澳台地区捐赠款物73.98亿元，其中：定向捐赠37.73亿元，非定向捐赠36.25亿元。定向捐赠中，中央各部门单位、社会团体以及全国性基金会接收26.23亿元（已按捐赠者意愿分别下拨到四川15.32亿元、甘肃6.05亿元、陕西1.60亿元），四川、甘肃、陕西直接接收10.62亿元，其他省区市接收0.88亿元。全部定向捐赠款物已按捐赠者意愿下拨相关单位或项目。非定向捐赠中，中央各部门单位、社会团体以及全国性基金会接收23.72亿元，四川、甘肃、陕西直接接收11.99亿元，其他省区市接收0.54亿元。非定向捐赠款物已与其他来源社会捐赠统筹用于灾区，主要用于农村居民住房、中小学校和医院设施等建设。

审计署已先后4次向社会公告了汶川地震社会捐赠款物的管理使用情况，本次审计没有发现重大违纪违规问题。审计署将继续对用于灾后重建的社会捐赠款物进行跟踪审计，并适时向社会公告。

中华人民共和国审计署
审计结果公告
（2010年第2号）

京沪高速铁路建设项目跟踪审计结果

（2010年2月12日公告）

根据《中华人民共和国审计法》的规定，2009年5月至7月，审计署对京沪高速铁路（以下简称京沪高铁）建设项目进行了阶段性跟踪审计。现将审计结果公告如下：

一、基本情况和取得的成效

京沪高铁是目前世界上在建的里程最长的高速铁路，是我国“四纵四横”客运专线南北向主骨架，途经北京、天津、河北、山东、安徽、江苏和上海4省3市，正线全长1318公里，设计时速为350公里，概算总投资2176.30亿元。中国铁路建设投资公司（代表铁道部）等11家单位出资成立京沪高速铁路股份有限公司（以下简称京沪公司），作为京沪高铁项目的建设单位。沿线4省3市地方政府负责本省（市）境内征地拆迁工作，征地拆迁费用作价入股京沪公司。

京沪高铁建设项目于2008年4月正式开工，计划工期60个月。截至2008年底，已完成69%的路基土石方、35%的桥梁、34%的隧道、75%的涵洞工程，累计完成投资584.5亿元。截至2009年6月底，完成永久用地征地60312亩，占用地总量的99.16%；完成拆迁677万平方米，占设计总量的97.94%。

审计结果表明，铁道部、沿线各省（市）地方政府、京沪公司和各参建单位按照“精心组织、精心设计、精心施工、精心管理”的要求，狠抓制度建设、工程质量、科技创新等工作，较好地完成了京沪高铁阶段性建设任务。

一是征地拆迁和异地安置工作总体进展比较顺利。京沪高铁工程启动以来，北京、天津、河北、安徽等沿线4省3市地方政府高度重视征地拆迁工作，以维护群众合法权益为出发点，制定了相关政策，明确了补偿标准，完善了资金管理和使用办法，成立了专门的组织协调机构，做了大量勘测、评估、补偿、拆迁和安置工作，积极推进征地拆迁进程，保证了工程建设按计划实施。

二是项目管理制度比较健全，执行较好，工程质量和工期总体可控。京沪公司作为项目法人主体，建立了标准化管理目标责任体系，梳理和规范了合同管理、招投标管理等13个管理流程，制定完善了计划财务、工程管理等5大类55项建设管理办法，建立了京沪公司、指挥部和参建单位三级安全质量控制网络，采取建立问题库、质量责任档案和试验先行、样板引路等多项措施，以确保工程质量；建设过程中，持续优化设计、优化施工组织和资源配置，采用多项先进工艺和现代化施工设备，加快了工程建设进度。审计未发现影响运输安全的重大工程质量问题。

三是加大技术创新和成果转化力度。京沪公司借鉴京津城际铁路等客运专线技术成果，大力开展自主研发和自主创新，在高速铁路深水大跨桥梁建造技术、深厚松软土地基沉降控制技术、无砟轨道制造和铺设技术等重大技术课题上加大攻关力度，取得了重要的阶段性成果，并成功应用于工程实践，不仅提高了施工效率，而且实现了我国高速铁路技术的新突破。

二、存在的主要问题和整改情况

（一）个别分项目投资控制不严

1. 审计抽查发现，截至 2008 年底，京沪高铁 1、2、4 标段及上海虹桥站部分工程超进度验工计价，累计 6.17 亿元；1、4 标段及上海虹桥站、天津西站存在未按规定调减工程计价、超范围调增自购材料价格等问题，多计工程款共 1.37 亿元。

2. 京沪公司将铁道部经济规划研究院负责的通用参考图动态跟踪和技术服务工作中的部分内容，重复委托给中铁工程设计咨询集团有限公司，增加工程成本 2200 万元。

3. 勘察设计后期费等计费依据不充分。审计发现，设计单位铁道第三勘察设计院集团有限公司、中铁第四勘察设计院集团有限公司采用未经批准的内部测算系数，调整原国家计委、建设部发布的《工程勘察设计收费管理规定》（计价格〔2002〕10 号）中相关取费标准，计取勘察设计后期费 30.35 亿元，计费依据不充分；在鉴修概算中，计列的“外方监理费”6472 万元和“咨询费”3019.3 万元，计费依据不充分。

（二）少数分项目承发包不够规范

在京沪高铁正线、上海虹桥站、南京南站和大胜关长江大桥等工程的招、投标过程中，京沪公司、上海铁路局等建设单位存在标书审核不严、未按规定招标等问题，个别施工单位违反招投标相关规定，将工程分包给无相应资质的单位。审计抽查中国水利水电建设集团公司（以下简称中水集团）投标书中的 118 名专业技术人员发现，有 54 人的专业技术职称和职业资格与实际不符；上海铁路局在上海虹桥站建设中，将应招标的工程咨询和桩基第三方检测项目化整为零，规避招投标；中国交通建设股份有限公司、中铁六局等 9 家单位未经建设单位批准，违规分包工程合计 3.12 亿元，部分工程被分包给不具备相应资质的单位。

（三）部分施工单位使用不符合国家规定的发票入账结算

在材料采购、货物运输、机械设备租赁等业务中，中水集团、中铁十六局等 17 家施工单位项目部使用不符合国家规定的发票入账结算，总金额达 5.2 亿元。

对审计发现的上述问题，铁道部、京沪公司及各参建单位高度重视，多次组织专题会议，认真研究制定整改方案，及时纠正审计发现的问题，并完善了规章制度。

据京沪公司提供的资料，截至 2009 年 8 月底：

对超进度验工计价 6.17 亿元的问题，建设单位已全部纠正；

对多计工程款 1.37 亿元和重复委托增加工程成本 2200 万元的问题，建设单位正在采取措施整改；

对勘察设计后期费 30.35 亿元、鉴修概算中“外方监理费”6472 万元和“咨询费”3019.3 万元计费依据不充分的问题，铁道部正在调研计费定额，研究制定整改措施；

对少数分项目承发包不够规范的问题，建设单位清理了违规分包的施工队伍，并进一步研究完善施工总承包管理，加强对招投标和施工单位分包行为的监管；

对使用不符合国家规定发票入账结算 5.2 亿元的问题，施工单位已纠正 4.56 亿元，其余 0.64 亿元正在整改，相关违法违纪人员已移送司法机关处理。

中华人民共和国审计署 审计结果公告 （2010 年第 3 号）

西气东输二线工程西段跟踪审计结果

（2010 年 2 月 12 日公告）

根据《中华人民共和国审计法》的规定，2009 年 5 月至 7 月，审计署对西气东输二线工程（以下简称西二线）西段进行了跟踪审计，重点关注了西二线西段的建设管理、投资控制、环境保护等情况。现将审计结果公告如下：

一、基本情况和取得的成效

西二线总投资 1422 亿元，总长度 8600 公里，西起新疆霍尔果斯，南至广州，东达上海，途经新疆等 15 个省（区、市），于 2008 年 2 月开工建设，预计 2011 年底建成。西二线由中国石油天然气集团公司（以下简称中石油）承建，中国石油天然气股份有限公司管道建设项目经理部（以下简称中石油项目经理部）担任项目业主，中国石油天然气管道局（以下简称中石油管道局）负责总承包。西二线西段（从新疆霍尔果斯至宁夏中卫，以及宁夏中卫至陕西靖边联络线）已于2009年底建成通气。从审计情况看，工程进展顺利，基本完成了阶段性建设任务。

（一）加强管理，工程建设进展比较顺利

西二线线路长、施工难度大、地理条件差、工期紧。为加强工程建设管理，中石油专门成立了西二线建设领导小组，围绕中央关于西二线建设的战略目标，加快工程建设进度，重视工程建设组织管理，探索创新建设管理模式，不断加大勘察设计、工程施工、监理、质量监督等环节的监管力度，逐步建立和完善了四级质量控制体系，第三方无损检测，质量健康安全环保体系、基于危害影响管理流程的风险监控管理等制度，促使工程质量不断提高，确保西二线西段于2009年底按期完成。

（二）加强技术研发，保障了重要材料和设备的国产化

按照党中央、国务院关于“加快设备材料国产化”的重要指示，中石油积极与国内钢铁企业加强信息交流、技术研发等，在较短时间内成功开发出X80钢级热轧卷板和宽厚板等，推动了重要设备物资的国产化。目前，西二线主干线采用的X80钢管国内采购已达91%，24寸以下900磅高压球阀的国产化率达到98%。同时，中石油科研攻关团队研制的4类7项X80高钢级系列管材已通过专家鉴定，填补了多项国内外空白；热连轧机组、宽厚板机组、焊管机组均已达到世界一流水平。

（三）加强组织协调，征地拆迁等工作管理较好

西二线西段途经新疆、甘肃、宁夏和陕西4省（区）。沿线地方政府和相关部门成立了协调小组，多次召开协调会议研究解决征地拆迁等问题，并在规划选线、征地拆迁、环境保护等方面给予大力支持。发展改革委、国土资源部等部委也积极支持该项目建设，保障了征地拆迁等工作顺利推进。

二、存在的主要问题和整改情况

（一）未经核准增加建设两条支干线

根据发展改革委的核准，西二线的天然气主要用于城市燃气、工业燃料等。但中石油未经核准，于2009年9月开工建设两条支干线，计划将西二线的天然气供给其所属独山子石化公司和乌鲁木齐石化公司。

（二）部分工程管理不够严格

1. 部分工程招投标管理不够严格。截至2009年5月，西二线已签订天然气管道和站场施工合同36亿多元，其中有28亿多元的合同招标不够规范，约占80%。一是违规将1.01亿元工程直接发包。如，中石油项目经理部未经招标，将西二线控制性工程——果子沟1号隧道，按合同价7719万元直接发包给不具备相应资质的新疆战友天缘机械化工程有限公司。该公司未针对隧道地质灾害频发采取有效防灾措施，施工期间发生雪崩两次，停工163天，造成直接经济损失近2000万元。二是人为拆分标段、违规确定中标人，使27亿多元的工程招标不规范或流于形式。在天然气管道施工招标的14个标段中，有3个标段在评标前就确定了施工单位，并已开工；有6个标段在审核发放中标通知书时被一分为二，变成12个标段，从而人为增加6个中标单位；从招投标结果看，无论投标人的评分是排名第一还是倒数第一，均获得1至3个标段的施工任务。

2. 部分工程存在未按规定转分包问题。审计抽查2721公里的管沟开挖工程发现，截至2009年6月底，中石油所属施工单位将承包工程全部转分包给其他施工单位和个体包工头，签订合同397个，平均每个合同的里程6.85公里。河北华北石油工程建设有限公司将其中标的霍尔果斯压气站等项目的土石方工程（中标价2.4亿元），转分包给河北任丘市欣荣建筑安装工程有限公司等36家施工单位，获取价差1.02亿元，占合同价款的42%。

（三）部分项目投资和财务核算不够规范

1. 项目前期准备不足和工程价款结算审核不严，没有充分起到控制投资的作用。一是初步设计批复滞后。西二线西段于2008年2月开工，直至2008年12月20日，中石油股份有限公司才批复该工程初步设计；截至2009年6月，除压气站外，其他站场、隧道的初步设计概算以及二类费用还未批复。二是初步设计编制不够准确、建设管理不到位等，多列投资2.14亿元。如，乌鲁木齐等5个中转站的材料储存费用概算为1.48亿

元，按当地费用标准估算只需 0.57 亿元，多列概算 0.91 亿元。三是工程价款审核控制不严，相应多计工程价款 0.61 亿元。如，中石油管道局于 2009 年 4 月将供电工程以初步设计概算直接发包给新疆电力设计院，实际施工图设计的送电线路长度比初步设计少 55 公里，造成多计工程价款 2661 万元。

2. 将应在其他方面列支的费用 12.74 亿元计入了工程建设成本。中石油为提高利用铁路运输设备材料的能力，购买了 3000 辆铁路货运车，截至 2009 年 4 月 3 日已支付购车款 12.26 亿元，全部计入了西二线建设成本；中石油委托其所属企业研究高钢级、大口径管道的施工技术、生产能力等，截至 2009 年 3 月 31 日已支付研究费用 0.48 亿元，全部计入了西二线建设成本。

（四）环境保护措施未完全落实到位

1. 穿越环境保护区时违规施工。西二线西段经过的新疆等 4 省区生态敏感区、水源保护区等较多，但部分施工单位违规施工，对部分地区生态环境产生影响。如违规直接穿越甘肃省嘉峪关市 2 个水源一级保护区施工，里程达 4 公里；在穿越甘肃安西极旱荒漠国家级自然保护区、新疆塞里木湖国家级风景名胜区、哈密东天山生态功能保护区时，未按规定采取人工开挖方式，而是采用机械开挖，且施工作业宽度由规定的 20 米增加到 26 米至 30 米，导致保护区植被损毁面积增加 110 多万平方米。

2. 西二线水土保持工作滞后于主体工程建设。截至 2009 年 3 月底，西二线西段环境保护和水土保持措施施工图设计尚未完成，施工单位尚未确定，大部分水土保持项目未施工，森林植被恢复措施未实施，仅督促施工单位做了部分临时防护措施和地貌恢复工作。由于保护措施不到位，该工程甘肃段有 380 万平方米施工涉及的地表暴露在大风中，施工产生的 107 万立方米弃渣置于作业带两侧及临时堆场；有关地方政府已收取的 4591.63 万元森林植被恢复费闲置。

（五）部分文物保护措施不到位

审计发现，该工程甘肃段 19 处文物中，有 12 处受到一定影响。

对审计发现的上述问题，中石油党组高度重视，组织相关部门和单位召开了 3 次专题会议进行研究整改工作，制定了切实可行的整改工作方案，要求各部门各单位要“明确问题、明确责任、明确时限、明确人员、切实抓好落实”。同时，从完善制度、规范运作入手，在今后的工程项目建设中更好地加强管理，提高建设能力和管理水平。

关于未经核准增加建设两条支干线问题，根据审计建议，中石油正向发展改革委上报。

关于部分工程管理不够严格问题，中石油已将西二线作为工程建设领域突出问题专项治理的重点项目，加大了管道建设招投标的监管力度，进一步研究完善施工总承包管理，对分包商的施工能力、业绩、资质等严格审查。

关于部分项目投资和财务核算不够规范问题，中石油加强了初步设计的编制和审查，严格履行审批程序，规范财务核算，加大投资控制力度。同时，对多列投资 2.14 亿元、多计工程价款 0.61 亿元、应在其他方面列支的费用 12.74 亿元，中石油正在研究整改和处理措施。

关于环境保护措施未完全落实到位问题，按照环境保护部的要求，中石油在内部通报批评了违规建设问题，正在重新申报环境影响报告书，配合地方政府做好水源保护地调整工作，对损毁的植被尽力采取措施予以恢复，并完善环境保护和水土保持工作方案，加快水土保持项目施工进度等。

关于部分文物保护措施不到位问题，中石油正积极配合地方文物部门，对受到影响的进行清理恢复，并采取更加严格的措施在西二线其余工程建设中加强文物保护。

中华人民共和国审计署
审计结果公告
（2010 年第 4 号）

金沙江向家坝水电站工程跟踪审计结果

（2010 年 2 月 12 日公告）

根据《中华人民共和国审计法》的规定，2009 年，审计署对原中国长江三峡工程开发总公司（以下简称三峡总公司）投资建设的金沙江向家坝水电站工程（以下简称向家坝工程）进行了阶段性跟踪审计。现将审计结果公告如下：

一、基本情况和取得的成效

向家坝工程是三峡总公司在金沙江下游开发的4个大型水电站之一，也是国家实施“西电东送”的第一期工程，设计装机容量600万千瓦。2002年原国家计委批准立项，2006年12月批准可研设计，可研总投资541.65亿元，其中静态总投资434.24亿元，建设期贷款利息107.41亿元。建设总工期9年6个月。建设资金来源为：企业自有资金、企业债券和银行贷款。向家坝工程2004年3月开始筹建，2008年12月完成大江截流。目前，“四通一平”工程基本完成，主体工程已经开工建设。截至2008年底，三峡总公司累计筹集建设资金102.99亿元，累计完成投资96.36亿元。

根据发展改革委批复的向家坝工程可行性研究阶段建设征地和移民安置规划，建设征地和移民安置补偿投资概算为152.22亿元。三峡总公司与四川、云南两省签订的包干协议，分别为69.19亿元和78.26亿元。截至2009年3月底，两省累计收到三峡总公司拨付的移民资金30.62亿元，累计支出21.21亿元，资金余额9.81亿元(含利息收入)。向家坝工程淹没影响区涉及四川、云南两省6县，规划搬迁总人口125123人。截至2009年5月底，枢纽工程区及围堰区已累计搬迁23555人，库区移民安置规划工作正在进行。

审计结果表明，自2006年审计署对三峡工程审计后，三峡总公司逐步完善各项内控制度，明确建设各方职责，有效保障了向家坝工程建设顺利实施。各参建单位克服项目建设周期长、任务重、技术复杂等困难，工程按期实现截流目标，较好地完成了阶段性建设任务。

（一）工程建设管理不断加强并逐步规范。三峡总公司采用信息化管理系统对工程组织、合同和质量安全管理进行控制，工程建设管理水平进一步提高。在环境保护方面，三峡总公司制定了相关的管理办法和考核措施，并取得初步成效。

（二）建设资金管理使用情况较好。三峡总公司重视财务管理工作，按照可行性研究报告要求，根据工程进度需求及时筹集建设资金，内控制度比较健全，会计核算和财务管理比较规范，审计未发现重大挪用和严重侵占建设资金的问题。

（三）四川、云南两省政府积极组织协调，施工区移民安置进展基本顺利。两省政府重视移民安置工作，建立和健全了移民管理机构，制定多项移民资金使用和管理规定。各级移民管理机构积极组织实施移民安置、实物指标调查复核等工作，保证了施工区工程建设的顺利进行。

二、存在的主要问题和整改情况

（一）项目执行概算尚未编制完成，投资控制目标不够明确，投资控制管理尚待加强

截至2008年底，向家坝工程已签订各类合同金额222.89亿元，累计完成投资96.36亿元，但三峡总公司至本次审计时，尚未编制完成项目执行概算，不利于加强投资控制和管理。

（二）部分分项目没有严格执行招投标制度

截至2008年底，向家坝工程已签订的773项、总金额222.89亿元的合同中，按招标投标法的相关规定应招标的分项目245项，合同总金额176.20亿元。但审计发现，三峡总公司未经发展改革委审批对85项分项目实行邀请招标，合同总金额65.01亿元，占36.90%；未招标的分项目135项，合同总金额11.76亿元，占6.67%。如，2004年12月，三峡总公司违反招投标相关规定，将右岸岸坡及地下厂房辅助洞室工程发包给湖北安联建设工程有限责任公司（以下简称湖北安联公司）。工程开工后，湖北安联公司将大部分工程分包给了11家施工单位，因施工人员、设备资源、技术力量等配置不足，制约了主厂房的开挖。三峡总公司于2006年5月补偿湖北安联公司退场费136.97万元后，将剩余工程交给了中国水利水电第七工程局（以下简称水电七局）继续施工。截至审计时，该工程已增加投资3603.14万元，工期拖延31个月。又如，2006年3月，三峡总公司指定湖北安联公司分包右岸地下厂房尾水渠等工程，湖北安联公司又将主要施工内容再次分包，导致现场施工组织协调难度加大，工程交付日期拖延，工期滞后达190天，影响到右岸地下厂房引水发电系统工程进度。

（三）部分合同签订不够严谨，执行不够严格

对材料采购合同以及27个项目的审计发现，部分工程合同签订不够严谨，有些内容不完整，加上执行不够严格，导致合同外支付工程价款6752.35万元。主要是三峡总公司在地质条件不明的情况下，将太平料场骨料输送线土建工程Ⅰ、Ⅱ标段分别交由中铁隧道集团有限公司和中国水利水电第十四工程局承建。招标文件及合同中明

确，施工单位应随实际地质条件对施工过程中围岩开挖及支护类型作调整，但合同总金额不变。合同执行过程中，三峡总公司又按实际地质变化，多支付Ⅰ、Ⅱ标段围岩支护费用3038.81万元，Ⅰ标段弃渣场防护费用230.53万元。又如，三峡总公司在签订部分钢材、水泥采购合同时未考虑价格变化因素，未制定相应的价格调整机制，在合同已明确不调整价差的情况下，向供货单位多支付材料价差2781.03万元。

（四）部分环保项目未能达到规划要求

向家坝工程于2004年3月筹建，三峡总公司至2007年12月才对工程施工产生污染物的排放进行申报，由于申报资料不完善，至审计时未获环保部门核准，也未交纳排污费。审计还发现，部分环保项目建设滞后于工程建设，有的存在废水未达标排放的情况。如，施工区声障屏项目至审计时未达到规划要求的3公里长度；新滩坝渣场挡墙施工进度滞后于弃渣堆存速度；在未进行环保处理的情况下，右岸地下厂房开挖项目直接将施工废水排入了金沙江。

对审计提出的上述问题和意见，三峡总公司及其相关单位高度重视，组织人员对有关问题作了认真研究，把落实整改与加强内部控制管理结合起来。

关于项目执行概算尚未编制完成等问题，三峡总公司已编制完成8个单项工程的执行概算初稿，其余单项工程的执行概算正在编制之中。

关于部分分项目没有严格执行招投标制度问题，三峡总公司修订了《中国三峡集团公司招投标管理办法》，高度重视招标前期工作，合理划分标段，规范招标投标管理行为，在后续工程中严格执行国家招投标规定。

关于部分合同签订不严谨、执行不够严格等问题，三峡总公司正在研究进一步完善合同条款，加强合同编制的科学性和审查工作，提高合同文件的严谨性和可操作性。

关于部分环保项目未能达到规划要求问题，三峡总公司已与相关部门签订了排污费合同，支付了费用，滞后于工程建设的环保项目正在施工建设中。

中华人民共和国审计署审计结果公告（2010年第5号）

103个县农村饮水安全工作审计调查结果

（2010年3月24日公告）

根据《中华人民共和国审计法》的有关规定，审计署2009年对河北、山西、辽宁等19个省（自治区、直辖市，以下简称19省）的103个县（县级市、区，以下简称103个县）2006年至2008年农村饮水安全工作开展情况进行了审计调查。现将审计调查结果公告如下：

一、农村饮水安全工作开展情况

党中央、国务院高度重视农村饮水安全问题，将实施农村饮水安全工程列为社会主义新农村建设的重点内容。2007年，国家制定了《全国农村饮水安全工程“十一五”规划》（以下简称“十一五”规划）。从审计调查情况看，地方各级政府积极发挥主导作用，认真组织实施“十一五”规划，逐步加大投入力度，工程建设取得了明显成效：

一是促进了社会和谐，密切了党群、干群关系。农村饮水安全工程使广大农民实实在在地分享到了改革开放的成果，进一步提高了党和政府的凝聚力和号召力。

二是改善了农民生活条件，提高了农民健康水平。农村饮水安全工程提高了环境卫生质量，减少了介水性疾病的传播，节省了农民的医疗费用。据水利部门测算，项目区户均年节省医药费支出200元左右。

三是解放了农村生产力，促进了农村经济发展。农村饮水安全工程使部分劳动力从以前找水、拉水、背水中解放出来，能够外出打工或发展庭院经济，增加了经济收入。据水利部门测算，通过实施农村饮水安全工程，全国户均年节省53个挑水工日。

四是加强了民族团结，维护了社会稳定。农村饮水安全工程投资注意向少数民族地区倾斜，减少了少数民族地区群众因水而引发的纠纷，促进了民族团结。

审计调查的103个县2006年至2008年农村饮水安全工程计划总投资37.93亿元，实际到位资金31.86亿元，占计划的84%。其中：中央财政计划投资19.25亿元，全部下拨地方后，实际已拨到项目18.12亿元，占计划的94%；地方财政及农民自筹计划投资18.68亿元，实际已到项目13.74亿元，占计划的74%。

二、农村饮水安全工作中存在的问题及原因分析

审计调查发现，2006年至2008年，103个县计划解决780.83万人的饮水安全问题，实际解决657.53万人，还有123.3万人未得到解决，占计划的16%；有的已建成的农村饮水安全工程存在供水水质合格率偏低、运营成本偏高、管理维护不到位和工程利用率不高等问题，影响了农村饮水安全工作效果。造成上述问题的原因，除了近年来农村饮用水水源污染等客观因素以外，还包括以下几个方面：

（一）农村饮水安全工作计划与实际不完全相符

审计调查发现，农村饮水安全工程资金分配计划不够科学。有些地方简单按照饮水不安全人口数量或者行政区域平均分配资金，未能区分轻重缓急，突出重点，因地制宜，导致部分资金投入与工程实际需要不完全相符。有些地方实施的诸如“连片供水”等地方性工作计划与国家下达的年度计划未有效衔接，导致工程建设进度快慢不一，影响了农村饮水安全工作阶段性目标的实现。

（二）有4.33亿元地方政府配套资金未按计划到位

审计调查的103个县中，有83个县不同程度地存在地方政府配套资金不到位的问题。2006年至2008年，上述83个县计划配套9.79亿元，实际到位资金5.46亿元，未到位资金4.33亿元，到位率为56%。一些地方将配套资金缺口转嫁到农户身上，导致群众自筹比例增高。

（三）农村饮水安全管理工作落实不完全到位

一是有些农村饮水安全工程未按要求安装水质净化设施。审计重点抽查的131处以高氟、苦咸水等作为水源的农村饮水安全工程中，有36处工程未设计水质净化设施，占27%；有19处工程未按设计要求安装水质净化设施，占15%。

二是农村饮水安全工程卫生监测率偏低。根据相关规定，地方卫生部门应对“十一五”规划中新改扩建集中式农村饮水安全工程每年分枯水期、丰水期各开展1次水质卫生监测。审计抽查的2006年至2008年新改扩建的6907处集中式饮水安全工程，由于经费不足等原因，2008年卫生部门仅对其中22%的工程进行过水质监测。很多集中式饮水安全工程运行以来从未进行过水质监测。

三是农村学校饮水安全工程建设不足。审计调查发现，由于资金分配重点支持不够，农村学校饮水工程建设滞后，饮水不安全问题尚未完全解决，个别地方还比较突出。截至2008年底，审计抽查72个县的农村学校中，饮水达不到国家规定标准的占35%。

（四）农村饮水安全工作机制和制度不够完善

一是农村饮水工程所有权规定落实情况较差。国家虽有关于农村饮水安全工程所有权的规定，但缺乏符合实际的具体操作规范，加之农村饮水安全工程投资来源广、情况复杂，这项规定实际执行情况较差。审计抽查的1181处农村饮水工程均未落实所有权，导致工程所有者不明确，权益维护受到影响，工程运营前景堪忧。

二是缺乏用电优惠具体规定，电价优惠政策未完全落实到位。发展改革委等3部委联合下发的《关于加强农村饮水安全工程建设和运行管理工作的通知》明确要求，各地要按照新农村建设的总体要求，研究制定工程运行用电优惠政策，以降低工程运行成本。但由于缺乏统一的操作办法，实际落实情况较差。审计延伸调查的575处农村集中式饮水安全工程中，有42%的工程未享受到国家电价优惠政策。

三是农村饮水安全应急机制不健全。103个县中，有66个县未制定以农村饮水安全保障为重要内容的专项应急预案。各地普遍存在人员保障、技术支持、物资储备等安全保障措施尚未落实的情况，农村饮水安全预测与预警运行机制尚不健全，不利于农村饮水突发事件应急工作的有效开展。

（五）对103个县及其所在的省、市（地）延伸审计发现，2.81亿元资金未按计划及时下拨，0.25亿元资金未按计划用于规定项目。

针对审计调查发现的问题，审计署提出了进一步加大农村饮水安全工程资金投入，加强农村饮水安全管理工作，完善农村饮水安全工作机制和制度等审计建议。

三、审计调查发现问题的整改情况

水利部等中央部门和地方各级政府高度重视审计调查发现的问题，认真研究审计建议，积极采取有效措施进行整改。水利部专门召开农村饮水安全工程建设和管理整改工作会议，对审计发现的问题逐一明确整改的措施和期限等要求，并派出督导组前往19省督促整改，还及时下发《关于加强农村水资源保护工作的通知》等多个文件，要求各地切实采取措施加强农村水源保护，改进供水水质检测工作，加快解决农村学校饮水不安全问题，开展农村饮水安全工程建设程序的专项整治活动，研究完善饮水安全工程建设和运行管理的长效机制。相关地方政府认真处理和纠正审计调查发现的问题，及时拨付滞留资金，收回挪用资金，追究相关人员责任；积极采取措施，加快工程建设进度。

相关链接：审计署外资运用审计司负责人就农村饮水安全工作审计调查情况答记者问（略）

中华人民共和国审计署
审计结果公告
（2010年第6号）

40个市地州56个县区市土地专项资金征收使用管理及土地征收出让情况审计调查结果

（2010年4月20日公告）

为加强土地资源管理，促进节约集约用地，维护国有土地资产安全，实现耕地总量动态平衡，审计署2009年对河北、辽宁、吉林、江苏、浙江、福建、江西、河南、海南、宁夏和新疆11个省区2007年至2008年（以下简称两年度）征收、管理、使用土地专项资金的情况进行了审计调查。主要抽查了13个市土地出让收入管理使用情况和27个市地州、56个县区市土地开发整理相关资金管理使用情况（所涉及资金种类和地区的具体名单见附件），延伸审计调查了部分用地单位和土地开发整理项目。现将审计调查结果公告如下：

一、土地征收出让管理工作的基本情况

此次审计抽查的13个市两年度土地出让收入3353.25亿元，支出3151.12亿元，截至2008年底累计结存496.91亿元（含以前年度结存，下同）；11个省区两年度共征收、计提土地开发整理相关资金655.16亿元，支出426.43亿元，截至2008年底累计结存429.04亿元。

审计调查结果表明，11个省区地方各级政府高度重视土地征收出让管理和开发整理工作，积极采取措施加强土地资源、土地出让收支和土地开发整理项目管理，探索节约集约用地机制，完善被征地农民安置保障制度，土地出让收支管理和土地开发整理工作取得了较好成效。

（一）土地管理规章制度逐步完善。国土资源部和11个省区地方政府围绕落实最严格的土地管理制度和节约集约用地制度，采取多项措施加强土地管理和土地开发整理，在土地规划、出让、执法监察、征地审批、节约集约用地、开发整理项目管理等制度建设方面取得了明显成效。如杭州市严格出让地块规划指标调整审批制度，并按调整前后差价双倍计征土地出让收入，有效约束了违规调整规划指标行为。河北、吉林、江苏、福建、河南等地通过严格用地预审、积极盘活存量用地、清理闲置用地、出台工业项目建设用地控制指标等，促进了土地资源节约集约利用。吉林省出台了《吉林省西部土地开发整理重大项目工程计量和资金支付管理规定（暂行）》等制度，促进了开发整理项目实施的规范化。

（二）土地执法检查力度不断加强。两年来，国土资源部积极组织开展全国土地执法“百日行动”、卫星遥感监测执法检查等，查处了大量土地违法违规问题，一定程度上遏制了违法违规用地行为的发生，土地管理制度化、市场化程度有所提高。13个市两年度共办理划拨用地24.54万亩，出让用地49.55万亩，其中以招标拍卖挂牌（以下简称招拍挂）方式出让的用地面积占出让用地总面积的53.44%。

（三）土地开发整理工作效果明显。11个省区两年度通过开发整理新增耕地392.51万亩，是国家计划的122.91%。土地开发整理取得了较好的经济和社会效益。据抽查，福建省霞浦县近4年竣工验收的15个项目，共整理耕地3.6万多亩，新增耕地4900多亩，年增净收益1800多万元。河南省通过实施农田水利、道路、林网等改造工程，改善了农业生产条件，提高了粮食综合生产能力，整理后项目区粮食产量平均增长20%以上。

二、审计调查发现的主要问题及初步整改情况

审计调查发现，部分市县土地专项资金管理不规范，仍然存在违规征地、以租代征土地、违规协议出让工业和经营性用地、土地开发整理项目实施效果不佳等问题。

（一）土地出让收入管理使用方面

1. 一些地方应征未征土地出让收入。

一是有11个市以“招商引资”“旧城改造”和“国有企业改制”等方式，变相减免土地出让收入19.61亿元；有3个市以低于基准地价70%的价格等方式，出让土地177宗0.8万亩；有3个市的规划等部门批准提高0.18万亩土地的容积率，应征未征土地出让收入10.57亿元。

二是有12个市欠征土地出让收入323.26亿元。其中7个市的国土部门在25家用地单位欠缴土地出让收入25.92亿元的情况下，违规发放国有土地使用证。

审计指出上述问题后，有关地方政府已按规定补征土地出让收入161.78亿元。

2. 有11个市的674.81亿元土地出让收入管理不规范，未按规定纳入基金预算管理，占征收总额的20.1%。其中：缴入财政过渡户515.87亿元，由开发区管委会等非财政部门收取55.73亿元；用地单位直接支付拆迁安置补偿和企业改制安置支出103.21亿元。

审计指出上述问题后，11个市已按规定进行整改。

3. 有11个市改变土地出让收入用途56.91亿元。其中：有6个市支出39.36亿元，用于高校新校区、会展中心、剧院、软件园等公共工程建设；有4个市支出9.68亿元，用于增加政府投资企业注册资本；有6个市支出3.26亿元，用于补贴公交公司购车、还贷、设立农业科研发展专项资金等；有7个市支出2.1亿元，用于弥补国土、城建等部门工作经费不足；有4个市违规支出2.38亿元，用于建设、购置办公楼、商务楼、职工住宅等。

审计指出上述问题后，有关地方政府已按规定收回并归还原资金渠道12.62亿元。

4. 部分地方违规批地用地。其中：7个市未经审批征收并实际占用集体土地3.9万亩；4个市用地单位“以租代征”占用集体土地1.01万亩，用于酒店、旅游等非农项目建设；5个市未经审批新设和扩大各类开发区涉及用地19.1万亩；7个市用地单位未批先用土地3.18万亩（含耕地0.72万亩、基本农田0.27万亩），其中基础设施项目用地2.32万亩，工业等项目用地0.86万亩；6个市依据自定政策或以解决历史遗留问题名义，将应以招拍挂方式出让的53宗0.19万亩经营性用地和220宗1.63万亩工业用地以协议方式出让；3个市的8家用地单位擅自改变0.28万亩土地的用途。

审计指出上述问题后，有关地方政府已按规定收回土地3.15万亩，没收、拆除非法建（构）筑物33.65万平方米，罚款1213.76万元，补办1.16万亩用地审批手续。

5. 部分地方未按规定及时更新基准地价。国家规定：基准地价原则上每3年更新一次，并根据市场变化适时进行调整。截至2009年6月底，有5个市已超过3年未更新，其中3个市的土地市场价比其适用的基准地价超出了1倍以上。

审计指出上述问题后，有两个市已全面开展基准地价更新工作。

（二）土地开发整理方面

1. 有9个省区所属市县未足额征收、计提土地开发整理相关资金28.37亿元。其中：未足额征收新增建设用地土地有偿使用费5.82亿元，占应征金额的32.33%；未足额征收耕地开垦费3.19亿元，占应征金额的19.91%；未足额计提农业土地开发资金19.34亿元，占应计提金额的51.47%。

审计指出上述问题后，有关地方政府已按规定补征（提）土地开发整理相关资金12.95亿元。

2. 3个省级2个市级1个县级国土、财政部门未按规定将9.18亿元土地开发整理相关资金纳入国库管理。

审计指出上述问题后，有关地方国土、财政部门正按规定进行整改。

3. 有 3 个省级 9 个市级 11 个县级国土、财政部门改变土地开发整理相关资金用途 20.94 亿元。其中：用于城市基础设施建设 9.46 亿元；行政事业单位基本建设及经费支出 4.01 亿元；对外出借和投资 1.21 亿元；弥补地方财政预算缺口 4148 万元；征地拆迁补偿和土地储备等 5.84 亿元。

审计指出上述问题后，有关地方政府已按规定收回改变用途的土地开发整理相关资金 2.93 亿元。

4. 抽查 90 个项目发现一些地方土地开发整理项目监管不严。

一是有 11 个项目因规划设计不科学、不充分而被迫中断施工或延期施工，已完工项目也因设计不科学而无法实现预期目标。

二是有 14 个总计投资 1.11 亿元的项目存在违规招投标、转分包或未实行招投标问题。

三是有 6 个项目与其他土地开发整理项目和农业综合开发项目存在重复申报情况，涉及项目资金 9018.9 万元。

四是有 10 个土地开发整理项目虚报多结工程款 1023.72 万元。

五是有 20 个土地开发整理项目因主管部门监督检查不力、施工质量不高、后期管护不到位等原因，造成一些损失浪费。

审计指出上述问题后，辽宁等地对参与土地开发整理项目设计单位的资质情况进行了全面清理和检查，新疆等地对 3 个不合格项目拟定了重新选址方案，有关地方政府已收回虚报多结的工程款 356.25 万元。

5. 少数地方新增耕地面积不实或多占少补耕地。

一是有 119 个土地开发整理项目通过编造虚假竣工验收资料、人为改变地类和数据等手段，虚报新增耕地 1.35 万亩。

二是有 13 个土地开发整理项目在开发整理尚未达标的情况下，上报新增耕地 2.93 万亩。

三是有 9 个建设用地项目多占少补耕地 4294.45 亩。

审计指出上述问题后，有关地方政府已调减、补充耕地 3152 亩。

有关地方政府和相关部门对审计调查发现的问题高度重视，除已作上述整改外，在审计调查期间和结束后，还在加大力度，采取有效措施做好进一步整改：

一是财政部、国土资源部等部门于 2009 年 11 月联合下发了《关于进一步加强土地出让收支管理的通知》，要求各地进一步规范土地出让收支管理，对审计指出的问题积极采取措施进行整改。

二是各地先后出台了 18 项规范土地出让、登记、规划、责任追究等方面的制度，完善了 30 项进一步加强土地开发整理专项资金和项目管理的制度。

三是已对 32 名违法违纪问题责任人员依法进行了处理。

四是对管理不规范的专项资金正在完善办法，全部纳入预算管理；对违规使用的资金正在追回。

上述整改事项的最终结果，审计署将在适当时候予以公告。

附件：

11 个省区土地征收出让及专项资金管理审计调查涉及的资金种类和地区名单

一、土地专项资金

包括新增建设用地土地有偿使用费、耕地开垦费、农业土地开发资金、土地复垦费（以上 4 项合称土地开发整理相关资金）和国有土地使用权出让收入。

二、国有土地使用权出让收入审计抽查的县区市

石家庄市：鹿泉市

南京市：高淳县、溧水县、江宁区

福州市：闽侯县

南昌市：南昌县、新建县、进贤县、安义县

郑州市：荥阳市、巩义市、中牟县

乌鲁木齐市：乌鲁木齐县、米东区、乌鲁木齐高新技术开发区、乌鲁木齐经济技术开发区

三、土地开发整理相关资金审计抽查的市地州、县区市

河北省：石家庄市、唐山市、高邑县

辽宁省：沈阳市、铁岭市、抚顺市，康平县、铁岭县

吉林省：松原市、乾安县、前郭尔罗斯蒙古族自治县、扶余县、长岭县

江苏省：南通市、盐城市、启东市、如皋市、通州市、如东县、海安县、东台市、盐城市亭湖区

浙江省：衢州市、丽水市，江山市、衢州市柯城区、龙泉市

福建省：福州市、泉州市、龙岩市、三明市，福州市马尾区、福清市、惠安县、霞浦县、长汀市、漳平市、建宁县、泰宁县

江西省：南昌市、余干县、泰和县

河南省：许昌市、南阳市、洛阳市、信阳市、襄城县、邓州市、方城县、社旗县、汝阳县、宜阳县、郸城县、信阳市平桥区、荥阳市

海南省：海口市、东方市、陵水县、保亭县

宁夏回族自治区：银川市、吴忠市、中卫市、银川市金凤区、银川市兴庆区、银川市西夏区、贺兰县、永宁县、青铜峡市、中宁县

新疆维吾尔自治区：乌鲁木齐市、昌吉回族自治州、吐鲁番地区、巴音郭楞蒙古自治州、乌鲁木齐市达坂城区、乌鲁木齐县、阜康市、呼图壁县、木垒县、鄯善县、库尔勒市、焉耆回族自治县、且末县、博湖县

相关链接：进一步加强土地资源审计服务经济社会可持续发展——审计署农业与资源环保审计司司长黄道国答记者问（略）。

中华人民共和国审计署审计结果公告（2010 年第 7 号）

中国农业发展银行 2008 年度资产负债损益审计结果

（2010 年 4 月 29 日公告）

根据《中华人民共和国审计法》的规定，2009 年 3 月至 7 月，审计署对中国农业发展银行（以下简称农发行）总行及 8 家分支机构 2008 年度资产负债损益情况进行了审计。

一、基本情况及总体评价

审计结果表明，近年来，农发行贯彻落实国家宏观调控政策，不断加大对农村和农业领域的信贷支持力度，为促进粮食增产、农业增效和农民增收发挥了重要作用。

（一）认真执行国家粮食收储计划及政策，及时保障粮棉油收购的信贷资金供应。2008 年，农发行按照国家粮棉油储备计划，积极提供信贷支持，累计发放粮棉油储备贷款 1095 亿元，食糖、肉类等储备贷款 325.6 亿元；累计发放粮棉油收购贷款 3948.3 亿元，支持收购粮油 4077.9 亿斤，收购棉花 9906.6 万担，促进了粮食生产及主要农产品市场价格的稳定。

（二）加大对农村和农业领域的信贷支持力度，促进国家支农惠农政策的贯彻落实。据统计，2006 年至 2008 年，农发行发放的农村基础设施建设贷款、产业化龙头企业贷款、农业综合性开发贷款等商业性涉农贷款的余额和比重逐年增加，年均增长近 23%，对改善农业生产和农村生活条件发挥了积极作用。

（三）不断完善内控管理机制，逐步加强财务管理和内部审计工作。近年来，农发行结合自身经营情况，先后制定了信贷管理、风险管理、资金和财务管理、审计监察等多项内控制度；同时

积极开展信贷资产质量、财务及经营绩效真实性等专项监督检查，促进各级分支机构规范经营、加强管理。

（四）资产质量逐年改善，负债结构不断优化。农发行在强化信贷风险防控的同时，加大了不良贷款的清收和核销力度，2008年，不良贷款率同比下降2.49个百分点；发行金融债券2815.6亿元，同比增加314.4亿元，自主筹资能力不断提高；实现经营利润204.1亿元，同比增长37%，经营业绩逐年提高。

审计也发现，农发行在经营管理、风险控制等方面还存在一些薄弱环节，违法违规问题和经济犯罪案件在一些分支机构仍时有发生。

二、审计查出的主要问题

在对农发行总行及8家分支机构的审计中查出以下主要问题：

（一）违规经营问题93.84亿元

1. 内蒙古、辽宁、吉林等地分支机构工作人员违规操作、工作失职导致粮棉油收购贷款资金被骗取或挪用52.99亿元。如2006年4月至2007年6月，内蒙古乌兰浩特市支行在已取得该市第三粮库经会计师事务所审计的财务报表情况下，仍依据企业伪造的财务报表将其信用等级高评为AA级，并据此向该粮库提供2.85亿元粮食收购贷款，被其用于期货投机等活动，最终造成8236万元贷款损失。

2. 吉林、安徽、河南、湖北、四川等地分支机构向不符合贷款主体资格或贷款条件的企业违规发放贷款24.93亿元。如2008年5月至2009年3月，安徽省黄山市分行在明知当地城建项目已于2008年4月全部完工的情况下，仍以该项目名义发放贷款2.48亿元，被用于当地开发区其他道路建设及征地补偿等支出。

3. 黑龙江、湖北、湖南等地分支机构以涉农贷款名义违规向城市道路、土地整理等非农领域及项目发放贷款14.49亿元。如2008年2月至9月，湖北省武汉市蔡甸区支行发放的农村基础设施建设贷款2.6亿元，被用于省级公路建设。

此外，辽宁、安徽等地分支机构还存在违规审批办理呆账核销1.43亿元和财务不实243.83万元等问题。

（二）经营管理存在薄弱环节，部分业务存在风险

1. 部分分支机构粮棉油收购贷款业务经营管理较为混乱。有的分支机构贷前调查不严，未能及时发现借款企业提供的明显虚假资料；有的分支机构未按收购进度放款以及对售粮回款监督不严，特别是对贷款资金大额提现或频繁划转等异常情况未采取有效管控措施，“购贷销还”等信贷制度流于形式。安徽、湖北等地一些分支机构对政策性贷款所对应的库存粮食核对监督不够到位，未能及时发现个别中储粮直属库和代收储企业擅自动用储备粮用于生产加工、粮食质量恶化等造成贷款风险的问题。

2. 部分向地方政府投融资平台发放的商业性贷款存在风险。一是向开工手续不全、配套资本金不到位的建设项目发放贷款。如河南省巩义市支行2008年在相关项目审批手续不完备的情况下，向当地政府融资平台发放河流综合治理项目贷款6.07亿元，其中1.7亿元被挪用于归还银行贷款本息及支付其他项目工程款等。二是有些政府融资平台采取弄虚作假方式套取贷款。如2007年至2008年，5户政府融资平台企业使用虚假合同和假发票从重庆市分行套取11.72亿元贷款。

3. 信贷业务基础管理中存在薄弱环节。一是授信环节基础工作较薄弱，对集团客户综合授信制度执行不到位。一些企业利用农发行各地区和部门间在授信管理中存在的信息不对称问题，通过跨地区、跨银行多头开户进行骗贷活动。二是客户信用评级工作落实不够到位。一些分支机构客户信用评级工作流于形式，甚至依据企业虚假资料进行信用评级后发放贷款。三是部分信贷资产质量反映不真实。如2009年4月，长沙巴黎诗纺织服装有限公司因挪用棉花收购贷款投资房地产导致1.22亿元贷款无法归还，湖南省分行采取违规办理贷款展期手续等方式来掩盖上述不良贷款。

（三）涉嫌违法犯罪案件和严重违规问题有19件

本次审计发现19件涉嫌违法犯罪案件线索和严重违规问题，主要为外部人员利用农发行管理上的漏洞，弄虚作假恶意骗贷，或与农发行工作人员内外勾结、侵占粮食收购资金。如，2007年8月至2008年4月，辽宁富虹集团有限公司实际

控制人李志富等人采取虚构粮食收购业务和商业贿赂等手段，骗取农发行贷款 4.79 亿元挪作他用；2006 年 9 月至 2008 年 5 月，吉林省四平九丰酒业有限责任公司实际控制人李树岩、李树君两兄弟伙同当地农发行部分工作人员，采取编造虚假财务资料及收粮凭证等手段，骗取农发行 2.66 亿元贷款，部分资金被用于境外赌博挥霍等；2007 年 4 月至 8 月，河南鞋城皮革（集团）总公司法定代表人崔明杰等人采取虚假评估和重复抵押等手法，从当地农发行骗取贷款 1 亿元。

三、审计处理情况及建议

对上述问题，审计署依法出具了审计报告。对审计发现的违规经营、贷款风险及信贷管理存在薄弱环节等问题，已移送银监会等部门处理；对违反财务收支法规的问题依法作出处理，并责成农发行调整有关会计账目；对涉嫌违法犯罪案件线索和严重违规问题，已移交司法部门和纪检监察机关立案查处。

针对审计发现问题，审计署建议：农发行应进一步明确目标定位，始终将做好粮棉油储备和收购等政策性信贷业务放在首位，并积极承担政府主导的农业农村金融业务；审慎开展商业性信贷业务，加强对政府融资平台贷款的管理，防止财政风险向金融风险转移，确保商业性信贷业务平稳、有序和健康发展；不断健全内部制约机制，切实强化风险管理。

四、审计查出问题的整改情况

农发行高度重视这次审计，对审计查出的问题，认真分析原因，扎实推进各项整改工作：

1. 及时部署整改落实措施。截至 2009 年 11 月底，已整改金额为 83.38 亿元，占全部违规问题金额的 88.85％。

2. 强化风险管理，最大限度地减少贷款风险和损失。目前，审计发现的 19 件涉嫌违法犯罪案件涉及的资金 61 亿元，有 12 件已收回贷款 7.03 亿元；7 件已落实有效资产保全，金额为 38.67 亿元；还在全行范围内对照 14 个重点环节和 63 个重点风险点进行了案件排查工作。此外，19 件涉嫌违法犯罪案件，有关部门正依法立案查处。其中，法院已开庭审理 5 件，检察机关正审查起诉 4 件，公安及纪检监察部门正在查处 10 件。

3. 严肃处理有关责任人。截至 2009 年 11 月底，已处理责任人 383 人次，其中党纪政纪处分 51 人，免职或停职 31 人，经济处罚 301 人次。

4. 整章建制，完善经营管理机制。农发行从审计发现的问题入手，及时查找原因，先后出台了 10 多项加强和完善贷款业务管理的制度措施，同时结合基层行改革和队伍建设，强化内部审计和监督工作，增强了内部控制制度的执行力。

中华人民共和国审计署 审计结果公告 （2010 年第 8 号）

中国农业银行股份有限公司 2008 年度资产负债损益审计结果

（2010 年 4 月 29 日公告）

根据《中华人民共和国审计法》的规定，2009 年，审计署对中国农业银行股份有限公司（以下简称农业银行）总行及 11 家分支机构 2008 年度资产负债损益情况进行了审计。

一、基本情况及总体评价

审计情况表明，近年来，农业银行按照国务院关于“面向三农、整体改制、商业运作、择机上市”的十六字方针，稳步推进股份制改革，取得初步成效。

（一）积极推进股份制改革，初步建立商业银行公司治理结构

2008 年，农业银行按股改方案要求，通过资产剥离和财务重组，完成了股份公司的组建；按照现代股份制商业银行治理模式，建立了相对规范的公司治理结构；积极转变经营管理机制和理念，制定了战略发展规划，明确了中长期战略发展目标。

（二）创新金融服务，落实服务“三农”股改目标

农业银行认真落实服务“三农”的股改目标，

不断改进农村金融服务方式，初步探索出一条以农业产业化龙头企业和农产品基地为依托、以农户为重点、以惠农卡为载体、以农户小额贷款为突破口，实行“条线管理、单元经营、重心下沉、独立核算”的运作模式。

（三）不断完善内部控制，加强风险管理

2008年，农业银行设立了专门的风险管理部门，初步建立了全面风险管理框架，加强风险管理队伍建设；组织多层次检查队伍，加大对重点地区分支机构违规操作和案件的专项治理力度，违规经营和案件高发的势头初步得到遏制。

（四）资产质量明显改善，经营效益有较大提高

2008年，农业银行通过财务重组和不良资产剥离，资产质量和经营效益有了较大改善。截至2008年末，资产总额为70124.41亿元，其中贷款总额31001.59亿元。不良贷款额和不良贷款率实现了双降，不良贷款额从8161亿元降至1340亿元，不良贷款率从23.64%降至4.32%，拨备覆盖率从7.16%提高到63.53%；实现净利润516亿元，同比增加18.9%，总资产回报率从0.81%上升至0.84%，资本充足率从－17.84%提高到9.41%。

审计也发现，农业银行一些分支机构仍然存在违规经营问题，内部管理和风险控制还存在薄弱环节。

二、审计查出的主要问题

在对农业银行总行及11家分支行审计中查出以下主要问题：

（一）违规经营问题105.53亿元

一是违规发放各类贷款47.97亿元，主要是向不符合产业政策和贷款条件的企业和项目发放贷款、违规开立保函、发放无指定用途贷款以及信贷资金流入股市等，涉及北京、河北、辽宁、安徽、山东、河南、湖南、四川、大连9家分行。如2008年12月至2009年2月，辽宁省朝阳市凌源支行向被列入关停淘汰落后生产能力名单的一家钢铁企业发放流动资金贷款2.2亿元。

二是违规签发无贸易背景的承兑汇票和办理贴现48.28亿元，涉及北京、安徽、河南、湖北等9家分行。如2009年2月，安徽省阜阳市腾达支行为完成内部考核任务，主动与不具备开具增值税专用发票资格的南京巨欧贸易有限公司联系办理票据贴现1.94亿元，贴现所用增值税发票复印件系伪造。

三是违规办理存款、结算业务5.96亿元。如2007年底，黑龙江省黑河分行个别职工将其个人结算账户违规提供给客户办理转款业务5.57亿元。

四是违反财务收支法规问题3.32亿元，涉及黑龙江、河南、湖北等9家分支机构，主要是少计营业外收入、账外固定资产和私设“小金库”等。

（二）经营管理存在薄弱环节，部分业务存在风险

一是政府融资平台贷款管理存在薄弱环节。审计抽查的230亿元地方政府融资平台贷款中，有25亿元被地方政府用于抵顶扩大内需投资项目的配套资金或财政性支出等。

二是部分涉农贷款资金未直接用于“三农”。农业银行2008年发放的贷款中，有215亿元未直接用于“三农”。

三是基础管理和风险控制存在漏洞。如对账户和部分业务交易平台的交易缺乏监控；“惠农卡”存在滞留在代理人员处或由银行经办人员代为开卡的问题；经营性物业贷款管理不到位，部分贷款资金流向房地产开发项目；代客衍生品交易风险控制不足，2008年垫付利息支出和平盘损失10.7亿元。

三、审计处理情况及建议

对上述问题，审计署依法出具了审计报告。对审计发现的违规经营、部分业务管理存在薄弱环节及风险等问题，移送银监会等部门处理；对违反财务收支法规的问题依法作出处理，并责成农业银行追究相关人员责任；对审计发现的涉嫌违法犯罪的10件案件线索，已移交司法机关立案查处。

审计署建议：农业银行应进一步完善公司治理结构，继续深化金融改革和创新，加快实现战略转型步伐，不断提高竞争力和金融服务水平；严格规范经营行为，切实加强业务管理，在金融创新和拓展市场过程中，不断加强内部控制和风险管理，努力提高抗风险能力；全面贯彻落实国家宏观调控政策，改善对中小企业的信贷服务，

加大支农力度，严格执行国家产业政策。

四、审计查出问题的整改情况

农业银行对本次审计查出的问题高度重视，多次召开专题会议研究制定整改措施，将整改问题与合规文化建设、经营理念提升和推进商业化进程相结合，强化了内部控制和管理。截至2010年3月末，对审计报告中涉及的96项违规经营问题已整改90项，整改完成率为93.75%；收回违规发放的贷款16.74亿元，收回承兑汇票和贴现资金47.33亿元，调整会计账目金额1.56亿元，追回"小金库"资金78.67万元，处理账外资产3750万元。已处理责任人263人。其中移送司法机关1人，处理处级干部11人，科级干部33人。未完成整改的事项正在积极整改中。

相关链接：审计署金融审计司负责人就中国农业发展银行等3家金融机构审计情况答记者问（略）

中华人民共和国审计署审计结果公告（2010年第9号）

中国出口信用保险公司 2008年度资产负债损益审计结果

（2010年4月29日公告）

根据《中华人民共和国审计法》的规定，2009年2月至7月，审计署对中国出口信用保险公司（以下简称中信保）2008年度资产负债损益情况进行了审计。

一、基本情况及总体评价

审计结果表明，近年来，中信保配合国家外交、外贸战略，逐步扩大出口信用保险承保范围，创新保险产品，在促进外贸发展、保障出口、拓展保险服务功能等方面发挥了积极作用。

（一）逐步扩大出口信用保险规模，促进对外贸易发展。2006年至2008年，出口信用保险及相关担保业务承保金额从292.24亿美元增至489.64亿美元，有效保户从3220户增至4421户，有力地支持了我国的外贸出口。

（二）积极应对金融危机，在保障出口方面发挥作用。全球金融危机爆发以来，中信保积极调整业务发展目标，扩大出口信用保险覆盖面，2009年上半年实现出口信用保险及相关的担保业务承保金额259.87亿美元，有效保户增至5996户，其中6月份的短期出口信用保险承保金额同比增长101.98%。

（三）努力推进创新产品，不断拓展服务功能。中信保以信用保险为核心，先后推出义乌中国小商品城贸易信用保险等新业务，为企业提供多项增值服务；拓展信用保险功能，为企业信用保险项下贸易提供融资便利。

（四）逐步完善内控制度，确保偿付能力。近年来，中信保结合自身经营特点，建立了国家风险管理等风险评估系统。2008年末和2009年一季度，该公司偿付能力充足率远高于100%的法定最低要求。

审计也发现，中信保在经营中仍存在一些违规问题，内部管理和风险控制存在薄弱环节，政策性职能发挥不够到位。

二、审计查出的主要问题

（一）违规经营问题3.64亿元

一是违规预赔、违规结转或退回保费收入、违规支付佣金等1519.91万元。如2003年10月，中信保在明知项目不属于保险责任的情况下，向投保人预赔154.49万美元（折合人民币1287.65万元），由于担保措施未落实，预赔款面临损失。

二是少计保费收入、未经财政部批准购买固定资产、抵债资产未纳入账内管理、多列支出等34864.21万元。如2007年至2008年，中信保将收到的保险费3474万美元（折合人民币23743.40万元）挂在"预收保费"科目，未计入"保费收入"科目。

（二）经营管理不规范，部分业务存在风险

一是内部控制存在薄弱环节，部分业务经营不规范。主要是承保与保后监管不够到位，风险控制不完善，内部管理存在脱节现象和超范围承保问题。

二是部分业务存在风险。主要是内贸险业务行业风险集中度较高，资信收集渠道受限，信息掌握时效性不足，部分保单的投保目的偏向融资功能，对融资保单中的欺诈风险防范不够有力；融资担保业务由于存在风险关注不够、违反规定程序担保、保后管理不到位和资金监控难等问题，出现较大代偿；综合业务信息系统部分功能不够完善。

（三）履行政策性职能中存在的问题

一是农产品出口承保金额占短期险承保总额的比重呈逐年下降趋势，尤其对农产品出口龙头企业的支持力度偏弱。二是落实国家产业和区域政策不够到位。2006 年至 2008 年，中信保对铁合金等“两高一剩”产业的产品短期险承保金额呈逐年上升趋势，且承保费率低于同期短期险平均承保费率。三是中长期险业务承保金额占承保总额的比重小且呈逐年下降趋势，对服务业出口支持的规模偏小。

三、审计处理情况及建议

对上述问题，审计署依法出具了审计报告，并下达了审计决定。对中信保履行政策性职能不够到位、业务经营中存在的违规问题以及经营管理中存在的不规范问题，移送财政部处理；对财务收支方面的违规问题，依法作出处理，并责成中信保追究相关人员责任；对审计发现的 1 件涉嫌违法犯罪案件线索，已移交司法机关立案查处。

针对审计发现的问题，审计署建议：中信保应进一步提高履行政策性职责的能力，规范业务经营和财务核算，提高商业化业务的风险管理能力。

四、审计查出问题的整改情况

中信保对审计查出的问题高度重视，责成相关部门专题研究，并逐项加以整改。一是修订和完善相关制度，进一步规范业务操作规程。在审计期间，中信保出台制度 47 项，审计结束后又出台规章制度 35 项，另有 19 项规章制度正在制定之中。如，为加大对农产品出口的支持力度，制定了《关于加强农产品行业短期出口信用保险营销工作的指导意见》；为贯彻落实国家产业和区域政策，下发了《关于加强机电产品短期出口信用保险营销工作的指导意见》等；为细化理赔业务操作细则，下发了《短期出口信用保险理赔勘查管理办法（试行）》等规定。二是对各项业务工作流程和风险控制要点进行了重新梳理，规范了业务流程，强化了内部管理，完善了业务风险控制措施。如针对风险较大的内贸险业务，公司逐步调整行业风险集中度，对融资类保单业务的审核更加严格；对于融资担保业务，实行业务承保与风险评审及管控分离，新增担保项目全部落实严格的反担保措施。

相关链接：审计署金融审计司负责人就中国农业发展银行等 3 家金融机构审计情况答记者问（略）

中华人民共和国审计署审计结果公告（2010 年第 10 号）

审计署关于玉树地震抗震救灾资金物资跟踪审计情况公告

（2010 年 5 月 31 日公告）

玉树地震发生后，审计署按照党中央、国务院的要求，立即部署对民政部等 3 个中央部门和 15 个社会组织、31 个省（自治区、直辖市）和新疆生产建设兵团抗震救灾资金物资（以下简称救灾款物）的筹集、拨付、使用和管理情况开展跟踪审计。本次审计的目标是，促进救灾款物按要求及时到位、有效监管和规范使用，不出重大问题，给党和人民交一本明白账、放心账。审计范围主要是中央和地方各级财政安排的救灾款物和国内国际社会捐赠款物。

根据《中华人民共和国审计法》的规定和中央纪委、中央抗震救灾资金物资监督检查领导小组《关于认真做好青海玉树抗震救灾监督检查工作的通知》（中纪发〔2010〕21 号）等要求，现将截至5月20日的救灾款物审计情况公告如下：

一、中央及青海省财政安排救灾资金审计情况

截至5月20日，中央及青海省财政共安排抗震救灾资金9.05亿元，其中：中央财政安排7.92亿元，青海省财政安排1.13亿元；已用于民政救济、物资调运、卫生和基础设施抢修等方面支出3.60亿元。尚结存5.45亿元。

二、社会捐赠救灾款物审计情况

截至5月20日，全国共接收捐赠款物70.44亿元（资金64.11亿元，物资折款6.33亿元），其中：民政部和15个社会组织接收36.71亿元（含地方汇缴），已支出4.73亿元用于应急抢险。全国尚结存65.71亿元，结存的捐赠资金将按捐赠者意愿和灾后恢复重建规划安排使用。

三、审计评价

审计情况表明，有关部门能够按照党中央、国务院部署大力开展抗灾救灾工作，及时启动灾害应急预案，认真核查灾情，积极筹集调拨救灾款物，注意加强救灾款物管理，建立和完善相关管理制度和办法。总的看，救灾资金拨付、使用和物资发放情况较好，在维护社会稳定、安置受灾群众生活和灾后恢复重建等方面发挥了重要作用。

本次审计没有发现中央本级存在违纪违规问题。但民政部公布的全国捐赠款物数与审计结果数存在差异，主要原因是民政部、中国红十字会总会、中华慈善总会根据“以缴代统”的要求，按实际汇缴到账的金额来统计捐款总额，公布的数据中未包含各地尚未汇缴到账的捐款数，而审计结果是按全国实际接收的捐赠数来统计的。民政部已要求各地民政部门、红十字会、慈善会及时汇缴捐赠款项，捐款正在陆续汇缴中。

关于青海省的抗震救灾款物审计结果将由青海省审计厅另行公告。

审计署将继续对玉树地震抗震救灾款物进行跟踪审计，并适时向社会公告。

中华人民共和国审计署审计结果公告（2010年第11号）

90个国外贷援款项目2009年度公证审计结果

（2010年6月12日公告）

根据《中华人民共和国审计法》和相关国外贷援款协议的规定，审计署组织国外贷援款项目审计服务中心和相关特派员办事处，于2009年对由中央单位执行或组织执行的90个国外贷援款项目2008年度财务收支和项目执行情况进行了公证审计，向国外贷援款机构出具了92份审计报告（有2个项目按照国外贷援款机构的要求各出具了2份审计报告）。审计工作是按照国际审计准则和中国国家审计准则进行的。

一、基本情况

90个国外贷援款项目包括21个贷款项目和69个赠款或援助项目（详见附件）。按项目的贷援款机构划分，其中世界银行项目40个、亚洲开发银行项目9个、联合国开发计划署项目36个、英国国际发展部项目5个。这90个项目涉及农业、能源、交通、教育、卫生、城市建设和环境保护等领域，计划投资总额折合人民币1503.28亿元，其中协议利用外资额折合人民币265.57亿元。截至2008年12月31日，项目累计完成投资额折合人民币1074.65亿元，其中累计利用外资额折合人民币180.49亿元。在已出具的92份审计报告中，无保留意见的审计报告82份，占89.13%；有保留意见的审计报告10份，占10.87%。

审计结果表明，国外贷援款项目总体执行情况较好。项目主管部门较好地履行了管理职责，在指导、监督和评估项目执行，提高项目资金使用效益等方面发挥了积极作用；大部分项目单位能够认真执行国家财经法规和贷援款协议，内部

控制制度健全有效，会计核算和财务管理比较规范。国外贷援款项目的实施有效弥补了资金投入的不足，引进了项目管理的先进经验，促进了管理理念的更新和管理人才的培养，在促进我国经济社会发展、环境保护和借鉴国际先进管理经验等方面发挥了积极作用，取得了较好的经济和社会效益，对推动我国经济社会全面协调可持续发展产生了积极的影响。但审计也发现部分项目单位在财务核算、项目和资金管理等方面存在一些问题。

二、审计发现的主要问题

（一）10个项目中存在的问题对被审计单位财务报表或项目特定目的的财务报表产生重大影响，出具了有保留意见报告（详见附件）。主要问题包括：未按相关会计准则和赠款协定要求编制报表；由于审计范围受限，无法核实部分执行单位项目执行情况及贷款资金使用情况；虚列支出或支出证据不足；报表数据不准确等。

（二）47个项目中存在违反国家法规、贷（援）款协定问题和内部控制缺陷（详见附件），但未对被审计单位财务报表或项目特定目的的财务报表造成重大影响，出具了无保留意见报告。主要问题包括：8个项目的2.18亿元国内配套资金未及时、足额到位，占项目总数的8.88%；7个项目涉及的地方财政部门或项目单位滞留资金0.21亿元，占项目总数的7.77%；1个项目（亚洲开发银行贷款郑州至西安铁路项目）未按时缴纳资本金4.56亿元，占项目总数的1.11%；37个项目财务管理不规范，占项目总数的41.11%，主要是存在未按规定设置账簿、会计核算和账务处理不够规范、内控制度不够健全等问题；16个项目的投资完成额比例偏低或提款报账进度较慢，占项目总数的17.77%。

三、审计处理和整改情况

对上述问题，审计机关已依法出具了审计报告，提出了审计意见和建议。各项目单位高度重视审计反映的问题，认真整改。

截至2009年12月底，出具有保留意见报告的10个项目中，除世界银行赠款进城务工农民子女义务教育研究项目因项目执行完毕，无法提供整改资料外，其余项目的执行单位均已接受审计意见，对报表进行了调整，并采取措施，加强了项目管理。47个存在违反国家法规、贷（援）款协定问题和内部控制缺陷的项目中，未到位的2.18亿元配套资金，有0.72亿元已到位；滞留的0.21亿元项目资金，有0.15亿元已拨付到位；未按时缴纳的资本金4.56亿元，有4亿元已缴纳。对财务管理不规范的问题，有关项目单位调整了账目，健全完善了财务管理制度，并加强了对财务人员的培训。对项目实施进度缓慢的问题，有关项目单位通过抓紧采购设备和加强项目工程进度管理等工作，加快了进度，同时加强了与财政部门的沟通协调，完善了报账程序，加快了提款报账进度。

附件：

2009年度90个国外贷援款项目审计报告披露问题及整改情况（略）

（本公告中美元折算人民币按2008年12月31日基准汇率1美元兑6.8346元人民币计算）

中华人民共和国审计署
审计结果公告
（2010年第12号）

17个省区市财政管理情况审计调查结果

（2010年6月13日公告）

为促进积极财政政策的贯彻落实，加强地方财政管理，提高财政资金使用效益，根据《中华人民共和国审计法》的规定，审计署2009年对北京、河北、山西、黑龙江、上海、江苏、江西、山东（不含青岛市）、广东（不含深圳市）、重庆、四川、云南、甘肃、青海、宁夏15个省（自治区、直辖市）和大连、深圳2个计划单列市（以下简称17个省区市）2008年度和2009年1月至6月的财政管理情况进行了审计调查。现将审计调查结果公告如下：

一、基本情况

受国际金融危机影响，审计调查的17个省区市2008年下半年财政收入增势逐步趋缓，但全年财政收支运行总体状况良好。2009年上半年，17个省区市财政收入增速下降较大，财政收支紧张的矛盾较为突出。自2009年6月起，随着中央扩大内需、促进经济平稳较快发展各项政策措施效应的逐步显现，这些地方的财政收入初步呈现企稳回升态势。

审计调查结果表明，2008年下半年以来，在党中央、国务院和地方党委、政府的领导下，17个省区市认真贯彻落实中央扩内需、保增长、调结构、惠民生的各项政策措施，实施积极财政政策，保障地方经济平稳较快发展，取得了明显成效：

一是切实加大税费征管力度，严格财政收入管理，努力克服经济增速下滑等因素对财政收入的不利影响，为实施积极财政政策和扩大内需提供财力保障。

二是认真落实国家结构性减税政策，执行增值税转型改革、降低小规模纳税人征收率、车辆购置税减半征收和减少行政事业性收费项目等政策措施，减轻企业和个人负担，促进投资和消费，推动经济平稳较快发展。

三是调整优化支出结构，控制一般性支出，加大对农林水、教育、医疗卫生、社会保障与就业、环境保护、道路设施建设和科技创新等方面的投入，着力保障和改善民生，促进社会和谐稳定。

四是深化财政体制改革，进一步规范和完善省直管县财政管理体制，扩大部门预算编制范围和国库集中收付改革覆盖面，加强行政事业单位资产管理，开展财政支出绩效评价，不断提高财政管理水平和财政资金使用效益。

二、审计调查发现的主要问题

此次对17个省区市财政管理情况的审计调查，未发现重大违法违规问题，但在预决算报表编制、收入征管和财政资金管理等方面还存在一些不规范、不严格的问题。

（一）有4个省区市本级财政编制的中央专项转移支付预算报表不完整。为增强地方预算编制的完整性，财政部自2008年底开始向各地告知中央专项转移支付的预计数，并要求地方据此编报预算。审计调查发现，有4个省区市财政部门对中央专项转移支付资金的管理和使用虽然符合国家规定，但在编制2009年预算报表时，未将财政部告知的预计数全部编入，少编中央专项转移支付363.52亿元。此外，有2个省级财政和7个市县级财政未将部分政府性基金收支纳入2008年政府预算报表。

（二）一些地方财政决算报表编报不够准确。截至2008年底，17个省区市本级和抽查的34个市县财政部门在编制当年决算报表时，将预算已安排但由于上级专项资金下达较晚、部门预算执行进度迟缓等原因，未能在当年支出只能在下年支出的1588.27亿元资金列作支出编入了决算；还有一些地方财政部门在编制当年财政决算报表时，将未落实具体项目的资金306.65亿元列作了结转下年支出。

（三）2008年1月至2009年6月，有7个省级和59个省以下地方政府及开发区为吸引投资，自行出台税收减免和先征后返政策，或以政府奖励、财政补贴等名义将税收和土地出让金等收入返还给企业，涉及金额125.73亿元；有4个省级和10个省以下地方政府及开发区以购房补贴、购车补贴和人才奖励等名义，向2万多名企业高管返还个人所得税4.63亿元。

（四）由于征收不到位、缴款单位拖欠等原因，截至2009年6月底，有12个省区市本级和26个市县区有关部门应征未征土地出让收入、矿产资源补偿费和探矿权采矿权价款等非税收入794.16亿元，其中土地出让收入占94.76%。2008年1月至2009年6月，17个省区市有625.38亿元已收缴的非税收入未按规定及时缴入国库纳入预算管理，还滞留在有关征收部门的收入过渡账户或财政预算外账户。

（五）一些地方财政部门银行开户较多，财政资金管理分散。审计调查发现，由于地方国库单一账户体系还不够完善，一些地方财政部门执行有关规定不够严格，在银行开立账户较多，财政资金管理分散。截至2008年底，17个省区市本级财政部门除国库存款账户外，还在商业银行开设账户 1197 个，其中应清理的账户有 920 个，平均每个省 50 多个。

三、审计调查发现问题的整改情况

17 个省区市地方政府高度重视审计调查发现的问题，积极采取措施，认真整改。

（一）针对预算编报中存在的问题，有关地方自 2010 年起，严格按照财政部告知的预计数编报中央专项转移支付预算，并将政府性基金全部纳入了财政预算报表。

（二）针对决算编报中存在的问题，有关地方对决算报表中不符合规定列支和结转的资金进行清理，调整相关账务，确属项目支出的，大部分已拨付到项目单位。

（三）针对自行出台财税优惠政策的问题，有关地方正在对自行出台的各项税收优惠和先征后返政策进行认真清理，修订相关规定。

（四）针对税费管理中存在的问题，有关地方加大了非税收入征管力度，已追缴入库非税收入 714.67 亿元，整改率为 90%；已将滞留在征收部门或财政预算外账户的非税收入 573.09 亿元缴入国库并纳入预算管理，整改率为 91.64%。

（五）针对财政部门账户设立中存在的问题，有关地方财政部门正在对银行账户情况进行清理，已撤销合并账户 118 个。

中华人民共和国审计署审计结果公告

（2010 年第 13 号）

中国航空集团公司 2008 年度财务收支审计结果

（2010 年 6 月 13 日公告）

根据《中华人民共和国审计法》的规定，审计署于 2009 年对中国航空集团公司（以下简称中航集团）2008 年度财务收支进行了审计，并对审计范围内涉及的重大事项追溯相关年度。

一、中航集团的基本情况

中航集团成立于 2002 年 10 月，注册资本 81.67 亿元，拥有 7 家二级全资子公司和 3 家控股公司，主要从事航空旅客、货物、行李邮件运输及飞机维修等业务。据中航集团的合并会计报表反映，截至 2008 年底，中航集团资产总额 1096 亿元，负债总额 838 亿元，所有者权益总额 258 亿元，当年主营业务收入 558 亿元，亏损 96.50 亿元。其中，2008 年原油金融衍生品业务造成净赔付 0.23 亿元，支付仓位重组费 4.05 亿元，年底浮亏 74.72 亿元。

二、审计评价意见

本次重点审计了中航集团本部及所属 4 家公司，涉及资产额 1003 亿元，占中航集团资产总额的 92%。审计结果表明，中航集团近年来实施航空运输主业国际化发展战略，不断深化改革，强化内部管理，加强盈利能力建设，较好地执行了国家有关法律法规，会计信息基本真实地反映了企业财务状况和经营成果，但也存在账务处理不够规范、未经充分调查对外提供借款担保和部分所属单位资产转让不合规等问题。这些问题对中航集团 2008 年度财务收支状况的影响主要是：多计负债 27615.71 万元，占负债总额的 0.33%；少计利润 27615.71 万元，占损益总额的 2.86%。

对审计发现的问题，审计署已依法出具了审计报告、下达了审计决定书，要求中航集团进行整改。此外，本次审计发现并向有关部门移送涉嫌犯罪案件线索 1 起，有关部门正在依法立案查处。

三、审计发现的主要问题及整改情况

（一）未经批准在成本费用中列支企业年金 27615.71 万元。

2007 年至 2008 年，中航集团未经国资委批准，在成本费用中列支企业年金 27615.71 万元，其中 2008 年 15314.59 万元。

审计指出上述问题后，中航集团向国资委申报了年金方案并获批准，正在根据批复组织企业年金的实施，并冲减了 2008 年多计提的企业年金。

（二）未经充分调查对外提供借款担保

2006年，中航集团未经充分调查，为所属中国航空集团建设开发有限公司原董事长以建设开发有限公司名义申请的3000万元借款提供担保，该笔借款实际被用于原董事长个人控制公司的房地产项目建设，一年后才归还资金本息。

审计指出上述问题后，中航集团修订完善了决策程序和集团资金管理制度，将出借大额资金及重大担保事项列入重大决策管理，进一步明确了管理限额和审批权限。

（三）部分所属企业的收支和税费等会计核算不够规范

1.2005年至2008年，中航集团所属企业在核算客票收入时，直接扣除了超标准支付的机票销售代理手续费，造成少计收入和费用各130360.67万元（其中2008年27783.5万元），导致少缴营业税金及附加。

审计指出上述问题后，中航集团所属企业已计提以前年度少缴的营业税金及附加。

2.中航集团所属2家企业将其2005年至2007年支付的劳务派遣员工工资等58339.03万元、2005年至2008年支付的职工公务交通补贴17580.49万元（其中2008年5797.03万元），直接计列了成本和费用，未纳入工资总额核算，而且在发放上述公务交通补贴时，未足额代扣代缴个人所得税。

审计指出上述问题后，相关企业已将劳务派遣员工工资等纳入工资总额核算，公务交通补贴已向国资委申报纳入工资总额核算；对公务交通补贴未足额代扣代缴个人所得税的问题，国家税务总局已出台交通补贴税前扣除标准具体规定，中航集团正在进行规范。

3.2008年底，所属民航快递有限责任公司在申报企业所得税时，未将预提的2008年工效挂钩工资747.37万元调增应纳税所得额。

审计指出上述问题后，民航快递有限责任公司已在2009年所得税汇算清缴时进行了纳税调整。

4.2006年至2008年，中航集团所属企业在发放地方政府拨付的职工奖励920.20万元（其中2008年420.2万元）时，未代扣代缴个人所得税。

审计指出上述问题后，相关单位已进行了纳税申报。

5.2006年7月至2009年3月，中航集团所属6家企业超标准为职工多缴纳住房公积金6998.97万元（其中2008年2717.12万元）。

审计指出上述问题后，中航集团已下发文件要求所属单位公积金缴存必须按照国资委及当地住房公积金中心的有关规定执行。

6.2002年9月至2005年7月，中航集团所属企业超标准列支补充养老保险749.79万元；2005年8月至2008年12月，中航集团所属企业未经国资委批准，以补充养老保险名义为职工购买团体年金保险（分红型）商业保险6637.62万元（其中2008年2.86万元）。

审计指出上述问题后，中航集团正在结合企业年金实施工作进行清理和规范。

（四）所属中国航空集团建设开发有限公司低价向中航集团所属企业转让房产，且未及时核销已售职工住房损失。

1.2007年7月，中国航空集团建设开发有限公司在与中航集团所属企业签订的办公用房出售协议中，每平方米协议售价比社会平均售价低7399.91元。截至2009年5月，中航集团所属企业实际支付购房款8610万元。

审计指出上述问题后，中航集团已责成交易双方取消了原认购协议，改按市场价格进行租赁。

2.截至2008年底，由于手续、资料不完整等原因，中国航空集团建设开发有限公司对已售职工住房房改损失5905.49万元，仍作挂账处理，未及时予以核销。

审计指出上述问题后，中航集团成立了专项整改工作组，正在进行清查处理。

（五）所属中航旅业酒店管理有限公司经营管理不善，形成亏损4914万元。

为拓展业务，中航集团于2005年9月决定成立中航旅业酒店管理有限公司，并注入资金1亿元。由于经营管理不善，截至2008年底，中航旅业酒店管理有限公司已亏损4914万元。

审计指出上述问题后，中航旅业酒店管理有限公司正在对上述拓展业务进行规范清理，对该公司领导班子主要成员进行了调整，修订了公司战略规划，制定了机构改革方案；并对涉及的诉讼案件进行了跟踪，争取减少损失。

中华人民共和国审计署审计结果公告（2010年第14号）

中国南方航空集团公司2008年度财务收支审计结果

（2010年6月13日公告）

根据《中华人民共和国审计法》的规定，审计署于2009年对中国南方航空集团公司（以下简称南航集团）2008年度财务收支进行了审计，并对审计范围内涉及的重大事项追溯相关年度。

一、南航集团的基本情况

南航集团成立于2002年10月，注册资本60.61亿元，拥有11家全资子公司和6家控股子公司，主要从事公共航空旅客、货物和行李邮件运输，航空器材及设备的制造、维修和进出口，航空客货及地面代理、飞机租赁、航空培训与咨询等业务。据南航集团的合并会计报表反映，截至2008年底，南航集团资产总额889.43亿元，负债总额797.49亿元，所有者权益总额91.94亿元，当年主营业务收入564.33亿元，亏损49.78亿元。

二、审计评价意见

本次重点审计了南航集团总部及所属10家企业，涉及资产量682.81亿元，占南航集团资产总额的76.77%。审计结果表明，南航集团近年来积极推行战略转型，不断加强内部管理，较好地执行了国家有关法律法规，会计信息基本真实反映了企业财务状况和经营成果，但在账务处理、购买股权和处置资产及内部管理等方面仍存在不够规范和严格的问题。这些问题对南航集团2008年度财务收支状况的影响主要是：少计利润259.38万元，占损益总额的0.05%。

对审计发现的问题，审计署已依法出具了审计报告、下达了审计决定书，要求南航集团予以整改。此外，本次审计发现并向有关部门移送涉嫌犯罪案件线索1起，有关部门正在依法立案查处。

三、审计发现的主要问题及整改情况

（一）对外投资500万元及所成立公司均未按规定纳入合并会计报表反映

截至2008年底，南航集团于1989年1月投资500万元成立的南航集团北京经济开发公司的资产总额为629.80万元，但南航集团既未反映该项投资，也未将开发公司纳入合并会计报表范围。

审计指出上述问题后，南航集团已调整了账目，将有关事项纳入账内核算。

（二）所属企业少计业务收入101047.18万元，并导致少缴营业税及附加

1.2005年至2008年9月，南航集团所属企业在核算国内客票收入时，直接扣除了超标准支付的机票销售代理手续费，造成少计收入和费用各99476.82万元，从而少缴营业税及附加。

2.2006年至2008年，南航集团所属企业未将业务合作收入1570.36万元，作为收入核算，从而少缴营业税及附加。

审计指出上述问题后，南航集团所属企业已调整会计账目，补缴税款47.58万元。

（三）所属企业将6821.85万元收入直接用于发放职工奖金补贴及其他开支

2002年至2009年7月，南航集团所属企业将货运服务、机务维修、过站维护等收入共计10550.6万元转入“三产”单位或工会，已用于发放职工奖金补贴及其他开支6821.85万元。

审计指出上述问题后，南航集团成立了专项治理工作领导小组，对9个辅业单位和61个三级单位进行了全面检查，已收回部分资金，并对其中11个单位给予通报批评，责令作出书面检查；对其中3个单位的领导班子进行诫勉谈话，对2名领导人员给予通报批评，责令作出书面检查。同时，正在清理主业与“三产”单位之间的产权

关系，采取措施规范“三产”单位和主业之间的关联交易。

（四）所属企业未经评估购买股权和处置资产

1.2005年12月，南航集团所属企业未经评估，按溢价1370.46万元的价格收购股权。

2.2006年至2008年，南航集团所属企业未经评估，出售了14架飞机以及相关备用发动机和航材。

审计指出上述问题后，南航集团修订了《中国南方航空集团公司股权投资管理暂行办法》，进一步明确了重大事项的决策程序。

（五）所属企业内部管理不够规范

南航集团所属企业在购买合同和部分机供品采购管理等方面还不够规范，对已核销但修理后能重新使用的航材消耗件未在业务系统或备查簿上登记。

审计指出上述问题后，南航集团制定了《内部控制评价办法》等9个管理办法，修订了《采购与付款管理原则规范》等24项制度。

中华人民共和国审计署
审计结果公告
（2010年第15号）

中国东方航空集团公司
2008年度财务收支审计结果

（2010年6月13日公告）

根据《中华人民共和国审计法》的规定，审计署于2009年对中国东方航空集团公司（以下简称东航集团）2008年度财务收支进行了审计，并对审计范围内涉及的重大事项追溯相关年度。

一、东航集团的基本情况

东航集团成立于2002年8月，注册资本97.08亿元，拥有22家所属公司和分支机构、1家合营公司以及13家参股公司，主要从事航空旅客、货物、行李邮件运输等业务。据东航集团合并决算报表反映，截至2008年底，东航集团资产总额868.23亿元，负债总额917.25亿元，所有者权益总额为负的49.02亿元；由于主营业务获利能力不高，金融衍生品业务浮动亏损等原因，当年主营业务收入424.01亿元，亏损135.92亿元。

二、审计评价意见

本次重点审计了东航集团本部及所属10家企业，审计资产额571亿元，占东航集团资产总额的65.76%。审计结果表明，东航集团近年来不断深化改革和创新制度，积极推进运输主业一体化运行和相关产业的结构调整，较好地执行了国家有关法律法规，会计信息基本真实反映了企业财务状况和经营成果，但部分所属企业在账务处理、对外投资和资产管理等方面仍存在不够规范和严格的问题。这些问题对东航集团2008年度财务收支状况的影响主要是：少计资产292.10万元，占资产总额的0.0034%；多计负债948.05万元，占负债总额的0.01%；少计利润1240.13万元，占损益总额的0.09%。

对审计发现的问题，审计署已依法出具了审计报告、下达了审计决定书，要求东航集团予以整改。此外，本次审计发现并向有关部门移送涉嫌犯罪案件线索2起，有关部门正在依法立案查处。

三、审计发现的主要问题及整改情况

（一）部分所属企业收支核算和资产管理不够规范

1.截至2008年底，所属5家企业少计收入51654.11万元，并导致少缴营业税及附加；所属2家企业多计成本费用499.49万元；还有5家所属企业未及时清理往来款，造成12457.66万元长期挂账。

审计指出上述问题后，东航集团及相关所属企业调整相关账目，并补缴相应税金。

2.截至2008年底，所属4家企业由于资产管理和核算不够严格、处置不及时，造成共计13511.08万元的航材、土地和房屋等资产闲置和积压，4.3万件未使用航材未及时退库形成账外资产568.56万元，少计办公楼等资产371.64万元。

审计指出上述问题后，东航集团已将积压的航材出售，未使用的航材退库，对其他闲置和积压资产也制定了分类处理措施，并调整了相关账目。

（二）一些所属企业将部分收入直接用于发放职工奖金补贴及其他开支

2004年至2008年，所属7家企业将10346.61万元收入，直接用于发放奖金、补贴和业务招待等支出。

审计指出上述问题后，东航集团追回了部分资金，下发了《关于进一步加强财务收支管理的通知》，并对18名责任人员分别给予免职、降职及警告等处分；还制订了清理计划，着手整顿“三产”企业。

（三）所属企业未经评估购买股权

2005年12月，东航集团所属企业未经评估，以1.4亿元的协议价（溢价8375万元）收购股权。

审计指出上述问题后，东航集团修订了《对外投资管理办法》，进一步规范了公司投资管理和股权收购制度。

（四）经营和投资管理不善形成损失

1.东航集团兼并原西北航空公司后，对已停工的西北航空中心未及时采取相应处理措施。该中心的电梯、给排水系统等设施长期未维护，已基本报废。经测算，损失逾4600万元。

审计指出上述问题后，东航集团已同有关方面洽谈该项目的启动事项。

2.2005年4月，东航集团所属企业在未进行资信调查的情况下，就同意上海东方货运有限公司以商业承兑汇票方式结算运费。由于上海东方货运有限公司无力承兑，造成应收的9189.62万元运费未能收回，形成损失。

审计指出上述问题后，东航集团成立了欠款追收小组，并向上海市公安局报案，努力挽回损失。

3.2004年5月，东航集团所属企业未经可行性研究，出资3000万元作为第二大股东参与筹建江苏华宇通用航空股份有限公司，占股27.27%。该公司自成立以来连年亏损，造成投资损失1038.01万元。

审计指出上述问题后，东航集团采取措施完善了重大投资决策前的可行性研究，并积极参与江苏华宇通用航空股份有限公司重大事项的决策。

（五）部分所属企业内部管理不够规范

在内部管理方面，有的所属企业对包机业务和销售奖励管理不到位，存在随意减免包机费或退包费、提高部分奖励标准和重复支付等情况；有的所属企业对飞机售后回租的部分客户初始投标资料保管不完善，部分评标资料不完全，部分谈判结果未进行签字记录。

审计指出上述问题后，东航集团已制定《国内航线包机、包收入、政府补贴航班审批规则》等规章制度和工作流程，规范包机业务及销售奖励，严格做好有关决策过程的原始记录工作。

中华人民共和国审计署
审计结果公告
（2010年第16号）

中国华电集团公司
2008年度财务收支审计结果

（2010年6月13日公告）

根据《中华人民共和国审计法》的规定，审计署于2009年对中国华电集团公司（以下简称华电集团）2008年度财务收支进行了审计，并对审计范围内涉及的重大事项追溯相关年度。

一、华电集团的基本情况

华电集团成立于2002年12月，注册资本120亿元，拥有287家发电企业和分支机构、16家参股单位，主要从事电力生产、热力生产和供应以及与电力相关的一次能源开发等业务。据华电集团的合并会计报表反映，截至2008年底，华电集团资产总额2900.87亿元，负债总额2551.65亿元，所有者权益总额349.22亿元；由于电煤价格大幅度上涨等原因，当年主营业务收入为894.68亿元，亏损68.81亿元。

二、审计评价意见

本次重点审计了华电集团总部及所属26家企业，涉及资产额1566.47亿元，占华电集团资产总额的54%。审计结果表明，华电集团近年来不断深化改革，加强内部管理，较好地执行了国家有关法律法规，会计信息基本真实地反映了企业财务状况和经营成果，但也存在账务处理不够准确、电源项目建设不够规范和对所属企业管理不够严格等问题。这些问题对华电集团2008年度财务收支状况的影响主要是：多计资产2.33亿元，占资产总额的0.08%；少计负债0.21亿元，占负债总额的0.01%；多计利润1.98亿元，占损益总额的2.87%。

对审计发现的问题，审计署已依法出具了审计报告、下达了审计决定书，要求华电集团予以整改。

三、审计发现的主要问题及整改情况

（一）一些账务处理不够规范和准确

由于华电集团对关联交易抵销不够充分，部分所属单位未按规定确认收入和成本等，造成该集团2007年和2008年的合并会计报表中，多计资产12.03亿元，少计资产9.7亿元；多计负债0.67亿元，少计负债0.88亿元；多计利润2.51亿元，少计利润0.53亿元。

审计指出上述问题后，华电集团调整了相关会计账目。

（二）未经核准或超过核准规模建设12个电源项目，另有20个电源项目的资本金未足额到位。

1. 截至2009年5月，华电集团未经发展改革委核准，开工建设云南鲁地拉水电、内蒙古卓资等11个电源项目；江苏望亭油改煤项目的实际建设规模超过核准规模66万千瓦。上述12个项目的总装机容量为1242万千瓦。

2. 由于企业自有资金不足，截至2008年底，有20个电源项目的资本金70.17亿元未到位，主要依靠银行贷款来弥补。

审计指出上述问题后，华电集团进行了专题研究，落实了每个项目的整改责任，已对内蒙古、湖北等9家子公司现金增资48.8亿元，其余部分已安排在2010年计划中补充并严格控制新开工规模。同时，修订了《投资管理办法》（中国华电计〔2009〕37号），进一步明确集团公司所有投资活动应符合国家产业政策和法律法规，项目开工需报集团公司决策，未经核准一律不准开工建设。

（三）所属7家企业的13个工程项目存在未按规定实行公开招标及违规转分包问题，涉及合同金额61.71亿元。

1. 2006年至2008年，所属6家企业在12个工程项目建设中，未实行公开招标，涉及合同金额47.11亿元。

2. 2007年至2008年，所属华电工程公司将承包的湖北襄樊一期烟气脱硫等工程全部转包或将主体工程肢解后分包，涉及合同金额14.6亿元。

审计指出上述问题后，华电集团认真清理了上述项目，结合年度绩效考核，对未按规定招标的项目公司作出了处理；已修订了《招标监督管理办法》（中国华电监〔2009〕1209号）、制定了《招标监督人员库管理规定》，正在研究制定《招标管理办法》、《供应商评价办法》、《评价专家库管理和使用办法》和修订评标规则及招标系列范本。

（四）所属4家企业有4.72亿元贷款的用途不符合规定。

2006年至2009年，所属云南公司等4家企业将本应用于生产性流动资金和电源项目建设的银行贷款4.72亿元，投入了办公楼或未经核准的电源项目建设。

审计指出上述问题后，华电集团要求有关单位以自有资金置换改变用途的银行贷款，相关整改工作正在进行中。

（五）所属15家发电企业向“三产”或职工持股企业让利。

2007年至2008年，所属15家发电企业在粉煤灰（渣）销售等业务中，向其“三产”或职工持股企业让利，涉及金额2.59亿元。

审计指出上述问题后，华电集团对所属燃煤发电企业粉煤灰（渣）销售等情况进行了专项调查，正在研究制定有关管理办法。

（六）所属5家企业在国有股权转让、对外投资及生产运营等方面存在的问题。

1.2002年以来，所属华电工程公司违规操作，将部分国有股权转让给其职工持股的北京华电恒基能源技术有限公司，致使本应归属华电工程公司的国有股权益5622.58万元和红利1845.06万元，被北京华电恒基能源技术有限公司不当占有。

审计指出上述问题后，华电集团对华电工程公司在系统内给予通报批评，目前华电工程公司已收缴了现金红利1845.06万元和华电工程公司领导班子成员从北京华电恒基能源技术有限公司获得的现金分红431.69万元，正在回购违规转让的国有股权。

2.2003年6月至8月，所属新疆公司未经华电集团批准，由其下属工贸公司向银行贷款2.2亿元，委托信托投资公司进行股票投资。后因信托投资公司无法兑付委托理财资金，工贸公司被法院判定偿还银行贷款，造成损失950万元。

审计指出上述问题后，华电集团进行了认真核查，给予新疆公司原总经理、党组书记党内严重警告处分。

3.2008年，所属黄石发电公司等2家企业违反发展改革委关于关停小火电机组要就地拆除报废的规定，委托拍卖公司对小火电机组汽轮机及其辅助设备进行了整体拍卖。

审计指出上述问题后，华电集团要求有关单位按规定做好机组拆除、上报影像资料和签署协议等工作，纠正以整体形式拍卖关停小机组等违规行为。

4.2004年8月至2008年底，所属贵州乌江水电开发有限公司的职工持股企业贵州腾元电力发展股份有限公司在未取得售电许可证的情况下，按低于贵州省物价局规定的价格，向4家高耗能高污染企业直接供电6.58亿千瓦时。

审计署将上述问题转送国家电力监管委员会查处后，国家电力监管委员会已下达责令改正通知书，贵州乌江水电开发有限公司正在按要求进行整改。

中华人民共和国审计署
审计结果公告
（2010年第17号）

神华集团有限责任公司
2008年度财务收支审计结果

（2010年6月13日公告）

根据《中华人民共和国审计法》的规定，审计署于2009年对神华集团有限责任公司（以下简称神华集团）2008年度财务收支进行了审计，并对审计范围内涉及的重大事项追溯相关年度。

一、神华集团的基本情况

神华集团成立于1995年10月，注册资本365亿元，拥有13家二级企业，主要从事煤炭和电力的生产、销售和供应以及煤制油、煤化工和相关铁路、港口运输服务等业务。据神华集团的合并会计报表反映，截至2008年底，神华集团资产总额4252.91亿元，负债总额1615.87亿元，所有者权益总额2637.04亿元，当年营业收入1440.23亿元，利润总额383.22亿元。

二、审计评价意见

本次重点审计了神华集团总部及所属8家企业，涉及资产额2678.12亿元，占神华集团资产总额的63%。审计结果表明，神华集团近年来不断深化改革，加强内部管理，较好地执行了国家有关法律法规，会计信息基本真实反映了企业财务状况和经营成果，但在账务处理、财政专项资金使用、股权转让和生产运营等方面仍存在不够规范和严格的问题。这些问题对神华集团2008年度财务收支状况的影响主要是：少计资产8.91亿元，占资产总额的0.21%；少计负债1.37亿元，占负债总额的0.08%；少计利润7.55亿元，占利润总额的1.97%。

对审计发现的问题，审计署已依法出具了审计报告、下达了审计决定书，要求神华集团予以整改。此外，本次审计发现并向有关部门移送涉嫌犯罪案件线索 3 起，有关部门正在依法立案查处。

三、审计发现的主要问题及整改情况

（一）会计核算不够规范。

由于神华集团及部分所属企业对关联交易抵消不够充分、合并会计报表范围不够完整、未按规定确认收入和成本费用等，造成该集团 2003 年至 2008 年的合并会计报表中，多计资产 2.40 亿元，少计资产 11.31 亿元；多计负债 7.18 亿元，少计负债 8.55 亿元；多计利润 7.43 亿元，少计利润 14.98 亿元。

审计指出上述问题后，神华集团及所属相关单位已调整了会计账目。

（二）所属 2 家企业违规申报和使用财政专项资金。

2003 年 8 月至 2006 年 11 月，所属乌达矿务局原五虎山煤矿和黄白茨煤矿、包头矿务局原白狐沟煤矿和河滩沟煤矿采取扩大范围、重复申报等手段，多获取财政专项资金 8614.59 万元（含利息收入 22.02 万元），其中：176.9 万元用于为内蒙古自治区乌海市乌达区政府购买 3 辆小轿车；3828.45 万元被转入乌海市乌达区财政局的账外账户用于新建办公楼等支出；1290.24 万元（含利息支出 13.07 万元）用于支付乌达矿业公司职工体检等费用。截至审计时，尚结余 3319 万元存放在包头矿务局。

审计指出上述问题后，神华集团已收到乌达区政府出具的还款承诺函，计划分批收回乌海市乌达区政府用于新建办公楼、购买小轿车等款项；乌达矿业公司已将公司人员体检费等款项 1290.24 万元归还，并调整了相关会计账目。

（三）所属 2 家企业挪用煤矿维简费 4924.07 万元。

煤矿维简费是用于煤矿生产正常接续的开拓延伸、技术改造等的专项经费。2006 年至 2008 年，神华集团所属乌海能源有限责任公司等 2 家企业共挪用煤矿维简费 4924.07 万元，用于购置非生产用车辆、办公设备等支出。

审计指出上述问题后，神华集团已要求所属相关企业归垫被挪用的煤矿维简费，并加强对煤矿维简费的管理。

（四）所属 4 家企业为职工谋取不当利益或向职工持股企业让利。

1.2005 年 10 月，所属煤炭销售中心东胜结算部将其收到的土地补偿款 150 万元直接发放给职工。

审计指出上述问题后，神华集团已要求煤炭销售中心东胜结算部收回上述土地补偿款。

2.2006 年 4 月，所属煤炭销售中心黄骅港办事处由全体职工个人出资 246 万元购置了汽车、筛机等设备，租赁给关联单位使用。至 2008 年底，共获取租赁收益 1028.39 万元，全部发给了职工。

审计指出上述问题后，神华集团已要求煤炭销售中心黄骅办事处清退了职工的出资。

3.2006 年至 2008 年，神华集团所属企业将发电过程中产生的粉煤灰渣交由职工持股企业处理，并支付相应的处置费用，使职工持股企业从中获利 21209.6 万元。

审计指出上述问题后，神华集团所属企业已收回粉煤灰渣的处置权和销售收益。

4. 截至 2008 年底，所属乌海能源有限责任公司的 228 名部门副总以上干部拥有公乌素煤业有限责任公司等 10 家职工持股企业的股份共计 2860.17 万元，并取得现金分红 1359.01 万元；神华集团总部有 29 人（次）持有其中 7 家公司的股份共计 289.57 万元，并取得现金分红 202.08 万元。

审计指出上述问题后，神华集团下发了《关于规范神华集团公司系统内职工持股投资的通知》，已清退 81 名中层以上领导人员所持股权 1557.61 万元。

（五）所属 4 家企业煤炭或电力生产不合规。

1.2005 年至 2008 年，所属神华宁煤羊场湾等煤矿在未获得国家有关部门核准的采矿许可证、煤炭生产许可证、或安全生产许可证已过期且国家有关部门尚未核发新证等情况下，累计生产煤炭 3211.9 万吨。

审计指出上述问题后，神华集团所属相关单位认真整改，神华宁煤羊场湾等煤矿已获得安全生产许可证和煤炭生产许可证，或办理了新的安全生产许可证；1 家煤矿已彻底关闭。

2.2006 年至 2008 年，所属神华宁煤集团等 3

家企业超过核定能力，生产煤炭 6279.19 万吨；超出核准的建设规模，投资 115675.22 万元对煤矿进行扩能改造。

审计指出上述问题后，神华集团所属相关企业正在办理核定生产能力手续。

3. 2004 年和 2005 年，神华集团所属企业未经发展改革委核准，开工建设装机容量为 2×13.5 万千瓦、投资额为 133780 万元的发电厂；投资 157369.59 万元对煤矿进行改扩建。

审计指出上述问题后，神华集团所属企业及时向有关部门补办了相关审批手续，神华集团已向发展改革委报送项目核准申请报告。

中华人民共和国审计署
审计结果公告
（2010 年第 18 号）

华润（集团）有限公司
2008 年度财务收支审计结果

（2010 年 6 月 13 日公告）

根据《中华人民共和国审计法》的规定，审计署于 2009 年对华润（集团）有限公司（以下简称华润集团）2008 年度财务收支进行了审计，并对审计范围内涉及的重大事项追溯相关年度。

一、华润集团的基本情况

华润集团成立于 1938 年，注册资本港币 90 亿元，下设 1405 家各级公司，主要从事电力、地产和水泥等业务。据华润集团的合并会计报表反映，截至 2008 年底，华润集团资产总额 2603 亿元，负债总额 1398 亿元，所有者权益总额 735 亿元，当年主营业务收入 1196 亿元，利润总额 113 亿元。

二、审计评价意见

本次重点审计了华润集团总部及所属 9 家企业，涉及资产额 1506 亿元，占华润集团资产总额的 58%。审计结果表明，华润集团近年来不断深化改革、创新制度，认真贯彻落实国家产业政策，加强内部管理，较好地执行了国家有关法律法规，会计信息基本真实地反映了企业财务状况和经营成果，但在账务处理、资产处置和投资项目建设等方面仍存在不够规范和严格的问题。这些问题对华润集团 2008 年度财务收支状况的影响主要是：少计资产 14363.91 万元，占资产总额的 0.06%；少计负债 11879 万元，占负债总额的 0.09%；少计利润 1876.91 万元，占利润总额的 0.17%。

对审计发现的问题，审计署已依法出具了审计报告、下达了审计决定书，要求华润集团加以整改。此外，本次审计发现并向有关部门移送涉嫌犯罪案件线索 1 起，有关部门正在依法立案查处。

三、审计发现的主要问题及整改情况

（一）合并会计报表反映内容不够完整。

1. 截至 2008 年底，华润集团仍未将其 2007 年收购的一家企业的部分历史遗留资产以及其下属单位纳入会计报表合并范围，涉及资产 12487 万元、负债 11879 万元、所有者权益 608 万元。

2. 截至 2008 年底，所属华润深国投信托有限公司未将其受让的部分投资理财产品收益纳入会计账簿核算，造成资产和未分配利润分别少计 1876.91 万元。

审计指出上述问题后，华润集团已调整了相关会计账目，将有关事项纳入了会计报表合并范围。

（二）所属华润投资及资产管理公司未经评估处置国有资产。

2005 年至 2008 年，华润投资及资产管理公司未经资产评估，向外出售 4 个策略性投资项目，涉及投资额共计人民币 76095 万元、港币 19517 万元和美元 1089 万元；处置 15 项特殊资产，涉及资产总额 10536 万元。

审计指出上述问题后，华润集团明确要求所属企业今后对外出售国有资产时，要严格按国家有关规定完善评估程序。

（三）所属 2 家企业投资调查及可行性研究不够充分，造成亏损 41958 万元。

1. 由于投资调查不够充分，未提示相关企业以往违规业务存在的法律风险及对其经营前景的预测失准，所属华润励致有限公司2006年7月增持华润上华科技有限公司股份（持股比例由25.90%增至72.90%）后，华润上华科技有限公司连年亏损，致使华润集团为此承担亏损25000万元。

2. 因可行性研究不够充分，所属广州华润热电有限公司2007年建成的2台18万千瓦联合循环燃气机组在投产后无法正常运营，设备开工率与设计能力差距较大。截至2008年底，累计亏损16958万元。

审计指出上述问题后，华润集团提出今后进行投资决策时，要加强可行性研究，并要求所属企业进一步完善兼并收购调查等相关工作。

（四）部分项目建设管理不够规范。

1. 截至审计时，华润集团及所属企业尚欠缴其2005年12月至2008年12月在北京、重庆等地购买土地使用权的价款31700万元。

审计指出上述问题后，华润集团及所属企业已支付土地价款25254万元，剩余6446万元将按合同约定，在相关拆迁工作完成后支付。

2. 所属海南石梅湾旅游开发有限公司在开发建设已于2008年9月投入使用的海南石梅湾项目中，有部分园区道路建设占用非交通用地164.01亩。

审计指出上述问题后，华润集团已与地方相关部门联系，积极补办手续，将土地用途变更为交通用地。

3. 华润集团所属企业在新建总投资为11.15亿元的工程项目时，未按规定向发展改革委履行报批手续，而是将该新建项目拆分为7个子项目，分别以技术改造项目的名义报地方经贸部门审批，并获得批准。

审计指出上述问题后，华润集团提出在今后开展新建项目和技术改造项目时，将严格按照国家政策的相关规定办理有关审批手续。

中华人民共和国审计署审计结果公告（2010年第19号）

“56个部门单位2009年度预算执行情况和其他财政收支情况审计结果（上）”

（2010年6月23日公告）

目　录

其他财政收支情况审计结果

15. 审计署2009年度预算执行情况和其他财政收支情况审计结果

16. 国务院国有资产监督管理委员会2009年度预算执行情况和其他财政收支情况审计结果

17. 海关总署2009年度预算执行情况和其他财政收支情况审计结果

18. 国家质量监督检验检疫总局2009年度预算执行情况和其他财政收支情况审计结果

19. 国家广播电影电视总局2009年度预算执行情况和其他财政收支情况审计结果

20. 国家新闻出版总署2009年度预算执行情况和其他财政收支情况审计结果

21. 国家安全生产监督管理总局2009年度预算执行情况和其他财政收支情况审计结果

22. 国家旅游局2009年度预算执行情况和其他财政收支情况审计结果

23. 国家宗教事务局2009年度预算执行情况和其他财政收支情况审计结果

24. 国务院侨务办公室2009年度预算执行情况和其他财政收支情况审计结果

25. 国务院法制办公室2009年度预算执行情况和其他财政收支情况审计结果

26. 中国科学院2009年度预算执行情况和其他财政收支情况审计结果

27. 中国工程院2009年度预算执行情况和其他财政收支情况审计结果

28. 中国气象局2009年度预算执行情况和其他财政收支情况审计结果

29. 中国银行业监督管理委员会2009年度预算执行情况和其他财政收支情况审计结果

30. 中国证券监督管理委员会2009年度预算执行情况和其他财政收支情况审计结果

31. 中国保险监督管理委员会2009年度预算执行情况和其他财政收支情况审计结果

32. 全国社会保障基金理事会2009年度预算执行情况和其他财政收支情况审计结果

33. 国家档案局2009年度预算执行情况和其他财政收支情况审计结果

34. 国家信访局2009年度预算执行情况和其他财政收支情况审计结果

35. 国家粮食局2009年度预算执行情况和其他财政收支情况审计结果

36. 国家外国专家局2009年度预算执行情况和其他财政收支情况审计结果

37. 国家测绘局2009年度预算执行情况和其他财政收支情况审计结果

38. 国家邮政局2009年度预算执行情况和其他财政收支情况审计结果

39. 国家文物局2009年度预算执行情况和其他财政收支情况审计结果

40. 国家食品药品监督管理局2009年度预算执行情况和其他财政收支情况审计结果

41. 国务院南水北调工程建设委员会办公室2009年度预算执行情况和其他财政收支情况审计结果

42. 国务院三峡工程建设委员会办公室2009年度预算执行情况和其他财政收支情况审计结果

43. 最高人民法院2009年度预算执行情况和其他财政收支情况审计结果

44. 中共中央对外联络部2009年度预算执行情况和其他财政收支情况审计结果

45. 中央机构编制委员会办公室2009年度预算执行情况和其他财政收支情况审计结果

46. 中共中央党校2009年度预算执行情况和其他财政收支情况审计结果

47. 中国外文出版发行事业局2009年度预算执行情况和其他财政收支情况审计结果

48. 光明日报社2009年度预算执行情况和其他财政收支情况审计结果

49. 中华全国总工会2009年度预算执行情况和其他财政收支情况审计结果

50. 中国共产主义青年团中央委员会2009年度预算执行情况和其他财政收支情况审计结果

51. 中国文学艺术界联合会2009年度预算执行情况和其他财政收支情况审计结果

52. 中国作家协会2009年度预算执行情况和其他财政收支情况审计结果

53. 中国科学技术协会2009年度预算执行情况和其他财政收支情况审计结果

54. 中国人民对外友好协会2009年度预算执行情况和其他财政收支情况审计结果

55. 中国国际贸易促进委员会2009年度预算执行情况和其他财政收支情况审计结果

56. 中国宋庆龄基金会2009年度预算执行情况和其他财政收支情况审计结果

附：类级预算科目说明

外交部2009年度预算执行情况和其他财政收支情况审计结果

（2010年6月23日公告）

根据《中华人民共和国审计法》的规定，2010年2月至4月，审计署对外交部2009年度预算执行情况和其他财政收支情况进行了审计，重点审计了部本级，并对有关事项进行了延伸审计。

一、基本情况

外交部为中央财政一级预算单位，部门预算由部本级和6个二级预算单位的预算组成。

审计结果表明，外交部2009年度预算收支基本符合国家有关预算和财经法规的规定，会计处理基本符合会计法、相关会计准则和会计制度的规定；能够认真做好本部门预算编报的组织工作，预算管理和会计核算水平逐步提高；能够量入为出，不断提高资金使用效果；建立健全了相关制度，认真整改了以前年度审计发现的问题。但审计也发现了一些需要加以纠正和改进的问题。

二、审计发现的主要问题

（一）以前年度项目结余资金14115.71万元未纳入预算统筹安排。

2009年，外交部有14个项目超预算支出14115.71万元，资金全部来源于以前年度财政拨款项目结余，这些结余资金及支出安排均未编入当年部门预算。

（二）新闻领事中心开办费项目预算执行率低，造成经费连续两年结余。

2009年，外交部在新闻领事中心开办费项目上年结余500万元的情况下，又为其安排预算500万元，当年实际支出119.58万元，预算执行率仅为23.92%。截至2009年底，该项目预算资金累计结余880.42万元。

（三）扩大范围支出314.17万元。

2009年，外交部在领事办公成本专项预算支出中，列支了不属于该专项范围的制证中心购置设备等支出共计314.17万元。

（四）因私护照购置项目支出200万元在“暂付款”科目挂账。

2009年，外交部因私护照购置项目预算安排动用上年结余1000万元。由于上年结余实际仅有800万元，外交部将用其他资金安排的200万元支出未列为预算支出，而是在“暂付款”科目挂账，影响会计核算的准确性。

（五）未按规定及时解缴14个驻外机构的规费收入。

抽查20个驻外机构发现，外交部2009年解缴14个驻外机构的规费收入共84747.31万元，比规定时间滞后1～2个季度。

（六）47个已完工基建项目未及时办理竣工决算。

截至2009年底，外交部已完工的47个基建项目，总投资为5.27亿元，均未按规定及时办理竣工决算。

三、审计处理情况和建议

对上述问题，审计署已依法出具了审计报告、下达了审计决定书。对以前年度项目结余资金未纳入预算统筹安排的问题，要求今后编报预算时统筹安排使用结余资金；对新闻领事中心开办费项目预算执行率低的问题，要求抓紧组织执行项目预算；对扩大范围支出、因私护照购置项目支出在“暂付款”科目挂账的问题，要求调整账目和报表；对未按规定及时解缴驻外机构规费收入的问题，要求今后严格按照规定时间缴纳；对未及时办理竣工决算的问题，要求抓紧办理。

针对审计发现的问题，审计署建议：外交部应加强预算管理，严格预算执行，按照预算支出范围使用资金；进一步完善业务管理流程，加强基本建设项目管理。

四、审计发现问题的整改情况

外交部在审计前开展了自查，并纠正了自查出的问题。对这次审计发现的问题，外交部高度重视，及时采取措施整改。对新闻领事中心开办费项目预算执行率低的问题，正抓紧项目落实；对扩大范围支出的问题，提出将细化预算编制，严格按预算申报内容和项目范围安排支出；对因私护照购置项目支出在“暂付款”科目挂账的问题，正在与有关部门协商增加专项额度；对未及时办理竣工决算的问题，正在加快各项准备工作，争取尽早办理竣工决算。

国家发展和改革委员会2009年度预算执行情况和其他财政收支情况审计结果

（2010年6月23日公告）

根据《中华人民共和国审计法》的规定，2009年11月至2010年3月，审计署对国家发展和改革委员会（以下简称发展改革委）2009年度预算执行情况和其他财政收支情况进行了审计，重点审计了委本级和所属机关服务中心、宏观经济研究所等17个单位，并对有关事项进行了延伸审计。

一、基本情况

发展改革委为中央财政一级预算单位，部门预算由委本级和24个二级预算单位的预算组成。

审计结果表明，发展改革委2009年度预算收支基本符合国家有关预算和财经法规的规定，会计处理基本符合会计法、相关会计准则和会计制度的规定，能够认真做好本部门预算编报的组织工作，进一步加强了预算和财务管理，建立健全了有关制度，认真整改了以前年度审计发现的问题。但审计也发现了一些需要加以纠正和改进的问题。

二、审计发现的主要问题

（一）在所属机关服务中心列支本级行政单位人员津贴补贴660万元，未计入本级支出。

2009年11月至12月，发展改革委用11家所属单位上缴款660万元发放委机关在职人员津贴补贴，在会计记账时直接列作机关服务中心事业支出，未计入委本级支出。

（二）以拨代支导致多计项目支出170.1万元。

2009年12月，发展改革委在向所属价格监测中心拨付委托培训项目经费170.1万元时，直接列作了支出，至年底，上述资金实际全部未支出。

（三）未将发展改革委经贸司承担的课题经费55万元纳入委本级财务核算。

2006年至2009年，经贸司在承担由海关总署立项的3个课题时，将55万元课题经费付给社科院财政与贸易经济研究所代管。至2009年底，经贸司直接在该所从课题经费中报销办公用品、劳务费等支出45.26万元，代管单位扣收管理费1万元。

（四）所属单位存在的问题。

1. 2009年，所属能源研究所通过“其他应付款”、“合同预收款”等往来科目核算部分课题经费收支，造成少计收入7218.26万元、少计支出5838.58万元。

2. 至2009年底，所属经济体制与管理研究所将已于2005年完工的项目结余资金26.31万元、已结题的课题经费结余49.93万元、文印室历年收入结余13.67万元和纠纷索赔款10.44万元，在“其他应付款”科目挂账，未及时清理或结转，造成少计年初结余100.35万元。

3. 2008年以来，经济体制与管理研究所未经批准对外出租部分房屋和场地，至2009年底收到租金共117万元。

4. 所属价格监测中心、宏观经济研究院、经济体制与管理研究所、国土研究所、综合运输研究所等5家单位2009年的课题经费支出原始凭证中，有49张虚假发票，金额46.99万元。

三、审计处理情况和建议

对上述问题，审计署已依法出具了审计报告、下达了审计决定书。对在机关服务中心列支行政单位人员津贴补贴、项目经费以拨代支的问题，要求及时调整账目和报表；对课题经费委托外单位代管的问题，要求纳入委本级财务统一核算；对所属能源研究所少计收支的问题，要求及时确认收支，调整账目和报表；对所属经济体制与管理研究所收入挂账、未经批准出租固定资产的问题，要求及时确认收支，将结余资金纳入预算管理，并补办固定资产出租报批手续；对所属单位使用假发票的问题，要求加强财务监管，避免此类问题再发生。

针对审计发现的问题，审计署建议：发展改革委应合理安排项目预算的执行进度，提高财政资金使用效益，加强部门本级和所属单位固定资产的管理与监督，规范科研单位课题经费的财务管理。

四、审计发现问题的整改情况

发展改革委在审计前开展了自查，并纠正了

自查出的问题。对这次审计发现的问题，发展改革委高度重视，责成有关单位认真纠正和整改。对在机关服务中心列支行政单位人员津贴补贴、项目经费以拨代支的问题，提出将严格预算执行，加强预算管理，并调整了账目和报表；对课题经费委托外单位代管的问题，提出将加强课题收入管理；对能源研究所少计收支的问题，已调整了账目；对经济体制与管理研究所收入挂账、未经批准对外出租固定资产的问题，已调整了账目，近期将补办固定资产出租报批手续；对所属单位使用假发票的问题，提出将加强财务管理和监督，避免此类问题再发生。

教育部 2009 年度预算执行情况和其他财政收支情况审计结果

（2010 年 6 月 23 日公告）

根据《中华人民共和国审计法》的规定，2009 年 12 月至 2010 年 3 月，审计署对教育部 2009 年度预算执行情况和其他财政收支情况进行了审计，重点审计了部本级和所属中央广播电视大学、中国教育电视台等 7 个单位，并对有关事项进行了延伸审计。

一、基本情况

教育部为中央财政一级预算单位，部门预算由部本级和 103 个二级预算单位的预算组成。

审计结果表明，教育部 2009 年度预算收支基本符合国家有关预算和财经法规的规定，会计处理基本符合会计法、相关会计准则和会计制度的规定；建立了直属高校预算执行情况工作简报制度和约谈制度，逐步落实所属单位预算执行与预算挂钩制度，认真整改了以前年度审计发现的问题。但审计也发现了一些需要加以纠正和改进的问题。

二、审计发现的主要问题

（一）年初项目预算 120 亿元未细化到具体项目。

教育部 2009 年部门预算中，研究生培养机制改革等 6 个项目的支出共 120 亿元年初未细化到具体项目。2009 年 9 月至 11 月，教育部才逐步细化项目，并报经财政部批复后下达到执行单位。

（二）未经批准超计划投资 398.48 万元。

按照国务院机关事务管理局等部门的批复，教育部机关办公楼和业务楼维修改造及设备购置计划总投资为 5800 万元，但实际完成投资 6198.48 万元，超出计划 398.48 万元。

（三）重复安排项目经费 80 万元。

2008 年 12 月，教育部在已拨付中国高等教育学会万种新教材建设项目经费 80 万元的情况下，又向该会下达并拨付该项目预算资金 80 万元，重复安排的资金一直滞留在中国高等教育学会。

（四）所属单位和直属高校存在的问题。

1.2009 年，所属中国高等教育学会、北京科技大学、北京化工大学和中国农业大学等单位通过虚列会议费、学生劳务费、实验费等方式，套取财政资金 2190.20 万元，用于发放工作人员津贴补贴等。

2.2008 年至 2009 年，所属基础教育课程教材发展中心、全国高等学校毕业生就业指导中心、中央电教馆、中国农业大学等单位扩大项目经费开支范围，在财政专项资金中计提管理费、列支房租等与项目开支内容无关的费用 643.51 万元。

3.2008 年至 2009 年，所属中国教育电视台未经批准动用西部教育专项结余资金 642.38 万元，列支人员薪酬、办公经费等与本项目无关的支出；2009 年，中国教育电视台向部分负责人员发放特别贡献奖 23.77 万元，全部用假发票或与规定不符的婚宴餐费、亲属的机票等报账。

4.2009 年，所属中央广播电视大学未严格履行报批手续，以业务楼名义购建了两栋大楼，其中办公用房建筑面积为 3.5 万平方米，占总建筑面积的近 70%。

5.2009 年，所属中国农业大学和北京科技大学未经国家有关部门批准，自定收费标准，分别收取中外合作办学项目学生学费 3576.88 万元和 1157.82 万元。

6.2009 年，所属中央电教馆未经批准，将部分办公用房出租，且房租收入 72 万元未纳入预算管理。

三、审计处理情况和建议

对上述问题，审计署已依法出具了审计报告、下达了审计决定书。对项目预算年初未细化的问题，要求今后按规定细化预算；对未经批准超计划投资的问题，要求报原审批部门批准；对重复拨付预算资金的问题，要求追回资金，调整账目和报表；对所属单位和直属高校套取财政资金的问题，要求追回套取和违规使用的资金余额，调整账目和报表；对部分所属单位和直属高校扩大项目经费开支范围的问题，要求调整账目和报表；对中国教育电视台未经批准动用西部教育专项结余资金的问题，要求归还原资金渠道，调整账目和报表；对中央广播电视大学未严格履行报批手续、以业务楼名义购置办公用房的问题，要求补办审批手续；对中国教育电视台使用虚假票据报账的问题，要求该台清退所报销的费用；对未经批准收取学费和出租办公用房的问题，要求履行报批手续。

针对审计发现的问题，审计署建议：教育部应强化预算约束，逐步完善内部管理与监督机制，进一步加强对所属单位和直属高校的财政财务管理和监督检查工作。

四、审计发现问题的整改情况

教育部在审计前开展了自查，并纠正了自查出的问题。对这次审计发现的问题，教育部高度重视，积极采取措施，认真纠正和整改。对项目预算年初未细化的问题，已采取措施细化项目支出预算；对未经批准超计划投资的问题，已向国务院机关事务管理局报批；对重复拨付项目经费的问题，已全额追回；对所属单位和直属高校套取财政资金的问题，开展了清退工作，目前已追回了375万元；对所属单位和直属高校扩大项目经费开支范围、中国教育电视台未经批准动用西部教育专项结余资金的问题，有关单位已调整了账目和报表；对中央广播电视大学以业务楼名义购置办公楼的问题，已与主管部门沟通，研究采取整改措施；对中国教育电视台以虚假票据报账的问题，已责令相关人员退回违规报销的资金；对中国农业大学和北京科技大学未经批准收取中外合作办学项目学费的问题，正在研究整改措施，将待中外合作办学条例实施细则出台后进一步规范；对中央电教馆未经批准出租办公用房的问题，正在履行资产出租报批手续，并规范收入管理。

科学技术部2009年度预算执行情况和其他财政收支情况审计结果

（2010年6月23日公告）

根据《中华人民共和国审计法》的规定，2009年12月至2010年3月，审计署对科学技术部（以下简称科技部）2009年度预算执行情况和其他财政收支情况进行了审计，重点审计了部本级和所属中国科学技术信息研究所等6个单位，并对有关事项进行了延伸审计。

一、基本情况

科技部为中央财政一级预算单位，部门预算由部本级和17个二级预算单位的预算组成。

审计结果表明，科技部2009年度预算收支基本符合国家有关预算和财经法规的规定，会计处理基本符合会计法、相关会计准则和会计制度的规定，能够认真做好本部门预算编报的组织工作，制定了关于加强专项资金管理和财务管理等方面规章制度，认真整改了以前年度审计发现的问题。但审计也发现了一些需要加以纠正和改进的问题。

二、审计发现的主要问题

（一）有198417.5万元项目预算年初未细化到具体单位和项目。

科技部归口管理的国家高技术研究发展计划项目2009年预算中，有198417.5万元年初未细化到具体单位和项目，影响当年资金使用和预算执行进度。

（二）部分项目经费安排超过实际需求，造成资金结余85.74万元。

科技部2007年安排中国21世纪议程管理中心的“科技基础条件平台建设”项目经费50万元和“区域科技发展研究及专项过程管理”项目工作经费60万元，至2009年底项目完成时，仅支出24.26万元，结余85.74万元。

（三）负责组织实施的经费预算为19199万元的项目未按规定签订任务合同书和课题预算书。

截至2009年底，科技部2007年批复启动的“新一代国家空中交通管理系统”项目资金已拨付到位，研究任务也基本完成，但该项目的15个课题均未签订任务合同书和课题预算书，课题承担单位还在课题经费中超预算列支管理费 159.99 万元。

（四）所属单位存在的问题。

1. 2009 年，所属国家遥感中心在项目经费中列支公用经费 180.08 万元；所属中国生物技术发展中心在公用经费中列支人员经费 358.60 万元。

2. 2009 年，所属中国科学技术信息研究所未按规定将收取的研究生学费和住宿费 65.38 万元上缴财政专户，而是直接作为经营收入核算。

3. 截至 2009 年底，所属中国生物技术发展中心仍将 2005 年底已完结课题的净结余 420 万元、2007 年底前完成的项目结余等 45.06 万元，挂在往来账未清理；另有按协议应于 2007 年初收到的国有资产转让款 73.47 万元，仍未收回。

三、审计处理情况和建议

对上述问题，审计署已依法出具了审计报告、下达了审计决定书。对年初项目预算未细化的问题，要求进一步细化预算；对安排的预算资金超过实际需求的问题，要求追回有关款项，并调整账目和报表；对未及时签订课题任务合同书和课题预算书的问题，要求督促相关单位尽快签订课题任务合同书和课题预算书，并追回超预算支出的财政专项资金；对所属单位扩大范围支出的问题，要求归还原资金渠道，并调整账目和报表；对未实行“收支两条线管理”的问题，要求纠正违规行为，并将收入上缴财政；对资金结余和往来款长期挂账的问题，要求及时予以清理，并将结余资金纳入部门预算统筹使用；对国有资产转让收入未收回的问题，要求尽快收回。

针对审计发现的问题，审计署建议：科技部应加强和改进预算编制工作，细化预算，规范科研课题预算编报，及时清理部内各项财政结余资金，并按规定统筹用于重点项目支出，切实发挥科技预算资金的使用效益。

四、审计发现问题的整改情况

科技部在审计前开展了自查，并纠正了自查出的问题。对这次审计发现的问题，科技部高度重视，召开专题会议、责成有关单位制定整改时间表，认真纠正和整改。有关整改工作目前正在进行中。

工业和信息化部 2009 年度预算执行情况和其他财政收支情况审计结果

（2010 年 6 月 23 日公告）

根据《中华人民共和国审计法》的规定，2009 年 12 月至 2010 年 3 月，审计署对工业和信息化部 2009 年度预算执行情况和其他财政收支情况进行了审计，重点审计了部本级和所属教育与考试中心等 9 个单位，并对有关事项进行了延伸审计。

一、基本情况

工业和信息化部为中央财政一级预算单位，部门预算由部本级和 67 个二级预算单位的预算组成。

审计结果表明，工业和信息化部 2009 年度预算收支基本符合国家有关预算和财经法规的规定，会计处理基本符合会计法、相关会计准则和会计制度的规定，能够认真做好本部门预算编报的组织工作，制定和完善了项目经费核算办法等规章制度，加强内部控制，认真整改了以前年度审计发现的问题。但审计也发现了一些需要加以改进和纠正的问题。

二、审计发现的主要问题

（一）在部本级预算中编列非所属单位项目预算 1750 万元。

2009 年，工业和信息化部在部本级预算中编列非所属单位中国电子商会的“电子市场信息服务管理平台建设”等 4 个项目预算共计 1750 万元。

（二）为所属经费自理单位编制基本支出财政拨款预算 2057.64 万元。

2009 年，工业和信息化部为所属通信工程质量监督中心等 7 家经费自理单位编报基本支出财政拨款预算 2057.64 万元。

（三）未经批准调整基本支出预算 130 万元。

2009 年，工业和信息化部未经财政部批准，自行将事业费基本支出预算 130 万元，调整下达给所属经费自理单位教育与考试中心。

（四）以拨代支项目资金 2.54 亿元。

2009 年，工业和信息化部在将“车辆企业及产品准入管理”等 85 个项目协议委托相关单位承担时，未按进度付款，而是将项目经费共计 2.54 亿元一次性支付给承担单位，并在会计记账时直接计作支出。

（五）扩大范围支出 682.38 万元。

2009 年，工业和信息化部用公用经费弥补人员经费超预算支出 276.87 万元；用“工业和信息化行业管理”专项经费弥补其他项目超预算支出 405.51 万元。

（六）所属单位存在的问题。

1.2008 年 5 月至 2009 年 6 月，所属教育与考试中心以“科研环境基础设施建设项目”的名义向工业和信息化部申请并经发展改革委批复，计划投资 1645 万元（含中央预算内资金 1000 万元）购建科研办公用房和设备等。但该中心的职能、内设机构及人员状况均与科研无关。2009 年，该中心已支付上述办公用房购建款 899.75 万元，其中财政资金 580 万元。

2.2009 年，所属北京理工大学和北京航空航天大学在高技术研究专项预算中，编列了 17 个基本建设项目预算 2.2 亿元。

3.2009 年，所属国家无线电监测中心在无预算安排的情况下，将 12 个项目以前年度结余资金 4256.63 万元（其中 1483.29 万元为净结余）用于项目支出。

4.2008 年至 2009 年，所属北京理工大学、北京航空航天大学和电子工业标准化研究所在部分项目支出中列支办公用品、在职人员劳务和非项目用设备款等支出，共计 622.49 万元。

5.2007 年至 2009 年，所属北京航空航天大学收受两家工程承担单位提供的 12 张假发票入账，票面金额共计 433.51 万元。

6. 截至 2009 年底，所属电子科学技术情报研究所等单位的投资收益和租金收入 3.95 亿元，未纳入预算管理；该所还以“日用品”和“会议费”等发票报销发给职工的购物卡支出 40.36 万元。

7. 截至 2009 年底，所属北京理工大学有 6 个应于 2006 年或 2007 年结题的项目，财政拨款预算共计 972 万元，均未验收和结算。

三、审计处理情况和建议

对上述问题，审计署已依法出具了审计报告、下达了审计决定书。对部本级预算中编报非所属单位项目预算、编制所属经费自理单位基本支出财政拨款预算、未经批准调整预算、以拨代支项目资金、扩大范围支出 5 个问题，要求今后规范预算编报，严格按预算执行，按进度支付资金；对以科研项目名义申报财政预算购建办公楼的问题，要求商发展改革委和财政部调减相关单位 2010 年投资计划和项目预算；对高技术研究专项预算中编列基本建设项目预算、动用专项资金上年结余未编报预算的问题，要求今后规范预算编报；对扩大科研项目支出范围的问题，要求调整账目和报表；对收受假发票入账核算的问题，要求责成相关单位索取真实的发票入账核算；对部分单位投资收益和资产出租收入未纳入预算管理的问题，要求及时收取投资收益和租金并纳入预算管理，调整账目和报表；对部分项目未及时验收和结算的问题，要求尽快准备项目验收工作和办理结算。

针对审计发现的问题，审计署建议：工业和信息化部应进一步规范预算编报，强化预算执行管理，加强对所属单位的财务和资产监管，进一步加大对财务人员的培训力度。

四、审计发现问题的整改情况

对这次审计发现的问题，工业和信息化部高度重视，及时纠正和整改。所属电子科学技术情报研究所已将发放给全体职工的 39.36 万元调整到职工福利费中，并代扣了个人所得税，将发放的劳务费 1 万元全部退回；将投资收益和办公用房租金共计 5030.83 万元收回入账。其他问题正在进一步整改中。

公安部 2009 年度预算执行情况和其他财政收支情况审计结果

（2010 年 6 月 23 日公告）

根据《中华人民共和国审计法》的规定，2009 年 12 月至 2010 年 3 月，审计署对公安部 2009 年度预算执行情况和其他财政收支情况进行了审计，重点审计了部本级和所属中国人民公安大学等 5 个单位，并对有关事项进行了延伸审计。

一、基本情况

公安部为中央财政一级预算单位，部门预算

由部本级和35个二级预算单位及项目执行单位的预算组成。

审计结果表明，公安部2009年度预算收支基本符合国家有关预算和财经法规的规定，会计处理基本符合会计法、相关会计准则和会计制度的规定，能够认真做好本部门预算编报的组织工作，进一步加强了预算和财务管理，建立健全了有关制度，认真整改了以前年度审计发现的问题。但审计也发现了一些需要加以改进和纠正的问题。

二、审计发现的主要问题

（一）2009年，公安部在基本支出中列支114.87万元，用于“绿化基地改造”和“公安部新办公大楼工程九层屋顶花园绿化工程”项目支出。

（二）收入143.37万元和资产1542.72万元未纳入规定账簿核算。

至2009年底，公安部内部司局归口管理的公安部信息系统安全标准化技术委员会和计算机与信息处理标准化委员会的收支，未按规定纳入部本级账簿统一核算，收支余额为143.37万元；公安部原机关事务管理局于1991年购入的原值为1542.72万元的办公用房，也未在固定资产账上反映。

（三）接受不符规定的发票报销工程款1877.49万元。

2006年和2009年，公安部两次收到“丰台住宅楼”项目负责人提供的开票单位与发票领购单位不符的发票，并据此报销工程结算款1804.49万元；2009年，公安部收到“应急储备物资仓库中央直属总库室外土石方工程”项目负责人提供的开票单位与发票领购单位不符的发票1张，并据此报销工程结算款73万元。

（四）所属单位存在的问题。

1.截至2009年底，所属中国人民公安大学收取的学费和住宿费等2044.43万元未及时上缴；2009年，中国人民公安大学在往来账中核算科研经费、系部经费等收支，造成少计收入1783.9万元和支出1744.8万元；将尚未支付的招待费115.07万元计作了支出。

2.2009年，所属物证鉴定中心、科学技术信息研究所在基本科研业务费中列支公共管理等费用78.98万元。

3.2009年，所属物证鉴定中心在往来账中核算所属全国刑事技术标委会的收入11万元和支出18.78万元。

三、审计处理情况和建议

对上述问题，审计署已依法出具了审计报告、下达了审计决定书。对扩大范围支出的问题，要求调整账目；对收入和资产未纳入规定账簿核算的问题，要求纳入本级账簿核算，及时办理固定资产入账手续；对接受开票单位与发票领购单位不符的发票报销工程款的问题，要求更换为合规发票；对少计收支的问题，要求相关单位调整账目。

针对审计发现的问题，审计署建议：公安部应进一步加强预算和资产管理，不断提高预算编制水平，同时强化对所属单位的监督和管理。

四、审计发现问题的整改情况

公安部在审计前开展了自查。对这次审计发现的问题，公安部高度重视，及时召开会议研究，责成相关单位认真纠正和整改。对固定资产未入账的问题，已召集相关单位查找原始资料，协商整改办法；对扩大范围支出的问题，公安部科学技术信息研究所已调整了部分账目。对少计收支的问题，中国人民公安大学已调整了账目。其他问题正在进一步整改中。

财政部2009年度预算执行情况和其他财政收支情况审计结果

（2010年6月23日公告）

根据《中华人民共和国审计法》的规定，2010年1月至3月，审计署对财政部2009年度预算执行情况和其他财政收支情况进行了审计，重点审计了部本级和所属财政科学研究所等13个单位，并对有关事项进行了延伸审计。

一、基本情况

财政部为中央财政一级预算单位，部门预算由部本级和54个二级预算单位的预算组成。财政部批复本部门2009年度的部门预算支出为155571.49万元（指财政性资金预算，下同），其中财政拨款84525.01万元；财政部决算（草案）反映的当年预算执行数为119293.14万元；其部门预算与执行结果的差异总额为36278.35万元，差异的具体情况及产生原因见附表 1。

本次审计财政部本级及所属单位 2009 年度预算支出共计 108987.20 万元，占部门预算支出总额的 70.06%。审计查出预算执行中账务记录等不规范问题金额 26848.39 万元。上述问题对财政部 2009 年度预算执行结果的影响见附表 2。

审计结果表明，财政部 2009 年度预算收支基本符合国家有关预算和财经法规的规定，会计处理基本符合会计法、相关会计准则和会计制度的规定；能够认真做好本部门预算编报的组织工作，建立健全了内部规章制度，强化了内部管理与控制，较好地整改了以前年度审计发现的问题。

二、审计发现的主要问题

（一）危旧房改建项目进展缓慢，预算资金闲置 5066.63 万元。

截至 2009 年底，财政部 2006 年以来安排的三里河二区一号办公业务用房危旧房改造资金累计 5477 万元，实际仅支出 410.37 万元，主要用于工程的勘察、设计和咨询等前期费用，其初步设计投资概算尚未得到批复。

（二）项目预算 7985.81 万元年初未细化。

财政部 2009 年部门预算中，“公务员培训项目经费”、“专项检查费”等 5 个项目总额 7985.81 万元的支出预算未细化到项目执行单位，而是在年度执行中通过追加预算的方式分配给所属单位。

（三）部分项目预算申报不规范，涉及金额 6522.78 万元。

财政部 2009 年部门项目支出预算中，有 11 个项目无申报文本，涉及金额 2947.20 万元；追加的投资评审中心业务费、治理“小金库”专项等 6 个项目预算共计 3575.58 万元，未履行相应申报程序和填写项目申报书、预算明细表、可行性报告等资料。

（四）决算（草案）中未调整重复事项，多计收支各 100 万元。

2009 年，财政部办公厅拨给部离退休干部局老干部活动经费 100 万元，列入了部本级决算收支；部离退休干部局上报的决算收支中也包括上述收支事项。但办公厅在汇总部门决算时将其重复列报，造成多计收入和支出各 100 万元。

（五）所属单位存在的问题。

1. 2009 年，所属会计资格评价中心向山东山大鸥玛有限公司支付会计专业技术资格考试技术服务费共 104.80 万元，未按规定实行政府采购。

2. 所属中华会计函授学校在 2009 年度基本支出预算中，编列了 300 万元农村财会培训经费项目支出。

3. 所属投资评审中心将以前年度财政拨款结余 396.33 万元、从事业费中提取的职工福利费结余 198.85 万元在往来账中核算，均未在 2009 年度部门决算报表中反映。

4. 2009 年，所属离退休干部局将工会拨来的伙食补贴款 285.84 万元和发放的伙食补贴 314.79 万元在往来账中核算，导致少计其他收入和支出。

5. 所属财政科学研究所在决算报表中，将本应列入项目支出的所外委托课题支出 1015.94 万元和结余 1277.47 万元，列入了基本支出和基本支出结余。

三、审计处理情况和建议

对上述问题，审计署已依法出具了审计报告、下达了审计决定书。对危旧房改建项目进展缓慢的问题，要求商发展改革委尽快批复初步设计投资概算，尽早施工；对项目预算年初未细化的问题，要求今后严格按规定细化预算编制；对部分项目预算申报不规范的问题，要求严格按规定执行；对决算（草案）中未调整重复事项多计收支的问题，要求予以调整；对会计资格评价中心未按规定进行政府采购的问题，要求责成会计资格评价中心严格按规定执行政府采购程序；对中华会计函授学校项目支出编入基本支出预算的问题，要求责成中华会计函授学校严格按规定编制预算；对投资评审中心未按规定在决算中填列以前年度财政拨款结余和事业结余、离退休干部局在往来账款核算补贴款少计收支、财政科学研究所将应列项目支出和项目结余的所外课题分别列入基本支出和基本支出结余的问题，要求责成各所属单位予以调整。

针对审计发现的问题，审计署建议：财政部应切实增强预算编制的科学性、准确性，合理编制基本支出预算，严格按规定程序申报项目预算，完善项目文本，增强项目预算的规范性，并加大对所属单位的监管力度。

四、审计发现问题的整改情况

财政部在审计前开展了自查，并纠正了部分

自查出的问题。对这次审计发现的问题，财政部高度重视，多次召开会议，要求部属各相关单位抓好整改落实工作，并针对审计反映出的薄弱环节，分析原因，健全制度。目前，部分问题已经整改：对危旧房改建项目进展缓慢的问题，正在积极协商发展改革委尽快批复该项目初步设计及投资概算；对部分项目预算申报不规范的问题，在编制2010年部门预算时，已对部门预算中全部项目预算填写了项目文本；对中华会计函授学校项目支出编入基本支出预算的问题，编报以后年度预算时，将培训经费从基本支出预算调整为项目支出预算；对投资评审中心未按规定在决算中填列以前年度财政拨款结余和事业结余、离退休干部局在往来账款核算补贴款少计收支、财政科学研究所将应列项目支出和项目结余的所外课题分别列入基本支出和基本支出结余的问题，已责成相关单位加强对往来账款的分析与清理，按照规定进行账务处理。其他问题正在进一步整改中。

附件：

附表1：财政部2009年度预算执行总体情况表（略）

附表2：财政部2009年度重点审计的单位和资金预算执行情况表（略）

人力资源社会保障部2009年度预算执行情况和其他财政收支情况审计结果

（2010年6月23日公告）

根据《中华人民共和国审计法》的规定，2009年12月至2010年3月，审计署对人力资源和社会保障部（以下简称人力资源社会保障部）2009年度预算执行情况和其他财政收支情况进行了审计，重点审计了部本级和所属劳动保障科学研究院等14个单位，并对有关事项进行了延伸审计。

一、基本情况

人力资源社会保障部为中央财政一级预算单位，部门预算由部本级和26个二级预算单位的预算组成。财政部批复人力资源社会保障部2009年度的部门预算支出为188487.57万元（指财政性资金预算，下同），全部为财政拨款；人力资源社会保障部决算（草案）反映的当年预算执行数为181587.86万元；其部门预算与执行结果的差异总额为6899.71万元，差异的具体情况及产生原因见附表1。

本次审计人力资源社会保障部本级及所属单位2009年度预算支出共计105465万元，占部门预算支出总额的55.95%。审计查出预算执行中不符合财经制度规定的问题金额8492.39万元，其中2009年1295.80万元，占审计预算资金额的1.23%；账务记录等不规范问题金额10793.28万元；其他财政收支方面的问题金额469.57万元。上述问题对人力资源社会保障部2009年度预算执行结果的影响见附表2。

审计结果表明，人力资源社会保障部2009年度预算收支基本符合国家有关预算和财经法规的规定，会计处理基本符合会计法、相关会计准则和会计制度的规定，能够认真做好本部门预算编报的组织工作，进一步加强了预算和财务管理，建立健全了内部控制制度，认真整改了以前年度审计发现的问题。

二、审计发现的主要问题

（一）动用以前年度其他收入结余500万元未纳入预算安排。

2009年8月，人力资源社会保障部在无预算安排的情况下，将本级以前年度其他收入结余资金500万元，用于补助社会保障能力建设中心的水电系统改造项目支出。

（二）调整超预算支出533.61万元，造成会计核算不准确。

为使账面反映的项目收支平衡，2009年12月，人力资源社会保障部将部分项目的超预算支出533.61万元调整到其他项目和基本支出中列支，或在往来科目挂账，造成会计核算不够准确。

（三）少计公用经费支出154.18万元。

2009年12月，人力资源社会保障部将应在公用经费中列支的会议费支出154.18万元调至暂付款科目挂账，造成少计公用经费支出。

（四）使用不合规定票据报账1915.26万元。

1.2006年至2009年，人力资源社会保障部作为报账凭证的发票中，有不合规定的发票11张，报账金额合计258.31万元，其中2009年156.29万元；开票单位与实际收款单位不一致的发票报账金额合计 1493.82 万元，其中 2009 年 195.85 万元。

2. 所属社会保障能力建设中心、中国社会保险学会和中国人事科学研究院作为报账凭证的发票中，虚假发票报账金额合计 163.13 万元，其中 2009 年 155.99 万元。

（五）2006 年至 2008 年，原劳动和社会保障部在举办中国社会保障论坛中，向 12 家单位收取赞助费共计 3190.6 万元。

（六）投资 7846 万元的项目未按规定及时办理竣工决算。

中国—欧盟社会保障能力建设中心项目投资 7846 万元，于 2008 年 7 月建成并交付使用，但至审计时仍未办理竣工决算，也未进行固定资产实物登记和会计核算。此外，配套工程的投资约 2800 万元全部由承建的建筑公司垫支。

（七）所属单位存在的其他问题。

1.2009 年，所属全国人才流动中心取得行政事业性收费收入 1629.84 万元，仅上缴国库 922.19 万元，其余 707.65 万元直接作为本单位经营服务性收入。

2. 所属国际交流服务中心一直未将其取得的中介机构管理费收入纳入法定账簿核算，在 2007 年预算执行审计指出这一问题

后，该中心未进行整改，且账外资金数额进一步扩大。截至 2009 年底，已达 3616.64 万元。

3.2004 年 7 月至 2009 年底，受原劳动和社会保障部信息办委托承担社会保障（个人）卡 COS（卡内操作系统）检测和读写器检测等两项行政许可项目的所属公司，违规从中收取检测费 247.5 万元，其中 2009 年收取 126 万元。

4.2006 年至 2009 年，所属社会保障能力建设中心以支付西山分中心工程款等名义开出金额共计 77.57 万元的支票 12 张，未进行会计核算；购买家具、电器等用于西山分中心装修改造，形成固定资产 392 万元，既未进行会计核算，也未进行实物登记。

5. 原劳动和社会保障部劳动力市场信息化建设联席会议在 2004 年和 2005 年间向 14 家企业收取前台技术服务商认证入围费共计 700 万元，除用于技术维护支出 20 万元外，余额 680 万元一直未纳入人力资源社会保障部账内核算，而是委托北京一家公司进行日常核算和管理。

三、审计处理情况和建议

对上述问题，审计署已依法出具了审计报告、下达了审计决定书。对未经批准调整预算等问题，要求今后严格按规定执行；对超预算支出的问题，要求调整账目和报表；对发票报账中的问题，要求进行核查并予以纠正；对赞助费、行政事业性收费管理不规范的问题，要求今后严格按规定执行；对未按规定办理建设项目竣工决算的问题，要求尽快办理竣工决算，并对交付使用的固定资产进行实物登记与会计核算；对收取的费用未纳入部门账内核算的问题，要求纳入法定账簿核算，并调整账目和报表；对违规进行行政许可项目收费的问题，要求责成相关单位停止指定企业进行社会保障（个人）卡 COS 和读写器检测并收费的做法；对所属单位会计核算不完整的问题，要求补记相关会计账目，对形成的固定资产进行清点，纳入实物、财务账内核算。

针对审计发现的问题，审计署建议：人力资源社会保障部应统筹安排结余资金，提高财政资金使用效益；强化项目资金管理，建立健全追踪问效机制；进一步加强和改进财务基础管理工作，提高财务管理工作水平。

四、审计发现问题的整改情况

人力资源社会保障部在审计前开展了自查，并纠正了自查出的问题。对这次审计发现的问题，人力资源社会保障部积极组织进行整改。对动用以前年度结余和超预算支出的问题，已作调账处理，今后将严格按预算管理规定执行；对发票报账中的问题，已清理收回部分资金，索取真实发票更换了部分假发票；对违规收取赞助费的问题，已按审计处理意见整改；对未按规定及时办理项目竣工决算的问题，已责成有关单位按规定尽快办理竣工决算，做好实物登记和会计核算；对少计公用经费支出的问题，正在调整账目和报表，委托企业管理的入围费已收回，国际交流服务中心的账外资金已纳入法定账簿核算。其他问题正在进一步整改中。

附件：

附表 1：人力资源社会保障部 2009 年度预算执行总体情况表（略）

附表 2：人力资源社会保障部 2009 年度重点审计的单位和资金预算执行情况表（略）

环境保护部 2009 年度预算执行情况和其他财政收支情况审计结果

（2010 年 6 月 23 日公告）

根据《中华人民共和国审计法》的规定，2010 年 1 月至 3 月，审计署对环境保护部 2009 年度预算执行情况和其他财政收支情况进行了审计，重点审计了部本级和所属中国环境科学研究院等 5 个单位，并对有关事项进行了延伸审计。

一、基本情况

环境保护部为中央财政一级预算单位，部门预算由部本级和 35 个二级预算单位的预算组成。财政部批复环境保护部 2009 年度的部门预算支出为 406353.15 万元（指财政性资金预算，下同），其中财政拨款 243411.05 万元；环境保护部决算（草案）反映的当年预算执行数为 167979 万元，其中财政拨款支出 111169.23 万元；其部门预算与执行结果的差异总额为 238374.15 万元，差异的具体情况及产生原因见附表 1。

本次审计环境保护部本级及所属单位 2009 年度预算支出共计 349406.61 万元，占部门预算支出总额的 86%。审计查出预算执行中不符合财经制度规定的问题金额 3165.11 万元，其中 2009 年 1842.50 万元，占审计预算资金额的 0.53%；账务记录等不规范问题金额 19713.65 万元，其他财政收支方面的问题金额 44557.56 万元。上述问题对环境保护部 2009 年度预算执行结果的影响见附表 2。

审计结果表明，环境保护部 2009 年度预算收支基本符合国家有关预算和财经法规的规定，会计处理基本符合会计法、相关会计准则和会计制度的规定；能够做好本部门预算编报的组织工作，进一步完善内部控制制度，设立了内部审计机构，扩大了财务管理信息系统覆盖范围，部门预算管理和财务管理水平进一步提高；认真整改了以前年度审计发现的问题。

二、审计发现的主要问题

（一）为非财政拨款预算单位申请财政资金 545 万元。

2009 年，环境保护部以环境权益维护项目的名义，为非财政拨款预算单位中华环保联合会申请并获得财政资金 545 万元，至年底已拨给该会 200 万元。

（二）多报公用经费预算 157.23 万元。

2008 年，环境保护部在中央机构编制委员会办公室尚未批复所属卫星环境应用中心人员编制的情况下，按报送审批的编制数为其编报了预算。由于实际批复的编制数比报送数少，造成多报公用经费预算 157.23 万元。

（三）收入 731.50 万元未纳入预算管理。

2009 年，环境保护部牵头主办在华召开的两次国际会议时，会议收入 731.50 万元由承担会议业务的公司核算，未纳入预算管理，收支结余共计 656.4 万元也未按规定及时上缴财政。

（四）部分所属单位收费及资金管理不够严格和规范。

1.2006 年至 2009 年，所属中国环境监测总站在未经许可的情况下，以技术服务费名义向生产企业收取自动监测仪器适用性检测费用 1508.62 万元。

2. 所属中国环境科学研究院、中日友好环境保护中心、华南环境科学研究所、环境规划院和南京环境科学研究所等 5 家事业单位违反规定，以独立技术服务机构的身份取得资质并承揽建设项目环境影响评价业务。2008 年至 2009 年共编制 2087 个建设项目的环境影响评价报告，收取费用 38631.05 万元。

3.2009 年，所属环境工程评估中心在不具备相关资质的情况下，承接 75 份生态类建设项目竣工环保验收调查报告编制合同，合同约定收费总额 3075.70 万元，至审计时已收到 2262.68 万元。

4.2007 年至 2009 年，所属中国环境科学研究院委托中国石油和化学工业协会承担第一次全国污染源普查工业污染源产排污系数核算项目，并拨付资金 875 万元，但由于监管不到位，被该协会套取 238.80 万元。

5.2009 年，所属环境工程评估中心在建设项目环境影响报告书技术评估项目中列支 315.50 万元，用于发放与项目无关人员的劳务费及其他与项目无关的支出。

6.2008年12月，所属中国环境监测总站在尚未进行招投标的情况下，先通过虚列支出将15576.5万元专项资金拨付给地方监测站，2009年确定中标单位后，再通知各监测站按合同进度向中标单位支付，至2009年底仍有7928.55万元存留在各监测站。

7.所属中国环境科学研究院实施的总投资额为2981.78万元的水环境过程模拟实验室建设项目，由于可行性论证不充分，至2009年底，实验室改造面积未确定、初步设计未完成，已下达的1800万元投资计划仅完成投资7万元。

（五）部分所属单位未严格执行政府采购相关规定，涉及金额1720万元。

1.2009年，所属中国环境监测总站在采购8台水质VOC自动在线监测仪时，北京晟德瑞环境技术有限公司既非设备制造商也非设备代理商却以920万元的价格中标，其所提供的8台设备实际是委托其他公司代理进口的含税价为590.59万元的产品。

2.2007年至2009年，所属中国环境监测总站未按规定公开招标，以单一来源方式与北京晟德瑞环境技术有限公司签订了金额共计521万元的采购合同；在尚未获得单一来源采购批复的情况下，与有关单位签订了总额为154万元的卫星遥感影像采购合同。

3.2008年，所属环境规划院未按规定公开招标，将合同金额125万元的研究项目直接委托国电环境保护研究院承担。

此外，所属卫星环境应用中心2008年在工程招标过程中，金额188.58万元的合同被投标人以串通投标方式中标获得。

三、审计处理情况和建议

对上述问题，审计署已依法出具了审计报告、下达了审计决定书。对为非财政拨款预算单位申请财政资金的问题，要求加强对已拨付资金的监督管理，其余的资金商财政部研究解决；对多报公用经费的问题，要求将卫星环境应用中心多获得的经费收回，商财政部处理；对召开国际会议收入未统一纳入预算管理的问题，要求将会议收支结余收回，上缴财政或商财政部处理；对中国环境监测总站未经许可收费的问题，要求停止收费行为，确需收费的申请办理审批手续，并实行“收支两条线”管理；对部分直属事业单位违规从事环境影响评价业务的问题，要求研究制定相关政策，加快推进环评机构改革；对环境工程评估中心无资质承接生态类建设项目竣工验收调查报告编制业务的问题，要求今后予以纠正；对中国环境科学研究院监管不力致使财政资金被套取的问题，要求收回并上缴中央财政；对环境工程评估中心挪用项目资金的问题，要求归还原资金渠道，调整账目和报表；对中国环境监测总站虚列支出导致财政资金滞留在地方监测站的问题，要求责成监测总站加强对已拨付到地方监测站资金的监管，避免类似问题再发生；对水环境过程模拟实验室建设项目进展缓慢资金闲置的问题，要求责成相关单位做好基建项目的可行性论证与审核工作，合理安排项目预算，严格执行基建程序，提高财政资金使用效益；对部分所属单位未按规定履行政府采购程序的问题，要求责成相关单位今后严格执行政府采购的有关规定，并加强对有关项目的监督。

针对审计发现的问题，审计署建议：环境保护部应提高项目支出预算安排与管理的科学化、精细化程度，加强不同项目之间、不同承担单位之间项目安排的统筹协调，避免财政资金重复投入和损失浪费；加强委托业务成果管理，强化对政府采购尤其是所属单位以非公开招标方式进行政府采购的审查和监督，并严格责任追究。

四、审计发现问题的整改情况

环境保护部在审计前开展了自查，并纠正了部分自查出的问题。对审计发现的问题，环境保护部高度重视，积极采取措施进一步加强预算管理，改进项目支出预算编报工作，提高预算编制的科学性和准确性，严格预算执行。对中国环境科学研究院监管不力致使财政资金被套取的问题，被套取资金已追回。其他问题正在进一步整改中。

附件：

附表1：环境保护部2009年度预算执行总体情况表（略）

附表2：环境保护部2009年度重点审计的单位和资金预算执行情况表（略）

交通运输部2009年度预算执行情况和其他财政收支情况审计结果

（2010年6月23日公告）

根据《中华人民共和国审计法》的规定，2009年11月至2010年3月，审计署对交通运输部2009年度预算执行情况和其他财政收支情况进行了审计，重点审计了部本级和所属规划研究院等6个单位，并对有关事项进行了延伸审计。

一、基本情况

交通运输部为中央财政一级预算单位，部门预算由部本级和49个二级预算单位的预算组成。

审计结果表明，交通运输部2009年度预算收支基本符合国家有关预算和财经法规的规定，会计处理基本符合会计法、相关会计准则和会计制度的规定，能够认真做好本部门预算编报的组织工作，注重提高预算执行水平，组织开展对本部门执行财经法律法规等情况的自查自纠，认真整改以前年度审计发现的问题，所属二级预算单位基本能够按照主管部门批复要求，组织和实施本单位预算。但审计也发现了一些需要加以纠正和改进的问题。

二、审计发现的主要问题

（一）超范围安排专项资金3388万元。

2008年和2009年，交通运输部在安排港口建设费前期工作费和车购税资金前期工作费支出时，有80个项目不属于两个专项的范围，涉及金额3388万元，其中2008年1100万元，2009年2288万元。

（二）所属规划研究院套取和挪用项目资金2775.91万元。

1.2001年至2009年，该院利用虚假发票报账等方式，从项目经费中套取资金1491万元在法定账簿外核算，至审计时已支出1278万元，主要用于发放奖金、福利和送礼等。

2.2008年和2009年，该院将1284.91万元项目经费挪用于其他项目或事项，其中2008年194.25万元，2009年1090.66万元。

（三）代征代管单位欠缴港口建设费12.85亿元。

截至2009年底，18家港口建设费代征代管单位已收取的港口建设费有12.85亿元未上缴交通运输部。

（四）所属部分海事局存在的问题。

1.2009年，黑龙江海事局所属黑河海事局用虚假发票列支办公楼维修工程款35.78万元。

2.长江海事局所属长江芜湖通信管理局，在2008年申报搬迁工程房屋购置项目预算时，未如实上报有关地方已向其支付拆迁补偿款的情况，又从港口建设费中套取拆迁补偿款260.06万元，尚未使用；所属长江引航中心在2009年将已完工项目当作在建项目申报，获得港口建设费818.62万元，用于冲减以前年度建房支出。

3.2008年，天津海事局大连航标处未将取得的服务收入152.13万元纳入法定账簿核算，全部用于发放职工奖金等。

三、审计处理情况和建议

对上述问题，审计署已依法出具了审计报告、下达了审计决定书。对超范围安排专项资金的问题，要求交通运输部严格审批，不得擅自超范围安排项目；对规划研究院套取和挪用项目资金的问题，要求追回资金；对代征代管单位欠缴港口建设费的问题，要求及时追缴；对部分海事局套取财政资金的问题，要求追回资金上缴中央财政，并追究相关人员责任。

针对审计发现的问题，审计署建议：交通运输部应加强预算资金管理，加大对所属单位的监管力度。

四、审计发现问题的整改情况

交通运输部在审计前开展了自查，并纠正了自查出的问题。对这次审计发现的问题，交通运输部高度重视，坚持边审计边整改，积极从体制和政策方面研究解决问题。对代征代管单位欠缴港口建设费的问题，已与财政部联合提请对港口建设费的相关政策进行调整和完善，且正在修订港口建设费征收使用管理办法。对规划研究院套取资金在法定账簿外核算的问题，已组成调查组立案调查，对有关责任人作了免职处理，并要求该院研究建立强化内控的长效机制。其他问题正在进一步整改中。

商务部2009年度预算执行情况和其他财政收支情况审计结果

（2010年6月23日公告）

根据《中华人民共和国审计法》的规定，2009年12月至2010年3月，审计署对商务部2009年度预算执行情况和其他财政收支情况进行了审计，重点审计了部本级和所属机关服务局等2个单位，并对有关事项进行了延伸审计。

一、基本情况

商务部为中央财政一级预算单位，部门预算由部本级和5个二级预算单位的预算组成。

审计结果表明，商务部2009年度预算收支基本符合国家有关预算和财经法规的规定，会计处理基本符合会计法、相关会计准则和会计制度的规定，能够认真做好本部门预算编报的组织工作，进一步加强了预算和财务管理，不断强化内部审计，在规范援外预算项目管理和下属单位财务管理等方面出台了多项规章制度，认真整改了以前年度审计发现的问题。但审计也发现了一些需要加以纠正和改进的问题。

二、审计发现的主要问题

（一）将本级收入5113.79万元存放在所属单位。

截至2009年底，商务部将收取的房屋拆迁补偿款1363.34万元和委托代收代管的部分结转工程款、供暖费等3750.45万元，分别存放在所属机关服务局及该局下属鑫扬物业管理发展有限公司使用，未按规定纳入部本级账户核算管理。

（二）未经批准出租房屋，租金收入2594.72万元放在所属单位使用。

2008年至2009年，商务部未经批准将部分房产交由所属单位对外出租，租金收入2594.72万元由所属单位用于发放人员工资和日常开支等。

（三）未报经审批自行变更政府采购方式，涉及项目预算2000万元。

为保持项目建设及运行维护的连续性，商务部在未报财政部同意的情况下，自行变更“生猪屠宰管理及生猪等畜禽屠宰统计监测项目”的政府采购方式，2009年继续将项目委托给以前年度的承包单位，涉及项目预算2000万元。

（四）驻外机构已完工馆舍改造项目竣工决算核批不及时，造成固定资产8956.86万元未入账。

由于商务部未及时核批项目竣工决算，截至审计时，6个所属驻外经商处馆舍修缮项目形成的固定资产8956.86万元，未计入各机构账目。

（五）以拨代支导致多计支出618.53万元。

2009年，商务部在向所属单位拨付两个项目资金时，直接列作了支出。截至审计时，“机关大院安防设施及人员考勤、车辆管理系统升级改造”项目资金547.32万元，全部结存在所属机关服务局；“输韩劳务派遣项目”资金80万元，实际仅支出8.79万元，其余71.21万元结存在所属国际经济合作中心。上述情况，导致多计支出618.53万元。

（六）未充分了解受援国需求造成损失269.38万元。

由于未充分了解受援国需求，商务部2007年提供的一批对外援助物资不符合相关要求，只得在2009年重新安排此项预算，造成损失269.38万元。

（七）滞缴出口商品配额招标收入问题长期未解决。

按规定，出口商品配额招标收入应在3日内全额就地上缴中央金库。但商务部长期存在滞缴的现象，2009年平均每25天上缴1次，晚于规定时间22天，最长间隔时间达55天。

（八）所属单位存在的问题。

1. 由于相关会计资料散失，所属培训中心2007年将接收的原对外贸易经济合作部职工子弟学校固定资产按1元入账，但据该校提供的其他有关资料，该校总投资额为9372.26万元。

2. 2009年6月，所属培训中心承担的“发展中国家经济管理官员培训配套项目”完工并投入使用，实际完成的投资额比发展改革委批复的概算超出5029.36万元，超概算比例34.24%。

3. 至审计时，所属国际贸易经济合作研究院2008年承担的“重要商品预测信息用房建设”项目仍未开工，预算拨款1970万元闲置。

4. 所属机关服务局在编制2009年度决算报表时，未将4个内设部门纳入，少计资产2021.14万元。

5.2008年至2009年，机关服务局下属鑫扬物业公司在材料采购支出中，由于审核不严格，接受了材料供应商提供的23张虚假发票，金额合计29.83万元。

三、审计处理情况和建议

对上述问题，审计署已依法出具了审计报告、下达了审计决定书。对本级收入存放在所属单位的问题，要求将资金收回统一核算管理，并纳入部门预决算。对未经批准出租房屋的问题，要求将出租事项报财政部备案。对未报审批自行变更政府采购方式的问题，要求严格执行政府采购规定。对部分驻外机构固定资产未入账的问题，要求督促相关驻外经商处对馆舍购建修缮项目进行清理，准确核算项目支出，项目竣工后及时按规定进行账务处理。对以拨代支的问题，要求将余额纳入部门年度预决算。对未充分了解受援国需求造成损失的问题，要求加强援外物资管理基础工作，完善现行制度，尽可能安排受援国直接受援单位参与相关前期工作，减少和防止此类损失。对滞缴出口商品配额招标收入的问题，要求商有关部门尽早修订管理办法，进一步明确该项收入的征缴方式和时限。对培训中心少计固定资产的问题，要求补计固定资产。对培训中心承担项目完成投资额超概算的问题，要求今后严格执行基本建设程序。对国际贸易经济合作研究院承担项目未开工造成财政资金闲置的问题，要求责成该院重新申报项目。对机关服务局2009年度决算报表编报范围不完整的问题，要求责成机关服务局将漏计项目纳入年度决算报表。对接受虚假发票报账的问题，要求更换为真实发票。

针对审计发现的问题，审计署建议：商务部应加强预算、资产和财务管理，进一步完善对外援助物资项目管理办法，并加大对驻外机构和所属单位的监管力度。

四、审计发现问题的整改情况

对这次审计发现的问题，商务部高度重视，责成相关单位制定整改措施，认真落实审计意见。对本级收入存放在所属单位和未经批准出租房屋的问题，正将非税收入纳入部门预决算，并向有关部门补办出租房屋报批手续。对未报审批自行变更政府采购方式的问题，正在论证该项目2010年度执行计划，按规定就变更该项目政府采购方式履行报批程序。对部分驻外机构固定资产未入账的问题，相关驻外经商处正按商务部要求，加大对馆舍构建修缮项目的清理力度，及时办理竣工决算并登记入账。对预算资金以拨代支的问题，将尽快与财政部协商调整相关事项。对未充分了解受援国需求造成损失的问题，提出将尽可能加强对受援国直接受援单位需求的调查研究，完善对外援助物资项目管理办法，加强援外物资管理，避免类似问题再发生。对滞缴出口商品配额招标收入的问题，正商财政部门抓紧解决该项收入征缴中的问题。对培训中心少计固定资产的问题，该中心正在履行账务处理程序，补计固定资产。对培训中心承担项目完成投资额超概算的问题，该中心提出今后将严格执行基本建设程序。对国际贸易经济合作研究院承担项目未开工造成财政资金闲置的问题，该院已重新申报项目，并编制项目实施计划，计划项目期为2010年到2011年。对机关服务局2009年度决算报表编报范围不完整的问题，已将所属部门纳入决算，全面反映财务状况。对接受虚假发票报账的问题，正联系开票单位，要求其重新提供真实发票。

文化部2009年度预算执行情况和其他财政收支情况审计结果

（2010年6月23日公告）

根据《中华人民共和国审计法》的规定，2009年12月至2010年3月，审计署对文化部2009年度预算执行情况和其他财政收支情况进行了审计，重点审计了部本级和所属中国艺术研究院等8个单位，并对有关事项进行了延伸审计。

一、基本情况

文化部为中央财政一级预算单位，部门预算由部本级和29个二级预算单位的预算组成。财政部批复文化部2009年度的部门预算支出为540114.74万元（指财政性资金预算，下同），其中财政拨款343224.33万元；文化部决算（草案）反映的当年预算执行数为396358万元；其部门预算与执行结果的差异总额为143756.74万元，差异的具体情况及产生原因见附表1。

本次审计文化部本级及所属单位2009年度预

算支出共计 280234.52 万元，占部门预算支出总额的 51.88%。审计查出预算执行中不符合财经制度规定的问题金额 11339.18 万元，其中 2009 年 11055.75 万元，占审计预算资金额的 3.95%；账务记录等不规范问题金额 38052.49 万元。上述问题对文化部 2009 年度预算执行结果的影响见附表 2。

审计结果表明，文化部 2009 年度预算收支基本符合国家有关预算和财经法规的规定，会计处理基本符合会计法、相关会计准则和会计制度的规定；建立健全了内部控制制度并有效执行；对以前年度审计查出的问题进行了纠正和整改。

二、审计发现的主要问题

（一）动用上年结余 8047.02 万元未纳入预算安排。

文化部在编报 2009 年度预算时，仅编列动用扶持动漫产业发展等 6 个项目上年结余资金中的 7500 万元，但当年实际动用 15547.02 万元，比预算安排多 8047.02 万元。

（二）项目预算 9769.10 万元未细化到项目执行单位。

文化部在编报 2009 年预算时，未将应由所属单位执行的中直院团演出场次补贴等 5 个项目细化到具体执行单位，之后再以追加预算的形式逐次分配至中国歌剧舞剧院等所属单位。

（三）扩大范围支出 1578.76 万元。

1. 2009 年，文化部在中国文化走出去项目中列支 496 万元用于其他项目；在全国非物质文化遗产保护工程项目中安排补助地方支出 310 万元。

2. 2009 年，所属民族民间文艺发展中心在戏曲资源、民间文学数字化等项目中列支 75.05 万元，用于其他项目；中国艺术研究院在基本科研业务费项目中列支日常公用支出 332.62 万元，在中国与世界当代艺术对话研展系列工程项目中列支公用支出 365.09 万元。

（四）项目资金 285.43 万元未按规定纳入部本级核算。

文化部文化科技司自 2003 年起，以会议费、课题费等名义列支，先后将中宣部拨入的国家社会科学基金管理费等资金共计 285.43 万元转移至所属民族民间文艺发展中心代为核算，由文化科技司支配使用。至 2009 年底，支出共计 258.35 万元，其中会议费、课题费等支出 222.37 万元，劳务费和购买礼品等支出 35.98 万元。

（五）以拨代支造成多计支出 9474.99 万元。

2009 年，文化部在向将国家重大历史题材美术创作工程等 4 个项目的承担单位拨付专项资金 18743.97 万元时，会计记账直接计作支出。这些资金当年实际支出 9268.98 万元，由此造成多计支出 9474.99 万元。

（六）部门决算（草案）少计银行存款 19901.21 万元。

文化部 2009 年部门决算（草案）中，将所属 17 个独立驻外机构的银行存款共计 19901.21 万元，计入了暂付款科目，造成少计银行存款。

（七）所属单位使用和收受不符合规定的发票支出 55.34 万元。

2009 年，文化部所属 3 家单位作为报账凭证的发票中，有 1129 张不合规，其中：民族民间文艺发展中心报账的 84 张发票内容与实际经济业务不符，涉及金额 9.44 万元；中国艺术科技研究所报账的 1034 张餐饮发票实际用于抵顶本单位全体职工的午餐补助，涉及金额 17.70 万元；故宫博物院从代管部门活动经费中以办公用品、礼品等名义报账的 11 张发票，实际是购买给职工的购物卡，涉及金额 28.20 万元。

三、审计处理情况和建议

对上述问题，审计署已依法出具了审计报告、下达了审计决定书。对动用上年结余未纳入预算的问题，要求今后动用上年结余资金按规定编制预算；对项目预算未细化到项目执行单位的问题，要求今后加强预算编制管理，按规定将项目预算细化到具体执行单位；对扩大范围支出的问题，要求责成有关单位归还原资金渠道，并调整账目和报表；对项目资金未按规定纳入部本级核算的问题，要求将资金余额纳入部本级核算，并相应调整账目和报表；对以拨代支多计支出的问题，要求按照项目实际进度向所属单位拨付资金，同时确保决算真实反映项目预算的执行情况；对部门决算（草案）少计银行存款的问题，要求调整相关决算（草案）；对部分单位使用不符合规定发票的问题，要求责成有关单位严格执行发票管理规定，纠正使用不符合规定发票报账的行为。

针对审计发现的问题，审计署建议：文化部

应加大财政结余资金统筹安排力度，细化项目预算，加快项目执行进度。

四、审计发现问题的整改情况

文化部在审计前开展了自查，并纠正了自查出的问题。对这次审计发现的问题，文化部高度重视，积极整改。对扩大范围支出的问题，所属中国艺术研究院已将 263.71 万元归还原资金渠道；对文化科技司管理和使用的项目资金未按规定纳入部本级核算的问题，已将 27.08 万元结余资金收回，纳入部本级统一管理和核算。其他问题正在进一步整改中。

附件：

附表 1：文化部 2009 年度预算执行总体情况表（略）

附表 2：文化部 2009 年度重点审计的单位和资金预算执行情况表（略）

卫生部 2009 年度算执行情况和其他财政收支情况审计结果

（2010 年 6 月 23 日公告）

根据《中华人民共和国审计法》的规定，2009 年 12 月至 2010 年 3 月，审计署对卫生部 2009 年度预算执行情况和其他财政收支情况进行了审计，重点审计了部本级和所属中国疾病预防控制中心等 3 个单位，并对有关事项进行了延伸审计。

一、基本情况

卫生部为中央财政一级预算单位，部门预算由部本级和 55 个二级预算单位的预算组成。

审计结果表明，卫生部 2009 年度预算收支基本符合国家有关预算和财经法规的规定，会计处理基本符合会计法、相关会计准则和会计制度的规定，能够认真做好本部门预算编报的组织工作，进一步加强了预算和财务管理，建立健全了有关制度，认真整改了以前年度审计发现的问题。但审计也发现了一些需要加以纠正和改进的问题。

二、审计发现的主要问题

（一）印刷费支出不合规。

卫生部 2009 年在项目经费中多计印刷费支出 12.6 万元，留存在所属人民卫生出版社；2007 年至 2009 年，所属中华医学会的印刷费支出 293.62 万元未按规定实行政府集中采购，所属中国疾病预防控制中心妇幼保健中心的印刷费支出 15.75 万元管理不够规范。

（二）所属中国医学科学院基础医学研究所扩大范围支出 181.77 万元。

2009 年，该院从科研项目经费中列支 181.77 万元，用于研究生生活补贴支出。

（三）所属中国医学科学院病原生物学研究所违规外拨基本科研业务费 70 万元。

按规定，病原生物学研究所的基本科研业务费应用于支持本单位科研人员和团队的课题研究，但该所 2009 年向 3 个所外单位拨付基本科研业务费 70 万元。

（四）所属中国疾病预防控制中心妇幼保健中心部分项目进展较慢。

由于前期工作不充分，项目进展较慢，截至 2009 年底，妇幼保健中心 2007 年申报获得的 30 万元项目经费，仅支出 6.2 万元，结余 23.8 万元。

此外，审计还发现卫生部公报杂志社编辑部的聘用人员弄虚作假涉嫌骗取广告宣传费 900 余万元等问题，已移送检察机关查处。

三、审计处理情况和建议

对上述问题，审计署已依法出具了审计报告、下达了审计决定书。对印刷费支出不合规的问题，要求收回多列资金，今后严格执行有关规定；对所属单位扩大范围支出的问题，要求归还原资金渠道；对病原生物学研究所违规外拨基本科研业务费的问题，要求今后严格执行有关规定；对妇幼保健中心部分项目进展较慢的问题，要求采取措施加快预算执行进度。

针对审计发现的问题，审计署建议：卫生部应进一步加强对财政专项资金和项目的监管，加大对所属单位财务工作的监督检查力度。

四、审计发现问题的整改情况

卫生部在审计前开展了自查，并纠正了自查出的问题。对这次审计发现的问题，卫生部高度重视，召开了专题会议，责成有关单位认真纠正和整改。对印刷费支出不合规的问题，已将多计的 12.6 万元全部收回，妇幼保健中心已修订对印刷业务的管理规定；对病原生物学研究所违规外拨基本科研业务费的问题，该所已修订基本科研业务费专项资金管理规定。其他问题正在进一步整改中。

中国人民银行 2009 年度预算执行情况和其他财政收支情况审计结果

（2010 年 6 月 23 日公告）

根据《中华人民共和国审计法》的规定，2009 年 12 月至 2010 年 2 月，审计署对中国人民银行（以下简称人民银行）2009 年度预算执行情况和其他财政收支情况进行了审计，重点审计了总行和 23 个分支机构，并对有关事项进行了延伸审计。

一、基本情况

人民银行为中央财政一级预算单位，部门预算由总行本级和上海总部、9 个分行、2 个营业管理部、20 个省会城市中心支行和 5 个副省级城市中心支行的预算组成。

审计结果表明，人民银行 2009 年度预算收支基本符合国家有关预算和财经法规的规定，会计处理基本符合会计法和相关会计制度的规定；加强了财会体系建设，加大了对分支机构内部控制和财务管理的监督检查力度，预算和财务管理工作得到进一步加强；能够认真整改以前年度审计发现的问题。但审计也发现了一些需要加以纠正和改进的问题。

二、审计发现的主要问题

（一）扩大范围列支工资性支出及超标准发放津贴补贴 17914.45 万元。

2009 年，人民银行广州分行等 23 家分支机构在公用经费和行政事业经费中列支工资性支出 16870.59 万元；昆明中心支行等 8 家分支机构提高开支标准或以购物卡等形式发放津贴补贴 1043.86 万元。

（二）部分收支核算不够准确。

2009 年，人民银行天津分行等 22 家分支机构财务收支核算不够准确，其中少计收入 8463.99 万元、少计支出 173.35 万元、多计支出 632.44 万元。

（三）有 9488.13 万元资金和资产未纳入法定账簿核算。

2009 年，人民银行海口中心支行等 7 家分支机构通过多计支出、少计收入等方式，将 4619.47 万元放在法定账簿外核算；人民银行广州分行等 4 家分支机构的 4868.66 万元固定资产，未纳入法定账簿内核算。

（四）结余资金 22388.55 万元核算和管理不合规。

至 2009 年底，人民银行合肥中心支行等 5 家分支机构基建结余资金 10475.15 万元、杭州分行等 3 家分支机构的其他结余资金 11913.4 万元，会计核算和管理不合规。

（五）接受虚假发票报账 257.96 万元。

成都分行、石家庄中心支行等分支机构作为报账凭证的发票中，有部分虚假发票，报账金额合计 257.96 万元。

此外，人民银行银川中心支行等部分分支机构还存在会计核算不及时、固定资产被所属单位无偿使用等管理不规范问题。

三、审计处理情况和建议

对上述问题，审计署已依法出具了审计报告、下达了审计决定书。对扩大范围列支工资性支出及发放津贴补贴的问题，要求根据规定予以纠正，并调整账目；对少计和多计收支等会计核算不准确的问题，要求责成相关单位调整账目；对账外资金和资产的问题，要求责成相关单位调整账目，纳入账内核算管理；对结余资金管理和核算不合规以及虚假发票等问题，要求将有关资金纳入预算，调整账目，并严格发票审核工作；对财务及固定资产管理不规范等问题，要求加强管理，严格按照规定予以纠正。

针对审计发现的问题，审计署建议：人民银行应进一步加强会计核算管理，确保各项财务收支核算的真实性和合规性；强化基建和专项支出管理，按规定用途使用资金。

四、审计发现问题的整改情况

对这次审计发现的问题，人民银行高度重视，部分问题在审计期间及时进行了整改。对扩大范围列支工资性支出及超标准发放津贴补贴和财务收支核算不实的问题，拟商财政部解决，并调整账目；对账外资金和资产的问题，已并入账内核算管理。其他问题正在进一步整改中。

审计署2009年度预算执行情况和其他财政收支情况审计结果

（2010年6月23日公告）

根据《中华人民共和国审计法》的规定，2010年1月至3月，审计署党组授权审计署行政事业审计司对审计署办公厅管理的审计署2009年度预算执行情况和其他财政收支情况进行了审计，重点审计了署本级和所属4个单位，并对有关事项进行了延伸审计。

一、基本情况

审计署为中央财政一级预算单位，部门预算由署本级和29个二级预算单位的预算组成。财政部批复审计署2009年度的部门预算支出为77659.21万元（指财政性资金预算，下同），均为财政拨款；审计署办公厅编制的决算（草案）反映当年预算执行数为79973.99万元；其部门预算与执行结果的差异总额为2314.78万元，差异的具体情况及产生原因见附表1。

本次审计审计署本级及所属单位2009年预算支出共计32166.92万元，占部门预算支出总额的41.42%。审计查出当年预算执行中不符合财经制度规定的问题金额318.83万元，占审计预算资金额的0.99%，账务记录等不规范问题金额8988.18万元。上述问题对审计署2009年度预算执行结果的具体影响见附表2。

审计结果表明，审计署2009年度预算收支基本符合国家有关预算和财经法规的规定，会计处理基本符合会计法、相关会计准则和会计制度的规定；能够认真做好本部门预算编报的组织工作，在坚持部门预决算及预算执行情况署内公开的基础上，积极推进预算分配原则公开；修订了机关及派出机构财务与外勤经费等管理办法，启用财务联网实时监控信息系统，定期开展内部审计，认真整改了以前年度审计发现的问题。

二、审计发现的主要问题

（一）扩大范围支出94.06万元。

2009年，审计署在审计外勤经费中列支32.65万元，用于弥补公用经费缺口；在聘请社会审计组织人员及技术专家经费等两个项目中列支61.41万元，用于审计外勤经费等支出。

（二）动用跨年执行项目的上年结转资金7593.27万元，未列入年初部门预算。

2009年，审计署共动用上年财政拨款结转资金7663.27万元，用于金审工程等项目跨年度执行所发生的支出。其中，由于金审工程等项目预算2008年追加较晚，以及部分项目预算因延期支付等在2008年未能如期执行，有7593.27万元结转资金未列入2009年年初部门预算。

（三）部门机动经费支出1180.6万元未报财政部备案。

2009年，审计署本级和所属特派办共安排部门机动经费项目支出1180.6万元，支出情况未报财政部备案。

（四）所属单位存在的问题。

1.2009年，为弥补法定的人员经费和公用经费缺口，所属计算机技术中心在公用经费中列支人员经费31.66万元；计算机技术中心和审计干部培训中心在项目经费中分别列支基本支出62.17万元和55.4万元。此外，所属济南特派办在项目经费中列支75.54万元，用于弥补基本支出缺口。

2.截至2009年底，所属审计干部培训中心于2006年底前收取的英国特许公认会计师考试报名费、教材款等余额198.52万元仍在往来款挂账，未及时进行清理。

3.2009年，所属郑州特派办在向3家会计师事务所预付协议约定的外聘人员费用42万元时，会计记账全部计作了支出，至2009年底实际支付26.21万元，剩余15.79万元作为审计质量保证金在往来科目挂账处理。

三、审计处理情况

对上述问题，审计署已依法出具了审计报告。对扩大范围支出的问题，要求今后加强项目资金管理，严格按照预算规定的用途使用项目资金；对动用上年结转资金未纳入年初部门预算问题，要求今后加强项目结转资金预算编报工作；对动用部门机动费未向财政部备案问题，要求补办手续；对部分所属单位基本支出不足，占用项目经费问题，要求积极商财政部，妥善解决所属单位基本支出经费缺口，从源头上避免此类问题的发生；对部分所属单位财务核算不规范问题，要求加强所属单位财务管理，促进财务核算规范。

四、审计发现问题的整改情况

审计署办公厅在审计前开展了自查，并纠正了自查出的问题。对这次审计发现的问题，审计署高度重视，认真纠正和整改。对扩大范围支出的问题，要求各单位严格按照预算批准的用途使用资金，不得自行变更项目内容或改变使用范围，并修订了《审计署聘请外部人员参与审计工作管理办法》；对动用上年结转资金未列入年初部门预算的问题，要求各所属单位今后凡使用上年项目经费结转资金必须先编报部门预算；对动用部门机动经费未向财政部备案的问题，已下发文件要求各所属单位以后按时报送机动经费安排建议，汇总报财政部审核同意后方可执行；对部分所属单位基本支出占用项目经费的问题，已如实向财政部反映，并商财政部研究解决人员经费和公用经费缺口。审计干部培训中心已对往来款 198.52 万元进行了清理，调整了账目；济南特派办在 2010 年的预算中，已将公务费用全部列入了基本支出；郑州特派办已于 2010 年 2 月结清会计师事务所部分挂账的外聘经费支出，并取得发票。

附件：

附表 1：审计署 2009 年度预算执行总体情况表（略）

附表 2：审计署 2009 年度重点审计的单位和资金预算执行情况表（略）

国务院国有资产监督管理委员会 2009 年度预算执行情况和其他财政收支情况审计结果

（2010 年 6 月 23 日公告）

根据《中华人民共和国审计法》的规定，2009 年 12 月至 2010 年 3 月，审计署对国务院国有资产监督管理委员会（以下简称国资委）2009 年度预算执行情况和其他财政收支情况进行了审计，重点审计了委本级和所属中国商业联合会等 3 个单位，并对有关事项进行了延伸审计。

一、基本情况

国资委为中央财政一级预算单位，部门预算由委本级和 42 个二级预算单位的预算组成。财政部批复国资委 2009 年度的部门预算支出为 168233.27 万元（指财政性资金预算，下同），其中财政拨款 167225.93 万元；国资委决算（草案）反映的当年预算执行数为 163069.42 万元；其部门预算与执行结果的差异总额为 5163.85 万元，差异的具体情况及产生原因见附表 1。

本次审计国资委本级及所属单位 2009 年度预算支出共计 43274.98 万元，占部门预算支出总额的 25.72%。审计查出预算执行中不符合财经制度规定的问题金额 1858.34 万元，其中 2009 年 843.26 万元，占审计预算资金额的 1.95%；账务记录等不规范问题金额 3712.3 万元，其他财政收支方面的问题金额 121.28 万元。上述问题对国资委 2009 年度预算执行结果的影响见附表 2。

审计结果表明，国资委 2009 年度预算收支基本符合国家有关预算和财经法规的规定，会计处理基本符合会计法、相关会计准则和会计制度的规定，能够认真做好本部门预算编报的组织工作，进一步加强了预算和财务管理，建立健全了有关制度，认真整改了以前年度审计发现的问题。

二、审计发现的主要问题

（一）扩大范围支出 123.54 万元。

2006 年至 2009 年，国资委在项目经费中，列支与项目无关的购买办公设备和会议费等支出 123.54 万元。

（二）预算编报不准确，涉及金额 3019.04 万元。

2009 年，国资委在编报收入预算时，将应计列为财政拨款收入的本级津贴补贴经费缺口预算 3019.04 万元，列入了“其他收入”预算，财政部予以批复。

（三）少计收入 336.13 万元、支出 92 万元。

截至 2009 年底，国资委仍将原国家经贸委 2000 年至 2002 年取得的各类专项款 111.13 万元、2007 年和 2008 年取得的项目管理费 225 万元（其中项目管理费已支出 92 万元），均在“暂存款”科目记账，由此造成少计收入 336.13 万元、支出 92 万元。

（四）会议费超标准支出 84.40 万元。

2009 年 8 月，国资委办公厅在深圳主办了地方国资委负责人研讨会，会议支出 100 万元，超出标准 84.40 万元。

（五）2006 年 12 月，经国资委批复同意，所属干部教育培训中心在合并原国家经贸委培训中心账务时，封存了部分资产、负债和净资产账簿，导致资产 876.23 万元、负债 838.41 万元、净资产 37.82 万元未纳入干部教育培训中心账内核算，也未在国资委部门决算中反映。

（六）2009 年 9 月，国资委在组织赴美国政府采购培训团过程中，由所属干部教育培训中心负担了机关服务管理局 4 名工作人员的出国费用 20.45 万元。

（七）所属干部教育培训中心存在的问题。

1. 2009 年，干部教育培训中心在相关培训项目经费结余 993.42 万元的情况下，仍以培训经费存在缺口的名义向国资委申请并获得补助 259.42 万元。

2. 2009 年，在企业教育网建设项目中，硬件设备和分站建设子项目预算共 135 万元，实际支出 253.81 万元，超预算支出 118.81 万元。

3. 将内设的国际交流合作中心经费收支一直在往来科目中记账，造成决算报表少计收支。2009 年，国际交流合作中心收入 61.37 万元，支出 49.07 万元，年末余额为 104.83 万元。

（八）所属中国商业联合会违规收费 108.82 万元、账外存放现金 33 万元。

1. 2009 年 12 月，中国商业联合会违反奖励活动中不得向候选人或者候选单位收取费用的规定，在组织“中国商业联合会科学技术奖”等 3 个奖项活动时，以会议费、会刊费、赞助费等名义向申报单位收费 108.82 万元。

2. 2008 年 7 月以来，中国商业联合会科技质量部等内设机构采取隐瞒截留收入等方式，套取现金 33 万元，存放法定账簿外，用于发放劳务费等，至审计时余额为 4.39 万元。

（九）所属中国石油和化学工业协会以拨代支多计支出 72.55 万元。

2009 年 8 月和 12 月，中国石油和化学工业协会以委托工作等名义，将协会本级的行政事业类项目经费 114.48 万元拨付其下属 3 个单位，并全部计作支出，截至年底在 3 个单位实际结余 72.55 万元。

（十）所属 2 家单位存在用内容虚假的发票或单据报账的问题，涉及金额 103.28 万元。

1. 2008 年 1 月至 2009 年 9 月，轻工机关服务中心及下属 2 家单位以“食品”、“保洁用品”、“会议费”等发票报账购买购物卡支出共计 24.76 万元。这些购物卡主要发放给该中心职工和关系单位人员。

2. 2005 年至 2009 年底，中国经济出版社通过编造虚假人员及金额单据支取现金 78.52 万元，其中支付给国资委研究局等 3 个司局 69.41 万元，3 个司局又以稿费、编审费的名义发放给国资委相关司局人员和记者。

此外，中国经济出版社、中国石油和化学工业协会信息与市场部还存在发放奖金和劳务费未代扣代缴个人所得税的问题。

三、审计处理情况和建议

对上述问题，审计署已依法出具了审计报告、下达了审计决定书。对扩大范围支出的问题，要求归还原资金渠道，调整账目和报表；对预算编报不准确的问题，要求今后严格预算编报；对在往来科目核算收支的问题，要求尽快对往来款进行清理，调整账目和报表；对会议费超标的问题，要求加强会议费支出管理，严格执行会议费开支控制标准；对批准事业单位对划转资产的账簿违规封存的问题，要求将封存的资产、负债和净资产并入培训中心账内，调整账目和报表；对向所属单位摊派出国费用的问题，要求将摊派的出国费用归还干部教育培训中心，调整账目和报表；对干部教育培训中心多申请补助、超预算支出和少计收支的问题，要求退回多申请财政资金，调整账目和报表，并加强项目管理，项目执行过程中未经报批不得随意调剂资金；对中国商业联合会违规收费的问题，要求其将收费全部退回付款单位，调整账目；对所属单位多计支出的问题，要求其追回结余资金，调整账目和报表；对所属单位用内容虚假的发票或单据报账的问题，要求相关单位收回被套取的资金余额，调整账目，今后加强对发票等原始单据的管理和监督检查，避免此类问题的发生。

针对审计发现的问题，审计署建议：国资委应进一步加强项目管理，细化预算并严格执行；加大对所属单位的监管力度，督促加强财务原始单据管理，遵守财经纪律。

四、审计发现问题的整改情况

国资委在审计前开展了自查，并纠正了部分自查出的问题。对这次审计发现的问题，国资委高度重视，认真纠正和整改，有关单位还对问题进行了通报。对扩大范围支出的问题，提出将归还资金至原渠道；对预算编报不准确的问题，提出将避免此类问题再发生；对在往来科目核算收支的问题，将清理往来账务，正确核算收支；对会议费超标的问题，提出将加强对会议费的管理；对批准事业单位对划转资产的账簿违规进行封存的问题，将对封存资产等并账；对向所属单位摊派出国费用的问题，提出将归还出国费用；对干部教育培训中心多申请补助、超预算支出的问题，将退回多报资金并加强项目管理；对中国商业联合会违规收费、账外存放现金的问题，该协会将退回全部收费，收回账外资金余额；对中国石油和化学工业协会多计支出的问题，该协会将追回资金余额；对所属单位用内容虚假的发票或单据报账的问题，国资委轻工机关服务中心已将问题进行了通报，其他相关单位将收回资金余额，调整账目。

附件：

附表1：国资委2009年度预算执行总体情况表（略）

附表2：国资委2009年度重点审计的单位和资金预算执行情况表（略）

“56个部门单位2009年度预算执行情况和其他财政收支情况审计结果（上）”

海关总署2009年度预算执行情况和其他财政收支情况审计结果（中）

（2010年6月23日公告）

根据《中华人民共和国审计法》的规定，2009年11月至2010年3月，审计署对海关总署2009年度预算执行情况和其他财政收支情况进行了审计，重点审计了海关总署本级和所属25个单位，并对有关事项进行了延伸审计。

一、基本情况

海关总署为中央财政一级预算单位，部门预算由本级和53个二级预算单位的预算组成。财政部批复海关总署2009年度的部门预算支出为1129236万元（指财政性资金预算，下同），其中财政拨款1128036万元；海关总署决算（草案）反映的当年预算执行数为986752.25万元，其中财政拨款985552.25万元；其部门预算与执行结果的差异总额为142483.75万元，差异的具体情况及产生原因见附表1。

本次审计海关总署本级及所属单位2009年度预算支出共计788032.41万元，占部门预算支出总额的69.78%。审计查出预算执行中不符合财经制度规定的问题金额3786.5万元，其中2009年3316.10万元，占审计预算资金额的0.42%；账务记录等不规范问题金额18234.28万元。上述问题对海关总署2009年度预算执行结果的影响见附表2。

审计结果表明，海关总署2009年度预算收支基本符合国家有关预算和财经法规的规定，会计处理基本符合会计法、相关会计准则和会计制度的规定；能够认真做好本部门预算编报的组织工作，推进项目预算定额标准体系建设，初步建成覆盖所有预算单位的财务管理信息系统，完善了财政资金动态监控系统，较好地整改了以前年度审计发现的问题。

二、审计发现的主要问题

（一）扩大范围支出1415.50万元。

2009年，海关总署将基本支出1415.50万元，用于海关中国档案出版业务仓储用房项目设备、绿化及配套工程等项目支出。

（二）未严格执行政府采购有关规定，涉及金额709.3万元。

2009年，海关总署给基层海关配送图书等4项活动支出709.3万元，未按规定实行政府采购。

（三）制作电视片专项资金使用效益不高。

2008年至2009年，海关总署安排财政资金102万元专项用于拍摄电视片，至2009年底实际已支出167.3万元，其中餐费52.2万元，但电视片仍处于论证或编审剧本阶段。

（四）接受虚假发票或不合规票据报账201.84万元。

2008年至2009年，在海关总署作为报账凭证的发票中，有123张为虚假发票或不合规票据，报账金额合计 201.84 万元。

（五）所属海关存在的问题。

1.2005 年和 2006 年，根据山东省寿光市和高密市政府会议纪要精神，山东晨鸣纸业集团股份有限公司为潍坊海关购买价值 69.08 万元的 2 辆汽车和价值 150 万元的职工住宅；山东银鹰化纤有限公司无偿提供 1 辆价值 20.75 万元的轿车供潍坊海关使用；2009 年 7 月通过竣工验收的潍坊海关办公楼，其到位建设资金 1.11 亿元中，除潍坊市各级财政提供的资金外，有 1200 万元为潍坊市政府从潍坊柴油机厂等 9 家有进出口业务企业筹集的资金。

2.2009 年，所属海关在基本支出中安排项目支出 3354.20 万元，在专项经费中列支公用经费和住房公积金 200.36 万元。

3.2009 年，所属 7 个海关无预算或超预算支付住房补贴、提租补贴和缉私局人员经费等共计 6866.89 万元。

4.2009 年，所属 5 个海关未将下属事业单位上缴收入及支出纳入决算报表反映，少计收入 3899.15 万元、支出 2531.24 万元。

（六）其他所属单位存在的问题。

1.至 2009 年底，所属机关服务局食堂资产 405.74 万元，未并入该服务局的财务决算报表。

2.2009 年，所属信息中心采购电脑、服务器、计算机软件和打印机等设备支出 996.55 万元，未按规定实行政府采购。

3.2008 年至 2009 年，所属中国海关出版社、中国保税区出口加工区协会和中国海关学会作为报账凭证的发票中，共有 13 张为虚假发票或不合规票据，报账金额合计 33.24 万元。

三、审计处理情况和建议

对上述问题，审计署已依法出具了审计报告、下达了审计决定书。对扩大范围支出的问题，要求今后规范管理，严格按规定执行；对未严格执行政府采购有关规定的问题，要求今后严格规范政府采购管理；对制作电视片资金使用效益不高的问题，要求采取有效措施加大绩效考评力度，切实提高财政资金的使用效益；对虚假发票报账的问题，要求追索真实票据，制定和完善相关环节票据监管和审核报账制度，避免类似问题再发生；对潍坊海关通过地方政府由企业出资为其购买职工住宅、汽车等问题，要求退还上述无偿占用的企业资产；对无预算或超预算支付住房补贴、提租补贴、缉私局人员经费等问题，要求今后严格按照预算执行；对收支及资产未纳入决算的问题，要求及时纳入收支决算。

针对审计发现的问题，审计署建议：海关总署应严格预算管理，加强对各类专项资金支出的财务管理和跟踪监控，进一步强化政府采购管理，严格招投标程序。

四、审计发现问题的整改情况

海关总署在审计前开展了自查，并纠正了部分自查出的问题。对这次审计发现的问题，海关总署高度重视，认真纠正和整改。对未按规定进行政府采购等问题，提出今后要加强管理，特别是服务类项目，严格按照国家有关招投标、政府采购规定执行；对虚假发票报账的问题，提出今后要加强审核，已向有关企业索要回部分正规发票。其他问题正在进一步整改中。

附件：

附表 1：海关总署 2009 年度预算执行总体情况表（略）

附表 2：海关总署 2009 年度重点审计的单位和资金预算执行情况表（略）

国家质量监督检验检疫总局 2009 年度预算执行情况和其他财政收支情况审计结果

（2010 年 6 月 23 日公告）

根据《中华人民共和国审计法》的规定，2009 年 12 月至 2010 年 3 月，审计署对国家质量监督检验检疫总局（以下简称质检总局）2009 年度预算执行情况和其他财政收支情况进行了审计，重点审计了局本级和所属中国检验检疫科学研究院等 7 个单位，并对有关事项进行了延伸审计。

一、基本情况

质检总局为中央财政一级预算单位，部门预算由局本级和 47 个二级预算单位的预算组成。财政部批复质检总局 2009 年度的部门预算支出为 917078.51 万元（指财政性资金预算，下同），全部为财政拨款；质检总局决算（草案）反映的当年预算执行数为 948695.99 万元；其部门预算与执行结果的差异总额为 31617.48 万元，差异的具体情况及产生原因见附表 1。

本次审计质检总局及所属单位 2009 年度预算支出共计 186176.5 万元，占部门预算支出总额的 20.3%。审计查出当年预算执行中不符合财经制度规定的问题金额 4602.16 万元，占审计预算资金额的 2.47%。上述问题对质检总局 2009 年度预算执行结果的影响见附表 2。

审计结果表明，质检总局 2009 年度预算收支基本符合国家有关预算和财经法规的规定，会计处理基本符合会计法、相关会计准则和会计制度的规定，能够认真做好本部门预算编报的组织工作，进一步加强了预算和财务管理，建立健全了有关制度，认真整改了以前年度审计发现的问题。

二、审计发现的主要问题

（一）扩大范围支出 313 万元。

2009 年，质检总局在检验检疫专项业务经费中列支离退休干部医疗费共计 313 万元。

（二）多计支出 47 万元。

2009 年，质检总局在向所属人力资源开发培训中心拨付培训经费 583.56 万元时，会计记账直接计作支出，至 2009 年底实际结余 47 万元，由此造成多计支出。

（三）所属国家标准化管理委员会多计支出 1227.19 万元。

2009 年，所属国家标准化管理委员会在向项目承担单位拨付国家标准制修订等项目经费 1631.04 万元时，会计记账直接计作支出，至 2009 年底实际结余 1227.19 万元，由此造成多计支出。

（四）所属单位行政事业性收费 182.98 万元未及时上缴财政。

截至 2009 年底，所属中国物品编码中心收取的 176.12 万元行政事业性收费、所属中国特种设备检测研究院 2009 年度收取的项目许可证和资格证书工本费 6.86 万元，均未按规定上缴财政。

（五）所属中国检验检疫科学研究院存在的问题。

1. 该院扩大范围支出，在公益研究项目课题经费中列支人员工资等 154.49 万元。

2. 2005 年至 2009 年，该院将对外开展食品和工业品检测取得的收入 2677.5 万元（其中 2009 年 341.5 万元），放在其 3 家下属单位核算，未纳入院财务统一核算和管理。

三、审计处理情况和建议

对上述问题，审计署已依法出具了审计报告、下达了审计决定书。对扩大范围支出的问题，要求将资金归还原资金渠道；对多计支出的问题，要求调整账目和报表；对行政事业性收费未上缴财政的问题，要求相关单位及时上缴；对中国检验检疫科学研究院检测收入未纳入规定账户核算的问题，要求纳入单位财务账簿统一核算。

针对审计发现的问题，审计署建议：质检总局应进一步提高预算编制水平，规范预算执行程序，切实强化预算约束机制，并加大对所属科研单位的监管力度。

四、审计发现问题的整改情况

质检总局在审计前开展了自查，并纠正了自查出的问题。对这次审计发现的问题，质检总局高度重视，召开会议通报了审计情况，责成有关单位认真纠正和整改。对扩大范围支出的问题，部分资金已归还原渠道。对部分单位多计支出、收入未纳入单位统一核算管理等问题，相关单位已调整会计科目，将资金统一核算。其他问题正在进一步整改中。

附件：

附表 1：质检总局 2009 年度预算执行总体情况表（略）

附表 2：质检总局 2009 年度重点审计的单位和资金预算执行情况表（略）

国家广播电影电视总局 2009 年度预算执行情况和其他财政收支情况审计结果

（2010 年 6 月 23 日公告）

根据《中华人民共和国审计法》的规定，2009 年 12 月至 2010 年 3 月，审计署对国家广播电影电视总局（以下简称广电总局）2009 年度预算执行情况和其他财政收支情况进行了审计，重点审计了局本级和所属无线局、广播科学研究院（以下简称广科院），并对有关事项进行了延伸审计。

一、基本情况

广电总局为中央财政一级预算单位，部门预算由局本级和24个二级预算单位的预算组成。财政部批复广电总局2009年度的部门预算支出为892084.58万元（指财政性资金预算，下同），其中财政拨款644777.58万元；广电总局决算（草案）反映的当年预算执行数为707531.72万元；其部门预算与执行结果的差异总额为184552.86万元，差异的具体情况及产生原因见附表1。

本次审计广电总局本级及所属单位2009年度预算支出共计429333.32万元，占部门预算支出总额的48%。审计查出当年预算执行中不符合财经制度规定的问题金额14467.65万元，占审计预算资金额的3.37%，账务记录等不规范问题金额132475.56万元。上述问题对广电总局2009年度预算执行结果的影响见附表2。

审计结果表明，广电总局2009年度预算收支基本符合国家有关预算和财经法规规定，会计处理基本符合会计法、相关会计准则和会计制度的规定，能够认真做好本部门预算编报的组织工作，进一步加强了预算和财务管理，建立健全了有关制度，认真整改了以前年度审计发现的问题。

二、审计发现的主要问题

（一）在部门预算中编制补助地方预算37717.80万元。

2009年，广电总局在部门预算中编列补助地方广电专项工程预算37717.80万元，造成部门预算支出和补助地方支出不够准确。

（二）项目支出结余管理不够规范。

1.截至2009年底，广电总局拨付13家单位的项目资金累计结余4577.03万元，未记入项目支出结余。

2.在编制2009年预算时，广电总局未统筹安排“少儿精品发展专项资金”等两个项目结余资金，在这两个项目以前年度结余2176.95万元的情况下，又申报预算2000万元，造成年末累计结余2155.68万元。

（三）所属无线局存在的问题。

1.2009年，无线局所属的33个单位挤占项目经费13551.41万元，用于弥补人员经费等基本支出不足。

2.2009年，无线局在卫星转发器租金项目结余足够当年使用的情况下，申报该项目预算800万元，年底全部结余。

3.2006年至2009年，无线局及所属中央广播电视塔管理中心节目传输等收入18554万元，未纳入单位预算管理。

4.2009年底，无线局所属部分单位在未收到货物的情况下，按对方开具的发票虚增库存材料1323.57万元，造成决算（草案）多计列库存材料。

（四）所属广科院存在的问题。

1.广科院2007年以购买调频调幅测试仪和模拟电视测试接收机的名义申请的190万元，至2009年底已全部用于管理费、委托业务费等其他支出。

2.2007年至2009年，广科院在项目支出中超范围列支人员津贴补贴、招待费等共计590.09万元。

3.广科院及所属企业2006年未经招投标程序，直接指定中国国际广播电视信息网络展览会（CCBN）招展业务的代理商，至2009年底共支付代理费2440.86万元。

4.2008年至2009年，广科院超出规定的标准发放津贴补贴1197.26万元。

5.广科院将拆迁补偿款等收入放在往来账核算，造成2009年决算（草案）少反映结余466.59万元。

（五）其他所属单位存在的问题。

1.2008年，广播影视信息网络中心国有股权转让收入76188.85万元未纳入预算管理。

2.2009年，中央人民广播电台取得价值3240万元的房产未纳入单位法定账册统一核算。

三、审计处理情况和建议

对上述问题，审计署已依法出具了审计报告、下达了审计决定书。对在部门预算中编制补助地方预算的问题，要求商财政部解决；对少计项目支出结余的问题，要求收回并对项目进行清理，调整账目和报表；对未统筹安排使用以前年度专项结余的问题，要求今后统筹专项结余资金，合理安排项目支出预算；对无线局基本支出占用项目经费的问题，要求调整账目和报表，并商财政部解决；对无线局项目预算结余的问题，要求报财政部门后抵顶下一年度财政拨款；对无线局节目传输等收入未纳入预算管理的问题，要求清理收回并纳入单位预算统一管理；对无线局所属部分单位虚增库存材料的问题，要求调整账目和报表，并避免类似现象再次发生；对广科院将项目资金用于其他支出的问题，要求广电总局收回资金，并调整账目和报表；对广科院在科研项目经费中列支基本支出的问题，要求归还原资金渠道，并调整账目；对广科院未经招投标程序直接指定展会代理商的问题，要求今后严格执行规定；对广科院违规发放津贴补贴的问题，要求停止违规发放津贴补贴，并追究有关人员责任；对广科院将收入在往来款核算的问题，要求调整账目和报表；对广播影视信息网络中心国有股权转让收入未纳入预算管理的问题，要求如实上报财政部，并调整账目和报表；对所属中央人民广播电台账外资产的问题，要求商财政部妥善处理。

针对审计发现的问题，审计署建议：广电总局应进一步严格规范预算管理，加大对所属单位的监管力度，清理并规范所属事业单位津贴补贴和自办公司，督促其完善内部控制制度并严格执行。

四、审计发现问题的整改情况

广电总局在审计前开展了自查，并纠正了部分自查出的问题。对审计发现的问题，广电总局高度重视，正在组织进行整改，还研究制定了《清理规范事业单位所办企业专项工作方案》，从2010年5月起开始为期两年的清理规范专项工作，进一步加强对所属事业单位的监督和管理。

附件：

附表1：广电总局2009年度预算执行总体情况表（略）

附表2：广电总局2009年度重点审计的单位和资金预算执行情况表（略）

国家新闻出版总署2009年度预算执行情况和其他财政收支情况审计结果

（2010年6月23日公告）

根据《中华人民共和国审计法》的规定，2009年12月至2010年3月，审计署对国家新闻出版总署（以下简称新闻出版总署）2009年度预算执行情况和其他财政收支情况进行了审计，重点审计了署本级和所属机关服务中心等6个单位，并对有关事项进行了延伸审计。

一、基本情况

新闻出版总署为中央财政一级预算单位，部门预算由署本级和11个二级预算单位的预算组成。财政部批复新闻出版总署2009年度的部门预算支出为86734.06万元（指财政性资金预算，下同），其中财政拨款54461.03万元；新闻出版总署决算（草案）反映的当年预算执行数为69758.61万元；其部门预算与执行结果的差异总额为16975.45万元，差异的具体情况及产生原因见附表1。

本次审计新闻出版总署本级及所属单位2009年预算支出共计84487.18万元，占部门预算支出总额的97.41%。审计查出当年预算执行中不符合财经制度规定的问题金额2515.97万元，占审计预算资金额的2.98%，账务记录等不规范问题金额3139.96万元。上述问题对新闻出版总署2009年度预算执行结果的影响见附表2。

审计结果表明，新闻出版总署2009年度预算收支基本符合国家有关预算和财经法规的规定，会计处理基本符合会计法、相关会计准则和会计制度的规定；能够认真做好本部门预算编报的组织工作，加强了预算和财务管理工作，建立健全了有关制度，较好地整改了以前年度审计发现的问题。

二、审计发现的主要问题

（一）以拨代支导致多计项目支出2240.60万元。

2009年，新闻出版总署在将73个项目或课题经费共计3180.66万元拨付给执行单位时，直接计作支出。这部分经费至 2009 年底结余 2240.60 万元。

（二）动用以前年度结余 2592.25 万元未纳入预算安排。

2009 年，新闻出版总署在无预算安排的情况下，将以前年度结余 39.80 万元用于“机构运行”支出，2552.45 万元用于弥补基本支出和项目支出的超支部分。

（三）接受虚假发票报账 149.9 万元。

2009 年，新闻出版总署本级及所属信息中心的报账凭证中，有业务真实但凭据虚假的发票 432 张，金额共 149.9 万元。其中，本级 29.66 万元，信息中心 120.24 万元。

（四）未按规定实行政府采购支出 332.09 万元。

2009 年，新闻出版总署购买电子保密柜、支付窗帘加工制作费和广告宣传费等支出 332.09 万元，均未按规定实行政府采购。

（五）未归还所属单位垫付资金 35 万元。

2009 年，所属中国出版科学研究所为新闻出版总署垫付读书活动支出 35 万元，并在该研究所“事业支出”中列支。

（六）所属单位存在的问题。

1. 2009 年，所属中华版权代理中心和人民出版社在无预算安排的情况下，分别将以前年度结余资金 17.42 万元和 178.32 万元，用于项目支出。

2. 2009 年，所属机关服务中心以“物业管理保洁费”、“劳保用品”、“食品款”等名义虚列支出套取资金 7.55 万元，用于为该中心职工购买购物卡。

3. 2009 年，所属信息中心将新闻出版总署拨付的项目经费 82.92 万元用于基本支出。

4. 2009 年 10 月，所属教育培训中心未经政府采购，支出 19.88 万元购买 1 台轿车。

三、审计处理情况和建议

对上述问题，审计署已依法出具了审计报告、下达了审计决定书。对多计项目支出的问题，要求调整账目和报表，今后按项目执行进度拨付资金；对无预算支出的问题，要求今后强化预算约束，严格执行预算；对使用虚假发票报账和未按规定实行政府采购的问题，要求认真纠正；对未归还所属单位垫付资金的问题，要求全额归还，并调整账目和报表；对所属机关服务中心虚列支出的问题，要求责成机关服务中心追回资金，并调整会计科目和决算（草案）；对所属信息中心扩大范围支出的问题，要求责成信息中心调整会计科目和决算（草案），今后严格按照预算执行。

针对审计发现的问题，审计署建议：新闻出版总署应严格预算管理，按项目执行进度和实际支出拨付资金，并严格监督拨付资金的使用情况；加大对所属单位的监管力度，促进所属单位进一步规范财务管理。

四、审计发现问题的整改情况

新闻出版总署在审计前开展了自查，并纠正了自查出的问题。对这次审计发现的问题，新闻出版总署高度重视，成立了 5 人专门工作小组，认真制定整改措施。对多计项目支出的问题，准备对委托项目和课题进行清理；对无预算支出的问题，规定今后没有支出预算的一律不予支出，需要调整预算的及时履行报批手续；对使用虚假发票报账的问题，已更换为符合规定的发票 195 张，金额 105.23 万元；对未归还所属单位垫付资金的问题，已于 2010 年 5 月全额退还给中国出版科学研究所；对机关服务中心虚列支出的问题，已于 2010 年 5 月从领取购物卡的职工的工资中扣回。此外，新闻出版总署还完善了费用报销、外事礼品采购和管理、会议和会议费管理、租用车辆管理等规章制度，进一步加强了内部控制和财务管理。

附件：

附表 1：新闻出版总署 2009 年度预算执行总体情况表（略）

附表 2：新闻出版总署 2009 年度重点审计的单位和资金预算执行情况表（略）

国家安全生产监督管理总局 2009 年度预算执行情况和其他财政收支情况审计结果

（2010 年 6 月 23 日公告）

根据《中华人民共和国审计法》的规定，2009 年 12 月至 2010 年 3 月，审计署对国家安全生产监督管理总局（以下简称安全监管总局）2009年度预算执行情况和其他财政收支情况进行了审计，重点审计了局本级和所属中国安全生产科学研究院等3个单位，并对有关事项进行了延伸审计。

一、基本情况

安全监管总局为中央财政一级预算单位，部门预算由局本级和57个二级预算单位的预算组成。财政部批复安全监管总局2009年度的部门预算支出为135134.36万元（指财政性资金预算，下同），其中财政拨款120915.36万元；安全监管总局决算（草案）反映的当年预算执行数为133627.11万元；其部门预算与执行结果的差异总额为1507.25万元，差异的具体情况及产生原因见附表1。

本次审计安全监管总局本级及所属单位2009年度预算支出共计27678.33万元，占部门预算支出总额的20.48%。审计查出预算执行中不符合财经制度规定的问题金额1072.42万元，其中2009年955.58万元，占审计预算资金额的3.45%；账务记录等不规范问题金额7033.45万元，其他财政收支方面的问题金额406.43万元。上述问题对安全监管总局2009年度预算执行结果的影响见附表2。

审计结果表明，安全监管总局2009年度预算收支基本符合国家有关预算和财经法规的规定，会计处理基本符合会计法、相关会计准则和会计制度的规定；能够认真做好本部门预算编报的组织工作，修订完善了预算资金管理办法等一系列规章制度，加强了预算资金核算和资产管理，积极开展内部审计，认真整改了以前年度审计发现的问题。

二、审计发现的主要问题

（一）年初预算4243.18万元未细化到具体执行单位和项目。

安全监管总局2009年部门预算中，有4018.18万元年初未细化到具体执行单位，在预算执行中未经财政部批准，该局自行下达给所属单位；所属中国安全生产科学研究院（以下简称安科院）在编报2009年预算时，只填报了基础科研经费项目支出预算总金额225万元，至8月和9月才陆续明确具体项目。

（二）自行调整预算2307.2万元。

2009年，安全监管总局未经财政部批准，将本级项目支出预算1713.96万元调整至所属国家安全生产应急救援指挥中心等单位；将所属培训中心、安科院项目支出预算485万元调整至本级；将所属离退休干部局离退休经费预算108.24万元调整至所属山西煤矿安全监察局等单位。

（三）扩大范围支出900万元。

2009年，安全监管总局在专项资金中列支物业费900万元。

（四）差旅费超预算支出313.07万元。

2009年，安全监管总局基本支出中，差旅费超预算支出313.07万元。

（五）少计收入96.6万元。

至2009年底，安全监管总局将96.6万元收入在往来科目中核算，未计作收入。

（六）所属单位存在的问题。

1.2009年，所属安科院在项目经费中报销以会议费等名义取得的发票34.75万元，资金实际用于购买消费卡以及支付与项目无关的劳务费等。

2.2009年，所属国家安全生产应急救援指挥中心使用公用经费20.83万元弥补人员经费超支。

3.2008年，所属研究中心用课题项目经费结余116.84万元弥补年度事业经费超支。

4.2009年，所属煤炭总医院未按规定委托政府采购中心采购价值170万元的电梯设备，而是自行采用竞争性谈判的方式进行招标采购。

5.至2009年底，所属宣教中心一直未将以前年度装修改建支出100.13万元转增固定资产，造成决算（草案）少计资产。

6.2009年，所属机关服务中心房屋出租收入53.46万元存放在所属企业，未纳入本单位会计账簿统一登记和核算。

7.所属北京西郊宾馆有限责任公司2001年5月挪用职工售房收入156.24万元购买别墅一套（已于2007年7月转卖，收取195万元卖房款转入机关服务中心，记入事业基金科目）；于1993年5月购得的广东省阳江市7216平方米土地至审计时仍闲置。

三、审计处理情况和建议

对上述问题，审计署已依法出具了审计报告、下达了审计决定书。对年初预算未细化、自行调整预算的问题，要求今后严格执行有关规定；对扩大范围支出的问题，要求商财政部解决人员经费缺口问题，并调整账目，归还原资金渠道；对差旅费超预算支出和采购设备未委托采购中心采购的问题，要求相关单位今后严格按规定执行；对少计收入和固定资产的问题，要求调整账目和报表；对房屋出租收入未统一登记核算的问题，要求纳入单位账内核算，调整账目和报表；对挪用职工售房收入购买别墅、土地资产长期闲置的问题，要求归还被挪用的售房收入，调整账目和报表，尽快处置或充分利用长期闲置的土地资产。

针对审计发现的问题，审计署建议：安全监管总局应科学编制预算，增强预算约束力；细化项目申报内容，加强精细化管理。

四、审计发现问题的整改情况

安全监管总局在审计前开展了自查，并纠正了自查出的问题。对这次审计发现的问题，安全监管总局高度重视，审计期间召开专门会议，要求有关单位立即纠正，进一步规范预算执行和加强财务管理工作。对自行调整预算的问题，已将部分项目支出预算调回本级。对扩大范围支出的问题，已调整会计科目，归还原资金渠道并专款专用。对未按规定招投标的问题，煤炭总医院提出将严格执行政府采购的有关程序进行采购。对土地资产长期闲置的问题，北京西郊宾馆有限责任公司正在积极协调当地政府，考虑采取转让、挂牌出售等方式，尽快将土地资产变现。其他问题正在进一步整改中。

附件：

附表1：安全监管总局2009年度预算执行总体情况表（略）

附表2：安全监管总局2009年度重点审计的单位和资金预算执行情况表（略）

国家旅游局2009年度预算执行情况和其他财政收支情况审计结果

（2010年6月23日公告）

根据《中华人民共和国审计法》的规定，2009年12月至2010年3月，审计署对国家旅游局（以下简称旅游局）2009年度预算执行情况和其他财政收支情况进行了审计，重点审计了局本级和所属机关服务中心等6个单位，并对有关事项进行了延伸审计。

一、基本情况

旅游局为中央财政一级预算单位，部门预算由局本级和5个二级预算单位的预算组成。财政部批复旅游局2009年度的部门预算支出为33268.63万元（指财政性资金预算，下同），其中财政拨款16588.63万元；旅游局决算（草案）反映的当年预算执行数为35106.58万元；其部门预算与执行结果的差异总额为1837.95万元，差异的具体情况及产生原因见附表1。

本次审计旅游局本级及所属单位2009年度预算支出共计32314.63万元，占部门预算支出总额的97.13%。审计查出当年预算执行中不符合财经制度规定的问题金额1576.68万元，占审计预算资金额的4.88%；账务记录等不规范问题金额1136.98万元。上述问题对旅游局2009年度预算执行结果的具体影响见附表2。

审计结果表明，旅游局2009年度预算收支基本符合国家有关预算和财经法规的规定，会计处理基本符合会计法、相关会计准则和会计制度的规定，能够认真做好本部门预算编报的组织工作，进一步加强了预算和财务管理，提高了预算管理的透明度，建立健全了有关制度，认真整改了以前年度审计发现的问题。

二、审计发现的主要问题

（一）扩大范围支出90.52万元。

2009年，旅游局在部门机动经费中列支90.52万元，用于支付交通费和物业费。

（二）动用上年结余1136.98万元未纳入本年预算。

2009年，财政部批复旅游局红色旅游教育培训等6个项目预算支出2830万元，当年实际支出合计3966.98万元，其中动用上年结余1136.98万元未纳入本年预算。

（三）使用和接受虚假发票报账11.06万元。

2009年，旅游局本级作为报账凭证的发票中，有9张虚假发票，报账金额共计11.06万元。

（四）所属单位存在的问题。

1.2009年，所属机关服务中心在证书文本制工本费和饭店星级示牌工本费制作2个项目经费中列支 54.69 万元，用于支付与该项目无关的聘用职工工资和加班费等。

2.2009 年，所属机关服务中心、中国旅游出版社和中国旅游协会作为报账凭证的发票中，有 17 张虚假发票，报账金额共计 13.07 万元。

3. 至 2009 年底，所属信息中心 2 个建设项目资金净结余 1407.34 万元，未按规定上缴国库和纳入下年度预算安排使用。

三、审计处理情况和建议

对上述问题，审计署已依法出具了审计报告、下达了审计决定书。对扩大范围支出的问题，要求收回资金，调整账目；对动用上年结余未纳入本年预算的问题，要求在编制下年度预算时准确测算项目结余资金，并纳入预算管理；对使用和接受虚假发票报账的问题，要求索取真实发票，并加强对发票的审核把关；对项目净结余未按规定处理的问题，要求责成信息中心将结余资金按规定上缴国库和纳入下年度预算安排使用。

针对审计发现的问题，审计署建议：旅游局应进一步加强预算管理，全面反映部门年度预算的全部收支情况；增强项目预算编制的科学性、合理性，对项目的执行过程实施追踪问效，提高财政预算资金的使用效益。

四、审计发现问题的整改情况

旅游局在审计前开展了自查，并纠正了部分自查出的问题。对这次审计发现的问题，旅游局高度重视，要求相关部门认真研究制定整改措施。对扩大范围支出的问题，正调整相关账目；对动用上年结余未纳入本年预算的问题，在编制 2010 年预算时已将结余上报财政部并纳入预算；对使用和接受虚假发票报账的问题，已重新索取真实发票，并出台了《关于防止假发票流入机关的通知》；对信息中心项目净结余未按规定处理的问题，已将结余资金情况上报财政部，待批准后上缴国库。

附件：

附表 1：旅游局 2009 年度预算执行总体情况表（略）

附表 2：旅游局 2009 年度重点审计的单位和资金预算执行情况表（略）

国家宗教事务局 2009 年度预算执行情况和其他财政收支情况审计结果

（2010 年 6 月 23 日公告）

根据《中华人民共和国审计法》的规定，2009 年 12 月至 2010 年 3 月，审计署对国家宗教事务局（以下简称宗教局）2009 年度预算执行情况和其他财政收支情况进行了审计，重点审计了局本级和所属机关服务中心等 4 个单位，并对有关事项进行了延伸审计。

一、基本情况

宗教局为中央财政一级预算单位，部门预算由局本级和 8 个二级预算单位的预算组成。

审计结果表明，宗教局 2009 年度预算收支基本符合国家有关预算和财经法规的规定，会计处理基本符合会计法、相关会计准则和会计制度的规定，能够认真做好本部门预算编报的组织工作，加强了预算和财务管理，认真整改了以前年度审计发现的问题。但审计也发现了一些需要加以改进和纠正的问题。

二、审计发现的主要问题

（一）2009 年，宗教局在“应急工作经费”和“互联网管理”等项目中列支 240.83 万元，用于未列入预算安排的局政务内网改造等支出；在局本级 7 个项目经费中列支 1275 万元，用于补助地方宗教工作部门；所属培训中心在“购置办公设备及常年培训费”项目列支 23.39 万元，用于局机关食堂购买厨房设备支出。

（二）未经批准发放加班费或多发放津贴补贴 378.74 万元。

2007 年至 2009 年，宗教局未报经批准，在“行政运行”支出中列支全体在职人员“加班费”94.95 万元（每人每月 300 元），其中 2009 年 33 万元；所属机关服务中心、宗教研究中心、培训中心自定标准违规多发放在职人员津贴补贴 283.79 万元，其中 2009 年 109.18 万元。

（三）动用部门机动经费 82.75 万元未报财政部备案。

至 2009 年底，宗教局未报财政部备案，将“部门机动经费”项目预算 82.75 万元全部安排了支出。其中，违规提取工会经费 12.88 万元。

（四）部分所属单位接受虚假发票报账 395.02 万元。

2007 年至 2009 年，在所属机关服务中心内部招待所、培训中心及局机关食堂作为报账凭证的发票中，有虚假发票金额共计 395.02 万元，其中 2009 年 70.89 万元。

三、审计处理情况和建议

对上述问题，审计署已依法出具了审计报告、下达了审计决定书。对扩大范围支出的问题，要求归还原资金渠道，调整账目和报表；对其中补助地方宗教工作部门的问题，要求商财政部研究解决；对未经批准发放加班费或多发津贴补贴的问题，要求停止发放；对动用部门机动经费未报备案的问题，要求补办备案；对部分所属单位接受虚假发票报账的问题，要求责成机关服务中心、培训中心严格财务管理，加强报账凭证审核，并索要正式发票替换虚假发票。

针对审计发现的问题，审计署建议：宗教局应进一步增强预算编制的科学合理性，严格按预算和财政财务制度的规定管理使用资金；规范和加强对所属单位财政财务收支和国有资产的监管，避免虚假发票报账等问题。

四、审计发现问题的整改情况

宗教局在审计前开展了自查。对这次审计发现的问题，宗教局高度重视，责成有关职能部门、单位认真纠正和整改。对本级扩大范围支出、从部门机动经费中提取工会经费的问题和所属培训中心挪用项目资金的问题，资金已归还原渠道，并调整了账目；对未经批准发放加班费的问题，已停止发放。其他问题正在进一步整改中。

国务院侨务办公室 2009 年度预算执行情况和其他财政收支情况审计结果

（2010 年 6 月 23 日公告）

根据《中华人民共和国审计法》的规定，2009 年 12 月至 2010 年 3 月，审计署对国务院侨务办公室（以下简称侨办）2009 年度预算执行情况和其他财政收支情况进行了审计，重点审计了办本级和所属中国新闻社等 5 个单位，并对有关事项进行了延伸审计。

一、基本情况

侨办为中央财政一级预算单位，部门预算由办本级和 6 个二级预算单位的预算组成。

审计结果表明，侨办 2009 年度预算收支基本符合国家有关预算和财经法规的规定，会计处理基本符合会计法、相关会计准则和会计制度的规定，能够认真做好本部门预算编报的组织工作，建立了较为完善的内控制度，认真整改了以前年度审计发现的问题，所属二级预算单位基本能够按照主管部门批复要求，组织和实施本单位预算。但审计也发现了一些需要加以纠正和改进的问题。

二、审计发现的主要问题

（一）截至 2009 年底，侨办 2007 年度预算中安排的“北新桥海棠院更新改造”项目资金 70 万元，仅支出 10.51 万元，形成净结余 59.49 万元；2008 年度和 2009 年度预算中安排的“离退休干部用房修缮”等 4 个项目资金 510 万元，仅支出 65.34 万元，形成结转资金 444.66 万元。

（二）扩大范围支出 92.5 万元。

2009 年，侨办在华侨农场改革与发展工作项目经费中，安排补助地方支出 92.5 万元。

（三）未将所属机关服务中心的资产、负债和收支全部纳入部门预决算。

侨办代编的机关服务中心年初预算中，未包括其事业收入及附属单位上缴收入等；部门决算（草案）中也未包括其资产、负债及部分收支。其中，2009 年少计资产 4230.74 万元、负债 190.14 万元、事业收入 449.80 万元、事业支出 1050.76 万元和附属单位上缴收入 200 万元。

（四）所属 2 家单位接受虚假发票报账 57.18 万元。

2009 年，在侨办所属华文学院、机关服务中心等单位作为报账凭证的发票中，有虚假发票 35 张，报账金额合计 57.18 万元。

（五）所属中国新闻社存在的问题。

1. 至 2009 年底，该社 2001 年安排的购置住宅项目预算 1000 万元仍未执行，造成资金结余。

2. 至 2009 年底，该社投资的 7 家企业资产和负债总额分别为 4692.64 万元和 3595.29 万元，但该社未汇总编制这些企业的财务决算报表，也未向有关部门报告国有资产使用情况。

三、审计处理情况和建议

对上述问题，审计署已依法出具了审计报告、下达了审计决定书。对部分项目预算执行慢的问题，要求严格执行项目计划，加快预算执行进度，并将净结余资金纳入下年度预算重新安排使用；对扩大范围支出的问题，要求进一步严格执行预算；对机关服务中心的资产、负债和收支未全部纳入部门预决算的问题，要求调整账目和报表；对接受虚假发票报账的问题，要求重新索取真实发票，并加强对发票的审核把关；对中国新闻社未按规定汇总编制对外投资企业决算报表的问题，要求责成该社汇总编制，并报财政部门备案。

针对审计发现的问题，审计署建议：侨办应进一步增强项目预算编制的科学性和合理性，加强对所属单位和专项资金使用的监管，保证国有资产及其收益的安全完整。

四、审计发现问题的整改情况

侨办在审计前开展了自查，并纠正了部分自查出的问题。对这次审计发现的问题，侨办高度重视，认真研究制定整改措施。对部分项目预算执行慢的问题，已将净结余 59.49 万元纳入 2011 年度预算重新安排使用，并督促相关单位加快工程建设进度；对扩大范围支出的问题，提出将加强管理，严格执行预算；对所属机关服务中心预决算不完整的问题，机关服务中心的资产、负债和收支已全部纳入部门预决算；对接受虚假发票报账的问题，机关服务中心等单位已将大部分虚假发票退回更换；对中国新闻社未按规定汇总编制对外投资企业财务决算报表的问题，该社提出将待被投资企业纳税申报完毕后，汇总编制其财务决算报表，并报告国有资产使用情况。

国务院法制办公室2009年度预算执行情况和其他财政收支情况审计结果

（2010年6月23日公告）

根据《中华人民共和国审计法》的规定，2010年2月至3月，审计署对国务院法制办公室（以下简称法制办）2009年度预算执行情况和其他财政收支情况进行了审计，重点审计了办本级和所属信息中心等4个单位，并对有关事项进行了延伸审计。

一、基本情况

法制办为中央财政一级预算单位，部门预算由办本级和3个二级预算单位的预算组成。财政部批复法制办2009年度的部门预算支出为6235.76万元（指财政性资金预算，下同），其中财政拨款5560.36万元；法制办决算（草案）反映的当年预算执行数为4904.72万元；其部门预算与执行结果的差异总额为1331.04万元，差异的具体情况及产生原因见附表1。

本次审计法制办本级及所属单位2009年度预算支出共计6235.76万元，占部门预算支出总额的100%。审计查出当年预算执行中账务记录等不规范问题金额2361.84万元，其他财政收支方面的问题金额2960.22万元。上述问题对法制办2009年度预算执行结果的影响见附表2。

审计结果表明，法制办2009年度预算收支基本符合国家有关预算和财经法规的规定，会计处理基本符合会计法、相关会计准则和会计制度的规定；能够认真做好本部门预算编报的组织工作，加强了预算和财务管理，建立健全了相关制度，认真整改了以前年度审计发现的问题。

二、审计发现的主要问题

（一）代编代报所属事业单位预算531.11万元。

法制办在编制2009年度部门预算时，代编所属信息中心、政府法制研究中心、机关服务中心等3家二级预算单位预算共计531.11万元。

（二）项目预算360万元未细化到具体单位。

2009年，法制办未将项目预算360万元细化到承担项目实施任务的所属单位，而是全部编列在办本级预算中。

（三）基本建设专项资金净结余451.81万元长期闲置未清理。

至2009年底，法制办2001年至2003年形成的基本建设资金净结余451.81万元，长期闲置未清理。

（四）所属单位存在的问题。

1.2009年，所属信息中心将其以前年度未纳入法定账户核算的资金结余284.42万元转入了机关服务中心的账户，仍未纳入本单位预决算统一管理。

2.2009 年，所属机关服务中心未清理在往来科目核算的代管经费 734.50 万元，致使部门预决算编制不够完整。

3.至 2009 年底，所属中国法制出版社以前年度按出版书籍总码洋 36%～70%的比例在成本中计提的劳务费，尚有 2960.22 万元挂账未清理。

三、审计处理情况和建议

对上述问题，审计署已依法出具了审计报告、下达了审计决定书。对代编代报所属事业单位预算的问题，要求严格按照规定逐级编报支出预算，规范部门预算编报工作；对项目预算未细化到具体单位的问题，要求今后进一步细化预算编制；对基本建设专项资金净结余未清理的问题，要求按照国家有关规定办理，如需改变资金用途报财政部审批；对信息中心部分收入未纳入本单位预决算统一管理的问题，要求将该项资金纳入本单位预决算统一管理，调整账目和报表；对机关服务中心未及时清理代管经费的问题，要求将该项资金纳入部门预算统一管理，调整账目和报表；对中国法制出版社多计提劳务费并长期挂账的问题，要求责成该社据实核算成本费用，调整相关账目。

针对审计发现的问题，审计署建议：法制办应进一步规范预决算编报，加强对所属单位的财务监督，强化预算约束力。

四、审计发现问题的整改情况

法制办在审计前开展了自查。对这次审计发现的问题，法制办高度重视，责成有关单位认真纠正和整改。对代编代报所属事业单位预算和项目预算未细化到具体单位的问题，正在研究采取措施解决；对基本建设专项资金净结余未清理的问题，已向财政部报告清理；对信息中心收入未纳入本单位预决算统一管理的问题，该中心单独设立的账户已取消；对机关服务中心未清理代管经费的问题，将在编制今年预算中统筹解决；对中国法制出版社多计提劳务费并长期挂账的问题，已要求该社加以整改，进一步规范会计核算。

附件：

附表 1：法制办 2009 年度预算执行总体情况表（略）

附表 2：法制办 2009 年度重点审计的单位和资金预算执行情况表（略）

中国科学院 2009 年度预算执行情况和其他财政收支情况审计结果

（2010 年 6 月 23 日公告）

根据《中华人民共和国审计法》的规定，2009 年 12 月至 2010 年 3 月，审计署对中国科学院（以下简称中科院）2009 年度预算执行情况和其他财政收支情况进行了审计，重点审计了院本级和所属物理研究所等 9 个单位，并对有关事项进行了延伸审计。

一、基本情况

中科院为中央财政一级预算单位，部门预算由院本级和 130 个二级预算单位的预算组成。财政部批复中科院 2009 年度的部门预算支出为 2694710.44 万元（指财政性资金预算，下同），其中财政拨款 2671144.53 万元；中科院决算（草案）反映的当年预算执行数为 1782112.45 万元；其部门预算与执行结果的差异总额为 912597.99 万元，差异的具体情况及产生原因见附表 1。

本次审计中科院本级及所属单位 2009 年度预算支出共计 280077.25 万元，占部门预算支出总额的 10.39%。审计查出预算执行中不符合财经制度规定的问题金额 6101.28 万元，其中 2009 年 5554.61 万元，占审计预算资金额的 1.98%；账务记录等不规范问题金额 214642.52 万元，其他财政收支方面的问题金额 6299.39 万元。上述问题对中科院 2009 年度预算执行结果的影响见附表 2。

审计结果表明，中科院 2009 年度预算收支基本符合国家有关预算和财经法规的规定，会计处理基本符合会计法、相关会计准则和会计制度的规定，能够认真做好本部门预算编报的组织工作，进一步加强了预算和财务管理，建立健全了有关制度，认真整改了以前年度审计发现的问题。

二、审计发现的主要问题

（一）年初预算 209088.52 万元未细化到具体项目及执行单位。

在中科院 2009 年部门预算中，有 209088.52 万元年初未细化到具体项目及执行单位，影响预算的及时批复和执行。

（二）投资收益 1892.94 万元长期留存在所属公司未收回。

截至 2009 年底，中科院仍将所属国有资产经营有限责任公司 2006 年代收的 1892.94 万元投资收益，留存在该公司，未收回院本级核算和管理。

（三）所属单位存在的问题。

1.7 个所属单位扩大科研项目经费、国家（重点）实验室经费和公用经费开支范围支出 6101.27 万元，主要是列支管理费、工资、购车款、办公用品和工程改造款等。其中：大气物理研究所 2212.61 万元，化学研究所 2008.84 万元，生态环境研究中心 614.33 万元，植物研究所 569.40 万元，物理研究所 401.04 万元，声学研究所 143.93 万元，半导体研究所 151.12 万元。

2.2008 年，所属地理科学与资源研究所在未报经财政部审批的情况下，将科研项目经费 5122 万元用作其银行贷款的担保金。

3.2009 年 3 月，所属光电研究院未经中科院和财政部批准，自行决定购买位于海淀区中关村东南小区的办公用房，至 2009 年底已在公用经费中列支购房款 432 万元。

4. 至 2010 年 2 月，所属物理研究所对外出租房屋的租金收入 315.98 万元、大气物理研究所已列支的聘用临时工劳务费余额 55.89 万元，均未在两家单位的账表中反映。

5.2007 年至 2010 年 2 月，所属大气物理研究所部分试验楼对外出租收入 232.13 万元（其中 2009 年 5.78 万元），应缴未缴房产税共计 27.85 万元。

6.5 个所属单位往来款 4006.73 万元长期挂账未清理。其中：声学研究所 1249.15 万元，半导体研究所 377.09 万元，化学研究所 497.86 万元，植物研究所 434.07 万元，大气物理研究所 1448.56 万元。大部分款项挂账 3 年以上。

三、审计处理情况和建议

对上述问题，审计署已依法出具了审计报告、下达了审计决定书。对年初预算未细化的问题，要求加强预算管理；对投资收益未收回的问题，要求采取措施收回；对所属 7 个单位扩大范围支出的问题，要求调整账目，归还原资金渠道；对未经批准购置资产以及违规担保的问题，要求规范审批程序；对账外资产的问题，要求纳入单位财务统一核算；对房租收入未缴纳房产税的问题，要求补缴相应税款；对往来款长期未清理的问题，要求相关单位积极清理。

针对审计发现的问题，审计署建议：中科院应加强科研项目经费管理，健全科研经费管理制度，督促所属单位严格预算和资产管理，提高科研资金的使用效益。

四、审计发现问题的整改情况

中科院在审计前开展了自查，并纠正了自查出的问题。对这次审计发现的问题，中科院高度重视，认真纠正和整改。对投资收益未收回的问题，已收回院本级核算和管理；对扩大范围支出的问题，化学研究所和半导体研究所已作调账处理，并部分归还了课题经费；大气物理研究承诺在两年内调账处理完毕。其他问题正在进一步整改中。

附件：

附表 1：中科院 2009 年度预算执行总体情况表（略）

附表 2：中科院 2009 年度重点审计的单位和资金预算执行情况表（略）

中国工程院 2009 年度预算执行情况和其他财政收支情况审计结果

（2010 年 6 月 23 日公告）

根据《中华人民共和国审计法》的规定，2009 年 12 月至 2010 年 3 月，审计署对中国工程院（以下简称工程院）2009 年度预算执行情况和其他财政收支情况进行了审计，重点审计了院本级，并对有关事项进行了延伸审计。

一、基本情况

工程院为中央财政一级预算单位，部门预算由院本级预算组成。财政部批复工程院 2009 年度的部门预算支出为 9776.28 万元（指财政性资金预算，下同），其中财政拨款 7073.28 万元；工程院决算（草案）反映的当年预算执行数为 9966.22 万元；其部门预算与执行结果的差异总额为 189.94 万元，差异的具体情况及产生原因见附表 1。

本次审计工程院 2009 年度预算支出 9424.78 万元，占部门预算支出总额的 96%。审计查出预算执行中不符合财经制度规定的问题金额 1769.76 万元，其中 2009 年 1137.93 万元，占审计预算资金额的 12.07%；账务记录等不规范问题金额 528.64 万元。上述问题对工程院 2009 年度预算执行结果的影响见附表 2。

审计结果表明，工程院 2009 年度预算收支基本符合国家有关预算和财经法规的规定，财务处理基本符合会计法、相关会计准则和会计制度的规定；加强了预算管理和财务管理，内部控制制度比较健全有效，认真整改了以前年度审计发现的问题。

二、审计发现的主要问题

（一）未经批准调整预算 1175.79 万元。

2008 年以来，未经财政部批准，工程院将“综合楼办公家具、办公设备、会议系统、智能化系统、工程科技展品及其他”项目预算中的 1175.79 万元，调整用于岗亭制作安装等项目支出，其中 2009 年 1049.63 万元。

（二）扩大范围支出 578.71 万元。

1.2007 年至 2008 年，工程院在提取的课题管理费中列支 272.53 万元，用于弥补人员经费缺口；在办公楼物业管理费中列支职工住宅的取暖费和物业管理费 50.07 万元。

2.2009 年，工程院将部分公用经费结余转入职工福利基金，并从中列支人员经费 173.84 万元；直接在公用经费中支出人员经费 82.27 万元。

（三）超标准、超范围发放劳务费 119.90 万元。

2008 年至 2009 年，工程院在专项经费中超标准、超范围发放机关人员劳务费 119.90 万元，其中 2009 年 58.30 万元。

（四）所属《中国工程科学》杂志社存在的问题。

1.2008 年至 2009 年，该杂志社以中国工程科学理事会（未办理社团登记手续，不具备收取会费资格）的名义，向相关企业和单位收取会费 140 万元，其中 2009 年 30 万元。

2.2008 年 7 月，该杂志社向外单位人员支付承揽赞助和广告的报酬 34 万元时，未按规定代扣代缴个人所得税。

此外，2008 年 5 月和 12 月，工程院分别接受中国石油天然气集团公司、中国中钢集团公司的办公楼基建捐赠款 50 万元和 200 万元。

三、审计处理情况和建议

对上述问题，审计署已依法出具了审计报告、下达了审计决定书。对未经批准调整预算的问题，要求今后将预算调整情况报财政部批准；对扩大范围支出的问题，要求加强预算管理，并相应调整账目和报表；对超标准、超范围发放机关人员劳务费的问题，要求尽快出台整改措施，严格执行国家关于发放津贴补贴的规定；对《中国工程科学》杂志社违规收取会费等问题，要求责成该社按规定加强管理，做好代扣代缴个人所得税工作；对违规接受办公楼基建捐赠款的问题，要求加强基建管理，上述资金所形成的固定资产应入固定资产账。

针对审计发现的问题，审计署建议：工程院应进一步强化预算约束，严格执行预算，建立健全内部控制和财务管理制度。

四、审计发现问题的整改情况

工程院在审计前开展了自查，并纠正了部分自查出的问题。对未经批准调整预算的问题，提出今后将认真做好项目预算并严格执行；对扩大范围支出的问题，将与有关部门协商解决，今后将严格执行国家有关规定；对超标准、超范围发放劳务费等问题，将及时追回相关资金；对《中国工程科学》杂志社存在的问题，已责令该社严格规范财务开支与管理；对违规接受办公楼基建捐赠的问题，将进一步完善制度，杜绝此类问题再发生。

附件：

附表 1：工程院 2009 年度预算执行总体情况表（略）

附表 2：工程院 2009 年度重点审计的单位和资金预算执行情况表（略）

中国气象局2009年度预算执行情况和其他财政收支情况审计结果

(2010年6月23日公告)

根据《中华人民共和国审计法》的规定，2009年12月至2010年3月，审计署对中国气象局（以下简称气象局）2009年度预算执行情况和其他财政收支情况进行了审计，重点审计了局本级和所属行政管理局等3个单位，并对有关事项进行了延伸审计。

一、基本情况

气象局为中央财政一级预算单位，部门预算由局本级和50个二级预算单位的预算组成。财政部批复气象局2009年度的部门预算支出为854865.87万元（指财政性资金预算，下同），其中财政拨款782510.85万元；气象局决算（草案）反映的当年预算执行数为842181.61万元；其部门预算与执行结果的差异总额为12684.26万元，差异的具体情况及产生原因见附表1。

本次审计气象局本级及所属单位2009年度预算支出共计110677.16万元，占部门预算支出总额的12.95%。审计查出预算执行中不符合财经制度规定的问题金额2219.99万元，其中2009年2106.61万元，占审计预算资金额的1.91%；账务记录等不规范问题金额896.59万元。上述问题对气象局2009年度预算执行结果的影响见附表2。

审计结果表明，气象局2009年度预算收支基本符合国家有关预算和财经法规的规定，会计处理基本符合会计法、相关会计准则和会计制度的规定，能够认真做好本部门预算编报的组织工作，进一步加强了预算和财务管理，建立健全了多项预算管理制度，认真整改了以前年度审计发现的问题。

二、审计发现的主要问题

（一）自行安排项目预算1819万元。

2009年，气象局在未报经财政部审批的情况下，自行安排“国家卫星气象中心报告厅改造工程”项目预算1819万元，当年实际支出973.33万元，资金全部来源于其他项目财政拨款。

（二）项目支出预算126万元不细化。

在气象局办公室2009年度预算中，法制建设及行业标准化规范项目预算126万元，仅列示为“气象行政执法和法制建设经费”及“行业标准建设经费”两项内容，未作进一步细化，不利于规范预算执行。

（三）扩大范围支出46.61万元。

2009年，气象局办公室在气象专用及办公设备购置经费项目中列支不属于该项目的支出46.61万元，其中：基本支出13.56万元，综合管理信息系统项目支出33.05万元。

（四）所属单位存在的问题。

1.所属行政管理局承担的三峡工程气象保障服务系统等3个基本建设项目2008年底已完工，结余资金135.51万元，但至审计时仍未办理竣工决算。

2.2007年至2009年，所属中国气象科学研究院在无预算安排的情况下，从“空中水资源监测技术研究”等9个课题中列支办公费等196.59万元，其中2009年列支83.21万元。

3.2007年至2009年，中国气象科学研究院在3个国家科技支撑计划课题中超预算列支差旅费等60.8万元（超预算比例为36.30%）；在6个公益性行业项目中超预算列支劳务费等96.99万元（超预算比例为82.19%）。

4.2007年至2009年，所属北京城市气象研究所未将承担科技部、自然基金委员会等部门课题收入606.94万元纳入本单位预算管理，其中2009年242.81万元。

三、审计处理情况和建议

对上述问题，审计署已依法出具了审计报告、下达了审计决定书。对自行安排项目预算的问题，要求补报审批手续，并将挪用资金归还原渠道；对项目支出预算不细化的问题，要求今后进一步细化项目预算，提高项目预算的准确性和科学性；对扩大范围支出的问题，要求将违规资金归还原渠道，并调整账目和报表；对行政管理局未及时办理竣工决算的问题，要求尽快办理项目竣工决算；对中国气象科学研究院扩大范围支出、超预算列支的问题，要求调整账目和报表，按程序报有关部门审批；对北京城市气象研究所课题收入未纳入本单位预算的问题，要求今后加强预算管理。

针对审计发现的问题，审计署建议：气象局应进一步细化预算编报内容，规范预算编制和批复工作，严格执行预算管理的有关规定，并加强对所属单位的监管。

四、审计发现问题的整改情况

气象局在审计前开展了自查，并纠正了自查出的问题。对审计发现的问题，气象局高度重视，积极采取措施整改。对自行安排项目预算的问题，已报发展改革委审批；对项目支出预算不细化的问题，制定了《关于推进气象部门预算科学化精细化管理的实施意见》和《气象部门预算管理责任制度暂行规定》，明确了各级预算单位的管理责任；对扩大范围支出的问题，已将项目经费归还原渠道，并调整了账务处理；对行政管理局未及时办理竣工决算的问题，行政管理局已编制完成3个项目的决算。其他问题正在进一步整改中。

附件：

附表1：中国气象局2009年度预算执行总体情况表（略）

附表2：中国气象局2009年度重点审计的单位和资金预算执行情况表（略）

中国银行业监督管理委员会2009年度预算执行情况和其他财政收支情况审计结果

（2010年6月23日公告）

根据《中华人民共和国审计法》的规定，2009年12月至2010年2月，审计署对中国银行业监督管理委员会（以下简称银监会）2009年度预算执行情况和其他财政收支情况进行了审计，重点审计了会本级和6个所属单位，并对有关事项进行了延伸审计。

一、基本情况

银监会为中央财政一级预算单位，部门预算由会本级、36个二级预算单位和300个三级预算单位的预算组成。

审计结果表明，银监会2009年度预算收支基本符合国家有关预算和财经法规的规定，会计处理基本符合会计法、相关会计准则和会计制度的规定，能够认真做好对本部门预算编报的组织工作，预算和财务管理工作得到进一步加强，内部控制制度不断完善，能够认真整改以前年度审计发现的问题。但审计也发现了一些需要加以纠正和改进的问题。

二、审计发现的主要问题

（一）扩大范围和提高标准支出309.44万元。

所属天津、内蒙古等4家银监局扩大范围和提高标准支出共计309.44万元，其中2009年280.91万元，包括在公用经费科目列支人员经费等225.51万元、项目支出与公用支出相互挤占挪用13.16万元、超标准发放通讯补贴34.91万元和科目之间相互串用7.33万元。

（二）少计收入556万元。

所属浙江、湖北等3家银监局将地方财政拨付的经费在“其他应付款”科目核算，造成少计收入556万元，其中2009年281万元。

此外，银监会本级及所属单位还存在固定资产入账不及时、预算申报和审批过程不规范等问题。

三、审计处理情况和建议

对上述问题，审计署已依法出具了审计报告、下达了审计决定书，要求银监会本级及部分所属单位纠正问题，并按规定调整账目。

针对审计发现的问题，审计署建议：银监会应加强对公用经费支出和人员经费支出的管理，严格执行有关财务会计制度，在预算资金使用过程中，要及时作好固定资产入账工作，确保固定资产核算完整。

四、审计发现问题的整改情况

银监会在审计前开展了自查，并纠正了部分自查出的问题。对这次审计发现的问题，银监会高度重视，认真纠正和整改。对扩大范围和提高标准支出的问题，已责成相关单位纠正，规范经费列支渠道，同时调整账目；对少计收入的问题，已责成相关单位调整账目，将地方政府拨付经费全部纳入预算管理；对本级及所属单位固定资产管理、预算申报和审批不规范的问题，银监会已进行整改。

中国证券监督管理委员会 2009 年度预算执行情况和其他财政收支情况审计结果

（2010 年 6 月 23 日公告）

根据《中华人民共和国审计法》的规定，2009 年 12 月至 2010 年 2 月，审计署对中国证券监督管理委员会（以下简称证监会）2009 年度预算执行情况和其他财政收支情况进行了审计，重点审计了会本级和 6 个所属单位，并对有关事项进行了延伸审计。

一、基本情况

证监会为中央财政一级预算单位，部门预算由会本级和 36 个二级预算单位的预算组成。

审计结果表明，证监会 2009 年度预算收支基本符合国家有关预算和财经法规的规定，财务处理基本符合会计法、相关会计准则和会计制度的规定，能够认真整改以前年度审计发现的问题。但审计也发现了一些需要加以纠正和改进的问题。

二、审计发现的主要问题

（一）扩大范围和提高标准支出 180.97 万元。

2009 年，所属陕西、厦门等证监局超比例缴存住房公积金 85.38 万元；安徽、江西等证监局在“职工福利基金”科目中列支职工津贴补贴 58.8 万元；陕西、安徽证监局在“稽查办案费”科目中列支公用经费 15.82 万元；安徽证监局通过扩大提租补贴发放范围等方式为该局职工发放津贴补贴 20.97 万元。

（二）少计收入 16.57 万元。

2009 年，所属云南证监局将办公楼租金收入 12.37 万元在“其他应付款”科目挂账；安徽证监局未将地方财政拨付的奖励资金 4.2 万元计入收入。

此外，证监会还存在使用和收受信息不实的民航电子客票报账、一些固定资产未实施政府集中采购等管理不规范问题。

三、审计处理情况和建议

对上述问题，审计署已依法出具了审计报告、下达了审计决定书。对扩大范围和提高标准支出及少计收入的问题，要求予以纠正，并按规定调整账目；对管理不规范的问题，要求尽快整改。

针对审计发现的问题，审计署建议：证监会应进一步严格预算管理，加大对所属单位的监督检查力度，不断提高财务管理水平。

四、审计发现问题的整改情况

证监会在审计前对其本级和所属 36 个派出机构开展了自查，并纠正了部分自查出的问题。对这次审计发现的问题，证监会高度重视，要求相关部门和派出机构认真纠正和整改。对扩大范围和提高标准支出及少计收入的问题，已责成有关单位予以纠正，并加强了财务审核和管理；对管理不规范的问题，已制定整改措施。

中国保险监督管理委员会 2009 年度预算执行情况和其他财政收支情况审计结果

（2010 年 6 月 23 日公告）

根据《中华人民共和国审计法》的规定，2009 年 12 月至 2010 年 2 月，审计署对中国保险监督管理委员会（以下简称保监会）2009 年度预算执行情况和其他财政收支情况进行了审计，重点审计了会本级和 6 个所属单位，并对有关事项进行了延伸审计。

一、基本情况

保监会为中央财政一级预算单位，部门预算由会本级和 35 个二级预算单位的预算组成。

审计结果表明，保监会 2009 年度预算收支基本符合国家有关预算和财经法规的规定，会计处理基本符合会计法、相关会计准则和会计制度的规定，预算和财务管理工作得到进一步加强，认真整改以前年度审计发现的问题。但审计也发现了一些需要加以纠正和改进的问题。

二、审计发现的主要问题

（一）扩大范围支出 53.73 万元。

2009 年，所属广东保监局在项目经费中列支公用经费 32.94 万元、在公用经费中列支人员经费 15.75 万元；上海保监局在公用经费中列支人员经费 5.04 万元。

（二）提高标准支出 213.71 万元。

2007 年至 2009 年，所属四川保监局超标准发放交通补贴等共计 206.34 万元，其中 2009 年发放 34.46 万元；2009 年，所属广东保监局超标准发放职工津贴补贴 7.37 万元。

（三）少计收入 188.5 万元。

2007 年至 2009 年，所属上海、辽宁和四川保监局少计地方财政补贴收入 188.5 万元，其中 2009 年 72.89 万元。

（四）用虚假发票报账套取资金 58.1 万元。

2009 年，所属四川保监局使用虚假机票报账，套取资金 58.1 万元用于发放职工津贴补贴。

此外，保监会本级和部分保监局还存在会计核算和预算管理不规范的问题。

三、审计处理情况和建议

对上述问题，审计署已依法出具了审计报告、下达了审计决定书。对部分保监局扩大范围和提高标准支出、少计收入的问题，要求责成有关单位严格按照规定整改并调整账目；对四川保监局用虚假发票报账套取资金的问题，要求追回有关款项并追究有关人员责任；对其他管理不规范的问题，要求责令相关单位予以纠正。

针对审计发现的问题，审计署建议：保监会应进一步严格财务和预算管理，规范经费支出范围与标准，提高会计信息质量；加强机关内部管理和财务核算，规范津贴补贴发放。

四、审计发现问题的整改情况

保监会在审计前开展了自查，并纠正了部分自查出的问题。对这次审计发现的问题，保监会高度重视，组织相关部门和所属单位查找原因，研究制定整改措施。对部分保监局扩大范围支出的问题，已责令其按照有关法规调整账目；对部分保监局提高标准支出的问题，已责令其停止发放并调整账目；对少计收入的问题，上海、辽宁等保监局已在审计期间进行了整改，其收入已在年度决算报表中予以反映；对四川保监局用虚假发票报账的问题，已在全系统内进行通报批评，并逐步组织清退，四川保监局已清退 25.61 万元。其他管理不规范问题正在进一步整改中。

全国社会保障基金理事会 2009 年度预算执行情况和其他财政收支情况审计结果

（2010 年 6 月 23 日公告）

根据《中华人民共和国审计法》的规定，2010 年 2 月至 4 月，审计署对全国社会保障基金理事会（以下简称社保基金会）2009 年度预算执行情况和其他财政收支情况进行了审计。

一、基本情况

社保基金会为中央财政一级预算单位。财政部批复社保基金会 2009 年度的部门预算支出为 10003.85 万元（指财政性资金预算，下同），均为财政拨款；社保基金会决算（草案）反映的当年预算执行数为 10169.77 万元；其部门预算与执行结果的差异总额为 165.92 万元，差异的具体情况及产生原因见附表 1。

本次审计了社保基金会全部部门预算。审计查出预算执行中不符合财经制度规定的问题金额 688.03 万元，其中 2009 年 150.53 万元，占审计预算资金额的 1.50%；账务记录等不规范问题金额 1033.28 万元。上述问题对社保基金会 2009 年度预算执行结果的影响见附表 2。

审计结果表明，社保基金会 2009 年度预算收支基本符合国家有关预算和财经法规的规定，会计处理基本符合会计法、相关会计准则和会计制度的规定，能够量入为出，不断提高资金使用效益，建立了较为完善的内部控制制度并有效执行，预算执行基本保证了各项工作的有序运行。

二、审计发现的主要问题

（一）扩大范围支出 316.34 万元。

2008 年至 2009 年，社保基金会在办公用房房租及物业费经费项目中列支不属于该项目的支出 316.34 万元。

（二）接受不合规发票报账 412.41 万元。

2007 年至 2009 年，社保基金会作为报账凭证的发票中，有虚假发票，报账金额合计 371.69 万元；有开票单位与实际收款单位不一致或与实际经济内容不符的发票，报账金额合计 40.72 万元。

（三）会计核算及财务管理不规范，涉及金额999.13万元。

1. 至2009年底，社保基金会于2007年支付425.63万元购置的职工宿舍仍未登记固定资产账。

2. 2009年，社保基金会未按规定办理报批手续，将财政部追加的人员经费573.5万元，从零余额账户转拨到基本账户。

三、审计处理情况和建议

对上述问题，审计署已依法出具了审计报告、下达了审计决定书。对扩大范围支出的问题，要求调整账目；对接受不合规发票报账的问题，要求按规定追究相关人员的责任，并且更正和补充相关凭证；对购置职工宿舍未登记固定资产账的问题，要求尽快补登；对未办理报批手续直接转账的问题，要求办理相关审批手续。

针对审计发现的问题，审计署建议：社保基金会应进一步规范预算执行和会计核算，加大财务报账审核力度。

四、审计发现问题的整改情况

对审计发现的上述问题，社保基金会高度重视，认真整改。对扩大范围支出的问题，已调整了相关账目；对购置职工宿舍未登记固定资产账的问题，已登记入账。其他问题正在进一步整改中。

附件：

附表1：社保基金会2009年度预算执行总体情况表（略）

附表2：社保基金会2009年度重点审计的单位和资金预算执行情况表（略）

国家档案局2009年度预算执行情况和其他财政收支情况审计结果

（2010年6月23日公告）

根据《中华人民共和国审计法》的规定，2009年12月至2010年3月，审计署对国家档案局（以下简称档案局）2009年度预算执行情况和其他财政收支情况进行了审计，重点审计了局本级和所属中国第一历史档案馆等3个单位，并对有关事项进行了延伸审计。

一、基本情况

档案局为中央财政一级预算单位，部门预算由局本级和8个二级预算单位的预算组成。财政部批复档案局2009年度的部门预算支出为50466.86万元（指财政性资金预算，下同），其中财政拨款50466.86万元；档案局决算（草案）反映的当年预算执行数为27763.88万元；其部门预算与执行结果的差异总额为22702.98万元，差异的具体情况及产生原因见附表1。

本次审计档案局本级及所属单位2009年度预算支出共计44281.44万元，占部门预算支出总额的87.74%。审计查出预算执行中不符合财经制度规定的问题金额3662.11万元，其中2009年3104.58万元，占审计预算资金额的7.01%；账务记录等不规范问题金额1352.65万元。上述问题对档案局2009年度预算执行结果的影响见附表2。

审计结果表明，档案局2009年度预算收支基本符合国家有关预算和财经法规的规定，会计处理基本符合会计法、相关会计准则和会计制度的规定，能够认真做好本部门预算编报的组织工作，进一步加强了预算和财务管理工作，认真整改了以前年度审计发现的问题。

二、审计发现的主要问题

（一）扩大范围支出2017.75万元。

2009年，档案局在基本支出中列支1236.98万元、在项目支出中列支621.45万元，分别用于无预算的礼堂局部装修、道路改造以及车辆修理、购置礼品等支出；所属档案科学技术研究所和中国第一历史档案馆在5个项目经费中，分别列支130.62万元、28.7万元，用于购置设备、旅行车及旅游支出。

（二）在往来科目核算部分收支，造成少计收入800.57万元、支出30.47万元。

至2009年底，档案局将2002年和2005年收到的工程款结余166.88万元和房租收入余额24.91万元放在“暂存款”科目核算；所属中国档案报社将房租等收入65.78万元计入了“其他应付款”；中国第一历史档案馆将课题费等收入在“其他应付款”中核算，当年收支分别为177.26万元和30.47万元，年末余额为512.53万元。上述造成少计收入 800.57 万元和支出 30.47 万元。

（三）少计固定资产 2091.64 万元。

2009 年，档案局新投入使用的配电室改造工程等项目投资总额 2091.64 万元，已办理了竣工决算，但未作固定资产核算。

（四）接受虚假发票报账 33.92 万元。

2009 年，在档案局食堂伙食费及托管费报账凭证的发票中，有虚假发票金额共计 33.92 万元。

（五）药品实物管理不够严格。

档案局医务室 2003 年成立以来购买药品支出共 536.30 万元，直接在基本支出中列支（其中 2009 年 103.51 万元），均没有完整的药品出入库记录和实物台账。

三、审计处理情况和建议

对上述问题，审计署已依法出具了审计报告、下达了审计决定书。对扩大范围支出的问题，要求归还资金原渠道；对少计收支和固定资产的问题，要求调整有关账目；对接受虚假发票报账的问题，要求更换为真实发票；对药品实物管理不够严格的问题，要求加强管理。

针对审计发现的问题，审计署建议：档案局应严格预算编制和执行，加强财务资产管理和对所属单位的监管。

四、审计发现问题的整改情况

档案局在审计前开展了自查，并纠正了自查出的问题。对这次审计发现的问题，档案局高度重视，召开专题会议，通报了审计情况，成立了整改领导小组，逐条研究整改措施。对少计固定资产的问题，档案局在审计期间成立了以主管副局长为组长的清产核资领导小组，增加了资产管理人员，全局正抓紧进行资产清理和相关账目补登工作；对接受虚假发票报账的问题，已索取更换为正规合法发票，并加强了财务审核。其他问题正在进一步整改中。

附件：

附表 1：国家档案局 2009 年度预算执行总体情况表（略）

附表 2：国家档案局 2009 年度重点审计单位和资金预算执行情况表（略）

国家信访局 2009 年度预算执行情况和其他财政收支情况审计结果

（2010 年 6 月 23 日公告）

根据《中华人民共和国审计法》的规定，2009 年 12 月至 2010 年 3 月，审计署对国家信访局（以下简称信访局）2009 年度预算执行情况和其他财政收支情况进行了审计，重点审计了局本级和所属机关后勤服务中心和信息中心，并对有关事项进行了延伸审计。

一、基本情况

信访局为中央财政一级预算单位，部门预算由局本级和 2 个二级预算单位的预算组成。财政部批复信访局 2009 年度的部门预算支出为 10833.77 万元（指财政性资金预算，下同），其中财政拨款 8541.77 万元；信访局决算（草案）反映的当年预算执行数为 11438.42 万元；其部门预算与执行结果的差异总额为 604.65 万元，差异的具体情况及产生原因见附表 1。

本次审计信访局本级及所属单位 2009 年度预算支出共计 10544.69 万元，占部门预算支出总额的 97.33%。审计查出当年预算执行中不符合财经制度规定的问题金额 159.71 万元，占审计预算资金额的 1.51%；账务记录等不规范问题金额 108 万元。上述问题对信访局 2009 年度预算执行结果的影响见附表 2。

审计结果表明，信访局 2009 年度预算收支基本符合国家有关预算和财经法规的规定，会计处理基本符合会计法、相关会计准则和会计制度的规定，能够认真做好本部门预算编报的组织工作，建立健全了内部控制制度，预算管理与财务监督检查不断加强。

二、审计发现的主要问题

（一）人员经费占用公用经费 65.89 万元。

2009 年，信访局用公用经费支付工作人员餐费补贴 65.89 万元。

（二）基本支出占用项目经费 93.82 万元。

2009 年，信访局在项目经费中列支日常公务用车维修费、机关办公电话费和办公楼建设纪实片制作费等公用经费 93.82 万元。

（三）部分项目预算执行率较低，影响财政资金的使用效益。

信访局2009年部门预算中，“信访立法工作经费”等2个项目的预算未按实际需求编列，其中4项明细支出预算共计108万元，当年均未执行；“信访法制化建设”等2个项目预算当年执行率分别仅为11.23%和22.95%，年底结转资金57.45万元。

三、审计处理情况和建议

对上述问题，审计署已依法出具了审计报告、下达了审计决定书。对人员经费占用公用经费、基本支出占用项目经费的问题，要求调整账目和报表；对部分项目预算执行率低的问题，要求今后应严格遵守预算管理的有关规定，按照实际需求编报预算，提高预算执行率。

针对审计发现的问题，审计署建议：信访局应进一步完善预算编报工作，不断提高预算编制的科学性和准确性，并加快预算执行进度，提高财政资金使用效益。

四、审计发现问题的整改情况

信访局在审计前开展了自查，并纠正了自查出的问题。对这次审计发现的问题，信访局高度重视，认真整改。对人员经费占用公用经费、基本支出占用项目经费的问题，已着手调整账目和报表；对部分项目预算执行率低的问题，提出今后将不断改进项目预算编报工作，提高预算编制的科学性和准确性，严格执行预算。

附件：

附表1：国家信访局2009年度预算执行总体情况表（略）

附表2：国家信访局2009年度重点审计的单位和资金预算执行情况表（略）

国家粮食局2009年度预算执行情况和其他财政收支情况审计结果

（2010年6月23日公告）

根据《中华人民共和国审计法》的规定，2009年11月至2010年3月，审计署对国家粮食局（以下简称粮食局）2009年度预算执行情况和其他财政收支情况进行了审计，重点审计了局本级和所属机关服务中心等11个单位，并对有关事项进行了延伸审计。

一、基本情况

粮食局为中央财政一级预算单位，部门预算由局本级和12个二级预算单位的预算组成。

审计结果表明，粮食局2009年度预算收支基本符合国家有关预算和财经法规的规定，会计处理基本符合会计法、相关会计准则和会计制度的规定，能够认真做好本部门预算编报的组织工作，进一步加强了预算和财务管理，建立健全了有关制度，认真整改了以前年度审计发现的问题。但审计也发现了一些需要加以纠正和改进的问题。

二、审计发现的主要问题

（一）项目支出预算2666万元未细化至项目执行单位。

粮食局2009年项目预算中，有13个项目预算共计2666万元年初未细化至项目执行单位，而由该局在执行中自行下达给所属单位。

（二）在局本级预算中安排地方项目支出800万元。

2009年，粮食局本级项目支出预算中，安排“山东滨州泰裕麦业有限公司山农12小麦良种繁育高技术产业化示范工程”项目支出800万元，资金已全部拨付。

（三）公务用车超编17辆。

至2009年底，粮食局实有公务用车40辆，超编17辆。其中：局机关用车超编12辆，离退休干部用车超编5辆。

（四）所属单位存在的问题。

1.2007年至2009年，所属机关服务中心作为该局宿舍楼装修改造等工程款报账凭证的发票中，有20张虚假发票，金额合计188.12万元，其中154.44万元工程全部由一人承包并由其提供虚假发票。

2.2009年，所属国家粮油信息中心、标准质量中心和中国粮食研究培训中心分别在项目支出中列支基本支出220.83万元、182.83万元和140.49万元。

3.2007年至2009年，所属科学研究院在“非营利性科研机构改革专项启动费”项目支出中列支人员经费202.13万元。

4.2009年，所属机关服务中心、科学研究院出租房产租金92.70万元和20万元未纳入两单位财务账册统一核算，而是由所属公司收取和核算。

三、审计处理情况和建议

对上述问题，审计署已依法出具了审计报告、下达了审计决定书。对项目支出预算未细化的问题，要求今后申报项目预算时细化到具体执行单位；对本级预算中安排地方项目支出的问题，要求今后不得申报此类预算；对公务用车超编的问题，要求尽快清理超编公务用车；对机关服务中心使用虚假发票列支工程款的问题，已移送纪检监察部门处理；对所属单位在项目支出中列支基本支出的问题，要求调整账目和报表；对机关服务中心、科学研究院少计租金收入的问题，要求补计收入，并调整账目和报表。

针对审计发现的问题，审计署建议：粮食局应科学编制部门预算，规范部门预算执行，加强房屋、车辆等资产管理，建立健全工程建设监督管理机制，严格财务报账审核。

四、审计发现问题的整改情况

粮食局在审计前开展了自查，并纠正了自查出的问题。对这次审计发现的问题，粮食局高度重视，召开专题会议，责成有关单位认真纠正和整改。对项目支出预算未细化的问题，提出今后将细化预算；对本级预算中安排地方项目支出的问题，提出今后将按规定申报；对公务用车超编的问题，正在清理超编公务用车，力争2010年公务用车费用比上年降低10%；对所属单位在项目支出中列支基本支出的问题，已责令今后改正；对少计租金收入的问题，科学研究院已收回资金并补计收入，机关服务中心正在清理有关账目。

国家外国专家局2009年度预算执行情况和其他财政收支情况审计结果

（2010年6月23日公告）

根据《中华人民共和国审计法》的规定，2010年1月至3月，审计署对国家外国专家局（以下简称外专局）2009年度预算执行情况和其他财政收支情况进行了审计，重点审计了局本级和所属培训中心等4个单位，并对有关事项进行了延伸审计。

一、基本情况

外专局为中央财政一级预算单位，部门预算由局本级和5个二级预算单位的预算组成。财政部批复外专局2009年度的部门预算支出为47030.33万元（指财政性资金预算，下同），其中财政拨款41001.33万元；外专局决算（草案）反映的当年预算执行数为42354.57万元；其部门预算与执行结果的差异总额为4675.76万元，差异的具体情况及产生原因见附表1。

本次审计外专局本级及所属单位2009年度预算支出共计46704.73万元，占部门预算支出总额的99.31%。审计查出当年预算执行中不符合财经制度规定的问题金额42.50万元，占审计预算资金额的0.09%。上述问题对外专局2009年度预算执行结果的影响见附表2。

审计结果表明，外专局2009年度预算收支基本符合国家有关预算和财经法规的规定，会计处理基本符合会计法、相关会计准则和会计制度的规定，能够认真做好本部门预算编报的组织工作，进一步加强了预算和财务管理工作，建立健全了有关制度，认真整改了以前年度审计发现的问题。

二、审计发现的主要问题

2009年，外专局在项目支出中列支公用经费支出共计12.63万元；所属培训中心和信息中心在项目支出中列支公用经费支出共计19.96万元。

三、审计处理情况和建议

对上述问题，审计署已依法出具了审计报告、下达了审计决定书。对扩大范围支出的问题，要求归还原资金渠道，调整账目和报表，并建议外专局加强项目支出预算管理，严格执行预算，加强对所属单位的财务监管。

四、审计发现问题的整改情况

外专局在审计前开展了自查。对这次审计发现的问题，外专局高度重视，及时部署整改。对扩大范围支出的问题，局机关和培训中心已归还原资金渠道，并调整了账目和报表。

“56个部门单位2009年度预算执行情况和其他财政收支情况审计结果（下）”

国家测绘局2009年度预算执行情况和其他财政收支情况审计结果

（2010年6月23日公告）

根据《中华人民共和国审计法》的规定，2009年12月至2010年3月，审计署对国家测绘局（以下简称测绘局）2009年度预算执行情况和其他财政收支情况进行了审计，重点审计了局本级和所属中国测绘科学研究院（以下简称测科院）等5个单位，并对有关事项进行了延伸审计。

一、基本情况

测绘局为中央财政一级预算单位，部门预算由局本级和16个二级预算单位的预算组成。财政部批复测绘局2009年度的部门预算支出为187856.67万元（指财政性资金预算，下同），其中财政拨款158904.72万元；测绘局决算（草案）反映的当年预算执行数为149337.17万元；其部门预算与执行结果的差异总额为38519.50万元，差异的具体情况及产生原因见附表1。

本次审计测绘局本级及所属单位2009年度预算支出共计178383.69万元，占部门预算支出总额的94.96%。审计查出预算执行中不符合财经制度规定的问题金额19464.47万元，其中2009年5653.84万元，占审计预算资金额的3.17%；账务记录等不规范问题金额43073.22万元，其他财政收支方面的问题金额138696.66万元。上述问题对测绘局2009年度预算执行结果的影响见附表2。

审计结果表明，测绘局2009年度预算收支基本符合国家有关预算和财经法规的规定，会计处理基本符合会计法、相关会计准则和会计制度的规定；能够认真做好本部门预算编报的组织工作，不断强化内部控制，与财政部等部门联合或单独制定下发了多项规章制度，多次组织开展内部审计和财务自查。

二、审计发现的主要问题

（一）部门预算中编列其他部门和单位预算3.56亿元。

2007年至2009年，测绘局在编制基础测绘等4个项目财政拨款预算时，为国家海洋局等3个部门和河北省测绘局等36个地方测绘单位编列预算3.56亿元，其中2009年2.12亿元。

（二）未批复所属单位年中追加预算3.5亿元。

2007年和2009年，财政部年中追加测绘局的测绘生产性项目预算分别为1亿元和2.5亿元，但该局未批复到具体项目单位，造成相关单位项目执行无预算。

（三）扩大范围支出4328.60万元。

2007年至2009年，测绘局在财政专项经费中，扩大范围列支不属于该项目的支出4328.60万元，其中2009年2528.60万元。

（四）侵占、隐瞒和转移会议经费结余1585.53万元。

2006年至2009年，测绘局未经招标确定了3个大型会议承办单位，并与这些单位侵占、隐瞒和转移会议经费结余共计1585.53万元，其中703.68万元存放在法定账册外，有294.10万元已用于宣传费等支出；600万元转至测绘局第一大地测量队，拟用于拍摄测绘题材影视作品；281.85万元被会议承办单位及个人侵占。

（五）以专项野外作业装备名义购置价值472.26万元的10辆车未用于野外生产一线。

2006年至2008年，测绘局以专项野外作业装备名义购置总价339.72万元的7辆车，用于日常管理工作；为陕西测绘局配备总价132.54万元的3辆车在该局后勤服务中心闲置了1年多。

（六）所属测科院存在的问题。

1.2006年以来，测科院未经批准出租出借房屋、设备等资产，共收取租金1532.97万元，其中2009年515.62万元；2006年至2007年，测科院未经批准对外投资252.50万元。

2.2009年，测科院将实际已于2007年委托其参股公司实施的项目进行公开招标，并最终由该公司以1870万元的金额中标；2008年以来，在未获得财政部门核准的情况下，以非公开招标方式购置了2套总价1317.94万元的进口产品。

3.2007年以来，测科院未执行“收支两条线”规定，将“测绘仪器检定收费”收入94.05

万元交所属公司管理，其中 2009 年 35.11 万元。

4.2008 年，测科院以自有资金支付某公司科研开发费用 324 万元，相关发票是该公司以销售软件名义开具的软件销售发票。由于相关业务未真实发生，发票属于无真实业务内容的虚假发票。

（七）所属国家基础地理信息中心（以下简称地信中心）存在的问题。

1.2008 年，地信中心未经充分论证，申报并获得某项目预算 1000 万元。经查，该项目根本无法实施。截至审计时项目结余 973.42 万元。

2.2007 年以来，地信中心未经有关部门批准，自定大地成果、航摄成果等测绘成果成图资料收费标准，共收费 2104.56 万元，其中 2009 年 479.69 万元；“测绘成果成图资料”收费收入 26.77 万元未及时上缴财政专户，其中 2009 年 10.51 万元。

3.2007 年以来，地信中心未经批准，将部分国有资产对外出租，共收取租金 23.3 万元，其中 2009 年 4.2 万元。

（八）部分直属测绘局存在的问题。

1.2003 年以来，黑龙江测绘局所属国家测绘局第二大地测量队等 8 家单位通过截留项目收入、虚假发票报账等方式套取资金 2.38 亿元存放在法定账册外，至审计时余额为 4231 万元。

2.2007 年以来，四川、陕西测绘局等多家单位以虚假业务事项、虚列工资等多种方式套取资金，违规发放职工福利 1.10 亿元；未经批准，将多处办公、业务用房对外出租，房租收入 8471.53 万元未按“收支两条线”规定实行专户管理，而是直接纳入单位预算安排使用。

3.2006 年至 2008 年，四川测绘局以房屋修缮项目的名义申请中央财政专项资金 840 万元，实际用于该局地理信息综合楼新建项目。

4.2007 年以来，四川测绘局所属国家测绘产品质量监督检验测试中心收取的“测绘产品质量监督收费”104.56 万元未上缴财政专户，其中 2009 年 30.2 万元。

5.2009 年，四川测绘局所属成都地图出版社以支付会议费、培训费的名义套取财政专项资金 31.56 万元，存放在法定账册外；用财政专项资金 162.82 万元购置的纸张未入账。

6.2009 年，四川测绘局将合同金额为 399.41 万元的项目公开招标，该局所属两家单位参股的公司中标。评标委员会中有 2 人来自该局所属单位，中标公司还在投标材料中编造公司人员、设备及业绩情况；同年，四川测绘局未经批准，自行以单一来源方式订购卫星影像数据，合同金额 1939.10 万元。

7.2007 年以来，四川测绘局一直未将四川省财政安排的项目收入纳入预算，其中 2009 年 2530 万元。

8.2007 年，陕西测绘局后勤服务中心从供暖系统改造项目中支出 257.70 万元，用于陕西测绘局职工住宅的地下车库建设；2007 年以来，该局所属陕西测绘仪器厂房租收入 285.09 万元（其中 2009 年 100 万元）未缴纳房产税、营业税及附加等税费。

此外，黑龙江测绘局在黑龙江地理信息产业园建设和发展过程中还存在投资未落实、财务多头核算、产权不明晰等问题。

三、审计处理情况和建议

对上述问题，审计署已依法出具了审计报告、下达了审计决定书。对在部门预算中编列其他部门和单位预算的问题，要求严格依法编制预算；对未及时批复所属单位追加预算的问题，要求及时批复预算；对扩大范围支出、确定会议承办单位时未予公开招标的问题，要求予以纠正和规范；对侵占、隐瞒和转移会议资金的问题，要求收回上缴中央财政或纳入测绘局部门预算管理；对项目购车未用于野外生产一线的问题，要求及时调拨；对未经批准将非经营性资产转作经营性资产的问题，要求严格履行审核和报备手续；对政府采购程序不规范、虚假发票列支的问题，要求予以纠正和规范；对行政事业性收费未执行“收支两条线”规定的问题，要求将收费上缴财政专户；对未经充分论证申报项目预算的问题，要求收回项目结余资金并报财政部重新安排预算；对未经批准自定测绘成果成图资料收费标准的问题，要求尽快完善报批手续；对在法定账册外核算资金和资产的问题，要求纳入账内核算；对违规发放职工福利的问题，要求予以纠正和规范；对项目申报不实的问题，要求据实申报预算；对未将来自地方财政的收入纳入预算编制口径的问题，要求规范预算编制；对漏缴税款的问题，要求及时补缴税款。

针对审计发现的问题，审计署建议：测绘局应改进和加强预算编报，严格预算执行；加强会议经费管理；严格执行政府采购和招标投标制度；建立健全内控制度，进一步规范财政财务收支行为。

四、审计发现问题的整改情况

测绘局在审计前开展了自查，并纠正了部分自查出的问题。对这次审计发现的问题，测绘局高度重视，专门召开会议，研究制定整改措施。目前，已收回隐瞒、转移的会议费结余 397.99 万元，收回被侵占的会议费资金 281.85 万元；所属地信中心已将测绘成果成图资料收费收入 26.77 万元上缴财政专户；对违规发放津贴补贴的问题，陕西测绘局已制订清退计划。其他问题正在进一步整改中。

附件：

附表 1：国家测绘局 2009 年度预算执行总体情况表（略）

附表 2：国家测绘局 2009 年度重点审计的单位和资金预算执行情况表（略）

国家邮政局 2009 年度预算执行情况和其他财政收支情况审计结果

（2010 年 6 月 23 日公告）

根据《中华人民共和国审计法》的规定，2009 年 12 月至 2010 年 3 月，审计署对国家邮政局（以下简称邮政局）2009 年度预算执行情况和其他财政收支情况进行了审计，重点审计了局本级和所属机关服务中心等 5 个单位，并对有关事项进行了延伸审计。

一、基本情况

邮政局为中央财政一级预算单位，部门预算由局本级和 31 个二级预算单位的预算组成。

审计结果表明，邮政局 2009 年度预算收支基本符合国家有关预算和财经法规的规定，会计处理基本符合会计法、相关会计准则和会计制度的规定，能够认真做好本部门预算编报的组织工作，进一步加强了预算和财务管理工作，建立健全了有关制度，认真整改了以前年度审计发现的问题。但审计也发现了一些需要加以纠正和改进的问题。

二、审计发现的主要问题

（一）部门预决算编报不完整。

邮政局在编报预决算时，未将机关服务中心、中华全国集邮联合会和北京邮电疗养院等 3 个所属事业单位纳入编报范围。2009 年，这 3 家单位收入 5233.02 万元、支出 4779.56 万元。

（二）接受虚假发票报账 139.30 万元。

2007 年 12 月至 2010 年 2 月，邮政局及所属北京国邮科讯科技发展有限公司，接受北京九智管理咨询有限公司开具的 7 张发票并据以入账。经鉴定，上述发票为虚假发票，涉及金额 139.30 万元，其中 2009 年 70.30 万元。

三、审计处理情况和建议

对上述问题，审计署已依法出具了审计报告、下达了审计决定书。对部门预决算编报不完整的问题，要求将所属 3 家事业单位纳入预决算编报范围；对接受虚假发票报账的问题，要求加强对财务报账凭证的审核，确保原始凭证真实、合法。

针对审计发现的问题，审计署建议：邮政局应进一步加强预决算编报工作，强化对所属单位的管理，完善内部监督机制。

四、审计发现问题的整改情况

针对审计发现的问题，邮政局召开了专题会议，责成相关部门认真纠正和整改，已要求北京九智管理咨询有限公司将 7 张虚假发票全部予以更换。其他问题正在进一步整改中。

国家文物局 2009 年度预算执行情况和其他财政收支情况审计结果

（2010 年 6 月 23 日公告）

根据《中华人民共和国审计法》的规定，2010 年 1 月至 3 月，审计署对国家文物局（以下简称文物局）2009 年度预算执行情况和其他财政收支情况进行了审计，重点审计了局本级和所属中国文化遗产研究院等 5 个单位，并对有关事项进行了延伸审计。

一、基本情况

文物局为中央财政一级预算单位，部门预算由局本级和 8 个二级预算单位的预算组成。财政部批复文物局2009年度的部门预算支出为42752.68万元（指财政性资金预算，下同），全部为财政拨款；文物局决算（草案）反映的当年预算执行数为32567.36万元；其部门预算与执行结果的差异总额为10185.32万元，差异的具体情况及产生原因见附表1。

本次审计文物局本级及所属单位2009年度预算支出共计40038.67万元，占部门预算支出总额的93.65%。审计查出当年预算执行中不符合财经制度规定的问题金额1876.86万元，占审计预算资金额的4.69%；账务记录等不规范问题金额2900万元，其他财政收支方面的问题金额83.14万元。上述问题对文物局2009年度预算执行结果的影响见附表2。

审计结果表明，文物局2009年度预算收支基本符合国家有关预算和财经法规的规定，会计处理基本符合会计法、相关会计准则和会计制度的规定，能够认真做好本部门预算编报的组织工作，建立健全了内部控制制度并有效执行，认真整改了以前年度审计查出的问题。

二、审计发现的主要问题

（一）项目预算2900万元未细化到项目执行单位。

文物局2009年部门预算中，有7个项目预算合计2900万元年初未细化到具体执行的所属单位，而是编列在文物局本级。

（二）扩大范围支出1665.01万元。

2009年，文物局在6个项目预算中，分别列支给所属文物出版社拨款100万元、补助地方支出120万元和其他项目支出1074.39万元；所属中国文化遗产研究院和中国文物报社分别将项目资金285.62万元和85万元用作公用经费支出；中国文化遗产研究院还从科研项目经费中提取管理费39.07万元，以“合同工工资”的名义支出1.9万元。

（三）以拨代支造成多计支出174.68万元。

2009年，文物局在拨付所属机关服务中心“国家文物局文物进出境审核信息管理系统开发”等3个项目经费174.68万元时，会计记账直接计作了支出。截至2010年1月，上述款项均未支出。

（四）所属中国文物报社使用不合规的发票报账83.14万元。

2009年，中国文物报社以办公用品发票、培训费发票、广告制作费发票、出租车票、油票等各种票据报账的方式，发放广告奖励费72.29万元；在公用经费及2个项目支出中，以食品发票和办公用品名义报账10.85万元，实际用于购买购物卡发放给项目专家和本单位职工等。

三、审计处理情况和建议

对上述问题，审计署已依法出具了审计报告、下达了审计决定书。对预算未细化到项目执行单位的问题，要求加强对预算资金的管理，按要求细化项目支出预算；对扩大范围支出的问题，要求追回拨付文物出版社的资金，责成中国文化遗产研究院停止提取管理费，将已提取的管理费余额归还原渠道，并调整账目和报表，今后严格按照预算执行，对确需的新增项目应按有关程序申报批准；对以拨代支造成多计支出的问题，要求调整账目和报表；对使用不合规发票报账的问题，要求责成中国文物报社今后严格审核支出内容，避免再发生此类问题。

针对审计发现的问题，审计署建议：文物局应加强专项资金管理，严格按预算确定的开支范围使用资金，科学掌握项目执行进度，同时进一步加强对所属单位财务工作的监督与指导。

四、审计发现问题的整改情况

对这次审计发现的问题，文物局高度重视，研究制定了整改措施。对扩大范围支出的问题，正在追回资金；对使用不合规发票报账的问题，已责成中国文物报社检查整改。其他问题正在进一步整改中。

附件：

附表1：文物局2009年度预算执行总体情况表（略）

附表2：文物局2009年度重点审计的单位和资金预算执行情况表（略）

国家食品药品监督管理局2009年度预算执行情况和其他财政收支情况审计结果

（2010年6月23日公告）

根据《中华人民共和国审计法》的规定，2009年12月至2010年3月，审计署对国家食品药品监督管理局（以下简称食品药品监管局）2009年度预算执行情况和其他财政收支情况进行了审计，重点审计了局本级和所属药品审评中心等5个单位，并对有关事项进行了延伸审计。

一、基本情况

食品药品监管局是中央财政一级预算单位，部门预算由局本级和12个二级预算单位的预算组成。财政部批复食品药品监管局2009年度的部门预算支出为77993.42万元（指财政性资金预算，下同），其中财政拨款77867.42万元；食品药品监管局决算（草案）反映的当年预算执行数为62980.42万元；其部门预算与执行结果的差异总额为15013万元，差异的具体情况及产生原因见附表1。

本次审计食品药品监管局本级及所属单位2009年度预算支出共计61251.36万元，占部门预算支出总额的78.53%。审计查出预算执行中不符合财经制度规定的问题金额2332.35万元，其中2009年2181.20万元，占审计预算资金额的3.54%；账务记录等不规范问题金额2139.71万元。上述问题对食品药品监管局2009年度预算执行结果的具体影响见附表2。

审计结果表明，食品药品监管局2009年度预算收支基本符合国家有关预算和财经法规的规定，会计处理基本符合会计法、相关会计准则和会计制度的规定，能够认真做好本部门预算编报的组织工作，进一步加强了预算和财务管理工作，建立健全了有关制度，认真整改了以前年度审计发现的问题。

二、审计发现的主要问题

（一）扩大范围支出2166.96万元。

2009年，食品药品监管局在5个项目经费中列支685.62万元，用于支付机关办公楼物业费和职工餐费等；所属药品审评中心、医疗器械技术审评中心和国家药典委员会等3个单位在4个项目经费中列支1481.34万元，用于人员工资、津贴补贴和奖金等支出。

（二）少计结余1810.66万元。

2009年底，食品药品监管局所属7个单位的结余资金1810.66万元，未列入部门年度决算报表。

（三）所属2个单位使用内容不实发票报账47.85万元。

2009年，所属药品审评中心和医疗器械技术审评中心使用内容不实的发票，以劳务费、福利费和办公费等名义报账列支47.85万元，用于购买发放给职工的购物卡等。

（四）所属2个单位违规发放未休年假补贴14.24万元。

2009年，所属药品审评中心和医疗器械技术审评中心违反规定给89名已休满年假或未休满年假但已获补贴的职工，多发放未休年假补贴14.24万元。

（五）所属机关服务中心未按规定处置国有资产收益281.2万元。

1.2009年，该中心未按规定报经财政部门批准，将部分国有资产出租，取得的收入251.2万元用于事业支出，也未实行“收支两条线”管理。

2.2008年，该中心所属北京公勤物业管理中心将收到的占地补偿费30万元，用于发放人员工资和弥补公用经费等，未按规定实行“收支两条线”管理。

三、审计处理情况和建议

对上述问题，审计署已依法出具了审计报告、下达了审计决定书。对扩大范围支出的问题，要求追回资金并归还原渠道；对少计结余的问题，要求将结余列入年度决算报表；对使用内容不实发票报账的问题，要求严格报账凭证审核，规范会计核算；对违规发放未休年假补贴的问题，要求收回违规发放的补贴，严格考勤制度；对未按规定处置国有资产收益的问题，要求补办有关审批手续，并将收益按“收支两条线”管理。

针对审计发现的问题，审计署建议：食品药品监管局应进一步健全内控制度，增强预决算编制的真实性和完整性，严格执行预算管理相关规定。

四、审计发现问题的整改情况

食品药品监管局在审计前开展了自查，并纠正了部分自查出的问题。对这次审计发现的问题，食品药品监管局正积极组织整改。所属药品审评中心和医疗器械技术审评中心已全部收回多发放的未休年假补贴。其他问题正在进一步整改中。

附件：

附表1：食品药品监管局2009年度预算执行总体情况表（略）

附表2：食品药品监管局2009年度重点审计的单位和资金预算执行情况表（略）

国务院南水北调工程建设委员会办公室2009年度预算执行情况和其他财政收支情况审计结果

（2010年6月23日公告）

根据《中华人民共和国审计法》的规定，2010年2月至3月，审计署对国务院南水北调工程建设委员会办公室（以下简称南水北调办）2009年度预算执行情况和其他财政收支情况进行了审计，重点审计了办本级和所属工程设计管理中心等3个事业单位及南水北调中线干线工程建设管理局，并对有关事项进行了延伸审计。

一、基本情况

南水北调办为中央财政一级预算单位，部门预算由办本级和3个二级预算单位的预算组成。财政部批复南水北调办2009年度的部门预算支出为861993.66万元（指财政性资金预算，下同），其中财政拨款601773.66万元；南水北调办决算（草案）反映的当年预算执行数为677383.14万元；其部门预算与执行结果的差异总额为184610.52万元，差异的具体情况及产生原因见附表1。

本次审计南水北调办本级及所属单位2009年度预算支出共计148140.45万元，占部门预算支出总额的17.18%。审计查出当年预算执行中不符合财经制度规定的问题金额14.55万元，占审计预算资金额的0.01%；账务记录等不规范问题金额107760.27万元，其他财政收支方面的问题金额472.66万元。上述问题对南水北调办2009年度预算执行结果的影响见附表2。

审计结果表明，南水北调办2009年度预算收支基本符合国家有关预算和财经法规的规定，会计处理基本符合会计法、相关会计准则和会计制度的规定，建立健全了内部控制制度，定期聘请社会审计机构对所属事业单位和南水北调办工程建设管理单位、代建单位和征地移民机构进行审计，认真整改了以前年度审计发现的问题。

二、审计发现的主要问题

（一）提前申报财政专项预算580万元。

南水北调办办公用房购置投资计划2009年7月获国务院机关事务管理局批复，至年底尚未签订购置合同。但南水北调办在编报2007年度和2009年度部门预算时，就分别以新办公楼办公设备购置、装饰的名义申报，并经财政部批复专项预算共计580万元，2009年底结余491.19万元。

（二）扩大范围支出14.55万元。

2009年，南水北调办在“南水北调工程科技项目立项审查及验收评价”财政拨款项目中，列支了与项目内容无关的论文整理出版合同款9.6万元；在“南水北调工程搭桥资金融资问题研究”财政拨款项目中，列支了与项目内容无关的会议费49470元。

（三）少编报政府采购预算200万元。

南水北调办2008年的政府采购支出中，有200万元的专项审计支出没有编报相应的政府采购预算。

（四）少计收入472.66万元。

1.2009年1月和3月，南水北调办在收到北京市拨入的公费医疗经费和公费医疗照顾经费共计30.46万元后，直接冲减了支出，未按规定计作收入。

2.2008年11月，所属中线干线工程建设管理局在收到北京市南水北调工程建设委员会办公室支付的调水管理费432万元后，挂在往来科目核算，也未按规定计作收入。

3.截至2009年底，所属政策及技术研究中心2008年至2009年应收取的广告收入共计10.2万元未及时收回，未按规定计作收入。

（五）所属中线干线工程建设管理局超概算列

报管理费28377万元，违规委托无招标代理资质机构采购工程物资78595.51万元。

1. 截至2009年底，该局在概算只包含管理费4239.65万元的28个分项工程中，实际列报管理费32616.65万元，超出概算28377万元。

2. 2009年1月，该局将应当实行公开招标的78595.51万元工程物资采购业务，委托给无工程招标代理机构资质的北京中兴通工程发展有限公司代理实施邀请招标。

三、审计处理情况和建议

对上述问题，审计署已依法出具了审计报告、下达了审计决定书。对提前申报财政专项预算的问题，要求今后改进预算申报工作；对扩大范围支出的问题，要求严格执行预算；对少编报政府采购预算的问题，要求按政府采购目录编报采购预算；对少计收入的问题，要求补计收入；对建设管理费支出超概算的问题，要求严格按概算支出；对违规委托无招标代理资质机构采购工程物资的问题，要求责成中线干线工程建设管理局纠正。

针对审计发现的问题，审计署建议：南水北调办应加强预算管理，提高预算编制的科学性、合理性；完善内部控制制度，规范预算执行；进一步综合平衡好工程计划、资金拨付和工程进度，提高资金使用效益。

四、审计发现问题的整改情况

南水北调办在审计前开展了自查，并纠正了部分自查出的问题。对这次审计发现的问题，南水北调办高度重视，提出能立即整改的及时整改并出示整改结果，不能立即整改的今后严格落实审计建议。对提前申报财政专项预算的问题，将按动用财政拨款结余资金程序来申请这两个项目，认真做好两个项目的预算执行；对扩大范围支出的问题，已进行了账目调整，今后将严格执行预算；对少编报政府采购预算的问题，将按照政府采购目录编制采购预算，规范政府采购行为；对少计收入的问题，已补计收入，纳入单位预算管理；对建设管理费支出超概算的问题，已制定相关的管理办法和制度，控制各项目法人建设管理费的使用规模；对违规委托无招标代理资质机构采购工程物资的问题，将责成中线干线工程建设管理局清理支付给北京中兴通工程发展有限公司的采购保管资金。

附件：

附表1：南水北调办2009年度预算执行总体情况表（略）

附表2：南水北调办2009年度重点审计的单位和资金预算执行情况表（略）

国务院三峡工程建设委员会办公室 2009年度预算执行情况和其他财政收支情况审计结果

（2010年6月23日公告）

根据《中华人民共和国审计法》的规定，2009年12月至2010年3月，审计署对国务院三峡工程建设委员会办公室（以下简称三峡办）2009年度预算执行情况和其他财政收支情况进行了审计，重点审计了办本级和所属机关服务中心等4个单位，并对有关事项进行了延伸审计。

一、基本情况

三峡办为中央财政一级预算单位，部门预算由办本级预算组成。财政部批复三峡办2009年度的部门预算支出为7354.32万元（指财政性资金预算，下同），其中：财政拨款2642.76万元，三峡工程建设基金（以下简称三峡基金）4711.56万元；三峡办决算（草案）反映的当年预算执行数为6627.93万元；其部门预算与执行结果的差异总额为726.39万元，差异的具体情况及产生原因见附表1。

本次审计了三峡办2009年的全部部门预算支出。审计查出预算执行中不符合财经制度规定的问题金额516万元，其中2009年47万元，占审计预算资金额的0.6%；账务记录等不规范问题金额12982.58万元，其他财政收支方面的问题金额6201.1万元。上述问题对三峡办2009年度预算执行结果的影响见附表2。

审计结果表明，三峡办2009年度预算收支基本符合国家有关预算和财经法规的规定，会计处理基本符合会计法、相关会计准则和会计制度的规定，进一步完善了内部控制制度，认真整改了以前年度审计发现的大部分问题。

二、审计发现的主要问题

（一）未将所属单位收入 4024.94 万元、支出 3367.98 万元纳入部门预算。

在三峡办 2009 年度部门预算中，未包括所属机关服务中心等 4 个自收自支事业单位的收支情况。这 4 个单位当年收入 4024.94 万元、支出 3367.98 万元。

（二）在三峡基金中安排一般工作经费 12092 万元。

按规定，三峡基金只能用于三峡工程支出，但三峡办在 2002 年至 2009 年的三峡基金收支预算中，安排三峡办稽查组工作经费、会议费、调研费和培训费等工作经费共计 12092 万元。

（三）专项资金管理使用不够严格和规范，涉及金额 3500.08 万元。

1.2002 年至 2009 年，三峡办综合司等内设部门采取以拨代支方式，把本级管理和承担的 6 个项目资金中的 516 万元转移至 4 个所属单位。至 2009 年底，相关内设部门已从中报销交通费、会议费等支出 269.98 万元。

2.2000 年至 2009 年，三峡办在三峡工程施工区外生态环境补偿费中，按自定标准 5％提取管理费 1804.5 万元。截至 2009 年底，用于三峡办水库管理司的差旅费、调研等支出 954.42 万元。

3.2004 年，三峡办将三峡移民培训中心建设资金 1000 万元，以预付培训费名义出借给云湖度假村，每年收取资金占用费 50 万元，用于该办在度假村的有关开支。审计署 2005 年曾指出这一问题，但三峡办一直未收回上述资金。至 2009 年底，三峡办收取资金占用费共计 289 万元，用于会议支出及发放职工补贴等 274.14 万元，包括规范津贴补贴后向职工发放的实物等支出 38.78 万元。

4.2008 年，三峡办未按进度拨款，将三峡工程论证及可行性研究结论阶段性评估项目经费 1901 万元一次全额拨付项目承担单位，且同时列作支出。该项目已于 2009 年底基本完成，在项目承担单位结余资金 890.58 万元，占该项目预算的 46.85％。

（四）将本级收入 326.25 万元存放在所属单位，未纳入本级核算。

1.2009 年 7 月，三峡办将三峡总公司支付的提前发电奖励款 200 万元直接汇入所属北戴河基地账户。至审计时，基地已从中列支维修费、购置固定资产等支出 158.23 万元。

2.2003 年至 2009 年，三峡办将房产出租收入 126.25 万元存放在所属三峡办移民管理咨询中心（以下简称咨询中心）和机关服务中心账上，用于这些单位日常经费开支。

（五）投资 1800 万元的办公楼购置和使用不合规。

三峡办 2006 年 12 月以信访用房为名，投资 1800 万元购买了总建筑面积为 2251.1 平方米的房产，实际由所属自收自支单位三峡出版社无偿使用。

（六）未经招标将 3 个工程监理项目直接交由所属咨询中心承担，涉及合同金额 257 万元。

2008 年至 2009 年，三峡办未按规定进行招标，将三峡工程生态环境建设与保护试点示范项目等 3 个工程监理项目直接交由无相应资质的咨询中心承担，合同金额 257 万元，已拨付资金 72 万元。

（七）政府采购预算编制不完整，32.14 万元支出未按规定实行政府采购。

三峡办 2009 年部门预算中，未编制政府采购预算表；实际执行中，对列入政府集中采购目录的复印机、计算机、电子数码产品等办公用品支出 32.14 万元，未实行政府采购。

（八）未按规定执行项目预算 30.05 万元。

2007 年，三峡办从三峡基金中拨付所属三峡出版社 30.05 万元，用于出版《中美研究开发长江史料》，并约定于 2007 年底完成，但至审计时尚未出版，资金闲置。

（九）未纠正以前年度审计发现的问题，涉及金额 900 万元。

2005 年 3 月和 2006 年 4 月，三峡办以三峡水库生态与环境保护监测用船的名义，将水质保护专项资金 900 万元拨付湖北省移民局建造了一艘接待用船。审计署 2005 年审计中曾指出这一问题，要求予以纠正。但此次审计发现，三峡办并未纠正，该船在功能设计上没有安装用于水库和环境监测的仪器和设备，实际仍为接待用船。

（十）所属咨询中心违规承揽监理业务

500.69万元，将168.83万元资金存放在法定账簿外。

1.2005年至2009年，该中心在未取得监理资质的情况下，先后与11个关联单位签订了金额共计500.69万元的17个工程监理合同，实际收入310.20万元。

2.2006年至2009年，该中心以虚增印刷品数量和编造虚假会议等方式，套取现金148.47万元存放在法定账簿外，还将房产出租收入20.36万元存入个人账户。其中40万元以现金形式上交三峡办，用于发放职工节日补贴；余款送给了向其输送项目的单位或相关个人。

（十一）所属三峡出版社将出版印刷费92.64万元转移至该社下属公司。

2007年至2008年，三峡办与三峡出版社签订了出版《长江三峡工程稽察工程文件汇编》等4部汇编的委托合同，出版印刷费92.64万元由三峡办直接拨付到该社和本社职工共同出资成立的北京集荣文化有限公司，由该公司承担出版业务，未纳入出版社账簿核算。

三、审计处理情况和建议

对上述问题，审计署已依法出具了审计报告、下达了审计决定书。对在三峡基金中安排一般工作经费的问题，要求商财政部解决部门所需正常工作经费；对专项资金管理使用不规范的问题，要求收回结余资金，并归还原资金渠道；对将收入存放所属单位的问题，要求收回结余资金；对办公楼购置和使用不合规的问题，要求商国务院机关事务管理局妥善处置；对未经招标将工程监理项目直接交由所属单位承担的问题，要求落实招标程序；对未按规定执行项目预算的问题，要求收回闲置资金，并归还原资金渠道；对未纠正以前年度审计发现问题的问题，要求商有关部门采取措施，妥善处理好监管船功能及管理等事项；对咨询中心违规承揽工程监理项目并账外存放资金的问题，要求停止违规行为，清理已收取的监理费用，清退已发放的补贴；对转移出版印刷费至所属公司的问题，要求清理公司，收回资金。

针对审计发现的问题，审计署建议：三峡办应加强预算管理，严格财经纪律，认真履行监管职责，确保专款专用；建立健全各类管理制度，加大对所属单位的监管力度。

四、审计发现问题的整改情况

三峡办在审计前开展了自查，并纠正了自查出的问题。对这次审计发现的问题，三峡办高度重视，以“狠抓审计整改、扩大审计成果”为主题召开专题会议进行研究，制定了8个方面的整改措施。已收回存放在所属单位的结余资金；对转移专项资金至外单位获取利益289万元以及违规使用专项资金1804.50万元等问题，已制定整改措施。其他问题正在进一步整改中。

附件：

附表1：三峡办2009年度预算执行总体情况表（略）

附表2：三峡办2009年度重点审计的单位和资金预算执行情况表（略）

最高人民法院2009年度预算执行情况和其他财政收支情况审计结果

（2010年6月23日公告）

根据《中华人民共和国审计法》的规定，2009年12月至2010年3月，审计署对最高人民法院（以下简称高法院）2009年度预算执行情况和其他财政收支情况进行了审计，重点审计了院本级和所属国家法官学院等4个单位，并对有关事项进行了延伸审计。

一、基本情况

高法院为中央财政一级预算单位，部门预算由院本级和1个二级预算单位的预算组成。

审计结果表明，高法院2009年度预算收支基本符合国家有关预算和财经法规的规定，会计处理基本符合会计法、相关会计准则和会计制度的规定，能够不断加强预算管理与财务监督检查，建立了内部审计机构，建立健全了有关制度，认真整改了以前年度审计发现的问题。但审计也发现了一些需要加以纠正和改进的问题。

二、审计发现的主要问题

（一）违规发放津贴补贴539.88万元。

2009年，高法院违规发放年终一次性奖金362.42万元，防暑降温费110.08万元，实物形式过节补助67.38万元。

（二）未经报批变更所属国家法官学院新校区建设项目的设计和概算。

在未按规定报经发展改革委批复的情况下，高法院对国家法官学院新校区建设项目重复进行了规划设计，投资概算由35161万元增加至73016.84万元。至2009年底，项目的主体结构已经封顶，但重大设计变更仍未获发展改革委批复。

（三）少计收入1606.65万元、资产177.38万元。

2009年，高法院未将部分房屋出租等收入1466.65万元在本级账内核算，而是直接计作了所属机关服务中心的事业收入；未将收取的《公报》稿酬140万元计列收入，而是放在“暂存款”科目中核算；未将其2005年至2009年接受捐赠的价值177.38万元的6辆汽车在会计账簿上反映。

（四）部分专项业务费预算编报论证不充分。

由于编报论证不充分，高法院两个专项业务费预算执行较慢，2009年预算为25746.18万元，实际支出仅16340.23万元，至2009年底累计结余21911.23万元。

（五）扩大范围支出71.69万元。

2009年，高法院在基本支出中列支经营单位高法院第二招待所（法官之家）和晶湖湾海鲜酒店电费71.69万元。

（六）所属国家法官学院存在的问题。

1.2008年至2009年，该院未经核准，收取法官培训费4429.27万元。

2.2007年至2009年，该院所属非独立核算单位编辑发行部和《法律适用》编辑部的发行收入1128.39万元和644.48万元，未纳入学院账簿统一核算。

3.至2009年6月，该院支付丰台区花乡农工商联合总公司征地补偿费8947.57万元，超过协议补偿额300.37万元。

三、审计处理情况和建议

对上述问题，审计署已依法出具了审计报告、下达了审计决定书。对违规发放津贴补贴的问题，要求按国家有关津贴补贴管理规定处理；对未经报批变更国家法官学院新校区建设项目设计和概算的问题，要求商发展改革委尽快解决；对少计收入和资产的问题，要求调整账目，将资产纳入会计核算；对部分项目预算编报论证不充分的问题，要求今后从严从紧编报预算，加快项目预算执行进度，切实提高财政资金的使用效益；对扩大范围支出的问题，要求收回上述资金，调整账目；对国家法官学院违规收取法官培训费的问题，建议商发展改革委和财政部解决；对两个编辑部收入未纳入规定账簿核算的问题，要求纳入单位预算统一核算；对国家法官学院超协议规定支付征地补偿费的问题，要求进一步查清多支付征地补偿费的原因和相关人员的责任，并依法作出处理。

针对审计发现的问题，审计署建议：高法院应进一步强化预算编报工作，提高预算编制的科学性和财政资金使用效益；严格预算执行，加强基本建设管理，规范基建审批程序。

四、审计发现问题的整改情况

高法院在审计前开展了自查，并纠正了部分自查出的问题。对这次审计发现的问题，高法院高度重视，认真纠正和整改。对部分项目预算编报论证不充分的问题，高法院有关部门认真分析原因，提出将进一步增强项目管理的计划性和针对性，定期检查项目进度情况；对少计资产的问题，提出将加强固定资产管理，补计固定资产账；对国家法官学院违规收取法官培训费的问题，已向有关部门申请，采取措施规范收费。其他问题正在进一步整改中。

中共中央对外联络部2009年度预算执行情况和其他财政收支情况审计结果

（2010年6月23日公告）

根据《中华人民共和国审计法》的规定，2009年12月至2010年3月，审计署对中共中央对外联络部（以下简称中联部）2009年度预算执行情况和其他财政收支情况进行了审计，重点审计了部本级和所属机关服务中心等3个单位，并对有关事项进行了延伸审计。

一、基本情况

中联部为中央财政一级预算单位，部门预算由部本级和3个二级预算单位的预算组成。

审计结果表明，中联部2009年度预算收支基本符合国家有关预算和财经法规的规定，会计处理基本符合会计法、相关会计准则和会计制度的规定；能够认真做好本部门预算编报的组织工作，进一步加强了预算和财务管理；建立健全了有关制度，认真整改了以前年度审计发现的问题。但审计也发现了一些需要加以纠正和改进的问题。

二、审计发现的主要问题

（一）在基本支出中列支项目支出等558.39万元。

2008年至2009年，中联部在基本支出中列支装修改造项目支出508.39万元，列支所属单位装修费50万元。

（二）已完工的总投资额为39369.80万元的基建项目未及时办理竣工决算和资产移交手续。

至2009年底，中联部在1993年至2005年间建成并投入使用的14个项目，总投资39369.80万元，均未按规定办理竣工决算和资产移交手续。

（三）未经批准将部分房产交所属单位出租，取得收入397.92万元。

未经财政部审核批准，中联部将部分房产交由所属机关服务中心出租，2009年取得出租收入397.92万元。

（四）政府采购管理不够严格，涉及金额703.16万元。

2009年，中联部政府采购预算中，有497.18万元预算未执行；另有205.98万元货物及服务采购支出，未按规定编入政府采购预算。

三、审计处理情况和建议

对上述问题，审计署已依法出具了审计报告、下达了审计决定书。对在基本支出中列支项目支出等问题，要求调整账目和报表；对未及时办理竣工决算和资产移交手续的问题，要求加紧办理竣工决算和资产移交；对未经批准将部分房产交所属单位出租的问题，要求将出租事项报财政部备案；对政府采购管理不够严格的问题，要求严格执行政府采购规定。

针对审计发现的问题，审计署建议：中联部应加强预算管理，严格预算执行，进一步规范基本建设项目和政府采购管理，加强对所属单位的财务监督。

四、审计发现问题的整改情况

中联部在审计前开展了自查，并纠正了自查出的问题。对这次审计发现的问题，中联部高度重视，认真纠正和整改。对在基本支出中列支项目支出等问题，规定今后要严格区分项目支出与基本支出；对未及时办理竣工决算和资产移交手续的问题，正在加紧办理竣工结算和资产移交；对未经批准将部分房产交所属单位出租的问题，正在办理备案工作；对未严格实行政府采购管理的问题，将专门研究加强政府采购预算编报和执行。

中央机构编制委员会办公室2009年度预算执行情况和其他财政收支情况审计结果

（2010年6月23日公告）

根据《中华人民共和国审计法》的规定，2009年12月至2010年3月，审计署对中央机构编制委员会办公室（以下简称中央编办）2009年度预算执行情况和其他财政收支情况进行了审计，重点审计了办本级和所属机关服务中心，并对有关事项进行了延伸审计。

一、基本情况

中央编办为中央财政一级预算单位，部门预算由办本级和3个二级预算单位的预算组成。财政部批复中央编办2009年度的部门预算支出为8230.78万元（指财政性资金预算，下同），全部为财政拨款；中央编办决算（草案）反映的当年预算执行数为5857.07万元；其部门预算与执行结果的差异总额为2373.71万元，差异的具体情况及产生原因见附表1。

本次审计中央编办本级及所属单位2009年度预算支出共计7693.57万元，占部门预算支出总额的93.47%。审计查出当年预算执行中账务记录等不规范问题金额217.80万元。上述问题对中央编办2009年度预算执行结果的影响见附表2。

审计结果表明，中央编办2009年度预算收支基本符合国家有关预算和财经法规的规定，会计处理基本符合会计法、相关会计准则和会计制度的规定；注重建立健全财务管理制度，不断加强对所属单位的监督管理，认真整改了以前年度审计发现的问题。

二、审计发现的主要问题

中央编办在申请4个延续项目2009年度预算时，未将以前年度结余资金217.80万元列入预算，当年实际从中支出134.10万元。

三、审计处理和整改情况

对上述问题，审计署已依法出具了审计报告，要求今后编报预算时，统筹安排使用结余资金。

中央编办在审计前开展了自查，并纠正了自查出的问题。对审计发现的上述问题，中央编办提出今后将严格按规定执行。

附件：

附表1：中央编办2009年度预算执行总体情况表（略）

附表2：中央编办2009年度重点审计单位和资金预算执行情况表（略）

中共中央党校2009年度预算执行情况和其他财政收支情况审计结果

（2010年6月23日公告）

根据《中华人民共和国审计法》的规定，2010年1月至3月，审计署对中共中央党校（以下简称中央党校）2009年度预算执行情况和其他财政收支情况进行了审计，重点审计了校本级和所属函授学院，并对有关事项进行了延伸审计。

一、基本情况

中央党校为中央财政一级预算单位，部门预算由校本级和2个二级预算单位的预算组成。财政部批复中央党校2009年度的部门预算支出为43865.58万元（指财政性资金预算，下同），其中财政拨款28921.03万元；中央党校决算（草案）反映的当年预算执行数为36872.29万元；其部门预算与执行结果的差异总额为6993.29万元，差异的具体情况及产生原因见附表1。

本次审计中央党校本级及所属单位2009年预算支出共计39001.83万元，占部门预算支出总额的88.91%。审计查出预算执行中不符合财经制度规定的问题金额1020.3万元，其中2009年485.65万元，占审计预算金额的1.25%；账务记录等不规范问题金额5693.74万元。上述问题对中央党校2009年度预算执行结果的具体影响见附表2。

审计结果表明，中央党校2009年度预算收支基本符合国家有关预算和财经法规的规定，会计处理基本符合会计法、相关会计准则和会计制度的规定；能够认真做好本部门预算编报的组织工作，制定实施了关于加强预算执行管理的19项制度和措施，健全完善了内部控制制度，认真整改了以前年度审计发现的问题。

二、审计发现的主要问题

（一）多计支出563.95万元。

1.2007年至2009年，中央党校每年将收到的中央党校延安精神研究会课题预算200万元，在编制决算时均全额计作了支出。至2009年底，实际支出为143.99万元，由此造成多计支出456.01万元。

2.中央党校每年按教学科研人员数及定额标准，计提当年科研成果津贴并在基本支出中列支，于次年再核发。由于计提数与实际核发数不一致，造成2009年决算报表多计支出107.94万元。

（二）横向科研课题费收入211.69万元财务核算不规范。

中央党校将承接其他单位科研课题的收支在往来科目中核算，2009年收支分别为211.69万元和72.38万元，导致少计收支。

（三）房屋出租未按规定报财政部备案。

2009年4月，中央党校财务行政管理局将面积5300平方米的房屋出租，未报财政部备案。

（四）所属单位存在的问题。

1.2008年9月，所属后勤部社区服务中心未经党校审批和资产评估，将面积1602平方米的房屋对外出租。

2.2009年，所属函授学院应收未收学费和教材费等行政事业性收入4114.34万元；已收取费用中的1044.91万元未计入应缴财政专户，另外还将其中74.21万元直接返还铁道部党校函授分院。

3.所属函授学院与其他单位合作办班取得的部分学费收入未及时上缴财政专户，而是在往来科目核算，2009年收支分别为52.83万元和63.02万元，年底结余107.43万元。

三、审计处理情况和建议

对上述问题，审计署已依法出具了审计报告、下达了审计决定书。对多计支出、课题费收入财务核算不规范的问题，要求调整账目和报表；对房屋出租未按规定报财政部备案的问题，要求补办审批手续，并将资产出租和审批情况报财政部备案；对函授学院行政事业性收费应收未收、应缴未缴及财务核算不规范的问题，要求责令函授学院采取有效措施，确保收费收入及时、完整上缴财政专户，并调整决算报表。

针对审计发现的问题，审计署建议：中央党校应规范财务核算行为，加强财务监管，督促函授学院加大行政事业性收费收缴力度。

四、审计发现问题的整改情况

中央党校在审计前开展了自查，并纠正了自查出的问题。对这次审计发现的问题，中央党校高度重视，正在进行认真纠正和整改。对多计支出和横向科研课题费收入财务核算不规范的问题，正着手调整账目和报表；对房屋出租未按规定报财政部备案的问题，正在补办备案手续；对函授学院行政事业性收费应收未收、应缴未缴和财务核算不规范的问题，已责令函授学院纠正，函授学院已调整了账目和报表，准备将收费收入上缴财政专户。

附件：

附表 1：中央党校 2009 年度预算执行总体情况表（略）

附表 2：中央党校 2009 年度重点审计的单位和资金预算执行情况表（略）

中国外文出版发行事业局 2009 年度预算执行情况和其他财政收支情况审计结果

（2010 年 6 月 23 日公告）

根据《中华人民共和国审计法》的规定，2010 年 1 月至 3 月，审计署对中国外文出版发行事业局（以下简称中国外文局）2009 年度预算执行情况和其他财政收支情况进行了审计，重点审计了局本级和所属中国互联网新闻中心和外文出版社，并对有关事项进行了延伸审计。

一、基本情况

中国外文局为中央财政一级预算单位，部门预算由局本级和 15 个二级预算单位的预算组成。财政部批复中国外文局 2009 年度的部门预算支出为 34156.91 万元（指财政性资金预算，下同），其中财政拨款 31838.10 万元；中国外文局决算（草案）反映的当年预算执行数为 34230.52 万元；其部门预算与执行结果的差异总额为 73.61 万元，差异的具体情况及产生原因见附表 1。

本次审计中国外文局本级及所属单位 2009 年度预算支出共计 21420.86 万元，占部门预算支出总额的 63%。审计查出当年预算执行中不符合财经制度规定的问题金额 689.03 万元，占审计预算资金额的 3.22%；查出账务记录等不规范问题金额 2881.46 万元。上述问题对中国外文局 2009 年度预算执行结果的影响见附表 2。

审计结果表明，中国外文局 2009 年度预算收支基本符合国家有关预算和财经法规的规定，会计处理基本符合会计法、相关会计准则和会计制度的规定；能够认真做好本部门预算编报的组织工作，不断强化内部控制，制定了国有资产管理、项目资金使用以及机关公务卡使用等有关制度，进一步加强了预算和财务管理工作，认真整改了以前年度审计发现的问题。

二、审计发现的主要问题

（一）未将所属中国互联网新闻中心经营收入 2261.46 万元、支出 2683.82 万元纳入部门预决算。

2002 年以来，中国外文局在未报经财政部审批的情况下，对事业单位中国互联网新闻中心实行企业化管理，一直未将其经营收支纳入部门预决算，造成预决算编报不完整。2009 年，该中心经营收支分别为 2261.46 万元和 2683.82 万元。

（二）扩大范围支出 251.92 万元。

2009 年，中国外文局在项目经费中列支本级及所属单位年度考核奖、60 年庆典等支出 251.92 万元。

（三）将以前年度搬迁补偿款结余在往来账上核算。

中国外文局将以前年度搬迁补偿款结余一直在“其他应付款”科目核算，2009 年初结余 150 万元，当年拨付 50 万元，造成决算（草案）少反映上述结余及使用情况。

（四）向所属单位投资 620 万元未履行备案手续。

2008 年 7 月，中国外文局用事业基金 620 万元对所属企业新星出版社进行改制增资，未按规定报财政部备案。

（五）所属中国互联网新闻中心未将 287.11 万元收入纳入预算管理。

2009 年，中国互联网新闻中心通过下属公司收取广告费等收入 287.11 万元，未纳入中心预算管理。

三、审计处理情况和建议

对上述问题，审计署已依法出具了审计报告、下达了审计决定书。对所属单位经营收支未纳入部门预决算的问题，要求将该中心的收支全部纳入部门预算管理；对基本支出占用项目支出的问题，要求调整账目和报表，今后严格按照批复的项目支出预算执行；对以前年度搬迁补偿款结余在往来款科目核算的问题，要求调整账目和报表；对向所属单位投资未履行备案手续的问题，要求尽快报财政部备案；对所属单位未将广告费等收入纳入预算管理的问题，要求责成相关单位清理和收回资金，纳入预算管理，并调整账目和报表。

针对审计发现的问题，审计署建议：中国外文局应进一步严格预算管理，规范项目经费管理和使用，尽快清理往来账，统筹安排以前年度结余资金，提高资金使用效益。

四、审计发现问题的整改情况

中国外文局在审计前开展了自查，并纠正了自查出的问题。对本次审计发现的问题，中国外文局积极采取措施整改。对未将中国互联网新闻中心经营收支纳入部门预决算管理的问题，中国外文局已报经财政部批准，将对该中心实行企业化管理。其他问题正在进一步整改中。

附件：

附表 1：中国外文局 2009 年度预算执行总体情况表（略）

附表 2：中国外文局 2009 年度重点审计的单位和资金预算执行情况表（略）

光明日报社 2009 年度预算执行情况和其他财政收支情况审计结果

（2010 年 6 月 23 日公告）

根据《中华人民共和国审计法》的规定，2009 年 12 月至 2010 年 3 月，审计署对光明日报社 2009 年度预算执行情况和其他财政收支情况进行了审计，重点审计了社本级和所属新京报社、北京新京报传媒有限责任公司等 4 个单位，并对有关事项进行了延伸审计。

一、基本情况

光明日报社为中央财政一级预算单位，部门预算由社本级预算组成。财政部批复光明日报社 2009 年度的部门预算支出为 11274 万元（指财政性资金预算，下同），全部为财政拨款；光明日报社决算（草案）反映的当年预算执行数为 11274 万元；其部门预算与执行结果无差异，总体情况见附表 1。

本次审计光明日报社本级 2009 年预算支出 11274 万元，占部门预算支出总额的 100%。审计查出预算执行中不符合财经制度规定的问题金额 4400 万元，其中 2009 年 3200 万元，占审计预算资金额的 28.38%；账务记录等不规范问题金额 11160 万元，其他财政财务收支方面的问题金额 65346.72 万元。上述问题对光明日报社 2009 年度预算执行结果的影响见附表 2。

审计结果表明，光明日报社 2009 年度预算收支基本符合国家有关预算和财经法规的规定，会计处理基本符合会计法、相关会计准则和会计制度的规定，能够认真做好本部门预算编报的组织工作，进一步加强预算和财务管理，建立健全了有关制度，认真整改了以前年度审计发现的问题。

二、审计发现的主要问题

（一）少计收入 4563.38 万元。

1. 2007 年和 2009 年，光明日报社收到财政部拨付的政策性补贴中，有 4400 万元计作“资本公积”、“专项应付款”等，造成少计财政补贴收入，其中 2009 年少计 3200 万元。

2. 2009 年，光明日报社将订报发行款 62.58 万元直接用于支付订报费用、100.80 万元计作“其他应付款”，造成少计收入 163.38 万元。

（二）决算（草案）多计项目支出 2806.97 万元。

光明日报社 2009 年度决算（草案）反映，其 2009 年度项目支出预算 11274 万元已全部执行完毕，但年底实际结余 2806.97 万元，造成多计项目支出。

（三）部分人员违规参与广告经营业务，涉及金额 6238.21 万元。

2005 年至 2009 年，光明日报社的部分采编部门和采编人员参与了报社的广告经营业务，涉及广告金额共计 6238.21 万元，其中 2009 年度为 1308.41 万元。

（四）未取得原始凭证列支费用 758.55 万元。

2009 年度，光明日报社在向所属非独立核算的驻地各记者站拨付运营包干经费和发行经费共计 758.55 万元时，全部直接作为费用列支，且无原始报账凭据。

（五）收受虚假发票报账 24.92 万元。

在光明日报社 2009 年度作为报账凭证的发票中，有虚假发票 37 张，报账金额 24.92 万元。

（六）所属单位少计广告收入 54244.34 万元。

2005 年至 2009 年，所属新京报社少计广告收入 46100.53 万元，其中 2009 年少计 20782.98 万元；北京新京报传媒有限责任公司少计广告收入 8143.81 万元，其中，2009 年少计 4433.6 万元。

此外，光明日报社在 2009 年度部门预算中申报的预算总额为 11160 万元的 11 个项目，缺少项目申报书等资料。

三、审计处理情况和建议

对上述问题，审计署已依法出具了审计报告、下达了审计决定书。对少计收入的问题，要求调整账目，完整确认收入；对部分人员违规参与广告经营业务的问题，将移送新闻出版总署处理；对未取得原始凭证列支费用的问题，要求补充相关原始报账凭证；对收受虚假发票报账的问题，要求加强对财务报账凭证的审核和管理；对所属单位少计广告收入的问题，要求调整账目，完整确认收入；对项目支出预算缺少项目申报书等资料的问题，要求进一步加强预算管理，完善预算申报资料。

针对审计发现的问题，审计署建议：光明日报社应规范项目预算申报工作，提高收支核算的准确性，加强对所属单位的监管，促进其提高财务管理和会议核算工作水平。

四、审计发现问题的整改情况

光明日报社在审计前开展了自查，并针对自查出的问题制定了相应的整改措施。对这次审计发现的问题，光明日报社高度重视，积极进行纠正和整改。对部分人员违规参与广告经营业务的问题，规定有关部门和人员要严格遵守相关政策法规，区别新闻报道与广告宣传，不得以光明日报记者站名义从事广告和发行业务；对未取得原始凭证列支费用的问题，要求记者站所发生的费用必须在报社本级凭票报账；对虚假发票问题，已向开票单位更换部分假发票。其他问题正在进一步整改中。

附件：

附表 1：光明日报社 2009 年度预算执行总体情况表（略）

附表 2：光明日报社 2009 年度重点审计的单位和资金预算执行情况表（略）

中华全国总工会 2009 年度预算执行情况和其他财政收支情况审计结果

（2010 年 6 月 23 日公告）

根据《中华人民共和国审计法》的规定，2009 年 12 月至 2010 年 3 月，审计署对中华全国总工会（以下简称全国总工会）2009 年度预算执行情况和其他财政收支情况进行了审计，重点审计了会本级和所属工人日报社等 4 个单位，并对有关事项进行了延伸审计。

一、基本情况

全国总工会为中央财政一级预算单位，部门预算由会本级和 7 个二级单位的预算组成。财政部批复全国总工会 2009 年度的部门预算支出为 98012.85 万元（指财政性资金预算，下同），全部是财政拨款；全国总工会决算（草案）反映的当年预算执行数为 98312.91 万元；其部门预算与执行结果的差异总额为 300.06 万元，差异的具体情况及产生原因见附表 1。

本次审计全国总工会本级及所属单位2009年度预算支出共计19020.77万元，占部门预算支出总额的19.41%。审计未发现预算资金管理使用存在问题，其部门预算与执行结果的主要差异及产生原因与全国总工会提供的说明相同，详见附表2。

二、审计评价

审计结果表明，全国总工会2009年度预算收支符合国家有关预算和财经法规的规定，会计处理符合会计法、相关会计准则和会计制度的规定，能够认真做好本部门预算编报的组织工作，进一步加强了预算和财务管理工作，组织修订了《工会会计制度》、《工会预算管理办法》等规章制度，认真整改了以前年度审计发现的问题。

附件：

附表1：全国总工会2009年度预算执行总体情况表（略）

附表2：全国总工会2009年度重点审计的单位和资金预算执行情况表（略）

中国共产主义青年团中央委员会 2009年度预算执行情况和其他财政收支情况审计结果

（2010年6月23日公告）

根据《中华人民共和国审计法》的规定，2009年12月至2010年3月，审计署对中国共产主义青年团中央委员会（以下简称共青团中央）2009年度预算执行情况和其他财政收支情况进行了审计，重点审计了共青团中央本级和所属中国青年政治学院等7个单位，并对有关事项进行了延伸审计。

一、基本情况

共青团中央为中央财政一级预算单位，部门预算由本级预算组成。财政部批复共青团中央2009年度的部门预算支出为36235.84万元（指财政性资金预算，下同），其中财政拨款33518万元；共青团中央决算（草案）反映的当年预算执行数为31150.11万元；其部门预算与执行结果的差异总额为5085.73万元，差异的具体情况及产生原因见附表1。

本次审计了共青团中央2009年度的全部预算支出。审计查出预算执行中不符合财经制度规定的问题金额2684.6万元，其中2009年402.94万元，占审计预算资金额的1.11%；账务记录等不规范问题金额2621.37万元。上述问题对共青团中央2009年度预算执行结果的影响见附表2。

审计结果表明，共青团中央2009年度预算收支基本符合国家有关预算和财经法规的规定，会计处理基本符合会计法、相关会计准则和会计制度的规定；能够认真做好本部门预算编报的组织工作，不断完善内部控制制度，制定完善了关于严格控制一般性支出、经营性单位重大事项报告、固定资产管理、经济责任审计等规章制度；认真整改了以前年度审计发现的问题。

二、审计发现的主要问题

（一）2009年，共青团中央少编报政府采购预算2566.58万元。

（二）所属单位会计记账时，对2084.6万元的支出渠道计列不当。

1.2005年至2009年，所属中国青年志愿者协会在财政专项资金中列支与其他单位合作组织实施的志愿服务专项行动经费1484.6万元，其中2009年列支402.94万元。

2.2002年1月，所属网络影视中心在“中青网运营费”项目中列支570.09万元用于购买办公用房，列支29.91万元用于日常开支，两项合计600万元。

（三）2008年1月，所属机关服务中心向共青团中央所属中青高新技术产业发展中心出借600万元，约定借款期限为一年半，按照同期银行利率计收利息。2009年4月，归还200万元，其余400万元连同利息56.93万元展期一年。其做法不符合现行规定。

（四）所属网络影视中心未严格执行政府采购相关规定，涉及金额54.79万元。

2009年，网络影视中心在执行“中国青少年信息服务网络系统运营费”项目过程中，自行采购了属于政府集中采购目录中的硬件设备54.79万元。

三、审计处理情况和建议

对上述问题，审计署已依法出具了审计报告、下达了审计决定书。对未严格执行政府采购相关规定的问题，要求完整编制政府采购预算，规范政府采购管理；对所属单位支出渠道计列不当的问题，要求责成两家单位追回资金并调整账目；对机关服务中心拆借资金的问题，要求责成该中心纠正。

针对审计发现的问题，审计署建议：共青团中央应严格执行项目支出预算，并加大对所属单位的管理和监督的力度，督促所属单位规范会计基础工作，进一步提高财务管理水平。

四、审计发现问题的整改情况

共青团中央在审计前开展了自查，并纠正了自查出的问题。对这次审计发现的问题，共青团中央高度重视，两次召开书记处专题会议，研究制定整改措施。目前，审计指出的问题已全部整改。

附件：

附表1：共青团中央2009年度预算执行总体情况表（略）

附表2：共青团中央2009年度重点审计的单位和资金预算执行情况表（略）

中国文学艺术界联合会2009年度预算执行情况和其他财政收支情况审计结果

（2010年6月23日公告）

根据《中华人民共和国审计法》的规定，2009年12月至2010年3月，审计署对中国文学艺术界联合会（以下简称中国文联）2009年度预算执行情况和其他财政收支情况进行了审计，重点审计了中国文联本级和所属机关服务中心等5个单位，并对有关事项进行了延伸审计。

一、基本情况

中国文联为中央财政一级预算单位，部门预算由中国文联本级和14个二级预算单位的预算组成。财政部批复中国文联2009年度的部门预算支出为78098.94万元（指财政性资金预算，下同），均为财政拨款；中国文联决算（草案）反映的当年预算执行数为68701.91万元；其部门预算与执行结果的差异总额为9397.04万元，差异的具体情况及产生原因见附表1。

本次审计中国文联本级及所属单位2009年度预算支出共计69642.51万元，占部门预算支出总额的89.17%。审计查出预算执行中不符合财经制度规定的问题金额5177.61万元，其中2009年742.60万元，占审计预算资金额的1.07%；账务记录等不规范问题金额13671.80万元，其他财政收支方面的问题金额2463.11万元。上述问题对中国文联2009年度预算执行结果的影响见附表2。

审计结果表明，中国文联2009年度预算收支基本符合国家有关预算和财经法规的规定，会计处理基本符合会计法、相关会计准则和会计制度的规定，能够做好本部门预算编报的组织工作，进一步完善了内部控制制度，认真整改了以前年度审计发现的问题，预算与财务管理水平不断提高。

二、审计发现的主要问题

（一）项目支出预算4140万元未细化。

在中国文联2009年度部门预算中，重点艺术项目扶持工程等3个项目预算4140万元，未编制具体和明细的支出预算。

（二）未将经费补助2303.64编入部门预算。

2009年，中国文联未将经费补助收入2303.64万元编入部门预算。在上述经费的使用中，部分项目资金结余较大，其中预算为1006.12万元的4个项目，当年仅支出130万元，结余876.12万元。

（三）少计收入184.51万元和支出165.39万元。

2009年，中国文联将其他部门拨款、赞助费和资料费等收支在“暂存款”科目核算，造成少计收入184.51万元和支出165.39万元。

（四）多计支出270.39万元。

2009年，中国文联在向6个所属协会拨付重点艺术扶持工程等专项资金830.77万元时，会计记账直接计作支出，至年底实际结余270.39万元，由此造成多计支出。

（五）接受虚假或不合规发票报账328.45万元。

2008年至2009年，在中国文联作为报账凭证的发票中有虚假发票，报账金额合计219.49万元，有开票单位与实际收款单位不一致的发票，报账金额合计 108.96 万元。

（六）基本建设项目未按规定组织招标。

2009 年，中国文联在综合办公楼二次结构更改和装修、新办公楼照明亮化等改造工程中，未经招标就确定了实施单位，至年底已支付工程款 5794.07 万元。

（七）对外投资 4300.60 万元未在法定账簿内反映。

至 2009 年底，中国文联拥有对 7 个企业的股权投资 4500.60 万元，其中 4300.60 万元未在法定账簿内反映。

（八）所属单位存在的问题。

1. 2009 年，所属中国摄影家协会、中国电视艺术家协会在“其他暂存”等科目核算上级补助、赞助费等收支，少计收入合计 1152.66 万元、支出合计 632.94 万元。

2. 2009 年，所属中国舞蹈家协会、中国书法家协会下属事业单位的收入 1126.95 万元和支出 932.45 万元未纳入这两家单位的预决算。

3. 机关服务中心 2005 年的对外投资 50 万元，一直未在“对外投资”科目反映。

三、审计处理情况和建议

对上述问题，审计署已依法出具了审计报告、下达了审计决定书。对项目支出预算不细化的问题，要求加强项目预算管理，细化项目支出预算；对拨款收入未编入预算的问题，要求将全部收入纳入预算，统一管理；对少计收支的问题，要求调整账目及决算（草案）；对使用不合规发票报账的问题，要求予以纠正；对基本建设项目未按规定组织招标的问题，要求加强工程招标管理，避免此类问题再发生；对投资未在账簿反映的问题，要求对投资、股权转让及收益情况进行清理，并与所办经济实体脱钩。

针对审计发现的问题，审计署建议：中国文联应进一步加强预算管理工作，完善预算编报，不断加大项目支出的执行力度，并加大对所属单位的监管力度，督促其完善内部控制制度并严格执行。

四、审计发现问题的整改情况

中国文联在审计前开展了自查，并采取措施纠正自查出的问题。对这次审计发现的问题，中国文联高度重视，认真整改，制定了改进财务工作的四项措施：一是加强预算管理，根据实际情况，研究如何做好项目支出预算细化工作；二是加强国有资产管理，建立健全国有资产管理相关制度，规范国有资产处置；三是增强法制观念，加强内部管理和对所属单位的监督；四是加强对财务人员的培训，做好财务人员的队伍建设工作。同时，要求各部门对审计查出的问题立即进行纠正和处理，具备整改条件的立即整改，需要进一步研究落实的问题，限期整改。对使用不合规发票报账的问题，大部分已从收款单位取得合法票据。对外投资未在账簿反映的问题，已进行清理和纠正。其他问题正在进一步整改中。

附件：

附表 1：中国文联 2009 年度预算执行总体情况表（略）

附表 2：中国文联 2009 年度重点审计的单位和资金预算执行情况表（略）

中国作家协会 2009 年度预算执行情况和其他财政收支情况审计结果

（2010 年 6 月 23 日公告）

根据《中华人民共和国审计法》的规定，2009 年 12 月至 2010 年 3 月，审计署对中国作家协会 2009 年度预算执行情况和其他财政收支情况进行了审计，重点审计了会本级和所属创作研究部、鲁迅文学院及中国现代文学馆，并对有关事项进行了延伸审计。

一、基本情况

中国作家协会为中央财政一级预算单位，部门预算由会本级和 5 个二级预算单位的预算组成。财政部批复中国作家协会 2009 年度的部门预算支出为 15408.63 万元（指财政性资金预算，下同），其中财政拨款 13290.59 万元；中国作家协会决算（草案）反映的当年预算执行数为 14480.23 万元；其部门预算与执行结果的差异总额为 928.40 万元，差异的具体情况及产生原因见附表 1。

本次审计中国作家协会本级及所属单位 2009 年度预算支出共计 11603.07 万元，占部门预算支出总额的 75.30%。审计查出预算执行中不符合财经制度规定的问题金额 965.61 万元，其中 2009 年 39.57 万元，占审计预算资金额的 0.34%；账务记录等不规范问题金额 3768.78 万元。上述问题对中国作家协会 2009 年度预算执行结果的影响见附表 2。

审计结果表明，中国作家协会 2009 年度预算收支基本符合国家有关预算和财经法规的规定，会计处理基本符合会计法、相关会计准则和会计制度的规定，能够认真做好本部门预算编报的组织工作，建立健全了内部控制制度，预算管理和财务监督检查不断加强。

二、审计发现的主要问题

（一）项目支出预算 2000 万元未细化。

在中国作家协会 2009 年度部门预算中，7 个文化创作与保护项目预算 2000 万元，未细化到具体项目及承担单位。

（二）为所属经费自理单位列支费用 119.3 万元。

2009 年，中国作家协会为所属经费自理单位北戴河、杭州两个创作之家列支人员经费 78.02 万元、公用经费 41.28 万元。

（三）少计收入 1000 万元和支出 1295.54 万元。

2009 年，中国作家协会将项目经费收入 1000 万元、支出 1295.54 万元在“暂存款”科目核算，造成少计收支。至年底该科目挂账项目经费结余累计 1222.62 万元。

（四）基本支出结余 952.73 万元管理不够规范。

中国作家协会 2007 年将本级基本支出历年结余 952.73 万元转移至所属创作研究部核算，至 2009 年底尚余 926.04 万元。

（五）所属单位扩大范围支出 258.11 万元。

1. 2009 年，所属中国现代文学馆在手稿文物征集项目经费中列支购汽油等支出 39.57 万元。

2. 2009 年，所属鲁迅文学院在作家研讨班等项目经费中，列支在职人员工资津贴等 218.54 万元。

三、审计处理情况和建议

对上述问题，审计署已依法出具了审计报告、下达了审计决定书。对项目预算不细化的问题，要求加强预算管理，细化项目支出预算；对为经费自理单位列支费用的问题，要求上述两个创作之家按照规定设置会计账簿，并结算有关业务服务费用；对在“暂存款”科目核算部分收支的问题，要求调整账目和报表；对基本支出结余管理不够规范的问题，要求收回资金，纳入本级财务统一管理；对所属单位扩大范围支出的问题，要求归还原资金渠道，并调整账目。

针对审计发现的问题，审计署建议：中国作家协会应进一步完善预算编报工作，不断提高预算编制的科学性和准确性，提高财政资金使用效益，并加大对所属单位的监管力度。

四、审计发现问题的整改情况

中国作家协会在审计前开展了自查，并采取措施纠正了自查出的问题。对审计发现的问题，中国作家协会高度重视，认真整改。对项目支出预算不细化的问题，将在编制 2011 年预算时细化；对为经费自理单位列支费用的问题，已与两个创作之家签订接待工作协议，分季度支付接待费；对在“暂存款”科目核算部分收支和基本支出结余管理不够规范的问题，已作调账处理；对中国现代文学馆扩大范围支出的问题，已将占用款归还原资金渠道；对鲁迅文学院挤占项目经费列支人员经费的问题，已要求鲁迅文学院规范人员开支标准和范围，不再从项目经费中列支人员经费。

附件：

附表 1：中国作家协会 2009 年度预算执行总体情况表（略）

附表 2：中国作家协会 2009 年度重点审计的单位和资金预算执行情况表（略）

中国科学技术协会 2009 年度预算执行情况和其他财政收支情况审计结果

（2010 年 6 月 23 日公告）

根据《中华人民共和国审计法》的规定，2009 年 12 月至 2010 年 3 月，审计署对中国科学技术协会（以下简称中国科协）2009 年度预算执行情况和其他财政收支情况进行了审计，重点审计了中国科协本级和所属机关服务中心等 7 个单位，并对有关事项进行了延伸审计。

一、基本情况

中国科协为中央财政一级预算单位，部门预算由会本级和 22 个二级预算单位的预算组成。

审计结果表明，中国科协 2009 年度预算收支基本符合国家有关预算和财经法规的规定，会计处理基本符合会计法、相关会计准则和会计制度的规定，能够认真做好本部门预算编报的组织工作，进一步加强了预算和财务管理，并制定了有关管理制度，认真整改了以前年度审计发现的问题。但审计也发现了一些需要加以纠正和改进的问题。

二、审计发现的主要问题

（一）以拨代支造成多计支出 339.62 万元。

2009 年，中国科协在拨付所属中国对外应用技术交流促进会项目资金 1249.02 万元、中国国际科技会议中心项目资金 1261.66 万元时，会计记账全部计作了支出，但两单位至年底分别结余 211.8 万元和 127.82 万元，由此造成多计支出 339.62 万元。

（二）部门决算（草案）多计收入 780.41 万元、支出 781.18 万元。

在中国科协 2009 年度决算（草案）中，科协本级与所属机关服务中心重复计列了以前年度事业基金结余 800 万元的收支情况，造成多计其他收入和事业支出 800 万元；未将所属学会服务中心管理的继续教育培训中心收支情况纳入，造成少计收入 19.59 万元和支出 18.82 万元。由此造成多计收入 780.41 万元、支出 781.18 万元。

（三）所属单位扩大范围支出 271.8 万元。

2009 年，所属科技导报社、学会服务中心在 6 个项目中分别列支 63.41 万元和 98.45 万元，用于弥补基本支出中人员经费不足；信息中心在公用经费中列支长期聘用人员工资及专家劳务费 79.1 万元；青少年科技中心在“中国数字科技馆运行与发展”项目中列支其他项目支出 30.84 万元。

（四）所属单位未按规定实行政府采购 445.76 万元。

2009 年，所属信息中心的联合科技网建设和运行支出 200 万元、青少年科技中心的专题网站开发支出 110 万元、机关服务中心的服务支出 76 万元，均未实行政府采购和招标；机关服务中心的车辆保养、学会服务中心和科技导报社的 3 个会议和 2 个印刷项目共计支出 59.76 万元，均未到政府集中采购指定地点办理。

三、审计处理情况

对上述问题，审计署已依法出具了审计报告、下达了审计决定书。对多计收支的问题，要求进行清理并调整账目；对扩大范围支出的问题，要求严格会计核算，尽快研究解决部分所属事业单位人员经费不足问题；对未按规定实行政府采购及招标的问题，要求今后严格执行政府采购和招标程序。

四、审计发现问题的整改情况

中国科协在审计前开展了自查。对这次审计发现的问题，中国科协高度重视，提出将认真加以整改，并以此为契机，加强教育和培训，进一步强化制度建设和预算管理，维护预算的严肃性，切实提高财务管理水平。

中国人民对外友好协会 2009 年度预算执行情况和其他财政收支情况审计结果

（2010 年 6 月 23 日公告）

根据《中华人民共和国审计法》的规定，2010 年 1 月至 4 月，审计署对中国人民对外友好协会（以下简称全国友协）2009 年度预算执行情况和其他财政收支情况进行了审计，重点审计了部本级和所属机关服务中心等 5 个单位，并对有关事项进行了延伸审计。

一、基本情况

全国友协为中央财政一级预算单位，部门预算由部本级和所属对外友好合作服务中心的预算组成。

审计结果表明，全国友协 2009 年度预算收支基本符合国家有关预算和财经法规的规定，会计处理基本符合会计法、相关会计准则和会计制度的规定，能够认真做好本部门预算编报的组织工作，建立了集中核算制度，积极落实各项财政改革措施，有效地保证了各项民间外交工作任务的完成。但审计也发现了一些需要加以纠正和改进的问题。

二、审计发现的主要问题

（一）以前年度结余资金106.62万元未纳入部门预算统筹安排。

截至2008年底，全国友协项目支出净结余106.62万元，未纳入部门预算统筹安排使用。

（二）未将各地区业务部取得的自费团组收入1153.66万元纳入本级统一核算和管理。

2008年至2009年，全国友协将各地区业务部承接来访或出访“自费团组”取得的收入1153.66万元作为捐赠收入，在所属中国友好和平发展基金会核算，2009年底结余259.45万元。

（三）扩大范围支出80.08万元。

2009年，全国友协在人员经费中列支公用经费57.55万元，在公用经费中列支人员经费22.53万元。

（四）住房公积金超预算支出22.49万元。

2009年，全国友协住房公积金预算120万元，实际支出142.49万元，超预算支出的22.49万元在“暂付款”科目挂账。

（五）动用机动经费147.35万元未报财政部备案。

2009年，全国友协在未报财政部备案的情况下，动用“部门机动经费”的全部预算147.35万元，弥补公用维修、路灯改造工程等公用经费和项目经费不足。

（六）3个自筹基建项目程序不合规。

2008年和2009年，全国友协未按规定报经审批，自行安排“老干部活动中心工程和职工健身中心工程”和“中楼装修改造工程”项目。这两个项目及另一办公楼地下室加固改造工程在建设过程中，未进行初步设计、申领建设工程规划许可证和开工证，也未进行招投标。

（七）所属对外友好合作服务中心少计合作项目收入20.10万元。

2007年至2009年，对外友好合作服务中心在与其他单位合作办理学生赴美文化交流实习项目中，少计按合同约定应取得的中介服务费收入20.10万元。

三、审计处理情况和建议

对上述问题，审计署已依法出具了审计报告、下达了审计决定书。对以前年度结余资金未纳入部门预算统筹安排的问题，要求加强项目结余资金管理，在编报以后年度预算中统筹安排使用结余资金；对未将取得的“自费团组”收入纳入本级核算的问题，要求规范该项收入的会计核算工作，并将结余纳入本级统一核算管理；对扩大范围支出的问题，要求严格按照预算批复的科目和数额执行，并调整账目和报表；对住房公积金超预算支出的问题，要求调整账目和报表；对动用机动经费未报财政部备案的问题，要求今后严格履行相关手续；对自筹基建项目建设程序不合规的问题，要求按规定加强基本建设项目管理；对所属对外友好合作服务中心少计收入的问题，要求责成该中心将劳务收入纳入账内核算。

针对审计发现的问题，审计署建议：全国友协应进一步科学合理编制预算，统筹安排结余资金，规范基本建设项目管理，并加强合作项目管理。

四、审计发现问题的整改情况

全国友协在审计前开展了自查，并纠正了自查出的问题。对这次审计发现的问题，全国友协高度重视，认真纠正和整改，部分问题已整改到位。对以前年度结余资金未纳入部门预算统筹安排的问题，已将该项结余资金纳入2010年度预算安排；对未将取得的“自费团组”收入纳入本级核算的问题，正在制订整改计划；对扩大范围支出的问题，正在研究加强经费开支管理；对住房公积金超预算的问题，已调整账目；对动用机动经费未报财政部备案的问题，已补办备案手续；对个别自筹基建项目建设程序不合规的问题，提出将加强基本建设项目管理；对外友好合作服务中心已将应计收入纳入收入核算。

中国国际贸易促进委员会2009年度预算执行情况和其他财政收支情况审计结果

（2010年6月23日公告）

根据《中华人民共和国审计法》的规定，2009年12月至2010年3月，审计署对中国国际贸易促进委员会（以下简称贸促会）2009年度预算执行情况和其他财政收支情况进行了审计，重点审计了会本级和所属中国国际经济贸易仲裁委员会、法律事务部（以下分别简称贸仲委、法律部），并对有关事项进行了延伸审计。

一、基本情况

贸促会为中央财政一级预算单位，部门预算由会本级和3个二级预算单位的预算组成。财政部批复贸促会2009年度的部门预算支出为39317.16万元（指财政性资金预算，下同），其中财政拨款21300.97万元；贸促会决算（草案）反映的当年预算执行数为31751.88万元；其部门预算与执行结果的差异总额为7565.28万元，差异的具体情况及产生原因见附表1。

本次审计贸促会本级及所属单位2009年度预算支出共计31817.16万元，占部门预算支出总额的80.92%。审计查出当年预算执行中不符合财经制度规定的问题金额4620.88万元，占审计预算资金额的14.52%，查出账务记录等不规范问题金额3877.74万元，其他财政收支方面的问题金额6790.41万元。上述问题对贸促会2009年度预算执行结果的具体影响见附表2。

审计结果表明，贸促会2009年度预算收支基本符合国家有关预算和财经法规规定，会计处理基本符合会计法、相关会计准则和会计制度的规定，能够认真做好本部门预算编报的组织工作，进一步加强了预算和财务管理工作，建立健全了有关制度，认真整改了以前年度审计发现的问题。

二、审计发现的主要问题

（一）未经批准对外出租部分公房，租金收入227.40万元由所属单位使用。

2009年，贸促会未经财政部批准，将部分公房交由所属机关服务中心和房屋自管服务社对外出租，租金收入227.40万元用于这两家单位的日常开支。

（二）扩大范围支出230.34万元。

2009年，贸促会用预算资金为所属非预算单位中国国际商会缴纳国际商会会费折合人民币161.42万元；支付非财政补贴出国展览会项目经费38.47万元；在项目经费中列支30.45万元，用于其他项目支出。

（三）按规定，所属贸仲委执收的仲裁收费属于应上缴国库的行政事业性收费。但贸促会未按规定将2009年仲裁收费4429.01万元上缴国库，而是直接上缴了中央财政专户。

（四）所属单位使用虚假发票报账83.85万元。

2005年至2009年，所属4个单位使用虚假发票报账套取资金83.35万元，主要用于发放奖金、购买购物卡等。

（五）部分资金和投资的核算和管理不够规范。

1. 贸促会将2003年以前收到的房屋修缮费等专项资金975.31万元，交由所属房屋自管服务社管理和使用，未按规定纳入会本级账户核算管理。

2. 所属贸仲委将其2008年和2009年收回的385万元权益类资金，未按规定作为事业基金，而是放在往来科目核算；将其未经批准出资210万元成立的3家分会的投资情况也放在往来科目核算，未纳入决算报表。

3. 所属法律部未按规定将2004年至2007年的项目结余资金4617.72万元，转入净结余，并纳入预算统筹安排使用；其2000年接收的部分对外投资及其分红也一直未纳入法定账簿内核算。

4. 2009年7月，所属中国国际商会未将品牌服务费收入15万元纳入法定账簿内核算，而是汇给其所属环球商务国际旅行社。

5. 所属专利商标事务所未经批准于1998年在香港合资设立的公司，一直未纳入该所合并报表反映；该所未经财政部批准，2009年分3次借款给贸仲委2600万元，用于弥补其预算经费缺口。

6. 所属机关服务中心及房屋自管服务社未报财政部门和国有资产管理部门批准，于2004年1月共出资5000万元设立公司。

三、审计处理情况和建议

对上述问题，审计署已依法出具了审计报告、下达了审计决定书。对未经批准对外出租部分公房的问题，要求向财政部备案；对扩大范围支出的问题，要求追回资金，并调整账目；对仲裁收费未缴入国库的问题，要求缴入国库并调整账目；对所属单位使用虚假发票报账的问题，要求责令相关单位加强财务报账审核管理；对将专项资金交由所属单位管理使用的问题，要求将资金余款收回会本级核算管理，并调整账目；对所属单位的对外投资及分红等未按规定处理的问题，要求调整账目，全面反映对外投资和分红情况。对其他问题，要求贸促会责成有关单位收回借款、补办手续，对款项进行清理。

针对审计发现的问题，审计署建议：贸促会应进一步加强制度建设，强化资金使用、发票报账和非税收入等管理，并加大对所属企事业单位的财务监管力度。

四、审计发现问题的整改情况

贸促会在审计前开展了自查。对这次审计发现的问题，贸促会高度重视，积极采取措施整改。对扩大范围支出的问题，已将用于非财政补贴出国展览项目的 38.47 万元，作了调账处理。其他问题正在进一步整改中。

附件：

附表 1：贸促会 2009 年度预算执行总体情况表（略）

附表 2：贸促会 2009 年度重点审计的单位和资金预算执行情况表（略）

中国宋庆龄基金会 2009 年度预算执行情况和其他财政收支情况审计结果

（2010 年 6 月 23 日公告）

根据《中华人民共和国审计法》的规定，2009 年 12 月至 2010 年 3 月，审计署对中国宋庆龄基金会（以下简称宋庆龄基金会）2009 年度预算执行情况和其他财政收支情况进行了审计，重点审计了会本级和所属宋庆龄故居管理中心、宋庆龄儿童科学技术馆，并对有关事项进行了延伸审计。

一、基本情况

宋庆龄基金会为中央财政一级预算单位，部门预算由会本级和两个二级预算单位的预算组成。财政部批复宋庆龄基金会 2009 年度的部门预算支出为 2720.03 万元（指财政性资金预算，下同），全部为财政拨款；宋庆龄基金会决算（草案）反映的当年预算执行数为 3240.78 万元；其部门预算与执行结果的差异总额为 520.75 万元，差异的具体情况及产生原因见附表 1。

本次审计宋庆龄基金会本级及所属单位 2009 年度预算支出共计 2281.86 万元，占部门预算支出总额的 83.89%。审计查出预算执行中不符合财经制度规定的问题金额 224.97 万元，其中 2009 年 33.92 万元，占审计预算资金额的 1.49%；账务记录等不规范问题金额 376.07 万元，其他财政收支方面的问题金额 1951.2 万元。上述问题对宋庆龄基金会 2009 年度预算执行结果的影响见附表 2。

审计结果表明，宋庆龄基金会年度预算收支基本符合国家有关预算和财经法规的规定，会计处理基本符合会计法、相关会计准则和会计制度的规定；能够认真做好本部门预算编报的组织工作，内部控制和管理制度较为健全，认真整改了以前年度审计发现的问题。

二、审计发现的主要问题

（一）扩大范围支出 33.92 万元。

2009 年，宋庆龄基金会在机关办公用房租金项目中列支机关物业费、供暖费等公用经费支出 33.92 万元。

（二）专项资金预算 365 万元未细化到具体支出项目。

宋庆龄基金会编报的 2009 年度公益事业及文物保护专项预算 365 万元，未细化到具体项目，导致执行中存在一定随意性。

（三）多计支出 191.05 万元。

2008 年，宋庆龄基金会将项目资金 191.05 万元拨付到旅行社，全部计作支出，2009 年从中支出 160.89 万元，其余 30.16 万元仍存留在旅行社。

（四）固定资产 1923.82 万元未纳入法定账簿内核算。

1. 宋庆龄基金会 2003 年支出 1879.41 万元购买的机关办公用房，至 2009 年底仍未纳入法定账簿内核算。

2. 所属宋庆龄故居管理中心 2003 年支出 25.33 万元购置的一部车辆、2009 年支出 19.08 万元购置的厨房设备和空调等固定资产，均未纳入法定账簿内核算。

（五）所属单位存在的其他问题。

1. 2009 年，所属宋庆龄故居管理中心在“其他应付款”中核算装修材料购置、文物复制等支出 19.51 万元。

2. 2009 年，所属宋庆龄故居管理中心在采购装修材料和购买电脑业务作为报账凭证的发票中，有虚假发票报账金额合计 13.94 万元。

3. 2009 年 6 月，所属宋庆龄儿童科学技术馆在“事业支出”中列支对外投资 5 万元。

三、审计处理情况和建议

对上述问题，审计署已依法出具了审计报告、下达了审计决定书。对扩大范围支出的问题，要求今后严格按预算规定的支出用途使用资金；对专项资金预算未细化到具体支出项目的问题，要求今后进一步规范预算编报，按规定细化预算；对多计支出的问题，要求收回存留在旅行社的 30.16 万元，调整账目和报表，今后按规定据实列支；对购置机关办公用房未纳入账内核算的问题，要求商国务院机关事务管理局将办公用房纳入账内核算；对部分单位购置固定资产未纳入账内核算的问题，要求有关单位将资产按规定纳入账内核算，并相应调整账目和报表；对宋庆龄故居管理中心在往来科目核算支出的问题，要求责成其调整账目和报表；对部分单位使用虚假发票报账的问题，要求今后加强票据的审核管理；对宋庆龄儿童科学技术馆将对外投资在事业支出中列支的问题，要求责成其按规定调整账目和报表。

针对审计发现的问题，审计署建议：宋庆龄基金会应进一步细化预算，严格预算执行；规范固定资产会计核算和实物登记，建立定期清查盘点和对账制度，确保资产的安全完整。

四、审计发现问题的整改情况

宋庆龄基金会在审计前开展了自查，并纠正了部分自查出的问题。对审计发现的问题，宋庆龄基金会高度重视，采取措施积极整改。对多计支出的问题，已将存留在旅行社的 30.16 万元收回，纳入 2010 年预算管理；对在往来科目核算支出和将对外投资作为事业支出列支的问题，宋庆龄故居管理中心和宋庆龄儿童科学技术馆已经调整账目；对使用虚假发票报账的问题，已商出票单位更换了发票。其他问题正在进一步整改中。

附件：

附表 1：宋庆龄基金会 2009 年度预算执行总体情况表（略）

附表 2：宋庆龄基金会 2009 年度重点审计的单位和资金预算执行情况表（略）

附：中央预算类级科目说明表（略）

中华人民共和国审计署审计结果公告（2010 年第 20 号）

2008 年以来已结案的审计署移送的部分典型案件和事项

（2010 年 6 月 23 日公告）

一、民营企业主谢根荣贷款诈骗案

审计署在对中国建设银行的审计中发现，北京燕山华尔森实业集团原法定代表人谢根荣（曾任第十届全国政协委员、全国工商联执委常委）在 2000 年至 2004 年间，通过其控制的多家关联企业，采取“一房多卖”、编造售房合同以及提供虚假财务报表等手段，从中国建设银行北京分行骗取个人住房按揭贷款 6.16 亿元；通过滚动签发无真实贸易背景的银行承兑汇票后到异地贴现等方式，套取该行资金 2.06 亿元。这些资金被转移至个人账户或提现后，部分供其收藏古董、购买豪宅名车等奢侈消费以及境外赌博挥霍之用，部分用于炒股等个人投资活动。银行将上述贷款本息全部认定为损失，其中 3.62 亿元于 2007 年被核销。中国建设银行北京分行所属开发区支行原行长颜林壮、副行长赵峰等人在办理上述业务时，存在内外勾结掩盖不良贷款以及违法发放贷款等行为。审计署将该案移交公安机关查处，并由检察机关提起公诉后，北京市第一中级人民法院于 2009 年 12 月以贷款诈骗罪，一审判处谢根荣无期徒刑，剥夺政治权利终身，并处没收个人全部财产；以违法发放贷款罪和违规出具金融票证罪，一审分别判处颜林壮、赵峰有期徒刑 20 年、19 年，并分处罚金 20 万元、10 万元。

二、民营企业主徐国华等人虚假按揭骗贷及高息转贷案

审计署在对中国工商银行的审计中发现，

2002年至2004年期间，民营企业主徐国华等人以其控制的两家企业为平台，通过借用他人身份证件、编造虚假资料等手段，从中国工商银行北京翠微路支行和昌平支行先后骗取个人汽车消费贷款和个人综合消费贷款共计2.8亿元。贷款资金除被徐国华等人侵占外，还有部分被用于发放高利贷。至审计时，上述两家公司已被工商部门吊销营业执照，上述贷款有1.15亿元被核销。审计署将该案移交公安机关查处，并由检察机关提起公诉后，北京市第一中级人民法院于2009年12月，以合同诈骗罪和高利转贷罪，一审判处徐国华无期徒刑，剥夺政治权利终身，并处没收个人全部财产；以合同诈骗罪、故意伤害罪和高利转贷罪，分别判处其他5名同案犯无期徒刑至6年有期徒刑不等。

三、民营企业主罗和平等人合同诈骗案

审计署在对中国建设银行的审计中发现，1999年12月至2003年6月，罗和平利用其控制的多家空壳企业，通过虚构投资项目、提供虚假合同等手段，先后骗取中国建设银行北京分行贷款1.1亿元，其中9837万元被罗和平直接提现或通过关联企业转移后占为己有。审计署将该案移交公安机关查处，并由检察机关提起公诉后，北京市第二中级人民法院于2009年12月，以合同诈骗罪一审判处罗和平无期徒刑，剥夺政治权利终身，并处没收个人全部财产；以合同诈骗罪判处另一同案犯有期徒刑15年。

四、中国远望（集团）总公司原总经理李振远贪污受贿案

审计署在对中国航天科技集团公司所属中国远望（集团）总公司的审计中发现，李振远利用职务之便，伙同宁波远望技工贸公司总经理徐南平等人，贪污远望集团及所属企业的国有资金，并挪用资金用于个人购买股权等。审计署将该案移交中央纪委监察部查处，并由检察机关提起公诉后，浙江省宁波市中级人民法院于2009年8月，以贪污罪和受贿罪，分别判处李振远、徐南平、叶建荣、傅斌麟等4人有期徒刑20年、16年、15年和12年，并处没收个人财产110万元、95万元、85万元和80万元。

五、浙江省前环境保护局局长戴备军受贿案

审计署在“三河三湖”水污染防治绩效审计调查中发现，2006年至2008年3月，浙江省前环境保护局违规帮助民营企业浙江环茂自控科技有限公司垄断了全省的污染源自动监控系统的建设和运营维护，还违规拆借资金2000万元供其使用，致使该公司牟取巨额利润；该局及7家直属事业单位还将大量业务收入转出，以“咨询津贴”和票据报销等方式套现私分。审计署将此案件线索移送浙江省政府查处后，浙江省纪委最终查出戴备军等人涉嫌滥用职权和受贿。经检察机关提起公诉后，浙江省杭州市中级人民法院于2010年1月，以受贿罪和滥用职权罪，判处戴备军无期徒刑，剥夺政治权利终身，并处没收个人全部财产。

六、重庆市经济技术开发区管理委员会原党工委书记、主任唐文峰滥用职权、挪用公款案

审计署在土地出让金和土地开发整理资金审计调查中发现，唐文峰存在挪用公款及滥用职权造成国有资产流失等重大违法违规行为。审计署将此案件线索移送中央纪委监察部查处，并由检察机关提起公诉后，重庆市第五中级人民法院于2008年12月，以挪用公款罪和滥用职权罪，判处唐文峰无期徒刑，剥夺政治权利终身，并处没收个人财产300万元。

七、国家开发银行原副行长王益等人受贿案

审计署在对国家开发银行的审计中发现，2003年5月，该行违规向郑州市经济技术开发区发放3亿元贷款，开发区管委会还以“融资奖”的名义，向帮助其联系贷款的公司发放1625万元的问题。审计署将此案件线索移送中央纪委监察部后，最终发现王益等人从中收受贿赂1000余万元。经由移送检察机关提起公诉后，北京市第一中级人民法院于2010年4月，以受贿罪判处王益死刑，缓期两年执行，剥夺政治权利终身，并处没收个人全部财产。

八、国家开发银行总行原副处长胡汉成受贿索贿案

审计署在对国家开发银行的审计中发现，2003年至2004年，时任该行企业局风险管理处副处长的胡汉成，利用担任河南蓝天集团等企业贷款项目评审小组组长的职务便利，通过中介机构收取企业给予的“好处费”。审计追查发现，有200万元转入胡汉成个人账户用于炒股。审计署将该案移送中央纪委监察部查处，并由检察机关提起公诉后，北京市第一中级人民法院于2009年3月，以受贿罪判处胡汉成无期徒刑，剥夺政治权利终身，并处没收个人全部财产。

九、民营企业上海金升实业发展有限公司原法定代表人董维富信用证诈骗案

审计署在审计交通银行时发现，2004年至2005年，董维富与境外公司勾结，虚构进口贸易、利用虚假单据从交通银行上海分行大量骗开信用证套取贴现资金，致使该分行为上海金升实业发展有限公司垫款2665万美元。审计署将此案件线索移送公安部门查处，并由检察机关提起公诉后，上海市第二中级人民法院于2008年4月，以虚报注册资本罪和信用证诈骗罪，判处董维富无期徒刑，剥夺政治权利终身，并处罚金10万元。

十、浙江省绍兴市交通局原局长蔡继东滥用职权案

审计署在对国家开发银行的审计中发现，蔡继东在绍兴市甬金高速公路建设发展有限公司的股权转让过程中，滥用职权，擅自决定向民营企业主刘根山控制的上海茂盛企业发展（集团）有限公司低价转让国有股权，造成国有资产流失。审计署将该案移送纪检监察机关查处，并由检察机关提起公诉后，浙江省杭州市余杭区人民法院于2009年4月，以滥用职权罪和受贿罪，判处蔡继东有期徒刑3年6个月；杭州市上城区人民法院于2009年8月，以抽逃出资罪和挪用资金罪，判处刘根山有期徒刑8年。

十一、海南省国资委原副主任王俊武受贿案

审计署在对中国国电集团公司的审计中发现，海南省国资委原副主任王俊武在担任海南省旅游总公司总经理期间，伙同民营企业转移和转让国有土地使用权，造成国有资产损失。审计署将该案移送监察部门查处，并由检察机关提起公诉后，海南省海口市中级人民法院于2009年7月，以受贿罪判处王俊武无期徒刑，剥夺政治权利终身，并处没收个人全部财产。

十二、浙江省嘉兴市交通局原局长浦加渔等人挪用公款案

审计署在收费公路审计调查中发现，2000年至2006年，浦加渔在兼任嘉兴市交通投资集团有限责任公司董事长期间，与该公司原总会计师卜金林利用职务之便，挪用巨额公路建设资金违规从事房地产和证券等投资，并将1228万元提现或转入个人账户。审计署将此案件线索移送公安部门查处，并由检察机关提起公诉后，浙江省高级人民法院于2008年6月作出终审判决，以挪用公款罪、国有公司人员滥用职权罪、贪污罪和受贿罪判处卜金林无期徒刑，剥夺政治权利终身，并处没收个人全部财产；以挪用公款罪和国有公司人员滥用职权罪判处浦加渔有期徒刑5年。

十三、首都机场集团公司原董事长李培英受贿、贪污案

审计署在中央部门预算执行审计中发现，1995年1月至2003年间，李培英利用职务便利，违规对外投资和拆借资金，并涉及个人受贿、贪污等问题。审计署将此案件线索移送中央纪委监察部查处，并由检察机关提起公诉后，山东省济南市中级人民法院于2009年2月，以贪污罪和受贿罪判处李培英死刑，剥夺政治权利终身，并处没收个人全部财产。李培英已于2009年8月被依法执行死刑。

十四、昆明市掌鸠河工程建设管理局损失浪费、截留挪用、私分建设资金案

审计署在对昆明市掌鸠河引水供水工程进行审计调查时发现，项目建设单位昆明市掌鸠河引水供水工程建设管理局管理混乱，因决策失误和失职，巨额建设资金被损失浪费、截留挪用和私分。审计署将此案件线索移送中央纪委监察部查处，并由检察机关提起公诉后，云南省高级人民法院于2009年12月，以受贿罪判处该局原常务副局长朱智有期徒刑3年，缓刑5年；昆明市中级人民法院于2008年4月和8月，以受贿罪分别判处该局原副局长巫品德有期徒刑7年、原总经济师张大健有期徒刑12年。

十五、杭州恒运交通开发有限公司原董事长王万里等人职务侵占案

审计署在收费公路审计调查时发现，2000年至2002年期间，王万里等人利用职务之便，通过虚列工程款等方式套取杭州恒运交通开发有限公司通行费3030万元；擅自决定由杭州恒运交通开发有限公司为其个人公司提供银行贷款担保，导致杭州恒运交通开发有限公司承担连带还款责任

1796万元。审计署将此案件线索移送公安部门查处，并由检察机关提起公诉后，杭州市中级人民法院于2008年12月，以职务侵占罪、抽逃出资罪判处王万里有期徒刑17年，并处罚金60万元及没收个人财产10万元；判处杭州恒运交通开发有限公司原董事刘王亚非（外籍华人）犯抽逃出资罪，判处有期徒刑4年，并处罚金60万元，驱逐出境。二被告人上诉后，浙江省高级人民法院于2009年7月对王万里改判为有期徒刑15年，并处罚金60万元及没收个人财产10万元。

十六、黑龙江省佳木斯市飞天汽车贸易有限公司原总经理李文章骗取汽车消费贷款案

审计署在审计中国农业银行时发现，2002年9月至2004年6月，李文章等人采取伪造购车发票等手段，与中国农业银行佳木斯市分行工作人员蔡长清、董海智、赵贵财等人相互勾结，骗取个人汽车消费贷款共计1.32亿元。审计署将此案件线索移送公安部门查处，并由检察机关提起公诉后，黑龙江省佳木斯市向阳区法院于2008年5月，以受贿罪判处蔡长清和董海智有期徒刑各10年、判处赵贵财有期徒刑1年、缓刑2年；以单位行贿罪判处佳木斯飞天汽车贸易有限公司罚金35万元；以行贿罪判处李文章有期徒刑2年。

十七、山东省潍坊市新立克集团原董事长尹军等人贪污和侵占国有资产案

审计署在审计中国长城资产管理公司时发现，2003年至2007年，尹军等人转移、侵占巨额国有资产，并逃废巨额债权。审计署将此案件线索移送中央纪委监察部查处，并由检察机关提起公诉后，山东省济南市中级人民法院于2009年3月，以贪污罪判处尹军死刑，缓期两年执行，剥夺政治权利终身，并处没收个人全部财产；以贪污罪分别判处王铎、周同巨无期徒刑，剥夺政治权利终身，并处没收个人全部财产；以贪污罪判处季晓芳有期徒刑15年，并处没收个人全部财产。

十八、中国石油天然气股份有限公司上海销售有限公司原总经理高建中等人挪用公款案

审计署在审计中国石油天然气股份有限公司时发现，2002年至2004年，高建中伙同该公司原总会计师干建敏等人利用职务之便，以“国债投资”名义转移挪用公司资金1.5亿元，并通过其控制的私人公司侵占国有资产。审计署将此案件线索移送中央纪委监察部查处，并由检察机关提起公诉后，上海市浦东新区人民法院于2008年7月，以贪污罪、受贿罪和挪用公款罪，判处高建中有期徒刑17年，剥夺政治权利5年，没收财产2.1万元；以贪污罪、受贿罪和挪用公款罪判处干建敏有期徒刑15年，剥夺政治权利3年，没收财产1.6万元；以受贿罪判处中石油华东销售分公司原财务经理陈晃有期徒刑3年，缓刑5年。

十九、北京华运达房地产开发有限公司原法定代表人邹庆等人虚假按揭骗贷案

审计署在审计中国信达资产管理公司时发现，邹庆等人在2001年至2002年间，指使公司员工冒充购房者，利用虚假的商品房买卖合同，以森豪公寓、华庆公寓两个项目从中国银行北京市分行骗取个人住房按揭贷款7.5亿多元，造成巨额银行资金损失。审计署将上述案件线索移送公安部门查处，并由检察机关提起公诉后，北京市第二中级人民法院于2009年4月，以信用证诈骗罪和合同诈骗罪判处邹庆无期徒刑，剥夺政治权利终身，并处没收个人全部财产。

二十、宏盛科技发展股份有限公司逃汇案

审计署在核查一封人民来信时发现，2006年，宏盛科技发展股份有限公司以虚假转口贸易，骗取中信银行等4家银行为其开立近5亿美元的信用证并将资金汇出境外。审计署将该案移交公安机关查处，并由检察机关提起公诉后，上海市第一中级人民法院于2009年12月，以逃汇罪，虚假出资、抽逃出资罪，判处宏盛科技发展股份有限公司原董事长龙长生有期徒刑7年，并处罚金300万元。

二十一、重庆菲斯特信息网络有限责任公司原总经理谢建东等人职务侵占案

审计署在审计重庆市电信公司时发现，2003年至2004年，谢建东伙同原财务部主任何素贞等人以截留收入、虚列支出等方式，非法转移资金2400多万元至2家空壳企业，其中900多万元被相关人员提取现金，1500多万元转入民营企业。审计署将此案件线索移送中央纪委监察部查处，并由检察机关提起公诉后，重庆市第一中级人民法院于2009年6月，以职务侵占罪，分别判处谢建东、何素贞有期徒刑7年、5年6个月，并处没收财产30万元、20万元。

二十二、国家人口和计划生育委员会宣传教育司原司长陈胜利贪污案

审计署在中央部门预算执行审计中发现，陈胜利在2002年9月至2007年6月间，先后侵吞公款85.5万元。审计署将该案移送最高人民检察院查处并提起公诉后，北京市第一中级人民法院于2009年11月，以贪污罪判处陈胜利有期徒刑12年。

二十三、航天五院总装与环境工程部党群办公室原主任杜泉利贪污案

审计署在中央部门预算执行审计中发现，2007年，杜泉利利用为职工购健身卡之机，以航天五院名义索取回扣21.29万元。审计署将该案移送最高人民检察院查处并提起公诉后，北京市海淀区人民法院于2009年12月，以贪污罪判处杜泉利有期徒刑11年。

二十四、广州市东风东小学原校长刘燕文等人故意销毁会计凭证和挪用公款案

审计署在城市基础教育经费审计调查中发现，2005年至2008年10月，东风东小学报账员邓丽芬将学校收费和学生家长的赠款等存入私人账户，且隐匿和销毁会计资料，至审计时已支出3358.80万元；刘燕文和邓丽芬等人涉嫌挪用公款17万元用于支付私人购房款等。审计署将该案移送广东省人民检察院后，由广州市越秀区人民检察院查处并提起公诉，广东省广州市越秀区人民法院于2009年8月，以挪用公款罪、受贿罪和故意销毁会计凭证罪，分别判处刘燕文、邓丽芬有期徒刑8年和4年，并分处没收财产20万元、2万元，分处罚金2万元。

二十五、昆明市教育局监察审计处原副处长张连奇受贿案

审计署在城市基础教育经费审计调查中发现，相关人员在昆明市教育局勤工俭学办公室综合楼建设工程结算审核中涉嫌渎职，多支付工程款216.29万元。审计署将该案移送云南省检察院查处并提起公诉后，云南省禄丰县人民法院于2010年3月，以滥用职权罪和受贿罪，判处张连奇有期徒刑11年，并处没收财产8万元。

二十六、四川省遂宁市安居区水务局原局长郑路等人侵占汶川地震灾后应急抢险资金案

审计署在组织汶川地震灾后恢复重建跟踪审计中发现，在四川省麻子滩水库地震灾后应急抢险项目实施过程中，四川省遂宁市安居区水务局原局长郑路和遂宁市安居区麻子滩水库管理所原所长李友，作为项目主管部门和建设单位的负责人，违反国家招投标有关规定，直接指定施工单位，还编造一整套虚假招投标文件和评标报告等资料应付检查，并多支付应急抢险资金70万元。审计机关将该案移送监察部门查处，并由检察机关提起公诉后，遂宁市船山区人民法院于2009年10月，以受贿罪判处郑路有期徒刑3年，缓刑4年。

二十七、四川省阿坝州黑水县教育局原局长泽旺受贿案

审计署在组织汶川地震灾后恢复重建跟踪审计中发现，2008年8月，阿坝州黑水县教育局未经招标，从成都精艺达家具有限公司等3家单位采购了141.5万元的教学仪器设备，这些设备质量低劣，发票存在多处疑点。审计机关将该问题移送黑水县人民政府，该县检察机关查实泽旺在采购过程中收受供应商贿赂7万元。经检察机关提起公诉，黑水县人民法院于2010年2月，以受贿罪判处泽旺有期徒刑6年。

二十八、四川省彭州市10名村干部侵占、挪用汶川地震救助和灾后恢复重建资金及受贿案

审计署在组织汶川地震灾后恢复重建跟踪审计中发现，四川省彭州市部分地方存在重复申报和多发放城乡住房灾后恢复重建补助资金的问题。审计署向彭州市政府通报有关情况后，该市纪检监察部门和公安机关进一步调查发现：四川省彭州市致和镇花土村原支部书记王兆发、村主任胥全芬等3人挪用重建资金4.9万元；葛仙山镇杨柳村原支部书记吴天才、村主任罗加立等3人截留地震灾区生活困难群众后续生活补助金2.1万元并私分；军乐镇朝阳村原支部书记古道明擅自变更居民安置方案并受贿8000元；磁峰镇涌华村原支部书记宋菊付、原主任陈登国等3人涉嫌帮助他人骗取城乡住房灾后重建补助资金30.8万元，并收受好处费2.48万元。经检察机关提起公诉后，四川省彭州市人民法院分别于2009年11月和2010年2月，以挪用特定款物罪、贪污罪和受贿罪等，判处王兆发、胥全芬、郭定富等10人10个月至2年不等的有期徒刑。

二十九、甘肃省天水市麦积区中滩镇陈大村原村主任余五堂侵占灾后房屋重建补助资金案

审计署在组织汶川地震灾后恢复重建跟踪审计中发现，2008年10月，余五堂从5家补助户的存折中私自截留地震灾后房屋重建补助资金9000元，除3420元以白条用于村委会支出外，其余5580元被其侵占。审计机关将该案移送当地检察机关查处并提起公诉后，甘肃省天水市麦积区人民法院于2009年7月，以贪污罪判处余五堂有期徒刑1年。

三十、四川省南江县人民政府采购中心原副主任文明受贿案

审计署在组织汶川地震灾后恢复重建跟踪审计中发现，2008年11月，南江县教育局在使用汶川地震灾后教学仪器设备重置资金采购总价为462.85万元电脑的过程中，文明先后收受绵阳鼎丰科技有限公司总经理刘定果5万元及价值5200元的笔记本电脑1台。审计机关将此案移送南江县人民政府，该县人民检察机关立案侦查并提起公诉后，四川省南江县人民法院于2009年10月，以受贿罪判处文明有期徒刑4年；以单位行贿罪判处绵阳鼎丰科技有限公司罚金11万元，判处刘定果免予刑事处罚。

三十一、河北省电力公司原总经理臧其臣滥用职权造成巨额损失案

审计署在对17省区市电力建设情况审计调查中发现，河北省电力公司原总经理臧其臣擅自批准将职工养老保险基金违规用于委托理财，造成损失4.21亿元。审计署将此案移送中央纪委监察部查处，并由检察机关提起公诉后，河北省石家庄市裕华区人民法院于2009年4月，以国有公司、企业工作人员滥用职权罪判处其有期徒刑5年，缓刑3年。

三十二、股市名嘴汪建中操纵证券市场问题

审计署在对中信证券有限公司审计中发现，北京首放投资顾问有限公司董事长汪建中利用其影响力，借向社会公众推荐股票之机，通过其控制的股票账户事先买入及抢先交易等手法操纵证券市场，并从中非法获利。审计署将此事项移送证监会查处后，认定汪建中操纵证券市场行为成立，没收违法所得1.25亿元，并处等额罚款及终身禁入证券市场；同时撤销北京首放投资顾问有限公司的证券投资咨询业务资格。

三十三、四川仲辉实业集团虚假申报中央新增投资项目问题

审计署在中央扩大内需促进经济平稳较快发展政策措施实施情况及效果的专项审计调查中发现，四川仲辉实业集团有限公司虚构资料，套取中央投资1180万元。审计署将此事项移送眉山市人民政府查处后，该集团董事长彭仲辉被党内严重警告处分，眉山市原经贸委主任冉登祥等3人被诫勉谈话，眉山市原经贸委和东坡区政府向眉山市政府作深刻检讨，项目资金全部收回。

三十四、四川省南部县新开源污水处理有限责任公司原董事长何晋平套取侵占项目资金问题

审计署在发展改革委组织分配中央财政投资情况审计中发现，2008年10月至2009年3月，何晋平在南部县污水处理工程项目实施过程中，虚列支出套取项目资金1080万元，并转移到其本人为法定代表人的南部县万达房地产公司。截至审计时，仍侵占520万元。审计署将此事项移送当地纪检监察机关处理后，何晋平及该公司副董事长已被免职，会计、出纳调离原工作岗位，相关资金已追回。

三十五、广州海洋地质调查局技术方法所原所长张汉泉贪污问题

审计署在中央财政专项资金绩效审计调查中发现，2003年至2008年7月，广州海洋地质调查局技术方法所从该局计财处通过领取伙食补贴、虚假发票入账等方式，将85.29万元财政资金存放在单位职工潘勇个人的银行卡中，从中列支旅游费用、干部奖金等。2008年2月，张汉泉从上述资金中转出12万元到其个人银行卡中，涉嫌贪污。审计署将此事项移送纪检部门处理后，给予张汉泉党内严重警告和行政降级处分，潘勇被开除公职和党籍。

三十六、四川省什邡市南泉镇新桂村套取补助资金问题

审计署在组织汶川地震灾后恢复重建跟踪审计中发现，2009年3月，四川省什邡市南泉镇新桂村采取虚报冒领、虚列支出等方式套取财政补助资金59900元。审计机关将此事项移送该市纪委查处后，已全部追回违规违纪资金，该村支部书记阳大富、村委会主任廖纪祥已被免职，并给予党内警告处分；分管农房重建的副镇长钟思雄给予党内警告处分；市检察院将村支书阳大富批捕。

中华人民共和国审计署审计结果公告（2010 年第 21 号）

关于玉树地震抗震救灾资金物资跟踪审计结果

（2010 年 7 月 29 日公告）

2010 年 4 月中旬以来，审计署按照党中央、国务院的要求，组织对民政部等 3 个中央部门、15 个社会组织、31 个省（自治区、直辖市）和新疆生产建设兵团筹集、拨付、使用和管理玉树地震抗震救灾资金物资（以下简称救灾款物）等情况进行了跟踪审计，并于 5 月 31 日公告了阶段性审计结果。目前，玉树地震抗震救灾款物跟踪审计任务基本完成。根据《中华人民共和国审计法》的规定和中央纪委、中央抗震救灾资金物资监督检查领导小组《关于认真做好青海玉树抗震救灾监督检查工作的通知》（中纪发〔2010〕21 号）等要求，现将截至 7 月 9 日的救灾款物审计结果公告如下：

一、救灾款物收入、支出和结存总体情况

（一）中央及青海省财政安排救灾资金情况。

截至 7 月 9 日，中央及青海省财政共安排抗震救灾资金 73.02 亿元，其中：中央财政安排抗震救灾资金 56.87 亿元，青海省财政安排抗震救灾资金 16.15 亿元。已用于抢险救灾、灾民过渡安置、公路等基础设施应急抢修、疫病防控等方面支出 23.90 亿元。尚结存 49.12 亿元。

（二）社会捐赠救灾款物情况。

截至 7 月 9 日，全国共接收捐赠款物 106.57 亿元（资金 98.11 亿元，物资折款 8.46 亿元），其中：境内捐赠 102.85 亿元，港澳台地区捐赠 2.73 亿元，国际组织和海外华侨等国外捐赠 0.99 亿元。已支出 8.14 亿元用于应急抢险。全国尚结存 98.43 亿元，将按灾后恢复重建规划和捐赠者意愿安排使用。

二、审计评价

审计结果表明，有关部门和青海省能够按照党中央、国务院部署，及时启动灾害应急预案，认真核查灾情，积极筹集调拨救灾款物，建立和完善相关管理制度和办法。各地认真执行国务院及有关部门出台的社会捐赠款物筹集和管理使用规定，捐赠资金汇缴较为及时。总的来看，救灾资金拨付、使用和物资发放情况较好，在应急抢险和灾后恢复重建等方面发挥了重要作用。

三、审计发现的主要问题及整改情况

此次审计相关中央部门和单位未发现重大违法违规问题，但发现部分地方未按规定及时将捐款汇缴民政部、中国红十字会总会和中华慈善总会，涉及金额 1.62 亿元。审计机关指出问题后，相关地方迅速整改，截至 7 月 22 日，已汇缴 1.26 亿元。目前，应缴未缴的地方正在抓紧汇缴剩余捐款。

下一步，审计署将组织开展玉树地震灾后恢复重建跟踪审计工作，重点审计灾后恢复重建政策落实、资金使用、工程建设管理、环境保护等情况和效果。

关于青海省抗震救灾款物审计结果将由青海省审计厅另行公告。

中华人民共和国审计署审计结果公告（2010 年第 22 号）

19 个省市 2007 年至 2009 年政府投资保障性住房审计调查结果

（2010 年 11 月 17 日公告）

根据《中华人民共和国审计法》的规定，2009 年和 2010 年，审计署分两次对北京、天津、山西、辽宁、黑龙江、上海、江苏、福建、山东、河南、湖北、湖南、广东、海南、重庆、四川、云南、陕西和甘肃19个省（直辖市，以下简称19个省市）2007年至2009年廉租住房保障情况和2008年第四季度以来中央投资补助的棚户区改造情况进行了审计调查，重点调查了32个地级以上城市。现将审计调查结果公告如下：

一、基本情况

2007年至2009年，19个省市筹集廉租住房保障资金1038.8亿元，获得棚户区改造中央补助资金54.43亿元。重点调查的32个城市筹集廉租住房保障资金448.65亿元，其中：中央补助资金67.25亿元，占14.99%；从土地出让净收益和住房公积金增值收益中安排296.79亿元，占66.15%；地方各级财政安排52.47亿元，占11.70%；其他渠道筹集32.14亿元，占7.16%。发生廉租住房保障支出219.11亿元，至2009年底滚存结余277.97亿元。

审计调查结果表明，2007年以来，在党中央、国务院和地方党委、政府的领导下，19个省市认真贯彻落实《国务院关于解决城市低收入家庭住房困难的若干意见》（国发〔2007〕24号）的要求，加大廉租住房保障投入，制定了相关规范性文件，明确了廉租住房保障工作目标，落实了工作责任，有力地推动了廉租住房保障工作的快速开展。19个省市筹集的廉租住房保障资金由2007年的88.61亿元增加到2009年的642.26亿元，增长6.25倍；保障总户数由69.03万户增加到246.93万户，增长2.58倍；至2009年底，重点调查的32个城市中，有27个城市的廉租住房保障范围由享受最低生活保障的住房困难家庭扩大到了低收入住房困难家庭。

国家有关部门高度重视本次审计调查并给予了积极的支持和配合，对审计发现的问题进行了积极的整改。审计调查结束后，住房和城乡建设部等部门把审计调查发现问题的整改工作纳入了2010年开展的保障性安居工程建设督查工作内容，向被审计调查地区转发了审计发现问题清单，在开展现场督查时进行重点督办，督促各地针对清单反映的问题，按有关规定加快整改；对于审计署审计调查报告提出的审计建议，住房和城乡建设部等部门高度重视，已着手对有关政策进行研究与完善。

二、审计调查发现的主要问题及整改情况

（一）一些城市未按规定从土地出让净收益中按时足额提取廉租住房保障资金。

按规定，各地从土地出让净收益中提取廉租住房保障资金的比例不得低于10%。但北京、上海、重庆、成都等22个城市从土地出让净收益中提取廉租住房保障资金的比例未达到上述要求。2007年至2009年，这些城市共计少提取146.23亿元。其主要原因：一是一些经济发达城市土地出让净收益基数较大，以前年度提取的廉租住房保障资金加上其他渠道筹集的资金已可以满足一定时期内的廉租住房保障需求，因而自行降低了提取比例；二是一些城市对土地出让净收益尚未做出准确核算，致使未提或少提廉租住房保障资金。

审计指出上述问题后，截至2010年8月底，除天津市表示通过其他渠道筹集的廉租住房保障资金已满足需求外，其余21个城市或在审计指出问题的当年加大了廉租住房建设资金提取的力度，或承诺今后严格按规定执行，确保廉租住房保障资金足额到位。北京、上海等11个城市还从土地出让净收益中补提了以往年度廉租住房保障资金38.61亿元。

（二）廉租住房保障政策在一些地方执行中出现偏差。

在重点调查的32个城市中，有18个城市向2132户不符合条件的家庭发放廉租住房租赁补贴413.12万元、分配廉租住房533套；抽查22个城市的廉租住房保障家庭中，有1.32万户未将租赁补贴按规定用于改善住房条件，而是用于家庭其他消费，使租赁补贴变成了“生活补贴”。其主要原因：一是对保障对象的审核和监管机制不够健全，人口变动、收入财产等信息尚未实现共享，相关部门未准确及时掌握相关信息；二是由于一些地方廉租住房租赁补贴标准偏低，大多数保障对象居住在老城区，靠租赁补贴和廉租住房保障家庭自身的经济能力难以租到合适的住房。

审计指出上述问题后，截至2010年8月底，18个城市已对不符合条件领取了廉租住房租赁补贴的1569个家庭停发了租赁补贴，收回廉租住房租赁补贴资金86.47万元；对不符合条件的家庭分配的533套廉租住房，已清退107套，其余426套正在清退过程中。对涉嫌弄虚作假骗取廉租住房租赁补贴的 5 名基层工作人员，有关单位已分别对其给予了撤职、行政记大过等处分。对于廉租住房租赁补贴未用于或未完全用于改善住房条件的问题，各有关地区政府都在积极探索如何从租赁补贴的审核程序、发放形式以及后续监督等方面进行纠正。如济南市和泰安市计划采取领取租赁补贴与租赁住房实际支出挂钩的措施进行纠正，海口市和深圳市的部分城区已采取提供房屋租赁协议才能给予补贴的措施进行纠正。

（三）一些地方廉租住房建设中存在配套设施不完善、工作程序不够规范等问题。

一是由于廉租住房配套设施不完善、地址偏远、交通不便等，南京等 13 个城市的一些地方存在廉租住房配租困难、房源闲置的问题，有的地方甚至出现已入住家庭退房的情况。

二是南京、昆明等 13 个城市投入 12.60 亿元新建、收购或装修的廉租住房项目，存在执行招投标或政府采购有关规定不严格的问题。

审计指出上述问题后，截至 2010 年 8 月底，乐山、盐城等 11 个城市采取了完善道路、交通、水电等配套设施和加快廉租住房配租进程等措施进行纠正；西安市和泉州市提出了完善配套设施和加快配租工作的计划。对于新建、收购或装修廉租住房项目未执行招投标或政府采购有关规定的问题，有关城市均加强了工程项目的招投标管理，其中南京、深圳、盐城三市专门召开会议部署相关工作，制定了规范性文件。

（四）一些地方廉租住房入住后出现了租金、物业费收取难和不符合条件住户退出难等问题。

在重点调查的 32 个城市中，天津、沈阳、重庆等 12 个城市截至 2009 年底，累计欠收廉租住房租金和物业费 238.05 万元；沈阳、厦门、常德、成都、乐山、昆明 6 个城市中的 20 个区县存在不符合保障条件的廉租住房家庭退出难的问题。其主要原因：一是对拖欠租金、拒绝退出廉租住房的行为，缺乏有效措施和明确规定；二是入住廉租住房的部分家庭，在其收入发生变化已不符合实物配租条件后，大多仍无能力购置新住房，腾退其现有廉租住房确有困难。

审计指出上述问题后，截至 2010 年 8 月底，重庆、广州等 7 个城市采取分户计费、入户催缴等措施加大了租金、物业费的催缴力度，重庆、平凉等地采取了有偿劳动抵扣租金或聘用本小区人员承担物业服务工作等措施，在一定程度上缓解了租金、物业费收取难的问题。

（五）一些地方存在套取、挪用廉租住房保障资金等问题。

在重点调查的 32 个城市中，有 6 个城市和 4 个县将廉租住房保障资金用于回购经济适用房和工作经费等支出，共计 15231.3 万元；有 6 个城市的 34 个项目利用虚假申报材料等，套取新建廉租住房中央预算内投资补助资金 6129 万元。

审计指出上述问题后，截至 2010 年 8 月底，审计发现的挪用的廉租住房保障资金 15231.3 万元已全部归还，利用虚假材料套取新建廉租住房中央预算内投资补助资金的问题均已通过调整项目或补办手续的方式整改完毕。

此外，审计调查还发现并向有关部门移送违法犯罪案件线索 1 起，有关部门正在依法立案查处中。目前，已有 1 名副厅级和 1 名正处级干部被依法逮捕，同时均被开除党籍和公职；1 名正处级干部被行政撤职和留党察看 2 年；涉案的民营开发商 1 人被依法逮捕、1 人被取保候审。

汶川地震灾后恢复重建跟踪审计结果（第 2 号）

72 个重点项目、753 所学校和 22 个县城乡居民住房恢复重建跟踪审计结果

（2010 年 1 月 27 日公告）

2009 年 6 月至 11 月，审计署和地方审计机关先后组成 1289 个审计组，派出 4549 人次，对规划总投资 2607.72 亿元的 6960 个汶川地震灾后恢复重建项目进行了跟踪审计和审计调查。其中，审计署直接对 72 个重点项目、753 所学校和 22 个县（含县级市、市辖区，下同）城乡居民住房重建项目（规划总投资 768.50 亿元，已完成投资

372.88亿元）进行了审计和审计调查。按照“统筹安排、分级负责、把握总体、分头公告”的原则，现将审计署直接审计项目的审计结果公告如下：

一、灾后恢复重建进展顺利，成效明显

审计结果表明，恢复重建一年多来，四川、甘肃、陕西3省（以下简称3个受灾省）各级政府及各部门艰苦奋斗，各援建省市切实履行援助承诺，各参建单位积极参与，保障灾后恢复重建工作顺利进行，帮助灾区人民重建美好家园。

（一）灾后恢复重建整体进展顺利。截至2009年10月底，跟踪审计的72个重点项目，已开工65个，已完工11个，分别占审计数的90%和15%；审计调查的753所学校已开工718个，已完工480个，分别占调查数的95%和64%。审计调查的22个县农村居民住房规划维修加固79.79万户，已全部完工；规划重建68万户，已开工66.66万户，已完工60.25万户，分别占规划任务的98%和89%。上述22个县城镇居民住房规划维修加固26.73万户，已全部开工，已完工21.29万户，占规划任务的80%；规划重建10.58万户，已开工6.16万户，已完工2.58万户，分别占规划任务的58%和24%。

（二）灾后恢复重建资金管理使用情况总体规范。3个受灾省各级政府及各部门不断加强灾后恢复重建资金管理，跟踪审计的72个重点项目和审计调查的学校及城乡居民住房恢复重建项目，基本上做到了专账、专户核算，内控制度比较健全，资金管理使用比较规范，纪检、监察等部门监管体系不断完善，基本保证了资金的安全完整和有效使用。

（三）灾后恢复重建项目建设管理不断加强。针对审计发现的问题，各级政府主管部门举一反三，不断加强对工程建设各环节的管理。根据审计署提出的审计意见和建议，灾区政府加快了45个项目的建设进度，改进了169个项目的工程质量管理，为国家节约资金和挽回损失2.58亿元，保障了灾后恢复重建顺利进行。

审计没有发现重大违法违纪和损失浪费问题。

二、灾后恢复重建过程中存在的主要问题及其整改情况

（一）由于地址选择、产权关系等因素，截至2009年10月底，审计调查的3个受灾省22个重灾县中，有9个县城镇居民住房恢复重建达不到计划要求，其中一部分城镇居民住房尚未按计划开工建设，多数城镇居民重建户主要通过投亲靠友、租房或在板房居住的方式临时安置；四川省中江县、甘肃省陇南市武都区和成县、陕西省宁强县和略阳县及宝鸡市陈仓区等6县，共有854户居民又重新住进了应拆除的房屋。

对于城镇居民住房恢复重建进展缓慢问题，3个受灾省政府高度重视，积极采取多种措施，加快城镇居民住房恢复重建工程进度。上述854户重新住进应拆除房屋的城镇居民，已有446户1300多人迁出，对其余408户居民，有关县政府正在采取措施重新安置。

（二）截至2009年10月底，审计调查的甘肃省138所学校，仅建成投入使用27所，占抽查学校数的20%，而审计调查四川省319所学校和陕西省296所学校，已建成239所和214所，分别占抽查学校数的75%和72%。

甘肃省各级政府正在采取措施解决制约学校重建的征地问题，在保证工程建设质量的前提下，加快学校恢复重建步伐。

（三）72个重点恢复重建项目中，有3个项目超规划建设规模6.92万平方米，超规划投资1.55亿元。其中：甘肃省文县城关初级中学新校舍和体育场馆项目实际建筑面积4.39万平方米，是规划建筑面积2.44万平方米的1.8倍。甘肃省西和县体育场恢复重建项目截至2009年10月已完成90%的工程量，累计完成投资2772.62万元，比省发展改革委批复投资超出1272.62万元。陕西省略阳县批复卫生系统重建医疗机构建筑面积6.86万平方米，投资18108万元，分别是省政府批复规划的3.63倍和4.67倍。

甘肃省文县、陕西省略阳县政府已明确在新建项目中加强投资审批和规模控制。甘肃省发展改革委已调整西和县体育场项目概算，并上报省政府批准。

（四）违规安排使用灾后恢复重建资金2.30亿元。72个重点项目中，四川省绵阳市投资控股（集团）有限公司违规将永安大道1.40亿元灾后恢复重建资金，安排用于规划外的城南新区建设；甘肃省陇南通途公路工程处等单位将704.71万元灾后恢复重建资金，用于归还灾前工程银行贷款和日常经费支出等。3省22个重灾县中，四川省广汉市财政局等4个单位违规将8292.42万元城乡居民住房补助资金，安排用于扩大内需廉租住房建设项目、主街道楼群楼面装饰装修等规划外项目建设。

上述问题已全部整改，其中：四川省绵阳市投资控股（集团）有限公司、甘肃省陇南通途公路工程处等单位已归还资金1.46亿元；四川省广汉市财政局已将调整使用城乡居民住房补助资金情况报上级主管部门审批。

（五）重复申请灾后恢复重建资金2.40亿元。72个重点项目中，四川省广元市疾病控制中心、陕西省宝鸡市陈仓区宝虢路供水管网项目和排污管网项目、甘肃省成县城区生活垃圾处理工程和城关初级中学2号教学楼等5个项目，用灾前已落实资金的项目和设备重复申请灾后恢复重建资金7483.79万元；甘肃省康县迷坝乡马连小学教学楼和舟曲县村级卫生室2个项目，重复申请中央灾后恢复重建资金和社会捐赠资金共计208.76万元。3省22个重灾县中，四川省成都市、阿坝州和甘肃省陇南市3个市州所属12个县，重复统计8615户城乡居民，导致多安排城乡居民住房补助1.63亿元，上述资金绝大部分已下拨到各灾区县，其中861.90万元已发放到个人。

上述问题已基本整改完毕，其中：四川省广元市卫生局和陕西省宝鸡市陈仓区已经修改了规划，调整了项目建设内容；甘肃省成县城区生活垃圾处理工程、城关初级中学2号教学楼工程、康县迷坝乡马连小学教学楼和舟曲县村级卫生室等4个项目正在整改中；四川省成都市、阿坝州和甘肃省陇南市3个市州有关县已对城乡住房个人补助重复统计情况进行了清理，对重复申报户进行了核销，尚未发放给个人的重复补助已停止发放，重复发放到个人的861.90万元已全部清退。

（六）72个重点项目和753所学校恢复重建工程中，有14个项目存在违规转分包，151个项目存在工程管理技术人员未按合同要求到位，145个项目管理不符合国家规范，126个项目存在屋面渗水等问题，37个项目存在天棚吊顶安装不牢或脱落、室内护栏缺失、扶手松动等问题，5个项目存在钢筋间距不符合设计要求等施工缺陷。比如，彭州市白鹿小学教学楼78个基础承台中，有34个的轴线偏移超出国家规范要求，主体结构混凝土存在露筋、疏松和框架柱尺寸偏小等问题。

对于上述工程建设管理问题，有关建设主管部门和相关建设单位已进行了全面清查，大部分问题已整改完毕，同时加强了工程建设管理。白鹿小学建设单位和主管部门已对相关问题进行了整改，并委托四川省建筑科学研究院对白鹿小学教学楼工程整改后质量安全进行了鉴定，鉴定认为质量符合要求。

（七）审计抽查四川省都江堰、彭州、崇州、大邑4个重灾县（市）已建成投入使用的学校发现，有82所学校的3967亩新增建设用地未办理审批手续，其中45所学校1670亩新增建设用地采用以租代征方式提供。同时，一些地方还存在异地新建项目原占用土地未及时安排利用的问题，如抽查四川省都江堰市等7个重灾县发现，有285所学校在布局调整和异地新建后原校址遗留土地面积3279亩，其中只有731亩土地已安排使用，其余2548亩至审计时尚未明确用途。

对于上述问题，相关政府部门正积极筹措征地资金，并督促相关单位和部门加快办理新征建设用地报批手续。四川省正在对布局调整和异地新建形成的空闲土地进行全面清理，拟定具体利用方案。

此外，审计中还发现了一些违法违纪案件线索，已向司法机关、纪检监察机关和其他有关部门移送案件线索4起，涉案人员14人，涉案金额134.84万元。有关部门正依法立案查处。

为加强灾后恢复重建的审计监督，审计署通过在3个受灾省建立跟踪审计协调机制、选派30多名干部到主要受灾市县挂职、邀请特约审计员监督等方式，整合审计资源，提高审计质量和水平，全力做好灾后恢复重建跟踪审计工作。审计中，坚持审计与整改相结合，对于灾后恢复重建资金和项目管理中存在的不规范、不合规问题，及时向相关单位通报审计情况，督促整改。审计署在审计中共提出132条审计建议，有关部门和单位已全部采纳，目前已整改完成40条，其余92条正在整改，较好地促进了灾后恢复重建规范、有序进行，有效地发挥了审计的“免疫系统”

功能。

23个省市审计机关的跟踪审计结果，将由各省市审计机关分别向社会公告。

汶川地震灾后恢复重建跟踪审计结果（第3号）

107个重点项目跟踪审计结果

（2010年7月30日公告）

2009年12月至2010年5月，审计署和地方审计机关派出4371人次组成1343个审计组，对汶川地震灾后恢复重建项目开展了第三批跟踪审计，共审计和调查了总投资为2690.7亿元的9561个项目。其中，审计署对北川中学、都江堰市七一聚源中学、汶川七一映秀中学、唐家山堰塞湖后期整治工程等总投资为684.54亿元的107个重点项目（以下简称107个项目）进行了跟踪审计。按照“统筹安排、分级负责、把握总体、分头公告”的原则，现将107个项目的跟踪审计结果公告如下：

一、汶川地震灾后恢复重建加快推进

审计结果表明，四川、甘肃、陕西3个受灾省认真落实党中央、国务院关于“三年重建任务两年基本完成”的要求，全力推进灾后恢复重建，不断加强重建资金和项目管理，顺利完成了各项阶段性任务。

（一）灾后恢复重建阶段性成果显著。截至2010年4月底，灾区农村居民住房重建基本完成，学校、医院等公共服务设施和交通、电力、通信等基础设施不断改善，审计抽查的都江堰市七一聚源中学、水磨中学、都映高速公路等18个重点项目已经建成并投入使用，灾区的经济和社会事业发展步伐明显加快。

（二）项目建设管理总体较好。审计的107个项目基本按规定实行了项目法人制、合同管理制、招投标制和监理制，工程建设质量总体较好。其中，木鱼中学项目获得了四川省优质结构工程和四川省“天府杯”工程金奖，都江堰市七一聚源中学项目被评为“2009年度成都市优质结构工程”和“2009年度成都市优质工程”。

（三）资金管理比较规范。截至2010年4月底，中央财政已向3个受灾省拨付地方包干使用资金2498.2亿元，有力地支持了灾区重建和经济恢复发展。灾区各级政府部门和有关参建单位建立健全了财务管理制度，不断规范资金管理流程，基本做到了专款专用、专账核算。

二、审计发现的主要问题及整改情况

（一）7个项目未如期开工建设，14个项目未完成规划建设进度。如，按计划应于2009年12月初开工的四川省广元市广播电视局重建项目至今仍未开工，造成1.1亿元中央资金闲置；由于初步设计报告报批时间较晚等原因，计划应于2009年底前完成2.94亿元投资的四川省紫坪铺水库除险加固项目，至2010年4月底仅完成4191.59万元。

审计指出上述问题后，相关地方和部门加快了建设进度。其中：广元市广播电视局项目已完成前期事项；紫坪铺开发有限责任公司正在根据批复的初步设计，加紧施工。

（二）11个项目未批先建或边设计边施工，12个项目未严格执行招标有关规定。如，2009年5月正式开工的四川省映汶高速公路项目，其施工图设计文件及预算2010年4月才通过省交通厅评审，尚未获得批复；在成都至都江堰铁路新建项目一标段的210册施工图中，有50册是在完工后才提供的；2008年11月开工的甘肃省陇南市西和县晚霞湖景区项目，其初步设计报告至2010年4月22日才获该市发展改革委批复，而由于施工图设计不到位，设计变更频繁，截至2010年3月底，该项目因设计变更增加投资569万元，占合同金额842万元的68%。陕西省宁强县玉带河堤防工程未严格按照工程类别和招标文件要求审查资质，将工程发包给不具备相应资质的投标单位。

审计指出上述问题后，灾区有关部门要求相关建设单位切实整改，严格执行基本建设程序和招投标有关规定。其中：映汶高速公路项目的施工图和预算已于5月获得批复；成都至都江堰铁路项目的建设单位表示要加强项目运营监管；晚霞湖景区的建设单位已制定措施，加强工程结算签证审批工作，强化投资控制；宁强县已制定措施，加强对灾后恢复重建项目的招投标管理和监督，并已对其他恢复重建项目进行清查，防止类似问题再发生。

（三）4个项目勘察设计不到位，42个项目未按合同规定派驻监理和施工等技术管理人员，或相关人员履行职责不到位。如，四川省省道105线安昌至北川段地质勘测深度不够，实际软弱地基为7046米，是地质勘探确定的304米的23倍；四川省茂县15所学校的19个施工单位按合同规定应派驻施工管理人员151人，实际到位137人，其中23人没有执业资格；四川省省道202线元坝至南江界项目压浆工程的砂浆抗压强度试验应不少于90次，但监理单位实际仅进行了5次；宝成铁路德阳车站的站房工程屋面10根预应力梁使用的灌浆水泥及预应力孔道灌浆剂，未经监理见证取样、送检。

审计指出上述问题后，省道105线项目的建设单位已根据实际地质条件，优化了施工设计，调整了施工方案；茂县15所学校的施工单位已制定整改措施，充实和变更监理人员；广元市交通局已责令省道202线元坝至南江界项目监理纠正，按规定对监理单位进行了处罚，并要求项目建设单位加强后续运营管理维护工作；宝成铁路德阳车站的站房项目施工单位已在监理的见证下，对所使用的水泥进行了取样送检，复检结果满足了设计规范要求。

（四）8个项目未按设计施工，4个项目的检测报告不够真实准确。如，四川省青川县东河口堰塞湖汛前一期治理工程未按图纸施工，右坝顶的局部高程与设计高程相差约2米；四川省梓潼县石牛镇卫生院安装的全部75个弱电插座，不符合设计间距要求，造成弱电信号不稳定，无法正常使用；四川省三台县滨江1号路已建成的长约100米路面平整度误差约20毫米，远超过设计标准允许的1.8毫米误差，同时石料级配与设计要求不符，石料间隙过大，路面压实度明显低于设计要求；四川鹏达建设工程有限公司等4个单位负责建设的茂县4个项目材料试件检测报告中，有20份不真实。

审计指出上述问题后，青川县已要求东河口堰塞湖汛前一期治理工程的建设单位，补办设计变更报告，经成都市水利电力勘测设计院对行洪进行论证，对行洪没有影响；梓潼县石牛镇卫生院已责令施工单位按设计要求进行整改，并通过了梓潼县质检站的检查验收；三台县政府已责成施工单位采取措施进行整改，并要求今后严格按照设计规范施工；茂县政府已委托检测机构对4个工程进行了鉴定，并根据鉴定结果采取了整改措施，对涉及此事的监理和施工单位的违规行为已依法予以处理，同时对全县已建和在建项目开展拉网式质量安全大检查。

（五）5个项目工程管理不严格。如，四川省都映高速公路项目的施工单位为赶工期，紫坪铺隧道和龙溪隧道的路面不符合规范要求，加铺一层沥青混凝土路面后，新铺装路面运行仅6个月又出现了分离起层等问题；四川省雅安市公路管理局在国道108线雅安至菩萨岗段建设中，自行降低建设标准，造成部分路段未达到二级公路标准，其中E标段路肩墙存在空洞，部分墙体背面因砂浆质量不合格已出现裂缝，部分路段盖板涵墙体混凝土存在蜂窝麻面和漏浆现象，经河桥桥墩的焊接施工不能满足受力要求。

审计指出上述问题后，有关工程存在的问题已整改完毕，国道108线雅安至菩萨岗段施工单位拆换了经河桥桥墩不合格钢筋，部分路段降低建设标准的问题正在整改中。

（六）2个项目的投资控制不够严格，3个项目支付的工程款和设计费不够规范。包括：四川省民航飞行学院和梓潼县人民医院项目投资超概算2207万元；陕西省略阳县观音乡卫生院业务综合楼项目的125万元工程款，直接汇入了施工单位项目经理的个人账户；在映汶高速公路和国道317线汶川至马尔康公路改建工程中，四川都汶公路有限责任公司和四川兴蜀公路建设发展有限责任公司未签订合同或违反合同约定，提前支付设计费和工程款2385.95万元。

审计指出上述问题后，民航飞行学院已向相关部门反映了情况，正在协调解决；梓潼县人民医院正在报请该县主管部门调整项目概算；略阳县已责令建设单位收回违规支付的工程款，并进行清查，防止此类问题再发生；兴蜀公路建设发展有限责任公司已与勘察设计单位补签了正式合同；都汶公路有限责任公司正在与设计单位协商合同签订事宜，未签合同前不再支付设计费。

（七）2 个项目建设用地征地不够规范，2 个项目未严格执行国家环境保护相关政策要求。其中：四川省德阳市绵远河城市污水处理厂项目在尚未完成建设用地征用手续的情况下，通过以租代征获取建设用地 108 亩；四川省金堂县人民政府批复阿坝工业集中发展区项目的详细规划面积，比省发展改革委批准的规划面积 10 平方公里多 1.4 平方公里，该项目的建设单位四川成阿发展实业有限公司实际征地 6591.87 亩，比省政府批准的第一批次建设用地计划多 2093.67 亩；四川省青城山——都江堰风景名胜区项目在环境评价报告尚未通过审批的情况下，占用景区林地建设，其中消防蓄水池、供水管网、燃气管道项目即将完工；甘肃省成县垃圾处理厂项目在建设中，自行取消了甘肃省环境保护局在环评报告批复中要求建设的垃圾渗滤液处理系统。

审计指出上述问题后，德阳市绵远河污水处理厂项目正在完善征地手续；四川省发展改革委调整了成都阿坝工业集中发展区的用地规划，该项目多征的土地已由省国土资源厅在 2010 年单列下达计划，金堂县正在完善多征用地的审批手续；都江堰市政府正在督促青城山——都江堰风景名胜区项目业主尽快补充完善有关手续，加快完成环境评价工作；甘肃省成县正就成县垃圾处理厂项目改变垃圾渗滤液处理方式问题，向甘肃省环境保护厅补报审批手续。

在这一阶段的跟踪审计中，审计署向司法、纪检监察机关和其他有关部门移送案件线索 2 起，涉及人员 2 人，涉及金额 424.26 万元。有关部门正在依法立案查处。

3 个受灾省和北京等 20 个对口支援省市审计机关的跟踪审计结果，将由各省市审计机关分别向社会公告。

审计署领导活动大事记

一　月

1月4日至5日　令狐安副审计长出席在京西宾馆召开的全国宣传部长会议。

1月4日和6日　令狐安副审计长先后到环保部、国务院国资会和国家文物局，分别向其主要负责同志通报了将要开展的部门领导干部经济责任审计有关事项。署资源环保局、国资监管局和文化体育局主要负责同志参加相关单位的事项通报。

1月6日上午　令狐安和石爱中副审计长主持召开署人才工作领导小组会议，讨论2010年署人才培训计划。署人才工作领导小组成员单位主要负责同志参加会议。

1月5日至7日　董大胜副审计长先后到国务院三峡工程建设委员会办公室、中国气象局、光明日报社、交通部和国家食品药品监督管理局，分别向其主要负责同志通报将要开展的部门领导干部经济责任审计有关事项。署农林水利局、地震气象局、新闻报刊局、交通运输局和卫生药品局主要负责同志参加相关单位的事项通报。

1月7日上午　党组书记刘家义主持召开署党组会议，研究了《中共审计署机关委员会关于党的基层组织实行党务公开的意见》、《2010年度审计系统司局级领导干部任期经济责任审计计划建议》和有关人事问题等。党组副书记令狐安，党组成员董大胜、余效明、孙宝厚和安国出席，石爱中副审计长，办公厅、法规司、经责司、人教司、机关党委和驻署监察局主要负责同志列席了相关内容的研究。

1月7日上午　刘家义审计长主持召开审计长会议，研究了《2010至2011年度审计署重点科研课题建议选题》、《关于加强审计业务信息质量考核的意见》、《关于加强和改进审计移送工作的意见》，听取了上海特派办关于置换办公用房有关情况的汇报。令狐安、董大胜、余效明、石爱中副审计长，孙宝厚总审计师和安国纪检组长出席。办公厅、法规司、行事司、人教司、机关党委、驻署监察局、服务局、科研所、审计学会和上海特派办主要负责同志参加了相关内容的研究。

1月7日下午　刘家义审计长主持召开审计业务会议，研究了拟向国务院报送的审计署《关于中央直管重要企业内部管理与对策的专题报告》、《关于53户中央企业法人治理情况的专题报告》、《关于19省农村饮用水安全状况审计调查情况的报告》、《关于2009年下半年汶川地震灾后恢复重建跟踪审计情况的报告》等。董大胜、余效明、石爱中副审计长，孙宝厚总审计师和安国纪检组长出席。办公厅、法规司、投资司、企业司和外资司主要负责同志参加了相关内容的研究。

1月7日下午　令狐安副审计长作为中央纪委常委，出席中央纪委常委会议。

1月8日上午　石爱中副审计长在中国审计学会召集会议，研究中国审计学会计算机分会成立有关事宜。中国审计学会、计算中心和信息办主要负责同志参加会议。

1月8日上午　石爱中副审计长在培训中心召集会议，研究《2010至2012年审计干部教育培训实施方案》。培训中心主要负责同志及相关人员参加会议。

1月8日下午　刘家义审计长参加中央政治局就世界主要国家财税体制与深化我国财税体制改革进行的集体学习。

1月8日下午　令狐安副审计长参加农业司2009年工作总结会和党支部民主生活会。

1月8日下午　石爱中副审计长出席中国内部审计协会年终总结会。

1月8日下午　孙宝厚总审计师在署机关会见了公安部经济犯罪侦查局孟庆丰局长。双方就如何加强协作配合，共同打击经济犯罪等问题进行座谈。署办公厅、法规司、金融司、企业司和投资司负责同志参加座谈。

1月11日上午　刘家义审计长在署机关会见中国农业银行项俊波董事长，就有关审计工作进行沟通。署金融司负责同志参加会见。

1月12日上午　董大胜副审计长到发展统计局审计现场进行审计工作调研。

1月12日下午　刘家义审计长和余效明副审计长在署机关召开会议，研究有关审计工作。企业司和太原、沈阳、上海、南京、广州、西安特派办主要负责同志及有关人员参加了会议。

1月11日至13日上午　中国共产党第十七届中央纪律检查委员会第五次全体会议在京举行。刘家义审计长出席12日上午的大会；中央纪委常委令狐安副审计长、安国纪检组长出席会议全部议程。

1月13日上午　董大胜副审计长到民族宗教局审计现场进行审计工作调研。

1月13日下午　石爱中副审计长出席科研所年终工作总结会并讲话。

1月13日和14日　董大胜副审计长先后到国家旅游局和国家外国专家局，分别向其主要负责同志通报了将要开展的部门领导干部经济责任审计有关事项。署旅游侨务局和监察人事局主要负责同志参加了相关单位的事项通报。

1月14日上午　刘家义审计长主持召开署党组扩大会议，部署审计署传达学习贯彻十七届中央纪委五次全会精神。令狐安副审计长传达了胡锦涛总书记在中央纪委五次全会上的重要讲话，安国纪检组长传达了贺国强同志所作的报告。董大胜、余效明、石爱中副审计长和孙宝厚总审计师，署机关各单位和各派出局主要负责同志参加会议。

1月13日、14日和15日下午　令狐安副审计长先后前往工业和信息化部、银监会和教育部，分别向其主要负责同志通报了将要开展的部门领导干部经济责任审计有关事项。署金融司、工业局和教育局主要负责同志参加相关单位的事项通报。

1月15日上午　令狐安副审计长出席首规委第30次全体会议。署投资司负责同志参加会议。

1月15日下午　刘家义审计长和余效明副审计长在人民大会堂出席中央国家机关第二十四次党的工作会议暨第二十二次纪检工作会议。署机关党委和机关纪委负责同志参加会议。

1月18日上午　令狐安副审计长在署机关会见越南审计署《审计杂志》总编辑阮胜先生，介绍了署新闻宣传工作的情况。

1月18日上午　令狐安副审计长出席经责司2009年度工作总结会。

1月18日上午　石爱中副审计长在计算中心听取宁波市鄞州区和安徽省芜湖市审计局信息化工作情况的汇报。署计算中心和信息办负责同志也听取了汇报。

1月18日上午　孙宝厚总审计师出席法规司2009年度工作总结会。

1月18日下午　令狐安副审计长出席人教司2009年度工作总结会。

1月19日上午　刘家义审计长出席国务院第4次全体会议。

1月19日　刘家义审计长在署机关主持召开会议，研究有关审计工作。办公厅、企业司和太原、沈阳、上海、南京、广州特派办负责同志及有关人员参加会议。

1月18日至20日上午　刘家义审计长在京出席中央第五次西藏工作座谈会。

1月20日上午　石爱中副审计长和安国纪检组长在人民大会堂出席中央纪委、监察部召开的总结推广廉洁奥运经验座谈会。

1月20日上午　孙宝厚总审计师代表审计署参加海地地震遇难中国维和警察遗体告别仪式。

1月20日下午　刘家义审计长在京出席全军审计工作会议，并作了国家审计工作形势的报告。

1月19日至21日　余效明副审计长率考核工作组，赴长春特派办对该办进行2009年度考核和干部监督检查工作；其间，余副审计长还到吉林省审计厅进行了座谈。

1月21日上午　刘家义审计长出席办公厅2009年度工作总结会并讲话。

1月22日上午　党组书记刘家义主持召开署党组会议，传达了中央有关文件精神，研究了《审计署2010年工作要点》、《2010年审计署培训计划》、《审计署2010年三类会议计划》、《人教司2010年工作要点》和《党政主要领导干部和国有企业领导人员经济责任审计规定》等。党组副书记令狐安，党组成员余效明、孙宝厚和安国出席。石爱中副审计长，办公厅、法规司、各业务司、人教司、机关党委、驻署监察局、科研所和培训中心主要负责同志列席相关内容的研究。

1月22日下午　刘家义审计长主持召开审计长会议，研究了《2010年度署统一组织审计项目计划》，听取了关于授权地方审计机关审计项目有关情况的汇报。令狐安、余效明、石爱中副审计长，孙宝厚总审计师和安国纪检组长出席。办公厅、法规司和各业务司主要负责同志参加了相关内容的研究。

1月22日下午　刘家义审计长主持召开审计业务会议，研究了《2010年部长经济责任审计工作方案》、《关于京沪高速铁路建设项目跟踪审计情况的报告》、《关于金沙江向家坝水电站工程审计情况的报告》、《关于西气东输二线工程西段跟踪审计情况的报告》。令狐安、余效明、石爱中副审计长和安国纪检组长出席。办公厅、法规司、行事司、投资司和经责司主要负责同志及有关人员参加了相关内容的研究。

1月17日至23日　经国务院批准，董大胜副审计长参加了香港特区政府“内地贵宾访港赞助计划”交流活动。

1月23日至24日　刘家义审计长、董大胜和石爱中副审计长、孙宝厚总审计师参加了署高级审计师评审会。

1月25日上午　刘家义审计长出席署离休干部团拜座谈会，听取老同志对离退休干部工作的意见。余效明副审计长出席并主持了会议。办公厅、人教司、机关党委、离退休局和服务局负责同志参加座谈会。

1月25日下午　令狐安副审计长在署机关会见上海市人民政府屠光绍副市长，就审计有关事项交换了意见。署金融审计司主要负责同志参加了会见。

1月25日下午　余效明副审计长主持召开署退休干部座谈会，征求老同志对离退休干部工作的意见。办公厅、人教司、机关党委、离退休局和服务局负责同志参加了座谈会。

1月25日下午　安国纪检组长出席在署机关召开的2009年度特派办年度考核和巡视工作培训会议并讲话。署人教司负责同志及9个考核组的全体成员参加会议。

1月25日至26日　审计署2009～2010年度重点科研课题中期检查会议在京召开，对中国特色社会主义审计基本理论、绩效审计指南、审计文化建设、审计职业道德建设4个研究方向的17个课题，以及定向委托研究的5个课题的研究情况进行了中期检查。刘家义审计长、石爱中副审计长、孙宝厚总审计师和中国审计学会翟熙贵会长出席会议。

1月26日上午　令狐安副审计长在署机关会见新华人寿保险公司康典董事长，就审计有关事项交换了意见。署金融审计司主要负责同志参加了会见。

1月26日上午　董大胜副审计长出席行事司组织召开的2009年度中央部门预算执行审计重点专题交流会。法规司、行事司和各派出审计局主要负责同志及主审近90人参加了交流。

1月26日上午　孙宝厚总审计师作为审计组组长出席教育部原部长周济同志任期经济责任审计进点会。署经责司和教育审计局主要负责同志参加了会议。

1月26日下午　刘家义审计长出席署离退休干部情况通报会。传达了温家宝总理在听取审计工作汇报和接见全国审计系统代表时的讲话精神，通报了2009年审计工作情况。余效明副审计长出席并主持了会议。署机关160多位离退休干部参加了会议。

1月27日　受署党组的委托，余效明副审计长到署对口扶贫的河北省顺平县进行慰问。

1月28日上午　刘家义审计长、令狐安和石爱中副审计长出席署宣传工作领导小组第五次会议，听取了2009年署审计宣传工作情况的汇报，研究了《审计署2010年宣传工作要点》。署宣传工作领导小组成员单位主要负责同志参加了会议。

1月28日上午　孙宝厚总审计师作为审计组组长出席国家食品药品监督管理局局长邵明立同志任期经济责任审计进点会。署卫生药品审计局主要负责同志参加了会议。

1月28日下午　令狐安副审计长作为审计组组长，出席环保部周生贤部长任期经济责任审计进点会。令狐副审计长就经济责任审计事项与周生贤部长进行了谈话，审计组副组长参加了谈话。

1月28日下午　审计署机关和北京市审计局在梅兰芳大剧院举办2010年春节团拜联欢会。刘家义审计长代表署党组致新春贺辞。全总文工团、署有关司局和北京市审计局联合演出了文艺节目。董大胜、余效明和石爱中副审计长，孙宝厚总审计师，安国纪检组长，署老领导于明涛、任景德、罗进新、王道成，署机关各单位、各派出审计局、北京市审计局干部职工，署特约审计员参加了团拜会。

1 月 29 日上午　审计署举行署老领导春节团拜会。全国政协李金华副主席，刘家义审计长，董大胜、余效明、石爱中副审计长，孙宝厚总审计师，安国纪检组长，署老领导于明涛、吕培俭、郭振乾、任景德、罗进新、郑力、王道成、翟熙贵，署离退休干部工作领导小组成员单位主要负责同志参加了团拜会。

1 月 29 日上午　令狐安副审计长与环保部负责同志就周生贤部长任期经济责任审计事项进行了谈话，审计组副组长参加了谈话。

1 月 29 日下午　党组书记刘家义主持召开署党组会议，研究有关人事问题。党组副书记令狐安，党组成员董大胜、余效明、孙宝厚和安国出席。石爱中副审计长，人教司、机关党委和驻署监察局主要负责同志列席会议。

1 月 29 日下午　孙宝厚总审计师作为审计组组长出席国家旅游局局长邵琪伟同志任期经济责任审计进点会。署旅游侨务审计局主要负责同志参加了会议。

1 月 31 日上午　刘家义审计长作为办公厅第五党支部成员，参加了党支部组织的健步走活动。

二　月

2 月 1 日上午　令狐安副审计长作为中央纪委常委出席中央纪委常委会会议。

2 月 1 日上午　石爱中副审计长在署机关出席署投资司工程质量审计座谈会。水利部、铁道部、水电设计总院等单位有关专家和署投资司负责同志参加了座谈。

2 月 1 日下午　令狐安副审计长作为审计组组长，出席银监会主席刘明康同志任期经济责任审计进点会。署金融司主要负责同志参加了会议。

2 月 1 日　余效明副审计长作为审计组组长出席国资委主任李荣融同志任期经济责任审计进点会。署国资监管局主要负责同志参加了会议。

2 月 2 日上午　令狐安副审计长在中央组织部出席干部人事制度改革工作联席会议第一次会议。署人教司主要负责同志参加了会议。

2 月 2 日上午　孙宝厚总审计师主持召开署保密委员会会议。署保密委员会委员及署保密办有关同志参加了会议。

2 月 2 日下午　刘家义审计长列席国务院第 100 次常务会议。会议审议了《中华人民共和国审计法实施条例（修订草案）》。

2 月 2 日下午　石爱中副审计长在署机关出席计算中心和企业司联合举办的企业资源计划（ERP）系统培训座谈会。计算中心和企业司负责同志参加了会议。

2 月 2 日下午　孙宝厚总审计师就国家食品药品监督管理局局长邵明立同志任期经济责任审计事项与该局领导班子成员谈话。署卫生药品审计局主要负责同志参加了谈话。

2 月 3 日　董大胜副审计长出席行事司在华审宾馆召开的派出审计局局长例会，听取了派出审计局关于中央部门预算执行审计情况的汇报。

2 月 3 日下午　石爱中副审计长出席国务院召开的全国中小学校舍安全工程领导小组第二次全体会议。署投资司有关同志参加了会议。

2 月 4 日上午　董大胜副审计长到广电通讯审计局审计现场进行调研。

2 月 4 日上午　孙宝厚总审计师就教育部原部长周济同志任期经济责任审计事项与该部领导班子成员谈话。署教育审计局主要负责同志参加了谈话。

2 月 4 日下午　令狐安副审计长在署机关主持召开环境审计协调领导小组会议。财政司、行事司、农业司、投资司、金融司、企业司、外资司、经责司和外资中心负责同志参加了会议。

2 月 4 日下午　董大胜副审计长到经济执法审计局审计现场进行调研。

2 月 2 日至 5 日　受署党组委托，董大胜、石爱中副审计长和孙宝厚总审计师分别到署老领导周光春、王宸生、崔建民和署离休干部凌祖佑、李树培家中走访慰问。离退休局和服务局负责同志陪同前往。

2 月 5 日上午　董大胜副审计长出席 2009 年度国家发展和改革委员会组织分配中央财政投资审计培训班。

2 月 5 日下午　董大胜副审计长出席中央国家机关工委在人民大会堂召开的在京老干部新春茶话会。

2 月 3 日至 7 日　刘家义审计长参加中共中央在中央党校举办的省部级主要领导干部《深入贯

彻落实科学发展观 加快经济发展方式转变》专题研讨班。

2月2日、4日、5日和8日 令狐安副审计长就环保部部长周生贤同志经济责任审计事项与该部领导班子成员谈话。署经责司和资源环保审计局主要负责同志分别参加了谈话。

2月8日上午 党组书记刘家义主持召开署党组会议，研究了对外公布审计署2009年大事记和有关人事问题。党组副书记令狐安，党组成员董大胜、余效明、孙宝厚和安国出席。石爱中副审计长，人教司、机关党委和驻署监察局主要负责同志列席会议。

2月8日上午 刘家义审计长主持召开审计长会议，研究了《审计署机关职工租住周转住房暂行管理办法》和《审计署驻地方特派员办事处职工租住周转住房暂行管理办法》。令狐安、董大胜、余效明、石爱中副审计长，孙宝厚总审计师和安国纪检组长出席。办公厅、人教司、机关党委、驻署监察局、离退休局和服务局主要负责同志参加了会议。

2月8日上午 刘家义审计长主持召开审计业务会议，研究了《关于保监会主席吴定富同志任期经济责任审计报告》、《关于11省区土地开发整理资金审计调查情况的报告》、《关于11省区土地征收出让管理审计调查情况的报告》、《关于山西、内蒙古矿产资源专项资金审计调查情况的报告》和《关于长江上游水污染防治审计调查情况的报告》。令狐安、董大胜、余效明、石爱中副审计长，孙宝厚总审计师和安国纪检组长出席。办公厅、法规司、农业司、金融司和经责司主要负责同志参加相关内容的研究。

2月8日下午 受令狐安副审计长委托，董大胜副审计长在京出席监察部组织召开的国务院第三次廉政工作会议筹备会议。署办公厅负责同志参加了会议。

2月9日上午 董大胜副审计长在京出席第三次制止公款出国（境）旅游专项工作部际联席会议。署行事司负责同志参加了会议。

2月9日下午 受刘家义审计长委托，董大胜副审计长在署机关会见国土资源部党组副书记、副部长鹿心社，就有关事项进行了研究。署行事司、农业司和资源环保审计局负责同志参加了会见。

2月9日下午 石爱中副审计长在署机关出席企业司第二批中央企业审计数据库验收总结汇报会并讲话。计算中心、信息办、企业司负责同志和部分特派办相关人员参加了会议。

2月9日下午 孙宝厚总审计师出席中央五部委经济责任审计工作联席会议办公室会议。联席会议各成员单位和署经责司负责同志参加了会议。

2月10日上午 刘家义审计长列席国务院第101次常务会议。

2月10日 令狐安副审计长在京出席中国投资有限责任公司董事会2010年度第一次会议。

2月10日上午 董大胜副审计长在署机关会见武警部队何映华副司令员。署行事司主要负责同志参加了会见。

2月10日下午 董大胜副审计长在京出席中央治理“小金库”工作领导小组第四次会议。署行事司和工业审计局有关人员参加了会议。

2月12日上午 刘家义审计长出席中央办公厅和国务院办公厅在人民大会堂举行的春节团拜会。

2月21日下午 刘家义审计长和石爱中副审计长在华审宾馆与审计署援疆干部及部分赴汶川地震灾区挂职干部进行座谈。办公厅、投资司、人教司、机关党委和驻署监察局负责同志参加了座谈。

2月22日上午 审计署召开署机关各单位和各派出审计局全体干部职工大会。刘家义审计长通报了2009年审计工作情况，对2010年工作任务作出了部署。董大胜副审计长主持会议。余效明、石爱中副审计长，孙宝厚总审计师，安国纪检组长出席，署机关各单位和各派出审计局全体干部职工参加了会议。

2月22日下午 刘家义审计长参加中央政治局第19次集体学习会。

2月22日下午 董大胜副审计长在署机关会见中国人民银行苏宁副行长。双方就预算法修订有关事宜进行沟通。署财政司主要负责同志参加了会见。

2月23日上午 刘家义审计长主持召开会议，讨论将于2013年在华举办的世界审计组织第21届大会议题事项。董大胜副审计长出席，办公厅、法规司、国际司和科研所负责同志参加了会议。

2月23日上午 刘家义审计长和安国纪检组

长在国务院小礼堂主会场出席贯彻实施《中国共产党党员领导干部廉洁从政若干准则》电视电话会议。

2月23日下午　党组书记刘家义主持召开署党组会议，听取人教司关于署公务员登记备案有关情况的汇报，研究了《关于2009年署党组民主生活会征求到意见建议的整改分工方案》等。党组副书记令狐安，党组成员董大胜、余效明、孙宝厚、安国、侯凯出席会议。石爱中副审计长，法规司、各业务司、人教司、机关党委、驻署监察局、离退休局、服务局、计算中心、科研所、培训中心和审计学会主要负责同志列席相关内容的研究。

2月23日下午　刘家义审计长主持召开审计业务会议，研究了《财政部具体组织2009年中央预算执行情况的审计工作方案》和《2010年省（市）长经济责任审计工作方案》。副审计长令狐安、董大胜、余效明、石爱中，总审计师孙宝厚，纪检组长安国和党组成员侯凯出席。法规司、财政司、行事司、社保司、金融司、企业司、外资司和经责司主要负责同志参加了相关内容的研究。

2月24日上午　刘家义审计长列席国务院第102次常务会议。

2月24日　董大胜副审计长作为审计组组长出席国务院三峡工程建设委员会办公室主任汪啸风同志任期经济责任审计进点会，与该办领导班子成员分别进行了谈话。署农林水利局主要负责同志参加了会议和谈话。

2月25日上午　令狐安副审计长出席国务院王岐山副总理主持召开的专题会议。署金融司负责同志参加了会议。

2月25日上午　董大胜副审计长作为审计组组长出席2009年度国家发展和改革委员会组织分配中央财政投资审计进点会。署行事司和发展统计局主要负责同志参加了会议。

2月25日上午　石爱中副审计长出席中国内部审计协会有关会议。人教司负责同志参加了会议。

2月25日下午　董大胜副审计长作为审计组组长出席国家外国专家局局长季允石同志任期经济责任审计进点会，与该局领导班子成员分别进行了谈话。署监察人事局主要负责同志参加了会议和谈话。

2月25日下午　石爱中副审计长作为审计组组长出席工业和信息化部部长李毅中同志任期经济责任审计进点会。署工业审计局主要负责同志参加了会议。

2月25日下午　孙宝厚总审计师就食品药品监督管理局局长邵明立同志任期经济责任审计与该局领导班子成员分别进行了谈话。署卫生药品局主要负责同志参加了谈话。

2月24日下午至26日上午　刘家义审计长、余效明副审计长和安国纪检组长在署机关听取了特派办考核小组关于京津冀等18个特派办2009年度考核情况的汇报和特派办巡视工作小组关于沈阳、太原、西安、长沙、郑州和深圳特派办巡视工作情况的汇报。

2月26日　董大胜副审计长作为审计组组长出席光明日报社总编辑苟天林同志任期经济责任审计进点会，与该报社领导班子成员分别进行了谈话。署新闻报刊局主要负责同志参加了会议和谈话。

2月26日上午　党组成员、副审计长兼机关党委书记余效明主持召开2010年机关党委第一次会议，讨论了《审计署机关2010年党建工作要点》和《2010年审计机关精神文明建设工作安排意见》，批准接收6名同志为中共预备党员，批准2名预备党员按期转正。机关党委委员出席了会议。

2月26日下午　石爱中副审计长作为审计组组长出席国家文物局局长单霁翔同志任期经济责任审计进点会。署文化体育局主要负责同志参加了会议。

2月28日下午　刘家义审计长、董大胜副审计长在怀柔审计干部培训基地出席元宵节团拜会，慰问各特派办、地方审计机关在京交流干部。办公厅、行事司、人教司和服务局主要负责同志参加了团拜会。

三　月

3月1日上午　石爱中副审计长和孙宝厚总审计师在署机关出席了高级审计师资格考试大纲修订会。人教司、科研所负责同志和部分高校专家参加了会议。

3月1日下午　令狐安副审计长出席中纪委召开的2009年度惩治和预防腐败体系建设检查动员部署会。

3月1日下午　董大胜副审计长就国家外国专家局局长季允石同志任期经济责任审计与该局领导班子部分成员分别进行了谈话。署监察人事局主要负责同志参加了谈话。

3月1日下午　孙宝厚总审计师在署机关主持召开会议，研究修改《审计组长、主审管理暂行办法》。办公厅、法规司和有关业务司负责同志参加会议。

3月1日下午　孙宝厚总审计师在署机关主持召开会议，研究审计发现问题移送等事项。办公厅和法规司负责同志参加会议。

3月2日上午　余效明副审计长和安国纪检组长出席中央纪委召开的中央和国家机关贯彻落实胡锦涛同志重要讲话精神、加快推进反腐倡廉制度建设任务分工会议。

3月2日下午　全国政协李金华副主席，余效明副审计长，署老领导吕培俭和罗进新出席老领导于明涛在文津街俱乐部举办的个人书画观摩展。

3月2日　石爱中副审计长在署机关出席《信息系统审计工作指导意见（征求意见稿）》座谈会。北京市和天津市审计局、京津冀特派办、署计算中心负责同志参加会议。

3月3日上午　党组书记刘家义主持召开署党组会议，研究有关人事事项。党组副书记令狐安，党组成员董大胜、余效明、孙宝厚、安国和侯凯出席。石爱中副审计长，人教司和驻署监察局主要负责同志列席会议。

3月3日下午　令狐安副审计长就环保部部长周生贤同志任期经济责任审计与该部领导班子部分成员分别进行了谈话。署资源环保局负责同志参加谈话。

3月3日下午　董大胜副审计长在署机关会见科技部郭向远纪检组长，就有关审计事项进行研究。

3月3日至4日　余效明副审计长就国资委主任李荣融同志任期经济责任审计与该委领导班子成员分别进行谈话。署国资监管局主要负责同志参加了谈话。

3月4日上午　董大胜副审计长主持召开会议，研究了有关审计事项。法规司和卫生药品局主要负责同志参加会议。

3月4日下午　董大胜副审计长作为审计组组长出席交通部部长李盛霖同志任期经济责任审计进点会，与该部领导班子部分成员分别进行了谈话。署交通运输局主要负责同志参加会议。

3月4日下午　孙宝厚总审计师和安国纪检组长出席中央治理工程建设领域突出问题工作领导小组第二次会议。署投资司负责同志参加会议。

3月5日上午　余效明副审计长主持召开特派办年度考核工作会议，部署了2009年度特派办综合考核量化评分工作。办公厅、法规司、相关业务司、人教司、机关党委、驻署监察局、离退休局、服务局和信息办负责同志参加会议。

3月5日上午　孙宝厚总审计师就教育部原部长周济同志经济责任审计与该部领导班子成员分别进行了谈话。署教育审计局主要负责同志参加了谈话。

3月2日、4日和5日下午　令狐安副审计长就银监会主席刘明康同志任期经济责任审计与其本人及该会领导班子部分成员分别进行了谈话。署金融司主要负责同志参加了谈话。

3月2日和5日下午　孙宝厚总审计师就食品药品监督管理局局长邵明立同志任期经济责任审计与该局领导班子成员分别进行了谈话。署卫生药品局主要负责同志参加了谈话。

3月3日下午和7日　孙宝厚总审计师先后列席全国政协十一届三次会议开幕会、特邀57、58组（综合）界别联组会议和第一次全体会议。

3月7日上午　刘家义审计长代表国务院参加十一届全国人大三次会议北京代表团全体会议，听取意见、回答问询。署党组成员、办公厅主任侯凯和有关人员陪同参加了会议。

3月7日上午　余效明副审计长在人民大会堂出席全国妇联召开的纪念“三八”国际劳动妇女节100周年大会。

3月8日上午　受署党组委托，余效明副审计长出席署机关巾帼建功先进个人暨五好文明家庭表彰大会并讲话。党组成员侯凯出席，署机关全体女同志参加会议。

3月8日　孙宝厚总审计师就国家旅游局局长邵琪伟同志任期经济责任审计与该局领导班子成员分别进行了谈话。署旅游侨务局主要负责同志参加了谈话。

3月9日上午　刘家义审计长、董大胜副审计长和党组成员、办公厅主任侯凯在署机关会见江西省吴新雄省长、凌成兴常务副省长和孙刚副省长。署财政司主要负责同志参加了会见。

3月9日上午　余效明副审计长在郑州特派办召开全办干部职工大会，代表署党组宣布该办负责同志任免交接事宜。署人教司主要负责同志主持会议。

3月9日上午　孙宝厚总审计师召集外资司负责同志研究筹备全国外资审计培训班有关工作。

3月9日下午　余效明副审计长在京津冀特派办召开全办干部职工大会，代表署党组宣布该办主要负责同志任免交接事宜。署人教司主要负责同志主持会议。

3月10日上午　受刘家义审计长委托，董大胜副审计长在署机关会见来署进行电子政务调研的工业和信息化部杨学山副部长。署计算中心和信息办主要负责同志参加了会见。

3月10日上午　董大胜副审计长在署机关会见财政部财政科研所苏明副所长，就有关审计事项进行了沟通。署财税海关局主要负责同志参加了会见。

3月10日下午　余效明副审计长作为审计组组长，出席中国气象局局长郑国光同志任期经济责任审计进点会。署地震气象局主要负责同志和审计组全体人员参加了会议。

3月11日上午　孙宝厚总审计师召集行事司和国际司负责同志，研究参加中印审计研讨会有关工作。

3月11日下午　余效明副审计长在长沙特派办召开全办干部职工大会，代表署党组宣布该办主要负责同志任免交接事宜。署人教司主要负责同志主持会议。

3月8日至12日　令狐安副审计长作为中央纪委2009年度惩治和预防腐败体系建设第八检查组组长，赴中央组织部和国家发展和改革委员会检查工作。

3月12日上午　董大胜副审计长就交通部部长李盛霖同志任期经济责任审计与该部部分领导班子成员分别进行谈话。

3月3日下午至13日上午　石爱中副审计长出席全国政协十一届三次会议。

3月5日上午、8日上午、9日下午、11日下午和14日上午　刘家义审计长先后列席了十一届全国人大三次会议开幕式，第二次、第三次、第四次全体会议和闭幕会。

3月14日　董大胜副审计长在京出席审计署2010年公务员考试录用面试试题命制工作会议。

3月15日上午　党组书记刘家义主持召开署党组会议，研究了《2010年审计机关精神文明建设意见的安排》和有关人事事项。党组成员董大胜、余效明、孙宝厚、安国和侯凯出席。石爱中副审计长，人教司、机关党委、驻署监察局和培训中心主要负责同志列席了会议。

3月15日上午　刘家义审计长主持召开审计长会议，研究了中央企业内部审计有关事项。董大胜、余效明、石爱中副审计长，孙宝厚总审计师，安国纪检组长和党组成员、办公厅主任侯凯出席。法规司、企业司、科研所、培训中心和内审协会主要负责同志参加了会议。

3月15日上午　刘家义审计长主持召开审计业务会议，研究了《2010年10户中央企业经济责任及财务收支审计工作方案》和《关于上海市审计局〈中国2010年上海世博会2010～2011年度审计工作方案（初稿）〉修改意见》等。董大胜、余效明、石爱中副审计长，孙宝厚总审计师，安国纪检组长和党组成员、办公厅主任侯凯出席。法规司、投资司、企业司和科研所主要负责同志参加了相关内容的研究。

3月15日下午　董大胜副审计长在京出席全国社会保障基金理事会第三届理事大会第三次会议。

3月15日下午　孙宝厚总审计师主持召开会议，研究了中央企业内部审计制度建设有关事项。办公厅、法规司、企业司、科研所和内审协会主要负责同志参加了会议。

3月16日下午　刘家义审计长在署机关会见应监察部邀请来华访问的波兰审计监察院院长雅采克·耶杰尔斯基率领的波兰审计代表团。董大胜副审计长向波兰审计代表团介绍了中国审计工作现状，回答了关于中国审计部门与监察部门的关系和奥运审计等方面的问题。受刘家义审计长委托，董大胜副审计长当晚宴请了波兰审计代表团。署国际司主要负责同志参加了会见和宴请。

3月16日下午　受刘家义审计长委托，余效明副审计长出席全国劳动模范和先进工作者表彰大会筹委会第一次全体会议暨筹委会办公室第一次会议。

3月16日　石爱中副审计长在京会见国际内部审计师协会（简称IIA）主席罗德里克·温特斯先生。中国内部审计协会王道成会长参加了会见。

3月17日上午　刘家义审计长列席国务院第

103 次常务会议。

3 月 17 日上午　孙宝厚总审计师出席法规司组织的审计法实施条例培训班并讲话。各省、自治区、直辖市及计划单列市、副省级省会市审计厅（局）负责同志和有关人员参加了培训。

3 月 18 日上午　董大胜副审计长召开行事司全体干部大会，代表署党组宣布该司负责同志任免交接事宜。人教司主要负责同志主持会议。

3 月 18 日　余效明副审计长就中国气象局局长郑国光同志任期经济责任审计与该局领导班子成员分别进行了谈话。署地震气象局主要负责同志及有关人员参加了谈话。

3 月 18 日　党组成员、办公厅主任侯凯先后到科学技术局、社保司和科学工程局召开全体干部大会，代表署党组宣布了 3 个单位主要负责同志任免交接事宜。人教司主要负责同志主持会议。

3 月 18 日下午　刘家义审计长在署机关会见联合国审计委员会现任主席、非洲审计组织现任主席、南非共和国审计署审计长特仁斯·农贝贝先生。双方就加强两国在联合国审计委员会中的合作，强化两国在提高审计人员能力方面的合作等事项交换了意见。当晚，刘家义审计长宴请了农贝贝审计长。署国际司和境外司主要负责同志参加了会见和宴请。

3 月 15 日至 19 日　令狐安副审计长作为中央纪委 2009 年度惩治和预防腐败体系建设第八检查组组长，赴国家发展和改革委员会和最高人民法院检查工作。

3 月 19 日上午　董大胜副审计长在署机关会见财政部廖晓军副部长，就即将开展的财政部具体组织 2009 年度中央预算执行情况审计有关事项交换了意见。署财政司主要负责同志参加了会见。

3 月 19 日上午　余效明副审计长召集特派办考核领导小组会议，研究了特派办 2009 年度综合考核报告和特派办考核办法。办公厅、法规司、各业务司、人教司、机关党委、驻署监察局、离退休局、服务局和计算中心负责同志参加会议。

3 月 19 日上午　党组成员、办公厅主任侯凯出席人教司组织召开的 2010 年考试录用公务员面试工作动员大会。

3 月 19 日下午　刘家义审计长在署机关会见全国人大常委会副委员长、中国红十字会会长华建敏。中国红十字会王伟、郭长江、郝林娜、王海京副会长，董大胜、余效明副审计长，孙宝厚总审计师，安国纪检组长，署党组成员、办公厅主任侯凯，以及署行事司和民政社保局负责同志参加了会见。

3 月 21 日上午　董大胜副审计长在京出席全国供销合作社第五次代表大会。

3 月 22 日上午　令狐安副审计长在署机关与保监会吴定富主席就有关审计事项交换了意见。

3 月 22 日上午　董大胜和余效明副审计长到中央纪委、监察部就 2010 年审计相关事项了解情况。署财政司、行事司、企业司和经责司主要负责同志陪同前往。

3 月 22 日下午　令狐安副审计长就银监会主席刘明康同志任期经济责任审计与该会领导班子部分成员分别进行了谈话。署金融司负责同志参加了谈话。

3 月 22 日下午　董大胜副审计长到发展统计局听取了国家发展和改革委员会 2009 年度组织分配中央财政投资情况审计工作的汇报。行事司负责同志陪同前往。

3 月 22 日下午　余效明副审计长在署机关主持召开离退休干部工作领导小组会议，研究了《审计署关于加强离退休干部工作的意见》。署离退休干部工作领导小组成员单位负责同志参加了会议。

3 月 22 日下午　孙宝厚总审计师出席全国打击发票违法犯罪活动工作协调小组第三次会议。署法规司负责同志参加了会议。

3 月 23 日上午　党组书记刘家义在署机关多功能厅主持召开署党组会议，研究了 2009 年度特派员办事处考核结果、特派员办事处综合考核办法、特派员办事处调研提纲和有关人事事项。党组成员董大胜、余效明、孙宝厚、安国和侯凯出席。石爱中副审计长，法规司、各业务司、人教司、机关党委、驻署监察局、服务局、计算中心和各特派员办事处主要负责同志列席相关内容的研究。

3 月 23 日上午　刘家义审计长在署机关多功能厅主持召开审计长会议，研究了审计科研工作有关事项。董大胜、余效明、石爱中副审计长，孙宝厚总审计师，安国纪检组长和党组成员、办公厅主任侯凯出席。人教司、服务局、科研所和审计学会主要负责同志参加会议。

3 月 23 日下午　刘家义审计长出席国务院第三次廉政工作电视电话会议。

3月23日下午 令狐安副审计长就环保部部长周生贤同志任期经济责任审计与该部领导班子部分成员分别进行了谈话。署资源环保局负责同志参加了谈话。

3月24日上午 刘家义审计长列席国务院第104次常务会议。

3月24日下午 令狐安副审计长在署机关与保监会李克穆副主席就有关审计事项交换了意见。

3月25日下午 刘家义审计长在署怀柔审计干部培训基地主持召开审计业务会议，研究了《2010年新型农村社会养老保险基金专项审计调查工作方案》和《2010年新型农村合作医疗基金专项审计调查工作方案》。董大胜、余效明、石爱中副审计长，孙宝厚总审计师，安国纪检组长和党组成员、办公厅主任侯凯出席。法规司、社保司和科研所负责同志参加了会议。

3月24日至26日 审计署党组中心组在署怀柔审计干部培训基地举行第一季度学习会，围绕"依法履行审计职责，促进经济又好又快发展"这一主题进行了深入学习讨论。刘家义审计长，令狐安、董大胜、余效明、石爱中副审计长，孙宝厚总审计师，安国纪检组长，党组成员、办公厅主任侯凯，署机关各单位、各特派员办事处和各派出审计局主要负责同志参加了学习会。

3月27日上午 余效明副审计长参加中央国家机关绿化委员会办公室组织的2010年"共建绿色家园——共和国部长义务植树活动"。

3月29日上午 审计署召开全国审计机关党风廉政建设工作视频会议。刘家义审计长传达了国务院第三次廉政工作会议精神，部署审计机关党风廉政建设工作。受署党组委托，安国纪检组长作了工作报告。石爱中副审计长、孙宝厚总审计师和党组成员、办公厅主任侯凯出席。各省（自治区、直辖市）和计划单列市、新疆生产建设兵团审计厅（局），署机关各司局、各特派员办事处、各派出审计局副处级以上干部和署直属事业单位领导班子成员参加了会议。

3月29日上午 董大胜和余效明副审计长到中央组织部就2010年审计相关事项了解情况。署财政司、行事司、企业司和经责司主要负责同志一同前往。

3月29日下午 刘家义审计长和董大胜副审计长在署机关会见中央编办黄文平副主任。

3月29日下午 刘家义审计长、董大胜副审计长与财政司负责同志及有关人员研究了地方政府性债务审计有关问题。

3月29日下午 刘家义审计长、余效明副审计长与办公厅、法规司、企业司和有关特派员办事处负责同志及相关人员研究了有关企业审计问题。

3月29日 令狐安副审计长作为中央纪委2009年度惩治和预防腐败体系建设第八检查组组长主持召开检查组总结会。

3月29日下午 孙宝厚总审计师在署机关出席全国外资审计工作视频会议并讲话。外资司、外资中心和各省（自治区、直辖市）审计机关负责同志及有关人员参加了会议。

3月30日上午 刘家义审计长和董大胜副审计长在北京国谊宾馆主会场，出席了中央扩大内需促进经济增长政策落实暨治理工程建设领域突出问题监督检查工作电视电话会议。

3月30日上午 余效明副审计长与办公厅、法规司和人教司负责同志，研究修订《审计署驻地方特派员办事处综合考核办法》。

3月30日上午 孙宝厚总审计师出席2010年省（市）长经济责任审计培训班并讲话。财政司、经责司和沈阳、上海、南京、济南、武汉、长沙、成都、昆明、西安、长春10个特派员办事处主要负责同志，以及参加省（市）长经济责任审计的全体同志参加了会议。

3月30日下午 党组书记刘家义主持召开署党组会议，研究有关人事事项、审计署2010年度干部交流干部借调计划及有关事宜。党组副书记令狐安，党组成员余效明、安国和侯凯出席。石爱中副审计长，人教司、机关党委和驻署监察局主要负责同志列席会议。

3月30日下午 刘家义审计长主持召开审计长会议，研究了关于近期开展信息系统审计工作的指导意见。令狐安、余效明、石爱中副审计长，安国纪检组长和党组成员、办公厅主任侯凯出席。法规司和计算中心主要负责同志及有关人员参加会议。

3月30日下午 刘家义审计长主持召开审计业务会议，研究经济责任审计报告模拟稿。令狐安、余效明、石爱中副审计长，安国纪检组长和党组成员、办公厅主任侯凯出席。法规司、财政司、行事司、企业司和经责司主要负责同志参加会议。

3月30日下午　孙宝厚总审计师出席中央扩大内需促进经济增长政策落实暨治理工程建设领域突出问题检查组春季检查培训会，为参加检查工作的人员作了专题辅导。

3月31日下午　孙宝厚总审计师主持召开会议，听取法规司关于修订国家审计准则和制定审计署业务管理若干规定工作情况的汇报。法规司主要负责同志和有关人员参加会议。

四　月

4月1日下午　余效明副审计长出席国务院召开的加强和规范各地政府驻北京办事机构管理工作电视电话会议。署行事司负责同志参加了会议。

4月1日下午　孙宝厚总审计师就教育部原部长周济同志经济责任审计与教育部领导班子成员分别进行了谈话。署教育审计局负责同志参加了谈话。

3月29日至4月2日　审计署2010年度审计案例教学师资培训研讨班在署怀柔审计干部培训基地举办。研讨期间，石爱中副审计长对案例教学试讲进行了点评，孙宝厚总审计师以“监盘时遇‘携巨款逃跑’应如何处置”为例作了案例教学示范。审计署和地方审计机关的48名师资参加了培训研讨。

4月2日上午　孙宝厚总审计师在署机关出席审计法实施条例视频培训会议，并作了专题辅导。各省（自治区、直辖市）和计划单列市、新疆生产建设兵团审计厅（局）及部分市（县）审计局审计人员，署机关各单位、各特派员办事处、各派出审计局人员参加了会议。

4月2日下午　党组书记刘家义主持召开署党组会议，研究了有关人事事项。党组副书记令狐安，党组成员余效明、孙宝厚、安国和侯凯出席。石爱中副审计长，人教司、机关党委、驻署监察局和服务局主要负责同志列席会议。

4月2日下午　刘家义审计长主持召开审计长会议，研究审计署2010年预算分配方案和审计署外聘经费管理办法等事项。令狐安、余效明、石爱中副审计长，孙宝厚总审计师，安国纪检组长和党组成员、办公厅主任侯凯出席。办公厅、各业务司、人教司、机关党委、驻署监察局和服务局负责同志参加了相关内容的研究。

4月6日上午　刘家义审计长在人民大会堂出席全党深入学习实践科学发展观活动总结大会。

4月6日下午　党组书记刘家义主持召开署党组会议，研究了有关人事事项。党组副书记令狐安，党组成员余效明、孙宝厚、安国和侯凯出席。石爱中副审计长，人教司、机关党委和驻署监察局主要负责同志列席会议。

4月6日下午　刘家义审计长主持召开审计业务会议，研究了《地方政府性债务专项审计调查工作方案》。令狐安、余效明、石爱中副审计长，孙宝厚总审计师，安国纪检组长和党组成员、办公厅主任侯凯出席。法规司、财政司、金融司、外资司和科研所主要负责同志参加会议。

4月7日上午　石爱中副审计长在署计算机审计演示厅主会场出席地方审计机关“金审二期工程”建设全国视频会议。计算中心和信息办主要负责同志在主会场参加了会议。

3月30日至4月8日　董大胜副审计长赴委内瑞拉出席世界审计组织财务与管理委员会第6次会议，访问了古巴共和国监察院。

4月8日上午　令狐安副审计长到署怀柔审计干部培训基地看望参加署2010年资源环境审计培训班的人员并讲话。

4月8日上午　孙宝厚总审计师出席全国社会保险基金专项治理暨监督工作会议。署社保司负责同志参加了会议。

4月8日下午　令狐安副审计长在中央纪委出席2009年度惩治和预防腐败体系建设重点抽查工作汇报会，汇报了第八检查组赴中央组织部、国家发展和改革委员会和最高人民法院检查工作情况。

4月8日下午　董大胜副审计长在华审宾馆出席了地方政府性债务专项审计调查培训班。

4月8日下午　安国纪检组长出席国务院召开的全国纠风工作电视电话会议。驻署监察局主要负责同志参加了会议。

4月9日上午　令狐安副审计长作为中央纪委常委出席中央纪委常委会会议。

4月9日上午　董大胜副审计长在署机关会见国家粮食局张桂凤副局长，就有关审计事项进行了沟通。署发展统计局主要负责同志参加了会见。

4月9日上午　董大胜副审计长在署机关会见国家测绘局宋超智副局长，就有关审计事项进行了沟通。署资源环保局主要负责同志参加了会见。

4月9日上午 石爱中副审计长出席国家信息安全管理体系认证有关问题研讨会。署计算中心负责同志参加会议。

4月9日下午 令狐安副审计长主持召开署政务公开领导小组会议。孙宝厚总审计师、安国纪检组长和党组成员、办公厅主任侯凯出席，署政务公开领导小组办公室成员参加会议。

4月9日下午 董大胜副审计长在署机关会见人力资源和社会保障部孙宝树副部长，就有关审计事项进行了沟通。署民政社保局主要负责同志参加会见。

4月9日下午 党组书记刘家义主持召开署党组会议，研究长沙特派办职工住房建设有关事项。党组副书记令狐安，党组成员董大胜、孙宝厚、安国和侯凯出席。石爱中副审计长，总经济师兼长沙特派办党组书记李勇库，法规司、人教司、机关党委、驻署监察局和服务局主要负责同志参加会议。

4月12日上午 令狐安副审计长听取了服务局关于署基建工作有关事项的汇报。

4月12日上午 董大胜副审计长在署机关听取中央纪委三室罗兴平副主任对有关情况的介绍。署行事司负责同志也听取了介绍。

4月12日上午 董大胜副审计长在署机关会见山东省烟台市李淑芹副市长，就有关审计事项进行了沟通。署财政司负责同志参加了会见。

4月13日下午 令狐安副审计长出席署机关司处级领导职务和非领导职务干部人选推荐大会并讲话。署党组成员、办公厅主任侯凯主持了会议。

4月13日下午 董大胜副审计长在京出席全国“小产权房”问题清理工作领导小组第一次会议。

4月7日和13日下午 令狐安副审计长听取了金融司关于近期金融审计工作情况的汇报。

4月15日上午 董大胜副审计长在署机关会见国家测绘局徐德明局长，就有关审计事项进行了沟通。资源环保局主要负责同志参加了会见。

4月15日上午 董大胜副审计长在署机关会见吉林省人民政府刘延春副秘书长，就有关审计事项进行了沟通。财政司负责同志参加了会见。

4月13日至16日 中共中央政治局常委、中央纪委书记贺国强，中共中央书记处书记、中央纪委副书记何勇赴四川省，就汶川地震灾后恢复重建和中央扩大内需促进经济增长政策落实情况及监督检查工作进行考察调研。刘家义审计长参加了考察调研。

4月14日至16日 孙宝厚总审计师赴大连出席大连市原市长夏德仁同志任期经济责任审计进点会，与大连市党委、政府领导同志就经济责任审计有关事项进行了谈话。

4月16日上午 董大胜副审计长在署机关听取发展统计局关于国家发展和改革委员会2009年度组织分配中央财政投资审计情况的汇报。

4月16日下午 受刘家义审计长委托，令狐安副审计长主持召开会议，研究部署青海玉树抗震救灾审计协调指导工作。党组成员、办公厅主任侯凯，财政司、投资司、社保司和机关党委负责同志及有关人员参加了会议。

4月12日至17日 世界审计组织IT审计工作组第6次绩效审计研讨会和世界审计组织IT审计工作组第19次会议在北京先后召开。12日，刘家义审计长出席第6次绩效审计研讨会开幕式并致辞。15日，石爱中副审计长出席第19次会议开幕式并致辞。期间，刘家义审计长和董大胜副审计长共同会见伊朗、柬埔寨、厄瓜多尔、印度等国和澳门特别行政区审计长。37个国家和地区的70余名代表参加了两个会议。

4月7日至18日 余效明副审计长率中国审计代表团先后对澳大利亚审计署和新西兰审计署进行工作访问。在澳大利亚期间，余副审计长出席驻澳使领馆审计情况交换意见会；在新西兰期间，余副审计长出席署赴驻新使领馆审计组审计进点会。

4月17日至18日 刘家义审计长赴青海省玉树地震灾区慰问审计人员，部署指导玉树地震抗震救灾资金物资审计工作。

4月17日至18日 董大胜副审计长陪同印度审计署主计长温诺德·莱先生到南京审计学院和上海市访问考察。

4月19日上午 令狐安副审计长在署机关会见上海市人民政府屠光绍副市长，就有关审计事项交换了意见。署投资司和金融司负责同志参加了会见。

4月19日上午 石爱中副审计长在署机关听取关于利用企业资源计划系统（ERP）有关情况

的汇报。计算中心、企业司和境外司负责同志参加了会议。

4月19日下午　刘家义审计长和安国纪检组长出席中央抗震救灾资金物资监督检查工作领导小组会议。署投资司、社保司和驻署监察局负责同志参加了会议。

4月19日下午　令狐安副审计长作为中国延安精神研究会副会长出席延安精神研究会常务理事会会议。

4月20日下午　党组书记刘家义主持召开署党组会议，研究了有关人事事项、南京特派办等5个单位主要负责同志任期经济责任审计报告或财务审计报告等。党组成员董大胜、余效明、安国和侯凯出席。石爱中副审计长，法规司、经责司、人教司、机关党委和驻署监察局主要负责同志列席会议。

4月20日下午　刘家义审计长主持召开审计业务会议，研究了《2010年青海玉树地震中央部门及社会组织救灾资金和物资审计工作方案》和《溪洛渡水电站联网审计实施方案》。董大胜、余效明、石爱中副审计长，安国纪检组长和党组成员、办公厅主任侯凯出席。法规司、行事司、投资司、社保司、科研所和计算中心主要负责同志参加相关内容的研究。

4月21日上午　令狐安副审计长在中国时代经济出版社先后召开出版社领导班子成员会议和全体员工会议。人教司负责同志参加了会议。

4月21日上午　受刘家义审计长委托，余效明副审计长出席国务院抗震救灾总指挥部召开的第8次全体会议。署社保司负责同志参加了会议。

4月21日上午　石爱中副审计长、国家标准委员会方向副主任在京出席全国审计信息化标准化技术委员会2009年年会。办公厅、计算中心负责同志和其他委员单位的人员参加了会议。

4月21日下午　董大胜副审计长在署机关会见苏州工业园区管委会顾玉坤副主任，就有关审计事项进行了沟通。财政司负责同志参加了会见。

4月21日下午　董大胜副审计长在署机关会见财政部会计司刘玉廷司长。

4月22日上午　令狐安副审计长出席全国劳动模范和先进工作者表彰大会筹委会第二次全体会议暨筹委会办公室第二次会议。

4月22日上午　董大胜副审计长在署机关会见国务院三峡工程建设委员会办公室汪啸风主任和卢纯副主任，就有关审计事项进行了沟通。行事司和农林水利局主要负责同志参加了会见。

4月22日上午　石爱中副审计长在京主持召开了审计署2010～2011年度重点科研课题立项评审会。科研所、信息办、审计学会和内审协会负责同志及部分院校的专家参加了评审。

4月22日下午　刘家义审计长和余效明副审计长在署机关与中国兵器装备集团公司徐斌总经理进行了工作会谈。

4月22日下午　余效明副审计长到全国社会保障基金理事会，与戴相龙理事长和王忠民副理事长进行工作会谈。署社保司负责同志和武汉特派办有关同志参加了会谈。

4月22日下午　董大胜副审计长在京出席全国治理教育乱收费部际联席会议第十次会议。

4月20日至23日　孙宝厚总审计师赴宁波出席宁波市市长毛光烈同志任期经济责任审计进点会，与该市党委、政府领导同志就经济责任审计有关事项分别进行了谈话。

4月23日上午　令狐安副审计长到中国人民银行与胡晓炼副行长就有关审计事项交换了意见。金融司负责同志参加了交换意见。

4月23日上午　石爱中副审计长到国家发展和改革委员会出席玉树地震灾后恢复重建组第一次会议。投资司负责同志参加了会议。

4月23日下午　令狐安副审计长和安国纪检组长在国务院出席全国纪检监察系统主题实践活动总结暨加强自身建设电视电话会议。

4月23日下午　石爱中副审计长在署机关召集人教司、投资司和培训中心负责同志，研究注册造价工程师培训有关事项。

4月24日下午　董大胜副审计长在署机关会见国土资源部王世元副部长，就有关审计事项进行了沟通。资源环保审计局负责同志参加了会见。

4月26日　署机关和派出局司处级领导职务选拔面试工作在署机关进行。董大胜、余效明副审计长和署党组成员、办公厅主任侯凯分别担任主考官，对11名副司级领导职务人选、16名正处级领导职务人选和20名副处级领导职务人选进行了面试。驻署监察局人员对面试工作进行了现场监督。

4月26日下午　董大胜副审计长在京出席财政部主办的《企业内部控制配套指引》发布会。法规司主要负责同志参加了会议。

4月27日上午 刘家义审计长和令狐安副审计长在人民大会堂出席2010年全国劳动模范和先进工作者表彰大会。

4月27日至28日 余效明副审计长出席署离退休干部工作座谈会并讲话。署机关有关单位、各直属事业单位和各特派办负责同志参加了会议。

4月28日上午 令狐安副审计长在署机关出席2010年全国金融审计视频会议并讲话。

4月26日至29日 孙宝厚总审计师到湖南省长沙市出席湖南省省长周强同志任期经济责任审计进点会，与该省党委、政府领导同志进行了谈话。

4月29日上午 受令狐安副审计长委托，董大胜副审计长在署机关会见广东省人民政府林木声副省长，就有关审计事项进行了研究。行事司负责同志参加了会见。

4月29日上午 石爱中副审计长出席国务院抗震救灾总指挥部第十一次会议。投资司负责同志参加了会议。

4月29日下午 石爱中副审计长主持召开会议，研究了审计署推荐享受国务院特殊津贴人选。人教司、内审协会负责同志和部分院校的专家参加会议。

4月30日上午 余效明副审计长到国务院国资委与该委孟建民副主任就2010年企业领导人经济责任审计有关事项进行了会谈。企业司和经责司主要负责同志参加会谈。

4月30日下午 董大胜副审计长和孙宝厚总审计师在署机关会见中华全国总工会党组成员、经费审查委员会主任张世平。法规司和行事司负责同志参加了会见。

4月30日下午 石爱中副审计长到国家发展和改革委员会出席玉树地震灾后恢复重建组第一次全体会议。投资司负责同志参加了会议。

五　月

5月4日上午 审计署机关举办审计青年论坛。刘家义审计长作了讲话，余效明副审计长通报论文评选情况，署机关和派出局的7位同志宣讲了论文。石爱中副审计长，孙宝厚总审计师，安国纪检组长，党组成员、办公厅主任侯凯，中央国家机关团工委吴海英书记出席。署机关各单位、各派出局主要负责同志和45岁以下的党员、干部近400人参加了论坛。

5月4日下午 石爱中副审计长到双榆树办公区主持召开会议，研究了新版《中国国家审计学》编写工作。审计学会和科研所负责同志参加会议。

5月5日下午 刘家义审计长在国务院出席国务院节能减排工作电视电话会议。

5月4日至6日 董大胜副审计长到贵州省贵阳市出席贵州省省长林树森同志任期经济责任审计进点会，与该省党委、政府领导同志分别进行了谈话。

5月6日 刘家义审计长在京出席中央扩大内需促进经济增长政策落实暨治理工程建设领域突出问题检查组春季检查汇报会。

5月6日上午 石爱中副审计长在京出席中央部门内部审计工作研讨会。内审协会负责同志参加了会议。

5月6日下午 安国纪检组长出席中央纪委和中央组织部在京召开的贯彻实施四项监督制度，进一步提高选人用人公信度视频会议。人教司主要负责同志参加会议。

5月5日至7日 中国特色社会主义审计理论课题讨论会在京举办。刘家义审计长参加了7日上午的讨论，石爱中副审计长，党组成员、办公厅主任侯凯和各专题负责人参加了讨论会。

5月5日至7日 审计署机关党支部书记研讨班在署怀柔审计干部培训基地举办。5日上午，刘家义审计长出席开班式并讲话，中央国家机关工委常务副书记杨衍银就如何做好机关党支部书记工作作了专题讲座，余效明副审计长出席了会议。

5月6日至7日 余效明副审计长到海南省海口市出席海南省省长罗保铭同志任期经济责任审计进点会，与该省党委、政府负责同志分别进行了谈话。

5月7日上午 令狐安副审计长出席中央各部门各单位出版社体制改革工作领导小组2010年第一次全体会议。

5月9日 石爱中副审计长在京出席金审三期工程建设内容务虚会。办公厅、行事司、社保司、科研所、计算中心和信息办负责同志参加了会议。

5月7日至10日 董大胜副审计长到江苏省南京市出席南京市原市长蒋宏坤同志任期经济责

任审计进点会，与该市党委、政府领导同志分别进行了谈话。

5月10日下午 令狐安副审计长就银监会主席刘明康同志经济责任审计有关事项与该会部分领导同志分别进行了谈话。审计组有关人员参加了谈话。

5月11日上午 刘家义审计长在署机关会见印度审计署高级副总会计师马德哈维女士，就第一届中印青年审计人员论坛等进行了交谈。

5月11日上午 党组书记刘家义主持召开署党组会议，研究了有关人事问题和《审计署组织条例》等。党组副书记令狐安，党组成员董大胜、余效明、安国和侯凯出席。石爱中副审计长，法规司、人教司、机关党委、驻署监察局和科研所主要负责同志列席参加相关内容的研究。

5月11日下午 刘家义审计长主持召开审计长会议，研究了关于审计署对预算法修改的意见、《中国审计学会2010～2014年审计理论研究规划》和2010～2011年审计署重点科研课题招标评审结果。令狐安、余效明、石爱中副审计长，安国纪检组长和党组成员、办公厅主任侯凯出席。法规司、各业务司、计算中心、科研所和审计学会主要负责同志参加了相关内容的研究。

5月11日下午 董大胜副审计长在上海会见美国艾森豪威尔基金会理事会主席科林·鲍威尔先生。

5月12日上午 石爱中副审计长在署机关出席汶川地震灾后恢复重建跟踪审计远程视频工作协调会议。四川等23个省市审计机关，成都、西安、兰州、重庆4个特派办和署投资司负责同志及有关人员参加了会议。

5月5日至13日 孙宝厚总审计师率中国审计代表团赴丹麦出席世界审计组织职业准则委员会指导委员会第七次会议，访问了白俄罗斯监察委员会。

5月13日上午 审计署原副审计长崔建民同志遗体告别仪式在八宝山革命公墓东礼堂举行。中共中央政治局常委、全国政协主席贾庆林，全国政协副主席李金华，署领导和老领导刘家义、于明涛、吕培俭、郭振乾、令狐安、董大胜、余效明、石爱中、安国、侯凯、刘鹤章、任景德、罗进新、郑力、翟熙贵，有关部委领导同志，署机关、派出局干部职工和崔建民同志生前友好参加了遗体告别仪式，对崔建民同志的逝世表示深切哀悼。

5月13日上午 石爱中副审计长到工业审计局听取工业和信息化部部长李毅中同志经济责任审计情况的汇报。

5月13日下午 董大胜副审计长在署机关会见国家农业综合开发办公室王建国主任，就有关审计事项进行了沟通。财政司负责同志参加会见。

5月13日下午 石爱中副审计长和署党组成员、办公厅主任侯凯在署机关出席了《审计署关于进一步加强和深化投资审计工作指导意见》研讨会。投资司负责同志及部分省审计厅有关人员参加了研讨。

5月14日上午 令狐安副审计长到中国人民银行出席贯彻落实中央纪委和国务院办公厅有关任务分工联席会议。金融司负责同志参加了会议。

5月14日下午 董大胜副审计长在署机关会见海关总署吕滨副署长，就有关审计事项进行了研究。财政司和财税海关局负责同志参加了会见。

5月16日上午 刘家义审计长先后主持召开审计业务会议和审计长会议，研究了《审计署关于18个省区农业综合开发资金审计情况的报告》、《关于2009年度中央预算执行和其他财政收支审计结果报告》和《审计署聘请外部人员参与审计管理办法》。董大胜、余效明、石爱中副审计长，孙宝厚总审计师，安国纪检组长和党组成员、办公厅主任侯凯出席。办公厅、法规司、各业务司和科研所负责同志参加了相关内容的研究。

5月17日上午 令狐安副审计长作为中国延安精神研究会常务副会长，出席中国延安精神研究会第五次会员代表大会。

5月17日上午 余效明副审计长出席在工业和信息化部召开的减轻企业负担专项治理责任单位负责人会议。企业司负责同志参加了会议。

5月18日下午 余效明副审计长在京出席中储粮总公司十周年庆典暨社会责任报告发布会。企业司主要负责同志参加了会议。

5月18日下午 孙宝厚总审计师召集卫生药品审计局主要负责同志，研究了国家食品药品监督管理局局长邵明立同志任期经济责任审计有关事项。

5月17日至19日上午 受刘家义审计长委托，董大胜副审计长在京出席中央新疆工作座谈会。

5月19日下午 受刘家义审计长委托，令狐安副审计长列席国务院第 112 次常务会议。

5 月 19 日至 20 日 董大胜副审计长到青岛市出席该市市长夏耕同志任期经济责任审计进点会，与市委、市政府负责同志分别进行了谈话。

5 月 20 日 孙宝厚总审计师在双榆树办公区会见中央纪委党风室宋大军副主任带领的党务公开工作调研组成员。

5 月 19 日至 21 日 石爱中副审计长到吉林省出席原省长韩长赋同志任期经济责任审计进点会，与该省党委、政府负责同志分别进行了谈话。

5 月 21 日上午 董大胜副审计长在署机关会见财政部廖晓军副部长，就审计有关事项进行了研究。办公厅和财政司主要负责同志参加了会见。

5 月 21 日上午 董大胜副审计长在京出席全国“小金库”治理工作电视电话会议。

5 月 21 日下午 受令狐安副审计长委托，董大胜副审计长在京出席了国务院办公厅召开的 2010 年全国深化医药卫生体制改革工作会议暨省部级领导干部深化医药卫生体制改革专题研讨会结业式。

5 月 24 日上午 董大胜副审计长在华审宾馆主持召开派出审计局局长会议，总结 2010 年中央部门预算执行审计工作，研究部署下一阶段工作。

5 月 24 日下午 受党组书记刘家义委托，党组副书记令狐安主持召开署党组会议，研究了《审计署创先争优实施方案》、《审计署关于加强特派员办事处离退休干部工作的意见》和关于署直属机关工会换届选举有关工作。党组成员董大胜、余效明、孙宝厚、安国和侯凯出席。石爱中副审计长，办公厅、人教司、机关党委和驻署监察局负责同志列席相关内容的研究。

5 月 24 日下午 受刘家义审计长委托，令狐安副审计长主持召开审计业务会议，研究了《审计署关于进一步加强和深化投资审计工作的意见》、《2010 年审计厅厅长经济责任审计工作方案》和《审计署关于 70 个地区本级政府性债务审计调查情况的报告》。董大胜、余效明、石爱中副审计长，孙宝厚总审计师，安国纪检组长和党组成员、办公厅主任侯凯出席。办公厅、法规司、财政司、投资司、经责司和科研所负责同志参加了相关内容的研究。

5 月 25 日至 26 日 全国人才工作会议在京举行。刘家义审计长出席 25 日上午的大会，令狐安副审计长出席会议全部议程，人教司主要负责同志参加了会议。

5 月 26 日上午 刘家义审计长列席国务院第 113 次常务会议。

5 月 26 日下午 余效明副审计长在署双榆树办公楼为离退休干部局党支部作了题为《坚定理想信念 加强党性修养 进一步提高做好离退休干部工作的能力和水平》的党课。

5 月 25 日至 27 日 石爱中副审计长到陕西省西安市出席陕西省省长袁纯清同志任期经济责任审计进点会，与该省党委、政府负责同志分别进行了谈话。

5 月 27 日上午 令狐安副审计长召集投资司相关人员，研究了《审计署关于进一步加强和深化投资审计工作的意见》的修改工作。

5 月 27 日上午 董大胜副审计长到全国人大预工委通报 2009 年度中央预算执行和其他财政收支审计工作有关情况。署党组成员、办公厅主任侯凯和有关人员参加了情况通报。

5 月 27 日上午 孙宝厚总审计师应邀为昆明市党政领导干部和企事业单位负责人就审计法实施条例作了专题解读讲座。昆明特派办及云南省各级审计机关审计人员听取了讲座。

5 月 27 日下午 余效明副审计长在署机关出席由企业司举办、国务院发展研究中心企业研究所陈小洪所长所作的《中国国有企业改革：回顾、问题和未来》的专题讲座。

5 月 28 日上午 刘家义审计长和余效明副审计长在国家奥林匹克体育中心出席中央国家机关第三届职工运动会开幕式。之后，分别参加了健步走活动和广播体操比赛。

5 月 28 日下午 刘家义审计长参加中央政治局就世界医药卫生发展趋势和我国医药卫生体制改革问题的第二十次集体学习。

5 月 31 日上午 令狐安副审计长主持召开署重大审计成果评选奖励领导小组会议。领导小组成员单位负责同志参加了会议。

5 月 31 日下午 受刘家义审计长委托，令狐安副审计长主持召开了审计署创先争优活动动员大会并讲话，部署了在审计署党的基层组织和党员中深入开展创先争优活动。署机关各单位和各派出审计局全体干部职工参加了会议。

5 月 31 日下午 令狐安副审计长主持召开会议，向署机关各单位和各派出审计局司局级干部传达全国人才工作会议精神。

六　月

6月1日下午　受党组书记刘家义委托，党组副书记令狐安主持召开署党组会议，研究了有关人事事项和组织全国审计系统先进工作者疗养有关事项。党组成员董大胜、余效明、孙宝厚、安国和侯凯出席。石爱中副审计长，办公厅、人教司、机关党委和驻署监察局负责同志列席了会议。

6月1日下午　受刘家义审计长委托，令狐安副审计长主持召开审计业务会议，研究了《中央部门所属单位2010年度预算执行及财务收支情况审计实施意见》。董大胜、余效明、石爱中副审计长，孙宝厚总审计师，安国纪检组长和党组成员、办公厅主任侯凯出席。法规司、财政司、行事司和科研所主要负责同志参加了会议。

6月1日下午　石爱中副审计长到署怀柔审计干部培训基地与参加司局级干部信息化素质培训班的学员进行座谈。计算中心负责同志参加了座谈。

6月2日上午　令狐安副审计长在署机关会见辽宁省许卫国常务副省长，就有关审计事项交换了意见。农业司和金融司负责同志参加了会见。

6月2日上午　董大胜副审计长和署党组成员、办公厅主任侯凯向全国人大财经委就2009年中央预算执行和其他财政收支审计工作报告有关情况进行汇报。办公厅负责同志参加了会议。

6月2日上午　石爱中副审计长出席国务院抗震救灾总指挥部第十七次会议。投资司负责同志参加了会议。

6月2日下午　令狐安副审计长在中央组织部出席干部人事制度改革工作联席会议第二次会议。人教司负责同志参加了会议。

6月2日下午　董大胜副审计长出席全国人大财经委对决算草案进行初步审查的全体会议。办公厅和财政司负责同志参加了会议。

6月2日至3日　孙宝厚总审计师到郑州出席世亚行贷款铁路项目审计工作中期汇报会。外资司和各审计组负责同志参加了会议。

6月3日上午　余效明副审计长在署双榆树办公区出席离退休干部第二季度例会，通报了审计工作、队伍建设和机关管理等方面的情况。离退休干部及离退休局人员共190人参加了会议。

6月3日下午　令狐安副审计长在京出席中央和国家机关中青年干部到省区市交流任职工作动员会并讲话。署党组成员、办公厅主任侯凯及有关同志参加了会议。

6月4日上午　党组书记刘家义主持召开署党组会议，传达了中央和国家机关中青年干部到省区市交流任职工作动员会精神，研究了关于选派援藏干部和顺平扶贫挂职干部有关事项、署新办公楼建设有关事宜等。党组副书记令狐安，党组成员董大胜、余效明、孙宝厚、安国和侯凯出席。办公厅、人教司、机关党委、驻署监察局和服务局负责同志及参加了相关内容的研究。

6月4日上午　石爱中副审计长出席国务院治淮工作会议。农业司和投资司负责同志参加了会议。

6月5日下午　刘家义审计长主持召开关于深化财政体制改革专题研讨会。办公厅、财政司、行事司、科研所、南京和长春特派办主要负责同志及有关人员参加了研讨会。

6月7日上午　令狐安副审计长在人民大会堂出席中国科学院第十五次院士大会和中国工程院第十次院士大会。

6月7日下午　令狐安副审计长和安国纪检组长在署机关召开了署基本建设领导小组扩大会议。署机关各单位和各派出审计局负责同志参加了会议。

6月8日上午　令狐安副审计长和署党组成员、办公厅主任侯凯在监察部出席预防腐败工作联席会议第四次会议。

6月8日下午　令狐安副审计长在署机关主持召开选派中青年干部到省区市交流任职动员会并讲话。署机关各单位和各派出审计局55岁（含）以下司局级领导干部参加了会议。

6月10日下午　令狐安副审计长在署机关与银监会刘明康主席就其经济责任审计工作中的有关事项交换了意见。金融司负责同志参加了交换意见。

6月8日至11日　世界审计组织环境审计工作组第十三次大会在广西桂林召开。刘家义审计长出席开幕式并致辞。环保部周生贤部长、广西壮族自治区人民政府马飚主席应邀出席了开幕式并致辞。董大胜副审计长出席大会。57个国家和国际组织的130余名代表就国际环境审计的热点问题进行了研讨交流。

6月8日至11日 余效明副审计长率调研组赴武汉特派办就特派办建设进行专题调研。

6月11日上午 令狐安副审计长在署机关出席金融司召开的金融审计工作座谈会。金融司和各特派办有关同志参加了座谈会。

6月11日下午 孙宝厚总审计师出席司局级干部信息化素质培训班结业式并讲话。署计算机中心负责同志参加了结业式。

6月12日下午 董大胜、余效明副审计长和孙宝厚总审计师作为审计署代表队队员，参加中央国家机关第三届职工运动会扑克升级项目的比赛。

6月8日至13日 安国纪检组长率调研组赴京津冀特派办就特派办建设进行专题调研。

6月13日下午 党组书记刘家义主持召开署党组会议，研究了有关人事事项、干部任职使用期满考核相关事宜和审计署2010年公务员选调有关问题。党组副书记令狐安，党组成员董大胜、余效明、孙宝厚、安国和侯凯出席。人教司、机关党委和驻署监察局主要负责同志列席了会议。

6月13日下午 刘家义审计长主持召开审计长会议，研究了全国审计工作座谈会方案。令狐安、董大胜、余效明副审计长，孙宝厚总审计师，安国纪检组长和署党组成员、办公厅主任侯凯出席会议。

6月13日下午 刘家义审计长主持召开审计业务会议，研究了《中央扩大内需有关政策措施实施情况及效果专项审计调查方案》。令狐安、董大胜、余效明副审计长，孙宝厚总审计师，安国纪检组长和署党组成员、办公厅主任侯凯出席。法规司、财政司、行事司、投资司和科研所主要负责同志参加了相关内容的研究。

6月13日下午 石爱中副审计长在京出席审计研究生教育座谈会。国务院学位办和财政部会计司负责同志及部分院校专家参加了座谈。

6月17日下午 令狐安和余效明副审计长到国管局同焦焕成局长、高翔副局长就有关事项交换了意见。署服务局负责同志参加交换意见。

6月17日下午 董大胜副审计长在京出席强农惠农资金专项清理和检查工作全国电视电话会议并讲话。财政司负责同志参加了会议。

6月18日上午 董大胜副审计长在京出席预算法（修改）起草组领导小组全体会议，研究预算法修改稿。财政司和农林水利审计局有关同志参加了会议。

6月18日下午 令狐安副审计长作为中国投资有限责任公司外部监事出席2010年度监事会第一次会议。

6月17日至20日 石爱中副审计长听取江苏省审计厅关于外资计算机审计方法课题研究进展情况的汇报。外资司、计算机中心和江苏省审计厅负责同志及课题组成员参加了会议。

6月19日至20日 署党组成员、办公厅主任侯凯作为审计署代表队队员，参加中央国家机关第三届职工运动会象棋团体项目的比赛。

6月23日上午 刘家义审计长列席国务院第116次常务会议。

6月23日下午 受国务院委托，刘家义审计长向第十一届全国人民代表大会常务委员会第十五次会议作了《关于2009年度中央预算执行和其他财政收支的审计工作报告》。署党组成员、办公厅主任侯凯陪同参加。

6月20日至23日 孙宝厚总审计师率调研组赴长沙特派办就特派办建设进行专题调研。

6月23日上午 董大胜副审计长出席北京市贯彻落实审计法实施条例动员大会并讲话。法规司主要负责同志参加了会议。

6月23日上午 石爱中副审计长到双榆树办公区主持召开会议，研究了网络培训有关事宜。人教司、计算中心和培训中心负责同志参加了会议。

6月23日下午 董大胜副审计长在署机关会见光明日报社苟天林主编，就有关审计事项进行研究。新闻报刊局主要负责同志参加了会见。

6月24日上午 董大胜、余效明、石爱中副审计长，安国纪检组长，孙宝厚总审计师和署党组成员、办公厅主任侯凯分别参加了十一届全国人大常委会第十五次会议就中央决算报告的分组专题询问。办公厅和有关业务司负责同志参加了专题询问。

6月24日下午 余效明副审计长在京出席减轻企业负担专项治理工作领导小组召开的全国减轻企业负担专项治理工作电视电话会议。企业司主要负责同志参加了会议。

6月25日至27日 审计署党组召开第二季度中心组学习会。学习会以加强党风廉政建设为主题，认真组织学习了《中国共产党党员领导干部廉洁从政若干准则》等文件，研究了贯彻落实意见。署党组书记刘家义，党组成员董大胜、余效明、孙宝厚、安国、侯凯参加了学习。副审计长石爱中，总经济师李勇库，署机关各单位、各特派员办事处、各派出审计局主要负责同志，各特派员办事处、审计报社和出版社纪检组长列席了会议。

6月29日上午 令狐安副审计长和法规司、农业司负责同志研究了节能减排审计报告的相关问题。

6月30日上午 受刘家义审计长委托，令狐安副审计长列席国务院第117次常务会议。

6月30日下午 令狐安副审计长在署机关与中国人保集团纪委书记、监事会周树瑞主席和庄超英副总裁就有关审计事项交换了意见。金融司负责同志参加了交换意见。

七　月

7月1日 刘家义审计长在京会见科威特审计长阿卜杜拉齐兹·尤素夫·阿布杜尔瓦哈布·阿德萨尼先生，就两国审计工作进行了交流。

7月1日上午 令狐安副审计长在双榆树办公楼出席署离退休党员"创先争优"专题党日会，并作创先争优活动动员。

7月1日下午 令狐安副审计长在署机关与环保部周生贤部长就有关审计事项交换了意见。资源环保局主要负责同志参加了交换意见。

6月25日至7月2日 石爱中副审计长在京出席中央统战部举办的民主党派中青年干部多党合作专题研究班。

6月28日至7月2日 董大胜副审计长率调研组赴成都特派办就特派办建设进行专题调研。其间，检查调研了四川省"小金库"治理工作。中央治理"小金库"工作领导小组办公室和成都特派办有关人员参加了检查调研工作。

6月28日至7月2日 余效明副审计长率调研组赴广州特派办就特派办建设进行专题调研。

7月2日上午 令狐安副审计长作为中央纪委常委出席中央纪委常委会会议。

7月2日下午 令狐安副审计长、安国纪检组长和党组成员、办公厅主任侯凯，以及人教司、经责司、驻署监察局负责同志研究了审计工作中的有关事项。

7月5日下午 令狐安副审计长出席金融司关于2011年金融审计工作计划的讨论会。

6月28日至7月5日 孙宝厚总审计师率调研组先后赴南京和上海特派办就特派办建设进行专题调研。

7月5日至6日 西部大开发会议在京召开。刘家义审计长出席5日上午的第一次全体会议，石爱中副审计长出席会议全部议程。

7月5日和6日 刘家义审计长和董大胜副审计长在京分别会见了日本会计检察院院长西村正纪先生，就两国审计工作进行了交流。

7月6日上午 令狐安副审计长在北京市政府出席会议，研究审计署办公及业务用房建设用地问题。服务局负责同志参加了会议。

7月7日上午 刘家义审计长参加国务院第118次常务会议，汇报了关于2009年度中央预算执行和其他财政收支审计查出问题初步整改情况。会议研究部署了审计查出问题的整改工作。办公厅主要负责同志随同参加会议。

7月7日上午 石爱中副审计长在署机关出席投资审计数据规划课题验收会。投资司、计算机中心和兰州特派办负责同志参加了会议。

7月7日下午 党组书记刘家义主持召开署党组会议，研究了《审计署机关、派出审计局选调公务员工作暂行规定》、《审计署党组关于贯彻落实全国反腐倡廉建设创新经验交流会精神的具体措施》和有关人事问题等。党组副书记令狐安，党组成员董大胜、孙宝厚、安国和侯凯出席。石爱中副审计长，办公厅、法规司、各业务司、人教司、机关党委、驻署监察局和服务局负责同志列席参加了相关内容的研究。

7月7日下午 刘家义审计长主持召开审计长会议，研究了《在全国审计工作座谈会上的讲话》和署办公及业务用房建设用地有关问题。令狐安、董大胜、石爱中副审计长，孙宝厚总审计师，安国纪检组长和署党组成员、办公厅主任侯凯出席。办公厅、法规司、财政司、行事司、投资司、人教司、机关党委、驻署监察局、服务局和科研所负责同志参加了相关内容的研究。

7月8日上午 令狐安副审计长在署机关会见天津市人民政府崔津渡副市长，就有关审计事项交换了意见。金融司和农业司负责同志参加了会见。

7月8日下午 刘家义审计长主持召开审计长会议，研究了《金审三期工程项目建议报告》

和《国家审计准则》。董大胜、石爱中副审计长，孙宝厚总审计师，安国纪检组长和署党组成员、办公厅主任侯凯出席。办公厅、法规司、各业务司、国际司、人教司、机关党委、驻署监察局、发展统计局、服务局、计算中心、科研所、培训中心负责同志和部分署特约审计员参加了有关内容的研究。

7月8日下午　刘家义审计长主持召开审计业务会议，研究了《审计署关于进一步加强财政审计的意见》《审计署关于进一步加强重大投资项目审计的意见》和《审计署关于19个省（市）2007年至2009年政府投资保障性住房专项审计调查情况的报告》等。董大胜、石爱中副审计长，孙宝厚总审计师，安国纪检组长和署党组成员、办公厅主任侯凯出席。办公厅、法规司、财政司、行事司、农业司、投资司、社保司和科研所负责同志及有关人员参加了相关内容的研究。

7月5日至9日　余效明副审计长作为审计组组长在成都市出席四川省省长蒋巨峰同志任期经济责任审计进点会，与省委、省政府、省纪委、省政协负责同志就进行了谈话。成都特派办主要负责同志参加了进点会和谈话。

7月9日上午　董大胜副审计长出席财政司举办的2010年省长经济责任审计中期汇报会。

7月9日下午　刘家义审计长主持召开审计长会议，研究了《审计专项补助经费管理办法》，传达了中央有关文件和温家宝总理在国务院第118次常务会议上关于做好2009年度中央预算执行和其他财政收支审计查出问题整改工作的讲话，就落实有关要求进行了部署。董大胜、石爱中副审计长，孙宝厚总审计师，安国纪检组长和署党组成员、办公厅主任侯凯出席。办公厅、法规司、各业务司、国际司、人教司、机关党委、驻署监察局、服务局、科研所和培训中心负责同志参加了会议。

7月12日下午　令狐安副审计长作为中国投资有限责任公司外部监事，出席中国投资有限责任公司董事会2010年度第二次会议。

7月13日至14日　全国教育工作会议在京召开。刘家义审计长出席13日上午的大会，董大胜副审计长出席会议全部议程。

5月12日至7月16日　刘家义审计长参加中央党校省部级领导干部班的学习。

7月16日上午　令狐安副审计长在中央组织部机关出席人事制度改革工作座谈会。

7月19日　令狐安副审计长到天津市就政府融资平台问题进行调研，听取了天津市有关部门的汇报。财政司、金融司和京津冀特派办负责同志参加了调研。

7月21日至22日　令狐安副审计长到西藏审计厅进行调研，并看望了审计署援藏干部。

7月22日上午　受令狐安副审计长委托，余效明副审计长在署机关会见四川省魏宏常务副省长，听取了四川省灾后恢复重建中有关问题产生的原因分析和整改措施情况介绍。投资司和社保司负责同志参加了会见。

7月19日至23日　董大胜副审计长率调研组赴昆明特派办就特派办建设进行专题调研。

7月19日至23日　余效明副审计长先后到中国海洋石油总公司、中国中化集团公司、中国远洋运输（集团）总公司、中国建筑工程总公司、中国大唐集团公司主要负责同志任期经济责任审计现场，专题听取了审计组关于电子数据分析及企业计算机审计技术方法运用情况的汇报。相关特派办负责同志分别主持了汇报，企业司负责同志也听取了汇报。

7月23日下午　令狐安副审计长作为中央纪委常委出席中央纪委常委会会议。

7月23日下午　令狐安副审计长和人教司有关同志就重大审计成果奖励有关事项进行了研究。

7月23日下午　令狐安副审计长同即将赴藏的署援藏干部进行了谈话。

7月23日下午　孙宝厚总审计师出席中国内部审计协会举办的内部控制系统建设培训班开班式并讲话。外资司、外资中心和内审协会有关同志，以及部分亚洲开发银行项目执行人员和企事业内部审计业务骨干参加了培训。

7月26日上午　董大胜副审计长主持召开财政审计协调领导小组会议，研究了2010年中央预算执行审计总体方案的初步建议。署财政审计协调领导小组成员单位负责同志参加了会议。

7月26日上午　余效明副审计长前往国管局就审计署公务用车编制等事项与该局负责同志进行了工作会谈。办公厅和服务局负责同志参加了会谈。

7月26日上午　孙宝厚总审计师出席经济责任审计指南起草工作会议。

7月26日下午　受刘家义审计长委托，令狐安副审计长主持召开审计业务会议，研究了《关于规范省部级领导干部经济责任审计业务文书处理程序》、《关于环保部周生贤同志任期经济责任审计报告》、《审计署关于全国外债审计情况的报告》和《审计署关于新型农村社会养老保险基金专项审计调查情况的报告》。董大胜、余效明、石爱中副审计长，孙宝厚总审计师和安国纪检组长出席。办公厅、法规司、财政司、行事司、金融司、企业司、社保司、外资司、经责司、科研所和资源环保局负责同志及有关人员参加了相关内容的研究。

7月27日上午　余效明副审计长在署机关与兵器装备集团李守武副总经理进行工作会谈。企业司有关同志参加了会谈。

7月18日至28日　刘家义审计长率中国审计代表团赴纽约出席联合国审计委员会第64次例会，赴莫斯科出席首届上海合作组织成员国最高审计机关领导人会议。

7月29日至30日　全国审计工作座谈会在大连召开。会议总结交流近年来审计机关财政审计工作的做法和经验，研究进一步深化和加强财政审计、构建财政审计大格局的思路和措施，全面提升财政审计的质量和成果。刘家义审计长作了《总结经验乘势而上推动财政审计工作深化发展》的讲话。董大胜和石爱中副审计长分别就《审计署关于进一步加强财政审计的意见（讨论稿）》和《审计署关于进一步加强政府重大投资项目审计的意见（讨论稿）》作了起草说明。辽宁省和大连市有关领导到会并致辞。余效明副审计长、孙宝厚总审计师、安国纪检组长和署党组成员、办公厅主任侯凯出席。各省、自治区、直辖市审计厅（局），解放军审计署，各计划单列市、副省级省会市和新疆生产建设兵团审计局，署机关各单位、各派出审计局、各特派员办事处、南京审计学院主要负责同志，应邀的中央组织部、国务院办公厅、财政部代表，部分特约审计员共200余人参加了会议。

7月30日下午　令狐安副审计长出席北京市审计机关第八届职工运动会闭幕式。

7月31日　刘家义审计长赴长沙亲切看望上海特派办因公受伤的干部周枝华同志。

八　月

8月11日上午　刘家义审计长列席国务院第121次常务会议。

8月12日上午　刘家义审计长列席中央政治局常委会议，并就有关议题作了说明。

8月13日上午　刘家义审计长和令狐安副审计长在署机关会见上海市政府韩正市长，就有关审计事项交换了意见。办公厅、农业司和上海特派办负责同志参加了会见。

7月31日至8月7日　董大胜副审计长率中国审计代表团访问柬埔寨审计署，赴越南河内出席亚洲审计组织第42次理事会，并代表中国审计署向大会作了亚洲审计组织环境审计工作组主席报告和世界审计组织职业准则委员会工作报告。

8月13日至14日　孙宝厚总审计师在京出席全国援外工作会议。外资司负责同志参加了会议。

8月16日　刘家义审计长出席由中央书记处书记、中央纪委副书记何勇在青海省西宁市主持召开的中央抗震救灾资金物资监督检查领导小组会议，就做好甘肃舟曲特大泥石流灾害抢险救援和灾后恢复重建监督检查工作作出部署。期间，刘审计长到青海省审计厅进行了工作调研，并主持召开了玉树抗震救灾资金物资和灾后恢复重建跟踪审计工作情况汇报会。

8月17日　中央政治局常委、中央纪委书记贺国强和中央书记处书记、中央纪委副书记何勇到青海玉树实地考察指导灾区恢复重建和抗震救灾监督检查工作，看望慰问了受灾群众和纪检监察、审计等部门的干部职工，召开了玉树地震灾后恢复重建暨监督检查工作汇报会。刘家义审计长参加了上述活动。

8月18日下午　刘家义审计长参加中央党的建设工作领导小组第25次会议。

8月19日上午　令狐安副审计长在署机关会见北京市丰台区冀岩常务副区长，就署机关办公楼建设用地有关事项交换了意见。服务局负责同志参加了会见。

8月19日上午　余效明副审计长在青海省西宁市出席全国玉树抗震救灾总结表彰大会。兰州特派办被授予“全国抗震救灾英雄集体”荣誉称号。

8月19日下午　令狐安副审计长与人教司有关同志就署重大审计成果评选奖励有关事项进行了研究。

8月20日上午　董大胜副审计长和孙宝厚总审计师在署机关主持召开会议，就落实全国援外工作会议精神进行了研究。办公厅、法规司、行事司、外资司、境外司和国际司负责同志参加了会议。

8月20日下午 令狐安副审计长与服务局有关同志就署办公楼建设有关事宜进行了研究。

8月21日 余效明副审计长在江苏省常州市出席国务院办公厅召开的加快保障性安居工程建设工作座谈会。社保司主要负责同志参加了会议。

8月23日上午 余效明副审计长在京出席以“社会保障体系建设与可持续发展”为主题的第四届中国社会保障论坛。

8月24日上午 刘家义审计长在人民大会堂出席全国青联第十一届全委会和全国学联二十五大开幕式。

8月24日上午 董大胜副审计长在署机关会见国管局尚晓汀副局长，就有关事项进行沟通。行事司主要负责同志参加了会见。

8月24日下午 令狐安副审计长、孙宝厚总审计师和党组成员侯凯在署机关召开重大审计成果评选奖励工作领导小组会议，对各奖励项目进行评审。领导小组各成员单位负责同志参加了会议。

8月24日下午 董大胜副审计长在署机关会见中央纪委胡新元副秘书长，就有关审计事项进行了研究。财政司主要负责同志参加了会见。

8月24日下午 董大胜副审计长在署机关会见财政部刘红薇部长助理，就预算法修改有关事项进行了研究。财政司和农林水利局有关人员参加了会见。

8月25日上午 审计署召开纪念抗日战争胜利65周年座谈会。刘家义审计长，经历过抗日战争的署老领导于明涛、吕培俭，余效明、石爱中副审计长，孙宝厚总审计师，署党组成员、办公厅主任侯凯，以及部分老同志和抗战烈士遗属参加了座谈。

8月25日下午 令狐安副审计长就“如何做好人事工作，加强队伍建设”给人教司全体干部作了专题讲座。

8月25日下午 刘家义审计长和署党组成员、办公厅主任侯凯到中国审计报社调研并与报社全体干部职工进行了座谈。

8月25日至26日 董大胜副审计长在山西省太原市出席国家安全部内部审计工作会议并讲话。行事司主要负责同志参加了会议。

8月26日上午 刘家义审计长、令狐安和余效明副审计长在署机关会见北京市陈刚副市长，就署机关办公楼建设用地有关问题进行了研究。办公厅、服务局和北京市有关方面负责同志参加了会见。

8月26日下午 令狐安副审计长在署机关会见云南省昆明市黄云波常务副市长和何波副市长，听取了有关工作的汇报。金融司负责同志参加了会见。

8月16日至27日 审计署机关举办2010年度集中培训。其间，刘家义审计长就审计干部努力提高学习能力作了培训主报告，石爱中副审计长作了培训动员，董大胜副审计长就构建财政审计大格局作了专题讲座。

8月23日至27日 安国纪检组长率调研组赴郑州特派办就特派办建设进行专题调研。

8月27日 全国依法行政工作会议在京召开。刘家义审计长出席了上午举行的第一次全体会议，孙宝厚总审计师出席会议全部议程。法规司主要负责同志参加了会议。

8月27日上午 令狐安副审计长作为中央纪委常委出席中央纪委常委会会议。

8月27日下午 党组书记刘家义主持召开署党组会议，研究了署重大审计成果评选奖励有关事项、《关于加强学习型审计机关建设的实施意见》、关于宣传全国审计机关先进典型工作安排和有关人事事项。党组副书记令狐安，党组成员董大胜、余效明和侯凯出席。石爱中副审计长，人教司、机关党委、驻署监察局、培训中心、报社和出版社主要负责同志列席参加相关内容的研究。

8月27日下午 刘家义审计长主持召开审计业务会议，研究了《银监会主席刘明康同志经济责任审计报告》。令狐安、董大胜、余效明、石爱中副审计长和署党组成员、办公厅主任侯凯出席。法规司、金融司、经责司和科研所主要负责同志及有关人员参加了会议。

8月27日下午 刘家义审计长主持召开审计长会议，研究了《中国国家审计学》编写方案和首汽派遣驾驶员的行车补贴标准等。令狐安、董大胜、余效明、石爱中副审计长和署党组成员、办公厅主任侯凯出席。办公厅、人教司、驻署监察局、服务局、科研所和审计学会主要负责同志及有关人员参加相关内容的研究。

8月31日上午 孙宝厚总审计师在署机关主

持召开会议，研究了署机关各部门综合考核办法等。办公厅、法规司和人教司负责同志及有关人员参加了会议。

九　月

9月1日下午　令狐安副审计长作为国务院工资改革和规范津贴补贴工作领导小组成员出席国务院召开的关于进一步推进规范公务员津贴补贴工作汇报会。行事司负责同志参加了会议。

8月28日至9月2日　审计署2010年度新任处级干部培训班在署怀柔审计干部培训基地举办。29日上午，刘家义审计长与培训班学员进行了座谈。28日晚，署党组成员、办公厅主任侯凯作了培训动员。31日上午，安国纪检组长作了“扎实把好廉政关做一名廉洁从政的处级干部”的专题讲座。近3年来新任的处级干部252人参加了培训。

8月30日至9月2日　石爱中副审计长率调研组赴沈阳特派办就特派办建设进行专题调研。

8月30日至9月3日　刘家义审计长率调研组赴太原特派办就特派办建设进行专题调研。

9月1日至4日　安国纪检组长率调研组赴兰州特派办就特派办建设进行专题调研。

9月6日上午　石爱中副审计长在双榆树办公区主持召开会议，研究了《中国国家审计学》编写有关工作。法规司、企业司、科研所和审计学会负责同志参加会议。

9月7日上午　党组书记刘家义主持召开署党组会议，研究了有关人事事项。党组成员余效明、孙宝厚、安国和侯凯出席。石爱中副审计长，人教司、机关党委和驻署监察局主要负责同志列席了会议。

9月7日上午　刘家义审计长主持召开审计业务会议，研究了《审计署关于进一步加强和深化财政审计工作的指导意见》和财政监督法（征求意见稿）有关问题。余效明、石爱中副审计长，孙宝厚总审计师，安国纪检组长和署党组成员、办公厅主任侯凯出席。办公厅、法规司、财政司、行事司、农业司、社保司和科研所负责同志及有关人员参加相关内容的研究。

9月7日下午　令狐安副审计长到中国时代经济出版社召开现场办公会，研究了出版社改制工作有关问题。出版社领导班子成员和人教司、办公厅、机关党委有关同志参加会议。

9月8日上午　令狐安副审计长在署机关会见云南省委常委、昆明市市委仇和书记，就审计有关事项交换了意见。金融司负责同志参加了会见。

9月1日至10日　董大胜副审计长在国家行政学院参加省部级干部促进金融发展与防范金融风险专题研讨班学习。

9月10日上午　余效明副审计长在署机关会见以中央国家机关工委委员、党建研究会张德成会长为组长的调研组成员，向调研组介绍了审计署近两年来的党建工作情况。

9月13日上午　孙宝厚总审计师在钓鱼台国宾馆出席中国与世界银行合作30周年纪念活动。外资司负责同志参加了此次活动。

9月13日至15日　安国纪检组长在成都特派办主持召开审计署廉政风险防控工作座谈会。京津冀、沈阳、哈尔滨、南京、广州、成都和兰州7个特派办的署派驻纪检组长和专职纪检员参加会议，交流了特派办廉政风险防控工作方面的经验。驻署监察局主要负责同志参加了会议。

9月13日至16日　石爱中副审计长在南京审计学院出席海峡两岸暨港澳地区审计理论与实务研讨会。审计学会翟熙贵会长，南京审计学院等方面的专家参加了研讨会。

9月16日下午　令狐安副审计长到人力资源和社会保障部与杨士秋副部长就有关事项交换了意见。人教司负责同志参加了交换意见。

9月16日至17日　安国纪检组长在湖北省审计厅主持召开审计署廉政风险防控工作座谈会。北京、黑龙江、江苏、浙江、福建、湖北、湖南、陕西和宁夏9个省区市审计厅（局）纪检组长和监察室主任参加会议，交流了地方审计机关廉政风险防控工作方面的经验。驻署监察局主要负责同志参加了会议。

9月13日至18日　董大胜副审计长率调研组到重庆特派办就特派办建设进行专题调研。

9月19日下午　余效明副审计长主持召开2010年机关党委第二次全体委员会，讨论了机关党委代拟的《审计署创先争优领导小组关于在基层党组织和党员中开展立足本职争当“四手”人才活动的实施意见》。

9月10日至20日　刘家义审计长率调研组先后到西安和济南特派办就特派办建设进行专题

调研。

9月20日下午　令狐安副审计长在署机关会见辽宁省许卫国副省长，就审计有关事项交换了意见。金融司负责同志参加了会见。

9月20日下午　令狐安副审计长在署机关召集法规司和资源环保局有关同志，就资源环保部部长周生贤同志经济责任审计报告进行了研究。

9月20日　石爱中副审计长到培训中心召集会议，研究了审计干部职业教育培训教材规划。培训中心负责同志参加了会议。

9月19日至21日　董大胜副审计长作为全国强农惠农资金专项清理和检查工作部级领导小组副组长率审计署强农惠农资金督察组到河南省督查强农惠农资金重点检查和专项清查工作。

9月21日下午　令狐安副审计长在署机关会见中国人民保险集团股份有限公司吴焰董事长，就审计有关事项交换了意见。

9月21日下午　令狐安副审计长在署机关会见中国农业发展银行郑晖行长，就审计有关事项交换了意见。

9月21日　刘家义审计长作为中国政府代表在上海世博中心出席亚美尼亚国家馆日官方仪式。

9月25日至27日　审计署党组召开2010年第三季度中心组学习会。学习会以加强审计队伍建设，深化人事制度改革为主题，重点就如何贯彻全国人才工作会议精神，落实中央关于干部选拔任用的相关规定，进一步推进审计干部队伍建设进行了研讨，做出了部署。党组书记刘家义，党组副书记令狐安，党组成员董大胜、余效明、孙宝厚、安国、侯凯，副审计长石爱中，总经济师李勇库和署机关各单位、各特派员办事处、各派出审计局的主要负责同志参加了学习。

9月28日上午　刘家义审计长在署机关会见沙特阿拉伯王国审计长奥萨玛·贾法尔·法齐先生，就世界审计组织有关事务深入交换了意见。董大胜副审计长参加了会见。

9月28日上午　余效明、石爱中副审计长和孙宝厚总审计师在计算机中心听取了基本养老保险基金数据分析成果汇报。社保司、计算机中心、信息办和哈尔滨工程大学有关同志参加了汇报。

9月28日下午　刘家义审计长会见挪威审计长尤尔根·科斯莫先生，就两国间碳排放权交易开展合作审计交换了意见。董大胜副审计长参加了会见。

9月28日晚　孙宝厚总审计师会见并宴请来京参加第六届中日韩最高审计机关工作层会议的全体代表。

9月29日上午　刘家义审计长参加中央政治局第23次集体学习会。

9月29日上午　余效明副审计长出席国务院机关事务管理体制改革工作会议。服务局主要负责同志参加了会议。

9月29日上午　受余效明副审计长委托，安国纪检组长出席共青团中央国家机关工委召开的第一届中央国家机关青年五四奖章表彰会暨司局长谈培养青年活动启动仪式。署境外司张新芳同志被授予第一届“中央国家机关青年五四奖章标兵”。机关党委、境外司和机关团委主要负责同志参加了会议。

9月29日　董大胜、石爱中副审计长和孙宝厚总审计师主持召开会议，研究了中国国家审计学编写方案。法规司、科研所和审计学会负责同志参加了会议。

9月30日上午　刘家义审计长和余效明副审计长在署机关与中国南方电网公司董事长、党组书记赵建国进行了工作会谈。企业司主要负责同志参加了会谈。

9月30日晚　刘家义审计长出席国务院在人民大会堂举行的2010年国庆招待会。

十　月

10月8日下午　石爱中副审计长和安国纪检组长在京出席中央治理工程建设领域突出问题工作领导小组第五次会议。投资司负责同志参加了会议。

10月9日上午　石爱中副审计长在京出席中央扩大内需促进经济增长政策落实暨治理工程建设领域突出问题检查组秋季检查动员培训会。社保司、投资司和行事司负责同志陪同参加了会议。

10月11日上午　石爱中副审计长在双榆树办公区召集会议，研究了领军人才和骨干人才培养计划。企业司、外资司、国际司和培训中心负责同志参加了会议。

10月12日上午　党组书记刘家义主持召开署党组会议，研究了关于广州等4个特派办特派员经济责任审计情况。党组成员董大胜、余效明、孙宝厚、安国和侯凯出席。石爱中副审计长，办公厅、法规司、经责司、人教司、机关党委和驻署监察局负责同志列席参加会议。

10月12日上午　余效明副审计长在京出席署2010年度应急事件管理培训班开班式并作动员讲话，对突出重点、全面推进应急管理工作提出了要求。署机关各单位和派出审计局安全员，各特派办服务中心主任近60人参加了培训。

10月12日下午　刘家义审计长主持召开审计业务会议，研究了《审计署2011年省部长和中央企业领导人员经济责任审计计划建议》、《审计署关于进一步加强政府重大投资项目审计的意见》和《2010年中央预算执行审计总体方案》。董大胜、余效明、石爱中副审计长，孙宝厚总审计师，安国纪检组长和侯凯副审计长出席。李勇库总经济师，办公厅、法规司、各业务司和发展统计局负责同志及有关人员参加相关内容的研究。

10月13日上午　刘家义审计长和董大胜副审计长在署机关分别会见交通银行胡怀邦董事长。

10月13日上午　石爱中副审计长在京出席国务院舟曲灾后恢复重建指导协调小组第二次全体会议。投资司负责同志参加了会议。

10月13日中午　石爱中副审计长在署数据中心听取广州特派办关于信息化环境下开展审计项目过程管理情况的汇报。计算机中心、信息办和广州特派办负责同志参加了会议。

10月13日下午　石爱中副审计长和安国纪检组长在京出席全国工程建设领域突出问题专项治理工作电视电话会议。投资司负责同志参加了会议。

10月14日上午　石爱中副审计长在署机关与农业部韩长赋部长就经济责任审计有关事项交换了意见。财政司和长春特派办负责同志参加了交换意见。

10月14日上午　侯凯副审计长在监察部出席制止公款出国（境）旅游专项工作部际联席会议第四次会议。行事司负责同志参加了会议。

10月14日下午　刘家义审计长主持召开审计业务会议，研究了2010年11位部长经济责任审计报告征求意见稿。董大胜、余效明、石爱中副审计长，安国纪检组长和侯凯副审计长出席。办公厅、法规司、行事司、经责司、卫生药品局、农林水利局、新闻报刊局、监察人事局、国资监管局、地震气象局、工业审计局、文化体育局、教育审计局、交通运输局和旅游侨务局负责同志及有关人员参加了会议。

10月14日至15日　孙宝厚总审计师在西安出席外资绩效审计研讨会。中国审计学会翟熙贵会长，外资司和审计学会负责同志及部分论文作者参加了会议。

10月15日上午　石爱中副审计长在署机关听取上海市审计局关于2010年上海世博会场馆审计情况的汇报。投资司负责同志也听取了汇报。

10月17日　侯凯副审计长到2010年审计专业技术资格考试北京地区考点进行了巡视。人教司、培训中心和北京市有关方面负责同志参加了巡视。

10月15日至18日　刘家义审计长出席党的十七届五中全会。

10月18日上午　董大胜副审计长在署机关会见贵州省人民政府原省长林树森，就有关审计事宜进行了研究。财政司负责同志参加了会见。

10月18日下午　余效明副审计长在署机关主持召开会议，研究服务局有关事项。侯凯副审计长出席，服务局主要负责同志参加了会议。

10月19日上午　孙宝厚总审计师在京出席第21次国际可扩展商业报告语言（XBRL）大会。

10月19日上午　侯凯副审计长在署机关会见水利部周英副部长，就审计有关事项进行了沟通。农林水利局主要负责同志参加了会见。

10月19日下午　党组书记刘家义主持召开署党组会议，研究了《审计署创先争优活动领导小组关于在在职党员中开展立足本职争当“四手”活动的实施意见》和关于特派办参加署统一组织创先争优活动有关工作。党组成员董大胜、余效明、孙宝厚、安国和侯凯出席。办公厅、人教司、机关党委和驻署监察局负责同志列席参加会议。

10月19日下午　刘家义审计长主持召开审计长会议，研究了向朱登云等10名今年调署工作干部配售住房有关工作。董大胜、余效明副审计长，孙宝厚总审计师，安国纪检组长，侯凯副审计长出席。办公厅、人教司、机关党委、离退休局、驻署监察局和服务局主要负责同志参加了会议。

10月19日下午　刘家义审计长主持召开审计业务会议，研究了2010年10位省（市）长经济责任审计报告征求意见稿。董大胜、余效明副审计长，孙宝厚总审计师，安国纪检组长和侯凯副审计长出席。办公厅、法规司、财政司、经责司和济南、昆明、南京、成都、武汉、长春、西安、上海、长沙、沈阳特派办负责同志及相关人员参加了会议。

10月20日上午　刘家义审计长主持召开会议，传达学习了党的十七届五中全会精神。董大胜、余效明、石爱中副审计长，孙宝厚总审计师，安国纪检组长，侯凯副审计长，署机关各单位、各特派员办事处和各派出审计局主要负责同志参加了会议。

10月20日上午　侯凯副审计长在中央纪委出席第二次全国制止公款出国（境）旅游专项工作电视电话会议。行事司负责同志参加了会议。

10月20日下午　刘家义审计长主持召开署创先争优活动推进会，对前一阶段活动开展情况进行总结，对下一阶段工作作出部署。董大胜、余效明副审计长，孙宝厚总审计师，安国纪检组长和侯凯副审计长出席。署机关各单位、各特派员办事处、各派出审计局主要负责同志参加了会议。

10月20日　石爱中副审计长在京出席2009～2010年度审计署立项课题验收会。中国审计学会翟熙贵会长、部分院校和署内专家参加了验收会。

10月21日上午　刘家义审计长出席2010年中央部门财务暨内审工作研讨班开班式并讲话。侯凯副审计长主持开班式。141个中央部门代表、各派出审计局主要负责同志和行事司相关人员共240余人参加研讨班。

10月21日　石爱中副审计长在署机关出席2009至2010年度审计署立项金融计算机审计课题验收会。金融司、科研所和广州特派办负责同志及部分外部专家参加了验收会。

10月21日　孙宝厚总审计师出席《反腐败和廉政建设白皮书》文稿修改会议。

10月22日上午　董大胜副审计长在署机关主持召开会议，研究讨论有关《审计署组织条例》（修改稿）修改事宜。办公厅、法规司和人教司负责同志参加会议。

10月22日上午　石爱中副审计长在署机关出席当前审计署审计信息化主要任务落实情况检查会。署内各司局负责同志参加了会议。

10月22日上午　侯凯副审计长在全国人大会议中心与全国人大预工委冯淑萍副主任就预算执行审计有关工作进行了沟通。办公厅有关同志随同参加。

10月22日下午　刘家义审计长主持召开会议，研究了《2010年中央预算执行审计总体方案》。董大胜和侯凯副审计长出席。办公厅、财政司、行事司、农业司、投资司、企业司和社保司主要负责同志参加了会议。

10月25日　刘家义审计长作为中国政府代表，与立陶宛总统达利娅·格里鲍斯凯婕共同出席上海世博会立陶宛国家馆日活动。

10月25日上午　余效明副审计长出席中国电子科技集团举办的“十一五”工作成果展览。企业司负责同志和相关人员陪同前往。

10月26日上午　董大胜副审计长在署机关听取赴美国中长期审计业务骨干培训班情况汇报。国际司、人教司、机关党委和培训中心负责同志参加了会议。

10月27日上午　董大胜副审计长在京出席经责司举办的《党政主要领导干部和国有企业领导人员经济责任审计规定》培训班并讲话。署机关、派出局、特派办和地方审计厅（局）的140余名同志参加了培训。

10月27日下午　侯凯副审计长在署机关会见国家税务总局冯惠敏纪检组长，就有关审计事项进行了沟通。财政司主要负责同志参加了会见。

10月26日至28日　石爱中副审计长到湖北、广东调研投资审计和信息化工作，主持审计署特约审计员在广东调研活动。投资司、计算机中心负责同志参加了调研。

10月29日上午　侯凯副审计长在署怀柔培训基地出席中央预算执行审计培训班开班式，并作培训动员。来自署机关、派出局、特派办近300人参加培训。

10月26日至30日　刘家义审计长赴新疆就审计工作开展情况进行调研。其间，刘家义审计长出席了中央纪委监察部在乌鲁木齐召开的加强中央支持新疆发展政策落实情况监督检查工作座谈会。投资司负责同志参加了调研。

十一月

11月2日下午　侯凯副审计长在署怀柔培训基地出席中央部门2010年度预算执行审计工作方案暨技术方法培训班开班式。行事司和派出局近300人参加了培训。

11月3日　董大胜副审计长到江苏省与苏州

市委书记（原南京市市长）蒋宏坤同志就其担任南京市市长期间经济责任审计情况交换了意见。南京特派办主要负责同志参加了交换意见。

11月3日下午 余效明副审计长出席国务院召开的会议。京津冀特派办负责同志陪同参加了会议。

11月4日 董大胜副审计长到山东省与青岛市市长夏耕同志就其经济责任审计情况交换了意见。济南特派办主要负责同志参加了交换意见。

11月4日上午 余效明副审计长到四川成都与四川省省长蒋巨峰同志就其经济责任审计情况交换了意见。成都特派办主要负责同志参加了交换意见。

11月4日 石爱中副审计长在京召集会议，部署新版《中国国家审计学》编写工作。科研所负责同志及编写组成员参加了会议。

10月25日至11月5日 孙宝厚总审计师率中国审计代表团赴印度出席第17次中印审计研讨会，应邀访问摩洛哥审计法院。

11月5日上午 石爱中副审计长在京出席审计署2010年计算机审计中级培训座谈会。计算机中心和培训中心负责同志及审计系统内有关同志参加会议。

11月5日下午 党组书记刘家义主持召开署党组会议，研究了《审计署组织条例》和《援疆审计工作调研情况及建议》。党组成员董大胜、余效明、安国和侯凯出席。石爱中副审计长，办公厅、法规司、经责司、人教司、机关党委、驻署监察局和科研所负责同志列席参加了会议。

11月5日下午 刘家义审计长主持召开审计长会议，研究了《特派办与当地中央和地方机关津补贴差距调查结果报告》。董大胜、余效明、石爱中副审计长，安国纪检组长和侯凯副审计长出席。办公厅、人教司、机关党委和驻署监察局负责同志参加了会议。

11月5日下午 刘家义审计长主持召开审计业务会议，研究了《审计署关于三峡库区移民资金审计情况的报告》。董大胜、余效明、石爱中副审计长，安国纪检组长和侯凯副审计长出席。办公厅、法规司、农业司和科研所负责同志及有关人员参加相关内容的研究。

11月8日下午 余效明副审计长在海口市与海南省省长罗保铭同志就其经济责任审计情况交换了意见。武汉特派办主要负责同志参加了交换意见。

11月9日 安国纪检组长带队参观司法部燕城监狱，接受反腐倡廉警示教育。署机关和派出局80余名处级（含以上）干部参加了活动。

11月9日至10日 石爱中副审计长和孙宝厚总审计师作为高级审计师阅卷委员会专家组组长在京参加2010年高级审计师资格考试阅卷工作。

11月10日上午 受刘家义审计长委托，董大胜副审计长参加国务院第132次常务会议。

11月10日上午 余效明副审计长代表署党组，为署老领导郑力75周岁生日祝寿。

11月10日下午 余效明副审计长参加参观燕城监狱预防职务犯罪警示教育活动。署机关各单位和各派出局司（局）级干部参加了活动。

11月11日 应河北省审计厅邀请，安国纪检组长出席河北省审计系统廉政暨审计准则知识竞赛活动。

11月12日上午 侯凯副审计长在中央组织部出席中央国家机关创先争优活动调研座谈会，就审计署创先争优活动开展情况作了发言。机关党委有关同志参加了座谈会。

11月7日至13日 刘家义审计长先后赴吉林、广东两省和深圳市进行调研，并同当地党委、政府主要负责同志进行了会谈。其间，刘家义审计长和余效明副审计长出席了11月12日在广州举行的第16届亚运会开幕式。

11月13日 石爱中副审计长在京出席中国审计学会第六届学术委员会会议。审计学会翟熙贵会长、部分院校教授和署内有关专家参加了会议。

11月15日上午 审计署举办审计准则视频培训班。刘家义审计长出席并提出要求。孙宝厚总审计师对国家审计准则进行了讲解。董大胜、石爱中副审计长，安国纪检组长和侯凯副审计长出席。署机关各单位、各派出审计局全体人员在主会场参加了培训，各特派办、各省级及部分地（市、县）审计机关审计人员通过视频参加了培训。

11月15日上午 石爱中副审计长在京出席国务院三峡建设委员会第三次全体委员会议。

11月15日下午 石爱中副审计长在京听取投资审计模拟实验室建设情况汇报。培训中心负责同志参加了会议。

11月16日上午 董大胜副审计长在署机关

会见中国人民财产保险股份有限公司王银成总裁，就有关审计事项进行了研究。金融司负责同志参加了会见。

11 月 16 日上午　孙宝厚总审计师出席国外贷援款项目审计质量检查工作会议。外资司负责同志及各质量检查组成员参加了会议。

11 月 16 日下午　刘家义审计长，董大胜、石爱中副审计长和孙宝厚总审计师出席审计硕士专业学位设置专家论证会。

11 月 17 日上午　刘家义审计长列席国务院第 133 次常务会议。

11 月 17 日上午　石爱中副审计长召集会议，部署了整合国税审计方法有关工作。财政司和计算中心负责同志参加了会议。

11 月 17 日下午　党组书记刘家义主持召开署党组会议，研究了《关于进一步从严管理干部的实施意见》、《关于贯彻落实 2010～2020 年深化干部人事制度改革规划纲要的意见》和《审计署驻地方特派员办事处和直属事业单位主要负责人履行干部选拔任用工作职责离任检查暂行办法》。党组成员董大胜、余效明、安国和侯凯出席。石爱中副审计长，人教司、机关党委和驻署监察局主要负责同志列席参加了会议。

11 月 17 日下午　刘家义审计长主持召开审计长会议，研究了《审计违法违纪行为处分规定》、《审计署关于编制“十二五”审计规划的建议》、《审计署关于 2011 年预算指标分配方案》、《中国工会审计规定》等文稿，听取了服务局关于外聘员工管理有关情况的汇报。董大胜、余效明、石爱中副审计长，安国纪检组长和侯凯副审计长出席。办公厅、法规司、行事司、人教司、机关党委、驻署监察局、服务局、计算机中心和科研所负责同志及有关人员参加相关内容的研究。

11 月 19 日上午　刘家义审计长在署怀柔审计干部培训基地出席审计准则培训班开班式并讲话。各省（区、市）、计划单列市、新疆生产建设兵团、副省级省会城市审计厅（局）和各特派办分管审计法制工作负责同志及有关人员参加了培训。

11 月 20 日　石爱中副审计长到河北省巡视国际内部注册审计师考试现场，并就河北省审计信息化建设工作进行调研。计算机中心负责同志参加了调研。

11 月 22 日上午　董大胜、石爱中副审计长、孙宝厚总审计师和侯凯副审计长在京出席审计干部职业教育教材规划论证会。财政司、行事司、投资司、企业司、外资司、培训中心、科研所和广州特派办主要负责同志及人教司有关人员参加了会议。

11 月 22 日下午　石爱中副审计长出席固定资产投资计算机审计方法体系和中央企业财务状况总体分析软件开发项目立项论证会。投资司、企业司、计算机中心和兰州特派办负责同志参加了会议。

11 月 22 日下午　孙宝厚总审计师参加全国审计法制骨干培训班并讲话。各省、自治区、直辖市和计划单列市、新疆生产建设兵团、副省级省会城市审计厅（局）和各特派办分管审计法制工作负责同志及有关同志参加了培训。

11 月 23 日上午　董大胜副审计长在署机关会见贵州省政府黄康生副省长一行 5 人，双方就审计中的有关事项交换了意见。财政司有关负责同志参加了会议。

11 月 23 日下午　董大胜副审计长在署机关会见国务院三峡办原主任汪啸风一行 6 人，双方就审计中的有关事项交换了意见。行事司和农林水利局主要负责同志参加了会议。

11 月 23 日至 24 日　石爱中副审计长在京出席中央扩大内需促进经济增长政策落实暨治理工程建设领域突出问题检查组秋季检查汇报会。行事司和投资司负责同志参加会议。

11 月 23 日至 25 日　董大胜副审计长、石爱中副审计长、孙宝厚总审计师、侯凯副审计长在北京银龙苑宾馆出席中国特色社会主义审计理论课题研讨会。山东省审计厅、企业司、人教司、计算机中心、科研所和培训中心主要负责同志，办公厅、法规司、审计学会、浙江省审计厅、重庆特派办及南京审计学院有关同志参加了会议。

11 月 25 日至 26 日　孙宝厚总审计师参加中国注册会计师全国代表大会。

11 月 27 日下午　余效明副审计长在广州与广东省常务副省长朱小丹进行会谈，广东省审计厅主要负责同志参加了会谈。当天晚上余效明副审计长还出席了第 16 届亚运会闭幕式。

11 月 21 日至 28 日　刘家义审计长率中国审计代表团出席在南非约翰内斯堡举行的第 20 届世界审计组织大会，作为第二主议题主席主持了相关会议。

11月29日上午　董大胜副审计长、孙宝厚总审计师在署机关主持召开领军人才和骨干人才评审会。

11月29日下午　刘家义审计长参加中央党的建设工作领导小组第27次会议。

11月30日下午　石爱中副审计长在京出席国务院三峡建设委员会第十七次全体会议。

十二月

12月1日上午　刘家义审计长列席国务院第134次常务会议。

12月1日　刘家义审计长、董大胜副审计长会见来访的蒙古国审计代表团，刘家义审计长与蒙古审计署审计长热达那·确吉扎木苏签署了《中华人民共和国审计署和蒙古审计署合作谅解备忘录》。

12月2日上午　董大胜副审计长在京出席金融司举办的地方审计机关金融审计工作研讨会并讲话。

12月2日上午　孙宝厚总审计师赴国家旅游局会见邵琪伟局长，就邵琪伟同志任期经济责任审计中的有关事项交换了意见。旅游侨务局有关负责同志参加了会谈。

12月2日下午　党组书记刘家义主持召开署党组会议，研究了有关人事事项，以及《审计署党组关于报送2011年党建工作设想和落实中央党建工作领导小组2010年工作要点情况的函》、《2011年审计署机关党建工作要点》、《2010年审计署机关党建工作总结》、《审计署司处级领导职位竞争上岗暂行办法》、《审计署2010～2020年司（局）级领导班子后备干部队伍建设规划》、《审计署司（局）级领导班子后备干部工作实施办法》、《审计机关廉政风险防控工作方案》、《审计署2011年度外事工作计划》。党组成员董大胜、余效明、孙宝厚、安国和侯凯出席。石爱中副审计长，办公厅、国际司、人教司、机关党委和驻署监察局负责同志列席相关内容的研究。

12月2日下午　刘家义审计长主持召开审计长会议，研究了《2011年至2012年度审计署重点科研课题选题》。董大胜、余效明、石爱中副审计长，孙宝厚总审计师，安国纪检组长，侯凯副审计长出席。办公厅、法规司、人教司、驻署监察局、科研所、审计学会负责同志参加了会议。

12月2日下午　刘家义审计长主持召开审计业务会议，研究了《新型农村合作医疗基金专项审计调查报告》。董大胜、余效明、石爱中副审计长，孙宝厚总审计师，安国纪检组长，侯凯副审计长出席。办公厅、法规司、社保司、科研所主要负责同志参加会议。

12月3日下午　刘家义审计长列席中央政治局第24次集体学习。

12月3日至5日　孙宝厚总审计师参加中央组织部、国务院国资会共同组织的部分中央企业高级管理经营者的面试工作，担任面试考官。

12月6日上午　安国纪检组长、侯凯副审计长在党组会议室参加署基建领导小组会议，研究审定新办公楼建设相关管理制度。署基本建设工作领导小组全体成员出席会议。

12月6日至7日　董大胜副审计长在甘肃省兰州市出席中共中央办公厅和国务院办公厅召开的全国防汛抗旱暨舟曲抢险救灾总结表彰大会。

12月7日上午　刘家义审计长出席由中央书记处书记、中央纪委副书记何勇主持召开的工作协调会。投资司主要负责同志参加了会议。

12月7日中午　孙宝厚总审计师在署机关会见香港华人会计师公会访问团。法规司、行事司、投资司和国际司负责同志参加了会见。

12月7日下午　刘家义审计长和余效明副审计长在署机关会见中央纪委副书记、监察部马馼部长。企业司主要负责同志参加了会见。

12月7日下午　孙宝厚总审计师出席研究实施《联合国反腐败公约》工作协调小组会议。法规司负责同志参加了会议。

12月7日　石爱中副审计长和中国审计学会翟熙贵会长在京出席中国审计学会会长会。

12月8日上午　刘家义审计长列席国务院第136次常务会议。

12月7日至9日　董大胜副审计长先后到贵州省和广东省就贵州省原省长林树森同志经济责任审计情况同贵州省政府和林树森本人交换了意见。财政司负责同志参加了交换意见。

12月10日至12日　刘家义审计长出席中央经济工作会议。

12月13日上午　刘家义审计长在署机关主持召开会议，传达中央经济工作会议精神。董大胜、余效明、石爱中副审计长，孙宝厚总审计师，安国纪检组长，侯凯副审计长，署机关各单位和各派出审计局主要负责同志参加了会议。

12月14日上午　刘家义审计长和安国纪检组长在国务院小礼堂主会场出席全国党的基层组织党务公开工作电视电话会议。

12月14日上午　石爱中副审计长在京召集会议，研究了特派办数字化标准和省级审计机关数字化标准。湖北省审计厅、计算机中心、信息办和武汉特派办负责同志参加了会议。

12月14日下午　董大胜副审计长在京出席中央宣传部召开的全国性行业类媒体“杜绝虚假报道、增强社会责任、加强新闻职业道德建设”专项教育活动动员会。中国审计报社主要负责同志参加了会议。

12月14日下午　孙宝厚总审计师接受中国政府网专访，就中共中央办公厅和国务院办公厅印发的《党政主要领导干部和国有企业领导人员经济责任审计规定》进行了解读，并回答了网民的提问。办公厅和经责司负责同志参加了访谈。

12月15日上午　刘家义审计长在京出席中央企业审计研讨班并讲话。余效明副审计长主持了会议。

12月14日至16日　侯凯副审计长在京出席全国发展和改革工作会议。发展统计局负责同志参加了会议。

12月16日上午　孙宝厚总审计师出席全国打击发票违法犯罪活动工作协调小组第四次会议。法规司负责同志参加了会议。

12月16日上午　侯凯副审计长在京出席广安门中医院门诊楼扩建工程奠基仪式。服务局主要负责同志参加了仪式。

12月16日下午　刘家义审计长和董大胜副审计长在署机关会见吉林省委常委、组织部黄燕明部长。

12月16日下午　董大胜副审计长在署机关主持召开会议，研究部署了审计署五年规划修订工作。署机关各单位负责同志参加了会议。

12月17日　董大胜副审计长在京出席全国组织部长会议。人教司主要负责同志参加了会议。

12月17日下午　侯凯副审计长在全国人大会议中心向全国人大常委会预算工委介绍2009年度中央预算执行和其他财政收支审计查出问题的整改情况、2010年度中央预算执行审计和2011年专项审计工作初步安排情况。

12月18日上午　孙宝厚总审计师在人民大会堂出席中国教育出版传媒集团成立大会。教育审计局负责同志参加了会议。

12月18日至20日　侯凯副审计长在京出席全国政法工作会议。

12月20日上午　刘家义审计长在人民大会堂出席庆祝探月工程二号任务圆满成功大会。

12月20日上午　孙宝厚总审计师出席由境外审计司和中国审计学会共同举办的境外审计研讨会并讲话。

12月21日上午　安国纪检组长在人民大会堂出席中央纪委召开的学习贯彻《关于实行党风廉政建设责任制的规定》座谈会。

12月21日下午　刘家义审计长主持召开审计业务会议，研究了《地方政府性债务专项审计调查工作方案》。董大胜、石爱中副审计长，孙宝厚总审计师，安国纪检组长和侯凯副审计长出席。办公厅、法规司、财政司、投资司、金融司、企业司和科研所负责同志及有关人员参加了会议。

12月21日下午　刘家义审计长主持召开审计长会议，研究了《审计署关于对地方审计机关2011年业务工作的指导意见》和审计署2011年三类会议计划。董大胜、石爱中副审计长，孙宝厚总审计师，安国纪检组长和侯凯副审计长出席。办公厅、法规司、各业务司、人教司、机关党委、驻署监察局和科研所负责同志参加相关内容的研究。

12月21日至22日　侯凯副审计长出席中央农村工作会议。

12月22日上午　石爱中副审计长和孙宝厚总审计师在署机关出席大项目管理培训班。署机关各单位负责同志和有关人员参加了培训。

12月22日下午　石爱中副审计长在署机关听取溪洛渡水电站联网审计情况的汇报。投资司和计算机中心负责同志听取了汇报。

12月22日下午　孙宝厚总审计师出席中国内部审计协会举办的贯彻《党政主要领导干部和国有企业领导人员经济责任审计规定》座谈会。经责司和内审协会负责同志参加了会议。

12月23日上午　党组书记刘家义主持召开署党组会议，研究了有关人事事项，听取了关于春节前几项工作安排意见的汇报。党组成员董大胜、余效明、孙宝厚、安国和侯凯出席。石爱中副审计长，办公厅、人教司、机关党委、驻署监察局、离退休局和服务局负责同志列席参加相关内容的研究。

12月23日上午 刘家义审计长主持召开审计长会议，研究了《审计署2011年度审计项目计划》、《审计工作汇报提纲》、刘家义审计长在全国审计工作会议上的讲话等文稿和全国审计工作会议方案。董大胜、余效明、石爱中副审计长，孙宝厚总审计师，安国纪检组长和侯凯副审计长出席。办公厅、法规司、各业务司、人教司、机关党委、驻署监察局、服务局、计算中心、培训中心和科研所负责同志参加了相关内容的研究。

12月23日下午 刘家义审计长出席中央党的建设工作领导小组第28次会议。

12月24日至25日 刘家义审计长，董大胜、石爱中副审计长，孙宝厚总审计师和侯凯副审计长在京出席2010年高级审计师评审会。

12月27日上午 石爱中副审计长在京出席上海世博会总结表彰大会。

12月27日下午 党组书记刘家义主持召开署党组会议，研究了有关人事事项。党组成员余效明、孙宝厚、安国、侯凯出席。石爱中副审计长，人教司、机关党委和驻署监察局主要负责同志列席参加会议。

12月27日下午 石爱中副审计长到双榆树办公区主持召开会议，研究了《审计署2010～2015年审计干部职业教育教材建设规划暨2010～2012年建设重点（草案）》和《审计署2011年度培训项目计划（草案）》。人教司和培训中心负责同志参加了会议。

12月27日下午 孙宝厚总审计师出席境外司2010年度工作总结会。

12月28日上午 党组书记刘家义主持召开署党组会议，研究了《关于特派办建设和发展情况的调研报告》。党组成员董大胜、余效明、孙宝厚、安国和侯凯出席。石爱中副审计长，办公厅、法规司、人教司、机关党委和驻署监察局负责同志列席参加会议。

12月28日上午 刘家义审计长主持召开审计长会议，研究了调京干部住房管理有关事项。董大胜、余效明、石爱中副审计长，孙宝厚总审计师和侯凯副审计长出席。办公厅、人教司、机关党委、驻署监察局和服务局负责同志及有关人员参加了会议。

12月28日下午 刘家义审计长参加中央政治局集体学习会。

12月27日至29日 侯凯副审计长在署机关出席派出审计局局长例会，听取了各派出审计局情况汇报。行事司负责同志参加了会议。

12月29日上午 刘家义审计长列席国务院第138次常务会议。

12月29日 石爱中副审计长和内审协会王道成会长在京出席内审协会课题结项评审会。

12月29日下午 侯凯副审计长在财政部出席强农惠农专项清理和检查工作部级领导小组全体会议。财政司负责同志参加了会议。

12月30日上午 石爱中副审计长到审计署定点扶贫的河北省顺平县慰问走访。机关党委和服务局负责同志陪同参加。

12月30日下午 侯凯副审计长参加办公厅党总支民主生活会。

审 计 工 作 统 计

2010年全国审计机关分行业审计(调查)情况表

金额单位:万元

指标 / 分类	审计(调查)单位(个)	审计(调查)查出主要问题情况			审计发现侵害人民群众利益	审计(调查)处理情况														
						审计决定处理处罚						移送处理								
						应上交财政			应减少财政拨款或补贴	应归还原渠道资金	应调账处理金额	司法机关			纪检监察部门			有关部门		
		违规金额	损失浪费金额	管理不规范金额		小计	其中:税金	罚没				案件(件)	涉案人员(人)	涉案金额	事项(件)	涉及人员(人)	涉及金额	事项(件)	涉及人员(人)	涉及金额
甲	1	2	3	4	5	6	7	8	9	10	11	12	13	14	15	16	17	18	19	20
合计	157698	38901198	4754969	332265745	372422	8421772	1324897	166009	816597	4855177	15917458	393	904	690413	1186	1342	631751	1517	813	7935931
审计小计	138996	36140409	4519712	230642671	332809	8421772	1324897	166009	816597	4855177	15917458	337	836	633611	1092	1208	573348	1400	645	7833474
审计调查小计	18702	2760789	235257	101623074	39613							56	68	56802	94	134	58403	117	168	102457
一、预算执行	17481	13005120	94435	111450530	70427	4516768	737880	55721	24294	1925138	4281009	72	111	28517	177	263	97122	262	101	224210
审计	16214	12734407	93214	76747509	70427	4516768	737880	55721	24294	1925138	4281009	64	98	28061	172	261	95158	255	101	222426
审计调查	1267	270713	1221	34703021								8	13	456	5	2	1964	7		1784
二、财政决算	5521	5635048	47804	36571980	14714	1963838	300953	26055	7557	866033	1620103	24	23	6768	132	101	216612	99	16	430486
审计	5195	5574816	41118	34789702	14714	1963838	300953	26055	7557	866033	1620103	24	23	6768	132	101	216612	95	16	427471
审计调查	326	60232	6686	1782278														4		3015
三、专项资金	26948	3616708	292067	59920750	59061	646447	11981	9467	23754	440862	327791	68	151	45184	251	313	67948	271	176	146424

（续表）

指标 / 分类	审计（调查）单位（个）	审计（调查）查出主要问题情况			审计发现侵害人民群众利益	审计（调查）处理情况														
						审计决定处理处罚						移送处理								
						应上交财政			应减少财政拨款或补贴	应归还原渠道资金	应调账处理金额	司法机关			纪检监察部门			有关部门		
		违规金额	损失浪费金额	管理不规范金额		小计	其中：税金	其中：罚没				案件（件）	涉案人员（人）	涉案金额	事项（件）	涉及人员（人）	涉及金额	事项（件）	涉及人员（人）	涉及金额
甲	1	2	3	4	5	6	7	8	9	10	11	12	13	14	15	16	17	18	19	20
审计	14862	2694408	92633	13366229	28517	646447	11981	9467	23754	440862	327791	36	114	4820	187	224	28782	209	147	58768
审计调查	12086	922300	199434	46554521	30544							32	37	40364	64	89	39166	62	29	87656
四、行政事业	52182	5878024	434323	34281411	163797	959167	108275	52521	10025	863818	3148669	131	463	23743	427	451	107086	419	383	190205
审计	49891	5794377	434203	33425722	158965	959167	108275	52521	10025	863818	3148669	131	463	23739	421	449	107081	413	246	189888
审计调查	2291	83647	120	855689	4832									4	6	2	5	6	137	317
五、固定资产投资	49757	3636619	161137	28885136	53827	105815	36125	11477	712843	448354	1258602	50	88	17108	128	129	57213	199	32	303665
审计	48042	3099593	146913	16165581	53740	105815	36125	11477	712843	448354	1258602	39	74	9065	114	119	47866	168	30	298133
审计调查	1715	537026	14224	12719555	87							11	14	8043	14	10	9347	31	2	5532
六、金融	487	1784625	83043	36105232	399	11348	9622	843		68260	1245499	19	19	524889	9	26	11026	160	11	6245745
审计	323	1348842	81418	32570368	174	11348	9622	843		68260	1245499	15	16	517034	8	3	4766	157	11	6242332
审计调查	164	435783	1625	3534864	225							4	3	7855	1	23	6260	3		3413
七、外资运用项目	1273	1212318	245537	3259145	8236	4647	2229	12		40258	76091	5	3	13062	2	1	158	17	5	150936
审计	1036	824828	234644	2784302	5173	4647	2229	12		40258	76091	5	3	13062	2	1	158	17	5	150936
审计调查	237	387490	10893	474843	3063															
八、企业	3992	4132736	3395773	21677359	1961	213667	117832	9913	38124	202454	3959694	23	44	30922	60	58	74586	90	89	244228
审计	3392	4069138	3394719	20679056	1099	213667	117832	9913	38124	202454	3959694	22	43	30842	56	50	72925	86	89	243488
审计调查	600	63598	1054	998303	862							1	1	80	4	8	1661	4		740
九、其他	57		850	114202		75						1	2	220						32
审计	41		850	114202		75						1	2	220						32
审计调查	16																			

（续 表）

指标 / 分类	审计（调查）处理结果落实情况												出具审计报告和报送审计调查报告（篇）	审计提出建议（条）	被采纳的审计建议（条）	审计后挽回（避免）损失
	已上交财政			已减少财政拨款或补贴	已归还原渠道资金	已调账处理金额	移送处理落实情况									
							司法机关		纪检监察部门		有关部门					
	小计	其中：税金	罚没				已立案（件）	已追究刑事责任（人）	已处理（件）	已给予党政纪处分（人）	已处理（件）	已处理人员（人）				
甲	1	2	3	4	5	6	7	8	9	10	11	12	13	14	15	16
合计	5264053	850123	130218	765184	2660641	7809066	267	242	558	624	495	356	152257	256260	184161	2127508
审计小计	5163913	814777	124219	740340	2481861	7665308	236	229	522	586	462	335	138482	228546	166447	1857844
审计调查小计	100140	35346	5999	24844	178780	143758	31	13	36	38	33	21	13775	27714	17714	269664
一、预算执行	2994198	496911	41740	19498	1047667	2549166	39	27	55	92	94	61	16529	36574	25228	65324
审计	2965928	470452	41728	18974	1047465	2545643	35	26	53	90	91	61	15712	35392	24483	65324
审计调查	28270	26459	12	524	202	3523	4	1	2	2	3		817	1182	745	
二、财政决算	924930	137976	21043	2457	311617	638888	10	11	48	43	21	6	5328	12315	8865	30111
审计	924832	137934	20991	2457	311617	638436	10	11	48	43	21	6	5214	12156	8755	30111
审计调查	98	42	52			452							114	159	110	
三、专项资金	469929	16740	10004	36410	477532	316031	46	31	127	171	137	119	23804	45901	30659	340234
审计	406964	10331	4655	23284	371945	190036	23	21	99	146	115	100	14245	25634	17721	119350
审计调查	62965	6409	5349	13126	105587	125995	23	10	28	25	22	19	9559	20267	12938	220884
四、行政事业	648537	67016	38285	5526	336534	1506588	80	82	229	187	131	53	53024	93333	67892	30127
审计	647334	66708	38217	5526	336259	1505984	80	82	229	186	130	53	51593	91155	66466	30035
审计调查	1203	308	68		275	604				1	1		1431	2178	1426	92
五、固定资产投资	63129	22561	9704	654234	310440	1174879	24	22	72	107	55	45	48172	56773	44118	1592697
审计	56232	21084	9241	648732	283724	1164414	23	22	70	97	51	43	47007	54362	42453	1550742
审计调查	6897	1477	463	5502	26716	10465	1		2	10	4	2	1165	2411	1665	41955
六、金融	5419	3729	900		75130	168660	12	3	2		24	41	431	1221	727	934

（续 表）

指标 / 分类	审计（调查）处理结果落实情况												出具审计报告和报送审计调查报告（篇）	审计提出建议（条）	被采纳的审计建议（条）	审计后挽回（避免）损失
	已上交财政			已减少财政拨款或补贴	已归还原渠道资金	已调账处理金额	移送处理落实情况									
	小计	其中：					司法机关		纪检监察部门		有关部门					
		税金	罚没				已立案（件）	已追究刑事责任（人）	已处理（件）	已给予党政纪处分（人）	已处理（件）	已处理人员（人）				
甲	1	2	3	4	5	6	7	8	9	10	11	12	13	14	15	16
审计	5340	3650	900		29130	167602	9	1	2		24	41	320	974	574	934
审计调查	79	79			46000	1058	3	2					111	247	153	
七、外资运用项目	657	442	1		20301	46975	1	1			4		1170	1759	1248	920
审计	656	442	1		20301	46975	1	1			4		1008	1424	1077	920
审计调查	1												162	335	171	
八、企业	157176	104748	8541	47059	80420	1407879	55	65	25	24	29	31	3750	8237	5424	67161
审计	156549	104176	8486	41367	80420	1406218	55	65	21	24	26	31	3338	7309	4918	60428
审计调查	627	572	55	5692		1661			4		3		412	928	506	6733
九、其他	78				1000								49	147		
审计	78				1000								45	140		
审计调查													4	7		

2010年审计署业务司审计（调查）情况统计表

金额单位：万元

指标／分类	审计（调查）单位（个）	审计（调查）查出主要问题情况：违规金额	审计（调查）查出主要问题情况：损失浪费金额	审计（调查）查出主要问题情况：管理不规范金额	审计发现侵害人民群众利益	审计（调查）处理情况：审计决定处理处罚：应上交财政：小计	审计（调查）处理情况：审计决定处理处罚：应上交财政：其中：税金	审计（调查）处理情况：审计决定处理处罚：应上交财政：其中：罚没	审计（调查）处理情况：审计决定处理处罚：应减少财政拨款或补贴	审计（调查）处理情况：审计决定处理处罚：应归还原渠道资金	审计（调查）处理情况：审计决定处理处罚：应调账处理金额	审计（调查）处理情况：移送处理：司法机关：案件（件）	审计（调查）处理情况：移送处理：司法机关：涉案人员（人）	审计（调查）处理情况：移送处理：司法机关：涉案金额	审计（调查）处理情况：移送处理：纪检监察部门：事项（件）	审计（调查）处理情况：移送处理：纪检监察部门：涉及人员（人）	审计（调查）处理情况：移送处理：纪检监察部门：涉及金额	审计（调查）处理情况：移送处理：有关部门：事项（件）	审计（调查）处理情况：移送处理：有关部门：涉及人员（人）	审计（调查）处理情况：移送处理：有关部门：涉及金额
甲	1	2	3	4	5	6	7	8	9	10	11	12	13	14	15	16	17	18	19	20
合计	135	28030	297	177358527		15485					4866	1	1	157						
财政审计司	1			176636354																
金融审计司	10			4639							4124									
行政事业审计司																				
企业审计司	2	15485		695662		15485														
农业与资源环保审计司																				
社会保障审计司	1		157	1571							742	1	1	157						
固定资产投资审计司																				
外资运用审计司																				
经济责任审计司	9			11110																
外资审计中心	112	12545	140	9191																

（续 表）

指标 分类	审计（调查）处理结果落实情况												出具审计报告和报送审计调查报告（篇）	审计提出建议（条）	被采纳的审计建议（条）	审计后挽回（避免）损失
	已上交财政			已减少财政拨款或补贴	已归还原渠道资金	已调账处理金额	移送处理落实情况									
	小计	其中：税金	其中：罚没				司法机关：已立案（件）	司法机关：已追究刑事责任（人）	纪检监察部门：已处理（件）	纪检监察部门：已给予党政纪处分（人）	有关部门：已处理（件）	有关部门：已处理人员（人）				
甲	1	2	3	4	5	6	7	8	9	10	11	12	13	14	15	16
合计	15485					742	1	1					214	249	243	
财政审计司													1	5	5	
金融审计司													4	13	7	
行政事业审计司																
企业审计司	15485												2	6	6	
农业与资源环保审计司																
社会保障审计司						742	1	1					1	2	2	
固定资产投资审计司																
外资运用审计司																
经济责任审计司													13	32	32	
外资审计中心													193	191	191	

2010年审计署派出审计局审计（调查）情况统计表

金额单位：万元

指标 / 分类	审计（调查）单位（个）	审计（调查）查出主要问题情况			审计发现侵害人民群众利益	审计（调查）处理情况														
						审计决定处理处罚						移送处理								
						应上交财政			应减少财政拨款或补贴	应归还原渠道资金	应调账处理金额	司法机关			纪检监察部门			有关部门		
		违规金额	损失浪费金额	管理不规范金额		小计	其中：税金	其中：罚没				案件（件）	涉案人员（人）	涉案金额	事项（件）	涉及人员（人）	涉及金额	事项（件）	涉及人员（人）	涉及金额
甲	1	2	3	4	5	6	7	8	9	10	11	12	13	14	15	16	17	18	19	20
合计	131	625170	34362	3903387	1202	135974		565	1220	70345	314384	14	17	19507	13	26	56751	12	4	42586
外交外事审计局	5	314		513441						12500	5182							1		10
发展统计审计局	4	4401		121420							795				1	1	188			
国资监管审计局	6	6705		10996						2219	3367									
宣传审计局	4	9155		8009						40	9116									
贸易审计局	4	6503		272356						5319	45760									
工业审计局	4			107638					420		47437							1		
教育审计局	6	88970		1206787						684	4916				1	3	19			
科学技术审计局	4	850		203526		65				539	3554									
政法审计局	2	91219		132190						219	18089									
民族宗教审计局	3	1234	78	8386						3255	2862									
监察人事审计局	4	1091		490						299	834	1	1	59						
资源环保审计局	4	3868	33922	490079		1015				316	452	4	4	1175	1		23801	6	1	38532
民政社保审计局	12	20806		11567		33				51	205	2	2	758				1	1	30
建设审计局	9	4393	8	12032						2409	2751									
交通运输审计局	6	129898		44700		129692				1285	1195									
新闻报刊审计局	3	80456		14300							69284	1	1	495						

（续表）

分类 \ 指标	审计（调查）单位（个）	审计（调查）查出主要问题情况			审计发现侵害人民群众利益	审计（调查）处理情况														
						审计决定处理处罚						移送处理								
						应上交财政			应减少财政拨款或补贴	应归还原渠道资金	应调账处理金额	司法机关			纪检监察部门			有关部门		
		违规金额	损失浪费金额	管理不规范金额		小计	其中：税金	其中：罚没				案件（件）	涉案人员（人）	涉案金额	事项（件）	涉及人员（人）	涉及金额	事项（件）	涉及人员（人）	涉及金额
甲	1	2	3	4	5	6	7	8	9	10	11	12	13	14	15	16	17	18	19	20
农林水利审计局	4	28361		128291		565		565		1657	1021	3	5	840	2	18	13153			
文化体育审计局	5	13898		66829						1526	39977									
卫生药品审计局	8	22		55822	1202	22				4713	21723	2	3	2480	2	3	2480	1	2	355
财税海关审计局	6	68298	334	101188																
经济执法审计局	8	7480	20	8104		3597				1522	6251	1	1	13700	3	1	282			
广电通讯审计局	7	36924		150908					800	30589	20553				3		16828	2		3659
旅游侨务审计局	3	1553		21530		985				145										
科学工程审计局	4	17591		211770						38	8675									
地震气象审计局	6	1180		1028						1020	385									

2010 年驻地方特派办审计(调查)情况统计表

金额单位:万元

指标 分类	审计(调查)单位(个)	审计(调查)查出主要问题情况			审计发现侵害人民群众利益	审计(调查)处理情况														
						审计决定处理处罚						移送处理								
						应上交财政			应减少财政拨款或补贴	应归还原渠道资金	应调账处理金额	司法机关			纪检监察部门			有关部门		
						小计	其中:													
		违规金额	损失浪费金额	管理不规范金额			税金	罚没				案件(件)	涉案人员(人)	涉案金额	事项(件)	涉及人员(人)	涉及金额	事项(件)	涉及人员(人)	涉及金额
甲	1	2	3	4	5	6	7	8	9	10	11	12	13	14	15	16	17	18	19	20
合计	299	5390932	436462	79128896	29803	82696	34349	42	762	53560	244346	32	53	522799	25	45	13543	66	44	4456537
京津冀特派员办事处	25	227124	136	6462061	5450	26884	26862		762	2432	41458				2	5	641	10	17	1346
太原特派员办事处	17	91794	421	4673391	5122	180	71			496	53217	1	1	336						
沈阳特派员办事处	17	14219	2631	1798239						49	2418	3	3	1						81799
哈尔滨特派员办事处	18	67840	19627	15580865		629				20188	8215	1	2	36				12		452851
上海特派员办事处	13	1148548	1190	1199947	5679	2249	2239			4504										
南京特派员办事处	14	15465		1650400						1482	1792	1	1	27	2		570			
济南特派员办事处	21	14450	19196	4848556	669	618				3700	14307	9	27	21376	9	19	7043	7	11	398912
郑州特派员办事处	18	25004	8147	2143048	446	573	429	39		204	6468	2	2	2	4	8	78	23	2	171992
武汉特派员办事处	17	2047	153280	2945730	262	1342	263			6948	13605				3	5	91	1		22
长沙特派员办事处	13	161	5820	10135813		161	161			2809	1019									
广州特派员办事处	16	537153	191	688849		2649	2649			1554	6818	2	1	461537				3	1	61
深圳特派员办事处	15	402870	50305	2902726		978		3		600	10656	2	2	13888						
成都特派员办事处	16	209325	7158	2799041								1	1	15	1	4	2	3	10	1626150
昆明特派员办事处	20	326661	4917	11252038	9555					367		3	4	7142	1	2	3682			
西安特派员办事处	15	25043	2245	6016592						791	22326							3		1527843
兰州特派员办事处	13	130057		379378						959	453							1	1	36
长春特派员办事处	13	11342	89224	1694838		1675	1675			379	8964	3	4	18378	2	1	1430	1		181340
重庆特派员办事处	18	2141829	71974	1957384	2620	44758				6098	52630	4	5	61	1	1	6	2	2	14185

（续 表）

指标 分类	审计(调查)处理结果落实情况												出具审计报告和报送审计调查报告(篇)	审计提出建议(条)	被采纳的审计建议(条)	审计后挽回(避免)损失
	已上交财政			已减少财政拨款或补贴	已归还原渠道资金	已调账处理金额	移送处理落实情况									
	小计	其中：					司法机关		纪检监察部门		有关部门					
		税金	罚没				已立案(件)	已追究刑事责任(人)	已处理(件)	已给予党政纪处分(人)	已处理(件)	已处理人员(人)				
甲	1	2	3	4	5	6	7	8	9	10	11	12	13	14	15	16
合计	37579	3684	486	6172	95288	298881	25	13	19	71	23	65	259	980	608	122349
京津冀特派员办事处	27619	1076		4544	10123	5393			2	25	5	10	29	61	41	3645
太原特派员办事处	470	361			32061	56105	1	1					21	68	39	38830
沈阳特派员办事处					16320	529	1						15	56	56	
哈尔滨特派员办事处	629				18220		4						16	71	5	7277
上海特派员办事处					3893								8	36	14	
南京特派员办事处					796	3061	1	5	2	8			8	50	45	796
济南特派员办事处	618				605	13006	7	3	8	15	9	49	20	65	47	546
郑州特派员办事处	468	429	39		42	154972	2		4	17	2	2	18	71	40	11019
武汉特派员办事处	4840		422	8	5739	13367			1	2	1	2	17	53	51	1523
长沙特派员办事处													10	36	36	
广州特派员办事处					697	437	1				3		10	44	28	
深圳特派员办事处							1	1					12	36	33	600
成都特派员办事处	1692	1692			2145	1058	1	1	1	4	2	2	13	84	80	7359
昆明特派员办事处													20	68	13	14076
西安特派员办事处													15	42	2	
兰州特派员办事处	307		25		5								3	19	4	5
长春特派员办事处	126	126					2						7	38	20	11369
重庆特派员办事处	810			1620	4642	50953	4	2	1		1		17	82	54	25304

2010年地方审计机关审计（调查）情况统计表

金额单位：万元

指标 / 分类	审计（调查）单位（个）	审计（调查）查出主要问题情况			审计发现侵害人民群众利益	审计（调查）处理情况														
						审计决定处理处罚						移送处理								
						应上交财政			应减少财政拨款或补贴	应归还原渠道资金	应调账处理金额	司法机关			纪检监察部门			有关部门		
		违规金额	损失浪费金额	管理不规范金额		小计	其中：税金	其中：罚没				案件（件）	涉案人员（人）	涉案金额	事项（件）	涉及人员（人）	涉及金额	事项（件）	涉及人员（人）	涉及金额
甲	1	2	3	4	5	6	7	8	9	10	11	12	13	14	15	16	17	18	19	20
合计	157158	32906700	4284172	249274867	341417	8203124	1290548	165408	814615	4731272	15358728	347	834	147408	1148	1271	561457	1439	765	3436808
北京市审计局	837	10379	2731	18830586		20223	2429	277	4059	3144	147708	10	13	8043	1			4		1794
天津市审计局	538	310438	96	2043706		30410	482	115	19	9839	29985	2	3	448				1		100
河北省审计厅	3833	1446120	87462	5754845	40	416391	76687	17685	21926	266094	569753	8	18	2661	55	100	182929	16	9	436194
山西省审计厅	4900	1934697	39853	5501188	977	657739	128012	6255	9278	196806	374055	15	14	372	171	171	3204	177	118	6785
内蒙古自治区审计厅	6674	1453368	5177	992365	342	445642	19755	5704	38653	144750	186305	2	2	31	17	7	23314	12	6	170088
辽宁省审计厅	4620	839043	42654	10765273	1848	118560	15193	3407	6647	37059	1013342	10	10	1393	14	14	18587	9	5	840
大连市审计局	479	84275	37582	2140086		32386	2433	226	696	2853	415595				3	1	423	4		696
吉林省审计厅	3294	3919162	260610	2454165	14818	304494	18839	10795	4127	567923	423369	20	11	2723	26	13	7601	65	14	113637
黑龙江省审计厅	6383	1800254	235286	2937706	24	90232	30318	7130	3701	86680	336788	27	19	16664	63	21	4085	40	137	164571
上海市审计局	863	80749	62736	20291573	816	2246	662		46208	1044	1082302	5	5	4871	6	12	1103	5	58	281
江苏省审计厅	7164	1931759	109451	20657929	3765	715023	70005	6025	154118	232840	971429	21	100	6232	68	68	22231	107	45	59052
浙江省审计厅	4235	363681	79099	10010593	48	291635	78191	22646	35780	175887	313325	11	18	816	61	58	3987	32	44	13484
宁波市审计局	477	101709	8038	1084419		69867	49593	92	2869	16012	44043				2	2	1	2		
安徽省审计厅	7976	455393	21848	4001316	3868	50020	6817	3567	23904	90917	208514	2	3	383	18	22	4439	29	15	812
福建省审计厅	3380	292627	9645	3924524	239	109124	7070	1465	6829	52095	193011	9	13	5512	42	41	5594	50	35	28138
厦门市审计局	187	33247	1765	849137		19543	14		3197	1329	28066	2	2	88	3	2	44	2	1	144
江西省审计厅	8432	514268	4407	4234337	2009	180476	13429	6880	6366	109776	70669	18	27	1761	78	97	15572	25	10	14451
山东省审计厅	9981	3059375	2394576	44417244	220087	1295395	152091	10855	154711	310606	3514775	27	33	34995	35	38	10819	107	24	1794286

（续 表）

分类 \ 指标	审计（调查）单位（个）	审计（调查）查出主要问题情况：违规金额	审计（调查）查出主要问题情况：损失浪费金额	审计（调查）查出主要问题情况：管理不规范金额	审计发现侵害人民群众利益	审计（调查）处理情况：审计决定处理处罚：应上交财政：小计	应上交财政：其中：税金	应上交财政：其中：罚没	应减少财政拨款或补贴	应归还原渠道资金	应调账处理金额	移送处理：司法机关：案件（件）	司法机关：涉案人员（人）	司法机关：涉案金额	纪检监察部门：事项（件）	纪检监察部门：涉及人员（人）	纪检监察部门：涉及金额	有关部门：事项（件）	有关部门：涉及人员（人）	有关部门：涉及金额
甲	1	2	3	4	5	6	7	8	9	10	11	12	13	14	15	16	17	18	19	20
青岛市审计局	1360	337635	6472	3848550	1	245360	23550	34	107941	11186	186715	11	10	32426	1	1	3986	22		88369
河南省审计厅	8857	2904625	39657	7150752	5734	425512	110421	11453	16010	218250	519249	7		4	100	30	30546	261	91	87967
湖北省审计厅	4764	942720	10445	7428197	40577	267313	79786	3971	8337	286781	489007	11	16	1766	21	32	7601	4	5	1116
湖南省审计厅	7483	1296085	280707	11749398	13643	106455	22590	8898	2810	306841	511743	16	23	12169	36	44	9191	3	2	525
广东省审计厅	7079	472044	40147	14314180	7884	303292	60963	2096	5509	121888	428827	6	25	962	32	34	64601	52	48	169068
深圳市审计局	2459	14095	1308	1908323		4535	139			1671	23077	1	3	505	1	2				
广西壮族自治区审计厅	4384	1678431	376209	4787997	1185	234473	15381	2048	9756	244050	455150	5	19	14157	9	11	40073	17	1	6708
海南省审计厅	916	26895	1235	2023228	313	19490	4667	75	4401	916	31654	2	2	11	4	7	50	3		15
重庆市审计局	2507	1551466	6753	9116236	1860	742329	102394	918	156887	442610	811502	30	48	2063	67	147	20686	159	40	25135
四川省审计厅	11276	998071	50041	7002808	931	503633	88215	5776	47099	281019	886620	15	20	8579	55	49	18661	70	15	139896
贵州省审计厅	3454	380371	57326	5907745	1006	183340	12512	820	9399	96565	324041	6	12	2686	44	46	7246	26		25468
云南省审计厅	9220	713927	9666	2689543	214	117175	30866	3352	21392	131327	612422	29	41	13054	39	78	4654	52	26	33286
西藏自治区审计厅	601	459056	583	66946		76368	361	12747	327	21165	65209				3		98	16		2404
陕西省审计厅	9484	1562096	19056	5867442	16591	209866	48248	6431	4597	80526	196914	3	4	220	18	60	41456	5	6	554
甘肃省审计厅	7246	404429	8353	8875230	745	69111	10125	2008	4399	95558	302777	1	1	2300	15	18	878	14	1	123281
青海省审计厅	1295	25081	30	975924		4191	163	96		5359	38737	3	4	172	1	1	76			
宁夏回族自治区审计厅	832	421616	1336	962759	362	48169	1779	414	2036	45732	19290	7	12	107	8	11	6769	19	1	3570
新疆维吾尔自治区审计厅	3375	452411	12990	2113854	1476	94419	32500	1266	2461	49293	114950	18	317	2203	31	27	3621	56	9	13251
新疆建设兵团审计局	798	104354	5969	340859	15	511	4	141		1920	71263	1	1	50	8	12	1784	1		51

（续 表）

指标／分类	审计（调查）处理结果落实情况												出具审计报告和报送审计调查报告（篇）	审计提出建议（条）	被采纳的审计建议（条）	审计后挽回（避免）损失
	已上交财政			已减少财政拨款或补贴	已归还原渠道资金	已调账处理金额	移送处理落实情况									
							司法机关		纪检监察部门		有关部门					
	小计	其中：税金	罚没				已立案（件）	已追究刑事责任（人）	已处理（件）	已给予党政纪处分（人）	已处理（件）	已处理人员（人）				
甲	1	2	3	4	5	6	7	8	9	10	11	12	13	14	15	16
合计	5224471	825497	129729	758592	2561588	7439594	237	228	538	552	471	290	151736	254883	183241	2005159
北京市审计局	20481	1720	277	3092	3700	152470	1		1		1		1003	1713	1009	462
天津市审计局	19064	61	35		6454	18027	1						541	658	345	334
河北省审计厅	338529	67131	12544	8070	94116	273576	5	8	42	80	6	5	3786	5541	4435	30132
山西省审计厅	430258	62029	5681	8488	164022	315234	8	6	93	90	106	96	4900	6878	3885	4715
内蒙古自治区审计厅	149520	12364	4825	37570	107343	85731	2	1	2		2		3258	4049	2712	18117
辽宁省审计厅	94966	12634	2600	5324	67055	64305	2	2	3		1		4620	6751	5364	9752
大连市审计局	32359	2425	226	696	3332	3980							479	822	742	673
吉林省审计厅	51254	4335	5284	529	68447	112072	8	2	5		8	2	2041	3562	2172	4098
黑龙江省审计厅	42453	16913	3853	2900	24475	150167	15	15	31	15	8	2	3959	6158	3932	1026
上海市审计局	20184	54		45661	897	325532	4	3	2				965	2555	1753	1864
江苏省审计厅	614073	66785	5916	138992	71348	758355	23	23	31	26	27	24	7164	12969	10633	81522
浙江省审计厅	237713	61309	18964	29670	20200	104501	14	8	47	42	13	12	4833	10375	6611	95484
宁波市审计局	33513	20942	87	2331	5877	20854			1				493	1262	810	7251
安徽省审计厅	42817	5450	3336	25404	62410	164217	2	1	9	4	14	2	8028	18388	14778	88709
福建省审计厅	29470	3120	1059	3714	6059	120217	6	1	5	16	8	18	3318	7699	3488	45117
厦门市审计局	6838	14		1115	245	11548	2		2				187	676	374	
江西省审计厅	161063	12229	6330	6240	42810	51765	12	22	52	74	17	20	8453	11967	8835	37840
山东省审计厅	632391	129729	8254	145736	149066	919627	46	45	19	18	10	12	12459	16858	11153	54268

（续 表）

指标 分类	审计（调查）处理结果落实情况												出具审计报告和报送审计调查报告（篇）	审计提出建议（条）	被采纳的审计建议（条）	审计后挽回（避免）损失
	已上交财政			已减少财政拨款或补贴	已归还原渠道资金	已调账处理金额	移送处理落实情况									
							司法机关		纪检监察部门		有关部门					
	小计	其中：税金	罚没				已立案（件）	已追究刑事责任（人）	已处理（件）	已给予党政纪处分（人）	已处理（件）	已处理人员（人）				
甲	1	2	3	4	5	6	7	8	9	10	11	12	13	14	15	16
青岛市审计局	185036	18912	224	108606	14561	108459	4		1		2		1391	2061	1233	
河南省审计厅	146617	13760	10556	10384	167780	258244	1		25	15	56	16	8909	18312	15437	27505
湖北省审计厅	211817	60105	3466	6081	111389	199149	3	6	6	5	2	5	3573	7844	5371	80319
湖南省审计厅	78264	15279	8251	1751	271140	315656	9	6	13	10	1	1	7483	11064	8359	52611
广东省审计厅	246545	36965	1343	8192	23065	289011	5	1	6	7	4		7597	11014	8849	150080
深圳市审计局	610	135			1627	2459			1	2			2914	1878	1591	127165
广西壮族自治区审计厅	129699	4355	4939	8859	124408	269214	3	3	2	2			3234	5997	3982	91789
海南省审计厅	14425	3683	12	4083	497	17524			2	4			917	1423	525	5317
重庆市审计局	609541	68162	852	155537	360291	528352	21	26	46	53	93	28	2507	6198	5218	351442
四川省审计厅	504159	58119	10913	49424	126327	485230	14	12	36	23	28	15	11276	17689	13197	556401
贵州省审计厅	162362	10551	759	8571	123580	283083	4	4	11		6		3454	6841	4085	5372
云南省审计厅	102691	28167	2004	21148	236931	878544	18	27	17	25	35	23	9820	16872	13122	50573
西藏自治区审计厅	28015	131	460		9538	14875	1		1		4		196	613	340	324
陕西省审计厅	142801	36562	3886	13279	61854	45647	3	3	8	24	4	5	9484	14013	10261	71379
甘肃省审计厅	33750	3445	1656	4166	29785	137830			4		2	1	6778	8525	5925	4040
青海省审计厅	731	93	95		2036	3432	1	1					1300	1356	557	307
宁夏回族自治区审计厅	31006	1757	260	969	8534	15057	3	1	7	7	5		986	1505	752	3225
新疆维吾尔自治区审计厅	63910	28496	1145	2427	9351	18595	2	1	9	12	10	3	3586	6647	4107	68722
新疆建设兵团审计局	389	4	87		803	43501			2				815	1587	1239	5062

2010 年全国审计机关经济责任审计情况统计表

金额单位:万元

指标 分类	审计经济责任人(人)	审计单位(个)	审计查出主要问题						领导干部涉嫌个人经济问题		经济责任人(人)				其他人员(人)			
			违规金额		管理不规范金额		损失浪费		人数(人)	金额	撤职、降级	其他处分	移送司法机关	移送纪检监察机关	撤职、降级	其他处分	移送司法机关	移送纪检监察机关
			主管责任	直接责任	主管责任	直接责任	主管责任	直接责任										
甲	1	2	3	4	5	6	7	8	9	10	11	12	13	14	15	16	17	18
合计	37050	34743	8889162	443200	55130905	1965507	2996069	90109	52	7276	10	30	15	67	20	124	244	222
党委政府小计	8638	7386	2671679	147854	27133611	467954	304660	1530	12	275	3	11	4	10	3	31	24	67
党政部门小计	17270	16568	2155120	166433	11939213	326492	14608	1340	18	517	2	14	4	29	3	28	36	105
事业单位小计	10260	9943	1039883	108758	4874065	437308	15368	1683	17	790	5	4	5	23	4	11	175	38
国有及国有控股企业小计	882	846	3022480	20155	11184016	733753	2661433	85556	5	5694		1	2	5	10	54	9	12
一、审计署	44	44	2290466	420	14289208	649625	447009	85201	2	5245					8	52	3	
党委政府	10	10			9946773		217200											
党政部门	24	24	154		2293105													
事业单位																		
国有及国有控股企业	10	10	2290312	420	2049330	649625	229809	85201	2	5245					8	52	3	
二、省级审计机关	621	573	2293924	65914	17327424	524201	2443168	88	6	529		1	1	4	1	6	168	34
党委政府	163	121	1017856	20773	8770586	245450	5133									1		4
党政部门	217	229	579261	21524	1847129	32362	5244	5	4	143		1	1				6	10
事业单位	151	136	198459	11338	2260825	208666	9463		2	386				2	1	5	160	14
国有及国有控股企业	90	87	498348	12279	4448884	37723	2423328	83						2			2	6
三、地级审计机关	7176	6798	2807759	146370	16054648	365399	65187	1514	12	879	2	3	5	19	7	36	31	62
党委政府	1095	941	1110687	34925	5882002	49982	54550	274	3	184	1		2	2	3	16	4	12
党政部门	3888	3738	1087939	53660	4687788	136232	1304	316	2	2		1		10	1	13	17	33
事业单位	1824	1774	410821	51810	1439567	138206	1664	798	5	312	1	1	1	5	1	5	6	11
国有及国有控股企业	369	345	198312	5975	4045291	40979	7669	126	2	381		1	2	2	2	2	4	6

（续 表）

指标 / 分类	审计经济责任人(人)	审计单位(个)	审计查出主要问题：违规金额：主管责任	审计查出主要问题：违规金额：直接责任	审计查出主要问题：管理不规范金额：主管责任	审计查出主要问题：管理不规范金额：直接责任	审计查出主要问题：损失浪费：主管责任	审计查出主要问题：损失浪费：直接责任	领导干部涉嫌个人经济问题：人数(人)	领导干部涉嫌个人经济问题：金额	经济责任人(人)：撤职、降级	经济责任人(人)：其他处分	经济责任人(人)：移送司法机关	经济责任人(人)：移送纪检监察机关	其他人员(人)：撤职、降级	其他人员(人)：其他处分	其他人员(人)：移送司法机关	其他人员(人)：移送纪检监察机关
甲	1	2	3	4	5	6	7	8	9	10	11	12	13	14	15	16	17	18
四、县级审计机关	29237	27358	1497013	230496	7459625	426282	40705	3306	32	623	8	26	9	44	4	30	42	126
党委政府	7376	6322	543136	92156	2534250	172522	27777	1256	9	91	2	11	2	8		14	20	51
党政部门	13161	12597	487766	91249	3111191	157898	8060	1019	12	372	2	12	3	19	2	15	13	62
事业单位	8285	8033	430603	45610	1173673	90436	4241	885	10	92	4	3	4	16	2	1	9	13
国有及国有控股企业	415	406	35508	1481	640511	5426	627	146	1	68				1				
省部级领导	23	23	154		12239878		217200											
地厅级领导	774	744	1656265	45487	14152403	346350	100194	63	8	22544		1	1	5	5	17	18	30
县处级领导	7717	7280	2415743	108285	12118731	370935	11646	1041	8	224	1	2	4	18	3	19	20	58
县处级以下领导	27220	25445	1289263	233391	5582930	387640	37938	3150	32	574	9	27	10	43	6	47	46	116

中国邮政储蓄银行 江苏省分行
POSTAL SAVINGS BANK OF CHINA
用心服务客户
共建美好江苏
2500个遍布全省城乡的服务网点
方便、安全的电子银行服务渠道　高效、优质的金融服务
无论何时　只要您在江苏
就会感受到中国邮政储蓄银行江苏省分行给予您的陪伴与感动
客户服务热线：95580 网址：www.psbc.com